# METHODEN DER
# ORGANISCHEN CHEMIE

# METHODEN DER ORGANISCHEN CHEMIE

## (HOUBEN-WEYL)

VIERTE, VÖLLIG NEU GESTALTETE AUFLAGE

HERAUSGEGEBEN VON

### EUGEN MÜLLER†

UNTER BESONDERER MITWIRKUNG VON

#### OTTO BAYER
LEVERKUSEN

#### H. MEERWEIN† · K. ZIEGLER†

## BAND XIII/8

### METALLORGANISCHE VERBINDUNGEN
As, Sb, Bi

HERAUSGEGEBEN VON

### HEINZ KROPF
HAMBURG

19 78

GEORG THIEME VERLAG STUTTGART

# METALLORGANISCHE VERBINDUNGEN

## As, Sb, Bi

BEARBEITET VON

### SAMIR SAMAAN

MAINZ

MIT 37 TABELLEN

GEORG THIEME VERLAG STUTTGART

In diesem Handbuch sind zahlreiche Gebrauchs- und Handelsnamen, Warenzeichen u. dgl. (auch ohne besondere Kennzeichnung), Patente, Herstellungs- und Anwendungsverfahren aufgeführt. Herausgeber und Verlag machen ausdrücklich darauf aufmerksam, daß vor deren gewerblicher Nutzung in jedem Falle die Rechtslage sorgfältig geprüft werden muß. Industriell hergestellte Apparaturen und Geräte sind nur in Auswahl angeführt. Ein Werturteil über Fabrikate, die in diesem Band nicht erwähnt sind, ist damit nicht verbunden.

**CIP-Kurztitelaufnahme der Deutschen Bibliothek**

**Methoden der organischen Chemie** / (Houben-Weyl).
Hrsg. von Eugen Müller. Unter bes. Mitw. von Otto Bayer ... –
Stuttgart : Thieme.

NE: Müller, Eugen [Hrsg.]; Houben, Josef [Begr.];
Houben-Weyl, ...

Bd. 13. → Metallorganische Verbindungen

**Metallorganische Verbindungen.** – Stuttgart : Thieme.
8. As, Sb, Bi / bearb. von Samir Samaan. [Hrsg. von Heinz Kropf]. –
4., völlig neu gestaltete Aufl. – 1978.
(Methoden der organischen Chemie ; Bd. 13)
ISBN 3-13-206304-5

NE: Samaan, Samir [Bearb.]; Kropf, Heinz [Hrsg.]

*Erscheinungstermin: 23.2.1978*

© 1978, Georg Thieme Verlag, D-7000 Stuttgart 1, Herdweg 63, Postfach 732 – Printed in Germany

Satz: Fotosatz Tutte, D-8391 Salzweg-Passau; Druck: Druckhaus Dörr, D-7140 Ludwigsburg

ISBN 3-13-214704-4

# Vorwort

Die von Th. Weyl begründeten und von J. Houben fortgeführten Methoden der organischen Chemie sind zu einem wichtigen Standardwerk von internationaler Bedeutung für das gesamte chemische Schrifttum geworden. Seit dem Erscheinen der letzten vierbändigen dritten Auflage sind zum Teil schon über 20 Jahre vergangen, so daß eine Neubearbeitung bereits seit Jahren dringend geboten schien. Verständlicherweise hat sich die Verwirklichung dieser Absicht, durch die Kriegs- und Nachkriegsverhältnisse bedingt, lange hinausgezögert.

Vor allem der Initiative von Herrn Prof. Dr. Dres. h.c. Dres. E.h. Otto Bayer, Leverkusen, ist es zu verdanken, daß das Werk heute in einer völlig neuen und weitaus umfassenderen Form wieder erscheint.

Diese neue Form wird in einer großen Gemeinschaftsarbeit von Hochschul- und Industrieforschern gestaltet. Ursprünglich planten wir, das neue Werk mit etwa 16 Bänden im Laufe von 4 Jahren abzuschließen. Inzwischen hat sich gezeigt, daß infolge der stark anwachsenden Literatur die einzelnen Bände z.T. mehrfach unterteilt werden mußten. Durch die Mitwirkung von Fachkollegen aus der chemischen Industrie wird es zum ersten Male möglich sein, die große Fülle von Erfahrungen, die in der Patentliteratur und in den Archiven der Fabriken niedergelegt ist, nunmehr kritisch gewürdigt der internationalen Chemieforschung bekanntzugeben.

Der Unterzeichnete hat es als eine besondere Auszeichnung und Ehre empfunden, von maßgebenden Persönlichkeiten der deutschen Chemie und dem Georg Thieme Verlag mit der Herausgabe des Gesamtwerkes betraut worden zu sein.

Mein Dank gilt dem engeren Herausgeber-Kollegium, den Herren

Prof. Dr. Dres. h. c. Dres. E. h. Otto Bayer, Leverkusen,

Prof. Dr. Dres. h. c. Dr. E. h. Hans Meerwein, Marburg,

Prof. Dr. Dres. h. c. Dr. E. h. Karl Ziegler, Mülheim-Ruhr,

die durch ihre intensive Mitarbeit und ihre reichen Erfahrungen die Gewähr bieten, daß für das neue Werk ein möglichst hohes Niveau erreicht wird.

Ganz besonderer Dank aber gebührt unseren Autoren, die in unermüdlicher Arbeit neben ihren beruflichen Belastungen der Fachwelt ihre großen Erfahrungen bekanntgeben. Im Namen der Herren Mitherausgeber und in meinem eigenen darf ich unserer besonderen Freude Ausdruck geben, daß gerade die Herren, die als hervorragende Sachkenner ihres Faches bekannt sind, uns ihre Mitarbeit zugesagt haben.

Das Erscheinen der Neuauflage wurde nur dadurch ermöglicht, daß der Inhaber des Georg Thieme Verlags, Stuttgart, Herr Dr. med. h. c. Dr. med. h. c. Bruno Hauff, durchdrungen von der Bedeutung der organischen Chemie, das neue Projekt bewußt in den Vordergrund seines Unternehmens stellte und seine Tatkraft und seine großen Erfahrungen diesem Werk widmete. Es stellt ein verlegerisches Wagnis dar, das Werk in dieser Ausstattung mit der großen Zahl von übersichtlichen Formeln, Abbildungen und Tabellen zu einem verhältnismäßig niedrigen Preis dem Chemiker in die Hand zu geben.

In den nun zur Herausgabe gelangenden „Methoden der organischen Chemie" wird ebensowenig eine Vollständigkeit angestrebt wie in den älteren Auflagen. Die Autoren sind vielmehr bemüht, auf Grund ihrer eigenen Erfahrungen die wirklich brauchbaren

Methoden in den Vordergrund der Behandlung zu stellen und überholte Arbeitsvorschriften oder sogenannte Bildungsweisen nur knapp abzuhandeln.

Es ist unmöglich, eine Gewähr für jede der angegebenen Vorschriften zu übernehmen. Wir glauben aber, dadurch das Möglichste getan zu haben, daß alle Manuskripte von mehreren Fachkollegen überprüft wurden und die Literatur bis zum Stande von etwa einem bis einem halben Jahr vor Erscheinen jedes Bandes berücksichtigt ist.

An dieser Stelle sei noch einiges zur Anlage des Gesamtwerkes gesagt. Wir haben uns bemüht, beim Aufbau des Werkes und bei der Darstellung des Stoffes noch strenger nach methodischen Gesichtspunkten vorzugehen, als dies in den früheren Auflagen der Fall war.

Der erste Band wird allgemeine Hinweise zur Laboratoriumspraxis enthalten und die gebräuchlichen Arbeitsmethoden in einem organisch-chemischen Laboratorium, wie beispielsweise Anreichern, Trennen, Reinigen, Arbeiten unter Überdruck und Unterdruck, beschreiben.

In Band II fassen wir die Analytik der organischen Chemie zusammen, die früher verstreut in den einzelnen Kapiteln behandelt wurde. Wir hoffen, dadurch eine wesentliche Erleichterung für den Benutzer des Handbuchs geschaffen zu haben.

Hieran schließt sich die Darstellung der physikalischen Forschungsmethoden in der organischen Chemie. Dort sollen die Grundlagen der Methodik, das erforderliche apparative Rüstzeug, der Anwendungsbereich auf dem Gebiet der organischen Chemie und die Grenzen der betreffenden Methoden kurz wiedergegeben werden. In vielen Fällen wird es hier nicht möglich sein, eine ausführliche Darstellung zu geben, die das Nachschlagen der Originalliteratur unnötig macht, wie bei den Bänden präparativen Inhalts. Unser Ziel ist es, dem präparativ arbeitenden Organiker die Anwendbarkeit der betreffenden physikalischen Methode auf Probleme der organischen Chemie und ihre Grenzen zu zeigen.

Der Hauptteil des Werkes befaßt sich mit den chemisch-präparativen Methoden. In einem gesonderten Band werden allgemeine Methoden behandelt, die Geltung haben für die in den weiteren Bänden behandelten speziellen Methoden, wie etwa Oxidation, Reduktion, Katalyse, photochemische Reaktionen, Herstellung isotopenhaltiger Verbindungen und ähnliches mehr.

Der spezielle Teil befaßt sich mit den Methoden zur Herstellung und Umwandlung organischer Stoffklassen. Auf die Methoden zur Herstellung und Umwandlung von Kohlenwasserstoffen folgen – in der Anordnung des langen Periodensystems von rechts nach links betrachtet – die entsprechenden Verbindungen des Kohlenstoffs mit den Halogenen, den Chalkogenen, den Elementen der Stickstoffgruppe, mit Silicium, Bor, und mit den Metallen. Abschließend behandeln wir die Methoden zur Herstellung und Umwandlung hochmolekularer Stoffe sowie die besonderen organisch-präparativen und analytischen Methoden der Chemie der Naturstoffe.

Im Vordergrund der Darstellung der speziellen chemischen Methoden, die den Hauptteil des Handbuches bilden, wird nicht die Beschreibung der einzelnen Stoffe selbst stehen – dies ist Aufgabe des „Beilstein" –, sondern die Methoden zur Herstellung und Umwandlung bestimmter Verbindungsklassen, erläutert an ausgewählten Beispielen. Dabei wird besonderer Wert auf die Vollständigkeit und kritische Darstellung der Methoden zur Herstellung bestimmter Verbindungsklassen gelegt, die als Schwerpunkt des betreffenden Kapitels angesehen werden können. Die darauf folgende Umwandlung ist so kurz wie möglich behandelt, da sie mit ihren Umwandlungsstoffen in die Kapitel übergreift, die sich mit der Herstellung eben dieser Verbindungstypen befassen. Die Besprechung der Umwandlung der verschiedenen Stoffklassen ist daher nur unter dem Gesichtspunkt aufgenommen worden, jeweils selbständige Kapitel inhaltlich abzurunden und Hinweise zu geben auf die Stellen des Handbuches, an denen der Benutzer die durch Umwandlung entstehenden neuen Stofftypen in ihrer Herstellung auffinden kann.

Es ist selbstverständlich, daß kein Werk der chemischen Sammelliteratur so dem Wandel unterworfen ist wie gerade die „Methoden der organischen Chemie"; beruht doch der Fortschritt der chemischen Wissenschaft darin, stets neue synthetische Wege zu erschließen. Ich darf daher alle Fachkollegen um rege und stete Mitarbeit bitten, sei es in Form von sachlichen Kritiken oder wertvollen Hinweisen.

Nicht zuletzt danke ich der deutschen chemischen Industrie, die unter beträchtlichen Opfern ihre besten Fachkollegen für die Mitarbeit an diesem Werk freigestellt hat und mit Literaturbeschaffung und Auskünften in reichem Maße stets behilflich war.

Auch der Druckerei möchte ich meine Anerkennung für die rasche und gewissenhafte Ausführung der oft schwierigen Arbeit aussprechen.

EUGEN MÜLLER

# Vorwort zum Band XIII/8

In diesem Band werden in drei Abschnitten die organischen Verbindungen des Arsens, Antimons und Wismuths, auf deren Bedeutung in einem historischen Überblick am Anfang des Bandes eingegangen wird, gesondert behandelt.

Wegen der ungewöhnlich großen Anzahl von Verbindungstypen schien es uns – im Gegensatz zu anderen Bänden dieses Handbuchs – zweckmäßig, den Stoff nicht nach Methoden, sondern nach Verbindungsklassen zu ordnen. Dadurch ist auch ein Vergleich mit den Organo-phosphor-Verbindungen (Bd. XII/1) möglich, die ebenfalls nach diesem Prinzip gegliedert sind.

Um die Handhabung dieses Bandes zu erleichtern, werden auf S. 19 die Grundtypen der organischen Verbindungen des Arsens, Antimons und Wismuths in drei Übersichtstabellen vorgestellt. Leider konnten bei dieser Art der Darstellung die Zusammenhänge zwischen analogen Reaktionstypen, soweit diese zu unterschiedlichen Verbindungsklassen führen, nicht so klar aufgezeigt werden, wie es vielleicht wünschenswert gewesen wäre. Wir glauben aber, diesen unvermeidbaren Mangel durch eine Vielzahl von Seitenverweisen ausreichend ausgeglichen zu haben.

In Anbetracht der immer noch zum Teil sehr stark voneinander abweichenden Bezeichnungen organischer Arsen-, Antimon-, Wismuth-Verbindungen in der Literatur wird auf S. 80ff. ein Überblick über die Nomenklatur gegeben. Auf die Handhabung dieser zum Teil hochgiftigen Verbindungen wird auf S. 23 ausführlich eingegangen.

Das Erstmanuskript dieses Bandes wurde dankenswerterweise von Herrn Dr. Herrmann (ehemals Farbw. Hoechst AG) erstellt. Für die mühevolle und zeitraubende Enderstellung des Manuskriptes sind wir Herrn Dr. S. Samaan zu großem Dank verpflichtet. Ferner gilt unser Dank den Herren Prof. Dr. L. Horner, Mainz, und Prof. Dr. R. Luckenbach, Frankfurt, sowie der Hoechst AG.

Nach dem Tod von Herrn Prof. Eugen Müller ist Herr Prof. W. Heinz Kropf in das Herausgeberkollegium eingetreten.

November 1977

OTTO BAYER
HEINZ KROPF

# Organo-arsen-, -antimon- und -wismuth-Verbindungen

# Zeitschriftenliste

Die Abkürzungen entsprechen der Sigelliste des „Beilstein", nur die mit * bezeichneten Abkürzungen sind der 2. Auflage der Periodica Chimica entnommen, die mit ○ bezeichneten den Chemical Abstracts.

| | |
|---|---|
| **A.** | LIEBIGS Annalen der Chemie |
| Abh. dtsch. Akad. Wiss. Berlin, Kl. Chem., Geol. Biol. | Abhandlungen der Deutschen Akademie der Wissenschaften zu Berlin. Klasse für Chemie, Geologie und Biologie, Berlin |
| Abh. dtsch. Akad. Wiss. Berlin, Kl. Math. allg. Naturwiss. | Abhandlungen der Deutschen Akademie der Wissenschaften zu Berlin. Klasse für Mathematik und Allgemeine Naturwissenschaften (seit 1950) |
| Abstr. Kagaku-Kenkyū-Jo Hōkoku | Abstracts from Kagaku-Kenkyū-Jo Hōkoku (Reports of the Scientific Research Institute, seit 1950) |
| Abstr. Rom. Tech. Lit. | Abstracts of Roumanian Technical Literature, Bukarest |
| Accounts Chem. Res. | Accounts of Chemical Research, Washington |
| A. ch. | Annales de Chimie, Paris |
| Acta Acad. Åbo | Acta Academiae Aboensis, Finnland Turku |
| Acta Biochim. Pol. | Acta Biochimica Polonica, Warszawa |
| Acta chem. scand. | Acta Chemica Scandinavica, Kopenhagen, Dänemark |
| Acta chim. Acad. Sci. hung. | Acta Chimica Akademiae Scientiarum Hungaricae, Budapest |
| Acta Chim. Sinica | Acta Chimica Sinica (Ha Hsüeh Hsüeh Pao; seit 1957), Peking |
| Acta Cient. Venez. | Acta Cientifica Venezolana, Caracas |
| Acta crystallogr. | Acta Crystallographica [Copenhagen] (bis 1951: [London]) |
| Acta crystallogr., Sect. A | Acta Crystallographica, Section A, London |
| Acta crystallogr., Sect. B | Acta Crystallographica, Section B, London |
| Acta Histochem. | Acta Histochemica, Jena |
| Acta Histochem., Suppl. | Acta Histochemica (Jena), Supplementum |
| Acta Hydrochimica et Hydrobiologica | Acta Hydrochemica et Hydrobiologica, Berlin |
| Acta latviens. Chem. | Acta Universitatis Latviensis, Chemicorum Ordinis Series, Riga |
| Acta pharmac. int. [Copenhagen] | Acta Pharmaceutica Internationalia [Copenhagen] |
| Acta pharmacol. toxicol. | Acta Pharmacologica et Toxicologica, Kopenhagen |
| Acta Pharm. Hung. | Acta Pharmaceutica Hungarica, Budapest (seit 1949) |
| Acta Pharm. Suecica | Acta Pharmaceutica Suecica, Stockholm |
| Acta Pharm. Yugoslav. | Acta Pharmaceutica Yugoslavica, Zagreb |
| Acta physicoch. URSS | Acta Physicochimica URSS |
| Acta physiol. scand. | Acta Physiologica Scandinavica |
| Acta physiol. scand. Suppl. | Acta Physiologica Scandinavica, Supplementum |
| Acta phytoch. | Acta Phytochimica, Tokyo |
| Acta polon. pharmac. | Acta Poloniae Pharmaceutica (bis 1939 und seit 1947) |
| Advan. Alicyclic Chem. | Advances in Alicyclic Chemistry, New York |
| Advan. Appl. Microbiol. | Advances in Applied Microbiological, New York |
| Advan. Biochem. Engng. | Advances in Biochemical Engineering, Berlin |
| Advan. Carbohydr. Chem. and Biochem. | Advances in Carbohydrate Chemistry and Biochemistry, New York |
| Advan. Catal. | Advances in Catalysis and Related Subjects, New York |
| Advan. Chem. Ser. | Advances in Chemistry Series, Washington |
| Advan. Food Res. | Advances in Food Research, New York |
| Adv. Biol. Med. Phys. | Advances in Biological and Medical Physics, New York |
| Adv. Carbohydrate Chem. | Advances in Carbohydrate Chemistry |
| Adv. Chromatogr. | Advances in Chromatography, New York |
| Adv. Colloid Int. Sci. | Advance in Colloid and Interface Science, Amsterdam |
| Adv. Drug Res. | Advance in Drug Research, New York |
| Adv. Enzymol. | Advances in Enzymology and Related Subjects of Biochemistry, New York |
| Adv. Fluorine Chem. | Advances in Fluorine Chemistry, London |

| | |
|---|---|
| Adv. Free Radical Chem. | Advances in Free Radical Chemistry, London |
| Adv. Heterocyclic Chem. | Advances in Heterocyclic Chemistry, New York |
| Adv. Macromol. Chem. | Advances in Macromolecular Chemistry, New York |
| Adv. Magn. Res. | Advances in Magnetic Resonance, England |
| Adv. Microbiol. Phys. | Advances in Microbiological Physiology, New York |
| Adv. Organometallic Chem. | Advances in Organometallic Chemistry, New York |
| Adv. Org. Chem. | Advances in Organic Chemistry: Methods and Results, New York |
| Adv. Photochem. | Advances in Photochemistry, New York, London |
| Adv. Protein Chem. | Advances in Protein Chemistry, New York |
| Adv. Ser. | Advances in Chemistry Series, Washington |
| Adv. Steroid Biochem. Pharm. | Advances in Steroid Biochemistry and Pharmacology, London/New York |
| Adv. Urethane Sci. Techn. | Advances in Urethane Science and Technology, Westport, Conn. |
| Afinidad | Afinidad [Barcelona] |
| Agents in Actions | Agents in Actions, Basel |
| Agr. and Food Chem. | Journal of Agricultural and Food Chemistry, Washington |
| Agr. Biol.-Chem. (Tokyo) | Agricultural and Biological Chemistry, Tokyo |
| Agr. Chem. | Agricultural Chemicals Baltimore |
| Agrochimica | Agrochimica, Pisa |
| Agrokem. Talajtan | Agrokémia és Talajtan (Agrochemie und Bodenkunde), Budapest |
| Agrokhimiya | Agrokhimiya i Gruntoznavslvo (Agricultural Chemistry and Soil Science), Kiew |
| Agron. J. | Agronomy Journal, United States (seit 1949) |
| Aiche J. (A.I.Ch.E.) | American Institute of Chemical Engineers Journal, New York |
| Allg. Öl- u. Fett-Ztg. | Allgemeine Öl- und Fett-Zeitung, Berlin (1943 vereinigt mit Seifensieder-Ztg., Abkürzung nach Periodica Chimica) |
| Am. | American Chemical Journal, Washington |
| A.M.A. Arch. Ind. Health | A.M.A. Archives of Industrial Health (seit 1955) |
| Am. Dyest. Rep. | American Dyestuff Reporter, New York |
| Amer. ind. Hyg. Assoc. Quart. | American Industrial Hygiene Association Quarterly, Chicago |
| Amer. J. Physics | American Journal of Physics, New York |
| Amer. Petroleum Inst. Quart. | American Petroleum Institute Quarterly, New York |
| Amer. Soc. Testing Mater. | American Society for Testing Materials, Philadelphia, Pa. |
| Amino-acid, Peptide Prot. Abstr. | Amino-acid, Peptide and Protein Abstracts, London |
| Am. Inst. Chem. Engrs. | American Institute of Chemical Engineers, New York |
| Am. J. Pharm. | American Journal of Pharmacy (bis 1936) Philadelphia |
| Am. J. Physiol. | American Journal of Physiology, Washington |
| Am. J. Sci. | American Journal of Science, New Haven, Conn. |
| Am. Perfumer | Americ. Perfumer and Essential Oil Reviews (1936–1939: American Perfumer, Cosmetics, Toilet Preparations) |
| Am Soc. | Journal of the American Chemical Society, Washington |
| Anal. Abstr. | Analytical Abstracts, Cambridge (seit 1954) |
| Anal. Biochem. | Analytical Biochemistry, New York |
| Anal. Chem. | Analytical Chemistry (seit 1947), Washington |
| Anal. chim. Acta | Analytica Chimica Acta, Amsterdam |
| Anales Real Soc. Espan. Fis. Quim. (Madrid) | Anales de la Real Sociedad Española de Fisica y Química, Madrid (seit 1936) |
| Analyst | The Analyst, Cambridge |
| An. Asoc. quím. arg. | Anales de la Asociación Química Argentina, Buenos Aires |
| An. Farm. Bioquím. Buenos Aires | Anales de Farmacia y Bioquímica, Buenos Aires |
| An. Fis. | Anales de la Real Sociedad Española de Fisica y Química, Serie A, Madrid |
| Ang. Ch. | Angewandte Chemie (bis 1931: Zeitschrift für angewandte Chemie); engl.: Angew. Chem. Intern. Ed. Engl. Angewandte Chemie Internationale Edition in Englisch (seit 1962), Weinheim, New York, London |
| Angew. Makromol. Chem. | Angewandte Makromolekulare Chemie, Basel |
| Anilinfarben-Ind. | Анилинокрасочная Промышленность (Anilinfarben-Industrie), Moskau |
| Ann. Acad. Sci. fenn. | Annales Academiae Scientiarum Fennicae, Helsinki |
| Ann. Chim. anal. | Annales de Chimie Analytique (1942–1946), Paris |
| Ann. Chim. anal. appl. | Annales de Chimie Analytique et de Chimie Appliquée (bis 1941), Paris |

| | |
|---|---|
| Ann. Chim. applic. | Annali di Chimica Applicata (bis 1950), Rom |
| Ann. chim. et phys. | Annales de chimie et de physique (bis 1941), Paris |
| Ann. chim. farm. | Annali di chimica farmaceutica (1938–1940), Rom |
| Ann. Chimica | Annali di Chimica (seit 1950), Rom |
| Ann. Fermentat. | Annales des Fermentations, Paris |
| Ann. Inst. Pasteur | Annales de l'Institut Pasteur, Paris |
| Ann. Med. Exp. Biol. Fennicae (Helsinki) | Annales Medicinae Experimentalis et Biologiae Fennicae, Helsinki (seit 1947) |
| Ann. N. Y. Acad. Sci. | Annals of the New York Academy of Sciences, New York |
| Ann. pharm. Franç. | Annales Pharmaceutiques Françaises (seit 1943), Paris |
| Ann. Phys. (New York) | Annals of Physics, New York |
| Ann. Physik | Annalen der Physik (bis 1943 und seit 1947), Leipzig |
| Ann. Physique | Annales de Physique, Paris |
| Ann. Rep. Med. Chem. | Annual Reports in Medicinal Chemistry, New York |
| Ann. Rev. NMR Spectr. | Annual Reports of NMR Spectroscopy, London |
| Ann. Rep. Org. Synth. | Annual Reports on Organic Synthesis, New York |
| Ann. Rep. Progr. Chem. | Annual Reports on the Progress of Chemistry, London |
| Ann. Rev. Biochem. | Annual Review of Biochemistry, Stanford, Calif. |
| Ann. Rev. Inf. Sci. Techn. | Annual Review of Information Science and Technology, Chicago |
| Ann. Rev. phys. Chem. | Annual Review of Physical Chemistry, Palo Alto, Calif. |
| Ann. Soc. scient. Bruxelles | Annales de la Société Scientifique des Bruxelles, Brüssel |
| Annu. Rep. Progr. Rubber | Annual Report on the Progress of Rubber Technology, London |
| Annu. Rep. Shionogi Res. Lab. [Osaka] | Annual Reports of Shionogi Research Laboratory [Osaka] |
| An. Quím. | Anales de la Real Española de Física y Química, Serie B, Madrid |
| An. Soc. españ. [A] bzw. [B] | Anales de la Real Espanola de Fisica y Química (1940–1947 Anales de Física y Química). Seit 1948 geteilt in: Serie A-Física. Serie B-Química, Madrid |
| An. Soc. cient. arg. | Anales de la Sociedad Cientifica Argentina, Santa Fé (Argentinien) |
| Antibiot. Chemother. | Antibiotics and Chemotherapy, New York |
| Antibiotiki (Moscow) | Антибиотики, Antibiotiki (Antibiotika), Moskau |
| Antimicrob. Agents Chemoth. | Antimicrobial Agents and Chemotherapy, Bethesda, Md. |
| Appl. Microbiol. | Applied Microbiology, Baltimore, Md. |
| Appl. Physics | Applied Physics, Berlin |
| Appl. Polymer Symp. | Applied Polymer Symposia, New York |
| Appl. scient. Res. | Applied Scientific Research, Den Haag |
| Appl. Sci. Res. Sect. A u. B | Applied Scientific Research, Den Haag A. Mechanics, Heat, Chemical Engineering, Mathematical Methods  B. Electrophysics, Acoustics, Optics, Mathematical Methods |
| Appl. Spectrosc. | Applied Spectroscopy, Chestnut Hill, Mass. |
| Ar. | Archiv der Pharmazie (und Berichte der Deutschen Pharmazeutischen Gesellschaft), Weinheim/Bergstr. |
| Arch. Biochem. | Archives of Biochemistry and Biophysics (bis 1951: Archives of Biochemistry), New York |
| Arch. des Sci. | Archives des Sciences (seit 1948), Genf |
| Arch. Environ. Health | Archives of Environmental Health, Chicago (seit 1960) |
| Arch. Intern. Physiol. Biochim. | Archives Internationales de Physiologie et de Biochimie (seit 1955), Liège |
| Arch. Math. Naturvid. | Archiv for Mathematik og Naturvidenskab, Oslo |
| Arch. Mikrobiol. | Archiv für Mikrobiologie (bis 1943 und seit 1948), Berlin |
| Arch. Pharm. Chemi | Archiv for Pharmaci og Chemi, Kopenhagen |
| Arch. Phytopath. Pflanzensch. | Archiv für Phytopathologie und Pflanzenschutz, Berlin |
| Arch. Sci. phys. nat. | Archives des Sciences Physiques et Naturelles, Genf (bis 1947) |
| Arch. techn. Messen | Archiv für Technisches Messen (bis 1943 und seit 1947), München |
| Arch. Toxicol. | Archiv für Toxikologie, Berlin, Göttingen, Heidelberg (seit 1954) |
| Arh. Kemiju | Arhiv za Kemiju, Zagreb (Archives de Chimie) (seit 1946) |
| Ark. Kemi | Arkiv för Kemi, Mineralogie och Geologi, seit 1949 Arkiv för Kemi (Stockholm) |
| Arm. Khim. Zh. | Армлнский Химический Журнал, Armyanskii Khimicheskii Zhurnal (Armenian Chemical Journal) Erewan, UdSSR |
| Ar. Pth. | (Nuunyn-Schmiedebergs) Archiv für Experimentelle Pathologie und Pharmakologie, Berlin-W. |
| Arzneimittel-Forsch. | Arzneimittel-Forschung, Aulendorf/Württ. |

| | |
|---|---|
| ASTM Bull. | ASTM (American Society for Testing Materials) Bulletin, Philadelphia |
| ASTM Spec. Techn. Publ. | ASTM (American Society for Testing Materials), Technical Publications, New York |
| Atti Accad. naz. Lincei, Mem., Cl. Sci. fisiche, mat. natur., Sez. I, II bzw. III | Atti della Accademia Nazionale dei Lincei. Memorie. Classe di Scienze Fisiche, Matematiche e Naturali. Sezione I (Matematica, Meccanica, Astronomia, Geodesia e Geofisica). Sezione II (Fisica, Chimica, Geologia, Paleontologia e Mineralogia). Sezione III (Scienze Biologiche) (seit 1946), Turin |
| Atti Accad. naz. Lincei, Rend., Cl. Sci. fisiche, mat. natur. | Atti della Accademia Nazionale dei Lincei. Rendiconti. Classe di Scienze Fisiche, Matematiche e Naturali (seit 1946), Rom |
| Aust. J. Biol. Sci. | Australian Journal of Biological Sciences (seit 1953), Melbourne |
| Austral. J. Chem. | Australian Journal of Chemistry (seit 1952), Melbourne |
| Austral. J. Sci. | Australian Journal of Science, Sydney |
| Austral. J. scient. Res., [A] bzw. [B] | Australien Journal of Scientific Research. Series A. Physical Sciences. Series B. Biological Sciences, Melbourne |
| Austral. P. | Australisches Patent, Canberra |
| Azerb. Khim. Zh. | Азербайджанский Химический Журнал Azerbaidschanisches Chemisches Journal |

| | |
|---|---|
| **B.** | Berichte der Deutschen Chemischen Gesellschaft; seit 1947: Chemische Berichte, Weinheim/Bergstr. |
| Belg. P. | Belgisches Patent, Brüssel |
| Ber. Bunsenges. Phys. Chem. | Berichte der Bunsengesellschaft, Physikalische Chemie, Heidelberg (bis 1952). |
| Ber. chem. Ges. Belgrad | Berichte der Chemischen Gesellschaft Belgrad (Glassnik Chemisskog Druschtwa Beograd, seit 1940), Belgrad |
| Ber. Ges. Kohlentechn. | Berichte der Gesellschaft für Kohlentechnik (Dortmund-Eving) |
| Biochem. | Biochemistry, Washington |
| Biochem. biophys. Acta | Biochimica et biophysica Acta, Amsterdam |
| Biochem. Biophys. Research Commun. | Biochemical and Biophysical Research Communications, New York |
| Biochem. J. (London) | The Biochemical Journal, London |
| Biochem. J. (Kiew) | Biochemical Journal, Kiew, Ukraine |
| Biochem. Med. | Biochemical Medicine, New York |
| Biochem. Pharmacol. | Biochemical Pharmacology, London |
| Biochem. Prepar. | Biochemical Preparations, New York |
| Biochem. Soc. Trans. | Biochemical Society Transactions, London |
| Biochimiya | Биохимия (Biochimia) |
| Biodynamica | Biodynamica, Normandy, Mo., USA |
| Biofizika | Биофизика (Biophysik), Moskau |
| Biopolymers | Biopolymers, New York |
| Bios Final Rep. | British Intelligence Objectives Subcommittee, Final Report |
| Bio. Z. | Biochemische Zeitschrift (bis 1944 und seit 1947) |
| Bitumen, Teere, Asphalte, Peche | Bitumen, Teere, Asphalte, Peche und verwandte Stoffe, Heidelberg |
| Bl. | Bulletin de la Société Chimique de France, Paris |
| Bl. Acad. Belgique | Académie Royale de Belgique: Bulletins de la Classe des Sciences, Brüssel |
| Bl. Acad. Polon. | Bulletin International de l'Académie Polonaise des Sciences et des Lettres, Classe des Sciences Mathématiques et Naturelles, Krakau |
| Bl. agric. chem. Soc. Japan | Bulletin of the Agricultural Chemical Society of Japan, Tokio |
| Bl. am. phys. Soc. | Bulletin of the American Physical Society, Lancaster, Pa. |
| Bl. chem. Soc. Japan | Bulletin of the Chemical Society of Japan, Tokio |
| Bl. Soc. chim. Belg. | Bulletin de la Société Chimique de Belgique (bis 1944), Brüssel |
| Bl. Soc. Chim. biol. | Bulletin de la Société de Chimie Biologique, Paris |
| Bl. Soc. Chim. ind. | Bulletin de la Société de Chimie Industrielle (bis 1934), Paris |
| Bl. Trav. Pharm. Bordeaux | Bulletin des Travaux de la Société de Pharmacie de Bordeaux |
| Bol. inst. quím. univ. nal. auton. Mé. | Boletin del instituto de química de la universidad nacional autonoma de México |
| Boll. chim. farm. | Bolletino chimico farmaceutico, Mailand |
| Boll. Lab. Chim. Prov. Bologna | Bolletino dei Laboratori Chimici, Provinciali, Bologna |
| Bol. Soc. quím. Perú | Boletin de la Sociedad Química del Perú, Lima (Peru) |
| Botyu Kagaku | Bulletin of the Institute of Insect Control (Kyoto), (Scientific Insect Control) |

| | |
|---|---|
| B. Ph. P. | Beiträge zur Chemischen Physiologie und Pathologie |
| Brennstoffch. | Brennstoff-Chemie (bis 1943 und seit 1949), Essen |
| Brit. Chem. Eng. | British Chemical Engineering, London |
| Brit. J. appl. Physics | British Journal of Applied Physics, London |
| Brit. J. Cancer | British Journal of Cancer, London |
| Brit. J. Industr. Med. | British Journal of Industrial Medicine, London |
| Brit. J. Pharmacol. | British Journal of Pharmacology and Chemotherapy, London |
| Brit. P. | British Patent, London |
| Brit. Plastics | British Plastics (seit 1945), London |
| Brit. Polym. J. | British Polymer Journal, London |
| Bul. inst. politeh. Jasi | Buletinul institutuluí politehnic din Jasi (ab 1955 mit Zusatz [NF]) |
| Bul. Laboratorarelor | Buletinul Laboratorarelor, Bukarest |
| Bull. Acad. Polon. Sci., Ser. Sci. Chim. Geol. Geograph. bzw. Ser. Sci. Chim. | Bulletin de l'Académie Polonaise des Sciences, Serie des Sciences, Chimiques, Geologiques et Géographiques (seit 1960 geteilt in ... Serie des Sciences Chimiques und ... Serie des Sciences Geologiques et Géographiques), Warschau |
| Bull. Acad. Sci. URSS, Div. Chem. Sci. | Izwestija Akademii Nauk. SSSR (Bulletin de l'Académie des Sciences de URSS), Moskau, Leningrad (bis 1936) |
| Bull. Environ. Contamin. Toxicol. | Bulletin of Environmental Contamination and Toxicology, Berlin/New York |
| Bull. Inst. Chem. Research, Kyoto Univ. | Bulletin of the Institute for Chemical Research, Kyoto University (Kyoto Daigaku Kagaku Kenkyûsho Hôkoku), Takatsoki, Osaka |
| Bull. Research Council Israel | Bulletin of the Research Council of Israel, Jerusalem |
| Bull. Research Inst. Food Sci., Kyoto Univ. | Bulletin of the Research Institute for Food Science, Kyoto University (Kyoto Daigaku Shokuryô-Kagaku Kenkyujo Hôkoku), Fukuoka, Japan |
| Bull. Soc. roy. Sci. Liège | Bulletin de la Société Royale des Sciences de Liège, Brüssel |
| | |
| C. | Chemisches Zentralblatt, Weinheim/Bergstr. |
| C. A. | Chemical Abstracts, Washington |
| Canad. chem. Processing | Canadian Chemical Processing, Toronto, Canada |
| Canad. J. Chem. | Canadian Journal of Chemistry, Ottawa, Canada |
| Canad. J. Physics | Canadian Journal of Physics, Ottawa, Canada |
| Canad. J. Res. | Canadian Journal of Research (bis 1950), Ottawa, Canada |
| Canad. J. Technol. | Canadian Journal of Technology, Ottawa, Canada |
| Canad. P. | Canadisches Patent |
| Cancer (Philadelphia) | Cancer (Philadelphia), Philadelphia |
| Cancer Res. | Cancer Research, Chicago |
| Can. Chem. Process. | Canadian Chemical Processing, Toronto (seit 1951) |
| Can. J. Biochem. | Canadian Journal of Biochemistry, Ottawa |
| Can. J. Biochem. Physiol. | Canadian Journal of Biochemistry and Physiology, Ottawa (seit 1954) |
| Can. J. Chem. Eng. | Canadian Journal of Chemical Engineering, Ottawa (seit 1957) |
| Can. J. Microbiol. | Canadian Journal of Microbiology, Ottawa |
| Can. J. Pharm. Sci. | Canadian Journal of Pharmaceutical Sciences, Toronto |
| Can. J. Plant. Sci. | Canadian Journal of Plant Science, Ottawa (seit 1957) |
| Can. J. Soil Sci. | Canadian Journal of Soil Science, Ottawa (seit 1957). |
| Carbohyd. Chem. | Carbohydrate Chemistry, London |
| Carbohyd. Chem. Metab. Abstr. | Carbohydrate Chemistry and Metabolism Abstracts, London |
| Carbohyd. Res. | Carbohydrate Research, Amsterdam |
| Catalysis Rev. | Catalysis Review, New York |
| Cereal Chem. | Cereal Chemistry, St. Paul, Minnesota |
| Česk. Farm. | Čechoslovenska Farmacie, Prag |
| Ch. Apparatur | Chemische Apparatur (bis 1943), Berlin |
| Chem. Age India | Chemical Age of India |
| Chem. Age London | Chemical Age, London |
| Chem. Age N. Y. | Chemical Age, New York |
| Chem. Anal. | Organ Komisjii Analitycznej Komitetu Nauk Chemicznych PAN, Warschau |
| Chem. Brit. | Chemistry in Britain, London |
| Chem. Commun. | Chemical Communications, London |
| Chem. Econ. & Eng. Rev. | Chemical Economy and Engineering Review, Tokyo |

| | |
|---|---|
| Chem. Eng. | Chemical Engineering with Chemical and Metallurgical Engineering (seit 1946), New York |
| Chem. Eng. (London) | Chemical Engineering Journal, London |
| Chem. eng. News | Chemical and Engineering News (seit 1943) Washington |
| Chem. Eng. Progr. | Chemical Engineering Progress, Philadelphia, Pa. |
| Chem. Eng. Progr., Monograph Ser. | Chemical Engineering Progress. Monograph Series, New York |
| Chem. Eng. Progr., Symposium Ser. | Chemical Engineering Progress. Symposium Series, New York |
| Chem. eng. Sci. | Chemical Engineering Science, London |
| Chem. High Polymers (Tokyo) | Chemistry of High Polymers (Tokyo) (Kobunshi Kagaku), Tokio |
| Chemical Ind. (China) | Chemical Industry [China], Peking |
| Chemie-Ing.-Techn. | Chemie-Ingenieur-Technik (seit 1949), Weinheim/Bergstr. |
| Chemie in unserer Zeit | Chemie in unserer Zeit, Weinheim/Bergstr. |
| Chemie Lab. Betr. | Chemie für Labor und Betrieb, Frankfurt/Main |
| Chemie Prag | Chemie (Praha), Prag |
| Chemie und Fortschritt | Chemie und Fortschritt, Frankfurt/Main |
| Chem. & Ind. | Chemistry & Industry, London |
| Chem. Industrie | Chemische Industrie, Düsseldorf |
| Chem. Industries | Chemical Industries, New York |
| Chem. Inform. | Chemischer Informationsdienst, Leverkusen |
| Chemist-Analyst | Chemist-Analyst, Philipsburg, New York, New Jersey |
| Chem. Letters | Chemistry Letters, Tokyo |
| Chem. Listy | Chemické Listy pro Vědu a Průmysl. Prag (Chemische Blätter für Wissenschaft und Industrie); seit 1951 Chemické Listy, Prag |
| Chem. met. Eng. | Chemical and Metallurgical Engineering (bis 1946), New York |
| Chem. N. | Chemical News and Journal of Industrial Science (1921–1932), London |
| Chemorec. Abstr. | Chemoreception Abstracts, London |
| Chemosphere | Chemosphere, London |
| Chem. pharmac. Techniek | Chemische en Pharmaceutische Techniek, Dordrecht |
| Chem. Pharm. Bull. (Tokyo) | Chemical & Pharmaceutical Bulletin (Toyko) |
| Chem. Process Engng. | Chemical and Process Engineering, London |
| Chem. Processing | Chemical Processing, London |
| Chem. Products chem. News | Chemical Products and the Chemical News, London |
| Chem. Průmysl | Chemický Průmysl, Prag (Chemische Industrie, seit 1951), Prag |
| Chem. Rdsch. [Solothurn] | Chemische Rundschau [Solothurn] |
| Chem. Reviews | Chemical Reviews, Baltimore |
| Chem. Scripta | Chemical Scripta, Stockholm |
| Chem. Senses & Flavor | Chemical Senses and Flavor, Dordrecht/Boston |
| Chem. Soc. Rev. | Chemical Society Reviews, London (formerly Quarterly Reviews) |
| Chem. Tech. (Leipzig) | Chemische Technik, Leipzig (seit 1949) |
| Chem. Techn. | Chemische Technik, Berlin |
| Chem. Technol. | Chemical Technology, Easton/Pa. |
| Chem. Trade J. | Chemical Trade Journal and Chemical Engineer, London |
| Chem. Umschau, Gebiete, Fette, Öle, Wachse, Harze (ab 1933: Fettchemische Umschau) | Chemische Umschau auf dem Gebiete der Fette, Öle, Wachse und Harze (bis 1933) |
| Chem. Week | Chemical Week, New York |
| Chem. Weekb. | Chemisch Weekblad, Amsterdam |
| Chem. Zvesti | Chemické Zvesti (tschech.). Chemische Nachrichten, Bratislawa |
| Chim. anal. | Chimie analytique (seit 1947), Paris |
| Chim. Anal. (Bukarest) | Chimie Analitica, Bukarest |
| Chim. Chronika | Chimika Chronika, Athen |
| Chim. et Ind. | Chimie et Industrie, Paris |
| Chim. farm. Ž. | Chimiko-farmazevtičeskij Žurnal, Moskau |
| Chim. geterocikl. Soed. | Химия гетеродиклиьнских соединий (Die Chemie der hetero-cyclischen Verbindungen), Riga |
| Chimia | Chimia, Zürich |
| Chimicae Ind. | Chimica e L'Industria, Mailand (seit 1935) |
| Chim. Therap. | Chimica Therapeutica, Arcueil |
| Ch. Z. | Chemiker-Zeitung, Heidelberg |
| CIOS Rep. | Combinde Intelligence Objectives Sub-Committee Report |
| Clin. Chem. | Clinical Chemistry, New York |

| | |
|---|---|
| Clin. Chim. Acta | Clinica Chimica Acta, Amsterdam |
| Clin. Sci. | Clinical Science, London |
| Collect. czech. chem. Commun. | Collection of Czechoslovak Chemikal Communications (seit 1951), Prag |
| Collect. Pap. Fac. Sci., Osaka Univ. [C] | Collect Papers from the Faculty of Science, Osaka University, Osaka, Series C, Chemistry (seit 1943) |
| Collect. pharmac. suecica | Collectanea Pharmaceutica, Suecica, Stockholm |
| Collect. Trav. chim. Tchécosl. | Collection des Travaux Chimiques de Tchécoslovaquie (bis 1939) und 1947–1951; 1939: … Tschèques), Prag |
| Colloid Chem. | Colloid Chemistry, New York |
| Comp. Biochem. Physiol. | Comparative Biochemistry and Physiology, London |
| Coord. Chem. Rev. | Coordination Chemistry Reviews, Amsterdam |
| C. r. | Comptes Rendus Hebdomadaires des Séances de l'Académie des Sciences, Paris |
| C. r. Acad. Bulg. Sci. | Доклады Болгарской Академии Наук(Comptes rendus de l'académie bulgare des sciences) |
| Crit. Rev. Tox. | Critical Reviews in Toxicology, Cleveland/Ohio |
| Croat. Chem. Acta | Croatica Chemica Acta, Zagreb |
| Curr. Sci. | Current Science, Bangalore |
| | |
| Dän. P. | Dänisches Patent |
| Dansk Tidsskr. Farm. | Dansk Tidsskrift for Farmaci, Kopenhagen |
| DAS. | Deutsche Auslegeschrift = noch nicht erteiltes DBP. (seit 1. 1. 1957). Die Nummer der DAS. und des später darauf erteilten DBP. sind identisch |
| DBP. | Deutsches Bundespatent (München, nach 1945, ab Nr. 800000) |
| DDRP. | Patent der Deutschen Demokratischen Republik (vom Ostberliner Patentamt erteilt) |
| Dechema Monogr. | Dechema Monographien, Weinheim/Bergstr. |
| Delft Progr. Rep. | Delft Progress Report (A: Chemistry and Physics, Chemical and Physical Engineering), Groningen |
| Die Nahrung | Die Nahrung (Chemie, Physiologie, Technologie), Berlin |
| Discuss. Faraday Soc. | Discussions of the Faraday Society, London |
| Dissertation Abstr. | Dissertation Abstracts Ann Arbor, Michigan |
| Doklady Akad. SSSR | Доклады Академии Наук СССР (Comptes Rendus de l'Académie des Sciences de l'URSS), Moskau |
| Dokl. Akad. Nauk Arm. SSR | Доклады Академии Наук Армянской ССР / Doklady Akademii Nauk Armjanskoi SSR (Berichte der Akademie der Wissenschaften der Armenischen SSR), Erewan |
| Dokl. Akad. Nauk Azerb. SSR | Доклады Академии Наук Азербайджанской ССР/ Doklady Akademii Nauk Azerbaidshanskoi SSR (Berichte der Akademie der Wissenschaften der Azerbaidschanischen SSR), Baku |
| Dokl. Akad. Nauk Beloruss. SSR | Д. А. Н. Белорусской ССР/ Doklady Akademii Nauk Belorusskoi SSR (Berichte der Akademie der Wissenschaften der Belorussischen SSR), Minsk |
| Dokl. Akad. Nauk SSSR | Д. А. Н. Советской ССR / Doklady Akademii Nauk Sowjetskoi SSR (Berichte der Akademie der Wissenschaften der Vereinigten SSR), Moskau |
| Dokl. Akad. Nauk Tadzh. SSR | Д. А. Н. Таджикской ССР / Doklady Akademii Nauk Tadshikskoi SSR (Berichte der Akademie der Wissenschaften der Tadshikischen SSR) |
| Dokl. Akad. Nauk Uzb. SSR | Д. А. Н. Узбекской ССР / Doklady Akademii Nauk Uzbekskoi SSR (Berichte der Akademie der Wissenschaften der Uzbekischen SSR), Taschkent |
| Dokl. Bolg. Akad. Nauk | Доклады Болгарской Академии Наук/Doklady Bolgarskoi Akademii Nauk (Berichte der Bulgarischen Akademie der Wissenschaften), Sofia |
| Dopov. Akad. Nauk Ukr. RSR, Ser. A u. B | Доповиди Академии Наук Украинской РСР / Dopowidi Akademii Nauk Ukrainskoi RSR (Berichte der Akademie der Wissenschaften der Ukrainischen SSR), Kiew Serie A und B |
| DOS | Deutsche Offenlegungsschrift (ungeprüft) |
| DRP. | Deutsches Reichspatent (bis 1945) |
| Drug Cosmet. Ind. | Drug and Cosmetic Industry, New York |

| | |
|---|---|
| Dtsch. Apoth. Ztg. | Deutsche Apotheker-Zeitung (1934–1945), seit 1950: vereinigt mit Süddeutsche Apotheker-Zeitung, Stuttgart |
| Dtsch. Farben-Z. | Deutsche Farben-Zeitschrift (seit 1951), Stuttgart |
| Dtsch. Lebensmittel-Rdsch. | Deutsche Lebensmittel-Rundschau, Stuttgart |
| Dyer Textile Printer | Dyer, Textile Printer, Bleacher and Finisher (seit 1934; bis 1934: Dyer and Calico Printer, Bleacher, Finisher and Textile Review), London |
| | |
| Electroanal. Chemistry | Electroanalytical Chemistry, New York |
| Endeavour | Endeavour, London |
| Endocrinology | Endocrinology, Boston, Mass. |
| Endokrinologie | Endokrinologie, Leipzig (1943–1949 unterbrochen) |
| Environ. Sci. Technol. | Environmental Science and Technology, England |
| Enzymol. | Enzymologia (Holland), Den Haag |
| Erdöl, Kohle | Erdöl und Kohle (seit 1948), Hamburg |
| Erdöl, Kohle, Erdgas, Petrochem. | Erdöl und Kohle – Erdgas – Petrochemie, Hamburg, (seit 1960) |
| Ergebn. Enzymf. | Ergebnisse der Enzymforschung, Leipzig |
| Ergebn. exakt. Naturwiss. | Ergebnisse der exakten Naturwissenschaften, Berlin |
| Ergebn. Physiol. | Ergebnisse der Physiologie, Biologischen Chemie und Experimentellen Pharmakologie, Berlin |
| Europ. J. Biochem. | European Journal of Biochemistry, Berlin, New York |
| Eur. Polym. J. | European Polymer Journal, Amsterdam |
| Experientia | Experientia (Basel) |
| Experientia, Suppl. | Experientia, Supplementum, Basel |
| | |
| Farbe Lack | Farbe und Lack (bis 1943 und seit 1947), Hannover |
| Farmac. Glasnik | Farmaceutski Glasnik, Zagreb (Pharmazeutische Berichte) |
| Farmacia (Bucharest) | Farmacia (Bucuresti), Bukarest |
| Farmaco. Ed. Prat. | Farmaco Edizione Pratica, Pavia |
| Farmaco (Pavia), Ed. sci. | Il Farmaco (Pavia), Edizione scientifica |
| Farmac. Revy | Farmacevtisk Revy, Stockholm |
| Farmakol. Toksikol. (Moscow) | Фармакология и Токсикология (Farmakologija i Tokssikologija) Pharmakologie und Toxikologie, Moskau |
| Farmatsiya (Moscow) | Farmatsiya (Фармация), Moskau |
| Farm. sci. e tec. (Pavia) | Il Farmaco, scienza e tecnica (bis 1952), Pavia |
| Farm. Zh. (Kiev) | Фармацевтичний Журнал (Киёв), Farmazewtischni Žurnal (Kiew) (Pharmazeutisches Journal, Kiew) |
| Faserforsch. u. Textiltechn. | Faserforschung und Textiltechnik, Berlin |
| FEBS Letters | Federation od European Biochemical Societies, Amsterdam |
| Federation Proc. | Federation Proceedings, Washington, D.C. |
| Fette, Seifen, Anstrichmittel | Fette, Seifen, Anstrichmittel (verbunden mit „Die Ernährungsindustrie") (früher häufige Änderung des Titels), Hamburg |
| FIAT Final Rep. | Field Information Agency, Technical, United States, Group Control Council for Germany, Final Report |
| Fibre Chem. | Fibre Chemistry, London |
| Fibre Sci. Techn. | Fibre Science and Technology, Barking/Essex |
| Finn. P. | Finnisches Patent |
| Finska Kemistsamf. Medd. | Finska Kemistsamfundets Meddelanden (Suomen Kemistiseuran Tiedonantoja), Helsingfors |
| Fiziol. Zh. (Kiev) | Физиологичний Журнал (Киёв) Fisiologitschnii Žurnal (Kiew) (Physiologisches Journal (Kiew) |
| Fiziol. Zh. SSSR im. I. M. Sechenova | Физиологический Журнал СССР имени И. М. Сеченова, (Fisiologitschesskii Žurnal SSSR imeni I. M. Setschenowa, Setschenow Journal für Physiologie der UdSSR, Moskau |
| Fluorine Chem. Rev. | Fluorine Chemistry Reviews, New York |
| Food | Food, London |
| Food Engng. | Food Engineering (seit 1951), New York |
| Food Manuf. | Food Manufacture (seit 1939 Food Manufacture, Incorporating Food Industries Weekly), London |
| Food Packer | Food Packer (seit 1944), Chicago |
| Food Res. | Food Research, Champaign, Ill. |
| Formosan Sci. | Formosan Science, Taipeh |
| Fortschr. chem. Forsch. | Fortschritte der Chemischen Forschung, New York, Berlin |

| | |
|---|---|
| Fortschr. Ch. org. Naturst. | Fortschritte der Chemie Organischer Naturstoffe, Wien |
| Fortschr. Hochpolymeren-Forsch. | Fortschritte der Hochpolymeren-Forschung, Berlin |
| Frdl. | Fortschritte der Teerfarbenfabrikation und verwandter Industriezweige. Begonnen von P. FRIEDLÄNDER, fortgeführt von H. E. FIERZ-DAVID, Berlin |
| Fres. | Zeitschrift für Analytische Chemie (von C. R. FRESENIUS), Berlin |
| Fr. P. | Französisches Patent |
| Fr. Pharm. | France-Pharmacie, Paris |
| Fuel | Fuel in Science and Practice; ab 1948: Fuel, London |
| | |
| **G.** | Gazzetta Chimica Italiana, Rom |
| Gas Chromat.-Mass.-Spectr. Abstr. | Gas Chromatography – Mass-Spectrometry Abstracts, London |
| Gazow. Prom. | Газовая Промышленность, Gasowaja Promyschlenost (Gas-Industrie), Moskau |
| Génie chim. | Génie chimique, Paris |
| Gidroliz. Lesokhim. Prom. | Гидролизная и Лесохимическая Промышленность / Gidrolisnaja i Lessochimitscheskaja Promyschlennost (Hydrolysen- und Holzchemische Industrie), Moskau |
| Gmelin | GMELIN Handbuch der anorganischen Chemie, Verlag Chemie, Weinheim |
| | |
| **Helv.** | Helvetica Chimica Acta, Basel |
| Helv. phys. Acta | Helvetica Physica Acta, Basel |
| Helv. Phys. Acta Suppl. | Helvetica Physica Acta, Supplementum, Basel |
| Helv. physiol. pharmacol. Acta | Helvetica Physiologica et Pharmacologica Acta, Basel |
| Henkel-Ref. | Henkel-Referate, Düsseldorf |
| Heteroc. Sendai | Heterocycles Sendai |
| Histochemie | Histochemie, Berlin, Göttingen, Heidelberg |
| Holl. P. | Holländisches Patent |
| Hoppe-Seyler | HOPPE-SEYLERS Zeitschrift für Physiologische Chemie, Berlin |
| Hormone Metabolic Res. | Hormone and Metabolic Research, Stuttgart |
| Hua Hsueh | Hua Hsueh, Peking |
| Hung. P. | Ungarisches Patent |
| Hydrocarbon. Proc. | Hydrocarbon Processing, England |
| | |
| **Immunochemistry** | Immunochemistry, London |
| Ind. Chemist | Industrial Chemist and Chemical Manufactorer, London |
| Ind. chim. belge | Industrie Chimique Belge, Brüssel |
| Ind. chimique | L'Industrie Chimique, Paris |
| Ind. Corps gras | Industries des Corps Gras, Paris |
| Ind. eng. Chem. | Industrial and Engineering Chemistry, Industrial Edition, seit 1948: Industrial and Engineering Chemistry, Washington |
| Ind. eng. Chem. Anal. | Industrial and Engineering Chemistry, Analytical Edition (bis 1946), Washington |
| Ind. eng. Chem. News | Industrial and Engineering Chemistry. News Ediion (bis 1939), Washington |
| Indian Forest Rec., Chem. | Indian Forest Records. Chemistry, Delhi |
| Indian J. Appl Chem. | Indian Journal of Applied Chemistry (seit 1958), Calcutta |
| Indian J. Biochem. | Indian Journal of Biochemistry, Neu Delhi |
| Indian J. Chem. | Indian Journal of Chemistry |
| Indian J. Physics | Indian Journal of Physics and Proceedings of the Indian Association for the Cultivation of Science, Calcutta |
| Ind. P. | Indisches Patent |
| Ind. Plast. mod. | Industrie des Plastiques Modernes (seit 1949; bis 1948: Industrie des Plastiques), Paris |
| Inform. Quim. Anal. | Informacion de Quimica Analitica, Madrid |
| Inorg. Chem. | Inorganic Chemistry |
| Inorg. Synth. | Inorganic Syntheses, New York |
| Insect Biochem. | Insect Biochemistry, Bristol |
| Interchem. Rev. | Interchemical Reviews, New York |

| | |
|---|---|
| Intern. J. Appl. Radiation Isotopes | International Journal of Applied Radiation and Isotopes, New York |
| Int. J. Cancer | International Journal of Cancer, Helsinki |
| Int. J. Chem. Kinetics | International Journal of Chemical Kinetics, New York |
| Int. J. Peptide, Prot. Res. | International Journal of Peptide and Protein Research, Copenhagen |
| Int. J. Polymeric Mat. | International Journal of Polymeric Materials, New York/London |
| Int. J. Sulfur Chem. | International Journal of Sulfur Chemistry, London/New York |
| Int. Petr. Abstr. | International Petroleum Abstracts, London |
| Int. Pharm. Abstr. | International Pharmaceutical Abstracts, Washington |
| Int. Polymer Sci. & Techn. | International Polymer Science and Technology, Boston Spa, Wetherby, Yorks. |
| Intra-Sci. Chem. Rep. | Intra-Science Chemistry Reports, Santa Monica/Calif. |
| Int. Sugar J. | International Sugar Journal, London |
| Int. Z. Vitaminforsch. | Internationale Zeitschrift für Vitaminforschung, Bern |
| Inzyn. Chem. | Inzynioria Chemíczina, Warschau |
| Ion | Ion (Madrid) |
| Iowa Coll. J. | Iowa State College Journal of Science, Ames, Iowa |
| Iowa State J. Sci. | Iowa State Journal of Science, Ames, Iowa (seit 1959) |
| Israel J. Chem. | Israel Journal of Chemistry, Tel Aviv |
| Ital. P. | Italienisches Patent |
| Izv. Akad. Azerb. SSR, Ser. Fiz.-Tekh. Mat. Nauk | Известия Академии Наук Азербайджанской ССР, Серия Физико-Технических и Химических Наук Izvestija Akademii Nauk Azerbaidschanskoi SSR, Sserija Fisiko-Technitscheskichi Chimitscheskich Nauk (Nachrichten der Akademie der Wissenschaften der Azerbaidschanischen SSR, Serie Physikalisch-Technische und Chemische Wissenschaften), Baku |
| Izv. Akad. SSR | Известия Академии Наук Армянской ССР, Химические Науки (Bulletin of the Academy of Science of the Armenian SSR), Erevan |
| Izv. Akad. SSSR | Известия Академии Наук СССР, Серия Химическая (Bulletin de l'Académie des Sciences de l'URSS, Classe des Sciences Chimiques, Moskau, Leningrad |
| Izv. Sibirsk. Otd. Akad. Nauk SSSR | Известия Сибирского Отделения Академии Наук СССР, Серия химических Наук, Izvesstija Ssibirskowo Otdelenija Akademii Nauk SSSR, Sserija Chimetscheskich Nauk (Bulletin of the Sibirian Branch of the Academy of Sciences of the USSR), Nowosibirsk |
| Izv. Vyssh. Ucheb, Zaved., Neft. Gaz | Известия Высших Учебных Заведений (Баку), Нефть и Газ /Izvestija Wysschych Utschebnych Sawedjeni (Baku), Neft i Gas (Hochschulnachrichten [Baku], Erdöl und Gas), Baku |
| Izv. Vyss. Uch. Zav., Chim. i chim. Techn. | Известия Высших Учебных заведений [Иваново], Химия и химическая технология (Bulletin of the Institution of Higher Education, Chemistry and Chemical Technology), Swerdlowsk |
| J. Agr. Food Chem. | Journal of Agricultural and Food Chemistry, Washington |
| J. agric. chem. Soc. Japan | Journal of the agricultural Chemical Society of Japan. Abstracts (seit 1935) (Nippon Nogeikagaku Kaishi), Tokyo |
| J. agric. Sci. | Journal of Agricultural Science, Cambridge |
| J. Am. Leather Chemist's Assoc. | Journal of the American Leather Chemist's Association, Cincinnati (Ohio) |
| J. Am. Oil Chemist's Soc. | Journal of the American Oil Chemist's Society, Chicago |
| J. Am. Pharm. Assoc. | Journal of the American Pharmaceutical Association, seit 1940 Practical Edition und Scientific Edition; Practical Edition seit 1961 J. Am. Pharm. Assoc.; Scientific Edition seit 1961 J. Pharm. Sci., Easton, Pa. |
| J. Anal. Chem. USSR | Журнал Аналитической химии / Shurnal Analititscheskoi Chimii (Journal für Analytische Chemie), Moskau |
| J. Antibiotics (Japan) | Journal of Antibiotics (Japan) |
| Japan Analyst | Japan Analyst (Bunseki Kagaku) |
| Jap. A. S. | Japanische Patent-Auslegeschrift |
| Jap. Chem. Quart. | Japan Chemical Quarterly, Tokyo |
| Jap. J. Appl. Phys. | Japanese Journal of Applied Physics, Tokyo |
| Jap. P. | Japanisches Patent |
| Jap. Pest. Inform. | Japan Pesticide Information, Tokyo |
| Jap. Plast. Age | Japan Plastic Age, Tokyo |

| | |
|---|---|
| J. appl. Chem. | Journal of Applied Chemistry, London |
| J. appl. Elektroch. | Journal of Applied Elektrochemistry, London |
| J. appl. Physics | Journal of Applied Physics, New York |
| J. Appl. Physiol. | Journal of Applied Physiology, Washington, D.C. |
| J. Appl. Polymer Sci. | Journal of Applied Polymer Science, New York |
| Jap. Text. News | Japan Textile News, Osaka |
| J. Assoc. Agric. Chemists | Journal of the Association of Official Agricultural Chemists, Washinton, D.C. |
| J. Bacteriol. | Journal of Bacteriology, Baltimore, Md. |
| J. Biochem. (Tokyo) | Journal of Biochemistry, Japan, Tokyo |
| J. Biol. Chem. | Journal of Biological Chemistry, Baltimore |
| J. Catalysis | Journal of Catalysis, London, New York |
| J. Cellular compar. Physiol. | Journal of Cellular and Comparative Physiology, Philadelphia, Pa. |
| J. Chem. Educ. | Journal of Chemical Education, Easton, Pa. |
| J. chem. Eng. China | Journal of Chemical Engineering, China, Omei/Szechuan |
| J. Chem. Eng. Data | Journal of Chemical and Engineering Data, Washington |
| J. Chem. Eng. Japan | Journal of Chemical Engineering of Japan, Tokyo |
| J. Chem. Physics | Journal of Chemical Physics, New York |
| J. chem. Soc. Japan | Journal of the Chemical Society of Japan (bis 1948; Nippon Kwagaku Kwaishi), Tokyo |
| J. chem. Soc. Japan, ind. | Journal of the Chemical Society of Japan, Industrial Chemistry Section (seit 1948; Kogyo Kagaku Zasshi), Tokyo |
| J. chem. Soc. Japan, pure Chem. Sect. | Journal of the Chemical Society of Japan, Pure Chemistry Section (seit 1948; Nippon Kagaku Zasshi) |
| J. Chem. U.A.R. | Journal of Chemistry of the U.A.R., Kairo |
| J. Chim. physique Physico-Chim. biol. | Journal de Chimie Physique et de Physico-Chimie Biologique (seit 1939) |
| J. chin. chem. Soc. | Journal of the Chinese Chemical Society |
| J. Chromatog. | Journal of Chromatography, Amsterdam |
| J. Clin. Endocrinol. Metab. | Journal of Clinical Endocrinology and Metabolism, Springfield, Ill. (seit 1952) |
| J. Colloid Sci. | Journal of Colloid Science, New York |
| J. Colloid Interface Sci. | Journal of Colloid and Interface Science |
| J. Color Appear. | Journal of Color and Appearance, New York |
| J. Dairy Sci. | Journal of Dairy Science, Columbus, Ohio |
| J. Elast. & Plast. | Journal of Elastomers and Plastics, Westport, Conn. |
| J. electroch. Assoc. Japan | Journal of the Electrochemical Association of Japan (Denkikwagaku Kyookwai-shi), Tokio |
| J. Electrochem. Soc. | Journal of the Electrochemical Society (seit 1948), New York |
| J. Endocrinol. | Journal of Endocrinology, London |
| J. Fac. Sci. Univ. Tokyo | Journal of the Faculty of Science, Imperial University of Tokyo |
| J. Fluorine Chem. | Journal of Fluorine Chemistry, Lausanne |
| J. Food Sci. | Journal of Food Science, Champaign, Ill. |
| J. Gen. Appl. Microbiol. | Journal of General and Applied Microbiology, Tokio |
| J. Gen. Appl. Microbiol., Suppl. | Journal of General and Applied Microbiology, Supplement, Tokio |
| J. Gen. Microbiol. | Journal of General Microbiology, London |
| J. Gen. Physiol. | Journal of General Physiology, Baltimore, Md. |
| J. Heterocyclic Chem. | Journal of Heterocyclic Chemistry, Albuquerque (New Mexico) |
| J. Histochem. Cytochem. | Journal of Histochemistry and Cytochemistry, Baltimore, Md. |
| J. Imp. Coll. Chem. Eng. Soc. | Journal of the Imperial Chemical College, Engineering Society |
| J. Ind. Eng. Chem. | The Journal of Industrial and Engineering Chemistry (bis 1923) |
| J. Ind. Hyg. | Journal of Industrial Hygiene and Toxicology (1936–1949), Baltimore, Md. |
| J. indian chem. Soc. | Journal of the Indian Chemical Society (seit 1928), Calcutta |
| J. indian chem. Soc. News | Journal of the Indian Chemical Society; Industrial and News Edition (1940–1947), Calcutta |
| J. indian Inst. Sci. | Journal of the Indian Institute of Science, bis 1951 Section A und Section B, Bangalore |
| J. Inorg. & Nuclear Chem. | Journal of Inorganic & Nuclear Chemistry, Oxford |
| J. Inst. Fuel | Journal of the Institute of Fuel, London |
| J. Inst. Petr. | Journal of the Institute of Petroleum, London |
| J. Inst. Polytech. Osaka City Univ. | Journal of the Institute of Polytechnics, Osaka City University |

| | |
|---|---|
| J. Jap. Chem. | Journal of Japanese Chemistry (Kagaku-no Ryoihi), Tokio |
| J. Label. Compounds | Journal of Labelled Compounds, Brüssel |
| J. Lipid Res. | Journal of Lipid Research, Memphis, Tenn. |
| J. Macromol. Sci. | Journal of Macromolecular Science, New York |
| J. makromol. Ch. | Journal für makromolekulare Chemie (1943–1945) |
| J. Math. Physics | Journal of Mathematics and Physics |
| J. Med. Chem. | Journal of Medicinal Chemistry, New York |
| J. Med. Pharm. Chem. | Journal of Medicinal and Pharmaceutical Chemistry, New York |
| J. Mol. Biol. | Journal of Molecular Biology, New York |
| J. Mol. Spectr. | Journal of Molecular Spectroscopy, New York |
| J. Mol. Structure | Journal of Molecular Structure, Amsterdam |
| J. Nat. Cancer Inst. | Journal of the National Cancer Institute, Washington, D.C. |
| J. New Zealand Inst. Chem. | Journal of the New Zealand Institute of Chemistry, Wellington |
| J. Nippon Oil Technologists Soc. | Journal of the Nippon Oil Technologists Society (Nippon Yushi Gijitsu Kyo Laishi), Tokio |
| J. Oil Colour Chemist's Assoc. | Journal of the Oil and Colour Chemist's Association, London |
| J. Org. Chem. | Journal of Organic Chemistry, Baltimore, Md. |
| J. Organometal. Chem. | Journal of Organometallic Chemistry, Amsterdam |
| J. Petr. Technol. | Journal of Petroleum Technology (seit 1949), New York |
| J. Pharmacok. & Biopharmac. | Journal of Pharmacokinetics and Biopharmaceutics, New York |
| J. Pharmacol. | Journal of Pharmacologie, Paris |
| J. Pharmacol. exp. Therap. | Journal of Pharmacology and Experimental Therapeutics, Baltimore, Md. |
| J. Pharm. Belg. | Journal de Pharmacie de Belgique, Brüssel |
| J. Pharm. Chim. | Journal de Pharmacie et de Chemie, Paris (bis 1943) |
| J. Pharm. Pharmacol. | Journal of Pharmacy and Pharmacology, London |
| J. Pharm. Sci. | Journal of Pharmaceutical Sciences, Washington |
| J. pharm. Soc. Japan | Journal of the Pharmaceutical Society of Japan (Yakugakuzasshi), Tokio |
| J. phys. Chem. | Journal of Physical Chemistry, Baltimore |
| J. Phys. Chem. Data | Journal of Physical and Chemical Data, Washington |
| J. Phys. Colloid Chem. | Journal of Physical and Colloid Chemistry, Baltimore, Md. |
| J. Phys. (Paris), Colloq. | Journal de Physique (Paris), Colloque, Paris |
| J. Physiol. (London) | Journal of Physiology, London |
| J. phys. Soc. Japan | Journal of the Physical Society of Japan, Tokio |
| J. Phys. Soc. Japan, Suppl. | Journal of the Physical Society of Japan, Supplement, Tokio |
| J. Polymer Sci. | Journal of Polymer Science, New York |
| J. pr. | Journal für Praktische Chemie, Leipzig |
| J. Pr. Inst. Chemists India | Journal and Proceedings of the Institution of Chemists, India, Calcutta |
| J. Pr. Roy. Soc. N.S. Wales | Journal and Proceedings of the Royal Society of New South Wales, Sidney |
| J. Radioakt. Elektronik | Jahrbuch der Radioaktivität und Elektronik, 1924–1945 vereinigt mit Physikalische Zeitschrift |
| J. Rech. Centre nat. Rech. sci. | Journal des Recherches du Centre de la Recherche Scientifique, Paris |
| J. Res. Bur. Stand. | Journal of Research of the National Bureau of Standards, Washington, D.C. |
| J.S. African Chem. Inst. | Journal of the South African Chemical Institute, Johannesburg |
| J. Scient. Instruments | Journal of Scientific Instruments (bis 1947 und seit 1950), London |
| J. scient. Res. Inst. Tokyo | Journal of the Scientific Research Institute, Tokyo |
| J. Sci. Food Agric. | Journal of the Science of Food and Agriculture, London |
| J. sci. Ind. Research (India) | Journal of Scientific and Industrial Research (India), New Delhi |
| J. Soc. chem. Ind. | Journal of the Society of Chemical Industry (bis 1922 und seit 1947), London |
| J. Soc. chem. Ind., Chem. and Ind. | Journal of the Society of Chemical Industry, Chemistry and Industry (1923–1936), London |
| J. Soc. chem. Ind. Japan Spl. | Journal of the Society of Chemical Industry, Japan. Supplemental Binding (Kogyo Kwagaku Zasshi, bis 1943), Tokio |
| J. Soc. Cosmetic Chemists | Journal of the Society of Cosmetic Chemists, London |
| J. Soc. Dyers Col. | Journal of the Society of Dyers and Colourists, Bradford/Yorkshire, England |
| J. Soc. Leather Trades' Chemists | Journal of the Society of Leather Trades' Chemists, Croydon, Surrey, England |
| J. Soc. West. Australia | Journal of the Royal Society of Western Australia, Perth |

| | |
|---|---|
| J. Soil Sci. | Journal of Soil Science, London |
| J. Taiwan Pharm. Assoc. | Journal of the Taiwan Pharmaceutical Association, Taiwan |
| J. Univ. Bombay | Journal of the University of Bombay, Bombay |
| J. Virol. | Journal of Virology (Kyoto), Kyoto |
| J. Vitaminol. | Journal of Vitaminology (Kyoto) |
| J. Washington Acad. | Journal of the Washington Academy of Sciences, Washington |
| | |
| Kauch. Rezina | Каучук и Резина / Kautschuk i Rezina (Kautschuk und Gummi), Moskau |
| Kaut. Gummi, Kunstst. | Kautschuk, Gummi und Kunststoffe, Berlin |
| Kautschuk u. Gummi | Kautschuk und Gummi, Berlin (Zusatz WT für den Teil: Wissenschaft und Technik) |
| Kgl. norske Vidensk Selsk., Skr. | Kgl. Norske Videnskabers Selskab. Skrifter |
| Khim. Ind. (Sofia) | Химия и Индустрия (София), Chimija i Industrija (Sofia), (Chemie und Industrie (Sofia)) |
| Khim. Nauka i Prom. | Химическая Наука и Промышленность, Chimitscheskaja Nauka i Promyschlennost (Chemical Science and Industry) |
| Khim. Prom. (Moscow) | Химическая Промышленность, Chimitscheskaja Promyschlennost (Chemische Industrie), Moskau (seit 1944) |
| Khim. Volokna | Химические Волокна, Chimitscheskije Wolokna (Chemiefasern), Moskau |
| Kinetika i Kataliz | Кинетика и Катализ(Kinetik und Katalyse), Moskau |
| Kirk-Othmer | Kirk-Othmer, Encyclopedia of Chemical Technology, Interscience Publ. Co., New York, London, Sidney |
| Klin. Wochenschr. | Klinische Wochenschrift, Berlin, Göttingen, Heidelberg |
| Koks. Khim. | Кокс и Химия, Koks i Chimija (Koks und Chemie), Moskau |
| Koll. Beih. | Kolloid-Beihefte (Ergänzungshefte zur Kolloid-Zeitschrift, 1931–1943), Dresden, Leipzig |
| Kolloidchem. Beih. | Kolloidchemische Beihefte (bis 1931), Dresden u. Leipzig |
| Kolloid-Z. | Kolloid-Zeitschrift, seit 1943 vereinigt mit Kolloid-Beiheften |
| Koll. Žurnal | Коллоидный Журнал, Kolloidnyi Žurnal (Colloid-Journal), Moscow |
| Koninkl. Nederl. Akad. Wetensch. | Koninklijke Nederlandse Akademie van Wetenschappen |
| Kontakte | Kontakte, Firmenschrift Merck AG, Darmstadt |
| Kungl. svenska Vetenskaps-akad. Handl. | Kungliga Svenska Vetenskasakademiens Handlingar, Stockholm |
| Kunststoffe | Kunststoffe, München |
| Kunststoffe, Plastics | Kunststoffe, Plastics, Solothurn |
| | |
| Labo | Labo, Darmstadt |
| Labor. Delo | Лабораторное Дело, Laboratornoje Djelo (Laboratoriumswesen), Moskau |
| Lab. Invest. | Laboratory Investigation, New York |
| Lab. Practice | Laboratory Practice |
| Lack- u. Farben-Chem. | Lack- und Farben-Chemie (Däniken)/Schweiz |
| Lancet | Lancet, London |
| Landolt-Börnst. | Landolt-Börnstein-Roth-Scheel: Physikalisch-Chemische Tabellen, 6. Auflage |
| Lebensm.-Wiss. Techn. | Lebensmittel-Wissenschaften und Technologie, Zürich |
| Life Sci. | Life Sciences, Oxford |
| Lipids | Lipids, Chicago |
| Listy Cukrov. | Listy Cukrovarnické (Blätter für Zuckerraffinerie), Prag |
| | |
| M. | Monatshefte für Chemie, Wien |
| Macromolecules | Macromolecules, Easton |
| Macromol. Rev. | Macromolecular Reviews, Amsterdam |
| Magyar chem. Folyóirat | Magyar Chemiai Folyóirat, seit 1949: Magyar Kemiai Folyóirat (Ungarische Zeitschrift für Chemie), Budapest |
| Magyar kem. Lapja | Magyar kemikusok Lapja (Zeitschrift des Vereins Ungarischer Chemiker), Budapest |

| | |
|---|---|
| Makromol. Ch. | Makromolekulare Chemie, Heidelberg |
| Manuf. Chemist | Manufacturing Chemist and Pharmaceutical and Fine Chemical Trade Journal, London |
| Materie plast. | Materie Plastiche, Milano |
| Mat. grasses | Les Matières Grasses. – Le Pétrole et ses Dérivés ,Paris |
| Med. Ch. I. G. | Medizin und Chemie. Abhandlungen aus den Medizinisch-chemischen Forschungsstätten der I. G. Farbenindustrie AG. (bis 1942), Leverkusen |
| Meded. vlaamse chem. Veren. | Mededelingen van de Vlaamse Chemische Vereniging, Antwerpen |
| Melliand Textilber. | Melliand Textilberichte, Heidelberg |
| Mém. Acad. Inst. France | Mémoires de l'Académie des Sciences de France, Paris |
| Mem. Coll. Sci. Kyoto | Memoirs of the College of Science, Kyoto Imperial University, Tokio |
| Mem. Inst. Sci. and Ind. Research, Osaka Univ. | Memoirs of the Institute of Scientific and Industrial Research, Osaka University, Osaka |
| Mém. Poudre | Mémorial des Poudres (bis 1939 und seit 1948), Paris |
| Mém. Services chim. | Mémorial des Services Chimiques de l'État, Paris |
| Mercks Jber. | E. MERCKS Jahresbericht über Neuerungen auf den Gebieten der Pharmakotherapie und Pharmazie, Weinheim |
| Metab., Clin. Exp. | Metabolism. Clinical and Experimental, New York |
| Methods Biochem. Anal. | Methods of Biochemical Analysis, New York |
| Microchem. J. | Microchemical Journal, New York |
| Microfilm Abst. | Microfilm Abstracts, Ann Arbor (Michigan) |
| Mikrobiol. Ž. (Kiev) | Микробиологичний Журнал (Київ) /Mikrobiologitschnii Shurnal (Kiew) (Mikrobiologisches Journal), Kiew |
| Mikrobiologiya | Микробиология / Mikrobiologija (Mikrobiologie), Moskau |
| Mikrochemie | Mikrochemie, Wien (bis 1938) |
| Mikrochem. verein. Mikrochim. Acta | Mikrochemie vereinigt mit Mikrochimica Acta (seit 1938), Wien |
| Mikrochim. Acta (bis 1938) | Mikrochimica Acta (Wien) |
| Mikrochim. Acta, Suppl. | Mikrochimica Acta, Supplement, Wien |
| Mitt. Gebiete, Lebensm. Hyg. | Mitteilungen aus dem Gebiete der Lebensmitteluntersuchung und Hygiene, Bern |
| Mod. Plastics | Modern Plastics (seit 1934), New York |
| Mod. Trends Toxic. | Modern Trends in Toxicology, London |
| Mol. Biol. | Молекулярная Биология Molekulyarnaja Biologija, (Molekular-Biologie), Moskau |
| Mol. Cryst. | Molecular Crystals, England |
| Mol. Pharmacol. | Molecular Pharmacology, New York, London |
| Mol. Photochem. | Molecular Photochemistry, New York |
| Mol. Phys. | Molecular Physics, London |
| Monatsh. Chem. | Monatshefte Chemie und verwandte Teile anderer Wissenschaften, Leipzig |
| Nahrung | Nahrung (Chemie, Physiologie, Technologie), Berlin |
| Nat. Bur. Standards (U. S.), Ann. Rept. Circ. | National Bureau of Standards (U. S.), Annual Report, Circular, Washington |
| Nat. Bur. Standards (U. S.), Techn. News Bull. | National Bureau of Standards (U. S.), Technical News Bulletin, Washington |
| Nation. Petr. News | National Petroleum News, Cleveland/Ohio |
| Natl. Nuclear Energy Ser., Div. I–IX | National Nuclear Energy Series, Division I–IX, New York |
| Nature | Nature, London |
| Naturf. Med. Dtschl. 1939–1946 | Naturforschung und Medizin in Deutschland 1939–1946 (für Deutschland bestimmte des FIAT-Review of German Science), Wiesbaden |
| Naturwiss. | Naturwissenschaften, Berlin, Göttingen |
| Natuurw. Tijdschr. | Natuurwetenschappelijk Tijdschrift, Vennoofschap |
| Neftechimiya | Нефтехимия(Petroleum Chemistry) |
| Neftepererab. Neftekhim. (Moscow) | Нефтепереработка и Нефтехимия (Москва) / Neftepererabotka i Neftechimija, Moskau (Erdölverarbeitung und Erdölchemie) |
| New Zealand J. Agr. Res. | New Zealand Journal of Agricultural Research, Wellington, N. Z. |
| Niederl. P. | Niederländisches Patent |
| Nippon Gomu Kyokaishi | Journal of the Society of Rubber Industry of Japan, Tokio |
| Nippon Nogei Kagaku Kaishi | Journal of the Agricultural Chemical Society of Japan, Tokio |

| | |
|---|---|
| Nitrocell. | Nitrocellulose (bis 1943 und seit 1952), Berlin |
| Norske Vid. Selsk. Forh. | Kongelige Norske Videnskabers Selskab. Forhandlinger, Trondheim |
| Norw. P. | Norwegisches Patent |
| Nuclear Magn. Res. Spectr. Abstr. | Nuclear Magnetic Resonance Spectroscopy Abstracts, London |
| Nuclear Sci. Abstr. Oak Ridge | U.S. Atomic Energy Commission, Nuclear Science Abstracts, Oak Ridge |
| Nucleic Acids Abstr. | Nucleic Acids Abstracts, London |
| Nuovo Cimento | Nuovo Cimento, Bologna |
| | |
| Öl, Kohle | Öl und Kohle (bis 1934 und 1941–1945): in Gemeinschaft mit Brennstoff-Chemie von 1943–1945, Hamburg |
| Öst. Chemiker-Ztg. | Österreichische Chemiker-Zeitung (bis 1942 und seit 1947), Wien |
| Österr. Kunst. Z. | Österreichische Kunststoff-Zeitschrift, Wien |
| Österr. P. | Österreichisches Patent (Wien) |
| Offic. Gaz., U.S. Pat. Office | Official Gazette, United States Patent Office |
| Ohio J. Sci. | Ohio Journal of Science, Columbus/Ohio |
| Oil Gas J. | Oil and Gas Journal, Tulsa/Oklahoma |
| Organic Mass Spectr. | Organic Mass Spectrometry, London |
| Organometal. Chem. | Organometallic Chemistry |
| Organometal. Chem. Rev. | Organometallic Chemistry Reviews, Amsterdam |
| Organometal. i. Chem. Synth. | Organometallics in Chemical Synthesis, Lausanne |
| Organometal. Reactions | Organometallic Reactions, New York |
| Org. Chem. Bull. | Organic Chemical Bulletin (Eastman Kodak), Rochester |
| Org. Prep. & Proced. | Organic Preparations and Procedures, New York |
| Org. Reactions | Organic Reactions, New York |
| Org. Synth. | Organic Syntheses, New York |
| Org. Synth., Coll. Vol. | Organic Syntheses, Collective Volume, New York |
| | |
| Paint Manuf. | Paint incorporating Paint Manufacture (seit 1939), London |
| Paint Oil chem. Rev. | Paint, Oil and Chemical Review, Chicago |
| Paint, Oil Colour J. | Paint, Oil and Colour Journal (seit 1950), London |
| Paint Varnish Product. | Paint and Varnish Production (seit 1949; bis 1949: Paint and Varnish Production Manager), Washington |
| Pak. J. Sci. Ind. Res. | Pakistan Journal of Science and Industrial Research, Karachi |
| Paper Ind. | Paper Industry (1938–1949: ... and Paper World), Chicago |
| Papier (Darmstadt) | Das Papier, Darmstadt |
| Pap. Puu | Paperi ja Puu – Papper och Trä (Paper and Timbre), Helsinki |
| P. C. H. | Pharmazeutische Zentralhalle für Deutschland, Dresden |
| Perfum. essent. Oil Rec. | Perfumery and Essential Oil Record, London |
| Periodica Polytechn. | Periodica Polytechnica, Budapest |
| Pest. Abstr. | Pesticides Abstracts, Washington |
| Pest. Biochem. Phys. | Pesticide Biochemistry and Physiology, New York |
| Pest. Monit. J. | Pesticides Monitoring Journal, Atlanta |
| Petr. Eng. | Petroleum Engineer, Dallas/Texas |
| Petr. Hydrocarbons | Petroleum and Hydrocarbons, Bombay |
| Petr. Processing | Petroleum Processing, New York |
| Petr. Refiner | Petroleum Refiner, Houston/Texas |
| Pharma. Acta Helv. | Pharmaceutica Acta Helvetica, Zürich |
| Pharmacol. | Pharmacology, Basel |
| Pharmacol. Rev. | Pharmacological Reviews, Baltimore |
| Pharmazie | Pharmazie, Berlin |
| Pharmaz. Ztg. – Nachr. | Pharmazeutische Zeitung – Nachrichten, Hamburg |
| Pharm. Bull. (Tokyo) | Pharmaceutical Bulletin (Tokyo) (bis 1958) |
| Pharm. Ind. | Die Pharmazeutische Industrie, Berlin |
| Pharm. J. | Pharmaceutical Journal, London |
| Pharm. Weekb. | Pharmaceutisch Weekblad, Amsterdam |
| Philips Res. Rep. | Philips Research Reports, Eindhoven/Holland |
| Phil. Trans. | Philosophical Transactions of the Royal Society of London |
| Photochem. and Photobiol. | Photochemistry and Photobiology, New York |
| Phosphorus | Phosphorus |
| Physica | Physica. Nederlandsch Tijdschrift voor Natuurkunde, Utrecht |
| Physik. Bl. | Physikalische Blätter, Mosbach/Baden |

| | |
|---|---|
| Phys. Rev. | Physical Reviews, New York |
| Phys. Rev. Letters | Physical Reviews Letters, New York |
| Phys. Z. | Physikalische Zeitschrift (Leipzig) |
| Plant Physiol. | Plant Physiology, Lancaster, Pa. |
| Plaste u. Kautschuk | Plaste und Kautschuk (seit 1957), Leipzig |
| Plasticheskie Massy | Пластический масы (Soviet Plastics), Moskau |
| Plastics | Plastics (London) |
| Plastics Inst., Trans. and J. | The (London) Plastics Institute, Transactions Journal |
| Plastics Technol. | Plastics Technology |
| Poln. P. | Polnisches Patent |
| Polymer Age | Polymer Age, Tenderden/Kent |
| Polymer Ind. News | Polymer Industry News, New York |
| Polymer J. | Polymer Journal, Tokyo |
| Polytechn. Tijdschr. (A) | Polytechnisch Tijdschrift, Uitgave A (seit 1946), Haarlem |
| Postepy Biochem. | Postepy Biochemii (Fortschritt der Biochemie), Warschau |
| Pr. Acad. Tokyo | Proceedings of the Imperial Academy, Tokyo |
| Pr. Akad. Amsterdam | Proceedings, Koninklijke Nederlandsche Akademie von Wetenschappen (1938–1940 und seit 1943), Amsterdam |
| Pr. chem. Soc. | Proceedings of the Chemical Society, London |
| Prep. Biochem. | Preparative Biochemistry, New York |
| Pr. Indiana Acad. | Proceedings of the Indiana Academy of Science, Indianapolis/Indiana |
| Pr. indian Acad. | Proceedings of the Indian Academy of Sciences, Bangalore/Indien |
| Pr. Iowa Acad. | Proceedings of the Iowa Academy of Sciences, Des Moines/Iowa (USA) |
| Pr. irish Acad. | Proceedings of the Royal Irish Academy, Dublin |
| Pr. Nation. Acad. India | Proceedings of the National Academy of Sciences, India (seit 1936), Allahabad/Indien |
| Pr. Nation. Acad. USA | Proceedings of the National Academy of Sciences of the United States of America, Washington |
| Proc. Amer. Soc. Testing Mater. | Proceedings of the American Society for Testing Materials Philadelphia, Pa. |
| Proc. Analyt. Chem. | Proceeding of the Society for Analytical Chemistry, London |
| Proc. Biochem. | Process Biochemistry, London |
| Proc. Egypt. Acad. Sci. | Proceedings of the Egyptian Academy of Sciences, Kairo |
| Proc. Indian Acad. Sci., Sect. A | Proceedings of the Indian Academy of Science, Section A, Bangalore |
| Proc. Japan Acad. | Proceedings of the Japan Academy (seit 1945), Tokio |
| Proc. Kon. Ned. Acad. Wetensh. | Proceedings, Koninklijke Nederlandse Akademie van Wetenschappen, Amsterdam |
| Proc. Roy. Austral. chem. Inst. | Proceedings of the Royal Australian Chemical Institute, Melbourne |
| Produits pharmac. | Produits Pharmaceutiques, Paris |
| Progress Biochem. Pharm. | Progress Biochemical Pharmacology, Basel |
| Progr. Boron Chem. | Progress in Boron Chemistry, Oxford |
| Progr. Org. Chem. | Progress in Organic Chemistry, London |
| Progr. Physical Org. Chem. | Progress in Physical Organic Chemistry, New York, London |
| Progr. Solid State Chem. | Progress in Solid State Chemistry, New York |
| Promysl. org. Chim. | Промышленность Органической Химии Promyschlennost Organitscheskoi Chimii (bis 1941: Shurnal Chimitscheskoi Promyschlennosti), (Industrie der Organischen Chemie, Organic Chemical Industry, bis 1940), Moskau |
| Prostaglandines | Prostaglandines, Los Altos/Calif. |
| Pr. phys. Soc. London | Proceedings of the Physical Society, London |
| Pr. roy. Soc. | Proceedings of the Royal Society, London |
| Pr. roy. Soc. Edinburgh | Proceedings of the Royal Society of Edinburgh, Edinburgh |
| Przem. chem. | Przemysl Chemiczny (Chemische Industrie), Warschau |
| Psychopharmacologia | Psychopharmacologia (Berlin), Berlin, Göttingen, Heidelberg |
| Publ. Am. Assoc. Advan. Sci. | Publication of the American Association for the Advancement of Science |
| Pure Appl. Chem. | Pure and Applied Chemistry (The Official Journal of the International Union of Pure and Applied Chemistry), London |
| Quart. J. indian Inst. Sci. | Quarterly Journal of the Indian Institute of Science, Bangalore |
| Quart. J. Pharm. Pharmacol. | Quarterly Journal of Pharmacy and Pharmacology (bis 1948), London |
| Quart. J. Studies Alc. | Quarterly Journal of Studies on Alcohol, New Haven, Conn. |

| | |
|---|---|
| Quart. Rev. | Quarterly Reviews, London (seit 1970 Chemical Society Reviews) |
| Quím. e Ind. | Química e Industria, Sao Paulo (bis 1938 Chimica e Industria) |

| | |
|---|---|
| **R.** | Recueil des Travaux Chimiques des Pays-Bas, Amsterdam |
| Radiokhimiya | Радиохимия/Radiochimija (Radiochemie), Leningrad |
| R. A. L. | Atti della Reale Academia Nazionale dei Lincei, Classe di Scienze Fisiche, Mathematiche e Naturali: Rendiconti (bis 1940) |
| Rasayanam | Journal for the Progress of Chemical Science, Poona, India |
| Rend. Ist. lomb. | Rendiconti dell'Istituto Lombardo di Scienze e Lettere. Classe di Scienze Matematiche e Naturali (seit 1944), Mailand |
| Rep. Government chem. ind. Res. Inst., Tokyo | Reports of the Government Chemical Industrial Research Institute, Tokyo |
| Rep. Progr. appl. Chem. | Reports on the Progress of Applied Chemistry (seit 1949), London |
| Rep. sci. Res. Inst. | Reports of Scientific Research Institute (Japan), Kagaku-Kenkyujo-Hokoku, Tokio |
| Research | Research, London |
| Rev. Asoc. bioquím. arg. | Reviste de la Asociación Bioquímica Argentina, Buenos Aires |
| Rev. Chim. (Bucarest) | Revista de Chimie (Bucuresti), Bukarest |
| Rev. Fac. Cienc. quím. | Revista de la Facultad de Ciencias Químicas, Universidad Nacional de La Plata, La Plata |
| Rev. Fac. Sci. Istanbul | Revue de la Faculté des Sciences de l'Université d'Istanbul, Istanbul |
| Rev. Franc. Études Clin. Biol. | Revue Française d'Études Cliniques et Biologiques, Paris |
| Rev. gén. Matières plast. | Revue Générale des Matières Plastiques, Paris |
| Rev. gén. Sci. | Revue Générale des Sciences pures et appliquées, Paris |
| Rev. Inst. franç. Pétr. | Revue de l'Institut Français du Pétrole et Annales des Combustibles Liquides, Paris |
| Rev. Macromol. Chem. | Reviews in Macromolecular Chemistry, New York |
| Rev. Mod. Physics | Reviews of Modern Physics |
| Rev. Phys. Chem. Jap. | Review of Physical Chemistry of Japan, Tokyo |
| Rev. Plant Prot. Res. | Review of Plant Protection Research, Tokyo |
| Rev. Prod. chim. | Revue des Produits Chimiques, Paris |
| Rev. Pure Appl. Chem. | Reviews of Pure and Applied Chemistry, Melbourne |
| Rev. Quím. Farm. | Revista de Química e Farmácia, Rio de Janeiro |
| Rev. Roumaine-Biochim. | Revue Roumaine de Biochimie, Bukarest |
| Rev. Roumaine Chim. | Revue Roumaine de Chimie (bis 1963: Revue de Chimie, Académie de la République Populaire Roumaine), Bukarest |
| Rev. Roumaine-Phys. | Revue Roumaine de Physique, Bukarest |
| Rev. sci. | Revue Scientifique, Paris |
| Rev. scient. Instruments | Review of Scientific Instruments, New York |
| Ricerca sci. | Ricerca Scientifica, Rom |
| Roczniki Chem. | Roczniki Chemii (Annales Societatis Chimicae Polonorum), Warschau |
| Rodd | Rodd's Chemistry of Carbon Compounds, Elsevier Publ. Co., Amsterdam |
| Rubber Age N. Y. | The Rubber Age, New York |
| Rubber Chem. Technol. | Rubber Chemistry and Technology, Easton, Pa. |
| Rubber J. | Rubber Journal (seit 1955), London |
| Rubber & Plastics Age | The Rubber & Plastics Age, London |
| Rubber World | Rubber World (seit 1945), New York |
| Russian Chem. Reviews | Chemical Reviews (UdSSR) |
| Sbornik Statei obšč. Chim. | Сборник Статей по Общей Химии |
| | Sbornik Statei po Obschtschei Chimii (Sammlung von Aufsätzen über die allgemeine Chemie), Moskau u. Leningrad |
| Schwed. P. | Schwedisches Patent |
| Schweiz. P. | Schweizerisches Patent |
| Sci. | Science, New York, seit 1951, Washington |
| Sci. American | Scientific American, New York |
| Sci. Culture | Science and Culture, Calcutta |
| Scientia Pharm. | Scientia Pharmaceutica, Wien |
| Scient. Pap. Bur. Stand. | Scientific Papers of the Bureau of Standards (Washington) |
| Scient. Pr. roy. Dublin Soc. | Scientific Proceedings of the Royal Dublin Society, Dublin |
| Sci. Ind. | Science et Industrie, Paris (bis 1934) |

| | |
|---|---|
| Sci. Ind. phot. | Science et Industries photographiques, Paris |
| Sci. Pap. Inst. Phys. Chem. Res. Tokyo | Scientific Papers of the Institute of Physical and Chemical Research, Tokio (bis 1948) |
| Sci. Publ., Eastman Kodak | Scientific Publications, Eastman Kodak Co., Rochester/N.Y. |
| Sci. Progr. | Science Progress, London |
| Sci. Rep. Tohoku Univ. | Science Reports of the Tohoku Imperial University, Tokio |
| Sci. Repts. Research Insts. Tohoku Univ., (A), (B), (C) bzw. (D) | The Science Reports of the Research Institutes, Tohoku University, Series A, B, C bzw. D, Sendai/Japan |
| Seifen-Oele-Fette-Wachse | Seifen-Oele-Fette-Wachse. Neue Folge der Seifensieder-Zeitung, Augsburg |
| Seikagaku | Seikagaku (Biochemie), Tokio |
| Sen-i Gakkaishi | Journal of the Society of Textile and Cellulose Industry, Japan (seit 1945) |
| Separation Sci. | Separation Science, New York |
| Soc. | Journal of the Chemical Society, London |
| Soil Biol. Biochem. | Soil Biology and Biochemistry, Oxford |
| Soil Sci. | Soil Science, Baltimore |
| Soobshch. Akad. Nauk Gruz. SSR | Сообщения Академии Наук Грузинской ССР / Soobschtschenija Akademii Nauk Grusinskoi SSR (Mitteilungen der Akademie der Wissenschaften der Grusinischen SSR, Tbilissi |
| South African Ind. Chemist | South African Industrial Chemist, Johannesburg |
| Spectrochim. Acta | Spectrochimica Acta, Berlin, ab 1947 Rom |
| Spectrochim. Acta (London) | Spectrochimica Acta, London (seit 1950) |
| Staerke | Stärke, Stuttgart |
| Steroids | Steroids an International Journal, San Francisco |
| Steroids, Suppl. | Steroids an International Journal, Supplements, San Francisco |
| Stud. Cercetari Biochim. | Studii si Cercetari de Biochemie, (Bucuresti) |
| Stud. Cercetari Chim. | Studii si Cercetari de Chimie (Bucuresti) |
| Suomen Kem. | Suomen Kemistilehti (Acta Chemica Fennica), Helsinki |
| Suomen Kemistilehti B | Suomen Kemistilehti B (Finnische Chemiker-Zeitung) |
| Suppl. nuovo Cimento | Supplemento del Nuovo Cimento (seit 1949), Bologna |
| Svensk farm. Tidskr. | Svensk Farmaceutisk Tidskrift, Stockholm |
| Svensk kem. Tidskr. | Svensk Kemisk Tidskrift, Stockholm |
| Synthesis | Synthesis, International Journal of Methods in Synthetic Organic Chemistry, Stuttgart, New York |
| Synth. React. Inorg. Metal-org. Chem. | Synthesis and Reactivity in Inorganic and Metal-organic Chemistry, New York |
| Talanta | Talanta, International Journal of Analytical Chemistry, London |
| Tappi | Tappi (Technical Association of the Pulp and Paper Industry), New York |
| Techn. & Meth. Org., Organometal. Chem. | Techniques and Methods of Organic and Organometallic Chemistry, New York |
| Tekst. Prom. (Moscow) | Текстил Промышленност Tekstil Promyschlennost (Textil Industrie) |
| Tenside | Tenside Detergents, München |
| Teor. Khim. Techn. | Theoretitscheskie Osnovy Chimitscheskoj, Technologie, Moskau |
| Terpenoids and Steroids | Terpenoids and Steroids, London |
| Tetrahedron | Tetrahedron, Oxford |
| Tetrahedron Letters | Tetrahedron Letters, Oxford |
| Tetrahedron, Suppl. | Tetrahedron, Supplements, London |
| Textile Chem. Color. | Textile Chemist and Colorist, New York |
| Textile Prog. | Textile Progress, Manchester |
| Textile Res. J. | Textile Research Journal (seit 1945), New York |
| Theor. Chim. Acta | Theoretika Chimica Acta (Zürich) |
| Tiba | Revue Générale de Teinture, Impression, Blanchiment, Apprêt et de Chimie Textile et Tinctoriale (bis 1940 und seit 1948), Paris |
| Tidskr. Kjemi, Bergv. Met. | Tidskrift för Kjemi, Bergvesen og Metallurgi (seit 1941), Oslo |
| Topics Med. Chem. | Topics in Medicinal Chemistry, New York |
| Topics Pharm. Sci. | Topics in Pharmaceutical Science, New York |
| Topics Phosph. Chem. | Topics in Phosphorous Chemistry, New York |
| Topics Stereochem. | Topics in Stereochemistry, New York |
| Toxicol. | Toxicologie, Amsterdam |

| | |
|---|---|
| Toxicol. Appl. Pharmacol. | Toxicology and Applied Pharmacology, New York |
| Toxicol. Appl. Pharmacol., Suppl. | Toxicology and Applied Pharmacology, Supplements, New York |
| Toxicol. Env. Chem. Rev. | Toxicological and Environmental Chemistry Reviews, New York |
| Trans. Amer. Inst. Chem. Eng. | Transactions of the American Institute of Chemical Engineers, New York |
| Trans. electroch. Soc. | Transactions of the Electrochemical Society, New York (bis 1949) |
| Trans. Faraday Soc. | Transactions of the Faraday Society, Aberdeen |
| Trans. Inst. chem. Eng. | Transactions of the Institution of Chemical Engineers, London |
| Trans. Inst. Rubber Ind. | Transactions of the Institution of the Rubber Industry, London |
| Trans. Kirov's Inst. chem. Technol. Kazan | Труды Казанского Химико-Технологического Института им. Кирова / Trudy Kasanskovo Chimiko-Technologitscheskovo Instituta im. Kirova (Transactions of the Kirov's Institute for Chemical Technology of Kazan), Moskau |
| Trans. Pr. roy. Soc. New Zealand | Transactions and Proceedings of the Royal Society of New Zealand (seit 1952 Transactions of the Royal Society of New Zealand), Wellington |
| Trans roy. Soc. Canada | Transactions of the Royal Society of Canada, Ottawa |
| Trans. Roy. Soc. Edinburgh | Transactions of the Royal Society of Edinburgh, Edinburgh |
| Trav. Soc. Pharm. Montpellier | Travaux de la Société de Pharmacie de Montpellier, Montpellier (seit 1942) |
| Trudy Mosk. Chim. Techn. Inst. | Труды Московского Химико-Технологического Института им. Д-И. Менделеева/Trudy Moskowskowo Chimiko-Technologitscheskowo Instituta im. D.I. Mendelejewa (Transactions of the Moscow Chemical-Technological Institute named for D. I. Mendeleev), Moskau |
| Tschechlos. P. | Tschechoslowakisches Patent |
| Uchenye Zapiski Kazan. | Ученые Записки Казанского Государственного Университета Utschenye Sapiski Kasanskowo Gossudarstwennowo Universiteta (Wissenschaftliche Berichte der Kasaner staatlichen Universität), Kasan |
| Ukr. Biokhim. Ž. | Украинский Биохимичний Журнал / Ukrainski Biochimitschni Shurnal (Ukrainisches Biochemisches Journal, Kiew |
| Ukr. chim. Ž. | Украинский Химический Журнал (bis 1938: Українськый, Charkau bis 1938, Хемічний Журнал) Ukrainisches Chemisches Journal), Kiew |
| Ukr. Fiz. Ž. (Ukr. Ed.) | Украинский Физичний Журнал / Ukrainski Fisitschni Shurnal (Ukrainisches Physikalisches Journal), Kiew |
| Ullmann | Ullmann's Enzyclopädie der technischen Chemie, Verlag Urban und Schwarzenberg, München seit 1971 Verlag Chemie, Weinheim |
| Umschau Wiss. Techn. | Umschau in Wissenschaft und Technik, Frankfurt |
| U.S. Govt. Res. Rept. | U.S. Government Research Reports |
| US. P. | Patent der USA |
| Uspechi Chim. | Успехи Химии / Uspetschi Chimii (Fortschritte der Chemie), Moskau, Leningrad |
| USSR. P. | Sowjetisches Patent |
| Uzb. Khim. Zh. | Узбекский Химический Журнал / Usbekski Chimitscheski Shurnal (Usbekisches Chemisches Journal), Taschkent |
| Vakuum-Tech. | Vakuum-Technik (seit 1954), Berlin |
| Vestn. Akad. Nauk Kaz. SSR | Вестник Академии Наук Казахской ССР/ Westnik Akademii Nauk Kasachskoi SSR (Nachrichten der Akademie der Wissenschaften der Kasachischen SSR), Alma Ata |
| Vestn. Akad. Nauk SSSR | Вестник Академии Наук СССР/ Westnik Akademii Nauk SSSR (Mitteilungen der Akademie der Wissenschaften der UdSSR), Moskau |
| Vestn. Leningrad. Univ., Fiz., Khim. | Вестник Ленинградского Университета, Серия Физики и Химии / Westnik Leningradskowo Universsiteta, Serija Fisiki i Chimii (Nachrichten der Leningrader Universität, Serie Physik und Chemie), Leningrad |
| Vestn. Mosk. Univ., Ser. II Chim. | Вестник Московского Университета, Серия II Химия / Westnik Moskowslowo Universsiteta, Serija II Chimija (Nachrichten der Moskauer Universität, Serie II Chemie), Moskau |

| | |
|---|---|
| Virology | Virology, New York |
| Vitamins. Hormones | Vitamins and Hormones, New York |
| Vysokomolek. Soed. | Высокомолекулярные Соединения / Wyssokomolekuljarnye Sojedinenija (High Molecular Weight Compounds) |
| **Werkstoffe u. Korrosion** | Werkstoffe und Korrosion (seit 1950), Weinheim/Bergstr. |
| **Yuki Gosei Kagaku Kyokai Shi** | Journal of the Society of Organic Synthetic Chemistry, Japan, Tokio |
| **Z.** | Zeitschrift für Chemie, Leipzig |
| Ž. anal. Chim. | Журнал Аналитической Химии / Shurnal Analititscheskoi Chimii (Journal of Analytical Chemistry), Moskau |
| Z. ang. Physik | Zeitschrift für angewandte Physik |
| Z. anorg. Ch. | Zeitschrift für Anorganische und Allgemeine Chemie (1943–1950 Zeitschrift für Anorganische Chemie), Berlin |
| Zavod. Labor. | Заводская Лаборатория / Sawodskaja Laboratorija (Industrial Laboratory), Moskau |
| Zbl. Arbeitsmed. Arbeitsschutz | Zentralblatt für Arbeitsmedizin und Arbeitsschutz (seit 1951), Darmstadt |
| Ž. eksp. teor. Fiz. | Журнал экспериментальной и теоретической физики / Shurnal Experimentalnoi i Theoretitscheskoi Fisiki (Physikalisches Journal, Serie A Journal für experimentelle und theoretische Physik), Moskau, Leningrad |
| Z. El. Ch. | Zeitschrift für Elektrochemie und Angewandte Physikalische Chemie (seit 1952 Zeitschrift für Elektrochemie, Berichte der Bunsengesellschaft für Physikalische Chemie), Weinheim/Bergstr. |
| Z. Elektrochemie | Zeitschrift für Elektrochemie |
| Z. fiz. Chim. | Журнал физической Химии / Shurnal Fisitscheskoi Chimii (eng. Ausgabe: Journal of Physical Chemistry) |
| Z. Kristallogr. | Zeitschrift für Kristallographie |
| Z. Lebensm.-Unters. | Zeitschrift für Lebensmittel-Untersuchung und -Forschung (seit 1943), München, Berlin |
| Z. Naturf. | Zeitschrift für Naturforschung, Tübingen |
| Ž. neorg. Chim. | Журнал Неорганической Химии / Shurnal Neorganitscheskoi Chimii (engl. Ausgabe: Journal of Inorganic Chemistry) |
| Ž. obšč. Chim. | Журнал Общей Химии / Shurnal Obschtschei Chimii (engl. Ausgabe: Journal of General Chemistry, London) |
| Ž. org. Chim. | Журнал Органической Химии / Shurnal Organitscheskoi Chimii (engl. Ausgabe: Journal of Organic Chemistry), Baltimore |
| Z. Pflanzenernähr. Düng., Bodenkunde | Zeitschrift für Pflanzenernährung, Düngung, Bodenkunde (bis 1936 und seit 1946), Weinheim/Bergstr., Berlin |
| Z. Phys. | Zeitschrift für Physik, Berlin, Göttingen |
| Z. physik. Chem. | Zeitschrift für Physikalische Chemie, Frankfurt (seit 1945 mit Zusatz N. F.) |
| Z. physik. Chem. (Leipzig) | Zeitschrift für Physikalische Chemie, Leipzig |
| Ž. prikl. Chim. | Журнал Прикладной Химии / Shurnal Prikladnoi Chimii (Journal of Applied Chemistry) |
| Ž. prikl. Spektr. | Журнал Прикладной Спектроскопии / Shurnal Prikladnoi Spektroskopii (Journal of Applied Spectroscopy), Moskau, Leningrad |
| Ž. strukt. Chim. | Журнал Структурной Химии / Shurnal Strukturnoi Chimii (Journal of Structural Chemistry), Moskau |
| Ž. tech. Fiz. | Журнал Технической Физики / Shurnal Technitscheskoi Fisiki (Physikalisches Journal, Serie B, Journal für technische Physik), Moskau, Leningrad |
| Z. Vitamin-, Hormon- u. Fermentforsch. [Wien] | Zeitschrift für Vitamin-, Hormon- und Fermentforschung [Wien] (seit 1947) |
| Ž. vses. Chim. obšč. | Журнал Всесоюзного Химического Общества им. Д. И. Менделеева Shurnal Wsjesojusnowo Chimitscheskowo Obschtschestwa im. D. I. Mendelejewa (Journal of the All-Union Chemical Society named for D. I. Mendeleev), Moskau |
| Z. wiss. Phot. | Zeitschrift für Wissenschaftliche Photographie, Photophysik und Photochemie, Leipzig |
| Z. Zuckerind. | Zeitschrift für die Zuckerindustrie, Berlin |

Ж.    Журнал Русского Физикого-Химического Общества
Shurnal Russkowo Fisikowo-Chimitscheskowo Obschtschestwa
(Journal der Russischen Physikalisch-Chemischen Gesellschaft,
Chemischer Teil; bis 1930)

# Abkürzungen
# für den Text der präparativen Vorschriften
# und der Fußnoten[1]

Abb. .......................... Abbildung
abs. .......................... absolut
äthanol ....................... äthanolisch
äther.......................... ätherische
Amp........................... Ampere
Anm........................... Anmerkung
Anm........................... Anmeldung (nur in Verbindung mit der Patentzugehörigkeit)
API ........................... American Petroleum Institute
ASTM ........................ American Society for Testing Materials
asymm. ....................... asymmetrisch
at ............................. technische Atmosphäre
At.-Gew....................... Atomgewicht
atm ........................... physikalische Atmosphäre
BASF ......................... Badische Anilin- & Sodafabrik AG, Ludwigshafen/Rhein (bis 1925 und
                              wieder ab 1953), BASF AG (seit 1974)
Bataafsche (Shell)⎫ .......... N. V. Bataafsche Petroleum Mij., s'Gravenhage (Holland)
  Shell Develop. ⎬            Shell Development Co., San Francisco, Corporation of Delaware
Bayer AG ..................... Bayer AG, Leverkusen (seit 1974)
ber. .......................... berechnet
bez. .......................... bezogen
bzw........................... beziehungsweise
cal ........................... Calorien
CIBA.......................... Chemische Industrie Basel, AG (bis 1973)
Ciba-Geigy ................... Fusionierte Firmen ab 1973
cycl........................... cyclisch
D, bzw. $D^{20}$ .............. Dichte, bzw. Dichte bei 20° bezogen auf Wasser von 4°
DAB ......................... Deutsches Arznei-Buch
Degussa....................... Deutsche Gold- und Silberscheideanstalt, Frankfurt a. M.
d.h. .......................... das heißt
Diglyme....................... 2-(2-Methoxy-äthoxy)-äthanol
DIN .......................... Norm
DK ........................... Dielektrizitäts-Konstante
DMF ......................... Dimethylformamid
DMSO ........................ Dimethylsulfoxid
d. Th.......................... der Theorie
DuPont ....................... E. I. DuPont de Nemours & Co., Wilmington 98 (USA)
E ............................. Erstarrungspunkt
EMK.......................... Elektromotorische Kraft
F ............................. Schmelzpunkt

---

[1] Alle Temperaturangaben beziehen sich auf Grad Celsius, falls nicht anders vermerkt.

Farbf. Bayer ................. Farbenfabriken Bayer AG, vormals Friedrich Bayer & Co., Lever-
                             kusen-Elberfeld (bis 1925), Farbenfabriken Bayer AG, Leverkusen,
                             Elberfeld, Dormagen und Uerdingen (1953–1974)
Farbw. Hoechst ............... Farbwerke Hoechst AG, vormals Meister Lucius & Brüning, Frank-
                             furt/M.-Höchst (bis 1925 und wieder ab 1953 bis 1974)
g ........................... Gramm
gem. ........................ geminal
ges. ........................ gesättigt
Gew., Gew.-%, Gew.-Tl. ...... Gewicht, Gewichtsprozent, Gewichtsteil
Höchst AG ................... Höchst AG, Frankfurt/M.-Höchst (seit 1974)
I.C.I. ...................... Imperial Chemicals Industries Ltd., Manchester
I.G. Farb. .................. I.G. Farbenindustrie AG, Frankfurt a.M. (1925–1945)
IUPAC ....................... International Union of Pure and Applied Chemistry
i.Vak. ...................... im Vakuum
$k\,(k_s, k_b)$ ............. elektrolytische Dissoziationskonstanten, bei Ampholyten, Dissozia-
                             tionskonstanten nach der klassischen Theorie
$K\,(K_s, K_b)$ ............. elektrolytische Dissoziationskonstanten von Ampholyten nach der
                             Zwitterionentheorie
kcal ........................ Kilocalorie
kg .......................... Kilogramm
konz. ....................... konzentriert
korr. ....................... korrigiert
Kp, bzw. Kp$_{750}$ ......... Siedepunkt, bzw. Siedepunkt unter 750 Torr Druck
kW, kWh ..................... Kilowatt, Kilowattstunde
$l$ ......................... Liter
m (als Konzentrationsangabe) ... molar
M ........................... Metall (in Formeln)
$[M]_\lambda^t$ ............. molekulares Drehungsvermögen oder Molekularrotation
mg .......................... Milligramm
Min. ........................ Minute
mm .......................... Millimeter
$ml$ ........................ Milliliter
Mol.-Gew., Mol.-%, Mol.-Refr. . Molekulargewicht, Molprozent, Molekularrefraktion
$n_\lambda^t$ ............... Brechungsindex
n (als Konzentrationsangabe) ... normal
nm .......................... Nanometer
pd · sq. · inch ............. 0,070307 at = 0,068046 Atm
$p_H$ ....................... negativer, dekadischer Logarithmus der Wasserstoffionen-Aktivität
prim. ....................... primär
Py .......................... Pyridin
quart. ...................... quartär
racem. ...................... racemisch
s. .......................... siehe
S. .......................... Seite
s.a. ........................ siehe auch
sek. ........................ sekundär
Sek. ........................ Sekunde
s.o. ........................ siehe oben
spez. ....................... spezifisch
sq. · inch .................. $6,451589 \cdot 10^{-4}\, m^2$
Stde., Stdn., stdg. ......... Stunde, Stunden, stündig
s.u. ........................ siehe unten
Subl. p. .................... Sublimationspunkt
symm. ....................... symmetrisch
Tab. ........................ Tabelle
techn. ...................... technisch
Temp. ....................... Temperatur
tert. ....................... tertiär
theor. ...................... theoretisch
THF ......................... Tetrahydrofuran
Tl., Tle., Tln. ............. Teil, Teile, Teilen
u.a. ........................ und andere
usw. ........................ und so weiter

u. U. . . . . . . . . . . . . . . . . . . . . . . unter Umständen
V . . . . . . . . . . . . . . . . . . . . . . . . Volt
VDE . . . . . . . . . . . . . . . . . . . . . Verein Deutscher Elektroingenieure
VDI . . . . . . . . . . . . . . . . . . . . . . Verein Deutscher Ingenieure
verd. . . . . . . . . . . . . . . . . . . . . . verdünnt
vgl. . . . . . . . . . . . . . . . . . . . . . . vergleiche
vic. . . . . . . . . . . . . . . . . . . . . . . vicinal
Vol., Vol.-%, Vol.-Tl. . . . . . . . . . Volumen, Volumenprozent, Volumenanteil
W . . . . . . . . . . . . . . . . . . . . . . . . Watt
Zers. . . . . . . . . . . . . . . . . . . . . . . Zersetzung
$\nabla$ . . . . . . . . . . . . . . . . . . . . . . . Erhitzung
$[a]_\lambda^t$ . . . . . . . . . . . . . . . . . . . . . . spezifische Drehung
$\varnothing$ . . . . . . . . . . . . . . . . . . . . . . . Durchmesser
~ . . . . . . . . . . . . . . . . . . . . . . . . etwa, ungefähr
$\mu$ . . . . . . . . . . . . . . . . . . . . . . . . Mikron

# Methoden zur Herstellung und Umwandlung von Organo-arsen-, -antimon- und -wismuth-Verbindungen

bearbeitet von

Dr. Samir Samaan

Chemisches Institut
der Universität Mainz

mit 1 Abbildung
und 37 Tabellen

Literatur berücksichtigt bis Ende 1976, teilweise 1977

# Inhalt

# Methoden zur Herstellung und Umwandlung von Organo-antimon-Verbindungen

# Methoden zur Herstellung und Umwandlung von Organo-wismuth-Verbindungen ... 590

# Organo-arsen-, -antimon- und -wismut-Verbindungen

## a) Historische Übersicht

Die organischen Arsen- und Antimon-Verbindungen sind in großer Zahl bekannt. Bis 1932 sind etwa 12 500 Organo-arsen-Verbindungen synthetisiert und auf ihre biologische Wirkung getestet worden. Weniger zahlreich sind die Derivate des Wismuts, was auf ihre Instabilität und die Schwierigkeit ihrer Herstellung zurückzuführen ist.

Auf 1760, als L. C. Cadet de Gassicourt[1] seine berühmte „Cadets rauchende arsenikalische Flüssigkeit" isoliert hatte, wird die Synthese der ersten organometallischen Verbindung überhaupt zurückdatiert. Die Erforschung der Organoverbindungen des Arsens, Antimons und Wismuts ist in ihrer Geschichte weitgehend verknüpft und kann in drei Perioden unterteilt werden, die sich zeitlich zum Teil überschneiden.

① Die erste Periode beginnt ~ 50 Jahre nach der Zufallsentdeckung von L. C. Cadet, als namhafte Chemiker sich systematisch mit der Untersuchung der Cadet'schen Flüssigkeit (Kakodyl) beschäftigten. Erst Bunsen gelang es (1837–1842) die merkwürdige Reaktion von Cadet aufzuklären[2]. 1850 konnten Löwig und Schweizer die ersten Organo-antimon- und -wismut-Verbindungen herstellen[3].

② Die zweite Periode umfaßt die Jahre von 1850–1905, in denen mehr oder weniger allgemein anwendbare Methoden zur Herstellung Organo-arsen- und Organo-antimon-Verbindungen entwickelt worden sind[4–12].

③ Mit den bahnbrechenden Untersuchungen von Paul Ehrlich (1905), über die Wirkung der Arsonsäuren und Arsenoxide auf Trypanosomen begann die dritte Periode.

Durch diese Arbeiten wurden die Grundlagen der Chemotherapie geschaffen[13]. Mit Geduld und großer Systematik wurden Arsen- und Antimon-Verbindungen synthetisiert.

1910 war mit dem Präparat Nr. 606 von Ehrlich-Hata die Herstellung des *Salvarsans* geglückt, des ersten erfolgreichen Mittels gegen die Syphilis[14]. Später gelang die Herstellung des besser geeigneten *Neosalvarsans* (Ehrlich 1914). Auch die Antimonanaloga des Salvarsans, sowie gemischte Arsen-Antimon-Verbindungen haben sich jahrelang bei der Bekämpfung verschiedener Tropenkrankheiten bewährt[15–17]. Während des ersten Weltkrie-

---

[1] Memoires de mathématique et physique des savants étrangers, **3**, 363 (1760).
[2] A. BUNSEN, A. **42**, 14 (1842); **46**, 1 (1843).
[3] K. LÖWIG u. E. SCHWEIZER, A. **75**, 315 (1850).
[4] A. v. BAEYER, A. **107**, 257 (1858).
[5] A. W. v. HOFMANN, A. **103**, 357 (1857); **104**, 1 (1857).
[6] A. CAHOURS, C. r. **49**, 87 (1859); A. **122**, 337 (1862).
[7] H. LANDLOT, A. **78**, 91 (1851); **84**, 44 (1852); **89**, 316 (1854); **92**, 365 (1854).
[8] B. W. FRIEDLÄNDER, J. pr. [1] 70, 449 (1857).
[9] G. B. BUCKTON, Soc. **13**, 116 (1861); **16**, 22 (1866).
[10] K. LÖWIG u. E. SCHWEIZER, A. **75**, 315 (1850).
  K. LÖWIG, J. pr. [1] 64, 415 (1855); A. **97**, 323 (1856).
[11] G. MEYER, B. **16**, 1440 (1883).
[12] A. MICHAELIS, B. **8**, 1317 (1875); **9**, 1566 (1876); A. **320**, 271 (1902); **321**, 141 (1902).
  A. MICHAELIS u. E. SCHULTE, B. **14**, 912 (1881).
  W. A. LA COSTE u. A. MICHAELIS, A. **201**, 184 (1880).
  A. MICHAELIS u. A. REESE, B. **15**, 2877 (1882).
[13] S. VIKTOR FISCHL u. H. SCHLOSSBERGER, *Handbuch der Chemotherapie*, Teil I, *Metallfreie organische Verbindungen (1932); Teil II: Metallderivate* (1934), Berlin. Akademische Verlagsgesellschaft Berlin.
[14] P. EHRLICH u. S. HATA, *Die Chemotherapie der Spirillosen*, Akademische Verlagsgesellschaft, Berlin 1910.
[15] H. SCHMIDT u. W. KIKUTH, Z. Immunit. Forschg.exp.Therap. **107**, 206 (1950).
[16] B. NOCHT, Naturwiss. **14**, 1059 (1926).
[17] G. GIEMSA, Ang. Ch. **37**, 765 (1924).

ges fand sich für die Organo-arsen-Verbindungen ein weniger ruhmreiches Anwendungs-
gebiet, das der chemischen Kampfstoffe, von denen die Abkömmlinge des Arsens (Blau-
kreuz Gruppe) mit zu den wirkungsvollsten zählten[1].

Mit der Entdeckung des Penicillins verloren die Organo-arsen- und -antimon-Verbin-
dungen erheblich an Bedeutung (1943). Neue synthetische Möglichkeiten wurden kurz
nach Einführung des Salvarsans von H. Bart[2] und H. Schmidt[3] unabhängig voneinander
entdeckt. Die „Diazoniumsalz-Methode" zur Herstellung aromatischer Arson- und Stibonsäuren stellt eine der wichtigsten Methoden zur Herstellung organischer Arsen- und
Antimon-Verbindungen dar.

Die Kenntnis der Organo-Derivate des Arsens, Antimons und Wismuts wurde seit dem
1. Weltkrieg in allen Richtungen entwickelt (die Derivate des Wismuts in geringem Maße).
Das Schwergewicht der Untersuchungen auf diesem Gebiet hat sich in der neuen Zeit auf
Struktur und Stereochemie[4] der Organo-Verbindungen verlagert, besonders auf ihre
Anwendung als Liganden in der Koordinationschemie[5,6] und als Reagenzien in der ana-
lytischen Chemie[7].

Tab. 1 : Übersicht über die Grundtypen organischer Arsen-Verbindungen

R = Organischer Rest
X = Anorganischer Rest

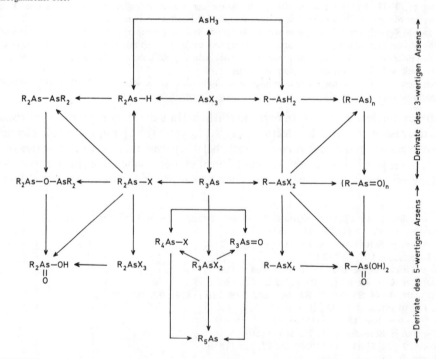

[1] A. P. J. Hoogeveen, „Chemical Weapons", Chem. Weekblad **34**, 35 (1937).
[2] DRP. 250264 (1912), H. Bart.
[3] DRP. 254421 (1912), H. Schmidt.
[4] G. Kamai u. G. M. Usacheva, *Stereochemie organischer Verbindungen des Phosphors und Arsens*, Uspechi
Chim. **35**, 1404 (1966).
[5] G. Broth, *Complexes of the Transition Metals with Phosphines, Arsines, and Stibines*, Advan. Inorg. Chem.
Radiochem. **6**, 1 (1964).
[6] C. A. Mc Auliffe, *Transition Metal Complexes of Phosphorus, Arsenic and Antimony Ligands*, J. Wiley &
Sons., New York 1973.
[7] S. B. Savvin, *Reagents of the Arsenazo-Thorium Group*, Uspechi Chim. **32**, 195 (1963).

Tab. 2 : Übersicht über die Grundtypen organischer Antimon-Verbindungen

R = Organischer Rest
X = Anorganischer Rest

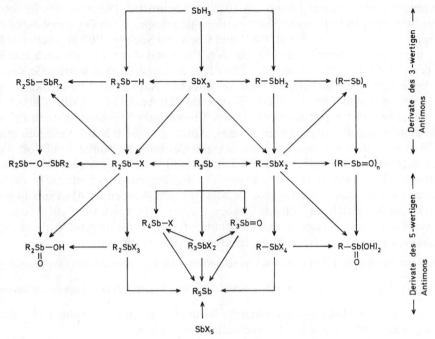

Tab. 3: Übersicht über die Grundtypen organischer Wismut-Verbindungen

R = Organischer Rest
X = Anorganischer Rest

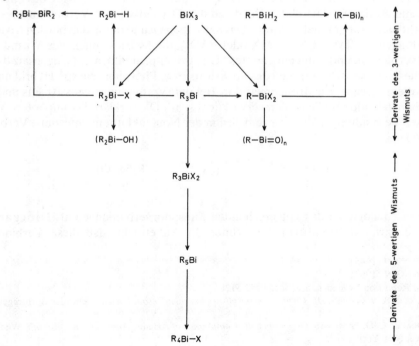

## b) Nomenklatur

Erste Regeln für die Benennung der organischen Verbindungen des Arsens, Antimons und Wismuts haben Chemical Abstracts 1945 veröffentlicht[1]. Diese wurden jedoch 1962 teilweise wieder geändert[2]. Auf einer Benennungsanalogie zu den Organophosphor-Verbindungen wird in den von den IUPAC und Chemical Society 1962 erarbeiteten Richtlinien[3] hingewiesen. Sowohl die Regeln von Chemical Abstracts als auch die Richtlinien der IUPAC und der Chemical Society lassen sich nicht ohne weiteres in den deutschen Sprachgebrauch übertragen. Ein wesentlicher Nachteil der Nomenklatur dieser Stoffklassen liegt wohl darin, daß jeder Name von den Ausdrücken „ars.", „stib.", (antimon) und „bismuth" abgeleitet werden muß. Ein weiterer Mißstand ist darin zu suchen, daß die Benennung der organischen Arsen-, Antimon- und Wismut-Verbindungen von vielen Autoren einer Analogie zur Nomenklatur der entsprechenden Stickstoff-Verbindungen unterworfen wurde[4]. In vielen Fällen bestand jedoch weder eine chemische noch eine strukturelle Analogie zu den Stickstoff-Verbindungen. Dies führte z. B. zu Namen wie Arsenobenzol oder Stibinobenzol als Analoga zum Azobenzol. Man spricht von der Arsenoso- im Vergleich zur Nitroso-Gruppe. Leider haben sich viele auf Grund dieser Analogie abgeleiteten Namen soweit eingebürgert, daß sie für manche Verbindungen zu Trivialnamen geworden sind. Ein ideales Benennungsprinzip soll:

① sowohl den chemischen und strukturellen Eigenheiten, als auch den systematischen Zusammenhängen gerecht werden.
② Es soll die Möglichkeit der unterschiedlichen Auslegung unterbinden. Leider gelingt dies nicht immer.

In den folgenden Ausführungen sollen die Richtlinien erläutert werden, die bei dem Benennungsprinzip im vorliegenden Handbuch angewandt wurden.

Alle Elemente der V. Hauptgruppe des Periodensystems vermögen in ihren Verbindungen drei oder fünf Elektronen zu betätigen. Da der Stickstoff Doppelbindungen ausbilden kann, und keine d-Orbitale niedriger Energie besitzt, unterscheidet er sich in seiner Chemie in vielen Fällen grundsätzlich von der Chemie der übrigen Elemente seiner Gruppe. Ein weitgehend analoges Verhalten zeigen die organischen Verbindungen des Phosphors, Arsens und Antimons. Die Unterschiede zu den Organo-wismut-Verbindungen sind jedoch nicht mehr nur gradueller Natur. Das hat seinen Grund darin, daß bei den trivalenten Verbindungen des Typs $R_3M$, $R_2MX$ oder $RMX_2$, die 6s-Elektronen des Wismuts im s-Orbital verbleiben, und somit ein „inertes" Elektronenpaar bilden. Im Gegensatz dazu besetzen die 2s- bzw. 3s-Elektronen des Stickstoffs bzw. Phosphors ein $sp^3$-Hybrid und stellen somit ein „freies" Elektronenpaar dar. Bei den Verbindungen des Arsens und Antimons können beide Möglichkeiten verwirklicht sein[5]. Dies erklärt das amphotere Verhalten dieser Verbindungen, das sich zum Teil in der Nomenklatur manifestiert. Verbindungen des Typs

$$R_2As-OH \qquad bzw. \qquad R_2Sb-OH$$
$$\overset{\parallel}{O} \qquad\qquad\qquad\qquad \overset{\parallel}{O}$$

werden in Analogie zu den entsprechenden Phosphorverbindungen als Diorgano-arsinsäure bzw. -stibinsäuren bezeichnet. In Anbetracht, daß diese Verbindungen

[1] C. A. **39**, 5939 (1945).
[2] C. A. **56**, 43 N (1962).
[3] Editorial Report on Nomenclature, Soc. **1952**,5122.
[4] E. KRAUSE u. A. v. GROSSE, *Die Chemie der metall-organischen Verbindungen*, Gebrüder Bornträger, Berlin 1937.
[5] G. O. DOAK u. C. D. FREEDMAN, *Organometallic Compounds of Arsenic, Antimony and Bismuth*, Wiley-Interscience, New York 1970.

kaum Säureeigenschaften besitzen, werden sie nach den letzten Regeln von Chemical Abstracts[1] als „Hydroxy-diorgano-arsin- bzw. -stibinoxide" bezeichnet. Ähnlich ist der Fall bei den Arsonigen- bzw. Arsinigen Säuren.

$$R-As(OH)_2 \qquad bzw. \qquad R_2As-OH$$

die auch als Dihydroxy-organo- bzw. Hydroxy-diorgano-arsine bezeichnet werden.

Da keiner der Namen für sich den systematischen und chemischen Zusammenhängen gerecht werden kann, wird es in manchen Fällen unerläßlich sein, zwei gleichwertige Namen anzugeben. Hierbei soll die Bezeichnung, die die systematischen Zusammenhänge in den Verbindungsklassen des Phosphors, Arsens, Antimons und Wismuts aufzeigt, vorangestellt werden, und daneben, in Klammern die andere Bezeichnung. Die Tab. 1–3 (S. 18, 19) veranschaulichen die Grundtypen der organischen Verbindungen des Arsens, Antimons und Wismuts. Grundsätzlich kann man zwei Verbindungstypen unterscheiden: Derivate der fünfwertigen und der dreiwertigen Elemente. In diesen Verbindungen können die Elemente formal die verschiedensten Oxidationsstufen (von $-5$ bis $+5$) besitzen.

## 1. Derivate der dreiwertigen Elemente

Die aus dem Elementwasserstoff ($MH_3$) abgeleiteten Verbindungen werden analog den primären, sekundären und tertiären Aminen, bzw. Phosphinen benannt:

primäre

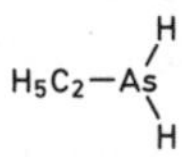

$$H_5C_2-\overset{H}{\underset{H}{As}} \qquad H_5C_6-\overset{H}{\underset{H}{Sb}} \qquad H_3C-\overset{H}{\underset{H}{Bi}}$$

*Äthyl-arsin* 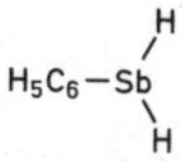       *Phenyl-stibin* 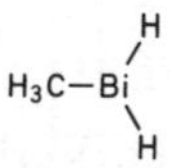       *Methyl-bismuthin*

sekundäre

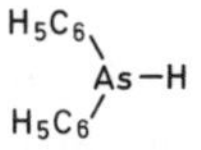

$$\overset{H_5C_6}{\underset{H_5C_6}{\diagdown}}As-H \qquad \overset{H_5C_6}{\underset{H_3C}{\diagdown}}Sb-H \qquad \overset{H_3C}{\underset{H_3C}{\diagdown}}Bi-H$$

*Diphenyl-arsin* 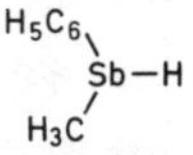     *Methyl-phenyl-stibin* 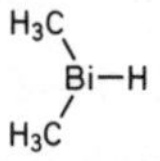     *Dimethyl-bismuthin*

tertiäre

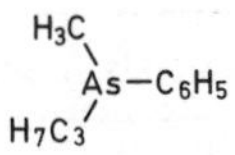

$$\overset{H_3C}{\underset{H_7C_3}{\diagdown}}As-C_6H_5 \qquad \overset{H_3C}{\underset{H_3C}{\diagdown}}Sb-C_6H_5 \qquad \overset{H_5C_6}{\underset{H_5C_6}{\diagdown}}Bi-C_6H_5$$

*Methyl-propyl-phenyl-arsin* 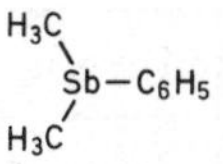    *Dimethyl-phenyl-stibin* 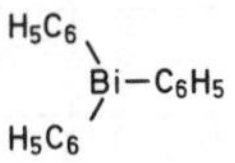    *Triphenyl-bismuthin*

Die dreiwertigen Verbindungen des Arsens und Antimons, die außer den organischen Resten noch ein Heteroatom enthalten, lassen sich entweder als Säure-Derivate oder als Abkömmlinge von primären oder sekundären Arsinen bzw. Stibinen auffassen. Dies gilt insbesondere für Verbindungen des Typs

$$RMCl_2 \qquad oder \qquad R_2MCl \qquad (M = As, Sb)$$

Gegenüber Alkoholen oder Aminen verhalten sich diese Halogen-Verbindungen wie Säure-chloride, obwohl die Stammverbindungen

---

[1] C. A. **56**, 43 N (1962).

$$R-M(OH)_2 \qquad \text{bzw.} \qquad R_2M-OH$$

soweit sie als solche isoliert wurden, keine Säure-Eigenschaften besitzen. Während die entsprechenden Phosphinigsäuren sich als sek. Phosphinoxide auffassen lassen[1]

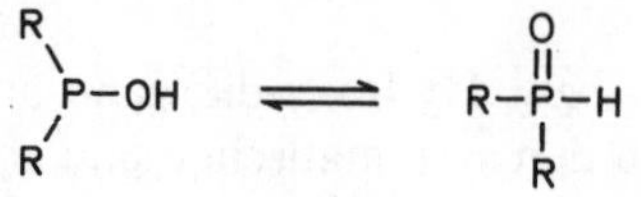

$$\begin{array}{c} R \\ \diagdown \\ \diagup P-OH \\ R \end{array} \rightleftharpoons \begin{array}{c} O \\ \parallel \\ R-P-H \\ \mid \\ R \end{array}$$

liegt das Gleichgewicht bei den Arsen-, Antimon- und Bismuth-Verbindungen völlig auf der linken Seite. Die Bezeichnung Hydroxy-arsin, -stibin oder -bismuthin ist also berechtigt. Diese Dualität spiegelt den amphoteren Charakter dieser Verbindungsklassen wieder. Die Verwendung der Säure-Nomenklatur, analog den Phosphor-Verbindungen, als Oberbegriff erlaubt jedoch einen besseren systematischen bzw. vergleichenden Überblick über diese Stoffklassen. Demnach wird in diesem Handbuch folgende Nomenklatur verwendet:

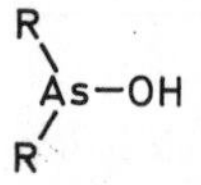

$$\begin{array}{c} R \\ \diagdown \\ As-OH \\ \diagup \\ R \end{array} \qquad \begin{array}{c} OH \\ \diagup \\ R-As \\ \diagdown \\ OH \end{array} \qquad \begin{array}{c} R \\ \diagdown \\ Sb-OH \\ \diagup \\ R \end{array} \qquad \begin{array}{c} OH \\ \diagup \\ R-Sb \\ \diagdown \\ OH \end{array}$$

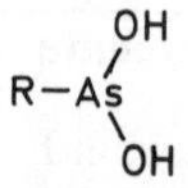

Arsinigsäure        Arsonigsäure        Stibinigsäure        Stibonigsäure
(Hydroxy-diorgano-   (Dihydroxy-      (Hydroxy-diorgano-  (Dihydroxy-
arsin)              organo-arsin)     stibin)        organo-stibin)

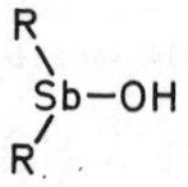

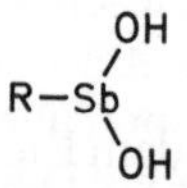

Bei allen anderen Verbindungen, die durch Ersatz der Hydroxy-Gruppe durch einen anderen anorganischen Rest abgeleitet werden können, wird als Oberbegriff die Bezeichnung nach der zugrundeliegenden Säure verwendet. Die Einzelglieder einer Klasse werden jedoch, um der heute am weitesten verbreiteten Benennungsweise Rechnung zu tragen, als Arsin- bzw. Stibin-Derivate benannt (vgl. Tab. 4).

Tab. 4 : Derivate der arsonigen Säure

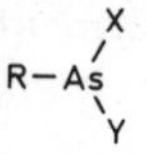

$$\begin{array}{c} X \\ \diagup \\ R-As \\ \diagdown \\ Y \end{array}$$

| X | Y | Name als Säure-Derivat | Name als Arsin-Derivat |
|---|---|---|---|
| Cl | Cl | Organo-arsonigsäure-dichlorid | Dichlor-organo-arsin |
| OR | OR | Organo-arsonigsäure-diester | Dialkoxy-organo-arsin |
| $NH_2$ | $NH_2$ | Organo-arsonigsäure-diamid | Diamino-organo-arsin |
| Cl | OR | Organo-arsonigsäure-ester-chlorid | Chlor-alkoxy-organo-arsin |
| OR | $NH_2$ | Organo-arsonigsäure-ester-amid | Amino-alkoxy-organo-arsin |
| Cl | $\begin{array}{c} R \\ \diagup \\ O-C \\ \diagdown \\ O \end{array}$ | Organo-arsonig-säure-chlorid-Carbonsäure-Anhydrid | Chlor-acyloxy-organo-arsin |
| $\begin{array}{c} R \\ \diagup \\ O-C \\ \diagdown \\ O \end{array}$ | $\begin{array}{c} R \\ \diagup \\ O-C \\ \diagdown \\ O \end{array}$ | Organo-arsonigsäure-Bis-carbon-säure-Anhydrid | Diacyloxy-organo-arsin |
| OH | $\begin{array}{c} R \\ \diagup \\ O-As \\ \diagdown \\ OH \end{array}$ | Arsonigsäure-anhydrid | Oxa-bis-[hydroxy-organo-arsin] |

---

[1] vgl. ds. Handb., Bd. XII/1, S. 19.

Tab. 5: Derivate der Arsinigsäure

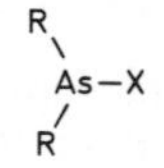

$$\begin{array}{c} R \\ \diagdown \\ As-X \\ \diagup \\ R \end{array}$$

| X | Name als Säure-Derivat | Name als Arsin-Derivat |
|---|---|---|
| Cl | Diorgano-arsinigsäure-chlorid | Chlor-diorgano-arsin |
| OR | Diorgano-arsinigsäure-ester | Alkoxy-diorgano-arsin |
| $NH_2$ | Diorgano-arsinigsäure-amid | Amino-diorgano-arsin |
| $\begin{array}{c} R \\ \diagup \\ O-C \\ \diagdown \\ O \end{array}$ | Diorgano-arsinigsäure-Carbonsäure-Anhydrid | Acyloxy-diorgano-arsin |
| $\begin{array}{c} R \\ \diagup \\ O-As \\ \diagdown \\ R \end{array}$ | Diorgano-arsinigsäure-anhydrid | Bis-[diorgano-arsin]-oxid |

Die Stibonigsäure- bzw. Stibinigsäure-Derivate werden analog bezeichnet. Ist der Sauerstoff in diesen Verbindungen durch Schwefel bzw. Selen ersetzt, so werden diese durch das Präfix „thio" bzw. „seleno" gekennzeichnet.

Die entsprechenden Verbindungen des Wismuts, soweit sie bekannt sind, werden ausschließlich als Derivate von primären bzw. sekundären Bismuthinen bezeichnet:

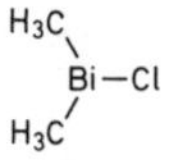

$$\begin{array}{c} H_3C \\ \diagdown \\ Bi-Cl \\ \diagup \\ H_3C \end{array} \qquad\qquad \begin{array}{c} Cl \\ | \\ H_5C_6-Bi \\ \diagdown \\ Cl \end{array} \qquad\qquad \begin{array}{c} H_5C_6 \\ \diagdown \\ Bi-OH \\ \diagup \\ H_5C_6 \end{array}$$

*Chlor-dimethyl-bismuthin* 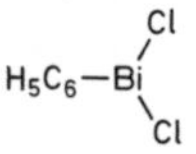      *Dichlor-phenyl-bismuthin* 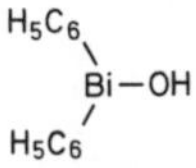      *Hydroxy-diphenyl-bismuthin*

Eine in der älteren Literatur vielfach beschriebene Stoffklasse stellen die sogenannten „Arsenoso-Verbindungen" dar (R−As = O). Neben der Bezeichnung „Arsenoso" wird der Ausdruck Organo-arsen-oxid gebraucht. In neuerer Zeit wurde die Bezeichnung Oxo-organo-arsin eingeführt[1]. Diese Vielfalt der Namen ist darauf zurückzuführen, daß diese Stoffklasse vorwiegend aus therapeutischer und nicht aus chemischer Sicht untersucht wurde. Eine Vielzahl der hergestellten Verbindungen ist weder ausreichend charakterisiert noch in ihrer Struktur gesichert.

Die Formulierung R−As=O ist insoweit inkorrekt, als daß diese Verbindungen oligomer (R−As=O)$_n$ (n=2,3,4,5 ...) und nicht monomer sind, wobei das Arsen durch Einfachbindung am Sauerstoff gebunden ist[2-5]. Die aus Analogie zu den Nitroso-Verbindungen verwendete Bezeichnung „Arsenoso" ist nicht geeignet, da weder chemische noch strukturelle Analogien zu den Nitroso-Verbindungen bestehen. Der Ausdruck Organo-arsen-oxid ist ebenfalls irreführend, da keine systematischen Zusammenhänge aufgezeigt werden und keine As=O−Doppelbindung vorliegt. Sowohl von den Herstellungsmethoden als auch vom chemischen Verhalten her stellen diese Verbindungen eher Abkömmlinge der Arsonigsäuren dar:

[1] C. A. **56**, 43 N (1962).

[2] W. R. CULLEN, *Advances in Organometallic Chemistry*, Vol. 4, Academic Press, New York · London 1966.

[3] G. O. DOAK u. L. D. FREEDMAN, *Organometallic Compounds of Arsenic, Antimony, and Bismuth*, Wiley-Interscience, New York 1970.

[4] H. C. MARSMANN u. J. R. VAN WAZER, Am. Soc. **92**, 3969 (1970).

[5] M. DURAND u. J. P. LAURENT, J. Organometal. Chem. **77**, 225 (1974).

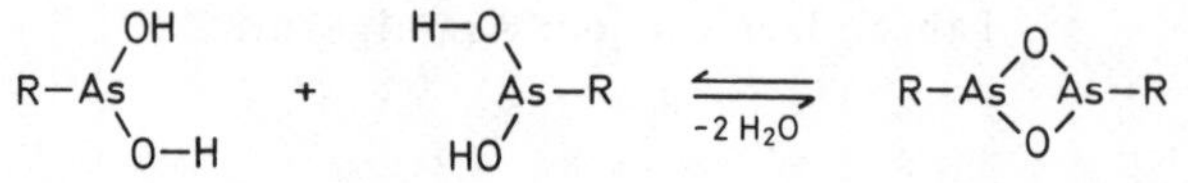

$$R-As\overset{OH}{\underset{O-H}{}} \;+\; \overset{H-O}{\underset{HO}{}}As-R \;\underset{-2\,H_2O}{\rightleftharpoons}\; R-As\overset{O}{\underset{O}{}}As-R$$

Dimeres Anhydrid

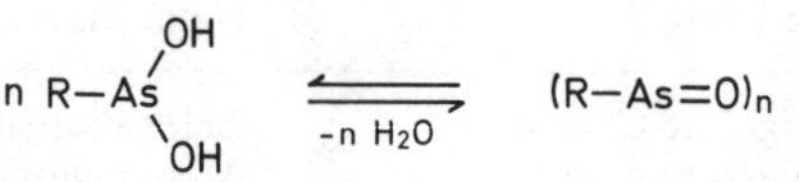

$$n\;R-As\overset{OH}{\underset{OH}{}} \;\underset{-n\,H_2O}{\rightleftharpoons}\; (R-As=O)_n$$

Oligomeres
Anhydrid

Obwohl in diesem Handbuch die Formulierung R−As=O einfachheitshalber beibehalten wird, soll diese Stoffklasse als (oligomere) Arsonigsäure-anhydride bezeichnet werden. Da die Arsonigsäuren von den Chemical Abstracts als Dihydroxy-organoarsine benannt werden (s. S. 20), wird die Bezeichnung Oxo-organo-arsine neben dem Oberbegriff Arsonigsäure-anhydride auch verwendet. Diese Benennungsweise wird bei den entsprechenden Bismuth-Verbindungen allein verwendet, da hier der Säurecharakter nicht gegeben ist.

$(H_5C_6-As=O)_n$                    $(H_3C-Sb=O)_n$                    $(H_5C_6-Bi=O)_n$

*Benzolarsonigsäure-anhydrid*          *Methan-stibonigsäure-anhydrid*          *Oxo-phenyl-bismuthin*
*(Oxo-phenyl-arsin)*                    *(Oxo-methyl-stibin)*

Verbindungen, in denen der Sauerstoff durch Schwefel ersetzt ist, werden durch den Präfix „thio" ausgezeichnet.

Verbindungen mit As−As− bzw. Sb−Sb−Einfachbindung werden nach der Anzahl der Element-Element-Einfachbindungen als Di-, Tri- und Tetraarsine bzw. -stibine bezeichnet; z. B.:

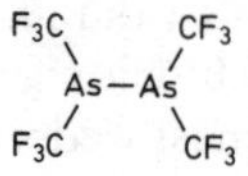

$$F_3C\overset{}{\underset{F_3C}{}}As-As\overset{CF_3}{\underset{CF_3}{}}$$

$$H_5C_6\overset{}{\underset{H_5C_6}{}}Sb-Sb\overset{C_6H_5}{\underset{C_6H_5}{}}$$

*Tetrakis-[trifluormethyl]-diarsin* 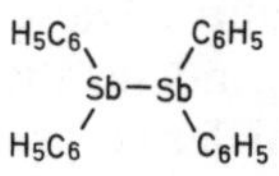          *Tetraphenyl-distibin*

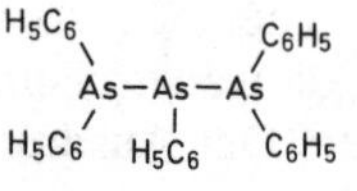

$$H_5C_6\overset{}{\underset{H_5C_6}{}}As-As\underset{H_5C_6}{\overset{|}{As}}-As\overset{C_6H_5}{\underset{C_6H_5}{}}$$

$$H_5C_6\overset{}{\underset{H_5C_6}{}}As-As\underset{\underset{H_5C_6}{As}\overset{}{\underset{C_6H_5}{}}}{\overset{|}{}}-As\overset{C_6H_5}{\underset{C_6H_5}{}}$$

*Pentaphenyl-triarsin* 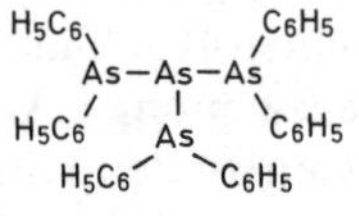          *2-(Diphenyl-arsino)-tetraphenyl-triarsin*

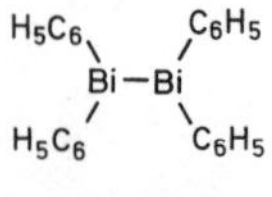

$$H_5C_6\overset{}{\underset{H_5C_6}{}}Bi-Bi\overset{C_6H_5}{\underset{C_6H_5}{}}$$

*Tetraphenyl-dibismuthin*

Der Ausdruck Bisarsin bzw. Bisstibin bzw. Bisbismuthin soll Verbindungen des Typs:

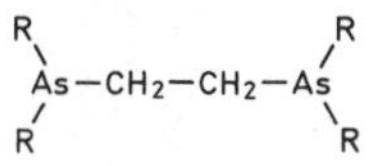

1,2-Bis-[diorgano-
arsino]-äthan

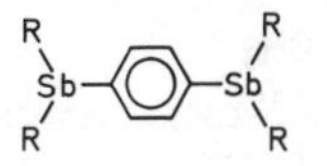

1,4-Bis-[diorgano-
stibino]-benzol

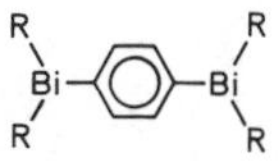

1,4-Bis-[diorgano-
bismuthino]-benzol

vorbehalten sein. Dementsprechend werden Verbindungen, die drei oder vier Organo-arsen(III)-Gruppierungen enthalten, als Tris- bzw. Tetrakis-arsino-alkane bzw. -aromaten bezeichnet. Dasselbe gilt für die entsprechenden Antimon- und Wismut-Verbindungen.

Verbindungen der Zusammensetzung $(RAs)_n$ bzw. $(RSb)_n$ entsprechen in ihrer dimeren Form, so weit diese existenzfähig ist, den Azo-Verbindungen, und werden deshalb nach dem gleichen Benennungsprinzip als Arseno-Verbindungen bezeichnet, d.h. das Wort „Arseno" erscheint als Präfix im Namen. Die Bezeichnung Stibino-Verbindungen ist zweideutig, weil „Stibino" als Präfix bei Verbindungen mit der Gruppierung $-SbH_2$ gebraucht wird (s. S. 28). Der im englischen Sprachgebrauch verwendete Ausdruck „Antimono-Verbindung" ist eindeutiger und soll hier gebraucht werden. Die gemischten Verbindungen $(R-Sb-As-R)_n$ sollen jedoch weiter Stibarseno-Verbindungen genannt werden.

Heute weiß man jedoch, daß die Valenzabsättigung nicht wie bei den Azo-Verbindungen durch Ausbildung einer Doppelbindung erfolgt, sondern durch Polymerisation, wobei mehrere Arsen- bzw. Antimon-Atome meist in cyclischer Form durch Einfachbindungen miteinander verknüpft sind.

Die Bezeichnung Cyclopolyarsine bzw. -stibine trägt diesem Tatbestand Rechnung.

Da jedoch in vielen Fällen die Struktur dieser Verbindungsklassen nicht aufgeklärt ist, werden sie unter dem Oberbegriff Arseno- bzw. Antimono-Derivate zusammengefaßt. Bei Verbindungen, deren Ringstruktur gesichert ist, wird die Bezeichnung Cyclopolyarsin bzw. -stibin daneben in Klammer gesetzt:

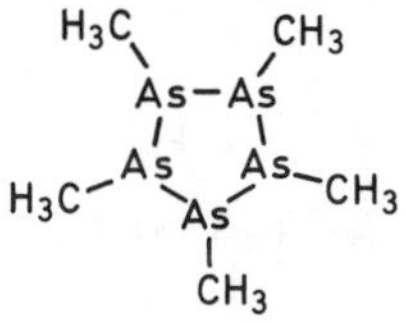

*pentameres Arsenomethan*
*(Pentamethyl-cyclopentaarsin)*

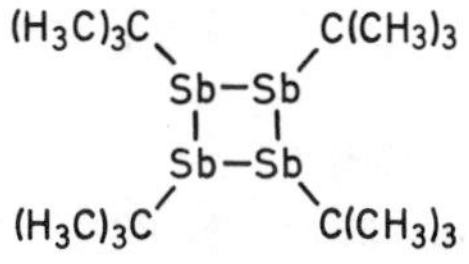

*tetrameres Antimono-tert.-butan*
*(Tetra-tert.-butyl-cyclotetrastibin)*

## 2. Derivate der fünfwertigen Elemente

In der angelsächsischen Literatur wird in neuerer Zeit für Verbindungen mit fünf homöopolar gebundenen Resten an Arsen, Antimon bzw. Bismuth die Bezeichnung „Arsoran", „Stiboran" bzw. „Bismuthoran" verwendet. Diese Art der Bezeichnung wird auch im folgenden verwendet; z.B.:

$(H_3C)_5As$                     $(H_5C_2)_2Sb(-CH=CH_2)_3$                     $(H_5C_6)_5Bi$

*Pentamethyl-arsoran*           *Diäthyl-trivinyl-stiboran*                    *Pentaphenyl-bismuthoran*

Ionische Verbindungen des Typs $R_4MX$ werden analog den entsprechenden Ammonium- bzw. Phosphonium-Verbindungen als quartäre Arsonium-, stibonium- bzw. Bismuthonium-Salze bezeichnet; z.B.:

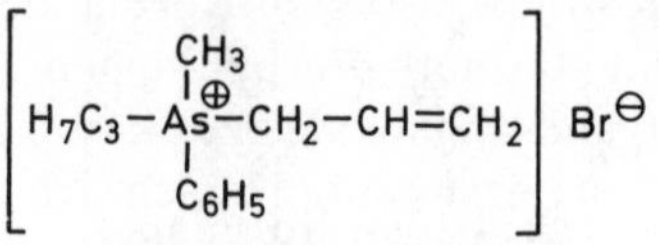

$$\left[\begin{array}{c} CH_3 \\ | \oplus \\ H_7C_3-As-CH_2-CH=CH_2 \\ | \\ C_6H_5 \end{array}\right] Br^{\ominus}$$

*Methyl-propyl-allyl-phenyl-*
*arsonium-bromid*

Verbindungen, deren Struktur durch zwei mesomere Grenzformen als Ylid oder Ylen

$$R_3\overset{\oplus}{M}-\overset{R}{\underset{R}{\overset{|}{C}}}\ominus \qquad\qquad R_3M=\overset{R}{\underset{R}{C}}$$

geschrieben werden kann, können analog den Phosphor-Verbindungen[1] unter dem Oberbegriff **Arsen-, Antimon-** bzw. **Bismuth-ylide** zusammengefaßt werden. Die einzelnen Glieder werden jedoch als Arsorane, Stiborane bzw. Bismuthorane bezeichnet; z. B.:

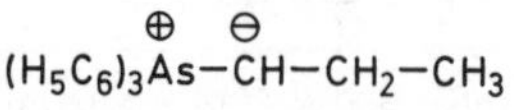

$$(H_5C_6)_3\overset{\oplus}{As}-\overset{\ominus}{CH}-CH_2-CH_3 \qquad\qquad (H_3C)_2\overset{\oplus}{Sb}-\overset{\ominus}{CH}-C_6H_5$$
$$\underset{\qquad\qquad\qquad CH_2-C_6H_5}{}$$

*Triphenyl-propyliden-arsoran* 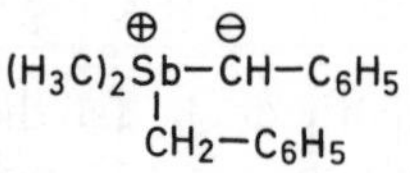      *Dimethyl-benzyl-benzyliden-stiboran*

Wie in den Tab. 4, 5 (S.22, 23) stellen die Verbindungen:

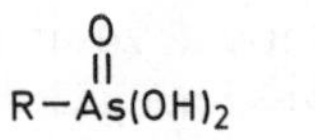

$$\overset{O}{\overset{\|}{R-As(OH)_2}} \qquad \overset{O}{\overset{\|}{R_2As-OH}} \qquad R_3As=O$$

Arsonsäure 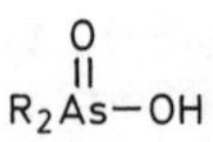        Arsinsäure 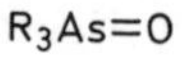        tert. Arsinoxid

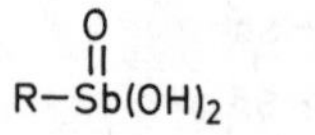

$$\overset{O}{\overset{\|}{R-Sb(OH)_2}} \qquad \overset{O}{\overset{\|}{R_2Sb-OH}} \qquad R_3Sb=O$$

Stibonsäure 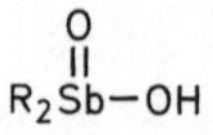        Stibinsäure 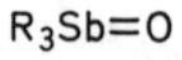        tert. Stibinoxid

Grundtypen dar, aus denen sich eine Reihe von Derivaten ableiten läßt. Die Benennung erfolgt hier analog der Nomenklatur für die entsprechenden Phosphor-Verbindungen[2, 3]; z. B.:

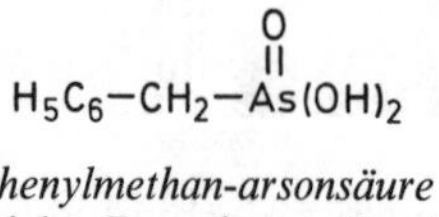

$$\overset{O}{\overset{\|}{H_5C_6-CH_2-As(OH)_2}} \qquad\qquad \overset{O}{\overset{\|}{H_5C_6-Sb(OH)_2}}$$

*Phenylmethan-arsonsäure*        *Benzolstibonsäure*
(nicht: Benzylarsonsäure)        (nicht: Phenylstibonsäure)

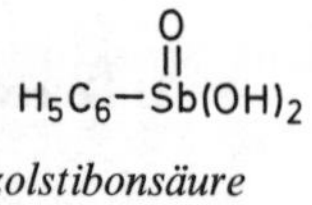

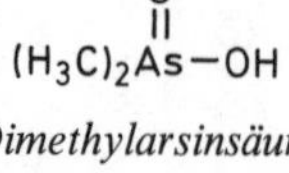

$$\overset{O}{\overset{\|}{(H_3C)_2As-OH}} \qquad\qquad \overset{O}{\overset{\|}{(H_5C_6)_2Sb-OH}}$$

*Dimethylarsinsäure* 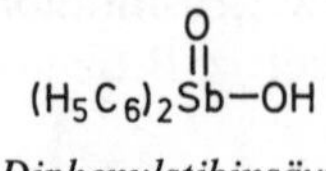        *Diphenylstibinsäure*

---

[1] s. ds. Handb., Bd. XII/1, S. 13.
[2] Editorial Report on Nomenclature, Soc. **1952**, 5122.
[3] s. ds. Handb., Bd. XII/1, S. 4 ff.

In der von den Chemical Abstracts erfolgten Regeländerung für die Nomenklatur der Organo-arsen-, -antimon- und -bismuth-Verbindungen[1] werden die Arsinsäuren bzw. Stibinsäuren als Hydroxy-diorgano-arsinoxide bzw. -stibinoxide bezeichnet. Da diese Bezeichnung weder den chemischen (Arsinsäuren lassen sich in manchen Fällen wie Carbonsäuren mit Alkoholen verestern) noch den systematischen (Vergleich On- und Insäuren) Zusammenhängen gerecht werden kann, werden diese Verbindungen in diesem Handbuch weiterhin als Arsinsäuren bzw. Stibinsäuren benannt.

Die von den tert. Arsinoxiden bzw. Stibinoxiden abgeleiteten Verbindungen vom Typ

$$R_3M=Y \qquad\qquad \text{oder} \qquad\qquad R_3M\overset{X}{\underset{X}{\diagup}}$$

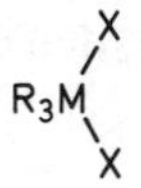

werden wie folgt benannt:

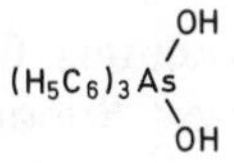

$$(H_5C_6)_3As\overset{OH}{\underset{OH}{\diagup}}$$

*Dihydroxy-triphenyl-arsoran*

$$(H_5C_6)_3As\overset{OOR}{\underset{OOR}{\diagup}}$$

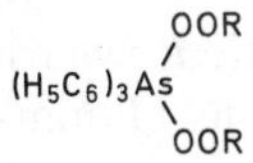

*Bis-[alkylperoxi]-triphenyl-arsoran*

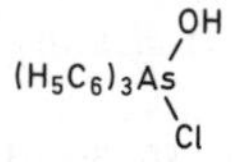

$$(H_5C_6)_3As\overset{OH}{\underset{Cl}{\diagup}}$$

*Chlor-hydroxy-triphenyl-arsoran*

$$(H_5C_6)_3As\overset{OR}{\underset{OR}{\diagup}}$$

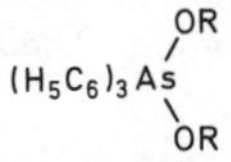

*Dialkoxy-triphenyl-arsoran*

$$(H_5C_6)_3As\overset{OR}{\underset{Cl}{\diagup}}$$

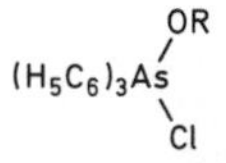

*Chlor-alkoxy-triphenyl-arsoran*

$$(H_5C_6)_3As=NH$$

*Triphenyl-arsin-imin*

$$(H_5C_6)_3As=S$$

*Triphenyl-arsinsulfid*

$$(H_5C_6)_3As=Se$$

*Triphenyl-arsinselenid*

Obwohl diese Verbindungen als pentacovalent formuliert werden, ist ihre Struktur nicht immer gesichert. Sie stellen meistens einen Grenzfall zwischen kovalenten und ionischen Verbindungen dar.

Dort wo eine ionische Struktur gesichert ist, werden die Verbindungen als Oniumsalze betrachtet:

$$\left[(H_5C_6)_3\overset{\oplus}{As}-OR\right]\ Cl^{\ominus}$$

*Alkoxy-triphenyl-arsonium-chlorid*

---

[1] C. A. **56**, 43 N (1962).

Um diesen Tatbestand zu berücksichtigen, werden die Einzelglieder dieser Verbindungsklasse neben der Bezeichnung als Derivate der tert. Oxide, bei gesicherter Struktur als Abkömmlinge des Elementwasserstoffs (MH$_5$) oder als Onium-Verbindungen bezeichnet.

Ähnliche Problematik findet sich bei der Benennung der Verbindungen vom Typ:

$$R{-}AsX_4 \qquad R_2AsX_3 \qquad \text{bzw.} \qquad R{-}SbX_4 \qquad R_2SbX_3$$

Diese werden auf die, den entsprechenden On- und Insäuren zugrunde liegenden „Ortho"-formen bezogen:

$$R{-}AsCl_4 \qquad\qquad\qquad\qquad R_2SbCl_3$$

*Orthoarsonsäure-tetrachlorid*      *Orthostibinsäure-trichlorid*

Die einzelnen Glieder werden jedoch, wie bei den Derivaten der tert. Oxide, je nach gesicherter Struktur als Onium-Verbindungen oder Arsoran- bzw. Stiboran-Derivate bezeichnet:

$$H_5C_6{-}As(OR)_4 \qquad\qquad (H_5C_6)_2Sb(OR)_3 \qquad\qquad [(H_5C_6)_2\overset{\oplus}{As}(OC_6H_5)_2]X^{\ominus}$$

*Tetraalkoxy-phenyl-arsoran*   *Trialkoxy-diphenyl-stiboran*   *Diphenoxy-diphenyl-arsonium-halogenid*

Dieselben Richtlinien gelten für die entsprechenden Wismut-Verbindungen, soweit sie bekannt sind. Bei einer Reihe von Verbindungen wird die Benennung nicht auf den arsen- bzw. antimon-haltigen Teil bezogen. In solchen Fällen erscheint der elementorganische Rest als Präfix:

| Arsenhaltiger Rest | Präfix | Antimon-haltiger Rest | Präfix |
|---|---|---|---|
| $-AsH_2$ | arsino | $-SbH_2$ | stibino |
| $=As{-}H$ | arsylen | $=Sb{-}H$ | stibylen |
| $-As{=}As-$ | arseno | $-Sb{=}Sb-$ | antimono |
| $-\underset{O}{\overset{\parallel}{A}s}(OH)_2$ | arsono | $-\underset{O}{\overset{\parallel}{S}b}(OH)_2$ | stibono |

Verbindungen, in denen das Arsen, Antimon oder Wismut als Teil eines Ringes enthalten ist, werden nach dem Ring-Index[1] mit den Präfixen „Arsa", „Stiba", bzw. „Bisma" versehen. In den Fällen, bei denen auf die Präfixe die Silbe „in" bzw. „an" folgt, werden die Präfixe durch die Ausdrücke „arsen" bzw. „antimon" ersetzt. Neuerdings haben sich für diese Verbindungstypen Trivialnamen eingebürgert, die meistens den entsprechenden N-Heterocyclen entlehnt wurden:

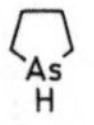

Arsolan 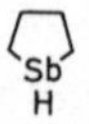     Stibolan 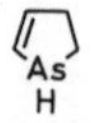     4,5-Dihydro-arsol      2,5-Dihydro-arsol

[1] A. M. PATTERSON, L. T. CAPELL u. D. F. WALKER, *The Ring Index*, Suppl. I–III, American Chemical Society, Washington, D. C., USA 1963–1965.

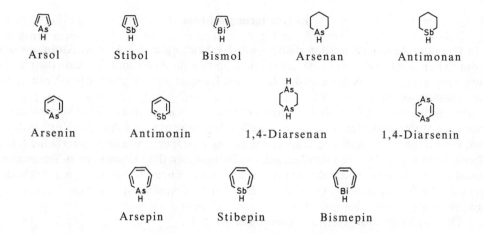

Arsol        Stibol        Bismol        Arsenan        Antimonan

Arsenin        Antimonin        1,4-Diarsenan        1,4-Diarsenin

Arsepin        Stibepin        Bismepin

Heterocyclen, die zusätzlich Sauerstoff, Schwefel oder Stickstoff im Ring enthalten, werden von den Grundtypen durch Einschiebung der Präfixe „oxa", „thia" bzw. „aza" abgeleitet, z. B.:

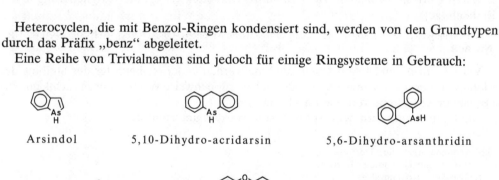

1,3,2-Dioxaarsolan        1,3,2-Dithiastibolan        1,3,2-Dithiabismolan

Heterocyclen, die mit Benzol-Ringen kondensiert sind, werden von den Grundtypen durch das Präfix „benz" abgeleitet.
Eine Reihe von Trivialnamen sind jedoch für einige Ringsysteme in Gebrauch:

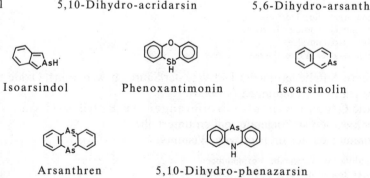

Arsindol        5,10-Dihydro-acridarsin        5,6-Dihydro-arsanthridin

Isoarsindol        Phenoxantimonin        Isoarsinolin

Arsanthren        5,10-Dihydro-phenazarsin

Eine andere Bezeichnungsweise bezieht sich auf den entsprechenden carbocyclischen Kohlenwasserstoff:

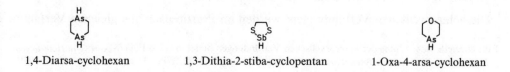

1,4-Diarsa-cyclohexan        1,3-Dithia-2-stiba-cyclopentan        1-Oxa-4-arsa-cyclohexan

## c) Gliederungsschema

In je einem Abschnitt werden die Organo-Verbindungen des Arsens, Antimons und Wismuts behandelt. Da in den ersten zwei Abschnitten für Arsen und Antimon das gleiche Einteilungsschema angewandt wird, soll dies am Beispiel der Organo-arsen-Verbindungen erläutert werden:

Wie bereits erwähnt (s. S. 20 ff.) kann das Arsen in einer größeren Zahl verschiedener Oxidationsstufen auftreten. Dies erklärt die Vielfalt organischer Arsen-Verbindungen. Eine streng systematische Gliederung ist für die Übersichtlichkeit unerläßlich. Die Übersichtstab. 1 (S. 18) zeigt schematisch die Grundtypen der Organo-arsen-Verbindungen, in denen das Arsen, unabhängig von den verschiedenen Oxidationsstufen, entweder drei oder fünfwertig auftritt. Deshalb ist das oberste Einteilungsprinzip die Unterscheidung zwischen:

I. Organo-Verbindungen des dreiwertigen Arsens
II. Organo-Verbindungen des fünfwertigen Arsens

Die dreiwertigen Derivate werden unterteilt in:

a) Arsine und verwandte Verbindungen
b) Organische Arsen-Verbindungen mit As-As-Bindung (Diarsine und Arseno-Verbindungen)
c) Arsonige Säuren und ihre Derivate (Dihydroxy-arsin und seine Abkömmlinge)
d) Arsinige Säuren und ihre Derivate (Hydroxy-arsin und seine Abkömmlinge)

Innerhalb einer Verbindungsklasse werden die primären, die sekundären und zuletzt die tertiären Derivate behandelt. Bei den Säure-Derivaten erfolgt die Aufgliederung in der Reihenfolge:

-OH, -Halogen (Pseudohalogen und andere anorganische Anionen),-OR,-O-Acyl, -SH, -SR, -S-Acyl, -NR$_2$, -NR-Acyl.

Verbindungen mit Metall-Arsen-Bindung werden in der Reihenfolge der Stellung des Metalls im Periodensystem abgehandelt; also gruppenweise von links nach rechts und innerhalb einer Gruppe von oben nach unten.

Die Derivate des fünfwertigen Arsens werden unterteilt in:

a) Arsonsäuren und ihre Derivate
b) Arsinsäuren und ihre Derivate
c) Tert. Arsinoxide und ihre Derivate
d) Quartäre Arsoniumsalze
e) Pentaorgano-arsen-Verbindungen

Die weitere Aufgliederung der Derivate der Säuren bzw. der tert. Oxide erfolgt wie bei den dreiwertigen Verbindungen (s. oben).

Da für die Organo-wismut-Verbindungen eine Einteilung in Säure-Derivate nicht sinnvoll ist, werden sie folgendermaßen unterteilt:

I. Verbindungen des dreiwertigen Wismuts

a) Bismuthine und verwandte Verbindungen
b) Halogen-bismuthine und deren Abkömmlinge
c) Verbindungen mit Bi-Bi-Bindungen

II. Verbindungen des fünfwertigen Wismuts

a) Trialkyl(aryl)-dihalogen-bismuth-Verbindungen und ihre Derivate
b) Pentaorgano-bismuth-Verbindungen und Bismuthonium-Salze

Die heterocyclischen Verbindungen[1] werden im Prinzip nach den gleichen Verfahren

---

[1] Eine spezielle Behandlung der heterocyclischen Verbindungen findet man bei F. G. Mann: *The Heterocyclic Derivates of Phosphorus, Arsenic, Antimony, and Bismuth*, 2. Aufl., Wiley Intersience, New York 1970.

wie die entsprechenden acyclischen Verbindungen hergestellt, und werden deshalb nicht gesondert behandelt.

Es ist leider nach diesem Einteilungsschema unvermeidlich, daß die strenge Systematik auf Kosten von chemischen Zusammenhängen erfolgt. Analoge Reaktionstypen konnten vielfach nicht unter einem gemeinsamen Gesichtspunkt behandelt werden. Durch Querhinweise sollen diese Mängel abgeschwächt werden.

### d) Zur Handhabung von organischen Arsen-, Antimon- und Wismut-Verbindungen.

Das Arbeiten mit organischen Verbindungen des Arsens, Antimons und Wismuts erfordert ein Höchstmaß an Sorgfalt und peinlichst einzuhaltende Schutzmaßnahmen. Dies gilt insbesondere beim Arbeiten mit den Verbindungen der dreiwertigen Elemente, die sich meistens durch einen widerlichen Geruch und eine bis zur **Selbstentzündlichkeit** reichende Oxidationsempfindlichkeit auszeichnen. Die Herstellung und Handhabung einer großen Zahl dieser Verbindungen kann daher nur unter Ausschluß von Luft erfolgen[1]. Weniger empfindlich gegenüber Sauerstoff sind die aromatischen tertiären Verbindungen. Die Oxidationsempfindlichkeit nimmt in der Reihe As→Sb→Bi-Verbindungen zu. Das Aufbewahren dieser Verbindungen, auch für kurze Zeit, darf nur in gut verschließbaren Gefäßen unter einem inerten Gas, z. B. Stickstoff oder Argon erfolgen (für kleine Mengen sind abgeschmolzene Ampullen zu empfehlen). Eine große Zahl dieser Verbindungen zeichnet sich außerdem durch eine hohe **Giftigkeit** aus. Wie bereits erwähnt (s. S. 17f.) wurde im I. Weltkrieg eine Reihe von Halogen- bzw. Pseudohalogen-arsinen als chemische Kampfstoffe verwendet[2] (Blaukreuz-Gruppe). Dazu gehören:

① Aliphatische Reihe:

| | | |
|---|---|---|
| *Dichlor-methyl-arsin* | $H_3C—AsCl_2$ | |
| *Dichlor-äthyl-arsin* | $H_5C_2—AsCl_2$ | |
| *Dichlor-(2-chlor-vinyl)-arsin* | $Cl—CH=CH—AsCl_2$ | (*Lewisit*) |

② Aromatische Reihe:

| | | |
|---|---|---|
| *Dichlor-phenyl-arsin* | $H_5C_6—AsCl_2$ | |
| *Chlor-diphenyl-arsin* | $(H_5C_6)_2As—Cl$ | (*Clark I*) |
| *Diphenyl-cyan-arsin* | $(H_5C_6)_2As—CN$ | (*Clark II*) |

③ Heterocyclische Reihe

*10-Chlor-phenazarsin*

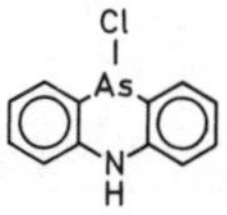

(*Adamsit*)

Das Chlor-diphenyl-arsin wird vom *Chlor-diphenyl-bismuthin* in seiner Giftigkeit übertroffen. Die Toleranzgrenze für *Chlor-, Brom-, Cyan-* und *Acyloxy-diphenyl-bismuthin* liegt bei 0,3 ppm in der Luft[3].

Die Reizwirkung tritt nicht nur bei unmittelbarer Berührung mit den betreffenden Hautstellen (etwa in Form von Rötung, Brennen, Blasenbildung) in Erscheinung, oft können auch kleine Mengen von Dämpfen oder Staub die unangenehmsten Erscheinungen auslösen, welche nicht immer sofort, sondern auch noch nach Stunden auftreten können. Eine Anzahl von Personen ist besonders empfindlich (**Idiosynkrasie**). Sie werden durch wiederholten Umgang mit bestimmten Arsen-, Antimon- oder Wismut-Verbindungen

---

[1] Vgl. ds. Handb., Bd. I/2, Kap.: Arbeiten unter Ausschluß von Sauerstoff und Luftfeuchtigkeit, S. 321.
[2] A. P. J. Hoogeveen, *Chemical Weapons*, Chem. Weekblad **34**, 35 (1937).
[3] H. McCombie u. B. C. Saunders, Nature **159**, 491 (1947).

sensibilisiert und reagieren dann auf kleinste Mengen, die sonst unschädlich zu sein pflegen. Menschen, die im Laufe der Zeit eine abnorme Überempfindlichkeit gegen geringste Spuren dieser Stoffe zeigen, dürfen in diesen Laboratorien vorübergehend nicht mehr arbeiten. Es ist also beim Arbeiten mit diesen Stoffen, besonders bei solchen mit unbekannten Eigenschaften, allergrößte Vorsicht geboten. Bei der Destillation von Arsen-, Antimon- oder Wismut-Verbindungen, besonders im Vakuum sollte sogar ein Gesichtsschutz getragen werden, am besten jedoch eine Gasmaske (Vollmaske) mit Hochleistungsfilter. Die Arbeitskittel müssen am Halse und an den Handgelenken geschlossen getragen werden. Die Apparatur ist durch eine splitterfreie Glasscheibe abzudecken. Stets ist zu beachten, und hier muß nochmals besonders darauf hingewiesen werden, daß auch die Dämpfe empfindliche Schädigungen verursachen können. Es empfiehlt sich deshalb das grundsätzliche Arbeiten unter einem gutziehenden Abzug, mindestens aber die Forderung einer zuverlässigen wirksamen Absaugung am Arbeitsplatz.

Besondere Vorsicht ist beim Auseinandernehmen der gebrauchten Apparaturen geboten. Stets muß mit Gummihandschuhen gearbeitet werden, wenn man die Eigenschaften der Substanzen nicht kennt, besonders wenn es sich um die Halogen- oder Cyan-Verbindungen handelt.

Sollte trotz aller Vorsicht eine der gefährlichen Substanzen auf die Haut gekommen sein – es tritt meist sofort starke Rötung mit Brennen auf –, so wäscht man nach vorsichtigem Abtupfen (nicht abreiben!) die betreffende Stelle mit viel Wasser oder besser mit lauwarmer, $\sim 5\%$-iger Natriumhydrogencarbonat-Lösung ab und sucht unverzüglich einen Arzt auf. Bei Augenreizungen durch Einwirkungen von Dämpfen, Spritzern usw. darf nicht gerieben werden. Man spült ebenfalls mit viel Wasser und begibt sich unverzüglich zum Arzt. Das beste **Gegenmittel** gegen eine innere Vergiftung mit Arsen- oder Antimonverbindungen ist das *BAL* (British Antilewisit; *2,3-Dimercapto-propanol*), das nur vom Arzt angewendet werden darf.

Für die **Zerstörung** kleiner Mengen Halogen-arsine eignet sich eine $10\%$-ige methanolisch-wäßrige Natronlauge, wobei die entsprechenden weniger giftigen Säuren entstehen. Bei Arsinen oder Stibinen ist die vorsichtige Oxydation mit $3\%$-igem Wasserstoffperoxid in Aceton unter Kühlung empfehlenswert.

Im übrigen wird bezüglich Schutzmaßnahmen bei den Arbeiten mit organischen Verbindungen des Arsens, Antimons oder Wismuts auf die „Richtlinien für chemische Laboratorien" verwiesen.

# Methoden zur Herstellung und Umwandlung von organischen Arsen-Verbindungen

## I. Organische Verbindungen des dreiwertigen Arsens

### a) Arsine

Je nach der Anzahl der As-C-Bindungen unterscheidet man primäre I, sekundäre II und tertiäre Arsine III:

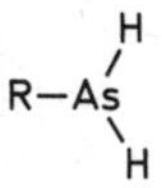

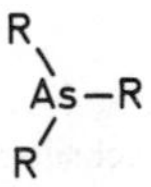

Der organische Rest kann sowohl ein aliphatischer als auch ein aromatischer Rest sein. Bei den sek. und tert. Arsinen kann das Arsen Teil eines Ringsystems sein. Diese heterocyclischen Arsine entsprechen in ihren Herstellungsmethoden und Reaktionsarten den offenkettigen Arsinen und werden daher im Zusammenhang mit diesen behandelt. Die meisten Arsine sind **giftige** und übelriechende (Knoblauchgeruch) Verbindungen. Bei ihrer Herstellung ist deshalb äußerste Vorsicht erforderlich (s. S. 31). Außer den Triaryl-arsinen sind diese Verbindungen bis zur Selbstentzündlichkeit luftempfindlich und müssen daher unter Luftausschluß gehandhabt werden.

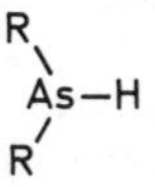

### A. Herstellung

#### 1. Primäre Arsine

α) durch Reduktion von Arsonsäuren

Primäre Alkyl- oder Aryl-arsine lassen sich durch Reduktion der entsprechenden Arsonsäuren unter Sauerstoff-Ausschluß[1] herstellen:

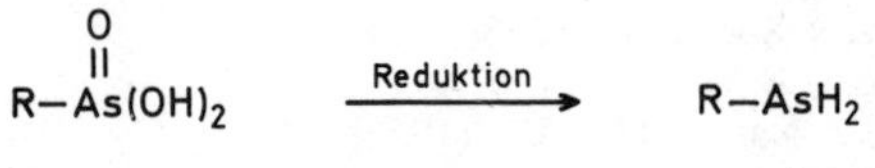

$$R-As(OH)_2 \quad \xrightarrow{\text{Reduktion}} \quad R-AsH_2$$

(mit O-Doppelbindung am As der Ausgangsverbindung)

---

[1] Die niederen Alkyl-arsine können sich an der Luft entzünden (s. S. 31).

Als Reduktionsmittel dient Zinkstaub oder amalgamiertes Zink[1-12]. Die Reduktion wird in Methanol, Wasser oder Äthanol durchgeführt. Diäthyläther hat sich in manchen Fällen als Lösungsmittel besser bewährt, da das ätherlösliche Arsin durch Abtrennung der organischen Phase leichter isolierbar ist. Manchmal gelingt die Trennung des Arsins aus dem Reaktionsgemisch durch Wasserdampfdestillation[8].

**Phenyl-arsin**[1,6,8]: 400 g Benzolarsonsäure werden mit 800 g amalgamiertem Zinkstaub (die Reduktion gelingt auch mit nicht aktiviertem Zinkstaub) in einem geräumigen Kolben, der mit einem gut wirksamen Rückflußkühler und Rührer versehen ist, innig mit Wasser vermischt. Nach Zugabe von 1 $l$ Äther werden unter Rühren langsam 2 $l$ konz. Salzsäure so zugetropft, daß der Äther nur schwach siedet (eventuell kühlen). Nach Ende der Reaktion wird die Äther-Schicht vorsichtig in eine mit Kohlendioxid gefüllte Flasche gebracht und mit Calciumchlorid getrocknet. Von hier ab muß die weitere Aufarbeitung unter strengem Ausschluß von Luft erfolgen. Der Äther wird abgezogen und der Rückstand i. Vak. destilliert; Ausbeute: 253,15 g (83% d. Th.); $Kp_{70}$: 93°.

In ähnlich guten Ausbeuten kann das *Phenyl-arsin* durch Reduktion des Benzol-ortho-arsonsäure-tetrachlorid (Tetrachlor-phenyl-arsoran) mit Lithiumalanat oder -boranat hergestellt werden[13]:

$$H_5C_6{-}AsCl_4 \xrightarrow[\substack{-4BH_3 \\ -4LiCl \\ -H_2}]{4\,Li\,[BH_4]/\,fl.N_2} H_5C_6{-}AsH_2$$
$$\text{83\% d.Th.}$$

**Pentyl-arsin**[10]: In einem Dreihalskolben mit Rührer, Tropftrichter und Rückflußkühler wird das aus 275 g Zinkstaub und 55 g Quecksilber (II)-chlorid hergestellte Zinkamalgam mit 120 g Pentanarsonsäure, unter Sauerstoff-Ausschluß vorgelegt. Man fügt 10 $ml$ Wasser und dann 500 $ml$ Äther hinzu. Anschließend tropft man unter Rühren innerhalb 7 Stdn. 1 $l$ konz. Salzsäure zu, dann läßt man die Reaktionsmischung 24 Std. stehen. Man trennt die ätherische Phase ab und trocknet sie über Calciumchlorid. In einem Kohlendioxid-Strom wird der Äther abdestilliert und der Rückstand fraktioniert destilliert; Ausbeute: 30% d. Th.; $Kp_{730}$: 125–127°.

**Butyl-arsin**[12]: Zu 100 g Butanarsonsäure, 220 g Zinkamalgam und 500 $ml$ über Benzophenon-natrium destilliertem Äther, werden unter Argon 500 $ml$ konz. Salzsäure zugetropft. Nach Reaktionsende wird die ätherische Phase abgetrennt und der Äther über eine Kolonne abdestilliert; Ausbeute: 30 g (41% d. Th.); Kp: 101°.

Analog wird das *Methyl-arsin* (Kp: 2°) erhalten[14].

*(3-Amino-4-hydroxy-phenyl)-arsin* ist durch elektrochemische Reduktion der entsprechenden Arsonsäure erhalten worden[15-17].

[1] A. PALMER u. W. M. DEHN, B. **34**, 3595 (1901).
[2] W. M. DEHN, Am. **33**, 101, 120, 147, (1905); C. **1905**, 800.
[3] W. M. DEHN u. B. WILCOX, Am. **35**, 1, 35, 45 (1906).
[4] W. M. DEHN, Am. **40**, 88 (1908); C. **1908** II, 850.
[5] Frdl. **11**, 1042 (1910–1912).
[6] R. KAHN, Ch. Z. **1912**, 1099; Z. anorg. Ch. **25**, 1995 (1912).
[7] DRP. 635398 (1936); Brit. P. 484594 (1937), A. FEHRLE et al.; C. A. **31**, 114, 6258 (1937).
[8] C. S. PALMER u. R. ADAMS, Am. Soc. **44**, 1356 (1922).
[9] R. C. COOKSON u. F. G. MANN, Soc. **1947**, 618.
[10] C. K. BANKS et al., Am. Soc. **69**, 927 (1947).
[11] F. G. MANN u. A. J. WILKINSON, Soc. **1957**, 3336.
[12] A. TZSCHACH u. R. SCHWARZER, A. **709**, 253 (1967).
[13] E. WIBERG u. K. MÖDRITZER, Z. Naturf. **11 b**, 750 (1956).
[14] H. ALBERS et al., B. **85**, 239 (1952).
[15] A. TZSCHACH et. al., J. Organometal. Chem. **60**, 95 (1973).
[16] S. V. VASILEV u. G. D. VORCHENKO, Vestnik. Moskv. Univ. **5**, No. 3, Ser. Fiz.-Mat. i. Estest. Nauk, No. 2, 73 (1950); C. A. **45**, 6594 (1951).
[17] F. FICHTER u. E. ELKIND, B. **49**, 239 (1916).

Tab. 6 : Primäre Arsine durch Reduktion von Arsonsäuren mit amalgamiertem
Zink/Salzsäure

| O‖ R—As(OH)₂ R | R—AsH₂ | Ausbeute [% d. Th.] | Kp | | Lite-ratur |
|---|---|---|---|---|---|
| | | | [°C] | [Torr] | |
| 4-Cl—C₆H₄ | *(4-Chlor-phenyl)-arsin* | 38 | 92 | 14 | 1,2 |
| 2-Cl—C₆H₄ | *(2-Chlor-phenyl)-arsin* | 45–60 | 206 | 760 | 1 |
| 4-CH₃—C₆H₄ | *(4-Methyl-phenyl)-arsin* | 30–50 | 113,5 | 44 | 1 |
| 4-NH₂—C₆H₄ | *(4-Amino-phenyl)-arsin* | 77 | 84–92 | 0,3 | 2 |
| 2-NH₂—C₆H₄ | *(2-Amino-phenyl)-arsin* | 62 | 72–75 | 0,4–0,5 | 3 |
| 3-CH₃O—C₆H₄ | *(3-Methoxy-phenyl)-arsin* | 70 | 107–108 | 16 | 4 |

### β) Primäre Arsine durch Reduktion von Arsonigsäure-halogeniden (Dihalogen-arsinen)

Dihalogen-arsine lassen sich durch Reduktion in guten Ausbeuten in die entsprechenden primären Arsine umwandeln:

$$R-AsX_2 \xrightarrow{\text{Reduktion}} R-AsH_2$$

R = Alkyl, Aryl
X = Hal

Als Reduktionsmittel können Lithiumalanat, Lithiumboranat[5–8], Zink bzw. verkupfertes Zink/Salzsäure[5, 9] oder Quecksilber/Salzsäure[9,10] eingesetzt werden. Die Auswahl des Reduktionsmittels bzw. Reaktionsmediums kann stark variieren und beeinflußt die Ausbeute zum Teil erheblich. Die Reduktion von Dichlor-phenyl-arsin mit Lithiumalanat in Diäthyläther (Verhältnis 1:2) liefert nur 21% *Phenyl-arsin*[6]. Man kann die Ausbeute auf 70% steigern, wenn man Lithiumboranat als Reduktionsmittel einsetzt[6]. Dihalogentrifluormethyl-arsin liefert je nach Reaktionsbedingungen mäßige bis ausgezeichnete Ausbeuten an *Trifluormethyl-arsin*[5, 9]:

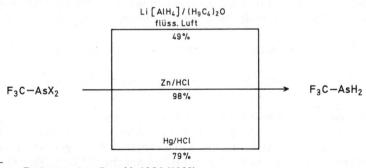

[1] C. S. PALMER u. R. ADAMS, Am. Soc. **44**, 1356 (1922).
[2] R. C. COOKSON u. F. G. MANN, Soc. **1947**, 618.
[3] A. TZSCHACH et al., J. Organometal. Chem. **60**, 95 (1973).
[4] F. G. MANN u. R. WILKINSON, Soc. **1957**, 3336.
[5] H. J. EMELEUS et al., Soc. **1953**, 1561; **1954**, 2979.
[6] E. WIBERG u. K. MÖDRITZER, Z. Naturf. **11b**, 750 (1956); **12b**, 127 (1957).
[7] A. TZSCHACH u. N. DEYLIG, Z. anorg. Ch. **336**, 36 (1965).
[8] A. TZSCHACH u. V. KIESEL, J. pr. **313**, 259 (1971).
[9] A. BRUKER et al., Ž. obšč. Chim. **28**, 350 (1958); C. A. **52**, 13615 (1958).
[10] W. R. CULLEN, Canad. J. Chem. **41**, 317 (1963).

**tert.-Butyl-arsin**[1]: In einem Dreihalskolben wird zu einer Suspension von 10 g Lithiumalanat und 200 *ml* Äther bei −10° langsam eine Lösung von Dichlor-tert.-butyl-arsin und 100 *ml* Äther getropft. Die Reaktionslösung wird anschließend 30 Min. auf dem Wasserbad erhitzt und dann wie üblich mit Wasser unter Kühlung zersetzt. Die ätherische Schicht wird abgetrennt, mit Natriumsulfat getrocknet und dann der Äther über eine 60 cm lange Kolonne abdestilliert, wobei man das Wasserbad zuletzt auf 75° erhitzt. Anschließend destilliert das Arsin über; Ausbeute: 31–32 g (65% d. Th.); Kp: 65–67°.

Das tert. Butyl-arsin stellt eine äußerst luftempfindliche Substanz dar.

**Cyclohexyl-arsin**[2]: Eine ätherische Lösung von 0,05 Mol Lithiumalanat wird unter Argon tropfenweise mit 0,1 Mol Cyclohexanarsonigsäure-dichlorid umgesetzt. Anschließend wird 1 Stde. unter Rückfluß erhitzt und die Reaktionslösunnong mit Wasser zersetzt. Nach Abtrennen der ätherischen Phase wird das Lösungsmittel abdestilliert und der Rückstand i. Vak. fraktioniert; Ausbeute: 8,5 g (53% d. Th.); Kp: 152–156°.

Aus Bis-[dichlor-arsino]-methan in Äther erhält man bei der Reduktion mit Lithiumalanat *Bis-[arsino]-methan* (Kp: 91–96°) in mäßiger Ausbeute[3].

## γ) Primäre Arsine durch Reduktion von Arseno-Verbindungen

Primäre Arsine stellen die letzte Reduktionsstufe aller Organo-arsen-Verbindungen, die einen Kohlenwasserstoff-Rest tragen (s. Übersichtstab. 1, S. 18) dar. Arseno-Verbindungen, die zum Teil aus primären Arsinen (s. S. 160) hergestellt werden, können mit Reduktionsmitteln wie Zinkstaub/Salzsäure in die primären Arsine zurückverwandelt werden[4]:

$$Ar-As{=}As-Ar \xrightarrow{\ Zn/HCl\ } Ar-AsH_2$$

Die Reaktion gelingt jedoch am besten mit den aromatischen Arseno-Verbindungen[4].

**(3-Acetylamino-4-hydroxy-phenyl)-arsin**[4]: 5 g 3,3′-Diamino-4,4′-dihydroxy-arsenobenzol und 16 g Zinkstaub werden vermischt und bei 90–100° in 70 *ml* konz. Salzsäure und 50 *ml* Wasser eingetragen. Nach Ende der Reaktion wird abgekühlt, die klare Lösung in eine Lösung aus 20 g Natriumacetat, 20 *ml* Wasser und 15 *ml* Essigsäureanhydrid eingerührt, die Luft durch Kohlendioxid verdrängt und die Lösung umgeschüttelt. Das ausgeschiedene Arsin wird abfiltriert; Ausbeute: 2,79 g (90% d. Th.)

## δ) Primäre Arsine durch Alkylierung von Arsenwasserstoff

Nur wenige primäre Arsine sind durch Alkylierung von Arsenwasserstoff hergestellt worden. Die direkte Alkylierung mit Alkylhalogeniden wird mit den Metallsalzen des Arsenwasserstoffs in flüssigem Ammoniak vorgenommen[5, 6]; z.B. *Methyl-arsin*:

$$K-AsH_2 + H_3C-Cl \rightarrow H_3C-AsH_2 + KCl$$

$$Ca(AsH_2)_2 + 2 H_3C-Cl \rightarrow H_3C-AsH_2 + CaCl_2$$

Das Metallarsenid wird durch Einleiten von Arsenwasserstoff in eine Suspension des Metalls in flüssigem Ammoniak hergestellt. Die Reaktion verläuft bei tiefer Temperatur[6]. Die Reaktanden müssen in stöchiometrischen Verhältnissen eingesetzt werden, da sonst höhere Alkylierungsprodukte in größerem Maße entstehen[5, 6] (s. S. 35, 68).

[1] A. TZSCHACH u. W. DEYLIG, Z. anorg. Ch. **336**, 36 (1965).
[2] A. TZSCHACH u. V. KIESEL, J. pr. **313**, 259 (1971).
[3] K. SOMMER, Z. anorg. Chem. **377**, 120 (1970).
[4] G. NEWBERY u. M. A. PHILLIPS, Soc. **1928**, 2375, 2381.
[5] W. C. JOHNSON u. A. PECHUKAS, Am.Soc. **69**, 2065 (1937).
[6] TH. BIRCHALL u. W. L. JOLLY, Inorg. Chem. **5**, 2177 (1966).

Das aus Butanon und Methyl-magnesiumjodid hergestellte 2-Methyl-butyl-(2)-oxy-magnesiumjodid, läßt sich mit Arsenwasserstoff zum [2-*Methyl-butyl-(2)*]-*arsin* umsetzen[1]:

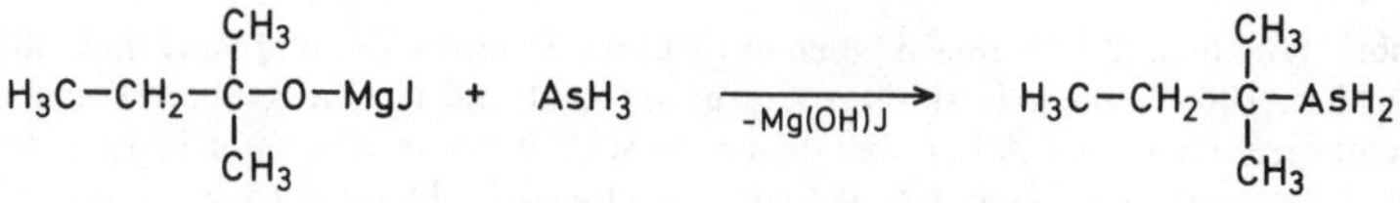

$$H_3C-CH_2-\underset{\underset{CH_3}{|}}{\overset{\overset{CH_3}{|}}{C}}-O-MgJ \ + \ AsH_3 \ \xrightarrow[-Mg(OH)J]{} \ H_3C-CH_2-\underset{\underset{CH_3}{|}}{\overset{\overset{CH_3}{|}}{C}}-AsH_2$$

Mäßige bis gute Ausbeuten an primären Arsinen erhält man bei der Addition von Arsenwasserstoff an C=C- bzw. C=O-Doppelbindungen[2,3]. Die Reaktion wird im Bombenrohr oder Autoclaven bei 60–80° durchgeführt; z. B.:

$$AsH_3 \ + \ F_2C=CF_2 \ \longrightarrow \ F_2CH-CF_2-AsH_2$$

*(1,1,2,2-Tetrafluor-äthyl)-arsin*[2]

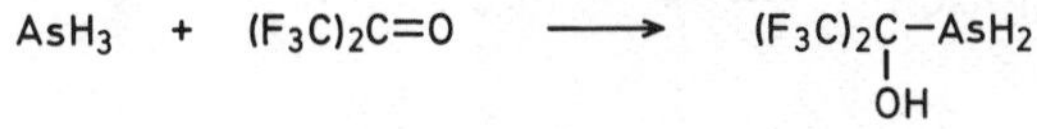

$$AsH_3 \ + \ (F_3C)_2C=O \ \longrightarrow \ (F_3C)_2\underset{\underset{OH}{|}}{C}-AsH_2$$

[*Hexafluor-2-hydroxy-propyl-(2)*]-*arsin*[3]

*Phenyl-arsin* läßt sich aus Trimethylstannyl-phenyl-arsin durch Umsetzung mit Bromwasserstoff in 90%iger Ausbeute erhalten[4]:

$$(H_3C)_3Sn-\underset{\underset{H}{\backslash}}{\overset{\overset{C_6H_5}{/}}{As}} \ + \ HBr \ \longrightarrow \ H_5C_6-AsH_2 \ + \ (H_3C)_3SnBr$$

## 2. Sekundäre Arsine

Die niederen sekundären Arsine entzünden sich an der Luft von selbst, aber auch die höher substituierten Derivate können durch Verunreinigungen selbst entflammbar werden. Die meisten Derivate sind sehr **giftig** und reizen die Haut. Deshalb sind beim Arbeiten alle Vorsichtsmaßnahmen zu treffen. Es muß bei ihrer Herstellung und Verarbeitung unbedingt unter Luftausschluß gearbeitet werden.

### α) durch Reduktion von Arsinsäuren und deren Derivate

Analog den primären Arsinen stellen die sekundären Arsine die letzte Reduktionsstufe der meisten sek. Organo-arsen-Verbindungen dar. Diaryl- bzw. Alkyl-aryl- oder Dialkyl-arsinsäuren werden durch amalgamiertes Zink/Salzsäure[5–7] in guten Ausbeuten zu den entsprechenden sekundären Arsinen reduziert. Die Reaktion wird entsprechend der Reduktion der Arsonsäuren (s. S. 33) durchgeführt:

[1] Brit. P. 782887 (1957), A. C. OPFERMANN; C. A. **52**, 10192 (1958).
[2] K. R. RAVER et al., Ž. obšč. Chim. **35**, 1162 (1965); engl.: 1165; C. A. **63**, 13313 (1965).
[3] A. B. BRUKER et al., Ž. obšč. Chim. **36**, 1133 (1966); engl.: 1146; C. A. **65**, 12230 (1966).
[4] J. W. ANDERSON u. J. E. DRAKE, Canad. J. Chem. **49**, 2524 (1971).
[5] W. M. DEHN u. B. WILCOX, Am. **35**, 45 (1906).
[6] G. W. RAIZISS u. L. J. GAVRON, *Organic Arsenical Compounds*, Chemical Catalog Comp., New York 1923.
[7] R. C. COOKSON u. F. G. MANN, Soc. **1947**, 618.

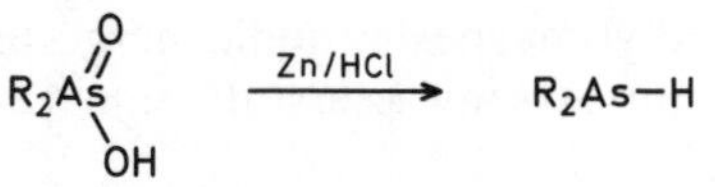

$$R_2As\overset{\displaystyle O}{\underset{\displaystyle OH}{\big/\!\!\big/}} \xrightarrow{\ Zn/HCl\ } R_2As-H$$

**Diphenyl-arsin**[1,2]: In einem 2-$l$-Dreihalskolben mit Rührer, Tropftrichter und Rückflußkühler werden unter Stickstoff-Atmosphäre 100 g Diphenylarsinsäure, 160 g Zinkstaub und 4 g Quecksilber(II)-chlorid in 70 $ml$ Wasser vorgelegt, dann wird mit 400 $ml$ Äther übergossen. Anschließend werden unter Rühren 400 $ml$ konz. Salzsäure tropfenweise hinzugegeben. Nach 3 Tagen wird die ätherische Phase mit Kohlendioxid in einen Kolben übergedrückt, wo sie mit Calciumchlorid getrocknet wird. Danach wird in einem großen Kolben destilliert (Die Destillation verläuft unter heftigem Schäumen, deshalb ist ein großer Destillierkolben notwendig); Ausbeute: 72 g (82% d. Th.); $Kp_{20}$: 161–162°.

Das Diphenyl-orthoarsinsäure-trichlorid (Trichlor-diphenyl-arsoran) kann ebenfalls zum Diphenyl-arsin reduziert werden[3]. Als Reduktionsmittel kann Lithiumalanat oder -boranat in Äther verwendet werden:

$$(H_5C_6)_2AsCl_3 \xrightarrow{\ LiBH_4\ } (H_5C_6)_2As-H\ +\ BH_3\ +\ LiCl$$

Die Ausbeuten an *Diphenyl-arsin* betragen bei der Reduktion mit Lithiumboranat 82%, mit Lithiumalanat dagegen nur 26% d. Th.[3] was auf die Wechselwirkung zwischen dem Diphenyl-arsin und dem während der Reduktion entstandenen Aluminiumwasserstoff zurückgeführt wird[3]. Durch Reduktion der Dimethylarsinsäure mit Zink/Salzsäure ist das *Dimethyl-arsin* in 90–95%-iger Ausbeute erhältlich[4]. Das Natriumsalz der Dimethylarsinsäure (Kakodylsäure) ist ebenfalls einsetzbar.

**Dimethyl-arsin**[4,5]: Ein 1-$l$-Dreihalskolben mit Rührer und Tropftrichter wird über Nadelventile mit Teflonschläuchen an eine Hochvak.-Apparatur mit mehreren Kühlfallen angeschlossen, die mit Trockeneis bzw. flüssigem Stickstoff gekühlt sind. In den Kolben werden unter Stickstoff 32 g (0,2 Mol) Natrium-dimethylarsinat, 39 g (0,6 Mol) Zinkstaub, 0,5 g Quecksilber(II)-chlorid, 75 $ml$ Wasser und 175 $ml$ Äthanol vorgelegt. Sodann werden 200 $ml$ konz. Salzsäure, unter gutem Rühren, tropfenweise hinzugegeben. Die flüchtige Substanz wird dann unter Vakuum von Fall zu Fall langsam destilliert. Die Fraktion, die bei −112° gesammelt wird, ist Dimethyl-arsin (Kp: 35–37°)[5]; Ausbeute: 65% d. Th.

*Phenyl-(2-amino-phenyl)-arsin*[6,7], *Methyl-phenyl-arsin*[8] und *Bis-[3-methyl-butyl]-arsin*[8] sind analog durch Reduktion herstellbar. Für die Herstellung des *Phenyl-(2-amino-phenyl)-arsins* kann man entweder die Phenyl-(2-nitro-phenyl)-[7] oder Phenyl-(2-amino-phenyl)-arsinsäure[6] einsetzen.

[1] W. M. DEHN u. B. WILCOX, Am. **35**, 45 (1906).
[2] R. C. COOKSON u. F. G. MANN, Soc. **1947**, 618.
[3] E. WIBERG u. K. MÖDRITZER, Z. Naturf. **11b**, 750 (1956).
[4] R. D. FELTHAM et al., J. Organometal. Chem. **7**, 285 (1967).
[5] H. GOLDWHITE et al., J. Organometal. Chem. **12**, 133 (1968).
[6] F. F. BLICKE u. G. L. WEBSTER, Am. Soc. **59**, 537 (1937).
[7] R. C. COOKSON u. F. G. MANN, Soc. **1949**, 71.
[8] F. G. MANN u. A. J. WILKINSON, Soc. **1957**, 3341.
[9] W. M. DEHN u. B. WILCOX, Am. **35**, 53 (1906).

## $\beta$) Sekundäre Arsine durch Reduktion von Arsinigsäure-halogeniden (Halogen-diorgano-arsinen)

Halogen-dialkyl-, -diaryl- und -diheteroaryl-arsine werden durch Reduktion mit Zink-staub/Salzsäure (das Zink kann amalgamiert, platiniert oder verkupfert sein)[1-6], Queck-silber/Chlorwasserstoff[7] oder Lithiumalanat bzw. -boranat[6, 8-10] in die entsprechenden sekundären Arsine umgewandelt:

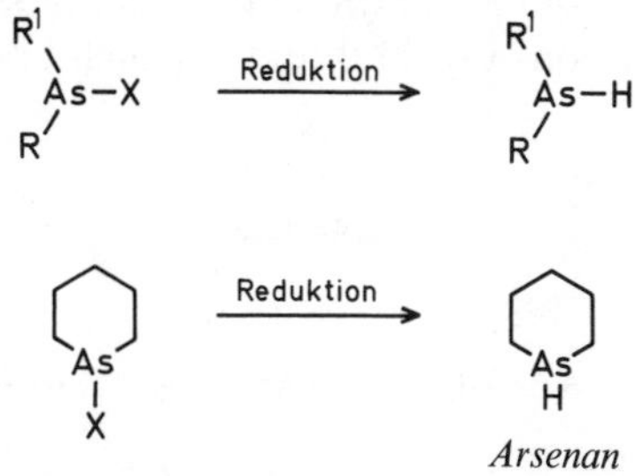

*Arsenan*

Die Halogenarsine sind **hochgiftige** Substanzen (s. S. 31) und müssen daher mit äußer-ster Sorgfalt gehandhabt werden. Die Reduktion mit Zink/Salzsäure wird in Wasser oder Alkohol durchgeführt.

**Methyl-phenyl-arsin[4]:** Zinkamalgam[4], hergestellt aus 275 g (4,2 Mol) Zink und 55 g (0,2 Mol) Quecksil-ber(II)-chlorid, wird in einem 5-*l*-Kolben mit aufgesetztem Rührer, Rückflußkühler, Quecksilber-Abschluß und Tropftrichter mit 500 *ml* Methanol gut vermischt. Innerhalb von 12 Stdn. tropft man 101 g (0,5 Mol) Methyl-phenyl-arsinigsäure-chlorid zu. Die Mischung wird dabei unter Rückfluß zum Sieden erhitzt. Zunächst bildet sich ein gelber Niederschlag, der sich aber wieder auflöst. Nach Ende der Reaktion läßt man die Mischung in einem Strom von Kohlendioxid durch einen absteigenden Kühler destillieren, bis kein Öl mehr übergeht. Das Methyl-phenyl-arsin wird abgetrennt, mit Calciumchlorid getrocknet und ebenfalls in Kohlendioxid-Atmosphäre frak-tioniert; Ausbeute: 51 g (61% d. Th.); Kp: 108–111° (Selbstentzündlich).

*Dimethyl-arsin*[1,2,5] (Kp: 36°), *Methyl-äthyl-, Methyl-propyl-, Äthyl-propyl-* und *Diäthyl-arsin*[3] (Kp: 105°) sind durch Reduktion der entsprechenden Halogenarsine mit Zink bzw. verkupfertem Zink/Salzsäure hergestellt worden. Dimethyl-arsin ist an der Luft selbst-entzündlich, auch bei tieferen Temperaturen. Diäthyl-arsin dagegen ist bei Zimmertempe-ratur noch nicht entflammbar.

Das *Diäthyl-arsin* soll sich auf biologischem Wege aus anorganischen Arsenverbindungen durch Tätigkeit von Schimmelpilzen entwickeln und die Ursache für die Gesundheitsschädlichkeit von mit Arsenfarben gefärbten Tapeten sein[11-13].

---

[1] A. W. PALMER, B. **27**, 1378 (1894).
   A. W. PALMER u. W. M. DEHN, B. **34**, 3594 (1901).
[2] W. M. DEHN u. B. WILCOX, Am. **35**, 2 (1906).
[3] N. J. WIRGEN, A. **437**, 285 (1924); J. pr. **126**, 223 (1930).
[4] C. S. HAMILTON et al., Am. Soc. **69**, 925 (1947).
[5] H. ALBERS et al., B. **85**, 239 (1952).
[6] H. J. EMELEUS et al., Soc. **1953**, 1552.
[7] W. R. CULLEN, Canad. J. Chem. **39**, 1855 (1961).
[8] E. WIBERG u. K. MÖDRITZER, Z. Naturf. **12 b**, 135 (1957).
[9] A. TZSCHACH u. W. LANGE, Z. anorg. Ch. **326**, 286 (1963/64).
[10] A. TZSCHACH u. W. DEYLIG, Z. anorg. Ch. **336**, 36 (1965).
[11] B. GOSIO, B. **30**, 1024 (1897).
[12] O. EMMERLING, B. **29**, 2728 (1896); **30**, 1026 (1897).
[13] F. CHALLENGER u. L. ELLIS, Soc. **1935**, 396.

*Dimethyl-arsin* kann auch durch elektrolytische Reduktion von Chlor-dimethyl-arsin (Kakodylchlorid) hergestellt werden[1].

*Bis-[trifluormethyl]-arsin* wird je nach Reduktionsmittel und eingesetztem Halogenarsin in stark variierenden Ausbeuten erhalten: Aus Jod-bis-[trifluormethyl]-arsin mit Lithiumalanat in 16%-iger Ausbeute[2], mit Zink/Salzsäure in 43%-iger Ausbeute[2], mit Quecksilber/Jodwasserstoff in 88%-iger Ausbeute[3]; aus Chlor-bis-[trifluormethyl]-arsin mit Lithiumalanat bei −25° in 70%-iger Ausbeute[4], und mit Quecksilber/Chlorwasserstoff in 86%-iger Ausbeute. Bei der Reduktion mit Quecksilber/wasserfreiem Chlor- bzw. Jodwasserstoff kann die Reaktion sowohl direkt als auch über Diarsine (s.S.45) verlaufen[3,4].

$$(F_3C)_2As-J \ + \ 2 \ Hg \ \longrightarrow \ (F_3C)_2AsHg_2J \ \overset{HCl}{\underset{}{\rule{2cm}{0.4pt}}}$$

$$(F_3C)_2As-Cl \ + \ Hg \ \longrightarrow \ (F_3C)_2As-As(CF_3)_2 \ \overset{HCl}{\underset{}{\rule{2cm}{0.4pt}}} \longrightarrow \ (F_3C)_2As-H$$

**Bis-[trifluormethyl]-arsin[4]:** 0,673 g Chlor-bis-[trifluormethyl]-arsin, 0,729 g trockenes Chlorwasserstoff-Gas und 82 g Quecksilber werden in einem Druckgefäß 17 Stdn. bei 23° geschüttelt. Anschließend wird i. Hochvak. ab −196° fraktioniert. Bei −196° kondensieren 0,614 g Chlorwasserstoff, bei −130° 0,505 g (86% d. Th.) Bis-[trifluormethyl]-arsin und bei −78° 0,067 g Tetrakis-[trifluormethyl]-diarsin.

Die Reduktion mit Lithiumalanat oder -boranat[5−7] ist sowohl in den Ausbeuten als auch in der Aufarbeitung der Reaktionsansätze günstiger als die Reduktion mit Metallen. Die Reaktion wird in Diäthyläther durchgeführt.

**Diäthyl-arsin[6]:** In einem Dreihalskolben, versehen mit Rückflußkühler, Tropftrichter und KPG-Rührer wird zu einer Suspension von 1 g Lithiumalanat in 50 *ml* Äther langsam eine Lösung von 10 g Chlor-diäthyl-arsin in 50 *ml* Äther getropft. Im Verlauf der Reaktion siedet der Äther. Anschließend wird 1 Stde. auf dem Wasserbad erhitzt, danach unter Kühlung solange mit Wasser zersetzt, bis sich eine klare ätherische Schicht gebildet hat. Die Äther-Lösung wird abgetrennt, mit Natriumsulfat getrocknet und der Äther über eine 40-cm-Widmer-Kolonne abdestilliert, wobei man das Wasserbad zuletzt auf 80° erhitzt. Danach wird das Diäthyl-arsin destilliert; Ausbeute: 6−7 g (80% d. Th.); Kp: 101−107°.

Die Reduktion wird unter sorgfältig gereinigtem und getrocknetem Argon durchgeführt[8].

Tab. 7: Sekundäre Arsine durch Reduktion von Chlor-dialkyl-arsinen
mit Lithiumalanat in Diäthyläther

| $R_2As-Cl$ R | $R_2AsH$ | Ausbeute [% d. Th.] | Kp [°C] | [Torr] | Literatur |
|---|---|---|---|---|---|
| $C_3H_7$ | *Dipropyl-arsin* | 57 | 157–159 | 760 | 6 |
| $C_4H_9$ | *Dibutyl-arsin* | 73 | 64–65 | 3 | 6 |
| $(H_3C)_3C$ | *Di-tert.-butyl-arsin* | 41 | 49–50 | 16 | 7 |
| $C_6H_{11}$ | *Dicyclohexyl-arsin* | 77 | 115–117 | 3 | 6 |

[1] W. M. DEHN, Am. **40**, 121 (1908); C. **1908** II, 850.
[2] H. J. EMELEUS et al., Soc.[A] **1967**, 1308.
[3] R. G. CAVELL u. R. C. DOBBIE, Soc. [A] **1967**, 1308.
[4] W. R. CULLEN, Canad. J. Chem. **39**, 1855 (1961).
[5] E. WIBERG u. K. MÖDRITZER, Z. Naturf. **12b**, 135 (1957).
[6] A. TZSCHACH u. W. LANGE, Z. anorg. Ch. **326**, 286 (1963/64).
[7] A. TZSCHACH u. W. DEYLIG, Z. anorg. Ch. **336**, 36 (1965).
[8] G. THOMAS, Ch. Z. **85**, 567 (1961).

Die Reduktion von Chlor-diphenyl-arsin mit Lithiumalanat bzw. -boranat ergibt höchstens 52% bzw. 60% d. Th. *Diphenyl-arsin*[1]. Die Ausbeuten sind geringer als bei der Reduktion von Trichlor-diphenyl-arsoran (S. 30) (82% d. Th.). 1-Chlor-arsolan reagiert in ätherischer Lösung bei −60° mit Lithiumboranat in 55%-iger Ausbeute zum *Arsolan*[2].

Das Arsolan stellt eine farblose, wasserklare, in organischen Lösungsmitteln lösliche, in Wasser unlösliche, bei −29° bis −28° schmelzende Flüssigkeit von unangenehmem Geruch dar, die außerordentlich Sauerstoff-empfindlich ist[2].

**Arsenan**[2]: Überschichtet man eine mit flüssigem Stickstoff eingefrorene ätherische Lösung von 1-Chlor-arsenan mit einer ätherischen Lithiumboranat-Lösung (Verhältnis 1 : 2) und taut das Reaktionsgemisch i. Hochvak. auf, so beobachtet man bei ∼ −50° das Einsetzen einer mit Diboran-Entwicklung und Lithiumchlorid-Abscheidung verknüpften Reaktion, die nach ∼ 30 Min. beendet ist. Zieht man anschließend den Äther i. Hochvak. bei −50° ab, und unterwirft den verbleibenden Rückstand durch Erwärmen bis auf Zimmertemp. einer fraktionierten Kondensation, (1. Vorlage: −50°, 2. Vorlage: −196°) so schlägt sich in der 1. Vorlage ein farbloser, beim Entfernen des Kältebades rasch zu einer farblosen, klaren Flüssigkeit schmelzender Kristallbelag nieder; Ausbeute: 77% d. Th. In der 2. Vorlage kondensiert der Borwasserstoff.
Die Reduktion kann mit Lithiumalanat ohne wesentliche Änderungen durchgeführt werden[2].

γ) Sekundäre Arsine aus primären und sekundären Alkalimetallarseniden

Die aus den primären bzw. sekundären Arsinen durch Umsetzung mit Alkalimetallen in flüssigem Ammoniak (s. S. 128) erhältlichen primären bzw. sekundären Metallarsenide lassen sich unter milden Bedingungen und in guten Ausbeuten in sekundäre Arsine umwandeln[3-11].
Primäre Arsenide werden mit Alkylhalogeniden alkyliert:

$$R-\overset{\overset{\displaystyle H}{|}}{\underset{\underset{\displaystyle M}{|}}{As}} \;+\; R^1-X \;\longrightarrow\; \overset{\overset{\displaystyle R}{\diagdown}}{\underset{\underset{\displaystyle R^1}{\diagup}}{As}}-H \;+\; M-X$$

Die sekundären Arsenide werden durch Hydrolyse in sek. Arsine umgewandelt:

$$\overset{\overset{\displaystyle R}{\diagdown}}{\underset{\underset{\displaystyle R}{\diagup}}{As}}-M \;+\; H_2O \;\longrightarrow\; \overset{\overset{\displaystyle R}{\diagdown}}{\underset{\underset{\displaystyle R}{\diagup}}{As}}-H \;+\; M-OH$$

R = Alkyl, Aryl
M = Na, K

Auf diesem Weg sind sowohl symmetrische als auch unsymmetrische sekundäre Arsine zugänglich.
Die Metallarsenide brauchen nicht isoliert zu werden, sondern können in Lösung weiter

[1] E. Wiberg u. K. Mödritzer, Z. Naturf. **12 b**, 128 (1957).
[2] E. Wiberg u. K. Mödritzer, Z. Naturf. **12 b**, 135 (1957).
[3] F. G. Mann u. B. B. Smith, Soc. **1952**, 4544.
[4] F. G. Mann u. A. J. Wilkinson, Soc. **1957**, 3343.
[5] F. G. Mann u. M. J. Prangell, Soc. **1965**, 4123.
[6] K. Issleib u. A. Tzschach, Ang. Ch. **73**, 26 (1961).
[7] A. Tzschach u. G. Pacholke, B. **97**, 419 (1964); Z. anorg. Ch. **336**, 270 (1965).
[8] A. Tzschach u. R. Schwarzer, A. **709**, 253 (1967).
[9] A. Tzschach u. W. Lange, B. **95**, 1360 (1962).
[10] T. R. Carlton u. C. D. Cook, Inorg. Chem. **10**, 2628 (1971).
[11] F. G. A. Stone u. A. B. Burg, Am. Soc. **76**, 386 (1954).

umgesetzt werden. Die Reaktion in flüssigem Ammoniak verläuft bei tiefen Temperaturen ($\sim -70°$)[1]. Die Alkylierung der primären Arsenide benötigt jedoch Temperaturen zwischen 30—60°; um dies zu erreichen, kann man entweder das Ammoniak abdampfen und die Alkylierung in 1,4-Dioxan, Tetrahydrofuran oder Diäthyläther durchführen, oder von Anfang an die Reaktion in den genannten Lösungsmitteln ablaufen lassen[1-8].

Die Lösungen der Metallarsenide (s. S. 128) stellen hochreaktive Substanzen dar, die sich an der Luft entzünden können und feuchtigkeits-empfindlich sind. Da die herzustellenden sekundären Arsine ebenso empfindlich und dazu hoch **giftig** sein können, muß mit höchster Sorgfalt unter Sauerstoff- und Feuchtigkeits-Ausschluß gearbeitet werden.

**Diphenyl-arsin**[6,3]: In einem Kolben mit Rührer, Rückflußkühler und Stickstoff-Einleitungsrohr werden 6,1 g Natrium in $\sim 300\,ml$ flüssigem Ammoniak gelöst und in einem Trockeneis-Aceton-Bad auf −65° gekühlt. Unter Einleiten von Stickstoff werden 40 g Triphenyl-arsin portionsweise zugegeben. Die anfänglich blau-schwarze Farbe der Lösung wird tiefrot. Man rührt sodann weitere 2 Stdn. und dampft anschließend das Ammoniak ab. 100 ml kaltes Wasser und 300 ml Äther (beide sauerstoff-frei) werden hinzugefügt. Die Reaktionsmischung wird farblos. Nach Abtrennung der ätherischen Phase wird der wäßrige Rückstand 2mal mit je 100 ml Äther ausgeschüttelt. Man trocknet die vereinigten Äther-Extrakte und destilliert den Äther ab. Der Rückstand wird i. Vak. fraktioniert; Ausbeute: 23,5 g (79% d. Th.); Kp$_{0,25}$: 87—90°.

**Bis-[4-methyl-phenyl]-arsin**[9]: Eine Lösung aus Kalium-bis-[4-methyl-phenyl]-arsenid[1], hergestellt aus 10 g Tris-[4-methyl-phenyl]-arsin, 3 g Kalium und 70 ml 1,4-Dioxan unter Stickstoff wird weitgehend abdestilliert, 50 ml Äther zugegeben und mit 10 ml sauerstoff-freiem Wasser zersetzt. Die organische Phase wird abgetrennt, mit Natriumsulfat getrocknet, das Lösungsmittel abdestilliert und der Rückstand i. Ölpumpenvak. fraktioniert; Ausbeute: 5 g (67,5% d. Th.) Kp$_3$: 154—155°.

Analog ist das *Äthyl-phenyl-arsin* (Kp: 220—224°) aus Kalium-äthyl-phenyl-arsenid in 55%-iger Ausbeute zugänglich[9].

Durch Behandlung von 1,2-Bis-[dimethyl-arsino]-benzol mit Natrium in flüssigem Ammoniak (Verhältnis Arsin/Natrium = 1:1) entsteht Natrium-[methyl-(2-dimethylarsino-phenyl)-arsinid], dessen Hydrolyse zu *1-Methylarsino-2-dimethylarsino-benzol* führt[10]:

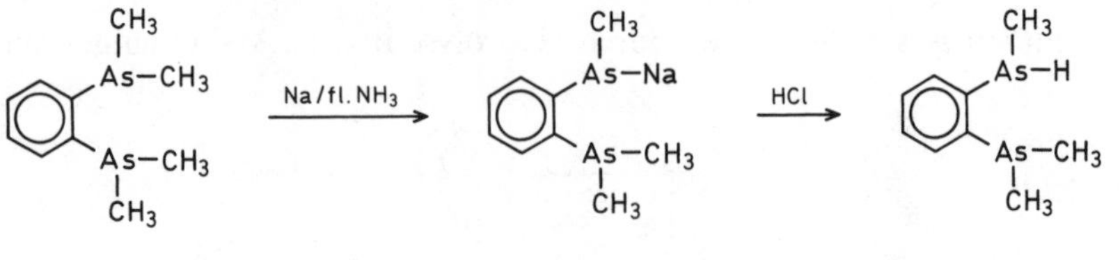

Die Hydrolyse von Bisarseniden führt zu Bis-sek.-arsinen[11]:

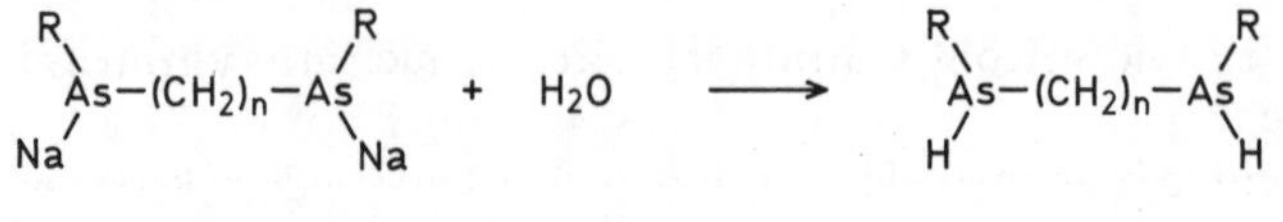

[1] F. G. A. Stone u. A. B. Burg, Am. Soc. **76**, 386 (1954).
[2] F. G. Mann u. B. B. Smith, Soc. **1952**, 4544
[3] K. Issleib u. A. Tzschach, Ang. Ch. **73**, 26 (1961).
[4] A. Tzschach u. G. Pacholke, B. **97**, 419 (1964).
[5] A. Tzschach u. G. Pacholke, Z. anorg. Ch. **336**, 270 (1965).
[6] F. G. Mann u. M. J. Prangell, Soc. **1965**, 4123.
[7] A. Tzschach u. W. Lange, Z. anorg. Ch. **330**, 317 (1964).
[8] A. Tzschach u. P. Franke, J. Organometal. Chem. **81**, 187 (1974).
[9] A. Tzschach u. W. Lange, Z. anorg. Ch. **330**, 321 (1964).
[10] T. R. Carlton u. C. D. Cook, Inorg. Chem. **10**, 2628 (1971).
[11] A. Tzschach u. W. Lange, B. **95**, 1360 (1962).

**1,4-Bis-[phenyl-arsino]-butan**[1]: Zu einer Lösung von 9 g 1,4-Bis-[diphenyl-arsino]-butan in 100 *ml* 1,4-Dioxan werden 3,5 g Kalium hinzugegeben. Die Reaktionsmischung wird unter Rühren 2 Stdn. am Rückfluß erhitzt. Nach kurzer Zeit scheidet sich ein rotes Öl ab, das beim Abkühlen kristallisiert. Die Suspension wird anschließend mit Wasser zersetzt, über eine G3-Fritte, die mit Kieselgur überschichtet ist, filtriert und das Lösungsmittel abdestilliert. Die Vakuumdestillation des Rückstandes ergibt eine farblose Flüssigkeit; Ausbeute: 3,7 g (58%) d. Th.); $Kp_3$: 190°.

Bei der Alkylierung der primären Arsenide muß man darauf achten, daß das Verhältnis prim. Arsenid/Alkylierungsmittel nicht 1:1 übersteigt, da sonst tert. Arsine im größeren Maße entstehen können (s. S. 76).

**Methyl-(3-methoxy-phenyl)-arsin**[2]: In einem 250-*ml*-Kolben mit einem Tropftrichter, mit Watte gefülltem Luftkühler und einem Rührer mit Quecksilber-Abschluß werden zu ~ 150 *ml* flüssigem Ammoniak 3,5 g Natrium hinzugegeben. Man läßt die tiefblaue Lösung 2–3 Min. sieden, um die restliche Luft zu verdrängen, dann kühlt man in einem Trockeneis/Aceton-Bad. Unter Stickstoff werden dann 20,2 g (3-Methoxy-phenyl)-arsin in 60 *ml* abs. Äther unter Rühren langsam zugetropft. Die Farbe der Lösung schlägt auf gelb um. Anschließend wird eine Methyljodid-Lösung in abs. Äther langsam zugetropft bis die gelbe Farbe der Lösung gerade verschwindet. Nach Abdampfen des Ammoniaks wird der ätherische Rückstand mit Stickstoff in einen Destillierkolben übergedrückt. Der Äther wird dann abdestilliert und der Rückstand in. Vak. fraktioniert; Ausbeute: 18,4 g (85% d. Th.); $Kp_{15}$: 117–119°.

Tab. 8: Sekundäre Arsine durch Alkylierung von Phenylarsenid

| Alkylierungsmittel | sek. Arsin | Ausbeute [% d. Th.] | Kp [°C] | [Torr] | Literatur |
|---|---|---|---|---|---|
| $C_2H_5Cl$ | *Äthyl-phenyl-arsin* | 31 | 86,5–87,5 | 14 | [3] |
| $C_3H_7Cl$ | *Propyl-phenyl-arsin* | 51 | 96–97 | 12 | [3] |
| $C_4H_9Cl$ | *Butyl-phenyl-arsin* | 68 | 117 | 15,5 | [3] |
| $C_6H_{11}Cl$ | *Cyclohexyl-phenyl-arsin* | 30 | 111–113 | 2 | [4] |
| $H_2N{-}CH_2{-}CH_2Cl$ | *(2-Amino-äthyl)-phenyl-arsin* | 90 | 92–95 | 1–2 | [5] |

**(2-Amino-äthyl)-alkyl-arsine**[6]: 11,5 g Natrium werden in einem Dreihalskolben unter Argonatmosphäre in 500 *ml* flüssigem Ammoniak gelöst und tropfenweise mit 0,5 Mol prim. Arsin[6] versetzt. Die gelbe Lösung des Mononatrium-arsenids wird anschließend mit einer äther. Lösung des betr. Alkylchlorids tropfenweise umgesetzt. Nach Abdampfen des Ammoniaks wird Äther hinzugefügt, filtriert, der Äther abdestilliert und der Rückstand i. Vak. fraktioniert. So erhält man u. a.

*(2-Amino-äthyl)-methyl-arsin*      45% d. Th.; $Kp_{16}$: 47°
*(2-Amino-äthyl)-cyclohexyl-arsin*      59% d. Th.; $Kp_{0,5}$: 84–85°
*(2-Amino-äthyl)-butyl-arsin*      72% d. Th.; $Kp_2$: 62–65°
*(2-Äthylamino-äthyl)-cyclohexyl-arsin*      60% d. Th.; $Kp_{0,5}$: 97–100°
*(2-Äthylamino-äthyl)-(2-hydroxy-äthyl)-arsin*      60% d. Th.; $Kp_{1,2}$: 110–112°

Die aus den tert. Arsinen durch Abspaltung eines Phenyl-Restes mit Natrium in flüssigem Ammoniak (s. S. 130) hergestellten Natrium-($\omega$-carboxy-alkyl)-phenyl-arsenide lassen sich in 72 bzw. 80%-iger Ausbeute zu den entsprechenden sek. Arsinen hydrolysieren[7]; z. B.:

---

[1] A. Tzschach u. W. Lange, B. **95**, 1360 (1962).
[2] F. G. Mann u. A. J. Wilkinson, Soc. **1957**, 3343.
[3] F. G. Mann u. B. B. Smith, Soc. **1952**, 4544.
[4] A. Tzschach u. R. Schwarzer, A. **709**, 253 (1964).
[5] A. Tzschach u. D. Drohne, J. Organometal. Chem. **21**, 131 (1970).
[6] A. Tzschach u. J. Heinicke, J. pr. **315**, 65 (1973); Z. chem. **16**, 64 (1976).
[7] A. Tzschach u. W. Voigtländer, Z. anorg. Ch. **396**, 39 (1973).

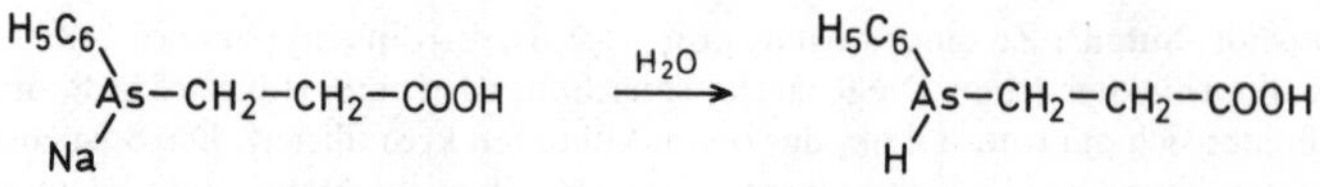

$$H_5C_6\diagdown\atop{Na}\diagup As-CH_2-CH_2-COOH \xrightarrow{H_2O} {H_5C_6\diagdown\atop{H}\diagup}As-CH_2-CH_2-COOH$$

*(2-Carboxy-äthyl)-phenyl-arsin*

Alkyl-(2-amino-phenyl)-arsine werden durch Alkylierung von Natrium-2-amino-phenylarsenid (hergestellt aus Natrium und 2-Amino-phenyl-arsin[1]) mit Alkylhalogeniden in flüssigem Ammoniak gewonnen[1]:

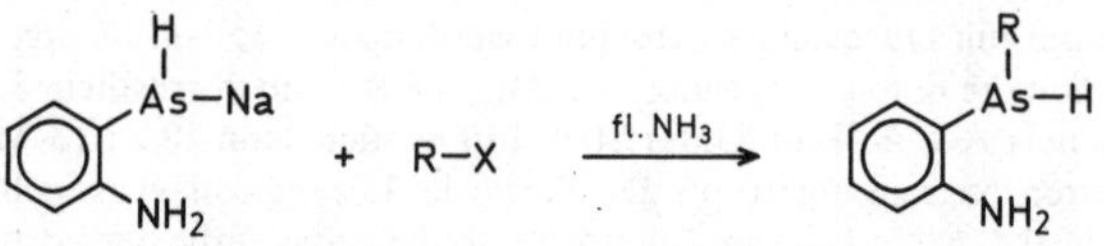

$$\underset{NH_2}{\overset{\overset{H}{\underset{|}{As-Na}}}{\bigcirc}} + R-X \xrightarrow{fl.\ NH_3} \underset{NH_2}{\overset{\overset{R}{\underset{|}{As-H}}}{\bigcirc}}$$

| | |
|---|---|
| *Äthyl-(2-amino-phenyl)-arsin* | 82% d.Th.; $Kp_{0,6-0,7}$: 83–86° |
| *Isopropyl-(2-amino-phenyl)-arsin* | 97% d.Th.; $Kp_2$: 100–102° |
| *Butyl-(2-amino-phenyl)-arsin* | 62% d.Th.; $Kp_3$: 122–124° |
| *(2-Äthylamino-äthyl)-(2-amino-phenyl)-arsin* | 57% d.Th.; $Kp_{0,03}$: 110–112° |

Analog wird Natrium-butyl- bzw. -phenylarsenid mit 3-Chlor-propylamin zu *(3-Amino-propyl)-butyl-* bzw. *-phenyl-arsin* alkyliert[2].

Sek. Arsine, in denen das Arsenatom Teil eines Ringsystems ist, werden in guten Ausbeuten durch Kondensation von 2-Amino-phenyl-arsin mit Ketonen oder Oxo-carbonsäureestern gebildet[1]:

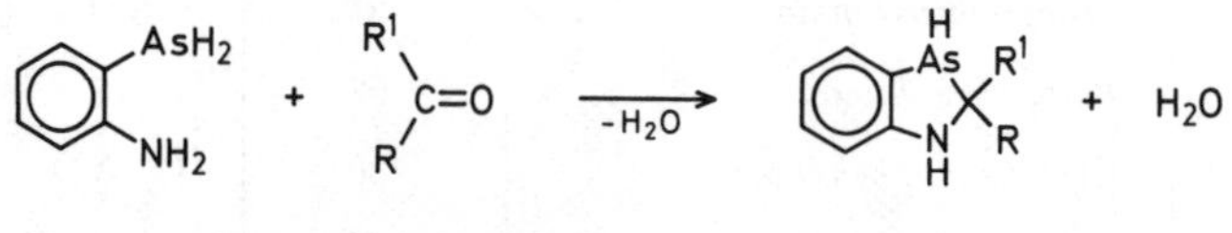

$$\underset{NH_2}{\overset{AsH_2}{\bigcirc}} + \underset{R}{\overset{R^1}{>}}C=O \xrightarrow{-H_2O} \underset{\underset{H}{N}}{\overset{\overset{H}{As}}{\bigcirc}}\diagdown\overset{R^1}{\underset{R}{}} + H_2O$$

Die Umsetzung wird bei größeren Ansätzen in Toluol als Lösungsmittel und kontinuierlicher Abführung des Reaktionswassers am Wasserabscheider durchgeführt. Die durch diese Reaktion herstellbaren 2,3-Dihydro⟨benzo-1,3-azarsole⟩ werden destillativ aufgearbeitet[2]:

| | | |
|---|---|---|
| $R = R^1 = CH_3$; | *2,2-Dimethyl-2,3-dihydro-⟨benzo-1,3-azarsol⟩* | 72% d.Th.; $Kp_{0,7-0,8}$: 84–87° |
| $R = R^1 = C_2H_5$; | *2,2-Diäthyl-2,3-dihydro-⟨benzo-1,3-azarsol⟩* | 72% d.Th.; $Kp_{0,3}$: 104–106° |
| $R = R^1 = -(CH_2)_5-$; | *Cyclohexan-⟨spiro-2⟩-2,3-dihydro-⟨benzo-1,3-azarsol⟩* | 87% d.Th.; $Kp_{0,2-0,3}$: 124–127° |
| $R = CH_3$; $R^1 = CH_2 - COOC_2H_5$; | *2-Methyl-2-äthoxycarbonylmethyl-2,3-dihydro-⟨benzo-1,3-azarsol⟩* | 61% d.Th.; $Kp_{0,08}$: 131–132° |

Bei Aldehyden versagt die Reaktion, unter starker Wärmeentwicklung wird eine Abscheidung von metallischem Arsen beobachtet[3].

(2-Amino-äthyl)-arsine reagieren mit Acetaldehyd bzw. Butanal (nicht dagegen mit Benzaldehyd) zu *2-Methyl-* bzw. *2-Propyl-1,3-azarsolan*[3].

*Dimethyl-arsin* ist durch Alkylierung von Calcium-methylarsenid mit Methyljodid in mäßiger Ausbeute zugänglich[4].

[1] A. Tzschach et al., J. Organometal. Chem. **60**, 95 (1973).
[2] A. Tzschach u. P. Franke, J. Organometal. Chem. **81**, 187 (1974).
[3] A. Tzschach et al., Z. Chem. **16**, 64 (1976).
[4] F. G. A. Stone u. A. B. Burg, Am. Soc. **76**, 386 (1954).

Die Alkylierung von Phenylarsenid mit Dihalogen-alkanen[1] führt, wie spätere Untersuchungen zeigten[2], zu Gemischen aus Bis-sek.-Arsinen und cyclischen tert. Arsinen. Der Gehalt an sek. Arsinen wird durch Bestimmung des aktiven Wasserstoffs nach Zerewitinof ermittelt[2].

### δ) Sekundäre Arsine durch Reduktion von Diarsinen

Tetrakis-[trifluormethyl]-diarsin wird mit Quecksilber/Chlorwasserstoff in 86%-iger Ausbeute zum *Bis-[trifluormethyl]-arsin* reduziert[3] (s. S. 40):

$$(F_3C)_2As-As(CF_3)_2 \xrightarrow{\text{Hg/HCl}} 2\ (F_3C)_2As-H$$

Die Spaltung der wenig polaren As-As-Bindung erfordert höhere Energie als z. B. die Spaltung der As-Halogen-Bindung. Deshalb sind bei der Reduktion von Diarsinen mit Lithiumalanat Temperaturen bis 95° erforderlich. Als Lösungsmittel kommen Äther in Frage, die das Arbeiten bei solchen Temperaturen erlauben.

Die Reaktion verläuft über einen Alanat-Komplex des Typs Li[AlH(AsR$_2$)$_3$], dessen Hydrolyse das sek. Arsin liefert[4]. Die Bildung des Alanat-Komplexes wird auf eine nucleophile Spaltung der As-As-Bindung durch Lithiumalanat zurückgeführt, die sich durch folgende Gleichungen beschreiben läßt:

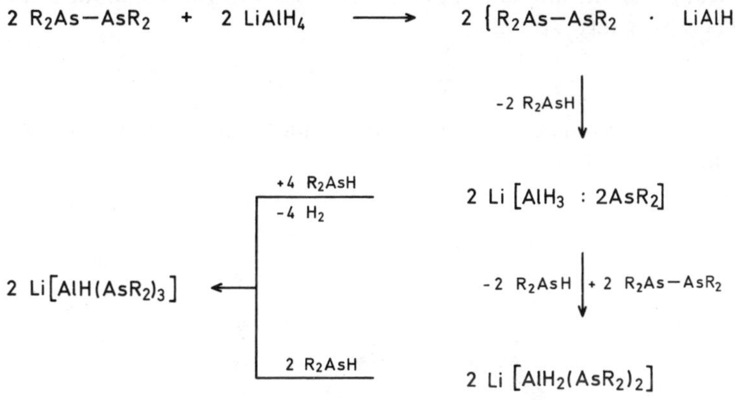

$$2\ R_2As-AsR_2\ +\ 2\ LiAlH_4 \longrightarrow 2\ \{R_2As-AsR_2 \cdot LiAlH_4\}$$

$$\downarrow -2\ R_2AsH$$

$$\begin{array}{c} +4\ R_2AsH \\ \hline -4\ H_2 \end{array} \quad 2\ Li\,[AlH_3 : 2AsR_2]$$

$$2\ Li[AlH(AsR_2)_3] \longleftarrow \qquad -2\ R_2AsH \Big\downarrow +2\ R_2As-AsR_2$$

$$2\ R_2AsH \qquad 2\ Li\,[AlH_2(AsR_2)_2]$$

### 3. tert. Arsine

#### α) aus Arsen

Eine der ältesten Methoden zur Herstellung von Organo-arsen-Verbindungen stellt die Umsetzung von Halogenalkanen mit metallischem Arsen oder Arsen-Natrium-Legierungen dar[5,6]. Die Ausbeuten an tert. Arsinen sind jedoch sehr gering, da die Umsetzung bis zum quart. Arsoniumsalz weitergeht. Diese Methode wird heute kaum angewendet und besitzt nur historische Bedeutung. Einige spezielle Arsine sind jedoch in letzter Zeit durch Umsetzungen mit metallischem Arsen erhalten worden[7,8]; z. B.:

[1] A. Tzschach u. G. Pacholke, B. **97**, 419 (1964).
[2] A. Tzschach u. G. Pacholke, Z. anorg. Ch. **336**, 270 (1965).
[3] R. G. Gavell u. R. C. Dobbie, Soc. **1967** A, 1308.
[4] K. Isleib et al., Z. anorg. Ch. **338**, 141 (1965).
[5] H. Landlot, A. **89**, 301 (1854); **92**, 365 (1854).
[6] M. Cahours u. A. Riecke, A. **92**, 360 (1854).
[7] C. G. Krespan, Am. Soc. **83**, 2432 (1961).
[8] G. B. Deacon u. J. C. Parrott, J. Organometal. Chem. **22**, 287 (1970).

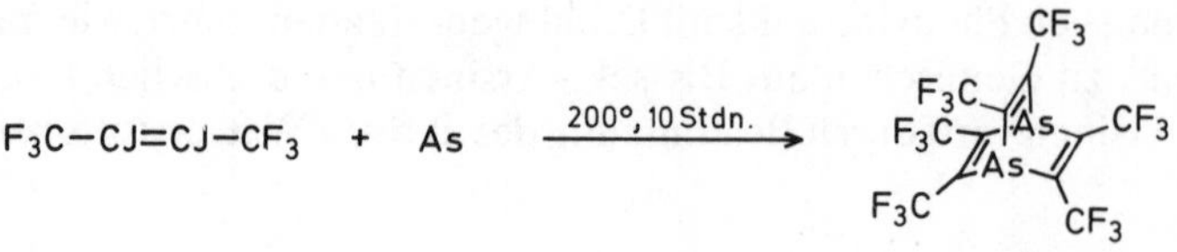

$$F_3C-CJ=CJ-CF_3 \quad + \quad As \quad \xrightarrow{200°, 10\,Stdn.}$$

2,3,5,6,7,8-Hexakis-[trifluor-methyl]-1,4-diarsa-bicyclo[2.2.2]
octatrien; 44% d. Th.; F: 139–140° (Subl.)

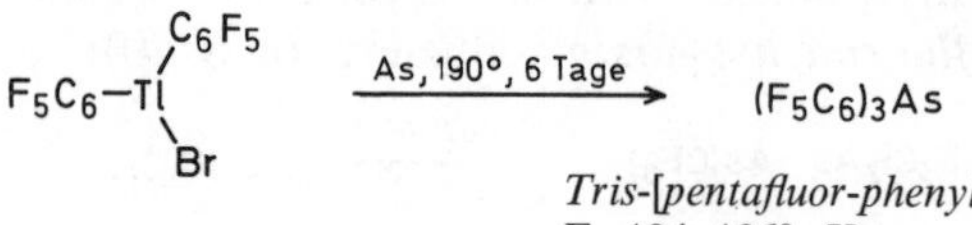

$$F_5C_6-Tl{\overset{\textstyle C_6F_5}{\underset{\textstyle Br}{\big<}}} \quad \xrightarrow{As,\,190°,\,6\,Tage} \quad (F_5C_6)_3As$$

Tris-[pentafluor-phenyl]-arsin; 31% d. Th.;
F: 104–106°; $Kp_{0,02}$: 80–95°

## β) aus Arsen(III)-chlorid, Arsonigsäure- oder Arsinigsäure-halogeniden (Halogen-arsinen)

Tertiäre Arsine, die einen oder mehrere aliphatische Reste enthalten, sind an der Luft leicht oxidabel und werden daher unter einem inerten Gas hergestellt. Die meisten Tri-aryl-arsine sind bei Zimmertemperatur kristalline Substanzen, deren Sauerstoff-Empfind-lichkeit weit geringer als die der Trialkyl-arsine ist.

Arsen(III)-chlorid ist die am meisten eingesetzte Ausgangsverbindung zur Herstellung von symmetrischen tert. Arsinen:

$$AsCl_3 \quad \longrightarrow \quad R_3As$$

Beim Einsetzen von prim. oder sek. Halogen-arsinen sind unsymmetrische tert. Arsine zugänglich:

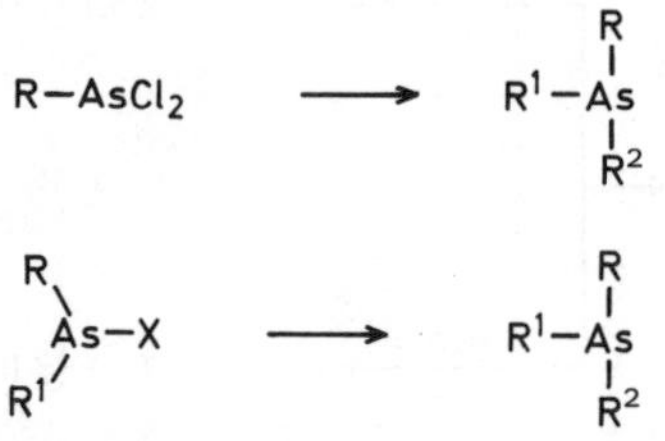

$$R-AsCl_2 \quad \longrightarrow \quad R^1-\overset{\textstyle R}{\underset{\textstyle R^2}{As}}$$

$$\overset{\textstyle R}{\underset{\textstyle R^1}{As}}-X \quad \longrightarrow \quad R^1-\overset{\textstyle R}{\underset{\textstyle R^2}{As}}$$

Der Austausch des Halogens gegen organische Reste wird meistens durch metallorgani-sche Verbindungen vorgenommen[1,2].

### β₁) Durch Umsetzung mit Grignard-Verbindungen

Die wichtigste Methode zur Herstellung von tert. Arsinen aus Arsen(III)-chlorid ist die Umsetzung mit Grignard-Verbindungen[3-9]:

[1] E. Krause u. A. v. Grosse, Die Chemie der metallorganischen Verbindungen, Gebrüder Bornträger, Berlin 1937.

[2] M. Dub, Organometallic Compounds, Vol. III, 2. Aufl., Springer Verlag, Berlin·Heidelberg·New York 1968; I. Supplement (1972).

[3] V. Auger u. Billy, C. r. **139**, 597 (1904).

[4] P. Pfeiffer et al., B. **37**, 4620 (1904).

[5] H. Hibbert, B. **39**, 160 (1906).

[6] W. Steinkopf u. J. Müller, B. **54**, 844 (1921).

[7] M. Friedrich u. C. C. Marvel, Am. Soc. **52**, 376 (1930).

[8] W. J. C. Dyke et al., Soc. **1930**, 2426; **1931**, 185; **1932**, 2284.

[9] J. Seifter, Am. Soc. **61**, 530 (1939).

$$AsX_3 \ + \ 3 \ R{-}MgX \ \longrightarrow \ R_3As \ + \ 3 \ MgX_2$$

Die Reaktion wird meistens in der Weise durchgeführt, daß man zu einer Lösung der Grignardverbindung in Äther, Tetrahydrofuran oder dgl., Arsen(III)-chlorid unter Kühlung eintropft. Man erhitzt dabei unter Stickstoff, Argon oder Kohlendioxid. Um möglichst hohe Ausbeuten an tert. Arsinen zu erzielen, muß die Grignard-Verbindung in 4fachem Überschuß eingesetzt werden, da sonst Monohalogen- und Dihalogen-arsine entstehen können. Die Arsine werden allgemein nach vorheriger hydrolytischer Aufarbeitung isoliert. In manchen Fällen wird das Arsin direkt aus dem Reaktionsgemisch destilliert[1].

Reste, die eine Amino-Gruppe tragen, lassen sich nach deren Schutz durch die Trimethylsilyl-Gruppe, ebenfalls über die Grignard-Reaktion einführen[2].

*Trimethyl-arsin* wird am besten nicht in ätherischer[3] Lösung hergestellt, da eine Trennung vom Äther durch Destillation sehr schwierig ist. Das Arbeiten in Dibutyläther oder Dipentyläther[4, 1] erlaubt eine gute Trennung.

**Trimethyl-arsin[1]:** In einem 2-*l*-Dreihalskolben mit Rührer, Tropftrichter und einer Vigreux-Kolonne, an der eine Destillationsapparatur angeschlossen ist, wird bei 0° aus 65,5 g Magnesium und 383,5 g Methyljodid in 900 *ml* abs. Dibutyläther eine Suspension von Methyl-magnesiumjodid hergestellt. Man läßt unter einem gereinigten Stickstoff-Strom 1 Stde. bei Zimmertemp. stehen, kühlt anschließend auf −5° ab und tropft dann eine Lösung von 142 g Arsen(III)-chlorid in 100 *ml* abs. Dibutyläther langsam zu (innerhalb ∼ 3 Stdn.) und läßt über eine Nacht stehen.
Der Grignardkomplex wird thermisch zersetzt: Unter Durchleiten eines schwachen Stickstoff-Stromes wird die Badtemp. allmählich (innerhalb 1 Stde.) auf 140−150° gesteigert und konstant gehalten, dabei destilliert das Trimethyl-arsin ab, das anschließend nochmals destilliert wird; Ausbeute: 58−61 g (60−63% d. Th.); Kp: 50−51°.

Viele in der älteren Literatur[5] beschriebenen tert. Arsine lassen sich durch Arbeiten unter gereinigtem Stickstoff in wesentlich höheren Ausbeuten erhalten[6].

**Triallyl-arsin[7−10]:** In einem 4-*l*-Dreihalskolben, mit Rührer, Tropftrichter und Rückflußkühler wird unter Stickstoff eine Grignard-Lösung aus 26,8 g Magnesium und 90 g Allylchlorid in 250 *ml* abs. Äther hergestellt. Anschließend wird die Lösung mit 1600 *ml* abs. Äther verdünnt und auf 5−10° abgekühlt. Unter heftigem Rühren wird dann eine Lösung von 54 g Arsen(III)-chlorid in 500 *ml* abs. Äther langsam zugetropft; dann wird 3−4 Stdn. unter Rückfluß erhitzt und schließlich über Nacht unter Stickstoff stehen gelassen. Es wird mit 450 *ml* 6n Salzsäure zersetzt, die ätherische Phase abgetrennt, und über Natriumsulfat getrocknet. Nach Abdestillieren des Äthers auf dem Wasserbad wird der Rückstand i. Vak. destilliert; Ausbeute: 42,4 g (70% d. Th.); Kp$_{13-15}$: 64−66°[10].

**Trivinyl-arsin[11]:** Zu 1,5 Mol Vinyl-magnesiumbromid in 500 *ml* (über Lithiumalanat frisch destilliert) Tetrahydrofuran werden unter Rühren und Einleiten von gereinigtem Stickstoff 70 g (0,387 Mol) Arsen(III)-chlorid in 200 *ml* Tetrahydrofuran langsam zugetropft. Nach Zugabe des Arsen(III)-chlorids wird die Reaktionsmischung mit 300 *ml* Tetrahydrofuran verdünnt und 1 Stde. unter Rückfluß erhitzt. Man kühlt anschließend ab und zersetzt mit 150 *ml* ges. Ammoniumchlorid-Lösung und filtriert durch eine Fritte unter Stickstoff. Man destilliert die Lösungsmittel ab und fraktioniert den Rückstand über eine Vigreux-Kolonne i. Vak.; Ausbeute: 37,4 g (62% d. Th.); Kp$_{41}$: 45−46° (Kp$_{760}$: 129,8°).

---

[1] R. A. ZINGARO u. A. MERIJANIAN, Inorg. Chem. **3**, 580 (1964).
[2] F. D. YAMBUSHEV, Ž. obšč. Chim. **44**, 2205 (1974); engl.: 2164.
[3] H. HIBBERT, B. **39**, 161 (1906).
[4] W. J. C. DYKE u. W. J. JONES, Soc. **1930**, 2426.
[5] E. KRAUSE u. A. v. GROSSE, *Die Chemie der metallorganischen Verbindungen*, Geb. Borntraeger Verlag, Berlin 1937.
[6] R. APPEL u. D. REBHAN, B. **102**, 3956 (1969).
[7] E. GRYSKIEWICZ-TROCHIMOWSKI u. S. SIKORSKI, Roczniki Chem. **6**, 794 (1926).
[8] K. V. VIJAYARAZHAVAN, J. indian chem. Soc. **22**, 141 (1945).
[9] W. J. JONES et al., Soc. **1947**, 1446.
[10] L. HORNER u. S. SAMAAN, Phosphorus **4**, 1 (1974).
[11] L. MAIER et al., Am. Soc. **79**, 5884 (1957); Z. Naturf. **12 b**, 263 (1957).

Die Umsetzungen mit Monohalogen- oder Dihalogen-arsinen verlaufen ebenso glatt, wenn die doppelte stöchiometrische Menge an Grignard-Verbindung, bezogen auf die Anzahl der an Arsen gebundenen Halogen-Atome, angewandt wird. Auf diesem Weg sind beliebig gemischte tertiäre Arsine zugänglich[1-8].

**Dimethyl-phenyl-arsin**[2]: Zu einer Grignard-Lösung aus 19 g Brombenzol und 2,9 g Magnesium in 50 ml abs. Äther werden unter Kühlen und Rühren 23,2 g Jod-dimethyl-arsin (Kakodyljodid) in 50 ml abs. Äther langsam zugetropft. Man rührt anschließend 2 Stdn. bei Zimmertemp. und zersetzt mit verd. Salzsäure und Eiswasser. Die ätherische Phase wird abgetrennt, über Natriumsulfat getrocknet und der Äther abdestilliert. Der Rückstand wird i. Vak. fraktioniert; Ausbeute: 16 g (89% d. Th.); $Kp_{14}$: 85°.

*Dimethyl-phenyl-arsin* ist ebenfalls in guter Ausbeute (70–90% d. Th.) durch Umsetzung von Dichlor-phenyl-arsin mit Methyl-magnesiumhalogenid[4, 5] herzustellen.

**Allyl-diphenyl-arsin**[9]: Aus 9,7 g (0,4 g Atom) Magnesium-Spänen und 31 g (0,4 Mol) Allylchlorid in 100 ml abs. Äther wird bei 0° eine Suspension von Allyl-magnesiumchlorid hergestellt. Man verdünnt dann mit 400 ml abs. Äther und tropft unter heftigem Rühren eine Lösung von 45,1 g (0,2 Mol) Chlor-diphenyl-arsin in 100 ml abs. Äther langsam zu. Anschließend erhitzt man 3–4 Stdn. unter Rückfluß und läßt dann über Nacht unter Stickstoff stehen. Nach dem Zersetzen mit ~ 250 ml 1n Salzsäure wird die Äther-Phase abgetrennt, über Natriumsulfat getrocknet. Nach Abdestillieren des Äthers wird das Arsin unter Stickstoff i. Vak. destilliert; Ausbeute: 40 g (74% d. Th.); $Kp_{0,02}$: 91–92°.

Auch tert. Arsine mit einem oder mehreren Alkinyl-Resten werden auf diese Weise in 40–85%-iger Ausbeute erhalten[10].

Halogen-arsine, in denen das Arsen Teil eines Ringsystems ist, sind durch Umsetzung mit Grignard-Verbindungen in cyclische tert. Arsine überführbar[11].

**1,4-Dimethyl-1,4-diarsenan**[12]: Zu einer Grignard-Verbindung, hergestellt aus 2,9 ml Methyljodid und 1,1 g Magnesium in 50 ml Äther, wird unter Stickstoff eine Lösung von 1,4-Dibrom-1,4-diarsenan[12] in 100 ml abs. Benzol zugetropft. Man erhitzt unter Rückfluß und hydrolysiert mit wäßrigem Ammoniumchlorid. Nach Abtrennung und Trocknung der ätherischen Phase wird der Äther abdestilliert und der Rückstand i. Vak. fraktioniert; Ausbeute: 1,5 g (56% d. Th.); $Kp_{24}$: 113–114°.

**10-Äthyl-phenoxarsin**[13]: Zu einer Lösung von 1,5 Mol Äthyl-magnesiumbromid in 50 ml Äther werden 10 g 10-Chlor-phenoxarsin[13] in 60 ml Benzol zugegeben und 150 Min. unter Rückfluß erhitzt. Nach der Zers. wird die organische Phase abgetrennt und getrocknet. Man destilliert die Lösungsmittel ab und fraktioniert den Rückstand i. Vak.; Ausbeute: (80% d. Th.); $Kp_{20}$: 194°.

Sowohl 10-Alkyl- als auch 10-Aryl-phenoxarsine[14,15], sowie die entsprechenden 10-Alkyl- und 10-Aryl-5,10-dihydro-phenazarsine lassen sich auf diese Weise in 40–80%iger Ausbeute herstellen:

---

[1] T. F. WINMILL, Soc. **1912**, 723.

[2] G. BURROWS u. E. E. TURNER, Soc. **1920**, 1378; **1921**, 429.

[3] W. STEINKOPF et al., B. **55**, 2603 (1922).

[4] E. ROBERTS u. E. E. TURNER, Soc. **1925**, 2004.

[5] D. R. LYON et al., Soc. **1947**, 662.

[6] W. J. JONES et al., Soc. **1932**, 2284.

[7] A. S. GELEFOND et al., Ž. obšč. Chim. **42**, 1962 (1972); engl.: 1955; **44**,1541, 1720 (1974); engl.: 1511, 1689; **45**, 2524 (1975); engl.: 2478.

[8] F. D. YAMBUSHEV et al., Ž. obšč. Chim. **44**, 2205 (1974); engl.: 2146.

[9] L. HORNER u. S. SAMAAN, Phosphorus **4**, 1 (1974).

[10] I. N. AZERBAEV et al., Uspechi Chim. **43**, 1384 (1974); engl.: 657; und dort. zit. Lit.

[11] F. G. MANN, *The Heterocyclic Derivatives of Phosphorus, Arsenic, Antimony and Bismuthin*, 2. Aufl., Wiley-Intersience, New York 1970.

[12] E. R. H. JONES u. F. G. MANN, Soc. **1955**, 401.

[13] J. A. AESCHLIMANN, Soc. **1925**, 814; **1927**, 414.

[14] V. I. GAVRILOV et al., Ž. obšč. chim. **42**, 1963 (1972); engl.: 1957; **44**, 2506 (1974); engl.: 2465.

[15] V. I. GAVRILOV et al., Izv. Vyss. Uch. Zev., Chim. i. Chim. Techn. **16**, 1602 (1973); Ž. obšč. chim. **44**, 2506 (1974); engl.: 2465.

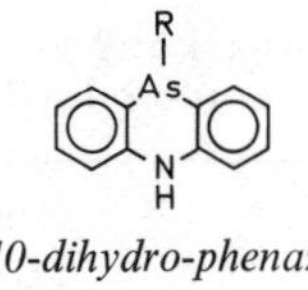

R
|
As

...-5,10-dihydro-phenazarsin

1–4

| R | | Ausbeute [% d. Th.] | F (aus Äthanol) [°C] | Literatur |
|---|---|---|---|---|
| CH$_3$ | 10-Methyl- | 70–80 | 107–108 | 2, 3 |
| C$_2$H$_5$ | 10-Äthyl- | 70–80 | 75 | 2, 3 |
| C$_3$H$_7$ | 10-Propyl- | 77 | 85,5–86,5 | 3 |
| sek.-C$_4$H$_9$ | 10-Butyl-(2)- | 69 | 85–86 | 3 |
| C$_5$H$_{11}$ | 10-Pentyl- | 49 | 90–92 | 3 |
| C$_6$H$_5$ | 10-Phenyl- | 80 | 148–149 | 2 |
| 1-C$_{10}$H$_7$ | 10-Naphthyl-(1)- | – | 154–155 | |

Zur Einführung der 4-Amino-phenyl-Gruppe über eine Grignard-Reaktion muß die Amino-Gruppe geschützt werden. Dies geschieht am einfachsten durch Silylierung wie das folgende Schema zeigt[5]:

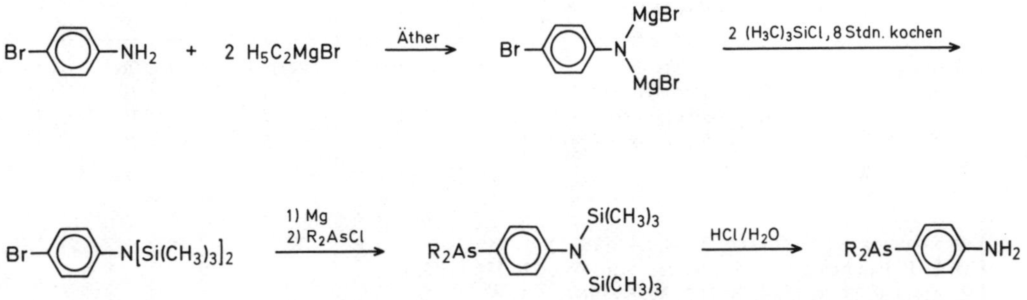

Br—⟨◯⟩—NH$_2$  +  2 H$_5$C$_2$MgBr  →(Äther)→  Br—⟨◯⟩—N(MgBr)(MgBr)  →(2 (H$_3$C)$_3$SiCl, 8 Stdn. kochen)→

Br—⟨◯⟩—N[Si(CH$_3$)$_3$]$_2$  →(1) Mg  2) R$_2$AsCl)→  R$_2$As—⟨◯⟩—N(Si(CH$_3$)$_3$)(Si(CH$_3$)$_3$)  →(HCl/H$_2$O)→  R$_2$As—⟨◯⟩—NH$_2$

Auf diese Weise wird aus Chlor-äthyl-(3-methyl-phenyl)-arsin und 4-(Bis-[trimethylsilyl]-amino)-phenyl-magnesiumbromid *Äthyl-(4-amino-phenyl)-(3-methyl-phenyl)-arsin* hergestellt[5].

[1] J. A. AESCHLIMANN, Soc. **1927**, 413.
[2] O. SEIDE u. J. GORSKI, B. **62**, 2186 (1929).
[3] C. S. GIBSON u. J. D. A. JOHNSON, Soc. **1931**, 2518.
[4] G. SAINT-RUF et al., Bl. **1974**, 2960.
[5] F. D. YAMBUSHEV et al., Ž. obšč. Chim. **44**, 2205 (1974); engl.: 2164.

Tab. 9: Tertiäre Arsine durch Einwirkung von Organo-magnesium-bromid auf
Arsen(III)-halogenide oder Halogen-arsine

| Ausgangs-verbindung | tert. Arsin | Ausbeute [% d.Th.] | Kp | | Lite-ratur |
|---|---|---|---|---|---|
| | | | [°C] | [Torr] | |
| AsCl₃ | Triäthyl-arsin | 82,5 | 25–26 | 10 | 1,2,3 |
| | Tripropyl-arsin | 86 | 72–73 | 8–9 | 3,4 |
| | Tributyl-arsin | 80 | 97–99 | 1 | 3,4,5 |
| | Tris-[2-methyl-propyl]-arsin | – | 119 | 31 | 4 |
| | Tripentyl-arsin | – | 146–149 | 10 | 4,5 |
| | Trihexyl-arsin | 80 | 125–128 | 0,05–0,01 | 3,5 |
| | Tricyclohexyl-arsin | 86,5 | (F: 49–49,5°) | – | 3,6 |
| | Triheptyl-arsin | – | 197–199 | 9 | 5 |
| | Trioctyl-arsin | 73,5 | 170–173 | 0,05 | 3,5 |
| | Tridodecyl-arsin | 56 | 200 | 0,08 | 7 |
| | Tribenzyl-arsin | 65 | (F: 105–108°) | – | 8 |
| | Tris-[2-methyl-allyl]-arsin | – | 143 | 50 | 9 |
| | Triäthinyl-arsin | 62 | (F: 49–50°) | – | 10 |
| | Tris-[trifluor-vinyl]-arsin | 40 | 110–111 | 746 | 11 |
| | Tris-[2-phenyl-äthyl]-arsin | – | 281 | 10 | 4 |
| | Tris-[4-fluor-phenyl]-arsin | – | (F: 74°) | – | 12 |
| | Tris-[3-chlor-phenyl]-arsin | – | (F: 73,3°) | – | 12 |
| | Trithienyl-(2)-arsin | 65 | 195–198 (F: 25–26°) | 0,55 | 13,14 |
| | Triphenyl-arsin | 90 | (F: 60–61°) | – | 15,16,17 |
| | Tris-[4-methyl-phenyl]-arsin | 46 | (F: 147–148°) | – | 18 |
| | Tris-[3-methoxy-phenyl]-arsin | – | (F: 112–113°) | – | 19 |
| | Tris-[4-methoxy-phenyl]-arsin | – | (F: 157–159°) | – | |
| | Tris-[4-dimethylamino-naphthyl-(1)]-arsin | 35 | (F: 339–342°) | – | 20 |
| H₃C—AsJ₂ | Methyl-diäthyl-arsin | 90 | 112–114 | 76 | 21 |
| | Methyl-dipropyl-arsin | 77 | 42 | 10 | 22 |
| | Methyl-dibutyl-arsin | 80 | 77 | 10 | 22 |
| | Methyl-bis-[2-methyl-propyl]-arsin | 85 | 57 | 10 | 22 |

---

[1] W. STEINKOPF u. J. MÜLLER, B. **54**, 844 (1921).
[2] M. E. P. FRIEDRICH u. C. S. MARVEL, Am. Soc. **52**, 376 (1930).
[3] R. APPEL u. D. REBHAN, B. **102**, 3956 (1969).
[4] W. J. DYKE u. W. J. JONES, Soc. **1930**, 2426; **1932**, 2284.
[5] E. GRYSKIEWICZ-TROCHIMOWSKI, Roczniki Chem. **8**, 250 (1928).
[6] W. STEINKOPF et al., B. **61**, 1911 (1928).
[7] R. N. MEALS, J. Org. Chem. **9**, 211 (1944).
[8] F. CHALLENGER u. A. T. PETERS, Soc. **1929**, 2616.
[9] W. J. JONES et al., Soc. **1947**, 1446.
[10] W. VOSTENIL u. J. F. ARENS, R. **83**, 1301 (1964).
[11] H. D. KESH et al., Am. Soc. **81**, 6336 (1959).
[12] R. F. DEKETELAERE et al., J. Organometal. Chem. **28**, 217 (1971).
[13] A. ETIENNE, Mem. Services chim. **33**, 405 (1947).
[14] L. J. GOLDSWORTHY et al., Soc. **1948**, 2208.
[15] P. PFEIFFER et al., B. **37**, 4620 (1904).
[16] G. J. BURROWS u. E. E. TURNER, Soc. **1920**, 1382.
[17] R. ARMSTRONG et al., Austral. J. Chem. **20**, 2771 (1967).
[18] D. S. TARBELL u. J. R. VAUGHN, Am. Soc. **67**, 41 (1945).
[19] F. F. BLICKE u. E. L. CATALINE, Am. Soc. **60**, 419 (1938).
[20] G. TOMASCHEWSKI, J. pr. **33**, 168 (1966).
[21] F. CHALLENGER u. L. ELLIN, Soc. **1935**, 396.
[22] W. J. JONES et al., Soc. **1932**, 2284.

Tab. 9 (1. Fortsetzung)

| Ausgangs-verbindung | tert. Arsin | Ausbeute [% d.Th.] | Kp [°C] | [Torr] | Lite-ratur |
|---|---|---|---|---|---|
| $H_3C$—$AsJ_2$ | Methyl-dihexyl-arsin | 90 | 134 | 10 | 1 |
| | Methyl-dicyclohexyl-arsin | 40 | 136 | 10 | 1 |
| | Methyl-dibenzyl-arsin | 65 | 169 | 5 | 1 |
| | Methyl-bis-[3-methyl-phenyl]-arsin | 59 | 163 | 6 | 1 |
| | Methyl-bis-[2-phenyl-äthyl]-arsin | 32 | 190 | 4 | 1 |
| $H_5C_2$—$AsCl_2$ | Äthyl-dipropyl-arsin | 46 | 60–64 | 14 | 2 |
| | Äthyl-bis-[2-methyl-propyl]-arsin | 53 | 86 | 12 | 2 |
| $H_5C_2$—$AsJ_2$ | Äthyl-dibutyl-arsin | – | 93 | 10 | 1 |
| | Äthyl-dipentyl-arsin | – | 119 | 10 | 1 |
| $H_9C_4$—$AsCl_2$ | Diäthyl-butyl-arsin | – | 64 | 10 | 1 |
| $H_5C_6$—$AsCl_2$ | Dibutyl-phenyl-arsin | 90 | 158–161 | 21 | 3, 4 |
| | Bis-[2-methyl-allyl]-phenyl-arsin | – | 189 | 50 | 5 |
| | Diallyl-phenyl-arsin | 77 | 112–114 | 0,5 | 5, 6 |
| | Diäthyl-phenyl-arsin | – | 111–115 | 14 | 7 |
| | Dipropyl-phenyl-arsin | – | 125 | 10 | 1 |
| | Dipentyl-phenyl-arsin | 65 | 174 | 10 | 1, 8 |
| | Divinyl-phenyl-arsin | 60–80 | 118–122 | 20–25 | 6 |
| | Dihexyl-phenyl-arsin | 52 | 156–157 | 3,2 | 8 |
| | Diheptyl-phenyl-arsin | 70 | 134 | 0,15 | 8 |
| | Dioctyl-phenyl-arsin | 58 | 148–150 | 0,0048 | 9 |
| $(CH_5)_2As$—$J$ | Dimethyl-äthyl-arsin | – | 86 | 760 | 5 |
| | Dimethyl-propyl-arsin | – | 27 | 17 | 5 |
| | Dimethyl-butyl-arsin | – | 35 | 10 | 5 |
| | Dimethyl-pentyl-arsin | – | 50 | 10 | 5 |
| | Dimethyl-penten-(4)-yl-arsin | 51 | 148 | 747 | 10 |
| | Dimethyl-octyl-arsin | 50 | 102–104 | 11 | 11 |
| | Dimethyl-dodecyl-arsin | 43 | 149–150 | 10 | 11 |
| | Dimethyl-cetyl-arsin | 61 | 200–202 | 11 | 11 |

1 W. J. JONES et al., Soc. **1932**, 2284.
2 W. STEINKOPF et al., B. **55**, 2597 (1922).
3 J. CHATT u. F. G. MANN, Soc. **1939**, 1662.
4 YU. GATILOV u. M. G. KRALICHKINA, Ž. obšč. Chim. **38**, 1798 (1968).
5 W. J. JONES et al., Soc. **1947**, 1446.
6 S. SAMAAN, Mainz, unveröffentlicht.
7 G. BURROWS u. E. TURNER, Soc. **1920**, 1373.
8 G. KAMAI u. G. M. USACHEVA, Ž. obšč. Chim. **36**, 2000 (1966); engl.:1991; C. A. **66**, 76118 (1967).
9 G. KAMAI u. G. M. USACHEVA, Ž. obšč. Chim. **38**, 365 (1968); engl.: 364; C. A. **69**, 87135 (1968).
10 M. A. BENNET et al., Soc. **1964**, 4570.
11 D. JERCHEL, B. **76**, 600 (1943).

Tab. 9 (2. Fortsetzung)

| Ausgangs-verbindung | tert. Arsin | Ausbeute [% d.Th.] | Kp [°C] | [Torr] | Lite-ratur |
|---|---|---|---|---|---|
| (CH$_3$)$_2$As—J | Dimethyl-(2-vinyl-phenyl)-arsin | 60 | 70 | 0,5 | 1 |
| | Dimethyl-(3-allyl-phenyl)-arsin | 60 | 70–74 | 2 | 1 |
| | Dimethyl-(4-vinyl-phenyl)-arsin | 60 | 88–90 | 1 | 1 |
| | Dimethyl-(4-allyl-phenyl)-arsin | 60 | 76 | 2 | 1 |
| | Dimethyl-biphenylyl-(2)-arsin | 46 | 114 | 0,5 | 2 |
| | Dimethyl-(2-phenyl-benzyl)-arsin | 60 | 124–126 | 0,4 | 3 |
| | Dimethyl-[4-(trifluor-methyl)-phenyl]-arsin | 75 | 202–204 | 760 | 4 |
| (C$_2$H$_5$)$_2$As—J | Diäthyl-äthinyl-arsin | 33 | 133–133,5 | 760 | 5 |
| | Diäthyl-butyl-arsin | – | 93 | 10 | 6 |
| | Diäthyl-cyclohexyl-arsin | – | 161 | 10 | 6 |
| (C$_6$H$_5$)$_2$As—Cl | Methyl-diphenyl-arsin | – | 165–167 | 15 | 7–10 |
| | Propyl-diphenyl-arsin | – | 177 | 10 | 10 |
| | Diphenyl-(4-vinyl-phenyl)-arsin | 54 | (F: 50–51°) | – | 11 |
| | Äthinyl-diphenyl-arsin | 85 | 140 | 1,5 | 12 |
| | Propin-(1)-yl-diphenyl-arsin | 86 | 128 | 1 | 12 |
| | Diphenyl-butin-(1)-yl-arsin | 92 | 110 | 0,01 | 12 |
| | Cyclohexyl-diphenyl-arsin | – | 200–203 | 4 | 8 |
| H$_5$C$_6$ As—J / H$_3$C | Methyl-äthyl-phenyl-arsin | 60 | 97 | 12–13 | 7, 13 |
| H$_5$C$_6$ As—Cl / H$_3$C | Methyl-phenyl-benzyl-arsin | – | 174–177 | 17 | 13 |
| | Methyl-propyl-phenyl-arsin | 66 | 105–106 | 12 | 13 |
| H$_5$C$_2$ As—Cl / H$_5$C$_6$ | Äthyl-methyl-phenyl-arsin }<br>Äthyl-pentyl-phenyl-arsin } 81–92<br>Äthyl-nonyl-phenyl-arsin } | | 85–86<br>133–134<br>181–182 | 8–10<br>8–10<br>8–10 | 3<br>3<br>3 |

[1] M. A. Bennet et al., Soc. [A] **1967**, 501.

[2] H. Heaney et al., Soc. **1956**, 1.

[3] R. C. Cookson u. F. G. Mann, Soc. **1949**, 288.

[4] R. C. Coss et al., Soc. **1955**, 4007.

[5] K. I. Kuzmin u. L. A. Pavlova, Ž. obšč. Chim. **37**, 1399 (1967); engl.: 1328 ; C. A. **68**, 13100 (1968).

[6] W. J. Jones et al., Soc. **1932**, 2284.

[7] G. Burrows u. E. Turner, Soc. **1920**, 1380; **1921**, 430.

[8] F. F. Blicke u. E. L. Cataline, Am. Soc. **60**, 419 (1938).

[9] F. G. Mann, Soc. **1963**, 4266.

[10] W. J. Jones et al., Soc. **1932**, 2291.

[11] D. Braun et al., Makromol. Ch. **62**, 183 (1963).

[12] J. Benaim, C. r. **261**, 1996 (1965); **262**, 937 (1968).

[13] W. Steinkopf et al., B. **55**, 2603 (1922).

[14] G. Kamai u. Yu. F. Gatilov, Ž. obšč. Chim. **31**, 1844 (1961); engl.: 1724; Doklady Akad. SSSR. **137**, 91 (1961); C. A. **55**, 19840 (1961); dort zahlreiche Beispiele.

Tab. 9 (3. Fortsetzung)

| Ausgangs-verbindung | tert. Arsin | Ausbeute [% d.Th.] | Kp [°C] | [Torr] | Lite-ratur |
|---|---|---|---|---|---|
| H₃C—⟨⟩—As⟨C₂H₅ / Cl | *Methyl-äthyl-(4-methyl-phenyl)-arsin* <br> *Diäthyl-(4-methyl-phenyl)-arsin* | 58–87 | 102–103 <br><br> 109–110 | 10 <br><br> 10 | 1 <br><br> 1 |
| 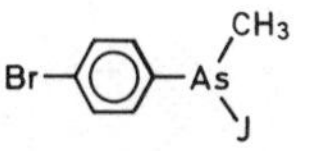 Br—⟨⟩—As⟨CH₃ / J | *Methyl-phenyl-(4-brom-phenyl)-arsin* | 60 | 170–200 | 15 | 2 |
| 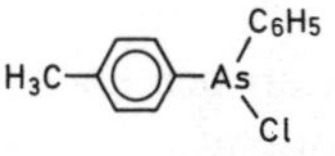 H₃C—⟨⟩—As⟨C₆H₅ / Cl | *Phenyl-(4-methyl-phenyl)-(4-äthyl-phenyl)-arsin* | – | 196–198 (F: 73°) | 0,2 | 3 |
| 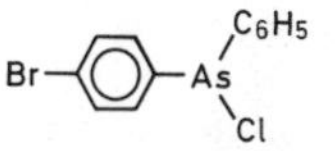 Br—⟨⟩—As⟨C₆H₅ / Cl | *Phenyl-(4-chlor-phenyl)-(4-brom-phenyl)-arsin* | 85 | 248–252 (F: 64–65°) | 0,5 | 3 |

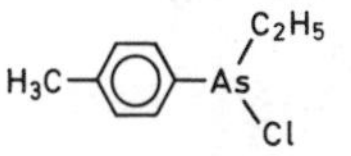

Die Einwirkung von Bis-Grignardverbindungen auf Dihalogenarsine führt zu cyclischen Arsen-Verbindungen[4–7].

**1-Äthyl-arsenan**[5]: Zu einer ätherischen Grignard-Lösung von 1,5-Dibrom-pentan (20 g auf 140 *ml* Äther) wird unter sehr gutem Rühren die halbe theor. Menge Dichlor-äthyl-arsin, ebenfalls in Äther gelöst (7,5 g in 110 *ml* Äther) tropfenweise zugegeben. Eine dabei auftretende Verharzung läßt sich durch gutes Rühren möglichst minimal gestalten, aber auch durch Kühlung nicht völlig verhindern. Es wird mit verd. Salzsäure zersetzt, die Äther-Lösung mit verd. Kalilauge und Wasser gewaschen, mit Calciumchlorid getrocknet und nach dem Abdestillieren des Äthers der Rückstand unter sorgfältigem Ausschluß von Luft in Kohlendioxid-Atmosphäre i. Vak. destilliert; Ausbeute: 12% d.Th.; $Kp_{12,5}$: 62–64°.

Analog erhält man aus 1,5-Bis-[brommagnesium]-pentan und

Dichlor-phenyl-arsin → *1-Phenyl-arsenan*[4]
Dichlor-methyl-arsin → *1-Methyl-arsenan*[6]

Bis [halogen-arsino]-aromaten und -alkane liefern die entsprechenden Bisarsine[8].
Außer den Halogeniden können andere Derivate der Arsonig- bzw. Arsinigsäuren mit Grignard-Verbindungen umgesetzt werden, so erhält man z. B. aus Diäthylarsinigsäure-diäthylamid (Diäthylamino-diäthyl-arsin) und Äthyl-magnesiumhalogenid in ~ 60%-iger Ausbeute *Triäthyl-arsin*[9]:

$$(H_5C_2)_2As{-}N(C_2H_5)_2 \ + \ H_5C_2{-}MgX \ \longrightarrow \ (H_5C_2)_3As \ + \ (H_5C_2)_2N{-}MgX$$

[1] G. KAMAI u. YU. F. GATILOV, Ž. obšč. Chim. **31**, 2882 (1961); engl.: 2685.
[2] A. HUNT u. E. TURNER, Soc. **1925**, 2667.
[3] F. G. MANN u. J. WATSON, Soc. **1947**, 505.
[4] G. GRÜTTNER u. M. WIERNIK, B. **48**, 1473 (1915).
[5] W. STEINKOPF et al., B. **55**, 2610 (1922).
[6] L. GORSKI et al., B. **67**, 730 (1934).
[7] J. MONAGLE, J. Org. Chem. **27**, 3851 (1962).
[8] Eine Zusammenfassung, die die Literatur von 1938–1968 umfaßt, findet man in: M. DUB, *Organometallic Compounds*, Vol. III, 2. Aufl. Springer Verlag, Berlin 1968; I. Supplement (1972).
[9] A. TZSCHACH u. W. LANGE, Z. anorg. Ch. **326**, 280 (1963/1964).

Die As-N-Bindung in Arsonig- bzw. Arsinigsäure-amiden kann leicht mit Halogenwasserstoffsäuren gespalten werden. Diese Tatsache nutzt man, um aus Arsonigsäure-chloriden mit Hilfe von z. B. Diäthylamin unsymmetrische tert. Arsine aufzubauen[1]:

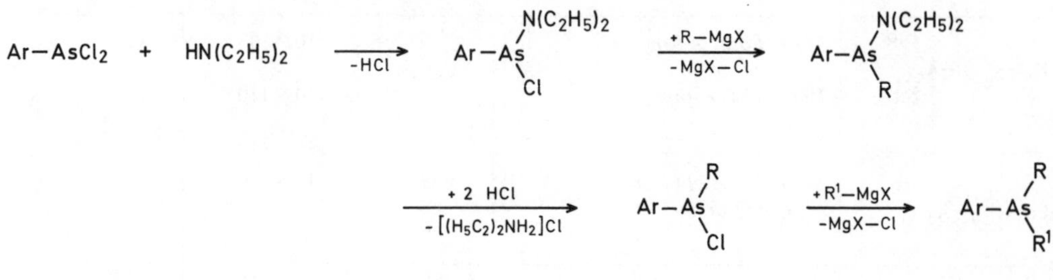

$$Ar-AsCl_2 \;+\; HN(C_2H_5)_2 \xrightarrow[-HCl]{} Ar-As\overset{N(C_2H_5)_2}{\underset{Cl}{\Big\langle}} \xrightarrow[-MgX-Cl]{+R-MgX} Ar-As\overset{N(C_2H_5)_2}{\underset{R}{\Big\langle}}$$

$$\xrightarrow[- [(H_5C_2)_2NH_2]Cl]{+\,2\,HCl} Ar-As\overset{R}{\underset{Cl}{\Big\langle}} \xrightarrow[-MgX-Cl]{+R^1-MgX} Ar-As\overset{R}{\underset{R^1}{\Big\langle}}$$

Cyclische Arsonigsäureester bzw. Thio- und Dithioarsonigsäureester lassen sich ebenfalls durch Umsetzung mit Grignard-Verbindungen in tert. Arsine umwandeln[2]:

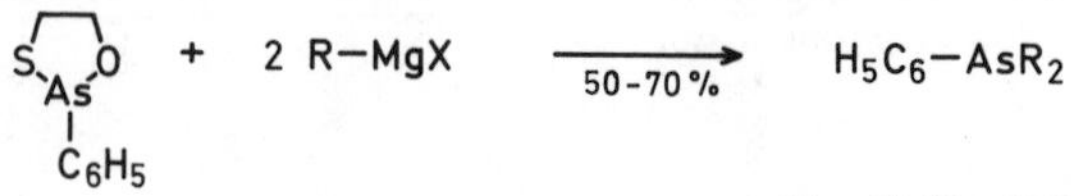

$$\underset{C_6H_5}{\overset{S\frown O}{\underset{|}{As}}} \;+\; 2\,R-MgX \xrightarrow{50-70\%} H_5C_6-AsR_2$$

$$R = C_2H_5;\; \textit{Diäthyl-phenyl-arsin}$$
$$R = C_6H_5;\; \textit{Triphenyl-arsin}$$

*β₂) tert. Arsine durch Umsetzung mit Organo-lithium-Verbindungen.*

Ebenso von allgemeiner Bedeutung ist die Umsetzung der Halogen-arsine mit Organolithium-Verbindungen [3-5]. Diese werden meistens dann eingesetzt, wenn die Herstellung der Grignard-Verbindungen schlecht oder gar nicht möglich ist.

**Di-tert.-butyl-(4- bzw. 3-methyl-phenyl)-arsin[6]:** Je ~ 10–15 g Chlor-di-tert.-butyl-arsin in 50 *ml* Äther werden unter Rühren mit der äquivalenten Menge 4- bzw. 3-Methyl-phenyl-lithium, hergestellt aus 4-bzw.3-Brom-1-methyl-benzol und Lithium in Äther[4] versetzt. In stark exothermer Reaktion scheidet sich Lithiumchlorid ab. Die Reaktionsgemische werden 1 Stde. unter Rückfluß gekocht und über eine G4-Fritte filtriert. Aus den Lösungen erhält man die Arsine durch Destillation i. Vak.

*Di-tert.-butyl-(4-methyl-phenyl)-arsin:* Ausbeute: 10,3 g (84% d. Th.); Kp$_{1-2}$: 116°.
*Di-tert.-butyl-(3-methyl-phenyl)-arsin:* Ausbeute: 6,5 g (72% d. Th.); Kp$_{1-2}$: 116°.

**Tris-[4-dimethylamino-phenyl]-arsin[7]:** Eine ätherische Lösung von 90 mMol 4-Dimethylamino-phenyl-lithium[1] wird auf −20° gekühlt. Dazu gibt man unter Rühren eine Lösung von 5,4 g Arsen(III)-chlorid in 30 *ml* Äther. Die Suspension bleibt 1 Stde. bei Zimmertemp. und wird dann 2 Stdn. unter Rückfluß erhitzt. Das Lösungsmittel wird abgedampft, der Rückstand mit 20 *ml* Methanol und danach mit Wasser zersetzt. Nach üblicher Aufarbeitung wird aus viel Äthanol umkristallisiert; Ausbeute: 6,3 g (21% d. Th.); F: 240–242°.

[1] Yu. F. GATILOV u. L. B. JONOV, Ž. obšč. Chim. **40**, 140 (1970); engl.: 127.
[2] N. A. CHADEAVA et al., Ž. obšč. Chim. **43**, 821 (1973); engl.: 821.
[3] R. W. CULLEN, *Advances in Organometallic Chemistry*, Vol. 4, S. 145. Academic Press, New York · London 1966).
[4] G. O. DOAK u. L. D. FREDMAN, *Organometallic Compounds of Arsenic, Antimony, and Bismuth*, Wiley Interscience, New York 1970.
[5] M. DUB, *Organometallic Compounds*, Vol. III, 2. Aufl., Springer Verlag, Berlin · New York 1968; I. Supplement (1972).
[6] K. ISSLEIB et al., B. **101**, 2931 (1968).
[7] G. TOMASCHEWSKI, J. pr. **33**, 168 (1966).

Besonders bewährt hat sich die Umsetzung mit Organo-lithium-Verbindungen bei der Herstellung cyclischer Arsine[1-4]; z. B.:

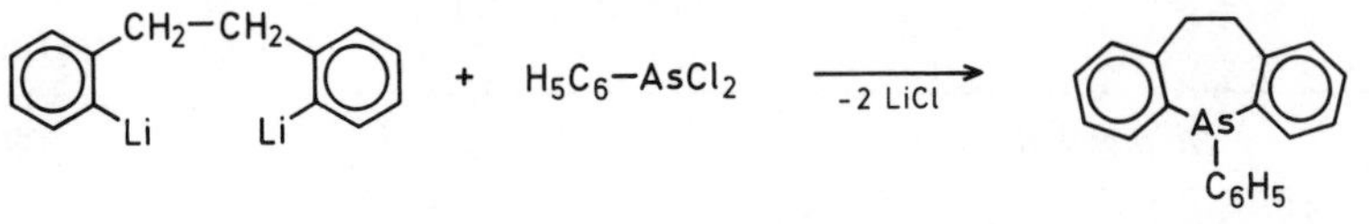

*5-Phenyl-10,11-dihydro-5H-⟨dibenzo-[b;f]-arsepin⟩*

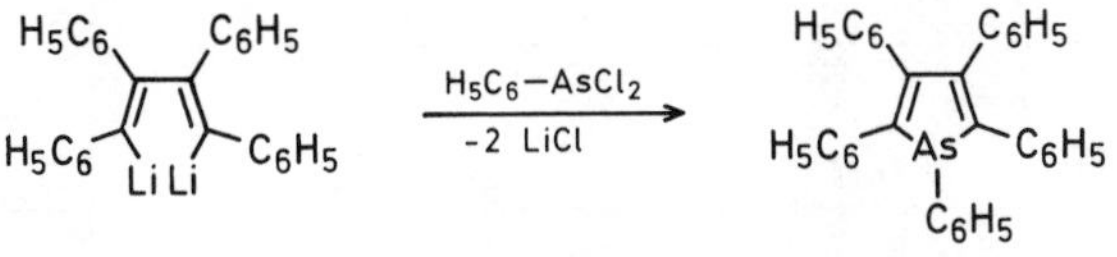

*Pentaphenyl-arsol*

Aus 1-Lithium-trifluor-propin und Chlor-diphenyl-arsin in Hexan entsteht das *(3,3,3-Trifluor-propinyl)-diphenyl-arsin* (Kp$_{0,1}$: 79–80°) in 65%-iger Ausbeute[5]:

$$(H_5C_6)_2As-Cl \ + \ Li-C \equiv C-CF_3 \ \xrightarrow{-78°} \ (H_5C_6)_2As-C \equiv C-CF_3$$

Tab. 10: Tertiäre Arsine durch Umsetzung von Arsen(III)-halogeniden oder Halogen-arsinen mit Organo-lithium-Verbindungen

| Ausgangs-verbindung | tert. Arsin | Ausbeute [% d. Th.] | Kp | | Lite-ratur |
|---|---|---|---|---|---|
| | | | [°C] | [Torr] | |
| AsCl$_3$ | *Tri-cis-propenyl-arsin* | 71 | 87–88 | 18 | 6 |
| | *Tri-trans-propenyl-arsin* | 81 | 71–72 | 6 | 6 |
| | *Triisopropenyl-arsin* | 70 | 66–67 | 15 | 6 |
| | *Tris-[4-methyl-phenyl]-arsin* | 86 | (F: 147–148°) | – | 7, vgl. 8 |
| | *Tris-[4-chlor-phenyl]-arsin* | 63 | (F: 104–107°) | – | 7 |
| | *Dimethyl-[pyridyl-(2)-methyl]-arsin* | – | 86–90 | 2 | |
| | *Dimethyl-pyridyl-(2)-arsin* | 81 | 90–91 | 14 | 9 |
| | *Dimethyl-pyridyl-(3)-arsin* | 58 | 105–107 | 16 | 9 |
| | *Dimethyl-(2-hydroxy-phenyl)-arsin* | 47 | 85–87 | 0,3 | 10 |
| | *Dimethyl-(3-hydroxy-phenyl)-arsin* | 80 | 87–90 | 0,8 | 10 |
| | *Dimethyl-chinolyl-(3)-arsin* | 74 | 125–127 | 0,5 | 9 |
| | *Dimethyl-(3-hydroxy-phenyl)-arsin* | 80 | 87–90 | 0,8 | 10 |

[1] F. G. Mann et al., Soc. **1953**, 1130.
  D. M. Heinekey u. I. T. Millar, Soc. **1959**, 3101.
[3] F. C. Leavitt et al., Am. Soc. **82**, 5099 (1960).
[4] E. H. Braye et al., Am. Soc. **83**, 4406 (1961).
[5] A. J. Carthy et al., Canad. J. Chem. **49**, 2706 (1971).
[6] A. N. Nesmeyanov et al., Izv. Akad. SSSR **1962**, 1199; C. A. **58**, 9121 (1963).
[7] A. A. Goodwin u. F. Lions, Am. Soc. **81**, 311 (1959).
[8] H. Tzschach u. W. Lange, Z. anorg. Ch. **330**, 317 (1964).
[9] H. Gilman u. S. Avakian, Am. Soc. **76**, 4031 (1954).
[10] H. Gilman et al., J. Org. Chem. **19**, 1067 (1954).

Tab. 10 (Fortsetzung)

| Ausgangs-verbindung | tert. Arsin | Ausbeute [% d. Th.] | Kp | | Lite-ratur |
|---|---|---|---|---|---|
| | | | [°C] | [Torr] | |
| $(C_2H_5)_2As-J$ | Diäthyl-vinyl-arsin | – | 58 | 39 | 1 |
| $(CH_3)_3C-AsCl_2$ | tert. Butyl-bis-(2-methyl-phenyl)-arsin | 68 | (F: 80°) | – | 2 |
| $[(CH_3)_3C]_2As-Cl$ | Di-tert.-butyl-(2-methyl-phenyl)-arsin | – | 128 | 0,2 | 2 |
| $(C_6H_5)_2As-Cl$ | (3,3,3-Trifluor-propinyl)-diphenyl-arsin | 65 | 79–80 | 0,1 | 3 |
| 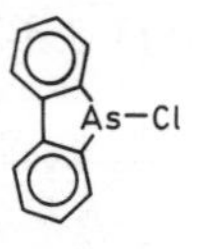 As—Cl | 5-(4-Dimethylamino-phenyl)-⟨dibenzo-arsol⟩ | 73 | (F: 118,5–120°) | – | 4 |
| | 5-Methyl-⟨dibenzo-arsol⟩ | 68 | – | – | 5 |
| | 5-Butyl-⟨dibenzo-arsol⟩ | 78 | (F: 51–52°) | – | 5 |

*Trimethyl-arsin* wird bei der Spaltung der As-N-Bindung in Amino-dimethyl-arsin oder Bis-[dimethylarsino]-alkyl-amin mit Methyl-lithium gebildet[6]:

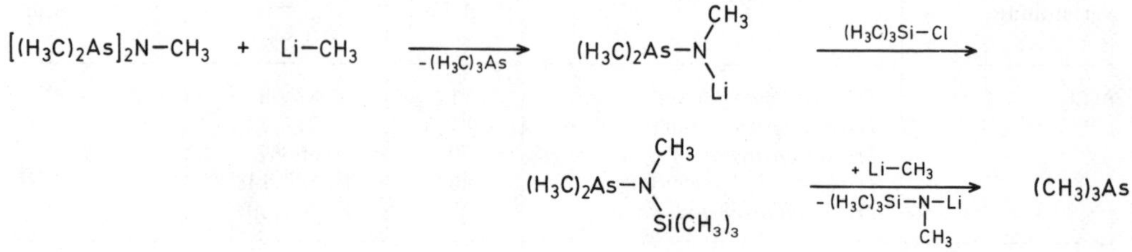

C-H-Acide Verbindungen vermögen ebenfalls die As-N-Bindung in Arsonig- oder Arsinigsäure-amiden unter Bildung der tert. Arsine zu spalten[7]; z. B.:

$$(H_3C)_2As-N(CH_3)_2 + N_2CH-COOC_2H_5 \xrightarrow[-(H_3C)_2NH]{Hexan} (H_3C)_2As-C(N_2)-COOC_2H_5$$

*Diazo-dimethylarsino-essigsäure-äthylester*

Die analoge Umsetzung des Dimethylamino-dimethyl-arsin in Äther bei −30° mit Cyclopentadien, wobei Trimethyl-zinnchlorid als Aminfänger zugesetzt wird, liefert *Dimethyl-cyclopentadienyl-arsin* (Kp$_4$: 39°) in 50%-iger Ausbeute[7].

[1] M. A. WEINER u. G. PASTERNACK, J. Org. Chem. **32**, 3707 (1967).
[2] B. L. SHAW u. R. E. STAINBANK, Soc. (Dalton) **1973**, 2394.
[3] J. CARTY et al., Canad. J. Chem. **49**, 2706 (1971).
[4] G. WITTIG u. D. HELLWINKEL, B. **97**, 769 (1964).
[5] D. HELLWINKEL u. G. KILTHAU, B. **101**, 121 (1968).
[6] O. J. SCHERER u. M. SCHMIDT, Z. Naturf. **19b**, 447 (1964); Ang. Ch. **76**, 787 (1964); J. Organometal. Chem. **3**, 156 (1965).
[7] P. KROMMES u. J. LORBERTH. J. Organometal. Chem. **92**, 181 (1975); **97**, 59 (1975).

Aus Arsonigsäure-dichloriden und Malonsäure-diestern in Benzol in Gegenwart von Triäthylamin sind 1,3-Diarsetane in guter Ausbeute zugänglich[1]:

$$R-AsCl_2 \quad + \quad 2 \; H_2C{-}COOR^1 \; \xrightarrow[-2\,[(H_5C_2)_3\overset{\oplus}{N}H]Cl^{\ominus}]{C_6H_6/2\,(H_5C_2)_3N} \;$$

(mit COOR¹ am H₂C)

Produkt: 

$$R^1OOC{-}\overset{R}{\underset{R}{As}}\diagdown_{COOR^1}^{COOR^1}$$

R = CH₃, C₆H₅                    *1,3-Dimethyl- (bzw. -Diphenyl)-2,2,4,4-*
R¹ = Alkyl                       *tetraalkoxycarbonyl-1,3-diarsetane*

*β₃) tert. Arsine durch eine modifizierte „Wurtz-Fittig"-Reaktion (Michaelis-Reese-Reaktion)*

Die Methode zur Herstellung aromatischer tert. Arsine durch Umsetzung von Arsen(III)-halogeniden mit Arylhalogeniden in Gegenwart von metallischem Natrium stellt einen Spezialfall der Wurtz-Fittig-Synthese dar[2-4]:

$$AsX_3 \; + \; 3\,Ar{-}X \; + \; 6\,Na \; \longrightarrow \; Ar_3As \; + \; 6\,Na{-}X$$

Obwohl die Ausbeuten nicht immer befriedigend sind, zeichnet sie sich durch einfache Arbeitsweise aus. Für die Herstellung von aliphatischen tert. Arsinen ist die Methode weniger geeignet[5,6]. Auch bei der Reaktion mit Arylhalogeniden, die mit einer Trifluormethyl-Gruppe substituiert sind, versagt die Reaktion[7]. Bei den einfachen Triaryl-arsinen können jedoch Ausbeuten bis zu 90% erreicht werden. Als Lösungsmittel werden Äther, Benzol oder Xylol empfohlen. Die Reaktion kommt meist spontan in Gang, wenn nicht, kann sie durch Erwärmen oder durch Zugabe einiger Tropfen Essigsäure-äthylester eingeleitet oder beschleunigt werden. Meist muß sie durch Kühlen unter Kontrolle gebracht werden. Für die Ausbeute ist es vorteilhaft, die Reaktion so zu leiten, daß sie langsam unter gleichmäßigem Sieden abläuft.

**Triphenyl-arsin**[8, vgl. a. 9,10]: In einem 2-*l*-Dreihalskolben mit Kühler und Tropftrichter werden 1200 *ml* Benzol (über Natrium getrocknet) und 130 g (5,65 g-Atom) Natrium in Form von gepreßtem Draht vorgelegt. Das Benzol wird zum Sieden erhitzt. Anschließend wird ein Gemisch aus 180 g (1 Mol) Arsen(III)-chlorid und 280 g (2,5 Mol) Chlorbenzol langsam solange zugetropft, bis die Reaktion so angelaufen ist, daß das Benzol ohne Erhitzen siedet. Man bringt die Reaktion durch Außenkühlung unter Kontrolle. Nach Beendigung des Zutropfens wird dann 12 Stdn. unter Rückfluß erhitzt. Danach filtriert man die benzolische Lösung möglichst heiß vom Kochsalz ab. Es empfiehlt sich, das rückständige Natriumchlorid 2–3mal mit Benzol auszukochen. (**Vorsicht!** Das abfiltrierte Kochsalz kann etwas Natrium enthalten und soll zuerst mit Methanol behandelt werden, damit eventuell vorhandene Natrium-Stücke zerstört werden). Von den vereinigten Filtraten wird das Benzol abdestilliert. Der ölige, rotbraun gefärbte Rückstand wird in Methanol (Methanol bietet gegenüber Äthanol den Vorteil, daß sich die dunkelgefärbte Verunreinigung des Destillationsrückstandes fast nicht mitlöst, sondern in einem geringfügigen öligen Rückstand sammelt) unter Kochen gelöst. Durch Kühlen und Anreiben fällt das Triphenyl-arsin aus; Ausbeute: 218 g (82–85% d. Th.); F: 61–61,5°.

---

[1] H.-J. PADBERG u. G. BERGERHOFF, Ang. Ch. **88**, 60 (1976).
[2] A. MICHAELIS u. R. REESE, B. **15**, 2876 (1882); A. **233**, 39 (1886).
[3] A. MICHAELIS u. L. WEITZ, B. **20**, 49 (1887).
[4] A. MICHAELIS, A. **320**, 201 (1901); **321**, 161 (1902).
[5] W. M. DEHN u. B. B. WILCOX, Am. **35**, 48 (1906); C. **1906** I, 741.
[6] W. M. DEHN, Am. **40**, 119 (1908); C. **1908** II, 850.
[7] W. R. CULLEN u. P. E. YATES, Canad. J. Chem. **41**, 1625 (1963).
[8] A. MICHAELIS u. A. REESE, A. **321**, 160 (1902).
[9] R. L. SHRINER u. C. N. WOLF, Org. Synth. **30**, 96 (1950).
[10] H. FUCHS, Diplomarbeit, Universität Mainz 1960.

Analog erhält man u. a.[1]:

*Tris-[4-methyl-phenyl]-arsin*
*Tris-[3-methyl-phenyl]-arsin*
*Tris-[2,5-dimethyl-phenyl]-arsin*
*Tris-[2,4-dimethyl-phenyl]-arsin*

*Tris-[2,4,6-trimethyl-phenyl]-arsin*
*Trinaphthyl-(1)-arsin*
*Trinaphthyl-(2)-arsin*

Aus 2-Brom-furan und Arsen(III)-chlorid ist das *Trifuryl-(2)-arsin* in 50%-iger Ausbeute erhältlich[2]. Auch cyclische Arsine können auf diesem Weg erhalten werden[3-6]; z. B.:

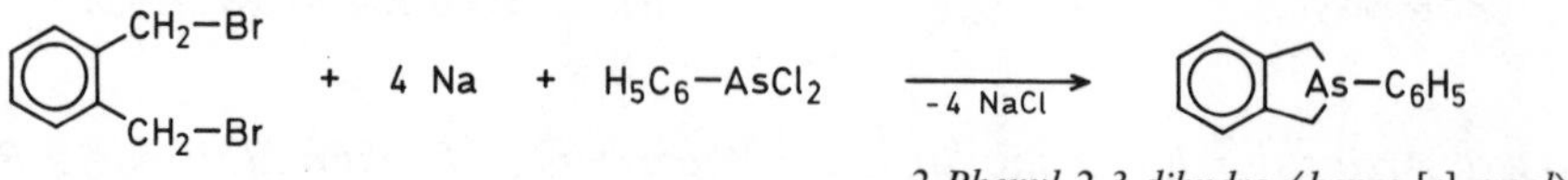

*2-Phenyl-2,3-dihydro-⟨benzo-[c]-arsol⟩*

**2-(4-Methyl-phenyl)-2,3-dihydro-⟨benzo-[c]-arsol⟩**[5]: Eine Lösung von 47,4 g Dichlor-(4-methyl-phenyl)-arsin in 200 *ml* abs. Äther wird unter Kühlung langsam zu einem Gemisch von 40 g Natriumdraht und 52,8 g 1,2-Bis-[brommethyl]-benzol in 400 *ml* abs. Äther zugetropft. Die Reaktion ist stark exotherm. Man gibt ~ 5 *ml* Essigsäure-äthylester zu und erhitzt 9 Stdn. unter Rückfluß. Während des Kochens gibt man nach 4 Stdn. 2 *ml* und nach 6,5 Stdn. weitere 3 *ml* Essigsäure-äthylester hinzu. Anschließend saugt man ab, entfernt das Lösungsmittel und fraktioniert den Rückstand unter Stickstoff i. Vak.; Ausbeute: 10 g (19% d. Th.); $Kp_{0,05}$: 132–137°.

Während die Einführung eines (Amino-aryl)-Restes über die Grignard-Verbindung ohne Schutz der Amino-Gruppe nicht möglich ist, gelingt dies nach der Wurtz-Fittig-Reaktion in mäßiger bis guter Ausbeute[7]; z. B.:

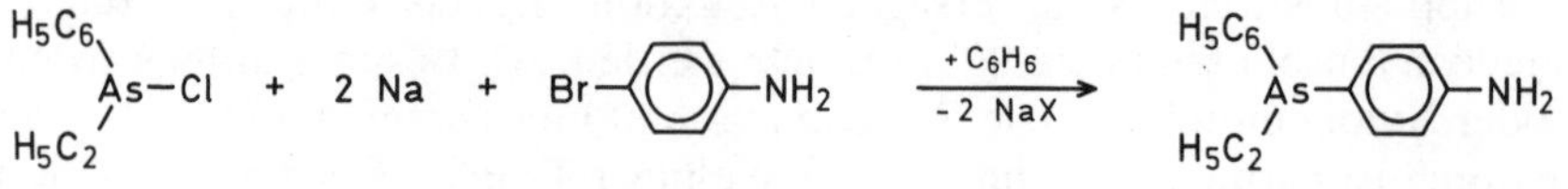

*Äthyl-phenyl-(4-amino-phenyl)-arsin*

**Äthyl-(2-amino-phenyl)-(4-methyl-phenyl)-arsin**[7]: 1,91 g Natrium werden unter Feuchtigkeits- und Sauerstoffausschluß in 50 *ml* abs. Benzol und 2 *ml* Essigsäure-äthylester vorgelegt und unter Rühren mit einer Mischung aus 10 g Chlor-äthyl-(4-methyl-phenyl)-arsin und 7,46 g 2-Brom-anilin, jeweils in 10 *ml* Benzol, langsam versetzt. Nach beendeter Zugabe wird 1 Stde. unter Rückfluß erhitzt, das Lösungsmittel abgedampft und der Rückstand i. Vak. destilliert; Ausbeute: 7,44 g (60% d. Th.); $Kp_5$: 90°.

Anders als bei der Michaelis-Reese-Reaktion (s. S. 57) können tert. Arsine aus Halogen-arsinen und Organo-natrium-Verbindungen hergestellt werden[8]:

$$R = R^1 = C_6H_5; \quad (Phenyl\text{-}äthinyl)\text{-}diphenyl\text{-}arsin$$
$$R = 1\text{-Naphthyl}; \; R^1 = C_6H_5; \quad (Phenyl\text{-}äthinyl)\text{-}dinaphthyl\text{-}(1)\text{-}arsin$$

---

[1] A. MICHAELIS, A. **320**, 201 (1901); **321**, 161 (1902).
   s. auch A. MICHAELIS u. L. WEITZ, B. **20**, 49 (1887).
   C. LÖLOFF, B. **30**, 2834 (1897).
   W. R. CULLEN u. P. E. YATES, Canad. J. Chem. **41**, 1625 (1963).
[2] A. ETIENNE, Bl. **13**, 669 (1946); **14**, 47 (1947).
[3] F. G. HOLLIMAN u. F. G. MANN, Soc. **1943**, 547.
[4] D. R. LYON u. F. G. MANN, Soc. **1945**, 30.
[5] D. R. LYON, F. G. MANN u. G. H. COOKSON, Soc. **1947**, 662.
[6] H. N. DAS-GUPTA, J. indian. chem. Soc. **15**, 495 (1938).
[7] YU. F. GATILOV et al., Ž. obšč. Chim. **43**, 2405 (1973); engl.: 2390.
[8] H. HARTMANN et al., Naturwiss. **46**, 321 (1959).
   J. BENAIM, C. r. **261**, 1996 (1965).
   V. I. GAVRILOV et al., Ž. obšč. Chim. **42**, 1963 (1972); engl.: 1957.
   J. N. AZERBAEV et al., Usp. Chim. **43**, 1384 (1974); engl.: 657.

Die Reaktion von Arsen(III)-chlorid und Phenyläthinyl-natrium in einem Lösungsmittelgemisch von Tetrahydrofuran und Benzol (2 : 1) liefert das *Tris-[phenyl-äthinyl]-arsin* in guten Ausbeuten[1].

**Tricyclopentadienyl-arsin**[2]: In einem 250-*ml*-Zweihalskolben ausgerüstet mit Magnetrührer, Tropftrichter und Rückflußkühler mit Quecksilberüberdruckventil, werden zu einer Suspension von 4,9 g (55,6 mMol) Cyclopentadienyl-natrium[2] in 75 *ml* Pentan 2,26 g (12,4 mMol) frisch unter Stickstoff dest. Arsen(III)-chlorid, gelöst in 15 *ml* Pentan, unter Eiskühlung und Rühren innerhalb 15 Min. zugetropft. Die bei 0° weiter gerührte Lösung färbt sich gelb und ist nach 2 Stdn. wieder Chlor-frei. Nach Filtrieren über eine G3-Fritte zieht man das Solvens ab und trocknet das verbleibende hellgelbe Öl 6 Stdn. i. Hochvak. bei 0°. Durch langandauerndes Kühlhalten auf Temp. $\geqq 0\,°C$ erhält man hellgelbe, weiche Kristalle, die bei Raumtemp. wieder flüssig werden; Ausbeute: 2,4 g (71% d. Th.) (Umkristallisation aus Äther ist mit großem Substanzverlust verbunden).

*Dimethyl-cyclopentadienyl-arsin* ($Kp_{18}$:61°) entsteht in nahezu quantitativer Ausbeute aus Chlor-dimethyl-arsin und Cyclopentadienyl-trimethyl-silan durch einfaches Vermischen der Komponenten bei $0°$ [3]:

$\beta_4$) *tert. Arsine durch Umsetzung mit verschiedenen metallorganischen Verbindungen*

Arsen(III)-halogenide bzw. Monohalogen- und Dihalogen-arsine können mit einer großen Zahl metallorganischer Verbindungen zu tert. Arsinen umgesetzt werden[4, 5]. Viele dieser Umsetzungen haben heute mehr oder weniger nur eine historische Bedeutung, so die Umsetzung mit Organo-zink-Verbindungen[6-9]:

$$2\ AsX_3\ +\ 3\ R_2Zn\ \longrightarrow\ 2\ R_3As\ +\ 3\ ZnX_2$$

$$H_5C_6\text{—}AsCl_2\ +\ (H_5C_2)_2Zn\ \longrightarrow\ H_5C_6\text{—}As(C_2H_5)_2\ +\ ZnCl_2$$

Besonders reines *Trimethyl-arsin* erhält man bei der Umsetzung von Arsen(III)-chlorid mit Dimethyl-zink[10].

Die Umsetzung von Arsen(III)-halogeniden mit Organo-quecksilber-Verbindungen liefert meistens ein Gemisch aus Monohalogen- bzw. Dihalogen-arsinen und in geringem Maße tert. Arsine. Diese Methode ist eher zur Herstellung von Halogen-arsinen geeignet (s. S. 172). Einige empfindliche Arsine sind jedoch in 40–60%-iger Ausbeute erhältlich, so das *Trithienyl-(2)-*[11], *Trifuryl-(2)-*[12,13] und *Trifuryl-(3)-arsin*[14].

---

[1] H. Hartmann et al., Naturwiss. **46**, 321 (1959).
  J. Benair, C. r. **261**, 1996 (1965).
  V. I. Gavrilov et al., Ž. obšč. Chim. **42**, 1963 (1972); engl.: 1957.
  I. N. Azerbaev et al., Usp.Chim. **43**, 1384 (1974); engl.: 657.
[2] B. Deubzer et al., B. **103**, 799 (1970).
[3] P. Jutzi u. M. Kuhn, B. **107**, 1228 (1974).
[4] W. R. Cullen, *Advances in Organometallic Compounds*, Vol. 4 S. 144, Academic Press, New York 1966.
[5] G. O. Doak u. L. D. Freedman, *Organometallic Compounds of Arsenic, Antimony, and Bismuth*, Wiley-Intersience, New York 1970.
[6] A. W. Hofmann, A. **103**, 357 (1857); **104**, 1 (1857).
[7] M. Cahours, A. **122**, 218 (1862).
[8] W. LaCoste u. A. Michaelis, A. **201**, 196 (1880).
  A. Michaelis, A. **320**, 304 (1901).
[9] T. F. Winmill, Soc. **1912**, 718.
[10] L. H. Long u. J. F. Sackman, Res. Correspondence **8**, S 23 (1955).
[11] W. Steinkopf, A. **413**, 310 (1917).
[12] W. G. Lowe u. C. S. Hamilton, Am. Soc. **57**, 1081 (1935).
[13] J. F. Morgan et al., Am. Soc. **69**, 932 (1947).
[14] W. W. Beck u. C. S. Hamilton, Am. Soc. **60**, 620 (1938).

*Diäthyl-(4-nitro-phenyl)-arsin* ist durch Umsetzung von Dichlor-(4-nitro-phenyl)-arsin mit Diäthyl-cadmium in guter Ausbeute erhalten worden[1,2].

Bis-[methoxycarbonylmethyl]-diphenyl-zinn reagiert mit Dichlor-phenyl-arsin zum *Bis-[methoxycarbonylmethyl]-phenyl-arsin*[3]:

$$(H_5C_6)_2Sn(CH_2-CO-OCH_3)_2 \ + \ H_5C_6-AsCl_2$$

$$\longrightarrow \ H_5C_6-As(CH_2-CO-OCH_3)_2 \ + \ (H_5C_6)_2SnCl_2$$

Die Umsetzung mit Organo-zinn-Verbindungen ist besonders geeignet für die Herstellung von Alkin-(1)-yl-arsinen[4,5]; z. B.:

$$3 \ R_3Sn-C\equiv C-C_6H_5 \ + \ AsCl_3 \ \xrightarrow[-3 \ R_3Sn-Cl]{} \ (H_5C_6-C\equiv C-)_3As$$

$$R = CH_3; C_2H_5; C_3H_7 \qquad\qquad \textit{Tris-[phenyl-äthinyl]-arsin}$$

Die Ausbeuten betragen 91–96% d. Th. Bis-[arsino]-butadiíne die sonst schwer zugänglich sind, können durch Umsetzung von Halogen-diaryl-arsinen mit Bis-[trimethyl-stannyl]-butadiin in relativ guten Ausbeuten hergestellt werden[5]:

$$(H_3C)_3Sn-C\equiv C-C\equiv C-Sn(CH_3)_3 \ + \ 2 \ Ar_2As-Cl \ \xrightarrow[-2 \ (CH_3)_3Sn-Cl]{} \ Ar_2As-C\equiv C-C\equiv C-AsAr_2$$

$$Ar = C_6H_5; \qquad \textit{Bis-[diphenyl-arsino]-butadiin}$$
$$Ar = Naphthyl-(1); \ \textit{Bis-[dinaphthyl-(1)-arsino]-butadiin}$$

Die Reaktion wird in Benzol oder Toluol durchgeführt[5].

Organo-aluminium-Verbindungen sind in neuerer Zeit ebenfalls eingesetzt worden[6-8]. *Triäthyl-arsin* wird durch Umsetzung von Arsen(III)-chlorid mit Triäthyl-aluminium in 80%-iger Ausbeute erhalten[6], dagegen nur in 31%-iger Ausbeute, wenn Lithium-tetra-äthyl-aluminat eingesetzt wird[8].

Sowohl Cadmium[1,2] als auch Blei-organische Verbindungen[2,9] können ebenfalls zur Herstellung von tert. Arsinen eingesetzt werden. Die auf diesem Wege herstellbaren Arsine sind jedoch mit Organo-magnesiumhalogeniden oder Organo-lithium-Verbindungen bequemer und in besseren Ausbeuten erhältlich.

Jod-dialkyl-arsine reagieren mit Trifluor-jod-methan in Gegenwart von Quecksilber ebenfalls zu Trifluormethyl-dialkyl-arsinen[10] (z. B. *Dimethyl-trifluormethyl-arsin*):

$$(H_3C)_2As-J \ + \ Hg \ + \ CF_3J \ \longrightarrow \ (H_3C)_2As-CF_3 \ + \ HgJ_2$$

In 5-Stellung substituierte 5,10-Dihydro-⟨dibenzo-[b;e]-arsenine⟩ lassen sich auf elegante Weise durch Umsetzung von Dichlor-phenyl- oder -methyl-arsin mit 5,5-Dimethyl-5,10-dihydro-⟨dibenzo-[b;e]-stannin⟩ herstellen[11]; z. B.:

[1] W. v. E. DOERING u. A. K. HOFFMAN, Am. Soc. **77**, 521 (1955).
[2] G. KAMAI et al., Ž. obšč. Chim. **37**, 1396 (1967); engl.: 1324.
[3] V. V. KUDINOVA et al., Ž. obšč. Chim. **36**, 1863 (1966); engl.: 1857.
[4] H. HARTMANN et al., Naturwiss. **52**, 59 (1965).
[5] H. HARTMANN, A. **714**, 1 (1968).
[6] DBP 1064513 (1959), Kali Chemie AG.; C. A. **55**, 11302 (1961).
[7] Brit. P. 839370 (1960), Farbw. Hoechst; C. A. **55**, 3435 (1961).
[8] R. S. DICKSON u. B. O. WEST, Austral. J. Chem. **15**, 710 (1962).
[9] V. I. GAVRILOV et al., Ž. obšč. Chim. **44**, 2506 (1974): engl.: 2465.
[10] W. R. CULLEN, Canad. J. Chem. **40**, 426 (1962).
[11] P. JUTZI u. K. DEUCHERT, Ang. Ch. **81**, 1051 (1969).

$\beta_5$) *Durch verschiedene Umsetzungen von Arsen(III)-halogeniden oder Halogenarsinen*

Außer den Umsetzungen der Arsen(III)-halogenide bzw. Halogenarsine mit metall-organischen Verbindungen (s. S. 46) gibt es eine Reihe von Reaktionen, bei denen tert. Arsine in mäßigen Ausbeuten entstehen können. Bei der „Nesmeyanov-Reaktion" werden Aryldiazonium-Doppelsalze in Gegenwart von Metallen zersetzt[1].

Die Reaktion wurde von Nesmeyanov zur Herstellung von Organo-quecksilber-Verbindungen angewendet und später auf andere metallorganische Verbindungen übertragen.
Die Zersetzung von Salzen des Typs

$$[ArN_2] [FeCl_4] \text{ oder } [ArN_2] [ZnCl_4]$$

in Gegenwart von metallischem Eisen und Arsen(III)-chlorid oder Dichlor-phenyl-arsin führt zu Gemischen aus Dihalogenarsinen und tert. Arsinen[2, 3]. Bessere Ergebnisse erhält man, wenn Aryldiazonium-tetrachlorozinkat in Gegenwart von Zinkstaub mit Arsen(III)-chlorid oder Dichlor-phenyl-arsin in Aceton zersetzt wird. So werden u. a. *Triphenyl-, Tris-[4-chlor-phenyl]-*und *(2-Chlor-vinyl)-diphenyl-arsin* [aus Dichlor-(2-chlor-vinyl)-arsin] mit nur mäßigen Ausbeuten gewonnen[4].

Halogenarsine, die in $\beta$- oder $\gamma$-Stellung (auf das Arsen-Atom bezogen) einen Phenyl-Rest tragen, können unter Friedel-Crafts-Bedingungen zu tert. Arsinen cyclisieren[5-8]:

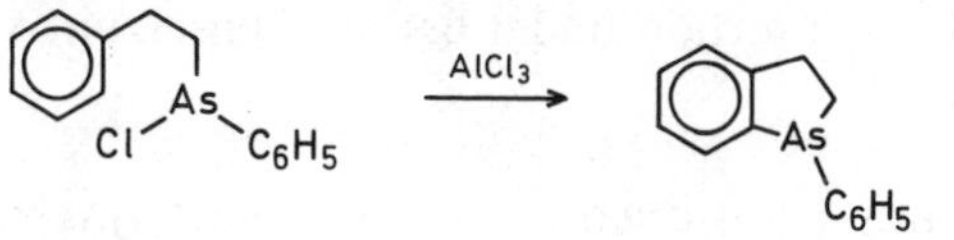

*1-Phenyl-2,3-dihydro-⟨benzo-[b]-arsol⟩*

Die Reaktion besitzt jedoch praktisch keine präparative Bedeutung, da die Ausbeuten gering und die Verbindungen auf anderen Wegen besser zugänglich sind (s. S. 48)[9].

Eine Mischung aus *Triphenyl-arsin, Dichlor-phenyl-* und *Chlor-diphenyl-arsin* kann durch Neutronenbe-strahlung von Arsen(III)-chlorid in Benzol erhalten werden[10].

Halogen-diaryl- und Dihalogen-aryl-arsine disproportionieren beim Erhitzen über 200° nach folgendem Schema:

[1] A. N. Nesmeyanov, B. **62**, 1010 (1929).
  A. N. Nesmeyanov u. E. J. Kahn, B. **62**, 1018 (1929).
  A. N. Nesmeyanov et al.,Tetrahedron **1**, 145 (1957).
  Eine Übersicht findet sich bei O. A. Reutov u. O. A. Ptitsyna, *Organometallic Reactions*, Vol. 4, S. 73, Wiley & Sons, Inc., New York 1972.
[2] O. A. Reutov u. Yu. G. Bundel, Ž. obšč. Chim. **25**, 2324 (1955).
[3] O. A. Reutov u. Yu. G. Bundel, C. A. **50**, 11964 (1956).
[4] W. E. Hanby u. W. A. Waters, Soc. **1946**, 1029.
[5] G. J. Burrows u. E. E. Turner, Soc. **119**, 426 (1921).
[6] E. E. Turner u. F. W. Bury, Soc. **123**, 2489 (1923).
[7] E. Roberts u. E. E. Turner, Soc. **1926**, 1207.
[8] G. H. Cookson u. F. G. Mann, Soc. **1949**, 2888.
[9] E. R. H. Jones u. F. G. Mann, Soc. **1958**, 1719.
[10] A. N. Nesmeyanov u. E. G. Ippolitov, C. A. **50**, 9906 (1956).

$$3 \ Ar-AsCl_2 \quad \rightleftharpoons \quad Ar_3As \ + \ 2 \ AsCl_3$$

$$2 \ Ar_2AsCl \quad \rightleftharpoons \quad Ar_3As \ + \ Ar-AsCl_2$$

Die Lage des Gleichgewichts ist stark temperaturabhängig[1-4]. Chlor-bis-[4-amino-phenyl]-arsin-Bis-hydrochlorid kann durch Erhitzen in wäßrigem Medium in das *Tris-[4-amino-phenyl]-arsin* umgewandelt werden[5]. Die Disproportionierungsreaktion wird vornehmlich zur Herstellung schwer zugänglicher Halogenarsine (s. S. 174, 237 eingesetzt.

Arsen(III)-chlorid und Acetylen reagieren in Gegenwart von Aluminiumchlorid zum bekannten ,,Lewisite''-Gemisch[6-8]:

$$AsCl_3 \ + \ HC{\equiv}CH \quad \xrightarrow{AlCl_3} \quad Cl-CH{=}CH-AsCl_2 \ + \ (Cl-CH{=}CH)_2As-Cl \ + \ (Cl-CH{=}CH)_3As$$

Das *Dichlor-(2-chlor-vinyl)-arsin* stellt jedoch das Hauptprodukt dar. In ähnlicher Weise reagieren Dichlor-methyl- und -phenyl-arsin mit Acetylen[9,10]. Aus Chlor-dimethyl-arsin und Hexafluor-butin-(2) erhält man unter UV-Bestrahlung *Dimethyl-[hexafluor-3-chlor-buten-(2)-yl-(2)]-arsin*[11]:

$$(H_3C)_2As-Cl \ + \ F_3C-C{\equiv}C-CF_3 \quad \longrightarrow \quad (H_3C)_2As-\underset{\underset{CF_3}{|}}{\overset{\overset{Cl}{|}}{C}}{=}C-CF_3$$

Beim Einleiten von Tetrafluoräthylen in ein Gemisch aus Arsen(III)-fluorid und Antimon(V)-fluorid entsteht in 26%-iger Ausbeute *das Tris-[pentafluor-äthyl]-arsin*[12,13].

Eine interessante As-N-Insertion findet bei der Umsetzung von Diäthylamino-dipropyl-arsin mit Keten statt[14]:

$$(H_7C_3)_2As-N(C_2H_5)_2 \ + \ H_2C{=}CO \quad \longrightarrow \quad (H_7C_3)_2As-CH_2-CO-N(C_2H_5)_2$$

(*Diäthylaminocarbonyl-methyl*)-*dipropyl-arsin*

3,3,3-Trifluor-propin setzt sich mit Arsinigsäure-Derivaten in mehr oder weniger guten Ausbeuten zu (3,3,3-Trifluor-propinyl)-diorgano-arsinen um[15]; z. B.:

$$(H_3C)_2As-X \ + \ HC{\equiv}C-CF_3 \quad \longrightarrow \quad (H_3C)_2As-C{\equiv}C-CF_3$$

X = Cl, N(CH_3)_2, S−C_2H_5          *Dimethyl-(3,3,3-trifluor-propinyl)-arsin*

[1] G. D. Parkes et al., Soc. **1947**, 429.

[2] A. G. Evans u. E. Warhurst, Trans. Faraday Soc. **44**, 189 (1948).

[3] H. D. N. Fitzpatrick et al., Soc. **1950**, 3542.

[4] W. R. Cullen, Canad. J. chem. **41**, 317 (1963).

[5] H. Bauer, Am. Soc. **67**, 591 (1945).

[6] S. Gree u. T. Price, Soc. **1921**, 448.

[7] K. E. Jackson u. M. A. Jackson, Chem. Rev. **16**, 439 (1935).

[8] G. N. Jarman, Advan. Chem. Ser. **23**, 328 (1959).

[9] H. N. Das-Gupta, J. indian chem. Soc. **13**, 305 (1936).

[10] C. K. Banks et al., Am. Soc. **69**, 933 (1947).

[11] W. R. Cullen et al., J. Organometal. Chem. **3**, 406 (1965).

[12] Yu. L. Kopaevich et al., Izv. Akad. SSSR **1973**, 121; vgl. Ž. obšč. Chim. **43**, 1140 (1973); engl.: 1132 [beschreibt katalytische Wirkung von Antimon(V)-fluorid bei der Anlagerung von Arsen(III)-fluoriden an perfluorierte Äthylene].

[13] B. Tittle, J. Fluorine Chem. **2**, 449 (1973).

[14] V. V. Kudinova et al., Ž. obšč. Chim. **36**, 1863 (1966); engl.: 1857.

[15] W. R. Cullen u. W. R. Leeder, Inorg. Chem. **5**, 1004 (1966).

## γ) Tert. Arsine aus Arsen(III)-oxid, Arsinigsäure-anhydriden oder ihren Derivaten

Arsen(III)-oxid reagiert mit Organo-magnesium-halogeniden in einer komplex verlaufenden Reaktion[1-4] unter Bildung eines Gemisches von Organo-arsen-Verbindungen. Neben tert. Arsinen entstehen Arsinigsäure-anhydride als Hauptprodukt. Die Umsetzung läuft wie folgt ab[4]:

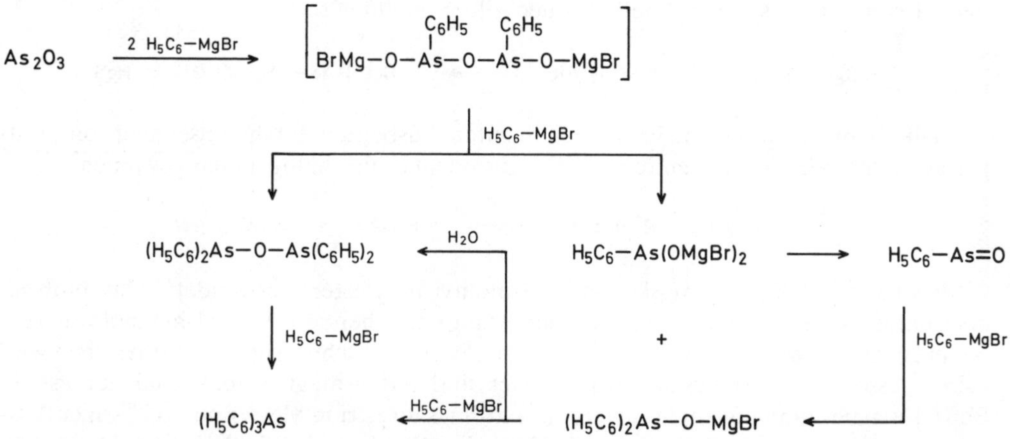

$$As_2O_3 \xrightarrow{2\ H_5C_6-MgBr} \left[ BrMg-O-\underset{\underset{C_6H_5}{|}}{As}-O-\underset{\underset{C_6H_5}{|}}{As}-O-MgBr \right]$$

$$\downarrow H_5C_6-MgBr$$

$$(H_5C_6)_2As-O-As(C_6H_5)_2 \xleftarrow{H_2O} H_5C_6-As(OMgBr)_2 \longrightarrow H_5C_6-As=O$$

$$\downarrow H_5C_6-MgBr \qquad\qquad + \qquad\qquad \downarrow H_5C_6-MgBr$$

$$(H_5C_6)_3As \xleftarrow{H_5C_6-MgBr} (H_5C_6)_2As-O-MgBr \longleftarrow$$

Arsen(III)-sulfid zeigt ein analoges Verhalten[3]. Trialkylarsine sollen auf diese Weise in 80%-iger Ausbeute herstellbar sein[3].

Da die Bildung der tert. Arsine aus Arsen(III)-oxid über Arsinigsäure-anhydride als Zwischenstufe abläuft, können letztere auch direkt eingesetzt werden[5]:

$$R_2As-O-AsR_2 + 2\ R^1-MgX \longrightarrow 2\ R_2As-R^1 + MgO + MgX_2$$

$$R = C_6H_5;\ R^1 = Alkyl$$

Die Ausbeuten betragen jedoch im günstigsten Falle 15% d. Th.[5], was die Bedeutung der Reaktion zur Herstellung von tert. Arsinen stark einschränkt.

*Triphenyl-arsin* kann durch Umsetzung von Diphenylarsinigsäure-anhydrid mit Natriumamalgam und Brombenzol über das Natrium-diphenyl-arsenid (s. S. 130), in mäßiger Ausbeute hergestellt werden[6]. In 44%-iger Ausbeute wird das *Dimethyl-(3,3,3-trifluor-propinyl)-arsin* gebildet, wenn Bis-[dimethyl-arsin]-oxid (Kakodyloxid) mit 3,3,3-Trifluor-propin mehrere Stunden erhitzt werden[7]:

$$[(H_3C)_2As]_2O + F_3C-C\equiv CH \xrightarrow{\nabla} (H_3C)_2As-C\equiv C-CF_3$$

Sowohl Dialkylarsinigsäure-thioanhydride als auch -thioester reagieren mit perfluoriertem Alkyljodid zu Perfluoralkyl-dialkyl-arsinen[8]; z. B. zu *Dimethyl-trifluormethyl-arsin:*

[1] G. Sachs u. H. Kantorowicz, B. **41**, 2767 (1908).
[2] K. Matsymiya u. M. Nakai, Mem. Coll. Sci., Kyoto Imp. Univ. **8**, 307 (1927); C. **1926** I, 652; C. A. **21**, 904 (1927).
[3] E. Gryszkiewicz-Trochimowski, Roczniki Chem. **6**, 798 (1926); C. **1927** II, 912; **1929**, 502, 3084.
[4] F. F. Blicke u. F. O. Smith, Am. Soc. **51**, 1558 (1929).
[5] R. D. Gigauri et al., Ž. obšč. Chim. **42**, 1537 (1972); engl.: 1530.
[6] F. F. Blicke u. E. L. Cataline, Am. Soc. **60**, 419 (1938).
[7] W. R. Cullen u. W. R. Leeder, Inorg. Chem. **5**, 1004 (1966).
[8] W. R. Cullen, Canad. J. Chem. **41**, 2424 (1963).

$$(H_3C)_2As-S-As(CH_3)_2 \; + \; CF_3J \longrightarrow (H_3C)_2As-CF_3$$

$$(H_3C)_2As-S-C_2H_5 \; + \; CF_3J \longrightarrow (H_3C)_2As-CF_3 \; + \; H_5C_2-S-S-C_2H_5 \; + \; J_2$$

Die Umsetzung verläuft unter ähnlichen Bedingungen, wie sie für die Reaktion mit Trialkylarsinen beschrieben worden sind (s. S. 105).

*Formylmethyl-diphenyl-arsin* wird bei der Umsetzung von Diphenylarsinigsäurethioanhydrid mit Bis-[formylmethyl]-quecksilber gebildet[1]:

$$[(H_5C_6)_2As]_2S \; + \; (OCH-CH_2)_2Hg \longrightarrow (H_5C_6)_2As-CH_2-CHO \; + \; HgS$$

Trialkyl- und Triarylarsine lassen sich in guten Ausbeuten durch Umsetzung von Trialkyl-arseniten oder Thioarseniten mit Organo-magnesium-halogeniden gewinnen[2-4]:

$$(RO)_3As \; + \; 3 \; R^1-MgBr \longrightarrow (R^1)_3As \; + \; 3 \; RO-MgBr$$

Meistens wird der Arsenigsäure-tris-[3-methyl-butylester] verwendet[1]. Man muß jedoch darauf achten, daß das bei der Aufarbeitung entstehende 2-Methyl-butanol vom tert. Arsin gut zu trennen ist, was im Falle des *Triäthyl-arsins* schwierig ist. Triäthyl-arsin wird daher besser aus Arsenigsäure-trioctylester und Äthyl-magnesiumbromid hergestellt. Benzyl-magnesiumhalogenid reagiert mit Arsenigsäure-tributylester nur in 7%-iger Ausbeute[2], dagegen mit Arsenigsäure-tris-[3-methyl-butylester] in 78%-iger Ausbeute[1] zu *Tribenzyl-arsin* (F: 46–47°).

**Tributyl-arsin**[2]: Zu einer Grignardlösung, hergestellt aus 12 g Magnesium und 69 g Butylbromid in abs. Äther, werden 50 g Arsenigsäure-tris-[3-methyl-butylester] in 50 *ml* abs. Äther unter gutem Kühlen und Rühren langsam zugetropft. Anschließend wird 1 Stde. auf dem Wasserbad erhitzt und mit Salzsäure zersetzt. Nach Abtrennung der äther. Schicht wird die wäßrige Phase 3mal mit Äther extrahiert. Die vereinigten Äther-Extrakte werden über Natriumsulfat getrocknet. Nach Abdestillieren des Äthers wird der Rückstand in einem Kohlendioxid-Strom fraktioniert; Ausbeute: 29,8 g (81,5% d. Th.); $Kp_2$: 95–96°.

Auf die gleiche Weise können u. a. folgende Arsine hergestellt werden[3]:

*Tripropyl-arsin*;           53% d. Th.;   $Kp_2$: 52–53°
*Tris-[3-methyl-butyl]-arsin*;  75% d. Th.;   $Kp_{2,5}$: 115–117°
*Trihexyl-arsin*;            69% d. Th.;   $Kp_2$: 157–158°
*Tricyclohexyl-arsin*;       44% d. Th.;   $Kp_{12}$: 197–203°
*Triphenyl-arsin*;           65% d. Th.;   F: 59–59,5°

Keinen eindeutigen Verlauf nimmt die Umsetzung von Arsenigsäure-tris-[3-methyl-butylester] mit 4-Äthoxy-phenyl-magnesiumbromid, während sie mit 2-Methyl-phenyl-magnesiumbromid die Bis-[2-methyl-phenyl]-arsinigsäure (s. S. 228) liefert.

Wird Arsen(III)-oxid, in Hexan dispergiert, mit Trialkyl-aluminium 1–2 Stdn. auf 60° erhitzt, so werden Trialkyl-arsine gebildet[5]. Die Umsetzung ist eine Gleichgewichtsreaktion:

$$As_2O_3 \; + \; 2 \; R_3Al \rightleftharpoons (R_2As)_2O \; + \; 2 \; R-AlO \overset{R_3Al}{\rightleftharpoons} 2 \; R_3As \; + \; 3 \; R-AlO$$

Die Arsine werden durch Hochvakuumdestillation aus dem Gleichgewicht entfernt. Die Ausbeuten sind nur bei $R \leqq C_4$ mäßig bis gut. *Triäthyl-arsin* entsteht auf diese Weise in

[1] V. K. KUDINOVA et al., Ž. obšč. Chim. **39**, 2479 (1969).
[2] S. O. LAWESSON, Ark. Kemi **10**, 167 (1956).
[3] G. KH. KAMAI et al., Ž. obšč. Chim. **41**, 1506 (1971); engl.: 1510.
[4] N. A. CHADAEVA, Izv. Akad. SSSR **1972**, 1303.
[5] W. STAMM u. A. BREINDEL, Ang. Ch. **76**, 99 (1964).

$72\%$ d. Th., während *Tris-[2-methyl-propyl]-arsin* nur noch in $32\%$-iger Ausbeute gebildet wird. Die Umsetzung mit höheren Trialkyl-aluminium-Verbindungen liefert hauptsächlich Dialkyl-arsinigsäure-anhydride[1].

*Dimethyl-(2-amino-phenyl)-arsin* (Kp$_6$: 116°) wird bei der Umsetzung des bicyclischen Amid-anhydrids I mit Methyl-magnesiumjodid in $78\%$-iger Ausbeute erhalten[2]:

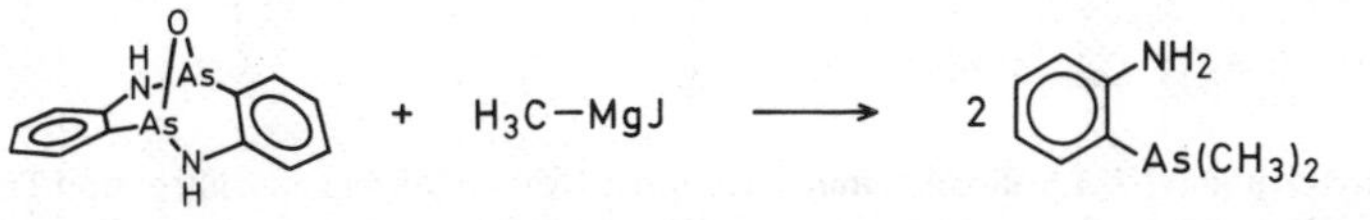

Die analoge Umsetzung mit Phenyl-magnesiumbromid ergibt *Diphenyl-(2-amino-phenyl)-arsin* (F: 81,5–83°) zu $65\%$ d. Th.[2].

δ) Tert. Arsine aus primären oder sekundären Arsinen bzw. ihren Metallderivaten (Arsenide, Arsino-metall-Verbindungen)

Primäre und sekundäre Arsine stellen Lewis-Basen dar, die mit Elektrophilen (Lewis-Säuren) Additions- oder Substitutionsreaktionen eingehen können. So addieren sich prim. und sek. Arsine an die C=O-Doppelbindung unter Bildung von tert. (α-Hydroxy-alkyl)-arsinen[3–5]:

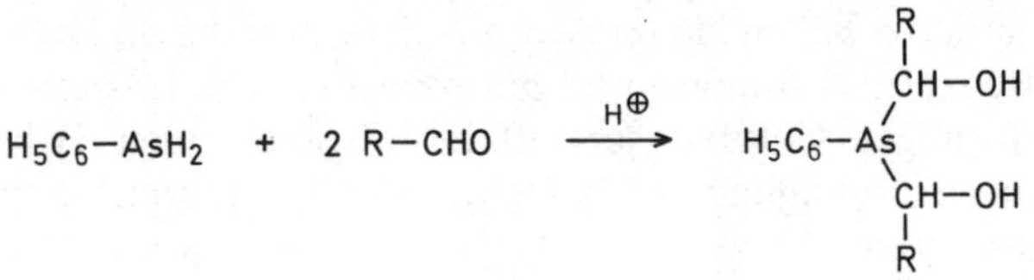

Bis-[1-hydroxy-alkyl]-phenyl-arsine[3]

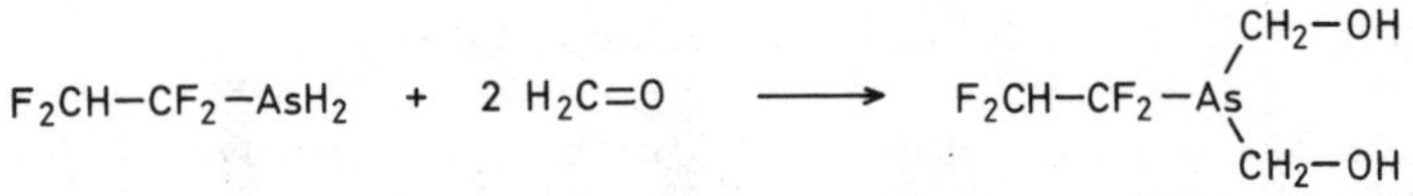

*Bis-[hydroxymethyl]-(1,1,2,2-tetrafluor-äthyl)-arsin*

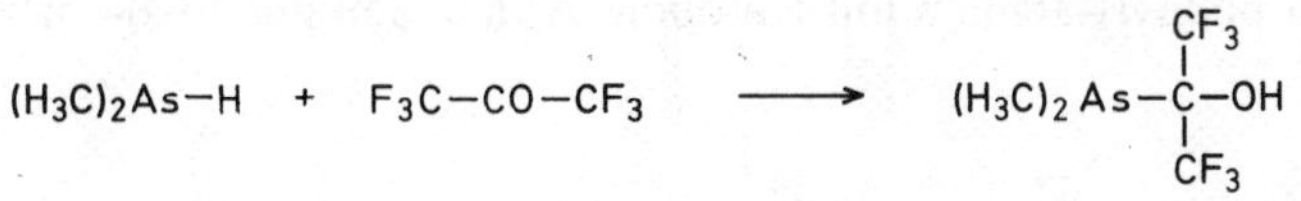

*Dimethyl-[hexafluor-2-hydroxy-propyl-(2)]-arsin*

Die Umsetzung mit Aldehyden ist sauer katalysiert[3].
Die (α-Hydroxy-alkyl)-arsine sind meistens instabile Verbindungen, die leicht wieder in die Ausgangsverbindungen zerfallen. Im Gegensatz zur älteren Literatur bilden sich bei

[1] W. STAMM u. A. BREINDEL, Ang. Ch. **76**, 99 (1964).
[2] B. CHISWELL u. K. A. VERRALL, J. pr. **312**, 751 (1970).
[3] R. ADAMS u. C. S. PALMER, Am. Soc. **42**, 2375 (1920); **44**, 1356 (1922).
[4] W. R. CULLEN u. G. E. STONE, J. Organometal. Chem. **4**, 151 (1965).
[5] K. H. RAVER et al., Ž. obšč. Chim. **35**, 1162 (1965).

der Umsetzung von Phenyl-arsin mit aliphatischen Aldehyden im Molverhältnis 1:3 unter saurer Katalyse 2,4,6-Trialkyl-5-phenyl-1,3,5-dioxarsenane[1].

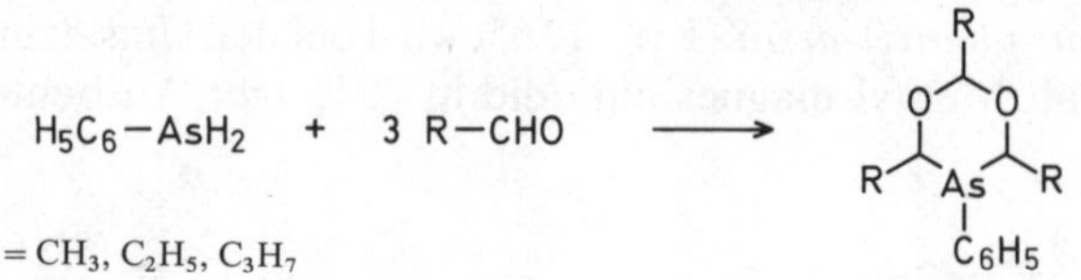

$$H_5C_6-AsH_2 \;+\; 3\;R-CHO \longrightarrow$$

R = CH_3, C_2H_5, C_3H_7

**2,4,6-Trimethyl-5-phenyl-1,3,5-dioxarsenan**[1]: In einen Kolben mit Magnetrührer und Tropftrichter werden unter Stickstoff 3,1 g (0,02 Mol) Phenylarsin auf 0° gekühlt und mit 4 Tropfen konz. Salzsäure versetzt. Unter Rühren tropft man innerhalb 15 Min. 2,6 g (0,06 Mol) Acetaldehyd zu und rührt weitere 3 Stdn. bei 0° nach. Die Reaktionsmischung wird mit wasserfreiem Kaliumcarbonat versetzt und in einen Destillierkolben unter Stickstoff abfiltriert. Anschließend wird i. Vak. fraktioniert, wobei die niedrig siedenden Fraktionen verworfen werden; Ausbeute: 47% d. Th.; $Kp_{1,5}$: 109–113°

Die analoge Umsetzung mit Propanal bzw. Butanal liefert

*2,4,6-Triäthyl-* (55% d. Th.; $Kp_{1,2}$: 130–132°) bzw. *2,4,6-Tripropyl-5-phenyl-1,3,5-dioxarsenan* (33% d. Th.; $Kp_{1,3}$: 164–166°)[1].

(2-Amino-äthyl)-organo-arsine reagieren mit Aldehyden oder Ketonen zu 1,3-Azar-solidinen[2].

Die Umsetzung verläuft mit einigen Carbonyl-Verbindungen bereits bei Raumtemperatur, während in anderen Fällen längeres Erhitzen notwendig ist. Bei größeren Ansätzen empfiehlt es sich, Benzol als Lösungsmittel zu verwenden. Die 1,3-Azarsolidine bilden mit Salzsäure oder gasförmigem Chlorwasserstoff die entsprechenden Hydrochloride, die sich in einigen Fällen gut zur Reinigung und Isolierung der Substanzen eignen, da sie meist aus Alkohol gut kristallisieren.

**2-Methyl-3-phenyl-1,3-azarsolidin**[2]: 0,2 Mol (2-Amino-äthyl)-phenyl-arsin[1] werden mit frisch destilliertem Acetaldehyd versetzt und mehrere Stdn. im Wasserbad erhitzt. Nach Abdestillieren des Reaktionswassers wird der Rückstand i. Vak. destilliert; Ausbeute: 37,3 g (83,7% d. Th.); $Kp_{0,3-0,4}$: 91–95°.

Analog werden z. B. folgende Verbindungen hergestellt[2].

*2-Methyl-2-äthyl-3-phenyl-1,3-azarsolidin*;  74% d. Th.; $Kp_{2-3}$: 116–119°
*2,3-Diphenyl-1,3-azarsolidin*;  87,7% d. Th.; F: 66°
*Cyclobutan-⟨spiro-2⟩-3-phenyl-1,3-azarsolidin*; 80,8% d. Th.; $Kp_{1-2}$: 128–132°

Zu 2,3-Dihydro⟨benzo-1,3-azarsolen⟩ gelangt man durch Kondensation von Alkyl-(2-amino-phenyl)-arsinen mit Ketonen, Aldehyden und Oxo-carbonsäureestern[3]:

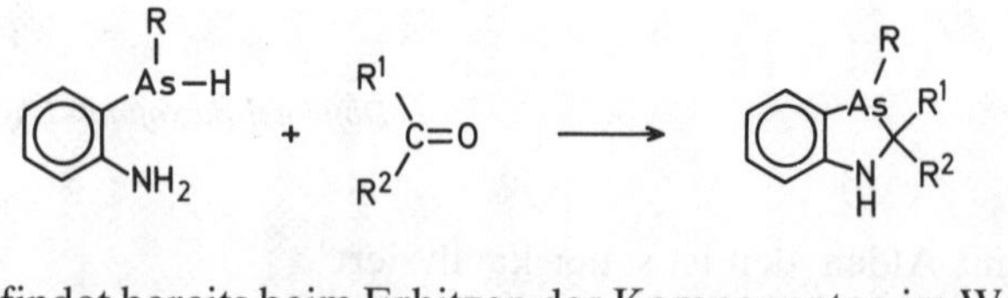

Die Umsetzung findet bereits beim Erhitzen der Komponenten im Wasserbad statt. Für größere Ansätze ist jedoch die Verwendung von Toluol als Lösungsmittel und die kontinuierliche Abführung des Reaktionswassers am Wasserabscheider vorteilhaft.

[1] P. J. BUSSE u. K. J. IRGOLIC, J. Organometal. Chem. **93**, 107 (1975).
[2] A. TZSCHACH u. D. DROHNE, J. Organometal. Chem. **21**, 131 (1970); dort zahlreiche Derivate.
[3] A. TZSCHACH et al., J. Organometal. Chem. **60**, 95 (1973).

**2,3-Dihydro-⟨benzo-1,3-azarsole⟩; allgemeine Arbeitsvorschrift[1]**: 0,1 Mol Alkyl-(2-amino-phenyl)-arsin werden mit 0,1 Mol der Oxo-Verbindung versetzt und auf dem Wasserbad erhitzt. Zur Erzielung optimaler Ausbeuten beträgt die Erhitzungsdauer für:

Alkanale und 2-Oxo-carbonsäureester 0,5–1 Stde.
Benzaldehyd ∼ 1 Stde.
Acetessigsäure-äthylester ∼ 5 Stdn.
Dialkyl-ketone und 4-Oxo-carbonsäureester 8–12 Stdn.

Anschließend wird das Reaktionswasser i. Vak. entfernt und der Rückstand destilliert oder aus wenig Äthanol umkristallisiert; u. a. erhält man z. B.:

$R = R^1 = C_2H_5$; $R^2 = H$;  *2,3-Diäthyl-2,3-dihydro-⟨benzo-1,3-azarsol⟩*
   70% d. Th.; $Kp_{0.7-0.8}$: 112–124°

$R = R^1 = R^2 = C_2H_5$;  *2,2,3-Triäthyl-2,3-dihydro-⟨benzo-1,3-azarsol⟩*
   74% d. Th.; $Kp_{4-5}$: 146–149°

$R = H$; $R^1 - R^2 = -(CH_2)_5-$;  *Cyclohexan-⟨spiro-2⟩-2,3-dihydro-*
   *⟨benzo-1,3-azarsol⟩*
   81% d. Th.; $Kp_1$: 148–150°

$R = C_2H_5$; $R^1 = CH_3$; $R^2 = COOC_2H_5$;  *2-Methyl-3-äthyl-2-äthoxycarbonyl-*
   *2,3-dihydro-⟨benzo-1,3-azarsol⟩*
   75% d. Th.; $Kp_{0.2}$: 129–131°

2,3-Dihydro-⟨benzo-1,3-azarsole⟩ sind gegenüber starken Säuren nicht stabil. Es tritt unter Abscheidung von Arsen Zersetzung ein[1].

Einen anderen Verlauf nimmt die Kondensation von (2-Äthylamino-äthyl)-(2-amino-phenyl)-arsin mit Aldehyden oder Ketonen[1]. In diesem Falle reagiert die basischere sek. Amino-Gruppe, wobei 1,3-Azarsolidine entstehen[1]:

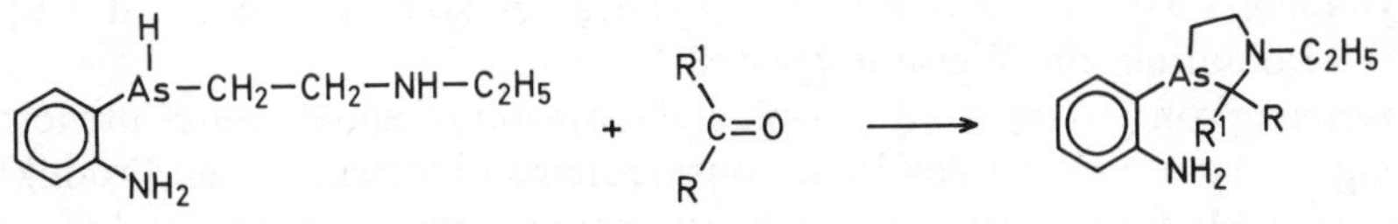

**3-(2-Amino-phenyl)-1,3-azarsolidine; allgemeine Herstellungsvorschrift[1]**: 0,01 Mol 2-(Äthylamino-äthyl)-(2-amino-phenyl)-arsin werden mit der ber. Menge frisch destillierter Carbonyl-Verbindung versetzt. Nach Abklingen der Reaktion (bei der Umsetzung mit Aceton muß von Anfang an 12 Stdn. unter Rückfluß erhitzt werden) wird 1 Stde. auf dem Wasserbad erwärmt, das Reaktionswasser entfernt und der Rückstand i. Vak. destilliert.

So erhält man z. B. mit

Aceton → *2,2-Dimethyl-1-äthyl-3-(2-amino-phenyl)-1,3-azarsolidin*; 61% d. Th.; $Kp_{0.2}$: 126°
Benzaldehyd → *1-Äthyl-2-phenyl-3-(2-amino-phenyl)-1,3-azarsolidin*;    68% d. Th.; $Kp_{0.01}$: 152–155°

Allgemein sind die 1,3-Azarsolidine durch Kondensation von (2-Amino-äthyl)-alkyl- oder -aryl-arsinen mit α- oder β-Dicarbonyl-Verbindungen erhältlich[2]. Die Kondensation mit α-Oxo-carbonsäuren in Äthanol oder 1,4-Dioxan liefert 2-Carboxy-1,3-azarsolidine[2]:

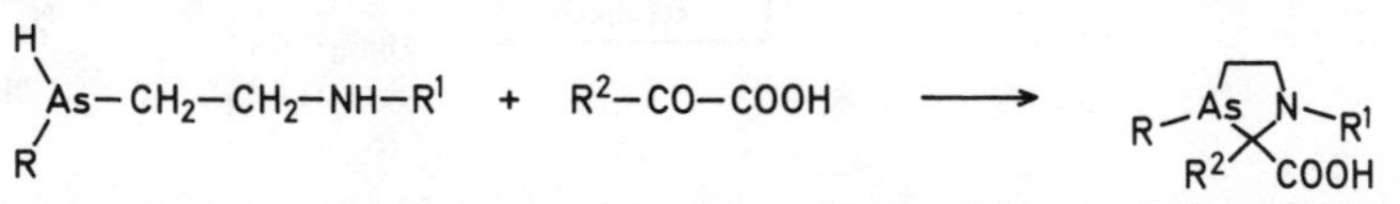

---

[1] A. Tzschach et al., J. Organometal. Chem. **60**, 95 (1973).
[2] A. Tzschach u. J. Heinicke, J. pr. **315**, 65 (1973).

**2-Carboxy-1,3-azarsolidine; allgemeine Arbeitsvorschrift**[1]**:**
Methode A: 0,02 Mol (2-Amino-äthyl)-alkyl- bzw. -aryl-arsin werden in 10 *ml* Äthanol gelöst und tropfenweise mit der äquimolaren Menge α-Oxo-carbonsäure versetzt. Die Mischung wird erhitzt oder einige Stdn. bis Tage bei Raumtemp. stehengelassen. Anschließend wird filtriert, mit einem Äther-Äthanol-Gemisch (4:1) gewaschen und getrocknet.

Methode B: Eine Lösung von 0,02 Mol (2-Amino-äthyl)-alkyl- bzw. -aryl-arsin in 20 *ml* 1,4-Dioxan wird tropfenweise mit der äquivalenten Menge α-Oxo-carbonsäure umgesetzt. Man filtriert ab und arbeitet wie bei Methode A auf.

Man erhält auf diese Weise u. a.

| | | |
|---|---|---|
| *2-Methyl-3-phenyl-2-carboxy-1,3-azarsolidin* | 63% d. Th. | F: 186–188° |
| *2,3-Diphenyl-2-carboxy-1,3-azarsolidin* | 84% d. Th. | F: 196–198° |
| *2-Methyl-3-cyclohexyl-2-carboxy-1,3-azarsolidin* | 53% d. Th. | F: 212° |
| *2-Methyl-1-äthyl-3-cyclohexyl-2-carboxy-1,3-azarsolidin* | 70% d. Th. | F: 159° |

Die 2-Carboxy-1,3-azarsolidine liegen erwartungsgemäß in Betain-Struktur vor und sind deshalb in Wasser oder organischen Lösungsmitteln meistens unlöslich.

Werden an Stelle der α-Oxo-carbonsäuren die entsprechenden Ester eingesetzt, entstehen teilweise harzige Substanzgemische. Ein einheitlicher Verlauf unter Bildung der entsprechend substituierten 1,3-Azarsolidine wird dadurch erzielt, daß man die Reaktivität der Amino-Gruppe durch Salzbildung herabsetzt oder die Kondensation direkt in Toluol/Eisessig durchführt[1].

**2-Methyl-3-phenyl-2-äthoxycarbonyl-1,3-azarsolidin**[1]**:** 4,0 g (2-Amino-äthyl)-phenyl-arsin werden in 100 *ml* Xylol und 15 *ml* Eisessig gelöst und mit 2,36 g Brenztraubensäure-äthylester versetzt. Die Lösung wird 1 Stde. auf dem siedenden Wasserbad erhitzt; anschließend wird das Lösungsmittel i. Vak. abdestilliert. Der Rückstand wird in Benzol aufgenommen, vom Unlöslichen abfiltriert und dann fraktioniert. Ausbeute: 2,4 g (40% d. Th.); $Kp_{0,3}$: 140–145°.

*2-Methyl-1-äthyl-3-phenyl-2-äthoxycarbonyl-1,3-azarsolidin* (39% d. Th.; $Kp_{0,1}$: 150–152°) wird auf gleiche Weise hergestellt[1].

Die Umsetzung von (2-Amino-äthyl)-phenyl-arsin mit Acetessigsäure-äthylester ergibt in Abhängigkeit vom $p_H$-Wert des Reaktionsmediums unterschiedliche Produkte. Während im sauren Medium *2-Methyl-2-(äthoxycarbonyl-methyl)-3-phenyl-1,3-azarsolidin* entsteht, erhält man im neutralen und alkalischen Medium *{2-[1-Äthoxycarbonyl-propen-(1)-yl-(2)-amino]-äthyl}-phenyl-arsin*[1]:

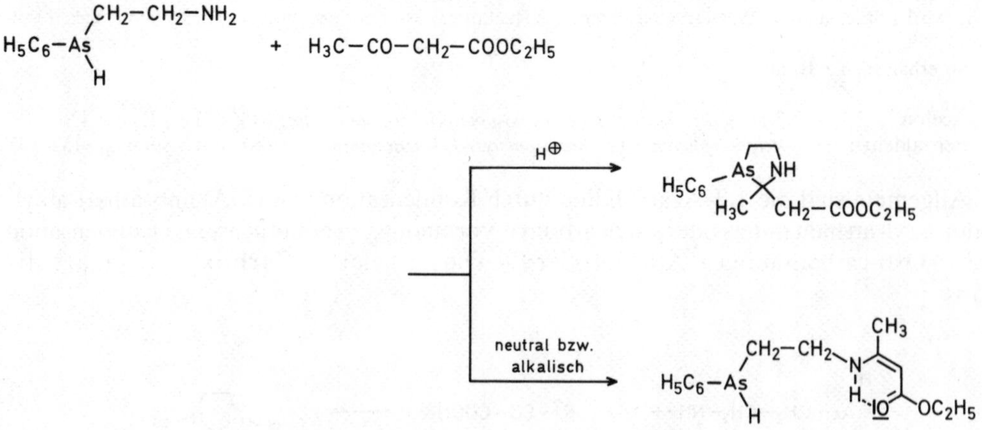
CH2−CH2−NH2
H5C6−As
H
+ H3C−CO−CH2−COOC2H5
H⊕
H5C6
As
NH
H3C
CH2−COOC2H5
neutral bzw.
alkalisch
CH3
CH2−CH2
N
H5C6−As
H
H
O
OC2H5

Für den Reaktionsverlauf wird ein modifizierter Mannich-Reaktion-Mechanismus angenommen[1].

[1] A. Tzschach u. J. Heinicke, J. pr. **315**, 65 (1973).

**2-Methyl-3-phenyl-2(äthoxycarbonyl-methyl)-1,3-azarsolidin**[1]: Eine Lösung von 3,4 g (2-Amino-äthyl)-phenyl-arsin in 15 *ml* Toluol und 7 *ml* Eisessig wird mit 2,4 g Acetessigsäure-äthylester versetzt. Das Gemisch wird 4 Stdn. auf dem siedenden Wasserbad erhitzt. Danach werden die leichtflüchtigen Bestandteile abdestilliert. Der Rückstand wird i. Vak. fraktioniert; Ausbeute: 3 g (56% d. Th.); $Kp_{0,1}$: 121–123°.

4-Oxo-pentansäure und 5-Oxo-hexansäure sowie deren Ester reagieren mit (2-Amino-äthyl)-phenyl-arsin bei Katalyse durch Eisessig in Xylol zu den entsprechenden 1,3-Azarsolidinen, die jedoch unter den Reaktionsbedingungen zu den energieärmeren Lactamen cyclisieren[1]:

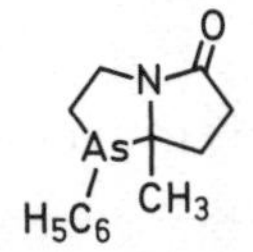

*8-Oxo-5-methyl-4-phenyl-1-aza-4-arsa-bicyclo[3.3.0]octan*;
67% d. Th.; F: 84–85°

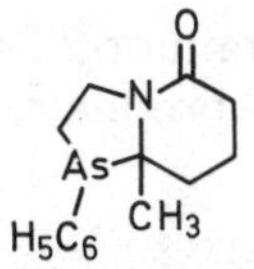

*2-Oxo-6-methyl-7-phenyl-1-aza-7-arsa-bicyclo[4.3.0]nonan*;
80% d. Th.; Öl

Die Lactam-Bildung unterbleibt, wenn von 2-(Äthylamino-äthyl)-phenyl-arsin ausgegangen wird; die Ausbeuten sind jedoch dann mäßig[1].

Von (3-Amino-propyl)-organo-arsinen ausgehend gelangt man durch Umsetzung mit Aldehyden oder Ketonen zu 1,3-Azarsenanen[2]:

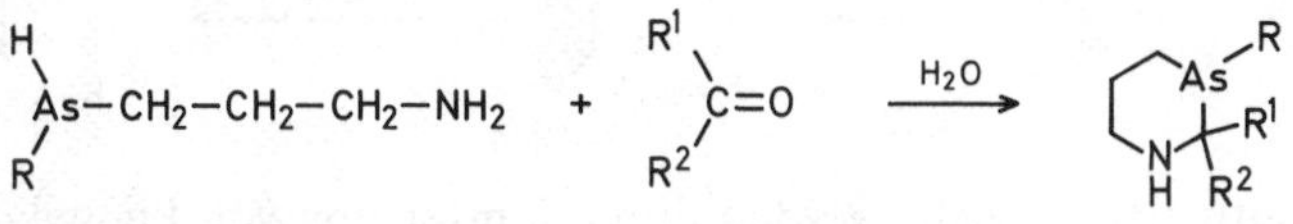

$R^1$; $R^2$ = Aryl, Alkyl

**3-Phenyl-1,3-azarsenan**[2]: 0,05 Mol (3-Amino-propyl)-phenyl-arsin werden unter Argon mit 0,05 Mol Formaldehyd umgesetzt. Nach Abklingen der exothermen Reaktion wird das Wasser abdestilliert und der Rückstand i. Vak. fraktioniert. Ausbeute: 8,1 g (70% d. Th.); $Kp_{0,0004}$: 98–99°.

Generell sind Aldehyde reaktiver als Ketone, deren Umsetzung mehrstündiges Erhitzen auf dem Wasserbad erfordert. Die Reaktion wird vorteilhafter in Benzol durchgeführt, wobei die Ausbeuten 70–90% d. Th. betragen[2].

Von allgemeiner Bedeutung ist die Reaktion der prim. und sek. Arsine mit C–C-Doppel- oder -Dreifachbindungen, die zu tert. Arsinen führt. Die Umsetzungen sind meistens basenkatalysiert und präparativ variationsfähig. Gute bis sehr gute Ausbeuten erhält man bei der Addition von prim. und sek. Arsinen an perhalogenierte Alkene oder Alkine[3–7]:

[1] A. Tzschach u. J. Heinicke, J. pr. **315**, 65 (1973).
[2] A. Tzschach u. P. Franke, J. Organometal. Chem. **81**, 187 (1974).
[3] W. R. Cullen et al., Chem. Ind. **1964**, 502.
[4] K. H. Raver et al., Ž. obšč. Chim. **35**, 1162 (1965).
[5] W. R. Cullen et al., Canad. J. Chem. **43**, 3392 (1965).
[6] H. Goldwhite et al., J. Organometal. Chem. **12**, 133 (1968).
[7] A. Tzschach u. J. Heinicke, J. pr. **318**, 855 (1976).

$$R_2As-H \ + \ F_3C-C\equiv C-CF_3 \ \longrightarrow \ R_2As-\overset{\overset{\displaystyle CF_3}{|}}{C}=CH-CF_3$$

Es entsteht zu über $90\%$ das *trans*-Derivat. Die Leichtigkeit des nucleophilen Angriffs an die C≡C-Dreifachbindung nimmt in der Reihenfolge

$$(H_3C)_2As-H \ > \ \overset{\overset{\displaystyle H_3C}{\diagdown}}{\underset{\underset{\displaystyle H_5C_6}{\diagup}}{As-H}} \ > \ (F_3C)_2As-H$$

ab[1].

Bei der Addition an Hexafluorpropen entsteht wie zu erwarten *Dimethyl-(1,1,2,3,3,3-hexafluor-propyl)-arsin*[1-3]:

$$(H_3C)_2As-H \ + \ F_2C=CF-CF_3 \ \longrightarrow \ (H_3C)_2As-CF_2-CHF-CF_3$$

Wird jedoch Dimethyl-arsin mit Tetrafluor-2,3-dichlor-propen umgesetzt, so entsteht in $57\%$-iger Ausbeute ein Substitutionsprodukt[2]:

$$(H_3C)_2As-H \ + \ F_2C=CCl-CF_2Cl \ \xrightarrow[-HCl]{} \ (H_3C)_2As-CF_2-CCl=CF_2$$

*Dimethyl-(tetrafluor-2-chlor-alkyl)-arsin*

Eine ähnliche, formal als Substitutionsreaktion zu betrachtende Umsetzung wird besonders bei Reaktionen von sek. Arsinen mit perhalogenierten Cyclobutenen, Cyclopentenen und Cyclohexenen beobachtet[4-6]:

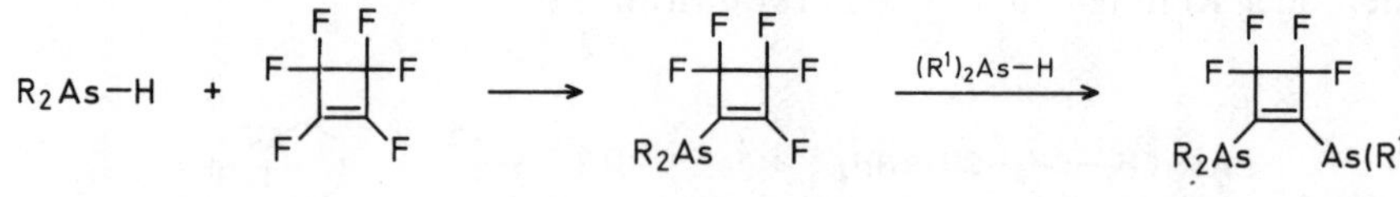

1,2,5-Trisubstituierte Arsole werden durch Umsetzung von Phenylarsin mit Butadiinen-(1,3) in Gegenwart von katalytischen Mengen Butyl-lithium in guten Ausbeuten erhalten[7]:

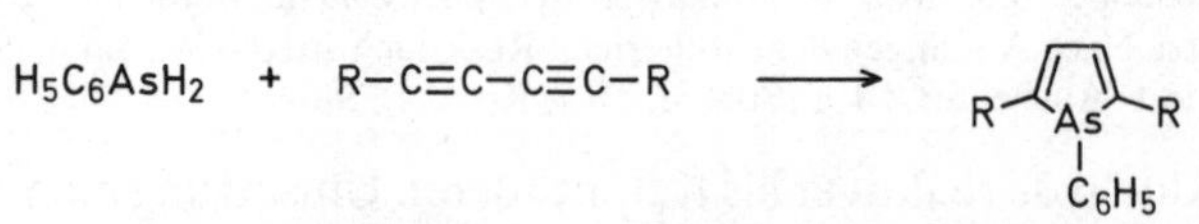

R = CH$_3$;  2,5-Dimethyl-1-phenyl-arsol; 33% d. Th.
R = C$_6$H$_5$;  1,2,5-Triphenyl-arsol; 83% d. Th.
R = 4-CH$_3$–C$_6$H$_4$;  1-Phenyl-2,5-bis-[4-methyl-phenyl]-arsol; 58% d. Th.
R = 4-Cl–C$_6$H$_4$;  1-Phenyl-2,5-bis-[4-chlor-phenyl]-arsol; 89% d. Th.
R = Naphthyl-(1);  1-Phenyl-2,5-dinaphthyl-(1)-arsol; 86% d. Th.

[1] W. R. CULLEN et al., Canad. J. Chem. **43**, 3392 (1965).
[2] H. GOLDWHITE et al., J. Organoretal. Chem. **12**, 133 (1968).
[3] W. R. CULLEN et al., Chem. Ind. **1964**, 502.
[4] W. R. CULLEN et al., J. Organometal. Chem. **6**, 368 (1966).
[5] W. R. CULLEN und P. S. DAHLIWAL, Canad. J. Chem. **45**, 719 (1967).
[6] W. R. CULLEN u. L. S. CHIA, Canad. J. Chem. **50**, 1421 (1972).
[7] G. MÄRKL u. H. HAUPTMANN, Tetrahedron Letters **1968**, 3257.

In wesentlich geringerer Ausbeute verläuft die Addition an isolierte, nicht aktivierte C–C-Mehrfachbindungen. Durch Addition von Phenylarsin an Hexadiin-(1,5) in siedendem Benzol in Gegenwart von Azo-bis-isobutyronitril entsteht in 17%-iger Ausbeute *1-Phenyl-4,5-dihydro-arsepin* $(Kp_{0,01}: 68–70°)$[1]:

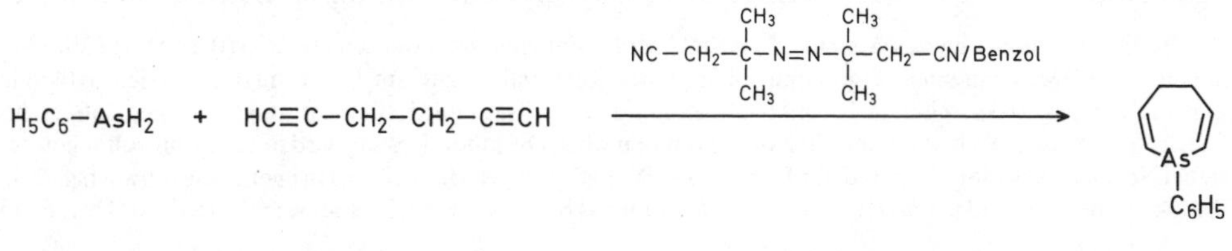

$$NC-CH_2-\underset{\underset{CH_3}{|}}{\overset{\overset{CH_3}{|}}{C}}-N=N-\underset{\underset{CH_3}{|}}{\overset{\overset{CH_3}{|}}{C}}-CH_2-CN/Benzol$$

$$H_5C_6-AsH_2 \quad + \quad HC{\equiv}C-CH_2-CH_2-C{\equiv}CH \longrightarrow$$

Unter Mitwirkung von Lithiumamid addiert sich Phenyl-arsin an Bis-[alkin-(1)-yl]-sulfide in flüssigem Ammoniak zu 1,4-Dihydro-1,4-thiarseninen[2]:

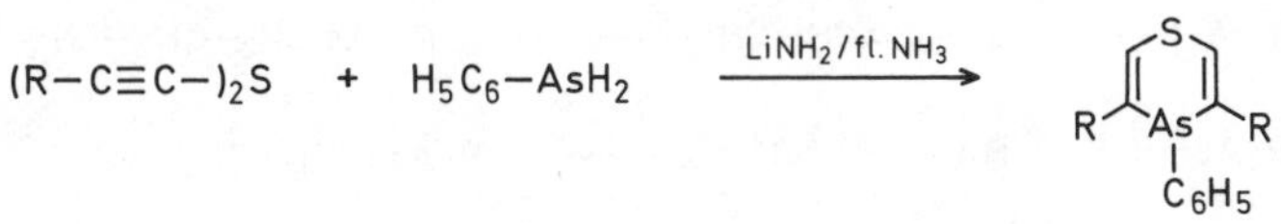

$$(R-C{\equiv}C-)_2S \quad + \quad H_5C_6-AsH_2 \quad \xrightarrow{LiNH_2/fl.\,NH_3}$$

R = H; *4-Phenyl-1,4-dihydro-1,4-thiarsenin*; 43% d. Th., $n_D^{20} = 1,6784$

Die analoge Reaktion mit Dialkin-(1)-yl-alkyl-phosphinen liefert die entsprechenden 1,4-Dihydro-1,4-phospharsine[3]. Die Umsetzung kann auch radikalisch (AIBN in siedendem Benzol) durchgeführt werden[3].

Gemischte Phosphino-diorgano-arsine werden durch Addition von sek. Arsinen an Organo-vinyl- oder -alkin-(1)-yl-phosphine hergestellt[4,5]:

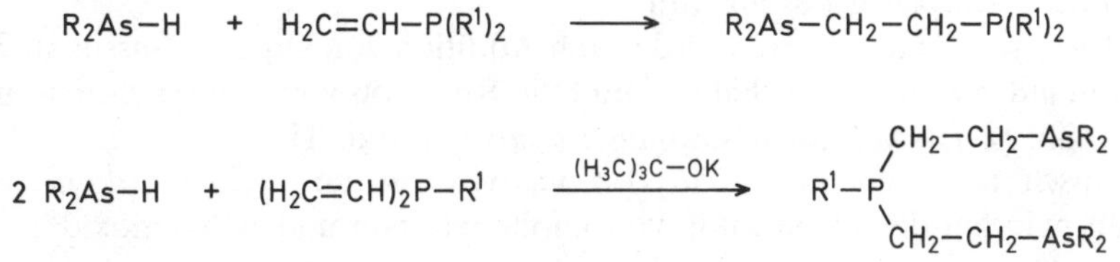

$$R_2As-H \quad + \quad H_2C{=}CH-P(R^1)_2 \longrightarrow R_2As-CH_2-CH_2-P(R^1)_2$$

$$2\ R_2As-H \quad + \quad (H_2C{=}CH)_2P-R^1 \quad \xrightarrow{(H_3C)_3C-OK} \quad R^1-P\begin{smallmatrix}\nearrow CH_2-CH_2-AsR_2\\ \searrow CH_2-CH_2-AsR_2\end{smallmatrix}$$

Die Reaktion wird durch Basen wie Kalium-tert.-butanolat katalysiert und in Benzol, Tetrahydrofuran etc. durchgeführt.

**(2-Diphenylphosphino-äthyl)-diphenyl-arsin**[4]: Eine Mischung aus 5 g (23,6 mMol) Vinyl-diphenyl-phosphin[1], 5,4 g (23,5 mMol) Diphenyl-arsin und 0,5 g (4,5 mMol) Kalium-tert.-butanolat in 100 *ml* abs. Benzol wird 24 Stdn. unter Rückfluß erhitzt, das Lösungsmittel bei 25°/~ 40 Torr abdestilliert und der orangefarbene feste Rückstand solange mit Methanol gewaschen bis die Farbe verschwindet. Abschließend wird aus Benzol/Methanol umkristallisiert; Ausbeute: 8 g (77% d. Th.); F: 116–118°.

Analog wird *Bis-[2-diphenylarsino-äthyl]-phenyl-phosphin* durch Addition von zwei Molen Diphenyl-arsin an ein Mol Divinyl-phenyl-phosphin in 89%-iger Ausbeute hergestellt[4,5].

Äthinyl-diphenyl-phosphin und Diphenyl-arsin ergeben unter diesen Bedingungen 83% *(trans-2-Diphenylphosphino-vinyl)-diphenyl-arsin*[4]:

---

[1] G. MÄRKL u. G. DANNHARDT, Tetrahedron Letters **1973**, 1455.

[2] M. SCHOUFS et al., R. **93**, 241 (1974).

[3] G. MÄRKL et al., Tetrahedron Letters **1975**, 3171.

[4] R. KING u. P. N. KAPOOR, Am. Soc. **93**, 4158 (1971).

[5] R. KING u. P. N. KAPOOR, Am. Soc. **91**, 5191 (1969).

$$(H_5C_6)_2As-H \quad + \quad HC\equiv C-P(C_6H_5)_2 \quad \xrightarrow{(H_3C)_3C-OK} \quad \underset{(H_5C_6)_2P}{\overset{H}{\underset{}{}}}C=C\underset{H}{\overset{As(C_6H_5)_2}{}}$$

Die Addition von Diphenyl-arsin an 2-Vinyl-pyridin wird durch Säuren katalysiert[1].

**[2-Pyridyl-(2)-äthyl]-diphenyl-arsin**[1]: 51 g (0,22 Mol) Diphenyl-arsin werden mit 28 g (0,27 Mol) 2-Vinyl-pyridin und 5 ml Eisessig in einer Argonatmosphäre unter Rückfluß 5 Stdn. auf 150° erhitzt. Nach dem Abkühlen löst man das Reaktionsgemisch in 100 ml Methanol und neutralisiert mit Kaliumcarbonat-Lösung. Dabei scheidet sich ein farbloses Öl ab, das mit Äther aufgenommen wird. Die äther. Lösung wird mit Natriumsulfat getrocknet, bei Normaldruck eingeengt und der Rückstand i. Vak. destilliert. Bei 240°/3 Torr geht eine schwach gefärbte Flüssigkeit über, die bald erstarrt, und aus Petroläther umkristallisiert wird; Ausbeute: 60 g (81% d. Th.); F: 43°.

Eine präparativ interessante Klasse von tert. Arsinen wird durch Addition von prim. oder sek. Arsinen an Acrylnitril[2-6] oder Vinyl-isocyanid[7] gewonnen:

$$R-AsH_2 \quad + \quad 2\ H_2C=CH-CN \quad \longrightarrow \quad R-As(CH_2-CH_2-CN)_2$$

$$R_2As-H \quad + \quad H_2C=CH-NC \quad \longrightarrow \quad R_2As-CH_2-CH_2-NC$$

Die Bedeutung der so erhaltenen ( 2 - Cyan - äthyl) - arsine liegt darin, daß durch Reaktion an der Nitril-Gruppe andere tert. Arsine erhältlich sind (s. S. 107). Da die vinylische Doppelbindung durch die Cyan-Gruppe aktiviert ist, kann die Reaktion bei sek. Arsinen auch ohne basische Katalyse ablaufen.

**Methyl-(2-cyan-äthyl)-phenyl-arsin**[4]: Eine Mischung aus 18,2 g Methyl-phenyl-arsin und 12 g Acrylnitril wird in einer Stickstoffatmosphäre 4 Stdn. unter Rückfluß erhitzt. Man destilliert zuerst unverbrauchtes Acrylnitril ab und fraktioniert den Rückstand i. Vak.; Ausbeute: 20,4 g (85% d. Th.); $Kp_{0,5}$: 117°.

Die Addition von prim. Arsinen an Acrylnitril wird jedoch in Gegenwart von Natriummethanolat als Katalysator durchgeführt.

*(2-Cyan-propyl)-diphenyl-arsin* wird durch Addition von Diphenyl-arsin an 2-Methyl-acrylnitril in guter Ausbeute erhalten[8] und die Reaktion von Diphenyl-arsin mit Vinyl-isocyanid ergibt *(2-Isocyan-äthyl)-diphenyl-arsin* (31% d. Th.)[7].

Ein Gemisch aus *(2-Hydroxy-äthyl)-diphenyl-arsin* und *1,2-Bis-[diphenyl-arsino]-äthan* erhält man bei der Umsetzung von Diphenyl-arsin und Äthylenoxid[9]:

$$(H_5C_6)_2As-H \quad + \quad \triangle O \quad \longrightarrow \quad (H_5C_6)_2As-CH_2-CH_2-OH \quad + \quad (H_5C_6)_2As-CH_2-CH_2-As(C_6H_5)_2$$

Diazomethan-Derivate reagieren mit sek. Arsinen unter Bildung von tert. Arsinen[10], z. B.:

$$(H_3C)_2As-H \quad + \quad \underset{F_3C}{\overset{F_3C}{}}CN_2 \quad \longrightarrow \quad (H_3C)_2As-\underset{}{\overset{CF_3}{\underset{}{C}}H-CF_3}$$

*Dimethyl-[1,1,1,3,3,3-hexafluor-propyl-(2)]-arsin*[10]; 67% d. Th.; Kp: 110,5°

[1] E. UHLIG u. M. MAASER, Z. anorg. Ch. **349**, 300 (1967).
[2] F. G. MANN u. R. C. COOKSON, Nature **157**, 846 (1946).
[3] F. G. MANN u. R. C. COOKSON, Soc. **1947**, 618; **1949**, 67.
[4] F. G. MANN u. A. J. WILKINSON, Soc. **1957**, 3336.
[5] A. TZSCHACH u. G. PACHOLKE, B. **97**, 419 (1964).
[6] G. J. FORD et al., J. Inorg. Nucl. Chem. **33**, 4119 (1971).
[7] R. B. KING u. A. EFRATY, Am. Soc. **93**, 564 (1971); Soc. (Perkin I) **1974**, 1371.
[8] F. G. MANN u. R. C. COOKSON, Soc. **1949**, 67.
[9] G. I. BRAZ et al., Ž. obšč. Chim. **18**, 316 (1948).
[10] W. R. CULLEN u. N. G. WALDMANN, Canad. J. Chem. **48**, 1885 (1970).

Tab. 11: Tert. Arsine durch Addition von prim. oder sek. Arsinen an Acrylnitril

| Ausgangs-verbindung | tert. Arsin | Ausbeute [% d.Th.] | Kp [°C] | [Torr] | Lite-ratur |
|---|---|---|---|---|---|
| $H_3C-AsH_2$ | Methyl-bis-[2-cyan-äthyl]-arsin | – | 148–149 | 760 | 1 |
| $H_5C_6-AsH_2$ | Bis-[2-cyan-äthyl]-phenyl-arsin | 79 | (F: 59–60°) | – | 2 |
| 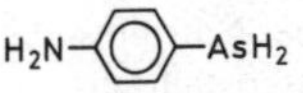 $H_2N-\langle\bigcirc\rangle-AsH_2$ | Bis-[2-cyan-äthyl]-(4-amino-phenyl)-arsin | 96 | (F: 77,5–78,5°) | – | 2 |
| $Cl-\langle\bigcirc\rangle-AsH_2$ | Bis-[2-cyan-äthyl]-(4-chlor-phenyl)-arsin | 92 | (F: 71–72°) | – | 2 |
| $H_3CO-\langle\bigcirc\rangle-AsH_2$ | Bis-[2-cyan-äthyl]-(3-methoxy-phenyl)-arsin | 100 | 206–212 | 0,03 | 3 |
| $(H_5C_6)_2As-H$ | (2-Cyan-äthyl)-diphenyl-arsin | 83 | (F: 37–39°) | – | 2 |
| 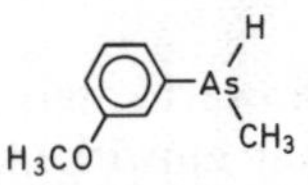 $H_3CO-\langle\bigcirc\rangle-As\overset{H}{\underset{CH_3}{}}$ | Methyl-(2-cyan-äthyl)-(3-methoxy-phenyl)-arsin | 90 | 148–152 | 760 | 3 |
| 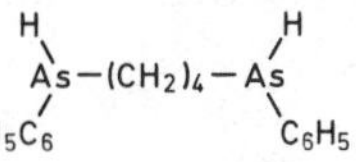 $H_5C_6\overset{H}{As}-(CH_2)_4-\overset{H}{As}C_6H_5$ | 1,4-Bis-[(2-cyan-äthyl)-phenyl-arsino]-butan | 79 | – | – | 4 |

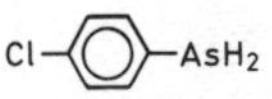

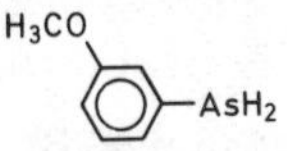

Die Reaktion verläuft ohne Lösungsmittel bei 100°[5].

*Dimethyl-acetyl-arsin* kann durch Addition von Dimethyl-arsin an Keten erhalten werden[6, 7]:

$$(H_3C)_2As-H \ + \ H_2C=CO \ \longrightarrow \ (H_3C)_2As-CO-CH_3$$

Die direkte Acylierung sekundärer Arsine mit Carbonsäure-halogeniden liefert keine reinen Acylarsine[6].

Sek. Arsine können mit Mannich-Basen zu tert. Arsinen alkyliert werden[8]:

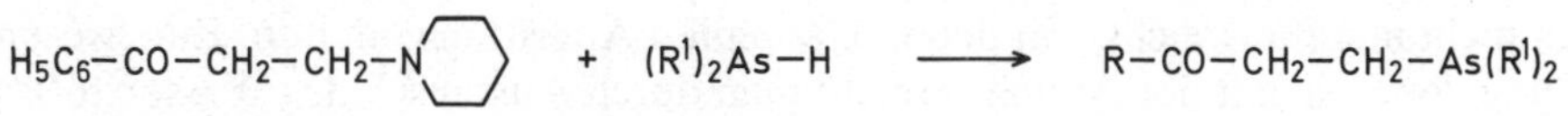

$$H_5C_6-CO-CH_2-CH_2-N\langle\bigcirc\rangle \ + \ (R^1)_2As-H \ \longrightarrow \ R-CO-CH_2-CH_2-As(R^1)_2$$

$$R^1 = C_6H_{11}; \ C_6H_5$$

[1] F. G. Mann u. R. C. Cookson, Soc. **1949**, 67.
[2] F. G. Mann u. R. C. Cookson, Soc. **1947**, 618; Nature **157**, 846 (1946).
[3] F. G. Mann u. A. J. Wilkinson, Soc. **1957**, 3336.
[4] A. Tzschach u. G. Pacholke, B. **97**, 419 (1964).
[5] W. R. Cullen u. M. C. Waldman, Canad. J. Chem. **48**, 1885 (1970).
[6] H. Albers et al., B. **85**, 239 (1952).
[7] R. G. Kostyanovski et al., Izv. Akad. SSSR **1968**, 677.
[8] A. Tzschach u. K. Kellner, J. pr. **314**, 315 (1972).

Die Umsetzung kann entweder mit den $\beta$-Amino-ketonen selbst oder mit deren Hydrochloriden durchgeführt werden, wobei abs. Äthanol bzw. ein Wasser/Äthanol-Gemisch als Lösungsmittel dient.

### tert. (3-Oxo-alkyl)-arsine; allgemeine Arbeitsweise[1]:

Methode A: Die Hydrochloride der Keto-Mannich-Basen (Piperidin als Amin-Komponente) werden im Molverhältnis 1:1 mit Diphenyl- oder Dicyclohexyl-arsin unter intensivem Rühren in ~ 100–150 ml Äthanol/Wasser (1:1) unter Rückfluß erhitzt. Nach Abkühlung des Reaktionsgemisches scheiden sich die tert. Arsine in öliger oder fester Phase ab. Nach Entfernung des Lösungsmittels werden die Substanzen aus abs. Äthanol umkristallisiert.

Methode B: Äquimolare Mengen der freien Keto-Mannich-Basen und der sek. Arsine werden in 100 ml abs. Äthanol unter Rückfluß erhitzt. Nach beendeter Reaktion (3–8 Stdn.) wird der Ansatz auf $^1/_3$ eingeengt, der Rückstand in Äther aufgenommen und 2mal mit 20%-iger Essigsäure zur Entfernung nicht umgesetzter Base ausgeschüttelt. Nach Waschen der Lösung mit Natriumhydrogencarbonat und Wasser wird über Natriumsulfat getrocknet und das Lösungsmittel i. Vak. entfernt. Der Rückstand wird aus abs. Äthanol umkristallisiert.

U. a. erhält man nach dieser Methode:

| | | |
|---|---|---|
| (3-Oxo-3-phenyl-propyl)-diphenyl-arsin | 49% d. Th. | F: 84° |
| (3-Oxo-3-phenyl-propyl)-dicyclohexyl-arsin | 65,6% d. Th. | F: 40° |
| [3-Oxo-3-(4-brom-phenyl)-propyl]-dicyclohexyl-arsin | 45,5% d. Th. | F: 69° |
| [3-Oxo-3-(4-methyl-phenyl)-propyl]-dicyclohexyl-arsin | 75,3% d. Th. | Öl |

Die Umsetzung von Diphenyl-arsin und im Phenyl-Rest p-substituierten Mannich-Basen liefert keine tert. Arsine, sondern *Tetraphenyl-diarsin* als Hauptprodukt[1]. Mannich-Basen mit Phenyl-Substituenten in $\alpha$-Stellung zur Carbonyl-Gruppe reagieren nicht mit Diphenyl-arsin. Erst nach Überführen in das Natrium-diphenylarsenid findet eine Reaktion statt (s. S. 80).

Läßt man Butyl- bzw. Phenyl-arsin oder Cyclohexyl-phenyl-arsin in Gegenwart katalytischer Mengen Diacetoxy-dibutyl-zinn in 1,4-Dioxan auf Phenylisocyanat einwirken, werden die entsprechenden Aminocarbonyl-arsine in 75–89%-iger Ausbeute erhalten[2]:

$$R-AsH_2 \;+\; 2\; H_5C_6-N{=}CO \xrightarrow{(H_9C_4)_2Sn(O-CO-CH_3)_2} R-As(-CO-NH-C_6H_5)_2$$

$$R = C_6H_{11}; \; \textit{Cyclohexyl-bis-[anilinocarbonyl]-arsin}$$
$$R = C_6H_5; \; \textit{Phenyl-bis-[anilinocarbonyl]-arsin}$$

$$\begin{array}{c} H_{11}C_6 \\ \phantom{xx}\diagdown \\ \phantom{xxx}As{-}H \\ \phantom{xx}\diagup \\ H_5C_6 \end{array} + \; H_5C_6-N{=}CO \longrightarrow \begin{array}{c} H_{11}C_6 \\ \phantom{xx}\diagdown \\ \phantom{xxx}As{-}CO{-}NH{-}C_6H_5 \\ \phantom{xx}\diagup \\ H_5C_6 \end{array}$$

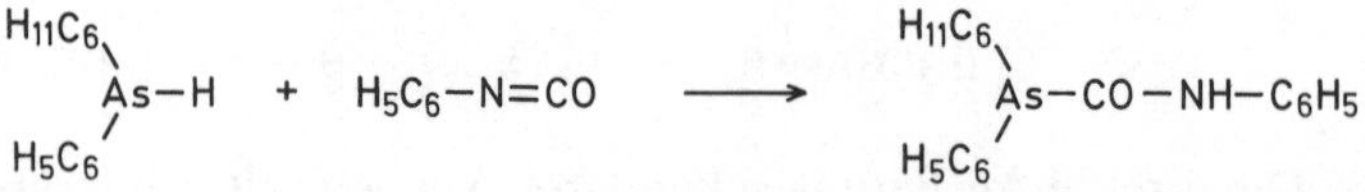

*Cyclohexyl-phenyl-anilinocarbonyl-arsin*

Die Addition an Cyclohexylisocyanat versagt jedoch, da die Basizität der Arsine vermutlich nicht mehr ausreicht, um den nucleophilen Angriff einzuleiten. Eine wesentliche Erhöhung der Basizität der Arsine erreicht man durch Austausch des Wasserstoffs gegen Metalle bzw. Nichtmetalle (z. B. Li, Na, K, MgX oder $R_3$Si-). Die leicht zugänglichen Arsenide bzw. Nichtmetall-arsinverbindungen (s. S. 127) gehen ein breites Spektrum an Reaktionen ein, die zu tert. Arsinen führen. So addieren sich Lithium-dibutylarsinid, -dicyclohexylarsinid und -diphenylarsinid in glatter Reaktion an Cyclohexyl-isocyanat zu den entsprechenden Aminocarbonyl-arsinen[1]:

$$R_nAsLi_{3-n} \;+\; 3\,n\, H_{11}C_6-N{=}CO \xrightarrow{H_2O} R_nAs(-CO-NH-C_6H_{11})_{3-n}$$

$$n = 1, 2$$

---

[1] A. Tzschach u. K. Kellner, J. pr. **314**, 315 (1972).
[2] A. Tzschach u. R. Schwarzer, A. **709**, 248 (1967).

Mit Phenylisocyanat verläuft die Reaktion wegen der relativ hohen Nucleophilie der Alkalimetall-organoarsenide unter Bildung von Diarsinen und Decarbonylierung intermediär gebildeter Isocyanursäure-Derivate weiter[1].

Auf gleiche Weise werden die Alkalimetall-organoarsenide $MAsR_2$ und $RAsM_2$ an Isothiocyanate[2] bzw. N,N'-substituierte Carbodiimide[3] zu Aminothiocarbonyl- bzw. Amino-iminocarbonyl-arsinen addiert:

$$R_n AsLi_{3-n} \quad + \quad 3\ nR^1{-}N{=}C{=}S \quad \xrightarrow{H_2O} \quad R_n As \left[ \overset{\overset{S}{\|}}{\underset{/}{C}}{-}NH{-}R^1 \right]_{3-n}$$

$$Li_n AsR_{3-n} \quad + \quad nR^1{-}N{=}C{=}N{-}R^1 \quad \xrightarrow{H_2O} \quad R_{3-n}As \left[ \overset{\overset{R^1-N}{\diagdown}}{\underset{C}{}}{-}NH{-}R^1 \right]_n$$

**Aminothiocarbonyl-arsine; allgemeine Herstellungsvorschrift[2]:** Eine ätherische Suspension des Lithium-organoarsenids wird bei Raumtemp. tropfenweise mit einer ätherischen Isothiocyanat-Lösung umgesetzt. Die Reaktionsmischung wird 30 Min. unter Rückfluß erhitzt und anschließend mit ~ 5 $ml$ Wasser hydrolysiert. Die äther. Schicht wird abgetrennt, mit Calciumchlorid getrocknet und der Äther abdestilliert. Nach Zugabe von Petroläther lassen sich die Aminothiocarbonyl-arsine kristallin erhalten. So erhält man u. a. aus

Lithium-dicyclohexyl-arsenid
+ Phenylisothiocyanat     → *Dicyclohexyl-anilinothiocarbonyl-arsin*;
70% d. Th.; F: 68°

+ Äthylisothiocyanat     → *Dicyclohexyl-äthylaminothiocarbonyl-arsin*;
69% d. Th.; F: 52°

Lithium-cyclohexyl-phenyl-arsenid
+ Äthylisothiocyanat     → *Cyclohexyl-phenyl-äthylaminothiocarbonyl-arsin*;
50% d. Th.; F: 58°

Lithium-diphenyl-arsenid
+ Phenylisothiocyanat     → *Diphenyl-anilinothiocarbonyl-arsin*;
65% d. Th.; F: 44°

Dilithium-butyl-arsenid
+ Phenylisothiocyanat     → *Butyl-bis-[anilinothiocarbonyl]-arsin*;
38% d. Th.; F: 78–80°

Die Aminothiocarbonyl-arsine besitzen einen charakteristischen, ekelerregenden Geruch und sind gegenüber Luft nur begrenzt haltbar; nach einigen Tagen beobachtet man langsame Zersetzung unter Braunfärbung und Schwefelwasserstoff-Abspaltung[2].

Analog verläuft die Reaktion mit Phenyl- und Cyclohexyl-carbodiimid[3]. Zunächst werden die Lithium-Derivate I isoliert, die dann in ätherischer oder benzolischer Suspension mit Wasser hydrolysiert und als Aminoiminocarbonyl-arsine II nach üblicher Aufarbeitung isoliert werden:

$$R_2As{-}Li \quad + \quad R^1{-}N{=}C{=}N{-}R^1 \quad \longrightarrow \quad R_2As{-}\overset{\overset{\overset{Li}{|}}{N-R^1}}{\underset{N-R^1}{C}} \quad \xrightarrow[-LiOH]{+H_2O} \quad R_2As{-}\overset{\overset{NH-R^1}{}}{\underset{N-R^1}{C}}$$

$$\text{I} \qquad\qquad\qquad\qquad\qquad \text{II}$$

$R=R^1=C_6H_{11}$; *Dicyclohexyl-(cyclohexylamino-cyclohexylimino-methyl)-arsin*; 81% d. Th.; F: 96°
$R=C_6H_5$; $R^1=C_6H_{11}$; *Diphenyl-(cyclohexylamino-cyclohexylimino-methyl)-arsin;* 80% d. Th.; F: 89°
$R=R^1=C_6H_5$; *Diphenyl-(anilino-phenylimino-methyl)-arsin*; 78% d. Th.

---

[1] A. TZSCHACH u. R. SCHWARZER, A. **709**, 248 (1967).
[2] A. TZSCHACH u. R. SCHWARZER, J. pr. **37**, 21 (1968).
[3] A. TZSCHACH u. R. SCHWARZER, J. Organometal. Chem. **13**, 363 (1968).

Unter ähnlichen Bedingungen erhält man aus Dilithium-butyl-arsenid und Dicyclohexylcarbodiimid zu 92%
d. Th. *Butyl-bis-[cyclohexylamino-cyclohexylimino-methyl]-arsin* (Oel).

Die aufgeführten Aminoiminocarbonyl-arsine lassen sich aus Äthanol umkristallisieren. Sie sind gegenüber
Luft stabil und lösen sich gut in Tetrahydrofuran, Äther, 1,4-Dioxan sowie Benzol. In Benzol liegen sie monomer
vor[1].

Einen interessanten stereochemischen Verlauf nimmt die Umsetzung von Lithium-diphenyl-arsenid mit Alkinen[2]. Die Addition an Diphenylacetylen in Gegenwart eines sek.
Amins wie Diäthylamin führt stereospezifisch zum *(cis-1,2-Diphenyl-vinyl)-diphenyl-ar-
sin*[2]:

$$(H_5C_6)_2As\!-\!Li \quad + \quad H_5C_6\!-\!C\!\equiv\!C\!-\!C_6H_5 \quad \xrightarrow{(H_5C_2)_2NH} \quad \begin{array}{c} H_5C_6 \qquad C_6H_5 \\ C\!=\!C \\ H \qquad As(C_6H_5)_2 \end{array}$$

Wird die Reaktion dagegen in Gegenwart von prim. Aminen durchgeführt, so entsteht
vorwiegend das *trans*-Derivat. Die Addition an Phenylacetylen liefert jedoch in beiden
Fällen [*2-Phenyl-cis-vinyl*]-*diphenyl-arsin*[2].

Neben der Umsetzung von Arsen(III)-halogeniden oder Halogenarsinen mit Organo-
magnesiumhalogeniden (s. S. 46) bzw. Organo-lithium-Verbindungen (s. S. 54) stellt
die Alkylierung von Alkalimetall-organoarseniden eine der wichtigsten Methoden zur
Herstellung von tert. Arsinen dar. Als Alkylierungsmittel können Alkylhalogenide[3-8],
Dihalogenalkane[9-12], Arylhalogenide[13-17], Vinylhalogenide[18-21], Alkalimetallsalze
aromatischer Sulfonsäuren[22], Äther oder Oxirane[23,24] sowie Mannich-Basen[25] eingesetzt
werden.

Die Bedeutung dieser Methode liegt darin, daß die Alkalimetall-organo-arsenide aus
den verschiedensten Organo-arsen-Verbindungen (s. S. 127) zugänglich sind. Demzufolge
sind tert. Arsine aus Diarsinen[26,27], Arsinigsäureanhydrid[28], Arseno-Verbindungen[28,29],

[1] A. Tzschach u. R. Schwarzer, J. Organometal. Chem. **13**, 363 (1968).
[2] A. M. Aguiar et al., Tetrahedron Letters **1967**, 4447.
[3] F. G. Mann u. B. B. Smith, Soc. **1952**, 4544.
[4] D. A. Thornton, J. S. African Chem. Inst. **17**, 71 (1964); C. A. **62**, 11850 (1965).
[5] E. Uhlig u. M. Maaser, Z. anorg. Ch. **349**, 300 (1967).
[6] G. Märkl u. H. Hauptmann, Tetrahedron Letters **1968**, 3257.
[7] E. Uhlig u. M. Schäfer, Z. anorg. Ch. **359**, 178 (1968).
[8] A. Tzschach u. D. Drohne, J. Organometal. Chem. **21**, 131 (1970).
[9] A. Tzschach u. W. Lange, B. **95**, 1360 (1962).
[10] A. Tzschach u. W. Fischer, Z. Chem. **7**, 196 (1967).
[11] L. Sacconi et al., Inorg. Chem. **7**, 1417 (1968).
[12] K. Sommer, Z. anorg. Ch. **377**, 120 u. 278 (1970).
[13] L. Sindellari u. G. Deganello, Ric. Sci. **35**, 744 (1965); C. A. **64**, 19669 (1966).
[14] E. Müller et al., A. **705**, 54 (1967).
[15] K. Issleib et al., B. **101**, 2931 (1968).
[16] H. Zorn et al., M. **98**, 731 (1967).
[17] J. R. Phillips u. J. H. Vis, Canad. J. Chem. **45**, 675 (1967).
[18] W. R. Cullen et al., Chem. & Ind. **1964**, 502.
[19] A. M. Aguiar u. T. G. Archibald, J. Org. Chem. **32**, 2627 (1967).
[20] A. M. Aguiar et al., J. Org. Chem. **33**, 1681 (1968).
[21] M. A. Bennett et al., Inorg. Chim. Acta **2**, 379 (1968).
[22] H. Schindlbauer u. H. Lass, M. **99**, 2460 (1968).
[23] F. G. Mann u. M. J. Prangell, Soc. **1965**, 4120.
[24] A. Tzschach u. W. Deylig, B. **98**, 977 (1965).
[25] A. Tzschach u. K. Kellner, J. pr. **314**, 315 (1972).
[26] F. F. Blicke et al., Am. Soc. **55**, 1158 (1933).
[27] F. F. Blicke u. E. L. Cataline, Am. Soc. **60**, 419 (1938).
[28] G. Wittig et al., A. **577**, 1 (1952).
[29] J. W. B. Reesor u. G. F. Wright, J. Org. Chem. **22**, 382 (1957).

tert. Arsinen[1-7] , sek. Arsinen[1, 5, 8-12] , prim. Arsinen[13-17], Halogenarsinen[11, 18-20] und Arsenoso- bzw. Thioarsenoso-Verbindungen[21] über die entsprechenden Alkalimetallarsenide herstellbar. Die sek. und tert. Arsine sind die am meisten eingesetzten Ausgangsverbindungen.

Die Alkylierung von prim. Alkalimetall-organo-arseniden wird selten zur Herstellung von tert. Arsinen verwendet, da die Reaktion nur mäßige Ausbeuten liefert[13,22]. Die Alkalimetall-organo-arsenide werden meistens in situ erzeugt (s. S. 128). Die Reaktion verläuft bei niedrigen bis mäßigen Temperaturen in Äther, 1,4-Dioxan, Tetrahydrofuran oder flüssigem Ammoniak. Auf diesem Weg kann *Diäthyl-phenyl-arsin* in 14 bzw. 34%-iger Ausbeute aus Dilithium-[22] bzw. Dinatrium[13]-phenyl-arsenid hergestellt werden. Unter ähnlichen Bedingungen verläuft die Alkylierung von sek. Alkalimetall-organoarseniden. Das Alkalimetall selbst ist nicht ohne Einfluß auf die Reaktion, besonders wenn das Arsenid aus einem tert. Arsin (s. S. 128) erzeugt wird. So erleidet z. B. das Pentaphenyl-arsol beim Erhitzen mit Kalium oder Lithium eine Ringerweiterung zum 1,2,3-Triphenyl-naphthalin[6]. Dagegen führt die Reaktion mit Natrium zum gewünschten Arsenid, das dann mit Methyljodid zum *1-Methyl-tetraphenyl-arsol* alkyliert wird:

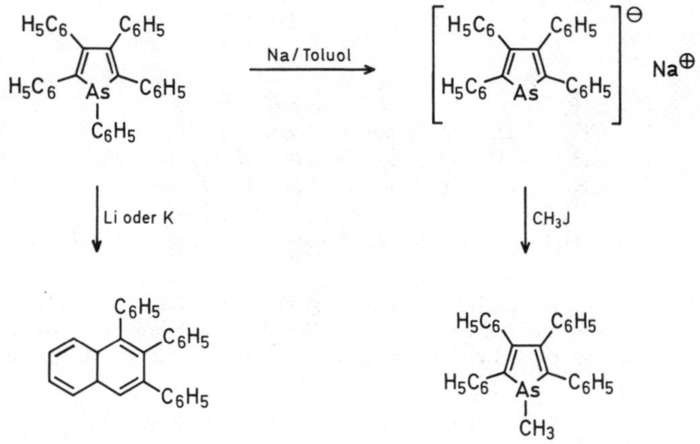

[1] K. ISSLEIB u. A. TZSCHACH, Ang. Ch. **73**, 26 (1961).
[2] J. ELLERMANN u. K. DORN, B. **100**, 1230 (1967).
[3] A. M. AGUIAR u. T. G. ARCHIBALD, J. Org. Chem. **32**, 2627 (1967).
[4] A. TZSCHACH u. W. LANGE, B. **95**, 1360 (1962).
[5] A. TZSCHACH u. W. LANGE, Z. anorg. Ch. **330**, 317 (1964).
[6] E. H. BRAYE et al., Tetrahedron **27**, 5523 (1971).
[7] G. MÄRKL u. H. HAUPTMANN, Tetrahedron Letters **1968**, 3257; Ang. Ch. **84**, 438 (1972).
[8] A. TZSCHACH u. H. NINDEL, Z. chem. **10**, 118 (1970).
[9] H. ZORN et al., M. **98**, 731 (1967).
[10] H. SCHINDLBAUER u. H. LASS, M. **99**, 2460 (1968).
[11] R. D. FELTHAM et al., Inorg. Synth. **10**, 159 (1967); J. Organometal. Chem. **7**, 285 (1967).
[12] K. MISLOW et al., Am. Soc. **94**, 2859 (1972).
[13] F. G. MANN u. B. B. SMITH, Soc. **1952**, 4544.
[14] F. G. MANN u. A. J. WILKINSON, Soc. **1957**, 3336.
[15] A. TZSCHACH u. G. PACHOLKE, B. **97**, 419 (1964).
[16] A. TZSCHACH u. D. DROHNE, J. Organometal. Chem. **21**, 131 (1970).
[17] A. TZSCHACH u. R. SCHWARZER, A. **709**, 248 (1967).
[18] L. SINDELLARI u. G. DEGANELLO, Ric. Sci. **35**, 744 (1965); C. A. **64**, 19669 (1966).
[19] L. SINEDELLARI u. P. CENTURIONI, Ann. Chimica **56**, 379 (1966).
[20] J. R. PHILLIPS u. J. H. VIS, Canad. J. Chem. **45**, 675 (1967).
[21] K. SOMMER, Z. anorg. Ch. **377**, 278 (1970).
[22] D. A. THORNTON, J. S. African Chem. Inst. **17**, 71 (1964); C. A. **62**, 11850 (1965).

**1-Methyl-2,3,4,5-tetraphenyl-arsol[1]:** 1 g Pentaphenyl-arsol[2] und 0,6 g Natrium werden in Toluol 19 Stdn. unter Rückfluß erhitzt. Nach Abkühlen auf 40° werden 1,5 *ml* Methyljodid zugegeben. Nach 30 Min. wird nicht umgesetztes Natrium durch vorsichtige Zugabe von wäßrigem Äthanol zersetzt. Es wird sodann mit Benzol extrahiert, an Silicagel chromatographiert und mit Benzol eluiert. Nach Entfernung des Lösungsmittels wird aus Dichlormethan/Äthanol umkristallisiert; Ausbeute: 18% d. Th.; F. 212–213°.

In Dimethyläther dagegen reagieren 1-Aryl-arsole jedoch mit Alkalimetallen unter stufenweiser Aufnahme von zwei Elektronen und nach Umsetzung mit Alkylhalogeniden in mäßigen Ausbeuten zu den entsprechenden Arseniden[3,4]:

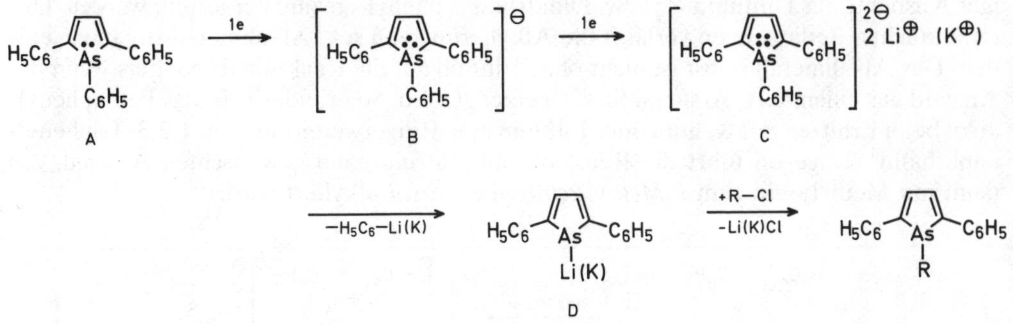

R = CH$_3$;              *1-Methyl-2,5-diphenyl-arsol*[4];              63% d. Th.; F: 101–102°
R = CH$_2$–C$_6$H$_5$;     *2,5-Diphenyl-1-benzyl-arsol*[4];             63% d. Th.; F: 90–91°
R = CH$_2$–OCH$_3$    *1-Methoxymethyl-2,5-diphenyl-arsol*[4]; 63% d. Th.; F: 82,5–84,5°
R = CH$_2$Cl;           *1-Chlormethyl-2,5-diphenyl-arsol*[4];        28% d. Th.; F: 80,5–81,5°
R = CHCl$_2$;           *Dichlormethyl-2,5-diphenyl-arsol*[4];        10% d. Th.; F: 105–107°
R = C$_2$H$_5$;         *1-Äthyl-2,5-diphenyl-arsol*[3];              43% d. Th.; F: 77,5–79°

Das dabei entstehende Phenyl-lithium bzw. -kalium reagiert mit dem Lösungsmittel ab. Interessant ist, daß das Radikalanion B auf mechanistisch noch nicht geklärter Weise mit Dichlormethan bzw. Dichlor-phenyl-methan ebenfalls alkyliert wird, wobei als Nebenprodukte Bisarsole in 6–10%-iger Ausbeute entstehen[4]:

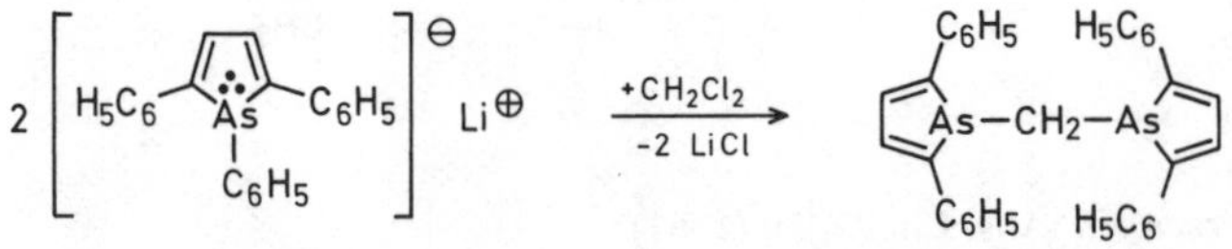

Bis-[2,5-diphenyl-arsolino]-methan

Lithium-di-tert.-butyl-arsenid setzt sich in 40%-iger Ausbeute mit 4-Fluor-toluol zu einem Isomerengemisch aus *Di-tert.-butyl-(3-methyl-phenyl)-* und *-(4-methyl-phenyl)-arsin* um[5]:

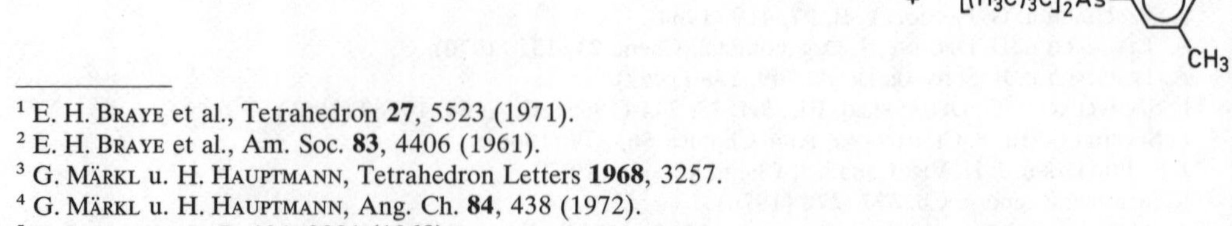

[1] E. H. BRAYE et al., Tetrahedron **27**, 5523 (1971).
[2] E. H. BRAYE et al., Am. Soc. **83**, 4406 (1961).
[3] G. MÄRKL u. H. HAUPTMANN, Tetrahedron Letters **1968**, 3257.
[4] G. MÄRKL u. H. HAUPTMANN, Ang. Ch. **84**, 438 (1972).
[5] K. ISSLEIB et al., B. **101**, 2931 (1968).

Die Bildung des Isomerengemisches wird durch einen Eliminierungs-Additions-Mechanismus, wobei ein 3,4-Dehydro-toluol als Zwischenstufe auftritt, erklärt[1].

Arylbromide werden dagegen bei der Umsetzung mit Natrium-arseniden ohne Isomerisierung alkyliert[2]. So reagiert Natrium-dimethyl-arsenid mit 2-Brom-1-methoxy-benzol in Tetrahydrofuran zu *Dimethyl-(2-methoxy-phenyl)-arsin* (Kp$_1$: 70,2°)[2]:

$$(H_3C)_2As-Na \quad + \quad Br-\underset{}{\bigcirc}-OCH_3 \quad \xrightarrow{THF} \quad (H_3C)_2As \quad OCH_3$$

**Dimethyl-phenyl-arsin**[3]: Zu einer Lösung von Natrium-dimethyl-arsenid, hergestellt aus 39 g Jod-dimethyl-arsin und 13 g Natrium[3], in Tetrahydrofuran werden unter Rühren 26 g Brombenzol zugetropft. Die Reaktionsmischung wird anschließend 30 Min. bei Raumtemp. weitergerührt. Man destilliert das Lösungsmittel i. Vak. ab und gibt 200 *ml* Äther zum Rückstand zu. Man zersetzt vorsichtig mit 200 *ml* wäßriger Ammoniumchlorid-Lösung, trennt die organische Phase ab, trocknet über Natriumsulfat und destilliert das Lösungsmittel ab. Der Rückstand wird unter Stickstoff i. Vak. destilliert; Ausbeute: 22 g (85% d. Th.); Kp$_{18}$: 88–90°.

Analog erhält man *Dimethyl-(4-methyl-phenyl)-arsin* (50% d. Th.; Kp$_{19}$: 102–107°)[3]. Aus Kalium-diphenyl-arsenid und 2-Chlormethyl-pyridin wird in 25%iger Ausbeute *[Pyridyl-(2)-methyl]-diphenyl-arsin* (F: 73–74°) hergestellt[4].

Natrium-diphenyl-arsenid setzt sich in flüssigem Ammoniak mit Natriumsalzen von x-Chlor-carbonsäuren in guten Ausbeuten zu *x*-Diphenylarsino-carbonsäuren um[5, 6]:

$$(H_5C_6)_2As-Na \quad + \quad Cl-(CH_2)_n-COONa \quad \xrightarrow[-NaCl]{+H_2O/H^\oplus} \quad (H_5C_6)_2As-(CH_2)_n-COOH$$

Auch x-Chlor-carbonsäure-ester oder -amide können eingesetzt werden[5]. Dabei ist darauf zu achten, das (wenn das Arsenid aus Triphenyl-arsin und Natrium in flüssigem Ammoniak zubereitet wird) entstandene Natriumamid durch äquimolare Mengen Ammoniumbromid zu zersetzen, um Substitutionsreaktionen zu vermeiden.

**x-Diphenylarsino-carbonsäuren; allgemeine Herstellungsvorschrift**[5]: In einem 1-*l*-Dreihalskolben, versehen mit Rührer, Tropftrichter und Gaseinleitungsrohr sowie Gasableitungsrohr werden unter Argon bei −70° 500 *ml* Ammoniak kondensiert, in kleinen Portionen mit Natrium versetzt und anschließend mit der ber. Menge Triphenyl-arsin umgesetzt. Zur tiefrot-orange-farbenen Lösung wird tropfenweise die ber. Menge x-Chlor-carbonsäure, gelöst in wenig Äther, gegeben. Das Kältebad wird entfernt und der Ammoniak unter Rühren langsam abgedampft. Der Rückstand wird mit einer Mischung von Äther/Wasser (1:1) aufgenommen, filtriert und die äther. Schicht abgetrennt und verworfen. Aus der wäßr. Phase lassen sich die x-Diphenylarsino-carbonsäuren mit 10%-iger Schwefelsäure ausfällen. Zur weiteren Reinigung wird aus Äthanol/Wasser umkristallisiert (Einzeldaten s. Tab. 12, S. 80).

**x-Diphenylarsino-carbonsäure-amide bzw. -ester; allgemeine Herstellungsvorschrift**[1]: Die tiefrot-orange gefärbte Lösung aus Triphenyl-arsin und Natrium (s. S. 128) wird mit der für Natriumamid äquivalenten Menge Ammoniumbromid versetzt und anschließend mit den entsprechenden x-Chlor-carbonsäure-amiden bzw. -estern umgesetzt. *Diphenylarsino-acetamid* läßt sich nach Abdampfen des Ammoniaks und Zugabe von Wasser/Äther als unlöslicher Rückstand isolieren. *Diphenylarsino-essigsäure-äthylester* bzw. *4-Diphenylarsino-butansäure-äthylester* werden nach Abdampfen des Ammoniaks in Äther aufgenommen. Nach Abdestillieren des Äthers wird der Rückstand entweder durch Destillation oder Umkristallisation aus Äthanol/Wasser gereinigt (Einzeldaten s. Tab. 12, S. 80).

---

[1] K. ISSLEIB et al., B. **101**, 2931 (1968).
[2] L. SINDELLARI u. G. DEGANELLO, Ric. Sci. **35**, 744 (1965); C. A. **64**, 19669 (1966).
[3] J. R. PHILLIPS u. J. H. VIS, Canad. J. Chem. **45**, 675 (1967).
[4] E. UHLIG u. M. SCHÄFER, Z. anorg. Ch. **359**, 178 (1968).
[5] A. TZSCHACH u. W. VOIGTLÄNDER, Z. anorg. Ch. **396**, 39 (1973).
[6] L. B. IONOV et al., Ž. obšč. Chim. **44**, 1874 (1974); engl.: 1841.

Natrium-diphenyl-arsenid kann mit $\omega$-Amino-1-oxo-1-phenyl-alkanen (Mannich-Basen), die in $\alpha$- oder $\beta$-Stellung zur Carbonyl-Gruppe Phenyl-Substituenten tragen, zu tert. Arsinen alkyliert werden[1]:

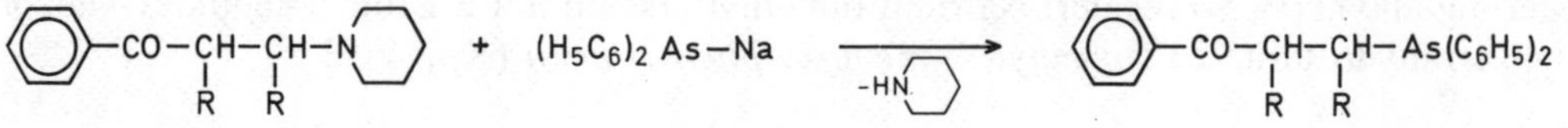

Die Reaktion findet in Tetrahydrofuran bereits bei Raumtemperatur statt.

Tab. 12 : x-Diphenylarsino-carbonsäuren und deren Derivate aus Natrium-diphenyl-arseniden und x-Chlor-carbonsäuren und deren Derivaten[2]

| x-Chlor-carbon-säure- bzw. -amid oder -ester | Natrium-diphenyl-arsenid aus Natrium und | x-Diphenylarsino-carbon-säuren bzw. Derivate | Ausbeute [% d. Th.] | F [°C] |
|---|---|---|---|---|
| $Cl-CH_2-COOH$ | $(H_5C_6)_3As$ | } Diphenylarsino-essigsäure | 71 | } 105 |
| $Cl-CH_2-COONa$ | $(H_5C_6)_2AsH$ | | 75 | |
| $Cl-(CH_2)_2-COOH$ | $(H_5C_6)_2AsH$ | 3-Diphenylarsino-propansäure | 78 | 105–106 |
| $H_3C-\overset{Cl}{CH}-COOH$ | $(H_5C_6)_3As$ | 2-Diphenylarsino-propansäure | 90 | 64–66 |
| $Cl-CH_2-CO-NH_2$ | $(H_5C_6)_2AsH$ | Diphenylarsino-acetamid | 88 | 152–154 |
| $H_3C-\overset{Br}{CH}-CH_2-COOC_2H_5$ | $(H_5C_6)_2AsH$ | 3-Diphenylarsino-butan-säure-äthylester | 75 | 51–53 |

**(3-Oxo-2,3-diphenyl-propyl)-diphenyl-arsin**[1]: Unter intensivem Rühren wird eine Lösung von 7,9 g 3-Piperidino-1-oxo-1,2-diphenyl-propan in Tetrahydrofuran tropfenweise mit 6,2 g Natrium-diphenyl-arsenid in Tetrahydrofuran bei Raumtemp. umgesetzt. Anschließend wird 1 Stde. gerührt und dann weitere 30 Min. unter Rückfluß erhitzt. Durch Zugabe von Wasser wird der Reaktionsansatz zersetzt. Die organische Phase wird abgetrennt und über Natriumsulfat getrocknet. Nach Abdestillieren des Lösungsmittels wird der ölige Rückstand in wenig Äthanol aufgenommen. Nach einigen Tagen fällt das Arsin kristallin aus; Ausbeute: 8,9 g (75,2% d. Th.) F: 85°.

Nach der gleichen Arbeitsweise kann *(3-Oxo-1,2,3-triphenyl-propyl)-diphenyl-arsin* (29% d. Th.; F: 114°) hergestellt werden[1].

1,$\omega$-Dichlor-alkane setzen sich leicht mit Natrium-diphenyl-arsenid in flüssigem Ammoniak zu $\alpha,\omega$-Bis[diphenylarsino]-alkanen um[3]. Mit Kalium-diphenyl-arsenid in 1,4-Dioxan[4] oder Lithium-diphenyl-arsenid in Tetrahydrofuran[5] lassen sich die gleichen Reaktionen durchführen:

$$2 \ (H_5C_6)_2As-M \quad + \quad X-(CH_2)_n-X \quad \longrightarrow \quad (H_5C_6)_2As-(CH_2)_n-As(C_6H_5)_2$$

Höchste Ausbeuten und beste Reinheit an $\alpha,\omega$-Bis-[diphenyl-arsino]-alkanen liefert das Verfahren mit Lithium-diphenyl-arsenid[6]. $\alpha,\omega$-Dichlor-alkane liefern bessere Aus-

[1] A. Tzschach u. K. Kellner, J. pr. **314**, 315 (1972).
[2] A. Tzschach u. W. Voigtländer, Z. anorg. Ch. **396**, 39 (1973).
[3] W. Hewertson u. H. R. Watson, Soc. **1962**, 1490.
[4] A. Tzschach u. W. Lange, B. **95**, 1360 (1962).
[5] D. Wittenberg u. A. Gilman, J. Org. Chem. **23**, 1065 (1958).
[6] K. Sommer u. A. Rothe, Z. anorg. Ch. **378**, 303 (1970).

beuten als die entsprechenden $\alpha,\omega$-Dibrom-alkane. Kalium-diphenyl-arsenid reagiert mit 1,2-Dibrom-äthan unter Metallaustausch zu Brom-diphenyl-arsin (I), Tetraphenyl-diarsin (II) und Äthylen[1]:

$$K-CH_2-CH_2-Br \xrightarrow{-KBr} H_2C{=}CH_2$$

$$(H_5C_6)_2As-K \;+\; Br-CH_2-CH_2-Br$$

$$(H_5C_6)_2As-Br \xrightarrow[-KBr]{(H_5C_6)_2As-K}$$

I

$$(H_5C_6)_2As-As(C_6H_5)_2$$

II

Ähnlich verhalten sich Bis-[alkalimetall-organo-arsino]-alkane bei der Umsetzung mit Dichloralkanen, wobei cyclische Diarsine entstehen (s. S. 150)[2].

**$\alpha,\omega$-Bis-[diphenyl-arsino]-alkane; allgemeine Herstellungsvorschrift[1]:** Zu einer Lösung von Kalium-di-phenyl-arsenid in 1,4-Dioxan läßt man die ber. Menge (Arsenid/Dichloralkan 2:1) Dichloralkan gelöst in etwas 1,4-Dioxan, innerhalb einer Stde. bei Raumtemp. zutropfen. Anschließend wird die Lösung für kurze Zeit er-hitzt, und über eine G 3-Fritte filtriert, die mit Kieselgur überschichtet ist. Nach Abdestillieren des 1,4-Dioxans verbleibt das betreffende Bis-arsin, das aus einem geeigneten Lösungsmittel umkristallisiert oder destilliert wird. U. a. erhält man z. B.:

*1,3-Bis-[diphenyl-arsino]-propan*; 54% d. Th.; F: 70–71° (aus Äthanol)
*1,4-Bis-[diphenyl-arsino]-butan*; 77% d. Th.; F: 122–123° (aus 1,4-Dioxan/Äthanol)
*1,5-Bis-[diphenyl-arsino]-pentan*; 56% d. Th.; Kp$_1$: 278–281°
*1,6-Bis-[diphenyl-arsino]-hexan*; 71% d. Th.; F: 117–118° (aus 1,4-Dioxan)

In manchen Fällen, in denen das Arsenid aus einem tert. Arsin hergestellt wird (s. S. 128), empfiehlt es sich, die dabei entstandene Organo-alkalimetall-Verbindung zu zerstö-ren. Dies kann mit Ammoniumbromid, Ammoniumchlorid oder tert.-Butylchlorid ge-schehen[3-7].

**Bis-[diphenyl-arsino]-methan[6]:** Unter Stickstoff werden 122 g Triphenylarsin und 5,6 g Lithium (als Band) in 600 *ml* abs. Tetrahydrofuran 5 Stdn. gerührt. Man dekantiert unter Stickstoff über Glaswolle von unverbrauch-tem Lithium ab und zerstört das Phenyl-lithium durch Zugabe von 35 g tert. Butylchlorid.
Nach einer Stde. tropft man langsam 35 g Dichlormethan, gelöst in 100 *ml* Tetrahydrofuran, zu und erwärmt anschließend 1 Stde. im Wasserbad. Man verdampft das Lösungsmittel, nimmt in 100 *ml* Methanol auf und schüt-telt mit 600 *ml* Wasser aus. Der ölige Rückstand, der manchmal auch kristallisiert, wird aus Äthanol umkristalli-siert; Ausbeute: 80–85 g; F: 97°.

Aus Natrium-dimethyl-arsenid und Dihalogenalkanen in flüssigem Ammoniak entste-hen in mäßiger bis guter Ausbeute, u. a. die folgenden Bis-[dimethyl-arsino]-alkane[6]:

| | | |
|---|---|---|
| *Bis-[dimethyl-arsino]-methan* | 34% d. Th. | Kp$_{15}$: 63–65° |
| *1,3-Bis-[dimethyl-arsino]-propan* | 36% d. Th. | Kp$_{15}$: 96° |
| *1,4-Bis-[dimethyl-arsino]-butan* | 81% d. Th. | Kp$_{15}$: 110–112° |
| *1,5-Bis-[dimethyl-arsino]-pentan* | 75% d. Th. | Kp$_{15}$: 126° |

---

[1] A. Tzschach u. W. Lange, B. **95**, 1360 (1962).
[2] K. Sommer, Z. anorg. Ch. **377**, 278 (1970).
[3] J. Ellermann u. K. Dorn, B. **100**, 1230 (1967).
[4] J. Chatt u. D. A. Thornton, Soc. **1964**, 1005.
[5] A. M. Aguiar u. T. G. Archibald, J. Org. Chem. **32**, 2627 (1967).
[6] K. Sommer, Z. anorg. Ch. **377**, 120 (1970).
[7] K. Sommer u. A. Rothe, Z. anorg. Ch. **378**, 303 (1970).

Führt man die Umsetzung von Kalium-diphenyl-arsenid und 1, $\omega$-Dihalogen-alkanen im Verhältnis 1:1 durch, so entstehen die entsprechenden ($\omega$-Chlor-alkyl)-diphenyl-arsine in 35–45%-iger Ausbeute[1]:

$$(H_5C_6)_2As-K \quad + \quad Cl-(CH_2)_n-Cl \quad \longrightarrow \quad (H_5C_6)_2As-(CH_2)_n-Cl$$

Für diese Monoalkylierung sind die 1,$\omega$-Dichlor-alkane besser geeignet als die 1,$\omega$-Dibrom-alkane, bei deren Reaktion teilweise eine intramolekulare Quartärisierung der intermediär gebildeten ($\omega$-Brom-alkyl)-diphenyl-arsine erfolgen kann[2]. Bessere Ausbeuten an ($\omega$-Chlor-alkyl)-diorgano-arsinen erzielt man bei der Umsetzung von Lithium-dicyclohexyl-arsenid mit 1,$\omega$-Dichlor-alkanen in 1,4-Dioxan bei $-10°$[2]. Grundsätzlich sind die Ausbeuten in hohem Maße von der Reaktionstemperatur und der Konzentration der Reaktionspartner abhängig. Mit zunehmender Verdünnung und bei Anwendung eines Überschusses an 1,$\omega$-Dichlor-alkan werden die besten Ausbeuten erzielt.

**(3-Chlor-propyl)-dicyclohexyl-arsin**[2]: In einem 250-*ml*-Dreihalskolben mit Rührer, Tropftrichter und Rückflußkühler werden unter Argon 10 g 1,3-Dichlor-propan in 100 *ml* 1,4-Dioxan gelöst und tropfenweise mit einer Lösung von 15 g Lithium-dicyclohexyl-arsenid in 70 *ml* 1,4-Dioxan umgesetzt. Nach Abfiltrieren von Lithiumchlorid wird das Lösungsmittel i. Vak. entfernt und der Rückstand i. Ölpumpenvak. destilliert; Ausbeute: 10 g (52% d. Th.); Kp$_5$: 202–205°.

Analog können folgende Arsine hergestellt werden[2]:

| | | |
|---|---|---|
| (*5-Chlor-pentyl*)-dicyclohexyl-arsin | 77% d.Th. | Kp$_{0,0005}$: 142° |
| (*6-Chlor-hexyl*)-dicyclohexyl-arsin | 60% d.Th. | Kp$_{0,0004}$: 165° |
| (*4-Chlor-butyl*)-dicyclohexyl-arsin | 50% d.Th. | (Zers.) |

Das (4-Chlor-butyl)-dicyclohexyl-arsin erleidet beim Erhitzen eine intermolekulare Quartärisierung zum 1,1-Dicyclohexyl-arsoniumsalz. Als Nebenprodukte bei der Herstellung der ($\omega$-Chlor-alkyl)-arsine können Bisarsine in Ausbeuten bis zu 20% d. Th. isoliert werden.

**1,4-Bis-[diphenyl-arsino]-benzol**[3]: Zu 3,1 g Kalium, dispergiert in 50 *ml* siedendem Benzol, werden langsam unter Rühren 18,4 g Diphenylarsin zugetropft und 15 Min. nacherhitzt. Das gekühlte Reaktionsgemisch wird sofort mit 9,4 g 1,4-Dibrom-benzol in 30 *ml* abs. Tetrahydrofuran umgesetzt, 1 Stde. gekocht und nach Zugabe von 50 *ml* Benzol mit 15 *ml* Wasser zersetzt. Der aus der organischen Phase wie üblich isolierte Rückstand wird aus Benzol/Propanol umkristallisiert; Ausbeute: 75% d.Th.; F: 150°.

*Bis-[2-diphenylarsino-äthyl]-äther, -sulfid* und *-amin* können aus Kalium-diphenyl-arsenid und den entsprechenden Dichlor-Verbindungen hergestellt werden[4]:

$$2\ (H_5C_6)_2As-K \quad + \quad (Cl-CH_2-CH_2-)_2\,X \quad \xrightarrow{THF} \quad [(H_5C_6)_2As-CH_2-CH_2-]_2\,X$$

X = NH; *Bis-[2-diphenylarsino-äthyl]-amin*; F: 95–96° (aus Butanol)
X = O; *Bis-[2-diphenylarsino-äthyl]-äther*; Öl
X = S; *Bis-[2-diphenylarsino-äthyl]-sulfid*; F: 64–65° (aus Butanol)

Umsetzungen der Alkalimetall-diorgano-arsenide mit Trihalogen- oder Tetrahalogen-alkanen bzw. -aromaten führen zu den entsprechenden Tris- oder Tetrakis-[diorgano-arsino]-alkanen[5–8]; z. B.:

[1] A. Tzschach u. W. Lange, B. **95**, 1360 (1962).

[2] A. Tzschach u. W. Fischer, Z. Chem. **7**, 196 (1967).

[3] H. Zorn et al., M. **98**, 731 (1967).

[4] L. Sacconi et al., Inorg. Chem. **7**, 1417 (1968).

[5] L. Sindellari u. G. Deganello, Ric. Sci. **35**, 744 (1965); C. A. **64**, 19669 (1966).

[6] J. R. Phillips u. J. H. Vis, Canad. J. Chem. **45**, 675 (1967).

[7] J. Ellermann u. K. Dorn, B. **100**, 1230 (1967).

[8] K. Sommer, u. A. Rothe, Z. anorg. Ch. **378**, 303 (1970).

$$4 \; (H_5C_6)_2As-Na \;\; + \;\; Br-CH_2-\underset{\underset{CH-Br}{|}}{\overset{\overset{CH_2-Br}{|}}{C}}-CH_2-Br \;\; \xrightarrow{-4 \; NaBr} \;\; (H_5C_6)_2As-CH_2-\underset{\underset{CH_2-As(C_6H_5)_2}{|}}{\overset{\overset{CH_2-As(C_6H_5)_2}{|}}{C}}-CH_2-As(C_6H_5)_2$$

*1,3-Bis-[diphenylarsino]-2,2-bis-[diphenylarsino-methyl]-propan*[1]

Auch hier beobachtet man eine Steigerung der Ausbeute, wenn an Stelle von Bromid das Chlorid eingesetzt wird.

**1-Dimethylarsino-2,2-bis-[dimethylarsino-methyl]-propan**[2]: Eine Lösung von Natrium-dimethyl-arsenid in Tetrahydrofuran, hergestellt aus 13 g Natrium und 39 g Jod-dimethyl-arsin[2], wird unter Rühren mit einer Lösung von 9 g 1-Chlor-2,2-bis-[chlormethyl]-propan in 60 ml Tetrahydrofuran bei 10° innerhalb von ~ 2 Stdn. langsam versetzt. Die Reaktionsmischung wird dann weitere 30 Min. gerührt. Man zieht das Lösungsmittel i. Vak. ab und nimmt den Rückstand in 200 ml Tetrahydrofuran auf. Es wird sodann mit 200 ml wäßriger Ammoniumchlorid-Lösung zersetzt, die organische Phase abgetrennt, getrocknet und das Lösungsmittel entfernt. Der Rückstand wird i. Vak. destilliert; Ausbeute: 13,5 g (70% d. Th.); $Kp_{0,08}$: 78–79°.

**1,3-Bis-[diphenyl-arsino]-2,2-bis-[diphenylarsino-methyl]-propan**[3]: In einem zylindrischen Dreihalskolben mit Vibrationsrührer bereitet man sich aus 9,2 g Natrium und 61 g Triphenyl-arsin eine Lösung von Natrium-di-phenyl-arsenid in 800 ml flüssigem Ammoniak. Zu dieser rotbraunen Lösung gibt man sodann 19,6 g Ammo-niumbromid zur Zerstörung von Phenyl-natrium und Natrium-amid. Nach 20 Min. werden unter kräftigem Rühren 10,8 g 1,3-Dichlor-2,2-bis-[chlormethyl]-propan, gelöst in 100 ml abs. Tetrahydrofuran, zugetropft. Der Reaktionskolben bleibt über Nacht im Kältebad stehen. Die Lösung ist dann farblos geworden und es hat sich Na-triumchlorid abgeschieden. Man verdampft den Ammoniak und rührt den Rückstand mit 600 ml Wasser kräftig durch. Der ölige Rückstand wird daraufhin mit 50 ml Methanol gewaschen und aus Äthanol umkristallisiert; Ausbeute: 86% d. Th.; F: 172°.

Aus 1,2,4,5-Tetrabrom-benzol und Natrium-dimethyl-arsenid erhält man das *1,2,4,5-Tetrakis-[dimethylarsino]-benzol* (F: 148–150°)[4]. Cyclische tert. Arsine können aus Dialkalimetall-organo-arseniden und Dihalogen-alkanen hergestellt werden[5,6]; z. B.:

$$H_5C_6-AsLi_2 \;\; + \;\; \underset{Br-CH_2}{\overset{Br-CH_2-CH_2}{}}\!\!\!\!\!\!\!\!\!\!\!\text{(benzene ring)} \;\; \xrightarrow{THF} \;\; \text{(bicyclic ring)}\,As-C_6H_5$$

*2-Phenyl-1,2,3,4-tetrahydro-⟨benzo-[c]-arsenin⟩*[5];
90% d. Th.

**1-Methyl- oder 1-Phenyl-arsolan und -arsenan**[6]: Aus 18,4 g Natrium und 24,2 g Methanarsonigsäure-thioanhydrid bereitet man sich in 400 ml flüssigem Ammoniak eine Lösung von Dinatrium-methyl-arsenid. Unter kräftigem Rühren tropft man 25,5 g 1,4-Dichlor-butan oder 28 g 1,5-Dichlor-pentan, gelöst in 50 ml trok-kenem, peroxidfreiem Tetrahydrofuran, langsam zu. Man läßt das Ammoniak abdampfen, zieht das Tetrahydro-furan i. Vak. ab, wäscht unter Stickstoff mit 300 ml Wasser und fraktioniert das abgeschiedene Öl i. Vak. Die Phenyl-Derivate erhält man analog aus 18,4 g Benzolarsonigsäure-thioanhydrid 9,2 g Natrium und 13 g 1,4-Di-chlor-butan oder 14 g 1,5-Dichlor-pentan.

| | | | | | |
|---|---|---|---|---|---|
| *1-Methyl-arsolan* | 55% d. Th. | $Kp_{14}$: 61° | *1-Methyl-arsenan* | 62% d. Th. | $Kp_{14}$: 65° |
| *1-Phenyl-arsolan* | 40% d. Th. | $Kp_{0,2}$: 67° | *1-Phenyl-arsenan* | 46% d. Th. | $Kp_{0,5}$: 84° |

In ähnlicher Weise wird bei der Umsetzung von Dinatrium-methyl-arsenid oder -phe-nyl-arsenid mit Bis-[ω-halogen-alkyl]-äthern, -sulfiden oder -aminen verfahren[6]; z. B.:

| | | | |
|---|---|---|---|
| *1-Methyl-1,4-oxarsenan* | $Kp_{14}$: 66–68° | *1,4-Diphenyl-1,4-azarsenan* | F: 96° |
| *1-Phenyl-1,4-oxarsenan* | $Kp_{0,2}$: 71–73° | *1-Phenyl-1,3-azarsolan* | $Kp_{0,2}$: 68–70° |
| *1-Phenyl-1,4-thiarsenan* | $Kp_{0,2}$: 93–95° | *1-Phenyl-1,3-thiarsolan* | $Kp_{0,2}$: 110–112° |

---

[1] J. ELLERMANN u. K. DORN, B. **100**, 1230 (1967).
[2] J. R. PHILLIPS u. J. H. VIS, Canad. J. Chem. **45**, 675 (1967).
[3] K. SOMMER u. A. ROTHE, Z. anorg. Ch. **378**, 303 (1970).
[4] L. SINDELLARI u. G. DEGANELLO, Ric. Sci. **35**, 744 (1965); C. A. **64**, 19669 (1966).
[5] D. A. THORNTON, J. S. African Chem. Inst. **17**, 71 (1964); C. A. **62**, 11850 (1965).
[6] K. SOMMER, Z. anorg. Ch. **377**, 278 (1970).

Zu einem bicyclischen Arsin gelangt man bei der Umsetzung von Dinatrium-phenyl-arsenid in flüssigem Ammoniak mit 1,4-Dichlor-2,3-bis-[chlormethyl]-butan[1]:

$$2\ H_5C_6-AsNa_2 \quad + \quad \begin{matrix} Cl-CH_2-CH_2-CH_2-Cl \\ | \\ Cl-CH_2-CH_2-CH_2-Cl \end{matrix} \quad \xrightarrow{-4\ NaCl} \quad H_5C_6-As\hspace{-4pt}\fbox{}\hspace{-4pt}As-C_6H_5$$

*3,7-Diphenyl-3,7-diarsa-bicyclo[3.3.0]octan*;
$Kp_{0,005}$: 95–96°

Die Umsetzung der Alkalimetall-organo-arsenide mit Vinylhalogeniden führt formal zu Substitutionsprodukten[2]. Die Reaktion ist zusätzlich insoweit interessant, als sie unter bestimmten Bedingungen stereoselektiv verlaufen kann[2-8]. Lithium-diphenyl-arsenid reagiert z. B. mit *cis*- oder *trans*-β-Halogen-styrol im Verhältnis 1:1 zum reinen (*cis*- bzw. *trans*-2-Phenyl-vinyl)-diphenyl-arsin[2]:

$$(H_5C_6)_2As-Li \quad + \quad Br-CH=CH-C_6H_5 \quad \longrightarrow \quad (H_5C_6)_2As-CH=CH-C_6H_5$$

*cis*: 63% d.Th.; F: 91–92°
*trans*: 70% d.Th.; $Kp_{0,25}$: 187–189°

Ein stereochemisch entgegengesetztes Verhalten zeigen Lithium-diphenyl-arsenid[5] und Natrium-dimethyl-arsenid[3-5,7,8] bei der Umsetzung mit *cis*-1,2-Dichlor-äthen. Während das Lithium-diphenyl-arsenid in Tetrahydrofuran sich in 61%-iger Ausbeute unter Konfigurationserhaltung zum *cis-1,2-Bis-[diphenyl-arsino]-äthen* umsetzt[6], entsteht bei der Reaktion mit Natrium-dimethyl-arsenid in 30–40%-iger Ausbeute vorwiegend *trans-1,2-Bis-[dimethyl-arsino]-äthen*[3,4,8] (10% *cis*-Derivat)[3,5]:

$$(H_5C_6)_2As-Li \quad + \quad \underset{Cl}{\overset{H}{\underset{\diagup}{C}}}=\underset{Cl}{\overset{H}{C}} \quad \longrightarrow \quad \underset{(H_5C_6)_2As}{\overset{H}{C}}=\underset{As(C_6H_5)_2}{\overset{H}{C}}$$

$$(H_3C)_2As-Na \quad + \quad \underset{Cl}{\overset{H}{C}}=\underset{Cl}{\overset{H}{C}} \quad \longrightarrow \quad \underset{(H_3C)_2As}{\overset{H}{C}}=\underset{H}{\overset{As(CH_3)_2}{C}}$$

Das reine *cis-1,2-Bis-[dimethyl-arsino]-äthen* ist durch Reduktion von Bis-[dimethylarsino]-äthin mit Diboran erhältlich[8] (s. S. 110).

Im Gegensatz zum *cis*-1,2-Dichlor-äthen reagiert die entsprechende *trans*-Verbindung mit Alkalimetall-diorgano-arseniden nicht zu den gewünschten 1,2-Bis-[diorganoarsino]-äthenen[3,6,4], lediglich die Umsetzung mit Lithium-diphenyl-arsenid führt zu *trans-1,2-Bis-[diphenylarsino]-äthen* (10% d. Th.)[6].

Die Umsetzung von Natrium-dimethyl-arsenid mit 1,2-Dibrom-äthen liefert in geringer Ausbeute *Bis-[dimethylarsino]-äthen*[8]. Der Mechanismus dieser Umsetzungen ist noch nicht aufgeklärt. Man nimmt jedoch an, daß es sich hierbei um einen Eliminierungs-Additions-Mechanismus handelt[8,6].

---

[1] K. Sommer u. A. Rothe, Z. anorg. Ch. **378**, 303 (1970).
[2] A. M. Aguiar u. T. G. Archibald, J. Org. Chem. **32**, 2627 (1967).
[3] J. R. Phillips u. J. H. Vis, Canad. J. Chem. **45**, 675 (1967).
[4] M. A. Bennet et al., Inorg. Chim. Acta **2**, 379 (1968).
[5] R. D. Feltham et al., Inorg. Chem. **7**, 2003 (1968).
[6] A. M. Aguiar et al., J. Org. Chem. **33**, 1681 (1968).
[7] H. G. Metzger u. R. D. Feltham, Inorg. Chem. **10**, 951 (1971).
[8] R. D. Feltham u. H. G. Metzger, J. Organometal. Chem. **33**, 347 (1971).

**cis-1,2-Bis-[diphenyl-arsino]-äthen**[1]: Zu einer Lösung von 1,2 g (0,0125 Mol) *cis*-1,2-Dichlor-äthen in 40 *ml* Tetrahydrofuran werden unter Feuchtigkeits- und Sauerstoffausschluß 25 *ml* einer Lithium-diphenyl-arsenid-Lösung[2] (0,025 Mol) in Tetrahydrofuran langsam zugetropft. Es tritt unter Entfärbung eine stark exotherme Reaktion ein. Anschließend wird die schwach gelb gefärbte Lösung gekühlt und mit 1 *ml* Wasser zersetzt. Das Lösungsmittel wird dann am Rotationsverdampfer entfernt und das zurückbleibende Öl mit schwach alkal. Wasser behandelt, wobei ein fester Niederschlag entsteht. Es wird aus Äthanol umkristallisiert; Ausbeute: 3,7 g (61%) d. Th.); F: 112–113°.

Einige tert. Arsine bzw. Bisarsine, deren Herstellung schwierig ist, lassen sich in mäßigen Ausbeuten durch Umsetzung von Kalium-diphenyl-arsenid mit Salzen aromatischer Sulfonsäuren herstellen[3]:

$$(H_5C_6)_2As—K \ + \ Ar—SO_3Na \ \rightarrow \ (H_5C_6)_2As—Ar \ + \ NaKSO_3$$

Die Reaktion verläuft am günstigsten bei höheren Temperaturen und in Bis-[2-äthoxy-äthyl]-äther als Lösungsmittel. Die Umsetzung mit den Dinatriumsalzen aromatischer Disulfonsäuren liefert die entsprechenden Bisarsine[3]:

**Triaryl-arsine; allgemeine Herstellungsvorschrift**[3]: In eine aus 60 mMol Diphenyl-arsin und 2,3 g Kalium in 100 *ml* abs. Bis-[2-äthoxy-äthyl]-äther bereitete Lösung von Kalium-diphenyl-arsenid werden 60 mMol eines scharf getrockneten Natriumarensulfonats (oder 30 mMol Bis-[natriumoxisulfonyl]-aren) in fester Form zugegeben und anschließend unter Anwendung eines Vibrationsmischers die Temp. langsam auf 180° gesteigert. Nachdem die ursprünglich rote Farbe der Reaktionsmischung verschwunden ist (die Erkennung des Endpunktes wird durch eine von fein verteiltem gebildeten Arsen herrührende Schwarzfärbung erschwert), wird mit 50 *ml* Wasser zersetzt, die ätherische Phase abgetrennt, mit n Kalilauge ausgeschüttelt und mit Wasser neutral gewaschen. Nach Trocknung der Ätherphase über Natriumsulfat, destillative Entfernung des Bis-[2-äthoxy-äthyl]-äthers wird der Rückstand aus Äthanol oder Benzol/Petroläther umkristallisiert.

Nach dieser Vorschrift wurden u. a. folgende Verbindungen hergestellt[3]:

*Diphenyl-naphthyl-(1)-arsin*;        56% d. Th.; F: 111° (aus Äthanol)
*1-Diphenylarsino-anthracen*;        30% d. Th.; F: 194–196° (aus Benzol/Petroläther)
*2-Diphenylarsino-anthracen*;        18% d. Th.; F: 163–165° (aus Benzol/Petroläther)
*2,7-Bis-[diphenyl-arsino]-naphthalin*;        17% d. Th.

Alkalimetall-diorgano-arsenide setzen sich in einer exothermen Reaktion mit Oxiranen unter Bildung von (2-Hydroxy-alkyl)-diorgano-arsinen um[4]:

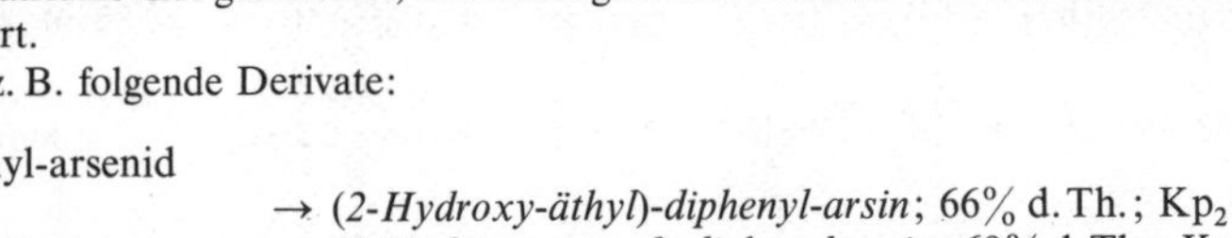

$$R_2As—Li(K) \ + \ \overset{R^1 \quad R^1}{\underset{O}{\triangle}} \ \xrightarrow{H_2O} \ R_2As—\overset{R^1}{\underset{|}{C}H}—\overset{OH}{\underset{|}{C}H}—R^2$$

**(2-Hydroxy-alkyl)-diorgano-arsine; allgemeine Herstellungsvorschrift**[4]: In einem Dreihalskolben mit Rührer, Rückflußkühler und Tropftrichter wird eine Suspension bzw. Lösung der Alkalimetall-diorgano-arsenide[4] in 100 *ml* 1,4-Dioxan oder Äther mit der ber. Menge Oxiran bei Raumtemp. umgesetzt. Nach beendeter Oxiran-Zugabe erhitzt man noch kurze Zeit zum Sieden. Danach wird die Lösung mit wenig Wasser zersetzt, die organische Phase über Natriumsulfat getrocknet, das Lösungsmittel destillativ entfernt und der Rückstand destilliert bzw. umkristallisiert.

So erhält man z. B. folgende Derivate:

Kalium-diphenyl-arsenid
  + Oxiran        → (*2-Hydroxy-äthyl*)-*diphenyl-arsin*; 66% d. Th.; $Kp_2$: 193–196°
  + Methyl-oxiran        → (*2-Hydroxy-propyl*)-*diphenyl-arsin*; 69% d. Th.; $Kp_3$: 197–199°
  + 1,2-Epoxi-cyclohexan        → (*2-Hydroxy-cyclohexyl*)-*diphenyl-arsin*; 59% d. Th.; F: 130°
  + Phenyl-oxiran        → (*2-Hydroxy-2-phenyl-äthyl*)-*diphenyl-arsin*; 76% d. Th.
Lithium-dicyclohexyl-arsenid
  + Oxiran        → (*2-Hydroxy-äthyl*)-*dicyclohexyl-arsin*; 63% d. Th.; $Kp_3$: 172–173°
  + Methyl-oxiran        → (*2-Hydroxy-propyl*)-*dicyclohexyl-arsin*; 56% d. Th.; $Kp_8$: 185–187°

---

[1] A. M. AGUIAR et al., J. Org. Chem. **33**, 1681 (1968).
[2] A. M. AGUIAR u. T. G. ARCHIBALD, J. Org. Chem. **32**, 2627 (1967).
[3] H. SCHINDLBAUER u. H. LASS, M. **99**, 2460 (1968).
[4] A. TZSCHACH u. W. DEYLIG, B. **98**, 977 (1965).

Lithium-diphenyl-arsenid in Tetrahydrofuran spaltet Phenoläther bzw. -sulfide sowie Thiophenol unter Bildung von tert. Arsinen[1]; z. B.:

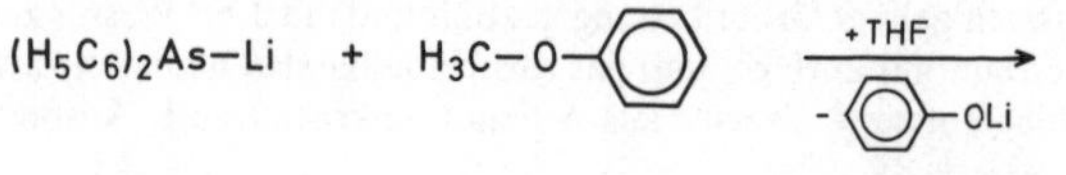

$$(H_5C_6)_2As-Li \quad + \quad H_3C-O-\text{◯} \quad \xrightarrow[- \text{◯}-OLi]{+THF} \quad (H_5C_6)_2As-CH_3$$

*Methyl-diphenyl-arsin*; 85% d. Th.; $Kp_{0,35}$: 112–115

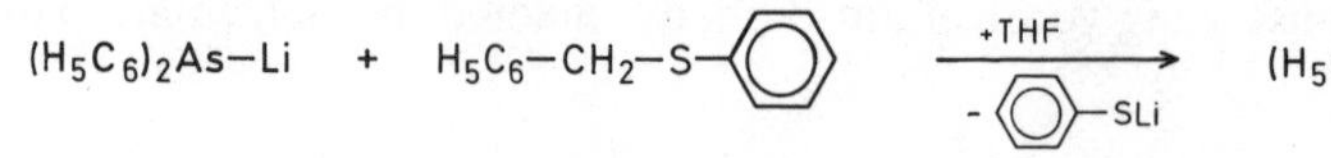

$$(H_5C_6)_2As-Li \quad + \quad H_5C_6-CH_2-S-\text{◯} \quad \xrightarrow[- \text{◯}-SLi]{+THF} \quad (H_5C_6)_2As-CH_2-C_6H_5$$

*Diphenyl-benzyl-arsin*; 74% d. Th.; $Kp_1$: 185–187°

Cyclische Äther wie Tetrahydrofuran oder Oxetan werden ebenfalls, jedoch erst nach längerem Kochen, mit Alkalimetall-diorgano-arseniden gespalten[2]:

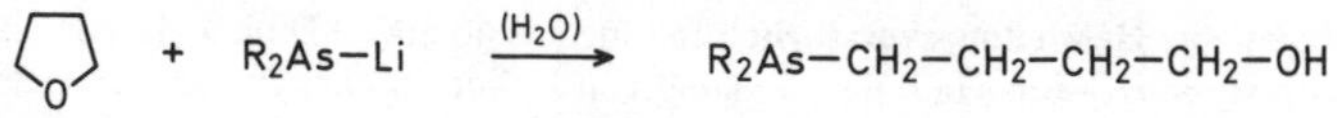

$$\text{◯}_O \quad + \quad R_2As-Li \quad \xrightarrow{(H_2O)} \quad R_2As-CH_2-CH_2-CH_2-CH_2-OH$$

Durch Spaltung von cyclischen Äthern oder Alkoxy-benzolen können u. a. folgende Arsine hergestellt werden:

*(3-Hydroxy-propyl)-diphenyl-arsin*[2];     52% d. Th.; $Kp_1$: 185–187°
*(4-Hydroxy-butyl)-diphenyl-arsin*[1,2];    55% d. Th.; $Kp_{3-4}$: 195–197°
*(3-Hydroxy-propyl)-dicyclohexyl-arsin*[2]; 66% d. Th.; $Kp_1$: 161–163°

Außer den Alkylierungsreaktionen werden die Alkalimetall-diorgano-arsenide bei $-78°$ in Tetrahydrofuran mit Carbonsäure-halogeniden in geringen Ausbeuten zu den entsprechenden Acyl-diorgano-arsinen acyliert[3]:

$$R-CO-X \quad + \quad (H_5C_6)_2As-K \quad \xrightarrow[-HCl]{+THF} \quad R-CO-As(C_6H_5)_2$$

$R = F_3C$; *Diphenyl-trifluoracetyl-arsin*; 10% d. Th.; $Kp_{0,001}$: 118–120°
$R = F_5C_2$; *Diphenyl-(pentafluor-propanoyl)-arsin*; 25% d. Th.; $Kp_{0,001}$: 128–130°

Die aufgeführten Acylarsine greifen in starkem Maße Haut und Schleimhäute an, und müssen daher mit äußerster **Vorsicht** gehandhabt werden.

Auch Arsino-grignardverbindungen $[R-As(MgX)_2$ bzw. $R_2As-MgX$ (s. S. 132)][4] setzen sich mit Alkyl- bzw. Acyl-halogeniden zu den entsprechenden tert. Arsinen um[4–9]:

$$H_5C_6-As(MgBr)_2 \quad + \quad 2\ R-X \quad \longrightarrow \quad H_5C_6-AsR_2 \quad + \quad 2\ MgXBr$$

$$R_2As-MgBr \quad + \quad R^1-CO-X \quad \longrightarrow \quad R_2As-CO-R^1 \quad + \quad MgXBr$$

[1] F. G. Mann u. B. B. Smith, Soc. **1965**, 4120.
[2] A. Tzschach u. W. Deylig, B. **98**, 977 (1965).
[3] E. Lindner u. H. Kranz, B. **101**, 3438 (1968).
[4] A. Job et al., C.r. **177**, 66 (1923); Bl. **35**, 1404 (1924).
[5] F. F. Blicke u. J. F. Oneto, Am. Soc. **57**, 749 (1935).
[6] F. G. Mann et al., Soc. **1950**, 1917.
[7] H. Beeby u. F. G. Mann, Soc. **1951**, 886.
[8] H. Albers et al., B. **85**, 239 (1952).
[9] W. R. Cullen et al., Chem. & Ind. **1964**, 502.

Die Umsetzung kann in manchen Fällen erfolgreicher sein, als die Reaktion von Grignardverbindungen mit Halogenarsinen oder als die Michaelis-Reese-Reaktion (s. S. 57)[1]. So reagiert 1,2-Bis-[brommagnesium-methyl]-benzol mit Brom-diphenyl-arsin in geringen Ausbeuten zu *1,2-Bis-[diphenylarsino-methyl]-benzol*[2], während 1,2-Bis-[brommethyl]-benzol sich glatt mit Diphenylarsino-magnesiumbromid umsetzt[3]:

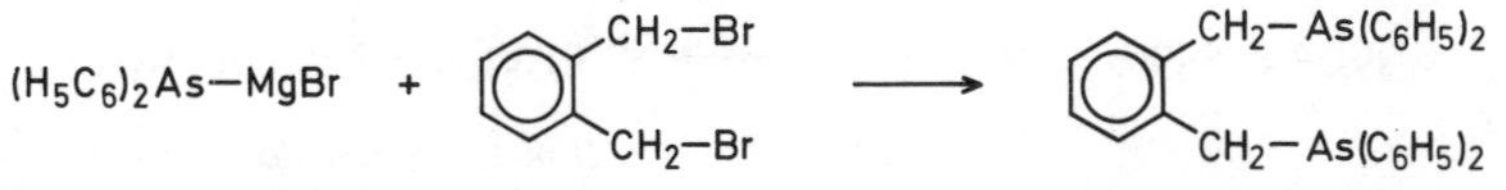

*1,2-Bis-[diphenylarsino-methyl]-benzol*

Die Reaktion wird meistens bei Raumtemperatur in Äther, Benzol o. ä. durchgeführt. Auf diesem Weg können speziell cyclische tert. Arsine hergestellt werden[1, 3, 4]; z. B.:

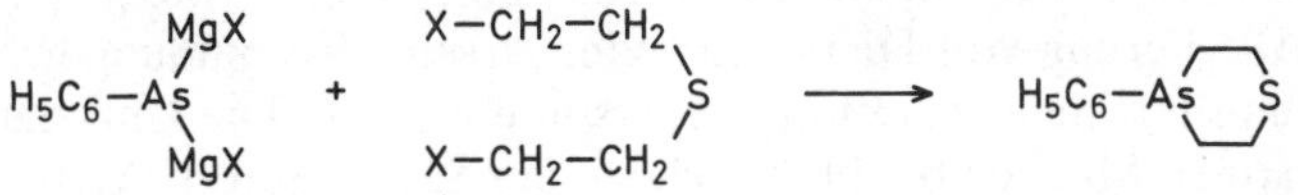

*4-Phenyl-1,4-thiarsenan*

**1,4-Diphenyl-1,4-azarsenan**[3]: Zu einer gekühlten Lösung von Bis-[brommagnesium]-phenyl-arsin[3], hergestellt aus 24,3 g (1,05 Mol) Phenyl-arsin und Äthyl-magnesiumbromid in Äther wird unter gutem Rühren eine Lösung von 46,2 g N,N-Bis-[2-brom-äthyl]-anilin in 150 *ml* Benzol langsam zugetropft. Die Reaktionsmischung wird 3 Stdn. in der Kälte gerührt und anschließend 90 Min. unter Rückfluß erhitzt. Nach Abkühlung und Zers. mit wäßrigem Ammoniumchlorid wird die organische Phase abgetrennt, getrocknet und vom Lösungsmittel befreit. Der Rückstand wird aus Äthol umkristallisiert; Ausbeute: 22,8 g (50% d. Th.); F: 96–97,5°.

**6-Phenyl-5,7-dihydro-⟨dibenzo-[c;e]-arsepin⟩**[3]: Eine Lösung von 8 g 2,2'-Bis-[brommethyl]-biphenyl[3] in 30 *ml* Benzol wird zu einer Lösung von Bis-[brommagnesium]-phenyl-arsin[1] (hergestellt aus 3,65 g Phenyl-arsin) in Äther/Benzol getropft. Die Reaktionsmischung wird 30 Min. bei Raumtemp. gerührt und anschließend 1 Stde. unter Rückfluß erhitzt. Man zersetzt mit wäßrigem Ammoniumchlorid, trennt die organische Phase ab, trocknet über Natriumsulfat und destilliert das Lösungsmittel ab. Der Rückstand wird aus Äthanol umkristallisiert; Ausbeute: 3,55 g (45% d. Th.); F: 118–118,5°.

*2-Phenyl-1,2-dihydro-⟨benzo-[c]-arsenin⟩* (80% d. Th.) und *2-Phenyl-1,2,3,4-tetrahydro-⟨benzo-[c]-arsenin⟩* (70% d. Th.) werden auf analoge Weise hergestellt[3].

Dimethylarsino-magnesiumbromid reagiert mit Pentafluorpropen unter Substitution eines Fluoratoms[5] zum *Dimethyl-(pentafluor-propenyl)-arsin* (Kp: 108–110°):

Die Umsetzung mit Hexafluorcyclobuten liefert das *1-Dimethylarsino-pentafluorcyclobuten*[5].

Sowohl die Alkalimetall-organo-arsenide[6] als auch die Organo-arsino-magnesiumhalogenide[7] lassen sich, jedoch in geringer Ausbeute, mit Carbonsäure-halogeniden zu den entsprechenden Acyl-arsinen acylieren (s. S. 86):

[1] H. BEEBY u. F. G. MANN, Soc. **1951**, 886.
[2] F. F. BLICKE u. J. F. ONETO, Am. Soc. **57**, 749 (1935).
[3] F. G. MANN et al., Soc. **1950**, 1917, 1923.
[4] A. JOB et al., C. r. **177**, 66 (1923); Bl. **35**, 1404 (1924).
[5] W. R. CULLEN et al., Chem. & Ind. **1964**, 502.
[6] E. LINDNER u. H. KRANZ, B. **101**, 3438 (1968).
[7] H. ALBERS et al., B. **85**, 239 (1952).

$$(H_5C_6)_2As-K \ + \ R-CO-Cl \ \xrightarrow{\text{THF, -78°}} \ (H_5C_6)_2As-CO-R$$

**Vorsicht!** Die Acylarsine greifen die Haut und Schleimhäute in starkem Maße an.

Silyl-arsine (s. S. 127) werden zur Herstellung spezieller tert. Arsine eingesetzt[1]; z.B.:

$$(H_3C)_2As-Si(CH_3)_3 \ + \ CS_2 \ \longrightarrow \ (H_3C)_2As-\overset{\overset{\text{S}}{\|}}{C}-S-Si(CH_3)_3$$

*Dimethyl-(trimethylsilylthio-
thiocarbonyl)-arsin*

## ε) Tert. Arsine aus Diarsinen oder Arseno-Verbindungen (Cyclopolyarsinen)

Auf die Umwandlung von Diarsinen, Arseno- und Arsenoso-Verbindungen über die Alkalimetall-arsenide in tert. Arsine ist bereits eingegangen worden (s. S. 76).

Die direkte Alkylierung von Diarsinen[2] oder Arseno-Verbindungen[3,4] mit einfachen Alkylhalogeniden führt meistens zu quart. Arsoniumsalzen. Die Umsetzung mit perfluorierten Alkanen oder Alkenen bleibt jedoch auf der Stufe des tert. Arsins stehen[5,6]; z.B.:

$$(H_3C)_2As-As(CH_3)_2 \ + \ F_3C-J \ \xrightarrow{20°} \ (H_3C)_2As-CF_3 \ + \ (H_3C)_2As-J$$

*Dimethyl-trifluor-
methyl-arsin*     *Jod-dimethyl-
arsin*

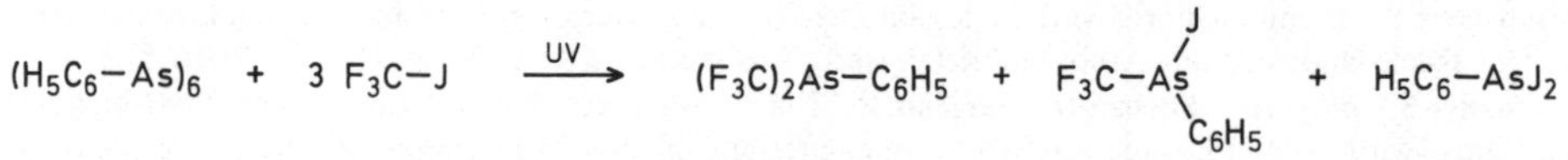

$$(H_5C_6-As)_6 \ + \ 3\ F_3C-J \ \xrightarrow{UV} \ (F_3C)_2As-C_6H_5 \ + \ F_3C-As\overset{J}{\underset{C_6H_5}{|}} \ + \ H_5C_6-AsJ_2$$

*Bis-[trifluormethyl]-
phenyl-arsin*    *Jod-trifluormethyl-
phenyl-arsin*    *Dijod-phenyl-arsin*

Aus Diarsinen und perfluorierten Alkenen oder Alkinen werden Bisarsine erhalten[6]:

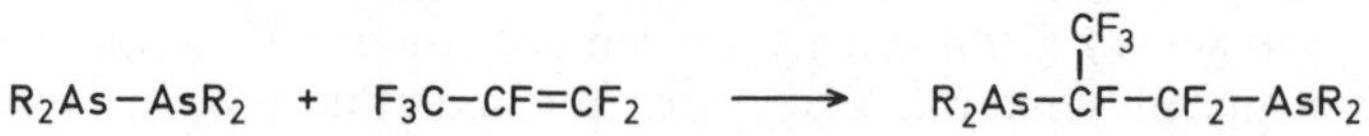

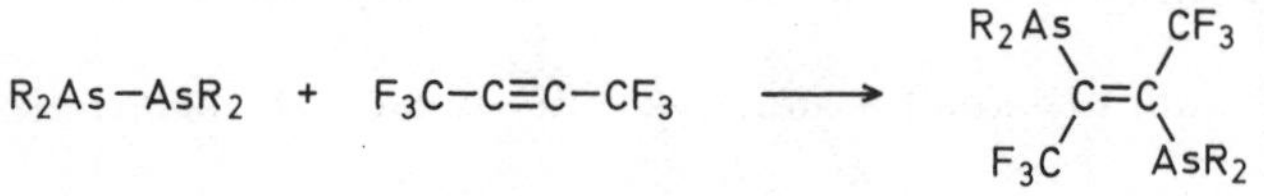

$$R_2As-AsR_2 \ + \ F_3C-CF=CF_2 \ \longrightarrow \ R_2As-\overset{\overset{\text{CF}_3}{|}}{C}F-CF_2-AsR_2$$

$$R_2As-AsR_2 \ + \ F_3C-C\equiv C-CF_3 \ \longrightarrow \ \underset{F_3C}{\overset{R_2As}{}}C=C\underset{AsR_2}{\overset{CF_3}{}}$$

Die Perfluor-Verbindungen werden in beiden Fällen im Überschuß eingesetzt[6].

**Bis-[trifluormethyl]-phenyl-arsin[6]:** 10 g Arsenobenzol werden mit 18 g Trifluor-jod-methan versetzt und 24 Stdn. auf 115° erhitzt. Die dunkelbraun gefärbte Lösung wird anschließend unter Stickstoff fraktioniert. Das

[1] C. R. Russ u. A. G. Mac Diarmid, Ang. Ch. **78**, 391 (1966).
[2] A. Cahours u. A. Rieche, A. **92**, 361 (1854).
[3] W. Steinkopf u. G. Schwen, B. **54**, 1437 (1921).
[4] W. Steinkopf et al., B. **59**, 1463 (1926).
[5] W. R. Cullen, Canad. J. Chem. **38**, 439 (1960).
[6] W. R. Cullen u. N. K. Hota, Canad. J. Chem. **42**, 1123 (1964).

Bis-[trifluormethyl]-phenyl-arsin wird nach der 1. Fraktion, die hauptsächlich aus nicht umgesetztem Trifluor-jod-methan besteht, aufgefangen; Ausbeute: 8 g (42% d. Th.); Kp: 88°.

Einfache 1-Alkine reagieren mit Diarsinen bei Bestrahlung mit UV-Licht und/oder bei Gegenwart von Azo-bis-[isobuttersäure-nitril] zu 1,2-Bisarsino-äthen-Derivaten[1]; z. B.:

$$(H_3C)_2As-As(CH_3)_2 \quad + \quad H_5C_6-C{\equiv}CH \quad \xrightarrow{UV} \quad \begin{array}{c} H_5C_6 \\ \diagdown \\ \phantom{xx}C{=}CH-As(CH_3)_2 \\ \diagup \\ (H_3C)_2As \end{array}$$

Die Reaktion verläuft bei den Tetraalkyl-diarsinen bei milden Bedingungen schneller und in besserer Ausbeute als bei den Tetraaryl-diarsinen. Als Mechanismus wird eine Radikal-Kettenreaktion angenommen[1]. Die auf diese Weise erhältlichen 1,2-Bisarsino-äthen-Derivate stellen Gemische aus *cis/trans*-Isomeren dar, wobei die *trans*-Isomeren überwiegen[1].

**1,2-Bis-[dimethylarsino]-1-phenyl-äthen**[2]: In einem Quarzgefäß werden 0,1 Mol Tetramethyl-diarsin und 0,1 Mol Phenylacetylen nach Zugabe von 0,1 g Azo-bis-[isobuttersäure-nitril] unter Rühren mit UV-Licht bestrahlt. Die Reaktionstemp. beträgt ~ 50°. Nach 2stdgm. Bestrahlen wird der Reaktionsansatz i. Vak. destilliert; Ausbeute: 84% d. Th.; $Kp_2$: 123–126°.

Analog erfolgt die Umsetzung mit Tetraphenyl-diarsin (60°, 20 Stdn. in Benzol bestrahlt)[1]. Die Ausbeute an *1,2-Bis-[diphenylarsino]-1-phenyl-äthen* (F: 176–178°) beträgt bestenfalls 24% d. Th.[1].

Trifluoracetylchlorid reagiert mit Tetramethyl-diarsin unter Spaltung der As-As-Bindung zu *Dimethyl-trifluoracetyl-arsin* und *Chlor-dimethyl-arsin*[2]:

$$(H_3C)_2As-As(CH_3)_2 \quad + \quad F_3C-CO-Cl \quad \longrightarrow \quad (H_3C)_2As-CO-CF_3 \quad + \quad (H_3C)_2As-Cl$$

Die Reaktion des Tetramethyl-diarsins mit Hexafluoracetanhydrid dagegen liefert neben *Trifluoracetoxy-dimethyl-arsin Dimethyl-trifluormethyl-arsin*[2]:

$$(H_3C)_2As-As(CH_3)_2 \quad + \quad (F_3C-CO)_2O \quad \xrightarrow{-CO} \quad (H_3C)_2As-CF_3 \quad + \quad (H_3C)_2As-O-CO-CF_3$$

Es wird angenommen, daß primär gebildetes Dimethyl-trifluoracetyl-arsin unter den Reaktionsbedingungen decarbonyliert wird, was durch die Tatsache erhärtet wird, daß Dimethyl-trifluoracetyl-arsin beim Erhitzen Kohlenmonoxid abspaltet[2].

**Dimethyl-trifluoracetyl-arsin**[2]: 5,4 g Tetramethyl-diarsin und 7,7 g Trifluoracetylchlorid werden bei 20° 3 Tage stehengelassen. Nicht umgesetztes Trifluoracetylchlorid wird dann abdestilliert. Der Rückstand destilliert bei 98–101° über und enthält ~10% Dimethyl-trifluormethyl-arsin. Eine destillative Trennung gelingt nicht. Erst durch präparative Gaschromatographie (10-Fuß-Dinonyl-Phthalat-Säule bei 100°) erhält man reines Dimethyl-trifluoracetyl-arsin; Ausbeute: 4,3 g (96% d. Th.)

Sowohl Diarsine als auch Arsenoso-Verbindungen erleiden durch Pyrolyse eine Disproportionierung, wobei tert. Arsine in mäßigen Ausbeuten entstehen[3]. Diese alte Methode wird heute jedoch kaum noch angewendet.

---

[1] A. Tzschach u. S. Baensch, J. pr. **313**, 254 (1971).
[2] W. R. Cullen u. G. E. Styan, Canad. J. Chem. **44**, 1225 (1966).
[3] A. E. Goddard: *Derivatives of Arsenic* in J. N. Friends *Textbook of Inorganic Chemistry*, Vol. XI, Part II, C. Griffin, London 1930.

### ζ) Tert. Arsine durch Cycloadditionsreaktionen an Arseninen (Arsabenzolen)

In arylsubstituierten Arseninen (s. S. 124) liegt ein System vor, das zu Cycloadditionen mit Dienophilen befähigt ist. So reagiert das 2,3,6-Triphenyl-arsenin bei 80–100° in Methylcyclohexan glatt mit Hexafluor-butin-(2)[1]:

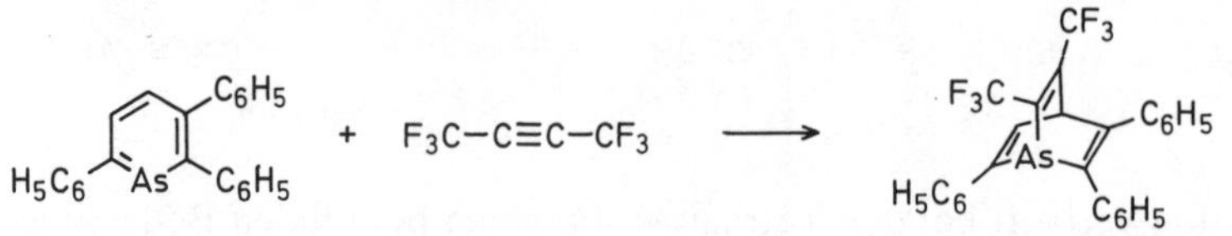

*5,6-Bis-[trifluormethyl]-2,3,7-triphenyl-1-arsa-bicyclo[2.2.2]octatrien*; 78% d. Th.; F: 103°

Unter den gleichen Reaktionsbedingungen reagiert 2,3,5,6-Tetraphenyl-arsenin nur in 21%-iger Ausbeute zum *7,8-Bis-[trifluormethyl]-2,3,5,6-tetraphenyl-bicyclo[2.2.2]octatrien*. Mit Acetylen-dicarbonsäure-diestern und 2,3,6-Triphenyl-arsenin bei 100° kann das *5,6,7-Triphenyl-2,3-diäthoxycarbonyl-1-arsa-bicyclo[2.2.2]octatrien* in 85%-iger Ausbeute hergestellt werden.

Wie die entsprechenden Phosphorine[2] reagieren auch die Arsenine mit Dehydroaromaten als Dienophilen, so bildet 2,3,6-Triphenyl-arsenin bei der Umsetzung mit Benzol-diazonium-2-carboxylat in siedendem Dichlormethan (in Gegenwart von 2-Oxo-1,3-dioxan) in 70%-iger Ausbeute *7,8,9-Triphenyl-⟨benzo-1-arsa-bicyclo[2.2.2]octatrien⟩* (F: 228 –229°)[1]:

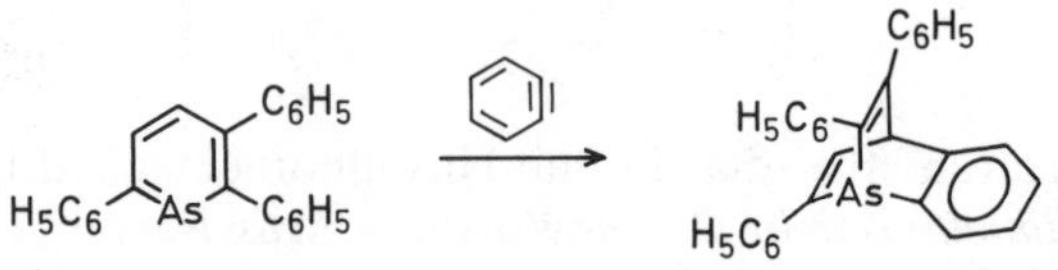

### η) Tert. Arsine durch Reduktion von tert. Arsinoxiden bzw. -sulfiden

Diese Methode zur Herstellung der tert. Arsine ist insoweit wenig sinnvoll, als die tert. Arsinoxide meistens durch Oxidation der tert. Arsine (s. S. 369) erhalten werden. Es gibt jedoch Fälle, wo die Arsinoxide durch Reaktion an den Substituenten oder durch Alkalispaltung mancher quart. Arsoniumsalze entstehen (s. S. 380), dann wird es notwendig, die Oxide in die tert. Arsine umzuwandeln, wenn letztere Ziel der Umsetzung sind:

$$R_3As{=}O \xrightarrow{\text{Reduktion}} R_3As$$

Als Reduktionsmittel wird meistens Schwefeldioxid[3–7], weniger oft Natriumsulfit in konz. Salzsäure verwendet[8]. Die Reduktion mit Schwefeldioxid wird zumeist in saurem

---

[1] G. MÄRKL et al., Tetrahedron Letters **1972**, 3961.
[2] G. MÄRKL et al., Tetrahedron Letters **1971**, 1249.
[3] G. KAMAI, B. **68**, 1893 (1935).
[4] R. C. COOKSON u. F. G. MANN, Soc. **1947**, 618.
[5] I. G. M. CAMPBELL u. R. C. POLLER, Soc. **1956**, 1195.
[6] J. T. BRAUNHOLTZ u. F. G. MANN, Soc. **1957**, 3285.
[7] F. G. MANN et al., Soc. **1958**, 294.
[8] K. MISLOW et al., Am. Soc. **85**, 597 (1963).

Medium in Gegenwart von katalytischen Mengen Jodionen durchgeführt. Das Arsinoxid wird z. B. in Chloroform gelöst mit Spuren Kaliumjodid versetzt und die Lösung mit Schwefeldioxid gesättigt[1-3].

**3-Methyl-5-(4-carboxy-phenyl)-5,10-dihydro-⟨dibenzo-[b;e]-arsenin⟩[4]:**

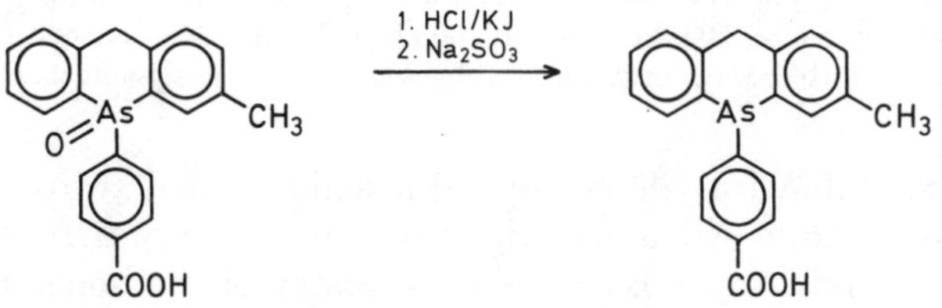

Eine Lösung von 20 g 3-Methyl-5-(4-carboxy-phenyl)-5,10-dihydro-⟨dibenzo-[b;e]-arsenin⟩-5-oxid[4] in 200 ml konz. Salzsäure wird mit 1 g Kaliumjodid in 1 ml Wasser versetzt, dann wird eine Lösung von 10 g Natriumsulfit in 50 ml Wasser hinzugegeben. Ein braungefärbter Niederschlag fällt aus. Man läßt die Mischung über Nacht stehen, dann wird unter Rühren mit weiteren 10 g Natriumsulfit in 50 ml Wasser versetzt und 10 Stdn. weitergerührt. Man filtriert ab, wäscht mit Wasser und trocknet die Substanz; Rohausbeute: 19 g; F: 155–160°. Nach Umkristallisieren aus wäßrigem Äthanol schmilzt das Arsin bei 187–190°.

**Tribenzo-1-arsa-bicyclo[2.2.2]octatrien(Arsatriptycen)[5]:**

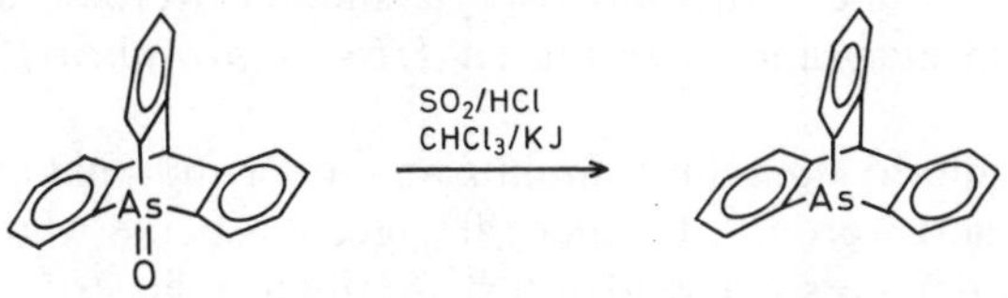

Unter schnellem Einleiten von Schwefeldioxid und Chlorwasserstoffgas wird eine Lösung von 3,1 g (9,3 mMol) Arsatriptycen-oxid[5] in 75 ml Chloroform mit 38 ml konz. Salzsäure kräftig gerührt. Nach Zugabe eines Kristalls Kaliumjodid wird 45 Min. weitergerührt und dann 2 Stdn. unter Rückfluß erhitzt. Danach wird die organische Phase abgetrennt, mit Wasser gewaschen, über Calciumchlorid getrocknet und eingedampft. Man erhält 2,1 g rohes Produkt (F: 193–213°). Nach Sublimation bei 140°/0,01 Torr wird aus 96%-igem Äthanol umkristallisiert; Ausbeute: 1,85 g (64% d. Th.); F: 224,5–226,5°.

Bei der Reaktion von Diorgano-carboxy-arsinoxiden in salzsaurem Medium entstehen neben den Arsinoameisensäuren die entsprechenden Chlor-diorgano-arsine in gleichem Maße[6].

Ebenso erfolgreich ist die Reduktion mit unterphosphoriger Säure oder Zinn(II)-chlorid/Salzsäure[7,8], so wird Tris-[3-nitro-phenyl]-arsinoxid mit unterphosphoriger Säure in guten Ausbeuten zu *Tris-[3-nitro-phenyl]-arsin* reduziert[7]. Wird die Reduktion dagegen mit Zinn(II)-chlorid/Salzsäure vorgenommen, so werden die Nitro-Gruppen ebenfalls reduziert[7] und man erhält *Tris-[3-amino-phenyl]-arsin*:

---

[1] R. C. Cookson u. F. C. Mann, Soc. **1947**, 618.
[2] J. T. Braunholtz u. F. G. Mann, Soc. **1957**, 3285.
[3] F. G. Mann et al., Soc. **1958**, 294.
[4] K. Mislow et al., Am. Soc. **85**, 597 (1963).
[5] H. Vermeer et al., A. **763**, 155 (1972).
[6] Y. F. Gavrilov et al., Ž. obšč. Chim. **43**, 2677 (1973); engl.: 2655.
[7] F. F. Blicke u. E. L. Cataline, Am. Soc. **60**, 419 (1938).
    Vgl. A. Michaelis, A. **321**, 180 (1902).
[8] F. F. Blicke u. S. R. Sofir, Am. Soc. **63**, 575 (1941).

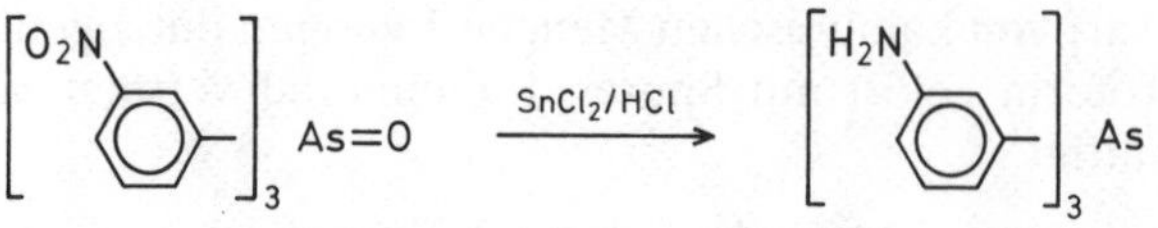

$$\left[\begin{array}{c} O_2N \\ \bigcirc \end{array}\right]_3 As=O \quad \xrightarrow{SnCl_2/HCl} \quad \left[\begin{array}{c} H_2N \\ \bigcirc \end{array}\right]_3 As$$

**Tris-[4-brom-3-nitro-phenyl]-arsin**[1]: Eine Mischung aus 3,4 g Tris-[4-brom-3-nitro-phenyl]-arsinoxid[1], 3 *ml* 50%-iger unterphosphoriger Säure, 20 *ml* Essigsäure und einen Tropfen Jodwasserstoffsäure wird 4 Stdn. auf dem Dampfbad erhitzt. Der farblose Niederschlag wird abgesaugt und aus Essigsäure umkristallisiert; Ausbeute: 2,8 g (87% d. Th.); F: 189–191° (Zers.)

Das 5-Phenyl-5,10-dihydro-⟨dibenzo-[b;e]-arsenin⟩-5-oxid wird mit einem Überschuß an Phenylhydrazin in Äthanol-Essigsäure zum *5-Phenyl-5,10-dihydro-⟨dibenzo-[b;e]-arsenin⟩* reduziert[2]. Aus Tris-[3-amino-4-äthoxy-phenyl]-arsinoxid wird mit Raney-Nickel/Wasserstoff unter Druck *Tris-[3-amino-4-äthoxy-phenyl]-arsin* erhalten[3]:

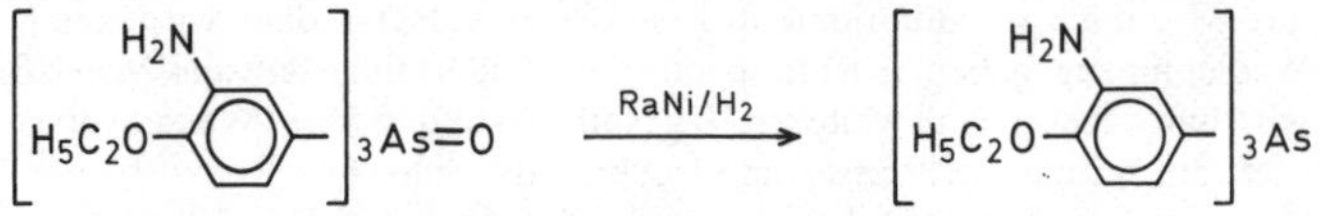

$$\left[\begin{array}{c} H_2N \\ H_5C_2O-\bigcirc \end{array}\right]_3 As=O \quad \xrightarrow{RaNi/H_2} \quad \left[\begin{array}{c} H_2N \\ H_5C_2O-\bigcirc \end{array}\right]_3 As$$

Auch Mercaptane vermögen Arsinoxide zu Arsinen zu reduzieren[4].

Tris-[3-nitro-phenyl]- und Trinaphthyl-(1)-arsinoxid werden durch Erhitzen von Schwefelwasserstoff in essigsaurer Lösung zu *Tris-[3-nitro-phenyl]-* bzw. *Trinaphthyl-(1)-arsin* reduziert[5].

Triphenyl-arsin-dichlorid kann mit Lithiumalanat oder -boranat in hoher Ausbeute zu *Triphenyl-arsin* reduziert werden[6]. In über 90%iger Ausbeute werden tert. Arsinoxide mit Lithiumalanat zu den entsprechenden tert. Arsinen reduziert[7].

Triaryl-arsinsulfide werden durch Ausschütteln bzw. Erhitzen mit metallischem Quecksilber in benzolischer Lösung nahezu quantitativ entschwefelt[5,8]:

$$Ar_3As=S \quad \xrightarrow{Hg} \quad Ar_3As \ + \ HgS$$

Auch Organolithium-Verbindungen wirken desulfierend[9]:

$$R_3As=S \ + \ R^1-Li \quad \xrightarrow{\text{Äther},-70°} \quad R_3As$$

Die Bedeutung der Reaktion liegt in der Hauptsache darin, daß sie oft bei optisch aktiven tert. Arsinsulfiden (s. S. 115) unter Erhaltung der Konfiguration am Arsenatom abläuft.

Triarylarsine entstehen als Zwischenstufe bei der Alkylierung von Triaryl-arsinsulfiden mit Alkyljodiden und können unter geeigneten Bedingungen isoliert werden[10]:

$$Ar_3As=S \ + \ R-J \quad \longrightarrow \quad Ar_3As \quad \xrightarrow{R-J} \quad [Ar_3\overset{\oplus}{As}-R] \ J^{\ominus}$$

[1] F. F. Blicke u. S. R. Sofir, Am. Soc. **63**, 575 (1941).
[2] F. G. Mann et al., Soc. **1958**, 294.
[3] J. R. Vaughn u. D. S. Tarbell, Am. Soc. **67**, 144 (1945).
[4] N. A. Chadaeva et al., Izv. Akad. SSSR **1975**, 1833.
[5] A. Michaelis, A. **321**, 248 (1902).
[6] E. Wiberg u. K. Mödritzer, Z. Naturf. **11**b, 751 (1956).
[7] T. Kaufmann et al., Ang. Ch. **89**, 52 (1977).
[8] E. Müller et al., A. **705**, 54, (1967).
[9] K. Mislow et al., Am. Soc. **95**, 952 (1973).
[10] A. J. Dah u. P. Fryen, Acta chem. scand. **24**, 3772 (1970).

So erhält man z. B. *Tris-[4-methyl-phenyl]-arsin* (38% d. Th.) bei der Alkylierung des entsprechenden Sulfids mit Äthyljodid[1].

### δ) Tert. Arsine aus quartären Arsoniumsalzen

#### δ₁) *durch Pyrolyse*

Erhitzt man z. B. quart. Arsoniumsalze, die mindestens eine Methyl-Gruppe am Arsen tragen, längere Zeit über ihre Schmelzpunkte hinaus, so erhält man unter Abspaltung von Methylhalogenid tert. Arsine[2,3]:

$$[R_3\overset{\oplus}{As}-CH_3]\, X^\ominus \xrightarrow{\ \nabla\ } R_3As\ +\ CH_3X$$

Ganz allgemein können Alkyl-Gruppen auf diese Weise aus quart. Arsoniumsalzen eliminiert werden, wobei die Methyl-Gruppe bevorzugt abgespalten wird. Allyl- und Benzyl-Gruppen werden ebenso leicht wie die Methyl-Gruppe abgespalten, weshalb man bei Salzen, die neben der Methyl- eine Allyl- oder Benzyl-Gruppe am Arsen enthalten, keine einheitlichen tert. Arsine erhält[4,5]. Besondere Anwendung findet diese Methode bei der Herstellung cyclischer tert. Arsine[6-13].

Meistens wird die Pyrolyse bei vermindertem Druck durchgeführt. Die Ausbeuten können in Abhängigkeit von der Struktur des eingesetzten Arsoniumsalzes stark variieren, so führt die Pyrolyse von 1,4-Dimethyl-1,4-diphenyl-diarsenan-dionium-dibromid bei 0,5 Torr in nur 29%-iger Ausbeute zu *1,4-Diphenyl-1,4-diarsenan* (F: 142–144°)[7]:

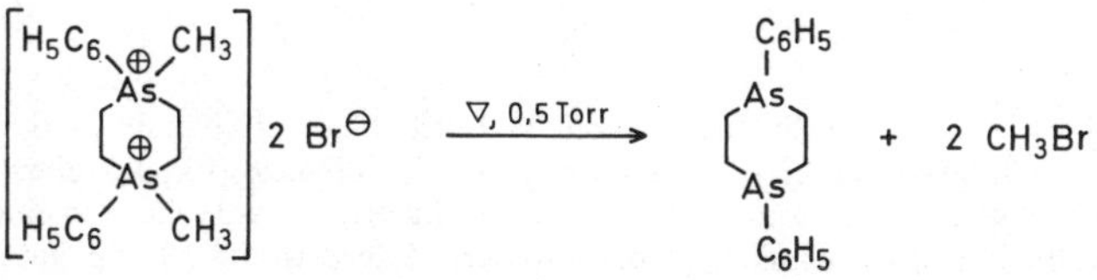

Umlagerungsreaktionen können während der Pyrolyse nicht ausgeschlossen werden wie das folgende Beispiel zeigt[7]:

[1] A. J. Dah u. P. Fryen, Acta chem. scand. **24**, 3772 (1970).
[2] G. J. Burrows u. E. E. Turner, Soc. **119**, 426 (1921).
[3] D. E. Worrall, Am. Soc. **52**, 664 (1930); **62**, 2514 (1940).
[4] F. G. Mann, Soc. **1945**, 65.
[5] S. Samaan, unveröffentlichte Versuche, Mainz 1970.
   s. a. E. R. H. Jones u. F. G. Mann, Soc. **1955**, 401, 405, 411.
[6] F. G. Mann u. F. C. Baker, Soc. **1952**, 4142.
[7] E. R. H. Jones u. F. G. Mann, Soc. **1955**, 401, 405, 411.
[8] E. R. H. Jones u. F. G. Mann, Soc. **1955**, 4472.
[9] H. Heaney et al., Soc. **1958**, 3838.
[10] M. H. Forbes et al., Soc. **1961**, 2762.
[11] M. Heinekey et al., Soc. **1963**, 725 (1963).
[12] D. A. Thornthon, J. S. African Chem. Inst. **17**, 61 (1964).
[13] Eine Zusammenfassung der Arbeiten über diese Reaktion findet man bei F. G. Mann: *The Heterocyclic Derivates of Phosphorus Arsenic, Antimony, and Bismuth*, 2. Aufl., Interscience, New York 1970.

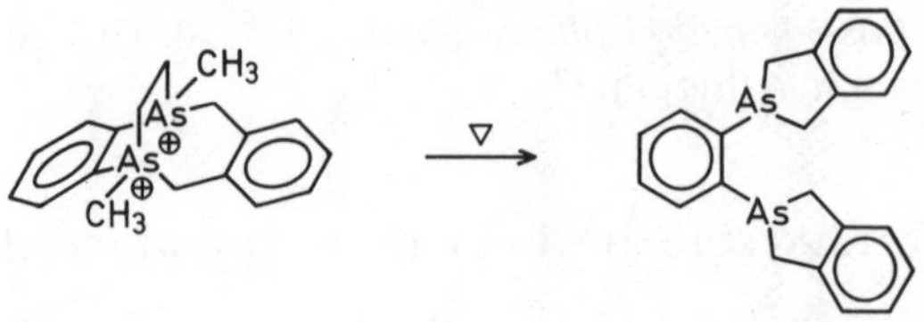

*1,2-Bis-[2,3-dihydro-⟨benzo-[c]-arsol⟩-2-yl]-benzol*
53% d.Th.; F: 129–131°

Trotz der meistens mäßigen Ausbeuten und der Schwierigkeit, den Ablauf der Pyrolyse eindeutig vorauszusagen, bietet diese Methode die Möglichkeit, Arsenheterocyclen herzustellen,die auf andere Wege kaum zugänglich sind. Die Temperatur und die Dauer der Pyrolyse hängen vom Arsoniumsalz ab. Am besten führt man die Pyrolyse in einer Destillationsapparatur durch und heizt (vorteilhaft in einem Luftbad) langsam auf. Die leichtflüchtigen Spaltprodukte können in einer Kühlfalle (fl. Stickstoff) abgefangen werden, während die meistens hochsiedenden tert. Arsine in der Destillationsvorlage aufgefangen werden[1] Einen entscheidenden Einfluß auf den Vorlauf der Pyrolyse können die Anionen ausüben[2] (s. Tab. 13, S. 95).

**5-Methyl-5H-⟨dibenzo-arsol⟩[1]:**

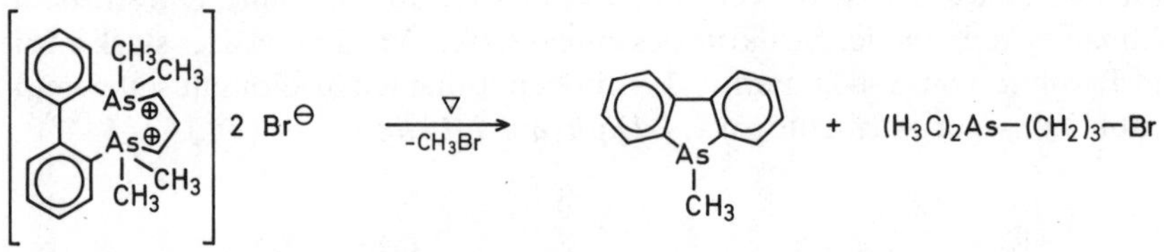

In einer Destillationsapparatur mit Einleitungskapillare, Luftkühler und Kühlfalle (fl. Sauerstoff) werden 12 g fein gepulvertes 5,5,9,9-Tetramethyl-6,7,8,9-tetrahydro-5H-⟨dibenzo-[f;h]-1,5-diarsonia-cyclononatetraen⟩-dibromid[1] vorgelegt und die Apparatur auf 0,05 Torr evakuiert. Es wird sodann in einem Luftbad auf 230° erhitzt, wobei eine gelbe Flüssigkeit allmählich überdestilliert. Zuletzt wird die Temp. auf 260° erhöht. Das gesammelte Destillat wird anschließend unter Stickstoff i. Vak. fraktioniert; Ausbeute: 2,5 g (49% d. Th.); Kp$_{0,2}$: 110°.

Bei gemischten Arsonium-Phosphonium-Salzen erleidet nur die Arsonium-Struktur eine pyrolytische Spaltung[3]; z. B.:

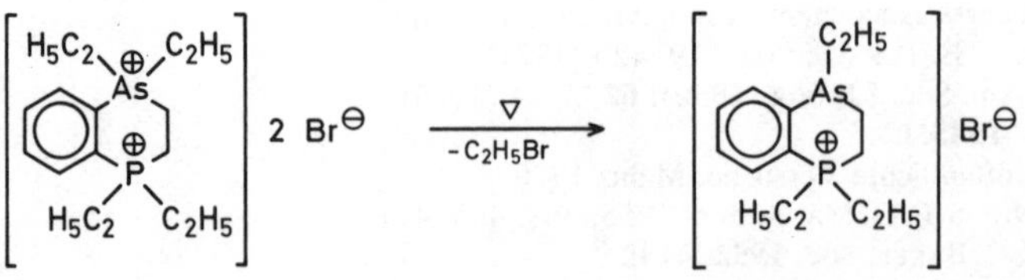

*1,1,4-Triäthyl-1,2,3,4-tetrahydro-⟨benzo-
1,4-phosphoniaarsenin⟩-bromid*

[1] H. HEANEY et al., Soc. **1958**, 3838.
[2] F. G. MANN et al., Soc. **1965**, 6342.
[3] E. R. H. JONES u. F. G. MANN, Soc. **1955**, 4472.

Tab. 13: Tert. Arsine durch Pyrolyse quartärer Arsoniumsalze

| Arsoniumsalz | Pyrolysebedingungen [°C] | [Torr] | tert. Arsin | Ausbeute [% d. Th.] | Kp [°C] | [Torr] | Literatur |
|---|---|---|---|---|---|---|---|
| [(H₃C)₃As⊕−CHICH₂−CH₂−CH₂−OC₂H₅/2] Br⊖ | 1. Kochen in HBr<br>2. 200°/0,1 | |  <br>1-Arsa-bicyclo[3.3.0]octan | – | 100–102 | 17 | 1 |
| 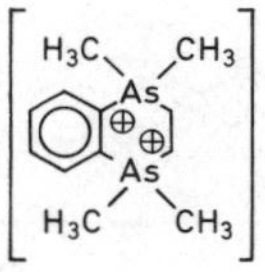 | ▽ | 0,03 | 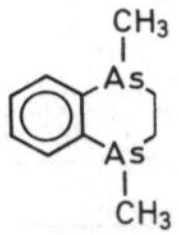 <br>1,4-Dimethyl-1,2,3,4-tetrahydro-⟨benzo-1,4-diarsenin⟩ | – | 94–97 | 0,015 | 2 |
| 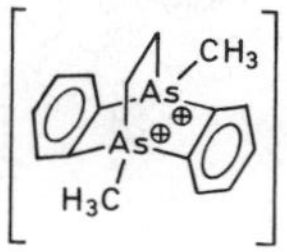 | >250 | 0,1 | 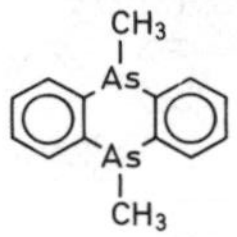 <br>5,10-Dimethyl-5,10-dihydro-⟨dibenzo-1,4-diarsenin⟩ | – | (F.: 191–192°) | | 3 |
| n = 1 | 250 | 0,15 | 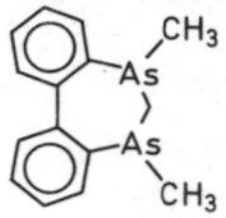 <br>5,7-Dimethyl-6,7-dihydro-5H-⟨dibenzo-[d;f]-1,3-diarsepin⟩ | 93 | (F.: 95,5–96°) | | 4,5 |

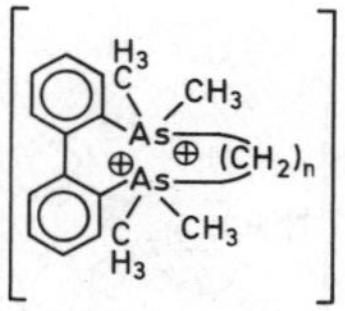

[1] M. Heinekey et al., Soc. 1963, 725.
[2] F. G. Mann u. F. C. Baker, Soc. 1952, 4142.
[3] E. R. H. Jones u. F. G. Mann, Soc. 1955, 411.
[4] H. Heaney et al., Soc. 1958, 3838.
[5] M. H. Forbes et al., Soc. 1961, 2762.

Tab. 13. (1. Fortsetzung)

| Arsoniumsalz | Pyrolysebedingungen [°C] | [Torr] | tert. Arsin | Ausbeute [% d.Th.] | Kp [°C] | [Torr] | Literatur |
|---|---|---|---|---|---|---|---|
| 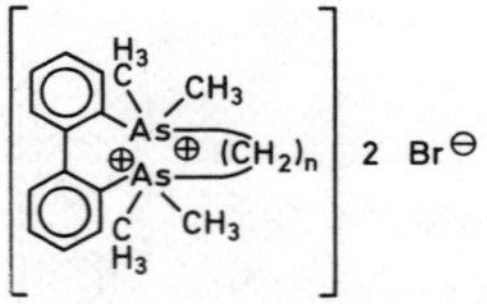 n = 2 (Hydroxid) | 160 | 0,05 | 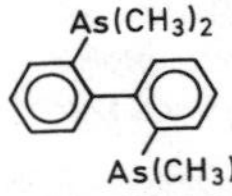 As(CH₃)₂ ... As(CH₃)₂ <br> 2,2'-Bis-[dimethyl-arsino]-biphenyl | – | 120 | 0,1 | 1 |
| n = 3, 4 | | | 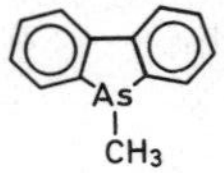 5-Methyl-5H-⟨dibenzo-arsol⟩ | – | | | 1,2 |
| 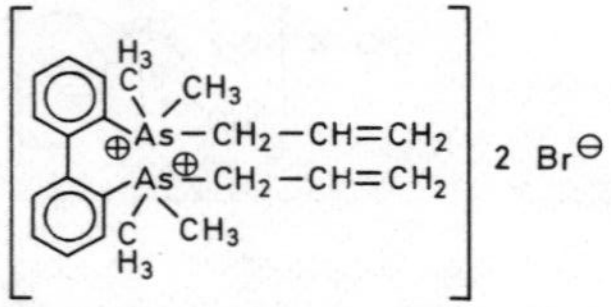 2 Br⊖ | 250 | 0,05 | 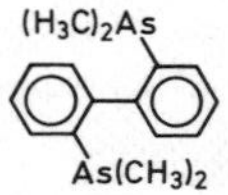 (H₃C)₂As ... As(CH₃)₂ <br> 2,2'-Bis-[dimethylarsino]-biphenyl | – | 120 | 0,1 | 1 |
| 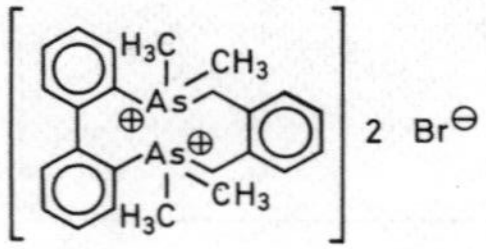 2 Br⊖ | 210 | 0,05 | 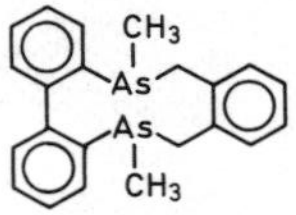 5,12-Dimethyl-5,6,11,12-tetrahydro-⟨tribenzo-[b;d;h]-1,6-diarsa-cyclodecapentaen⟩ | – | (F.: 110–111°) | | 3 |

1 H. Heaney et al., Soc. 1958. 3838.
2 M. H. Forbes et al., Soc. 1961, 2762.
3 M. H. Forbes et al., Soc. 1958. 3838.

Tab. 13 (2. Fortsetzung)

| Arsoniumsalz | Pyrolysebedingungen [°C] | [Torr] | tert. Arsin | Ausbeute [% d.Th.] | Kp [°C] | [Torr] | Literatur |
|---|---|---|---|---|---|---|---|
| 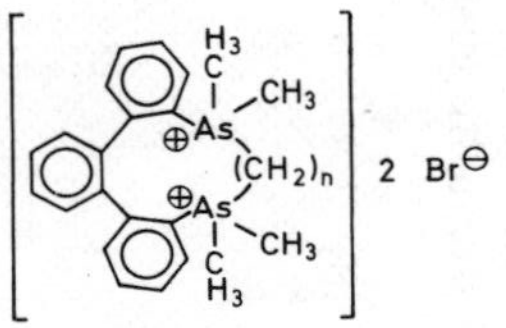 2 Br⊖   n = 1 | 245 | 0,1 | 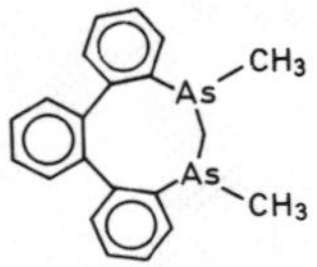 5,7-Dimethyl-6,7-dihydro-5H-⟨tribenzo-1,3-diarsa-cyclonona-tetraen⟩ | — | (F.: 137–138°) | | 1 |
| n = 2 | 200–205 | 14 | 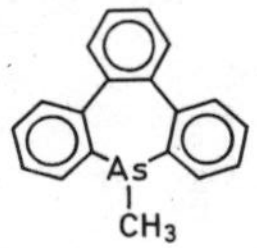 5-Methyl-5H-⟨tribenzo-arsepin⟩ | — | (F.: 159–160°) | | 1 |
| 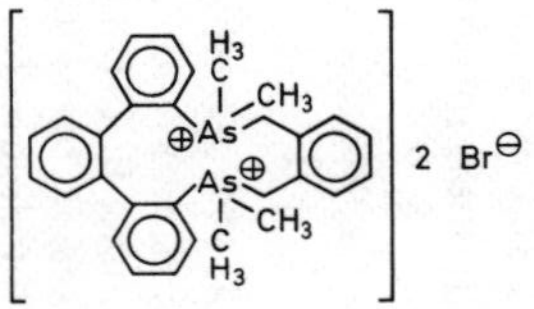 | 185–190 | 14 | 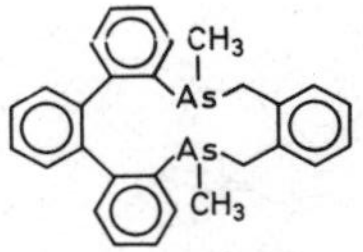 5,12-Dimethyl-5,6,11,12-tetrahydro-⟨tetrabenzo-[c:g:i:k]-1,6-diarsa-cyclododecahexaen⟩ | — | (F.: 67–71°) | | 1 |
| 2 J⊖ | 245–250 | 14 | 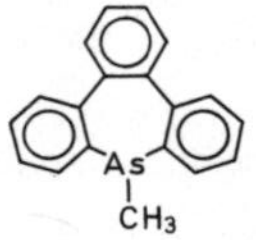 5-Methyl-5H-⟨tribenzo-arsepin⟩ | — | (F.: 154–155°) | | 1 |

[1] F. G. MANN et al., Soc. **1965**, 6342.

Ohne präparative Bedeutung ist die thermische Zersetzung von Pentaaryl-arsenen zu tert. Arylarsinen[1,2].

As-Methyl- bzw. -Aryl-spiro-Derivate I werden beim Erhitzen über ihre Schmelzpunkte in tertiäre 9-Ring-Arsine umgewandelt[2-4]:

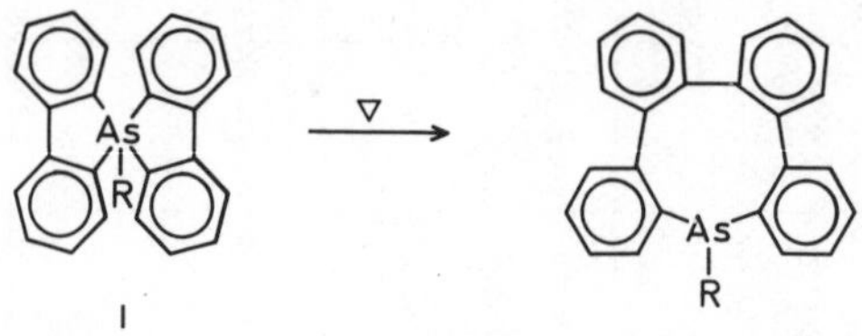

**5-Methyl-5H-⟨tetrabenzo-arsonin⟩**[3]: 10 mMol As-Methyl-dibenzoarsol-⟨5-spiro-5⟩-dibenzoarsol werden unter Stickstoff auf 250° erhitzt. Hierbei sublimiert ein farbloses Produkt hoch. Nach 10 Min. kühlt man die Mischung, trennt das Sublimat vorsichtig ab und kristallisiert es aus Äthanol um; Ausbeute: 34 mg (1% d. Th.) *5-Biphenylyl-(2)-dibenzoarsol* (F: 130–131°).

Das am Boden des Gefäßes befindliche glasartige Thermolyseprodukt wird aus Äther umkristallisiert; Ausbeute: 3,7 g (94% d. Th); F: 145–146°.

Höhere As-Alkyl-Derivate eliminieren beim Erhitzen auf höhere Temperaturen Olefine unter Bildung von z. B. *5-Biphenylyl-(2)-dibenzoarsol*[3,4]:

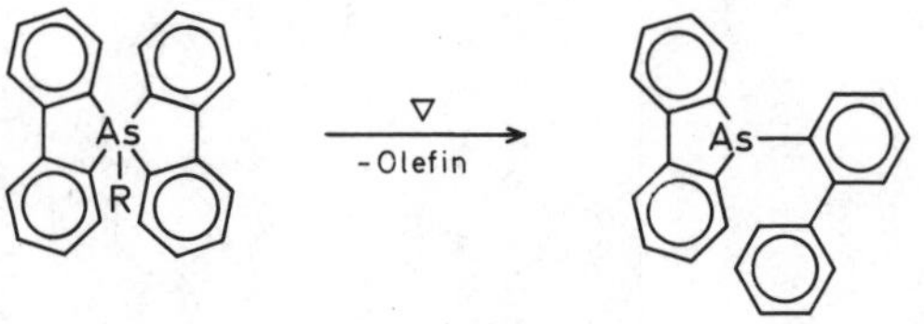

$$R = C_2H_5, C_4H_9, CH(CH_3)_2, C_5H_9, C(CH_3)_3$$

Das As-(2-Phenyl-vinyl)-Derivat wird thermisch in *5-[2'-(2-Phenyl-vinyl)-biphenyl-yl-(2)]-dibenzoarsol* umgelagert[4]:

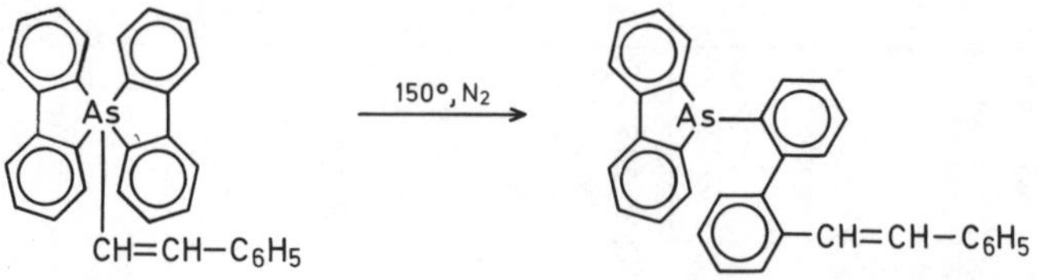

cis bzw. trans

cis-: 69% d. Th.; F: 127–128°
trans-: 75% d. Th.; F: 123–125°

## δ₂) Elektrochemische Spaltung

Quartäre Arsoniumsalze werden an der Quecksilber- bzw. Blei-Kathode unter Aufnahme von zwei Elektronen in tert. Arsine und Kohlenwasserstoffe gespalten[5]:

$$[(H_5C_6)_3\overset{\oplus}{As}-R]\, Br^{\ominus} \;+\; 2e^{\ominus} \;+\; H^{\oplus} \longrightarrow (H_5C_6)_3As \;+\; R-H$$

[1] G. Wittig u. K. Clauss, A. **577**, 26 (1952).
[2] G. Wittig u. D. Hellwinkel, B. **97**, 769 (1964).
[3] D. Hellwinkel u. G. Kilthau, B. **101**, 121 (1968).
[4] D. Hellwinkel u. B. Knabe, B. **104**, 1761 (1971).
[5] L. Horner u. H. Fuchs, Tetrahedron Letters **5**, 203 (1962).

Diese erstmalig bei quart. Ammonium- und Phosphoniumsalzen[1] angewandte Methode wirkte auf die Organochemie des Arsens insofern stimulierend, als durch die elektrochemische Spaltung von chiralen Arsoniumsalzen, die eine Benzyl-Gruppe enthalten, die Herstellung von optisch aktiven offenkettigen tert. Arsinen gelang (s. S. 113). Die Leichtigkeit, mit der ein Rest R vom Arsoniumsalz abgespalten wird, nimmt in der folgenden Reihe zu[2]:

$$CH_3 \; < \; C_2H_5 \; < \; 4\text{-}H_3C\text{--}C_6H_4 \; < \; C_4H_9 \; < \; C_6H_5 \; < \; H_2C\text{--}CO\text{--}C_6H_5 \; \approx \; H_2C\text{--}C_6H_5 \; \approx \; H_2C\text{--}CH{=}CH_2$$

Diese, durch quantitative Bestimmung der an der Quecksilber-Kathode gebildeten Produkte, aufgestellte Reihe zeigt die gleiche Tendenz, wie sie die Reduktionspotentiale der entsprechenden Salze haben[2,3]. Vergleicht man die Halbstufenpotentiale der 1. Stufe von Triphenyl-benzyl-arsoniumbromid ($-E = 1{,}213$ V[3]) und Allyl-triphenyl-arsoniumbromid ($-E = 1{,}20$ V[4]) miteinander, so wird verständlich, warum bei der Elektrolyse eines Allyl-benzyl-diorgano-arsoniumsalzes sowohl der Allyl- als auch der Benzyl-Rest abgespalten werden[5]. Die Aussagekraft solcher Abspaltungsreihen ist jedoch begrenzt, da es sich hierbei um eine „relative Haftfestigkeit" der Liganden handelt. Das Verhältnis der Spaltprodukte wird dabei von der Temperatur und dem Kathodenmaterial beeinflußt[6]. Ursachen und Richtung der Beeinflussung sind jedoch noch nicht geklärt.

Eine Entscheidung, ob bei der kathodischen Reduktion der Oniumsalze es sich um zwei Ein- oder einen Zwei-Elektronen-Schritt handelt, kann vorläufig nicht gefällt werden[3,6−11]:

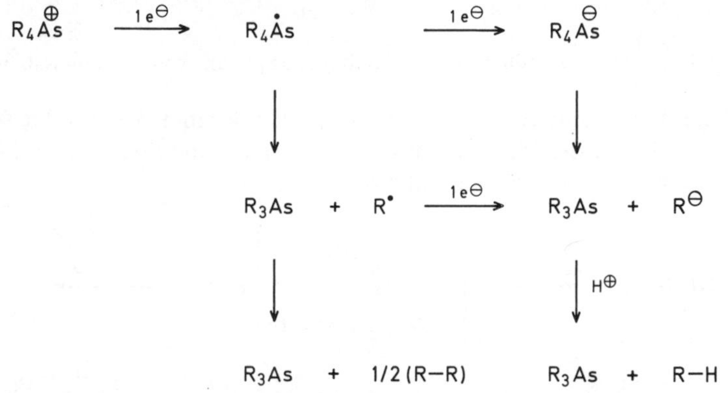

**tert. Arsine durch Elektrolyse quartärer Arsoniumsalze; allgemeine Anleitung:**

A p p a r a t u r : Die in Abb. 1 (S. 100) eingezeichnete Tonzelle wird mit einer Gummimanschette im Schliff gehalten. In diese ragt fast zum Boden ein Kohle-Stab als Anode. Die Tonzelle ist während der Elektrolyse ~ 1,5 cm mit Wasser gefüllt. Das durch Entladung des Halogen-Anions gebildete Halogen greift die Anode an, wobei Kohleschlamm entsteht und den Widerstand soweit erhöht, daß kein Strom durch die Lösung fließt. Dies wird beseitigt, indem man die Anode durch ein Eintropfrohr mit Wasser langsam und kontinuierlich spült und gleichzeitig durch ein anderes Rohr, das an einer Wasserstrahlpumpe angeschlossen ist, den Anodenschlamm durch schwaches Vakuum absaugt.

---

[1] L. Horner u. A. Mentrup, A. **646**, 65 (1961).

[2] L. Horner et al., B. **96**, 3141 (1963); **101**, 2903 (1968).

[3] L. Horner u. J. Haufe, J. Elektroanal. Chem. **20**, 245 (1969).

[4] L. Horner et al., B. **103**, 1582 (1970).

[5] L. Horner u. H. Fuchs, Tetrahedron Letters **1963**, 1573.

[6] L. Horner et al., Phosphorus **3**, 175 (1973).

[7] H. Matschiner u. K. Issleib, Z. anorg. Ch. **354**, 60 (1967).

[8] S. Wawzonek u. J. H. Wagenknecht, Polarography **1964**, 1035.

[9] A. V. Ill'yasov et al., Izv. Akad. SSSR. **1971,** 770; C.A. **75**, 87826 (1971)

[10] J. M. Savéant u. S. K. Bihn, Bl. **9**, 3549 (1972).

[11] D. A. Tyssee, J. Elektroanal. Chem. **30**, 14 (1971).

Ausführung: Die Elektrolyse kann in Wasser oder Methanol durchgeführt werden. In wäßriger Lösung ist das Einsetzen von Arsoniumbromiden oder -chloriden wegen ihrer besseren Löslichkeit von Vorteil. Damit die entstandenen tert. Arsine sich nicht an der Quecksilberoberfläche absetzen und dadurch den Widerstand der Lösung erhöhen, wird die wäßrige Lösung mit Toluol überschichtet, in dem sich die tert. Arsine lösen und so dem Elektrolyseprozeß entzogen werden. Bei Verwendung von Methanol als Lösungsmittel wird in einer Phase gearbeitet. Man muß jedoch wegen der geringeren Leitfähigkeit mit längerer Elektrolysedauer rechnen. Das Ende der Elektrolyse zeigt sich normalerweise durch einen starken Stromabfall an. Meistens beobachtet man jedoch gegen Ende der Elektrolyse eine zunächst schwache, dann immer stärker werdende Wasserstoffentwicklung. Die Lösung reagiert gegen Ende alkalisch. Das als Kathode verwendete Quecksilber muß nach 4–5-maligem Gebrauch gereinigt werden. Die Lösungen der gebildeten Arsine werden destillativ aufgearbeitet. Bei festen luftstabilen Arsinen wird das Lösungsmittel abgezogen und der Rückstand umkristallisiert.

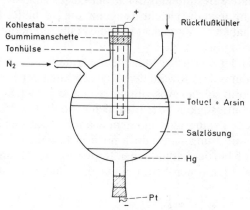

Abb. 1: Versuchsanordnung für die kathodische Spaltung von Arsoniumsalzen[1]

Die hohe Selektivität, mit der eine Benzyl-Gruppe vor einer Alkyl- oder Aryl-Gruppe abgespalten wird, bietet die Möglichkeit durch alternierende Spaltung und Quartärisierung unsymmetrische tert. Arsine aufzubauen[2]; z. B.:

Methyl-phenyl-benzyl-arsin[3]: 130 g (0,35 Mol) Methyl-phenyl-dibenzyl-arsoniumbromid werden in ein1-$l$-Elektrolysegefäß (s. oben) gegeben und mit 350 $ml$ Wasser versetzt. Die wäßrige Phase wird mit ~150 $ml$ Toluol überschichtet. Durch das Gefäß wird dann reiner Stickstoff geleitet. Man legt eine Klemmspannung von 24 Volt an, wobei die Lösung sich langsam erwärmt und die Temp. 80–90° erreicht. Die Stromstärke beträgt 2–6 Ampere. Das Ende der Elektrolyse zeigt sich durch Stromabfall und starke Wasserstoffentwicklung an. Nach Abtrennung und Trocknung der Toluol-Phase wird das Lösungsmittel abdestilliert und der Rückstand i. Vak. fraktioniert; Ausbeute: 70 g (87% d. Th.); $Kp_{0,4}$: 120°.

Bei Salzen, die keine gut abspaltbare Gruppe, wie z. B. die Benzyl-, Allyl-, 2-Oxo-2-phenyl-äthyl- oder Äthoxycarbonylmethyl-Gruppe tragen, entsteht ein Gemisch von tert.

[1] L. HORNER u. A. MENTRUP, A. **646**, 65 (1961).
[2] L. HORNER, Helv. **49**, 93 (1966).
[3] H. FUCHS, Dissertation, Mainz 1962.

Arsinen, die dann durch Fraktionierung getrennt werden können[1]. Das Verhältnis der gebildeten Arsine wird dabei von der Temperatur und vom Kathodenmaterial beeinflußt[2]. Die bisherigen Untersuchungen erlauben keine Aussage über Gründe und Richtung dieser Beeinflussung[2]. Aus diesem Grunde gilt das in Tab. 14, (S. 102) angegebene Produktverhältnis nur beim Arbeiten in wäßriger Lösung (60–90°) an der Quecksilber-Kathode. Es ist nicht auszuschließen, daß quart. Arsoniumsalze analog quart. Phosphoniumsalzen in ungeteilten Zellen mit Aluminium als Kathode und Anode elektrolysiert werden können[3]. Dies würde eine erhebliche präparative Vereinfachung darstellen.

### $\vartheta_3$) Hydrogenolytische Spaltung

Quartäre Arsoniumsalze werden mit Lithiumalanat in Tetrahydrofuran in tert. Arsine gespalten[4]:

$$[(H_5C_6)_3As-R]^{\oplus} Br^{\ominus} \; + \; LiAlH_4 \; \xrightarrow{THF} \; (H_5C_6)_3As \; + \; (H_5C_6)_2As-R$$

Der Mechanismus dieser Reaktion ist ungeklärt. Ebensowenig sind die nicht arsenhaltigen Spaltprodukte untersucht. Aus den Spaltungsergebnissen einiger Salze des Triphenylarsins läßt sich folgende Reihe von Liganden mit zunehmender Abspaltungstendenz feststellen[5]:

$$CH_3 \; < \; C_6H_5 \; < \; C_2H_5 \; < \; C_3H_7 \; < \; C_4H_9 \; < \; H_2C-C_6H_5, H_2C-CH=CH_2$$

Diese Abspaltungstendenz der Liganden zeigt eine gewisse Ähnlichkeit mit der Abspaltungsreihe bei der elektrochemischen Spaltung (s. S. 99). Demnach wird der Benzyl- bzw. Allyl-Rest besonders leicht abgespalten. Die Bedeutung dieser Methode liegt darin, daß die Spaltung chiraler Arsoniumsalze mit einem Benzyl-Rest unter Konfigurationserhaltung am Arsen-Atom verläuft[4] (s. S. 113).

**tert. Arsine aus quartären Arsoniumsalzen und Lithiumalanat[4]; allgemeine Herstellungsvorschrift:** Eine Lösung bzw. Suspension von 4–8 g Arsoniumsalz in 50–75 $ml$ abs. Tetrahydrofuran werden 4 Stdn. mit 2 g Lithiumalanat unter Rückfluß erhitzt. Man destilliert das Lösungsmittel ab, überdeckt den Rückstand mit Benzol, versetzt langsam mit Wasser, saugt von Aluminiumoxid ab und wäscht 2mal mit Äther nach. Die tert. Arsine werden entweder aus Methanol umkristallisiert oder durch Destillation i. Vak. gereinigt.

Nach dieser Arbeitsweise entsteht *Triphenyl-arsin* durch Spaltung von Allyl- bzw. Benzyl-triphenyl-arsoniumbromid in 90 bzw. 98%-iger Ausbeute. Aus n-Alkyl-triphenyl-arsoniumsalzen werden neben *Triphenyl-arsin* die entsprechenden n-Alkyl-diphenyl-arsine erhalten, wobei der Anteil an Alkyl-diphenyl-arsin mit zunehmender Kettenlänge des Alkyl-Restes abnimmt[4]. *Methyl-phenyl-benzyl-arsin* wird bei der Spaltung von Methyl-phenyl-dibenzyl-arsoniumbromid in 97%-iger Ausbeute gebildet[5]. Diese hohe Selektivität, mit der nur ein Benzyl-Rest abgespalten wird, läßt die Spaltung mit Lithiumalanat zu einer Alternative zur eletrochemischen Spaltung beim Aufbau von unsymmetrischen Arsinen werden (s. S. 100). Die Lithiumalanat-Spaltung bietet dabei den Vorteil, größere Mengen Salz zu spalten und präparativ einfach zu sein. Inwieweit die Selektivität der Benzyl-Gruppenabspaltung erhalten bleibt, wenn das quart. Salz neben dem Benzyl- noch einen Allyl-Rest trägt, ist nicht bekannt. Bei solchen Salzen hat sich die Cyanolyse oder die Hydrolyse bewährt (s. S. 103).

---

[1] H. FUCHS, Diplomarbeit Mainz 1960.
[2] L. HORNER et al., Phosphorus **3**, 175 (1973).
[3] L. HORNER et al., Phosphorus **3**, 183 (1973).
[4] L. HORNER u. M. ERNST, B. **103**, 318 (1970).
[5] M. ERNST, Dissertation Mainz (1971).

Tab. 14: Tert. Arsine durch elektrochemische Spaltung quartärer Arsoniumsalze an der Quecksilberkathode in Waser (60–90°)
$E = 24\,V$; $I = 0,5$–$2$ Amp.

| Ausgangsverbindung | 1. Arsin | Ausbeute [% d.Th.] | Kp [°C] | Kp [Torr] | 2. Arsin | Ausbeute [% d.Th.] | Kp [°C] | Kp [Torr] | Literatur |
|---|---|---|---|---|---|---|---|---|---|
| $[(H_5C_6)_3As\!-\!CH_3]^{\oplus}\,Br^{\ominus}$ | *Triphenylarsin* | 70 |  |  | *Methyl-diphenyl-arsin* | 25 | 118–122 | 1,2 | 1 |
| $[(H_5C_6)_3As\!-\!C_2H_5]^{\oplus}\,Br^{\ominus}$ |  | 61 | (F: 60–61°) |  | *Äthyl-diphenyl-arsin* | 31 | 107–111 | 0,5 | 1 |
| $[(H_5C_6)_3As\!-\!CH_2\!-\!CO\!-\!OC_2H_5]^{\oplus}Br^{\ominus}$ |  | 97 |  |  | – | – | – | – | 1 |
| $[(H_5C_6)_3As\!-\!CH_2\!-\!CH\!=\!CH_2]^{\oplus}Br^{\ominus}$ |  | 100 |  |  | – | – | – | – | 1 |
| $[(H_5C_6)_2As\!-\!CH_2\!-\!CH\!=\!CH_2]^{\oplus}Br^{\ominus}$ (CH₃) | *Methyl-diphenyl-arsin* | 93 | 118–122 | 1–1,5 | – | – | – | – | 1 |
| $[(H_5C_6\!-\!CH_2)_3As\!-\!CH_2\!-\!CO\!-\!OC_2H_5]^{\oplus}Br^{\ominus}$ | *Tribenzyl-arsin* | 95 | (F: 103–104) |  | – | – | – | – | 1 |
| $[H_5C_6\!-\!CH_2)_3As\!-\!CH_3]Br^{\ominus}$ * | *Methyl-dibenzyl-arsin* | 95 | 144–145 | 1,2–1,3 | – | – | – | – | 1 |
| $[(H_5C_6)_2As\ \substack{CH_3\\ C_4H_9}]Br^{\ominus}$ | *Methyl-diphenyl-arsin* | 38 | 118–122 | 1–1,5 | *Methyl-butyl-phenyl-arsin* | 44 | 112 | 5 | 1 |
| $[(H_3C\!-\!)_3As\!-\!CH_3]Br^{\ominus}$ | *Tris-[4-methyl-phenyl]-arsin* | 21 | (F: 145–146) |  | *Methyl-bis-[4-methyl-phenyl]-arsin* | 45 | 144–145 | 0,5 | 1 |
| 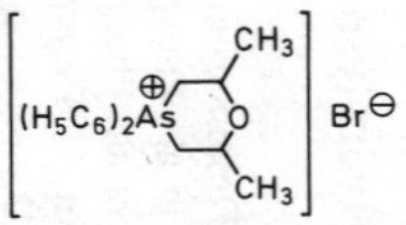 $[(H_5C_6)_2As\ \text{(2,6-Dimethyl-4-phenyl-1,4-oxa-arsenan)}]Br^{\ominus}$ | *2,6-Dimethyl-4-phenyl-1,4-oxa-arsenan* | 29 | 69–71 | 0,05 | *(2-Hydroxy-propyl)-diphenyl-arsin* | 65 | 128–132 | 0,05 | 2 |

\* In Methanol

[1] H. Fuchs, Diplomarbeit, Mainz 1960.

[2] L. Horner u. S. Samaan, Phosphorus **4**, 1 (1974).

### $\vartheta_4$) *Cyanolytische oder hydrolytische Spaltung*

Quartäre Arsoniumsalze, die eine Allyl-Gruppe enthalten, werden durch Kaliumcyanid bei 100° in tert. Arsine und 2-Methyl-acrylnitril gespalten[1-3]:

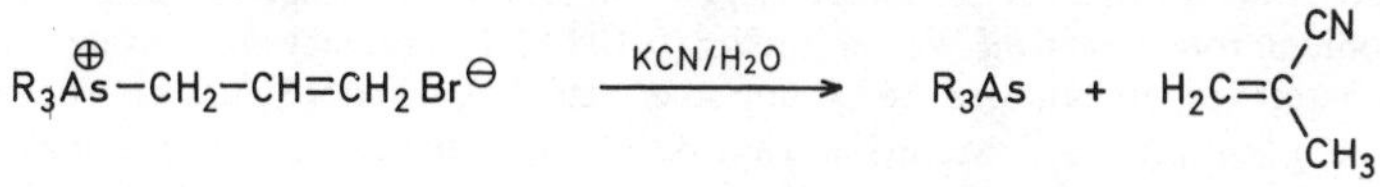

$$R_3\overset{\oplus}{As}-CH_2-CH=CH_2 \; Br^{\ominus} \quad \xrightarrow{KCN/H_2O} \quad R_3As \;+\; H_2C=C\overset{CN}{\underset{CH_3}{\diagup}}$$

Wichtig bei dieser Reaktion ist, daß der Allyl-Rest selektiv abgespalten wird. Aus Salzen, die mehr als einen Allyl-Rest tragen wird nur eine Allyl-Gruppe abgespalten[1-3]:

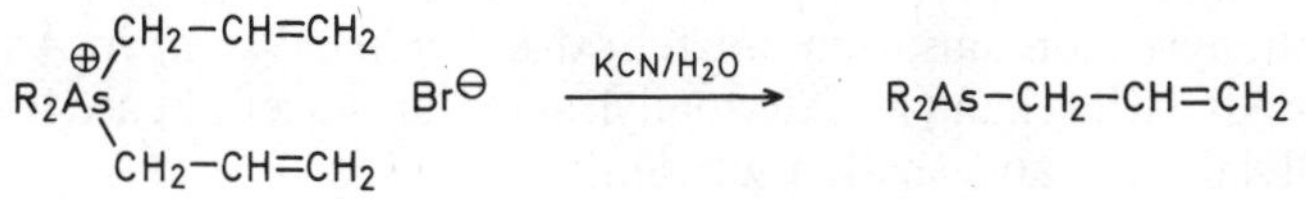

$$R_2\overset{\oplus}{As}\overset{CH_2-CH=CH_2}{\underset{CH_2-CH=CH_2}{\diagup\diagdown}} \; Br^{\ominus} \quad \xrightarrow{KCN/H_2O} \quad R_2As-CH_2-CH=CH_2$$

Dies eröffnet neben der elektrochemischen Spaltung (s. S. 98) einen weiteren Weg, durch alternierende Spaltung und Quartärisierung unsymmetrische Arsine aufzubauen[1]. Die Spaltung chiraler Arsoniumsalze führt unter Konfigurationserhaltung zu optisch aktiven tert. Arsinen[1] (s. S. 113).

Diese als „Cyanolyse" bezeichnete Reaktion verläuft am günstigsten je mehr aromatische Reste am Arsen stehen[1-3], so wird Trimethyl-allyl-arsoniumbromid selbst beim fünfstündigen Kochen mit wäßrigem Kaliumcyanid kaum gespalten[4]. Substituenten am Allyl-Rest beeinträchtigen die Reaktion, wobei der einfache Allyl-Rest am leichtesten abgespalten wird[2,3]. Die Spaltung verläuft nicht nach Art einer Hofmann-Eliminierung[5] sondern nach vorgeschalteter Isomerisierung des Allyl-Restes nach einem Additions-Eliminierungs-Mechanismus[3,6]:

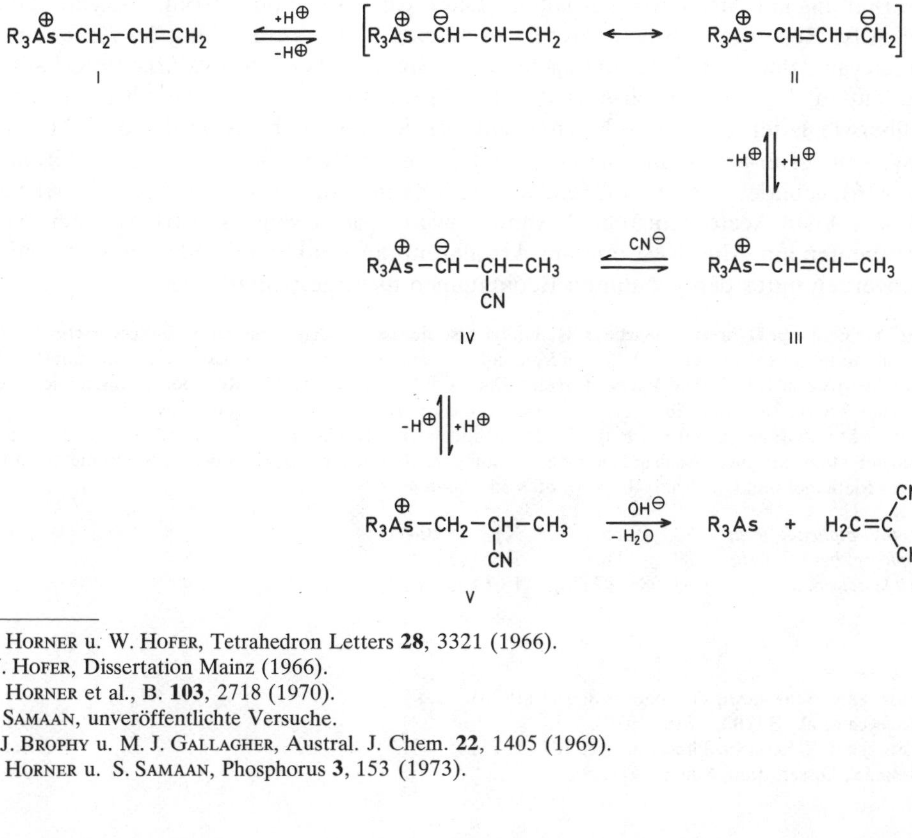

$$R_3\overset{\oplus}{As}-CH_2-CH=CH_2 \quad \underset{-H^{\oplus}}{\overset{+H^{\oplus}}{\rightleftharpoons}} \quad \left[R_3\overset{\oplus}{As}-\overset{\ominus}{CH}-CH=CH_2 \quad \longleftrightarrow \quad R_3\overset{\oplus}{As}-CH=CH-\overset{\ominus}{CH_2}\right]$$

$$\text{I} \qquad\qquad\qquad\qquad\qquad\qquad\qquad \text{II}$$

$$\underset{+H^{\oplus}}{\overset{-H^{\oplus}}{\updownarrow}}$$

$$R_3\overset{\oplus}{As}-\overset{\ominus}{CH}-CH-CH_3 \quad \underset{CN^{\ominus}}{\rightleftharpoons} \quad R_3\overset{\oplus}{As}-CH=CH-CH_3$$
$$\qquad\qquad \underset{CN}{|}$$

$$\text{IV} \qquad\qquad\qquad\qquad\qquad\qquad \text{III}$$

$$\underset{+H^{\oplus}}{\overset{-H^{\oplus}}{\updownarrow}}$$

$$R_3\overset{\oplus}{As}-CH_2-\underset{CN}{\overset{|}{CH}}-CH_3 \quad \xrightarrow[-H_2O]{OH^{\ominus}} \quad R_3As \;+\; H_2C=C\overset{CN}{\underset{CH_3}{\diagup}}$$

$$\text{V}$$

[1] L. HORNER u. W. HOFER, Tetrahedron Letters **28**, 3321 (1966).
[2] W. HOFER, Dissertation Mainz (1966).
[3] L. HORNER et al., B. **103**, 2718 (1970).
[4] S. SAMAAN, unveröffentlichte Versuche.
[5] J. J. BROPHY u. M. J. GALLAGHER, Austral. J. Chem. **22**, 1405 (1969).
[6] L. HORNER u. S. SAMAAN, Phosphorus **3**, 153 (1973).

Nach diesem Schema ist verständlich, daß Allyl-Reste, die zum Arsenatom keinen ständigen Wasserstoff besitzen, mit Kaliumcyanid nicht abgespalten werden können. Die Reaktion bleibt in diesem Falle auf der Stufe des Salzes V (S. 95) stehen[1].

**Methyl-allyl-phenyl-arsin**[2]: In einer Destillationsapparatur wird eine Lösung von 27 g (0,082 Mol) Methyl-diallyl-phenyl-arsoniumbromid in 50 *ml* Wasser mit 7 g (0,108 Mol) Kaliumcyanid versetzt. Nachdem man die Apparatur mit Stickstoff gespült hat, wird die Lösung so erhitzt, daß gelindes Sieden eintritt. Innerhalb 2 Stdn. lassen sich hierbei 3,5 g (64% d. Th.) 2-Methyl-acrylnitril abdestillieren (man darf die Lösung nicht heftig sieden lassen, da sonst das gebildete Arsin teilweise mit überdestilliert!). Im Destillationskolben scheidet sich das Arsin als schweres Öl ab, das mit Äther extrahiert wird (**Vorsicht!** Blausäure-Entwicklung!) Nach Trocknung der ätherischen Phase und Abdestillieren des Äthers wird das Methyl-allyl-phenyl-arsin i. Vak. destilliert; Ausbeute: 14 g (82% d. Th.); $Kp_{18}$: 110°.

Aus Allyl-triphenyl-arsoniumsalzen entsteht das *Triphenyl-arsin* in Ausbeuten bis zu 98% d. Th.[2]. Der Allyl-Rest kann aus Monoallyl-arsoniumsalzen ebenso leicht mit Hydroxyl-Ionen als Allylalkohol abgespalten werden[1, 3]:

$$\left[(H_5C_6)_3\overset{\oplus}{As}-CH_2-CH=CH-CH_3\right] Br^{\ominus} \xrightarrow[\text{70-100°}]{\text{NaOH/H}_2\text{O}} (H_5C_6)_3As + H_2C=CH-\underset{\underset{OH}{|}}{CH}-CH_3$$

$$+ \quad H_3C-CH=CH-CH_2-OH$$

Hierbei handelt es sich um eine nucleophile Substitution, wobei die Kohlenstoffatome C–1 und C–3 des Allyl-Restes gleichermaßen angegriffen werden können. Dies führt zur Bildung von zwei isomeren Allylalkoholen.[1] Da die Bedingungen der Hydrolyse denen der Cyanolyse ähneln, ist es sehr wahrscheinlich, daß neben der Cyanolyse eine Hydrolyse abläuft[1]. Chirale Monoallyl-arsoniumsalze werden mit Natronlauge unter Konfigurationserhaltung am Arsenatom gespalten[3]. Die Hydrolyse ist bei Arsoniumsalzen, die nur einen Allyl-Rest tragen, wegen ihrer Einfachheit und der Vermeidung des Arbeitens mit Kaliumcyanid der Cyanolyse vorzuziehen. Arbeitet man bei Temperaturen unterhalb 70°, so verläuft die Hydrolyse nach verschiedenen Mechanismen ab[1, 3]. Bei niedriger Temperatur überwiegt der Cyanolyse-Mechanismus (s. S. 103), d. h. es wird ein (2-Hydroxy-propyl)-triorgano-arsonium-Salz, das unter bestimmten Bedingungen isolierbar ist (s. S. 416), gebildet, das anschließend eine Hofmann-Eliminierung erleidet, wobei neben dem tert. Arsin Aceton entsteht[1, 3]. Ähnlich wie bei der Cyanolyse verlangsamen Alkyl-Substituenten am Allyl-Rest und am Arsenatom die Reaktion. Trialkyl-allyl-arsonium-salze werden unter den genannten Bedingungen nicht gespalten[4].

**tert. Arsine durch Hydrolyse quartärer Monoallyl-arsoniumsalze; allgemeine Herstellungsvorschrift**[1]: In einer Destillationsapparatur werden 0,05 Mol Monoallyl-arsoniumsalz in 50 *ml* Wasser gelöst und mit 0,15 Mol Natriumhydroxid in 100–150 *ml* Wasser versetzt. Dann erhitzt man so, daß das Reaktionsgemisch leicht siedet und nach ~ 3 Stdn. 20–30 *ml* Flüssigkeit überdestillieren. Die gebildeten Arsine (bei luftempfindlichen Arsinen muß unter Stickstoff gearbeitet werden) scheiden sich meistens als schweres Öl im Destillationskolben ab und werden mit Äther extrahiert. Nach üblicher Aufarbeitung werden die tert. Arsine entweder fraktioniert destilliert oder aus Methanol umkristallisiert. U. a. werden so erhalten:

|  |  |  |
|---|---|---|
| *Methyl-diphenyl-arsin* | 93% d. Th.; | $Kp_{0,5}$: 110–111° |
| *Diphenyl-benzyl-arsin* | 89% d. Th.; | F: 51–53° |
| *Triphenyl-arsin* | 93–98% d. Th.; | F: 61–61,5° |

[1] L. HORNER u. S. SAMAAN, Phosphorus **3**, 153 (1973).
[2] L. HORNER et al., B. **103**, 2718 (1970).
[3] L. HORNER u. S. SAMAAN, Phosphorus **1**, 207 (1971).
[4] S. SAMAAN, Dissertation, Mainz 1971.

Bei Arsoniumsalzen, die mehr als einen Allyl-Rest tragen, sind die Spaltprodukte stark von Temperatur und Konzentration der Reaktionspartner abhängig. So erfolgt bei der Hydrolyse von Diallyl-diphenyl-arsoniumbromid bei Raumtemperatur keine Abspaltung des Allyl-Restes, sondern eine Cyclisierung zu einem 1,4-Oxarsenaniumsalz (s. S. 417). Die Hydrolyse bei 100° liefert dagegen neben ~ 50% 1,4-Oxarsenaniumsalz ein Gemisch aus *Propenyl-diphenyl-arsin* (18%) d. Th.; $Kp_{0,05}$: 79–81°) und *(2-Hydroxy-propyl)-diphenyl-arsin* (31% d. Th.; $Kp_{0,05}$: 131–134°). Dies bedeutet, daß für eine alternierende Abspaltung von Allyl-Gruppen die Hydrolyse keine Alternative zur Cyanolyse (s. S. 113) darstellt[1].

Einen einfachen Zugang zum 4-Aryl-1,4-oxarsenan-System bietet die Hydrolyse von Triallyl-aryl-arsoniumsalzen. Hierbei cycloaddiert sich ein Mol Wasser an zwei Allyl-Reste während der dritte Rest als Allylalkohol abgespalten wird[1]:

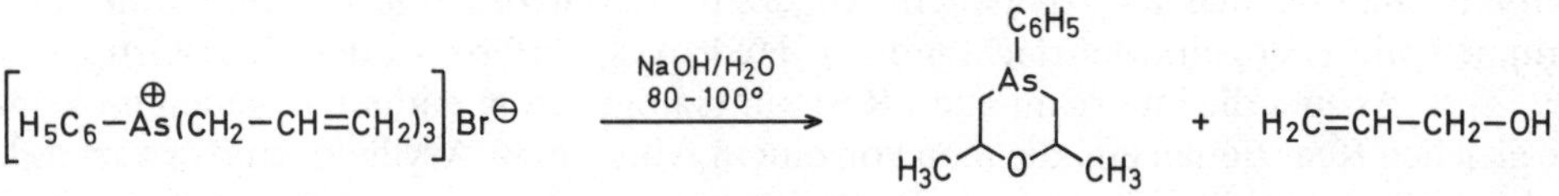

**2,6-Dimethyl-4-phenyl-1,4-oxarsenan**[1]: Nach der allgemeinen Arbeitsweise zur Hydrolyse von Allyl-arsoniumsalzen (s. S. 104) werden 45 g (0,126 Mol) Triallyl-phenyl-arsoniumbromid mit 16 g (0,4 Mol) Natriumhydroxid in 200–250 *ml* Wasser gespalten; Ausbeute: 27 g (90% d. Th.); $Kp_{0,05}$: 67–70°.

Alkyl-triallyl-arsoniumsalze werden unter diesen Bedingungen nicht gespalten[1]; quartäre Alkyl-aryl-arsoniumsalze nur mit konz. Natronlauge nach längerer Reaktionsdauer, wobei Alkyl-Reste relativ leichter abgespalten werden[1]. Es entsteht ein tert. Arsin, jedoch nur wenn ein Alkyl-Rest als Olefin abgespalten wird. Die Abspaltung von aromatischen oder benzylischen Resten führt zu tert. Arsinoxiden (s. S. 380).

### ι) Tert. Arsine aus anderen tert. Arsinen

#### ι₁) Austauschreaktionen am Arsen

Versetzt man Trimethyl-arsin mit einem Überschuß an Trifluor-jod-methan bei Raumtemperatur, so erfolgt ein Austausch einer Methyl- gegen eine Trifluormethyl-Gruppe[2]:

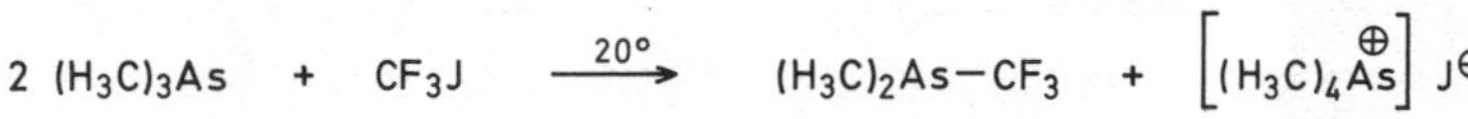

*Dimethyl-trifluormethyl-arsin*

Diese Austauschreaktion ist der beste Weg. um Trifluormethyl-dialkyl-arsine herzustellen[2–5]. Der Mechanismus dieser Austauschreaktion ist bisher nicht aufgeklärt. Tritt bei Raumtemperatur keine Reaktion ein, so erhitzt man auf 100°[5].

**Trifluormethyl-diäthyl-arsin**[5,6]: In einem Bombenrohr (50*ml*) werden 6,563 g Triäthyl-arsin und 10,76 g Trifluor-jod-methan 5 Tage auf 100° erhitzt. Ein farbloser Niederschlag scheidet sich ab. Eine fraktionierte Kondensation ergibt zwei Fraktionen. Die zuletzt aufgefangene Fraktion besteht hauptsächlich aus Trifluormethyl-diäthyl-arsin und Spuren von Bis-[trifluormethyl]-äthyl-arsin. Diese Fraktion wird dann unter Stickstoff bei Normaldruck destilliert; Ausbeute: 3,2 g (78% d. Th.); Kp: 110–114°.

---

[1] L. HORNER u. S. SAMAAN, Phosphorus **4**, 1 (1974).
[2] R. N. HASZELDINE u. B. O. WEST, Soc. **1956**, 3631.
[3] H. J. EMELEUS et al., Soc. **1953**, 1552.
[4] R. N. HASZELDINE u. B. O. WEST, Soc. **1957**, 3880.
[5] W. R. CULLEN, Canad. J. Chem. **40**, 426 (1962).
[6] B. J. PULLMANN u. B. O. WEST, Austral. J. Chem. **17**, 30 (1964).

Tert. Alkyl-aryl-arsine reagieren mit Trifluor-jod-methan weder bei 20° noch bei 100°. Erst beim Erhitzen auf 170° tritt Reaktion ein, wobei Gemische aus organischen Arsenverbindungen entstehen, deren Ausbeute und Trennung den präparativen Nutzen dieser Reaktion stark beeinträchtigen[1].

**Dimethyl-heptafluorpropyl-arsin**[1]: 3,3 g Trimethyl-arsin werden in einem Bombenrohr mit 20,3 g Heptafluor-1-jod-propan 3 Tage auf 100° erhitzt, wobei ein fester Niederschlag sich abscheidet. Die Lösung wird unter Stickstoff destilliert. Neben unumgesetztem Heptafluor-1-jod-propan werden 1,3 g Dimethyl-heptafluorpropyl-arsin isoliert (Kp: 89–90°).

### $i_2$) *Reaktionen am organischen Substituenten*

Umsetzungen, die ausschließlich am organischen Rest der Arsine ohne Änderung der Bindigkeit oder Wertigkeit des Arsens ablaufen, sind relativ selten. Solche Reaktionen werden hauptsächlich an Arsinen durchgeführt deren organische Reste funktionelle Gruppen wie Halogen, Mehrfachbindung, Hydroxy-, Carboxy- oder Cyan-Gruppe tragen. Tert. Arsine, die im organischen Rest ein Halogenatom enthalten, gehen im Prinzip die gleichen Reaktionen ein, die man von einem Alkyl- bzw. Arylhalogenid erwartet. Die wichtigsten Reaktionen in diesem Zusammenhang sind wohl die Umsetzungen zu den entsprechenden (Arsino-organo)-magnesiumhalogeniden[2-7] oder -lithium-Verbindungen[7-16], die ihrerseits durch Umsetzungen mit Halogenarsinen in die jeweiligen Bis-, Trisoder Tetrakis-arsine umgewandelt werden können[2,5,8-11,14]:

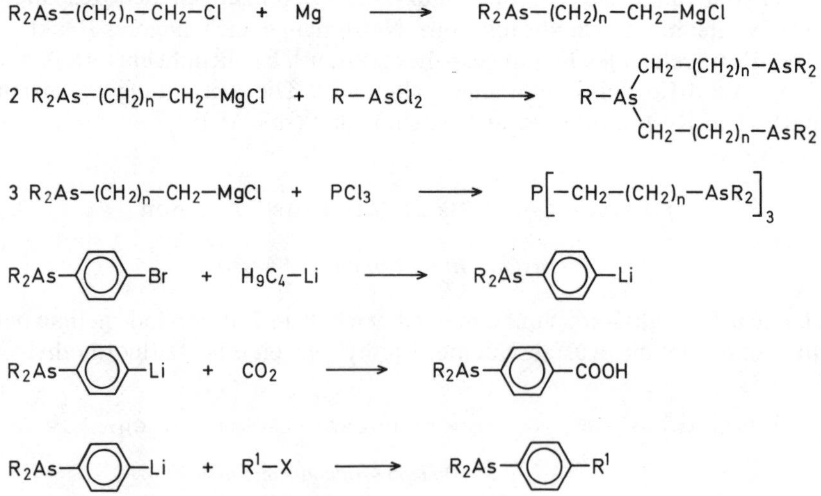

$$R_2As-(CH_2)_n-CH_2-Cl \; + \; Mg \; \longrightarrow \; R_2As-(CH_2)_n-CH_2-MgCl$$

$$2\; R_2As-(CH_2)_n-CH_2-MgCl \; + \; R-AsCl_2 \; \longrightarrow \; R-As{\Large\langle}^{CH_2-(CH_2)_n-AsR_2}_{CH_2-(CH_2)_n-AsR_2}$$

$$3\; R_2As-(CH_2)_n-CH_2-MgCl \; + \; PCl_3 \; \longrightarrow \; P\left[-CH_2-(CH_2)_n-AsR_2\right]_3$$

$$R_2As-\langle\bigcirc\rangle-Br \; + \; H_9C_4-Li \; \longrightarrow \; R_2As-\langle\bigcirc\rangle-Li$$

$$R_2As-\langle\bigcirc\rangle-Li \; + \; CO_2 \; \longrightarrow \; R_2As-\langle\bigcirc\rangle-COOH$$

$$R_2As-\langle\bigcirc\rangle-Li \; + \; R^1-X \; \longrightarrow \; R_2As-\langle\bigcirc\rangle-R^1$$

[1] W. R. CULLEN, Canad. J. Chem. **40**, 426 (1962).
[2] G. A. BARCLAY et al., Chem. & Ind. **1953**, 378.
[3] D. SEYFERTH u. E. G. ROCHOW, J. Org. Chem. **20**, 250 (1955).
[4] G. A. BARCLAY et al., Soc. **1961**, 4433.
[5] G. S. BENNER et al., Inorg. Chem. **3**, 1544 (1964).
[6] A. TZSCHACH et al., Z. Chem. **10**, 195 (1970).
[7] H. GILMAN u. S. AVAKIAN, Am. Soc. **76**, 4031 (1954).
[8] F. G. MANN et al., Soc. **1955**, 4472; **1957**, 2816.
[9] T. E. W. HOWELL et al., Soc. **1961**, 3162.
[10] R. G. CUNNIGHAME et al., Soc. **1964**, 5800.
[11] F. G. MANN et al., Soc. **1965**, 6342.
[12] H. HEANEY u. I. T. MILLAR, Soc. **1965**, 5132.
[13] R. D. CANNON et al., Soc. [A] **1967**, 1277.
[14] P. NICPON u. D. W. MECK, Inorg. Chem. **6**, 145 (1967).
[15] A. TZSCHACH u. H. NINDEL, J. Organometal. Chem. **13**, 363 (1968); **24**, 159 (1970).
[16] D. HELLWINKEL et al., J. Organometal. Chem. **24**, 165 (1970).

Die Reaktionsbedingungen für die Bildung der (ω-Diorganoarsino-alkyl)-magnesiumhalogenide aus 3-Chlor-propyl- und 4-Chlor-butyl-diorgano-arsinen mit Magnesium zeigen eine Abhängigkeit von den organischen Resten am Arsenatom[1]. Bei den niederen Dialkylarsino-Verbindungen verläuft die Umsetzung unter den üblichen Grignard-Bedingungen. Im Falle der Dibutyl- oder Diphenyl-arsino-Derivate ist ein Arbeiten in Tetrahydrofuran, eine Aktivierung des Magnesiums mit Jod und Quecksilber(II)-chlorid und eine bedeutende Verlängerung der Reaktionszeiten (~ 24 Stdn.) notwendig[1]. Die Ausbeuten an (ω-Diorganoarsino-alkyl)-magnesiumhalogeniden, die nicht isoliert zu werden brauchen, liegt bei 80–90% d. Th.[1]. Die (Arsino-organo)-magnesiumhalogenide oder -lithium-Verbindungen werden ohne Isolierung wie die einfachen Organo-magnesiumhalogenide bzw. -lithium-Verbindungen weiter umgesetzt. Auf die Umsetzungen mit Halogenarsinen zu den Bis- Tris- oder Tetrakis-arsinen ist bereits hingewiesen worden (s. S. 106). Als repräsentative Beispiele seien die folgenden Umsetzungen erwähnt:

① Mit Kohlendioxid → Arsino-carbonsäuren[1-4]
② Mit Aldehyden oder Ketonen → Arsino-alkohole[1]
③ Mit Schwefel → Arsino-thiole[5]
④ Mit Chlor-triorgano-stannanen → (Arsino-organo)-stannane[1]
⑤ Mit Quecksilber(II)-bromid → Bis-[arsino-organo]-quecksilber[1]
⑥ Mit Halogenphosphinen → Arsino-organo-phosphine[6-8]
⑦ Mit Trialkoxy-alkyl-silanen → Arsino-organo-silane[9]

Tert. Arsino-phosphine bzw. Bis-arsine können direkt durch Umsetzung von tert. Arsinen, die ein Halogenatom im organischen Rest tragen, mit Alkalimetallphosphiden bzw. -arseniden hergestellt werden[10]; z. B.:

$$(H_{11}C_6)_2As-(CH_2)_4-Cl \ + \ Li-P(C_6H_{11})_2 \xrightarrow[-LiCl]{} (H_{11}C_6)_2As-(CH_2)_4-P(C_6H_{11})_2$$

(4-Dicyclohexylphosphino-butyl)-dicyclohexyl-arsin

(2-Chlor-äthyl)-diphenyl-arsin kann durch eine Gabriel-Synthese in (2-Amino-äthyl)-diphenyl-arsin umgewandelt werden[11].

Cyan-Gruppen im organischen Rest tert. Arsine können durch alkalische Hydrolyse in Carboxy-Gruppen umgewandelt werden[12-17].

[1] A. Tzschach et al., Z. Chem. 10, 195 (1970).
[2] H. Heaney u. I. T. Millar, Soc. 1965, 5132.
[3] H. Gilman u. S. Avakian, Am. Soc. 76, 4031 (1954).
[4] A. Tzschach u. H. Nindel, J. Organometal. Chem. 24, 159 (1970).
[5] R. D. Cannon et al., Soc. [A] 1967, 1277.
[6] T. E. W. Howell et al., Soc. 1961, 3167.
[7] G. S. Benner et al., Inorg. Chem. 3, 1544 (1964).
[8] F. G. Mann et al., Soc. 1955, 4472.
[9] D. Seyferth u. E. G. Rochow, J. Org. Chem. 20, 250 (1955).
[10] A. Tzschach u. W. Fischer, Z. Chem. 7, 196 (1967).
[11] B. Chiswell u. K. A. Verrall, J. pr. 312, 751 (1970).
[12] R. C. Cookson u. F. G. Mann, Nature 157, 846 (1946); Soc. 1947, 618; 1949, 677.
[13] F. G. Mann u. A. J. Wilkinson, Soc. 1957, 3336.
[14] M. J. Gallagher u. F. G. Mann, Soc. 1962, 5110.
[15] A. Tzschach u. G. Pacholke, B. 97, 419 (1964).
[16] G. Ford et al., J. Inorg. Nucl. Chem. 33, 4119 (1971).

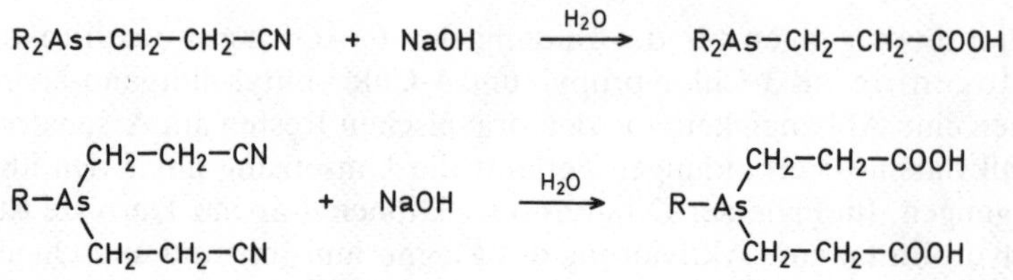

$$R_2As-CH_2-CH_2-CN \quad + \quad NaOH \quad \xrightarrow{H_2O} \quad R_2As-CH_2-CH_2-COOH$$

$$R-As\begin{array}{c} CH_2-CH_2-CN \\ \\ CH_2-CH_2-CN \end{array} \quad + \quad NaOH \quad \xrightarrow{H_2O} \quad R-As\begin{array}{c} CH_2-CH_2-COOH \\ \\ CH_2-CH_2-COOH \end{array}$$

Die Verseifung verläuft in wäßrig-äthanolischer Lösung in guten bis sehr guten Ausbeuten.

(2-Cyan-äthyl)-diorgano-arsine bzw. Bis-[2-cyan-äthyl]-organo-arsine werden in äthanolischer Lösung durch Einleiten von Chlorwasserstoff in die entsprechenden ω-Arsino-carbonsäure-imid-ester umgewandelt, die durch Umsetzung mit Ammoniak die entsprechenden ω-Arsino-carbonsäure-amidine liefern[1]:

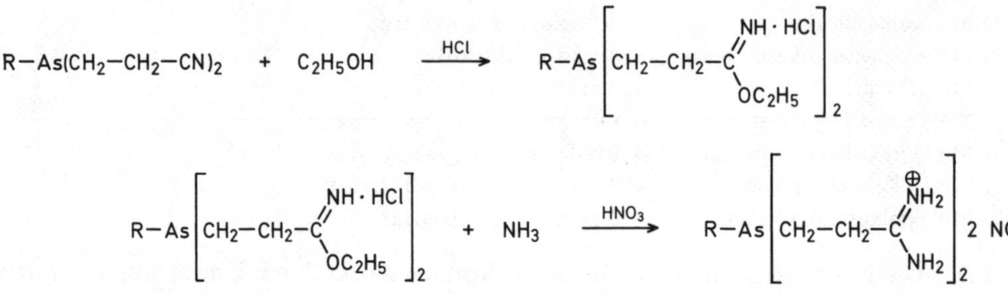

$$R-As(CH_2-CH_2-CN)_2 \quad + \quad C_2H_5OH \quad \xrightarrow{HCl} \quad R-As\left[CH_2-CH_2-C\begin{array}{c} NH \cdot HCl \\ \\ OC_2H_5 \end{array}\right]_2$$

$$R-As\left[CH_2-CH_2-C\begin{array}{c} NH \cdot HCl \\ \\ OC_2H_5 \end{array}\right]_2 \quad + \quad NH_3 \quad \xrightarrow{HNO_3} \quad R-As\left[CH_2-CH_2-C\begin{array}{c} \overset{\oplus}{N}H_2 \\ \\ NH_2 \end{array}\right]_2 2\ NO_3^{\ominus}$$

R = Alkyl oder Aryl

Bei der Umsetzung mit Organo-magnesiumhalogeniden werden die entsprechenden (2-Acyl-äthyl)-organo-arsine in mäßigen Ausbeuten gebildet[2]:

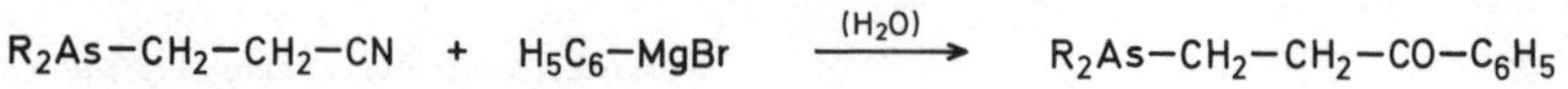

$$R_2As-CH_2-CH_2-CN \quad + \quad H_5C_6-MgBr \quad \xrightarrow{(H_2O)} \quad R_2As-CH_2-CH_2-CO-C_6H_5$$

Die Reduktion mit Lithiumalanat in Diäthyläther liefert in guten Ausbeuten die entsprechenden (2-Amino-alkyl)-diorgano-arsine[3].

Bis-[2-cyan-äthyl]-phenyl-arsin erleidet beim Erhitzen mit äquimolaren Mengen Natrium-tert.-butanolat eine intramolekulare Kondensation zum *4-Amino-1-phenyl-3-cyan-1,2,5,6-tetrahydro-arsenin*[4]:

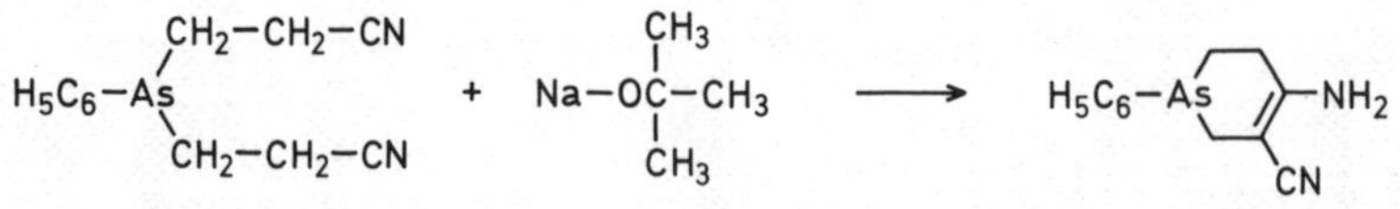

$$H_5C_6-As\begin{array}{c} CH_2-CH_2-CN \\ \\ CH_2-CH_2-CN \end{array} \quad + \quad Na-O\overset{CH_3}{\underset{CH_3}{\overset{|}{\underset{|}{C}}}}-CH_3 \quad \longrightarrow \quad H_5C_6-As\begin{array}{c} \\ \end{array}\begin{array}{c} NH_2 \\ CN \end{array}$$

Eine analoge Kondensation geht der entsprechende Äthylester ein[5]:

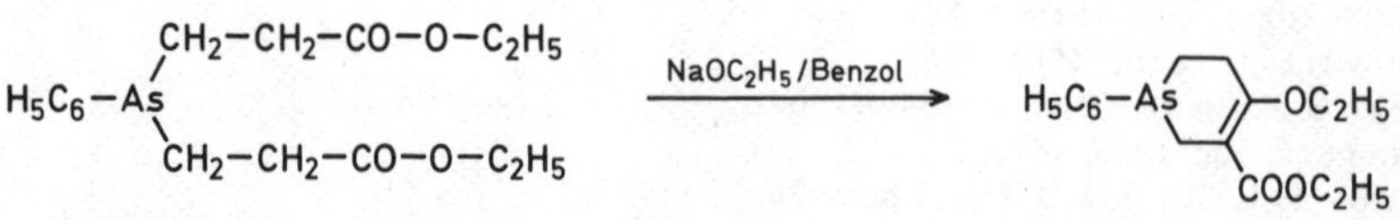

$$H_5C_6-As\begin{array}{c} CH_2-CH_2-CO-O-C_2H_5 \\ \\ CH_2-CH_2-CO-O-C_2H_5 \end{array} \quad \xrightarrow{NaOC_2H_5/Benzol} \quad H_5C_6-As\begin{array}{c} OC_2H_5 \\ COOC_2H_5 \end{array}$$

---

[1] R. C. Cookson u. F. G. Mann, Soc. **1947**, 618 (1947).
[2] R. C. Cookson u. F. G. Mann, Soc. **1949**, 67.
[3] L. Sacconi et al., Inorg. Chem. **7**, 1521 (1968).
[4] R. Welcher et al., Am. Soc. **82**, 4437 (1960).
[5] M. J. Gallagher u. F. G. Mann, Soc. **1962**, 5110.

Das entstehende *4-Äthoxy-1-phenyl-3-äthoxycarbonyl-1,2,5,6-tetrahydro-arsenin* (90% d. Th.) wird in saurem Medium zu *4-Oxo-1-phenyl-arsenan* (89% d. Th.) verseift und decarboxyliert[1].

Besitzt ein tert. Arsin im organischen Rest eine Carboxy-Gruppe, so kann diese wie bei den Carbonsäuren selbst sauer verestert werden[1]:

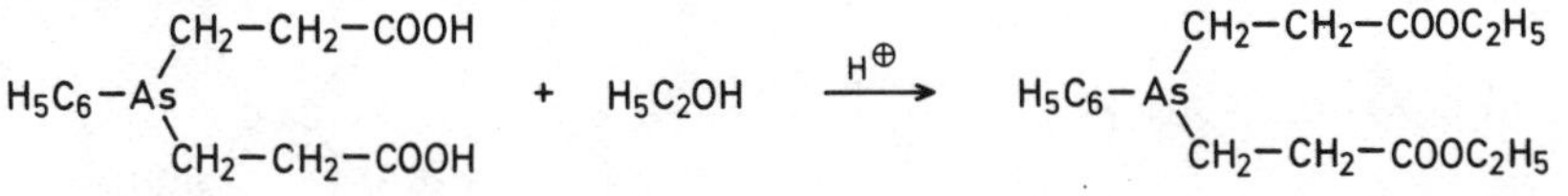

$$H_5C_6-As \begin{array}{c} CH_2-CH_2-COOH \\ \\ CH_2-CH_2-COOH \end{array} \quad + \quad H_5C_2OH \quad \xrightarrow{H^{\oplus}} \quad H_5C_6-As \begin{array}{c} CH_2-CH_2-COOC_2H_5 \\ \\ CH_2-CH_2-COOC_2H_5 \end{array}$$

*Bis-[2-äthoxycarbonyl-äthyl]-phenyl-arsin*

3-(Äthyl-phenylarsino)-benzoesäure kann in benzol. Lösung mit Diazomethan zum *Äthyl-phenyl-(3-methoxycarbonyl-phenyl)-arsin* umgesetzt werden[2].

Alkoholische Funktionen im organischen Rest tert. Arsine können mit Carbonsäure-chloriden in Chloroform in guten Ausbeuten acyliert werden[3], während die Addition an Isocyanate die entsprechenden Urethane liefert[4]:

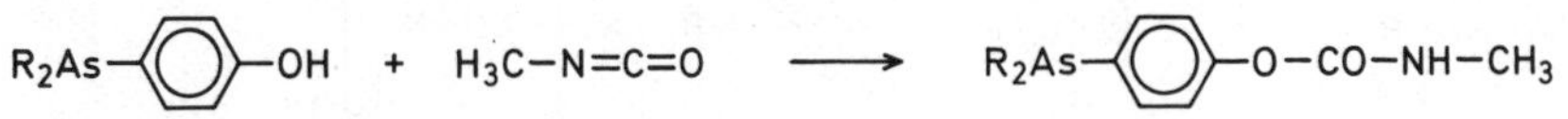

$$R_2As-\langle\bigcirc\rangle-OH \quad + \quad H_3C-N=C=O \quad \longrightarrow \quad R_2As-\langle\bigcirc\rangle-O-CO-NH-CH_3$$

($\omega$-Alkoxy-alkyl)-arsine werden durch saure Ätherspaltung in ($\omega$-Halogen-al-kyl)-arsine überführt[5]; z. B.:

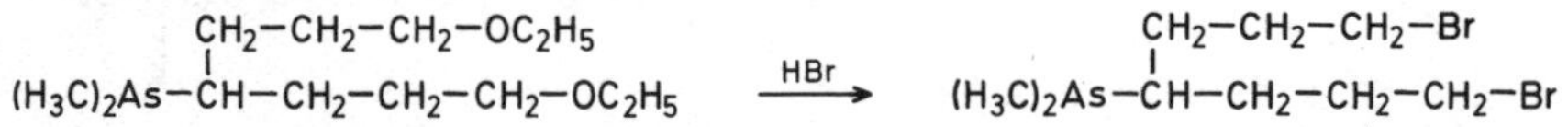

$$(H_3C)_2As-\overset{\displaystyle CH_2-CH_2-CH_2-OC_2H_5}{\underset{}{CH}}-CH_2-CH_2-CH_2-OC_2H_5 \quad \xrightarrow{HBr} \quad (H_3C)_2As-\overset{\displaystyle CH_2-CH_2-CH_2-Br}{\underset{}{CH}}-CH_2-CH_2-CH_2-Br$$

*Dimethyl-[1,7-dibrom-alkyl-(4)]-arsin*

Äthinyl-diorgano-arsine reagieren im alkalischen Medium mit Ketonen unter C-C-Verknüpfung[6]:

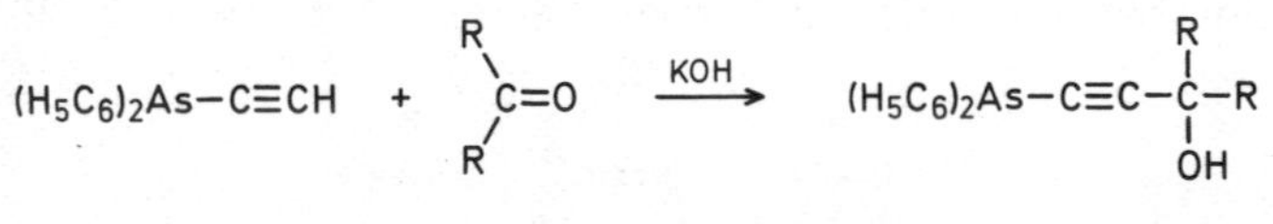

$$(H_5C_6)_2As-C\equiv CH \quad + \quad \overset{R}{\underset{R}{>}}C=O \quad \xrightarrow{KOH} \quad (H_5C_6)_2As-C\equiv C-\overset{R}{\underset{OH}{C}}-R$$

R = .C$_6$H$_5$;      (*3-Hydroxy-3,3-diphenyl-propinyl*)-*diphenyl-arsin*; 85% d. Th.
R = −(CH$_2$)$_5$−;  [(*1-Hydroxy-cyclohexyl*)-*äthinyl*]-*diphenyl-arsin*; 90% d. Th.

Die Umsetzung verläuft in geringerer Ausbeute, wenn man die Äthinyl-arsine zuerst mit Organo-magnesiumhalogeniden in die entsprechenden (Arsino-alkinyl)-magne-sium-halogenide umwandelt und diese mit Ketonen umsetzt[6,7]. Die (Arsino-alkinyl)-magnesiumhalogenide reagieren mit Kohlendioxid zu den entsprechenden Arsino-al-kin-(2)-säuren[6,7].

Dibutyl-äthinyl-arsin läßt sich mit Diäthylamin und Paraformaldehyd in Gegenwart von Kupfer(II)-acetat als Katalysator am Äthinyl-Rest aminoalkylieren[7]; z. B.:

[1] M. J. GALLAGHER u. F. G. MANN, Soc. **1962**, 5110.
[2] YU. GATILOV et al., Ž. obšč. Chim. **41**, 570 (1971); engl.: 865.
[3] A. TZSCHACH u. W. DEYLIG, B. **98**, 977 (1965).
[4] H. GILMAN et al., J. Org. Chem. **19**, 1067 (1954).
[5] F. G. MANN et al., Soc. **1963**, 725.
[6] J. BENAIM, C. r. **261**, 1996 (1965).
[7] K. I. KUZ'MIN u. L. A. PAVLOVA, Ž. obšč. chim. **37**, 1399 (1967); engl.: 1328; **39**, 1068 (1969); engl.: 1039; **40**, 1112 (1970); engl.: 1102.

$(H_9C_4)_2As-C\equiv CH$  +  $(H_5C_2)_2NH$  +  $H_2C=O$  $\longrightarrow$  $(H_9C_4)_2As-C\equiv C-CH_2-N(C_2H_5)_2$

*Dibutyl-[3-diäthylamino-propin-(1)-yl]-arsin*

Bis-[dimethyl-arsino]-äthin wird mit Diboran zum *cis-1,2-Bis-[dimethyl-arsino]-äthen* reduziert[1]:

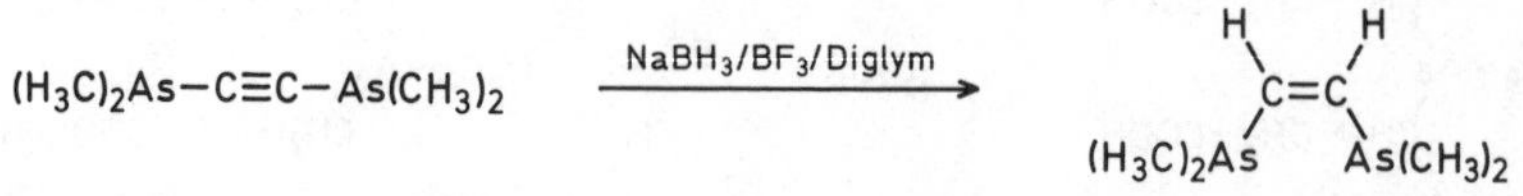

$(H_3C)_2As-C\equiv C-As(CH_3)_2$  $\xrightarrow{\text{NaBH}_3/\text{BF}_3/\text{Diglym}}$

$$\begin{array}{c} H \qquad H \\ \diagdown \quad \diagup \\ C=C \\ \diagup \qquad \diagdown \\ (H_3C)_2As \qquad As(CH_3)_2 \end{array}$$

Beim Erhitzen von Allyl-diorgano-arsinen mit Cäsiumfluorid tritt eine Isomerisierung in die entsprechenden Propenyl-diorgano-arsine ein[2].

Aminocarbonyl- und Aminoiminocarbonyl-arsine lassen sich mit Organo-lithium-Verbindungen N-lithiieren und anschließend mit Alkyl-halogeniden N-alkylieren[3]:

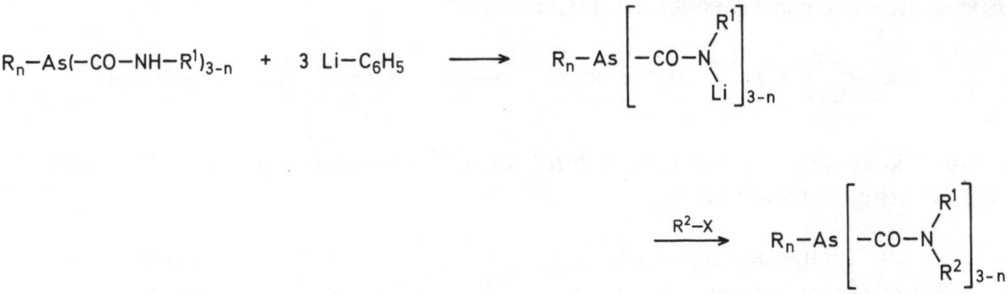

$R_n-As(-CO-NH-R^1)_{3-n}$  +  $3\ Li-C_6H_5$  $\longrightarrow$  $R_n-As\left[-CO-N{<}^{R^1}_{Li}\right]_{3-n}$

$\xrightarrow{R^2-X}$  $R_n-As\left[-CO-N{<}^{R^1}_{R^2}\right]_{3-n}$

### 4. Optisch aktive tert. Arsine

Die trigonal-pyrimidale Struktur tert. Arsine ist bei Raumtemperatur so stabil, daß bei einem Arsin mit verschiedenen Liganden eine Trennung in Antipoden prinzipiell möglich ist[4]. Die Inversionsbarriere beträgt bei acyclischen tert. Arsinen ~ 42–43 kcal/Mol[4-6]:

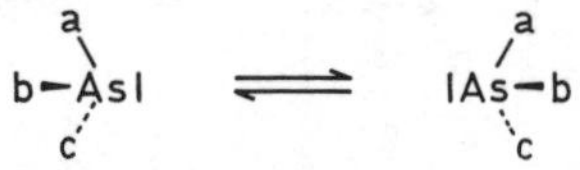

$$b-\underset{c}{\overset{a}{As}}\,\big|\quad\rightleftharpoons\quad\big|\,\underset{c}{\overset{a}{As}}-b$$

Zur Herstellung der optisch aktiven tert. Arsine bieten sich prinzipiell zwei Möglichkeiten:

① durch direkte Spaltung eines racemischen Arsins in die Antipoden und
② durch eine stereoselektiv verlaufende Reaktion an einer chiralen Vorstufe des tert. Arsins.

#### α) direkte Spaltung racemischer tert. Arsine in die Antipoden

Diese Methode bedient sich der klassischen Möglichkeiten der Racematspaltung mit chiralen Hilfsreagenzien. Wenn die Racematspaltung auf einem Säure-Base-Verhält-

[1] R. D. FELTHAM u. H. G. METZGER, J. Organometal. Chem. **33**, 347 (1971).
[2] H. GOLDWHITE et al., J. Organometal. Chem. **12**, 133 (1968).
[3] A. TZSCHACH u. R. SCHWARZER, J. Organometal. Chem. **13**, 363 (1968).
[4] R. E. WESTON, Jr., Am. Soc. **76**, 2645 (1954).
[5] L. HORNER, Helv. **49**, 93 (1966); Fasc. extraord. A. WERNER.
[6] K. MISLOW u. G. H. SENKLER, Jr., Am. Soc. **94**, 291 (1972) und dort zitierte Literatur.

nis beruht, muß das tert. Arsin im organischen Rest eine entsprechende funktionelle Gruppe tragen.

Auf diese Weise können 10H-⟨Dibenzo-1,4-oxarsenin⟩-Derivate, die eine Carboxy-Funktion tragen, über die Strychnin- oder (−)-1-Phenyl-äthylammonium-Salze in die Antipoden getrennt werden[1,2]:

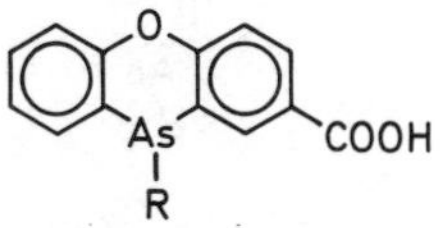

...-2-carboxy-10H-⟨dibenzo-1,4-oxarsenin⟩

R = CH$_3$;  10-Methyl-...  $[\alpha]_{546}$: (+) 111,5°
R = C$_2$H$_5$;  10-Äthyl-...  $[\alpha]_{546}$: (±) 139,0°
R = C$_6$H$_5$;  10-Phenyl-...  $[\alpha]_{546}$: (±) 260,7°

Analog werden 5H-⟨Dibenzo-arsole⟩[3] – oder 5,10-Dihydro⟨dibenzo-[b;e]-arsenine⟩[4] getrennt:

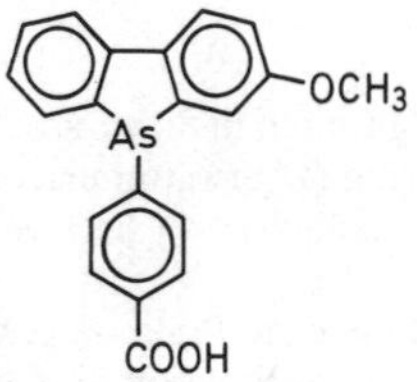

$[\alpha]_D$: +156°
      −160°
3-Methoxy-5-(4-carboxy-phenyl)-
5H-⟨dibenzo-arsol⟩

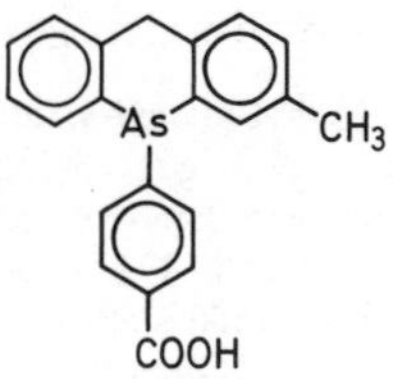

$[\alpha]_D$: −65°
      +62°   (1,4-Dioxan)
3-Methyl-5-(4-carboxy-phenyl)-5,10-dihydro-
⟨dibenzo-[b;e]-arsenin⟩

5H-⟨Dibenzo-arsole⟩, die eine Amino-Gruppe im organischen Rest tragen, werden über die sauren Tartrate in die Antipoden gespalten[3]:

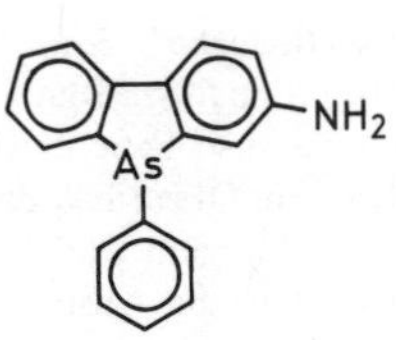

$[\alpha]_D$: −251°
      +255°
3-Amino-5-phenyl-5H-⟨dibenzo-arsol⟩

Bei den bisher erwähnten tert. Arsinen ist das Arsenatom Bestandteil eines Ringsystems. Dies ist deshalb von Bedeutung, da in diesen Fällen eine Molekülchiralität (Atropisomerie) nicht ausgeschlossen werden kann. *5,10-Bis-[4-methyl-phenyl]-5,10-dihydroarsanthren* kann durch fraktionierte Umkristallisation in zwei Stereoisomere getrennt

[1] M. S. LESSLIE u. E. E. TURNER, Soc. **1934**, 1170; **1935**, 1628; **1936**, 730.
[2] M. S. LESSLIE, Soc. **1938**, 1001; **1949**, 1183.
[3] J. G. M. CAMPBELL u. R. C. POLLER, Soc. **1956**, 1195.
[4] K. MISLOW et al., Am. Soc. **85**, 594 (1967).

werden[1]. Dies wird darauf zurückgeführt, daß das Molekül nicht coplanar sondern um die As-As-Achse gefaltet ist [1,2]:

R = 4-CH$_3$-C$_6$H$_4$

Sehr treffend werden solche Moleküle als „Butterfly-Verbindungen" bezeichnet. Die Frage, ob die Spaltbarkeit dieser Arsine in die Antipoden auf eine Molekül- und/oder Atomchiralität zurückzuführen ist, ist umstritten[3].

Bei acylischen tert. Arsinen ist das Arsenatom eindeutig das chirale Zentrum. 1962 gelang erstmalig die Herstellung eines optisch aktiven, offenkettigen tert. Arsins[4] (s. S. 113).

Die Racematspaltung offenkettiger tert. Arsine ist ebenfalls mit Hilfe chiraler Reagenzien möglich. (Diorgano-arsino)-benzoesäuren werden mit Morphin oder Chinin in die entsprechenden Antipoden gespalten[5].

**(+) und (−)-3-(Äthyl-phenyl-arsino)-benzoesäure**[5]: Eine Lösung von 9,85 g Chinin in 50 ml abs. Äthanol sowie eine Lösung von 9,72 g rac. 3-(Äthyl-phenyl-arsino)-benzoesäure werden auf 60° erwärmt und dann vermischt. Die Mischung wird langsam (innerhalb von 12 Stdn.) auf Raumtemp. abgekühlt. 14,4 g Salz werden aus der Lösung isoliert; F: 168−171° (Zers.); [α]$_D^{20}$: −109,3°.
Nach fraktionierter Umkristallisation aus Methanol/Chloroform (2:1) wird die erste Fraktion gesammelt; Ausbeute: 6,21 g; F: 172° (Zers.); [α]$_D^{20}$:−104,7° (c: 0,8416 in Äthanol). 5,5 g dieser Fraktion werden mit einem Überschuß an 0,2 n Schwefelsäure versetzt und 20 Stdn. kühl stehen gelassen. Die ausgefallene (+)-3-(Äthyl-phenyl-arsino)-benzoesäure wird filtriert und 3mal mit Wasser gewaschen. Anschließend wird bei 95° getrocknet; Ausbeute: 2,62 g; F: 120,6°; [α]$_D^{20}$: +16,63° (Benzol). Durch analoge Aufarbeitung der Mutterlaugen und Versetzung mit Schwefelsäure erhält man 1,43 g (−)-3-(Äthyl-phenyl-arsino)-benzoesäure; F: 118,5°; [α]$_D^{20}$: −16,28° (Benzol).
Analog werden die entsprechenden ortho- und para-Diorgano-arsino-benzoesäuren getrennt.

Die optisch aktiven (Diorgano-arsino)-benzoesäuren werden mit Diazomethan in Benzol in die entsprechenden optisch aktiven Methylester umgewandelt[6].

**(+)-3-(Äthyl-phenyl-arsino)-benzoesäure-methylester**[6]: Eine Lösung von 1,0446 g 3-(Äthyl-phenyl-arsino)-benzoesäure mit dem Drehwert [α]$_D^{20}$: + 16,63° in 50 ml Benzol wird innerhalb 2 Stdn. zu einer Lösung von 0,2 g Diazomethan in 50 ml Benzol hinzugegeben. Anschließend wird für 1 Stde. auf 40° erhitzt (Rückflußkühler!!). Nach Entfernung des Lösungsmittels bleibt ein Öl zurück, das beim Trocknen im Vakuumexsikkator allmählich durchkristallisiert. Dann wird 3mal aus 30%-igem wäßrigen Äthanol umkristallisiert; F: 44,6°; [α]$_D^{20}$: +22,61° − (c: 0,9662 in Benzol) (keine Angabe über die Ausbeute).

Asymmetrische tert. Arsine, die im organischen Rest eine Amino-Gruppe tragen, lassen sich über die entsprechenden Tartrate in ihre Antipoden spalten[7].

[1] I. CHATT u. F. G. MANN, Soc. **1940**, 1194.
[2] O. KENNRAD et al., Chem. Commun. **1968**, 269 u. dort zitierte Lit.
  Zur Struktur der Phenoxarsine J. STUCKY et al., Inorg. Chem. **11**, 1846 (1972).
[3] K. MISLOW et al., Am. Soc. **85**, 594 (1963).
[4] L. HORNER u. H. FUCHS, Tetrahedron Letters **1962**, 203.
[5] YU. GATILOV et al., Ž. obšč. Chim. **40**, 2250 (1970) engl.: 2243; **41**, 570 (1971) engl.: 565; **42**, 1535 (1972), engl.: 1527.
[6] YU. GATILOV et al., Ž. obšč. Chim. **41**, 570 (1971); engl.: 565.
[7] YU. GATILOV et al., Ž. obšč. Chim. **43**, 2681 (1973); engl.: 2659; **44**, 1734 (1974); engl.: 1701.

Tertiäre Arsine, die keine funktionellen Gruppen im organischen Rest tragen, können über geeignete chirale Übergangsmetallkomplexe in die Antipoden getrennt werden[1, 2]; z. B.:

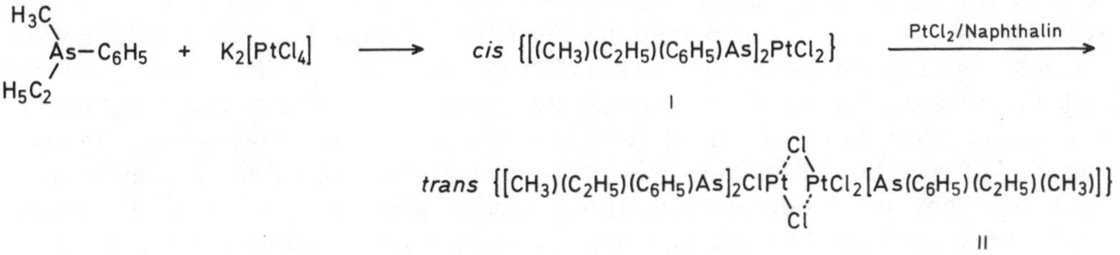

$$\begin{array}{c} H_3C \\ \phantom{H_3}\diagdown \\ \phantom{H_3C}\underset{\diagup}{As}-C_6H_5 \\ H_5C_2 \end{array} + K_2[PtCl_4] \longrightarrow cis\ \{[(CH_3)(C_2H_5)(C_6H_5)As]_2PtCl_2\} \xrightarrow{PtCl_2/Naphthalin}$$

I

$$trans\ \{[CH_3)(C_2H_5)(C_6H_5)As]_2ClP\overset{Cl}{\underset{Cl}{t}} PtCl_2[As(C_6H_5)(C_2H_5)(CH_3)]\}$$

II

Der dimere *trans*-Komplex II wird dann mit (−)-1,2-Diamino-1,2-diphenyl-äthylen in den Komplex III umgewandelt:

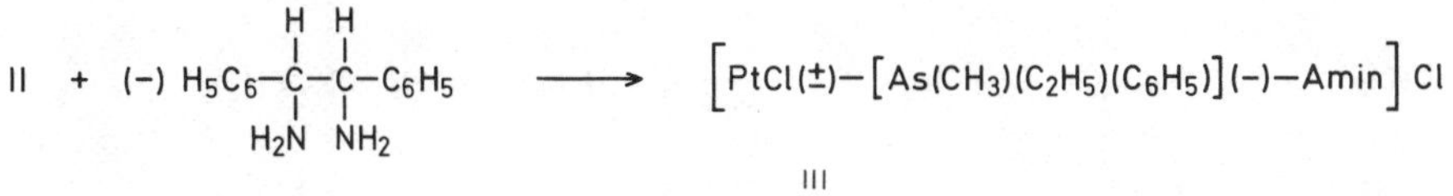

$$II + (-)\ \underset{H_2N\ \ NH_2}{H_5C_6-\overset{H\ \ \ H}{\underset{|\ \ \ \ |}{C-C}}-C_6H_5} \longrightarrow \left[PtCl(\pm)-[As(CH_3)(C_2H_5)(C_6H_5)](-)-Amin\right]Cl$$

III

Durch fraktionierte Umkristallisation von III aus Chloroform erhält man die reinen Diastereomere. Das optisch aktive Arsin wird aus dem Komplex durch Behandlung des entsprechenden Diastereomeren mit Kaliumcyanid in wäßrigem Methanol in Freiheit gesetzt. Nach Destillation hat das Arsin einen Drehwert von $[\alpha]_D^{20}$: +3,26° bzw. −3,05° ±0,1 (in Äther). Die Bildung der Komplexe I, II und III erfolgt nahezu quantitativ[1].

## β) Durch stereoselektive Reaktionen an chiralen Organo-arsen-Verbindungen

Bei dieser Methode wird eine chirale Organo-arsen-Verbindung, die bereits in optische Antipoden gespalten worden ist, durch eine stereoselektive Reaktion in ein optisch aktives Arsin umgewandelt. Auf diese Weise können optisch aktive tert. Arsine hergestellt werden, die keine funktionelle Gruppe im organischen Rest enthalten.

### β₁) aus chiralen Arsoniumsalzen

Durch elektrochemische Spaltung (s. S. 98) von (+)- bzw. (−)-Methyl-äthyl-benzyl-phenyl-arsonium-methylsulfat wurde 1962 erstmalig ein optisch aktives offenkettiges Arsin, das (+)− bzw. (−)−*Methyl-äthyl-phenyl-arsin*, erhalten[2]. Heute stehen zur selektiven Abspaltung organischer Reste aus quart. Arsoniumsalzen unter Erhaltung der Konfiguration am Arsen-Atom verschiedene Methoden zur Verfügung[3–5]:

| Spaltungsmethode | Bevorzugt abspaltbarer Rest |
|---|---|
| ① Elektrochemische Spaltung (s. S. 98) | Benzyl-, Allyl-, Acylmethyl- |
| ② Cyanolyse (s. S. 103) | Allyl- |
| ③ Hydrolyse (s. S. 103) | Allyl- |
| ④ Hydrogenolytische Spaltung mit Lithiumalanat (s. S. 101) | Benzyl-, Allyl- |

[1] B. BOSNICH u. S. B. WILD, Am. Soc. **92**, 459 (1970); s. a. Inorg. Chem. **14**, 2305 (1975).
[2] L. HORNER u. H. FUCHS, Tetrahedron Letters **1962**, 203.
[3] L. HORNER, Helv. **49**, 93 (1966), Fasc. extraord. A. WERNER.
[4] L. HORNER u. M. ERNST, B. **103**, 318 (1970).
[5] L. HORNER u. S. SAMAAN, Phosphorus **1**, 207 (1971).

Die racemischen Arsoniumhalogenide werden über die O,O′-Dibenzoyl-tartrate[1] in die Antipoden gespalten (die Arsonium-O,O′-dibenzoyl-tartrate sind meistens in Wasser schwer löslich). Für die Spaltungsreaktion werden die O,O′-Dibenzoyl-tartrate in die wasserlöslichen sauren Methylsulfate umgewandelt. Dieser Anionenaustausch ist für die optische Aktivität des Salzes ohne Bedeutung. Die Umwandlung erfolgt durch einfaches Stehenlassen mit Dimethylsulfat. Die optisch aktiven sauren Methylsulfate werden dann mit Äther als Öl ausgefällt, das dann bei der Spaltungsreaktion eingesetzt wird. Um einheitliche Arsine zu erhalten, darf das optisch aktive quartäre Arsoniumsalz bei der kathodischen Spaltung oder der Spaltung mit Lithiumalanat neben dem Benzyl- keinen Allyl-, 2-Oxo-2-phenyl-äthyl- oder Alkoxycarbonyl-methyl-Rest tragen (s. S. 114). Bei der cyanolytischen und hydrolytischen Spaltung sind keine Einschränkungen bezüglich der Liganden notwendig, da in beiden Fällen nur der Allyl-Rest abgespalten wird (s. S. 114).

Demnach ist die Auswahl der Spaltungsmethode von den Liganden am Arsenatom abhängig. Wenn ein optisch aktives Arsin, das einen Benzyl-Rest enthält, aufgebaut werden soll, bedient man sich der Cyanolyse, wobei nach folgendem Schema vorgegangen wird[2]:

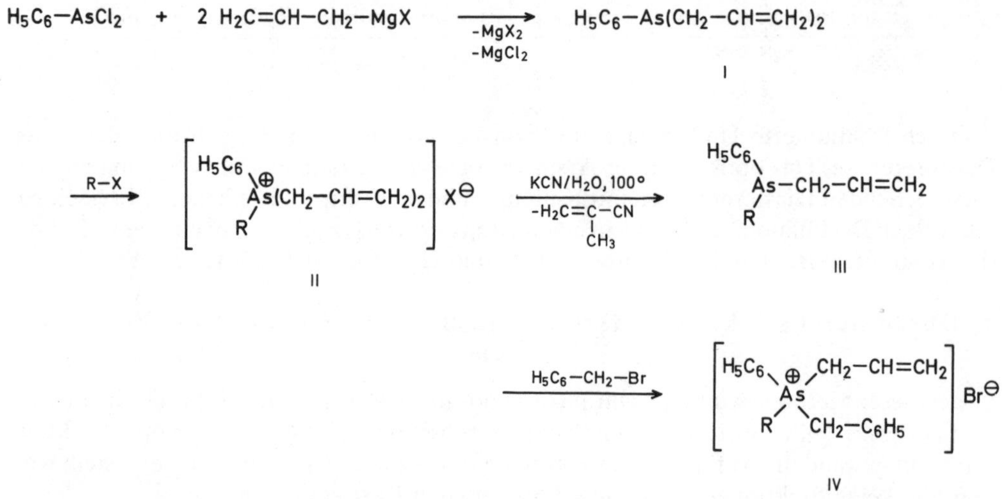

$$H_5C_6-AsCl_2 \quad + \quad 2\ H_2C=CH-CH_2-MgX \quad \xrightarrow[-MgCl_2]{-MgX_2} \quad H_5C_6-As(CH_2-CH=CH_2)_2$$

$$I$$

$$\xrightarrow{R-X} \quad \left[ \begin{array}{c} H_5C_6 \\ \overset{\oplus}{As}(CH_2-CH=CH_2)_2 \\ R \end{array} \right] X^{\ominus} \quad \xrightarrow[-H_2C=C-CN \atop \quad\ \ \ CH_3]{KCN/H_2O,\,100^\circ} \quad \begin{array}{c} H_5C_6 \\ As-CH_2-CH=CH_2 \\ R \end{array}$$

$$II \qquad\qquad\qquad\qquad\qquad\qquad III$$

$$\xrightarrow{H_5C_6-CH_2-Br} \quad \left[ \begin{array}{c} H_5C_6 \quad\ \ CH_2-CH=CH_2 \\ \overset{\oplus}{As} \\ R \quad\ \ CH_2-C_6H_5 \end{array} \right] Br^{\ominus}$$

$$IV$$

Das Arsoniumhalogenid IV wird dann mit dem Silbersalz der O,O-Dibenzoylweinsäure umgesetzt und durch fraktionierte Umkristallisation in die Antipoden gespalten. Die jeweilige Antipode wird dann in das saure Methylsulfat überführt und cyanolysiert bzw. hydrolysiert:

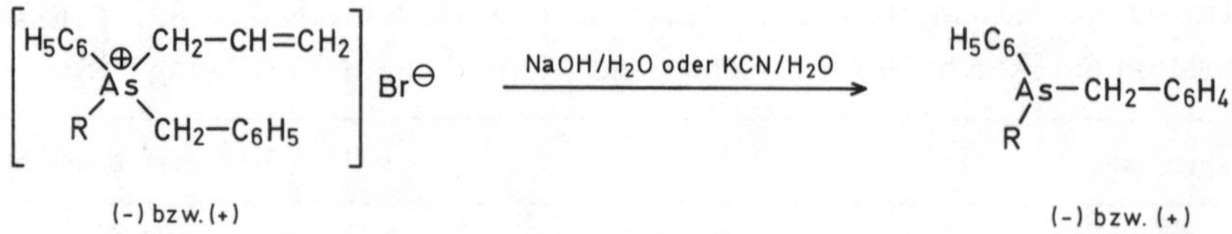

$$\left[ \begin{array}{c} H_5C_6 \quad\ \ CH_2-CH=CH_2 \\ \overset{\oplus}{As} \\ R \quad\ \ CH_2-C_6H_5 \end{array} \right] Br^{\ominus} \quad \xrightarrow{NaOH/H_2O\ oder\ KCN/H_2O} \quad \begin{array}{c} H_5C_6 \\ As-CH_2-C_6H_4 \\ R \end{array}$$

$$(-)\ bzw.\ (+) \qquad\qquad\qquad\qquad\qquad\qquad (-)\ bzw.\ (+)$$

Analog kann man durch alternierende Spaltung des Benzyl-Restes und Quartärisierung optisch aktive Arsine aufbauen, wenn kein Allyl- oder 2-Oxo-2-phenyl-äthyl-Rest vorhanden ist (s. S. 114). In diesem Falle kann man entweder die Lithiumalanat oder die elektrochemische Spaltung anwenden (s. S. 114).

---

[1] Hierzu vergl. K. F. Kumli et al., Am. Soc. **81**, 248 (1959).
[2] L. Horner, Helv. **49**, 93 (1966).

Tab. 15: Optisch aktive tert. Arsine durch Spaltung chiraler Arsoniumsalze

| Arsoniumsalz | Arsin | Methode (s. S. 113) | Lite-ratur |
|---|---|---|---|
| 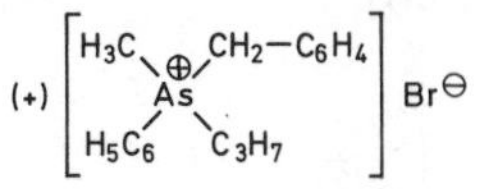 (+) $\begin{bmatrix} H_3C \quad CH_2-C_6H_4 \\ \quad As^\oplus \\ H_5C_6 \quad C_3H_7 \end{bmatrix} Br^\ominus$ | (+)-*Methyl-propyl-phenyl-arsin* | 1 , ④ | 1,2 |
| 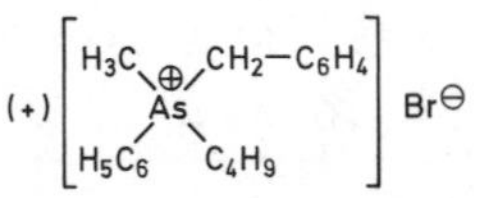 (+) $\begin{bmatrix} H_3C \quad CH_2-C_6H_4 \\ \quad As^\oplus \\ H_5C_6 \quad C_4H_9 \end{bmatrix} Br^\ominus$ | (+)-*Methyl-butyl-phenyl-arsin* | 1 , ④ | 1,2 |
| 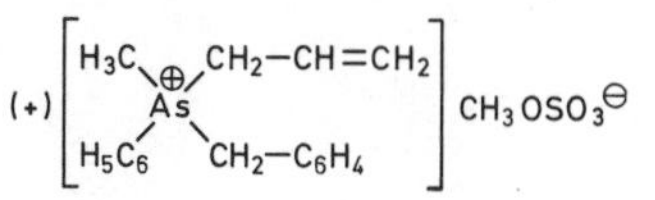 (+) $\begin{bmatrix} H_3C \quad CH_2-CH=CH_2 \\ \quad As^\oplus \\ H_5C_6 \quad CH_2-C_6H_4 \end{bmatrix} CH_3OSO_3^\ominus$ | (+)-*Methyl-phenyl-benzyl-arsin* | ②, ③ | 3,4 |
| 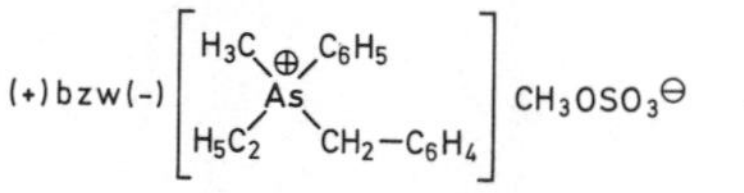 (+)bzw(−) $\begin{bmatrix} H_3C \quad C_6H_5 \\ \quad As^\oplus \\ H_5C_2 \quad CH_2-C_6H_4 \end{bmatrix} CH_3OSO_3^\ominus$ | (+) bzw. (−)-*Methyl-äthyl-phenyl-arsin* | ① | 1 |

$\beta_2$) *Optisch aktive Arsine aus chiralen Thioarsinigsäureestern*

Setzt man optisch aktive Methyl-phenyl-thioarsinigsäure-menthylester mit der 2fachen molaren Menge an Alkyl- oder Aryl-lithium in Äther bei $-78°$ um, so entstehen die entsprechenden Methyl-phenyl-alkyl- oder -aryl-arsine in optisch aktiver Form[5]:

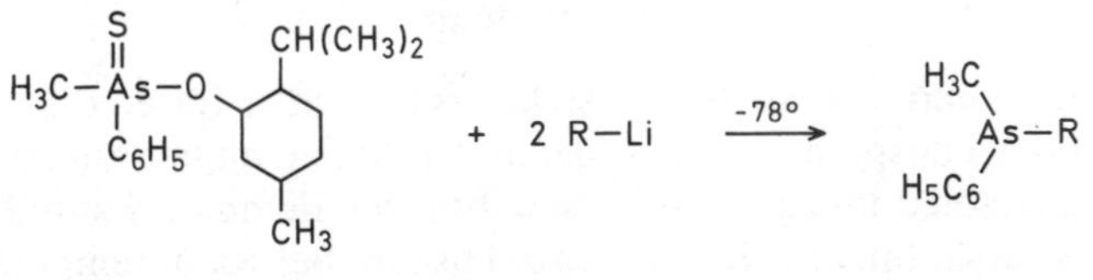

$$H_3C-\overset{\overset{S}{\|}}{\underset{\underset{C_6H_5}{|}}{As}}-O\text{-menthyl} \quad + \quad 2\ R-Li \quad \xrightarrow{-78°} \quad \overset{H_3C}{\underset{H_5C_6}{}}As-R$$

(+) oder (−)

R = Propyl;    *Methyl-propyl-phenyl-arsin*;    51% d. Th.
R = 2-Naphthyl; *Methyl-phenyl-naphthyl-(2)-arsin*; 81% d. Th.

Die Umsetzung stellt eine einfache und elegante Methode zur Herstellung von optisch aktiven Arsinen dar. Man geht folgendermaßen vor: Ein unsymmetrisches Halogen-arsin (s. S. 240, 243) wird mit Natriummenthanolat zum entsprechenden Arsenit umgesetzt, das anschließend mit Schwefel zu Thioarsinigsäure-menthylester weiter reagiert. Nach der optischen Trennung durch fraktionierte Umkristallisation wird dann mit der Organo-lithium-Verbindung umgesetzt[5]:

---

[1] L. HORNER u. H. FUCHS, Tetrahedron Letters **1962**, 203.
[2] L. HORNER u. M. ERNST, B. **103**, 318 (1970).
[3] L. HORNER u. W. HOFER, Tetrahedron Letters **1966**, 3321.
[4] L. HORNER u. S. SAMAAN, Phosphorus **1**, 207 (1971).
[5] K. MISLOW et al., Am. Soc. **95**, 953 (1973).

8*

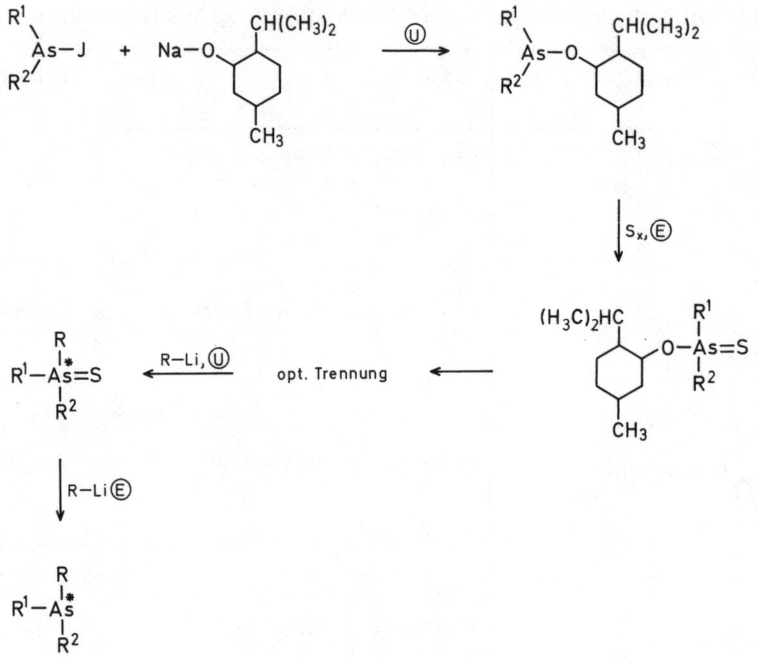

U = Umkehrung der Konfiguration am Arsenatom
E = Erhaltung der Konfiguration am Arsenatom

Die optisch aktiven tert. Arsinsulfide werden dabei nicht isoliert.

## B. Umwandlung

### 1. Salzbildung

Primäre, sekundäre und tertiäre Arsine stellen schwächere Basen dar, als die entsprechenden Amine[1] oder Phosphine[2]. Die Basizität der Arsine nimmt mit zunehmender Alkylsubstitution am Arsenatom zu. Triarylarsine besitzen demnach kaum basische Eigenschaften. Triphenyl-arsin bildet z. B. mit Schwefelsäure bei Raumtemperatur kein Salz[3].

Auf Grund von Leitfähigkeitsmessungen wird angenommen, daß Triphenyl-arsin in flüssigem Chlorwasserstoff in Salzform vorliegt[4]:

$$(H_5C_6)_3As \; + \; 2\;HCl \; \rightleftharpoons \; [(H_5C_6)_3\overset{\oplus}{As}-H]\,[HCl_2]^{\ominus}$$

Werden tert. Arsine mit Halogenwasserstoffsäuren längere Zeit erhitzt, so tritt unter Bildung von Arsen(III)-halogeniden Zersetzung ein[5,6]. Dimethyl-arsin zersetzt sich bereits bei Temperaturen oberhalb $-10°$[7]:

[1] W. C. DAVIES u. H. W. ADDIS, Soc. **1937**, 1238.
[2] Vgl. ds. Handb., Bd. XIII/1, S. 74.
[3] R. GILLESPIE u. E. H. ROBINSON, *Advances in Inorganic Chemistry and Radiochemistry*, Vol. 1, Academic Press, New York 1959.
[4] M. E. PEACH u. F. C. WADDINGTON, Soc. **1961**, 1238.
[5] A. MICHAELIS u. L. WEITZ, B. **20**, 50 (1887).
[6] A. MICHAELIS u. H. LOESNER, B. **27**, 264 (1894).
[7] W. M. DEHN u. B. B. WILCOX, Am. **35**, 1 (1906).

$$(H_3C)_2As-H \;+\; HBr \;\longrightarrow\; [(H_3C)_2As-H \cdot HBr] \;\longrightarrow\; (H_3C)_2As-Br \;+\; H_2$$

Allgemein sind die Salze sek. Arsine nur bei tiefen Temperaturen beständig und hydrolysieren sehr leicht[1].

Die Trialkylarsine bilden mit Mineralsäuren leichter Salze als die Triarylarsine, die jedoch sehr schnell in die Ausgangsverbindungen hydrolysiert werden[2]. Aus Trivinylarsin und trockenem Chlorwasserstoff fällt in Ätherlösung das entsprechende Hydrochlorid aus, das jedoch stark hygroskopisch ist[3]:

$$(H_2C{=}CH)_3As \;+\; HCl \;\xrightarrow{\text{Äther, } -20°}\; [(H_2C{=}CH)_3\overset{\oplus}{As}-H]\; Cl^{\ominus}$$

Von besonderer Bedeutung ist die Tatsache, daß opt. aktive tert. Arsine in Gegenwart von Mineralsäuren racemisieren[4, 5]. Für diesen Befund gibt es vorläufig keinen gesicherten Mechanismus[5].

Die Einwirkung von Alkylhalogeniden auf prim. oder sek. Arsine führt über tert. Arsine[2, 6] zu quart. Arsoniumsalzen, die durch Alkylierung der tert. Arsine direkt gebildet werden können (s. S. 395).

Über die Reaktion der prim. und sek. Arsine mit ungesättigten Verbindungen zu tert. Arsinen s. S. 65.

Primäre und sekundäre Arsine können auch als schwache Säuren fungieren. Sie übertreffen in ihrer Acidität die entsprechenden Phosphine[7]. Mit Alkalimetallen oder Organoalkali-Verbindungen werden Alkalimetall-Salze, die Arsenide gebildet (s. S. 128). Durch Einwirkung von Grignard-Verbindungen entstehen die Halogenmagnesium-Salze (s. S.132).

## 2. Oxidation

Die Empfindlichkeit der Arsine gegenüber Oxidationsmitteln ist eine der charakteristischen Eigenschaften dieser Verbindungsklasse. Besonders sekundäre Arsine sind so empfindlich, daß sie sich an der Luft spontan entzünden können. Aus diesem Grunde dürfen Arsine nur in einer inerten Atmosphäre gehandhabt werden. Die Oxidationsempfindlichkeit nimmt mit zunehmender Kettenlänge der Alkyl-Reste und mit zunehmender Zahl der aromatischen Reste am Arsenatom ab. Triaryl-arsine können teilweise ohne Gefahr an der Luft gehandhabt werden.

Die Oxidation von prim. Arsinen liefert je nach Oxidationsbedingungen Arseno- (s. S. 160), Arsenoso-Verbindungen (s. S. 169) oder Arsonsäuren:

$$R-AsH_2 \;\rightleftharpoons\; (R-As-As-R)_n \;\rightleftharpoons\; (R-As{=}O)_n \;\rightleftharpoons\; R-\overset{OH}{\underset{OH}{As}}{=}O$$

Entsprechend werden die sek. Arsine zu Diarsinen (s. S. 144), Arsinigsäureanhydriden oder Arsinsäuren (s. S. 231 bzw. 326) oxidiert:

$$R_2As-H \;\rightleftharpoons\; R_2As-AsR_2 \;\rightleftharpoons\; R_2As-O-AsR_2 \;\rightleftharpoons\; R_2As{\overset{O}{\underset{OH}{}}}$$

[1] W. R. CULLEN, Canad. J. Chem. **41**, 322 (1963).
[2] E. KRAUSE u. A. v. GROSSE, *Die Chemie der Metall-organischen Verbindungen*, Geb. Borntraeger, Berlin 1937.
[3] L. MAIER et al., Am. Soc. **79**, 5884 (1957).
[4] L. HORNER u. W. HOFER, Tetrahedron Letters **1965**, 4091.
[5] L. HORNER, Helv. **49**, 93 (1966).
[6] W. M. DEHN u. B. B. WILCOX, Am. **35**, 1 (1906).
[7] K. ISSLEIB u. R. KÜMMEL, J. Organometal. Chem. **3**, 84 (1965).

Tert. Arsine werden zu tert. Arsinoxiden oxidiert:

$$R_3As \quad \rightleftharpoons \quad R_3As{=}O$$

Wenn in Gegenwart von protischen Lösungsmitteln gearbeitet wird, können die Hydrate (Dihydroxy-triorgano-arsorane) entstehen (s. S. 369).

Die Oxidation unter nicht kontrollierbaren Bedingungen kann sogar unter As-C-Bindungsspaltung erfolgen. So entsteht bei der Oxidation von Methylarsin mit Salpetersäure Arsen(V)-oxid, Ameisensäure und Stickstoffdioxid[1]. Die Oxidation mit wäßrigem Silbernitrat führt dagegen zu Methanarsonsäuren und metallischem Silber[1]. Primäre oder sekundäre Arsine können somit als Reduktionsmittel fungieren. Phenylarsin reagiert mit Phenyl-quecksilberchlorid unter Bildung von *Diphenylquecksilber,* metallischem Quecksilber, Benzol und *Arsenobenzol*[2]. Die Bedeutung der prim. oder sek. Arsine als Reduktionsmittel ist jedoch insoweit beschränkt, als daß die Reaktion nicht immer übersichtlich und die Handhabung nicht leicht ist.

Am Eindeutigsten verläuft die Oxidation von Triarylarsinen, wobei Sauerstoff, Kaliumpermanganat, Mangandioxid, Quecksilberoxid oder Wasserstoffperoxid als Oxidationsmittel eingesetzt werden können (s. S. 369)[3]. Trialkylarsine werden entgegen der älteren Literatur mit Sauerstoff nicht zu Trialkyl-arsinoxiden oxidiert[4]. Butyl-diäthyl-arsin z. B. wird unter As-C-Bindungsspaltung in *Äthyl-butyl-arsinsäure* umgewandelt[5]. Analog verhält sich das Triäthyl-arsin[6].

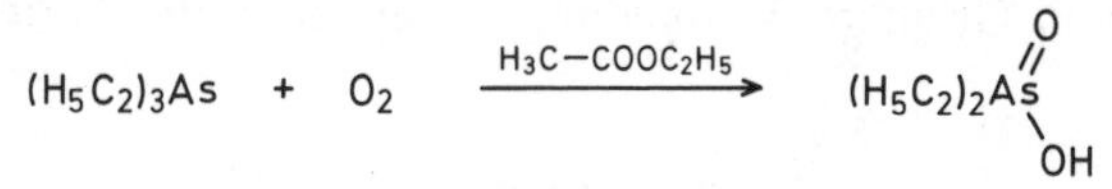

$$(H_5C_2)_3As \; + \; O_2 \quad \xrightarrow{H_3C-COOC_2H_5} \quad (H_5C_2)_2\overset{\displaystyle O}{\underset{\displaystyle OH}{\overset{\|}{As}}}$$

Diäthyl-arsinsäure

Dimethyl-phenyl-arsin liefert analog *Methyl-phenyl-arsinsäure*[7].

Im Kontrast zur Oxidation mit Sauerstoff können Methyl-äthyl-phenyl- oder Methyl-propyl-phenyl-arsin durch Ozon in die entsprechenden Arsinoxide (*Methyl-äthyl-phenyl-* bzw. *Methyl-propyl-phenyl-arsinoxid*) umgewandelt werden[8]. Unter Erhaltung der Konfiguration erfolgt die Oxidation optisch aktiver tert. Arsine sowohl mit Ozon[2] als auch mit Distickstofftetraoxid[9]:

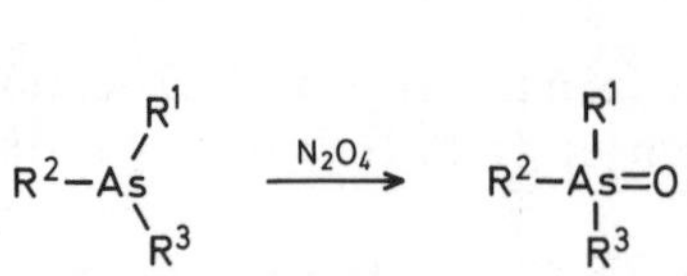

$$R^2{-}\overset{\displaystyle R^1}{\underset{\displaystyle R^3}{As}} \quad \xrightarrow{N_2O_4} \quad R^2{-}\overset{\displaystyle R^1}{\underset{\displaystyle R^3}{As}}{=}O$$

Es muß jedoch in trockenen Lösungsmitteln wie Essigsäure-äthylester oder Dichlormethan gearbeitet werden, da Spuren Feuchtigkeit zur Racemisierung der Oxide führen[8,10].

---

[1] W. M. Dehn, Am. **33**, 101 (1905).
[2] A. N. Nesmeyanov u. R. Ch. Freidlina, B. **67**, 735 (1934).
[3] G. O. Doak u. L. D. Freedman, *Organometallic Compounds of Arsenic Antimony, and Bismuth*, Wiley-Interscience, New York 1970.
[4] R. A. Zingaro u. E. A. Meyer, Inorg. Chem. **1**, 771 (1962); und dort zitierte Literatur.
[5] E. Etienne, C. r. **221**, 628 (1945).
[6] M. E. P. Friedrich u. C. S. Marvel, Am. Soc. **52**, 376 (1930).
[7] G. J. Burrows, J. Pr. Soc. N. S. Wales, **68**, 72 (1935).
[8] H. Fuchs, Dissertation, Mainz 1962.
[9] Yu. F. Gatilov et al., Ž. obšč. Chim. **42**, 540 (1972); engl.: 538.
[10] L. Horner, Helv. **49**, 93 (1966).

Triphenylarsin wird mit Blei(IV)-acetat zu *Diacetoxy-triphenyl-arsoran* oxidiert[1] (s. S. 354):

$$(H_5C_6)_3As \xrightarrow{\text{Pb(O-CO-CH}_3)_4} (H_5C_6)_3As(O-CO-CH_3)_2$$

Beim Schütteln einer Lösung von Diphenyl-(4-hydroxy-3,5-di-tert.-butyl-phenyl)-arsin in Benzol mit alkalischer Kalium-hexacyanoferrat(III)-Lösung wird *3,5,3',5'-Tetra-tert.-butyl-diphenochinon* erhalten. Auf Grund ESR-spektroskopischer Untersuchung wird die intermediäre Bildung eines Phenoxyl-Radikals nachgewiesen[2]:

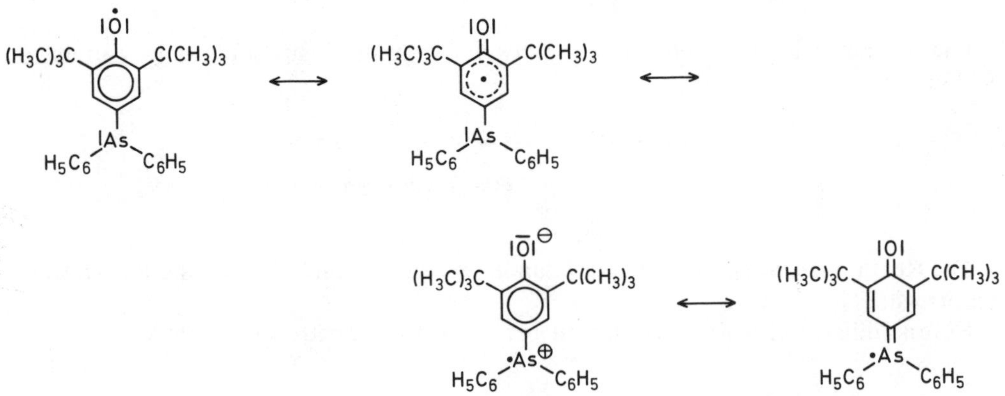

Bei der Reaktion äquivalenter Mengen Triphenyl-arsin mit Hypohalogeniten in inerten Lösungsmitteln findet eine Oxidation zu den hygroskopischen *Halogen-tert.-butyloxy-triphenyl-arsoranen* statt[2,3]

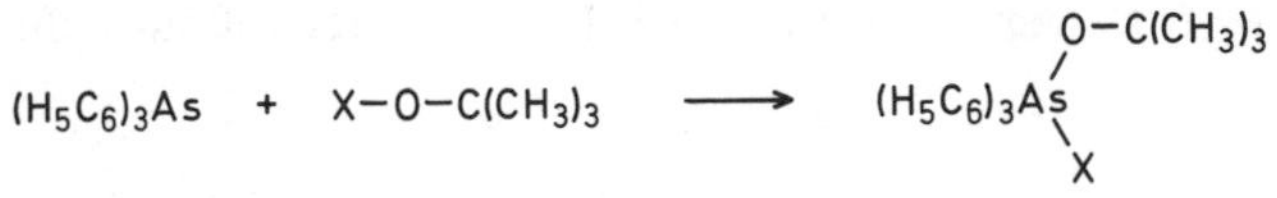

## 3. Anlagerungsreaktionen ohne As-C-Spaltung

### α) Anlagerung von Schwefel oder Selen

Elementarer Schwefel lagert sich in einer exothermen Reaktion an tert. Arsine unter Bildung von tert. Arsinsulfiden (s. S. 383):

$$R_3As \xrightarrow{S} R_3As{=}S$$

Die Umsetzung verläuft beim Einsetzen optisch aktiver tert. Arsine unter Konfigurationserhaltung am Arsenatom[4]. Statt Schwefel kann Schwefelwasserstoff eingesetzt werden. Aus sekundären Arsinen entsteht bei der Umsetzung mit Schwefel bei 80° die entsprechende Dithioarsinsäure (s. S. 350)[5]:

[1] J. I. G. CADOGEN u. I. GOSNEY, Soc. (Perkin I) **1974**, 466.
[2] E. MÜLLER et al., A. **705**, 54 (1967).
[3] I. DAHLMANN u. L. AUSTENAT, A. **729**, 1 (1969).
[4] L. HORNER u. H. FUCHS, Tetrahedron Letters **1962**, 203.
[5] A. TZSCHACH u. D. DROHNE, J. Organometal. Chem. **21**, 231 (1970).

$$R_2As-H \quad \xrightarrow{S,\,80°} \quad R_2As\overset{\displaystyle S}{\underset{\displaystyle SH}{\big\backslash\!\!\big/}}$$

Bei Raumtemperatur entstehen u. U. Bis-[diorgano-arsin]-sulfide (s. S. 272).

Die Umsetzung von Dimethylarsin mit Disulfiden liefert dagegen den Dimethyl-thioarsinigsäureester[1]:

$$(H_3C)_2As-H \;+\; RS-SR \;\longrightarrow\; (H_3C)_2As-SR$$

Phenyl-arsin wird mit elementarem Schwefel in prim. Arsinsulfide umgewandelt (s. S. 206)[2, 3]:

$$H_5C_6-AsH_2 \quad \xrightarrow{S} \quad H_5C_6-As=S$$

*Benzolarsonigsäure-thioanhydrid*

Die Reaktionen von primären und sekundären Arsinen mit Schwefel sind jedoch wenig untersucht.

Selen addiert sich an tert. Arsine zu tert. Arsinseleniden (s. S. 386):

$$R_3As \quad \xrightarrow{Se} \quad R_3As=Se$$

Die Umsetzung mit Selendioxid ergibt Gemische aus tert. Arsinseleniden und -oxiden[4].

Die Bildung der tert. Arsinselenide wird unter Sauerstoffausschluß vorgenommen (s. S. 386).

### $\beta$) Anlagerung von Stickstoffverbindungen

Durch Einwirkung von Nitren-Vorstufen, bei denen das intermediär zu formulierende Nitren besonders elektrophil ist, auf Triphenylarsin in der Schmelze bei katalytischer Einwirkung von metallischem Kupfer werden N-substituierte Imino-triphenyl-arsorane (s. S. 388) gebildet. Als Nitren-Vorstufen können Aryl-, Acyl-, Äthoxycarbonyl-, Sulfonyl- und Cyan-azide eingesetzt werden[5]:

$$NC-N_3 \;+\; (H_5C_6)_3As \quad \xrightarrow{-N_2} \quad (H_5C_6)_3As=N-CN$$

*Cyanimino-triphenyl-arsoran*

Die Umsetzung von Triarylarsin mit 5-Oxo-3-aryl-1,4,2-dioxazol führt zu Benzoyl-imino-triaryl-arsoranen, die jedoch unter den Reaktionsbedingungen (s. S. 394) in Triaryl-arsinoxid und Benzonitril zerfallen[5]:

[1] W. R. CULLEN et al., Canad. J. Chem. **45**, 1332 (1967).
[2] F. F. BLICKE u. L. D. POWERS, Am. Soc. **55**, 1164 (1933).
[3] YU. F. GATILOV u. M. G. KRALICHKINA, Ž. obšč. Chim. **38**, 1798 (1968); engl.: 1752.
[4] N. N. MEL'NIKOV u. M. S. ROKITSKAYA, Ž. obšč. Chim. **8**, 834 (1938); C. A. **33**, 1267 (1939).
[5] J. I. G. CADOGAN u. I. GOSNEY, Soc. (Perkin I) **1974**, 460.

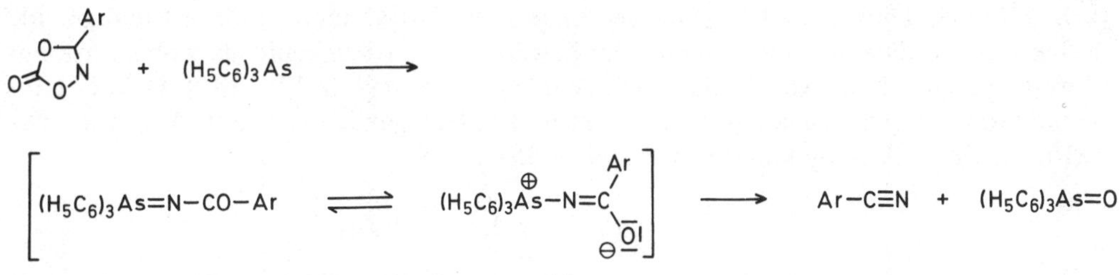

$$\text{Ar-Oxazolidindion} + (H_5C_6)_3As \longrightarrow$$

$$\left[(H_5C_6)_3As=N-CO-Ar \rightleftharpoons (H_5C_6)_3\overset{\oplus}{As}-N=C\overset{Ar}{\underset{\underset{\ominus}{\overset{|}{O|}}}{}} \right] \longrightarrow Ar-C\equiv N + (H_5C_6)_3As=O$$

Bei der Einwirkung von Chloramin[1,2] oder N-Amino-phthalimid[3] auf tert. Arsine entstehen Amino-triorgano-arsoniumsalze (s. S. 366):

$$R_3As + NH_2Cl \longrightarrow \left[R_3\overset{\oplus}{As}-NH_2\right]Cl^{\ominus}$$

Die Umsetzung ist von Druck und Temperatur abhängig (s. S. 367). Die Amino-arsoniumsalze entstehen bei tiefer Temperatur und vermindertem Druck. Bei Normaldruck und höheren Temperaturen erhält man unter eventueller As-C-Spaltung Gemische aus Amino- und Diamino-arsonium-Salzen[1]:

$$(H_5C_6)_3As + NH_2Cl \longrightarrow \left[(H_5C_6)_3\overset{\oplus}{As}-NH_2\right]Cl^{\ominus} + \left[(H_5C_6)_2\overset{\oplus}{As}(NH_2)_2\right]Cl^{\ominus}$$

Mit Salzen von N-Chlor-sulfonsäure-amiden (Chloramin T) werden Arylsulfonyl-imino-arsorane gebildet (s. S. 390). Aus Benzamid und Triphenylarsin entsteht *Benzoylimino-triphenyl-arsoran*, das sehr leicht in Triphenylarsinoxid und Benzonitril gespalten werden kann[4]. Die Umsetzung gelingt nicht mit Acetamid[4].

### γ) Anlagerung von Halogenen

Halogene lagern sich an Arsine in einer stark exothermen Reaktion an. Je nach Konzentration des Halogens und Reaktionstemperatur (s. S. 187) entstehen aus prim. Arsinen Arsonigsäure-dihalogenide und bei weiterer Einwirkung von Halogen die Ortho-arsonsäure-tetrahalogenide (s. S. 289):

$$R-AsH_2 \xrightarrow[-2HX]{2 X_2} R-AsX_2 \xrightarrow{X_2} R-AsX_4$$

Aus sek. Arsinen und Halogen werden analog die Arsinigsäurehalogenide (s. S. 253) bzw. die Orthoarsinsäure-trihalogenide (s. S. 325) gebildet:

$$R_2As-H \xrightarrow[-HX]{X_2} R_2As-X \xrightarrow{X_2} R_2AsX_3$$

Tert. Arsine addieren Halogen zu tert. Arsin-dihalogeniden (s. S. 351):

$$R_3As \xrightarrow{X_2} R_3AsX_2$$

Die Halogenide der Orthosäuren und die tert. Arsin-dihalogenide sind stark hydrolyseempfindlich und bilden leicht die entsprechenden Arsonsäuren (s. S. 303), Arsinsäuren

[1] H. SISLER u. C. STRATTON, Inorg. Chem. **5**, 2003 (1966).
[2] R. APPEL u. D. WAGNER, Ang. Ch. **72**, 209 (1960).
[3] J. I. G. CADOGAN u. I. GOSNEY, Soc. (Perkin I) **1974**, 460.
[4] P. FRØYEN, Acta Chem. Scand. **23**, 2935 (1969); **25**, 983 (1971).

(s. S. 332) bzw. Dihydroxy-triorgano-arsorane (s. S. 376), Orthoarsinsäure-trihalogenide und tert. Arsin-dihalogenide spalten beim Erwärmen Alkylhalogenid ab, wobei Arsonigsäure-halogenide bzw. Arsinigsäure-halogenide entstehen (s. S. 176, 240). Bei der Umsetzung von tert. Arsinen mit großem Überschuß an Halogen können tert. Arsin-tetrahalogenide R$_3$AsX$_4$ gebildet werden (s. S. 351).

### δ) Anlagerung von Lewis-Säuren

Primäre, sekundäre und tertiäre Arsine sind als Verbindungen mit einem freien Elektronenpaar in der Lage, Additionsverbindungen mit Lewissäuren wie Diboranen einzugehen[1]:

$$2\ R_3As\ +\ B_2H_6\ \longrightarrow\ 2\ R_3As\ \cdot\ BH_3$$

Bei prim. und sek. Arsinen sind die Additionsverbindungen meistens nur bei tiefer Temperatur beständig (s. S. 134).

## 4. Reaktionen unter Spaltung der As-C-Bindung

Die As-C-Bindung in tert. Arsinen ist schwächer als die P-C-Bindung in den analogen Verbindungen[2]. Dementsprechend wird die As-C-Bindung unter Bedingungen gespalten, unter denen die entsprechenden Phosphorverbindungen stabil sind[3].

### α) reduktive Spaltung

Triphenylarsin wird durch Erhitzen in Xylol in einer Wasserstoffatmosphäre unter Druck in metallisches Arsen und *Benzol* gespalten[4].

Aus Trinaphthyl-(1)- oder Triphenylarsin werden hydrogenolytisch in Gegenwart von Raney-Nickel bereits unter milden Bedingungen *Naphthalin* bzw. *Benzol* und Arsen erhalten[5,6]. Die Einwirkung von Alkalimetallen in flüssigem Ammoniak, 1,4-Dioxan o. a. auf tert. Arsine führt unter Spaltung der As-C-Bindung zu Alkalimetall-arseniden (s. S. 130). Bei der Elektrolyse von Diphenyl-naphthyl-(1)-arsin an einer großflächigen Quecksilberelektrode wird Benzol isoliert[7].

### β) oxidative Spaltung

Bei der Oxidation von Trialkylarsinen mit Sauerstoff tritt wie bereits erwähnt (s. S. 369) teilweise eine Spaltung der As-C-Bindung ein, wobei Arsinsäuren entstehen. Eine besondere Schwächung erfährt die As-C-Bindung, wenn der Kohlenstoff Teil eines elektronenanziehenden Restes ist. Alkin-(1)-yl-arsine sind deshalb besonders hydrolyseempfindlich, und zersetzen sich in Gegenwart von Hydroxyl-Ionen unter Abspaltung von Acetylen-Derivaten[8]. Analog verhalten sich (2-Chlor-vinyl)-arsine[9]:

$$R-As(HC=CH-Cl)_2 \xrightarrow[\ 2.\,HCl\ ]{\ 1.\,OH^{\ominus}\ } R-AsCl_2$$

[1] R. GÖTZE u. H. NÖTH, Z. Naturf. **30b**, 343 (1975).
[2] H. SIEBERT, Z. anorg. Ch. **18**, 602 (1950).
[3] Vgl. ds. Handb., Bd. XII/1.
[4] W. IPATIEW u. G. RASUWAJEW, B. **63**, 1110 (1930).
[5] G. D. F. JACKSON u. W. H. F. SASSE, Soc. **1962**, 3746.
[6] A. SCHOENBERG et al., B. **95**, 2984 (1962).
[7] H. MATSCHINER et al., Z. anorg. Ch. **373**, 237 (1970).
[8] H. HARTMANN et al., Naturwiss. **46**, 321 (1959).
[9] I. L. KNUNYANTS u. V. PILSKAYA, Izv. Akad. SSSR **1955**, 472.

Allyl-diphenyl-arsin wird beim Erhitzen mit 20%-iger Natronlauge in *Diphenylarsinsäure* umgewandelt[1]. Aus Trifluormethyl-arsinen

$$R_nAs(CF_3)_{3-n}$$

n = 0, 1, 2
R = Alkyl oder Phenyl

wird durch Alkalimetallhydroxid die Trifluormethyl-Gruppe als *Trifluormethan* abgespalten[2-5]. Die Hydrolyse verläuft am leichtesten beim Tris-[trifluormethyl]-arsin[2]. Die Ammonolyse[5,6] oder die Umsetzung mit Natriummethanolat in Methanol[5] führt ebenfalls zur Abspaltung von Trifluormethan. Trifuryl-(2)-arsin zersetzt sich beim Erhitzen mit Quecksilber(II)-chlorid wobei *Furyl-(2)-quecksilberchlorid* isoliert werden kann[7]. Tris-[2-(bzw. -3-, bzw. -4)-methyl-phenyl]-arsin wird beim Erhitzen mit Thallium(III)-chlorid in Xylol in *2-* bzw. *3-* bzw. *4-Methyl-benzolarsonigsäure-dihalogenid* umgewandelt[8]:

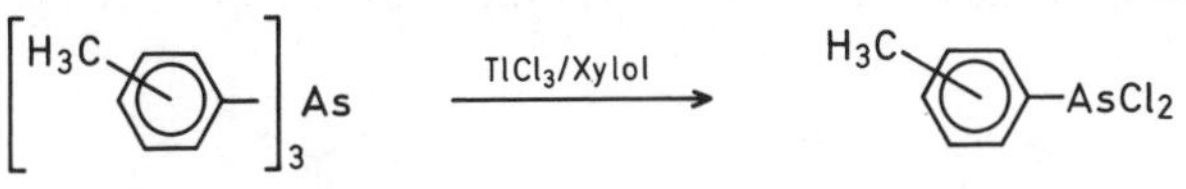

Zur Reaktion der Arsine mit Halogenverbindungen des Phosphors, Arsens und Antimons[8] s. S. 353.

### γ) thermische oder radiolytische Spaltung

Tert. Arsine in reinem Zustand sind thermisch stabil. Erst bei Temperaturen oberhalb 400° tritt Zersetzung ein[9]. Bei der Thermoylse von Trimethyl-arsin unter Anwendung der Toluol-Trägermethode bei 491–585° i. Vak. treten folgende Zerfallprozesse ein[10]:

$$(H_3C)_3As \longrightarrow (H_3C)_2As\bullet + \bullet CH_3$$

$$(H_3C)_2As\bullet \longrightarrow H_3C{-}As{:} + \bullet CH_3$$

$$2\ (H_3C)_2As\bullet \longrightarrow (H_3C)_3As + H_3C{-}As{:}$$

$${:}As{-}CH_3 \longrightarrow As + \bullet CH_3$$

$$2\ {:}As{-}CH_3 \longrightarrow \bullet As(CH_3)_2 + As$$

Aus Triphenyl-arsin werden bei der Bestrahlung mit Neutronen die Phenyl-Gruppen abgespalten[11].

---

1 S. Samaan, unveröffentlicht.
2 G. R. A. Brandt et al., Soc. **1952**, 2552.
3 H. J. Emeléus et al., Soc. **1953**, 1552.
4 R. N. Haszeldine u. B. O. West, Soc. **1957**, 3880.
5 W. R. Cullen, Canad. J. Chem. **38**, 445 (1960); **40**, 575 (1962).
6 W. R. Cullen u. H. J. Emeléus, Soc. **1959**, 372.
7 W. G. Loewe u. C. S. Hamilton, Am. Soc. **57**, 1081 u. 2314 (1935).
8 C. Summer u. H. H. Sisler, Inorg. Chem. **9**, 862 (1970).
9 P. B. Ayscough u. H. J. Emeléus, Soc. **1954**, 3381.
10 S. J. W. Price u. J. P. Reichert, Canad. J. Chem. **48**, 3209 (1970).
11 A. G. Maddock u. N. Sutin, Trans Faraday Soc. **51**, 184 (1955).

### 5. Bildung von Komplexen

Tertiäre Arsine bilden mit einer Reihe von Übergangsmetall-Verbindungen Komplexe, die das Arsin als Neutralteil enthalten und einem streng stöchiometrischen Aufbau gehorchen. Die Komplexe stellen meistens gut kristallisierende Substanzen dar. Aus diesem Grunde können die Komplexe zur Charakterisierung bzw. Analyse von Arsinen herangezogen werden. Die Herstellung erfolgt normalerweise durch Vermischen der Komponenten ohne Lösungsmittel oder in wäßriger oder äthanolischer Lösung oder anderen Lösungsmitteln. Geeignete Komplexe können zur Racemat-Spaltung von Arsinen eingesetzt werden (s. S. 113). Auf die Chemie und Eigenschaften der Komplexe sei auf die Fachliteratur hingewiesen[1-4].

### b) Arsenine (Arsabenzole), Arsa-Cyanine und verwandte Verbindungen

Verbindungen mit As-C-$(4p-2p)\pi$-Bindung sind in der älteren Literatur mehrfach formuliert worden, so z. B. das *Phenarsazin*[5] (I) und das *Arsanthren*[6] (II):

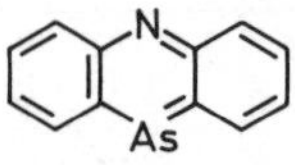

I 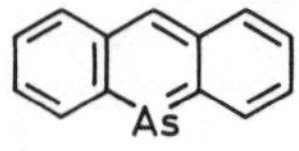                                    II

Spätere Untersuchungen zeigten jedoch, daß diese Verbindungen bei Raumtemperatur nicht monomer vorliegen und somit nicht als Verbindungen mit As–C–$(4p-2p)\pi$-Doppelbindung zu betrachten sind[7-9]. Ein Beweis für die Existenzfähigkeit dieser dreiwertigen Arsen-Verbindungen mit der Koordinationszahl zwei ist mit der Herstellung der Arsa-methincyanine erbracht worden (vgl. S. 127)[10].

### 1. Arsenine (Arsabenzole)

Das einfache *Arsenin* (Arsabenzol) wird durch Umsetzung von Arsen(III)-chlorid mit 1,1-Dibutyl-1,4-dihydro-stannin in Tetrahydrofuran hergestellt[11]:

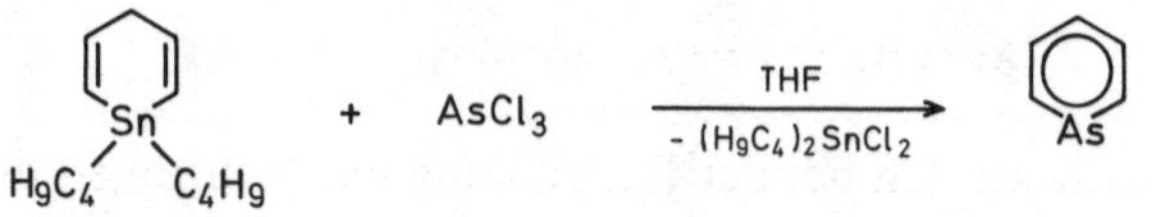

---

[1] J. C. BAILER, Jr. u. D. H. BUSCH, *The Chemistry of the Coordination Compounds*, S. 78–84, Reinhold Publ. Co., New York 1956.

[2] D. P. MELLOR, *Chelating Agents and Metal Chelats*, S. 10–27, Academic Press, New York 1964.

[3] G. BOOTH, *Advances in Inorganic Chemistry and Radiochemistry*, Vol. 6, S. 1–69, Academic Press, New York 1964.

[4] C. A. McAuliffe, *Transition Metal Complexes of Phosphorus, Arsenic and Antimony*, J. Wiley & Sons, New York 1973.

[5] H. WIELAND u. W. RHEINHEIMER, A. **423**, 1 (1921).

[6] L. KALB, A. **423**, 39 (1921).

[7] H. VERMEER u. F. BICKLHAUPT, Tetrahedron Letters **1970**, 1007.

[8] C. JONGSMA u. H. VANDER MEER, Tetrahedron Letters **1970**, 1323.

[9] H. VERMEER et al., Tetrahedron Letters **1970**, 3255.

[10] G. MÄRKL u. F. LIEB, Tetrahedron Letters **1967**, 3489.

[11] A. ASHE III, Am. Soc. **93**, 3293 (1971).

Die Reaktion verläuft exotherm. Dieser Syntheseweg wird bei der Herstellung 4- und 2,6-substituierter Arsenine angewandt[1−3]; so werden z. B. aus 4-Methoxy-1,1-dibutyl-1,4-dihydro-stannin (IV)[1] und Arsen(III)-chlorid in siedendem Tetrahydrofuran die 4-substituierten Arsenine in guten Ausbeuten erhalten.

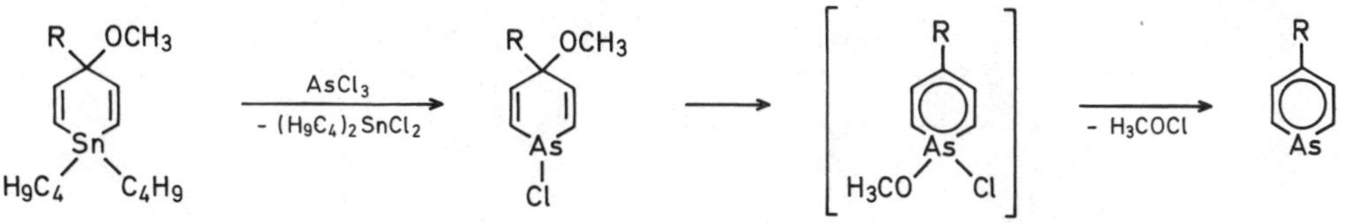

Der Mechanismus wird wie oben beschrieben formuliert. Das als Abgangsgruppe zu erwartende Methylhypochlorit wirkt auf das entstandene Arsenin oxidierend; um dies zu vermeiden arbeitet man in Gegenwart äquimolarer Mengen Triphenylphosphin[1]. Die Arsenine werden aus dem Reaktionsgemisch durch Chromatographie an Silicagel (Heptan/Benzol) als farblose destillierbare, luftempfindliche Flüssigkeiten abgetrennt[4].

*4-Phenyl-arsenin*;  49% d.Th. (in Gegenwart von Triphenylphosphin); F: 51° (Äthanol)
*4-Cyclohexyl-arsenin*; 64% d.Th. (in Gegenwart von Triphenylphosphin); $Kp_{0,03}$: 107–108°
*4-tert.-Butyl-arsenin*; 52% d.Th.

Um zu aryl-substituierten Arseninen zu gelangen bedient man sich einer intramolekularen Carben-Einschiebungsreaktion bei Arsolen[5]:

Das durch Lithium-Spaltung von 1,2,5-Triphenyl-arsol in 1,2-Dimethoxy-äthan leicht zugängliche (s. S. 130) Arsenid I reagiert mit Natrium-trichloracetat bzw. -dichloracetat zu den entsprechenden substituierten Arsolen II:

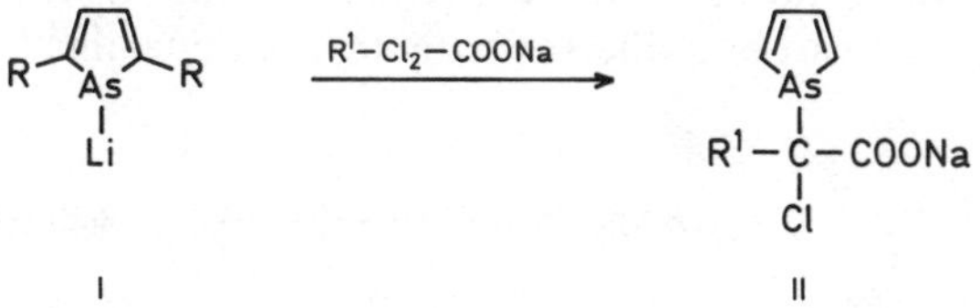

$R^1$ = Cl, Phenyl, H

Die Arsole II stellen potentielle Carben-Vorstufen dar. Während sich das Natriumsalz des *1-(Dichlor-carboxy-methyl)-arsols* bei 170° undefiniert zersetzt, zerfällt das *1-(α-Chlor-α-carboxy-benzyl)-arsol* oberhalb des Schmelzpunktes (140°) unter Bildung *2,3,6-Triphenyl-arsenin* (77% d.Th.; F: 146°)[5]. Durch Variation der Substituenten am Arsol kann das *2-Phenyl-3,6-dinaphthyl-(1)-arsenin* (F: 170–172°) in 40%-iger Ausbeute hergestellt werden[5].

---

[1] G. Märkl u. F. Kneidel, Ang. Ch. **85**, 990 (1973); **86**, 745, 746 (1974).
[2] G. Märkl et al., Tetrahedron Letters **1975**, 2411; Ang. Ch. **87**, 743 (1975).
[3] A. Ashe III., et al., Tetrahedron Letters **1975**, 1083.
[4] G. Märkl u. F. Kneidel, Ang. Ch. **85**, 990 (1973).
[5] G. Märkl et al., Ang. Ch. **84**, 440 (1972).

Von den Benzo-Derivaten des Arsenins ist lediglich das *10-Phenyl-⟨dibenzo-[b;e]-arsenin⟩* monomer und weist somit eine As–C–(4p-2p)$\pi$-Doppelbindung aus[1]. Die Synthese dieser Verbindung beruht auf der Chlorwasserstoff-Abspaltung von 5-Chlor-10-phenyl-5,10-dihydro-⟨dibenzo-[b;e]-arsenin⟩[1]:

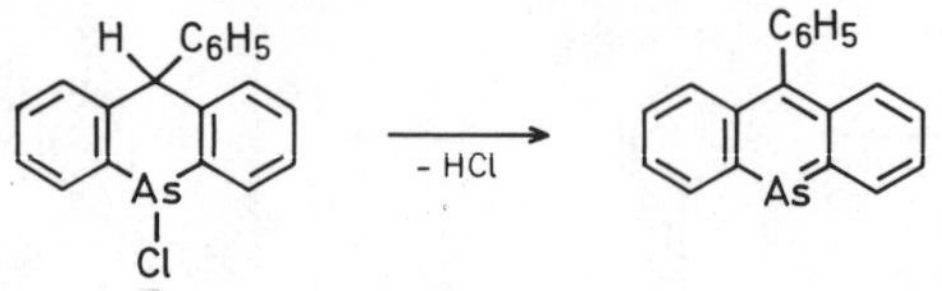

**10-Phenyl-⟨dibenzo-[b;e]-arsenin⟩** **(10-Phenyl-9-arsanthren)**[1]: 501,7 mg 5-Chlor-10-phenyl-5,10-dihydro-⟨dibenzo-[b;e]-arsenin⟩[2] in 30 *ml* Toluol werden i. Hochvak. mit 235,2 mg 1,5-Diaza-bicyclo[5.4.0]undecen-(5) versetzt. Nach ~15 Min. wird die Lösung eingedampft und der Rückstand mit Cyclohexan extrahiert. Nach Eindampfen der Cyclohexan-Lösung erhält man 420,2 mg (93% d. Th.) orangerote Kristalle, die durch Vakuumsublimation gereinigt werden; F: 172–176°.

Das auf diese Weise herstellbare *Dibenzo-[b;e]-arsenin(9-Arsanthren)*[2] liegt nur in Lösung teilweise monomer vor und kann nur durch Abfangreaktion, wie die Bildung eines Diels-Alder-Produkts mit Maleinsäureanhydrid, charakterisiert werden[2,3]. Den Arseninen wird im Gegensatz zu den Arsolen, die formal als konjugierte 6 $\pi$-Systeme die Hückel-Regel erfüllen, jedoch am Arsenatom pyrimidale Struktur aufweisen[4], ein aromatischer Charakter zugeschrieben[5].

Die Arsenine reagieren mit Dienophilen zu den Arsabarrelenen (s. S. 90).

## 2. 1,2,3-Diazarsole (Arsa-diazole)

Ein weiteres Ringsystem mit 3-bindigem Arsen der Koordinationszahl 2 liegt im 1,2,3-Diazarsol (Arsa-diazolen) vor[5,6]:

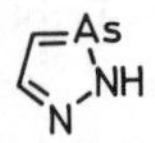

Die Herstellung gelingt durch Umsetzung eines 2-Phenylhydrazono-alkans mit Arsen(III)-chlorid in Gegenwart von überschüssigem Triäthylamin[5,6]:

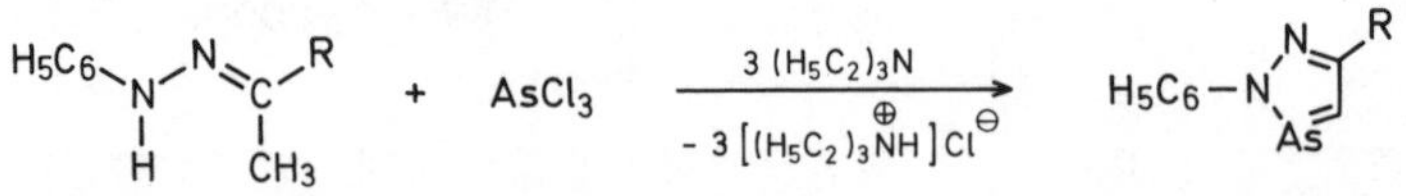

Die Reaktion wird bei 0° in Äther durchgeführt. Nach Abtrennung der ausgefallenen Ammoniumsalze in geschlossenem System werden die Diazarsole durch Chromatographie an wasserfreiem Silicagel/Petroläther unter Stickstoff rein erhalten.

*2,5-Diphenyl-1,2,3-diazarsol* wird so aus Phenylacetaldehyd-phenylhydrazon (F: 61–62° aus Methylcyclohexan)[5,6] erhalten.

[1] H. VERMEER u. F. BICKELHAUPT, Tetrahedron Letters **1970**, 3255.
    R. H. WEUSTINK et al., Tetrahedron Letters **1975**, 199.
[2] P. JUTZI u. K. DEUCHERT, Ang. Ch. **81**, 1051 (1969).
[3] H. VERMEER u. F. BICKELHAUPT, Ang. Ch. **81**, 1052 (1969).
[4] J. F. ENGEL et al., Am. Soc. **92**, 5779 (1970).
[5] G. MÄRKL u. C. MARTIN, Tetrahedron Letters **1973**, 4503; und dort zitierte Literatur.
[6] G. MÄRKL et al., Tetrahedron Letters **1974**, 1977.
    G. MÄRKL u. F. LIEB, Tetrahedron Letters **1967**, 3489.

Die Phenylhydrazone cyclischer oder bicyclischer Ketone sowie von Oxo-steroiden reagieren ebenfalls mit Arsen(III)-chlorid in 20–40%-iger Ausbeute zu den entsprechend substituierten 1,2,3-Diazarsolen.

## 3. Arsa-methincyanine

Durch Ersatz der Methin-Gruppe in den Methin-cyaninen durch ein Arsenatom kommt man zu einer Verbindungsklasse in der das dreibindige Arsenatom die Koordinationszahl 2 besitzt. Diese Arsa-methincyanine werden durch Umsetzung von Tris-[trimethylsilyl]-arsin[1] mit 2-Chlor-3-alkyl-⟨benzo-1,3-thiazolium⟩- bzw. 1-Alkyl-chinolinium-tetrafluoroboraten in absolutem Acetonitril hergestellt[1]:

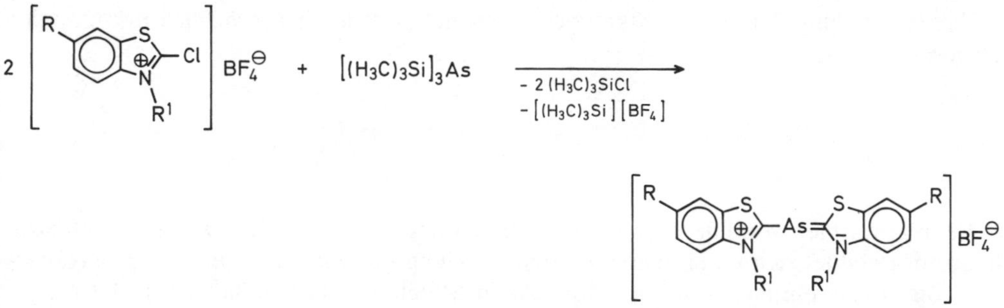

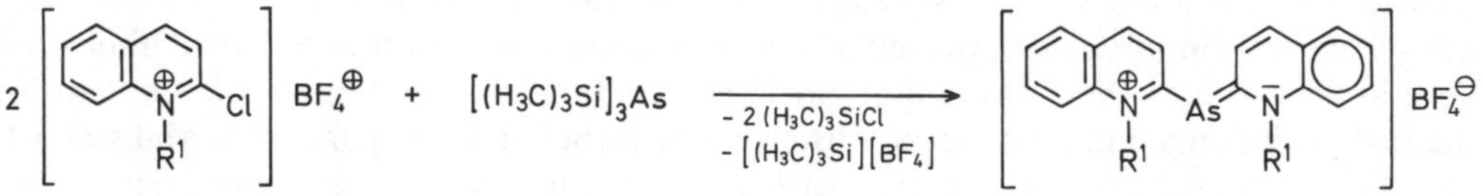

So erhält man u. a.[1]:

*Bis-[1-äthyl-⟨benzo-1,3-thiazol⟩-(2)]-arsamethincyanin-tetrafluoroborat*; 57% d.Th.; F: 194–198° (Zers.)
*Bis-[1-methyl-⟨benzo-1,3-thiazol⟩-(2)]-arsamethincyanin-tetrafluoroborat*; 57% d.Th.; F: 143–145° (Zers.)
*Bis-[5-methoxy-1-äthyl-⟨benzo-1,3-thiazol⟩-(2)]-arsamethincyanin-tetrafluoroborat*; 43% d.Th.;
    F: 168–172° (Zers.)
*Bis-[1-äthyl-chinolin-(2)]-arsamethincyanin-tetrafluoroborat*; 32% d.Th.; F: 217–221° (Zers.)
*Bis-[1-methyl-chinolin-(2)]-arsamethincyanin-tetrafluoroborat*; 48% d.Th.; F: 201–203° (Zers.)

Die gut kristallisierenden Arsa-cyanine sind in Substanz bei Raumtemp. stabil, ihre Lösungen zersetzen sich auch unter Stickstoff langsam.

## c) Arsenide und verwandte Verbindungen

Ersetzt man in prim., sek. oder tert. Arsinen ein oder zwei Wasserstoffatome bzw. organische Reste durch ein Element, das im Periodensystem links vom Arsen steht, so gelangt man zu Verbindungen, die zwar als Arsin-Derivate aufgefaßt werden können, deren chemisches Verhalten jedoch von der Arsen-Element-Bindung bestimmt wird.

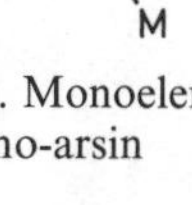

| prim. Monoelement-organo-arsin | prim. Dielement-organo-arsin | sek. Element-di-organo-arsin |

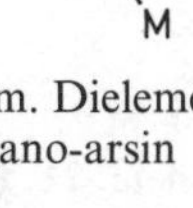

---

[1] G. Märkl u. F. Lieb, Tetrahedron Letters **1967**, 3489.

# 1. Alkalimetall-arsenide

## A. Herstellung

Durch Umsetzung von einer großen Zahl Organo-arsen-Verbindungen mit Lithium, Natrium oder Kalium bzw. Organo-alkalimetall-Verbindungen in einem inerten Lösungsmittel entstehen, je nach eingesetzter Organo-arsen-Verbindung und stöchiometrischen Verhältnissen, Alkalimetall-diorgano-arsenide. Die Arsenide stellen hochreaktive, sauerstoff- und feuchtigkeitsempfindliche Verbindungen dar und werden daher in trockener inerter Atmosphäre gehandhabt. Da die Arsenide reaktive Zwischenstufen bei der Synthese von Organo-arsen-Verbindungen darstellen, werden sie nur selten isoliert sondern in Lösung direkt weiter umgesetzt.

Zur Herstellung der prim. Alkalimetall-arsenide werden hauptsächlich prim. Arsine eingesetzt[1-8]:

$$R-AsH_2 \;+\; Na \;\longrightarrow\; R-As\overset{\displaystyle H}{\underset{\displaystyle Na}{\Big\backslash}}$$

Beim Erwärmen von Phenylarsin mit Kalium oder Natrium in 1,4-Dioxan oder Tetrahydrofuran bildet sich unter Wasserstoffentwicklung *Kalium-* bzw. *Natrium-phenylarsenid*, sofern man ein Reaktionsverhältnis Arsin/Metall = 1:0,9 einhält[4]. Aus der rot gefärbten 1,4-Dioxan-Lösung kristallisiert das Kalium- bzw. Natrium-phenylarsenid als 1,4-Dioxanat in 90%-iger Ausbeute[4]. Die Umsetzung in Benzol oder Petroläther verläuft äußerst träge. Die Lithiierung von Phenylarsin erfolgt am besten mit Organo-lithium-Verbindungen in ätherischer Lösung[4]. Für Arbeiten in präparativem Maßstab ist das Kalium-phenyl-arsenid der entsprechenden Natrium-Verbindung vorzuziehen, da Phenylarsin mit Kalium rascher als mit Natrium reagiert[1].

**Kalium-phenyl-arsenid[4]:**
in 1,4-Dioxan: In einem 1-*l*-Dreihalskolben, versehen mit Rührer und Rückflußkühler werden 16,5 g Phenylarsin, 3,2 g Kalium und 350 *ml* 1,4-Dioxan zusammengegeben. Das Reaktionsgemisch wird ~ 1–2 Stdn. erhitzt, wobei eine klare Lösung resultiert. Nach dem Abkühlen kristallisiert Kalium-phenyl-arsenid-1,4-Dioxanat ($C_6H_5$AsHK · 2 Dioxan) in gelben Nadeln aus. Es wird über eine G3-Fritte abfiltriert, mit 40 *ml* 1,4-Dioxan gewaschen und im Ölpumpenvak. bei 50° getrocknet; Ausbeute: 27 g (90% d. Th.).
in Tetrahydrofuran: In einem 250-*ml*-Dreihalskolben werden 40 g Phenylarsin mit 5 g Kalium in 100 *ml* Tetrahydrofuran umgesetzt. Die Reaktion beginnt sofort unter Wasserstoffentwicklung und ist nach 1 Stde. beendet. Die rote Lösung enthält das Kalium-phenyl-arsenid.

**Natrium-phenyl-arsenid[2,4]:**
in 1,4-Dioxan[4]: 5 g Phenylarsin, 0,7 g Natrium und 100 *ml* 1,4-Dioxan ergeben innerhalb 3 Stdn. eine orangegelbe Lösung, aus der beim Abkühlen $C_6H_5$AsHNa · 2 Dioxan auskristallisiert; Ausbeute: 8 g (75% d. Th.).
in flüssigem Ammoniak[2]: In einem Dreihalskolben, versehen mit Rührer (Quecksilber-Verschluß), Tropftrichter und mit Watte gefülltem Ableitungsrohr, werden 1,8 g fein geschnittenes Natrium in 200 *ml* flüssigem Ammoniak gelöst. Dazu tropft man unter Rühren eine Lösung von 1 Mol (8 *ml*) Phenylarsin in trockenem Äther langsam hinzu. Die ursprünglich blau gefärbte Lösung wird am Ende der Reaktion goldgelb. Für präparative Zwecke ist die Herstellung in flüssigem Ammoniak vorteilhafter[6].

[1] W. C. Johnson u. A. Pechukas, Am. Soc. **59**, 2069 (1937).
[2] F. G. Mann u. B. B. Smith, Soc. **1952**, 4544.
[3] F. G. Mann u. A. J. Wilkinson, Soc. **1957**; 3343.
[4] A. Tzschach u. G. Pacholke, B. **97**, 419 (1964).
[5] A. Tzschach u. R. Schwarzer, A. **709**, 248 (1967).
[6] A. Tzschach u. D. Drohne, J. Organometal. Chem. **21**, 131 (1970).
[7] A. Tzschach u. J. Heinicke, J. pr. **315**, 65 (1973).
[8] A. Tzschach et al., J. Organometal. Chem. **60**, 95 (1973).

**Lithium-phenyl-arsenid**[1]: 2,9 g Phenylarsin werden in 30 *ml* Äther gelöst und langsam mit 20,0 *ml* einer ätherischen Phenyl-lithium-Lösung (1 *ml* = 64 mg Phenyl-lithium) versetzt. Aus der gelben Lösung läßt sich durch Zusatz einiger *ml* 1,4-Dioxan das $C_6H_5AsHLi \cdot$ 1,4-Dioxan ausfällen. Es wird über eine G 3-Fritte abfiltriert, mit 10 *ml* Äther gewaschen und i. Vak. getrocknet; Ausbeute: 3,1 g (82% d. Th.)

Mononatrium-[2] bzw. -kalium[3]-alkyl-arsenide werden durch Zutropfen des prim. Arsins zu der stöchiometrischen Menge Natrium bzw. Kalium in flüssigem Ammoniak als gelbe Lösungen erhalten, die ohne Isolierung weiter umgesetzt werden (s. S. 41).

Die prim. Alkalimetall-organoarsenide werden durch Wasser zu prim. Arsinen hydrolysiert. Ihre Bedeutung liegt vorwiegend darin, daß durch Alkylierung unsymmetrische sek. Arsine hergestellt werden können (s. S. 76).

Dilithium-organo-arsenide werden bei der Umsetzung von prim. Arsinen mit der zweifachen molaren Menge Organolithium-Verbindungen hergestellt[1,4,5]:

$$R-AsH_2 \quad + \quad 2\,R^1-Li \quad \xrightarrow{-\,2\,R^1H} \quad R-AsLi_2$$

**Dilithium-phenyl-arsenid**[1]: 1,9 g Phenyl-arsin werden in 30 *ml* Äther gelöst und langsam mit 32,4 *ml* einer ätherischen Phenyl-lithium-Lösung (1 *ml* = 64 mg Phenyl-lithium) versetzt. Im Verlaufe der Umsetzung entsteht eine gelbe Fällung von Dilithium-phenyl-arsenid, die abfiltriert, 2mal mit je 10 *ml* Äther gewaschen und i. Vak. getrocknet wird; Ausbeute: 1,9 g (93% d. Th.)

Das Dilithium-phenyl-arsenid ist in Äther, Petroläther oder Benzol unlöslich, und kann statt mit Phenyl-lithium mit Butyl-lithium in Tetrahydrofuran hergestellt werden[5].

**Dilithium-butyl-arsenid**[4]: 6,5 g Butyl-arsin in 40 *ml* Petroläther werden mit 6,2 g Butyl-lithium in Petroläther umgesetzt. Der blaßgelbe Niederschlag wird abfiltriert, mit Petroläther gewaschen und i. Vak. getrocknet; Ausbeute: 5,3 g (75% d. Th.).

Durch Umsetzung von Arsenobenzol mit mindestens der 4fachen molaren Menge Natrium in 1,4-Dioxan wird *Dinatrium-phenyl-arsenid gebildet*[6].

Ausgehend von oligomeren Thioarsenoso-Verbindungen lassen sich die Dinatrium-arsenide ebenfalls herstellen[7]:

$$(R-As=S)_n \quad + \quad 4n\,Na \quad \xrightarrow[-\,n\,Na_2S]{fl.\ NH_3} \quad n\,R-AsNa_2$$

R = Alkyl, Aryl
n = 3, 4

*Dilithium-phenyl-arsenid* kann durch Umsetzung von Dichlor-phenyl-arsin mit metallischem Lithium in Tetrahydrofuran bei $-25°$ hergestellt werden[8].

Alkalimetall-diorgano-arsenide werden aus einer großen Zahl dreiwertiger Organo-arsen-Verbindungen durch Spaltung mit dem Alkalimetall in flüssigem Ammoniak hergestellt. Als Ausgangsverbindungen können Diarsine[7,9-11], Bis-[diorgano-arsino]-

[1] A. Tzschach u. G. Pacholke, B. **97**, 419 (1964).
[2] A. Tzschach u. J. Heinicke, J. pr. **315**, 65 (1973).
[3] W. C. Johnson u. A. Pechukas, Am. Soc. **59**, 2069 (1937).
[4] A. Tzschach u. R. Schwarzer, A. **709**, 248 (1967).
[5] K. Mislow et al., Am. Soc. **94**, 2859 (1972).
[6] J. W. B. Reesor u. G. F. Wright, J. Org. Chem. **22**, 382 (1957).
[7] K. Sommer, Z. anorg. Ch. **377**, 278 (1970).
[8] D. A. Thornton, J. S. Afr. Chem. Inst. **17**, 71 (1964).
[9] F. F. Blicke et al., Am. Soc. **55**, 1158 (1933).
[10] F. F. Blicke u. E. L. Catsline, Am. Soc. **60**, 419 (1938).
[11] J. R. Phillips u. J. H. Vis, Canad. J. Chem. **45**, 675 (1967).
L. B. Ionov et al., Ž. obšč. Chim. **44**, 1737 (1974); engl.: 1704.

oxide (Arsinigsäureanhydride)[1,2] bzw. -sulfide (Arsinigsäurethioanhydride)[2], sek. Arsine[3-10] und tert. Arsine[3-5,10-15]eingesetzt werden. Sek. Arsine und Diarsine werden mit Organo-alkalimetall-Verbindungen ebenfalls in Arsenide umgewandelt[16,5,6].

Generell werden die Arsenide nicht isoliert, sondern in Lösung weiter umgesetzt.

Die Reaktivität der eingesetzten Verbindungen ist mehr oder weniger ähnlich, so daß nur die Einfachheit ihrer Handhabung die Auswahl entscheidet. Für die Herstellung der symmetrischen Alkalimetall-diorgano-arsenide werden vorwiegend tert. Arsine[17] oder Thioarsinigsäure-anhydride[18] eingesetzt:

$$R_2As-S-AsR_2 \quad + \quad 4\,Na \quad \xrightarrow[-Na_2S]{fl.\,NH_3} \quad 2\,R_2As-Na$$

R = Aryl, Alkyl

Von den tert. Arsinen ist die Spaltung von Triphenylarsin die häufigste Methode zur Herstellung von *Alkalimetall-diphenyl-arsenid*[19-22]:

$$(H_5C_6)_3As \quad + \quad 2\,M \quad \xrightarrow[-H_5C_6-M]{} \quad (H_5C_6)_2As-M$$

M = Li, Na, K

**Lithium-diphenyl-arsenid**[17]: In einem Dreihalskolben, mit Rührer und Rückflußkühler werden zu einer Lösung von 30,6 g Triphenyl-arsin in 70 *ml* abs. Tetrahydrofuran 1,4 g Lithium-Späne unter Rühren und Stickstoffeinleiten stückweise hinzugegeben. Die Lösung verfärbt sich dunkel und das Tetrahydrofuran siedet. Am Ende der Umsetzung kühlt man ab und rührt weitere 2 Stdn. Die Reaktionslösung wird dann unter Stickstoff in einem Scheidetrichter abfiltriert. In diese Lösung werden unter Kühlung 9,2 g tert.-Butylchlorid in 25 *ml* Tetrahydrofuran gegeben. Nach Beendigung der Gasentwicklung wird die Lösung unter Stickstoff filtriert und mit 100 *ml* Tetrahydrofuran verdünnt. Die so erhaltene gelblich-rot gefärbte Lösung ist innerhalb von 24 Stdn. für weitere Umsetzungen geeignet.

**Natrium-diphenyl-arsenid**[18]: 4,6 g (200 mg-Atom) Natrium werden unter abs. Luft- und Feuchtigkeitsausschluß in einem 1-*l*-Dreihalskolben in 500 *ml* flüssigem Ammoniak unter starkem Rühren gelöst und die blaue Lösung mit 30,6 g (100 mMol) Triphenyl-arsin umgesetzt. Das durch Ammonolyse von Phenyl-natrium entstandene Natriumamid wird durch Zugabe von 9,8 g Ammoniumbromid zersetzt.

[1] F. F. BLICKE u. E. L. CATSLINE, Am. Soc. **60**, 419 (1938).

[2] K. SOMMER, Z. anorg. Ch. **377**, 278 (1970).

[3] R. D. FELTHAM et al., Inorg. Synth. **10**, 159 (1967); J. Organometal. Chem. **7**, 285 (1967); **33**, 348 (1971).

[4] K. ISSLEIB u. A. TZSCHACH, Ang. Ch. **73**, 26 (1961).

[5] A. TZSCHACH u. W. LANGE, Z. anorg. Ch. **330**, 317 (1964); B. **95**, 1360 (1962).

[6] A. TZSCHACH u. H. NINDEL, Z. Chem. **10**, 118 (1970).

[7] H. ZORN et al., M. **98**, 731 (1967).

[8] H. SCHINDLBAUER u. H. LASS, M. **99**, 2460 (1968).

[9] K. MISLOW et al., Am. Soc. **94**, 2859 (1972).

[10] J. ELLERMANN u. K. DORN, B. **100**, 1230 (1967).

[11] D. WITTENBERG u. H. GILMAN, J. Org. Chem. **23**, 1065 (1958).

[12] W. HEWERSTONE u. H. R. WATSON, Soc. **1962**, 1490.

[13] A. M. AGUIAR u. T. G. ARCHIBALD, J. Org. Chem. **32**, 2627 (1967).

[14] E. H. BRAYE et al., Tetrahedron **27**, 5523 (1971).

[15] G. MÄRKL u. H. HAUPTMANN, Ang. Ch. **84**, 438 (1972).

[16] J. R. PHILLIPS u. J. H. VIS, Canad. J. Chem. **45**, 675 (1967).
    L. B. IONOV et al., Ž. obšč. Chim. **44**, 1737 (1974); engl.: 1704.

[17] G. O. DOAK u. L. D. FREEDMAN, Synthesis, in Druck (1977).

[18] K. SOMMER, Z. anorg. Ch. **377**, 278 (1970).

[19] J. ELLERMANN u. K. DORN, B. **100**, 1230 (1967).

[20] K. SOMMER u. A. ROTHE, Z. anorg. Ch. **378**, 303 (1970).

[21] J. CHATT u. D. A. THORNTON, Soc. **1964**, 1005.

[22] A. M. AGUIAR u. T. G. ARCHIBALD, J. Org. Chem. **32**, 2627 (1967).

**Kalium-diphenyl-arsenid**[1]: In einem 250-*ml*-Dreihalskolben, versehen mit KPG-Rührer, Rückflußkühler mit Gaseinleitungs- bzw. -ableitungsrohr und Tropftrichter, werden unter reinem Argon 36 g Triphenylarsin in 150 *ml* 1,4-Dioxan (über Benzophenon-natrium in Argonatmosphäre frisch destilliert) und 12 g Kalium zusammengegeben. Nach 4 Stdn. Kochen unter Rückfluß und kräftigem Rühren wird die rote Lösung noch heiß über eine mit Kieselgur bedeckte G 3-Fritte abfiltriert. Nach einigen Stdn. entsteht $(C_6H_5)_2AsK \cdot 2$ Dioxan in gut ausgeprägten roten Kristallen, die aus wenig 1,4-Dioxan umkristallisiert werden; Ausbeute: 35 g (67% d. Th.)

Die Spaltung von Triphenyl-arsin in 1,4-Dioxan gelingt am besten mit Kalium. Spaltungsversuche mit Natrium oder Lithium verlaufen nur unvollkommen[2]. Die Leichtigkeit der Spaltung von Triaryl-arsinen mit Kalium in 1,4-Dioxan nimmt in der folgenden Reihenfolge ab[2]:

$$(1\text{-}C_{10}H_7)_3As > (4\text{-}CH_3\text{—}C_6H_4)_3As > (C_6H_5)_3As$$

Trialkyl-arsine setzen sich – auch nach längerem Erhitzen – mit Kalium in 1,4-Dioxan nicht nennenswert um[2]. Alkyl-diaryl-arsine erleiden dagegen die analoge Spaltung wie die Triaryl-arsine, wobei ein Aryl-Rest abgespalten wird[2]. Es wird angenommen, daß ein Rest um so leichter abgespalten wird je weniger basisch dessen Anion ist[2]. Diese Annahme ist jedoch nicht immer zutreffend. So wird aus 1,4-Bis-[diphenyl-arsino]-butan mit Kalium in 1,4-Dioxan der Phenyl-Rest abgespalten[1]

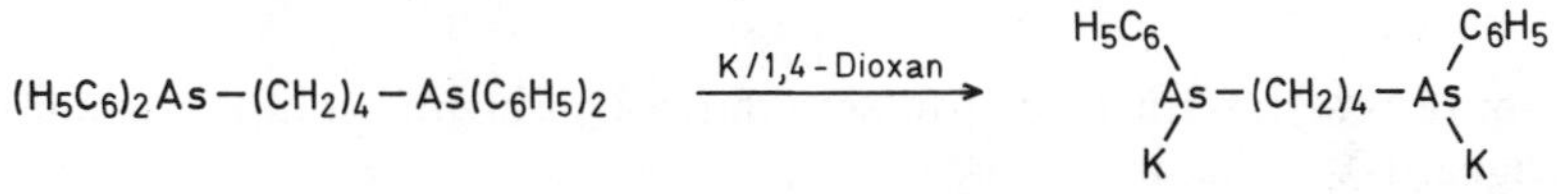

*1,4-Bis-[kalium-phenyl-arsinyl]-butan*

während beim 1,2-Bis-[dimethyl-arsino]-benzol mit Natrium in flüssigem Ammoniak ein Methyl-Rest abgespalten[3] wird:

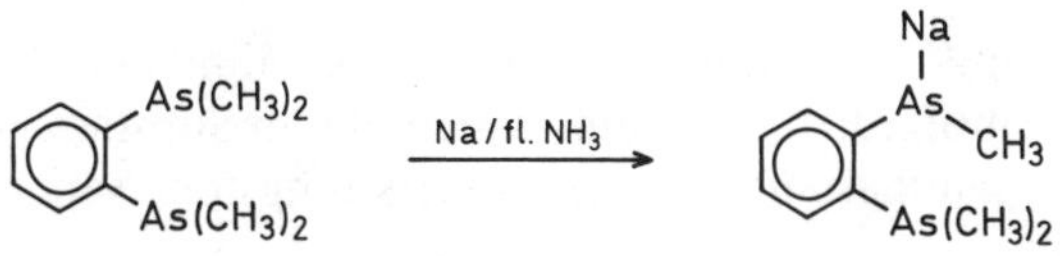

*Natrium-methyl-(2-dimethylarsinyl-phenyl)-arsenid*

Ein geeigneter Weg unsymmetrische Alkalimetall-diorgano-arsenide herzustellen, ist die Umsetzung unsymmetrischer sek. Arsine mit Organo-alkalimetall-Verbindungen.

**Lithium-äthyl-phenyl-arsenid**[2]: 3,5 g Äthyl-phenyl-arsin werden in 50 *ml* Äther gelöst und mit 24 *ml* äther. Phenyl-lithium-Lösung (1 *ml* = 66 mg) umgesetzt. Es resultiert eine gelbe Lösung, aus der nach Zusatz von 2 *ml* 1,4-Dioxan das Lithium-äthyl-phenyl-arsenid-1,4-Dioxan als blaßgelbe Verbindung ausfällt; Ausbeute: 4 g (75% d. Th.).

Analog kann das (*Lithium-cyclohexyl-phenyl-arsenid*)-*1,4-Dioxan* in 71%-iger Ausbeute hergestellt werden[2].

## B. Umwandlung

Dialkalimetall-organo-arsenide werden durch Alkylierung in tert. Arsine, Bisarsine oder cyclische Arsine umgewandelt (s. S. 82). Durch Erhitzen werden Cyclopolyar-

---

[1] A. TZSCHACH u. W. LANGE, B. **95**, 1360 (1962).
[2] A. TZSCHACH u. W. LANGE, Z. anorg. Ch. **330**, 317 (1964).
[3] T. R. CARLTON u. C. D. COOK, Inorg. Chem. **10**, 2628 (1971).

9*

sine (Arseno-Verbindungen) gebildet (s. S. 160). Dilithium-phenyl-arsin reagiert mit prim. Phenylarsin zum *Lithium-phenyl-arsenid*[1]:

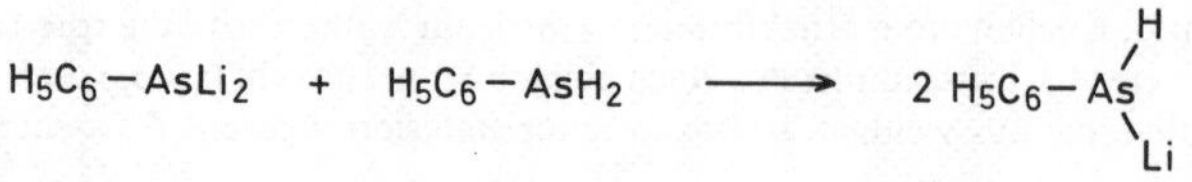

$$H_5C_6-AsLi_2 \quad + \quad H_5C_6-AsH_2 \quad \longrightarrow \quad 2\ H_5C_6-As\overset{\displaystyle H}{\underset{\displaystyle Li}{<}}$$

Die Hydrolyse der Alkalimetall-diorgano-arsenide führt zu sek. Arsinen (s. S. 41). Durch Alkylierung werden tert. Arsine gebildet (s. S. 77). Bei der Umsetzung der Arsenide mit Organo-element-halogeniden werden Arsino-element-Verbindungen gebildet (s. unten).

## 2. Magnesium-, Calcium- und Zink-arsenide

Den Alkalimetall-arseniden verwandt sind die Calcium- bzw. Magnesium-arsenide. *Calcium-bis-[methyl-arsenid]* wird durch Umsetzung von Methyl-arsin mit Calciummetall in flüssigem Ammoniak hergestellt[2]:

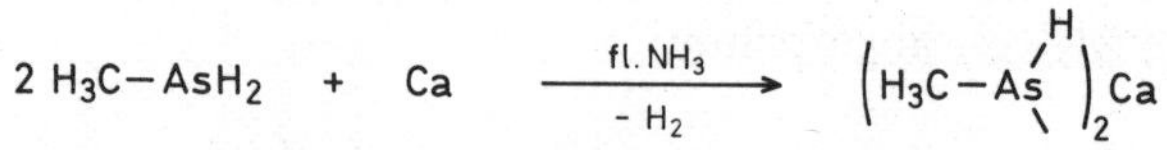

$$2\ H_3C-AsH_2 \quad + \quad Ca \quad \xrightarrow[-H_2]{fl.\ NH_3} \quad \left(H_3C-As\overset{\displaystyle H}{<}\right)_2 Ca$$

Arsino-magnesium-halogenide sind durch Umsetzung von prim. oder sek. Arsinen mit Grignard-Verbindungen zugänglich[3-9].

$$R-AsH_2 \quad + \quad 2\ R^1-MgX \quad \xrightarrow[-2\ R^1H]{} \quad R-As(MgX)_2$$

$$R_2AsH \quad + \quad R^1-MgX \quad \xrightarrow[-R^1H]{} \quad R_2As-MgX$$

Die Arsino-magnesium-halogenide sind wie die Alkalimetall-arsenide hochreaktive, luft- und feuchtigkeitsempfindliche Verbindungen, die in Substanz nicht isoliert werden. Ihre Herstellung und Handhabung müssen unter strengstem Sauerstoff- und Feuchtigkeitsausschluß erfolgen.

**Bis-[brommagnesium]-phenyl-arsin**[5, 6] : Unter Rühren und Stickstoffeinleiten wird zu einer Grignard-Lösung, hergestellt aus 24,8 g Brombenzol und 4 g Magnesium in 60 *ml* Äther eine Lösung von 11,1 g Phenylarsin in 70 *ml* Benzol innerhalb 10–15 Min. getropft. Während des Zutropfens erwärmt sich die Reaktionslösung. Anschließend erhitzt man 30 Min. unter Rückfluß. Die klare, dunkel gefärbte Lösung kann für weitere Umsetzungen eingesetzt werden.

Bei der Reaktion der prim. oder sek. Arsine mit Phenyl-magnesiumhalogenid kann Biphenyl als Nebenprodukt entstehen, dessen Trennung in manchen Fällen schwierig sein kann[10]. In solchen Fällen kann der Einsatz von Äthyl-magnesiumbromid nützlich sein[10].

**Diphenylarsino-magnesiumbromid**[4]: Eine Lösung von 4,6 g Diphenyl-arsin in 10 *ml* abs. Benzol wird unter Rühren und Kühlen zu einer Lösung von Phenyl-magnesiumbromid in Äther (3,9 g Brombenzol und 0,6 g

[1] A. Tzschach u. G. Pacholke, B. **97**, 419 (1964).
[2] F. G. A. Stone u. A. B. Burg, Am. Soc. **76**, 386 (1954).
[3] A. Job et al., Bl. **35**, 1404 (1924).
[4] F. F. Blicke u. J. F. Oneto, Am. Soc. **57**, 749 (1935).
[5] H. Cookson u. F. G. Mann, Soc. **1949**, 2888.
[6] M. H. Beeby et al., Soc. **1950**, 1917, 1923; **1951**, 886.
[7] H. Albers et al., B. **85**, 239 (1952).
[8] W. R. Cullen et al., Chem. & Ind. **1964**, 502; J. Organometal Chem. **6**, 364 (1966).
[9] Y. F. Gatilov et al., Ž. obšč. Chim. **44**, 1727 (1974); engl.: 1695.
[10] M. H. Beeby et al., Soc. **1950**, 1917.

Magnesium in 20 *ml* Äther) hinzugegeben. Nach ~ 15 Min. fällt das Diphenylarsenid aus. Durch kräftiges Rühren für einige Min. verhindert man das Zusammenklumpen des Niederschlages. Nach 12 Stdn. filtriert man unter Stickstoff ab und wäscht den Rückstand 2mal mit 15 *ml* Benzol aus; Ausbeute: ~ 90% d. Th.

Für weitere Umsetzungen wird das Diphenylarsenid als benzolische Suspension eingesetzt.

Analog wird Dimethylarsino-magnesiumbromid aus Dimethylarsin und Äthyl- oder Methyl-magnesiumbromid in Äther hergestellt[1,2].

Die Arsinomagnesium-halogenide zeigen ein ähnliches chemisches Verhalten wie die Alkalimetall-arsenide. Sie werden mit Wasser zu prim. bzw. sek. Arsinen hydrolysiert oder durch Alkylierung in tert. Arsine umgewandelt. Die Alkylierung von Bis-[brommagnesium]-phenyl-arsin mit 1-Brom-2,2-diäthoxy-propan liefert jedoch *Arsenobenzol* und *Dibrom-phenyl-arsin*[3].

*Bis-[diphenyl-arsino]-magnesium* oder *-zink* können durch Umsetzen von Diphenylarsin mit Diäthyl-magnesium oder -zink in siedendem Toluol oder Petroläther hergestellt werden[4].

**Bis-[diphenyl-arsino]-zink**[4]: In einem 250-*ml*-Dreihalskolben, versehen mit Rührer, Tropftrichter und Rückflußkühler, werden unter Argonatmosphäre 1,9 g Diäthyl-zink in 100 *ml* Petroläther (Kp: 110–120°) gelöst und zur siedenden Lösung 7,2 g Diphenyl-arsin getropft. Es bildet sich unter Gasentwicklung ein farbloser, amorpher Niederschlag, der nach Erkalten über eine G 4-Fritte abfiltriert, mit Petroläther (Kp: 30–40°) gewaschen und i. Vak. getrocknet wird; Ausbeute: 7,1 g (88% d. Th.).

Analog erhält man aus Diphenyl-arsin und Diäthyl-magnesium in Toluol das *Bis-[diphenyl-arsino]-magnesium* in 64%-iger Ausbeute[4].

Auf Grund des Löslichkeitsverhaltens von Bis-[diphenyl-arsino]-magnesium oder -zink wird eine polymere Struktur nicht ausgeschlossen[4].

Die As–H-Acidität[4] von Dialkyl-arsinen reicht für die Umsetzung mit Diorgano-magnesium- bzw. -zink-Verbindungen nicht aus. Die Bis-[dialkylarsino]-magnesium- oder -zink-Verbindungen kann man jedoch durch Umsetzung von Alkalimetall-dialkyl-arseniden mit Magnesium- oder Zinkchlorid in Tetrahydrofuran herstellen[4].

**Bis-[dicyclohexyl-arsino]-magnesium**[4]: Auf gleiche Weise wie bei der Herstellung von Bis-[diphenyl-arsino]-zink (s. oben) werden 7,0 g MgBr$_2$ · 4 THF in 100 *ml* Tetrahydrofuran gelöst und unter Rühren mit einer Lösung von 7,4 g Lithium-dicyclohexyl-arsenid in 60 *ml* Tetrahydrofuran bei Raumtemp. umgesetzt. Anschließend wird das Tetrahydrofuran i. Vak. abdestilliert und die zurückbleibende farblose Substanz mit 100 *ml* Äther 2 Stdn. unter Rückfluß erhitzt. Nach Abfiltrieren wird noch 2mal mit Äther extrahiert, um das Lithiumbromid quantitativ zu entfernen; Ausbeute: 3,8 g (51% d. Th.).

### 3. Bor-, Aluminium,- Gallium- und Indium-arsenide

Bor-, Aluminium-, Gallium- und Indium-arsenide sind instabile, zur Dimerisierung bzw. Oligomerisierung neigende Substanzen. In monomerer Form sind sie luft- und feuchtigkeitsempfindlich. Zur Herstellung von Bor-arseniden werden sek. Arsine mit Boranen[5,6] oder Alkalimetall-diorganoarsenide mit Halogen-bor-Verbindungen umgesetzt[7–9]:

---

[1] H. ALBERS et al., B. **85**, 239 (1952).

[2] W. R. CULLEN et al., J. Organometal. Chem. **6**, 364 (1966).

[3] M. H. BEEBY et al., Soc. **1950**, 1917.

[4] A. TZSCHACH u. H. HÄCKERT, Z. Chem. **6**, 265 (1966).

[5] F. G. A. STONE u. A. B. BURG, Am. Soc. **76**, 386 (1954).

[6] A. P. LANE u. A. B. BURG, Am. Soc. **89**, 1040 (1967).

[7] G. E. COATES u. J. G. LEVINGSTONE, Soc. **1961**, 1000.

[8] W. BECKER u. H. NÖTH, B. **105**, 1962 (1972).

[9] R. GOETZE u. H. NÖTH, Z. Naturf. **30b**, 875 (1975).

$$R_2AsH + B_2H_6 \longrightarrow [R_2AsH \cdot BH_3] \xrightarrow[-H_2]{50-60°} (R_2As-BH_2)_n$$

$$R = CH_3, CF_3$$
$$n = 3, 4$$

$$(H_5C_6)_2As-Na + R_2B-Cl \longrightarrow (H_5C_6)_2As-BR_2$$

$$(H_5C_6)_2AsH + R_2B-Cl \xrightarrow{(H_5C_2)_3N} (H_5C_6)_2As-BR_2$$

Phenyl-Gruppen am Arsenatom und Dialkylamino-Gruppen am Bor scheinen die Polymerisationstendenz der Bor-arsenide zu unterdrücken. *Diphenylarsino-diphenyl-boran*[1] und *Bis-[dimethylamino]-diäthylarsino-boran*[2] werden als monomer beschrieben.

**Diphenylarsino-diphenyl-boran**[1]: Zu einer Lösung von 5 g (0,025 Mol) Chlor-diphenyl-boran in Tetrahydrofuran wird bei − 60° eine aus 5,8 g (0,025 Mol) Diphenyl-arsin und überschüssigem Natrium in 50 *ml* Tetrahydrofuran hergestellte und filtrierte Lösung von Natrium-diphenyl-arsenid langsam zugetropft. Die rote Farbe der Arsenid-Lösung verschwindet sofort. Anschließend erwärmt man allmählich auf Raumtemp., filtriert unter Stickstoff ab und entfernt das Lösungsmittel i. Vak. Der Rückstand wird aus Benzol umkristallisiert; Ausbeute: 5,8 g (57% d. Th.); F. 202–204°.

Analog werden folgende Verbindungen hergestellt[1]:

*Diphenylarsino-bis-[4-methyl-phenyl]-boran*;    69% d. Th.;  F: 224–225° (Benzol/Hexan)
*Diphenylarsino-bis-[4-brom-phenyl]-boran*;    67% d. Th.;  F: 244–245° (Benzol/Hexan)

**Bis-[dimethylamino]-diäthylarsino-boran**[2]: Eine Lösung von 10,0 g (0,075 Mol) Diäthylarsin in 60 *ml* Äther wird durch Zutropfen von 32,4 *ml* einer 2,35 molaren Butyl-lithium-Lösung in Hexan zu Lithium-diäthylarsenid, das dabei ausfällt, umgesetzt. Die auf −15° abgekühlte, kräftig gerührte Suspension versetzt man innerhalb von 15 Min. mit 10,0 g (0,075 Mol) Chlor-bis-[dimethylamino]-boran[2] und filtriert nach 4 Stdn. vom gebildeten Lithium-chlorid ab. Nach Entfernung des Lösungsmittels destilliert man den Rückstand i. Vak.; Ausbeute: 12,2 g (71% d. Th.); Kp_7: 90–91°.

Dimethylarsino-trimethyl-silan setzt sich mit Bortrifluorid bereits bei −50°, vollständig jedoch bei 90° quantitativ zu *Fluor-bis-[dimethylarsino]-boran*[3] um:

$$(H_3C)_3Si-As(CH_3)_2 + BF_3 \xrightarrow{-50 \text{ bis } 90°} [(H_3C)_2As]_2B-F$$

Arsino-aluminium-, -gallium- oder -indium-Verbindungen werden hauptsächlich durch Umsetzung von sek. Arsinen mit einer Trialkyl-element-Verbindung hergestellt[4,5].

$$R_2AsH + (H_3C)_3M \xrightarrow{-CH_4} R_2As-M(CH_3)_2$$

$$R = C_6H_5, CH_3$$
$$M = Al, Ga, In$$

**Diphenylarsino-dimethyl-aluminium (Dimer)**[5]: 2,75 g Diphenylarsin werden mit 1,04 g (geringer Überschuß) Trimethyl-aluminium vermischt. Man entfernt anschließend das überschüssige Trimethyl-aluminium i. Vak. bei Raumtemp.. Das zurückgebliebene Addukt schmilzt in einem Bereich von 90–100° und spaltet zwischen 150–170° Methan ab, unter Bildung des dimeren Diphenylarsino-dimethyl-aluminium, das aus Benzol umkristallisiert werden kann (F: 184–185,5°).

**Vorsicht!** Die Verbindung entzündet sich an der Luft und ist stark hydrolyseempfindlich.

**Diphenylarsino-dimethyl-gallium (Dimer)**[4]: Zu 2,279 g Diphenyl-arsin kondensiert man 232,5 *ml* (unter Normalbedingungen) Trimethyl-gallium. Bei 30° werden 216 *ml* Methan abgespalten. Der Rückstand wird in einem Benzol-Hexan-Gemisch umkristallisiert; F: 160–170°.

---

[1] G. E. Coates u. J. G. Levingstone, Soc. **1961**, 1000.
[2] W. Becker u. H. Nöth, B. **105**, 1962 (1972).
[3] C. R. Russ u. A. G. MacDiarmid, Ang. Ch. **78**, 391 (1966).
[4] G. E. Coates u. J. Graham, Soc. **1963**, 233.
[5] O. T. Beachley u. G. E. Coates, Soc. **1965**, 3241.

Analog wird *Diphenylarsino-dimethyl-indium* hergestellt (F: 192–195°, Zers.; aus Hexan). Die Gallium- und Indium-Verbindungen sind etwas weniger reaktiv als die entsprechende Aluminium-Verbindung. Diphenylarsino-dimethyl-indium wird durch Wasser nur langsam unter Abspaltung von Methan zersetzt[1].

**Komplexe Arsino-alanate** entstehen durch Spaltung von Diarsinen mit Lithiumalanat (s. S. 45)[2]:

$$3\ R_2As-AsR_2 \quad + \quad 2\ LiAlH_4 \quad \xrightarrow[-3H_2]{\substack{1,4-Dioxan \\ 90-95°}} \quad 2\ Li\big[AlH(AsR_2)_3\big]$$

**Lithium-tris-[diphenylarsino]-alanat**[2]: Aus 3,1 g Tetraphenyl-diarsin und 128,6 mg Lithiumalanat (Im Verlaufe der Reaktion gibt man nochmals 100 mg Lithiumalanat und 100 *ml* 1,4-Dioxan zu) erhält man nach 3-4stdgm.Kochen unter Rückfluß 105 *ml* Wasserstoff (71,4% des Lithiumalanat-Wasserstoffs) und aus der 1,4-Dioxan-Lösung das gelb gefärbte, amorphe und luftempfindliche Lithium-tris-[diphenylarsino]-alant; Ausbeute: 2,8 g (85,8% d. Th.).

Analog wird aus Tetracyclohexyl-diarsin und Lithiumalanat nach 6–7stdgm. Kochen in 1,4-Dioxan das *Lithium-tris-[dicyclohexylarsino]-alanat* in 70,6%-iger Ausbeute hergestellt[2].

Die Lithium-arsino-alanate werden durch Wasser unter Bildung von sek. Arsinen (s. S. 45) hydrolysiert.

## 4. Silicium-, Zinn-, Germanium- und Blei-arsenide

### A. Herstellung

Primäre Silyl-[3], Germyl-[3] oder Stannylarsine[3] werden durch Einwirkung der entsprechenden Organoelementhalogenide auf das durch Einleiten von Arsenwasserstoff in eine Suspension von Lithiumalanat in Diglyme bei −196° gebildete Lithiumtetraarsinoaluminat hergestellt:

Bei der Einwirkung von prim. Lithium-methylarsenid auf Chlor-trimethyl-silan bei −80° entsteht in 10%-iger Ausbeute das *Trimethylsilyl-methyl-arsin*[4]:

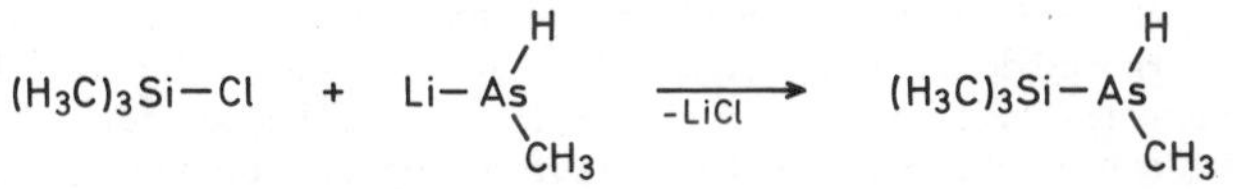

$$(H_3C)_3Si-Cl \quad + \quad Li-\overset{H}{\underset{CH_3}{As}} \quad \xrightarrow{-LiCl} \quad (H_3C)_3Si-\overset{H}{\underset{CH_3}{As}}$$

Als Hauptprodukt wird jedoch *Bis-[trimethylsilyl]-methyl-arsin* erhalten, das durch Disproportionierung des sek. Silyl-arsins entsteht[2]:

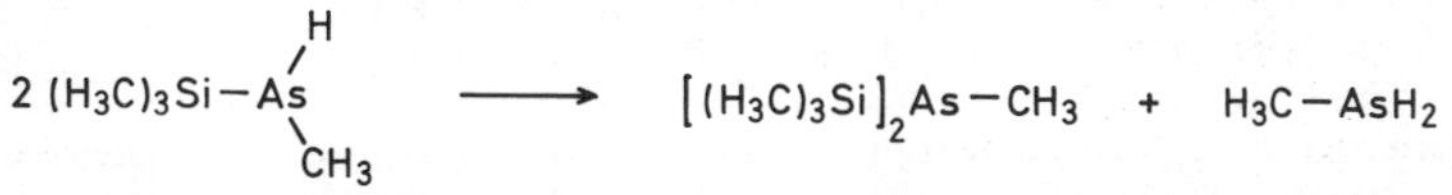

$$2\ (H_3C)_3Si-\overset{H}{\underset{CH_3}{As}} \quad \longrightarrow \quad \big[(H_3C)_3Si\big]_2As-CH_3 \quad + \quad H_3C-AsH_2$$

Die Umsetzung von Alkalimetall-diorganoarseniden mit Halogen-Verbindungen des Siliciums, Germaniums, Zinns oder Bleis stellt eine allgemeine Methode zur Herstellung von Metall-Arsen-Verbindungen dar[5, 6]:

---

[1] G. E. Coates u. J. Graham, Soc. **1963**, 233.

[2] K. Issleib et al., Z. anorg. Ch. **338**, 141 (1965).

[3] J. W. Anderson u. J. E. Drake, Inorg. Nucl. Chem. Lett. **5**, 887 (1969); Soc. [A] **1970**, 3131; Canad. J. Chem. **49**, 2524 (1971).

[4] E. W. Abel u. J. P. Crow, J. Organometal. Chem. **17**, 337 (1969).

[5] H. Schumann, Ang. Ch. **81**, 970 (1969).

[6] E. W. Abel u. S. M. Illingworth, Organometal. Chem. Rev. **A.5**, 143 (1970).

$$n\,(R^1)_2\,As-M \quad + \quad (R^2)_{4-n}M'X_n \quad \longrightarrow \quad \left[(R^1)_2As\right]_n M'(R^2)_{4-n}$$

M = Na, K, Li
M' = Si, Ge, Sn, Pb

**Trimethylsilyl-dimethyl-arsin[1]:** Eine Lösung von 27,6 g Butyl-lithium wird unter Rühren zu einer auf − 80° gekühlten äther. Lösung von 42,5 g Dimethyl-arsin langsam hinzugetropft. Die gelbe Suspension des Lithium-dimethylarsenids wird dann zu einer ebenfalls auf −80° gekühlten Lösung von 43,4 g Chlor-trimethyl-silan in 50 ml Äther gegeben. Ein farbloser Niederschlag fällt aus. Nach beendeter Zugabe des Arsenids erhitzt man 1 Stde. unter Rückfluß. Man filtriert vom Ungelösten ab und fraktioniert; Ausbeute: 62,5 g (88% d. Th.); Kp: 139°.

Analog wird aus Lithium-dimethylarsenid und Dichlor-dimethyl- bzw. Trichlor-methyl-silan das *Bis-[dimethylarsino]-dimethyl-silan* (61% d. Th.; Kp$_{0,02}$: 46–48°) bzw. *Tris-[dimethyl-arsino]-methyl-silan* (66% d.Th.; Kp$_{0,05}$: 82°) hergestellt[1].

**(Trimethyl-germanyl)-dimethyl-arsin[1]:** Eine bei −80° hergestellte Lösung von 11,2 g Lithium-dimethylarsenid in Hexan/Äther wird bei − 80° unter Rühren zu einer Lösung von 15,0 g Chlor-trimethyl-germanium in Äther gegeben. Anschließend wird das Lösungsmittel bei 20°/20 Torr entfernt und der Rückstand fraktioniert; Ausbeute: 19,9 g (91% d.Th.); Kp$_{99-101}$: 85–87°.

**(Trialkyl-stannyl)-diphenyl-arsine; allgemeine Arbeitsvorschrift[2]:** In einem 100-ml-Dreihalskolben stellt man aus 3 g (9,8 mMol) Triphenyl-arsin und 0,45 g (19,6 mg-Atom) Natrium in 35 ml flüssigem Ammoniak eine Lösung von Natrium-diphenylarsenid her. Unter heftigem Rühren gibt man 0,98 g (10 mMol) Ammoniumbromid hinzu. Die Farbe der Lösung wird orangerot. Anschließend werden 10 mMol des jeweiligen Brom-trialkyl-zinn in 30 ml abs. Äther schnell zugegeben. Unter Entfärbung der Lösung fällt ein cremiger Niederschlag aus. Man rührt weitere 5 Min. und entfernt das Lösungsmittel i. Vak. Der halbfeste Rückstand wird mit Äther extrahiert, unter Stickstoff filtriert und der Äther abdestilliert. Die blaß-gelbe Lösung wird zuletzt über eine Vigreux-Kolonne i. Vak. destilliert. Auf diese Weise erhält man u. a.

| | | |
|---|---|---|
| *(Triäthyl-zinn)-diphenyl-arsin* | 61% d.Th. | Kp$_{0,15}$: 140–143° |
| *(Tripropyl-zinn)-diphenyl-arsin* | 62% d.Th. | Kp$_{0,2}$: 159–161° |
| *(Tributyl-zinn)-diphenyl-arsin* | 60% d.Th. | Kp$_{0,09}$: 163–164° |

**Arylstannyl-diphenyl-arsine; allgemeine Arbeitsvorschrift[3]:** Triphenyl-arsin wird in einem 250-ml-Zweihalskolben mit Magnetrührer unter nachgereinigtem Stickstoff in flüssigem Ammoniak aufgeschlämmt. Dazu gibt man in kleinen Portionen die 2fach äquivalente Menge Natrium, bis eine tiefbraune Lösung entsteht. Nach Zugabe äquimolarer Mengen Ammoniumbromid färbt sich diese Lösung rot. Zu dieser Lösung von Natrium-diphenylarsenid gibt man portionsweise die ber. Menge Chlor-aryl-zinn (Verhältnis Triphenyl-arsin/Halogenatom = 1:1). Nach 2stdgm. Rühren wird der Ammoniak abdestilliert, der Rückstand unter peinlichstem Sauerstoffausschluß in Benzol aufgenommen, nach möglichst schneller Filtration unter Stickstoff durch eine G3-Umkehrfritte das Benzol abdestilliert, der meist ölige Rückstand in Pentan aufgenommen und zur Kristallisation angerieben. In einer Umkehrfritte wird vom Pentan abgesaugt und noch mehrmals mit dem gleichen Lösungsmittel kalt nachgewaschen. Auf diese Weise erhält man u. a.

| | | |
|---|---|---|
| *Diphenylarsino-triphenyl-zinn* | 42% d. Th. | F: 117–119° |
| *Bis-[diphenylarsino]-diphenyl-zinn* | 33% d. Th. | F: 80° (Zers.) |
| *Tris-[diphenylarsino]-phenyl-zinn* | 80% d. Th. | F: 85° (Zers.) |

**(Triphenyl-germanyl- bzw. -blei)-diphenyl-arsin[4]:** In einem Dreihalskolben mit Magnetrührer werden unter Stickstoff 6 g (20 mMol) Triphenyl-arsin in flüssigem Ammoniak aufgeschlämmt. Zu dieser Aufschlämmung gibt man in kleinen Portionen 0,9 g (40 mg-Atom) Natrium, bis eine tiefbraune Lösung entsteht. Nach Zugabe von 2,0 g (20 mMol) Ammoniumbromid zur Zers. des entstandenen Phenyl-natriums, färbt sich die Reaktionslösung rot. Anschließend gibt man unter Rühren 6,8 g (20 mMol) Chlor-triphenyl-germanium bzw. 9,4 g (20 mMol) Chlor-triphenyl-blei portionsweise zu. Nach 2stdgm. Rühren wird der Ammoniak abdestilliert und der Rückstand in Benzol aufgenommen. Nach Filtration unter Stickstoff durch eine Umkehrfritte wird das Benzol abdestilliert, der ölige Rückstand in Pentan aufgenommen und zur Kristallisation angerieben. In einer Umkehrfritte wird von Pentan abgesaugt und noch mehrmals mit dem gleichen Lösungsmittel nachgewaschen; so werden erhalten:

[1] E. W. ABEL et al., Soc. [A] **1968**, 2623.
[2] I. G. M. CAMPBELL et al., Soc. **1964**, 3026.
[3] H. SCHUMANN et al., B. **99**, 2057 (1966).
[4] H. SCHUMANN u. M. SCHMIDT, Inorg. Nucl. Chem. Letters **1**, 1 (1965).

*(Triphenyl-germanyl)-diphenyl-arsin*; 6,7 g (64% d. Th.); F: 114°
*(Triphenyl-blei)-diphenyl-arsin;* 5,6 g (42% d. Th.); F: 115° (Zers.)

*Trichlorsilyl-dimethyl-arsin* wird beim Erhitzen von Tetramethyl-diarsin mit Hexachlordisilan auf 150° in guter Ausbeute erhalten[1]:

$$Cl_3Si-SiCl_3 \quad + \quad (H_3C)_2As-As(CH_3)_2 \quad \xrightarrow[\text{30 Min.}]{150°} \quad 2\ (H_3C)_2As-SiCl_3$$

Silicium- und Zinn-Arsen-Derivate können auch durch Umsetzung von Halogenarsinen mit Alkalimetall-organo-silicium- bzw. -zinn-Verbindungen hergestellt werden[2, 3]:

$$(R^1)_2As-Cl \quad + \quad LiM(R^2)_3 \quad \longrightarrow \quad (R^1)_2As-M(R^2)_3$$

M = Si, Sn

Die Ausbeuten an Zinn-Arsen-Verbindungen sind jedoch auf beiden Wegen nicht immer befriedigend. Bessere Ausbeuten erhält man durch Umsetzung von Amino[4]- oder Halogen[5]-zinn-Derivaten mit prim. oder sek. Arsinen:

$$R_3Sn-N(CH_3)_2 \quad + \quad (H_5C_6)_2AsH \quad \longrightarrow \quad (H_5C_6)_2As-SnR_3$$

$$2\ (R^1)_3Sn-Cl \quad + \quad R^2-AsH_2 \quad \xrightarrow[- 2\ [(H_5C_2)_3NH]Cl^\ominus]{+\ 2\ (H_5C_2)_3N} \quad R^2-As\begin{smallmatrix} Sn(R^1)_3 \\ \\ Sn(R^1)_3 \end{smallmatrix}$$

**(Trimethyl-stannyl)-diphenyl-arsin**[4]: 1,02 g Diphenyl-arsin werden bei 20° zu 1,41 g Dimethylamino-trimethyl-zinn gegeben. Unmittelbar darauf entweicht Dimethylamin aus der Reaktionsmischung. Anschließend wird der Rückstand destilliert; Ausbeute: 1,2 g (77% d. Th.); $Kp_{0,05}$: 136°.

Auf ähnliche Weise erhält man aus Dimethyl-arsin und Dimethylamino-trimethyl-zinn das *(Trimethyl-stannyl)-dimethyl-arsin* ($Kp_{7,5-8}$: 52–53°) in 80%-iger Ausbeute[6].

**(Diorgano-arsino)-zinn-Verbindungen; allgemeine Herstellungsvorschrift**[5]: Zur Lösung des Chlor-triorgano-zinn und Diorgano-arsins in sauerstoff- und wasserfreiem Benzol tropft man bei Raumtemp. unter Rühren und in Argonatmosphäre die erforderliche Menge an frisch über Calciumhydrid abdestilliertem Triäthylamin. Dabei kommt es in allen Fällen, meist momentan, zur Abscheidung von farblosem, benzolunlöslichem Triäthylammoniumchlorid. Nach 2stdgm. Rühren bei der Siedetemp. des Lösungsmittels [Gewinnung von *(Triphenylstannyl)-dimethyl- (bzw. diphenyl)-arsin*] bzw. nach 6stdgm. Rühren bei Raumtemp. [Gewinnung von *(Trimethylstannyl)-dimethyl-* (bzw. *-diphenyl)-arsin*] wird der gebildete Niederschlag mit einer G3-Umkehrfritte unter Argonüberdruck abgetrennt und vom gewonnenen Filtrat das Lösungsmittel abdestilliert. Das zurückbleibende Rohprodukt reibt man im Falle der Aryl-zinn-Verbindungen mit Pentan an und kristallisiert die sich dabei bildenden Kristalle anschließend aus Methylcyclohexan um, das (Trimethyl-zinn)-diphenyl-arsin wird dagegen i. Vak und das (Trimethyl-stannyl)-dimethyl-arsin unter Normaldruck fraktioniert:

R = C₆H₅; R¹ = C₆H₅: *Triphenylstannyl-diphenyl-arsin*; 68% d. Th.; F: 132–165°
         R¹ = CH₃: *Triphenylstannyl-dimethyl-arsin*; 80% d. Th.; F: 90° (Zers.)
R = CH₃; R¹ = C₆H₅: *Trimethylstannyl-diphenyl-arsin*: 61% d. Th.; $Kp_1$: 150–152°
         R¹ = CH₃: *Trimethylstannyl-dimethyl-arsin*; 71% d. Th.; $Kp_{760}$: 170–172°

[1] T. A. BANFORD u. A. G. McDIARMID, Inorg. Nucl. Chem. Lett. **8**, 733 (1972).
[2] L. MAIER, Helv. **46**, 2667 (1963).
[3] H. SCHUMANN, Ang. Ch. **81**, 970 (1969).
[4] K. JONES u. M. F. LAPPERT, J. Organometal. Chem. **3**, 295 (1965).
[5] H. SCHUMANN u. A. ROTH, B. **102**, 3713 (1969).
[6] A. ABEL et al., Soc. [A] **1968**, 2623.

## B. Umwandlung

(Organo-silyl-, germanyl- und -stannyl)-arsine sind sauerstoffempfindliche Verbindungen und zersetzen sich an der Luft. Bei kontrollierter Oxidation wird die Arsen-Element-Bindung gespalten unter Bildung von *Arsinaten*[1, 2]:

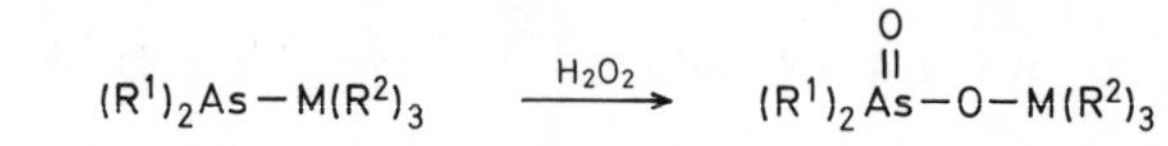

$$(R^1)_2As-M(R^2)_3 \quad \xrightarrow{H_2O_2} \quad (R^1)_2\overset{\overset{\displaystyle O}{\|}}{As}-O-M(R^2)_3$$

M = Si, Ge, Sn

Die Hydrolyseempfindlichkeit nimmt mit zunehmender Elektropositivität des Elements ab. (Triorgano-silyl)-diorgano-arsine werden durch Wasser sehr leicht in sek. Arsine umgewandelt[3]. (Trimethyl-stannyl)-dimethyl-arsin dagegen wird durch sauerstoff-freies Wasser nicht angegriffen und kann sogar in wäßrigem Medium hergestellt werden[4]. Die Silylarsine kommen in ihrer Reaktivität den Alkalimetallarseniden am nächsten und können bei der Herstellung von Zinn-Arsen-Verbindungen eingesetzt werden[5]:

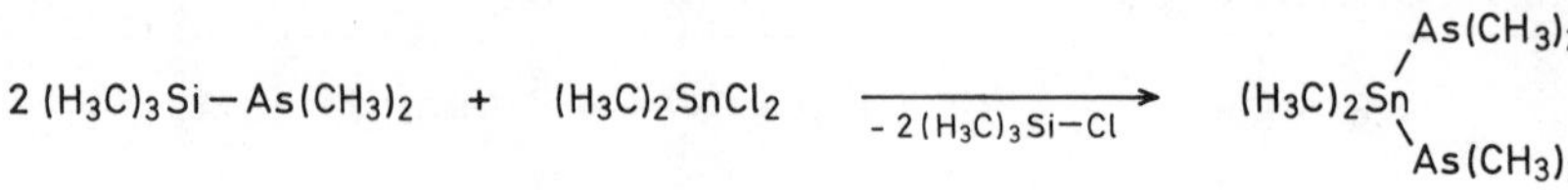

$$2\,(H_3C)_3Si-As(CH_3)_2 \quad + \quad (H_3C)_2SnCl_2 \quad \xrightarrow[-\,2\,(H_3C)_3Si-Cl]{} \quad (H_3C)_2Sn\overset{\displaystyle As(CH_3)_2}{\underset{\displaystyle As(CH_3)_2}{}}$$

*Bis-[dimethylarsino]-dimethyl-zinn*

Trimethylsilyl-dimethyl-arsin reagiert mit Hexafluoraceton oder Acetylen-dicarbonsäure-dimethylester auf noch ungeklärte Weise zu tert. Arsinen[6]:

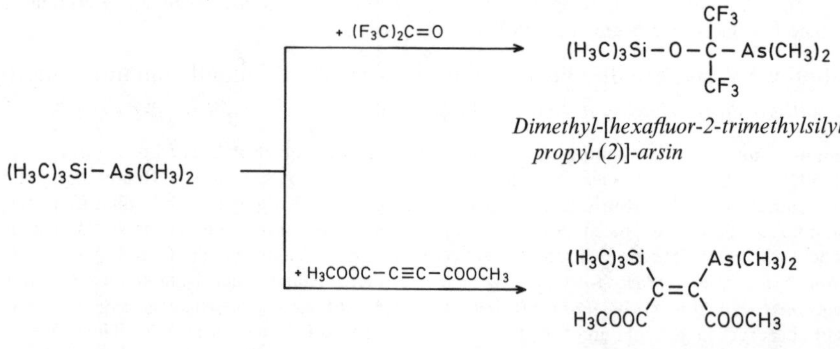

$$(H_3C)_3Si-As(CH_3)_2$$

+ (F₃C)₂C=O →

$$(H_3C)_3Si-O-\underset{\underset{\displaystyle CF_3}{|}}{\overset{\overset{\displaystyle CF_3}{|}}{C}}-As(CH_3)_2$$

*Dimethyl-[hexafluor-2-trimethylsilyloxy-propyl-(2)]-arsin*

+ H₃COOC−C≡C−COOCH₃ →

$$\underset{\displaystyle H_3COOC}{\overset{\displaystyle (H_3C)_3Si}{}}C=C\underset{\displaystyle COOCH_3}{\overset{\displaystyle As(CH_3)_2}{}}$$

*Trimethylsilyl-dimethylarsino-maleinsäure-dimethylester*

Eine analoge Einschiebungs-Reaktion findet bei der Umsetzung mit Schwefelkohlenstoff statt.

(Triphenyl-stannyl)-diphenyl-arsin und Bis-[triphenyl-stannyl]-phenyl-arsin reagieren mit Phenylazid in benzolischer Lösung und Schutzgas-Atmosphäre bei 65–75° unter Stickstoff-Abspaltung zu Arsin- bzw. Arsonsäure-Derivaten[7]:

[1] I. G. M. CAMPBELL et al., Soc. **1964**, 3026.
[2] H. SCHUMANN, Ang. Ch. **81**, 970 (1969).
[3] C. R. RUSS u. A. G. MacDIARMID, Ang. Ch. **78**, 391 (1966).
[4] E. W. ABEL et al., Soc. [A] **1968**, 2623.
[5] E. W. ABEL et al., Soc. [A] **1969**, 1631.
[6] E. W. ABEL u. S. M. ILLINGWORTH, J. Organometal. Chem. **17**, 161 (1969).
[7] H. SCHUMANN u. A. ROTH, B. **102**, 3731 (1969).

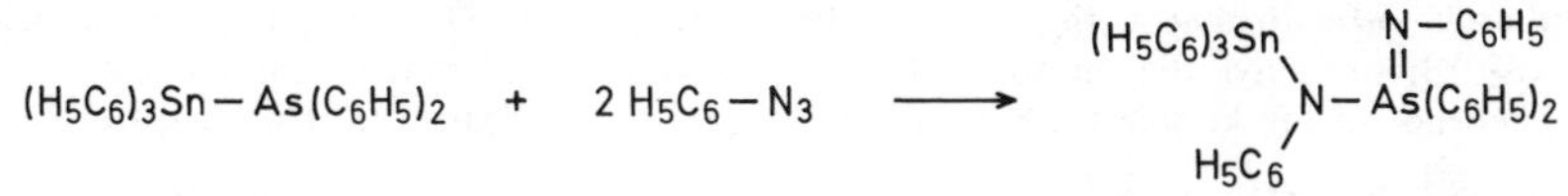

$$(H_5C_6)_3Sn-As(C_6H_5)_2 \quad + \quad 2\,H_5C_6-N_3 \quad \longrightarrow \quad \begin{array}{c} (H_5C_6)_3Sn \\ \diagdown \\ H_5C_6 \end{array} N-As(C_6H_5)_2$$

*(α-Triphenylstannyl-anilino)-phenylimino-
diphenyl-arsoran*

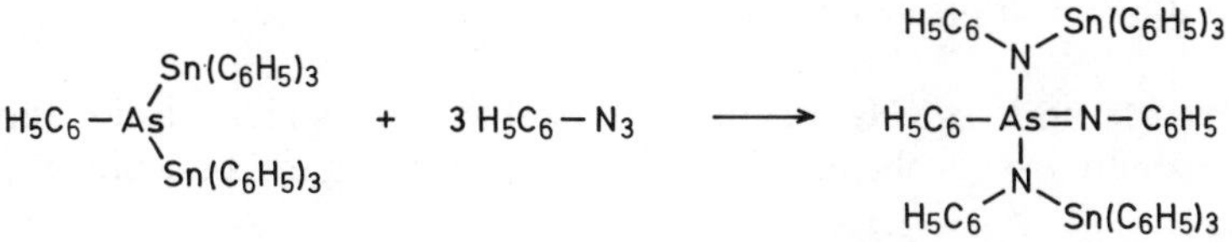

$$H_5C_6-As\begin{array}{c} Sn(C_6H_5)_3 \\ \diagup \\ \diagdown \\ Sn(C_6H_5)_3 \end{array} \quad + \quad 3\,H_5C_6-N_3 \quad \longrightarrow \quad \begin{array}{c} H_5C_6 \diagdown N \diagup Sn(C_6H_5)_3 \\ | \\ H_5C_6-As=N-C_6H_5 \\ | \\ H_5C_6 \diagup N \diagdown Sn(C_6H_5)_3 \end{array}$$

*Bis-[α-triphenylstannyl-anilino]-phenylimino-
phenyl-arsoran*

(Organo-stannyl)-arsine reagieren mit Halogen-arsinen bzw. -phosphinen unter Bildung von Diarsinen bzw. Phosphinoarsinen (s. S. 152, 140)[1].

(Organosilyl- und -stannyl)-arsine setzen sich mit Alkylhalogeniden zu quart. Arsoniumsalzen um[2,3]:

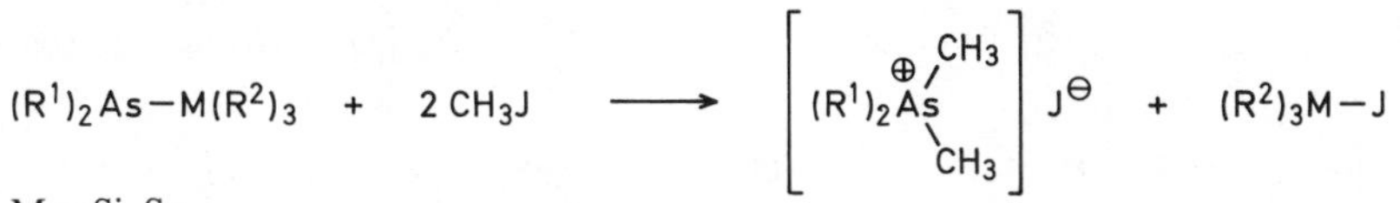

$$(R^1)_2As-M(R^2)_3 \quad + \quad 2\,CH_3J \quad \longrightarrow \quad \left[ (R^1)_2\overset{\oplus}{As}\begin{array}{c} CH_3 \\ \diagup \\ \diagdown \\ CH_3 \end{array} \right] J^{\ominus} \quad + \quad (R^2)_3M-J$$

$M = Si, Sn$

Mit Übergangsmetall-carbonylen bilden die (Organosilyl- und -stannyl)-arsine Komplexe, in denen das Silyl- bzw. Stannyl-arsin als Neutralteil vorliegt. Hergestellt bzw. untersucht sind Komplexe von Übergangsmetall-carbonylen folgender Elemente: Chrom, Mangan und Nickel[4].

## 5. Arsino-phosphor- bzw. -antimon-Verbindungen

### α) Phosphino-arsine

Die Stoffklasse der Phosphino-arsine umfaßt Verbindungen, in denen ein oder mehrere organische Reste eines tert. Phosphins durch Arsino-Gruppen ersetzt sind:

$(R^1)_2As-P(R^2)_2$        $[(R^1)_2As]_2P-R^2$        $[(R^1)_2As]_3P$

Diorganoarsino-
diorgano-phosphin        Bis-[diorganoarsino]-
organo-phosphin        Tris-[diorgano-
arsino]-phosphin

Durch Einwirkung von Dimethyl-phosphin auf Tetrakis-[trifluormethyl]-diarsin entsteht das *Dimethylphosphino-bis-[trifluormethyl]-arsin*[5]:

$$(F_3C)_2As-As(CF_3)_2 \quad + \quad (H_3C)_2PH \quad \xrightarrow[-\,(F_3C)_2AsH]{} \quad (F_3C)_2As-P(CH_3)_2$$

[1] H. SCHUMANN et al., Ang. Ch. **80**, 240 (1968).
[2] C. R. RUSS u. A. G. MACDIARMID, Ang. Ch. **78**, 391 (1966).
[3] I. G. M. CAMPBELL et al., Soc. **1964**, 3026.
[4] E. W. ABEL et al., Soc. [D] **1968**, 817; [A] **1969**, 1631.
[5] R. G. CAVELL u. R. C. DOBBIE, Soc. [A] **1968**, 1406.

**Dimethylphosphino-bis-[trifluormethyl]-arsin**[1]: 0,080 g (1,29 mMol) Dimethylphosphin und 0,540 g (1,27 mMol) Tetrakis-[trifluormethyl]-diarsin werden bei −63° vermischt und innerhalb 24 Stdn. auf Raumtemp. erwärmt. Anschließend wird fraktioniert; Ausbeute: 0,315 g (90% d. Th., bez. auf Diarsin); Kp: 123°.

Analog kann das *(Bis-[trifluormethyl]-phosphino]-dimethyl-arsin* (Kp: 125°) durch Umsetzung von Tetrakis-[trifluormethyl]-diphosphin mit Dimethyl-arsin in 96%iger Ausbeute hergestellt werden:

$$(F_3C)_2P-P(CF_3)_2 \quad + \quad (H_3C)_2AsH \quad \xrightarrow[-(F_3C)_2PH]{} \quad (F_3C)_2P-As(CH_3)_2$$

Eine weitere Methode zur Herstellung von Arsino-phosphinen ist die Umsetzung von Organozinn-arsinen bzw. -phosphinen mit Halogen-diorgano-phosphinen bzw. -arsinen[2, 3]; z. B.:

$$(H_5C_6)_2As-Sn(CH_3)_3 \quad + \quad (H_5C_6)_2P-Cl \quad \xrightarrow[-(H_3C)_3Sn-Cl]{} \quad (H_5C_6)_2As-P(C_6H_5)_2$$

*Diphenylphosphino-diphenyl-arsin*

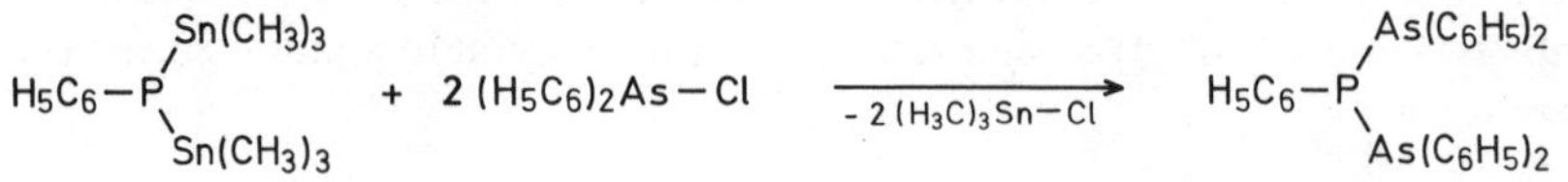

$$H_5C_6-P\begin{matrix} Sn(CH_3)_3 \\ \\ Sn(CH_3)_3 \end{matrix} \quad + \quad 2\,(H_5C_6)_2As-Cl \quad \xrightarrow[-2\,(H_3C)_3Sn-Cl]{} \quad H_5C_6-P\begin{matrix} As(C_6H_5)_2 \\ \\ As(C_6H_5)_2 \end{matrix}$$

*Bis-[diphenyl-arsino]-phenyl-phoshin*

$$[(H_3C)_3Sn]_3P \quad + \quad 3\,(H_5C_6)_2As-Cl \quad \xrightarrow[-3\,(H_3C)_3Sn-Cl]{} \quad [(H_5C_6)_2As]_3P$$

*Tris-[diphenyl-arsino]-phosphin*

$$3\,(H_5C_6)_2P-Sn(CH_3)_3 \quad + \quad AsF_3 \quad \xrightarrow[-3\,(H_3C)_3Sn-F]{} \quad [(H_5C_6)_2P]_3As$$

*Tris-[diphenyl-phosphino]-arsin*

**Phosphino-arsine; allgemeine Herstellungsvorschrift**[3]: Unter strengstem Ausschluß von Luftsauerstoff und Feuchtigkeit werden einige mMol Organostannyl-phosphin bzw. -arsin in Äther gelöst. Zu der ätherischen Lösung tropft man unter Rühren (Magnetrührer) die ber. Menge Chlor-diphenyl-phosphin bzw. -arsin. Nach Ablauf von 3 Stdn. wird von wenig ungelösten Rückständen durch eine G3-Fritte abgesaugt und die äther. Lösung i. Vak. bis zum beginnenden Ausfallen eines farblosen bis leicht gelblichen Niederschlages eingeengt. Durch Zugabe von wenig Pentan wird die Fällung vervollständigt. Die Niederschläge werden über eine G3-Fritte abgesaugt und mit wenig kaltem Äther nachgewaschen. Reinigung erfolgt durch Umkristallisieren aus Äther. U. a. erhält man so:

| Ausgangsverbindung | Phosphino-arsin | Ausbeute [% d. Th.] | F [°C] |
|---|---|---|---|
| $[(CH_3)_3Sn]_3P$ | *Tris-[diphenyl-arsino]-phosphin* | 60 | 169–172 |
| $[(CH_3)_3Sn]_3As$ | *Tris-[diphenyl-phosphino]-arsin* | 59 | 120–123 |
| $H_5C_6-As[Sn(CH_3)_3]_2$ | *Bis-[diphenylphosphino]-phenyl-arsin* | 66 | 125–129 |
| $H_5C_6-P-[Sn(CH_3)_3]_2$ | *Bis-[diphenylarsino]-phenyl-phosphin* | 90 | 155–158 |
| $(C_6H_5)_2P-Sn(CH_3)_3$ | *Diphenylphosphino-diphenyl-arsin* | 71 | 115–117 |

[1] R. G. Cavell u. R. C. Dobbie, Soc. [A] **1968**, 1406.
[2] T. A. George u. M. M. Lappert, Chem. Commun. **1966**, 463.
[3] H. Schumann et al., J. Organometal. Chem. **24**, 183 (1970).

*Diphenylphosphino-diphenyl-arsin* kann in gleicher Ausbeute aus (Trimethyl-stannyl)-diphenyl-arsin und Chlor-diphenyl-phosphin hergestellt werden[1].

Alle Arsino-phosphine sind sauerstoffempfindliche Verbindungen.

Bei der Umsetzung von Trimethylstannyl-arsin mit Jod-bis-[trifluormethyl]-phosphin in Tetramethylsilan bei $-78°$ entsteht (Bis-[*trifluormethyl*]-*phosphino*)-*arsin*[2].

1,2-Bis-[lithium-phenyl-phosphino]-benzol reagiert mit Arsonigsäure-chloriden zu cyclischen Arsino-phosphinen[3]:

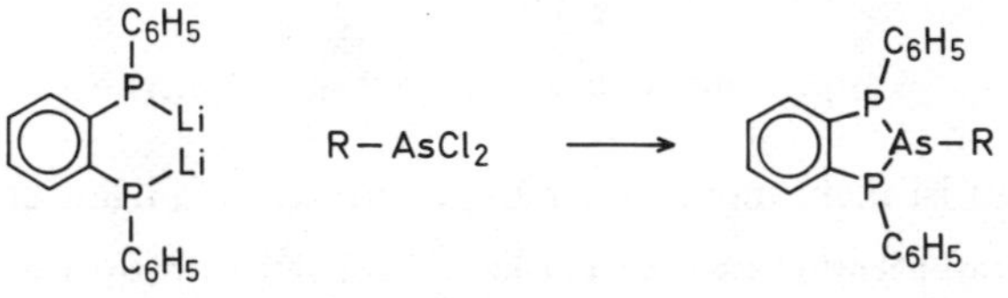

R = CH₃, C₆H₅

**2-Methyl-1,3-diphenyl-2,3-dihydro-1H-⟨benzo-1,3,2-diphospharsol⟩**[3]:Unter Stickstoff werden zu einer Lösung von 1,2-Bis-[lithium-phenyl-phosphino]-benzol, hergestellt aus 2 g 1,2-Bis-[phenylphosphino]-benzol in 35 *ml* Tetrahydrofuran und 9,3 *ml* einer 1,51 *m* Lösung von Butyl-lithium in Hexan, bei −45° 1,1 g Dichlormethyl-arsin in 10 *ml* Tetrahydrofuran langsam getropft. Nach Stehenlassen über Nacht wird das Lösungsmittel abgezogen und die zurückgebliebene Paste mit 50 *ml* Äther und 30 *ml* verd., sauerstofffreier Salzsäure versetzt. Anschließend wird die ätherische Phase abgetrennt, getrocknet und vom Äther befreit. Der Rückstand wird aus wäßrigem Aceton umkristallisiert; Ausbeute: 1,8 g (69% d. Th.); F: 83,5–84°.

Analog wird mit Dichlor-phenyl-arsin das *1,2,3-Triphenyl-2,3-dihydro-1H-⟨benzo-1,3,2-diphospharsol⟩* (F: 175–176°) in 72%-iger Ausbeute erhalten[3].

Bei diesen 1,3,2-Diphospharsolen dominiert der Phosphin-Charakter. Mit Schwefel in Toluol entstehen die 1,3-Disulfide[3]; z. B. *2-Methyl-1,3-diphenyl-2,3-dihydro-1H-⟨benzo-1,3,2-diphospharsol⟩-1,3-disulfid* (40% d. Th.; F: 158–159°; wäßriges Aceton).

Die Umsetzung von Tetramethyl-diarsin mit Tetrakis-[trifluormethyl]-tetraphosphetan liefert unter Spaltung der As–As-Bindung das *Bis-[dimethylarsino]-trifluormethyl-phosphin*[4]:

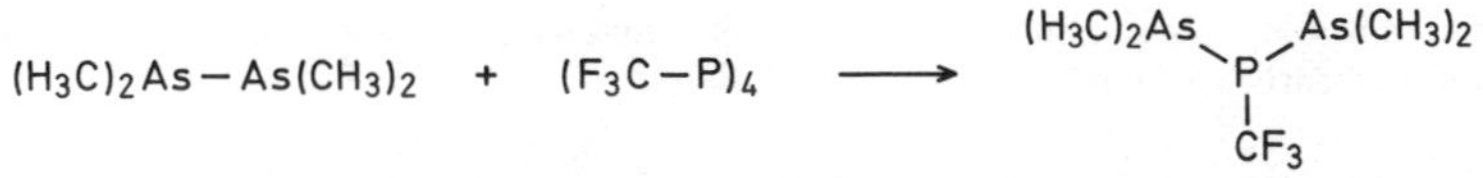

## β) Arsino-phosphoniumsalze

Gegenüber Halogen-arsinen können tert. Phosphine als Donatoren fungieren. So entstehen bei der Einwirkung von tert. Phosphinen auf Halogen-diorgano-arsine 1:1-Addukte, denen auf Grund von Leitfähigkeitsmessungen eine Phosphonium-Struktur zugeschrieben wird[5-7]:

$$R_2As-X \quad + \quad (H_5C_2)_3P \quad \longrightarrow \quad [R_2As-\overset{\oplus}{P}(C_2H_5)_3] \; X^{\ominus}$$

[1] H. Schumann et al., J. Organometal. Chem. **24**, 183 (1970).
[2] A. Breckner u. J. Grobe , Z. anorg. Ch. **414**, 269 (1975).
[3] F. G. Mann u. A. J. H. Mercer, Soc. (Perkin I) **1972**, 2548.
[4] A. H. Cowley u. D. S. Diersdorf, Am. Soc. **91**, 6609 (1969).
[5] G. E. Coates u. J. G. Livingstone, Chem. & Ind. **1958**, 1366.
[6] J. M. F. Braddock u. G. E. Coates, Soc. **1961**, 3208.
[7] J. C. Summers u. H. H. Sisler, Inorg. Chem. **9**, 862 (1970).

Die 1:1-Addukte, die durch Umsetzung von tert. Phosphinen mit Dihalogen-organo-arsinen gebildet werden, besitzen eher einen Donor-Acceptor- als einen Salz-Charakter[1]:

$$R-AsX_2 \ + \ (H_3C)_3P \ \longrightarrow \ R-AsX_2 \cdot P(CH_3)_3$$

Die Donor-Eigenschaft der Phosphine nimmt mit zunehmender Zahl der aromatischen Reste am Phosphor ab. Gegenüber Jod-dimethyl-arsin nimmt die Reaktivität der tert. Phosphine in der Reihenfolge ab[2]:

$$(H_5C_2)_3P \ > \ (H_3C)_2P-C_6H_5 \ > \ H_3C-P(C_6H_5)_2 \ \gg \ (H_5C_6)_3P$$

Triphenylphosphin ist nicht mehr in der Lage, mit den Halogen-arsinen zu reagieren.

**Dimethylarsino-dimethyl-phenyl-phosphonium-jodid**[2]: Unter Rühren wird zu einer Lösung von 33,2 *ml* (0,2 Mol) Jod-dimethyl-arsin in 250 *ml* Äther eine Lösung von 27,6 *ml* (0,2 Mol) Dimethyl-phenyl-phosphin in 70 *ml* Äther innerhalb von 10 Min. getropft. In einer exothermen Reaktion fällt das Phosphoniumsalz aus. Man rührt weitere 2 Stdn. und saugt anschließend das ausgefallene Salz ab. Es wird aus Äthanol umkristallisiert; Ausbeute: 48,5 g (62% d. Th.); F: 147°.

Analog werden u. a. folgende Salze hergestellt:

| | | |
|---|---|---|
| *Dimethylarsino-triäthyl-phosphonium-bromid* | F: 142–145° | (Äthanol) |
| *Dimethylarsino-tripropyl-phosphonium-jodid* | F: 100° | (Äthanol) |
| *Diäthylarsino-dimethyl-phenyl-phosphonium-jodid* | F: 112–118° | (Äthanol) |
| *Diphenylarsino-triäthyl-phosphonium-jodid* | F: 85–87° | (Äthanol) |

Eine Ausnahme bildet die Umsetzung von Chlor-diphenyl-arsin mit Tributyl-phosphin, die zum Tetraphenyl-diarsin führt (s. S.149).

Die alkalische Hydrolyse der Arsino-phosphoniumsalze erfolgt unter Spaltung der Arsen-Phosphor-Bindung, wobei tert. Phosphine und Bis-[diorgano-arsin]-oxide entstehen[2]:

$$[(R^2)_2As-\overset{\oplus}{P}(R^1)_3] \ X^{\ominus} \ \xrightarrow{\ OH^{\ominus}\ } \ (R^2)_2As-O-As(R^2)_2 \ + \ (R^1)_3P$$

Dieses Verhalten ist nicht typisch für Phosphoniumsalze[3] und wird auf eine vorherige Dissoziation der Arsino-phosphoniumsalze zurückgeführt[2]:

$$[(R^2)_2As-\overset{\oplus}{P}(R^1)_3] \ X^{\ominus} \ \rightleftharpoons \ (R^2)_2As-X \ + \ (R^1)_3P$$

Das sich im Gleichgewicht befindliche Halogen-arsin wird dann durch die Hydroxyl-Ionen in Bis-[diorgano-arsin]-oxid umgewandelt.

Die Umsetzung mit Natrium-methanolat oder -phenolat führt analog zu tert. Phosphinen und Arsinigsäureestern[2]:

$$[(H_3C)_2As-\overset{\oplus}{P}(C_2H_5)_3] \ X^{\ominus} \ + \ NaOR \ \xrightarrow[-\,NaX]{} \ (H_5C_2)_3P \ + \ (H_3C)_2As-OR$$

$$R = CH_3 \,, C_6H_5$$

[1] J. C. SUMMERS u. H. H. SISLER, Inorg. Chem. **9**, 862 (1970).
[2] J. M. F. BRADDOCK u. G. E. COATES, Soc. **1961**, 3208.
[3] Vgl. ds. Handb., Bd. XII/1, S.103.

## γ) Arsino-phosphonsäureester und andere $As^{III}$-$P^V$-Verbindungen

Bei der Einwirkung von Trialkylphosphiten oder Natrium-dialkyl-phosphiten auf Halogen-diorgano-arsine entstehen in mäßigen bis guten Ausbeuten Arsino-phosphonsäurediester[1-3]:

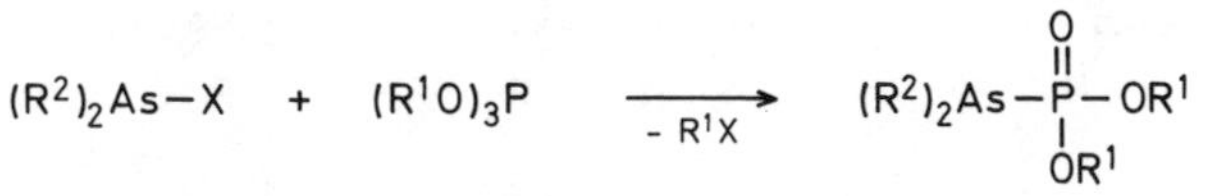

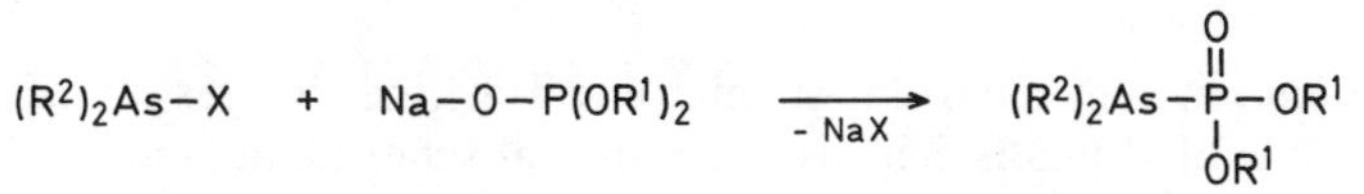

$$(R^2)_2As-X \quad + \quad (R^1O)_3P \quad \xrightarrow{-R^1X} \quad (R^2)_2As-\overset{\overset{O}{\|}}{\underset{\underset{OR^1}{|}}{P}}-OR^1$$

$$(R^2)_2As-X \quad + \quad Na-O-P(OR^1)_2 \quad \xrightarrow{-NaX} \quad (R^2)_2As-\overset{\overset{O}{\|}}{\underset{\underset{OR^1}{|}}{P}}-OR^1$$

Die Umsetzung erfolgt entweder in ätherischer Lösung oder durch einfaches Vermischen der Reaktionspartner bei Raumtemperatur. Anschließend wird die Reaktionslösung fraktioniert. So entsteht aus Brom-dimethyl-arsin und Triäthylphosphit der *Dimethylarsino-phosphonsäure-diäthylester* (Kp$_1$: 83°) in 74%-iger Ausbeute[2].

Die alkalische und saure Hydrolyse sowie die Oxidation der Arsino-phosphonsäureester mit Luftsauerstoff führt zur Spaltung der Arsen-Phosphor-Bindung unter Bildung von Bis-[diorganoarsin]-oxiden[2]:

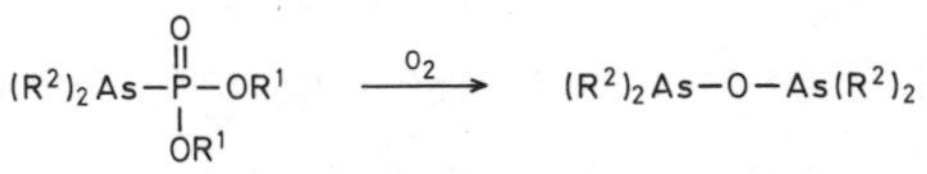

$$(R^2)_2As-\overset{\overset{O}{\|}}{\underset{\underset{OR^1}{|}}{P}}-OR^1 \quad \xrightarrow{O_2} \quad (R^2)_2As-O-As(R^2)_2$$

*Dimethylarsino-dimethyl-phosphinsulfid* erhält man beim Erhitzen von Tetramethyldiarsin mit Tetramethyl-diphosphin-disulfid im Bombenrohr auf 220°[4]:

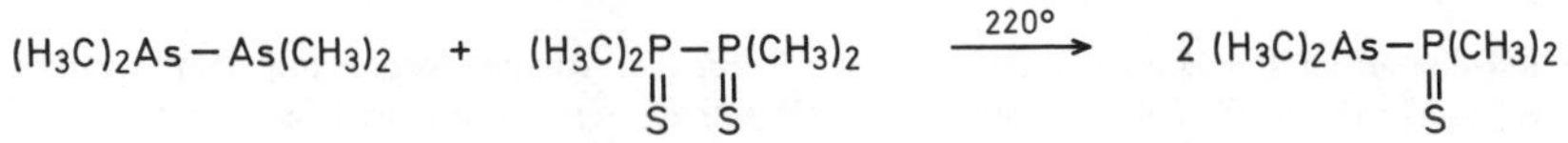

$$(H_3C)_2As-As(CH_3)_2 \quad + \quad (H_3C)_2\underset{\underset{S}{\|}}{P}-\underset{\underset{S}{\|}}{P}(CH_3)_2 \quad \xrightarrow{220°} \quad 2\;(H_3C)_2As-\underset{\underset{S}{\|}}{P}(CH_3)_2$$

Eine weitere Methode, $P^V$–$AS^{III}$-Bindungen zu knüpfen, besteht darin, daß sich ein N-silyliertes Amino-phosphin als N-Lithiumsalz mit Halogen-diorgano-arsinen in Äther zu Arsino-phosphin-imiden umsetzt[5]:

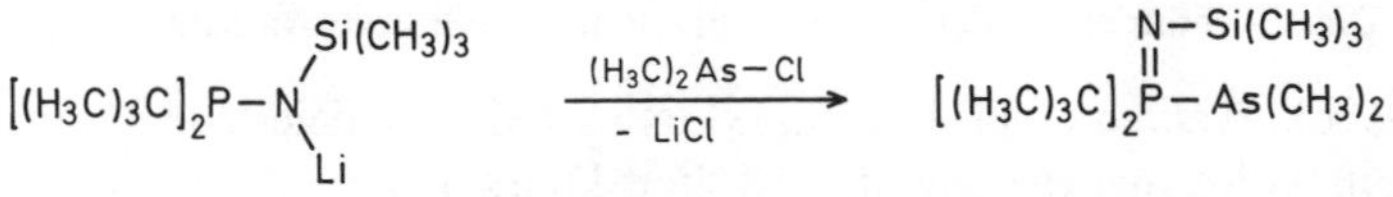

$$[(H_3C)_3C]_2P-\overset{\diagup Si(CH_3)_3}{\underset{\diagdown Li}{N}} \quad \xrightarrow[-\,LiCl]{(H_3C)_2As-Cl} \quad [(H_3C)_3C]_2\overset{\overset{N-Si(CH_3)_3}{\|}}{P}-As(CH_3)_2$$

*Dimethylarsino-trimethylsilylimino-di-tert.-butyl-phosphoran*;
74% d. Th.; Subl.p$_{0,05}$: 80–81°; (F: 52–54°)

---

[1] G. Kh. Kamai u. O. N. Bolerossova, Izv. Akad. SSSR **1947**, 191; **1950**, 198; C. A. **42**, 4133 (1948); **44**, 888 (1950).

[2] G. Kamai et al., Doklady Akad. SSSR **89**, 693 (1953); C. A. **48**, 6374 (1954).

[3] USSR.P. 192203 (1967), A. L. Kolomiets et al.; C. A. **69**, 3008 (1968).

[4] R. K. Harris u. R. G. Hayter, Canad. J. Chem. **42**, 2282 (1964).

[5] O. J. Scherer u. W. M. Jansen, J. Organometal. Chem. **20**, 111 (1969).

## d) Di-, Tri- und Tetraarsine

Je nach Anzahl der Arsen—Arsen-Bindungen unterscheidet man zwischen Diarsinen I, Triarsinen II und Tetraarsinen III:

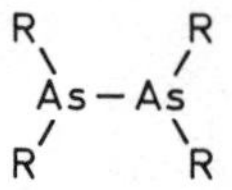

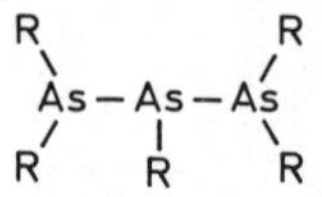

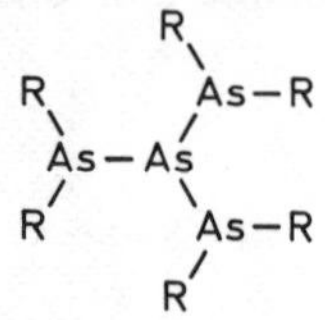

Hierbei können ein oder mehrere Arsenatome Teil eines Ringes sein. Die organischen Reste können sowohl aliphatischer als auch aromatischer Natur sein.

Ein großer Teil der Diarsine besitzt einen widerlichen Geruch und ist an der Luft **selbstentzündlich**. Die Herstellung und Handhabung dieser Verbindungsklasse muß deshalb mit äußerster Sorgfalt unter Sauerstoffausschluß erfolgen[1].

### A. Herstellung

### 1. Diarsine

### α) aus sek. Arsinen und

#### α₁) Bis-[diorgano-arsin]-oxiden bzw. -sulfiden

Tetraaryl-diarsine lassen sich teilweise in guten Ausbeuten durch Erhitzen oder einfaches Stehenlassen von Bis-[diaryl-arsin]-oxiden oder -sulfiden mit sek. Arsinen herstellen[2, 3]:

$$R_2As-O-AsR_2 \quad + \quad 2\ R_2AsH \quad \xrightarrow[-H_2O]{} \quad 2\ R_2As-AsR_2$$

**Tetraphenyl-diarsin**[4]: 3,45 g Diphenyl-arsin, gelöst in 20 ml abs. Äthanol, werden mit einer Lösung von 3,56 g Bis-[diphenyl-arsin]-oxid in 80 ml abs. Äthanol versetzt. Nach mehreren Tagen wird das ausgefallene Diarsin abfiltriert, 4mal mit je 20 ml Äthanol gewaschen und getrocknet; Ausbeute: 6,25 g (91% d. Th.); F: 125–127°.

Geringere Ausbeuten liefert die entsprechende Umsetzung mit Bis-[diphenyl-arsin]-sulfid[4].

**Tetrakis-[2-amino-phenyl]-diarsin**[2]: Eine Lösung von 2,5 g Bis-[bis-(2-amino-phenyl)-arsin]-oxid in 30 ml Äthanol wird mit 2,3 g Bis-[2-amino-phenyl]-arsin in 20 ml Äthanol versetzt. Nach 24stdgm. Stehenlassen wird das ausgefallene Diarsin abfiltriert und aus 50 ml Äthanol umkristallisiert; Ausbeute: 2,1; F: 133–135°.

Besitzen das sek. Arsin und das Bis-[diarylarsin]-oxid verschiedene organische Reste, so entstehen Gemische aus zwei symmetrischen Diarsinen[3]:

$$(R^1)_2As-O-As(R^1)_2 \quad + \quad 2\ (R^2)_2AsH \quad \xrightarrow[-H_2O]{} \quad (R^1)_2As-As(R^1)_2 \quad + \quad (R^2)_2As-As(R^2)_2$$

[1] Apparaturen zur Herstellung und Handhabung von Diarsinen beschreiben:
    W. STEINKOPF u. G. SCHWEN, B. **54**, 1437 (1921).
    F. F. BLICKE u. G. L. WEBSTER, Am. Soc. **59**, 537 (1937).
[2] F. F. BLICKE u. L. D. POWERS, Am. Soc. **55**, 1161 (1933).
[3] F. F. BLICKE et al., Am. Soc. **56**, 141 (1934).
[4] F. F. BLICKE u. L. D. POWERS, Am. Soc. **54**, 3353 (1932); **55**, 1161 (1933).
[5] F. F. BLICKE u. G. L. WEBSTER, Am. Soc. **59**, 537 (1937).

*α₂) Arsinigsäure-halogeniden oder -amiden (Halogen-
oder Amino-diorgano-arsine)*

Gute Ausbeuten an Diarsinen erhält man durch Einwirkung von sek. Arsinen auf Halogen[1, 2] oder Amino-diorgano-arsine[3, 4]:

$$(R^1)_2As-X \;\; + \;\; (R^1)_2AsH \xrightarrow[-HX]{} (R^1)_2As-As(R^1)_2$$

$$X = \text{Halogen}, \; -N(R^2)_2$$

**Tetraphenyl-diarsin:**

aus Chlor-diphenyl-arsin[1]: 3,45 g (0,015 Mol) Diphenyl-arsin werden unter Stickstoff mit einer Lösung von 4,4 g (0,016 Mol) Chlor-diphenyl-arsin in 50 *ml* Äther versetzt. Nach 2 Stdn. wird die Lösung auf ~10 *ml* eingeengt. Nach Zugabe einiger *ml* Äther wird mit Wasser, um den restlichen Chlorwasserstoff zu entfernen, mehrmals ausgeschüttelt. Anschließend destilliert man den Äther ab und trocknet den Rückstand i. Vak.; Ausbeute: 6,0 g (89% d. Th.); F: 124–127°.

aus Amino-diphenyl-arsin[4]: Zu 0,14 g (0,57 mMol) Amino-diphenyl-arsin werden unter Stickstoffatmosphäre 0,13 g (0,57 mMol) Diphenyl-arsin zugegeben. Der Ansatz wird 6 Stdn. bei 30° und 10⁻³ Torr gehalten. Allmählich bildet sich eine feste gelbe Masse. Das Reaktionsprodukt wird mehrfach mit Hexan gewaschen und i. Vak. getrocknet; Ausbeute: 0,17 g (65% d. Th.); F: 129–130°.

*Tetramethyl-diarsin* (*Kakodyl*) entsteht bei 3-tägigem Erhitzen auf 100° von Dimethyl-arsin mit Chlor-dimethyl-arsin in 26%iger Ausbeute[2]. In nahezu quantitativer Ausbeute erhält man das Tetramethyl-diarsin durch einfaches Stehenlassen von Dimethyl-arsin und Dimethylamino-dimethyl-arsin 21 Tage bei 20°[5]. Ebenfalls in nahezu quantitativer Ausbeute (auf Dimethyl-arsin bezogen) wird das Tetramethyl-diarsin beim Erhitzen von Dimethyl-arsin mit Äthylthio-dimethyl-arsin auf 100° erhalten[5]:

$$(H_3C)_2AsH \;\; + \;\; H_5C_2-S-As(CH_3)_2 \xrightarrow[-H_5C_2-SH]{100°, \; 4\,\text{Tage}} (H_3C)_2As-As(CH_3)_2$$

Das leicht polymerisierende prim. Diarsin *1,1-Bis-[trifluormethyl]-diarsin* bildet sich bei der Einwirkung von Jod-bis-[trifluormethyl]-arsin auf Trimethylstannyl-arsin in Toluol bei −78°[6].

*α₃) Chloraminen*

Dimethyl- oder Diphenyl-arsin lassen sich mit Chloramin oder Dimethylchloramin in ätherischer Lösung je nach Molverhältnis der Reaktanden in guten bis sehr guten Ausbeuten in *Tetramethyl-* bzw. *Tetraphenyl-diarsin* überführen[7, 4]:

$$(R^1)_2AsH \;\; + \;\; (R^2)_2N-Cl \longrightarrow (R^1)_2As-As(R^1)_2 \;\; + \;\; [(R^2)_2\overset{\oplus}{N}H_2] \; Cl^{\ominus}$$

$$R^1 = CH_3, \, C_6H_5$$
$$R^2 = H; \, CH_3$$

Aufstellung s. S. 146

[1] F. F. Blicke u. L. D. Powers, Am. Soc. **54**, 3353 (1932); **55**, 1161 (1933).
[2] W. R. Cullen, Canad. J. Chem. **41**, 322 (1963).
[3] W. R. Cullen et al., Canad. J. Chem. **45**, 379 (1967).
[4] L. K. Krannich u. H. H. Sisler, Inorg. Chem. **8**, 1032 (1969).
[5] W. R. Cullen u. P. S. Dhaliwal, Canad. J. Chem. **45**, 379 (1967).
[6] A. Breckner u. J. Grobe, Z. anorg. Ch. **414**, 269 (1975).
[7] J. Singh u. A. B. Burg, Am. Soc. **88**, 718 (1966).

| sek. Arsin (A) | Chloramin (B) | Molverhältnis (A) : (B) | ...-*diarsin* (s. S. 145) | Ausbeute [% d. Th.] |
|---|---|---|---|---|
| $(CH_3)_2AsH$ | $NH_2Cl$ | 14,5 : 1 | *Tetramethyl-*... | 96 |
| $(C_2H_5)_2AsH$ | $H_2NCl$ | 2,7 : 1 | } *Tetraäthyl-*... | 92 |
| $(C_2H_5)_2AsH$ | $(CH_3)_2NCl$ | 2,9 : 1 | } | 87 |

Statt mit Chloraminen kann man das *Tetramethyl-* bzw. *Tetraphenyl-diarsin* durch Einleiten von Chlor in eine ätherische Lösung von Dimethyl- bzw. Diphenyl-arsin in Gegenwart von Triäthylamin erhalten[1]:

$$2\ R_2AsH\ +\ Cl_2\ +\ 2\ (H_5C_2)_3N\ \xrightarrow{-76°}\ R_2As-AsR_2\ +\ 2\ [(H_5C_2)_3\overset{\oplus}{N}H]\ Cl^{\ominus}$$

Auch bei dieser Umsetzung erreicht man die besten Ausbeuten bei einem sek. Arsin/Chlor-Verhältnis von 3,8:1 (73% d. Th. *Tetramethyl-diarsin*) bzw. 1,3:1 (63% d. Th. *Tetraphenyl-diarsin*)[1].

### β) Diarsine aus Arsinsäuren, Arsinigsäure-anhydriden bzw. -halogeniden durch Reduktion mit unterphosphoriger Säure bzw. durch elektrochemische Reduktion

Bei der Einwirkung von unterphosphoriger Säure in Gegenwart katalytischer Mengen Jodid-Ionen auf Arsinsäuren werden diese bis zur Stufe des Diarsins reduziert[2-10]:

$$\underset{R_2As-OH}{\overset{O}{\overset{\|}{}}}\ \xrightarrow{H_3PO_2}\ R_2As-AsR_2$$

Die Umsetzung erfolgt in wäßrig-alkalischer oder -acetonischer Lösung. Die Jodid-Ionen werden, falls erforderlich, entweder in Form einiger Tropfen Jodwasserstoffsäure oder einiger *ml* wäßriger Kaliumjodid-Lösung zugegeben.

**1,2-Dimethyl-1,2-diphenyl-diarsin**[8]: Unter Stickstoff werden 0,374 g Methyl-phenyl-arsinsäure in 5 *ml* Äthanol mit 0,66 g 50%-iger wäßriger unterphosphoriger Säure versetzt und 6 Stdn. unter Rückfluß erhitzt. Nach Abkühlung der Reaktionslösung wird das Äthanol i. Vak. entfernt. Der Rückstand wird bei 25° in 5 *ml* Petroläther aufgenommen und unter Stickstoff abfiltriert. Beim Abkühlen des Filtrats auf 0° fällt das Diarsin aus; Ausbeute: 0,18 g (63% d. Th.); F: 81,5–82°.

**Tetrakis-[3-amino-phenyl]-diarsin**[11]: 5,8 g Bis-[3-amino-phenyl]-arsinsäure werden mit 30 *ml* 50%-iger unterphosphoriger Säure und wenigen Tropfen Jodwasserstoffsäure versetzt, danach wird 4 Stdn. auf 70° erhitzt. Man kühlt anschließend ab und versetzt unter Rühren langsam mit 100 *ml* 10%-iger Natronlauge. Das ausgefallene Diarsin wird abgesaugt, mit Wasser und abs. Äthanol gewaschen, anschließend in 20 *ml* heißem Aceton gelöst. Die Aceton-Lösung wird eingeengt und gekühlt. Das Diarsin wird abfiltriert, mit 80%-igem Aceton gewaschen und getrocknet; Ausbeute: 2,5 g (50% d. Th.); F: 163–165°.

---

[1] L. K. Krannich u. H. H. Sisler, Inorg. Chem. **8**, 1032 (1969).

[2] A. Michaelis, A. **321**, 149 (1902).

[3] V. Auger, C. r. **142**, 1153 (1906).

[4] A. Bertheim, B. **48**, 358 (1915).

[5] F. F. Blicke et al., Am. Soc. **56**, 141, 685 (1934); **59**, 537, 925 (1937).

[6] H. Bauer, Am. Soc. **67**, 591 (1945).

[7] A. Etienne, C. r. **221**, 628 (1945); Bl. **1947**, 47.

[8] J. W. B. Reesor u. G. F. Wright, J. Org. Chem. **22**, 382 (1957).

[9] F. Knoll et al., Am. Soc. **91**, 4986 (1969).

[10] K. Sommer, Z. anorg. Ch. **377**, 120, 1273 (1970).

[11] F. F. Blicke et al., Am. Soc. **56**, 141 (1934); s. dort beschriebene Apparatur.

**1,2-Bis-[4-amino-phenyl]-1,2-bis-[4-acetamino-phenyl]-diarsin**[1]: In einer Kohlendioxid-Atmosphäre wird eine Lösung von 3 g (4-Amino-phenyl)-(4-acetamino-phenyl)-arsinsäure in 20 ml 50%-iger unterphosphoriger Säure mit 2 ml 1 n Kaliumjodid-Lösung versetzt. Nach 4stdgm. Stehen wird mit 2 n Natrium-acetat-Lösung versetzt. Das Diarsin fällt zuerst als zähe Masse aus, die bald fest wird. Ausbeute: 2,5 g (45% d. Th.); F: 147–152°.

1, $\omega$-Bis-[organo-arsinyl]-alkane werden über die entsprechenden Bis-[diorgano-arsin]-oxide zu cyclischen Diarsinen reduziert[2]:

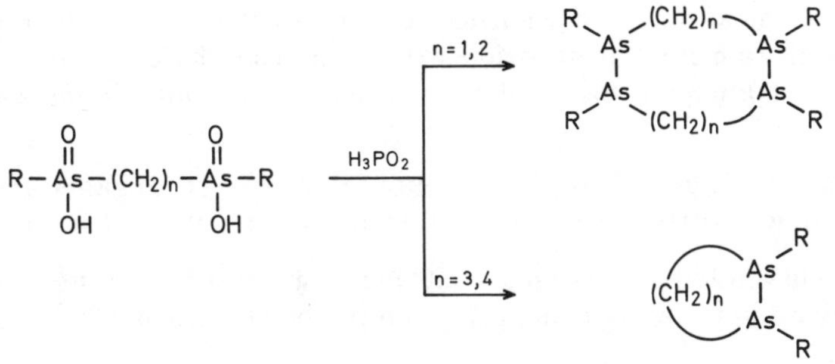

$$n = 1; R = CH_3;\ \textit{1,2,4,5-Tetramethyl-1,2,4,5-tetraarsenan}; Kp_{0,5}: 114–116°$$
$$R = C_6H_5;\ \textit{1,2,4,5-Tetraphenyl-1,2,4,5-tetraarsenan}; F: 156–158°$$
$$n = 2; R = CH_3;\ \textit{1,2,5,6-Tetramethyl-1,2,5,6-tetraarsocan}; Kp_{0,2}: 126–128°$$
$$R = C_6H_5;\ \textit{1,2,5,6-Tetraphenyl-1,2,5,6-tetraarsocan}; F: 128°$$
$$n = 3; R = C_6H_5;\ \textit{1,2-Diphenyl-1,2-diarsolan}; Kp_{0,1}: 133–135°$$
$$n = 4; R = C_6H_5;\ \textit{1,2-Diphenyl-1,2-diarsenan}; Kp_{0,1}: 142–144°$$

Analog den Arsinsäuren werden Bis-[diarylarsin]-oxide (Diarylarsinigsäureanhydride) mit phosphoriger[3, 4] oder unterphosphoriger Säure[5–7] zu Diarsinen reduziert:

$$R_2As-O-AsR_2 \xrightarrow{\ H_3PO_3 \text{ oder } H_3PO_2\ } R_2As-AsR_2$$

Die Anzahl der auf diese Weise hergestellten Diarsine ist jedoch gering.

Halogen-diorgano-arsine werden ebenfalls durch unterphosphorige Säure zu Diarsinen reduziert[8, 9, 7]:

$$2\ R_2As-Cl \xrightarrow{\ H_3PO_2\ } R_2As-AsR_2$$

*Tetraphenyl-diarsin* wird durch Erhitzen von Chlor-diphenyl-arsin mit 30%-iger unterphosphoriger Säure auf 100° in 83%-iger Ausbeute hergestellt[8]. Analog erhält man aus 10-Chlor-4-carboxy-5,10-dihydro-phenazarsin durch Reduktion mit unterphosphoriger Säure in Gegenwart katalytischer Mengen Jodid-Ionen das *10,10'-Bis-[4-carboxy-5,10-dihydro-phenazarsinyl]* (F: 253°, Zers.)[9]:

[1] H. BAUER, Am. Soc. **67**, 591 (1945).
[2] K. SOMMER, Z. anorg. Ch. **377**, 278 (1970).
[3] A. MICHAELIS u. C. SCHULTE, B. **15**, 1952 (1882).
  A. MICHAELIS, A. **321**, 148 (1902).
[4] W. STEINKOPF u. G. SCHWEN, B. **54**, 1437 (1921).
[5] F. F. BLICKE u. G. L. WEBSTER, Am. Soc. **59**, 537, 925 (1937).
[6] A. ETIÉNNE, C. r. **221**, 628 (1945); Bl. **1947**, 47.
[7] K. SOMMER, Z. anorg. Ch. **377**, 120, 278 (1970).
[8] G. T. MORGAN u. D. C. VINING, Soc. **117**, 777 (1920).
[9] H. BURTON u. G. S. GIBSON, Soc. **1927**, 247.

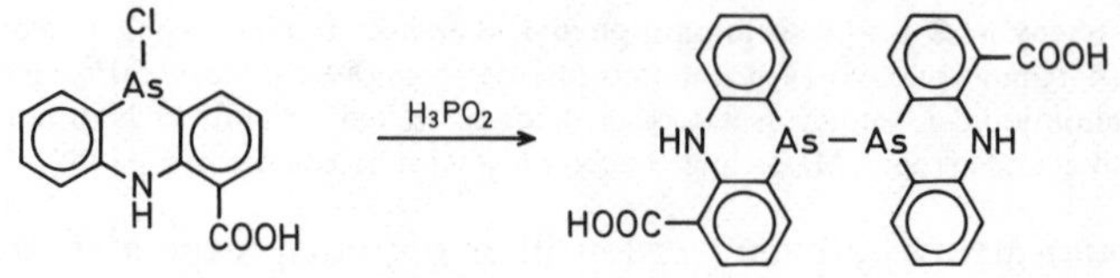

*Tetramethyl-diarsin* ist durch elektrochemische Reduktion von Dimethylarsinsäure an einer Blei- oder amalgamierten Zink-Kathode herstellbar[1]. Statt Dimethylarsinsäure kann auch das Bis-[dimethyl-arsin]-oxid elektrochemisch reduziert werden[2]. Durch elektrochemische Reduktion von Brom-diphenyl-arsin wird *Tetraphenyl-diarsin* erhalten[3].

γ) Diarsine aus Halogen-diorgano-arsinen oder Bis-[diorgano-arsin]-oxiden bzw. -sulfiden mit Metallen oder tert. Phosphinen

Beim Schütteln von Jod-diaryl-arsinen mit Quecksilber werden die entsprechenden Tetraaryl-diarsine in mehr oder weniger guten Ausbeuten erhalten[4]:

$$2\ R_2As-J \quad \xrightarrow[-\ Hg_2J_2]{Hg} \quad R_2As-AsR_2$$

Aus Jod-dimethyl-arsin und Quecksilber entsteht das *Tetramethyl-diarsin* in nur 17%-iger Ausbeute. Chlor-bis-[trifluormethyl]-arsin liefert dagegen das *Tetrakis-[trifluormethyl]-diarsin* zu ~ 100% d. Th.[5]. Außer Quecksilber können Zink[6-8], Lithium[9], Natrium[10] oder Natriumamalgam[11] eingesetzt werden. Die Ausbeuten können dabei sehr unterschiedlich sein.

**Tetramethyl-diarsin**[9]: Zu 1,66 g (0,22 g-Atom) Lithium, überschichtet mit 25 *ml* Äther wird eine Lösung von 20 g (0,085 Mol) Jod-dimethyl-arsin in 30 *ml* Äther getropft. Es tritt unter Ausscheidung von Lithiumjodid eine exotherme Reaktion ein. Nach Abfiltrieren der Lösung wird die klare Lösung bei Normaldruck fraktioniert; Ausbeute: 7,2 g (80% d. Th.); Kp: 155°.

Da die Diarsine durch Alkalimetall gespalten werden (s. S. 129) muß darauf geachtet werden, daß das Lithium nicht in großem Überschuß eingesetzt wird. Die analoge Umsetzung mit Natrium führt dagegen zum Natrium-dimethylarsenid[9].

In nahezu quantitativer Ausbeute entsteht das *Tetrakis-[trifluormethyl]-diarsin* beim Schütteln von Bis-[bis-(trifluormethyl)-arsin]-sulfid mit Quecksilber bei 20°[12]:

$$[(F_3C)_2As]_2S \quad \xrightarrow[-\ HgS]{Hg} \quad (F_3C)_2As-As(CF_3)_2$$

Ein Gemisch aus zwei Rotameren (*trans* und *gauche*) *Tetrakis-[pentafluorphenyl]-diarsin* wird beim Schütteln von Bis-[bis-(pentafluor-phenyl)-arsin]-sulfid mit Quecksilber erhalten[12].

---

[1] F. FICHTER u. E. ELKIND, B. **49**, 239 (1916).
[2] US. P. 2531487 (1950), B. WITTEN; C. A. **45**, 2799 (1951).
[3] R. E. DESSY et al., Am. Soc. **88**, 467 (1966).
[4] F. F. BLICKE et al., Am. Soc. **51**, 2272 (1929); **52**, 780 (1930).
[5] W. R. CULLEN, Canad. J. Chem. **41**, 322 (1963).
[6] R. BUNSEN, A. **42**, 14 (1842).
[7] H. J. EMELÉUS et al., Soc. **1953**, 1552.
[8] W. R. CULLEN, Canad. J. Chem. **38**, 439 (1960).
[9] J. R. PHILLIPS u. J. H. VIS, Canad. J. Chem. **45**, 675 (1967).
[10] Y. F. GATILOV et al., Ž. obšč. Chim. **43**, 2405 (1973); engl.: 2390.
[11] F. KOBER, Z. anorg. Ch. **412**, 202 (1975).
[12] M. GREEN u. D. KIRKPATRICK, Chem. Commun. **1967**, 57.

*Tetraphenyl-diarsin* wird beim Erhitzen von Chlor- oder Jod-diphenyl-arsin mit Tributyl-phosphin bzw. -stibin in 43- bzw. 82%-iger Ausbeute gebildet[1, 2]:

$$2 \ (H_5C_6)_2As-X \ + \ (H_9C_4)_3P \ \longrightarrow \ (H_5C_6)_2As-As(C_6H_5)_2 \ + \ (H_9C_4)_3PX_2$$

X = Cl, J

Bis-[bis-(trifluormethyl)-arsin]-oxid reagiert mit Chlor-bis-[trifluormethyl]-phosphin im Verhältnis 1:1 bei 25° unter Bildung von *Tetrakis-[trifluormethyl]-diarsin*[2]:

$$[(F_3C)_2As]_2O \ + \ (F_3C)_2P-Cl \ \longrightarrow \ (F_3C)_2As-As(CF_3)_2 \ + \ (F_3C)_2PO-Cl$$

Ein Überschuß an Chlor-bis-[trifluormethyl]-phosphin begünstigt die Bildung von Chlor-bis-[trifluormethyl]-arsin[2].

### δ) Diarsine durch thermische Spaltung von Azido-diorgano-arsinen

Azido-diorgano-arsine (s. S. 257) spalten beim Erhitzen auf ~ 220° elementaren Stickstoff unter Bildung von Diarsinen in guten Ausbeuten[3] ab:

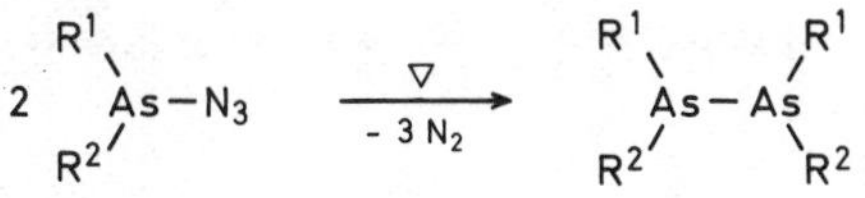

$$2 \ \begin{matrix} R^1 \\ \diagdown \\ As-N_3 \\ \diagup \\ R^2 \end{matrix} \quad \xrightarrow[-3\,N_2]{\triangledown} \quad \begin{matrix} R^1 \quad\quad R^1 \\ \diagdown \quad \diagup \\ As-As \\ \diagup \quad \diagdown \\ R^2 \quad\quad R^2 \end{matrix}$$

$R^1 = CH_3, \ C_2H_5$
$R^2 = CH_3, \ C_2H_5, \ C_6H_5$

(Vorsicht **Explosionsgefahr!** Nur hinter einem Schutzschild arbeiten!)

**Diarsine; allgemeine Arbeitsvorschrift**[3]: Einige g Azido-diorgano-arsin werden unter Stickstoff in einem Kolben mit Rückflußkühler, der mit Quecksilberabschluß abgesichert ist, langsam bis auf 220° erhitzt. Nach 24 Stdn. ist die Stickstoffabspaltung beendet. Der Rückstand wird anschließend unter Stickstoff destilliert.

Auf diese Weise werden folgende Diarsine hergestellt[3]:

Azido-dimethyl-arsin   → *Tetramethyl-diarsin*; $Kp_{15}$: 48°
Azido-diäthyl-arsin   → *Tetraäthyl-diarsin*; $Kp_{15}$: 110°
Azido-methyl-phenyl-arsin→ *1,2-Dimethyl-1,2-diphenyl-diarsin*; $Kp_{0,01}$: 124°
Azido-äthyl-phenyl-arsin   → *1,2-Diäthyl-1,2-diphenyl-diarsin*; $Kp_{0\ 01}$: 135°

Azido-diphenyl-arsin ergibt unter diesen Bedingungen kein Tetraphenyl-diarsin[3, 4].

### ε) Diarsine aus Alkalimetall-diorganoarseniden

Kalium-diphenylarsenid reagiert mit 1,2-Dibrom-äthan in 71%-iger Ausbeute zu *Tetraphenyl-diarsin*[5]:

$$3 \ (H_5C_6)_2As-K \ + \ 2 \ Br-CH_2-CH_2-Br \ \xrightarrow[\substack{-H_2C=CH_2 \\ -3\ KBr}]{} \ (H_5C_6)_2As-As(C_6H_5)_2$$

$$+ \ (H_5C_6)_2As-Br$$

[1] S. R. JAIN u. H. H. SISLER, Inorg. Chem. **7**, 2204 (1968).
[2] J. C. SUMMERS u. H. H. SISLER, Inorg. Chem. **9**, 862 (1970).
[3] D. M. REVITT u. D. B. SOWERBY, Soc. (Dalton) **1972**, 847.
[4] W. T. REICHLE, Tetrahedron Letters **1962**, 61.
[5] A. TZSCHACH u. W. LANGE, B. **95**, 1360 (1962).

Läßt man auf 1,4-Bis-[lithium-phenyl-arsino]-butan in Tetrahydrofuran bzw. Benzol 1,2-Dibrom-äthan einwirken, so wird unter Eliminierung von Äthylen das *1,2-Diphenyl-1,2-diarsenan* erhalten[1]:

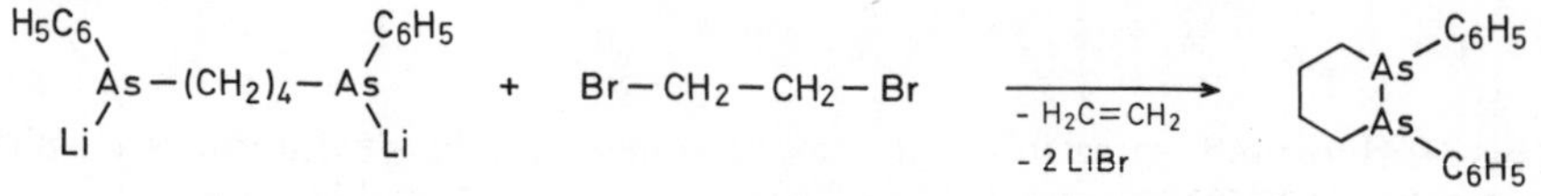

$$\begin{array}{c} H_5C_6 \\ \diagdown \\ As-(CH_2)_4-As \\ \diagup \qquad\qquad \diagdown \\ Li \qquad\qquad\qquad Li \end{array} \quad C_6H_5 \quad + \quad Br-CH_2-CH_2-Br \quad \xrightarrow[-2\,LiBr]{-H_2C=CH_2} \quad \begin{array}{c} As \diagdown C_6H_5 \\ \\ As \\ \diagdown C_6H_5 \end{array}$$

*1,2-Diphenyl-1,2-diarsolan* (Kp$_3$: 187–195°) läßt sich auf die gleiche Weise durch Einwirkung von 1,2-Dibrom-äthan auf 1,3-Bis-[lithium-phenyl-arsino]-propan in 56%-iger Ausbeute herstellen[1].

**1,2-Diphenyl-1,2-diarsenan**[1]: 11 g 1,4-Bis-[lithium-phenyl-arsino]-butan-Bis-1,4-dioxan[1] werden in 100 *ml* Benzol und 15 *ml* Tetrahydrofuran suspendiert und mit 3,7 g 1,2-Dibrom-äthan, gelöst in 80 *ml* Benzol, umgesetzt. Im Verlaufe der Umsetzung werden 255 *ml* (reduziert auf Normalbedingungen) Äthylen frei. Nach Abfiltrieren über eine G3-Fritte wird destilliert; Ausbeute: 4,9 g (68% d. Th.); Kp$_4$: 203–204°; F: 59° (aus Äthanol).

*Tetraphenyl-diarsin* entsteht in mäßiger Ausbeute bei der Umsetzung von Lithium-diphenylarsenid mit Triphenyl-isocyanursäure oder Phenylisocyanat in äther. Lösung[2]:

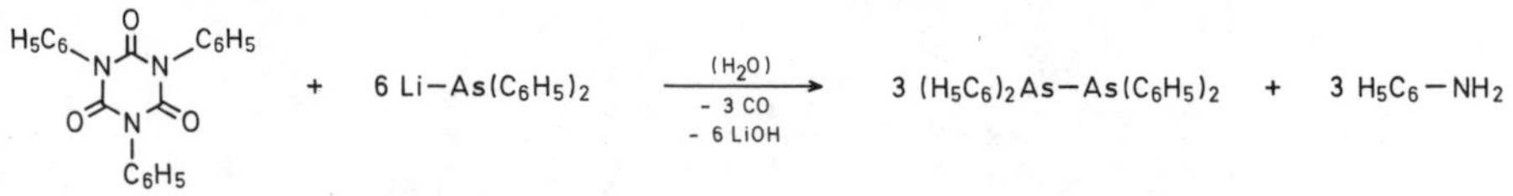

$$\begin{array}{c} H_5C_6 \quad O \\ \diagdown N \diagdown \diagup N-C_6H_5 \\ \\ O \diagup N \diagdown O \\ \diagdown C_6H_5 \end{array} \quad + \quad 6\,Li-As(C_6H_5)_2 \quad \xrightarrow[\substack{-3\,CO \\ -6\,LiOH}]{(H_2O)} \quad 3\,(H_5C_6)_2As-As(C_6H_5)_2 \quad + \quad 3\,H_5C_6-NH_2$$

Natrium-diphenylarsenid setzt sich mit Chlor-diphenyl-arsin in flüssigem Ammoniak ebenfalls zu *Tetraphenyl-diarsin*[3] um.

## ζ) Diarsine aus Arsenoverbindungen (Cyclopolyarsinen)

Arsenobenzol läßt sich mit molaren Mengen Lithium oder Natrium zu *1,2-Dilithium*(bzw. *1,2-Dinatrium*)-*1,2-diphenyl-diarsenid* umsetzen[4,5]:

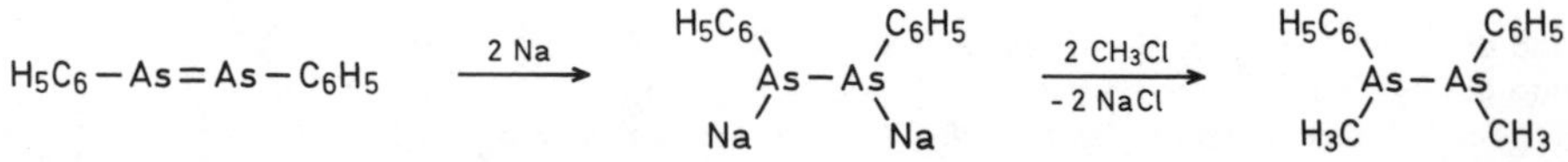

$$H_5C_6-As=As-C_6H_5 \quad \xrightarrow{2\,Na} \quad \begin{array}{c} H_5C_6 \quad C_6H_5 \\ \diagdown \quad \diagup \\ As-As \\ \diagup \quad \diagdown \\ Na \quad Na \end{array} \quad \xrightarrow[-2\,NaCl]{2\,CH_3Cl} \quad \begin{array}{c} H_5C_6 \quad C_6H_5 \\ \diagdown \quad \diagup \\ As-As \\ \diagup \quad \diagdown \\ H_3C \quad CH_3 \end{array}$$

**1,2-Dimethyl-1,2-diphenyl-diarsin**[5]:

1,2-Dinatrium-1,2-diphenyl-arsin: In einer Schlenkapparatur werden 3,07 g Arsenobenzol und überschüssiges Natrium in 40 *ml* über Benzophenon-Natrium destilliertem 1,4-Dioxan umgesetzt; Ausbeute: 82% d. Th.

1,2-Dimethyl-1,2-diphenyl-diarsin: Die von überschüssigem Natrium befreite Lösung wird bei 0–5° unter Rühren mit Methylchlorid umgesetzt. Die Reaktion ist nach 15 Min. beendet. Man gibt 20 *ml* sauerstoffreies Wasser hinzu und entfernt das 1,4-Dioxan bei Raumtemp. und 10 Torr. Der Rückstand wird mit 40 *ml* Petroläther ausgeschüttelt. Nach Abtrennung der Petroläther-Phase wird der Petroläther abdestilliert und der Rückstand aus wenig Petroläther umkristallisiert; Ausbeute: 2,4 g (87% d. Th.); F: 81,5–82°.

Ein cyclisches Diarsin entsteht bei der Bestrahlung von pentamerem Arsenomethan (Pentamethyl-cyclopentarsin) mit 2,3-Dimethyl-butadien[6]:

---

[1] A. Tzschach u. G. Pacholke, Z. anorg. Ch. **336**, 270 (1965).

[2] A. Tzschach u. R. Schwarzer, A. **709**, 248 (1967).

[3] J. Chatt u. D. A. Thornton, Soc. **1964**, 1005.

[4] G. Wittig et al., A. **577**, 1 (1952).

[5] J. W. B. Reesor u. G. F. Wright, J. Org. Chem. **22**, 382 (1957).

[6] U. Schmidt et al., B. **101**, 1381 (1968).

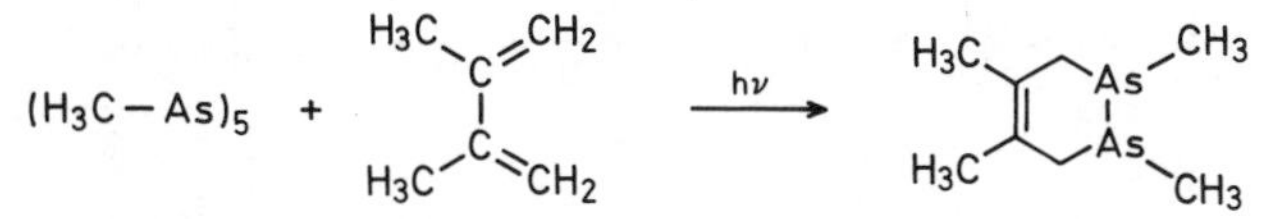

**1,2,4,5-Tetramethyl-1,2,3,6-tetrahydro-1,2-diarsenin**[1]: Ein Gemisch aus 12,2 g Pentamethyl-cyclopentarsin und 12,2 g 2,3-Dimethyl-butadien-(1,3) wird zur völligen Entfärbung mit einer Glühlampe bestrahlt (~6−10 Stdn.). Anschließend wird unter Stickstoff fraktioniert; Ausbeute: 16,6 g (95% d. Th.); $Kp_{0,25}$: 70–72°.

Analog läßt sich aus Pentamethyl-cyclopentaarsin und Isopren das *1,2,4-Trimethyl-1,2,3,6-tetrahydro-diarsenin* (65% d. Th.; $Kp_{11}$: 108°) herstellen[1].

### η) Aus Arsen oder Arsen(III)-oxid (Cadet-Reaktion)

*Tetramethyl-diarsin (Kakodyl)* ist ein Bestandteil der durch Destillation von Arsen(III)-oxid mit Kaliumacetat erhaltenen „Cadet'schen Flüssigkeit"[2, 3]. Neben dem Tetramethyl-diarsin ist das Bis-[dimethyl-arsin]-oxid (Kakodyloxid) Hauptbestandteil der „Cadet'schen Flüssigkeit".

Zur Herstellung von Diarsinen hat die Cadet-Reaktion nur historische Bedeutung. In neuerer Zeit wird die Cadet-Reaktion für kontinuierliche, halbtechnische Herstellung von Tetramethyl-diarsin etwas modifiziert[4].

Hierbei wird ein Gemisch aus Arsen(III)-oxid und Essigsäure unter Luftausschluß in der Gasphase bei 300–400° über einen Kontakt von wasserfreiem Alkalimetallacetat auf Bimsstein oder Asbest geleitet. Der Überschuß an Essigsäure dient als Lösungsmittel für die Reaktionsprodukte, die unmittelbar einer elektrolytischen Reduktion unterworfen werden, wobei das Bis-[dimethyl-arsin]-oxid zu Tetramethyl-diarsin reduziert wird[4].

Analog verläuft die Umsetzung zum *Tetraäthyl-diarsin* und Bis-[diäthyl-arsin]-oxid, wenn man an Stelle der Essigsäure die Propionsäure einsetzt[5].

Tetraalkyl-diarsine können durch Umsetzung von Arsenpulver mit Natrium in flüssigem Ammoniak und anschließender Reaktion mit Alkylhalogeniden hergestellt werden[6]:

$$[As]_n + 2n\,Na \xrightarrow{\text{fl. NH}_3} n/2\,Na_2As-AsNa_2 \xrightarrow[-2n\,NaX]{+2n\,RX} R_2As-AsR_2$$

Ein großer Überschuß an Natrium muß vermieden werden, da sonst eine Spaltung der As–As-Bindung erfolgen kann.

## 2. Tri- und Tetraarsine

### α) aus Halogen-diorgano-arsinen und Organostannyl-arsinen

Tris-[trimethylstannyl]-arsin[7] reagiert in ätherischer Lösung bei 20° mit Chlor-diphenyl-arsin zu *2-Diphenylarsino-1,1,3,3-tetraphenyl-triarsin*, in dem vier Arsenatome durch Einfachbindungen miteinander verknüpft sind[7]:

[1] U. Schmidt et al., B. **101**, 1381 (1968).
[2] Memoire de mathematique et physique de savants étrangers, **3**, 363 (1766).
[3] A. Bunsen, A. **42**, 14 (1842); **46**, 1 (1843).
[4] US. P. 2531487 (1950), B. Witten; C. A. **45**, 2799 (1951).
[5] R. C. Fuson u. W. Shive, Am. Soc. **69**, 559 (1947).
   US. P. 2756245 (1956), R. C. Fuson u. W. Shive; C.A. **51**, 2020 (1957).
[6] G. M. Bogoljubov u. A. A. Petrov, Ž. obšč. Chim. **40**, 1795 (1970); engl.: 1779.
[7] H. Schumann et al., J. Organometal. Chem. **24**, 183 (1970).

$$[(H_3C)_3Sn]_3As \quad + \quad 3\,(H_5C_6)_2As-Cl \xrightarrow[-\,3\,(H_3C)_3Sn-Cl]{} \quad \begin{array}{c}(H_5C_6)_2As-As-As(C_6H_5)_2 \\ | \\ As(C_6H_5)_2\end{array}$$

Analog entsteht bei der Reaktion von Bis-[trimethylstannyl]-phenyl-arsin mit Chlor-diphenyl-arsin *Pentaphenyl-triarsin* (65% d. Th.; F: 185–190°)[1]:

$$\begin{array}{c}(H_3C)_3Sn \\ \diagdown \\ As-C_6H_5 \\ \diagup \\ (H_3C)_3Sn\end{array} \quad + \quad 2\,(H_5C_6)_2As-Cl \xrightarrow[-\,2\,(H_3C)_3Sn-Cl]{} \quad H_5C_6-As\begin{array}{c}\diagup As(C_6H_5)_2 \\ \diagdown As(C_6H_5)_2\end{array}$$

**2-Diphenylarsino-1,1,3,3-tetraphenyl-triarsin**[1]: 8,4 g (15 mMol) Tris-[trimethylstannyl]-arsin werden in 100 *ml* abs. Äther gelöst. In diese Lösung tropft man unter Ausschluß von Luftsauerstoff und Feuchtigkeit im Argonstrom 11,8 g (45 mMol) Chlor-diphenyl-arsin. Man rührt 3 Stdn. bei 25°, saugt vom Unlöslichen durch eine G3-Fritte ab und engt die äther. Lösung i. Vak. bis zum beginnenden Ausfallen eines farblosen bis leicht gelb gefärbten Niederschlages ein. Durch Zugabe von wenig Pentan wird die Fällung vervollständigt. Man saugt ab, wäscht mit wenig kaltem Äther nach und kristallisiert aus Äther um; Ausbeute: 5,8 g (51% d. Th.); F: 143–147°.

### β) Aus Arsonigsäure-halogeniden mit Natrium

Durch Umsetzung von 2-Methyl-2-(dijodarsino-methyl)-propan-1,3-diarsonigsäure-tetrajodid mit Natrium in Tetrahydrofuran entsteht ein tricyclisches Triarsin[2]:

$$\begin{array}{c}CH_2-AsJ_2 \\ | \\ H_3C-C-CH_2-AsJ_2 \\ | \\ CH_2-AsJ_2\end{array} \quad + \quad 6\,Na \xrightarrow[-\,6\,NaJ]{THF} \quad \text{(tricyclisches Produkt mit } CH_3, As, As, As)$$

**4-Methyl-1,2,6-triarsa-tricyclo[2.2.1.0²,⁶]heptan**[2]: Zu 0,7 g (30 mMol) granuliertem Natrium in 20 *ml* Tetrahydrofuran gibt man unter Rühren 1,11 g (1,04 mMol) 2-Methyl-2-(dijodarsino-methyl)-propan-1,3-diarsonigsäure-tetrajodid. Nach anfänglichem Erwärmen setzt eine heftige Reaktion ein; unter Kühlen wird 20 Min. weitergerührt, dann von ungelöstem Natriumjodid, überschüssigem Natrium und Zersetzungsprodukten abfiltriert. Der Rückstand wird 3mal mit je 15 *ml* Äther gewaschen, und das Lösungsmittel aus dem Filtrat i. Vak. bei 20° abgezogen. Das getrocknete, noch Natriumjodid enthaltende Rohprodukt läßt sich durch Sublimation (80–150°/0,5 Torr) reinigen; Ausbeute: 166 mg (54% d. Th.); F: 159°.

### B. Umwandlung

Die Dissoziationsenergie der Arsen-Arsen-Bindung, z. B. in Tetramethyl-diarsin beträgt ~ 38 Kcal/Mol[3]. Dieser Tatbestand drückt sich dadurch aus, daß die Diarsine hauptsächlich unter Spaltung der As–As-Bindung reagieren. Diarsine werden durch Sauerstoff, Schwefel und Halogen leicht angegriffen. Tetramethyl- und Tetraäthyl-diarsin können sich an der Luft entzünden, die Tetraaryl-arsine sind dagegen weniger empfindlich. Die kontrollierte Oxidation von Diarsinen unter Feuchtigkeitsausschluß führt zu Bis-[diorgano-arsin]-oxiden (s. S.232):

$$R_2As-AsR_2 \xrightarrow{1/2\,O_2} R_2As-O-AsR_2$$

Analog führt die Reaktion mit Schwefel zu Bis-[diorgano-arsin]-sulfiden (s. S.272):

$$R_2As-AsR_2 \xrightarrow{S} R_2As-S-AsR_2$$

[1] H. SCHUMANN et al., J. Organometal. Chem. **24**, 183 (1970).
[2] J. ELLERMANN u. H. SCHÖSSNER, Ang. Ch. **86**, 646 (1974).
[3] C. T. MORTIMER u. H. A. SKINNER, Soc. **1952**, 4331.

Die Oxidation in wäßrigem Medium liefert jedoch Arsinsäuren (s. S. 334):

$$R_2As-AsR_2 \xrightarrow{O_2/H_2O} 2\ R_2\overset{\overset{\displaystyle O}{\|}}{As}-OH$$

Die Addition von Halogenen oder Halogen-Überträgern führt je nach Konzentration des Halogens entweder zu Arsinigsäure-halogeniden (s. S. 253) oder zu Orthoarsinsäure-trihalogeniden: (s. S. 325):

$$R_2As-AsR_2 \begin{cases} \xrightarrow{X_2} 2\ R_2As-X \\ \xrightarrow{3\ X_2} 2\ R_2AsX_3 \end{cases}$$

Diarsine werden normalerweise durch Wasser oder wäßrige Natronlauge nicht angegriffen. Eine Ausnahme bilden Diarsine, die eine Trifluormethyl-Gruppe tragen. Tetrakis-[trifluormethyl]-diarsin wird durch Wasser bzw. Natronlauge unter Abspaltung von Fluoroform zersetzt[1]. Durch Einwirkung von Alkylhalogeniden auf Diarsine wird die As–As-Bindung ebenfalls gespalten, wobei quart. Arsoniumsalze und Arsinigsäure-halogenide[2,3] entstehen:

$$R_2As-AsR_2 + 2\ CH_3X \longrightarrow [R_2\overset{\oplus}{As}(CH_3)_2]\ X^{\ominus} + R_2As-X$$

Die Umsetzung von Tetramethyl-diarsin mit Trifluormethyljodid führt jedoch zu *Dimethyl-trifluormethyl-arsin* und *Jod-dimethyl-arsin* (s. S. 88). Tetrakis-[trifluormethyl]-diarsin reagiert mit Dimethyl-arsin in 94%-iger Ausbeute zum unsymmetrischen *1,1-Dimethyl-2,2-bis-[trifluormethyl]-diarsin* (Kp.: 135°)[4]:

$$(F_3C)_2As-As(CF_3)_2 + (H_3C)_2AsH \longrightarrow (F_3C)_2As-As(CH_3)_2 + (F_3C)_2AsH$$

Analog erfolgt die Umsetzung mit Dimethyl-phosphin zum *Dimethylphosphino-bis-[trifluormethyl]-arsin* (s. S. 139). Tetrakis-[trifluormethyl]-tetraphosphetan setzt sich mit Tetramethyl-diarsin zum *Bis-[dimethylarsino]-trifluormethyl-phosphin* um (s. S. 141)[5].

Tetramethyl-diarsin wird durch Chlorwasserstoff in *Dimethyl-arsin* und *Chlor-dimethyl-arsin* gespalten[6]:

$$(H_3C)_2As-As(CH_3)_2 + HCl \longrightarrow (H_3C)_2AsH + (H_3C)_2As-Cl$$

Tetraphenyl-diarsin erleidet beim Erhitzen auf 300° unter Sauerstoffausschluß eine Disproportionierung in *Triphenyl-arsin* und Arsen[7]:

$$3\ (H_5C_6)_2As-As(C_6H_5)_2 \xrightarrow{300°} 4\ (H_5C_6)_3As + 2\ As$$

[1] H. J. EMELÉUS et al., Soc. **1952**, 2552; **1953**, 1552.
[2] A. CAHOURS, A. **122**, 192 (1862).
[3] P. BORGSTROM u. M. M. DEWAR, Am. Soc. **44**, 2915 (1922).
[4] R. G. CAVELL u. R. C. DOBBIE, Soc. [A] **1968**, 1406.
[5] A. H. COWLEY u. D. S. DIERSDORF, Am. Soc. **91**, 6609 (1969).
[6] W. R. CULLEN, Canad. J. Chem. **41**, 322 (1963).
[7] R. G. HAYTER, Am. Soc. **85**, 3120 (1963); **86**, 823 (1964); Inorg. Chem. **2**, 1031 (1963); **3**, 711 (1964).

Die As–As-Bindung kann durch Alkalimetalle gespalten werden, wobei Alkalimetall-diorganoarsenide entstehen (s. S.129).

Die Umsetzung von Diarsinen mit perfluorierten Alkenen oder Alkinen führt zu tert. Bisarsinen (s. S. 88). Zur Reduktion von Diarsinen zu sek. Arsinen s. S. 45.

Analog den tert. Arsinen bilden Diarsine eine Reihe von Komplexen mit Übergangsmetall-Verbindungen[1–4].

### e) Arseno-Verbindungen (Polymere Arsine und Cyclopolyarsine)

Diese, besonders in den Jahren 1910–1930, intensiv auf ihre therapeutische Wirkung untersuchte Stoffklasse (z. B. Salvarsan), ist aus chemischer und struktureller Sicht relativ wenig untersucht. Aus Analogie zu den Azo-Verbindungen wurden die Arseno-Verbindungen mit einer Arsen–Arsen-Doppelbindung formuliert:

$$R^1-As=As-R^1 \qquad\qquad R^1-As=As-R^2$$

Dies ist für die einfachen Arseno-alkane sowie für Arsenobenzol nicht zutreffend, da das Arsen in Übereinstimmung mit anderen Elementen höherer Perioden keine $(p–p)_\pi$-Bindungen ausbildet[5,6]. Bei den bisher bekannten Arseno-alkanen $(RAs)_n$ erfolgt die Valenzabsättigung durch Bildung von Ringsystemen mit As–As-Einfachbindung, wobei es sich meistens um Vier-, Fünf- oder Sechs-Ringe handelt[7–10].

So sind *Arseno-methan, -äthan, -propan, -butan* und *2,2'-Arseno-butan* pentamer in Form von Fünfringen, und man bezeichnet sie richtigerweise als Pentaalkyl-pentaarsolane[8,9]; z. B.

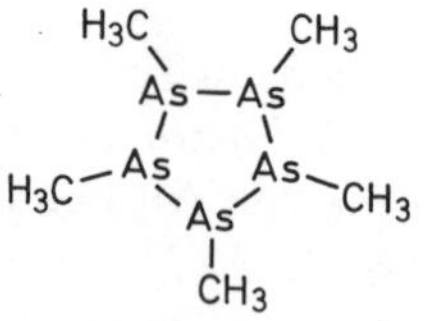

*Pentamethyl-pentaarsolan*

*Hexafluor-arsenomethan, 2,2'-Dimethyl-2,2'-arsenopropan* und *Arsenocyclohexan* können tetramer in Form von Vierringen oder pentamer als Fünfringe vorliegen[9,11,12]; z. B.:

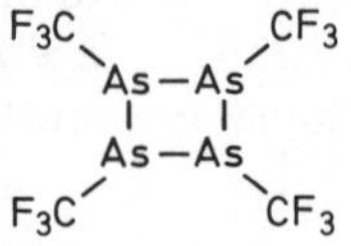

*Tetrakis-[trifluormethyl]-tetraarsetan*

[1] R. G. HAYTER, Am. Soc. **85**, 3120 (1963); **86**, 823 (1964); Inorg. Chem. **2**, 1031 (1963); **3**, 711 (1964).
[2] R. G. HAYTER u. L. F. WILLIAMS, Inorg. Chem. **3**, 613, 717 (1964).
[3] W. R. CULLEN u. R. G. HAYTER, Am. Soc. **86**, 1030 (1964).
[4] J. CHATT u. D. A. THORNTON, Soc. **1964**, 1005.
[5] K. S. PITZER, Am. Soc. **70**, 2140 (1948).
[6] R. S. MULLIKEN, Am. Soc. **72**, 4493 (1950).
[7] W. STEINKOPF et al., B. **59**, 1468 (1926); **61**, 1906 (1928).
[8] P. S. ELMES et al., Austral. J. Chem. **23**, 1559 (1970); dort weitere Literaturzitate.
[9] A. TZSCHACH u. V. KIESEL, J. pr. **313**, 259 (1971).
[10] L. R. SMITH u. J. L. MILLS, J. Organometal. Chem. **84**, 1 (1975).
[11] A. H. COWLEY et al., Am. Soc. **88**, 3178 (1966).
[12] E. J. WELLS et al., Canad. J. Chem. **46**, 2733 (1968).

Das kristalline *Arsenobenzol* liegt dagegen als ein Sechsring in der Sessel-Konformation vor[1-3]:

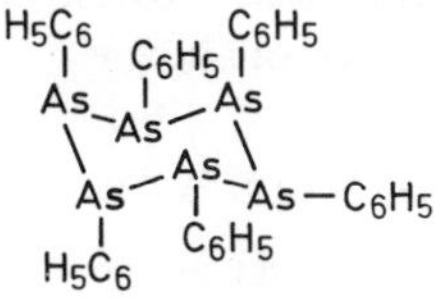

$$
\begin{array}{c}
H_5C_6 \quad\quad C_6H_5 \\
| \quad C_6H_5 \;\; | \\
As\!-\!\!-As\!\!-\!As \\
\backslash \;\; | \;\; \backslash \\
As\!\!-\!\!As\!\!-\!As\!-\!C_6H_5 \\
| \quad\; C_6H_5 \\
H_5C_6
\end{array}
$$

*Hexaphenyl-hexaarsenan*

Die substituierten Arseno-benzole, zu denen die „Arsphenamine" gehören, besitzen vermutlich keine einheitliche Struktur und liegen als polymere Ketten vor, die 5—50 Arsenatome enthalten können[2, 4]:

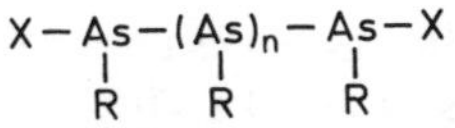

$$
\begin{array}{c}
X\!-\!As\!-\!(As)_n\!-\!As\!-\!X \\
| \quad\;\; | \quad\;\; | \\
R \quad\; R \quad\; R
\end{array}
$$

X = OH, J, Cl
n = 5–50

Die Arsphenamine sind meistens gelb gefärbte amorphe Verbindungen, die je nach der Herstellungsmethode Strukturen verschiedener Zusammensetzung besitzen können[2, 4]. Neben der gelben Modifikation treten die Arsephenamine in einer farblosen Modifikation auf. Die Gelbfärbung wird als Indiz für das Vorliegen polymerer Ketten-Strukturen betrachtet[4, 5].

*Arsenomethan* kommt in zwei Modifikationen vor. Die gelbe ölige Modifikation besitzt die Fünfring-Struktur (*Pentamethyl-pentaarsolan*), während die feste rotbraune Modifikation polymerer Natur ist, beide Modifikationen stehen in einem temperaturabhängigen Gleichgewicht miteinander[6]:

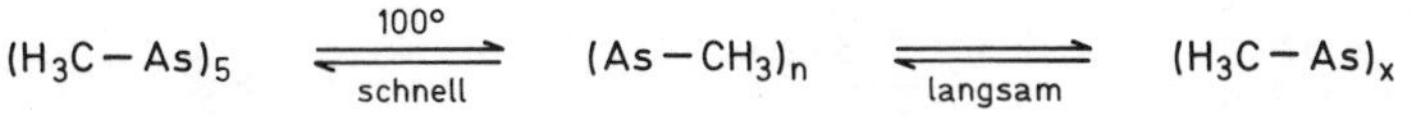

$$
(H_3C\!-\!As)_5 \;\; \underset{schnell}{\overset{100°}{\rightleftharpoons}} \;\; (As\!-\!CH_3)_n \;\; \underset{langsam}{\rightleftharpoons} \;\; (H_3C\!-\!As)_x
$$

gelbes Öl          offene Ketten          rotbraun, fest
5-Ring                                      polymer

[1] S. E. Rasmussen u. J. Danielsen, Acta chem. scand. **14**, 369 (1960).
[2] M. Yu. Kraft et al., Doklady Akad. SSSR **131**, 1074 (1960).
[3] K. Hedberg et al., Acta crystallogr. **14**, 369 (1960).
[4] M. Yu. Kraft, Doklady Akad. SSSR **131**, 1342 (1960); dort weitere Literaturzitate.
[5] Eine Zusammenfassung der Strukturuntersuchung dieser Verbindungen mit Literaturzitaten findet sich bei:
   G. O. Doak u. L. D. Freedman, *Organometallic Compounds of Arsenic, Antimony, and Bismuth*, Wiley-Interscience, New York 1970.
   L. R. Smith, u. J. L. Mills, J. Organometal. Ch. **84**, 1 (1975).
[6] E. J. Wells et al., Canad. J. Chem. **46**, 2733 (1968).

## A. Herstellung

## 1. Durch Reduktion von Arsonigsäure-anhydriden (Oxo-organoarsine), Arsonig- oder Arsonsäuren

α) mit phosphoriger oder unterphosphoriger Säure

Arsonigsäuren bzw. -anhydride oder Arsonsäuren werden bei der Einwirkung von phosphoriger oder unterphosphoriger Säure bis zur Stufe der Arseno-Verbindungen reduziert[1-17]:

$$
\begin{array}{ccc}
2\ R-As=O & & \\
 & & \\
 & \xrightarrow{H_3PO_2} \quad R-As=As-R \quad \xleftarrow{H_3PO_2} \quad 2\ R-AsO_3H_2 \\
 & & \\
2\ R-As(OH)_2 & &
\end{array}
$$

Die unterphosphorige Säure stellt das wirksamere Reduktionsmittel dar. Die Reaktion wird durch geringe Mengen Jodwasserstoff katalysiert. Gleiche katalytische Wirkung können Salzsäure, Schwefelsäure oder Essigsäure zeigen[18,19].

**Pentamethyl-pentaarsolan**[20-22]: In 350 ml 50%-ige unterphosphorige Säure werden unter Rühren 100 g methanarsonsaures Natrium eingetragen. Man erwärmt 3 Stdn. auf 70°; das Diarsin scheidet sich als gelbes Öl ab. Letzteres wird abgetrennt, 5mal mit 5%-iger Natronlauge, danach mit Wasser gewaschen, getrocknet und bei 1 Torr destilliert (Kp$_1$: 178°). Bei der Destillation wird eine feste Modifikation gebildet, die auch bei längerem Stehen des Öls auftritt. Das Gelingen der Präparation hängt stark von der Reinheit der Ausgangsmaterialien ab. Bei Anwesenheit einer Spur Salzsäure geht das Öl rasch in die feste Modifikation über, die bei 180–205° ihrerseits wieder flüssig wird.

**Arsenoessigsäure** [23, vgl. a. 24]: 12,5 g Carboxymethan-arsonsaures-Natrium und 30 g Natriumhypophosphit werden zu 150 ml 15%-iger Schwefelsäure gegeben. Man läßt das Reaktionsgemisch 2–3 Tage bei 20° stehen. Der ausgefallene gelbe Niederschlag wird abgesaugt, mit Wasser gewaschen und i.Vak. über Phosphor(V)-oxid getrocknet. Aus der Mutterlauge läßt sich bei weiterem 2-tägigen Stehenlassen eine weitere Menge an Endpro-

---

[1] A. MICHAELIS u. C. SCHULTE, B. **14**, 912 (1881); **15**, 1952, 1955 (1882).
[2] A. MICHAELIS u. H. LOESNER, B. **27**, 268 (1894).
[3] A. MICHAELIS, A. **320**, 299 (1902); **321**, 148 (1902).
[4] A. MICHAELIS u. A. SCHÄFER, B. **46**, 1742 (1913).
[5] D.R.P. 269887, 271271, 271894, 286432 (1913/14) Farbw. Hoechst.
[6] P. KARRER, B. **47**, 2276 (1914); **48**, 1058 (1915).
[7] H. BAUER, B. **48**, 518 (1915).
[8] E. MASCHMANN, B. **57**, 1766 (1924).
[9] D.R.P. 481997 (1926/29), I. G. Farb., Erf.: L. BENDA.
[10] C. S. PALMER u. R. H. EDER, Am. Soc. **49**, 1001 (1927).
[11] C. S. PALMER u. E. B. KESTER, Am. Soc. **50**, 3111 (1928).
[12] R. H. EDER, Am. Soc. **50**, 1396 (1928).
[13] W. STEINKOPF et al., B. **59**, 1468 (1926).
[14] D.R.P. 554951 (1930/32), I. G. Farb.
[15] D.R.P. 560218 (1930/32), I. G. Farb.
[16] D.R.P. 727403 (1939/42), I. G. Farb.
[17] B. PATHAK u. T. N. GHOSH, J. indian chem. Soc. **26**, 254, 293, 584 (1944); C. A. **44**, 4877, 6827 (1950).
[18] G. PETIT, A. ch. **16**, 5 (1941).
[19] F. F. RAY u. R. J. GARASCIA, J. Org. Chem. **15**, 1223 (1950).
[20] V. AUGER, C. r. **138**, 1705 (1904).
[21] C. S. PALMER u. A. B. SCOTT, Am. Soc. **50**, 536 (1928).
[22] E. J. WELLS et al. Canad. J. Chem. **46**, 2733 (1968).
[23] C. S. PALMER, Am. Soc. **45**, 3023 (1923).
[24] C. S. PALMER, Org. Synth. Coll. Vol. I, 73, 73.

dukt isolieren; Ausbeute: 5 g (74% d.Th.). Die Arsenoessigsäure schmilzt nicht unter 260° und beginnt ab 200° sich zu zersetzen.

**Arsenobenzol (Hexaphenyl-hexaarsenan)**[1,2] : Eine Lösung von 40 g (0,2 Mol) Benzolarsonsäure in 200 ml abs. Äthanol wird auf 50–60° erhitzt. Dazu gibt man 80 g (0,6 Mol) 50%-ige wäßrige unterphosphorige Säure. Nach ~ 5 Min. beginnt ein Niederschlag sich auszuscheiden. Man rührt 5 Stdn. bei 50–60°, saugt den ausgefallenen Niederschlag ab, wäscht mit 100 ml abs. Äthanol aus und trocknet i. Vak.; Rohausbeute: 25 g (80% d. Th.); F: 191–204°.

Reinigung: 3 g Rohprodukt werden in 12 ml siedendem, abs. Chlorbenzol gelöst. Nach dem Abkühlen auf 25° wird abgesaugt und 2mal mit je 5 ml Chlorbenzol und 3mal mit je 10 ml Äther gewaschen. Anschließend wird 2 Stdn. bei 25°/2 Torr getrocknet; Ausbeute: 1,8 g (60% d. Th.). F: 204–208°.

**3,3′-Dinitro-arsenobenzol**[3]: 10 g 3-Nitro-benzolarsonsäure werden mit 40 g kristallierter phosphoriger Säure und 50 ml Wasser im Rohr 12 Stdn. auf 115° erhitzt. Das Diarsin scheidet sich als gelber amorpher Niederschlag ab. Man saugt ab, wäscht mit Wasser und trocknet im evakuierten Exsikkator; Ausbeute: 6,5 g (80% d. Th.).

Die Verbindung zersetzt sich beim Erhitzen ohne vorher zu schmelzen.

Die Nitro-Gruppe in den Nitro-arenarsonsäuren wird bei der Reduktion mit phosphoriger Säure nur dann zur Amino-Gruppe reduziert, wenn Jodwasserstoff (oder Kaliumjodid) als Katalysator anwesend ist[4].

Unsymmetrische Arsenoverbindungen werden erhalten, wenn zwei verschiedene Arsonigsäure-anhydride oder Arsonsäuren gleichzeitig mit phosphoriger oder unterphosphoriger Säure reduziert werden[4–7]:

$$R^1-As{=}O \quad + \quad R^2-As{=}O$$
$$\left.\begin{array}{c} \\ \\ \end{array}\right\} \xrightarrow{H_3PO_2} \quad (R^1-\overset{|}{As}-\overset{|}{As}-R^2)_n$$
$$R^1-AsO_3H_2 \quad + \quad R^2-AsO_3H_2$$

**Äthylarseno-benzol(polymer)**[5]:

$$(H_5C_2-\overset{|}{As}-\overset{|}{As}-C_6H_5)_n$$

9 g Arsenosobenzol (Oxo-phenyl-arsin) und 8 g Arsenosoäthan (Oxo-äthyl-arsin) werden in 100 ml Äthanol gelöst und mit 12 g phosphoriger Säure versetzt. Die Lösung wird dann im Wasserbad langsam auf 75° erwärmt, dabei fällt ein gelber Niederschlag aus. Man saugt ab und wäscht mit Äthanol nach. Das Filtrat wird nochmals mit 10 g phosphoriger Säure versetzt und wieder erwärmt, wobei eine weitere Menge an Endprodukt ausfällt. Zur Reinigung wird der Niederschlag mit Äthanol ausgekocht, filtriert und mit heißem Äthanol gewaschen; Ausbeute: 8 g (58% d. Th.); F: 177°.

**4-Amino-4′-(2-hydroxy-äthylamino)-arsenobenzol**[6]:

$$\left(H_2N-\langle\bigcirc\rangle-\overset{|}{As}-\overset{|}{As}-\langle\bigcirc\rangle-NH-CH_2-CH_2-OH\right)_n$$

0,02 Mol 4-(2-Hydroxy-äthylamino)-benzolarsonsäure und 0,02 Mol 4-Amino-benzolarsonsäure werden in 30 ml Wasser und 10 ml 12 n Salzsäure gelöst. Bei 15° werden 0,5 Mol 50%-ige unterphosphorige Säure zugegeben und die Mischung 3 Tage bei 15° stehen gelassen. Die Lösung wird in 100 ml kalte 6 n Salzsäure gegossen. Das Bis-hydrochlorid fällt als körniger, gelber Niederschlag aus. Man saugt ab, wäscht mit verd. Salzsäure, schlämmt in einer Mischung aus 30 ml Methanol und 5 ml konz. Salzsäure auf, saugt ab und wäscht mit Äther nach; Ausbeute: 7 g (78% d. Th.).

[1] J. W. B. REESOR u. G. WRIGHT, J. Org. Chem. **22**, 382 (1957).
[2] S. E. RASMUSSEN u. J. DANIELSEN, Acta chem. scand. **14**, 1862 (1960).
[3] A. MICHAELIS u. H. LOESNER, B. **27**, 268 (1894).
[4] D.R.P. 271894 (1913/14), Farbw. Hoechst; Frdl. **11**, 1041.
[5] W. STEINKOPF et al., B. **59**, 1468 (1926).
[6] C. S. PALMER u. E. B. KESTER, Am. Soc. **50**, 3111 (1928).
[7] US.P. 2336853 (1943), A. FEHRLE et al.; C. A. **38**, 3422 (1944).

## $\beta$) mit Natriumdithionit

Für die Herstellung von aromatischen Arseno-Verbindungen, insbesondere im halbtechnischen bzw. technischen Maßstab, eignet sich die Reduktion von Arsonigsäure-anhydriden oder Arsonsäuren mit Natriumdithionit[1-7]:

$$2\ R-As=O$$
$$2\ R-AsO_3H_2$$

$$\xrightarrow{Na_2S_2O_4}\ (R-\overset{|}{As}-\overset{|}{As}-R)_n$$

Die Arsonsäuren werden meistens in Form ihrer Natriumsalze in wäßriger Lösung eingesetzt, Arsonigsäure-anhydride außer in Wasser gelegentlich auch in Methanol oder Äthanol. Im Allgemeinen werden die Arsonigsäure-anhydride rascher unter milderen Bedingungen (50–60°) als die Arsonsäuren reduziert[5-7].

Bei der Reduktion von Nitro-arenarsonsäuren wird die Nitro-Gruppe ebenfalls reduziert. Die nach dieser Methode erhaltenen Arseno-Verbindungen (Arsphenamine) enthalten häufig schwefelhaltige Nebenprodukte, deren Bildung durch Zugabe von Magnesiumchlorid zur Reaktionslösung vermindert wird[8,9]. Durch Reduktion äquimolarer Mengen zwei verschiedener Arsonsäuren oder Arsonigsäure-anhydride werden unsymmetrische Arseno-Verbindungen erhalten[10-13].

Wird bei der Reduktion elementares Arsen abgespalten oder führt man die Reaktion in Gegenwart von Arsen(III)-oxid durch, so entstehen Arseno-Verbindungen, deren Arsen-Gehalt höher ist als er der Summenformel entspricht[13, 14]. Die Struktur dieser Produkte wird zwar als eine polymere Arsa-Verbindung formuliert[14]:

$$\begin{array}{c} R-As-As-As-R \\ |\quad\ \ |\quad\ \ | \\ R-As-As-As-R \end{array} \quad \text{oder} \quad \begin{array}{c} R-As=As-As-R \\ | \end{array}$$

ist jedoch keineswegs gesichert.

**3,3′-Diamino-4,4′-bis-[4-acetamino-benzolsulfonyloxy]-arsenobenzol[15]:**

$$\left(=As-\!\!\left\langle\bigcirc\right\rangle\!\!-O-\overset{O}{\underset{O}{\overset{||}{S}}}-\!\!\left\langle\bigcirc\right\rangle\!\!-NH-\overset{O}{\overset{||}{C}}-CH_3\right)_n$$

[1] D.R.P. 206057 (1907/08); 206456, 212205, 216270 (1908/09); 224953 (1909/10); 235430, 244789 1910/11); 270254 (1912/14); 286854/5 (1913/14), Farb. Hoechst; Frdl. **9**, 1040, 1045, 1047; **10**, 1237 1244; 1239; **11**, 1073; **12**, 831, 832.

[2] P. EHRLICH u. A. BERTHEIM, B. **40**, 3292 (1907); **44**, 1265 (1911); **45**, 761 (1912).

[3] L. BENDA, B. **44**, 3296 (1911).

[4] P. KARRER, B. **46**, 515 (1913); **48**, 1001, 1058 (1915).

[5] R. G. FARGHER u. F. L. PYMAN, Soc. **118**, 370 (1920).

[6] H. KING, Soc. **119**, 1107, 1414 (1921).

[7] W. G. CHRISTIANSEN, Am. Soc. **44**, 847, 2334 (1922); **45**, 1316 (1923); **47**, 2712 (1925).

[8] F. LINSKER u. M. T. BOGERT, Am. Soc. **65**, 932 (1943); dort weitere Literatur.

[9] M. YU. KRAFT u. I. A. BATSHCHOUK, Doklady Akad. SSSR **55**, 723 (1947); C. A. **42**, 3742 (1948).

[10] D.R.P. 253226, 255226 (1911/12); 270254 (1912/14), Farbw. Hoechst; Frdl. **11**,1072, 1073.

[11] Brit. P. 248523 (1925); 269647 (1926), MAY u. BAKER; C. **1929** I, 806, 807.

[12] G. NEWBERY u. M. A. PHILLIPS, Soc. **1928**, 116.

[13] D.R.P. 568943 (1930/32), I. G. Farb; Frdl. **14**,1253.

[14] R. G. FARGHER, Soc. **118**, 871 (1920).

[15] H. H. FOX, J. Org. Chem. **12**, 872 (1947).

Eine Lösung von 5 g 3-Amino-4-(4-acetamino-benzolsulfonyloxy)-benzolarsonsäure in 10 *ml* 2 n Natronlauge und 150 *ml* Wasser wird mit einer Lösung von 50 g Natriumdithionit und 10 g Magnesiumchlorid in 400 *ml* Wasser versetzt und unter Rühren 2 Stdn. auf 55–60° erwärmt. Der ausgefallene gelbe Niederschlag wird abgesaugt und durch Umfällen aus Aceton/Benzol gereinigt; Ausbeute: 4,3 g; F: 177–183°.

### γ) mit Zinn(II)-chlorid oder Zink/Salzsäure

Arsonsäuren werden mit Zinn(II)-chlorid in salzsaurer Lösung nur langsam reduziert. Setzt man geringe Mengen Jodwasserstoff zu, so tritt bereits in der Kälte Reduktion ein, die z. T. durch zusätzliches Kühlen gemäßigt werden muß. Diese Methode ist daher für empfindliche Verbindungen geeignet, bei denen andere Reduktionsmethoden versagen[1-7]. Die Reduktion wird in alkoholischer salzsaurer Lösung durchgeführt.

Bei der Reduktion von Nitro-arsenarsonsäuren kann die Reaktion so gesteuert werden, daß die Nitro-Gruppe erhalten bleibt[1], oder zur Amino-Gruppe reduziert wird[4, 6]. In manchen Fällen kann das Zinn(II)-chlorid durch gepulvertes metallisches Zinn und Salzsäure ersetzt werden[7]. Arenarsonsäuren können auch mit Zink/Salzsäure oder Schwefelsäure zu Arseno-Verbindungen reduziert werden[8, 9].

**3,3′,5,5′-Tetraamino-2,2′,4,4′-tetrahydroxy-arsenobenzol-Tetrakis-hydrochlorid[10]:**
3,5-Diamino-2,4-dihydroxy-benzolarsonsäure: 13 g 3,5-Dinitro-2,4-dihydroxy-benzolarsonsäure werden in 35 *ml* Wasser heiß gelöst und in 80 *ml* Salzsäure (d = 1,19) gegossen, wobei ein Teil sich wieder ausscheidet. Bei 35–40° werden nun 80 g Zinn(II)-chlorid eingetragen. Es entsteht eine klare, gelbe Lösung.
3,3′,5,5′-Tetraamino-2,2′4,4′-tetrahydroxy-arsenobenzol: Obige Reaktionslösung wird mit 2 g Kaliumjodid in wenig Wasser versetzt und unter Rühren in 300 *ml* eiskalte Salzsäure (d = 1,19) eingetropft. Das Tetrakis-hydrochlorid der Arsenoverbindung fällt als gelber Niederschlag aus, der unter Kohlendioxid abgesaugt und zuerst mit Salzsäure (d = 1,12), dann mit Eisessig und schließlich mit Äther gewaschen wird; Ausbeute: 9,1 g.
Das Hydrochlorid zersetzt sich beim Erhitzen ohne zu schmelzen. Die durch Natronlauge ausfällbare Base zersetzt sich sehr leicht.

Arsonsäuren werden an geeigneten Elektroden in Abhängigkeit von Temperatur, Stromstärke und $p_H$-Wert des Mediums zu Arseno-Verbindungen reduziert[11, 12].

### 2. Durch Reduktion von Arsonigsäure-halogeniden mit Natrium oder Quecksilber

Besonders reine Arseno-Verbindungen von definierter Struktur (Cyclopolyarsine) können durch Reduktion von Dichlor-organo-arsinen mit Natrium[13-15] oder Quecksil-

[1] D.R.P. 206 057 (1907/08); 216 270 (1908/09); 253 226 (1910/11); 251 104 (1911/12); 269 886 (1913/14), Farbw. Hoechst; Frdl. **9**, 1043, 1047; **11**, 1039, 1070, 1072.

[2] P. Ehrlich u. A. Bertheim, B. **44**, 1266 (1911).

[3] P. Karrer, B. **47**, 2281 (1914).

[4] H. Bauer, B. **48**, 509, 1581 (1915).

[5] D.R.P. 285 572, 286 667 (1912/15); 294 276 (1915/16), Boehringer; Frdl. **12**, 833, 835, **13**, 977.

[6] E. Maschmann, B. **57**, 1759 (1924).

[7] C. S. Palmer u. E. B. Kester, Am. Soc. **50**, 3115 (1928).

[8] M. Yu. Kraft et al., Doklady Akad. SSSR **99**, 259 (1954).

[9] Jap.P. 1279 (1953), Sankyo Co., Erf.: K. Uematsu u. I. Nakaya; C. A. **48**, 12802 (1954).

[10] H. Bauer, B. **48**, 509 (1915).

[11] K. Matsuyima u. H. Nakata, Mem. Coll. Sci. Kyoto **12** A, 63 (1929); C. A. **23**, 4939 (1929).

[12] M. Yu. Kraft et al., Sbornik Statei obšč. Chim. **2**, 1356 (1953); C. A. **49**, 5347 (1955).

[13] A. Michaelis, A. **320**, 275 (1902).

[14] D. R. Lyon u. F. G. Mann, Soc. **1945**, 34.

[15] A. Tszchach u. V. Kiesel, J. pr. **313**, 259 (1971).

ber[1-5] erhalten werden:

$$n\ R-AsX_2\ +\ M\ \longrightarrow\ (R-As)_n$$

n = 4, 5, 6
M = Na, Hg

Die Umsetzung wird in ätherischer Suspension unter inerter Atmosphäre durchgeführt.

**Tetra-tert.-butyl-tetraarsetan**[6]: 10 g Dichlor-tert.-butyl-arsin werden in 100 *ml* Äther mit 4 g feingeschnittenem Natrium versetzt. Anschließend wird 7 Stdn. erhitzt, wobei von Zeit zu Zeit noch kleine Portionen frisches Natrium hinzugegeben werden, da ein Teil des Natriums verkrustet. Man filtriert unter Argon, destilliert den Äther ab und löst den Rückstand in wenig Hexan. Beim Abkühlen auf −70° fällt das Cyclopolyarsin aus; Ausbeute: 3,5 g (54% d. Th.); F: 144,5−146°.

Analog werden aus den entsprechenden Dichlor-organo-arsinen folgende Cyclopolyarsine hergestellt[6]:

| | |
|---|---|
| *Tetrabutyl-(2)-tetraarsetan* | 33,8% d. Th.; F: −1 bis +1° |
| *Pentakis-[2-methyl-propyl]-pentaarsolan* | 63,5% d. Th. gelbe Flüssigkeit (nicht ohne Zers. destillierbar) |
| *Pentabutyl-pentaarsolan* | 66,7% d. Th. (zähes Öl) |

Aus Dichlor-phenyl-arsin oder Dichlor-(4-methyl-phenyl)-arsin und Natrium in Äther entstehen *Hexaphenyl-* bzw. *Hexakis-[4-methyl-phenyl]-hexaarsenan* in ∼ 50%-iger Ausbeute[7].

**Tetrakis-[pentafluorphenyl]-tetraarsetan**[4]: 3,36 g (10,7 mMol) Dichlor-(pentafluorphenyl)-arsin werden mit 60 g Quecksilber heftig geschüttelt und innerhalb 3 Stdn. langsam auf 100° erhitzt. Anschließend wird mit 50 *ml* heißem Benzol extrahiert. Man destilliert das Benzol ab und kristallisiert den Rückstand aus Benzol/Pentan um; Ausbeute: 1,92 g (74% d. Th.); F: 141°.

### 3. Aus prim. Arsinen

Die Arseno-Verbindungen stellen die erste Oxidationsstufe der prim. Arsine dar (s. S. 18). Da die Arseno-Verbindungen jedoch selbst leicht oxidiert werden (s. S. 162), ist ihre Herstellung durch direkte Oxidation der prim. Arsine nicht praktisch. Unter geeigneten Bedingungen läßt sich das Phenylarsin mit Phenyl-quecksilberchlorid[8], Dicyclohexylcarbodiimid[9] oder Thionylchlorid[10] zu *Arsenobenzol* oxidieren:

$$H_5C_6-AsH_2\ +\ SOCl_2\ \xrightarrow[-\ 2\ HCl]{-\ SO_2}\ (H_5C_6-As)_n$$

Ein Überschuß an Thionylchlorid muß dabei vermieden werden, da sonst das gebildete Arsenobenzol in Dichlor-phenyl-arsin umgewandelt wird (s. S.187).

Die Oxidation von prim. Arsinen mit Organo-arsen(III)-Verbindungen höherer Oxidationsstufen stellt formal eine Kondensationsreaktion dar. Besonders bewährt hat sich die

---

[1] F. F. BLICKE u. F. D. SMITH, Am. Soc. **52**, 1945, 2943 (1930).
[2] A. H. COWLEY et al., Am. Soc. **88**, 3178 (1966).
[3] M. GREEN u. D. KIRKPATRICK, Chem. Commun. **1967**, 57.
[4] M. GREEN u. D. KIRKPATRICK, Soc. [A] **1968**, 483.
[5] E. J. WELLS et al., Canad. J. Chem. **46**, 2733 (1968).
[6] A. TZSCHACH u. V. KIESEL, J. pr. **313**, 259 (1971).
[7] D. R. LYON u. F. G. MANN, Soc. **1945**, 34.
[8] A. N. NESMEYANOV u. R. CH. FREIDLINA, B. **67**, 735 (1934).
[9] L. ANSCHÜTZ u. H. WIRTH, Naturwiss. **43**, 59 (1956).
[10] A. TZSCHACH u. R. SCHWARZER, J. Organometal. Chem. **13**, 363 (1968).

Kondensation von prim. Arsinen mit Arsonigsäure-anhydriden oder Arsonigsäure-halogeniden[1-9] :

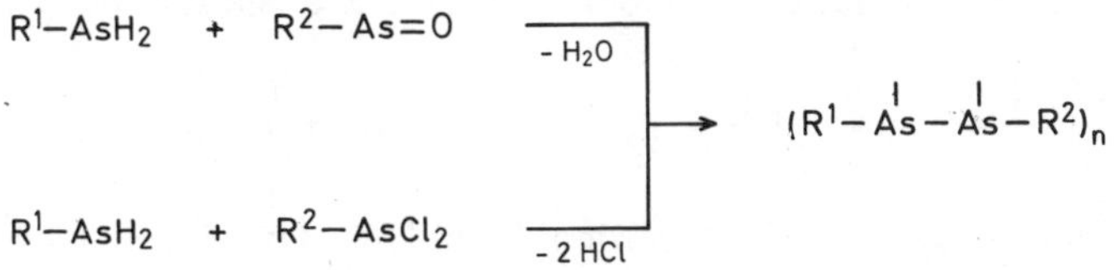

$$R^1-AsH_2 \quad + \quad R^2-As=O \xrightarrow{-H_2O}$$

$$(R^1-\overset{|}{As}-\overset{|}{As}-R^2)_n$$

$$R^1-AsH_2 \quad + \quad R^2-AsCl_2 \xrightarrow{-2\,HCl}$$

**Tetracyclohexyl-tetraarsetan**[9]: 4,0 g (0,025 Mol) Cyclohexylarsin werden in 50 *ml* Petroläther mit 6 g (0,025 Mol) Dichlor-cyclohexyl-arsin umgesetzt. Anschließend wird 2 Stdn. erhitzt. Der gelbe Niederschlag wird aus viel Hexan umkristallisiert; Ausbeute: 5 g (63% d. Th.); F: 195–196,5° (abgeschmolzene Kapillare).

In manchen Fällen ist diese Methode der Reduktion von Dichlor-organo-arsinen mit Natrium überlegen[9].

Die Kondensation von prim. Arsinen und Dihalogen-organo-arsinen mit verschiedenen organischen Resten liefert die sogenannten unsymmetrischen Arseno-Verbindungen, deren Struktur jedoch unbekannt ist.

*4,4'-Diamino-arsenobenzol* entsteht neben *Tetraphenyl-diarsin* bei der Umsetzung von Bis-[diphenyl-arsin]-oxid mit 4-Amino-phenylarsin[10]:

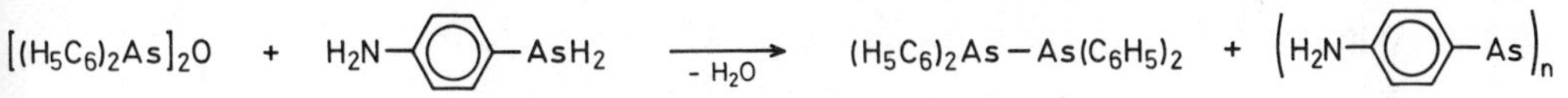

$$[(H_5C_6)_2As]_2O \quad + \quad H_2N-\langle\bigcirc\rangle-AsH_2 \xrightarrow{-H_2O} (H_5C_6)_2As-As(C_6H_5)_2 \quad + \quad \left(H_2N-\langle\bigcirc\rangle-As\right)_n$$

*Arsenobenzol* läßt sich aus Dichlor-phenyl-arsin und Diphenyl-arsin oder aus Chlor-diphenyl-arsin und Phenyl-arsin herstellen[11].

Die Kondensation von prim. Arsinen mit Stibonigsäure-anhydriden (R–Sb=O) oder Dihalogen-organo-stibinen liefert Verbindungen, deren Struktur unbekannt ist und als Stibarseno-Verbindungen formuliert werden[12-16]

$$R^1-AsH_2 \quad + \quad R^2-Sb=O \longrightarrow R^1-As=Sb-R^2$$

Ähnliche Reaktionen sind mit Phosphor(III)- und Wismut(III)-halogeniden durchgeführt worden[12-16]. Die Produkte, die hauptsächlich für therapeutische Zwecke verwendet wurden, sind von unbekannter Struktur.

[1] W. M. DEHN u. B. B. WILCOX, Am. **35**, 1 (1906); C. **1906** I, 740.
[2] W. M. DEHN, Am. Soc. **40**, 88 (1908); C. **1908** II, 851.
[3] D.R.P. 254187 (1911/12), Farbw. Hoechst; Frdl. **11**, 1068.
[4] R. KAHN, Ang. Ch. **25**, 1995 (1912).
[5] W. STEINKOPF et al., B. **59**, 1468 (1926).
[6] Brit. P. 248523 (1925), MAY u. BAKER; C. **1929** I, 806.
[7] Brit.P. 269647 (1926), MAY u. BAKER; C. **1929** I. 807.
[8] F. F. BLICKE u. L. D. POWERS, Am. Soc. **54**, 3355 (1932); C. **1932** II, 3083.
[9] A. TZSCHACH u. V. KIESEL, J. pr. **313**, 259 (1971).
[10] F. F. BLICKE u. J. F. ONETO, Am. Soc. **56**, 685 (1934).
[11] F. F. BLICKE u. L.\D. POWERS, Am. Soc. **54**, 3355 (1932).
[12] D.R.P. 269743, 269744, 269745, 270255, 270259 (1912/14) Farbw. Hoechst; Frdl. **11**, 1077, 1078, 1067.
[13] P. EHRLICH u. P. KARRER, B. **46**, 3564 (1913).
[14] D.R.P. 396697 (1924), Chem. Fabr. von Heyden; Frdl. **14**, 1349; C. **95** II, 760 (1924).
[15] W. STEINKOPF u. H. DUDEK, B. **62**, 2494 (1929).
[16] D.R.P. 558567 (1928/32); 567274 (1931/32); 567275 (1931/33), I. G. Farb.; Frdl. **19**, 1245, 1243, 1244.

### 4. Aus anderen Arseno-Verbindungen

Unsymmetrische Arseno-Verbindungen werden beim Zusammenlösen von zwei symmetrischen Arseno-Verbindungen in einem geeigneten Lösungsmittel erhalten[1-5]:

$$(R^1-As)_n \quad + \quad (R^2-As)_n \quad \longrightarrow \quad (R^1-\overset{|}{As}-\overset{|}{As}-R^2)_n$$

In der Reihe der „Arsphenamine" werden durch Umsetzung der Arsenoverbindungen mit einem Gemisch aus Formaldehyd/Natriumsulfoxylat ($CH_2O \cdot NaHSO_3$) besser lösliche und in der therapeutischen Wirkung variierenden Derivate erhalten, deren Struktur nicht bekannt ist[6].

## B. Umwandlung

### 1. Oxidation

Arseno-Verbindungen sind leicht oxidable Substanzen, die unter Ausschluß von Sauerstoff gehandhabt und aufbewahrt werden müssen. Die Arseno-Verbindungen sind jedoch nicht so luftempfindlich wie die Arsine. Arsenobenzol ist z. B. in reiner Form an der trockenen Luft beständig und erst durch Spuren von Verunreinigungen wird es oxidiert[7]. Je nach Bedingungen werden Arseno-Verbindungen zu Arsonigsäureanhydriden (s. S. 169) oder zu Arsonsäuren oxidiert (s. S. 305):

$$(R-As)_n \quad \underset{}{\overset{\text{Oxidation}}{\rightleftharpoons}} \quad (R-As=O)_n \quad \underset{}{\overset{\text{Oxidation}}{\rightleftharpoons}} \quad R-AsO_3H_2$$

Analog verläuft die Oxidation mit Schwefel zu den entsprechenden Arsonigsäurethioanhydriden (s. S. 206).

Tetra-tert.-butyl-tetraarsetan wird durch Luftsauerstoff bis zum Arsen(III)-oxid oxidiert, während mit Schwefel keine Umsetzung stattfindet[8]. Mit Methyljodid in siedendem Tetrahydrofuran wird der $As_4$-Ring zum *Trimethyl-tert.-butyl-arsoniumjodid* und *Dijodtert.-butyl-arsin* abgebaut[2]:

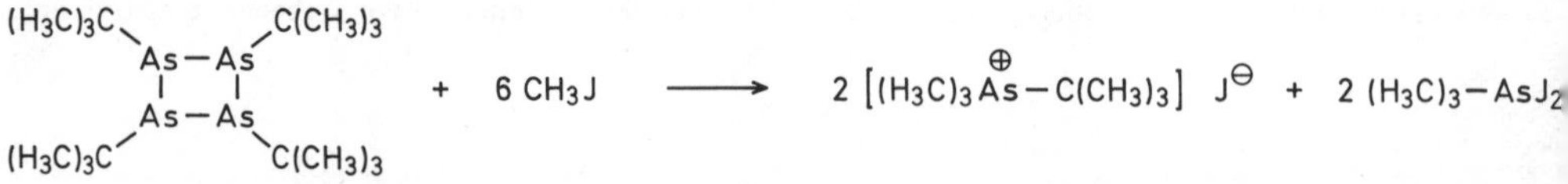

$$
\begin{array}{c}
(H_3C)_3C \diagdown \quad \diagup C(CH_3)_3 \\
\quad As-As \\
\quad | \quad | \\
\quad As-As \\
(H_3C)_3C \diagup \quad \diagdown C(CH_3)_3
\end{array}
\quad + \quad 6\,CH_3J \quad \longrightarrow \quad 2\left[(H_3C)_3\overset{\oplus}{As}-C(CH_3)_3\right]J^{\ominus} \;+\; 2\,(H_3C)_3-AsJ_2
$$

Bei der Addition von Halogenen werden je nach Konzentration und Bedingungen entweder Arsonigsäure-halogenide (s. S. 186) oder Orthoarsonsäure-tetrahalogenide gebildet:

[1] D.R.P. 293 040 (1914/16), Farbw. Hoechst; Frdl. **13**, 978.
[2] P. KARRER, B. **49**, 1648 (1916).
[3] R. G. FARGHER, Soc. **118**, 866 (1920).
[4] C. S. PALMER u. R. ADAMS, Am. Soc. **44**, 1356 (1922).
[5] Brit. P. 248 523 (1925); 269 674 (1926), MAYER u. BAKER; C. **1929** I, 806, 807.
[6] Hierzu siehe; M. DUB, *Organometallic Compounds*, Vol. III, 2. Aufl., Springer Verlag, Berlin · New York 1968; I. Supplement 1972.
[7] F. F. BLICKE u. F. D. SMITH, Am. Soc. **52**, 2946 (1930).
[8] A. TZSCHACH u. V. KIESEL, J. pr. **313**, 259 (1971).

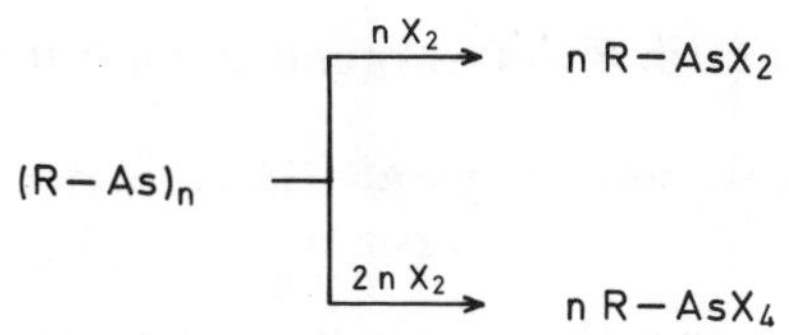

$$(R-As)_n \quad \begin{cases} \xrightarrow{n\,X_2} & n\,R-AsX_2 \\[1em] \xrightarrow{2\,n\,X_2} & n\,R-AsX_4 \end{cases}$$

Arseno-Verbindungen können mit Arsonsäuren zu Arsonigsäureanhydriden disproportionieren[1]:

$$(R-As)_n \;+\; n\,R-AsO_3H_2 \;\longrightarrow\; (R-As{=}O)_n \;+\; n\,H_2O$$

Statt mit Arsonsäuren gelingt die Oxidation auch mit Schwefeldioxid[1].

## 2. Reduktion

Arseno-Verbindungen werden mittels Zinkstaub/Salzsäure zu prim. Arsinen reduziert (s. S. 36):

$$(R-As)_n \xrightarrow{Zn/HCl} R-AsH_2$$

Mit Alkalimetallen werden die entsprechenden Arsenide gebildet (s. S. 129).

Das Tetra-tert.-butyl-tetraarsetan verhält sich gegenüber Lithium indifferent. Erst mit dem stärker elektropositiven Kalium in Tetrahydrofuran wird das *1,4-Dikalium-tetratert.-butyl-tetraarsenid* gebildet[2]:

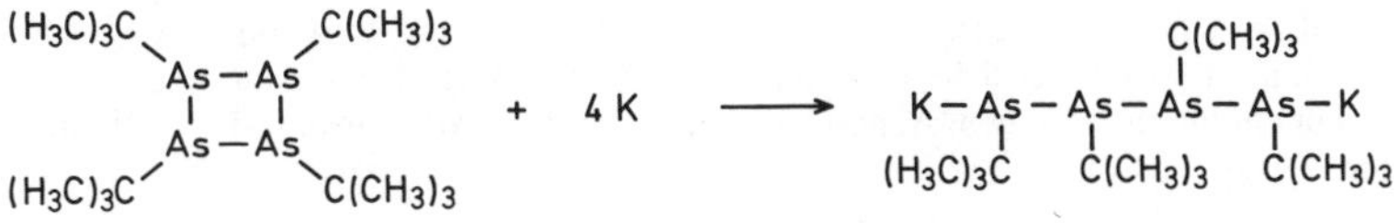

$$
\begin{array}{c}
(H_3C)_3C\diagdown \qquad \diagup C(CH_3)_3 \\
\quad As-As \\
\quad |\quad\;\; | \\
\quad As-As \\
(H_3C)_3C\diagup \qquad \diagdown C(CH_3)_3
\end{array}
\;+\; 4\,K \;\longrightarrow\;
\begin{array}{c}
\qquad\qquad C(CH_3)_3 \\
\qquad\qquad | \\
K-As-As-As-As-K \\
\;| \qquad\quad | \qquad\quad | \\
(H_3C)_3C \quad C(CH_3)_3 \quad C(CH_3)_3
\end{array}
$$

Mit überschüssigem Kalium bildet sich nach längerem Erhitzen in Tetrahydrofuran das *1,2-Dikalium-di-tert.-butyl-diarsenid*[2].

## 3. Komplexbildung

Arseno-benzol setzt sich mit Übergangsmetall-carbonylen zu Komplexen um, in denen die Arseno-Verbindung als Neutralteil vorliegt. Untersucht sind Komplexe mit Wolfram-, Molybdän-[3, 4], Eisen- und Mangan-carbonylen[3-6]. Einen zusammenfassenden Überblick über Reaktionen und Komplexe der Cyclopolyarsine s. Lit.[7].

---

[1] M. Yu. KRAFT u. I. A. BATSHCHOUK, Doklady Akad. SSSR **55**, 419 (1947); C. A. **42**, 576 (1948).

[2] A. TZSCHACH u. V. KIESEL, J. pr. **313**, 259 (1971).

[3] G. W. A. FOWLES u. D. K. JENKINS, Chem. Commun. **1965**, 61.

[4] H. G. ANG u. B. O. WEST, Austral. J. Chem. **20**, 1133 (1967).

[5] P. S. ELMES et al., Chem. Commun. **1971**, 747.

[6] P. S. ELMES u. B. O. WEST, J. Organometal. Chem. **32**, 365 (1971).

[7] L. R. SMITH u. J. L. MILLS, J. Organometal. Chem. **84**, 1 (1975).

## f) Arsonigsäuren (Dihydroxy-organo-arsine) und ihre Derivate

### 1. Arsonigsäuren und Arsonigsäure-anhydride (Dihydroxy-organo-arsine, Oxo-organo-arsine)

Arsonigsäuren oligomerisieren sehr leicht unter Abspaltung von Wasser zu den entsprechenden Anhydriden (früher Arsenoso-Verbindungen oder Organo-arsen-oxide):

$$n\ R-As\overset{OH}{\underset{OH}{{\Big\langle}}} \quad \underset{+\ n\ H_2O}{\overset{-\ n\ H_2O}{\rightleftharpoons}} \quad (R-As=O)_n$$

$$n = 2, 3, 4, 5\ldots$$

Intermediär werden die Anhydrid-Monohydrate (Oxa-bis-[hydroxy-organo-arsine]) formuliert[1, 2]:

$$2\ R-As(OH)_2 \quad \overset{-\ H_2O}{\rightleftharpoons} \quad \underset{HO}{\overset{R}{As}}-O-\underset{OH}{\overset{R}{As}} \quad \overset{-\ H_2O}{\rightleftharpoons} \quad (R-As=O)_2$$

Die Struktur dieser Oxa-bis-[hydroxy-organo-arsine], die durch stufenweise Dehydratisierung der Säuren bzw. Hydratisierung der Anhydride erhalten werden können[1, 2], ist nicht eindeutig gesichert.

Die Frage, ob bei der Herstellung die freie Säure oder deren Anhydrid entsteht, hängt unter anderem vom organischen Rest R ab. Bei aliphatischen Resten entstehen hauptsächlich die Anhydride. Dies ist bei aromatischen Resten, die durch Elektronendonatoren substituiert sind, ebenso der Fall. Elektronen-Akzeptoren im aromatischen Rest begünstigen die Bildung der freien Säure.

Eine große Zahl der in der älteren Literatur[3] hergestellten Arsonigsäure-anhydride ist weder ausreichend charakterisiert, noch in ihrer Struktur gesichert. Methan-, Äthan- und Butanarsonigsäuren sind in Form ihrer Dinatriumsalze in einem Patent[4] beschrieben. Abgesehen hiervon sind die Alkanarsonigsäuren nur als oligomere Anhydride bekannt.

### A. Herstellung

#### α) Durch Reduktion von Arsonsäuren

##### α₁) Mit Schwefeldioxid

Arsonsäuren werden in saurer Lösung mit Schwefeldioxid und anschließender alkalischer Hydrolyse zu Arsonigsäuren bzw. deren Anhydriden reduziert[5-16]:

[1] C. K. BANKS et al., Am. Soc. **69**, 5 (1947).

[2] W. D. KRUEGER et al., Am. Soc. **76**, 4929 (1954).

[3] Eine Aufstellung der hergestellten Verbindungen bis 1967 findet man bei: M. DUB, *Organometallic Compounds*, Vol. II, 2. Aufl., Springer Verlag, New York 1968; I. Supplement 1972.

[4] Jap. P. 2200 (1961), M. NAGASAWA; C. A. **56**, 738 (1962).

[5] V. AUGER, C. r. **137**, 925 (1903).

[6] P. EHRLICH u. A. BERTHEIM, B. **43**, 917 (1910).

[7] A. J. QUICK u. R. ADAMS, Am. Soc. **44**, 815 (1922).

[8] H. BURTON u. G. S. GIBSON, Soc. **1926**, 475.

[9] F. F. BLICKE u. F. D. SMITH, Am. Soc. **51**, 3481 (1929); **52**, 2984 (1930).

[10] F. LINSKER u. M. T. BOGERT, Am. Soc. **66**, 191 (1944).

[11] C. K. BANKS et al., Am. Soc. **66**, 1771 (1944); **69**, 5 (1947); dort weitere Literatur.

[12] J. F. MORGAN et al., Am. Soc. **69**, 930 (1947).

[13] L. D. FREEDMAN u. G. O. DOAK, Am. Soc. **71**, 779 (1949); dort weitere Literatur.

[14] F. E. RAY u. R. J. GARASCIA, J. Org. Chem. **15**, 1233 (1950).

[15] Y. H. WU u. C. S. HAMILTON, Am. Soc. **74**, 1863 (1952).

[16] G. O. DOAK u. L. D. FREEDMAN, *Organometallic Compounds of Arsenic, Antimony, and Bismuth*, Wiley-Interscience, New York 1970.

$$n \ R-AsO_3H_2 \quad \xrightarrow{SO_2} \quad (R-As{=}O)_n \quad \text{bzw.} \quad n \ R-As\overset{\displaystyle OH}{\underset{\displaystyle OH}{\big\langle}}$$

Die Reduktion wird durch Jodid-Ionen katalysiert, und die Reaktion meistens in salzsaurer Lösung durchgeführt, wobei die Arsonigsäure-dichloride (Dichlor-organo-arsine) entstehen (s. S. 179), die ohne Reinigung alkalisch zu den Arsonigsäuren bzw. ihren Anhydriden hydrolysiert werden. Es ist nicht immer klar, ob die Arsonigsäuren oder ihre Anhydride entstehen, da viele der auf diese Weise hergestellten Anhydride als Hydrate beschrieben werden, deren Struktur nicht untersucht ist[1].

Zur Herstellung besonders reiner Arsonigsäuren bzw. Arsonigsäureanhydride empfiehlt es sich sorgfältig gereinigte Arsonsäuren einzusetzen, da eine Reinigung der Endprodukte nicht immer möglich ist[2]. Auf Grund der verschiedenen Löslichkeiten bzw. Empfindlichkeiten der einzelnen Arsonsäuren werden zahlreiche Abwandlungen, vor allem in der Wahl geeigneter Reaktionsmedien angewendet. So können Nitro-benzol-arsonsäuren in der 10fachen Menge Wasser mit Natronlauge gelöst, unter Rühren mit verd. Salzsäure als fein verteilter Niederschlag gefällt und nach Zugabe von etwas Kaliumjodid in Suspension mit Schwefeldioxid reduziert werden[3]. Vorteilhaft ist auch die Reduktion in heißer 5 n Schwefelsäure, wobei die entstehenden Arsonigsäure-anhydride beim Erkalten auskristallisieren[3]. Bei der Reduktion von Nitro-benzolarsonsäuren in heißer Salzsäure können sich die Dichlor-(nitro-phenyl)-arsine beim Erkalten in fester Form ausscheiden[4] (s. S. 179).

In anderen Fällen wird die Arsonsäure in konz. Salzsäure suspendiert und langsam mit einer Lösung von Schwefeldioxid in Salzsäure, der etwas Jodwasserstoffsäure zugesetzt wird, versetzt[2].

Die Arsonigsäure-anhydride können auch in fester Form äußerst **giftig** sein und müssen deshalb mit der nötigen Sorgfalt gehandhabt werden.

**4-Cyan-benzolarsonigsäure**[5]: 14 g 4-Cyan-benzolarsonsäure werden in 200 ml Wasser und 32 ml 2 n Natronlauge gelöst und mit 3,2 g Kaliumjodid versetzt. Die klare Lösung wird dann mit 84 ml verd. (16 Vol %) Schwefelsäure angesäuert und auf 10° abgekühlt. Man leitet dann Schwefeldioxid 3 Stdn. lang ein, wobei die Temp. auf maximal 10° gehalten wird. Nach dem Stehenlassen über Nacht wird das ausgefallene Produkt abgesaugt, in 1 n Natronlauge gelöst und mit 5 n Ammoniumchlorid-Lösung ausgefällt; Ausbeute: 11 g (85% d. Th.); F: 234° (Zers.).

**9-Oxo-fluoren-4-arsonigsäure-anhydrid** {**Oxo-[9-oxo-fluorenyl-(4)]-arsin**}[6]: 1 g 9-Oxo-fluoren-4-arsonsäure wird in 25 ml 6 n Salzsäure suspendiert, mit 0,1 g Kaliumjodid versetzt und mit Schwefeldioxid bei 20° gesättigt. Anschließend wird unter Rühren bis zum Sieden erhitzt und wiederum mit Schwefeldioxid gesättigt. Man läßt über Nacht stehen, filtriert den ausgefallenen Niederschlag ab, wäscht mit ammoniakal. Wasser und dann mit Wasser aus; Ausbeute: ~1 g (100% d. Th.); Zers. p.: >300°.

Analog wird das *9-Oxo-fluoren-1-arsonigsäure-anhydrid* in 95%-iger Ausbeute hergestellt[6].

### $\alpha_2$) Mit Phosphorhalogeniden

Analog der Reduktion mit Schwefeldioxid in salzsaurer Lösung werden bei der Einwirkung von Phosphor(III)- oder (V)-chlorid auf Arsonsäuren Dichlor-organo-arsine gebil-

[1] G. O. Doak u. L. D. Freedman, *Organometallic Compounds of Arsenic, Antimony, and Bismuth*, Wiley-Interscience, New York 1970.
[2] C. K. Banks et al., Am. Soc. **69**, 5 (1947).
[3] G. O. Doak et al., Am. Soc. **62**, 168 (1940).
[4] J. F. Morgan et al., Am. Soc. **69**, 1774 (1947).
[5] F. Linsker u. M. T. Bogert, Am. Soc. **66**, 191 (1944).
[6] F. E. Ray u. R. J. Garscia, J. Org. Chem. **15**, 1233 (1950).

Tab. 16: Arsonigsäuren bzw. Arsonigsäure-anhydride durch Reduktion
von Arsonsäuren mit Schwefeldioxid

| 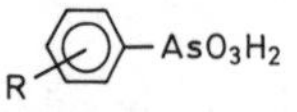 $R-\underset{\quad}{\bigcirc}-AsO_3H_2$ | Arsonigsäure bzw. Anhydrid | Ausbeute [% d. Th.] | F [°C] | Literatur |
|---|---|---|---|---|
| R = H | *Benzol-arsonigsäureanhydrid* | 95 | 145 | 1 |
| R = 4-COOH | *4-Carboxy-benzolarsonig-* | 83 | – | 2 |
| R = 3-NO₂ | *3-Nitro-benzolarsonigsäure* | – | 147–151 | 3 |
| R = 3-NO₂ | *3-Nitro-benzolarsonigsäure-anhydrid* | 72 | 184,5–187,5 | 4 |
| R = 5-NO₂; 2-CH₃ | *5-Nitro-2-methyl-benzol-arsonigsäure* | – | 240 | 3 |
| R = 2-NO₂; 3-OH | *2-Nitro-3-hydroxy-benzol-arsonigsäure-anhydrid* | 87 | 220–223 (Zers.) | 5 |
| 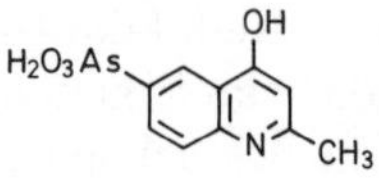 $H_2O_3As$—(chinolin, OH, N, CH₃) | *4-Hydroxy-2-methyl-chinolin-6-arsonigsäure-anhydrid* | 75 | 310 | 6 |

det, die ohne weitere Reinigung alkalisch zu Arsonigsäuren bzw. -anhydriden hydrolysiert werden[7-14]:

$$R-AsO_3H_2 \;+\; PCl_3 \longrightarrow R-AsCl_2 \xrightarrow{\;H_2O/OH^{\ominus}\;} (R-As{=}O)$$

Die Arsonsäuren werden in Äther, Chloroform oder Essigsäureester suspendiert. Die entstandenen Dichlor-organo-arsine werden mit Natronlauge oder Ammoniumhydroxid aufgenommen und die Arsonigsäure-anhydride anschließend mit Ammoniumchlorid oder Schwefelsäure ausgefällt[8-10].

4-Methyl-benzolarsonsäure kann durch Erhitzen mit Phosphoroxychlorid auf 110–113° und anschließende Hydrolyse mit Natronlauge in das *4-Methyl-benzolarsonigsäure-anhydrid* umgewandelt werden[13].

**Dibenzofuran-2-arsonigsäure-anhydrid**[8]: 5 g Dibenzofuran-2-arsonsäure werden in 50 *ml* siedendem Eisessig suspendiert und langsam mit einer Lösung von 5 *ml* Phosphor(III)-chlorid in 20 *ml* Eisessig versetzt. Es wird sodann 30 Min. unter Rückfluß erhitzt und anschließend auf 0° abgekühlt, wobei das 2-Dichlorarsino-⟨dibenzofuran⟩ sich als Öl abscheidet und beim Stehen fest wird. Letzteres wird mit Wasser 2 Stdn. unter Rückfluß erhitzt. Nach dem Abkühlen saugt man ab und trocknet; Ausbeute: 3,8 g (80% d. Th.) F: 250°.

[1] Jap. P. 4375 (1950), T. Ueda u. T. Mizuma; C. A. **47**, 3343 (1953); s. a. **55**, 1488 (1961).
[2] M. A. Phillips, Soc. **1941**, 192.
[3] K. Hiratuka, J. chem. Soc. Japan **58**, 1060 (1937); C. A. **33**, 157 (1939).
[4] G. T. Morgan et al., Am. Soc. **69**, 930 (1947).
[5] S. B. Binkley u. C. S. Hamilton, Am. Soc. **59**, 1716 (1937).
[6] Y-H. Wu u. C. S. Hamilton, Am. Soc. **74**, 1863 (1952).
[7] V. Auger, C.r. **142**, 1151 (1906).
[8] B. F. Skiles u. C. S. Hamilton, Am. Soc. **59**, 1006 (1937).
[9] E. Beguin u. C. S. Hamilton, Am. Soc. **61**, 355 (1939).
[10] C. K. Banks u. C. S. Hamilton, Am. Soc. **62**, 3142 (1940).
[11] G. O. Doak et al., Am. Soc. **64**, 1064 (1942); **66**, 195 (1944).
[12] B. Pathak, J. indian chem. Soc. **28**, 198 (1951); C. A. **47**, 7452 (1953).
[13] B. Pathak, Science and Culture **16**, 331 (1951); C. A. **46**, 1482 (1952).
[14] N. Datta-Gupta, Diss. Abstr. **27** B, 1435 (1966).

**4-(Äthoxycarbonylamino)-2-hydroxy-benzolarsonigsäure-anhydrid[1]:**

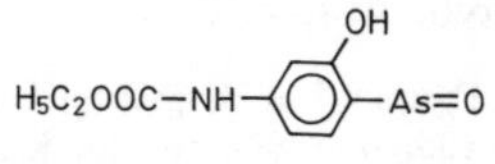

$$H_5C_2OOC-NH-\underset{}{\overset{OH}{\bigcirc}}-As=O$$

10 g 4-(Äthoxycarbonylamino)-2-hydroxy-benzolarsonsäure[2] werden in 400 $ml$ trockenem Äther suspendiert und in einem Eis/Wasser-Bad abgekühlt. Nun wird unter heftigem Rühren ein geringer Überschuß Phosphor(III)-chlorid zugegeben. Die ätherische Lösung wird anschließend mit der 5fachen molaren Menge Ammoniumhydroxid in 600 $ml$ Wasser versetzt. Nach Abdestillieren des Äthers wird das Anhydrid abgesaugt, zur Reinigung in Natronlauge aufgenommen und mit 2 n Schwefelsäure ausgefällt; Ausbeute: 78% d. Th.; F: 241°.

Analog läßt sich das *2-Hydroxy-4-propyloxycarbonyl-benzolarsonigsäure-anhydrid* (61% d. Th.; F: 209°) herstellen[1].

### $\alpha_3$) *Mit Phenylhydrazin*

Bei der Einwirkung von Phenylhydrazin auf Arenarsonsäuren werden unter Stickstoffabspaltung Arenarsonigsäure-anhydride gebildet[2-7]:

$$n \; R-AsO_3H_2 \xrightarrow[-N_2]{H_5C_6-NH-NH_2} (R-As=O)_n$$

**3-Amino-4-(4-acetylamino-benzolsulfonyloxy)-benzolarsonigsäure-anhydrid[6]:** 3 g 3-Amino-4-(4-acetylamino-benzolsulfonyloxy)-benzolarsonsäure werden in Methanol gelöst, mit 2,5 g Phenylhydrazin versetzt und 1 Stde. unter Rückfluß erhitzt. Man destilliert anschließend das Methanol i. Vak. ab und nimmt den Rückstand in überschüssiger 2 n Natronlauge auf. Die alkalische Lösung wird dann mehrmals mit Äther extrahiert. Das Anhydrid wird durch Ansäuern mit Essigsäure ausgefällt. Die Reinigung erfolgt durch Auflösen in verd. Natronlauge, Behandlung mit Aktivkohle und anschließende Fällung mit Essigsäure; Ausbeute; 1,3 g; F: 171–176°.

Der Mechanismus dieser Reaktion ist unbekannt, und die Methode scheint auf wenige Beispiele beschränkt zu sein, wobei in manchen Fällen eine Katalyse durch Kupferbronze erforderlich ist[8]. So entsteht bei der Reduktion von Benzolarsonsäure und Phenylhydrazin ohne Kupfer ein Gemisch aus *Triphenyl-arsin* und *Bis-[diphenyl-arsin]-oxid*[8].

### $\beta$) Aus Derivaten der Arsonigsäuren

### $\beta_1$) *durch Hydrolyse*

Dihalogen-organo-arsine stellen bei der Reduktion von Arsonsäuren mit Schwefeldioxid/Halogenwasserstoffsäure oder mit Phosphorhalogeniden Zwischenprodukte dar. Es ist deshalb in manchen Fällen einfacher, die Arsonigsäuren bzw. ihre Anhydride durch direkte Hydrolyse herzustellen:

$$R-AsX_2 + H_2O \; \rightleftharpoons \; R-As(OH)_2 + 2 HX$$

Außer den Halogeniden können die Ester, Amide und gemischte Arsonigsäure-Carbonsäure-Anhydride hydrolysiert werden (X = Hal, OR, NR$_2$, O−CO−R). Die Leichtig-

---

[1] C. K. BANKS u. C. S. HAMILTON, Am. Soc. **62**, 3142 (1940).

[2] D.R.P. 206057 (1907); Fr. **9**, 1043.

[3] P. EHRLICH u. A. BERTHEIM, B. **43**, 917 (1910).

[4] Brit. P. 514417 (1939), I. G. Farb.; C. A. **35**, 4551 (1941).

[5] US.P. 2242581 (1941), W. HERRMANN u. F. HAMPE; C. A. **35**, 5648 (1941).

[6] H. H. Fox, J. Org. Chem. **12**, 872 (1947); **13**, 438 (1948).

[7] N. DATTA-GUPTA, Diss. Abstr. **27**B, 1435 (1966).

[8] A. B. BRUKER u. F. L. MAKLYAEV, Doklady Akad. SSSR **63**, 271 (1948); C. A. **43**, 2592 (1949).

keit der Hydrolyse nimmt mit zunehmder Elektronegativität von X zu. So werden die Fluoride schneller als die Jodide hydrolysiert[1].

**Pyridin-3-arsonigsäure-anhydrid**[2]: 60 g Pyridin-3-arsonigsäure-dichlorid-Hydrochlorid-Hydrat, in 150 ml Wasser unter mäßigem Erwärmen gelöst, werden unter Rühren und Kühlen mit 70 ml konz. Ammoniak-Lösung versetzt. Das nach längerem Stehenlassen ausgeschiedene Anhydrid wird abgesaugt, 2mal mit wenig kaltem Wasser nachgewaschen und über Phosphor(V)-oxid i. Vak. getrocknet; Ausbeute: 91% d. Th.; F: 118–119°.

**Stilben-4-arsonigsäure-anhydrid**[3]: 3,2 g Stilben-4-arsonigsäure-dichlorid werden in 25 ml 2 n äthanol. Kalilauge gelöst und anschließend in wäßrige Salzsäure gegossen. Das ausgeschiedene Anhydrid wird abgesaugt und mehrfach aus Eisessig umkristallisiert; Ausbeute: 80% d. Th.; F: 268°.

**Äthan-arsonigsäure-anhydrid**[4,5]: 100 g fein gepulverte Pottasche werden in 300 ml Benzol suspendiert, 5 ml Wasser zugefügt und unter Einleiten von Kohlendioxid 64 g Dichlor-äthyl-arsin zugetropft. Die Mischung erwärmt sich schwach und entwickelt Kohlendioxid. Nach völliger Zugabe wird mehrere Stdn. unter Rückfluß erhitzt, wobei 2mal nach jeweils 30 Min. je 5 ml Wasser zugefügt werden. Wenn die Flüssigkeit ohne Gasentwicklung ruhig siedet, wird von Kaliumchlorid abfiltriert, das Lösungsmittel bei bis zu 200° entfernt und der Rückstand i. Vak. destilliert; Ausbeute: 25 g (57% bzw. 80% d. Th.); $Kp_{10}$: 158°.

### $\beta_2$) Aus Arsonigdithiosäure-diestern

Arsonigdithiosäure-diester setzen sich mit Arsonigsäuren unter Austausch der Ester-Gruppe gegen die Hydroxy-Gruppe um[6]:

$$R^1-As\begin{array}{c}S-R^2\\ \\S-R^2\end{array} \; + \; R^3-As(OH)_2 \; \rightleftharpoons \; R^1-As(OH)_2 \; + \; R^3-As\begin{array}{c}S-R^2\\ \\S-R^2\end{array}$$

Die Methode ist nur von Bedeutung, wenn die gewünschte Arsonigsäure nicht durch Reduktion der entsprechenden Arsonsäure (s. S. 164) in guten Ausbeuten herstellbar ist[6].

### $\gamma$) Aus Arsen(III)-chlorid oder -oxid

Arsen(III)-chlorid setzt sich mit N,N-disubstituierten Anilinen bei 100° und anschließender alkalischer Hydrolyse zu 4-Amino-benzolarsonigsäure-anhydriden um. Die Reaktion verläuft ohne Katalysator, wobei das Arsen hauptsächlich in p-Stellung eintritt[7,8]. Die Umsetzung beruht darauf, daß bei 100° die Dichlor-(4-amino-phenyl)-arsine entstehen, die schließlich durch Zugabe von Natronlauge hydrolysiert werden[7–11]:

$$R_2N-\!\!\!\bigcirc\!\!\!- \; + \; AsCl_3 \xrightarrow{100°} R_2N-\!\!\!\bigcirc\!\!\!-AsCl_2 \xrightarrow{NaOH} \left[R_2N-\!\!\!\bigcirc\!\!\!-As\!=\!O\right]_n$$

Bei niedriger Temperatur (0°) werden im wesentlichen tert. Arsine gebildet[9].

Salze der Aryl-carboxy-diazene setzen sich mit Arsen(III)-chlorid in Aceton und anschließender Hydrolyse ebenfalls zu Arenarsonigsäure-anhydriden um[12]:

$$Ar-N\!=\!N-COOK \xrightarrow[\text{2. Hydrolyse}]{\text{1. } AsCl_3} (Ar-As\!=\!O)_n \; \text{bzw.} \; Ar-As(OH)_2$$

[1] G. Newbery u. M. A. Phillips, Soc. **1928**, 2375.
[2] A. Binz u. O. v. Schickh, B. **69**, 1527 (1936).
[3] G. Drehfahl u. G. Stange, J. pr. 4, **10**, 257 (1960).
[4] W. Steinkopf u. W. Mieg, B. **53**, 1013 (1920).
[5] M. S. Kharasch et al., J. Org. Chem. **14**, 429 (1949).
[6] M. A. Phillips, Soc. **1941**, 192.
[7] A. Michaelis u. J. Robinersohn, A. **270**, 139 (1892); B. **41**, 1514 (1908).
[8] P. S. Varna et al., J. indian chem. Soc. **16**, 515 (1939); C. A. **34**, 2809 (1940).
[9] H. Raudnitz, B. **60**, 746 (1927).
[10] Fr.P. 1 159 169 (1958), Societe des Usines chimique Rhone-Poulence; C. A. **54**, 17 418 (1960).
[11] Th. Bardos et al., J. Med. Chem. **9**, 221 (1966).
[12] O. A. Reutov u. Yu. G. Bundel, Izv. Akad. SSSR **1952**, 1041; C. A. **48**, 5135 (1954).

Der Cadet-Reaktion (s. S. 151) verwandt ist die Decarboxylierung von Propionsäure in Gegenwart von Kaliummetaarsenit in Propionsäureanhydrid zum *Äthan-1,1-diarsonig-säure-bis-anhydrid (1,1-Bis-[arsenoso]-äthan)*[1,2]:

$$K-AsO_2 \quad + \quad H_5C_2-COOH \quad \xrightarrow[\substack{-CO_2 \\ -H_2O}]{(H_5C_2-CO)_2O} \quad H_3C-CH(As=O)_2 \quad + \quad H_5C_2-COOK$$

**1,1-Bis-[arsenoso]-äthan**[2]: 40 g Arsen(III)-chlorid, 28 g Kaliumcarbonat, 50 ml Propionsäure und 180–200 ml Propionsäureanhydrid werden unter Rühren auf 150–155° erhitzt. Schon bei 140° setzt langsame Reaktion ein, bei 155° jedoch läuft die Umsetzung am besten ab. Nach 2 Stdn., wenn die Kohlendioxid-Entwicklung fast aufhört, läßt man auf 80° abkühlen, gießt vorsichtig 60 ml Wasser zu und erwärmt noch 20 Min. auf 120°. Dann wird heiß über eine G3-Fritte abgesaugt. Die Lösung wird am Rotationsverdampfer stark eingeengt und anschließend unter Schütteln mit 250 ml Wasser versetzt, wobei das rohe Anhydrid in graubraunen Kristallen ausfällt. Nach einiger Zeit saugt man ab und sublimiert bei einer Badtemp. von 125° und 0,2–0,5 Torr; Ausbeute: 85–90% d. Th.; F: 133°.

Analog wird bei der Decarboxlierung von Essigsäure in Gegenwart von Arsen(III)-oxid/Kaliumcarbonat und Acetanhydrid als Lösungsmittel das *Bis-[arsenoso]-methan* (F: 218–220°, Zers.) in 64%iger Ausbeute gebildet[1].

### δ) Durch Oxidation von prim. Arsinen oder Cyclopolyarsinen

Diese Methode ist insoweit ohne Bedeutung, als daß die Arsonigsäuren bzw. ihre Anhydride ebenfalls leicht oxidiert werden (s. S. 306). Deshalb ist es notwendig, die Oxidation unter kontrollierten Bedingungen durchzuführen. Leitet man in eine ätherische Lösung von Phenylarsin bei 20° Sauerstoff ein, so fällt ein farbloser, feinkristalliner Niederschlag von *Benzolasonigsäure-anhydrid* (F: 145°) aus[3]:

$$n\ H_5C_6-AsH_2 \quad + \quad n\ O_2 \quad \xrightarrow[-n\,H_2O]{Äther} \quad (H_5C_6-As=O)_n$$

Arsenoverbindungen können mit Hilfe von Schwefelsäure, Schwefeldioxid oder Arsonsäure zu Arsonigsäureanhydrid oxidiert werden[4,5]; z. B.:

$$(H_3C-As)_n \quad \xrightarrow{H_2SO_4,\ 20°} \quad (H_3C-As=O)_n$$

*Methanarsonigsäure-anhydrid*

## B. Umwandlung

Arsonigsäure-anhydride werden durch geeignete Reduktionsmittel zu Arseno-Verbindungen (s. S. 157) oder prim. Arsinen (s. S. 36) reduziert.

Die Oxidation der Arsonigsäuren oder ihrer Anhydride führt hauptsächlich zu Arsonsäuren (s. S. 306).

Bei der Einwirkung von Halogenwasserstoffsäuren werden Arsonigsäure-dihalogenide (Dihalogen-organo-arsine) gebildet (s. S. 186):

$$(R-As=O) \quad + \quad 2\ HX \quad \rightleftharpoons \quad R-AsX_2 \quad + \quad H_2O$$

[1] A. I. Titov u. B. B. Levin, Sbornik Statei Obšč. Chim. **2**, 1469 (1953); C. A. **49**, 4503 (1955).

[2] K. Sommer u. M. Becke-Goehring, Z. anorg. Ch. **370**, 31 (1970).

[3] E. Wiberg u. K. Mödritzer, Z. Naturf. **12 b**, 127 (1957).

[4] G. Petit, A. ch. **16**, 5–100 (1941).

[5] M. Yu. Kraft u. I. A. Bashchuk, Doklady Akad. SSSR **1947**, 419, 723; C. A. **42**, 577, 3742 (1948).

Eine Spaltung der Arsen-Kohlenstoff-Bindung findet bei der Umsetzung von Arsonigsäure-anhydriden mit Quecksilber(II)-salzen statt[1, 2]:

$$(R-As=O)_n \quad + \quad Hg(O-CO-CH_3)_2 \quad \longrightarrow \quad R-Hg-O-CO-CH_3 \quad + \quad As_2O_3$$

Durch Einwirkung von Halogenalkanen auf Arsonigsäuren bzw. ihre Anhydride werden diese in Arsinsäuren umgewandelt (s. S. 327):

$$n\,(R-As=O) \quad + \quad n\,CH_3J \quad \xrightarrow{\;NaJ\;} \quad n\,R-\overset{\overset{\displaystyle O}{\|}}{\underset{\underset{\displaystyle CH_3}{|}}{As}}-ONa$$

Arsonigsäure-anhydride können mit Alkoholen oder 2-Oxo-1,3-dioxolanen verestert werden (s. S. 201):

$$R^2-As=O \quad + \quad 2\,R^1-OH \quad \longrightarrow \quad R^2-As(OR^1)_2$$

Die Reaktion mit Mercaptanen führt zu den entsprechenden Arsonigdithiosäure-diestern (s. S. 214):

$$R^2-As=O \quad + \quad 2\,R^1-SH \quad \overset{-\,H_2O}{\underset{\;}{\rightleftharpoons}} \quad R^2-As\underset{S-R^1}{\overset{S-R^1}{<}}$$

Durch Einwirkung von Schwefelwasserstoff auf Arsonigsäureanhydride werden Arsonigthiosäure-anhydride gebildet (s. S. 206):

$$n\,(R-As=O) \quad + \quad n\,H_2S \quad \rightleftharpoons \quad (R-As=S)_n \quad + \quad n\,H_2O$$

Beim Erhitzen von Arenarsonigsäuren bzw. ihren Anhydriden über deren Schmelzpunkt findet eine Disproportionierungsreaktion statt, wobei tert. Arsine und Arsen(III)-oxid entstehen[3, 4]:

$$3\,(Ar-As=O)_n \quad \xrightarrow{\;\triangledown\;} \quad n\,Ar_3As \quad + \quad 2\,n\,As_2O_3$$

Die Einwirkung von Halogen auf Arsonigsäuren bzw. Arsonigsäure-anhydride ist relativ wenig untersucht. Wenige Beispiele zeigen, daß die Addition von Halogen im wäßrigen Medium zu den entsprechenden Arsonsäuren führt[5-7]:

$$R-As(OH)_2 \quad \xrightarrow[-\,2\,HX]{\;X_2\,/\,H_2O\;} \quad R-AsO_3H_2$$

Vermutlich verläuft die Reaktion über die Orthoarsonsäure-tetrahalogenide.

[1] A. N. Nesmejanov u. K. A. Kozeschkow, B. **67**, 317 (1934).
[2] G. O. Doak u. L. D. Freedman, *Organicmetallic Compounds of Arsenic, Antimony, and Bismuth*, Wiley-Interscience, New York 1970.
[3] H. Schmidt, A. **421**, 174 (1920).
[4] H. H. Jaffé u. G. O. Doak, Am. Soc. **71**, 602 (1949); **72**, 3025 (1950).
[5] J. D. London, Soc. **1937**, 391.
[6] G. O. Doak et al., Am. Soc. **64**, 1064 (1942).
[7] A. Yu. Berlin, Ž. obšč. Chim. **9**, 1856 (1939); C. A. **34**, 4061 (1940).

## 2. Arsonigsäure-dihalogenide und -dipseudohalogenide
### (Dihalogen- und Dipseudohalogen-organo-arsine)

### A. Herstellung

### α) Aus Arsen(III)-halogeniden oder Arsen(III)-amid-halogeniden

#### α₁) durch Umsetzung mit Organo-metall-Verbindungen

Die Einwirkung von Grignard-Verbindungen auf Arsen(III)-halogenide führt norma-lerweise zu tert. Arsinen (s. S. 46), und nur in wenigen Fällen läßt sich die Umsetzung auf der Stufe des Dihalogen-organo-arsins stoppen[1-5]. Hierbei begünstigen sperrige Reste die Bildung des Dihalogen-organo-arsins[3]. Bei anderen Resten muß in Gegenwart eines gro-ßen Überschusses an Arsen(III)-halogenid gearbeitet werden[4]. Es besteht jedoch die Ge-fahr, daß bei der destillativen Trennung von Arsen(III)-halogenid und dem Dihalogen-or-gano-arsin bei höheren Temperaturen Disproportionierung eintritt (s. S. 173, 237).

Dihalogen- und Dipseudohalogen-organo-arsine sind starke **Hautgifte** und greifen die Schleimhäute an. Ihre Herstellung und Handhabung muß mit äußerster Sorgfalt vorge-nommen werden.

**Dichlor-pentafluorphenyl-arsin[4]:** Eine Lösung von Pentafluorphenyl-magnesiumbromid, hergestellt aus 49,4 g (0,2 Mol) Pentafluor-brom-benzol, 0,6 g (0,25 gAtom) Magnesium in 250 *ml* Äther, wird zu einer gerühr-ten refluktierenden Lösung von 147,3 g (0,811 Mol) Arsen(III)-chlorid in 100 *ml* Äther langsam zugetropft. Die Mischung wird dann weitere 2 Stdn. unter Rückfluß erhitzt, filtriert und vom Lösungsmittel i. Vak. befreit; der Rückstand wird i. Vak. destilliert; Ausbeute: 41,7 g (66% d. Th.); Kp$_{0,1}$: 52°.

**Dichlor-butyl-(2)-arsin[5]:** 60 g (0,33 Mol) Arsen(III)-chlorid werden bei −30° in Äther mit 38,5 g (0,33 Mol) Butyl-(2)-magnesiumchlorid umgesetzt. Nach Filtration über eine mit Kieselgur beschichtete Fritte wird das Lö-sungsmittel abdestilliert und der Rückstand i. Vak. destilliert; Ausbeute: 19 g (32% d. Th.); Kp$_{18}$: 81–84°.

Bei der Herstellung von *Dichlor-tert.-butyl-arsin* wird das Magnesium mit 1,2-Di-brom-äthan aktiviert. Hierbei ist es notwendig, vor der Umsetzung des Magnesiums mit tert. Butylchlorid den Äther durch neuen zu ersetzen, da bei Anwesenheit von Magne-siumbromid in der Reaktionslösung durch Halogen-Austausch ein Gemisch aus Chlor- und Brom-arsinen erhalten wird[3].

Statt Arsen(III)-chlorid können Arsen(III)-amid-chloride eingesetzt werden, wobei die Amino-Gruppe selektiver als das Chlor reagiert[5] (Selektiver Austausch):

$$(R^1)_2N \atop (R^1)_2N \Big\rangle As-Cl \ + \ R^2-MgX \ \longrightarrow \ {(R^1)_2N \atop R^2} \Big\rangle As-Cl \ \xrightarrow[-[(R^1)_2\overset{\oplus}{N}H_2]\,Cl^{\ominus}]{2\,HCl} \ R^2-AsCl_2$$

**Dichlor-cyclohexyl-arsin[5]:** 0,35 Mol Chlor-bis-[dialkylamino]-arsin[6] werden in Äther gelöst und bei −10° mit 0,35 Mol Cyclohexyl-magnesiumchlorid umgesetzt. Nach 60 Min. Rühren wird filtriert, das Filtrat mit 1,4 Mol trockenem Chlorwasserstoffgas umgesetzt und das ausgeschiedene Ammoniumsalz abgetrennt. Nach Abdestil-lieren des Lösungsmittels wird der Rückstand i. Vak. destilliert; Ausbeute: 17,5 g (22,5% d. Th.); Kp$_{3\ 4}$: 111–113°.

---

[1] H. Lecog, J. pharm. Belg. **19**, 133 (1937).
[2] US. P. 3010983 (1957), H. E. Ramsden; C. A. **56,** 8750 (1962).
[3] A. Tzschach u. W. Deylig, Z. anorg. Ch. **336**, 36 (1965).
[4] M. Green u. D. Kirkpatrick, Soc. A. **1968**, 483.
[5] A. Tzschach u. V. Kiesel, J. pr. **313**, 259 (1971).
[6] G. Kamai u. Z. L. Chisamova, Doklady Akad. SSSR **105**, 489 (1955).

Gezielter verläuft die Umsetzung von Arsen(III)-halogeniden zu Dihalogen-organo-arsinen mit Diorgano-quecksilber oder Organo-quecksilberhalogeniden[1-10]:

$$R_2Hg \quad + \quad AsX_3 \quad \longrightarrow \quad R-AsX_2 \quad + \quad R-Hg-X$$

$$R-Hg-X \quad + \quad AsX_3 \quad \longrightarrow \quad R-AsX_2 \quad + \quad HgX_2$$

Da das Organo-quecksilberhalogenid mit dem entstandenen Dihalogen-organo-arsin reagieren kann, muß bei der Anwendung von Diogano-quecksilber ein Überschuß an Arsen(III)-halogenid eingesetzt sowie längeres Erhitzen vermieden werden.

**Dichlor-äthyl-arsin[6]:** 150 g Diäthyl-quecksilber werden unter Kühlen und Rühren zu 150 g Arsen(III)-chlorid gegeben. Man erwärmt dann 30 Min. auf dem Wasserbad. Nach Abkühlen wird in Äther aufgenommen und vom Äthyl-quecksilberchlorid abgesaugt. Nach Entfernung des Äthers wird der Rückstand i. Vak. fraktioniert; Ausbeute: 90 g (69% d. Th.); $Kp_{156}$: 145–150°.

**Dichlor-chlormethyl-arsin[2]:** Eine Lösung von 60 g Bis-[chlormethyl]-quecksilber (F: 39°) – hergestellt aus Diazomethan und Quecksilberchlorid in Tetrahydrofuran – in 200 ml 1,2-Dichlor-äthan wird unter Rühren langsam zu 50 g Arsen(III)-chlorid getropft und anschließend die Mischung 1 Stde. unter Rückfluß gekocht. Man filtriert von abgeschiedenem Chlormethyl-quecksilberchlorid und fraktioniert das Filtrat i. Vak.; Ausbeute: 60–70% d. Th.; $Kp_{15}$: 56–57°.

Dihalogen-aryl-arsine, die über die Arsonsäuren nicht hergestellt werden können (s. S. 179), sind durch Umsetzung von Arsen(III)-halogeniden mit Aryl-quecksilbersalzen gut zugänglich[5, 9, 11]. Hierbei wird das Arsen(III)-halogenid ebenfalls im Überschuß eingesetzt. Amino-, Hydroxy- und Carboxy-Gruppen in aromatischen Resten müssen vor der Umsetzung mit dem Arsen(III)-halogenid durch Alkylierung oder Veresterung geschützt werden[5].

**4-Dichlorarsino-stilben[9]:** 30 g gut gereinigtes 4-(2-Phenyl-vinyl)-phenyl-quecksilber-chlorid und 150 ml frisch destilliertes Arsen(III)-chlorid werden 3–4 Stdn. unter Rückfluß und Feuchtigkeitsausschluß erhitzt. Das breiartige Gemenge verwandelt sich dabei nach kurzer Zeit in eine bräunliche, nach 1 Stde. tiefgrüne Flüssigkeit, gleichzeitig setzen sich an der Kolbenwand und am Boden große Kristalle von Quecksilber(II)-chlorid ab. Nach beendeter Reaktion läßt man erkalten, saugt rasch vom Niederschlag ab und destilliert bei 80° das überschüssige Arsen(III)-chlorid i. Vak. ab. Der ölige Rückstand wird 1mal aus Petroläther (Kp: 60–90°) umkristallisiert; Ausbeute: 70% d. Th.; F: 115–119°.

Bessere Ausbeuten an Dihalogen-alkyl-arsinen erhält man bei der Umsetzung von Arsen(III)-halogenid mit Tetraalkyl-blei[12, 13]; z. B. zur Herstellung von *Dichlor-äthyl-arsin*:

$$2\ AsCl_3 \quad + \quad (H_5C_2)_4Pb \quad \xrightarrow{50°} \quad (H_5C_2)_2PbCl_2 \quad + \quad 2\ H_5C_2-AsCl_2$$

$$(H_5C_2)_2PbCl_2 \quad + \quad AsCl_3 \quad \xrightarrow{90°} \quad H_5C_2-AsCl_2 \quad + \quad PbCl_2 \quad + \quad H_5C_2-Cl$$

[1] A. MICHAELIS, B. **8**, 1317 (1875); A. **201**, 196 (1880); **320**, 342 (1902); **321**, 141 (1902).
[2] W. KELBE, B. **11**, 1503 (1878).
[3] A. MICHAELIS u. A. LINK, A. **207**, 195 (1881).
[4] W. LaCOSTE A. **208**, 33 (1881).
[5] G. ROEDER u. N. BLASI, B. **47**, 2784 (1914).
[6] W. STEINKOPF u. W. MIEG, B. **53**, 1013 (1920).
[7] C. FINZI, G. **45**, 280 (1915); **55**, 824 (1925); **60**, 159 (1930); C. **1916** I, 474; **1926** I, 3601; **1930** I, 3437.
[8] C. NENITZESCU et al., Bull. Soc. chim. Romania **20** A, 135 (1938); C. A. **34**, 1979 (1940).
[9] G. DREFAHL u. G. STANGE, J. pr. [4] **10**, 257 (1960).
[10] K. SOMMER, Z. anorg. Ch. **377**, 128 (1970).
[11] C. FINZI, G. **60**, 159 (1930); C. **1930** I, 3437.
[12] M. S. KHARASCH et al., J. Org. Chem. **14**, 429 (1949).
[13] L. MAIER, Tetrahedron Letters **6**, 1 (1959).

Die Umsetzung verläuft über das Dihalogen-dialkyl-blei, das erst bei Temperaturen oberhalb 90° mit dem Arsen(III)-halogenid reagiert[1]. Die Reaktion kann mit oder ohne Lösungsmittel durchgeführt werden. Es empfiehlt sich jedoch in inerten Lösungsmitteln zu arbeiten, um die **Explosions**gefahr zu mindern[2].

Bei der Umsetzung von Tetraäthyl-blei mit Arsen(III)-chlorid ohne Lösungsmittel muß bei 100–120° und mit einem 3fachen Überschuß an Arsen(III)-chlorid gearbeitet werden, um die besten Ausbeuten an *Dichlor-äthyl-arsin* (97% d. Th.) zu erhalten[1]. Der Überschuß an Arsen(III)-chlorid sowie das strikte Einhalten der Temperatur sind notwendig, um eine Umsetzung des entstandenen Dichlor-äthyl-arsin mit dem Tetraäthyl-blei zu verhindern[1].

**Dihalogen-vinyl-arsine**[2]: 0,1 Mol Tetravinyl-blei[2] werden mit 0,2 Mol Arsen(III)-halogenid (Chlorid oder Bromid) in 100 *ml* Tetrachlormethan bei gutem Rühren 20–25 Stdn. unter Rückfluß erhitzt. Man filtriert vom ausgeschiedenen Dihalogen-divinyl-blei ab und fraktioniert. So werden erhalten:

*Dichlor-vinyl-arsin*      77% d. Th.      $Kp_{38}$: 63–64°
*Dibrom-vinyl-arsin*      86% d. Th.      $Kp_{14}$: 76°

Mit schlechteren Ausbeuten verläuft die Umsetzung von Arsen(III)-halogenid mit gemischten Alkyl-vinyl-zinn-Verbindungen[4]; z. B.:

$$(H_9C_4)_2Sn(CH=CH_2)_2 \ + \ 2\,AsBr_3 \ \longrightarrow \ (H_9C_4)_2SnBr_2 \ + \ 2\,H_2C=CH-AsBr_2$$

Das auf diese Weise erhaltene *Dibrom-vinyl-arsin* (39% d. Th.) enthält meistens geringe Anteile Brom-divinyl-arsin[5]. Die Umsetzung von Arsen(III)-halogeniden mit Trialkyl-aluminium führt ebenfalls zu Gemischen aus Mono- und Dihalogen-organo-arsinen[6].

Dihalogen-cyclopentadienyl-(5)-arsine werden durch Umsetzung von Arsen(III)-halogenid mit Trimethyl-cyclopentadienyl-(5)-silicium in guten Ausbeuten erhalten[7]:

X = F, Cl, Br

**Dihalogen-cyclopentadienyl-(5)-arsine**[7]: Zu 30–156 mMol Arsen(III)-halogenid (-fluorid, -chlorid oder -bromid) wird in einer Argonatmosphäre unter Rühren und Eiskühlung die äquimolare Menge Trimethyl-cyclopentadienyl-(5)-silicium gegeben. Die Reaktionsmischung wird solange im Kühlschrank aufbewahrt (2 Stdn.) bis [1]H-NMR-spektroskopisch vollständiger Umsatz nachgewiesen werden kann. Anschließend wird das Halogen-trimethyl-silicium bei 0° i. Ölpumpenvak. abgezogen. *Difluor*-cyclopentadienyl-(5)-arsin polymerisiert vollständig bei der Destillation, läßt sich jedoch in Lösung handhaben. *Dichlor*- bzw. *Dibrom*-cyclopentadienyl-(5)-arsin werden i. Vak. schnell destilliert.

*Dichlor-cyclopentadienyl-(5)-arsin*      25% d. Th.;      $Kp_{0,3}$: 40°
*Dibrom-cyclopentadienyl-(5)-arsin*      40% d. Th.;      $Kp_{0,04}$: 68–71°

$\alpha_2$) *durch Umsetzung mit tert. Arsinen*

Durch gemeinsames Erhitzen von Triaryl-arsinen mit überschüssigem Arsen(III)-halogenid in zugeschmolzenem Rohr unter Normaldruck entsteht ein Gemisch aus Arenar-

[1] M. S. KHARASCH et al., J. Org. Chem. **14**, 429 (1949).
[2] L. MAIER, Tetrahedron Letters **6**, 1 (1959).
[4] L. MAIER et al., Am. Soc. **79**, 5884 (1957).
[5] B. J. GUDZINOWICZ u. H. F. MARTIN, Anal. Chem. **34**, 648 (1962).
[6] L. I. ZAKHARKIN u. O. YU. OKHLOBYSTIN, Doklady Akad. SSSR **116**, 236 (1957).
[7] P. JUTZI u. M. KUHN, B. **107**, 1228 (1974).

sonigsäure- und Diaryl-arsinigsäure-halogeniden[1-5]:

$$Ar_3As \; + \; AsCl_3 \; \longrightarrow \; Ar_2As-Cl \; + \; Ar-AsCl_2$$

Je nach aromatischem Rest werden Temperaturen von 230–320° benötigt[1-3]. Das Verhältnis der entstandenen Halogen-aryl-arsine wird von Reaktionsdauer, Reaktionstemperatur und vom Verhältnis $Ar_3As/AsX_3$ bestimmt [4, 5]. Ein Überschuß an tert. Arsin und zu langes Erhitzen begünstigen die Bildung des Diaryl-arsinigsäure-halogenids, wobei folgende Umsetzung abläuft [4, 5]:

$$Ar_3As \; + \; Ar-AsX_2 \; \longrightarrow \; 2 \, Ar_2As-X$$

Aliphatische tert. Arsine reagieren bereits bei Raumtemperatur mit Arsen(III)-halogenid[6]; Tris-[trifluormethyl]-arsin jedoch erst bei 210°[7]. Alkyl-diaryl-arsine setzen sich bei 280° im Bombenrohr hauptsächlich zu Dihalogen-alkyl-arsinen um[8]:

$$Ar_2As-Alk \; \xrightarrow{AsCl_3,\,280°} \; Alk-AsCl_2 \; + \; Ar_2As-Cl$$

**Dichlor-vinyl-arsin**[6]: Eine Mischung aus 28,8 g (0,184 Mol) Trivinyl-arsin und 70 g (0,387 Mol) Arsen(III)-chlorid werden unter Stickstoff 5 Stdn. auf 100° erhitzt. Anschließend wird die dunkel gefärbte Lösung i. Vak. fraktioniert; Ausbeute: 87,6 g; $Kp_{39}$: 60–60,5°.

**Dibrom-äthyl-arsin**[6]: Eine exotherme Reaktion tritt beim Mischen von 8 g (0,0795 Mol) Triäthyl-arsin und 31,4 g (0,1 Mol) Arsen(III)-bromid unter Stickstoff ein. Anschließend wird i. Vak. fraktioniert, wobei eine Fraktion bei 93,5° und 1,3 Torr aufgefangen wird. Diese Fraktion wird dann bei Normaldruck nochmals destilliert; Ausbeute: 20 g (51% d. Th.); Kp: 200–201°.

**Dichlor-phenyl-arsin**[9]: In einem in ein Sand- oder Metallbad eintauchenden langhalsigen 1-$l$-Kolben mit angeschlossener Destillationsanordnung werden 120 g (0,39 Mol) Triphenylarsin auf 290–320° erhitzt. Aus einem Tropftrichter mit kapillarartig ausgezogenem Tropfrohr, der sich auf dem Claisenaufsatz befindet, tropft man Arsen(III)-chlorid zu. Nach Zutropfen von etwa der doppelten Menge (auf Triphenyl-arsin bezogen) bricht man die Reaktion ab. Das Destillat wird mit dem flüssigen schwarzgefärbten Reaktionsrückstand vereinigt und über eine kleine Kolonne unverbrauchtes Arsen(III)-chlorid bei Normaldruck abdestilliert. Den Rückstand fraktioniert man i. Vak.; Ausbeute: 103 g; $Kp_{0,5}$: 90°.

10 g *Chlor-diphenyl-arsin* ($Kp_{0,5}$: 143–144) können isoliert werden.

Auf ähnliche Weise werden u. a. folgende Dichlor-aryl-arsine durch Erhitzen von tert. Arsin mit Arsen(III)-chlorid im Bombenrohr auf 250–300° und anschließende Fraktionierung hergestellt[10]:

| | |
|---|---|
| Dichlor-(4-nitro-phenyl)-arsin | F: 47° |
| Dichlor-(4-methoxy-phenyl)-arsin | $Kp_{30}$: 160° (F: 48°) |
| Dichlor-(4-methyl-phenyl)-arsin | Kp: 267° (F: 31°) |
| Dichlor-naphthyl-(1)-arsin | F: 63° (aus Petroläther) |

Da die Ausbeuten dieser Reaktion nicht immer kontrollierbar sind, wird die Methode nur dann angewendet, wenn die Dihalogen-organo-arsine nicht auf einfacherem Wege zugänglich sind.

[1] A. MICHAELIS u. A. REESE, B. **15**, 2876 (1882).
[2] A. MICHAELIS u. U. PAETOW, A. **233**, 91 (1886).
[3] A. MICHAELIS, A. **320**, 271 (1902).
[4] W. J. POPE u. E. E. TURNER, Soc. **117**, 1447 (1920).
[5] A. G. EVANS u. E. WARHURST, Trans. Faraday Soc. **44**, 189 (1944).
[6] L. MAIER et al., Am. Soc. **79**, 5884 (1957).
[7] W. R. CULLEN, Canad. J. Chem. **41**, 317 (1963).
[8] K. SOMMER, Z. anorg. Ch. **376**, 101 (1970).
[9] Frdl. **14**, 1338.
    H. FUCHS, Diplomarbeit, Mainz 1960.
[10] A. MICHAELIS, A. **320**, 271 (1902); dort weitere Literatur.

$\alpha_3$) *durch Addition an Alkene oder Alkine*

Bei der Einwirkung von Arsen(III)-halogenid auf Acetylen in Gegenwart von Aluminiumchlorid als Katalysator entsteht ein Gemisch aus tert. Arsinen und Halogen-organo-arsinen (Lewisite)[1-5]:

$$AsCl_3 \quad + \quad HC\equiv CH \quad \xrightarrow{\;AlCl_3\;} \quad Cl-CH=CH-AsCl_2 \quad + \quad (Cl-CH=CH)_2As-Cl$$

$$+ \quad (Cl-CH=CH)_3As$$

Die Reaktion verläuft nur in Gegenwart von Katalysatoren, wobei auch andere Lewissäuren eingesetzt werden können[6]. Die Zusammensetzung des Gemisches variiert in Abhängigkeit von Katalysator, Katalysatormenge und Verhältnis Arsen(III)-halogenid/Acetylen. Quecksilber(II)-chlorid scheint die Reaktion zu Gunsten des *Dichlor-(2-chlor-vinyl)-arsins* zur katalysieren[7]. Dichlor-(2-chlor-vinyl)-arsin ist ein Gemisch aus *cis-* und *trans-*Isomeren, deren Verhältnis vom eingesetzten Katalysator abhängt, und deren Trennung durch Fraktionierung nicht möglich ist[8].

Das Lewisite-Gemisch übt auf die Schleimhäute eine sehr starke Reizwirkung aus und erzeugt auf der Haut schmerzhafte, schlechtheilende Blasen. Es gehört zur Gruppe der chemischen **Kampfstoffe** (s. S. 31) und muß daher mit **höchster Vorsicht** gehandhabt werden.

**Dichlor-(2-chlor-vinyl)-arsin**[1,3]: In eine Mischung von 440 g Arsen(III)-chlorid und 300 g trockenem Aluminiumchlorid werden unter Rühren und Kühlen 100 g über Schwefelsäure getrocknetes Acetylen während 6 Stdn. eingeleitet. Es entsteht eine dunkelgefärbte dickflüssige Masse, die sich bei längerem Stehen zersetzt und beim Destillieren heftig **explodiert**. Das Reaktionsgemisch gießt man sofort in eiskalte Salzsäure. Das abgeschiedene Öl enthält das Lewisite-Gemisch und unverbrauchtes Arsen(III)-chlorid. Es wird in Äther aufgenommen, über Calciumchlorid getrocknet und mehrfach fraktioniert; Ausbeute: 47 g (37% d. Th.) $Kp_{26}$: 93°.

Beim Arbeiten in äthanolischer 18%-iger Salzsäure-Lösung und Quecksilber(II)-chlorid als Katalysator entsteht das *Dichlor-(2-chlor-vinyl)-arsin* in 85%-iger Ausbeute[7]. *Dibrom-(2-brom-vinyl)-arsin* ($Kp_{16}$: 140−143°) läßt sich analog aus Arsen(III)-bromid, Aluminiumchlorid-(bromid) und Acetylen herstellen[8].

Ohne Einwirkung von Katalysatoren verläuft die Addition von Arsen(III)-chlorid an Phenylacetylen[9, 10] oder an Alkinsäuren[11, 12]; z. B.:

$$AsCl_3 \quad + \quad H_5C_6-C\equiv CH \quad \xrightarrow{\;110°\;} \quad \underset{Cl}{\overset{H_5C_6}{>}}C=CH-AsCl_2$$

**Dichlor-(2-chlor-2-phenyl-vinyl)-arsin**[10]: 37 g Phenylacetylen werden mit 105 g Arsen(III)-chlorid 4 Stdn. auf 110° erhitzt, und anschließend 20 Stdn. bei 20° stehengelassen. Bei starker Kühlung (Eis/Kochsalz) kristallisiert das Dichlorarsin aus. Man saugt schnell ab und trocknet auf einem Tonteller; Rohausbeute: 54 g (55% d.Th.); F: 41−42° (aus Äthanol oder Petroläther).

[1] S. J. Green u. T. S. Price, Soc. **119**, 448 (1921).
[2] H. Wieland u. A. Bloemer, A. **431**, 34 (1923).
[3] F. G. Mann u. W. J. Pope, Soc. **121**, 1754 (1922).
[4] W. L. Lewis u. H. W. Stiegler, Am. Soc. **47**, 2546 (1925).
[5] G. N. Jorman, Advan. Chem. Ser. **23**, 328 (1959).
[6] M. Dub, *Organometallic Compounds*, Vol. III, 2. Aufl., Springer Verlag, New York 1968; I Supplement 1972.
[7] W. E. Jones et al., J. Soc. chem. Ind. **68**, 258 (1949).
[8] C. L. Hewett, Soc. **1948**, 1203.
[9] A. F. Hunt u. E. E. Turner, Soc. **1925**, 996.
[10] W. N. Ipatjew et al., B. **63**, 174 (1930).
[11] E. Fischer, A. **403**, 106 (1914).
[12] D.R.P. 291614 (1914/16), F. Heinemann; Frdl. **12**, 944.

In geringer Ausbeute wird das *Dichlor-(2-chlor-äthyl)-arsin* (Kp$_{16}$: 93°) bei der Addition von Arsen(III)-chlorid an Äthylen in Gegenwart von Aluminiumchlorid gebildet[1,2].

### α$_4$) *durch Umsetzung mit Aromaten*

Die Fähigkeit von Arsen(III)-chlorid Friedel-Crafts-Reaktionen einzugehen ist vorwiegend auf elektronenreiche Aromaten beschränkt. Die Reaktion mit Benzol verläuft sehr langsam und benötigt hohe Temperaturen[3]:

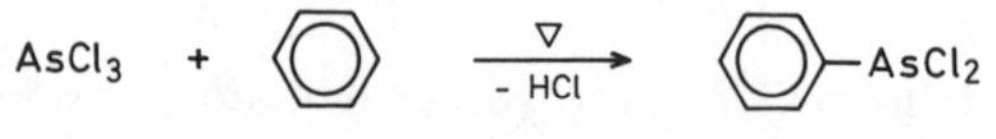

$$AsCl_3 \; + \; \bigcirc \xrightarrow[-HCl]{\nabla} \bigcirc\!-\!AsCl_2$$

*Dichlor-phenyl-arsin*

Mit N,N-Dialkyl-anilinen setzt sich Arsen(III)-chlorid jedoch bereits bei 20° glatt um, wobei tert. Arsine als Hauptprodukt entstehen. In der Hitze dagegen werden im wesentlichen Dihalogen-aryl-arsine erhalten[4-6]:

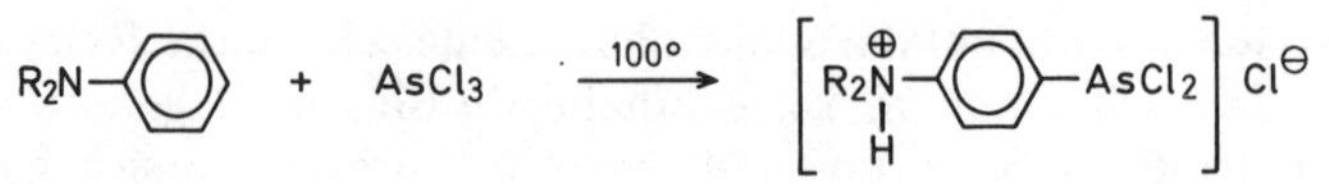

$$R_2N\!-\!\bigcirc \; + \; AsCl_3 \xrightarrow{100°} \left[ \overset{\oplus}{\underset{H}{R_2N}}\!-\!\bigcirc\!-\!AsCl_2 \right] Cl^{\ominus}$$

Vermutlich ist die Bildung des Dichlor-aryl-arsins auf die Reaktion des primär entstandenen tert. Arsins mit Arsen(III)-chlorid zurückzuführen (s. S. 173).

*3-Dichlorarsino-⟨dibenzofuran⟩* kann durch Erhitzen von Dibenzofuran mit Arsen(III)-chlorid in Gegenwart von Aluminiumchlorid in geringer Ausbeute gebildet werden[7].

Dichlor-aryl-arsine entstehen als Zwischen- oder Nebenprodukte beim Verkochen von Aryl-diazoniumsalzen in Gegenwart von Arsen(III)-chlorid[8-12]:

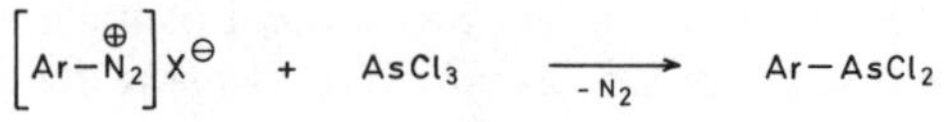

$$\left[ Ar\!-\!\overset{\oplus}{N_2} \right] X^{\ominus} \; + \; AsCl_3 \xrightarrow{-N_2} Ar\!-\!AsCl_2$$

Die Reaktion von Arsen(III)-halogeniden mit Aromaten oder Aryldiazoniumsalzen hat praktisch keine Bedeutung für die direkte Herstellung von Dihalogen-aryl-arsinen.

### β) Aus Arsen oder Arsen(III)-oxid

Beim Leiten von Alkylhalogenid-Dampf über einen Kontakt aus metallischem Arsen (in Pulverform) und Kupfer bei 250–380° entstehen Gemische aus Halogenarsinen, aus denen die Dihalogen-alkyl-arsine durch Fraktionierung getrennt werden können[13]:

[1] G. A. Gough u. H. King, Soc. **1928**, 2433.
[2] W. Nekrassow u. A. Nekrassow, B. **61**, 1816 (1928).
[3] W. La Coste u. A. Michaelis, B. **11**, (1878); A. **201**, 184 (1880).
[4] A. Michaelis u. J. Rabinerson A. **270**, 139 (1892); B. **41**, 1514 (1908).
[5] A. Michaelis, A. **320**, 318 (1902).
[6] P. S. Varma et al., J. indian chem. Soc. **16**, 515 (1939); C. A. **34**, 2809 (1940).
[7] W. C. Davies u. C. W. Othen, Soc. **1936**, 1236.
[8] A. Binz u. O.v. Schickh, B. **69**, 1527 (1936).
[9] W. E. Hauby u. W. A. Waters, Soc. **1946**, 1029.
[10] O. A. Reutov u. Yu. G. Bundel, Ž. obšč. Chim. **25**, 2324 (1955).
[11] T. Batkowski u. E. Plazek, Roczniki Chem. **36**, 51 (1962); C. A. **57**, 15066 (1962).
[12] Eine Zusammenfassung findet sich bei O. A. Reutov u. O. A. Piitsyna, *Organometallic Reactions*, Vol. 4, Wiley-Interscience, London 1973.
[13] L. Maier et al., J. Inorg. Nucl. Chem. **16**, 213 (1961).

$$3 \text{ R--X} \ + \ 2 \text{ As} \ \xrightarrow{\text{Cu} / 250 - 358°} \ \text{R--AsX}_2 \ + \ \text{R}_2\text{As--X}$$

$$\begin{array}{ll}
\text{R} = \text{CH}_3 ; \ \text{X} = \text{J}; & \textit{Dijod-methyl-arsin} & 90\% \,\text{d.Th.} \\
\text{X} = \text{Br}; & \textit{Dibrom-methyl-arsin} & 75\% \,\text{d.Th.} \\
\text{X} = \text{Cl}; & \textit{Dichlor-methyl-arsin} & 83\% \,\text{d.Th.} \\
\text{R} = \text{C}_2\text{H}_5 ; \ \text{X} = \text{Cl}; & \textit{Dichlor-äthyl-arsin} & 41\% \,\text{d.Th.}
\end{array}$$

*Bis-[dichlorarsino]-methan* kann in einer komplex verlaufenden Reaktion zwischen Arsen(III)-oxid und Acetylchlorid in Gegenwart von Aluminiumchlorid erhalten werden[1,2] :

$$\text{As}_2\text{O}_3 \ + \ 5 \text{ H}_3\text{C--CO--Cl} \ \xrightarrow[\substack{- \text{HCl} \\ - \text{CO}_2}]{\text{AlCl}_3} \ \text{H}_2\text{C}(\text{AsCl}_2)_2 \ + \ 2 \ (\text{H}_3\text{C--CO})_2\text{O}$$

Die Reaktion läuft über das Arsen(III)-acetat, das direkt eingesetzt werden kann[2].

**Bis-[dichlorarsino]-methan**[2]: 100 g Arsen(III)-acetat werden in 33 g Arsen(III)-chlorid gelöst und anschließend 16 g feingepulvertes, wasserfreies Aluminiumchlorid unter Rühren und Kühlen zugegeben. Zum Schluß werden unter Rückfluß und gutem Rühren 65 g Acetylchlorid langsam zugetropft. Das Reaktionsgemisch wird auf dem Ölbad 2 Stdn. auf 150° und anschließend nochmals 2 Stdn. auf 175° erhitzt. Danach wird überschüssiges Arsen(III)-chlorid und Acetylchlorid bei Normaldruck bis 130° abdestilliert, der Rückstand i. Vak. bei 80°/4 Torr destilliert und anschließend aus Petroläther umkristallisiert; Ausbeute: 35% d. Th.; F: 73°.

### γ) Aus tert. Arsinen oder Arsinigsäure-halogeniden (Halogen-diorgano-arsinen)

Behandelt man tert. Arsine mit der 2fach molaren Menge Halogen oder Halogen-diorgano-arsine mit der äquimolaren Menge Halogen (s. S. 325), so werden unter Eliminierung von Halogenalkanen Dihalogen-organo-arsine gebildet[3-5]:

$$\text{R}_3\text{As} \ \xrightarrow{\text{X}_2} \ \text{R}_3\text{AsX}_2 \ \xrightarrow{- \text{RX}} \ \text{R}_2\text{As--X}$$

$$\text{R}_2\text{As--X} \ \xrightarrow{\text{X}_2} \ \text{R}_2\text{AsX}_3 \ \xrightarrow{- \text{RX}} \ \text{R--AsX}_2$$

Die Methode hat größere Bedeutung für die Herstellung von Halogen-diorgano-arsinen (s. S. 237).

**Dichlor-cyclohexyl-arsin**[4]: 21 g Chlor-dicyclohexyl-arsin in Petroläther gelöst, werden unter Kühlung mit Chlor bis zur schwachen Grünfärbung behandelt. Nach Abdestillieren des Lösungsmittels bleibt das Dicyclohexyl-orthoarsinsäure-trichlorid zurück, das bei der Destillation i. Vak. unter Abspaltung von Chlorcyclohexan in Dichlor-cyclohexyl-arsin übergeht. Anschließend wird mehrmals i. Vak. fraktioniert; Ausbeute: 12 g (70% d. Th.); $\text{Kp}_{15}$: 122–125°.

Aus 3-(Brom-methyl-arsino)-hexafluor-2-chlor-buten-(2) und Brom in Tetrachlormethan entsteht das *3-Dibromarsino-hexafluor-2-chlor-buten-(2)* in 80%-iger Ausbeute[5].

Die Phenyl-Reste in 1,1-Bis-[brom-phenyl-arsino]-äthan lassen sich durch Kochen mit 48%-iger Bromwasserstoffsäure unter Bildung von *1,1-Bis-[dibromarsino]-äthan* ($\text{Kp}_{0,01}$: 150–152°) abspalten[6]:

---

[1] F. Popp, B. **82**, 152 (1949).

[2] H. Gutbier u. H.-G. Plust, B. **88**, 1777 (1955).

[3] W. LaCoste u. A. Michaelis, A. **201**, 184 (1880).

[4] W. Steinkopf et al., B. **61**, 1911 (1928).

[5] W. R. Cullen et al., J. Organometal. Chem. **3**, 406 (1965).

[6] K. Sommer u. M. Becke-Goehring, Z. anorg. Ch. **370**, 31 (1969).

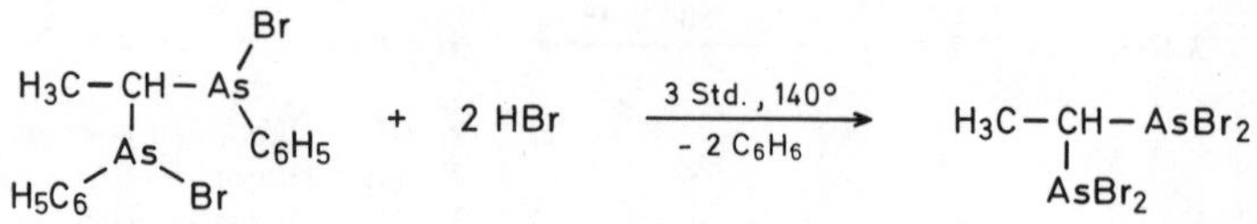

$$H_3C-CH-As\underset{C_6H_5}{\overset{Br}{<}} + 2\ HBr \xrightarrow[-2\ C_6H_6]{3\ Std.\ ,\ 140°} H_3C-CH-AsBr_2$$

(mit $As\underset{Br}{\overset{}{<}}$, $H_5C_6$ an zweiter Position; rechts $AsBr_2$)

Dichlor-alkyl-arsine von hohem Reinheitsgrad können durch Erhitzen von 10-Alkyl-5,10-dihydro-phenazarsin mit Salzsäure hergestellt werden[1,2]:

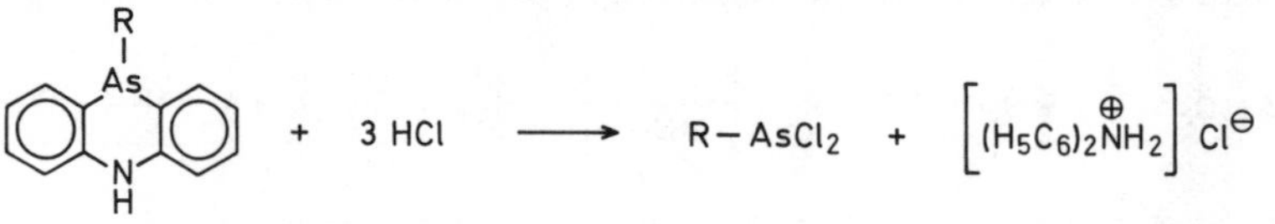

$$\text{(10-R-5,10-dihydro-phenazarsin)} + 3\ HCl \longrightarrow R-AsCl_2 + \left[(H_5C_6)_2\overset{\oplus}{N}H_2\right] Cl^{\ominus}$$

Die Reaktion stellt eine der einfachsten und elegantesten Methoden zur Herstellung von Dichlor-alkyl-arsinen dar, da die 10-Alkyl-5,10-dihydro-phenazarsine durch Umsetzung des 10-Chlor-5,10-dihydro-phenazarsins mit Alkyl-magnesium-halogeniden leicht zugänglich sind (s. S. 49).

**Dichlor-methyl-arsin**[1,2]: Zu 8 g 10-Methyl-5,10-dihydro-phenazarsins, die sich in einem mit Kühler und Vorlage verbundenem Destillierkolben befinden, wird unter Erwärmen im Ölbad während 1 Stde. ein langsamer Strom von Chlorwasserstoff eingeleitet. Die Temp. des Ölbads wird 45 Min. bei 100–110° und 15 Min. bei 140–150° gehalten. Zwischen 135–140° destilliert ein schwach gelbes Öl in der Vorlage über. Das Destillat wird anschließend fraktioniert; Ausbeute: 4 g (80% d. Th.); Kp: 132–133°.

Auf ähnliche Weise werden aus den entsprechenden 10-Alkyl-5,10-dihydro-phenazarsinen u. a. folgende Dichlor-alkyl-arsine hergestellt[2,3]:

| | | |
|---|---|---|
| Dichlor-äthyl-arsin | 68% d. Th. | Kp: 155,3° |
| Dichlor-propyl-arsin | 79% d. Th. | $Kp_{50}$: 88,8° |
| Dichlor-butyl-arsin | 69% d. Th. | $Kp_{20}$: 90,5° |
| Dichlor-(2-methyl-propyl)-arsin | 51% d. Th. | $Kp_{20}$: 77,8° |
| Dichlor-butyl-(2)-arsin | 74% d. Th. | $Kp_{20}$: 85° |

Im Falle des 10-tert.-Butyl-5,10-dihydro-phenazarsins ist wegen der leichten Isomerisierbarkeit der tert.-Butyl-Gruppe bei den üblichen Reaktionsbedingungen, die Spaltung mit flüssigem Chlorwasserstoff bei −90° bis −85° vorzunehmen[4]. *Dichlor-tert.-butyl-arsin* ($Kp_{16}$: 61°) entsteht unter diesen Bedingungen in 80%-iger Ausbeute[4].

Auch 10-Phenyl-5,10-dihydro-phenazarsin läßt sich analog den 10-Alkyl-Derivaten in *Dichlor-phenyl-arsin* und Diphenylamin spalten[1]. *Dichlor-(trifluor-vinyl)-arsin* läßt sich nach dieser Methode in besonders reiner Form erhalten[4].

Tert. Arsine, die zwei 2-Chlor-vinyl-Gruppen tragen, werden mit Kalilauge und anschließender Neutralisation mit Salzsäure in Dihalogen-organo-arsine umgewandelt[5]:

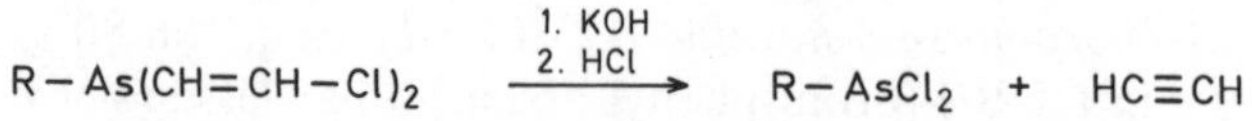

$$R-As(CH=CH-Cl)_2 \xrightarrow[\;2.\ HCl\;]{1.\ KOH} R-AsCl_2 + HC\equiv CH$$

R = Alkyl, Aryl

Der Mechanismus dieser Reaktion ist noch unbekannt.

[1] O. Seide u. J. Gorski, B. **62**, 2186 (1929).
[2] C. S. Gibson u. J. D. A. Johnson, Soc. **1931**, 2518.
[3] F. Govaert, C. r. **200**, 1603 (1935).
[4] R. N. Sterlin et al., Izv. Akad. SSSR. **1960**, 1991.
[5] I. L. Knunyants u. V. Yu. Pilskaya, szv. Akad. SSSR. **1955**, 472; C. A. **50**, 6298 (1956).

## $\delta$) Durch Reduktion von Arsonsäuren

Neben den Arsen(III)-halogeniden stellen die Arsonsäuren die am meisten eingesetzten Ausgangsverbindungen zur Herstellung von Arsonigsäure-dihalogeniden dar. Die einfach zugänglichen Arsonsäuren (s. S. 293) können direkt nach ihrer Herstellung ohne weitere Reinigung reduziert werden.

### $\delta_1$) mit Schwefeldioxid/Halogenwasserstoffsäure

Sättigt man die Lösung einer Arsonsäure oder ihrer Salze in Halogenwasserstoffsäure mit Schwefeldioxid, so werden sie je nach Halogenwasserstoffsäure zum entsprechenden Arsonigsäure-dihalogenid reduziert[1-15]:

$$R-AsO_3H_2 \xrightarrow{\ SO_2/HX\ } R-AsX_2$$

Die Reaktion wird durch Jod-Ionen katalysiert[2]. Während die Alkan-arsonsäuren bereits bei Raumtemperatur reduziert werden[12], benötigen die Aren-arsonsäuren Temperaturen zwischen 50 und 100°[13].

**Dihalogen-alkyl-arsine; allgemeine Arbeitsvorschrift**[12]**:** Die Alkan-arsonsäure wird in konz. Salzsäure oder Bromwasserstoffsäure gelöst und mit katalytischen Mengen Kaliumjodid versetzt. Anschließend wird die Lösung mit Schwefeldioxid gesättigt. Nach 6 Stdn. (in manchen Fällen etwas länger) wird die ausgeschiedene Ölschicht mit Äther oder Tetrachlormethan extrahiert, über Calciumchlorid oder Natriumsulfat getrocknet und über eine Vigreux-Kolonne fraktioniert.

Analog geht man bei der Reduktion der Aren-arsonsäuren vor, wobei diese jedoch in der Wärme gelöst werden müssen, und die Lösung während des Sättigens mit Schwefeldioxid ebenfalls warm gehalten werden muß[13]. Die in der Kälte fest ausgefallenen Dihalogen-aryl-arsine werden durch Umkristallisation aus Benzol, Petroläther oder Tetrachlormethan bzw. Gemischen dieser Lösungsmittel gereinigt[13]. Als Lösungsmittel können in manchen Fällen auch Äthanol oder Chloroform eingesetzt werden[11, 16].

Die Reduktion in Gegenwart äquimolarer Mengen Kaliumjodid liefert die Dijod-organo-arsine[8].

**Dijod-propyl-arsin**[8]**:** 145 g Magnesiumsalz der Propan-arsonsäure, 250 g Kaliumjodid und 300 *ml* Wasser werden mit 350 g konz. Salzsäure versetzt. Man sättigt die Lösung mit Schwefeldioxid. Nach Entfärbung der Lösung werden weitere 200 g Salzsäure zugegeben. Das ausgeschiedene Öl wird mit Äther extrahiert, und nach Trocknung über Calciumchlorid destillativ aufgearbeitet; Ausbeute: 156 g (55% d.Th.); Kp$_{11}$: 136–137°.

[1] H. KLINGER u. A. KREUTZ, A. **249**, 149 (1888).
[2] V. AUGER, C. r. **142**, 1151 (1906).
[3] R. UHLINGER u. R. COOK, J. Ind. Eng. Chem. **11**, 105 (1919).
[4] J. NORRIS, J. Ind. Eng. Chem. **11**, 826 (1919).
[5] G. J. BURROWS u. E. E. TURNER, Soc. **117**, 1375 (1920); **119**, 433 (1921).
[6] L. KALB, A. **423**, 39 (1921).
[7] A. J. QUICK u. R. ADAMS, Am. Soc. **44**, 812 (1922).
[8] W. STEINKOPF et al., B. **61**, 1911 (1928).
[9] G. NEWBERY u. M. A. PHILLIPS, Soc. **1928**, 2375.
[10] G. A. GOUGH u. H. KING, Soc. **1928**, 2431.
[11] W. STEINKOPF et al., J. pr. **141**, 301 (1934).
[12] C. K. BANKS et al., Am. Soc. **69**, 927 (1947).
[13] J. F. MORGAN et al., Am. Soc. **69**, 930 (1947).
[14] E. G. CLAEYS, J. Organometal. Chem. **5**, 446 (1966).
[15] B. CHISWELL u. K. A. VERALL, J. pr. **312**, 751 (1970).
[16] I. G. M. CAMPBELL u. R. C. POLLER, Soc. **1956**, 1195.

Tab. 17: Arsonigsäure-dihalogenide (Dihalogen-organo-arsine) durch Reduktion von Arsonsäuren mit Schwefeldioxid/Halogenwasserstoffsäure

| Ausgangsverbindung | Dihalogen-organo-arsin | Ausbeute [% d. Th.] | Kp | | Lite-ratur |
|---|---|---|---|---|---|
| | | | [°C] | [Torr] | |
| $H_3C-AsO_3H_2$ | *Dichlor-methyl-arsin* | 50–70 | 132–133 | 760 | 1,2 |
| | *Dibrom-methyl-arsin* | 80 | 180,5–181,5 | 760 | 2 |
| | *Dijod-methyl-arsin* | 60 | (F: 30°) | | 3,4 |
| $H_5C_2-AsO_3H_2$ | *Dichlor-äthyl-arsin* | 60–65 | 152–155 | 740 | 1,5 |
| | *Dibrom-äthyl-arsin* | 44 | 82–88 | 16 | 1 |
| | *Dijod-äthyl-arsin* | – | 126 | 11 | 6 |
| $Cl-CH_2-CH_2-AsO_3H_2$ | *Dichlor-(2-chlor-äthyl)-arsin* | 60 | 99,8–100 | 18 | 1 |
| $F_5C_2-AsO_3H_2$ | *Dichlor-(pentafluor-äthyl)-arsin* | – | 86–87 | 760 | 7 |
| $H_7C_3-AsO_3H_2$ | *Dichlor-propyl-arsin* | 47 | 98,3–99,5 | 70 | 1 |
| $H_2C=CH-CH_2-AsO_3H_2$ | *Dichlor-allyl-arsin* | 52 | 42 | 4,5 | 1 |
| $H_5C_6-AsO_3H_2$ | *Dichlor-phenyl-arsin* | 95 | 115–116 | 10 | 8 |
| 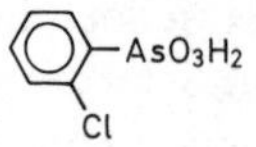 ⟨◯⟩—$AsO_3H_2$ / Cl | *Dichlor-(2-chlor-phenyl)-arsin* | 86 | (F: 44–45°) | | 9 |
| 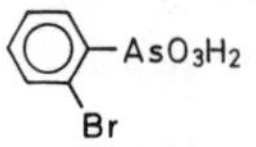 ⟨◯⟩—$AsO_3H_2$ / Br | *Dichlor-(2-brom-phenyl)-arsin* | 95 | 110 | 0,5 | 10,11 |
| 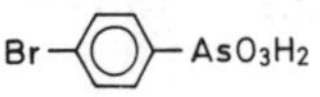 Br—⟨◯⟩—$AsO_3H_2$ | *Dibrom-(4-brom-phenyl)-arsin* | 86 | 180–185 | 12 | 12 |
| 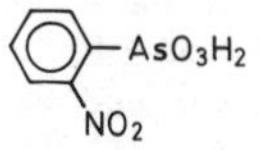 ⟨◯⟩—$AsO_3H_2$ / $NO_2$ | *Dichlor-(2-nitro-phenyl)-arsin* | 88 | (F: 49°) | – | 9 |
| 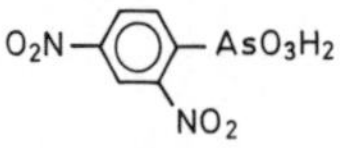 $O_2N$—⟨◯⟩—$AsO_3H_2$ / $NO_2$ | *Dichlor-(2,4-dinitro-phenyl)-arsin* | 75 | (F: 69–70,5°) | – | 9 |

[1] C. K. BANKS et al., Am. Soc. **69**, 927 (1947).
[2] G. P. KELEN, Bull. Soc. Chim. Belges **65**, 343 (1956).
[3] W. R. CULLEN, Canad. J. Chem. **38**, 439 (1960).
[4] E. G. CLAEYS, J. Organometal. Chem. **5**, 446 (1966).
[5] H. LONG et al., Soc. **1946**, 1123.
[6] G. J. BURROWS u. E. E. TURNER, Soc. **117**, 1373 (1920).
[7] A. B. BRUKER et al., Ž. obšč. Chim. **28**, 350 (1958); C. A. **52**, 13615 (1958).
[8] R. L. BARKER et al., J. Soc. chem. Ind. **68**, 289 (1949).
[9] J. F. MORGAN et al., Am. Soc. **69**, 930 (1947); dort zahlreiche weitere Beispiele.
[10] L. KALB, A. **423**, 39 (1921).
[11] E. R. H. JONES u. F. G. MANN, Soc. **1955**, 4475.
    R. D. CANNON et al., Soc. [A] **1967**, 1277.
[12] F. F. BLICKE u. S. R. SAPHIR, Am. Soc. **63**, 575 (1941).

Tab. 17 (1. Fortsetzung)

| Ausgangsverbindung | Dihalogen-organo-arsin | Ausbeute [% d.Th.] | Kp [°C] | [Torr] | Literatur |
|---|---|---|---|---|---|
| 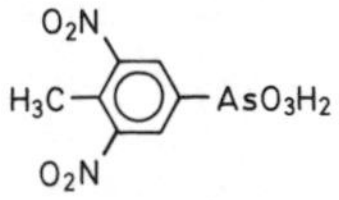 $O_2N$–C₆H₂(CH₃)($O_2N$)–$AsO_3H_2$ (H₃C, AsO₃H₂ ring with two O₂N) | *Dichlor-(3,5-dinitro-4-methyl-phenyl)-arsin* | 86 | (F: 126–127,5°) | – | 1 |
| 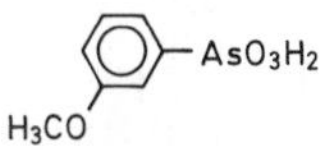 H₃CO–C₆H₄–$AsO_3H_2$ | *Dichlor-(3-methoxy-phenyl)-arsin* | 70 | 157 | 15 | 2 |
| 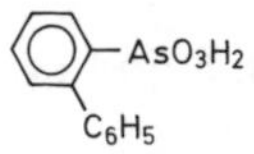 C₆H₄(C₆H₅)–$AsO_3H_2$ | *Dichlor-biphenylyl-(2)-arsin* | 88 | (F: 47,5–48,5°) | – | 3 |
| 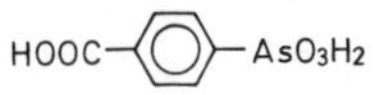 HOOC–C₆H₄–$AsO_3H_2$ | *Dichlor-(4-carboxy-phenyl)-arsin* | – | (F: 156–162°) | – | 4 |
| 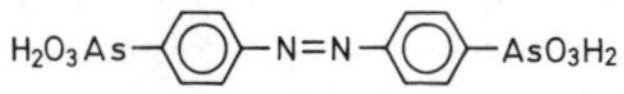 $H_2O_3As$–C₆H₄–N=N–C₆H₄–$AsO_3H_2$ | *4,4'-Bis-[dichlor-arsino]-azobenzol* | 78 | (F: 129–131°) | | 5 |
| 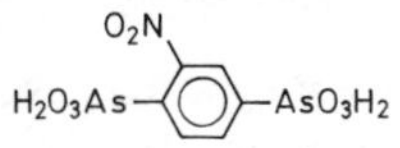 $H_2O_3As$–C₆H₃($O_2N$)–$AsO_3H_2$ | *2,5-Bis-[dichlor-arsino]-1-nitro-benzol* | 48 | (F: 72,6°) | | 1 |
| 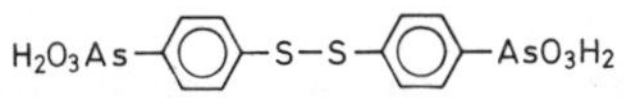 $H_2O_3As$–C₆H₄–S–S–C₆H₄–$AsO_3H_2$ | *Bis-[4-dichlorarsino-phenyl]-disulfan* | 84 | (F: 125,5–126,5°) | | 6 |
| 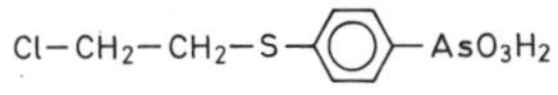 Cl–CH₂–CH₂–S–C₆H₄–$AsO_3H_2$ | *Dichlor-[4-(2-chlor-äthylthio)-phenyl]-arsin* | 68–90 | 148–152 | 0,05 | 1,6 |
| 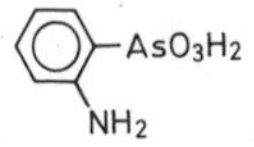 C₆H₄(NH₂)–$AsO_3H_2$ | *Dichlor-(2-amino-phenyl)-arsin-Hydrochlorid* | – | (F: 128–128,5°) | | 7 |
| 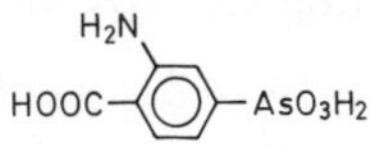 H₂N, HOOC–C₆H₃–$AsO_3H_2$ | *Dichlor-(3-amino-4-carboxy-phenyl)-arsin* | 90 | (F: 195°) | | 8 |
| 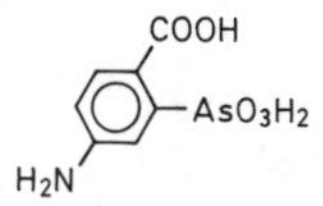 COOH, H₂N–C₆H₃–$AsO_3H_2$ | *Dichlor-(5-amino-2-carboxy-phenyl)-arsin* | 98 | (F: 191,5°) | | 8 |

[1] J. F. MORGAN et al., Am. Soc. **69**, 930 (1947); dort zahlreiche weitere Beispiele.
[2] E. R. H. JONES u. F. G. MANN, Soc. **1958**, 294.
[3] E. R. H. JONES u. F. G. MANN, Soc. **1949**, 2895.
[4] I. G. M. CAMPBELL u. L. C. POLLER, **1956**, 1195.
[5] E. R. H. JONES u. F. G. MANN, Soc. **1955**, 411.
[6] H. T. OPENSHAW u. A. R. TODD, Soc. **1948**, 374.
[7] B. CHISWELL u. K. A. VERALL, J. pr. **312**, 751 (1970).
[8] G. O. DOAK et al., Am. Soc. **67**, 719 (1945).

Tab. 17  (2. Fortsetzung)

| Ausgangsverbindung | Dihalogen-organo-arsin | Ausbeute [% d. Th.] | Kp [°C] | [Torr] | Literatur |
|---|---|---|---|---|---|
| 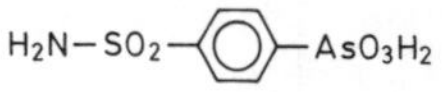 H₂N–SO₂–⟨O⟩–AsO₃H₂ | Dichlor-(4-amino-sulfonyl-phenyl)-arsin | – | (F: 176–177°) | | 1 |
| 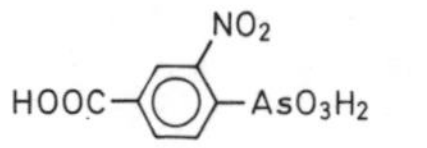 HOOC–⟨O⟩(NO₂)–AsO₃H₂ | Dichlor-(2-nitro-4-carboxy-phenyl)-arsin | – | (F: 173–174°) | | 2 |

Durch konz. Jodwasserstoffsäure allein werden die Arsonsäuren ebenfalls zu Dijod-organo-arsinen reduziert[3-6]:

$$R-AsO_3H_2 \xrightarrow{HJ} R-AsJ_2$$

**5-Dijodarsino-acenaphthen**[5]: 1 g (0,0036 Mol) Acenaphthen-5-arsonsäure werden in 20 *ml* Eisessig suspendiert. Unter Rühren werden 8 *ml* 43%-iger Jodwasserstoffsäure zugegeben. Die Mischung wird einige Min. unter Rückfluß erhitzt, bis eine klare Lösung entsteht. Anschließend läßt man bei 0° über Nacht stehen, saugt den ausgefallenen Niederschlag ab und kristallisiert aus Eisessig um; Ausbeute: 0,4 g (30% d. Th.); F: 95–96°.

Benzophenon-arsonsäuren, die weder eine Amino- noch eine Nitro-Gruppe tragen, werden in Eisessig durch konz. Halogenwasserstoffsäure in die entsprechenden Dihalogenarsino-benzophenone umgewandelt[3].

**2′-Dibromarsino-4-methoxy-benzophenon**[3]: Eine Lösung von 2 g 4-Methoxy-benzophenon-2′-arsonsäure in 25 *ml* Eisessig wird mit 10 *ml* 48%-iger Bromwasserstoffsäure versetzt. Man läßt anschließend mehrere Stdn. in der Kälte stehen, saugt ab und kristallisiert aus Eisessig um; Ausbeute: 2 g; F: 161°.

Analog erhält man durch Reaktion mit konz. Salzsäure bzw. Jodwasserstoffsäure *2′-Dichlorarsino-* (F: 148°) bzw. *2′-Dijodarsino-4-methoxy-benzophenon* (F: 137°)[3].

### δ₂) *mit Phosphor-halogeniden oder Zinn(II)-chlorid*

Arsonigsäure-dihalogenide können in guten Ausbeuten durch Reduktion von Arsonsäuren mit Phosphor(III)-halogeniden hergestellt werden[7-18]:

[1] J. F. ONETO u. E. L. WAY, Am. Soc. **61**, 2105 (1939).
[2] K. L. McCLUSKEY, Am. Soc. **51**, 1462 (1929).
[3] W. L. LEWIS u. H. C. CHEETHAM, Am. Soc. **45**, 510 (1923).
[4] J. F. ONETO u. E. L. WAY, Am. Soc. **61**, 2105 (1939); **63**, 762, 3068 (1941); **64**, 1287 (1942).
[5] R. J. GARASCIA et al., J. Org. Chem. **25**, 1271 (1960).
[6] K. IRGOLIC et al., Phosphorus, **5**, 183 (1975).
[7] V. AUGER, C. r. **142**, 1152 (1906).
[8] W. STEINKOPF u. W. MIEG, B. **53**, 1015 (1920).
[9] W. L. LEWIS u. H. C. CHELTHAM, Am. Soc. **43**, 2117 (1921); **45**, 510 (1923).
[10] W. STEINKOPF u. S. SCHMIDT, B. **61**, 675 (1928).
[11] H. J. BARBER, Soc. **1930**, 2047.
[12] B. F. SKILES u. C. S. HAMILTON, Am. Soc. **59**, 1006 (1937).
[13] F. E. RAY u. R. J. GARASCIA, J. Org. Chem. **15**, 1233 (1950).
[14] R. F. GARASCIA u. I. V. MATTEI, Am. Soc. **75**, 4589 (1953).
[15] H. GILMAN u. S. AVAKIAN, Am. Soc. **76**, 4031 (1954).
[16] R. J. GARASCIA u. R. J. OVERBERG, J. Org. Chem. **19**, 27 (1954).
[17] R. F. GARASCIA et al., J. Org. Chem. **25**, 1271 (1960).
[18] D. HAMER u. R. G. LECKY, Soc. **1961**, 1398.

$$R-AsO_3H_2 \;+\; PX_3 \;\longrightarrow\; R-AsX_2$$

$$X = Cl, Br$$

Die Reduktion wird entweder in Chloroform, Tetrachlormethan oder Eisessig durchgeführt. Alkanarsonsäuren werden bereits bei Raumtemperatur reduziert[1, 2], Arenarsonsäuren benötigen dagegen mäßige bis höhere Temperaturen[3-8]. In manchen Fällen wird ein Gemisch aus Phosphor(III)- und (V)-halogeniden eingesetzt[9, 3, 5].

**Dichlorarsino-essigsäure**[1, 2]: Zu einer Lösung von 35 g Arsono-essigsäure in 105 g Chloroform (oder Tetrachlormethan) werden 77 g Phosphor(III)-chlorid gelöst in ebensoviel Chloroform zugetropft. Die Reaktion ist exotherm. Nach ~ 2 Stdn. kühlt man auf −5°, saugt den ausgefallenen Niederschlag ab und wäscht mit Chloroform (oder Tetrachlormethan) nach. Das Rohprodukt wird anschließend mit Äther extrahiert, um noch vorhandene phosphorige Säure abzutrennen. Nach Abziehen des Äthers wird der Rückstand aus Benzol oder viel Tetrachlormethan umkristallisiert; Ausbeute: 13−14 g (36% d. Th.); F: 123−125°.

Analog verläuft die Umsetzung mit Phosphor(III)-bromid, wobei die Reaktionstemperatur 15° nicht übersteigen darf. Die Ausbeute an *Dibromarsino-essigsäure* (F: 108−112°) beträgt 24% d. Th.[10]. *3-Dichlorarsino-propionsäure* (F: 90°) entsteht auf diese Weise in nur 12%-iger Ausbeute[10].

**5-Dichlorarsino-acenaphthen**[11]: 1 g (0,0036 Mol) Acenaphthen-5-arsonsäure werden in 13 ml Chloroform suspendiert und zum Sieden erhitzt. Man unterbricht das Erhitzen und tropft 1,2 ml (0,017 Mol) Phosphor(III)-chlorid langsam zu. Anschließend destilliert man das Chloroform ab, gibt 8 ml Petroläther (Kp: 60−90°) zu, kocht unter Rückfluß und filtriert ab. Das Filtrat wird über Nacht bei 0° stehengelassen, wobei das Dichlorarsin ausfällt, das man aus weiteren 8 ml Petroläther umkristallisiert; Ausbeute: 1,1 g (55% d. Th.); F: 88−90°.

Auf die gleiche Weise erhält man beim Einsetzen von Phosphor(III)-bromid das *5-Dibromarsino-acenaphthen* (F: 72−73°) in 56%-iger Ausbeute[11].

**4-Dichlorarsino-9-oxo-fluoren**[6]: 1 g (0,00328 Mol) fein gepulverte 9-Oxo-fluoren-4-arsonsäure werden in 10 ml siedendem Eisessig suspendiert und langsam mit 1,5 ml (0,012 Mol) Phosphor(III)-chlorid in 5 ml Eisessig versetzt. Anschließend erhitzt man 5 Min. unter leichtem Sieden, kühlt ab, saugt den ausgefallenen Niederschlag ab und kristallisiert aus Eisessig um; Ausbeute: 0,85 g (80% d. Th.); F: 161−163°.

Analog erhält man u. a. folgende Dichlor-arsine:

| | | |
|---|---|---|
| *1-Dichlorarsino-9-oxo-fluoren*[6] | 85% d.Th. | F: 138−140° |
| *1-Dichlorarsino-7-nitro-9-oxo-fluoren*[6, 2] | 80% d.Th. | F: 215−217° |
| *4-Dichlorarsino-7-nitro-9-oxo-fluoren*[6] | 85% d.Th. | F: 231−232° |
| *3-Dichlorarsino-⟨benzo-[b]-furan⟩*[4] | 85% d.Th. | F: 130° |
| *Dichlor-(4-brom-phenyl)-arsin*[8] | 80% d.Th. | Kp₃: 90−91° |
| *2-Dichlorarsino-4′-nitro-biphenyl*[7] | 77% d.Th. | F: 81−82° |

2-Nitro-4-carboxy-benzolarsonsäure kann in salzsaurer Lösung mit unterphosphoriger Säure zu *Dichlor-(2-nitro-4-carboxy-phenyl)-arsin* (F: 173−174°) reduziert werden[12].

---

[1] W. STEINKOPF u. S. SCHMIDT, B. **61**, 675 (1928).

[2] R. J. GARASCIA u. R. J. OVERBERG, J. Org. Chem. **19**, 27 (1954).

[3] H. J. BARBER, Soc. **1930**, 2047.

[4] B. F. SKILES u. C. S. HAMILTON, Am. Soc. **59**, 1006 (1937).

[5] J. F. ONETO u. E. L. WAY, Am. Soc. **61**, 2105 (1939).

[6] F. E. RAY u. R. J. GARASCIA, J. Org. Chem. **15**, 1233 (1950).

[7] R. J. GARASCIA u. I. V. MATTEI, Am. Soc. **75**, 4589 (1953).

[8] H. GILMAN u. S. AVAKIAN, Am. Soc. **76**, 4031 (1954).

[9] W. L. LEWIS u. H. C. CHELTHAM, Am. Soc. **43**, 2117 (1921); **45**, 510 (1923).

[10] D. HAMER u. R. G. LECKY, Soc. **1961**, 1398.

[11] R. J. GARASCIA et al., J. Org. Chem. **25**, 1271 (1960).

[12] K. L. MCCLUSKEY, Am. Soc. **51**, 1462 (1929).

Einige Amino-benzolarsonsäuren, die am Stickstoff einen empfindlichen Rest tragen, sollten mit Zinn(II)-chlorid in salzsaurer Lösung zum entsprechenden Dichlorarsin reduziert[1] werden; z. B.:

*4,6-Diamino-2-(3-dichlorarsino-4-amino-anilino)-1,3,5-triazin*

### ε) Aus Arsonigsäure-dihalogeniden durch Halogen-Austausch

Dijodorgano-arsine werden in besonders reiner Form aus den einfach zugänglichen Dichlor-organo-arsinen durch Umsetzung mit Natriumjodid[2-6] gewonnen:

$$R-AsCl_2 \ + \ 2\,NaJ \ \longrightarrow \ R-AsJ_2 \ + \ 2\,NaCl$$

Die Umsetzung verläuft am besten in Aceton, worin auch das Natriumjodid gut löslich ist[3,5].

**Dijod-phenyl-arsin**[2,3]: Zu einer Lösung von 31 g Natriumjodid in 200 *ml* trockenem Aceton werden unter Rühren und Feuchtigkeitsausschluß 22 g Dichlor-phenyl-arsin zugegeben. Nach 3–4 Stdn. wird das Lösungsmittel i. Vak. gänzlich entfernt, der Rückstand in trockenem Chloroform aufgenommen und vom Ungelösten filtriert. Nach Entfernung des Chloroforms wird i. Vak. destilliert; Ausbeute: 27,7 g (61% d. Th.); $Kp_{10}$: 185°; F: 15° (aus Äthanol).

Auf ähnliche Weise wird aus Dichlor-äthyl-arsin das *Dijod-äthyl-arsin* ($Kp_{11}$: 122,7°) gebildet[3,5].

Das *Dichlor-trifluormethyl-arsin* läßt sich durch Umsetzung von Dijod-trifluormethyl-arsin mit Silberchlorid herstellen[7,8]:

$$F_3C-AsJ_2 \ + \ 2\,AgCl \ \xrightarrow[-2\,AgJ]{} \ F_3C-AsCl_2$$

**Dichlor-trifluormethyl-arsin**[7]: In einem mit 5 g Silberchlorid beschichteten evakuierten Bombenrohr wird eine Ampulle mit 1,1 g Dijod-trifluormethyl-arsin zerbrochen und das Rohr 12 Tage bei Raumtemp. sich selbst überlassen. Anschließend wird i. Vak. mehrfach fraktioniert kondensiert; Ausbeute: 0,34 g (57% d. Th.); $Kp_{10,1}$: −24,1°; Kp: 71° (extrapoliert).

Die Halogen-Austausch-Methode ist besonders zur Herstellung für die auf anderen Wegen kaum zugänglichen Difluor- und Dicyan-organo-arsine geeignet.

Für die Herstellung der Difluor-arsine werden die entsprechenden Dichlorarsine mit Antimon(III)-fluorid[9] oder wasserfreiem Ammoniumfluorid[10-12] umgesetzt, wobei letzteres das wirkungsvollere Reagens darstellt[10]:

[1] US. P. 2 390 529, 2 390 089−92 (1945), Erf.: E. A. H. FRIEDHEIM; C. A. **40**, 5070 (1946); **41**, 160, 161 (1947).
[2] G. J. BURROWS u. E. E. TURNER, Soc. **117**, 1373 (1920).
[3] W. STEINKOPF u. G. SCHWENN, B. **54**, 1437 (1921).
[4] G. NEWBERY u. M. A. PHILLIPS, Soc. **1928**, 2375.
[5] W. R. CULLEN, Canad. J. Chem. **39**, 2486 (1961).
[6] K. SOMMER, Z. anorg. Ch. **377**, 128 (1970).
[7] E. G. WALASCHEWSKI, B. **86**, 272 (1953).
[8] J. EMELÉUS, Soc. **1954**, 2979.
[9] R. SCHMUTZLER, Inorg. Chem. **3**, 410 (1964).
[10] L. H. LONG et al., Soc. **1946**, 1123.
[11] A. B. BRUKER et al., Ž. obšč. Chim. **28**, 350 (1958); C. A. **52**, 13615 (1958).
[12] E. CLAEYS, J. Organometal. Chem. **5**, 446 (1966).

$$R-AsCl_2 \quad + \quad 2\,NH_4F \quad \xrightarrow[-\,2\,NH_4Cl]{80-100°} \quad R-AsF_2$$

Die Reaktion läuft ohne Lösungsmittel ab. Um gute Ausbeuten zu erhalten, muß das Ammoniumfluorid völlig wasserfrei sein.

**Difluor-methyl-arsin**[1]: In einem Destillationskolben, versehen mit Kolonne und Kühler werden unter Feuchtigkeitsausschluß 3 Mol frisch getrocknetes Ammoniumfluorid und 1 Mol Dichlor-methyl-arsin vorgelegt. Man erwärmt auf 70° und dann langsam auf 90°. Beim Erreichen dieser Temp. setzt eine leichte Destillation ein, wobei die Temp. am Kolonnenkopf 76–77° beträgt. Nach 2–3 Stdn. ist die Destillation beendet, wobei die Temp. am Kolonnenkopf 78° nicht überschreiten darf, da sonst Dichlor-arsin mit überdestillieren kann. Das Destillat wird anschließend fraktioniert; Ausbeute: 90–95% d.Th.; Kp: 76,5°.

Auf ähnliche Weise werden aus entsprechenden Dichlor-organo-arsinen die folgenden Difluor-organo-arsine hergestellt[1]:

| | |
|---|---|
| *Difluor-äthyl-arsin* | Kp: 94,3° |
| *Difluor-phenyl-arsin* | $Kp_{48}$: 110°; F: 42° |
| *Difluor-(2-chlor-vinyl)-arsin* | $Kp_{4,5}$: 43,5° |

Difluor-organo-arsine greifen gewöhnliches Glas unter Bildung von Tetrafluor-silan an. Es empfiehlt sich deshalb, die Herstellung in Pyrex-Glas vorzunehmen[1].

Die Dicyan-organo-arsine werden aus Dichlor-organo-arsinen und Silbercyanid in Benzol gewonnen[2-4]:

$$R-AsCl_2 \quad + \quad 2\,AgCN \quad \xrightarrow[-\,2\,AgCl]{C_6H_6} \quad R-As(CN)_2$$

**Alkyl-dicyan-arsine; allgemeine Herstellungsvorschrift**[3]: Unter Feuchtigkeitsausschluß werden 2 Mol Silbercyanid in 750 *ml* abs. Benzol suspendiert und mit 1 Mol Dichlor-alkyl-arsin versetzt. Man erhitzt 48 Stdn. unter Rückfluß, filtriert von Silberchlorid ab, behandelt das Filtrat mit Tierkohle, engt ein und fällt mit Petroläther aus. Zur Reinigung wird aus Benzol/Petroläther umkristallisiert. U. a. erhält man auf diese Weise:

| | | |
|---|---|---|
| *Propyl-dicyan-arsin* | 72% d.Th. | F: 82–86° |
| *Butyl-dicyan-arsin* | 68% d.Th.; | F: 61–63° |
| *Pentyl-dicyan-arsin* | 40% d.Th. | F: 69–69,5° |
| *Hexyl-dicyan-arsin* | 57% d.Th. | F: 67,8–69,8° |

Analog wird auch *Methyl-dicyan-arsin* (F: 126–127° im zugeschmolzenen Röhrchen; aus Chloroform) hergestellt[4].

### ζ) Aus Arsonigsäuren oder ihren Derivaten

Arsonigsäuren bzw. Arsonigsäure-anhydride werden bei der Einwirkung von konz. Halogenwasserstoffsäuren in die entsprechenden Arsonigsäure-dihalogenide umgewandelt[5-14]:

---

[1] H. Long et al., Soc. **1946**, 1123.

[2] A. Etienne, C. r. **221**, 628 (1945); Bl. **1947**, 47.

[3] C. K. Banks et al., Am. Soc. **69**, 927 (1947).

[4] E. O. Schlemper u. D. Britton, Acta crystallogr. **20**, 777 (1966).

[5] W. LaCoste u. A. Michaelis, A. **201**, 203 (1880).

[6] A. Michaelis u. C. Schulte, B. **14**, 913 (1881).

[7] W. L. Lewis u. H. C. Cheltham, Am. Soc. **45**, 510 (1923).

[8] G. Newbery u. M. A. Phillips, Soc. **1928**, 2375.

[9] H. J. Barber, Soc. **1930**, 2047.

[10] F. F. Blicke et al., Am. Soc. **54**, 2945 (1932); **59**, 534 (1937).

[11] J. F. Oneto u. E. L. Way, Am. Soc. **61**, 2105 (1939).

[12] G. O. Doak et al., Am. Soc. **66**, 194 (1944).

[13] A. I. Titov u. B. B. Levin, Sbornik Statei Obšč. Chim. **2**, 1469 (1953); C. A. **49**, 4503 (1955).

[14] G. P. Sollott u. W. P. Peterson, J. Org. Chem. **30**, 389 (1965).

$$R-As(OH)_2 \;+\; 2\,HX \;\rightleftharpoons\; R-AsX_2 \;+\; 2\,H_2O$$

X = Cl, Br, J

Die Methode ist unbedeutend, da die Arsonigsäuren bzw. ihre Anhydride allgemein über die Arsonigsäure-dihalogenide hergestellt werden (s. S. 167). In manchen Fällen dient die Reaktion zur Reinigung der Arsonigsäure-dihalogenide[1].

Die Umsetzung verläuft über Arsonigsäure-monohalogenide die z. Tl. isoliert werden können[2]:

$$R-As(OH)_2 \;+\; HX \;\underset{-H_2O}{\rightleftharpoons}\; R-As{\overset{X}{\underset{OH}{\big\langle}}} \;\underset{HX}{\rightleftharpoons}\; R-AsX_2 \;+\; H_2O$$

Dichlor-organo-arsine lassen sich durch Umsetzung von Arsonigsäure-anhydriden mit Thionylchlorid in 1,2-Dichlor-äthan herstellen[3]; z. B.:

$$O{=}As-CH_2-CH_2-As{=}O \;+\; 2\,SOCl_2 \;\xrightarrow{Cl-CH_2-CH_2-Cl}\; Cl_2As-CH_2-CH_2-AsCl_2$$

*1,2-Bis-[dichlor-arsino]-äthan*; $Kp_{0,5}$: 74°

während *Dichlor-pentafluorphenyl-arsin* (89% d. Th.) durch Umsetzung von Pentafluorbenzol-thioarsonigsäure-anhydrid mit Quecksilber-(II)-chlorid in siedendem Äther gewonnen wird[4]:

$$(F_5C_6-As{=}S)_4 \;+\; 4\,HgCl_2 \;\xrightarrow[-4\,HgS]{\ddot{A}ther}\; 4\,F_5C_6-AsCl_2$$

Von den Arsonigsäure-Derivaten sind die Arsonigsäure-diamide (Diamino-organoarsine) am leichtesten durch wasserfreie Halogenwasserstoffe in die entsprechenden Dihalogen-organo-arsine umzuwandeln[5, 6]:

$$R^1-As(NR_2)_2 \;+\; 4\,HX \;\xrightarrow[-2\,[R_2\overset{\oplus}{N}H_2]\,Cl^{\ominus}]{}\; R^1-AsX_2$$

X = F, Cl, Br, J

**Dichlor-methyl-arsin**[6]: Auf 1,357 mMol Bis-[dimethylamino]-methyl-arsin werden 7,968 mMol Chlorwasserstoff kondensiert. Unter Ausfallen von Dimethylammoniumchlorid setzt sofort nach Auftauen des Chlorwasserstoffs Reaktion ein. Anschließend wird fraktioniert destilliert; Ausbeute: 1,336 mMol (99% d. Th.).

Da die Arsonigsäure-diamide hauptsächlich aus den entsprechenden Dihalogeniden hergestellt werden (s. S. 222), kann man nach dieser Methode die Arsonigsäure-dihalogenide ineinander überführen[6]:

$$R-AsJ_2 \;+\; 4\,HN(CH_3)_2 \;\longrightarrow\; R-As[N(CH_3)_2]_2 \;+\; 2\,[(H_3C)_2\overset{\oplus}{N}H_2]\,J^{\ominus}$$

$$R-As[N(CH_3)_2]_2 \;\xrightarrow{4\,HX}\; R-AsX_2 \;+\; 2\,[(H_3C)_2\overset{\oplus}{N}H_2]\,X^{\ominus}$$

X = F, Cl, Br

[1] F. F. BLICKE et al., Am. Soc. **54**, 2945 (1932); **59**, 534 (1937).
[2] C. K. BANKS et al., Am. Soc. **69**, 5 (1947).
[3] K. SOMMER, Z. anorg. Ch. **376**, 150 (1970).
[4] M. GREEN u. D. KIRKPATRICK, Soc. [A] **1968**, 483.
[5] K. MÖDRITZER, B. **92**, 2637 (1959).
[6] F. KOBER, Z. anorg. Ch. **397**, 97 (1973); Eine spezielle Apparatur zur Umsetzung der Diamino-organo-arsine mit Halogenwasserstoffen wird hier beschrieben.

Es muß jedoch darauf geachtet werden, daß die Halogenwasserstoffsäure zumindest in 4-fachem molaren Überschuß eingesetzt wird, da sonst Arsonigsäure-amid-halogenide erhalten werden[1].

Die Reaktion wird in abs. Benzol bei $\sim 23°$ oder $0°$ bis $-40°$ durchgeführt[2].

Die Leichtigkeit, mit der die As-N-Bindung in den Arsonigsäure-amiden durch Säuren gespalten wird, ermöglicht die Herstellung von Arsonigsäure-dihalogeniden mit verschiedenen Halogenatomen. So läßt sich die Dimethylamino-Gruppe in Methanarsonigsäure-halogenid-dimethylamid durch Einwirkung von Halogenwasserstoffen gegen Halogen austauschen[3]:

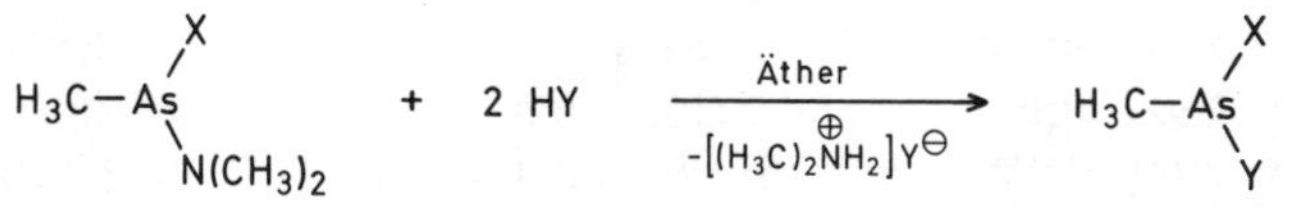

$$H_3C-As{\overset{X}{\underset{N(CH_3)_2}{\Big\backslash}}} \quad + \quad 2\ HY \quad \xrightarrow[-[(H_3C)_2\overset{\oplus}{N}H_2]Y^{\ominus}]{\text{Äther}} \quad H_3C-As{\overset{X}{\underset{Y}{\Big\backslash}}}$$

X = F, Cl, Br, J
Y = Cl, Br

Auf diese Weise werden *Methanarsonigsäure-chlorid-bromid* ($80\%$ d.Th.: Kp.: $147°$), *-chlorid-jodid* ($65\%$ d.Th.; $Kp_{16}$: $65°$) und *-bromid-jodid* ($70\%$ d.Th.; $Kp_{16}$: $114°$) erhalten[3].

*Dijod-methyl-arsin* läßt sich durch Alkylierung von Bis-[dimethylamino]-methyl-arsin mit Methyljodid in Benzol gewinnen[2].

Analog entsteht das *Dijod-phenyl-arsin* durch Alkylierung von Bis-[dialkylamino]-phenyl-arsin mit Methyljodid[4].

Arsonigsäure-diester bzw. -dithioester lassen sich mit elementarem Halogen, Sulfonylchlorid, Acetylchlorid oder Phosphor(V)-chlorid in die entsprechenden Dichloride umwandeln[5-7]:

$$R-As(OR^1)_2 \quad \xrightarrow{PCl_5} \quad R-AsCl_2$$

## $\eta$) Aus prim. Arsinen oder Arsenoverbindungen

Diese Methode zur Umwandlung prim. Arsine oder Arseno-Verbindungen in Dihalogen-organo-arsine ist kaum von präparativer Bedeutung, da letztere auf anderem Wege einfacher zugänglich sind.

**Dijod-phenyl-arsin** läßt sich durch Addition von 2 Mol Jod an Phenylarsin in nahezu quantitativer Ausbeute herstellen[8-10].

$$H_5C_6-AsH_2 \quad + \quad 2\ J_2 \quad \xrightarrow[-2HJ]{\text{Äther}} \quad H_5C_6-AsJ_2$$

Bei der Einwirkung der 2fach molaren Menge Sulfurylchlorid auf Phenylarsin entsteht *Dichlor-phenyl-arsin* zu $90\%$ d.Th.[11]:

$$H_5C_6-AsH_2 \quad + \quad 2\ SO_2Cl_2 \quad \xrightarrow{-2SO_2} \quad H_5C_6-AsCl_2$$

---

[1] F. Kober, Z. anorg. Ch. **397**, 97; (1973); Eine spezielle Apparatur zur Umsetzung der Diamino-organo-arsine mit Halogenwasserstoffen wird hier beschrieben.

[2] F. Kober, Z. anorg. Ch. **397**, 97 (1973).

[3] J. Kaufmann u. F. Kober, J. Organometall. Chem. **96**, 243 (1975).

[4] E. Fluck u. G. Jakobson, Z. anorg. Ch. **369**, 178 (1969).

[5] G. Kamai u. N. A. Chadaeva, Doklady Akad. SSSR. **115**, 305 (1957); C. A. **52**, 6161 (1958).

[6] M. S. Malinovkii, Ž. obšč. Chim. **10**, 1978 (1940); engl.: 1918.

[7] N. A. Chadaeva et al., Izv. Akad. SSSR. **1972**, 1303.

[8] F. F. Blicke u. L. D. Powers, Am. Soc. **55**, 1161 (1933).

[9] C. T. Mortimer u. H. A. Skinner, Soc. **1953**, 1161.

[10] E. Wiberg u. K. Mödrizer, Z. Naturf. **12b**, 127 (1957).

[11] L. Anschütz u. H. Wirth, Naturwiss. **43**, 59 (1956).

Wird die Umsetzung im Verhältnis 1 : 1 durchgeführt, so entsteht hauptsächlich Arsenobenzol, das wiederum mit weiterem Sulfurylchlorid zu Dichlor-phenyl-arsin reagiert[1].

*Dijod-phenyl-arsin* entsteht neben anderen Organo-arsen-Verbindungen beim Erhitzen von Arsenobenzol mit Trifluor-methyljodid auf 115°[2] und *Dijod-tert.-butyl-arsin* durch Umsetzung von Tetra-tert.-butyl-cyclotetraarsin mit Methyljodid oder Jod in siedendem Tetrahydrofuran[3]:

$$[(H_3C)_3C-As]_4 \ + \ 6\,CH_3J \ \xrightarrow{THF} \ 2\,[(H_3C)_3\overset{\oplus}{As}-C(CH_3)_3]\ J^{\ominus} \ + \ 2\,(H_3C)_3C-AsJ_2$$

## B. Umwandlung

Die Arsonigsäure-dihalogenide bzw. -pseudohalogenide sind hoch **giftige** Substanzen. Sie üben starke Reizwirkung auf die Schleimhäute aus und verursachen auf der Haut schlecht heilende eiternde Wunden. Ihre Handhabung muß daher mit **äußerster Sorgfalt** (s. S. 31) vorgenommen werden.

### α) Hydrolyse

Arsonigsäure-dihalogenide hydrolysieren in alkal. Medium zu Arsonigsäuren bzw. Arsonigsäure-anhydriden (s. S. 167):

$$R-AsCl_2 \ + \ H_2O \ \rightleftharpoons \ R-As(OH)_2 \ + \ 2\,HCl$$

Eine große Zahl der Dihalogenide löst sich in Wasser, ohne zu hydrolysieren. Die Leichtigkeit der Hydrolyse hängt sowohl vom organischen Rest, als auch vom Halogen ab. Elektronen-Donatoren am Arsen erleichtern die Hydrolyse, so werden Dihalogen-alkyl-arsine leichter als die entsprechenden Arylarsine hydrolysiert[4]. In Abhängigkeit von den Halogenen nimmt die Leichtigkeit von Jodid zu Fluorid zu. Difluor-organo-arsine werden durch Wasser bereits bei Raumtemperatur irreversibel hydrolysiert[5].

In manchen Fällen verläuft die Hydrolyse unter Spaltung der As-C-Bindung[6, 7]:

$$Cl-CH=CH-AsCl_2 \ \xrightarrow{OH^{\ominus}/\,H_2O} \ As(OH)_3 \ + \ HCl \ + \ HC\equiv CH$$

Bei der Solvolyse mit Schwefelwasserstoff werden Dithio-arsonigsäure bzw. Arsonigthiosäure-anhydride erhalten (s. S. 206):

$$R-AsCl_2 \ \xrightarrow{H_2S} \ R-As(SH)_2 \ \text{bzw.} \ (R-AsS)_n$$

Die Alkoholyse oder die Umsetzung mit Alkanolaten bzw. Epoxiden führt je nach Reaktionsbedingungen zu Arsonigsäureester-halogeniden (Halogen-organooxy-organo-arsinen) (s. S. 190) oder zu Arsonigsäure-diestern (s. S. 195):

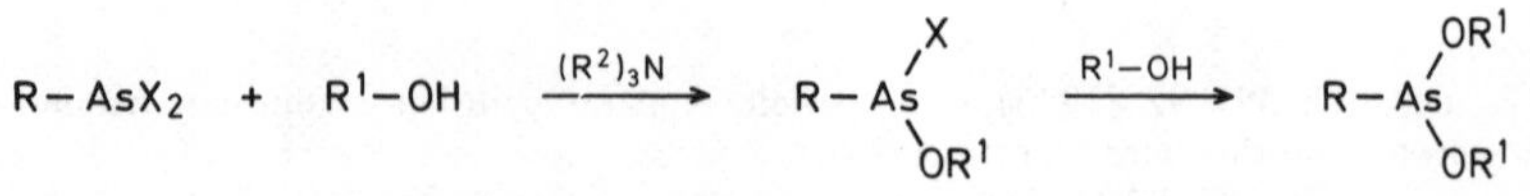

$$R-AsX_2 \ + \ R^1-OH \ \xrightarrow{(R^2)_3N} \ R-As\overset{X}{\underset{OR^1}{\diagup}} \ \xrightarrow{R^1-OH} \ R-As\overset{OR^1}{\underset{OR^1}{\diagup}}$$

[1] L. Anschütz u. H. Wirth, Naturwiss. **43**, 59 (1956).

[2] W. R. Cullen u. N. K. Hota, Canad. J. Chem. **42**, 1123 (1964).

[3] A. Tzschach u. V. Kiesel, J. pr. **313**, 259 (1973).

[4] G. O. Doak u. L. D. Freedman, *Organometallic Compounds of Arsenic, Antimony, and Bismuth*, Wiley-Interscience, New York 1970.

[5] L. H. Long et al., Soc. **1946**, 1123.

[6] A. Michaelis u. U. Paetow, A. **233**, 60 (1886).

[7] W. A. Waters u. J. H. Williams, Soc. **1950**, 18.

Analog verläuft die Umwandlung zu den entsprechenden Arsonigsäure-dithioestern (s. S. 210):

$$R-AsX_2 \ + \ 2\ R^1SH \ \xrightarrow{(R^2)_3N} \ R-As \underset{S-R^1}{\overset{S-R^1}{\big<}}$$

Die Umsetzung mit prim. Aminen führt zu oligomeren Arsonigsäure-imiden (s. S. 220):

$$R-AsX_2 \ + \ R^1-NH_2 \ \xrightarrow[-\,HCl]{} \ (R-As{=}N-R^1)_n$$

Sek. Amine liefern Arsonigsäure-amid-halogenide (Halogen-amino-organo-arsin) (s. S. 54) oder Arsonigsäure-diamide (Diamino-organo-arsine) (s. S. 222):

$$R-AsX_2 \ + \ (R^1)_2NH \ \longrightarrow \ R-As\underset{N(R^1)_2}{\overset{X}{\big<}} \ \xrightarrow{(R^1)_2NH} \ R-As\underset{N(R^1)_2}{\overset{N(R^1)_2}{\big<}}$$

### $\beta$) Oxidation und Reduktion

Arsonigsäure-dihalogenide werden durch Oxidationsmittel wie Quecksilberoxid oder Wasserstoffperoxid in Arsonsäuren umgewandelt (s. S. 306):

$$R-AsX_2 \ \xrightarrow{H_2O_2\,/\,H_2O} \ R-AsO_3H_2$$

Mit elementarem Halogen entstehen die entsprechenden Orthoarsonsäure-tetra-halogenide (s. S. 289):

$$R-AsX_2 \ \xrightarrow{X_2} \ R-AsX_4$$

Dihalogen-organo-arsine gehen bei der Alkylierung mit Alkylhalogeniden in alkalischem Medium in Salze der Arsinsäuren über (s. S. 327):

$$R-AsX_2 \ + \ R^1X \ \xrightarrow{NaOH} \ R-\underset{\ }{\overset{R^1}{\underset{|}{As}}}O_2Na$$

Mit phosphoriger Säure oder unedlen Metallen erfolgt Reduktion zu den entsprechenden Arseno-Verbindungen (s. S. 159):

$$R-AsX_2 \ \xrightarrow{Reduktion} \ (R-As)_n$$

während mit Lithiumalanat oder -boranat prim. Arsine erhalten werden (s. S. 35):

$$R-AsX_2 \ \xrightarrow{LiAlH_4} \ R-AsH_2$$

Die Kondensation von Arsonigsäure-dihalogeniden mit prim. Arsinen führt unter Reduktion der Halogenide zu Arseno-Verbindungen (s. S. 161).

Arsonigsäure-dihalogenide disproportionieren beim Erhitzen auf 250–300° in Arsen(III)-halogenid und Arsinigsäure-halogenide (s. S. 237):

$$2\ R-AsCl_2 \ \underset{\phantom{\nabla}}{\overset{\nabla}{\rightleftharpoons}} \ R_2As-Cl \ + \ AsCl_3$$

Aus Dichlor-phenyl-arsin und Triphenylarsin erhält man beim Erhitzen *Chlor-diphenyl-arsin* (s. S. 237).

$$H_5C_6-AsCl_2 \quad + \quad (H_5C_6)_3As \quad \underset{\xrightarrow{\hspace{1cm}}}{\overset{\triangledown}{\xleftarrow{\hspace{1cm}}}} \quad 2\,(H_5C_6)_2\,As-Cl$$

### $\gamma$) Reaktionen mit Organometall-Verbindungen; Friedel-Crafts- und Additionsreaktionen

Dihalogen-organo-arsine setzen sich mit Organometall-Verbindungen wie Grignard- oder Organo-lithium-Verbindungen über Halogen-diorgano-arsine (s. S. 242) zu tert. Arsinen (s. S. 46) um. Durch Addition an Acetylen in Gegenwart von Aluminium-chlorid als Katalysator werden ebenfalls Halogen-diorgano-arsine (s. S. 253) und tert. Arsine gebildet (s. S. 61).

Dihalogen-aryl-arsine geeigneter Struktur cyclisieren unter Friedel-Crafts-Bedingungen zu cyclischen Halogenarsinen (s. S. 244):

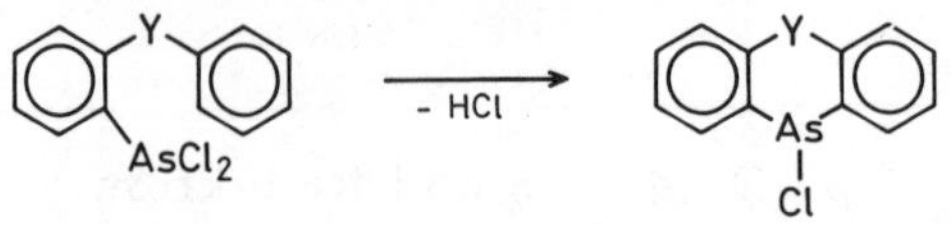

$$Y = O,\ N,\ S,\ -CH_2$$

Dichlor-methyl-arsin setzt sich mit Diazomethan in Äther im Verhältnis 1:1 zu einem Gemisch aus *Chlor-methyl-chlormethyl-arsin* und *Methyl-bis-[chlormethyl]-arsin* um[1]:

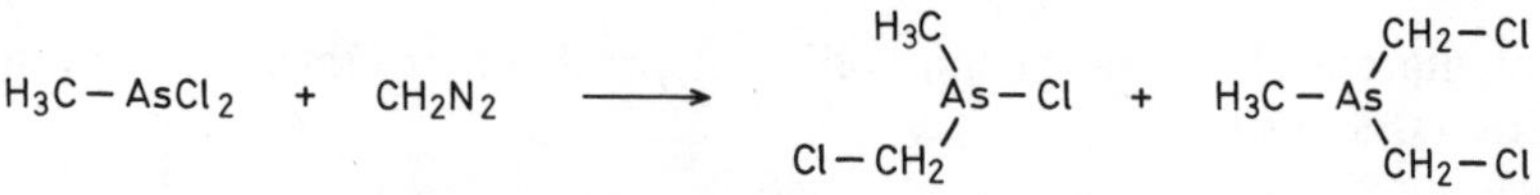

### 3. Arsonigsäure-ester-anhydride, -ester-halogenide und -ester-amide (Oxa-bis-arsonig-säure-alkylester, Halogen- und Amino-alkoxy-organo-arsine)

### A. Herstellung

### $\alpha$) Aus Arsonigsäure-dihalogeniden (Dihalogen-organo-arsinen)

Läßt man auf Dihalogen-organo-arsine Alkalimetallalkanolate in molaren Mengen in ätherischer oder alkoholischer Lösung einwirken, so wird ein Halogenatom durch eine Alkoxy-Gruppe ersetzt[2, 3]:

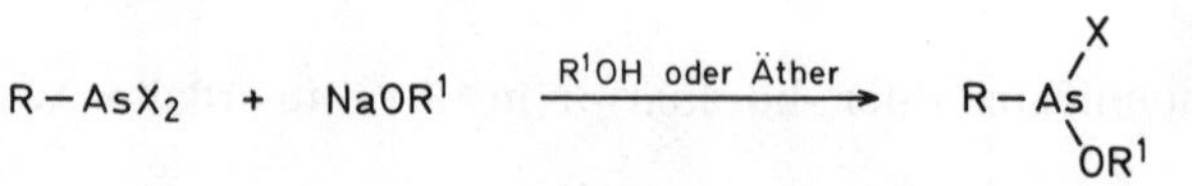

**Chlor-äthoxy-phenyl-arsin**[2, 3]: Zu 44,6 g (0,2 Mol) Dichlor-phenyl-arsin wird eine Natriumäthanolat-Lösung, hergestellt aus 4,6 g (0,2 g-Atom) Natrium und 100 *ml* Äthanol, innerhalb 30 Min. zugetropft. Anschließend wird 30 Min. auf dem Wasserbad erhitzt, abgekühlt, von Natriumchlorid abfiltriert, der Alkohol entfernt und der Rückstand i. Vak. destilliert; Ausbeute: 37 g (80% d. Th.); $Kp_{12}$: 125–126°[2].

---

[1] M. WIEBER u. B. EICHHORN, B. **106**, 2742 (1973).
[2] A. McKENZIE u. J. K. WOOD, Soc. **117**, 406 (1920).
[3] G. KAMAI u. R. G. MIFTAKHOVA, Ž. obšč. Chim. **33**, 2904 (1963).

Auf ähnliche Weise erhält man z. B.:

*Chlor-methoxy-phenyl-arsin*[1]        47% d. Th.        $Kp_{11}$: 109–110
*Chlor-propyloxy-phenyl-arsin*[1]       86% d. Th.        $Kp_{10}$: 128°

Die Veresterung mit Alkohol läßt sich auch in Gegenwart molarer Mengen eines tert. Amins durchführen[1, 2]:

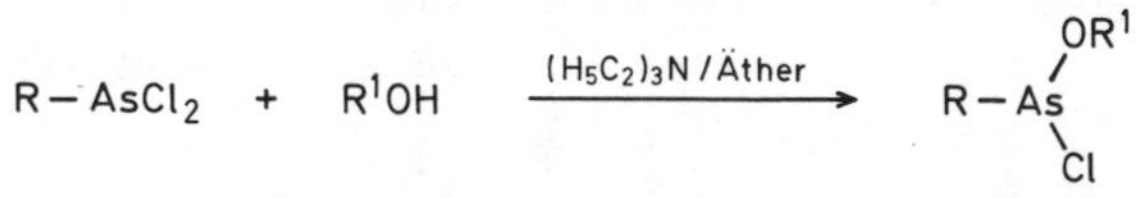

$$R-AsCl_2 \quad + \quad R^1OH \quad \xrightarrow{(H_5C_2)_3N\,/\,\text{Äther}} \quad R-As{\overset{OR^1}{\underset{Cl}{\big\langle}}}$$

Bei Dihalogen-alkyl-arsinen, die im Alkyl-Rest eine alkoholische Funktion tragen, tritt in Gegenwart von Triäthylamin intramolekulare Veresterung ein[2]. Ausgehend von Dichlor-(3-hydroxy-propyl)-arsin entsteht das *2-Chlor-1,2-oxarsolan*[2]:

$$HO-CH_2-CH_2-CH_2-AsCl_2 \quad \xrightarrow{(H_5C_2)_3N} \quad \underset{Cl}{\overset{}{\text{As}}} \quad + \quad \left[(H_5C_2)_3\overset{\oplus}{N}H\right] Cl^{\ominus}$$

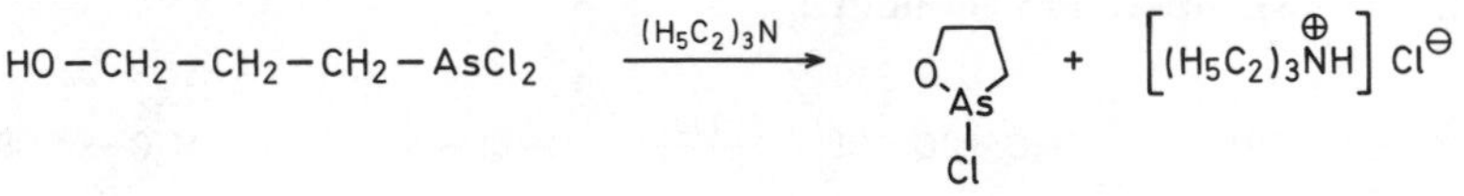

Bei nicht völligem Ausschluß von Feuchtigkeit tritt mehr oder weniger Hydrolyse ein und man erhält *Bis-[1,2-oxarsolanyl-(2)]-oxid*[2]:

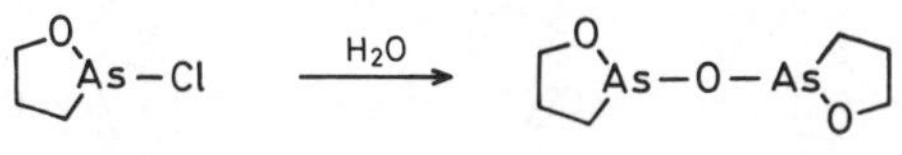

$$\text{As}-Cl \quad \xrightarrow{H_2O} \quad \text{As}-O-\text{As}$$

**2-Chlor-1,2-oxarsolan**[2]: 41 g getrocknetes[2] Dichlor-(3-hydroxy-propyl)-arsin werden in 100 *ml* trockenem Äther gelöst und unter Rühren, Kühlen und Feuchtigkeitsausschluß mit einer Lösung von 25 g Triäthylamin in 150 *ml* trockenem Äther versetzt. Nach 2stdgm. Stehen filtriert man unter Feuchtigkeitsausschluß von ausgefallenem Triäthylamin-Hydrochlorid ab und engt das Filtrat i. Wasserstrahlvak. ein. Der ölige Rückstand wird mit 50 *ml* Benzol extrahiert, das Benzol abdestilliert und der Rückstand fraktioniert. Man erhält:
*2-Chlor-1,2-oxarsolan*: 22–30 g (65–90% d. Th.); $Kp_{14}$: 68–70°
*Bis-[1,2-oxarsolanyl-(2)]-oxid*: 4–6 g; $Kp_{0,01}$: 76–78°.

Analog entsteht aus Dichlor-(4-hydroxy-butyl)-arsin das *2-Chlor-1,2-oxarsenan* ($Kp_{15}$: 72–74°) in 60%iger Ausbeute und aus Dichlor-(2-hydroxy-äthyl)-arsin wird das *2,6-Dichlor-1,5-dioxa-2,6-diarsa-cyclooctan* ($Kp_{0,03}$: 131–133°) in 83%iger Ausbeute[2] erhalten:

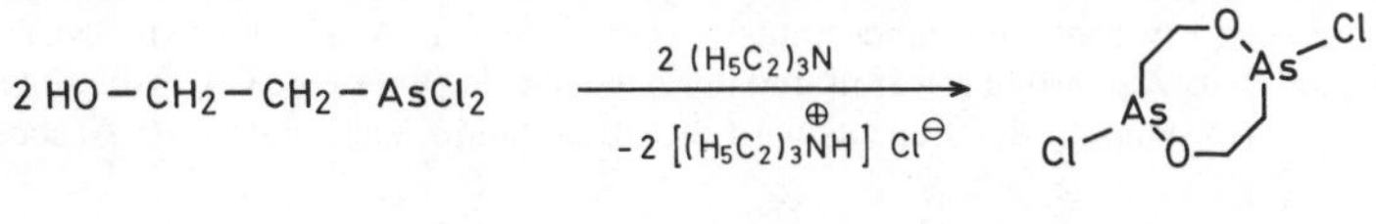

$$2\,HO-CH_2-CH_2-AsCl_2 \quad \xrightarrow[-2\,[(H_5C_2)_3\overset{\oplus}{N}H]\,Cl^{\ominus}]{2\,(H_5C_2)_3N} \quad$$

In beiden Fällen entstehen durch Feuchtigkeit in wechselnden Mengen *Bis-[1,2-oxarsenanyl-(2)]-oxid* ($Kp_{0,1}$: 93–95°) bzw. *2,6,9-Trioxa-1,5-diarsa-bicyclo[3.3.1] nonan* (I; $Kp_{0,02}$: 74–77°)[2].

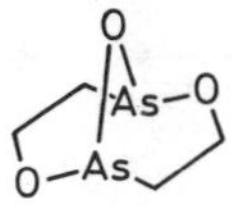

I

---

[1] G. KAMAI u. R. G. MIFTAKHOVA, Ž. obšč. Chim. **33**, 2904 (1963).
[2] K. SOMMER, Z. anorg. Ch. **375**, 55 (1970); **376**, 101 (1970); **377**, 273 (1970).

Die Ester-Anhydride können direkt durch Hydrolyse der entsprechenden Ester-chloride hergestellt werden[1].

*Chlor-(2-chlor-propyloxy)-phenyl-arsin* (Kp$_{10}$: 190–195°) läßt sich durch Umsetzung von Dichlor-phenyl-arsin mit Methyl-oxiran herstellen[2]:

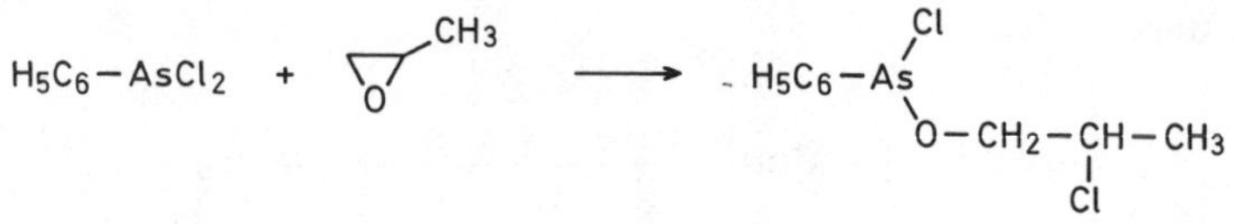

$$H_5C_6-AsCl_2 \;+\; \overset{CH_3}{\underset{O}{\triangle}} \;\longrightarrow\; H_5C_6-As\overset{Cl}{\underset{O-CH_2-CH-CH_3}{\underset{\underset{Cl}{|}}{}}}$$

## β) Aus Arsonigsäure-Anhydriden (Oxo-organo-arsinen) oder Arsonigsäure-diestern (Dialkoxy-organo-arsinen)

Bei der Einwirkung von Acetylchlorid auf Arsonigsäure-dialkylester bei 100° werden Halogen-alkoxy-organo-arsine gebildet[3]:

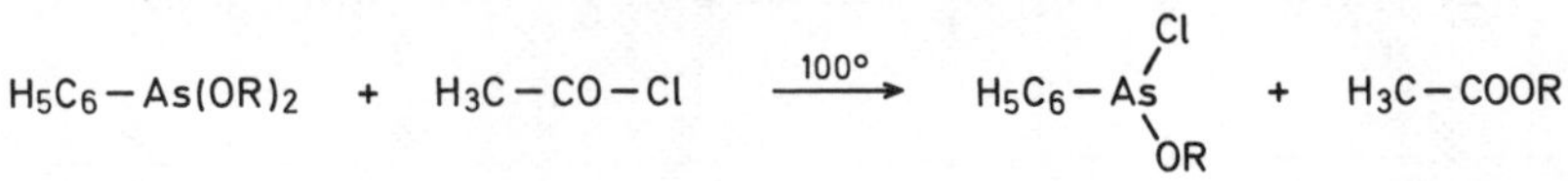

$$H_5C_6-As(OR)_2 \;+\; H_3C-CO-Cl \xrightarrow{100°} H_5C_6-As\overset{Cl}{\underset{OR}{}} \;+\; H_3C-COOR$$

*2-Chlor-1,2-oxarsolan* entsteht aus Bis-[1,2-oxarsolanyl-(2)]-oxid und Arsen(III)-chlorid[4]:

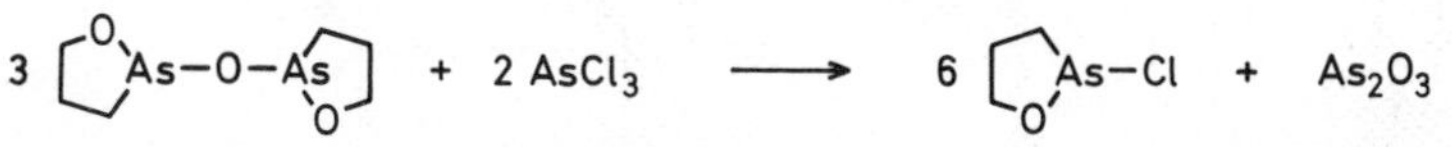

$$3\; \left[\underset{O}{\overset{O}{}}As-O-As\right] \;+\; 2\;AsCl_3 \;\longrightarrow\; 6\; \left[As-Cl\right] \;+\; As_2O_3$$

Das Bis-[1,2-oxarsolanyl-(2)]-oxid wird dabei durch intramolekulare Wasserabspaltung aus 3-Hydroxy-propan-arsonigsäure-anhydrid [Oxo-(3-hydroxy-propyl)-arsin] gewonnen[4]:

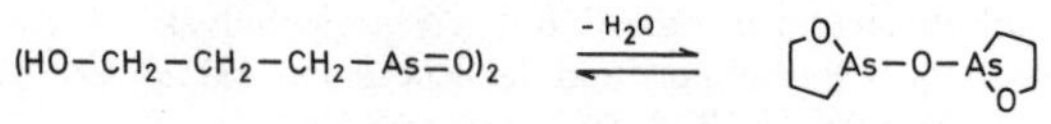

$$(HO-CH_2-CH_2-CH_2-As{=}O)_2 \;\underset{}{\overset{-H_2O}{\rightleftharpoons}}\; \left[\underset{O}{\overset{O}{}}As-O-As\right]$$

**2-Chlor-1,2-oxarsolan[4]:**
Bis-[1,2-oxarsolanyl-(2)]-oxid: 30 g 3-Hydroxy-propan-arsonigsäure-anhydrid werden in einem 500-*ml*-Kolben mit Soxlethaufsatz, in dem sich 30 g wasserfreies Kupfersulfat befinden, mit 300 *ml* Toluol unter Rückfluß erhitzt. Nach 10 stdgm. Kochen ist alles in Lösung gegangen. Das Lösungsmittel wird abdestilliert und der Rückstand i. Vak. destilliert; Ausbeute: 20–22 g; Kp$_{0,01}$: 76–78°.
2-Chlor-1,2-oxarsolan: 17 g Bis-[1,2-oxarsolanyl-(2)]-oxid werden in 50 *ml* trockenem Benzol gelöst. Unter Rühren und Feuchtigkeitsausschluß tropft man eine Lösung von 7,5 g Arsen(III)-chlorid in 25 *ml* Benzol zu. Die Reaktionslösung erwärmt sich dabei unter Ausscheiden von Arsen(III)-oxid. Nach dem Zutropfen wird noch 30 Min. auf dem Wasserbad erwärmt und der Niederschlag über eine G4-Fritte unter Ausschluß von Luft abgesaugt. Nach Verdampfen des Benzols wird der Rückstand i. Vak. destilliert; Ausbeute: 95% d. Th.; Kp$_{14}$: 68–70°.

*Brom-äthoxy-phenyl-arsin* entsteht bei der Einwirkung von Brom auf die zweifache molare Menge Diäthoxy-phenyl-arsin in maximal 45–50%-iger Ausbeute[5]:

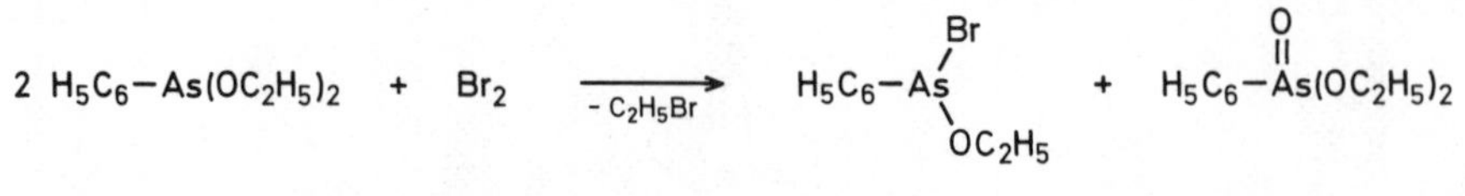

$$2\;H_5C_6-As(OC_2H_5)_2 \;+\; Br_2 \xrightarrow{-\,C_2H_5Br} H_5C_6-As\overset{Br}{\underset{OC_2H_5}{}} \;+\; H_5C_6-\overset{O}{\overset{\|}{As}}(OC_2H_5)_2$$

---

[1] K. Sommer, Z. anorg. Ch. **375**, 55 (1970); **376**, 101 (1970); **377**, 273 (1970).
[2] G. Kamai u. R. K. Zaripov, Izk. Vyss. Uch. Zev., Chim. i. chim. Techn. **5**, 938 (1962); C. A. **59**, 5194 (1963).
[3] M. S. Malinoskii, Ž. obšč. Chim. **10**, 1978 (1940); engl.: 1918; C.A. **35**, 4736 (1941).
[4] K. Sommer, Z. anorg. Ch. ·**375**, 55 (1970).
[5] A. Schultze et al., Phosphorus **5**, 265 (1975).

Der Reaktionsverlauf ist komplexer Natur und nicht eingehend untersucht.

**Brom-äthoxy-phenyl-arsin**[1]: Zu einer Lösung von 20,5 g (0,085 Mol) Diäthoxy-phenyl-arsin in 150 *ml* trockenem Chloroform werden bei 0° unter Rühren und Feuchtigkeitsausschluß 6,8 g (0,0425 Mol) Brom langsam zugetropft. Anschließend wird 3 Stdn. unter Rückfluß erhitzt. Das Chloroform wird abdestilliert und der Rückstand über eine Kolonne fraktioniert; Ausbeute: 8,4 g; $Kp_{0,05}$: 66–68°.

Methanarsonigsäure-halogenid-amide (Amino-halogen-methyl-arsine) werden durch partielle Spaltung von Methanarsonigsäure-diamiden mit Halogenwasserstoffsäuren, durch Umsetzung von Methanarsonigsäure-dihalogeniden mit sek. Aminen oder durch eine Kumulationsreaktion von Methanarsonigsäure-dihalogeniden und -diamiden erhalten[2]:

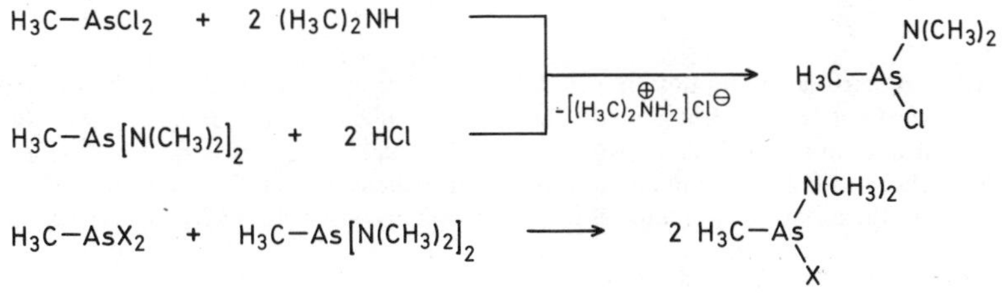

$X = F, Cl, Br, J$

Hierbei ist die letzte Reaktion sowohl von dem präparativen Aufwand her als auch auf die Ausbeute bezogen die beste Methode.

**Methanarsonigsäure-halogenid-amide; allgemeine Herstellungsmethode**[2]: Unter Sauerstoff- und Feuchtigkeitsausschluß wird Methanarsonigsäure-bis-[dimethylamid] in einen 3-Halskolben mit Rückflußkühler und Tropftrichter ohne Lösungsmittel bei −10° vorgelegt und das entsprechende Methanarsonigsäure-dihalogenid (2-fache molare Masse) innerhalb 1 Stde. unter heftigem Rühren und Begasen mit Stickstoff zugetropft. Nach langsamem Erwärmen auf ~ 23° wird 1 Stde. bei 60° nachgerührt und anschließend destilliert. Auf diese Weise erhält man u. a.

| | | |
|---|---|---|
| *Methanarsonigsäure-fluorid-dimethylamid* | 90% d.Th. | Kp: 112° |
| -chlorid-dimethylamid | 90% d.Th. | Kp: 160° |
| -bromid-dimethylamid | 90% d.Th. | Kp: 140° |
| -jodid-dimethylamid | 90% d.Th. | Kp: 108° |

Durch Einwirkung von Methanarsonigsäure-bis-[dimethylamid] auf Oxime im Verhältnis 1:1 in benzolischer oder ätherischer Lösung bei Raumtemperatur werden O-(Dimethylamino-methyl-arsino)-oxime erhalten[3]:

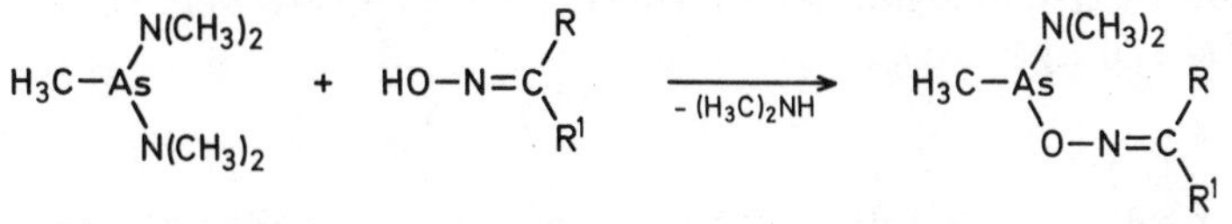

$R; R^1$ = Alkyl, Aryl, H

**O-(Dimethylamino-methyl-arsino)-oxime; allgemeine Arbeitsvorschrift**[3]: Eine benzolische oder ätherische Lösung des Oxims wird vorgelegt und eine Lösung des Methanarsonigsäure-bis-[dimethylamids] unter Rühren und leichtem Begasen mit Stickstoff zugetropft. Meist setzt sofort Dimethylamin-Entwicklung ein; durch mehrstündiges Kochen wird die Umsetzung vervollständigt. Die Reaktion ist beendet, wenn mit dem Schutzgas kein Dimethylamin mehr ausgetragen wird. Nach Abdestillieren des Lösungsmittels bei Normaldruck werden die Ester-amide i. Vak. destilliert; so erhält man z. B.:

---

[1] A. SCHULTZE et al., Phosphorus **5**, 265 (1975).

[2] J. KAUFMANN u. F. KOBER, J. Organometal. Chem. **96**, 243 (1975).

[3] J. KAUFMANN u. F. KOBER, J. Organometal. Chem. **81**, 59 (1974).

*Dimethylamino-isopropylidenaminooxy-methyl-arsin*;        70% d. Th.; $Kp_{100}$: 110°
*Dimethylamino-cyclopentylidenaminooxy-methyl-arsin*;        70% d. Th.; $Kp_{10}$: 88°
*Dimethylamino-(1-phenyl-äthylidenaminooxy)-methyl-arsin*; 60% d. Th.; $Kp_{0,4}$: 101°

Die Dimethylamino-Gruppe dieser Ester-amide kann gegen ein anderes, basischeres sek. Amin ausgetauscht werden, ohne daß die Ester-Struktur verändert wird[1].

Dichlor-methyl-arsin und 2-Amino-äthanol setzt sich in 1,2-Dichlor-äthan in Gegenwart von Triäthylamin zum *2-Methyl-1,3,2-oxazarsolan* um[2]:

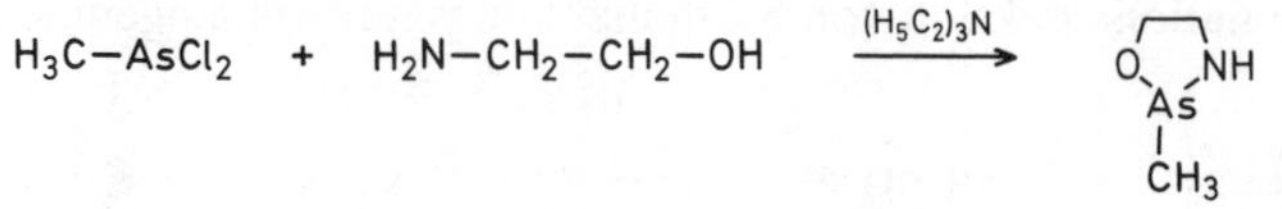

$$H_3C-AsCl_2 \quad + \quad H_2N-CH_2-CH_2-OH \quad \xrightarrow{(H_5C_2)_3N} \quad$$

**2-Methyl-1,3,2-oxazarsolan**[2]: Die Lösung von 7,7 g 2-Amino-äthanol und 20,2 g Triäthylamin in 220 *ml* 1,2-Dichlor-äthan wird mit 16,1 g Dichlor-methyl-arsin in 100 *ml* 1,2-Dichlor-äthan versetzt. Nach beendeter Zugabe wird das Lösungsmittel zur Hälfte abgezogen und das Reaktionsgemisch mit 80 *ml* Äther versetzt, um eine vollständige Abscheidung des Ammoniumsalzes zu erreichen. Nach Filtration und Entfernung der Lösungsmittel wird der Rückstand i. Vak. unter Stickstoff destilliert; Ausbeute: 62% d. Th.; $Kp_{1,5}$: 64°.

### γ) Aus Arsen(III)-chlorid

Bei der Umsetzung von Arsen(III)-chlorid mit 2-Hydroxy-biphenyl in siedendem Benzol entsteht *Dichlor-[biphenylyl-(2)-oxy]-arsin*, das bei der Vakuumdestillation mit 40%-iger Ausbeute zum *6-Chlor-6H-⟨dibenzo-1,2-oxarsenin⟩* (F: 111°) cyclisiert. Wird wasserfreies Aluminium(III)-chlorid beim Erhitzen zugegeben, so erhöht sich die Ausbeute auf 60% d. Th.[3]:

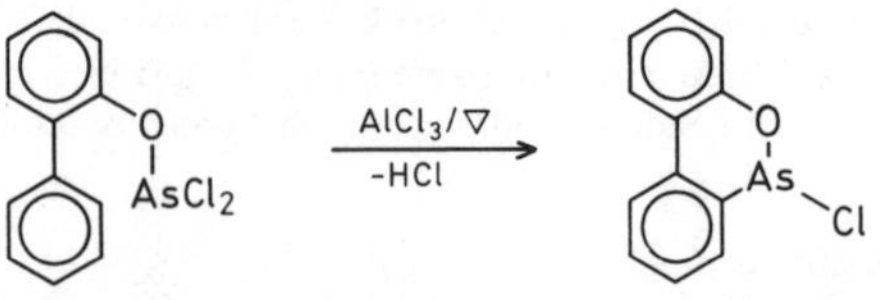

Das Chlorid I geht beim Erhitzen in Wasser in den entsprechenden Monoester über *6-Hydroxy-6H-⟨dibenzo-1,2-oxarsenin⟩*.

### B. Umwandlung

Arsonigsäure-ester-halogenide werden leicht zu den entsprechenden Arsonigsäuren bzw. -anhydriden hydrolysiert[4,5]:

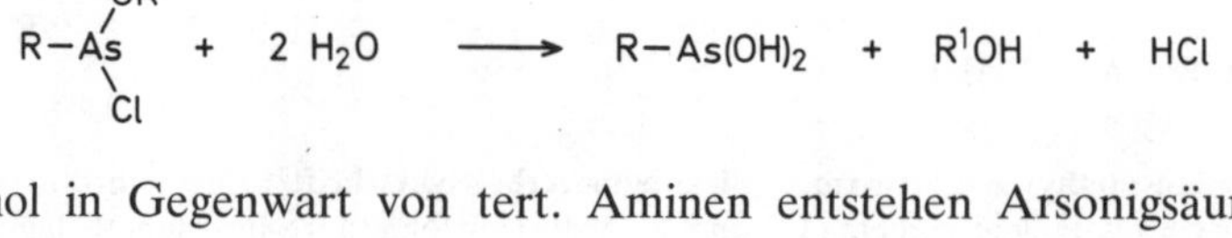

$$R-As + 2 H_2O \longrightarrow R-As(OH)_2 + R^1OH + HCl$$

Mit Alkohol in Gegenwart von tert. Aminen entstehen Arsonigsäure-diester (s. S. 195):

[1] J. KAUFMANN u. F. KOBER, J. Organometal. Chem. **81**, 59 (1974).
[2] K. SOMMER u. M. BECKE–GOEHRING, Z. anorg. Ch. **355**, 182 (1967).
[3] M. S. BHATIA et al., Chem. & Ind. **1975**, 400.
[4] M. S. MALINKOVSKII, Ž. obšč. Chim. **10**, 1924 (1940); engl.: 1918.
[5] K. SOMMER, Z. anorg. Ch. **375**, 55 (1970).

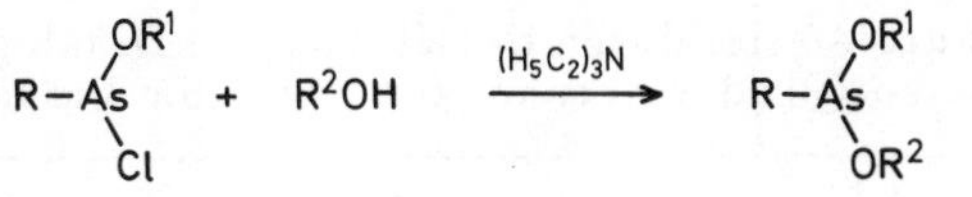

$$R-\underset{\underset{Cl}{|}}{\overset{\overset{OR^1}{|}}{As}} \quad + \quad R^2OH \quad \xrightarrow{(H_5C_2)_3N} \quad R-\underset{\underset{OR^2}{|}}{\overset{\overset{OR^1}{|}}{As}}$$

und mit Grignard-Verbindungen werden Arsinigsäure-ester gebildet (s. S. 267)[1]:

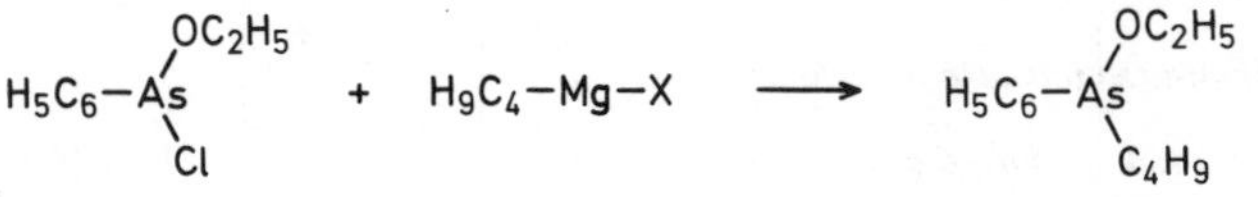

$$H_5C_6-\underset{\underset{Cl}{|}}{\overset{\overset{OC_2H_5}{|}}{As}} \quad + \quad H_9C_4-Mg-X \quad \longrightarrow \quad H_5C_6-\underset{\underset{C_4H_9}{|}}{\overset{\overset{OC_2H_5}{|}}{As}}$$

Aus 2-Chlor-1,2-oxarsolan und Methyl-lithium entsteht das *2-Methyl-1,2-oxarsolan* (s. S. 267)[2]:

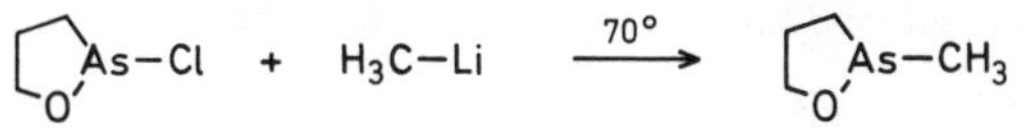

$$\underset{O}{\overset{}{\boxed{\phantom{x}}}}As-Cl \quad + \quad H_3C-Li \quad \xrightarrow{70°} \quad \underset{O}{\overset{}{\boxed{\phantom{x}}}}As-CH_3$$

## 4. Arsonigsäure-diester (Diorganooxy-organo-arsine)

### A. Herstellung

α) Aus Arsonigsäure-dihalogeniden (Dihalogen-organo-arsinen)

α₁) *durch Umsetzung mit Alkoholen, Alkanolaten oder Diolen*

Die Umsetzung von Dihalogen-organo-arsinen mit Alkalimetallalkanolaten im Verhältnis 1:2 in ätherischer oder alkoholischer Lösung liefert in mehr oder weniger guten Ausbeuten die entsprechenden Arsonigsäure-diester[3-9]:

$$R-AsX_2 \quad + \quad 2\ NaOR^1 \quad \xrightarrow[-\ 2\ NaX]{} \quad R-As(OR^1)_2$$

**Arsonigsäure-diester; allgemeine Arbeitsvorschrift**[3, 4, 7]: Zu einer Lösung von 0,5 Mol Dihalogen-organo-arsin in dem jeweiligen abs. Alkohol (oder in abs. Äther) wird eine Lösung von 1 Mol Natriumalkanolat in Alkohol innerhalb von 2–3 Stdn. unter Rühren und Feuchtigkeitsausschluß getropft. Anschließend erhitzt man 3–5 Stdn. unter Rückfluß, kühlt ab, saugt vom ausgefallenen Natriumhalogenid ab, entfernt das Lösungsmittel und destilliert den Rückstand i. Vak.

---

[1] M. P. Opsipova et al., Izv. Akad. SSSR. **1969**, 715.

[2] K. Sommer, Z. anorg. Ch. **375**, 55 (1970).

[3] A. Michaelis, A. **320**, 271 (1902).

[4] W. Steinkopf et al., B. **61**, 675 (1928).

[5] G. Kamai u. V. M. Zoroastrova, Ž. obšč. Chim. **10**, 978 (1940); engl.: 921; C.A. **35**, 3241 (1941).

[6] Y. F. Komissarov et al., C. r. Doklady **55**, 719 (1947).

[7] C. K. Banks et al., Am. Soc. **69**, 930 (1947).

[8] W. A. Waters u. J. H. Williams, Soc. **1950**, 18.

[9] G. Kamai u. N. A. Chadaeva, Izv. Vyss. Ueh. Zev., Chim. i. chim. Techn. **2**, 601 (1959); C. A. **54**, 7606 (1960).

13*

Tab. 18: Arsonigsäure-diester durch Umsetzung von Dihalogen-organo-arsinen mit Alkanolaten ⓐ oder Alkohol/tert. Amin im Verhältnis 1:2 ⓑ

| Methode | Arsonigsäure-diester | Ausbeute [% d. Th.] | Kp [°C] | [Torr] | Literatur |
|---------|----------------------|---------------------|---------|--------|-----------|
| ⓑ | Methan-arsonigsäure-dimethylester | 76 | 109–110 | 760 | 1 |
| ⓐ | Methan-arsonigsäure-diäthylester | – | 136–137 | 760 | 1, 2 |
| ⓑ | Methan-arsonigsäure-dicyclohexylester | 78 | 120 | 0,01 | 3 |
| ⓐ | Äthan-arsonigsäure-diäthylester | – | 159–160 | 760 | 4 |
| ⓐ | Äthan-arsonigsäure-dipropylester | 71 | 86–90 | 18 | 5 |
| ⓑ | 2-Chlor-äthylen-arsonigsäure-dicyclohexylester | 36 | 102 | 0,005 | 3 |
| ⓑ | Propan-arsonigsäure-dipropylester | 67 | 106–107 | 35 | 1 |
| ⓑ | Propan-arsonigsäure-dibutylester | 84 | 113,5–115,6 | 10–12 | 1 |
| ⓐ | Benzol-arsonigsäure-diäthylester | 70 | 117–118 | 10 | 6, 7 |
| ⓐ | Benzol-arsonigsäure-dibutylester | 50 | 147–148 | 10 | 7 |
| ⓐ | Benzol-arsonigsäure-bis-[2-methyl-butylester] | – | 173–176 | 11 | 8 |
| ⓐ | Benzol-arsonigsäure-diallylester | 74 | 136–137 | 11 | 4 |
| ⓑ | Benzol-arsonigsäure-dicyclohexylester | – | 160–163 | 2 | 9 |
| ⓐ | Benzol-arsonigsäure-diphenylester | – | 245 | 15 | 6 |
| ⓐ | Benzol-arsonigsäure-dinaphthyl-(2)-ester | – | (F: 113–114°) | | 6 |
| ⓑ | 2-Nitro-benzol-arsonigsäure-diisopropylester | 15 | 94 | 0,04 | 3 |
| ⓑ | 4-Methyl-benzol-arsonigsäure-diallylester | 77 | 155–156 | 11,5 | 10 |

In manchen Fällen werden bessere Ausbeuten erzielt, wenn das Dihalogen-organo-arsin mit dem gewünschten Alkohol im Verhältnis 1:2 in Gegenwart von molaren Mengen eines tert. Amins in Äther bzw. einem Kohlenwasserstoff erhitzt wird[11,3,12,9,10].

---

[1] G. KAMAI u. B. D. CHERNOKALSKII, Trans. Kirov's Inst. chem. Technol. Kazan. **23**, 143 (1957); C. A. **52**, 8938 (1958); dort zahlreiche weitere Beispiele.

[2] W. A. WATERS u. J. H. WILLIAMS, Soc. **1950**, 18.

[3] L. M. WERBEL et al., J. Org. Chem. **22**, 452 (1957).

[4] G. KAMAI u. N. A. CHADAEVA, Izv. Vyss. Uch. Zev., Chim. i. chim. Techn. **2**, 601 (1957); C. A. **54**, 7606 (1960).

[5] C. K. BANKS et al., Am. Soc. **69**, 930 (1947).

[6] A. MICHAELIS, A. **320**, 271 (1902).

[7] G. KAMAI u. V. M. ZOROASTROVA, Ž. obšč. Chim. **10**, 785 (1940).

[8] W. STEINKOPF et al., B. **66**, 675 (1928).

[9] G. KAMAI u. R. G. MIFTAKHOVA, Ž. obšč. Chim. **33**, 2904 (1963); engl.: 2831.

[10] G. KAMAI et al., Izv. Akad. SSSR. **66**, 85 (1966); C. A. **65**, 13752 (1966).

[11] G. KAMAI, Uchenye Zapiski Kazan. **115**, Nr. 10, 43 (1955); C. A. **53**, 1205 (1959).

[12] G. KAMAI u. R. K. ZARIPOV, Izv. Vyss. Uch. Zev. Chim. i. chim. Techn. **5**, 938 (1962); C. A. **59**, 5194 (1963); Trans. Kirov's Inst. chem. Technol. Kazan. **30**, 77 (1962); C. A. **60**, 4181 (1964).

**Arsonigsäure-diester; allgemeine Arbeitsvorschrift[1]:** Unter Rühren und Feuchtigkeitsausschluß wird zu einer Lösung von 1 Mol Alkohol und 1 Mol Triäthylamin in 400 *ml* Hexan (Benzol oder Äther) eine Lösung von 0,5 Mol Dihalogen-organo-arsin in 200 *ml* Hexan tropfenweise gegeben. Durch Kühlung wird die Temp. auf 40–50° gehalten. Nach dem Zutropfen rührt man die Lösung bis sie völlig abgekühlt ist. Man filtriert vom Ammoniumsalz ab, wäscht mit Hexan nach, trocknet über Calciumchlorid, entfernt das Lösungsmittel und destilliert den Rückstand i. Vak. (Außer Triäthylamin können auch Pyridin oder N,N-Dialkyl-aniline eingesetzt werden).

Bei der Umsetzung von Dihalogen-organo-arsinen mit 1,2-Diolen im Verhältnis 1:1 in Gegenwart molarer Mengen tert. Amine entstehen 1,3,2-Dioxarsolane[2-8]:

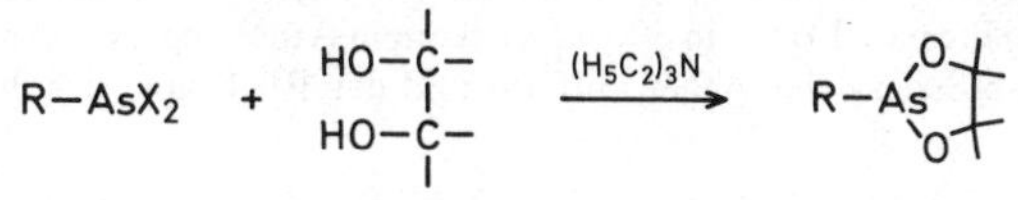

**2-Methyl-1,3,2-dioxarsolane; allgemeine Arbeitsvorschrift[5]:** Die Reaktion wird in einem 500-*ml*-Dreihalskolben, versehen mit Rührer, Tropftrichter und Rückflußkühler, durchgeführt. Im Kolben befinden sich 0,1 Mol Diol und die äquivalente Menge Triäthylamin in ~250 *ml* Benzol. In dieser Mischung wird die Lösung von 0,1 Mol Dijod-methyl-arsin in 100 *ml* Benzol getropft, während die Temp. auf 80° eingestellt wird. Nach 3 Stdn. filtriert man möglichst schnell das Ammoniumsalz unter Stickstoff ab und entfernt das Lösungsmittel am Rotationsverdampfer. Der Rückstand wird i. Vak. destilliert.

Man erhält u. a.:

| | | |
|---|---|---|
| *2-Methyl-1,3,2-dioxarsolan* | 48% d. Th. | $Kp_{12}$: 61° (F: 28–30°) |
| *2,4,5-Trimethyl-1,3,2-dioxarsolan* | 71% d. Th. | $Kp_{12}$: 54° (F: 37°) |
| *2,4,4,5,5-Pentamethyl-1,3,2-dioxarsolan* | 89% d. Th. | $Kp_{12}$: 75° (F: 59°) |
| *2-Methyl-⟨benzo-1,3,2-dioxarsol⟩* | 71% d. Th. | $Kp_{0,1}$: 87° (F: 87°) |

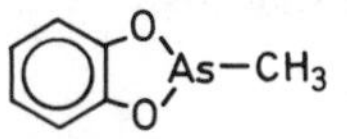

Auf ähnliche Weise wird aus Dichlor-phenyl-arsin und Butandiol-(2,3) *4,5-Dimethyl-2-phenyl-1,3,2-dioxarsolan* ($Kp_{10}$: 122–124°) hergestellt[7].

Dichlor-phenyl-arsin und Thioglykol ergeben in Gegenwart von Triäthylamin *2-Phenyl-1,3,2-oxathiarsolan* in 82%iger Ausbeute[8]:

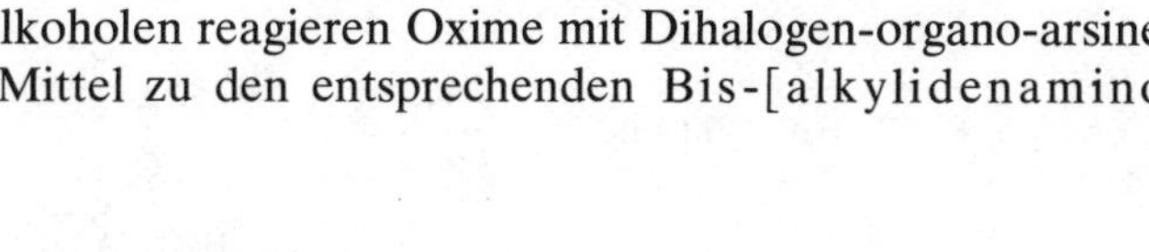

$\alpha_2$) *durch Umsetzung mit Oximen, Silanolen oder Phosphiten*

Analog den Alkoholen reagieren Oxime mit Dihalogen-organo-arsinen in Gegenwart säurebindender Mittel zu den entsprechenden Bis-[alkylidenaminooxi]-organo-arsinen[9, 10]:

[1] L. M. WERBEL et al., J. Org. Chem. **22**, 452 (1957).
[2] A. MICHAELIS, A. **320**, 271 (1902).
[3] G. KAMAI u. N. A. CHADAEVA, Doklady Akad. SSSR **81**, 837 (1951); **86**, 71 (1952); C. A. **47**, 3792, 6365 (1953).
[4] G. KAMAI et al., Doklady Akad. SSSR **89**, 1015 (1953); C. A. **48**, 6391 (1954).
[5] M. WIEBER u. H. U. WERTHER, M. **99**, 1159 (1968).
[6] J. P. CASEY u. K. MISLOW, Soc. [D] **1970**, 999.
[7] D. W. AKSNES u. O. VIKANE, Acta chim. Scand. **26**, 835, 2532 (1972).
[8] N. A. CHADAEVA et al., Ž. obšč. Chim. **43**, 824 (1973); engl.: 825.
[9] G. KAMAI u. R. G. MIFTAKHOVA, Ž. obšč. Chim. **35**, 2001 (1965); engl.: 1991; **38**, 1565 (1968); engl.: 1516; **39**, 1798 (1969); engl.: 1762.
[10] R. G. MIFTAKHOVA et al., Ž. obšč. Chim. **42**, 1966, 1969 (1972); engl. 1960, 1963.

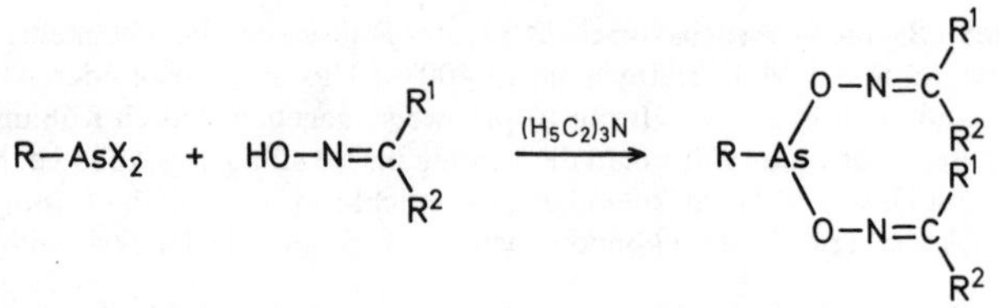

$$R-AsX_2 \ + \ HO-N=C{\overset{R^1}{\underset{R^2}{\Big\langle}}} \quad \xrightarrow{(H_5C_2)_3N} \quad R-As{\Big\langle}\begin{array}{c} O-N=C{\overset{R^1}{\underset{R^2}{\Big\langle}}} \\ O-N=C{\overset{R^1}{\underset{R^2}{\Big\langle}}} \end{array}$$

**Bis-[propylidenaminooxi]-äthyl-arsin**[1]: Bei $0-5°$ werden 18,4 g Triäthylamin zu einer Lösung von 24 g Di brom-äthyl-arsin und 13,3 g Propanal-oxim in 300 ml trockenem Äther gegeben. Anschließend wird 30 Min. er hitzt, das Ammoniumsalz abfiltriert, der Äther entfernt und der Rückstand destilliert; Ausbeute: 11 g (49° d. Th.); $Kp_{10}$: 115°.

Auf ähnliche Weise werden folgende Arsine hergestellt[1]:

| | | |
|---|---|---|
| *Bis-[propylidenaminooxi]-butyl-arsin* | 46% d. Th. | $Kp_{10}$: 140° |
| *Bis-[butylidenaminooxi]-propyl-arsin* | 60% d. Th. | $Kp_8$: 145–146° |
| *Bis-[butylidenaminooxi]-butyl-arsin* | 59% d. Th. | $Kp_8$: 154–155° |
| *Bis-[3-methyl-butyliden-(2)-aminooxi]-phenyl-arsin* | 55% d. Th. | $Kp_{0,1}$: 148° |
| *Bis-[hexyliden-(2)-aminooxi]-phenyl-arsin* | 60% d. Th. | $Kp_{0,05}$: 175–176° |

Silylester der Arsonigsäuren erhält man durch Umsetzung von Dihalogen-organo-arsi nen mit Natrium-silanolaten[2]:

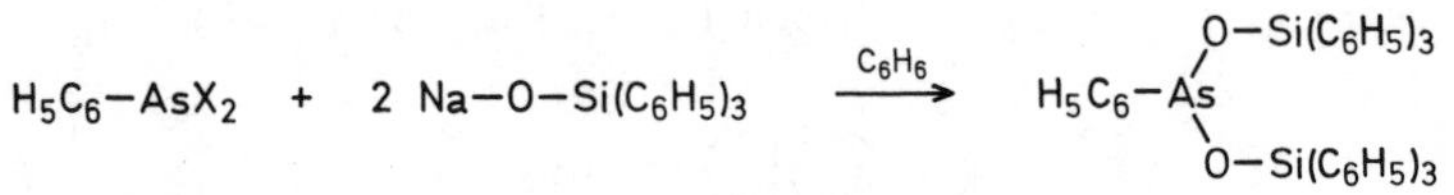

$$H_5C_6-AsX_2 \ + \ 2 \ Na-O-Si(C_6H_5)_3 \quad \xrightarrow{C_6H_6} \quad H_5C_6-As{\Big\langle}\begin{array}{c} O-Si(C_6H_5)_3 \\ O-Si(C_6H_5)_3 \end{array}$$

**Bis-[triphenylsilyloxy]-phenyl-arsin**[2]: Aus 5,53 g (20 mMol) Triphenylsilanol und überschüssigem Natrium i 200 ml Benzol wird durch 7stdgs. Erhitzen unter Rückfluß eine Lösung von Natrium-triphenylsilanola hergestellt. Nach Entfernung des überschüssigen Natriums gibt man eine Lösung von 4,08 g (10 mMol) Dijod phenyl-arsin hinzu. Man erhitzt dann 20 Min. unter Rückfluß, filtriert vom Natriumsalz und destilliert da Lösungsmittel ab. Der Rückstand wird einer fraktionierten Kristallisation aus Äther unterworfen; Ausbeute 54 g (78% d. Th.); F: 119–120°.

Beim Erhitzen von Dijod-phenyl-arsin mit Dihydroxy-diphenyl-silan in Gegenwar äquimolarer Mengen Ammoniak wird *2,2,4,6,6,8-Hexaphenyl-1,3,5,7-tetraoxa-2,6-disi la-4,8-diarsa-cyclooctan* (58% d. Th.; F: 145°) erhalten[2]:

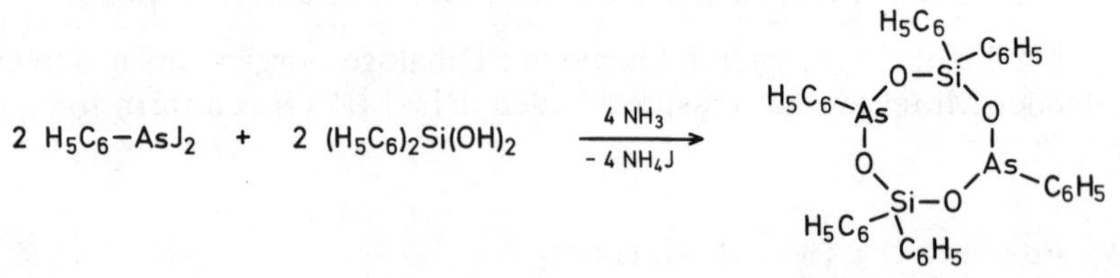

$$2 \ H_5C_6-AsJ_2 \ + \ 2 \ (H_5C_6)_2Si(OH)_2 \quad \xrightarrow[- \ 4 \ NH_4J]{4 \ NH_3} \quad$$

Aus Dihalogen-organo-arsinen, Trialkylphosphiten und Aldehyden im Verhältnis 1:2: entstehen bei niedriger Temperatur Phosphor-haltige Ester[3]; z. B.:

---

[1] R. G. Miftakhova et al., Ž. obšč. Chim. **42**, 1966, 1969 (1972); engl.: 1960, 1963.

[2] B. L. Chamberland u. A. G. MacDiarmid, Am. Soc. **83**, 549 (1961).

[3] US.P. 3 235 567 (1966), G. A. Richardson u. G. H. Birum, C. A. **64**, 14 419 (1966).

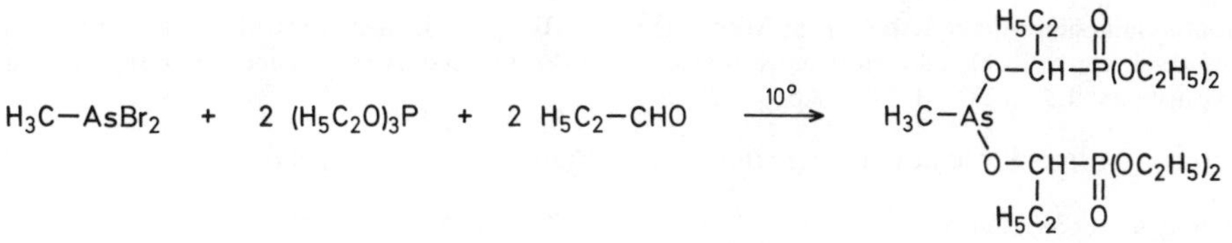

$$H_3C-AsBr_2 \quad + \quad 2 \ (H_5C_2O)_3P \quad + \quad 2 \ H_5C_2-CHO \quad \xrightarrow{10°} \quad H_3C-\overset{\displaystyle O-CH-P(OC_2H_5)_2}{\underset{\displaystyle O-CH-P(OC_2H_5)_2}{\overset{\displaystyle H_5C_2 \ \ O}{\underset{\displaystyle H_5C_2 \ \ O}{As}}}}$$

*Bis-[1-(diäthoxyphosphono)-propyloxy]-methyl-arsin*

*Diäthoxy-phenyl-arsin* wird beim Erhitzen von Dichlor-phenyl-arsin und Triäthylantimonit auf 140° gebildet[1]:

$$H_5C_6-AsCl_2 \quad + \quad (H_5C_2O)_3Sb \quad \xrightarrow{140°} \quad H_5C_6-As(OC_2H_5)_2 \quad + \quad H_5C_2O-SbCl_2$$

### β) Aus Arsonigsäure-estern, -amiden oder -ester-halogeniden

Arsonigsäure-diester lassen sich durch Umsetzung mit Alkoholen umestern[2-6]:

$$R-As(OR^1)_2 \quad + \quad 2 \ R^2OH \quad \rightleftharpoons \quad R-As(OR^2)_2 \quad + \quad 2 \ R^1OH$$

Die Reaktion dient hauptsächlich der Herstellung von Estern höherer Alkohole. So entsteht durch Erhitzen von Äthan-arsonigsäure-diäthylester mit dem jeweiligen Alkohol unter Rückfluß:

| | | |
|---|---|---|
| *Äthan-arsonigsäure-bis-[2,2,2-trichlor-äthylester]* | 69% d.Th. | $Kp_2$: 133° [2] |
| *Äthan-arsonigsäure-diallylester* | 83% d.Th. | $Kp_{11}$: 77–79° [2] |

Unsymmetrische Ester werden durch Umsetzung von Arsonigsäure-ester-halogeniden mit Alkoholen in Gegenwart von tert. Aminen erhalten[7,8]:

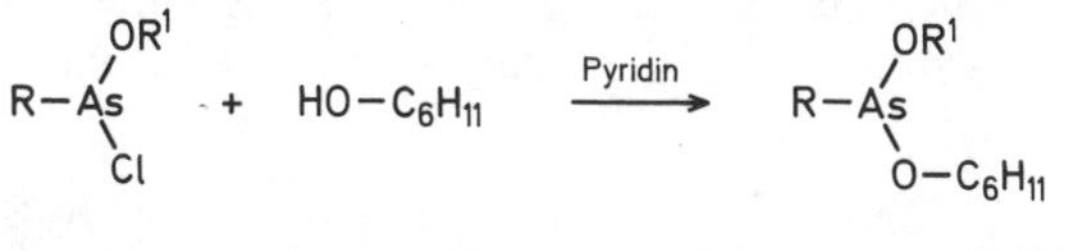

$$R-\overset{\displaystyle OR^1}{\underset{\displaystyle Cl}{As}} \quad + \quad HO-C_6H_{11} \quad \xrightarrow{Pyridin} \quad R-\overset{\displaystyle OR^1}{\underset{\displaystyle O-C_6H_{11}}{As}}$$

$$R^1 = C_2H_5, \ C_3H_7, \ C_4H_9$$

Analog lassen sich die Bis-[alkylidenaminoxi]-organo-arsine durch Umsetzung mit Alkoholen umestern[9,10]:

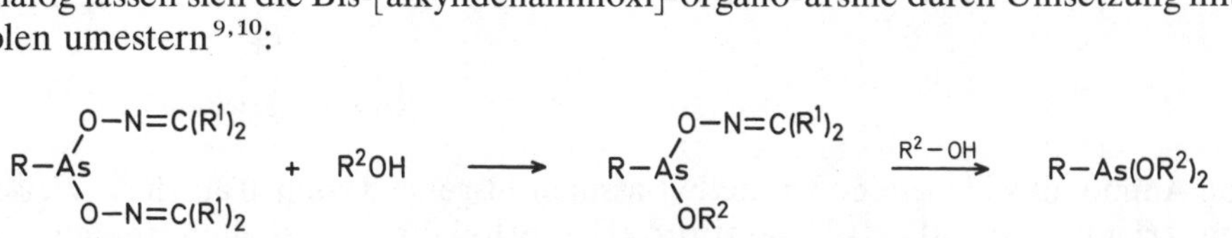

$$R-\overset{\displaystyle O-N=C(R^1)_2}{\underset{\displaystyle O-N=C(R^1)_2}{As}} \quad + \quad R^2OH \quad \longrightarrow \quad R-\overset{\displaystyle O-N=C(R^1)_2}{\underset{\displaystyle OR^2}{As}} \quad \xrightarrow{R^2-OH} \quad R-As(OR^2)_2$$

[1] G. KAMAI u. V. M. ZOROASTROVA, Ž. obšč. Chim. **10**, 921 (1940); engl.: 921.

[2] G. KAMAI u. N. A. CHADAEVA, Izv. Vyss. Uch. Zev., Chim. i. chim. Techn. **2**, 601 (1959); C. A. **54**, 7606 (1960).

[3] G. KAMAI u. N. A. CHADAEVA, Izv. Akad. Nauk SSSR **1960**, 1779; C. A. **55**, 15451 (1961).

[4] G. KAMAI u. N. A. CHADAEVA, Doklady Akad. SSSR **138**, 123 (1961); C. A. **55**, 21010 (1961).

[5] G. KAMAI u. R. G. MIFTAKHOVA, Ž. obšč. Chim. **35**, 546, 2001 (1965); engl.: 544, 1991.

[6] G. KAMAI et al., Izv. Akad. Kaz. SSSR **16**, 85 (1966); C. A. **65**, 13752 (1966).

[7] G. KAMAI u. R. G. MIFTAKHOVA, Ž. obšč. Chim. **33**, 2904 (1963); engl.: 2831.

[8] N. A. CHADAEVA et al., Ž. obšč. Chim. **43**, 824 (1973); engl.: 825.

[9] G. KAMAI u. R. MIFTAKHOVA, Ž. obšč. Chim. **35**, 2001 (1965); engl.; 1991.

[0] R. G. MIFTAKHOVA et al., Ž. obšč. Chim. **42**, 1966, 1969 (1972); engl.: 1960, 1963.

**Butan-arsonigsäure-dibutylester**[1]: Eine Mischung aus 6 g Bis-[butylidenaminooxi]-butyl-arsin und 3 g Butanol wird unter einem Kohlendioxid-Strom 1 Stde. auf 110–112° erhitzt. Anschließend wird destillativ aufgearbeitet; Ausbeute 1,2 g (25% d. Th.); $Kp_{0,5}$: 99°.

Durch analoge Umesterung werden u. a. folgende Ester hergestellt[1]:

Butan-arsonigsäure-diheptylester     61% d. Th.      $Kp_1$: 142–143°
Äthan-arsonigsäure-dioctylester      64% d. Th.      $Kp_{2,5}$: 148–149°

Die Umsetzung von Bis-[propylidenaminooxi]-äthyl-arsin mit Bis-[2-hydroxy-äthyl]-äther führt zu *2-Äthyl-1,3,6,2-trioxarsocan* (33% d. Th: $Kp_8$: 84–86°)[1]:

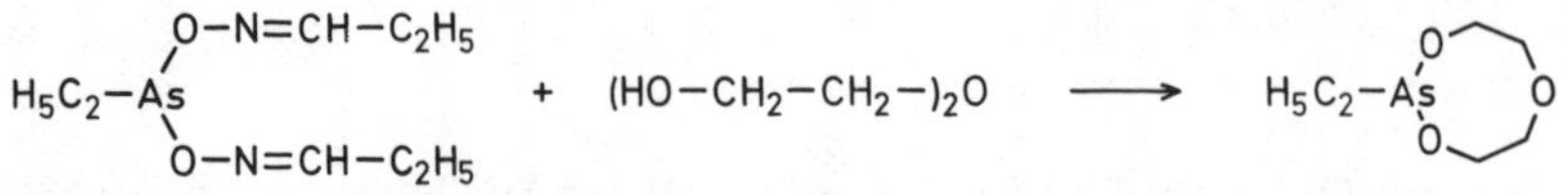

Arsonigsäure-diester sind ebenfalls in guten Ausbeuten durch Alkoholyse bzw. Oximolyse von Arsonigsäure-diamiden[2–8] oder -ester-amiden[7] zugänglich:

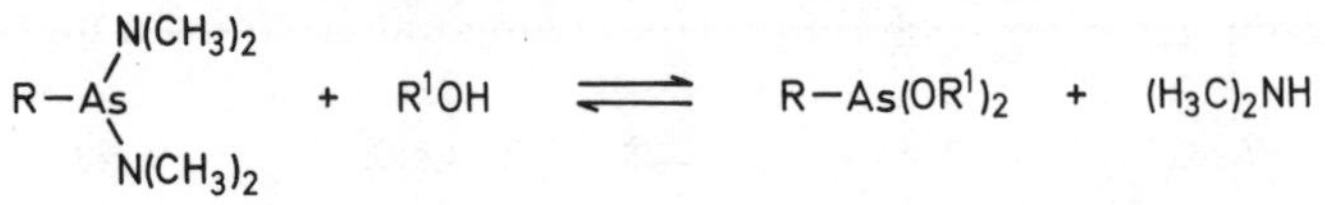

Aufgrund der ungenügenden Acidität der Alkohole bzw. Oxime werden keine Ammoniumsalze gebildet. Die Reaktion selbst wird in benzolischer oder ätherischer Lösung durchgeführt.

**Arsonigsäure-diester; allgemeine Arbeitsvorschrift** [5,7]: In einem Dreihalskolben wird zu einer benzolischen Lösung des Arsonigsäure-diamids eine Lösung der äquimolaren Menge Alkohol (bei der Umsetzung mit Oximen wird umgekehrt verfahren)[2] in Benzol getropft. Sofort tritt Amin-Entwicklung (im Falle von Dimethyl- oder Diäthylamin) ein. Man erhitzt solange unter Rückfluß, bis die Amin-Entwicklung beendet ist. Nach Entfernung des Lösungsmittels bei Normaldruck wird der Rückstand i. Vak. destilliert.

Auf diese Weise erhält man z. B. aus Methanarsonigsäure-bis-[dimethylamid] und 2,4-Bis-[hydroximino]-pentan *2,5,7-Trimethyl-6H-1,3,4,8,2-dioxadiazarsocin* (60% d. Th., F: 45°)[7]:

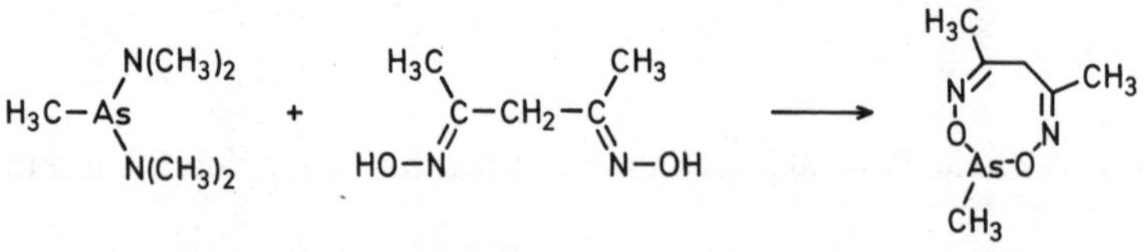

Kp: 100° (**explosive** Zers.)[2]

Von Amino-alkylidenaminooxi-methyl-arsinen ausgehend können auf diese Weise unsymmetrische Bis-[alkylidenaminooxi]-methyl-arsine erhalten werden[7].

[1] R. G. Miftakhova et al., Ž. obšč. Chim. **42**, 1966, 1969 (1972); engl.: 1960, 1963.
[2] DBP. 1 094 746 (1960), H. G. Schicke u. G. Schrader.
[3] E. Fluck u. G. Jakobson, Z. anorg. Ch. **369**, 178 (1969).
[4] R. H. Anderson u. R. H. Cragg, Chem. Commun. **1970**, 425.
[5] F. Kober, Z. anorg. Ch. **397**, 97 (1973). J. Organometal. Chem. **94**, 393 (1975).
[6] O. Adler u. F. Kober, J. Organometal. Chem. **72**, 351 (1974).
[7] J. Kaufmann u. F. Kober, J. Organometal. Chem. **81**, 59 (1974); Z. anorg. Ch. **416**, 152 (1975); **426**, 17 (1976).
[8] F. Kober, J. Organometal. Chem. **94**, 393 (1975).

Die Reaktion hat präparative Bedeutung nur bei Alkoholen, deren Siedepunkt wesentlich höher liegt als der der Amine (sonst keine ausreichende Verschiebung des Gleichgewichtes).

1,3,2-Dioxarsolane[1] bzw. -arsenane[2] werden in guten Ausbeuten durch Umsetzung von Arsonigsäure-diamiden mit 1,2- bzw. 1,3-Diolen in Petroläther oder Benzol erhalten:

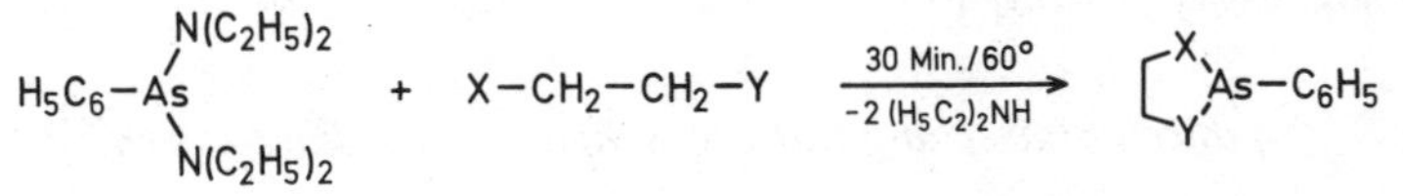

$$H_5C_6-As\begin{matrix}N(C_2H_5)_2\\ \\N(C_2H_5)_2\end{matrix} \quad + \quad X-CH_2-CH_2-Y \quad \xrightarrow[-2\,(H_5C_2)_2NH]{30\,Min./60°} \quad \begin{bmatrix}X\\ \\Y\end{bmatrix}As-C_6H_5$$

$X = Y = OH;$     *2-Phenyl-1,3,2-dioxarsolan*; 90% d. Th.
$X = OH; Y = SH;$  *2-Phenyl-1,3,2-oxathiarsolan*; 98% d. Th.

In einer noch nicht geklärten Reaktion zwischen Benzolarsonigsäure-bis-[dimethylamid] und Biuret entsteht *4,6-Bis-[imino]-2-phenyl-1,3,5,2-dioxazarsenan* (F: 84–86)[3]:

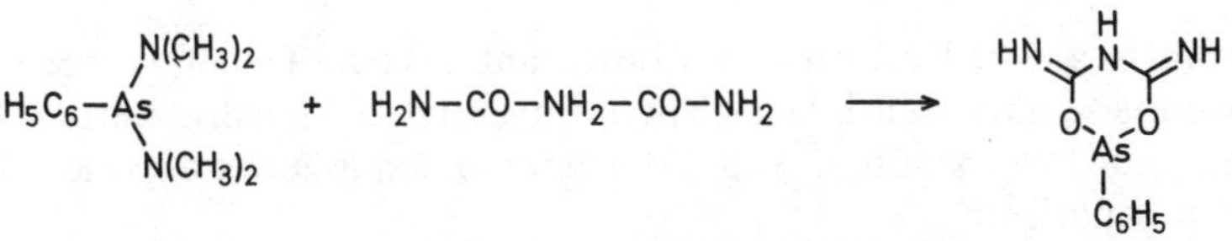

$$H_5C_6-As\begin{matrix}N(CH_3)_2\\ \\N(CH_3)_2\end{matrix} \quad + \quad H_2N-CO-NH_2-CO-NH_2 \quad \longrightarrow$$

Die Reaktion wird in siedendem Benzol unter Feuchtigkeits- und Luftausschluß durchgeführt[1].

γ) Aus Arsonigsäure-anhydriden (Oxo-organo-arsinen)

γ₁) *durch Umsetzung mit Alkoholen oder Oximen*

Arsonigsäure-anhydride setzen sich mit Alkoholen oder Oximen in einer Gleichgewichtsreaktion zu den entsprechenden Estern um[4-7]:

$$R-As=O \quad + \quad 2\,R^1OH \quad \rightleftharpoons \quad R-As(OR^1)_2 \quad + \quad H_2O$$

$R^1 = Alkyl, Aryl, -N=C\big\langle$

Das Reaktionswasser kann auf zwei Wegen entfernt werden. Entweder durch wasserbindende Mittel, wie Kupfersulfat oder Calciumcarbid (extraktive Veresterung)[8,5,9], oder durch Abdestillieren mittels eines Schleppers wie Benzol (azeotrope Veresterung)[10,7].

---

[1] R. H. ANDERSON u. R. H. CRAGG, Chem. Commun. **1970**, 425.
[2] W. J. RÜHL u. F. KOBER, Z. Naturf. **31b**, 307 (1976).
[3] K. SOMMER u. W. LAUER, Z. anorg. Ch. **378**, 310 (1970).
[4] K. I. KUZ'MIN, Ž. obšč. Chim. **26**, 675 (1956); C. A. **50**, 14517 (1956).
[5] G. KAMAI u. B. D. CHERNOKALSKII, Ž. obšč. Chim. **29**, 1596 (1959).
[6] G. KAMAI u. N. A. CHADAEVA, Doklady Akad. SSSR **138**, 123 (1961).
[7] R. G. MIFTAKHOVA et al., Ž. obšč. Chim. **42**, 1966 (1972); engl.: 1960.
[8] G. KAMAI u. N. CHADAEVA, Ž. obšč. Chim. **26**, 2468 (1956).
[9] K. SOMMER, Z. anorg. Ch. **375**, 55 (1970).
[10] S. N. HOLTER, Diss. Abstr. **28**B, 4497 (1968).

**Bis-[butyliden-(2)-aminoxy]-phenyl-arsin**[1]**:** In einem Rundkolben mit Rückflußkühler und Wasserabscheider werden 17 g Benzolarsonigsäure-anhydrid (Oxo-phenyl-arsin), 16 g Butanon-2-oxim und 150 *ml* Benzol 5 Stdn. unter Rückfluß erhitzt. Nach Entfernung des Benzols wird der Rückstand 2mal i. Vak. destilliert; Ausbeute: 9 g (27,4% d. Th.); $Kp_2$: 159–160°.

Analog werden folgende Oximester hergestellt[1]:

| | | |
|---|---|---|
| Bis-[isopropylidenaminoxi]-phenyl-arsin | 30% d.Th. | $Kp_2$: 155–156° |
| Bis-[heptyliden-(2)-aminoxy]-phenyl-arsin | 23% d.Th. | $Kp_3$: 183–184° |

$\gamma_2$) *durch Umsetzung mit cyclischen Kohlensäure-estern*

Bei der Einwirkung von Arsonigsäure-anhydriden (Oxo-organo-arsinen) auf cyclische Kohlensäureester in Gegenwart katalytischer Mengen Kaliumjodid werden die entsprechenden cyclischen Arsonigsäure-ester erhalten[2,3]:

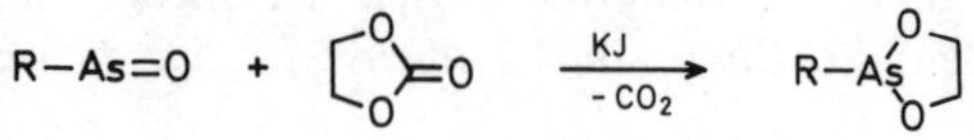

Die Reaktion ist auf die Diol-carbonate beschränkt. Weder Dimethyl- noch Diäthylcarbonat gehen diese Reaktion ein[2]. Je nach dem eingesetzten Anhydrid werden Temperaturen zwischen 145–190° benötigt, wobei die Aren-arsonigsäure-anhydride die höheren Temperaturen benötigen[2].

Aus den 1,1-Bis-[oxo-arsino]-alkanen werden mit 2-Oxo-1,3-dioxolan die entsprechenden 1,1-Bis-[1,3,2-dioxarsolanyl-(2)]-alkane gebildet[3]:

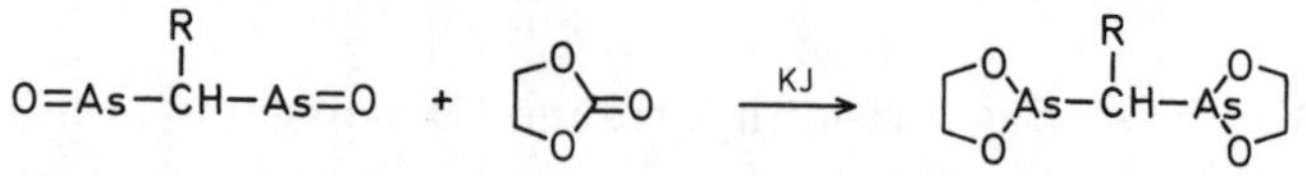

**1,1-Bis-[1,3,2-dioxarsolanyl-(2)]-äthan**[3]**:** In einem 50 *ml* Kölbchen schmilzt man 21 g 1,1-Bis-[oxoarsino]-äthan, 17,6 g Glykolcarbonat und 0,3 g Natriumjodid bei rund 120°. Die Schmelze wird kräftig durchgeschüttelt und kurz auf 170° erhitzt. Man hält dann zur Beendigung der Umsetzung (keine Kohlendioxid-Entwicklung mehr) 30 Min. bei 160°. Das farblose Öl wird anschließend destilliert; $Kp_{0,1}$: 106–109°.

Auf gleiche Weise (Reaktionsdauer: 2 Stdn.) werden u. a. folgende Verbindungen hergestellt[4]:

| | |
|---|---|
| 2-Methyl-1,3,2-dioxarsolan | $Kp_{15}$: 59–60° (Reaktionstemp.: 145°) |
| 2-Phenyl-1,3,2-dioxarsolan | $Kp_{0,2}$: 67–68° (Reaktionstemp.: 195°) |
| Bis-[1,3,2-dioxarsolanyl-(2)]-methan | $Kp_{0,01}$: 104–106° (Reaktionstemp.: 170°) |
| 2-Phenyl-1,3,2-dioxarsenan | $Kp_{14}$: 62–64° (Reaktionstemp.: 185°) |

Ausgehend von 2-Oxo-1,3-oxathiolan erhält man unter den gleichen Bedingungen 2-Organo-1,3,2-oxathiarsolane, die aus Glykolcarbonat und Thioarsonigsäure-anhydriden in besserer Ausbeute erhältlich sind[4]; z. B.:

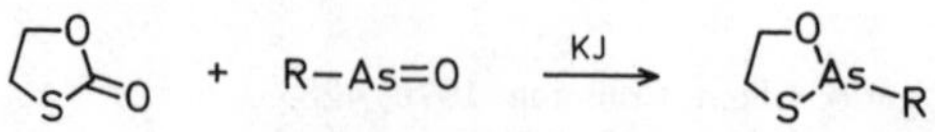

*1,3,2-Oxathiarsolan*

[1] R. G. MIFTAKHOVA et al., Ž. obšč. Chim. **42**, 1966 (1972); engl.: 1960.
[2] K. SOMMER, Z. anorg. Ch. **370**, 227 (1969); **375**, 55 (1970).
[3] K. SOMMER u. M. BECKE-GOEHRING, Z. anorg. Ch. **370**, 31 (1969).
[4] K. SOMMER, Z. anorg. Ch. **370**, 227 (1969).

Die Umsetzung wird bei höheren Temperaturen (Reaktionsdauer, 4–5 Stdn.)[1] durchgeführt z. B.:

*2-Methyl-1,3,2-oxathiarsolan*  $Kp_{14}$: 84° (Reaktionstemp.: 180°)
*2-Phenyl-1,3,2-oxathiarsolan*  $Kp_{0,01}$: 81° (Reaktionstemp.: 195°)
*2-Methyl-1,3,2-oxathiarsenan*  $Kp_{0,6}$: 71° (Reaktionstemp.: 190°)

*2-Methyl-* bzw. *2-Phenyl-1,3,2-oxathiarsolan* lassen sich auch aus 2-Chlor-1,3,2-oxathiarsolan und den entsprechenden Grignard-Verbindungen herstellen[2]:

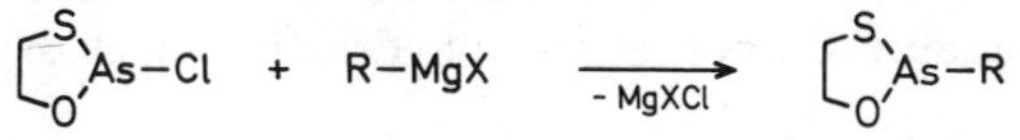

$$R = CH_3,\ C_6H_5$$

Der Mechanismus der Umsetzung der Arsonigsäure-anhydride mit Diolcarbonaten ist nicht völlig aufgeklärt. Es wird angenommen, daß aus den Diolcarbonaten primär Kohlendioxid unter Bildung von Oxiranen abgespalten wird und die Oxirane mit dem Arsonigsäure-anhydrid unter Ringerweiterung reagieren[1].
Diese Annahme wird dadurch bestätigt, daß Oxirane direkt in die Reaktion eingesetzt werden können[1]:

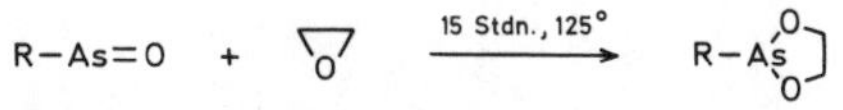

Die Reaktion benötigt Tetramethylammoniumchlorid als Katalysator.

## B. Umwandlung

Arsonigsäure-diester werden durch Wasser zu Arsonigsäuren bzw. Arsonigsäure-anhydriden hydrolysiert, durch Alkohole findet eine Umesterung statt (s. S. 200). Die Umsetzung mit Mercaptanen führt zu Arsonigsäure-dithioestern (s. S. 217). Einige Alkanarsonigsäure-dialkylester bzw. 1,3,2-Dioxarsolane werden mit Selendioxid oder Quecksilberoxid zu Arsonsäure-estern oxidiert (s. S. 318)[3–5]; z. B.

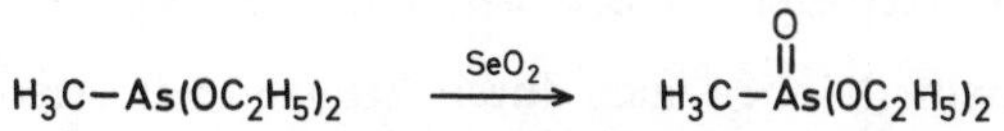

Die Reaktion von Arsonigsäure-diestern mit Halogen ist wenig untersucht, es werden teilweise nicht identifizierbare Produkte erhalten[6]. Benzolarsonigsäure-diäthylester reagiert mit Brom im Verhältnis 2:1 in Chloroform zu *Brom-äthoxy-phenyl-arsin* und *Benzol-arsonsäure-diäthylester* (s. S. 192)[7]:

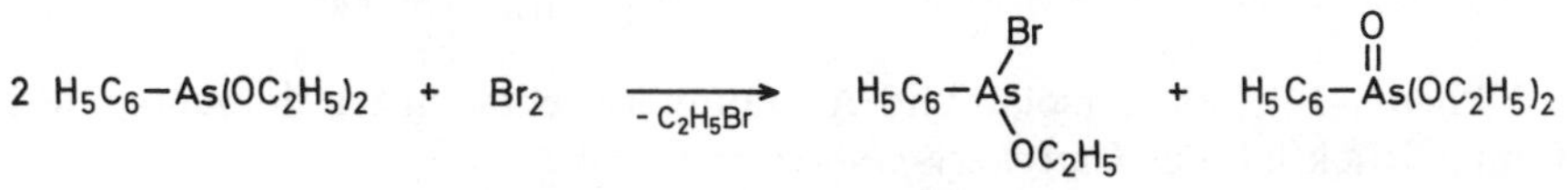

[1] K. SOMMER, Z. anorg. Ch. **370**, 227 (1969).
[2] K. SOMMER u. M. BECKE-GOEHRING, Z. anorg. Ch. **355**, 182 (1967).
[3] YA. F. KOMISSAROV et al., C. r. Doklady, **55**, 719 (1947); C. A. **42**, 3721 (1948).
[4] L. M. WERBEL et al., J. Org. Chem. **22**, 452 (1957).
[5] G. KAMAI u. B. D. CHERNOKALSKII, Ž. obšč. Chim. **30**, 1176 (1960); engl.: 1195.
[6] A. MICHAELIS, A. **320**, 271 (1902).
[7] A. SCHULTZE et al., Phosphorus **5**, 265 (1975).

Die Umsetzung von 2-Phenyl-1,3,2-oxathiarsolan mit Brom in Tetrachlormethan führt dagegen zu *Dibrom-phenyl-arsin*[1]:

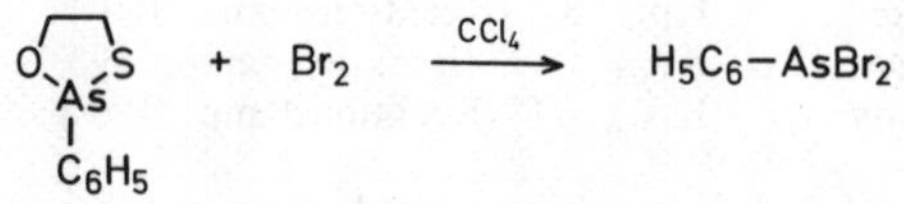

$$\underset{\overset{|}{C_6H_5}}{O\diagdown\underset{As}{\diagup}S} \quad + \quad Br_2 \quad \xrightarrow{CCl_4} \quad H_5C_6-AsBr_2$$

Arsonigsäure-diester lassen sich durch Umsetzung mit Grignard-Verbindungen in tert. Arsine umwandeln (s. S. 54). Die Reaktion mit Carbonsäure-anhydriden führt zu gemischten Arsonigsäure-Carbonsäure-Anhydriden (Diacyloxy-organo-arsinen) (s. unten).

Die Umsetzung mit Acetylchlorid liefert Arsonigsäure-ester-chloride (s. S.192).

2-Phenyl-1,3,2-oxathiarsolan reagiert mit Acetyl-bromid unter Bildung von *Dibrom-phenyl-arsin*[1]:

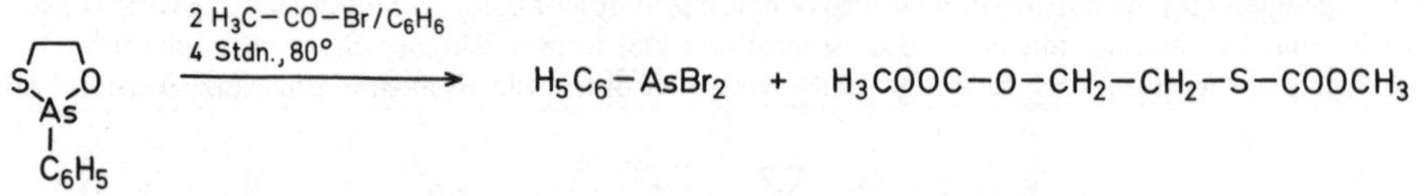

$$\underset{\overset{|}{C_6H_5}}{S\diagdown\underset{As}{\diagup}O} \quad \xrightarrow[\text{4 Stdn., 80°}]{2\ H_3C-CO-Br\,/\,C_6H_6} \quad H_5C_6-AsBr_2 \quad + \quad H_3COOC-O-CH_2-CH_2-S-COOCH_3$$

### 5. Arsonigsäure-Carbonsäure-Anhydride (Diacyloxy-organo-arsine)

Von dieser Stoffklasse sind nur wenige Verbindungen bekannt; zudem handelt es sich bei den bekannten Verbindungen hauptsächlich um Diacetoxy-arsine.

*Diacetoxy-propyl-arsin* wird durch Umsetzung von Dichlor-propyl-arsin mit Silberacetat hergestellt[2]:

$$H_7C_3-AsCl_2 \quad + \quad 2\ H_3C-COOAg \quad \xrightarrow[-2\ AgCl]{} \quad H_7C_3-As(O-CO-CH_3)_2$$

**Diacetoxy-propyl-arsin**[2]: Unter Rühren werden 0,75 Mol trockenes Silberacetat und 0,3 Mol Dichlor-propyl-arsin in 400 ml Benzol 6 Stdn. unter Rückfluß erhitzt. Anschließend wird das Silberchlorid abfiltriert, das Lösungsmittel entfernt und der Rückstand i. Vak. destilliert; Ausbeute: 51% d. Th.; $Kp_{13}$: 120–123°.

Diacetoxy-organo-arsine können auch durch Erhitzen von Arsonigsäure-anhydriden[3] bzw. Arsonigsäure-diestern[4] mit Acetanhydrid hergestellt; werden, z. B.:

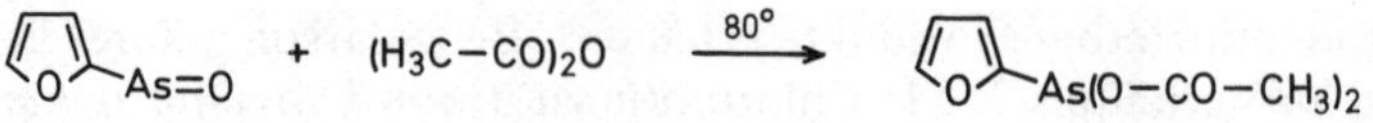

$$\underset{O}{\diagup\diagdown}As{=}O \quad + \quad (H_3C-CO)_2O \quad \xrightarrow{80°} \quad \underset{O}{\diagup\diagdown}As(O-CO-CH_3)_2$$

*Diacetoxy-furyl-(2)-arsin*[3];
$Kp_2$: 129–130°

Aus 2-Phenyl-1,3,2-dioxarsolan und Acetanhydrid entsteht durch mehrstündiges Erhitzen unter Rückfluß das *Diacetoxy-phenyl-arsin*[5]:

[1] N. A. CHADAEVA et al., Ž. obšč. Chim. **43**, 821 (1973); engl.: 821.
[2] C. K. BANKS et al., Am. Soc. **69**, 927 (1947).
[3] A. ETIENNE, C. r. **221**, 562 (1945); Bl. **1947**, 47.
[4] G. KAMAI u. N. A. CHADAEVA, Ž. obšč. Chim. **26**, 2468 (1956); Doklady Akad. SSSR **109**, 309 (1956); C. A. **51**, 1876, 4932 (1957); Izv. Akad. SSSR **1960**, 1779; C. A. **55**, 15451 (1961).
[5] G. KAMAI u. N. A. CHADAEVA, Doklady Akad. SSSR **109**, 309 (1956); C. A. **51**, 1876 (1957).

$$\underset{\underset{C_6H_5}{|}}{\overset{O \diagdown \diagup O}{As}} \quad + \quad (H_3C-CO)_2O \quad \longrightarrow \quad H_5C_6-As(O-CO-CH_3)_2$$

Bis-[dimethylamino]-methyl-arsin reagiert mit Malein- bzw. Phthalsäure-anhydrid in Acetonitril ebenfalls zu den gemischten Anhydriden[1]:

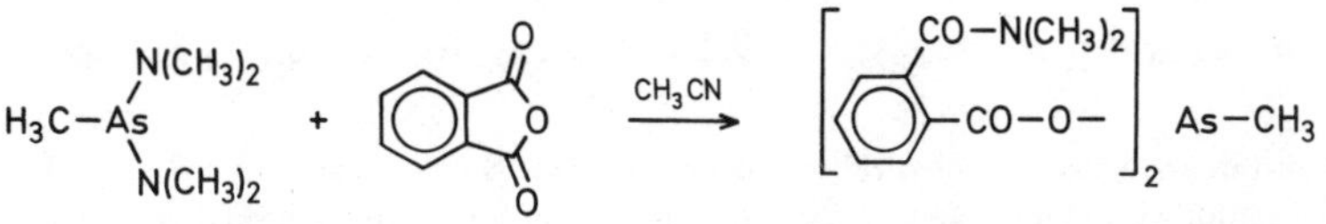

$$H_3C-\underset{\underset{N(CH_3)_2}{|}}{\overset{N(CH_3)_2}{As}} \quad + \quad \text{(Phthalsäureanhydrid)} \quad \xrightarrow{CH_3CN} \quad \left[\text{(Benzolring)}\overset{CO-N(CH_3)_2}{\underset{CO-O-}{}}\right]_2 As-CH_3$$

*Bis-[2-dimethylaminocarbonyl-benzoyloxy]-methyl-arsin*

Analog wird aus Dipiperidino-phenyl-arsin und Acetanhydrid das *Diacetoxy-phenyl-arsin* hergestellt[2].

**Diacetoxy-phenyl-arsin**[2]: Zu einer Lösung von 32,0 g (0,1 Mol) Dipiperidino-phenyl-arsin in 100 *ml* abs. Benzol wird eine Lösung von 20,4 g (0,2 Mol) Acetanhydrid in 30 *ml* Benzol unter Rühren und Eiskühlung tropfenweise zugesetzt. Danach wird 2 Stdn. auf 80° erhitzt. Nach Entfernung des Lösungsmittels wird i. Vak. fraktioniert; Ausbeute: 8 g (29% d. Th.); $Kp_{0,2}$: 125–127.

Diacetoxy-organo-arsine werden durch Wasser leicht zu Essigsäure und Arsonigsäure-anhydrid hydrolysiert.

## 6. Dithioarsonigsäuren bzw. Thioarsonigsäure-anhydride (Thio-organo-arsine)

Die freien Dithioarsonigsäuren [$R-As(SH)_2$] sind kaum bekannt. Lediglich die Alkalimetallsalze der Methan- bzw. Äthan-dithioarsonigsäuren [$R-As(SNa)_2$] sind beschrieben[3]. Die Anhydride der Dithioarsonigsäuren (früher: Organo-arsen-sulfide bzw. -Thioarsenoso-Verbindungen s. S. 20) werden zwar mit einer Arsen-Schwefel-Doppelbindung ($R-As=S$) formuliert, sind jedoch nicht monomer:

$$n\ R-As(SH)_2 \quad \xrightarrow{-n\ H_2S} \quad (R-As=S)_n$$

Benzol- bzw. Pentafluorbenzol-thioarsonigsäure-anhydrid liegen tetramer vor[4-6], 2-Chlor-äthan-thioarsonigsäure-anhydrid ist trimer von cyclischer Struktur[7]:

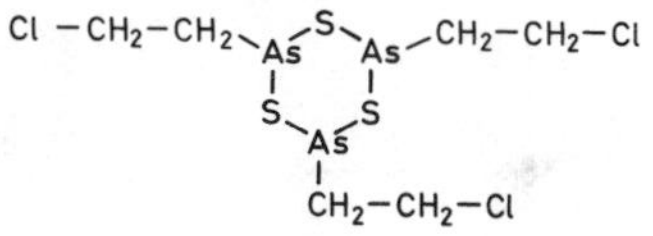

$$Cl-CH_2-CH_2-\underset{\underset{S}{\overset{|}{As}}}{As}\overset{S}{\diagdown}\underset{\underset{CH_2-CH_2-Cl}{\overset{|}{As}}}{As}-CH_2-CH_2-Cl$$

Abgesehen von diesen Verbindungen ist die Struktur anderer Dithioarsonigsäure-anhydride nicht bekannt.

[1] DBP. 1 112.739 (1959), H. G. Schicke u. G. Schrader.
[2] E. Fluck u. G. Jakobson, Z. anorg. Ch. **369**, 178 (1969).
[3] Jap. P. 2200 (1961), M. Nagasawa; C. A. **56**, 10637 (1962).
[4] L. Anschütz u. H. Wirth, B. **89**, 1530 (1956).
[5] E. W. Abel u. D. A. Armitage, J. Organometal. Chem. **5**, 326 (1966).
[6] M. Green u. D. Kirkpatrick, Soc. [A] **1968**, 483.
[7] K. Sommer, Z. anorg. Ch. **377**, 273 (1970).

# A. Herstellung

## α) Aus Arsonigsäure-anhydriden oder -dihalogeniden

Sättigt man eine Lösung von Arsonigsäure-anhydriden oder -dihalogeniden in Chloroform oder Äthanol mit Schwefelwasserstoff, so werden die entsprechenden Thioarsonigsäure-anhydride gebildet[1-8]:

$$R-As=O \quad bzw. \quad R-AsX_2 \quad \xrightarrow{H_2S} \quad R-As=S \quad + \quad H_2O \quad bzw. \quad HX$$

**2-Chlor-äthan-thioarsonigsäure-anhydrid (trimer)**[8]: In eine heiße Lösung von 21 g Dichlor-(2-chloräthyl)-arsin in Äthanol wird unter Stickstoff 20 Min. ein leichter Strom von Schwefelwasserstoff geleitet. Nach dem Abkühlen saugt man ab und wäscht mit Äthanol nach; F: 130–132°.

Analog läßt sich *Benzol-thioarsonigsäure-anhydrid* durch Sättigung einer Lösung von Benzolarsonigsäure-anhydrid oder -dichlorid in Äthanol oder Chloroform herstellen[1, 3, 8].

Das *tetramere Benzol-thioarsonigsäure-anhydrid* läßt sich in besonders reiner Form durch Umsetzung von Dichlor-phenyl-arsin mit Hexamethyl-2,4,6,1,3,5-trisilatrithian herstellen[9]:

$$12 \; H_5C_6-AsCl_2 \quad + \quad 4 \; [(H_3C)_2Si-S]_3 \quad \longrightarrow \quad 3 \; (H_5C_6-As=S)_4 \quad + \quad 12 \; (H_3C)_2SiCl_2$$

**Benzol-thioarsonigsäure-anhydrid**[9]: 16,8 g Dichlor-phenyl-arsin werden bei 20° zu 6,79 g Hexamethyl-2,4,6,1,3,5-trisilatrithian in 10 *ml* Toluol gegeben. Beim Erwärmen wird Dichlor-dimethyl-silan abgespalten (74% d. Th.). Anschließend wird gekühlt, abgesaugt und 2mal aus Toluol umkristallisiert; F: 175–176°.

Aus Dichlor-pentafluorphenyl-arsin und Silbersulfid entsteht das *tetramere Pentafluorbenzol-thioarsonigsäure-anhydrid*[10].

**Pentafluorbenzol-thioarsonigsäure-anhydrid**[10](**tetramer**): Unter Stickstoff werden 3,73 g (11,9 mMol) Dichlor-pentafluorphenyl-arsin mit 5,0 g (20 mMol) Silbersulfid in 30 *ml* trockenem Benzol 48 Stdn. unter Rückfluß erhitzt. Das Silberchlorid wird abgesaugt und das Lösungsmittel i. Vak. abdestilliert. Anschließend wird nicht umgesetztes Dichlor-arsin mit Pentan extrahiert und der Rückstand aus Benzol umkristallisiert; Ausbeute: 1,02 g (32% d. Th.); F: 169–169,5°.

## β) Aus primären Arsinen oder Arseno-Verbindungen

Primäre Arsine addieren elementaren Schwefel im Verhältnis 1 : 2 zu Thioarsonigsäure-anhydriden[11-14]:

$$R-AsH_2 \quad + \quad 2 \; S \quad \longrightarrow \quad (R-As=S)_n \quad + \quad H_2S$$

[1] C. Schulte, B. **15**, 1956 (1882).
[2] A. Michaelis, A. **320**, 271 (1902).
[3] F. F. Blicke u. F. D. Smith, Am. Soc. **52**, 2946 (1930).
[4] A. E. Kretov u. A. Ya. Berlin, Ž. obšč. Chim. **1**, 411 (1931); C. A. **26**, 2415 (1932).
[5] A. Etienne, Bl. **1947**, 47.
[6] C. K. Banks et al., Am. Soc. **70**, 1762 (1948).
[7] A. I. Titov u. B. B. Levin, Sbornik Statei Obshchei Khim. **2**, 1469 (1953); C. A. **49**, 4503 (1955).
[8] K. Sommer, Z. anorg. Ch. **376**, 101, 150 (1970); **377**, 273 (1970); **370**, 227 (1969).
[9] E. W. Abel u. D. A. Armitage, J. Organometal. Chem. **5**, 326 (1966).
[10] M. Green u. D. Kirkpatrick, Soc. [A] **1968**, 483.
[11] A. v. Baeyer, A. **107**, 279 (1858).
[12] W. M. Dehn, Am. **40**, 110 (1908).
[13] F. F. Blicke u. L. D. Powers, Am. Soc. **55**, 1161 (1933).
[14] J. F. Gatilov u. M. G. Kralichkina, Ž. obšč. Chim. **38**, 1798 (1968); engl.: 1752.

**Benzol-thioarsonigsäure-anhydrid**[1]: Zu einer Lösung von 3,5 g Phenylarsin in 10 *ml* Benzol werden 0,64 g Schwefel in 50 *ml* Benzol getropft. Nach 24 Stdn. wird das Lösungsmittel abdestilliert, der ölige Rückstand in 20 *ml* Benzol gelöst und mit 50 *ml* abs. Äthanol ausgefällt; Ausbeute: 0,81 g (44% d. Th.); F: 161–163°.

Bessere Ausbeuten an Aren-thioarsonigsäure-anhydriden (Thiono-aryl-arsinen) erhält man bei der Umsetzung der prim. Arsine mit Thionylchlorid oder N-Sulfinyl-anilin[2]:

$$3\ H_5C_6-AsH_2\ +\ 2\ SOCl_2\ \xrightarrow{C_6H_6}\ 2\ H_5C_6-As{=}S\ +\ H_5C_6-As{=}O\ +\ 4\ HCl\ +\ H_2O$$

$$3\ H_5C_6-AsH_2\ +\ 3\ H_5C_6-N{=}S{=}O\ \xrightarrow{CH_3OH}$$

$$2\ H_5C_6-As{=}S\ +\ H_5C_6-As{=}O\ +\ 3\ H_5C_6-NH_2\ +\ SO_2$$

wobei die Umsetzung mit N-Sulfinyl-anilin die besseren Ausbeuten liefert.

**Benzol-thioarsonigsäure-anhydrid**[2]: Zu 5 g Phenyl-arsin in 10 *ml* auf 50° vorgewärmtem abs. Methanol werden unter sorgfältigem Luftausschluß 5 g N-Sulfinyl-anilin in 5 *ml* abs. Methanol allmählich zugetropft. Dabei entmischt sich die Lösung unter Erwärmen und Entfärbung des N-Sulfinyl-anilins. Man erhitzt 30 Min. bis zum leichten Sieden und treibt das entwickelte Schwefeldioxid mit Stickstoff möglichst vollständig aus dem Reaktionsgemisch aus. Dann läßt man erkalten, saugt die teilweise erstarrte, schwach gelb gefärbte Masse ab und kristallisiert aus Aceton um. Unter Aufarbeitung der Mutterlaugen lassen sich 3,6 g (60% d. Th.) erhalten; F: 175–176°.

Die Methanol-Lösung enthält das Benzol-arsonigsäure-anhydrid und das Anilin.

Analog läßt sich das *4-Methyl-benzol-thioarsonigsäure-anhydrid* (F: 159–160° aus Cyclohexan, vermutlich trimer) herstellen[2].

Beim Erhitzen von einem Mol Arsenobenzol und zwei g-Atom Schwefel wird *Benzol-thioarsonigsäure-anhydrid* gebildet[3]:

$$(H_5C_6-As)_6\ +\ 6\ S\ \longrightarrow\ 6\ H_5C_6-As{=}S$$

Die entsprechenden Selena-Verbindungen besitzen cyclische Strukturen und werden durch Umsetzung von Hexaphenyl-hexaarsenan oder Pentaphenyl-pentaarsolan mit gepulvertem grauen Selen bei 200° hergestellt[4]:

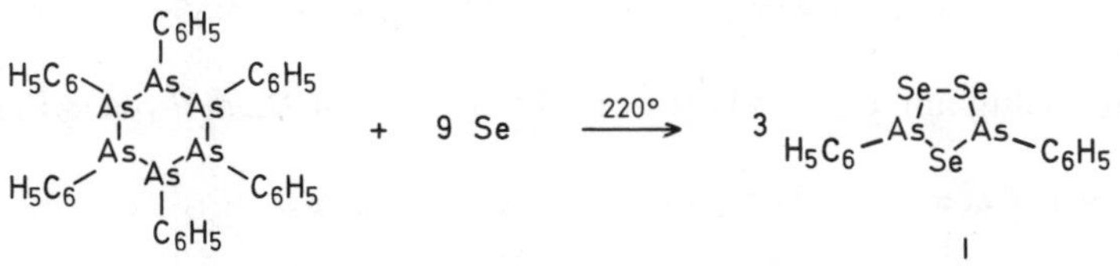

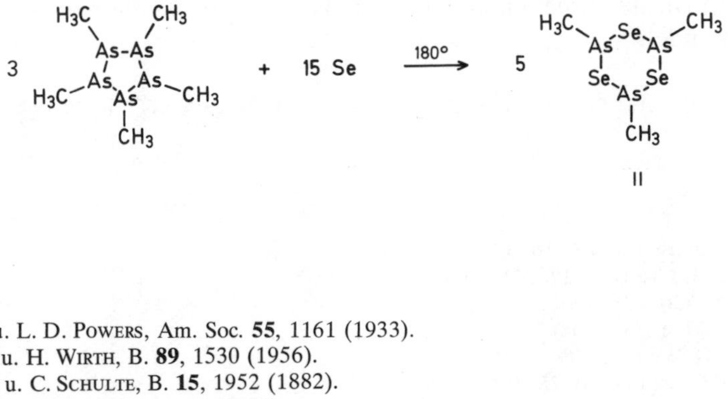

---

[1] F. F. Blicke u. L. D. Powers, Am. Soc. **55**, 1161 (1933).
[2] L. Anschütz u. H. Wirth, B. **89**, 1530 (1956).
[3] A. Michaelis u. C. Schulte, B. **15**, 1952 (1882).
[4] D. Hermann, Z. anorg. Ch. **416**, 50 (1975).

**1,4-Diphenyl-2,3,5-triselena-1,4-diarsolan (I; S. 199)**[1]: 1,84 g (2,0 mMol) Hexaphenyl-hexaarsenan werden mit 1,0 g gepulvertem grauen Selen verrieben und auf 220° erhitzt. Hierbei entsteht eine rotorange, viskose Schmelze, die beim Kühlen erstarrt. Es wird in wenig heißem Benzol gelöst, heiß abfiltriert und das Filtrat gekühlt. Die ausgefallenen Kristalle werden abgesaugt und getrocknet; Ausbeute: 2,9 g (90% d. Th.); F: 126°.

Prinzipiell analog wird das *1,3,5-Trimethyl-2,4,6-triselena-1,3,5-triarsenan* (II; S. 199; F: 93° aus Schwefelkohlenstoff bei −70°) in 86%iger Ausbeute erhalten[1].

Die entsprechende Umsetzung mit Tellur liefert keine definierten Verbindungen[1].

### γ) Aus Arsonsäuren

Einige Thioarsonigsäure-anhydride werden durch Reduktion von Arsonsäuren mit Schwefelwasserstoff hergestellt[2−4]; z. B.:

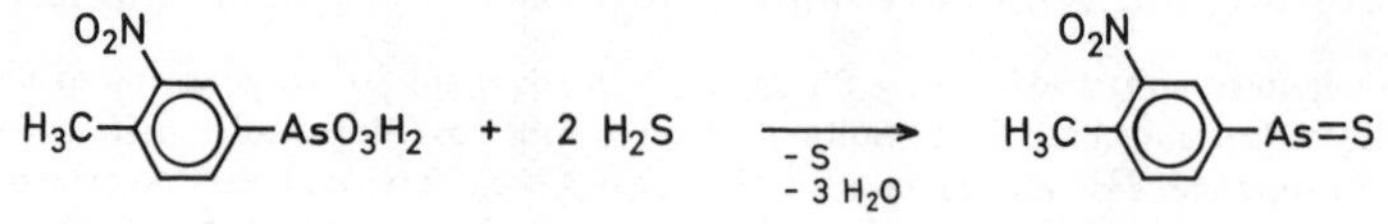

$$H_3C-\langle\rangle-AsO_3H_2 \ + \ 2 \ H_2S \ \xrightarrow[-3\ H_2O]{-S} \ H_3C-\langle\rangle-As=S$$

*3-Nitro-4-methyl-benzol-*
*thioarsonigsäure-anhydrid*

Die auf diese Weise erhaltenen Verbindungen enthalten immer Schwefel.

### B. Umwandlung

Benzol-thioarsonigsäure-anhydrid wird sowohl durch Salzsäure als auch durch Chlorwasserstoffgas in *Dichlor-phenyl-arsin* und Schwefelwasserstoff gespalten[5]:

$$H_5C_6-As=S \ + \ 2 \ HCl \ \longrightarrow \ H_5C_6-AsCl_2 \ + \ H_2S$$

Die Reaktion mit Alkalilaugen liefert die entsprechenden Arsonigsäure-anhydride. Thermisch zerfällt das Thio-phenyl-arsin in *Triphenyl-arsin* und Arsen-(III)-sulfid:

$$3 \ H_5C_6-As=S \ \xrightarrow{\triangledown} \ (H_5C_6)_3As \ + \ As_2S_3$$

Durch Umsetzung mit Diäthyl-quecksilber entsteht *Diäthyl-phenyl-arsin*[6]:

$$H_5C_6-As=S \ + \ (H_5C_2)_2Hg \ \longrightarrow \ H_5C_6-As(C_2H_5)_2 \ + \ HgS$$

Pentafluorbenzol-thioarsonigsäure-anhydrid wird durch 30 Min. Erhitzen mit Quecksilber(II)-chlorid in abs. Äther unter Rückfluß in *Dichlor-(pentafluor-phenyl)-arsin* (88% d. Th.) umgewandelt[7]:

$$(F_5C_6-As=S)_4 \ + \ 4 \ HgCl_2 \ \longrightarrow \ 4 \ F_5C_6-AsCl_2 \ + \ 4 \ HgS$$

[1] D. HERMANN Z. anorg. Ch. **416**, 50 (1975).
[2] A. MICHAELIS u. H. LÖSNER B. **27**, 271 (1894).
[3] A. MICHAELIS, A. **320**, 271 (1902).
[4] A. BERTHEIM, B. **41**, 1655 (1908).
[5] L. ANSCHÜTZ u. H. WIRTH, B. **89**, 1530 (1956).
[6] A. MICHAELIS u. C. SCHULTE, B. **15**, 1952 (1882).
[7] M. GREEN u. D. KIRKPATRICK, SOC. [A] **1968**, 483.

Thioarsonigsäure-anhydride werden mittels Natrium in flüssigem Ammoniak in *Dinatrium-organo-arsenide* umgewandelt (s. S. 129)[1]:

$$(R{-}As{=}S)_n + 4\,n\,Na \xrightarrow{\text{fl. } NH_3} n\,R{-}AsNa_2 + n\,Na_2S$$

Die Umsetzung mit Diol-carbonaten liefert die entsprechenden cyclischen Arsonigsäure-S,S- bzw. -O,S-diester (s. S. 212, 215).

## 7. Thio-arsonigsäure-ester-halogenide und -anhydride

Behandelt man 3-Chlor-propan-dithioarsonigsäure-anhydrid mit Thioharnstoff, so erhält man das entsprechende Thiuroniumsalz, dessen alkalische Hydrolyse unter spontaner Schwefelwasserstoff-Abspaltung zu *Bis-[1,2-thiarsolanyl-(2)]-sulfid,* einem Dithioarsonigsäure-ester-anhydrid führt[2]:

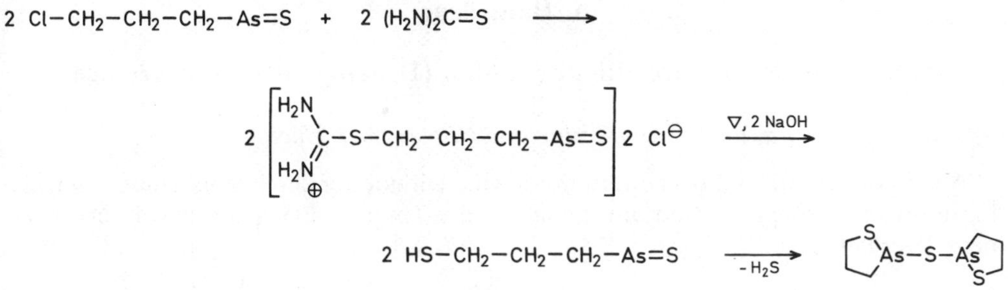
2 Cl−CH2−CH2−CH2−As=S + 2 (H2N)2C=S
H2N
C−S−CH2−CH2−CH2−As=S
H2N
2 Cl⊖
▽, 2 NaOH
2 HS−CH2−CH2−CH2−As=S
- H2S
As−S−As

Das Bis-[1,2-thiarsolanyl-(2)]-sulfid reagiert mit Arsen(III)-chlorid, wobei unter anderem *2-Chlor-1,2-thiarsolan* gebildet wird[2]:

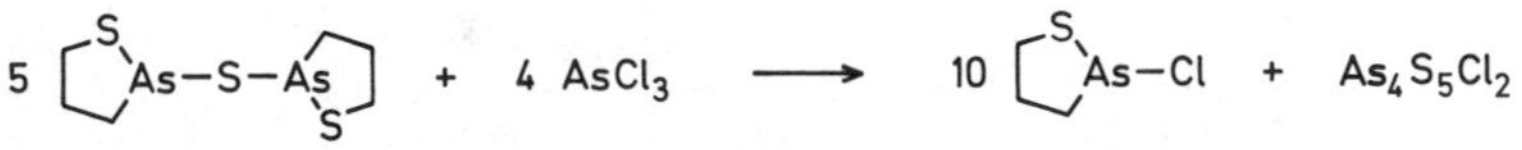
5
As−S−As
+ 4 AsCl3
10
As−Cl
+ As4S5Cl2

**Bis-[1,2-thiarsolanyl-(2)]-sulfid**[2]: 47 g Dichlor-(3-chlor-propyl)-arsin werden in 200 *ml* Äthanol gelöst und die Lösung mit Schwefelwasserstoff gesättigt. Wenn das Dichlor-(3-chlor-propyl)-arsin mit Dichlor-phenyl-arsin verunreinigt ist[1], so scheidet sich das Benzol-dithioarsonigsäure-anhydrid ab, von dem man abdekantiert. Die klare Lösung wird i. Vak. eingeengt, bis das 3-Chlor-propan-dithioarsonigsäure-anhydrid als farbloses Öl zurückbleibt. Ohne weitere Reinigung nimmt man erneut in 250 *ml* Äthanol auf, setzt 16 g Thioharnstoff zu und kocht 3 Stdn. unter Rückfluß, wobei man mit einem Magnetrührer die Lösung rührt. Anschließend wird das Äthanol vollständig verdampft, in 10 *ml* Äthanol und 120 *ml* 2 n Natronlauge aufgenommen und 1 Stde. unter Stickstoff bei kräftigem Rühren erhitzt. Nach dem Abkühlen extrahiert man 2mal mit je 100 *ml* Benzol, trocknet die Benzol-Lösung mit Calciumchlorid und fraktioniert; Ausbeute: 21,5 g (68% d. Th.); $Kp_{0,01}$: 174°.

**2-Chlor-1,2-thiarsolan**[2]: 32 g Bis-[1,2-thiarsolanyl-(2)]-sulfid gelöst in 100 *ml* Benzol werden unter Rühren mit einer Lösung von 15 g Arsen(III)-chlorid in 50 *ml* Benzol tropfenweise versetzt, wobei sich die Reaktionsmischung erwärmt. Man dekantiert vom ausgefallenen gelben Niederschlag der Zusammensetzung $As_4S_5Cl_2$ ab und wäscht den Niederschlag mit Benzol aus. Die vereinigten Benzol-Lösungen werden anschließend fraktioniert; Ausbeute: 88% d. Th.; $Kp_2$: 88–90°.

Das 2-Chlor-1,2-thiarsolan hydrolysiert mit der äquimolaren Menge Wasser in Gegenwart von Triäthylamin zum *Bis-[1,2-thiarsolanyl-(2)]-oxid* ($Kp_{0,01}$: 139–141°):

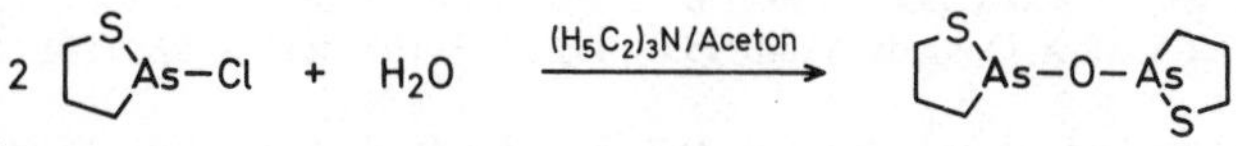
2
As−Cl
+ H2O
(H5C2)3N/Aceton
As−O−As

[1] K. Sommer, Z. anorg. Ch. **377**, 278 (1970).
[2] K. Sommer, Z. anorg. Ch. **375**, 55 (1970).

Entsprechend der Herstellung des 1,2-Thiarsolans werden aus 4-Chlor-butan-dithioar-sonigsäure-anhydrid *1,2-Thiarsenane* hergestellt[1]:

**2-Chlor-1,2-thiarsenan**[1]: Eine Lösung von 46 g Dichlor-(4-chlor-butyl)-arsin in 200 *ml* Äthanol wird mit Schwefelwasserstoff gesättigt, Äthanol und entstandener Chlorwasserstoff i. Vak. entfernt und der ölige Rückstand erneut mit 500 *ml* Äthanol aufgenommen. Man setzt 16 g Thioharnstoff zu und kocht die Mischung 2 Stdn. unter Rückfluß. Danach wird das Lösungsmittel vollständig abgedampft, 10 *ml* Äthanol und 120 *ml* Natronlauge zugegeben. Unter Stickstoff erwärmt man 20 Min. im Wasserbad, wobei man kräftig rührt. Nach dem Abkühlen wird 2mal mit je 80 *ml* Benzol extrahiert und die Benzol-Lösung mit Calciumchlorid getrocknet. Nach Verdampfen des Benzols bleibt ein gelbliches Öl der annähernden Zusammensetzung $C_8H_{16}As_2S_3$ zurück. Dieses Öl löst man in 50 *ml* 1,2-Dichlor-äthan, tropft unter Rühren 15 g Arsen(III)-chlorid in 25 *ml* Benzol zu und läßt einige Stdn. stehen. Nach Absaugen des gelben Niederschlages wird das Lösungsmittelgemisch verdampft und der Rückstand, 2-Chlor-1,2-thiarsenan, i. Vak. destilliert; $Kp_2$: 81–91°.

## 8. Dithioarsonigsäure-diester

### A. Herstellung

α) Aus Arsonigsäure-dihalogeniden (Dihalogen-organo-arsinen)

α₁) *durch Umsetzung mit Thiolen oder Thiolaten*

Analog den Arsonigsäure-diestern werden die Dithioester durch Umsetzung von Dihalogen-organo-arsinen mit Natrium-thiolaten oder Thiolen in Gegenwart von tert. Aminen[2–11] erhalten:

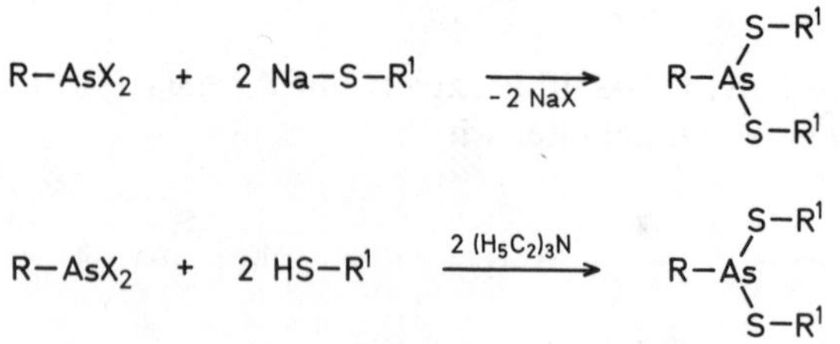

Die Umsetzung mit den Natrium-thiolaten wird in Alkohol oder Äther durchgeführt, während die Reaktion mit den Thiolen in Lösungsmitteln wie Äther, Aceton, Benzol oder Tetrachlormethan durchgeführt wird. Bei Umsetzungen von Dichlor-organo-arsinen mit Thiolen ohne tert. Amin kann der Chlorwasserstoff mit einem Stickstoffstrom herausgetrieben werden[10].

Thiole, die in der C-Kette eine Dialkylamino-Gruppe tragen, bilden die entsprechenden Diester-Dihydrochloride, wenn kein tert. Amin zugegeben wird[2]:

[1] K. SOMMER, Z. anorg. Ch. **376**, 101 (1970).
[2] US.P. 1 589 599 (1926); 1 677 392 (1928), M. S. KHARASCH.
[3] G. SCHUSTER, J. Pharm. Chim. **17**, 331 (1933).
[4] US.P. 2 099 685 (1937), C. S. HAMILTON; C. A. **32**, 1404 (1938).
[5] US.P. 2 422 724 (1947), E. A. H. FRIEDHEIM; C. A. **41**, 6900 (1947).
[6] W. A. WATERS u. J. H. WILLIAMS, Soc. **1950**, 18.
[7] G. KAMAI u. N. A. CHADAEVA, Doklady Akad. SSSR **115**, 305 (1957); C. A. **52**, 6161 (1958); Ž. obšč. Chim. **31**, 3554 (1961).
[8] N. A. CHADAEVA et al., Doklady Akad. SSSR **157**, 371 (1964); C. A. **61**, 12 032 (1964).
[9] N. A. CHADAEVA et al., Ž. obšč. Chim. **37**, 1402 (1967).
[10] M. P. OSIPOWA et al., Ž. obšč. Chim. **37**, 1660 (1967).
[11] G. KAMAI et al., Izv. Akad. SSSR **1970**, 1092.

$$R-AsCl_2 \quad + \quad HS-CH_2-CH_2-N(C_2H_5)_2 \quad \longrightarrow \quad R-As\left[-S-CH_2-CH_2-\overset{\oplus}{N}H(C_2H_5)_2\right]_2 \quad 2\,Cl^{\ominus}$$

Die Veresterung verläuft bereits bei Raumtemperatur, gelegentlich werden jedoch Temperaturen zwischen 35–80° benötigt.

Reaktionen der Dihalogen-organo-arsine mit Mercaptocarbonsäuren bzw. Mercapto-carboxylaten werden im wäßrigen Medium durchgeführt[1]; z. B.:

$$H_3C-AsCl_2 \quad + \quad Na-S-CH_2-COONa \quad \xrightarrow{H_2O/(HCl)} \quad H_3C-As(S-CH_2-COOH)_2$$

*Methan-dithioarsonigsäure-bis-[carboxymethylester]*

Tab. 19: Dithio-arsonigsäure-diester durch Umsetzung von Dihalogen-organo-arsinen mit Mercaptiden oder Mercaptanen/tert. Amin

| Arsonigsäure-dihalogenid | Dithioarsonigsäure-diester | Ausbeute [% d.Th.] | Kp [°C] | [Torr] | Literatur |
|---|---|---|---|---|---|
| $H_3C-AsCl_2$ | *Methan-dithioarsonigsäure-dimethylester* | – | 75–77 | 2 | 2 |
| | *Methan-dithioarsonigsäure-diphenylester* | – | 195–198 | 1 | 2 |
| | *Methan-dithioarsonigsäure-bis-[carboxymethylester]* | – | (F: 76–78°) | | 1 |
| $H_5C_2-AsCl_2$ | *Äthan-dithioarsonigsäure-diäthylester* | 42 | 80–82 | 2 | 3 |
| | *Äthan-dithioarsonigsäure-dibutylester* | 55 | 122–123 | 2 | 3 |
| | *Äthan-dithioarsonigsäure-bis-[2-diäthylamino-äthylester]-Bis-hydrochlorid* | 95 | (F: 188–190°) | | 4 |
| $Cl-CH=CH-AsCl_2$ | *2-Chlor-äthen-dithioarsonig-säure-diphenylester* | – | 180–190 | 2 | 2 |
| $H_5C_6-AsCl_2$ | *Benzol-dithioarsonigsäure-dipropylester* | 57 | 160–162 | 2 | 5 |
| | *Benzol-dithioarsonigsäure-bis-[2-diäthylamino-äthylester]* | 65 | 173 | 0,003 | 4 |
| | *Benzol-dithioarsonigsäure-bis-[2-diäthylamino-äthylester]-Bis-hydrochlorid* | 82 | (F: 174°) | – | 4 |
| | *Benzol-dithioarsonigsäure-dibenzylester* | – | (F: 63–64°) | – | 6 |
| 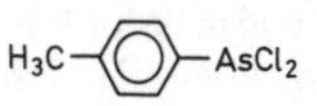 $H_3C-\langle\bigcirc\rangle-AsCl_2$ | *4-Methyl-benzol-dithioarsonig-säure-dipropylester* | 68 | 184–186 | 1 | 7 |
| 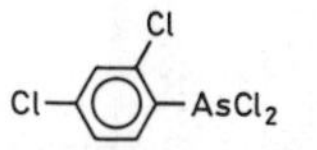 $Cl-\langle\bigcirc\rangle-AsCl_2$ (Cl) | *2,4-Dichlor-benzol-dithioarsonig-säure-dibutylester* | 72 | 175–177 | 2 | 7 |

[1] Jap.P. 21072 (1963), H. Yamashina et al.; C. A. **60**, 3015 (1964).
[2] W. A. Waters u. J. H. Williams, Soc. **1950**, 18.
[3] G. Kamai u. N. A. Chadaeva, Doklady Akad. SSSR. **115**, 305 (1957), C. A. **52**, 6161 (1958).
[4] N. A. Chadaeva et al., Doklady Akad. SSSR **157**, 371 (1964); C. A. **61**, 12032 (1964).
[5] G. Kamai u. N. A. Chadaeva, Ž. obšč. Chim. **31**, 3554 (1961); engl.: 3315.
[6] Belg.P. 621008 (1963), R. Fusco u. C. A. Peri; C. A. **59**, 1260 (1963).
[7] M. P. Osipowa et al., Ž. obšč. Chim. **37**, 1660 (1967); engl.: 1578.

Offenkettige Arsonigsäure-O,S-diester können auf diesem Wege nicht erhalten werden.

Bei der Umsetzung von Chlor-äthoxy-phenyl-arsin mit Natrium-äthylmercaptid erhält man ein Gemisch aus *Benzolarsonigsäure-diäthylester* und *Benzol-dithioarsonigsäure-diäthylester*[1]:

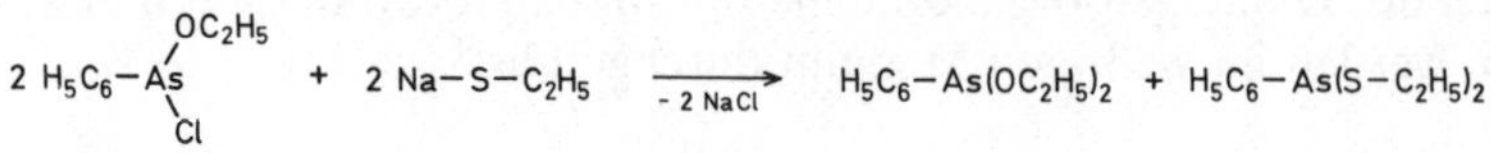

$$2\ H_5C_6-\underset{\underset{Cl}{|}}{\overset{\overset{OC_2H_5}{|}}{As}} \quad + \quad 2\ Na-S-C_2H_5 \quad \xrightarrow[-\ 2\ NaCl]{} \quad H_5C_6-As(OC_2H_5)_2 \quad + \quad H_5C_6-As(S-C_2H_5)_2$$

### $\alpha_2$) durch Umsetzung mit Dithiolen

Die Umsetzung von Dihalogen-organo-arsinen mit 1,2-Dithiolen in Gegenwart von tert. Aminen oder mit 1,2-Dithiolaten führt zu cyclischen Dithioarsonigsäure-diestern, den 1,3,2-Dithiarsolanen[2-9]:

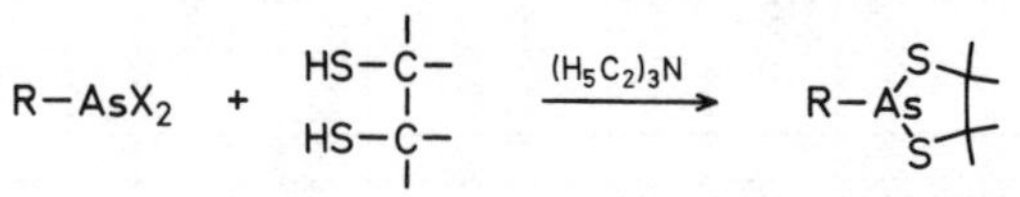

$$R-AsX_2 \quad + \quad \begin{matrix} HS-\overset{|}{C}- \\ HS-\overset{|}{C}- \end{matrix} \quad \xrightarrow{(H_5C_2)_3N} \quad R-As\overset{S}{\underset{S}{\diagdown}}$$

Auf dieser Reaktion beruht die Wirksamkeit des BAL's (British-Anti-Lewisit), 2,3-Di-mercapto-propanols, gegen Dihalogen-organo-arsine[10]:

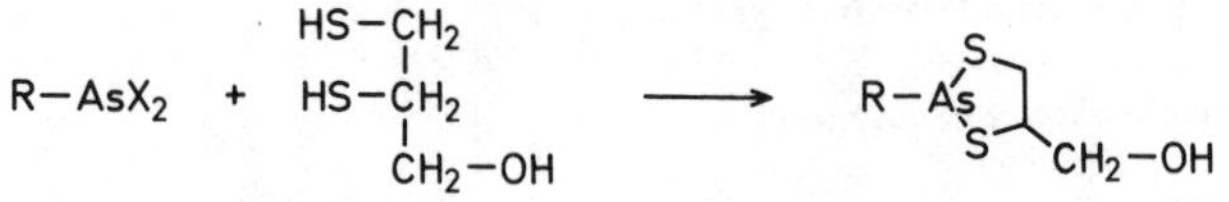

$$R-AsX_2 \quad + \quad \begin{matrix} HS-CH_2 \\ HS-\overset{|}{C}H_2 \\ \overset{|}{C}H_2-OH \end{matrix} \quad \xrightarrow{\phantom{(H_5C_2)_3N}} \quad R-As\overset{S}{\underset{S}{\diagup}}CH_2-OH$$

Setzt man 1,3-Dithiole ein, so entstehen die entsprechenden 1,3,2-Dithiarsenane[10,11]:

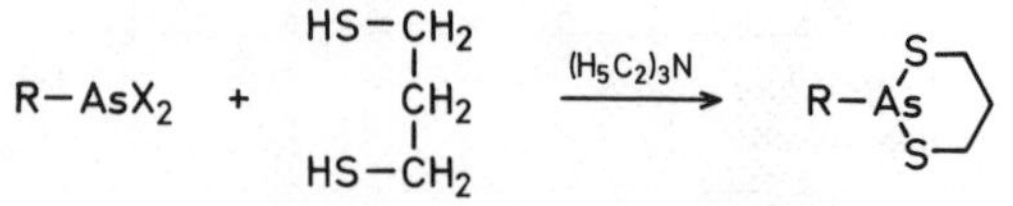

$$R-AsX_2 \quad + \quad \begin{matrix} HS-CH_2 \\ \overset{|}{C}H_2 \\ HS-\overset{|}{C}H_2 \end{matrix} \quad \xrightarrow{(H_5C_2)_3N} \quad R-As\overset{S}{\underset{S}{\diagdown}}\Big\rangle$$

Die Reaktion kann in Methanol, Chloroform, Tetrachlormethan, Äther oder Benzol durchgeführt werden. Als säurebindendes Mittel wird Triäthylamin oder Pyridin eingesetzt. Häufig wird die Umsetzung bei Raumtemperatur oder niedrigeren Temperaturen durchgeführt. In manchen Fällen sind jedoch höhere Temperaturen (60–80°) zur Erzielung einer besseren Ausbeute erforderlich[6].

**2-Organo-1,3,2-dithiarsolane; allgemeine Herstellungsvorschrift**[10,6]: In einem 500-*ml*-Dreihalskolben, versehen mit Rührer, Tropftrichter und Rückflußkühler, wird zu einer Lösung von 0,1 Mol Dithiol und 0,1 Mol Triäthylamin (oder Pyridin) in Benzol (oder Chloroform) eine Lösung des Dihalogen-organo-arsins in Benzol (oder

[1] N. A. CHADAEVA et al., Izv. Akad. SSSR **1971**, 1726.
[2] L. A. STOCKEN, Soc. **1947**, 592.
[3] US.P. 2593434 (1952); 2662079, 2659723, 2664432 (1953); 2772303 (1956), E. A. H. FRIEDHEIM.
[4] I. G. M. CAMPBELL, Soc. **1956**, 1976.
[5] G. DREHFAHL u. G. STANGE, J. pr. **10**, 257 (1960).
[6] M. WIEBER u. H. U. WERTHER, M. **99**, 1159 (1968).
[7] US.P. 3397217 (1968), W. L. MOSBY u. E. KLINGSBERG; C. A. **69**, 77502 (1968).
[8] J. P. CASEY u. K. MISLOW, Chem. Commun. **1970**, 999.
[9] W. AKSNES u. O. VIKANE, Acta chem. scand. **27**, 1337, 2135 (1973).
[10] L. A. STOCKEN, Soc. **1947**, 592; daselbst weitere Literatur.
[11] T.T. CHOU et al., C. A. **60**, 545 (1964).

Chloroform) bei 0–5° getropft (Bei der Umsetzung von Dihalogen-methyl-arsin in Benzol wird bei 80° gearbeitet[1]). Nach 2–3 Stdn. wird vom ausgefallenen Ammoniumsalz abfiltriert (Beim Arbeiten in Chloroform wird mit verd. Salzsäure und Wasser gewaschen und die Chloroform-Phase getrocknet), das Lösungsmittel abdestilliert und der Rückstand i. Vak. destilliert bzw. umkristallisiert. Auf diese Weise werden u. a. erhalten:

| | | |
|---|---|---|
| *4-Hydroxymethyl-2-(2-chlor-vinyl)-1,3,2-dithiarsolan*[2] | 65% d. Th. | $Kp_{0,2}$: 165° |
| *4-Hydroxymethyl-2-phenyl-1,3,2-dithiarsolan*[2] | 65% d. Th. | F: 97–98° (Benzol) |
| *2-Methyl-1,3,2-dithiarsolan*[1] | 81% d. Th. | $Kp_{12}$: 120° |
| *2,5-Dimethyl-⟨benzo-1,3,2-dithiarsolan⟩*[1] | 89% d. Th. | $Kp_{0,01}$: 106° |
| *2-Phenyl-1,3,2-dithiarsolan*[3] | | $Kp_2$: 154–156° |
| *4-Methyl-2-phenyl-1,3,2-dithiarsolan*[3] | | $Kp_{1,3}$: 149–150° |

Auf gleiche Weise werden durch Umsetzung der Dihalogen-organo-arsine mit 1,3-Dithiolen die entsprechenden 2-Organo-1,3,2-dithiarsenane hergestellt[2, 4]; z. B.:

| | | |
|---|---|---|
| *2-Methyl-1,3,2-dithiarsenan*[4] | 72% d. Th. | $Kp_{0,1}$: 109° |
| *2-(2-Chlor-vinyl)-1,3,2-dithiarsenan*[2, 4] | 59% d. Th. | $Kp_{0,4}$: 150° |
| *2-Phenyl-1,3,2-dithiarsenan*[4] | 85% d. Th. | $Kp_{0,5}$: 160–162° |
| *5-Hydroxy-2-(2-chlor-vinyl)-1,3,2-dithiarsenan*[2] | 65% d. Th. | $Kp_{0,8}$: 160° |

1,2-Amino-mercaptane ergeben durch die analoge Umsetzung mit Dihalogen-organo-arsinen die entsprechenden 2-Organo-1,3,2-azathiarsolane[5]; z. B.:

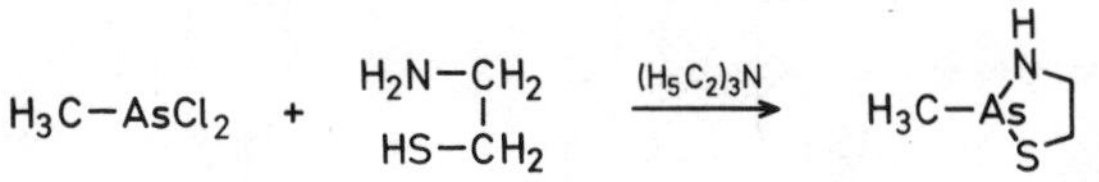

$$H_3C-AsCl_2 \quad + \quad \begin{matrix} H_2N-CH_2 \\ | \\ HS-CH_2 \end{matrix} \quad \xrightarrow{(H_5C_2)_3N} \quad H_3C-A\overset{\displaystyle \overset{H}{N}}{\underset{S}{s}} \Big]$$

*2-Methyl-1,3,2-azathiarsolan*[5];
62% d. Th.; $Kp_{1,5}$: 64°

1,2-Mercapto-alkohole liefern 2-Organo-1,3,2-oxathiarsolane (s. S. 197).

α₃) *durch Umsetzung mit Metallsalzen des Thiophenols oder mit Thiosilanen*

Die Blei- oder Silbersalze des Thiophenols setzen sich in Aceton, Äther oder Tetrachlormethan bereits bei 20° mit Dihalogen-organo-arsinen in sehr guter Ausbeute zu Dithioarsonigsäure-diestern um[6, 7]; z. B.:

$$(H_5C_6-S)_2Pb \quad + \quad H_5C_6-AsCl_2 \quad \xrightarrow[-\ PbCl_2]{} \quad H_5C_6-As(S-C_6H_5)_2$$

*Benzol-dithiarsonigsäure-diphenylester*

Die Umsetzung ist bereits nach einer oder mehreren Minuten beendet[6, 7]. Auf diese Weise läßt sich z. B. der *Benzol-dithioarsonigsäure-bis-[pentafluorphenylester]* (F: 74–76° durch Subl. i. Vak.) in über 80%-iger Ausbeute herstellen[7].

*Benzol-dithioarsonigsäure-diäthylester* kann durch Umsetzung von Dichlor-phenyl-arsin mit Chlor-äthylthio-dimethyl-silan im Verhältnis 1:2 hergestellt werden[8]:

[1] M. Wieber u. H. U. Werther, M. **99**, 1159 (1968).
[2] L. A. Stocken, Soc. **1947**, 592; dort zahlreiche Beispiele.
[3] W. Aksnes u. O. Vikane, Acta chem. scand. **27**, 1337, 2135 (1973).
[4] Ts-T. Chou et al.; C. A. **60**, 545 (1964).
[5] K. Sommer u. M. Becke-Goehring, Z. anorg. Ch. **355**, 182 (1967).
[6] M. E. Peach, Canad. J. Chem. **46**, 2699 (1968).
[7] M. E. Peach u. H. G. Spinney, Canad. J. Chem. **49**, 644 (1971).
[8] E. W. Abel u. D. A. Armitage, J. Organometal. Chem. **5**, 326 (1966).

$$H_5C_6-AsCl_2 \quad + \quad 2\ H_5C_2-S-\underset{\underset{CH_3}{|}}{\overset{\overset{Cl}{|}}{Si}}-CH_3 \quad \longrightarrow \quad H_5C_6-As(S-C_2H_5)_2 \quad + \quad 2\ (H_3C)_2SiCl_2$$

**Benzol-dithioarsonigsäure-diäthylester**[1]: 4,3 g Dichlor-phenyl-arsin werden bei 20° zu 5,95g Chlor-äthyl-thio-dimethyl-silan getropft. Durch allmähliches Erwärmen entweicht Dichlor-dimethyl-silan (81% d. Th.); der Rückstand wird i. Vak. destilliert; Ausbeute: 3,9 g (74% d. Th.); $Kp_{0,01}$: 88°.

## $\beta$) Aus Arsonsäuren bzw. Arsonigsäure-anhydriden oder Thioarsonigsäure-anhydriden

### $\beta_1$) durch Umsetzung mit Thiolen oder Dithiolen

Mercaptan und Thiophenole reagieren bereits in der Kälte mit Arsonigsäuren bzw. Arsonigsäure-anhydriden unter Bildung von Dithioarsonigsäure-diestern[2-16]:

$$R-As=O \quad + \quad 2\ R^1-SH \quad \rightleftharpoons \quad R-As{\overset{\displaystyle S-R^1}{\underset{\displaystyle S-R^1}{}}} \quad + \quad H_2O$$

$$R-As=O \quad + \quad \overset{HS-\rceil}{\underset{HS-\rfloor}{(CH_2)_n}} \quad \rightleftharpoons \quad R-As\overset{S}{\underset{S}{}}(CH_2)_n \quad + \quad H_2O$$

Die Reaktion wird in wäßriger, alkoholischer oder benzolischer Lösung durchgeführt. Das Arbeiten in benzolischer Lösung ermöglicht die azeotrope Entfernung des Wassers aus dem Gleichgewicht[13,14].

**4-Acetylamino-benzol-dithioarsonigsäure-bis-[aminocarbonyl-methylester]**[4]: 1,2 g 4 Acetylamino-benzol-arsonigsäure-anhydrid werden zu einer Lösung von 1 g Thioglykolsäureamid in 50 ml Wasser gegeben. Man kocht einige Min. und filtriert vom Ungelösten heiß ab; beim Erkalten fällt der Diester aus; Ausbeute 1,6 g (78% d. Th.). F: 120°.

**2-(4-Acetamino-phenyl)-1,3,2-dithiarsolan**[4]: 1 g Dithioglykol wird zu einer Suspension von 4-Acetamino-benzol-arsonigsäure-anhydrid in 50 ml Äthanol gegeben. Anschließend wird solange unter Rückfluß erhitzt bis eine klare Lösung entsteht (~ 10 Min.). Beim Abkühlen fällt das Dithiarsolan aus. Durch Zugabe von etwas Wasser wird die Fällung vervollständigt. Das Dithiarsolan kann aus Eisessig oder Benzol/Petroläther umkristallisiert werden; Ausbeute: 2,8 g (91% d. Th.).

Eine große Anzahl nach dieser Methode hergestellter Ester sind in der Literatur umfassend beschrieben[17].

[1] E. W. ABEL u. D. A. ARMITAGE, J. Organometal. Chem. **5**, 326 (1966).

[2] H. J. BARBER, Soc. **1929**, 1020.

[3] G. A. C. GOUGH u. H. KING, Soc. **1930**, 677.

[4] A. COHEN et al., Soc. **1931**, 3043; **1932**, 593, 2505.

[5] C. K. BANKS et al., Am. Soc. **66**, 1771 (1944); **70**, 1762 (1948).

[6] T. H. MAREN, Am. Soc. **68**, 1864 (1946).

[7] US.P. 2422724 (1947); Brit.P. 587015 (1947), E. A. H. FRIEDHEIM; C. A. **41**, 6900 (1947); **42**, 218 (1948).

[8] H. EAGLE u. G. O. DOAK, Pharmacol. Rev. **3**, 107 (1951); ein zusammenfassender Artikel über die Reaktion.

[9] US.P. 2566382 (1951), L. A. SWEET u. E. W. TILLITSON; C. A. **46**, 2576 (1952).

[10] Jap.P. 7871 (1954), T. UEDA u. S. KANO; C. A. **50**, 13992 (1956).

[11] Belg.P. 621008 (1963), R. FUSCO et al., C. A. **59**, 10125 (1963).

[12] Jap.P. 6797 (1963), T. ISHIYAMA et al., C. A. **60**, 3438 (1964).

[13] DBP. 1189079 (1965), R. FUSCO et al.; C. A. **63**, 1819 (1965).

[14] USSR.P. 188971 (1966), N. K. BLIZNYUK et al.; C. A. **67**, 63768 (1967).

[15] DBP. 1229543 (1966), E. A. H. FRIEDHEIM; C. A. **66**, 28895 (1967).

[16] T. J. BARDOS et al., J. Med. Chem. **9**, 221 (1966).

[17] M. DUB, *Organometallic Compounds*, Vol. III, 2. Auflage, Springer Verlag, New York 1968; I. Supplement 1972.

$\beta_2$) *durch Umsetzung mit Dithiol-, Dithiocarbonaten, Thiiranen oder Thietanen*

Arsonigsäure-anhydride setzen sich mit Thioglycolcarbonaten beim Erhitzen zu 2-Organo-1,3,2-oxathiarsolanen um, die auch aus den entsprechenden Thioarsonigsäure-anhydriden und Glykolcarbonat hergestellt werden (s. S. 202)[1] können:

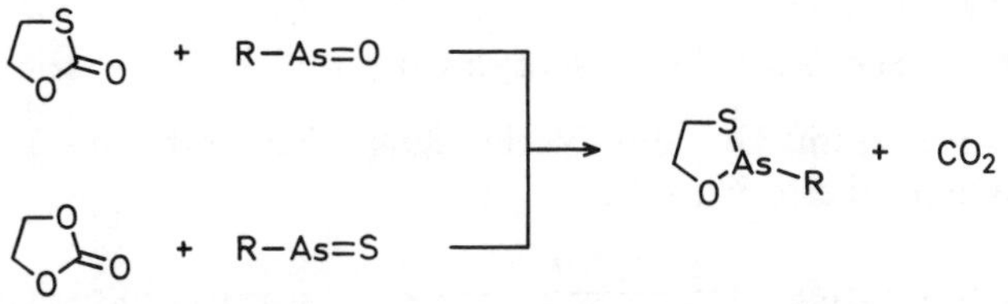

$$\left[\begin{array}{l}\text{(cyclic S–C(=O)–O ring)} + R-As=O \\ \text{(cyclic O–C(=O)–O ring)} + R-As=S\end{array}\right] \longrightarrow \text{(cyclic O,S–As–R ring)} + CO_2$$

Die Umsetzung mit den Thioarsonigsäure-anhydriden liefert jedoch schlechtere Ausbeuten, da die 1,3,2-Dithiarsolane stets als Nebenprodukt anfallen.

Thioarsonigsäure-anhydride und Thioglykolcarbonat setzen sich zu 1,3,2-Dithiarsolanen[1] um:

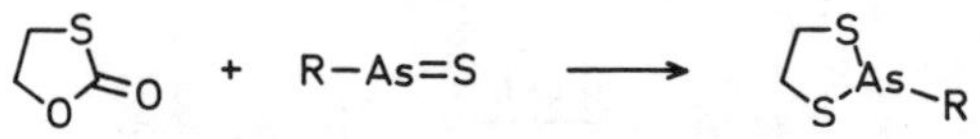

$$\text{(cyclic S–C(=O)–O ring)} + R-As=S \longrightarrow \text{(cyclic S,S–As–R ring)}$$

Als Zwischenstufe dieser Reaktion werden Thiirane bzw. Thietane angenommen, da diese mit Thioarsonigsäure-anhydriden direkt zur Reaktion gebracht werden können[1]:

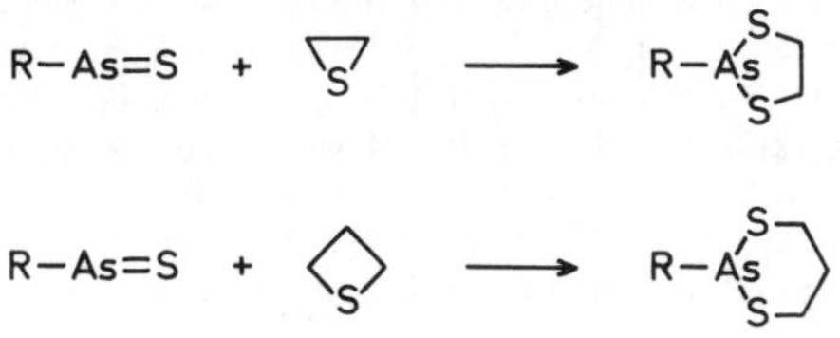

$$R-As=S + \text{(thiirane)} \longrightarrow R-As\text{(dithiolane ring)}$$

$$R-As=S + \text{(thietane)} \longrightarrow R-As\text{(dithiarsenane ring)}$$

Beide Reaktionswege, die Umsetzung mit Dithiocarbonaten oder Thiiranen bzw. Thietanen, können mit gleichem Erfolg zur Herstellung der 1,3,2-Dithiarsolane bzw. -arsenane benutzt werden[1].

$\gamma$) Durch Reduktion von Arsonsäuren oder Arsonsäureestern mit Mercaptanen

Arsonsäuren bzw. Arsonsäure-ester werden durch Einwirkung der vierfachen molaren Menge Mercaptan zu Arsonigsäuren reduziert, die jedoch unter den Reaktionsbedingungen mit Mercaptanen in die entsprechenden Dithiarsonigsäure-diester umgewandelt werden[2-7]:

$$R-AsO_3H_2 + 2\,R^1-SH \xrightarrow{\quad} R-As(OH)_2 + R^1-S-S-R^1 + H_2O$$

$$R-As(OH)_2 + 2\,R^1-SH \longrightarrow R-As(SR^1)_2 + 2\,H_2O$$

$$\overline{R-AsO_3H_2 + 4\,R^1-SH \longrightarrow R-As(SR^1)_2 + R^1-S-S-R^1 + 3\,H_2O}$$

[1] K. Sommer, Z. anorg. Ch. **370**, 227 (1969).
[2] H. J. Barber, Soc. **1929**, 1020.
[3] G. A. C. Gough u. H. King, Soc. **1930**, 677.
[4] E. J. Cragoe u. C. S. Hamilton, Am. Soc. **67**, 536 (1945).
[5] I. H. Witt u. C. S. Hamilton, Am. Soc. **68**, 1078 (1946).
[6] US.P. 2422724 (1947); 2662079 (1953), E. A. H. Friedheim; C. A. **41**, 6900 (1947); **47**, 144 (1953).
[7] N. A. Chadaeva et al., Izv. Akad. SSSR **1970**, 1640.

Die Reaktion wird in wäßriger Lösung durchgeführt, wenn die Salze der Arsonsäuren eingesetzt werden. Gelegentlich werden auch Alkohol oder Benzol als Lösungsmittel eingesetzt. Die Mercaptane werden meistens in Form ihrer Alkalimetallsalze eingesetzt. Dies ist in manchen Fällen von Vorteil, da sonst die Trennung des Esters vom Disulfid schwierig sein kann[1].

Die Methode besitzt keinen besonderen Vorteil bei der Herstellung der Dithioarsonigsäure-diester, die auf anderem Wege leichter zugänglich sind.

### δ) Aus Thioestern oder Thioester-halogeniden der arsenigen Säure

Thioarsenite reagieren mit Grignard-Verbindungen im Verhältnis 1:1 unter Bildung von Dithioarsonigsäure-diestern[2]; z. B.:

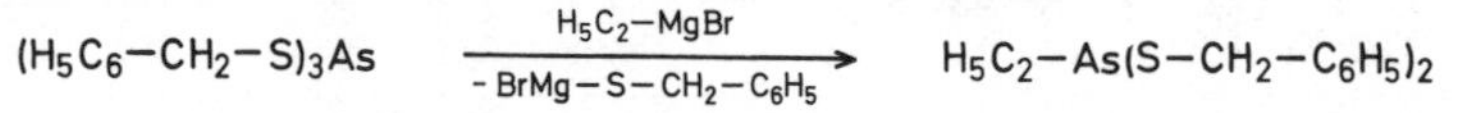

$$(H_5C_6-CH_2-S)_3As \xrightarrow[-BrMg-S-CH_2-C_6H_5]{H_5C_2-MgBr} H_5C_2-As(S-CH_2-C_6H_5)_2$$

*Äthan-dithioarsonigsäure-dibenzylester*

Analog werden aus Dithioester-halogeniden der arsenigen Säure durch Umsetzung mit Grignard-Verbindungen Dithioarsonigsäure-diester gebildet[3]; z. B.:

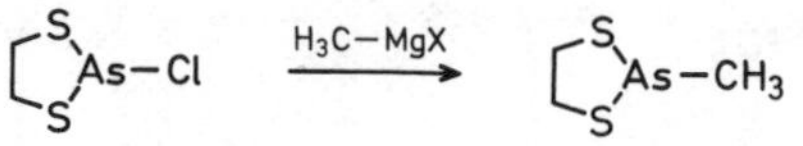

**2-Phenyl-1,3,2-dithiarsolan**[3]: In einem 100-*ml*-Kolben, der am Boden ein Schliffstück mit Hahn trägt, bereitet man sich aus 50 mMol Magnesium-Spänen und 50 mMol Brombenzol in 60 *ml* abs. Äther eine Lösung von Phenyl-magnesiumbromid. In einem Dreihalskolben mit wirksamem Rührer und Trockenrohr kühlt man eine Lösung von 55 mMol 2-Chlor-1,3,2-dithiarsolan in 120 *ml* trockenem Tetrahydrofuran auf −30° ab und hält diese Temp. bei der weiteren Reaktion ein. Sobald alles Magnesium gelöst ist, wird der 100-*ml*-Kolben auf den Dreihalskolben aufgesetzt und das Grignard-Reagenz unter gutem Rühren während 45 Min. zugetropft. Nach beendeter Zugabe der Organo-magnesium-Verbindung läßt man auf 20° erwärmen, trennt das Magnesiumsalz ab, verdampft das Lösungsmittel und fraktioniert i. Vak.; Ausbeute: 61% d. Th.; Kp$_{0,4}$: 128°; F: 46°.

Auf analoge Weise erhält man mit Methyl-magnesiumjodid *2-Methyl-1,3,2-dithiarsolan* (40% d. Th.; Kp$_{0,4}$: 60°).

Bessere Ausbeuten an 2-Methyl-1,3,2-dithiarsolan werden durch Umsetzung des 2-Chlor-1,3,2-dithiarsolans mit Methyl-lithium bei −70° erhalten.

Das durch Umsetzung von Arsen(III)-chlorid mit Dithioglykol erhältliche Arsenit reagiert mit Dichlor-methyl- oder -phenyl-arsin zu *2-Methyl-* bzw. *2-Phenyl-1,3,2-dithiarsolan*[3]:

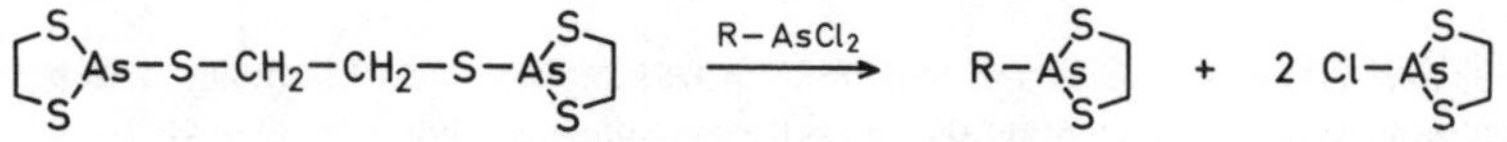

### ε) Durch Umsetzung von Arsonigsäure-diamiden (Diamino-organo-arsinen) mit Thiolen oder Dithiolen

Die Arsonigsäure-diamide sind gegenüber Thiolen reaktiver als die entsprechenden Halogenide. Bereits bei 20° reagieren die Diamide mit Mercaptanen oder Dithiolen in ausgezeichneter Ausbeute zu Dithioarsonigsäure-diestern[4-7]:

[1] N. A. CHADAEVA et al., Izv. Akad. SSSR **1970**, 1640.

[2] N. A. CHADAEVA et al., Izv. Akad. SSSR **1972**, 963.

[3] K. SOMMER u. M. BECKE-GOEHRING, Z. anorg. Ch. **355**, 182 (1967).

[4] DBP. 1094746 (1960), H. G. SCHICK u. G. SCHRADER; C. A. **55**, 25754 (1961).

[5] R. H. ANDERSON u. R. H. CRAGG, Chem. Commun. **1970**, 425.

[6] F. KOBER, Z. anorg. Ch. **397**, 97 (1973).

[7] O. ADLER u. F. KOBER, J. Organometal. Chem. **72**, 351 (1974).

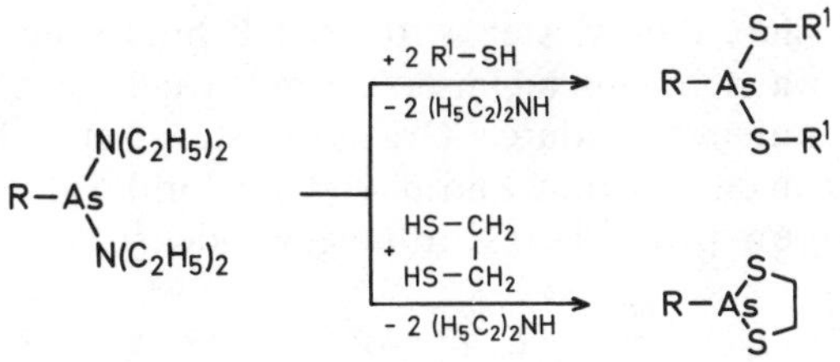

$$R-As \begin{cases} N(C_2H_5)_2 \\ N(C_2H_5)_2 \end{cases} \quad \xrightarrow[-2 (H_5C_2)_2NH]{+ 2 R^1-SH} \quad R-As \begin{cases} S-R^1 \\ S-R^1 \end{cases}$$

$$\xrightarrow[-2 (H_5C_2)_2NH]{\begin{array}{c} HS-CH_2 \\ + \\ HS-CH_2 \end{array}} \quad R-As \begin{bmatrix} S \\ S \end{bmatrix}$$

Die Umsetzung wird in Benzol oder Petroläther durchgeführt. Ein typisches Beispiel wird nachstehend wiedergegeben.

**2-Phenyl-1,3,2-dithiarsolan**[1]: Zu einer Lösung von 2,25 g Bis-[diäthylamino]-phenyl-arsin in 25 ml trockenem Petroläther (Kp: 40–60°) werden bei 20° 0,79 g Dithioglykol gegeben. Sofort setzt die Amin-Entwicklung ein. Man refluktiert zur Vervollständigung der Reaktion 30 Min., entfernt das Lösungsmittel und destilliert den Rückstand i. Vak.; Ausbeute: 1,59 g (96% d.Th.); $Kp_{0,4}$: 128°; F: 46°.

ζ) **Durch Umesterung von Arsonigsäure- oder Dithio-arsonigsäure-diestern**

Eine einfache Methode zur Herstellung von Dithioarsonigsäure-diestern höherer Mercaptane oder Dithiole ist die Umesterung von Arsonigsäure- oder Dithioarsonigsäure-diester mit Mercaptanen oder Dithiolen[2-5]:

$$R-As(O-R^1)_2 \ + \ 2\ R^2-SH \ \rightleftharpoons \ R-As(S-R^2)_2 \ + \ 2\ R^1-OH$$

$$R-As(S-R^1)_2 \ + \ 2\ R^2-SH \ \rightleftharpoons \ R-As(S-R^2)_2 \ + \ 2\ R^1-SH$$

Wesentlich bei der Reaktion ist die Entfernung der abgespaltenen Alkohole bzw. Mercaptane aus dem Gleichgewicht. Dies ist am besten zu erreichen, wenn die eingesetzten Mercaptane relativ hoch sieden.

In manchen Fällen ist die Umesterungsreaktion der Herstellung aus den Arsonigsäuredihalogeniden überlegen[4].

## B. Umwandlung

Dithioarsonigsäure-diester hydrolysieren im alkal. Medium zu Arsonigsäuren bzw. Arsonigsäure-anhydriden und den entsprechenden Thiolen:

$$R-As(S-R^1)_2 \ \xrightarrow{H_2O} \ R-As(OH)_2 \ + \ 2\ R^1-SH$$

Die analoge Reaktion mit Mercaptiden führt zur Umesterung (s. S. oben).

Durch elementares Jod in wäßrigem Medium werden die Ester zur Arsonsäure oxidiert[6]:

$$R-As(S-R^1)_2 \ + \ 2\ J_2 \ + \ 3\ H_2O \ \longrightarrow \ R-AsO_3H_2 \ + \ 4\ HJ \ + \ R^1-S-S-R^1$$

Die Reaktion kann zur Titration der Dithioarsonigsäure-diester benutzt werden[6].

---

[1] R. H. ANDERSON u. R. H. CRAGG, Chem. Commun. **1970**, 425.

[2] N. A. CHADAEVA et al., Ž. obšč. Chim. **36**, 704 (1966); engl.: 718.

[3] N. A. CHADAEVA et al., Izv. Akad. SSSR **1967**, 2554; C. A. **69**, 10018 (1968).

[4] G. KH. KAMAI et al., Izv. Akad. SSSR **1970**, 1092.

[5] N. A. CHADAEVA et al., Ž. obšč. Chim. **43**, 821, 824 (1973); engl.: 821, 825.

[6] H. J. BARBER, Soc. **1920**, 1020.

Äthan-dithioarsonigsäure-dibutylester wird beim Erhitzen mit Acetylchlorid in *Dichlor-äthyl-arsin* umgewandelt. Durch Umsetzung mit Grignardverbindungen werden die Organothio-Gruppen stufenweise durch Organo-Reste ersetzt. Benzol-dithioarsonigsäure-dialkylester werden durch Brom, Phosphor(V)-chlorid, Sulfurylchlorid oder Chlorwasserstoff in Dihalogen-phenyl-arsine umgewandelt[1]:

$$H_5C_6-As(S-R^1)_2 \xrightarrow{SO_2Cl_2} R-AsCl_2 + R^1-S-S-R^1 + SO_2$$

Eine große Zahl der Dithioarsonigsäure-diester sind kristalline Verbindungen von definiertem Schmelzpunkt. Besonders die Diester des Thioglykolamids werden zur Charakterisierung der Säuren herangezogen[2].

## 9. Gemischte Anhydride der Dithioarsonigsäure mit Carbonsäuren oder Phosphorsäuren

### A. Herstellung

α) Gemischte Anhydride mit Dithiocarbaminsäuren, Thiocarbonsäuren oder Xanthogenaten

Arsonigsäuren bzw. -anhydride oder -dihalogenide setzen sich mit Alkalimetall- oder Ammoniumsalzen von Dithiocarbamidsäuren zu den entsprechenden gemischten Anhydriden, den Bis-[diorganoamino-thiocarbonylthio]-organo-arsinen um[3-8]:

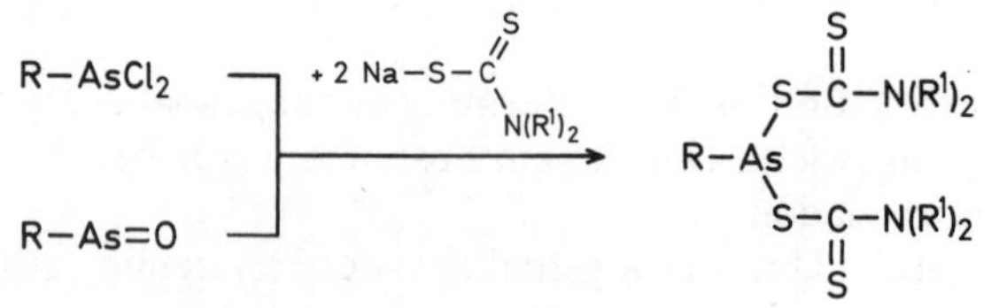

Die Umsetzung verläuft in wäßriger, alkoholischer, acetonischer oder benzolischer Lösung bereits bei Raumtemperatur. Die meisten Dithiocarbamate, die auf diese Weise hergestellt werden, sind stabile gut kristallisierende Verbindungen, die zur Charakterisierung von Arsonigsäuren oder Arsonigsäure-dihalogeniden herangezogen werden können[3,5].

**Bis-[piperidino-thiocarbonylthio]-phenyl-arsin**[3]: Unter Feuchtigkeitsausschluß werden 0,127 g (5facher Überschuß) Piperidinsalz der Dithiocarbaminsäure in 3 ml trockenem Benzol zu 0,0306 g Dijod-phenyl-arsin gegeben und 12 Stdn. bei 20° stehengelassen. Nach Entfernung des Benzols wird das Piperidiniumjodid und das überschüssige Salz der Dithiocarbaminsäure mit Wasser ausgewaschen. Der Rückstand wird anschließend aus Essigsäure-äthylester umkristallisiert; Ausbeute: 0,022 g; F: 173–174°.

Auf ähnliche Weise werden folgende Verbindungen hergestellt:

| | |
|---|---|
| *Bis-[diäthylamino-thiocarbonylthio]-(2-chlor-vinyl)-arsin*[5] | F: 87° (Äthanol) |
| *Bis-[morpholinocarbonylthio]-äthyl-arsin*[5] | F: 154° (wäßr. Aceton) |
| *1,2-Bis-[bis-(piperidino-thiocarbonylthio)-arsino]-äthan*[6] | F: 198–199° (Aceton) |
| *Bis-[dimethylamino-thiocarbonylthio]-phenyl-arsin*[7] | F: 221° |

[1] N. A. Chadaeva et al., Izv. Akad. SSSR **1972**, 1612.
[2] H. J. Barber, Soc. **1920**, 1020.
[3] F. F. Blicke u. U. O. Oakdale, Am. Soc. **54**, 2993 (1932).
[4] J. F. Oneto, Am. Soc. **60**, 2058 (1938).
[5] W. A. Waters u. J. H. Williams, Soc. **1950**, 18.
[6] E. R. H. Jones u. F. G. Mann, Soc. **1955**, 401.
[7] US.P. 2644005 (1953), E. Urbschat; C. A. **48**, 5879 (1954).
[8] Jap.P. 12925 (1964), J. Koromogawa; C. A. **62**, 11854 (1965).

Durch Umsetzung von Dichlor-organo-arsinen mit dem Natriumsalz des 1,2-Bis-[amino-thiocarbonylthio]-äthans gelangt man zu cyclischen gemischten Anhydriden[1]:

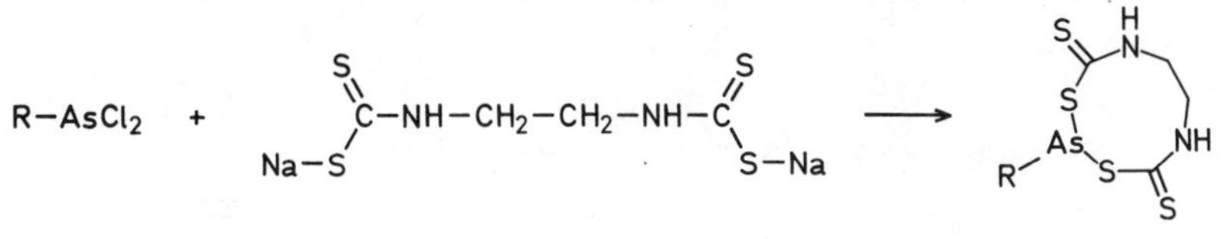

*4,9-Dithiono-2-alkyl(aryl)-1,3,5,8,2-dithiadiazarsonane*

Die Reaktion wird in verd. Salzsäure durchgeführt.

Bis-[amino-thiocarbonylthio]-organo-arsine werden in sehr guten Ausbeuten bei der Umsetzung von Diamino-organo-arsinen mit Schwefelkohlenstoff erhalten[2,3]:

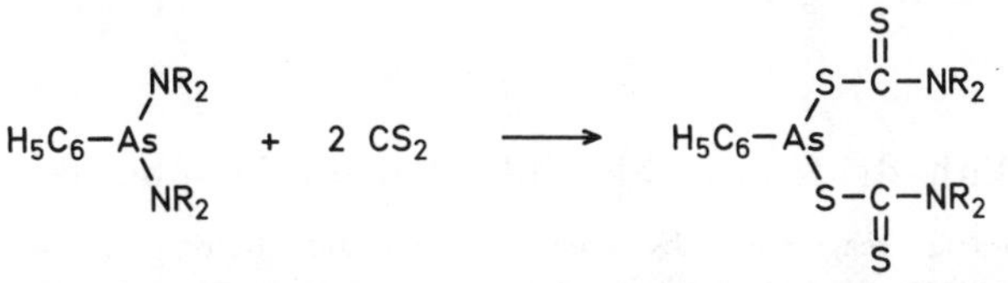

**Bis-[diorganoamino-thiocarbonylthio]-phenyl-arsine**[3]: Das jeweilige Diamino-phenyl-arsin wird in der 10-fachen Menge abs. Benzol gelöst und mit einer Mischung aus Benzol und Schwefelkohlenstoff im Überschuß unter Kühlung mit Eiswasser versetzt. Man engt ein, saugt ab und kristallisiert das Rohprodukt um; Ausbeute: 80–90% d. Th.

Nach dieser Vorschrift erhält man u. a.

Bis-[piperidino-thiocarbonylthio]-phenyl-arsin    F: 189–190° (Benzol)
Bis-[diäthylamino-thiocarbonylthio]-phenyl-arsin    F: 146° (Aceton)
Bis-[morpholino-thiocarbonylthio]-phenyl-arsin    F: 214–215° (Benzol)

Im Prinzip analog ist die Umsetzung von Arsonigsäuren bzw. -Anhydriden oder Dihalogeniden mit einem sek. Amin und Schwefelkohlenstoff[4,5]:

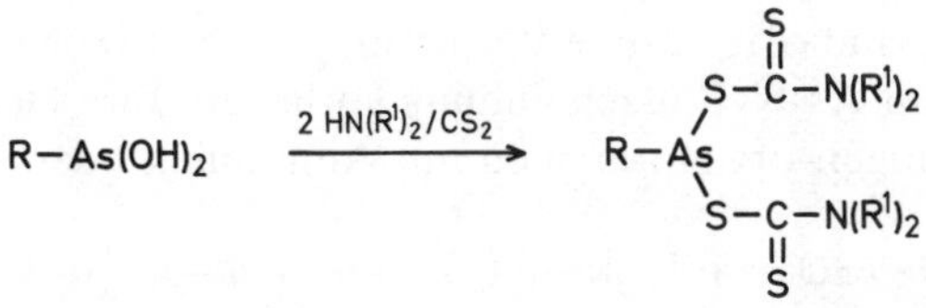

Auch die Salze der Arsonsäure können unter reduktiven Bedingungen (Schwefeldioxid) mit sek. Aminen und Schwefelkohlenstoff zu den gemischten Anhydriden umgesetzt werden[6]:

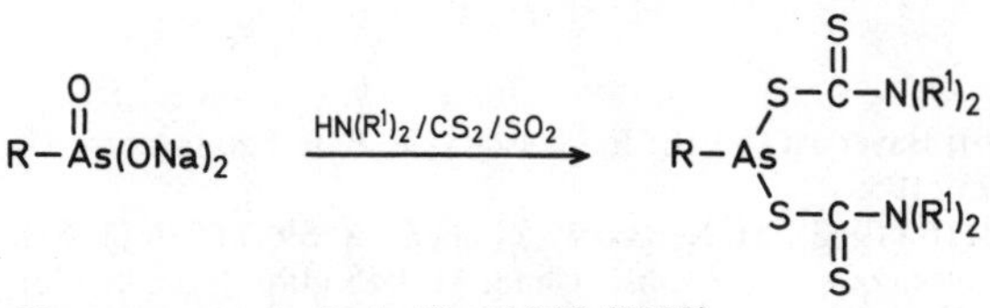

[1] Jap.P. 8566 (1956), K. HIRATSUKA et al.; C. A. **52**, 11912 (1958).
[2] DBP. 1170393 (1964), G. OERTEL et al.; C. A. **61**, 5523 (1964).
[3] E. FLUCK u. G. JAKOBSON, Z. anorg. Ch. **369**, 178 (1969).
[4] L. BOURGEOIS u. J. BOLLE, Mem. Services chim. **34**, 411 (1948).
[5] Brit.P. 963924 (1964), R. HATTA et al.; C. A. **61**, 9987 (1964).
[6] Jap.P. 13912, 13913 (1960), Y. KAWAOKA; C. A. **55**, 1444 (1961).

Ähnlich wie mit den Dithiocarbamaten reagieren Dihalogen-organo-arsine mit Thiocarbonsäure-salzen[1] oder Xanthogenaten[2] zu den entsprechenden gemischten Anhydriden:

$$R-AsCl_2 \quad + \quad 2\ K-S-C \Big\langle{OCH_3 \atop O} \quad \longrightarrow \quad R-As \Big\langle{S-C-OCH_3 \atop S-C-OCH_3}$$

$$R-AsCl_2 \quad + \quad 2\ K-S-C \Big\langle{OC_2H_5 \atop S} \quad \longrightarrow \quad R-As \Big\langle{S-C-OC_2H_5 \atop S-C-OC_2H_5}$$

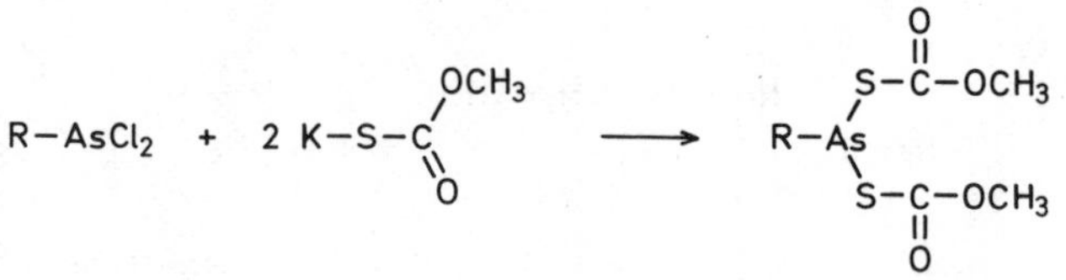

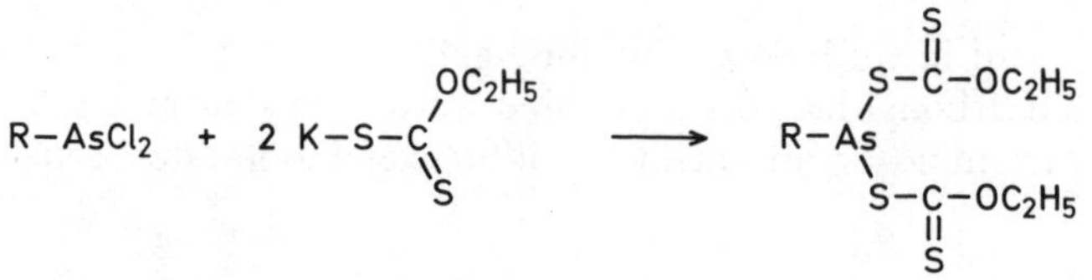

## $\beta$) Gemischte Anhydride mit Thio- oder Dithiophosphorsäure-O,O-diestern

Dihalogen-organo-arsine reagieren in abs. Aceton, Methanol oder Benzol mit Natrium- oder Bleisalzen der Thio- oder Dithiophosphorsäure-O,O-dialkylester zu den entsprechenden gemischten Anhydriden[2-5]:

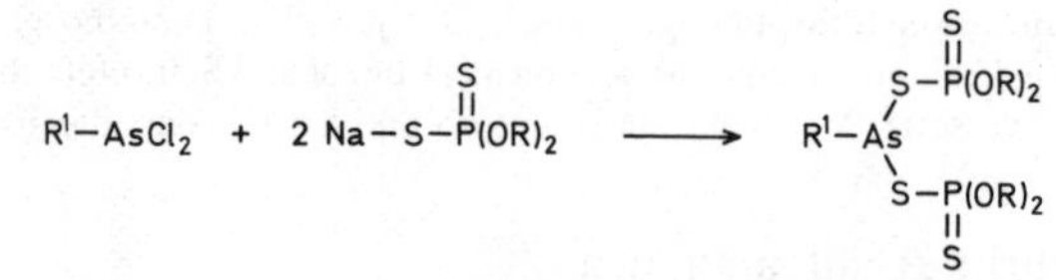

$$R^1-AsCl_2 \quad + \quad 2\ Na-S-P(OR)_2 \quad \longrightarrow \quad R^1-As \Big\langle{S-P(OR)_2 \atop S-P(OR)_2}$$

$R = C_2H_5$; $R^1 = CH_3$;      *Bis-[diäthoxy-thiophosphorylthio]-methyl-arsin*[3]; $Kp_{0,02}$: 112–118°

$R = C_4H_9$; $R^1 = C_6H_5$;      *Bis-[dibutyloxy-thiophosphorylthio]-phenyl-arsin*[3]; $Kp_{0,05}$: 175°

$R = CH(CH_3)_2$; $R^1 = C_6H_5$; *Bis-[diisopropyloxy-thiophosphorylthio]-phenyl-arsin*[5]; Öl

## 10. Arsonigsäure-imide (Imino-arsine)

Arsonigsäure-imide sind oligomere Verbindungen, die in den wenig untersuchten Fällen als Ringsysteme mit As-N-Einfachbindung vorliegen. Ihre Herstellung erfolgt durch Umsetzung von Dihalogen-organo-arsinen mit Ammoniak oder primären Aminen[6-10]:

$$R-AsCl_2 \quad + \quad H_2N-R^1 \quad \longrightarrow \quad (R-As=N-R^1)_n$$

**Äthan-arsonigsäure-äthylimid**[9]: 2,2 Mol auf −15° gekühltes Äthylamin werden bei −5° in Chloroform eingerührt. Unter Kühlen und Rühren tropft man innerhalb 2 Stdn. 0,7 Mol Dichlor-äthyl-arsin zu. Anschließend rührt man über Nacht, filtriert ab und fraktioniert i. Vak.; Ausbeute: 37% d. Th.; $Kp_{3,5}$: 165−175°.

[1] US.P. 2767114 (1956); Bayer AG.; Erf.: E. URBSCHAT u. P. E. FROHBERGER; C.A. **51**, 5354 (1957).

[2] C. A. PERI, G. **89**, 1315 (1959).

[3] Jap.P. 6549 (1962); 8116 (1963), M. NAGASAWA et al., C. A. **59**, 11576 (1963).

[4] K. D. SHVESTOVA-SHILOVSKAYA et al., Ž. obšč. Chim. **31**, 845 (1961); engl.: 776.

[5] N. A. CHADAEVA et al., Ž. obšč. Chim. **36**, 1994 (1966); engl.: 1986.

[6] A. MICHAELIS, A. **320**, 271 (1902).

[7] W. IPATIEW et al., B. **62**, 598 (1929).

[8] F. F. BLICKE u. F. D. SMITH, Am. Soc. **52**, 2950 (1930).

[9] C. K. BANKS et al., Am. Soc. **69**, 927 (1947).

[10] H. J. VETTER u. H. NÖTH, Z. Naturf. **19b**, 167 (1964).

Auch Arsonigsäure-diamide setzen sich mit prim. Aminen in Toluol zu oligomeren Arsonigsäure-imiden um[1]:

$$2\ H_3C-As \begin{array}{c} N(CH_3)_2 \\ \diagup \\ \diagdown \\ N(CH_3)_2 \end{array} +\ 2\ H_2N-R\ \longrightarrow\ (H_3C-As=N-R)_2\ +\ 4\ (H_3C)_2NH$$

Aus Methanarsonigsäure-bis-[dimethylamid] und Anilin entsteht auf diese Weise durch 48-stündiges Kochen in Toluol das dimere *Methan-arsonigsäure-phenylimid* (F: 136–142°)[1].

Die Reaktion mit tert. Butylamin dagegen ergibt nach 3tägigem Erhitzen in Toluol *Bis-[tert.-butylamino]-methyl-arsin* ($Kp_{0,2}$: 40–41°),

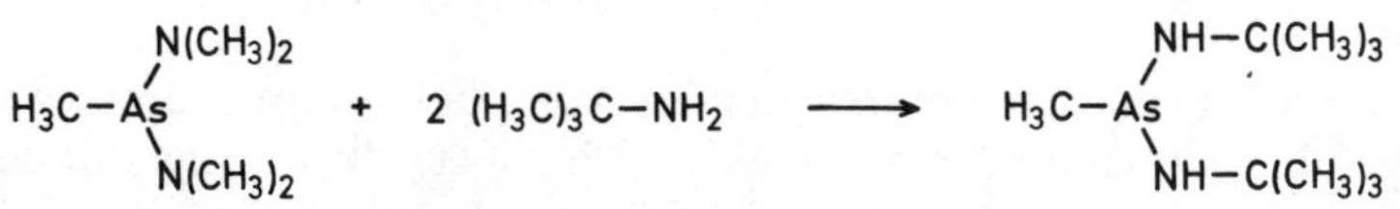

$$H_3C-As \begin{array}{c} N(CH_3)_2 \\ \diagup \\ \diagdown \\ N(CH_3)_2 \end{array} +\ 2\ (H_3C)_3C-NH_2\ \longrightarrow\ H_3C-As \begin{array}{c} NH-C(CH_3)_3 \\ \diagup \\ \diagdown \\ NH-C(CH_3)_3 \end{array}$$

das jedoch durch 2stündiges Erhitzen auf 170° unter Abspaltung von tert. Butylamin in das cyclische Arsonigsäure-imid übergeht[2]:

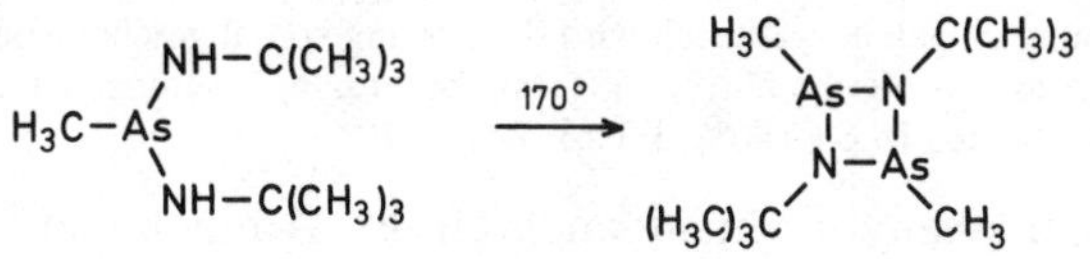

2,4-Dimethyl-1,3-di-tert.-butyl-1,3-diaza-
2,4-diarsetan; F: 48–52° (Sublimat)

Die Arsonigsäure-imide werden durch Wasser leicht in Arsonigsäure-anhydride und prim. Amine hydrolysiert.

## 11. Arsonigsäure-amid-anhydride

Bei der Hydrolyse von 2-Amino-benzol-arsonigsäure-dichlorid mit wäßrigem Ammoniak tritt eine intramolekulare Reaktion zu einem cyclischen Arsonigsäure-amid-anhydrid[3] ein:

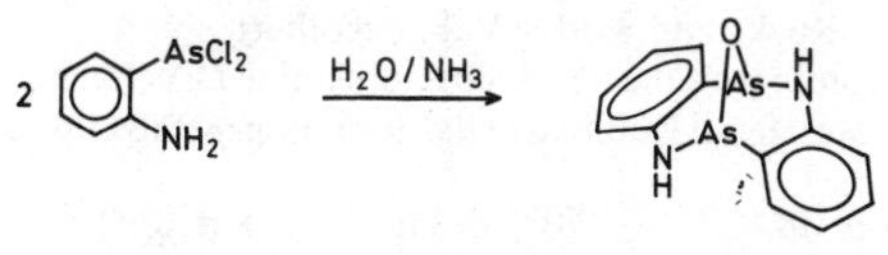

Dibenzo-9-oxa-1,5-diaza-2,6-diarsa-bicyclo
[3.3.1]nonadien-(3,7); F: 252–254°

Die gleiche Verbindung kann durch Erhitzen von 2-Amino-benzol-arsonigsäure-anhydrid in Alkohol erhalten werden[3].

[1] H. J. VETTER u. H. NÖTH, Z. Naturf. **19b**, 167 (1964).
[2] H. J. VETTER u. H. NÖTH, Z. Naturf. **19b**, 166 (1964).
[3] B. CHISWELL u. K. A. VERRALL, J. pr. **312**, 751 (1970).

## 12. Arsonigsäure-diamide (Diamino-organo-arsine)

### A. Herstellung

#### α) Aus Arsonigsäure-dihalogeniden

Dihalogen-organo-arsine reagieren in aprotischen Lösungsmitteln mit sek. Aminen im Verhältnis 1 : 2 zu Diamino-organo-arsinen; um die bei der Reaktion frei werdende Halogenwasserstoffsäure zu binden, wird entweder ein tert. Amin zugegeben oder man arbeitet mit 4fachen molaren Mengen des sek. Amins[1-6]:

$$R{-}AsX_2 \;+\; 4\,(R^1)_2NH \;\longrightarrow\; R{-}As\!\!\begin{array}{c} N(R^1)_2 \\[2pt] N(R^1)_2 \end{array} \;+\; 2\left[R_2\overset{\oplus}{N}H_4\right]X^{\ominus}$$

Die Reaktion wird am besten in Benzol oder Äther bei Temperaturen zwischen 0° und −50° durchgeführt, wobei die Umsetzung der Dihalogen-alkyl-arsine mit den sek. Aminen bei tieferen Temperaturen (−30° bis −50°) durchgeführt wird.

**Bis-[dimethylamino]-phenyl-arsin**[3]: In einem 500-*ml*-Dreihalskolben, der mit Rührer, Gaseinleitungsrohr und einem langen Calciumchlorid-Trockenrohr versehen ist, wird eine Lösung von 22,4 g (0,1 Mol) Dichlor-phenyl-arsin in 100 *ml* absol. Benzol vorgelegt. Unter Eiskühlung wird ~ 3 Stdn. lang ein schwacher Strom von Dimethylamin in die Lösung eingeleitet. Danach wird die Lösung von abgeschiedenem Ammoniumsalz durch eine G3-Fritte abfiltriert, das benzolische Filtrat im Rotationsverdampfer eingeengt und der Rückstand i. Vak. fraktioniert destilliert; Ausbeute: 19,6 g (80% d. Th.); $Kp_{0,2}$: 70°.

Analog wird Dichlor-phenyl-arsin mit anderen sek. Aminen und Triäthylamin im Verhältnis 1 : 2 : 2 in benzolischer Lösung umgesetzt[3]; so erhält man u. a.

| | |
|---|---|
| *Bis-[dipropylamino]-phenyl-arsin* | $Kp_{0,2}$: 126−128° |
| *Bis-[dibutylamino]-phenyl-arsin* | $Kp_{0,2}$: 148−150° |
| *Dipiperidino-phenyl-arsin* | $Kp_{0,2}$: 141−144° |
| *Dimorpholino-phenyl-arsin* | fest (hygroskopisch) |

Die Reaktion verläuft in 55−75%-iger Ausbeute[3].

**Diamino-methyl-arsine; allgemeine Herstellungsvorschrift**[5]: Dijod-methyl-arsin wird in einem Kolben mit Rührer, Gaszuleitung und Tropftrichter in abs. Äther vorgelegt, mit trockenem Stickstoff begast und mit einem Methanol-Kältebad auf ~ −40° gebracht. Die äther. Lösung des sek. Amins wird dann unter heftigem Rühren etwa innerhalb 3 Stdn. zugetropft. Nach Zugabe des gesamten Amins (Arsin/Amin-Verhältnis: 1 : 4) wird unter weiterem Rühren bei 20° erwärmt. Man filtriert das Ammoniumsalz ab, wäscht mit Äther aus und destilliert den Äther bei Normaldruck ab. Der Rückstand wird i. Vak. destilliert.

(Beim Arbeiten mit Dimethylamin wird die ber. Menge über eine Druckmessung in einem bekannten Vol. der Stock-Apparatur bestimmt und aus einem Kühlbad in das Reaktionsgefäß einkondensiert[1]). So erhält man z. B.:

| | | |
|---|---|---|
| *Bis-[dimethylamino]-methyl-arsin* | 70% d. Th. | $Kp_{420}$: 100° |
| *Bis-[dibutylamino]-methyl-arsin* | 40% d. Th. | $Kp_{0,01}$: 165° |
| *Bis-[dicyclohexylamino]-methyl-arsin* | 40% d. Th. | $Kp_{0,01}$: 170° |
| *Dipyrrolidino-methyl-arsin* | 50% d. Th. | $Kp_{0,01}$: 120° |
| *Dimorpholino-methyl-arsin* | 30% d. Th. | $Kp_{0,01}$: 130° |

[1] K. Mödritzer, B. **92**, 2637 (1959).
[2] G. Kamai u. Z. L. Khisamova, Doklady Akad. SSSR **157**, 365 (1964); C. A. **61**, 3143 (1964).
[3] E. Fluck u. G. Jakobson, Z. anorg. Ch. **369**, 178 (1969).
[4] K. Sommer et al., Z. anorg. Ch. **379**, 48 (1970).
[5] F. Kober, Z. anorg. Ch. **397**, 97 (1973); J. Organometal. Chem. **94**, 393 (1975).
[6] O. Adler u. F. Kober, J. Organometal. Chem. **72**, 351 (1974).

Bei der Aminolyse von Dijod-methyl-arsin mit Pyrrol werden keine sauren Salze gebildet, deshalb unterbleibt auch die säurekatalysierte Pyrrol-Polymerisation und das *Dipyrrolino-methyl-arsin* ($Kp_{0,01}$: 110°) kann in 45%-iger Ausbeute isoliert werden[1].

Diamino-trifluormethyl-arsine werden analog den Diamino-methyl-arsinen hergestellt[2]; z. B.:

*Bis-[diäthylamino]-trifluormethyl-arsin*     $Kp_{20}$: 92°
*Dipiperidino-trifluormethyl-arsin*     $Kp_3$: 80°

Während Methan-bis-[arsonigsäure-dichlorid] mit sek. Aminen analog die entsprechenden Methan-bis-[arsonigsäure-diamide] liefert, reagiert es mit überschüssigen prim. Aminen unter Bildung von adamantanartigen Arsonigsäure-diamiden[3]:

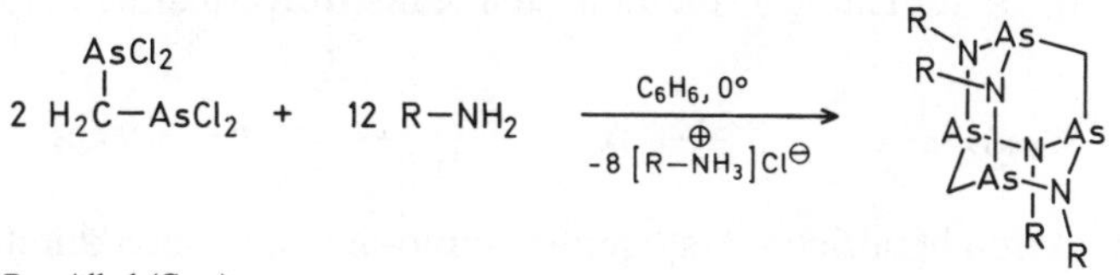

R = Alkyl ($C_{1-4}$)

*2,4,6,8-Tetraalkyl-2,4,6,8-tetraaza-1,3,5,7-tetraarsa-adamantan*

Die Umsetzung von Dichlor-methyl-arsin mit 2-Amino-äthanol liefert unter anderem *Bis-[2-methyl-1,2,3-oxarsazolidino]-methyl-arsin*[4]:

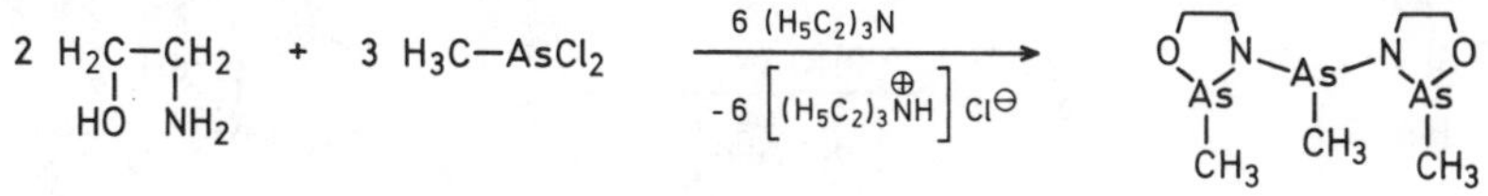

**Bis-[2-methyl-1,2,3-oxarsazolidino]-methyl-arsin[4]:** Zur Lösung von 12,2 g 2-Amino-äthanol und 62 g Triäthylamin in 600 *ml* abs. Tetrahydrofuran tropft man unter Kühlen 48 g Dichlor-methyl-arsin in 100 *ml* trockenem Äther. Nach 2stdgm. Rühren bei 20° werden 400 *ml* abs. Äther zugegeben. Man filtriert unter Feuchtigkeitsausschluß vom Ammoniumsalz ab, verdampft das Lösungsmittel und destilliert den Rückstand i. Vak.; Ausbeute: 10–15% d. Th.; $Kp_{0,1}$: 79–81°.

Auch silylierte Schwefeldiimide setzen sich mit Dichlor-methyl-arsin zu cyclischen Arsonigsäure-diamiden um[5]; z. B.:

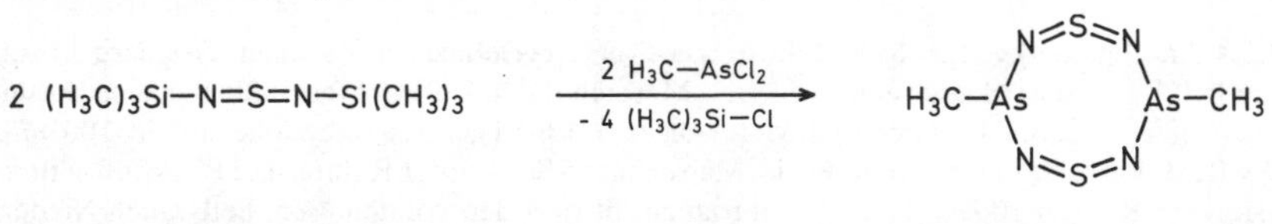

**3,7-Dimethyl-1,5-dithia(IV)-2,4,6,8-tetraza-3,7-diarsa-cyclotetraen-(1,4,5,8)[5]:** Zu 7,0 g (34 mMol) N,N'-Bis-[trimethylsilyl]-schwefel-diimid in 50 *ml* Äther tropft man unter Stickstoff bei 20° unter intensivem Rühren 5,5 g (34 mMol) Dichlor-methyl-arsin. Die zunächst gelbe Lösung verfärbt sich mit fortschreitender Umsetzung orange, gleichzeitig bildet sich wenig gelber Niederschlag. Nach Filtration über eine G3-Fritte werden Lösungsmittel und Chlor-trimethyl-silan i. Wasserstrahlvak. abgezogen. Der Rückstand wird dann i. Hochvak. destilliert; Ausbeute: 3,9 g (76% d. Th.); $Kp_{0,05}$: 84–86°.

---

[1] F. Kober, Z. anorg. Ch. **397**, 97 (1973).
[2] O. Adler u. F. Kober, J. Organometal. Chem. **72**, 351 (1974).
[3] F. Kober, J. Organometal. Chem. **94**, 393 (1975).
[4] K. Sommer et al., Z. anorg. Ch. **379**, 48 (1970).
[5] O. J. Scherer u. R. Wies, Ang. Ch. **83**, 882 (1971); **84**, 585 (1972).

Setzt man das Schwefeldiimid mit Dichlor-methyl-arsin im Verhältnis 1:2 um, so erhält man in 21%-iger Ausbeute 5-*Methyl*-1,3,2,5-*dithiadiazarsol*[1]:

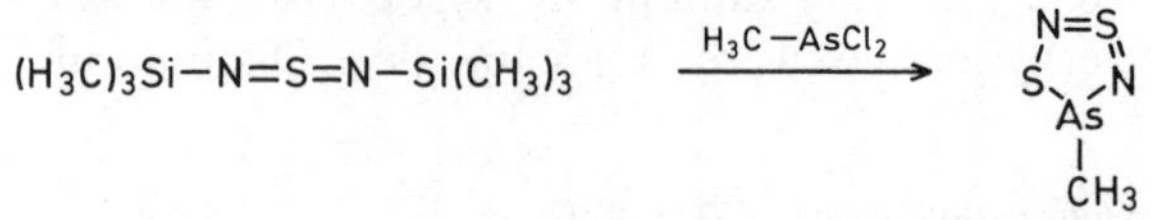

$$(H_3C)_3Si-N=S=N-Si(CH_3)_3 \xrightarrow{H_3C-AsCl_2}$$

Kp$_{0,05}$: 33–35°

### β) Aus Amid-Halogeniden der arsenigen Säure

Arsonigsäure-diamide können durch Einwirkung von Grignard-[2,3] oder Organo-lithium-Verbindungen[4] auf Halogen-diamino-arsine im Molverhältnis 1:1 hergestellt werden:

$$(R_2N)_2As-Cl + R^1-MgX \xrightarrow[-MgXCl]{} R^1-As(NR_2)_2$$

Die für die Reaktion benötigten Halogen-diamino-arsine werden durch partielle Aminolyse von Arsen(III)-halogeniden erhalten[2–5]. So entsteht bei der Reaktion von Arsen(III)-chlorid mit 1,3-Bis-[methylamino]-pentamethyl-disilazan im Verhältnis 1:1 ein cyclisches Chlor-diamino-arsin, das durch Umsetzung mit Methyl-magnesiumjodid in das entsprechend cyclische Methan-arsonigsäure-diamid übergeht[3]:

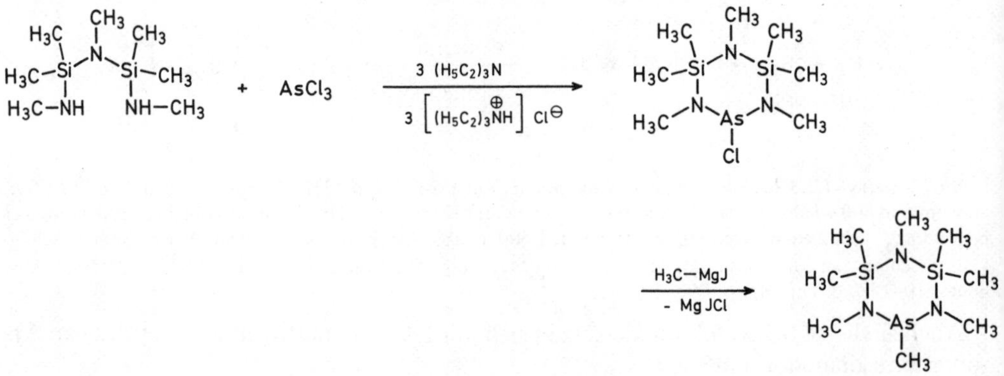

**1,1,2,3,3,4,5,6-Octamethyl-1,3-disila-2,4,6-triaza-5-arsa-cyclohexan**[3]: Zu einer Grignard-Lösung, hergestellt aus 2,4 g (0,1 g-Atom) Magnesium und 14,1 g Methyljodid in 100 *ml* Äther, läßt man eine Lösung von 32 g (0,1 Mol) 5-Chlor-1,1,2,3,3,4,6-heptamethyl-1,3-disila-2,4,6-triaza-5-arsa-cyclohexan[1] in 100 *ml* Äther zutropfen. Die Reaktion setzt sofort exotherm ein. Man erhitzt 5 Stdn. unter Rühren und Rückfluß, gibt nach Erkalten unter starkem Rühren 100 *ml* Tetrahydrofuran zu, filtriert den voluminösen, hellgrauen Niederschlag ab, verdampft das Lösungsmittel und fraktioniert mehrfach über eine kurze Vigreux-Kolonne i. Vak.; Ausbeute: 17 g (60% d. Th.); Kp$_{0,8}$: 67° (F.: 35°).

*Bis*-[*dimethylamino*]-*trifluormethyl-arsin* wird durch 12stündiges Erhitzen von Trifluormethyljodid und Tris-[dimethylamino]-arsin im Bombenrohr auf 145° in 16%-iger Ausbeute hergestellt[6]:

---

[1] O. J. SCHERER u. R. WIES, Ang. Ch. **83**, 882 (1971); **84**, 585 (1972).
[2] C. F. McBREARTY et al., J. Organometal. Chem. **12**, 377 (1968).
[3] U. WANNAGAT et al., J. Organometal. Chem. **19**, 367 (1969).
[4] H. J. VETTER u. H. NÖTH, Z. Anorg. Ch. **330**, 233 (1964).
[5] K. SOMMER et al., Z. Anorg. Ch. **379**, 48 (1970); dort weitere Literatur.
[6] H. G. ANG et al., J. Inorg. Nucl. Chem. **30**, 1715 (1968).

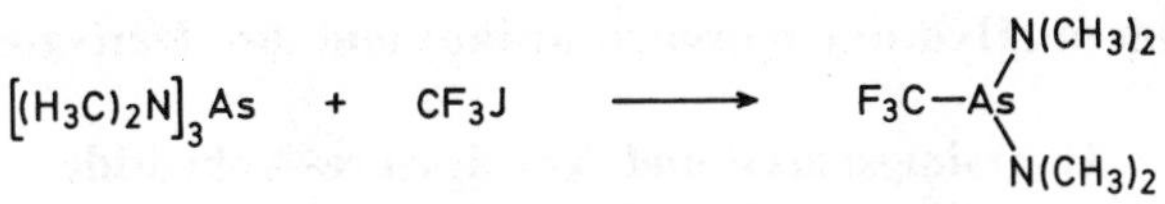

$$[(H_3C)_2N]_3As \ + \ CF_3J \ \longrightarrow \ F_3C-\underset{N(CH_3)_2}{\overset{N(CH_3)_2}{As}}$$

## $\gamma$) Durch Umamidierung

Arsonigsäure-diamide höherer sek. Amine werden am einfachsten durch Umamidierung gewonnen[1,2]:

$$R-\underset{N(CH_3)_2}{\overset{N(CH_3)_2}{As}} \ + \ 2 \ (R^1)_2NH \ \longrightarrow \ R-\underset{N(R^1)_2}{\overset{N(R^1)_2}{As}} \ + \ 2 \ (H_3C)_2NH$$

Voraussetzung für das Eintreten der Reaktion ist eine geringere Flüchtigkeit oder höhere Nucleophilie des eintretenden im Vergleich zum abgespaltenen Amin-Rest.

**Arsonigsäure-diamide; allgemeine Herstellungsvorschrift**[1]: 0,1 Mol Bis-[dimethylamino]-phenyl-arsin werden mit 0,3 Mol eines Dialkylamins 50 Stdn. in abs. Benzol am Rückfluß zum Sieden erhitzt. Danach werden das überschüssige Dialkylamin und Benzol im Rotationsverdampfer abgezogen und der Rückstand i. Vak. fraktioniert destilliert; Ausbeute: 90–95% d. Th.

## B. Umwandlung

Arsonigsäure-diamide sind stark hydrolyseempfindliche Verbindungen und werden durch H-acide Reagenzien bzw. Carbonsäureanhydride und Schwefelkohlenstoff in Amine und Arsonigsäure-Derivate umgewandelt:

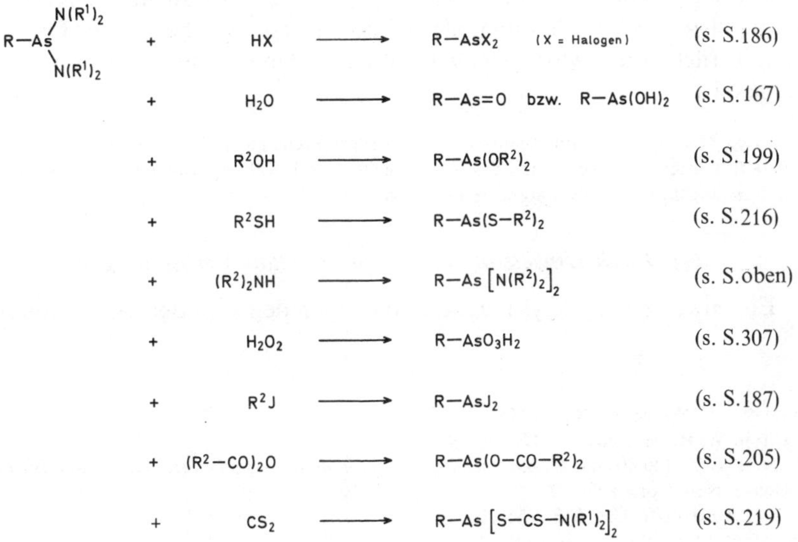

| | | | |
|---|---|---|---|
| $R-\underset{N(R^1)_2}{\overset{N(R^1)_2}{As}}$ + | HX | $\longrightarrow$ $R-AsX_2$ (X = Halogen) | (s. S.186) |
| + | $H_2O$ | $\longrightarrow$ $R-As=O$ bzw. $R-As(OH)_2$ | (s. S.167) |
| + | $R^2OH$ | $\longrightarrow$ $R-As(OR^2)_2$ | (s. S.199) |
| + | $R^2SH$ | $\longrightarrow$ $R-As(S-R^2)_2$ | (s. S.216) |
| + | $(R^2)_2NH$ | $\longrightarrow$ $R-As[N(R^2)_2]_2$ | (s. S.oben) |
| + | $H_2O_2$ | $\longrightarrow$ $R-AsO_3H_2$ | (s. S.307) |
| + | $R^2J$ | $\longrightarrow$ $R-AsJ_2$ | (s. S.187) |
| + | $(R^2-CO)_2O$ | $\longrightarrow$ $R-As(O-CO-R^2)_2$ | (s. S.205) |
| + | $CS_2$ | $\longrightarrow$ $R-As[S-CS-N(R^1)_2]_2$ | (s. S.219) |

[1] E. Fluck u. G. Jakobson, Z. anorg. Ch. **369**, 178 (1969). ·
[2] F. Kober, Z. anorg. Ch. **397**, 97 (1973).

## g) Arsinigsäuren (Hydroxy-diorgano-arsine) und ihre Derivate (R₂AsOH)

### 1. Arsinigsäuren und Arsinigsäure-Anhydride

Von wenigen Ausnahmen abgesehen spalten die freien Arsinigsäuren sehr leicht Wasser ab und gehen in die entsprechenden Anhydride über:

$$2 \ R_2As-OH \quad \underset{}{\overset{-H_2O}{\rightleftharpoons}} \quad R_2As-O-AsR_2$$

Die Lage dieses Gleichgewichts hängt unter anderem vom organischen Rest R ab, wobei elektronenanziehende Gruppen die Stabilität der freien Säure begünstigen[1-3]. Meistens werden die Anhydride (Bis-[diorgano-arsin]-oxide) bei der Herstellung erhalten.

### A. Herstellung

α) Aus Arsen(III)-oxid bzw. Arseniten oder Arsonigsäure-Anhydriden

#### α₁) Durch Umsetzung mit Kaliumacetat (Cadet-Reaktion)

Erhitzt man ein Gemisch aus Arsen(III)-oxid und Kaliumacetat und destilliert das erhaltene Produktgemisch, so erhält man eine Flüssigkeit, die zu 56% aus *Tetramethyl-diarsin (Kakodyl)* und zu 40% aus *Dimethylarsinigsäure-anhydrid (Kakodyloxid)* besteht[4]:

$$As_2O_3 \ + \ 4 \ H_3C-COOK \quad \xrightarrow[-2 \ CO_2]{-2 \ K_2CO_3} \quad (H_3C)_2As-O-As(CH_3)_2 \ + \ (H_3C)_2As-As(CH_3)_2$$

Diese von Cadet[5] 1760 durchgeführte und später näher untersuchte Reaktion[6] hat heute insoweit eine historische Bedeutung, als auf sie die erste Synthese einer Organo-metall-Verbindung zurückdatiert wird[6]. Der Ablauf dieser Umsetzung ist nicht in allen Einzelheiten aufgeklärt.

In neuerer Zeit ist die Reaktion für technische bzw. halbtechnische Herstellung der „Cadet'schen Flüssigkeit" etwas modifiziert worden[7,8]. Ersetzt man das Kaliumacetat durch Kaliumpropanoat, so entsteht ein Gemisch aus *Tetraäthyl-diarsin* und *Diäthylarsinigsäure-anhydrid*[7].

#### α₂) Durch Umsetzung mit Organo-metall-Verbindungen

Durch Einwirkung von Aryl-magnesiumhalogeniden[9-13] oder Aryl-lithium-Verbin-

---

[1] A. MICHAELIS u. L. WEITZ, B. **20**, 48 (1887).
[2] H. WIELAND u. W. REINHEIMER, A. **423**, 1 (1921).
[3] G. O. DOAK u. L. D. FREEDMAN, *Organometallic Compounds of Arsenic, Antimony, and Bismuth*, Wiley-Interscience, New York 1970.
[4] A. VALEUR u. P. GAILLOT, C.r. **185**, 956 (1927).
[5] L. CADET, Mém. Math. Phys. **3**, 363 (1760).
[6] J. S. THAYER, J. Chem. Educ. **43**, 594 (1966), und dort zitierte Literatur.
[7] R. C. FUSON u. W. SHIVE, Am. Soc. **69**, 559 (1947).
[8] B. WITTEN, Am. Soc. **69**, 1229 (1947).
[9] F. SACHS u. H. KANTOROWICZ, B. **41**, 2767 (1908).
[10] K. MATSUMIYA u. M. NAKAI, Mem. Coll. Sci Kyoto, **8A**, 309 (1925); C. A. **19**, 3086 (1925).
[11] F. F. BLICKE u. F. D. SMITH, Am. Soc. **51**, 1558 (1929).
[12] G. WITTIG u. D. HELLWINKEL, B. **97**, 769 (1964).
[13] R. D. GIGAURI et al., Ž. obšč. Chim. **42**, 1537 (1972); engl.: 1530; **44**, 1541, 1720 (1974); engl.: 1511, 1688.

dungen[1,2] auf Arsen(III)-oxid in Äther können Diarylarsonigsäure-anhydride in unterschiedlicher Ausbeute erhalten werden:

$$As_2O_3 \xrightarrow[\text{(oder 4 Ar—Li)}]{4\ Ar-MgX} Ar_2As-O-AsAr_2$$

Die Umsetzung verläuft jedoch nicht so einfach wie die Summengleichung angibt (s. S.63). Da die Arsinigsäureanhydride mit Grignardverbindungen weiter zu tert. Arsinen reagieren können (s. S. 63) muß das Arsen(III)-oxid in ~4fachem Überschuß eingesetzt werden[3,4].

In vielen Fällen werden die Arsinigsäure-anhydride nach dieser Methode nicht isoliert, sondern gleich mit Halogenwasserstoffsäure in Arsinigsäure-halogenide überführt[1-5] (s. S. 251).

**Diphenylarsinigsäure-anhydrid**[3]. In einem 1-l-Dreihalskolben, versehen mit Rührer, Tropftrichter und Rückflußkühler wird aus 62,8 g (0,4 Mol) Brombenzol und 9,7 g (0,4 g-Atom) Magnesium in 200 ml Äther eine Suspension von Phenyl-magnesiumbromid hergestellt, die anschließend mit etwa 200 ml Benzol verdünnt wird. Unter Eiskühlung und heftigem Rühren werden 0,1 Mol getrocknetes Arsen(III)-oxid so schnell wie möglich zugeben (Eine langsame Zugabe des Oxids begünstigt die Bildung von Triphenyl-arsin!). Anschließend wird das Eisbad entfernt und weitere 4 Stdn. gerührt. Man engt die Lösung auf ein Drittel des eigentlichen Volumens ein, zersetzt mit Eiswasser und extrahiert mit Benzol. Die benzolische Phase wird zuerst mit verd. Natronlauge dann mit Wasser ausgeschüttelt und über Natriumsulfat getrocknet. Nach Entfernung des Benzols wird der fest gewordene Rückstand mit Petroläther (Kp: 40–60°) und dann mit einem Gemisch aus Äther in Petroläther gewaschen und getrocknet. Weitere Substanz kann durch Aufarbeitung der Mutterlaugen erhalten werden. Ausbeute: 26 g (55% d. Th.); F: 92,5–93,5°.

Analog werden u. a. folgende Verbindungen erhalten[3]:

| | | |
|---|---|---|
| *Bis-[4-methyl-phenyl]-arsinigsäure-anhydrid* | 48% d. Th. | F: 108,5–109,5 (Äthanol) |
| *Bis-[4-methoxy-phenyl]-arsinigsäure-anhydrid* | 56% d. Th. | F: 127–129° |
| *Di-naphthyl-(1)-arsinigsäure-anhydrid* | 77% d. Th. | F: 250–253° (Zers.) |

**Bis-[biphenylyl-(2)]-arsinigsäure-anhydrid**[1]: Zu einer Lösung von 2-Lithium-biphenyl (aus 0,32 Mol 2-Jod-biphenyl und 0,32 Mol Butyl-lithium in 200 ml Äther und 130 ml Petroläther) gibt man unter Kühlung mit Eis portionsweise 14,3 g (72 mMol) Arsen(III)-oxid. Es bildet sich zunächst eine klare Lösung, aus der allmählich ein farbloser, voluminöser Niederschlag ausfällt, der nach 24stdgm. Rühren abgesaugt und mit Wasser gewaschen wird. Aus der äther. Schicht erhält man weitere 7 g Substanz; Gesamtausbeute: 38 g (80% d. Th.); F: 140–141°.

Analog erhält man *Bis-[4,4'-dimethyl-biphenylyl-(2)]-arsinigsäure-anhydrid* in 76%-iger Ausbeute[2].

Arsen(III)-oxid läßt sich mit Trialkyl-aluminium ebenfalls zu Arsinigsäure-anhydriden alkylieren[6]:

$$2\ R_3Al\ +\ As_2O_3 \xrightarrow{\text{Hexan}} R_2As-O-AsR_2\ +\ 2\ R-AlO$$

Die Reaktion ist jedoch nur bei $R \geq C_4$ von Bedeutung, da sonst tert. Arsine als Hauptprodukt entstehen (s. S.64).

**Dialkyl-arsinigsäure-anhydride; allgemeine Arbeitsvorschrift**[6]: Fein gepulvertes Arsen(III)-oxid wird in Hexan dispergiert, langsam mit Trialkyl-aluminium versetzt und 1–2 Stdn. bei 60° gehalten. Anschließend wird i. Hochvak. fraktioniert.

Auf diese Weise entsteht das *Bis-[2-methyl-propyl]-arsinigsäure-anhydrid* (Kp$_{0,05}$: 68–70°) in 62%-iger Ausbeute.

[1] D. HELLWINKEL u. G. KILTHAU, A. **705**, 66 (1967).
[2] D. HELLWINKEL et al., J. Organometal. Chem. **24**, 165 (1970).
[3] F. F. BLICKE u. F. D. SMITH, Am. Soc. **51**, 1558 (1929).
[4] G. WITTIG u. D. HELLWINKEL, B. **97**, 769 (1964).
[5] R. D. GIGAURI et al., Ž. obšč. Chim. **42**, 1537 (1972); engl.: 1530; **44**, 1541, 1720 (1974); engl.: 1511, 1688.
[6] W. STAMM u. W. BREINDEL, Ang. Ch. **76**, 99 (1964).

Die Umsetzung von Arsonigsäure-anhydriden mit Grignard-Verbindungen führt ebenfalls zu Arsinigsäure-anhydriden[1]. Die Reaktion besitzt jedoch keine präparative Bedeutung.

Die Umsetzung von Grignard-Verbindungen mit Arseniten führt normalerweise zu tert. Arsinen (s. S. 53). Die Reaktion zwischen 2-Methyl-phenyl-magnesiumbromid und Tris-[3-methyl-butyl]-arsenit führt jedoch zu der freien *Bis-[2-methyl-phenyl]-arsinigsäure*[2]:

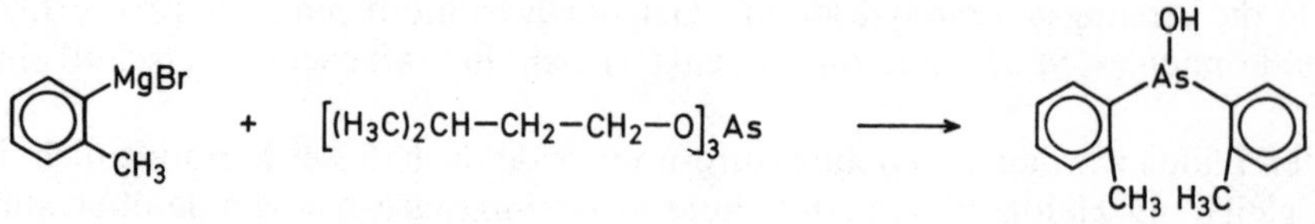

**Bis-[2-methyl-phenyl]-arsinigsäure**[2]: Zu einer Lösung von 45 g Tris-[3-methyl-butyl]-arsenit in 50 *ml* abs. Äther wird unter Kühlung eine Grignard-Lösung aus 12 g Magnesium und 87 g 2-Brom-1-methyl-benzol in abs. Äther getropft. Die Reaktionsmischung wird im Wasserbad 1,5 Stdn. unter Rückfluß erhitzt und mit verd. Salzsäure zersetzt. Nach Abtrennung der ätherischen Phase wird 2mal mit Äther extrahiert. Die vereinigten Äther-Extrakte werden mit Natriumcarbonat-Lösung dann mit Wasser ausgeschüttelt und über Calciumchlorid getrocknet. Äther und 3-Methyl-butanol werden abdestilliert. Der Rückstand wird aus Äthanol durch Kühlen zur Kristallisation gebracht; Ausbeute: 28 g (76% d. Th.); F: 140–141°.

## β) Durch Reduktion von Arsinsäuren

Arsinigsäuren bzw. Arsinigsäure-anhydride lassen sich durch Reduktion von Arsinsäuren mit Schwefeldioxid in schwach schwefelsaurer Lösung in Gegenwart katalytischer Mengen Jodid-Ionen herstellen[3-8]:

$$2 \ R_2AsO_2H \xrightarrow{SO_2/J^{\ominus}} R_2As-O-AsR_2$$

Einige unsymmetrische, aromatische Arsinigsäuren werden auf diese Weise hergestellt[5-7].

Die Reduktion von Alkan-bis-arsinsäuren liefert cyclische Arsinigsäure-anhydride[8]:

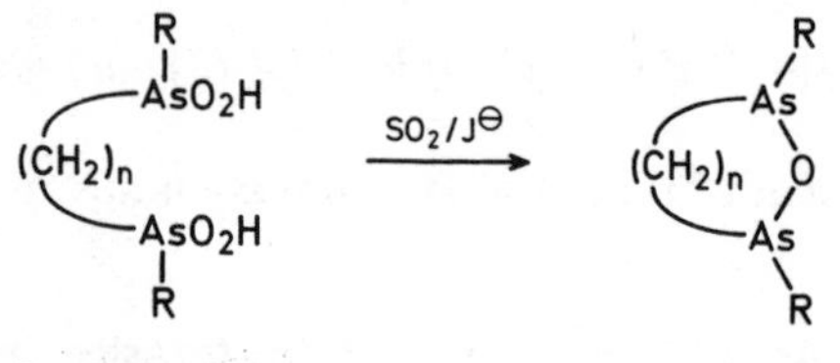

R = Aryl, Alkyl
n = 1–3

**1,2,5-Oxadiarsolane und 1,2,6-Diarsenane**[8]: 0,1 Mol 1,ω-Bis-[hydroxy-oxo-phenyl-arsin]- bzw. -[hydroxy-oxo-methyl-arsin]-alkane in 100 *ml* Äthanol (oder Wasser) werden mit 0,5 g Natriumjodid und 2 *ml* verd. Schwefelsäure versetzt und mit Schwefeldioxid gesättigt. Anschließend neutralisiert man mit Natronlauge. Beim Arbeiten in Äthanol (Phenyl-Derivate) wird vom ausgefällten Natriumsulfat abfiltriert und das Äthanol ver-

[1] F. F. BLICKE u. F. D. SMITH, Am. Soc. **51**, 1558, 3479 (1929).
[2] G. KH. KAMAI et al., Ž. obšč. Chim. **41**, 1506 (1971); engl.: 1510.
[3] H. BAUER, Am. Soc. **67**, 591 (1945).
[4] V. K. KUSKOV u. V. N. VASILEV, Ž. obšč. Chim. **21**, 90 (1951).
[5] Jap.P. 5183 (1953), K. TAKAHASHIA u. T. HEDA; C. A. **49**, 7594 (1955).
[6] US.P. 2701812 (1955), K. TAKAHASHIA u. T. HEDA; C. A. **50**, 1907 (1956).
[7] Jap.P. 3126 (1956), S. KATO et al.; C. A. **51**, 12973 (1957).
[8] K. SOMMER, Z. anorg. Ch. **377**, 278 (1970); **383**, 136 (1971).
s. auch E. R. H. JONES u. F. G. MANN, Soc. **1955**, 401.

dampft. Der Rückstand wird aus Methanol umkristallisiert oder i. Vak. destilliert. Beim Arbeiten in wäßriger Lösung (Methyl-Derivate) wird am Rotationsverdampfer zur Trockne eingedampft, der Rückstand 2mal mit Benzol ausgekocht. Nach Entfernung des Benzols wird i. Vak. destilliert. So erhält man u. a.

*1,3-Diphenyl-2,1,3-oxadiarsolan*   $Kp_{0,05}$: 145°; F: 92°
*1,3-Dimethyl-2,1,3-oxadiarsolan*   $Kp_{14}$: 90–92°
*1,3-Diphenyl-2,1,3-oxadiarsenan*   $Kp_{0,05}$: 154°
*1,3-Dimethyl-2,1,3-oxadiarsenan*   $Kp_{14}$: 100°

Die Methode ist insoweit von Bedeutung, als bei der Reduktion der Arsinsäuren mit Schwefeldioxid in Gegenwart von Halogenwasserstoffsäuren Arsinigsäure-halogenide entstehen (s. S. 246), die durch Alkali zu Arsinigsäure-anhydriden hydrolysiert werden (s. unten).

### $\gamma$) Durch Hydrolyse von Arsinigsäure-Derivaten

Der einfachste Weg Arsinigsäuren bzw. Arsinigsäure-anhydride herzustellen ist die Hydrolyse von Arsinigsäure-Derivaten des Typs $R_2AsX$ bzw. $RR^1AsX$:

$$2 \; \underset{R^1}{\overset{R}{\diagdown}}\!As\!-\!X \quad \xrightarrow[-\,2\,HX]{H_2O} \quad \underset{R^1}{\overset{R}{\diagdown}}\!As\!-\!O\!-\!As\underset{R^1}{\overset{R}{\diagup}}$$

Zumeist werden jedoch die Anhydride erhalten. Die Leichtigkeit der Hydrolyse hängt sowohl von den organischen Resten R als auch von X ab. Die Arsinigsäure-halogenide, -ester, -cyanide und -amide werden bereits durch Wasser hydrolysiert. Elektronenanziehende organische Reste erschweren die Hydrolyse.

Die Arsinigsäure-halogenide (Halogen-diorgano-arsine) sind die am meisten eingesetzten Ausgangsverbindungen[1–9]. Die Hydrolyse wird mit verdünnter Natronlauge oder Ammoniumhydroxid in wäßriger oder wäßrig-alkoholischer Lösung durchgeführt.

**Dialkyl-arsinigsäure-anhydride; allgemeine Arbeitsvorschrift[6]:** Jod-dialkyl-arsine werden mit 10 n Natronlauge in geringem Überschuß unter Kühlung (fließendes Leitungswasser) gut durchgeschüttelt, bis die gelbe Farbe des Jodids völlig verschwunden ist. Die Reaktion erfolgt unter starker Wärmeentwicklung. Die gebildeten Anhydride bilden im Scheidetrichter die obere Schicht. Es wird abgehoben, über Calciumchlorid getrocknet und unter Durchleiten von Kohlendioxid i. Vak. destilliert; Ausbeute: ~ 95% d. Th.; z. B.:

*Methyl-äthyl-arsinigsäure-anhydrid*   $Kp_{10}$: 70–71°; $Kp_{15}$: 80–81°
*Methyl-propyl-arsinigsäure-anhydrid*   $Kp_9$: 96°
*Äthyl-propyl-arsinigsäure-anhydrid*   $Kp_8$: 117–118°; $Kp_{11}$: 120°

**Diphenylarsinigsäure-anhydrid (Bis-[diphenyl-arsin]-oxid)[1,3]:** 53 g Chlor-diphenyl-arsin, gelöst in 200 *ml* Äthanol, werden in eine refluktierende Lösung von 12 g Kaliumhydroxid in 10 *ml* Wasser und 200 *ml* Äthanol gegeben und 1 Stde. weitererhitzt. Nach Entfernung des Alkohols wird der Rückstand mit Chloroform extrahiert, getrocknet und das Chloroform abgezogen; Ausbeute: quantitativ; F: 89–91°.

*Bis-[pentafluor-phenyl]-arsinigsäure-anhydrid* (F: 108–108,5°) entsteht bereits beim Schütteln von Chlor-bis-[pentafluor-phenyl]-arsin mit Wasser bei 20° in 94%-iger Aus-

[1] A. MICHAELIS u. W. LaCOSTE, A. **201**, 229 (1880).
[2] A. MICHAELIS u. L. WEITZ, B. **20**, 48 (1887).
[3] W. J. POPE u. E. E. TURNER, Soc. **117**, 1447 (1920).
[4] H. WIELAND u. W. RHEINHEIMER, A. **423**, 1 (1921).
[5] F. F. BLICKE u. F. D. SMITH, Am. Soc. **51**, 1558, 3479 (1929).
[6] N. WIGREN, J. pr. **126**, 223 (1930).
[7] F. F. BLICKE et al., Am. Soc. **59**, 534, 925 (1937).
[8] G. KH. KAMAI u. Z. L. KHISAMOVA, Ž. obšč. Chim. **30**, 3611 (1960); dort weitere Literatur.
[9] K. SOMMER, Z. anorg. Ch. **377**, 278 (1970); **383**, 136 (1971).

Tab. 20: Arsinigsäure-anhydride durch Hydrolyse von Arsinigsäure-Derivaten

| Ausgangs-verbindung | Arsinigsäureanhydrid | Ausbeute [% d.Th.] | Kp [°C] | [Torr] | Lite-ratur |
|---|---|---|---|---|---|
| $(H_3C)_2As$—Cl | Dimethyl-arsinigsäure-anhydrid | – | 118–120 | 760 | 1 |
| $H_3C$<br>　　$As$—J<br>$H_5C_6$ | Methyl-phenyl-arsinigsäure-anhydrid | 80 | 154–155 | 3 | 2 |
| $H_5C_2$<br>　　$As$—J<br>$(H_3C)_2CH$ | Äthyl-isopropyl-arsinigsäure-anhydrid | 76 | 130–132 | 17 | 2 |
| $H_3C$<br>　　$As$—J<br>$H_9C_4$ | Methyl-butyl-arsinigsäure-anhydrid | – | 126,5–127,5 | 11 | 3 |
| $(H_7C_3)_2As$—J | Dipropyl-arsinigsäure-anhydrid | 93 | 122–124 | 4 | 4 |
| $H_5C_2$<br>　　$As$—J<br>$H_5C_6$ | Äthyl-phenyl-arsinigsäure-anhydrid | 66 | 191–192 | 9 | 5 |
| $H_5C_2$<br>　　$As$—J<br>$H_5C_6$—$CH_2$ | Äthyl-benzyl-arsinigsäure-anhydrid | 78 | 174–175 | 16 | 2 |
| ⬠$As$—$N(CH_3)_2$ | Bis-[arsolanyl-(1)]-oxid | – | 77–79 | 0,2 | 6 |
| 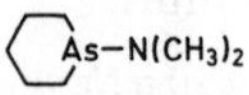 ⬡$As$—$N(CH_3)_2$ | Bis-[arsenanyl-(1)]-oxid | – | 84 | 0,2 | 6 |

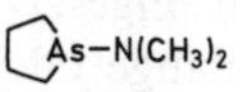

beute[7]. Die Umsetzung mit Natronlauge bei höheren Temperaturen führt zur Spaltung der As-C-Bindung[7].

1,4-Dichlor- bzw. 1,4-Dibrom-1,4-diarsenan werden in Methanol zu einem bicyclischen Anhydrid hydrolysiert[6]:

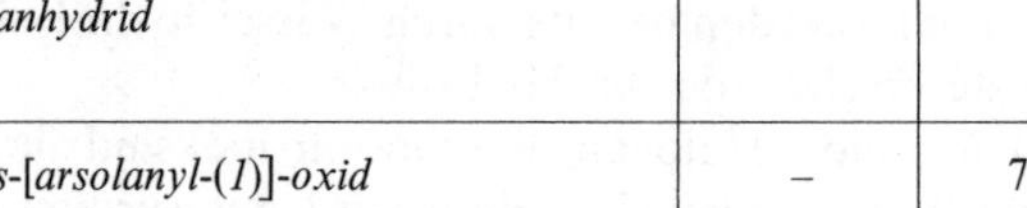

7-Oxa-1,4-diarsa-bicyclo[2.2.1]heptan;
10–15% d. Th.; Kp₁₄: 95–98°

Ein Anhydrid von interessanter Struktur entsteht bei der Hydrolyse von 3,7-Dichlor-3,7-diarsa-bicyclo[3.3.0]octan[6]:

---

[1] K. A. JENSEN u. E. FREDERIKSEN, Z. anorg. Ch. 230, 34 (1936).
[2] G. KH. KAMAI u. V. M. ZOROASTROVA, Ž. obšč. Chim. 10, 1578 (1940); engl.: 1568.
[3] G. KH. KAMAI u. B. D. CHERNOKALSKII, Ž. obšč. Chim. 29, 1596 (1959); engl.:1569.
[4] G. KH. KAMAI u. Z. L. KHISAMOVA, Ž. obšč. Chim. 30, 3611 (1960); engl.: 3579.
[5] G. KH. KAMAI u. I. M. STRASHOV, Doklady Akad. SSSR 96, 996 (1954); C. A. 48, 13318 (1954).
[6] K. SOMMER, Z. anorg. Ch. 383, 136 (1971).
[7] M. GREEN u. D. KIRKPATRICK, Soc. [A] 1968, 483.

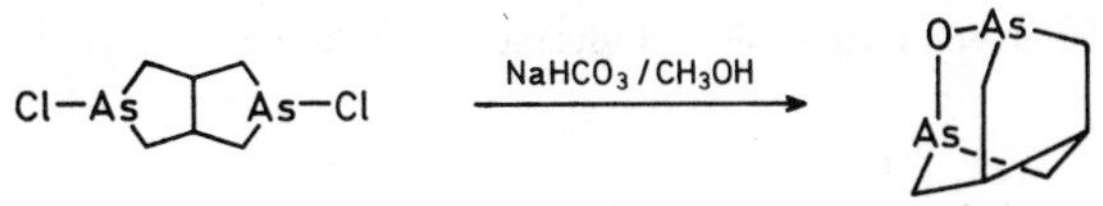

$$\text{Cl—As} \quad \text{As—Cl} \xrightarrow{\text{NaHCO}_3 \,/\, \text{CH}_3\text{OH}} \quad \text{(O—As structure)}$$

*2-Oxa-1,3-diarsa-noradamantan*

**2-Oxa-1,3-diarsa-noradamantan**[1]: Zu einer Aufschlämmung von 8,5 g Natriumhydrogencarbonat in 60 *ml* Methanol tropft man die Lösung von 15 g 2,6-Dichlor-2,6-diarsa-bicyclo[3.3.0]octan[1] in 60 *ml* Methanol und erwärmt 30 Min. im Dampfbad. Nach Absaugen vom Natriumchlorid wird das Methanol samt dem gebildeten Wasser am Rotationsverdampfer entfernt und der Rückstand i. Vak. destilliert; Ausbeute: 10,5 g (89% d. Th.); Kp$_{15}$: 83–85°.

Außer den Arsinigsäure-halogeniden werden die Arsinigsäure-amide (Amino-diorgano-arsine) zu den entsprechenden Anhydriden hydrolysiert[1–4]:

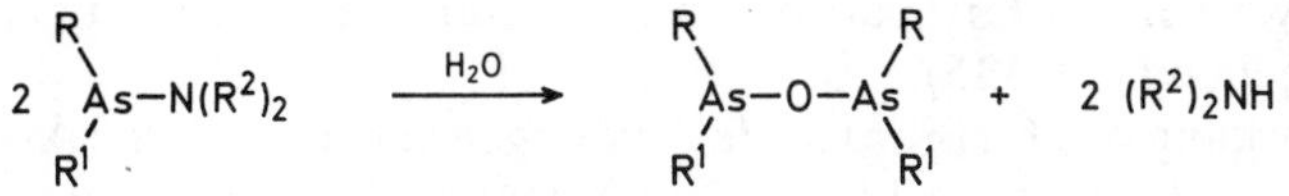

$$2 \; \underset{R^1}{\overset{R}{\text{As}}}\text{—N(R}^2)_2 \xrightarrow{\text{H}_2\text{O}} \underset{R^1}{\overset{R}{\text{As}}}\text{—O—}\underset{R^1}{\overset{R}{\text{As}}} + 2 \; (R^2)_2\text{NH}$$

**Diäthylarsinigsäure-anhydrid**[3]: 3,5 g Diäthylamino-diäthyl-arsin werden in 5 *ml* Wasser gelöst. Unter Kühlung wird die Lösung mit 1 g Natriumhydroxid und 30 *ml* Äther versetzt. Die wäßrige Schicht wird abgetrennt und Äther sowie Diäthylamin abdestilliert. Der Rückstand wird i. Vak. destilliert; Ausbeute: 2,2 g (89% d. Th.); Kp$_1$: 73–75°.

10-Halogen-, 10-Pseudohalogen- oder 10-Alkoxy-5,10-dihydro-phenoxarsine und -phenazarsine werden ebenfalls alkalisch zu den entsprechenden Arsinigsäure-anhydriden hydrolysiert[5].

### δ) Durch Oxidation von sek. Arsinen und Diarsinen

Sek. Arsine werden durch Luftsauerstoff in benzolischer[6] oder neutral bis schwach saurer, wäßriger Lösung zu Arsinigsäure-anhydriden oxidiert[6,7]:

$$2 \; R_2\text{AsH} + O_2 \xrightarrow[-H_2O]{} R_2\text{As—O—AsR}_2$$

Ein alkalisches Medium muß bei der Luftoxidation vermieden werden, da sonst Arsinsäuren entstehen (s. S. 334).

Die sek. Arsine können dabei in situ oxidiert werden; z. B.[7]:

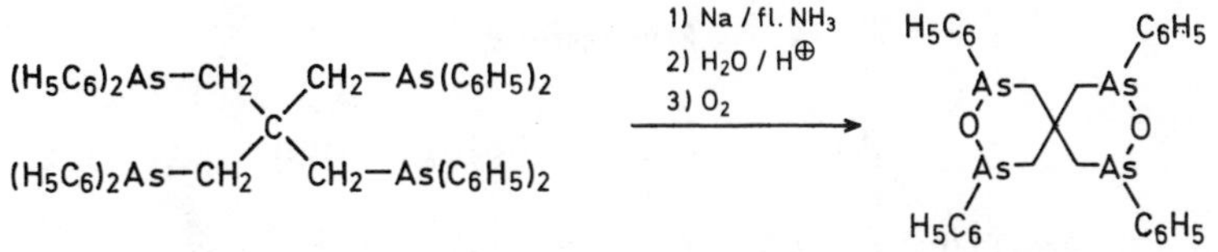

$$(H_5C_6)_2\text{As—CH}_2 \quad CH_2\text{—As(C}_6H_5)_2 \xrightarrow[\substack{1)\, \text{Na}/\text{fl. NH}_3 \\ 2)\, H_2O / H^{\oplus} \\ 3)\, O_2}]{} \text{(spiro structure)}$$

*2,4,8,10-Tetraphenyl-2,4,8,10-tetraarsa-3,9-dioxa-spiro[5.5]-undecan; F: 560°*

[1] K. Sommer, Z. anorg. Ch. **383**, 136 (1971).
[2] K. Mödritzer, B. **92**, 3637 (1959).
[3] A. Tzschach u. W. Lange, Z. anorg. Ch. **326**, 280 (1964).
[4] F. Kober, Z. anorg. Ch. **401**, 243 (1973).
[5] F. G. Mann, *The Heterocyclic Derivatives of Phosphorus, Arsenic, Antimony, and Bismuth*, 2. Aufl. Wiley-Interscience, New York 1970.
[6] F. F. Blicke u. G. L. Webster, Am. Soc. **59**, 537 (1937).
[7] K. Sommer u. A. Rothe, Z. anorg. Ch. **378**, 303 (1970).

Die kontrollierte Oxidation von Diarsinen mit Luftsauerstoff führt ebenfalls zu Arsinigsäure-anhydriden[1, 2]:

$$R_2As-AsR_2 \xrightarrow{O_2} R_2As-O-AsR_2$$

Da die Arsinigsäure-anhydride selbst leicht zu Arsinsäuren oxidiert werden können (s. S. 335), besitzt die Reaktion keine allgemeine Bedeutung zur Herstellung der Arsinigsäure-anhydride.

## B. Umwandlung

Arsinigsäure-anhydride sind **hochgiftige** Verbindungen, die leicht zu Arsinsäuren oxidiert werden (s. S. 335).

Durch Halogenwasserstoffsäuren werden die Arsinigsäure-halogenide gebildet (s. S. 251). Elementares Halogen addiert sich an Arsinigsäure-anhydride unter Bildung von Halogenid-anhydriden der Orthoarsinsäure, die jedoch leicht in die entsprechenden Arsinsäuren übergehen (s. S. 335).

Bei der Einwirkung von Grignard-Verbindungen auf aromatische Arsinigsäure-anhydride werden Triaryl-arsine gebildet (s. S. 63). Durch Umsetzung mit Alkoholen entstehen Arsinigsäureester (s. S. 261). Die Alkalimetalle spalten die As-O-Bindung unter Bildung von Arseniden (s. S. 130).

Die Reduktion von Arsinigsäure-anhydriden führt je nach Bedingungen zu Diarsinen (s. S. 148).

Die Reaktion mit Carbonsäuren führt zu gemischten Anhydriden (s. S. 269, 280). Thermisch zersetzen sich die Arsinigsäure-anhydride in tert. Arsine und Arsen(III)-oxid (s. S. 63).

## 2. Arsinigsäure-halogenide und -pseudohalogenide (Halogen- und Pseudohalogen-diorgano-arsine)

Halogen- und Pseudohalogen-diorgano-arsine sind starke **Haut-** und **Atemgifte**. Einige Chlor- bzw. Cyan-diorgano-arsine gehören zur Gruppe der chemischen **Kampfstoffe** (s. S. 31). Aus diesem Grunde muß bei der Herstellung und Handhabung dieser Verbindungsklasse mit **äußerster Vorsicht** gearbeitet werden (s. S. 31).

### A. Herstellung

#### α) Aus Arsen(III)-halogeniden

##### α₁) Umsetzung mit Organometall-Verbindungen

Die Alkylierung von Arsen(III)-halogeniden mit Organo-metall-Verbindungen wird nur in besonderen Fällen (s. u.) zur Herstellung von Arsinigsäure-halogeniden angewendet, da es meistens schwierig ist, die Reaktion auf der Stufe des Arsinigsäure-halogenids zu halten. So entstehen bei der Umsetzung von Arsen(III)-chlorid mit Diaryl-quecksilber oder Aryl-quecksilberhalogeniden hauptsächlich Gemische aus Mono- und Trialkylie-

---

[1] A. Etienne, C. r. **221**, 628 (1945); Bl. **1947**, 47.
[2] J. W. B. Reesor u. G. F. Wright, J. Org. Chem. **22**, 382 (1957).

rungsprodukten[1-5]. *9-Chlor-9-arsa-fluoren* wird in guter Ausbeute durch Alkylierung von Arsen(III)-chlorid mit 9-Cadmia-fluoren erhalten[6]:

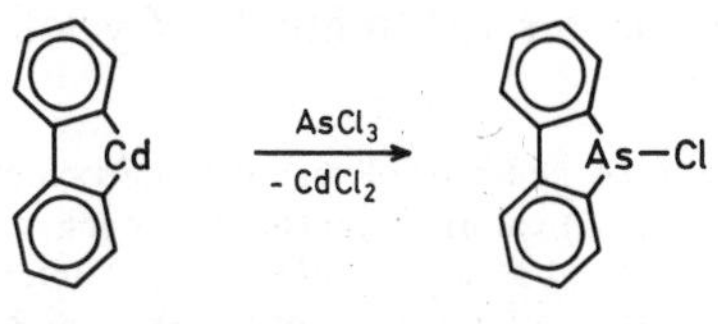

$$\text{(9-Cadmia-fluoren)} \quad \xrightarrow[-\ CdCl_2]{AsCl_3} \quad \text{(9-Chlor-9-arsa-fluoren)}$$

**9-Chlor-9-arsa-fluoren[6]:**

9-Cadmia-fluoren: 8,12 g (20 mMol) 2,2'-Dijod-biphenyl werden in 100 *ml* Äther mit 40 mMol Butyl-lithium in 40 *ml* Äther versetzt. 3 Stdn. später fügt man 20 mMol Cadmiumchlorid zu und rührt 24 Stdn. Anschließend wird unter Stickstoff abgesaugt und sorgfältig mit abs. Äther solange ausgewaschen, bis keine Jodid-Ionen mehr nachweisbar sind.

9-Chlor-9-arsa-fluoren: Die erhaltene Cadmium-organische-Verbindung wird dann zu einer auf − 70° gekühlten Lösung von 20 mMol Arsen(III)-chlorid in 100 *ml* Äther gegeben. Man taut auf und kocht 4 Stdn. unter Rückfluß. Nach hydrolytischer Aufarbeitung wird das Rohprodukt aus wenig Chloroform umkristallisiert; Ausbeute: 4,3 g (82% d. Th.); F: 159–160°.

Arbeitet man in Gegenwart von Butyljodid [hierbei wird die Suspension der Cadmium-organischen-Verbindung direkt mit dem Arsen(III)-chlorid umgesetzt], so entsteht das *9-Jod-9-arsa-fluoren* (F: 168–169°, aus Chloroform) in 72%-iger Ausbeute[6].

Auch Aluminium-[7] und Zinn-organische-Verbindungen[8,9] können in Einzelfällen eingesetzt werden. So läßt sich das *Brom-divinyl-arsin* durch Umsetzung von Arsen(III)-bromid mit Dibutyl-divinyl-zinn herstellen[8]:

$$(H_2C{=}CH)_2Sn(C_4H_9)_2 \ + \ AsBr_3 \ \longrightarrow \ (H_2C{=}CH)_2As{-}Br \ + \ (H_9C_4)_2SnBr_2$$

**Brom-divinyl-arsin[8]:** Zu 28,7 g (0,1 Mol) Dibutyl-divinyl-zinn werden 23,6 g (0,075 Mol) Arsen(III)-bromid gegeben. Momentan steigt die Temp. auf 110°. Man erhitzt dann unter Stickstoff 6 Stdn. auf dem Dampfbad; anschließend wird die Reaktionsmischung fraktioniert; Ausbeute: 12,7 g (81% d. Th.); $Kp_{20}$: 60°.

Die analoge Umsetzung mit Arsen(III)-chlorid liefert jedoch ein Gemisch aus *Chlor-divinyl-* und *Dichlor-vinyl-arsin*[8]. *Jod-divinyl-arsin* wird durch Erhitzen von Arsen(III)-jodid mit Butyl-trivinyl-zinn auf 130° hergestellt[9].

In guter Ausbeute (75% d. Th.) erhält man *9-Chlor-9,10-dihydro-9-arsanthren* ($Kp_{0,03}$: 140°; F: 96°) durch 3stdgs. Erhitzen von Arsen(III)-chlorid mit 9,9-Dimethyl-9,10-dihydro-9-stanna-anthren auf 120°[10]:

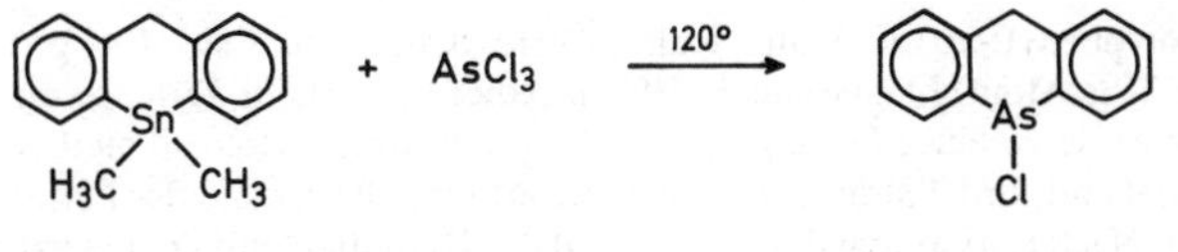

$$\text{(9,9-Dimethyl-9,10-dihydro-9-stanna-anthren)} \ + \ AsCl_3 \ \xrightarrow{120°} \ \text{(9-Chlor-9,10-dihydro-9-arsanthren)}$$

[1] W. LaCoste u. A. Michaelis, A. **201**, 184 (1880).
[2] C. Finzi, G. **45**, 280 (1915).
[3] W. Steinkopf, A. **413**, 310 (1917).
[4] C. Finzi, G. **55**, 824 (1925).
[5] D. Isacescu u. C. Gruescu, Antigaz (Bukarest) **15**, 85, 149 (1941); C. A. **37**, 3744 (1943).
[6] D. Hellwinkel u. G. Kilthau, B. **101**, 121 (1968).
[7] L. I. Zakharkin u. O. Yu. Okhlobystin, Doklady Akad. SSSR **116**, 236 (1957).
[8] L. Maier et al., Am. Soc. **79**, 5884 (1957).
[9] M. A. Weiner u. G. Pasternack, J. Org. Chem. **32**, 3707 (1967).
[10] P. Putzi u. K. Deuchert, Ang. Ch. **81**, 1051 (1969).

Die Alkylierung von Arsen(III)-chlorid mit Grignard-Verbindungen zu Arsinigsäure-chloriden ist ebenfalls nur in einigen Fällen möglich[1⁻3], da meistens tert. Arsine gebildet werden (s. S. 46). Die besten Ausbeuten an Halogen-diorgano-arsinen erhält man bei sterisch anspruchsvollen Resten wie der 1.-Naphthyl-[1], Cyclohexyl- oder tert. Butyl-Gruppe[2,3].

**Chlor-di-tert.-butyl-arsin**[3]: In einem 1-*l*-Dreihalskolben mit Tropftrichter, Rührer und Rückflußkühler werden unter Argonatmosphäre 32 g Arsen(III)-chlorid in 200 *ml* Äther gelöst und bei −10° bei kräftigem Rühren mit 215*ml* einer tert.Butyl-magnesiumchlorid-Lösung (1 *ml* = 190 mg) unter Lichtausschluß umgesetzt. Die Reaktionsmischung wird anschließend 30 Min. auf dem Wasserbad erhitzt und dann über eine mit Kieselgur überschichtete G3-Fritte abfiltriert. Nach Abdestillieren des Äthers wird der Rückstand i. Vak. destilliert; Ausbeute: 22 g (55,5% d. Th.); $Kp_{10}$: 73–77°.

*1-Chlor-2,3,4,5-tetraphenyl-arsol* (F: 182–184°) wird durch Umsetzung von Arsen(III)-chlorid mit 1,4-Dilithio-tetraphenyl-butadien-(1,3) in äther. Lösung bei 20° erhalten[4]:

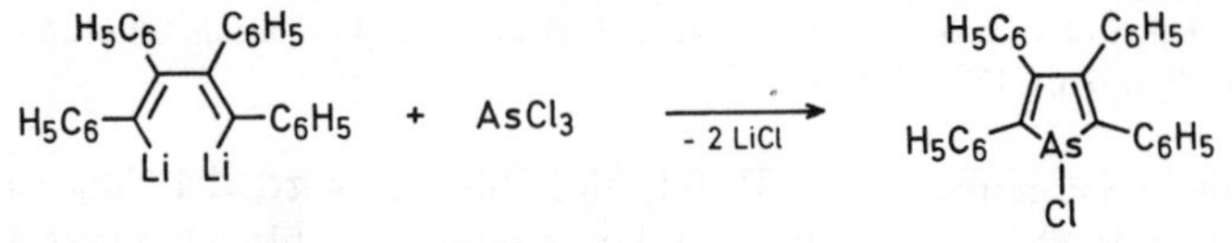

Weitaus selektiver läßt sich die Umsetzung von Arsen(III)-chlorid mit Grignard-Verbindungen gestalten, wenn ein Chloratom formal geschützt wird. Dies ist der Fall bei den Dihalogenid-amiden der arsenigen Säure (Dihalogen-dialkylamino-arsin), da die Dialkylamino-Gruppe mit Halogenwasserstoff leicht durch ein Halogenatom ersetzt werden kann[2,5⁻7]:

$$R_2N{-}AsCl_2 \;+\; 2\;R^l{-}MgX \longrightarrow (R^l)_2As{-}NR_2 \xrightarrow{\;HX\;} (R^l)_2As{-}X$$

Die zunächst entstehenden Arsinigsäure-amide können isoliert (s. S. 282) oder ohne Isolierung mit dem jeweiligen Halogenwasserstoff zersetzt werden. Ein größerer Überschuß an Grignard-Verbindung muß vermieden werden, da anderenfalls die Aminogruppe ebenfalls angegriffen werden kann (s. S. 53)[2]. Auf diesem Wege lassen sich besonders gut die auf anderen Wegen schwerer zugänglichen Halogen-dialkyl-arsine herstellen. Auch Halogen-diaryl-arsine werden in guter Ausbeute erhalten. Die für die Reaktion benötigten Dichlor-dialkyl-amino-arsine lassen sich in einfacher Weise durch Umsetzung von Arsen(III)-chlorid mit der berechneten Menge des gewünschten Dialkylamins in ätherischer Lösung herstellen[2,8,9]:

**Chlor-bis-[pentafluor-phenyl]-arsin**[7]: Unter Rühren wird bei 20° eine aus 49,4 g (0,20 Mol) Pentafluor-brombenzol und 6 g (0,25 g-Atom) Magnesium in 100 *ml* Äther hergestellte Lösung von Pentafluorphenyl-magnesiumbromid tropfenweise zu einer Lösung von 19,0 g (0,10 Mol) Dichlor-dimethylamino-arsin in 100 *ml* Äther gegeben. Anschließend wird 2 Stdn. unter Rückfluß erhitzt, filtriert und das Filtrat mit trockenem Chlorwasserstoffgas gesättigt. Nach Entfernung des Äthers wird der Rückstand mit Pentan extrahiert, das Pentan abdestilliert und der Rückstand i. Vak. destilliert; Ausbeute: 34,3 g (77% d. Th.); $Kp_{0,1}$: 82°.

---

[1] H. HARTMANN u. G. NOWAK, Z. anorg. Ch. **290**, 348 (1957).
[2] A. TZSCHACH u. W. LANGE, Z. anorg. Ch. **326**, 280 (1964).
[3] A. TZSCHACH u. W. DEYLIG, Z. anorg. Ch. **336**, 36 (1965).
[4] F. C. LEUVITT et al., Am. Soc. **81**, 3163 (1959); **82**, 5099 (1960).
[5] USSR.P. 156950 (1963), N. K. BLIZNYUK et a.; C. A. **60**, 5554 (1964).
[6] N. K. BLIZNYUK et al., Ž. obšč. Chim. **35**, 1274 (1965); engl.: 1253.
[7] M. GREEN u. D. KIRKPATRICK, Soc. [A] **1968**, 483.
[8] G. KAMAI u. Z. L. KHISAMOVA, Doklady Akad. SSSR **105**, 489 (1955).
[9] G. A. OLAH u. A. A. OSWALD, Canad. J. Chem. **38**, 1428 (1960).

Von Dichlor-diäthylamino-arsin ausgehend kann nach der Umsetzung mit einer Grignard-Verbindung in Äther oder Äther-Benzol-Gemisch mit wäßriger Halogenwasserstoffsäure zersetzt werden und die organische Phase anschließend eine weitere Stunde mit konz. Halogenwasserstoffsäure erhitzt und aufgearbeitet werden[1]. Auf diese Weise werden u. a. folgende Halogen-diorgano-arsine erhalten[1]:

| | | |
|---|---|---|
| Brom-diäthyl-arsin | 45% d. Th. | $Kp_5$: 47° |
| Brom-dipentyl-arsin | 81% d. Th. | $Kp_2$: 114° |
| Brom-dihexyl-arsin | 53% d. Th. | $Kp_2$: 125–126° |
| Brom-dinonyl-arsin | 92% d. Th. | $Kp_4$: 196–198° |
| Chlor-bis-[4-fluor-phenyl]-arsin | 65% d. Th. | $Kp_3$: 151–153°; F: 37° |
| Brom-bis-[4-methyl-phenyl]-arsin | 61% d. Th. | $Kp_3$: 195–197°; F: 63° |
| Chlor-diphenyl-arsin | 83% d. Th. | $Kp_8$: 165°; F: 38° |

Aus Dichlor-diäthylamino-arsin und Butyl-lithium wird nach anschließender Zersetzung mit Bromwasserstoffsäure, das *Brom-dibutyl-arsin* ($Kp_2$: 85–86°) in 78%-iger Ausbeute erhalten[1].

### $\alpha_2$) Durch Umsetzung mit Aromaten (Friedel-Crafts-Reaktion)

Arsen(III)-chlorid stellt ein schwaches Elektrophil dar, und setzt sich mit nicht aktivierten Aromaten nur in Gegenwart von Aluminium(III)-halogenid als Katalysator zu Arsonig- bzw. Arsinigsäure-halogeniden um. Nur in wenigen Fällen werden die primär gebildeten Arsonigsäure-halogenide isoliert, da diese leichter als das Arsen(III)-halogenid mit dem Aromaten reagieren (s. S. 176). Aus diesem Grunde ist die Reaktion hauptsächlich für die Herstellung von cyclischen Arsinigsäure-halogeniden von Bedeutung[2]. Erwartungsgemäß werden solche Aromaten eingesetzt, die eine weitere Cyclisierung des intermediär gebildeten Arsonigsäure-halogenids erlauben. So reagiert Arsen(III)-chlorid mit Biphenyl in Gegenwart von Aluminiumchlorid in 21%-iger Ausbeute zu *9-Chlor-9-arsafluoren*[3]:

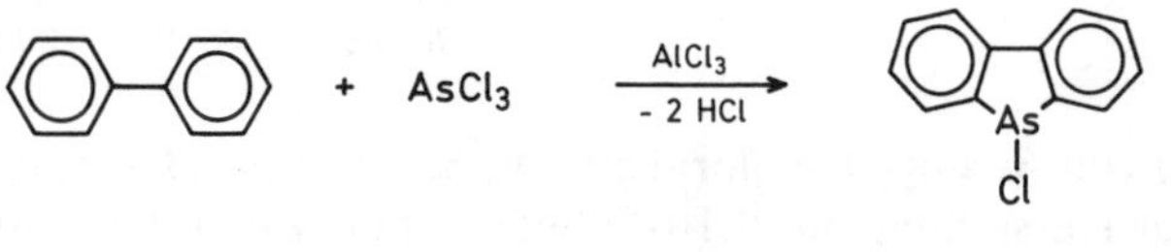

Analog erhält man aus Diphenyläther, Arsen(III)-chlorid und Aluminiumchlorid oder -bromid in 78%-iger Ausbeute *10-Chlor-phenoxarsin* (F: 141°)[4, 5]:

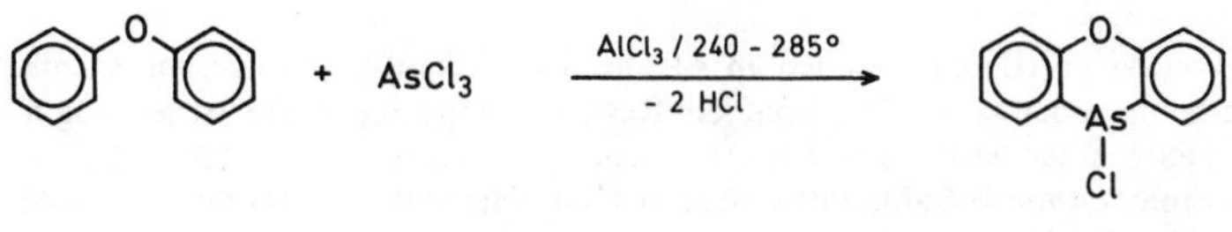

Wesentlich leichter und ohne Katalysator tritt die Reaktion bei aktivierten Aromaten ein. So reagiert das 3,3'-Dimethoxy-terphenyl mit Arsen(III)-chlorid durch einfaches Kochen in über 90%-iger Ausbeute zu *5-Chlor-2,8-dimethoxy-dibenzarsol*[6]. Ebenfalls ohne

[1] N. K. Bliznyuk et al., Ž. obšč. Chim. **35**, 1274 (1965); engl.: 1253.
[2] F. G. Mann, The Heterocyclic Derivatives of Phosphorus, Arsenic, Antimony, and Bismuth, 2. Aufl., Wiley-Interscience, New York 1970.
[3] F. F. Blicke et al., Am. Soc., **52**, 780 (1930).
[4] W. L. Lewis et al., Am. Soc. **43**, 891 (1921).
[5] US.P. 3371105 (1968), Dow Chemical Co.; Erf.: Th. W. McGee; C. A. **68**, 95977 (1968).
[6] H. Gottlieb-Billroth, Am. Soc. **49**, 482 (1927).

Katalysatoren setzt sich Arsen(III)-chlorid mit Diarylamin zu *10-Chlor-5,10-dihydro-phenazarsine* um[1-3]; z. B.:

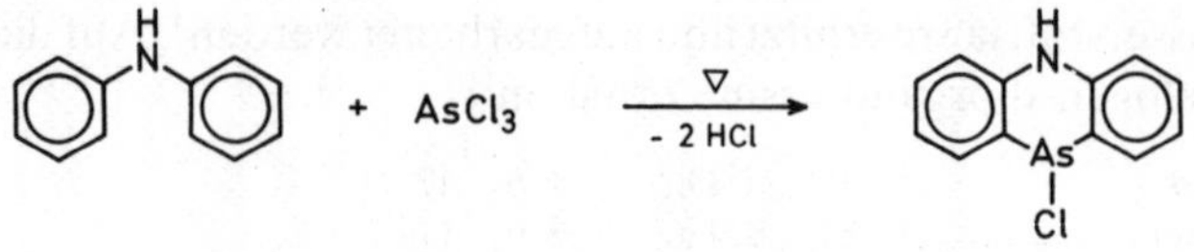

**10-Chlor-5,10-dihydro-phenazarsin**[1-3]: Eine Mischung aus 20 g Arsen(III)-chlorid, 17 g Diphenylamin und 40 *ml* 1,2-Dichlor-benzol wird 5 Stdn. unter Rückfluß erhitzt. Nach dem Abkühlen wird abgesaugt und aus Tetrachlormethan umkristallisiert; Ausbeute: quantitativ; F: 191–192°.

Analog reagieren die isomeren 5-Naphthylamino-⟨benzo-[b]-thiophene⟩ mit Arsen(III)-chlorid zu den entsprechenden As-Chlor-phenazarsin-Derivaten[4]:

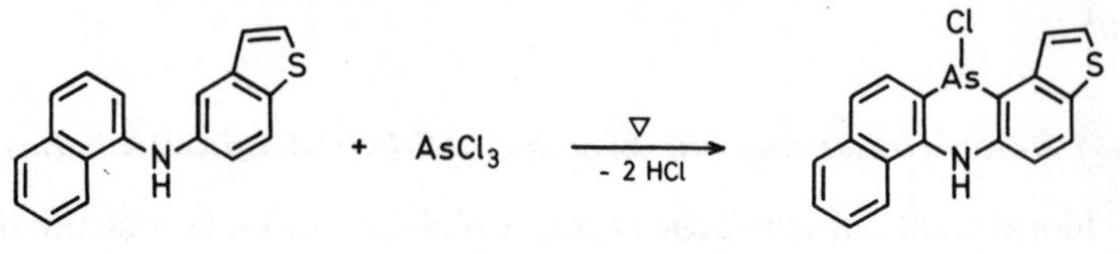

*13-Chlor-6,13-dihydro-⟨benzo-[h]-thieno-
[3,2-a]-phenazarsin⟩*[4]; 90% d. Th.; F: 288°

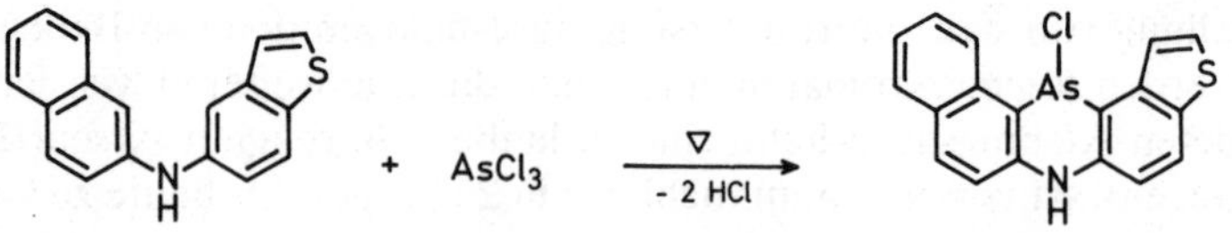

*13-Chlor-6,13-dihydro-⟨benzo-[j]-thieno-[3,2-a]-
phenazarsin⟩*[4]; 100% d. Th.; F: 305°

Die Umsetzung von Arsen(III)-chlorid mit Diphenyl-amin-Derivaten ist der einfachste und beste Weg zur Herstellung des 9,10-Dihydro-phenazarsin-Systems. Eine große Anzahl 10-Chlor-Derivaten sind auf diesem Weg hergestellt worden[5, 6].

### α₃) Durch Umsetzung mit Alkenen und Alkinen

Die Addition von Arsen(III)-halogeniden an Alkene oder Alkine liefert meistens Gemische aus Arsonig- und Arsinigsäure-halogeniden (s. S. 62), so daß die Reaktion keine allgemeine Bedeutung für die Herstellung der Arsinigsäure-halogeniden besitzt. Die Reaktion benötigt Lewis-Säuren. So läßt sich *Fluor-bis-[pentafluoräthyl]-arsin* beim Einleiten von Tetrafluoräthylen in ein Gemisch aus Arsen(III)-fluorid und Antimon(V)-fluorid zu 43% d. Th. erhalten[7]:

$$AsF_3 \ + \ F_2C{=}CF_2 \ \xrightarrow{SbF_5} \ (F_3C{-}CF_2)_2As{-}F$$

[1] DRP. 281049 (1913), Farbf. Bayer; Fr. **12**, 843 (1914).
[2] H. WIELAND u. W. REINHEIMER, A. **423**, 1 (1921).
[3] H. BURTON u. C. S. GIBSON, Soc. **1926**, 450.
    G. SAINT-RUF et al., Bl. **1974**, 2960.
    L. D. FREEDMAN u. V. L. STYLE, J. Org. Chem. **40**, 2684 (1975).
[4] N. P. BUU-HOI et al., Soc. **1971** C, 2428.
[5] F. G. MANN, *The Heterocyclic Derivatives of Phosphorus, Arsenic, Antimony, and Bismuth*, 2. Aufl., Wiley-Interscience, New York 1970.
[6] M. DUB, *Organometallic Compounds*, Vol. III, 2. Aufl., Springer Verlag, New York 1968; I. Supplement 1972.
[7] Y. L. KOPAEVICH et al., Ž. obšč. Chim. **43**, 1140 (1973); engl.: 1132.

## $\alpha_4$) *Durch Umsetzung mit Arendiazoniumsalz*

Beim Verkochen von Benzol-diazoniumchlorid mit Arsen(III)-chlorid in Gegenwart von Zink- oder Eisensalzen wird *Chlor-diphenyl-arsin* in mäßiger Ausbeute gebildet[1, 2]:

$$2 \left[ H_5C_6-\overset{\oplus}{N_2} \right] Cl^{\ominus} \quad + \quad AsCl_3 \quad \xrightarrow[40\%\,d.Th.]{FeCl_3} \quad (H_5C_6)_2As-Cl$$

Chlor-diphenyl-arsin wird ebenfalls beim Einleiten von Luftsauerstoff in ein Gemisch aus Arsen(III)-chlorid und Phenylhydrazin in konz. Salzsäure in Gegenwart von Kupfer(II)-chlorid (25% d.Th.) erhalten[1].

## $\beta$) Aus tert. Arsinen

### $\beta_1$) *Durch Umsetzung mit Arsen(III)-halogeniden oder Arsonigsäure-dihalogeniden*

Erhitzt man ein Gemisch aus Triarylarsin und Arsen(III)-chlorid im Bombenrohr oder bei Normaldruck auf 200–300°, so entsteht ein Gemisch aus Halogen-diaryl- und Dihalogen-aryl-arsinen (s. S. 173)[3-6]:

$$2 \; R_3As \quad + \quad 3 \; AsCl_3 \quad \rightleftharpoons \quad 4 \; R-AsCl_2 \quad + \quad R_2As-Cl$$

Die Reaktion stellt eine Disproportionierung dar, wobei in Abhängigkeit von der Temperatur sich folgende Gleichgewichte einstellen[7-9]:

$$3 \; R-AsCl_2 \quad \rightleftharpoons \quad R_3As \quad + \quad 2 \; AsCl_3 \qquad \text{①}$$

$$2 \; R-AsCl_2 \quad \rightleftharpoons \quad R_2As-Cl \quad + \quad AsCl_3 \qquad \text{②}$$

$$2 \; R_2As-Cl \quad \rightleftharpoons \quad R_3As \quad + \quad R-AsCl_2 \qquad \text{③}$$

Bei R=Phenyl erfolgt die Disproportionierung nicht unter 200°, wobei sich das Gleichgewicht nach ② am leichtesten einstellt[7-9]. Aus den Reaktionen ①–③ ist zu entnehmen, daß *Chlor-diphenyl-arsin* entweder aus Triphenylarsin und Arsen(III)-chlorid ①–② oder aus Triphenyl-arsin und Dichlor-phenyl-arsin ③ hergestellt werden kann. Für die erste Möglichkeit werden die besten Ausbeuten (~ 65% d.Th.) bei 250–260° und einem Triphenylarsin/Arsen(III)-chlorid-Verhältnis von mindestens 2:1 erhalten[3,6,8,9] (Arbeitsweise: s. Herstellung von Dichlor-phenyl-arsin, S. 174).

**Chlor-diphenyl-arsin**[6]: (*Abzug, Handschuhe und Schutzschild!*) Eine Mischung aus 15,3 g Triphenylarsin und 11,2 g Dichlor-phenyl-arsin wird 4 Stdn. auf 300° erhitzt und anschließend i. Vak. destilliert; Ausbeute: 20 g (80% d.Th.); $Kp_{15}$: 185°.

---

[1] A. BRUKER u. N. M. NIKIFOROVA, Ž. obšč. Chim. **28**, 2445 (1958).
[2] Übersicht s. O. A. REUTOV u. O. A. PTITSYNA, *Organometallic Reactions*, Vol. 4, S. 73, Wiley-Interscience, New York 1972.
[3] A. MICHAELIS, A. **320**, 271 (1902).
[4] W. M. DEHN u. B. B. WILCOX, Am. **35**, 48 (1906); C. **1906** I, 741.
[5] G. T. MORGAN u. D. C. VINING, Soc. **117**, 777 (1920).
[6] W. J. POPE u. E. E. TURNER, Soc. **117**, 1447 (1920).
[7] G. D. PARKES et al., Soc. **1947**, 429.
[8] A. G. EVANS u. E. WARHURST, Trans. Faraday Soc. **44**, 189 (1948).
[9] H. N. D. FITZPATRICK et al., Soc. **1950**, 3542.

Die Umsetzung ist auf Trialkylarsine und Dichlor-alkyl-arsine nicht übertragbar, da diese nur Addukte liefern[1].

Obwohl bei diesen Disproportionierungsreaktionen die Ausbeuten an Arsinigsäure-halogeniden nicht immer befriedigend sind, wird die Methode für die Herstellung ansonsten schwer zugänglicher Arsinigsäure-halogenide verwendet.

*Brom-divinyl-arsin* läßt sich durch Erhitzen von Trivinyl-arsin und Arsen(III)-bromid auf 130° herstellen[2]:

$$2 \ (H_2C{=}CH)_3As \ + \ AsBr_3 \ \xrightarrow{\ 130° \ } \ 3 \ (H_2C{=}CH)_2As{-}Br$$

Führt man die Reaktion bei 60° unter vermindertem Druck (15 Torr) durch, so entsteht das *Dibrom-vinyl-arsin* als Hauptprodukt[2].

**Brom-divinyl-arsin**[2]: Unter Stickstoff werden 10,5 g (0,067 Mol) Trivinyl-arsin und 10,57 g (0,0335 Mol) Arsen(III)-bromid zusammengegeben (exotherme Reaktion). Die Mischung wird dann 3 Stdn. unter Rühren auf 130° erhitzt und anschließend i. Vak. fraktioniert; Ausbeute: 7,2 g (34% d. Th.); $Kp_{19}$: 59°.

Ähnlich läßt sich das Tris-[trifluormethyl]-arsin mit Arsen(III)-halogeniden zu Mono- und Dihalogen-Derivaten disproportionieren[3-5]:

$$(F_3C)_3As \ + \ AsX_3 \ \xrightarrow{\ 230\text{-}240° \ } \ (F_3C)_2As{-}X \ + \ F_3C{-}AsX_2$$

Die Ausbeute an Arsinigsäure-halogenid sind jedoch sehr mäßig[5]. Bei der Umsetzung von Dialkyl-aryl-arsinen mit Arsen(III)-chlorid entstehen hauptsächlich *Dialkyl-arsinigsäure-chloride*[6-8]:

$$R_2As{-}Ar \ + \ AsCl_3 \ \longrightarrow \ Ar{-}AsCl_2 \ + \ R_2As{-}Cl$$

Die Reaktion ist auch auf cyclische tert. Arsine übertragbar, wobei c y c l i s c h e Arsinigsäure-halogenide entstehen[6-8]:

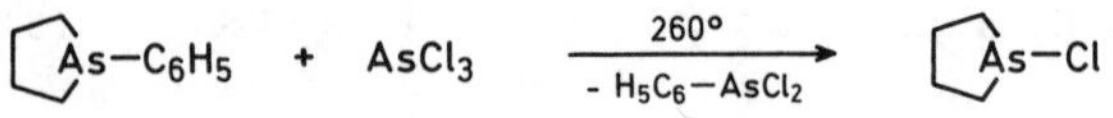

**1-Chlor-arsolan- bzw. -arsenan**[8]: 41,6 g (0,2 Mol) 1-Phenyl-arsolan oder 44,4 g (0,2 Mol) 1-Phenyl-arsenan werden im Bombenrohr mit 55 g (0,3 Mol) Arsen(III)-chlorid 4 Stdn. bei 260° erhitzt. Das Reaktionsgemisch wird nach Öffnen des Bombenrohrs im Wasserstrahlvak. fraktioniert destilliert. Die mittlere Fraktion bei 65−95° und 14 Torr wird dann erneut fraktioniert; Ausbeute: ~70% d. Th.

*1-Chlor-arsolan*; $Kp_{14}$: 72−74°
*1-Chlor-arsenan*; $Kp_{14}$: 84°

*1,4-Dichlor-1,4-diarsenan* ($Kp_{14}$: 112−115°) entsteht nach dieser Reaktion in nur 30−35% -iger Ausbeute[8]:

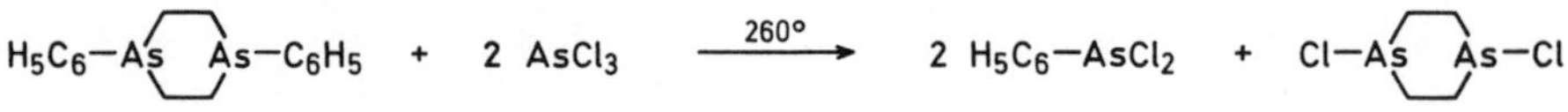

[1] J. C. Summers et al., Inorg. Chem. **9**, 862 (1970).
[2] L. Maier et al., Am. Soc. **79**, 5884 (1957).
[3] E. G. Walaschweski, B. **86**, 272 (1953).
[4] H. J. Emeleus et al., Soc. **1953**, 1552.
[5] W. R. Cullen, Canad. J. Chem. **41**, 317 (1963).
[6] K. Sommer, Z. anorg. Ch. **376**, 150 (1970); **377**, 278 (1970); **383**, 136 (1971).
[7] K. Sommer u. A. Rothe, Z. anorg. Ch. **378**, 303 (1970).
[8] K. Sommer, Z. anorg. Ch. **377**, 278 (1970); **383**, 136 (1971).

Analog läßt sich das *3,7-Dichlor-3,7-diarsa-bicyclo[3.3.0]octan* (Kp$_{0,2}$: 94–96°) herstellen[1]:

$$H_5C_6-As \qquad As-C_6H_5 \quad + \quad 2 \; AsCl_3 \quad \xrightarrow[-2 \; H_5C_6-AsCl_2]{260°} \quad Cl-As \qquad As-Cl$$

### $\beta_2$) Durch Spaltung mit Halogenwasserstoffsäuren

Tert. Arsine, die mindestens einen Aryl-Rest tragen, werden durch Erhitzen mit Brom- oder Jodwasserstoffsäure unter Abspaltung eines Aryl-Restes in Halogen-diorgano-arsine umgewandelt[2-4]:

$$R_2As-Ar \quad + \quad HJ \quad \longrightarrow \quad R_2As-J \quad + \quad ArH$$

Besondere Bedeutung hat die Methode für die Herstellung von cyclischen Arsinigsäure-halogeniden[3, 4]. Acyclische Halogen-diaryl-arsine werden nach dieser Methode nicht hergestellt, da die Reaktion bis zur Stufe des Arsen(III)-halogenids weitergeht[2-4]. Von den Halogenwasserstoffsäuren ist die Jodwasserstoffsäure am wirksamsten, Salzsäure ist nicht mehr in der Lage zu spalten. Da Alkyl-diaryl-arsine unter diesen Bedingungen Dihalogen-organo-arsine liefern (s. S. 178), kommen für die Herstellung der Halogen-diorgano-arsine hauptsächlich Aryl-dialkyl-arsine in Frage, wobei es sich meistens um cyclische tert. Arsine handelt[3, 4].

**Arsinigsäure-jodide; allgemeine Arbeitsvorschrift**[3]: 0,01 Mol tert. Arsin und 100–150 *ml* konstant siedende Jodwasserstoffsäure werden unter Stickstoff und gelegentlichem Rühren 2–3 Stdn. unter Rückfluß erhitzt. Anschließend engt man i. Vak. ein, kühlt ab und kristallisiert den ausgefallenen Niederschlag um.

Auf diese Weise werden u. a. folgende Jod-diorgano-arsine hergestellt:

| | |
|---|---|
| *2-Jod-1,3-dihydro-⟨benzo-[c]-arsol⟩*[5]; | F: 107–108° (aus Äthanol) |
| *2-Jod-5-chlor-1,3-dihydro-⟨benzo-[c]-arsol⟩*[5]; | 42% d.Th.; F: 121° (aus Äthanol) |
| *2-Jod-2,3-dihydro-2-arsa-1H-phenalen*[6]; | F: 117–119° (aus Äthanol) |
| *6-Jod-6,7-dihydro-5H-⟨dibenzo-[c;e]-arsepin⟩*[6]; | F: 117–117,5° (aus Petroläther; Kp: 80–100°) |
| *4-Jod-1-phenyl-1,4-azarsenan*[7]; | F: 173–174° (Zers., aus Methanol) |

*1,4-Dibrom-1,4-diarsenan* (F: 168–170°) wird durch 3-stündiges Erhitzen von 1,4-Diphenyl-1,4-diarsenan mit konstant siedender Bromwasserstoffsäure erhalten[8]. Unter den gleichen Bedingungen führt die Reaktion mit Jodwasserstoffsäure zur Ringaufspaltung[8].

### $\beta_3$) Durch Umsetzung mit Halogenen bzw. Interhalogenen oder Thiophosphorsäure-trichlorid (über tert. Arsin-halogenide)

Läßt man auf tert. Arsine äquimolare Mengen Halogen bzw. Interhalogen oder Thiophosphorsäure-trichlorid einwirken, so entstehen tert. Arsin-dihalogenide (s. S. 343), die

---

[1] K. SOMMER u. A. ROTHE, Z. anorg. Ch. **378**, 303 (1970).
[2] A. MICHAELIS u. L. WEITZ, B. **20**, 41 (1887).
[3] F. G. MANN et al., Soc. **1947**, 662; **1950**, 1917, 1923; **1951**, 886; **1953**, 1130; **1955**, 401.
[4] F. G. MANN, *The Heterocyclic Derivatives of Phosphorus, Arsenic, Antimony, and Bismuth*, 2. Aufl., Wiley-Interscience, New York-London 1970.
[5] D. R. LYON et al., Soc. **1947**, 662.
[6] M. H. BEEBY et al., Soc. **1950**, 1917, 1923.
[7] M. H. BEEBY u. F. G. MANN, Soc. **1951**, 886.
[8] E. R. H. JONES u. F. G. MANN, Soc. **1955**, 401.

nach oder ohne Isolierung beim Erhitzen in Arsinigsäure-halogenid und Halogenkohlenwasserstoff zerfallen[1-21]:

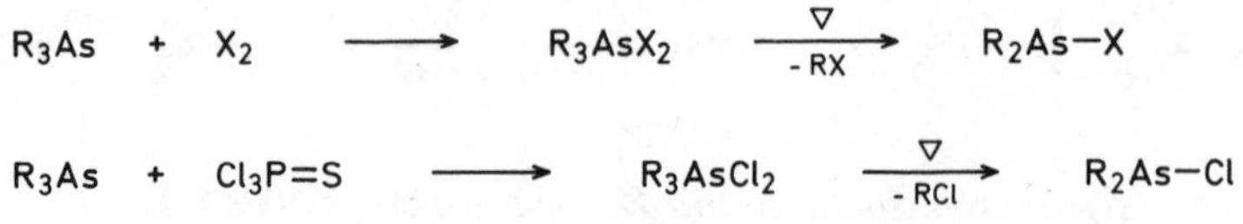

$$R_3As \ + \ X_2 \ \longrightarrow \ R_3AsX_2 \ \xrightarrow[-RX]{\nabla} \ R_2As{-}X$$

$$R_3As \ + \ Cl_3P{=}S \ \longrightarrow \ R_3AsCl_2 \ \xrightarrow[-RCl]{\nabla} \ R_2As{-}Cl$$

Zur Herstellung der Arsinigsäure-chloride aus tert. Arsinsulfiden über tert. Arsin-dichloride (s. S. 258).

Die Umsetzung der tert. Arsine mit Halogen erfolgt in aprotischen Lösungsmitteln wie Acetonitril, Chloroform, Tetrachlormethan, Äther, Petroläther oder Benzol bei $\sim 0°$. Die Reaktion mit Thiophosphorsäure-trichlorid wird ohne Lösungsmittel durchgeführt.

Die Leichtigkeit der Zersetzung der Dihalogenide hängt unter anderem vom organischen Rest am Arsen ab. Triaryl-arsin-dihalogenide werden am schwersten gespalten, was sich in einer Spaltungstemperatur von 250° ausdrückt[3,10,14]: Wesentlich leichter erfolgt die Zersetzung von Trialkyl-arsin-dihalogeniden[5-10,12-16,22].

Bei gemischten tert. Arsinen wird demnach der Alkyl- vor dem Aryl-Rest abgespalten. Dies bedeutet, daß man nach dieser Methode unsymmetrische Arsinigsäure-dihalogenide herstellen kann:

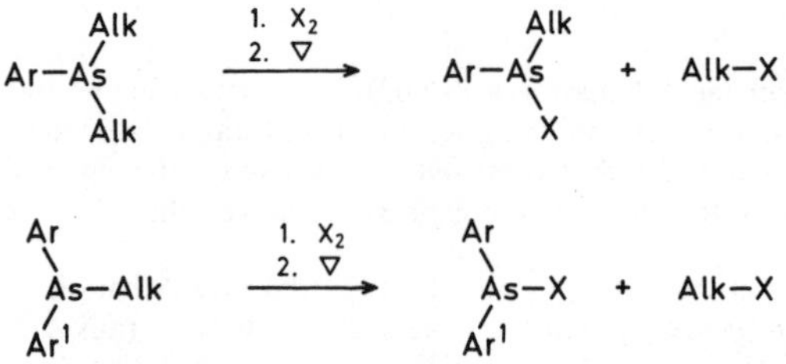

$$\underset{Alk}{\overset{Alk}{Ar{-}As}} \quad \xrightarrow{\substack{1.\ X_2 \\ 2.\ \nabla}} \quad \underset{X}{\overset{Alk}{Ar{-}As}} \ + \ Alk{-}X$$

$$\underset{Ar^1}{\overset{Ar}{As{-}Alk}} \quad \xrightarrow{\substack{1.\ X_2 \\ 2.\ \nabla}} \quad \underset{Ar^1}{\overset{Ar}{As{-}X}} \ + \ Alk{-}X$$

Besonders leicht (bei 0°) und damit mit hoher Selektivität[21] wird in unsymmetrischen tert. Arsin-dihalogeniden der Benzyl-Rest abgespalten[19, 21].

[1] H. LANDLOT, J. pr. **63**, 283 (1854).
[2] A. CAHOURS, A. **112**, 228 (1859).
[3] W. LaCOSTE u. A. MICHAELIS, A. **201**, 243 (1880); B. **11**, 1878 (1887).
[4] P. PFEIFFER, B. **37**, 4621 (1904).
[5] F. F. WINMIL, Soc. **101**, 723 (1912).
[6] W. STEINKOPF u. W. MIEG, B. **53**, 1017 (1920).
[7] W. STEINKOPF u. W. SCHWENN, B. **54**, 1437 (1921).
[8] W. STEINKOPF u. J. MÜLLER, B. **54**, 844 (1921).
[9] E. E. TURNER u. F. W. BURG, Soc. **123**, 2489 (1923).
[10] W. STEINKOPF et al., B. **61**, 1911 (1928); **65**, 409 (1932).
[11] I. GORSKI et al., B. **67**, 730 (1934).
[12] F. G. HOLIMAN u. F. G. MANN, Soc. **1943**, 547.
[13] E. R. H. JONES u. F. G. MANN, Soc. **1955**, 405, 411.
[14] H. HARTMANN u. G. NOWAK, Z. anorg. Ch. **290**, 348 (1957).
[15] F. G. HOLIMAN et al., Soc. **1960**, 9.
[16] W. R. CULLEN, Canad. J. Chem. **38**, 445 (1960).
[17] K. MISLOW et al., Am. Soc. **85**, 594 (1963).
[18] V. I. GAVRILOV et al., Ž. obšč. Chim. **41**, 560 (1971); engl.: 554.
[19] G. MÄRKL, Ang. Ch. **84**, 439 (1972).
[20] G.M. USACHEVA u. G. K. KAMAL, Ž. obšč. Chim. **41**, 2705 (1971); engl.: 2739.
[21] A. SCHULTZE et al., Phosphorus **5**, 265 (1975).
[22] A. SPORZYNSKI, Rocz. Chem. **14**, 1293 (1934).

Auf Grund der experimentellen Befunde läßt sich folgende Reihenfolge zunehmender Haftfestigkeit der Liganden[1-3] festlegen:

Benzyl < Methyl < Trifluormethyl < Alkyl < Phenyl

Um hohe Temperaturen zu vermeiden, empfiehlt es sich, die Zersetzung der Dihalogenide i. Vak. durchzuführen.

**Chlor-methyl-phenyl-arsin**[2,4]: In eine Lösung von 50 g Dimethyl-phenyl-arsin in 300 ml Petroläther wird unter Rühren und Eiskühlen Chlor bis zur ber. Gewichtszunahme von 19,5 g eingeleitet, wobei das tert. Arsin-dichlorid ausfällt. Nach Entfernung des Lösungsmittels (64 g Dichlorid; F: 134°) wird i. Ölbad 30–40 Min. auf 180° erhitzt und anschließend destilliert; Ausbeute: 45 g; Kp: 229–232°; $Kp_{11}$: 105°[4].

**Chlor-cyclohexyl-phenyl-arsin**[1]: In eine Lösung von 80 g Dicyclohexyl-phenyl-arsin in 600 ml Petroläther wird unter Rühren und Kühlen die ber. Menge Chlor eingeleitet. Nach Abdestillieren des Lösungsmittels wird das auskristallisierte Dichlorid auf 167–170° erhitzt; anschließend wird i. Vak. fraktioniert; Ausbeute: 50 g (73% d. Th.); $Kp_{15}$: 183–184°.

Aus Triäthyl-arsin und Brom läßt sich das *Brom-diäthyl-arsin* in 92%-iger Ausbeute herstellen[5]. Weniger erfolgreich verläuft die Reaktion bei tert. Arsinen, die ein Olefin als Rest tragen wie Trivinyl[6] – oder Allyl-diphenyl-arsin[1]. Bei der Umsetzung von tert. Arsinen, die einen Benzyl-Rest besitzen, mit Halogen muß bei der Bildung des Dihalogenids bei mindestens −10° gearbeitet werden, da sonst das leicht abspaltbare Benzylhalogenid noch nicht umgesetztes tert. Arsin quartärnisiert[1]; z. B.:

$$(H_5C_6)_2As-CH_2-C_6H_5 \ + \ Br_2 \ \longrightarrow \ (H_5C_6)_2As-Br \ + \ H_5C_6-CH_2-Br$$

$$(H_5C_6)_2As-CH_2-C_6H_5 \ + \ H_5C_6-CH_2-Br \ \longrightarrow \ \left[ (H_5C_6)_2\overset{\oplus}{As}(CH_2-C_6H_5)_2 \right] \ Br^{\ominus}$$

**Brom-diphenyl-arsin**[1]: Unter Rühren und Feuchtigkeitsausschluß werden 12 g Brom bei −15° zu einer Lösung von 25 g Diphenyl-benzyl-arsin in 100 ml trockenem Chloroform getropft. Anschließend erhitzt man 1–2 Stdn. unter Rückfluß und fraktioniert i. Vak.; Ausbeute: 21 g (93% d. Th.); $Kp_{0,05}$: 105–108°.

*1-Chlor-2,5-diphenyl-arsol* (F: 136–137°)[7] entsteht in 85%-iger Ausbeute bei der Umsetzung von 2,5-Diphenyl-1-benzyl-arsol mit Chlor (als Phenyl-jod-dichlorid) und anschließender Zersetzung bei 20°. Auch cyclische Arsinigsäure-halogenide können nach dieser Methode hergestellt werden, wobei hauptsächlich cyclische tert. Arsine eingesetzt werden, die einen Alkyl-Rest am Arsen-Atom tragen[8-11]; z. B.:

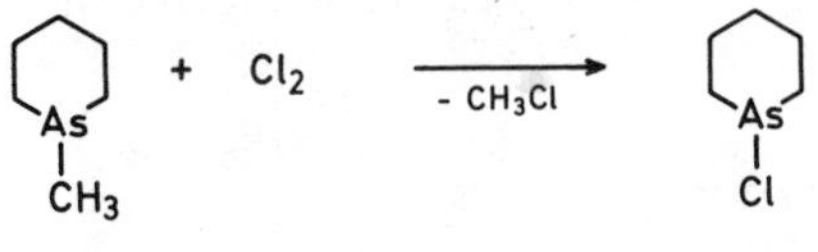

[1] A. SCHULTZE et al., Phosphorus **5**, 265 (1975).
[2] W. STEINKOPF et al., B. **61**, 1911 (1928).
[3] W. R. CULLEN, Canad. J. Chem. **38**, 445 (1960).
[4] G. M. USACHEVA u. G. KH. KAMAI, Ž. obšč. Chim. **41**, 2705 (1971); engl.: 2739.
[5] H. HARTMANN u. G. NOWAK, Z. anorg. Ch. **290**, 348 (1957).
[6] L. MAIER et al., Am. Soc. **79**, 5884 (1957).
[7] G. MÄRKL, Ang. Ch. **84**, 439 (1972).
[8] W. STEINKOPF et al., **65**, 409 (1932).
[9] I. GORSKI et al., B. **67**, 730 (1934).
[10] F. G. MANN, *The Heterocyclic Derivatives of Phosphorus, Arsenic, Antimony, and Bismuth*, 2. Aufl. Wiley-Interscience, New York-London 1970.
[11] V. I. GAVRILOV et al., Ž. obšč. Chim. **41**, 560 (1971); engl.: 554.

**1-Chlor-arsenan**[1,2]: In eine Lösung von 11,5 g 1-Methyl-arsenan in 200 *ml* trockenem Petroläther wird unter Eiskühlung Chlor bis zur schwachen Grünfärbung geleitet. Nach Entfernung des Lösungsmittels wird das auskristallisierte Dichlorid bei $\sim$ 166° Badtemp. zersetzt. Die übergegangene Flüssigkeit wird anschließend i. Vak. fraktioniert; Ausbeute: 8 g (62% d. Th.); Kp$_{13}$: 84–86°; Kp$_{19}$: 89–90°; F: 26–27[2].

Das aus 1-(2-Chlor-vinyl)-arsenan erhältliche Dichlorid[2] geht beim Erhitzen im Ölbad bei 8 Torr unter Ringaufspaltung in *Chlor-(5-chlor-pentyl)-(2-chlor-vinyl)-arsin* (Kp$_5$: 151–152°) über[2].

**1-Brom-1,2,3,4-tetrahydro-⟨benzo-[b]-arsenin⟩**[3]: 15 g 1-Methyl-1,2,3,4-tetrahydro-⟨benzo-[b]-arsenin⟩ werden in 25 *ml* trockenem Tetrachlormethan gelöst und mit der ber. Menge Brom bei 0° versetzt. Nach 2stdgm. Rühren wird die Temp. auf 130° erhöht, um das Lösungsmittel abzudestillieren. Hierbei fängt das ausgefallene Dibromid an sich zu zersetzen. Zuletzt wird die Zersetzung i. Vak. vervollständigt. Das Reaktionsprodukt wird anschließend durch Destillation gereinigt; Ausbeute: 13,4 g (68% d. Th.); Kp$_{11}$: 174–178°.

Beim Umsetzen der tert. Arsine mit Brom- oder Jodcyan entstehen die entsprechenden tert. Arsin-halogen-cyanide (s. S. 351), die beim Erhitzen i. Vak. in Diorgano-cyan-arsine und Alkylhalogenide übergehen[4–7]:

$$R_3As \;+\; BrCN \;\longrightarrow\; R_3As\!\!\begin{array}{c} Br \\ \diagup \\ \diagdown \\ CN \end{array} \;\xrightarrow[-\,RBr]{\triangledown}\; R_2As{-}CN$$

Hierbei wird aus Dialkyl-aryl-arsinen hauptsächlich Alkylbromid abgespalten[7].

**Äthyl- (4-methyl-phenyl)-cyan-arsin**[7]: 32,0 g Bromcyan werden unter Feuchtigkeits- und Luftausschluß mit 67,3 g Diäthyl-(4-methyl-phenyl)-arsin versetzt. Man erhitzt 2 Stdn. auf 100° und steigert dann die Temp. allmählich auf 150°, wobei Äthylbromid abdestilliert. Nachdem kein Äthylbromid mehr abgespalten wird, fraktioniert man den Rückstand i. Vak.; Ausbeute: 58,2 g (88% d. Th.); Kp$_{1,5}$: 110°.

Diorgano-cyan-arsine werden jedoch besser durch eine Halogen-Austausch-Reaktion hergestellt (s. S. 254).

### $\gamma$) Aus Arsonigsäure-dihalogeniden

#### $\gamma_1$) Durch Umsetzung mit Organometall-Verbindungen

Analog der Umsetzung von Arsen(III)-halogeniden mit Organometall-Verbindungen (s. S. 46) werden Arsonigsäure-dihalogenide mit Organo-quecksilber[8–11]-, -blei[12–14]- oder -lithium[15]-Verbindungen zu Arsinigsäure-halogeniden umgesetzt:

[1] W. Steinkopf et al., B. **65**, 409 (1932).
[2] I. Gorski et al., B. **67**, 730 (1934).
[3] F. G. Holiman et al., Soc. **1960**, 9.
[4] W. Steinkopf u. J. Müller, B. **54**, 841 (1921).
[5] W. Steinkopf u. G. Schwenn, B. **54**, 2791 (1921).
[6] W. Steinkopf et al., B. **61**, 1911 (1928).
[7] L. B. Ionov et al., Ž. obšč. Chim. **44**, 1737 (1974); engl.: 1704.
[8] W. LaCoste u. A. Michaelis, A. **201**, 219 (1880).
[9] A. Michaelis u. A. Link, A. **207**, 195 (1881).
[10] A. Michaelis, A. **321**, 141 (1902).
[11] L. J. Goldsworthy et al., Soc. **1948**, 2208.
[12] M. S. Kharasch et al., J. Org. Chem. **14**, 429 (1949).
[13] G. Kamai u. Yu. F. Gatilov, Ž. obšč. Chim. **31**, 1844, 2882 (1961); engl.: 1724, 2685; **32**, 3170 (1962); engl.: 3115.
[14] L. Maier, J. Inorg. Nucl. Chem. **24**, 1073 (1962).
    F. D. Yambushev et al., Ž. obšč. Chim. **44**, 1730, 2205 (1974); engl.: 1698, 2164.
[15] P. Jutzi u. M. Kuhn, B. **107**, 1228 (1974).

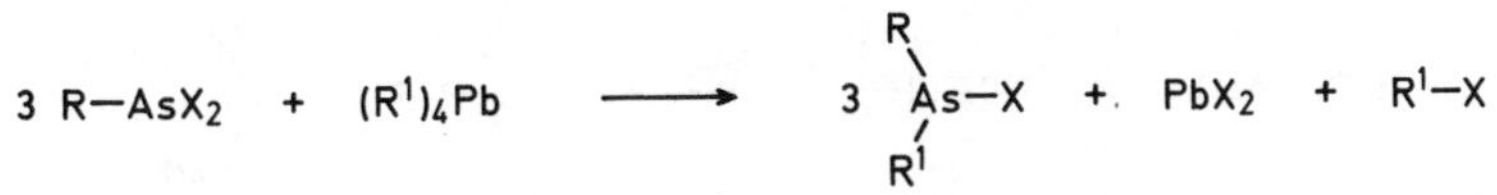

$$3\ R{-}AsX_2\ +\ (R^1)_4Pb\ \longrightarrow\ 3\ \underset{R^1}{\overset{R}{As}}{-}X\ +\ PbX_2\ +\ R^1{-}X$$

**Brom-dimethyl-arsin**[1, 2]: Unter Rühren werden 13 g (0,05 Mol) Tetramethyl-blei langsam zu 65 g (0,26 Mol) Dibrom-methyl-arsin getropft. Es tritt eine stark exotherme Reaktion ein, und das Dibrom-methyl-arsin beginnt zu sieden. Nach beendetem Zutropfen wird noch 1 Stde. unter Rückfluß erhitzt und anschließend i. Vak. fraktioniert destilliert; Ausbeute: 25 g (90% d. Th.); $Kp_{720}$: 128–130°.

Als zweite Fraktion werden 31 g *Dibrom-methyl-arsin* ($Kp_{720}$: 175–183°) zurückgewonnen.

Analog wird Dibrom-methyl-arsin mit Tetraäthyl-, Tetravinyl- bzw. Tetrabutyl-blei zu *Brom-methyl-äthyl-arsin* (80% d.Th.; Kp: 154–155°), *Brom-methyl-vinyl-arsin* (61% d.Th.; Kp: 144–145°) bzw. *Brom-methyl-butyl-arsin* (57% d.Th.; Kp: 172–178°) alkyliert[1]. *Chlor-äthyl-phenyl-arsin* ($Kp_{10}$: 109–110°) wird bei der Umsetzung von Dichlor-phenyl-arsin mit Tetraäthyl-blei in 90%-iger Ausbeute erhalten[3].

Bei der Einwirkung von Grignard-Verbindungen auf Arsonigsäure-dihalogenide entstehen normalerweise tert. Arsine (s. S. 46). Die Schwierigkeit, die Reaktion auf der Stufe des Arsinigsäurehalogenids zu halten, kann dadurch beseitigt werden, indem man das Arsonigsäure-halogenid zuerst mit äquimolaren Mengen sek. Amins wie Dimethyl- oder Diäthylamin in äther. Lösung zu Arsonigsäure-halogenid-amid umsetzt, und auf dieses das Grignard-Reagens einwirken läßt[4-6]:

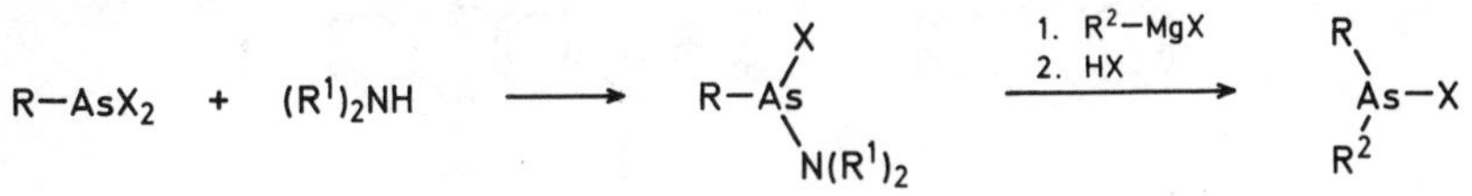

$$R{-}AsX_2\ +\ (R^1)_2NH\ \longrightarrow\ R{-}\underset{N(R^1)_2}{\overset{X}{As}}\ \xrightarrow[2.\ HX]{1.\ R^2{-}MgX}\ \underset{R^2}{\overset{R}{As}}{-}X$$

Auf diese Weise lassen sich unsymmetrische Arsinigsäure-halogenide in 60–90%-iger Ausbeute erhalten[4-6].

*Chlor-methyl-cyclopentadienyl-arsin* ist in guter Ausbeute durch Umsetzung von Dichlor-methyl-arsin mit Cyclopentadienyl-lithium zugänglich[7]:

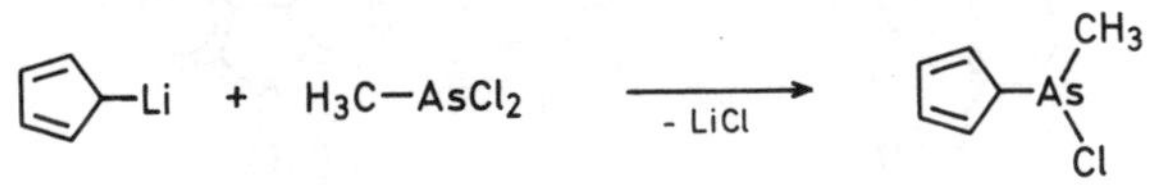

$$\text{[Cp]}{-}Li\ +\ H_3C{-}AsCl_2\ \xrightarrow{-\ LiCl}\ \text{[Cp]}{-}\underset{Cl}{\overset{CH_3}{As}}$$

**Chlor-methyl-cyclopentadienyl-arsin**[7]: Unter Argon und Feuchtigkeitsausschluß wird aus 2,98 g (45 mMol) Cyclopentadien und der äquivalenten Menge einer Butyl-lithium/Hexan-Lösung in 60 *ml* abs. Tetrahydrofuran bei −60° eine Lösung von Cyclopentadienyl-lithium hergestellt. Diese Lösung wird bei 0° unter Rühren zu 6,43 g (40 mMol) Dichlor-methyl-arsin in 20 *ml* Tetrahydrofuran getropft. Anschließend werden die Lösungsmittel bei 0° i. Ölpumpenvak. abgezogen und der Rückstand fraktioniert; Ausbeute: 4,8 g (63% d. Th.); $Kp_9$: 64°.

### $\gamma_2$) Durch Addition an Acetylen

Dichlor-phenyl-arsin addiert sich in Gegenwart von Aluminium-chlorid an Acetylen u. a. unter Bildung von *Chlor-(2-chlor-vinyl)-phenyl-arsin*[8-10]:

[1] L. Maier, J. Inorg. Nucl. Chem. **24**, 1073 (1962).
[2] F. D. Yambushev et al., Ž. obšč. Chim. **44**, 1730, 2205 (1974); engl.: 1698, 2164.
[3] G. Kamai u. Yu. F. Gatilov, Ž. obšč. Chim. **31**, 1844 (1961); engl.: 1724.
[4] USSR.P. 156950 (1963), N. K. Bliznyuk et al.; C. A. **60**, 5554 (1964).
[5] N. K. Bliznyuk et al., Ž. obšč. Chim. **35**, 1274 (1965); engl.: 1253.
[6] Yu. F. Gatilov u. L. B. Ionov, Ž. obšč. Chim. **40**, 140 (1970); engl.: 127.
[7] P. Jutzi u. M. Kuhn, B. **107**, 1228 (1974).
[8] A. F. Hunt u. E. E. Turner, Soc. **127**, 996 (1925).
[9] H. N. Das-Gupta, J. indian Chem. Soc. **14**, 349 (1937); C. A. **31**, 8532 (1937).
[10] C. K. Banks et al., Am. Soc. **69**, 933 (1947).

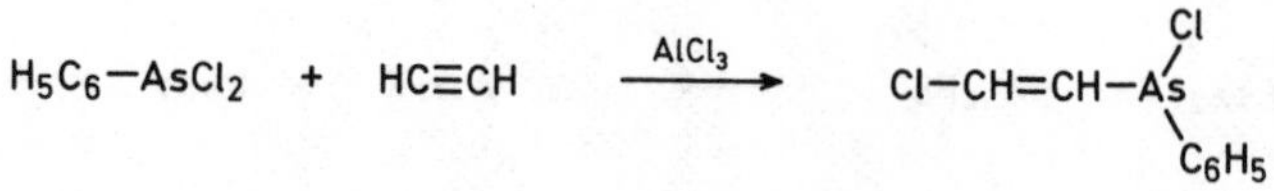

$$H_5C_6-AsCl_2 \quad + \quad HC\equiv CH \quad \xrightarrow{AlCl_3} \quad Cl-CH=CH-\overset{\displaystyle Cl}{\underset{\displaystyle C_6H_5}{As}}$$

**Chlor-(2-chlor-vinyl)-phenyl-arsin**[1]: In einem 2-*l*-Dreihalskolben, mit Rührer (Quecksilberabschluß), Rückflußkühler und Einleitungsrohr werden unter Kühlen und Feuchtigkeitsausschluß 325 g Dichlor-phenyl-arsin und 45 g trockenes Aluminium-chlorid zusammengegeben. Nach Abklingen der Reaktion wird unter Rühren und Kühlen im Eisbad trockenes, acetonfreies Acetylen 2 Stdn. bei 0–5° eingeleitet. Man rührt weitere 2 Stdn. und gießt die Reaktionsmischung auf 1 kg Eis und 1,2 *l* konz. Salzsäure. Die ölige Schicht wird abgetrennt, über Natriumsulfat getrocknet und über eine Kolonne 2mal fraktioniert destilliert. Es lassen sich 8 Fraktionen isolieren; Ausbeute: 48 g; $Kp_4$: 165°.

Analog erhält man aus Dichlor-methyl-arsin und Acetylen *Chlor-(2-chlor-vinyl)-methyl-arsin* ($Kp_{10}$: 112–115°)[2].

### $\gamma_3$) *Durch Umsetzung mit Aromaten (Friedel-Crafts-Reaktion)*

Dihalogen-aryl-arsine, die in 2-Stellung des Aryl-Restes einen aromatischen Substituenten tragen, cyclisieren beim Erhitzen, mit oder ohne Einwirkung von Aluminiumchlorid, zu Arsinigsäure-halogeniden[3]:

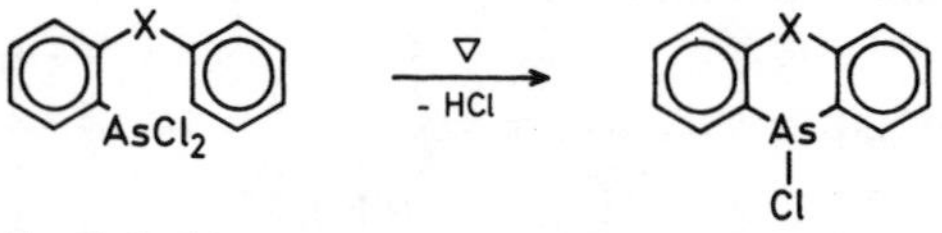

X = O, S, NR, As—Cl

Dichlor-biphenylyl-(2)-arsin spaltet bereits beim Destillieren i. Vak. Chlorwasserstoff ab unter Bildung von *9-Chlor-9-arsa-fluoren* (F: 61°)[4]:

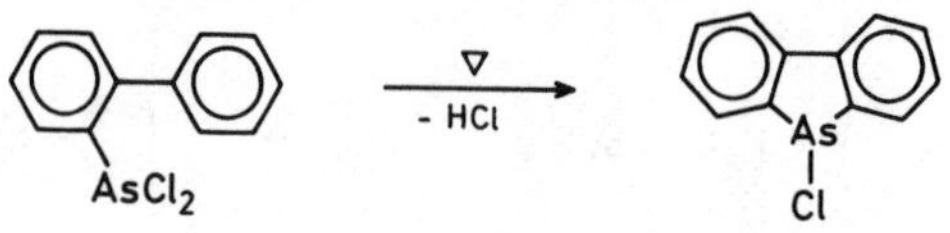

*9-Chlor-2-methoxy-9-arsa-fluoren* (F: 136–137°) läßt sich auf diese Weise in 60%-iger Ausbeute erhalten[5].

10-Chlor-5,10-dihydro-phenazarsin-Derivate, die eine Carboxy-Gruppe tragen, können nicht durch Umsetzung von Arsen(III)-chlorid und dem entsprechendem Diphenylamin-Derivat erhalten werden (s. S. 235). Für solche Systeme eignet sich die Cyclisierung des entsprechenden Arsonigsäure-dichlorids am besten, wobei die Reaktion auf andere 5,10-Dihydro-phenazarsin-Derivate übertragbar ist[6,7].

In den meisten Fällen werden die benötigten Arsonigsäure-dihalogenide [durch Reduktion der entsprechenden Arsonsäuren (s. S. 179) erhältlich] ohne Isolierung entweder i. Vak. oder in Eisessig bzw. Schwefelsäure bei Normaldruck erhitzt[3].

[1] C. K. BANKS et al., Am. Soc. **69**, 933 (1947).
[2] H. N. DAS-GUPTA, J. indian Chem. Soc. **13**, 305 (1936); C. A. **30**, 7098 (1936).
[3] Eine Zusammenfassung der Literatur findet sich bei: F. G. MANN, *The Heterocyclic Derivatives of Phosphorus, Arsenic, Antimony, and Bismuth*, Interscience, London 1970.
[4] J. A. AESCHLIMANN et al., Soc. **127**, 66 (1925).
[5] I. G. M. CAMPBELL u. R. C. POLLER, Soc. **1956**, 1195.
[6] H. BURTON u. C. S. GIBSON, Soc. **1927**, 247.
[7] C. S. GIBSON u. J. D. A. JOHNSON, Soc. **1927**, 2499; **1928**, 2204; **1929**, 1621.

10-Chlor-phenoxarsine werden auf die gleiche Weise aus Dichlor-(2-phenoxy-phenyl)-arsinen hergestellt, wobei Elektronendonatoren im Phenoxy-Rest die Cyclisierung erleichtern[1,2]. Aus Dichlor-[2-(3-chlor-phenoxy)-phenyl]-arsin entsteht ausschließlich das *7,10-Dichlor-phenoxarsin*[1,2]:

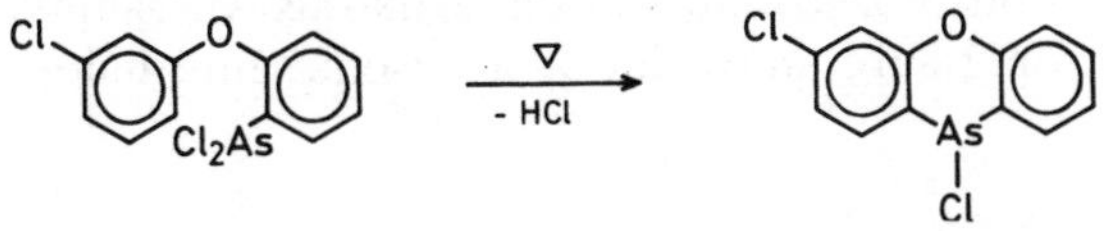

**10-Chlor-phenoxarsine; allgemeine Arbeitsvorschrift**[1,2]: Die jeweiligen Arsonigsäure-dihalogenide werden entweder i. Vak. 6 Stdn. unter Rückfluß, oder die gleiche Zeit in einem Kohlendioxid-Strom auf 200° erhitzt. Anschließend wird der Rückstand aus Chloroform, Petroläther, Chloroform-Petroläther-Gemisch oder Äthanol umkristallisiert; so erhält man u. a. in guten Ausbeuten:

| | |
|---|---|
| *6,10-Dichlor-phenoxarsin* | F: 99° |
| *10-Chlor-1,4-dimethyl-phenoxarsin* | F: 146–147° |
| *10Chlor-2-methoxy-phenoxarsin* | F: 108–109° |
| *10-Chlor-2-brom-phenoxarsin* | F: 172–173° |

Analog läßt sich das Dichlor-(2-phenylthio-phenyl)-arsin unter den gleichen Bedingungen, jedoch in geringer Ausbeute (17% d. Th.), zu *10-Chlor-phenthiarsin* (F: 129–130°) cyclisieren[3].

$\gamma_4$) *durch Umsetzung mit Arsonigsäure-anhydriden*

Erhitzt man Arsonigsäure-dichloride mit Arsonigsäure-anhydriden auf Temperaturen von 200–300°, so werden Arsinigsäure-halogenide gebildet[4-7]:

$$Ar-AsCl_2 \ + \ 3 \ Ar-As=O \ \longrightarrow \ 2 \ Ar_2As-Cl \ + \ As_2O_3$$

Die Umsetzung ist nur bei den Dichlor-aryl-arsinen angewendet worden, die auf anderem Weg schwer zugänglich sind. Die Reaktion wird durch Eisen, Eisen(III)-chlorid, Zinkchlorid oder Zinkoxid katalysiert, wobei das letzte sich als der wirksamste Katalysator erwiesen hat[6]. In Gegenwart von Zinkoxid läßt sich *Chlor-diphenyl-arsin* durch 2–3stdgs. Erhitzen von Dichlor-phenyl-arsin und Benzol-arsonigsäure-anhydrid auf 120° in 91%-iger Ausbeute herstellen[6].

**Chlor-bis-[2-brom-phenyl]-arsin**[7]: Unter Stickstoff werden 22 g Dichlor-(2-brom-phenyl)-arsin und 54 g 2-Brom-benzol-arsonigsäure-anhydrid 1,5 Stdn. auf 260–270° erhitzt. Nach dem Abkühlen wird mit heißem Benzol extrahiert. Nach Abdestillieren des Benzols werden 8,5 g nicht umgesetztes Dichlor-(2-brom-phenyl)-arsin (Kp$_{0,1}$: 125–130°; F: 63–64° aus Petroläther) abdestilliert. Der Rückstand wird dann i. Vak. fraktioniert destilliert; Ausbeute: 43,5 g (71% d. Th.); Kp$_{0,2}$: 166°; F: 108–109° (aus Petroläther; Kp: 60–80°).

Analog werden u. a. erhalten[5]:

| | |
|---|---|
| *Chlor-dinaphthyl-(1)-arsin* | F: 163–165° |
| *Chlor-dinaphthyl-(2)-arsin* | F: 88° |

Zur Herstellung von Arsinigsäure-halogeniden aus Arsonigsäure-halogeniden oder -anhydriden mit Alkylhalogeniden in alkal. Medium und anschließender Reduktion mit Schwefel-dioxid s. u.

---

[1] E. ROBERTS u. E. E. TURNER, Soc. **127**, 2004 (1925).

[2] J. D. C. MOLE u. E. E. TURNER, Soc. **1939**, 1720.

[3] E. ROBERTS u. E. E. TURNER, Soc. **1926**, 1207.

[4] W. ISCHIKAWA, J. Chem. Soc. Japan **63**, 801 (1942); C. A. **41**, 3463 (1947).

[5] L. J. GOLDSWORTHY et al., Soc. **1948**, 2208.

[6] R. L. BARKER et al., J. Soc. Chem. Ind. **68**, 285, 289, 295 (1949).

[7] H. HEANY u. I. T. MILLAR, Soc. **1965**, 5132.

## $\delta$) Aus Arsinsäuren

Die einfachste und präparativ eine der leistungsfähigsten Methoden zur Herstellung von Arsinigsäure-halogeniden ist die Reduktion von Arsinsäuren. In vielen Fällen werden die Arsinsäuren direkt nach ihrer Herstellung (s. S.327), ohne Isolierung oder Reinigung dem Reduktionsprozeß unterworfen, so daß als Ausgangsverbindungen Arsonsäuren (s. S. 339), Arsonigsäure-anhydride oder Arsonigsäure-halogenide dienen können (s. S. 327).

### $\delta_1$) mit Schwefel-dioxid

Das am meisten verwendete Reduktionsmittel zur Herstellung von Halogen-diorgano-arsinen ist Schwefeldioxid[1-13]:

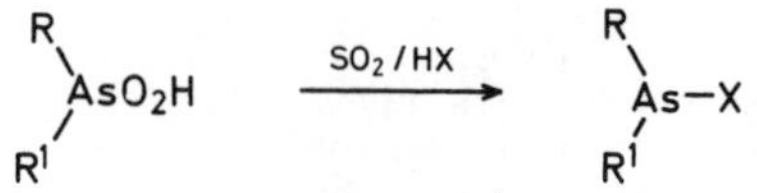

Die Reduktion wird meistens in der jeweiligen Halogenwasserstoffsäure durchgeführt, wobei katalytische Mengen an Jodid-Ionen zugegeben werden.

**Arsinigsäure-halogenide; allgemeine Arbeitsvorschrift**[9,10]: Die jeweilige Arsinsäure wird in konz. Salzsäure oder Bromwasserstoffsäure gelöst bzw. suspendiert (bei aromatischen Arsinsäuren eventuell unter gelindem Erwärmen) und mit katalytischen Mengen (0,5 g) Kaliumjodid (oder einigen Tropfen Jodwasserstoffsäure) versetzt. Die Lösung wird dann mit Schwefeldioxid gesättigt (3–8 Stdn.) Kristalline Produkte werden abgesaugt und umkristallisiert. Ansonsten wird das abgeschiedene Öl abgetrennt, getrocknet und destilliert.

Bei der Herstellung der Jod-diorgano-arsine kann Schwefelsäure, Eisessig oder Salzsäure als Lösungsmittel verwendet werden, wobei das Kaliumjodid in molaren Mengen zugegen sein muß. Molare Mengen Jodid-Ionen sind zugegen, wenn bei der Herstellung der Arsinsäuren von Dijod-arsinen bzw. Arsonigsäure-anhydriden und Alkyljodid ausgegangen (s. S. 327), und keine Isolierung der Arsinsäure vorgenommen wird. In diesem Falle entstehen bei der Reduktion Jod-diorgano-arsine[2,5,11,14]. Auch cyclische Arsinsäuren werden mit Schwefeldioxid zu den entsprechenden cyclischen Arsinigsäure-halogeniden reduziert[15]; z. B.:

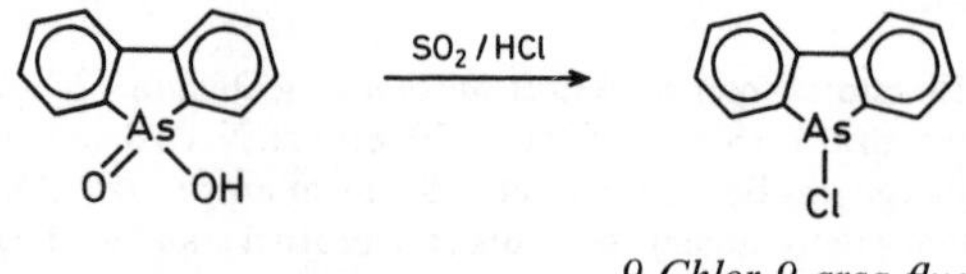

9-Chlor-9-arsa-fluoren

[1] L. J. GOLDSWORTHY et al., Soc. **1948**, 2208.

[2] G. J. BURROWS u. E. E. TURNER, Soc. **117**, 1373 (1920).

[3] H. BART, A. **429**, 55 (1922).

[4] N. I. WIGRA, A. **437**, 285 (1924); J. pr. **126**, 223 (1930).

[5] W. STEINKOPF et al., B. **61**, 1911 (1928).

[6] F. F. BLICKE u. F. D. SMITH, Am. Soc. **51**, 3479 (1929).

[7] G. KAMAI, B. **68**, 1893 (1935).

[8] E. J. CRAGOE et al., Am. Soc. **69**, 925 (1947).

[9] C. K. BANKS et al., Am. Soc. **69**, 927 (1947).

[10] G. T. MORGAN et al., Am. Soc. **69**, 930 (1947).

[11] G. KAMAI u. O. N. BELEROSSOVA, Izv. Akad. SSSR **1947**, 191; C. A. **42**, 4133 (1948).

[12] M. P. OSIPOWA et al., Ž. obšč. Chim. **37**, 1660 (1967); engl.: 1578.

[13] S. T. CHOW u. C. A. McAULLIFFE, J. Organomet. Chem. **77**, 401 (1974).

[14] N. WIGREN, J. pr. **126**, 223 (1930).

[15] F. G. MANN, The Heterocyclic Derivatives of Phosphorus, Arsenic, Antimony, and Bismuth, Interscience, London 1970.

Tab. 21: Arsinigsäure-halogenide durch Reduktion von Arsinsäuren mit
Schwefel-dioxid/Halogenwasserstoffsäure

| Ausgangsverbindung[1] | Arsinigsäure-halogenid (Halogen-diorganoarsin) | Ausbeute [% d. Th.] | Kp | | Literatur |
|---|---|---|---|---|---|
| | | | [°C] | [Torr] | |
| $(H_3C)_2AsO_2H$ | Jod-dimethyl-arsin | 90–95 | 154–157 | 760 | 2,3 |
| $(H_5C_2)_2AsO_2H$ | Jod-diäthyl-arsin | 70–80 | 70–71 | 10 | 4 |
| | Chlor-diäthyl-arsin | 60 | 156 | 736 | 5 |
| $(H_7C_3)_2AsO_2H$ | Jod-dipropyl-arsin | – | 104–106 | 12,5 | 6 |
| $\begin{array}{c}H_5C_2\\ \diagdown\\ AsO_2H\\ \diagup\\ H_3C\end{array}$ | Jod-methyl-äthyl-arsin | 91 | 62–63 | 12 | 7–9 |
| $\begin{array}{c}H_7C_3\\ \diagdown\\ AsO_2H\\ \diagup\\ H_5C_2\end{array}$ | Jod-äthyl-propyl-arsin | 92 | 89,5–90 | 11 | 8,9 |
| $\begin{array}{c}H_9C_4\\ \diagdown\\ AsO_2H\\ \diagup\\ H_5C_2\end{array}$ | Chlor-äthyl-butyl-arsin | 35 | 89–92 | 19 | 5 |
| $\begin{array}{c}(H_3C)_2CH-(CH_2)_2\\ \diagdown\\ AsO_2H\\ \diagup\\ H_5C_2\end{array}$ | Jod-äthyl-(3-methyl-butyl)-arsin | 79 | 118–119 | 10 | 10 |
| $\begin{array}{c}H_5C_6\\ \diagdown\\ AsO_2H\\ \diagup\\ H_3C\end{array}$ | Chlor-methyl-phenyl-arsin | 61 | 127 | 23 | 2,11 |
| | Jod-methyl-phenyl-arsin | 83 | 138–140 | 12 | 2,12 |
| $\begin{array}{c}H_5C_6\\ \diagdown\\ AsO_2H\\ \diagup\\ H_5C_2\end{array}$ | Jod-äthyl-phenyl-arsin | – | 139–140 | 8 | 13 |
| $\begin{array}{c}H_5C_6\\ \diagdown\\ AsO_2H\\ \diagup\\ H_9C_4\end{array}$ | Brom-butyl-phenyl-arsin | 75 | 147–148 | 10 | 10 |

---

[1] Teilweise werden die Arsinsäuren nach ihrer Herstellung (s. S. 327) ohne Reinigung oder Isolierung eingesetzt.
[2] G. J. Burrows u. E. E. Turner, Soc. **117**, 1373 (1920).
[3] R. D. Feltham et al., J. Organometal. Chem. **7**, 285 (1967).
[4] N. Wigren, A. **437**, 285 (1924).
[5] C. K. Banks et al., Am. Soc. **69**, 927 (1947).
[6] W. Steinkopf et al., B. **61**, 1911 (1928).
[7] G. J. Burrows u. E. E. Turner, Soc. **119**, 433 (1921).
[8] N. Wigren, J. pr. **126**, 223 (1930).
[9] G. Kamai, B. **66**, 1779 (1933).
[10] G. Kamai u. O. N. Belerossova, Izv. Akad. SSSR **1947**, 191; C. A. **42**, 4133 (1948).
[11] E. J. Cragoe et al., Am. Soc. **69**, 925 (1947).
[12] G. Kamai, B. **68**, 1893 (1935).
[13] G. Kamai, Ž. obšč. Chim. **10**, 735 (1940); C. A. **35**, 2482 (1941).

Tab. 21: (1. Fortsetzung)

| Ausgangsverbindung[1] | Arsinigsäure-halogenid (Halogen-diorgano-arsin) | Ausbeute [% d. Th.] | Kp [°C] | [Torr] | Literatur |
|---|---|---|---|---|---|
| 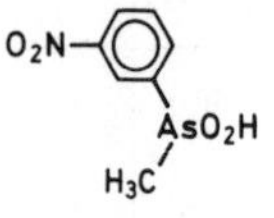 O₂N—⟨C₆H₄⟩—AsO₂H / H₃C | Brom-methyl-(3-nitro-phenyl)-arsin | 54 | 174–176 | 0,85 | 2 |
| (H₅C₆)₂AsO₂H | Chlor-diphenyl-arsin | – | 168–169 | 8 | 3,4 |
| 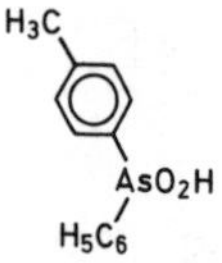 H₃C—⟨C₆H₄⟩—AsO₂H / H₅C₆ | Chlor-phenyl-(4-methyl-phenyl)-arsin | 76 | 187–188 | 9 | 4–6 |
| 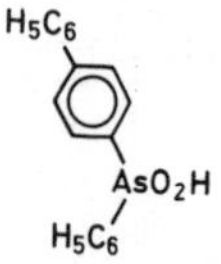 H₅C₆—⟨C₆H₄⟩—AsO₂H / H₅C₆ | Chlor-phenyl-biphenylyl-(4)-arsin | 87 | (87–88) | – | 5,6 |
| 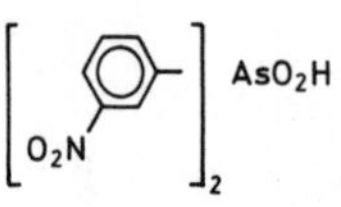 [O₂N—⟨C₆H₄⟩—]₂AsO₂H | Chlor-bis-[3-nitro-phenyl]-arsin | 91 | (F: 112–113°) | – | 7 |
| 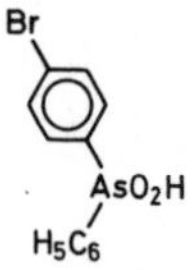 Br—⟨C₆H₄⟩—AsO₂H / H₅C₆ | Chlor-phenyl-(4-brom-phenyl)-arsin | 65 | 184–186 | 0,3 | 6 |
| 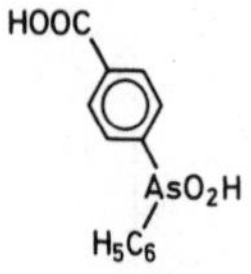 HOOC—⟨C₆H₄⟩—AsO₂H / H₅C₆ | Chlor-phenyl-(4-carb-oxy-phenyl)-arsin | – | (F: 115–117°) | – | 8 |
| 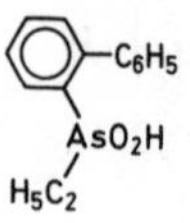 ⟨C₆H₄⟩—C₆H₅ / AsO₂H / H₅C₂ | Chlor-äthyl-biphenylyl-(2)-arsin | 70 | 136–137 | 0,2 | 9 |

[1] Teilweise werden die Arsinsäuren direkt nach ihrer Herstellung (s.S.327) ohne Reinigung oder Isolierung eingesetzt.

[2] E. J. Cragoe et al., Am. Soc. **69**, 925 (1947).

[3] H. Bart, A. **429**, 55 (1922).

[4] M. P. Osipowa et al., Ž. obšč. Chim. **37**, 1660 (1967); engl.: 1578.

[5] F. F. Blicke u. F. D. Smith, Am. Soc. **51**, 3479 (1929).

[6] F. G. Mann u. J. Watson, Soc. **1947**, 505.

[7] G. T. Morgan et al., Am. Soc. **69**, 930 (1947).

[8] L. J. Goldsworthy et al., Soc. **1948**, 2208.

[9] R. C. Cookson u. F. G. Mann, Soc. **1949**, 2895.

Tab. 21 (Fortsetzung)

| Ausgangsverbindung[1] | Arsinigsäure-halogenid (Halogen-diorgano-arsin) | Ausbeute [% d. Th.] | Kp | | Literatur |
|---|---|---|---|---|---|
| | | | [°C] | [Torr] | |
| 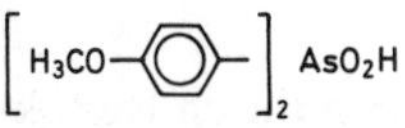 $\left[ H_3CO-\bigcirc- \right]_2 AsO_2H$ | *Brom-bis-[4-methoxy-phenyl]-arsin* | – | (F: 63–64°) | – | 2 |
| 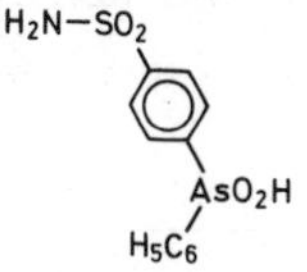 $H_2N-SO_2$ (Struktur) $AsO_2H$ / $H_5C_6$ | *Chlor-phenyl-4-(amino-sulfonyl-phenyl)-arsin* | 65 | (F: 100–101°) | – | 3 |
| $H_5C_6-\overset{O}{\underset{OH}{\overset{\|}{As}}}-CH_2-CH_2-\overset{O}{\underset{OH}{\overset{\|}{As}}}-C_6H_5$ | *1,2-Bis-[chlor-phenyl-arsino]-äthan* | 83 | (F: 91–93) | – | 4 |
| $H_5C_6-\overset{O}{\underset{OH}{\overset{\|}{As}}}-CH_2-CH_2-CH_2-\overset{O}{\underset{OH}{\overset{\|}{As}}}-C_6H_5$ | *1,3-Bis-[chlor-phenyl-arsino]-propan* | 90 | (Öl) | – | 5,6 |

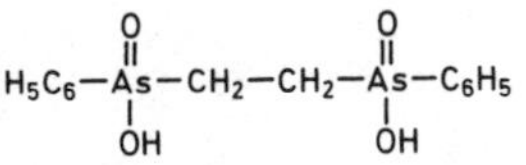

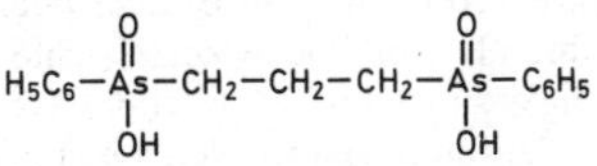

In vielen Fällen wirkt Jodwasserstoffsäure allein auf Arsinsäuren reduzierend[7]. So entsteht bei der Einwirkung von Jodwasserstoffsäure auf Phenyl-(2-methoxy-phenyl)-arsinsäure das *Jod-phenyl-(2-methoxy-phenyl)-arsin* (F: 68–69°)[7].

### $\delta_2$) mit unterphosphoriger Säure

Die Einwirkung von Natriumhypophosphit auf Dimethylarsinsäure in Gegenwart von konz. Salzsäure bzw. Bromwasserstoffsäure liefert *Chlor-* bzw. *Brom-dimethyl-arsin*[8–12]:

$$(H_3C)_2AsO_2H \xrightarrow{H_3PO_2 / HX} (H_3C)_2As-X$$

X = Cl odr Br

**Brom-dimethyl-arsin**[10]: Eine Lösung von 22 g Natriumhypophosphit in 75 *ml* konz. Bromwasserstoffsäure wird in 2 Portionen zu einer Lösung von 28 g Dimethyl-arsinsäure in 45 *ml* konz. Bromwasserstoffsäure gegeben. Nach gelindem Erwärmen setzt die Reaktion ein; durch Kühlen wird die Temp. unter 60° gehalten. Das abgeschiedene Öl wird im Scheidetrichter abgetrennt, über Calciumchlorid getrocknet und im Kohlendioxid-Strom destilliert; Ausbeute: 28 g (73% d. Th.); Kp: 128–129°.

Wird die Reduktion in Gegenwart von Salzsäure durchgeführt, so entsteht das *Chlor-dimethyl-arsin* (Kp: 106–107°) in 60–65%-iger Ausbeute[9,12].

---

[1] Teilweise werden die Arsinsäuren direkt nach ihrer Herstellung (s. S. 327) ohne Reinigung oder Isolierung eingesetzt.

[2] F. F. BLICKE et al., Am. Soc. **59**, 534 (1937).

[3] J. F. ONETO u. E. L. WAY, Am. Soc. **62**, 2157 (1940).

[4] J. CHATT u. F. G. MANN, Soc. **1947**, 618.

[5] R. L. DUTTA et al., Inorg. Chem. **9**, 1215 (1970).

[6] S. T. CHOW u. C. A. McAULLIFFE, J. Organometal. Chem. **77**, 401 (1974).

[7] F. F. BLICKE u. G. L. WEBSTER, Am. Soc. **59**, 534 (1937).

K. IGROLIC et al., Phosphorus **5**, 183 (1975).

[8] V. AUGER, C. r. **142**, 1151 (1908).

[9] W. STEINKOPF u. W. MIEG, B. **53**, 1013 (1920).

[10] W. STEINKOPF u. G. SCHWENN, B. **54**, 1437 (1921).

[11] G. VAN DER KELEN, Bl. Soc. Chim. Belg. **65**, 343 (1956).

[12] F. KOBER u. W. J. RÜHL, Z. anorg. Ch. **406**, 52 (1974).

Da die Reduktion der Arsinsäuren mit unterphosphoriger Säure bis zur Stufe der Diarsine gehen kann (s. S. 146), werden zur Herstellung der Arsinigsäure-halogenide meistens andere Reduktionsmittel verwendet (s. S. 247 bzw. unten).

### $\delta_3$) mit Phosphor(III)-halogeniden

*9-Chlor-* und *9-Brom-9-arsa-fluoren-* Derivate (Dibenzarsole) werden durch Reduktion der entsprechenden Arsinsäuren mit Phosphor(III)-chlorid bzw. -bromid hergestellt[1, 2]:

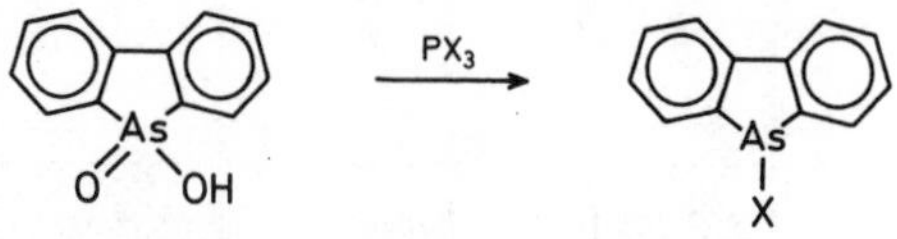

$$X = Cl, Br$$

**9-Halogen-9-arsa-fluorene; allgemeine Arbeitsvorschrift**[1, 2]: $\sim$ 2 g Arsinsäure werden in 10 *ml* Eisessig oder Chloroform suspendiert und auf dem Wasserbad erhitzt. Dann werden unter Rühren 1–2 *ml* Phosphor(III)-chlorid oder -bromid langsam zugetropft. Es wird solange gerührt, bis alles in Lösung gegangen ist. Man erhitzt weitere 10–20 Min. auf dem Wasserbad und läßt dann abkühlen. Die kristallinen Verbindungen werden anschließend umkristallisiert (meistens aus Chloroform).

Auf diese Weise werden u. a. folgende Arsinigsäure-halogenide gewonnen[1, 2]:

| | | |
|---|---|---|
| *9-Chlor-9-arsa-fluoren* | 43% d. Th. | F: 160–161° |
| *9-Brom-9-arsa-fluoren* | 65% d. Th. | F: 174–175° |
| *9-Chlor-3-nitro-9-arsa-fluoren* | 80% d. Th. | F: 199–200° |
| *3,9-Dichlor-9-arsa-fluoren* | 27% d. Th. | F: 135–136° |
| *9-Chlor-2-brom-9-arsa-fluoren* | 40% d. Th. | F: 176° |
| *2,9-Dichlor-9-arsa-fluoren* | 50% d. Th. | F: 154–155° |

### $\varepsilon$) Aus Arsinigsäure-Derivaten

Auf einfache Weise entstehen die Arsinigsäure-halogenide bei der Einwirkung von Halogenwasserstoffsäuren auf Arsinigsäureanhydride[3-15], -amide [16-19] oder -hydrazide[20]:

[1] R. J. GARASCIA u. I. V. MATTEI, Am. Soc. **75**, 4589 (1953).
[2] R. J. GARASCIA et al., J. Org. Chem. **21**, 252 (1956).
[3] R. BUNSEN, A. **37**, 23 (1841).
[4] W. LaCOSTE u. A. MICHAELIS, A. **201**, 184 (1880).
[5] W. J. POPE u. E. E. TURNER, Soc. **117**, 1447 (1920).
[6] A. McKENZIE u. J. K. WOOD, Soc. **117**, 406 (1920).
[7] W. STEINKOPF u. G. SCHWENN, B. **54**, 1437 (1921).
[8] F. F. BLICKE u. F. D. SMITH, Am. Soc. **51**, 1558, 3479 (1929).
[9] F. F. BLICKE u. G. L. WEBSTER, Am. Soc. **59**, 534 (1937).
[10] A. N. NESMEYANOV et al., Izv. Akad. SSSR **1957**, 929; C. A. **52**, 4533 (1958).
[11] G. KAMAI u. Z. L. KHISAMOVA, Ž. obšč. Chim. **30**, 3611 (1960); engl.: 3579.
[12] G. WITTIG u. D. HELLWINKEL, B. **97**, 769 (1964).
[13] A. BURG u. J. SINGH, Am. Soc. **87**, 1213 (1965).
[14] D. HELLWINKEL u. G. KILTHAU, A. **705**, 66 (1967).
[15] D. HELLWINKEL et al., J. Organometal. Chem. **24**, 165 (1970).
[16] K. MÖDRITZER, B. **92**, 2637 (1959).
[17] A. TZSCHACH u. W. LANGE, Z. anorg. Ch. **326**, 280 (1964).
[18] J. SING u. A. BURG, Am. Soc. **88**, 718 (1966).
[19] F. KOBER, Z. anorg. Ch. **398**, 115 (1973); **401**, 243 (1973); **412**, 202 (1975).
[20] L. K. PETERSON u. K. I. THÉ, Chem. Commun. **1967**, 1056.

$$R_2As\text{—}Y \underset{}{\overset{HX}{\rightleftharpoons}} R_2As\text{—}X$$

$$Y = R_2As\text{—}O\text{—}, \text{—}N(R^1)_2, (R^1)_2N\text{—}NH\text{—}$$

Besonders die Acidolyse der Anhydride ist präparativ wertvoll, da diese bei ihrer Herstellung (s. S. 226) ohne weitere Isolierung in die Halogenide überführt werden können[1-4], so daß einige Arsinigsäure-halogenide aus Arsen(III)-oxid und Organo-metall-Verbindungen in einem Eintopfverfahren hergestellt werden können.

**Chlor-diphenyl-arsin[4]:** Eine aus 36 g Magnesium und 255 g Brombenzol in 500 ml trockenem Äther hergestellte Suspension von Phenyl-magnesiumbromid wird mit 700 ml trockenem Benzol verdünnt und unter Rühren und Eiskühlung rasch mit 135 g Arsen(III)-oxid versetzt. Nach 4stdg. Rühren unter Rückfluß wird mit 400 ml konz. Salzsäure zersetzt (evtl. 1 Stde. Erhitzen). Die organische Phase wird abgetrennt und die wäßrige Phase 2mal mit Benzol extrahiert. Nach Trocknung der vereinigten organischen Phasen über Calciumchlorid wird das Lösungsmittel entfernt und der Rückstand unter Kohlendioxid i. Vak. destilliert; Ausbeute: 241,6 g (67% d. Th.); Kp$_1$: 138–139°; F: 40° (aus Äthanol).

**Chlor-bis-[1-phenyl-naphthyl-(2)]-arsin[2]:** 38,5 mMol 2-Brom-1-phenyl-naphthalin werden in 40 ml abs. Äther mit 1 g Magnesium (unter Zusatz von wenig Methyljodid) grignardiert und 30 Min. gekocht. Nach Verdünnen mit 40 ml abs. Benzol versetzt man rasch bei 0° mit 1,9 g (9,6 mMol) Arsen(III)-oxid und rührt über Nacht. Nach Zersetzen mit Eiswasser und wenig Essigsäure destilliert man die Solventien der organischen Phase ab und kocht die verbleibende viskose Masse 2 Stdn. mit 200 ml konz. Salzsäure. Das erstarrende Arsinigsäurechlorid wird aus Äthanol/Aceton (Aktivkohle) umkristallisiert; Ausbeute: 95% d. Th.; F: 193–195°.

Analog werden Bis-[biphenylyl-(2)]- und Bis-[4,4'-dimethyl-biphenylyl-(2)]-arsinigsäure-chlorid gewonnen[2].

Da viele der Arsinigsäure-Derivate aus den entsprechenden Halogeniden hergestellt werden können (s. S. 259), kann deren Acidolyse sowohl zur Reinigung der Halogenide als auch zur Überführung der letzteren ineinander dienen:

Dimethyl-cyan-arsin wird aus dem Anhydrid durch Umsetzung mit wasserfreier Blausäure erhalten[5].

**Dimethyl-cyan-arsin[5] (Vorsicht):** 44 g Dimethyl-arsinigsäure-anhydrid werden in 2 Portionen mit der 5fachen Menge wasserfreier Blausäure im Rohr 2 Stdn. auf 100° erhitzt. Der Rohinhalt wird im Kohlendioxid-Strom von überschüssiger Blausäure befreit und der Rückstand destilliert; Ausbeute: 35 g (64% d. Th.); Kp: 160°.

Außer mit Halogenwasserstoffsäuren werden die Arsinigsäureanhydride durch Umsetzung mit Quecksilber(II)-cyanid[6], Quecksilber(II)-chlorid[7], Thionylchlorid[8] oder Chlordiorgano-phosphinen[9] in die entsprechenden Arsinigsäure-halogenide überführt.

**Chlor-bis-[pentafluor-phenyl]-arsin[7]:** Eine Lösung von 3,66 g (4,31 mMol) Bis-[pentafluor-phenyl]-thioarsinigsäure-anhydrid {Bis-[bis-(pentafluor-phenyl)-arsin]-sulfid} und 2,5 g Quecksilber(II)-chlorid in 30 ml

[1] F. F. Blicke u. F. D. Smith, Am. Soc. **51**, 1558, 3479 (1929).

[2] G. Wittig u. D. Hellwinkel, B. **97**, 769 (1964).

[3] D. Hellwinkel et al., J. Organometal. Chem. **24**, 165 (1970).

[4] R. D. Gigauri et al., Ž. obšč. Chim. **42**, 1537 (1972); engl.: 1530; **44**, 1720 (1974); engl.: 1689.

[5] W. Steinkopf u. G. Schwenn, B. **54**, 1437 (1921).

[6] R. Bunsen, A. **37**, 23 (1841).
    G. T. Morgan u. D. C. Vining, Soc. **117**, 777 (1920).

[7] M. Green u. D. Kirkpatrick, Soc. [A] **1968**, 483.

[8] H. Schmidbauer et al., B. **97**, 449 (1964).

[9] A. Burg u. J. Singh, Am. Soc. **88**, 718 (1966).

trockenem Äther wird unter Stickstoff 30 Min. unter Rückfluß erhitzt. Man filtriert ab, entfernt das Lösungsmittel und destilliert den Rückstand i. Vak.; Ausbeute: 3,67 g (96% d. Th.); $Kp_{0,1}$: 82°.

*Fluor-dimethyl-arsin* ($Kp_{750}$: 80−81°) entsteht beim Erhitzen von Dimethyl-arsinigsäure-anhydrid mit Methan-phosphonsäure-difluorid auf 45−90°[1].

Die Herstellung der Arsinigsäure-halogenide aus den entsprechenden Amiden erfolgt durch Umsetzung mit wasserfreien Halogenwasserstoffsäuren[2-5].

**Chlor-diäthyl-arsin**[3]: In einer geeigneten Apparatur[3], bestehend aus Gaseinleitungsfritte, KPG-Rührer und Gasableitungsrohr, werden in Argonatmosphäre 23 g Diäthylamino-diäthyl-arsin in 300 *ml* Petroläther (Kp: 30−50°) gelöst und unter Rühren und Kühlen mit Eiswasser die ber. Menge Chlorwasserstoffgas (hergestellt aus 14 g Ammoniumchlorid und etwa 100 *ml* konz. Schwefelsäure) eingeleitet. Die Absorption des Chlorwasserstoffs erfolgt anfangs langsam, wird jedoch nach kurzer Zeit rascher. Nach beendeter Reaktion wird das ausgefallene Ammoniumsalz abfiltriert, mit Petroläther gewaschen, das Filtrat eingeengt und der Rückstand destilliert; Ausbeute: 12 g (64% d. Th.); Kp:152−155°.

Analog werden *Chlor-dipropyl-* (58% d. Th.; $Kp_3$: 61−62°) und *Chlor-dibutyl-arsin* (83% d. Th.; $Kp_3$: 85−87°) erhalten[3].

Jod-diorgano-arsine lassen sich aus den Amino-arsinen durch Umsetzen mit Methyljodid herstellen[3]:

$$R_2As-N(R^1)_2 \ + \ 2 \ CH_3J \ \longrightarrow \ R_2As-J \ + \ \left[ (H_3C)_2\overset{\oplus}{N}(R^1)_2 \right] J^{\ominus}$$

**Jod-dibutyl-arsin**[3]:18 g Piperidino-dibutyl-arsin werden in 100 *ml* Äther gelöst und mit 19 g Methyljodid versetzt. Im Verlauf einiger Tage kristallisieren 15 g (95% d. Th.) N,N-Dimethyl-piperidinium-jodid. Das Filtrat wird vom Äther befreit und destilliert; Ausbeute: 12 g (58% d. Th.); $Kp_6$: 126°.

Auf gleiche Weise entsteht aus Diäthylamino-diäthyl-arsin und Methyljodid das *Joddiäthyl-arsin* ($Kp_{11}$: 70−72°) in 62%-iger Ausbeute.

Ähnlich wie die Arsinigsäure-amide werden die entsprechenden Hydrazide[6] und Ester[7] durch wasserfreien Halogenwasserstoff in die Halogenide überführt[6].

Aus Alkoxy-bis-[trifluor-methyl]-arsin wird durch Umsetzung mit Bortrifluorid bei 20° *Fluor-bis-[trifluormethyl]-arsin* gewonnen[7]:

$$(F_3C)_2As-O-CH_3 \ + \ BF_3 \ \xrightarrow{25°} \ (F_3C)_2As-F$$

Bei der Einwirkung von Acetylchlorid auf [Heptyliden-(4)-aminoxy]-diäthyl-arsin entsteht *Chlor-diäthyl-arsin*[8]:

$$(H_5C_2)_2As-O-N=C(C_3H_7)_2 \ + \ H_3C-CO-Cl \ \xrightarrow{70°} \ (H_5C_2)_2As-Cl \ + \ (H_7C_3)_2C=N-O-CO-CH_3$$

*Diphenyl-cyan-arsin* wird bei der Umsetzung von Diphenyl-arsinigsäure-äthylester mit wasserfreier Blausäure bei 140° in 80%-iger Ausbeute gebildet[9], und Brom-diaryl- bzw. -alkyl-aryl-arsine erhält man bei der Einwirkung von elementarem Brom auf die entsprechenden Arsinigsäure-thioester[10]; z. B.:

[1] B. M. GLADSHTEIN et al., Ž. obšč. Chim. **36**, 488 (1966); C. A. **65**, 743 (1966).
[2] K. MÖDRITZER, B. **92**, 2637 (1959).
[3] A. TZSCHACH u. W. LANGE, Z. anorg. Ch. **326**, 280 (1964).
[4] J. SINGH u. A. BURG, Am. Soc. **88**, 718 (1966).
[5] F. KOBER, Z. anorg. Ch. **398**, 115 (1973); **401**, 243 (1973) und dort zitierte Literatur.
[6] L. K. PETERSON u. K. I. THÉ, Chem. Commun. **1967**, 1056.
[7] A. B. BURG u. J. SINGH, Am. Soc. **87**, 1213 (1965).
[8] G. KAMAI et al., Ž. obšč. Chim. **38**, 1565 (1968); engl.:1559.
[9] A. McKENZIE u. J. K. WOOD, Soc. **117**, 406 (1920).
[10] N. A. CHADAEVA et al., Izv. Akad. SSSR **1972**, 1612.

$$(H_5C_6)_2As-S-C_2H_5 \xrightarrow{Br_2} (H_5C_6)_2As-Br$$

*Brom-diphenyl-arsin*

*Chlor-äthyl-phenyl-arsin* läßt sich aus Äthyl-phenyl-arsinigsäure-äthylthioester durch Erhitzen mit Chlor-äthyl-phenyl-phosphin herstellen[1]:

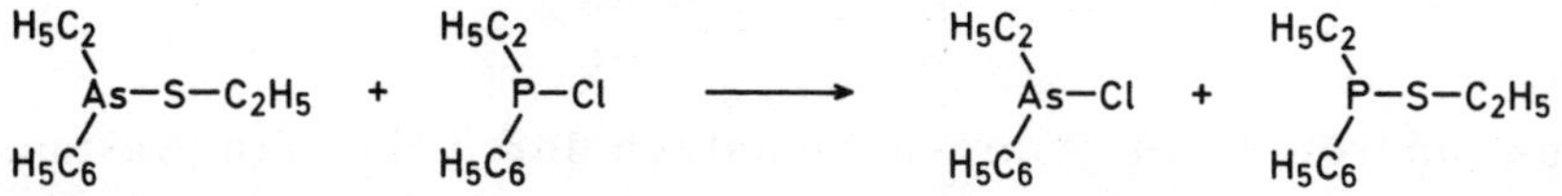

$$\begin{array}{c}H_5C_2 \\ \diagdown \\ As-S-C_2H_5 \\ \diagup \\ H_5C_6\end{array} + \begin{array}{c}H_5C_2 \\ \diagdown \\ P-Cl \\ \diagup \\ H_5C_6\end{array} \longrightarrow \begin{array}{c}H_5C_2 \\ \diagdown \\ As-Cl \\ \diagup \\ H_5C_6\end{array} + \begin{array}{c}H_5C_2 \\ \diagdown \\ P-S-C_2H_5 \\ \diagup \\ H_5C_6\end{array}$$

Alkyl-aryl- und Diarylarsinigsäure-thioester werden durch Alkylhalogenide hauptsächlich am Schwefel alkyliert, wobei die intermediär gebildeten Arsino-sulfoniumsalze in Thioäther und Arsinigsäure-halogenide zerfallen[2, 3]:

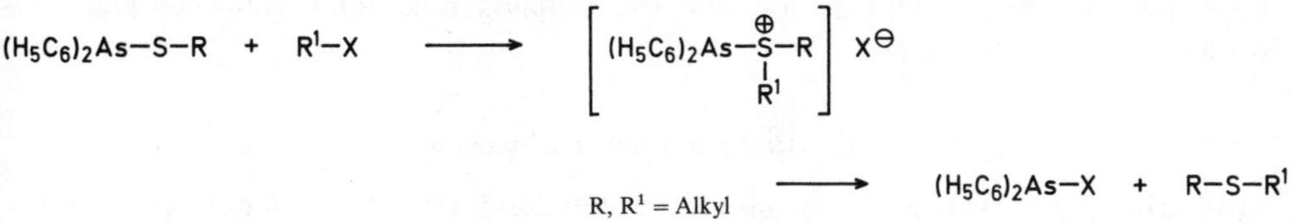

$$(H_5C_6)_2As-S-R + R^1-X \longrightarrow \left[(H_5C_6)_2As-\overset{\oplus}{\underset{R^1}{S}}-R\right] X^{\ominus}$$

$$\xrightarrow[R, R^1 = \text{Alkyl}]{} (H_5C_6)_2As-X + R-S-R^1$$

Bei 20° benötigt die Umsetzung teilweise Monate[3]. Dies und die nicht immer befriedigenden Ausbeuten beschränken die präparative Bedeutung der Reaktion. Trotzdem besitzt sie einen interessanten Aspekt, da auf diese Weise zum erstenmal aus optisch aktiven Arsinigsäure-thioestern (s. S. 277) **optisch aktive** Arsinigsäure-halogenide erhalten worden sind[2].

**(+)-Brom-phenyl-(4-carboxy-phenyl)-arsin**[2]: Zu einer Lösung von 1,74 g (−)-Phenyl-(4-carboxy-phenyl)-arsinigsäure-propylthioester$\{[\alpha]_D^{20} = (-)3,2°\}$ in 30 *ml* Benzol werden 0,62 g Propylbromid gegeben. Nach 50stdgm. Stehenlassen bei 20° erhält man ein kristallines Produkt (F: 74°), das rechtsdrehend ist; $[\alpha]_D^{20} = (+)$ 4,24° (c = 0,6426, Benzol).

Analog erhält man aus dem rechtsdrehenden Thioester das linksdrehende Arsinigsäure-bromid.

## ζ) Aus sek. Arsinen oder Diarsinen

Bei der Einwirkung äquimolarer Mengen Halogen auf sek. Arsine in äther. Lösung werden Halogen-diorgano-arsine gebildet[4-6]:

$$R_2AsH + X_2 \xrightarrow[-HX]{} R_2As-X$$

Analog entsteht aus Tetramethyl-diarsinen und Jod das *Jod-dimethyl-arsin*[7]:

$$(H_3C)_2As-As(CH_3)_2 + J_2 \longrightarrow 2(H_3C)_2As-J$$

**1-Jod-arsenan**[4]: Unter Rühren und Sauerstoffausschluß wird eine ätherische Lösung des Arsenans bei −20° mit der äquimolaren Menge Jod in Äther langsam versetzt. Anschließend wird der Äther abdestilliert und der Rückstand i. Hochvak. destilliert, wobei die übergehende Flüssigkeit beim Kühlen erstarrt; Ausbeute: 98% d. Th.; F: 27°.

---

[1] N. A. Chadaeva et al., Izv. Akad. SSSR **1972**, 1612.

[2] Yu. F. Gatilov u. I. B. Ionov, Ž. obšč. Chim. **38**, 2106 (1968); engl.: 2039.

[3] N. A. Chadaeva et al., Ž. obšč. Chim. **42**, 125 (1972) engl.: 120, und dort zitierte Lit.

[4] E. Wiberg u. K. Mödritzer, Z. Naturf. **12 b**, 135 (1957).

[5] A. Tzschach u. G. Pacholke, B. **97**, 419 (1964).

[6] Kh. R. Raver et al., Ž. obšč. Chim. **35**, 1162 (1965); engl.: 1165.

[7] C. T. Mortimer u. H. A. Skinner, Soc. **1952**, 4331.

Diarsine und sek. Arsine werden außer mit Halogen durch Umsetzung mit Sulfenylchlorid[1], Thionylchlorid[2] oder Phosgen[3] in Chlor-diorgano-arsine umgewandelt[1].

*Cyan-diphenyl-arsin* läßt sich in 90%-iger Ausbeute durch Erhitzen von Tetraphenyldiarsin mit Silber(I)- oder Quecksilber(II)-cyanid auf 250° herstellen[3]:

$$(H_5C_6)_2As-As(C_6H_5)_2 \quad + \quad Hg(CN)_2 \quad \longrightarrow \quad 2\,(H_5C_6)_2As-CN \quad + \quad Hg$$

### $\eta$) Aus anderen Arsinigsäure-halogeniden durch Halogen-Austausch

Während die Arsinigsäure-bromide und -chloride auf verschiedene Art zugänglich sind, ist dies bei den Arsinigsäure-fluoriden, -jodiden, -cyaniden, -rhodaniden und -aziden nicht der Fall. Aus den leicht zugänglichen Arsinigsäure-chloriden bzw. -bromiden können die übrigen Halogenide bzw. Pseudohalogenide durch einfachen Halogen-Austausch hergestellt werden.

#### $\eta_1$) *Austausch von Halogenen*

Jod-diorgano-arsine werden am einfachsten durch Umsetzung der entsprechenden Chlor-arsine mit Natriumjodid in acetonischer Lösung hergestellt[4-7]:

$$R_2As-Cl \quad + \quad NaJ \quad \xrightarrow[-\,NaCl]{Aceton} \quad R_2As-J$$

**Jod-methyl-phenyl-arsin**[4]: Unter Rühren und Feuchtigkeitsausschluß wird eine Lösung von 20,2 g Chlor-methyl-phenyl-arsin in 150 *ml* Aceton zu einer vorgelegten Lösung von 15,5 g Natriumjodid in 100 ml trockenem Aceton getropft. Nach einigen Stdn. Rühren wird das Aceton abdestilliert, mit Äther versetzt, von Natriumchlorid abfiltriert, der Äther entfernt und der Rückstand i. Vak. destilliert; Ausbeute: 26,4 g (90% d. Th.); Kp$_{17-18}$: 143–144°.

Auf gleiche Weise werden aus den entsprechenden Chlor-arsinen u. a. folgende Jod-diorgano-arsine hergestellt, wobei die kristallinen Verbindungen nach Abfiltrieren des Natriumchlorids und Entfernung des Lösungsmittels aus geeigneten Solventien umkristallisiert werden:

| | | |
|---|---|---|
| *Jod-dimethyl-arsin*[4] | 58% d. Th. | Kp: 154–155° |
| *Jod-diphenyl-arsin*[4] | 85% d. Th. | F: 40,5° (Äthanol) |
| *Jod-bis-[3-nitro-4-hydroxy-phenyl]-arsin*[5] | 70% d. Th. | F: 126–128° |
| *Jod-bis-[2-brom-phenyl]-arsin*[7] | – | F: 103–104° |
| *5-Jod-10-methyl-5,10-dihydro-arsanthren*[8] | – | F: 174–178° |
| (Aus dem 5-Brom-Derivat) | | |

Aus den Arsinigsäure-jodiden werden die entsprechenden Bromide bzw. Chloride durch Umsetzung mit den jeweiligen Silber(I)- oder Quecksilber(II)-halogeniden gewonnen[8-10]:

---

[1] W. R. CULLEN u. P. S. DHALIWAL, Canad. J. Chem. **45**, 379 (1967).

[2] W. STEINKOPF et al., B. **61**, 782 (1928).

[3] G. T. MORGAN u. D. C. VINING, Soc. **117**, 777 (1920).

[4] W. STEINKOPF u. G. SCHWEN, B. **54**, 1437 (1921).
   W. DEHN u. B. WILCOX Am. **35**, 48 (1906).

[5] F. F. BLICKE u. S. R. SAPHIR, Am. Soc. **63**, 575 (1941).

[6] E. R. H. JONES u. F. G. MANN, Soc. **1955**, 411.

[7] H. HEANY u. I. T. MILLAR, Soc. **1965**, 5132.

[8] E. G. WALASCHEWSKI, B. **86**, 272 (1953).

[9] W. R. CULLEN u. L. G. WALTER, Canad. J. Chem. **38**, 472 (1960).
   W. R. CULLEN, Canad. J. Chem. **40**, 426 (1962).

[10] W. R. CULLEN u. N. K. HOTA, Canad. J. Chem. **42**, 1123 (1964).

$$R_2As-J \quad + \quad AgX \quad \xrightarrow[-\,AgJ]{} \quad R_2As-X$$

**Chlor-trifluormethyl-phenyl-arsin[1]:** 3,4 g Jod-trifluormethyl-phenyl-arsin und ein Überschuß an frisch hergestelltem, trockenen Silberchlorid werden unter Stickstoff und Feuchtigkeitsausschluß 2 Tage bei 20° zusammengeschüttelt. Man filtriert vom Silberjodid ab und destilliert den Rückstand unter Stickstoff i. Vak.; Ausbeute: 100% d. Th.; $Kp_{65}$: 118°.

Arsinigsäure-fluoride, die sonst kaum zugänglich sind, werden aus den entsprechenden -chloriden, -bromiden oder -jodiden durch Umsetzung mit Silberfluorid[1-5] oder Ammoniumfluorid in Gegenwart von Antimon(III)-fluorid[6] erhalten.

**Fluor-bis-[trifluormethyl]-arsin[3]:** Ein mit überschüssigem, völlig trockenen Silberfluorid[3] abgeschmolzenes Kölbchen wird mit einer Pyrex-Glasperle in ein Bombenrohr eingebracht. Nach sorgfältigem Ausheizen werden 1,2 g über Phosphor(V)-oxid getrocknetes Jod-bis-[trifluormethyl]-arsin einkondensiert und das Bombenrohr abgeschmolzen. Nachdem es auf 20° erwärmt wurde, wird das Silberfluorid-Kölbchen durch Schütteln zerbrochen, worauf die Reaktion einsetzt. Nach 3 Tagen wird fraktioniert kondensiert; Ausbeute: 0,55 g (60% d. Th.); $Kp_{760}$: 25°.

*Fluor-diphenyl-arsin* ($Kp_8$: 157–157,5°) wird aus Chlor-diphenyl-arsin und Silberfluorid in absolutem Benzol bei 35–40° in 54%-iger Ausbeute erhalten[2].

Aus Jod-dimethyl-arsin und Silberfluorid erhält man *Fluor-dimethyl-arsin* nur zu 15% d. Th.[5]. In wesentlich besserer Ausbeute wird es dagegen aus Chlor-dimethyl-arsin und Ammoniumfluorid in Gegenwart von Antimon(III)-fluorid gewonnen[6]:

$$(H_3C)_2As-Cl \quad + \quad NH_4F \quad \xrightarrow{SbF_3} \quad (H_3C)_2As-F$$

Ohne Antimon(III)-fluorid tritt keine Umsetzung ein[6].

**Fluor-dimethyl-arsin[2]:** In einem Dreihalskolben mit Rührer und Vigreux-Kolonne, an der eine Destillationsapparatur angeschlossen ist, werden 1,5 Mol gut getrocknetes kristallines Ammoniumfluorid, 0,15 Mol gut getrocknetes Antimon(III)-fluorid und 1 Mol Chlor-dimethyl-arsin gegeben und vermischt. Ein schwacher Strom trockener, sauerstofffreier Stickstoff wird dann durch die Apparatur eingeleitet, und die Reaktionstemp. langsam auf 85° erhöht (diese Temp. darf nicht überschritten werden, damit kein Chlor-dimethyl-arsin abdestilliert!). Die Reaktion setzt langsam ein, wobei das Fluor-dimethyl-arsin in einem Bereich von 71–74° abdestilliert. Nach beendeter Reaktion wird das Destillat, jeweils nach Zugabe geringerer Mengen Ammoniumfluorid und Antimon(III)-fluorid, 2mal unter Stickstoff destilliert; Ausbeute: 40% d. Th.; Kp: 71,5–72°.

### $\eta_2$) *Arsinigsäure-cyanide und -thiocyanate*

Arsinigsäure-cyanide oder -thiocyanate werden aus den entsprechenden Halogeniden durch Umsetzung mit Natrium-, Kalium-, Silber- oder Quecksilber-cyanid bzw. -rhodanid hergestellt[2,4,5,7-19].

[1] W. R. Cullen u. N. K. Hota, Canad. J. Chem. **42**, 1123 (1964).

[2] M. Sartori u. E. Recchi, Ann. Chim. Applic. **29**, 128 (1939); C. A. **33**, 9175 (1939).

[3] E. G. Waleschewski, B. **86**, 272 (1953).

[4] H. J. Eméleus et al., Soc. **1953**, 1552; **1954**, 2979.

[5] W. R. Cullen u. L. G. Walker, Canad. J. Chem. **38**, 472 (1960).

[6] E. G. Claeys, J. Organometal. Chem. **5**, 446 (1966).

[7] W. Steinkopf u. W. Mieg, B. **53**, 1016 (1920).

[8] A. McKenzie u. J. K. Wood, Soc. **117**, 406 (1920).

[9] G. Morgan u. D. C. Vining, Soc. **117**, 783 (1920).

[10] W. Steinkopf u. G. Schwenn, B. **54**, 1437 (1921).

[11] W. Steinkopf et al., B. **61**, 1911 (1928).

[12] H. N. Das-Gupta, J. indian chem. Soc. **13**, 305 (1936); **14**, 349 (1937); C. A. **30**, 7098 (1936); **31**, 8532 (1937).

[13] A. Etienne, C. r. **221**, 628 (1945); B. **1947**, 47.

[14] E. J. Cragoe et al., Am. Soc. **69**, 925 (1947).

[15] C. K. Banks et al., Am. Soc. **69**, 927 (1947).

[16] J. F. Morgan et al., Am. Soc. **69**, 930, 932 (1947).

[17] L. J. Goldsworthy et al., Soc. **1948**, 2208.

[18] R. L. Barker et al., J. Soc. Chem. Ind. **68**, 277 (1949).

[19] Yu. F. Gatilov et al., Ž. obšč. Chim. **43**, 2677 (1973); engl.: 2655, und dort zitierte Literatur.

Meistens werden die leicht zugänglichen Chloride für die Reaktion eingesetzt. Beim Arbeiten mit Natrium- oder Kaliumsalzen wird die Reaktion in Wasser, Methanol oder Aceton durchgeführt. Die Silbersalze werden am besten in Benzol umgesetzt.

**Dimethyl-cyan-arsin**[1, 2]: Unter Rühren und Luftausschluß werden 25 g Chlor-dimethyl-arsin zu einer Lösung von 10,5 g Natriumcyanid in 21 *ml* Wasser tropfenweise gegeben. Nach 1 Stde. wird die Mischung mit Benzol mehrmals extrahiert. Die benzolischen Extrakte werden über Calciumchlorid getrocknet und fraktioniert; Ausbeute: 80% d. Th.; $Kp_{13}$: 80−81°.

**Bis-[3-nitro-phenyl]-cyan-arsin**[3]: Zu einer Lösung von 7,15 g Kaliumcyanid in 115 *ml* trockenem Methanol werden unter Rühren und Feuchtigkeitsausschluß 35,4 g Chlor-bis-[3-nitro-phenyl]-arsin getropft. Anschließend wird 2 Stdn. unter Rückfluß erhitzt, abgekühlt, abfiltriert und das Filtrat bis zur Trockene abgedampft. Der Rückstand wird aus Benzol/Petroläther umkristallisiert; Ausbeute: 93% d. Th.; F: 151−152°.

Wird das Kaliumcyanid durch Natriumthiocyanat ersetzt, so entsteht das *Thiocyan-bis-[3-nitro-phenyl]-arsin* (F: 103−105°) in 77%-iger Ausbeute[3].

**Difuryl-(2)-cyan-arsin**[4]: Unter Rühren und Feuchtigkeitsausschluß wird eine Lösung von 82 g Chlor-difuryl-(2)-arsin in 100 *ml* Benzol langsam zu einer Suspension von 59 g Silbercyanid in 150 *ml* Benzol getropft. Anschließend wird 10 Stdn. unter Rückfluß erhitzt, vom Ungelösten abfiltriert und mit Benzol nachgewaschen. Das Filtrat wird dann fraktioniert destilliert; Ausbeute: 55 g (70% d. Th.); $Kp_{2,3}$: 142−143°.

Tab. 22: Arsinigsäure-cyanide und -thiocyanate aus Arsinigsäure-halogeniden durch Umsetzung mit Natrium-, Kalium- oder Silber-cyanid bzw. -thiocyanat

| Ausgangs-verbindung | Arsinigsäure-cyanid bzw. -thiocyanat | Ausbeute [% d. Th.] | Kp | | Lite-ratur |
|---|---|---|---|---|---|
| | | | [°C] | [Torr] | |
| $(F_3C)_2As-J$ | *Bis-[trifluor-methyl]-cyan-arsin* <br> *Thiocyan-bis-[trifluor-methyl]-arsin* | 100 <br> 96 | 89,5 <br> 116−118 | 760 <br> 757 | 5, 6 <br> 5,6 |
| $(H_5C_2)_2As-Cl$ | *Diäthyl-cyan-arsin* | 81 | 80−81 | 13 | 1 |
| $H_5C_2$ <br> $\quad$As−Cl <br> $H_7C_3$ | *Äthyl-propyl-cyan-arsin* | 72 | 110−113 | 27 | 1 |
| 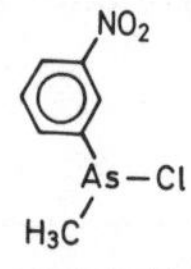 $NO_2$ <br> (ring) <br> As−Cl <br> $H_3C$ | *Methyl-(3-nitro-phenyl)-cyan-arsin* | 66 | (F: 79,5−80,5°) | − | 7 |
| $H_3C$ <br> $\quad$As−Cl <br> $H_5C_6$ | *Methyl-phenyl-cyan-arsin* <br> *Thiocyan-methyl-phenyl-arsin* | 86 <br> 49 | 147−148 <br> 176−179 | 20 <br> 18 | 7, 8 <br> 7 |
| $H_5C_6$ <br> $\quad$As−Cl <br> $H_9C_4$ | *Butyl-phenyl-cyan-arsin* | 92 | − | − | 8 |

[1] C. K. BANKS et al., Am. Soc. **69**, 927 (1947).
[2] W. R. CULLEN u. L. G. WALKER, Canad. J. Chem. **38**, 472 (1960).
[3] J. F. MORGAN et al., Am. Soc. **69**, 930 (1947).
[4] J. F. MORGAN et al., Am. Soc. **69**, 932 (1947).
[5] H. J. EMELÉUS et al., Soc. **1953**, 1552; **1954**, 2979.
[6] E. G. WALASCHEWSKI, B. **86**, 272 (1953).
[7] E. J. CRAGOE et al., Am. Soc. **69**, 925 (1947).
[8] YU. F. GATILOV et al., Ž. obšč. Chim. **43**, 2677 (1973); engl.: 2655.

Tab.22:(Fortsetzung)

| Ausgangs-verbindung | Arsinigsäure-cyanid bzw. -thiocyanat | Ausbeute [% d.Th.] | Kp | | Lite-ratur |
|---|---|---|---|---|---|
| | | | [°C] | [Torr] | |
| 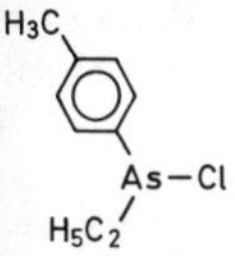 H₃C⟨⟩As—Cl H₅C₂ | *Äthyl-(4-methyl-phenyl)-cyan-arsin* | 93 | 113 | 2 | 1 |
| 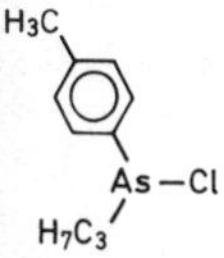 H₃C⟨⟩As—Cl H₇C₃ | *Propyl-(4-methyl-phenyl)-.cyan-arsin* | 94 | – | – | 1 |
| (H₅C₆)₂As—Cl | *Diphenyl-cyan-arsin* *Thiocyan-diphenyl-arsin* | 85 – | 184–186 230–233 | 760 22–23 | 2, 3 4 |
| 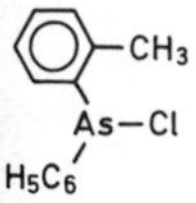 ⟨⟩—CH₃ As—Cl H₅C₆ | *Phenyl-(2-methyl-phenyl)-cyan-arsin* | 90 | (Öl) | – | 5 |
| 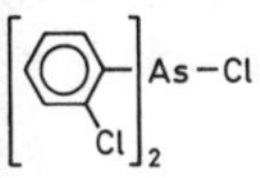 [⟨⟩ Cl]₂As—Cl | *Bis-[2-chlor-phenyl]-cyan-arsin* | – | (F: 85–87°) | – | 5 |
| 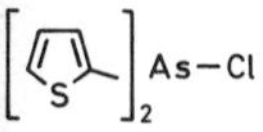 [⟨S⟩]₂As—Cl | *Dithienyl-(2)-cyan-arsin* | 70 | (F: 51–55°) | – | 5 |

## $\eta_3$) *Arsinigsäure-azide*

Arsinigsäure-azide werden aus Halogen-diorgano-arsinen durch Umsetzung mit Silber-[6] oder Lithium-azid[7-10] in aprotischen Lösungsmitteln hergestellt:

$$R_2As-Cl \ + \ LiN_3 \ \longrightarrow \ R_2As-N_3 \ + \ LiCl$$

Auf Grund spektroskopischer Untersuchungen wird vermutet, daß die Arsinigsäure-azide in Lösung teilweise assoziiert sind[9,10]:

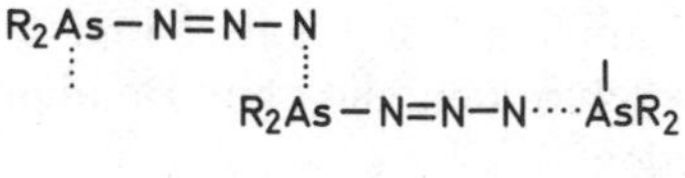

$$R_2As-N=N-N$$
$$R_2As-N=N-N\cdots AsR_2$$

[1] Yu. F. Gatilov et al., Ž. obšč. Chim. **43**, 2677 (1973); engl.: 2655.
[2] A. McKenzie u. J. K. Wood, Soc. **117**, 406 (1920).
[3] R. L. Barker et al., J. Soc. chem. Ind. **68**, 277 (1949).
[4] W. Steinkopf u. W. Mieg, B. **53**, 1013 (1920).
[5] L. J. Goldsworthy et al., Soc. **1948**, 2208; dort zahlreiche weitere Beispiele.
[6] J. Müller, Z. anorg. Ch. **381**, 103 (1971).
[7] W. T. Reichle, Tetrahedron Letters **1962**, 51.
[8] D. M. Revitt u. D. B. Sowerby, Inorg. Nucl. Chem. Letters, **5**, 459 (1969).
[9] D. M. Revitt u. D. B. Sowerby, Soc. (Dalton) **1972**, 847.
[10] W. Beck et al., Soc., (Dalton) **1972**, 245.

**Azido-dimethyl-arsin (Atemgift)[1]:** Zu einer Aufschlämmung von 6 g Silberazid[1] (Überschuß!) in 20 ml abs. Benzol werden 4,6 g Jod-dimethyl-arsin gegeben. Nach 2tägigem Rühren wird abfiltriert, das Benzol bei 50 Torr abdestilliert und der Rückstand fraktioniert; Ausbeute: 2,6 g (90% d. Th.); $Kp_{50}$: 70°; $Kp_{760}$: 136° (lichtempfindlich!).

Bei der Umsetzung der Arsinigsäure-chloride mit Lithiumazid werden die besseren Ausbeuten an Azido-arsinen bei Verwendung von absolutem Acetonitril als Lösungsmittel erhalten. Werden dagegen die Arsinigsäure-bromide eingesetzt, so ist absolutes Toluol das geeignetere Lösungsmittel[2].

**Arsinigsäure-azide; allgemeine Arbeitsvorschrift[2]:** (Die Lösungsmittel werden absolutiert, über Diphosphorpentoxid redestilliert und mit trockenem, sauerstofffreien Stickstoff gesättigt). Unter Rühren und Feuchtigkeitsausschluß werden 0,1 Mol Arsinigsäure-chlorid und 0,2 Mol trockenes Lithiumazid in 100 ml abs. Acetonitril in einem sauerstofffreien Stickstoffstrom 24 Stdn. refluxiert. Anschließend wird unter Sauerstoff-Ausschluß abfiltriert, das Lösungsmittel i. Vak. entfernt und der Rückstand i. Vak. destilliert. So erhält man u. a.:

| | | |
|---|---|---|
| *Azido-dimethyl-arsin* | 67% d. Th. | $Kp_{100}$: 77–78° |
| *Azido-diäthyl-arsin* | 72% d. Th. | $Kp_{15}$: 65–66° |
| *Azido-äthyl-phenyl-arsin* | 71% d. Th. | $Kp_{0,01}$: 61–62° |
| *Azido-diphenyl-arsin* | 69% d. Th. | $Kp_{0,01}$: 104–105° [2,3] |

Die Reaktion kann auch in Pyridin oder Toluol durchgeführt werden, wobei jedoch die Ausbeuten bis zu 40% niedriger sind[2].

## 9) Aus tert. Arsin-oxiden bzw. -sulfiden

*10-Jod-5,10-dihydro-phenazarsin* kann aus 10-Alkyl-5,10-dihydro-phenazarsin-10-oxid durch Einwirkung von Jodwasserstoffsäure in siedendem Äthanol hergestellt werden[4]:

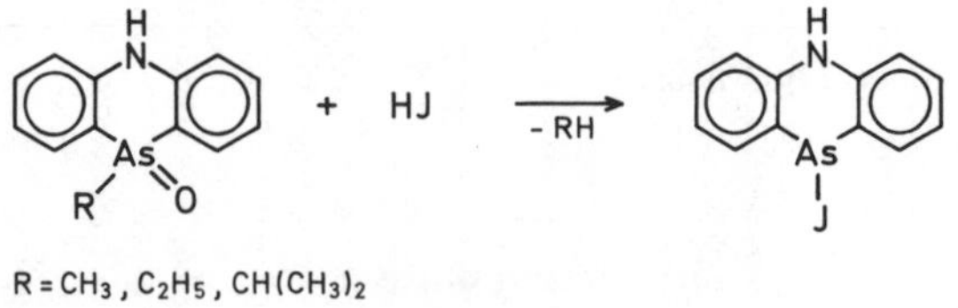

R = CH₃ , C₂H₅ , CH(CH₃)₂

Die Umsetzung ist jedoch auf die 10-Alkyl-Derivate beschränkt. Unter den gleichen Bedingungen verläuft die Umsetzung mit 10-Phenyl-5,10-dihydro-phenazarsin-10-oxid hauptsächlich unter Bildung von Diphenylamin[4].

**10-Jod-5,10-dihydro-phenazarsin[4]:** 4,5 ml einer jodidfreien 50%-igen Jodwasserstoffsäure werden zu einer Lösung von 2 g 10-Alkyl-5,10-dihydro-phenazarsin-10-oxid in 40 ml Äthanol gegeben. Nach 4stdgm. Refluxieren wird das Lösungsmittel eingeengt. Beim Kühlen fällt das Produkt aus. Es wird aus Propanol umkristallisiert. Ausbeute: 60–70% d. Th. (Aus dem 10-Isopropyl-Derivat werden die besseren Ausbeuten erhalten).

Trialkyl- oder Aryl-dialkyl-arsin-sulfide reagieren mit Phosphor(III)-chlorid im Molverhältnis 1:2 zu tert. Arsin-dichloriden, die ohne Reinigung durch Erhitzen in Arsinigsäure-chloride überführt werden[5]:

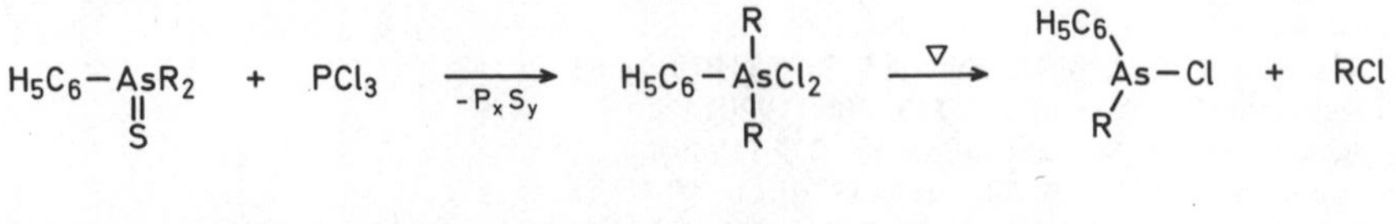

---

[1] J. Müller, Z. anorg. Ch. **381**, 103 (1971).
[2] D. M. Revitt u. D. B. Sowerby, Soc. (Dalton) **1972**, 847.
[3] W. T. Reichle, Tetrahedron Letters **1962**, 51.
[4] V. I. Gavrilov et al., Ž. obšč. Chim. **41**, 560 (1971); engl.: 554.
[5] G. M. Usacheva et al., Ž. obšč. Chim. **41**, 2705 (1971); engl.: 2739

Triaryl-arsinsulfide werden unter den gleichen Bedingungen lediglich desulfuriert[1].

Aus Diäthyl-, Dipentyl- und Didecyl-phenyl-arsin-sulfid lassen sich die entsprechenden Jod-alkyl-phenyl-arsine durch Umsetzung mit Äthyljodid in 16–17%-iger Ausbeute herstellen[2]. Die Reaktion ist auf die genannten Verbindungen beschränkt. Diaryl- oder Dialkyl-arsinigsäure-halogenide können auf diese Weise nicht erhalten werden[2, 3].

*Chlor-* bzw. *Brom-äthyl-phenyl-arsin* entsteht neben anderen Produkten bei der Umsetzung von Diäthyl-phenyl-arsin-sulfid mit Acetylchlorid bzw. -bromid[4].

Die Herstellung von Arsinigsäure-halogeniden aus tert. Arsin-oxiden bzw. -sulfiden ist insoweit weniger sinnvoll, als die letztgenannten Verbindungen meistens aus tert. Arsinen hergestellt werden (s. S. 361, 375), die durch eine Vielfalt von Reaktionen in Arsinigsäure-halogenide umgewandelt werden können (s. S. 229).

## B. Umwandlung

### α) Reaktionen mit Basen

Arsinigsäure-halogenide werden durch Wasser bzw. wäßrigem oder alkoholischem Alkali in Arsinigsäure bzw. Arsinigsäure-anhydride überführt (s. S. 229). Arsinigsäure-halogenide, die eine oder mehrere Trifluormethyl-Gruppen tragen, werden unter Umständen unter Spaltung der As-C-Bindung und Bildung von Fluoroform hydrolysiert. Mit Schwefelwasserstoff werden die Halogenide in Bis-[diorgano-arsin]-sulfide überführt (s. S. 270). Durch Umsetzung mit Alkoholen, Thiolen oder Aminen in Gegenwart von säurebindenden Mitteln werden die Halogenide in Ester (s. S. 261), Thioester (s. S. 272), Amide oder Imide (s. S. 284), umgewandelt. Die Umsetzung kann auch mit Alkanolaten bzw. Thiolaten durchgeführt werden.

Die Einwirkung von Salzen organischer Säuren führt zur Bildung von gemischten Anhydriden (s. S. 269, 280). Durch Umsetzung mit tert. Phosphinen werden Arsinophosphoniumsalze gebildet (s. S. 141). Aus Chlor-diphenyl-arsin und Tributyl-phosphin entstehen jedoch *Tetraphenyl-diarsin* und *Tributylphosphin-dichlorid* (s. S. 149). Arsinigsäure-halogenide werden bei der Einwirkung auf Phosphite in Arsino-phosphonsäure-ester umgewandelt. Die Reaktion von Chlor-diorgano-arsinen und Stannyl-phosphinen führt ebenfalls zur Ausbildung einer oder mehrerer As-P-Bindungen, wobei Arsinophosphine bzw. Bisarsino-phosphine gebildet werden. Silyl-, Stannyl- oder Phosphinoarsine lassen sich aus Arsinigsäure-halogeniden und Lithium-organo-silicium-, -zinn oder phosphor-Verbindungen herstellen (s. S. 137, 139).

Bei der Einwirkung von Organometall-Verbindungen auf Halogen-diorgano-arsine werden diese in tert. Arsine umgewandelt (s. S. 46). Arsinigsäure-halogenide werden durch Umsetzung mit metallischem Natrium und Halogenkohlenwasserstoffen in einer Art Wurtz-Fittig-Synthese in tert. Arsine umgewandelt (s. S. 58). Durch Umsetzung mit Olefinen, Alkinen oder Aromaten in Gegenwart von Lewis-Säuren werden die Arsinigsäure-halogenide zu tert. Arsinen alkyliert (s. S. 62) bzw. aryliert (s. S. 61).

### β) Oxidation

Arsinigsäure-halogenide werden durch Oxidation mit Wasserstoffperoxid in protischem Medium in Arsinsäuren umgewandelt (s. S. 335). Elementares Halogen addiert sich an

---

[1] G. M. Usacheva et al., Ž. obšč. Chim. **41**, 2705 (1971); engl.: 2739.

[2] G. M. Usacheva u. G. Kh. Kamai, Ž. obšč. Chim. **38**, 365 (1968); engl.: 364.

[3] B. D. Chernokalskii et al., Ž. obšč. Chim. **40**, 148 (1970); engl.: 135.

[4] G. M. Usacheva u. G. Kh. Kamai, Izv. Akad. SSSR **1968**, 413; C. A. **69**, 52239 (1968); Ž. obšč. Chim. **40**, 1306 (1970); engl.: 1298.

Arsinigsäure-halogenide unter Bildung von Ortho-arsinsäuretrihalogeniden (s. S. 325), die leicht zu Arsinsäuren hydrolysiert werden (s. S. 332).

Bei der Umsetzung mit Alkylhalogeniden werden Halogen-diorgano-arsine in quart. Arsoniumsalze umgewandelt (s. S. 408).

### γ) Reduktion

Durch Reduktion mit unterphosphoriger Säure (s. S. 147), sek. Arsinen (s. S. 137), Metallen (s. S. 148) oder Arseniden (s. S. 148) werden Arsinigsäure-halogenide in Diarsine umgewandelt.

Mit Lithiumalanat bzw. -boranat oder unedlen Metallen im sauren Medium erfolgt Reduktion zu sek. Arsinen (s. S. 39). Brom-diphenyl-arsin wird elektrochemisch in zwei Ein-Elektron-Schritten zu *Diphenyl-arsenid* reduziert[1]:

$$(H_5C_6)_2As-Br \quad \xrightarrow[-Br^\ominus]{+e^\ominus} \quad 1/2 \; (H_5C_6)_2As-As(C_6H_5)_2 \quad \xrightarrow{+e^\ominus} \quad (H_5C_6)_2As^\ominus$$

Das gebildete Arsenid reduziert dann das Brom-diphenyl-arsin zum *Tetraphenyl-diarsin*[1].

### δ) Pyrolyse

Halogen-diaryl-arsine disproportionieren beim Erhitzen auf 250–300° zu tert. Arsinen und Arsonigsäure-halogeniden (s. S. 176):

$$2 \; R_2As-Cl \quad \rightleftharpoons \quad R_3As \; + \; R-AsCl_2$$

Arsinigsäure-azide werden beim Erhitzen unter Abspaltung von Stickstoff in Diarsine umgewandelt (s. S. 149)

$$2 \; R_2As-N_3 \quad \xrightarrow[-3\,N_2]{\triangledown} \quad R_2As-AsR_2$$

während Diphenyl-arsinigsäure-azid beim Erhitzen in ein tetrameres Nitrid übergeht[2]:

$$(H_5C_6)_2As-N_3 \quad \xrightarrow{\triangledown} \quad (H_5C_6-As=N-)_4$$

Arsinigsäure-halogenide geeigneter Struktur cyclisieren beim Erhitzen unter Bildung von tert. Arsinen (s. S. 61):

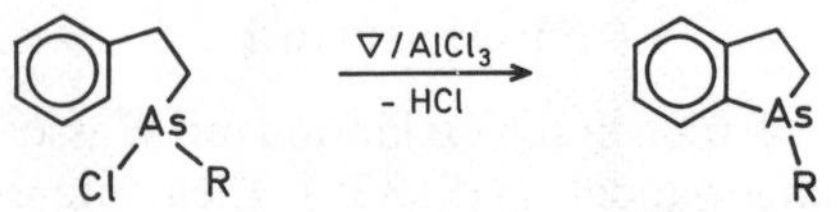

---

[1] R. E. Dessy et al., Am. Soc. **88**, 467 (1966).
[2] W. T. Reichle, Tetrahedron Letters **1962**, 51.

## 3. Arsinigsäure-ester (Organooxy-diorgano-arsine)

## A. Herstellung

### α) Aus Arsinigsäure-halogeniden oder -anhydriden

#### α₁) Durch Umsetzung mit Alkoholen oder Alkanolaten

Die einfachste Methode Arsinigsäure-ester herzustellen ist die Umsetzung von Arsinig-säure-halogeniden mit Alkanolaten oder Phenolaten im entsprechenden Alkohol, Äther, Benzol oder Xylol als Lösungsmittel[1-14]:

$$R_2As-X \ + \ NaOR^1 \ \xrightarrow{-NaX} \ R_2As-OR^1$$

Die direkte Umsetzung mit Alkoholen in Gegenwart von säurebindenden Mitteln wie Pyridin oder Trimethylamin liefert unter Umständen bessere Ausbeuten an Arsinigsäure-estern[8, 15, 16]:

$$R_2As-Cl \ + \ R^1OH \ \xrightarrow[-[(R^2)_3\overset{\oplus}{N}H]Cl^{\ominus}]{(R^2)_3N} \ R_2As-OR^1$$

Bei der Umsetzung von Arsinigsäure-fluoriden mit Alkoholen eignet sich fein verteiltes Siliciumdioxid zur Bindung der freiwerdenden Flußsäure[17]; z. B.:

$$(F_3C-CF_2)_2As-F \ + \ C_2H_5OH \ \xrightarrow{SiO_2} \ (F_3C-CF_2)_2As-OC_2H_5$$

*Äthoxy-bis-[pentafluor-äthyl]-arsin*

Durch Umsetzung von Arsinigsäure-anhydriden mit Alkoholen lassen sich ebenfalls Arsinigsäure-ester her-stellen[9, 11,12,18-21]:

$$R_2As-O-AsR_2 \ + \ 2 \ R^1OH \ \rightleftharpoons \ 2 \ R_2As-OR^1 \ + \ H_2O$$

Das Reaktionswasser wird entweder mittels Benzol azeotrop entfernt oder durch wasserbindende Mittel wie Kupfer(II)-sulfat[9,13,19,21] oder Calciumcarbid[11,12,20] gebunden.

---

[1] A. MICHAELIS, A. **321**, 141 (1902).

[2] W. STEINKOPF et al., B. **61**, 682 (1928).

[3] G. KAMAI u. V. M. ZOROASTROVA, Ž. obšč. Chim. **10**, 921 (1940); C. A. **35**, 3241 (1941).

[4] E. J. CRAGOE et al., Am. Soc. **69**, 925 (1947).

[5] YU. F. KOMISOROV et al., Doklady Akad. SSSR **55**, 729 (1947).

[6] W. A. WATERS u. J. H. WILLIAMS, Soc. **1950**, 18.

[7] G. KAMAI u. B. D. CHERNOKALSKII, Ž. obšč. Chim. **29**, 1596 (1959); C. A. **54**, 8606 (1960).

[8] G. KAMAI u. N. A. CHADAEVA, Izv. Vyss. Uch. Zev. Chim. i. chim. Techn. **2**, 601 (1959); C. A. **54**, 7606 (1960).

[9] G. KAMAI u. Z. L. KHISAMOVA, Ž. obšč. Chim. **30**, 3611 (1960); engl.: 3579.

[10] J. F. M. BRADDOCK u. G. E. COATES, Soc. **1961**, 3208.

[11] B. E. ABALONIN et al., Ž. obšč. Chim. **40**, 1812 (1970); engl.: 1796.

[12] B. D. CHERNOKALSKII et al., Ž. obšč. Chim. **40**, 2645 (1970); engl.: 2638.

[13] YU. F. GATILOV u. M. G. KRALICHKINA, Ž. obšč. Chim. **42**, 538 (1972); engl.: 536.

[14] F. M. KHUSNUTDINOVA et al., Izv. Vyss. Uch. Zev., Chim. i. Chim. Techn. **16**, 1522 (1973); **17**, 147 (1974); C.A. **80**, 48114, 96109 (1974).

[15] A. B. BURG u. J. SINGH, Am. Soc. **87**, 1213 (1965).

[16] J. KOKETSU u. Y. ISHII, Soc. [C] **1971**, 2.

[17] YU. L. KOPAEVICH et al., Izv. Akad. SSSR **1973**, 121; C. A. **78**, 136384 (1973).

[18] I. M. STRASHOV u. G. KAMAI, Ž. obšč. Chim. **24**, 2044 (1954); C. A. **49**, 14663 (1955).

[19] K. I. KUZMIN, Ž. obšč. Chim. **26**, 3415 (1956); C. A. **51**, 9474 (1957).

[20] G. KAMAI u. B. D. CHERNOKALSKII, Ž. obšč. Chim. **29**, 1596 (1959); **30**, 1536 (1960).

[21] G. KAMAI u. YU. F. GATILOV, Ž. obšč. Chim. **35**, 1239 (1965); engl.: 1244.

**Methoxy-methyl-phenyl-arsin**[1]: In einem Dreihalskolben, versehen mit Rührer, Tropftrichter und Rückflußkühler werden unter Rühren und Feuchtigkeitsausschluß 10 g Natrium in 150 $ml$ abs. Methanol gelöst. Dazu tropft man langsam unter Rühren 75 g Chlor-methyl-phenyl-arsin und erhitzt anschließend 30–45 Min. unter Rückfluß. Nach Abfiltrieren vom Natriumchlorid wird das Methanol i. Vak. langsam abdestilliert. Der Rückstand wird mit trockenem Benzol versetzt, vom Ungelösten filtriert und anschließend fraktioniert destilliert; Ausbeute: 71% d. Th.; $Kp_{17}$: 101–102°.

**Methoxy-dimethyl-arsin**[2]: Zu einer Lösung von 5 mMol abs. Äthanol und 5 mMol Triäthylamin in 50 $ml$ trokkenem Äther werden unter Rühren und Feuchtigkeitsausschluß 5 mMol Chlor-dimethyl-arsin in 100 $ml$ trockenem Äther langsam zugetropft. Anschließend wird das ausgefallene Ammoniumsalz abfiltriert, das Lösungsmittel entfernt und der Rückstand destilliert; Ausbeute: 65% d. Th.; $Kp_{150}$: 35°; $Kp_{760}$: 79°.

**Äthoxy-äthyl-phenyl-arsin**[3]: In einem Rundkolben mit Soxhlet-Extraktor, in dem sich wasserfreies Kupfer-(II)-sulfat befindet, werden 20 g Äthyl-phenyl-arsinigsäure-anhydrid und 15 $ml$ Äthanol 4 Stdn. unter Rückfluß erhitzt. Anschließend wird i. Vak. destilliert; Ausbeute: 8,3 g (34% d. Th.); $Kp_{24}$: 126°.

**Isoamyloxy-diphenyl-arsin**[4]: Aus 9 g Isoamylalkohol und 2,3 g Natrium in 150 $ml$ abs. Benzol wird durch Erwärmen eine Natrium-isoamylat-Lösung hergestellt, die anschließend mit 26,5 g Chlor-diphenyl-arsin in 100 $ml$ abs. Benzol unter Rühren langsam versetzt wird. Nach 2stdgm. Kochen unter Rückfluß wird vom Natriumchlorid abfiltriert, das Xylol i. Vak. destilliert und der Rückstand i. Vak. 2mal rektifiziert; Ausbeute: 50% d. Th.; $Kp_{11}$: 188–189°.

Tab. 23: Arsinigsäure-ester durch Umsetzung von Arsinigsäure-halogeniden bzw. -anhydriden mit Alkanolaten bzw. Alkoholen

| Ausgangs-verbindung | Arsinigsäure-ester | Ausbeute [% d. Th.] | Kp [°C] | [Torr] | Lite-ratur |
|---|---|---|---|---|---|
| $(F_3C)_2As-Cl$ | *Methoxy-bis-[trifluormethyl]-arsin* | 85 | 70,7 | 760 | 5 |
| | *tert.-Butyloxy-bis-[trifluormethyl]-arsin* | 95 | 116,1 | 760 | 5 |
| $(H_3C)_2As-J$ | *Phenoxy-dimethyl-arsin* | – | 101 | 12 | 6 |
| $(H_5C_2)_2As-J$ | *Methoxy-diäthyl-arsin* | 37 | 131 | 760 | 7 |
| | *Äthoxy-diäthyl-arsin* | 76 | 141–142 | 10 | 8 |
| | *Allyloxy-diäthyl-arsin* | 44 | 80–82 | 77 | 9 |
| $[(H_5C_2)_2As]_2O$ | *Butyloxy-diäthyl-arsin* | 77 | 72–72,5 | 13 | 8 |
| | *Benzyloxy-diäthyl-arsin* | 39 | 131 | 8 | 8 |
| $[(H_7C_3)_2As]_2O$ | *Allyloxy-dipropyl-arsin* | 86 | 92 | 20 | 7 |
| | *Hexyloxy-dipropyl-arsin* | 87 | 130–131 | 16 | 10 |
| | *1,2-Bis-[dipropylarsinoxy]-äthan* | 82 | 140–142 | 2,5 | 10 |
| $(H_7C_3)_2As-Cl$ | *Phenoxy-dipropyl-arsin* | 33 | 136–137 | 11 | 10 |

[1] E. J. CRAGOE et al., Am. Soc. **69**, 925 (1947).
[2] J. KOKETSU u. Y. ISHII, Soc. [C] **1971**, 2.
s. a. J. F. BRADDOCK u. G. O. COATES, Soc. **1961**, 3208.
[3] YU. F. GATILOV u. M. G. KRALICHKINA, Ž. obšč. Chim. **42**, 538 (1972); engl.: 536.
[4] W. STEINKOPF et al., B. **61**, 678 (1928).
[5] A. B. BURG u. J. SINGH, Am. Soc. **87**, 1213 (1965).
[6] J. M. F. BRADDOCK u. G. E. COATES, Soc. **1961**, 3208.
[7] B. D. CHERNOKALSKII et al., Ž. obšč. Chim. **40**, 2645 (1970); engl.: 2638.
[8] G. KAMAI u. B. D. CHERNOKALSKII, Ž. obšč. Chim. **29**, 1596 (1959); C. A. **54**, 8606 (1960).
[9] G. KAMAI u. N. A. CHADAEVA, Izv. Vyss. Uch. Zev., Chim. i. chim. Techn. **2**, 601 (1959); C. A. **54**, 7606 (1960).
[10] G. KAMAI u. Z. L. KHISAMOVA, Ž. obšč. Chim. **30**, 3611 (1960).

Tab. 23 (Fortsetzung)

| Ausgangs-verbindung | Arsinigsäure-ester | Ausbeute [% d. Th.] | Kp [°C] | [Torr] | Literatur |
|---|---|---|---|---|---|
| $[(H_9C_4)_2As]_2O$ | Butyloxy-dibutyl-arsin | 81 | 117–118 | 10 | 1 |
| | Octyloxy-dibutyl-arsin | 72 | 167–169 | 11 | 1 |
| $\left[\begin{smallmatrix}H_3C\\ \\H_5C_6\end{smallmatrix}As-\right]_2O$ | Propyloxy-methyl-phenyl-arsin | 63 | 114–114,5 | 18 | 2 |
| | Butyloxy-methyl-phenyl-arsin | 86 | 122–123 | 18 | 2 |
| $\left[\begin{smallmatrix}H_5C_2\\ \\H_5C_6\end{smallmatrix}As-\right]_2O$ | Allyloxy-äthyl-phenyl-arsin | 87 | 114,5 | 9 | 3 |
| $\begin{smallmatrix}H_5C_6\\ \\Cl-CH=CH\end{smallmatrix}As-Cl$ | Äthoxy-(2-chlor-vinyl)-phenyl-arsin | – | 165–170 | 3 | 4 |
| $\left[\begin{smallmatrix}H_5C_6\\ \\H_7C_3\end{smallmatrix}As-\right]_2O$ | Butyloxy-propyl-phenyl-arsin | 85 | 120–121 | 4 | 2 |
| $(H_5C_6)_2As-Cl$ | Methoxy-diphenyl-arsin | – | 138 | 2 | 5 |
| | Äthoxy-diphenyl-arsin | 84 | 72 | 0,01 | 6, 7 |
| | Phenoxy-diphenyl-arsin | – | 230–231 | 15 | 8 |
| 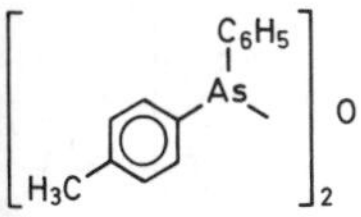 $\left[\begin{smallmatrix}C_6H_5\\ \\H_3C\end{smallmatrix}As-\right]_2O$ | Äthoxy-phenyl-(4-methyl-phenyl)-arsin | 65 | 178–180 | 9 | 6 |

$\alpha_2$) *durch Umsetzung mit Oximen oder Silanolen*

Arsinigsäure-halogenide oder -anhydride reagieren mit Oximen von Aldehyden oder Ketonen unter Bildung von Arsinigsäure-oximestern[9,10]:

$$R_2As-Cl \ + \ HO-N=C\begin{smallmatrix}R^2\\ \\R^3\end{smallmatrix} \ \xrightarrow[-[(R^1)_3\overset{\oplus}{N}H]Cl^{\ominus}]{(R^1)_3N} \ R_2As-O-N=C\begin{smallmatrix}R^2\\ \\R^3\end{smallmatrix}$$

[1] K. I. KUZMIN, Ž. obšč. Chim. **26**, 3415 (1956); C. A. **51**, 9474 (1957).
[2] I. M. STRASHOV u. G. KAMAI, Ž. obšč. Chim. **24**, 2044 (1954); C. A. **49**, 14663 (1955); dort zahlreiche Beispiele.
[3] G. KAMAI u. YU. F. GATILOV, Ž. obšč. Chim. **35**, 1239 (1965); engl.: 1244.
[4] H. N. DAS-GUPTA, J. indian Chem. Soc. **14**, 349 (1937); C. A. **31**, 8532 (1937).
[5] W. A. WATERS u. J. H. WILLIAMS, Soc. **1950**, 18.
[6] G. KAMAI u. V. M. ZOROASTROVA, Ž. obšč. Chim. **10**, 921 (1940); C. A. **35**, 3241 (1941).
[7] A. SCHULTZE et al., Phosphorus **5**, 265 (1975).
[8] A. MICHAELIS, A. **321**, 141 (1902).
[9] G. KAMAI u. R. G. MIFTAKOVA, Ž. obšč. Chim. **35**, 2001 (1965); **38**, 1565 (1968); **39**, 1798 (1969).
[10] R. G. MIFTAKOVA et al., Ž. obšč. Chim. **42**, 1966, 1969 (1972); engl.: 1960, 1963.

Die Umsetzung der Arsinigsäure-halogenide mit den Oximen wird meistens in ätherischer Lösung und in Gegenwart von tert. Aminen als säurebindende Mittel durchgeführt[1, 2]. Von den Arsinigsäure-halogeniden ausgehend wird die Umsetzung in Benzol vorgenommen, das gleichzeitig zur Entfernung des Reaktionswassers dient[2].

**Cyclohexylidenaminoxy-diäthyl-arsin**[2]: Unter Rühren werden 12,2 g Triäthylamin zu einer Mischung aus 20,2 g Chlor-diäthyl-arsin und 13,6 g Cyclohexanon-oxim in 300 ml Äther tropfenweise gegeben, wobei die Reaktionstemp. auf 10° gehalten wird. Nach beendeter Zugabe des Triäthylamins wird 2 Stdn. unter Rückfluß erhitzt. Man filtriert das ausgefallene Ammoniumsalz ab, entfernt das Lösungsmittel und destilliert den Rückstand i. Vak.; Ausbeute: 10 g (41% d.Th.); $Kp_9$: 129–131°.

Durch 4stdgs. Erhitzen von Diäthyl-arsinigsäure-anhydrid und Cyclohexanon-oxim in Benzol läßt sich der entsprechende Ester zu 54% d.Th. erhalten[1].

Tab. 24: Arsinigsäure-oximester durch Umsetzung von Arsinigsäure-halogeniden mit Oximen in Gegenwart von tert. Aminen

| Ausgangsverbindung | Arsinigsäure-oximester | Ausbeute [% d.Th.] | Kp | | Literatur |
|---|---|---|---|---|---|
| | | | [°C] | [Torr] | |
| $(H_5C_2)_2As$—Br | *Isopropylidenaminoxy-diäthyl-arsin* | 40 | 70 | 10 | 3 |
| | *[Heptyliden-(2)-aminoxy]-diäthyl-arsin* | 66 | 112 | 8 | 3 |
| | *Propylidenaminoxy-diäthyl-arsin* | 58 | 83–84 | 8 | 4 |
| | *Butylidenaminoxy-diäthyl-arsin* | 49 | 86–87 | 5 | 4 |
| $(H_7C_3)_2As$—Br | *[Butyliden-(2)-aminoxy]-dipropyl-arsin* | 64 | 109 | 13 | 3 |
| $(H_9C_4)_2As$—Br | *Butylidenaminoxy-dibutyl-arsin* | 62 | 127–129 | 10 | 4 |
| | *Cyclohexylidenaminoxy-dibutyl-arsin* | 54 | 167–168 | 10 | 5 |
| $(H_5C_6)_2As$—Cl | *Cyclohexylidenaminoxy-diphenyl-arsin* | 33 | 152–153 | 7 | 5 |

Arsinigsäure-silylester werden aus Arsinigsäure-halogeniden durch Umsetzung mit Natrium-siloxanen hergestellt[6, 7]:

$$(H_3C)_2As-Cl \quad + \quad Na-O-Si(CH_3)_3 \quad \xrightarrow[-NaCl]{} \quad (H_3C)_2As-O-Si(CH_3)_3$$

**Trimethylsilyloxy-dimethyl-arsin**[7]: In einem Zweihalskolben mit Tropftrichter, Magnetrührer, Gaseinleitungsrohr und Rückflußkühler (mit Trockenrohr) werden unter trockenem Stickstoff 6,5 g (46,2 mMol) Chlor-

[1] G. KAMAI u. R. G. MIFTAKOVA, Ž. obšč. Chim. **35**, 2001 (1965); **38**, 1565 (1968); **39**, 1798 (1969).
[2] R. G. MIFTAKOVA et al., Ž. obšč. Chim. **42**, 1966, 1969 (1972); engl.: 1960, 1963.
[3] G. KAMAI et al., Ž. obšč. Chim. **38**, 1565 (1968).
[4] R. G. MIFTAKHOVA et al., Ž. obšč. Chim. **42**, 1969 (1972); engl.: 1963.
[5] R. G. MIFTAKHOVA et al., Ž. obšč. Chim. **42**, 1966 (1972); engl.: 1960.
[6] H. SCHMIDBAUR u. M. SCHMIDT, Ang. Ch. **73**, 655 (1961).
[7] H. SCHMIDBAUR et al., B. **97**, 449 (1964).

dimethyl-arsin in 35 *ml* Äther gelöst und langsam unter Rühren mit einer Lösung von 5,2 g (46,5 mMol) Natrium-trimethylsiloxan in 25 *ml* Äther versetzt. Nach 3stdgm. Rühren bei 25° wird nach Vertauschen des Kühlers gegen eine Umkehrfritte unter Stickstoff filtriert, der Niederschlag 1 Mal mit wenig Äther nachgewaschen, das Filtrat i. Vak. vom Lösungsmittel befreit und der Rückstand destilliert; Ausbeute: 7,6 g (84% d. Th.); $Kp_{725}$: 116°.

*(2-Thiocyan-äthoxy)-dimethyl-* bzw. *-diphenyl-arsin* werden durch Umsetzung der entsprechenden Arsinigsäure-thiocyanate mit Oxiran im Bombenrohr bei 40–50° erhalten[1]:

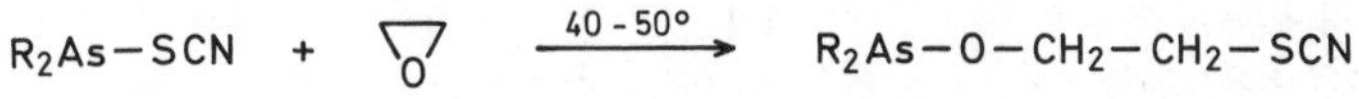

$$R_2As-SCN \;+\; \overset{}{\underset{O}{\triangle}} \xrightarrow{40-50°} R_2As-O-CH_2-CH_2-SCN$$

*(2-Thiocyanat-äthoxy)-...*

| | | |
|---|---|---|
| R = $CH_3$; ...-*dimethyl-arsin* | 80% d. Th. | $Kp_3$: 86° |
| R = $C_6H_5$; ...-*diphenyl-arsin* | 97% d. Th. | $Kp_1$: 200–225° |
| R = $C_4H_9$; ...-*dibutyl-arsin* | 77% d. Th. | $Kp_3$: 125–127° |

### β) Aus Arsinigsäure-amiden

Arsinigsäure-ester werden in guten Ausbeuten durch Alkoholyse von Arsinigsäure-amiden hergestellt[2-6]:

$$R_2As-N(R^1)_2 \;+\; R^2OH \xrightarrow[-(R^1)_2NH]{} R_2As-OR^2$$

Die Reaktion kann entweder in überschüssigem Alkohol[3], in Äther oder Benzol[5,6] durchgeführt werden. Die Verwendung von Lösungsmitteln empfiehlt sich besonders bei der Herstellung von Diestern[5,6]:

$$2\,R_2As-N(R^1)_2 \;+\; HO-CH_2-CH_2-OH \xrightarrow[-(R^1)_2NH]{} R_2As-O-CH_2-CH_2-O-AsR_2$$

Bei der Umsetzung der Arsinigsäure-amide mit 1,2-Diolen bzw. Phenolen im Verhältnis 1:1 lassen sich die Monoester in guter Ausbeute herstellen[5,6]; z. B.:

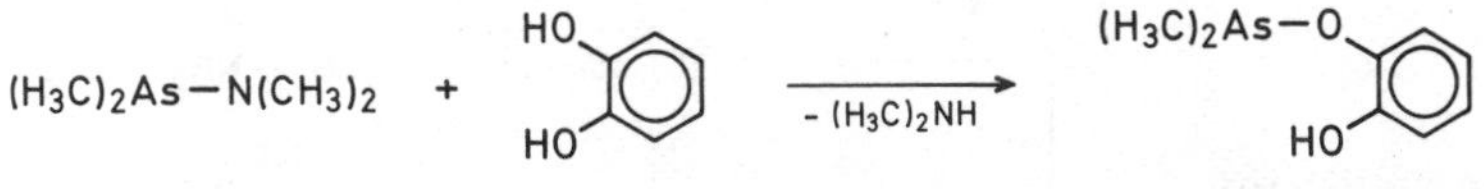

$$(H_3C)_2As-N(CH_3)_2 \;+\; \text{HO-C}_6\text{H}_4\text{-OH} \xrightarrow{-(H_3C)_2NH} (H_3C)_2As-O-C_6H_4-OH$$

*(2-Hydroxy-phenoxy)-dimethyl-arsin*

Bei der Umsetzung mit Monothio-glykolen im Verhältnis 1:1 entstehen ausschließlich die Thioester[5,6]; z. B.:

$$(H_3C)_2As-N(CH_3)_2 \;+\; HS-CH_2-CH_2-OH \xrightarrow{-(H_3C)_2NH} (H_3C)_2As-S-CH_2-CH_2-OH$$

*(2-Hydroxy-äthylthio)-dimethyl-arsin*

[1] USSR. P. 210154 (1968), A. F. KOLOMIETS et al., C. A. **69**, 52300 (1968).

[2] K. MÖDRITZER, B. **92**, 2637 (1959).

[3] L. S. SAGAN et al., J. Organometal. Chem. **39**, 301 (1972).

[4] F. KOBER, Z. anorg. Ch. **401**, 243 (1973).

[5] F. KOBER u. W. J. RÜHL, Z. anorg. Ch. **406**, 52 (1974) und dort zitierte Literatur.

[6] F. KOBER, Z. anorg. Ch. **412**, 202 (1975).

**Dialkyl-arsinigsäure-ester; allgemeine Arbeitsvorschrift**[1]: In einem mit trockenem Stickstoff durchgespülten Zweihalskolben mit Tropftrichter, Magnetrührer und Rückflußkühler werden 5 g (0,019–0,028 Mol) Dialkyl-arsinigsäure-diäthylamid vorgelegt und unter Rühren mit der 3fachen molaren Menge Alkohol langsam versetzt (Bei der Herstellung von Methoxy-dimethyl-arsin wird das Methanol in molaren Mengen eingesetzt). Nach beendeter Zugabe des Alkohols wird 2 Stdn. unter Rückfluß erhitzt, der überschüssige Alkohol unter vermindertem Druck entfernt und der Rückstand i. Vak. destilliert; so erhält man u. a.:

| | | |
|---|---|---|
| *Methoxy-dimethyl-arsin* | 50% d. Th. | $Kp_{756}$: 82° |
| *Methoxy-dipropyl-arsin* | 80% d. Th. | $Kp_{0,2}$: 23° |
| *Äthoxy-dipropyl-arsin* | 80% d. Th. | $Kp_{10}$: 65° |
| *Propyloxy-dipropyl-arsin* | 85% d. Th. | $Kp_{0,1}$: 30° |
| *Butyloxy-dipropyl-arsin* | 80% d. Th. | $Kp_{1,35}$: 40° |
| *(2-Methyl-propyloxy)-dipropyl-arsin* | 85% d. Th. | $Kp_{0,15}$: 31° |

Zur Herstellung der Bis-[dimethylarsinoxy]-alkane bzw. -arene wird das Dimethyl-arsinigsäure-dimethylamid in ätherischer oder benzolischer Lösung vorgelegt und unter Sieden mit der halben molaren Menge Diol (bzw. Phenol) langsam versetzt. Das sich entwickelnde Dimethylamin wird mit einem Stickstoffstrom herausgetrieben. Nach ∼ 24 Stdn. ist die Reaktion beendet[2]. Bei der Herstellung der Monoester aus Dimethyl-arsinigsäure-dimethylamid und Diolen werden die Reaktanden im Verhältnis 1:1 bei −30° vermischt und langsam unter Rühren erwärmt und anschließend 24 Stdn. unter Rückfluß erhitzt[2]. Die Reaktionsprodukte werden destillativ isoliert und gereinigt.

Auf diese Weise werden u. a. folgende Ester der Dimethyl-arsinigsäure hergestellt[2]:

| | |
|---|---|
| *1,2-Bis-[dimethyl-arsinoxy]-äthan* | $Kp_{15}$: 100° |
| *2,3-Bis-[dimethyl-arsinoxy]-2,3-dimethyl-butan* | $Kp_2$: 65° |
| *3-Chlor-1,2-bis-[dimethyl-arsinoxy]-propan* | $Kp_{0,5}$: 76° |
| *1,2-Bis-[dimethyl-arsinoxy]-benzol* | $Kp_{0,5}$: 97° |
| *(2-Hydroxy-cyclohexyloxy)-dimethyl-arsin* | $Kp_{0,5}$: 80° |
| *(2-Hydroxy-phenoxy)-dimethyl-arsin* | $Kp_{0,5}$: 88° |

Dimethylarsinigsäureester werden auch durch Alkoholyse von Bis-[dimethylarsino]-aminen[3] bzw. durch Umsetzung der Amide mit Oxiranen[4] oder Glykolcarbonaten[5] hergestellt:

In beiden Fällen fungiert der Amid-Stickstoff als das ausschließliche nucleophile Zentrum[4, 5].

**[1,1,1-Trichlor-3-dimethylamino-propyl-(2)-oxy]-dimethyl-arsin**[4]: Unter Rühren werden 10 mMol Trichlormethyl-oxiran langsam zu 10 mMol Dimethylarsinigsäure-dimethylamid gegeben. Es tritt sofort eine exotherme Reaktion ein. Anschließend wird i. Vak. destilliert; Ausbeute: 82% d. Th.; $Kp_{0,07}$: 51,5–53°.

Die Reaktion der Arsinigsäure-amide mit Glykolcarbonaten verläuft manchmal nur in Gegenwart von Lewis-Säuren, wobei sich das Zink(II)-chlorid als geeignetester Katalysa-

[1] L. S. SAGAN et al., J. Organometal. Chem. **39**, 301 (1972).
[2] F. KOBER u. W. J. RÜHL, Z. anorg. Ch. **406**, 52 (1974).
[3] F. KOBER, Z. anorg. Ch. **401**, 243 (1973).
[4] J. KOKETSU u. Y. ISHII, Soc. [C] **1971**, 2.
[5] J. KOKETSU et al., J. Organometal. Chem. **38**, 69 (1972).

tor erweist[1]. Beim Arbeiten mit Eisen(III)- oder Aluminiumchlorid werden die Reaktionszeiten auf das 3−10fache verlängert[1].

**[1-Diäthylaminocarbonyloxy-propyl-(2)-oxy]-dimethyl-arsin**[1]: Äquimolare Mengen von Dimethyl-arsinigsäure-diäthylamid, 2-Oxo-4-methyl-1,3-dioxolan und 1-Gew. % Zink(II)-chlorid werden im Bombenrohr 3 Tage auf 100° erhitzt. Das Reaktionsprodukt wird anschließend durch Vakuumdestillation isoliert bzw. gereinigt; Ausbeute: 80−90% d. Th.; $Kp_{0,05}$: 63,5−64°.

Die Umsetzung des Dimethylarsinigsäure-amids mit Äthylencarbonat kann ohne Katalysator durchgeführt werden, wobei nach 10tägigem Erhitzen auf 80° das (*2-Diäthylaminocarbonyloxy-äthoxy*)-*dimethyl-arsin* ($Kp_{0,4}$: 75−78,5°) in 78%-iger Ausbeute erhalten werden kann.

Analog den Arsinigsäure-anhydriden und -halogeniden (s. S. 261) setzen sich die entsprechenden Amide mit Oximen zu Arsinigsäure-oximestern um[2].

### γ) Aus Arsonigsäure-ester-chloriden

Bei der Einwirkung von Organo-lithium- oder Grignard-Verbindungen auf 2-Chlor-1,2-oxarsolan entstehen die entsprechenden Arsinigsäure-ester[3, 4]; z. B.:

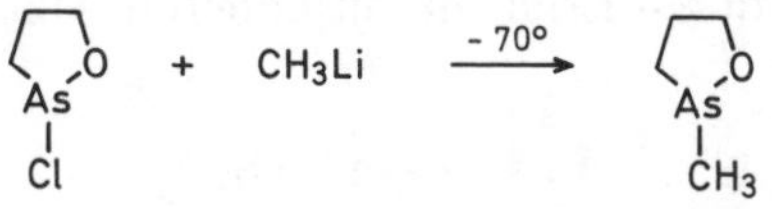

**2-Methyl-1,2-oxarsolan**[4]: Zu einer Lösung von 17 g 2-Chlor-1,2-oxarsolan in 100 ml abs. Äther, die auf −70° gekühlt ist, tropft man unter starkem Rühren eine Lösung von 2,2 g Methyl-lithium in 40−50 ml Äther. Nach dem Zutropfen entfernt man das Kältebad und läßt auf 20° erwärmen.

Unter Normaldruck wird die Hälfte des Äthers abdestilliert, der Niederschlag abgesaugt und die Lösung vollständig eingeengt. Der ölige Rückstand wird i. Vak. destilliert. Ausbeute: 6 g (40% d. Th.); $Kp_{14}$: 63−64°.

### δ) Aus tert. Arsinoxiden

Äthyl-phenyl-arsinigsäure-alkylester können in guten Ausbeuten bei der Einwirkung von n-Alkyl-halogeniden auf Diäthyl-phenyl-arsinoxid erhalten werden[5]:

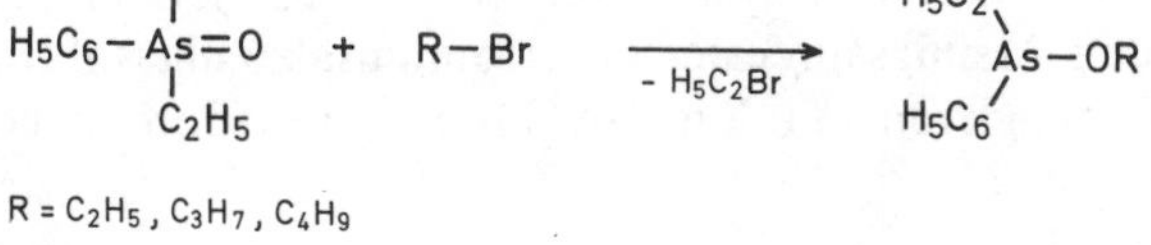

R = $C_2H_5$, $C_3H_7$, $C_4H_9$

Die Umsetzung verläuft über Alkoxy-arsoniumsalze, die beim Erhitzen in Alkylhalogenid und Arsinigsäure-ester zerfallen[5, 6]. Ein zu hoher Überschuß an Alkylhalogenid sollte vermieden werden, da die entsprechenden Ester mit überschüssigem Alkylhalogenid zu quart. Arsoniumsalzen reagieren können (s. S. 410).

**Äthoxy-äthyl-phenyl-arsin**[5]: Eine Mischung aus 28 g Diäthyl-phenyl-arsinoxid, 10,1 g Äthylbromid und 100 ml Benzol wird 5 Stdn. unter Rückfluß erhitzt. Nach Entfernung des Lösungsmittels wird der Rückstand i. Vak. destilliert; Ausbeute: 21 g (75% d. Th.); $Kp_{24}$: 124°.

---

[1] J. KOKETSU et al., J. Organometal. Chem. **38**, 69 (1972).

[2] J. KAUFMANN u. F. KOBER, J. Organometal. Chem. **71**, 49 (1974); **81**, 59 (1974).

[3] M. P. OSIPOWA et al., Izv. Akad. SSSR **1969**, 1326.

[4] K. SOMMER, Z. anorg. Ch. **375**, 55 (1970).

[5] YU. F. GATILOV u. M. G. KRALICHKINA, Ž. obšč. Chim. **42**, 538 (1972); engl.: 536.

[6] YU. F. GATILOV et al., Ž. obšč. Chim. **42**, 1959 (1972); engl.: 1952; **45**, 48 (1975); engl.: 42.

Analog werden *Propyloxy-* (66% d. Th.; Kp$_{22}$: 130°) und *Butyloxy-äthyl-phenyl-arsin* (68% d. Th.; Kp$_{24}$: 144°) erhalten[1].

Auch Alkyl-diphenyl-arsinoxide lassen sich analog in Diphenyl-arsinigsäure-alkylester (50–65% d. Th.) umwandeln[2].

Aus opt. aktivem Äthyl-butyl-(4-carboxy-phenyl)-arsinoxid (s. S. 376) und Methyljodid in Nitromethan bei 30° läßt sich das *Methoxy-butyl-(4-carboxy-phenyl)-arsin* in opt. aktiver Form gewinnen[3]. Trialkylarsinoxide liefern die entsprechenden Ester nur in geringer Ausbeute.

### ε) Durch Umesterung

Arsinigsäure-ester niederer Alkohole werden durch Erwärmen mit höheren Alkoholen umgeestert[4, 5]. Aus Äthoxy-diphenyl-arsin läßt sich durch Erhitzen mit 2,2,2-Trichlor-äthanol das *(2,2,2-Trichlor-äthoxy)-diphenyl-arsin* (Kp$_{1,5}$: 166–167°) in 83%-iger Ausbeute herstellen[4]:

$$(H_5C_6)_2As-OC_2H_5 \quad + \quad Cl_3C-CH_2-OH \quad \xrightarrow[-\,C_2H_5OH]{} \quad (H_5C_6)_2As-O-CH_2-CCl_3$$

Auch Oximester werden durch Erhitzen mit höheren Alkoholen umgeestert[4].

## B. Umwandlung

Arsinigsäure-ester sind hydrolyseempfindliche Verbindungen, die bei Einwirkung von Wasser oder Alkalien in Arsinigsäuren bzw. Arsinigsäure-anhydride übergehen (s. S. 229). Durch Einwirkung von Halogenwasserstoffen lassen sich die Ester in die entsprechenden Arsinigsäure-halogenide umwandeln (s. S. 252). Bortrifluorid wandelt Arsinigsäure-ester in Fluor-diorgano-arsine um (s. S. 252). Bei der Einwirkung von Thiolen werden Arsinigsäure-thioester gebildet (s. S. 275). Mit Carbonsäure-anhydriden reagieren die Arsinigsäure-ester zu gemischten Anhydriden (Acyloxy-diorgano-arsine s. S. 269). Arsinigsäureester werden durch Oxidation mit Selendioxid oder Quecksilberoxid in Arsinsäuren bzw. -ester umgewandelt. Elementares Halogen addiert sich in exothermer Reaktion an Arsinigsäure-ester zu Ortho-arsinsäure-ester-dihalogeniden, die leicht zu Arsinsäuren hydrolysiert werden (s. S. 326). Beim Erhitzen mit Alkylhalogeniden werden Arsinigsäureester in Arsoniumsalze überführt (s. S. 410).

Arsinigsäure-ester reagieren mit Kupfer(I)-halogeniden zu komplexen Addukten[6, 7]:

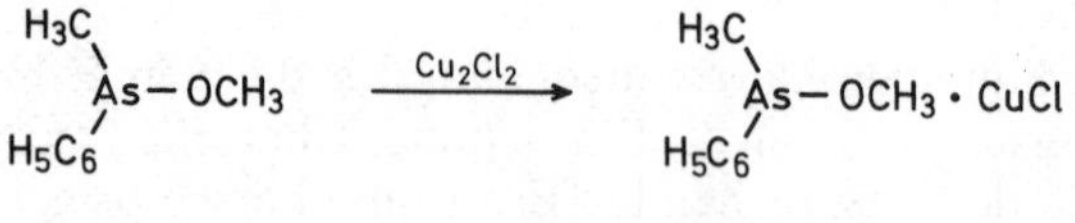

*Methoxy-methyl-phenyl-arsin-*
*Kupfer(I)-chlorid*

[1] Yu. F. Gatilov u. M. G. Kralichkina, Ž. obšč. Chim. **42**, 538 (1972); engl.: 536.

[2] Yu. F. Gatilov et al., Ž. obšč. Chim. **45**, 48, 2182 (1975); engl.: 42, 2145.

[3] Yu. F. Gatilov et al., Ž. obšč. Chim. **42**, 1959 (1972); engl.: 1952.

[4] G. Kamai u. N. A. Chadaeva, Doklady Akad. SSSR **138**, 123 (1961); C. A. **55**, 21010 (1961).

[5] G. Kamai et al., Ž. obšč. Chim. **38**, 1565 (1968); engl.: 1516.

[6] G. Kamai u. V. M. Zoroastrova, Ž. obšč. Chim. **10**, 921 (1940); C. A. **35**, 3241 (1941).

[7] I. M. Starshov u. G. Kamai, Ž. obšč. Chim. **24**, 2044 (1954); C. A. **49**, 14663 (1955).

## 4. Gemischte Anhydride mit Carbonsäuren (Acyloxy-diorgano-arsinen)

Acyloxy-diorgano-arsine werden aus Halogen-diorgano-arsinen durch Umsetzung mit . Salzen von Carbonsäuren in methanolischer Lösung hergestellt[1, 2]:

$$R_2As-Cl \ + \ NaO-CO-R^1 \longrightarrow R_2As-O-CO-R^1$$

**Acetoxy-methyl-phenyl-arsin**[1]: Zu einer Lösung von 34 g (0,415 Mol) wasserfreiem Natriumacetat in 300 *ml* abs. Methanol werden unter Rühren 68 g (0,336 Mol) Chlor-methyl-phenyl-arsin tropfenweise gegeben. Nach 1stdgm. Rühren wird abfiltriert, das Methanol i. Vak. entfernt, der Rückstand in Benzol aufgenommen und vom Ungelösten abfiltriert. Nach Entfernung des Benzols wird der Rückstand i. Vak. destilliert; Ausbeute: 36% d. Th.; $Kp_{14}$: 140–142°.

*Trifluoracetoxy-dimethyl-arsin* (Kp: 136–137°) wird aus Chlor-dimethyl-arsin und Silbertrifluoracetat in 32%-iger Ausbeute erhalten[2]. Bei der Einwirkung von Carbonsäureanhydriden auf Arsinigsäure-ester[3] oder -anhydride[4, 5] entstehen ebenfalls die entsprechenden Acyloxy-diorgano-arsine:

$$R_2As-OR^1 \ + \ (H_3C-CO)_2O \longrightarrow R_2As-O-CO-CH_3$$

*Acetoxy-difuryl-(2)-arsin* ($Kp_{10}$: 161–163°; F: 48–50°) wird auf diese Weise in 85%-iger Ausbeute erhalten[4].

**Benzoyloxy-diphenyl-arsin**[5]: Eine Lösung von 0,0191 Mol Bis-[diphenylarsin]-oxid in 400 *ml* Heptan wird mit 0,191 Mol Benzoesäure-anhydrid versetzt und 24 Stdn. unter Rückfluß erhitzt. Nach Abdestillieren des Lösungsmittels wird der Rückstand aus heißem Benzol/Cyclohexan-Gemisch umkristallisiert; Ausbeute: 7 g (92% d. Th.); F: 68–69°.

Acyloxy-dimethyl-arsine lassen sich in guter Ausbeute aus Dimethyl-arsinigsäure-dialkylamiden durch Umsetzung mit Propan-3-oliden in benzolischer Lösung herstellen[6]:

$$(H_3C)_2As-NR_2 \ + \ \underset{O}{\overset{O}{\Box}} \longrightarrow (H_3C)_2As-O-CO-CH_2-CH_2-NR_2$$

**(3-Dimethylamino-propionyloxy)-dimethyl-arsin**[3]: Zu einer Lösung von 10 mMol Dimethyl-arsinigsäure-dimethylamid in 10 *ml* Benzol werden 10 mMol Propan-3-olid gegeben und 15 Stdn. unter Rückfluß erhitzt. Anschließend entfernt man das Lösungsmittel und destilliert den Rückstand i. Vak.; Ausbeute: 72% d. Th.; $Kp_{0,01}$: 47,5–48,5°.

Beim Arbeiten mit Dimethyl-arsinigsäure-diäthylamid entsteht auf gleiche Weise das *(3-Diäthylamino-propionyloxy)-dimethyl-arsin* ($Kp_{0,05}$: 57,5–58,5°) in 80%-iger Ausbeute[6].

Auch Diarsine können als Ausgangs-Verbindung eingesetzt werden, so erhält man z. B. *Trifluoracetoxy-dimethyl-arsin* aus Tetramethyl-diarsin und Trifluoressigsäure-anhydrid bei 20° zu 78% d. Th.[7]:

$$(H_3C)_2As-As(CH_3)_2 \ + \ (F_3C-CO)_2O \ \xrightarrow[\substack{+(H_3C)_2As-CF_3 \\ +CO}]{28 \ Tage, \ 20°} \ (H_3C)_2As-O-CO-CF_3$$

[1] E. J. Cragoe et al., Am. Soc. **69**, 925 (1947).

[2] W. R. Cullen u. L. G. Walter, Canad. J. Chem. **38**, 472 (1960).

[3] G. Kamai u. Z. L. Khisamova, Ž. obšč. Chim. **30**, 3611 (1960); C. A. **55**, 19764 (1961).

[4] A. Etienne, C. r. **221**, 628 (1945); Bl. **1947**, 47.

[5] W. T. Reichle, J. Organometal. Chem. **18**, 105 (1969).

[6] J. Koketsu et al., Soc. [C] **1971**, 2.

[7] W. R. Cullen u. G. E. Styan, Canad. J. Chem. **44**, 1225 (1966).

**5. Thio-arsinigsäuren (Mercapto-diorgano-arsine), Thio-arsinigsäure-anhydride [Bis-(diorganoarsin)-sulfide], Seleno- und Telluro-arsinigsäure-anhydride [Bis-(diorgano-arsin)-selenide bzw. -telluride]**

## A. Herstellung

### α) Thioarsinigsäuren aus Dialkyl-phenyl-arsin-sulfiden

Die wenigen bekannten Thioarsinigsäuren werden durch Erhitzen von Dialkyl-phenyl-arsinsulfid mit Essigsäure[1] oder chlorierten Essigsäuren[2] hergestellt:

$$H_5C_6-\overset{\overset{\displaystyle R}{|}}{\underset{\underset{\displaystyle R}{|}}{As}}=S \quad + \quad Cl_3C-COOH \quad \longrightarrow \quad \overset{\displaystyle H_5C_6}{\underset{\displaystyle R}{\diagdown}}As-SH \quad + \quad Cl_3C-COOR$$

$$R = C_2H_5 , C_3H_7 , C_4H_9$$

Die Ausbeute an Thioarsinigsäure nimmt hierbei mit zunehmender Acidität der chlorierten Essigsäure zu, so daß die besten Ausbeuten mit Trichloressigsäure erzielt werden[2].

**Äthyl-phenyl-thioarsinigsäure[1,2]:** 30 g Diäthyl-phenyl-arsin-sulfid und 40 g Trichloressigsäure werden 30 Stdn. auf 80° erhitzt. Anschließend wird i. Vak. fraktioniert; Ausbeute: 8,3 g (31% d.Th.); Kp$_{10}$: 86−90°.

Analog werden *Propyl-phenyl-thioarsinigsäure* (29% d.Th.; Kp$_{10}$: 99−105°) bzw. *Butyl-phenyl-thioarsinigsäure* (41% d.Th.; Kp$_3$: 90−91°; Kp$_{12}$: 120−121°) gewonnen[1,2].

### β) Thioarsinigsäure-anhydride aus Arsinigsäure-halogeniden oder -anhydriden

Durch Einwirkung von Schwefelwasserstoff oder dessen Metallsalzen auf Arsinigsäure-halogenide werden Bis-[diorgano-arsin]-sulfide gebildet[3−11]:

$$2\ R_2As-X \quad + \quad Na_2S \quad \xrightarrow[-\ 2\ NaX]{} \quad R_2As-S-AsR_2$$

Als Lösungsmittel können Wasser, Alkohol oder Benzol verwendet werden[3−10].

**Bis-[diphenyl-arsin]-sulfid[3,4]:** Eine benzolische Lösung von Chlor-diphenyl-arsin wird mit überschüssiger, ges., wäßr. Natriumsulfid-Lösung 30 Min. kräftig durchgeschüttelt. Nach Trennung der beiden Phasen wird die Benzol-Schicht gewaschen, getrocknet, vom Benzol befreit und der Rückstand aus Äthanol umkristallisiert; Ausbeute: 80−90% d.Th.; F: 64−67°.

**Bis-[bis-(pentafluor-phenyl)-arsin]-sulfid[10]:** 3,73 g (11,9 mMol) Chlor-bis-[pentafluor-phenyl]-arsin werden unter Stickstoff mit einer Suspension von 5 g (20 mMol) Silbersulfid in 30 ml trockenem Benzol 48 Stdn. unter Rückfluß erhitzt. Nach dem Abfiltrieren der Silbersalze wird das Lösungsmittel abdestilliert, nicht umgesetztes Chlor-arsin durch Extrahieren mit Pentan entfernt und der Rückstand aus Benzol/Pentan umkristallisiert und anschließend sublimiert; Ausbeute: 2,21 (86% d.Th.); F: 85−85,5°.

[1] M.G. Kralichkina et al., Uchenye Zapiski Kazan Nr. **63**, 38 (1968); C. A. **72**, 90596 (1970).
[2] Yu. F. Gatilov u. M. G. Kralichkina, Ž. obšč. Chim. **39**, 2473 (1969); engl.: 2413.
[3] A. McKenzie u. J. K. Wood, Soc. **117**, 406 (1920).
[4] G. Morgan u. D. C. Vining, Soc. **117**, 783 (1920).
[5] H. N. Das-Gupta, J. indian chem. Soc. **13**, 305 (1936); C. A. **30**, 7098 (1936).
[6] W. R. Cullen, Canad. J. Chem. **41**, 2424 (1963).
[7] M. Green u. D. Kirkpatrick, Soc. [A] **1968**, 483.
[8] D. W. Allen et al., Soc. [C] **1970**, 810.
[9] K. Sommer, Z. anorg. Ch. **383**, 136 (1971).
[10] R. A. Zingaro et al., Am. Soc. **93**, 5677 (1971).
[11] B. E. Abalonin et al., Ž. obšč. Chim. **45**, 776 (1975); engl.: 772.

**Bis-[dimethyl-arsin]-sulfid**[1]: In einem 100-*ml*-Rundkolben mit Magnetrührer und Tropftrichter werden zu einer Lösung von 15 g (0,0624 Mol) Natriumsulfid-Hydrat in 20 *ml* Wasser unter Stickstoff und heftigem Rühren 20,17 g (0,0887 Mol) Jod-dimethyl-arsin tropfenweise gegeben. Nach 5stdgm. Rühren wird die organische Phase abgetrennt, 2mal mit Wasser gewaschen und 10 Stdn. über Calciumchlorid getrocknet. Anschließend wird i. Vak. fraktioniert destilliert; Ausbeute: 8,03 g (62% d. Th.); $Kp_2$: 50–55,5°.

Wird statt Natriumsulfid das Dinatriumdisulfan eingesetzt, so entsteht *„Bis-[dimethyl-arsin]-disulfan"* [1, 2], das auf Grund der Röntgen-Strukturanalyse[3] als *Dimethyl-dithioarsinsäure-dimethylarsinylester* vorliegt. In Lösung jedoch stellt sich ein temperaturabhängiges Gleichgewicht ein[1]:

$$(H_3C)_2\overset{\overset{S}{\|}}{As}-S-As(CH_3)_2 \quad \underset{\text{in Lösung}}{\rightleftharpoons} \quad (H_3C)_2As-S-S-As(CH_3)_2$$

I                                                                              II

Das Disulfan II kann jedoch nicht isoliert werden[1]. Diese Verhältnisse liegen vermutlich bei den meisten der als Bis-[diorgano-arsin]-disulfane bezeichneten Verbindungen vor, die auch durch Reduktion von Arsinsäuren in alkoholischer oder wäßriger Lösung mit Schwefelwasserstoff erhalten werden[1, 2, 4] (s. S. 349). Ein tricyclisches Thio-arsinigsäureanhydrid entsteht bei der Thiolyse des 3,7-Dichlor-3,7-diarsa-bicyclo[3.3.0]octans in Äthanol[5].

$$Cl-As \overset{}{\underset{}{\bigsqcup}} As-Cl \quad \xrightarrow{H_2S\,/\,C_2H_5OH} \quad$$

**7-Thia-2,5-diarsa-noradamantan**[5]: Eine Lösung von 15,2 g 3,7-Dichlor-3,7-diarsa-bicyclo[3.3.0]octan in 100 *ml* Äthanol wird mit trockenem Schwefelwasserstoff gesättigt. Nach Entfernung des Äthanols wird der Rückstand i. Vak. destilliert; Ausbeute: 12 g (92% d. Th.); $Kp_{14}$: 124–128°.

*Dibenzo-7-thia-1,4-diarsa-bicyclo[2.2.1]heptadien* (F: 184–185°; Subl. p.$_2$: 120–130°) fällt beim Schütteln einer ätherischen Lösung von 5,10-Dichlor-5,10-dihydro-arsanthren mit wäßriger Natriumsulfid-Lösung an[6]:

$$\cdots \quad + \quad Na_2S \quad \xrightarrow{-\,2\,NaCl} \quad \cdots$$

Beim Sättigen einer alkoholischen Lösung von Bis-[diphenyl-arsin]-oxid bzw. Dibenzo-7-oxa-1,4-diarsa-bicyclo[2.2.1]heptadien mit Schwefelwasserstoff entstehen ebenfalls die entsprechenden Sulfide[5, 6]:

$$(H_5C_6)_2As-O-As(C_6H_5)_2 \quad + \quad H_2S \quad \xrightarrow{-\,H_2O} \quad (H_5C_6)_2As-S-As(C_6H_5)_2$$

*Bis-[diphenyl-arsin]-sulfid*

Aus Dibenzo-7-oxa-1,4-diarsa-bicyclo[2.2.1]heptadien und Selen- bzw. Tellurwasserstoff in äthanolischer Lösung werden *Dibenzo-7-selena-1,4-diarsa-bicyclo[2.2.1]heptadien* (Subl. p$_{0,8}$: 140–150°; F: 220° in geschmolzenem Rohr) bzw. *Dibenzo-7-tellura-1,4-diarsa-bicyclo[2.2.1]heptadien* (Subl. p$_{0,2}$: 170–180°) erhalten[6].

---

[1] R. ZINGARO et al., Am. Soc. **93**, 5677 (1971).
 Vgl. a. W. T. REICHLE, Inorg. Chem. **1**, 650 (1962).
[2] R. BUNSEN, A. **46**, 1 (1843).
[3] N. CAMERMAN u. J. TROTTER, Soc. **1964**, 219.
[4] A. MICHAELIS, A. **321**, 141 (1902).
[5] K. SOMMER, Z. anorg. Ch. **383**, 136 (1971).
[6] D. W. ALLEN et al., Soc. [C] **1970**, 810.

γ) Thioarsinigsäure-anhydride aus sek. Arsinen oder Diarsinen

Dimethyl[1]- und Bis-[trifluormethyl]-arsin[2] addieren äquimolare Mengen elementaren Schwefel zu den entsprechenden *Bis-[dimethyl-arsin]-*[1] bzw. *Bis-[bis-(trifluormethyl)-arsin]-sulfid*[2] (s. jedoch S. 349):

$$2 \ (F_3C)_2AsH \ + \ 2 \ S \ \xrightarrow[-H_2S]{} \ (F_3C)_2As-S-As(CF_3)_2$$

Bei der Umsetzung von Dimethyl-arsin mit überschüssigem Schwefel entsteht das *Bis-[dimethyl-arsin]-disulfan* (*Dimethyl-dithioarsinsäure-dimethylarsinylester*; s. S. 349) in nahezu 100%-iger Ausbeute[1, 2]:

$$2 \ (H_3C)_2AsH \ + \ 3 \ S \ \xrightarrow[-H_2S]{} \ (H_3C)_2\overset{\overset{\displaystyle S}{\|}}{As}-S-As(CH_3)_2$$

Bis-[diaryl-arsin]-sulfide werden durch Erhitzen von Tetraaryl-diarsinen mit elementarem Schwefel in benzolischer Lösung gewonnen[3]:

$$Ar_2As-AsAr_2 \ + \ S \ \xrightarrow{\nabla / Benzol} \ Ar_2As-S-AsAr_2$$

*Bis-[bis-(3-nitro-phenyl)-arsin]-sulfid*[3] (F: 156°) kann z. B. auf diese Weise hergestellt werden, wobei das Diarsin im Überschuß eingesetzt wird, damit keine Disulfane entstehen[3].

## B. Umwandlung

Bis-[diorgano-arsin]-sulfide werden durch Oxidation zu Arsinsäuren bzw. Dithioarsinsäuren oxidiert (s. S. 328, 348). Mit elementarem Schwefel werden Dithioarsinsäure-arsinylester erhalten (s. S. 350) und mit Quecksilber(II)-chlorid werden Chlor-diorgano-arsine gebildet (s. S. 350). Metallisches Quecksilber reduziert Bis-[diorgano-arsin]-sulfide zu Diarsinen (s. S. 144).

## 6. Thioarsinigsäure-ester (Organo-Thio-diorgano-arsine) und verwandte Verbindungen

### A. Herstellung

### α) Aus Arsinigsäure-halogeniden

Thioarsinigsäure-ester werden durch Umsetzung von Arsinigsäure-halogeniden mit Mercaptiden oder mit Mercaptanen in Gegenwart von tert. Aminen hergestellt[4-16]:

[1] W. M. DEHN u. B. WILCOX, Am. **35**, 37 (1906); C. **1906** I, 738.
[2] W. R. CULLEN, Canad. J. Chem. **41**, 2424 (1963).
[3] A. MICHAELIS, A. **321**, 141 (1902).
[4] W. STEINKOPF et al., B. **61**, 678 (1928).
[5] Belg. P. 621008 (1963), R. FUSCO u. C. A. PETRI; C. A. **59**, 8340 (1963).
[6] N. A. CHADAEVA et al., Doklady Akad. SSSR **157**, 371 (1964); C. A. **61**, 12032 (1964).
[7] YU. F. GATILOV et al., Ž. obšč. Chim. **36**, 1670 (1966); engl.: 1667.
[8] USSR. P. 188971 (1966), N. K. BLIZUYUK; C. A. **67**, 63768 (1967).
[9] E. MÜLLER et al., A. **705**, 54 (1967).
[10] M. P. OSIPOVA et al., Ž. obšč. Chim. **37**, 1660 (1967); engl.: 1578.
[11] G. KAMAI et al., Ž. obšč. Chim. **37**, 2754 (1967); engl.: 2620.
[12] M. S. OSIPOVA et al., Izv. Akad. SSSR **1969**, 715, 1326; C. A. **71**, 22163, 81485 (1969).
[13] G. KAMAI et al., Izv. Akad. SSSR **1970**, 1092; C. A. **73**, 77345 (1970).
[14] YU. F. GATILOV et al., Ž. obšč. Chim. **41**, 1291 (1971); engl.: 1301.
[15] YU. F. GATILOV et al., Ž. obšč. Chim. **42**, 132 (1972); engl.: 127.
[16] N. A. CHADAEVA et al., Izv. Akad. SSSR **1974**, 226; C. A. **80**, 108619 (1974).

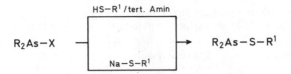

Der durch Umsetzung von Arsinigsäure-chloriden und Thiolen entstandene Chlorwasserstoff läßt sich aus dem Reaktionsgemisch durch Stickstoff austreiben[1]. Das Arbeiten in Gegenwart eines tert. Amins ist jedoch vorteilhafter.

**Äthylthio-phenyl-(4-nitro-phenyl)-arsin**[2]: Eine Lösung von 5,5 g Chlor-phenyl-(4-nitro-phenyl)-arsin in 50 ml abs. Benzol wird zu einer Mischung von 1,1 g Äthylmercaptan, 2 g Triäthylamin und 50 ml Benzol getropft. Anschließend wird 2 Stdn. auf dem heißen Wasserbad gerührt, das ausgefallene Ammoniumsalz abfiltriert und mit abs. Benzol nachgewaschen. Nach Abziehen des Lösungsmittels wird der Rückstand i. Vak. destilliert; Ausbeute: 3,5 g (62% d. Th.); $Kp_{0,2}$: 185–187°.

**Propylthio-diphenyl-arsin**[1]: Unter Rühren werden bei 20° 10,3 g Chlor-diphenyl-arsin zu 3,5 g Propylmercaptan gegeben, wobei ein Stickstoffstrom durch die Apparatur geleitet wird, um abgespaltenen Chlorwasserstoff hinauszutreiben. Nach 1 stdgm. Rühren bei 20° wird auf dem Wasserbad erhitzt und anschließend i. Vak. destilliert; Ausbeute: 5,2 g (44% d. Th.); $Kp_{0,14}$: 112–116°.

**Butylthio-dipropyl-arsin**[3]: Unter Rühren und Kühlen auf 0° tropft man 24 g Chlor-dipropyl-arsin in 50 ml abs. Äther zu einer Lösung von 11 g Butylmercaptan und 12,3 g Triäthylamin in 200 ml Äther. Die Reaktion wird in einer Kohlendioxidatmosphäre durchgeführt. Das ausgefallene Ammoniumsalz wird abfiltriert und mit Äther gewaschen. Nach Entfernung des Äthers wird der Rückstand i. Vak. destilliert; Ausbeute: 12,8 g (42% d. Th.); $Kp_{20}$: 126°.

Bei der Umsetzung der Arsinigsäure-halogenide mit Mercapto-alkoholen bzw. Mercapto-phenolen reagiert ausschließlich der nucleophilere Schwefel[4]:

$$R_2As-Cl \ + \ Li-S-\underset{}{\bigcirc}-O-Li \ \xrightarrow{(H_2O)} \ R_2As-S-\underset{}{\bigcirc}-OH$$

**(4-Hydroxy-3,5-di-tert.-butyl-phenylthio)-diphenyl-arsin**[4]: Aus 6,4 g (27 mMol) 4-Mercapto-2,6-di-tert.-butyl-phenol in 50 ml abs. Tetrahydrofuran und 49 ml (54 mMol) 1,1 n Butyl-lithium in Petroläther (Kp: 30–50°) bereitet man eine Suspension des entsprechenden Dilithiumsalzes. Diese wird unter Rühren tropfenweise mit einer Lösung von 7,2 g (27 mMol) Chlor-diphenyl-arsin in 30 ml abs. Tetrahydrofuran versetzt. Man läßt 12 Stdn. stehen, fügt dann 100 ml abs. 1,4-Dioxan zu, rührt 2 Stdn. bei 80° und läßt erkalten. Nach 2 Tagen wird die Suspension unter Stickstoff abgesaugt und der Niederschlag mit 30 ml sauerstofffreiem Wasser sowie 30 ml Äther versetzt. Nach dem Ansäuern mit konz. Salzsäure wird die ätherische Phase abgetrennt, über Natriumsulfat getrocknet, vom Lösungsmittel befreit und der Rückstand mehrfach aus Petroläther (Kp: 50–70°) umkristallisiert; Ausbeute: 11,3 g (91% d. Th.); F: 63–64°.

Dimethyl- bzw. Diäthyl-arsinigsäure-thiocyanat reagieren mit Thiiran bei 20° zu den entsprechenden 2-Thiocyan-äthylestern[5]:

$$R_2As-SCN \ + \ \underset{S}{\triangledown} \ \xrightarrow{25°} \ R_2As-S-CH_2-CH_2-SCN$$

$R = CH_3$; (2-Thiocyan-äthylthio)-dimethyl-arsin; 92% d. Th.; $Kp_1$: 104–105°
$R = C_2H_5$; (2-Thiocyan-äthylthio)-diäthyl-arsin; 92% d. Th.; $Kp_2$: 119–120°

Analog verhält sich Chlor-diäthyl-arsin, das mit Thiiran bei 20–30° in 86%-iger Ausbeute (2-Chlor-äthylthio)-diäthyl-arsin ($Kp_{115}$: 73–76°) ergibt[6].

---

[1] M. P. OSIPOVA et al., Ž. obšč. Chim. **37**, 1660 (1967); engl.: 1578.
[2] G. KAMAI et al., Ž. obšč. Chim. **37**, 2754 (1967); engl.: 2620.
[3] YU. F. GATILOV et al., Ž. obšč. Chim. **42**, 132 (1972); engl.: 127.
[4] E. MÜLLER et al., A. **705**, 54 (1967).
[5] USSR. P. 192809 (1967), A. F. KOLOMIETS et al.; C. A. **68**, 105186 (1968).
[6] USSR. P. 196823 (1967), G. S. LEVSKAYA et al.; C. A. **68**, 68466 (1968).

Tab. 25: Thioarsinigsäure-ester durch Umsetzung von Arsinigsäure-halogeniden mit Alkalimetallmercaptiden oder Mercaptanen

| Ausgangs-verbindung | Mercaptan | Thioarsinigsäure-ester | Ausbeute [% d. Th.] | Kp [°C] | Kp [Torr] | Literatur |
|---|---|---|---|---|---|---|
| $(H_5C_2)_2As-Cl$ | $H_9C_4-SH$ | *Butylthio-diäthyl-arsin* | 39 | 125–127 | 25 | 1 |
| $H_5C_6 \diagdown$ $As-J$ $H_5C_2 \diagup$ | $H_5C_2-SH$ | *Äthylthio-äthyl-phenyl-arsin* | 73 | 143–144 | 10 | 2 |
| | $(H_3C)_2CH-SH$ | *Isopropylthio-äthyl-phenyl-arsin* | 80 | 122–123 | 10 | 2 |
| $H_5C_6 \diagdown$ $As-J$ $H_9C_4 \diagup$ | $H_9C_4-SH$ | *Butylthio-butyl-phenyl-arsin* | 81 | 172–173 | 10 | 3 |
| | $2\ H_2N-C_6H_4-SH$ | *(2-Amino-phenylthio)-butyl-phenyl-arsin* | 64 | (F: 145–147°) | – | 3 |
| $(H_5C_6)_2As-Cl$ | $H_5C_2-SH$ | *Äthylthio-diphenyl-arsin* | – | 215–220 | 11 | 4 |
| | $H_9C_4-SH$ | *Butylthio-diphenyl-arsin* | 61 | 152–154 | 1,5 | 5 |
| | $H_5C_6-SH$ | *Phenylthio-diphenyl-arsin* | 62 | 168–170 | 13 | 6,7 |
| $H_5C_6 \diagdown$ $As-Cl$ (4-methylphenyl ring, $H_3C$) | $H_7C_3-SH$ | *Propylthio-phenyl-(4-methyl-phenyl)-arsin* | 58 | 116–118 | 0,1 | 5 |
| $H_5C_6 \diagdown$ $As-Cl$ (2-methoxyphenyl ring, $O-CH_3$) | $H_7C_3-SH$ | *Propylthio-phenyl-(2-methoxy-phenyl)-arsin* | 75 | 96–98 | 0,09 | 5 |
| 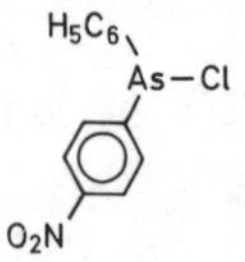 $H_5C_6 \diagdown$ $As-Cl$ (4-nitrophenyl ring, $O_2N$) | $HS-CH_2-NH-CO-C_6H_5$ | *(Benzoylamino-methyl-thio)-phenyl-(4-nitro-phenyl)-arsin* | 71 | (F: 97–98°) | | 8 |

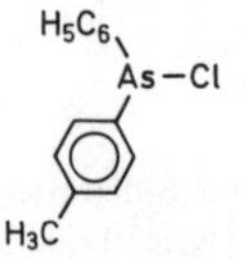

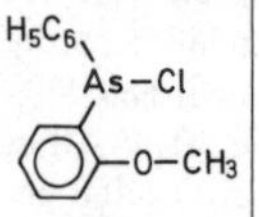

Jod-bis-[trifluormethyl]-arsin setzt sich mit Dialkylthio- bzw. Dialkylseleno-quecksilber ohne Lösungsmittel zu den entsprechenden Thio- bzw. Seleno-arsinigsäure-estern um[9,10]; z. B.:

[1] Yu. F. Gatilov et al., Ž. obšč. Chim. 41, 1291 (1971); engl.: 1301.
[2] M. P. Osipova et al., Izv. Akad. SSSR 1969, 715; C. A. 71, 22163 (1969).
[3] M. P. Osipova et al., Izv. Akad. SSSR 1969, 1326; C. A. 71, 81485 (1969).
[4] W. Steinkopf et al., B. 61, 678 (1928).
[5] M. P. Osipova et al., Ž. obšč. Chim. 37, 1660 (1967); engl.: 1578.
[6] Belg. P. 621008 (1963), R. Frusco u. C. A. Peri; C. A. 59, 4526 (1963).
[7] E. Müller et al., A. 705, 54 (1967).
[8] G. Kamai et al., Ž. obšč. Chim. 37, 2754 (1967); engl.: 2620.
[9] H. J. Emeléus et al., Soc. 1962, 2529.
[10] W. R. Cullen, Canad. J. Chem. 40, 575 (1962); 41, 2424 (1963).

$$2 \; (F_3C)_2As-J \; \begin{cases} \xrightarrow[-\,HgJ_2]{Hg(S-C_2H_5)_2} \; 2 \; (F_3C)_2As-S-C_2H_5 \\ \qquad\qquad \textit{Äthylthio-bis-[trifluormethyl]-arsin} \\[2em] \xrightarrow[-\,HgJ_2]{Hg(Se-CF_3)_2} \; 2 \; (F_3C)_2As-Se-CF_3 \\ \qquad\qquad \textit{Trifluormethylseleno-bis-[trifluormethyl]-arsin} \end{cases}$$

**Trifluormethylseleno-bis-[trifluormethyl]-arsin**[1]: 3,7 mMol Jod-bis-[trifluormethyl]-arsin und 1,9 mMol Bis-[trifluor-methylseleno]-quecksilber werden in eine Pyrex-Ampulle gegeben, die Ampulle wird zugeschmolzen und 72 Stdn. stehengelassen. Danach wird fraktioniert kondensiert und die Fraktion bei $-65°$ gesammelt; Ausbeute: 3,1 mMol (84% d. Th.); Kp: 80° (extrapoliert).

## $\beta$) Aus Arsinigsäure-estern oder -amiden

Arsinigsäure-ester niederer Alkohole werden durch Erhitzen mit höher siedenden Mercaptanen zu Thioarsinigsäure-estern umgeestert[2-4]:

$$R_2As-OCH_3 \; + \; R^1-SH \; \xrightarrow[-\,CH_3OH]{} \; R_2As-S-R^1$$

Der abgespaltene Alkohol wird aus dem Reaktionsgemisch destillativ entfernt.

Wesentlich reaktiver verhalten sich Arsinigsäure-amide gegenüber Mercaptanen oder Selenolen[5, 6]:

$$R_2As-N(CH_3)_2 \; + \; R^1-X-H \; \xrightarrow[-\,(H_3C)_2NH]{} \; R_2As-X-R^1$$
$$X = S, \; Se$$

Auf diese Weise werden besonders die auf anderen Wegen schwieriger zugänglichen Organothio- bzw. Organoseleno-dialkyl-arsine hergestellt.

**Organothio- und Organoseleno-dialkyl-arsine; allgemeine Arbeitsvorschrift**[7]**:** Unter trockenem Stickstoff werden $\sim 5$ g (0,019–0,028 Mol) Dialkylarsinigsäure-diäthylamid in einem mit Magnetrührer, Tropftrichter und Rückflußkühler versehenen Zweihalskolben vorgelegt. Unter Rühren wird das Mercaptan in 3fachem molaren Überschuß (Bei den Selenolen, die immer frisch destilliert sein sollen, werden stöchiometrische Mengen eingesetzt) versetzt. Anschließend wird 3 Stdn. bei 50° gerührt, unter Stickstoff von eventuell Ungelöstem (besonders bei der Umsetzung mit Selenolen) abfiltriert und das Filtrat fraktioniert destilliert.

Auf diese Weise werden folgende Verbindungen hergestellt[7]:

| | | |
|---|---|---|
| *Methylthio-dimethyl-arsin* | 85% d.Th. | $Kp_{34}$: 49° |
| *Phenylseleno-dimethyl-arsin* | 70% d.Th. | $Kp_1$: 100° |
| *[Naphthyl-(1)-seleno]-diäthyl-arsin* | 83% d.Th. | $Kp_{0,15}$: 118° |
| *Äthylthio-diäthyl-arsin* | 85% d.Th. | $Kp_{12}$: 71° |
| *Benzylseleno-diäthyl-arsin* | 60% d.Th. | $Kp_{0,025}$: 86° |
| *Propylthio-dipropyl-arsin* | 85% d.Th. | $Kp_{0,15}$: 56° |

Analog reagieren Dimethylarsinigsäure-alkylamide mit Thiolen zu den entsprechenden Dimethyl-thioarsinigsäure-estern[7]. Dimethyl-arsinigsäure-diäthylamid und 2-Oxo-1,3-

---

[1] H. J. Eméléus et al., Soc. **1962**, 2529.

[2] N. A. Chadaeva et al., Ž. obšč. Chim. **36**, 704 (1966); engl.:718; **43**, 821, 824 (1973); engl.: 821, 825.

[3] N. A. Chadaeva et al., Izv. Akad. SSSR **1967**, 2554; C. A. **69**, 106838 (1968).

[4] N. A. Chadaeva et al., Izv. Akad. SSSR **1974**, 226; C. A. **80**, 108619 (1974).

[5] L. S. Sagan et al., J. Organometal. Chem. **39**, 301 (1972).

[6] F. Kober u. W. J. Rühl, Z. anorg. Ch. **406**, 52 (1974); und dort zitierte Literatur.

[7] F. Kober, Z. anorg. Ch. **401**, 243 (1973).

oxathiolan setzen sich nach 10tägigem Erhitzen auf 80° zu [*(2-Dimethylamino-carbonyl-oxy)-äthylthio]-dimethyl-arsin* (82% d. Th.; $Kp_{0,01}$: 77,5–78°) um[1]:

$$(H_3C)_2As-N(C_2H_5)_2 \quad + \quad \underset{O}{\overset{S}{\text{[}}} \quad \xrightarrow{\text{10 Tage, 80°}} \quad (H_3C)_2As-S-CH_2-CH_2-O-CO-N(C_2H_5)_2$$

## γ) Aus Arsinigsäuren, Thioarsinigsäuren oder Arsinsäuren

Arsinigsäuren bzw. Arsinigsäure-anhydride lassen sich durch Erhitzen mit α-Mercapto-carbonsäuren[2,3] oder Mercaptanen[4] in die entsprechenden Thioarsinigsäure-ester umwandeln:

$$(H_5C_6)_2As-O-As(C_6H_5)_2 \quad + \quad 2\ HS-CH_2-COOH \quad \xrightarrow[-H_2O]{} \quad 2\ (H_6C_5)_2As-S-CH_2-COOH$$

Die Reaktion wird in wäßriger oder alkoholischer[2,3] Lösung bzw. in Toluol[4] durchgeführt.

Läßt man Mercaptane oder Mercapto-carbonsäuren auf Arsinsäuren[6] oder Arsinsäure-ester[6] einwirken, so wird die Arsinsäure reduziert, und man erhält Thioarsinigsäure-ester; z. B.:

$$3\ \underset{NH_2}{HOOC-CH-CH_2-SH} \quad + \quad (H_3C)_2AsO_2H \quad \xrightarrow[\ -\left(\underset{NH_2}{HOOC-CH-CH_2-S-}\right)_2\ ]{} \quad \underset{NH_2}{(H_3C)_2As-S-CH_2-CH-COOH}$$

*S-Dimethylarsino-cystein*

Bei der Umsetzung der Arsinsäure-ester mit Mercaptanen gelingt die Trennung der Reaktionsprodukte (Thioarsinigsäure-ester, Disulfan und Alkohol) nicht immer[6], so daß die Reaktion keine präparative Bedeutung besitzt.

*Dimethylborylthio-dimethyl-arsin* wird aus Dimethyl-thioarsinigsäure-anhydrid und Jod-dimethyl-boran hergestellt[7]:

$$(H_3C)_2As-S-As(CH_3)_2 \quad + \quad (H_3C)_2B-J \quad \longrightarrow \quad (H_3C)_2As-S-B(CH_3)_2 \quad + \quad (H_3C)_2As-J$$

**Dimethylborylthio-dimethyl-arsin**[7]: Zu 5,0 g (20,5 mMol) Bis-[dimethylarsin]-sulfid in 50 *ml* Pentan werden unter Rühren 3,1 g (19 mMol) Jod-dimethyl-boran getropft, wobei leichte Trübung eintritt. Anschließend wird fraktioniert destilliert; Ausbeute: 2,1 g (58% d. Th.); $Kp_9$: 45°.

Im Gegensatz zu der entsprechenden Phosphor-Verbindung liegt das Dimethylborylthio-dimethylarsin monomer vor[7].

Trifluor-jod-methan wirkt auf Bis-[dimethylarsin]-sulfid in ähnlicher Weise unter Bildung von *Trifluormethylthio-dimethyl-arsin*[8].

## δ) Aus sek. Arsinen oder Diarsinen

Bei der Einwirkung von Dialkyl- oder Diaryl-disulfanen auf Dialkylarsine bzw. Tetraalkyl-diarsine werden unter Spaltung der As-As- bzw. As-H-Bindung die entsprechenden Dialkyl-thioarsinigsäure-ester gebildet[9,10]:

---

[1] J. Koketsu et al., J. Organometal. Chem. **38**, 69 (1972).
[2] K. Takahashi, J. pharm. Soc. Japan **72**, 1148 (1952); C. A. **47**, 6887 (1953).
[3] US. P. 2701812 (1955), K. Takahashi u. T. Ueda; C. A. **50**, 1907 (1956).
[4] USSR. P. 188971 (1966), N. Bliznyuk et al.; C. A. **67**, 63768 (1967).
[5] H. King u. R. J. Ludford, Soc. **1950**, 2088.
[6] N. A. Chadaeva et al., Izv. Akad. SSSR **1970**, 1640; C. A. **74**, 3709 (1971).
[7] H. Vahrenkamp, J. Organometal. Chem. **28**, 167 (1971).
[8] W. R. Cullen, Canad. J. Chem. **41**, 2424 (1963).
[9] W. R. Cullen et al., Inorg. Chem. **3**, 1332 (1964).
[10] W. R. Cullen u. P. S. Dhaliwal, Canad. J. Chem. **45**, 379 (1967).

$$R_2As-AsR_2 \quad + \quad R^1-S-S-R^1 \quad \longrightarrow \quad 2\ R_2As-S-R^1$$

$R = CH_3, CF_3$

$R^1 = CH_3, C_2H_5, C_6H_5, CF_3,$

$$R^1-S-S-R^1 = \quad \underset{S-S}{\overset{F_3C \quad CF_3}{\bigsqcup}}$$

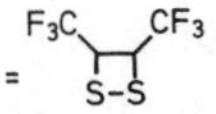

Die Umsetzung erfolgt durch Vermischen der Reaktionspartner und Erhitzen über mehrere Tage auf 20–100°. Die Ausbeuten betragen 70–100% d. Th.[1,2].

Dimethyl-arsin und Tetramethyl-diarsin werden durch Umsetzung mit Trifluormethansulfenylchlorid in *Trifluormethylthio-dimethyl-arsin* überführt[2]:

$$2\ (H_3C)_2AsH \quad + \quad F_3C-S-Cl \quad \longrightarrow \quad (H_3C)_2As-S-CF_3 \quad + \quad (H_3C)_2As-Cl$$

## ε) Aus tert. Arsinsulfiden

Tert. Arsinsulfide mit mindestens einem Alkyl-Rest reagieren mit Alkylhalogeniden in Abhängigkeit von den Liganden am Aromaten, vom Halogenid und vom Reaktionsmedium in mäßiger bis geringer Ausbeute zu Thioarsinigsäure-estern[3-5]:

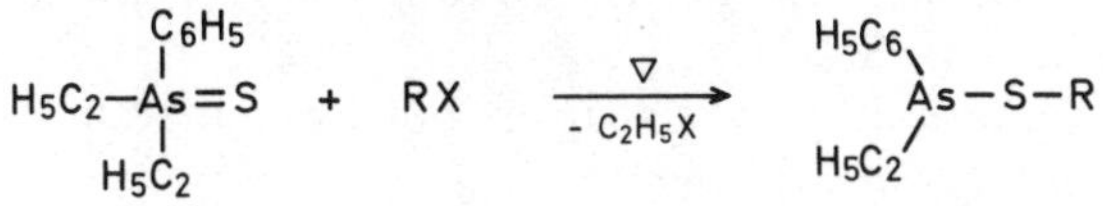

$$\underset{H_5C_2}{\overset{C_6H_5}{H_5C_2-\overset{|}{A}s=S}} \quad + \quad RX \quad \xrightarrow[- C_2H_5X]{\triangledown} \quad \underset{H_5C_2}{\overset{H_5C_6}{As-S-R}}$$

Hierbei wird ausschließlich die Alkyl-Arsen-Bindung gespalten. Die Reaktion wird meistens durch mehrstündiges Kochen in Benzol durchgeführt[3-5]. Die Umsetzung verläuft über Alkylthio-triorgano-arsoniumsalze (s. S. 365), die je nach Nucleophilie des eingesetzten Halogenids in Thioarsinigsäure-ester oder quart. Arsoniumsalze übergehen[3-5].

Ein wesentlicher Aspekt dieser Reaktion liegt in dem Befund, daß opt. aktive tert. Arsin-sulfide optisch aktive Ester liefern; z. B. aus (+)- und (−)-Äthyl-phenyl-(4-carboxy-phenyl)-arsin-sulfid beim Erhitzen mit Propylbromid in Benzol auf 90° das optisch aktive *Propylthio-phenyl-(4-carboxy-phenyl)-arsin*[3].

**Butylthio-dipropyl-arsin**[6]: Eine Mischung aus 20 g Tripropyl-arsinsulfid und 23,2 g Butylbromid (Verhältnis 1:2) in 100 ml Benzol wird 22 Stdn. auf 80° erhitzt. Nach Abdestillieren des Benzols und überschüssigen Alkylhalogenids bleibt eine 2phasige Flüssigkeit zurück. Die obere Schicht wird abgetrennt und i. Vak. destilliert; Ausbeute: 7,5 g (35% d. Th.); Kp$_{13}$: 115°.
Die untere Schicht kristallisiert aus Äther und besteht aus Butylthio-tripropyl-arsoniumbromid; F: 92°.

Analoge Umsetzungen mit Äthyl- bzw. Propylbromid liefern *Äthylthio-* (Kp$_{20}$: 90°) bzw. *Propylthio-dipropyl-arsin* (Kp$_{20}$: 98°).

Die besten Ausbeuten an Thioarsinigsäure-estern werden bei der Umsetzung mit Alkylbromiden und Benzol als Lösungsmittel erreicht[6,7].

---

[1] W. R. CULLEN et al. Inorg. Chem. **3**, 1332 (1964).

[2] W. R. CULLEN u. P. S. DHALIWAL, Canad. J. chem. **45**, 379 (1967).

[3] YU. F. GATILOV et al., Ž. obšč. Chim. **36**, 1670 (1966); engl.: 1667; **37**, 1904 (1967); engl.: 1812; **38**, 372, 1798 (1968); engl.: 370, 752; **41**, 1291 (1971); engl.: 1301.

[4] G. KAMAI et al., Ž. obšč. Chim. **41**, 2015 (1971); engl.: 2036.

[5] YU. F. GATILOV et al., Ž. obšč. Chim. **42**, 132, 1303 (1972); engl.: 127, 1298.

[6] YU. F. GATILOV et al., Ž. obšč. Chim. **42**, 132 (1972); engl.: 127.

[7] G. KAMAI et al., Ž. obšč. Chim. **41**, 2015 (1971).: 2036.

## B. Umwandlung

Thioarsinigsäure-ester werden durch Hydrolyse in Arsinigsäure-anhydride umgewandelt. Die Hydrolyse in Gegenwart von Sauerstoff führt zu Arsinsäuren (s. S. 330). Bei der Einwirkung von elementarem Brom auf Thioarsinigsäure-ester wird dieAs-S-Bindung unter Bildung von Brom-diorgano-arsinen gespalten[1]; z. B.:

$$(H_5C_6)_2As-S-C_6H_5 \ + \ Br_2 \xrightarrow[- \ H_5C_6-S-Br]{} (H_5C_6)_2As-Br$$

Chlor-diorgano-phosphine reagieren analog unter Bildung von Chlor-diorgano-arsinen[1]; z. B.:

$$\underset{H_5C_6}{\overset{H_5C_2}{>}}As-S-C_2H_5 \ + \ \underset{H_5C_6}{\overset{H_5C_2}{>}}P-Cl \longrightarrow \underset{H_5C_6}{\overset{H_5C_2}{>}}As-Cl \ + \ \underset{H_5C_6}{\overset{H_5C_2}{>}}P-S-C_2H_5$$

Thioarsinigsäure-ester werden durch Umsetzung mit Alkyl-halogeniden in Halogen-diorgano-arsine überführt[2]. Bei der Einwirkung von Grignard-Verbindungen werden tert. Arsine gebildet[1] (s. S. 53).

Dipropyl-thioarsinigsäure-äthylester reagiert mit elementarem Schwefel zu *Dipropyl-dithioarsinsäure-dipropylarsinylester*[3]:

$$2 \ (H_7C_3)_2As-S-C_2H_5 \xrightarrow{\ S\ } (H_7C_3)_2\underset{\underset{S}{\overset{\|}{}}}{As}-S-As(C_3H_7)_2$$

Mit Kupfer(I)-halogeniden werden kristalline Komplexe[4,5] erhalten.

Bei der Einwirkung von alkalischem Kalium-hexacyanoferrat(III) auf (4-Hydroxy-3,5-di-tert.-butyl-phenyl-mercapto)-diphenyl-arsin in Benzol, entsteht ein Radikal, das sich ESR-spektroskopisch nachweisen läßt[6]:

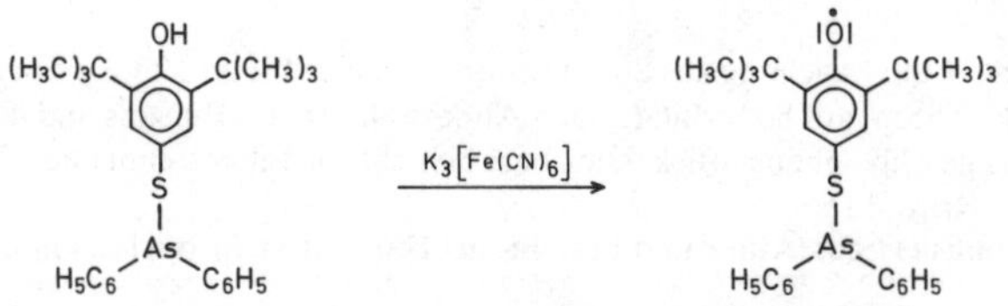

4-*Diphenylarsinthio-2,6-di-tert.-butyl-phenoxyl*

---

[1] N. A. Chadaeva et al., Izv. Akad. SSSR **1972**, 963, 1612; C. A. **77**, 75 283 (1972).
[2] N. A. Chadaeva et al., Ž. obšč. Chim. **42**, 125 (1972); engl.: 120.
[3] L. S. Sagan et al., J. Organometal. Chem. **39**, 301 (1972).
[4] G. Kamai et al., Ž. obšč. Chim. **37**, 2754 (1967); engl.: 2620.
[5] M. P. Osipova et al., Izv. Akad. SSSR **1969**, 715; C. A. **71**, 22 163 (1969).
[6] E. Müller et al., A. **705**, 54 (1967).

## 7. Gemischte Anhydride der Thioarsinigsäuren mit Carbonsäuren, Phosphorsäuren oder Sulfonsäuren

### $\alpha$) Anhydride mit Carbonsäuren (Acylthio-diorgano-arsine)

Durch Erhitzen von Arsinigsäure-halogeniden[1,2], -anhydriden[3,4] oder -estern[5,6] mit Thiocarbonsäuren oder deren Alkalimetallsalzen in benzolischer oder acetonischer Lösung werden Acylthio-diorgano-arsine hergestellt:

$$R_2As-O-AsR_2 \;+\; 2\,HS-CO-R^1 \xrightarrow[-\;H_2O]{} 2\,R_2As-S-CO-R^1$$

**10-Acylthio-phenoxarsine; allgemeine Arbeitsvorschrift[3]:** In einem Dreihalskolben mit Rührer, Tropftrichter und Rückflußkühler mit Wasserabscheider wird zu einer Aufschlämmung von 1 Mol Bis-[phenoxarsinyl-(10)]-oxid in 1–3 $l$ siedendem Benzol die jeweilige (2 Mol) Thiocarbonsäure langsam unter Rühren getropft. Man erhitzt solange unter Rückfluß bis die Wasser-Abscheidung beendet ist. Nach Entfernung des Benzols wird der Rückstand umkristallisiert.

So erhält man u. a.:

| | | |
|---|---|---|
| *10-Acetylthio-phenoxarsin* | 74% d. Th. | F: 91,5–92,5° (aus Cyclohexan) |
| *10-Phenylacetylthio-phenoxarsin* | 93% d. Th. | F: 123–124° (aus Nitromethan) |
| *10-(4-Methoxy-benzoylthio)-phenoxarsin* | 85% d. Th. | F: 118–118,5° (aus Nitromethan) |

Auf ähnliche Weise wird *Benzoylthio-diphenyl-arsin* (F: 75–77°) zu 82% d. Th. erhalten[4].

Bei der Umsetzung von Arsinigsäure-alkylester mit Thiocarbonsäuren werden hauptsächlich die niederen Alkylester eingesetzt, um den abgespaltenen Alkohol besser destillativ entfernen zu können[5,6].

Acetylthio-diorgano-arsine werden auch aus Trialkyl-oder Dialkyl-aryl-arsinsulfiden und Acetylchlorid bzw. -bromid erhalten[6,7]:

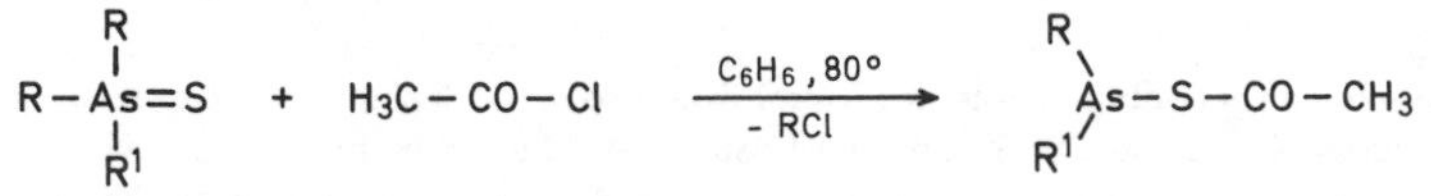

$$R-\overset{\displaystyle R}{\underset{\displaystyle R^1}{As}}=S \;+\; H_3C-CO-Cl \xrightarrow[-\;RCl]{C_6H_6,\,80°} \overset{\displaystyle R}{\underset{\displaystyle R^1}{As}}-S-CO-CH_3$$

R = Alkyl
$R^1$ = Phenyl, Alkyl

Die Umsetzung verläuft über Acylthio-triorgano-arsoniumsalze (s. S. 365), die mit oder ohne Isolierung beim Erhitzen in Alkylhalogenid und Acetylthio-diorgano-arsine zerfallen[7].

**Acetylthio-dipropyl-arsin[7]:** 10,0 g Tripropyl-arsinsulfid und 3,4 g Acetylchlorid (Verhältnis 1:1) werden in 30 $ml$ Benzol 13 Stdn. auf 80° erhitzt. Nach Entfernung des Lösungsmittels lassen sich 5,6 g (56% d. Th.) Tripropyl-arsinsulfid (F: 38–39°) zurückgewinnen. Der Rückstand wird i. Vak. destilliert; Ausbeute: 3,4 g (77,5% d. Th.); $Kp_8$: 54–55°.

*Acetylthio-äthyl-phenyl-arsin* ($Kp_{20}$: 152°) und *Acetylthio-diäthyl-arsin* ($Kp_{27}$: 94–95°) werden analog gewonnen[7].

---

[1] US. P. 2767114 (1956); E. Urbschat u. P. E. Brohberger; C. A. **51**, 5354 (1957).

[2] Brit. P. 957208 (1964); Dow Chemical Co.; C. A. **61**, 10708 (1964).

[3] R. A. Nyquist et al., Appl. Spectroskopy **20**, 90 (1966).

[4] J. C. Tou u. C. S. Wang, J. Organometal. Chem. **34**, 141 (1972).

[5] M. P. Osipova et al., Izv. Akad. SSSR **1969**, 1326; C. A. **71**, 81485 (1969).

[6] G. M. Usacheva u. G. Kamai, Ž. obšč. Chim. **40**, 1306 (1970); engl.: 1298.

[7] Yu. F. Gatilov et al., Ž. obšč. Chim. **42**, 2466 (1966); engl.: 2458.

$\beta$) Anhydride mit Xanthogenaten, Thio- und Dithio-carbamaten (Alkoxy-thiocarbonylthio-diorgano-arsine, Dialkylaminocarbonylthio- und -thio-carbonylthio-diorgano-arsine)

Arsinigsäure-halogenide setzen sich mit Xanthogenaten[1-7], Thio- und Dithio-carbamaten[4, 6, 8-13] zu den entsprechenden Anhydriden um:

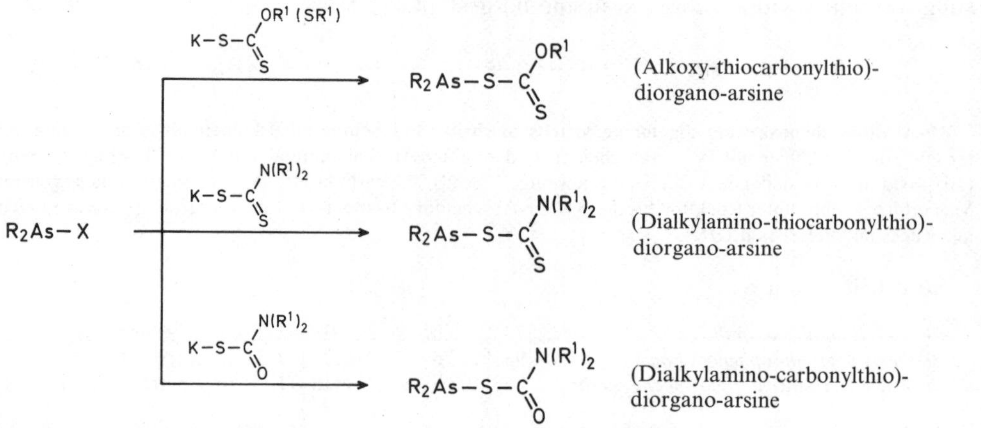

(Alkoxy-thiocarbonylthio)-diorgano-arsine

(Dialkylamino-thiocarbonylthio)-diorgano-arsine

(Dialkylamino-carbonylthio)-diorgano-arsine

Die Reaktion wird in Wasser, Alkohol, Aceton oder wäßrig-acetonischer Lösung durchgeführt. Statt der Arsinigsäure-halogenide können auch die entsprechenden Arsinigsäure-anhydride eingesetzt werden[12,14].

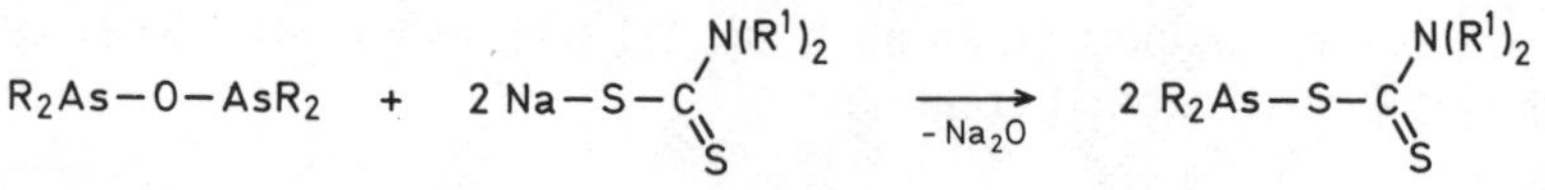

$$R_2As-O-AsR_2 \ + \ 2\,Na-S-C\!\!\begin{smallmatrix}N(R^1)_2\\\\S\end{smallmatrix} \quad \xrightarrow[-Na_2O]{} \quad 2\,R_2As-S-C\!\!\begin{smallmatrix}N(R^1)_2\\\\S\end{smallmatrix}$$

**(Äthoxythio-carbonylthio)-dimethyl-arsin[1]:** Eine Lösung von 57 g Kalium-äthyl-xanthogenat in 30 ml Aceton wird langsam unter Rühren bei 25–30° zu einer Lösung von 42 g Chlor-dimethyl-arsin in 50 ml Aceton gegeben. Man erhitzt dann 5 Min. unter Rückfluß, kühlt ab und verdünnt mit 500 ml Wasser. Die abgeschiedene ölige Schicht wird abgetrennt, mit Wasser gewaschen, getrocknet und destilliert; Ausbeute: 22 g (33% d. Th.); Kp$_{18}$: 137–138°.

**10-(Alkoxy-thiocarbonylthio)- und 10-(Dialkylaminocarbonylthio)-phenoxarsine; allgemeine Arbeitsvorschrift[6]:** 0,1 Mol 10-Chlor-phenoxarsin werden in 250–300 ml Aceton gelöst. Hierzu tropft man unter Rühren bei 15–20° eine Lösung von Natrium- oder Kalium-thiocarbonat (0,12 Mol) in 50–75 ml Wasser ein. Nach 30 Min. wird die Reaktionsmischung mit ~ 500 ml Eiswasser verdünnt. Bei festen Produkten wird abgekühlt, abgesaugt und umkristallisiert. Bei flüssigen Produkten wird mit Dichlormethan extrahiert, getrocknet und destilliert. Man erhält so u. a.:

[1] C. A. Peri, G. **89**, 1315 (1959); C. A. **54**, 22434 (1960).
[2] Brit. P. 813795 (1959), Montecatini Societa generale per l'industria mineraria e chimica; C. A. **55**, 6439 (1961).
[3] Jap. P. 17132 (1960), M. Nagasawa et al.; C. A. **55**, 17661 (1961).
[4] K. D. Shvetsova-Shilovskaya et al., Ž. obšč. Chim. **31**, 845 (1961); C. A. **55**, 23554 (1961).
[5] Brit. P. 957208 (1964), Dow Chemical Co.; C. A. **61**, 10708 (1964).
[6] R. A. Nyquist et al., Appl. Spectroskopy **20**, 90 (1966).
[7] USSR. P. 196816, 196831 (1967), G. S. Levskaya et al., C. A. **68**, 95976, 77987 (1968).
[8] L. Bourgeois u. J. Bolle, Mém. Services chim. **34**, 411 (1948).
[9] US. P. 2644005 (1953), E. Urbschat; C. A. **48**, 5879 (1954).
[10] E. R. H. Jones u. F. G. Mann, Soc. **1955**, 401.
[11] DBP. 940827 (1956), Farbf. Bayer, Erf.: E. Urbschat u. G. Schrader; C. A. **52**, 14713 (1958).
[12] Jap. P. 23794 (1965), E. Hayashi u. M. Kudo; C. A. **64**, 3602 (1966).
[13] J. C. Tou u. C. S. Wang, J. Organometal. Chem. **34**, 141 (1972).
[14] US. P. 2644005 (1953), Farbf. Bayer, Erf. E. Urbschat; C. A. **48**, 5879 (1954).

| | | |
|---|---|---|
| *10-(Methoxy-thiocarbonylthio)-phenoxarsin* | 58% d.Th. | F: 110–112° (aus Äthanol) |
| *10-(Äthoxy-thiocarbonylthio)-phenoxarsin* | 69% d.Th. | F: 79–81° (aus Äthanol) |
| *10-(2-Methyl-propyloxy-thiocarbonylthio)-phenoxarsin* | 94% d.Th. | F: 40–41,5° (aus Äthanol) |
| *10-(Benzyloxy-thiocarbonylthio)-phenoxarsin* | 71% d.Th. | F: 124–125,5° (aus Cyclohexan) |
| *10-(Diäthylaminocarbonylthio)-phenoxarsin* | 62% d.Th. | F: 90–93° (aus Isopropanol) |
| *10-(Piperidinocarbonylthio)-phenoxarsin* | 69% d.Th. | F: 98–100° (aus Äthanol) |

**(Diäthylamino-thiocarbonylthio)-diphenyl-arsin**[1,2]: In einem 500-*ml*-Dreihalskolben mit Rührer, Tropftrichter und Rückflußkühler wird zu einer siedenden Lösung von 16,5 g Chlor-diphenyl-arsin in 100 *ml* abs.
Äthanol eine Lösung von 23,5 g Natrium-N,N-diäthyl-dithiocarbamat-Trihydrat in 100 *ml* abs. Äthanol langsam
unter Rühren getropft. Man erhitzt über Nacht unter Rückfluß, filtriert vom Natriumchlorid ab, engt die Lösung
auf ~ 70 *ml* ein. Das ausgefallene Produkt wird aus wenig Äthanol umkristallisiert; Ausbeute: 20 g (53% d.Th.);
F: 93–95°.

$\gamma$) Anhydride mit Dithiophosphorsäure-O,O-dialkylestern und Monothio-
sulfonsäuren[(Dialkyloxy-thiophosphorylthio)-diorgano-arsine und Alkan-
bzw. Arensulfonylthio-diorgano-arsine]

Durch Erhitzen von Arsinigsäure-halogeniden oder -anhydriden mit Dithiophosphorsäure-O,O-dialkylestern bzw. deren Natrium- oder Kaliumsalzen werden (Dialkoxy-
thiophosphorylthio)-diorgano-arsine hergestellt[3–8]:

$$R_2As-Cl \ + \ Na-S-\underset{\underset{S}{\|}}{P}(OR^1)_2 \ \xrightarrow{-\ NaCl} \ R_2As-S-\underset{\underset{S}{\|}}{P}(OR^1)_2$$

Die Umsetzung wird in Benzol, Aceton oder wäßrigem Aceton durchgeführt. In Äthanol kann gearbeitet werden, wenn Arsinigsäure-alkylester eingesetzt werden, die aus den
entsprechenden Halogeniden hergestellt und ohne Isolierung zur Reaktion gebracht werden[6]:

$$R_2As-OCH_3 \ + \ (R^1O)_2\underset{\underset{S}{\|}}{P}-SH \ \xrightarrow{-\ CH_3OH} \ R_2As-S-\underset{\underset{S}{\|}}{P}(OR^1)_2$$

**10-(Diäthoxy-thiophosphorylthio)-5,10-dihydro-phenazarsin**[6]: Zu einer Lösung von Natriummethanolat,
hergestellt aus 0,83 g Natrium in 20 *ml* abs. Methanol wird unter Rühren eine Lösung von 10 g 10-Chlor-5,10-
dihydro-phenazarsin in 200 *ml* abs. Methanol getropft. Man erhitzt kurze Zeit zum Sieden und läßt wieder auf 20°
abkühlen. Dann tropft man eine Lösung von 7,11 g Dithiophosphorsäure-O,O-diäthylester zu und erhitzt anschließend 1 Stde. unter Rückfluß. Das Lösungsmittel wird zur Trockene abgedampft. Den Rückstand nimmt
man in Benzol auf, filtriert vom Ungelösten ab, entfernt das Benzol und kristallisiert aus Benzol/Petroläther um;
Ausbeute: 15,1 g (80% d.Th); F: 104–106°.

**10-(Dialkoxy-thiophosphorylthio)-phenoxarsine; allgemeine Arbeitsvorschrift**[7]: In einem Dreihalskolben,
mit Rührer, Tropftrichter und Rückflußkühler mit Wasserabscheider werden zu einer Aufschlämmung von 1 Mol
Bis-[phenoxarsinyl-(10)]-oxid in 1–3 *l* Benzol 2 Mol Dithiophosphorsäure-O,O-dialkylester langsam unter
Rühren zugetropft. Man erhitzt dann solange unter Rückfluß, bis sich kein Wasser mehr abscheidet. Nach Ab-
destillieren des Benzols wird der Rückstand umkristallisiert.
So erhält man z. B.:

| | | |
|---|---|---|
| *10-(Diäthyloxy-thiophosphorylthio)-phenoxarsin* | 80% d.Th. | F: 63,5–64° (aus Nitromethan) |
| *10-(Diisopropyloxy-thiophosphorylthio)-phenoxarsin* | 77% d.Th. | F: 61–61,5° (aus Petroläther) |

[1] L. Bourgeois u. J. Bolle, Mém. Services chim. **34**, 411 (1948).
[2] J. C. Tou u. C. S. Wang, J. Organometal. Chem. **34**, 141 (1972).
[3] K. D. Shvestova-Shilovskaya et al., Ž. obšč. Chim. **31**, 845 (1961); engl.: 776.
[4] US. P. 3038920 (1962), J. E. Dumbar; C. A. **57**, 11237 (1962).
[5] Brit. P. 957208 (1964), Dow Chemical Co.; C. A. **61**, 10708 (1964).
[6] N. A. Chadaeva et al., Ž. obšč. Chim. **36**, 1994 (1966); engl.: 1986.
[7] R. A. Nyquist et al., Appl. Spectroskopy **20**, 90 (1966).
[8] USSR. P. 210150 (1968), N. K. Bliznyuk et al.; C. A. **69**, 52302 (1968).

Bei der Einwirkung von Kalium- alkan- oder -arenthiosulfonat auf 10-Chlor-phenoxarsin in wäßrig-acetonischer Lösung werden 10-(Alkan- oder -Arensulfonylthio)-phenoxarsine gebildet[1]:

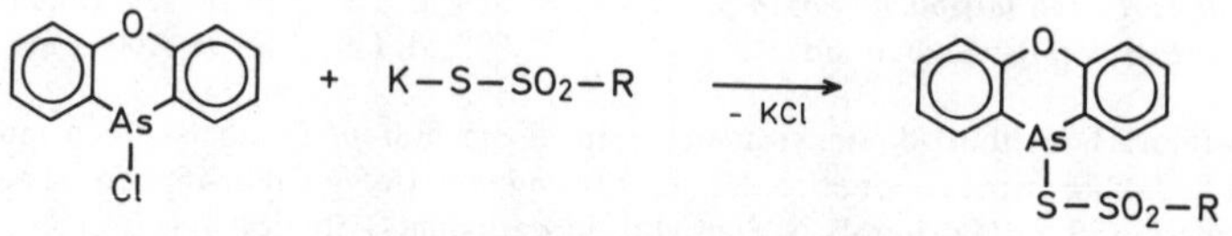

**10-Alkan(Aren)sulfonylthio-phenoxarsine; allgemeine Arbeitsvorschrift[1]:** Eine Lösung von 0,155 Mol Kalium-alkan-bzw.-aren-thiosulfonat in 500 $ml$ Aceton und die für das vollständige Lösen notwendige Menge Wasser (15–40 $ml$) wird unter Rühren zu einer Lösung von 0,15 Mol 10-Chlor-phenoxarsin getropft. Anschließend wird unter Rühren 5 Min. zum Sieden erhitzt, heiß vom Kaliumchlorid abfiltriert und das Lösungsmittel abgedampft. Der Rückstand wird dann umkristallisiert. So erhält man u. a.:

| | | |
|---|---|---|
| *10-(Methansulfonylthio)-phenoxarsin* | 66% d. Th. | F: 122,5–125° (aus Nitromethan) |
| *10-(Äthansulfonylthio)-phenoxarsin* | 82% d. Th. | F: 116–118° (aus Äthanol) |
| *10-(Butansulfonylthio)-phenoxarsin* | 64% d. Th. | F: 89,5–90,5° (aus Äthanol) |
| *10-(Benzolsulfonylthio)-phenoxarsin* | 65% d. Th. | F: 117,5–119,5° (aus Nitromethan) |

## 8. Arsinigsäure-amide (Amino-diorgano-arsine)

### A. Herstellung

#### α) Aus Arsonigsäure-halogeniden

##### α₁) *durch Ammonolyse oder Aminolyse*

N-Unsubstituierte bzw. monosubstituierte Arsinigsäure-amide werden durch Umsetzung von Arsinigsäure-halogeniden mit Ammoniak[2-5] bzw. prim. Aminen[3,6,7] hergestellt:

$$R_2As-Cl + NH_3 \xrightarrow[-HCl]{} R_2As-NH_2$$

$$R_2As-Cl + R^1-NH_2 \xrightarrow[-HCl]{} R_2As-NH-R^1$$

Zur Bindung des abgespaltenen Chlorwasserstoffs wird das Ammoniak im Überschuß eingesetzt[2,3]. Bei der Umsetzung im Verhältnis 1:1 wird das entsprechende Arsinigsäure-amid-N-Hydrochlorid gebildet[5]. Sowohl bei der Umsetzung mit Ammoniak als auch mit prim. Aminen ist ein Überschuß an Arsinigsäure-halogenid unbedingt zu vermeiden, da sonst Tris- bzw. Bis-[diorgano-arsino]-amine entstehen können (s. S. 284). Die Gefahr, daß im Ammoniak bzw. pr. Amin mehr als ein Wasserstoffatom durch die Arsino-Gruppe ersetzt wird, ist weniger bedeutend, wenn entweder das Arsinigsäure-halogenid oder das prim. Amin sterisch anspruchsvoll ist[4,7]. So reagiert Chlor-di-tert.-butyl-arsin mit Ammoniak in sehr guter Ausbeute zu *Amino-di-tert.-butyl-arsin*[4], und bei der Umsetzung von

[1] R. A. NYQUIST et al., Appl. Spectroscopy **20**, 90 (1966).

[2] W. IPATIEW et al., B. **62**, 598 (1929).

[3] W. R. CULLEN u. H. J. EMELÉUS, Soc. **1959**, 372.

[4] O. J. SCHERER u. W. JANSSEN, J. Organometal. Chem. **16**, P 69 (1969); B. **103**, 2784 (1970).

[5] L. K. KRANNICH et al., Inorg. Chem. **12**, 2304 (1973).

[6] J. SINGH u. A. BURG, Am. Soc. **88**, 718 (1966).

[7] F. KOBER, Z. anorg. Ch. **401**, 243 (1973).

Chlor-dimethyl-arsin mit tert. Butylamin geht die Reaktion nur bis zum *tert.-Butylamino-dimethyl-arsin* $(50\%$ d.Th.; $Kp_{0,1}$: $50°)^1$:

$$(H_3C)_2As-Cl \quad + \quad 2 \, (H_3C)_3C-NH_2 \quad \xrightarrow[-\left[(H_3C)_3C-\overset{\oplus}{N}H_3\right]Cl^{\ominus}]{} \quad (H_3C)_2As-NH-C(CH_3)_3$$

Die Reaktion wird meistens in ätherischer Lösung bei tiefen Temperaturen durchgeführt.

**Amino-di-tert.-butyl-arsin**[2]: 26,95 g (120 mMol) Chlor-di-tert.-butyl-arsin in $50 \, ml$ abs. Äther werden bei $\sim -60°$ unter starkem Rühren zu $\sim 50 \, ml$ über Kaliumhydroxid getrocknetem Ammoniak getropft. Nach dem Erwärmen auf 20° wird 2 Stdn. bei dieser Temp. gerührt, über eine G3-Fritte filtriert, mit Äther gründlich gewaschen und fraktioniert destilliert; Ausbeute: 19,45 g (79% d.Th.); $Kp_{0,02}$: $27-28°$.

*Amino-diphenyl-arsin* (F: 55°) läßt sich analog aus Chlor-diphenyl-arsin und Ammoniak in benzolischer Lösung herstellen[3] und *(P,P-Bis-[trifluormethyl]-phosphinylamino)-bis-[trifluormethyl]-arsin* (F: $-44,8$ bis $-44,4°$) wird durch Umsetzung von Chlorbis-[trifluormethyl]-arsin mit Amino-bis-[trifluormethyl]-phosphin bei 20° in Gegenwart von Trimethylamin in über 90%-iger Ausbeute erhalten[4]:

$$(F_3C)_2P-NH_2 \quad + \quad (F_3C)_2As-Cl \quad \xrightarrow[-\left[(H_3C)_3\overset{\oplus}{N}H\right]Cl^{\ominus}]{12 \text{ Stdn.}, \, 25°, \, (H_3C)_3N} \quad (F_3C)_2As-NH-P(CF_3)_2$$

N,N-Disubstituierte Arsinigsäure-amide werden analog aus Arsinigsäure-halogeniden und sek. Aminen hergestellt, wobei der abgespaltene Halogenwasserstoff entweder durch Zugabe eines tert. Amins oder durch Verwendung eines doppelten Überschusses an sek. Amin abgefangen wird[4-10]:

$$R_2As-X \quad + \quad 2 \, (R^1)_2NH \quad \xrightarrow[-\left[R_2\overset{\oplus}{N}H_2\right]Cl^{\ominus}]{} \quad R_2As-X$$

**Dialkylamino-dimethyl-arsine; allgemeine Arbeitsvorschrift**[5, 6, 9]: Eine Lösung von Chlor-dimethyl-arsin in abs. Äther (10fache Menge) wird langsam zu einer eisgekühlten Lösung der 2fachen molaren Menge des jeweiligen sek. Dialkylamins in Äther unter Rühren und Feuchtigkeitsausschluß getropft. Nach Erwärmen auf 20° wird über Nacht stehengelassen. Das ausgefallene Ammoniumsalz wird abgesaugt und mit Äther gewaschen. Der Äther wird entfernt und der Rückstand i. Vak. destilliert.

Auf diese Weise erhält man u. a.:

*Dimethylamino-dimethyl-arsin*     68% d.Th.     $Kp_{120}$: $87-88°$
*Pyrrolidino-dimethyl-arsin*                $Kp_{100}$: $75-78°$

Aus Dimethyl-(2-amino-äthyl)-amin und Chlor-dimethyl-arsin entsteht auf gleiche Weise das *Bis-[dimethyl-arsino]-(2-dimethylamino-äthyl)-amin* ($Kp_1$: $94-96°$) in $80-90\%$-iger Ausbeute[7]. Auch cyclische Amine wie Aziridin lassen sich auf gleiche Weise in Gegenwart von Triäthylamin umsetzen[8].

---

[1] F. Kober, Z. anorg. Ch. **401**, 243 (1973).
[2] O. J. Scherer u. W. Janssen, J. Organometal. Chem. **16**, P 69 (1969); B. **103**, 2784 (1970).
[3] W. Ipatiew et al., B. **62**, 598 (1929).
[4] J. Singh u. A. Burg, Am. Soc. **88**, 718 (1966).
[5] K. Mödritzer, B. **92**, 2637 (1959).
[6] W. R. Cullen u. L. G. Walker, Canad. J. Chem. **38**, 472 (1960).
[7] O. J. Scherer u. M. Schmidt, Ang. Ch. **76**, 787 (1964).
[8] G. Kamai u. Z. L. Khisamova, Doklady Akad. SSSR **156**, 365 (1964); C. A. **61**, 3143 (1964).
[9] J. Koketsu et al., Soc. **1971**, 2; Bl. chem. Soc. Japan **44**, 1155 (1971).
[10] F. Kober, Z. anorg. Ch. **412**, 202 (1975).

$\alpha_2$) *durch Umsetzung mit Alkalimetall-amiden*

Zur Knüpfung der Arsen-Stickstoff-Bindung können Stickstoff-Verbindungen, deren Basizität für die Umsetzung mit Arsinigsäure-halogeniden nicht ausreichend ist, über deren Alkalimetall-Derivate umgesetzt werden:

$$R_2As-X \quad + \quad Li-N(R^1)_2 \quad \xrightarrow[-LiCl]{} \quad R_2As-N(R^1)_2$$

Als Stickstoff-Derivate können Silyl-amine[1, 2], Amino-phosphine[3-5], Phosphin-imine[6], Amidine[7] oder Aminoarsine[8] (s. S. 288) eingesetzt werden.

**(Trimethylsilyl-methyl-amino)-dimethyl-arsin[2]:** Eine Lösung von 3,9 g (35,8 mMol) Lithium-N-trimethylsilyl-methylamid in 100 *ml* Hexan wird auf −70° abgekühlt und unter Rühren tropfenweise mit 4,35 g (31 mMol) Chlor-dimethyl-arsin in 90 *ml* Pentan versetzt. Anschließend wird 12 Stdn. bei 20° gerührt, über eine G3-Fritte filtriert, mit Pentan gewaschen und das Filtrat fraktioniert destilliert; Ausbeute: 2,85 g (44,2% d. Th.); Kp$_{11}$: 44−46°.

Auf ähnliche Weise wird aus Chlor-dimethyl-arsin und Natrium-bis-[trimethylsilyl]-amid in trockenem Äther das (*Bis-[trimethylsilyl]-amino*)-*dimethyl-arsin* (Kp: 45−46°) in 75%-iger Ausbeute gewonnen[1].

**[(Di-tert.-butyl-phosphino)-amino]-dimethyl-arsin[5]:** 8,12 g (50,3 mMol) Amino-di-tert.-butyl-phosphin, gelöst in 100 *ml* Äther, werden unter Rühren bei Eiskühlung mit 23 *ml* (50,3 mMol) Butyl-lithium/Hexan-Lösung metalliert und 1 Stde. bei 20° gerührt. Dazu tropft man bei 10° 7,8 g (55,2 mMol) Chlor-dimethyl-arsin, gelöst in 30 *ml* Äther. Anschließend wird 1 Stde. bei 20°, 2 Stdn. unter Rückfluß gerührt, über eine G 3-Fritte abfiltriert, mit Äther gewaschen, das Filtrat i. Wasserstrahlvak. eingeengt und der Rückstand i. Ölpumpenvak. fraktioniert destilliert; Ausbeute: 8,7 g (67% d. Th.); Kp$_{0,03}$: 53°.

Analog erhält man z. B.:

[*N*-(*Di-tert.-butyl-phosphino*)-*methylamino*]-*dimethyl-arsin*[5]    74% d. Th.  Kp$_{0,02}$: 46–47°
{*N*-[ *1,3-Dimethyl-1,3-diaza-2-phospholanyl*(2)]-*methylamino*}-*dimethyl-arsin*[4]  80% d. Th.  Kp$_{0,1}$: 76–78°
{*Bis*-[ *bis*-(*trifluormethyl*)-*phosphino*]-*amino*)-*bis*-[*trifluormethyl*]-*arsin*[3]  F: 25,2–25,9°

Trägt die Amino-Gruppe in den Aminophosphinen eine Silyl-Gruppe, so ist das Endprodukt der Umsetzung nicht das erwartete Arsinigsäure-amid, sondern Arsino-phosphin-imin (s. S. 143)[5].

N-Dimethylarsino-trialkylphosphin-imine werden durch Umsetzung von Chlor-dimethyl-arsin mit N-Lithium-trialkylphosphiniminen in ätherischer Lösung erhalten[6]:

$$(H_3C)_2As-Cl \quad + \quad Li-N=PR_3 \quad \xrightarrow[-LiCl]{} \quad (H_3C)_2As-N=PR_3$$

**N-Dimethylarsino-trialkylphosphin-imin; allgemeine Arbeitsvorschrift[6]:** 30–50 mMol Trimethyl- (bzw. Triäthyl)-phosphinimin werden in ~ 40 *ml* abs. Äther gelöst und langsam mit der äquimolaren Menge Methyl-lithium in Äther umgesetzt. Die so erhaltene Suspension wird mit stöchiometrischen Mengen Chlor-dimethyl-arsin in ~ 40 *ml* Äther unter Rühren versetzt. Unter Abscheidung von Lithiumchlorid tritt exotherme Reaktion ein. Kurzzeitiges Erhitzen unter Rückfluß beendet die Umsetzung. Nach Filtrieren wird i. Vak. fraktioniert destilliert. Man erhält u. a.:

*N-Dimethylarsino-trimethylphosphin-imin*    83% d. Th.    Kp$_{12}$: 96–99°
*N-Dimethylarsino-triäthylphosphin-imin*    69% d. Th.    Kp$_{12}$: 114–115°

---

[1] O. J. SCHERER u. M. SCHMIDT, Ang. Ch. **76**, 144 (1964).
[2] O. J. SCHERER et al., J. Organometal. Chem. **6**, 259 (1966).
[3] J. SINGH u. A. BURG, Am. Soc. **88**, 718 (1966).
[4] O. J. SCHERER u. J. WOKULAT, Z. anorg. Ch. **361**, 296 (1968).
[5] O. J. SCHERER u. W. M. JANSSEN, J. Organometal. Chem. **20**, 111 (1969).
[6] H. SCHMIDBAUR u. G. JONAS, B. **101**, 1271 (1968).
[7] O. J. SCHERER u. P. HORNUNG, B. **101**, 2533 (1968).
[8] O. J. SCHERER u. W. M. JANSSEN, B. **103**, 2784 (1970).

## β) Aus Dichlor-dialkylamino-arsinen

Eine der einfachsten Methoden um zu Arsinigsäure-dialkylamiden zu gelangen, ist die Umsetzung von Dichlor-dialkylamino-arsinen mit Grignard- oder Organo-lithium-Verbindungen[1-7]:

$$(R^1)_2N-AsCl_2 \quad + \quad 2\,R^1-MgX \quad \xrightarrow[-\,2\,MgXCl]{} \quad R_2As-N(R^1)_2$$

Da die Arsinigsäure-amide als Ausgangsverbindungen für viele Umsetzungen dienen (s. S. 287) werden sie in vielen Fällen ohne Isolierung weiter umgesetzt[3-6].

Die für die Reaktion benötigten Dichlor-dialkylamino-arsine erhält man in einfacher Weise aus den jeweiligen sek. Aminen und Arsen(III)-chlorid[1, 8-10]:

$$AsCl_3 \quad + \quad 2\,NHR_2 \quad \longrightarrow \quad R_2N-AsCl_2 \quad + \quad \left[R_2\overset{\oplus}{N}H_2\right]Cl^{\ominus}$$

**Dichlor-amino-arsine; allgemeine Arbeitsvorschrift[1, 8]:** In einem 1-*l*-Dreihalskolben, versehen mit KPG-Rührer, Rückflußkühler und Tropftrichter, werden 1 Mol Arsen(III)-chlorid in 300–400 *ml* trockenem Äther gelöst. Unter Rühren, Kühlen und Feuchtigkeitsausschluß wird eine Lösung von 2,1 Mol des jeweiligen sek. Amins in 300–400 *ml* trockenem Äther hinzugetropft. Anschließend wird 1–2 Stdn. bei 20° gerührt, abfiltriert, mit Äther gewaschen und fraktioniert destilliert. So erhält man u. a.

| | | |
|---|---|---|
| *Dichlor-diäthylamino-arsin* | 71% d. Th. | Kp$_5$: 70–72° |
| *Dichlor-piperidino-arsin* | 52,5% d. Th. | Kp$_5$: 95–97° |

Bei der Umsetzung der Dichlor-dialkylamino-arsine mit Grignard-Verbindungen muß ein hoher Überschuß an Grignard-Reagens vermieden werden, da sonst unter Spaltung der As-N-Bindung tert. Arsine in größerem Maße entstehen können (s. S. 53).

**Dialkylamino-dialkyl-arsine; allgemeine Arbeitsvorschrift[1, 7]:** In einem 1-*l*-Dreihalskolben versehen mit KPG-Rührer, Rückflußkühler und Tropftrichter wird unter Rühren, Feuchtigkeitsausschluß und sorgfältig getrocknetem Stickstoff zu einer Lösung von 1 Mol Dichlor-dialkylamino-arsin in trockenem Äther die Lösung von 2,1 Mol Grignard-Reagens in trockenem Äther bei −10° sehr langsam getropft. Anschließend wird 30 Min. bei 20° und 2 Stdn. unter Rückfluß gerührt. Der Niederschlag wird über eine Fritte unter Stickstoff filtriert und mit abs. Äther gut nachgewaschen, das Filtrat anschließend unter Feuchtigkeitsausschluß fraktioniert destilliert, so erhält man z. B.:

| | | |
|---|---|---|
| *Diäthylamino-diäthyl-arsin* | 40–51% d. Th. | Kp$_{1-2}$: 45–47°[1, 7] |
| *Diäthylamino-dipropyl-arsin* | 45–60% d. Th. | Kp$_1$: 66°[1, 7] |
| *Piperidino-diäthyl-arsin* | 52% d. Th. | Kp$_{4-5}$: 77–78°[1] |
| *Piperidino-dibutyl-arsin* | 46% d. Th. | Kp$_{3-4}$: 122–126°[1] |

Durch Umsetzung von Dichlor-dimethylamino-arsin mit 1,ω-Bis-[halogenmagnesium]-alkanen können cyclische Arsinigsäure-amide hergestellt werden[6]; z. B.:

[1] A. Tzschach u. W. Lange, Z. anorg. Ch. **326**, 280 (1964).

[2] H. J. Vetter u. H. Nöth, Z. anorg. Ch. **330**, 233 (1964).

[3] N. K. Bliznyuk et al., Ž. obšč. Chim. **35**, 1247 (1965); engl.:1253.

[4] K. Irgolic et al., J. Organometal Chem. **6**, 17 (1966).

[5] C. F. McBreaty et al., J. Organometal. Chem. **12**, 377 (1966).

[6] K. Sommer, Z. anorg. Ch. **383**, 136 (1971).

[7] L. S. Sagan et al., J. Organometal. Chem. **39**, 301 (1972).

[8] G. Kamai u. Z. L. Khisamowa, Doklady Akad. SSSR **105**, 489 (1955).

[9] G. A. Olah u. A. A. Oswald, Canad. J. Chem. **38**, 1428 (1960).

[10] F. Kober, Z. anorg. Ch. **398**, 115 (1973).

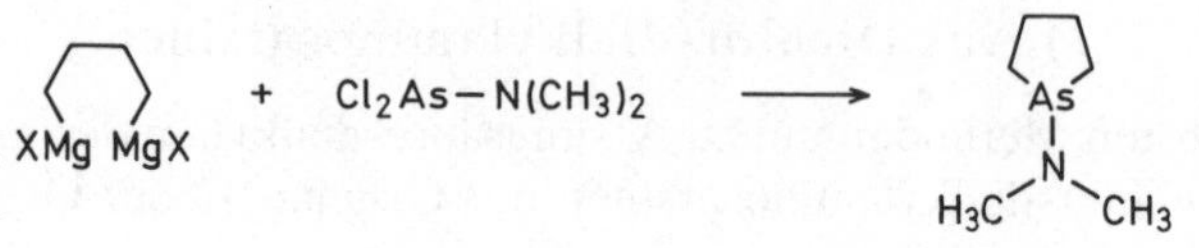

$$\langle\text{ring}\rangle\begin{smallmatrix}\text{XMg  MgX}\end{smallmatrix} + Cl_2As-N(CH_3)_2 \longrightarrow \langle\text{arsolan ring}\rangle$$

*1-Dimethylamino-arsolan*;
$Kp_{14}$: 77–79°

Analog wird das *1-Dimethylamino-arsenan* ($Kp_{14}$: 86–88°) erhalten[1].

*Dimethylamino-diphenyl-arsin* entsteht als Nebenprodukt bei der Umsetzung von Chlor-bis-[dimethylamino]-arsin mit Phenyl-lithium bei −70°[2].

### $\gamma$) Aus Arsinigsäure-amiden

#### $\gamma_1$) *durch Umamidierung*

Dimethylamino-diorgano-arsine lassen sich mit höheren sek. Aminen umamidieren[3]:

$$R_2As-N(CH_3)_2 + HN(R^1)_2 \rightleftharpoons R_2As-N(R^1)_2 + (H_3C)_2NH$$

Das höhere sek. Amin wird dabei im Überschuß eingesetzt und bei Temperaturen zwischen 130–190° ohne Lösungsmittel mit dem Dimethylamino-diorgano-arsin umgesetzt[3].
Bis-[dimethylamino-methyl-arsino]-methan wird in Äther oder Benzol umamidiert, wobei das gebildete Dimethylamin durch einen Stickstoffstrom aus dem Gleichgewicht herausgetrieben wird[3].

#### $\gamma_2$) *durch Umwandlung am Amid-Stickstoff*

Amino-di-tert.-butyl-arsin läßt sich mit Butyl-lithium am Stickstoff lithiieren. Das entstandene Lithium-Salz kann mit den Halogeniden der IV. Hauptgruppe zu den entsprechenden [(Triorgano-element)-amino]-di-tert.-butyl-arsinen umgesetzt werden[4]:

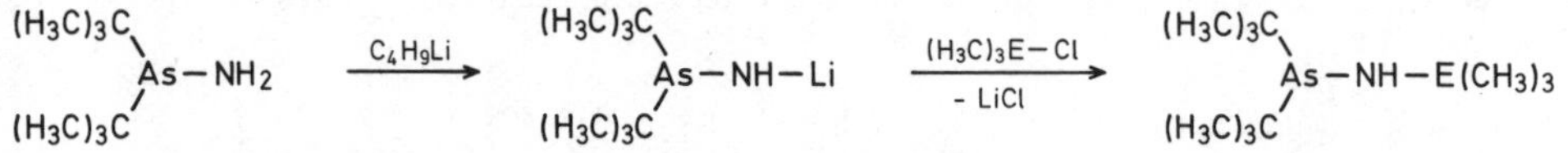

$$\begin{array}{c}(H_3C)_3C\\ \quad\diagdown\\ \quad\quad As-NH_2\\ \quad\diagup\\ (H_3C)_3C\end{array} \xrightarrow{C_4H_9Li} \begin{array}{c}(H_3C)_3C\\ \quad\diagdown\\ \quad\quad As-NH-Li\\ \quad\diagup\\ (H_3C)_3C\end{array} \xrightarrow[-\,LiCl]{(H_3C)_3E-Cl} \begin{array}{c}(H_3C)_3C\\ \quad\diagdown\\ \quad\quad As-NH-E(CH_3)_3\\ \quad\diagup\\ (H_3C)_3C\end{array}$$

E = Si, Ge, Sn

**Trimethylsilylamino-di-tert.-butyl-arsin**[4]: Unter Feuchtigkeitsausschluß werden in einer Stickstoffatmosphäre 28,17 g (138 mMol) Amino-di-tert.-butyl-arsin in 50 *ml* Äther mit 63 *ml* (138 mMol) einer Butyl-lithium-Hexan-Lösung bei 0° metalliert und ~ 30 Min. bei 20° gerührt. Anschließend tropft man bei 20° 19,5 *ml* (138 mMol)Chlor-trimethyl-silan (+ ~ 10% Überschuß) in 20 *ml* Äther zu und erwärmt 2 Stdn. unter Rückfluß. Nach Filtrieren über eine G 3-Frittte wird mit Äther gewaschen und fraktioniert destilliert; Ausbeute: 31,0 g (81% d. Th.); $Kp_{0,02}$: 36–38°.

Analog erhält man:

| | | |
|---|---|---|
| *Trimethylgermanylamino-di-tert. -butyl-arsin* | 47% d. Th.; | $Kp_{0,06}$: 40° |
| *Trimethylstannylamino-di-tert. -butyl-arsin* | 64% d. Th.; | $Kp_{0,01}$: 54–55° |

---

[1] K. SOMMER, Z. anorg. Ch. **383**, 136 (1971).
[2] H. VETTER u. H. NÖTH, Z. anorg. Ch. **330**, 233 (1964).
[3] F. KOBER, Z. anorg. Ch. **400**, 285 (1973); **412**, 202 (1975).
[4] O. J. SCHERER u. W. JANSSEN, B. **103**, 2784 (1970).

Die auf diese Weise hergestellten N-mono-substituierten Amino-diorgano-arsine lassen sich wiederum am Stickstoff lithiieren und dann weiter umsetzen[1]. So erhält man u. a. folgende Verbindungen[1]:

(*Bis-[trimethylsilyl]-amino)-di-tert.-butyl-arsin*
     79% d.Th.; F: 87–89°; Subl. p.$_{0,02}$: 95–102°
(*Trimethylsilyl-trimethylgermanyl-amino)-di-tert.-butyl-arsin*
     50% d.Th.; F: 54–58°; Supl. p.$_{0,01}$: 72–80°
(*Trimethylgermyl-trimethylstannyl-amino)-di-tert.-butyl-arsin*
     68,5% d.Th.; F: 57–60°; Supl.p.$_{0,01}$: 70–75°
[*Trimethylsilyl-(di-tert.-butyl-stibino)-amino]-di-tert.-butyl-arsin*
     57% d.Th.; F: 105–106°

## B. Umwandlung

Arsinigsäure-amide sind **hochgiftige** Substanzen die mit äußerster Vorsicht gehandhabt werden müssen. Die Hydrolyse- u. Oxidationsempfindlichkeit sind charakteristische Eigenschaften der Arsinigsäure-amide. Die Reaktivität der Amide ist hauptsächlich durch die As-N-Bindung bestimmt, in der das Stickstoffatom als das basische Zentrum fungiert. Im Folgenden werden typische Reaktionen der Amide schematisch aufgeführt:

$$R_2As-N(R^1)_2 \xrightarrow[-HN(R^1)_2]{HX} R_2As-X \qquad (s.\ S.\ 250)$$

$$X = F, Cl, Br, J$$

$$\xrightarrow[-HN(R^2)_2]{R^1-XH} R_2As-X-R^1 \qquad (s.\ S.\ 265)$$

$$X = O, S, Se, NR$$

$$\xrightarrow[-HN(R^1)_2]{H_2O} R_2As-O-AsR_2 \quad (s.\ S.\ 231)$$

$$\xrightarrow{H_2O_2/H_2O} R_2AsO_2H \qquad (s.\ S.\ 338)$$

$$\xrightarrow[R-MgX]{\substack{R-Li \\ oder}} R_3As \qquad (s.\ S.\ 53)$$

$$\xrightarrow{4\,RX} R_2As-X \qquad (s.\ S.\ 252)$$

(N-Lithium-N-silyl-amino)-diorgano-arsine gehen bei der Umsetzung mit Alkylhalogeniden in N-silylierte Triorgano-arsin-imine über (s. S. 288 f.).

## 9. Bis- und Tris-[diorgano-arsino]-amine

Bei der Einwirkung von prim. Aminen auf Arsinigsäure-halogenide im Verhältnis 3:2 werden Bis-[diorgano-arsino]-amine gebildet[2]:

[1] O. J. SCHERER u. W. JANSSEN, B. **103**, 2784 (1970).
[2] W. R. CULLEN u. H. J. EMELÉUS, Soc. **1959**, 372.

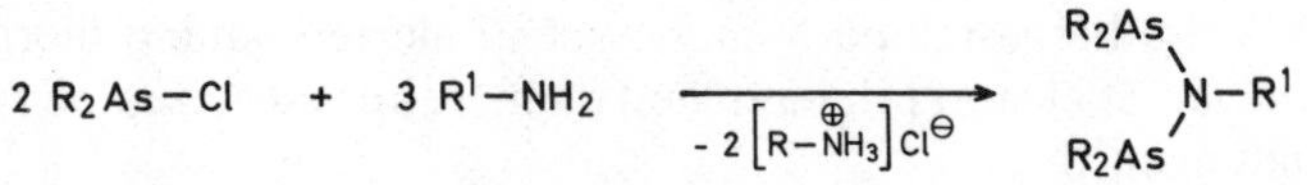

$$2 \; R_2As-Cl \;+\; 3 \; R^1-NH_2 \quad \xrightarrow[-\;2\;\left[R-\overset{\oplus}{N}H_3\right]Cl^{\ominus}]{} \quad \begin{array}{c} R_2As \\ \diagdown \\ \hspace{1em} N-R^1 \\ \diagup \\ R_2As \end{array}$$

Die Reaktion wird analog der Herstellung der Amino-diorgano-arsine in äther. Lösung durchgeführt. Auf diese Weise lassen sich folgende Verbindungen herstellen:

| | | |
|---|---|---|
| Bis-[dimethylarsino]-methyl-amin [1,2] | 60% d. Th. | $Kp_{0,1}$: 50° |
| Bis-[dimethylarsino]-propyl-amin [2] | 50% d. Th. | $Kp_{0,1}$: 55° |
| N,N-Bis-[dimethylarsino]-anilin [2] | 40% d. Th. | $Kp_{0,01}$: 75° |

Die Umsetzung von Chlor-dimethyl-arsin mit tert. Butylamin bleibt auf der Stufe des N-monosubstituierten Arsinigsäure-amids (s. S. 283)[2] stehen. Die Reaktion mit Anilin oder Cyclohexylamin benötigt Temperaturen von 160–190° und wird deshalb ohne Lösungsmittel durchgeführt.

Die Aminolyse von 3,7-Dichlor-3,7-diarsa-bicyclo[3.3.0]octan mit Methylamin führt zum *9-Methyl-9-aza-1,5-diarsa-tricyclo[3.3.1.0$^{3,7}$]nonan*[3]:

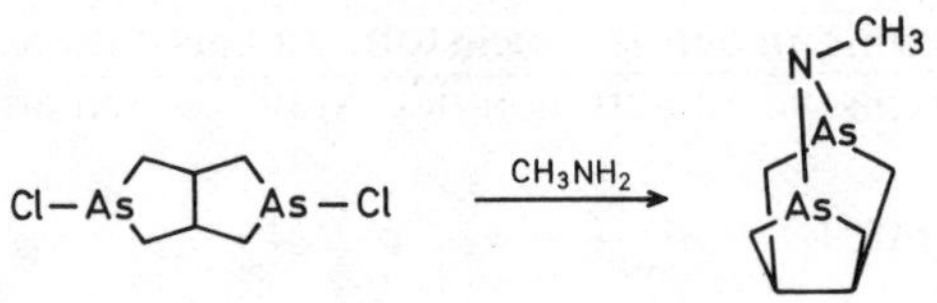

**9-Methyl-9-aza-1,5-diarsa-tricyclo[3.3.1.0$^{3,7}$]nonan**[3]: In eine Lösung von 20 g 3,7-Dichlor-3,7-diarsa-bicyclo[3.3.0]octan in 150 *ml* abs. Benzol oder Äther leitet man während 2 Stdn. einen langsamen Strom von Methylamin ein, das durch Leiten über Bariumoxid sorgfältig getrocknet worden war. Vom gebildeten Methylamin-Hydrochlorid wird unter Ausschluß von Luftfeuchtigkeit abgesaugt, das Lösungsmittel verdampft und das zurückbleibende gelbe Öl i. Vak. destilliert; Ausbeute 9–10 g; $Kp_{15}$: 84–88°.

*Bis-[di-tert.-butyl-arsino]-amin* (65% d. Th.; F: 86–88°) wird aus Amino-di-tert.-butyl-arsin durch Metallierung am Stickstoff und anschließender Umsetzung mit Chlor-di-tert.-butyl-arsin erhalten[4]:

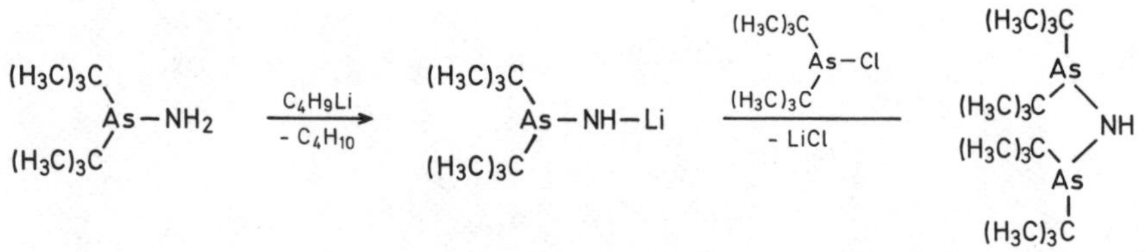

Die Bis-[diorganoarsino]-amine gehen prinzipiell die gleiche Reaktion wie die Amino-diorgano-arsine ein (s. S. 287). *Tris-[dimethylarsino]-amin* ($Kp_1$: 57–58°) kann entweder aus Dimethylarsinigsäure-anhydrid durch Umsetzung mit Natriumamid in ätherischer Suspension[5]

$$(H_3C)_2As-O-As(CH_3)_2 \;+\; NaNH_2 \quad \xrightarrow[-\;Na-O-As(CH_3)_2]{} \quad (H_3C)_2As-NH_2$$

$$3 \; (H_3C)_2As-NH_2 \quad \xrightarrow[-\;2\;NH_3]{} \quad [(H_3C)_2As]_3N$$

[1] O. J. SCHERER u. M. SCHMIDT, Ang. Ch. **76**, 787 (1964).
[2] F. KOBER, Z. anorg. Ch. **401**, 243 (1973).
[3] K. SOMMER, Z. anorg. Ch. **383**, 136 (1971).
[4] O. J. SCHERER u. W. JANSSEN, J. Organometal. Chem. **26**, P 69 (1969).
[5] O. J. SCHERER et al., Z. Naturf. **19b**, 447 (1964).

oder aus Chlor-dimethyl-arsin und Bis-[trimethylsilyl]-amin (6stdgs. Erhitzen auf 100–120°) hergestellt werden[1]:

$$3 \, (H_3C)_2As-Cl \;+\; [(H_3C)_3Si]_2NH \xrightarrow[-HCl]{100-120°} [(H_3C)_2As]_3N \;+\; 2 \, (H_3C)_3Si-Cl$$

Das Tris-[dimethylarsino]-amin ist extrem sauerstoff- und feuchtigkeitsempfindlich.

## 10. Arsinigsäure-hydrazide (N-Dimethylarsino-hydrazine)

Die wenig bekannten Arsino-hydrazine werden analog den Amino-arsinen durch Umsetzung von Chlor-diorgano-arsinen mit Hydrazinen im Verhältnis 1 : 2 hergestellt[2]; z. B.:

$$(F_3C)_2As-Cl \;+\; 2 \, H_2N-N(CH_3)_2 \xrightarrow{\text{Äther, } -196°} (F_3C)_2As-NH-N(CH_3)_2$$

Das (*2,2-Dimethyl-hydrazino*)-*bis*-[*trifluormethyl*]-*arsin* (F: 3°) zersetzt sich bereits bei Raumtemperatur. Mit Chlorwasserstoff findet eine Spaltung der As-N-Bindung unter Bildung von Chlor-bis-[trifluormethyl]-arsin statt[2].

# II. Organische Derivate des fünfwertigen Arsens

## a) Orthoarsonsäuren und deren Derivate

### 1. Orthoarsonsäuren-tetrahalogenide (Tetrahalogen-organo-arsorane)

Wenige Verbindungen des Tetrahalogen-organo-arsorans sind isoliert bzw. charakterisiert worden. Spektroskopische Untersuchungen an *Tetrachlor-phenyl-arsoran* deuten auf einen intramolekularen Halogen-Austausch in Lösung hin[3]. Die bekannten Orthoarsonsäuren-tetrachloride werden durch Addition von Chlor an Dichlor-organo-arsine hergestellt[4, 5]:

$$R-AsCl_2 \;+\; Cl_2 \longrightarrow R-AsCl_4$$

*Tetrachlor-methyl-arsoran* stellt eine bei −10° kristalline Verbindung dar, die sich bereits bei 0° zersetzt[4]. Das *Tetrachlor-phenyl-arsoran* ist dagegen stabiler und läßt sich isolieren (F: 45°)[5]. Es kann aus Benzolarsonsäure-dichlorid und Thionylchlorid hergestellt werden[6]:

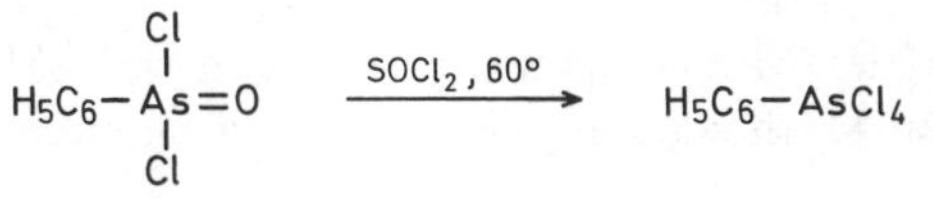

$$H_5C_6-\overset{\overset{\displaystyle Cl}{|}}{\underset{\underset{\displaystyle Cl}{|}}{As}}=O \xrightarrow{SOCl_2, \, 60°} H_5C_6-AsCl_4$$

*Tetrachlor-(2-methyl-phenyl)-arsoran* wird durch Umsetzung von Dichlor-(2-methylphenyl)-arsin mit Blei(IV)-chlorid hergestellt[7].

[1] O. J. Scherer u. M. Schmidt, Ang. Ch. **76**, 144 (1964).
[2] L. K. Peterson u. I. K. Thé, Chem. Commun. **1967**, 1056; Canad. J. Chem. **47**, 339 (1969).
[3] E. L. Muetterties et al., Inorg. Chem. **3**, 1298 (1964).
[4] A. Baeyer, A. **107**, 257 (1858).
[5] W. La Coste u. A. Michaelis, A. **201**, 184 (1880).
[6] A. F. Kolomiets u. G. S. Levskaya, Ž. obšč. Chim. **36**, 2024 (1966); engl.: 2003.
[7] G. J. Burrows u. A. Lench, J. Pr. Soc. N. S. Wales **70**, 294 (1937).

Durch die Einwirkung von konz. Jodwasserstoffsäure auf Methanarsonsäure wird *Tetra-jod-methyl-arsoran* erhalten[1]. Schwefel(IV)-fluorid reagiert mit Arenarsonsäuren unter Bildung von Tetrafluor-aryl-arsorane[2,3]:

$$Ar-AsO_3H_2 \ + \ 3\,SF_4 \ \longrightarrow \ Ar-AsF_4 \ + \ 3\,SOF_2 \ + \ 2\,HF$$

**Tetrafluor-phenyl-arsoran**[2]: Unter Luft- und Feuchtigkeitsausschluß werden in einem Schüttelkolben 30,3 g (0,15 Mol) Benzolarsonsäure und 66 g (0,6 Mol) Schwefel(IV)-fluorid 10 Stdn. auf 70° erhitzt. Die entstandene Reaktionslösung (luftempfindlich!) wird mit einer Suspension von 20 g wasserfreiem Natriumfluorid in 150 m*l* trockenem Petroläther (Kp: 30–60°) verrührt, anschließend unter Stickstoff abfiltriert und vom Lösungsmittel befreit. Der Rückstand wird i. Vak. unter Sauerstoff- und Feuchtigkeitsausschluß destilliert; Ausbeute: 15,5 g (45% d. Th.); Kp₂: 52–53°.

**Dichlor-dibrom-[4-(2-phenyl-vinyl)-phenyl]-arsoran** (F: 195°) entsteht beim Versetzen von 4-(2-Phenyl-vinyl)-benzolarsonigsäure-dichlorid mit der äquivalenten Menge Brom in frisch destilliertem Nitrobenzol[4] (Struktur unbekannt).

Tetrahalogen-organo-arsorane werden durch Feuchtigkeit rasch zu Arsonsäuren hydrolysiert (s. S. 303). Thermisch werden diese Verbindungen in Dihalogenorgano-arsine und Halogen gespalten. Es tritt jedoch teilweise eine Spaltung der Kohlenstoff-Arsen-Bindung ein.

Tetrachlor-phenyl-arsoran wird durch Lithium-alanat oder -boranat zu Phenylarsin reduziert (s. S. 34).

## 2. Orthoarsonsäure-tetraester

Alkan- bzw. Aren-arsonsäuren werden durch Umsetzung mit 1,2-Glykolen, Brenzkatechin oder α-Hydroxy-carbonsäuren in spirocyclische Tetraester der entsprechenden Orthoarsonsäuren umgewandelt[5–10]:

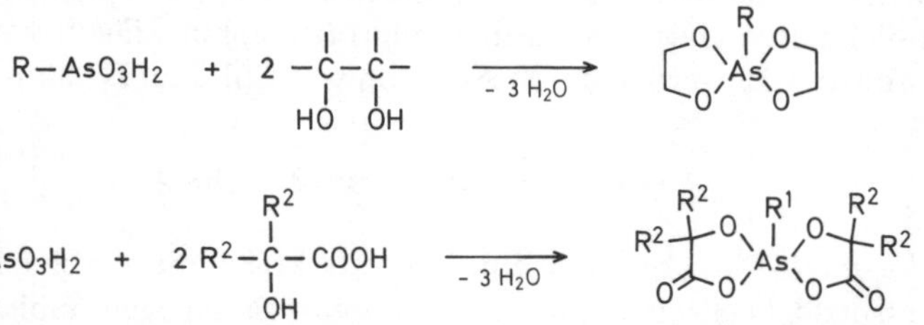

Die Reaktion wird entweder durch Erhitzen in Acetanhydrid oder in Benzol bei azeotroper Entfernung des Reaktionswassers durchgeführt[7,10].

Cyclische Orthoester der Methanarsonsäuren lassen sich in guten Ausbeuten durch Oxidation der cyclischen Methanarsonigsäureester mit Selendioxid herstellen[11]; z. B.:

[1] H. Klinger u. A. Kreutz, A. **249**, 147 (1888).
[2] W. C. Smith et al., Am. Soc. **81**, 3165 (1959); **82**, 6176 (1960).
[3] US. P. 2950306 (1960), W. C. Smith; C. A. **55**, 1569 (1961).
[4] G. Drehfahl u. G. Stande, J. pr. **10**, 257 (1960).
[5] B. Englund, B. **59**, 2669 (1926); J. pr. **120**, 179 (1929); **124**, 191 (1930).
[6] H. J. Backer u. R. P. Van Oosten, R. **59**, 41 (1940).
[7] E. J. Salmi et al., Soumen Kem. **19 B**, 102 (1946); C. A. **41**, 5440 (1947).
[8] H. Goldwhite, Chem. Commun. **1970**, 651.
[9] J. P. Casey u. K. Mislow, Chem. Commun. **1970**, 1410.
[10] V. S. Gamayurova et al., Ž. obšč. Chem. **43**, 1937 (1973); engl.: 1921.
[11] M. Wieber et al., B. **106**, 2738 (1973).

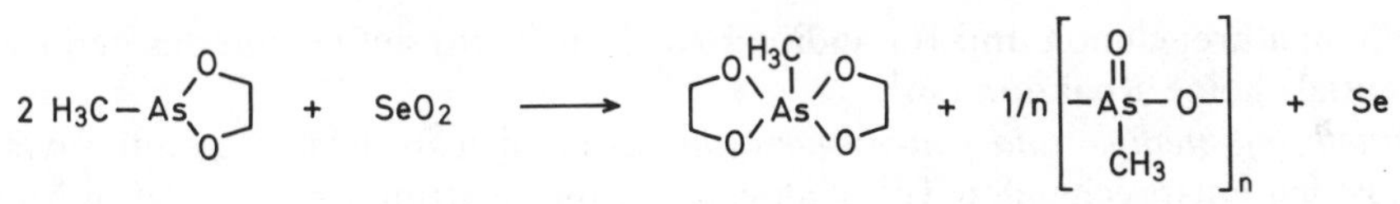

Um die Bildung des polymeren Methanarsonsäure-anhydrids zu unterdrücken, empfiehlt es sich, die Oxidation in Gegenwart von 1,2-Diolen durchzuführen, so z. B. zur Herstellung unsymmetrischer Tetraester[1]:

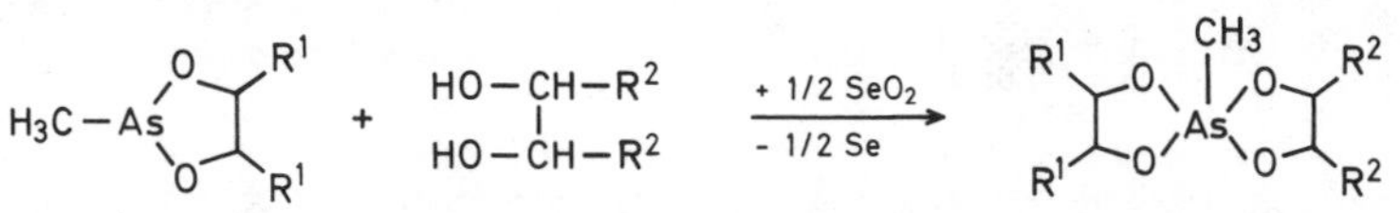

**5-Organo-1,4,6,9-tetraoxa-5-arsa$^V$-spiro[4,4]nonane**[1]: Zu 0,05 Mol eines 2-Methyl-1,3,2-dioxarsolans in ~ 100 *ml* Benzol werden 0,03 Mol getrocknetes, fein gepulvertes Selendioxid gegeben. Es scheidet sich rotes Selen ab und die Lösung erwärmt sich. Es wird 24 Stdn. bei 20° gerührt und anschließend 2 Stdn. unter Rückfluß gekocht. Das Lösungsmittel wird abdestilliert und aus dem braunen Rückstand der bicyclische Orthoester der Methanarsonsäure bei 0,1 Torr abdestilliert; dabei verbleiben Methanarsonsäure-anhydrid, überschüssiges Selendioxid und Selen im Destillationsrückstand. U. a. erhält man auf diese Weise folgende *1,4,6,9-Tetraoxa-5-arsa$^V$-spiro[4.4] nonane:*

| | | |
|---|---|---|
| *Nonamethyl-* | 78% d.Th. | F: 63–65° |
| *2,3,5,7,8-Pentamethyl-* | 69% d.Th. | Kp$_{0,01}$: 53–56° |
| *5-Methyl-* | 79% d.Th. | F: 52–54° |

Auf analoge Weise ist auch *2-Methyl-⟨benzo-1,3,2-dioxarsol⟩-⟨2-spiro-2⟩-⟨benzo-1,3,2-dioxarsol⟩* (64% d. Th.; F: 150-152°) zugänglich.

Das bei der Oxidation entstehende Reaktionswasser kann azeotrop entfernt werden[1]. So erhält man z. B. aus 2-Methyl-1,3,2-benzdioxarsol und 2,3-Dihydroxy-2,3-dimethylbutan das *Pentamethyl-1,3,2-dioxarsolan-⟨2-spiro-2⟩-⟨benzo-1,3,2-dioxarsol⟩* (81% d.Th.; F: 73–75°):

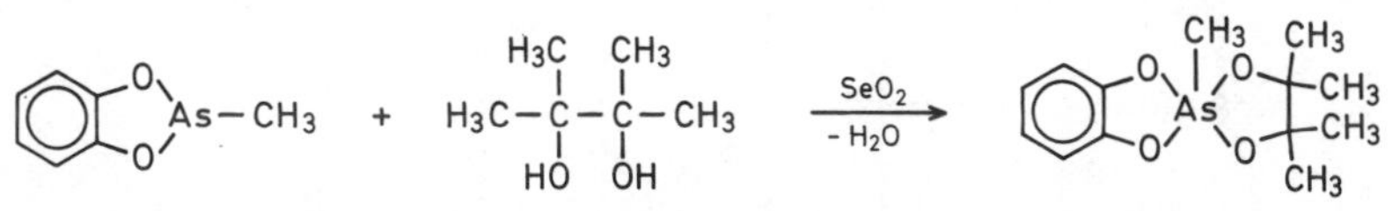

Vielfach erhält man an Stelle der unsymmetrischen die symmetrischen Orthoester. Diese Symmetrisierungsreaktionen können im allgemeinen unterdrückt werden, wenn das Selendioxid durch o-Chinone als Oxidationsmittel ersetzt wird[1]; z. B.:

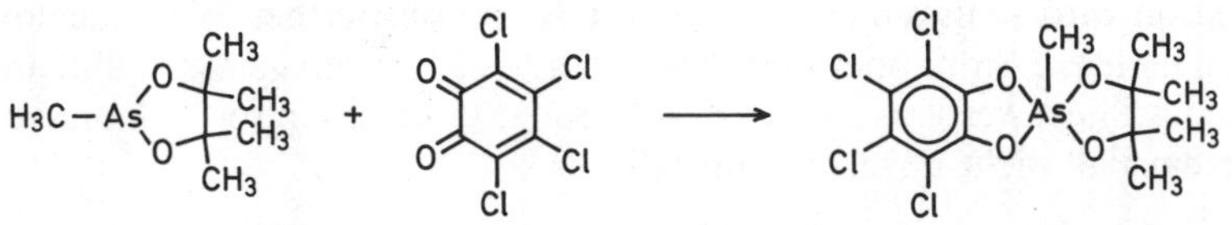

*Pentamethyl-1,3,2-dioxarsolan-⟨2-spiro-2⟩-*
*tetrachlor-⟨benzo-1,3,2-dioxarsol⟩;*
*73% d.Th.; F: 176–178°*

---

[1] M. WIEBER et al., B. **106**, 2738 (1973).

Mit Phenanthrenchinon und Butandion bzw. Benzil tritt auf Grund des geringen Redoxpotentials keine Reaktion ein[1].

*Tetramethoxy-methyl- und -phenyl-arsoran* lassen sich in nahezu quantitativer Ausbeute aus den entsprechenden Tetrahalogeniden und Natrium-methanolat in Methanol herstellen[2]:

$$RAsX_4 + 4\,NaOCH_3 \xrightarrow[-4\,NaX]{CH_3OH} RAs(OCH_3)_4$$

$$R = CH_3, C_6H_5$$
$$X = Cl, Br, J$$

Die Orthoarsonsäure-tetrahalogenide werden ohne Isolierung, nach Addition von Halogen an die entsprechenden Arsonigsäure-dihalogenide, eingesetzt.

**Tetramethoxy-methyl-arsoran**[2]: 0,25 Mol Brom werden zu einer auf 0–5° gekühlten Lösung von 0,25 Mol Methanarsonigsäure-dijodid und 1 g Natrium in Methanol unter Rühren zugetropft. Nach Entfernung des Methanols i. Vak. wird der Rückstand mit trockenem Äther extrahiert. Die Ätherphase wird dann abfiltriert und i. Vak. fraktioniert destilliert; Kp$_{0,03}$: 30°.

Die Orthoarsonsäure-tetramethylester erleiden bei der Einwirkung von 1,2- bzw. 1,3-Diolen eine Umesterung zu cyclischen Orthoarsonsäure-estern[2]:

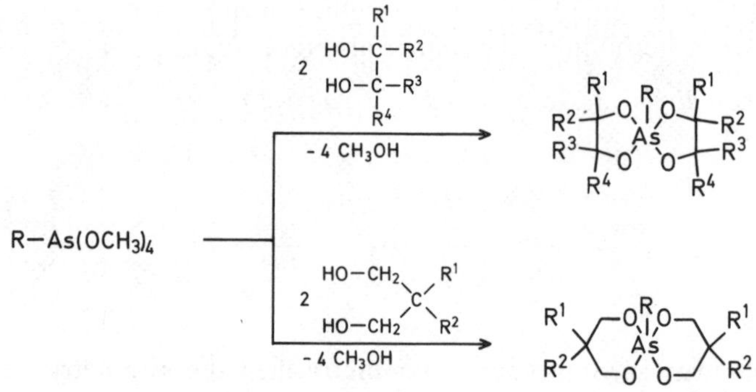

Die Reaktion wird so durchgeführt, daß die Reaktionspartner in Tetrachlor- bzw. Dichlormethan mehrere Stdn. oder über Nacht bei ~ 23° stehen gelassen und anschließend fraktioniert destilliert werden. Die 1,4,6,9-Tetraoxa-5-arsa$^V$-spiro[4.4]nonane lassen sich auch in diesem Fall nicht unzersetzt destillieren[2].

---

[1] M. WIEBER et al., B. **106**, 2738 (1973).
[2] A. J. DALE u. P. FROYEN, Acta chem. Scand. **29 B**, 362 (1975).

## b) Arsonsäuren und ihre Derivate

### 1. Arsonsäuren

### A. Herstellung

α) Aus Alkalimetallsalzen der arsenigen Säure

$α_1$) *Durch Umsetzung mit Halogenalkanen (Meyer-Reaktion)*

Bei der Einwirkung von Alkylhalogeniden auf eine Lösung von Arsen(III)-oxid in Natronlauge oder Kalilauge in wäßriger oder wäßrig-alkoholischer Lösung werden Alkanarsonsäuren gebildet[1-7]:

$$As(ONa)_3 \ + \ RX \ \xrightarrow[-\ NaX]{} \ R-\overset{\overset{O}{\|}}{As}(ONa)_2$$

Diese nach G. Meyer[1] benannte Reaktion stellt eine der allgemein anwendbaren Synthesen von Alkanarsonsäuren dar. Die Umsetzung kann durch Titration mit Jod-Lösung verfolgt werden[6].

Die Reaktion kann homogen in wäßrig-äthanolischer[4,5,7] oder heterogen in wäßriger[6] Lösung durchgeführt werden. Beim Arbeiten mit Trinatriumarsenit empfiehlt es sich wegen der besseren Mischbarkeit, in wäßrig-methanolischer Lösung, zu arbeiten[8]. Im heterogenen Medium ist die Reaktionsdauer und Ausbeute stark von der Rührgeschwindigkeit abhängig[5]. In wäßrig-alkoholischer Lösung hat der prozentuale Gehalt an Alkohol einen Einfluß auf die Reaktionsgeschwindigkeit. Eine stark beschleunigende Wirkung wird bei einem Methanol-Gehalt von 20–30% festgestellt. Ein zu großer Anteil an Alkohol führt zur Steigerung der Ätherbildung, die immer als Nebenreaktion zu beobachten ist[8].

Da die bei der Reaktion entstehenden Alkalimetallsalze der Alkanarsonsäuren unterschiedliche Löslichkeiten in Alkohol zeigen, wird zur Isolierung der freien Arsonsäure in manchen Fällen eine Ansäuerung notwendig. Beim Arbeiten mit Alkyljodiden kann dies zu einer Reduktion durch vorhandenes Jodid führen. Aus diesem Grunde werden meistens Alkylbromide eingesetzt, obwohl die Reaktivität der Halogenide vom Jodid zum Chlorid abnimmt[6-8]. Primäre Halogenide reagieren schneller als sekundäre, während tert. Halogenide kaum noch reagieren[7,8].

Bei den niederen Alkylhalogeniden kann die Reaktion bei Raumtemperatur ablaufen, oft muß sie durch Erwärmen beschleunigt werden. Eine optimale Reaktionstemperatur wird bei der Umsetzung mit n-Alkylbromiden bei ~ 20° unter dem Siedepunkt des eingesetzten Alkylbromids beobachtet[8]. Da jedoch die Reaktionstemperatur 100° nicht übersteigen kann, müssen bei höheren Alkylhalogeniden längere Reaktionszeiten in Kauf genommen werden.

An Stelle der Alkylhalogenide lassen sich Alkylsulfate[9], Dialkylsulfate[7] oder Alkyl-arensulfonate[10] als Alkylierungsmittel einsetzen.

[1] G. Meyer, B. **16**, 1440 (1883).
[2] H. Klinger u. A. Kreutz, A. **249**, 147 (1888).
[3] V. Auger, C. r. **137**, 925 (1903); **138**, 1705 (1904); **142**, 1151 (1906); **143**, 907 (1906); **145**, 808 (1907).
[4] W. M. Dehn, Am. **33**, 131 (1905).
[5] W. M. Dehn u. S. J. McGrath, Am. Soc. **28**, 347 (1906).
[6] A. J. Quick u. R. Adam, Am. Soc. **44**, 805 (1922).
[7] C. K. Banks et al., Am. Soc. **69**, 927 (1947).
[8] R. Pietsch, M. **96**, 138 (1965).
[9] C. Ravazzoni, Ann. chim. Appl. **32**, 285 (1942).
[10] Jap. P. 6764 (1963), M. Nagazawa et al.; C. A. **59**, 11 567 (1963).

Alkenylhalogenide verhalten sich je nach Stellung des Halogens zur C=C-Doppelbindung verschieden. Während Allylbromid sehr gute Ausbeuten ergibt, läßt sich Vinylchlorid mit Natriumarsenit nicht umsetzen[1]. Allgemein beeinträchtigen elektronegative Substituenten im Allyl-Rest die Reaktivität[1]. Genaueres über die Einflüsse der Substituenten im Alkyl-Rest auf die Reaktion ist jedoch nicht bekannt. So reagiert 2-Chloräthanol ziemlich rasch mit Alkalimetallarsenit[2-6], 1,2-Dibrom-äthan[6] oder 2-Brom-1-amino-äthan[5] dagegen nur in geringem Maße.

In einigen Fällen lassen sich die freien Alkanarsonsäuren nicht kristallin erhalten und werden in Form von schwer löslichen Salzen isoliert.

**Alkanarsonsäure; allgemeine Herstellungsvorschrift[1]:** In einem Dreihalskolben mit Rührer, Tropftrichter und Rückflußkühler werden 4 Mol Arsen(III)-oxid mit 24 Mol Natriumhydroxid in 2 *l* Wasser gelöst und unter kräftigem Rühren mit einer Lösung von 8 Mol Alkylhalogenid in 200 *ml* 95%igem Äthanol langsam bei 20° versetzt. Anschließend wird unter Rückfluß erhitzt. Die Reaktionsdauer beträgt je nach Alkylhalogenid 70–200 Stdn. (Das Fortschreiten der Reaktion kann durch Titration mit Jod-Lösung verfolgt werden[2]). Nach beendeter Umsetzung werden die flüchtigen organischen Anteile abdestilliert und der Rückstand angesäuert (Phenolphthalein), gekühlt und vom unumgesetzten Arsen(III)-oxid abfiltriert. Das Filtrat wird wiederum angesäuert (Kongorot) gekühlt und von ausgefallener Arsonsäure abfiltriert. Das Filtrat wird eingeengt, heiß abfiltriert und gekühlt. Wiederum wird die ausgefallene Arsonsäure abgesaugt. Diese Prozedur kann mehrmals wiederholt werden bis keine Arsonsäure mehr ausfällt. Die rohe Arsonsäure wird in Äthanol gelöst, von eventuell ausgefallenen Salzen abfiltriert und zur Trockene eingedampft. Anschließend wird aus Wasser umkristallisiert.

Nach dieser Vorschrift werden u. a. folgende Arsonsäuren erhalten[1,7]:

| Alkylierungsmittel | Arsonsäure | Ausbeute [% d.Th.] | F [°C] |
|---|---|---|---|
| $(H_3CO)_2SO_2$ | *Methanarsonsäure* | 85 | 159,8 |
| $H_5C_2$—Br[8] | *Äthanarsonsäure* | 87 | 99,6 |
| $H_9C_4$—Br[8] | *Butanarsonsäure* | 96 | 159,5–160 |
| $H_{15}C_7$—Br | *Heptanarsonsäure* | 35 | 156–157 |
| $H_5C_3$—Br | *Propen-3-arsonsäure* | 85 | 128–129 |
| $H_2C=\underset{\underset{CH_3}{\mid}}{C}-CH_2-Cl$ | *2-Methyl-propen-3-arsonsäure* | 98 | (Subl.p.: 81°) |

Alkan-α, ω-diarsonsäuren werden in befriedigenden Ausbeuten (~ 50% d.Th.) auf ähnliche Weise durch Umsetzung von Trinatrium-arsenit mit α, ω -Dihalogen-alkanen hergestellt[9,10]. In vielen Fällen werden nur die Alkalimetall- oder Erdalkalimetallsalze der Arsonsäuren isoliert[9-14].

---
[1] C. K. Banks et al., Am. Soc. **69**, 927 (1947), dort weitere Literatur.
[2] A. J. Quick u. J. Adams, Am. Soc. **44**, 805 (1922).
[3] S. M. Scherlin u. G. Epstein, B. **61**, 1821 (1928).
[4] R. H. Eddee, Am. Soc. **50**, 1396 (1928).
[5] G. A. C. Gough u. H. King, Soc. **1928**, 2426.
[6] H. J. Backer u. C. C. Bolt, R. **54**, 47, 186 (1935).
[7] s. a. B. D. Chernokalskii et al., Ž. obšč. Chim. **36**, 1677 (1966); engl.: 1674.
[8] S. a.: R. Pietsch, M. **96**, 138 (1965), dort weitere Literatur.
[9] H. J. Backer u. C. C. Bolt, R. **54**, 47, 186 (1935).
[10] H. J. Backer u. R. P. Van Oosten, R. **59**, 41 (1940).
[11] W. M. Dehn, Am. **33**, 132 (1905).
[12] D.R.P. 394851 (1921/24), Sächs. Serumwerk; Frdl. **14**, 1338.
[13] D.R.P. 404589, R. Lesser; C. **1925** I, 1527; Frdl. **14**, 1337.
[14] C. Ravazzoni, Ann. chim. Appl. **32**, 285 (1943).

Besonders leicht reagieren $\alpha$-Halogen-carbonsäuren mit Natrium-arsenit zu $\alpha$-Arsono-carbonsäuren[1-5]:

$$R-CH-COOH \quad + \quad Na_3AsO_3 \quad \longrightarrow \quad R-CH-COOH$$
$$\underset{X}{|} \qquad\qquad\qquad\qquad\qquad \underset{AsO_3Na_2}{|}$$

Auch $\beta$-Halogen-carbonsäuren lassen sich auf diese Weise umsetzen[3,5].

$\alpha$-**Arsono-essigsäure (Carboxymethanarsonsäure)**[2,4,5] : 99 g Arsen(III)-oxid und 160 g Natriumhydroxid werden in 300 ml Wasser gelöst und auf 30° gekühlt. 47,3 g Chloressigsäure werden unter Rühren hinzugegeben. Anschließend wird weitere 2 Stdn. gerührt. Die erhaltene Lösung wird dann vorsichtig mit Eisessig neutralisiert (die Neutralisation wird potentiometrisch verfolgt.), 12 Stdn. bei 20° stehengelassen, filtriert und zu einer Lösung von 185 g Bariumchlorid in 500 ml Wasser gegeben. Das ausgefallene Bariumsalz wird abgesaugt und bei 130° getrocknet; Ausbeute: 185 g (83% d. Th.).

Zur Herstellung der freien Säure wird das Bariumsalz mit einem 10%igen Unterschuß der äquimolaren Menge an 2 n Schwefelsäure bei 20° versetzt und hydrolysiert, da die freie Essigsäure beim Erwärmen in wäßriger Lösung leicht zersetzt wird. Anschließend wird aus Eisessig umkristallisiert; Ausbeute: 55 g (74% d.Th.); F: 152°.

Aus $\beta$-Chlor-propansäure und Natriumarsenit läßt sich auf gleiche Weise 3-*Arsono-propansäure* (*2-Carboxy-äthanarsonsäure*; F: 146°) herstellen[5].

### $\alpha_2$) durch Umsetzung mit Halogenaromaten (Rosenmund-Reaktion)

Unter gewissen Bedingungen gelingt es auch Arylhalogenide mit Alkalimetallarsenit, insbesondere Kaliumarsenit zu Arenarsonsäuren umzusetzen.

Man versetzt, wie bei der Meyer-Reaktion (S. 293) eine wäßrig-alkoholische Lösung von Trikaliumarsenit mit Arylhalogenid, so daß eine homogene Lösung entsteht. Dann wird unter Zusatz von Kupferpulver oder einem Kupfer(I)-salz am Rückflußkühler gekocht oder im geschlossenen Gefäß auf 100–200° erhitzt[6-9].

**2-Carboxy-benzolarsonsäure (2-Arsono-benzoesäure)**[6]: Eine Mischung von 20 g (0,1Mol) 2-Brom-benzoesäure, 63 ml 10%iger Kalilauge, 20 ml Äthanol und 40 ml 50%iger Trikaliumarsenit-Lösung wird unter Zusatz einer kleinen Menge frisch reduzierten Kupferpulvers unter Rühren am Rückflußkühler 12 Stdn. auf 90–95° erhitzt. Die Reaktionsflüssigkeit wird heiß vom Kupferpulver filtriert, mit 20 ml konz. Salzsäure kongosauer gestellt und zum Trockne eingedampft. Dann wird der Rückstand mit Methanol extrahiert und ebenfalls zur Trockne eingedampft. Anschließend wird der Rückstand mit Äther von Salicylsäure und Brombenzoesäure befreit und 2mal aus dem Wasser unter Zusatz von Kohle kristallisiert; Ausbeute: 10,1 g (41% d.Th.).

Da Arenarsonsäuren auf andere Weise (s. unten) besser zugänglich sind, besitzt die Reaktion keine große präparative Bedeutung.

### $\alpha_3$) durch Umsetzung mit Aren-diazoniumsalzen (Bart-Reaktion)

Die Umsetzung von Arendiazoniumsalzen mit Alkalimetallarseniten zu Arenarson-

---

[1] H. J. BACKER u. R. P. VAN OOSTEN, R. **59**, 41 (1940).

[2] C. S. PALMER, Am. Soc. **45**, 3023 (1923).

[3] D.R.P. 401993 (1923), Bayer; Frdl. **14**, 60.

[4] C. S. PALMER u. O. KAMM, Org. Synth., Coll. Vol. I, 73 (1948).

[5] D. HAMER u. R. G. LEEKY, Soc. **1961**, 1398.

[6] K. W. ROSENMUND, B. **54**, 438 (1921).

[7] C. S. HAMILTON u. C. G. LUDEMAN, Am. Soc. **52**, 3284 (1930); C. **1930** II, 2372.

[8] vgl. H. LÖSNER, J. pr. **2**, 50, 564 (1894).

[9] J. E. BALABAN, Soc. **1926**, 569; C. **1926** I, 3230.

säuren ist eine der einfachsten und allgemein anwendbaren Methoden zur Herstellung der aromatischen Arsonsäuren[1]:

$$\left[ Ar - \overset{\oplus}{N_2} \right] Cl^{\ominus} \ + \ As(ONa)_3 \ \xrightarrow[- N_2]{- NaCl} \ Ar - AsO_3Na_2$$

Diese erstmals von Bart[2] angewendete Reaktion erfuhr zahlreiche Modifizierungen der Reaktionsbedingungen[1]. Die wichtigste Modifizierung ist von Scheller[3], bei der an Stelle des Alkalimetallarsenits Arsen(III)-halogenid eingesetzt wird (s. S. 303).

Die eigentliche Umsetzung nach Bart wird in alkalischer Lösung durchgeführt[1]. Dies bedeutet, daß das Diazoniumhydroxid bzw. Diazotat der eigentliche Reaktionspartner ist. Die Reaktionslösung darf jedoch nicht stark alkalisch sein, da sonst keine Stickstoffabspaltung erfolgt. Die meist notwendige strenge Einhaltung des $p_H$-Wertes gelingt besonders günstig durch Pufferung mit Natriumcarbonat[4, 5]. Der Mechanismus der Bart-Reaktion ist noch ungeklärt; radikalische und ionische Mechanismen werden diskutiert[6]. Umstritten ist auch der Wert und die Rolle von Katalysatoren wie Kupfer, Silber, Nickel, Kobalt und deren Salze[7].

Es steht jedoch fest, daß in vielen Fällen durch Zusatz von Kupfer die Reaktion erleichtert wird[8]. Auch die Überführung des Natriumarsenits in Kupfer(II)-arsenit kann zu besseren Ergebnissen führen[9, 10].

Prinzipiell können alle aromatischen Amine eingesetzt werden, die in alkalischer Lösung beständige Diazoniumverbindungen bilden. Die Ausbeuten können stark variieren, sind jedoch im allgemeinen gut. Eine besondere Abhängigkeit der Umsetzung von den Substituenten in der Diazokomponente konnte nicht festgestellt werden[7]. Da die Ausbeuten allgemein stark vom $p_H$-Wert des Mediums abhängen, sollte das $p_H$-Optimum in Vorversuchen empirisch ermittelt werden. Meistens liegt es bei derjenigen Wasserstoffionenkonzentration, bei der die Diazokomponente als Hydroxid vorliegt. In manchen Fällen lassen sich bessere Ausbeuten erzielen, wenn im neutralen Medium ohne Katalysator gearbeitet wird. So entsteht die *2-Nitro-benzolarsonsäure* durch Umsetzung des entsprechenden Diazoniumchlorids mit Dikaliumarsenit in neutraler Lösung und ohne Katalysator in 86%iger Ausbeute[11].

Als Nebenreaktion wird die Bildung von Diarylarsinsäuren beobachtet[12]. Bei nicht besonders stabilen Diazoniumsalzen treten auch Biaryle, Phenole und p-Biarylarsonsäuren als Nebenprodukte auf[11]. Um das Ausmaß der Nebenreaktion zu unterdrücken, empfiehlt es sich die entsprechenden Diazonium-tetrafluoroborate einzusetzen, die eine höhere Stabilität als die entsprechenden Chloride besitzen[13,14].

---

[1] Eine Zusammenfassung der Literatur findet sich bei:
C. S. HAMILTON u. G. T. MORGAN, Org. Reactions, Vol. II, 415 (1947).
M. DUB, *Organometallic Compounds*, Vol. III, 2. Aufl., Springer Verlag New York 1968; I. Supplement 1972.
[2] D.R.P. 250264; 254092; 254345 (1910/12), H. BART.
[3] Brit.P. 261026 (1925); D.R.P. 522892 (1926), Erf.: E. SCHELLER; C. A. **21**, 3371 (1927); Frdl. **17**, 2371.
[4] C. S. PALMER u. R. ADAMS, Am. Soc. **44**, 1356 (1922).
[5] L. BLAS, An. Soc. españ. **36**, 107 (1940).
[6] G. O. DOAK u. L. D. FREEDMAN, *Organometallic Compounds of Arsenic, Antimony, and Bismuth*, Wiley-Interscience, New York 1970.
[7] C. S. HAMILTON u. J. F. MORGAN, Org. Reactions, Vol. II, 415 (1947).
[8] W. L. LEWIS u. H. C. CHEETHAM, Am. Soc. **43**, 2119 (1921).
[9] A. HAYTHORNTHWAIT, Soc. **1929**, 1013.
[10] M. A. PHILLIPS, Soc. **1930**, 1914.
[11] H. SCHMIDT, A. **421**, 159 (1920).
[12] M. YU. KRAFT u. S. A. ROSSINA, Doklady Akad. SSSR **55**, 821 (1947); C. A. **42**, 531 (1948).
[13] A. W. RUDDY et al., Am. Soc. **64**, 828 (1942).
[14] R. L. FREDRICKSON et al., J. Assoc. agric. Chemists **48**, 10 (1965).

Allgemein bessere Ausbeuten können beim Arbeiten mit Arendiazoniumtetrafluoro-boraten und Natriummetaarsenit erzielt werden[1].

**Arenarsonsäuren; allgemeine Herstellungsvorschrift[1]:** Zu einer bei Raumtemp. hergestellten Mischung aus 52 g (0,4 Mol) Natriummetaarsenit und 6 g Kupfer(I)-chlorid in 600 ml Wasser wird unter gutem Rühren eine Suspension des entsprechenden Arendiazoniumtetrafluoroborats[1] (aus 0,4 Mol Amin) in 300 ml kaltem Wasser innerhalb 1 Stde. zugegeben. Das bei der Umsetzung auftretende Schäumen kann durch Zugabe von Äther unterdrückt werden. Nach Beendigung der Stickstoff-Entwicklung wird die Lösung mit 100 ml Natrium-hydroxid-Lösung (0,25 Mol) versetzt, 1 Stde. gerührt und über Nacht stehen gelassen. Danach wird 30 Min. auf 65° erwärmt, vom Ungelösten abfiltriert und mit konz. Salzsäure vorsichtig neutralisiert (Lackmuspapier). Aus-gefallene Verunreinigungen werden abfiltriert, das Filtrat mit Aktivkohle versetzt und auf ~ 200 ml eingeengt. Nach Filtration wird mit Salzsäure angesäuert (Kongorot) und gekühlt. Die ausgefallene Arsonsäure wird ab-gesaugt und die Mutterlauge wieder eingeengt, wobei weitere Arsonsäure ausfällt. Zur Reinigung wird die Arsonsäure in einer Ammoniumhydroxid-Lösung gelöst und mit Salzsäure ausgefällt. Umkristallisieren aus Wasser ist auch möglich. Nach dieser Vorschrift werden u. a. erhalten:

| | | |
|---|---|---|
| *Benzolarsonsäure* | 58% d. Th. | F: 158° |
| *2-Nitro-benzolarsonsäure* | 67% d. Th. | F: 232–234° (Zers.) |
| *4-Nitro-benzolarsonsäure* | 79% d. Th. | F: 300° (Zers.) |
| *3-Methyl-benzolarsonsäure* | 54% d. Th. | F: 150° |
| *4-Methyl-benzolarsonsäure* | 73% d. Th. | F: 300° (Zers.) |
| *4-Carboxy-benzolarsonsäure* | 67% d. Th. | F: 232° (Zers.) |
| *(4-Arsono-benzoesäure)* | | |
| *4-Acetyl-benzolarsonsäure* | 70% d. Th. | F: 175° |

Außer der Arendiazoniumsalzen lassen sich nach Bart Aren-bis-diazonium- und Hete-roarendiazoniumsalze einsetzen (s. Tab. 26).

Tab. 26: Arenarsonsäuren durch Umsetzung von Arendiazoniumsalzen
mit Alkalimetallarseniten (Bart-Reaktion)

| Diazoniumsalz | Arsonsäuren | Ausbeute [% d. Th.] | F [°C] | Lite-ratur |
|---|---|---|---|---|
| $[Cl-C_6H_4-\overset{\oplus}{N_2}]\,Cl^{\ominus}$ | *4-Chlor-benzolarsonsäure* | 65–80 | 383–385 (Z) | 2, 3 |
| $[Br-C_6H_4-\overset{\oplus}{N_2}]\,Cl^{\ominus}$ | *4-Brom-benzolarsonsäure* | 70–80 | 300 | 3–5 |
| $[HO-C_6H_4-\overset{\oplus}{N_2}]\,Cl^{\ominus}$ | *4-Hydroxy-benzolarsonsäure* | 70–90 | – | 6–8 |
| $[HO_3S-C_6H_4-\overset{\oplus}{N_2}]\,Cl^{\ominus}$ | *4-Sulfo-benzolarsonsäure* | 28 | 300 | 9 |

[1] A. W. Ruddy et al., Am. Soc. **64**, 828 (1942).
vgl. hierzu Org. Synth., Coll. Vol. II, 494 (1943).
s. a. R. L. Baker et al., J. Soc. chem. Ind. **68**, 277 (1949).
[2] C. S. Palmer u. R. Adams, Am. Soc. **44**, 1356 (1922).
[3] K. Hiratuka, J. Chem. Soc. Japan **58**, 1051 (1937); C. A. **33**, 157 (1939).
[4] F. F. Blicke u. G. L. Webster, Am. Soc. **59**, 534 (1937).
[5] H. Gilman u. S. Avakian, Am. Soc. **76**, 4031 (1954).
[6] H. Bart, A. **429**, 55 (1922).
[7] L. Blas, An. Soc. españ. **37**, 116 (1941); C. A. **36**, 3160 (1942).
[8] R. Nakai u. Yu. Yamakawa, Bull. Inst. Chem. Research, Kyoto Univ. **22**, 91 (1950); C. A. **45**, 7040 (1951).
[9] J. F. Oneto, Am. Soc. **60**, 2058 (1938).

Tab. 26: (1. Fortsetzung)

| Diazoniumsalz | Arsonsäuren | Ausbeute [% d. Th.] | F [°C] | Literatur |
|---|---|---|---|---|
| 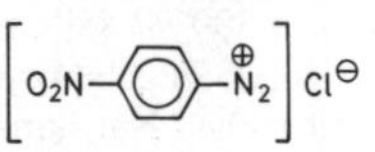 $\left[O_2N-\bigcirc-\overset{\oplus}{N_2}\right]Cl^{\ominus}$ | *4-Nitro-benzolarsonsäure* | 62 | 298–300 | 1 |
| 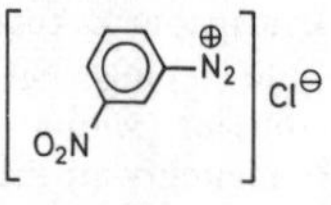 $\left[\bigcirc\overset{\oplus}{N_2}\ O_2N\right]Cl^{\ominus}$ | *3-Nitro-benzolarsonsäure* | 28 | 179–182 | 1 |
| 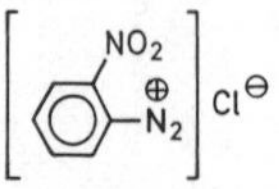 $\left[\overset{NO_2}{\underset{\overset{\oplus}{N_2}}{\bigcirc}}\right]Cl^{\ominus}$ | *2-Nitro-benzolarsonsäure* | 85 | 232–235 | 2, 3 |
| 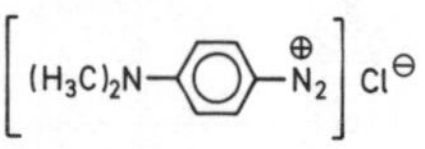 $\left[(H_3C)_2N-\bigcirc-\overset{\oplus}{N_2}\right]Cl^{\ominus}$ | *4-Dimethylamino-benzolarsonsäure* | 24 | 208–209 | 4 |
| 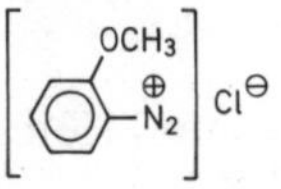 $\left[\overset{OCH_3}{\underset{\overset{\oplus}{N_2}}{\bigcirc}}\right]Cl^{\ominus}$ | *2-Methoxy-benzolarsonsäure* | 58 | 193–194 | 5 |
| 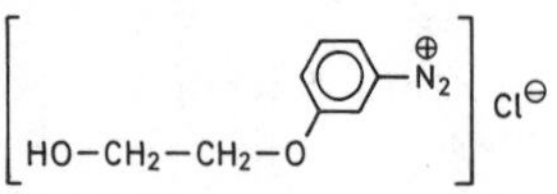 $\left[\underset{HO-CH_2-CH_2-O}{\bigcirc-\overset{\oplus}{N_2}}\right]Cl^{\ominus}$ | *3-(2-Hydroxy-äthoxy)-benzolarsonsäure* | 53 | 110 | 6 |
| 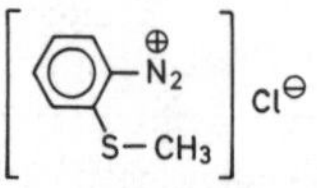 $\left[\underset{S-CH_3}{\overset{\overset{\oplus}{N_2}}{\bigcirc}}\right]Cl^{\ominus}$ | *2-Methylthio-benzolarsonsäure* | – | 154–154,5 | 7 |
| 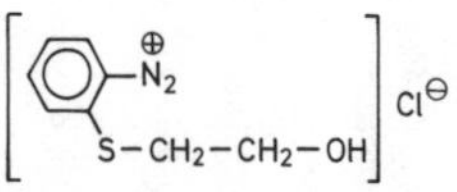 $\left[\underset{S-CH_2-CH_2-OH}{\overset{\overset{\oplus}{N_2}}{\bigcirc}}\right]Cl^{\ominus}$ | *2-(2-Hydroxy-äthylthio)-benzolarsonsäure* | 48 | 132–133 | 8 |
| 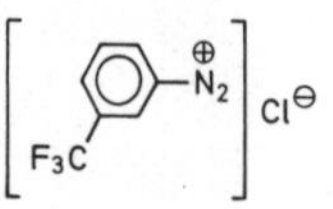 $\left[\underset{F_3C}{\overset{\overset{\oplus}{N_2}}{\bigcirc}}\right]Cl^{\ominus}$ | *3-Trifluormethyl-benzolarsonsäure* | 51 | 137–138 | 9 |
| 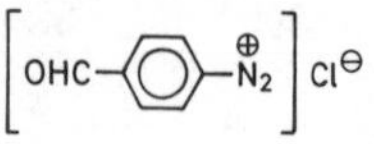 $\left[OHC-\bigcirc-\overset{\oplus}{N_2}\right]Cl^{\ominus}$ | *4-Arsono-benzaldehyd (4-Formyl-benzolarsonsäure)* | 22 | 280 (Zers.) | 10 |

[1] J. F. Oneto, Am. Soc. **60**, 2058 (1938).

[2] K. Hiratuka, J. Chem. Soc. Japan **58**, 1060 (1937); C. A. **33**, 157 (1939).

[3] L. Kalb, A. **423**, 39 (1921).

[4] G. O. Doak et al., Am. Soc. **62**, 3010 (1940).

[5] J. Johnson u. R. Adams, Am. Soc. **45**, 1307 (1923).

[6] S. B. Binkley u. C. S. Hamilton, Am. Soc. **59**, 1716 (1937).

[7] S. E. Livingstone, Soc. **1958**, 4222.

[8] G. T. Morgan u. C. S. Hamilton, Am. Soc. **66**, 874 (1944).

[9] H. Gilman et al., Am. Soc. **68**, 426 (1946).

[10] C. S. Gibson u. B. Levin, Soc. **1931**, 2388.

Tab. 26 (2. Fortsetzung)

| Diazoniumsalz | Arsonsäuren | Ausbeute [% d. Th.] | F [°C] | Lite-ratur |
|---|---|---|---|---|
| 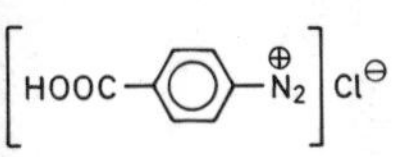 $HOOC-\langle\rangle-\overset{\oplus}{N_2}$ $Cl^{\ominus}$ | *4-Arsono-benzoesäure (4-Carboxy-benzolarsonsäure)* | 50–67 | – | 1 |
| 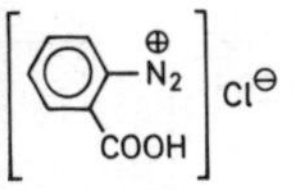 $\overset{\oplus}{N_2}$ $Cl^{\ominus}$ COOH | *2-Arsono-benzoesäure (2-Carboxy-benzolarsonsäure)* | 50–67 | – | 2 |
| 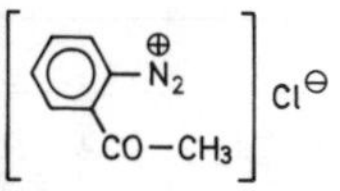 $\overset{\oplus}{N_2}$ $Cl^{\ominus}$ CO—CH₃ | *2-Acetyl-benzolarsonsäure* | 75 | 285–286 (Zers.) | 3 |
| CH₃ $H_3C-\langle\rangle-\overset{\oplus}{N_2}$ $Cl^{\ominus}$ | *2,4-Dimethyl-benzolarson-säure* | 55 | 210–212 | 4 |
| CH₃ $\overset{\oplus}{N_2}$ $Cl^{\ominus}$ CH₃ | *2,6-Dimethyl-benzolarson-säure* | 30 | 207–208 | 5 |
| 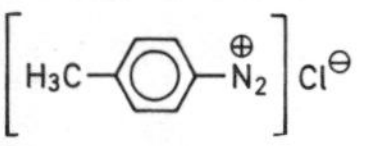 $H_3C-\langle\rangle-\overset{\oplus}{N_2}$ $Cl^{\ominus}$ | *4-Methyl-benzolarsonsäure* | 47 | – | 6 |
| 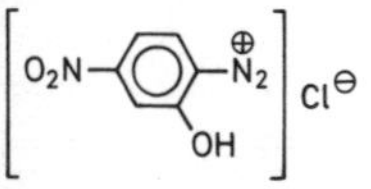 $O_2N-\langle\rangle-\overset{\oplus}{N_2}$ $Cl^{\ominus}$ OH | *4-Nitro-2-hydroxy-benzol-arsonsäure* | 78 | 250 (Zers.) | 7 |
| 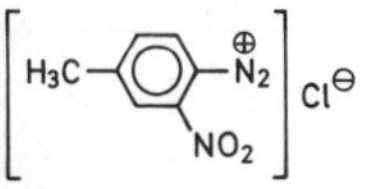 $H_3C-\langle\rangle-\overset{\oplus}{N_2}$ $Cl^{\ominus}$ NO₂ | *2-Nitro-4-methyl-benzol-arsonsäure* | 88 | 241–242 (Zers.) | 8 |
| 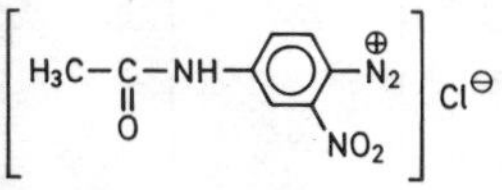 $H_3C-\overset{O}{\underset{\parallel}{C}}-NH-\langle\rangle-\overset{\oplus}{N_2}$ $Cl^{\ominus}$ NO₂ | *2-Nitro-4-amino-benzol-arsonsäure* | 46 | 255–258 (Zers.) | 9 |
| 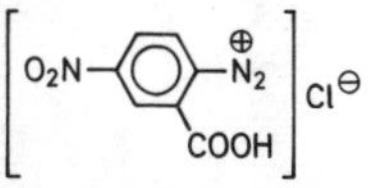 $O_2N-\langle\rangle-\overset{\oplus}{N_2}$ $Cl^{\ominus}$ COOH | *2-Arsono-5-nitro-benzoesäure- (4-Nitro-2-carboxy-benzol-arsonsäure)* | 63 | 331 (Zers.) | 10 |

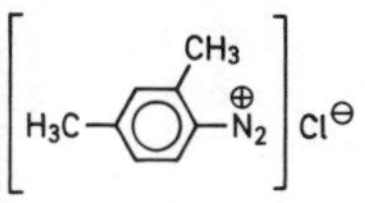

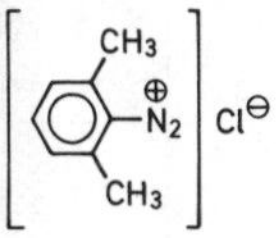

[1] W. L. Lewis u. H. C. Cheetham, Am. Soc. **43**, 2117 (1921).
[2] W. L. Lewis u. H. C. Cheetham, Am. Soc. **45**, 510 (1923).
[3] C. S. Gibson u. B. Levin, Soc. **1931**, 2388.
[4] G. Gough u. H. King, Soc. **1930,** 669.
[5] G. O. Doak et al., Am. Soc. **63**, 99 (1941).
[6] A. Cohen et al., Soc. **1931**, 3236.
[7] H. Bauer, B. **48**, 1582 (1915).
[8] E. Maschmann, B. **57**, 1764 (1924).
[9] J. F. Polya, J. Appl. Chem. **1**, 473 (1951).
[10] G. O. Doak et al., Am. Soc. **66**, 194 (1944); **67**, 719 (1945).

Tab. 26 (3. Fortsetzung)

| Diazoniumsalz | Arsonsäure | Ausbeute [% d. Th.] | F [°C] | Literatur |
|---|---|---|---|---|
| 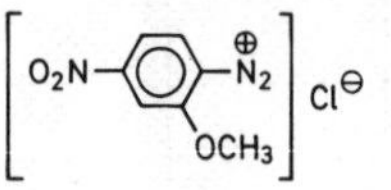 | 4-Nitro-2-methoxy-benzolarsonsäure | 60 | 250 | 1 |
| 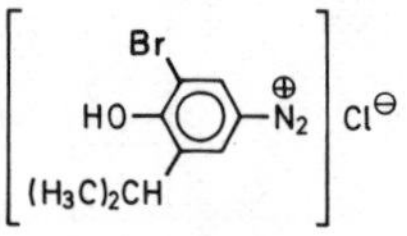 | 3-Brom-4-hydroxy-5-isopropylbenzolarsonsäure | – | 234–235 | 2 |
| 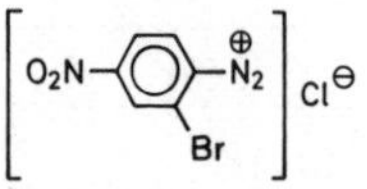 | 2-Brom-4-nitro-benzolarsonsäure | 47 | 240–242 (Zers.) | 3 |
| 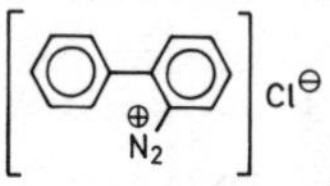 | Biphenyl-2-arsonsäure | 60 | 205 | 4 |
| 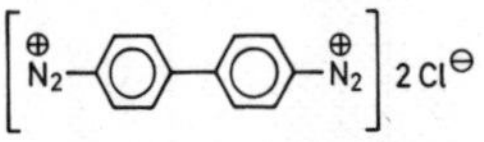 | Biphenyl-4,4'-diarsonsäure | 55 | 300 | 5 |
| 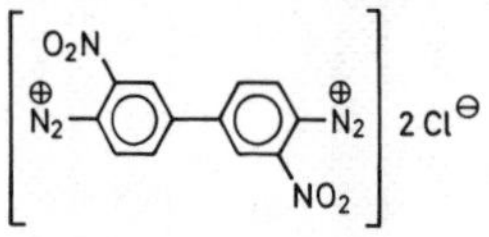 | 3,3'-Dinitro-biphenyl-4,4'-diarsonsäure | 65 | – | 5 |
| 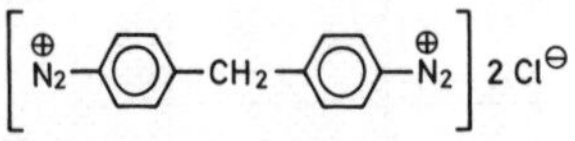 | Bis-[4-arsono-phenyl]-methan | – | 250 (Zers.) | 6 |
| 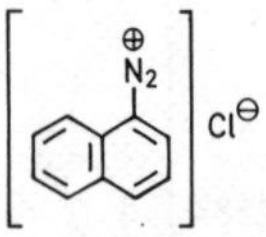 | Naphthalin-1-arsonsäure | 63 | 197 | 7 |
| 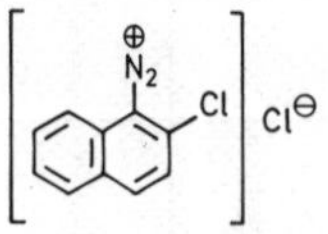 | 2-Chlor-naphthalin-1-arsonsäure | 56 | 296 | 8 |

[1] J. R. Johnson u. R. Adams, Am. Soc. 45, 1307 (1923).
[2] G. Figgis u. N. A. Gibson, Anal. Chim. Acta 7, 313 (1952).
[3] C. S. Gibson u. J. D. A. Johnson, Soc. 1931, 3270.
[4] J. Aeschliman et al., Soc. 1925, 66.
[5] W. W. Bauer u. R. Adams, Am. Soc. 46, 1920 (1924).
[6] E. V. Zappi u. J. F. Salellas, Anales soc. quim. org. 24, 65 (1936); C. A. 31, 3902 (1937).
[7] K. Hiratuka, J. chem. Soc. Japan 58, 935 (1937); C. A. 32, 516 (1938).
[8] G. W. Bowers u. C. S. Hamilton, Am. Soc. 58, 1573 (1936).

Tab. 26 (4. Fortsetzung)

| Diazoniumsalz (F: | Arsonsäure | Ausbeute [% d. Th.] | F [°C] | Literatur |
|---|---|---|---|---|
| | 1-Nitro-naphthalin-2-arson-säure | 80 | 250 | 1 |
| | 4-Nitro-naphthalin-1-arson-säure | 68 | 202 (Zers.) | 1 |
| | Fluoren-2-arsonsäure | 19 | – | 2 |
| | 9-Oxo-fluoren-2-arsonsäure | 40 | 300 | 3, 4 |
| | Anthrachinon-1-arsonsäure | 40–50 | – | 5 |
| | 2-Hydroxy-5-arsono-pyridin | 25 | – | 6 |
| | 2-Chlor-5-arsono-pyridin | – | 178–179 | 6 |
| | 2-Amino-5-arsono-pyridin | – | 137–140 | 7 |
| | 3,5-Diphenyl-2-arsono-furan | 32 | 328–329 | 8 |

[1] C. R. SAUNDERS u. C. S. HAMILTON, Am. Soc. **54**, 636 (1932).
[2] F. E. CISLATE u. C. S. HAMILTON, Am. Soc. **53**, 746 (1931).
[3] F. E. RAY u. R. J. GARASCIA, J. Org. Chem. **15**, 1233 (1950).
[4] R. F. GARASCIA u. R. J. OVERBERG, J. Org. Chem. **19**, 27 (1954).
[5] L. BENDA, J. pr. **95**, 74 (1917).
[6] A. BINZ u. C. RÄTH, A. **455**, 127 (1927).
[7] A. E. TSCHITSCHIBABIN u. A. W. KIRSANOV, B. **60**, 766 (1927).
[8] W. RIED u. W. BODENSTEDT, A. **679**, 77 (1964).

Tab. 26 (5. Fortsetzung)

| Diazoniumsalz | Arsonsäure | Ausbeute [% d. Th.] | F [°C] | Lite-ratur |
|---|---|---|---|---|
| 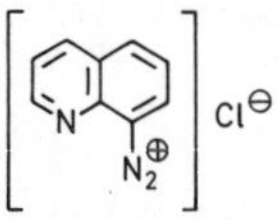 | *8-Arsono-chinolin* | 33 | 230 | [1] |
| 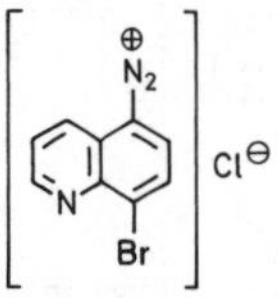 | *8-Brom-5-arsono-chinolin* | 49 | 234–235 (Zers.) | [2] |
| 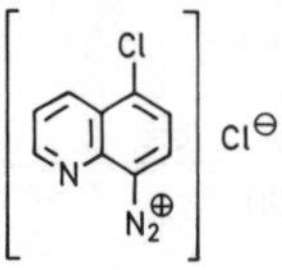 | *5-Chlor-8-arsono-chinolin* | 57 | 284–285 (Zers.) | [3] |
| 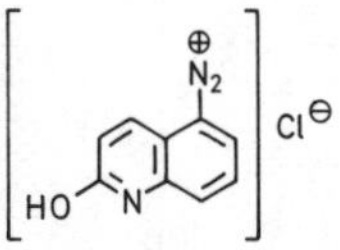 | *2-Hydroxy-5-arsono-chinolin* | 23 | – | [3] |
| 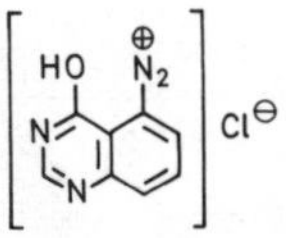 | *5-Arsono-4-hydroxy-chinazolin* | 48 | 320 | [4] |
| 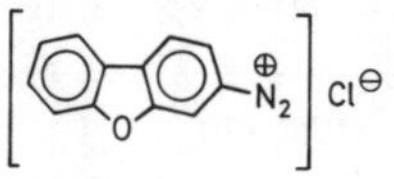 | *2-Arsono-⟨dibenzofuran⟩* | – | 385 | [5,6] |
| 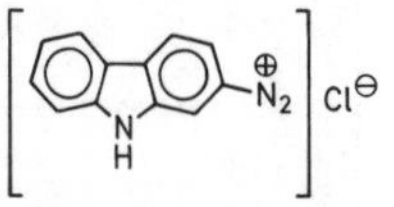 | *Carbazol-2-arsonsäure* | 27 | 346–347 | [7] |
| 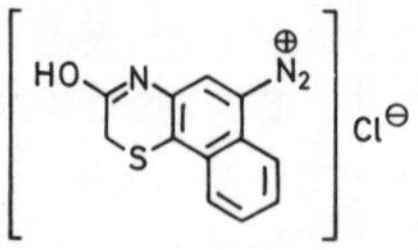 | *6-Arsono-3-hydroxy-2H-⟨naphtho-[1,2-b]-1,4-thiazin⟩* | 30 | 265 | [8] |

[1] A. Binz u. C. Räth, A. **453**, 238 (1927).
[2] R. H. Sluter, Soc. **1932**, 2104.
[3] J. D. Capps u. C. S. Hamilton, Am. Soc. **60**, 2104 (1938).
[4] Y.-H. Wu u. C. S. Hamilton, Am. Soc. **74**, 1863 (1952).
[5] W. C. Davies u. C. W. Othen, Soc. **1936**, 1236.
[6] B. F. Skiles u. C. S. Hamilton, Am. Soc. **59**, 1006 (1937).
[7] S. M. Sherlin u. A. Ya. Berlin, Ž. obšč. Chim. **5**, 938 (1935); engl.: 938; C. A. **30**, 1055 (1936).
[8] L. Conti u. G. Leandri, Bull. Sci. Fac. Chim. Ind. Bologna **14**, 60 (1956); C. A. **51**, 5765 (1957).

Eine besondere Modifizierung der Bart-Reaktion stellt die Herstellung von *2-Nitro-benzolarsonsäure* auf elektrochemischem Weg[1] dar. Hierbei wird 2-Nitro-anilin in Gegenwart von Natriumnitrit, einem Kupfersalz und Natriummetaarsenit an einer Platin- oder Kohleelektrode elektrolysiert, wobei die gebildete Arsonsäure in besonders reiner Form zu 70% d. Th. anfällt[1].

## β) Aus Arsen(III)-chlorid und Arendiazoniumsalzen (Scheller-Reaktion)

In verschiedenen Fällen, bei denen die normale Bart-Reaktion (s. S. 295) nur mangelhafte Ausbeuten ergibt, führt die Modifizierung der Reaktionspartner und des Reaktionsmediums nach Scheller[2] zu besseren Ergebnissen. Hierbei wird ein aromatisches Amin in organischen Solventien mit konzentrierter wäßriger Natriumnitrit-Lösung in Gegenwart von Arsen(III)-chlorid diazotiert. Im Gegensatz zu der Bart-Reaktion ist bei der Scheller-Reaktion eine Katalyse durch Kupfersalze notwendig[3]. Hierbei hat sich Kupfer(I)-chlorid als der beste Katalysator erwiesen[3]. Wahrscheinlich verläuft die Reaktion nach Art der Sandmeyer-Reaktion, wobei ein Orthoarsonsäure-tetrahalogenid entsteht, das rasch zu Arsonsäure hydrolysiert wird[4, 5]:

$$\left[Ar-\overset{\oplus}{N_2}\right]Cl^{\ominus} + AsCl_3 \longrightarrow \left[Ar-\overset{\oplus}{N}\equiv N\right]\left[AsCl_4\right]^{\ominus} \xrightarrow{-N_2} Ar-AsCl_4 \xrightarrow{H_2O} Ar-AsO_3H_2$$

Die Ausbeuten der Scheller-Reaktion sind besonders bei Diazoniumsalzen, die Elektronenakzeptoren tragen, besser als bei der Bart-Reaktion. Schlechtere Ausbeuten werden dagegen bei Diazoniumsalzen erzielt, die Elektronendonatoren tragen[6].

**Arenarsonsäuren; allgemeine Herstellungsvorschrift**[6-8]: Eine Mischung aus 0,1 Mol Amin in 250 ml abs. Äthanol, 10 g Schwefelsäure und 28 g Arsen(III)-chlorid wird auf 0° gekühlt und mit der äquimolaren Menge Natriumnitrit, in Form einer ges. wäßrigen Lösung, diazotiert (Der Endpunkt der Diazotierung wird mit Jod-Stärke-Papier festgestellt). Nach beendeter Diazotierung wird 1 g Kupfer(I)-bromid unter Rühren zugegeben. Es wird dann unter weiterem Rühren auf 60° solange erwärmt, bis die Stickstoffentwicklung aufhört. Der Alkohol wird anschließend mit Wasserdampf vertrieben. Aus dem Rückstand kristallisieren die Arsonsäuren aus, die durch Umkristallisieren aus Wasser gereinigt werden können; u. a. werden so erhalten:

| | |
|---|---|
| *3-Aminosulfonyl-benzolarsonsäure* | 58% d. Th. |
| *3-Nitro-benzolarsonsäure* | 54% d. Th. |
| *3-Carboxy-benzolarsonsäure* | 76% d. Th. |
| (*3-Arsono-benzoesäure*) | |
| *3-Nitro-4-methyl-benzolarsonsäure* | 40% d. Th. |

In einigen Fällen werden bessere Ausbeuten erzielt, wenn das Diazoniumsalz mit Arsen(III)-chlorid in wasserfreiem Medium umgesetzt wird[6]. Aus Stabilitätsgründen werden dann Diazonium-tetrafluoroborate bzw. -tetrachlorozinkate eingesetzt[6]. In einer Nebenreaktion können hierbei Diarylarsinsäuren entstehen, deren Anteil stark vom Wassergehalt des Reaktionsmediums abhängt. In 80%igem Äthanol entstehen die Arsin- und Arsonsäuren in vergleichbarer Ausbeute, während in absol. Äthanol die Arsinsäuren nur

[1] K. Yasukouchi et al., Denki Kagu **36**, 54 (1968); C. A. **69**, 15328 (1968).
[2] D.R.P. 522892 (1926), E. Scheller; C. A. **25**, 3664 (1931).
[3] G. O. Doak u. L. D. Freedman, Am. Soc. **73**, 5656 (1951).
[4] W. A. Waters, Soc. **1942**, 266.
[5] G. O. Doak u. L. D. Freedman, *Organometallic Compounds of Arsenic, Antimony, and Bismuth,* Wiley-Interscience, New York 1970.
[6] G. O. Doak, Am. Soc. **62**, 167 (1940).
[7] D.R.P. 522892 (1926), E. Scheller; C. A. **25**, 3664 (1931).
[8] W. Steinkopf, J. pr. **128**, 63 (1930).

in Spuren erhalten werden[1]. Auch die als Katalysatoren notwendigen Kupfersalze unterdrücken die Bildung der Arsinsäure. Kupferbronze dagegen begünstigt diese Nebenreaktion[1].

**Arenarsonsäuren; allgemeine Herstellungsvorschrift**[1, 2]**:** In einem Zweihalskolben mit Rührer und Gaseinleitungsrohr, suspendiert man 0,1 Mol Arendiazoniumtetrafluoroborat in 125 *ml* abs. Äthanol und versetzt mit 0,1 Mol Arsen(III)-chlorid und 2 g Kupfer(I)-chlorid. Anschließend wird gerührt. Meistens setzt die Stickstoffentwicklung sofort ein, und die Reaktion ist in weniger als 1 Stde. beendet. In manchen Fällen jedoch muß auf dem Dampfbad erwärmt werden.

Nach beendeter Umsetzung wird das Lösungsmittel vertrieben und der Rückstand auf $\sim$ 100 *ml* eingeengt und gekühlt. Die ausgefallenen Arson- und Arsinsäuren werden abgesaugt, in Natriumcarbonat-Lösung gelöst, filtriert und die Natriumcarbonat-Lösung kongosauer gestellt. Der ausgefallene Niederschlag wird abgesaugt und mit kochendem Wasser extrahiert. Die aus der wäßrigen Lösung ausgefallenen Arenarsonsäuren werden zur Reinigung 2mal aus Wasser umkristallisiert. So erhält man z. B.:

| | | |
|---|---|---|
| *2-Chlor-benzolarsonsäure* | 45% d. Th. | F: 180–182° |
| *4-Chlor-benzolarsonsäure* | 62% d. Th. | F: 383° (Zers.) |

Da die Bart- und Scheller-Reaktionen sowohl in Ausbeuten, als auch in der Durchführung vergleichbar sind, sind sie gleichwertig in der einfachsten Möglichkeit aromatische Arsonsäuren herzustellen.

### γ) Aus Arsensäure (Béchamp-Reaktion)

Beim Erhitzen von Arsensäuren mit Anilin, Anilin-Derivaten oder Phenolen werden, in mehr oder weniger guten Ausbeuten, die entsprechend substituierten **Arenarsonsäuren**[3, 4] gebildet:

Diese nach M. A. Béchamp[1] benannte Reaktion stellt eine der ältesten Methoden zur Herstellung aromatischer Arsonsäuren dar. Obwohl der Mechanismus nicht aufgeklärt ist, besteht eine formale Analogie zur Sulfonierung von Aromaten[5, 6]. Die Elektrophilie der Arsensäure ist jedoch so gering, daß die Reaktion auf Aniline und Phenole bzw. ihre Derivate beschränkt ist, und dies bei höherer Temperatur (Back-Verfahren)[5, 6]. Die Arsonierung von Phenol ist reversibel, so daß, um relativ gute Ausbeuten zu erhalten, das Reaktionswasser entfernt werden muß[5, 7]. Bei der Arsonierung von Anilinen und Phenolen wird die Arsono-Gruppe hauptsächlich in die para-Stellung dirigiert; bei blockierter p-Stellung tritt sie in die ortho-Position ein[5]. Zunehmende Anzahl der Substituenten im Ring beeinträchtigt meistens die Ausbeute. Eine generelle Aussage über die Art und Weise der Beeinflussung der Reaktion durch die Substituenten in Phenolen bzw. Anilinen kann aus den bisherigen Untersuchungen nicht gemacht werden. N-Alkyl- bzw. N,N-Dialkylaniline wurden bei dieser Reaktion nicht eingesetzt.

---

[1] G. O. DOAK u. L. D. FREEDMAN, Am. Soc. **73**, 5656 (1951).
[2] Eine Zusammenfassung der nach der Scheller-Reaktion hergestellten aromatischen Arsonsäuren gibt: M. DUB, *Organometallic Compounds*, Vol. III, 2. Aufl., Springer Verlag New York 1968; I. Supplement 1972.
[3] M. A. BÉCHAMP, C. r. **56**, 1172 (1863).
[4] P. EHRLICH u. A. BERTHEIM, B. **40**, 3292 (1907).
[5] C. S. HAMILTON u. J. F. MORGAN, Org. Reactions, Vol. II, 415 (1944).
[6] G. O. DOAK u. L. D. FREEDMAN, *Organometallic Compounds of Arsenic, Antimony, and Bismuth*, Wiley-Interscience, New York 1970.
[7] W. C. CHRISTIANSEN u. A. J. NORTON, Am. Soc. **45**, 2188 (1923).

Diphenylamin liefert nur in geringer Ausbeute *4-Anilino-benzolarsonsäure*[1]. Von den zwei isomeren Naphthylaminen läßt sich nur das 1-Naphthylamin zu *1-Amino-naphthalin-2-arsonsäure* arsonieren[2, 3].

Eine prinzipielle Nebenreaktion bei dieser Methode ist die Bildung der entsprechenden Diarylarsinsäuren. Ein zu großer Überschuß an Aromat und zu hohe Reaktionstemperaturen begünstigen die Bildung der Arsinsäuren; der günstigste Temperaturbereich liegt meistens bei ~150–180°[4]. Die Ausbeuten liegen meistens bei 20–40% d. Th.[4,5], so daß, falls möglich, die Bart- oder Scheller-Reaktion vorzuziehen ist.

Eine Erhöhung der Ausbeute z. B. bei *4-Amino-benzolarsonsäure* (*Arsanilsäure*) auf 80-90% d. Th. kann dadurch erzielt werden, daß Arsensäure und Anilin zuerst 4 Stdn. auf 155–160° erhitzt werden, abgekühlt und dann solange erhitzt werden bis möglichst alles in Lösung gegangen ist[6].

Durch Erhitzen von 4-Hydroxy-benzolsulfonsäure mit 95%iger Arsensäure auf 130–140° wird die *4-Hydroxy-benzolarsonsäure* in 65–90%iger Ausbeute erhalten[7–9]. Von den mehrwertigen Phenolen liefert das Resorcin die beste Ausbeute an der entsprechenden Arsonsäure (*2,4-Dihydroxy-benzolarsonsäure*; 62% d. Th.)[10]. Analog erhält man die *2,4-Dimethoxy-benzolarsonsäure* zu 44% d. Th.[10].

### δ) Durch Oxidation von Organo-arsen(III)-Verbindungen (über Arson- oder Orthoarsonsäure-Derivate)

#### $\delta_1$) Aus prim. Arsinen oder Arseno-Verbindungen

Prinzipiell lassen sich alle Organo-arsen(III)-Verbindungen zu Arsonsäuren oxidieren (s. Tab. 1, S. 18). So werden primäre Arsine oder Arsenoverbindungen durch Einwirkung von Sauerstoff, Wasserstoffperoxid oder Halogen (über Orthoarsonsäure-tetrahalogenide) zu Arsonsäuren oxidiert[11–15]:

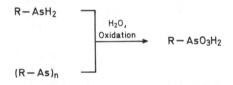

Die Oxidation der Arseno-Verbindungen kann zur Reinigung von Arsonsäuren dienen, da letztere leicht zu Arseno-Verbindungen reduziert werden können (s. S. 156)[16].

[1] H. Lieb u. O. Wintersteiner, B. **61**, 107 (1928).
[2] L. Benda u. R. Kuhn, B. **41**, 1672 (1908).
[3] H. P. Brown u. C. S. Hamilton, Am. Soc. **56**, 151 (1934).
[4] C. S. Hamilton u. J. F. Morgan, Org. Reactions Vol. II, 415 (1944).
[5] L. Lewis u. H. C. Cheetham, Org. Synth., Coll. Vol. I, S. 70 (1948).
[6] G. C. Baumhardt, Engenharia e quim. (Rio de Janeiro) **3**, 164 (1951); C. A. **46**, 3216 (1952).
[7] Jap. P. 3973 (1951), T. Ueda; C. A. **47**, 8092 (1953).
[8] T. Ueda u. T. Kosuge, J. Pharm. Soc. Japan **71**, 821 (1951); C. A. **46**, 1714 (1952).
[9] W. G. Christiansen u. A. J. Norton, Org. Synth., Coll. Vol. I, 490 (1948); aus Phenol und Arsensäure nur zu 33% d. Th.
[10] H. Bauer, B. **48**, 509 (1915).
[11] E. Krause u. A. v. Grosse, *Die Chemie der metall-organischen Verbindungen*, Gebr. Borntraeger Verlag, Berlin 1937.
[12] R. C. Cookson u. F. G. Mann, Soc. **1947**, 618.
[13] G. Drehfahl u. G. Stange, J. pr. **10**, 257 (1960).
[14] B. Helferich u. G. Pietsch, A. **651**, 43 (1962).
[15] A. Tzschach et al., Z. Chem. **16**, 64 (1976).
[16] A. Binz u. C. Räth, A. **453**, 238 (1927); **455**, 127 (1927).

**4-(1,1-Dioxido-hexahydro-1,2-thiazino)-benzolarsonsäure[1]:** Zu einer Aufschlämmung von 5,7 g (0,01 Mol) 4,4′-Bis-[1,1-dioxido-1,2-thiazolidino]-arsenobenzol in 50 ml 2 n Ammoniak-Lösung werden unter Rühren 6,7 g 30%ige Wasserstoffperoxid-Lösung getropft. Die Temp. steigt dabei auf 50–60°, und es tritt langsam vollständige Lösung ein. Es wird i. Vak. auf das halbe Vol. eingeengt, mit 10 ml 2 n Salzsäure versetzt, 24 Stdn. in der Kälte stehengelassen, vom Ammoniumchlorid abgesaugt, mit Ammoniak neutralisiert ($p_H = 7$), mit 40 ml Wasser verdünnt, mit Aktivkohle gekocht und heiß abfiltriert. Das Filtrat wird durch einen weiteren Wasserauszug der Kohle ergänzt. Die gesammelten Filtrate werden vereinigt und bei 80° mit 10 ml 2 n Salzsäure angesäuert und gekühlt. Die ausgefallene Arsonsäure wird abgesaugt und die Mutterlauge in gleicher Weise wieder (nach weiterem Einengen) aufgearbeitet. Die gesammelte Arsonsäure wird aus Wasser umkristallisiert; Ausbeute: 4,7 g (68% d. Th.); F: 280° (Zers.).

*4-Chlor-benzolarsonsäure* erhält man bei der Oxidation einer ätherischen (4-Chlorphenyl)-arsin-Lösung an der Luft[2]. Die Oxidation von prim. Arsinen oder Arseno-Verbindungen wird heute zur Herstellung von Arsonsäuren kaum noch verwendet.

**2-Amino-äthanarsonsäure[3]:** Zu 4,0 g (2-Amino-äthyl)-arsin, gelöst in 100 ml Aceton, werden unter Rühren und Kühlen 11 ml 33%iges Wasserstoffperoxid getropft. Nach dem Abdestillieren des Lösungsmittels bleibt eine braune hochviskose Masse zurück, die innerhalb einiger Tage kristallisiert. Es wird dann mehrmals aus Wasser umkristallisiert; Ausbeute: 3,8 g (68% d. Th.); Zers.-p.: 305–310°.

### $\delta_2$) *Aus Arsonigsäure-anhydriden oder -halogeniden*

Sowohl aliphatische als auch aromatische Arsonigsäure-anhydride oder -halogenide werden durch Einwirkung geeigneter Oxidationsmittel in Arsonsäuren umgewandelt:

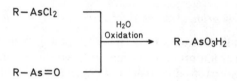

Als Oxidationsmittel werden Halogen[4–11], Wasserstoffperoxid[4, 9, 12–19], Chloramin-T[20], salpetrige Säure[21], Salpetersäure[17], Quecksilberoxid[4] oder Luftsauerstoff[22] eingesetzt.

---

[1] B. Helferich u. G. Pietsch, A. **651**, 43 (1962).

[2] R. C. Cookson u. F. G. Mann, Soc. **1947**, 618.

[3] A. Tzschach et al., Z. Chem. **16**, 64 (1976).

[4] A. Michaelis, B. **10**, 623 (1877); A. **320**, 277 (1902); **321**, 150 (1902).

[5] W. M. Dehn u. B. B. Wilcox, Am **35**, 48 (1906).

[6] J. D. London, Soc. **1937**, 391.

[7] J. F. Oneto u. E. L. Way, Am. Soc. **61**, 2105 (1939).

[8] H. Steinman et al., Am. Soc. **66**, 192 (1944).

[9] G. O. Doak et al., Am. Soc. **66**, 194 (1944).

[10] C. L. Hewett, Soc. **1948**, 1203.

[11] G. Drehfahl u. G. Stange, J. pr. **10**, 257 (1960).

[12] H. Wieland, A. **421**, 38 (1923).

[13] A. Binz u. O. v. Schickh, B. **69**, 1527 (1936).

[14] G. I. Braz u. A. Ya. Yakubovich, Ž. obšč. Chim. **11**, 41 (1941); engl.: 41; C. A. **35**, 5459 (1941).

[15] A. Etienne, C. r. **221**, 628 (1945); Bl. **1947**, 47.

[16] F. Popp, B. **82**, 152 (1949).

[17] I. L. Knunyants u. V. Ya. Pilskaya, Izv. Akad. SSR **1955**, 472; C. A. **50**, 6298 (1956).

[18] A. B. Bruker et al., Ž. obšč. Chim. **28**, 350 (1958); C. A. **52**, 13615 (1958).

[19] O. A. Zeide et al., Ž. obšč. Chim. **28**, 2404 (1958).

[20] H. Burton u. C. S. Gibson, Soc. **125**, 2275 (1924).

[21] J. F. Oneto u. E. L. Way, Am. Soc. **62**, 2157 (1940).

[22] G. Kamai u. N. A. Chadaeva, Izv. Kazansk. Filiala Akad. Nauk SSSR, Ser. Khim. Nauk **1957**, 69; C. A. **54**, 6521 (1960).

Die Oxidation der Arsonigsäure-dihalogenide verläuft über die Orthoarsonsäure-tetra-halogenide, die schnell zu Arsonsäuren hydrolysiert werden:

$$R-AsX_2 \ + \ X_2 \ \longrightarrow \ R-AsX_4 \ \xrightarrow[-4\,HX]{3\,H_2O} \ R-AsO_3H_2$$

Analog ist bei der Oxidation von Arsonigsäure-anhydriden das entsprechende Arson-säure-dihalogenid als Zwischenstufe zu formulieren:

$$R-As{=}O \ + \ X_2 \ \longrightarrow \ R-\overset{\textstyle X}{\underset{\textstyle X}{As}}{=}O \ \xrightarrow[-2\,HX]{2\,H_2O} \ R-AsO_3H$$

In beiden Fällen werden diese Zwischenstufen jedoch nicht isoliert (s. jedoch Lit.[1]).

**Benzolarsonsäure**[2]: 25 g Benzolarsonigsäure werden mit 100 *ml* Wasser übergossen. Unter Rühren wird dann ein kräftiger Chlorstrom solange eingeleitet bis eine klare Lösung entsteht (Durch die Reaktionswärme bleibt die gebildete Arsonsäure in Lösung!). Man dampft anschließend zur Trockene ein und kristallisiert den Rückstand aus Wasser um; Ausbeute: ~ 100% d. Th.; F: 158–162° (unter Wasserabspaltung).

**Butan-1-arsonsäure**[3]: 1 Mol Butanarsonigsäure-dichlorid wird in kaltem Aceton gelöst (20 *ml*/g) und mit 2 Mol Chloramin T in kaltem Wasser (10%ige Lösung!) versetzt und anschließend 30 Min. unter Rückfluß er-hitzt. Nach Abdestillieren des Acetons wird das p-Toluolsulfonsäure-amid in der Kälte abfiltriert. Das Filtrat wird dann zur Trockene eingedampft und mit kalter Natriumcarbonat-Lösung aufgenommen, und mit Säure aus-gefällt; Ausbeute: 74% d. Th.; F: 160°.

Falls die Arsonsäure wasserunlöslich ist, wird der Sulfonsäure-amid-Niederschlag mit Natriumcarbonat-Lö-sung behandelt und aus dem Filtrat die Arsonsäure isoliert.

Analog wird *2-Methyl-benzolarsonsäure* (F: 169–170°) in nahezu quantitativer Aus-beute erhalten[3].

Das am meisten verwendete Oxidationsmittel ist jedoch Wasserstoffperoxid. Die Oxi-dation kann in wäßriger, wäßrig-acetonischer oder wäßrig-alkoholischer Lösung durchge-führt werden.

**3-Arsono-pyridin**[4]: 16,9 g 3-Arsino-pyridin werden in 50 *ml* Methanol gelöst und unter guter äußerer Küh-lung tropfenweise mit 12 *ml* 30%igem Perhydrol, das mit 6 *ml* Wasser verdünnt war, versetzt. Nach 1stdgm. Stehenlassen in Eis wird der ausgefallene Niederschlag abgesaugt, mit wenig kaltem Methanol, dann mit Äther gewaschen und i. Vak. getrocknet; Ausbeute: 73–85% d. Th.; F: 156°.

$\delta_3$) *Aus Chlor-bis-[dialkylamino]-arsine über Arsonigsäure-amide*

Eine einfache und präparativ leistungsfähige Methode besonders zur Herstellung von Alkanarsonsäuren beruht auf der leichten Oxidierbarkeit von Arsonigsäure-dialkyl-amiden mit Wasserstoffperoxid. Hierbei werden die Arsonigsäure-amide durch Umset-zung von Chlor-bis-[dialkylamino]-arsin mit Grignard-Verbindung hergestellt, und ohne Isolierung mit Wasserstoffperoxid in die entsprechenden Arsonsäuren überführt[5,6]:

$$\underset{(R^1)_2N}{\overset{(R^1)_2N}{{>}}}As-Cl \ + \ R^2-MgX \ \xrightarrow{-MgXCl} \ \underset{(R^1)_2N}{\overset{(R^1)_2N}{{>}}}As-R^2 \ \xrightarrow[-2\,(R^1)_2NH]{2\,H_2O} \ R^2-As(OH)_2$$

$$\xrightarrow[-H_2O]{H_2O_2} \ R^2-AsO_3H_2$$

[1] G. Drehfahl u. G. Stange, J. pr. **10**, 257 (1960).
[2] A. Michaelis u. A. Lösner, B. **27**, 263 (1894).
[3] H. Burton u. C. S. Gibson, Soc. **125**, 2275 (1924).
[4] A. Binz u. O. v. Schickh, B. **69**, 1527 (1936).
[5] C. F. McBrearty jr., et al., J. Organometal. Chem. **12**, 377 (1968).
[6] K. Irgolic et al., J. Inorg. Nucl. Chem. **33**, 3177 (1971).

Auf diese Weise lassen sich langkettige und verzweigte Alkanarsonsäuren, sowie ungesättigte aliphatische Arsonsäuren in guten Ausbeuten herstellen.

**Octan-1-arsonsäure[1]:** In einer trockenen Stickstoffatmosphäre werden unter heftigem Rühren und Kühlen auf 0° zu einer Lösung von 0,069 Mol Octylmagnesiumbromid in 300 *ml* abs. Äther 17,6 g (0,069 Mol) Chlor-bis-[diäthylamino]-arsin[1] langsam getropft. Die Temp. wird währenddessen bei 0° gehalten. Eine viscose graue Suspension wird gebildet. Nach beendeter Zugabe des Chlor-bis-[diäthylamino]-arsins läßt man langsam auf Raumtemp. erwärmen und erhitzt anschließend ~ 2 Stdn. unter Rückfluß, wobei die Suspension fest wird. Man kühlt wieder auf 0° ab und tropft langsam 170 *ml* 3,7 n Salzsäure zu, wobei zuletzt zwei gefärbte Phasen entstehen. Man erhitzt weitere 2 Stdn. unter Rückfluß und trennt anschließend die wäßrige Phase ab. Die ätherische Phase wird dann mit 27 *ml* 30%-igem Wasserstoffperoxid (0,23 Mol) unter Kühlung tropfenweise versetzt, 1 Stde. unter Rückfluß erhitzt und nach Abkühlung die ausgefallene Arsonsäure abgesaugt mit Äther gewaschen und getrocknet. Zur Reinigung wird aus Wasser umkristallisiert; Ausbeute: 12,4 g (77% d. Th.); F: 162–163°.

In gleicher Weise werden u. a. folgende Arsonsäuren hergestellt:

| | | |
|---|---|---|
| Hexan-1-arsonsäure | 62% d. Th. | F: 163–165° |
| Nonan-1-arsonsäure | 80% d. Th. | F: 157–158° |
| Decan-1-arsonsäure | 75% d. Th. | F: 155–157° |
| Dodecan-1-arsonsäure | 82% d. Th. | F: 151–152° |
| Tetradecan-1-arsonsäure | 60% d. Th. | F: 146–147° |
| Octadecan-1-arsonsäure | 74% d. Th. | F: 143–144° |
| 3-Methyl-butan-1-arsonsäure | 90% d. Th. | F: 190–191° |
| 2-Äthyl-hexan-1-arsonsäure[2] | 78% d. Th. | F: 64–65° |
| Octin-(1)-1-arsonsäure[2] | 21% d. Th. | flüssig |

Bei der Herstellung der langkettigen Grignardverbindungen ($R > C_{13}$) tritt die Bildung der entsprechenden Alkane als Nebenreaktion auf[1]. Diese langkettigen Paraffine müssen durch Filtration (Glaswolle) aus der Grignard-Lösung entfernt werden, da sonst Schwierigkeiten bei der Reinigung der Arsonsäuren entstehen[1]. In manchen Fällen[2] wird die Arsonsäure aus der ätherischen Phase durch Extraktion mit 1 n Natronlauge und anschließende Fällung mit Salzsäure gewonnen[2].

### ε) Durch Umwandlung in den organischen Resten

Eine große Anzahl Arsonsäuren läßt sich nach den vorab beschriebenen Methoden entweder sehr schwer oder überhaupt nicht herstellen. Hierzu müssen dann Reaktionen herangezogen werden, die, ohne die As-C-Bindung anzugreifen, am Kohlenstoffgerüst von Arsonsäuren stattfinden. So lassen sich Amino-alkanarsonsäuren durch Umsetzung von Halogen-alkanarsonsäuren mit Aminen herstellen[3, 4]. Die Arsono-Gruppe in den Arenarsonsäuren stellt einen Substituenten mit – I- und – M-Effekt dar[5], so daß im Prinzip ein breites Spektrum von Reaktionen an dem aromatischen Kern oder an der Seitenkette im aromatischen Kern möglich ist.

So lassen sich Amino-arenarsonsäuren nach Bart (s. S. 295) oder Scheller (s. S. 303) zu Aren-diarsonsäuren umsetzen, oder der Sandmeyer-Reaktion und der Azokupplung unterwerfen[6].

---

[1] C. F. Breaty et al., J. Organometal. Chem. **12**, 377 (1968).
[2] K. Irgolic et al., J. Inorg. Nucl. Chem. **33**, 3177 (1971).
[3] G. A. C. Gough u. H. King, Soc. **1928**, 2426.
[4] H. King u. R. J. King, Soc. **1950**, 2086.
[5] C. K. Ingold, *Structure and Mechanism in Organic Chemistry*, Cornell University Press, Ithaca, New York 1953.
[6] Zusammenfassende Literatur findet sich bei:
E. Krause u. A. v. Grosse, *Die Chemie der metall-organischen Verbindungen*, Geb. Borntraeger, Berlin 1937.
C. S. Hamilton u. J. F. Morgan, Org. Reactions, Vol. II, 415 (1944).
M. Dub, *Organometallic Compounds*, Vol. III, 2. Aufl., Springer Verlag, New York 1968; I. Supplement 1972.

Tab. 27: Arenarsonsäuren durch Umwandlung von Arenarsonsäuren unter Erhalt der As−C-Bindung

| Ausgangsprodukt | Reaktionsbedingungen | Endprodukt | Literatur |
|---|---|---|---|
| 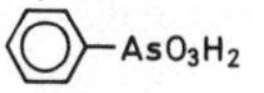 ⬡—AsO$_3$H$_2$ | HNO$_3$/H$_2$SO$_4$; oder 100% HNO$_3$ | 3-Nitro-benzolarsonsäure | [1−3] |
| 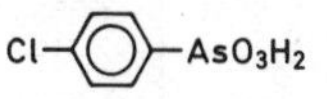 Cl—⬡—AsO$_3$H$_2$ | HNO$_3$/H$_2$SO$_4$ | 4-Chlor-3-nitro-benzolarsonsäure | [4] |
| 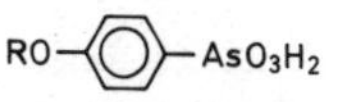 RO—⬡—AsO$_3$H$_2$ | HNO$_3$/H$_2$SO$_4$ | 3-Nitro-4-alkoxy-benzolarsonsäure | [5,6] |
| 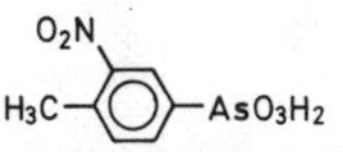 O$_2$N, H$_3$C—⬡—AsO$_3$H$_2$ | HNO$_3$/H$_2$SO$_4$ | 3,5-Dinitro-4-methyl-benzolarsonsäure | [7,8] |
| 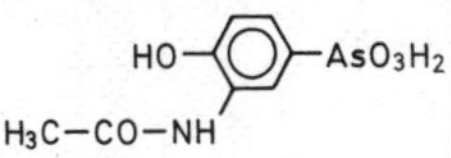 HO—⬡—AsO$_3$H$_2$, H$_3$C—CO—NH | HNO$_3$/H$_2$SO$_4$ bei −10°–0° | 5-Nitro-3-acetamido-4-hydroxy-benzolarsonsäure | [9] |
| 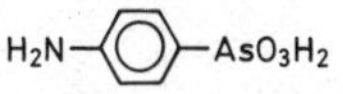 H$_2$N—⬡—AsO$_3$H$_2$ | KJO$_3$/KJ | 3,5-Dijod-4-amino-benzolarsonsäure | [10] |
| 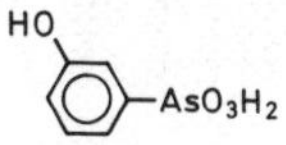 HO, ⬡—AsO$_3$H$_2$ | 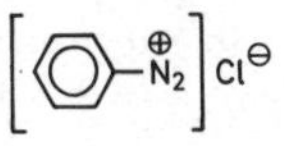 $\left[ \text{⬡}-\overset{\oplus}{N_2} \right] Cl^{\ominus}$ | 5-Hydroxy-2-phenylazo-benzolarsonsäure | [11] |
| 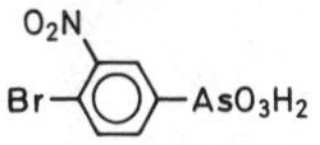 O$_2$N, Br—⬡—AsO$_3$H$_2$ | 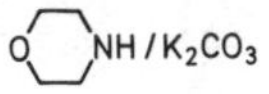 O⬠NH / K$_2$CO$_3$ | 3-Nitro-4-morpholino-benzolarsonsäure | [12] |
| 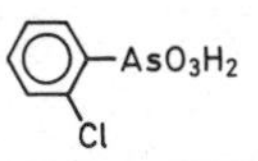 ⬡—AsO$_3$H$_2$, Cl | R−NH$_2$/K$_2$CO$_3$/C$_5$H$_{11}$OH | 2-Alkylamino-benzolarsonsäure | [13,14] |
| 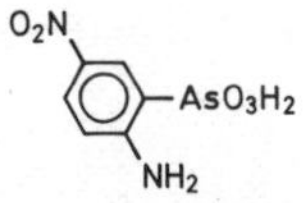 O$_2$N, ⬡—AsO$_3$H$_2$, NH$_2$ | KOH | 5-Nitro-2-hydroxy-benzolarsonsäure | [15,16] |
| 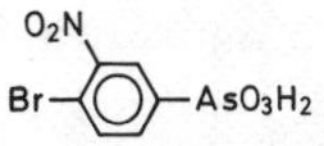 O$_2$N, Br—⬡—AsO$_3$H$_2$ | 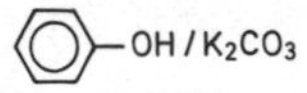 ⬡—OH / K$_2$CO$_3$ | 3-Nitro-4-phenoxy-benzolarsonsäure | [17] |

[1] A. MICHAELIS, A. 321, 294 (1902).
[2] L. D. FREEDMAN u. G. O. DOAK, J. Org. Chem. 24, 1590 (1959).
[3] T. A. MODRO u. A. PICKOŚ, Tetrahedron 28, 3867 (1972).
[4] H. J. BARBER, Soc. 1929, 473.
[5] R. G. FORGHER, Soc. 117, 865 (1920).
[6] US. P. 2088608 (1937), G. W. RAIZISS et al., C. A. 31, 6825 (1937).
[7] H. BAUER, B. 48, 516 (1915).
[8] G. T. MORGAN et al., Am. Soc. 69, 930 (1947).
[9] K. BURSCHKIES u. M. ROTHERMUNDT, Ar. 276, 226 (1938).
[10] A. BERTHEIM, B. 43, 531 (1910).
[11] G. O. DOAK et al., Am. Soc. 66, 197 (1944).
[12] E. J. CRAGOE u. C. S. HAMILTON, Am. Soc. 67, 536 (1945).
[13] H. BURTON u. C. S. GIBSON, Soc. 1931, 3270.
[14] R. E. ETZEMILLER u. C. S. HAMILTON, Am. Soc. 53, 3085 (1931).
[15] L. BENDA, B. 44, 3295 (1911).
[16] M. A. PHILLIPS, Soc. 1930, 1912.
[17] W. D. MACLAY u. C. S. HAMILTON, Am. Soc. 54, 3310 (1932).

Tab. 27 (1. Fortsetzung)

| Ausgangsprodukt | Reaktionsbedingungen | Endprodukt | Literatur |
|---|---|---|---|
| 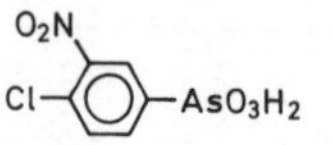 $O_2N$—Cl—AsO$_3$H$_2$ | KOH | 3-Nitro-4-hydroxy-benzolarsonsäure | 1 |
| 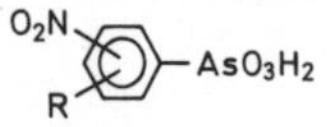 $O_2N$—R—AsO$_3$H$_2$ | $Fe^{2\oplus}$/OH; oder Fe/NaCl, H$_2$O Fe/HCl H$_2$/Raney-Ni Na$_2$S$_2$O$_4$ in alkal. Medium | Amino-arenarsonsäuren | 2–8 4, 5, 9–12 13–17 |
| 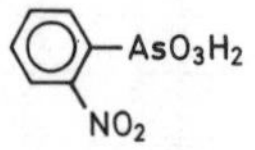 —AsO$_3$H$_2$ NO$_2$ | Cu-Kathode/Cu-Katalysator | 2-Amino-benzolarsonsäure | 18 |
| 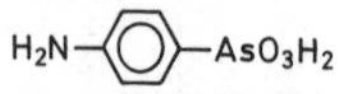 H$_2$N—AsO$_3$H$_2$ | H$_2$SO$_5$ | 4-Nitroso-benzolarsonsäure | 19 |
| 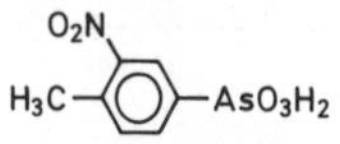 $O_2N$ H$_3$C—AsO$_3$H$_2$ | KMnO$_4$/OH$^\ominus$ | 3-Nitro-4-carboxy-benzolarsonsäure (2-Nitro-4-arsono-benzoesäure) | 20, 21 |
| 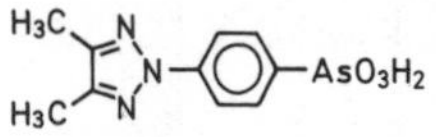 H$_3$C—N—AsO$_3$H$_2$ H$_3$C—N | KMnO$_4$/OH$^\ominus$ | 1-(4-Arsono-phenyl)-3,4-dicarboxy-1,2,5-triazol | 22 |
| 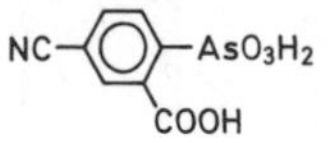 NC—AsO$_3$H$_2$ COOH | H$_2$O$_2$ | 4-Arsono-isophthalsäure-1-amid | 23 |

[1] C. D. Nenitsescu et al., Bull. Soc. chim. Romania 20 A, 135 (1938); C. A. 34, 1979 (1940).
[2] W. A. Jacobs et al., Am. Soc. 40, 1580 (1918).
[3] L. Kalb, A. 423, 55 (1921).
[4] E. J. Cragoe u. C. S. Hamilton, Am. Soc. 67, 536 (1945).
[5] G. O. Doak et al., Am. Soc. 67, 719 (1945).
[6] L. D. Freedman u. G. O. Doak, Am. Soc. 71, 779 (1949).
[7] R. L. McGeachin, Am. Soc. 71, 3755 (1949).
[8] F. E. Ray u. R. J. Garascia, J. Org. Chem. 15, 1233 (1950).
[9] C. S. Hamilton et al., Am. Soc. 59, 2444 (1937); 60, 134 (1938); 61, 357 (1939); 68, 1799 (1946).
[10] G. O. Doak et al., Am. Soc. 66, 194, 197 (1944).
[11] H. H. Fox, J. Org. Chem. 12, 872 (1947).
[12] H. L. Bradlow u. C. A. Van der Werf, Am. Soc. 70, 654 (1948).
[13] A. Bertheim, B. 44, 3095 (1911).
[14] H. Bauer, B. 48, 517 (1915).
[15] L. F. Hewitt u. H. King, Soc. 1926, 824.
H. King, Soc. 1927, 1057.
[16] G. Newbery u. M. A. Phillips, Soc. 1928, 122.
M. A. Phillips, Soc. 1930, 1911.
[17] V. A. Izmailskii u. A. M. Simonov, Ž. obšč. Chim. 7, 497(1937); engl.:499; C. A. 31, 4290 (1937).
[18] K. Yasukouchi u. H. Muto, Denki Kagu 35, 890 (1967); C. A. 69, 15327 (1968).
[19] L. Pauling et al., Am. Soc. 64, 2994 (1942).
[20] A. Michaelis, A. 320, 271 (1902).
[21] A. Cohen et al., Soc. 1931, 3246.
[22] R. F. Coles u. C. S. Hamilton, Am. Soc. 68, 1799 (1946).
[23] G. O. Doak et al., Am. Soc. 66, 194 (1944); 67, 719 (1945).

Tab. 27 (2. Fortsetzung)

| Ausgangsprodukt | Reaktionsbedingungen | Endprodukt | Lite-ratur |
|---|---|---|---|
| 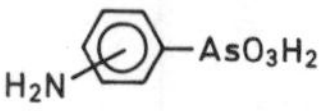 H₂N–⬡–AsO₃H₂ | Alkylhalogenide, Halohydrine, Epoxide, Dialkylsulfate | *Alkylamino-benzolarsonsäure* | 1–6 |
| 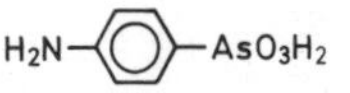 H₂N–⬡–AsO₃H₂ | 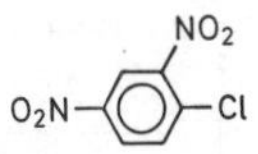 (NO₂ / O₂N–⬡–Cl structure) | *4-(2,4-Dinitro-anilino)-benzolarsonsäure* | 7 |
|  | 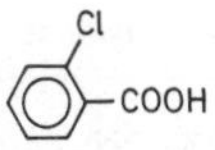 (Cl / ⬡–COOH structure) | *4-(2-Carboxy-anilino)-benzolarsonsäure* | 8 |
|  | 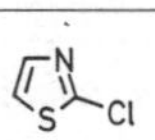 (thiazolyl–Cl structure) | *4-[1,3-Thiazolyl-(2)-amino]-benzolarsonsäure* | 9 |
|  | 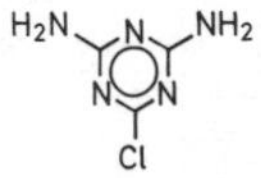 (H₂N–triazinyl–NH₂ / Cl structure) | *4-[4,6-Diamino-1,3,5-triazyl-(2)-amino]-benzolarsonsäure* | 10, 11 |
|  | 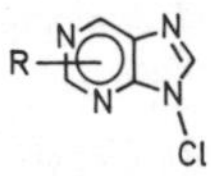 (R–purinyl–Cl structure) | *4-[Puryl-(6)-amino]-benzolarsonsäure* | 12 |
| 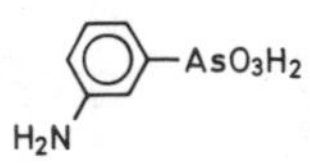 ⬡–AsO₃H₂ (H₂N meta) | 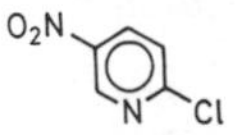 (O₂N–pyridyl–Cl structure) | *3-[5-Nitro-pyridyl-(2)-amino]-benzolarsonsäure* | 9 |
| 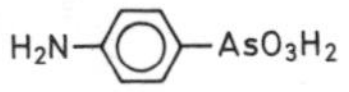 H₂N–⬡–AsO₃H₂ | Aryl-CHO | *4-Arylalkylidenamino-benzolarsonsäure* | 13 |
|  | BrCN/OH⊖ | *4-Cyanamino-benzolarsonsäure* | 14 |
|  | (H₂N)₂C=O/OH⊖ oder COCl₂/NH₄OH oder KN=C=O | *4-Aminocarbonylamino-benzolarsonsäure* | 15–17 |
|  | Glucose/C₂H₅OH | *4-Glucosylamino-benzolarsonsäure* | 18 |

[1] A. BERTHEIM, B. **45**, 2130 (1912).
[2] H. BURTON u. C. S. GIBSON, Soc. **1927**, 2387.
[3] W. A. JACOBS u. M. HEIDELBERGER, Am. Soc. **41**, 1826 (1919).
[4] C. S. HAMILTON, Am. Soc. **45**, 2751 (1923).
[5] L. F. HEWITT et al., Soc. **1926**, 1360.
[6] TH. J. BARDOS et al., J. Med. Chem. **9**, 221 (1966).
[7] R. L. MCGEACHIN, Am. Soc. **71**, 4133 (1949).
[8] N. S. DROZDOV, Ž. obšč. Chim. **6**, 1641 (1936): engl.: 1641; C. A. **31**, 2610 (1937).
[9] E. J. CRAGOE u. C. S. HAMILTON, Am. Soc. **67**, 536 (1945).
[10] S. ADLER et al., Soc. **1940**, 576.
[11] R. J. ANDRES u. C. S. HAMILTON, Am. Soc. **67**, 946 (1945).
[12] H. YUKI et al., Chem. Pharm. Bull (Tokyo) **15**, 1052 (1967); C. A. **68**, 39747 (1968).
[13] S. C. CHAUDHURY et al., J. indian Chem. Soc. **23**, 211 (1946); C. A. **41**, 1629 (1947).
[14] C. K. BANKS et al., Am. Soc. **68**, 2102 (1946).
[15] K. DAS u. S. C. NIYOGY, J. proc. Inst. Chemists (India) **27**, 227 (1955); C. A. **50**, 11268 (1956).
[16] H. NAKATSU u. S. KAWASE, Takamine Kenkyujo Nempo **8**, 44 (1956); C. A. **52**, 297 (1958).
[17] US. P. 2981745 (1961), G. S. DELMAR; C. A. **55**, 25861 (1961).
[18] K. K. PANAGOPOULOS et al., Praktika Akad. Athen **33**, 224 (1958); C. A. **55**, 8747 (1961).

Tab. 27 (3. Fortsetzung)

| Ausgangsprodukt | Reaktionsbedingungen | Endprodukt | Literatur |
|---|---|---|---|
| 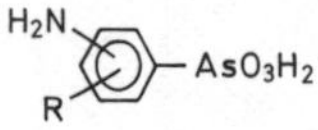 $H_2N$—⟨⟩—$AsO_3H_2$ (R) | R−CO−Cl | *Acylamino-arenarsonsäure* | [1−7] |
| 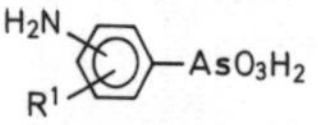 $H_2N$—⟨⟩—$AsO_3H_2$ ($R^1$) | $R^2$−$SO_2Cl$ | *Sulfonylamino-arenarsonsäure* | [8−12] |
| 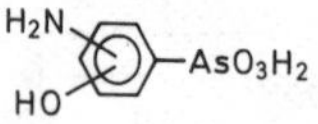 $H_2N$—⟨⟩—$AsO_3H_2$ (HO) | Veräthern | *Amino-alkoxy(bzw. Aryloxy)-arenarsonsäure* | [13−16] |
| 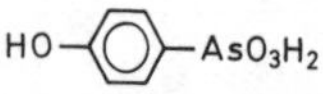 HO—⟨⟩—$AsO_3H_2$ | Acetanhydrid | *4-Acetoxy-benzolarsonsäure* | [17] |
| 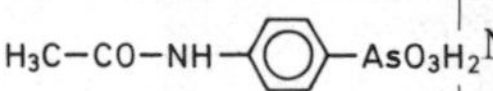 $H_3C$−CO−NH—⟨⟩—$AsO_3H_2$ | NaOCl/Eisessig | *3-Chlor-4-acetamino-benzolarsonsäure* | [18] |
| 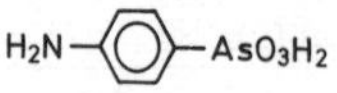 $H_2N$—⟨⟩—$AsO_3H_2$ | NaOBr/$H^\oplus$ oder HBr/$H_2O_2$ | *3,5-Dibrom-4-amino-benzolarsonsäure* | [18−20] |
| 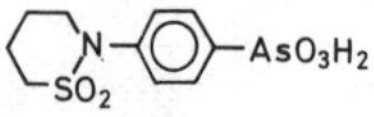 ⟨N⟩−⟨⟩—$AsO_3H_2$ ($SO_2$) | rauchende $HNO_3$ <0° | *2-Nitro-4-(1,1-dioxido-hexahydro-1,2-thiazino)-benzolarsonsäure* | [12] |
| 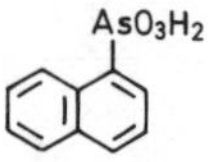 $AsO_3H_2$ (Naphthalin) | Oleum | *5- oder 8-Sulfoxy-1-arsononaphthalin* | [21] |
| 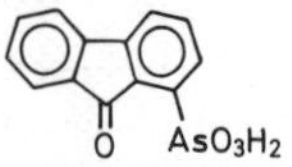 $AsO_3H_2$ (Fluorenon) | $HNO_3/H_2SO_4$ | *7-Nitro-9-oxo-1-arsonofluoren* | [22] |
| 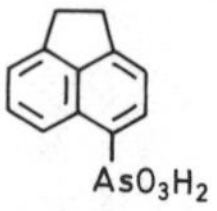 $AsO_3H_2$ (Acenaphthen) | $HNO_3$/Eisessig | *6-Nitro-5-arsono-acenaphthen* | [23] |

[1] P. Ehrlich u. A. Bertheim, B. **40**, 3292 (1907).
[2] H. King u. W. O. Murch, Soc. **1924**, 2595; **1925**, 2632.
[3] C. S. Hamilton u. R. T. Major, Am. Soc. **47**, 1128 (1925).
[4] C. S. Hamilton u. C. L. Simpson, Am. Soc. **51**, 3158 (1929).
[5] G. T. Morgan u. E. Walton, Soc. **1936**, 902.
[6] E. Bergmann u. L. Haskelberg, Soc. **1939**, 1; J. Soc. chem. Ind. **60**, 166 (1941).
[7] G. O. Doak et al., Am. Soc. **66**, 194 (1944).
[8] H. F. Little et al., Soc. **1909**, 1482.
[9] L. F. Hewitt et al., Soc. **1926**, 1355.
[10] J. H. Backer u. J. de Jong, R. **60**, 495 (1941).
[11] R. Delaby et al., Bl. **1952**, 315.
[12] B. Helferich u. G. Pietsch, A. **651**, 43 (1962).
[13] J. E. Balaban, Soc. **1931**, 2473.
[14] C. S. Hamilton et al., Am. Soc. **56**, 2489 (1934); **57**, 1600 (1935); **59**, 2440 (1937); **61**, 355, 1236 (1939).
[15] F. G. Mann u. A. J. Wilkinson, Soc. **1957**, 3336.
[16] O. A. Reutov et al., Ž. obšč. Chim. **29**, 3888 (1959); C. A. **54**, 20935 (1960).
[17] G. O. Doak et al., Am. Soc. **62**, 3010 (1940).
[18] A. Bertheim, B. **43**, 529 (1910).
[19] D. R. Nijk, R. **41**, 461 (1922).
[20] A. Leulier u. J. Dreyfuss, J. Pharm. Chim. **10**, 258 (1929).
[21] A. E. Hill u. A. K. Balls, Am. Soc. **44**, 2051 (1922).
[22] F. E. Ray u. R. J. Garascia, J. Org. Chem. **15**, 1233 (1950).
[23] R. J. Garascia et al., J. Org. Chem. **25**, 1271 (1960).

## B. Umwandlung

### α) Salzbildung

Arsonsäuren sind zweibasige Säuren, die sowohl neutrale als auch saure Salze bilden können. Sie sind schwächere Säuren als die Arsensäure[1] bzw. die entsprechenden Phosphon- bzw. Sulfonsäuren[2] (vgl. auch die Dissoziationskonstanten von Arsonsäure[2-12]). Während die Alkalimetallsalze der Arsonsäuren wasserlöslich sind, bilden die Arsonsäuren mit den anderen Elementen meistens wasserunlösliche Salze, von denen die Erdalkalimetallsalze, besonders die des Magnesiums der Arenarsonsäure, ein besonderes Löslichkeitsverhalten zeigen[13]. In der Kälte lösen sich die Magnesiumsalze in Wasser und fallen beim Erhitzen wieder aus. Dieses Verhalten kann zur Trennung der Arson- von den Arsinsäuren dienen, deren Magnesiumsalze sowohl in der Kälte als auch in der Wärme wasserlöslich sind[13].

Die Bildung von Salzen oder gefärbten Salzkomplexen von Metallionen verläuft in Abhängigkeit von der Struktur der Arsonsäuren und dem $p_H$-Wert des Mediums mit hoher Spezifität, was die Arsonsäuren zu wertvollen Reagenzien in der analytischen Chemie macht[14-22]. Vorzugsweise werden azo-substituierte Arenarsonsäuren (sogenannte Arsenazo-Verbindungen) verwendet; nachfolgend ein paar Grundtypen:

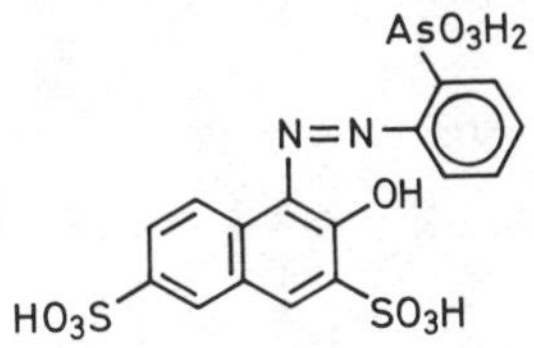

*1-(2-Arsono-phenylazo)-2-hydroxy-naphthalin-3,6-disulfonsäure*[14, 8]
(*Thorin* oder *Thoron*)

---

[1] V. G. CHUKHLANTSEV, Z. fiz. Chim. **33**, 3 (1959); C. A. **53**, 21067 (1959).

[2] L. D. FREEDMAN u. G. O. DOAK, Chem. Reviews **57**, 479 (1957).

[3] J. PRAT, Bl. **53**, 1475 (1933).

[4] H. ERLENMEYER u. E. WILLI, Helv. **18**, 733 (1935).

[5] B. BREYER, B. **71**, 163 (1938).

[6] D. PRESSMAN u. D. H. BROWN, Am. Soc. **65**, 540 (1943).

[7] A. I. PORTNOV, Ž. obšč. Chim. **18**, 594 (1948); C. A. **43**, 57 (1949).

[8] D. W. MARGERUM et al., Anal. Chem. **25**, 1219 (1953).

[9] H. H. JAFFÉ et al., Am. Soc. **76**, 1548 (1954).

[10] V. A. MIKHAILOV, Z. anal. Chim. **16**, 141 (1961).

[11] B. BUDESINSKY, Collect. czech. chem. Commun. **28**, 2902 (1963).

[12] J. JUILLARD, Bl. **1964**, 3069.

[13] L. D. FREEDMAN u. G. O. DOAK, J. Org. Chem. **24**, 1590 (1959).

[14] V. I. KUZNETSOV, Doklady Akad. SSSR **31**, 898 (1941); C. A. **37**, 845 (1943); Ž. obšč. Chim. **14**, 914 (1944); C. A. **39**, 4561 (1945).

[15] F. J. WELCHER, *Organic Analytical Reagents*, Vol. IV, Van Nostrand, New York 1948.

[16] R. PIETSCH, Mikrochim. Acta **1959**, 854; dort weitere Lit.

[17] S. B. SAVVIN, Talanta **8**, 673 (1961); Uspechi Chim. **32**, 195 (1963); Zavod. Labor. **29**, 131 (1963); C. A. **58**, 13099 (1963); **59**, 3 (1963).

[18] I. P. ALIMARIN u. S. B. SAVVIN, Pure Appl. Chem. **13**, 446 (1966).

[19] B. BUDESINSKY u. B. MENCLOVA, Talanta **14**, 523 (1967).

[20] J. KROKISCH, *Modern Methodes for the Separation of Havy Metal Ions*, Pergamon Press, London 1969.

[21] N. N. BESARGIN et al., Zavod. Labor. **37**, 269 (1971).

[22] P. K. SPITSYN et al., Z. anal. Chim. **26**, 2121 (1971).

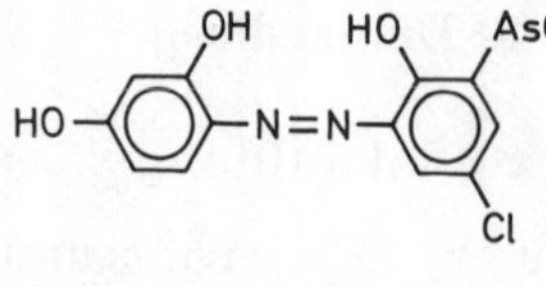

*5-Chlor-3-(2,4-dihydroxy-phenylazo)-2-hydroxy-benzolarsonsäure*[1]
(*Rezarson*)

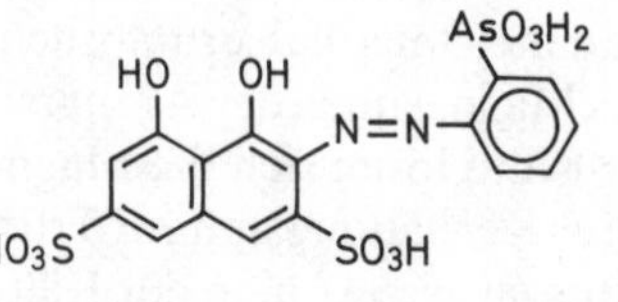

*2-(2-Arsono-phenylazo)-1,8-dihydroxy-naphthalin-3,6-disulfonsäure*[2,3]
(*Arsenazo I; Neothoran*)

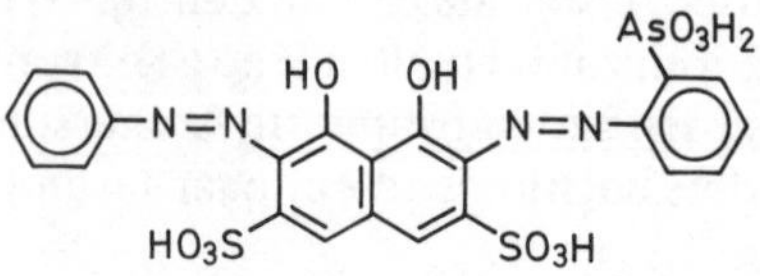

*6-Phenylazo-3-(2-arsono-phenylazo)-4,5-dihydroxy-naphthalin-2,7-disulfonsäure*[4]
(*Monoarsenazo III*)

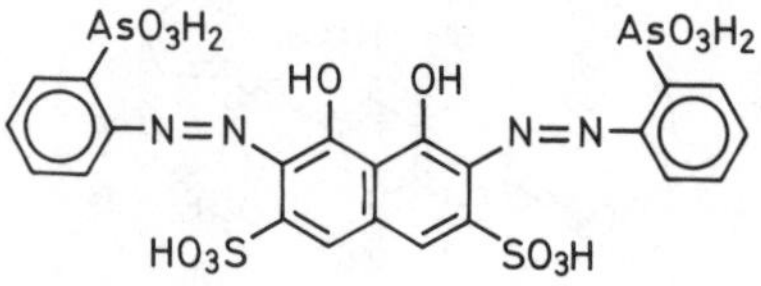

*2,7-Bis-[2-arsono-phenyl-azo]-1,8-dihydroxy-naphthalin-3,6-disulfonsäure*[4−6]
(*Arsenazo III*)

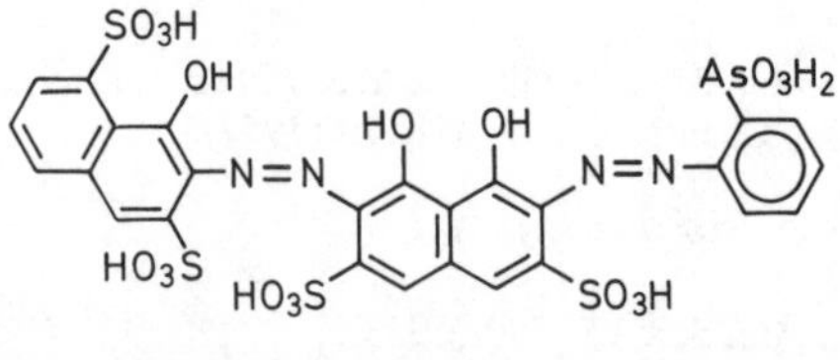

*7-(2-Arsono-phenylazo)-1,1′,8-trihydroxy-2,2′-azonaphthalin-*
*3,3′,6,8′-tetrasulfonsäure*[4] (*Arsenazoamino-ε-Säure*)

Im stark sauren Medium werden die Arsonsäuren unter Bildung von salzartigen Produkten protoniert[7−9]:

[1] A. M. Lukin et al., Z. anal. Chim. **21**, 970 (1966).
[2] V. I. Kuznetsov, Doklady Akad. SSSR **31**, 898 (1941); C. A. **37**, 245 (1943).
[3] B. Budesinsky et al., Collect czech. chem. Commun. **30**, 2373 (1965).
[4] S. B. Savvin u. Yu. M. Dedkov, Z. anal. Chim. **19**, 21 (1964).
[5] S. B. Savvin, Doklady Akad. SSSR **127**, 1231 (1959); C. A. **55**, 4147 (1961).
[6] F. V. Zaikovskii u. V. N. Ivanova, Z. anal. Chim. **18**, 1030 (1963).
[7] J. Prat, C. r. **199**, 208 (1934).
[8] T. A. Modro u. A. Piekos, Tetrahedron **28**, 3867 (1972).
[9] K. Vadasdi u. I. Gaal J. Inorg. Nucl. Chem. **35**, 658 (1973).

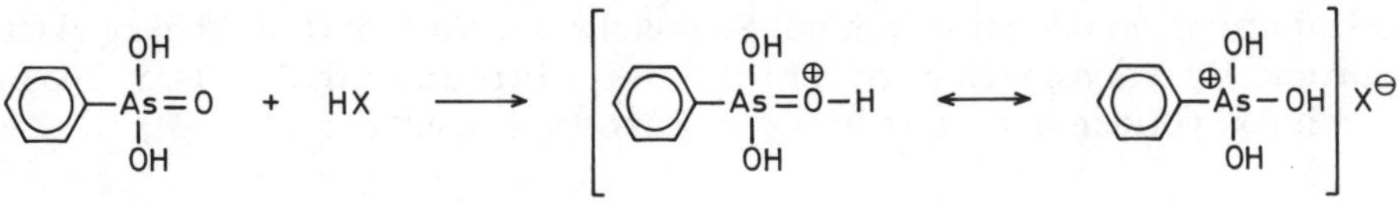

## β) Umwandlung der Arsono-Gruppe

### β₁) *Thermolyse (Anhydrid-Bildung)*

Beim langsamen Erhitzen von Arsonsäuren erfolgt meistens eine Wasserabspaltung unter Bildung von polymeren Arsonsäure-anhydriden[1-5]:

$$R-AsO_3H_2 \xrightarrow[-H_2O]{} (R-AsO_2)_n$$

Phenylmethan-arsonsäure zersetzt sich beim Erhitzen unter Abspaltung von Arsen(III)-oxid, Benzylalkohol, Benzaldehyd, Stilben und Wasser[1].

Bei der Thermolyse von Alkanarsonsäuren erfolgt zuerst die Bildung der entsprechenden Pyroarsonsäuren, die beim weiteren Erhitzen in polymere Anhydride übergehen[3-5]; z. B.:

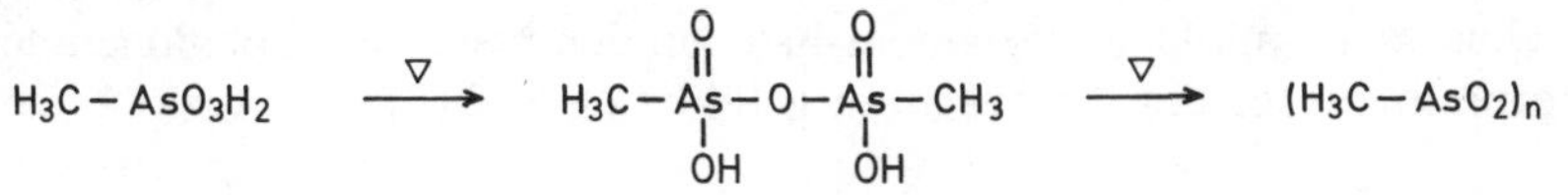

*Methanarsonsäure-anhydrid*  *polymeres Methanarsonsäure-anhydrid*

Beim weiteren Erhitzen wird die As-C-Bindung unter Bildung von Arsen(III)-oxid gespalten[1-4].

### β₂) *Reduktion*

Je nach Reduktionsbedingungen werden Arsonsäuren zu Arsonigsäuren (s. S. 164), Arsenoverbindungen [Cyclopolyarsine (s. S. 156)] oder prim. Arsinen (s. S. 33) reduziert:

$$R-AsO_3H_2 \longrightarrow R-As(OH)_2 \text{ bzw. } (R-As=O)_n \longrightarrow (R-As)_n \longrightarrow R-AsH_2$$

Wird die Reduktion zu Arsonigsäuren in Gegenwart von Halogenwasserstoffsäuren durchgeführt, so werden die entsprechenden Arsonigsäure-dihalogenide gebildet (s. S. 179). Durch Jodwasserstoffsäure allein können Arsonsäuren direkt in Arsonigsäure-dijodide überführt werden (s. S. 182). Arsonsäuren lassen sich an der Kathode reduzieren[6-9] (vgl. auch die Halbstufenpotentiale der Arsonsäuren[10,11]).

---

[1] W. M. DEHN, Am. **40**, 88 (1907).
W. M. DEHN u. S. J. McGARTH, Am. Soc. **28**, 347 (1906).
[2] J. F. MORGAN u. C. S. HAMILTON, Am. Soc. **66**, 874 (1944).
[3] H. J. EMELÉUS et al., Soc. **1954**, 881.
[4] M. R. SMITH et al., Thermochimia Acta **4**, 1 (1972).
[5] M. DURAND u. J. P. LAURENT, J. Organometal. Chem. **77**, 225 (1974).
[6] W. M. DEHN, Am. **33**, 120 (1905).
[7] F. FICHTER u. E. ELKIND, B. **49**, 239 (1916).
[8] K. MATSUYIMA u. H. NAKATA, Mem. Coll. Sci. Kyoto **12** A, 63 (1929); C. A. **23**, 4939 (1929).
[9] M. YU. KRAFT et al., Sbornik Statei obšč. Chim. **2**, 1356 (1953); C. A. **49**, 5347 (1955).
[10] B. BREYER, B. **71**, 163 (1938).
[11] C. P. WALLIS, J. Elektroanal. Chem. **1**, 307 (1960).

Die Umsetzung von Arsonsäuren mit Schwefelwasserstoff führt in Abhängigkeit von Struktur und Reaktionsmedium zu Thioarsonigsäureanhydriden (s. S. 208) oder polymeren Anhydriden der Trithioarsonsäure (Sesquisulfide; s. S. 324).

### $\beta_3$) Cyclisierungsreaktionen

Aromatische Arsonsäuren, die in geeigneter Stellung einen aromatischen Substituenten tragen, cyclisieren in Gegenwart von Säuren zu cyclischen Arsinsäuren (s. S. 339); z. B.:

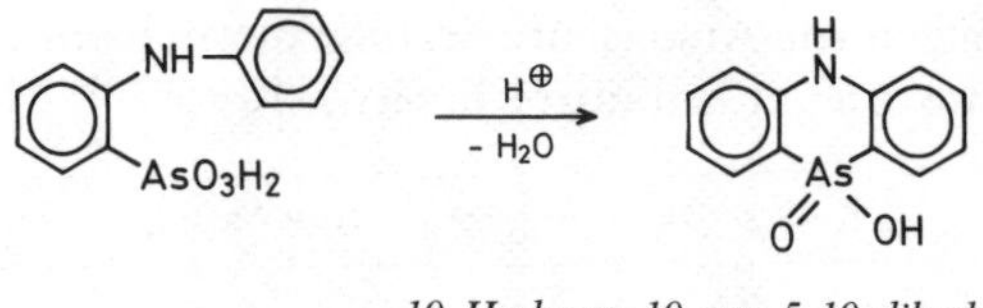

*10-Hydroxy-10-oxo-5,10-dihydro-phenazarsin*

### $\beta_4$) Veresterung

Arsonsäuren werden mit einwertigen Alkoholen verestert (s. S. 320). Die Veresterung mit 1,2-Glykolen führt zu cyclischen Estern der Orthoarsonsäure (s. S. 290).

Durch Umsetzung mit Organoelement-halogeniden bzw. -pseudohalogeniden werden Organoelementester der Arsonsäuren gebildet (s. S. 318):

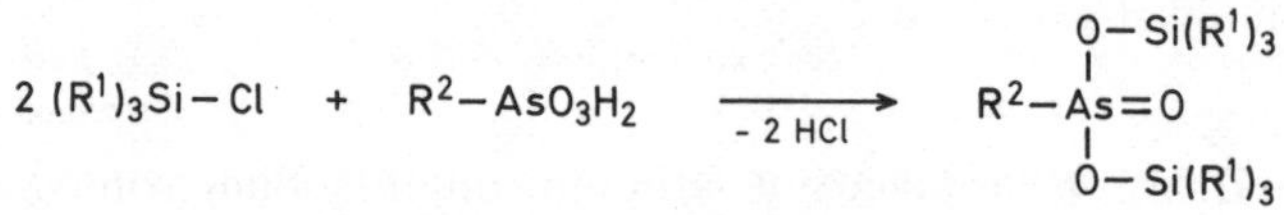

### $\beta_5$) Spaltung der Arsono-Gruppe

Außer der thermischen Spaltung (s. S. 315) kann die As-C-Bindung in den Arsonsäuren auf verschiedene Weise gespalten werden. Hierbei sind sowohl die Mechanismen der Spaltungsreaktion als auch der Einfluß der Struktur nicht aufgeklärt[1]. So werden die Alkanarsonsäuren durch kochende Mineralsäuren unter Bildung von Arseniger Säure gespalten[2, 3]:

$$H_3C - AsO_3H_2 \quad \xrightarrow{\ H_2SO_4,\ \nabla\ } \quad H_3CO - SO_3H \quad + \quad As(OH)_3$$

Besonders leicht wird hier die Phenylmethanarsonsäure gespalten, die in Abhängigkeit von Temperatur und Mineralsäure verschiedene Zersetzungsprodukte liefert[2].

Aromatische Arsonsäuren sind im allgemeinen stabiler gegenüber Mineralsäuren[1]; werden jedoch 2- und 4-Amino-benzolarsonsäure mit Kaliumjodid in siedender schwefelsaurer Lösung erhitzt, so wird unter Abspaltung der Arsono-Gruppe 2- bzw. *4-Jod-anilin* gebildet[4, 5].

4'-Sulfo-biphenyl-4-arsonsäure wird durch 50%ige Jodwasserstoffsäure in der Hitze gespalten, wobei *Biphenyl-4-sulfonsäure* als Hauptprodukt entsteht[6].

---

[1] G. O. Doak u. L. D. Freedman, *Organometallic Compounds of Arsenic, Antimony, and Bismuth,* Wiley-Interscience, New York 1970.

[2] W. M. Dehn u. J. S. McGarth, Am. Soc. **28**, 347 (1906).

[3] G. Petit, C. r. **205**, 322 (1937); Ann. Chim. **16**, 5 (1941).

[4] P. Ehrlich u. A. Bertheim, B. **40**, 3292 (1907).

[5] L. Benda, B. **44**, 3304 (1911).

[6] F. F. Oneto u. E. L. Way, Am. Soc. **63**, 3069 (1941).

Durch elementares Halogen, besonders Brom[1, 2], oder 1,4-Dioxan-dibromid[3] wird der aromatische Kern einiger amino- oder hydroxysubstituierter Arenarsonsäuren, unter Abspaltung der Arsono-Gruppe halogeniert; z. B.:

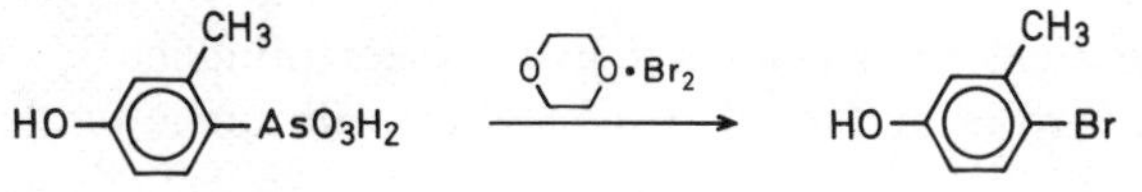

$$HO-\underset{AsO_3H_2}{\overset{CH_3}{\bigcirc}} \quad \xrightarrow{O\,\bigcirc\,O\cdot Br_2} \quad HO-\underset{Br}{\overset{CH_3}{\bigcirc}}$$

*2-Brom-5-hydroxy-1-methyl-benzol*

Hydroxy[4]- oder amino[4, 5]-substituierte Arenarsonsäuren werden in alkalischer Lösung bei höherer Temperatur unter Bildung von Phenolen bzw. Anilinen zersetzt:

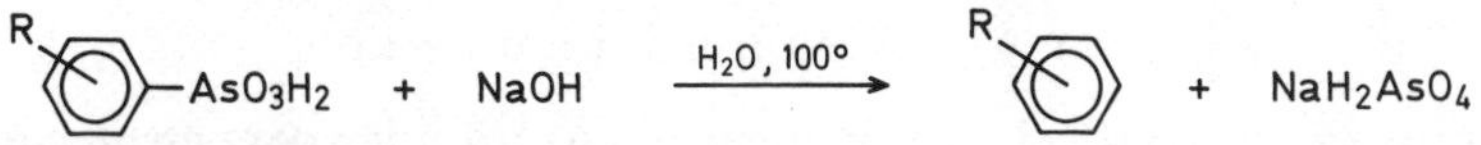

$$\underset{R=OH,\ NH_2}{\overset{R}{\bigcirc}}\!-\!AsO_3H_2 \;+\; NaOH \;\xrightarrow{H_2O,\,100°}\; \overset{R}{\bigcirc} \;+\; NaH_2AsO_4$$

R = OH, NH$_2$

Der Zerfall stellt eine Umkehrung der Bechamp-Reaktion (s. S. 304) dar.

Um eine nucleophile Substitution am Aromaten handelt es sich bei der Bildung von *Phenol* aus Benzolarsonsäure mit Kaliumhydroxid in der Schmelze[6]. Leichter erfolgt die Substitution bei 2-Nitro-benzolarsonsäure, die in heißer wäßriger Natronlauge das *2-Nitro-phenol* liefert[7]. 3,5-Dinitro-4-hydroxy-benzolarsonsäure wird in siedender Natriumbisulfit-Lösung in *2,6-Dinitro-phenol* umgewandelt[8, 9]. Diese Umsetzung stellt eine der besten Synthesemöglichkeiten von 2,6-Dinitro-phenol dar[9].

## 2. Arsonsäure-dihalogenide und -dipseudohalogenide

*Benzolarsonsäure-dichlorid* (F: 151–152°) wird durch partielle Hydrolyse von Benzolorthoarsonsäure-tetrachlorid erhalten[10, 11]. Die Verbindung ist jedoch auf diese Weise schwer in reiner Form zu isolieren. Bei der Einwirkung von Thionylchlorid auf Benzolarsonsäure oder deren Dialkylester in unpolaren Lösungsmitteln kann das Benzolarsonsäure-dichlorid in Ausbeuten bis zu 60% d.Th. isoliert werden[12]:

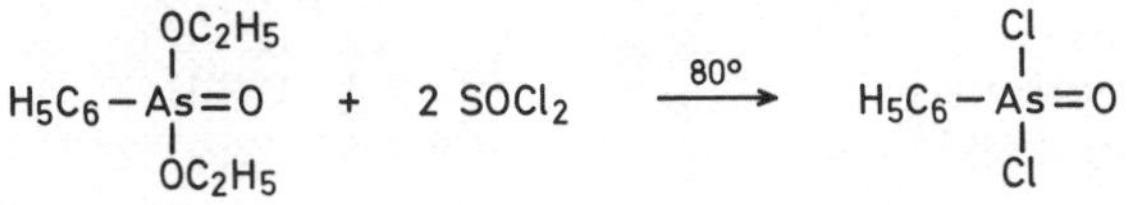

$$H_5C_6-\underset{OC_2H_5}{\overset{OC_2H_5}{\underset{|}{\overset{|}{As}}}}\!=\!O \;+\; 2\ SOCl_2 \;\xrightarrow{80°}\; H_5C_6-\underset{Cl}{\overset{Cl}{\underset{|}{\overset{|}{As}}}}\!=\!O$$

*Methanarsonsäure-bis-[thiocyanat]* (F: 400°) wird durch Oxidation von Methanarsonigsäure-dithiocyanid mit Luftsauerstoff in wäßriger Lösung erhalten[13]:

---

[1] A. Bertheim, B. **41**, 1655 (1908); **43**, 529 (1910).
[2] D. R. Nijk, R. **41**, 461 (1922).
[3] A. Modro et al., Roczniki chem. **44**, 579 (1970); **46**, 523 (1972).
[4] E. Schmitz, B. **47**, 363 (1914).
[5] S. Orlic, Arh. Hem. Tehn. **12**, 153 (1938); C. A. **34**, 6407 (1940).
[6] W. LaCoste, A. **208**, 1 (1881).
[7] H. J. Barber, Soc. **1929**, 2333.
[8] G. Newbery u. M. A. Phillips, Soc. **1928**, 3046.
[9] M. A. Phillips, Chem. & Ind. **1952**, 714.
[10] A. Michaelis, B. **10**, 624 (1877).
[11] W. LaCoste u. A. Michaelis, A. **201**, 202 (1880).
[12] A. F. Kolomiets u. G. S. Levskaya, Ž. obšč. Chim. **36**, 2024 (1966); engl.: 2017.
[13] Jap. P. 25363 (1963); C. A. **60**, 5555 (1964).

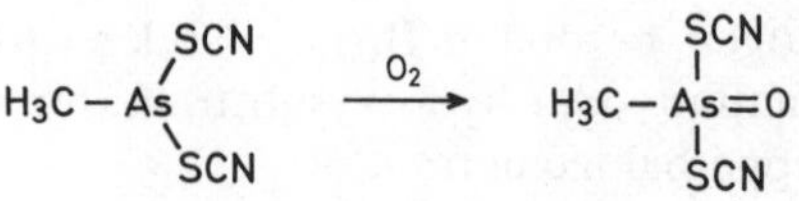

$$\underset{\underset{SCN}{|}}{\overset{\overset{SCN}{/}}{H_3C - As}} \xrightarrow{O_2} \underset{\underset{SCN}{|}}{\overset{\overset{SCN}{|}}{H_3C - As}} = O$$

Benzolarsonsäure-dichlorid ist äußerst hydrolyseempfindlich[1-3]. Durch Einwirkung von Thionylchlorid wird es in *Tetrachlor-phenyl-arsoran* umgewandelt[3].

## 3. Arsonsäure-diester

### A. Herstellung

#### α) Aus Arsonigsäure-diester

Alkanarsonsäure-dialkylester können durch Oxidation der entsprechenden Arsonigsäure-diester mit Selendioxid hergestellt werden[4-6]:

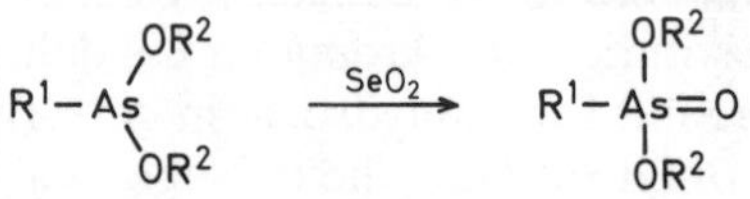

$$\underset{\underset{OR^2}{|}}{\overset{\overset{OR^2}{/}}{R^1 - As}} \xrightarrow{SeO_2} \underset{\underset{OR^2}{|}}{\overset{\overset{OR^2}{|}}{R^1 - As}} = O$$

Die Oxidation wird in trockenen, unpolaren Lösungsmitteln durchgeführt. Die auf diese Weise erhaltenen Arsonsäure-dialkylester sind meistens schwer selenfrei zu erhalten[4, 5], so daß die präparative Bedeutung dieser Reaktion beschränkt ist.

**Alkanarsonsäure-dialkylester; allgemeine Arbeitsvorschrift**[4,5]: Zu einer Suspension von 0,11 Mol frisch hergestelltem, trockenen Selendioxid in 400 *ml* siedendem Benzol werden unter Feuchtigkeitsausschluß 0,19 Mol Alkanarsonigsäure-dialkylester tropfenweise zugegeben. Man erhitzt weitere 3 Stdn. unter Rückfluß, filtriert von metallischem Selen ab, entfernt das Lösungsmittel und destilliert den Rückstand unter Stickstoff i. Vak. (das einmal destillierte Produkt enthält 0,1–0,2% selenhaltige Verunreinigungen)[5].

Auf diese Weise erhält man u. a.

| | | |
|---|---|---|
| *Methanarsonsäure-diäthylester*[4] | 75% d.Th. | Kp$_{19}$: 122–124° |
| *Methanarsonsäure-diisopropylester*[5] | 83% d.Th. | Kp$_3$: 82° |
| *Äthanarsonsäure-diäthylester*[4] | 70% d.Th. | Kp$_{15}$: 123–125° |
| *Äthanarsonsäure-dibutylester*[7] | – | Kp$_5$: 125–130° |
| *Propanarsonsäure-dibutylester*[7] | – | Kp$_3$: 115–118° |

#### β) Aus Salzen der Arsonsäuren

Läßt man auf Silbersalze von Arsonsäuren Alkylhalogenide in wasserfreiem Medium einwirken, so werden die entsprechenden Dialkylester der Arsonsäure gebildet[4, 5, 8-10]:

[1] A. MICHAELIS, B. **10**, 624 (1877).
[2] W. LA COSTE u. A. MICHAELIS, A. **201**, 202 (1880).
[3] A. F. KOLOMIETS u. G. S. LEVSKAYA, Ž. obšč. Chim. **36**, 20, 24 (1966); engl.: 2017.
[4] J. F. KOMISSAROW et al., C. r. Doklady **55**, 719 (1947); C. A. **42**, 3721 (1948).
[5] L. M. WERBEL et al., J. Org. Chem. **22**, 452 (1957).
[6] G. KAMAI u. B. D. CHERNOKALSKII, Doklady Akad. SSSR **128**, 299 (1959); C. A. **54**, 7538 (1960); Ž. obšč. Chim. **30**, 1176, 1536 (1960); engl.: 1195, 1548.
[7] G. KAMAI u. B. D. CHERNOKALSKII, Ž. obšč. Chim. **30**, 1176 (1960); engl.: 1195.
[8] A. MICHAELIS, A. **320**, 271 (1902).
[9] E. J. SALMI et al., Soumen Kem. **19** B, 102 (1946); C. A. **41**, 5440 (1947).
[10] A. SIMON u. H. D. SCHUMAN, Z. anorg. Ch. **393**, 39 (1972).

$$R-\overset{\overset{\textstyle OAg}{|}}{\underset{\underset{\textstyle OAg}{|}}{As}}=O \quad + \quad 2\,R^1X \quad \xrightarrow[-\,2\,AgX]{} \quad R-\overset{\overset{\textstyle OR^1}{|}}{\underset{\underset{\textstyle OR^1}{|}}{As}}=O$$

Die auf diese Weise erhaltenen Arsonsäure-diester sind besonders rein[1-3]. Die Ausbeuten sind mäßig bis gut. Zur Herstellung der Arsonsäure-diester in größerem Maßstab ist die Reaktion jedoch nicht geeignet. Von den Alkylhalogeniden liefern die Jodide die besten Ausbeuten[1-3].

Die Silberarsonate werden durch Umsetzung der äquimolaren Menge Silbernitrat-Lösung mit der wäßrigen Lösung des Natriumarsonats oder der mit Ammoniak neutralisierten Lösung der Arsonsäuren hergestellt[3, 4]. Die Silberarsonate werden unter Lichtausschluß fein pulverisiert und bei 120° getrocknet[3].

**Alkanarsonsäure-dialkylester; allgemeine Arbeitsvorschrift**[2, 3]: Das fein pulverisierte und gut getrocknete Silberalkanarsonat wird in etwa der 10fachen Menge an trockenem Benzol in einem Dreihalskolben suspendiert und unter Rühren und Feuchtigkeitsausschluß mit der äquimolaren Menge Alkyljodid tropfenweise versetzt. Man erhitzt 24 Stdn. unter Rückfluß, filtriert vom Silberjodid unter trockenem Stickstoff ab, entfernt das Benzol und destilliert den Rückstand unter Stickstoff i. Vak. Die Ausbeuten schwanken zwischen 10 und 50% d. Th. So erhält man z. B.:

| | | |
|---|---|---|
| *Methanarsonsäure-dimethylester*[1, 3] | 55% d. Th. | $Kp_{12}$: 102°; $Kp_{10}$: 97° |
| *Äthanarsonsäure-diäthylester*[3] | | $Kp_{17}$: 120–122° |
| *Methanarsonsäure-dipropylester*[5] | | $Kp_{13-15}$: 138–140° |
| *Methanarsonsäure-dibutylester*[2] | 49% d. Th. | $Kp_2$: 105° |

Auf gleiche Weise läßt sich aus Silber-benzolarsonat und Methyl- bzw. Äthyljodid in trockenem Äther *Benzolarsonsäure-dimethylester* ($Kp_{95}$: 188°) bzw. *-diäthylester* ($Kp_{15}$: 168–170°) herstellen[4].

Bei der Einwirkung von Organo-zinnhalogeniden auf Natrium-arsonate werden monomere und polymere Organo-zinnarsonate gebildet[6]:

$$H_3C-AsO_3Na_2 \quad + \quad (H_3C)_2SnCl_2 \quad \xrightarrow[-\,NaCl]{} \quad \left[ -\overset{\overset{\textstyle CH_3}{|}}{\underset{\underset{\textstyle CH_3}{|}}{Sn}}-O-\overset{\overset{\textstyle O}{\|}}{\underset{\underset{\textstyle CH_3}{|}}{As}}-O- \right]_n$$

$$H_5C_6-AsO_3Na_2 \quad + \quad 2\,(H_5C_6)_3Sn-Cl \quad \xrightarrow[-\,NaCl]{} \quad H_5C_6-\overset{\overset{\textstyle O-Sn(C_6H_5)_3}{|}}{\underset{\underset{\textstyle O-Sn(C_6H_5)_3}{|}}{As}}=O$$

**Bis-[triphenyl-zinn]-benzolarsonat**[6]: 2,02 g (10 mMol) Benzolarsonsäure in 60 *ml* Methanol werden mit Natronlauge neutralisiert und mit Triphenyl-zinnchlorid langsam versetzt. Man erhitzt kurz zum Sieden und filtriert den weißen Niederschlag ab. Es wird mit Methanol und Wasser gewaschen und getrocknet; Ausbeute: 7,73 g (86% d. Th.); F: 245–247°.

Analog führt die Umsetzung vom Dinatriumsalz der Methanarsonsäure mit Diphenylbleidichlorid in Dimethylformamid zu polymeren Organoblei-arsonaten[7].

[1] J. F. Komissarow et al., Doklady Akad. SSSR **55**, 719 (1947); C. A. **42**, 3721 (1948).
[2] L. M. Werbel et al., J. Org. Chem. **22**, 452 (1957).
[3] A. Simon u. H. D. Schuman, Z. anorg. Ch. **393**, 39 (1972).
[4] A. Michaelis, A. **320**, 271 (1902).
[5] E. J. Salmi et al., Soumen Kem. **19** B, 102 (1946); C. A. **41**, 5440 (1947).
[6] B. L. Chamberland u. A. G. MacDiarmid, Soc. **1961**, 445.
[7] M. C. Henry, Inorg. Chem. **1**, 917 (1962).

## $\gamma$) Aus Arsonsäuren

### $\gamma_1$) *Durch Veresterung mit Alkoholen*

Arsonsäure-dialkylester werden durch direkte Veresterung der entsprechenden Arsonsäuren mit einwertigen Alkoholen hergestellt[1-3]:

$$R-AsO_3H_2 \;+\; 2\,R^2OH \xrightarrow[-\,2\,H_2O]{} \begin{array}{c} OR^2 \\ | \\ R^1-As=O \\ | \\ OR^2 \end{array}$$

Die Reaktion wird in Benzol oder Toluol durchgeführt, wobei das Reaktionswasser entweder azeotrop[1-3] oder extraktiv[2,3] (Kupfersulfat, Calciumcarbid) entfernt wird. Bei Temperaturen unterhalb 60° bildet die Benzolarsonsäure nur Monoalkylester, die jedoch strukturell nicht gesichert sind[3]. Die Veresterung benötigt keine saure Katalyse und liefert die besten Ausbeuten bei einem 100%igen Überschuß an Alkohol[3].

Tab. 28: Arsonsäure-dialkylester durch direkte Veresterung von Arsonsäuren mit Alkoholen

| Arsonsäure | Arsonsäure-dialkylester | Ausbeute [% d. Th.] | Kp [°C] | [Torr] | Literatur |
|---|---|---|---|---|---|
| $H_3C-AsO_3H_2$ | *Methanarsonsäure-diiso-propylester* | 31 | 121 | 22 | 4 |
|  | *Methanarsonsäure-di-butylester* | – | 160,3–161,3 | 13 | 1 |
|  | *Methanarsonsäure-di-pentylester* | – | 144–146 | 2 | 2 |
| $H_5C_2-AsO_3H_2$ | *Äthanarsonsäure-diiso-propylester* | 35 | 113 | 12 | 4 |
| $H_2C=CH-CH_2-AsO_3H_2$ | *Propen-3-arsonsäure-diisopropylester* | 28 | 104,5 | 6 | 4 |
| $(H_3C)_2CH-AsO_3H_2$ | *Propan-2-arsonsäure-di-äthylester* | – | 89–91 | 4 | 2 |
| $H_9C_4-AsO_3H_2$ | *Butanarsonsäure-diallyl-ester* | – | 144 | 5 | 2 |
|  | *Butanarsonsäure-dibutyl-ester* | – | 168–168,5 | 7 | 1 |
| $H_5C_6-CH_2-AsO_3H_2$ | *Phenylmethanarsonsäure-dipentylester* | – | $(n_D^{20}: 1,4982)$ |  | 2 |
| $H_5C_6-AsO_3H_2$ | *Benzolarsonsäure-diallyl-ester* | – | 173–175 | 3 | 2 |

[1] E. J. Salmi et al., Soumen Kem. **19** B, 102 (1946); C. A. **41**, 5440 (1947).
[2] B. D. Chernokalskii et al., Izv. Vyss. Uch. Zev., Chim. i. chim. Techn. **8**, 959 (1965); C. A. **64**, 17630 (1966); Ž. obšč. Chim. **36**, 1673 (1966); engl.: 1670.
[3] G. S. Levskaya u. A. F. Kolomiets, Ž. obšč. Chim. **36**, 2024 (1966); engl.: 2017; **37**, 905 (1967); engl.: 855.
[4] B. D. Chernokalskii et al., Ž. obšč. Chim. **36**, 1673 (1966); engl.: 1670.

Die Veresterung der Arenarsonsäuren mit höher siedenden Alkoholen (Kp: < 100°) verläuft nahezu quantitativ[1]. Die Ester lassen sich jedoch nicht unzersetzt destillieren[1].

**Benzolarsonsäure-dibutylester**[1]: In einem Kolben mit Rückflußkühler und Wasserabscheider werden 0,05 Mol Benzolarsonsäure und 0,2 Mol Butanol in 75 *ml* Benzol solange unter Rückfluß erhitzt, bis sich kein Wasser mehr abscheidet. Anschließend wird das Lösungsmittel und der überschüssige Alkohol i. Vak. entfernt. Der Ester stellt eine klare viskose Flüssigkeit dar, die sich auch bei 1 Torr nicht unzersetzt destillieren läßt; $n_D^{20}$: 1,5060.

Auf ähnliche Weise erhält man z. B.:

| | |
|---|---|
| *Benzolarsonsäure-bis-[2-methoxy-äthylester]* | $n_D^{20}$ : 1,5280 |
| *Benzolarsonsäure-bis-[2-chlor-äthylester]* | $n_D^{20}$ : 1,5560 |
| *4-Nitro-benzolarsonsäure-dibutylester* | $n_D^{20}$ : 1,5312 |
| *4-Hydroxy-benzolarsonsäure-dibutylester* | $n_D^{20}$ : 1,5570 |

$\gamma_2$) *Durch Umsetzung mit Organo-elementhalogeniden oder verwandten Verbindungen*

Läßt man Organohalogensilane auf eine Arsonsäure-Suspension in trockenem Benzol einwirken, so werden unter Chlorwasserstoffabspaltung Organosilylester der entsprechenden Arsonsäuren (Arsonosiloxane) gebildet[4]:

$$2\ (R^1)_n Si-X_{(4-n)} \quad + \quad R^2-AsO_3H \quad \xrightarrow[-2\ HCl]{} \quad (R^1)_n \overset{X_{(3-n)}}{\underset{}{Si}}-O-\overset{O}{\underset{R^2}{As}}-O-\overset{X_{(3-n)}}{\underset{}{Si}}(R^1)_n$$

**Methanarsonsäure-bis-[dimethyl-chlor-silylester]**[4]: In einem Dreihalskolben mit Rührer, Tropftrichter und Rückflußkühler mit Gasableitungsrohr werden 70 g (0,5 Mol) Methanarsonsäure in 400 *ml* trockenem Benzol bei ~ 20° suspendiert. Unter Rühren werden 129 g Dichlor-dimethyl-silan so zugetropft, daß die Temperaturerhöhung der Reaktionslösung 10–15° nicht übersteigt. Die Reaktion setzt unter Chlorwasserstoffabspaltung ein. Nachdem die Reaktion abgeklungen ist, wird unter Feuchtigkeitsausschluß 24 Stdn. refluxiert. Man kühlt ab, filtriert nicht umgesetzte Arsonsäure ab und destilliert das Lösungsmittel schließlich i. Vak.; Rückstand: gelbes Öl; Ausbeute: 111 g (68% d. Th.).

Man kann die Reaktion auch in Gegenwart von Pyridin als Säurefänger durchführen[4]. So entsteht *Benzolarsonsäure-bis-[triphenylsilylester]* (feste wachsartige Substanz) in 93%iger Ausbeute[4].

Dimethyl-zinn-dichlorid reagiert in siedendem Benzol nicht mit Benzolarsonsäure jedoch in siedendem Wasser unter Bildung der Monoester[3]:

$$2\ H_5C_6-AsO_3H_2 \quad + \quad (H_3C)_2SnCl_2 \quad \xrightarrow[-2\ HCl]{H_2O} \quad H_5C_6-\overset{O}{\underset{OH}{As}}-O-\overset{CH_3}{\underset{CH_3}{Sn}}-O-\overset{O}{\underset{OH}{As}}-C_6H_5$$

*Bis-[benzolarsonyloxy]-dimethyl-zinn*

Organozinn-arsonate werden auch durch Umsetzung der Arsonsäuren mit Organozinn-oxiden bzw. -acetaten[4] erhalten. Analog reagieren Organo-blei-halogenide in Methanol oder Pyridin zu den entsprechenden Monoestern[5]:

[1] G. S. Levskaya u. A. F. Kolomiets, Ž. obšč. Chim. **36**, 2024 (1966); engl.: 2017; **37**, 905 (1967); engl.: 855.
[2] R. M. Kary u. K. C. Frisch, Am. Soc. **79**, 2140 (1957).
   US. P. 2863893 (1958); C. A. **53**, 9148 (1959).
[3] B. L. Chumberland u. A. G. McDiarmid, Soc. **1961**, 445.
[4] US. P. 2762821 (1956), A. W. Walde et al.; C. A. **51**, 4424 (1957).
[5] M. C. Henry, Inorg. Chem. **1**, 917 (1962).

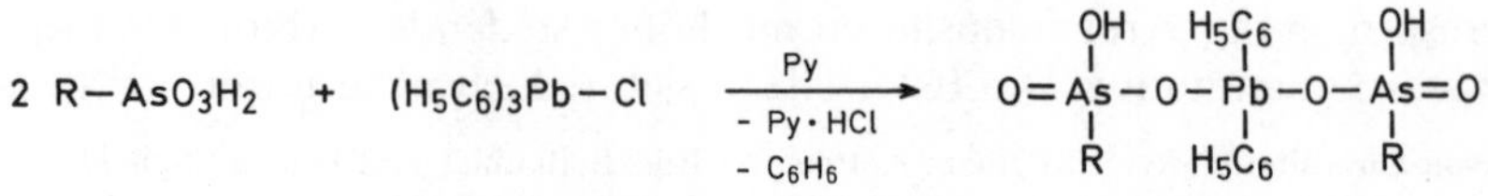

$$2\ R-AsO_3H_2\ +\ (H_5C_6)_3Pb-Cl \xrightarrow[\substack{-\ Py\cdot HCl \\ -\ C_6H_6}]{Py}$$

$$\underset{R\quad\quad H_5C_6\quad\quad R}{O=As-O-Pb-O-As=O}\ \overset{OH\quad H_5C_6\quad OH}{}$$

R = H₅C₆—CH₂ :

$R = H_5C_6-CH_2$;        *Bis-[phenylmethanarsonyloxy]-diphenyl-blei*

$R = C_6H_5$;        *Bis-[benzolarsonyloxy]-diphenyl-blei*

$R = H_2C=CH-CH_2$;    *Bis-[propen-3-arsonyloxy]-diphenyl-blei*

$R = 4\text{-}NO_2-C_6H_4$;    *Bis-[4-nitro-benzolarsonyloxy]-diphenyl-blei*

Methanarsonsäure liefert mit Triphenyl-bleichlorid unübersichtliche Reaktionsprodukte, während Propanarsonsäure mit Triphenyl-bleichlorid *Propanarsonsäure-mono-(chlor-diphenyl-bleiester)*[1] ergibt:

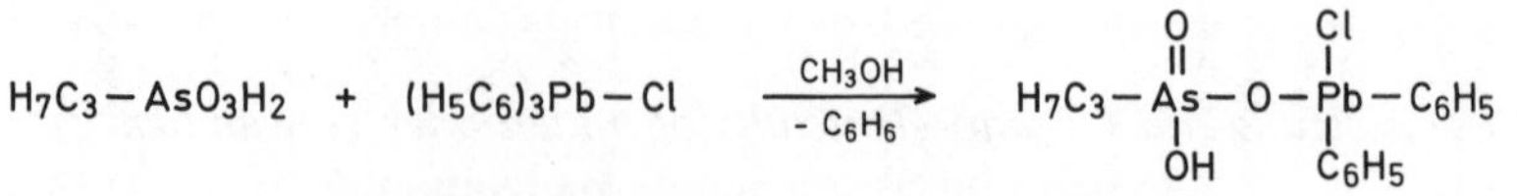

$$H_7C_3-AsO_3H_2\ +\ (H_5C_6)_3Pb-Cl \xrightarrow[-\ C_6H_6]{CH_3OH} \underset{OH\quad\quad C_6H_5}{H_7C_3-As-O-Pb-C_6H_5}\ \overset{O\quad\quad Cl}{\underset{}{\parallel\quad\quad \parallel}}$$

**Bis-[2-nitro-benzolarsonyloxy]-diphenyl-blei**[1]: 10 mMol 2-Nitro-benzolarsonsäure und 5 mMol Triphenylbleichlorid werden in 300 *ml* Pyridin gelöst und 24 Stdn. auf 70° erhitzt. Der ausgefallene gelbe Niederschlag wird abgesaugt, mit Pyridin und dann mit Wasser gewaschen und getrocknet; Ausbeute: 2,3 g (54% d. Th.).

Die gleiche Verbindung läßt sich auch durch Umsetzung der 2-Nitro-benzolarsonsäure mit Tetraphenyl-blei in Pyridin erhalten[1].

Bis-[organo-quecksilber]-arsenate werden durch Umsetzung von Arsonsäuren mit Organo-quecksilberhydroxiden in wäßriger Lösung[2] oder -acetaten in Benzol[3] erhalten.

### δ) Durch Umesterung

Arenarsonsäure-arylester werden durch Umesterung von Arenarsonsäure-alkylestern mit Phenolen hergestellt[4]:

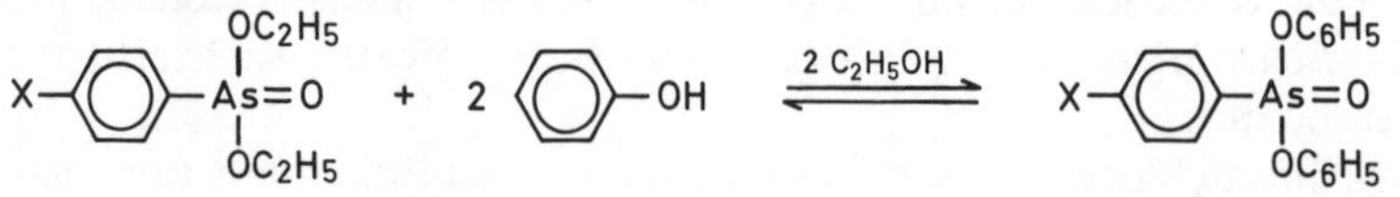

Der abgespaltene Alkohol wird aus dem Gleichgewicht destillativ entfernt. Die Reaktion wird sauer (Eisessig) katalysiert[4].

### B. Umwandlung

Viele Arsonsäure-dialkylester sind thermisch instabil und lassen sich in vielen Fällen bei Normaldruck nicht unzersetzt destillieren. Alkan-arsonsäure-dialkylester werden bei Temperaturen um 200° u. a. zu Trialkylarseniten umgelagert[5-7]:

[1] M. C. HENRY, Inorg. Chem. **1**, 917 (1962).

[2] Jap.P. 10912 (1964), Y. HIROTA u. H. ODA; C. A. **61**, 10035 (1964).

[3] Jap.P. 6200 (1963), M. NAGASAWA u. F. YAMAMOTO, C. A. **60**, 4185 (1964).

[4] V. S. GAMAYUROVA et al., Izv. Vyss. Uch. Zev., Chim. i. chim. Techn. **15**, 1023 (1972); C. A. **77**, 152294 (1972).

[5] J. KOMISSAROW et al., Doklady Akad. SSSR **56**, 51 (1947); C. A. **42**, 520 (1948).

[6] G. KAMAI u. B. D. CHERNOKALSKII, Doklady Akad. SSSR **128**, 299 (1959); C. A. **54**, 7538 (1960); Ž. obšč. Chim. **30**, 1176 (1960); engl.: 1195.

[7] B. D. CHERNOKALSKII et al., Doklady Akad. SSSR **166**, 144, 384 (1966); C. A. **64**, 12718, 12491 (1966); Ž. obšč. Chim. **36**, 1673 (1966); engl.: 1670.

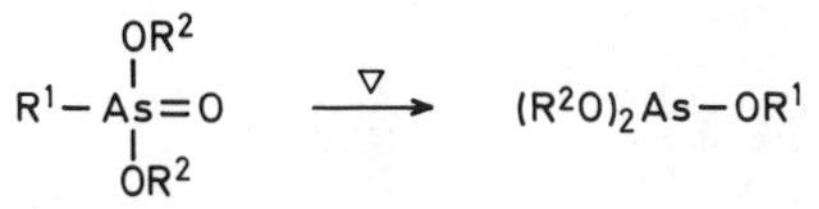

$$R^1 - \underset{\underset{OR^2}{|}}{\overset{\overset{OR^2}{|}}{As}} = O \quad \xrightarrow{\nabla} \quad (R^2O)_2As - OR^1$$

$R^1, R^2 = Alkyl$

In Gegenwart von Alkyljodiden findet die Umlagerung bereits bei Temperaturen um 100° statt[1,2]. Formal stellt diese Reaktion eine ,,Anti-Arbusov-Umlagerung'' dar[3]. Durch Wasser werden die Ester in die entsprechenden Arsonsäuren umgewandelt. Benzolarsonsäure-dialkylester wird bei der Einwirkung von Mercaptanen zum Dithioester der Benzolarsonigsäure reduziert (s. S. 215).

Durch Einwirkung von sek. Aminen auf Arsonigsäure-dialkylester entstehen die entsprechenden Arsonsäure-ester-amide bzw. -diamide (s. unten).

## 4. Arsonsäure-ester-amide und -diamide

Durch Aminolyse von Arsonsäure-dialkylestern mit sek. aliphatischen Aminen bei 100–160° werden die entsprechenden Arsonsäure-alkylester-alkylamide gebildet[4]:

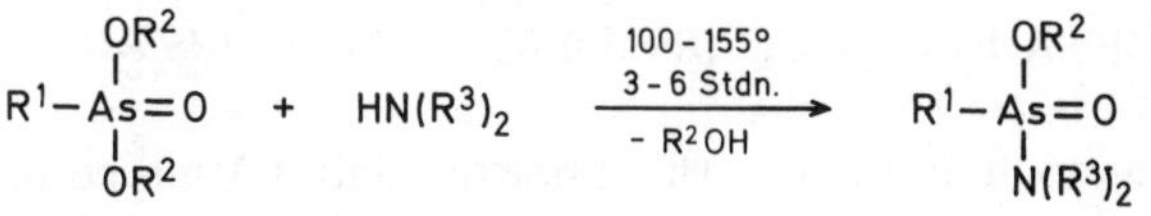

$$R^1 - \underset{\underset{OR^2}{|}}{\overset{\overset{OR^2}{|}}{As}} = O \;+\; HN(R^3)_2 \quad \xrightarrow[- R^2OH]{\overset{100-155°}{3-6\ Stdn.}} \quad R^1 - \underset{\underset{N(R^3)_2}{|}}{\overset{\overset{OR^2}{|}}{As}} = O$$

$R^1, R^2, R^3 = Alkyl; \; R^1 = C_6H_5$

Im Gegensatz hierzu setzt sich Methyl-benzyl-amin mit Äthan- oder Benzolarsonsäure-dialkylester zu *Äthan-* bzw. *Benzolarsonsäure-bis-[methyl-benzyl-amid]* um[4]:

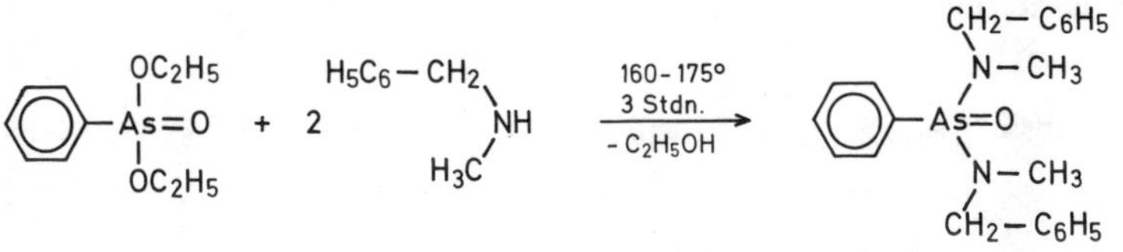

$$\underset{\underset{OC_2H_5}{|}}{\overset{\overset{OC_2H_5}{|}}{\text{⟨⟩}-As}} = O \;+\; 2 \; \underset{H_3C}{\overset{H_5C_6-CH_2}{}}NH \quad \xrightarrow[- C_2H_5OH]{\overset{160-175°}{3\ Stdn.}} \quad \text{⟨⟩}-\underset{\underset{\underset{CH_2-C_6H_5}{|}}{N-CH_3}}{\overset{\overset{\overset{CH_2-C_6H_5}{|}}{N-CH_3}}{As}}=O$$

Die Arsonsäure-ester-amide hydrolysieren leicht zu Ammoniumarsonaten[4]:

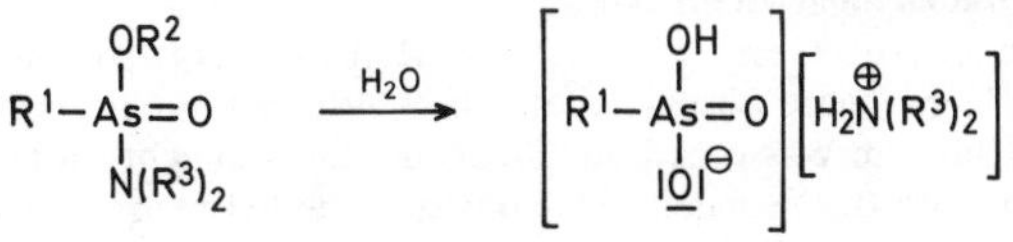

$$R^1 - \underset{\underset{N(R^3)_2}{|}}{\overset{\overset{OR^2}{|}}{As}} = O \quad \xrightarrow{H_2O} \quad \left[ R^1 - \underset{\underset{|\underline{O}|^\ominus}{|}}{\overset{\overset{OH}{|}}{As}} = O \right]\left[ H_2\overset{\oplus}{N}(R^3)_2 \right]$$

**Arsonsäure-ester-amide; allgemeine Arbeitsvorschrift[4]:**
In einer Destillationsapparatur wird unter Durchleiten eines schwachen Stickstoff-Stromes der Arsonsäurediester und das jeweilige Amin solange auf 100–150° erhitzt, bis kein Alkohol mehr überdestilliert (3–6 Stdn.). Notfalls gibt man weiteres Amin zu, um eventuelle Verluste bei der Destillation auszugleichen. Nach beendeter Umsetzung wird der Rückstand i. Vak. fraktioniert.

[1] G. KAMAI u. B. D. CHERNOKALSKII, Doklady Akad. SSSR **128**, 299 (1959); C. A. **54**, 7538 (1960); Ž. obšč. Chim. **30**, 1176 (1960); engl.: 1195.

[2] B. D. CHERNOKALSKII et al., Doklady Akad. SSSR **166**, 144, 384 (1966); C. A. **64**, 12718, 12491 (1966); Ž. obšč. Chim. **36**, 1673 (1966); engl.: 1670.

[3] s. ds. Handb. XII/1, S. 433.

[4] V. S. GAMAYUROVA et al., Ž. obšč. Chim. **44**, 1537 (1974); engl.: 1506.

21*

Auf diese Weise erhält man z. B.:

| | | |
|---|---|---|
| *Äthanarsonsäure-äthylester-diäthylamid*; | 77% d. Th.; | $Kp_{0,21}$: 115,5° |
| *Propanarsonsäure-propylester-piperidid*; | 88% d. Th.; | $Kp_{0,04}$: 143° |
| *Benzolarsonsäure-äthylester-dibutylamid*; | 77% d. Th.; | $Kp_{0,04}$: 123–126° |
| *Benzolarsonsäure-isopropylester-dibutylamid*; | 58% d. Th.; | $Kp_{0,03}$: 109–111° |
| *Benzolarsonsäure-propylester-dibutylamid*; | 78% d. Th.; | $Kp_{0,03}$: 130–131° |

Nach der gleichen Arbeitsweise erhält man aus Äthanarsonsäure-dibutylester bzw. Benzolarsonsäure-diäthylester und Methyl-benzylamin, *Äthan-* bzw. *Benzolarsonsäure-bis-[N-methyl-benzylamid]* (60 bzw. 90% d. Th.)[1].

## 5. Thioarsonsäure und ihre Derivate

Die freien Trithioarsonsäuren sind nicht bekannt. Sie sind jedoch in Form ihrer Salze isolierbar. Leitet man in eine Lösung von Arsonsäuren, Alkalimetall- oder Ammonium-arsenaten Schwefelwasserstoff ein, so entsteht in Abhängigkeit von dem eingesetzten Arsonat und den Reaktionsbedingungen ein Gemisch aus schwefelhaltigen Organoarsen-verbindungen, die folgende stöchiometrische Zusammensetzung besitzen[2–5]:

$$R-AsS_2 \qquad (R-As)_2S_3 \qquad (R-AsS)_n$$

Da weder Struktur noch Bindungsverhältnisse der Sulfid-Verbindungen aufgeklärt sind, wird die stöchiometrische Zusammensetzung angegeben und als Sammelbegriff die Be-zeichnungen Organo-arsen-disulfid für $R-AsS_2$ und Organo-arsen-sesquisulfid für $(R-As)_2S_3$ angegeben.

Dinatrium-trithioarenarsonate lassen sich aus den Arylarsensesquisulfiden durch Umsetzung mit Natrium-hydrogensulfid oder Natriumsulfid und Schwefel in wäßri-ger Lösung herstellen[2, 5]:

$$(H_5C_6-As)_2S_3 \;+\; 2\,Na_2S \;+\; S \;\longrightarrow\; 2\;H_5C_6-\underset{\underset{S-Na}{|}}{\overset{\overset{S-Na}{|}}{As}}=S$$

Auch Thioarsonigsäure-anhydride ergeben unter gleichen Bedingungen die Natrium-trithioarsenate[2,5].

**Natrium-4-methyl-benzoltrithioarsonat-Heptahydrat[5]:**
4-Methyl-phenyl-arsen-sulfid-Gemisch: 21,5 g 4-Methyl-benzolarsonsäure werden in 200 *ml* 25%-igem Ammoniak aufgelöst. Durch diese Lösung leitet man 3 Stdn. Schwefelwasserstoff, filtriert vom Ungelö-sten ab, und dampft, zuletzt auf dem Wasserbad, zur Trockene ein. Nunmehr wird mit kleiner, offener Flamme solange vorsichtig erhitzt, bis sich das gebildete Ammonium-4-methyl-benzoltrithioarsenat unter Abspaltung von Ammoniak, Schwefel und Schwefelkohlenstoff zersetzt hat. Eine honiggelbe homogene Schmelze bleibt zurück, die erst mehrere Male mit Wasser und dann mit Methanol ausgekocht wird. Man erhält so eine harte hell-gelbe Masse (17 g; Sulfidgemisch), die pulverisiert und alsbald weiterverarbeitet wird.
Natrium-4-methyl-benzoltrithioarsonat-Heptahydrat: 4,5 g pulverisiertes Sulfidgemisch werden zu einer Natriumhydrogensulfid-Lösung gegeben, die durch 4stdgs. Einleiten von Schwefelwasserstoff in eine Lö-sung von 7 g Natriumsulfid-Hydrat in 100 *ml* Wasser hergestellt worden ist. Die Auflösung vollzieht sich unter Schwefelwasserstoff-Entwicklung bereits in der Kälte. Durch gelindes Erwärmen wird alles in Lösung gebracht.

---

[1] V. S. Gamayurova et al., Ž. obšč. Chim. **44**, 1537 (1974); engl.:1506.
[2] C. Schulte, B. **15**, 1959 (1882).
[3] A. Michaelis u. H. Loesner, B. **27**, 263 (1894).
　　A. Michaelis, A. **320**, 338 (1902).
[4] K. Burschkies u. M. Rothermundt, B. **69**, 2721 (1936).
[5] E. Baumgärtel u. H. Gruner, J. pr. **33**, 108 (1966).

Man läßt einige Zeit stehen, engt soweit ein, daß gerade noch keine Kristallisation zu beobachten ist, und versetzt mit reichlich abs. Äthanol. Man läßt einige Stdn. bei 0° stehen und saugt ab; Rohausbeute: 6,5 g.

Zur Reinigung wird die Substanz in sehr wenig Wasser aufgelöst und mit abs. Äthanol ausgefällt; Ausbeute: 4,0 g. Die Substanz fängt bei 45° im eigenen Kristallwasser zu schmelzen an und zersetzt sich bei ~280°.

Analog läßt sich aus Phenylarsen-sesquisulfid und Natriumhydrogensulfid das *Natrium-benzoltrithioarsonat* herstellen, das sich beim Ansäuern wieder in das Sesquisulfid zurückverwandelt[1]:

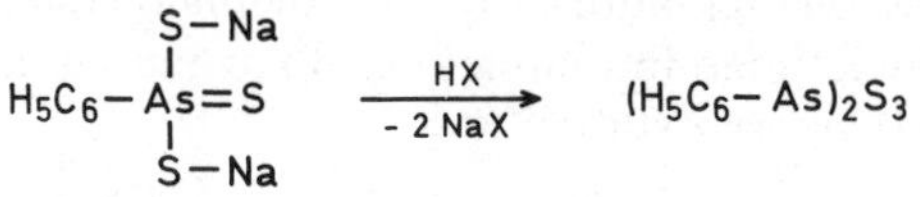

$$H_5C_6 - \overset{\overset{\displaystyle S-Na}{|}}{\underset{\underset{\displaystyle S-Na}{|}}{As}} = S \quad \xrightarrow[-\,2\,NaX]{HX} \quad (H_5C_6 - As)_2 S_3$$

Organoarsen-sesquisulfide werden auch durch Umsetzung von Arsonsäuren mit Schwefelkohlenstoff erhalten[2, 3].

*Natrium-methantrithioarsonat* ist nach der Meyer-Reaktion (s. S. 293) aus Arsen(III)-sulfid und Methyljodid in alkalischer Lösung hergestellt worden[4]:

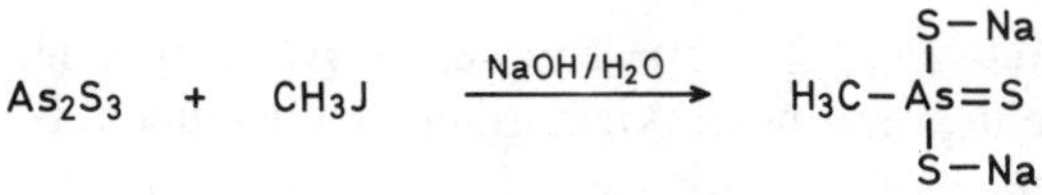

$$As_2S_3 \; + \; CH_3J \quad \xrightarrow{NaOH/H_2O} \quad H_3C - \overset{\overset{\displaystyle S-Na}{|}}{\underset{\underset{\displaystyle S-Na}{|}}{As}} = S$$

## c) Derivate der Orthoarsinsäuren

Orthoarsinsäure-trihalogenide (Trihalogen-diorgano-arsorane) lassen sich am einfachsten durch Umsetzung von Arsinigsäure-halogeniden mit elementarem Halogen herstellen[5–15]:

$$R_2As-X \; + \; X_2 \quad \rightleftarrows \quad R_2AsX_3$$

Die Reaktion wird in unpolaren Lösungsmitteln wie Äther, Tetrachlormethan oder Benzol bei Raumtemperatur oder in der Kälte durchgeführt, wobei die Orthoarsinsäure-trihalogenide meistens kristallin ausfallen. Sie werden jedoch selten isoliert, sondern meistens weiterverarbeitet. Über die Struktur dieser Verbindungen in Lösung, sowie über die Struktur anderer Derivate dieser Klasse ist wenig bekannt[15].

[1] C. Schulte, B. **15**, 1959 (1882).
[2] J. G. Everett, Soc. **1929**, 670; **1930**, 1691.
[3] W. T. Reichle, Inorg. Chem. **1**, 650 (1962).
[4] Jap. P. 799 (1961), M. Nagasawa et al.; C. A. **55**, 21465 (1961).
[5] W. La Coste u. A. Michaelis, B. **11**, 1886 (1878); A. **201**, 184 (1880).
[6] W. La Coste, A. **208**, 20 (1881).
[7] A. Michaelis, A. **321**, 142 (1902).
[8] W. M. Dehn u. B. Wilcox, Am. **35**, 47 (1906).
[9] A. McKenzie u. J. K. Wood, Soc. **117**, 406 (1920).
[10] W. Steinkopf et al., B. **61**, 1911 (1928).
[11] C. P. A. Kappelmeier, R. **49**, 57 (1930).
[12] H. H. Sisler u. C. Stratton, Inorg. Chem. **5**, 2003 (1966).
[13] D. Hellwinkel u. G. Kilthau, A. **705**, 66 (1967).
[14] N. A. Chadaeva et al., Izv. Akad. SSSR **1972**, 1612.
[15] G. O. Doak u. L. D. Freedman, *Organometallic Compounds of Arsenic, Antimony, and Bismuth*, Wiley-Interscience, New York 1970.

*Tribrom-diphenyl-arsoran* (F: 128°) kann durch Versetzen einer ätherischen Lösung von Diphenylarsin mit äquimolaren Mengen Brom erhalten werden[1]. Bei der Einwirkung von Chlor auf Tris-[trifluormethyl]-arsin bei Raumtemperatur im Verhältnis 2:1 entsteht das *Trichlor-bis-[trifluormethyl]-arsoran* in 30%iger Ausbeute, das durch Destillation (Kp$_{722}$: 93–95°) isoliert werden kann[2]:

$$(F_3C)_3As \ + \ Cl_2 \ \xrightarrow[- CF_3Cl]{30 \ Tage} \ (F_3C)_2AsCl_3$$

Läßt man auf Diphenyl-arsinigsäure-äthylester die halbe molare Menge Brom in Chloroform einwirken, so findet eine intramolekulare Austauschreaktion unter Bildung von *Brom-diäthoxy-diphenyl-arsoran* statt[3, 4]:

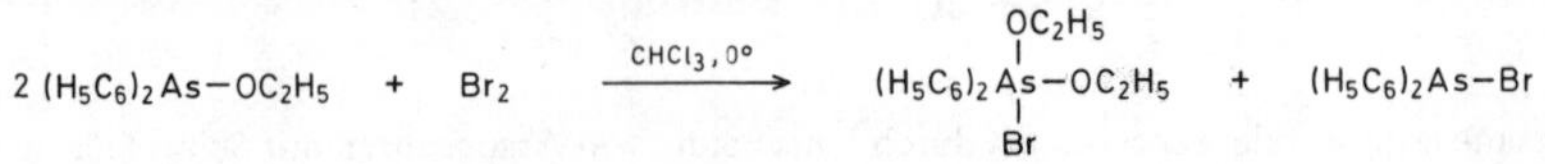

$$2 \ (H_5C_6)_2As{-}OC_2H_5 \ + \ Br_2 \ \xrightarrow{CHCl_3,\,0°} \ (H_5C_6)_2\overset{\displaystyle OC_2H_5}{\underset{\displaystyle Br}{As}}{-}OC_2H_5 \ + \ (H_5C_6)_2As{-}Br$$

**Brom-diäthoxy-diphenyl-arsoran**[4]: 30 g (0,11 Mol) Diphenyl-arsinigsäure-äthylester werden in 100 *ml* abs. Chloroform gelöst und bei 0° unter Rühren mit 8,8 g (0,055 Mol) Brom in 50 *ml* Chloroform langsam versetzt. Nach beendeter Zugabe wird 1–2 Stdn. unter Rückfluß erhitzt und fraktioniert. Die Fraktion bei 50–63°/0,1 Torr wird gesammelt und noch einmal destilliert; Ausbeute: 11,6 g (53% d. Th.); Kp$_{0,1}$: 55–56°.

*Trimethoxy-dimethyl-* (Kp$_{0,2}$: 32°)[5] bzw. *-diphenyl-arsoran* (Kp$_1$: 163°) werden am einfachsten aus den entsprechenden Arsinigsäure-halogeniden, Natriummethanolat und Brom bei 0° erhalten[5]:

$$R_2AsCl + 3\,NaOCH_3 + Br_2 \xrightarrow[-3\,NaX]{CH_3OH/0°} R_2As(OCH_3)_3$$

Dialkyl-orthotrithioarsinsäure-triester sind durch Erhitzen von Dialkyl-arsinsäuren mit 1,2-Dimercapto-äthan in Benzol erhältlich[6]:

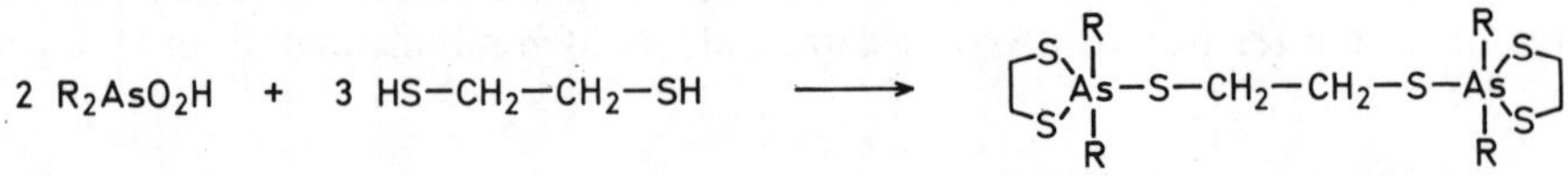

$$2 \ R_2AsO_2H \ + \ 3 \ HS{-}CH_2{-}CH_2{-}SH \ \longrightarrow \ \left[\begin{array}{c} \overset{\displaystyle R}{\underset{\displaystyle R}{\overset{S}{\underset{S'}{As}}}}{-}S{-}CH_2{-}CH_2{-}S{-}\overset{\displaystyle R}{\underset{\displaystyle R}{\overset{S}{\underset{S}{As}}}} \end{array}\right]$$

R = C$_2$H$_5$; *1,2-Bis-[2,2-diäthyl-1,3,2-dithiarsolanyl-(2)-thio]-äthan*
R = C$_3$H$_7$; *1,2-Bis-[2,2-dipropyl-1,3,2-dithiarsolanyl-(2)-thio]-äthan*

Orthoarsinsäure-trihalogenide sind äußerst hydrolyseempfindlich, wobei sie in die entsprechenden Arsinsäuren übergehen. Thermisch werden unter Abspaltung von Alkylhalogenid Arsonigsäure-dihalogenide gebildet (s. S. 177).

Trichlor-bis-[biphenylyl-(2)]-arsoran cyclisiert beim Erhitzen unter Bildung von *Bis-[biphenylyl-2,2'-diyl]-arsonium-chlorid*[7, 8]:

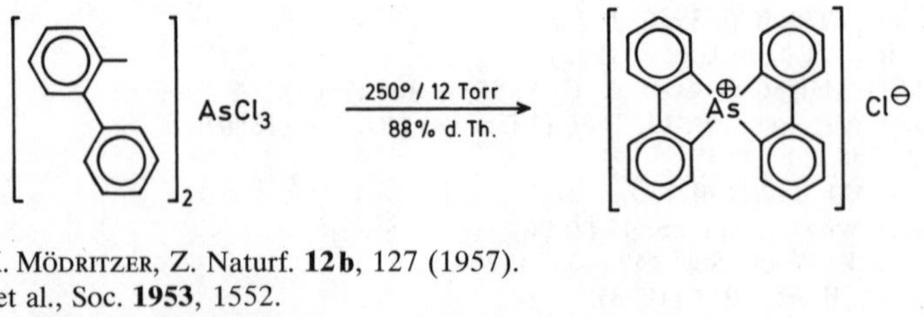

---

[1] E. WIBERG u. K. MÖDRITZER, Z. Naturf. **12b**, 127 (1957).
[2] H. J. EMELEUS et al., Soc. **1953**, 1552.
[3] A. MICHAELIS, A. **321**, 144 (1902).
[4] A. SCHULZE et al., Phosphorus, **5**, 265 (1975).
[5] A. J. DALE u. P. FROYN, Acta chem. scand. **29**B, 362 (1975).
[6] US.P. 3 152 159 (1964), P. F. EPSTEIN u. G. P. WILLSEY; C. A. **61**, 14 713 (1964).
[7] G. WITTIG u. D. HELLWINKEL, Ang. Ch. **74**, 782 (1962).
[8] D. HELLWINKEL u. G. KILTHAU, A. **705**, 66 (1967).

Durch Reduktion mit Lithiumalanat oder -boranat wird Trichlor-diphenyl-arsoran in *Diphenylarsin* umgewandelt (s. S. 37), und durch Ammonolyse zu **trimerem** *Diphenyl-arsinigsäure-amid*[1]:

$$(H_5C_6)_2AsCl_3 \quad + \quad NH_3 \quad \xrightarrow{\text{CHCl}_3, \, -78°} \quad \left[(H_5C_6)_2AsN\right]_3$$

### d) Arsinsäuren und ihre Derivate

#### 1. Arsinsäuren

#### A. Herstellung

α) Aus Arsonigsäure-dihalogeniden oder -anhydriden

α₁) *Durch Alkylierung (Meyer-Reaktion)*

Die zur Herstellung von Alkanarsonsäuren verwendete Meyer-Reaktion (s. S. 293) läßt sich auch auf die Herstellung von Arsinsäuren übertragen. An Stelle der Alkalimetall-arsenite werden Alkalimetallsalze der Arsonigsäuren eingesetzt, die aus Arsonigsäure-dihalogeniden oder -anhydriden durch Lösen in Alkalimetallauge erhältlich sind[2-17]:

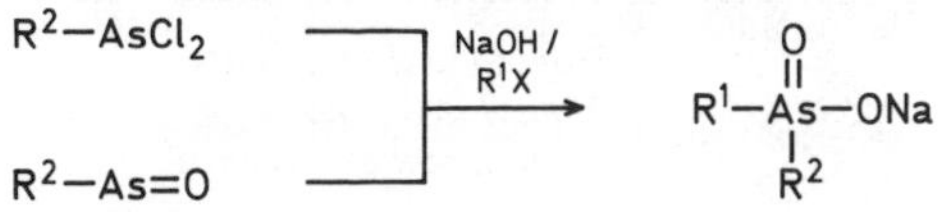

$$
\begin{array}{ccc}
R^2{-}AsCl_2 & \searrow & \\
 & \xrightarrow[R^1X]{NaOH/} & 
\begin{array}{c}
O \\
\parallel \\
R^1{-}As{-}ONa \\
\mid \\
R^2
\end{array} \\
R^2{-}As{=}O & \nearrow &
\end{array}
$$

R¹ = Alkyl
R² = Alkyl, Aryl

Außer Alkylhalogeniden können auch Dimethylsulfat[8], Alkenylhalogenide[16, 17] oder Epoxide[11, 16] als Alkylierungsmittel eingesetzt werden.

Auf diese Weise können sowohl symmetrische und unsymmetrische Dialkyl- als auch Alkyl-aryl-arsinsäuren hergestellt werden. Aromatische Arsenite sind reaktiver als die aliphatischen. Erstere reagieren mit Halogenalkanen bereits bei Raumtemperatur[18].

[1] H. H. Sisler u. G. Stratton, Inorg. Chem. **5**, 2003 (1966).
[2] V. Auger, C. r. **137**, 925 (1903).
[3] A. Bertheim, B. **43**, 925 (1910); B. **48**, 350 (1915).
[4] A. Quick u. R. Adams, Am. Soc. **44**, 813 (1922).
[5] W. Steinkopf et al., B. **61**, 1911 (1928).
[6] C. S. Gibson u. J. Johnson, Soc. **1928**, 92.
[7] F. F. Blicke u. G. L. Webster, Am. Soc. **59**, 534 (1937).
[8] E. J. Cragoe et al., Am. Soc. **69**, 925 (1947).
[9] C. K. Banks et al., Am. Soc. **69**, 927 (1947).
[10] R. C. Cookson u. F. G. Mann, Soc. **1947**, 618; **1949**, 2888.
[11] V. K. Vuskov u. V. N. Vasilyev, Ž. obšč. Chim. **21**, 90 (1951).
[12] J. T. Braunholtz u. F. G. Mann, Soc. **1957**, 3285.
[13] E. R. H. Jones u. F. G. Mann, Soc. **1958**, 1719.
[14] R. Pietsch u. P. Ludwig, Mikrochim. Acta **1964**, 1082.
[15] D. D. Pettit u. A. Royston, Soc. [A] **1969**, 1570.
[16] US.P. 3432496 (1969), M. E. Chiddix; C. A. **70**, 96959ᴾ (1969).
[17] US.P. 343494, 343495 (1969), M. E. Chiddix u. E. O. Leonard, C. A. **70**, 96953ᵍ (1969); **71**, 22188ᵏ (1969).
[18] A. J. Quick u. R. Adams, Am. Soc. **44**, 805 (1922).

Im Gegensatz zu den Befunden bei der Herstellung der Arsonsäuren (s. S. 293) nimmt die Reaktivität mit zunehmender Kettenlänge des Alkylhalogenids zu[1]. Ansonsten gelten die Bedingungen, die bei der Herstellung der Arsonsäuren beschrieben worden sind (s. S. 293).

**Dialkyl-arsinsäuren; allgemeine Arbeitsvorschrift**[2,3]: 1 Mol Alkanarsonigsäure-dichlorid wird langsam zu einer Lösung von 4 Mol Natriumhydroxid in 250 *ml* Wasser gegeben. Man erhitzt 1 Stde. auf 100° und kühlt auf Raumtemp. ab. Unter starkem Rühren läßt man etwas mehr als 1 Mol Alkylbromid bei Raumtemp. langsam zutropfen, und erhitzt anschließend 6 Stdn. unter Rückfluß. Man kühlt ab, neutralisiert mit konz. Salzsäure gegen Phenolphthalein, filtriert ab und engt auf die Hälfte ein. Anschließend wird mit Salzsäure schwach kongosauer gemacht. Hierbei scheiden sich die Arsinsäuren entweder kristallin oder ölig ab. Einige Dialkyl-arsinsäuren lassen sich aus Wasser umkristallisieren.

**Alkyl-aryl-arsinsäuren; allgemeine Arbeitsvorschrift**[2,4]: 0,25 Mol Arenarsonigsäure-dichlorid werden langsam in 200 *ml* 10 n Natronlauge unter Rühren bei 15–20° gelöst. 0,3 Mol Alkyl- oder Allylbromid werden dann unter heftigem Rühren so zugetropft, daß die Temp. 20° nicht übersteigt. Anschließend wird 2 Stdn. unter Rückfluß erhitzt (Bei Umsetzung mit α-Halogen-carbonsäuren genügt 2–3stdgs. Rühren bei Raumtemp.[2]) und mit weiteren 0,2 Mol Alkyl- oder Allylbromid versetzt und noch 1 Stde. refluxiert. Man kühlt ab und arbeitet wie bei den Dialkyl-arsinsäuren auf. Ölige Produkte lassen sich über Ionenaustauscher (IR-120 H⊕) reinigen[3].

Tab. 29: Dialkyl- bzw. Alkyl-aryl-arsinsäuren durch Alkylierung von Arsonigsäure-dihalogeniden oder -anhydriden in alkalischem Medium (Meyer-Reaktion)

| Ausgangs-verbindung | Alkylierungsmittel | Arsinsäuren | Ausbeute [% d.Th.] | F [°C] | Literatur |
|---|---|---|---|---|---|
| $H_9C_4-AsCl_2$ | $H_7C_3-Br$ | *Propyl-butyl-arsinsäure* | – | 127–128 | 1,2 |
|  | $H_9C_4-Br$ | *Dibutyl-arsinsäure* | – | 137–138 | 1,2 |
|  | $H_{15}C_7-Br$ | *Butyl-heptyl-arsinsäure* | – | – | 1 |
| $H_7C_3-AsCl_2$ | $H_2C=CH-CH_2-Br$ | *Propyl-allyl-arsinsäure* | – | 91–95 | 5 |
| $H_5C_6-AsCl_2$ | $(H_3CO)_2SO_2$ | *Methyl-phenyl-arsin-säure* | 97 | – | 6 |
|  | $Cl-CH_2-COOH$ | *Carboxymethyl-phenyl-arsinsäure* | – | 141–142 | 2,7 |
|  | $H_2C=CH-CH_2-Br$ | *Allyl-phenyl-arsinsäure* | – | Öl | 4 |
|  | $Br-(CH_2)_3-CN$ | *(3-Carboxy-propyl)-phenyl-arsinsäure* | 89 | 143–145,5 | 8 |
|  | $H_5C_6-CH_2-O-CH_2-CH_2-Cl$ | *(2-Benzyloxy-äthyl)-phenyl-arsinsäure* | 82 | 109 | 8 |
|  | $H_5C_6-CH_2-CH_2-Br$ | *(2-Phenyl-äthyl)-phenyl-arsinsäure* | – | 142–143 | 9 |
|  | ⟨⟩–CH₂–Br / C₆H₅ | *[Biphenylyl-(2)-methyl]-phenyl-arsinsäure* | 93 | 138–140 | 10 |

[1] R. Pietsch u. P. Ludwig, Mikrochim. Acta **1964**, 1082.
[2] A. J. Quick u. R. Adams, Am. Soc. **44**, 805 (1922).
[3] C. K. Banks et al., Am. Soc. **69**, 927 (1947).
[4] US.P. 3432494 (1969), M. E. Chiddix u. E. O. Leonard; C. A. **70**, 96953[g] (1969).
[5] US.P. 3432496 (1969), M. E. Chiddix; C. A. **70**, 96959 (1969).
[6] E. J. Cragoe et al., Am. Soc. **69**, 925 (1947).
[7] J. T. Braunholz u. F. G. Mann, Soc. **1957**, 3285.
[8] R. C. Cookson u. F. G. Mann, Soc. **1947**, 618.
[9] E. R. H. Jones u. F. G. Mann, Soc. **1958**, 1719.
[10] G. H. Cookson u. F. G. Mann; Soc. **1949**, 2888.

Tab. 29 (Fortsetzung)

| Ausgangs-verbindung | Alkylierungsmittel | Arsinsäuren | Ausbeute [% d. Th.] | F [°C] | Literatur |
|---|---|---|---|---|---|
| $H_5C_6-AsCl_2$ | $H_5C_2-CH-CH_2-Br$ <br> $\quad\quad OH$ | (2-Hydroxy-butyl)-phenyl-arsinsäure | – | 141–142 | 1 |
| 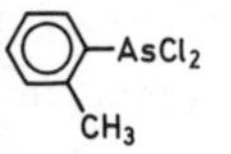 ⬡—AsCl₂ (CH₃) | $Cl-CH_2-COOH$ | Carboxymethyl-(2-methyl-phenyl)-arsinsäure | – | 153 | 2 |
| 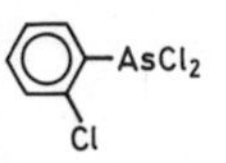 ⬡—AsCl₂ (Cl) | 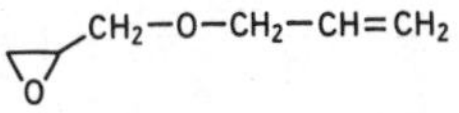 CH₂—O—CH₂—CH=CH₂ (epoxide) | (2-Hydroxy-3-allyloxy-propyl)-(2-chlor-phenyl)-arsinsäure | 17 | 124–126 | 3 |
| 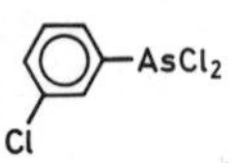 ⬡—AsCl₂ (Cl) | $Br-CH_2-CH-C_6H_5$ <br> $\quad\quad OH$ | (2-Hydroxy-2-phenyl-äthyl)-(3-chlor-phenyl)-arsinsäure | – | 181–184 | 1 |
| 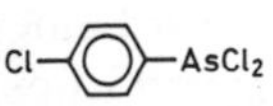 Cl—⬡—AsCl₂ | 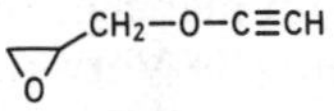 CH₂—O—C≡CH (epoxide) | (2-Hydroxy-3-äthinyl-oxy-propyl)-(4-chlor-phenyl)-arsinsäure | 30 | 131–133 | 3 |
| 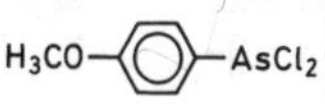 H₃CO—⬡—AsCl₂ | 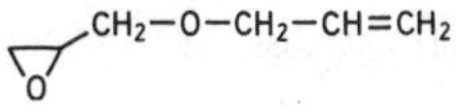 CH₂—O—CH₂—CH=CH₂ (epoxide) | (2-Hydroxy-3-allyloxy-propyl)-(4-methoxy-phenyl)-arsinsäure | 34 | 112–115 | 3 |
| 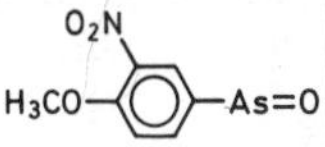 O₂N, H₃CO—⬡—As=O | CH₃J | Methyl-(3-nitro-4-methoxy-phenyl)-arsinsäure | 97 | 216–217 | 4 |
| H₃C—As=O | (epoxide) | Methyl-(2-hydroxy-äthyl)-arsinsäure | | Öl | 5 |

Alkan-bis-arsinsäuren werden analog aus Alkan- oder Aren-arsonigsäure-dichloriden und Dihalogen-alkanen in alkalischem Medium hergestellt[6-9]:

$$2\ H_5C_6-AsCl_2\ +\ Br-CH_2-CH_2-Br\ \xrightarrow{NaOH}\ HO-\underset{\underset{C_6H_5}{|}}{\overset{\overset{O}{\|}}{As}}-CH_2-CH_2-\underset{\underset{C_6H_5}{|}}{\overset{\overset{O}{\|}}{As}}-OH$$

**1,2-Bis-[phenylarsonyl]-äthan**[6,7]: Zu einer gekühlten Lösung von 120 *ml* 10 n Natronlauge werden unter heftigem Rühren 64 g Dichlor-phenyl-arsin in 27 g 1,2-Dibrom-äthan langsam nacheinander getropft. Anschließend wird 5 Stdn. unter Rückfluß erhitzt, wobei nach je 2 Stdn. 7 bzw. 5 *ml* 1,2-Dibrom-äthan zugegeben werden. Nach dem Abkühlen wird mit konz. Salzsäure gegen Phenolphthalein vorsichtig neutralisiert, vom Ungelösten abfiltriert und mit Salzsäure kongosauer gemacht. Die ausgefallene Säure wird abgesaugt und aus 50%igem wäßrigen Äthanol umkristallisiert; Ausbeute: 22 g; F: 210–212°.

[1] US.P. 3432494 (1969), M. CHIDDIX u. E. LEONARD; C. A. **70**, 96953 (1969).
[2] L. D. PETTIT u. A. ROYSTON, Soc. [A] **1969**, 1570; dort zahlreiche weitere Beispiele.
[3] US.P. 3432495 (1969), M. CHIDDIX u. E. LEONARD; C. A. **71**, 22188 (1969).
[4] F. F. BLICKE u. G. L. WEBSTER, Am. Soc. **59**, 534 (1937).
[5] V. K. KUSKOV u. V. N. VASILEV, Ž. obšč. Chim. **21**, 90 (1951); C. A. **45**, 7518 (1951).
[6] A. QUICK u. R. ADAMS, Am. Soc. **44**, 805 (1922).
[7] J. CHATT u. F. G. MANN, Soc. **1939**, 610, 1662.
[8] C. K. BANKS et al., Am. Soc. **69**, 927 (1947).
[9] R. L. DUTTA et al., Inorg. Chem. **9**, 1215 (1970).

Auf gleiche Weise werden u. a. folgende Bis-arsinsäuren erhalten:

| | | |
|---|---|---|
| *1,2-Bis-[butanarsonyl]-äthan* | – | F: 201–202° (Zers.)[1] |
| *Bis-[2-benzolarsonyl-äthyl]-sulfid* | 64% d. Th. | F: 189°[2] |
| *Bis-[2-benzolarsonyl-äthyl]-sulfon* | 87% d. Th. | F: 197°[2] |
| *1,3-Bis-[benzolarsonyl]-propan* | – | F: 159–160°[3] |

$\alpha_2$) *Durch Umsetzung mit Aren-diazoniumsalzen* (*Bart- bzw. Scheller-Reaktion*)

Die Reaktion nach Bart zur Herstellung von Arsonsäuren (s. S. 295) läßt sich auch zur Herstellung von Diaryl-arsinsäuren anwenden, wenn das Alkalimetallarsenit durch Alkalimetallsalze der Arsonigsäuren ersetzt wird[4–14]:

$$Ar^1-As\begin{matrix}ONa\\\\ONa\end{matrix} \quad + \quad \left[Ar^2-\overset{\oplus}{N_2}\right]X^{\ominus} \quad \xrightarrow{\text{NaOH}} \quad Ar^1-\overset{\overset{O}{\|}}{\underset{\underset{Ar^2}{|}}{As}}-ONa$$

Die Alkalimetallsalze der Arsonigsäuren werden durch Lösen von Arsonigsäure-diha-logeniden bzw. -anhydriden in Alkalimetallauge erhalten. In manchen Fällen wird eine Pufferung durch Natriumcarbonat[11]oder -acetat[9] empfohlen. Die Verwendung von Kup-fersalzen als Katalysatoren[8] hat scheinbar keinen Einfluß auf die Reaktion. Die Ausbeu-ten sollen stark $p_H$-abhängig sein[10]; diese Tatsache wurde jedoch nicht systematisch unter-sucht[7]. Vermutlich ist es notwendig, wie bei der Herstellung der Arsonsäuren, für jede Re-aktion ein $p_H$-Optimum empirisch zu ermitteln.

**Phenyl-(4-methyl-phenyl)-arsinsäure**[10]:Eine Lösung von 10,7 g 4-Methyl-anilin in 250 *ml* Wasser wird mit 25 *ml* konz. Salzsäure versetzt und mit einer Lösung von 7,2 g Natriumnitrit in 25 *ml* Wasser diazotiert. Unter Rühren und Eiskühlung wird eine Lösung von 17 g Benzolarsonigsäure-anhydrid in 100 *ml* 1 n Natronlauge in-nerhalb 1,5–2 Stdn. tropfenweise gegeben. Anschließend fügt man innerhalb 20 Min. 100 *ml* 1 n Natronlauge hinzu, wobei Stickstoff unter Aufschäumen entweicht. Nach 12 Stdn. wird von rötlichen, teerartigen Verunreini-gungen abfiltriert und kongosauer gestellt. Beim Kühlen fallen zuerst rote, gummiartige Produkte und dann farb-lose Kristalle aus. Man kocht den Niederschlag in Wasser und filtriert ab. Diese Prozedur wird einige Male wie-derholt. Die vereinigten Filtrate werden etwas eingeengt und gekühlt. Die Arsinsäure fällt kristallin aus und wird aus Wasser umkristallisiert; Ausbeute: 11 g(40% d. Th.); F: 156–157° (Bei Anwendung des 10-fachen Ansatzes fällt die Ausbeute auf 32% d. Th. zurück).

**Bis-[3-methyl-phenyl]-arsinsäure**[11]:21,8 g 3-Methyl-anilin in 85 *ml* Wasser werden mit 42,5 *ml* konz. Salz-säure versetzt und mit 14,7 g Natriumnitrit in 45 *ml* Wasser unterhalb 0° diazotiert. Anschließend wird mit wäßri-gem Natriumcarbonat gegen kongorot neutralisiert. Währenddessen werden 37 g 3-Methyl-benzolarsonigsäure-anhydrid in 23 *ml* 36,7%iger Natronlauge und 30 *ml* Wasser in der Wärme gelöst, dann mit 730 *ml* Wasser ver-dünnt und filtriert. Diese Lösung wird unter Rühren und Kühlen (>0°) langsam zur Diazoniumsalz-Lösung ge-geben (innerhalb 2 Stdn.) Man rührt weitere 2 Stdn. in der Kälte und läßt über Nacht stehen. Nach Zugabe von 8 *ml* 36,7%iger Natronlauge rührt man 1 Stde. nach, filtriert von teerartigen Produkten ab, verrührt das Filtrat mit

[1] J. CHATT u. F. G. MANN, Soc. **1939**, 610, 1662.
[2] C. K. BANKS et al., Am. Soc. **69**, 927 (1947).
[3] R. L. DUTTA et al., Inorg. Chem. **9**, 12–15 (1970).
[4] L. KALB, A. **423**, 50 (1921.
[5] H. BART, A. **429**, 55 (1922).
[6] J. A. AESCHLIMANN u. N. P. McCLELAND, Soc. **125**, 2025 (1924).
[7] F. F. BLICKE u. G. L. WEBSTER, Am. Soc. **59**, 534 (1937).
[8] J. F. ONETO u. E. L. WAY, Am. Soc. **62**, 2157 (1940).
[9] H. BAUER, Am. Soc. **67**, 591 (1945).
[10] F. G. MANN u. J. WATSON, Soc. **1947**, 505.
[11] L. J. GOLDSWORTHY et al., Soc. **1948**, 2208.
[12] R. C. COOKSON u. F. G. MANN, Soc. **1949**, 67.
[13] K. TAKAHASHI, J. Pharm. Soc. Japan **72**, 529 (1952); C. A. **46**, 9791 (1952).
[14] A. B. BRUCKER u. N. M. NIKIFOROVA, Ž. obšč. Chim. **28**, 2407 (1958); C. A. **53**, 2131 (1959).

Aktivkohle 20 Min. lang, filtriert ab, gibt Eis hinzu und versetzt mit konz. Salzsäure bis zur kongosauren Reaktion. Die ausgefallene Arsinsäure wird abgesaugt und aus wäßrigem Äthanol umkristallisiert; Ausbeute: 8 g; F: 140–143°.

Die Ausbeuten an Diarylarsinsäuren nach dieser Arbeitsweise betragen allgemein 10–30% d. Th.

Tab. 30: Diarylarsinsäuren durch Umsetzung von Arenarsonigsäure-dihalogeniden bzw. -anhydriden mit Arendiazoniumsalzen in wäßrig-alkalischem Medium (Bart-Reaktion)

| Arsonigsäure-dihalogenid bzw. -anhydrid | Diazoniumsalz | Arsinsäure | Ausbeute [% d. Th.] | F [°C] | Literatur |
|---|---|---|---|---|---|
| $H_5C_6-AsCl_2$ | 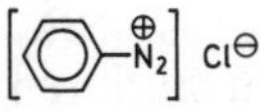 [$C_6H_5-N_2$]$^{\oplus}$ Cl$^{\ominus}$ | Diphenyl-arsinsäure | – | 178 | 1–3 |
| | 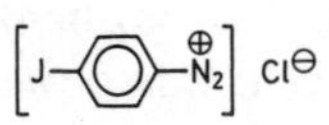 [J–C₆H₄–N₂]$^{\oplus}$ Cl$^{\ominus}$ | Phenyl-(4-jod-phenyl)-arsinsäure | – | 196 (Zers.) | 2 |
| | 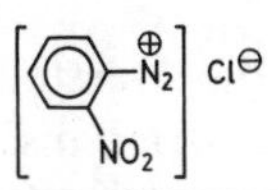 [(2-NO₂)C₆H₄–N₂]$^{\oplus}$ Cl$^{\ominus}$ | Phenyl-(2-nitro-phenyl)-arsinsäure | 54 | 197–198 | 4 |
| $H_5C_6-As=O$ | 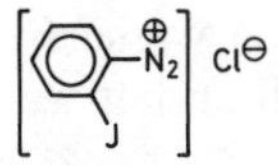 [(2-J)C₆H₄–N₂]$^{\oplus}$ Cl$^{\ominus}$ | Phenyl-(2-jod-phenyl)-arsinsäure | – | 211–214 | 5 |
| | 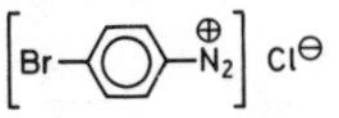 [Br–C₆H₄–N₂]$^{\oplus}$ Cl$^{\ominus}$ | Phenyl-(4-brom-phenyl)-arsinsäure | – | 184–185 | 6,7 |
| | 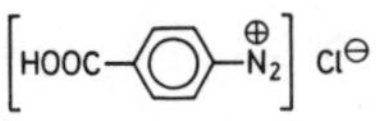 [HOOC–C₆H₄–N₂]$^{\oplus}$ Cl$^{\ominus}$ | Phenyl-(4-carboxy-phenyl)-arsinsäure | – | 229–231 | 8 |
| | 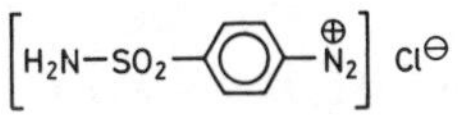 [H₂N–SO₂–C₆H₄–N₂]$^{\oplus}$ Cl$^{\ominus}$ | Phenyl-(4-aminosul-fonylphenyl)-arsinsäure | 11 | 229–231 | 9 |
| | 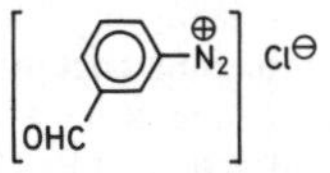 [(3-OHC)C₆H₄–N₂]$^{\oplus}$ Cl$^{\ominus}$ | Phenyl-(3-formyl-phenyl)-arsinsäure | – | 168 | 8 |
| | 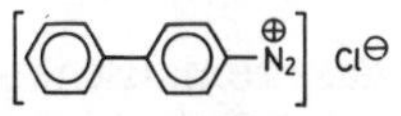 [C₆H₅–C₆H₄–N₂]$^{\oplus}$ Cl$^{\ominus}$ | Phenyl-biphenylyl-(4)-arsinsäure | 11 | 221–225 | 6 |
| | 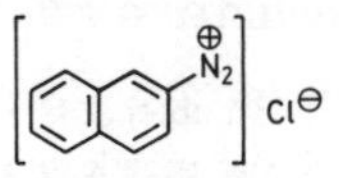 [Naphthyl-2-N₂]$^{\oplus}$ Cl$^{\ominus}$ | Phenyl-naphthyl-(2)-arsinsäure | – | 157–159 | 8 |
| 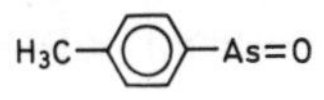 $H_3C-C_6H_4-As=O$ | 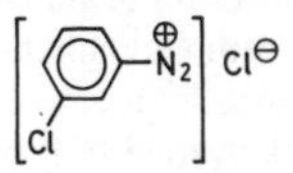 [(2-Cl)C₆H₄–N₂]$^{\oplus}$ Cl$^{\ominus}$ | (3-Chlor-phenyl)-(4-methyl-phenyl)-arsinsäure | – | 124–125 | 8 |
| | 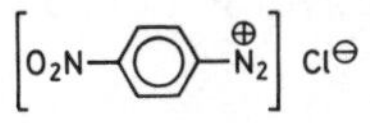 [O₂N–C₆H₄–N₂]$^{\oplus}$ Cl$^{\ominus}$ | (4-Nitro-phenyl)-(4-methyl-phenyl)-arsinsäure | – | 142–144 | 8 |

[1] H. Bart, A. **429**, 100 (1922).
[2] K. Takahashi, J. Pharm. Soc. Japan **72**, 529 (1952); C. A. **46**, 9791 (1952).
[3] A. B. Bruker u. N. M. Nikiforova, Ž. obšč. Chim. **28**, 2407 (1958); C. A. **53**, 2131 (1959).
[4] L. Kalb, A. **423**, 50 (1921).
[5] R. C. Cookson u. F. G. Mann, Soc. **1949**, 67.
[6] F. G. Mann u. J. Watson, Soc. **1947**, 505.
[7] F. F. Blicke u. G. L. Webster, Am. Soc. **59**, 534 (1937).
[8] L. J. Goldsworthy et al., Soc. **1948**, 2208; dort zahlreiche Beispiele.
[9] J. F. Oneto u. E. L. Way, Am. Soc. **62**, 2157 (1940).

Tab. 30 (Fortsetzung

| Arsonigsäure-dihalogenid bzw. -anhydrid | Diazoniumsalz | Arsinsäure | Ausbeute [% d. Th.] | F [°C] | Lite-ratur |
|---|---|---|---|---|---|
| $O_2N$—◯—$AsCl_2$ | [$O_2N$—◯—$\overset{\oplus}{N_2}$] $Cl^{\ominus}$ | *Bis-[4-nitro-phenyl]-arsinsäure* | – | 277–278 | [1, 2] |
| $H_3C$—CO—NH—◯—As=O | [$O_2N$—◯—$\overset{\oplus}{N_2}$] $Cl^{\ominus}$ | *(4-Acetamino-phenyl)-(4-nitro-phenyl)-arsinsäure* | 52 | 262 | [3] |

Interessanterweise werden Bis-[2-halogen-phenyl]-arsinsäuren nach der Bart-Reaktion nicht erhalten[4]. So wird bei der Umsetzung von 2-Brom-benzolarsonigsäure-anhydrid und 2-Brom-benzoldiazoniumchlorid *2-Brom-benzolarsonsäure* bis zu 78% Ausbeute erhalten[4].

Analog wird die Scheller-Reaktion (s. S. 303) auf die Herstellung von Arsinsäuren übertragen, wobei Arsonigsäure-dichloride mit Arendiazoniumsalzen in äthanolischer Lösung und Gegenwart von Kupfersalzen umgesetzt werden[5–11]. Man arbeitet entweder in etwa 80%igem äthanolischem Medium[5, 6] oder in völlig wasserfreier äthanolischer Lösung[7–11], wobei die besseren Ausbeuten im letzten Fall erzielt werden:

$$R–AsCl_2 \ + \ [Ar\overset{\oplus}{N_2}] \ Cl^{\ominus} \ \xrightarrow{\text{Cu / Äthanol}} \ \overset{R}{\underset{Ar}{\diagdown}}AsCl_3 \ \xrightarrow{H_2O} \ \overset{R}{\underset{Ar}{\diagdown}}\!\!\overset{O}{\underset{OH}{As\diagup}}$$

R = CH₃, Aryl

**Methyl-(3-nitro-phenyl)-arsinsäure**[6]: Eine Lösung aus 17 g 3-Nitro-anilin, 12 g konz. Schwefelsäure in 308 *ml* abs. Äthanol wird mit 30,8 g Dichlor-methyl-arsin versetzt und auf 0° gekühlt. Hierzu tropft man unter Rühren bei 0–5° eine ges. wäßrige Lösung von 8,5 g Natriumnitrit langsam zu. Man gibt unter weiterem Rühren 1,2 g Kupfer(I)-chlorid zu und erhitzt auf 60°. Nach beendeter Umsetzung engt man auf 250 *ml* ein, filtriert ab und behandelt das Filtrat mit Natriumhydrogencarbonat, bis die Lösung gegen kongorot neutral reagiert. Die ausgefallene Säure wird aus Wasser umkristallisiert; Ausbeute: 50% d. Th.; F: 223–223,5°.

Zur Umsetzung im wasserfreien Medium wird das aromatische Amin in mit Chlorwasserstoff gesättigtem Äthanol mit Amyl- oder Isoamylnitrit diazotiert[9–11].

**[2-(4-Methyl-benzyl)-phenyl]-(4-carboxy-phenyl)-arsinsäure**[11]: Zu einer auf − 15° gekühlten Lösung von (2-Amino-phenyl)-(4-methyl-phenyl)-methan[11] in 34 *ml* Äthanol, die gerade mit 7 *ml* Chlorwasserstoff ges. Äthanol versetzt wurde, wird eine Lösung von 2,45 g Isoamylnitrit in 15 *ml* Äthanol innerhalb von 2 Min. gegeben. Diese auf −15° gehaltene Lösung wird unter Rühren zu einer auf 60° gehaltenen Lösung von 5,15 g Dichlor-(4-carboxy-phenyl)-arsin in 50 *ml* Äthanol und 0,4 g Kupferbronze innerhalb 15 Min. getropft. Anschließend wird das Äthanol i. Vak. abdestilliert, der Rückstand (ein dunkelgrünes Öl) mit 25 *ml* 4 n Natronlauge 15 Min. auf 45–70° erhitzt, gekühlt und mit Äther extrahiert. Die wäßrige Phase wird filtriert (über „Supercel") und

[1] H. BART, A. **429**, 102 (1922).
[2] K. TAKAHASHI, J. Pharm. Soc. Japan **72**, 529 (1952); C. A. **46**, 9791 (1952).
[3] H. BAUER, Am. Soc. **67**, 591 (1945).
[4] H. HEANY u. I. T. MILLAR, Soc. **1965**, 5132.
[5] J. F. ONETO u. E. L. WAY, Am. Soc. **62**, 2157 (1940).
[6] E. J. CRAGOE et al., Am. Soc. **69**, 925 (1947).
[7] K. TAKAHASHI, J. Pharm. Soc. Japan **72**, 533 (1952); C. A. **46**, 9791 (1952).
[8] L. FREEDMAN u. G. O. DOAK, Am. Soc. **77**, 6374 (1955).
[9] I. G. M. CAMPBELL u. R. C. POLLER, Soc. **1956**, 1195.
[10] A. B. BRUKER u. N. M. NIKIFOROVA, Ž. obšč. Chim. **28**, 2407 (1958); engl.: 2392; C. A. **53**, 2407 (1959).
[11] K. MISLOW et al., Am. Soc. **85**, 594 (1963).

mit verd. Salzsäure auf ~ $p_H 8$ gebracht. Man filtriert von harzigen Produkten ab und fällt die Arsinsäure durch Ansäuern gegen kongorot. Zur Reinigung wird die Arsinsäure in 2,5%igem Natriumhydrogencarbonat gelöst, mit Salzsäure gefällt und aus verd. Essigsäure umkristallisiert; Rohausbeute: 5,7 g (78% d. Th.); F: 214–218°.

Auf ähnliche Weise erhält man aus Dichlor-(4-carboxy-phenyl)-arsin und 2-Amino-4'-methoxy-biphenyl nach Diazotierung mit Amylnitrit in abs. Äthanol die *(4-Carboxy-phenyl)-[4'-methoxy-biphenylyl-(2)]-arsinsäure* (F: 271–278°; Zers.) in 41%iger Ausbeute[1].

### β) Aus Arsen(III)-oxid, -chlorid oder Arsen(V)-fluorid

Diaryl-arsinsäuren werden bei der Herstellung von Arsonsäuren nach Bart (s. S. 295) oder Scheller (s. S. 303) als Nebenprodukte gebildet. Der Anteil an Arsinsäuren bei der Umsetzung von Arsen(III)-chlorid mit Arendiazonium-tetrafluoroboraten in äthanolischer Lösung ist vom Wassergehalt des Reaktionsmediums abhängig. In abs. Äthanol beträgt die Ausbeute an Diaryl-arsinsäure maximal 2% d. Th., während in 80%igem Äthanol Ausbeuten bis zu 20% d. Th. erzielt werden[2].

*Bis-[4-fluor-phenyl]-arsinsäure* läßt sich am einfachsten durch thermische Zersetzung von Benzoldiazonium-hexafluoroarsenat herstellen[3]:

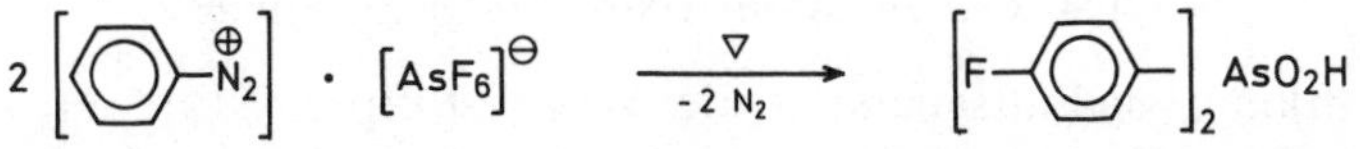

Hierbei soll sich primär Fluorbenzol in einer normalen Schiemann-Reaktion bilden, das von dem dabei gebildeten Arsen(V)-fluorid in der para-Position unter Bildung von *Trifluor-bis-[4-fluor-phenyl]-arsoran* angegriffen wird. Das gebildete Orthoarsinsäure-trifluorid wird anschließend durch Wasser hydrolysiert[3]:

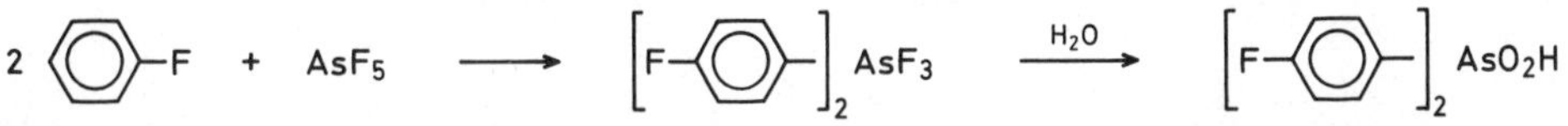

Diese Annahme wird dadurch bestätigt, daß die Bis-[4-fluor-phenyl]-arsinsäure beim Einleiten von Arsen(V)-fluorid in siedendes Fluorbenzol und anschließende Hydrolyse gebildet wird[3].

Die Reaktion versagt, wenn die para-Position im Fluorbenzol blockiert ist. So führt die Zersetzung von 4-Methyl-benzoldiazonium-hexafluoroarsenat zu keinen definierten Produkten, während 3-Methyl-benzoldiazonium-hexafluoroarsenat 24% d. Th. *Bis-[4-fluor-2-methyl-phenyl]-arsinsäure* (F: 195°) liefert[3].

**Bis-[4-fluor-phenyl]-arsinsäure**[3]: 14,8 g Benzoldiazonium-hexafluoroarsenat (durch Diazotierung von Anilin in Gegenwart von Hexafluorarsensäure in 93%iger Ausbeute erhältlich[3]) werden in einem Stickstoffstrom auf 80° erhitzt. Das festgewordene Kondensat wird in verd. Natronlauge gelöst, abfiltriert und mit Salzsäure angesäuert. Man extrahiert mit Chloroform, dampft ein und kristallisiert den Rückstand aus niedrig siedendem Petroläther um. Ausbeute: 6,5 g (86,5% d. Th.); F: 138°.

### γ) Aus tert. Arsinen oder tert. Arsinoxiden

Durch Oxidation von tert. aliphatischen Arsinen an der Luft oder mit überschüssigem Wasserstoffperoxid werden in geringer Ausbeute (1–5% d. Th.) Dialkylarsinsäuren gebildet[4].

[1] I. G. M. CAMPBELL u. R. C. POLLER, Soc. **1956**, 1195.
[2] G. O. DOAK u. L. D. FREEDMAN, Am. Soc. **73**, 5656 (1951).
[3] C. SELLERS u. H. SUSCHITZKY, Soc. [C] **1968**, 2317.
[4] A. MERIJANIAN u. R. ZINGARO, Inorg. Chem. **5**, 187 (1966).

*Diphenyl-arsinsäure* läßt sich aus Triphenylarsinoxid durch Umsetzung mit Natriumhydroxid in der Schmelze in sehr guter Ausbeute herstellen[1].

Analog verhalten sich Trifuryl-(2)-arsin[2] und Bis-[diphenyl-arsino]-methan[3] gegenüber Salpetersäure:

$$(H_5C_6)_2As-CH_2-As(C_6H_5)_2 \xrightarrow{\text{konz. } HNO_3} (H_5C_6)_2AsO_2H$$

## δ) aus sek. Arsinen bzw. deren Derivaten durch Oxidation oder oxidative Hydrolyse

Alle Organo-arsen(III)-Verbindungen, die zwei As–C-Bindungen enthalten, lassen sich im Prinzip zu Arsinsäuren oxidieren. Diese Oxidationsreaktionen führen entweder direkt zu Arsinsäuren oder zu Zwischenstufen wie Orthoarsinsäure-halogenide, die leicht zu Arsinsäuren hydrolysiert werden.

### δ₁) *Aus sekundären Arsinen oder Diarsinen*

Bei der Einwirkung von Luftsauerstoff oder Wasserstoffperoxid auf sek. Arsine[4–6] oder Tetraorgano-diarsine[7,8] werden die entsprechenden Arsinsäuren gebildet:

$$R_2As-AsR_2 \xrightarrow{O_2} R_2AsO_2H$$

$$R_2AsH \xrightarrow{H_2O_2} R_2AsO_2H$$

Die Oxidation kann in ätherischer oder acetonischer Lösung durchgeführt werden. *1,3-Bis-[benzolarsinyl]-propan* (F: 179–180°) entsteht aus dem entsprechenden sekundären Bisarsin durch Oxidation mit Wasserstoffperoxid in Aceton in 34%iger Ausbeute[6]. *1,6-Bis-[benzolarsinyl]-hexan* (F: 167–168°) wird analog hergestellt[6]. *Diphenyl-arsinsäure* läßt sich beim Einleiten von Luftsauerstoff in eine ätherische Lösung von Diphenylarsin[5] oder Natrium-diphenylarsenid[9] in guter Ausbeute erhalten.

**Methyl-phenyl-arsinsäure**[8]: 1,58 g 1,2-Dimethyl-1,2-diphenyl-diarsin werden in 20 *ml* Petroläther und 10 *ml* Wasser gelöst und 11 Stdn. bei ∼ 20° an der Luft geschüttelt. Die zwei Phasen werden abgetrennt und zur Trockene abgedampft. Der Rückstand der wäßrigen Phase stellt unreine Methyl-phenyl-arsinsäure dar, die nach Umfällen aus Wasser/Aceton bei 179° schmilzt. Der ölige Rückstand der Petroläther-Phase, ebenfalls Methyl-phenyl-arsinsäure, kristallisiert langsam durch und schmilzt bei 169–171°; Gesamtausbeute: 1,14 g (60% d. Th.); die reine Säure schmilzt bei 179–179,5°.

[1] L. HORNER et al., B. **91**, 64 (1958).
[2] A. ÈTIENNE, C.r. **221**, 562 (1945); Bl. **1947**, 47.
[3] A. I. TITOV u. B. B. LEVIN, Sbornik Statei obšč. Chim. **1953**, 1478; C. A. **49**, 4505 (1955).
[4] W. M. DEHN u. B. B. WILCOX, Am. **35**, 1 (1906).
[5] E. WIBERG u. K. MÖDRITZER, Z. Naturf. **12 b**, 127, 135 (1957).
[6] A. TZSCHACH u. G. PACHOLKE, B. **97**, 419 (1964).
[7] C. W. PORTER u. P. BORGSTROM, Am. Soc. **41**, 2048 (1919).
[8] J. W. B. REESOR u. G. F. WRIGHT, J. Org. Chem. **22**, 382 (1957).
[9] I. G. M. CAMPBELL et al., Soc. **1964**, 3026.

### $\delta_2$) *Aus Arsinigsäure-anhydriden, -halogeniden oder -estern*

Dialkyl- Alkyl-aryl- und Diaryl-arsinsäuren werden in guter bis sehr guter Ausbeute durch Oxidation bzw. oxidative Hydrolyse von Arsinigsäure-anhydriden[1-11] oder -halogeniden[6,8,11-23] erhalten:

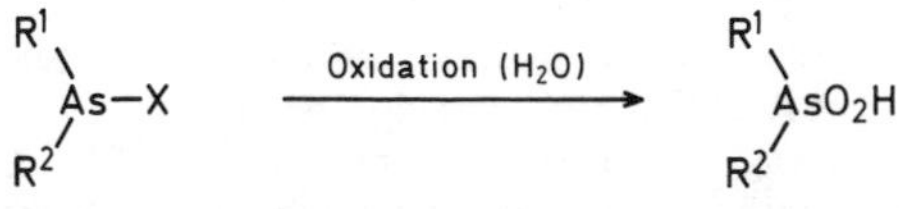

$$R^1{\diagdown}{\atop{As-X}}{\diagup}{R^2} \xrightarrow{\text{Oxidation (H}_2\text{O)}} R^1{\diagdown}{\atop{AsO_2H}}{\diagup}{R^2}$$

$R^1, R^2$: Alkyl, Aryl
X:   Halogen, $-O-As(R^3)_2$

Neben den am meisten verwendeten Oxidationsmitteln Halogen[1,3,4,12,13,17,18,23,24] und Wasserstoffperoxid[8,11,14,16,18-22] können Quecksilberoxid[1], Sauerstoff[5,9], Salpetersäure[6,19] oder Chloramin T[15] eingesetzt werden.

Die Oxidation mit Halogen, meistens Chlor, führt primär zu Orthoarsinsäure-trihalogeniden bzw. Orthoarsinsäure-dichlorid-anhydriden, die jedoch ohne Isolierung zu Arsinsäuren hydrolysiert werden.

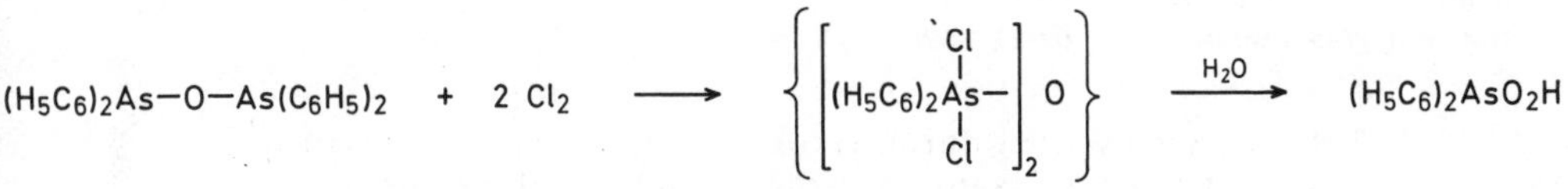

$$(H_5C_6)_2As-O-As(C_6H_5)_2 \;+\; 2\,Cl_2 \longrightarrow \left\{\left[(H_5C_6)_2\underset{Cl}{\overset{Cl}{As}}-\right]_2 O\right\} \xrightarrow{H_2O} (H_5C_6)_2AsO_2H$$

Die Struktur dieses primären Reaktionsproduktes ist jedoch nicht gesichert[4,25,26].

Werden Arsinigsäure-anhydride oder -halogenide mit konz. Salpetersäure oxidiert, so liegt die entstandene Arsinsäure zuerst in Form eines Nitrats vor, das erst nach Neutralisation in die freie Säure überführt wird[6,27]:

[1] R. Bunsen, A. **46**, 1 (1843).
[2] A. Baeyer, A. **107**, 268 (1858).
[3] W. LaCoste u. A. Michaelis, B. **11**, 1886 (1878); A. **201**, 231 (1880).
[4] F. F. Blicke u. F. D. Smith, Am. Soc. **51**, 3479 (1929).
[5] A. Treffler, Chem. Industries **54**, 854 (1944); C. A. **38**, 6500 (1944).
[6] R. C. Cookson u. F. G. Mann, Soc. **1949**, 67.
[7] G. Kamai u. I. M. Strashov, Ž. obšč. Chim. **26**, 2209 (1956); C. A. **51**, 4980 (1957).
[8] A. N. Nesmeyanov et al., Izv. Akad. SSSR **1957**, 929; C. A. **52**, 4533 (1958).
[9] M. Fioretti u. M. Portelli, Ann. Chimica **53**, 1869 (1963).
[10] W. Stamm u. A. Breindel, Ang. Ch. **76**, 99 (1964).
[11] K. Sommer, Z. anorg. Ch. **383**, 136 (1971).
[12] A. Michaelis, A. **321**, 150 (1902).
[13] W. M. Dehn u. B. B. Wilcox, Am. **35**, 43 (1906).
[14] H. Wieland u. W. Rheinheimer, A. **423**, 1 (1921).
[15] H. Burton u. C. S. Gibson, Soc. **125**, 2275 (1924); **1926**, 469.
[16] N. Wigren, A. **437**, 292 (1924); J. pr. **126**, 223 (1930).
[17] W. Lowe u. C. S. Hamilton, Am. Soc. **57**, 2314 (1935).
[18] F. F. Blicke et al., Am. Soc. **59**, 925 (1937).
[19] M. Sartori u. E. Recchi, Ann. Chim. Applic. **29**, 128 (1939).
[20] O. A. Reutov u. Yu. G. Bundel, Ž. obšč. Chim. **25**, 2324 (1955); C. A. **50**, 9318 (1956).
[21] O. A. Zeidel et al., Ž. obšč. Chim. **28**, 2404 (1958); C. A. **53**, 3114 (1959).
[22] G. Wittig u. D. Hellwinkel, B. **97**, 769 (1964).
[23] A. Müller u. P. Werle, B. **104**, 3782 (1971).
[24] G. A. Rasuwajew u. W. S. Malinowski, B. **64**, 120 (1931).
[25] W. LaCoste u. A. Michaelis, A. **201**, 230 (1880).
[26] G. J. Burrows u. A. Lench, J. Pr. Soc. N. S. Wales **1937**, 300.
[27] E. R. H. Jones u. F. G. Mann, Soc. **1955**, 401.

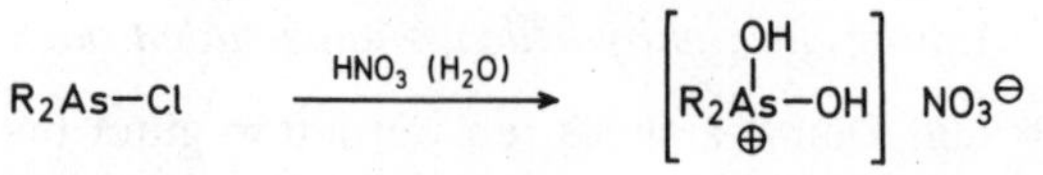

$$R_2As-Cl \xrightarrow{\text{HNO}_3 \ (\text{H}_2\text{O})} \left[ R_2\overset{OH}{\underset{\oplus}{\overset{|}{As}}}-OH \right] NO_3^{\ominus}$$

Arsinigsäure-halogenide, die im organischen Rest eine Cyan-Gruppe enthalten, werden mit Salpetersäure unter Erhalt der Cyan-Gruppe oxidiert[1].

**Bis[2-cyan-äthyl]-arsinsäure**[1]: Chlor-bis-[2-cyan-äthyl]-arsin wird unter Rühren zu eisgekühlter konz. Salpetersäure getropft. Eine exotherme Reaktion tritt sofort ein. Der ausgefallene Niederschlag (Nitratsalz der Arsinsäure) wird abgesaugt und aus Essigsäure umkristallisiert; Ausbeute: 80% d. Th.; F: 113–116°.

Eine wäßrige Lösung des Salzes wird mit Natronlauge neutralisiert, zur Trockene abgedampft, mit Äthanol gekocht und heiß filtriert. Beim Kühlen fällt die Arsinsäure rein aus; F: 142°.

**Unsymmetrische Dialkyl-arsinsäuren; allgemeine Arbeitsvorschrift**[2]: Zu einer Lösung von 0,1 Mol Arsinigsäure-jodid (Jod-dialkyl-arsin) in 30 *ml* Wasser wird unter Rühren und Eiskühlung die ber. Menge 15%iges Wasserstoffperoxid langsam getropft. Die Reaktion setzt sofort unter starker Erwärmung ein. Anschließend trennt man das häufig in Form einer halbflüssigen Masse ausgeschiedene Jod ab, schüttelt die wäßrige Lösung 2mal mit Äther aus und engt auf dem Wasserbad soweit wie möglich ein. Der Rückstand wird aus Aceton umkristallisiert; Rohausbeute: 85–90% d. Th.

So erhält man u. a.

| | |
|---|---|
| *Methyl-äthyl-arsinsäure* | F: 122–123° |
| *Methyl-propyl-arsinsäure* | F: 118–119° |
| *Äthyl-propyl-arsinsäure* | F: 119–120° |

Tab. 31: Arsinsäuren durch Oxidation bzw. oxidative Hydrolyse
von Arsinigsäure-anhydriden oder -halogeniden

| Ausgangs-verbindung | Oxidationsmittel | Arsinsäure | Ausbeute [% d. Th.] | F [°C] | Lite-ratur |
|---|---|---|---|---|---|
| $[(H_3C)_2As]_2O$ | HgO oder $O_2$ | *Dimethyl-arsinsäure* | – | 200 | 3, 4 |
| 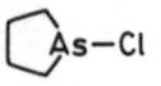 As–Cl | $H_2O_2$ | *1-Hydroxy-1-oxo-arsolan* | – | 122 | 5 |
| $\left[\substack{H_5C_6\\ \diagdown\\ As\\ \diagup\\ H_3C}\right]_2 O$ | 5n $\dot{H}NO_3$ | *Methyl-phenyl-arsin-säure* | – | – | 6 |
| 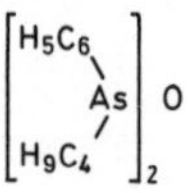 $\left[\substack{H_5C_6\\ \diagdown\\ As\\ \diagup\\ H_9C_4}\right]_2 O$ | 5n $HNO_3$ | *Butyl-phenyl-arsinsäure* | – | – | 6 |
| 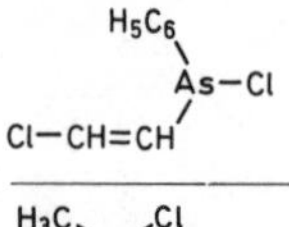 $\substack{H_5C_6\\ \diagdown\\ As-Cl\\ \diagup\\ Cl-CH=CH}$ | $H_2O_2$ | *(2-Chlor-vinyl)-phenyl-arsinsäure* | – | 135 | 7 |
| 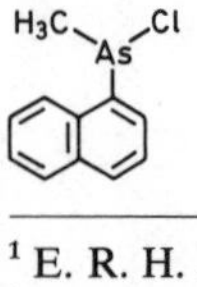 $H_3C\diagdown\underset{As}{}\diagup Cl$ (naphthyl) | $H_2O_2$ | *Methyl-naphthyl-(1)-arsinsäure* | – | 188,6 | 8 |

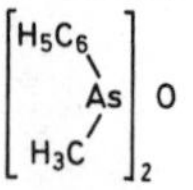

[1] E. R. H. Jones u. F. G. Mann, Soc. **1955**, 401.
[2] N. Wigren, J. pr. **126**, 223 (1930).
[3] R. Bunsen, A. **46**, 1 (1843).
[4] A. Treffler, Chem. Industries **54**, 854 (1944).
[5] K. Sommer, Z. anorg. Ch. **383**, 136 (1971).
[6] G. Kamai u. I. M. Strashov, Ž. obšč. Chim. **26**, 2209 (1956); C. A. **51**, 4980 (1957).
[7] H. N. DasGupta, J. indian. Chem. Soc. **14**, 349 (1937); C. A. **31**, 8532 (1937).
[8] A. Spada, Atti. Soc. Nat. Mat. Modena **72**, 34 (1941); C. A. **38**, 2331 (1944).

Tab. 31 (1. Fortsetzung)

| Ausgangs-verbindung | Oxidationsmittel | Arsinsäure | Ausbeute [% d. Th.] | F [°C] | Lite-ratur |
|---|---|---|---|---|---|
| 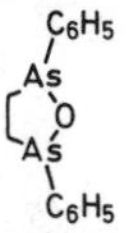 | H₂O₂ oder HNO₃ | 1,2-Bis-[benzol-arsonyl]-äthan | – | 200 | 1 |
| 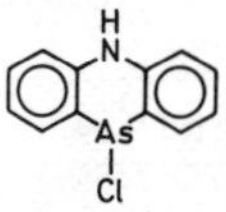 | Chloramin T | 10-Hydroxy-10-oxo-5,10-dihydro-phen-azarsin | 92 | – | 2 |
| 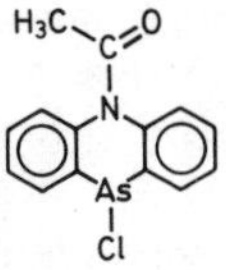 | Chloramin T | 10-Hydroxy-10-oxo-5-acetyl-5,10-dihydro-phenazarsin | 100 | 244–245 (Zers.) | 2 |
| (H₅C₆)₂As—Cl | Chloramin T H₂O₂ | Diphenyl-arsinsäure | 75 – | 169–170 – | 2 3, 4 |
| 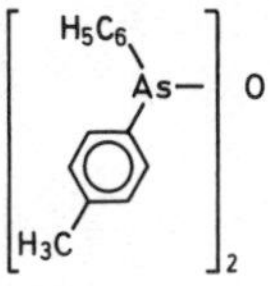 bzw. Chlorid | Cl₂ oder H₂O₂ | Phenyl-(4-methyl-phenyl)-arsinsäure | – | 148–150 (162) | 5, 6 |
| 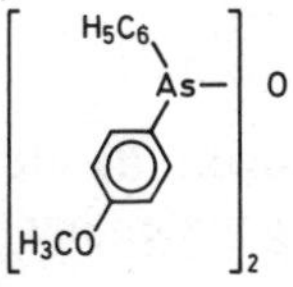 | Cl₂ | Phenyl-(4-methoxy-phenyl)-arsinsäure | – | 167–169 | 5 |
| 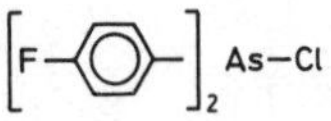 | H₂O₂ | Bis-[4-fluor-phenyl]-arsinsäure | – | 136–138 | 7 |
| 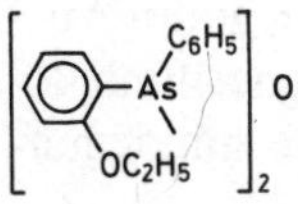 | H₂O₂ | Phenyl-(2-äthoxy-phenyl)-arsinsäure | – | 182 | 6 |
| 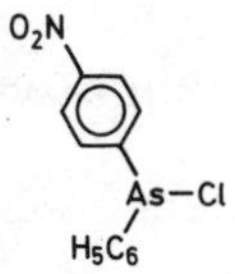 | H₂O₂ | Phenyl-(4-nitro-phenyl)-arsinsäure | – | 173 | 6 |

¹ E. R. H. Jones u. F. G. Mann, Soc. 1955, 401.
² H. Burton u. C. S. Gibson, Soc. 125, 2275 (1924).
³ A. Michaelis, A. 321, 150 (1902).
⁴ I. L. Knunyants u. V. Ya. Pilskaya, Izv. Akad. SSSR 1955, 472; C. A. 50, 6298 (1956).
⁵ F. F. Blicke u. F. D. Smith, Am. Soc. 51, 3479 (1929).
⁶ A. N. Nesmeyanov et al., Izv. Akad. SSSR 1957, 929; C. A. 52, 4533 (1958).
⁷ O. A. Zeide et al., Ž. obšč. Chim. 28, 2404 (1958); C. A. 53, 3114 (1959).

Tab. 31 (2. Fortsetzung)

| Ausgangs-verbindung | Oxidationsmittel | Arsinsäure | Ausbeute [% d.Th.] | F [°C] | Lite-ratur |
|---|---|---|---|---|---|
| 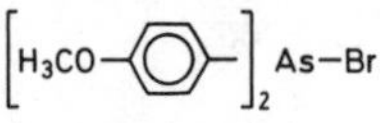 $H_3CO-\bigcirc-\big]_2 As-Br$ | $H_2O_2$ oder $KMnO_4$ | Bis-[4-methoxy-phenyl]-arsinsäure | – | 190–191 | 1 |
| 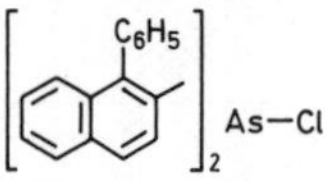 (naphthyl $C_6H_5$) As—Cl | $H_2O_2$ | Bis-[1-phenyl-naphthyl-(2)]-arsinsäure | 88 | 276–278 | 2 |
| 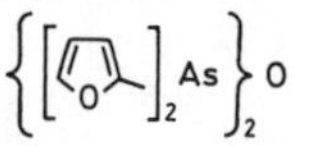 $\{[\text{furyl}]_2 As\}_2 O$ | $H_2O_2$ | Difuryl-(2)-arsinsäure | 53 | 141 | 3 |
| 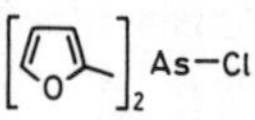 $[\text{furyl}]_2 As-Cl$ | $Cl_2$ | | 33 | – | 4 |

Analog den Arsinigsäure-halogeniden oder -anhydriden werden die entsprechenden Ester oder Thioester zu Arsinsäuren oxidativ hydrolysiert[5,6]:

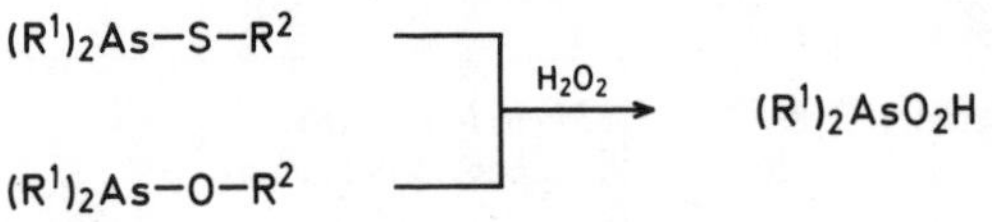

$$(R^1)_2As-S-R^2 \quad \Big] \xrightarrow{H_2O_2} (R^1)_2AsO_2H$$
$$(R^1)_2As-O-R^2 \quad \Big]$$

Als Oxidationsmittel ist Wasserstoffperoxid am besten geeignet[5,6].

**Diphenyl-arsinsäure**[6]: Zu einer Lösung von 12 g (2-Hydroxy-äthylthio)-diphenyl-arsin in 30 ml Aceton werden unter Rühren 7 ml 30%iges Wasserstoffperoxid gegeben. Anschließend wird 30 Min. auf 40° erwärmt. Reaktionslösung eingedampft und der Rückstand aus Wasser umkristallisiert; Ausbeute: 8 g (78% d. Th.); F: 172°.

Die oxidative Hydrolyse der Arsinigsäure-ester ist präparativ wenig sinnvoll, da die Ester meistens aus den entsprechenden Arsinigsäure-anhydriden oder -halogeniden hergestellt werden (s. S. 261).

### $\delta_3$) Aus Dichlor-dialkylamino-arsinen (über Arsinigsäure-amide)

Symmetrische Dialkyl-arsinsäuren können auf einfache Weise und in guten Ausbeuten durch Umsetzung von Dichlor-dialkylamino-arsinen mit Alkyl-magnesiumhalogeniden und anschließender oxidativer Hydrolyse der gebildeten Arsinigsäure-amide hergestellt werden[7] (s. a. S. 307):

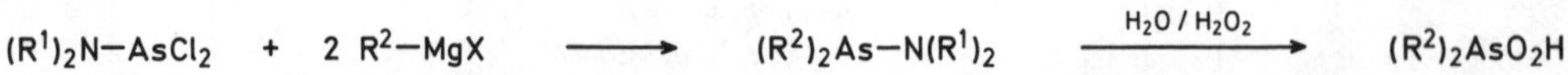

$$(R^1)_2N-AsCl_2 + 2\ R^2-MgX \longrightarrow (R^2)_2As-N(R^1)_2 \xrightarrow{H_2O/H_2O_2} (R^2)_2AsO_2H$$

Auf diese Weise werden Dialkyl-arsinsäuren mit langen und verzweigten Ketten, sowie Dialkinyl-arsinsäuren hergestellt.

[1] F. F. Blicke et al., Am. Soc. 59, 925 (1937).
[2] G. Wittig u. D. Hellwinkel, B. 97, 769 (1964).
[3] A. Etienne, C. r. 221, 628 (1945); Bl. 1947, 47.
[4] W. G. Lowe u. C. S. Hamilton, Am. Soc. 57, 2314 (1935).
[5] M. P. Osipowa et al., Ž. obšč. Chim. 37, 1660 (1967); engl.: 1578.
[6] N. A. Chadaeva et al., Ž. obšč. Chim. 43, 824 (1973); engl.: 825.
[7] K. J. Irgolic et al., J. Organometal. Chem. 6, 17 (1966); J. Inorg. Nucl. Chem. 33, 3177 (1971).

**Dioctyl-arsinsäure**[1,2]: In einem 1-*l*-Dreihalskolben mit Rührer, Tropftrichter und Rückflußkühler werden unter Stickstoff 120 *ml* (0,15 Mol; 10% Überschuß) einer ätherischen Octyl-magnesiumbromid-Lösung[1,2] zu 250 *ml* über Natrium destillierten Äther zugegeben. Man kühlt mit Eis/Wasser und tropft unter Rühren 10 *ml* (0,0675 Mol) Dichlor-diäthylamino-arsin[1] langsam zu. Nach beendeter Zugabe entfernt man das Kältebad, läßt auf Raumtemp. erwärmen und erhitzt 2 Stdn. unter Rückfluß. Man kühlt wieder auf 0° ab, hydrolysiert mit 10 *ml* konz. Salzsäure in 200 *ml* Wasser und erhitzt 1 Stde. unter Rückfluß. Nach Abtrennung der wäßrigen Phase wird die ätherische Lösung im Eisbad mit 40 *ml* 30%igem Wasserstoffperoxid tropfenweise unter Rühren versetzt und anschließend einige Stdn. am Rückfluß erhitzt. Nach dem Abkühlen wird die Arsinsäure über eine Fritte abgesaugt, mit Aceton gewaschen, 2mal aus wäßrigem Äthanol umkristallisiert und bei 60° getrocknet; Ausbeute: 18,2 g (80% d. Th.); F: 129°.

Analog werden die $C_5$-$C_{14}$-Dialkyl-arsinsäuren (50–70% d. Th.) hergestellt.

**Dieicosyl-arsinsäure**[1]: In einem 500 *ml* Dreihalskolben mit Rührer, Tropftrichter und Rückflußkühler werden unter Stickstoff 1,35 g (0,055 g-Atom) Magnesiumspäne vorgelegt und auf einmal mit einer Lösung von 20 g 1-Brom-eicosan in 100 *ml* über Natrium frisch destilliertem Äther versetzt. Man gibt einige Kristalle Jod zu und erhitzt solange unter Rückfluß, bis das meiste Magnesium verbraucht ist (~ 1 Tag). Die Grignard-Lösung wird in einen Tropftrichter übergedrückt und deren Volumen und Gehalt bestimmt[1]. 110 *ml* (0,042 Mol) dieser Lösung werden in dem Reaktionskolben vorgelegt und unter Rühren mit 2,8 *ml* (0,019 Mol) Dichlor-diäthylamino-arsin umgesetzt und analog der Herstellung von Dioctyl-arsinsäure (s. oben) aufgearbeitet. Nach der Oxidation mit Wasserstoffperoxid wird mit 200 *ml* Butanol versetzt, 12 Stdn. unter Rückfluß erhitzt, gekühlt, abgesaugt, mit Aceton gewaschen, aus Butanol umkristallisiert und bei 60° getrocknet; Ausbeute: 7,5 g (60% d. Th.); F: 119–120°.

Nach dieser Arbeitsweise werden $C_{15}$-$C_{20}$-Dialkyl-arsinsäuren (60–72% d. Th.) erhalten[1].

Dialkyl-arsinsäuren mit verzweigten Alkyl-Ketten wie *Dioctyl-(2)-* und *Bis-[2-äthyl-hexyl]-arsinsäure* und zusätzlich *Dioctin-(1)-yl-arsinsäure* stellen viskose Flüssigkeiten dar, die aus der Oxidationslösung mit Natronlauge extrahiert und mit Salzsäure wiederum als viskose Öle ausgefällt werden[2].

### ε) Aus Arsonsäuren

Aromatische Arsonsäuren, die in 2-Stellung geeignete Substituenten tragen, cyclisieren unter der Einwirkung von Protonensäuren zu cyclischen Arsinsäuren[3–13]:

X = CH$_2$, O, NH bzw. kein Atom

Die Reaktion stellt eine intramolekulare elektrophile Substitution durch die Arson-Gruppe dar. Die Elektrophilie der Arson-Gruppe ist jedoch nicht ausreichend, um Phenyl-Reste, die durch Nitro-Gruppen desaktiviert sind, anzugreifen[5,12]. So versagt die Re-

[1] K. IRGOLIC et al., J. Organometal. Chem. **6**, 17 (1966).
[2] K. IRGOLIC et al., J. Inorg. Nucl. Chem. **33**, 3177 (1971).
[3] J. A. AESCHLIMANN et al., Soc. **127**, 66 (1925).
[4] E. ROBERTS u. E. E. TURNER, Soc. **127**, 2004 (1925).
[5] C. S. GIBSON u. J. D. A. JOHNSON, Soc. **1927**, 2499; **1929**, 767.
[6] W. GUMP u. H. STOLTZENBERG, Am. Soc. **53**, 1428 (1931).
[7] M. S. LESSLIE u. E. E. TURNER, Soc. **1934**, 1170.
[8] G. W. BOWERS u. C. S. HAMILTON, Am. Soc. **58**, 1537 (1936).
[9] M. LESSLIE, Soc. **1938**, 1001.
[10] C. L. HEWETT et al., Soc. **1948**, 292.
[11] R. E. DAVIES et al., Soc. **1948**, 295.
[12] B. N. FEITELSON u. V. PETROW, Soc. **1951**, 2279.
[13] R. J. GARASCIA u. I. V. MATTEI, Am. Soc. **75**, 4589 (1953).

aktion bei 4′-Nitro-biphenyl-2-arsonsäure, die beim Erhitzen mit Phosphoroxichlorid auf ungeklärte Weise *Bis-[4′-nitro-biphenylyl-(2)]-arsinsäure* liefert[1]:

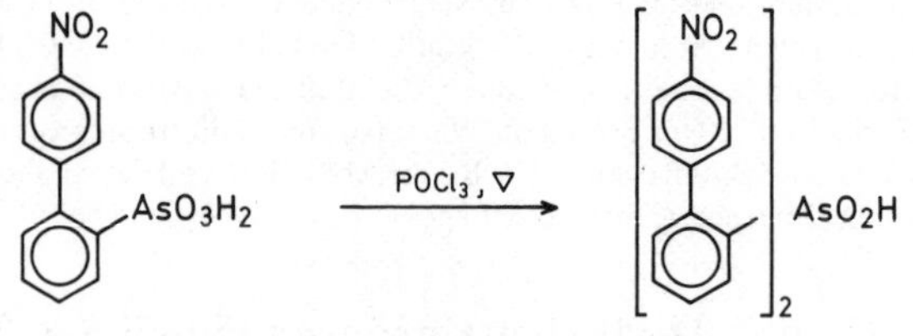

**Bis-[4′-nitro-biphenylyl-(2)]-arsinsäure**[1]: 5 g 4′-Nitro-biphenyl-2-arsonsäure werden mit 10 g Phosphoroxichlorid 1,5 Stdn. unter Rückfluß erhitzt. Überschüssiges Phosphoroxichlorid wird i. Vak. abdestilliert. Man extrahiert den Rückstand mit 2 n Natronlauge, fällt mit verd. Salzsäure und saugt den ausgefallenen Niederschlag ab, der mit 200 *ml* heißem Äthanol extrahiert wird. Der Rückstand des Äthanol-Auszuges stellt die reine Arsinsäure dar; Ausbeute: 1,1 g; F: >260°.

Auf eine Desaktivierung des nicht arsenhaltigen Ringes ist vermutlich das Versagen der Cyclisierung beim Erhitzen von 2-(N-Methyl-anilino)-benzolarsonsäure mit Salzsäure zurückzuführen[2]. Im Gegensatz hierzu findet beim Erhitzen von 2-Anilino-benzolarsonsäure glatt eine Cyclisierung zu *10-Hydroxy-10-oxo-5,10-dihydro-phenazarsin* statt[2]:

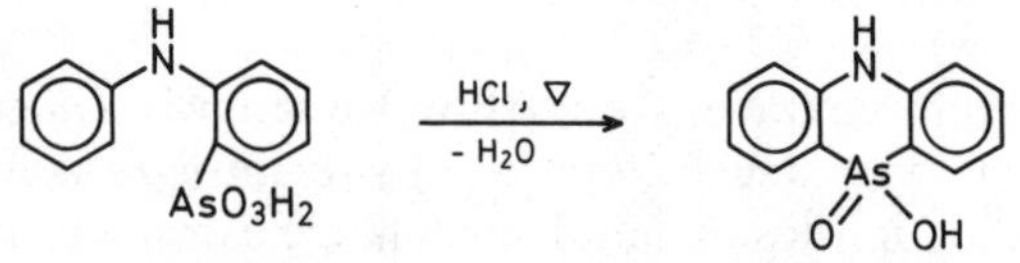

Da die Cyclisierung meistens in schwefelsaurer Lösung durchgeführt wird, stellt die Sulfonierung eine Konkurrenzreaktion dar, die dann dominant wird, wenn der nicht arsenhaltige Ring, z. B. durch Äther-Gruppierungen besonders aktiviert ist[3-5]. Der Versuch, 2-Phenylthio-benzolarsonsäure durch Erhitzen mit Säure zu cyclisieren, gelingt nicht[6]; 2-Phenoxy-arenarsonsäuren lassen sich jedoch ohne weiteres in Eisessig cyclisieren[7].

Bei Arsonsäuren, deren nicht arsenhaltiger Ring in ortho-Position einen Substituenten trägt, findet vermutlich aus sterischen Gründen keine Cyclisierung statt[2, 3]. Von den drei isomeren 2-(Chlor-phenoxy)-benzolarsonsäuren cyclisiert das p-Isomere am leichtesten während des o-Isomere keine Cyclisierungsreaktion eingeht und das m-Isomere die entsprechende cyclische Säure nur in geringer Ausbeute liefert[3]:

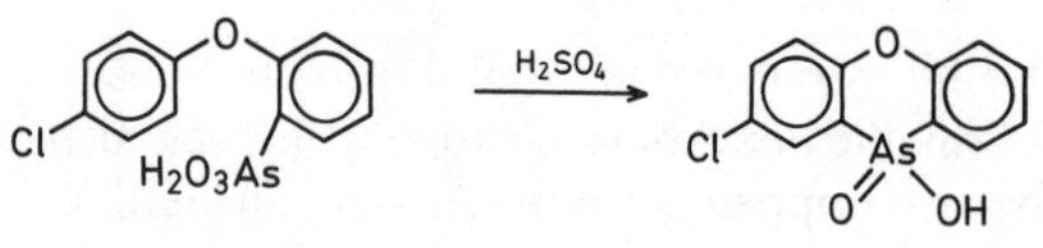

**9-Hydroxy-9-oxo-9-arsa-fluoren**[1,8,9]: 12 g Biphenyl-2-arsonsäure werden in 90 *ml* konz. Schwefelsäure 1 Stde. auf 50–60° erhitzt. Anschließend wird die Reaktionslösung langsam in Eiswasser gegeben. Die ausgefallene Säure wird abgesaugt und aus Eisessig umkristallisiert; Ausbeute: 80% d. Th.[1]; F: 300°[1]; 328–328,5°[9].

---

[1] B. N. Feitelson u. V. Petrow, Soc. **1951**, 2279.
[2] C. S. Gibson u. J. D. A. Johnson, Soc. **1927**, 2499.
[3] E. Roberts u. E. E. Turner, Soc. **127**, 2004 (1925).
[4] M. Lesslie u. E. E. Turner, Soc. **1934**, 1170.
[5] I. G. M. Campbell u. R. C. Poller, Soc. **1956**, 1195.
[6] E. Roberts u. E. E. Turner, Soc. **1926**, 1207.
[7] G. W. Bowers u. C. S. Hamilton, Am. Soc. **58**, 1573 (1936).
[8] J. A. Aeschlimann et al., Soc. **127**, 66 (1925).
[9] R. J. Garascia u. I. V. Mattei, Am. Soc. **75**, 4589 (1953).

Bei der Cyclisierung von 1- und 2-Phenoxy-naphthalin-arsonsäure werden jeweils die isomeren cyclischen Derivate gebildet:

*7-Hydroxy-7-oxo-7H-*
*⟨benzo-[c]-phenoxarsin⟩*

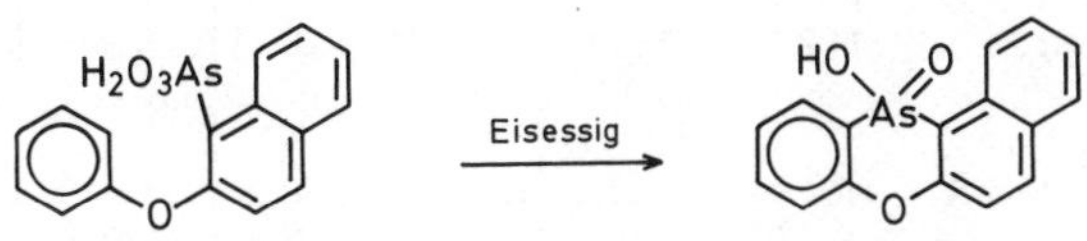

*12-Hydroxy-12-oxo-12H-*
*⟨benzo-[a]-phenoxarsin⟩*

**12-Hydroxy-12-oxo-12H-⟨benzo-[a]-phenoxarsin⟩**[1]: 2-Phenoxy-naphthalin-1-arsonsäure wird in Eisessig unter Rückfluß erhitzt. Es wird dann mit dem gleichen Vol. Wasser verdünnt, wobei ein Teil der gebildeten Arsinsäure ausfällt, die durch weiteren 50%igen Eisessig und Kochen am Rückfluß wieder in Lösung gebracht wird. Nach dem Abkühlen fällt die Arsinsäure in reiner Form aus; Ausbeute: ∼ 100% d. Th.; F.: 270–280° (Zers.).

**5-Hydroxy-5-oxo-5,10-dihydro-⟨dibenzo-[b;e]-arsenin⟩**[2–4]: 10 g 2-Benzyl-benzolarsonsäure werden in ∼ 40 *ml* konz. Schwefelsäure 5 Min. auf 100° erwärmt und auf Eiswasser gegossen. Die ausgefallene Arsinsäure wird abgesaugt und durch Umfällung aus Natriumcarbonat-Lösung/Salzsäure gereinigt; Ausbeute: ∼ 100% d. Th.; F: 235–236°.

Analog werden aus 2-Aryloxy-benzolarsonsäuren die entsprechenden 10-Hydroxy-10-Oxo-5,10-dihydro-phenoxarsine erhalten[5, 6] (s. Tab. 32, S. 342).

ζ) Aus Arsinsäure durch Reaktionen am organischen Substituenten

Diaryl- bzw. Alkyl-aryl-arsinsäuren können am aromatischen Rest modifiziert werden, ohne daß die Arsinsäure-Struktur sich ändert. Auf diese Weise gelangt man zu Arsinsäuren, die ansonsten schwer oder überhaupt nicht zugänglich sind. Bei der Nitrierung von Arsinsäuren, die einen Aryl-Rest tragen, mit Salpetersäure/Schwefelsäure tritt die Nitro-Gruppe in meta-Stellung zum Arsenatom[7–12] ein:

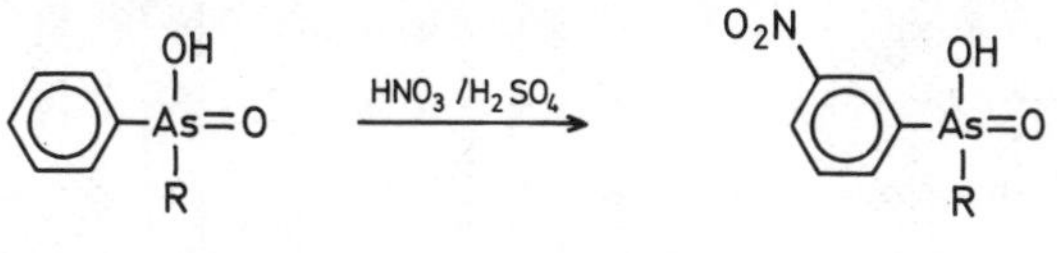

[1] G. W. Bowers u. C. S. Hamilton, Am. Soc. **58**, 1573 (1936).
[2] W. Gump u. H. Stoltzenberg, Am. Soc. **53**, 1428 (1931).
[3] C. L. Hewett et al., Soc. **1948**, 292.
[4] R. E. Davies et al., Soc. **1948**, 295.
[5] M. S. Lesslie u. E. E. Turner, Soc. **1934**, 1170.
[6] M. S. Lesslie, Soc. **1938**, 1001.
[7] A. Bertheim, B. **48**, 358 (1915).
[8] R. G. Fargher, Soc. **1919**, 987.
[9] A. Michaelis, A. **321**, 151 (1902).
[10] H. Wieland u. W. Reinheimer, A. **423**, 36 (1921).
[11] F. F. Blicke et al., Am. Soc. **59**, 534, 925 (1937).
[12] E. J. Cragoe et al., Am. Soc. **69**, 925 (1947).

Tab. 32: Cyclische Arsinsäuren durch Cyclisierung von Arsonsäuren

| Arsonsäure | Reaktionsbedingungen | Arsinsäure | Ausbeute [% d.Th.] | F [°C] | Literatur |
|---|---|---|---|---|---|
| X = H | konz. H$_2$SO$_4$, 50–60° | ...-5-hydroxy-5-oxo-5H-⟨dibenzoarsol⟩ | 80 | 327–328 | 1,2 |
| X = NH$_2$ | konz. H$_2$SO$_4$, 45 Min. 60° | 2-Amino-... | 75 | >330 | 1 |
| X = NO$_2$ | konz. H$_2$SO$_4$, 45 Min. 60° | 2-Nitro-... | 80 | >350 | 1 |
| X = H | konz. H$_2$SO$_4$, 5 Min. 100° | ...-5-hydroxy-5-oxo-5,10-dihydro-⟨dibenzo-[b;e]-arsenin⟩ | 95–100 | 235–236 | 3,4 |
| X = Cl | | 2-Chlor-... | 88 | 210–212 (Zers.) | 5 |
| X = CH$_3$ | | 2-Methyl-... | – | 184 (Zers.) | 5 |
| | konz. HCl, 2 Min. 100° | 5-Hydroxy-5-oxo-5,10-dihydro-phenazarsin-Hydrochlorid | | 203–205 | 6 |
| X = H | konz. H$_2$SO$_4$, 5 Min. 100° | ...-10-hydroxy-10-oxo-2-methyl-10H-phenoxarsin | 70 | 245–246 | 7 |
| X = Cl | | 8-Chlor-... | – | 289–291 | 8 |

[1] B. N. Feitelson u. V. Petrow, Soc. **1951**, 2279.
[2] R. J. Garascia u. I. V. Mattei, Am. Soc. **75**, 4589 (1953).
[3] W. Gump u. H. Stoltzenberg, Am. Soc. **53**, 1428 (1931).
[4] C. L. Hewett et al., Soc. **1948**, 292.

[5] R. E. Davies et al., Soc. **1948**, 295.
[6] C. S. Gibson u. J. D. A. Johnson, Soc. **1927**, 2499.
[7] M. Lesslie u. E. E. Turner, Soc. **1934**, 1170.
[8] M. Lesslie, Soc. **1938**, 1001.

Die Nitro-Gruppe im Aryl-Rest kann mit Eisen(II)-Salzen[1-5] oder katalytisch am Pd-C-Kontakt[1,4] zur Amino-Gruppe reduziert werden:

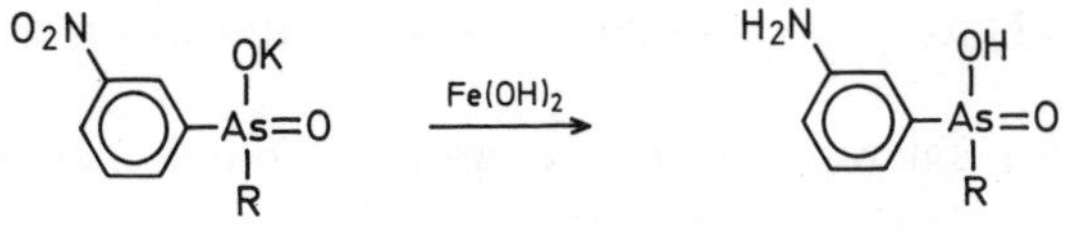

$$O_2N-\underset{R}{\overset{OK}{\underset{|}{\underset{As}{\parallel}}}}=O \quad \xrightarrow{Fe(OH)_2} \quad H_2N-\underset{R}{\overset{OH}{\underset{|}{\underset{As}{\parallel}}}}=O$$

Die Amino-Gruppe kann wiederum diazotiert[5-7] und anschließend verkocht[6] oder der Azokupplung unterworfen werden[5,7]:

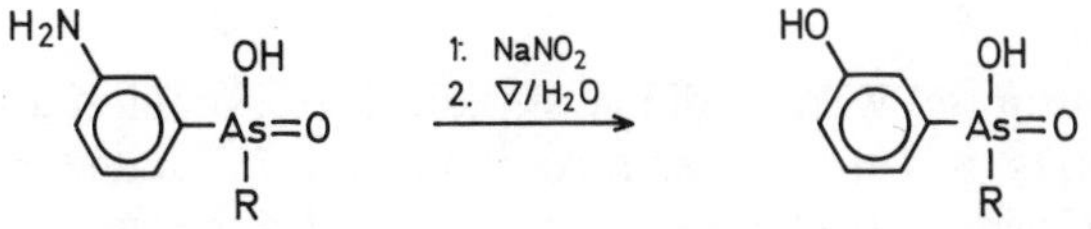

$$H_2N-\underset{R}{\overset{OH}{\underset{|}{\underset{As}{\parallel}}}}=O \quad \xrightarrow[2. \; \nabla/H_2O]{1. \; NaNO_2} \quad HO-\underset{R}{\overset{OH}{\underset{|}{\underset{As}{\parallel}}}}=O$$

Methyl-Gruppen im aromatischen Rest von Arsinsäuren lassen sich mit Kaliumpermanganat, ohne Änderung der Bindungsverhältnisse am Arsen, zu Carboxy-Gruppen oxidieren[4].

## B. Umwandlung

Arsinsäuren sind amphotere Verbindungen, die sowohl saure als auch basische Eigenschaften aufweisen können. Auf Grund dieser basischen Eigenschaften werden die Arsinsäuren als Hydroxy-diorgano-arsinoxide bezeichnet (s. S. 20). Durch Mineralsäuren erfolgt Protonierung zu salzartigen Produkten[8,9]:

$$R_2AsO_2H \; + \; HX \quad \longrightarrow \quad [R_2As(OH)_2]^{\oplus} \; X^{\ominus}$$

Beim längeren Erhitzen der Arsinsäuren mit Chlor- oder Bromwasserstoffsäuren kann eine Spaltung der As–C-Bindung erfolgen, wobei die Arsen-Aryl-Bindung relativ leicht gespalten wird[10-12].

Trotz der geringen Acidität der Arsinsäuren (zur Dissoziationskonstanten der Arsinsäuren[8,9]) bilden sie mit Metallionen Salze, die zum Teil analytische Bedeutung besitzen[8,9]. Einige Alkalimetallsalze der Arsinsäuren sind **hochgiftig** und müssen mit Sorgfalt gehandhabt werden[8,9]. Im Gegensatz zu den Arsonsäuren sind die Erdalkalimetallsalze der Arsin-säuren wasserlöslich (s. S. 313).

Diphenyl-arsinsäure reagiert mit Eisen-, Chrom- oder Wolfram-carbonylen unter Einwirkung von UV-Licht in Tetrahydrofuran zu polymeren Komplexen[13].

[1] F. F. BLICKE et al., Am. Soc. **59**, 534, 925 (1937).

[2] H. BAUER, Am. Soc. **67**, 591 (1945).

[3] L. J. GOLDSWORTHY et al., Soc. **1948**, 2208.

[4] T. TAKAHASHI, J. Pharm. Soc. Japan **72**, 1144 (1952); C. A. **47**, 6886 (1953).

[5] K. TSUJI et al., J. Pharm. Soc. Japan **74**, 1180 (1954); C. A. **49**, 14664 (1955).

[6] F. F. BLICKE u. G. L. WEBSTER, Am. Soc. **59**, 534 (1937).

[7] N. MUIC u. D. FLÉS, Ark. Kemi **20**, 92 (1948); **22**, 182 (1950); C. A. **44**, 6413 (1950); **46**, 4527 (1952).

[8] G. O. DOAK u. L. D. FREEDMAN, *Organometallic Compounds of Arsenic, Antimony, and Bismuth*, Wiley-Interscience, New York 1970.

[9] M. DUB, *Organometallic Compounds*, Vol. III, 2. Aufl. Springer Verlag, New York 1968; I. Supplement, 1972.

[10] C. P. A. KAPPELMEIER, R. **49**, 57 (1930).

[11] J. PRAT, C. r. **195**, 489 (1932).

[12] A. SPADA, Atti Soc. Nat. Mat. Modena **72**, 34 (1941); C. A. **38**, 2331 (1944).

[13] V. V. KORSHAK et al., Doklady Akad. SSSR **177**, 1348 (1967); C. A. **68**, 59921 (1968).

Als Säuren können die Arsinsäuren mit Alkoholen ve re s t e r t werden (s. unten). Durch Thiole werden sie dagegen zu Arsinigsäure-thioestern re du z i e r t[1,2]:

$$(R^2)_2AsO_2H \ + \ R^1-SH \ \longrightarrow \ (R^2)_2As-S-R^1$$

Dialkyl-arsinsäuren reagieren mit Phenacetylen in Toluol oder Benzol unter Bildung von Dialkyl-(2-phenyl-äthinyl)-arsinen[3]:

$$R_2AsO_2H \ + \ HC{\equiv}C-C_6H_5 \ \xrightarrow[-H_2O]{} \ R_2As-C{\equiv}C-C_6H_5$$

$$R \ = \ C_2H_5-C_6H_{13}$$

Je nach Reduktionsmittel werden die Arsinsäuren zu Arsinigsäuren bzw. -anhydriden (s. S. 228), Diarsinen (s. S. 146) oder sek. Arsinen (s. S. 37) reduziert. Bei der Reduktion zu Arsinigsäuren in Gegenwart von Halogenwasserstoffsäuren werden Arsinigsäure-halogenide gebildet (s. S. 246).

Arylarsinsäuren, die geeignete Substiuenten tragen, cyclisieren beim Erhitzen mit Mineralsäuren zu cyclischen tert. Arsinoxiden (s. S. 378).

Arsinsäuren reagieren mit Thionylchlorid in unpolaren Lösungsmitteln bei Raumtemperatur unter Bildung von 1:1 Addukten, die beim Erhitzen zu Arsinsäurechloriden zerfallen[4]:

$$(H_5C_6)_2AsO_2H \ + \ SOCl_2 \ \longrightarrow \ (H_5C_6)_2AsO_2H \cdot SOCl_2 \ \xrightarrow{80-110°} \ (H_5C_6)_2\overset{\overset{\displaystyle O}{\|}}{As}-Cl$$

Phenyl-(4-methyl-phenyl)-arsinsäure wird durch Erhitzen mit Phosphor(V)-chlorid in das entsprechende Arsinsäure-chlorid umgewandelt[5]).

Aus den Alkalimetallsalzen der Arsinsäuren werden durch Umsetzung mit Thiophosphorsäure-O-ester-halogeniden gemischte Anhydride gebildet[6,7].

$$(H_3C)_2\overset{\overset{\displaystyle O}{\|}}{As}-ONa \ + \ Cl-\overset{\overset{\displaystyle O}{\|}}{\underset{\underset{\displaystyle S}{\|}}{P}}(OR)_2 \ \xrightarrow{-NaCl} \ (H_3C)_2\overset{\overset{\displaystyle O}{\|}}{As}-O-\overset{\overset{\displaystyle O}{\|}}{\underset{\underset{\displaystyle S}{\|}}{P}}(OR)_2$$

## 2. Arsinsäure-ester und Organoelementarsinate

α) Arsinsäure-alkylester (Alkoxy-diorgano-arsinoxide)

Die wenig bekannten und äußerst hydrolyseempfindlichen Arsinsäure-alkylester erhält man entweder durch direkte Veresterung von Arsinsäuren unter azeotroper Entfernung des Reaktionswassers[4,8]:

$$(H_5C_6)_2AsO_2H \ + \ ROH \ \xrightarrow{-H_2O} \ (H_5C_6)_2\overset{\overset{\displaystyle O}{\|}}{As}-OR$$

[1] Jap. P. 1073 (1955), T. UEDA; C. A. **51**, 2859 (1957).
[2] N. A. CHADAEVA et al., Izv. Akad. SSSR **1970** 1640.
[3] K. I. KUZMIN u. Z. U. PANFILOVICH, Ž. obšč. Chim. **38**, 1344 (1968); engl.: 1295.
[4] A. F. KOLOMIETS u. G. S. LEVSKAYA, Ž. obšč. Chim. **36**, 2024 (1966); engl.: 2017.
[5] L. B. IONOV et al., Ž. obšč. Chim. **45**, 1508 (1975); engl.: 1476.
[6] Jap. P. 5562 (1957), M. SATO et al.; C. A. **52**, 11119 (1958).
[7] Jap. P. 6994 (1958), M. NAGASAWA u. F. YAMAMOTO; C. A. **54**, 810 (1960).
[8] G. S. LEVSKAYA u. A. F. KOLOMIETS, Ž. obšč. Chim. **37**, 905 (1967); engl.: 855.
  V. S. GAMAYUROVA et al., Izv. Vyss. Ucheb. Zav., Chim. i. chim. Techn. **18**, 423 (1975); C. A. **83**, 28343^b (1975).

oder durch Oxidation der entsprechenden Arsinigsäure-alkylester mit Selendioxid oder Quecksilberoxid[1]:

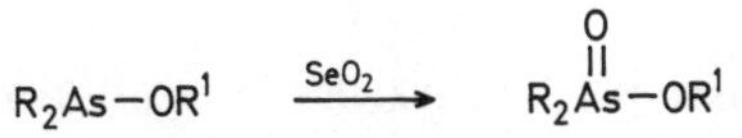

$$R_2As-OR^1 \xrightarrow{\ SeO_2\ } R_2\overset{\displaystyle O}{\overset{\displaystyle \|}{As}}-OR^1$$

Die Oxidation liefert nur geringe Ausbeuten an Arsinsäureester, während durch direkte Veresterung nahezu quantitative Ausbeuten erzielt werden.

**Diphenylarsinsäure-butylester[2]:** In einem Kolben mit Rückflußkühler und Wasserabscheider wird eine Mischung aus 0,05 Mol Diphenylarsinsäure, 0,1 Mol Butanol und 50 ml Benzol solange unter Rückfluß erhitzt bis die theor. Menge Wasser abgeschieden ist (1 Stde.). Nach Entfernung des Benzols und überschüssigen Butanols wird der Rückstand aus trockenem Petroläther umkristallisiert; Ausbeute: 15,9 g (100% d.Th.); F: 67°.

Analog läßt sich *Dimethylarsinsäure-butylester* (Kp$_1$: 132°) in quantitativer Ausbeute herstellen[2]. *Methyl-phenyl-arsinsäure-methylester* (Kp$_{14}$: 89−91°) kann aus dem Silbersalz der Methyl-phenyl-arsinsäure durch Umsetzung mit Methyljodid erhalten werden[3].

Durch Umsetzung von Methyl-phenyl-arsinigsäure-menthylester mit Schwefel wird *Methyl-phenyl-thioarsinsäure-O-menthylester* gewonnen, der sich durch fraktionierte Kristallisation aus Hexan in die optischen Antipoden auftrennen läßt[4].

### $\beta$) Organoelement-arsinate

#### $\beta_1$) Organoaluminium-, -indium- und -gallium-diorganoarsinate

Durch Einwirkung von Arsinsäuren auf Trialkyl-aluminium, -indium, oder -gallium in aprotischen Lösungsmitteln werden unter Abspaltung von Alkanen die entsprechenden Dialkylelement-diorganoarsinate gebildet[5−7]:

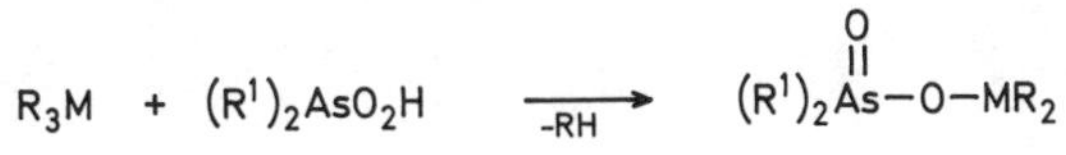

$$R_3M \ + \ (R^1)_2AsO_2H \ \xrightarrow{\ -RH\ } \ (R^1)_2\overset{\displaystyle O}{\overset{\displaystyle \|}{As}}-O-MR_2$$

R = $CH_3$, $C_2H_5$
M = Al, In, Ga
R$^1$ = $CH_3$

Auf Grund von Molekulargewichtsbestimmungen sowie spektroskopischen Untersuchungen besitzen diese Arsinate eine dimere cyclische Struktur[5−7]:

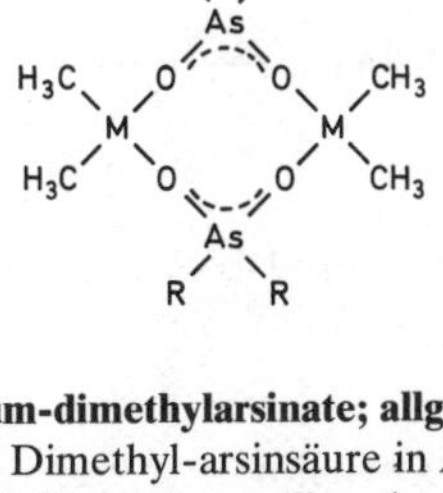

**Dialkylaluminium-, -indium- und -gallium-dimethylarsinate; allgemeine Arbeitsvorschrift[5−7]:** Unter Feuchtigkeitsausschluß wird eine Suspension von Dimethyl-arsinsäure in Äther, Pentan oder Benzol langsam in eine gekühlte Lösung von Trialkyl-aluminium, -indium oder -gallium (etwas mehr als die molare Menge) gegeben.

---

[1] G. KAMAI u. B. D. CHERNOKALSKII, Doklady Akad. SSSR. **128**, 299 (1954); C. A. **54**, 7538(1960); Ž. obšč. Chim. **30**, 1536 (1960); engl.:1548.

[2] G. S. LEVSKAYA u. A. F. KOLOMIETS, Ž. obšč. Chim. **37**, 905 (1967); engl.: 855.

[3] G. KAMAI u. I. M. STRASHOV, Ž. obšč. Chim. **26**, 2209 (1956); C. A. **51**, 4980 (1957).

[4] K. MISLOW et al., Am. Soc. **95**, 953 (1973).

[5] G. E. COATES u. R. N. MUKHERJEE, Soc. **1964**, 1295.

[6] H. SCHMIDBAUR u. G. KAMMEL, J. Organometal. Chem. **14**, P 28 (1968).

[7] H. OLAPINSKI et al., J. Organometal. Chem. **43**, 107 (1972).

Nach Entfernung der leichtflüchtigen Anteile, werden die Arsinate durch Vakuumsublimation gereinigt; Ausbeute: 90% d. Th.[1].

So erhält man u. a.

| | |
|---|---|
| *Dimethylaluminium-dimethylarsinat*[1] | F: 182–186°; Subl.p.$_1$: 160° |
| | F: 160° (Zers.)[3] |
| *Dimethylgallium-dimethylarsinat*[2,3] | F: 144–145°; Subl.p.$_{0,01}$: 110° |
| | F: 142–143°; Subl.p.$_{0,001}$: 90° |
| *Diäthylgallium-dimethylarsinat*[3] | F: 110°; Subl.p.$_{0,001}$: 90° |
| *Dimethylindium-dimethylarsinat*[1,3] | F: 168°; Subl.p.$_1$: 160°; Subl.p.$_{0,001}$: 100° |

Die Verbindungen sind in unpolaren organischen Lösungsmitteln gut löslich[3] und werden durch Feuchtigkeit schnell hydrolysiert[1].

### $\beta_2$) Organozinn-, -blei- und -germanium-diorganoarsinate

Arsinsäuren oder deren Silber-[1] bzw. Natriumsalze[2] reagieren mit Organozinn-, -blei- und -germaniumhalogeniden in guter Ausbeute zu den entsprechenden Arsinaten[4–9]:

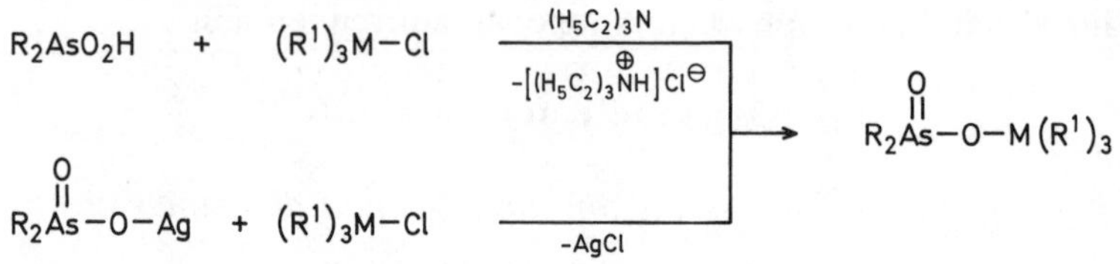

$$R_2AsO_2H \quad + \quad (R^1)_3M-Cl \xrightarrow[-[(H_5C_2)_3NH]Cl^{\ominus}]{(H_5C_2)_3N}$$

$$\underset{\underset{\text{O}}{\overset{\text{O}}{\parallel}}}{R_2As}-O-Ag \quad + \quad (R^1)_3M-Cl \xrightarrow{-AgCl} \quad R_2\overset{\overset{\text{O}}{\parallel}}{As}-O-M(R^1)_3$$

An Stelle der Organozinn-halogenide können auch die entsprechenden Organozinnoxide bzw. -hydroxide eingesetzt werden[3]:

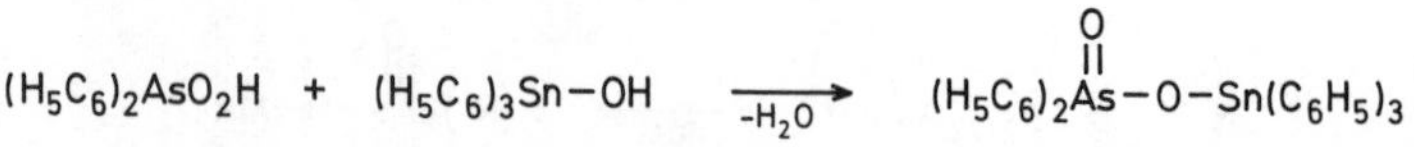

$$(H_5C_6)_2AsO_2H \quad + \quad (H_5C_6)_3Sn-OH \xrightarrow{-H_2O} \quad (H_5C_6)_2\overset{\overset{\text{O}}{\parallel}}{As}-O-Sn(C_6H_5)_3$$

Die Umsetzung der Silber- oder Natriumsalze der Arsinsäuren mit den Organoelementhalogeniden wird in wäßriger[4] bzw. methanolischer[5] Lösung vorgenommen, während die Arsinsäuren in Benzol umgesetzt werden[6–9].

Dimethyl-zinn-dichlorid reagiert mit Silber-dimethylarsinat im Verhältnis 1:2 zu *Dimethylzinn-bis-[dimethylarsinat]*[4]:

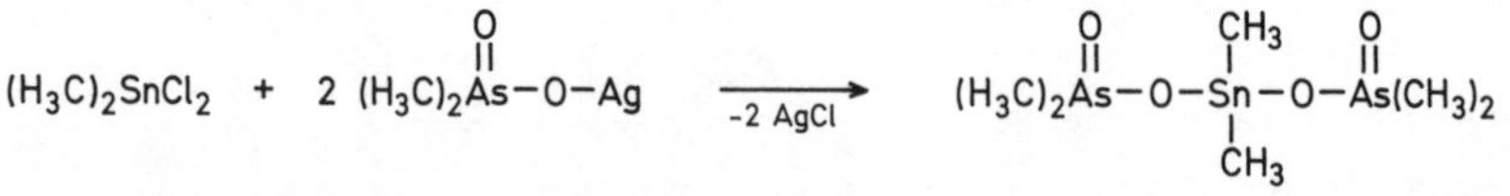

$$(H_3C)_2SnCl_2 \quad + \quad 2 \ (H_3C)_2\overset{\overset{\text{O}}{\parallel}}{As}-O-Ag \xrightarrow{-2 \ AgCl} \quad (H_3C)_2\overset{\overset{\text{O}}{\parallel}}{As}-O-\underset{\underset{\text{CH}_3}{|}}{\overset{\overset{\text{CH}_3}{|}}{Sn}}-O-\overset{\overset{\text{O}}{\parallel}}{As}(CH_3)_2$$

Im Gegensatz hierzu setzt sich Diphenyl-blei-dichlorid mit Natrium-dimethylarsinat zu *(Chlor-diphenylblei)-dimethylarsinat* um[5]:

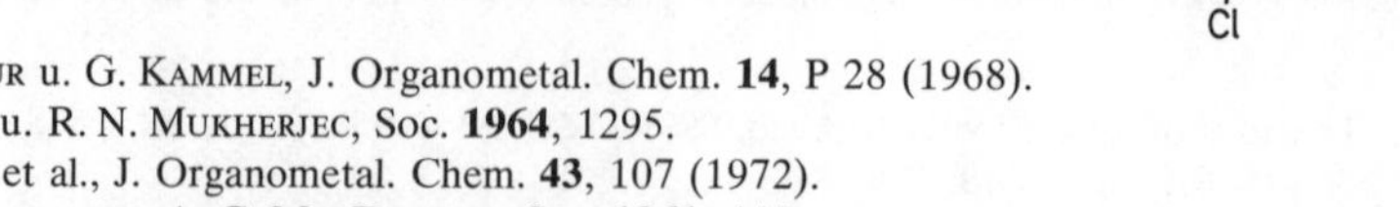

$$(H_5C_6)_2PbCl_2 \quad + \quad 2 \ (H_3C)_2AsO_2Na \xrightarrow{-NaCl} \quad (H_3C)_2\overset{\overset{\text{O}}{\parallel}}{As}-O-\underset{\underset{\text{Cl}}{|}}{Pb}(C_6H_5)_2$$

[1] H. Schmidbaur u. G. Kammel, J. Organometal. Chem. **14**, P 28 (1968).
[2] G. E. Coates u. R. N. Mukherjec, Soc. **1964**, 1295.
[3] H. Olapinski et al., J. Organometal. Chem. **43**, 107 (1972).
[4] B. L. Chamberland u. A. G. MacDiarmid, Soc. **1961**, 445.
[5] M. C. Henry, Inorg. Chem. **1**, 917 (1962).
[6] I. G. M. Campbell et al., Soc. **1964**, 3026.
[7] H. Schumann u. M. Schmidt, Inorg. Nucl. Chem. Letters, **1**, 1 (1965).
[8] H. Schumann et al., B. **99**, 2057 (1966).
[9] H. Schumann, Ang. Ch. **81**, 970 (1969).

**Dimethylzinn-bis-[dimethylarsinat][1]**: 1,10 g (5 mMol) Dimethyl-zinn-dichlorid in 25 *ml* Wasser werden unter Rühren zu einer Lösung von 2,45 g (10 mMol) Silber-dimethylarsinat in 50 *ml* Wasser gegeben. Es scheidet sich sofort Silberchlorid aus. Nach Abfiltrieren der Lösung wird das Filtrat i. Vak. langsam zur Trockene eingedampft und der Rückstand getrocknet; Ausbeute: 1,72 g (82% d.Th.); F: 330° (Zers.)

**(Chlor-diphenylblei)-dimethylarsinat[2]**: Eine Mischung aus 10 mMol Diphenyl-blei-dichlorid und 20 mMol Natrium-dimethyl-arsinat-Trihydrat in 300 *ml* Dimethylformamid wird 8 Stdn. unter Rückfluß erhitzt. Der ausgefallene farblose Niederschlag wird nach dem Abkühlen abgesaugt, einige Male mit Wasser gewaschen und getrocknet; Ausbeute: 4,1 g (76,9% d.Th.).

Die analoge Umsetzung mit Triphenyl-blei-chlorid im Verhältnis 1:1 in Methanol liefert *Triphenylblei-dimethylarsinat* in 73%iger Ausbeute[2].

**Trialkylzinn- bzw. Triphenylzinn-diphenylarsinate; allgemeine Arbeitsvorschrift[1]**: 5 mMol Bis-[trialkyl- bzw. triphenyl-zinn]-oxid oder 10 mMol des entsprechenden Hydroxids werden zu einer Lösung von 10 mMol Diphenylarsinsäure in 150 *ml* Benzol gegeben und 10 Stdn. unter Rückfluß erhitzt. Falls die Organo-zinnhydroxide eingesetzt werden, wird zuerst filtriert, das Filtrat auf 25 *ml* eingeengt und über Nacht in der Kälte stehengelassen. Der ausgefallene Niederschlag wird abgesaugt und aus Äthanol umkristallisiert. Triphenylzinn-diphenyl-arsinat wird durch Waschen mit heißem Benzol und heißem Äthanol gereinigt. So erhält man z. B.:

| | | |
|---|---|---|
| *Trimethylzinn-diphenylarsinat* | 59% d.Th. | F: 207–208° |
| *Triäthylzinn-diphenylarsinat* | 74% d.Th. | F: 166–167° |
| *Triphenylzinn-diphenylarsinat* | 90% d.Th. | F: 323–324° |

In verdünnter benzolischer Lösung liegen die Triorgano-zinnarsinate in dimerer Form vor[3]. Eine Ausnahme bildet Trimethylzinn-diphenylarsinat, das in Benzol tetramer vorliegt[3–4].

Den dimeren Assoziaten wird eine Sechsring-Struktur zugeordnet[3].

Arylzinn-arsinate, -bis- und -tris-arsinate werden am einfachsten aus den entsprechenden Mono-, Di- und Trihalogeniden und Arsinsäure in Gegenwart von Triäthylamin als Chlorwasserstoffacceptor gewonnen[5]:

Auf die gleiche Weise sind Triphenyl-blei- bzw. -germanium-diphenylarsinate zugänglich[4].

**Aryl-zinn-, -blei- und -germanium-diphenylarsinate; allgemeine Arbeitsvorschrift[5, 6]**: Eine Mischung aus Phenylelement-chloriden und die je Chloratom äquivalente Menge Diphenylarsinsäure und Triäthylamin wird in Benzol 10 Stdn. unter Rückfluß erhitzt. Die ausgefallenen Niederschläge werden durch mehrmaliges Waschen mit Wasser (bei den Blei- und Germaniumarsinaten) und Äthanol (bei den Zinn-arsinaten) von Triäthylammoniumchlorid und nicht umgesetzten Ausgangsmaterialien befreit und dann getrocknet, zugänglich sind z. B. auf diese Weise:

[1] B. L. CHAMBERLAND u. A. G. MACDIARMID, Soc. **1961**, 445.

[2] M. C. HENRY, Inorg. Chem. **1**, 917 (1962).

[3] I. G. M. CAMPBELL et al., Soc. **1964**, 3026.

[4] H. SCHUMANN u. A. ROTH, B. **102**, 3725 (1969).

[5] H. SCHUMANN et al., B. **99**, 2057 (1966).

[6] H. SCHUMANN u. M. SCHMIDT, Inorg. Nucl. Chem. Letters, **1**, 1 (1965).

| | | |
|---|---|---|
| *Triphenylzinn-diphenylarsinat*[1] | 98% d.Th. | F: 323–324° |
| *Diphenylzinn-bis-[diphenylarsinat]*[1] | 68% d.Th. | F: 330° |
| *Phenylzinn-tris-[diphenylarsinat]*[1] | 85% d.Th. | F: 178–180 |
| *Triphenylgermanium-diphenylarsinat*[2] | 97% d.Th. | F: 178° |
| *Triphenylblei-diphenylarsinat*[2] | 92% d.Th. | F: 280° (Zers.) |

Trialkyl- bzw. Triarylzinn-, -germanium- und -blei-diorganoarsinate sind auch durch Oxidation der entsprechenden Triorganoelement-diorganoarsinide mit Luftsauerstoff in guten Ausbeuten herzustellen[1, 3–5]:

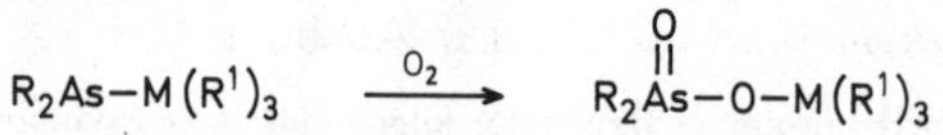

$$R_2As-M(R^1)_3 \xrightarrow{O_2} R_2\overset{\overset{\displaystyle O}{\|}}{A}s-O-M(R^1)_3$$

M = Sn, Ge, Pb

Die Oxidation soll primär über die Triorganoelement-diorgano-arsinoxide verlaufen, die sich in die entsprechenden Arsinigsäure-elementester umlagern, welche dann zu Arsinaten oxidiert werden[1, 4]:

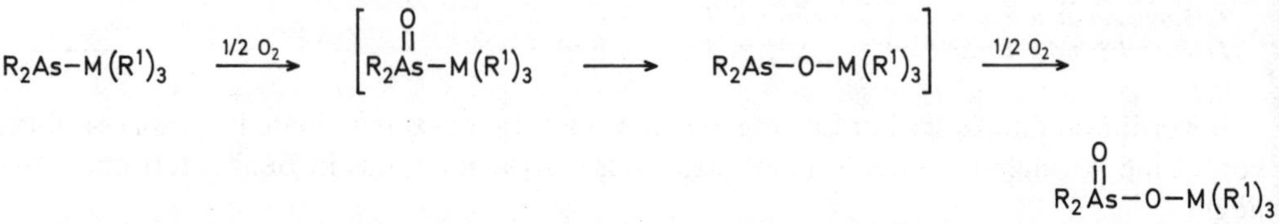

$$R_2As-M(R^1)_3 \xrightarrow{1/2\,O_2} \left[R_2\overset{\overset{\displaystyle O}{\|}}{A}s-M(R^1)_3 \longrightarrow R_2As-O-M(R^1)_3\right] \xrightarrow{1/2\,O_2}$$

$$R_2\overset{\overset{\displaystyle O}{\|}}{A}s-O-M(R^1)_3$$

**Organozinn-arsinate aus Organozinn-arsinen; allgemeine Arbeitsvorschrift**[4]**:** Durch die Lösung von ~ 5 mMol des jeweiligen Organozinn-arsins in 20 *ml* wasserfreiem Benzol läßt man 2–3 Stdn. trockene Luft perlen, wobei im Falle der Triphenylzinn-diorganoarsinide schon nach wenigen Min. die Arsinate nahezu quantitativ ausfallen. Bei der Trimethylzinn-diorganoarsinaten ist die Niederschlagsbildung erst nach Abzug eines großen Teiles des Benzols und Zugabe von Pentan quantitativ. Nach Absaugen der Reaktionsprodukte wird mit Benzol bzw. Pentan nachgewaschen und getrocknet;

| | | |
|---|---|---|
| *Trimethylzinn-dimethylarsinat* | 95% d.Th. | F: 157–158° (Zers.) |
| *Trimethylzinn-diphenylarsinat* | 88% d.Th. | F: 192–195° (Zers.) |
| *Triphenylzinn-dimethylarsinat* | 93% d.Th. | F: 181–183° (Zers.) |
| *Triphenylzinn-diphenylarsinat* | 89% d.Th. | F: 323° |

Im Gegensatz zu den Triphenylzinn-arsinaten sind die entsprechenden Trimethyl-Derivate hydrolyseempfindlich. Erstere lassen sich aus den hydrolyseempfindlichen Organozinnarsinen auch durch Oxidation mit Wasserstoffperoxid in wäßrig alkoholischer Lösung herstellen[4].

Triphenylblei-dimethylarsinat wird beim Erhitzen in Eisessig unter Bildung von Diphenyl-blei-diacetat gespalten[5].

## 4. Dithioarsinsäuren

Von wenigen Ausnahmen abgesehen, sind die freien Dithioarsinsäuren unbekannt; sie werden allgemein als Alkalimetallsalze isoliert.

---

[1] H. SCHUMANN et al., B. **99**, 2057 (1966).
[2] H. SCHUMANN u. M. SCHMIDT, Inorg. Nucl. Chem. Letters, **1**, 1 (1965).
[3] I. G. M. CAMPBELL et al., Soc. **1964**, 3026.
[4] H. SCHUMANN u. A. ROTH, B. **102**, 3725 (1969).
[5] H. SCHUMANN, Ang. Ch. **81**, 970 (1969).
[6] M. C. HENRY, Inorg. Chem. **1**, 917 (1962).

*Alkalimetall-dimethyl-* oder *-diphenyldithioarsinate* werden am einfachsten durch Einleiten von Schwefelwasserstoff in die siedende äthanolische Lösung der entsprechenden Alkalimetallarsinate hergestellt[1-4]:

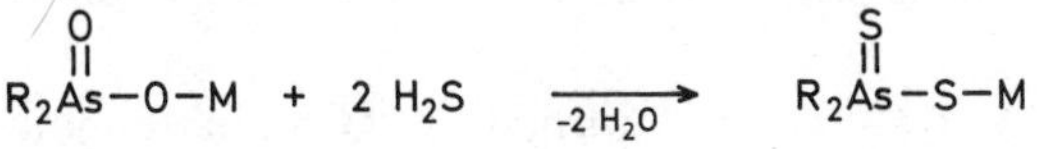

$$R_2\overset{\overset{O}{\|}}{As}-O-M \ + \ 2\ H_2S \ \xrightarrow[-2\ H_2O]{} \ R_2\overset{\overset{S}{\|}}{As}-S-M$$

R = CH₃, C₆H₅
M = Na, K

**Kalium-diphenyldithioarsinat**[3]: 13,1 g (0,05 Mol) Diphenylarsinsäure und 2,8 g reines Kaliumhydroxid werden in 150 *ml* Äthanol unter Rückfluß zum Sieden erhitzt und 2 Stdn. Schwefelwasserstoff in kräftigem Strom eingeleitet. Die anfangs klare Lösung färbt sich dabei dunkelgrün. Nach Abfiltrieren von einem schwarzen Rückstand, wird das Filtrat auf dem Wasserbad eingeengt. Das ausgefallene Arsinat wird abgesaugt, in wenig Methanol gelöst, durch Zusatz von Äther gefällt und einen Tag i. Vak. über Phosphor(V)-oxid getrocknet. Das Salz liegt dann wasserfrei vor; Ausbeute: 80% d. Th.

Analog läßt sich aus Natrium-dimethylarsinat und Schwefelwasserstoff in siedendem Äthanol das *Natrium-dimethyldithioarsinat* (F: 181–182° als Dihydrat[2]) in nahezu quantitativer Ausbeute gewinnen[1-4].

*Kalium-diphenyldithioarsinat* kann auch aus Chlor-diphenylarsin durch Umsetzung mit Schwefel und Kaliumhydrogensulfid in 20%iger Ausbeute hergestellt werden[3].

*Dibenzylthioarsinsäure* (F: 197–199°) soll durch Einleiten von Schwefelwasserstoff in eine alkalische Lösung von Dibenzyl-arsinsäure und anschließender Neutralisation mit verdünnter Salzsäure zugänglich sein[5]:

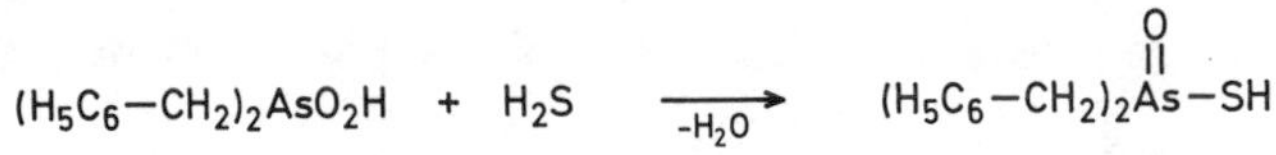

$$(H_5C_6-CH_2)_2AsO_2H \ + \ H_2S \ \xrightarrow[-H_2O]{} \ (H_5C_6-CH_2)_2\overset{\overset{O}{\|}}{As}-SH$$

Im Gegensatz hierzu entsteht beim Einleiten von Schwefelwasserstoff in eine äthanolische Lösung von Dimethylarsinsäure nicht die entsprechende Dithioarsinsäure, sondern *Dimethyldithioarsinsäure-dimethylarsinylester*[1, 6-8]:

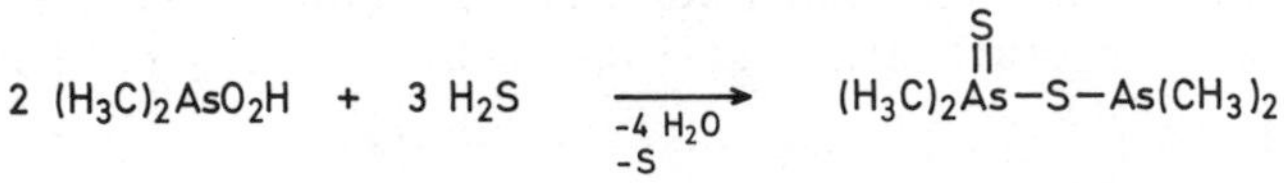

$$2\ (H_3C)_2AsO_2H \ + \ 3\ H_2S \ \xrightarrow[-S]{-4\ H_2O} \ (H_3C)_2\overset{\overset{S}{\|}}{As}-S-As(CH_3)_2$$

Das Dithioarsinat liegt jedoch nur in fester Phase vor, während sich in Lösung folgendes Gleichgewicht einstellt[8]:

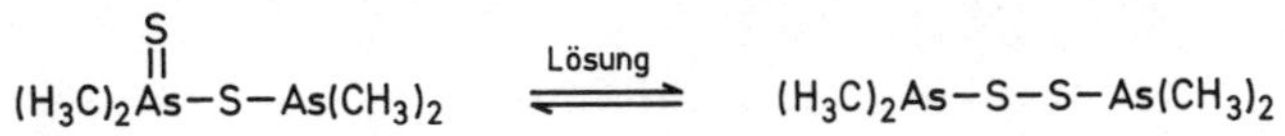

$$(H_3C)_2\overset{\overset{S}{\|}}{As}-S-As(CH_3)_2 \ \underset{}{\overset{\text{Lösung}}{\rightleftharpoons}} \ (H_3C)_2As-S-S-As(CH_3)_2$$

*Bis-[dimethyl-arsino]-disulfan*

[1] R. Bunsen, A. **46**, 21 (1843).
[2] M. Förster et al., Ang. Ch. **82**, 842 (1970).
[3] A. Müller u. P. Werle, B. **104**, 3782 (1971).
[4] W. Kuchen et al., B. **105**, 3310 (1972).
[5] A. Michaelis u. U. Paetow, A. **233**, 90 (1886).
[6] W. R. Cullen, Canad. J. Chem. **41**, 2424 (1963).
[7] R. K. Harris u. R. G. Hayter, Canad. J. Chem. **42**, 2282 (1964).
[8] R. A. Zingaro et al., Am. Soc. **93**, 5677 (1971).

**Dimethyldithioarsinsäure-dimethylarsinylester**[1]**:** In einem 500-*ml*-Erlenmeyer mit Magnetrührer, Gaseinleitungsrohr und Ableitungsrohr werden 40 g (0,29 Mol) Dimethylarsinsäure in 200 *ml* 75%igem Äthanol gelöst. Durch die Lösung leitet man 1 Stde. Schwefelwasserstoff ein, wobei elementarer Schwefel abgeschieden wird. Man filtriert ab und engt das Filtrat bis zur anfänglichen Kristallisation ein. Nach dem Absaugen wird aus 30%igem wäßrigen Äthanol umkristallisiert; Ausbeute: 35,7 g (90% d.Th.); F: 70–71°.

*Phenyl-(4-methyl-phenyl)-thioarsinsäure*, die mit Chinin trennbare diastereomere Salze bildet, wird durch Umsetzung von Phenyl-(4-methyl-phenyl)-arsinsäure-chlorid mit Schwefelwasserstoff in Gegenwart von Diäthylamin und anschließende Hydrolyse erhalten[2]:

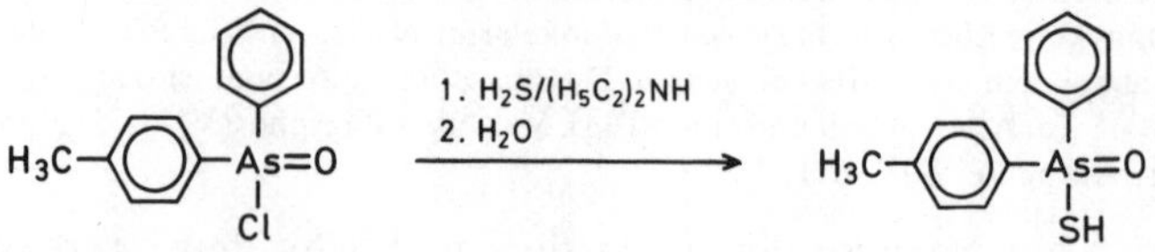

Die vorläufig einzig bekannte, freie Dithioarsinsäure wird aus dem sek. Arsin durch Umsetzung mit Schwefel hergestellt[3]:

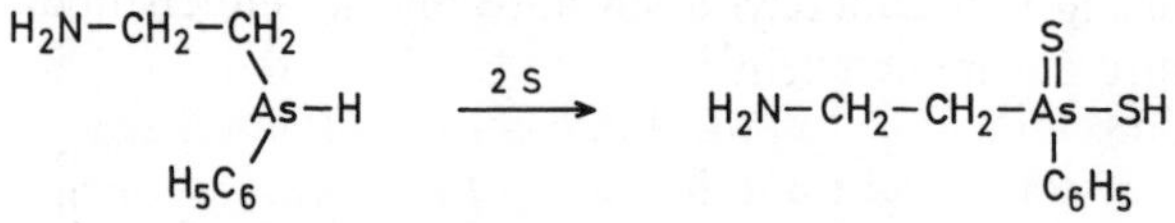

**(2-Amino-äthyl)-phenyl-dithioarsinsäure**[3]**:** 0,1 Mol (2-Amino-äthyl)-phenyl-arsin werden in 100 *ml* abs. Benzol gelöst und portionsweise mit der ber. Menge Schwefel versetzt. Man erhitzt 1–2 Stdn. unter Rückfluß, saugt nach dem Abkühlen ab und kristallisiert aus Methanol um. Ausbeute: 25,8 g (80% d.Th.); F: 194° (Zers.).

Aus den Alkalimetall-dithioarsinaten werden durch Umsetzung mit Metallhalogeniden die entsprechenden Metall-dithioarsinate, -bis- und -tris-[dithioarsinate] gebildet[4–6]:

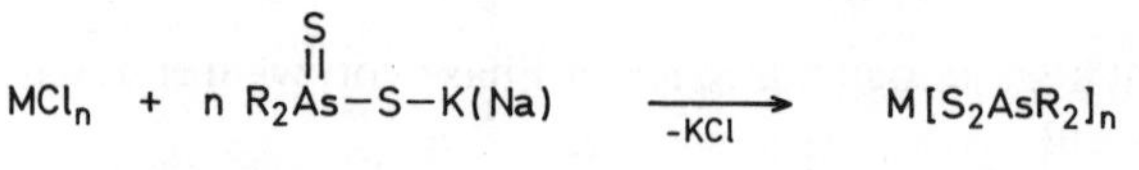

R = $C_6H_5$, $CH_3$
M = $Ni^{2\oplus}$, $Co^{2\oplus}$, $Zn^{2\oplus}$, $In^{2\oplus}$, $Cr^{3\oplus}$, $V^{3\oplus}$, $Cd^{2\oplus}$, $Hg^{2\oplus}$, $Pb^{2\oplus}$, $Tl^{1\oplus}$
n = 1, 2, 3

[1] R. ZINGARO et al., Am. Soc. **93**, 5677 (1971).
[2] L. B. IONOV et al., Ž. obšč. Chim. **45**, 1508 (1975), engl.: 1476.
[3] A. TZSCHACH u. D. DROHNE, J. Organometal. Chem. **21**, 131 (1970).
[4] M. FÖRSTER et al., Ang. Ch. **82**, 842 (1970).
[5] A. MÜLLER u. P. WERLE, B. **104**, 3782 (1971).
[6] W. KUCHEN et al., B. **105**, 3310 (1972).

# e) Tertiäre Arsinoxide und ihre Derivate

## 1. Tertiäre Arsindihalogenide und -dipseudohalogenide (Dihalogen- und Dipseudohalo-gen-triorgano-arsorane)

### A. Herstellung

#### α) Aus tert. Arsinen

Halogene, Interhalogene, Halogencyane bzw. Pseudohalogene addieren sich an tert. Arsine in exothermer Reaktion zu tert. Arsindihalogeniden[1-14]:

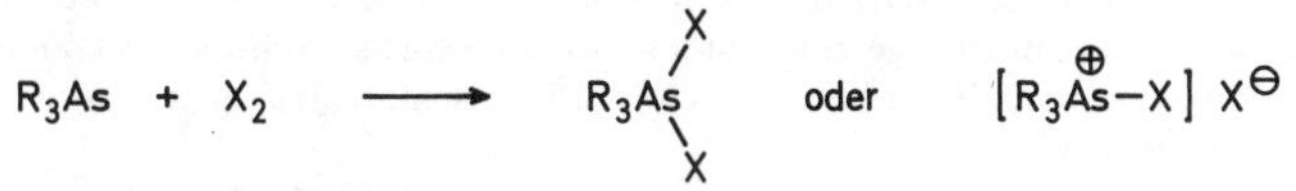

$$R_3As \;+\; X_2 \;\longrightarrow\; R_3As\!\!\begin{array}{c} X \\[-2pt] / \\[-6pt] \backslash \\[-2pt] X \end{array} \quad \text{oder} \quad [R_3\overset{\oplus}{As}\!-\!X]\; X^{\ominus}$$

X = Halogen, Pseudohalogen

Die tert. Arsindihalogenide können in Abhängigkeit vom Aggregatzustand sowohl **pentacovalent** als auch **ionisch** sein[15]. Möglicherweise liegt in Lösung ein Gleichgewicht beider Strukturen vor.

Bei der Umsetzung mit Jod oder Brom muß darauf geachtet werden, daß genau äquimolare Mengen eingesetzt werden, da sonst tert. Arsin-tetrahalogenide entstehen[4,5,11,13, 16-19]

$$R_3As \;+\; 2\,X_2 \;\longrightarrow\; R_3AsX_2 \cdot X_2 \quad \text{bzw.} \quad [R_3\overset{\oplus}{As}\!-\!X]\; X_3^{\ominus}$$

Besonders die Umsetzung mit Jod führt meistens zu Gemischen aus Di- und Tetrajodiden von denen die ersteren nicht immer rein isoliert werden können.

Tertiäre Arsine, die eine oder mehrere Trifluormethyl-Gruppen enthalten, reagieren mit elementarem Halogen teilweise unter Abspaltung der Trifluormethyl-Gruppe[20, 21]. Auch der Furyl-(2)-Rest wird durch Chlor oder Jod abgespalten[22]. Eine As–C-Spaltung kann ebenso bei der Chlorierung von Triphenylarsin eintreten[23]. Als Nebenreaktion tritt bei der Chlorierung von Tris-[nitrophenyl]-arsin Kernhalogenierung ein[4].

[1] H. Landolt, A. **89**, 328 (1854); **92**, 370 (1854).
[2] W. LaCoste u. A. Michaelis, B. **11**, 1888 (1878); A. **201**, 198 (1880).
[3] A. Michaelis u. U. Paetrow, B. **18**, 42 (1885); A. **233**, 60 (1886).
[4] A. Michaelis, A. **321**, 141 (1902).
[5] A. Hantzsch u. H. Hilbert, B. **40**, 1508 (1907).
[6] W. Steinkopf u. W. Mieg, B. **53**, 1016 (1920).
[7] W. Steinkopf u. G. Schwenn, B. **54**, 1455, 2799 (1921).
[8] F. G. Mann u. W. Pope, Soc. **121**, 1757 (1922).
[9] J. Klippel, Roczniki chem. **10**, 777 (1930).
[10] W. J. C. Dyke et al., Soc. **1931**, 185.
[11] G. J. Burrows u. A. Lench, J. Pr. N. S. Wales, **70**, 437 (1937).
[12] J. Chatt u. F. G. Mann, Soc. **1940**, 1184.
[13] A. D. Beveridge u. G. S. Harris, Soc. **1964**, 6076.
[14] T. Wizemann et al., J. Organometal. Chem. **20**, 211 (1969).
[15] G. O. Doak u. L. D. Freedman, *Organometallic Compounds of Arsenic, Antimony and Bismuth*, Wiley-Inter-science, New York 1970.
[16] T. F. Winmill, Soc. **101**, 718 (1912).
[17] F. Feigl et al., Z. anal. Chem. **178**, 419 (1961).
[18] R. A. Zingaro u. E. A. Meyers, Inorg. Chem. **1**, 771 (1962).
[19] F. Feigl u. D. Goldstein, Mikrochim. Acta **1966**, 1.
[20] H. J. Eméleus et al., Soc. **1953**, 1553.
[21] W. R. Cullen, Canad. J. Chem. **38**, 445 (1960).
[22] G. Lowe u. C. S. Hamilton, Am. Soc. **57**, 1081, 2314 (1935).
[23] H. H. Sisler u. C. Stratton, Inorg. Chem. **5**, 2003 (1966).

Die Halogenierung wird in aprotischen Lösungsmitteln wie Tetrachlormethan, Dichlormethan, Chloroform, Äther, Petroläther oder Benzol durchgeführt. Bei den tert. Arsinen, die einen Benzyl-Rest tragen, darf die Reaktionstemperatur 0° nicht überschreiten, da aus dem gebildeten tert. Arsin-dihalogenid bereits bei ~ 20° Benzylhalogenid abgespalten wird[1, 2].

Bei der Addition von Dicyandisulfan an Trimethyl- oder Triphenylarsin in benzolischer Lösung entstehen immer die entsprechenden Bis-isothiocyanate[3]:

$$R_3As \;+\; (SCN)_2 \;\xrightarrow{\;0°\;}\; R_3As(NCS)_2$$

**Dihalogen-triphenyl-arsoran; allgemeine Arbeitsvorschrift:**

Dichlor-triphenyl-arsoran[4,5]: Unter Kühlung wird ein trockener Chlorstrom in eine Lösung von Triphenyl-arsin in abs. Tetrachlormethan solange eingeleitet bis die Lösung eine schwache Gelbfärbung annimmt. Der ausgefallene Niederschlag wird möglichst unter Feuchtigkeitsausschluß abgesaugt, mit trockenem Äther gewaschen und trocken aufbewahrt; F: 205°.

Dibrom-triphenyl-arsoran[4, 5]: Zu einer gekühlten Lösung von Triphenyl-arsin in abs. Tetrachlormethan bzw. Acetonitril tropft man die äquimolare Menge Brom, im jeweiligen Lösungsmittel gelöst, langsam ein. Man saugt ab und wäscht mit trockenem Äther nach (trocken aufbewahren!); F: 215°.

Dijod-triphenyl-arsoran[5]: Eine ges. Lösung von 2,50 g Jod in trockenem Petroläther (KP: 100–120°) wird langsam zu einer ges. Lösung von 3,014 g Triphenyl-arsin im gleichen Lösungsmittel gegeben. Zuerst fallen purpurne Kristalle von Triphenyl-arsin-tetrajodid (F: 142–144°) aus[4]. Man dekantiert ab und läßt kühl stehen, wobei das gelbe Triphenylarsin-dijodid ausfällt; F: 138–140°.

Brom-jod-triphenyl-arsoran[5]: 3,850 g Triphenyl-arsin werden in der gerade ausreichenden Menge trockenem Acetonitril gelöst und mit einer Lösung von 2,601 g Bromjodid in 15 ml trockenem Acetonitril versetzt. Man saugt ab und wäscht mit Äther nach; F: 154–155°.

Brom-cyan-triphenyl-arsoran[6]: Zu einer Lösung von 4,0 g Triphenyl-arsin in 40 ml getrocknetem tiefsiedenden Petroläther wird eine Lösung von 1,4 g über Natrium destilliertem Bromcyan in 40 ml des gleichen Lösungsmittels gegeben (exotherme Reaktion!). Man saugt ab und wäscht mit trockenem Äther nach. Die Substanz beginnt bei 120° zu sintern und schmilzt unscharf bei 130–140°.

Bis-[thiocyan]-triphenyl-arsoran[3]: Eine hochkonzentrierte Lösung von Triphenyl-arsin in trockenem Benzol wird bei 0° mit der ber. Menge Dicyan-disulfan[3] in Benzol umgesetzt, der ausgefallene Niederschlag wird abgesaugt und getrocknet; F: 122°.

Auf prinzipiell die gleiche Weise werden u. a. folgende tert. Arsin-dihalogenide bzw. -dipseudohalogenide hergestellt:

| | |
|---|---|
| Dichlor-trimethyl-arsoran[7] | F: 156–157° |
| Bis-[thiocyan]-trimethyl-arsoran[3] | F: 83° |
| Dibrom-tripropyl-arsoran[8] | F: 95° |
| Dibrom-dimethyl-[penten-(4)-yl]-arsoran[9] | F: 65° |
| Dichlor-tribenzyl-arsoran[10] | F: 143–144° |
| Dichlor-dimethyl-phenyl-arsoran[11] | F: 134° |
| Dibrom-cis-tripropenyl-arsoran[12] | F: 89–90° |
| Dibrom-trans-tripropenyl-arsoran[12] | F: 47° |
| Dibrom-diphenyl-methyl-arsoran[12] | F: 102–104°[13]; F: 116°[14] (Zers.) |

[1] G. Märkl u. H. Hauptmann, Ang. Ch. **84**, 439 (1972).
[2] A. Schulze et al., Phosphorus **5**, 265 (1975).
[3] T. Wizemann et al., J. Organometal. Chem. **20**, 211 (1964).
[4] A. Michaelis, A. **321**, 141 (1902).
[5] A. D. Beveridge u. G. S. Harris, Soc. **1964**, 6076.
[6] W. Steinkopf u. G. Schwenn, B. **54**, 2791 (1921).
[7] M. H. O'Brien et al., Inorg. Chim. Acta **1**, 34 (1967).
[8] W. J. C. Dyke et al., Soc. **1931**, 185.
[9] H. W. Kouwenhoven et al., Proc. Soc. **1961**, 220.
[10] C. G. Moreland et al., Inorg. Chem. **7**, 834 (1968).
[11] W. Steinkopf u. W. Mieg, B. **53**, 1016 (1920).
[12] A. N. Nesmeyanov et al., Izv. Akad. SSSR **1962**, 1199; C. A. **58**, 9121 (1963).
[13] F. G. Mann, Soc. **1963**, 4266.
[14] G. J. Burrows u. A. Lench, J. Pr. N. S. Wales **70**, 437 (1937).

| | |
|---|---|
| *Dichlor-äthyl-diphenyl-arsoran*[1] | F: 137° |
| *1,6-Bis-[dibrom-diphenyl-arsoranyl]-hexan*[2] | F: 138° |
| *Dichlor-äthyl-phenyl-(4-methyl-phenyl)-arsoran*[3] | F: 148° |
| *Dichlor-tris-[pentafluor-phenyl]-arsoran*[4] | F: 214–216° |
| *Dijod-tris-[4-dimethylamino-phenyl]-arsoran*[5] | F: 160° (Braunfärbung) |

Statt mit elementarem Chlor können tert. Arsine mit Chlorüberträgern, wie Thallium(III)-chlorid[6], Blei(IV)-chlorid[7], Phosphor(V)-chlorid[8], Antimon(V)-chlorid[8], Sulfuryl-chlorid[9], Thionylchlorid[10], Phosgen[11], Phenyljoddichlorid[12,13] oder Thiophosphortrichlorid[14] zu den entsprechenden tert. Arsin-dichloriden umgesetzt werden. Gegenüber der einfachen Chlorierung bietet das Phenyljoddichlorid den Vorteil der genauen Dosierbarkeit. Die Umsetzung mit Phosgen ist insoweit der einfachen Chlorierung überlegen, als keine Nebenreaktionen auftreten und eventuell gebildete tert. Arsinoxide ebenfalls in -dichloride umgewandelt werden (s. S. 354). Überschüssiges Phosgen sowie gebildetes Kohlenmonoxid sind ferner einfach aus dem Reaktionsgemisch zu entfernen. Die auf diese Weise hergestellten tert. Arsin-dichloride sind meistens von hoher Reinheit.

**Tert.-Arsin-dichloride; allgemeine Arbeitsvorschrift**[11]: In die Lösungen der tert. Arsine (~ 10 g) in 100 *ml* abs. Äther oder Petroläther (Kp: 40–60°) wird bei −20° während 2 Stdn. trockenes Phosgen kondensiert. Nach 2stdgm. Rühren bei 20° und gleichzeitiger Verdrängung des überschüssigen Phosgens durch trockenen Stickstoff wird filtriert oder das Solvens abdestilliert. Die erhaltenen Dichloride werden i. Vak. von anhaftenden Lösungsmittel- und Phosgen-Resten befreit. Auf diese Weise erhält man u. a.:

| | | |
|---|---|---|
| *Dichlor-triäthyl-arsoran* | 97% d. Th. | F: 57,5–58,5° |
| *Dichlor-tripropyl-arsoran* | 100% d. Th. | F: 84,5° |
| *Dichlor-trioctyl-arsoran* | 95% d. Th. | $n_D^{20}$: 1,4970 |
| *Dichlor-tricyclohexyl-arsoran* | 99% d. Th. | F: 186,5° |
| *Dichlor-tris-[4-methyl-phenyl]-arsoran* | 94,6% d. Th. | F: 242–245° |

Die Reaktionen mit den anderen Chlorüberträgern bieten gegenüber der Chlorierung mit Chlor, Phosgen oder Phenyljodiddichlorid keinen Vorteil.

*Difluor-triphenyl-arsoran* wird aus Triphenyl-arsin durch Umsetzung mit Schwefeltetrafluorid[15] oder Undecafluor-piperidin[16] gewonnen:

$$2 \ (H_5C_6)_3As \ + \ SF_4 \ \longrightarrow \ 2 \ (H_5C_6)_3AsF_2 \ + \ S$$

**Difluor-triphenyl-arsoran**[15]: In einem Druckgefäß wird eine Lösung von 30,6 g (0,1 Mol) Triphenyl-arsin in 50 *ml* Benzol mit 44 g (0,41 Mol) Schwefeltetrafluorid versetzt. Man erhitzt die Mischung 3 Stdn. auf 60°, 4 Stdn. auf 100° und dann 6 Stdn. auf 130°. Man bringt die Reaktionsmischung vorsichtig auf Normaldruck, entfernt die leichtflüchtigen Anteile, filtriert unter Stickstoff und wäscht 3mal mit je 25 *ml* trockenem Benzol nach; Ausbeute: 15,8 g (45,8% d. Th.); F: 135–137° (stark hygroskopisch).

Der Rückstand des Filtrats (16,6 g) erhält noch erhebliche Mengen an *Difluor-triphenyl-arsoran*.

---

[1] W. LaCoste u. A. Michaelis, A. **201**, 235 (1880).
[2] A. Tzschach u. W. Lange, B. **95**, 1360 (1962).
[3] A. Michaelis, A. **321**, 158, 202, 236 (1902).
[4] G. S. Harris u. M. F. Ali, Inorg. Nucl. Chem. Letters **4**, 5 (1968).
[5] J. M. Keck u. G. Klar, Z. Naturf. **27b**, 591 (1972).
[6] A. E. Goddard u. D. Goddard, Soc. **121**, 486 (1922).
[7] G. J. Burrows u. A. Lench, J. Pr. N. S. Wales **70**, 294 (1937).
[8] R. R. Holmes u. E. F. Bertaut, Am. Soc. **80**, 2983 (1958).
[9] A. J. Banister u. L. F. Moor, Soc. [A] **1968**, 1137.
[10] E. H. Kustan et al., Soc. (Dalton) **1972**, 1326.
[11] R. Appel u. D. Rebhan, B. **102**, 3955 (1969).
[12] G. Märkl u. H. Hauptmann, Ang. Ch. **84**, 439 (1972).
[13] J. M. Keck u. G. Klar, Z. Naturf. **27 b**, 591 (1972).
[14] G. M. Usacheva u. G. Kamai, Ž. obšč. Chim. **41**, 2705 (1971); engl.: 2739.
[15] W. C. Smith, Am. Soc. **82**, 6176 (1960).
[16] R. E. Banks et al., Tetrahedron Letters **1967**, 3993.

Tert. Arsin-difluoride werden allerdings einfacher aus den entsprechenden Dichloriden durch Halogenaustausch hergestellt (s. S. 356).

*Diacetoxy-triphenyl-arsoran* erhält man durch Umsetzung von Triphenyl-arsin mit Blei(IV)-acetat[1]:

$$(H_5C_6)_3As \xrightarrow[-Pb(O-CO-CH_3)_2]{Pb(O-CO-CH_3)_4} (H_5C_6)_3As(O-CO-CH_3)_2$$

**Diacetoxy-triphenyl-arsoran**[1]: Unter Rühren und Feuchtigkeitsausschluß werden 1,55 g (3,5 mMol) Blei(IV)-acetat zu einer Lösung von 1,22 g (4,0 mMol) Triphenyl-arsin in 30 *ml* wasserfreiem Dichlormethan gegeben. Nach 10 Min. filtriert man ab und wäscht mit trockenem Dichlormethan nach. Das Filtrat und die Waschlösung werden vereinigt, auf 5 *ml* eingeengt und mit trockenem Äther bis zur schwachen Opaleszenz versetzt. Der beim Kühlen ausfallende Niederschlag wird abgesaugt und getrocknet; Ausbeute: 1,08 g (87% d. Th.); F: 53–56°.

Bei der Einwirkung von Benzylbromid auf (2-Methyl-propyl)-(4-methyl-phenyl)-cyan-arsin erhält man eine Verbindung mit gesicherter Salzstruktur [(*2-Methyl-propyl*)-(*4-methyl-phenyl*)-*benzyl-cyan-arsoniumbromid*][2]:

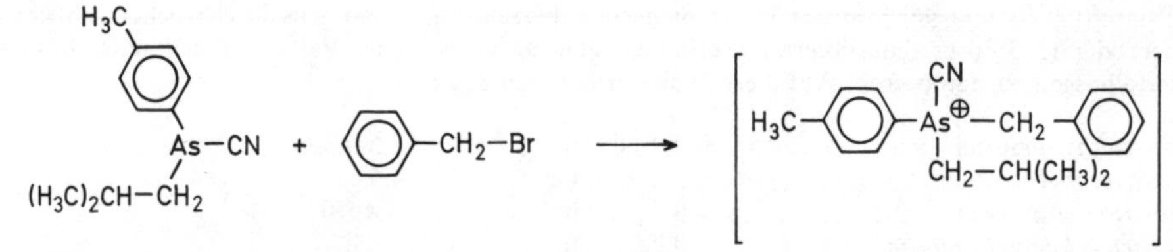

Das Salz läßt sich über das entsprechende Arsonium-hydrogen-dibenzoyltartrat in optische Antipoden trennen (s. S. 419).

Dichlor-trimethyl-arsoran wird bei Einwirkung von Antimon(V)-chlorid vollständig zu *Chlor-trimethyl-arsonium-hexachloroantimonat* ionisiert[3]:

$$(H_3C)_3AsCl_2 + SbCl_5 \longrightarrow [(H_3C)_3\overset{\oplus}{As}-Cl] [SbCl_6]^{\ominus}$$

**Chlor-trimethyl-arsonium-hexachloroantimonat**[3]: Zur Lösung von 1,91 g (10,0 mMol) Dichlor-trimethyl-arsoran in 50 *ml* abs. Dichlormethan wird bei 20° unter Rühren langsam eine Lösung von 3,0 g (10,0 mMol) Antimon(V)-chlorid in 50 *ml* desselben Lösungsmittels getropft. Nach beendeter Zugabe wird der farblose Niederschlag abfiltriert, mehrmals mit Dichlormethan gewaschen und i. Vak. getrocknet; Ausbeute: ~ 100% d. Th.; F: 236° (Zers.).

Aus dem erhaltenen Hexachloroantimonat läßt sich durch Umsetzung mit der 2fachen molaren Menge Natriumazid das *Chlor-trimethyl-arsonium-(pentachloro-azido-antimonat)* herstellen (s. auch S. 368)[4]:

$$[(H_3C)_3\overset{\oplus}{As}-Cl] [SbCl_6]^{\ominus} + 2 NaN_3 \longrightarrow [(H_3C)_3\overset{\oplus}{As}-Cl] [SbCl_5N_3]^{\ominus}$$

### $\beta$) Aus tert. Arsinoxiden oder -sulfiden

Durch Einwirkung von Phosgen oder Thionylchlorid auf tert. Arsinoxide in Äther oder Petroläther lassen sich die entsprechenden tert. Arsin-dichloride herstellen[5,6]:

[1] J. I. G. CADOGAN u. I. GOSNEY, Soc. (Perkin I) **1974**, 466.
[2] L. B. IONOV et al., Ž. obšč. Chim. **44**, 2502 (1974).
[3] A. SCHMIDT, B. **102**, 380 (1969).
[4] A. SCHMIDT, B. **101**, 4015 (1968).
[5] DBP. 1 192 205 (1965), BASF, Erf.: R. APPEL u. W. HEINZELMANN; C. A. **63**, 8405$^g$ (1965).
[6] R. APPEL u. D. REBHAN, B. **102**, 3955 (1969).

$$(H_5C_6)_3As{=}O \quad + \quad COCl_2 \quad \xrightarrow[-CO_2]{-20°} \quad (H_5C_6)_3AsCl_2$$

Triäthyl-arsinoxid soll bei der Einwirkung von alkoholischem Chlorwasserstoff das entsprechende Dichlorid bilden[1].

Durch Sättigung einer äthanolischen Lösung von 2-Phenyl-1,2,3,4-tetrahydro-⟨benzo-[c]-arsenin⟩-2-oxid mit Chlorwasserstoff wird das *2,2-Dichlor-2-phenyl-1,2,3,4-tetrahydro-* ⟨benzo-[c]-arsenin⟩ (F: 147–149°) gebildet[2]:

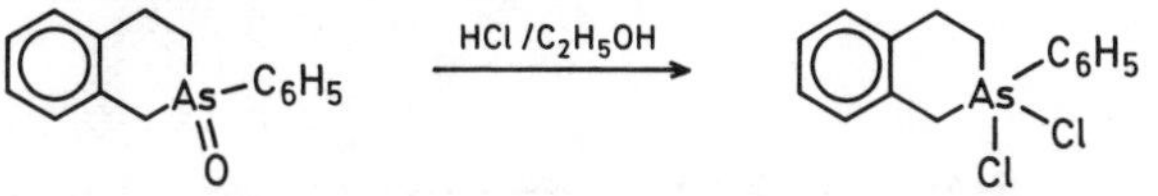

Tertiäre Arsinsulfide liefern bei der Einwirkung von Phosgen[3], Jod[4] oder Phosphor(III)-chlorid[5] die entsprechenden tert. Arsin-dihalogenide. Bei der Umsetzung mit Jod in Chloroform werden vorwiegend die Tetrajodide[5] erhalten:

$$R_3As{=}S \quad \xrightarrow{J_2} \quad [R_3\overset{\oplus}{As}{-}J] \; J_3^{\ominus}$$

Die Reaktion der tert. Arsinsulfide mit Phosphor(III)-chlorid zu tert. Arsindichloriden verläuft über tert. Arsine:

$$R_3As{=}S \; + \; PCl_3 \quad \longrightarrow \quad [R_3As \; + \; Cl_3P{=}S] \quad \xrightarrow{-P_xS_y} \quad R_3AsCl_2$$

Dabei bleibt die Umsetzung mit Triphenyl-arsin-sulfid auf der Stufe des tert. Arsins stehen[5]:

$$(H_5C_6)_3As{=}S \; + \; PCl_3 \quad \xrightarrow{192 \text{ Stdn., } 20-22°} \quad (H_5C_6)_3As \; + \; Cl_3P{=}S$$

Bei 140° tritt Reaktionsumkehr ein[6]:

$$(H_5C_6)_3As \; + \; Cl_3P{=}S \quad \xrightarrow{20 \text{ Stdn., } 140°} \quad (H_5C_6)_3As{=}S \; + \; PCl_3$$

*Bis-[isocyanat]-triphenyl-arsoran* wird durch Schmelzen von Triphenyl-arsinoxid in Harnstoff bei 135° hergestellt[7, 8]:

$$(H_5C_6)_3As{=}O \; + \; 2 \; \underset{H_2N}{\overset{H_2N}{>}}C{=}O \quad \xrightarrow{-H_2O/-2 \; NH_3} \quad (H_5C_6)_3As(NCO)_2$$

**Bis[isocyanat]-triphenyl-arsoran**[7, 8]: 32,2 g (0,1 Mol) Triphenyl-arsinoxid werden mit 12 g (0,2 Mol) pulverisiertem Harnstoff vermischt und auf 130° erhitzt. Nach 30 Min. wird zur Entfernung des Ammoniaks und Reaktionswassers i. Vak. auf 140–150° erhitzt. Nach dem Abkühlen verfestigt sich das Reaktionsprodukt zu einer amorphen, glasigen Masse; Ausbeute: 37,5 g (96% d. Th.); F: ∼ 40°.

*Diacetoxy-triphenyl-arsoran* wird durch gelindes Erwärmen von Triphenyl-arsinoxid in Acetanhydrid zu 50% d. Th. erhalten[9].

---

[1] H. LANDOLT, A. **89**, 330 (1854); **92**, 370 (1854).
[2] F. G. HOLLIMAN u. F. G. MANN, Soc. **1943**, 547.
[3] R. APPEL u. D. REBHAN, B. **102**, 3955 (1969).
[4] R. A. ZINGARO u. E. A. MEYERS, Inorg. Chem. **1**, 771 (1962).
[5] G. M. USACHEVA u. G. KAMAI, Ž. obšč. Chim. **41**, 2705 (1971); engl.: 2739.
[6] E. LINDNER u. H. BEER, B. **105**, 3261 (1972).
[7] W. STAMM, J. Org. Chem. **30**, 693 (1965).
[8] DBP. 1229529 (1966), Stauffer Chemical Co., Erf.: W. STAMM; C. A. **66**, 28896 (1967).
[9] J. I. G. CADOGAN u. I. GOSNEY, Soc. (Perkin I) **1974**, 466.

Die Umwandlung der tert. Arsinoxide bzw. -sulfide in die entsprechenden Dihalogenide ist präparativ insoweit wenig sinnvoll, als die Ersteren aus tert. Arsinen hergestellt werden.

### γ) Aus tert. Arsin-dihalogeniden durch Austauschreaktion

Tertiäre Arsindihalogenide bzw. -dipseudohalogenide, die auf direktem Wege aus tert. Arsinen schwer oder überhaupt nicht hergestellt werden können, lassen sich aus den leicht zugänglichen Dichloriden oder Dibromiden durch Halogenaustausch erhalten. Auf diese Weise werden besonders die Difluoride[1-4], Diazide[5], Dinitrate[6] und Bis-[peroxide][7] hergestellt:

$$R_3As\overset{Cl}{\underset{Cl}{\diagup}} \; + \; 2 \; MX \quad \xrightarrow[-2\ MCl]{} \quad R_3As\overset{X}{\underset{X}{\diagup}}$$

M = Ag, Na
X = F, $NO_3$, $N_3$, $OOCR_3$

**Difluor-trimethyl-arsoran[2]:** Eine heiße Lösung von 10,0 g Dichlor-trimethyl-arsoran wird mit 50%iger wäßriger Lösung von 13,3 g Silberfluorid versetzt. Nach Abfiltrieren des Silberchlorids wird das Lösungsmittel abgedampft und der Rückstand i. Vak. destilliert; Ausbeute: 3,7 g (45% d. Th.); $Kp_{12}$: 54°; F: 69–70°.

Analog wird *Difluor-triphenyl-arsoran* (F: 139–140° aus abs. Äthanol) erhalten[2].

**Difluor-tribenzyl-arsoran[3]:** 0,02 Mol Dichlor-tribenzyl-arsoran werden in 150 ml abs. Acetonitril gelöst, mit überschüssigem festen Silberfluorid versetzt und 20 Stdn. unter Rühren bis knapp unter den Siedepunkt erhitzt. Man versetzt mit weiterem Silberfluorid (insgesamt ~ 7,5 g) bis die Lösung keine Chlorid-Ionen mehr enthält. Es wird vom Silberchlorid und überschüssigem Silberfluorid abfiltriert und das Filtrat im Rotationsverdampfer bis zur Trockene eingedampft. Der Rückstand wird mit insgesamt 250 ml siedendem Petroläther (Kp: 65–110°) extrahiert, danach wird abfiltriert und gekühlt. Der ausgefallene Niederschlag wird nach Absaugen aus Petroläther umkristallisiert; Ausbeute: 3,1 g (40% d. Th.); F: 104°.

Auf gleiche Weise wird aus Dibrom-triphenyl-arsoran durch Umsetzung mit wasserfreiem Silbernitrat in abs. Acetonitril das stark hygroskopische *Dinitrato-triphenyl-arsoran* (F: 161–162° in zugeschmolzenem Röhrchen) hergestellt[6]. Das Dinitrat kann auch durch Oxidation des Dibromids mit Distickstofftetraoxid erhalten werden[6]:

$$(H_5C_6)_3AsBr_2 \quad \xrightarrow{2\ N_2O_4} \quad (H_5C_6)_3As(ONO_2)_2$$

Dem Dinitrat wird eine trigonal-bipyramidale Struktur mit bisaxialer Position der Nitrat-Gruppe zugeordnet[6].

*Diazido-trimethyl-arsoran* wird aus dem entsprechenden Dichlorid durch Umsetzung mit Natriumazid im Verhältnis 1:2 in 1,2-Dichlor-äthan hergestellt[5]. Führt man die Umsetzung im Verhältnis 1:1 durch, so entsteht formal das entsprechende Chlorid-azid, das wahrscheinlich ein Gemisch aus Dichlorid und Diazid darstellt[5]:

$$(H_3C)_3AsCl_2 \; + \; NaN_3 \quad \longrightarrow \quad \left[ (H_3C)_3As\overset{Cl}{\underset{N_3}{\diagup}} \right] \quad \rightleftharpoons \quad (H_3C)_3AsCl_2 \; + \; (H_3C)_3As(N_3)_2$$

[1] H. J. Eméléus et al., Soc. **1953**, 1552.
[2] M. H. O'Brien et al., Inorg. Chem. Acta **1**, 34 (1967).
[3] C. G. Moreland et al., Inorg. Chem. **7**, 834 (1968).
[4] S. S. Chan u. C. J. Willis, Canad. J. Chem. **46**, 1237 (1968).
[5] A. Schmidt, B. **101**, 3976 (1968).
[6] G. C. Trauter et al., J. Organometal. Chem. **12**, 369 (1968).
[7] A. Rieche et al., A. **678**, 167 (1964).

Dieses Gleichgewicht wird bei anderen Dihalogeniden ebenfalls beobachtet[1]; z. B.:

$$(H_5C_6-CH_2)_3AsCl_2 \ + \ (H_5C_6-CH_2)_3AsF_2 \ \rightleftharpoons \ (H_5C_6-CH_2)_3As\overset{Cl}{\underset{F}{\diagdown}}$$

**Diazido-trimethyl-arsoran**[2]: 3,82 g (20 mMol) Dichlor-trimethyl-arsoran werden in 75 ml abs. 1,2-Dichlor-äthan gelöst und mit 5,20 g (40 mMol) wasserfreiem Natriumazid 24 Stdn. bei 20° heterogen gerührt. Nach Abfiltrieren der Natriumsalze wird das Lösungsmittel i. Vak. bei 30° abgezogen und der Rückstand aus abs. Benzol umkristallisiert; Ausbeute: 3,71 g (91% d. Th.); F: 69°.

Durch Einwirkung von Natrium-organo-peroxiden auf tert. Arsin-dichloride in aprotischen Lösungsmitteln werden die entsprechenden tert. Arsin-bis-[organoperoxide] hergestellt[3]:

$$R_3AsCl_2 \ + \ 2 \ Na-O-O-R^1 \ \xrightarrow[-2 \ NaCl]{} \ R_3As(O-O-R^1)_2$$

Die Bis-[organoperoxide] können auch aus den Dichloriden durch Umsetzung mit Organo-hydroperoxiden in Gegenwart von Aminen als Säurefänger erhalten werden[3]:

$$R_3AsCl_2 \ + \ 2 \ H-O-O-R^1 \ + \ 2 \ NH_3 \ \xrightarrow[-2 \ NH_4Cl]{} \ R_3As(O-O-R^1)_2$$

Die Reaktion wird in wasserfreien Lösungsmitteln bei 20° durchgeführt (Vorsicht: Man darf das Dichlorid und das Hydroperoxid nicht unverdünnt zusammengeben, da eine sehr heftige **Verpuffung** eintreten kann!)

Gibt man zum Dichlorid zuerst Ammoniak, so bilden sich intermediär Amino-triorganoarsoniumchloride, die mit Hydroperoxid weiterreagieren[3]:

$$R_3AsCl_2 \ + \ 2 \ NH_3 \ \xrightarrow[-NH_4Cl]{} \ [R_3As\mathbin{\overset{..}{=}}NH_2]^{\oplus} \ Cl^{\ominus} \ \xrightarrow[-NH_4X]{2 \ R^1-O-O-H} \ R_3As(O-O-R^1)_2$$

Das Quasiarsoniumsalz (s. S. 366) kann dabei isoliert und direkt eingesetzt werden. Auch die durch Umsetzung der Dichloride mit Natriumalkanolaten intermediär gebildeten Dialkoxy-Derivate werden durch Einwirkung von Organo-hydroperoxiden in die entsprechenden tert. Arsin-bis-[organoperoxide] umgewandelt[3]:

$$R_3As(OC_2H_5)_2 \ + \ 2 \ H-O-O-R^1 \ \xrightarrow[-2 \ C_2H_5OH]{} \ R_3As(O-O-R^1)_2$$

Die Ausbeuten liegen bei den vorab. beschriebenen Reaktionen meistens über 80% d. Th.

**Tert. Arsin-bis-[organoperoxide]; allgemeine Arbeitsvorschrift**[3]: Bei allen Umsetzungen müssen wasserfreie Ausgangsverbindungen und Lösungsmittel eingesetzt werden. Darüberhinaus wird sowohl während der Reaktion als auch bei der Aufarbeitung für Feuchtigkeitsausschluß gesorgt[4].

mit Natriumsalzen organischer Hydroperoxide (Methode ⓐ): 1,1–1,5 Mol fein gepulvertes Natriumamid werden in wenig Pentan oder Benzol aufgeschlämmt und bei 20° unter kräftigem Rühren tropfenweise mit der Lösung von 1 Mol des entsprechenden Hydroperoxids im gleichen Lösungsmittel versetzt und 0,5–1 Stde. nachgerührt (Das Natriumsalz kann auch hergestellt werden, indem man die ber. Menge Natrium in möglichst wenig abs. Methanol oder Äthanol löst, mit Äther verdünnt und dann das Hydroperoxid zusetzt). Zur entstandenen Suspension des Natriumorganoperoxids wird unter Rühren bei 20° die äquivalente Menge tert. Ar-

[1] C. G. MORELAND et al., Inorg. Chem. **7**, 834 (1968).

[2] A. SCHMIDT, B. **101**, 3976 (1968).

[3] A. RIECHE et al., A. **678**, 167 (1964).

[4] A. RIECHE u. J. DAHLMANN, A. **675**, 19 (1964).

sin-dichlorid in abs. Benzol zugegeben, 0,5–1 Stde. nachgerührt, abfiltriert, das Filtrat i. Vak. eingedampft und das zurückbleibende Bis-[organoperoxid] gereinigt (s. u.).

mit Organohydroperoxiden in Gegenwart von Aminen (Methode ⓑ): Zur Lösung des jeweiligen tert. Arsin-dichlorids in Benzol oder Äther läßt man unter Rühren bei 20° die Lösung der doppelten molaren Menge Hydroperoxides in Benzol tropfen und leitet gleichzeitig Ammoniak, Methylamin oder Trimethylamin ein. Wenn sich kein weiteres Ammoniumhalogenid mehr abscheidet, wird von diesem abgesaugt und das Filtrat i. Vak. eingedampft. Der Rückstand wird dann fraktioniert oder umkristallisiert.

über tert. Arsin-dialkanolate (Methode ⓒ): Die ber. Menge metallisches Natrium wird in möglichst wenig abs. Methanol oder Äthanol gelöst und mit dem doppelten Vol. Äther verdünnt. Die Lösung des Dichlorids in Benzol wird unter Rühren zugetropft und die Reaktionsmischung weitere 15 Min. nachgerührt. Man filtriert vom Natriumchlorid ab und setzt das Filtrat bei 20° unter Rühren mit der ber. Menge Hydroperoxids in Äther langsam um. Man läßt einige Stdn. bei 20° stehen, wobei einige tert. Arsin-bis-[organoperoxide] ausfallen können. Meistens muß zur Trockene abgedampft und der Rückstand gereinigt werden (Die tert. Arsin-dialkanolate lassen sich aus den Dichloriden auch durch Umsetzung mit den Alkoholen in Gegenwart von Aminen herstellen).

Reinigung: Die flüssigen tert. Arsin-bis-[organoperoxide] werden am besten mit Hilfe eines Kragenkolbens (Hickmann-Kolben) nach Art einer Kurzwegdestillation i. Hochvak. destilliert. Einige können jedoch nicht unzersetzt destilliert werden. Die festen Verbindungen werden aus wasserfreien indifferenten Lösungsmitteln wie Benzol, Pentan oder Gemischen davon umkristallisiert, wobei man die leicht löslichen Substanzen bei 20° löst und durch Stehenlassen im Tiefkühlschrank auskristallisieren läßt.

Auf diese Weise erhält man u. a.

| | | |
|---|---|---|
| Bis-[tert.-butylperoxi]-trimethyl-arsoran | 81–90% d. Th. | F: 75–76° |
| Bis-[2-phenyl-propyl-(2)-peroxi]-trimethyl-arsoran | 96–97% d. Th. | F: 49–50° |
| Bis-[tert.-butylperoxi]-triäthyl-arsoran | 98% d. Th. | Kp$_{0,02}$: 53–54° |
| Bis-[tert.-butylperoxi]-tributyl-arsoran | 89% d. Th. | Öl, n$_D^{20}$: 1,4522 |
| Bis-[tert.-butylperoxi]-triphenyl-arsoran | 85–97% d. Th. | F: 121–122° |
| Bis-[2-phenyl-propyl-(2)-peroxi]-triphenyl-arsoran | 50–56% d. Th. | F: 81–83° |
| Bis-[tetralinyl-(1)-peroxi]-triphenyl-arsoran | 60% d. Th. | F: 126–127° |

Bei der Umsetzung der tert. Arsin-dialkanolate mit Wasserstoffperoxid entstehen polymere tert. Arsin-peroxide[1] der Formel:

$$R_3As(OCH_3)_2 \xrightarrow{\ 2\ H_2O_2\ } [R_3\overset{|}{As}-O-O-]_n$$

Hierbei muß der zur Herstellung der Dialkanolate benötigte Alkohol vor der Umsetzung mit Wasserstoffperoxid aus dem Reaktionsmedium entfernt werden.

## B. Umwandlung

Tert. Arsin-dihalogenide bzw. -dipseudohalogenide sind äußerst hydrolyseempfindliche Verbindungen, die z. Teil durch Luftfeuchtigkeit in Hydroxy-halogenide bzw. -pseudohalogenide (Quasiarsoniumsalze) übergehen (s. S. 359). Durch Natronlauge oder wäßrigen Ammoniak bilden sich die entsprechenden tert. Arsin-dihydroxide (s. S. 376).

Thermisch spalten tert. Arsindihalogenide Aryl- bzw. Alkyl-halogenid unter Bildung von Halogen-diorgano-arsinen (s. S. 239) ab. Vorhandene Benzyl-Reste werden dabei bevorzugt und bereits bei 20° als Halogenide abgespalten (s. S. 239).

Aus Halogencyaniden wird Alkylhalogenid abgespalten (s. S. 242). Tert. Arsin-bis-[organoperoxide] werden durch wasserfreien Chlorwasserstoff in die entsprechenden Dichloride zurückverwandelt[1] und Dihalogen-triphenyl-arsoran wird durch Lithiumalanat zu Triphenylarsin enthalogeniert[2].

---

[1] A. Rieche et al., A. **678**, 167 (1964).
[2] E. Wiberg u. K. Mödritzer, Z. Naturf. **11b**, 751 (1956).

Erhitzt man Dichlor-tris-[4-dimethylamino-phenyl]-arsoran mit Antimon(V)-chlorid in 1,2-Dichlor-äthan 6 Tage unter Rückfluß, so entsteht *Tris-[4-dimethylamino-phenyl]-arsonium-bis-[hexachloroantimonat]*, in dem das Arsen die Oxidationsstufe +5 und die Koordinationszahl 3 besitzt[1].

## 2. Tertiäre Arsin-hydroxy-halogenide bzw. -pseudohalogenide (Hydroxy-triorganoarsoniumsalze) und andere Arsoniumsalze mit drei As–C-Bindungen (Quasiarsoniumsalze)

α) Hydroxy-triorganoarsoniumsalze (tert. Arsin-hydroxyhalogenide bzw. -pseudohalogenide)

Durch partielle Hydrolyse von tert. Arsin-dihalogeniden bzw. -dipseudohalogeniden[2-10] oder Einwirkung von Protonensäuren auf tert. Arsinoxide bzw. -dihydroxide[3, 11-18] lassen sich die entsprechenden Hydroxy-halogenide bzw. -pseudohalogenide herstellen:

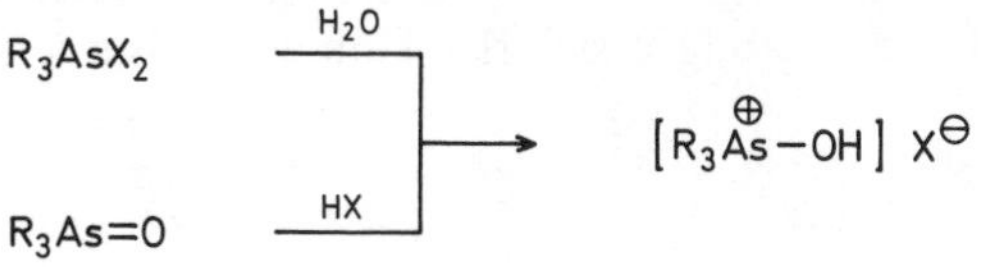

$$R_3AsX_2 \xrightarrow{\ H_2O\ } \quad [R_3\overset{\oplus}{As}-OH]\ X^{\ominus}$$
$$R_3As{=}O \xrightarrow{\ HX\ }$$

Drei mögliche Strukturen (I, II und III) werden für diese Verbindungsklasse angenommen, von denen die Salzstruktur II am wahrscheinlichsten ist[18, 19]:

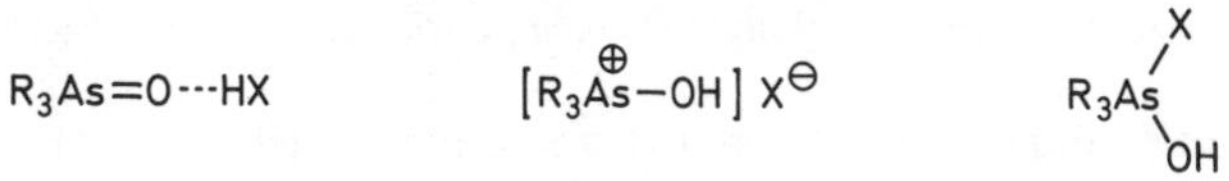

$$R_3As{=}O\cdots HX \qquad [R_3\overset{\oplus}{As}-OH]\ X^{\ominus} \qquad R_3As\overset{X}{\underset{OH}{\diagdown}}$$

I  II  III

In Lösung liegt offensichtlich ein Gleichgewicht vor.

**Halogen-hydroxy-triphenyl-arsorane** (Hydroxy-triphenyl-arsonium-halogenide); **allgemeine Arbeitsvorschrift**[3,7]: Eine Lösung von ~ 3 g Dichlor- bzw. Dibrom-triphenyl-arsoran in ~ 50 ml Aceton wird mit ~ 1 ml Wasser versetzt. Nach ~ 1 Stde. wird mit Äther ausgefällt, abgesaugt und i. Vak. getrocknet. Es kann aus Chloroform/Äther umkristallisiert werden. Unter anderem erhält man folgende Derivate:

| | |
|---|---|
| *Hydroxy-triphenyl-arsoniumchlorid*[3,7] | F: 170–171° |
| *Hydroxy-triphenyl-arsoniumbromid*[3] | F: 165–166° |
| *Hydroxy-tris-[4-methyl-phenyl]-arsoniumchlorid*[7] | F: 185° |

---

[1] J.-M. KECK u. G. KLAR, Z. Naturf. **27 b**, 596 (1972).
[2] A. MICHAELIS u. U. PAETOW, B. **18**, 41 (1885).
[3] A. MICHAELIS, A. **321**, 141 (1902).
[4] W. STEINKOPF u. J. MÜLLER, B. **54**, 847 (1921).
[5] W. STEINKOPF et al., B. **55**, 2610 (1922); **61**, 1911 (1928).
[6] W. J. JONES et al., Soc. **1932**, 2284.
[7] G. S. HARRIS u. J. INGLIS, Soc. [A] **1967**, 497.
[8] M. H.O'BRIEN et al., Inorg. Chim. Acta, **1**, 34 (1967).
[9] G. C. TRAUTER et al., J. Organometal. Chem. **12**, 369 (1968).
[10] G. KAMAI et al., Ž. obšč. Chim. **41**, 1287 (1971); engl.: 1292.
[11] A. MICHAELIS u. U. PAETOW, A. **233**, 70 (1886).
[12] G. J. BURROWS u. A. LENCH, J. Pr. Soc. N. S. Wales **70**, 437 (1937).
[13] D. S. TARBELL u. J. R. VAUGHAN, jr., Am. Soc. **67**, 41, 144 (1945).
[14] R. C. COOKSON u. F. G. MANN, Soc. **1949**, 2895.
[15] D. HADZI, Soc. **1962**, 5128.
[16] G. S. HARRIS et al., Chem. Commun. **1967**, 442.
[17] V. I. GAVRILOV et al., Ž. obšč. Chim. **41**, 564 (1971); engl.: 559.
[18] B. E. ABALONIN et al., Ž. obšč. Chim. **44**, 1543 (1974); engl.: 1513
[19] G. O. DOAK u. L. D. FREEDMAN, *Organometallic Compounds of Arsenic, Antimony, and Bismuth*, Wiley-Interscience, New York 1970.

Durch Versetzen einer äthanolischen Lösung von Dibrom-trimethyl-arsoran mit feuchtem Äther läßt sich das *Hydroxy-trimethyl-arsoniumbromid* (F: 149–150°) ausfällen[1].

Das entsprechende *Chlorid* wird am einfachsten aus Dichlor- und Dihydroxy-trimethyl-arsoran hergestellt[1]:

$$(H_3C)_3AsCl_2 \ + \ (H_3C)_3As(OH)_2 \longrightarrow 2 \ [(H_3C)_3\overset{\oplus}{As}-OH] \ Cl^{\ominus}$$

**Hydroxy-trimethyl-arsoniumchlorid**[1]: 2,113 g Dichlor-trimethyl-arsoran werden mit konz. Ammoniumhydroxid hydrolysiert. Die entstandene Lösung dampft man zur Trockene ein und extrahiert den öligen Rückstand mit Acetonitril. Der Acetonitril-Extrakt wird zu einer Lösung von 2,113 g Trimethyl-arsin-dichlorid gegeben und die Reaktionslösung auf ~ 15 *ml* eingeengt. Beim Kühlen fällt das Hydroxy-trimethyl-arsoniumchlorid aus, das aus Acetonitril umkristallisiert wird; Ausbeute: 3,1 g; F: 133–134°.

Wird die Hydrolyse der Dihalogenide in Gegenwart von Silbersalzen durchgeführt[1] oder die isolierten Hydroxy-triorgano-arsoniumhalogenide nachträglich mit Silber- oder Quecksilbersalzen[2] umgesetzt, so läßt sich das Halogenid-Ion austauschen:

$$[R_3\overset{\oplus}{As}-OH] \ Cl^{\ominus} \ + \ AgX \ \xrightarrow[-AgCl]{} \ [R_3\overset{\oplus}{As}-OH] \ X^{\ominus}$$

| | | |
|---|---|---|
| R = CH$_3$; X$^{\ominus}$ = ClO$_4$$^{\ominus}$; | *Hydroxy-trimethyl-arsonium-perchlorat*[1] | F: 120–121° |
| X$^{\ominus}$ = HSO$_4$$^{\ominus}$; | *Hydroxy-trimethyl-arsonium-hydrogensulfat*[1] | F: 102–104° |
| X$^{\ominus}$ = NO$_3$$^{\ominus}$; | *Hydroxy-trimethyl-arsonium-nitrat*[1] | F: 129–130° |
| R = C$_6$H$_5$; X$^{\ominus}$ = ClO$_4$$^{\ominus}$; | *Hydroxy-triphenyl-arsonium-perchlorat*[2] | F: 163–165° |

Durch Umsetzung von Hydroxy-triphenyl-arsoniumchlorid bzw. -bromid mit Quecksilber(I)-chlorid bzw. -bromid in äthanolischer Lösung entstehen *Bis-[hydroxy-triphenyl-arsonium]-tetrahalogen-mercurate(II)*[2]:

$$2 \ [(H_5C_6)_3\overset{\oplus}{As}-OH] \ X^{\ominus} \ + \ HgX_2 \longrightarrow [(H_5C_6)_3\overset{\oplus}{As}-OH]_2 \ [HgX_4]^{\ominus}$$

X = Cl; F: 160–161°
X = Br; F: 156–158°

Zur Herstellung der Hydroxy-triorganoarsoniumsalze aus den entsprechenden tert. Arsinoxiden, werden letztere entweder direkt mit Protonsäuren erwärmt oder in alkoholischer, benzolischer oder acetonischer Lösung umgesetzt[3-9]:

$$R_3As=O \ + \ HX \longrightarrow [R_3\overset{\oplus}{As}-OH] \ X^{\ominus}$$

**Hydroxy-triorgano-arsoniumsalze; allgemeine Arbeitsvorschrift**[3-5]: Eine Suspension des tert. Arsinoxids bzw. -dihydroxids in verd. bis halbkonz. Salpetersäure oder Salzsäure wird auf dem Wasserbad bis zur Auflösung erwärmt (ev. nach ~ 1 Stde. vom Ungelösten abfiltrieren). Beim Kühlen kristallisieren die Salze aus. So erhält man u. a.

[1] M. H. O'BRIEN et al., Inorg. Chim. Acta **1**, 34 (1967).
[2] G. S. HARRIS u. F. INGLIS, Soc. [A] **1967**, 497.
[3] A. MICHAELIS, A. **321**, 141 (1902).
[4] G. E. RAZUVAEV et al., Ž. obšč. Chim. **5**, 724 (1935); engl.: 721; C. A. **30**, 1057 (1936).
[5] D. S. TARBELL u. J. R. VAUGHAN, Am. Soc. **67**, 41, 144 (1945).
[6] F. G. MANN u. J. WATSON, Soc. **1947**, 505; J. Org. Chem. **13**, 502 (1948).
[7] R. C. COOKSON u. F. G. MANN, Soc. **1949**, 2895.
[8] B. D. CHERNOKALSKII u. L. A. VOROBEVA, Ž. obšč. Chim. **42**, 2452 (1972); engl.: 2445.
[9] B. E. ABALONIN et al., Ž. obšč. Chim. **44**, 1543 (1974); engl.: 1513.

*Hydroxy-methyl-diphenyl-arsonium-nitrat*[1]                         F: 106–107°
*Hydroxy-triphenyl-arsonium-nitrat*[2]                              F: 160–161°
*Hydroxy-diphenyl-p-tolyl-arsonium-nitrat*[2]                        F: 125°
*Hydroxy-tris-[4-methyl-phenyl]-arsonium-chlorid*[3]   84% d.Th.; F: 224–226°
*Hydroxy-tris-[3-nitro-4-äthoxy-phenyl]-arsoniumchlorid*[3]  94% d.Th.; F: 170–170,5°
*Bis-[hydroxy-triphenyl-arsonio]-methan-dichlorid*[4]               F: 127–130°

Um bei der Umsetzung von Triäthylarsinoxid mit Jodwasserstoffsäure, das Hydroxyarsoniumjodid zu erhalten muß das Verhältnis der Reaktanden 1:1 betragen. Im Verhältnis 2:1 entsteht ein salzartiges Addukt[5]:

$$2 \ (H_5C_2)_3As{=}O \ + \ HJ \ \longrightarrow \ [(H_5C_2)_3As{=}O{\cdots}H{\cdots}O{=}As(C_2H_5)_3]^{\oplus} \ J^{\ominus}$$

**Hydroxy-triäthyl-arsonium-jodid**[5]: 3,6 g Triäthylarsinoxid werden in Benzol gelöst und mit 6g 42,5%iger Jodwasserstoffsäure versetzt. Man dampft i. Vak. zur Trockene ein, läßt das zurückbleibende Öl i. Vakuumexsikkator über Phosphor(V)-oxid durchkristallisieren und kristallisiert dann aus einem Benzol-Aceton-Gemisch um; Ausbeute: 3,2 g (51% d.Th.); F: 94–97° (Nach 4fachem Umkristallisieren, F: 99–102°).

Beim Einsetzen der doppelten Menge Triäthylarsinoxid erhält man das *Bis-[triäthyl-arsinoxid]-Jodwasserstoff-Addukt* in 73%iger Ausbeute (F: 147–148°).

Ähnliche Addukte werden bei der Umsetzung von Trialkylarsinoxiden mit Alkylhalogeniden in benzolischer Lösung erhalten[5, 6]:

$$R_3As{=}O \ + \ R^1X \ \longrightarrow \ [R_3\overset{\oplus}{As}{-}OR^1] \ X^{\ominus} \ \xrightarrow[{-Olefin}]{R_3As{=}O} \ [R_3As{=}O]_2{\cdot}HX$$

$R^1$ = Alkyl
X = Cl, Br, J

Die Hydroxy-triorgano-arsoniumsalze, die auf diese Weise ebenfalls isoliert werden können, stellen vermutlich die Hydrolyseprodukte intermediär gebildeter Alkoxy-triorgano-arsoniumsalze dar (s. S. 362). Hydroxy-triphenyl-arsoniumhalogenide erhält man bei noch undurchsichtiger Reaktion aus Triphenylarsinoxid und Halogen-essigsäureestern oder -nitrilen[7]:

$$(H_5C_6)_3As{=}O \ + \ R{-}CH_2{-}X \ \xrightarrow{80-125°} \ [(H_5C_6)_3\overset{\oplus}{As}{-}OH] \ X^{\ominus}$$

R = CN, COOCH_3
X = Cl, Br, J

10-Alkyl- bzw. 10-Aryl-5,10-dihydro-phenazarsin-10-oxide werden durch Umsetzung mit Salzsäure, Bromwasserstoffsäure, Trichloressigsäure oder stark sauren Phenolen am Sauerstoff und nicht am Stickstoff protoniert[8]:

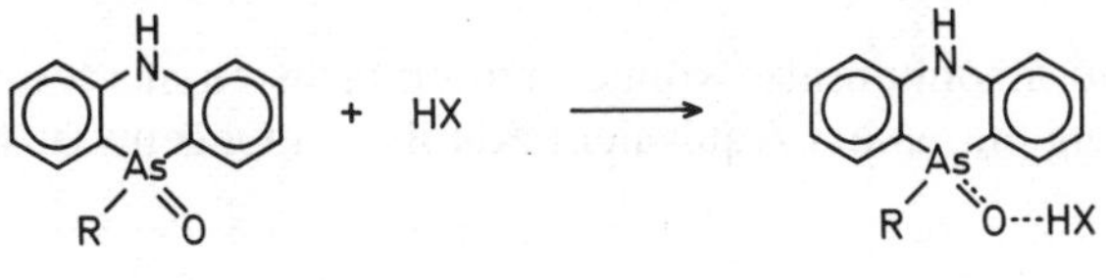

X = Cl, Br, O−CO−CH_3; O−C_6Cl_5

[1] A. MICHAELIS, A. **321**, 141 (1902).
[2] G. E. RAZUVAEV et al., Ž. obšč. Chim. **5**, 724 (1935); engl.: 721; C. A. **30**, 1057 (1936).
[3] D. S. TARBELL u. J. R. VAUGHAN, Am. Soc. **67**, 41, 144 (1945).
[4] R. C. COOKSON u. F. G. MANN, Soc. **1949**, 2895.
[5] B. D. CHERNOKALSKII u. L. A. VOROBEVA, Ž. obšč. Chim. **42**, 2452 (1972); engl.: 2445.
[6] B. E. ABALONIN et al., Ž. obšč. Chim. **44**, 1543 (1974); engl.: 1513; und dort zitierte Literatur.
[7] YU. GATILOV et al., Doklady Akad. SSSR. **216**, 800 (1974).
[8] V. I. GAVRILOV et al., Ž. obšč. Chim. **41**, 560, 564 (1971); engl.: 554, 559.

Die Reaktion wird in äthanolischer bzw. wäßrig äthanolischer Lösung durchgeführt, wobei die Addukte nach Einengen der Lösung kristallin ausfallen.

Die entsprechende Umsetzung mit Jodwasserstoffsäure verläuft unter Abspaltung des 10-Alkyl-Substituenten unter Bildung von 10-Jod-5,10-dihydro-phenazarsinen[1] (s. S. 237).

10-Phenyl-5,10-dihydro-phenazarsin-10-oxid wird durch 50%ige Jodwasserstoffsäure zu Diphenylamin abgebaut[1].

Einige Hydroxy-triorganoarsonium-Salze werden durch Umsetzung der tert. Arsine mit Protonensäuren wie Salpetersäure erhalten[2-5]:

$$R_3As \;+\; HNO_3 \;\longrightarrow\; [R_3\overset{\oplus}{As}{-}OH]\; NO_3^{\ominus}$$

Bei der elektrochemischen Oxidation von Triphenyl-arsin an Platinelektroden in Gegenwart von Natriumperchlorat und Acetonitril entstehen je nach Reaktionsbedingungen Mono- bzw. Diaddukte[6]:

$$(H_5C_6)_3As \;+\; NaClO_4 \;\xrightarrow{\;H_2O/CH_3CN/Pb\text{-}Anode\;}\; [(H_5C_6)_3\overset{\oplus}{As}{-}OH]\; ClO_4^{\ominus}$$

*Hydroxy-triphenyl-arsoniumperchlorat*

$$2\;(H_5C_6)_3As \;+\; NaClO_4 \;\xrightarrow{\;H_2O/CH_3CN/Pb\text{-}Anode\;}\; [(H_5C_6)_3As{=}O]_2\; HClO_4$$

*Bis-[triphenyl-arsinoxid]-hydroperchlorat*

Wird die Elektrolyse in Gegenwart von Lithiumchlorid oder Tetraäthylammonium-tetrafluoroborat durchgeführt, so wird *Hydroxy-triphenyl-arsonium-chlorid* bzw. *-tetrafluoroborat* erhalten[6].

Hydroxy-triorganoarsoniumsalze werden durch Ammoniumhydroxid oder Natronlauge zu tert. Arsinoxiden bzw. -dihydroxiden hydrolysiert (s. S. 377). Thermisch tritt Zersetzung ein, wobei Arsen(III)-oxid und Arsinigsäure-halogenide gebildet werden[7]:

$$\begin{bmatrix} R_2\overset{\oplus}{As}{-}OH \\ \; | \\ R^1 \end{bmatrix} X^{\ominus} \;\xrightarrow[\;-R^1X\;]{\;180\text{-}200°\;}\; R_2As{-}X \;+\; As_2O_3$$

$$R^1 = Alkyl \;;\; X = Cl, Br$$

### β) Alkoxy- und Alkylthio-arsoniumsalze

Alkoxy-triorgano-arsoniumsalze können am einfachsten aus tert. Arsin-dihalogeniden durch Umsetzung mit einem Äquivalent Alkohol in Gegenwart von Aminen hergestellt werden[8, 9]:

[1] V. I. Gavrilov et al., Ž. obšč. Chim. **41**, 560, 564 (1971); engl.: 554, 559.
[2] G. E. Razuvaev et al., Ž. obšč. Chim. **5**,724 (1935); engl.: 721; C. A. **30**, 1057 (1936).
[3] F. Challenger u. A. A. Rawlings, Soc. **1936**, 264.
[4] R. C. Cookson u. F. G. Mann, Soc. **1949**, 2895.
[5] F. G. Mann et al., Soc. **1965**, 6342.
[6] S. Zecchin et al., J. Organometal. Chem. **81**, 49 (1974).
[7] B. E. Abalonin et al., Ž. obšč. Chim. **44**, 1543 (1974); engl.: 1513.
[8] L. Horner et al., A. **626**, 26 (1959).
[9] G. Märkl u. H. Hauptmann, Ang. Ch. **84**, 439 (1972).

$$(H_5C_6)_3AsBr_2 \;+\; ROH \;+\; (H_5C_2)_3N \xrightarrow[-[(H_5C_2)_3\overset{\oplus}{N}H]\,Br^{\ominus}]{} \; [(H_5C_6)_3\overset{\oplus}{As}-OR]\,Br^{\ominus}$$

**Benzyloxy-triphenyl-arsoniumbromid[1]:** Zu einer Lösung von 25 mMol Dibromtriphenyl-arsoran in 85 *ml* trockenem Benzol wird bei 5° zuerst eine Lösung von 30 mMol Triäthylamin in 20 *ml* Benzol, dann eine Lösung von 25 mMol Benzylalkohol in 20 *ml* Benzol gegeben. Man rührt 20 Min. bei 30°, filtriert vom ausgeschiedenen Ammoniumsalz ab und entfernt das Lösungsmittel i. Vak. bei einer Badtemp. von höchstens 30°. Der Rückstand wird dann aus wenig wasserfreiem Acetonitril umkristallisiert; Ausbeute: 45% d. Th.; F: 159–160°.

Das aus 1,1-Dichlor-1,2,5-triphenyl-arsol und einem Äquivalent Natriummethanolat gebildete *1-Methoxy-1,2,5-triphenyl-arsolium-chlorid* spaltet spontan Methylchlorid ab und geht in *1,2,5-Triphenyl-arsol-1-oxid* über[2]:

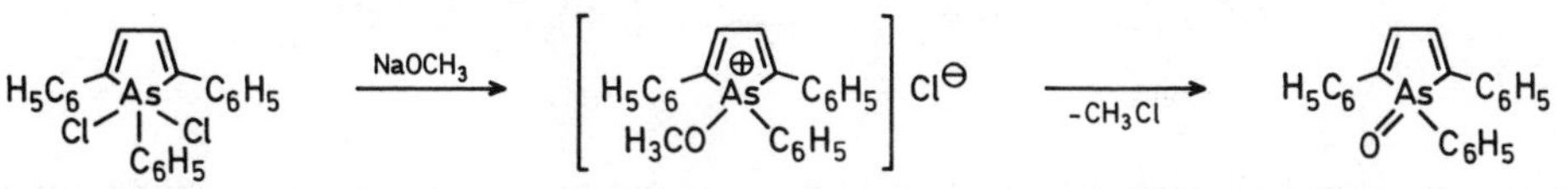

Tert.-Butyloxy-triorgano-arsoniumhalogenide erhält man durch Anlagerung von tert.-Butylhypohalogeniten an tert. Arsine[3, 4]:

$$R_3As \;+\; (H_3C)_3C-O-Cl \longrightarrow [R_3\overset{\oplus}{As}-O-C(CH_3)_3]\,X^{\ominus}$$

**Tert.-Butyloxy-triphenyl-arsoniumchlorid[3]:** Unter Rühren, Licht- und Feuchtigkeitsausschluß[1] werden bei −10° bis +5° 1,08 g (0,01 Mol) tert. Butyl-hypochlorit innerhalb 5 Min. zu einer Lösung von 3,06 g (0,01 Mol) Triphenylarsin in abs. Chlorbenzol oder abs. Benzol getropft. Man läßt langsam auf 20° erwärmen und filtriert den ausgefallenen Niederschlag ab; Ausbeute: 4 g (97% d. Th.); F: 91–94° (Zers.; aus Chlorbenzol); 88–90° (Zers., aus Benzol).

Das Arsoniumchlorid enthält Lösungsmittel, das sich i. Vak. bei höherer Temp. nicht entfernen läßt, da Zers. eintritt.

Analog wird das entsprechende *tert.-Butyloxy-triphenyl-arsonium-bromid* gewonnen[3]. Auf prinzipiell gleiche Weise setzt sich Triphenyl-arsin mit Triorganosilyl-hypohalogeniten um[5]; z. B.:

$$(H_5C_6)_3As \;+\; (H_5C_6)_3Si-OX \xrightarrow{\text{in } CH_2Cl_2 / -30°} [(H_5C_6)_3\overset{\oplus}{As}-O-Si(C_6H_5)_3]\,X^{\ominus}$$

*Triphenylsilyloxy-triphenyl-arsonium-*
X = Cl; *-chlorid*; 80% d. Th.; F: 106–109° (Zers.)
X = Br; *-bromid*; 70% d. Th.; F: 150° (Zers.)

Arsinigsäure-alkylester bilden bei der Einwirkung von Alkyl-jodiden bei 20° Alkoxy-triorgano-arsoniumjodide[6, 7]:

$$(R^1)_2As-OR^2 \;+\; R^3J \xrightarrow{20-30°,\ \text{bis zu 45 Tage}} \left[(R^1)_2\underset{\underset{R^3}{|}}{\overset{\oplus}{As}}-OR^2\right] J^{\ominus}$$

[1] L. Horner et al., A. **626**, 26 (1959).
[2] G. Märkl u. H. Hauptmann, Ang. Ch. **84**, 439 (1972).
[3] J. Dahlmann u. L. Austenat, A. **729**, 1 (1969).
[4] G. Märkl u. H. Hauptmann, Ang. Ch. **84**, 439 (1972).
[5] J. Dahlmann u. L. Austenat, J. pr. **312**, 10 (1970).
[6] I. M. Strashov u. G. Kamai, Ž. obšč. Chim. **24**, 2044 (1954); C. A. **49**, 14663 (1955).
[7] G. Kamai u. B. D. Chernokalskii, Ž. obšč. Chim. **30**, 1536 (1960); C. A. **55**, 1415 (1961).

Alkyl-phenyl-arsinigsäure-alkylester benötigen zum Teil Temperaturen bis zu 140°, wobei die Umsetzung im Bombenrohr durchgeführt wird[1]. Auf diese Weise erhält man u. a.

| | |
|---|---|
| *Propyloxy-diäthyl-propyl-arsoniumjodid*[2] | F: 241–243° |
| *Methoxy-methyl-äthyl-phenyl-arsoniumjodid*[1] | F: 112–114° |
| *Butyloxy-methyl-butyl-phenyl-arsoniumjodid*[1] | F: 139–141° |
| *Butyloxy-dibutyl-phenyl-arsoniumjodid*[1] | F: 135–136° |

Bei dieser Reaktion sollen sich keine Quasi- sondern quart.-arsoniumsalze bilden (s. S. 410)[3, 4]. Solche Alkoxy-triorgano-arsoniumhalogenide werden auch durch Umsetzung von tert. Arsinoxiden mit Alkylhalogeniden als Primärprodukt gebildet[5–9]:

$$(R^1)_3As=O \ + \ R^2X \ \longrightarrow \ \{[(R^1)_3\overset{\oplus}{As}-OR^2]X^{\ominus}\}$$

$$X = \text{Halogen}$$

In den meisten Fällen stellt jedoch das Quasiarsoniumsalz nur eine Zwischenstufe dar, die in Abhängigkeit von der Struktur und Reaktionsbedingung entweder zu Arsinigsäure-estern (s. S. 267), Hydroxy-triorgano-arsoniumsalzen (s. S. 361) oder quart. Arsoniumsalzen führt (s. S. 410).

(+)-**Methoxy-äthyl-butyl-(4-carboxy-phenyl)-arsoniumjodid**[10]: Unter Rühren und Feuchtigkeitsausschluß werden 0,488 g Methyljodid zu einer auf 30° thermostatisierten Lösung von 1,026 g (+)-Äthyl-butyl-(4-carboxy-phenyl)-arsinoxid ($[\alpha]_D^{20}$: + 10,22°) in 100 *ml* abs. Nitromethan gegeben. Nach 20 Min. lassen sich 0,142 g (9,4% d. Th.) Salz isolieren; F: 185° (Zers.); $[\alpha]_D^{20}$: + 3,21° (c = 0,3618, Nitromethan).

In wesentlich höheren Ausbeuten können die stabileren Alkylthio-triorgano-arsoniumsalze durch die analoge Umsetzung von tert. Arsinsulfiden mit Alkylierungsmitteln hergestellt werden[11, 12]:

$$(R^1)_3As=S \ + \ R^2X \ \longrightarrow \ [(R^1)_3\overset{\oplus}{As}-S-R^2]X^{\ominus}$$

Alkylthio-triorgano-arsoniumsalze sind besonders dann zu erwarten, wenn das Anion wenig basisch ist. Auch Alkyl-Reste am Arsenatom stabilisieren die Quasiarsoniumsalze[11, 12]:

So lassen sich aus Trialkyl-arsinsulfiden und Alkylbromiden oder -jodiden unter milden Bedingungen die entsprechenden Quasiarsoniumsalze isolieren, während die Reaktion mit Triaryl-arsinsulfiden über die entsprechenden Quasiarsoniumsalze bis zu quart. Arsoniumsalzen weitergeht[13, 14]. Die Umsetzung von Triphenyl-arsinsulfid mit Trialkyloxonium-tetrafluoroboraten kann dagegen auf der Stufe des Quasiarsoniumsalzes gestoppt werden[11].

[1] I. M. STRASHOV u. G. KAMAI, Ž. obšč. Chim. **24**, 2044 (1954); C. A. **49**, 14663 (1955).

[2] G. KAMAI u. B. D. CHERNOKALSKII, Ž. obšč. Chim. **30**, 1536, (1960); C. A. **55**, 1415 (1961).

[3] B. E. ABOLONIN et al., Ž. obšč. Chim. **40**, 1812 (1970); engl.: 1796.

[4] B. D. CHERNOKALSKII et al., Ž. obšč. Chim. **40**, 2645 (1970); engl.: 2638.

[5] G. KAMAI et al., Doklady Akad. SSSR **145**, 328 (1962).

[6] B. D. CHERNOKALSKII et al., Ž. obšč. Chim. **40**, 151 (1970); engl.: 138; und dort zitierte Literatur.

[7] YU. F. GATILOV et al., Ž. obšč. Chim. **42**, 538, 1959 (1972); engl.: 536, 1952.

[8] YU. F. GATILOV u. V. A. PEROV, Ž. obšč. Chim. **43**, 1135, 1138 (1973); engl.: 1126, 1129.

[9] B. E. ABALONIN et al.: Ž. obšč. Chim. **44**, 1543 (1974); engl.: 1513

[10] YU. F. GATILOV et al., Ž. obšč. Chim. **42**, 1959 (1972); engl.: 1952.

[11] B. D. CHERNOKALSKII et al., Ž. obšč. Chim. **41**, 557 (1971); engl.: 551; **44**, 1871, 2208 (1974); engl.: 1838, 2167.

[12] YU. F. GATILOV et al., Ž. obšč. Chim. **41**, 1291 (1971); engl.: 1301; **42**, 132 (1972); engl.: 127; **42**, 1303 (1972); engl.: 1298.

[13] B. D. CHERNOKALSKII et al., Ž. obšč. Chim. **40**, 148 (1970); engl.: 135.

[14] G. KAMAI et al., Ž. obšč. Chim. **41**, 2015 (1971); engl.: 2036.

Die besten Ausbeuten an Alkylthio-triorgano-arsoniumsalzen erhält man aus tert. Arsinsulfiden und Alkylierungsmittel bei Raumtemperatur, wobei die Reaktionsdauer mit zunehmender Kettenlänge des Alkylhalogenids zunimmt (5,5–96 Stdn.)[1]. Die Reaktion kann in aprotischen Lösungsmitteln oder überschüssigem Alkylhalogenid durchgeführt werden. Bei höheren Temperaturen sinkt die Ausbeute an Quasiarsoniumsalzen stark ab, da diese in Abhängigkeit von Struktur und Reaktionsbedingungen sich auf verschiedene Weise zersetzen können (s. S. 366).

**Alkylthio-triorgano-arsonium-tetrafluoroborat; allgemeine Arbeitsvorschrift**[1]: 0,01–0,02 Mol tert. Arsinsulfid werden mit einem geringen Überschuß Trialkyloxonium-tetrafluoroborat in ~ 50 $ml$ abs. Dichlormethan 24–26 Stdn. gerührt. Man engt eventuell ein und fällt das Quasiarsoniumsalz mit Äther aus. Man saugt unter Kohlendioxid ab und trocknet i. Vak. über Phosphor(V)-oxid.

Auf diese Weise erhält man u. a.

| | | |
|---|---|---|
| *Äthylthio-triäthyl-arsonium-tetrafluoroborat* | 76% d.Th. | F: 93–94° (Zers.) |
| *Äthylthio-tripropyl-arsonium-tetrafluoroborat* | 80% d.Th. | F: 106–107° (Zers.) |
| *Äthylthio-triphenylarsonium-tetrafluoroborat* | 94% d.Th. | F: 153° (Zers.) |
| *Butylthio-triphenyl-arsonium-tetrafluoroborat* | 21% d.Th. | F: 115° (Zers.) |

Die Umsetzung mit Alkylbromiden oder -jodiden wird in Benzol oder überschüssigem Alkylhalogenid durchgeführt. Die gebildeten Quasiarsoniumhalogenide werden nach Entfernung des überschüssigen Alkylhalogenids entweder direkt oder nach Zugabe von trockenem Äther kristallin erhalten[1]; z. B.:

| Alkylthio-trialkylarsoniumhalogenid | Reaktionsdauer [Stdn.] | Ausbeute [% d.Th.] | Zersetzungspunkt [°C] |
|---|---|---|---|
| *Methylthio-triäthyl-arsoniumjodid* | 5,5 | 50 | 127–129 |
| *Äthylthio-triäthyl-arsoniumjodid* | 48 | 87 | 115–116 |
| *Äthylthio-triäthyl-arsoniumbromid* | 60 | 69 | 98–100 |
| *Äthylthio-tripropyl-arsoniumjodid* | 24 | 60 | 98–100 |

**Alkylthio-trialkyl-arsoniumbromide; allgemeine Arbeitsvorschrift**[2]: Eine Mischung aus Trialkyl-arsinsulfid und Alkylbromid im Verhältnis 1 : 2 wird in Aceton 6–13 Stdn. unter Feuchtigkeitsausschluß auf 56–57° erhitzt. Man erhält zwei Phasen. Die obere Phase enthält hauptsächlich Arsinigsäure-thioester (s. S. 277). Die untere Phase wird unter Ausschluß von Feuchtigkeit abgetrennt und aus trockenem Äther umkristallisiert.

| | | |
|---|---|---|
| *Äthylthio-triäthyl-arsoniumbromid* | 78% d.Th. | F: 100° |
| *Äthylthio-tripropyl-arsoniumbromid* | 17% d.Th. | F: 184° |
| *Butylthio-tributyl-arsoniumbromid* | 28% d.Th. | Öl; $n_D^{20}$: 1,566° |

Unter ähnlichen Bedingungen werden bei der Einwirkung von Acetylchlorid auf tert. Arsinsulfide Acetylthio-triorgano-arsonium-chloride erhalten[3]:

$$R_3As{=}S \ + \ H_3C{-}CO{-}Cl \ \xrightarrow{\text{Aceton, 56°, 5-15 Stdn.}} \ [R_3\overset{\oplus}{As}{-}S{-}CO{-}CH_3] \ Cl^{\ominus}$$

**Acetylthio-triorgano-arsoniumchloride; allgemeine Arbeitsvorschrift**[3]: Unter Feuchtigkeitsausschluß versetzt man eine Lösung des tert. Arsinsulfids in abs. Aceton mit der 2fachen molaren Menge trockenen Acetylchlorids (bei Diäthyl-phenyl-arsinsulfid nimmt man den 3fachen Überschuß an Acetylchlorid) und erhitzt 5 Stdn. (15 Stdn. bei Diäthyl-phenyl-arsinsulfid) auf 56°. Nach Entfernung des Lösungsmittels und überschüssigen Acetylchlorids i. Vak. wird das gebildete Quasiarsoniumsalz durch Kühlen auf 0° zur Kristallisation gebracht, aus trockenem Hexan umkristallisiert und i. Vak. getrocknet;

| | | |
|---|---|---|
| *Acetylthio-triäthyl-arsoniumchlorid* | 58,5% d.Th. | F: 49° |
| *Acetylthio-tripropyl-arsoniumchlorid* | 35,5% d.Th. | F: 73° |
| *Acetylthio-diäthyl-phenyl-arsoniumchlorid* | 46,8% d.Th. | F: 61° |

[1] B. D. CHERNOKALSKII et al., Ž. obšč. Chim. **41**, 557 (1971); engl.: 551.
[2] YU. F. GATILOV et al., Ž. obšč. Chim. **41**, 1291 (1971); engl.: 1301; **42**, 132, 1305 (1972); engl.: 127, 1298.
[3] YU. F. GATILOV et al., Ž. obšč. Chim. **42**, 2466 (1972); engl.: 2458.

Bei Durchführung der Reaktion in siedendem Benzol erhält man als Hauptprodukt keine Quasiarsoniumsalze sondern Acetylthio-diorgano-arsine (s. S. 279)[1].

Alkoxy- und Alkylthio-triorgano-arsoniumsalze werden thermisch zu Arsinigsäure-ester (s. S. 267) bzw. -thioester zersetzt:

$$[(R^1)_3 \overset{\oplus}{As}-S-R^2]\ X^{\ominus} \xrightarrow[-R^1X]{\nabla} (R^1)_2As-S-R^2$$

In beiden Fällen wird am leichtesten Alkylhalogenid abgespalten. Alkoxy-arsonium-Salze können auch unter Eliminierung von Olefin in Hydroxy-triorgano-arsonium-Salze übergehen[2]:

$$[(R^1)_3 \overset{\oplus}{As}-O-CH_2-CH_2-R^2]\ X^{\ominus} \xrightarrow[-R^2-CH=CH_2]{} [(R^1)_3 \overset{\oplus}{As}-OH]\ X^{\ominus}$$

Hierbei können auch tert. Arsinoxide als Basen fungieren, und man erhält Bis-tert.-arsionoxid-Addukte[3, 4]:

$$[(R^1)_3 \overset{\oplus}{As}-O-CH_2-CH_2-R^2]\ X^{\ominus} \xrightarrow[-R^2-CH=CH_2]{(R^1)_3As=O} (R^1)_3As=O\cdots \underset{X}{\overset{|}{H}}\cdots O=As(R^1)_3$$

$$bzw. \quad \left[ (R^1)_3As-O-\underset{OH}{\overset{\oplus}{\underset{|}{As}}}(R^1)_3 \right] X^{\ominus}$$

## γ) Quasiarsoniumsalze mit einer Arsen-Stickstoff-Bindung

Bei der Einwirkung von aminfreien N-Chlor-aminen auf tert. Arsine werden Salze gebildet, denen eine mesomere Immonium-Arsonium-Struktur zugeordnet wird[5−9]:

$$(R^1)_3As + Cl-N(R^2)_2 \longrightarrow \left\{ [(R^1)_3 \overset{\oplus}{As}-N(R^2)_2]\ Cl^{\ominus} \longleftrightarrow [(R^1)_3As=\overset{\oplus}{N}(R^2)_2]\ Cl^{\ominus} \right\}$$

Diese Salze lassen sich auch aus tert. Arsin-dihalogeniden[10] oder -diacetaten[11] mit Aminen herstellen:

$$R_3AsCl_2 + 2\ NH_3 \longrightarrow [R_3As \doteq NH_2]^{\oplus}\ Cl^{\ominus}$$

**Amino-triorgano-arsoniumchloride (Triorgano-arsin-immonium-chloride); allgemeine Arbeitsvorschrift[6−8]:**
In eine auf − 78° gekühlte Lösung des tert. Arsins wird die doppelte molare Menge ammoniakfreies Chloramin einkondensiert. Die Umsetzung mit Trimethyl-arsin ist nach ∼ 15 Min. beendet[6]. Man läßt auf 20° kommen, rührt eventuell weitere 2 Stdn., destilliert den Äther ab, wäscht den Rückstand mit Äther nach und trocknet i. Vak.

[1] YU. F. GATILOV et al., Ž. obšč. Chim. **42**, 2466 (1972); engl.: 2458.
[2] YU. F. GATILOV u. V. A. PEROV, Ž. obšč. Chim. **43**, 1135 (1973); engl.: 1126.
[3] B. D. CHERNOKALSKII et al., Ž. obšč. Chim. **40**, 151 (1970); engl.: 138.
[4] B. E. ABALONIN et al., Ž. obšč. Chim. **44**, 1543 (1974); engl.: 1513.
[5] R. APPEL u. D. WAGNER, Ang. Ch. **72**, 209 (1960).
[6] H. H. SISLER u. C. STRATTON, Inorg. Chem. **5**, 2003 (1966).
[7] H. H. SISLER u. S. R. JAIN, Inorg. Chem. **7**, 104 (1968).
[8] L. A. KRANNICH u. H. H. SISLER, Inorg. Chem. **11**, 1226 (1972).
[9] B. W. ROSS u. W. B. MARZI, B. **108**, 1518 (1975).
[10] A. RIECHE et al., Ang. Ch. **73**, 494 (1961); A. **678**, 167 (1964).
[11] J. I. G. CADOGEN u. I. GOSNEY, Soc. (Perkin I) **1974**, 466.

Unter anderem werden auf diese Weise folgende Salze erhalten:

| | | |
|---|---|---|
| *Amino-triäthyl-arsoniumchlorid* | 80% d. Th. | F: 63° (Zers.) |
| *Amino-tripropyl-arsoniumchlorid* | 40% d. Th. | F: 92–94° (Zers.) |
| *Amino-methyl-diphenyl-arsoniumchlorid* | 95% d. Th. | F: 166–170° (Zers.) |
| *Amino-triphenyl-arsoniumchlorid* | | F: 170° (Zers.) |
| *10-Amino-10-methyl-5,10-dihydro-phenazarsiniumchlorid* | 90% d. Th. | F: 176° (Zers.) |

N-Chlor-dimethylamin ist gegenüber tert. Arsinen weniger reaktiv als Chloramin und setzt sich in 3–10fachem Überschuß erst bei Raumtemperatur mit den Arsinen um[1,2] (40–70% d. Th.).

*Phthalimidoamino-triphenyl-arsoniumacetat* wird aus Diacetoxy-triphenyl-arsoran (s. S. 354) und N-Amino-phthalimid hergestellt[3]. Das Diacetoxy-triphenyl-arsoran muß hierbei nicht isoliert werden:

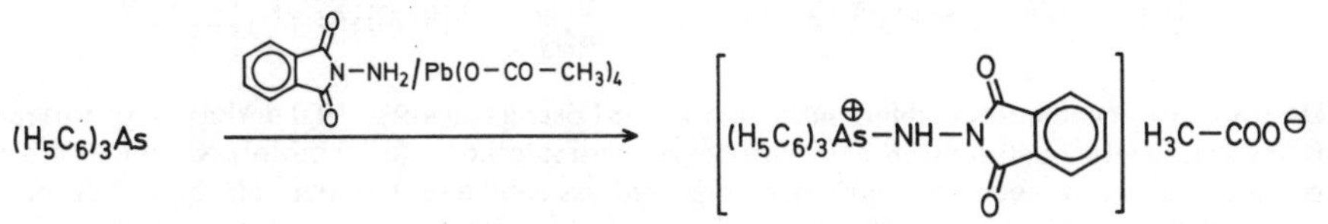

Vermutlich läuft gleichzeitig eine Reaktion über nitrenartige Intermediate mit dem Arsin ab, die ebenfalls zu Quasiarsoniumsalzen führen[3]. Der Mechanismus über die Nitren-Zwischenstufen wird dadurch erhärtet, daß das Quasiarsoniumsalz durch Erhitzen von N-Phthalimido-aziridin in Gegenwart von Triphenyl-arsin und Essigsäure ebenfalls gebildet wird[3].

**Phthalimidamino-triphenyl-arsonium-acetat**[3]: 0,65 g (4 mMol) fein pulverisiertes N-Amino-phthalimid und 3,66 g (12 mMol) Triphenyl-arsin werden in 40 *ml* abs. Dichlormethan gelöst. Unter Rühren gibt man 1,95 g (4,4 mMol) Blei(IV)-acetat in kleinen Portionen zu. Nach 1stdgm. Rühren filtriert man ab und wäscht mit Dichlormethan nach. Man entfernt das Lösungsmittel aus dem Filtrat und bringt den öligen Rückstand durch vorsichtige Zugabe von Äther zur Kristallisation. Das Salz läßt sich aus abs. Äthanol umkristallisieren; Ausbeute: 1,05 g (50% d. Th.); F: 219–223°.

Bei der Einwirkung von Chloramin T (N-Natrium-N-chlor-p-toluolsulfonsäure-amid) oder seiner Hydratform auf Triaryl-arsine entstehen je nach Reaktionsbedingungen entweder Arsin-imine (s. S. 390) oder ihre (formal) Hydrate[4–10]. Sowohl der Mechanismus der Reaktion als auch die Struktur der Produkte sind umstritten[9,10]. Primär soll sich ein Chlortriaryl-arsonium-amidat bilden, das durch Wasser in Triaryl-arsinoxid und p-Toluolsulfonsäure-amid übergeführt wird. Diese kondensieren wiederum zu Tosylaminotriaryl-arsonium-hydroxiden:

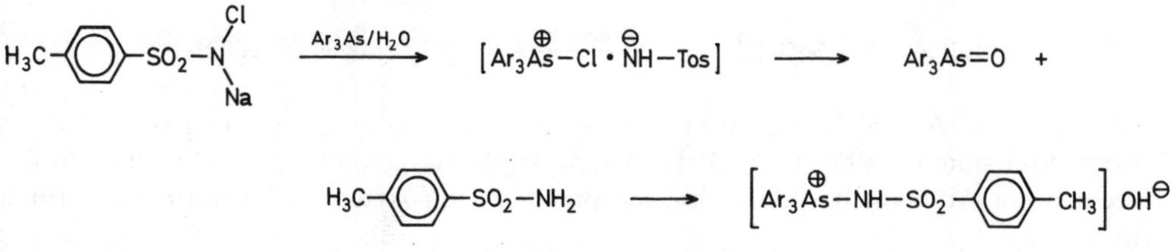

[1] H. H. Sisler u. S. R. Jain, Inorg. Chem. **7**, 104 (1968).
[2] L. Krannich u. H. H. Sisler, Inorg. Chem. **11**, 1226 (1972).
[3] J. I. G. Cadogen u. I. Gosney, Soc. (Perkin I) **1974**, 466.
[4] F. G. Mann u. J. Pope, Soc. **121**, 1754 (1922).
[5] F. G. Mann, Soc. **1932**, 958.
[6] F. G. Mann u. E. J. Chaplin, Soc. **1937**, 527.
[7] D. S. Tarbell u. J. R. Vaughan, jr., Am. Soc. **67**, 41 (1945).
[8] F. G. Mann u. J. Watson, J. Org. Chem. **13**, 502 (1948).
[9] D. W. Allen et al., Soc. (Perkin I) **1972**, 2793.
[10] J. I. G. Cadogen u. I. Gosney, Soc. (Perkin I) **1974**, 460.

Die Tatsache, daß tert. Arsinoxide bzw. -dihydroxide mit Chloramin T oder Carbonsäure-amiden[1] diese Amido-triorgano-arsoniumsalze bilden, ist eine weitere Bestätigung des obigen Mechanismus.

**(4-Amino-benzolsulfonylamino)-triphenyl-arsonium-hydroxid**[2]: Eine Mischung aus 2,0 g Triphenyl-arsin-dihydroxid und 1,0 g 4-Amino-benzolsulfonsäure-amid in 10 ml 1,4-Dioxan wird 10 Min. bis unter den Siedepunkt erhitzt. Man filtriert heiß ab und läßt das Filtrat abkühlen. Der orangefarbene Niederschlag (2,19 g) wird abgesaugt, aus wenig 1,4-Dioxan umkristallisiert und i. Vak. getrocknet; Ausbeute: 1,8 g (63% d. Th.); F: 163–164° (Zers.).

**Benzoylamino-triphenyl-arsonium-hydroxid**[3]: 1,61 g (5 mMol) Triphenyl-arsinoxid und 0,61 g (5 mMol) Benzamid werden in 30 ml wasserfreiem Benzol 3 Stdn. unter Rückfluß erhitzt. Man engt i. Vak. auf 10 ml ein, kühlt, saugt ab und kristallisiert aus Essigsäure-äthylester um; Ausbeute: 1,86 g (84% d. Th.); F: 109–110°.

*Azido-trimethyl-arsonium-hexachloroantimonat* erhält man aus Chloro-trimethyl-arsonium-hexachloroantimonat durch Umsetzung mit äquimolaren Mengen Natriumazid in Nitrobenzol[4]:

$$[(H_3C)_3\overset{\oplus}{As}-Cl]\ SbCl_6^{\ominus}\ +\ NaN_3\ \xrightarrow{-NaCl}\ [(H_3C)_3\overset{\oplus}{As}-N_3]\ SbCl_6^{\ominus}$$

**Azido-trimethyl-arsonium-hexachloroantimonat**[4]: Eine Lösung von 4,9 g (10,0 mMol) Chloro-trimethyl-arsonium-hexachloroantimonat in 60 ml abs. Nitrobenzol wird mit 0,65 g (10,0 mMol) Natriumazid bei 20° 36 Stdn. gerührt. Nach Abtrennen des Natriumchlorids wird das gebildete Arsoniumsalz durch Zugabe von abs. Tetrachlormethan ausgefällt, abfiltriert, mit abs. Dichlormethan mehrmals gewaschen und i. Vak. getrocknet; Ausbeute: 4,42 g (89% d. Th.); F: (ab 110° Braunfärbung) 185° (Zers.).

Bei der analogen Umsetzung, jedoch mit der doppelten molaren Menge Natriumazid bildet sich *Azido-trimethyl-arsonium-pentachloroazidoantimonat* (F: 84°; Zers.), das auch aus Trimethyl-arsin-diazid und Antimon(V)-chlorid erhältlich ist[4]:

$$(H_3C)_3As(N_3)_2\ +\ SbCl_5\ \xrightarrow{CH_2Cl_2,\ 0°}\ [(H_3C)_3\overset{\oplus}{As}-N_3]\ [SbCl_5N_3]^{\ominus}$$

Bei der Einwirkung von Methyl-quecksilberperchlorat auf Triäthyl- oder Triphenyl-arsin in Äther bzw. Aceton bilden sich **Methylquecksilber-arsoniumperchlorate**[5]:

$$R_3As\ +\ H_3C-HgClO_4\ \longrightarrow\ [R_3\overset{\oplus}{As}-Hg-CH_3]\ ClO_4^{\ominus}$$

R = C$_2$H$_5$; *Methylquecksilber-triäthyl-arsonium-perchlorat*; F: 120° (Zers.)
R = C$_6$H$_6$; *Methylquecksilber-triphenyl-arsonium-perchlorat*; F: 224–225°

Das Azido-trimethyl-arsonium-hexachloroantimonat lagert sich bei 120° oder in Nitrobenzol bei 80° zu *Chloro-trimethyl-arsonium-pentachloroazidoantimonat* um[4]:

$$[(H_3C)_3\overset{\oplus}{As}-N_3][SbCl_6]^{\ominus}\ \xrightarrow{Nitrobenzol,\ 80°}\ [(H_3C)_3\overset{\oplus}{As}-Cl][SbCl_5N_3]^{\ominus}$$

Amino- bzw. Amido-triorgano-arsoniumsalze gehen unter Einwirkung von Basen in Triorgano-arsinimine über (s. S. 391). Amino-triphenyl-arsoniumchlorid geht beim Erhitzen in ein Addukt über, dem eine mesomere Arsen-Arsonium-Struktur zugeordnet wird[6]:

$$[(H_5C_6)_3\overset{\oplus}{As}-NH_2]\ Cl^{\ominus}\ \xrightarrow{150°}\ [(H_5C_6)_3As\!=\!\!=\!\!N\!=\!\!=\!As(C_6H_5)_3]^{\oplus}\ Cl^{\ominus}$$

F: 255–260°

---

[1] J. I. G. CADOGEN u. I. GOSNEY, Soc. (Perkin I) **1974**, 466.
[2] D. S. TARBELL u. J. R. VAUGHAN, Am. Soc. **67**, 41 (1945).
[3] J. I. G. CADOGEN u. I. GOSNEY, Soc. (Perkin I) **1974**, 466.
[4] A. SCHMIDT, B. **101**, 4015 (1968).
[5] G. E. COATES u. A. LAUDER, Soc. **1965**, 1857.
[6] H. H. SISLER u. C. STRATTON, Inorg. Chem. **5**, 2003 (1966).

## 3. Tert. Arsinoxide

## A. Herstellung

### α) Aus tertiären Arsinen

#### α₁) *Durch direkte Oxidation*

Wie auf S. 33 bereits erwähnt sind tert. Arsine, besonders tert. Alkylarsine, leicht oxidable Verbindungen. Die durch Oxidation der tert. Arsine erhaltenen Arsinoxide können entweder als Oxid oder Dihydroxid vorliegen:

$$R_3As \xrightarrow{\text{Oxid.}} R_3As{=}O \quad \text{bzw.} \quad R_3As(OH)_2$$

Dihydroxide werden meistens bei der Oxidation von Triaryl-arsinen in Gegenwart von Feuchtigkeit erhalten. Die Struktur der Dihydroxide, die durch Dehydratisierung in die Oxide überführt werden können, ist umstritten[1]. Vermutlich liegt in Lösung folgendes Gleichgewicht vor:

$$R_3As{=}O \cdot H_2O \;\rightleftharpoons\; R_3As\raisebox{1ex}{$^{OH}$}_{OH} \;\rightleftharpoons\; [R_3\overset{\oplus}{As}{-}OH]\,OH^{\ominus}$$

Hydrat-Form          Pentacovalente Form          Salz-Form

Die pentacovalente Form des Dihydroxids ist für die Racemisierung von optisch aktiven Arsinoxiden in Gegenwart von Spuren Wasser verantwortlich[2]. Die leicht oxidablen Trialkylarsine werden mit feuchtem Luftsauerstoff oder überschüssigem, 30%igem Wasserstoffperoxid nicht, wie die ältere Literatur angibt[3], zu Arsinoxiden oxidiert. Es tritt eine Spaltung der As–C-Bindung unter Bildung von Arsinsäuren ein[3]. Um die Trialkylarsin-oxide zu erhalten, muß die Oxidation mit Wasserstoffperoxid oder Quecksilber(II)-oxid unter Ausschluß von molekularem Sauerstoff vorgenommen werden[3].

**Trialkylarsinoxide; allgemeine Arbeitsvorschrift am Beispiel von Tripropyl-arsinoxid[3]:**
①Oxidation mit Quecksilber(II)-oxid: In einem Dreihalskolben mit Rührer, Gaseinleitungsrohr und Rückflußkühler wird unter einem Stickstoffstrom eine Mischung aus 41,1 g (0,2 Mol) frisch destilliertem Tripropylarsin, 43,7 g rotem Quecksilber(II)-oxid und 60 *ml* Aceton 18 Stdn. unter Rückfluß erhitzt. Anschließend werden die unlöslichen Anteile [metal. Quecksilber, Quecksilber(II)-oxid und Organo-quecksilber-Verbindungen] abzentrifugiert und das Aceton destillativ entfernt, wobei ein dunkelbraunes Öl zurückbleibt. Man löst das Öl in Wasser und schüttelt mit Äther aus (um nicht umgesetztes Arsin zu entfernen).
Die wäßr. Phase wird i. Vak. eingeengt. Anfänglich ausfallende Niederschläge werden abfiltriert. Die konz. wäßr. Lösung wird mit Aktivkohle ausgekocht, abfiltriert und i. Hochvak. unter Erwärmen zur Trockene abgedampft. Der Rückstand wird zur Reinigung i. Vak. sublimiert; Rohausbeute: 11,9 g (27% d. Th.); F: 96,1–96,8°.
②Oxidation mit Wasserstoffperoxid: Unter Kühlen und Rühren wird eine ätherische Lösung des Arsins unter Stickstoff tropfenweise mit 30%igem Wasserstoffperoxid versetzt. Anschließend erhitzt man 1–2 Stdn. unter Rückfluß. Die wäßr. Phase wird abgetrennt, mit Äther extrahiert und wie bei der Oxidation mit Quecksilber(II)-oxid aufgearbeitet. Höhere Trialkyl-arsinoxide wie Trioctyl-arsinoxid werden aus Hexan unter Feuchtigkeitsausschluß ausgefroren und i. Vak. unter Erwärmen getrocknet.

Die Oxydation der Trialkyl-arsine mit Quecksilber(II)-oxid ist der mit Wasserstoffperoxid vorzuziehen, da im letzteren Falle eine As–C-Bindungsspaltung nicht auszuschließen

[1] G. O. Doak u. L. D. Freedman, *Organometallic Compounds of Arsenic, Antimony, and Bismuth*, Wiley-Interscience, New York 1970.
[2] L. Horner, Helv. Fasc. extraord. A. Werner, **49**, 93 (1967).
[3] A. Merijmian u. R. Zingaro, Inorg. Chem. **5**, 187 (1966) und dort zitierte Literatur.

ist[1]. Die auf diese Weise erhaltenen tert. Arsinoxide sind wasserfrei, solange sie mit Feuchtigkeit nicht in Berührung kommen[1].

Tert. Alkyl-aryl- und Triaryl-arsine werden meistens ohne Komplikationen mit Wasserstoffperoxid[1-7], Quecksilberoxid[1, 3] oder Kaliumpermanganat[8-14] in die entsprechenden Oxide überführt. Alkin-(1)-yl-aryl-arsine werden durch Perbenzoesäure[15] oder Wasserstoffperoxid[16] in die entsprechenden Oxide umgewandelt.

Tertiäre Arsine, die eine Allyl-Gruppe enthalten, werden dagegen sowohl von Wasserstoff-peroxid als auch von Kaliumpermanganat zusätzlich an der C=C-Doppelbindung angegriffen[17]; z. B.:

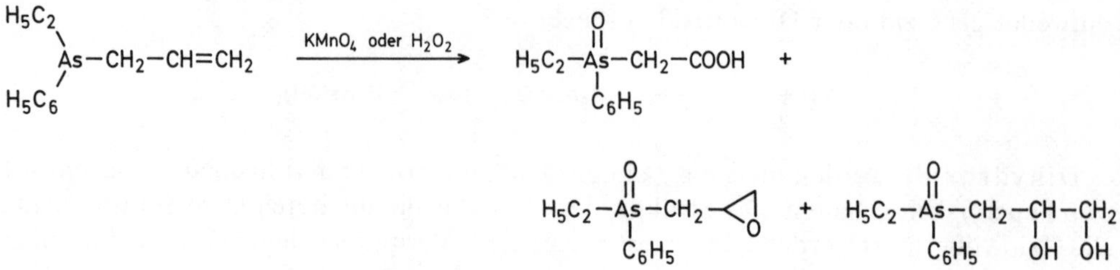

Ohne Angriff auf die C=C-Doppelbindung erfolgt die Oxidation von tert. Vinylarsinen mittels aktiviertem Mangandioxid in Hexan oder 1,4-Dioxan[18]; z. B.:

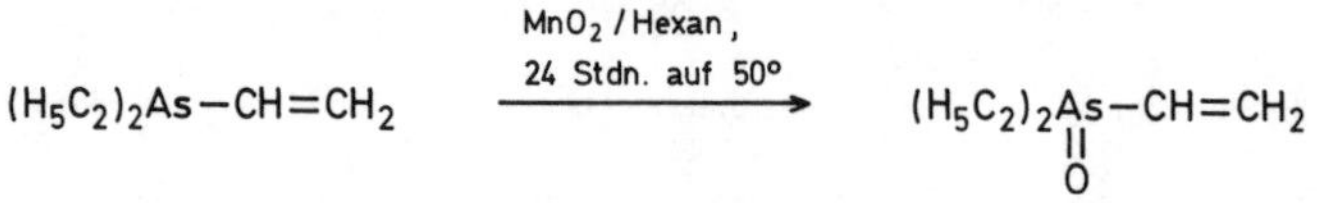

$$(H_5C_2)_2As-CH=CH_2 \xrightarrow{\substack{MnO_2 / Hexan, \\ 24 \text{ Stdn. auf } 50°}} (H_5C_2)_2As-CH=CH_2$$

*Diäthyl-vinyl-arsinoxid*[2]; Kp: 95–96°

Bis-[2-carboxy-äthyl]-aryl-arsine unterliegen in Gegenwart von Wasserstoffperoxid zusätzlich einer intramolekularen Kondensation[19]:

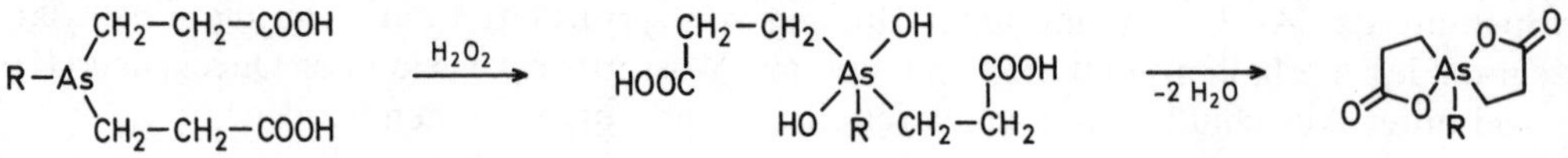

R = C₆H₅; 2,7-Dioxo-5-phenyl-1,6-dioxa-5-arsa-spiro[4.4]nonan; F: 235°
R = 4-Cl−C₆H₄; 2,7-Dioxo-5-(4-chlor-phenyl)-1,6-dioxa-5-arsa-spiro[4.4]nonan; F: 223°

[1] A. MERIJANIAN u. R. A. ZINGARO, Inorg. Chem. **5**, 187 (1966).
[2] J. R. VAUGHAN u. D. S. TARBELL, Am. Soc. **67**, 144 (1945).
[3] R. C. COOKSON u. F. G. MANN, Soc. **1949**, 67.
[4] R. L. SHRINER u. C. N. WOLF, Org. Synth. **30**, 95 (1950).
[5] B. D. CHERNOKALSKII et al., Ž. obšč. Chim. **37**, 1396 (1967); engl.: 1324.
[6] H. SCHINDLBAUR u. H. LASS, M. **99**, 2460 (1968).
[7] V. I. GAVRILOV et al., Ž. obšč. Chim. **38**, 2281 (1968); engl.: 2215.
[8] W. LaCOSTE, A. **208**, 28 (1881).
[9] A. MICHAELIS, A. **320**, 306 (1902); **321**, 141−248 (1902).
[10] G. KAMAI, B. **68**, 960, 1893 (1935).
[11] F. F. BLICKE u. E. L. CATALINE, Am. Soc. **60**, 419 (1938).
[12] F. F. BLICKE u. S. R. SAPHIR, Am. Soc. **63**, 575 (1941).
[13] A. W. JOHNSON, J. Org. Chem. **25**, 183 (1960).
[14] YU. F. GATILOV u. L. B. IONOV, Uchenye Zapiski Kazan. **1968**, 3; C. A. **72**, 100844ʰ (1970).
[15] H. HARTMANN u. G. NOWAK, Z. anorg. Ch. **290**, 348 (1957).
[16] J. BENAIM. C. r. **261**, 1996 (1965).
[17] YU. F. GATILOV et al., Ž. obšč. Chim. **40**, 2250 (1970); engl.: 2237.
[18] M. A. WEINER u. G. PASTERNACK, J. Org. Chem. **32**, 3707 (1967).
[19] J. BRAUNHOLZ u. F. G. MANN, Soc. **1957**, 3285.

Die entsprechenden Bis-[3-carboxypropyl]-aryl-arsine liefern unter den gleichen Bedingungen nur das entsprechende Oxid[1].

Die Oxidation von tert. Arsinen mit Selendioxid[2] führt zu einem Gemisch aus tert. Arsin-oxid und -selenid.

Bei Behandlung mit Kaliumpermanganat werden Methyl-Gruppen am Aromaten in tert. Arylarsinen ebenfalls oxidiert[3-7]; z. B.:

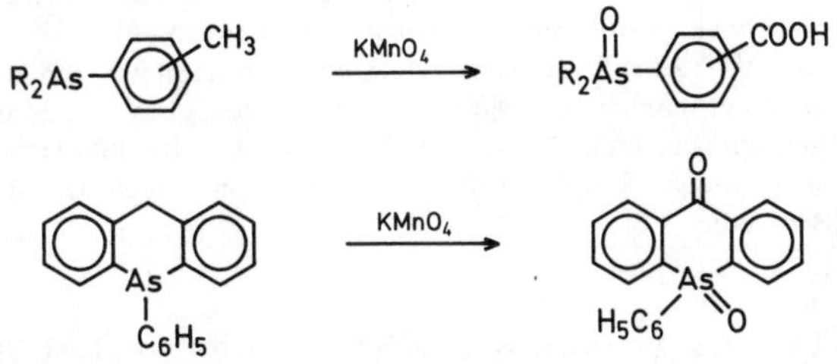

**10-Oxo-5-phenyl-5,10-dihydro-⟨dibenzo-[b;e]-arsenin⟩-5-oxid**[7]: Eine Suspension von 4,59 g 5-Phenyl-5,10-dihydro-⟨dibenzo-[b;e]-arsenin⟩ in 100 ml Wasser wird auf 70–80° erwärmt und bei dieser Temp. mit 4,56 g pulverisiertem Kaliumpermanganat portionsweise versetzt. Nach beendeter Zugabe wird 2 Min. unter Rückfluß gekocht, abgekühlt und mit Chloroform extrahiert. Die Chloroform-Phase wird zur Trockene abgedampft und der Rückstand aus Aceton umkristallisiert; Ausbeute: > 90% d. Th.; F: 238°.

Zur Herstellung der im organischen Rest unveränderten Oxide ist die Oxidation mit Wasserstoffperoxid oder die oxidative Hydrolyse mit Halogen (s. S. 376) anzuwenden.

Sowohl konz. Schwefelsäure[8, 9] als auch konz. Salpetersäure[8] wirken auf tert. Arsine oxidierend. In der Hitze werden bei tert. Arsinen mit aromatischen Resten Sulfonierungsbzw. Nitrierungsreaktionen beobachtet[8]. Mit verd. Salpetersäure können jedoch die entsprechenden Oxide über die tert. Arsin-hydroxy-nitrate (s. S. 360) erhalten werden.

Einige aus tert. Arsinen durch Oxidation mit Wasserstoffperoxid gebildete Oxide bilden mit Wasserstoffperoxid Addukte[10], die erst beim Erhitzen i. Hochvak. in das gewünschte Arsinoxid und Wasserstoffperoxid zerfallen[10, 11]:

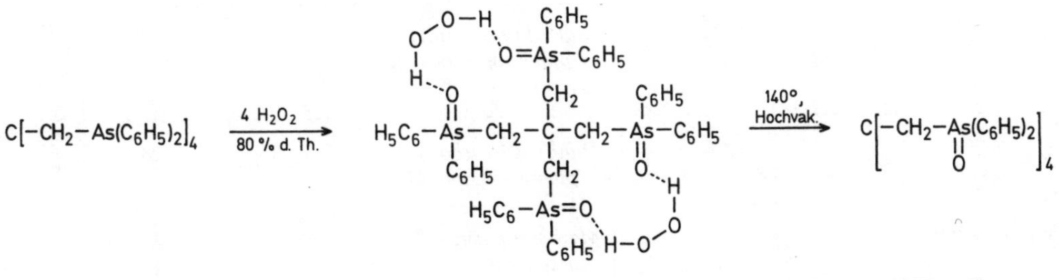

F: ab 140° Zers.[10]
*1,3-Bis-[diphenylarsinyl]-2,2-bis-[diphenylarsinyl-methyl]-propan*

[1] J. BRAUNHOLZ u. F. G. MANN, Soc. **1957**, 3285.
[2] N. N. MELNIKOV u. M. S. ROKITSKAYA, Ž. obšč. Chim. **8**, 834 (1938); engl.: 824; C. A. **33**, 1267 (1939).
[3] W. LaCOSTE, A. **208**, 28 (1881).
[4] A. MICHAELIS, A. **320**, 306 (1902); **321**, 160 (1902).
[5] G. KAMAI, B. **68**, 960, 1893 (1935).
[6] YU. F. GATILOV u. L. B. IONOV, Uchenye Zapiski Kazan. **1968**, 3; C. A. **72**, 100844[h] (1970).
    YU. F. GATILOV et al., Ž. obšč. Chim. **43**, 1132, 2273 (1973); engl.: 1123, 2263.
[7] E. R. H. JONES u. F. G. MANN, Soc. **1958**, 294.
[8] A. MICHAELIS, A. **321**, 160 (1902).
[9] G. PETIT, Ann. Chim. **16**, 5 (1941).
[10] J. ELLERMANN u. D. SCHIRMACHER, Ang. Ch. **80**, 755 (1968).
[11] E. G. MANN et al., Soc. **1965**, 6342.

**Alkyl-diaryl- bzw. Triaryl-arsinoxide; allgemeine Arbeitsvorschrift:**

① mit Wasserstoffperoxid[1-5]: Eine Lösung des tert. Arsins in Aceton wird bei 20° unter Rühren (bei luftempfindlichen Arsinen arbeitet man besser unter einer inerten Atmosphäre)[6] tropfenweise mit der äquivalenten Menge 20–30%igem Wasserstoffperoxid versetzt, wobei die Reaktionstemperatur 30° nicht überschreiten darf[3] (eventuell kühlen!). Nach beendeter Zugabe wird 1–2 Stdn. bei 25–50° weiter gerührt und das Aceton abdestilliert. Der Rückstand kann entweder mit Benzol versetzt und das Wasser azeotrop entfernt werden[2,3] oder man dampft zur Trockene ein und kristallisiert um. Einige Arsinoxide fallen direkt aus der wäßrigen Lösung[5] aus. Nach Umkristallisieren aus Wasser, Benzol/Petroläther, Toluol oder Ähnlichem wird über Phosphor(V)-oxid bzw. Paraffin 2–5 Tage i. Hochvak. getrocknet[5] (eventuell unter Erwärmen).

② mit Kaliumpermanganat[6-8]: Eine Lösung des tert. Arsins in Aceton wird mit etwa der 2fachen molaren Menge Kaliumpermanganat in acetonischer oder wäßriger Lösung unter Rühren langsam versetzt. Anschließend rührt man 1–5 Stdn. bei Raumtemperatur, (in manchen Fällen kann unter Rückfluß erhitzt werden), entfärbt die Reaktionslösung durch Zugabe einiger Tropfen Äthanol, filtriert vom Ungelösten ab, dampft das Filtrat zur Trockene ein und kristallisiert um.

Tab. 33: Tertiäre Arsinoxide durch Oxidation von tert. Arsinen

| Tert. Arsin | Oxidations-mittel | tert. Arsinoxid bzw. -dihydroxid | Ausbeute [% d. Th.] | F [°C] | Lite-ratur |
|---|---|---|---|---|---|
| $(H_{11}C_6)_3As$ | $KMnO_4$ | *Tricyclohexyl-arsinoxid* | – | 160 | 9 |
| 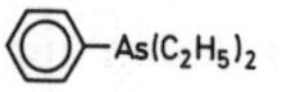 $\bigcirc-As(C_2H_5)_2$ | $H_2O_2$ | *Diäthyl-phenyl-arsinoxid* | – | 89 | 10 |
| 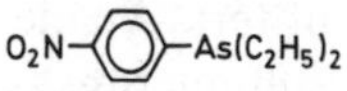 $O_2N-\bigcirc-As(C_2H_5)_2$ | $H_2O_2$ | *Diäthyl-(4-nitro-phenyl)-arsinoxid* | – | 156 | 10 |
| 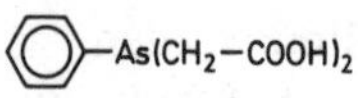 $\bigcirc-As(CH_2-COOH)_2$ | $H_2O_2$ | *Bis-[carboxy-methyl]-phenyl-arsinoxid* | – | 148 | 11 |
| 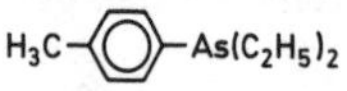 $H_3C-\bigcirc-As(C_2H_5)_2$ | $H_2O_2$ | *Diäthyl-(4-methyl-phenyl)-arsinoxid* | – | 128–129 | 10 |
| $(H_3C)_2N-\bigcirc-As(C_2H_5)_2$ | $H_2O_2$ | *Diäthyl-(4-dimethyl-amino-phenyl)-arsinoxid* | – | 97 | 10 |
| 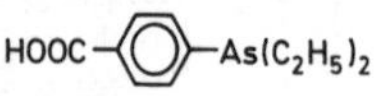 $HOOC-\bigcirc-As(C_2H_5)_2$ | $H_2O_2$ | *Diäthyl-(4-carboxy-phenyl)-arsinoxid* | 95 | 243 | 12 |
| $(H_5C_6)_2As-CH_3$ | $H_2O_2$ $KMnO_4$ | *Methyl-diphenyl-arsinoxid* | – – | 152–158 154–155 | 13 6 |

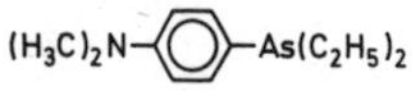

¹ J. R. VAUGHAN u. D. S. TARBELL, Am. Soc. **67**, 144 (1945).
² R. L. SHRINER u. C. N. WOLF, Org. Synth. **30**, 95 (1950).
³ B. D. CHERNOKALSKII et al., Ž. obšč. Chim. **37**, 1396 (1967); engl.: 1324.
⁴ H. SCHINDLBAUER u. H. LASS, M. **99**, 2460 (1968).
⁵ V. I. GAVRILOV et al., Ž. obšč. Chim. **38**, 2289 (1968); engl.: 2215.
⁶ F. F. BLICKE u. E. L. CATALINE, Am. Soc. **60**, 419 (1938); dort zahlreiche weitere Beispiele.
⁷ F. F. BLICKE u. S. R. SAPHIR, Am. Soc. **63**, 575 (1941).
⁸ A. W. JOHNSON, J. Org. Chem. **25**, 183 (1960).
⁹ M. BECKE-GÖHRING u. H. THIELMANN, Z. anorg. Ch. **308**, 33 (1961).
¹⁰ B. D. CHERNOKALSKII et al., Ž. obšč. Chim. **37**, 1396 (1967); engl.: 1324; dort zahlreiche weitere Beispiele.
¹¹ J. F. BRAUNHOLTZ u. F. G. MANN, Soc. **1957**, 3285.
¹² A. S. GELFOND et al., Ž. obšč. Chim. **42**, 1962 (1972); engl.: 1955.
¹³ A. MERIJANIAN u. R. A. ZINGARO, Inorg. Chem. **5**, 183 (1966).

Tab. 33 (1. Fortsetzung)

| Tert. Arsin | Oxidations-mittel | tert. Arsinoxid bzw. -dihydroxid | Ausbeute [% d.Th.] | F [°C] | Lite-ratur |
|---|---|---|---|---|---|
| 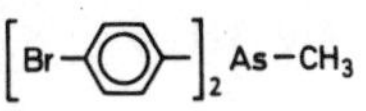 $\left[Br-\bigcirc-\right]_2 As-CH_3$ | KMnO$_4$ | Methyl-bis-[4-brom-phenyl]-arsinoxid | 96 | 221–223 | 1 |
| $(H_5C_6)_2 As-C\equiv C-CH_3$ | H$_2$O$_2$ | Propin-(1)-yl-diphenyl-arsinoxid | – | 105 | 2 |
| $(H_5C_6)_3 As$ | H$_2$O$_2$ KMnO$_4$ | Triphenyl-arsinoxid | 80–90 57 | 189 193,5–195,5 | 3, 4 5 |
| $\left[Br-\bigcirc-\right]_3 As$ | H$_2$O$_2$ KMnO$_4$ | } Tris-[4-brom-phenyl]-arsinoxid | 50 79 | 204–205 190–193 | 6 1 |
| 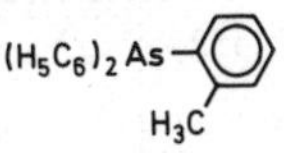 $(H_5C_6)_2 As-\bigcirc$ ($H_3C$) | KMnO$_4$ | Diphenyl-(2-carboxy-phenyl)-arsinoxid | 55 | 246–247 | 7 |
| 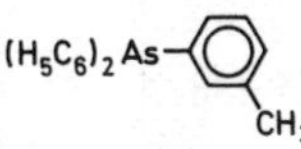 $(H_5C_6)_2 As-\bigcirc$ ($CH_3$) | KMnO$_4$ | Diphenyl-(3-carboxy-phenyl)-arsinoxid | 94 | 234–236 | 8 |
| $(H_5C_6)_2 As-$ (naphthyl) | H$_2$O$_2$ | Diphenyl-naphthyl-(1)-arsinoxid | – | 191–193 | 4 |
| $(H_5C_6)_2 As-\bigcirc-N(CH_3)_2$ | H$_2$O$_2$ | Diphenyl-(4-dimethyl-amino-phenyl)-arsin-oxid | 72 | 198–200 | 9 * |
| $(H_5C_6)_2 As-\bigcirc$ (C(CH$_3$)$_3$, OH, C(CH$_3$)$_3$) | H$_2$O$_2$ | Diphenyl-(4-hydroxy-3,5-di-tert.-butyl-phenyl)-arsinoxid | 80 | 235–240 (Zers.) | 10 |
| (Arsolan, As–C$_6$H$_5$) | H$_2$O$_2$ | 1-Phenyl-arsolan-1-oxid | 96 | (Subl.p.: 200°) | 11 |
| (Arsol, H$_5$C$_6$/C$_6$H$_5$, H$_5$C$_6$/C$_6$H$_5$, As–C$_6$H$_5$) | H$_2$O$_2$ | Pentaphenyl-arsol-1-oxid | – | 252 | 12 |

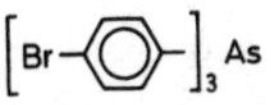

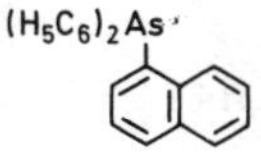

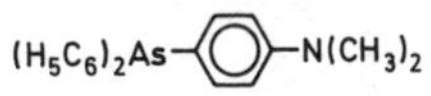

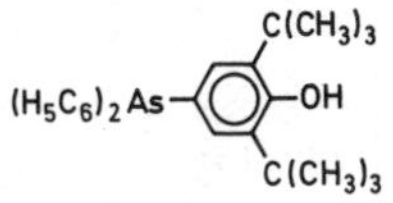

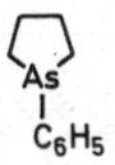

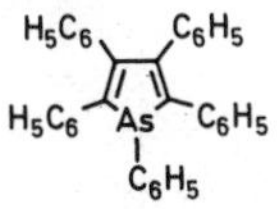

[1] F. F. BLICKE u. S. R. SAPHIR, Am. Soc. **63**, 575 (1941).
[2] J. BENAIM, C. r. **261**, 1996 (1965).
[3] R. L. SHRINER u. C. N. WOLF, Org. Synth. **30**, 95 (1950).
[4] H. SCHINDLBAUR u. H. LASS, M. **99**, 2460 (1968).
[5] A. W. JOHNSON, J. Org. Chem. **25**, 183 (1960).
[6] J. R. VAUGHAN u. D. S. TARBELL, Am. Soc. **67**, 144 (1945).
[7] E. R. H. JONES u. F. G. MANN, Soc. **1958**, 294.
[8] E. N. CVETKOV et al., Ž. obšč. Chim. **39**, 2670 (1969); engl.: 2608.
[9] A. S. GELFOND et al., Ž. obšč. Chim. **42**, 1962 (1972); engl.: 1955.
[10] E. MÜLLER et al., A. **705**, 54 (1967).
[11] J. J. MONAGLE, J. Org. Chem. **27**, 3851 (1962).
[12] E. H. BRAYE et al., Am. Soc. **83**, 4406 (1961).

Tab. 33 (2. Fortsetzung)

| Tert. Arsin | Oxidations-mittel | tert. Arsinoxid bzw. -dihydroxid | Ausbeute [% d.Th.] | F [°C] | Lite-ratur |
|---|---|---|---|---|---|
| 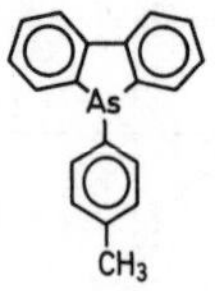 (dibenzarsole with p-tolyl group) | $KMnO_4$ | 5-(4-Carboxy-phenyl)-dibenzarsol-5-oxid | – | 310–321 | [1] |
| 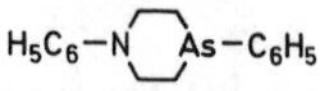 $H_5C_6-N$⟮⟯$As-C_6H_5$ | $H_2O_2$ (0,6%ig) | 1,4-Diphenyl-1,4-aza-arsenan-4-oxid | – | 123–124 | [2] |
| 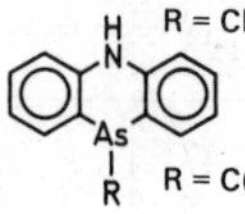 $R = CH(CH_3)_2$ (phenazarsine) | $H_2O_2$ | 10-Isopropyl-5,10-dihy-dro-phenazarsin-10-oxid | 86 | 308–310 | [3] |
| $R = C(CH_3)_3$ | $H_2O_2$ | 10-tert.-Butyl-5,10-di-hydro-phenazarsin-10-oxid | 92 | 347–352 | [3] |
| $R = CH_2-CH=CH_2$ | $H_2O_2$ | 10-Allyl-5,10-dihydro-phenazarsin-10-oxid | 76 | 175–178 | [3] |
| $R = 4-(CH_3)_2N-C_6H_4$ | $H_2O_2$ | 10-(4-Dimethylamino-phenyl)-5,10-dihydro-phenazarsin-10-oxid | 92 | 310–314 | [3] |
| $R = 4-F-C_6H_4$ | $H_2O_2$ | 10-(4-Fluor-phenyl)-5,10-dihydro-phen-azarsin-10-oxid | 81 | 292–294 (Zers.) | [4] |
| 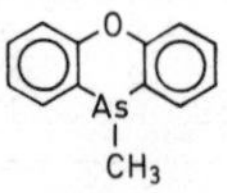 (phenoxarsine, $CH_3$) | $KMnO_4$ | 10-Methyl-phenoxarsin-10-oxid | – | 149–151 | [5] |
| 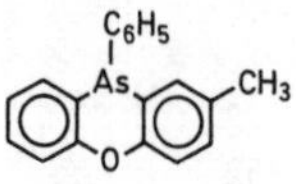 (phenoxarsine, $C_6H_5$, $CH_3$) | $KMnO_4$ | 10-Phenyl-2-carboxy-phenoxarsin-10-oxid (Racemat) | – | 320 | [6] |
| $(H_5C_6)_2As$⟮⟯$As(C_6H_5)_2$ | $H_2O_2$ | 1,4-Bis-[diphenyl-arsinyl]-benzol | – | 330 | [7] |
| 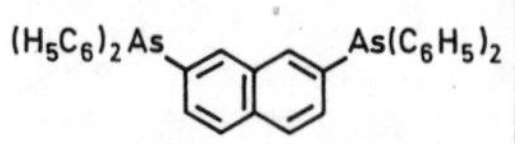 $(H_5C_6)_2As$ (naphthalene) $As(C_6H_5)_2$ | $H_2O_2$ | 2,7-Bis-[diphenyl-arsinyl]-naphthalin | – | 193–195 | [8] |

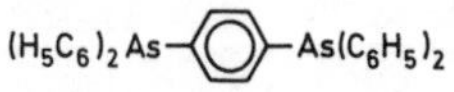

[1] I. G. M. CAMPBELL u. R. C. POLLER, Soc. 1956, 1195.
[2] M. H. BEEBY u. F. G. MANN, Soc. 1951, 886.
[3] V. I. GAVRILOV et al., Ž. obšč. Chim. 38, 2289 (1968); engl.: 2215; dort zahlreiche weitere Beispiele.
[4] G. KAMAI et al., Ž. obšč. Chim. 42, 1530 (1972); engl.: 1523.
[5] F. F. BLICKE u. E. L. CATALINE, Am. Soc. 60, 419 (1938).
[6] M. LESSLIE u. E. E. TURNER, Soc. 1936, 730.
[7] H. ZORN et al., M. 98, 731 (1967).
[8] H. SCHINDLBAUR u. H. LASS, M. 99, 2460 (1968).

Tab. 33 (3. Fortsetzung)

| Tert. Arsin | Oxidations-mittel | tert. Arsinoxid bzw. -dihydroxid | Ausbeute [% d. Th.] | F [°C] | Lite-ratur |
|---|---|---|---|---|---|
| 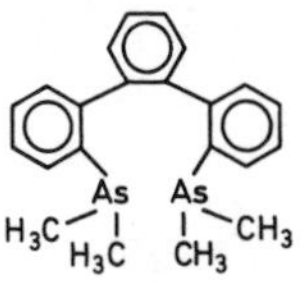 | $H_2O_2$ | *1,2-Bis-[2-dimethyl-arsinyl-phenyl]-benzol* | – | 166 | 1 |
| 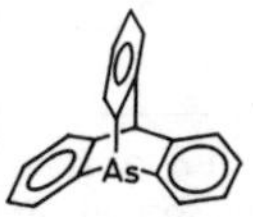 | $H_2O_2$ | *Tribenzo-1-arsa-bicyclo[2.2.2]octa-trien-1-oxid (Arsatriptycen-As-oxid)* | ~100 | 290–292 | 2 |

Auch Arenthiosulfinsäure-S-arylester können als Oxidationsmittel für Triarylarsine herangezogen werden, wobei arylständige Methyl-Gruppen nicht angegriffen werden[3]:

$$Ar_3As \; + \; \underset{\underset{O}{\|}}{R-S-S-R} \longrightarrow Ar_3As{=}O \; + \; R-S-S-R$$

**Tris-[4-methyl-phenyl]-arsinoxid**[3]: Unter Stickstoff wird eine Mischung aus 1,577 g (4,53 mMol) Tris-[4-methyl-phenyl]-arsin und 1,06 g (4,54 mMol) Benzolthiosulfinsäure-S-phenylester in 100 *ml* Methanol und 50 *ml* Benzol 18 Stdn. auf 70–75° erhitzt. Man engt i. Vak. zur Trockene ein, nimmt in 5 *ml* Benzol auf und fällt mit 75 *ml* Petroläther aus; Ausbeute: 1,53 g (93% d. Th.); F: 130–133° (An der Luft bildet sich das Dihydroxid F: 92–93°).

Tricyclohexyl- und Triphenylarsin bilden mit Schwefeltrioxid 1:1 Addukte, die thermisch in Arsinoxide und Schwefeldioxid zerfallen[4]:

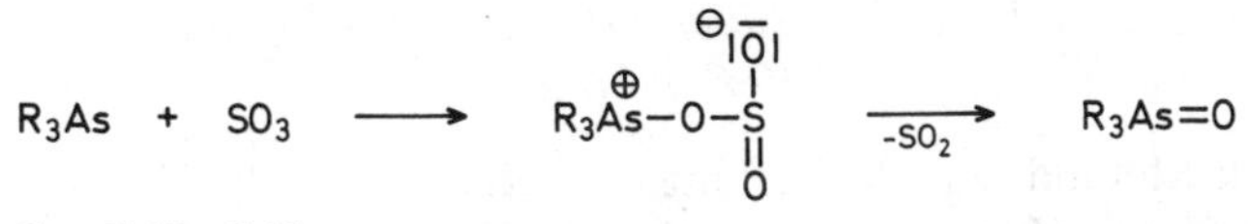

$$R_3As \; + \; SO_3 \longrightarrow R_3\overset{\oplus}{As}-O-\underset{\underset{O}{\|}}{\overset{\ominus\overline{|}\underline{O}|}{S}} \xrightarrow{-SO_2} R_3As{=}O$$

$$R = C_6H_5, \; C_6H_{11}$$

Wie bereits erwähnt (s. S. 369) racemisieren opt. aktive tert. Arsinoxide spontan in Gegenwart von Spuren Wasser[5-7].

Der Grund für die Racemisierung liegt in der Bildung einer achiralen trigonalen Bipyramide des entsprechenden Dihydroxids[6, 7]:

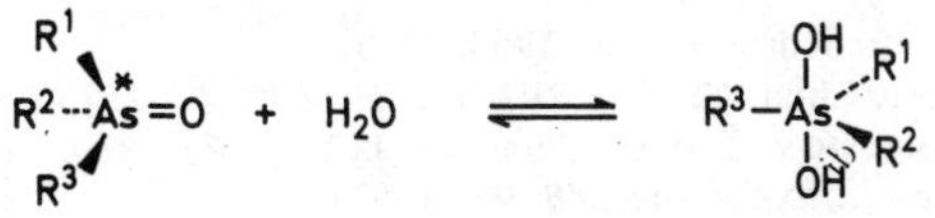

$$\underset{R^3}{\overset{R^1}{R^2{\cdots}\overset{*}{As}{=}O}} \; + \; H_2O \; \rightleftharpoons \; \underset{OH}{\overset{OH}{R^3-As{\cdots}\overset{R^1}{R^2}}}$$

chiral       achiral

1 F. G. Mann et al., Soc. **1965**, 6342.
2 H. Vermeer et al., A. **763**, 155 (1972).
3 J. F. Carson u. F. F. Wong, J. Org. Chem. **26**, 1467 (1961).
4 M. Becke-Goehring u. H. Thielemann, Z. anorg. Ch. **308**, 33 (1961).
5 H. Fuchs, Dissertation, Universität Mainz 1962.
6 L. Horner u. H. Winkler, Tetrahedron Letters **1964**, 3271.
7 L. Horner, Helv. Fasc. extraord. A. Werner, **49**, 93 (1967).

Zur Herstellung optisch aktiver tert. Arsinoxide aus opt. aktiven tert. Arsinen muß demnach absolut wasserfrei gearbeitet werden. Hierbei wird ein optisch aktives tertiäres Arsin entweder in absolutem Essigsäure-äthylester mit Ozon[1, 2] oder in absolutem Nitromethan mit Distickstofftetraoxid[3, 4] oxidiert:

$$
\begin{matrix}
(+) \\
\text{oder} \\
(-)
\end{matrix}
\quad
\underset{R^3}{\overset{R^1}{\underset{\diagdown}{\overset{\diagup}{As}}}}\!-\!R^2
\quad
\xrightarrow{\underset{H_3C-NO_2 /N_2O_4}{\overset{H_3C-COOC_2H_5 /O_3}{\text{oder}}}}
\quad
\begin{matrix}
(+) \\
\text{oder} \\
(-)
\end{matrix}
\quad
R^2\!-\!\underset{R^3}{\overset{R^1}{\underset{|}{\overset{|}{As}}}}\!=\!0
$$

In beiden Fällen erfolgt die Oxidation unter Konfigurationserhaltung am Arsenatom[1-5].

**(+)-Äthyl-phenyl-(4-carboxy-phenyl)-arsinoxid[3]:** Unter Sauerstoff und Feuchtigkeitsausschluß werden 3,02 g (+)-Äthyl-phenyl-(4-carboxy-phenyl)-arsin ($[\alpha]_D^{20}$: + 11,64°) in 100 ml abs. Nitromethan gelöst und auf −15° abgekühlt. In die kalte Lösung leitet man 20 Min. Distickstofftetraoxid ein. Die erhaltene tert. Arsinoxid-Lösung hat einen Drehwert von $[\alpha]_D^{20}$: + 13,52 ( c = 1,03, Nitromethan).

Nach ~ 90 Min. tritt völlige Racemisierung ein. Nach Entfernung des Lösungsmittels wird der ölige Rückstand durch Trocknung i. Vak. zur Kristallisation gebracht; Ausbeute: 2,98 g (94% d. Th.); F: 141°.

**(+)-Äthyl-butyl-(4-carboxy-phenyl)-arsinoxid[6]:** In eine auf −20° gekühlte Lösung von 2,05 g (+)-Äthyl-butyl-(4-carboxy-phenyl)-arsin ($[\alpha]_D^{20}$: 7,17°) in 200 ml Nitromethan leitet man 10 Min. lang Distickstofftetraoxid und anschließend über Phosphor(V)-oxid getrockneten Stickstoff ein. Die ausgefallenen Kristalle ($[\alpha]_D^{20}$: 10,22°; c = 0,976 in Nitromethan) werden abgesaugt, 3mal mit trockenem kalten Äther gewaschen und i. Vakuumexsikkator getrocknet; Ausbeute: 1,065 g (51,4% d. Th.) F: 104°.

Analog wird die (−)-Antipode erhalten.

Auf die gleiche Weise werden aus den entsprechenden optisch aktiven tert. Arsinen u. a. folgende optisch aktive Arsinoxide hergestellt:

| | |
|---|---|
| (+)-Methyl-phenyl-(4-carboxy-phenyl)-arsinoxid[3] | F: 156° |
| (+)-Äthyl-phenyl-(2-carboxy-phenyl)-arsinoxid[3] | F: 129° |
| (+)-Äthyl-(2-brom-phenyl)-(4-carboxy-phenyl)-arsinoxid[4] | F: 157° |

$\alpha_2$) *durch oxidative Hydrolyse (über tert. Arsin-dihalogenide und verwandte Verbindungen)*

Eine schonende Methode zur Herstellung von tert. Arsinoxiden aus den entsprechenden Arsinen ist die oxidative Hydrolyse der Arsine mit Halogen, Pseudohalogen oder halogen-liefernden Verbindungen[7-15]:

$$
R_3As \xrightarrow{\overset{1.\ X_2}{2.\ H_2O}} R_3As=0 \quad \text{bzw.} \quad R_3As(OH)_2
$$

[1] H. Fuchs, Dissertation, Universität Mainz 1962.
[2] L. Horner u. H. Winkler, Tetrahedron Letters **1964**, 3271.
[3] Yu. F. Gatilov et al., Ž. obšč. Chim. **42**, 540 (1972); engl.: 538; **42**, 1535 (1972); engl.: 1527.
[4] Yu. F. Gatilov u. F. D. Yambushev, Ž. obšč. Chim. **43**, 1132 (1973); engl.: 1123.
[5] L. Horner, Helv. Fasc. extraord. A. Werner, **49**, 93 (1967).
[6] Yu. F. Gatilov et al., Ž. obšč. Chim. **42**, 1535 (1972); engl.: 1527.
[7] W. LaCoste u. A. Michaelis, B. **11**, 1888 (1878); A. **201**, 243 (1880).
[8] B. Phillips, B. **19**, 1032 (1886).
[9] A. Michaelis, A. **321**, 160 (1902).
[10] W. Steinkopf u. G. Schwenn, B. **54**, 2795 (1921).
[11] G. Burrows u. E. E. Turner, Soc. **119**, 432 (1921).
[12] D. W. Worrall, Am. Soc. **52**, 664 (1930); **62**, 2514 (1940).
[13] G. A. Rasuwajew u. W. S. Malinowski, B. **64**, 120 (1931).
[14] G. A. Rasuwajew et al., Ž. obšč. Chim. **5**, 724 (1935); engl.: 721; C. A. **30**, 1057 (1936).
[15] F. G. Mann u. J. Watson, Soc. **1947**, 505; J. Org. Chem. **13**, 502 (1948).

Die Reaktion verläuft über tert. Arsin-dihalogenide (s. S. 353), die meistens ohne Isolierung mit Ammoniak oder Natronlauge hydrolysiert werden. Zumeist erhält man die
tert. Arsin-dihydroxide, die durch Trocknung über Phosphor(V)-oxid i. Hochvak. in die
Oxide überführt werden können (s. S. 372). Da durch Wasser allein die tert. Arsin-dihalogenide lediglich in die entsprechenden Hydroxy-halogenide (s. S. 359) überführt werden,
muß die Hydrolyse mit Natronlauge oder Ammoniumhydroxid durchgeführt werden. Bei
der Oxidation mit Jod empfiehlt es sich, auch die Hydrolyse mit frisch gefälltem Silberoxid
durchzuführen, um gleichzeitig die gebildeten und reduzierend wirkenden Jodid-Ionen
auszufällen[1, 2].

Von den Halogenen wird meistens Brom, wegen seiner besseren Dosierbarkeit, verwendet[3−7].

Die Umsetzung des Halogens mit dem tert. Arsin wird in Eisessig, Chloroform oder
Äther durchgeführt. Beim Arbeiten mit Jod kann auch in alkoholischer Lösung gearbeitet
werden. Tertiäre Arsine, die einen Allyl- oder Benzyl-Rest tragen, können schlecht auf
diese Weise oxidiert werden, da die intermediär gebildeten Dihalogenide bereits in der
Kälte Allyl- bzw. Benzylhalogenid abspalten (s. S. 241)[8, 9].

**Tert.-Arsinoxide; allgemeine Arbeitsvorschrift**[3−7]: Eine Lösung des tert. Arsins in Eisessig oder Chloroform
wird unter Rühren (und ev. Kühlen) langsam mit der äquimolaren Menge Brom versetzt. Anschließend versetzt
man mit überschüssiger Natronlauge oder wäßrigem Ammoniak, erhitzt ~ 1 Stde. unter Rückfluß, trennt die
Chloroform-Phase ab (beim Arbeiten in Eisessig extrahiert man mehrmals mit Chloroform) und schüttelt die
wäßr. Phase mehrmals mit Chloroform aus. Die vereinigten Chloroform-Phasen werden getrocknet und vom
Lösungsmittel befreit. Der Rückstand wird dann aus geeignetem Lösungsmittel umkristallisert. U. a. erhält man
z. B.:

*Triphenyl-arsin-dihydroxid*[3, 4]                F: 115–116° (Wasserabspaltung dann als Oxid
                                                       bei 189°)[4]

*Methyl-phenyl-naphthyl-(1)-arsinoxid*[5]          F: 175° (aus Toluol)
*Phenyl-bis-[4-methyl-phenyl]-arsinoxid*[4]        F: 81°
*Phenyl-(4-chlor-phenyl)-(4-brom-phenyl)-arsinoxid*[7]   F: 154–156° (aus Cyclohexan)

Prinzipiell lassen sich alle isolierten Arsin-dihalogenide zu tert. Arsin-dihydroxiden
bzw. -oxiden hydrolysieren. Die Hydrolyse verläuft in zwei Schritten, wobei zuerst die entsprechenden tert. Arsin-hydroxy-halogenide (s. S. 359) gebildet werden[10,11]:

$$R_3AsX_2 \xrightarrow[\text{-HX}]{H_2O} R_3As\begin{smallmatrix}OH\\\\X\end{smallmatrix} \xrightarrow[\text{-NaX}]{NaOH} R_3As(OH)_2$$

Durch verd. Salpetersäure werden tert. Arsine zu tert. Arsin-hydroxy-nitraten (s.
S. 359) oxidiert, die ebenfalls durch Natronlauge in die entsprechenden Oxide überführt
werden können.

**1,2-Bis-[2-dimethylarsinyl-phenyl]-benzol**[12]: Eine Suspension des tert. Arsins in verd. Salpetersäure (1:1
Vol.) wird bis zur völligen Auflösung gelinde erwärmt. Beim Abkühlen fällt die Bis-[nitrato-hydroxy-arsinyl]-
Verbindung (F: 207°) aus. Die wäßrige Lösung dieses Hydroxy-nitrats wird mit überschüssiger Natronlauge be-

[1] G. A. Rasuwajew u. W. S. Malinowski, B. **64**, 120 (1931).
[2] G. A. Rasuwajew et al., Ž. obšč. Chim. **5**,724 (1935); engl.: 721; C. A. **30**, 1057 (1936).
[3] B. Phillips, B. **19**, 1032 (1886).
[4] A. Michaelis, A. **321**, 160 (1902).
[5] G. J. Burrows u. E. E. Turner, Soc. **119**, 432 (1921).
[6] D. E. Worrall, Am. Soc. **52**, 664 (1930); **62**, 2514 (1940).
[7] F. G. Mann u. J. Watson, Soc. **1947**, 505.
[8] G. Märkl u. H. Hauptmann, Ang. Ch. **84**, 439 (1972).
[9] A. Schultze et al., Phosphorus, **5**, 265 (1975).
[10] P. Nylén, Z. anorg. Ch. **246**, 227 (1941).
[11] G. S. Harris u. F. Inglis, Soc. [A] **1967**, 497.
[12] F. G. Mann et al., Soc. **1965**, 6342.

handelt. Nach beendeter Hydrolyse wird zur Trockene abgedampft, mit Chloroform extrahiert. Nach Trocknung der Chloroform-Lösung wird das Lösungsmittel abgedampft und der Rückstand getrocknet; F: 191–194°.

### β) Aus Arsinigsäure-halogeniden oder -anhydriden

Arsinigsäure-halogenide oder -anhydride reagieren unter Bedingungen der Meyer-Reaktion (s. S. 293) mit Alkylhalogeniden bzw. $\alpha$-Halogen-carbonsäuren zu tert. Arsinoxiden[1–4]:

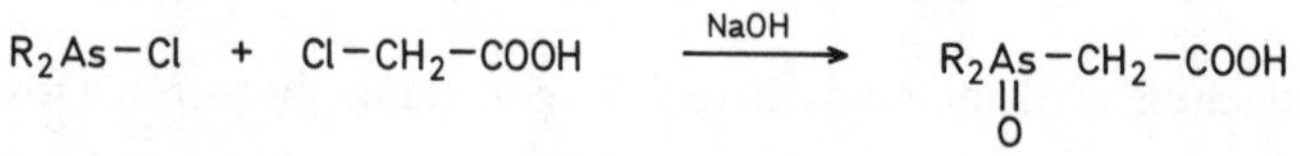

$$R_2As-Cl \; + \; Cl-CH_2-COOH \;\; \xrightarrow{\text{NaOH}} \;\; R_2\underset{\underset{O}{\|}}{As}-CH_2-COOH$$

**Bis-[3-carboxy-propyl]-phenyl-arsinoxid**[2]: Eine Mischung aus 159 g Chlor-(3-carboxy-propyl)-phenyl-arsin und 94 g 4-Brom-butansäure-nitril werden unter Rühren langsam zu 350 ml 40%iger Natronlauge gegeben und 6 Stdn. unter Rückfluß erhitzt. Man neutralisiert mit Salzsäure gegen Phenolphthalein, filtriert und neutralisiert gegen Kongorot; läßt abkühlen, trennt die pastenartige Masse ab, extrahiert daraus schmierige Anteile mit Aceton und kristallisiert den Rückstand aus Benzol/Methanol um; Ausbeute: 124 g (63% d. Th.); F: 133–136°.

Meistens werden die auf diese Weise hergestellten Arsinoxide ohne Isolierung zu tert. Arsinen reduziert[3, 4].

*Tris-[2-(2-carboxy-vinyl)-phenyl]-arsinoxid* (F: >300°) erhält man bei der Umsetzung von Natriumarsinit mit 2-(2-Carboxy-vinyl)-benzol-diazoniumchlorid nach Bart (s. S. 295)[5]:

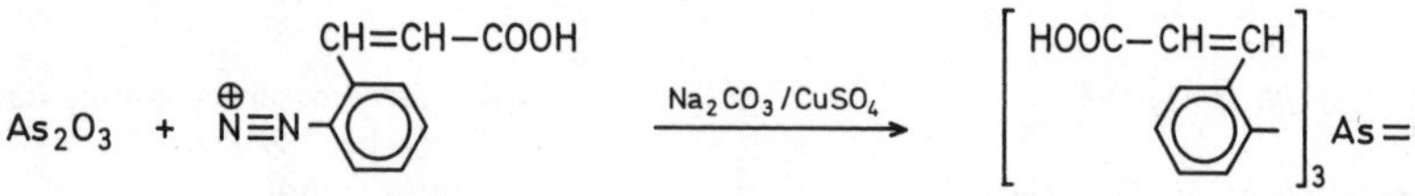

*(Diphenylarsino-methyl)-diphenyl-arsinoxid* (F: 184–186°) wird in 25%iger Ausbeute durch Umsetzung von Chlor-diphenyl-arsin mit Diazomethan in ätherischer Lösung erhalten[6]:

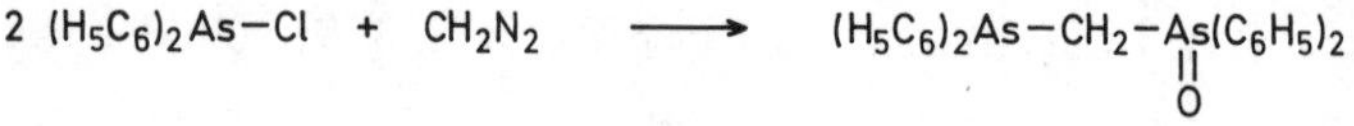

$$2 \; (H_5C_6)_2As-Cl \; + \; CH_2N_2 \;\; \longrightarrow \;\; (H_5C_6)_2As-CH_2-\underset{\underset{O}{\|}}{As}(C_6H_5)_2$$

Es wird vermutet, daß primär durch Spuren Wasser gebildetes Diphenyl-arsinigsäure-anhydrid der eigentliche Reaktionspartner ist[6].

### γ) Aus Arsinsäuren (Ringschlußreaktion)

Analog der Cyclisierung von Arson- zu Arsinsäuren (s. S. 339) lassen sich die letzteren bei geeigneten Substituenten zu tert. Arsinoxiden cyclisieren[7–9]:

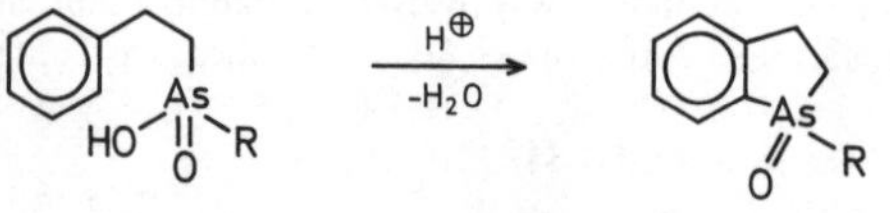

[1] V. AUGER C. r. **137**, 925 (1903).
[2] R. C. COOKSON u. F. G. MANN, Soc. **1947**, 618.
[3] J. F. BRAUNHOLTZ u. F. G. MANN, Soc. **1957**, 3285.
[4] L. D. PETTIT u. A. ROYSTON, Soc. [A] **1969**, 1570.
[5] H. N. DAS-GUPTA, J. indian chem. Soc. **14**, 397 (1937); C. A. **32**, 553 (1938).
[6] R. C. COOKSON u. F. G. MANN, Soc. **1949**, 2895.
[7] I. G. M. CAMPBELL u. R. C. POLLER, Soc. **1956**, 1195.
[8] E. R. H. JONES u. F. G. MANN, Soc. **1958**, 1719.
[9] H. VERMEER et al., A. **763**, 155 (1972).

Im Falle des *Tribenzo-1-arsa-bicyclo[2.2.2]octatrien-1-oxids* kann sogar von der Arsonsäure ausgegangen werden[1]:

Das zunächst entstehende 5-Hydroxy-10-phenyl-5,10-dihydro-⟨dibenzo-[b;e]-arsenin⟩-5-oxid kann isoliert und anschließend cyclisiert werden[1].

**Tribenzo-1-arsa-bicyclo[2.2.2]octatrien-1-oxid (Arsatriptycen-As-oxid)[1]:**
Aus Triphenyl-methan-2-arsonsäure: Unter Stickstoff werden 5 g (0,014 Mol) Arsonsäure mit 50 g Polyphosphorsäure 80 Min. auf 110° erhitzt. Danach gießt man das Reaktionsgemisch auf 500 *ml* Eis/Wasser, filtriert den farblosen Niederschlag ab, wäscht ihn mit Wasser nach und trocknet. Das Rohprodukt (4,2 g) enthält 19% 5-Hydroxy-10-phenyl-5,10-dihydro-⟨dibenzo-[b;e] arsenin⟩-5-oxid, die mit 1 n Natronlauge extrahiert wird. Der Rückstand, 3,2 g (68,7% d. Th.) ist vermutlich das Arsin-dihydroxid (F: 184–187,5°). Man löst das Rohprodukt in Benzol, entfernt das Wasser durch azeotrope Destillation, kristallisiert aus Benzol/Äther und danach aus Aceton/Wasser um. Trocknen bei 80° i. Vak. liefert wasserfreies, hygroskopisches Arsatriptycenoxid; F: 300–303° (Zers.).
Aus 5-Hydroxy-10-phenyl-5,10-dihydro-⟨dibenzo-[b;e]-arsenin⟩-5-oxid: 3 g (8,6 mMol) des Oxids werden mit 50 g Polyphosphorsäure 40 Min. auf 110° erhitzt und auf 400 *ml* Eis/Wasser gegossen; Rohausbeute: 2,8 g (98,6% d. Th.); F: 196–198°. Zur Reinigung s.o.
**3-Nitro-5-phenyl-5H-dibenzarsol-5-oxid[2]:** 2,5 g Phenyl-[4'-nitro-biphenylyl-(2)]-arsinsäure werden in 30 *ml* konz. Schwefelsäure 1 Stde. auf 140–150° erhitzt und auf Eis/Wasser gegossen. Der ausgefallene Niederschlag wird abgesaugt, mit Wasser gewaschen und aus 12 *ml* 50%iger Essigsäure umkristallisiert; Ausbeute: 2,1 g (~ 95% d. Th.); F. 272–273° (nach vorherigem Schmelzen bei 120°).

### δ) Aus tert. Arsinsulfiden, quart. Arsoniumsalzen oder Arsen-yliden

Tertiäre Arsinsulfide werden durch Oxidation mit Distickstoff-tetraoxid[3] oder Dimethylsulfoxid[4] in tert. Arsin-oxide umgewandelt:

$$R_3As{=}S \xrightarrow[\text{oder }(H_3C)_2SO/H^{\oplus}]{N_2O_4} R_3As{=}O$$

Die Oxidation mit Dimethylsulfoxid muß in saurem Medium durchgeführt werden. Im neutralen oder alkalischen Medium findet keine Oxidation statt[4].

**Triphenyl-arsinoxid[4]:** 2–5 g Triphenyl-arsinsulfid in 50 *ml* Dimethylsulfoxid werden mit 10 *ml* 50%iger Schwefelsäure versetzt und 3 Stdn. unter Rückfluß erhitzt. Man neutralisiert mit 10%iger Natronlauge und schüttelt mit Chloroform aus. Nach Trocknung der Chloroform-Phase werden die flüchtigen Anteile zuletzt i. Hochvak. entfernt. Der Rückstand wird in Methanol aufgenommen, von vorhandenem Schwefel abfiltriert und dann zur Trockene eingeengt. Es wird aus Petroläther (Kp:110–140°) umkristallisiert und über Phosphor(V)-oxid i. Hochvak. bei 120° mehrere Tage getrocknet; Ausbeute: 89% d. Th.; F: 198°.

Die Oxidation mit Distickstofftetraoxid ist insoweit von Bedeutung, als optisch aktive tert. Arsinsulfide unter Inversion der Konfiguration oxidiert werden[3].

**(−)-Äthyl-phenyl-(4-carboxy-phenyl)-arsinoxid[3]:** Unter Feuchtigkeitsausschluß wird ein Strom Distickstofftetraoxid in eine Lösung von 0,85 g (+)-Äthyl-phenyl-(4-carboxy-phenyl)-arsinsulfid in 100 *ml* abs. Nitrome-

[1] H. VERMEER et al., A. **763**, 155 (1972).
[2] I. G. M. CAMPBELL u. R. C. POLLER, Soc. **1956**, 1195.
[3] YU. F. GATILOV et al., Ž. obšč. Chim. **42**, 540 (1972); engl.: 538.
[4] R. LUCKENBACH, Synthesis **1973**, 307.

than ($[\alpha]_D^{20} = +19,20°$) 30 Min. bei Raumtemp. geleitet. Anschließend wird das überschüssige Distickstofftetraoxid durch trockenen Stickstoff vollständig vertrieben. Die erhaltene Lösung ($[\alpha]_D^{20} = -4,27°$; C = 0,8734) racemisiert in 1,5 Stdn. Nach Entfernung des Lösungsmittels kristallisiert der Rückstand langsam durch. Es wird i. Vak. getrocknet; F: 139°.

Analog erhält man aus dem (−)-Sulfid das (+)-*Oxid*[1].

Quartäre Alkyl-aryl-arsoniumsalze, die einen Benzyl- oder Alkoxycarbonyl-methyl-Rest jedoch keinen Allyl- bzw. 2-Acetoxy-äthyl-Rest (s. S. 103) tragen, werden durch Alkalilauge in tert. Arsinoxide gespalten[2,3]:

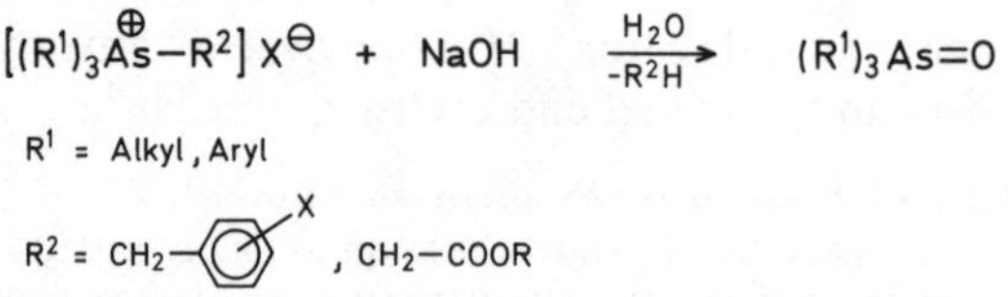

$$[(R^1)_3 \overset{\oplus}{As} - R^2]\ X^{\ominus}\ +\ NaOH \xrightarrow[-R^2H]{H_2O} (R^1)_3 As{=}O$$

$$R^1 = \text{Alkyl, Aryl}$$

$$R^2 = CH_2{-}\overset{X}{\underset{}{\bigcirc}}\ ,\ CH_2{-}COOR$$

Die Benzyl-Reste werden dabei um so leichter als Toluole abgespalten, je elektronenanziehender der Substituent im Phenyl-Ring ist. Triphenyl-(4-nitro-benzyl)-arsoniumbromid liefert mit Natronlauge das *Triphenyl-arsinoxid* nur in untergeordnetem Maße, da das intermediär gebildete Ylid selbst als Base in die Reaktion eingreift[2]:

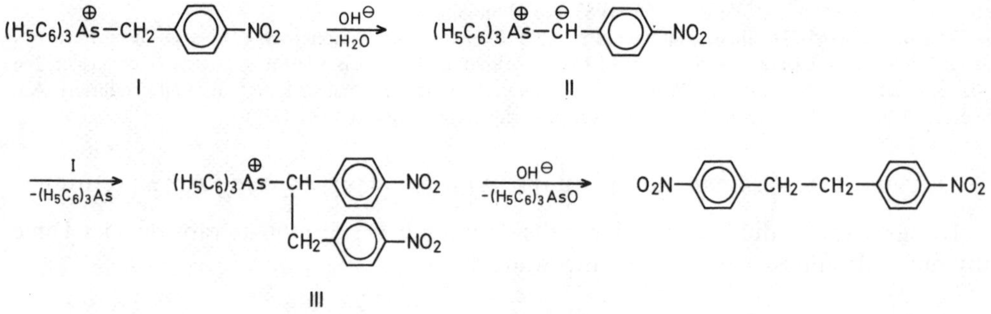

$$(H_5C_6)_3 \overset{\oplus}{As} - CH_2 - \bigcirc - NO_2 \xrightarrow[-H_2O]{OH^{\ominus}} (H_5C_6)_3 \overset{\oplus}{As} - \overset{\ominus}{CH} - \bigcirc - NO_2$$

$$\text{I} \qquad\qquad\qquad\qquad\qquad\qquad\qquad \text{II}$$

$$\xrightarrow[-(H_5C_6)_3As]{\text{I}} (H_5C_6)_3 \overset{\oplus}{As} - \underset{\underset{CH_2 - \bigcirc - NO_2}{|}}{CH} - \bigcirc - NO_2 \xrightarrow[-(H_5C_6)_3AsO]{OH^{\ominus}} O_2N - \bigcirc - CH_2 - CH_2 - \bigcirc - NO_2$$

$$\text{III}$$

Tetraphenyl-arsoniumbromid wird in Benzol und Triphenyl-arsinoxid gespalten[2].

**Tert. Arsinoxide; allgemeine Arbeitsvorschrift**[2]: 0,1 Mol quart. Arsoniumsalz werden in 100–150 *ml* Wasser gelöst bzw. suspendiert, mit 0,5–0,8 Mol Natriumhydroxid versetzt und 5–8 Stdn. unter Rückfluß erhitzt. Man neutralisiert mit Halogenwasserstoffsäure, extrahiert mehrmals mit Chloroform, dampft die Chloroform-Phase zur Trockene ein und kristallisiert aus Wasser, Petroläther oder Toluol um. Die erhaltenen Oxide werden i. Hochvak. über Phosphor(V)-oxid bei 80–120° mehrere Tage getrocknet.

Aus Triphenyl-[4-chlor-(bzw.-2-oder-3-chlor-; 4-brom-; -4-methyl-; 4-äthoxy)-benzyl]-arsoniumbromid erhält man *Triphenyl-arsinoxid* in 90–95 %iger Ausbeute; F: 195–196°. Aus Methyl-tribenzyl-arsoniumbromid wird *Methyl-dibenzyl-arsinoxid* (F: 180–182°) zu 86 % d. Th. erhalten.

Arsenylide, die zur „Wittig-Olefinierung" befähigt sind (s. S. 433) liefern bei der Umsetzung mit Carbonyl-Verbindungen neben Olefin tert. Arsinoxide.

---

[1] Yu. F. Gatilov et al., Ž. obšč. Chim. **42**, 540 (1972); engl.: 538.
[2] S. Samaan, Phosphorus **6**, 95 (1976).
[3] L. Horner u. Samaan, Phosphorus **1**, 207 (1971).

ε) Aus anderen tert. Arsinoxiden durch Reaktionen am organischen Substituenten

Die Anzahl der Reaktionen am organischen Rest ohne Änderung der Arsinoxid-Struktur sind relativ beschränkt. Phenyl-Reste im tert. Arsinoxid werden mittels Nitriersäure in meta-Stellung zum Arsen nitriert[1-3];

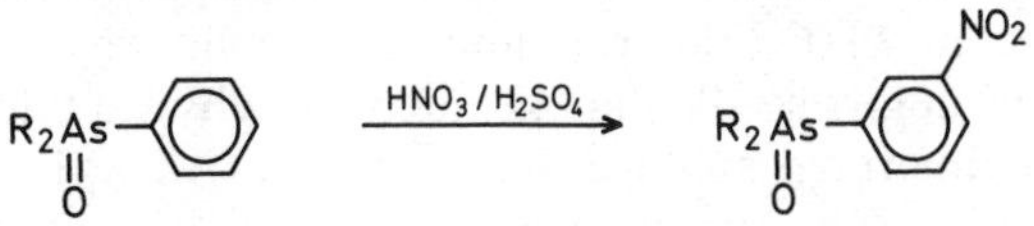

Benzyl-Reste allerdings in p-Stellung[4].

Die so eingeführte Nitro-Gruppe kann mit Hypophosphorsäure[5] oder katalytisch über Raney-Nickel[3] zur Amino-Gruppe reduziert werden. Die Amino-Gruppe wird acyliert[3], diazotiert oder zur Hydroxy-Gruppe, die mit Diazomethan veräthert werden kann, verkocht[5]:

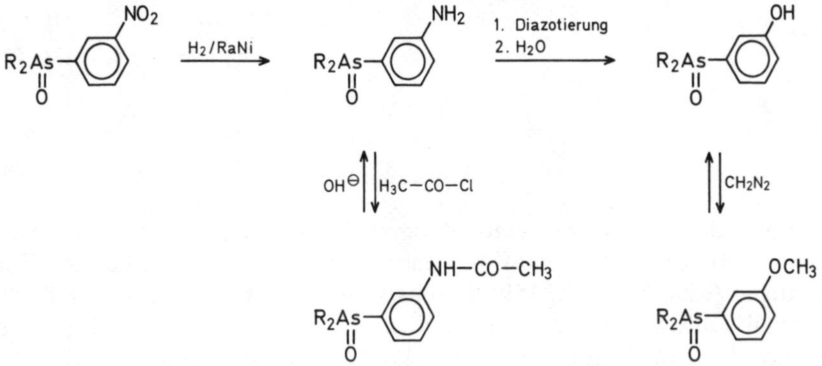

Die Reduktion von Tris-[3-nitro-4-äthoxy-phenyl]-arsinoxid mit Wasserstoff über Raney-Nickel wird bei 20° und 3,4 Atm. durchgeführt (*Tris-[3-amino-4-äthoxy-phenyl]-arsinoxid*). Bei 68 Atm. und einer Temperatur von 80–100° wird gleichzeitig das Arsinoxid zu Arsin reduziert[3].

**Tris-[4-brom-3-nitro-phenyl]-arsinoxid[3]:** 10 g Tris-[4-brom-phenyl]-arsinoxid werden in 40 *ml* konz. Schwefelsäure gelöst. Unter Rühren und Erhitzen auf dem Wasserbad wird tropfenweise mit 20 *ml* konz. Salpetersäure versetzt. Anschließend gießt man auf Eiswasser, saugt ab und wäscht das Rohprodukt 3mal mit je 25 *ml* heißem Äthanol. Zur weiteren Reinigung wird mit 200 *ml* Aceton in einer Soxhletapparatur extrahiert. Aus der acetonischen Lösung erhält man nach Einengen das nitrierte Oxid; Ausbeute: 9,2 g (74% d.Th.); F: 252–254°.

Aus dem erhaltenen Arsinoxid läßt sich das Brom mit alkoholischer Kalilauge durch die Äthoxy-Gruppe zum *Tris-[3-nitro-4-äthoxy-phenyl]-arsinoxid* substituieren[3].

Beim Schütteln einer benzolischen Lösung von Diphenyl-(4-hydroxy-3,5-di-tert.-butyl-phenyl)-arsinoxid mit alkal. Hexacyanoferrat(III)-Lösung färbt sich die Lösung zunächst langsam hellgrün, dann aber sehr rasch hellbraun. Die hellgrüne Lösung ist paramagnetisch und weist auf die Bildung des *4-(Diphenylarsinyl)-2,6-di-tert.-butyl-phenoxyls*[6]:

[1] A. MICHAELIS, A. **321**, 141 (1902).
[2] F. F. BLICKE u. S. R. SAPHIR, Am. Soc. **63**, 575 (1941).
[3] J. R. VAUGHAN, jr. u. D. S. TARBELL, Am. Soc. **67**, 144 (1945).
[4] F. CHALLENGER u. A. T. PETERS, Soc. **1929**, 2610.
[5] F. F. BLICKE u. E. L. CATALINE, Am. Soc. **60**, 419 (1938).
[6] E. MÜLLER et al., A. **705**, 54 (1967).

$$(H_5C_6)_2\overset{\overset{\displaystyle O}{\|}}{As}-\!\!\!\!\!\!\bigcirc\!\!\!\!\!\!\overset{\displaystyle C(CH_3)_3}{\underset{\displaystyle C(CH_3)_3}{}}\!\!\!-OH \xrightarrow{\text{alkal. K}_3[\text{Fe(CN)}_6]\ /\ \text{Benzol}} (H_5C_6)_2\overset{\overset{\displaystyle O}{\|}}{As}-\!\!\!\!\!\!\bigcirc\!\!\!\!\!\!\overset{\displaystyle C(CH_3)_3}{\underset{\displaystyle C(CH_3)_3}{}}\!\!\!-\overline{O}\cdot$$

Methyl-diphenylarsin-oxid läßt sich an der Methylgruppe durch Umsetzung mit Lithium-diisopropylamid in THF lithiieren und das gebildete *Lithiummethyl-diphenylarsinoxid* durch Einwirkung von Alkylhalogeniden, Aldehyden oder Ketonen (keine der P = O-aktivierten Olefinierung analoge Reaktion[1]) in Alkyl- bzw. (2-Hydroxyalkyl)-diphenyl-arsinoxide umwandeln[2]:

$$(H_5C_6)_2\overset{\overset{\displaystyle O}{\|}}{As}-CH_3 \xrightarrow{\text{LiN[CH(CH}_3)_2]_2\,/\,\text{THF}}$$

$$(H_5C_6)_2\overset{\overset{\displaystyle O}{\|}}{As}-CH_2Li$$

$$\xrightarrow[-\text{LiX}]{\text{RX}} (H_5C_6)_2\overset{\overset{\displaystyle O}{\|}}{As}-CH_2-R$$

$$\xrightarrow[-\text{LiOH}]{\substack{1.\ (R^1)_2CO \\ 2.\ H_2O}} (H_5C_6)_2\overset{\overset{\displaystyle O}{\|}}{As}-CH_2-\overset{\overset{\displaystyle OH}{|}}{C}(R^1)_2$$

R = Alkyl, Allyl
R′ = H, Alkyl, Aryl
X = Halogen

## B. Umwandlung

Tert. Arsinoxide besitzen am Sauerstoff deutlich basische Eigenschaften. Sie werden durch Protonsäuren am Sauerstoff protoniert unter Bildung von Quasiarsoniumsalzen bzw. salzartigen Addukten (s. S. 359). Bereits Wasser führt zu tert. Arsin-dihydroxiden, denen sowohl ionische als auch penta-covalente-Strukturen zugeordnet werden (s. S. 359). Auch Alkylhalogenide reagieren mit tert. Arsinoxiden über Alkoxy-triorgano-arsoniumsalze, die unter Umständen isolierbar sind (s. S. 364), zu Arsinigsäure-alkylestern (s. S. 267) oder Hydroxy-triorgano-arsoniumsalzen (s. S. 361).

Triphenyl-arsinoxid setzt sich mit Grignard-Verbindung zu quart. Arsoniumsalzen um (s. S. 413). Mit Säureamiden, Isocyanaten, N-Sulfinyl-aminen und -amiden reagieren die Oxide zu Arsin-iminen (s. S. 391). Triphenyl-arsinoxid reagiert mit Acetylenen, die elektronenanziehende Gruppen tragen, oder Cyclopentadien-Derivaten in einer umgekehrten Wittig-Reaktion zu Arsen-Yliden (s. S. 427).

Schwefeldioxid, Hypophosphorsäuren, Lithiumalanat, Zinn(II)-chlorid oder katalytischer Wasserstoff reduzieren die Oxide zu tert. Arsinen (s. S. 91). Triphenyl-arsinoxid überträgt beim Erhitzen mit Triphenyl-phosphin seinen Sauerstoff auf den Phosphor[3]:

$$(H_5C_6)_3As{=}O \ + \ (H_5C_6)_3P \longrightarrow (H_5C_6)_3As \ + \ (H_5C_6)_3P{=}O$$

Trialkyl-arsinoxide zersetzen sich beim Erhitzen auf 230–250° auf unübersichtliche Weise zu Gemischen aus tert. Arsinen, Arsinigsäure-alkylester, Aldehyden und Alkoholen[4].

(2-Carboxy-äthyl)- bzw. (2-Carboxy-propyl)-diphenyl-arsinoxid wird beim Erhitzen

---

[1] s. ds. Handb., Bd. XIII/1, Kap. Organo-lithium-Verbindungen, S. 1.

[2] T. KAUFMANN et al., Ang. ch. **89**, 52 (1977).

[3] E. CIGANEK, J. Org. Chem. **35**, 1725 (1970).

[4] G. KAMAI u. B. D. CHERNOKALSKII, Doklady Akad. SSSR **128**, 299 (1959); C. A. **54**, 7538 (1960); Trans Kirov's Inst. Chem. Technol. Kazan. **1959**, No. 26, 117; C. A. **54**, 24345 (1960).

über den Schmelzpunkt in Propionsäure bzw. Isobuttersäure und Diphenyl-arsinigsäure-anhydrid gespalten[1].

Durch Einwirkung von Schwefelwasserstoff, Schwefelkohlenstoff oder Disulfiden werden tert. Arsinoxide in die entsprechenden Sulfide umgewandelt (s. S. 386).

Triphenyl-arsinoxid setzt sich mit Phenyl-lithium in äther. Lösung zu Pentaphenyl-arsoran um (s. S. 437). Durch Natriumhydroxid wird aus Triphenyl-arsinoxid unter Bildung von Diphenyl-arsinsäure (s. S. 334) Benzol abgespalten.

Mit Phenolen bildet Triphenyl-arsinoxid in Methanol oder Benzol kristalline 1:1-Addukte, denen jedoch keine penta-covalente Struktur zugeordnet wird[2].

Tert. Arsinoxide bilden mit einer großen Anzahl Metallsalze wohldefinierte Komplexe von stöchiometrischer Zusammensetzung[3].

## 4. Tertiäre Arsinsulfide und -selenide

### A. Herstellung

#### α) Aus tert. Arsinen

Tertiäre Arsine reagieren mit elementarem Schwefel, zum Teil exotherm, zu tert. Arsinsulfiden[4-17]:

$$R_3As \; + \; S \longrightarrow R_3As{=}S$$

Die Reaktion stellt die einfachste Methode zur Herstellung der Sulfide dar. Obwohl die Umsetzung ohne Lösungsmittel durchgeführt werden kann[5,11,15], empfiehlt es sich in Lösung zu arbeiten. Als Lösungsmittel können Äther[4], Schwefelkohlenstoff[6] Eisessig[7], Äthanol[12] oder Benzol[10,13,14,16,17] verwendet werden, wobei Äthanol und Benzol am häufigsten eingesetzt werden. Man arbeitet meistens beim Siedepunkt des Lösungsmittels, wobei die Reaktionsdauer (1–10 Stdn.) mit abnehmender Basizität des Arsins zunimmt.

Es empfiehlt sich, den Schwefel in nicht allzu großem Überschuß einzusetzen, da sonst die Reinigung des gebildeten Sulfids erschwert wird. Der überschüssige Schwefel kann

[1] R. C. COOKSON u. F. G. MANN, Soc. **1949**, 67.
[2] H. SCHINDLBAUER u. H. STENZENBERGER, M. **99**, 2468 (1968).
[3] Zusammenfassende Literatur s.:
    G. O. DOAK u. L. D. FREEDMAN, *Organometallic Compounds of Arsenic, Antimony, and Bismuth*, Wiley-Interscience, New York 1970.
    s. auch Bibliographie S. 627.
    M. DUB, *Organometallic Compounds*, Vol. III, 2. Aufl., Springer Verlag New York, 1968; I. Supplement 1972.
[4] H. LANDOLT, A. **89**, 326 (1854).
[5] A. CAHOURS, A. **112**, 228 (1862).
[6] W. LaCOSTE u. A. MICHAELIS, B. **11**, 1887 (1878); A. **201**, 244 (1880).
[7] A. MICHAELIS u. U. PAETOW, A. **233**, 73 (1886).
[8] W. M. DEHN, Am. **33**, 135 (1905).
[9] R. A. ZINGARO u. E. A. MEYERS, Inorg. Chem. **1**, 771 (1962).
[10] L. HORNER u. H. FUCHS, Tetrahedron Letters **1962**, 203.
[11] A. TZSCHACH u. W. LANGE, B. **95**, 1360 (1962).
[12] R. A. ZINGARO et al., Trans. Faraday Soc. **59**, 798 (1963).
[13] YU. F. GATILOV u. G. KAMAI, Ž. obšč. Chim. **36**, 55 (1966); engl.: 57.
[14] H. SCHINDLBAUER u. H. LASS, M. **99**, 2460 (1968).
[15] G. M. USACHEVA u. G. KAMAI, Ž. obšč. Chim. **38**, 365 (1968); engl.: 364.
[16] YU. F. GATILOV et al., Ž. obšč. Chim. **37**, 1904 (1967); **38**, 372 (1968); **41**, 1291 (1971); **42**, 132 (1972); **43**, 1132 (1973); engl.: 1812; 370; 1301; 127; 1123.
[17] A. S. GELFOND et al., Ž. obšč. Chim. **42**, 1962 (1972); engl.: 1955.

entweder durch Extraktion mit Schwefelkohlenstoff[1] oder mit Natriumsulfid-Lösung[2] entfernt werden.

Optisch aktive tert. Arsine werden auf diese Weise, unter Erhalt der Konfiguration, in opt. aktive Arsinsulfide umgewandelt[3-5]. Bei luftempfindlichen tert. Arsinen wird die Umsetzung in inerter Atmosphäre durchgeführt[6].

**Tertiäre Arsinsulfide; allgemeine Arbeitsvorschrift:**

in Lösung: Zur Lösung des tert. Arsins in Äthanol[6] oder Benzol[2-5, 7, 8] wird mit der äquimolaren Menge bzw. mäßigem Überschuß an Schwefelblume versetzt und 1–10 Stdn. unter Rückfluß erhitzt. Nach Entfernung des Lösungsmittels wird der überschüssige Schwefel mit Natriumsulfid-Lösung extrahiert und der Rückstand aus Benzol, Äthanol, Hexan, Petroläther oder ähnlichem umkristallisiert. Flüssige Produkte werden i. Vak. destilliert.

ohne Lösungsmittel : Eine Mischung aus tert. Arsin bzw. Bisarsin[1, 2] und überschüssigem Schwefel wird 5–6 Stdn. auf 100–120° bzw. 30 Min. auf 150°[1] erhitzt. Man kristallisiert aus abs. Methanol um oder extrahiert mit Schwefelkohlenstoff und kristallisiert den Rückstand um[1].

Tab. 34: Tertiäre Arsinsulfide durch Umsetzung von tert. Arsinen
mit elementarem Schwefel

| Tertiäres Arsinsulfid | Ausbeute [% d. Th.] | F [°C] | Literatur |
|---|---|---|---|
| Trimethyl-arsinsulfid | – | 183 | 6 |
| Triäthyl-arsinsulfid | 98 | 121–122 | 6, 9 |
| Tripropyl-arsinsulfid | 98 | 40–40,5 | 6, 10 |
| Methyl-dibutyl-arsinsulfid | – | 41 (Kp$_{0,75}$: 140,5–141,5°) | 6 |
| Tricyclohexyl-arsinsulfid | 89 | 178,5–180 | 6 |
| Diäthyl-phenyl-arsinsulfid | 72 | 44–45[4]; 49[5] | 8, 11 |
| Methyl-äthyl-phenyl-arsinsulfid | 89 | 56–57 | 7 |
| (+)-Methyl-äthyl-phenyl-arsinsulfid | 95 | 93–94 $[\alpha]_D^{20}: +24,5°$; c = 2 (Methanol) | 3 |
| (–)-Methyl-äthyl-phenyl-arsinsulfid | 90 | 66–67 $[\alpha]_D^{20}: -15,0$; c = 3 (Methanol) | 3 |
| (+)-Methyl-propyl-phenyl-arsinsulfid | 93 | 82–83 $[\alpha]_D^{20}: +34,8$ c = 1 (Methanol) | 3 |
| Diäthyl-(4-methyl-phenyl)-arsinsulfid | 76 | 85–86 | 8 |
| Diäthyl-(3-methyl-phenyl)-arsinsulfid | 39 | 65–66 | 8 |

[1] A. Tzschach u. W. Lange, B. **95**, 1360 (1962).
[2] H. Schindlbauer u. H. Lass, M. **99**, 2460 (1968).
[3] L. Horner u. H. Fuchs, Tetrahedron Letters **1962**, 203.
    H. Fuchs Dissertation, Mainz 1962.
[4] Yu. F. Gatilov et al., Ž. obšč. Chim. **38**, 372 (1968); engl.: 370.
[5] Yu. F. Gatilov u. F. D. Yambushev, Ž. obšč. Chim. **43**, 1132 (1973); engl.: 1123.
[6] R. A. Zingaro et al., Trans. Faraday Soc. **59**, 798 (1963).
[7] Yu. F. Gatilov u. G. Kamai, Ž. obšč. Chim. **36**, 55 (1966); engl.: 57.
[8] A. S. Gelfond et al., Ž. obšč. Chim. **42**, 1962 (1972); engl.: 1955.
[9] Yu. F. Gatilov et al., Ž. obšč. Chim. **41**, 1291 (1971); engl.: 1301.
[10] Yu. F. Gatilov et al., Ž. obšč. Chim. **42**, 132 (1972); engl.: 127.
[11] G. M. Usacheva u. G. Kamai, Ž. obšč. Chim. **38**, 365 (1968); engl.: 364.

Tab. 34 (Fortsetzung)

| Tertiäres Arsinsulfid | Ausbeute [% d. Th.] | F [°C] | Lite-ratur |
|---|---|---|---|
| Diäthyl-(4-brom-phenyl)-arsinsulfid | 81 | 81–82 | 1 |
| Dipropyl-phenyl-arsinsulfid | – | 89 | 2 |
| Äthyl-propyl-phenyl-arsinsulfid | – | 53–54 | 3 |
| Dibutyl-phenyl-arsinsulfid | 95 | 53 | 4 |
| Dipentyl-phenyl-arsinsulfid | 77 | 50–52 | 5 |
| Didecyl-phenyl-arsinsulfid | 64 | 54–55 | 5 |
| Methyl-phenyl-(4-methyl-phenyl)-arsinsulfid | – | 64–65 | 3 |
| 1,2-Bis-[diphenyl-thioarsinyl]-äthan | 88 | 200; 200–203[6] | 6, 7 |
| 1,6-Bis-[diphenyl-thioarsinyl]-hexan | 87 | 209–210 | 7 |
| (+)-Äthyl-(4-brom-phenyl)-(4-carboxy-phenyl)-arsinsulfid | 70 | 115 $[\alpha]_D^{20}$: +23,43 (c = 0,60; Benzol) | 8 |
| (–)-Äthyl-(4-brom-phenyl)-(4-carboxy-phenyl)-arsinsulfid | 88 | 113 $[\alpha]_D^{20}$: –23,12 (c = 0,84; Benzol) | 8 |
| Äthyl-phenyl-naphthyl-(1)-arsinsulfid | 95 | 109 | 9 |
| Triphenyl-arsinsulfid | 85 | 162[6]; 166[3] | 3,6,10 |
| Diphenyl-(2-methoxy-phenyl)-arsinsulfid | 95 | 117–118 | 1 |
| Diphenyl-(4-hydroxy-3,5-di-tert.-butyl-phenyl)-arsinsulfid | 55 | 181–183 | 11 |
| Diphenyl-anthryl-(2)-arsinsulfid | – | 194–196 | 6 |
| 2,7-Bis-[diphenyl-thioarsinyl]-naphthalin | – | 162–164 | 6 |

*Triäthyl-arsinsulfid* wird aus Triäthyl-arsin durch Umsetzung mit Benzylmercaptan in ätherischer Lösung in nahezu quantitativer Ausbeute erhalten[12]. Analog kann *Triphenyl-arsinsulfid* hergestellt werden[12], das auch bei der Umsetzung von Triphenyl-arsin mit Disulfiden[13], 5-Äthoxy-1,2,3,4-thiatriazolen[14] oder Thiophosphorylchlorid[15] erhalten wird:

[1] A. S. GELFOND et al., Ž. obšč. Chim. **42**, 1962 (1972); engl.: 1955.
[2] YU. F. GATILOV et al., Ž. obšč. Chim. **36**, 1670 (1966); engl.: 1667.
[3] YU. F. GATILOV u. G. KAMAI, Ž. obšč. Chim. **36**, 55 (1966); engl.: 57.
[4] YU. F. GATILOV u. M. G. KRALICHKINA, Ž. obšč. Chim. **38**, 1798 (1968); engl.: 1752.
[5] G. M. USACHEVA u. G. KAMAI, Ž. obšč. Chim. **38**, 365 (1968); engl.: 364.
[6] H. SCHINDLBAUER u. H. LASS, M. **99**, 2460 (1968).
[7] A. TZSCHACH u. W. LANGE, B. **95**, 1360 (1962).
[8] YU. F. GATILOV u. F. D. YAMBUSHEV, Ž. obšč. Chim. **43**, 1132 (1973); engl.: 1123.
[9] YU. F. GATILOV et al., Ž. obšč. Chim. **37**, 1904 (1967); engl.: 1812.
[10] W. LACOSTE u. A. MICHAELIS, A. **201**, 244 (1880).
[11] E. MÜLLER et al., A. **705**, 54 (1967).
[12] J. TSURUGI et al., J. Org. Chem. **33**, 4133 (1968).
[13] A. MUSTAFA et al., M. **98**, 310 (1967).
[14] K. A. JENSEN et al., Acta chem. Scand. **23**, 2919 (1969).
[15] E. LINDNER u. H. BEER, B. **105**, 3261 (1972).

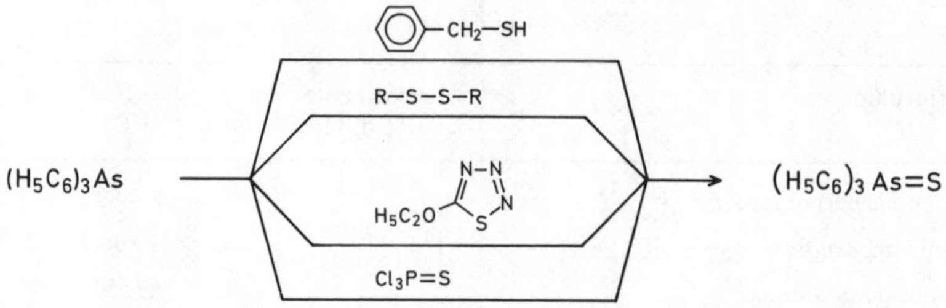

Der Ablauf dieser Umsetzungen ist nicht immer eindeutig geklärt. So wird bei der Umsetzung von Triphenyl-arsin mit Thiophosphorylchlorid bei 140° Triphenyl-arsinsulfid und Phosphor(III)-chlorid gebildet[1]. Diese Endprodukte sollen jedoch bei 20–22° (192 Stdn.) im umgekehrten Sinne zu Triphenyl-arsin und Thiophosphorylchlorid reagieren[2].

Analog den tert. Arsinsulfiden werden die entsprechenden Selenide aus tert. Arsinen und elementarem Selen hergestellt[3, 4]:

$$R_3As \ + \ Se \ \longrightarrow \ R_3As{=}Se$$

Die Reaktion ist jedoch auf aliphatische Arsine beschränkt[4]. *Triphenyl-arsinselenid*, das als Nebenprodukt bei der Umsetzung von Triphenyl-arsin und Selendioxid entsteht[4, 5], wird am besten aus Triphenyl-arsin-dichlorid und Selenwasserstoff gewonnen (s. S. 388).

**Trialkyl-arsinselenide; allgemeine Arbeitsvorschrift[4]:** Unter Stickstoff wird das tert. Arsin mit einem geringen Überschuß fein pulverisiertem Selen in abs. Äthanol 2–3 Stdn. unter Rückfluß erhitzt. Es wird über eine Fritte vom Selen abfiltriert, zur Trockene i. Vak. eingedampft und der Rückstand umkristallisiert. So erhält man u. a.:

| | |
|---|---|
| *Trimethyl-arsinselenid*[3, 4] | F: 100° (Zers.) |
| *Tributyl-arsinselenid*[3, 4] | F: 13° (Ausfrieren aus niedrig siedendem Petroläther) |
| *Dimethyl-butyl-arsinselenid*[3, 4] | F: 84–85° (Äthanol/Wasser) |
| *Methyl-dibutyl-arsinselenid* | F: 24–25° (Ausfrieren aus Äther) |
| *Tricyclohexyl-arsinselenid* | F: 183° (Benzol/Äthanol) |

### β) Aus tertiären Arsinoxiden oder ihren Derivaten

Durch Sättigung einer Lösung von tert. Arsinoxiden bzw. -dihydroxiden in Wasser, Äthanol oder Chloroform mit Schwefelwasserstoff werden diese in nahezu quantitativer Ausbeute in die entsprechenden Sulfide umgewandelt[6–11]:

$$R_3As{=}O \ + \ H_2S \ \xrightarrow[-H_2O]{} \ R_3As{=}S$$

Die Reaktion bietet den Vorteil, daß die erhaltenen Sulfide schwefelfrei anfallen[9].

Analog den Oxiden werden die Hydroxy-halogenide (Hydroxy-triorgano-arsoniumhalogenide) durch Schwefelwasserstoff in die entsprechenden Sulfide umgewandelt[9, 12–15].

---

[1] E. LINDNER u. H. BEER, B. **105**, 3261 (1972).
[2] G. M. USACHEVA u. G. KAMAI, Ž. obšč. Chim. **41**, 2705 (1971); engl.: 2739.
[3] R. R. RENSHAW u. G. E. HOLM, Am. Soc. **42**, 1471 (1920).
[4] R. A. ZINGARO u. A. MERIJANIAN, Inorg. Chem. **3**, 580 (1964).
[5] N. N. MELNIKOV u. M. S. ROKITSKAYA, Ž. obšč. Chim. **8**, 849 (1938); engl.: 834; C. A. **33**, 1267 (1939).
[6] W. LaCOSTE u. A. MICHAELIS, A. **201**, 245 (1880).
[7] A. MICHAELIS u. U. PAETOW, A. **233**, 73 (1886).
[8] B. PHILLIPS, B. **19**, 1031 (1886).
[9] A. MICHAELIS, A. **321**, 141 (1902).
[10] A. HANTZSCH u. H. HIBBERT, B. **40**, 1508 (1907).
[11] D. E. WORRALL, Am. Soc. **52**, 664 (1930).
[12] W. H. MILLS u. R. RAPER, Soc. **127**, 2479 (1925).
[13] G. KAMAI, B. **68**, 960; 1893 (1935).
[14] J. CHATT u. F. G. MANN, Soc. **1939**, 610; **1940**, 1184.
[15] G. KAMAI, Ž. obšč. Chim. **12**, 104 (1942); C. A. **37**, 1997 (1943).

Tertiäre Arsin-dihalogenide werden nach vorheriger Hydrolyse mit Ammoniak oder Natronlauge in die Sulfide überführt[1-4]. Prinzipiell analog ist die Umsetzung von tert. Arsinen mit Dichlordisulfan in Schwefelkohlenstoff und anschließender Sättigung mit Schwefelwasserstoff zu den entsprechenden Arsinsulfiden[5]:

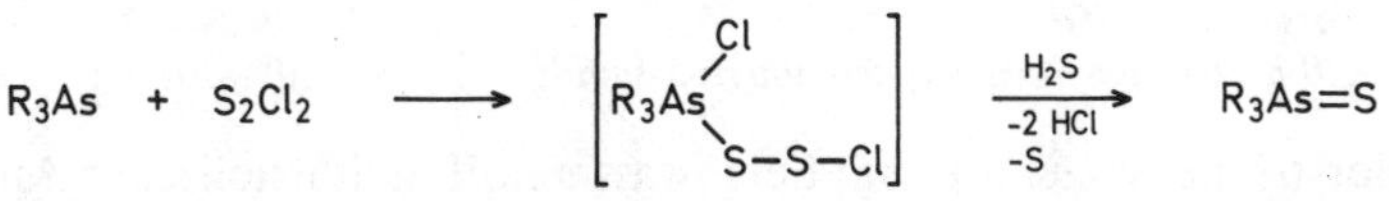

$$R_3As \; + \; S_2Cl_2 \; \longrightarrow \; \left[ R_3As \Big\langle{}^{Cl}_{S-S-Cl} \right] \; \xrightarrow[\substack{-2\,HCl \\ -S}]{H_2S} \; R_3As{=}S$$

Trinaphthyl-(1)-arsin-dihydroxid bzw. -dibromid wird durch Schwefelwasserstoff, im Gegensatz zum Trinaphthyl-(2)-Derivat, nicht in das entsprechende Sulfid überführt, sondern es tritt Reduktion zum tert. Arsin ein[6]. *Trinaphthyl-(1)-arsinsulfid* kann jedoch aus dem tert. Arsin durch Kochen mit Sulfurylchlorid in Schwefelkohlenstoff erhalten werden[5]. Triphenyl-arsinoxid läßt sich durch 1,5stdgs. Refluxieren in Schwefelkohlenstoff in 85%iger Ausbeute in das entsprechende *Triphenyl-arsinsulfid* überführen[7].

1,2-Bis-[dibrom-butyl-phenyl-arsoranyl]-äthan liefert bei der Umsetzung mit Schwefelwasserstoff oder Natriumsulfid in Chloroform zwei isomere Bisulfide, die als α- und β-Bisulfid bezeichnet werden, und bei denen es sich um *meso* und *dl*-Form handelt. Durch fraktionierte Kristallisation aus Cyclohexan/Äther können beide Formen voneinander getrennt werden[1]:

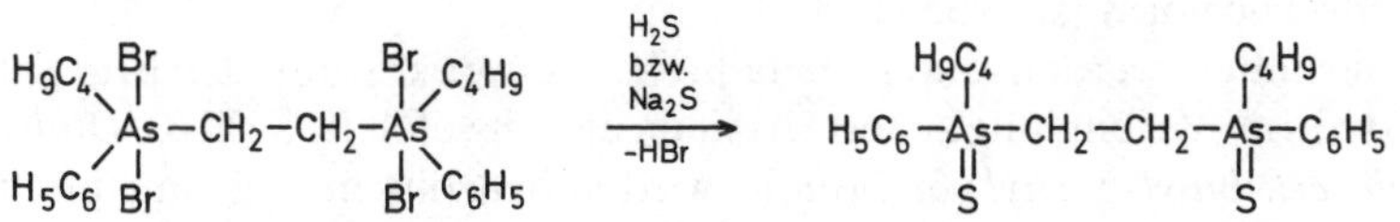

*1,2-Bis-[butyl-phenyl-thioarsinyl]-äthan*
α-Form; F: 113–116°
β-Form; F: 120,5–121,5°

Die α-Form des Bisulfids geht beim Erhitzen in organischen Solventien in die stabilere β-Form über[1].

**Triphenyl-arsinsulfid:**

M e t h o d e ① [8, 9]: In eine äthanolische Lösung von Dihydroxy- bzw. Chlor-hydroxy-triphenyl-arsoran leitet man Schwefelwasserstoff bis zur Sättigung ein. Man dampft die Reaktionslösung ein und kristallisiert um; Ausbeute: >80% d.Th.; F: 162°.

M e t h o d e ② [5]: 1 g Triphenyl-arsin wird in Schwefelkohlenstoff gelöst mit 0,4 g Sulfurylchlorid versetzt und 1 Stde. am Rückfluß erhitzt. Dann wird Schwefelwasserstoff bis zum Verschwinden der Chlorwasserstoff-Dämpfe eingeleitet. Anschließend wird zur Trockene eingedampft, der Rückstand mit wenig Äthanol ausgekocht und heiß filtriert. Beim Kühlen fällt das Sulfid aus; F: 162°.

M e t h o d e ③ [4]: Triphenyl-arsin-dibromid wird in einer äthanol. Ammoniak-Lösung gelöst. Unter Kühlen wird Schwefelwasserstoff bis zur schwachen Gelbfärbung der Lösung eingeleitet. Das ausgefallene Sulfid wird abgesaugt und aus Äthanol umkristallisiert; F: 163,5°.

[1] J. CHATT u. F. G. MANN, Soc. **1939**, 610.
[2] R. C. COOKSON u. F. G. MANN, Soc. **1949**, 67, 2895.
[3] M. H. BEEBY u. F. G. MANN, Soc. **1951**, 886.
[4] K. A. JENSEN u. P. H. NIELSEN, Acta Chem. Scand. **17**, 1875 (1963).
[5] F. ZUCKERKANDL u. M. SINAI, B. **54**, 2479 (1921).
[6] A. MICHAELIS, A. **321**, 246 (1902).
[7] W. T. REICHLE, Inorg. Chem. **1**, 650 (1962).
[8] W. LaCOSTE u. A. MICHAELIS, A. **201**, 244 (1880).
[9] B. PHILLIPS, B. **19**, 1031 (1886).

Auf prinzipiell gleiche Weise werden u. a. folgende tert. Arsinsulfide erhalten:

| | |
|---|---|
| *Methyl-phenyl-(2-carboxy-phenyl)-arsinsulfid*[1] | F: 164–165° |
| *(3-Carboxy-äthyl)-diphenyl-arsinsulfid*[2] | F: 131–134° |
| *Methyl-äthyl-(4-carboxy-phenyl)-arsinsulfid*[3] | F: 183° |
| *Äthyl-(4-carboxy-phenyl)-naphthyl-(2)-arsinsulfid*[4] | F: 104–105° |
| *Tris-[4-methyl-phenyl]-arsinsulfid*[5] | F: 170–171° |
| *4-Phenyl-1,4-oxarsenan-4-sulfid*[6] | F: 101,5–102° |
| *5,10-Dihydro-5,10-bis-[4-methyl-phenyl]-arsanthren-5-sulfid*[7] | F: 198–201° |

Wird Dichlor-triphenyl-arsoran mit Selenwasserstoff in äthanolischer Ammoniak-Lösung umgesetzt, so läßt sich aus den Reaktionsprodukten *Triphenyl-arsinselenid* (F: 125–130°) isolieren[8]. Nach anderen Angaben soll dagegen Dichlor- bzw. Dibrom-triphenyl-arsoran durch Selenwasserstoff lediglich zum Triphenyl-arsin reduziert werden[9].

## B. Umwandlung

Im Gegensatz zu den tert. Arsinoxiden sind die entsprechenden Sulfide optisch stabil und lassen sich in optische Antipoden trennen[3]. Bei der Einwirkung von Alkyl-halogeniden werden Quasiarsoniumsalze gebildet (s. S. 364), die je nach Reaktions-Bedingungen in Arsinigsäure-thioester (s. S. 277) oder quart. Arsoniumsalze (s. S. 410) übergehen. Dialkyl-aryl-arsinsulfide werden durch Trichloressigsäure unter Abspaltung von Trichloressigsäure-alkylester in Alkyl-aryl-thioarsinigsäuren umgewandelt. Durch Oxidationsmittel wie Distickstofftetraoxid oder Dimethylsulfoxid werden die Sulfide in die entsprechenden Oxide überführt. Phosgen überführt Triphenyl-arsinsulfid in das entsprechende Dichlorid (s. S. 354).

Tert. Arsinsulfide werden durch metallisches Quecksilber, Lithiumalanat oder Organo-lithium-Verbindung zu tert. Arsinen entschwefelt (s. S. 116). *Diphenyl-(4-hydroxy-3,5-di-tert.-butyl-phenyl)-arsinsulfid* wird in benzolischer Lösung durch alkalische Hexacyanoferrat(III)-Lösung oder Blei(IV)-oxid in ein Radikal überführt, das ESR-spektroskopisch nachgewiesen werden kann[10].

## 5. Tertiäre Arsin-imine

### A. Herstellung

#### α) Aus tert. Arsinen

Triaryl-arsine reagieren mit Aziden in der Hitze zu N-substituierten Triaryl-arsin-iminen[11]:

$$Ar_3As + R-N_3 \xrightarrow[-N_2]{} Ar_3As{=}N{-}R$$

[1] G. KAMAI, B. **68**, 960 (1935).
[2] R. C. COOKSON u. F. G. MANN, Soc. **1949**, 67, 2895.
[3] W. H. MILLS u. R. RAPER, Soc. **127**, 2479 (1925).
[4] G. KAMAI, Ž. obšč. Chim. **12**, 104 (1942); C. A. **37**, 1997 (1943).
[5] A. MICHAELIS, A. **321**, 141 (1902).
[6] M. H. BEEBY u. F. G. MANN, Soc. **1951**, 886.
[7] J. CHATT u. F. G. MANN, Soc. **1940**, 1184.
[8] K. A. JENSEN u. P. H. NIELSON, Acta Chem. Scand. **17**, 1875 (1963).
[9] R. A. ZINGARO u. A. MERIJANIAN, Inorg. Chem. **3**, 580 (1964).
[10] E. MÜLLER et al., A. **705**, 54 (1967).
[11] J. I. G. CADOGAN u. I. GOSNEY, Soc. (Perkin I) **1974**, 460.

Die Reaktion verläuft über Nitren- bzw. nitrenartige Zwischenstufen und wird nötigenfalls durch metallisches Kupfer katalysiert[1]. Da die Triaryl-arsine schwache Nucleophile sind, gelingt die Reaktion nur bei relativ stark elektrophilen Nitrenen. So reagiert Phenylazid mit Triphenyl-arsin nicht zum gewünschten Arsinimin. Das aus Pentafluorphenylazid zu formulierende Nitren ist jedoch ausreichend elektrophil um Triphenyl-arsin anzugreifen[1]:

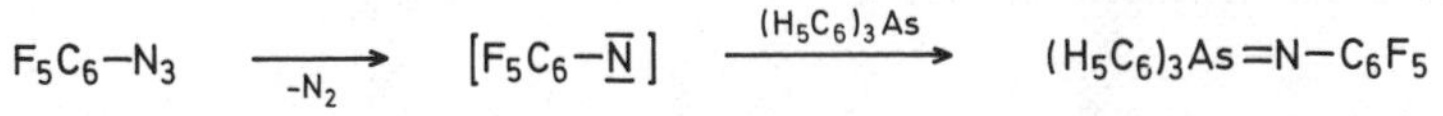

$$F_5C_6-N_3 \xrightarrow{-N_2} [F_5C_6-\underline{N}] \xrightarrow{(H_5C_6)_3As} (H_5C_6)_3As=N-C_6F_5$$

*Triphenyl-arsin-pentafluorphenylimin*

Da die Nitren-Zwischenstufe der eigentliche Reaktionspartner ist, kommen prinzipiell alle nitrenliefernde Verbindungen, wie Aryl-, Aroyl-, Sulfonyl- und Cyanoazide als Reaktionspartner in Frage. Die Reaktionsbedingungen müssen dabei die Bildung des Nitrens erlauben. So reagiert Triphenyl-arsin mit Cyanazid bereits bei 50° in Lösung. Azido-ameisensäure-äthylester reagiert erst bei 130°[1]. 2-Azido-4,6-dimethyl-pyrimidin, Tosylazid oder Methansulfonsäure-azid benötigen außer Temperaturen von 110−120° auch Kupferkatalyse[1].

**Triphenyl-arsin-cyanimin**[1]: Unter Stickstoff werden bei 20° 9,18 g (0,03 Mol) Triphenylarsin unter Rühren zu einer Lösung von 0,01 Mol Cyanazid in 35 *ml* abs. Acetonitril zugegeben. Unter weiterem Rühren wird dann solange auf 50° erwärmt, bis die Stickstoff-Entwicklung beendet ist. Nach Abdampfen des Lösungsmittels i. Vak. wird der kristalline Rückstand mit einem Äther/Aceton-Gemisch (1:1) gewaschen und getrocknet; Ausbeute: 1,35 g (40% d. Th.); F: 176−179° (aus Benzol).

**Triphenyl-arsin-äthoxycarbonylimin**[1]: Unter Stickstoff werden zu einer bei 130° gerührten Schmelze von 3 g Triphenyl-arsin 0,70 g (6 mMol) Azido-ameisensäure-äthylester tropfenweise gegeben. Nach beendeter Zugabe wird abgekühlt, in 40 *ml* wasserfreiem Äther aufgenommen, schnell abfiltriert und das Filtrat gekühlt. Das ausgefallene Arsinimin wird dann abgesaugt; Ausbeute: 1,6 g (66% d. Th.); F: 144−147°.

**Triphenyl-arsin-methylsulfonylimin**[1]: 0,36 g (3 mMol) Methansulfonsäure-azid, 2,76 g (9 mMol) Triphenylarsin und 0,5 g Kupferpulver werden unter Sauerstoff-freiem Stickstoff innig vermischt und in einem auf 110−120° vorgeheizten Ölbad solange erhitzt, bis die Stickstoff-Entwicklung beendet ist (∼ 5−10 Min.). Man kühlt ab, nimmt in Chloroform auf, filtriert vom Ungelösten ab, dampft das Filtrat zur Trockene ein und kristallisiert aus Essigsäure-äthylester um; Ausbeute: 0,96 g (74% d. Th.); F: 205−209° (2mal umkristallisiert).

Analog entsteht das *Triphenyl-arsin-p-tosylimin* (F: 189−191°) zu 92% d. Th.[1].

Benzoylazid bzw. 4-Nitro-benzoylazid reagieren in der Schmelze mit Triphenyl- bzw. Tris-[4-methoxy-phenyl]-arsin nicht zu Arsinimen, sondern nach Curtius zu den entsprechenden Aryl-isocyanaten[2]. Aroylnitren wird jedoch bei der thermischen Zersetzung von 5-Oxo-3-aryl-1,4,2-dioxazol gebildet, und kann zur Herstellung von Triphenyl-arsin-aroyliminen eingesetzt werden[1]:

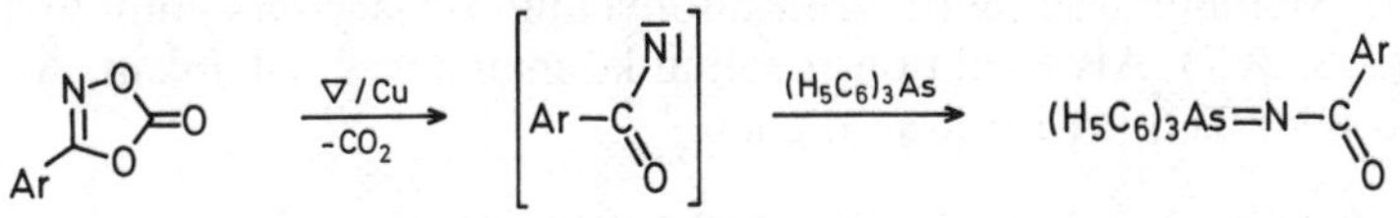

Die Reaktion benötigt Kupferkatalyse, da sonst höhere Temperaturen benötigt werden, bei denen das gebildete Arsinimin in Triphenyl-arsinoxid und Benzonitril zerfällt[1].

**Triphenyl-arsin-aroylimine**[1]: 3 mMol 5-Oxo-3-aryl-1,4,2-dioxazol, 9 mMol Triphenyl-arsin und katalytische Mengen Kupfer werden unter Sauerstoff-freiem Stickstoff innig vermischt und bei 130° [beim 3-(4-Nitro-phenyl-Derivat: 150°], bis die Stickstoff-Entwicklung beendet ist, erhitzt (∼ 5 Min.). Man nimmt in Chloroform auf, filtriert vom Ungelösten ab und dampft bis zur Trockene ein. Es wird aus Benzol umkristallisiert; so erhält man u. a.

---

[1] J. I. G. Cadogan u. I. Gosney, Soc. (Perkin I) **1974**, 460.
[2] J. Sauer u. K. K. Meyer, Tetrahedron Letters **1968**, 319.

*Triphenyl-arsin-benzoylimin* 63% d.Th. F: 181–183°
*Triphenyl-arsin-(4-nitro-benzoylimin)* 84% d.Th. F: 194–197°

Triphenyl-arsin-arensulfonylimine bzw. -alkoxycarbonylimine können auch durch Umsetzung von Triphenylarsin mit Benzolsulfonsäure-arensulfonylamiden bzw. 4-Nitro-benzolsulfonsäure-äthoxycarbonylamiden in Gegenwart von Triäthylamin als eliminierende Base erhalten werden[1]:

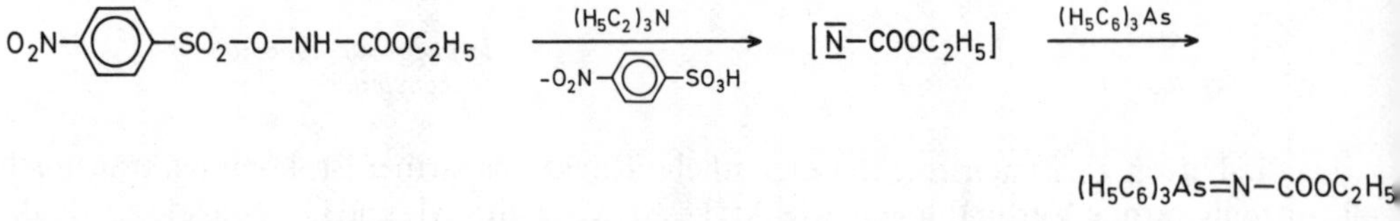

$$O_2N-\langle\bigcirc\rangle-SO_2-O-NH-COOC_2H_5 \xrightarrow[-O_2N-\langle\bigcirc\rangle-SO_3H]{(H_5C_2)_3N} [\overline{N}-COOC_2H_5] \xrightarrow{(H_5C_6)_3As}$$

$$(H_5C_6)_3As=N-COOC_2H_5$$

Ohne Triäthylamin erfolgt auch bei höheren Temperaturen keine Umsetzung[2].

Dialkyl-aryl-arsine reagieren mit Diphenyl-phosphinsäure-azid in siedendem Pyridin zu Dialkyl-phenyl-arsin-diphenylphosphinyliminen[3]; z. B.:

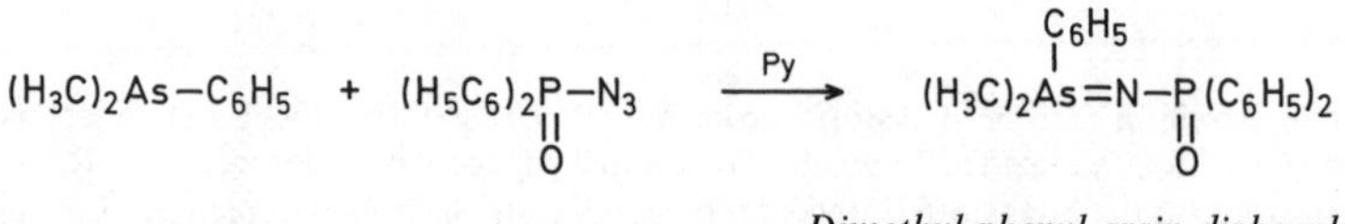

$$(H_3C)_2As-C_6H_5 + (H_5C_6)_2\underset{O}{\overset{\|}{P}}-N_3 \xrightarrow{Py} (H_3C)_2As=N-\underset{O}{\overset{C_6H_5}{\underset{\|}{P}}}(C_6H_5)_2$$

*Dimethyl-phenyl-arsin-diphenylphosphinylimin*

Analog reagieren Organo-silicium-, -zinn- oder -germaniumazide mit tert. Arsinen zu den entsprechenden Triorgano-arsin-organoelementiminen[4]:

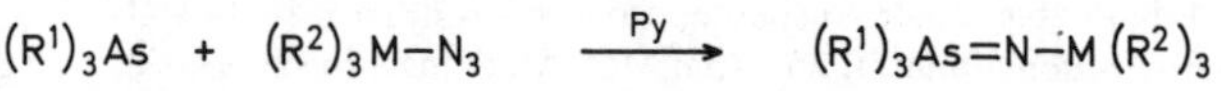

$$(R^1)_3As + (R^2)_3M-N_3 \xrightarrow{Py} (R^1)_3As=N-M(R^2)_3$$

M = Si, Sn, Ge

Triaryl-arsin-arensulfonylimine sind in einfacher Weise durch Umsetzung der Triarylarsine mit N-Natrium-N-Chlor- bzw. N,N-Dichlor-arensulfonamiden herstellbar[5-11]:

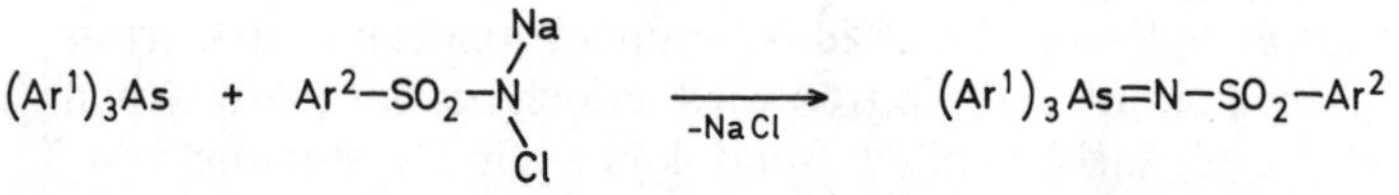

$$(Ar^1)_3As + Ar^2-SO_2-\underset{Cl}{\overset{Na}{N}} \xrightarrow{-NaCl} (Ar^1)_3As=N-SO_2-Ar^2$$

Sowohl die Sulfonamid-Derivate als auch das Reaktionsmedium müssen wasserfrei sein, da sonst keine Arsinimine sondern Arensulfonylamino-triaryl-arsoniumhydroxide erhalten werden (s. S. 367). Als Reaktionsmedium können abs. 1,4-Dioxan, Äthanol, Dimethylformamid oder Tetrahydrofuran dienen.

---

[1] J. SAUER u. K. K. MEYER, Tetrahedron Letters **1968**, 319.
[2] J. I. G. CADOGAN u. I. GOSNEY, Soc. (Perkin I) **1974**, 460.
[3] US.P. 3189564 (1965); Amer. Potash & Chem. Corp.; Erf.: R. M.WASHBURN u. R. A. BALDWIN; C. A. **63**, 9991 (1965).
[4] US.P. 3311646–8 (1967), Amer. Potash & Chem. Corp.; Erf.: R. A.WASHBURN u. R. A. BALDWIN; C. A. **67**, 12061, 100585; 100586 (1967).
[5] F. G. MANN u. W. J. POPE, Soc. **121**, 1754 (1922).
[6] F. G. MANN, Soc. **1932**, 958.
[7] F. G. MANN u. E. J. CHAPLIN, Soc. **1937**, 527.
[8] D. S. TARBELL u. R. J. VAUGHAN, jr., Am. Soc. **67**, 41 (1945).
[9] G. WITTIG u. D. HELLWINKEL, B. **97**, 769 (1964).
[10] D. HELLWINKEL u. G. KILTHAU, B. **101**, 121 (1968).
[11] A. SCHÖNBERG u. E. SINGER, B. **102**, 2557 (1969).

**Triaryl-arsin-p-tosylimine; allgemeine Arbeitsvorschrift**[1−3] : Unter Feuchtigkeitsausschluß werden äquimolare Mengen Triaryl-arsin und wasserfreies Chloramin T (N-Natrium-N-chlor-p-toluolsulfonamid) in abs. Äthanol[1], 1,4-Dioxan[2], Dimethyl-formamid[2] oder Tetrahydrofuran[3] 0,5–3 Stdn. unter Rückfluß erhitzt. Man filtriert ab, engt das Filtrat ein und läßt kühl stehen. Die ausgefallenen Arsinimine können aus abs. Äthanol, 1,4-Dioxan oder Aceton umkristallisiert werden. U. a. erhält man folgende Imine:

| | | |
|---|---|---|
| *Triphenyl-arsin-p-tosylimin*[1,2] | 63% d. Th. | F: 192–193° |
| *Tris-[4-methyl-phenyl]-arsin-p-tosylimin*[1,3] | 60% d. Th. | F: 184–186° |
| *5-Phenyl-dibenzarsol-5-p-tosylimin*[2] | 62% d. Th. | F: 189–192° |

Auf die gleiche Weise wird durch 15 min. Erhitzen von Tris-[4-methyl-phenyl]-arsin und wasserfreiem N'-Kalium-N'chlor-4-acetylamino-benzolsulfonamid in abs. 1,4-Dioxan das *Tris-[4-methyl-phenyl]-arsin-(4-acetylamino-benzolsulfonylimin)* (F: 179–180°) zu 54% d. Th. erhalten[4].

Bei der Umsetzung der Triaryl-arsine mit N,N-Dichlor-arensulfonamiden, die nach einem Additions-Eliminierungs-Mechanismus verläuft, wird metallisches Kupfer zur Eliminierung des Chlors zugegeben[5]; z. B.:

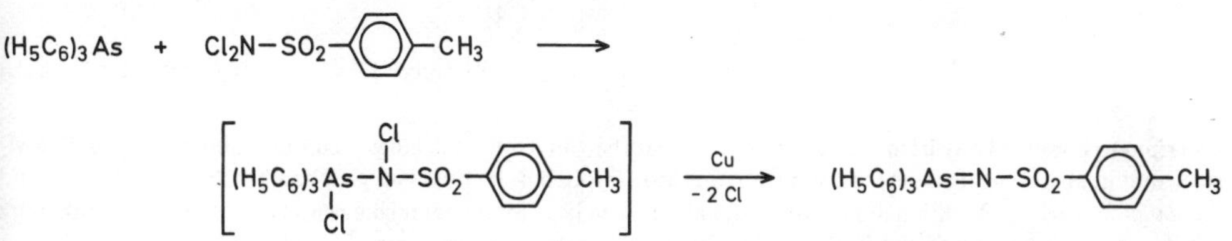

*Triphenyl-arsin-p-tosylimin*; 19% d. Th.[5]

### β) Aus tert. Arsinoxiden oder ihren Derivaten

Läßt man auf Amino-triphenyl-arsoniumchlorid (s. S. 367) Alkali-amid in flüssigem Ammoniak einwirken, so entsteht das N-unsubstituierte *Triphenyl-arsin-imin* (F: 130–132°) in fast quantitativer Ausbeute[6]:

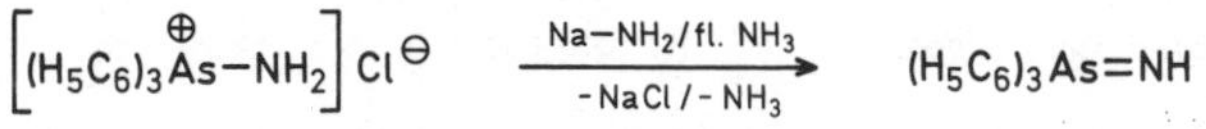

Analog wird das N-unsubstituierte *Tribenzyl-arsin-imin* hergestellt[7].

**Tribenzyl-arsin-imin**[7]: Eine Suspension vom 2 g (5 mMol) Amino-tribenzyl-arsoniumchlorid in 20 *ml* fl. Ammoniak wird unter Schütteln sehr langsam bei − 70° mit einer Lösung von 0,276 g (5mMol) Kaliumamid in 20 *ml* fl. Ammoniak versetzt. Nach 2 Stdn. wird das Ammoniak abgedampft und der Rückstand mit heißem trockenen Benzol extrahiert. Der beim Abkühlen der Benzol-Phase ausgefallene Niederschlag wird abgesaugt und getrocknet; Ausbeute: 1,5 g (83% d. Th.); F: 173–175° (Zers.).

N-substituierte Triaryl-arsin-imine können aus Triaryl-arsinoxiden durch Umsetzung mit Isocyanaten[8], N-Sulfinyl-aminen[8] oder -imiden[8,9] hergestellt werden:

[1] F. G. MANN u. E. J. CHAPLIN, Soc. **1937**, 527.
[2] G. WITTIG u. D. HELLWINKEL, B. **97**, 769 (1964).
[3] D. HELLWINKEL u. G. KILTHAU, B. **101**, 121 (1968).
[4] D. S. TARBELL u. R. J. VAUGHAN, jr., Am. Soc. **67**, 41 (1945).
[5] A. SCHÖNBERG u. E. SINGER, B. **102**, 2557 (1969).
[6] R. APPEL u. D. WAGNER, Ang. Ch. **72**, 209 (1960).
[7] B. W. ROSS u. W. B. MARZI, B. **108**, 1518 (1975).
[8] P. FROYEN, Acta chem. scand. **23**, 2935 (1969); **25**, 983 (1971).
[9] A. SENNING, Acta chem. scand. **19**, 1755 (1965).

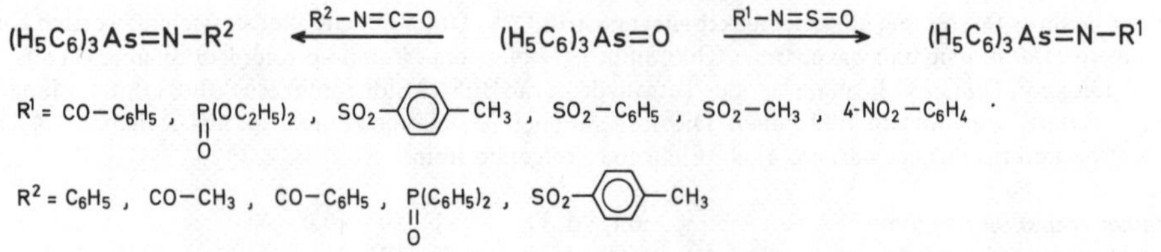

$(H_5C_6)_3As=N-R^2$   $\xleftarrow{\quad R^2-N=C=O \quad}$   $(H_5C_6)_3As=O$   $\xrightarrow{\quad R^1-N=S=O \quad}$   $(H_5C_6)_3As=N-R^1$

$R^1 = CO-C_6H_5$ , $\underset{O}{P(OC_2H_5)_2}$ , $SO_2-\langle\bigcirc\rangle-CH_3$ , $SO_2-C_6H_5$ , $SO_2-CH_3$ , $4\text{-}NO_2-C_6H_4$ ·

$R^2 = C_6H_5$ , $CO-CH_3$ , $CO-C_6H_5$ , $\underset{O}{P(C_6H_5)_2}$ , $SO_2-\langle\bigcirc\rangle-CH_3$

Die Umsetzung von Triphenyl-arsinoxid mit Phenylisocyanat führt bei längerem Erhitzen nicht zum Triphenyl-arsin-phenylimin, das zwar in einem geschwindigkeitsbestimmenden Schritt gebildet wird, jedoch in der Wärme mit weiterem Phenylisocyanat rasch zu Triphenyl-arsinoxid und Diphenylcarbodiimid weiterreagiert[1,2]:

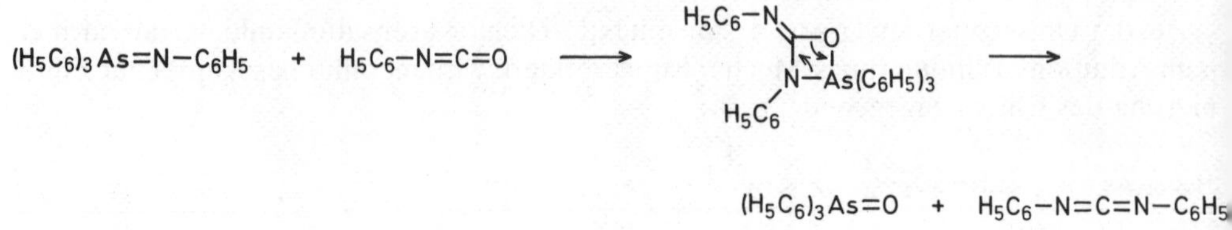

$(H_5C_6)_3As=N-C_6H_5$   +   $H_5C_6-N=C=O$   $\longrightarrow$

$\longrightarrow$   $(H_5C_6)_3As=O$   +   $H_5C_6-N=C=N-C_6H_5$

**Triphenyl-arsin-phenylimin**[2]: Unter einem Stickstoffstrom tropft man langsam unter Rühren 5 mMol Phenylisocyanat in abs. Benzol zu einer Lösung von 5 mMol Triphenyl-arsinoxid im gleichen Lösungsmittel. Während der Zugabe wird die Reaktionstemp. auf 5° gehalten. Man läßt anschließend langsam erwärmen und erhitzt kurz auf 80°. Nach Einengung der Lösung i. Vak. kristallisiert das Arsinimin aus; F: 134–143°.

Auf gleiche Weise (2stdgs. Erhitzen) werden bei Einsatz der Acyl-, Sulfonyl- oder Phosphinyl-isocyanate bzw. der entsprechenden substituierten Sulfinylamine oder -amide folgende Arsinimine erhalten[2]:

| | |
|---|---|
| *Triphenyl-arsin-acetylimin*[2] | F: 170° |
| *Triphenyl-arsin-benzoylimin*[2] | F: 184–185° |
| *Triphenyl-arsin-diäthoxyphosphinylimin*[2] | F: 80–86° |
| *Triphenyl-arsin-p-tosylimin*[2,3] | F: 191–192°; 199–201° |
| *Triphenyl-arsin-methansulfonylimin* | F: 158–165° |

Während Triphenyl-arsinoxid in siedendem Benzol mit Benzamid zu Benzoylaminotriphenyl-arsoniumhydroxid reagiert, lassen sich Säureamide, Sulfonamide oder Phosphinsäure-amide mit Triaryl-arsin-dibromiden[2,4] oder -diacetaten[5] in guter Ausbeute zu den entsprechenden N-substituierten Triaryl-arsiniminen umsetzen:

$(Ar^1)_3AsBr_2$ + $H_2N-SO_2-Ar^2$   $\xrightarrow[\;-2\,[(H_5C_2)_3\overset{\oplus}{N}H]\,Br^{\ominus}\;]{\;2\,(H_5C_2)_3N\;}$   $(Ar^1)_3As=N-SO_2-Ar^2$

$Ar_3As(O-CO-CH_3)_2$ + $H_2N-\overset{O}{\underset{\|}{P}}(C_6H_5)_2$   $\xrightarrow{\;-2\,H_3C-COOH\;}$   $Ar_3As=N-\overset{O}{\underset{\|}{P}}(C_6H_5)_2$

Die Umsetzung der Arsin-dibromide wird in abs. Tetrachlormethan[4] oder Benzol[2] durchgeführt, wobei Triäthylamin als Säurefänger anwesend sein muß. Die Arsin-dibromide werden nicht isoliert, sondern bei ihrer Bildung direkt weiter umgesetzt. Bei der Um-

---

[1] J. J. MONAGH, J. Org. Chem. **27**, 3851 (1962).
[2] P. FROYEN, Acta chem. scand. **23**, 2935 (1969); **25**, 983 (1971).
[3] A. SENNING, Acta chem. scand. **19**, 1755 (1965).
[4] B. D. CHERNOKALSKII et al., Izv. Vyss. Uch. Zev., Chim. i. chim. Techn. **9**, 768 (1966); C. A. **66**, 76 112$^w$ (1967).
[5] J. I. G. CADOGAN u. I. GOSNEY, Soc. (Perkin I) **1974**, 466.

setzung von Triphenyl-arsin-diacetat mit den Amiden wird erstes ebenfalls nicht isoliert. Man setzt Triphenyl-arsinoxid und die entsprechenden Amide in Acetanhydrid um, wobei das Triphenyl-arsin-diacetat intermediär gebildet wird[1] (s. S. 348).

**Triaryl-arsin-arensulfonylimine; allgemeine Arbeitsvorschrift[2]:** Unter Rühren mit Feuchtigkeitsausschluß wird die Lösung des Triaryl-arsins in abs. Tetrachlormethan bei 3–5° mit der äquimolaren Menge Brom, im gleichen Lösungsmittel gelöst, tropfenweise versetzt. Zu der Suspension des Dibromids gibt man die stöchiometrische Menge Sulfonamid und Triäthylamin und erhitzt 1 Stde. unter Rückfluß. Nach Abfiltrieren des Ammoniumsalzes engt man das Filtrat ein und kühlt ab. U. a. werden erhalten:

| | | |
|---|---|---|
| Tris-[4-methyl-phenyl]-arsin-(3-nitro-benzolsulfonylimin) | 67% d.Th. | F: 169–170° |
| Tris-[4-methyl-phenyl]-arsin-p-tosylimin | 84% d.Th. | F: 182–183° |
| Tris-[4-methoxy-phenyl]-arsin-p-tosylimin | 66% d.Th. | F: 165–166° |
| Triphenyl-arsin-(3-nitro-benzolsulfonylimin) | 74% d.Th. | F: 141–142° |

**N-substituierte Triphenylarsinimine; allgemeine Arbeitsvorschrift[1]:**
Methode ①: Unter Feuchtigkeitsausschluß werden Triphenyl-arsin und das jeweilige Amid im Verhältnis 3:1 (Benzamid, 4-Nitrobenzamid, Methan- bzw. p-Toluolsulfonamid) in abs. Dichlormethan gelöst und unter Rühren mit der molaren Menge (auf Amid bezogen) Blei(IV)-acetat (trocken) portionsweise versetzt. Es tritt eine exotherme Reaktion ein. Bei den N-Sulfonyl-Derivaten wird nach 1,5 Stdn. auf Eiswasser gegossen, mit Dichlormethan extrahiert, der Extrakt mit Wasser gewaschen, getrocknet und abgedampft. Durch Zugabe von Äther erhält man die kristallinen Arsin-sulfonylimine. Bei den Benzoyliminen wird nach 3stdgm. Rühren abfiltriert, das Filtrat stark eingeengt und mit Äther versetzt.
Methode ②: Eine Mischung aus 0,004 Mol Triphenyl-arsinoxid und 0,004 Mol Amid in 15 ml frisch destilliertem Acetanhydrid wird 2 Min. unter Rückfluß erhitzt. Nach Abkühlung saugt man ab, wäscht mit Äther nach und kristallisiert um.

So erhält man u. a. folgende Imine:

| Imine | nach Methode | | F [°C] |
|---|---|---|---|
| | ① | ② | |
| Triphenyl-arsin-benzoylimin | 58 | 64 | 182–183 |
| Triphenyl-arsin-(4-nitro-benzoylimin) | – | 47 | 190–192 |
| Triphenyl-arsin-methansulfonylimin | 62 | 96 | 205–208 |
| Triphenyl-arsin-benzolsulfonylimin | – | 62 | 154–155 |
| Triphenyl-arsin-p-tosylimin | 82 | 91 | 186–188 |
| Triphenyl-arsin-(diphenylphosphinyl-imin) | – | 45 | 167–169 (aus Hexan/Benzol) |

## B. Umwandlung

Tert. Arsinimine sind an der As-N-Doppelbindung stark polarisierte Verbindungen:

$$(H_5C_6)_3As=N-R \longleftrightarrow (H_5C_6)_3\overset{\oplus}{As}-\overset{\ominus}{N}-R$$

Die Basizität am Stickstoff nimmt erwartungsgemäß bei N-Acyl- oder N-Sulfonyl-iminen ab. So läßt sich das Triphenylarsin-imin acylieren oder tosylieren[3]. Durch Chlorwasserstoff bildet sich das *Amino-triphenyl-arsoniumchlorid*[3]:

[1] J. I. G. CADOGAN u. I. GOSNEY, Soc. (Perkin I) **1974**, 466.
[2] B. D. CHERNOKALSKII et al., Izv. Vyss. Uch. Zev., Chim. i. chim. Techn. **9**, 768 (1966); C. A. **66**, 76112ᵂ(1967).
[3] R. APPEL u. D. WAGNER, Ang. Ch. **72**, 209 (1960).

$$(H_5C_6)_3As=NH \ + \ HCl \ \longrightarrow \ \left[(H_5C_6)_3\overset{\oplus}{As}-NH_2\right] \ Cl^{\ominus}$$

Durch Wasser wird Triphenyl-arsinimin schnell zu *Triphenyl-arsinoxid* hydrolysiert[1].

Triaryl-arsin-arylimine werden erst durch Alkalilauge oder in 1 n Salzsäure in die entsprechenden Oxide umgewandelt[2].

Mit Isocyanaten reagiert Triphenyl-arsin-benzoylimin zu *Triphenyl-arsinoxid* und Carbodiimid (s. S. 392). Thermisch erfolgt eine Spaltung in Triphenyl-arsinoxid und *Benzonitril*, vermutlich nach folgendem Schema[2]:

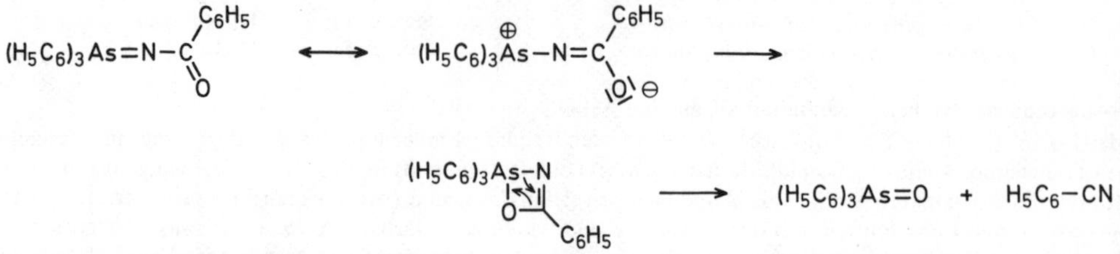

Durch Einwirkung von Methyljodid auf Triphenyl-arsin-benzoylimin erfolgt vermutlich sowohl N- als auch O-Alkylierung[2]. Aus Organo-lithium-Verbindungen und Triaryl-arsin-sulfonyliminen lassen sich Pentaorgano-arsorane erhalten (s. S. 437).

Triphenyl-arsin-phenylimin reagiert mit Carbonyl-Verbindungen im Sinne einer Wittig-Olefinierung zu Triphenyl-arsin-oxid und Schiff'schen Basen[3]:

Mit Triphenylacetonitril-oxid entsteht ein 1:1-Addukt, dem eine pentcovalente Ringstruktur zugeordnet wird[3]:

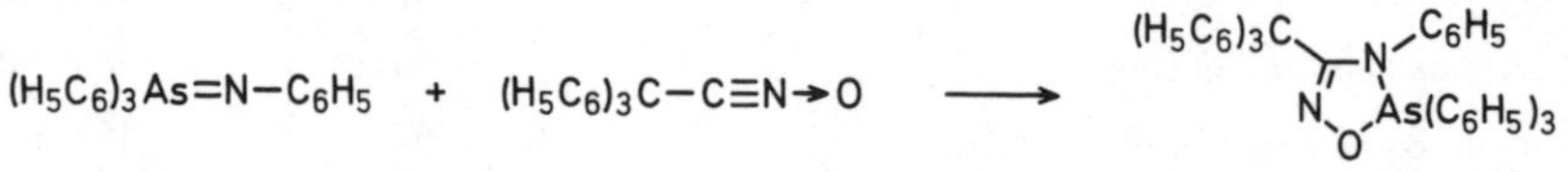

*4-Triphenylmethyl-2,2,2,3-tetraphenyl-3 H-1,3,5,2-oxadiazarsol*

Tribenzylarsin-imin bildet bei der Umsetzung mit Kaliumamid ein *Dikaliumsalz* des *Benzol-orthoarsonsäure-imid-diamids*[4]:

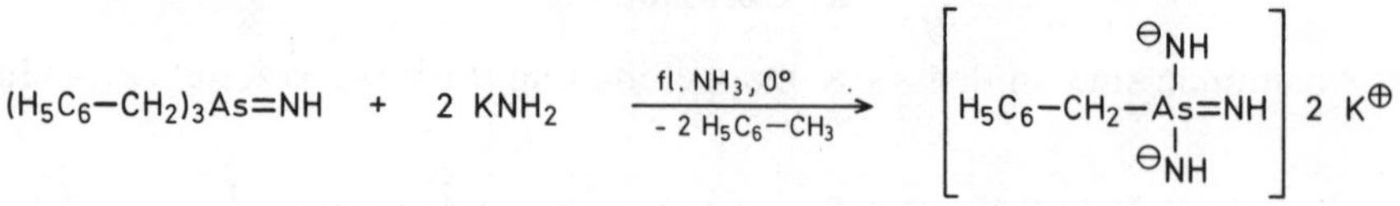

---

[1] R. APPEL u. D. WAGNER, Ang. Chem. **72**, 209 (1960).
[2] P. FROYEN, Acta chem. scand. **23**, 2935 (1969).
[3] P. FROYEN, Acta chem. scand. **27**, 141 (1973).
[4] B. M. ROSS u. W. B. MARZI, B. **108**, 1518 (1975).

# f) Quartäre Arsoniumsalze, Arsenylide und Pentaorgano-arsen-Verbindungen

## 1. Quartäre Arsoniumsalze

### A. Herstellung

### α) Durch Alkylierungsreaktionen

#### α₁) *von Arsen und Arsino-element-Verbindungen*

Bei der Einwirkung von überschüssigem Alkyljodid auf metallisches Arsen[1], Arsennatrium[1, 2], Arsenamalgam[3-5], Arsen-zink[6] oder Arsen-cadmium[6] läßt sich das Arsen bis zur Stufe des Tetraalkyl-arsoniumsalzes alkylieren[7, 8]:

$$Na_3As \ + \ 4\,CH_3J \ \xrightarrow[-\,3\,NaJ]{\nabla} \ 2\,[(H_3C)_4\overset{\oplus}{As}]\,J^{\ominus}$$

Meistens erhält man aus Arsenamalgam bzw. Zink- oder Cadmium-Arsen-Legierungen Additionsverbindungen der Tetraalkyl-arsoniumjodide mit den entsprechenden Metalljodiden[7]:

$$As_2Hg_3 \ + \ 8\,C_2H_5J \ \xrightarrow{\nabla} \ 2\,[(H_5C_2)_4\overset{\oplus}{As}]\,J^{\ominus}\cdot HgJ_2$$

Die Umsetzung wird in der Regel im Druckrohr bei Temperaturen von 160–180° durchgeführt, wobei im wesentlichen die symmetrischen Tetraalkyl-arsoniumsalze erhalten werden[7]. Die Reaktion besitzt heute keine präparative Bedeutung.

#### α₂) *von primären bzw. sekundären Arsinen, Diarsinen bzw. Cyclopolyarsinen*

Primäre[9-11] bzw. sekundäre Arsine[9-13], Diarsine[9,14-16] und Cyclopolyarsine[14,17,18] werden durch überschüssiges Alkylhalogenid unter Spaltung der Arsen-Wasserstoff- bzw. Arsen-Arsen-Bindung zu quart. Arsoniumsalzen alkyliert:

$$(H_{11}C_6)_2AsH \ \xrightarrow[-\,HJ]{2\,CH_3J} \ [(H_{11}C_6)_2\overset{\oplus}{As}(CH_3)_2]\,J^{\ominus}$$

*Dimethyl-dicyclohexyl-arsonium-jodid*

[1] H. LANDOLT, A. **89**, 301 (1854); **92**, 365 (1854).

[2] A. CAHOURS u. A. RICHE, A. **92**, 361 (1854); C.r. **39**, 541 (1854).

[3] A. PARTHEIL, Ar. **237**, 121 (1899); **238**, 28 (1900).

[4] A. PARTHEIL u. E. AMORT, B. **31**, 596 (1898).

[5] E. MANNHEIM, Ar. **238**, 166 (1900).

[6] A. CAHOURS, A. **122**, 200 (1862).

[7] E. MANNHEIM, A. **341**, 182 (1905) und dort zitierte Literatur.

[8] V. AUGER, C.r. **145**, 808 (1907).

[9] A. CAHOURS, A. **122**, 202 (1862).

[10] W. M. DEHN, Am. **33**, 101 (1905); **40**, 113 (1908).

[11] W. M. DEHN u. B. WILCOX, Am. **35**, 19 (1905).

[12] K. ISSLEIB u. A. TZSCHACH, Ang. Ch. **73**, 26 (1961).

[13] A. TZSCHACH u. G. PACHOLKE, B. **97**, 419 (1964).

[14] W. STEINKOPF u. G. SCHWENN, B. **54**, 1437 (1921).

[15] W. R. CULLEN, Canad. J. Chem. **41**, 322 (1963).

[16] A. TZSCHACH u. G. PACHOLKE, Z. anorg. Chem. **336**, 270 (1965).

[17] V. AUGER, C.r. **138**, 1705 (1904).

[18] A. TZSCHACH u. V. KIESEL, J. pr. **313**, 259 (1971).

$$(H_3C)_2As-As(CH_3)_2 \xrightarrow[-J-As(CH_3)_2]{2\ CH_3J} [(H_3C)_4\overset{\oplus}{As}]\ J^{\ominus}$$

*Tetramethyl-arsonium-jodid*

$$(H_5C_6-As)_6 \xrightarrow[-3\ H_5C_6-AsJ_2]{9\ CH_3J} 3\ [H_5C_6-\overset{\oplus}{As}(CH_3)_3]\ J^{\ominus}$$

*Trimethyl-phenyl-arsonium-jodid*

Methyl-, Äthyl- und Phenyl-arsin werden im Bombenrohr bei 100–120° mit Methyl-oder Äthyljodid quartärisiert[1,2]. Tetraalkyl-diarsine und Methyljodid reagieren zwar bei 20°[3], werden jedoch zur Vervollständigung der Reaktion im zugeschmolzenen Rohr auf ∼ 100° erhitzt[4]. Cyclische Diarsine werden durch Methyljodid in quart. Arsoniumsalze umgewandelt, die noch eine Arsino-Gruppe enthalten[5]; z. B.:

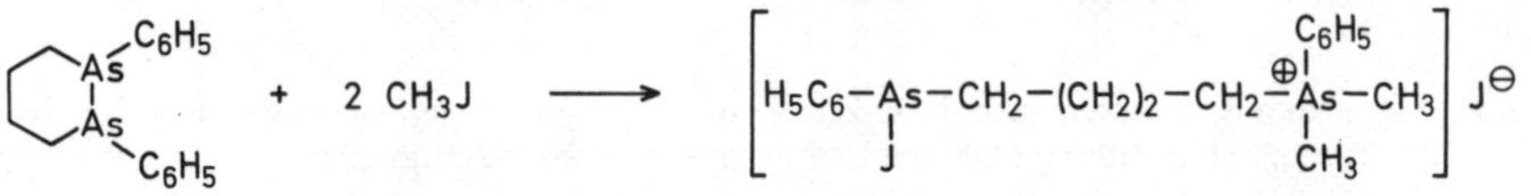

**Dimethyl-[4-(jod-phenyl-arsino)-butyl]-phenyl-arsonium-jodid**[5]: 3,2 g 1,2-Diphenyl-1,2-diarsenan werden in 50 *ml* Äthanol gelöst, mit 3,8 g Methyljodid versetzt und einige Zeit unter Rückfluß erhitzt. Nach dem Abkühlen wird ein gelbes Öl erhalten, das nach einiger Zeit kristallisiert; Ausbeute: 4 g (69% d. Th.); F: 98–99°.

**Trimethyl-phenyl-arsoniumjodid**[3]:

aus 1,2-Dimethyl-1,2-diphenyl-diarsin: 0,3 g Diarsin und 1 g Methyljodid werden unter Kohlendi-oxid zusammengegeben und 24 Stdn. stehengelassen. Man nimmt in Äther auf, filtriert den ausgefallenen Niederschlag ab und kristallisiert aus Äthanol/Äther um; F: 244°.

aus Hexaphenyl-cyclohexaarsin (Arsenobenzol): 1,5 g Cycloarsin in 2 *ml* jod-freiem Methyljodid werden im zugeschmolzenen Rohr 1 Stde. auf dem Dampfbad erhitzt. Nach dem Abkühlen wird mit Äther versetzt und wie oben aufgearbeitet; F: 246°.

Ähnlich den Diarsinen werden Silyl-[6] und Stannylarsine[7, 8] durch Methyljodid unter Spaltung der Arsen-Element-Bindung in quart. Arsoniumsalze umgewandelt:

$$(R^1)_3Sn-As(R^2)_2 \ + \ 2\ CH_3J \ \longrightarrow \ [(R^2)_2\overset{\oplus}{As}(CH_3)_2]\ J^{\ominus} \ + \ (R^1)_3Sn-J$$

$$(R^1)_3Si-As(R^2)_2 \ + \ 2\ CH_3J \ \longrightarrow \ [(R^2)_2\overset{\oplus}{As}(CH_3)_2]\ J^{\ominus} \ + \ (R^1)_3Si-J$$

**Dimethyl-diphenyl-arsonium-jodid**[7]: Unter Stickstoff werden 0,3 g Tributylstannyl-diphenyl-arsin und 1 *ml* Methyljodid in 2 *ml* Äther 2 Stdn. unter Rückfluß erhitzt. Der ausgefallene Niederschlag wird abgesaugt und mit Äther gewaschen; Ausbeute: 0,096 g (44% d. Th.); F: 208–209° (Das Filtrat enthält das Tributyl-zinn-jodid).

Sowohl die Alkylierung von Arsen als auch die hier aufgeführten Alkylierungsreaktionen verlaufen letztlich über tert. Arsine, so daß die direkte Alkylierung der letzteren die präparativ einfachere Methode zur Herstellung quart. Arsoniumsalze darstellt.

[1] A. Cahours, A. **122**, 202 (1862).
[2] W. M. Dehn, Am. **33**, 101 (1905); **40**, 113 (1908).
[3] W. Steinkopf u. G. Schwenn, B. **54**, 1437 (1921).
[4] W. R. Cullen, Canad. J. Chem. **41**, 322 (1963).
[5] A. Tzschach u. V. Kiesel, J. pr. **313**, 259 (1971).
[6] C. Russ u. A. G. MacDiarmid, Ang. Ch. **78**, 391 (1966).
[7] I. G. M. Campbell et al., Soc. **1964**, 3026.
[8] H. Schumann, Ang. Ch. **81**, 970 (1969).

### $\alpha_3$) *von tertiären Arsinen*

Tetraalkyl- oder gemischte quart. Alkyl-aryl-arsoniumsalze lassen sich am einfachsten durch Umsetzung von tert. Arsinen mit Alkyhalogeniden herstellen[1-20]:

R = Alkyl
X = Halogen

Im Vergleich zu den entsprechenden Phosphinen und Aminen nehmen die tert. Arsine eine Mittelstellung in ihrer Reaktivität gegenüber Alkylhalogeniden ein, so daß die Reaktivität der tert. Base in der Reihenfolge:

$$R_3P \;>\; R_3As \;>\; R_3N$$

abnimmt[11,21]. So entsteht bei der Einwirkung von Methyl-jodid auf Dimethyl-(2-diäthyl-phosphino-phenyl)-arsin hauptsächlich das quart. Phosphoniumsalz[22],

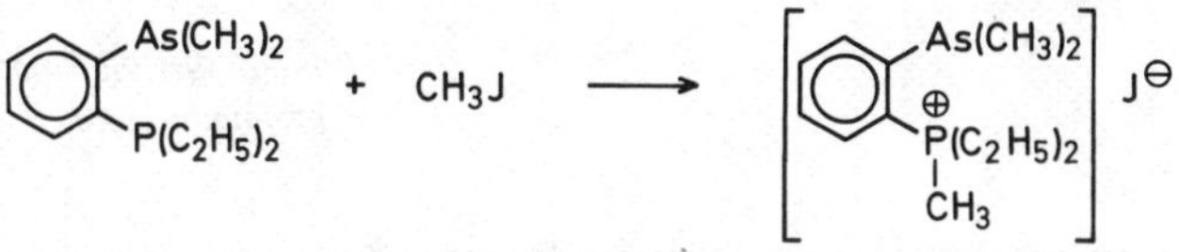

und Dimethyl-(2-dimethylamino-phenyl)-arsin wird durch Methyljodid in das *Trimethyl-(2-dimethylamino-phenyl)-arsonium-jodid* überführt[23]:

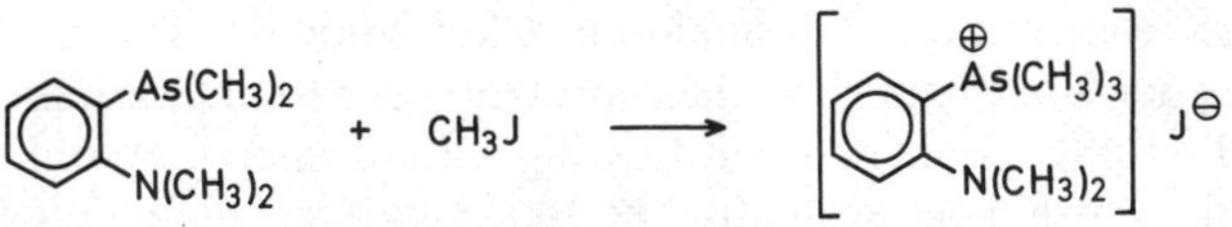

[1] H. LANDOLT, A. **89**, 301 (1854); **92**, 365 (1854).
[2] A. CAHOURS, A. **122**, 207 (1862).
[3] A. MICHAELIS u. A. LINK, A. **207**, 193 (1881).
[4] A. MICHAELIS u. U. PAETROW, A. **233**, 60 (1886).
[5] A. MICHAELIS, A. **320**, 271 (1902); **321**, 141 (1902).
[6] W. M. DEHN, Am. **33**, 101 (1905); **40**, 113 (1908).
[7] G. J. BURROWS u. E. E. TURNER, Soc. **119**, 426 (1921).
[8] W. STEINKOPF u. G. SCHWENN, B. **54**, 1436 (1921).
[9] E. ROBERTS et al., Soc. **1926**, 1443.
[10] W. J. JONES et al., Soc. **1931**, 185; **1932**, 2284.
[11] W. C. DAVIES u. W. P. G. LEWIS, Soc. **1934**, 1599.
[12] F. F. BLICKE u. E. L. CATALINE, Am. Soc. **60**, 426 (1938).
[13] F. F. BLICKE et al., Am. Soc. **61**, 88 (1939).
[14] D. JERCHEL, B. **76**, 600 (1943).
[15] G. KAMAI u. G. M. USACHEVA, Ž. obšč. Chim. **36**, 2000 (1966); engl.: 1991; **38**, 365 (1968); engl.: 364.
[16] R. ARMSTRONG et al., Austral. J. Chem. **20**, 2771 (1967).
[17] L. HORNER et al., B. **103**, 2718 (1970).
[18] J. E. FONTAINE u. W. E. MCEWEN, Phosphorus, **1**, 57 (1971).
[19] V. M. TSENTOVSKII et al., Ž. obšč. Chim. **43**, 837 (1973); engl.: 837.
[20] G. P. SCHIEMENZ, J. Organometal. Chem. **52**, 349 (1973).
[21] W. C. DAVIES, Soc. **1935**, 462.
[22] E. R. H. JONES u. F. G. MANN, Soc. **1955**, 4472.
[23] F. G. MANN u. F. H. C. STEWART, Soc. **1955**, 1269.

Die Quartärnisierung der zweiten Base im Molekül ist bedeutend schwieriger.

Die Alkylierung der tert. Arsine verläuft im Sinne einer $S_N2$-Reaktion[1-3] und wird von der Struktur des tert. Arsins, vom Alkylhalogenid und vom Lösungsmittel beeinflußt.

Trialkyl-arsine sind nucleophiler als Triaryl-arsine und reagieren demnach schneller mit Alkylhalogenid. So setzt sich Trimethyl-arsin mit Methyljodid bereits in der Kälte exotherm zu *Tetramethyl-arsonium-jodid* um[4-6]. Triphenyl-arsin muß dagegen mit Methyljodid längere Zeit auf dem Wasserbad erhitzt werden, um das *Methyl-triphenyl-arsonium-jodid* in befriedigender Ausbeute zu erhalten[7].

Mit zunehmender Kettenlänge des Alkyl-Restes im Trialkyl-arsin nimmt dessen Reaktivität ab, Tricyclohexyl[6]- und Trioctyl-arsin[8] z. B. werden erst nach mehrstündigem Erhitzen mit Methyljodid in Alkohol in die entsprechenden Salze überführt (*Methyl-tricyclohexyl*- bzw. *-trioctyl-arsonium-jodid*). Tris-[trimethylsilyl-methyl]-arsin muß mit Methyl-bzw. Äthyljodid in der Hitze quartärnisiert *(Methyl-tris-[trimethylsilyl-methyl]*- bzw. *Tris-[trimethylsilyl-methyl]-äthyl-arsonium-jodid)* werden[9].

Der Ersatz einer Methyl-Gruppe im Trimethyl-arsin durch die Trifluormethyl-Gruppe erniedrigt die Nucleophilie des Arsins soweit, daß die Umsetzung mit Methyljodid im Bombenrohr bei 85° durchgeführt wird[10]:

$$(H_3C)_2As-CF_3 \;+\; CH_3J \;\xrightarrow[\text{im Bombenrohr}]{14 \text{ Stdn. }, 85°}\; [(H_3C)_3\overset{\oplus}{As}-CF_3]\; J^{\ominus}$$

*Trimethyl-trifluormethyl-arsonium-jodid*

Methyl-bis-[trifluormethyl][11] – und Tris-[trifluormethyl]-arsin[12] werden durch Methyljodid nicht mehr alkyliert. Trivinyl-arsin und Methyl- bzw. Äthyljodid reagieren bereits bei Raumtemperatur[13]. *Cis-* und *trans*-Tripropenyl-arsine werden mit Methyljodid durch Erhitzen auf dem Dampfbad zu Methyl-tripropenyl-arsoniumjodid quartärnisiert[14]. Dialkylphenyl-arsine reagieren mit den niederen Alkyljodiden zwar bei 20°[15-19], aber zur Vervollständigung der Umsetzung bzw. Herabsetzung der Reaktionsdauer, besonders bei langkettigen Dialkyl-phenyl-arsinen, wird mäßiges Erwärmen empfohlen[15, 19].

Mit zunehmender Anzahl der aromatischen Reste im Arsin nimmt die Nucleophilie ab, die Reaktionszeit zu bzw. es werden höhere Reaktionstemperaturen benötigt.

[1] W. C. DAVIES u. W. P. G. LEWIS, Soc. **1934**, 1599.

[2] W. C. DAVIES, Soc. **1935**, 462.

[3] J. E. FONTAINE u. W. E. McEWEN, Phosphorus **1**, 57 (1971).

[4] A. CAHOURS, A. **122**, 207 (1862).

[5] G. WITTIG u. K. TORSELL, Acta Chem. Scand. **7**, 1293 (1953).

[6] R. ARMSTRONG et al., Austral. J. Chem. **20**, 2771 (1967).

[7] A. MICHAELIS, A. **321**, 166 (1902).

[8] K. A. PETROV et al., Ž. obšč. Chim. **42**, 2469 (1972); engl.: 2462.

[9] D. SEYFERTH, Am. Soc. **80**, 1336 (1958).

[10] R. N. HASZELDINE u. B. O. WEST, Soc. **1956**, 3631.

[11] R. N. HASZELDINE u. B. O. WEST, Soc. **1957**, 3880.

[12] H. J. EMELÉUS et al., Soc. **1953**, 1552.

[13] L. MAIER et al., Am Soc. **79**, 5884 (1957).

[14] A. N. NESMEYANOV et al., Izv. Akad. SSSR **1962**, 1199; C. A. **58**, 9121 (1963).

[15] R. ARMSTRONG et al., Austral. J. Chem. **20**, 2771 (1967).

[16] A. MICHAELIS u. A. LINK, A. **207**, 193 (1881).

[17] L. HORNER et al., B. **96**, 3141 (1963).

[18] J. R. PHILLIPS u. J. H. VIS, Canad. J. Chem. **45**, 675 (1967).

[19] G. KAMAI u. G. M. USACHEVA, Ž. obšč. Chim. **36**, 2000 (1966); engl.: 1991; **38**, 365 (1968); engl.: 364.

Elektronendonatoren im aromatischen Ring erhöhen die Reaktivität der tert. Arsine, Elektronenacceptoren bewirken das Gegenteil[1-3]. Die Reaktivität von Dialkyl-aryl-arsinen nimmt in der Reihenfolge ab[1]:

4-Methoxy-phenyl > 4-Methyl-phenyl > Phenyl > 4-Chlor-phenyl > 4-Brom-phenyl > 4-Jod-phenyl > 3-Nitro-phenyl > 4-Nitro-phenyl

Tris-[4-methoxy-phenyl]-arsin reagiert mit Benzylbromid in Chloroform bei 30° etwa 6mal schneller als Triphenyl-arsin[3] (Tris-[4-methoxy-phenyl]- bzw. Triphenyl-benzyl-arsoniumbromid). Ortho-Substituenten beeinträchtigen die Reaktivität[2,3]. So reagiert Tris-[2-methyl-phenyl]-arsin mit Benzylbromid in Chloroform bei 30° überhaupt nicht (nach einer Woche nur im geringen Maße)[3]. Einen besonderen Effekt zeigt die Methoxy-Gruppe in ortho-Stellung. Tris-[2-methoxy-phenyl]-arsin setzt sich mit Benzylbromid unter den obigen Bedingungen etwa 10mal schneller als Tris-[4-methoxy-phenyl]- und etwa 100mal schneller als Triphenyl-arsin[3] um. Dieser anchimere Einfluß der o-Methoxy-Gruppe wird auf eine Wechselwirkung zwischen den freien Elektronenpaaren am Sauerstoff und den 4d-Orbitalen des Arsens zurückgeführt[3].

Die Reaktivität von tertiären cyclischen Arsinen ist denen der offenkettigen Arsine vergleichbar[4].

Die Reaktivität der Alkylhalogenide nimmt wie bei ähnlichen Alkylierungsreaktionen vom Chlorid zum Jodid zu[1]. So reagiert Dimethyl-phenyl-arsin mit Methyljodid bei 20° in kurzer Zeit[5,6], mit Methylbromid erst nach 3 Tagen[7] zum Trimethyl-phenyl-arsonium-jodid bzw. -bromid. Im Allgemeinen benötigen die Alkylbromide längere Reaktionszeiten und/oder höhere Temperaturen als die entsprechenden Jodide.

Mit zunehmender Kettenlänge und Verzweigung nimmt die Reaktivität der Alkylhalogenide ab, wobei der größte Sprung in der Reaktivität von Methyl- zum Äthyljodid stattfindet[1]. Bei der Umsetzung von Dimethyl-benzyl-arsin mit Octyljodid (zum Dimethyl-octyl-benzyl-arsoniumjodid)[8] oder Triäthyl-arsin mit Octyl-, Dodecyl- oder Cetyljodid (zu Triäthyl-octyl-, -dodecyl-, -cetyl-arsoniumjodid)[8] ist 5–6stdgs. Erhitzen im Bombenrohr auf 90° erforderlich, um die Salze in befriedigender Ausbeute zu erhalten[8]. Während Trialkyl-arsine[6] oder Alkyl-diaryl-arsine[9,10] mit sek. Alkylhalogeniden reagieren, läßt sich das weniger basische Triphenyl-arsin mit 2-Methyl-butyl- oder Isopropyljodid trotz längerem Erhitzen kaum umsetzen[11,12]. 9-Brom-fluoren reagiert als sek. Alkylbromid mit Trimethyl-bzw. Dimethyl-benzyl-arsin bei 100° bzw. nach 8tägigem Stehenlassen zum Trimethyl- bzw. Dimethyl-benzyl-fluorenyl-(9)-arsoniumbromid[13].

α-Halogen-carbonsäure-ester, α-Halogen-ketone, Allyl- und Benzylhalogenide sind in ihrer Reaktivität den niederen Alkylhalogeniden vergleichbar. 2-Hydroxy-alkylhalogenide sind weniger reaktiv als die entsprechenden unsubstituierten Verbindungen. So wird zur Herstellung des cholin-analogen Trimethyl-(2-hydroxy-äthyl)-arsoniumbromids

[1] W. C. DAVIES u. W. P. G. LEWIS, Soc. 1934, 1599.
[2] W. C. DAVIES, Soc. 1935, 462.
[3] J. E. FONTAINE u. W. E. EWEN, Phosphorus, 1, 57 (1971).
[4] F. G. MANN, The Heterocyclic Derivatives of Phosphorus, Arsenic, Antimony, and Bismuth, 2. Aufl., Interscience, New York 1970.
[5] A. MICHAELIS u. A. LINK, A. 207, 193 (1881).
[6] J. R. PHILLIPS u. J. H. VIS, Canad. J. Chem. 45, 675 (1967).
[7] J. W. B. REESOR u. G. F. WRIGHT, J. Org. Chem. 22, 382 (1957).
[8] D. JERCHEL, B. 76, 600 (1943).
[9] A. MICHAELIS u. U. PAETOW, A. 233, 60 (1886).
[10] V. M. TSENTOVSKII et al., Ž. obšč. Chim. 43, 837 (1973); engl.: 837.
[11] A. MICHAELIS, A. 320, 271 (1902).
[12] H. FUCHS, Diplomarbeit, Mainz 1960.
[13] G. WITTIG u. H. LAIB, A. 580, 57 (1953).

Trimethyl-arsin und 2-Brom-äthanol 48 Stdn. in Acetonitril unter Rückfluß erhitzt[1]. Perfluorierte Alkyljodide reagieren bei 20° mit den reaktiven Trialkyl-arsinen überhaupt nicht[2]. Bei längerem Erhitzen erfolgt primär eine Spaltung der tert. Arsine. So reagiert Triäthyl-arsin mit Jodtrifluormethan bei längerem Erhitzen im Bombenrohr zu einem Gemisch aus tert. Arsinen mit einer oder mehreren Trifluormethyl-Gruppen und Tetraäthyl-arsoniumjodid als Nebenprodukt[2,3]. Dimethyl-phenyl-arsin liefert unter ähnlichen Bedingungen *Trimethyl-phenyl-arsoniumjodid* als Nebenprodukt[2].

Aus Triphenylarsin und Jodtrifluormethan läßt sich nach längerem Erhitzen im Bombenrohr kein Arsoniumsalz isolieren. Man erhält ein Gemisch aus Fluoroform, Benzol, Benzotrifluorid und Arsen(III)-jodid[4].

Während Vinylhalogenide und Trivinyl-arsin nicht zur Reaktion gebracht werden können[5], lassen sich Trialkyl- oder Alkyl-diphenyl-arsine mit Bromacetylenen zu 1-Alkinyl-arsonium-salzen quartärisieren[6].

Als Reaktionsmedium dient in den meisten Fällen überschüssiges Alkylhalogenid[5,7-11]. Exotherm verlaufende Reaktionen, wie die Alkylierung niederer Arsine mit Methyl-, Allyl- oder Benzylhalogeniden sind besser in Äther[12-14] oder Acetonitril[6,15] durchzuführen. Als weitere Lösungsmittel für die Reaktion, sowohl bei 20° als auch in der Wärme, können Aceton[16,17], Äthanol[16,18-20], Chloroform[21,22] oder Benzol[23,24] dienen. Beim Arbeiten in unpolaren Lösungsmitteln fallen die meisten Arsoniumsalze aus. Abgesehen davon, daß polare Lösungsmittel das Arbeiten bei höheren Temperaturen erlauben, scheinen sie die Reaktion zu beschleunigen. Quantitative Untersuchungen über den Einfluß des Lösungsmittels auf die Alkylierung tert. Arsine sind nicht bekannt. Stark polare Lösungsmittel wie Ameisensäure oder Essigsäure können jedoch in manchen Fällen die Alkylierung schwach basischer Arsine erzwingen, die in anderen Lösungsmitteln kaum durchführbar ist. So reagiert Triphenyl-arsin mit Äthylbromid in Chloroform oder Acetonitril im Druckgefäß 48 Stdn. bei 100° in ~30% d.Th. zu *Äthyl-triphenyl-arsoniumbro-*

[1] H. KUNZ, A. **1973**, 2001.
[2] W. R. CULLEN, Canad. J. Chem. **40**, 426 (1962).
[3] B. J. PULLMANN u. B. O. WEST, Austral. J. Chem. **17**, 30 (1964).
[4] W. R. CULLEN, Canad. J. Chem. **38**, 445 (1960).
[5] L. MAIER et al., Am. Soc. **79**, 5884 (1957).
[6] J. BENAIM, C. r. **261**, 1996 (1965).
[7] A. MICHAELIS u. A. LINK, A. **207**, 193 (1881).
   A. MICHAELIS u. U. PAETOV, A. **233**, 60 (1886).
   A. MICHAELIS,. A. **320**, 271 (1902); **321**, 141 (1902).
[8] W. J. JONES et al., Soc. **1931**, 185; **1932**, 2284.
[9] F. F. BLICKE u. E. L. CATALINE, Am. Soc. **60**, 426 (1938).
   F. F. BLICKE et al., Am. Soc. **61**, 88 (1939).
[10] G. KAMAI u. G. M. USACHEVA, Ž. obšč. Chim. **36**, 2000 (1966); engl.: 1991; **38**, 365 (1968); engl.: 364.
[11] V. M. TSENTOVSKII et al., Ž. obšč. Chim. **43**, 837 (1973); engl. 837.
[12] G. WITTIG u. K. TORSELL, Acta Chem. Scand. **7**, 1293 (1953).
   G. WITTIG u. H. LAIB, A. **580**, 57 (1953).
[13] K. ISSLEIB u. R. LINDNER, A. **707**, 120 (1967).
[14] L. SINDELLARI u. P. CENTURIONI, Ann. Chimica **56**, 379 (1966).
[15] L. HORNER u. S. SAMAAN, Phosphorus **3**, 153 (1973); **4**, 1 (1974).
[16] W. C. DAVIES u. W. P. G. LEWIS, Soc. **1934**, 1599.
[17] W. C. DAVIES u. C. W. OTHEN, Soc. **1936**, 1236.
[18] D. JERCHEL, B. **76**, 600 (1943).
[19] R. ARMSTRONG et al., Austral. J. Chem. **20**, 2771 (1967).
[20] A. R. HONDS u. A. J. H. MERCER, Soc. [C] **1967**, 1099.
[21] A. TZSCHACH u. W. DEYLIG, B. **98**, 977 (1965).
[22] J. E. FONTAINE u. W. M. E. MCEWEN, Phosphorus **1**, 57 (1971).
[23] H. GILMAN et al., J. Org. Chem. **19**, 1067 (1954).
[24] G. DREHFAHL u. G. STANGE, J. pr. **10**, 257 (1960).

*mid*, mit Propylbromid unter 10% d.Th. und mit Butylbromid überhaupt nicht mehr[1]. Führt man die Reaktion in 98%iger Ameisensäure unter Rückfluß durch, so erhält man die gewünschten Salze in 90, 65 und 55% d. Th.[2] (*Äthyl-, Propyl-* und *Butyl-triphenyl-arsoniumbromid*).

Die Durchführung der Reaktion ist einfach. Tert. Arsine und überschüssiges Alkylhalogenid werden mit oder ohne Lösungsmittel zusammengegeben und bei 20° unter Rückfluß oder in einem Druckgefäß bei höherer Temperatur zur Reaktion gebracht. Die meisten Arsoniumjodide und -bromide sind kristalline Verbindungen und werden aus einem polaren Lösungsmittel wie Alkohol oder Chloroform mit Äther oder Essigester ausgefällt. Bei luftempfindlichen tert. Arsinen wird die Reaktion in inerter Atmosphäre durchgeführt.

**Tetramethyl-[3] und Tetraäthyl-arsoniumjodid[4]:** Unter Stickstoff wird Trimethyl-arsin[3] bzw. Triäthyl-arsin mit überschüssigem Methyljodid in Äther[3] bzw. Äthyljodid versetzt und 2–3 Tage bei 20° stehengelassen. Die ausgefallenen Salze werden abgesaugt und aus Äthanol bzw. Äthanol/Äther umkristallisiert:

*Tetramethyl-arsoniumjodid*  F: 315–318°[3]; 325–326[5]
*Tetraäthyl-arsoniumjodid*  F: 307° (Zers.)[4]

**Trimethyl-allyl- bzw. benzyl-arsoniumbromid[6]:** Zu einer unter Stickstoff bereiteten Lösung von 0,3 Mol Trimethyl-arsin in 100 *ml* abs. Acetonitril tropft man unter Rühren und Kühlen 0,4 Mol Allyl- bzw. Benzylbromid in 20 *ml* Acetonitril. Man erwärmt auf 20° und läßt über Nacht (~ 12 Stdn.) stehen. Man engt die Reaktionslösung etwas ein, vervollständigt die Fallung im Falle des Benzylsalzes durch Zugabe von Äther und saugt ab; Ausbeute: ~ 90% d. Th.

*Trimethyl-allyl-arsoniumbromid*  F: 154–155° (Acetonitril)
*Trimethyl-benzyl-arsoniumbromid*  F: 200–201° (Äthanol/Äther)

**Triäthyl-octyl-, -dodecyl- bzw. -cetyl-arsoniumjodid[7]:** Eine Lösung von Triäthyl-arsin in wenig Äthanol wird mit überschüssigem Octyl-, Dodecyl- oder Cetyljodid versetzt und ~ 6 Stdn. im Bombenrohr auf 85° erhitzt. Die ausgefallenen Salze werden nach dem Absaugen aus Essigsäure-äthylester bzw. Äthanol/Essigsäure-äthylester umkristallisiert; Ausbeute: 80–90% d. Th.

*Triäthyl-octyl-arsoniumjodid*  F: 68–70° (hygroskopisch)
*Triäthyl-dodecyl-arsoniumjodid*  F: 98°
*Triäthyl-cetyl-arsoniumjodid*  F: 114°

Analog erhält man aus Dimethyl-benzyl-arsin und Octyljodid das *Dimethyl-octyl-benzyl-arsoniumjodid* in 91%iger Ausbeute[7].

Methyl-trialkyl-arsoniumsalze werden durch Versetzen der entsprechenden Trialkyl-arsine mit überschüssigem Methyljodid und einfaches Stehenlassen bei 20° (Stdn. bis mehrere Tage) oder/und Erwärmen zur Kürzung der Reaktionszeit und vollständigen Reaktion erhalten[7–12].

[1] H. Fuchs, Diplomarbeit, Mainz 1960.
[2] S. Samaan, Phosphorus **6**, 95 (1976).
[3] G. Wittig u. K. Torsell, Acta chem. Scand. **7**, 1293 (1953).
[4] M. M. Baig u. W. R. Cullen, Canad. J. Chem. **39**, 420 (1961).
[5] R. Armstrong et al., Austral. J. Chem. **20**, 2771 (1967).
[6] L. Horner u. S. Samaan, Phosphorus, **3**, 153 (1973).
  S. Samaan unveröffentlicht.
[7] D. Jerchel, B. **76**, 600 (1943).
[8] W. J. Jones et al., Soc. **1931**, 185; **1932**, 2284.
[9] L. Maier et al., Am Soc. **79**, 5884 (1957), *Methyl-trivinyl-arsoniumjodid*.
[10] A. N. Nesmeyanov et al., Izv. Akad. SSSR **1962**, 1199; C. A. **58**, 9121 (1963); *Methyl-tripropenyl-arsoniumjodid*.
[11] R. C. Cookson u. F. G. Mann, Soc. **1949**, 67; *Dimethyl-bis-[2-cyan-äthyl]-arsoniumjodid*.
[12] R. Armstrong et al., Austral. J. Chem. **20**, 2771 (1967); *Methyl-tricyclohexyl-arsoniumjodid*.

**Trimethyl-(2-hydroxy-äthyl)-arsoniumbromid**[1,2]: Unter Stickstoff werden 0,1 Mol Trimethyl-arsin und 0,11 Mol 2-Brom-äthanol in 40–60 ml abs. Acetonitril 48 Stdn. unter Rückfluß erhitzt. Nach dem Erkalten wird mit 200 ml trockenem Äther ausgefällt, abgesaugt, mit trockenem Äther nachgewaschen und über Phosphor(V)-oxid i. Vak. getrocknet; Ausbeute: 52% d. Th.; F: 238–241° (hygroskopisch)[2].

Die Umsetzung mit Triphenyl-arsin wird in 2-Brom-äthanol[2] bzw. 2-Chlor-äthanol[3] als Lösungsmittel durchgeführt.

**Trimethyl-fluorenyl-(9)-arsoniumbromid**[4]: 0,04 Mol Trimethyl-arsin und 0,041 Mol 9-Brom-fluoren werden unter Stickstoff in 30 ml abs. Äther 4 Tage stehengelassen und anschließend einige Stdn. auf 100° erhitzt. Das ausgeschiedene Salz wird aus Äthanol/Äther umgefällt; Ausbeute: 70% d. Th.; F: 205–206°.

Analog erhält man aus Dimethyl-benzyl-arsin und 9-Brom-fluoren das *Dimethyl-benzyl-fluorenyl-(9)-arsoniumbromid* (F: 182–184°, Zers.) zu 72% d. Th.[4].

**Trimethyl-trimethylsilylmethyl-arsoniumchlorid**[5]: 5,1 g (0,042 Mol) Trimethyl-arsin und 8,5 g (0,06 Mol) Trimethyl-chlormethyl-silan werden 4 Tage im zugeschmolzenen Rohr auf 100–130° erhitzt. Anschließend werden die flüchtigen Anteile i. Vak., zuletzt unter Erhitzen, entfernt; Ausbeute: 7,6 g (74% d. Th.).

Methyljodid und Dialkyl-aryl-arsine bilden ebenfalls die entsprechenden Arsoniumsalze, nötigenfalls nach mehrstündigem Erhitzen in oder ohne Lösungsmittel[6–21].

Analog weden Dialkyl-diaryl-arsinumjodide aus Alkyl-diarylarsinen und Alkyljodiden erhalten[6,11,22,23].

Bei den weniger basischen Arsinen ist auch bei der Alkylierung mit Methyljodid höhere Temperatur erforderlich[23,24].

**Alkylierung tert. Arsine mit Methyljodid; allgemeine Arbeitsvorschrift**[24]: Das tert. Arsin wird in der kleinstmöglichen Menge Methyljodid gelöst und 1–20 Stdn. unter Rückfluß erhitzt. Die ausgefallenen Salze werden aus Äthanol/Äther, Wasser oder Chloroform/Essigsäure-äthylester oder Ähnlichem umkristallisiert; so erhält man u. a.

| | | |
|---|---|---|
| *Methyl-cyclohexyl-diphenyl-arsoniumjodid*[24] | 80% d. Th. | F: 220–221° |
| *Methyl-diphenyl-naphthyl-(1)-arsoniumjodid*[24] | 70% d. Th. | F: 190–191° |
| *Methyl-diphenyl-(4-methyl-phenyl)-arsoniumjodid*[23] | | F: 152° |
| *Methyl-tris-[4-isopropyl-phenyl]-arsoniumjodid*[23] | | F: 103° |

[1] D. R. P. 305772 (1916); Chemische Werke Grenzach AG; C. **1918** II, 83.
[2] H. KUNZ, A. **1973**, 2001.
[3] A. MICHAELIS, A. **321**, 174 (1902).
[4] G. WITTIG u. H. LAIB, A. **580**, 57 (1953).
[5] N. E. MILLER, Inorg. Chem. **4**, 1458 (1965).
[6] A. MICHAELIS u. A. LINK, A. **207**, 193 (1881).
[7] R. ARMSTRONG et al., Austral. J. Chem. **20**, 2771 (1967).
[8] J. R. PHILLIPS u. J. H. VIS, Canad. J. Chem. **45**, 675 (1967).
[9] A. MICHAELIS, A. **320**, 271 (1902).
[10] R. C. COSS et al., Soc. **1955**, 4007.
[11] W. J. JONES et al., Soc. **1932**, 2284; **1947**, 1446.
[12] L. SINDELLARI u. P. CENTURIONI, Ann. Chimica **56**, 379 (1966).
[13] F. G. MANN et al., Soc. **1965**, 6342.
[14] M. A. BENNETT et al., Soc. [A] **1967**, 501.
[15] E. R. H. JONES u. F. G. MANN, Soc. **1955**, 4472.
[16] W. C. DAVIES u. C. W. OTHEN, Soc. **1936**, 1236.
[17] G. KAMAI, Ž. obšč. Chim. **17**, 2199 (1947); engl.: 2178; C. A. **42**, 4521 (1948).
[18] H. GILMAN et al., J. Org. Chem. **19**, 1067 (1954).
[19] G. KAMAI u. G. M. USACHEVA, Ž. obšč. Chim. **36**, 2000 (1966); engl.: 1991; **38**, 365 (1968); engl.: 364.
[20] J. M. GALLAGHER u. F. G. MANN, Soc. **1962**, 5110.
[21] A. TZSCHACH u. W. DEYLING, B. **98**, 977 (1965).
[22] V. M. TSENTOVSKII et al., Ž. obšč. Chim. **43**, 837 (1973).
[23] A. MICHAELIS, A. **321**, 141 (1902).
[24] F. F. BLICKE u. E. L. CATALINE, Am. Soc. **60**, 426 (1938).

Die Herstellung quart. Arsoniumbromide aus Dialkyl-aryl-, Alkyl-diaryl- oder Triaryl-arsinen und Alkylbromiden benötigt in den meisten Fällen höhere Temperaturen zur Vervollständigung der Reaktion[1-9].

**Methyl-propyl-phenyl-benzyl-arsoniumbromid**[5]**:** 60 g (0,23 Mol) Methyl-phenyl-benzyl-arsin werden in 200 *ml* Acetonitril gelöst und mit 32 g (0,25 Mol) Propylbromid 48 Stdn. unter Rückfluß gekocht. Man engt auf 100 *ml* ein und kühlt ab. Das ausgefallene Salz wird abgesaugt, und das Filtrat mit Äther versetzt, wobei weiteres Salz ausfällt. Man fällt aus Äthanol/Äther um; Ausbeute: 80 g (91% d. Th.); F: 143°.

Die Umsetzung mit Butylbromid liefert unter gleichen Bedingungen *Methyl-butyl-phenyl-benzyl-arsoniumbromid* in 77%iger Ausbeute[3].

Die Alkylierung opt. aktiver tert. Arsine verläuft unter Erhaltung der Konfiguration am Arsenatom[5].

**Dipentyl-phenyl-(äthoxycarbonylmethyl)-arsoniumbromid**[10]**:** Unter Stickstoff werden 5,4 g Dipentyl-phenyl-arsin mit 3,3 g Bromessigsäure-äthylester versetzt und 2–3 Stdn. auf dem Wasserbad erhitzt. Das ausgefallene Salz wird aus Aceton/Hexan umkristallisiert; Ausbeute: 3,4 g (54% d. Th.) stark hygroskopisch.

**Triallyl-phenyl-arsoniumbromid**[11]**:** In einem Druckgefäß werden 30,5 g (0,13 Mol) Diallyl-phenyl-arsin und 60,5 g (0,2 Mol) Allylbromid in 100 *ml* Acetonitril 80 Stdn. auf 70° erhitzt. Nach Entfernung des Lösungsmittels wird der Rückstand aus Chloroform/Essigsäure-äthylester umgefällt. Ausbeute: 33 g (70% d. Th.); F: 109–111°.

Die analoge Umsetzung mit Methylbromid (24 Stdn. bei 50°) liefert das *Methyl-phenyl-diallyl-arsoniumbromid* in 95%iger Ausbeute[8].

**Dimethyl-(3-cyan-propyl)-phenyl-arsoniumbromid**[12]**:** Unter Stickstoff werden 51,9 g Dimethyl-phenyl-arsin und 42,2 g 4-Brom-butansäure-nitril 4 Stdn. auf 120° erhitzt. Man kühlt ab und kristallisiert das ausgefallene Arsoniumsalz aus Äthanol um; Ausbeute: 72 g (77% d. Th.); F: 170°.

**Allyl-buten-(2)-yl- bzw. Diallyl-diphenyl-arsoniumbromid**[11]**:** In einem Druckgefäß werden ~0,2 Mol Allyl-diphenyl-arsin mit ~0,25–0,3 Mol 3-Brom-propen bzw. 1-Brom-buten-(2) in ~100 *ml* Acetonitril 16–24 Stdn. auf 60–80° erhitzt. Man entfernt das Lösungsmittel und kristallisiert aus Äthanol/Äther um.

| | | |
|---|---|---|
| *Diallyl-diphenyl-arsoniumbromid* | 77% d. Th. | F: 140° |
| *Allyl-buten-(2)-yl-diphenyl-arsoniumbromid* | 89% d. Th. | F: 133–135° |

**Alkyl-triphenyl-arsoniumbromide; allgemeine Arbeitsvorschrift**[9]**:** 0,1 Mol Triphenyl-arsin werden in 100 *ml* 98%iger Ameisensäure gelöst, mit 0,2–0,3 Mol Allylbromid versetzt und 12–75 Stdn. unter Rückfluß erhitzt. Die Reaktionsmischung wird gegen Ende der Reaktion tiefrot. Man destilliert die Ameisensäure und überschüssiges Halogenid i. Vak. ab, und kristallisiert den Rückstand aus Äthanol/Äther um. U. a. erhält man folgende Arsoniumsalze:

| | | |
|---|---|---|
| *Äthyl-triphenyl-arsoniumbromid* | 98% d. Th. | F: 191–192° (12 Stdn.) |
| *Propyl-triphenyl-arsoniumbromid* | 70% d. Th. | F: 189–190° (40 Stdn.) |
| *Butyl-triphenyl-arsoniumbromid* | 51% d. Th. | F: 192–193° (50 Stdn.) |
| *[Buten-(1)-yl-(3)]-triphenyl-arsoniumbromid* | 85% d. Th. | F: 115–117° (14 Stdn.) |
| *(2-Methyl-allyl)-triphenyl-arsoniumbromid* | 97% d. Th. | F: 99–101° (75 Stdn.) |

[1] A. Michaelis, A. **321**, 205 (1902).
[2] F. F. Blicke et al., Am. Soc. **61**, 88 (1939).
[3] G. Kamai u. Yu. F. Gatilov, Ž. obšč. Chim. **31**, 1844, 2882 (1961); engl.: 1724, 2685; **32**, 3170 (1962); engl.: 3115; **33**, 1189 (1963); engl.: 1167; **34**, 782 (1964); engl.: 781; **35**, 987 (1965); engl.: 992.
[4] G. Kamai u. G. M. Usacheva, Ž. obšč. Chim., **38**, 365 (1968); engl.: 364.
[5] L. Horner u. H. Fuchs, Tetrahedron Letters **1962**, 203; **1963**, 1573.
  H. Fuchs, Dissertation Mainz 1962.
[6] L. Horner u. W. Hofer, Tetrahedron Letters **1965**, 3281; **1966**, 3321.
  W. Hofer, Dissertation, Mainz 1966.
[7] L. Horner u. J. Haufe, B. **101**, 2903 (1968).
  J. Haufe, Dissertation, Mainz 1966.
[8] L. Horner et al., B. **103**, 2718 (1970).
[9] L. Horner u. S. Samaan, Phosphorus **3**, 153 (1973); **4**, 1 (1974).
  S. Samaan, Phosphorus **6**, 95 (1976).
[10] G. M. Usacheva u. G. Kamai, Ž. obšč. Chim. **38**, 365 (1968); engl.: 364.
[11] L. Horner u. S. Samaan, Phosphorus **4**, 1 (1974).
[12] R. C. Cookson u. F. G. Mann, Soc. **1947**, 618.

Ohne Lösungsmittel werden Triphenylarsin und Tris-[biphenylyl-(4)]-arsin mit Allyl-oder 4-Nitro-benzylbromid auf dem Dampfbad quartärnisiert[1]. Benzyl- bzw. substituierte Benzylbromide können mit Triphenyl-arsin am einfachsten in Chloroform bei $50-80°$ umgesetzt werden[2,3]. Langkettige $\omega$-Hydroxy-alkylbromide und Triphenyl-arsin reagieren nach langem Erhitzen in Äthanol nur in geringer Ausbeute zu den entsprechenden ($\omega$-Hydroxy-alkyl)-triphenyl-arsoniumbromiden[4].

Zur Alkylierung tert. Arsine können außer den Alkylhalogeniden auch Dimethylsulfat[5], Arensulfonsäure-alkylester[6-9] und Alkylester der Phosphor- bzw. Thiophosphonsäure[10-12] eingesetzt werden. Die quart. Arsonium-methylsulfate sind meistens ölige Verbindungen, die aus den tert. Arsinen und überschüssigem Dimethylsulfat durch längeres Stehenlassen bei Raumtemperatur und anschließender Ausfällung mit Äther erhalten werden[5].

**Tetramethyl-arsonium-2,4-dinitro-benzolsulfonat**[8]: Eine Lösung von Trimethyl-arsin in Toluol wird mit der entsprechenden Menge 2,4-Dinitro-benzolsulfonsäure-methylester versetzt und über Nacht stehengelassen. Das ausgefallene Salz wird anschließend aus Äthanol umkristallisiert; F: $186,5-188°$.

Die analoge Umsetzung mit Triphenyl-arsin wird in siedendem Toluol durchgeführt[8] (*Methyl-triphenyl-arsonium-2,4-dinitro-benzolsulfonat*).

Die Alkylierung von Trialkylarsinen mit Phosphorsäure- bzw. Thiophosphorsäure-trialkylester wird in Petroläther/Äther bei $20-100°$ vorgenommen[10-12]; z. B.:

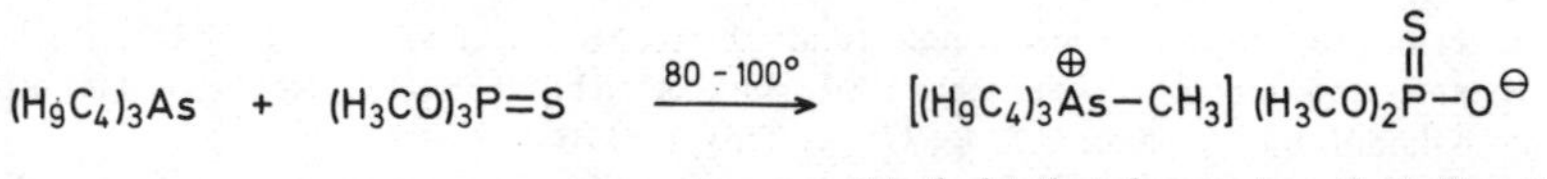

$$(H_9C_4)_3As \ + \ (H_3CO)_3P{=}S \ \xrightarrow{80-100°} \ [(H_9C_4)_3\overset{\oplus}{As}{-}CH_3] \ (H_3CO)_2\overset{\overset{\textstyle S}{\|}}{P}{-}O^{\ominus}$$

*Methyl-tributyl-arsonium-O,O-dimethyl-thiophosphat*[2,4]; $n_D^{20} = 1,4840°$

1,1-Polyhalogen-alkane reagieren mit tert. Arsinen in Abhängigkeit von molarem Verhältnis, Reaktionstemperatur und Struktur des Arsins. Dijodmethan und Triphenyl-arsin bilden bei $170°$ *Jodmethyl-triphenyl-arsoniumjodid* (F: $227°$)[13].

1,2-Bis-[dimethylarsino]-benzol setzt sich mit Dibrom- bzw. Dijodmethan in stöchiometrischem Verhältnis zum *1,1,3,3-Tetramethyl-⟨benzo-1,3-diarsolium⟩-dibromid* bzw. *-dijodid*[14] um:

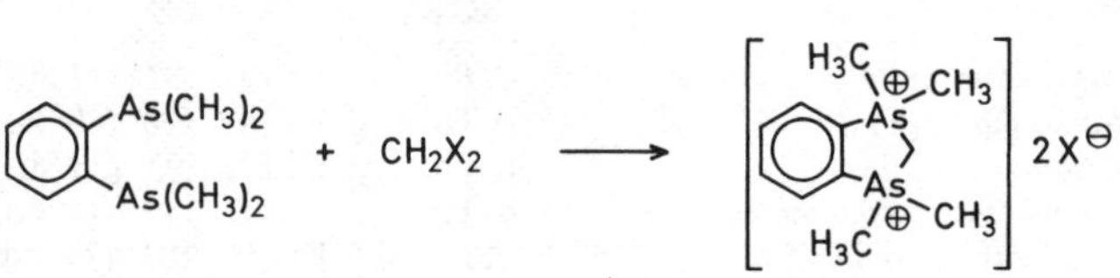

X = Br; F: $220°$
X = J; F: $239°$

[1] F. F. BLICKE et al., Am. Soc. **61**, 88 (1939).
[2] F. KRÖHNKE, B. **83**, 291 (1950).
[3] S. SAMAAN, Phosphorus **6**, 95 (1976).
[4] A. R. HANDS u. A. J. MERCER, Soc. [C] **1967**, 1099.
[5] H. FUCHS, Diplomarbeit, Mainz 1960.
[6] M. H. BEEBY u. F. G. MANN, Soc. **1951**, 886.
[7] L. HORNER u. H. FUCHS, Tetrahedron Letters **1962**, 203.
[8] K. B. MALLION u. F. G. MANN, Soc. **1964**, 5716.
[9] J. BENAIM, C. r. **261**, 1996 (1965).
[10] USSR.P. 180191 (1966); N. N. MELNIKOV et al.; C. A. **65**, 13763 (1966).
[11] N. N. MELNIKOV et al., Khim. Sel. Khoz. **5**, 610 (1967); C. A. **68**, 21112 (1968).
[12] N. N. MELNIKOV u. B. A. KHASKIN, Khim. i. Primenenio **1967**, 274; C. A. **69**, 2630 (1968).
[13] A. MICHAELIS, A. **321**, 171 (1902).
[14] R. N. COLLINGE et al., Nature **201**, 1322 (1964).

Tetrabrom- bzw. Tetrajodmethan und 1,2-Bis-[dimethylarsino]-benzol liefern ein spirocyclisches Tetraarsoniumsalz[1]:

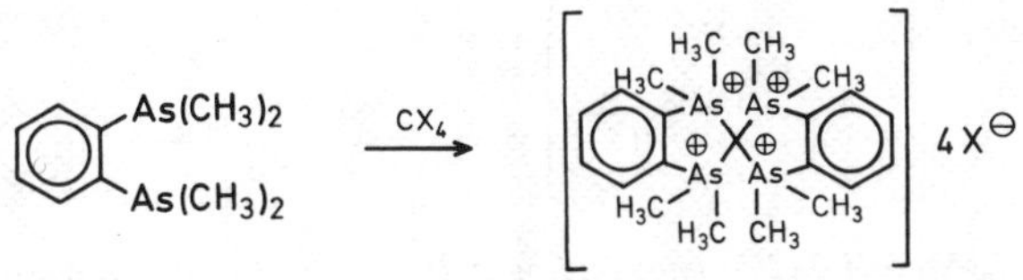

*1,1,3,3-Tetramethyl-⟨benzo-1,3-diarsolium⟩-⟨2-spiro-2⟩-1,1,3,3-tetramethyl-
⟨benzo-1,3-diarsolium⟩-tetrabromid* bzw. *-tetrajodid*
X = Br; F: 82°
X = J; F: 231°

1,2-Dihalogen-äthan und tert. Arsine im Verhältnis 1:1 ergeben Monoarsoniumsalze und im Verhältnis 1:2 Bis-arsoniumsalze[2−5]. Die Bisquartärnisierung verläuft meistens viel schwerer als die Monoquartärnisierung und die Ausbeuten sind gering, da als Nebenreaktion die Eliminierung von Halogen mit zunehmender Reaktionstemperatur, die für die Umsetzung notwendig ist, zunimmt[6]:

$$R_3As \quad + \quad X-CH_2-CH_2-X \quad \xrightarrow{-H_2C=CH_2} \quad R_3AsX_2$$

Enthält das tert. Arsin eine Benzyl-Gruppe, so wird aus dem intermediär gebildeten tert. Arsin-dihalogenid unter den Reaktionsbedingungen Benzylbromid abgespalten (s. S. 239), das nicht umgesetztes tert. Arsin zu einem quart. Dibenzyl-arsoniumsalz alkyliert[6].
Der Anteil der Eliminierung nimmt von 1,2-Dichlor- zum 1,2-Dijod-äthan zu[6].

**Triäthyl-(2-brom-äthyl)-arsoniumbromid**[5]: Unter Stickstoff wird eine Mischung aus Triäthyl-arsin und 1,2-Dibrom-äthan im Verhältnis 1:1 im Druckgefäß 6 Stdn. auf 100° erhitzt. Nach Abkühlung wird abgesaugt und aus Äthanol umkristallisiert; F: 236−237° (Zers.).

**Dimethyl-(2-brom-äthyl)-biphenylyl-(2)-arsoniumbromid**[5]: Eine Mischung aus 1 g Dimethyl-biphenylyl-(2)-arsin und 1,25 *ml* 1,2-Dibrom-äthan in 1 *ml* Methanol wird unter Stickstoff im Druckgefäß 12 Stdn. auf 50° erhitzt. Nach Entfernung von überschüssigem 1,2-Dibrom-äthan und Methanol i. Vak. wird der ölige Rückstand durch Versetzen mit Äther zur Kristallisation gebracht. Man löst den abgesaugten Niederschlag in Äthanol, filtriert vom Ungelösten (Bis-Salz) ab und fällt mit Äther aus. Zur vollständigen Entfernung des Bis-salzes wird die Prozedur zweimal wiederholt. Das Monosalz schmilzt bei 130−132°.

**1,2-Bis-[dimethyl-biphenylyl-(2)-arsinio]-äthan-dibromid**[5]: Unter Stickstoff werden 3,5 g Dimethyl-biphenylyl-(2)-arsin in 1,25 *ml* 1,2-Dibrom-äthan im Druckgefäß 6 Stdn. auf 100° erhitzt. Das gebildete Salz wird 2mal aus Äthanol umkristallisiert und i. Hochvak. 6 Stdn. bei 60° getrocknet; F: 280°.

2-Methyl-1,3-dihydro-⟨benzo-[c]-arsol⟩ liefert mit 1,2-Bis-[brommethyl]-benzol ein Monoarsoniumsalz, dessen Pyrolyse i. Vak. nach Abspaltung von Methylbromid zu einem Spiroarsonium-salz intramolekular cyclisiert[7]:

---

[1] R. N. Collinge et al., Nature **201**, 1322 (1964).
[2] M. H. Beeby u. F. G. Mann, Soc. **1951**, 886.
[3] E. R. H. Jones u. F. G. Mann, Soc. **1955**, 401.
[4] F. G. Mann u. H. R. Watson, Soc. **1957**, 3945.
[5] M. H. Forbes et al., Soc. **1961**, 2762.
[6] A. Schultze et al., Phosphorus **5**, 265 (1975).
[7] D. R. Lyon u. F. G. Mann, Soc. **1945**, 30.

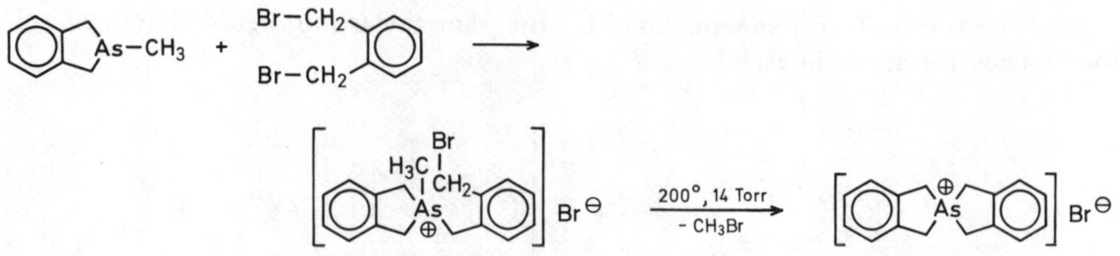

*2-Methyl-2-(2-brommethyl-benzyl)-*
*1,3-dihydro-⟨benzo-[c]-arsolium⟩-*
*bromid*

200°, 14 Torr
− CH₃Br

*1,3-Dihydro-⟨benzo-[c]-arsolium⟩-*
*⟨2-spiro-2⟩-1,3-dihydro-⟨benzo-*
*[c]-arsolium⟩-bromid*

Ähnlich verhält sich das 2-Methyl-1,2,3,4-tetrahydro-⟨benzo-[c]-arsenin⟩ bei der Umsetzung mit 2-(2-Brom-äthyl)-benzylbromid[1]:

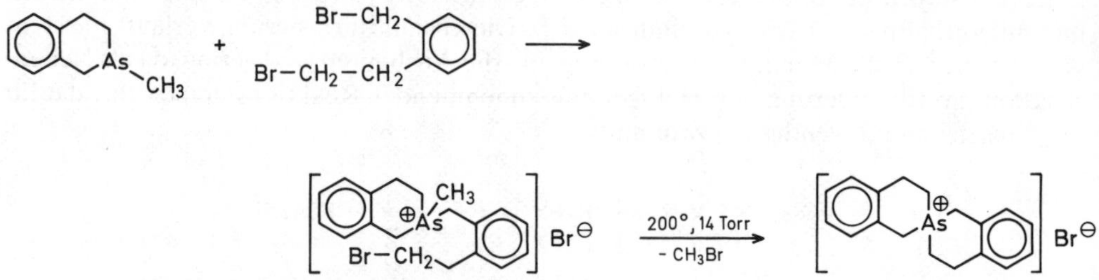

*2-Methyl-2-[2-(2-brom-äthyl)-benzyl]-*
*1,2,3,4-tetrahydro-⟨benzo-[c]-*
*arseninium⟩-bromid*

200°, 14 Torr
− CH₃Br

*1,2,3,4-Tetrahydro-⟨benzo-[c]-*
*arseninium⟩-⟨2-spiro-2⟩-*
*1,2,3,4-tetrahydro-⟨benzo-*
*[c]-arsenium⟩-bromid*

Tertiäre Bisarsine lassen sich mit 1,2-Dibrom-äthan oder 1,2-Bis-[brommethyl]-benzol zu cyclischen Arsoniumsalzen alkylieren[2]. 1,2-Bis-[methyl-phenyl-arsino]-äthan[3] oder 1,2-Bis-[dimethylarsino]-benzol[4] werden durch 1,2-Dibrom-äthan zu cyclischen Arsoniumsalzen bisquartärisiert:

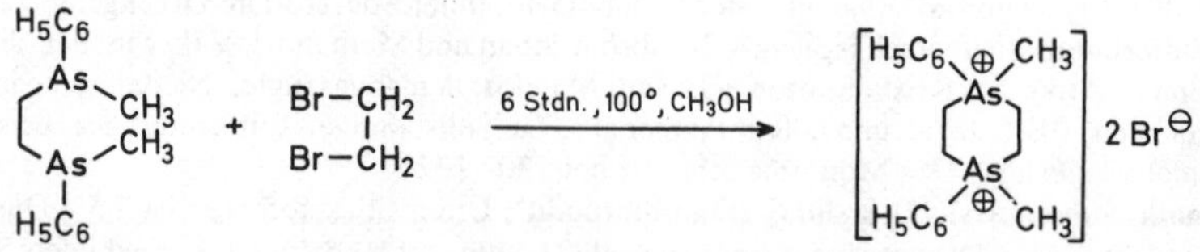

6 Stdn. , 100°, CH₃OH

*1,4-Dimethyl-1,4-diphenyl-1,4-*
*diarsenanium-dibromid*; Subl.p.: 255°

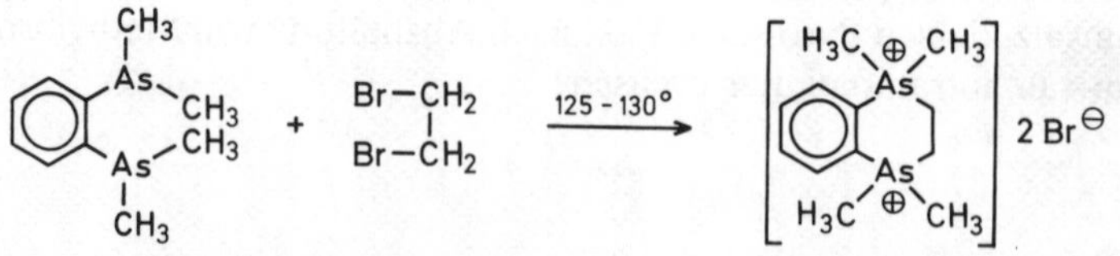

125 − 130°

*1,1,4,4-Tetramethyl-1,2,3,4-tetrahydro-*
*⟨benzo-1,4-arsenanium⟩-dibromid*; F: 255°

[1] F. G. HOLLIMANN u. F. G. MANN, Soc. **1945**, 45.
[2] F. G. MANN, *The Heterocyclic Derivatives of Phosphorus, Arsenic, Antimony, and Bismuth*, 2. Aufl., Wiley-Interscience, New York 1970.
[3] R. H. GLAUERT u. F. G. MANN, Soc. **1950**, 682.
[4] E. R. H. JONES u. F. G. MANN, Soc. **1955**, 401.

1,1,4,4-Dimethyl-1,2,3,4-tetrahydro-⟨benzo-1,4-diarsenin⟩ und 1,2-Dibrom-äthan ergeben ein tricyclisches Arsoniumsalz[1]:

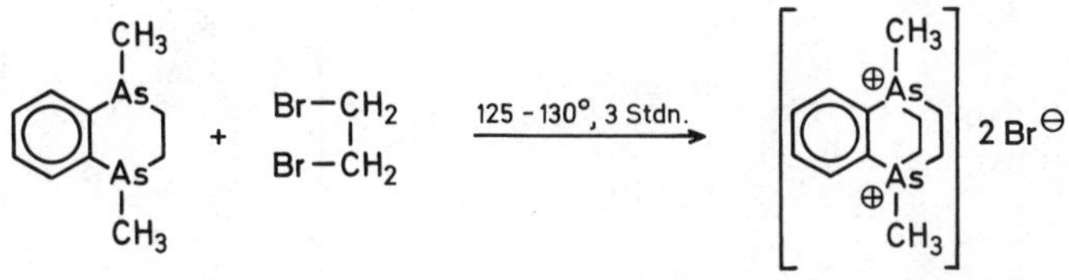

*1,6-Dimethyl-⟨benzo-1,4-diarsonia-bicyclo[2.2.2]octen⟩-dibromid*

Dimethyl-(2-diäthylphosphino-phenyl)-arsin und 1,2-Dibrom-äthan liefern ein cyclisches Phosphonium-Arsonium-Bis-salz[1]:

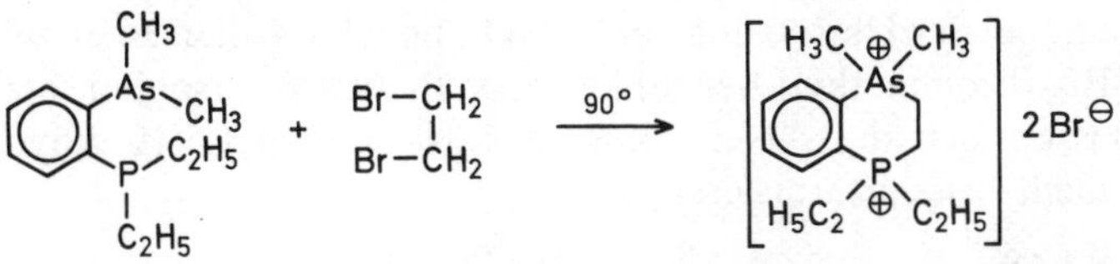

*4,4-Dimethyl-1,1-diäthyl-1,2,3,4-tetrahydro-⟨benzo-1,4-phospharseninium⟩-dibromid;* F: 235–245°

1,4-Diphenyl-1,4-azarsenan läßt sich mit 1,2-Dibrom-äthan nicht cyclisieren[2]. Es entsteht auf Grund der höheren Nucleophilie des Arsins ein Bis-arsoniumsalz[2]:

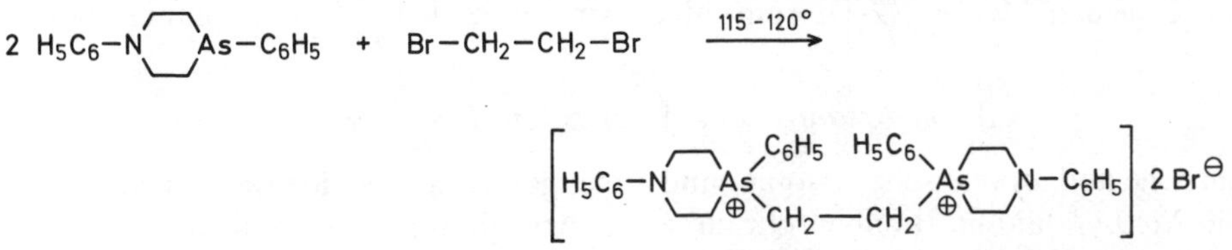

$$2 \; H_5C_6-N \underset{\phantom{x}}{\bigcap} As-C_6H_5 \;\; + \;\; Br-CH_2-CH_2-Br \;\; \xrightarrow{115-120°}$$

*1,2-Bis-[1,4-diphenyl-1,4-azarseniumyl-(4)]-äthan;* F: 227°

Zu einem Bisarsoniumsalz, in dem die Arsenatome Glieder eines Neunring-Systems sind, gelangt man durch Bisquartärisierung von 2,2′-Bis-[dimethylarsino]-biphenyl mit 1,3-Dibrom-propan[3, 4]:

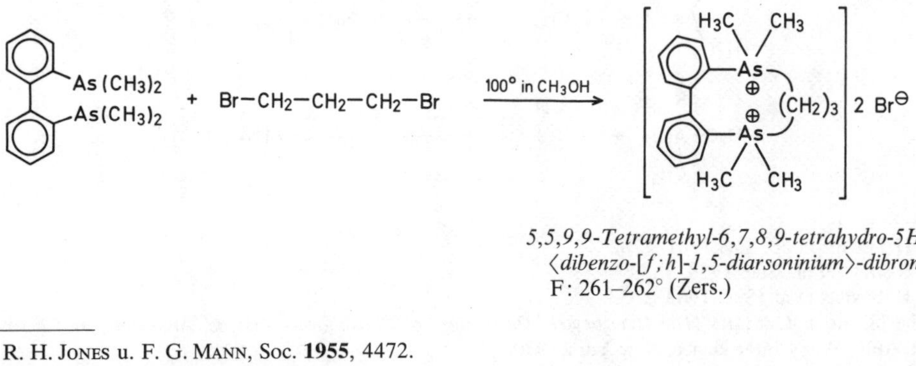

*5,5,9,9-Tetramethyl-6,7,8,9-tetrahydro-5H-⟨dibenzo-[f;h]-1,5-diarsoninium⟩-dibromid;*
F: 261–262° (Zers.)

[1] E. R. H. Jones u. F. G. Mann, Soc. **1955**, 4472.
[2] M. H. Beeby u. F. G. Mann, Soc. **1951**, 886.
[3] H. Heaney et al., Soc. **1958**, 3838.
[4] M. H. Forbes et al., Soc. **1963**, 2833.

Aus 2,2′-Bis-[dimethylarsino]-biphenyl und 1,4-Dibrom-butan[1] bzw. 1,2-Bis-[brom-methyl]-benzol[2,3] werden 10-Ring-Bisarsoniumsalze gebildet:

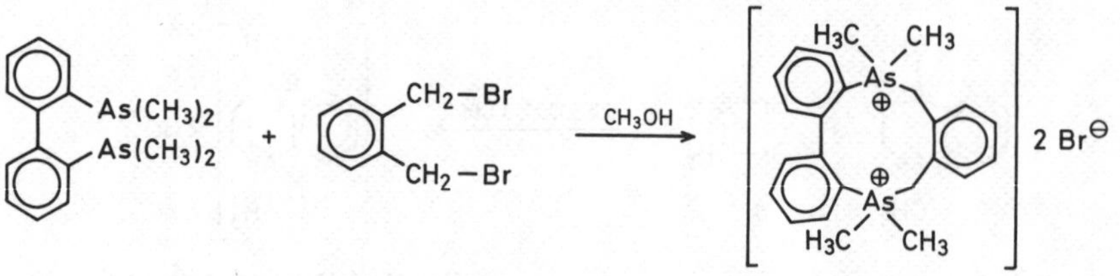

*9,9,16,16-Tetramethyl-9,10,15,16-tetrahydro-⟨tribenzo-[b;d;h]-1,6-diarsecinium⟩-dibromid;* F: 209–210° (Zers.)[2,3]

Die cyclisierende Bisquartärnisierung verläuft im Allgemeinen nur in geringer bis mäßiger Ausbeute, wobei überschüssiges $\alpha,\omega$-Dihalogen-alkan die Ausbeuten noch weiter erniedrigt. Eine Reihe cyclischer Bisarsine läßt sich kaum oder überhaupt nicht bisquartärnisieren[4]. So können bei der Umsetzung von 1,4-Diphenyl-1,4-diarsenan mit 1,2-Dibrom-äthan oder 1,2-Bis-[brommethyl]-benzol keine cyclischen Bisarsoniumsalze isoliert werden[5]. Analog lassen sich die Arsenatome in 5,10-Dimethyl-5,10-dihydro-arsanthren intramolekular nicht bisquartärnisieren[5]:

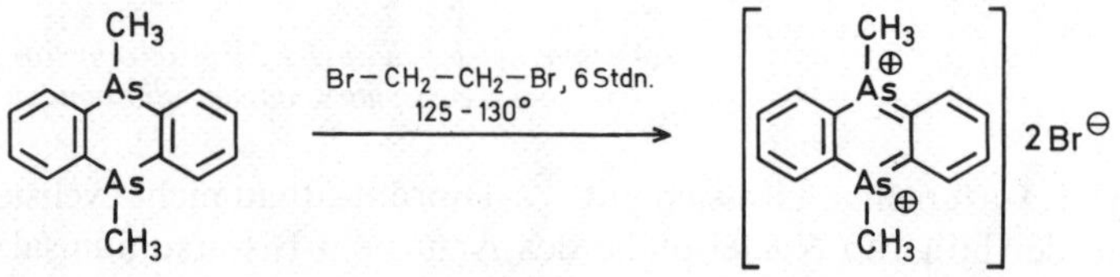

Mit der 2-fachen Menge 1,2-Dibrom-äthan wird ein Äthan-1,2-bisarsoniumsalz gebildet[5].

### $\alpha_4$) *von Arsonig- und Arsinigsäure-Derivaten*

Aliphatische und aromatische Arsonig- und Arsinigsäure-halogenide werden durch Erhitzen mit Methyljodid im Bombenrohr zu quart. Arsonium-trijodiden alkyliert[6,7]. Die Reaktion verläuft in beiden Fällen über tert. Arsin-dijodide, die im letzten Schritt in die entsprechenden Salze überführt werden[6,7]:

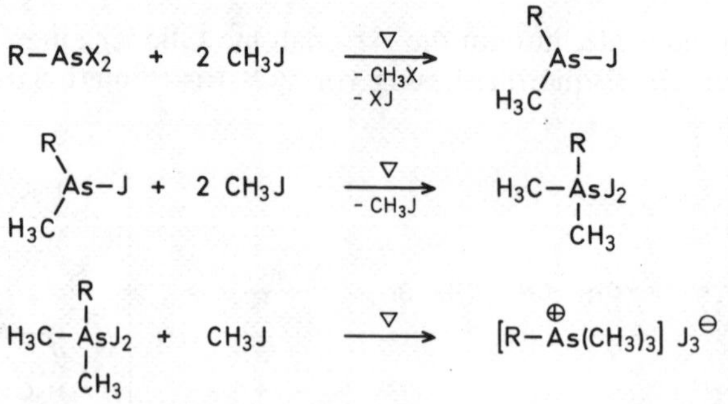

---

[1] M. H. FORBES et al., Soc. **1961**, 2762.

[2] H. HEANEY et al., Soc. **1958**, 3838.

[3] M. H. FORBES et al., Soc. **1963**, 2833.

[4] Siehe hierzu: F. G. MANN, *The Heterocyclic Derivatives of Phosphorus, Arsenic, Antimony, and Bismuth*, 2. Aufl., Wiley-Interscience, New York 1970.

[5] E. R. H. JONES u. F. G. MANN, Soc. **1955**, 401; **1955**, 411.

[6] W. STEINKOPF u. G. SCHWEN, B. **54**, 1436 (1921).

[7] H. FUCHS, Diplomarbeit, Mainz 1960.

Arsinigsäure-halogenide (Halogen-diorgano-arsine) reagieren besser als die Arsonig-säure-halogenide (Dihalogen-organo-arsine) und in beiden Fällen sind die aliphatischen reaktiver als die aromatischen Derivate[1,2]. So reagiert Jod-dimethyl-arsin mit Methyljodid nach 1stdgm. Erhitzen im Bombenrohr auf 100° nahezu quantitativ zu *Tetramethyl-arsonium-trijodid*[1]. Jod-diphenyl-arsin muß mindestens 5 Stunden mit Methyljodid erhitzt werden, um *Dimethyl-diphenyl-arsonium-trijodid* in 78%iger Ausbeute zu liefern[1]. Dijod-phenyl-arsin bleibt nach 6stdgm. Erhitzen mit Methyljodid im Bombenrohr auf 100° praktisch unverändert[1], erst nach 60 Stdn. bei 150° erhält man das *Trimethyl-phenyl-arsonium-trijodid* in ~ 53%iger Ausbeute[2].

Die Alkylierung mit Methylbromid[1] oder Äthylbromid[2] gelingt nicht mehr. Die Umsetzung mit Äthyljodid benötigt meistens höhere Temperaturen und längere Reaktionszeiten.

**Trimethyl-phenyl-arsonium-trijodid**[1]: 1,6 g Chlor-methyl-phenyl-arsin und 4,5 g Methyljodid werden im Bombenrohr auf 100° erhitzt. Nach dem Abkühlen (Vorsicht beim Öffnen des Rohres, da es unter Druck von Methylchlorid steht!), wird die Reaktionsmischung mit Äther digeriert, ausgefallenes Salz abgesaugt und aus Äthanol umkristallisiert; Ausbeute: 3,6 g (94% d. Th.); F: 103°.

**Dimethyl- und Diäthyl-diphenyl-arsoniumjodid**[2]: 2,6 g (0,01 Mol) Chlor-diphenyl-arsin werden mit 28 g (0,2 Mol) Methyljodid [bzw. 30 g (0,2 Mol) Äthyljodid] im Bombenrohr 48 Stdn. (bzw. 60 Stdn.) auf 150° erhitzt. Das Reaktionsgemisch wird in wenig Äthanol/Aceton aufgenommen, wenig Wasser zugegeben und anteilweise mit Natriumbisulfit solange durchgeschüttelt, bis die Braunfärbung des Jods verschwunden ist. Man kühlt ab und vervollständigt die Fällung durch Zugabe von Äther. Die Salze werden aus wenig Äthanol umkristallisiert.

| | | |
|---|---|---|
| *Dimethyl-diphenyl-arsoniumjodid* | 2,7 g (70% d. Th.); | F: 191–193° |
| *Diäthyl-diphenyl-arsoniumjodid* | 2,1 g (53% d. Th.); | F: 185–187° |

Die Umsetzung der Jod-arsine mit Methyljodid in Gegenwart von metallischem Quecksilber führt zu quart. Arsonium-quecksilbertrijodiden[3]:

$$H_3C-AsJ_2 \ + \ Hg \ + \ CH_3J \ \xrightarrow{\text{10 Tage, Raumtemp.}} \ [(H_3C)_4\overset{\oplus}{As}][HgJ_3]^{\ominus}$$

*Tetramethyl-arsonium-trijodomercurat(II)*; 98% d. Th.

Diorgano-cyan-arsine können mit reaktiven Alkylhalogeniden bei ~23° zu Triorgano-cyan-arsonium-Salzen alkyliert werden[4]:

$$
\begin{array}{c}
R \\
\ \ \ \diagdown \\
\ \ \ \ \ As-CN \\
\ \ \diagup \\
R^1
\end{array}
\ + \ H_5C_6-CH_2-Br \ \xrightarrow[\sim 60\% \text{ d. Th.}]{\text{2 Stdn. , 25°}} \ 
\left[
\begin{array}{c}
R \ \ \ \ CH_2-C_6H_5 \\
\ \diagdown \overset{\oplus}{As}\diagup \\
\ \diagup \ \ \ \diagdown \\
R^1 \ \ \ \ CN
\end{array}
\right] Br^{\ominus}
$$

z. B.: R = (CH_3)_2CH – CH_2; R^1 = 4-CH_3 – C_6H_4; (*2-Methyl-propyl*)-(*4-methyl-phenyl*)-*benzyl-cyan-arsonium-bromid*

Dialkyl-arsinigsäure-anhydride[5] und -ester[6,7] sollen beim Erhitzen mit Alkyljodiden unter anderem Tetraalkyl-arsoniumsalze bilden:

$$(H_5C_2)_2As-O-As(C_2H_5)_2 \ \xrightarrow{C_2H_5J, \ \triangledown} \ [(H_5C_2)_4\overset{\oplus}{As}] \ J^{\ominus}$$

*Tetraäthyl-arsonium-jodid*

[1] W. Steinkopf u. G. Schwen, B. **54**, 1436 (1921).
[2] H. Fuchs, Diplomarbeit, Mainz 1960.
[3] M. M. Baig u. W. R. Cullen, Canad. J. Chem. **39**, 420 (1961).
[4] L. B. Ionov et al., Ž. obšč. Chim. **44**, 2502 (1974); engl.: 2461.
[5] G. Kamai et al., Izv. Vyss, Uch. Zev., Chim. i. chim. Techn. **14**, 724 (1971); C. A. **75**, 76964 (1971).
[6] B. E. Abalonin et al., Ž. obšč. Chim. **40**, 1812 (1970); engl.: 1796.
[7] B. D. Chernokalskii et al., Ž. obšč. Chim. **40**, 2645 (1970); engl.: 2638.

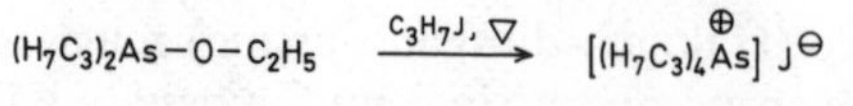

$$(H_7C_3)_2As-O-C_2H_5 \xrightarrow{C_3H_7J, \; \triangledown} [(H_7C_3)_4\overset{\oplus}{As}] \; J^{\ominus}$$

*Tetrapropyl-arsonium-jodid*

Die Ausbeuten sind mäßig bis gering. Der Reaktionsmechanismus und die Struktur der gebildeten Salze sind noch umstritten (s. S. 356), so daß die Reaktion keine präparative Bedeutung besitzt.

### α5) von tert. Arsinoxiden und ihren Derivaten

Tert. Arsin-dihalogenide stellen die vorletzte Stufe bei der Alkylierung von Arsonig- oder Arsinigsäure-halogeniden zu quart. Arsoniumsalzen dar (s. S. 400), so daß eine direkte Alkylierung auch möglich ist[1]. Die Reaktion ist jedoch ohne präparative Bedeutung.

Triphenyl- und Tris-[4-methyl-phenyl]-arsinsulfide werden durch Methyljodid über die entsprechenden tert. Arsin-dijodide in quart. Arsoniumsalze umgewandelt[2,3]:

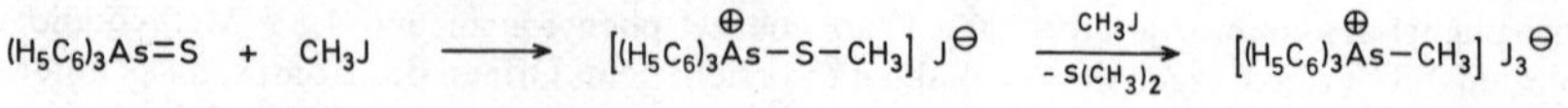

$$(H_5C_6)_3As{=}S \; + \; CH_3J \longrightarrow [(H_5C_6)_3\overset{\oplus}{As}-S-CH_3] \; J^{\ominus} \xrightarrow[-\,S(CH_3)_2]{CH_3J} [(H_5C_6)_3\overset{\oplus}{As}-CH_3] \; J_3^{\ominus}$$

*Methyl-triphenyl-arsonium-trijodid*

### α6) von Arsen-Yliden und Pentaorgano-arsen-Verbindungen

Die Protonierung von Arsen-Yliden zu quart. Arsoniumsalzen hat meistens keine präparative Bedeutung zur Herstellung der letzteren, da die Ylide in vielen Fällen aus den Salzen hergestellt werden (s. S. 416).

Cyclopentadienyl-arsoniumsalze werden jedoch in einfacher Weise durch Protonierung von Triaryl-cyclopentadienyliden-arsoranen, die nicht aus den Salzen hergestellt werden, erhalten[4]:

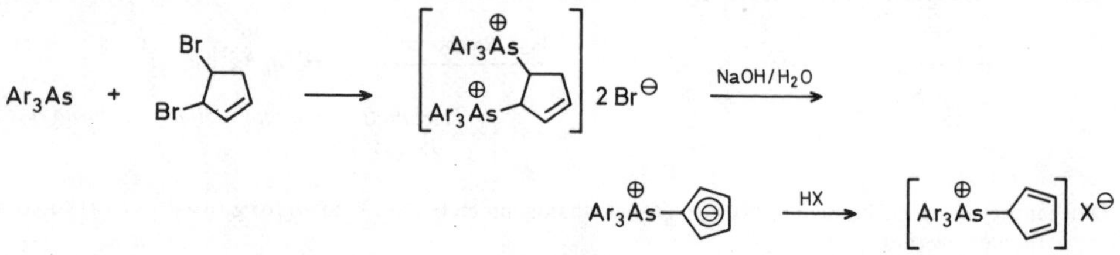

Durch Alkylierung von Arsen-Yliden werden andere Arsoniumsalze als die Ausgangssalze erhalten[5-7]. So wird Trimethyl-methylen-arsoran durch Methyljodid zu *Trimethyl-äthyl-arsoniumjodid* alkyliert[6], und durch Einwirkung von Brom-trimethyl-silan auf Triphenyl-methylen-arsoran wird (*Trimethylsilylmethyl*)-*triphenyl-arsoniumbromid* erhalten[5]. Bei der Alkylierung von Yliden, die am Alkylen-Kohlenstoff durch Carbonyl-Gruppen substituiert sind, wird auch O-Alkylierung beobachtet[7]:

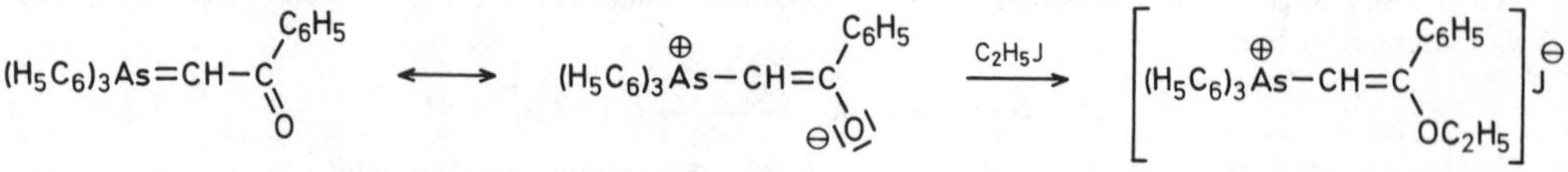

*(2-Äthoxy-2-phenyl-vinyl)-triphenyl-arsonium-jodid*

[1] W. Steinkopf u. G. Schwenn, B. **54**, 1436 (1921).
[2] B. D. Chernokalskii et al., Ž. obšč. Chim. **40**, 148 (1970; engl.: 135.
[3] G. Kamai et al., Ž. obšč. Chim **41**, 2015 (1971); engl.: 2036.
[4] B. H. Freeman u. D. Lloyd, Soc. [C] **1971**, 3164.
[5] D. Seyferth u. H. M. Cohen, J. Inorg. Nucl. Chem. **20**, 73 (1961).
[6] H. Schmidbaur u. W. Tromich, Inorg. Chem. **7**, 168 (1968).
[7] A. W. Johnson u. H. Schubert, J. Org. Chem. **35**, 2678 (1970).

(2-Oxo-2-phenyl-vinyl)-triphenyl-arsoran wird durch Brom in (*1-Brom-2-oxo-2-phenyl-äthyl*)-*triphenyl-arsoniumbromid* umgewandelt[1].

Spiro-arsorane des Typs I werden durch Einwirkung von Methyljodid unter Spaltung einer As-C-Bindung in Tetraarylarsoniumjodide umgewandelt[2,3]:

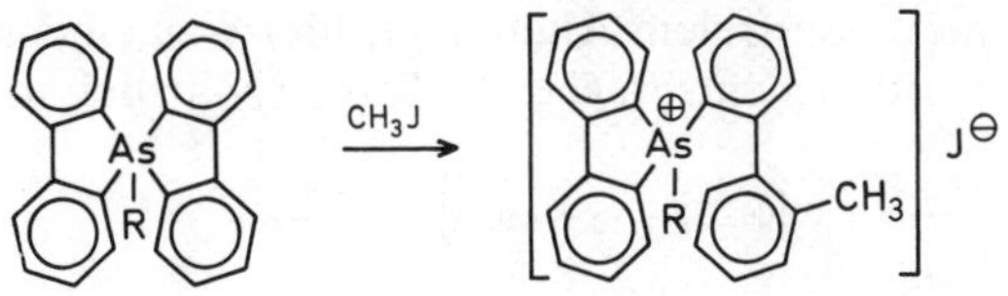

R = Aryl, Alkyl

Auch durch Protonensäure erfolgt eine Ringaufspaltung[2,3]. Die Dominanz der Ringspaltung durch Elektrophile wird auf die Ringspannung zurückgeführt[2,3].

**5-Phenyl-5-[2′-methyl-biphenylyl-(2)]-⟨dibenzo-arsolium⟩-jodid**[2]   0,5 g Phenyl-bis-[biphenyl-2,2′-diyl]-arsoran werden in 15 *ml* Methyljodid 14 Tage auf 100° erhitzt (bei mehrstündigem Kochen erfolgt keine Reaktion). Nach dem Abkühlen fällt das Arsonium-jodid aus; Ausbeute: 67% d. Th.; F: 263,5–265,5°.

**Säurespaltung der Spiro-arsorane; allgemeine Arbeitsvorschrift**[2,3]:

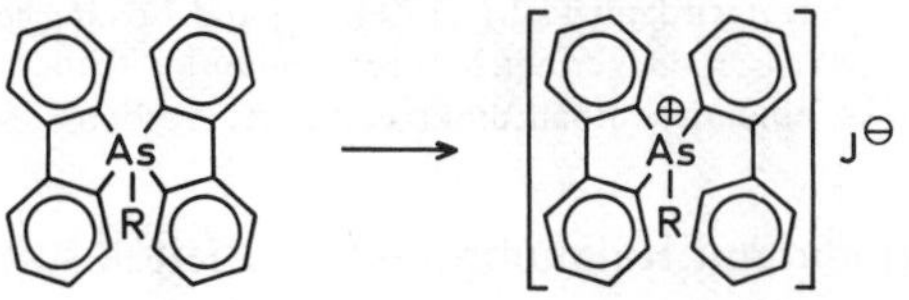

Die Spiro-arsorane des Typs I werden mit überschüssiger wäßriger n Salzsäure gekocht, bis alles gelöst ist. Danach fallen in der Siedehitze mit Kaliumjodid-Lösung die Arsoniumjodide aus; Ausbeute: 60–90% d. Th.

Analog wird Triphenyl-[biphenyl-2,2′-diyl]-arsoran durch Salzsäure unter Ringaufspaltung in *Triphenyl-biphenylyl-(2)-arsoniumsalz* umgewandelt[2].

Pentaphenyl-arsen wird prinzipiell analog durch elementares Halogen in *Tetraphenyl-arsonium-trihalogenide* umgewandelt[4].

## β) Durch Arylierung tert. Arsine

Normalerweise lassen sich Arylhalogenide mit tert. Arsinen im Sinne der Alkylierung nicht umsetzen. Das relativ nucleophile Trimethyl-arsin reagiert jedoch mit dem aktivierten 4-Chlor-1,3-dinitro-benzol in siedendem Toluol zum *Trimethyl-(2,4-dinitro-phenyl)-arsonium-chlorid*[5]:

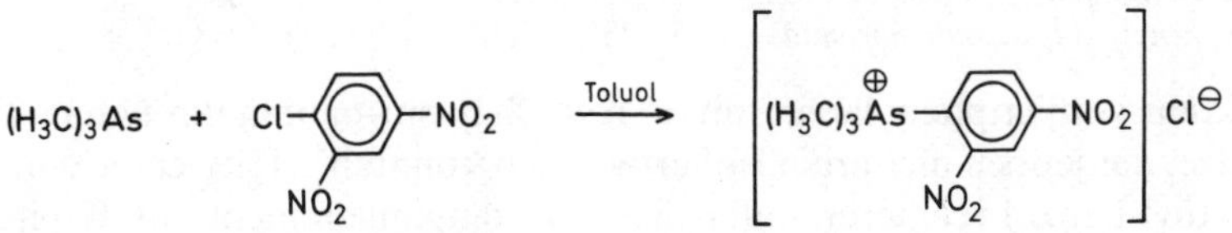

---

[1] A. N. Nesmeyanov et al., Doklady Akad. SSSR **155**, 1364 (1964); C. A. **61**, 3144 (1964).

[2] G. Wittig u. D. Hellwinkel, B. **97**, 769 (1964).

[3] D. Hellwinkel u. G. Kilthau, B. **101**, 121 (1968).

[4] G. Wittig u. K. Clauss, A. **577**, 26 (1952).

[5] K. B. Mallion u. F. G. Mann, Soc. **1964**, 5716.

Triphenylarsin ist nicht mehr in der Lage, diese nucleophile Substitution am Aromaten einzugehen[1].

Die Arylierung tert. Arsine mit nicht aktivierten Arylhalogeniden gelingt unter Mitwirkung von Aluminiumchlorid als Katalysator[2-4]. Die Reaktion stellt eine der einfachen Methoden (s. S. 413) zur Herstellung von Tetraaryl-arsoniumsalzen dar. Primär reagiert das Triaryl-arsin mit wasserfreiem Aluminiumchlorid zu einem isolierbaren Addukt, das mit dem Arylhalogenid das entsprechende Tetraaryl-arsoniumsalz liefert[3, 4]:

$$(C_6H_5)_3As \ + \ AlCl_3 \ \longrightarrow \ [(H_5C_6)_3As \cdot AlCl_3] \ \xrightarrow{C_6H_5Br}$$

$$[(H_5C_6)_4\overset{\oplus}{As}] \ [AlBrCl_3]^{\ominus} \ \xrightarrow[\substack{- Al(OH)_3 \\ - HBr \\ - 3\,HCl}]{KJ/H_2O} \ [(H_5C_6)_4\overset{\oplus}{As}] \ J^{\ominus}$$

Die Ausbeuten sind meistens mäßig bis gut und lassen sich durch Zugabe einer in Bezug auf Aluminiumchlorid halbmolaren Menge an wasserfreiem Nickel(II)-bromid erhöhen. Letztes bewirkt allein keine Katalyse der Alkylierungsreaktion[5].

**Tetraphenyl-arsoniumjodid**[2]: Eine Mischung aus 10 g Triphenyl-arsin, 10 g wasserfreiem Aluminiumchlorid und 5,2 g Brombenzol wird 1 Stde. auf 200° unter Rückfluß erhitzt. Anschließend wird die Temp. innerhalb 30 Min. auf 280° erhöht und 30 Min. gehalten. Man gießt die Reaktionsmischung in 400 ml Wasser, kocht mit Aktivkohle und filtriert heiß ab. Das Filtrat wird mit wäßriger Kaliumjodid-Lösung versetzt und abgekühlt. Das ausgefallene Arsoniumjodid wird aus Wasser, das geringe Mengen Kaliumjodid und 1–2 g Natriumsulfit (um die Bildung von Arsonium-trijodid zu verhindern) enthält, umkristallisiert; Ausbeute: 9 g (54% d. Th.); F: 314–319° (Zers.).

Wird statt mit Kaliumjodid mit Kaliumbromid gearbeitet, so erhält man das *Tetraphenyl-arsoniumbromid*[2,5].

Auf ähnliche Weise, jedoch in geringer Ausbeute, werden mit 3- bzw. 4-Brom-toluol tert. Arsine aryliert[3, 4]. Tetrakis-[4-methyl-phenyl]-arsoniumbromid kann auf diese Weise nicht erhalten werden[4].

**Aryl-triphenyl-arsoniumbromide; allgemeine Arbeitsvorschrift**[5, 6]: In einer Druckflasche erhitzt man 30,6 g (0,1 Mol) Triphenyl-arsin, 14 g (0,105 Mol) Aluminiumchlorid, 12 g Nickel(II)-bromid und 0,2–0,3 Mol Arylhalogenid 2 Stdn. auf 180–190°. Nach dem Abkühlen gießt man die Reaktionsmischung in 300 ml siedendes Wasser und läßt 10 Min. kochen. Man läßt abkühlen und extrahiert mehrmals mit Äther. Die wäßrige Phase wird mit einer Lösung von 12 g (0,1 Mol) Kaliumbromid in Wasser versetzt und 3–4mal mit Chloroform extrahiert. Nach Entfernung des Chloroforms wird der Rückstand in Wasser aufgenommen, mit Aktivkohle gekocht und heiß abfiltriert.

Die ausgefallenen Arsoniumbromide werden abgesaugt, aus Wasser umkristallisiert und über Phosphor(V)-oxid i. Vak. bei 100° getrocknet. So erhält man u. a.

| | | |
|---|---|---|
| *Tetraphenyl-arsoniumbromid* (ohne NiBr$_2$) | 31% d. Th. | F: 281–283° |
| *Triphenyl-(4-methyl-phenyl)-arsoniumbromid* | 31% d. Th. | F: 197–198° |
| *Triphenyl-(2-methyl-phenyl)-arsoniumbromid* | 43% d. Th. | F: 126–127° |
| *Triphenyl-biphenylyl-(4)-arsoniumbromid* | 28% d. Th. | F: 223–224° |

Die Reaktion von Triphenylarsin mit 1- bzw. 2-Brom-naphthalin liefert die entsprechenden Salze, die jedoch nicht rein isoliert werden konnten[5]. Tritylchlorid und 4-Chlor-1-trifluormethyl-benzol reagieren unter diesen Bedingungen nicht mit Triphenyl-arsin[5].

[1] K. B. MALLION u. F. G. MANN, Soc. **1964**, 5716.
[2] J. CHATT u. F. G. MANN, Soc. **1940**, 1192.
[3] D. R. LYON u. F. G. MANN, Soc. **1942**, 666.
[4] F. G. MANN u. J. WATSON, Soc. **1947**, 505.
[5] L. HORNER u. J. HAUFE, B. **101**, 2903 (1968).
[6] J. HAUFE, Dissertation, Universität Mainz 1966.

Dichlor-phenyl- bzw. Chlor-diphenyl-arsin lassen sich zwar durch Brombenzol in Gegenwart von Aluminium(III)-chlorid zu Tetraphenyl-arsoniumhalogenid arylieren, jedoch die Ausbeuten sind so gering, daß die Umsetzung keine präparative Bedeutung besitzt[1].

$\gamma$) Aus tert. Arsinoxiden und ihren Derivaten durch Umsetzung mit metallorganischen Verbindungen

Tertiäre Arsinoxide reagieren mit Alkyl- oder Aryl-magnesiumhalogeniden in teilweise sehr guter Ausbeute zu quart. Arsoniumsalzen[2-6]; z. B.:

$$(H_5C_6)_3As=O \ + \ H_5C_6-MgBr \longrightarrow (H_5C_6)_4As-O-MgBr \xrightarrow[-MgBr_2]{2\,HBr} \left[(H_5C_6)_4\overset{\oplus}{As}\right] Br^{\ominus}$$

*Tetraphenyl-arsoniumbromid*

Der Grignard-Komplex kann durch eine beliebige Halogen-wasserstoffsäure in das entsprechende Arsoniumhalogenid überführt werden. Die Reaktion stellt eine der einfachsten Methoden zur Herstellung von Tetraarylarsoniumsalzen dar. Von den Arsinoxiden werden hauptsächlich Triaryl- und Alkyl-diaryl-arsinoxide eingesetzt[2-6]. In vielen Fällen jedoch erhält man aus Triarylarsin-oxiden und Aryl-magnesiumhalogeniden nur gummiartige Produkte[4].

**Tetraphenylarsoniumbromid**[3,7]: In einem Dreihalskolben, mit Rührer, Tropftrichter und Rückflußkühler wird aus 15,7 g (0,1 Mol) Brombenzol und 2,4 g (0,1 g Atom) Magnesium in 80 *ml* abs. Äther eine Phenyl-magnesiumbromid-Suspension hergestellt. Zur Grignard-Lösung wird unter kräftigem Rühren eine heiße Lösung von 9,6 g (0,03 Mol) gut getrocknetem Triphenyl-arsinoxid in 250 *ml* Benzol schnell zugetropft. Man rührt weitere 1,5 Stdn., destilliert Benzol und Äther ab und gibt 50 *ml* Wasser und 75 *ml* 48%-ige Bromwasserstoffsäure zu. Man kocht kurz auf und läßt abkühlen. Das ausgefallene Arsoniumbromid kann aus Wasser umkristallisiert werden; Ausbeute: 9,5–10,2 g (68–70% d. Th.); F: 280–283°[7]; 273–275°[3].
Bei der Zersetzung des Grignard-Komplexes mit Salzsäure entsteht das *Tetraphenyl-arsoniumchlorid* (F: 256–257°)[3,8].

Analog erhält man z. B. aus:

Methyl-magnesium-jodid  + Methyl-diphenyl-arsinoxid  → *Dimethyl-diphenyl-arsonium-jodid*[4]
Phenyl-magnesium-bromid + 10-Naphthyl-(1)-phenox-  → *10-Phenyl-10-naphthyl-(1)-phenoxarsonium-*
                             arsin-10-oxid                *bromid*[4]
                         + 10-Phenyl-phenoxarsin-10-  → *10,10-Diphenyl-phenoxarsonium-bromid*[4]
                             oxid
Cyclopentadienyl-ma-     + Triphenyl-arsinoxid        → *Cyclopentadienyl-triphenyl-arsonium-*
gnesium-bromid                                            *bromid*[9]

Triphenyl-arsin-dichlorid und Phenyl-magnesiumbromid reagieren hauptsächlich zu Triphenyl-arsin[3]. Pyrryl-(2)-magnesium-bromid reagiert dagegen mit Triphenyl-arsin-dibromid zu *Triphenyl-pyrryl-(2)-arsoniumbromid*[10].

---

[1] J. Chatt u. F. G. Mann, Soc. **1940**, 1192.
[2] F. F. Blicke u. C. Marzano, Am. Soc. **55**, 3056 (1933).
[3] F. F. Blicke u. E. Monroe, Am. Soc. **57**, 720 (1935).
[4] F. F. Blicke u. E. L. Cataline, Am. Soc. **60**, 423 (1938).
[5] F. F. Blicke et al., Am. Soc. **61**, 88 (1939).
[6] F. F. Blicke u. S. R. Safir, Am. Soc. **63**, 575, 1493, 1496 (1941).
[7] S. Samaan, unveröffentlicht.
[8] R. L. Shriner u. C. N. Wolf, Org. Synth. **30**, 95 (1950).
[9] N. A. Nesmeyanov et al., Doklady Akad. SSSR. **155**, 1364 (1964); C. A. **61**, 3144 (1964).
[10] E. Zbiral u. L. Berner-Fenz, M. **98**, 666 (1967).

## δ) aus Triorgano-arsin-dihalogeniden oder Arsinsäuren durch Cyclisierung

Erhitzt man Bis-[biphenylyl-(2)]-orthoarsinsäure-trichlorid[1,2] oder 5,5-Dichlor-5-biphenylyl-(2)-⟨dibenzoarsol⟩[1-3] auf höhere Temperaturen unter vermindertem Druck, so tritt unter Abspaltung von Chlorwasserstoff Cyclisierung zum *Bis-[biphenyl-2,2'-diyl]-arsonium-chlorid* ein:

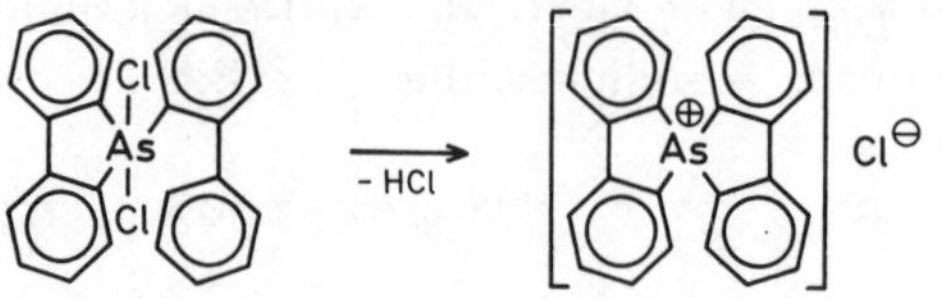

**Bis-[biphenyl-2,2'-diyl]arsonium-jodid[2]:** In eine Lösung von 11,6 g (28 mMol) Chlor-bis-[biphenylyl-(2)]-arsin in 150 *ml* abs. Tetrachlormethan wird bis zur Sättigung Chlor eingeleitet. Das nach Abziehen des Lösungsmittels i. Vak. zurückgebliebene bräunliche Öl wird 1 Stde. bei 12 Torr auf 250° erhitzt. Die entstandene graue Masse wird mit wäßriger Kaliumjodid-Lösung versetzt, wobei das Arsonium-jodid in Form von gelblichen Kristallen ausfällt; Ausbeute: 12,5 g (88% d. Th.); F: 310–313° (Zers.).

Auch geeignet substituierte Arsinsäuren lassen sich durch Erhitzen in Polyphosphorsäuren über die entsprechenden tert. Arsinoxide zu Spiroarsoniumsalzen cyclisieren[1], z. B.:

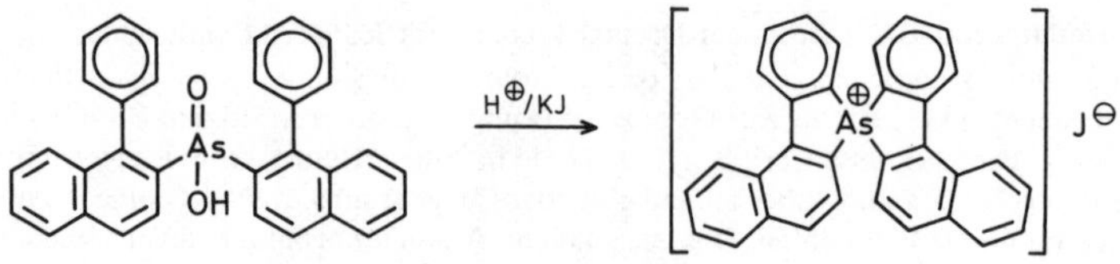

⟨Benzo-[d]-naphtho-[2,1-b]-arsolium⟩-⟨5-spiro-5⟩-⟨benzo-[d]-naphtho-[2,1-b]-arsolium⟩-jodid[1]: 9 g Bis-[1-phenyl-naphthyl-(2)]-arsinsäure werden mit 80 *ml* Polyphosphorsäure (aus 60 *ml* konz. H₃PO₄ und 90 g P₂O₅) 20 Min. auf 160–200° erhitzt. Die auf Eis gegossene Reaktionsmischung läßt man über Nacht stehen, dekantiert vom erstarrten Arsoniummetaphosphat und wäscht mit Wasser. Man kocht anschließend in 1 *l* Wasser-Methanol (1:1) unter Zusatz von wenig Essigsäure und versetzt die Lösung nach Filtration mit Kaliumjodid-Lösung. Das ausgeschiedene Arsoniumjodid wird aus Wasser umkristallisiert und i. Hochvak. bei 100° getrocknet; Ausbeute: 46% d. Th.; F: ∼ 165° (unscharf!)

## ε) aus anderen Arsoniumsalzen unter Erhalt der As-C-Bindungen

### ε₁) *Reaktionen am C-Gerüst*

Aromatische Reste in quart. Arsoniumsalzen können mit Nitriersäure ohne Änderung der Oniumstruktur nitriert werden, wobei direkt am Arsen gebundene Aryl-Reste hauptsächlich in 3-Stellung substituiert werden[4-7]:

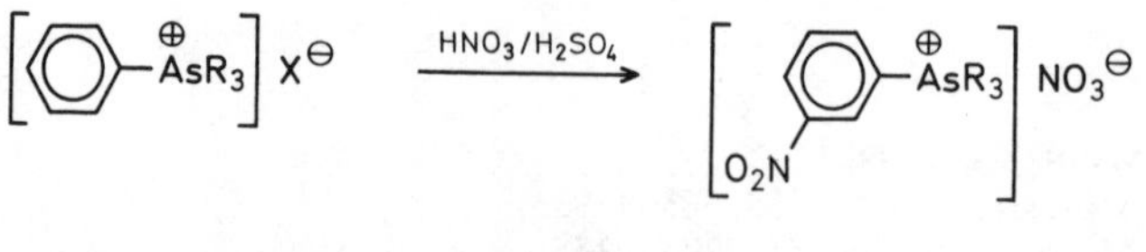

[1] G. Wittig u. D. Hellwinkel, B. **97**, 769 (1964).
[2] D. Hellwinkel u. G. Kilthau, A. **705**, 66 (1967).
[3] G. Wittig u. D. Hellwinkel, Ang. Ch. **74**, 782 (1962).
[4] A. Michaelis, A. **321**, 169 (1902).
[5] C. K. Ingold et al., Soc. **1928**, 1280.
[6] F. F. Blicke u. S. R. Safir, Am. Soc. **63**, 1493, 1496 (1941).
[7] L. Peyron et al., C. r. **283**, 1626 (1954).

Der Benzyl-Rest im Trimethyl-benzyl-arsoniumsalz wird dagegen hauptsächlich in 4-Stellung nitriert[1, 2]; z. B.:

$$\left[(H_3C)_3\overset{\oplus}{As}-CH_2-\bigcirc\right] X^{\ominus} \xrightarrow{HNO_3/H_2SO_4} \left[(H_3C)_3\overset{\oplus}{As}-CH_2-\bigcirc-NO_2\right] X^{\ominus}$$

*Trimethyl-(4-nitro-benzyl)-*
*arsonium-Salz*

Das Nitrierungsprodukt besteht zu 75,7% aus 4-, 17,5% aus 2- und 6,7% aus dem 3-Nitro-Derivat[3]. Der meta-Anteil ist ~ 3mal weniger, als bei der Nitrierung des entsprechenden Phosphoniumsalzes beobachtet wird[2].

**Methyl-tris-[4-brom-3-nitro-phenyl]-arsoniumnitrat[4]:** 5 g Methyl-tris-[4-brom-phenyl]-arsoniumnitrat werden portionsweise in eine kalte Mischung aus 3 *ml* Salpetersäure (d: 1,6) und 7 *ml* konz. Schwefelsäure eingetragen. Anschließend wird 15 Min. auf dem Dampfbad erhitzt, auf Eiswasser gegossen, abgesaugt und aus 50%igem Aceton umkristallisiert; Ausbeute: nahezu quantitativ; F: 175–177° (Zers.).

In gleicher Weise werden *Trimethyl-(3-nitro-phenyl)*[1, 4]-, *Methyl-tris-[3-nitro-phenyl]*-[5] und *Tetrakis-[3-nitro-phenyl]*-[4] *arsonium-nitrat* erhalten.

Die Nitro-Gruppe läßt sich wie üblich, z. B. mit Zinn(II)-chlorid reduzieren, und die so gebildete Amino-Gruppe diazotieren und verkochen[4, 3]:

$$R_3\overset{\oplus}{As}-\bigcirc-NO_2 \xrightarrow{SnCl_2} R_3\overset{\oplus}{As}-\bigcirc-NH_2 \xrightarrow[\text{2. Verkochen}]{\text{1. Diazotierung}} R_3\overset{\oplus}{As}-\bigcirc-OH$$

Methyl-Gruppen am aromatischen Rest von Aryl-trialkyl-arsonium-Salzen können mit Kaliumpermanganat in alkal. Lösung unter Erhalt der Arsonium-Strukturen zu Carboxy-Gruppen oxidiert werden[6]; z. B:

$$R_3\overset{\oplus}{As}-\bigcirc-CH_3 \xrightarrow{KMnO_4/OH^{\ominus}} R_3\overset{\oplus}{As}-\bigcirc-COO^{\ominus}$$

Jodmethyl-triphenyl-arsoniumjodid läßt sich durch Schütteln mit Silberoxid und anschließendem Ansäuern mit Salzsäure in *Hydroxymethyl-triphenyl-arsoniumchlorid* umwandeln[7].

Silberoxid eliminiert aus Triäthyl-(2-brom-äthyl)-arsonium-bromid Bromwasserstoff unter Bildung von *Triäthyl-vinyl-arsoniumsalz*[8]:

$$[(H_5C_2)_3\overset{\oplus}{As}-CH_2-CH_2-Br]\ Br^{\ominus} \xrightarrow[\text{- 2 HBr}]{\substack{\text{1. Ag}_2\text{O} \\ \text{2. HX}}} [(H_5C_2)_3\overset{\oplus}{As}-CH=CH_2]\ X^{\ominus}$$

**Triäthyl-vinyl-arsoniumbromid[8]:** Eine wäßrige Lösung von Triäthyl-(2-brom-äthyl)-arsoniumbromid wird bei 20° mit überschüssigem Silberoxid 19 Stdn. geschüttelt. Nach dem Abfiltrieren wird mit Bromwasserstoffsäure neutralisiert und im Exsiccator zur Trockene abgedampft. Der Rückstand wird aus Aceton umkristallisiert und 8 Stdn. bei 160°/0,1 Torr getrocknet; F: 246° (Zers.).

---

[1] C. K. INGOLD et al., Soc. **1928**, 1280.
[2] F. L. RILEY u. E. ROTHSTEIN, Soc. **1964**, 3872.
[3] L. PEYRON et al., C. r. **283**, 1626 (1954).
[4] F. F. BLICKE u. S. R. SAFIR, Am. Soc. **63**, 1493, 1496 (1941).
[5] A. MICHAELIS, A. **321**, 169 (1902).
[6] A. MICHAELIS, A. **320**, 311 (1902).
   YU. F. GATILOV et al., Ž. obšč. Chim. **43**, 1132, 2273 (1973); engl.: 1123, 2263.
[7] A. MICHAELIS, A. **321**, 173 (1902).
[8] M. H. FORBES et al., Soc. **1961**, 2762.

(2-Hydroxy-alkyl)-triorgano-arsoniumsalze werden durch 2-Acetoxy-propen verestert, wobei quart. Arsoniumsalze vom Acetylcholin-Typ erhalten werden[1]:

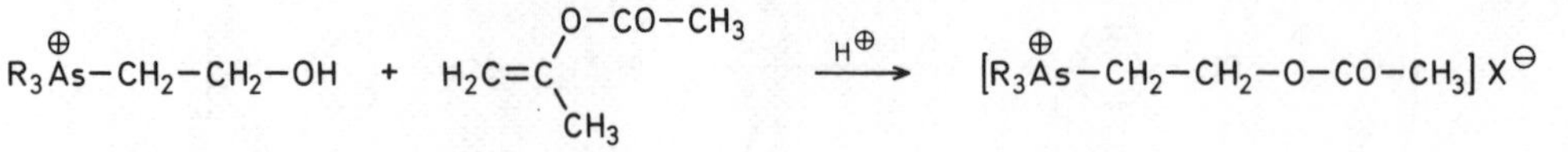

$$
R_3\overset{\oplus}{As}-CH_2-CH_2-OH \;+\; H_2C=C\overset{O-CO-CH_3}{\underset{CH_3}{\Big\langle}} \;\xrightarrow{H^{\oplus}}\; [R_3\overset{\oplus}{As}-CH_2-CH_2-O-CO-CH_3]\,X^{\ominus}
$$

R = Alkyl, Aryl

**(2-Acetoxy-äthyl)-triorgano-arsoniumsalze; allgemeine Arbeitsvorschrift[1]:** 0,05 Mol (2-Hydroxy-äthyl)-triorgano-arsoniumsalz werden in 50–90 *ml* abs. Acetonitril mit 20 *ml* 2-Acetoxy-propen und einigen Tropfen 48%-iger Bromwasserstoffsäure 48 Stdn. unter Rückfluß erhitzt. Danach wird durch Kochen mit Aktivkohle entfärbt, abfiltriert und mit 200–300 *ml* abs. Äther ausgefällt. Die Salze können zuerst ölig ausfallen, erstarren aber bald. Man saugt rasch ab und kristallisiert um. Auf diese Weise erhält man u. a.:

| | | |
|---|---|---|
| *Trimethyl-(2-acetoxy-äthyl)-arsoniumbromid* | 65% d. Th. | F: 107° (Acetonitril/Äther) |
| *(2-Acetoxy-äthyl)-triphenyl-arsoniumbromid* | 90% d. Th. | F: 183 (Chloroform/Äther) |

Am Oniumzentrum gebundene Allyl-Reste werden im basischen Medium in Propenyl-Reste umgelagert, die dann unter den Reaktionsbedingungen Nucleophile im Sinne einer Michael-Addition anlagern[2,3]:

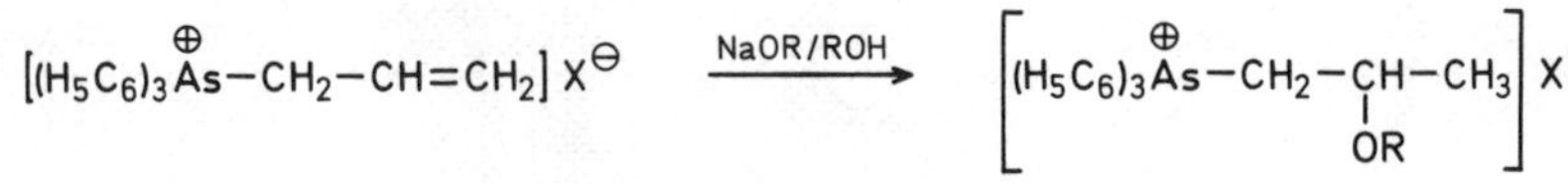

$$
[(H_5C_6)_3\overset{\oplus}{As}-CH_2-CH=CH_2]\,X^{\ominus} \;\xrightarrow{NaOR/ROH}\; \left[(H_5C_6)_3\overset{\oplus}{As}-CH_2-\underset{OR}{\overset{|}{C}H}-CH_3\right]X^{\ominus}
$$

R = Alkyl

Allyl-triphenyl-arsoniumbromid wird so durch 0,25%-ige Natronlauge bei 20° innerhalb 14 Tagen in (*2-Hydroxy-propyl*)-*triphenyl-arsoniumbromid* umgewandelt[2]. (2-Methyl-allyl)-triphenyl-arsoniumchlorid wird durch Kaliumcyanid (s. S. 103) in (*2-Methyl-2-cyan-propyl*)-*triphenyl-arsoniumhalogenid* überführt[2]:

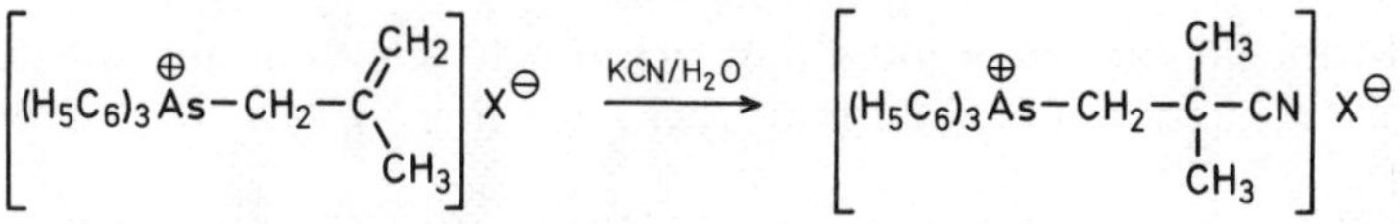

$$
\left[(H_5C_6)_3\overset{\oplus}{As}-CH_2-C\overset{CH_2}{\underset{CH_3}{\Big\langle}}\right]X^{\ominus} \;\xrightarrow{KCN/H_2O}\; \left[(H_5C_6)_3\overset{\oplus}{As}-CH_2-\underset{CH_3}{\overset{CH_3}{\overset{|}{\underset{|}{C}}}}-CN\right]X^{\ominus}
$$

**(2-Methoxy-propyl)-triphenyl-arsoniumperchlorat[2]:** Eine Lösung von 15 g (0,035 Mol) Allyl-triphenyl-arsoniumbromid in 150 *ml* abs. Methanol wird innerhalb weniger Min. zu einer Methanolat-Lösung aus 0,31 g (0,035 g-Atom) Natrium und 50 *ml* abs. Methanol hinzugegeben und 24 Stdn. bei 20° gerührt. Nach Ansäuern mit Bromwasserstoffsäure wird das Lösungsmittel abgedampft, der Rückstand in Acetonitril aufgenommen, vom Ungelösten abfiltriert und mit Äther ausgefällt. Das evtl. ölig anfallende Arsoniumbromid wird in wäßr. Äthanol aufgenommen und mit verd. Perchlorsäure versetzt. Der Niederschlag wird abgesaugt und aus Äthanol umkristallisiert; Ausbeute: 14,3 g (90% d. Th.); F: 183–184°.

Analog läßt sich aus Diallyl-diphenyl-arsoniumbromid und Natriummethanolat *Bis-[2-methoxy-propyl]-diphenyl-arsoniumhalogenid* herstellen[2].

Die Isomerisierung des Allyl-Restes wird mit zunehmender Zahl von Alkyl-Resten am Arsen und Alkyl-Substituenten am Allyl-Rest erschwert[2,4].

Quartäre Arsoniumsalze, die zwei oder mehr Allyl-Reste tragen, können durch Bis-nucleophile in cyclische Arsoniumsalze umgewandelt werden[2,3]:

[1] H. KUNZ, A. **1973**, 2001.
[2] L. HORNER u. S. SAMAAN, Phosphorus **3**, 153 (1973); **4**, 1 (1974).
[3] S. SAMAAN, Tetrahedron Letters **1974**, 3927.
[4] L. HORNER et al., B. **103**, 2818 (1970).

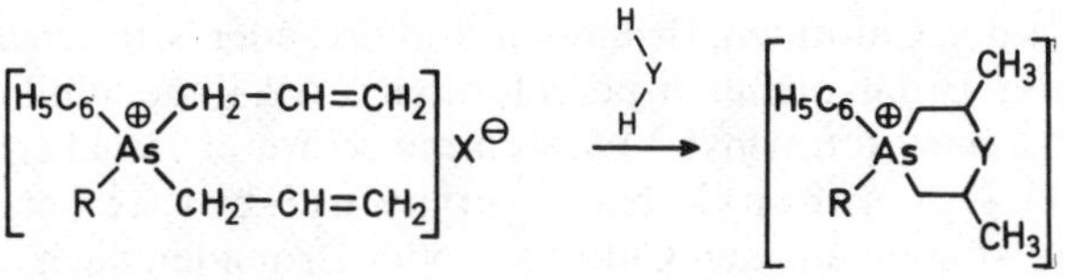

R = C₆H₅, CH₃
Y = O, N(CH₃)

**2,6-Dimethyl-4,4-diphenyl-1,4-oxarsenaniumbromid**[1]: Eine wäßr. Lösung von 0,025 Mol Diallyl-diphenyl-arsoniumbromid und 0,03–0,05 Mol Natriumhydroxid wird 8 Tage bei 20° stehengelassen. Anschließend wird ~ 30 Min. auf 40–50° erhitzt, mit Bromwasserstoffsäure angesäuert und mehrmals mit Chloroform ausgeschüttelt. Der Rückstand der Chloroform-Phase wird aus Äthanol umkristallisiert; Ausbeute: 91% d.Th.; F: 207–208°.

Aus Tetraallyl-arsoniumbromid läßt sich durch Umsetzung mit verd. Natronlauge ein Spiroarsoniumsalz isolieren[1]:

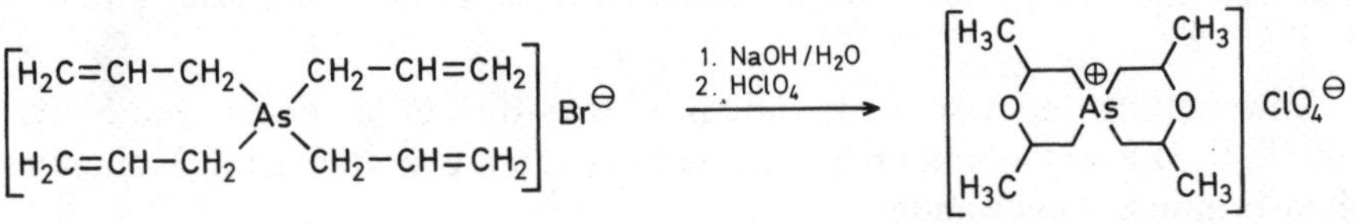

*2,4,8,10-Tetramethyl-3,9-dioxa-6-arsonia-spiro[5.5]undecan-perchlorat*; 24% d.Th.;
F: 207–208°

### ε₂) *Austausch des Anions*

Ein allgemeiner Weg zur Überführung quart. Arsoniumhalogenide in solche mit anderen Anionen ist die Umsetzung der Halogenide mit Silberoxid und anschließender Neutralisation mit der jeweiligen Säure[2–10]:

X' = Hal⊖, NO₃⊖, SO₄²⊖, ClO₄⊖, Pikrat

Meistens werden die stark basischen Arsoniumhydroxide nicht isoliert, sondern direkt mit Säure versetzt. Ein direkter Austausch des Halogenids ist auch möglich, indem das Arsoniumhalogenid entweder mit Säure oder Salzen des gewünschten Anions umgesetzt wird. Da die Löslichkeit der Arsonium-halogenide in polaren Lösungsmitteln vom Jodid zum Chlorid abnimmt, können die Arsonium-jodide aus den entsprechenden Bromiden oder Chloriden durch Umsetzung mit Kaliumjodid erhalten werden[11–13].

[1] L. HORNER u. S. SAMAAN, Phosphorus **4**, 1 (1974).
[2] A. MICHAELIS, A. **321**, 167 (1902).
[3] E. MANNHEIM, A. **341**, 211 (1905).
[4] G. E. RAZUVAEV et al., Ž. obšč. Chim. **5**, 724 (1935); engl.: 721; C. A. **30**, 1057 (1936).
[5] F. F. BLICKE u. E. L. CATALINE, Am. Soc. **60**, 423 (1938).
[6] F. F. BLICKE et al., Am. Soc. **61**, 88 (1939).
[7] F. F. BLICKE u. S. R. SAFIR, Am. Soc. **63**, 1493, 1496 (1941).
[8] G. WITTIG u. K. TORSSELL, Acta Chem. Scand. **7**, 1293 (1953).
[9] M. H. FORBES et al., Soc. **1961**, 2762.
[10] R. ARMSTRONG et al., Austral. J. Chem. **20**, 2771 (1967).
[11] G. WITTIG u. H. LAIB, A. **580**, 57 (1953).
[12] G. WITTIG u. D. HELLWINKEL, B. **97**, 769 (1964).
[13] D. HELLWINKEL u. G. KILTHAU, B. **101**, 121 (1968).

Ähnlich werden aus den Chloriden, Bromiden, Jodiden oder Nitraten durch Umsetzung mit Alkalimetall- oder Erdalkalimetall-perchloraten[1], Alkalimetallpikraten[2-5], Alkalimetall-tetraphenyl-[6,7] bzw. tetravinyl-[8] boraten die schwerer löslichen Arsonium-perchlorate, -pikrate, -tetraphenyl- bzw. -tetravinyl-borate hergestellt. Die Perchlorate bzw. Pikrate können aus den Chloriden oder Bromiden auch durch Umsetzung mit Perchlorsäure bzw. Pikrinsäure erhalten werden.

**Dialkyl-diarylarsonium-perchlorate aus Jodiden**[1]: Eine wäßr. Lösung von überschüssigem Magnesiumperchlorat wird zur Lösung des Arsoniumjodids in Wasser/Aceton (1:1) gegeben und 24 Stdn. bei 20° stehen gelassen. Die ausgefallenen Arsoniumperchlorate werden abgesaugt, mit Wasser gewaschen und aus Äthanol umkristallisiert; Ausbeute: ~70% d. Th.

Arsonium-nitrate werden aus den Halogeniden entweder durch Erhitzen mit Salpetersäure[9-11] oder besser durch Umsetzung mit Silbernitrat[10-13] erhalten.

**2,6-Dimethyl-4,4-diphenyl-1,4-oxarsenanium-nitrat**[14]: 0,01 Mol Arsoniumbromid werden 30 Min. mit 50 ml konz. Salpetersäure gekocht. Anschließend verdünnt man mit 50 ml Wasser und schüttelt mit Chloroform aus. Nach Entfernung des Chloroforms wird der Rückstand aus Äthanol/Äther umkristallisiert; Ausbeute: 98% d. Th.; F: 197–198°.

Zur Umwandlung der Arsoniumjodide in Chloride werden erstere mit Silberchlorid umgesetzt[15,16]. Die Arsoniumperchlorate werden durch Umsetzung mit Kaliumbromid in Arsonium-bromide umgewandelt[17].

**Quart. Arsoniumbromide aus den entsprechenden Perchloraten**[17]: 1 mMol Arsoniumperchlorat wird in ~20 ml Äthanol gelöst, mit 0,1 Mol fein gepulvertem Kaliumbromid versetzt und 24 Stdn. bei 20° gerührt. Anorganische Salze werden durch Zugabe von 5–15 ml Äther ausgefällt. Nach Abfiltrieren werden die Arsoniumbromide durch weiteres Versetzen mit Äther ausgefällt.

Quartäre Arsoniumhalogenide, in denen das Arsen ein Asymmetriezentrum darstellt, können durch Austausch des Halogens gegen ein optisch aktives Anion in optische Antipoden gespalten werden. Zu diesem Zweck werden die racemischen Arsoniumhalogenide mit Silbersalzen der Bromcampher-sulfonsäure[18-22], Silber-O,O'-dibenzoyl-hydrogentartrat[23-26] oder Silber-menthyloxy-acetat[21] umgesetzt.

[1] R. D. Gigauri et al., Ž. obšč. Chim. **43**, 835 (1973); engl.: 835; und dort zitierte Literatur.
[2] F. Challenger u. A. A. Rowling, Soc. **1936**, 264.
[3] R. C. Cookson u. F. G. Mann, Soc. **1949**, 288.
[4] A. N. Nesmeyanov et al., Doklady Akad. SSSR **155**, 1364 (1964); C. A. **61**, 3144 (1964).
[5] F. L. Riley u. E. Rothstein, Soc. **1964**, 3872.
[6] G. Wittig u. K. Claus, A. **577**, 26 (1952).
[7] L. Horner u. H. Fuchs, Tetrahedron Letters **1963**, 1573.
[8] R. J. Thompson u. J. C. Davies, jr., Inorg. Chem. **4**, 1464 (1965).
[9] A. Michaelis, A. **321**, 169 (1902).
[10] F. F. Blicke et al., Am. Soc. **61**, 88 (1939).
[11] F. F. Blicke u. S. R. Safir, Am. Soc. **63**, 1493, 1496 (1941).
[12] B. D. Faithful et al., Soc. [A] **1966**, 1185.
[13] G. M. Usacheva u. G. Kamai, Ž. obšč. Chim. **38**, 365 (1968); engl.: 364.
[14] L. Horner u. S. Samaan, Phosphorus **4**, 1 (1974).
[15] R. J. H. Clark et al., Soc. [A] **1966**, 1296.
[16] R. Armstrong et al., Austral. J. Chem. **20**, 2771 (1967).
[17] W. Hofer, Dissertation, Universität Mainz 1966.
[18] G. J. Burrows u. E. E. Turner, Soc. **1921**, 435.
[19] G. Kamai, B. **66**, 1779 (1933).
[20] F. G. Holliman u. F. G. Mann, Soc. **1943**, 550; **1945**, 45.
[21] F. G. Holliman et al., Soc. **1960**, 9.
[22] G. Kamai u. Yu. F. Gatilov, Ž. obšč. Chim. **32**, 3170 (1962); engl.: 3115; s. auch C. A. **69**, 77517 (1968).
[23] L. Horner u. H. Fuchs, Tetrahedron Letters **1962**, 203.
[24] G. Kamai u. Yu. F. Gatilov, Ž. obšč. Chim. **33**, 1189 (1963); engl.: 1167.
[25] L. Horner u. W. Hofer, Tetrahedron Letters **1966**, 3321.
[26] G. Kamai u. G. M. Usacheva, Ž. obšč. Chim. **36**, 2000 (1966); engl.: 1991.

**Quart. Arsonium-D-(−)-hydrogen-O,O′-dibenzoyl-tartrate; allgemeine Arbeitsvorschrift[1]:** In einem 1-*l*-Zweihalskolben mit KPG-Rührer löst man 0,25–0,30 Mol des jeweiligen Arsoniumbromids in 600–700 *ml* Methanol auf, gibt 0,27–0,33 Mol fein verriebenes saures Silber-D-(−)-O,O-dibenzoyl-tartrat unter kräftigem Rühren in kleinen Anteilen im Laufe von ~ 3 Stdn. zu und rührt im Dunkeln weitere 5–6 Stdn. nach. Nach Abfiltrieren des Silberbromids wird das Filtrat i. Vak. eingeengt, und die Arsonium-D-hydrogen-O,O-dibenzoyl-tartrate werden durch Zugabe von Wasser und Verreiben mit dem Glasstab zur Kristallisation gebracht; Ausbeute: 70–90% d. Th.

Durch fraktionierte Umkristallisation aus Äthanol werden beide Diastereomeren getrennt.

Zur Überführung in optisch aktive Arsoniumperchlorate werden die getrennten Diastereomere mit Dimethylsulfat bei 23° versetzt, hierbei werden unter Bildung des Monomethylesters der D-(−)-O,O′-dibenzoyl-weinsäure die entsprechenden opt. aktiven quartären Arsonium-methylsulfate gebildet, die durch Zugabe von Äther als Öl ausgefällt werden können. Durch Lösen in Wasser und Versetzen mit Perchlorsäure erhält man die kristallinen optisch aktiven Arsoniumperchlorate.

Auf diese Weise werden u. a. folgende optisch aktiven Arsoniumsalze erhalten:

(+) und (−)-*Methyl-äthyl-phenyl-benzyl-arsoniumperchlorat*[2]
(+)-*Methyl-propyl-phenyl-benzyl-arsoniumperchlorat*[2]
(−)-*Äthyl-butyl-phenyl-benzyl-arsoniumperchlorat*[3]
(+)-*Methyl-allyl-phenyl-benzyl-arsoniumbromid*[3]

Die analog durch fraktionierte Umkristallisation getrennten Arsonium-(+)-α-brom-campher-π-sulfonate werden durch Umsetzung mit Kaliumjodid in die optisch aktive quart. Arsoniumjodide überführt[4−6].

## B. Umwandlung

Die quart. Arsoniumsalze, namentlich die Jodide und Bromide, sind meist gut kristallisierende Verbindungen, die in polaren Lösungsmitteln gut löslich sind (zum konduktometrischen Verhalten der Arsoniumsalze vergl.[7−12]). Das Oniumzentrum acidifiziert Wasserstoffatome in der α-Stellung (s. S. 424), so daß solche Arsoniumsalze als Säure betrachtet werden können (Zu pK$_a$-Werten von quart. Arsoniumsalzen vgl.[13−16]), wobei diese schwächere Säuren sind als die entsprechenden Phosphoniumsalze[13−16].

Thermisch werden Arsoniumsalze, die einen Alkyl-Rest tragen, in tert. Arsine und Alkylhalogenide gespalten (s. S. 93).

[1] H. Fuchs, Dissertation, Universität Mainz 1962.
[2] L. Horner u. H. Fuchs, Tetrahedron Letters **1962**, 203.
[3] L. Horner u. W. Hofer, Tetrahedron Letters **1965**, 3281; **1966**, 3321.
[4] E. J. Burrows u. E. E. Turner, Soc. **1921**, 435.
[5] G. Kamai, B. **66**, 1779 (1933).
[6] F. G. Holliman u. F. G. Mann, Soc. **1943**, 550; **1945**, 45.
[7] L. F. Gleysteen u. C. A. Kraus, Am. Soc. **69**, 451 (1947).
[8] D. J. Mead et al., Am. Soc. **69**, 528 (1947).
[9] E. R. Kline u. C. A. Kraus, Am. Soc. **69**, 814 (1947).
[10] A. I. Popopov u. R. E. Humphrey, Am. Soc. **81**, 2043 (1959).
[11] R. L. Burwell, jr. u. C. H. Langford, Am. Soc. **81**, 3799 (1959).
[12] V. M. Tsentovskii et al., Ž. obšč. Chim. **41**, 1047 (1971); engl.: 1052.
[13] A. W. Johnson u. R. B. LaCount, Tetrahedron **9**, 130 (1960).
[14] G. Aksnes u. J. Songstad, Acta Chem. Scand. **18**, 655 (1964).
[15] K. Issleib u. R. Lindner, A. **707**, 120 (1967).
[16] A. N. Nesmeyanov et al., J. Organometal Chem. **13**, 263 (1968).

α) Bildung von Doppelsalzen und Additionsverbindungen

Quart. Arsoniumhalogenide addieren relativ leicht elementares Halogen unter Bildung von Arsonium-perhalogeniden[1-5]:

$$[R_4 \overset{\oplus}{As}] \; X^{\ominus} \quad \xrightarrow{\; X_2 \;} \quad [R_3 \overset{\oplus}{As}] \; X_3^{\ominus}$$

Tetraphenylarsonium-chlorid bzw. -bromid lagert Chlor- bzw. Bromwasserstoffsäure zu einem 1:1-Adkukt an[4, 6, 7]:

$$[(H_5C_6)_4 \overset{\oplus}{As}] \; X^{\ominus} \quad \xrightarrow{\; HX \;} \quad [(H_5C_6)_4 \overset{\oplus}{As}] \; X^{\ominus} \cdot HX$$

X = Cl, Br

Mit einer großen Zahl von Metallsalzen bilden die Arsoniumhalogenide doppelsalzartige Verbindungen, die zur Trennung und Bestimmung von Metallionen verwendet werden können[8].

Mit Jodoform bildet das Tetramethyl-arsoniumjodid eine Additionsverbindung im Verhältnis 1:1[9].

β) Reaktionen mit Basen

*β₁) Hydrolyse, Alkoholyse und Cyanolyse*

Arsoniumhalogenide werden durch Silberhydroxid bei 20° in die entsprechenden Hydroxide umgewandelt (s. S. 417). Durch Natronlauge werden die Salze bei 20°, von wenigen Ausnahmen abgesehen (s. unten), nicht verändert. Aus Methyl-trioctyl- oder Tetraoctyl-arsonium-bromid können die entsprechenden Hydroxide durch Schütteln mit 40%iger Natronlauge bei 20° in einem Gemisch aus Isooctanol und Kerosin erhalten werden[10].

Die Arsoniumhydroxide sind stark hygroskopische viskose Verbindungen, die an der Luft in Arsonium-hydrogencarbonate übergehen[11]. Methyl-triaryl-arsoniumhydroxide werden thermisch in Methanol und Triaryl-arsin gespalten[11]:

$$[(H_5C_6)_3 \overset{\oplus}{As} - CH_3] \; OH^{\ominus} \quad \xrightarrow[- CH_3OH]{\nabla} \quad Ar_3As$$

[1] A. MICHAELIS, A. **321**, 166 (1902).

[2] W. STEINKOPF u. G. SCHWEN, B. **54**, 1461, 2971 (1921).

[3] L. CAPATOS, C. r. **194**, 1658 (1932).

[4] F. F. BLICKE u. E. MONROE, Am. Soc. **57**, 720 (1935).

[5] G. P. SCHIEMENZ, J. Organometal. Chem. **52**, 349 (1973).

[6] K. M. HARMON u. R. R. LAKE, Inorg. Chem. **7**, 1921 (1968).

[7] H. E. LEMAY, Inorg. Nucl. Chem. Lett. **5**, 941 (1969).

[8] Eine Literaturübersicht findet man bei:

E. KRAUSE u. A. v. GROSSE, *Die Chemie der metallorganischen Verbindungen*, Gebrüder Borntraeger, Berlin 1937.

M. DUB, *Organometallic Compounds*, Vol. III, 2. Aufl., Springer Verlag, New York 1968; I. Supplement 1972.

G. O. DOAK u. L. D. FREEDMAN, *Organometallic Compounds of Arsenic, Antimony, and Bismuth*, Wiley-Interscience, New York 1970; Organometal. Chem. Rev. **B 4**, 405 (1968); **B 5**, 128 (1969); **B 6**, 556 (1970); **B 8**, 171 (1971); J. Organometal. Chem. **48**, 195 (1973); **68**, 295 (1974); **89**, 81 (1975).

[9] W. STEINKOPF u. G. SCHWEN, B. **54**, 2971 (1921).

[10] K. A. PETROV et al., Ž. obšč. Chim. **42**, 2469 (1972); engl.: 2462.

[11] A. MICHAELIS, A. **302**, 284 (1902); **321**, 168 (1902).

Cyclische Bisarsonium-hydroxide der Struktur I werden analog in Methanol und tert. Bisarsine gespalten[1]:

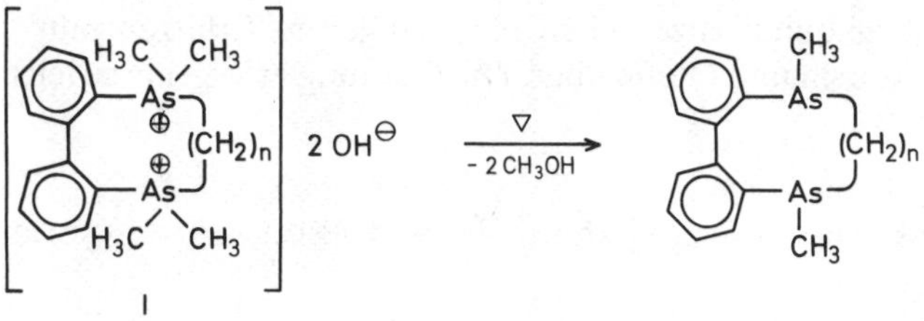

n = 1,2

Bei n = 3 oder bei der thermischen Zersetzung von 2,2'-Bis-[trimethyl-arsinio]-biphenyl-dibromid konnte nur Biphenyl als Reaktionsprodukt identifiziert werden[1].

Aus quart. Arsoniumsalzen, die einen Allyl-Rest tragen, wird mit Natronlauge bei 70–100° mit hoher Selektivität unter Bildung von tert. Arsinen, der Allyl-Rest als Alkohol abgespalten (s. S. 103)[2]:

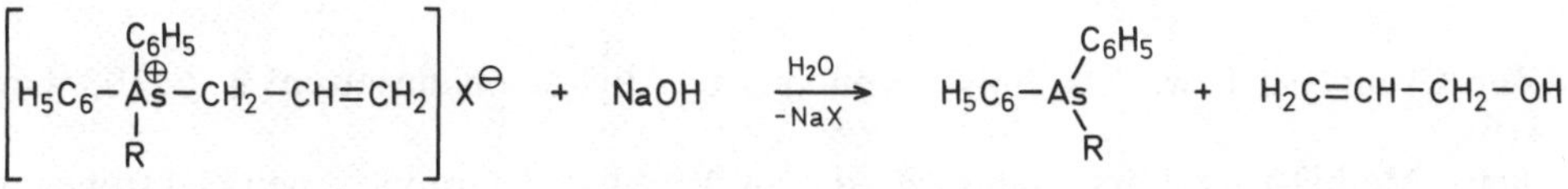

R = C$_6$H$_5$, Alkyl, CH$_2$—C$_6$H$_5$

In äthanolischer Natronlauge erfolgt zuerst eine Isomerisierung des Allyl-Restes und anschließend eine Addition von Äthanol an das intermediär gebildete Propenyl-arsonium-Salz (s. S. 103). Arsoniumsalze, die mehr als einen Allyl-Rest tragen, werden durch wäßrige Natronlauge je nach Reaktionsbedingungen unterschiedlich umgewandelt (s. S. 103, 416). Arsoniumsalze, die einen Benzyl- jedoch keinen Allyl-Rest tragen, erleiden in Gegenwart von Natronlauge in der Hitze eine Spaltung zu tert. Arsinoxiden (s. S. 380) und Toluol[3,4]:

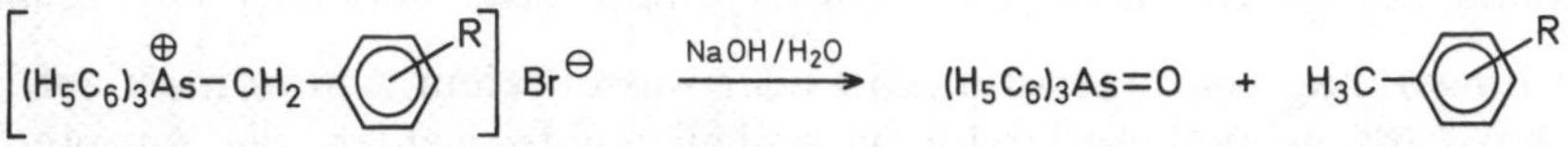

Der Benzyl-Rest wird dabei um so leichter abgespalten, je elektronenanziehender der Substituent R ist[4]. Das Triphenyl-(4-nitro-benzyl)-arsoniumbromid wird durch wäßrige Natronlauge in *Triphenyl-arsin, Triphenyl-arsinoxid, 4-Nitro-toluol* und *1,2-Bis-[4-nitro-phenyl]-äthan* gespalten[4].

Bei 23° werden Alkoxycarbonylmethyl-triphenyl-arsoniumsalze durch wäßrige Natronlauge in die entsprechenden Ylide überführt[5]. Bei längerem Erhitzen erfolgt dagegen eine Arsinoxid-Spaltung[4].

Ähnlich verhalten sich Trimethyl- und Triphenyl-fluorenyl-(9)-arsoniumsalze [6,7].

[1] M. H. FORBES et al., Soc. **1961**, 2762.
[2] L. HORNER u. S. SAMAAN, Phosphorus, **1**, 207 (1971); **3**, 153 (1973) **4**, 1 (1974).
[3] F. KRÖHNKE, B. **83**, 291 (1950).
[4] S. SAMAAN, Phosphorus **6**, 95 (1976).
[5] J. B. HENDRICKSEN et al., Tetrahedron **19**, 707 (1963).
[6] G. WITTIG u. H. LAIB, A. **580**, 57 (1953).
[7] A. W. JOHNSON, J. Org. Chem. **25**, 183 (1960).

[2-Brom-cyclopenten-(3)-yl]-triaryl-arsoniumhalogenid wird durch Einwirkung von Natronlauge unter Eliminierung von Bromwasserstoff in die entsprechenden Ylide über-führt[1].

Alkyl-triphenyl-arsoniumsalze gehen nach längerem Erhitzen mit 40%iger Natronlauge in Triphenyl-arsin und Olefin über. Die Spaltung erfolgt um so leichter, je acider der $\beta$-Wasserstoff ist[2]:

$$[(H_5C_6)_3\overset{\oplus}{As}-CH_2-CH_2-C_6H_5]\ X^{\ominus} \quad\xrightarrow{\ NaOH\ }\quad (H_5C_6)_3As\ +\ H_2C{=}CH{-}C_6H_5$$

(2-Hydroxy-propyl)-triphenyl-arsoniumbromid wird relativ leicht in *Triphenyl-arsin* und *Aceton* gespalten[3]. Eine analoge Hofmann-Eliminierung erleiden (2-Alkoxy-propyl)-triphenyl-arsoniumsalze[3]:

$$\left[(H_5C_6)_3\overset{\oplus}{As}-CH_2-\underset{\underset{OR}{|}}{CH}-CH_3\right]\ X^{\ominus} \quad\xrightarrow{\ NaOH\ }\quad (H_5C_6)_3As\ +\ H_2C{=}\underset{\underset{OR}{|}}{C}-CH_3$$

(Zur Cyanolyse bzw. Alkoholyse von quart. Allyl-arsoniumsalzen s. S. 103 bzw. S. 416).

Quart. Methyl-triaryl-arsoniumsalze, die an der Methyl-Gruppe einen elektronenanziehenden Rest wie Nitrophenyl- oder Acyl-Rest tragen, können durch Alkanolat-Ionen in Ylide überführt werden (s. S. 424):

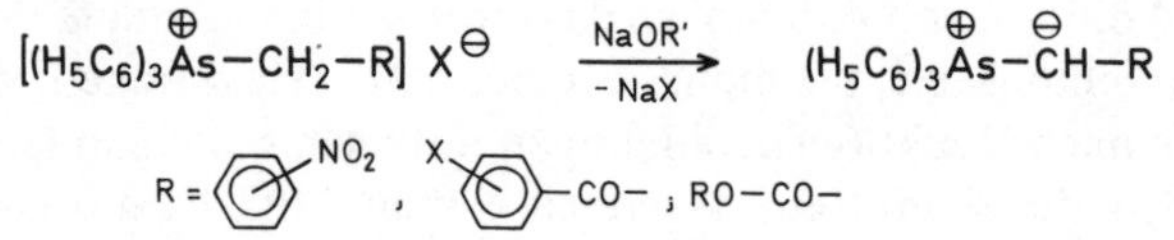

$$[(H_5C_6)_3\overset{\oplus}{As}-CH_2-R]\ X^{\ominus} \quad\xrightarrow[-\ NaX]{\ NaOR'\ }\quad (H_5C_6)_3\overset{\oplus}{As}-\overset{\ominus}{CH}-R$$

$$R = \underset{}{\text{⟨Phenyl⟩}}{-}NO_2\ ,\ \underset{X}{\text{⟨Phenyl⟩}}{-}CO{-}\ ,\ RO{-}CO{-}$$

### $\beta_2$) *Reaktionen von Alkali-amiden, -hydriden, -alanaten, -boranaten oder -gallaten*

Durch Einwirkung von Natriumamid oder wasserfreiem Ammoniak auf Benzyl- oder Alkoxycarbonylmethyl-triaryl-arsoniumhalogenide werden die entsprechenden Ylide gebildet[4]. Analog wirkt Natriumhydrid auf Methyl-triphenyl-arsoniumhalogenid (s. S. 424)[5]. Alkyl-triphenyl-arsoniumsalze erleiden durch Natriumhydrid in siedendem Tetrahydrofuran eine Hofmann-Eliminierung zu *Triphenyl-arsin* und Olefin[6]:

$$[(H_5C_6)_3\overset{\oplus}{As}-CH_2-(CH_2)_n-CH_2-OH]\ Br^{\ominus} \quad\xrightarrow{\ NaH/THF\ }\quad (H_5C_6)_3As\ +\ H_2C{=}CH{-}R$$

Die Umsetzung mit (3-Hydroxy-propyl)-triphenyl-arsoniumbromid führt zu einer pentacovalenten Arsen-Verbindung[7],

[1] B. H. Freeman u. D. Lloyd, Soc. [C] **1971**, 3164.

[2] S. Samaan, Phosphorus **6**, 95 (1976).

[3] L. Horner u. S. Samaan, Phosphorus **3**, 153 (1973).

[4] A. N. Nesmeyanov et al., Doklady Akad. SSSR. **155**, 1364 (1964); C. A. **61**, 3144 (1964); Ž. org. Chim. **2**, 942 (1966); C. A. **65**, 15 420 (1966).

[5] G. Gaudiano et al., Chim. Ind. (Milan), **49**, 1343 (1967); C. A. **68**, 2941 (1968).

[6] A. R. Hands u. A. J. H. Mercer, Soc. [C] **1968**, 1331.

[7] A. R. Hands u. A. J. H. Mercer, Soc. [C] **1967**, 1099.

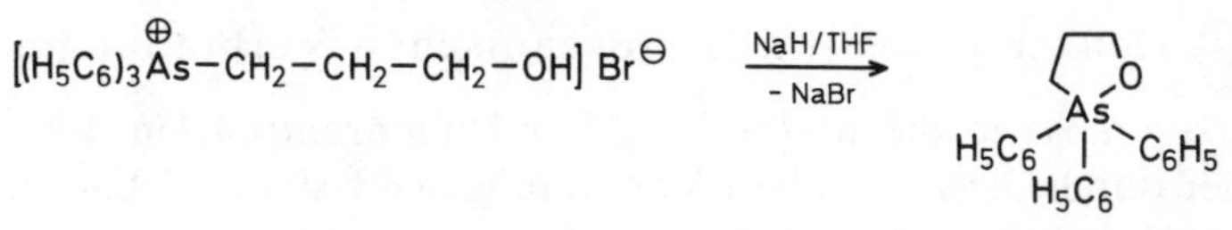

$$[(H_5C_6)_3\overset{\oplus}{As}-CH_2-CH_2-CH_2-OH]\ Br^{\ominus} \quad \xrightarrow[-\ NaBr]{NaH/THF} \quad$$

*2,2,2-Triphenyl-1,2-oxarsolan;*
71% d.Th.; F: 154°

die beim Erhitzen auf 160–180° in *Triphenyl-arsin* und *Allylalkohol*[1] zerfällt.

Tetrabenzylarsoniumbromid wird durch überschüssiges Kaliumamid zu *Dikalium-phe-nylmethan-triazaarsonat abgebaut*[2]:

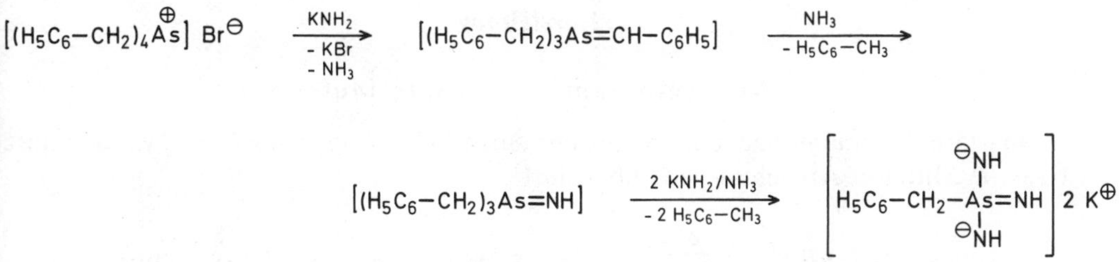

$$[(H_5C_6-CH_2)_4\overset{\oplus}{As}]\ Br^{\ominus} \quad \xrightarrow[\substack{-\ KBr\\-\ NH_3}]{KNH_2} \quad [(H_5C_6-CH_2)_3As=CH-C_6H_5] \quad \xrightarrow[-\ H_5C_6-CH_3]{NH_3}$$

$$[(H_5C_6-CH_2)_3As=NH] \quad \xrightarrow[-\ 2\ H_5C_6-CH_3]{2\ KNH_2/NH_3} \quad \left[ H_5C_6-CH_2-\overset{\ominus NH}{\underset{\ominus NH}{\overset{|}{\underset{|}{As}}}}=NH \right]\ 2\ K^{\oplus}$$

Läßt man auf Tetraphenyl-arsoniumchlorid **Natriumboranat** in wäßrigem, schwach alkalischen Medium einwirken, so läßt sich das kristalline *Tetraphenyl-arsonium-tetrahydridoborat* in 69%iger Ausbeute isolieren[3]:

$$(H_5C_6)_4As-Cl \quad + \quad Na[BH_4] \quad \longrightarrow \quad [(H_5C_6)_4\overset{\oplus}{As}]\ [BH_4]^{\ominus}$$

Aus dem Arsonium-boranat wird mit Lithiumalanat das entsprechende Arsonium-*tetrahydridoalanat* erhalten, das nur unterhalb 0° stabil ist[3]:

$$[(H_5C_6)_4\overset{\oplus}{As}]\ [BH_4]^{\ominus} \quad + \quad Li[AlH_4] \quad \xrightarrow{0°<} \quad [(H_5C_6)_4\overset{\oplus}{As}]\ [AlH_4]^{\ominus}$$

Aus dem entsprechenden Tetraäthylarsonium-alanat bzw. tetraorgano-alanat und Lithium-gallanat wird das entsprechende *Tetramethyl-arsonium-tetrahydridogallat* in 92%iger Ausbeute erhalten[4]:

$$[(H_5C_2)_4\overset{\oplus}{As}]\ [Al(R_4)]^{\ominus} \quad + \quad Li[GaH_4] \quad \xrightarrow{THF,\ -5°} \quad [(H_5C_2)_4\overset{\oplus}{As}]\ [GaH_4]^{\ominus}$$

All diese Doppelsalze zerfallen beim Erhitzen, die Tetrahydroalanate bereits bei 0°[3], in tert. Arsine und Kohlenwasserstoffe.

Die Spaltung nicht cyclischer Arsoniumhalogenide mit Lithiumalanat in tert. Arsine und Kohlenwasserstoff benötigt in siedendem Tetrahydrofuran einige Stunden (s. S. 101). Sowohl der Mechanismus dieser Spaltungsreaktion als auch die Natur der abgespaltenen Reste ist nicht immer geklärt. Bis-[biphenyl-2,2′-diyl]-arsoniumjodid wird durch Lithiumalanat in eine Organo-arsenverbindung umgewandelt, die sowohl ein dreiwertiges als auch ein fünfwertiges Arsenatom enthält (s. S. 440).

[1] A. R. Hands u. A. J. H. Mercer, Soc. [C] **1967**, 1099.
[2] B. M. Ross u. W. B. Marzi, B. **108**, 1518 (1975).
[3] M. Ehemann et al., Z. anorg. Ch. **389**, 235 (1972).
[4] L. I. Zakharkin et al., Ž. obšč. Chim. **41**, 2689 (1971); engl.: 2722.

γ) Reaktionen mit metallorganischen Verbindungen

Quartäre Arsoniumsalze, die in α-Stellung zum Oniumzentrum eine Methylen-Gruppe besitzen, werden durch Organo-lithium-Verbindungen meistens in Ylide umgewandelt (s. S. 424). Tetraaryl-arsonium-salze werden dagegen in Pentaorganoarsen-Verbindungen überführt (s. S. 437).

## 2. Alkyliden-arsorane (Arsin-alkylene; Arsoniumylide)

### A. Herstellung

α) Aus Arsoniumsalzen (Salz-Methode)

Quartäre Arsoniumsalze, mit mindestens einer $CH_2$-Gruppe am Arsen, werden durch basische Mittel in Arsonium-ylide überführt[1]:

$$[(R^1)_3\overset{\oplus}{As}-CH_2-R^2]\ X^{\ominus} \underset{-HX}{\rightleftharpoons} (R^1)_3As=CH-R^2 \longleftrightarrow (R^1)_3\overset{\oplus}{As}-\overset{\ominus}{CH}-R^2$$

$R^1$ = Alkyl-, Aryl
$R^2$ = H, Alkyl, Aryl, Acyl, Alkoxycarbonyl

Die Auswahl der Base und des Reaktionsmediums hängt von der Stabilität der gebildeten Ylide ab. Im allgemeinen werden stärkere Basen benötigt, als dies bei den entsprechenden Phosphoniumsalzen der Fall ist[1-4].

Eine besondere Stabilisierung erfährt das Ylid durch − I- und − M-Substituenten an der $CH_2$-Gruppe, sowie durch Zunahme von Aryl-Resten am Arsenatom. *Triphenyl-methylen-arsoran*[5-8] wird aus dem Salz in Äther[5,6], Benzol[5,6], Tetrahydrofuran[7], Dimethylsulfoxid[8] durch Umsetzung mit Butyl- bzw. Phenyl-lithium[5,6], Natriumhydrid[7] oder Methylsulfinylcarbanion[8] in situ hergestellt. Auch mit Natriumäthanolat in Äthanol kann das Triphenyl-methylen-arsoran intermediär gebildet werden[9]. Analog werden in situ aus den entsprechenden Salzen *Triphenyl-benzyliden-arsoran* mit Butyl- bzw. Phenyl-lithium in Äther[10,11] oder Natriumäthanolat in abs. Äthanol[9], *Triphenyläthyliden-arsoran* mit Methylsulfinylcarbanion[8], *Trimethyl-fluorenyliden-(9)-* sowie *Dimethyl-benzyl-fluorenyliden-(9)-arsoran* mit Phenyl-lithium in Äther[12] erhalten.

*Triphenyl-methylen-arsoran* läßt sich aus Methyl-triphenyl-arsoniumbromid in trockenem Tetrahydrofuran durch 1stdg. Rühren mit Natriumamid bei 0° in 50%iger Ausbeute isolieren und aus Diäthyläther umkristallisieren (F: 74°)[13].

[1] A. W. JOHNSON, *Ylid Chemistry*, S. 284−299, Academic Press, New York 1966.
[2] A. W. JOHNSON u. R. B. LaCOUNT, Tetrahedron **9**, 130 (1960).
[3] G. AKSNES u. J. SONGSTAD, Acta chem. scand. **18**, 655 (1964).
[4] A. N. NESMEYANOV et al., J. Organometal. Chem. **13**, 263 (1968).
[5] S. O. GRIM u. D. SEYFERTH, Chem. & Ind. **1959**, 849.
[6] M. C. HENRY u. G. WITTIG, Am. Soc. **82**, 563 (1960).
[7] G. GAUDIANO et al., Chimica e Ind. **49**, 1343 (1967); C. A. **69**, 2941$^f$ (1968).
[8] P. BRAVO et al., Tetrahedron Letters **1970**, 4535.
[9] S. TRIPPETT u. M. A. WALKER, Soc. [C] **1971**, 1114.
[10] A. W. JOHNSON u. J. O. MARTIN, Chem. & Ind. **1965**, 1726.
[11] A. N. NESMEYANOV et al., Ž. org. Chim. **3**, 598 (1967); C. A. **67**, 11553 (1967).
[12] G. WITTIG u. H. LAIB, A. **580**, 57 (1953).
[13] Y. YAMAMOTO u. H. SCHMIDBAUR, Chem. Commun. **1975**, 668.

Bei der Umsetzung von Dimethyl-dibenzyl-arsoniumbromid mit Phenyl-lithium in Äther zerfällt das zunächst gebildete *Dimethyl-benzyl-benzyliden-arsoran* nach kurzer Zeit zum Dimethyl-(1,2-diphenyl-äthyl)-arsin, woraus nach weiterer Metallierung z. T. Stilben entsteht[1]:

$$(H_3C)_2\overset{\oplus}{As}-CH_2-C_6H_5 \atop \underset{\ominus}{CH}-C_6H_5 \xrightarrow{\text{Äther, 20°}} (H_3C)_2As-CH-C_6H_5 \atop CH_2-C_6H_5 \xrightarrow{-Li-As(CH_3)_2} H_5C_6-CH=CH-C_6H_5$$

Ein ähnlicher Zerfall eines Ylides wird bei der Umsetzung von Triphenyl-(4-nitro-benzyl)-arsoniumbromid mit Natriumäthanolat in Äthanol beobachtet[2] (s. a. S. 380). Dagegen lassen sich zahlreiche andere Triphenyl-benzyl-arsoniumsalze[3] ohne Komplikationen mit Natriumalkanolat in Alkohol bzw. Natriumamid in Benzol in die entsprechenden Ylide überführen.

*Trimethyl-trimethylsilylmethylen-arsoran* wird aus dem entsprechenden Chlorid durch Umsetzung mit Butyl-lithium hergestellt und in Substanz isoliert[4].

**Trimethyl-trimethylsilylmethylen-arsoran**[4]: Unter Rühren und Sauerstoffausschluß wird eine Suspension von 4,4 g (0,018 Mol) Trimethyl-trimethylsilylmethyl-arsoniumchlorid in 15 *ml* trockenem Äther bei 20° mit 15,4 *ml* (0,018 Mol) einer 1,18 m Butyl-lithium-Lösung in Äther tropfenweise umgesetzt. Anschließend rührt man 30 Min. nach und destilliert den Äther ab. Nach Anschließen einer auf −78° gekühlten Kühlfalle wird der Rückstand der Äther-Destillation langsam auf 120−140° erhitzt. Das in der Kühlfalle gesammelte Rohylid wird unter Ausschluß von Luft und Feuchtigkeit i. Vak. destilliert; Ausbeute: 2,0 g (54% d. Th.); Kp$_6$: 69°.

Durch mesomere und induktive Effekte stabilisierte Arsoniumylide lassen sich sogar in protischen Lösungsmitteln isolieren. So können *Triphenyl-äthoxycarbonylmethylen-*[5] und *Triphenyl-fluorenyliden-(9)-arsoran*[6], hergestellt aus den entsprechenden Salzen mit alkoholischer Natronlauge, isoliert werden.

**Triphenyl-fluorenyliden-(9)-arsoran**[6]: Zu einer Lösung von 7,2 g (0,013 Mol) Triphenyl-fluorenyl-(9)-arsoniumbromid in 500 *ml* abs. Äthanol tropft man unter Rühren langsam 5 *ml* 2,5 n Natronlauge. Der ausgefallene Niederschlag wird abgesaugt und bis zur Gewichtskonstanz getrocknet. Anschließend wird aus Benzol-Hexan umkristallisiert; Ausbeute: 4,7 g (78% d. Th.); F: 188−190° (Zers.).

*Triphenyl-(α-methoxycarbonyl-benzyliden)-arsoran* (55% d. Th.; F: 156−158°) wird aus dem entsprechenden Bromid in Chloroform durch Einleiten von Ammoniak erhalten[7]:

$$\left[(H_5C_6)_3\overset{\oplus}{As}-CH-COOCH_3 \atop C_6H_5\right] Br^{\ominus} \xrightarrow[-NH_4Br]{NH_3/CHCl_3} (H_5C_6)_3\overset{\oplus}{As}-\overset{\ominus}{\underset{C_6H_5}{C}}-COOCH_3$$

Auf gleiche Weise oder mit Alkanolat in Alkohol erhält man aus (2-Oxo-propyl)-[7−9] Methoxycarbonylmethyl-[7,9,10] bzw. substituierten (2-Oxo-2-phenyl-äthyl)-triphenyl-arsonium-Salzen[9−11] die entsprechenden Ylide. Die aus den Salzen isolierten Ylide können in Abhängigkeit von der Herstellungsweise (Alkanolat in Alkohol, Ammoniak in Chloro-

[1] G. WITTIG u. H. LAIB, A. **580**, 57 (1953).
[2] S. TRIPPETT u. M. A. WALKER, Soc. [C] **1971**, 1114.
[3] P. S. KENDURKAR u. R. S. TEWARI, J. Organometal. Chem. **60**, 247 (1973); **85**, 173 (1975).
[4] N. E. MILLER, Inorg. Chem. **4**, 1458 (1965).
[5] J. B. HENDRICKSON et al., Tetrahedron **19**, 707 (1963).
[6] A. W. JOHNSON, J. Org. Chem. **25**, 183 (1960).
[7] A. N. NESMEYANOV et al., Doklady Akad. SSSR **155**, 1364; C. A. **61**, 3144 (1964).
[8] A. MICHAELIS, A. **321**, 141 (1902).
[9] P. FROYEN, Acta chem. Scand. **25**, 2541 (1971).
[10] Y.-T. HUANG et al., Acta chim. Sinica **31**, 38 (1965); C. A. **63**, 629 (1965).
[11] A. N. NESMEYANOV et al., J. Organometal. Chem. **13**, 263 (1968).

form oder Natriumhydrid in Benzol)[1] zum Teil stark abweichende Schmelzpunkte besitzen. Vermutlich sind die isolierten Produkte nicht immer rein.

**Triphenyl-(2-oxo-2-phenyl-äthyliden)-arsoran**[1]: Eine Suspension von 11 g (22 mMol) (2-Oxo-2-phenyl-äthyl)-triphenyl-arsoniumbromid in 100 *ml* trockenem Benzol und 0,5 *ml* abs. Äthanol werden unter Rühren mit 5 g Natriumhydrid in Mineralöl (50%ige Suspension) versetzt. Nach Rühren über Nacht wird vom Ungelösten abfiltriert und aus dem Filtrat das Ylid durch Zugabe von Hexan ausgefällt. Das hellgelbe Ylid wird aus Benzol/Hexan umkristallisiert; Ausbeute: 9 g (95% d. Th.); F: 172–173° (Bei der Herstellung mit Natriumamid in flüssigem Ammoniak: F: 154–155°[1]; mit Natriummethanolat in Methanol; F: 167–169°[5] bzw. 170°[3]).

Mittels Natronlauge läßt sich *Triphenyl-arsonium-cyclopentadienylid* aus 3,4-Bis-[triphenyl-arsoniono]-cyclopenten-dibromid herstellen[2]:

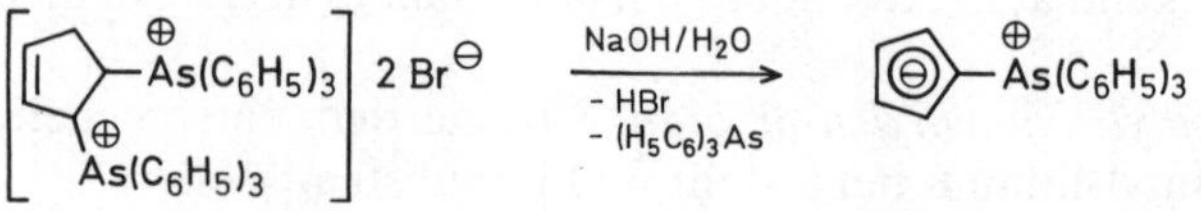

Jedoch wurden diese stabilisierten Ylide mit besserer Ausbeute aus Triaryl-arsinen und Diazo-cyclopentadien gewonnen (s. S. 427).

## β) Aus tertiären Arsinen

Erhitzt man Triphenyl-arsin und Acetylen-dicarbonsäure-dimethylester in Wasser auf dem Dampfbad, so wird das resonanzstabilisierte *Triphenyl-(2- oxo-1,2-dimethoxycarbonyl-äthyliden)-arsoran* erhalten[3]:

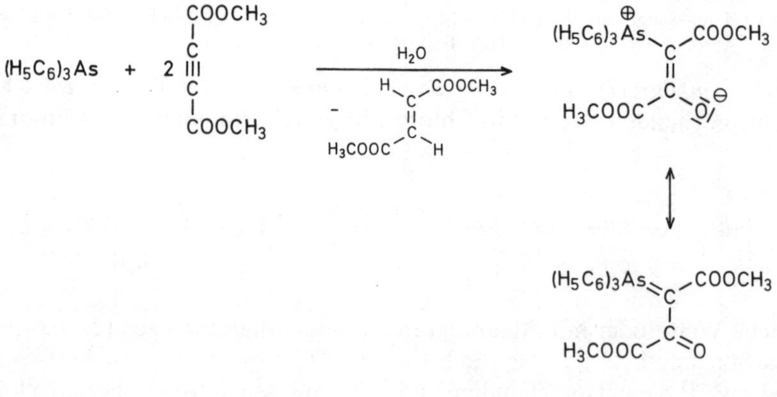

Der Reaktionsverlauf ist nicht eindeutig geklärt (s. a. S. 429).

Ein einfacher Weg stabilisierte Ylide zu erhalten ist die Umsetzung von Triphenyl-arsin mit Diazoverbindungen[4–6]. Die Reaktion läuft über Carben-Zwischenstufen, die mit dem Arsin reagieren, und benötigt die Katalyse von Kupfer oder Kupfersalzen[5, 6]; z. B.:

[1] A. W. JOHNSON u. H. SCHUBERT, J. Org. Chem. **35**, 2678 (1970).
[2] B. H. FREEMAN u. D. LLOYD, Soc. [C] **1971**, 3164.
[3] J. B. HENDRICKSON et al., Tetrahedron **19**, 707 (1963).
[4] D. LLOYD u. M. I. C. SINGER, Chem. & Ind. **1967**, 510; Soc. [C] **1971**, 2941.
[5] B. H. FREEMAN et al., Chem. Commun. **1972**, 912; Tetrahedron **30**, 2257 (1974).
[6] I. GOSNEY u. D. LLOYD, Tetrahedron **29**, 1697 (1973).

$$(H_5C_6)_3As \quad + \quad N_2=C\begin{matrix} \diagup COOC_2H_5 \\ \diagdown COOC_2H_5 \end{matrix} \quad \xrightarrow[-N_2]{Cu\,/\,\triangledown} \quad (H_5C_6)_3As=C\begin{matrix} \diagup COOC_2H_5 \\ \diagdown COOC_2H_5 \end{matrix}$$

*Triphenyl-(diäthoxycarbonyl-methylen)-arsoran*

Diazoketone, Diazocarbonsäureester[1] und Diazocyclopentadiene [2, 3] werden zumeist eingesetzt.

**Triphenyl-[1,3-dioxo-1-phenyl-butyliden-(2)]-arsoran**[1]: Unter sauerstoff-freiem Stickstoff werden 0,57 g (0,003 Mol) 2-Diazo-1,3-dioxo-1-phenyl-butan, 2,76 g (0,009 Mol) Triphenyl-arsin und 0,6 g Kupfer(I)-bromid fein pulverisiert und innig vermischt. Der Reaktionskolben wird in einem auf 150° vorgeheizten Ölbad (Vorsicht!) bis zur Beendigung der Stickstoffentwicklung erhitzt (~5–10 Min.). Die gekühlte Reaktionsmischung wird mit 25 *ml* Aceton versetzt, vom Ungelösten abfiltriert und nach Entfernung des Acetons wird das ölig zurückgebliebene Ylid durch Zugabe von Äther zur Kristallisation gebracht und aus Benzol/Hexan umkristallisiert; Ausbeute: 0,75 g (54% d. Th.); F: 165–167°.

Analog werden folgende Ylide mit Triphenyl-arsin und

Diazo-1,3-dioxo-1,3-diphenyl-propan → *Triphenyl-(1,3-dioxo-1,3-diphenyl-propyliden)-arsoran*; 44% d. Th.
3-Diazo-2,4-dioxo-pentan → *Triphenyl-[2,4-dioxo-pentyliden-(3)]-arsoran*; 48% d. Th.
Bis-[benzolsulfonyl]-diazomethan → *Triphenyl-(bis-[benzolsulfonyl]-methylen)-arsoran*; 96% d. Th.
Diazomalonsäure-diäthylester → *Triphenyl-(diäthoxycarbonyl-methylen)-arsoran*; 61% d. Th.
4-Diazo-3,5-dioxo-1,1-dimethyl-cyclohexan → *Triphenyl-(2,6-dioxo-4,4-dimethyl-cyclohexyliden)-arsoran*; 64% d. Th.

erhalten[1].

γ) Aus tert. Arsin-oxiden oder -dihalogeniden

Über die entsprechenden Arsoniumsalze schwer oder überhaupt nicht zugängliche stabile Arsonium-ylide können außer durch Umsetzung von Triphenyl-arsin mit Diazoverbindungen (s. oben) in einfacher Weise aus Triphenyl-arsin-dihalogenid und stark aciden Methylen-Verbindungen in Gegenwart von tert. Aminen gewonnen werden[4]:

$$(H_5C_6)_3As\begin{matrix} \diagup Cl \\ \diagdown Cl \end{matrix} \quad + \quad H_2C\begin{matrix} \diagup X \\ \diagdown Y \end{matrix} \quad \xrightarrow{(H_5C_2)_3N\,/\,Benzol} \quad (H_5C_6)_3As=C\begin{matrix} \diagup X \\ \diagdown Y \end{matrix}$$

X = CN, $-SO_2-C_6H_5$, COOCH$_3$, NO$_2$
Y = CN, SO$_2-C_6H_5$, C$_6$H$_5$

**Triphenyl-alkyliden-arsorane; allgemeine Arbeitsvorschrift**[4]: 0,025 Mol Triphenyl-arsin werden in 70 *ml* abs. Benzol gelöst und unter Feuchtigkeitsausschluß und Rühren bei 0° mit der Lösung von 0,025 Mol Chlor in abs. Tetrachlormethan tropfenweise versetzt. Dann gibt man 0,06 Mol Triäthylamin in 20 *ml* wasserfreiem Benzol zu, schließlich 0,025 Mol der entsprechenden Methylen-Komponente, entweder in 20 *ml* Benzol gelöst oder auch ohne Lösungsmittel. Der Ansatz wird unter Rühren 10–15 Min. auf 80° erhitzt. Nach Abkühlung wird das Ammoniumsalz abfiltriert (Teile des gebildeten Ylids können sich beim Ammoniumsalz befinden, das man mit Wasser auswaschen kann). Das Filtrat wird vom Lösungsmittel befreit und der Rückstand (eventuell nach Aufnahme in Chloroform und Vorreinigung an neutralem Aluminiumoxid) umkristallisiert. So erhält man u. a.

---

[1] I. GOSNEY u. D. LLOYD, Tetrahedron **29**, 1697 (1973).
[2] D. LLOYD u. M. I. C. SINGER, Chem. & Ind. **1967**, 510; Soc.[C] **1971**, 2941.
[3] B. H. FREEMAN et al., Chem. Commun. **1972**, 912; Tetrahedron **30**, 2257 (1974).
[4] L. HORNER u. H. OEDIGER, B. **91**, 437 (1958).

| | | |
|---|---|---|
| *Triphenyl-(dicyan-methylen)-arsoran* | 54% d. Th. | F: 190–191° (Äthanol) |
| *Triphenyl-(methoxycarbonyl-cyan-methylen)-arsoran* | 62% d. Th. | F: 193–194° (Essigsäure-äthylester) |
| *Triphenyl-(bis-[benzolsulfonyl]-methylen)-arsoran* | 49% d. Th. | F: 252–254° (Chlorbenzol) |
| *Triphenyl-(α-nitro-benzyliden)-arsoran* | 23% d. Th. | F: 128–129° (Essigsäure-äthylester) |

Auf prinzipiell ähnliche Weise läßt sich wasserfreies Triphenyl-arsinoxid mit aktivierten Methylen-Komponenten kondensieren, wobei entweder Acetanhydrid oder Triäthylamin in Gegenwart von Phosphor(V)-oxid als Kondensationsmittel dienen[1–4]:

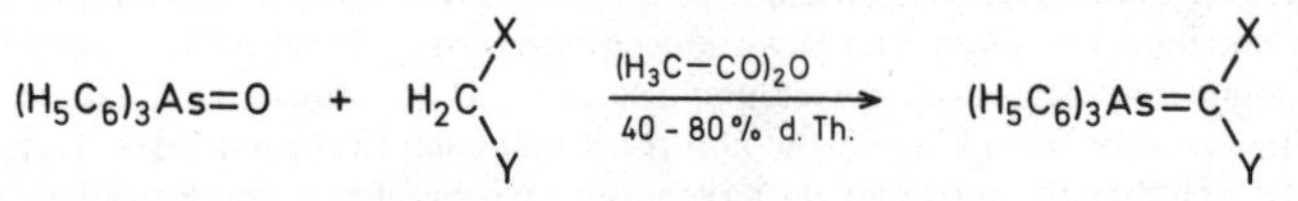

$$Y = X = CO - CH_3, \ CO - C_6H_5, \ C_6H_5, \ CN$$
$$XYCH_2 = \text{Cyclopentadien-Derivate}$$

Die Reaktion in Acetanhydrid führt jedoch bei stark aciden Methylen-Verbindungen zu acylierten Yliden[3,4]; z. B.:

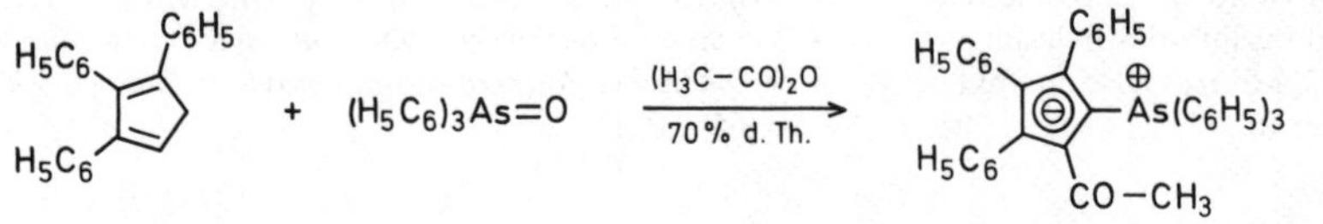

*Triphenyl-arsonium-(triphenyl-2-acetyl-cyclopentadienylid)*; F: 249–252°

*Triphenyl-arsonium-(2,3,4-triphenyl-cyclopentadienylid)* kann durch Umsetzung von Triphenyl-arsinoxid und 1,2,3-Triphenyl-cyclopentadien in Gegenwart von Triäthylamin/Phosphor(V)-oxid erhalten werden[3]:

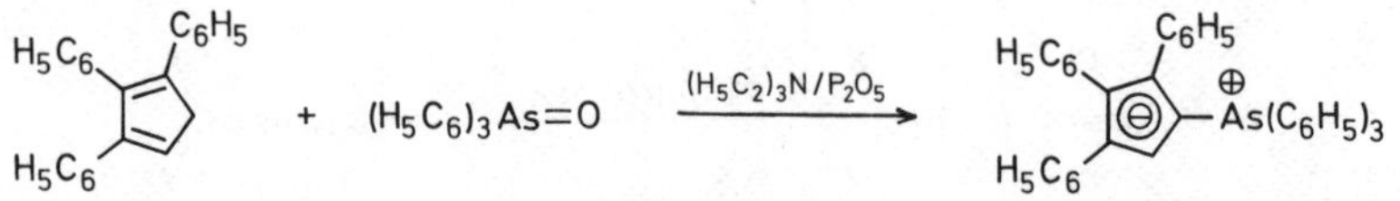

**Triphenyl-arsonium-(2,3,4-triphenyl-cyclopentadienylid)**[3]: 2,25 g Triphenyl-arsinoxid werden 3 Stdn. in einem Röhrchen auf 140° erhitzt, gekühlt und in 40 *ml* Triäthylamin gelöst. Hierzu gibt man 2,06 g 1,2,3-Triphenyl-cyclopentadien und 1,0 g Phosphor(V)-oxid und erhitzt 24 Stdn. unter Rückfluß, wobei man nach den ersten 4 Stdn. weitere 0,5 g Phosphor(V)-oxid zugibt. Die gekühlte Reaktionsmischung wird mit 100 *ml* Wasser versetzt, mit Dichlormethan extrahiert, der Extrakt mit Wasser gewaschen, über Natriumsulfat getrocknet und abgedampft. Der Rückstand wird durch Zugabe von 15 *ml* Äther und 5 *ml* Äthanol zur Kristallisation gebracht; Ausbeute: 2,25 g (55 % d. Th.); F: 198–200°.

Nitromethan reagiert mit Triphenyl-arsin in Acetanhydrid ebenfalls zum acylierten Ylid in geringer Ausbeute[4]. In Triäthylamin/Phosphor(V)-oxid als Kondensationsmittel läßt sich das Ylid jedoch in guter Ausbeute erhalten.

---

[1] G. S. HARRIS et al., Chem. & Ind. **1968**, 1483.
[2] D. LLOYD u. N. W. PRESTON, Soc. [C] **1969**, 2464.
[3] D. LLOYD u. M. I. C. SINGER, Soc. [C] **1971**, 2941.
[4] I. GOSNEY u. D. LLOYD, Tetrahedron **29**, 1697 (1973).

**Triphenyl-nitromethylen-arsoran**[1]: Eine Suspension von 1,50 g Triphenyl-arsinoxid und 1,0 g Phosphor(V)-oxid in 45 *ml* Nitromethan und 20 *ml* Triäthylamin wird 4 Stdn. unter Rückfluß erhitzt, wobei während des Erhitzens ein weiteres Gramm Phosphor(V)-oxid hinzugefügt wird. Anschließend dampft man bis zur Trokkene ab, extrahiert den Rückstand mit Chloroform. Man wäscht die Chloroform-Phase mit Wasser, trocknet und destilliert das Chloroform ab. Der Rückstand wird aus Nitromethan umkristallisiert; Ausbeute: 1,1 g (64% d. Th.); F: 170–172°.

Malonsäure-diäthylester reagiert mit Triphenyl-arsinoxid weder in Acetanhydrid noch in Triäthylamin/Phosphor(V)-oxid[1].

Eine Reihe weiterer CH-acider Verbindungen ergeben mit Triphenyl-arsinoxid in Acetanhydrid die entsprechenden Ylide meistens in besserer Ausbeute als in Triäthylamin/Phosphor(V)-oxid[1].

**Allgemeine Arbeitsvorschrift am Beispiel des Triphenyl-(2,6-dioxo-4,4-dimethyl-cyclohexyliden)-arsorans**[1]: 1,29 g (0,004 Mol) Triphenyl-arsinoxid und 0,56 g (0,004 Mol) 3,5-Dioxo-1,1-dimethyl-cyclohexan (Dimedon) werden in 10 *ml* frisch destilliertem Acetanhydrid 10 Min. unter Rückfluß erhitzt. Zur gekühlten Lösung werden 200 *ml* Wasser gegeben und die entstandene Suspension hin und wieder geschüttelt. Nach 2 Stdn. kristallisiert das Ylid aus, das aus Benzol/Hexan umkristallisiert wird; Ausbeute: 1,5 g (85% d. Th.); F: 188–190°.

Die Reaktion ist auch auf Trialkyl-arsinoxide übertragbar. So läßt sich Tributyl-arsinoxid mit 1,3-Dioxo-1,3-diphenyl-propan oder Malonsäure-dimethylester in Triäthylamin/Phosphor(V)-oxid, jedoch nicht in Acetanhydrid (zumeist tritt hier Zersetzung ein) umsetzen[1]:

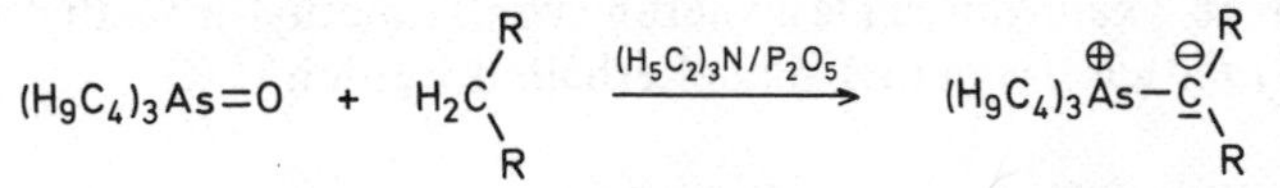

$$(H_9C_4)_3As{=}O \ + \ H_2C\overset{R}{\underset{R}{\diagdown}} \ \xrightarrow{(H_5C_2)_3N/P_2O_5} \ (H_9C_4)_3\overset{\oplus}{As}{-}\overset{\ominus}{\underset{R}{\overset{R}{C}}}$$

R = CO–C₆H₅ ;    *Tributyl-(1,3-dioxo-1,3-diphenyl-propyliden)-arsoran*

R = COOCH₃ ;    *Tributyl-(dimethoxycarbonyl-methylen)-arsoran*

In einer reversen Wittig-Reaktion (s. S. 433) reagiert Triphenyl-arsinoxid mit elektronenarmen Acetylen-Derivaten zu stabilen Yliden[2]:

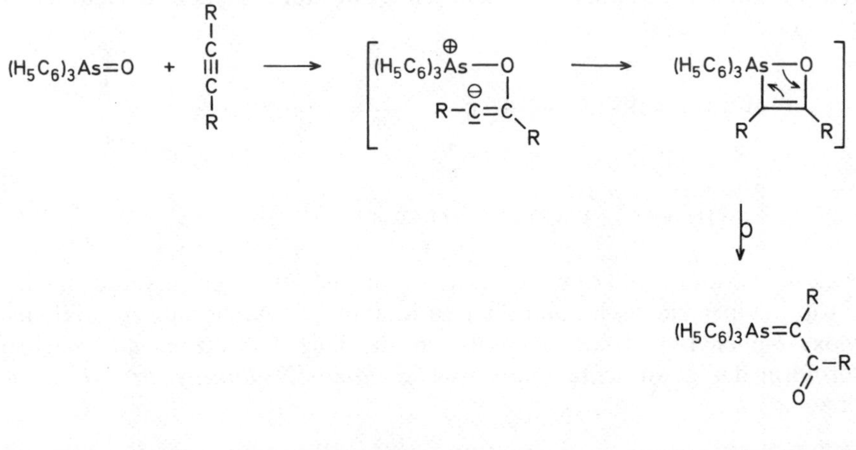

$$(H_5C_6)_3As{=}O \ + \ \underset{R}{\overset{R}{\underset{|}{\overset{|}{\underset{C}{\overset{C}{|||}}}}}} \ \longrightarrow \ \left[ (H_5C_6)_3\overset{\oplus}{As}{-}O \atop R{-}\overset{\ominus}{C}{=}\underset{R}{C} \right] \ \longrightarrow \ \left[ (H_5C_6)_3As{-}O \atop R' \quad R' \right]$$

$$\downarrow$$

$$(H_5C_6)_3As{=}\overset{R}{\underset{\underset{O}{C{-}R}}{C}}$$

Bei der Bildung von Ylid und Fumarsäure-dimethylester aus Triphenylarsin und Acetylen-dicarbonsäure-dimethylester (s. S. 426) wird angenommen, daß das primär gebildete Addukt zu Triphenyl-arsinoxid und Fumarsäure-dimethylester hydrolysiert und das so ge-

---

[1] I. GOSNEY u. D. LLOYD, Tetrahedron **29**, 1697 (1973).

[2] E. CIGANEK, J. Org. Chem. **35**, 1725 (1970).

bildete Arsinoxid mit dem Acetylen-dicarbonsäure-dimethylester im Sinne des obigen Mechanismus zum Ylid weiterreagiert[1].

Die Reaktion wird in Essigsäure-äthylester, Acetonitril, Dichlormethan oder Toluol durchgeführt, wobei die Reaktionstemperatur von −70° (bei der Umsetzung mit Dicyan-acetylen) bis +130° (bei der Umsetzung mit Phenylpropiolsäure-äthylester) variieren kann[1].

**Triphenyl-(formyl-methoxycarbonyl-methylen)-arsoran**[1]: 3,47 g wasserfreies Triphenyl-arsinoxid und 2,67 g Propiolsäure-methylester werden in 20 *ml* Essigsäure-äthylester 65 Stdn. unter Rückfluß erhitzt. Nach Entfernung des Lösungsmittels bleiben 5,0 g braunes Öl zurück, das in heißem Essigsäure-äthylester wieder gelöst wird. Durch Kühlen und Reiben fällt das Ylid kristallin aus. Man saugt ab, wäscht mit Essigsäure-äthylester nach und trocknet; Ausbeute: 2,0 g (46% d. Th.); F: 148–149°.

**Triphenyl-(2-oxo-1,2-dimethoxycarbonyl-äthyliden)-arsoran**[1]: 3,27 g wasserfreies Triphenyl-arsinoxid und 3,11 g Acetylen-dicarbonsäure-dimethylester werden in 20 *ml* Essigsäure-äthylester und 7 *ml* Dichlormethan 5 Min. unter Rückfluß erhitzt.

Anschließend wird das Lösungsmittel solange abdestilliert, bis ein Siedepunkt von 75° erreicht wird. Durch Kühlen des Rückstandes fällt das Ylid aus, das abgesaugt, mit Essigsäure-äthylester gewaschen und getrocknet wird; Ausbeute: 2,95 g (62% d. Th.); F: 213–214°.

### δ) Aus anderen Alkyliden-arsoranen

Das sonst aus dem Arsoniumsalz schwer zugängliche *Trimethyl-methylen-arsoran* (F: 33–35°; Zers. ab 38°) kann durch Desilylierung von Trimethyl-trimethylsilylmethylen-arsoran (s. S. 425) mittels Trimethyl-silanol erhalten werden[2]:

$$(H_3C)_3As{=}CH{-}Si(CH_3)_3 \ + \ (H_3C)_3Si{-}OH \longrightarrow$$

$$(H_3C)_3As{=}CH_2 \ + \ (H_3C)_3Si{-}O{-}Si(CH_3)_3$$

Alkyliden-arsorane, die am Alkylen-Kohlenstoffatom noch ein Wasserstoffatom tragen, können durch eine Reihe von Elektrophilen angegriffen werden, wobei meistens stabilere Ylide entstehen. So lassen sich solche Ylide mit Säureanhydriden oder -halogeniden acylieren (s. a. S. 428)[3–8]:

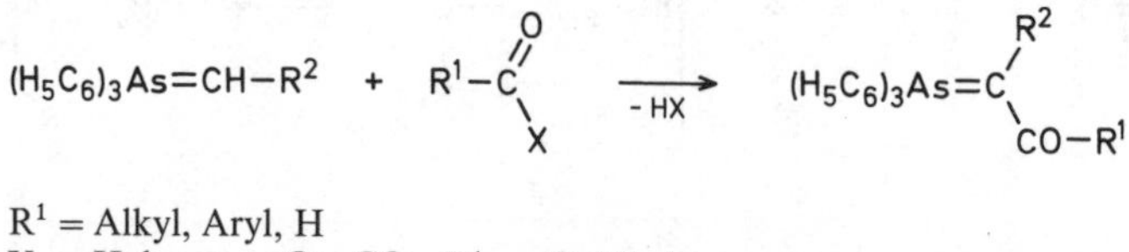

$$(H_5C_6)_3As{=}CH{-}R^2 \ + \ R^1{-}\overset{O}{\underset{X}{C}} \ \xrightarrow{-HX} \ (H_5C_6)_3As{=}C\overset{R^2}{\underset{CO{-}R^1}{}}$$

R¹ = Alkyl, Aryl, H
X = Halogen, −O−CO−R¹, −O-Alkyl

Bei der Acylierung von Triphenyl-(2-oxo-2-phenyl-äthyliden)-arsoran mit Benzoylbromid tritt in einer kinetisch kontrollierten Reaktion O-Acylierung zum Triphenyl-(2-benzoyloxy-2-phenyl-vinyl)-arsoniumsalz ein, das nach Umsetzung mit Natriumacetat in Chloroform das gewünschte *Triphenyl-(1,3-dioxo-1,3-diphenyl-propyliden)-arsoran* liefert[4]:

[1] E. CIGANEK, J. Org. Chem. **35**, 1725 (1970).
[2] H. SCHMIDBAUR u. W. TRONICH, Inorg. Chem. **7**, 168 (1968).
[3] G. S. HARRIS et al., Chem. & Ind. **1968**, 1483.
[4] A. W. JOHNSON u. H. SCHUBERT, J. Org. Chem. **35**, 2678 (1970).
[5] A. J. DALE u. P. FROYEN, Acta chem. scand. **25**, 1452 (1971).
[6] D. LLOYD u. M. I. C. SINGER, Tetrahedron **28**, 353 (1972).
[7] I. GOSNEY u. D. LLOYD, Tetrahedron **29**, 1697 (1973).
[8] P. S. KENDURKAR u. S. TEWARI, J. Organometal. Chem. **60**, 247 (1973).

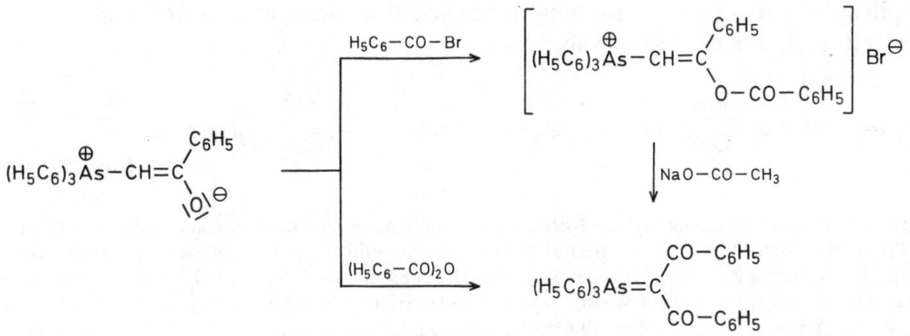

Bei der Acylierung mit Carbonsäureanhydriden[1,2], Phenylisocyanaten[2], Chlorameisensäureestern[2] werden keine O-Acylierungsprodukte isoliert.

**Triphenyl-(2-oxo-1-anilinocarbonyl-propyliden)-arsoran**[2]: 1,1 g (0,003 Mol) Triphenyl-(2-oxo-propyliden)-arsoran werden in 35 ml trockenem Benzol suspendiert, mit 0,36 g (0,003 Mol) Phenylisocyanat versetzt und 24 Stdn. bei 20° gerührt. Der ausgefallene Niederschlag wird abgesaugt und aus Nitromethan umkristallisiert; Ausbeute: 1,2 g (82% d. Th.); F: 198–201°.

**Triphenyl-(1,3-dioxo-1,3-diphenyl-propyliden)-arsoran**[1]: Eine Mischung aus 0,85 g (2 mMol) Triphenyl-(2-oxo-2-phenyl-äthyliden)-arsoran und 0,45 g (2 mMol) Benzoesäureanhydrid in 20 ml Benzol wird über Nacht gerührt. Nach Abdampfen des Lösungsmittels wird der Rückstand durch Zugabe von Äther zur Kristallisation gebracht und aus Benzol/Heptan umkristallisiert; Ausbeute: 0,5 g (50% d. Th.); F: 208–210°.

Analog führt die Umsetzung mit Acetanhydrid zu Triphenyl-*[1,3-dioxo-1-phenyl-butyliden-(2)]-arsoran* (F: 165–167°)[1].

Triphenyl-arsonium-cyclopentadienylid läßt sich mit aromatischen Diazoniumsalzen ohne Änderung der Ylid-Struktur am Cyclopentadien-Ring kuppeln[3]; z. B.:

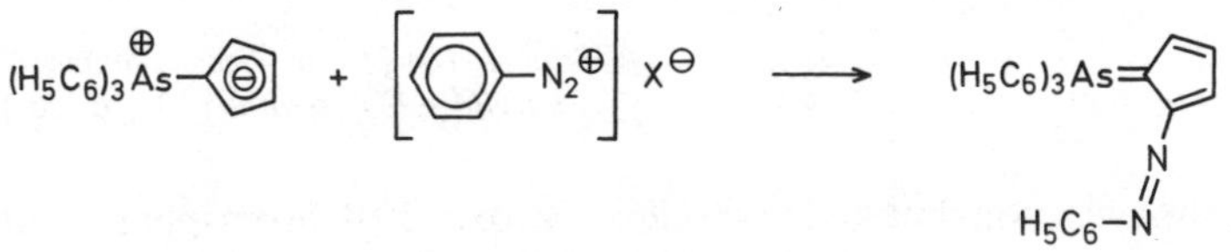

**Triphenylarsonium-(2-phenylazo-cyclopentadienylid)**[3]: Zu einer auf 0–5° gekühlten Lösung von Phenyldiazoniumchlorid, hergestellt aus 0,047 g Anilin, 0,035 g Natriumnitrit, 0,127 ml konz. Salzsäure und 0,83 ml Wasser, und durch Zugabe von 0,25 g Natriumacetat auf einen $p_H$-Wert von 5–6 gepuffert, tropft man unter Rühren 0,183 g Triphenyl-arsonium-cyclopentadienylid in 5 ml Dichlormethan. Nach 30 Min. werden 0,5 ml 5%ige Natronlauge zugegeben und die Lösung mit Dichlormethan extrahiert. Nach Trocknung über Natriumsulfat dampft man das Lösungsmittel ab, bringt den Rückstand durch Reiben zur Kristallisation und kristallisiert aus Benzol/Methanol um; Ausbeute: 0,164 g (70% d. Th.); F: ~220°.

Unter Bedingungen der Vilsmeyer-Reaktion wird das Triphenyl-arsonium-2,3,4-triphenyl-cyclopentadienylid in 5-Stellung des Cyclopentadien-Ringes formyliert[4]:

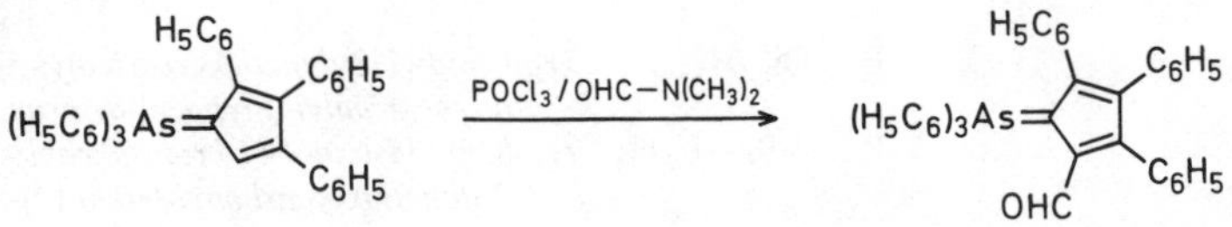

*Triphenyl-arsonium-(3,4,5-triphenyl-2-formyl-cyclopentadienylid)*; 63% d. Th.; F: 210–212°

---

[1] A. W. JOHNSON u. H. SCHUBERT, J. Org. Chem. **35**, 2678 (1970).
[2] I. GOSNEY u. D. LLOYD, Tetrahedron **29**, 1697 (1973).
[3] B. H. FREEMAN u. D. LLOYD, Soc. [C] **1971**, 3164.
[4] D. LLOYD u. M. I. C. SINGER, Tetrahedron **28**, 353 (1972).

Triphenyl-[2-oxo-2-(4-brom-phenyl)-äthyliden]-arsoran wird durch Umsetzung mit Phenylsulfin am $\alpha$-Kohlenstoff sulfinyliert[1]:

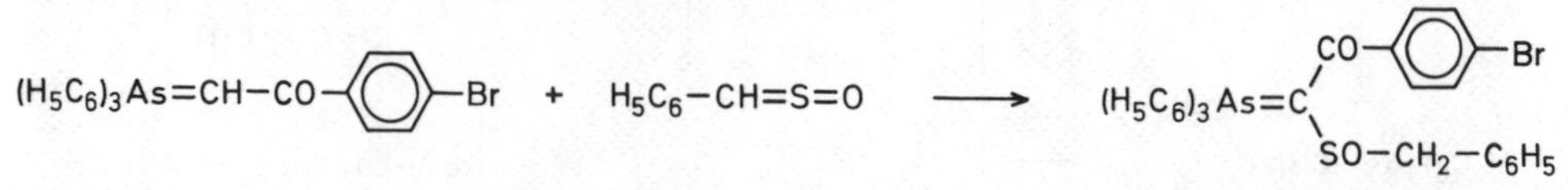

**Triphenyl-[2-oxo-1-benzylsulfinyl-2-(4-brom-phenyl)-äthyliden]-arsoran[1]:** Zu einer gekühlten Lösung von 2,5 g Triphenyl-[2-oxo-2-(4-brom-phenyl)-äthyliden]-arsoran und 0,5 g Triäthylamin in Benzol tropft man langsam 0,87 g Benzylsulfinylchlorid in 5 ml Benzol und läßt anschließend 16 Stdn. bei 20° stehen. Nach dem Abfiltrieren wäscht man das Filtrat mit Wasser, trocknet und destilliert das Lösungsmittel ab. Der Rückstand wird aus wäßrigem Äthanol umkristallisiert; Ausbeute: 2,5 g; F: 157–158°.

Triphenyl-äthoxycarbonylmethylen-arsoran und Phenylsulfin reagieren unter ähnlichen Bedingungen zu *Triphenyl-(benzylsulfonyl-äthoxycarbonyl-methylen)-arsoran* (F: 198°), Triphenyl-arsin und Zimtsäure-äthylester. Der Anteil an Ylid nimmt mit zunehmender Temperatur ab[1].

Durch Erhitzen mit 1-(4-Nitro-benzoyl)-aziridin wird das Triphenyl-(2-oxo-2-phenyl-äthyliden)-arsoran am Alkylen-Kohlenstoffatom unter Bildung eines neuen Ylids alkyliert[2]:

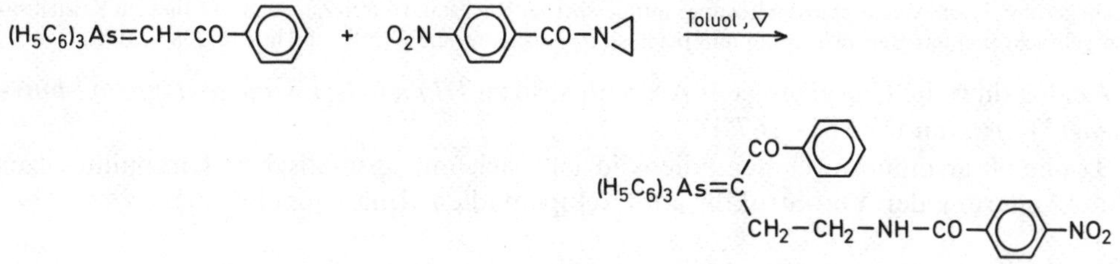

*Triphenyl-[4-(4-nitro-benzoylamino)-1-oxo-1-phenyl-butyliden-(2)]-arsoran*; 43% d. Th.; F: 195–197°

Triphenyl-äthoxycarbonylmethylen- oder -[2-oxo-2-(4-brom-phenyl)-äthyliden]-arsoran setzen sich mit Acetylendicarbonsäure-dimethylester im Sinne einer Wittig-Reaktion zu stabilisierten Yliden um[1]:

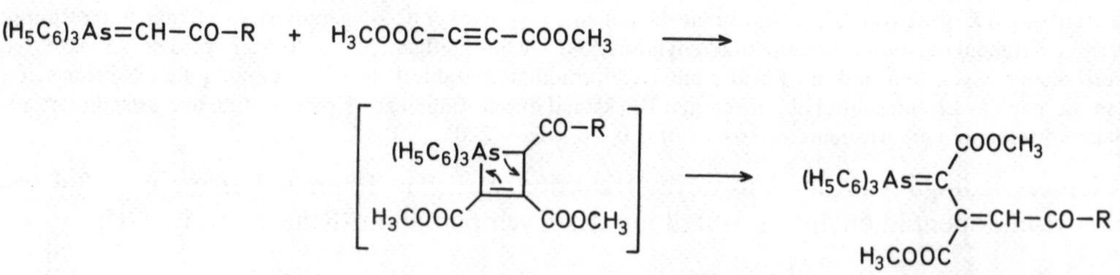

R = OC$_2$H$_5$;   *Triphenyl-[1,2-dimethoxycarbonyl-3-äthoxycarbonyl-allyliden]-arsoran*
R = 4-Br–C$_6$H$_4$; *Triphenyl-[4-oxo-4-(4-brom-phenyl)-1,2-dimethoxycarbonyl-buten-(2)-yliden]-arsoran*

[1] S. Trippett u. M. A. Walker, Soc. [C] **1971**, 1114.
  H. Heine u. G. D. Wachob, J. Org. Chem. **37**, 1049 (1972).

## B. Umwandlung

Die Struktur der Arsen-Ylide läßt sich prinzipiell durch zwei Grenzstrukturen I und II beschreiben:

$$(R^2)_3\overset{\oplus}{As}-\underset{}{\overset{\ominus}{C}}H-R^1 \quad\longleftrightarrow\quad (R^2)_3As=CH-R^1$$

I                                        II

Hierbei wird angenommen, daß die Ylid-Struktur I eine größere Wahrscheinlichkeit besitzt[1, 2], was auch die höhere Basizität der Arsonium- im Vergleich zu den analogen Phosphonium-Yliden erklärt[1-6]. Die Stabilität und damit die Reaktivität der Ylide gegenüber Elektrophilen (Zur Umwandlung der Ylide in Arsoniumsalze oder in andere Ylide durch Protonierung, Alkylierung oder Acylierung s. S. 410 bzw. 430) wird durch die Faktoren bestimmt, die das Carbanion in der Ylid-Struktur I stabilisieren. Triakyl-alkylen-arsorane sind weniger stabil als die entsprechenden Triaryl-Derivate[1, 2, 7, 8] was sich unter anderem in der höheren Empfindlichkeit gegenüber hydrolytischen oder oxidativen Einflüssen ausdrückt[2, 7, 8]. Eine größere Stabilisierung erfahren die Triaryl-alkyliden-arsorane durch elektronenanziehende Substituenten am Carbanion, die zur Mesomerie befähigt sind[1-6].

Gegenüber Carbonyl-Verbindungen nehmen die Arsoniumylide eine Zwischenstellung zwischen Phosphonium- und Sulfonium-yliden ein[1, 2, 9-11]. In Abhängigkeit von ihrer Stabilität (Basizität) und der Elektrophilie der eingesetzten Carbonyl-Verbindungen findet entweder eine Olefinierung (Wittig-Reaktion) A und/oder eine Epoxidierung B statt[1, 2, 9-11]:

$$(H_5C_6)_3\overset{\oplus}{As}-\underset{\underset{\ominus}{O}-CH-R^2}{\overset{R^1}{C}H}$$

→ $(H_5C_6)_3As=O \;+\; R^1-CH=CH-R^2$ Ⓐ

→ $(H_5C_6)_3As \;+\; R^1\overset{}{\triangle}R^2$ Ⓑ

Hierbei reagieren die sogenannten stabilen Ylide mit genügend elektrophilen Carbonyl-Verbindungen im Sinne der Wittig-Reaktion[1,2,9-14]. Bei dieser Umsetzung sind die Arsen-Ylide reaktiver als die entsprechenden Phosphor-Ylide[2,13]. So setzt sich Triphenyl-(diäthoxycarbonyl-methylen)-arsoran, als einziges Ylid mit zwei Carbonyl-Gruppen am Alkylen-Kohlenstoffatom, mit Benzaldehyd in 72%iger Ausbeute zu *Triphenyl-arsinoxid* und *Benzyliden-malonsäure-diäthylester* um[2]. Andere durch zwei Carbonyl-, Cyan- oder Nitro-Gruppen stabilisierte Triphenyl-methylen-arsorane reagieren nicht mehr mit Benzaldehyd, jedoch mit dem stärker elektrophilen 4-Nitro-benzaldehyd im Sinne der

---

[1] A. W. Johnson, *Ylid Chemistry*, S. 288–299, Academic Press, New York 1966.
[2] I. Gosney u. D. Lloyd, Tetrahedron **29**, 1697 (1973).
[3] A. W. Johnson u. R. B. LaCount, Tetrahedron **9**, 130 (1960).
[4] G. Aksnes u. J. Songstad, Acta chem. scand. **18**, 655 (1964).
[5] A. N. Nesmeyanov et al., J. Organometal. Chem. **13**, 263 (1968).
[6] B. H. Freeman et al., Tetrahedron **28**, 343 (1972).
[7] N. E. Miller, Inorg. Chem. **4**, 1458 (1965).
[8] H. Schmidbaur u. W. Tronich, Inorg. Chem. **7**, 168 (1968).
[9] A. W. Johnson u. H. Schubert, J. Org. Chem. **35**, 2678 (1970).
[10] P. A. Lowe, Chem. & Ind. **1970**, 1070.
[11] S. Trippett u. M. A. Walker, Soc. [C] **1971**, 1114.
[12] Y.-T. Huang et al., Acta Chim. Sinica **31**, 38 (1965); C. A. **63**, 629 (1965).
[13] A. N. Nesmeyanov et al., Izv. Akad. SSSR **1965**, 1474; **1972**, 2113; Doklady Akad. SSSR **198**, 1102 (1971); **210**, 1102 (1973).
[14] P. S. Kendurkar u. R. S. Tewari, J. Organometal. Chem. **60**, 247 (1973); **85**, 173 (1975).

Wittig-Olefinierung[1]. Triphenyl-(1,3-dioxo-1,3-diphenyl-propyliden)-, -[2,4-dioxo-pentyliden-(3)]-, -(bis-[benzolsulfonyl]-methylen)- sowie -[1,3-dioxo-1-phenyl-butyliden-(2)]-arsorane reagieren sogar mit 2,4-Dinitro-benzaldehyd nicht mehr[1].

Als stabile Ylide reagieren Triaryl-fluorenyliden-(9)-[2,3], -[2-oxo-2-(subst.-phenyl)-äthyliden]-[4,5], -(2-oxo-propyliden)- ; -alkoxycarbonylmethylen-[5-7] sowie -(x-nitro-benzyliden)-arsorane[8,9] mit aromatischen Aldehyden zu den entsprechenden Arsinoxiden und Olefinen:

$$(H_5C_6)_3\overset{\oplus}{As}-\underset{}{\overset{\ominus}{C}H}-R \quad + \quad X-\!\!\!\bigcirc\!\!\!-CHO \quad\longrightarrow\quad (H_5C_6)_3As{=}O \quad + \quad R-CH{=}CH-\!\!\!\bigcirc\!\!\!-X$$

R = −CO−O Alkyl ; −CO−CH₃ ; −CO−⟨◯⟩−X , ⟨◯⟩−NO₂

X = Alkyl , Aryl , Hal , NO₂

Die Reaktion wird entweder in Alkohol[5,7−9], Benzol[4,8] oder Äther[2,3] durchgeführt. Die erhaltenen Olefine besitzen nahezu ausschließlich *trans*-Struktur[5,8,9].

Analog reagieren die oben genannten stabilisierten Ylide mit Cyclohexanon oder Aceton zu Arsinoxiden und Olefinen[6].

Diphenyl-cyclopropenon setzt sich mit Triphenyl-(2-oxo-2-phenyl-äthyliden)-, -(2-oxo-propyliden)- bzw. -(äthoxycarbonyl-methylen)-arsoran in abs. Benzol zu Triphenylarsin und *6-Phenyl-, 6-Methyl-* bzw. *6-Äthoxy-3,4-diphenyl-2H-pyron* um[1]:

$$(H_5C_6)_3\overset{\oplus}{As}-\underset{}{\overset{\ominus}{C}H}-CO-R \quad + \quad \underset{O}{\overset{H_5C_6\diagdown\phantom{x}\diagup C_6H_5}{\triangle}} \quad \xrightarrow[45-85\%\ \text{d. Th.}]{C_6H_6} \quad \text{(6H-Pyron)} \quad + \quad (H_5C_6)_3As$$

R = C₆H₅ , CH₃ , O−C₂H₅

Das Triphenyl-arsonium-cyclopentadienylid reagiert mit 4-Nitro-benzaldehyd in Chloroform zu *Triphenyl-arsin* (10% d. Th.), *Triphenyl-arsinoxid* (80% d. Th.) und weiteren nicht identifizierten Substanzen[10]. Das entsprechende 2,3,4-Triphenyl-[11] oder Tetraphenyl-cyclopentadienylid[11] liefert unter ähnlichen Bedingungen Triphenyl-arsinoxid und die entsprechend substituierten Fulvene[11,12].

Semistabile Ylide wie Triphenyl-benzyliden[3]- oder -methylen-arsoran[13] ergeben mit Carbonyl-Verbindungen in Äther sowohl Olefine als auch Oxirane. So erhält man aus Triphenyl-methylen-arsoran und Benzophenon neben *Triphenyl-arsinoxid* und *1,1-Diphenyl-äthylen* (20% d. Th.) auch *Triphenylarsin* und *Diphenylacetaldehyd* (69% d. Th.)[13]. Aus Triphenyl-benzyliden-arsoran und 4-Nitro-benzaldehyd in Äther wird sowohl *Tri-

[1] I. Gosney u. D. Lloyd, Tetrahedron **29**, 1697 (1973).
[2] A. W. Johnson, J. Org. Chem. **25**, 183 (1960).
[3] A. W. Johnson u. J. O. Martin, Chem. & Ind. **1965**, 1726.
[4] A. W. Johnson u. H. Schubert, J. Org. Chem. **35**, 2678 (1970).
[5] P. Froyen, Acta Chem. Scand. **25**, 1452, 2541 (1971); Phosphorus **2**, 101 (1972).
[6] N. A. Nesmeyanov et al., Izv. Akad. SSSR **1965**, 1474; Doklady Akad. SSSR **198**, 1102 (1971).
[7] Y.-T. Huang et al., Acta chim., Sinica **31**, 38 (1965); C.A. **63**, 629 (1965).
[8] S. Trippett u. M. A. Walker, Soc. [C] **1971**, 1114.
[9] P. S. Kendurkar u. R. S. Tewari, J. Organometal. Chem. **60**, 247 (1973); **85**, 173 (1975).
[10] B. H. Freeman et al., Soc. [C] **1971**, 3164.
[11] D. Lloyd u. M. I. C. Singer, Tetrahedron **28**, 353 (1972).
[12] B. H. Freeman et al., Tetrahedron **28**, 343 (1972).
[13] M. C. Henry u. G. Wittig, Am. Soc. **82**, 563 (1960).

*phenyl-arsinoxid* und *4-Nitro-stilben* (21%) als auch *Triphenyl-arsin* und *3-Phenyl-2-(4-nitro-phenyl)-oxiran* (32% d. Th.)[1] erhalten.

Bei der Umsetzung von Triphenyl-benzyliden-arsoranen mit aromatischen Aldehyden in Äthanol werden entweder Arsinoxid und Olefin oder Arsin und Oxiran gebildet[2]. Hierbei werden, abgesehen von den Nitro-[2, 3] oder Cyanbenzyliden-Derivaten[2], mit den aromatischen Aldehyden nur *trans*-substituierte Oxirane in 50–90%iger Ausbeute[2] erhalten:

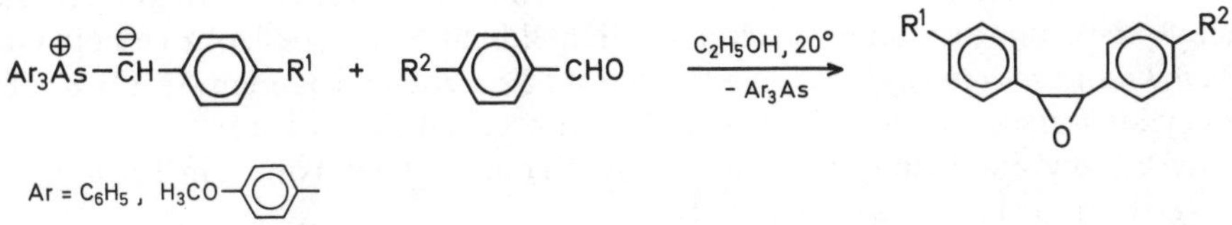

Triphenyl-methylen-arsoran reagiert mit Benzaldehyd in alkoholischer Lösung zu *Triphenylarsin* und *Phenyl-oxiran* (87% d. Th.)[2].

In ihrem Verhalten gegenüber Carbonyl-Verbindungen sind die nicht stabilisierten Arsoniumylide, wie Triphenyl-methylen- oder -äthyliden-arsoran mit den Sulfonium-yliden vergleichbar[2, 4–6]. Mit aromatischen 2-Amino-ketonen entstehen substituierte Indole[4]:

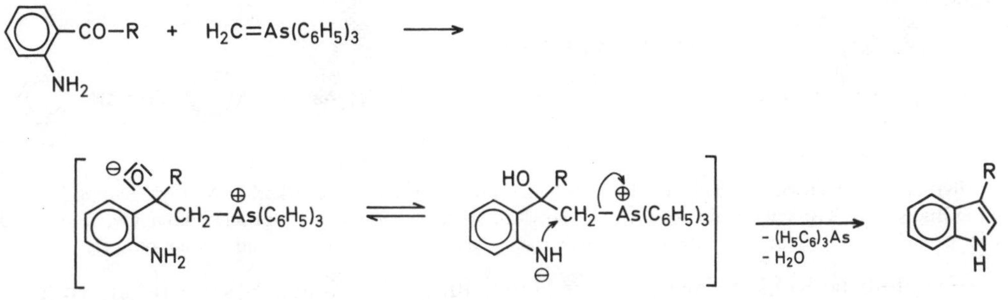

R = Alkyl, Aryl

Hierbei ergibt das Triphenyl-methylen-arsoran wesentlich höhere Ausbeuten als das entsprechende Äthyliden-Derivat[4]. Bei der Reaktion mit Hydroximino-ketonen werden 5-Hydroxy-4,5-dihydro-1,2-oxazole und 1,2-Oxazole gebildet[5]. In Abhängigkeit vom Lösungsmittel reagiert das Triphenyl-methylen-arsoran mit Phenylcyanat zu Gemischen von 1,2-Oxazolen und 5-Hydroximino-4,5-dihydro-1,2-oxazolen[7].

Aus $\alpha, \beta$-ungesättigten Ketonen werden sowohl mit Triphenyl-methylen-arsoran[2] als auch mit stabilisierten Yliden[8, 9] unter Abspaltung von Triphenyl-arsin Cyclopropane erhalten:

[1] A. W. JOHNSON u. J. O. MARTIN, Chem. & Ind. **1965**, 1726.
[2] S. TRIPPETT u. M. A. WALKER, Soc. [C] **1971**, 1114.
[3] P. S. KENDURKAR u. R. S. TEWARI, J. Organometal. Chem. **60**, 247 (1973); **85**, 173 (1975).
[4] P. BRAVO et al., Tetrahedron Letters **1970**, 4535.
[5] P. BRAVO et al., G. **102**, 395 (1972).
[6] P. BRAVO et al., Tetrahedron **28**, 3845 (1972).
[7] G. GAUDIANO et al., Chimica e Ind. **49**, 1343 (1967); C. A. **69**, 2941 (1968).
[8] N. A. NESMEYANOV u. V. V. MIKULSHINA, Ž. Org. Chim. **7**, 696 (1971).
[9] A. W. JOHNSON u. H. SCHUBERT, J. Org. Chem. **35**, 2678 (1970).

$$(H_5C_6)_3As=CH-R^1 \ + \ R^2-CH=CH-CO-C_6H_5 \ \xrightarrow{\ -(H_5C_6)_3As\ }$$

R$^1$ = H, Acyl
R$^2$ = Aryl, Acyl

Gegenüber heteroanalogen Carbonylverbindungen (zur Reaktion mit Isocyanaten, Sulfenen oder Sulfinen s. S. 432), zeigen die Arsen-Ylide ein ähnliches Verhalten. So reagiert Triphenyl-arsonium-tetraphenylcyclopentadienylid mit Nitrosobenzol zu einem Gemisch aus *Phenylimino-tetraphenyl-cyclopentadien* und dem entsprechenden *AS-Oxid*[1]. Triphenyl-benzyliden-arsorane und Schiff'sche Basen ergeben Aziridine[2].
Triphenyl-(2-acyl-methylen)-arsorane reagieren mit $\alpha$-Chlor-oximen in Tetrahydrofuran zu 4,5-Dihydro-1,2-oxazolen[3]; z. B.:

$$(H_5C_6)_3As=CH-CO-R^1 \ + \ \underset{OH}{\overset{R^2}{\underset{\mid}{\underset{N}{\overset{\mid\mid}{\underset{}{\overset{C}{\diagdown}}}}}}CH_2{-}Cl \ \xrightarrow[20\,-\,60\%\ d.Th.]{THF}$$

R$^1$; R$^2$ = Alkyl, Aryl

Triphenyl-benzyliden-arsoran wird beim Erhitzen in Gegenwart katalytischer Mengen Triphenyl-benzyl-arsoniumbromid in Äther/Benzol in *Triphenyl-arsin* und *Stilben* umgewandelt[4]:

$$2\ (H_5C_6)_3\overset{\oplus}{As}-\overset{\ominus}{CH}-C_6H_5 \ \xrightarrow[\text{in Äther/Benzol}]{[(H_5C_6)_3\overset{\oplus}{As}-CH_2-C_6H_5]\ Br^{\ominus}} \ 2\ (H_5C_6)_3As \ + \ C_6H_5-CH=CH-C_6H_5$$

I

Hierbei wird angenommen, daß das Ylid I das Salz II nucleophil an der benzylischen Methyl-Gruppe angreift unter Bildung von Triphenyl-arsin und (1,2-Diphenyl-äthyl)-triphenyl-arsonium-bromid, das mit weiterem Ylid I im Sinne einer Hofmann-Eliminierung zum Ausgangssalz II, Triphenyl-arsin und Stilben reagiert[4].

Eine ähnliche Reaktion wird bei der Herstellung von Triphenyl-(4-nitro-benzyliden)-arsoran aus dem entsprechenden Salz und Natriumäthanolat in Äthanol beobachtet[2].
Sowohl thermisch[5-7] als auch photolytisch[7] wird Triphenyl-(2-oxo-2-phenyl-äthyliden)-arsoran in *1,2,3-Tribenzoyl-cyclopropan* umgewandelt (zur Elektronenstoß-induzierten Fragmentierung stabiler Arsonium-ylide s. Lit.[8, 9]). .
Lewis-Säuren wie Bortrifluorid[10], Schwefeltrioxid[11] oder Quecksilber(II)-chlorid[12] lagern sich an Arsen-ylide unter Bildung salzartiger Addukte an; z. B.:

$$(H_5C_6)_3As=CH_2 \ + \ BF_3 \ \xrightarrow{\text{Äther}} \ (H_5C_6)_3\overset{\oplus}{As}-CH_2-\overset{\ominus}{B}F_3$$

[1] B. H. Freeman et al., Tetrahedron **28**, 343 (1972).
[2] S. Trippett u. M. A. Walker, Soc. [C] **1971**, 1114.
[3] P. Bravo et al., Tetrahedron **28**, 3845 (1972).
[4] N. A. Nesmeyanov et al., Ž. Org. Chim. **3**, 598 (1967); C. A. **67**, 11553 (1967).
[5] A. W. Johnson u. H. Schubert, J. Org. Chem. **35**, 2678 (1970).
[6] H. Heine u. G. D. Wachob, J. Org. Chem. **37**, 1049 (1972).
[7] N. A. Nesmeyanov u. V. V. Mikulshina, Ž. Org. Chim. **7**, 696 (1971); C. A. **75**, 35196 (1971).
[8] A. J. Dale u. P. Froyen, Phosphorus **2**, 297 (1973).
[9] I. Gosney u. D. Lloyd, Tetrahedron **29**, 1697 (1973).
[10] D. Seyferth u. H. M. Cohen, J. Inorg. Nucl. Chem. **20**, 73 (1961).
[11] N. A. Nesmeyanov et al.. Doklady Akad. SSSR **155**, 1364 (1964); C. A. **61**, 3144 (1964).
[12] N. A. Nesmeyanov et al., Ž. Org. Chim. **2**, 942 (1966); C. A. **65**, 15420 (1966).

Leitet man in eine Chloroform-Lösung von Triphenyl-äthoxycarbonylmethylen-arsoran Tetrafluorhydrazin ein, so wird unter Abspaltung von Stickstoff Fluor an der C-As-Bindung addiert[1]:

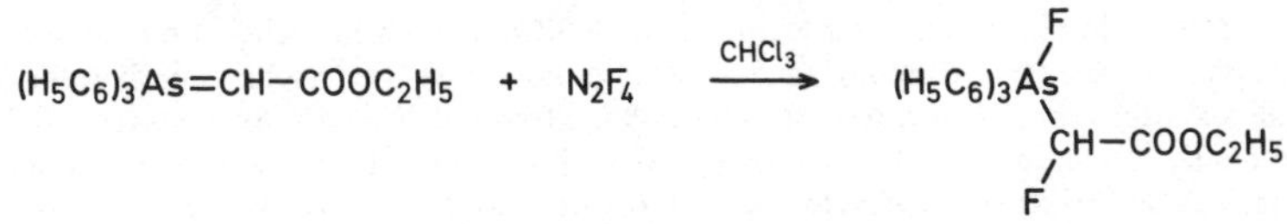

$$(H_5C_6)_3As=CH-COOC_2H_5 \quad + \quad N_2F_4 \quad \xrightarrow{CHCl_3} \quad (H_5C_6)_3\overset{\displaystyle F}{\underset{\displaystyle F}{\overset{|}{\underset{|}{As}}}}\underset{CH-COOC_2H_5}{}$$

*Fluor-(fluor-äthoxycarbonyl-methyl)-triphenyl-arsoran*; F: 139°

Bei der Einwirkung von Methanol auf Trimethyl-(trimethylsilyl-methylen)-arsoran in Äther bei −20° lagert sich das Methanol an intermediär gebildetes Trimethyl-methylen-arsoran zu einer pentakovalenten Arsenverbindung, dem *Methoxy-tetramethyl-arsoran* ($Kp_{17}$: 38°) an[2]:

$$(H_3C)_3As=CH-Si(CH_3)_3 \xrightarrow{CH_3OH} (H_3C)_3Si-OCH_3 + (H_3C)_3As=CH_2 \xrightarrow{CH_3OH} (H_3C)_4As-OCH_3$$

## 3. Pentaorgano-arsen-Verbindungen

### A. Herstellung

Während quart. Arsoniumsalze mit einer $CH_3$-, $CH_2$- oder CH-Gruppe am Arsen durch Einwirkung von Organo-lithium-Verbindungen bei 20° hauptsächlich in die entsprechenden Ylide (s. S. 424) umgewandelt werden, setzen sich Tetraaryl-arsoniumsalze mit Aryl-lithium zu Pentaaryl-arsoranen um[3]:

$$[Ar_4\overset{\oplus}{As}]X^{\ominus} + ArLi \xrightarrow[-LiX]{\text{Äther}} Ar_5As$$

Auf diese Weise läßt sich das *Pentaphenyl-arsoran* in 64%iger Ausbeute gewinnen[3]. Der Versuch, Tetraphenyl-arsoniumhalogenide durch Umsetzung mit Alkyl-lithium in Alkyl-tetraaryl-arsorane umzuwandeln, führt über vermutete Pentaorgano-arsen-Zwischenstufen zu Triphenylarsin (80%) und weiteren Zersetzungsprodukten[4].

Wohl zuletzt über quart. Zwischenstufen kann das *Pentaphenyl-arsoran* durch Einwirkung von Phenyl-lithium auf Benzol-arsonsäure[5], Triphenyl-arsinoxid[5], Triphenyl-arsin-dichlorid[3] oder Triphenyl-arsin-tosylimin[5] in unterschiedlicher Ausbeute erhalten werden:

$$(H_5C_6)_3As=Y \quad + \quad 2 H_5C_6-Li \quad \longrightarrow \quad (H_5C_6)_5As$$

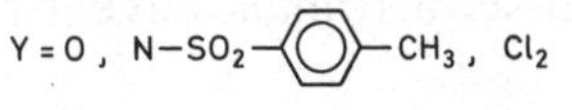

$$Y = O, \ N-SO_2-\underset{}{\bigcirc}-CH_3, \ Cl_2$$

Die besseren Ausbeuten werden bei der „Tosylimin-Methode" erzielt.

**Pentaphenyl-arsoran:**

aus Tetraphenyl-arsoniumbromid[3]: 23,2 g (0,05 Mol) Tetraphenyl-arsoniumbromid (F: 276–279°) in 25 *ml* abs. Äther und 65 *ml* einer ätherischen 1 n Phenyl-lithium-Lösung (0,065 Mol) werden unter Stickstoff im verschlossenen Rohr geschüttelt. Die Reaktionsmischung erwärmt sich dabei auf ~40°. Nach 3 Tagen dekantiert man vom Rückstand, wäscht ihn mit abs. Äther und dann zur Entfernung noch vorhandenen Arsoniumsalzes und

---

[1] A. V. Fokin et al., Ž. obšč. Chim. **41**, 486 (1971); engl.: 481.

[2] H. Schmidbaur u. W. Richter, Ang. Ch. **87**, 204 (1975).

[3] G. Wittig u. K. Clauss, A. **577**, 26 (1952).

[4] V. V. Mikulshina et al., Doklady Akad. SSSR **205**, 596 (1972).

[5] G. Wittig u. D. Hellwinkel, Ang. Ch. **74**, 76 (1962); B. **97**, 769 (1964).

Lithiumbromid mit Wasser. Das i.Vak. getrocknete Pentaphenyl-arsoran wird in Portionen zu je 5 g im Doppel-Schlenkrohr mit G3-Fritte unter Stickstoff aus 70 *ml* Cyclohexan umkristallisiert; Ausbeute: 16 g (64 % d. Th.); F: 149–150°.

aus Dichlor-triphenyl-arsoran[1]: Zu einer Suspension von 6,9 g (18,6 mMol) Dichlor-triphenyl-arsoran (F: 214–215°) in 30 *ml* Äther läßt man unter Kühlung bei 0° 38 *ml* einer ätherischen 1 n Phenyl-lithium-Lösung (38 mMol) zutropfen. Unter Braunfärbung setzt sich ein hellbrauner Niederschlag ab. Nach 1 Stde. wird die Äther-Schicht abdekantiert (nach Hydrolyse der Äther-Phase lassen sich 2,3 g Triphenyl-arsin, 0,75 g Chlorbenzol und 0,1 g Biphenyl isolieren). Der hellbraune Rückstand wird mit Äther gewaschen, mit Wasser durchgeschüttelt und nach dem Trocknen aus Cyclohexan (s. o.) umkristallisiert; Ausbeute: 4,0 g (47 % d. Th.); F: 149–150°.

aus Triphenyl-arsinoxid[2]: Eine Suspension von 5 mMol Triphenyl-arsinoxid (F: 192–194°) in 50 *ml* abs. Äther wird mit 25 mMol Phenyl-lithium in Äther 2 Tage gerührt. Nach Hydrolyse und Abtrennen der Äther-Phase engt man diese ein, wobei das Pentaphenyl-arsoran ausfällt, das anschließend aus Cyclohexan umkristallisiert wird; Ausbeute: 56 % d. Th.; F: 138°.

aus Triphenyl-arsin-tosylimin[2]: Zu einer Suspension von 2 mMol Triphenylarsin-tosylimin in 12 *ml* abs. Äther gibt man 5 mMol Phenyl-lithium in Äther, rührt 2 Stdn., hydrolisiert, zieht den Äther ab und filtriert; Rohausbeute: 94 % d. Th. Nach Umkristallisieren aus Cyclohexan 72 % d. Th.; F: 139,5° (Zers.).

Auf gleiche Weise werden u. a. aus den entsprechenden Arsiniminen und Aryllithium erhalten:

*Pentakis-[4-methyl-phenyl]-arsoran*[3]           25 % d. Th.           F: 139–140° (Zers.)
*Pentakis-[4-chlor-phenyl]-arsoran*[3]            49 % d. Th.           F: 146–147° (Zers.)
*5,5,5-Triphenyl-⟨dibenzo-arsol⟩(As$^V$)⟩*[2]      45 % d. Th.           F: 191–192° (Zers.)

*Pentamethyl-arsoran*, vorläufig das einzige Pentaalkyl-arsoran, kann aus Tetramethyl-arsoniumhalogenid und Methyl-lithium nicht hergestellt werden[4,5]. Aus Trimethyl-arsin-dichlorid und Methyl-lithium wird es dagegen in sehr guter Ausbeute erhalten[5]:

$$(H_3C)_3AsCl_2 \ + \ CH_3Li \ \xrightarrow{\ (CH_3)_2O,\ -60°\ } \ (H_3C)_5As$$

**Pentamethyl-arsoran**[5]: In 100 *ml* Wasser- und Sauerstoff-freiem Dimethyläther werden unter Stickstoffatmosphäre 6,137 g (32,16 mMol) Dichlor-trimethyl-arsoran suspendiert und bei − 60° langsam mit einer Lösung von 64,32 mMol Methyl-lithium in Dimethyläther versetzt. Nach 6stdg. Rühren bei dieser Temp. wird das Lösungsmittel i. Vak. abgezogen und das im Rückstand neben Lithiumchlorid vorliegende Produkt i.Vak. bei − 10° in ein auf − 78° gekühltes Rohr sublimiert. Zur Reinigung wird diese Sublimation wiederholt; Ausbeute: 3,84 g (80 % d. Th.); Subl. p.$_{0,1}$: − 10°; F: − 6 bis − 7°.

Wird die Reaktion in anderen Lösungsmitteln, bei höherer Temperatur und mit nicht exakt stöchiometrischen Verhältnissen durchgeführt, so treten Schwierigkeiten auf, die die Ausbeuten reduzieren oder eine Isolierung unmöglich machen[5].

Eine höhere Bildungstendenz pentacoordinierter Arsen-Verbindungen wird bei der Einführung der zweizähnigen Biphenyl-2,2′-diyl-Gruppe an Stelle zweier monovalenter Aryl-Gruppen beobachtet[3]. So entsteht bei der Einwirkung von Aryl-lithium auf sowohl Aryl- als auch Alkyl-(biphenyl-2,2′-diyl)-arsin-tosylimine das entsprechend unsymmetrische Pentaorgano-arsoran[2,3]:

R = Alkyl, Aryl

[1] G. Wittig u. K. Clauss, A. **577**, 26 (1952).
[2] G. Wittig u. D. Hellwinkel, B. **97**, 769 (1964).
[3] D. Hellwinkel u. G. Kilthau, B. **101**, 121 (1968).
[4] G. Wittig u. K. Torssell, Acta chem. scand. **7**, 1293 (1953).
[5] K.-H. Mitschke u. H. Schmidbaur, B. **106**, 3645 (1973).

Die Durchführung der Reaktion vereinfacht sich dadurch, daß man das Arsin-imin ohne Isolierung in einem Eintopf-Verfahren umsetzen kann[1].

**5-(4-Dimethylamino-phenyl)-bis-[biphenyl-2,2′-diyl]-arsoran**[2]: 35 mMol 5-(4-Dimethylamino-phenyl)-⟨dibenzo-arsol⟩ werden in 350 ml abs. 1,4-Dioxan 2 Stdn. mit 37 mMol wasserfreiem Chloramin T gekocht und bei 20° mit 20 mMol 2,2′-Dilithium-biphenyl in abs. Äther versetzt. Nach 4tägigem Rühren wird hydrolysiert. Das ausgefallene Produkt wird abgesaugt, mit dem Anteil, der beim Versetzen der 1,4-Dioxan/Äther-Phase mit dem gleichen Vol. Äthanol ausfällt, vereinigt und aus Aceton umkristallisiert; Ausbeute: 77,5% d.Th.; F: 235° (Zers.).

Von Bis-[biphenyl-2,2′-diyl]-arsonium-Salzen ausgehend können sowohl **Aryl-** als auch **Alkyl-bis-[biphenyl-2,2′-diyl]-arsorane** durch Umsetzung mit Grignard- bzw. Organo-lithium-Verbindungen in guten Ausbeuten erhalten werden[1–4]:

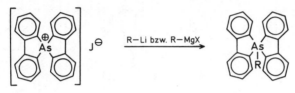

R = Alkyl-, Aryl-

Die Umsetzung mit Alkyl- bzw. Aryl-lithium liefert in den meisten Fällen die besseren Ausbeuten.

**Aryl-bis-[biphenyl-2,2′-diyl]-arsorane; allgemeine Arbeitsvorschrift**[1, 2]: 10 mMol Bis-[biphenyl-2,2′-diyl]-arsoniumjodid in abs. Äther werden mit 12 mMol Aryl-lithium in Äther umgesetzt und eine bis mehrere Stdn. gerührt. Anschließend wird mit Wasser hydrolysiert. Teilweise ausgefallene Derivate werden abgesaugt und mit weiterem, nach Abtrennen und Abdampfen der organischen Phase erhältlichen Anteil vereinigt und umkristallisiert; Rohausbeute: 80–89% d.Th. So erhält man u. a.:

| | |
|---|---|
| *Phenyl-bis-[biphenyl-2,2′-diyl]-arsoran* | F: 233–235° (Essigsäure-äthylester) |
| *(4-Methyl-phenyl)-bis-[biphenyl-2,2′-diyl]-arsoran* | F: 211–212° (Aceton) |
| *(4-Chlor-phenyl)-bis-[biphenyl-2,2′-diyl]-arsoran* | F: 196–197° (Cyclohexan) |
| *(4-Dimethylamino-phenyl)-bis-[biphenyl-2,2′-diyl]-arsoran* | F: 234–236° (Tetrahydrofuran/Methanol) |

Analog wird aus Bis-[4-methyl-biphenyl-2,2′-diyl]-arsonium-halogenid und Phenyl-lithium *Phenyl-bis-[4-methyl-biphenyl-2,2′-diyl]-arsoran* (F: 125–127°)[2] bzw. aus Bis-[4,4′-dimethyl-biphenyl-2,2′-diyl]-arsoniumhalogenid und 2-Lithium-biphenyl das *Biphenylyl-(2)-bis-[4,4′-dimethyl-biphenyl-2,2′-diyl]-arsoran*; (F: 195–197°)[4] hergestellt.

Die Reaktion von Bis-[biphenyl-2,2′-diyl]-arsoniumjodid mit Methyl-[1], Äthyl-[1], Butyl-[1], Isopropyl-[4] und Benzyl-magnesiumhalogeniden[4] verläuft in Äther in relativ guten Ausbeuten. Cyclopentyl-magnesiumbromid reagiert mit dem Spiroarsoniumsalz auch in siedendem Äther nicht, dagegen in Tetrahydrofuran zu *Cyclopentyl-bis-[biphenyl-2,2′-diyl]-arsoran*. *Tert.-Butyl-bis-[biphenyl-2,2′-diyl]-arsoran* kann aus dem Spirosalz nur mit tert.-Butyl-Lithium hergestellt werden[4].

**Alkyl-bis-[biphenyl-2,2′-diyl]-arsorane; allgemeine Arbeitsvorschrift**[1,2]:
mit Alkyl-magnesiumhalogeniden: 10 mMol Spiroarsoniumsalz werden mit 15 mMol (50 bzw. 30 mMol bei der Umsetzung mit Isopropyl- bzw. Cyclopentyl-magnesiumbromid) Alkyl-magnesiumbromid in abs. Äther (bzw. in abs. Tetrahydrofuran im Falle des Cyclopentyl-magnesiumbromids) versetzt und 10–24 Stdn. gerührt. Anschließend wird mit Wasser hydrolysiert. Ausgefallene Produkte werden abgesaugt, mit dem Rückstand der organischen Phase vereinigt und umkristallisiert; Rohausbeute: 60–85% d.Th.
mit Alkyl-lithium: Die Umsetzung wird wie vorab beschrieben mit 12 mMol Alkyl-lithium in Äther durchgeführt, tert. Butyl-lithium wird in größerem Überschuß eingesetzt und nach beendeter Zugabe nur 15 Min. gerührt' und hydrolysiert; Rohausbeute: 80–90% d.Th.

[1] D. HELLWINKEL u. G. KILTHAU, B. **101**, 121 (1968).
[2] G. WITTIG u. D. HELLWINKEL, B. **97**, 769 (1964).
[3] D. HELLWINKEL et al., J. Organometal. Chem. **24**, 165 (1970).
[4] D. HELLWINKEL u. B. KNABE, B. **104**, 1761 (1971); Phosphorus **2**, 129 (1972).

So erhält man u. a.:

| | |
|---|---|
| *Methyl-bis-[biphenyl-2,2'-diyl]-arsoran*[1] | Zers.p.: 215–216° (Petroläther) |
| *Butyl-bis-[biphenyl-2,2'-diyl]-arsoran*[1] | Zers.p.: 166–167° (Aceton) |
| *Isopropyl-bis-[biphenyl-2,2'-diyl]-arsoran*[2] | Zers.p.: 148–149° (Aceton) |
| *Cyclopentyl-bis-[biphenyl-2,2'-diyl]-arsoran*[2] | Zers.p.: 114–115° (Aceton) |
| *Bis-[4,4'-dimethyl-biphenyl-2,2'-diyl]-benzyl-arsoran*[3] | Zers.p.: 149–153° (Aceton) |

Bei der Umsetzung von Bis-[biphenyl-2,2'-diyl]-arsoniumjodid mit 2,2'-Dilithium-biphenyl im Verhältnis 2:1 entsteht nicht die Pentaorganoarsen-Verbindung, sondern ein Hexaorgano-arsenat-Anion als Gegenion zum Ausgangskation[4]:

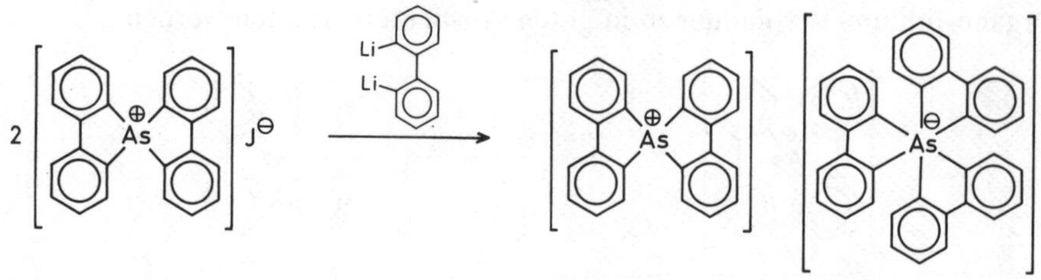

*Bis-[biphenyl-2,2'-diyl]-arsonium-tris-[biphenyl-2,2'-diyl]-arsenat(V)*

Durch Behandeln des Arsonium-arsenats(V) mit überschüssigem Natriumjodid in Aceton erhält man Bis-[biphenyl-2,2'-diyl]-arsoniumjodid und *Natrium-tris-[biphenyl-2,2'-diyl]-arsenat(V)*[4].

Durch Einwirkung von Methyl-bruciniumjodid läßt sich das Arsenat-Anion in optische Antipoden trennen[4].

Mit Aryl- bzw. Alkyl-lithium-Verbindungen werden aus dem Arsonium-arsenat (V) Aryl- bzw. Alkyl-bis-[biphenyl-2,2'-diyl]-arsorane und Lithium-tris-[biphenyl-2,2'-diyl]-arsenat erhalten, letzteres geht bei der hydrolytischen Aufarbeitung in *5-Biphenylyl-(2)-bis-[biphenyl-2,2'-diyl]-arsoran* über[4].

**Bis-[biphenyl-2,2'-diyl]-arsonium-tris-[biphenyl-2,2'-diyl]-arsenat(V)**[4]: 10,12 g (20 mMol) Bis-[biphenyl-2,2'-diyl]-arsoniumjodid werden in 100 *ml* abs. Äther mit 10 mMol 2,2'-Dilithium-biphenyl 12 Stdn. gerührt. Der bei der Hydrolyse gebildete, gelbe, unlösliche Rückstand wird abgesaugt und aus Dichlormethan/Methanol umkristallisiert; Ausbeute: 7,4 g (81% d. Th.); Zers. p.: 209–210°.

Durch Einwirkung von Lithiumalanat auf Bis-[biphenyl-2,2'-diyl]-arsoniumsalze in Äther erhält man kein Hydrido-bis-[biphenyl-2,2'-diyl]-arsoran sondern Folgeprodukte dieser Verbindung[5]:

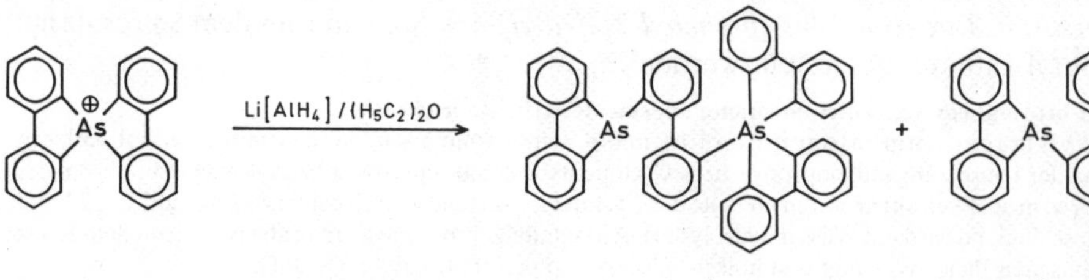

I                                   II

[1] D. HELLWINKEL u. G. KILTHAU, B. **101**, 121 (1968).
[2] D. HELLWINKEL u. B. KNABE, B. **104**, 1761 (1971).
[3] D. HELLWINKEL u. B. KNABE, Phosphorus **2**, 129 (1973).
[4] D. HELLWINKEL u. G. KILTHAU, A. **705**, 66 (1967).
[5] D. HELLWINKEL et al., J. Organometal. Chem. **24**, 165 (1970).

Das Mengenverhältnis der Reaktionsprodukte I und II hängt von den Reaktionsbedingungen (Temp., Verdünnung) ab[1].
Analog verhält sich das Bis-[4,4-dimethyl-biphenyl-2,2'-diyl]- arsoniumjodid gegenüber Lithiumalanat[1].

## B. Umwandlung

Pentaorgano-arsen-Verbindungen werden im allgemeinen thermisch in tert. Arsine umgewandelt[2-5]:

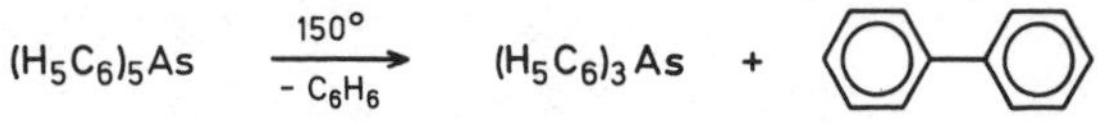

$$(H_5C_6)_5As \xrightarrow[- C_6H_6]{150°} (H_5C_6)_3As + \text{[biphenyl]}$$

Aus Isopropyl-, Cyclopentyl- und tert.-Butyl-bis-[biphenyl-2,2'-diyl]-arsoran entsteht dagegen *5-Biphenylyl-(2)-⟨dibenzo-arsol⟩*, wobei der Alkyl-Rest als Olefin abgespalten wird[5]. Ähnlich verhalten sich diese Alkyl-spiroarsorane in siedendem Äthanol[5].
Das äußerst luftempfindliche Pentamethyl-arsoran wird durch Wasser nur langsam hydrolysiert[6]:

$$(H_3C)_5As + H_2O \xrightarrow[- CH_4]{} [(H_3C)_4\overset{\oplus}{As}] OH^{\ominus}$$

*Tetramethyl-arsonium-hydroxid*

Mit Salzsäure entsteht *Tetramethyl-arsoniumchlorid*[6], während dem Umsetzungsprodukt mit Fluorwasserstoff eine fünfbindige Struktur zugeordnet wird[6]:

$$(H_3C)_5As + HF \xrightarrow[- CH_4]{} (H_3C)_4As-F$$

*Fluor-tetramethyl-arsoran*

Zur Umwandlung von Pentaorgano-arsorane in quart. Arsoniumsalze durch elektrophile Verbindungen s. S. 410.
In Alkyl- bzw. Aryl-bis-[biphenyl-2,2'-diyl]-arsoranen lassen sich der Alkyl- bzw. Aryl-Rest durch Umsetzung von Organo-lithium-Verbindungen nucelophil austauschen[4]:

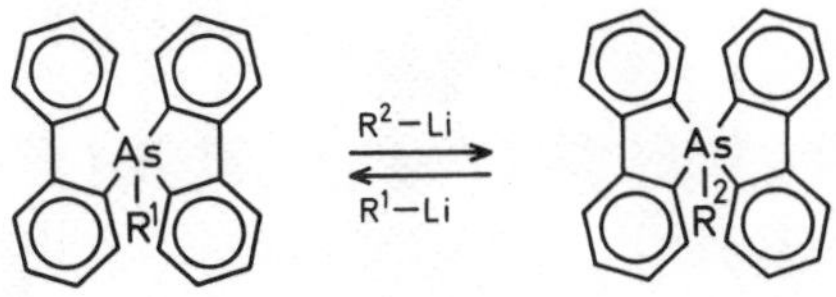

Hierbei läßt sich folgende Haftfestigkeitsreihe der Reste aufstellen[4]:

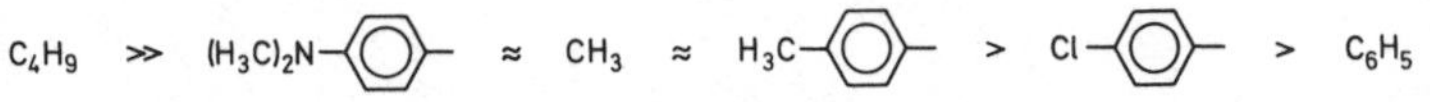

$$C_4H_9 \gg (H_3C)_2N-\text{[aryl]}- \approx CH_3 \approx H_3C-\text{[aryl]}- > Cl-\text{[aryl]}- > C_6H_5$$

[1] D. HELLWINKEL et al., J. Organometal. Chem. **24**, 165 (1970).
[2] G. WITTIG u. K. CLAUSS, A. **577**, 26 (1952).
[3] G. WITTIG u. D. HELLWINKEL, B. **97**, 769 (1964).
[4] D. HELLWINKEL u. G. KILTHAU, B. **101**, 121 (1968).
[5] D. HELLWINKEL u. B. KNABE, B. **104**, 1761 (1971).
[6] K.-H. MITSCHKE u. H. SCHMIDBAUR, B. **106**, 3645 (1973).

# Methoden zur Herstellung und Umwandlung von Organo-antimon-Verbindungen

## I. Organische Verbindungen des dreiwertigen Antimones

### a) Stibine, Antimonine (Stibabenzole), Stibide und verwandte Verbindungen

#### 1. Stibine

Analog den Arsinen (s. S. 33) unterscheidet man zwischen primären, sekundären und tertiären Stibinen. Die ersteren sind im Gegensatz zu den tert. Stibinen wenig untersucht. Allen gemeinsam, besonders den aliphatischen Derivaten, ist ihre Oxidationsempfindlichkeit; einige Dialkyl- bzw. Trialkyl-stibine sind an der Luft selbstentzündlich. Aus diesem Grunde, sowie wegen ihrer Toxizität, muß bei ihrer Herstellung, auch wenn dies nicht immer ausdrücklich erwähnt wird, mit äußerster Sorgfalt und unter Ausschluß von Sauerstoff (teilweise auch Licht) gearbeitet werden.

#### A. Herstellung

α) Primäre und sekundäre Stibine durch Reduktion von Halogen-stibinen

Durch Einwirkung von Lithium-boranat oder -alanat auf Stibonig[1,2]- bzw. Stibinig-säure-halogenide[3-5] (Dihalogen-organo- bzw. Halogen-diorgano-stibine) in ätherischer Lösung bei tiefen Temperaturen werden die entsprechenden primären bzw. sekundären Stibine erhalten:

$$R_2Sb-X \xrightarrow{\text{LiAlH}_4/\text{Äther, } -78°} R_2Sb-H$$

R = Alkyl-, Aryl-
X = Halogen

Bei der Reduktion von Brom-dimethyl-stibin mit Natrium-boranat in Diglym bei −78° entsteht ein Gemisch aus *Methyl-stibin, Dimethyl-stibin* und *Dimethylstibino-boran*[3].

Dimethyl-stibin und Dimethylstibino-boran lassen sich nicht trennen; das Methyl-stibin ist nur bei −78° stabil[3]. *Dimethyl-stibin* kann jedoch in mäßiger Ausbeute durch Reduktion des Brom-dimethyl-stibins mit Lithium-hydrido-trimethoxy-boranat in Diglym erhalten werden[3].

**Dimethyl-stibin**[3]: In inerter Atmosphäre werden 1,01 g (4,3 mMol) Brom-dimethyl-stibin und 1,004 g (9 mMol) Lithium-hydrido-trimethoxy-boranat in 18,4 g Diglym unterhalb −40° umgesetzt. Anschließend werden i. Hochvak. die bei − 40 bis − 20° flüchtigen Anteile in einer auf −196° gekühlten Vorlage gesammelt und bei tiefer Temp. fraktioniert kondensiert; Ausbeute: 228 mg (35% d. Th.); Kp: 60,7° (ber.).

[1] E. WIBERG u. K. MÖDRITZER, Z. Naturf. **12b**, 128, 131 (1957).
[2] K. ISSLEIB u. A. BALSZUWEIT, Z. anorg. Ch. **418**, 158 (1975).
[3] A. B. BURG u. L. R. GRANT, Am. Soc. **81**, 1 (1959).
[4] A. N. NESMEYANOV et al., Izv. Akad. SSSR **1963**, 194; C. A. **58**, 12597 (1963).
[5] K. ISSLEIB u. H. HAMANN, Z. anorg. Ch. **332**, 179 (1964); **339**, 289, 298 (1965); **343**, 196 (1966).

Die leichte Zersetzlichkeit der aliphatischen primären und sekundären Stibine (s. S. 477) verhindert in den meisten Fällen ihre Reinigung durch Destillation. Sie werden häufig als ätherische Lösungen in der Kälte weiterverarbeitet (s. S. 461).

Ohne Komplikationen verläuft dagegen die Reduktion von Brom-diäthyl-stibin in Äther mit Lithiumalanat[1]. Das erhaltene *Diäthyl-stibin* wird ohne Reinigung in Form einer ätherischen Lösung bei − 60° aufbewahrt[1].

Mit zunehmender Größe des Alkyl-Restes nimmt die thermische Stabilität der Dialkyl-stibine zu, so daß *Dicyclohexyl-*[2] oder *Di-tert.-butyl-stibin*[3] sich bei 23° handhaben lassen. Da die sek. Stibine lichtempfindlich sind, wird empfohlen, die Reduktion unter Lichtausschluß durchzuführen[2, 3].

**Dicyclohexyl-stibin**[2]: In einer Argonatmosphäre gibt man zu 30,3 g Chlor-dicyclohexyl-stibin in 200 *ml* Äther innerhalb 1 Stde. unter Rühren bei −20° 2,5 g Lithiumalanat in 60 *ml* Äther. Die Reduktion wird unter Lichtausschluß durchgeführt. Nach beendeter Umsetzung wird das Reaktionsgemisch noch kurze Zeit auf dem Wasserbad erhitzt und danach mit Sauerstoff-freier Ammoniumchlorid-Lösung zersetzt. Die äther. Schicht wird abgetrennt, mit Natriumsulfat getrocknet, über eine mit Kieselgur bedeckte G3-Fritte filtriert und i. Vak. eingeengt. Die Temperatur darf hierbei 50° nicht überschreiten, da sonst Zersetzung eintritt. Der Rückstand enthält reines Dicyclohexyl-stibin als gelb-oranges Öl; Ausbeute: 24,4 g (93% d. Th.).

**Di-tert.-butyl-stibin**[3]: 35,8 g Chlor-di-tert.-butyl-stibin werden in 200 *ml* Äther bei −78° unter Rühren mit 1,9 g Lithiumalanat in 70 *ml* Äther umgesetzt. Die Reduktion wird unter Licht- und Sauerstoff-Ausschluß durchgeführt. Das Reaktionsgemisch wird kurz auf 35° erwärmt und dann mit Ammoniumchlorid-Lösung zersetzt. Die Äther-Lösung wird abgetrennt, mit Natriumsulfat getrocknet, über eine mit Kieselgur bedeckte G3-Fritte filtriert und i. Vak. bei −35° bis −45° eingeengt. Der Rückstand wird mittels einer Kurzwegdestillationsapparatur i. Vak. destilliert, wobei starke Zersetzung eintritt. Das Di-tert.-butyl-stibin wird in einer gut gekühlten Vorlage aufgefangen; Ausbeute: 3,9 g (17,3% d. Th.); Kp$_1$: 24−25°.

Höhere thermische Stabilität als die aliphatischen Stibine zeigen die aromatischen Stibine. *Phenyl-stibin*, das durch Reduktion von Dijod-phenyl-stibin[4] oder Tetrachlor-phenyl-stiboran[5] mit Lithiumboranat bzw. -alanat hergestellt wird, kann nicht ohne Zersetzung destilliert werden[4, 5].

*Diphenyl-stibin* läßt sich in guter Ausbeute erhalten und destillieren[4–7], wobei die Reduktion von Chlor-diphenyl-stibin mit Lithiumboranat[4] bessere Ausbeute liefert als mit Lithiumalanat[4, 6, 7].

**Phenyl-stibin**[4]: Unter Sauerstoffausschluß versetzt man eine mit flüssigem Stickstoff eingefrorene äther. Aufschlämmung von Dijod-phenyl-stibin mit einer vorgekühlten äther. Lithiumboranat-Lösung (Molverhältnis Dijod-phenyl-stibin: Lithiumboranat ∼ 1:2,5) und taut das Reaktionsgemisch unter Rühren i. Vak. langsam auf. Bei − 50° setzt die Reduktion ein, erkennbar am Verschwinden der gelblichen Farbe der Reduktionslösung und der vollständigen Auflösung des Dijod-phenyl-stibins. Die Umsetzung ist mit einer lebhaften Diboran-Entwicklung verbunden. Man destilliert alle flüchtigen Anteile i. Hochvak. bei − 50° ab. Der Rückstand wird fraktioniert kondensiert (Ausgangsbad: +20°; 1. Vorlage: −50°; 2. Vorlage: −196°). Das in der 1. Vorlage gesammelte Phenyl-stibin schmilzt bei −40° bis −38°; Ausbeute: 42% d. Th.

Bei der Reduktion mit Lithiumalanat sinkt die Ausbeute auf 24% d. Th.[4].

**Diphenyl-stibin**[5–7]: Unter Licht- und Sauerstoff-Ausschluß werden 22 g Chlor-diphenyl-stibin in 200 *ml* Äther bei − 78° unter Rühren mit 1,6 g Lithiumalanat in 60 *ml* Äther versetzt. Das Reaktionsgemisch wird kurz unter Rückfluß gekocht und nach Abkühlen auf − 50° mit Ammoniumchlorid-Lösung zersetzt. Die Äther-Schicht wird abgetrennt, mit Natriumsulfat getrocknet, filtriert und i. Vak. eingeengt. Der Rückstand wird in einer Kurzwegdestillationsapparatur i. Vak. destilliert; Ausbeute: 9,2 g (47% d. Th.); Kp$_1$: 118−120°[7]; Kp$_{0,5}$: 115−120°[6]; F: − 3° bis − 2°[5].

[1] K. Issleib u. B. Hamann, Z. anorg. Ch. **339**, 289 (1965).
[2] K. Issleib u. B. Hamann, Z. anorg. Ch. **332**, 179 (1964).
[3] K. Issleib et al., Z. anorg. Ch. **339**, 298 (1965).
[4] E. Wiberg u. K. Mödritzer, Z. Naturf. **12b**, 128, 131 (1957).
    s. a. K. Issleib u. A. Balszuweit, Z. anorg. Ch. **418**, 158 (1975); **419**, 84 (1976).
[5] E. Wiberg u. K. Mödritzer, Z. Naturf. **11b**, 753 (1956).
[6] A. N. Nesmeyanov et al., Izv. Akad. SSSR **1963**, 194; C. A. **58**, 12597 (1963).
[7] K. Issleib u. B. Hamann, Z. anorg. Ch. **343**, 196 (1966).

## $\beta$) Tertiäre Stibine

### $\beta_1$) Aus Antimon(III)-oxid bzw. -halogeniden oder Halogen-stibinen

#### $\beta\beta_1$) Durch Umsetzung mit Organometall-Verbindungen

##### $i_1$) Mit Grignard- oder Organo-lithium-Verbindungen

Eine einfache und breit anwendbare Methode zur Herstellung von Trialkyl- bzw. Triaryl-stibinen stellt die Umsetzung von Antimon(III)-halogeniden mit aliphatischen bzw. aromatischen Grignard-Verbindungen in ätherischer Lösung dar[1-12]:

$$3\ R{-}MgX\ +\ SbX_3\ \xrightarrow{\ \text{Äther}\ }\ R_3Sb\ +\ 3\ MgX_2$$

R = Alkyl-, Alkinyl-, Aryl-,

X = Halogen

Die Reaktion wird meistens in Äther durchgeführt, wobei der Sauerstoff besonders bei den Alkyl-Derivaten ausgeschlossen werden muß. Um gute Ausbeuten zu erreichen, wird die Grignard-Verbindung in geringem molaren Überschuß pro zu ersetzendem Halogen-atom eingesetzt[13]. Bei sterisch anspruchsvollen Resten ist ein höherer Überschuß an Grignard-Reagens notwendig, da sonst in höherem Maße Halogenstibine entstehen[7, 9, 14]. Aus tert.-Butyl-magnesiumbromid und Antimon(III)-chlorid entsteht trotz hohem Überschuß an Grignard-Verbindung das *Chlor-di-tert.-butyl-stibin* als Hauptprodukt[9, 14]. Ähnlich verhält sich 2-Methoxy-phenyl-magnesiumbromid, das neben dem *Tris-[2-methoxy-phenyl]-stibin Chlor-bis-[2-methoxy-phenyl]-stibin* liefert[7].

*Trimethyl-stibin*, das auf diese Weise in sehr guter Ausbeute gebildet wird, kann aus der ätherischen Lösung durch Destillation nicht getrennt werden. Auch beim Arbeiten in höher siedendem Äther wie Dibutyläther läßt sich das Trimethyl-stibin destillativ nicht abtrennen[13]. Es kann jedoch in der ätherischen Lösung in das *Dihalogen-trimethyl-stiboran* überführt (s. S. 537) und aus dem letzteren durch Reduktion rein erhalten werden (s. S. 465). *Triäthyl-stibin* (Kp: 161,4°) wird analog hergestellt, läßt sich jedoch durch mehrfache Fraktionierung vom Äther trennen[15].

**Trialkyl-stibine; allgemeine Arbeitsvorschrift[6]:** In einem Dreihalskolben mit Rührer, Rückflußkühler und Tropftrichter wird unter Ausschluß von Sauerstoff (Argon, Stickstoff, Kohlendioxid) zu einer auf 0° gekühlten Lösung von Alkyl-magnesiumhalogenid in abs. Äther die entsprechende Menge Antimon(III)-chlorid (eventuell geringer Überschuß an Alkyl-magnesiumhalogenid) gelöst in Äther langsam zugetropft. Anschließend wird ~30 Min. unter Rückfluß erhitzt, wieder gekühlt und mit Ammoniumchlorid-Lösung zersetzt. Die Äther-Schicht wird getrennt, getrocknet und fraktioniert; Ausbeute: 60–80% d. Th. Unter anderem erhält man:

| | |
|---|---|
| *Tripropyl-stibin* | $Kp_{25}$: 100° |
| *Tributyl-stibin* | $Kp_{12}$: 131° (70% d. Th.) |
| *Tris-[2-methyl-propyl]-stibin* | $Kp_{31}$: 135° |

[1] P. Pfeiffer u. I. Heller, B. **37**, 4621 (1904).

[2] H. Hibbert, B. **39**, 160 (1906).

[3] G. T. Morgan u. F. M. Mickelthwait, Soc. **99**, 2286 (1911).

[4] A. Goddard, Soc. **123**, 2315 (1923).

[5] F. Challenger u. F. Pritchard, Soc. **1924**, 864.

[6] W. J. C. Dyke et al., Soc. **1930**, 463.

[7] J. Harris et al., Soc. **1947**, 1568.

[8] G. J. O'Donnell, Iowa Coll. J. **20**, 34 (1945); C. A. **40**, 4689 (1946).

[9] H. Hartmann u. G. Kühl, Z. anorg. Ch. **312**, 186 (1961).

[10] A. N. Tatarenko u. Z. M. Manulkin, Ž. obšč. Chim. **34**, 3462 (1964); **38**, 273 (1968); engl.: 3503; 276.

[11] R. F. DeKetelaeri et al., J. Organometal. Chem. **30**, 365 (1971).

[12] M. Benmalek et al., J. Organometal. Chem. **67**, 53 (1974).

[13] J. Seifter, Am. Soc. **61**, 530 (1939).

[14] K. Issleib et al., Z. anorg. Ch. **339**, 298 (1965).

[15] C. H. Blemford et al., Soc. **1946**, 468.

| *Tripentyl-stibin* | $Kp_{16}$: 168° |
| *Trihexyl-stibin* | $Kp_{10}$: 190° |

*Triisopropyl-stibin* läßt sich nicht unzersetzt destillieren[1]. Es kann jedoch aus der ätherischen Lösung als *Triisopropyl-stibin-dibromid* isoliert werden[2].

**Tricyclohexyl-stibin**[3]: Unter Argon wird zu einer äther. Lösung von Cyclohexyl-magnesiumchlorid, die man aus 59,3 g Cyclohexylchlorid und 12,2 g Magnesium in 300 *ml* abs. Äther (über Benzophenon-natrium destilliert) unter Argon bereitet, eine Lösung von 34,2 g Antimon(III)-chlorid in 100 *ml* abs. Äther unter Rühren und Kühlen langsam zugetropft. Das Reaktionsgemisch wird mit Sauerstoff-freiem Wasser zersetzt, die äther. Schicht abgetrennt, mit Natriumsulfat getrocknet und nach Filtrieren über eine mit Kieselgur bedeckte G3-Fritte auf ein Drittel des Ausgangsvol. i. Vak. eingeengt. Zur äther. Lösung läßt man abs. Äthanol unter Schütteln tropfen. Hierbei fällt das Stibin in Form farbloser Kristalle aus; Ausbeute: 44,5 g (80% d. Th.); F: 64–65°.

**Triphenyl-stibin**[4, vgl. a. 5]: In einem 2-*l*-Dreihalskolben mit Rührer, Tropftrichter und Rückflußkühler wird aus 40 g (1,65 g-Atom) Magnesium und 260 g (1,65 Mol) Brombenzol in insgesamt 1 *l* abs. Äther eine Phenyl-magnesiumbromid-Lösung hergestellt. Hierzu tropft man unter Rühren eine Lösung von 114 g (0,5 Mol) frisch destilliertem Antimon(III)-chlorid in 300 *ml* abs. Äther innerhalb 1–2 Stdn. Anschließend wird eine weitere Stde. unter Rückfluß erhitzt, gekühlt und auf 1 *l* Eiswasser gegossen (Die Verwendung von Salzsäure zur Hydrolyse soll wegen eventueller Bindungsspaltung des Triphenyl-stibins vermieden werden). Die gebildeten zwei Phasen werden gut verrührt und abfiltriert. Der Rückstand wird mehrmals mit Äther extrahiert und nach Abtrennung der Äther-Phase des Filtrats die wäßr. Phase ebenfalls mit Äther extrahiert. Die vereinigten Äther-Extrakte werden abgedampft; Rohausbeute: 145–160 g (82–90% d. Th.). Zur Reinigung wird in Petroläther (Kp: 40–50°) in der Wärme gelöst, abfiltriert, eingeengt und ausgefroren; F: 50°.

Die Reaktion kann auch in Tetrahydrofuran bei 0° durchgeführt werden, wobei die Ausbeute an Triphenyl-stibin 95% d. Th. beträgt[6].

Obwohl die Triaryl-stibine weniger oxidationsempfindlich sind als die Trialkyl-stibine empfiehlt es sich, bei ihrer Herstellung unter inerter Atmosphäre zu arbeiten[7].

**Tris-[4-propenyl-phenyl]-stibin**[7]: Unter Stickstoff wird in eine aus 1,44 g Magnesium und 12,5 g 1-Brom-4-propenyl-benzol in 30 *ml* abs. Tetrahydrofuran hergestellte Grignard-Lösung unter heftigem Rühren eine Lösung von 2,28 g frisch destilliertem Antimon(III)-chlorid in 20 *ml* abs. Tetrahydrofuran tropfenweise gegeben. Anschließend wird 3–4 Stdn. unter Rückfluß erhitzt, wobei eine klare Lösung entsteht.

Man kühlt ab, verdünnt mit Äther und zersetzt mit Ammonium-chlorid-Lösung. Nach Abtrennung der organischen Phase wird die wäßr. Schicht 2mal mit kleinen Portionen Äther extrahiert. Die vereinigten organischen Phasen werden getrocknet und eingeengt. Der Rückstand wird einer Vakuumdestillation bei 4 Torr und maximal 125° (bei höheren Temp. zersetzt sich das Stibin) unterworfen. Das zurückgebliebene Stibin wird aus Äthanol umkristallisiert; Ausbeute: 3,5 g (74% d. Th.); F: 127°.

Unsymmetrische Trialkyl-, Triaryl- oder Alkyl-aryl-stibine werden durch Umsetzung von Dihalogen-organo- bzw. Halogen-diorgano-stibinen mit der jeweiligen Grignard-Verbindung hergestellt[8–18]:

[1] W. J. C. DYKE et al., Soc. **1930**, 463.
[2] H. HARTMANN u. G. KÜHL, Z. anorg. Ch. **312**, 186 (1961).
[3] K. ISSLEIB u. B. HAMANN, Z. anorg. Ch. **332**, 179 (1964).
[4] P. PFEIFFER u. I. HELLER, B. **37**, 4620 (1904).
[5] H. GILMAN u. F. SCHULZE, Org. Synth., Coll. Vol. I, 2. Aufl., S. 550.
[6] M. BENMALEK et al., J. Organometal. Chem. **67**, 53 (1974).
[7] A. N. TARATENKO u. Z. M. MANULKIN, Ž. obšč. Chim. **38**, 273 (1968); engl.: 276.
[8] G. GRÜTTNER u. M. WIERNICK, B. **48**, 1759 (1915).
[9] G. T. MORGAN u. G. R. DAVIES, Pr. roy. Soc. **127**A, 1 (1930).
[10] M. E. BRINNAND et al., Soc. **1932**, 1815.
[11] E. BENARY, B. **65**, 1669 (1932).
[12] Z. M. MANULKIN et al., Doklady Akad. SSSR **88**, 687 (1953); C. A. **48**, 2631 (1954).
[13] F. YU. YUSONOV u. Z. M. MANULKIN, Doklady Akad. SSSR **97**, 267 (1954); C. A. **49**, 8843 (1955).
[14] A. N. TARATENKO et al., Doklady Akad. Uzbek. SSR **5**, 35 (1955); C. A. **52**, 20005 (1958).
[15] US. P. 3010983 (1957); H. E. RAMSDEN; C. A. **56**, 8750 (1962).
[16] W. E. MCEWEN et al., Am. Soc. **91**, 7079 (1969).
[17] A. G. DAVIES u. S. C. W. HOOK, Soc. [C] **1971**, 1660.
[18] I. N. AZERBAEV et al., Izv. Akad. Nauk. Kaz. SSR **1971**, 45, 84; C. A. **75**, 36268[f] (1971); **76**, 34367[j] (1972).

$$R-SbX_2 \quad + \quad 2 \ R^1-Mg-X \quad \xrightarrow[-2 \ MgX_2]{} \quad \overset{R^1}{\underset{R^1}{\diagdown}}Sb-R$$

$$\overset{R^1}{\underset{R^2}{\diagdown}}Sb-X \quad + \quad R^3-Mg-X \quad \xrightarrow[-MgX_2]{} \quad \overset{R^1}{\underset{R^2}{\diagdown}}Sb-R^3$$

Auf diese Weise lassen sich tert. cyclische Stibine[1-4] und Bis-stibine[5-7] herstellen:

$$R-SbX_2 \quad + \quad \begin{matrix} X-Mg-CH_2-CH_2 \\ CH_2 \\ X-Mg-CH_2-CH_2 \end{matrix} \quad \xrightarrow[-2 \ MgX_2]{} \quad R-Sb\hexagon$$

$$X_2Sb-(CH_2)_n-SbX_2 \quad + \quad 4 \ R-Mg-X \quad \xrightarrow[-4 \ MgX_2]{} \quad \overset{R}{\underset{R}{\diagdown}}Sb-(CH_2)_n-Sb\overset{R}{\underset{R}{\diagup}}$$

n = 1,2

**1-Methyl-hexahydroantimonin[1]:** In einer Stickstoffatmosphäre wird zu einer aus 15 g Magnesium-Spänen und 33 g 1,5-Dichlor-pentan in 400 ml abs. Äther hergestellten Grignard-Lösung unter Rühren und Kühlen eine Lösung von 38 g Dichlor-methyl-stibin langsam zugetropft. Anschließend wird 6 Stdn. unter Rückfluß erhitzt, unter starkem Kühlen mit Wasser zersetzt, die Äther-Schicht abgetrennt und getrocknet. Nach Abdestillieren des Äthers wird der Rückstand 2mal unter Stickstoff i. Vak. destilliert; Ausbeute: 15,5 g; $Kp_{17}$: 73–73,5°.

Bei der Herstellung von Bis-[diorgano-stibino]-methanen aus Bis-[dihalogen-stibino]-methan und Grignard-Verbindung sind die Ausbeuten äußerst gering, falls das Grignard-Reagens nicht zunächst durch äquimolare Mengen 1,2-Bis-[dimethylamino]-äthan aktiviert wird[6,7].

**Methyl-diphenyl-stibin[8]:** Unter Stickstoff werden 10 g (26 mMol) Dijod-methyl-stibin in abs. Tetrahydrofuran zu einer Grignard-Lösung aus 1,24 g (51 mg-Atom) Magnesium und 8,04 g (51 mMol) Brombenzol getropft. Nach 1stdg. Erwärmen unter Rückfluß wird abgekühlt und mit eiskalter Ammoniumchlorid-Lösung zersetzt. Aus der abgetrennten und mit Magnesiumsulfat getrockneten organischen Phase werden die Lösungsmittel abgezogen und der Rückstand i. Hochvak. destilliert; Ausbeute: 6,7 g (89% d. Th.); $Kp_{5 \cdot 10^{-5}}$ : 98–105°; F: ~ 30°.

**Phenyl-diaryl-stibine; allgemeine Arbeitsvorschrift[9]:** Unter Rühren wird eine Suspension von 0,1 Mol Dichlor-phenyl-stibin in 200 ml Äther zu einer Suspension von 0,2 Mol Aryl-magnesiumhalogenid in 175 ml Äther innerhalb 30 Min. zugetropft. Anschließend wird 5 Stdn. unter Rückfluß erhitzt, gekühlt und mit 200 ml ges. Ammoniumchlorid-Lösung und 200 g Eis zersetzt. Nach Abtrennung der äther. Phase wird die wäßr. Schicht mit warmem Benzol gewaschen. Die vereinigten organischen Phasen werden von dem Lösungsmittel befreit und der Rückstand aus 95%-igem Äthanol umkristallisiert.

| | | |
|---|---|---|
| *Phenyl-bis-[4-methyl-phenyl]-stibin* | 33% d. Th. | F: 71–73° |
| *Phenyl-bis-[2-methoxy-phenyl]-stibin* | 45% d. Th. | F: 109–110° |
| *Phenyl-bis-[4-methoxy-phenyl]-stibin* | 56% d. Th. | F: 82–84° |
| *Phenyl-bis-[4-fluor-phenyl]-stibin* | 52% d. Th. | F: 66–67° |

[1] G. GRÜTTNER u. M. WIERNIK, B. **48**, 1484 (1915).
[2] G. GRÜTTNER u. E. KRAUSE, B. **49**, 442 (1916).
[3] W. STEINKOPF et al., B. **65**, 409 (1932).
[4] I. G. M. CAMPBELL, Soc. **1947**, 4.
[5] H. HARTMANN u. G. KÜHL, Z. anorg. Ch. **312**, 186 (1961).
[6] Y. MATSUMURA u. R. OKAWARA, Inorg. Nucl. Chem. Lett. **5**, 449 (1969); **7**, 113 (1971).
[7] T. FUKUMOTO et al., J. Organometal. Chem. **37**, 113 (1972).
[8] K. BRODERSEN et al., B. **104**, 360 (1971).
[9] W. E. McEWEN et al., Am. Soc. **91**, 7079 (1969).

In einigen Fällen kann das Grignard-Reagens zum vorgelegten Halogen-stibin zuge-tropft werden[1].

Tab. 35: Tert. Stibine durch Umsetzung von Antimon(III)-halogeniden oder Halogen-stibinen mit Grignard-Verbindungen

| Ausgangs-verbindung | Tert. Stibin | Ausbeute [% d.Th.] | Kp | | Lite-ratur |
|---|---|---|---|---|---|
| | | | [°C] | [Torr] | |
| SbCl$_3$ | Trimethyl-stibin (als Dihalogenid isoliert) | – | – | – | 2–4 |
| | Triäthyl-stibin | 60 | 161,4 | 760 | 3 |
| | Trivinyl-stibin | 66 | 46 | 15 | 5, 6 |
| | Triäthinyl-stibin | 63 | (F: 71–72°) | | 7 |
| | Triallyl-stibin | – | 71 | 2 | 8 |
| | Triheptyl-stibin | 58 | 220 | 20 | 9 |
| | Trioctyl-stibin | 30 | 192–193 | 6 | 9 |
| | Tridecyl-stibin | 38 | 203–204 | 6 | 9 |
| | Tris-[1,2,2-trifluor-vinyl]-stibin | 41 | 75–75,5 | 74 | 10 |
| | Tris-[trimethylsilyl-methyl]-stibin | 74 | (F: 64–65°) | – | 11 |
| | Tris-[2-phenyl-äthinyl]-stibin | – | (F: 159°) | – | 12 |
| | Tribenzyl-stibin | 30 | (F: 87–90°) | – | 13, 14 |
| | Tris-[2-chlor-phenyl]-stibin | – | (F: 136–137°) | – | 15 |
| | Tris-[4-chlor-phenyl]-stibin | 77 | (F: 110,5–111°) | – | 15–18 |
| | Tris-[3-chlor-phenyl]-stibin | 85 | (F: 53,7°) | – | 18 |
| | Tris-[4-brom-phenyl]-stibin | 30–73 | (F: 136–136,5°) | – | 15, 17, 19 |
| | Tris-[pentafluor-phenyl]-stibin | 32 | (F: 74°) | – | 20 |
| | Tris-[3-fluor-phenyl]-stibin | 80 | (F: 34,3°) | – | 18 |
| | Tris-[4-fluor-phenyl]-stibin | 70 | (F: 91,8°) | – | 18 |
| | Tris-[4-methyl-phenyl]-stibin | 40 | (F: 126°$^{20}$) (F: 150°$^{21}$) | – | 21, 22 19 |
| | Tris-[3-trifluormethyl-phenyl]-stibin | 60 | 174–175 | 760 | 15 |
| | Tris-[3-methoxy-phenyl]-stibin | 50 | (F: 88,5–89°) | – | 15 |
| | Tris-[2-äthoxy-phenyl]-stibin | 56 | (F: 123,5–123,8°) | – | 15 |
| | Tris-[4-phenoxy-phenyl]-stibin | – | (F: 157°) | | 23 |
| | Tris-[4-isopropenyl-phenyl]-stibin | 75,5 | (F: 120°) | – | 23 |

[1] B. R. Cook et al., Inorg. Chem. 10, 2676 (1971).
[2] H. Hibbert, B. 39, 106 (1906).
[3] C. H. Bamford et al., Soc. 1946, 468.
[4] G. O. Doak et al., Inorg. Synth. 9, 92 (1967).
[5] L. Maier et al., Am. Soc. 79, 5884 (1957); Z. Naturf. 12 b, 263 (1957).
[6] A. N. Nesmeyanov et al., Izv. Akad. SSSR 1960, 952; C. A. 54, 24351 (1960).
[7] W. Voskuil u. J. F. Arens, R. 83, 1301 (1964).
[8] A. E. Borisov et al., Izv. Akad. SSSR 1963, 1506; C. A. 59, 14021 (1963).
[9] A. N. Tatarenko u. Z. M. Manulkin, Ž. obšč. Chim. 34, 3462 (1964); engl.: 3503.
[10] R. N. Sterlin et al., Izv. Akad. SSSR 1960, 1991; C. A. 55, 13296 (1961).
[11] D. Seyferth, Am. Soc. 80, 1336 (1958).
[12] H. Hartmann et al., Naturwiss. 46, 321 (1959).
[13] I. P. Tsukervaniku u. D. Smirnov, Ž. obšč. Chim.7,1529(1937); engl.: 1527; C. A. 31, 8518 (1937).
[14] T. V. Talalaeva u. K. A. Kocheshkov, Izv. Akad. SSSR 1953, 290; C. A. 48, 6389 (1954).
[15] J. Harris et al., Soc. 1947, 1568.
[16] L. A. Woods, Iowa State Coll. J. Sci. 19, 61 (1944); C. A. 39, 693 (1945).
[17] V. P. Glushkova et al., Sbornik Statei obšč. Chim. 2, 992 (1953); C. A. 49, 6859 (1955).
[18] R. F. DeKetelaere et al., J. Organometal. Chem. 30, 365 (1971).
[19] G. J. O'Donnell, Iowa State Coll. J. Sci. 20, 34 (1945); C. A. 40, 4689 (1946).
[20] M. Fild et al., Ang. Ch. 76, 953 (1964).
[21] P. Pfeiffer u. I. Heller, B. 37, 4621 (1904).
[22] M. Benmalek et al., J. Organometal. Chem. 67, 53 (1974).
[23] A. N. Taratenko u. Z. M. Manulkin, Ž. obšč. Chim. 38, 273 (1968); engl.: 276.

Tab. 35 (1. Fortsetzung)

| Ausgangs-verbindung | Tert. Stibin | Ausbeute [% d.Th.] | Kp | | Lite-ratur |
|---|---|---|---|---|---|
| | | | [°C] | [Torr] | |
| $SbCl_3$ | Tris-[4-buten-(1)-yl-phenyl]-stibin | 73 | (F: 136°) | – | 1 |
| | Tris-[2,5-dimethyl-phenyl]-stibin | – | (F: 174,5°) | – | 1 |
| | Tris-[2,4-dimethyl-phenyl]-stibin | – | (F: 148°) | – | 2 |
| | Tris-[4-(2,5-dimethyl-pyrrolo)-phenyl]-stibin | 70 | (Subl.p.: 235°) | – | |
| | Tri-1-naphthyl-stibin | 92 | (F: 223–223,5°) | – | 3–5 |
| | Tri-2-naphthyl-stibin | 76 | (F: 195°[14]) | – | 6, 4 |
| | | | (F: 120–124°[21]) | | |
| | Tri-2-thienyl-stibin | 83 | (F: 49–49,5°) | – | 7 |
| $H_3C-SbCl_2$ | Diallyl-methyl-stibin | – | 43–44 | 3 | 8 |
| $H_5C_2-SbJ_2$ | Äthyl-dibutyl-stibin | – | 147 | 13 | 9 |
| | Äthyl-dicyclohexyl-stibin | – | 122–126 | 15 | 9 |
| | Äthyl-bis-[4-methyl-phenyl]-stibin | – | (F: 114°) | – | 9 |
| $H_5C_6-SbCl_2$ | Dimethyl-phenyl-stibin | – | 112 | 16–18 | 10 |
| | Diäthyl-phenyl-stibin | – | 128 | 16–18 | 10 |
| | Diallyl-phenyl-stibin | – | 95–97 | 1 | 8 |
| | 1-Phenyl-stibolan | – | 157 | 21 | 11 |
| | 1-Phenyl-hexahydro-antimonin | – | 170 | 19 | 12 |
| $H_5C_6-SbJ_2$ | 2-Methyl-10-phenyl-phenoxantimonin | 35 | (F: 62–63°) | – | 13 |
| 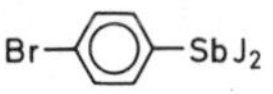 Br—⟨O⟩—SbJ₂ | 2-Methyl-10-(4-brom-phenyl)-phenoxantimonin | 35 | (F: 116°) | | 13 |
| 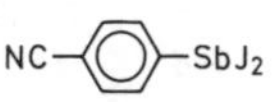 NC—⟨O⟩—SbJ₂ | 2-Methyl-10-(4-cyan-phenyl)-phenoxantimonin | 34 | (F: 82°) | | 13 |
| 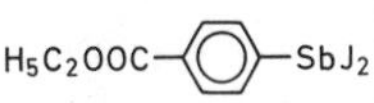 $H_5C_2OOC$—⟨O⟩—SbJ₂ | 2-Methyl-10-(4-äthoxcarbonyl-phenyl)-phenoxantimonin | 15 | (F: 136–137°) | | 13 |
| 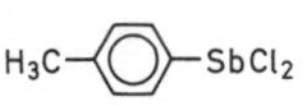 $H_3C$—⟨O⟩—SbCl₂ | Diisopropyl-(4-methyl-phenyl)-stibin | – | 110 | 0,8 | 14 |
| 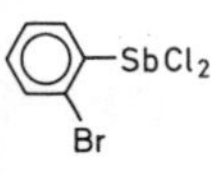 ⟨O⟩—SbCl₂ Br | Dimethyl-(2-brom-phenyl)-stibin | 64 | 80–82 | 0,6 | 15 |

[1] A. E. GODDARD, Soc. **123**, 1161 (1923).
[2] G. J. O'DONNELL, Iowa State Coll. J. Sci. **20**, 34 (1945); C. A. **40**, 4689 (1946).
[3] V. P. GLUSHKOVA et al., Sbornik Statei obšč. Chim. **2**, 992 (1953); C. A. **49**, 6859 (1955).
[4] M. BENMALEK et al., J. Organometal. Chem. **67**, 53 (1974).
[5] F. CHALLENGER u. F. PRITCHARD, Soc. **125**, 864 (1924).
[6] J. HARRIS et al., Soc. **1947**, 1568.
[7] E. KRAUSE u. G. RENWANZ, B. **65**, 777 (1932).
[8] Y. MATSUMURA et al., J. Organometal. Chem. **71**, 403 (1974).
[9] M. E. BRINNAND et al., Soc. **1932**, 1815.
[10] G. GRÜTTNER u. M. WIERNIK, B. **48**, 1759 (1915).
[11] G. GRÜTTNER u. E. KRAUSE, B. **49**, 442 (1916).
[12] G. GRÜTTNER u. M. WIERNIK, B. **48**, 1484 (1915).
[13] I. G. M. CAMPBELL, Soc. **1947**, 4.
[14] J. JACOBUS, Chem. Commun. **1971**, 1058.
[15] B. R. COOK et al., Inorg. Chem. **10**, 2676 (1971).

Tab. 35 (2. Fortsetzung)

| Ausgangs-verbindung | Tert. Stibin | Ausbeute [% d.Th.] | Kp [°C] | [Torr] | Literatur |
|---|---|---|---|---|---|
| (H₃C)₂Sb — Cl | Dimethyl-allyl-stibin | 51 | 54–57 | 42 | 1 |
| (H₃C)₂Sb — Br | Dimethyl-benyl-stibin | – | 110–112 | 0,4 | 2 |
| | Dimethyl-phenyl-stibin | 26 | 96 | 12 | 3 |
| (H₅C₂)₂Sb — Br | Diäthyl-phenyl-stibin | 96 | 87 | 0,1 | 3 |
| (H₅C₂)₂Sb — Cl | Bis-[diäthyl-stibino]-acetylen | 50 | 118 | 1 | 4 |
| (H₉C₄)₂Sb —. Cl | Dibutyl-allyl-stibin | 54 | 54–56 | 0,05 | 5 |
| [(H₃C)₃C]₂Sb — Cl | Di-tert.-butyl-phenyl-stibin | 85 | 96–100 | 1 | 6 |
| (H₅C₆)₂Sb — Cl | Äthyl-diphenyl-stibin | – | 190–192 | 16–18 | 7 |
| | Diphenyl-äthinyl-stibin | 48 | 127–130 | 1 | 8 |
| | Isopropyl-diphenyl-stibin | 65 | 167–169 | 6–7 | 9 |
| | Butyl-diphenyl-stibin | 75 | 188–192 | 6–7 | 10 |
| | (2-Methyl-propyl)-diphenyl-stibin | 75 | 180–185 | 8–9 | 10 |
| | tert.-Butyl-diphenyl-stibin | 65 | 176–178 | 6–7 | 9 |
| | (3-Methyl-butyl)-diphenyl-stibin | 75 | 195–200 | 8–9 | 10 |
| | Hexyl-diphenyl-stibin | 65 | 212–214 | 6–7 | 9 |
| | Cyclohexyl-diphenyl-stibin | 75 | 213–216 | 7–8 | 10 |
| | Nonyl-diphenyl-stibin | 65 | 236–237 | 5–7 | 9 |
| | Diphenyl-benzyl-stibin | 75 | 224–225 | 15–17 | 10 |
| | Diphenyl-(4-fluor-phenyl)-stibin | 69 | (F: 46–47°) | | 11 |
| | Diphenyl-(4-brom-phenyl)-stibin | 60 | 220–223 | 1–2 | 12 |
| | Diphenyl-(2-methoxy-phenyl)-stibin | 55 | 178–180 | 2 | 9 |
| | Diphenyl-(4-methoxy-phenyl)-stibin | 55 | 225–230 | 12–13 | 12 |
| | Diphenyl-(4-äthoxy-phenyl)-stibin | 55 | 235–238 | 7–8 | 13 |
| | Diphenyl-(4-allyl-phenyl)-stibin | 63 | 205–210 | 3 | 13 |
| | Diphenyl-(4-phenoxy-phenyl)-stibin | 60 | 260–265 | 2–3 | 12 |
| | Diphenyl-(3,5-dimethyl-phenyl)-stibin | 55 | 190–195 | 2–3 | 12 |
| | Diphenyl-(2,4,6-trimethyl-phenyl)-stibin | – | (F: 92–93°) | – | 14 |
| | Diphenyl-1-naphthyl-stibin | – | (F: 99–100°) | – | 14 |
| 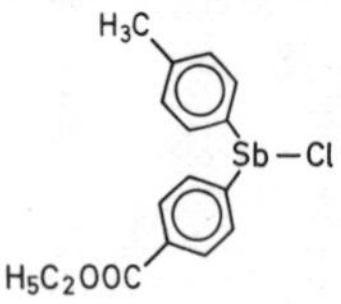 | Phenyl-(4-methyl-phenyl)-(4-carboxy-phenyl)-stibin (nach Hydrolyse) | 10 | (F: 161–163°) | | 15 |

¹ Y. Matsumura et al., J. Organometal. Chem. 71, 403 (1974).
² G. Wittig u. H. Laib, A. 580, 57 (1953).
³ A. G. Davies u. S. C. W. Hook, Soc. [C] 1971, 1660.
⁴ H. Hartmann u. G. Kühl, Z. anorg. Ch. 312, 186 (1961).
⁵ Sh. Herbstman, J. Org. Chem. 29, 986 (1964).
⁶ K. Issleib et al., Z. anorg. Ch. 339, 298 (1965).
·⁷ G. Grüttner u. M. Wiernik, B. 48, 1759 (1915).
⁸ A. N. Nesmeyanov et al., Doklady Akad. SSSR. 172, 1329 (1967); C. A. 67, 3127 (1967).
⁹ A. N. Tatarenko, Doklady Akad. Nauk Uzbek. SSR 1955, 35; C. A. 52, 20005 (1958).
¹⁰ Z. M. Manulkin et al., Doklady Akad. SSSR 88, 687 (1953); C. A. 48, 2631 (1954).
¹¹ A. N. Nesmeyanov et al., J. Organometal. Chem. 47, 367 (1973).
¹² F. Yu. Yusupov u. Z. M. Manulkin, Doklady Akad. SSSR 97, 267 (1954); C. A. 49, 8843 (1955).
¹³ F. Yu. Yusupov u. Z. M. Manulkin, Ž. obšč. Chim. 31, 3757 (1961); engl.: 3510.
¹⁴ L. A. Woods u. H. Gilman, Pr. Iowa Acad. 48, 251 (1941).
¹⁵ I. G. M. Campbell u. A. W. White, Soc. 1958, 1184.

Tab. 35 (3. Fortsetzung)

| Ausgangs-verbindung | tert. Stibin | Ausbeute [% d.Th.] | Kp | | Lite-ratur |
|---|---|---|---|---|---|
| | | | [°C] | [Torr] | |
| 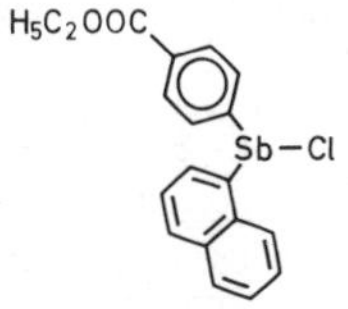 H₅C₂OOC … Sb—Cl | *Phenyl-(4-carboxy-phenyl)-1-naphthyl-stibin* (Racemat) | 38 | (F: 195–196°) | | 1 |
| 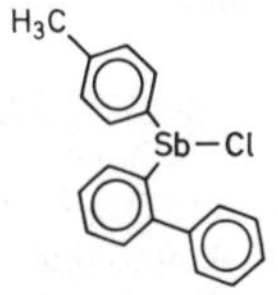 H₃C … Sb—Cl | *Phenyl-(4-methyl-phenyl)-biphenylyl-(2)-stibin* | – | (F: 81–83°) | | 2 |
| 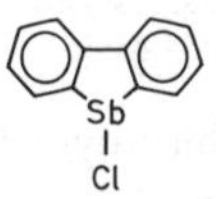 Sb—Cl (dibenzostibol) | *5-Methyl-dibenzostibol* | – | (F: 57°) | | 3 |

Die Grignard-Verbindungen können in fast allen Fällen durch Organo-lithium-Verbindungen ersetzt werden, wobei meistens bessere Ausbeuten an tert. Stibinen erhalten werden[4–9]:

$$R_n SbX_{3-n} \;+\; 3\,n\;R^1{-}Li \;\longrightarrow\; R_n Sb(R^1)_{3-n}$$

So lassen sich Tris-[dialkylamino-phenyl]-stibine aus Antimon(III)-chlorid und der entsprechenden Grignard-Verbindung nicht[10], mit Organo-lithium-Verbindung jedoch in guter Ausbeute herstellen[4, 5, 11]. Triaryl-stibine werden meistens in 80–95 %iger Ausbeute erhalten[5]. Aus Antimon(III)-chlorid und 3-Methyl-phenyl-lithium soll jedoch ein Gemisch aus *Tris-[3-methyl-phenyl]-stibin* und dem entsprechenden Dichlorid entstehen[12]. Tripyridyl-(2)-stibin konnte auf diese Weise nicht erhalten werden[4]. Die Umsetzung wird so durchgeführt, daß zur vorgelegten Suspension der Organo-lithium-Verbindungen in Äther, Tetrahydrofuran o. ä. die Lösung des Halogen-stibins im gleichen Lösungsmittel in der Kälte (0° bis −78°) zugetropft wird.

**Triphenyl-stibin[5]:** Unter Feuchtigkeits- und Sauerstoff-Ausschluß wird aus 62,7 g Brombenzol und 6,7 g Lithium in abs. Äther eine Phenyl-lithium-Suspension hergestellt. Unter Rühren und Kühlen (Eisbad) werden 22,8 g Antimon(III)-chlorid zugetropft. Nach anschließendem 2stdg. Erhitzen unter Rückfluß wird mit Eiswasser zersetzt, die organische Phase abgetrennt, getrocknet und der Äther abdestilliert. Der Rückstand wird aus Petroläther umkristallisiert; Ausbeute: 96–97% d.Th.; F: 52°.

[1] I. G. CAMPBELL u. A. W. WHITE, Soc. **1958**, 1184.
[2] I. G. M. CAMPBELL, Soc. **1955**, 3116.
[3] G. T. MORGAN u. G. R. DAVIES, Pr. Roy. Soc. **127** A, 1 (1930).
[4] G. J. O'DONNELL, Iowa Coll. J. **20**, 34 (1945); C. A. **40**, 4689 (1946).
[5] T. V. TALALAEVA u. K. A. KOCHESHKOV, Ž. obšč. Chim. **16**, 777 (1946); engl.: 790; C. A. **41**, 1215 (1947).
[6] A. N. NESMEYANOV et al., Tetrahedron Letters **1960**, No. 8, 23; Izv. Akad. SSSR. **1961**, 612, 1578; C. A. **55**, 22 100 (1961); **56**, 4792 (1962).
[7] H. ZORN et al., M. **98**, 731 (1967).
[8] R. D. W. KEMMIT et al., Soc. [A] **1968**, 2149.
[9] D. HELLWINKEL u. M. BACH, J. Organometal. Chem. **17**, 389 (1969).
[10] F. SCHULZE, Iowa Coll. J. **8**, 225 (1933).
[11] L. A. WOOD, Iowa Coll. J. **19**, 61 (1944).
[12] V. P. GLUSHKOVA et al., Sbornik Statei obšč. Chim. **2**, 992 (1953); C. A. **49**, 6859 (1955).

Auf gleiche Weise werden folgende Triaryl-stibine hergestellt:

| | | |
|---|---|---|
| Tris-[4-methyl-phenyl]-stibin | 95,3% d.Th. | F: 127° (Methanol) |
| Tris-[4-methoxy-phenyl]-stibin | 31% d.Th. | F: 180° (Chloroform/Äthanol) |
| Tris-[4-äthoxy-phenyl]-stibin | 85,4% d.Th. | F: 82° |
| Tris-[biphenylyl-(4)]-stibin | 57% d.Th. | F: 176° (Chloroform/Äthanol) |
| Tris-[4-dimethylamino-phenyl]-stibin | 78,1% d.Th. | F: 229° (Chloroform/Äthanol) |
| Tri-naphthyl-(1)-stibin | 17% d.Th. | F: 218–219° (Benzol) |

**Phenyl-bis-[biphenylyl-(2)]-stibin**[1]: Zu der roten Lösung von 2-Lithium-biphenyl, die aus 20 mMol 2-Jod-biphenyl in 100 ml abs. Äther durch 1stdgs. Kochen mit Lithium-Schnitzeln bereitet wird, fügt man nach ihrer Filtration 6 mMol Dijod-phenyl-stibin in 50 ml abs. Äther, rührt 30 Min. und hydrolysiert. Nach Trennung und Trocknung der äther. Phase wird der Äther abdestilliert und der Rückstand aus Äthanol umkristallisiert; Ausbeute: 67% d.Th.; F: 116–118°.

**Tricyclopropyl-stibin**[2]: Unter Feuchtigkeits- und Sauerstoff-Ausschluß wird aus 5,5 g Lithium und 48,4 g Brom-cyclopropan in 220 ml trockenem Äther bei 0° eine Suspension von Cyclopropyl-lithium hergestellt. Unter Rühren und weiterem Kühlen auf 0° tropft man 30,4 g Antimon(III)-chlorid in 50 ml Äther langsam zu. Man erhitzt anschließend 1,5 Stdn. unter gelindem Refluxieren, kühlt wieder ab, zersetzt mit 100 ml ges. Ammoniumchlorid-Lösung, trennt und trocknet die organische Phase. Nach Entfernung des Äthers wird der Rückstand i. Vak. destilliert; Ausbeute: 7,0 g (21,4% d.Th.); $Kp_{1,1}$: 61–65°.

Antimon(III)-chlorid und Alken-(1)-yl[3]- oder Alkin-(1)-yl-lithium-Verbindungen[4] liefern auf diese Weise gute Ausbeuten an Trialken-(1)-yl- bzw. Trialkin-(1)-yl-stibinen.

Cyclische tert. Stibine können nach dieser Reaktion aus Dihalogen-organo-stibinen und Organo-dilithium-Verbindungen hergestellt werden[5 – 7]:

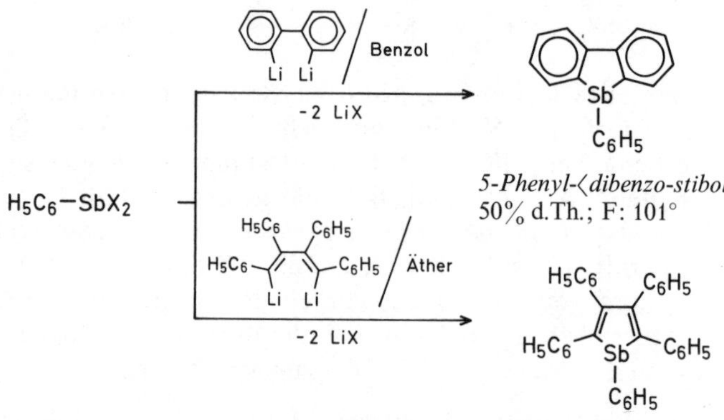

5-Phenyl-⟨dibenzo-stibol⟩[5];
50% d.Th.; F: 101°

Pentaphenyl-stibol[6,7];
F: 160°

Durch Umsetzung von Halogen-stibinen mit einer im organischen Rest lithiierten Organo-arsen-[8] oder -bor-Verbindung[9, 10] werden tert. Stibine erhalten, die im organischen Rest die entsprechenden Heteroelemente tragen:

[1] G. WITTIG u. D. HELLWINKEL, B. **97**, 789 (1964).
[2] A. H. COWLEY et al., Am. Soc. **93**, 2150 (1971).
[3] A. N. NESMEYANOV et al., Tetrahedron Letters, No. 8, **1960**, 23; Izv. Akad. SSSR **1961**, 612, 1578; C. A. **55**, 22100 (1961); **56**, 4792 (1962).
[4] D. H. LEMMON u. J. A. JACKSON, Spectrochim. Acta **29** A, 1899 (1973).
[5] D. M. HEINEKEY u. I. T. MILLAR, Soc. **1959**, 3101.
[6] F. C. LEAVITT et al., Am. Soc. **81**, 3163 (1959); **82**, 5099 (1960).
[7] E. H. BRAYE et al., Am. Soc. **83**, 4406 (1961).
[8] L. BARACCO u. C. A. McAULIFFE, Soc. (Dalton I) **1972**, 948.
[9] L. I. ZAKHARKIN et al., J. Organometal. Chem. **4**, 211 (1965).
[10] V. I. BREGADZE et al., Soobshch. Akad. Nauk Gruz. SSR **63**, 77 (1971); C. A. **75**, 98644[j] (1971).

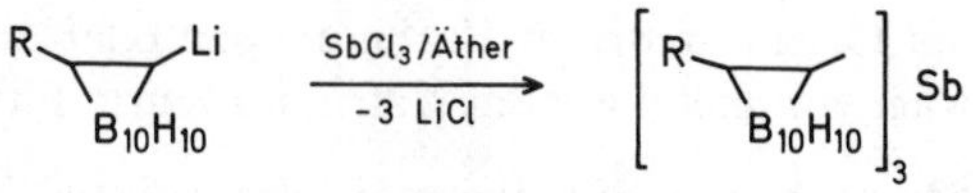

R—Li + SbCl$_3$/Äther —3 LiCl → [ R, B$_{10}$H$_{10}$ ]$_3$ Sb

R = Alkyl, Aryl

Tris-[1,2-dicarbaclovocarboranyl]-stibine

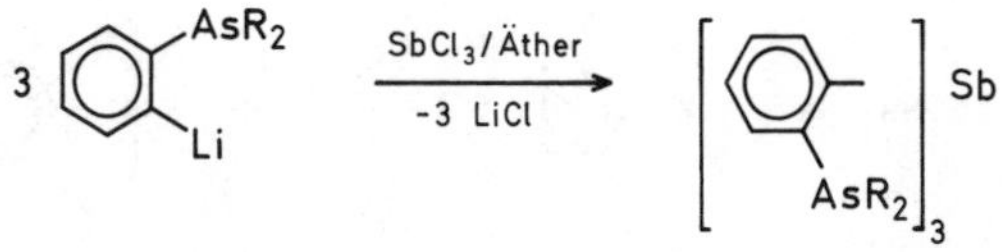

3 [AsR$_2$, Li] + SbCl$_3$/Äther —3 LiCl → [ AsR$_2$ ]$_3$ Sb

Tris-[2-diorganoarsino-phenyl]-stibine

Tab. 36: Tert. Stibine durch Umsetzung von Halogen-stibinen
mit Organo-lithium-Verbindungen

| Ausgangs-verbindung | Tert. Stibin | Ausbeute [% d.Th.] | Kp | | Lite-ratur |
|---|---|---|---|---|---|
| | | | [°C] | [Torr] | |
| SbCl$_3$ | Tris-[2-dimethylarsino-phenyl]-stibin | – | (F: 135°) | – | 1 |
| | Tris-[pentafluor-phenyl]-stibin | 75 | (F: 73–75°) | – | 2 |
| | Tris-[1-benzofuryl-(4)]-stibin | 80 | (F: 243–244°) | – | 3 |
| | Tris-[4-diäthylamino-phenyl]-stibin | 62 | (F: 225–226°) | – | 3 |
| H$_5$C$_6$—SbCl$_2$ | Phenyl-bis-[pentafluor-phenyl]-stibin | 50 | (F: 89–91°) | – | 2 |
| (H$_5$C$_6$)$_2$Sb—Cl | Diphenyl-(pentafluor-phenyl)-stibin | 25 | (F: 30–33°) | – | 2 |
| | 1,4-Bis-[diphenylstibino]-benzol | 17 | (F: 143–145°) | – | 4 |
| | 2-Diphenylstibino-1-benzofuran | 51 | (F: 125–128°) | – | 3 |
| 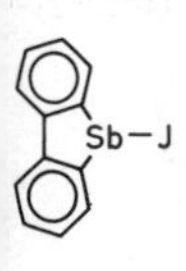 Sb—J | 5-Methyl-⟨dibenzo-stibol⟩ | 58 | 58–60 | 760 | 5 |
| | 5-Phenyl-⟨dibenzo-stibol⟩ | 80 | 98–101 | 760 | 5 |
| | 5-Naphthyl-(1)-⟨dibenzo-stibol⟩ | 70 | 118–120 | 760 | 5 |
| | 5-Anthryl-(1)-⟨dibenzo-stibol⟩ | 53 | 229–232 | 760 | 5 |
| | 5-Biphenylyl-(2)-⟨dibenzo-stibol⟩ | 93 | 100–102 | 760 | 5 |
| 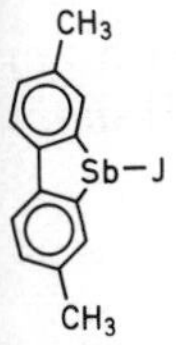 CH$_3$ Sb—J CH$_3$ | 3,5,7-Trimethyl-⟨dibenzo-stibol⟩ | 87 | 82–83 | 760 | 5 |
| 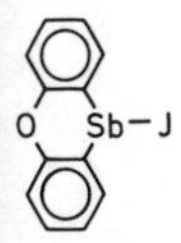 O Sb—J | 10-Phenyl-phenoxantimonin | 60 | 122–128 | 760 | 5 |

[1] L. Baracco u. C. A. McAuliffe, Soc. (Dalton I) 1972, 948.
[2] R. D. W. Kemmitt et al., Soc. [A] 1968, 2149.
[3] G. J. O'Donnell, Iowa Coll. J. 20, 34 (1945); C. A. 40, 4689 (1946).
[4] H. Zorn et al., M. 98, 731 (1967).
[5] D. Hellwinkel u. M. Bach, J. Organometal. Chem. 17, 389 (1969).

i$_2$) Durch Umsetzung mit Organo-natrium-Verbindungen oder Arylhalogeniden in Gegenwart von metallischem Natrium (Wurtz-Fittig)

Triaryl-stibine werden nach einer modifizierten Wurtz-Fittig-Synthese durch Einwirkung von Arylhalogeniden auf Antimon(III)-chlorid in Gegenwart von metallischem Natrium in zum Teil sehr guten Ausbeuten hergestellt[1-6]:

$$SbCl_3 \ + \ 6\ Na \ + \ 3\ X\text{—}\bigcirc\text{—}^R \quad \xrightarrow{\text{Benzol}} \quad \left[\ ^R\bigcirc\text{—}\right]_3 Sb$$

X = Halogen

Als Lösungsmittel können Benzol, nichthalogenierte Aromaten oder Essigsäure-äthylester dienen. Nach dieser Methode werden nur Triaryl-stibine hergestellt. Der Versuch aus Dichlor-phenyl-stibin, Natrium und 1,2-Bis-[brommethyl]-benzol das 2-Phenyl-1,3-dihydro-2H-⟨benzo-[c]-stibol⟩ herzustellen, liefert nur *Triphenyl-stibin*[7]. 2-Bromfuran liefert *Trifuryl-(2)-stibin* (F: 46−47°) in Ausbeuten bis zu 70% d. Th.[5].

**Tris-[biphenylyl-(4)]-stibin**[4]: Zu einer Lösung von 4-Chlor-biphenyl und 40 g frisch destilliertem Antimon(III)-chlorid in 500 ml trockenem Benzol werden 50 g (Überschuß) Natrium-Schnitzel zugegeben. Die Reaktion wird durch vorsichtiges Erhitzen bis zum Sieden in Gang gebracht. Das Einsetzen der Reaktion kann so heftig sein, daß sie durch Kühlung mit Eiswasser unter Kontrolle gebracht werden muß. Nach etwa 1 Stde. ist die Reaktion weitgehend abgeklungen. Dann wird mehrere Stdn. unter Rückfluß erhitzt und heiß filtriert (**Vorsicht!** Der feste Rückstand kann Reste von metallischem Natrium enthalten). Der Rückstand wird 2mal mit 250 ml trockenem heißen Benzol extrahiert. Die Benzol-Phase wird auf ∼ 250 ml eingeengt und das Stibin durch Versetzen mit dem gleichen Vol. warmen Äthanols ausgefällt. Man saugt ab, wäscht mit kaltem Äthanol nach und trocknet bei 100°; Ausbeute 89 g (86% d.Th.); F: 176,5−177°.

Auf prinzipiell gleiche Weise werden *Triphenyl*[8]-, *Tris-[4-methyl-phenyl]*-[6,9], *Tris-[4-methoxy-phenyl]*-[3] und *Tris-[biphenylyl-(2)]-stibin*[4] hergestellt.

Für das Arbeiten im Laboratorium ist jedoch die Herstellung der Triaryl-stibine aus Antimon(III)-halogeniden und Grignard- bzw. Organo-lithium-Verbindungen vorzuziehen.

Mit Organo-natrium-Verbindungen lassen sich sowohl Antimon(III)-halogenide als auch Halogen-stibine zu tert. Stibinen umsetzen[10-14]. Auf diese Weise werden hauptsächlich die Alkin-(1)-yl-[13,14] oder Cyclopentadienyl-Reste[10,12] eingeführt; z. B.:

$$3\ \left[\bigcirc\kern-0.6em\bigcirc\right]\ Na^\oplus \ + \ SbCl_3 \quad \longrightarrow \quad \left[\bigcirc\text{—}\right]_3 Sb$$

Die Reaktion mit Antimon(III)-halogenid und Cyclopentadienyl-natrium wird statt in Tetrahydrofuran[10] in Diäthyläther[12] durchgeführt, da das *Tris-[cyclopentadienyl]-stibin* in Tetrahydrofuran, besonders bei höheren Temperaturen, sich zersetzt[10,12].

---

[1] A. MICHAELIS u. A. REESE, B. **15**, 2877 (1882); A. **233**, 39 (1886).

[2] A. MICHAELIS u. U. GENZKEN, B. **17**, 924 (1884); A. **242**, 164 (1887).

[3] C. LÖLOFF, B. **30**, 2835 (1897).

[4] D. E. WORRALL, Am. Soc. **52**, 2046 (1930); **62**, 2514 (1940).

[5] A. ETIENNE, C. r. **221**, 562 (1945); Bl. **1947**, 50.

[6] M. S. MALINOVSKII u. S. P. OLIFIRENKO, Ž. obšč. Chim. **19**, 1402 (1956).

[7] D. R. LYON et al., Soc. **1947**, 662.

[8] A. MICHAELIS u. A. REESE, A. **233**, 42 (1886).

[9] A. MICHAELIS u. U. GENZKEN, A. **242**, 164 (1887).

[10] E. O. FISCHER u. S. SCHREINER, Ang. Ch. **69**, 205 (1957); B. **93**, 1417 (1960).

[11] L. J. TOD et al., Inorg. Chem. **9**, 2175 (1970).

[12] B. DEUBZER et al., B. **103**, 799 (1970).

[13] H. HARTMANN u. G. KÜHL, Ang. Ch. **68**, 619 (1956); Z. anorg. Ch. **312**, 186 (1961).

[14] H. HARTMANN et al., Naturwiss. **46**, 321 (1959); **48**, 570 (1961).

**Tris-[cyclopentadienyl]-stibin[1]:** Unter Stickstoff läßt man in einem 250-*ml*-Zweihalskolben, ausgerüstet mit magnetischem Rührer, Tropftrichter und Rückflußkühler mit Quecksilber-Überdruckventil, in eine frisch bereitete Suspension von 5,8 g (65,9 mMol) Cyclopentadienyl-natrium in 100 *ml* abs. Äther innerhalb von 30 Min. unter Eiskühlung und Rühren eine Lösung von 3,8 g (16,6 mMol) frisch gereinigtem Antimon(III)-chlorid in 20 *ml* Äther langsam eintropfen.

Das Reaktionsgemisch wird schnell gelb. Nach beendetem Zutropfen wird unter Eiskühlung weitere 2 Stdn. gerührt. Anschließend filtriert man durch eine G3-Fritte und zieht das Lösungsmittel zuerst mit der Wasserstrahlpumpe, dann i. Hochvak. bei 0° ab. Der feste Rückstand kann entweder i. Hochvak. bei 80–90° sublimiert oder aus Äther umkristallisiert werden; Ausbeute: 4,7 g (89% d. Th.); F: 56° (unter Stickstoff).

Die Umsetzung von Natriumacetylenid mit Halogen-diorgano-stibinen liefert in Abhängigkeit vom Lösungsmittel entweder Mono- oder Bis-tert.-stibine[2,3]:

$$2 \ R_2Sb-X \ + \ 2 \ Na-C\equiv CH \ \xrightarrow[-2 \ NaX]{fl.NH_3} \ R_2Sb-C\equiv C-SbR_2 \ + \ HC\equiv CH$$

$$R_2Sb-X \ + \ Na-C\equiv CH \ \xrightarrow[-NaX]{THF} \ R_2Sb-C\equiv CH$$

R = Alkyl, Aryl
X = Halogen

Hierbei wird angenommen, daß der Grund für die Bildung des Bis-stibins in der Löslichkeit der Alkin-(1)-yl-natrium-Verbindung in fl. Ammoniak zu suchen ist, wobei das sich in einem Gleichgewicht befindliche Acetylenid-Anion bereits gebildetes Äthinyl-diorgano-stibin angreift, und einen Komplex bildet, welcher mit weiterem Halogen-diorgano-stibin unter Abspaltung von Natriumhalogenid und Acetylen das Bis-stibin formt. In Tetrahydrofuran ist das Natrium-acetylenid kaum löslich, so daß die Reaktion auf der Stufe des Äthinyl-diorgano-stibins aufgehalten werden kann, wenn die Reaktionsdauer nicht zu groß wird[4]. So entsteht bei der Umsetzung von Brom-diisopropyl-stibin mit Natrium-acetylenid je nach Reaktionsdauer 30–40% *1,2-Bis-[diisopropyl-stibino]-acetylen*(Kp$_1$: 118°) und 60–70% d. Th. *Diisopropyl-äthinyl-stibin* (Kp$_{15}$: 68°)[3,4].

Substituierte Natrium-acetylenide bzw. Dinatrium-butadiine liefern verständlicherweise das Monostibin bzw. die Bis-[stibino]-Verbindungen[2]. Zur Herstellung des unsubstituierten Äthinyl-diorgano-stibins wird die Umsetzung mit Grignard-Verbindungen (s. S. 445) eher empfohlen[3].

**Bis-[dimethyl-stibino]-acetylen[4]:** Unter nachgereinigtem Stickstoff wird Brom-dimethyl-stibin (als unterkühlte Schmelze) in eine Lösung der 3fachen stöchiometrischen Menge Natriumacetylenid in fl. Ammoniak unter Rühren eingetropft. Nach Verdampfen des Ammoniaks wird der Rückstand mit Äther extrahiert, das Lösungsmittel abgedampft und das zurückbleibende Öl i. Vak. destilliert; Ausbeute: 40% d. Th.; Kp$_{19}$: 120°.

**Diäthyl-äthinyl-stibin und Bis-[diäthyl-stibino]-acetylen[3]:** Unter nachgereinigtem Stickstoff werden 25 g Brom-diäthyl-stibin in 150 *ml* abs. Tetrahydrofuran gelöst und unter kräftigem Rühren in eine Aufschlämmung von 14,4 g (3fache stöchiometrische Menge) Natriumacetylenid in 50 *ml* Tetrahydrofuran eingetropft. Nach 2stdgm. Rühren und Abfiltrieren durch eine engporige Fritte wird das Lösungsmittel abgedampft und der Rückstand i. Vak. fraktioniert destilliert:

*Diäthyl-äthinyl-stibin:*         Ausbeute: 7 g (35,5% d. Th.); Kp$_{79}$: 87°
*Bis-[diäthylstibino]-acetylen:*   Ausbeute: 9 g (48,8% d. Th.); Kp$_{1,5}$: 122°

Analog entstehen aus Chlor-di-tert.-butyl-stibin und Natriumacetylenid in Tetrahydrofuran 27% d. Th. *Bis-[di-tert.-butyl-stibino]-acetylen* (F: 85,5°) und 19% *Di-tert.-butyl-äthinyl-stibin* (Kp$_{10}$: 72°)[4].

Durch Umsetzung der entsprechenden Halogen-stibine mit Natrium- bzw. Dinatrium-acetylenid werden folgende Bis-stibine erhalten[3]:

[1] B. DEUBZER et al., B. **103**, 799 (1970).
[2] H. HARTMANN u. G. KÜHL, Ang. Ch. **68**, 619 (1956); Z. anorg. Ch. **312**, 186 (1961).
[3] H. HARTMANN et al., Naturwiss. **46**, 321 (1959); **48**, 570 (1961).
[4] H. HARTMANN u. G. KÜHL, Z. anorg. Ch. **312**, 186 (1961).

*Bis-[bis-(4-methyl-phenyl)-stibino]-acetylen*[1]     F: 121°
*Bis-[bis-(4-chlor-phenyl)-stibino]-acetylen*[1]     F: 149°
*1,4-Bis-[diphenyl-stibino]-butadiin-(1,3)*[2]     F: 154° (Zers.)

Aus Dichlor-(4-methyl-phenyl)-stibin und Natrium-phenyl-acetylenid in Tetrahydro-furan wird *Bis-[2-phenyl-äthinyl]-(4-methyl-phenyl)-stibin* (F: 159°) erhalten[1].

### i₃) Durch Umsetzung mit Organo-Verbindungen verschiedener Elemente

Trialkyl-stibine können in guten Ausbeuten aus Antimon(III)-halogeniden[3, 4] oder -oxid[5, 6] durch Umsetzung mit Trialkyl-aluminium[3, 5, 6,], oder ersteren mit Lithium-tetraalkylalanaten hergestellt werden. Hierbei ist die Umsetzung von Antimon(III)-oxid wegen der einfacheren Zugänglichkeit, die präparativ bedeutsamere Reaktion:

$$Sb_2O_3 \;+\; 2\;R_3Al \;\rightleftharpoons\; (R_2Sb)_2O \;+\; 2\;R-AlO \xrightarrow{R_3Al} 2\;R_3Sb \;+\; 3\;R-AlO$$

$$R = CH_3, C_2H_5, C_3H_7, C_4H_9, C_6H_{11}$$

Die Reaktion verläuft über Stibinigsäure-anhydride und benötigt pro Mol Anti-mon(III)-oxid drei Mol Trialkyl-aluminium. Die Umsetzung wird so durchgeführt, daß das Trialkyl-aluminium zu einer Suspension des Antimon(III)-oxids in Hexan zugegeben wird und anschließend 1–2 Stdn. auf 60° erhitzt wird. Die Stibine werden durch Fraktionierung i. Vak. gewonnen (*Trimethyl-stibin* kann destillativ nicht getrennt werden)[5]. Die Ausbeu-ten betragen bei Ausschluß von Sauerstoff ~50–90% d. Th.[5, 6]

Der Ersatz eines Halogenatoms in den Halogenstibinen durch die Trichlormethyl-Gruppe gelingt am einfachsten durch Umsetzung mit Trifluor-trichlormethyl-silan[7]:

$$(H_5C_6)_2Sb-F \;+\; Cl_3C-SiF_3 \xrightarrow[-\,SiF_4]{} (H_5C_6)_2Sb-CCl_3$$

Die Reaktion wird ohne Lösungsmittel durchgeführt und ist exotherm[7]. Das auf diese Weise aus Antimon(III)-fluorid und Trifluor-trichlormethyl-silan zu erwartende Tris-[trichlormethyl]-stibin scheint so instabil zu sein, daß bei dieser Reaktion, auch in Äther oder Benzol, hauptsächlich Zersetzungsprodukte erhalten werden[7].

**Trichlormethyl-diphenyl-stibin**[7]: In einem Dreihalskolben mit Rührer, Tropftrichter und Rückflußkühler mit Gasableitungsrohr werden in Sauerstoff-freier Stickstoffatmosphäre unter Rühren und Kühlen 137 g (0,674 Mol) Trifluor-trichlormethyl-silan langsam zu 137 g (0,464 Mol) Fluor-diphenyl-stibin getropft. Bei 15° tritt die Spaltung von Tetrafluorsilan ein, wobei gleichzeitig ein farbloser Brei entsteht. Nach Beendigung der Tetrafluor-silan-Abspaltung bleiben 165 g (90% d. Th.) Rohprodukt zurück, das aus Methanol umkristallisiert wird; F: 145°.

Tris[alkoxycarbonyl-methyl]-stibine werden in 50–60%iger Ausbeute durch Erhitzen von Antimon(III)-chlorid mit Alkoxycarbonylmethyl-triäthyl-zinn-Verbindun-gen in Benzol erhalten[8]. Diese Stibine können jedoch einfacher aus Trialkylantimoniten und Keten hergestellt werden (s. S. 462). *Bis-[diphenyl-stibino]-acetylen* (F: 111–111,5°) läßt sich aus Chlor-diphenyl-stibin und Bis-[tributyl-stannyl]-acetylen erhalten[9]:

---

[1] H. HARTMANN et al., Naturwiss. **46**, 321, (1959).
[2] H. HARTMANN et al., Naturwiss. **48**, 570 (1961).
[3] L. I. ZAKHARKIN u. O. YU. OKHLOBYSTIN, Izv. Akad. SSSR **1959**, 1942; C. A. **54**, 9738 (1960).
[4] R. S. DICKSON u. B. O. WEST, Austral. J. Chem. **15**, 710 (1962).
[5] W. STAMM u. A. BREINDEL, Ang. Ch. **76**, 99 (1964).
[6] R. L. MCKENNEY u. H. H. SISLER, Inorg. Chem. **6**, 1178 (1967).
[7] R. MÜLLER et al., J. pr. **311**, 930 (1969).
[8] E. A. BESOLOVA et al., Ž. obšč. Chim. **38**, 1574 (1968); engl.: 1523.
[9] A. E. BORISOV et al., Izv. Akad. SSSR **1968**, 2287; C. A. **70**, 29023 (1969).

$$(H_9C_4)_3Sn-C\equiv C-Sn(C_4H_9)_3 \quad + \quad 2 \ (H_5C_6)_2Sb-Cl \xrightarrow[-2 \ (H_9C_4)_3Sn-Cl]{} (H_5C_6)_2Sb-C\equiv C-Sb(C_6H_5)_2$$

Nur historische Bedeutung besitzt die Herstellung von Trialkyl-stibinen aus Antimon(III)-halogeniden und Dialkyl-zink- oder -quecksilber-Verbindungen[1].

Auch die Umsetzungen von Antimon(III)-chlorid bzw. -fluorid mit Diphenyl-cadmium[2] bzw. Ammonium-methyl-pentafluor-silicat[3] zu *Triphenyl-* bzw. *Trimethyl-stibin* stellen keine Alternative zur Reaktion der Halogen-stibine mit Grignard- bzw. Organolithium-Verbindungen dar.

### $\beta\beta_2$) Durch Arylierung mit Diazonium- oder Halogeniumsalzen

Die Zersetzung von Aren-diazoniumsalzen in Gegenwart von Antimon(III)-chlorid und metallischem Zink oder Eisen führt normalerweise zur Bildung von Gemischen aus Halogen-stibinen, tert. Stibinen und tert. Stibin-dihalogeniden (S. S. 543)[4]. Vermutlich ist die Bildung der tert. Stibine auf eine Reduktion der tert. Stibin-dichloride mittels Zink zurückzuführen[5]. Präparativ besitzt diese Reaktion, auch wegen der geringen Ausbeuten, geringe Bedeutung für die Herstellung von Triaryl-stibinen.

### $\beta_2$) *Aus Antimon oder seinen Legierungen*

Eine der ältesten Methoden zur Herstellung symmetrischer tert. Stibine stellt die Alkylierung bzw. Arylierung von metallischem Antimon oder Alkalimetall-antimoniden mit Alkyl[6-9]- bzw. Aryl-halogeniden[10] dar. Die Reaktion besitzt jedoch keine präparative Bedeutung. Auch die Arylierung von metallischem Antimon mit Aren-diazoniumsalzen liefert die entsprechenden Triaryl-stibine nur in mäßiger Ausbeute[11].

In relativ guter Ausbeute läßt sich *Tris-[trifluormethyl]-stibin* (Kp: 72°) durch Erhitzen von Trifluormethyljodid und metallischem Antimon auf 165–175° im Druckrohr herstellen[12]:

$$n \ CF_3J \ + \ Sb \xrightarrow{165-175°} (F_3C)_3Sb$$

Die Reaktion muß in einem Stahlzylinder durchgeführt werden, da ein Rohr aus Pyrex-Glas stark angegriffen wird. Die besten Ausbeuten an Tris-[trifluormethyl]-stibin wurden erst nach mehrmaligem Gebrauch des Stahlzylinders beobachtet[12].

In 23%-iger Ausbeute wird *Tris-[pentafluor-phenyl]-stibin* beim trockenen Erhitzen von Brom-bis-[pentafluor-phenyl]-thallium mit Antimon auf 190° erhalten[13].

[1] E. KRAUSE u. A. v. GROSSE, *Die Chemie der metall-organischen Verbindungen*, Borntraeger Verlag, Berlin 1937.

[2] A. N. NESMEYANOV u. L. G. MAKAROVA, Ž. obšč. Chim. **7**, 2649 (1937); C. A. **32**, 2095 (1938).

[3] R. MÜLLER u. C. DATHE, B. **99**, 1609 (1966).

[4] Zusammenfassende Literatur findet man bei:
A. N. NESMEYANOV, *Organometallic Chemistry*, Vol. 10, S. 3, Academic Press, New York 1972.
O. A. REUTOV u. O. A. PTITSYNA, *Organometallic Reactions*, Vol. 4, S. 106, Wiley-Interscience, New York 1972.

[5] T. B. BRILL u. G. G. LONG, Inorg. Chem. **11**, 225 (1972).

[6] K. LÖWIG u. E. SCHWEIZER, A. **75**, 315 (1850).

[7] H. LANDOLT, A. **78**, 91 (1851); **84**, 44 (1852).

[8] K. LÖWIG, J. pr. [1] **64**, 415 (1855); A. **97**, 323 (1856).

[9] F. BERLÉ, J. pr. [1] **65**, 383 (1855); A. **97**, 316 (1856).

[10] C. LÖLOFF, B. **30**, 2834 (1897).

[11] F. B. MAKIN u. N. A. WATERS, Soc. **1938**, 843.

[12] J. W. DALE et al., Soc. **1957**, 3708.

[13] G. B. DEACON u. J. C. PARROTT, J. Organometal. Chem. **22**, 287 (1970).

### $\beta_3$) Durch Alkylierung von sek. Stibiden

Eine wertvolle Methode zur Herstellung unsymmetrischer Stibine oder Bis-stibine ist die Einwirkung von Alkylierungsmittel auf sek. Alkalimetall-stibide, die meistens nach ihrer Herstellung aus Halogen-stibinen, sekundären oder tert. Stibinen (s. S. 471), ohne Isolierung umgesetzt werden:

$$R_2Sb-Z \;+\; 2\,M \;\xrightarrow[-MZ]{}\; \{R_2Sb-M\} \;\xrightarrow[-MZ]{R^1-X}\; R_2Sb-R^1$$

Z = Halogen, Alkyl- oder Aryl-Rest
M = Alkalimetall (hauptsächlich Natrium)
$R^1X$ = Alkylhalogenid oder andere Alkylierungsmittel

$$R_2Sb-H \;\xrightarrow[-C_6H_6]{H_5C_6-Li}\; R_2Sb-Li \;\xrightarrow[-LiX]{R^1-X}\; R_2Sb-R^1$$

**Diäthyl-allyl-stibin**[1]: Unter strengem Sauerstoff- und Feuchtigkeits-Ausschluß werden 6 g Lithium-diäthyl-stibid-1,4-Dioxanat (s. S. 474) in 80 ml abs. Tetrahydrofuran unter Rühren bei −20° in eine Lösung von 1,78 g Allylchlorid in 100 ml Tetrahydrofuran innerhalb von 2 Stdn. getropft. Nach Zersetzen des Reaktionsgemisches mit Sauerstoff-freier konz. Ammoniumchlorid-Lösung wird die organische Schicht abgetrennt, mit Natriumsulfat getrocknet und unter Lichtausschluß vorsichtig eingeengt. Der Rückstand wird i. Vak. destilliert; Ausbeute: 3,7 g (78% d. Th.); Kp$_2$: 50–52°.

**Dibutyl-allyl-stibin**[2]: Unter Stickstoff werden bei ∼23° 30 g (0,095 Mol) Brom-dibutyl-stibin in 50 ml abs. Tetrahydrofuran innerhalb 1 Stde. zu 1,32 g (0,19 g-Atom) Lithium-Schnitzel in 50 ml Tetrahydrofuran unter Rühren getropft. Die Temp. steigt auf 45°, bis die Reaktionsmischung eine tiefrote Farbe angenommen hat. Anschließend wird weitere 2 Stdn. bei ∼23° gerührt und unter Stickstoff in einen anderen Reaktionskolben filtriert. Hierzu tropft man 11,5 g (0,095 Mol) Allylbromid in 50 ml Tetrahydrofuran und rührt über Nacht. Die nun gelbe Reaktionsmischung wird bei 0° mit 20 ml ges. Ammoniumchlorid-Lösung zersetzt, die organische Phase abgetrennt, über Magnesiumsulfat getrocknet und fraktioniert destilliert; Ausbeute: 19 g (73% d. Th.); Kp$_{0,05}$: 54–55°.

Häufig werden die Natrium-stibide aus tert. Stibinen in fl. Ammoniak hergestellt (s. S. 471). In solchen Fällen muß die dabei entstandene Organo-natrium-Verbindung zuerst zerstört werden. Dies kann entweder durch Zugabe der doppelten Menge Alkylhalogenids[3] oder wesentlich besser durch Zugabe molarer Mengen Ammoniumchlorid geschehen[3-6].

**Äthyl-propyl-butyl-stibin**[3]: Unter Sauerstoffausschluß werden 9,5 g (0,04 Mol) Diäthyl-butyl-stibin unter Rühren zu einer Lösung von 1,9 g (0,08 g-Atom) Natrium in 150 ml fl. Ammoniak getropft. Man rührt anschließend weitere 1,5 Stdn. und gibt 0,08 Mol Propylbromid tropfenweise zu, wobei die Reaktionsmischung sich entfärbt. Man läßt das Ammoniak langsam abdampfen und nimmt den Rückstand in 100 ml Äther und 50 ml Wasser auf. Die Äther-Phase wird abgetrennt, getrocknet (Molekularsieb 4 A) und fraktioniert destilliert; Ausbeute: 4,2 g (42% d. Th.); Kp$_8$: 83–87°.

**Alkyl-diphenyl-stibine; allgemeine Arbeitsvorschrift**[5]: Zu einer Lösung von 2,3 g (0,1 g-Atom) Natrium in 300 ml fl. Ammoniak werden 17,6 g (0,05 Mol) Triphenyl-stibin portionsweise gegeben und anschließend weitere 6 Stdn. gerührt. Man zersetzt das gebildete Phenyl-natrium durch Zugabe von 2,7 g (0,05 Mol) Ammoniumchlorid und tropft anschließend die entsprechende Menge Alkylhalogenid zu (bei gasförmigen Alkylchloriden werden diese in die Lösung eingeleitet), wobei die Reaktion sofort eintritt. Man läßt das Ammoniak abdampfen und löst den Rückstand in 50 ml Wasser und 80 ml Tetrahydrofuran oder Äther auf. Nach Trennung und Trocknung der organischen Phase über Natriumsulfat wird das Lösungsmittel entfernt und der Rückstand i. Vak. destilliert; Ausbeute: 50–70% d. Th.

---

[1] K. Issleib u. B. Hamann, Z. anorg. Ch. **339**, 289 (1965).
[2] S. Herbstman, J. Org. Chem. **29**, 986 (1964).
[3] H. A. Meinema et al., J. Organometal. Chem. **51**, 223 (1973).
[4] Y. Matsumara u. R. Okawara, J. Organometal. Chem. **25**, 439 (1970).
[5] S. Sato et al., Inorg. Nucl. Chem. Lett. **8**, 837 (1972); J. Organometal. Chem. **43**, 333 (1972).
[6] T. B. Brill et al., Inorg. Chem. **12**, 1888 (1973).

So erhält man u. a.

*Methyl-diphenyl-stibin*        $Kp_1$:   115–120°
*Isopropyl-diphenyl-stibin*     $Kp_{0,5}$: 127–128°
*Diphenyl-benzyl-stibin*        $Kp_{0,5}$: 179–180°

Da die Umsetzung von Alkyl-diphenyl- bzw. Dialkyl-phenyl-stibinen mit Natrium in fl. Ammoniak nicht immer einheitliche Stibide liefert (s. S. 472), werden bei der Alkylierung solcher Stibide Gemische an tert. Stibinen erhalten[1]. So wird aus Methyl-diphenyl-stibin mittels Natrium im wesentlichen Natrium-methyl-phenyl-stibid gebildet, dessen Umsetzung mit Alkylhalogeniden zu unsymmetrischen Stibinen führt[1]:

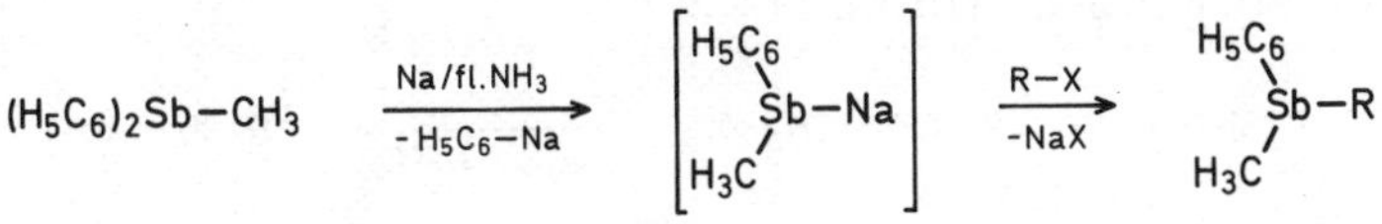

$$(H_5C_6)_2Sb-CH_3 \xrightarrow[-H_5C_6-Na]{Na/fl.NH_3} \left[ \begin{array}{c} H_5C_6 \\ \diagdown \\ Sb-Na \\ \diagup \\ H_3C \end{array} \right] \xrightarrow[-NaX]{R-X} \begin{array}{c} H_5C_6 \\ \diagdown \\ Sb-R \\ \diagup \\ H_3C \end{array}$$

$R = C_2H_5, CH(CH_3)_2, CH_2-C_6H_5$;  *Methyl-äthyl-phenyl-; Methyl-isopropyl-phenyl-; Methyl-phenyl-benzyl-stibin*

Aus Äthyl-diphenyl-stibin dagegen entsteht ein ~ 1 : 1-Gemisch aus Natrium-diphenyl- und Natrium-äthyl-phenyl-stibid[1]. Dialkyl-phenyl-stibine liefern hauptsächlich Natrium-alkyl-phenyl-stibide (s. S.472)[1].

Natrium-dialkyl-stibide lassen sich auch mit Oxiran, Methyl-oxiran, 3-Propanolid oder mit N-Benzoyl-aziridin, jedoch nicht mit Aziridin selbst alkylieren[2]:

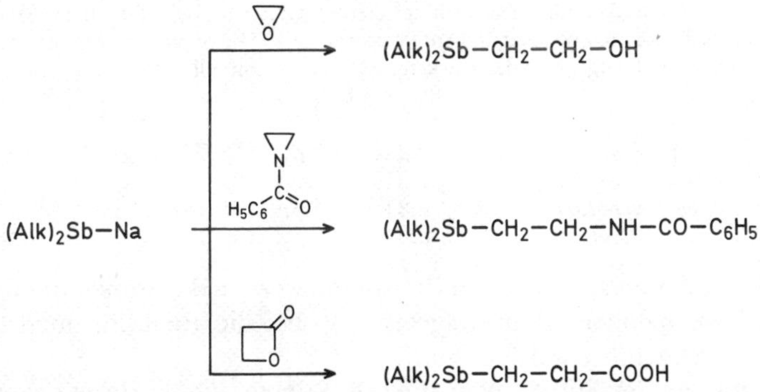

$$(Alk)_2Sb-Na \quad \longrightarrow \quad (Alk)_2Sb-CH_2-CH_2-OH$$
$$\longrightarrow \quad (Alk)_2Sb-CH_2-CH_2-NH-CO-C_6H_5$$
$$\longrightarrow \quad (Alk)_2Sb-CH_2-CH_2-COOH$$

**Dimethyl-(2-hydroxy-äthyl)-stibin**[2]: In sauerstoff-freier Atmosphäre werden zu einer gerührten Lösung von 3,5 g (0,15 g-Atom) Natrium in 100 *ml* fl. Ammoniak 12,5 g (0,075 Mol) Trimethyl-stibin getropft und weitere 30 Min. gerührt. In die tiefrote Reaktionslösung wird dann ein Strom von Oxiran eingeleitet, wobei sofort unter Entfärbung Reaktion eintritt. Nach Abdampfen des Ammoniaks wird der Rückstand mit ~ 100 *ml* Äther und 50 *ml* Wasser gelöst, die organische Phase abgetrennt, getrocknet und fraktioniert destilliert; Ausbeute: 12,6 g (85% d. Th.); $Kp_{16}$: 97–98°.

Auf gleiche Weise werden hergestellt[2]:

| | | |
|---|---|---|
| *(2-Hydroxy-äthyl)-dibutyl-stibin* | 46% d. Th. | $Kp_{0,4}$:  100–104° |
| *Dimethyl-(2-hydroxy-propyl)-stibin* | 81% d. Th. | $Kp_{0,05}$:  39–41° |
| *Dipropyl-(2-hydroxy-propyl)-stibin* | 57% d. Th. | $Kp_{0,2}$:  75–76° |
| *Dimethyl-(2-benzoylamino-äthyl)-stibin* | 66% d. Th. | F: 37–42° (Pentan) |
| *3-Dimethylstibino-propansäure* | 48% d. Th. | $Kp_{0,06}$:  82–86° |

---

[1] S. Sato et al., Inorg. Nucl. Chem. Lett. **8**, 837 (1972); J. Organometal. Chem. **43**, 333 (1972).
[2] H. A. Meinema et al., J. Organometal. Chem. **51**, 223 (1973).

Die Alkylierung der sek. Alkalimetall-stibide mit Dihalogen-alkanen ist wohl die einfachste Methode zur Herstellung von tert.-Bis-stibinen (1,$\omega$-Bis-[diorgano-stibino]-alkanen[1-5]:

$$2\ R_2Sb-M\ +\ X-(CH_2)_n-X\ \xrightarrow{-2\ MX}\ R_2Sb-(CH_2)_n-SbR_2$$

R = Alkyl, Phenyl
M = Li, Na
X = Halogen
n = 1, 3, 4, 5, 6, …

Mit 1,2-Dihalogen-äthan reagieren die Alkalimetall-stibide unter Eliminierung vom Äthylen zu Tetraorgano-distibinen (s. S. 477)[1,4]:

$$2\ R_2Sb-M\ +\ X-CH_2-CH_2-X\ \xrightarrow{-C_2H_4/-2\ MX}\ R_2Sb-SbR_2$$

M = Li, Na
X = Br, Cl

Läßt man auf die Stibide die molare Menge 1,$\omega$-Dihalogen-alkan einwirken, so können auf diese Weise ($\omega$-Halogen-alkyl)-diorgano-stibine erhalten werden[1]:

$$R_2Sb-Li\ +\ Cl-(CH_2)_4-Cl\ \xrightarrow{-LiCl}\ R_2Sb-(CH_2)_4-Cl$$

**(4-Chlor-butyl)-diorgano-stibine; allgemeine Arbeitsvorschrift[1]:** Unter Sauerstoffausschluß und unter Rühren wird zu einer Lösung von 1,4-Dichlor-butan in abs. Tetrahydrofuran die molare Lösung eines Lithium-diorganostibids in Tetrahydrofuran so zugetropft, daß die Stibid-Lösung sich sofort entfärbt (am geeignetsten wird die Umsetzung bei 30–40° durchgeführt. Das Lithium-diäthyl-stibid wird bei −50° umgesetzt). Nach beendeter Zugabe (1–2 Stdn.) wird mit Äther versetzt und mit Wasser zersetzt. Die organische Phase wird abgetrennt, über Natriumsulfat getrocknet und eingeengt; der Rückstand i. Vak. (eventuell unter Lichtausschluß) destilliert. So erhält man u. a.

| | | | |
|---|---|---|---|
| *Diäthyl-(4-chlor-butyl)-stibin* | 53% d. Th. | Kp$_2$: | 76–77° |
| *Di-tert.-butyl-(4-chlor-butyl)-stibin* | 32% d. Th. | Kp$_2$: | 93–100° |
| *(4-Chlor-butyl)-dicyclohexyl-stibin* | 62% d. Th. | Kp$_{13}$: | 151–154° |
| *(4-Chlor-butyl)-diphenyl-stibin* | 59% d. Th. | Kp$_2$: | 139–142° |

Zur Herstellung der entsprechenden Bis-stibine werden die Stibide mit der halben molaren Menge 1,$\omega$-Dihalogen-alkan umgesetzt, wobei die Reaktion meistens bei tiefen Temperaturen durchgeführt werden muß[1].

Da die Herstellung der Stibide über die sek. Stibine, die wiederum zuerst hergestellt werden müssen (s. S. 443), umständlicher als über tert. Stibine ist (s. S. 471), werden letztere häufiger als Ausgangsverbindungen eingesetzt[3-6].

**Bis-[dimethylstibino]-methan[4]:** 6,7 g (0,04 Mol) Trimethyl-stibin werden unter Rühren zu 1,9 g (0,08 g-Atom) Natrium in 200 *ml* fl. Ammoniak zugetropft. Innerhalb 10 Min. schlägt die Farbe der Reaktionslösung von dunkelblau nach dunkelrot um. Man rührt weitere 20 Min., versetzt mit 4,0 g (0,04 Mol) Ammoniumbromid und gibt 2 g Dichlormethan tropfenweise zu, wobei sofort Entfärbung eintritt. Nach Abdampfen des Ammoniaks wird mit 80 *ml* Äther und 50 *ml* Wasser versetzt, die organische Phase abgetrennt, getrocknet (Molekularsieb 4 A) und eingeengt. Der Rückstand wird i. Vak. destilliert; Ausbeute: 3,2 g (50% d. Th.); Kp$_3$: 59–61°.

[1] K. Issleib u. H. Hamann, Z. anorg. Ch. **332**, 179 (1964); **339**, 289, 298 (1965); **343**, 196 (1966).
[2] Y. Matsumura u. R. Okawara, Inorg. Nucl., Chem. Lett. **5**, 449 (1949); J. Organometal. Chem. **25**, 439 (1970).
[3] S. Sato et al., J. Organometal. Chem. **43**, 333 (1972).
[4] H. A. Meinema et al., J. Organometal. Chem. **51**, 223 (1973).
[5] T. B. Brill et al., Inorg. Chem. **12**, 1888 (1973).
[6] Y. Matsumura u. R. Okawara, J. Organometal. Chem. **25**, 439 (1970).

Analog können u. a. hergestellt werden:

| | | |
|---|---|---|
| Bis-[diäthyl-stibino]-methan[1] | 68% d. Th. | Kp$_{0,8}$: 103–105° |
| Bis-[diphenyl-stibino]-methan[2] | 74% d. Th. | F: 82–83,5° (Aceton) |
| 1,3-Bis-[diphenyl-stibino]-propan[3] | 60% d. Th. | F: 52–53° (Aceton) |
| 1,4-Bis-[diphenyl-stibino]-butan[4] | | F: 70–72° (s. jedoch Lit. [5]) |
| 1,10-Bis-[diphenyl-stibino]-decan[4] | | F: 53–55° (Äthanol) |

Natrium-dimethyl-stibid kann auch mit Arylhalogeniden umgesetzt werden[6]. So läßt sich *1,2-Bis-[dimethyl-stibino]-benzol* (Kp$_{0,5}$: 124–125°) durch Umsetzung von Natrium-dimethyl-stibid und 2-Brom-1-jod-benzol in flüssigem Ammoniak herstellen[6]:

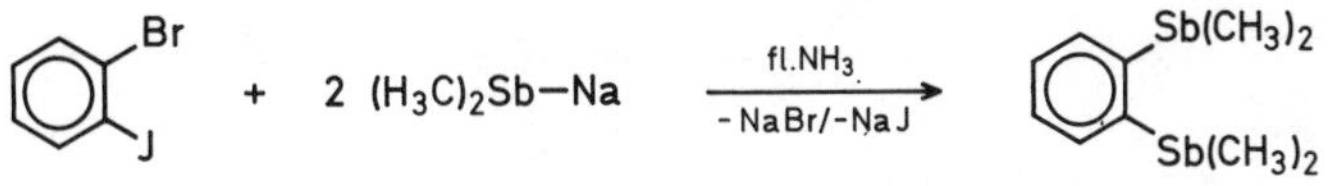

In guter Ausbeute läßt sich *1-Phenyl-stibolan* durch Alkylierung von Dinatrium-phenyl-stibin mit 1,4-Dichlor-butan herstellen[7]:

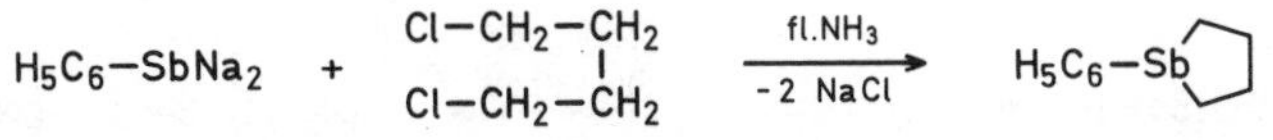

**1-Phenyl-stibolan**[7]: Unter Argonatmosphäre wird eine Lösung von 1,7 g Natrium in 150 *ml* flüssigem Ammoniak unter Rühren mit 6,95 g Phenyl-stibin tropfenweise versetzt. Die heftige Wasserstoff-Entwicklung ist nach kurzer Zeit beendet (Gasentwicklung: V = 880 *ml*; V$_{korr.}$: 800 *ml* ≙ 35,8 mMol Wasserstoff). Anschließend werden 8,0 g 1,4-Dichlor-butan zugetropft. Man läßt das Ammoniak abdunsten, versetzt mit ~ 100 *ml* abs. Äther, filtriert vom Natriumchlorid ab, engt ein und destilliert den Rückstand i. Vak.; Ausbeute: 4,8 g (55% d. Th.); Kp$_4$: 120–122°.

### β$_4$) Durch Additionsreaktionen

#### ββ$_1$) An Alkine

Läßt man auf Phenylacetylen Diphenyl-stibin einwirken, so tritt sofort eine exotherme Reaktion ein, die nach 4 Stdn. bei 50° (*2-Phenyl-vinyl)-diphenyl-stibin* (Kp$_{0,035}$: 152–153°) in 80%iger Ausbeute liefert[8]:

Die Reaktion ist auf weitere Acetylen-Derivate übertragbar, wobei die Reaktionspartner in geschmolzenem Rohr unter Sauerstoffausschluß mehrere Stdn. auf 60–85° erhitzt und anschließend fraktioniert werden[8–10]. Auf diese Weise lassen sich 1,2-Bis-[diorgano-stibino]-äthen und (2-Diorganoarsino- bzw. 2-Diorganophosphino-vinyl)-stibine herstellen[9, 10]:

[1] H. A. MEINEMA et al., J. Organometal. Chem. **51**, 223 (1973).

[2] Y. MATSUMURA u. R. OKAWARA, J. Organometal. Chem. **25**, 439 (1970).

[3] S. SATO et al., J. Organometal. Chem. **43**, 333 (1972).

[4] T. B. BRILL et al., Inorg. Chem. **12**, 1888 (1973).

[5] K. ISSLEIB u. H. HAMANN, Z. anorg. Ch. **343**, 196 (1966).

[6] E. SHEWCHUK u. S. B. WILD, J. Organometal. Chem. **71**, C 1 (1974).

[7] K. ISSLEIB u. A. BALSZUWEIT, Z. anorg. Ch. **418**, 158 (1975).

[8] A. N. NESMEYANOV et al., Izv. Akad. SSSR **1965**, 763; C. A. **63**, 2998 (1965); **1967**, 815; C. A. **67**, 90900 (1967); **1969**, 2028; C. A. **72**, 21756$^c$ (1970).

[9] A. N. NESMEYANOV et al., Doklady Akad. SSSR **172**, 1329 (1967); C. A. **67**, 3127 (1967).

[10] A. N. NESMEYANOV et al., Izv. Akad. SSSR **1972**, 1372; C. A. **77**, 126784$^s$ (1972).

$$R_2SbH \xrightarrow{R_2M-C\equiv CH} R_2Sb-CH=CH-MR_2$$

$$R = C_6H_5, C_4H_9$$
$$M = P, As, Sb$$

Antimonin (Stibabenzol) reagiert bei 0° mit Hexafluor-butin-(2) im Sinne einer Diels-Alder-Reaktion zu *2,3-Bis-[trifluormethyl]-1-stiba-bicyclo[2.2.2]octatrien*[1]:

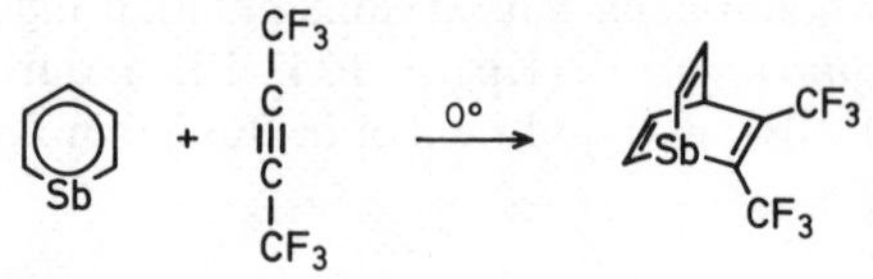

### $\beta\beta_2$) An Keten

Wird in eine ätherische Lösung von Diphenyl-stibin bei −20° unter Lichtausschluß Keten eingeleitet, so bildet sich *Diphenyl-acetyl-stibin* in 78%iger Ausbeute[2]:

$$(H_5C_6)_2Sb-H \quad + \quad H_2C=C=O \xrightarrow[\text{Dunkelheit}]{\text{Äther,-20°}} (H_5C_6)_2Sb-CO-CH_3$$

Leitet man dagegen überschüssiges Keten (50−100% Überschuß) in eine benzolische Lösung von Trialkylantimonit, Stibonigsäure- oder Stibinigsäure-alkylester, so werden die Alkoxy-Gruppen in (Alkoxycarbonyl-methyl)-Gruppen umgewandelt[3, 4]:

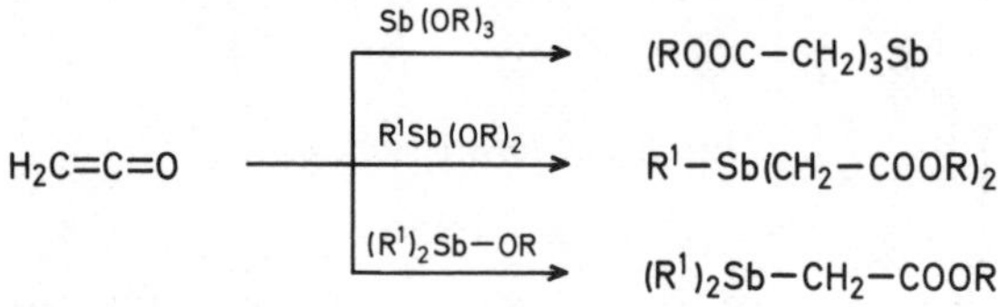

$$R = Alkyl$$
$$R^1 = Alkyl$$

Die Reaktion stellt eine einfache Methode zur Herstellung tert. Stibine mit einer oder mehreren (Alkoxycarbonyl-methyl)-Gruppen dar.

Die (Alkoxycarbonyl-methyl)-stibine zersetzen sich bei ∼23° nach einigen Stdn. Bei −20° unter Argon können sie 3−4 Tage ohne Zersetzung aufbewahrt werden[4]. Aus diesem Grunde muß ihre Destillation i. Hochvak. (mindestens unter 1 Torr) erfolgen, um höhere Temp. zu vermeiden[4].

**(Äthoxycarbonyl-methyl)-dipropyl-stibin**[4]: Unter trockenem Argon werden innerhalb 2,25 Stdn. 0,38 Mol (100% Überschuß) Keten in eine Lösung von 49 g Äthoxy-dipropyl-stibin in 40 ml trockenem Benzol eingeleitet. Bereits nach 10−15 Min. erwärmt sich die Reaktionslösung. Dann wird das Einleiten unter Kühlung im Eisbad fortgesetzt. Gegen Ende des Einleitens hört die Wärmeentwicklung auf. Lösungsmittel und leichtflüchtige Anteile werden i. Wasserstrahlvak. bei einer Badtemp. von höchstens 40−50° entfernt. Der Rückstand wird i. Hochvak. fraktioniert; Ausbeute: 47,4 g (84% d. Th.); Kp$_{5\cdot10^{-2}}$: 68−69°.

Analog werden aus den entsprechenden Alkoxy-stibinen u. a. folgende Verbindungen hergestellt[4]:

[1] A. J. ASHE, III u. M. D. GORDON, Am. Soc. **94**, 7596 (1972).
[2] R. G. KOSTYANOVSKII u. V. V. YAKSHIN, Izv. Akad. SSSR **1969**, 478; C. A. **70**, 115277[h] (1969).
[3] V. L. FOSS et al., Ž. obšč. Chim. **35**, 759 (1965); engl.: 1764.
[4] E. A. BESOLOVA et al., Ž. obšč. Chim. **38**, 267 (1968); engl.: 270.

| | | |
|---|---|---|
| *Tris-[ äthoxycarbonyl-methyl ]-stibin* | 75% d. Th. | $Kp_{0,05}$: 133–135° |
| *Tris-[ isopropyloxycarbonyl-methyl ]-stibin* | 93% d. Th. | $Kp_{0,03}$: 131–132° |
| *Tris-[ butyloxycarbonyl-methyl ]-stibin* | 51% d. Th. | $Kp_{0,03}$: 175–176° |
| *Bis-[ äthoxycarbonyl-methyl ]-butyl-stibin* | 85% d. Th. | $Kp_{0,018}$: 104–105° |
| *(Methoxycarbonyl-methyl)-dipropyl-stibin* | 79% d. Th. | $Kp_{0,0085}$: 47–48° |
| *(Äthoxycarbonyl-methyl)-dibutyl-stibin* | 77% d. Th. | $Kp_{0,006}$: 81–83° |

Auf prinzipiell analoge Weise reagieren Dialkylstibinigsäure-alkylester mit Enol-trifluoracetaten zu Gemischen aus Carbonylmethyl-diorgano-stibinen und Dialkylstibinigsäure-vinylester[1]:

$$R_2Sb-OR^1 \quad + \quad F_3C-COO-\overset{|}{C}=C\diagdown^{/} \quad \longrightarrow \quad F_3C-COOR^1 \quad + \quad R_2Sb-\overset{|}{\underset{O}{C}}-C\diagdown^{/} \quad + \quad R_2Sb-O-\overset{|}{C}=C\diagdown^{/}$$

R; R$^1$ = Alkyl

Die nucleophileren Dialkylstibinigsäure-dialkylamide reagieren auch mit den Vinylestern der unsubstituierten Essigsäure[1]:

$$R_2Sb-N(R^1)_2 \quad + \quad H_3C-COO-\overset{|}{C}=C\diagdown^{/} \quad \longrightarrow$$

$$H_3C-CO-N(R^1)_2 \quad + \quad R_2Sb-\overset{|}{\underset{O}{C}}-C\diagdown^{/} \quad + \quad R_2Sb-O-\overset{|}{C}=C\diagdown^{/}$$

In beiden Fällen ist die Reaktion exotherm und wird ohne Lösungsmittel durchgeführt. Stibinigsäure-amide, die durch die entsprechenden Chloride verunreinigt sind, reagieren wesentlich schneller als die absolut reinen Amide[1]. Die Anteile an Stibinigsäure-vinylester und tert. Stibin hängen sowohl von sterischen Faktoren als auch von der Stabilität der Enole ab. So neigen Enolacetate, die von Aldehyden abgeleitet werden, mehr zur Bildung der Vinylester. Auch Substituenten in α-Stellung des Enolacetats beeinträchtigen die Ausbeute an tert. Stibin[1]. Dialkylstibino-acetaldehyde lassen sich aus den Dialkylstibinigsäure-dialkylamiden nicht herstellen, da diese mit dem Stibino-aldehyd unter Bildung von Enaminen weiterreagieren[1].

**Di-tert.-butyl-(2-oxo-3,3-dimethyl-butyl)-stibin**[1]: Unter trockenem Argon tropft man unter heftigem Rühren 15,2 g (0,0544 Mol) Di-tert.-butylstibinigsäure-dimethylamid zu 9,4 g (0,0662 Mol) 1-Acetoxy-3,3-dimethyl-buten. Eine exotherme Reaktion tritt ein. Anschließend wird 4 Stdn. auf 80–90° erhitzt und i. Vak. das gebildete N,N-Dimethyl-acetamid abdestilliert. Der Rückstand wird 2mal i. Hochvak. destilliert; Ausbeute: 15,5 g (85% d. Th.); $Kp_{0,056}$: 67–68°.

Auf ähnliche Weise erhält man *Diäthyl-(2-oxo-3,3-dimethyl-butyl)-stibin* ($Kp_{0,02}$: 58–59°) in 43%iger und *Diäthyl-(2-oxo-propyl)-stibin* ($Kp_2$: 73–75°) in 44%iger Ausbeute[1].

$\beta_5$) *Aus quart. Stiboniumsalzen, Pentaorgano-stiboranen, tert. Stibinoxiden oder ihren Derivaten*

$\beta\beta_1$) Durch Spaltung von quart. Stiboniumsalzen bzw. Pentaorgano-stiboranen

Die Umwandlung quart. Stiboniumsalze oder Pentaorgano-stiboranen in tert. Stibine besitzt in den meisten Fällen nur theoretische Bedeutung. So führt die thermische Zersetzung von Alkoxy- bzw. Phenoxy-tetra-

---

[1] V. L. Foss et al., Ž. obšč. Chim. **39**, 1174 (1969); **43**, 1264 (1973); engl.: 1254; J. Organometal. Chem. **78**, 107 (1974).

phenylstiboran zu *Triphenyl-stibin* und anderen Zersetzungsprodukten[1]. Analog werden Alkyl- bzw. Phenylthio-tetramethyl-stiborane thermisch in *Trimethyl-stibin* und den entsprechenden Thioäther gespalten[2]. *Trivinyl-stibin* entsteht in 80%iger Ausbeute bei der Pyrolyse von Methyl-trivinyl-stiboniumjodid[3]. Ebenso führt die Pyrolyse von Pentaphenyl-stiboran zur Spaltung einer Antimon-Kohlenstoff-Bindung und Bildung von *Triphenyl-stibin*[4]. Tetramethyl-[5,6] und Tetraphenyl-stiboniumhalogenid[5-7] werden in ätherischer Lösung durch Lithiumalanat in *Trimethyl*- bzw. *Triphenylstibin* und Kohlenwasserstoff gespalten:

$$[R_4\overset{\oplus}{Sb}]X^{\ominus} \xrightarrow{\text{LiAlH}_4} R_3Sb + RH$$

$$R = CH_3, C_6H_5$$

Quart. Stiboniumsalze können auch an der Quecksilber-Kathode in tert. Stibine umgewandelt werden[8-11]:

$$[R_4\overset{\oplus}{Sb}]X^{\ominus} \xrightarrow{\text{Hg-Kathode}} R_3Sb$$

Bei unsymmetrischen Salzen werden Aryl-Reste bevorzugt abgespalten. So entsteht bei der elektrochemischen Reduktion von Trimethyl-phenyl-stiboniumsalz ausschließlich *Trimethyl-stibin*. Aus Methyl-triphenyl-stiboniumhalogenid entsteht dagegen ein ~ 1:1-Gemisch aus *Triphenyl*- und *Methyl-diphenyl-stibin*[9]. Unter ähnlichen Bedingungen wird aus Triphenyl-benzyl-stiboniumbromid ausschließlich der Benzyl-Rest als Toluol abgespalten unter Bildung von *Triphenyl-stibin*[8].

$\beta\beta_2$) Durch Reduktion von tert. Stibinoxiden oder ihren Derivaten

Ebenso keine präparative Bedeutung besitzt die Reduktion von tert. Stibinoxiden mit Zinn(II)-chlorid[12], Hydrazin-Hydrat[13,14] oder Thiolen[15] zu tert. Stibinen:

$$Ar_3Sb=O \xrightarrow{\text{SnCl}_2/\text{HCl}} Ar_3Sb$$

$$(H_3C)_3Sb=O + 2\ Alk-SH \longrightarrow (H_3C)_3Sb + Alk-S-S-Alk + H_2O$$

Analog werden Dialkoxy-trimethyl-stiborane durch Thiole reduziert. 2,2,2-Triphenyl-1,3,2-dioxastibole zerfallen thermisch in *Triphenyl-stibin* und Aldehyde bzw. Ketone[16]:

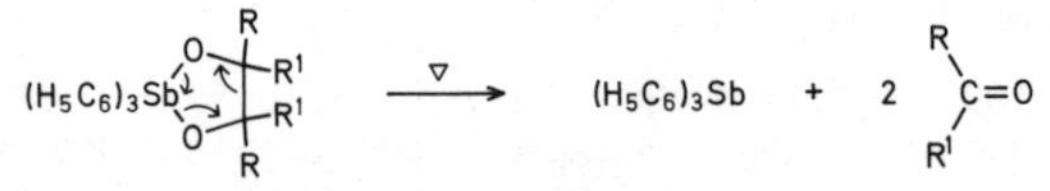

$$R = R^1 = CH_3$$
$$R = C_3H_5; R^1 = H$$

[1] G. A. Razuvaev u. N. A. Osanova, J. Organomet. Chem. **38**, 77 (1972).

[2] H. Schmidbaur u. K. H. Mitschke, B. **104**, 1837 (1971).

[3] L. Meier et al., Am. Soc. **79**, 5884 (1957); Z. Naturf. **12 b**, 263 (1957).

[4] G. Wittig u. K. Claus, A. **577**, 26 (1952).

[5] G. Wittig u. K. Torssell, Acta chem. scand. **7**, 1293 (1953).

[6] E. Wiberg u. K. Mödritzer, Z. Naturf. **11 b**, 750, 753 (1956).

[7] R. Sauers, Chem. & Ind. **1960**, 717.

[8] E. Meyer, Dissertation, Univ. Mainz, 1965.

[9] M. D. Morris et al., J. Electroanal. Chem. **10**, 85 (1965).

[10] T. R. Williams u. P. S. McKinney, J. Electroanal. Chem. **30**, 131 (1971).

[11] G. L. Kok u. M. D. Morris, Inorg. Chem. **11**, 2146 (1972).

[12] I. G. M. Campbell, Soc. **1950**, 3109; **1952**, 4448; **1955**, 1662.

[13] L. A. Woods, Iowa Coll. J. **19**, 61 (1944); C. A. **39**, 693 (1945).

[14] G. J. O'Donnell, Iowa Coll. J. **20**, 34 (1945); C. A. **40**, 4689 (1946).

[15] Y. Matsumura et al., Inorg. Nucl. Chem. Lett. **3**, 219 (1967).

[16] F. Nerdel et al., B. **97**, 124 (1964).

Trimethyl-stibinsulfid wird durch kurzes Erhitzen mit Benzyl-jodid in Chloroform zu *Trimethyl-stibin* desulfuriert[1].

Einfacher lassen sich z. B. *Trimethyl-* und *Triphenyl-stibin* aus den entsprechenden tert. Stibinsulfiden durch 1stdgs. Erhitzen mit Hexaphenyl-dizinn in Chloroform herstellen[2]:

$$R_3Sb=S \ + \ (H_5C_6)_3Sn-Sn(C_6H_5)_3 \ \xrightarrow{CHCl_3, \, \nabla} \ R_3Sb \ + \ [(H_5C_6)_3Sn]_2S$$

$$R = CH_3, \, C_6H_5$$

Von praktischer Bedeutung ist die Reduktion von tert. Stibin-dihalogeniden, da viele tert. Stibine wegen ihrer Oxidationsempfindlichkeit oder wegen Schwierigkeiten bei ihrer destillativen Reinigung und Isolierung in die entsprechenden Dihalogenide (s. S. 537)überführt und als solche identifiziert und aufbewahrt werden.

Zur Wiedergewinnung der tert. Stibine aus den Dihalogeniden werden diese mit Zink[3-7], Quecksilber[8], Lithiumalanat[9, 10], Hydrazin-Hydrat[11, 12], Natrium-hydrogensulfit[13] oder an der Quecksilber-Kathode[14] reduziert:

$$R_3SbX_2 \ \xrightarrow{LiAlH_4 \ oder \ Zn} \ R_3Sb$$

Am einfachsten und schonendsten ist die Reduktion mit Lithiumalanat in ätherischer Lösung [3, 4]. Auf diese Weise kann jedoch Trimethylstibin von Äther nicht getrennt werden. Hierfür eignet sich die Reduktion von Dibrom-trimethyl-stiboran mit Zink ohne Lösungsmittel[3-6].

**Trimethyl-stibin**[4]: Unter strengem Sauerstoffausschluß wird in einer Destillationsapparatur fein pulverisiertes Dibrom-trimethyl-stiboran mit überschüssigem Zinkstaub bzw. -granulat und einigen *ml* Wasser i. Vak. auf 150° erhitzt. Das Destillat wird über Calciumchlorid getrocknet und i. Vak. fraktioniert; Ausbeute: 45% d. Th.; Kp: 80–81°.

**Bis-[dimethyl-stibino]-methan**[7]: Unter Stickstoff werden 6 g Bis-[dichlor-dimethyl-stiboranyl]-methan mit 2 g Zinkstaub vermischt und unter Rühren tropfenweise mit 50 *ml* Wasser versetzt. Nach 3stdgm. Rühren wird mit 30 *ml* Äther versetzt und weitere 15 Min. gerührt. Nach Trennung und Trocknung der Äther-Phase wird der Äther abdestilliert und der Rückstand i. Vak. fraktioniert. Ausbeute: 2 g (50% d. Th.); Kp$_4$: 67–68°.

Dichlor-tris-[trifluormethyl]-stiboran wird durch einfaches Schütteln mit metallischem Quecksilber bei Raumtemperatur zum *Tris-[trifluormethyl]-stibin* reduziert[8] und die isomeren Dichlor-tris-[2-chlor-vinyl]-stiborane mit Natriumhydrogensulfit in wäßrigem Äthanol[15]:

$$(Cl-CH=CH)_3SbCl_2 \ \xrightarrow{NaHSO_3/H_2O/C_2H_5OH} \ (Cl-CH=CH)_3Sb$$

*cis*-Derivat:     Kp$_3$: 121–122°
*trans*-Derivat: F: 48–49°
*Tris-[2-chlor-vinyl]-stibin*

[1] J. OTERA u. R. OKAWARA, J. Organometal. Chem. **16**, 335 (1969).
[2] J. OTERA et al., J. Organometal. Chem. **19**, 213 (1969).
[3] G. T. MORGAN u. V. E. YORSLEY, Soc. **127**, 184 (1925); Pr. roy. Soc. [A] **110**, 534 (1926).
[4] C. H. BAMFORD et al., Soc. **1946**, 468.
[5] G. G. LONG et al., Am. Soc. **86**, 209 (1964).
[6] L. H. LONG u. F. F. SACKMAN, Trans. Faraday Soc. **51**, 1062 (1955).
[7] Y. MATSUMURA u. R. OKAWARA, J. Organometal. Chem. **25**, 439 (1970).
[8] J. W. DALE et al., Soc. **1957**, 3708.
[9] G. WITTIG u. K. TORSSELL, Acta chem. scand. **7**, 1293 (1953).
[10] E. WIBERG u. K. MÖDRITZER, Z. Naturf. **11 b**, 750, 753 (1956).
[11] L. A. WOODS, Iowa Coll. J. **19**, 61 (1944); C. A. **39**, 693 (1945).
[12] G. J. O'DONNELL, Iowa Coll. J. **20**, 34 (1945); C. A. **40**, 4689 (1946).
[13] A. N. NESMEYANOV, Bull. Acad. Sci. URSS Ser. Chim. **1945**, 239; C. A. **40**, 2122 (1946).
[14] R. E. DESSY et al., Am. Soc. **88**, 467 (1966).
[15] A. N. NESMEYANOV u. A. E. BORISOV, Bull. Acad. Sci. URSS, Ser. Chim. **1945**, 251; C. A. **40**, 2123 (1946).

Während normalerweise durch Umsetzung von Organo-lithium-Verbindungen mit tert. Stibin-dihalogenid pentacovalente Antimon-Verbindungen entstehen (s. S. 584), wird bei der Einwirkung von Phenyl-lithium oder 2,2'-Dilithium-biphenyl auf 5,5-Dibrom-5-methyl-⟨dibenzo-stibol⟩ letztlich unter Reduktion die Methyl- gegen die Aryl-Gruppe ausgetauscht[1]:

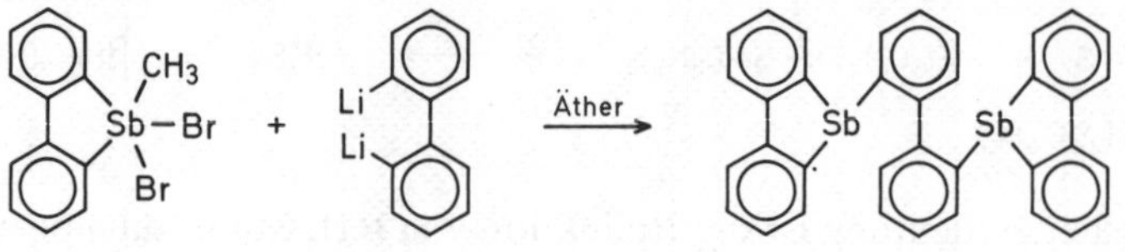

2,2'-Bis-[dibenzo-stibolo]-biphenyl;
74% d. Th.; F: 196–197°

Die analoge Umsetzung mit Phenyl-lithium liefert 60% d. Th. 5-Phenyl-⟨dibenzo-stibol⟩[1].

*β₆) Durch Austauschreaktionen oder Umwandlung in den organischen Resten*
*(optisch aktive tert. Stibine)*

Läßt man Trifluormethyljodid auf Trimethyl-stibin im zugeschmolzenen Rohr 40 Tage bei ~23° einwirken, so wird eine Methyl- gegen eine Trifluormethyl-Gruppe am Antimon ausgetauscht[2]:

$$2 \ (H_3C)_3Sb \ + \ CF_3J \ \xrightarrow{40\,Tage} \ F_3C-Sb(CH_3)_2 \ + \ [(H_3C)_4\overset{\oplus}{Sb}]J^{\ominus}$$

Die Ausbeute an *Dimethyl-trifluormethyl-stibin* beträgt maximal 50% d. Th., da das bei der Reaktion gebildete Trimethyljodid nicht umgesetztes Trimethyl-stibin quartärisiert[2]. Analog entsteht aus Trimethyl- bzw. Triäthyl-stibin und Pentafluoräthyl-jodid (48 Stdn. bei 23°, anschließend 15–24 Stdn. auf 100° erhitzen) *Dimethyl-* bzw. *Diäthyl-pentafluoräthyl-stibin*[3].

Wegen der relativen Schwäche der Antimon-Kohlenstoff-Bindung in den Stibinen[4] sowie ihren stark reduzierenden Eigenschaften ist nur eine beschränkte Anzahl von Reaktionen in den organischen Resten möglich, die unter Erhaltung der Bindungsverhältnisse am Antimon verlaufen. So lagern sich Triorganozinn-hydride an Äthinyl-diorgano-stibine zu [2-(Triorganostannyl)-vinyl]-diorgano-stibinen[5] an:

$$R_2Sb-C{\equiv}CH \ + \ (R^1)_3Sn-H \ \longrightarrow \ R_2Sb-CH{=}CH-Sn(R^1)_3$$

R = R¹ = C₆H₅; (*2-Triphenylstannyl-vinyl)-diphenyl-stibin*
R = R¹ = C₄H₉; (*2-Tributylstannyl-vinyl)-dibutyl-stibin*

Tert. Stibine, die im aliphatischen[6] oder aromatischen Rest ein Halogenatom tragen werden durch Umsetzung mit Alkalimetall-diorgano-phosphiden[6] bzw. -arseniden[7] in tert. Stibino-phosphine bzw. -arsine umgewandelt:

[1] D. HELLWINKEL u. M. BACH, J. Organometal. Chem. **17**, 389 (1969).
[2] R. N. HASZELDINE u. B. O. WEST, Soc. **1956**, 3631.
[3] B. J. PULLMANN u. B. O. WEST, Austral. J. Chem. **17**, 30 (1964).
[4] G. O. DOAK u. L. D. FREEDMAN, *Organometallic Compounds of Arsenic, Antimony, and Bismuth,* Wiley-Interscience, New York 1970.
[5] A. N. NESMEYANOV et al., Doklady Akad. SSSR **172**, 1329 (1967); C. A. **67**, 3127 (1967); Izv. Akad. SSSR. **1969**, 2028; C. A. **72**, 21756ᶜ (1970).
[6] K. ISSLEIB u. H. HAMANN, Z. anorg. Ch. **339**, 289 (1965).
[7] B. R. COOK et al., Inorg. Chem. **10**, 2676 (1971).

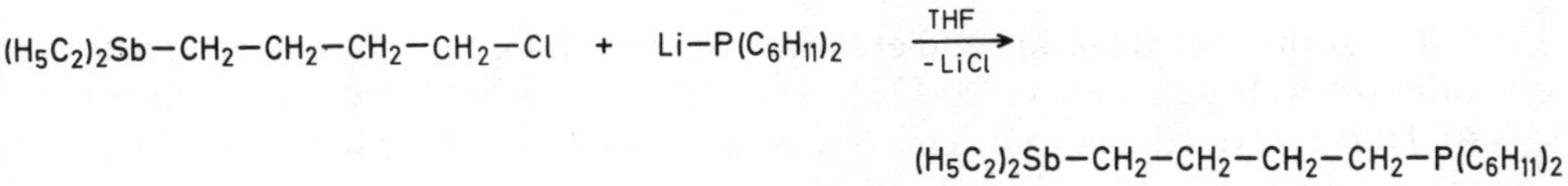

$(H_5C_2)_2Sb-CH_2-CH_2-CH_2-CH_2-Cl$ + $Li-P(C_6H_{11})_2$ $\xrightarrow[-LiCl]{THF}$

$(H_5C_2)_2Sb-CH_2-CH_2-CH_2-CH_2-P(C_6H_{11})_2$

*Diäthyl-(4-dicyclohexylphosphino-butyl)-stibin*

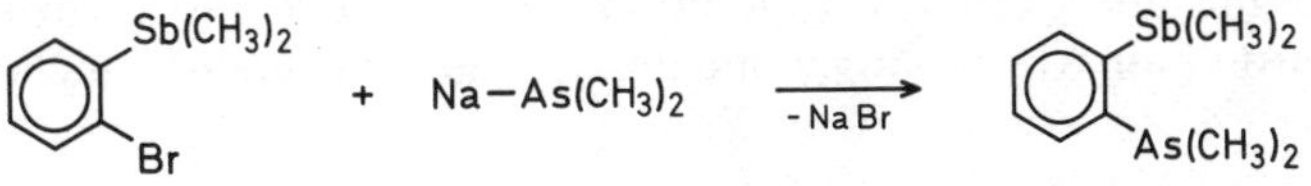

[Structure: 2-brom-phenyl with Sb(CH₃)₂] + $Na-As(CH_3)_2$ $\xrightarrow[-NaBr]{}$ [Structure: phenyl with Sb(CH₃)₂ and As(CH₃)₂]

*Dimethyl-(2-dimethylarsino-phenyl)-stibin*

**Dimethyl-(2-dimethylarsino-phenyl)-stibin**[1]: Unter Sauerstoff- und Feuchtigkeits-Ausschluß wird eine Lösung von Natrium-dimethylarsenid in Tetrahydrofuran zu 23,9 g (0,078 Mol) Dimethyl-(2-brom-phenyl)-stibin in 100 ml Äther unter Rühren innerhalb 1–2 Stdn. langsam getropft, wobei die Reaktionstemp. durch Kühlung bei 0–10° gehalten wird. Man läßt über Nacht rühren und destilliert die Lösungsmittel bei Normaldruck ab. Nach Abkühlung versetzt man den Rückstand mit 400 ml Sauerstoff-freiem Wasser. Die untere Phase wird in eine mit Stickstoff gespülte Mikrodestillationsapparatur abgelassen und dann i. Vak. fraktioniert; Ausbeute: 19 g (74% d. Th.); Kp$_{0,6}$: 98–100°.

Tertiäre Stibine, die drei verschiedene Liganden tragen, lassen sich über funktionelle Gruppen in den organischen Resten mit Hilfe geeigneter chiraler Verbindungen in optische Antipoden trennen[2–7]. So wird *2-Methyl-10-(4-carboxy-phenyl)-5H-phenoxantimonin* über die Strychnin-Salze in seine Enantiomeren getrennt[2]. Andere Carboxy-Gruppen enthaltende Stibol-Derivate werden analog über die Ephedrin-[3] oder 1-Phenyl-äthylamin-Salze[4] in ihre Antipoden getrennt; *3-Amino-5-(4-methyl-phenyl)-dibenzostibol* über die sauren Tartrate[5]. Auch nicht cyclische Stibine wie z. B. *Phenyl-(4-carboxy-phenyl)-biphenylyl-(2)*[6]- und *Phenyl-(4-carboxy-phenyl)naphthyl-(1)-stibin*[7] lassen sich über die 1-Phenyl-äthylamin-Salze in die Antipoden spalten.

Während die optisch aktiven cyclischen Stibine durch Salzsäure racemisieren[4], sind die acyclischen Enantiomeren optisch stabiler und werden durch trockenen Chlorwasserstoff in Chloroform nicht racemisiert[6,7].

## B. Umwandlung

### α) Oxidation, Salz- und Komplex-Bildung

Eine charakteristische Eigenschaft der Stibine ist ihre Oxidationsempfindlichkeit, die bei den niederen Trialkyl-stibinen bis zur Selbstentzündlichkeit an der Luft reicht. Mit zunehmender Anzahl der aromatischen Reste am Antimon nimmt die Stabilität gegenüber Oxidationsmittel zu. So sind Triaryl-stibine an der Luft relativ stabil.

Bei kontrollierter Oxidation werden die tert. Stibine je nach Oxidationsbedingungen in tert. Stibinoxide- bzw. -dihydroxide (s. S. 559) oder -bis-peroxide (s. S. 560) umgewandelt. Bei der Oxidation von Triarylstibinen mit Wasserstoffperoxid in alkal. Medium tritt eine Antimon-Kohlenstoff-Bindungsspaltung ein (S. S. 561).

[1] B. R. Cook et al., Inorg. Chem. **10**, 2676 (1971).
[2] I. G. M. Campbell, Soc. **1947**, 4.
[3] I. G. M. Campbell u. D. J. Morill, Soc. **1955**, 1662.
[4] I. G. M. Campbell, Soc. **1950**, 3109.
[5] I. G. M. Campbell, Soc. **1952**, 4448.
[6] I. G. M. Campbell, Soc. **1955**, 3116.
[7] I. G. M. Campbell u. A. W. White, Soc. **1958**, 1184.

In z. Tl. exothermer Reaktion addieren tert. Stibine Halogen, Schwefel bzw. Selen zu tert. Stibin-dihalogeniden (s. S. 537), -sulfiden (s. S. 566) bzw. -seleniden (s. S. 566). Durch Verbindungen, die eine Stickstoff-Halogen-Bindung besitzen (Chloramin T u. dgl.) lassen sich die Stibine in die entsprechenden Stibin-imine umwandeln (s. S. 569).

Demnach sind die Stibine starke Reduktionsmittel, die in dieser Eigenschaft die entsprechenden Arsine übertreffen. So bildet Trimethyl-stibin mit Chlorwasserstoff kein Salz, sondern wird unter Abspaltung von elementarem Wasserstoff zu *Dichlor-trimethyl-stiboran* oxidiert[1,2]:

$$(H_3C)_3Sb \; + \; 2\;HCl \quad \xrightarrow[-H_2]{} \quad (H_3C)_3SbCl_2$$

Triphenyl-stibin und methanolischer Chlorwasserstoff liefern in der Wärme *Chlor-di-phenyl-stibin*[3].

Bei der Einwirkung von Salpetersäure auf Triaryl-stibine werden die entsprechenden Dinitrate gebildet, die in Abhängigkeit vom aromatischen Ring und Reaktionsbedingungen auch im aromatischen Rest nitriert sein können (s. S. 541). Quecksilber-, Gold- und Silberhalogenide bilden mit Trialkyl-stibinen keine Doppelsalze, sondern werden bis zu den Elementen reduziert[4]. Die Additionsverbindungen von Triaryl-stibinen mit Quecksilber(II)-chlorid zerfallen meistens in der Wärme unter Abspaltung der Aryl-Gruppen[5-8]:

$$Ar_3Sb \; + \; HgCl_2 \quad \longrightarrow \quad Ar_2Sb-Cl \; + \; Ar-Hg-Cl$$

$$Ar_3Sb \; + \; 3\;HgCl_2 \quad \longrightarrow \quad 3\;Ar-Hg-Cl \; + \; SbCl_3$$

Analog verhält sich Tris-[2-chlor-vinyl]-stibin, das mit Quecksilber(II)-chlorid *2-Chlor-vinyl-quecksilberchlorid* und Antimon(III)-chlorid liefert[9].

Bei der Umsetzung von Tris-[2-methyl-phenyl]-stibin mit Quecksilber(II)-acetat wird letztes bis zum metallischen Quecksilber reduziert[8]:

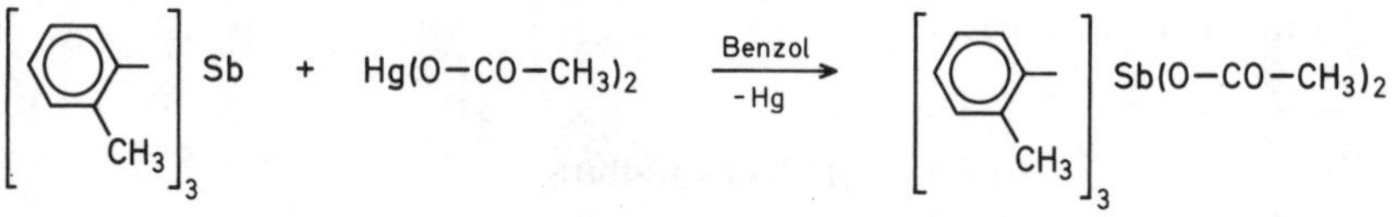

$$\left[\bigcirc\hspace{-1em}- \right]_3 Sb \; + \; Hg(O-CO-CH_3)_2 \quad \xrightarrow[-Hg]{Benzol} \quad \left[\bigcirc\hspace{-1em}- \right]_3 Sb(O-CO-CH_3)_2$$

*Diacetoxy-tris-[2-methyl-phenyl]-stiboran*

Thallium(III)[10,11]-, Eisen(III)[12]- und Kupfer(II)-chloride[6,7,13,14] werden durch Triaryl-stibine unter Bildung von tert. Stibin-dichloriden reduziert (s. S. 540):

[1] H. Landolt, J. pr. **84**, 328 (1861).
[2] A. B. Burg u. L. R. Grant, Am. Soc. **81**, 1 (1959).
[3] K. Issleib u. H. Hamann, Z. anorg. Ch. **343**, 196 (1966).
[4] W. J. C. Dyke et al., Soc. **1930**, 463.
[5] A. Michaelis u. U. Genzken, B. **17**, 925 (1884); A. **242**, 176 (1887).
[6] A. Michaelis u. A. Reese, A. **233**, 239 (1886).
[7] J. I. Harris et al., Soc. **1947**, 1568.
[8] G. Deganello et al., Soc. [A] **1969**, 2138.
[9] A. N. Nesmeyanov, Bull. Acad. Sci. URSS, Ser. Chim. **1945**, 239; C. A. **40**, 2122 (1946).
[10] A. E. Goddard, Soc. **121**, 36 (1922); **123**, 1161 (1923).
[11] A. N. Nesmeyanov et al., Izv. Akad. SSSR **1961**, 1578.
[12] Z. M. Manulkin u. A. N. Taratenko, Ž. obšč. Chim. **21**, 93 (1951); engl.: 93.
[13] C. Löloff, B. **30**, 2834 (1897).
[14] G. Ondrejovic et al., Z. Chem. **13**, 193 (1973).

$$Ar_3Sb \quad + \quad 2\ CuCl_2 \quad \longrightarrow \quad Ar_3SbCl_2 \quad + \quad 2\ CuCl$$

Phosphor(III)-, Arsen(III)- und Antimon(III)- bzw. (V)-halogenide reagieren mit den stark reduzierenden Trialkyl-stibinen unter Bildung von Dichlor-trialkyl-stiboranen[1-4]:

$$3\ (H_3C)_3Sb \quad + \quad 2\ AsCl_3 \quad \xrightarrow[-2\ As]{} \quad 3\ (H_3C)_3SbCl_2$$

Dihalogen-organo- bzw. Halogen-diorgano-arsine werden unter ähnlichen Bedingungen zu Cyclopoly- bzw. Diarsinen reduziert[4]. Die Umsetzung von tert. Stibinen mit Halogen-stibinen führt zu Disproportionierung der Antimon-Verbindungen (s. S. 485, 499).

Die schwach basischen Trialkyl-stibine lassen sich durch Alkylhalogenide oder andere Alkylierungsmittel in quart. Stiboniumsalze umwandeln (s. S. 563). Triaryl-stibine besitzen kaum basische Eigenschaften und sind nur schwer oder überhaupt nicht alkylierbar (s. S. 572).

Mit Übergangsmetall-salzen bilden die Stibine eine große Zahl Komplexe von stöchiometrischer Zusammensetzung[5,6]. *Trimethyl-stibin* bildet mit *Trichlor-jod-methan* ein 1:1-Addukt, dem auf Grund konduktometrischer Messungen keine ionische Struktur zukommt[7].

## $\beta$) Reaktionen unter Spaltung der Antimon-Kohlenstoff-Bindung

Die tert. Stibine gehen eine Reihe von Reaktionen ein, bei denen eine oder mehrere Antimon-Kohlenstoff-Bindungen gespalten werden. Die relative Leichtigkeit dieser Spaltungsreaktionen ist ein Ausdruck für die Schwäche der Antimon-Kohlenstoff-Bindung in den Stibinen im Vergleich zu der Element-Kohlenstoff-Bindung in den entsprechenden Arsinen und Phosphinen[6]. Ein Teil dieser Reaktionen besitzt präparative Bedeutung. So die Umsetzung der tert. Stibine mit Alkalimetallen zu Alkalimetall-diorgano-stibiden (s. S. 471), oder die Hydrolyse von Triaryl-stibinen mit Wasserstoffperoxid in alkalischem Medium zu Diarylstibinsäuren (s. S. 435). Bis-[diphenyl-stibino]-methan reagiert mit trockenem Chlorwasserstoff in Chloroform unter Spaltung der Phenyl-Gruppen und Bildung von *Bis-[dichlorstibino]-methan*[8]:

$$(H_5C_6)_2Sb-CH_2-Sb(C_6H_5)_2 \quad + \quad 4\ HCl \quad \xrightarrow[-4\ C_6H_6]{} \quad Cl_2Sb-CH_2-SbCl_2$$

Thiophenol und Triphenyl-stibin reagieren nach 15stdgm. Erwärmen auf 50° in quantitativer Ausbeute zu Benzol und *Phenylthio-diphenyl-stibin*[9]:

$$(H_5C_6)_3Sb \quad + \quad HS-C_6H_5 \quad \xrightarrow[-C_6H_6]{50°} \quad (H_5C_6)_2Sb-S-C_6H_5$$

[1] R. R. Holms u. E. Bertaut, Am. Soc. **80**, 2983 (1958).
[2] Yu. Takahashi et al., J. Organometal. Chem. **8**, 209 (1967).
[3] R. L. McKenny u. H. H. Sisler, Inorg. Chem. **6**, 1178 (1967).
[4] J. C. Summers u. H. H. Sisler, Inorg. Chem. **9**, 862 (1970).
[5] Eine Literaturübersicht findet sich bei:
M. Dub, *Organometallic Compounds,* Vol. III, 2. Aufl., Springer Verlag, New York 1968; I. Supplement 1972.
C. A. McAuliffe, *Transition Metal. Complexes of Phosphorus, Arsenic, and Antimony Ligands,* John Wiley & Sons, New York, N.Y., 1973,
[6] G. O. Doak u. L. D. Freedman, *Organometallic Compounds of Arsenic, Antimony, and Bismuth,* Wiley-Interscience, New York 1970; J. Organometal. Chem. **48**, 258 (1971); **68**, 371 (1974); **89**, 151 (1975).
[7] B. J. Pullman u. B. O. West, J. Inorg. Nucl. Chem. **1961**, 262.
[8] Y. Matsumura u. R. Okawara, Inorg. Nucl. Chem. Letters, **7**, 113 (1971).
[9] A. G. Davies u. S. C. W. Hook, Soc. [B] **1970**, 735.

Die analoge Umsetzung mit Trimethyl-stibin geht weiter bis zur Stufe des *Diphenylthio-methyl-stibin*. Beim Triäthyl-stibin werden bei genügender Reaktionszeit alle Antimon-Kohlenstoff-Bindungen gespalten[1]:

$$(H_5C_2)_3Sb \ + \ 3 \ HS-C_6H_5 \xrightarrow[-3 \ C_2H_6]{168 \ Stdn., 35°} (H_5C_6-S)_3Sb$$

Während die Triaryl-stibine an der Luft relativ stabil sind, tritt bei den Trialkyl-stibinen teilweise **explosions**artige Oxidation ein[2], wobei Antimon-Kohlenstoff-Bindungsspaltung eintritt[3,4].

Die Leichtigkeit der Sb-C-Bindungsspaltung wird durch den Befund demonstriert, daß beim Erhitzen von *Triphenyl-* bzw. *Tris-[4-methyl-phenyl]-stibin* mit einem Überschuß an $^{124}$Antimon in Tetralin ein $15-80\%$iger Austausch stattfindet[5].

Aryl-Reste werden durch stärker basische Aryl-bzw. Alkyl-lithium-Verbindungen ausgetauscht[6-9]; z. B.:

$$(H_5C_6)_3Sb \ + \ Li-\langle\bigcirc\rangle-CH_3 \ \rightleftharpoons \ (H_5C_6)_2Sb-\langle\bigcirc\rangle-CH_3 \ + \ H_5C_6-Li$$

*Triphenyl-*                                       *Diphenyl-(4-methyl-phenyl)-*
*stibin*                                               *stibin*

Besonders leicht werden elektronegative Reste aus tert. Stibinen hydrolytisch abgespalten; z. B. die Trifluor-methyl-[10-12], Alkin-(1)-yl-[13] und Alkoxycarbonylmethyl-Gruppen[14] bei der alkalischen Hydrolyse bereits bei ~ 20°:

$$(RO-CO-CH_2)_3Sb \xrightarrow{OH^{\ominus}} Sb(OH)_3$$

Die Trifluormethyl-Gruppe wird als Fluoroform[10-12] und die Alkin-(1)-yl-Gruppe als Alkin abgespalten. Der Furyl-(2)-Rest wird sowohl basisch als auch sauer entfernt[15].

Der Äthinyl-Rest wird durch Einwirkung von Silber(I)- oder Kupfer(I)-Ionen ebenso leicht als Silber- bzw. Kupfer-acetylenid abgetrennt[13].

Beim Versuch Triaryl-stibine nach Friedel-Crafts zu acylieren bzw. alkylieren werden eine oder mehrere Phenyl-Gruppen abgespalten. Diese Spaltung tritt auch beim Erhitzen der Triaryl-stibine mit Aluminiumtrichlorid in Schwefelkohlenstoff ein[16,17]. Auch bei der Hydrierung von Triphenyl-stibin über Raney-Nickel werden die Phenyl-Reste entfernt[18].

---

[1] A. G. DAVIES u. S. C. W. HOOK, Soc. [B] **1970**, 735.

[2] J. SEIFTER, J. Pharmacol. Exp. Therap. **66**, 366 (1939).

[3] C. LÖWIG u. E. SCHWEIZER, A. **75**, 315 (1850).

[4] S. FRIEDLÄNDER, J. pr. **70**, 449 (1857).

[5] O. A. REUTOV et al., C. A. **52**, 17912 (1958).

[6] L. A. WOODS u. H. GILMAN, Pr. Iowa Acad. **48**, 251 (1941); C. A. **36**, 3492 (1942).

[7] L. A. WOODS, Iowa Coll. J. **19**, 61 (1944); C. A. **39**, 693 (1945).

[8] T. V. TALALAEVA u. K. A. KOCHESHKOV, Izv. Akad. SSSR **1953**, 216; C. A. **48**, 6389 (1954).

[9] G. WITTIG u. A. MAERKER, J. Organometal. Chem. **8**, 491 (1967).

[10] R. N. HASZELDINE u. B. O. WEST, Soc. **1957**, 3880.

[11] J. W. DALE et al., Soc. **1957**, 3708.

[12] W. R. CULLEN u. H. J. EMELÉUS, Soc. **1959**, 372.

[13] H. HARTMANN et al., Naturwiss. **46**, 321 (1959); Z. anorg. Ch. **312**, 186 (1961).

[14] E. A. BESOLOVA et al., Ž. obšč. Chim. **38**, 1574 (1968).

[15] A. ETIENNE, Bl. **1947**, 50.

[16] Z. M. MANULKIN u. A. N. TARATENKO, Ž. obšč. Chim. **21**, 93 (1951); engl.: 93; Sbornik Statei obšč. Chim. **2**, 1308 (1953); C. A. **48**, 7038 (1955).

[17] M. S. MALINOVSKII u. S. P. OLIFIRENKO, Ž. obšč. Chim. **25**, 122, 2449 (1955); engl.: 122, 2437; C.A. **50**, 1646, 9318 (1956).

[18] A. SCHÖNBERG et al., B. **95**, 2984 (1962).

Thermisch sind sowohl Trialkyl- als auch Triaryl-stibine relativ stabil. So zersetzen sich Triaryl-stibine in einer Stickstoffatmosphäre erst bei Temperaturen von ~325°[1]. In Wasserstoffatmosphäre zersetzt sich das Triphenyl-stibin bereits bei 200°[2]. Die Zersetzungstemperatur nimmt mit zunehmender Schwächung der Kohlenstoff-Antimon-Bindung ab. Tris-[trifluormethyl]-[3,4] und Tris-[alkoxycarbonyl-methyl]-stibin[5] zersetzen sich bei Temperaturen unterhalb 200°.

## 2. Antimonine (Stibabenzole)

*Antimonin* (*Stibabenzol*) ist eine Verbindung, in der das Antimon die Oxidationszahl 3 aber die Koordinationszahl 2 besitzt. Das Antimonin wird durch Dehydrohalogenierung von 1-Chlor-1,4-dihydro-antimonin (s. S. 499) mittels 1,5-Diaza-bicyclo[4.3.0.]nonen-(5) in Tetraglym hergestellt[6]:

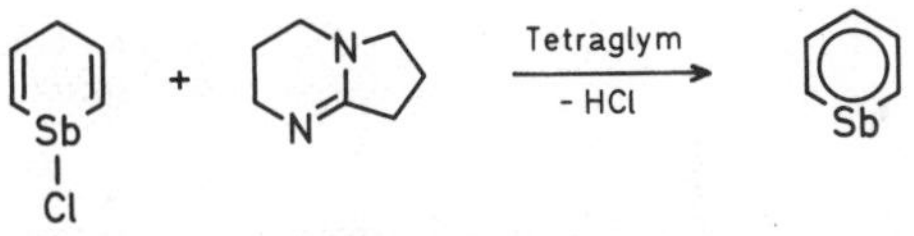

Das Antimonin wird durch Hochvakuumdestillation isoliert, wobei es in einer mit Trockeneis gekühlten Vorlage aufgefangen werden muß, da es bereits ab −80° polymerisiert[6]. Antimonin reagiert eher als ein Dien denn als Heteroaromat[7]. Mit Hexafluor-butin-(2) setzt es sich im Sinne einer Diels-Alder-Reaktion[7] um.

## 3. Stibide und verwandte Verbindungen

### α) Alkalimetall- und Erdalkalimetallstibide

Alkalimetall-diorgano-stibide sind hochreaktive Verbindungen, die in den meisten Fällen ohne Isolierung weiterverarbeitet werden. Die einfachste Methode zu ihrer Herstellung ist die Spaltung von tert. Stibinen mit Alkalimetallen[8-12]:

$$R_3Sb \; + \; 2\,M \; \longrightarrow \; R_2Sb{-}M \; + \; R{-}M$$

R = Alkyl, Aryl
M = Li, Na

Die Spaltung mit Lithium wird in Tetrahydrofuran durchgeführt[8], verläuft jedoch langsam[9,13]; die Umsetzung mit Natrium in fl. Ammoniak relativ schnell. Die hierbei entstandene Organonatrium-Verbindung wird vor der weiteren Umsetzung des Natrium-diorgano-stibids mit molaren Mengen Ammoniumchlorid bzw. -bromid zersetzt[9-12].

[1] J. I. Harris et al., Soc. **1947**, 1568.
[2] W. Ipatiew u. G. Rasuwajew, B. **63**, 1110 (1930).
[3] J. W. Dale et al., Soc. **1957**, 3708.
[4] P. B. Ayscough u. H. J. Emeleus, Soc. **1954**, 3381.
[5] E. A. Besolova et al., Ž. obšč. Chim. **38**, 267 (1968); engl.: 270.
[6] A. J. Ashe, III., Am. Soc. **93**, 6690 (1971).
[7] A. J. Ashe, III., u. M. D. Gordon, Am. Soc. **94**, 7596 (1972).
[8] D. Wittenberg u. H. Gilman, J. Org. Chem. **23**, 1063 (1958).
[9] W. Hewerston u. H. R. Watson, Soc. **1962**, 1490.
[10] I. G. M. Campbell et al., Soc. **1964**, 3026.
[11] S. Sato et al., Inorg. Nucl. Chem. Letters **8**, 837 (1972); J. Organometal. Chem. **43**, 333 (1972).
[12] H. A. Meinema et al., J. Organometal Chem. **51**, 223 (1973).
[13] K. Issleib u. H. Hamann, Z. anorg. Ch. **332**, 179 (1964).

Besonders rasch verläuft die Spaltung von Trimethyl-stibin mit Natrium zum *Natrium-dimethyl-stibid*. In wenigen Minuten ist die Umsetzung beendet, was durch das Umschlagen der Farbe der Reaktionslösung von dunkelblau zu dunkelrot zu erkennen ist[1].

Die Reaktionszeit nimmt mit zunehmender Kettenlänge des Alkyl-Restes zu. So benötigt die Spaltung von Triäthyl-stibin 10–15 Min., Tripropyl-stibin 4–5 Stdn. und Tributyl-stibin sogar 8 Stdn.[1]. Die Reaktion von Triphenyl-stibin mit Natrium in fl. Ammoniak zu Natrium-diphenyl-stibid ist nach ~ 5 Stdn. beendet[2], was an der tiefroten Farbe der Lösung zu erkennen ist[2,3]. Die Farbe der Reaktionslösung ist zunächst dunkelbraun[4] und erst nach Zugabe des Ammoniumbromids schlägt sie nach tiefrot um (s. S. 458).

Aus Butyl-diäthyl-stibin wird selektiv ein Äthyl-Rest gespalten[1]:

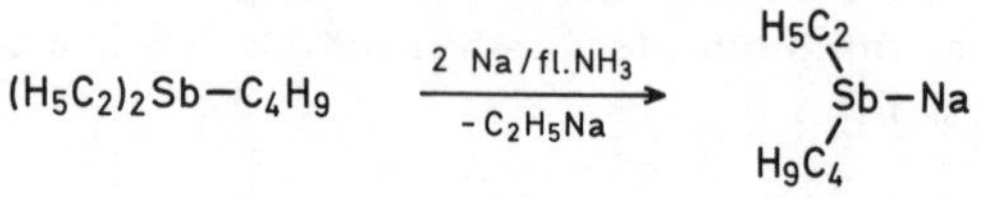

$$(H_5C_2)_2Sb-C_4H_9 \xrightarrow[-C_2H_5Na]{2\ Na/fl.NH_3} \begin{array}{c} H_5C_2 \\ \diagdown \\ Sb-Na \\ \diagup \\ H_9C_4 \end{array}$$

*Natrium-äthyl-butyl-stibid*

Ebenso selektiv wird aus Methyl-diphenyl-stibin ein Phenyl-Rest zum *Natrium-methyl-phenyl-stibid* abgespalten[5]:

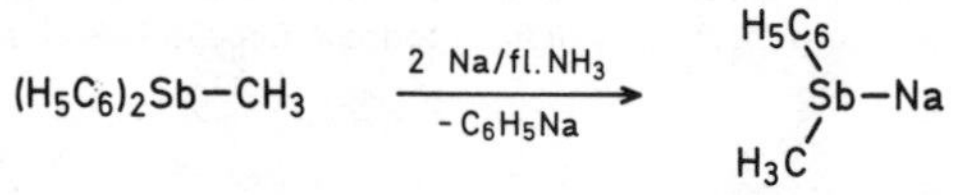

$$(H_5C_6)_2Sb-CH_3 \xrightarrow[-C_6H_5Na]{2\ Na/fl.NH_3} \begin{array}{c} H_5C_6 \\ \diagdown \\ Sb-Na \\ \diagup \\ H_3C \end{array}$$

Im Gegensatz hierzu entsteht aus Äthyl-diphenyl-stibin sowohl *Natrium-äthyl-phenyl-stibid* als auch *Natrium-diphenyl-stibid*[6]. Bis-[diphenyl-stibino]-methan, Benzyl- und Isopropyl-diphenyl-stibin liefern mit Natrium in fl. Ammoniak hauptsächlich *Natrium-di-phenyl-stibid*[6]:

$$(H_5C_6)_2Sb-R \xrightarrow[-R-Na]{2\ Na/fl.NH_3,15Stdn.} (H_5C_6)_2Sb-Na$$

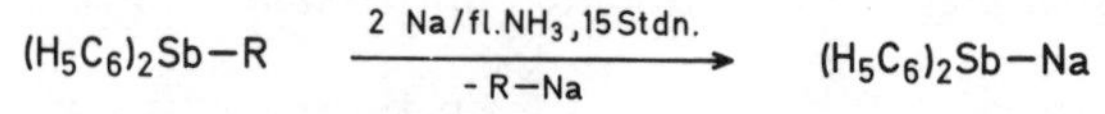

$$R = CH_2-C_6H_5;\ CH(CH_3)_2$$

Auch aus Dialkyl-phenyl-stibin wird vorwiegend ein Alkyl-Rest abgespalten[6]; z.B.:

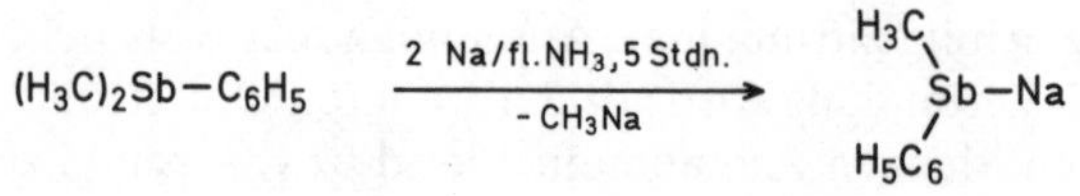

$$(H_3C)_2Sb-C_6H_5 \xrightarrow[-CH_3Na]{2\ Na/fl.NH_3,5\ Stdn.} \begin{array}{c} H_3C \\ \diagdown \\ Sb-Na \\ \diagup \\ H_5C_6 \end{array}$$

*Natrium-methyl-phenyl-stibid*

Bei verschiedenen Alkyl-Resten werden der Methyl- und der Äthyl-Rest mit annähernd der gleichen Tendenz abgespalten, während der Isopropyl- und der Benzyl-Rest mit hoher Selektivität vor dem Methyl-Rest abgespalten werden[6]:

[1] H. A. MEINEMA et al., J. Organometal Chem. **51**, 223 (1973).
[2] Y. MATSUMURA u. R. OKAWARA, J. Organometal Chem. **25**, 439 (1970).
[3] W. HEWERSTON u. H. R. WATSON, Soc. **1962**, 1490.
[4] H. SCHUMAN et al., J. Organometal. Chem. **8**, 105 (1967).
[5] S. SATO et al., J. Organometal. Chem. **43**, 333 (1972).
[6] S. SATO et al., Inorg. Nucl. Chem. Letters **8**, 837 (1972).

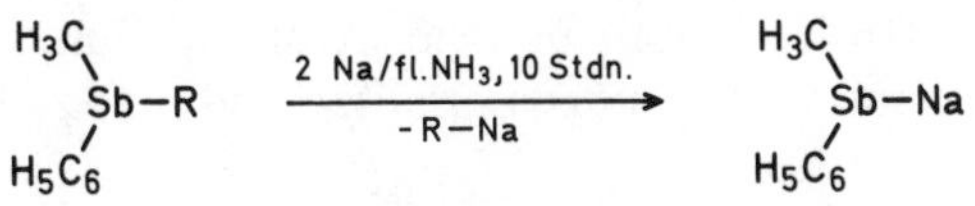

$$\underset{H_5C_6}{\overset{H_3C}{\diagdown}}Sb-R \xrightarrow[-R-Na]{2\ Na/fl.NH_3,\ 10\ Stdn.} \underset{H_5C_6}{\overset{H_3C}{\diagdown}}Sb-Na$$

$$R = CH_2-C_6H_5;\ CH(CH_3)_2$$

Statt der tert. Stibine können deren Dihalogenide eingesetzt werden. Hierbei wird das Natrium in 4facher molarer Menge eingesetzt. So läßt sich das *Natrium-dimethyl-stibid* in über 80%iger Ausbeute aus Dichlor-trimethyl-stiboran und Natrium in fl. Ammoniak herstellen[1]:

$$(H_3C)_3SbCl_2\ +\ 4\ Na\ \xrightarrow[-CH_3Na/-2\ NaCl]{fl.NH_3} (H_3C)_2Sb-Na$$

Diese Reaktion ist von praktischer Bedeutung, da die Dihalogen-trialkyl-stiborane einfacher zu handhaben sind als die entsprechenden Stibine. *Natrium-dimethyl-stibid* läßt sich auch durch Umsetzung von Chlor- oder Brom-dimethyl-stibin mit Natrium in fl. Ammoniak gewinnen[2,3]. Auf gleiche Weise wird *Lithium-dibutyl-stibid* hergestellt[4]:

$$(H_9C_4)Sb-Br\ +\ 2\ Li\ \xrightarrow[-LiBr]{THF} (H_9C_4)_2Sb-Li$$

**Lithium-dibutyl-stibid**[4]: In einer Stickstoffatmosphäre wird unter Rühren eine Lösung von 30 g Brom-dibutyl-stibin (0,095 Mol) in 50 *ml* Tetrahydrofuran innerhalb 1 Stde. tropfenweise zu 1,32 g (0,1 g-Atom) frisch geschnittenen Lithium-Schnitzeln in 50 *ml* abs. Tetrahydrofuran bei ~23° gegeben. Die Reaktionstemp. steigt auf 45° an. Nach beendeter Zugabe wird weitere 2 Stdn. gerührt und anschließend die tiefrote Lösung unter Feuchtigkeits- und Sauerstoffausschluß filtriert.

*Dinatrium-phenyl-stibid* kann durch Metallierung von Phenyl-stibin mit Natrium in flüssigem Ammoniak erhalten werden[5]:

$$H_5C_6-SbH_2\ +\ 2\ Na\ \xrightarrow[-H_2]{fl.NH_3} H_5C_6-SbNa_2$$

Da sich das Phenylstibin in fl. Ammoniak vollständig zersetzt, wird die Metallierung so durchgeführt, daß das Phenylstibin zur Natrium-Lösung in fl. Ammoniak zugetropft wird[5]. Das Dinatrium-phenylstibid läßt sich aus flüssigem Ammoniak nicht unzersetzt isolieren, und muß relativ schnell weiterverarbeitet werden (s. S. 461).

Durch Einwirkung von Organo-lithium-Verbindungen auf Phenyl-stibin konnte kein Dilithium-phenyl-stibid isoliert werden. Es werden hauptsächlich sek. Stibide erhalten, deren Bildung vermutlich über intermediär gebildetes Phenyl-cyclopolystibin abläuft[5]:

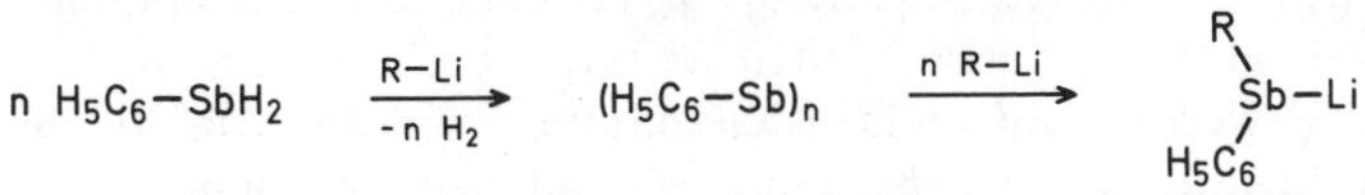

$$n\ H_5C_6-SbH_2\ \xrightarrow[-n\ H_2]{R-Li} (H_5C_6-Sb)_n\ \xrightarrow{n\ R-Li} \underset{H_5C_6}{\overset{R}{\diagdown}}Sb-Li$$

Analog läßt sich *Magnesium-bis-[dibutyl-stibid]* in Form einer dunkelbraunen Tetrahydrofuran-Lösung herstellen[4,6].

---

[1] H. A. MEINEMA et al., J. Organometal. Chem. **51**, 223 (1973).
[2] A. BURG u. L. GRANT, Am. Soc. **81**, 1 (1959).
[3] Y. MATSUMURA u. R. OKAWARA, Inorg. Nucl. Chem. Letters **5**, 449 (1969).
[4] SH. HERBSTMAN, J. Org. Chem. **29**, 986 (1964).
[5] K. ISSLEIB u. A. BALSZUWEIT, Z. anorg. Ch. **418**, 158 (1975); **419**, 84 (1976).
[6] W. STAMM, Trans. N. Y. Acad. Sci. **28**, 396 (1966); C. A. **65**, 18612 (1966).

Lithium-diorgano-stibide werden in hoher Ausbeute durch Metallierung von sek. Stibinen mit Organo-lithium-Verbindungen erhalten und als 1,4-Dioxanate isoliert[1,2].

$$R_2Sb-H \quad + \quad C_6H_5Li \quad \xrightarrow[-C_6H_6]{\text{Äther (1,4-Dioxan)}} \quad R_2Sb-Li \cdot 1,4\text{-Dioxan}$$

**Lithium-diphenyl-stibid · 1,4-Dioxan**[2]: Unter Stickstoff- und Feuchtigkeits-Ausschluß wird unter Rühren bei − 30° zu einer Lösung von 9 g Diphenyl-stibin in 200 ml abs. Äther eine Lösung von 2,64 g Phenyl-lithium in 43 ml Äther langsam getropft. Hierbei darf die Temp. der roten Reaktionslösung −15° nicht übersteigen. Nach Zugabe von 5–6 ml 1,4-Dioxan fällt das gelbe Lithium-diphenyl-stibid-1,4-Dioxanat aus. Es wird abfiltriert, mit kaltem Äther gewaschen und i. Vak. getrocknet; Ausbeute: 11,2 g (92,9% d. th.).

Analog lassen sich *Lithium-diäthyl-*[3], *-dicyclohexyl-*[1] und *-di-tert.-butyl-stibid-1,4-Dioxanat*[4] aus den entsprechenden sek. Stibinen und Phenyl-lithium in guter Ausbeute herstellen und isolieren.

*Natrium-* bzw. *Kalium-diphenyl-stibide*, die durch Metallierung von Diphenyl-stibin mit Natrium bzw. Kalium erhältlich sind, lassen sich nicht isolieren, da beim Einengen der Reaktionslösungen Zersetzung unter Bildung von metallischem Antimon eintritt[2].

*Lithium-diäthyl-stibid* wird bei der Spaltung von Tetraäthyl-distibin mit Phenyl-lithium in 1,4-Dioxan/Äther neben Diäthyl-phenyl-stibin erhalten[3].

Die Alkalimetall-diorgano-stibide stellen stärkere Basen als die entsprechenden Phosphide und Arsenide dar[1,3,4]. Durch Alkylierungsmittel werden sie in tert. Stibine umgewandelt (s. S. 458). Ihre Umsetzung mit Halogen-Element-Verbindung dient zur Knüpfung von Antimon-Element-Bindungen (s. unten). Aus 1,2-Dihalogen-äthan eliminieren die Stibide Äthylen unter Bildung von Distibinen, was zur Herstellung der letzteren dienen kann (s. S. 477).

### β) Stibino-borane, -silane, -stannane, -germane und -plumbane

Durch Einwirkung von Diboran auf Tetramethyl-distibin bei 100° erhält man *Dimethyl-stibino-boran* in 26%-iger Ausbeute[5]:

$$(H_3C)_2Sb-Sb(CH_3)_2 \quad + \quad B_2H_6 \quad \xrightarrow[-H_2]{\text{105 Min., 100°}} \quad 2 \ (H_3C)_2Sb-BH_2$$

Die Umsetzung von Diboran mit Dimethyl-stibin liefert dagegen nur geringe Ausbeuten an Stibinoboran[5].

*Bis-[dimethylamino]-diäthylstibino-boran* läßt sich zwar in guten Ausbeuten aus Lithium-diäthyl-stibid und Chlor-dimethylamino-boran in Äther (in Tetrahydrofuran als Lösungsmittel tritt nur eine Ätherspaltung ein) herstellen, seine Trennung aus dem Reaktionsgemisch gelingt jedoch nicht[6]. *Stibino-silane*[7,8], *-stannane*[9,10], *-germane*[11] und *-plumbane*[11] werden am einfachsten durch Einwirkung von Alkalimetall-stibiden auf die entsprechenden Halogen-Element-Verbindungen gewonnen:

---

[1] K. ISSLEIB u. H. HAMANN, Z. anorg. Ch. **332**, 179 (1964); **339**, 289, 298 (1965).
[2] K. ISSLEIB u. H. HAMANN, Z. anorg. Ch. **343**, 196 (1966).
[3] K. ISSLEIB u. H. HAMANN, Z. anorg. Ch. **339**, 289 (1965).
[4] K. ISSLEIB et al., Z. anorg. Ch. **339**, 298 (1965).
[5] A. B. BURG u. L. R. GRANT, Am. Soc. **81**, 1 (1959).
[6] W. BECKER u. H. NÖTH, B. **105**, 1962 (1972).
[7] SH. HERBSTMAN, J. Org. Chem. **29**, 986 (1964).
[8] W. STAMM, Trans. N. Y. Acad. Sci. **28**, 396 (1966); C. A. **65**, 18612 (1966).
[9] I. G. M. CAMPBELL et al., Soc. **1964**, 3026.
[10] H. SCHUMANN et al., J. Organometal. Chem. **8**, 105 (1967).
[11] H. SCHUMANN u. M. SCHMIDT, Inorg. Nucl. Chem. Lett. **1**, 1 (1965).

$$R_2Sb-M \quad + \quad X-M'(R^1)_3 \quad \xrightarrow[-MX]{} \quad R_2Sb-M'(R^1)_3$$

R, R¹ = Alkyl, Aryl
M    = Alkali- oder Erdalkalimetall
M'   = Si, Sn, Ge, Pb

**Trimethylsilyl-dibutyl-stibin**[1]: Zu 2,3 g (0,1 g-Atom) Magnesium-Spänen in abs. Tetrahydrofuran tropft man unter Rühren 30,0 g (0,095 Mol) Brom-dibutyl-stibin innerhalb 2 Stdn. ein. Die dunkelbraune Reaktionsmischung wird dann unter Feuchtigkeits- und Sauerstoff-Ausschluß in einen Reaktionskolben abfiltriert. In diese Lösung werden 10,8 g (0,1 Mol) Chlor-trimethyl-silan innerhalb 15 Min. unter Rühren getropft. Die Reaktionslösung wird ~ 12 Stdn. bei ~ 23° gerührt, abfiltriert und i. Vak. fraktioniert. Die Fraktion bei $Kp_{0,4}$: 86–87° wird aufgefangen und redestilliert; Ausbeute: 6,5 g (22% d. Th.); $Kp_{0,025}$: 48–50°.

Werden die Alkalimetall-stibide aus tert. Stibinen in fl. Ammoniak hergestellt, so werden sie ohne Isolierung weiter umgesetzt. Enthält ein Organo-zinn-halogenid mehr als eine Halogen-Zinn-Bindung, so können alle Halogenatome durch Diorganostibino-Gruppen ersetzt werden[2]:

$$(H_5C_6)_nSnCl_{4-n} \quad + \quad 4-n \ (H_5C_6)_2Sb-Na \quad \xrightarrow[-(4-n)NaCl]{} \quad (H_5C_6)_nSn-[Sb(C_6H_5)_2]_{4-n}$$

n = 0, 1, 2, 3

**Diphenylstibino-phenyl-zinn-Verbindungen; allgemeine Arbeitsvorschrift**[2]: In einem Dreihalskolben mit Magnetrührer werden unter Stickstoff 7,06 g (20 mMol) Triphenyl-stibin in flüssigem Ammoniak aufgeschlämmt. Zu dieser Aufschlämmung gibt man in kleinen Portionen 0,9 g (40 mg-Atom) Natrium, bis eine tiefbraune Lösung entsteht. Nach Zugabe von 2,0 g (20 mMol) Ammoniumbromid färbt sich die Lösung rot. Hierzu gibt man die entsprechende Menge Chlor-phenyl-zinn-Verbindung portionsweise zu. Nach 2stdgm. Rühren wird das Ammoniak abgedampft und der Rückstand in Benzol aufgenommen. Nach Filtration unter Stickstoff durch eine Umkehrfritte wird das Benzol abdestilliert, der ölige Rückstand in Pentan aufgenommen und zur Kristallisation angerieben. In einer Umkehrfritte wird vom Pentan abgesaugt und mehrmals mit dem gleichen Lösungsmittel nachgewaschen. Auf diese Weise erhält man u. a.:

| | | |
|---|---|---|
| *Diphenylstibino-triphenyl-zinn* | 34,4% d. Th. | F: 116° |
| *Bis-[diphenylstibino]-diphenyl-zinn* | 29,1% d. Th. | F: 150° |
| *Tris-[diphenylstibino]-phenyl-zinn* | 35,1% d. Th. | F: 90° |

Auf ähnliche Weise lassen sich die Diphenylstibino-trialkyl-zinn-Verbindungen herstellen, die durch Destillation gereinigt werden[3]. Auch *Diphenylstibino-triphenyl-germanium* und *-blei*[4] werden nach der gleichen Arbeitsweise gewonnen[4], während *Diphenylstibino-triphenyl-zinn* in besserer Ausbeute aus Chlor-diphenyl-stibin und Lithium-triphenyl-zinn zugänglich ist[2]:

$$(H_5C_6)_3Sn-Li \quad + \quad (H_5C_6)_2Sb-Cl \quad \xrightarrow[64\% \ d.Th.]{THF} \quad (H_5C_6)_3Sn-Sb(C_6H_5)_2$$

*Bis-[triäthyl-germanium]-benzyl-stibin* ($Kp_{1,5}$: 155–159°) entsteht zu 59% d. Th. bei der Alkylierung von Tris-[triäthyl-germanium]-stibin mit Benzylbromid bei 100°[5]:

$$[(H_5C_2)_3Ge]_3Sb \quad + \quad \text{⟨C}_6H_4\text{⟩}-CH_2-Br \quad \xrightarrow{30 \ Min.,100°} \quad \text{⟨C}_6H_4\text{⟩}-CH_2-Sb\begin{array}{l} Ge(C_2H_5)_3 \\ Ge(C_2H_5)_3 \end{array}$$

Die Stibino-Zinn-Verbindungen sind oxidationsempfindlich; definierte Produkte entstehen dabei jedoch nicht[2–4].

---

[1] SH. HERBSTMAN, J. Org. Chem. **29**, 986 (1964).
[2] H. SCHUMANN et al., J. Organometal. Chem. **8**, 105 (1967).
[3] I. G. M. CAMPBELL et al., Soc. **1964**, 3026.
[4] H. SCHUMANN u. M. SCHMIDT, Inorg. Nucl. Chem. Lett. **1**, 1 (1965).
[5] N. S. VYAZANKIN et al., J. Organometal. Chem. **6**, 474 (1966).

# b) Distibine, Antimono- und verwandte Verbindungen

## 1. Distibine

### A. Herstellung

α) Durch Reduktion von Stibinigsäure-halogeniden

Aliphatische und aromatische Stibinigsäure-halogenide werden durch Einwirkung von Reduktionsmitteln in Tetraalkyl- bzw. Tetraaryl-distibine umgewandelt:

$$2\ R_2Sb-X \xrightarrow{\text{Reduktion}} R_2Sb-SbR_2$$

Als Reduktionsmittel dienen Natriumhypophosphit[1] oder unedle Metalle wie Alkalimetalle[2,3], Zink oder Quecksilber[4].

Die Reduktion von Jod-diaryl-stibinen mit Natrium-hypophosphit wird in Äthanol bei Raumtemperatur durchgeführt. Als Reaktionsgefäß dient eine zur Herstellung von freien Radikalen geeignete Apparatur[1].

**Tetraphenyl-distibin**[1]: Eine Lösung von 3,2 g Jod-diphenyl-stibin in 25 *ml* abs. Äthanol wird in eine Apparatur zur Herstellung von freien Radikalen[1] (Schlenk-Apparatur) vorgelegt und unter Ausschluß von Licht und Sauerstoff mit einer Lösung von 1,3 g Natriumhypophosphit in 5 *ml* Wasser und 20 *ml* Äthanol versetzt. Nach 12stdgm. Rühren wird unter Stickstoff abgesaugt und das gelbgrüne Produkt bis zur Entfärbung mit kleinen Portionen Äthanol gewaschen und i. Vak. getrocknet; Ausbeute: ~ 1 g; F: 121–122° (unter Stickstoff im zugeschmolzenen Röhrchen).

Analog können z. B. so hergestellt werden:

Tetrakis-[4-brom-phenyl]-distibin      F: 211–213° (unter Stickstoff)
Tetrakis-[4-methyl-phenyl]-distibin    F: 155–157° (unter Stickstoff)

Tetraalkyl-distibine werden aus den Stibinigsäure-halogeniden durch Reduktion mit Alkalimetallen über die entsprechenden Alkalimetallstibide (s. S. 471) erhalten, wobei Natrium das effektivere Reduktionsmittel darstellt. So entsteht das *Tetramethyl-distibin* durch Reduktion von Brom-dimethyl-stibin mit Lithium in flüssigem Ammoniak in 55%-iger Ausbeute, die durch Verwendung von Natrium auf 75% d. Th. erhöht wird[2].

**Tetracyclohexyl-distibin**[3]: Unter Sauerstoffausschluß werden zu 8,85 g Chlor-dicyclohexyl-stibin in 180 *ml* abs. Äther 4,5 g einer 15%igen Natrium-Suspension in Toluol unter Rühren getropft. Unter Erwärmung erfolgt heftige Reaktion, die gegebenenfalls durch ein Wasserbad zu mindern ist. Nach der Umsetzung wird das Reaktionsgemisch über eine mit Kieselgur bedeckte G3-Fritte filtriert. Aus dem Filtrat wird das Distibin durch Ausfällen mit Methanol in Form gelber voluminöser Kristalle erhalten; Ausbeute: 7,59 g (96% d. Th.); F: 71–73° (unter Argon im abgeschmolzenen Röhrchen).

*Tetrakis-[trifluormethyl]-distibin* ($Kp_{14,1}$: 34°) erhält man in nahezu quantitativer Ausbeute durch Schütteln von Jod-bis-[trifluormethyl]-stibin mit überschüssigem Zinkstaub oder Quecksilber, wobei die Reduktion mit Quecksilber langsam (>3 Tage) verläuft[4].

---

[1] F. F. BLICKE u. U. O. OAKDALE, Am. Soc. **53**, 1025 (1931); **55**, 1198 (1933).
[2] A. B. BURG u. L. R. GRANT, Am. Soc. **81**, 1 (1959).
[3] K. ISSLEIB u. H. HAMANN, Z. anorg. Ch. **332**, 179 (1964).
[4] J. W. DALE et al., Soc. **1957**, 3708.

## β) Aus sekundären Stibinen oder Stibiden

Tetraaryl[1,2]- und Tetraalkyl-distibine[3] können durch thermische Zersetzung der entsprechenden sek. Stibine in guter Ausbeute erhalten werden:

$$2 \text{ R}_2\text{Sb}-\text{H} \xrightarrow[-\text{H}_2]{\nabla} \text{R}_2\text{Sb}-\text{SbR}_2$$

R = Alkyl, Aryl

Die Zersetzungstemperatur hängt von den Resten im sek. Stibin ab. So destilliert Diphenyl-stibin bei einer Badtemperatur von 120–130° unter geringer Zersetzung[1] (s. S. 444). Diäthyl-stibin beginnt bereits bei −10° sich zu *Tetraäthyl-distibin* zu zersetzen[2].

**Tetraäthyl-distibin**[2]: 28,8 g Brom-diäthyl-stibin werden mit 1,7 g Lithiumalanat in 300 ml abs. Äther reduziert (s. S. 444). Anschließend wird das Reaktionsgemisch auf dem Wasserbad erwärmt und dann unter Außenkühlung mit einer Ammoniumchlorid-Lösung zersetzt. Die Äther-Lösung·wird abgetrennt, mit Natriumsulfat versetzt und in einem Kolben mit Gasaustrittsventil ~ 14 Tage bei ~ 23° unter Lichtausschluß aufbewahrt. Es entwickelt sich allmählich Wasserstoff, wobei die zunächst farblose Lösung intensiv gelb wird. Nach Filtrieren wird der Äther über eine längere Kolonne mit Glasfüllkörpern langsam abdestilliert. Der Rückstand besteht nahezu aus reinem Tetraäthyl-distibin, das nicht ohne Zersetzung destilliert werden kann; Ausbeute: 17,5 g (87,5% d. Th.).

Einfacher lassen sich Distibine durch Umsetzung von Alkalimetall-stibiden mit Halogen-diorgano-stibinen herstellen[4]:

$$\text{R}_2\text{Sb}-\text{Li} \ + \ \text{X}-\text{SbR}_2 \xrightarrow[-\text{LiX}]{\text{Äther}} \text{R}_2\text{Sb}-\text{SbR}_2$$

Diese Reaktion läßt sich durch Einwirkung von 1,2-Dihalogen-äthan auf Alkalimetall-diorgano-stibide starten[4-7]:

$$\text{R}_2\text{Sb}-\text{M} \ + \ \text{X}-\text{CH}_2-\text{CH}_2-\text{X} \longrightarrow \text{R}_2\text{Sb}-\text{X} \ + \ \text{M}-\text{CH}_2-\text{CH}_2-\text{X}$$

$$\text{M}-\text{CH}_2-\text{CH}_2-\text{X} \longrightarrow \text{H}_2\text{C}=\text{CH}_2 \ + \ \text{MX}$$

$$\text{R}_2\text{Sb}-\text{X} \ + \ \text{R}_2\text{Sb}-\text{M} \xrightarrow[-\text{MX}]{} \text{R}_2\text{Sb}-\text{SbR}_2$$

R = Alkyl, Aryl
M = Li, Na
X = Halogen

Die Umsetzung stellt eine der einfachsten variationsreichsten Methoden zur Herstellung von Distibinen dar, da die erforderlichen Stibide auf verschiedene Weise leicht zugänglich sind (s. S. 471).

Am einfachsten wird das Natrium-diorgano-stibid durch Spaltung der entsprechenden tert. Stibine mittels Natrium in flüssigem Ammoniak (s. S. 472) und anschließend ohne Isolierung mit dem 1,2-Dihalogen-äthan umgesetzt[5,7]. Die in Form von 1,4-Dioxanaten isolierbaren Lithium-diorgano-stibide werden mit dem 1,2-Dihalogen-äthan in Tetrahydrofuran bei tiefen Temperaturen umgesetzt[6].

---

[1] E. WIBERG u. K. MÖDRITZER, Z. Naturf. **12 b**, 131 (1957).
[2] K. ISSLEIB u. B. HAMANN, Z. anorg. Ch. **343**, 196 (1966).
[3] K. ISSLEIB u. B. HAMANN, Z. anorg. Ch. **339**, 289 (1965).
[4] K. ISSLEIB et al., Z. anorg. Ch. **339**, 298 (1965).
[5] W. HEWERTSON u. H. R. WATSON, Soc. **1962**, 1490.
[6] K. ISSLEIB u. B. HAMANN, Z. anorg. Ch. **332**, 179 (1964); **339**, 289 (1965); **343**, 196 (1966).
[7] H. A. MEINEMA et al., J. Organometal. Chem. **51**, 223 (1973).

**Tetraphenyl-distibin**[1]: Unter Rühren und Sauerstoffausschluß werden 1,38 g 1,2-Dibrom-äthan in 60 *ml* Tetrahydrofuran zu einer auf − 30° gekühlten Lösung von 5,45 g Lithium-diphenyl-stibid-1,4-Dioxan in 80 *ml* Tetrahydrofuran langsam getropft. Das sich hierbei entwickelnde Äthylen kann in einer geeigneten Apparatur aufgefangen werden. Im Tetrahydrofuran gelöstes Äthylen wird durch kurzes Erhitzen am Rückfluß entfernt. Das Reaktionsgemisch wird dann in der Kälte mit konz. Ammoniumchlorid-Lösung zersetzt. Nach Abtrennen der organischen Schicht, Trocknen mit Natriumsulfat, Filtrieren und Einengen wird der Rückstand in wenig Äther gelöst und mit Methanol ausgefällt. Das Tetraphenyl-distibin wird unter Argon abgesaugt und i. Vak. getrocknet; Ausbeute: 3,3 g (82% d. Th.); F: 123° (unter Argon im zugeschmolzenen Röhrchen!).

Auf ähnliche Weise erhält man u. a.:

*Tetraäthyl-distibin*[2]          30% d. Th.      Kp$_2$: 90–91°
*Tetracyclohexyl-distibin*[3]   30% d. Th.      F: 71–73° (Äther/Methanol)

**Tetraalkyl-distibine; allgemeine Arbeitsvorschrift**[4]: Zu einer aus dem jeweiligen Trialkyl-stibin (∼ 0,1 Mol) (im Falle vom Trimethyl-stibin kann dessen Dichlorid eingesetzt werden) und Natrium in flüssigem Ammoniak hergestellten Lösung von Natrium-dialkyl-stibid tropft man 1,2-Dichlor-äthan bis die Reaktionsmischung entfärbt ist. Nach Abdampfen des Ammoniaks wird der Rückstand mit ∼ 100 *ml* Äther und 50 *ml* Sauerstoff-freiem Wasser versetzt. Nach Abtrennung der Äther-Phase wird diese über ein Molekularsieb (4 Å) getrocknet und anschließend fraktioniert. Hierbei kann Zersetzung unter Abscheidung von metallischem Antimon eintreten. U. a. werden so erhalten:

*Tetramethyl-distibin*     79% d. Th.      Kp$_{3,5}$: 53°
*Tetraäthyl-distibin*      88% d. Th.      Kp$_{0,6}$: 82–85°
*Tetrapropyl-distibin*     69% d. Th.      Kp$_{0,01}$: 92–100°

Auf prinzipiell gleiche Weise wird *Tetraphenyl-distibin* in 66%iger Ausbeute erhalten[5].

Lithium-di-tert.-butyl-stibid reagiert sowohl mit 1,2-Dihalogen-äthan als auch mit 1,4-Dihalogen-butan zu *Tetra-tert.-butyl-distibin*[6]. *Tetrakis-[cyclopentadienyl]-distibin* wird durch Umsetzung von Cyclopentadienyl-natrium mit Antimon(III)-chlorid in siedendem Tetrahydrofuran in 83%iger Ausbeute erhalten[7].

### γ) Aus Antimon oder Natrium-antimonid

*Tetramethyl-* und *Tetraäthyl-distibin* kann nach Paneth durch Einwirkung von Methyl- bzw. Äthyl-Radikalen auf einen Antimon-Spiegel erhalten werden[8]; Tetrapropyl- und Tetrabutyl-distibin konnten auf diese Weise nicht erhalten werden[8]. Die Reaktion hat jedoch nur historische Bedeutung.

*Tetraäthyl-stibin* wird bei der Einwirkung von Äthylbromid auf Antimon und Natrium bzw. Lithium in flüssigem Ammoniak neben Triäthylstibin gebildet, wobei das Distibin gemäß der Gleichung[9]:

$$Na_2Sb-SbNa_2 \quad + \quad 4\ C_2H_5Br \quad \xrightarrow[-4\ NaBr]{} \quad (H_5C_2)_2Sb-Sb(C_2H_5)_2$$

entstehen soll.

### B. Umwandlung

Distibine sind stark oxidationsempfindliche Verbindungen, die nur in inerter Atmosphäre hergestellt und gehandhabt werden können. Tetraalkyl-distibine können teilweise nicht unzersetzt destilliert werden. An der Luft werden Tetramethyl- und Tetra-

[1] K. ISSLEIB u. B. HAMANN, Z. anorg. Ch. **332**, 179 (1964); **339**, 289 (1965); **343**, 196 (1966).
[2] K. ISSLEIB u. B. HAMANN, Z. anorg. Ch. **339**, 289 (1965).
[3] K. ISSLEIB u. B. HAMANN, Z. anorg. Ch. **332**, 179 (1964).
[4] H. A. MEINEMA et al., J. Organometal. Chem. **51**, 223 (1973).
[5] W. HEWERSTON u. H. WATSON, Soc. **1962**, 1490.
[6] K. ISSLEIB et al., Z. anorg. Ch. **339**, 298 (1965).
[7] E. O. FISCHER u. S. SCHREINER, B. **93**, 1417 (1960).
[8] F. A. PANETH u. H. LOLEIT, Soc. **1935**, 366.
[9] YU. N. SHLYK et al., Ž. obšč. Chim. **38**, 1199 (1968); engl.: 1188.

äthyl-distibine zu den entsprechenden Stibinsäuren oxidiert[1]. Sowohl bei Tetrakis-[trifluor-methyl]-[2] als auch bei Tetramethyl-distibin[1,3] tritt beim Schmelzen und Wiedereinfrieren eine reversible Farbänderung ein. Auf Grund von Molekulargewichtsbestimmungen liegt Tetramethyl-distibin in Benzol monomer vor.

Besonders charakteristisch für die Distibine ist die Leichtigkeit, mit der die Antimon-Antimon-Bindung durch Elektrophile gespalten werden kann. So wandeln Halogene oder Halogen-Überträger die Distibine in Stibinigsäure-halogenide (s. S. 501) bzw. Orthostibinsäure-trihalogenide (s. S. 525) um. Die Reaktion ist von präparativer Bedeutung für die Herstellung der letzt genannten Verbindungen. Tetramethyl-distibin wird durch Salzsäure bei Raumtemperatur in *Chlor-dimethyl-stibin* und Wasserstoff gespalten. Bei 250° tritt völlige Zersetzung in Antimon(III)-chlorid, Methan und Wasserstoff ein[4].

Durch Erhitzen von Tetraäthyl-distibin mit Methyljodid in Tetrahydrofuran tritt eine Spaltung zu *Jod-diäthyl-stibin* und *Methyl-diäthyl-stibin* ein[5].

Auch durch Basen wie Organo-lithium-Verbindungen wird die Antimon-Antimon-Bindung nach folgendem Schema gespalten[5]:

$$R_2Sb-SbR_2 \ + \ R^1-Li \ \longrightarrow \ R_2Sb-R^1 \ + \ R_2Sb-Li$$

Neben der Spaltung der Antimon-Antimon-Bindung treten Kohlenstoff-Antimon-Bindungsspaltungen ein. Dies ist besonders bei Distibinen, deren Kohlenstoff-Antimon-Bindung durch elektronische Faktoren besonders geschwächt ist, der Fall. So wird die Trifluormethyl-Gruppe in Tetrakis-[trifluormethyl]-distibin durch Brom bereits bei Raumtemperatur als Trifluor-brom-methan abgespalten[2]. Diese Schwächung der Antimon-Kohlenstoff-Bindung zeigt sich auch in der thermischen Stabilität der Distibine. Tetrakis-[trifluormethyl]-distibin zersetzt sich bereits unter Belichtung bei 20°[2]. Tetramethyl-distibin ist dagegen bei 100° stabil und zersetzt sich erst nach 20stdgm. Erhitzen auf 200°[4]:

$$3 \ (H_3C)_2Sb-Sb(CH_3)_2 \ \xrightarrow{200°} \ 2 \ Sb \ + \ 4 \ (H_3C)_3Sb$$

## 2. Antimono-Verbindungen (Cyclopolystibine) und Verbindungen mit Sb-As- und Sb-P-Bindung

Die in der älteren Literatur[6] formulierten Antimonobenzole bzw. Stibarseno-benzole mit einer Sb-Sb- bzw. Sb-As-Doppelbindung stellen mehr oder weniger polymere Verbindungen von nicht immer stöchiometrischer Zusammensetzung dar[7].

So konnte das *Antimonobenzol* $(C_6H_5Sb)_n$ mit einem definierten „n" durch Reduktion von Benzolstibonigsäure-anhydrid oder Benzolstibonsäure mit verschiedenen Reduktionsmitteln, die die ältere Literatur angibt, nicht erhalten werden[8]. Bei der Zersetzung von Phenylstibin bzw. bei dessen Umsetzung mit Dijod-phenyl-stibin erhält man eine dunkelbraune Substanz, von der angenommen wird, daß es sich um ein linear polymerisiertes

[1] F. A. PANETH u. H. LOLEIT, Soc. **1935**, 366.

[2] J. W. DALE et al., Soc. **1957**, 3708.

[3] H. A. MEINEMA et al., J. Organometal. Chem. **51**, 223 (1973).

[4] A. B. BURG u. L. R. GRANT, Am. Soc. **81**, 1 (1959).

[5] K. ISSLEIB u. H. HAMANN, Z. anorg. Ch. **339**, 289 (1965); **343**, 196 (1966).

[6] E. KRAUSE u. A. v. GROSSE, *Die Chemie der metall-organischen Verbindungen*, Geb. Borntraeger, Berlin 1937.

[7] G. O. DOAK u. L. D. FREEDMAN, *Organometallic Compounds of Arsenic, Antimony, and Bismuth*, Wiley-Interscience, New York 1970.

[8] F. KLAGES u. W. RAPP, B. **88**, 384 (1955).

Antimono-benzol handelt[1]. Durch Erhitzen einer benzol. Lösung von Phenylstibin mit Styrol entsteht, unter Reduktion des letzten, in 97%iger Ausbeute *Hexaphenyl-hexastiban* mit vermutlich Sechsring-Struktur[2].

Dem durch Einwirkung von Jod auf Lithium-di-tert.-butyl-stibid-1,4-Dioxan isolierbaren *Antimono-tert.-butan* wird eine 4-Ring-Struktur zugeordnet[3]:

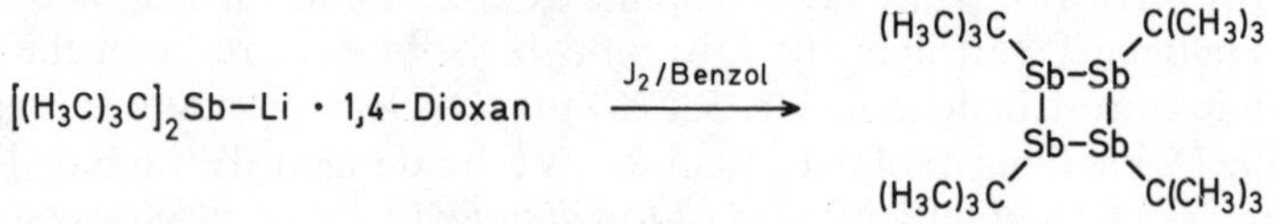

$$[(H_3C)_3C]_2Sb-Li \cdot 1,4-Dioxan \xrightarrow{J_2/Benzol}$$

$$\begin{array}{cc} (H_3C)_3C & C(CH_3)_3 \\ \diagdown & \diagup \\ Sb-Sb & \\ | \quad | & \\ Sb-Sb & \\ \diagup & \diagdown \\ (H_3C)_3C & C(CH_3)_3 \end{array}$$

Die Bildungsweise dieses Cyclopolystibins, das auch aus dem Rückstand der Zersetzungsprodukte beim Versuch Di-tert.-butyl-stibin zu destillieren isoliert werden konnte[3], ist nicht geklärt.

**Tetra-tert.-butyl-tetrastibetan**[3]: Unter Argon werden 5,8 g Lithium-di-tert.-butyl-stibid-1,4-Dioxanat und 2,3 g Jod in 50 *ml* abs. Benzol ~4–5 Min. unter Rückfluß gekocht. Die Zersetzungsprodukte werden über eine mit Kieselgur bedeckte G4-Fritte abfiltriert. Die Lösung wird nahezu vollständig eingeengt und mit 60 *ml* Methanol versetzt, wobei ein schwarzer Niederschlag ausfällt. Nach Filtrieren wird die Lösung i. Vak. vollständig eingeengt.

Der zunächst anfallende ölige, rote Rückstand wird nach Zugabe von wenig Methanol fest; Ausbeute: 1,3 g (40% d. Th.).

Das Cyclopolystibin ist ein luftempfindliches, rotes amorphes Pulver, das sich in Benzol monomer löst[3].

**Stibino-imino-phosphorane**, in denen eine $P^V$-$Sb^{III}$-Bindung vorliegt, werden durch Einwirkung von Halogen-diorgano-stibinen auf (N-Lithium-trimethylsilyl-amino)-diorgano-phosphine in ätherischer Lösung hergestellt[4,5]:

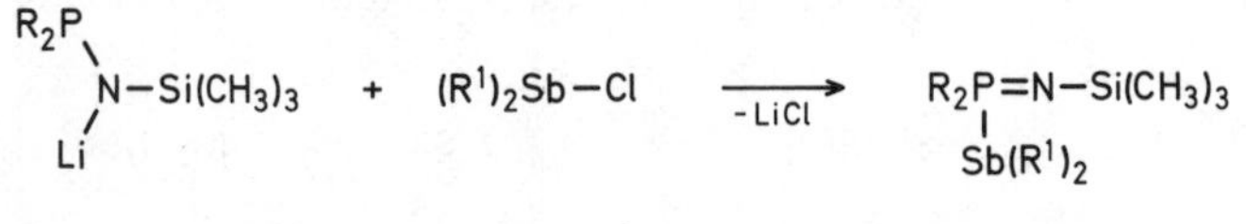

$$\begin{array}{l} R_2P \\ \quad \diagdown \\ \quad \quad N-Si(CH_3)_3 \\ \quad \diagup \\ Li \end{array} + (R^1)_2Sb-Cl \xrightarrow{-LiCl} \begin{array}{l} R_2P=N-Si(CH_3)_3 \\ \quad | \\ \quad Sb(R^1)_2 \end{array}$$

**Dimethylstibino-trimethylsilylimino-methyl-tert.-butyl-phosphoran**[5]: Unter Licht- und Sauerstoff-Ausschluß werden 2,08 g (10,9 mMol) Trimethylsilylamino-methyl-tert.-butyl-phosphin in 50 *ml* abs. Äther mit 5,0 *ml* (10,9 mMol) einer Butyl-lithium-Hexan-Lösung bei 0° lithiiert. Hierzu tropft man 2,0 g (10,9 mMol) Chlor-dimethyl-stibin und kocht 4 Stdn. unter Rückfluß. Nach Abfiltrieren wird fraktioniert destilliert; Ausbeute: 2,1 g (56% d. Th.); Kp$_{0,02}$: 59°.

Analog wird *Dimethylstibino-(trimethylsilyl-hydrazono)-di-tert.-butyl-phosphoran* (Subl.p.$_{0,05}$: 78–85°; F: 56–59°) erhalten[4].

Die Stibino-imino-phosphorane sind äußerst luft- und feuchtigkeitsempfindlich und werden am besten unter Lichtausschluß bei 0° aufbewahrt[4,5].

[1] E. WIBERG u. K. MÖDRITZER, Z. Naturf. **12b**, 128 (1957).
[2] K. ISSLEIB u. A. BALSZUWEIT, Z. anorg. Ch. **419**, 87 (1976).
[3] K. ISSLEIB etal., Z. anorg. Ch. **339**, 298 (1965).
[4] O. J. SCHERER u. W. M. JANSSEN, J. Organometal Chem. **20**, 111 (1969).
[5] O. J. SCHERER u. W. GICK, B. **104**, 1490 (1971).

## c) Stibonigsäuren und ihre Derivate

### 1. Stibonigsäure-anhydride (Oxo-organo-stibine)

#### A. Herstellung

Die polymeren Stibonigsäure-anhydride, deren genaue Struktur nicht gesichert ist[1], werden am einfachsten durch Hydrolyse von Stibonigsäure-dihalogeniden hergestellt:

$$R-SbX_2 \xrightarrow{\text{Hydrolyse}} (R-Sb=O)_n$$

R = Aryl
X = Halogen

Auf diese Weise werden hauptsächlich aromatische Stibonigsäure-anhydride erhalten.

Aliphatische Stibonigsäure-dihalogenide liefern bei der Hydrolyse mit verdünnter Natronlauge entweder undefinierte amorphe Produkte[2] oder es findet eine Antimon-Kohlenstoff-Bindungsspaltung unter Bildung von Antimon(III)-oxid statt[3].

Da die Anhydride durch die üblichen Reinigungsoperationen (Umkristallisieren, Ausfällen) nicht immer gereinigt werden können, empfiehlt es sich von besonders gereinigten Stibonigsäure-dihalogeniden auszugehen[4]. Für die Hydrolyse verwendet man verd. Ammonium- oder Natrium-hydroxid-Lösung[4-6], wobei letztere reinere Produkte liefert[3]. Die Hydrolyse wird bei 0° durchgeführt, da höhere Temperaturen zu Zersetzungsprodukten führen (s. S. 482), die anschließend schwer zu entfernen sind.

**Arenstibonigsäure-anhydride; allgemeine Arbeitsvorschrift[4]:** Eine Lösung von 0,2 Mol reinem Dichlor-aryl-stibin in 200 ml kaltem, abs. Äthanol wird unter Rühren in eine Lösung von 18 g Natriumhydroxid in 4 l Eiswasser langsam getropft. Die ausgefallenen Anhydride werden abgesaugt, mit Wasser chloridfrei, dann mit kleinen Portionen kaltem Äthanol und kaltem Äther gewaschen und anschließend i. Vak. getrocknet. Mit Ausnahme von 3-Methyl-benzolstibonigsäure-anhydrid beträgt die Ausbeute > 90% d. Th.

Unter anderem wurden folgende Anhydride erhalten:

*Benzolstibonigsäure-anhydrid*
*4-Methyl-benzolstibonigsäure-anhydrid*
*4-Äthyl-benzolstibonigsäure-anhydrid*
*3-Chlor-benzolstibonigsäure-anhydrid*

*4-Brom-benzolstibonigsäure-anhydrid*
*4-Nitro-benzolstibonigsäure-anhydrid*
*4-Acetyl-benzolstibonigsäure-anhydrid*

Die Anhydride besitzen meistens Zersetzungs- bzw. Sinterbereiche, die jedoch kein Maß für die Einheitlichkeit darstellen. Die benötigten Stibonigsäure-dichloride werden unter anderem durch Reduktion von Stibonsäuren mit Schwefeldioxid erhalten (s. S. 489). In vielen Fällen wurden die auf diese Weise erhaltenen Dichloride ohne Reinigung hydrolysiert[5,7-10]:

$$Ar-SbO_3H_2 \xrightarrow{SO_2/HCl/(J^{\ominus})} (Ar-SbCl_2) \xrightarrow{NaOH(NH_4OH)} (Ar-Sb=O)_n$$

[1] G. O. DOAK u. L. D. FREEDMAN, *Organometallic Compounds of Arsenic, Antimony, and Bismuth,* Wiley-Interscience, New York 1970.
[2] G. T. MORGAN u. G. R. DAVIES, Pr. roy. Soc. **110** A, 523 (1926).
[3] A. YA. YAKUBOVICH u. S. P. MAKAROV, Ž. obšč. Chim. **22**, 1528 (1952).
[4] H. H. JAFFE u. G. O. DOAK, Am. Soc. **71**, 602 (1949); **72**, 3025 (1950).
[5] H. SCHMIDT, A. **421**, 174 (1920).
[6] A. B. BRUCKER, Ž. obšč. Chim. **27**, 2223, 2593 (1957); engl.:
[7] D. E. WORRALL, Am. Soc. **52**, 2046 (1930).
[8] M. E. BRINNAND et al., Soc. **1932**, 1815.
[9] F. F. BLICKE u. U. O. OAKDALE, Am. Soc. **55**, 1198 (1933).
[10] P. PFEIFFER u. P. SCHMIDT, J. pr. **152**, 27 (1939).

Jedoch, wie bereits erwähnt, müssen die Dichloride gereinigt werden um analytisch reine Anhydride zu erhalten.

Analog können die in einem durch Umsetzung von Arendiazoniumsalzen[1] oder Arenazocarbonsäure-Salzen[2] mit Antimon(III)-chlorid und anschließender Hydrolyse erhaltenen Gemisch von Organo-antimon-Verbindungen sich befindenden Stibonigsäuredihalogenide direkt hydrolysiert werden. Bei der Umsetzung von Kaliumsalz der Naphthalin-2-azo-carbonsäure mit Antimon(III)-chlorid in Essigsäure-äthylester bei 16–18° erhält man nach der Aufarbeitung hauptsächlich das *Naphthalin-2-stibonigsäure-anhydrid*[2]. Stibinigsäure-anhydride, die bei der Hydrolyse der Produkte der Diazomethode immer mit gebildet werden, lassen sich in vielen Fällen von den Stibonigsäureanhydriden durch Extraktion mit Äther abtrennen[1, 3].

Gemischte Anhydride der Stibonigsäuren mit Carbaminsäuren werden am einfachsten durch Einwirkung von Kohlendioxid auf Stibonigsäure-diamide erhalten[4]:

$$R-Sb\begin{matrix} N(R^1)_2 \\ \\ N(R^1)_2 \end{matrix} \ + \ CO_2 \ \longrightarrow \ R-Sb\begin{matrix} O-CO-N(R^1)_2 \\ \\ O-CO-N(R^1)_2 \end{matrix}$$

In solchen gemischten Anhydriden[4] besitzt das Antimon, sowohl in fester Phase als auch in Lösung die Koordinationszahl 5.

**Bis-[dialkylamino-carbonyloxy]-organo-stibine; allgemeine Arbeitsvorschrift[4]:** Unter Sauerstoffausschluß wird trockenes Kohlendioxid in eine auf 0° gehaltene Lösung von Bis-[diäthylamino]-organo-stibin in Pentan geleitet. Die ausgefallenen Derivate werden abgesaugt und getrocknet. So erhält man u. a.:

| | |
|---|---|
| Bis-[*diäthylamino-carbonyloxy*]-*äthyl-stibin* | F: 66–67° |
| Bis-[*diäthylamino-carbonyloxy*]-*butyl-stibin* | Öl |
| Bis-[*diäthylamino-carbonyloxy*]-*phenyl-stibin* | F: 75–79° |

## B. Umwandlung

Die Stibonigsäure-anhydride sind amorphe, in Wasser und den üblichen organischen Lösungsmitteln unlösliche Substanzen. Ihre Löslichkeit in Ameisensäure bzw. Essigsäure beruht vermutlich auf einer Reaktion mit diesen Lösungsmitteln[5].

Thermisch zersetzen sich die aromatischen Stibonigsäure-anhydride bei 100–200°, wobei in Abhängigkeit von der Temperatur Disproportionierung zu Stibinigsäure-anhydriden (s. S. 495) bzw. tert. Stibinen und Antimon(III)-oxid eintritt[5]. In Umkehrung ihrer Bildung reagieren Stibonigsäure-anhydride mit Halogenwasserstoffsäuren unter Bildung der entsprechenden Dihalogenide (s. S. 483). Durch Umsetzung mit Quecksilber(II)-acetat werden Arenstibonigsäure-anhydride in o- und p-Stellung zur Stibosogruppe mercuriert[6]; z. B.:

$$H_3C-\langle\bigcirc\rangle-Sb{=}O \ + \ Hg(O-CO-CH_3)_2 \ \longrightarrow \ H_3C-\langle\bigcirc\rangle-Sb{=}O$$
$$Hg-O-CO-CH_3$$

*2-Acetoxymercuri-4-methyl-*
*benzolstibonigsäure-anhydrid*

[1] A. N. Nesmeyanov u. K. A. Kochechkov, Bull. Sci. URSS, Classe Sci. chim. **1944**, 416; C. A. **39**, 4320 (1945).

[2] O. A. Reutov u. O. A. Ptitsyna, Izv. Akad. SSSR **1952**, 93; C. A. **47**, 1631 (1953).

[3] A. N. Nesmeyanov et al., Izv. Akad. SSSR **1953**, 298; C. A. **48**, 6391^i (1954).

[4] H. A. Meinema u. J. G. Noltes, J. Organometal. Chem. **25**, 139 (1970).

[5] H. H. Jaffé u. G. O. Doak, Am. Soc. **71**, 602 (1949); **72**, 3027 (1950).

[6] K. Hiratsuka, J. Chem. Soc. Japan **58**, 1051, 1069 (1937); C. A. **33**, 158 (1939).

Durch gleichzeitige Einwirkung von Benzylamin und Schwefelkohlenstoff auf Benzol-stibonigsäure-anhydrid in Chloroform werden Bis-[dialkylamino-thiocarbonyl-thio]-phenyl-stibine gebildet (s. S. 493).

## 2. Stibonigsäure-dihalogenide

### A. Herstellung

### α) Durch Reduktion von aromatischen Stibonsäuren

Aromatische Stibonigsäure-dihalogenide werden am einfachsten durch Reduktion der entsprechenden Stibonsäuren im sauren Medium hergestellt. Die Reduktion wird meistens im salzsauren Medium durchgeführt. Die zunächst entstehenden Orthostibonsäure-tetrachloride (s. S. 512), werden meistens in situ direkt zu Stibonigsäure-dichlorid weiter-reduziert. Als Reduktionsmittel dienen Zinn(II)-chlorid[1-4] oder Schwefeldioxid[4-9]:

$$Ar-SbO_3H_2 \xrightarrow{\text{SnCl}_2/\text{HCl oder SO}_2/\text{HCl}} Ar-SbCl_2$$

Die Reduktion mit Schwefeldioxid in Salzsäure wird durch Spuren Kaliumjodid kataly-siert. Größere Mengen an Kaliumjodid führen zu Halogen-Austausch.

**Dichlor-(4-brom-phenyl)-stibin[5]:** 200 g rohe, luftgetrocknete 4-Brom-benzolstibonsäure werden in 500 *ml* kalter konz. Salzsäure gelöst und unter Rühren mit 550 *ml* Wasser versetzt. Man filtriert von ausgefallenen Niederschlägen ab und behandelt das Filtrat mit Aktivkohle. Nach Abfiltrieren wird Schwefeldioxid unter Eis-kühlung bis zur Sättigung eingeleitet. Das ausgefallene Stibonigsäure-dichlorid wird abgesaugt, getrocknet und aus Heptan umkristallisiert; Ausbeute: 40–60 g; F: 90–92°.

Auf ähnliche Weise werden u. a. folgende Stibonigsäure-dichloride erhalten:

| | | |
|---|---|---|
| Dichlor-phenyl-stibin[4, 8] | 58% d. Th.[8] | F: 60°[4] |
| Dichlor-(4-methyl-phenyl)-stibin[10] | | F: 92–93° |
| Dichlor-(2-brom-phenyl)-stibin[9] | 78% d. Th. | F: 88–90° |
| Dichlor-naphthyl-(1)-stibin[6] | | F: 105° |

In einigen Fällen werden die bei der Reduktion mit Schwefeldioxid erhaltenen Dichlo-ride durch alkalische Hydrolyse in die entsprechenden Anhydride überführt (s. S. 481), die nach ihrer Trennung durch Salzsäure wieder in die Dichloride umgewandelt werden[1, 4]. Der letzte Schritt dieser Reaktion muß in der Kälte durchgeführt werden, da sonst Dispro-portionierungsreaktionen eintreten[1, 4].

Ebenso einfach ist die Reduktion mit Zinn(II)-chlorid. Aromatische Stibonsäuren mit funktionellen Gruppen, die durch Zinn(II)-chlorid angegriffen werden, wie z. B. 4-Nitro-benzolstibonsäure reduziert man besser mit Schwefeldioxid[4].

**Arenstibonigsäure-dichloride durch Reduktion von Aren-stibonsäuren mit Zinn(II)-chlorid; allgemeine Ar-beitsvorschrift[4]:** Die aus 0,6 Mol aromat. Amin hergestellte Arenstibonsäure (s. S. 516) wird ohne weitere Reini-

---

[1] H. Schmidt, A. **421**, 174 (1920); **429**, 123 (1922).
[2] R. E. D. Clark, Soc. **1932**, 1826.
[3] I. G. M. Campbell, Soc. **1947**, 4.
[4] G. O. Doak u. H. H. Jaffé, Am. Soc. **72**, 3025 (1950).
[5] F. F. Blicke u. U. O. Oakdale, Am. Soc. **55**, 1198 (1933).
[6] P. Pfeiffer u. P. Schmidt, J. pr. **152**, 27 (1939).
[7] H. H. Jaffé u. G. O. Doak, Am. Soc. **71**, 602 (1949).
[8] P. G. Sargeev u. A. B. Bruker, Ž. obšč. Chim. **27**, 2220 (1957); C.A. **52**, 6236 (1958).
[9] B. R. Cook et al., Inorg. Chem. **10**, 2676 (1971).
[10] A. B. Bruker, Ž. obšč. Chim. **27**, 2593 (1957); C. A. **52**, 7188 (1958).

gung in der gerade notwendigen Menge konz. Salzsäure (100–200 *ml*) suspendiert bzw. gelöst und auf −20° abgekühlt. Hierzu tropft man unter Rühren eine 5m Lösung von Zinn(II)-chlorid in Salzsäure bis kein Stibonigsäure-dichlorid mehr ausfällt. Der Niederschlag wird über eine mit Trockeneis/Äthanol umgebene Fritte unter Ausschluß von Feuchtigkeit abgesaugt und mit kleinen Portionen kalter Salzsäure gewaschen. Dann wird das Rohprodukt in der gerade ausreichenden Menge Chloroform gelöst, und im Scheidetrichter von der Salzsäure schnell abgetrennt. Nach Abfiltrieren der Chloroform-Phase wird die Lösung abgekühlt. Zur Erzielung höherer Ausbeuten wird zuletzt in einem Trockeneis-Äthanol-Bad gekühlt. Zur weiteren Reinigung werden die Dichloride in wenig Chloroform gelöst und wieder im Trockeneis-Äthanol-Bad ausgefroren (Die Ausbeuten sind nach 3maligem Umkristallisieren auf das ursprüngliche aromatische Amin bezogen!); so erhält man u. a.:

| | | |
|---|---|---|
| *Dichlor-phenyl-stibin*[1] | 35% d. Th. | F: 60° |
| *Dichlor-(4-methyl-phenyl)-stibin*[1] | 34% d. Th. | F: 94,5° |
| *Dichlor-(3-methyl-phenyl)-stibin*[1] | 16% d. Th. | F: 51° |
| *Dichlor-(4-chlor-phenyl)-stibin*[1] | 28% d. Th. | F: 74° |
| *Dichlor-(4-acetyl-phenyl)-stibin*[1] | 24% d. Th. | F: 141° |
| *Dichlor-(4-cyan-phenyl)-stibin*[2] | | F: 74–75° |

## β) Aus Antimon(III)-chlorid oder metallischem Antimon

### β₁) *Durch Arylierung mit Diazonium- oder Halogeniumsalzen*

Die Zersetzung von Arendiazoniumsalzen und Antimon(III)-chlorid in Gegenwart von metallischem Zink in Essigsäure-äthylester führt in den meisten Fällen zu einem Gemisch aus mehreren Organo-antimon-Verbindungen mit unterschiedlicher Anzahl Chloratome am Antimon[3]. Zu ähnlichen Gemischen führt die Reaktion von Diarylhalogeniumsalzen mit Antimon(III)-chlorid und Antimon in Aceton[3]. Die Ausbeute an Stibonsäure-dihalogeniden ist nach der Trennung aus diesen Gemischen so gering, daß die Methode keine präparative Bedeutung besitzt.

### β₂) *Durch Alkylierung*

Die Reaktion von Antimon(III)-chlorid mit Grignard-Verbindung kann im allgemeinen nicht auf der Stufe des Stibonigsäure-dichlorids aufgehalten werden, sondern führt weiter bis zum tert. Stibin (s. S. 445). In einigen Fällen läßt sich jedoch eine partielle Alkylierung mit Tetraalkyl-blei-Verbindungen erreichen[4,5]:

$$R_4Pb \;+\; 3\,SbCl_3 \quad \xrightarrow{\; -RCl,\, -PbCl_2 \;} \quad 3\,R{-}SbCl_2$$

$$R = C_2H_5,\; CH{=}CH_2$$

Hierbei wird das Antimon(III)-chlorid in 2–3fachem molaren Überschuß eingesetzt. Als Lösungsmittel werden Benzol[4] oder Tetrachlormethan[5] verwendet.

**Dichlor-äthyl-stibin**[4]: In einem Dreihalskolben, versehen mit Rührer, Tropftrichter, Gaseinleitungsrohr und Rückflußkühler, werden unter einem schwachen Stickstoffstrom 68,4 g (0,3 Mol) pulverisiertes und getrocknetes Antimon(III)-chlorid in 160 *ml* abs. Benzol suspendiert. Hierzu tropft man langsam unter Rühren 32,3 g (0,1 Mol) Tetraäthyl-blei. Anschließend erhitzt man 8 Stdn. unter Rückfluß und läßt über Nacht stehen. Nach Abdestillieren des Benzols bei Normaldruck wird der Rückstand i. Vak. fraktioniert; Ausbeute: 46,8 g (71% d. Th.); Kp₁: 62–83°.

Analog erhält man aus Tetravinyl-blei und Antimon(III)-chlorid im Verhältnis 1:2 in Tetrachlormethan *Dichlor-vinyl-stibin* (Kp₂: 58–63°) in 62%iger Ausbeute[5]. Bei einem 1:2-Verhältnis der Reaktanden wird Dichlor-divinyl-blei gebildet, das aus dem Reaktionsgemisch durch Filtration entfernt wird[5].

---

[1] G. O. DOAK u. H. H. JAFFÉ, Am. Soc. **72**, 3025 (1950); *Dichlor-(4-äthyl-phenyl)-stibin* entsteht nur zu 6% d. Th.

[2] I. G. M. CAMPBELL, Soc. **1947**, 4.

[3] Eine Zusammenfassung der Literatur findet sich bei: O. A. REUTOV und O. A. PITTSYNA, *Organometallic Reactions*, Vol. 4, S. 104, Wiley-Interscience, New York 1972.

[4] M. S. KHARASCH et al., J. Org. Chem. **14**, 429 (1949).

[5] L. MAIER, Tetrahedron Letters, No. 6, **1959**, 1.

Bei sterisch anspruchsvollen Resten, z. B. beim tert.-Butyl-Rest, gelingt es jedoch, die Umsetzung von Antimon(III)-bromid mit Grignard-Verbindungen in molaren Verhältnissen (s. a. S. 445) auf der Stufe der Stibonigsäure-dihalogenide zu stoppen; die Ausbeuten sind allerdings mäßig; z. B. erhält man *Dichlor-[2-methyl-propyl-(2)]-stibin* zu 31,5% d. Th.[1].

*Dichlor-cyclopentadienyl-(5)-stibin* kann aus Antimon(III)-chlorid durch Einwirkung von molaren Mengen Cyclopentadienyl-lithium in Äther in 47%iger Ausbeute hergestellt werden[2]. In wesentlich höherer Ausbeute wird es bei der analogen Umsetzung mit Trimethylsilyl-cyclopentadien erhalten werden[2]:

$$\text{\large⬠}-Si(CH_3)_3 \;+\; SbCl_3 \;\xrightarrow[-(H_3C)_3Si-Cl]{\text{Äther}}\; \text{\large⬠}-SbCl_2$$

**Dichlor-cyclopentadienyl-(5)-stibin**[2]: Unter Argonatmosphäre und Ausschluß von Feuchtigkeit wird eine Lösung von 6,8 g (30 mMol) Antimon(III)-chlorid in 20 *ml* abs. Äther mit 4,15 g (30 mMol) Trimethylsilyl-cyclopentadien versetzt und 3 Tage im Kühlschrank stehen gelassen. Die ausgefallenen Kristalle, die sich beim Absaugen oberflächlich schwarz färben, werden durch Sublimation bei 0,05 Torr und ~70° gereinigt; Ausbeute: 5,7 g (73% d.Th.); F: 92° (Zers.; Differentialthermoanalyse).

*Dichlor-chlormethyl-stibin* entsteht bei der Umsetzung von Antimon(III)-chlorid mit Diazomethan in Benzol[3]. Bei Verwendung eines größeren Überschusses an Diazomethan wird in zunehmendem Maße Tris-[chlormethyl]-stibin gebildet. Bei der Umsetzung mit Diazoäthan wird lediglich das Stibonigsäure-monochlorid erhalten[3].

Metallisches Antimon reagiert in Gegenwart von Kupfer in einer Wasserstoffatmosphäre bei 350° mit Methylbromid zu einem Gemisch aus Antimon(III)-bromid, *Bromdimethyl*- und *Dibrom-methyl-stibin* (Kp$_{14}$: 120–130°; F: 42°), aus dem letztes durch Fraktionierung in 40%iger Ausbeute erhalten werden kann[4].

γ) Durch Umsetzung mit tertiären Stibinen oder Stibinigsäure-halogeniden

Tertiäre Stibine reagieren mit Antimon(III)-halogeniden unter Disproportionierung zu einem Gemisch aus Dihalogen-organo- und Halogen-diorgano-stibinen[5-12]:

$$R_3Sb \;+\; SbCl_3 \;\rightleftharpoons\; R_2Sb-Cl \;+\; R-SbCl_2$$

Hierbei reagieren die Trialkyl-stibine exotherm[7,8,10]. In Abhängigkeit von der Temperatur und Mengenverhältnis der Reaktionspartner können folgende Disproportionsreaktionen ablaufen[5]:

$$2\,R-SbCl_2 \;\longrightarrow\; R_2Sb-Cl \;+\; SbCl_3$$

$$R_2Sb-Cl \;+\; SbCl_3 \;\longrightarrow\; 2\,R-SbCl_2$$

[1] M. Wieber u. N. Baumann, Z. anorg. Ch. **418**, 167 (1975).
[2] P. Jutzi et al., B. **108**, 2439 (1975).
[3] A. Ya Yakubovich et al., Doklady Akad. SSSR **71**, 303 (1950); C. A. **44**, 8320 (1950); Ž obšč. Chim. **22**, 1528 (1952).
[4] L. Maier et al., J. Inorg. Nucl. Chem. **16**, 213 (1961).
[5] G. Grüttner u. M. Wiernik, B. **48**, 1749 (1915); und dort zitierte Lit.
[6] D. E. Worrall, Am. Soc. **52**, 2046 (1930).
[7] L. Maier et al., Am. Soc. **79**, 5884 (1957); Z. Naturf. **12b**, 263 (1957).
[8] A. I. Weingarten u. J. R. Van Wazer, Am. Soc. **88**, 2700 (1966).
[9] Niederl. P. 6505216 (1965), M. and T. Chemicals Inc.; C. A. **64**, 9766 (1966).
[10] E. A. Besolova et al., Ž. obšč. Chim. **38**, 1574 (1968); engl.: 1523.
[11] C. Th. Theisen, Diss. Abstr. **28b**, 3660 (1968).
[12] US. P. 3366655 (1968); Monsanto Co., Erf.: H. J. Weingarten u. W. A. White; C. A. **68**, 95979 (1968).

Dies setzt die präparative Bedeutung herab. In einigen Fällen gelingt es, durch günstige Reaktionsbedingungen die Stibonigsäure-dihalogenide in hoher Ausbeute zu erhalten. So wird *Dichlor-phenyl-stibin* in 95%iger Ausbeute erhalten, wenn Triphenyl-stibin und Antimon(III)-chlorid nicht bei 200–250° wie die ältere Literatur[1] angibt, sondern im Verhältnis 1:2 in siedendem Dichlormethan 64 Stdn. erhitzt werden[2].

Analog wird *Dichlor-(4-methyl-phenyl)-stibin* erhalten[3]. *Dichlor-(äthoxycarbonylmethyl)-stibin* (F: 88–90°) entsteht durch Zusammengeben von Tris-[äthoxycarbonylmethyl]-stibin und Antimon(III)-chlorid in der Kälte im Verhältnis 1:2 und anschließendem 12stdgm. Rühren bei 20° zu 93% d. Th.[4]. *Dichlor-methyl-stibin* und *Dibrom-äthylstibin* werden als Hauptprodukte (~ 80% d. Th.) beim 1tägigen Erhitzen der entsprechenden tert. Stibine mit Antimon(III)-chlorid bzw.- bromid (im Verhältnis 1:2) in Dimethylformamid bzw. Diäthyl-acetamid auf 100° im zugeschmolzenen Rohr erhalten[5].

*Dichlor-phenyl-stibin* wird in guter Ausbeute durch Erhitzen von Chlor-diphenyl-stibin und Antimon-(III)-chlorid im Verhältnis 1:1 in Dichlormethan unter Rückfluß erhalten[2].

*Bis-[dichlor-stibino]-methan* entsteht mit hoher Ausbeute aus Bis-[diphenyl-stibino]-methan durch Abspaltung der Phenyl-Reste mit trockenem Chlorwasserstoff[6]:

$$(H_5C_6)_2Sb-CH_2-Sb(C_6H_5)_2 \xrightarrow{\text{trock.HCl}} Cl_2Sb-CH_2-SbCl_2$$

**Bis-[dichlor-stibino]-methan**[6]: In eine Lösung von 20 g (35,3 Mol) Bis-[diphenyl-stibino]-methan in 100 ml abs. Chloroform wird bei 0° ein trockener Chlorwasserstoffstrom 30 Min. geleitet. Der ausgefallene Niederschlag wird aus trockenen Chlorwasserstoff enthaltendem Benzol umkristallisiert; Ausbeute: 13 g (92% d. Th.); F: > 152° (Zers.).

### δ) Durch Pyrolyse von Dialkylorthostibinsäure-trihalogeniden (Trihalogen-dialkyl-stiborane)

Die durch Einwirkung von elementarem Halogen auf Stibinigsäure-halogenide entstehenden Trihalogenide der Orthostibinsäure (s. S. 524), spalten in der aliphatischen Reihe relativ leicht Alkylhalogenid unter Bildung von Stibonigsäure-dihalogeniden ab[7–10]:

$$R_2Sb-X + X_2 \longrightarrow \{R_2SbX_3\} \xrightarrow[-RX]{\nabla} R-SbX_2$$

Die Reaktion ist nur für die Herstellung von Alkanstibonigsäure-dihalogeniden von Bedeutung. Das Orthostibinsäure-trihalogenid kann ohne Isolierung der Zersetzung unterworfen werden, wobei man in dem gleichen inerten Lösungsmittel arbeitet, das für seine Herstellung gedient hat[9,10]. Die Zersetzungstemperatur nimmt von den Chloriden zu den Jodiden zu. Bei Zersetzung in Lösung (Schwefelkohlenstoff, Tetrachlormethan) arbeitet man am besten im Siedebereich des Lösungsmittels.

**Dichlor-methyl-stibin**[8]: Unter Feuchtigkeitsausschluß werden 8,0 g (31,2 mMol) Trichlor-dimethyl-stiboran auf 110–115° (bei Normaldruck) erwärmt. Hierbei tritt unter Aufschäumen rasche Zersetzung ein. Nach ~

---

[1] G. GRÜTTNER u. M. WIERNIK, B. **48**, 1749 (1915); und dort zitierte Lit.
[2] Niederl. P. 6 505 216 (1965), M. and T. Chemicals Inc.; C. A. **64**, 9766 (1966).
[3] N. NISHII et al., J. Organometal. Chem. **55**, 133 (1973).
[4] E. A. BESOLOVA et al., Ž. obšč. Chim. **38**, 1574 (1968); engl.: 1523.
[5] US. P. 3 366 655 (1968), Monsanto Co., Erf.: H. I. WEINGARTEN u. W. A. WHITE; C. A. **68**, 95 979 (1968).
[6] Y. MATSUMURA u. R. OKAWARA, Inorg. Nucl. Chem. Lett. **7**, 113 (1972).
[7] G. T. MORGAN u. G. R. DAVIES, Pr. roy. Soc. **110 A**, 523 (1926).
[8] O. J. SCHERER et al., J. Organometal. Chem. **6**, 259 (1966).
[9] E. A. BESOLOVA et al., Ž. obšč. Chim. **38**, 267 (1968); engl.: 270.
[10] K. BRODERSEN et al., B. **104**, 360 (1971).

15 Min. ist nur noch geringe Gasentwicklung (Dichlormethan) zu beobachten. Die entstandene Flüssigkeit wird dann i. Vak. destilliert; Ausbeute: 5,3 g (83% d. Th.). Rohsiedepunkt: 92–130°/13 Torr (Es kann innerhalb eines kleinen Siedeintervalls redestilliert werden).

**Dijod-methyl-stibin**[1]: Unter Stickstoff werden 61 g (140 mMol) Dijod-trimethyl-stiboran bei 50 Torr und Badtemp. von 100°, später bis 140°, thermisch zersetzt. Nach beendeter Zersetzung wird das überdestillierte Jod-dimethyl-stibin in abs. Schwefelkohlenstoff mit der molaren Menge Jod umgesetzt. Nach Abfiltrieren von einem braun-schwarzen Bodensatz wird das entstandene Trijod-dimethyl-stiboran bei ~23°, rascher beim Erwärmen zum Sieden, zersetzt. Aus der abgekühlten Lösung kristallisiert das orangegelbe, luftbeständige Methanstibonigsäure-dijodid aus: Ausbeute: 10 g (18% d. Th.); F: 110°.

*Dibrom-butyl-stibin* (Kp$_{0, 018}$: 76–78°; F: 29–30°) wird auf ähnliche Weise aus Brom-dibutyl-stibin und Brom in Tetrachlormethan in 92%iger Ausbeute erhalten[2].

### ε) Durch Halogen-Austausch

Stibonigsäure-dijodide werden am besten aus den entsprechenden Dichloriden durch Umsetzung mit Kaliumjodid hergestellt[3–7]:

$$R-SbCl_2 \quad + \quad 2\ KJ \quad \xrightarrow[-2\ KCl]{} \quad R-SbJ_2$$

In den meisten Fällen werden die Stibonigsäure-dichloride bei ihrer Herstellung ohne Isolierung mit dem Kaliumjodid umgesetzt, wobei die schwerer löslichen Dijodide aus der sauren Lösung ausfallen[3–7].

**Dijod-phenyl-stibin**[3]: 10 g Benzolstibonsäure werden in 40 *ml* konz. Salzsäure gelöst und auf ~0° abgekühlt. Die eiskalte Lösung wird unter Rühren mit 10 g Zinn(II)-chlorid in 30 *ml* konz. Salzsäure versetzt, wobei die Reaktionstemp. etwas ansteigt. Unter Rühren wird dann eine ges. Natriumjodid-Lösung solange zugetropft, bis keine Fällung mehr beobachtet wird. Das eventuell ölig ausgefallene Dijodid kristallisiert beim Kühlen und Reiben. Man saugt ab, wäscht mit verd. Salzsäure, trocknet über Natriumhydroxid und kristallisiert anschließend aus Eisessig um; F: 69°.

Auf gleichem Wege erhält man *Dijod-(3-cyan-phenyl)-stibin* (F: 98,5–99°)[4].

**Dijod-(3-chlor-phenyl)-stibin**[5]: 45 g rohes 3-Chlor-benzolstibonigsäure-anhydrid wird in 100 *ml* konz. Salzsäure gelöst, auf 0° abgekühlt und mit ges., wäßr. Kaliumjodid-Lösung versetzt. Das ausgefallene Dijodid wird abgesaugt, mit kaltem Wasser gewaschen und 3 Stdn. i. Vak. getrocknet. Zur Reinigung wird mehrmals aus wenig Chloroform umkristallisiert; F: 67–68°.

Analog wird *Dijod-(4-chlor-phenyl)-stibin* durch Lösen des entsprechenden Anhydrids in Eisessig und anschließendem Umsetzen mit Kaliumjodid erhalten[6].

Die isolierten Dichloride können entweder in salzsaurer Lösung[7] oder in Aceton[4] mit Kaliumjodid umgesetzt werden.

## B. Umwandlung

Stibonigsäure-dihalogenide sind relativ luftbeständige, durch Wasser oder Laugen zu den entsprechenden Anhydriden leicht hydrolisierbare Verbindungen (s. S. 481). Durch Schwefelwasserstoff werden sie in die entsprechenden Stibonigsäure-thioanhydride umgewandelt (s. S. 491). Mit Alkanolaten bzw. Thiolaten reagieren sie zu Diestern (s.

[1] K. Brodersen et al., B. **104**, 360 (1971).
[2] E. A. Besolova et al., Ž. obšč. Chim. **38**, 267 (1968); engl.: 270.
[3] A. Schmidt, A. **421**, 174 (1920).
[4] I. G. M. Campbell, Soc. **1947**, 4.
[5] G. O. Doak u. H. H. Jaffé, Am. Soc. **72**, 3025 (1950).
[6] A. N. Nesmeyanov et al., Izv. Akad. SSSR. **1958**, 1435; C. A. **53**, 8037 (1959).
[7] T.-Ch. Sun u. J.-Y. Chi, Acta Chim. Sinica **7**, 266 (1959); C. A. **54**, 10915 (1960).

S. 489) bzw. Dithioestern (s. S. 493). Zu gemischten Thioanhydriden führt die Umsetzung mit Dithiocarbamaten (s. S. 492). Lithiierte Amine wandeln Stibonigsäure-dihalogenide in die entsprechenden Diamide um (s. S. 494). Mit Pyridin- oder Chinolin-Hydrochlorid bilden die Stibonigsäure-dichloride *Ammonium-aryl-trichloro-antimonate (III)* [1]:

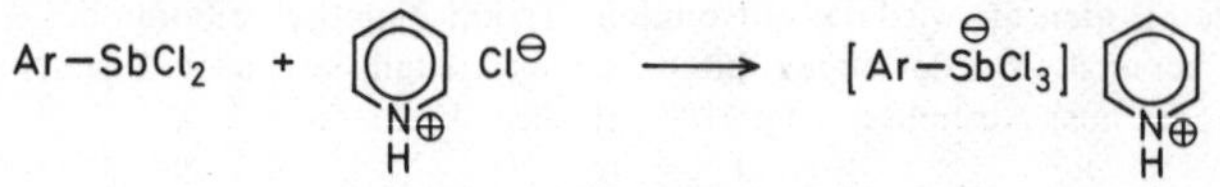

$$Ar-SbCl_2 \; + \; \underset{\underset{H}{N_\oplus}}{\bigcirc} \; Cl^\ominus \; \longrightarrow \; [Ar-\overset{\ominus}{Sb}Cl_3] \; \underset{\underset{H}{N_\oplus}}{\bigcirc}$$

Ähnliche Salze werden bei der Umsetzung mit Arendiazonium-halogeniden gebildet[2, 3]:

$$Ar-SbCl_2 \; + \; [Ar'-\overset{\oplus}{N_2}]Cl^\ominus \; \longrightarrow \; [Ar'-\overset{\oplus}{N_2}] \; [Ar-\overset{\ominus}{Sb}Cl_3]$$

Bei der Umsetzung mit überschüssigem Diazoniumsalz entstehen Bis-arendiazonium-aryl-tetrachloro-antimonate(III)[2,3].

Innere Arendiazonium-trichloro-antimonate(III) werden bei der Diazotierung von Dichlor-(4-amino-phenyl)-stibin gebildet[4,5]:

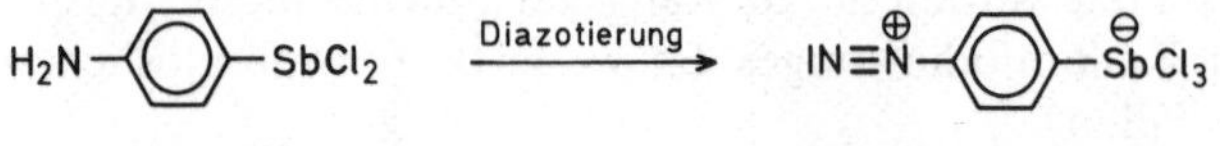

$$H_2N-\bigcirc-SbCl_2 \; \xrightarrow{\text{Diazotierung}} \; IN\equiv\overset{\oplus}{N}-\bigcirc-\overset{\ominus}{Sb}Cl_3$$

*Trichlor-(4-diazonio-phenyl)-*
*antimonat(III)*

Durch Halogen werden die Stibonigsäure-dihalogenide zu Tetrahalogen-organostiboranen oxidiert (s. S. 512).

Durch Einwirkung von Lithiumalanat bzw. -boranat erfolgt Reduktion zu primären Stibinen (s. S. 443). Zur Umwandlung in tert. Stibine mittels Organometall-Verbindungen s. S. 447. Stibonigsäure-dihalogenide sind thermisch relativ instabil. So wird Dichlor-(4-methoxy-phenyl)-stibin beim Erhitzen in Chloroform völlig zersetzt[6]. Dichlor-phenylstibin disproportioniert bereits beim Destillieren bei Normaldruck in *Chlor-diphenylstibin* und Antimon(III)-chlorid[7].

Die Aryl-Antimon-Bindung in Dichlor-aryl-stibinen wird durch Erhitzen mit Quecksilber(II)-chlorid gespalten[8].

$$Ar-SbCl_2 \; + \; HgCl_2 \; \longrightarrow \; Ar-Hg-Cl \; + \; SbCl_3$$

Chlormethyl-[9] und Trifluormethyl-Gruppen[10] werden durch Wasser bzw. wäßrige Natronlauge abgespalten.

---

[1] P. Pfeiffer u. P. Schmidt, J. pr. **152**, 27 (1939).
[2] A. Bruker, Ž. obšč. Chim. **6**, 1823 (1936); **18**, 1297 (1948); C. A. **31**, 4291 (1937); **43**, 4647 (1949).
[3] A. Bruker u. E. S. Makhlis, Ž. obšč. Chim. **7**, 1880 (1937); C. A. **32**, 72 (1938).
[4] H. Schmidt u. F. Hoffmann, B. **59**, 555 (1926).
[5] P. Pfeiffer u. K. Schneider, B. **68**, 50 (1935).
[6] G. O. Doak u. H. H. Jaffé, Am. Soc. **72**, 3025 (1950).
[7] G. Grüttner u. M. Wiernick, B. **48**, 1755 (1915).
[8] A. N. Nesmeyanov u. K. A. Kozeschkow, B. **67**, 317 (1934).
[9] A. Y. Yakubovich u. S. P. Makarov, Ž. obšč. Chim. **22**, 1528 (1952); C. A. **47**, 8010 (1953).
[10] J. W. Dale et al., Soc. **1957**, 3708.

## 3. Stibonigsäure-diester

## A. Herstellung

### α) Aus Stibonigsäure-dihalogeniden oder -diamiden

Durch Einwirkung von Natriumalkanolaten auf Stibonigsäure-dihalogenide lassen sich die entsprechenden Diester in hoher Ausbeute herstellen[1,2]:

$$R-SbX_2 + 2\ NaOR^1 \xrightarrow[-2\ NaX]{} R-Sb(OR^1)_2$$

R, R¹ = Alkyl oder Aryl
X    = Halogen

Die Reaktion wird meistens in dem dem jeweiligen Alkanolat entsprechenden Alkohol durchgeführt[1,2]. Zur Herstellung der tert.-Butylester dient abs. Benzol als Lösungsmittel[2].

**Methanstibonigsäure-diester; allgemeine Arbeitsvorschrift[2]:** Unter Feuchtigkeitsausschluß werden 11,8 g (40 mMol) Methan-stibonigsäure-dibromid im jeweiligen abs. Alkohol bzw. Benzol gelöst und tropfenweise mit 80 mMol Natriumalkanolat bzw. -phenolat im gleichen Lösungsmittel versetzt.

Das entstandene Natriumbromid wird mit einer Umkehrfritte abgetrennt. Nach Entfernung des Lösungsmittels durch Destillation wird der Rückstand i. Vak. sublimiert bzw. destilliert. U. a. werden so erhalten:

| | | | |
|---|---|---|---|
| Dimethoxy-methyl-stibin | (in Methanol) | 78% d. Th. | Subl.p.$_{13}$: 100° |
| Diäthoxy-methyl-stibin | (in Äthanol) | 80% d. Th. | Kp$_{13}$: 80° |
| Diisopropyloxy-methyl-stibin | (in Isopropanol) | 50% d. Th. | Kp$_1$: 42° |
| Di-tert.-butyloxy-methyl-stibin | (in Benzol) | 50% d. Th. | Kp$_1$: 70° |
| Diphenoxy-methyl-stibin | (in Äthanol) | 20% d. Th. | Kp$_1$: 115° |

*Diäthoxy-butyl-stibin* (Kp$_1$: 64–65°) wird auf ähnliche Weise in 80%iger Ausbeute gewonnen[1].

Die Stibonigsäure-dihalogenide lassen sich auch direkt mit Alkoholen[3] bzw. Diolen[4] verestern, wobei Ammoniak[3] oder besser Triäthylamin[4] als Säurefänger zugegen sein muß:

$$R-SbX_2 + \begin{array}{c} HO-\overset{|}{C}- \\ HO-\overset{|}{C}- \end{array} + 2\ (H_5C_2)_3N \xrightarrow[-2\ [(H_5C_2)_3\overset{\oplus}{N}H]X^{\ominus}]{} R-Sb\overset{O}{\underset{O}{\diagdown}}\!\!<$$

Bei den offenkettigen, flüssigen Estern, wie z. B. *Dibutyloxy-phenyl-stibin* (Kp$_3$: 134–147°) arbeitet man in abs. Benzol als Lösungsmittel[3]. Die cyclischen Ester, die in Methanol unlöslich sind, werden in diesem Lösungsmittel hergestellt[4]. Die Herstellung der cyclischen Ester ohne Hilfsbase scheitert an dabei eintretender Spaltung der Sb-C-Bindung[4].

**2-Phenyl-1,3,2-dioxastibolane bzw. -stibole; allgemeine Arbeitsvorschrift[2]:** Unter Feuchtigkeitsausschluß werden 5,4 g (20 mMol) Dichlor-phenyl-stibin und 4,04 g (40 mMol) Triäthylamin in abs. Methanol vorgelegt und unter Rühren mit der stöchiometrischen Menge Diol (20 mMol) in Methanol tropfenweise umgesetzt. Die ausgefallenen Niederschläge werden abgesaugt, durch mehrmaliges Waschen mit heißem Methanol vom Ammoniumsalz befreit und getrocknet; so erhält man z. B.:

| | | |
|---|---|---|
| 4,4,5,5-Tetramethyl-2-phenyl-1,3,2-dioxastibolan | 48% d. Th. | F: 280° (Zers.) |
| 2-Phenyl-1,3,2-oxathiastibolan | – | F: 160–162° |
| 2-Phenyl-benzo-1,3,2-dioxastibol | 49% d. Th. | F: 280° (Zers.) |

[1] E. A. Besolova et al., Ž. obšč. Chim. **38**, 267 (1968); engl.: 270.
[2] N. Baumann u. M. Wieber, Z. anorg. Ch. **408**, 261 (1974); **418**, 167 (1975).
[3] Brit. P. 1 106 035 (1968), M and T Chemicals Inc., Erf.: D. C. Evans; C. A. **68**, 105 369 (1968).
[4] M. Wieber u. N. Baumann, Z. anorg. Ch. **402**, 43 (1973); **418**, 167 (1975).

Einfacher und in besserer Ausbeute werden die schwerlöslichen Ester durch Umesterungsreaktionen gewonnen (s.unten).

Ohne Hilfsbasen reagieren Stibonigsäure-diamide mit 8-Hydroxy-chinolin bzw. Tropolon zu Stibonigsäure-estern in denen das Antimon die Koordinationszahl 5 besitzt[1]:

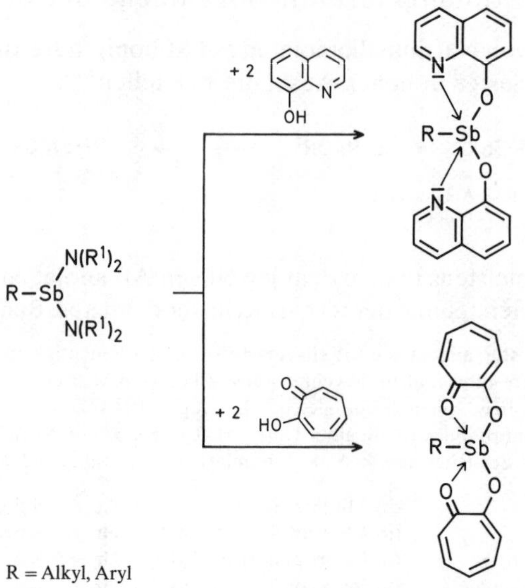

R = Alkyl, Aryl

**Alkan- bzw. Aren-stibonigsäure-dichinolyl-(8)-ester bzw. -bis-[7-oxo-cycloheptatrienyl-(1)-ester]; allgemeine Arbeitsvorschrift**[1]: Unter Sauerstoff- und Feuchtigkeits-Ausschluß wird eine Lösung des jeweiligen Stibonigsäure-bis-[diäthylamids] in abs. Sauerstoff-freiem Pentan mit der 2fachen molaren Menge 8-Hydroxy-chinolin (Oxin) bzw. Tropolon versetzt. Die Ester fallen hierbei in nahezu quantitativer Ausbeute an; z. B.

... -stibonigsäure-dichinolyl-(8)-ester

| | |
|---|---|
| Methan-... | Zers.p.: ~200° |
| Äthan-... | Zers.p.: ~180° |
| Propan-... | Zers.p.: ~105° |
| Benzol-... | Zers.p.: ~200° |

... -stibonigsäure-bis-[7-oxo-cycloheptatrienyl-(1)-ester]

| | |
|---|---|
| Äthan-... | Zers.p.: ~180° |
| Butan-... | Zers.p.: ~100° |
| Benzol-... | Zers.p.: ~200° |

## β) Durch Umesterung

Cyclische Stibonigsäureester mit 1,2-Diolen bzw. -phenolen (Stibolane bzw. Stibole), die in inerten Lösungsmitteln schwerlöslich und bei der direkten Veresterung der Stibonigsäure-dihalogenide in Gegenwart einer Hilfsbase schlecht vom gebildeten Ammoniumsalz zu trennen sind (s. S. 489), werden am besten durch Umsetzung von niederen Estern der Stibonigsäuren mit den gewünschten 1,2-Diolen hergestellt[2]:

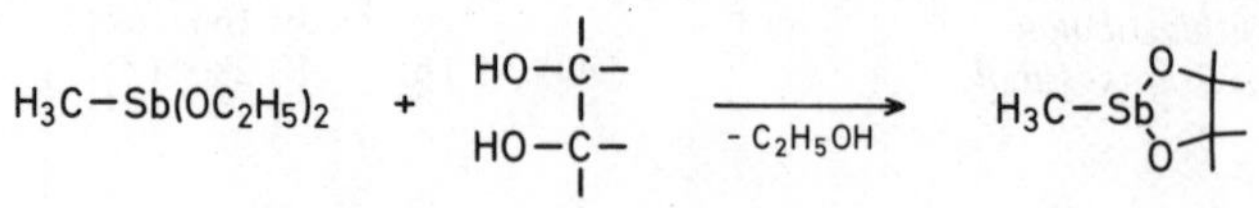

---

[1] H. A. MEINEMA u. J. G. NOLTES, J. Organometal. Chem. **25**, 139 (1970).
[2] N. BAUMANN u. M. WIEBER, Z. anorg. Ch. **408**, 261 (1974); **418**, 167 (1975).

**1,3,2-Dioxa- bzw. -oxathiastibolane und -stibole durch Umesterung; allgemeine Arbeitsvorschrift[1]:** Unter Ausschluß von Sauerstoff und Feuchtigkeit werden 2,26 g (10 mMol) Diäthoxy-methyl-stibin in abs. Äthanol vorgelegt und die entsprechenden 1,2-Diole bzw. 2-Mercapto-alkohole in stöchiometrischer Menge im gleichen Lösungsmittel zugetropft. Anschließend wird 2 Stdn. unter Rückfluß gekocht. Nach Entfernung des Lösungsmittels wird der Rückstand (bereits hochreine Ester) i. Hochvak. bei 35–75° getrocknet. So werden u. a. erhalten, aus

| | | |
|---|---|---|
| Glykol | → 2-Methyl-1,3,2-dioxastibolan; | 80% d. Th. Zers.p.: 92° |
| Butandiol-(2,3) | → 2,4,5-Trimethyl-1,3,2-dioxastibolan; | 82% d. Th. Zers.p.: 82° |
| 2,3-Dimethyl-butandiol-(2,3) | → 2,4,4,5,5-Pentamethyl-1,3,2-dioxastibolan; | 92% d. Th. Zers.p.: 128° |
| 1,2-Diphenyl-glykol | → 2-Methyl-4,5-diphenyl-1,3,2-dioxastibolan; | 82% d. Th. Zers.p.: 107° |
| Brenzcatechin | → 2-Methyl-⟨benzo-1,3,2-dioxastibol⟩; | 83% d. Th. F: 248° (Zers.) |
| Tetrachlor-brenzcatechin | → 4,5,6,7-Tetrachlor-2-methyl-⟨benzo-1,3,2-dioxastibol⟩; | 91% d. Th. F: 164° (Zers.) |
| 2-Mercapto-äthanol | → 2-Methyl-1,3,2-oxathiastibolan; | 78% d. Th. F: 158° (Zers.) |
| 2-Mercapto-phenol | → 2-Methyl-⟨benzo-1,3,2-oxathiastibol⟩; | 81% d. Th. F: 157° (Zers.) |

## B. Umwandlung

Stibonigsäure-diester sind äußerst hydrolyse- und zum Teil luftempfindliche Verbindungen. Dies gilt insbesondere für die Alkanstibonigsäure-diester. In benzolischer Lösung liegen die Ester monomer vor[1, 2]. Bei Estern, die weder in polaren noch in unpolaren Lösungsmitteln löslich sind, wird angenommen, daß sie koordinativ polymer sind[2].

Mit Keten reagieren die Alkylester unter Umwandlung der Alkoxy- in Alkoxycarbonylmethyl-Gruppen zu tert. Stibinen. Zur Umesterung der Stibonigsäureester s. S. 490.

### 4. Anhydride und Anhydrid-halogenide der Dithiostibonigsäure

Die wenig bekannten Stibonigsäure-thioanhydride werden durch Einwirkung von Schwefelwasserstoff auf Stibonigsäure-dihalogenide oder -anhydride erhalten[3,4]:

$$R-SbX_2 \quad bzw. \quad (R-Sb=O)_n \quad \xrightarrow{\ H_2S\ } \quad (R-Sb=S)_n$$

**Benzolstibonigsäure-thioanhydrid[3]:** In eine erwärmte Lösung von Benzolstibonigsäure-dichlorid oder -anhydrid in alkoholischem Ammoniak wird Schwefelwasserstoff bis zur Sättigung eingeleitet. Anschließend wird mit einem geringen Überschuß Salzsäure angesäuert. Das ausgefallene Thioanhydrid wird abgesaugt und aus Äthanol umkristallisiert; F: 65°.

Analog soll *4-Methyl-benzolstibonigsäure-thioanhydrid* zugänglich sein[3].

Benzolstibonigsäure-thioanhydrid wird ebenfalls in guter Ausbeute durch Umsetzung von Stibonigsäure-anhydrid mit Ammoniak in Schwefelkohlenstoff hergestellt[5]. Die Reaktion verläuft dabei über ein gemischtes Anhydrid mit der Dithiocarbaminsäure. Die

---

[1] N. BAUMANN u. M. WIEBER, Z. anorg. Ch. **408**, 261 (1974); **418**, 167 (1975).

[2] H. A. MEINEMA u. J. G. NOLTES, J. Organometal. Chem. **25**, 139 (1970).

[3] J. HASENBÄUMER, B. **31**, 2910 (1898).

[4] G. T. MORGAN u. G. R. DAVIES, Pr. roy. Soc. **110** A, 523 (1926).

[5] E. J. KUPCHIK u. P. J. CALABRETTA, Inorg. Chem. **4**, 973 (1965).

Bis-[amino-thiocarbonylthio]-phenyl-stibine können auch in Reinsubstanz thermisch (Erhitzen in Acetonitril) zu *Benzolstibonigsäure-thioanhydrid* umgewandelt werden[1].

Läßt man auf Dichlor-phenyl-stibin Natriumsalze von Dithiocarbaminsäuren im Verhältnis 1:1 in Chloroform bei ~ 20° einwirken, so werden die entsprechenden Thioanhydrid-chloride in hoher Ausbeute erhalten[1]:

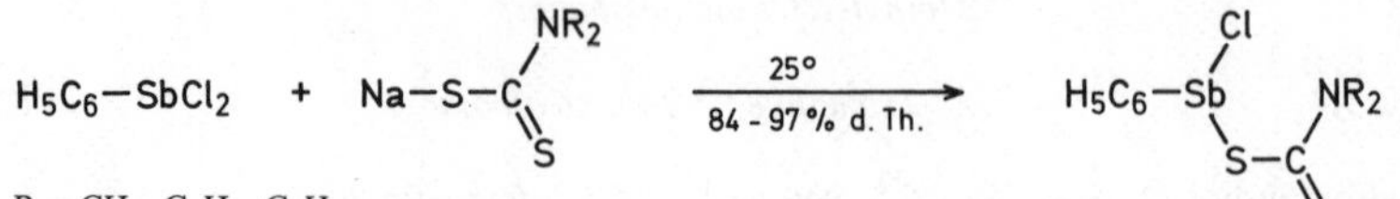

$$H_5C_6-SbCl_2 \; + \; Na-S-C \overset{NR_2}{\underset{S}{\big\langle}} \quad \xrightarrow[84-97\% \text{ d. Th.}]{25°} \quad H_5C_6-\overset{Cl}{\underset{S-C\big\langle\overset{NR_2}{S}}{Sb}}$$

$$R = CH_3, C_2H_5, C_6H_5$$

*Chlor-[dimethyl(diäthyl, diphenyl) amino-thiocarbonylthio]-phenyl-stibin*

Bei der Umsetzung mit der doppelten molaren Menge Natrium-dithiocarbamat in Chloroform[1] oder Aceton[2] entstehen die Bis-[dialkylamino-thiocarbonylthio]-organo-stibine:

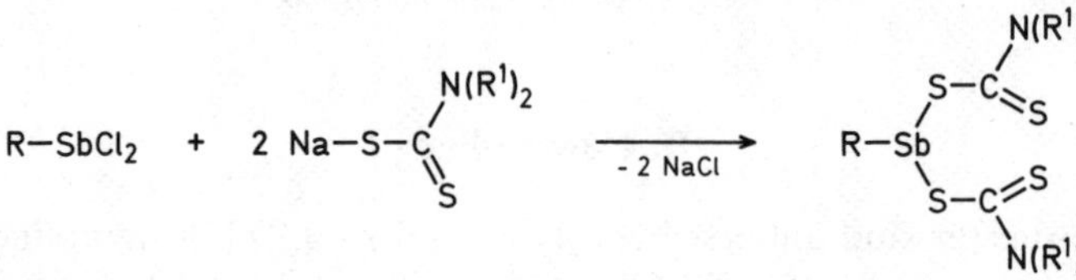

$$R-SbCl_2 \; + \; 2\,Na-S-C\overset{N(R^1)_2}{\underset{S}{\big\langle}} \quad \xrightarrow{-2\,NaCl} \quad R-Sb\overset{S-C\big\langle\overset{N(R^1)_2}{S}}{\underset{S-C\big\langle\overset{S}{N(R^1)_2}}{}}$$

Zu den gemischten Anhydriden der Thiostibonigsäuren mit Dithiocarbaminsäuren gelangt man auch durch die Einschiebungsreaktion von Schwefelkohlenstoff in die Sb-N-Bindung der Stibonigsäure-diamide[3]:

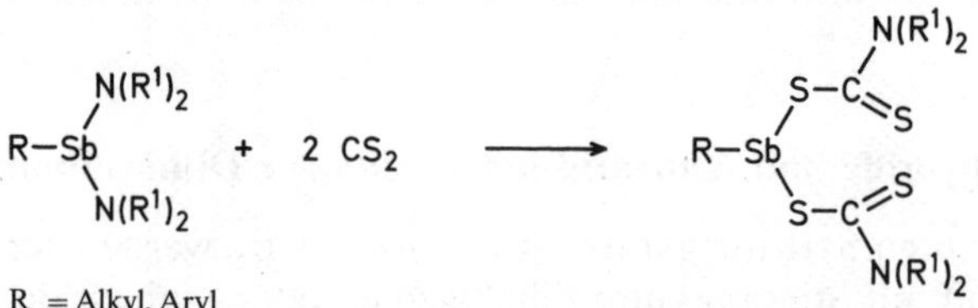

$$R-Sb\overset{N(R^1)_2}{\underset{N(R^1)_2}{\big\langle}} \; + \; 2\,CS_2 \quad \longrightarrow \quad R-Sb\overset{S-C\big\langle\overset{N(R^1)_2}{S}}{\underset{S-C\big\langle\overset{S}{N(R^1)_2}}{}}$$

R = Alkyl, Aryl
R¹ = Alkyl

Die Reaktion ist exotherm und muß durch Kühlung unter Kontrolle gehalten werden, wobei aprotische Lösungsmittel wie Benzol oder Pentan als Reaktionsmedium dienen[3].

**Bis-[diäthylamino-thiocarbonylthio]-äthyl-stibin**[3]: Unter strengem Ausschluß von Feuchtigkeit und Sauerstoff wird zu einer auf 0° gekühlten Lösung von 2,92 g Bis-[diäthylamino]-äthyl-stibin in 20 *ml* Pentan langsam eine Lösung von 1 *ml* Schwefelkohlenstoff in 10 *ml* Pentan getropft. Das gewünschte Anhydrid fällt rein aus; Ausbeute: 1,65 g (64% d. Th.); F: 73–74° (aus dem Filtrat läßt sich Triäthylstibin durch Destillation rein gewinnen).

In 80–90%-iger Ausbeute werden folgende Verbindungen auf ähnliche Weise hergestellt[3]:

Bis-[*diäthylamino-thiocarbonylthio*]-*methyl-stibin*;     F: 134–135°
Bis-[*diäthylamino-thiocarbonylthio*]-*butyl-stibin*;      F: 62–63°
Bis-[*diäthylamino-thiocarbonylthio*]-*phenyl-stibin*;     F: 150–153°

---

[1] E. J. KUPCHIK u. C. TH. THEISEN, J. Organometal. Chem. **11**, 627 (1968).
[2] Jap. P. 8117 (1963), M. NAGARAWA u. T. MAEDA; C. A. **59**, 11273 (1963).
[3] H. A. MEINEMA u. J. G. NOLTES, J. Organometal. Chem. **25**, 139 (1970).

Ohne Isolierung der Stibonigsäure-diamide lassen sich die Bis-[amino-thiocarbonyl-thio]-stibine durch gleichzeitige Einwirkung von primären oder sekundären Aminen und Schwefelkohlenstoff auf Stibonigsäure-anhydride in Chloroform herstellen[1]:

$$H_5C_6-Sb=O \; + \; 2 \; \begin{matrix} R \\ \diagdown \\ NH \\ \diagup \\ R^1 \end{matrix} \; + \; 2 \; CS_2 \quad \xrightarrow[\text{57-97\% d. Th.}]{25°, \; 15 \; Stdn.} \quad$$

R = H, Alkyl, Aryl
R¹ = Alkyl, Aryl

Die hydrolyseempfindlichen Stibonigsäure-Dithiocarbaminsäure-Anhydride scheinen auf Grund von spektroskopischen Untersuchungen sowohl in fester Phase als auch in Lösung ein pentakoordiniertes Antimon zu besitzen. Dies führt zu einer gewissen thermischen Stabilisierung[2]. Am Stickstoff monosubstituierte Verbindungen sind thermisch weniger stabil. So zersetzt sich *Bis-[anilino-thiocarbonylthio]-phenyl-stibin* nach 4stdgm. Erhitzen in Acetonitril zu *Benzol-stibonigsäure-thioanhydrid*[1].

## 5. Dithiostibonigsäure-diester

Durch Einwirkung von Thiolen bzw. Dithiolen auf Stibonigsäure-anhydride bzw. -dihalogenide in wäßrigem bzw. alkoholischem Medium sollen sich nach der Patentliteratur Dithiostibonigsäure-diester bilden[3]. Auch Arenstibonsäuren sollen bei der Einwirkung von Thiolen unter Reduktion in Dithiostibonigsäure-diester umgewandelt werden[4]. Benzolstibonigsäure-dichlorid läßt sich mit 1,2-Dithiolen in Benzol und Gegenwart von Triäthylamin als Hilfsbase in guter Ausbeute zu cyclischen Dithioestern umsetzen[5]; z.B.:

$$H_5C_6-SbCl_2 \; + \; \begin{matrix} HS-CH_2 \\ | \\ HS-CH_2 \end{matrix} \; + \; 2 \; (H_5C_2)_3N \quad \xrightarrow[-2[(H_5C_2)_3\overset{\oplus}{N}H]Cl^{\ominus}]{} \quad H_5C_6-Sb\begin{matrix} S \\ \diagup \\ \diagdown \\ S \end{matrix}$$

**2-Phenyl-1,3,2-dithiastibolan[5]:** 5,4 g (20 mMol) Dichlor-phenyl-stibin und 4,04 g (40 mMol) Triäthylamin werden in Benzol vorgelegt und mit 20 mMol Dithioglykol in Benzol unter Rühren tropfenweise umgesetzt. Das ausgefallene Triäthylammoniumhydrochlorid wird abgefrittet und das Filtrat eingeengt. Der ölige Rückstand wird in Methanol in der Wärme gelöst und durch Kühlen und Reiben mit einem Glasstab zur Kristallisation gebracht: Ausbeute 3,7 g (53% d. Th.); F: 38–39°.

Analog wird *5-Methyl-2-phenyl-⟨benzo-1,3,2-dithiastibol⟩* (F: 75–76°) in 50%iger Ausbeute gewonnen[5].

Einfacher lassen sich sowohl cyclische als auch offenkettige Dithioester durch Umesterung von Stibonigsäure-diester herstellen[6]:

$$H_3C-Sb(OC_2H_5)_2 \; + \; 2 \; R-SH \quad \rightleftharpoons \quad H_3C-Sb(S-R)_2 \; + \; 2 \; C_2H_5OH$$

**Diäthylthio-methyl-stibin[6]:** 2,26 g (10 mMol) Diäthoxy-methyl-stibin werden in abs. Äthanol gelöst und unter strengem Ausschluß von Sauerstoff und Feuchtigkeit mit 20 mMol Äthylmercaptan im gleichen Lösungs-

[1] E. J. KUPCHIK u. C. TH. THEISEN, J. Organometal. Chem. **11**, 627 (1968).
[2] H. A. MEINEMA u. J. G. NOLTES, J. Organometal. Chem. **25**, 139 (1970).
[3] US. P. 2430461; 2430462 (1947); Brit. P. 592875 (1947); 598975 (1948); US. P. 2659723; 2664432 (1953), E. A. H. FRIEDHEIM; C. A. **42**, 1973, 5056 (1948); **49**, 1816 (1955).
[4] Brit. P. 655435 (1951); US. P. 2772303 (1956), E. A. H. FRIEDHEIM; C. A. **47**, 144 (1953); **51**, 5836 (1957).
[5] M. WIEBER u. N. BAUMANN, Z. anorg. Ch. **402**, 43 (1973).
[6] N. BAUMANN u. M. WIEBER, Z. anorg. Ch. **408**, 261 (1974).

mittel tropfenweise versetzt und anschließend 2 Stdn. unter Rückfluß erhitzt. Nach Abdestillieren des Lösungsmittels wird der Rückstand i. Vak. destilliert; Ausbeute: 1,85 g (71% d. Th.); Kp$_{13}$: 100°.

Auf ähnliche Weise erhält man *Dibenzylthio-methyl-stibin* (93% d. Th.; Öl)[1].

*Diphenylthio-methyl-stibin* wird durch Spaltung von Trimethyl-stibin mit Thiophenol bei 50° als nicht destillierbares Öl erhalten[2]:

$$(H_3C)_3Sb \ + \ 2 \ H_5C_6-SH \ \xrightarrow[-\ 2\ CH_4]{6\ Stdn.,\ 50°} \ H_3C-Sb(S-C_6H_5)_2$$

Längeres Erhitzen (168 Stdn.) von Triäthyl-stibin mit Thiophenol auf 35° führt dagegen zur Spaltung aller Sb-C-Bindungen[2].

## 6. Stibonigsäure-diamide

Stibonigsäure-diamide werden durch Einwirkung von Lithium-amiden auf Stibonigsäure-dihalogenide in unpolaren, aprotischen Lösungsmitteln hergestellt[3,4]:

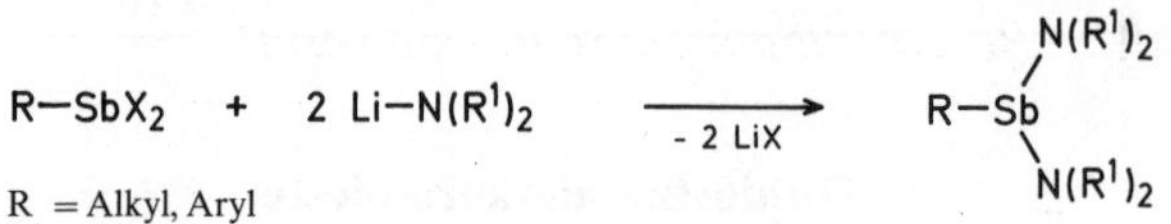

$$R-SbX_2 \ + \ 2 \ Li-N(R^1)_2 \ \xrightarrow{-\ 2\ LiX} \ R-Sb\begin{matrix} N(R^1)_2 \\ \\ N(R^1)_2 \end{matrix}$$

R = Alkyl, Aryl
R$^1$ = Alkyl

Die Umsetzung mit prim. Aminen selbst führt zu unreinen Produkten, aus denen die Stibonigsäure-diamide nicht isoliert werden können[4].

**Stibonigsäure-bis-[diäthylamide]; allgemeine Arbeitsvorschrift[4]:** Unter strengem Ausschluß von Sauerstoff und Feuchtigkeit wird zu einer auf −80° gekühlten Lösung von 75 mMol Butyl-lithium in Hexan eine Lösung von 100 mMol Diäthylamin in 40 *ml* abs. Äther langsam zugetropft. Anschließend wird 30 Min. nachgerührt und 37 mMol Stibonigsäure-dibromid in 20 *ml* abs. Äther langsam zugetropft (Reaktionstemp. −80°). Man erwärmt langsam auf ~20° und erhitzt anschließend 1 Stde. unter Rückfluß. Man destilliert die Lösungsmittel ab und gibt 100 *ml* abs. Pentan zu. Das unlösliche Lithium-bromid wird abfiltriert und das Filtrat zuletzt i. Vak. fraktioniert; folgende . . .-*stibonigsäure-bis-[diäthylamide]* werden so erhalten:

| | | |
|---|---|---|
| *Äthan-...* | 74% d. Th. | Kp$_{1,3}$: 70–72° |
| *Propan-...* | 57% d. Th. | Kp$_{0,1}$: 58–60° |
| *Butan-...* | 84% d. Th. | Kp$_{0,1}$: 67–70° |
| *Benzol-...* | 71% d. Th. | Kp$_{0,1}$: 94–95° |

Analog wird *Bis-[trimethylsilyl-methyl-amino]-methyl-stibin* durch Einwirkung von Dichlor-methyl-stibin auf das Lithiumsalz von Trimethylsilyl-methyl-amin in Hexan bei −20° und anschließender Fraktionierung des Reaktionsgemisches in 54%iger Ausbeute erhalten[3].

Die Stibonigsäure-diamide sind äußerst luft- und hydrolyse-empfindliche Verbindungen. Durch Alkohole werden die entsprechenden Stibonigsäure-diester gebildet. Mit Kohlendioxid bzw. Schwefelkohlenstoff erfolgt eine Einschiebungsreaktion zu gemischten Anhydriden der Stibonigsäuren mit Dithiocarbaminsäure (s. S. 492).

---

[1] N. BAUMANN u. M. WIEBER, Z. anorg. Ch. **408**, 261 (1974).
[2] A. G. DAVIES u. S. C. W. HOOK, Soc. [B] **1970**, 735.
[3] O. J. SCHERER et al., J. Organometal, Chem. **6**, 259 (1966).
[4] H. A. MEINEMA u. J. G. NOLTES, Inorg. Nucl. Chem. Lett. **6**, 241 (1970).

# d) Stibinigsäuren und ihre Derivate

## 1. Anhydride der Stibinigsäuren (Bis-[diorgano-stibin]-oxide)

Aromatische Stibinigsäure-anhydride werden am einfachsten durch Pyrolyse von Stibonigsäure-anhydriden hergestellt[1-5]:

$$(R-Sb=O)_n \xrightarrow{\nabla} R_2Sb-O-SbR_2 + Sb_2O_3$$

Die Disproportionierungstemperatur beträgt $\sim 100°$, wobei elektronenanziehende Substituenten im aromatischen Ring die Reaktionsgeschwindigkeit erniedrigen[4]. Allzu hohe Temperaturen führen zur Zersetzung der Stibinigsäure-anhydride, wobei Triaryl-stibine entstehen[1].

**Bis-[diphenyl-stibin]-oxid**[1, 3, 5]: Unter Stickstoff wird getrocknetes Benzolstibonigsäure-anhydrid 2–4 Stdn. in einem Ölbad auf 75–100° erhitzt. Die erkaltete Reaktionsmischung wird mit heißem Äthanol[1, 2] oder Äther[4] extrahiert. Nach Abdampfen des Extraktes wird der Rückstand aus Äthanol oder Tetrachlormethan umkristallisiert; F: 78–80° (Äthanol); 82° (Tetrachlormethan)[4].

Auf analoge Weise erhält man ferner:

Bis-[bis-(4-methyl-phenyl)-stibin]-oxid     F: 101°[4]; 107°[5]
Bis-[bis-(4-chlor-phenyl)-stibin]-oxid     F: 147°[5]

Stibinigsäure-anhydride lassen sich auch durch alkalische Hydrolyse von Stibinigsäure-Derivaten (hauptsächlich Halogeniden) herstellen[1, 6-8]:

$$2 Ar_2Sb-X + 2 NaOH \xrightarrow[- H_2O]{- 2 NaX} Ar_2Sb-O-SbAr_2$$

So wird Bis-[diphenyl-stibin]-oxid von Triphenyl-stibin ausgehend durch Erhitzen mit methanolischem Chlorwasserstoff und anschließender Hydrolyse des intermediär gebildete Chlor-diphenyl-stibin mit wäßriger Kalilauge hergestellt[1, 7, 8].

Bis-[bis-(4-fluor-phenyl)-stibin]-oxid (F: 85°) wird aus dem entsprechenden Chlorid durch Hydrolyse mit 5%iger Ammoniumhydroxid-Lösung erhalten[6].

Stibinigsäure-anhydride gehen bei der Einwirkung von Alkoholen bzw. Thiolen in die entsprechenden Ester bzw. Thioester (s. S. 508) über. Mit Carbonsäuren bilden sich gemischte Anhydride (Acyloxy-diorgano-stibine) (s. S. 506).

## 2. Stibinigsäure-halogenide und -pseudohalogenide

### A. Herstellung

α) Durch Reduktion von Stibinsäuren bzw. Orthostibinsäure-trihalogeniden

Aromatische Stibinigsäure-halogenide werden am einfachsten durch Reduktion von Diarylstibinsäuren in saurem Medium über die hierbei gebildeten Orthostibinsäure-triha-

---

[1] H. Schmidt, A. **421**, 174 (1920); **429**, 123 (1922).
[2] G. T. Morgan u. G. R. Davies, Pr. roy. Soc. **127** A, 1 (1930).
[3] F. F. Blicke et al., Am. Soc. **53**, 1025 (1931).
[4] F. F. Blicke u. U. O. Oakdale, Am. Soc. **55**, 1198 (1933).
[5] H. H. Jaffé u. G. O. Doak, Am. Soc. **71**, 602 (1949); **72**, 3027 (1950).
[6] A. B. Bruker, Ž. obšč. Chim. **27**, 2223 (1957); C. A. **52**, 6236 (1958).
[7] K. Issleib u. B. Hamann, Z. anorg. Ch. **343**, 196 (1966).
[8] C. Th. Theisen, Diss. Abstr. **28 b**, 3660 (1968).

logenide hergestellt. Die Trihalogenide der Orthostibinsäure können auch direkt für die Reduktion eingesetzt werden[1-5]:

$$Ar_2SbO_2H \xrightarrow{\text{HCl}} Ar_2SbCl_3 \xrightarrow{\text{Red.}} Ar_2Sb-Cl$$

Als Reduktionsmittel dienen Zinn(II)-chlorid[1-4] oder Schwefeldioxid[5] in Äthanol oder Aceton. Die Reduktion von unsymmetrischen Diarylstibinsäuren bzw. Orthostibinsäure-trihalogeniden stellt die beste Methode zur Herstellung unsymmetrischer Stibinigsäure-halogenide dar[2-4].

**Chlor-(4-methyl-phenyl)-biphenylyl-(2)-stibin[6]:** 6,3 g Trichlor-(4-methyl-phenyl)-biphenylyl-(2)-stiboran werden in einer Mischung von 150 ml Äthanol und 30 ml 3,5 n Salzsäure suspendiert und mit 6 g Zinn(II)-chlorid versetzt. Beim Erwärmen entsteht eine klare Lösung, aus der das Stibinigsäure-chlorid sofort kristallin ausfällt; Ausbeute: 4,55 g (87% d.Th.); F: 94–95°.

Auf analoge Weise werden u. a. folgende Stibinigsäure-chloride gewonnen:

| | |
|---|---|
| Chlor-(4-carboxy-phenyl)-[4-brom-biphenylyl-(2)]-stibin[6] | F: 170° |
| Chlor-(4-äthoxycarbonyl-phenyl)-[4-brom-biphenylyl-(2)]-stibin[6] | F: 108° |
| Chlor-(4-äthoxycarbonyl-phenyl)-[5-methyl-biphenylyl-(2)]-stibin[3] | F: 121–122° |

Die Reduktion mit Schwefeldioxid wird durch Jodid-Ionen katalysiert[7]. *Chlor-diphenyl-stibin* wird durch Umsetzung von Trichlor-diphenyl-stiboran in äthanolischer Chlorwasserstoff-Lösung mit 40%iger Natriumhydrogen-sulfit-Lösung und einigen Kristallen Kaliumjodid bei 40–70° in 90%iger Ausbeute erhalten.[7]

### β) Aus tert. Stibin-dihalogeniden

Tert. Stibin-dihalogenide (s. S. 530) spalten beim Erhitzen unter vermindertem Druck Halogenalkan bzw. -aren unter Bildung von Stibinigsäure-halogeniden ab:

$$R_3SbX_2 \xrightarrow[-RX]{\nabla} R_2Sb-X$$

Die Reaktion eignet sich besonders zur Herstellung von Halogen-dialkyl-stibinen[8-12]. Die Zersetzungstemperatur der Dichlor- bzw. Dibrom-trialkyl-stiboranen liegt zwischen 100–230° bei 100–760 Torr[9-11]. Da die Halogen-dialkyl-stibine äußerst luft- und zum Teil lichtempfindlich sind, wird die Reaktion in inerter Atmosphäre unter Lichtausschluß durchgeführt. Die besten Ausbeuten erhält man bei der Zersetzung von Dibrom-trialkyl-stiboranen[9-12], so daß nach dieser Methode die Brom-dialkyl-stibine am einfachsten hergestellt werden können. Die benötigten Dihalogen-trialkyl-stiborane können nach ihrer Herstellung (s. S. 536) ohne weitere Reinigung direkt eingesetzt werden.

[1] L. A. Wood u. H. Gilman, Pr. Iowa Acad. **48**, 251 (1941); C. A. **36**, 3492 (1942).
[2] I. G. M. Campbell, Soc. **1950**, 3109; **1952**, 4448.
[3] I. G. M. Campbell u. D. J. Morrill, Soc. **1955**, 1662.
[4] I. G. M. Campbell u. A. W. White, Soc. **1958**, 1184; **1959**, 1491.
[5] A. B. Bruker, Ž. obšč. Chim. **27**, 2220, 2223 (1957); **31**, 974 (1961); engl.:901;C. A. **52**, 6236 (1958); C. A. **55**, 23398 (1961).
[6] I. G. M. Campbell, Soc. **1952**, 3109.
[7] A. B. Bruker, Ž. obšč. Chim. **27**, 2223 (1957); **31**, 974 (1961); C. A. **52**, 6236 (1958); **55**, 23398 (1961).
[8] G. T. Morgan u. G. R. Davies, Pr. roy. Soc. **110 A**, 523 (1926).
[9] H. Hartmann u. G. Kühl, Z. anorg. Ch. **312**, 186 (1961).
[10] K. Issleib u. B. Hamann, Z. anorg. Ch. **332**, 179 (1964); **339**, 289 (1965).
[11] S. Herbstman, J. Org. Chem. **29**, 986 (1964).
[12] E. A. Besolova et al., Ž. obšč. Chim. **38**, 267 (1968); engl.: 270.

**Brom-dibutyl-stibin**[1]: In einer Stickstoffatmosphäre werden 221 g (0,488 Mol) Dibrom-tributyl-stiboran langsam unter Rühren auf 220° (Badtemp.) erhitzt. Bei einer Badtemp. von ~210° destilliert Butylbromid ab. Nach 4 Stdn. sind ~50 g (93% d.Th.) Butylbromid überdestilliert. Die Reaktionsmischung wird anschließend i. Vak. 2mal fraktioniert destilliert; Ausbeute: 113 g (74% d.Th.); $Kp_{0,1}$: 68°.

Auf ähnliche Weise werden folgende Brom-dialkyl-antimon-Verbindungen erhalten:

| Brom-…-stibin | Reaktionsbedingungen (Badtemp./Torr) | Ausbeute [% d.Th.] | Kp | |
|---|---|---|---|---|
| | | | [°C] | [Torr] |
| -dimethyl-[2] | 180°/90 | 71 | 107° | 90 |
| -diäthyl-[2-4] | 195–200°/760 | 85 | 44–46° | 1 |
| -dipropyl-[4] | 195–200°/760 | 69 | 63–64° | 0,5–1 |
| -diisopropyl-[2] | 170°/90 | 76 | 93–95° | 12 |
| -bis-[2-methyl-propyl]-[1] | 220°/760 | 81 | 64–66 | 0,1 |

*Chlor-dimethyl-stibin* kann auf gleiche Weise durch Zersetzung von Dichlor-trimethyl-stiboran bei Normaldruck erhalten werden[5, 6]. Die Reaktion ist bei niederen Alkyl-Resten ($C_1$-$C_3$) zur Herstellung der entsprechenden Chloride weniger geeignet[7].

*Chlor-dibutyl-stibin* ($Kp_{10}$: 121–123°) kann jedoch auf diese Weise in 89%-iger Ausbeute erhalten werden[8]. Chlor-dialkyl-stibine zersetzen sich beim Stehenlassen unter Lichteinwirkung, so daß bei ihret Herstellung unter Lichtausschluß gearbeitet werden muß[9].

**Chlor-dicyclohexyl-stibin**[9]: In einer Argonatmosphäre werden unter Lichtausschluß 200 g Dichlor-tricyclo-hexyl-stiboran 40 Min. auf 230° bei 360 Torr erhitzt. Hierbei destilliert Cyclohexylchlorid ab. Der Rückstand wird i. Vak. unter Lichtausschluß über eine Kolonne destilliert. Die bei 136–145°/~1 Torr überdestillierte Fraktion wird aufgefangen und redestilliert; Ausbeute: 66 g (45% d.Th.); $Kp_{\sim 1}$: 136–142°; $Kp_1$: 158–159°[2].

Aus Brom-trimethyl-cyan-[10] oder Brom-dimethyl-phenyl-cyan-stiboran[11] wird bei der Pyrolyse unter Abspaltung von Methyl-bromid das *Dimethyl-cyan-* bzw. *Methyl-phenyl-cyan-stibin* gebildet. Gemischte tert. Alkyl-aryl-stibin-dihalogenide liefern bei dieser Reaktion keine einheitlichen Produkte. So entsteht bei der Pyrolyse von Dichlor-dime-thyl-phenyl-stiboran ein Gemisch aus *Chlor-dimethyl-* und *-diphenyl-stibin*[5].

Die Zersetzung von Dichlor-triphenyl-stiboran bei 250–270°/150 Torr liefert kein reines *Chlor-diphenyl-stibin*[12]. Das entsprechende *Brom*-Derivat kann jedoch in hoher Ausbeute auf diese Weise hergestellt werden[13].

**Brom-diphenyl-stibin**[2]: In einem 250-*ml*-2-Halskolben mit luftgekühlter Destillationsbrücke und Vorlage werden in einer Stickstoffatmosphäre 104,6 g (0,25 Mol) Dibrom-triphenyl-stiboran in einem Metallbad auf 220–230° erhitzt. Unter Aufschäumen tritt die Zersetzung ein, wobei Brombenzol abdestilliert. Nach beende-ter Spaltung (30 Min.) wird der Druck auf 10–15 Torr vermindert. Hierbei destilliert das Brom-diphenyl-stibin als gelblich ölige Flüssigkeit bei 170–180° über. Anschließend wird aus Eisessig umkristallisiert; Ausbeute: 67,2 g (91,7% d.Th.); F: 84–86°.

---

[1] S. HERBSTMAN, J. Org. Chem. **29**, 986 (1964).
[2] H. HARTMANN u. G. KÜHL, Z. anorg. Ch. **312**, 186 (1961).
[3] K. ISSLEIB u. B. HAMANN, Z. anorg. Ch. **339**, 289 (1965).
[4] E. A. BESOLOVA et al., Ž. obšč. Chim. **38**, 267 (1968); engl.: 270.
[5] G. T. MORGAN u. G. R. DAVIES, Pr. roy. Soc. **110 A**, 523 (1926).
[6] O. J. SCHERER et al., J. Organometal. Chem. **6**, 259 (1966).
[7] H. A. MEINEMA et al., J. Organometal. Chem. **51**, 223 (1973).
[8] R. L. McKENNY u. H. H. SISLER, Inorg. Chem. **6**, 1178 (1967).
[9] K. ISSLEIB u. B. HAMANN, Z. anorg. Ch. **332**, 179 (1964).
[10] G. T. MORGAN u. V. E. YARSLEY, Pr. roy. Soc. **110 A**, 534 (1926).
[11] W. STEINKOPF et al., B. **65**, 409 (1932).
[12] K. ISSLEIB u. B. HAMANN, Z. anorg. Ch. **343**, 196 (1966).
[13] G. B. REINERT, Prax. Naturwiss., Teil 3, **22**, 169 (1973).

Die Reaktion besitzt keine allgemeine Bedeutung für die Herstellung von Halogen-di-aryl-stibinen.

### γ) Aus Antimon(III)-halogeniden

#### γ₁) *Durch Umsetzung mit Organometall-Verbindungen*

Die Umsetzung von Antimon(III)-halogeniden mit Grignard-Verbindungen führt nor-malerweise zum Ersatz aller Halogenatome am Antimon (s. S. 445). Bei Grignard-Ver-bindungen mit sperrigen Alkyl- oder Aryl-Resten gelingt es jedoch, die Reaktion auf der Stufe des Stibinigsäure-halogenids zu stoppen. So läßt sich bei der Umsetzung von 2-Me-thoxy-benzol-magnesium-bromid mit Antimon(III)-chlorid auch im Verhältnis 4:1, ne-ben Tris-[2-methoxy-phenyl]- das *Chlor-bis-[2-methoxy-phenyl]-stibin* (F: 116–117°) isolieren[1]. Bei der Einwirkung von tert.-Butyl-magnesium-chlorid auf Antimon(III)-chlorid ist ein Überschuß an Grignardreagens sogar erforderlich, um die Bildung des Sti-bonigsäure-dichlorids zu verhindern[2,3].

**Chlor-di-tert.-butyl-stibin**[3]: 36 g Magnesiumpulver werden in 100 *ml* Äther mit 10–15 g 1,2-Dibrom-äthan in 50 *ml* Äther versetzt. Nach beendeter Äthylen-Entwicklung wird die Lösung über einen Krümmer abdekan-tiert. Zu dem auf diese Weise aktivierten Magnesium gibt man 100 *ml* Äther und läßt unter Rühren bei 10–15° im Verlauf von 6–7 Stdn. 94,5 g tert.-Butylchlorid in 300 *ml* Äther tropfen. Die Grignard-Lösung wird 20 Min. unter Rückfluß gekocht, über eine mit Glaswolle bedeckte G2-Fritte filtriert und bei –25° langsam mit 86,5 g Antimon(III)-chlorid in 350 *ml* Äther umgesetzt. Gegen Ende der Reaktion erfolgt teilweise Antimon-Abschei-dung. Das Reaktionsgemisch wird mit Ammonium chlorid-Lösung versetzt. Nach Abtrennung und Trocknung der Äther-Phase über Natriumsulfat wird der Äther abdestilliert und der Rückstand i. Vak. destilliert; Ausbeute: 72,5 g (70,5% d. Th.); Kp₁: 48–50°.

*Chlor-diphenyl-stibin* wird durch Einwirkung von Tetraphenyl-blei auf Antimon(III)-chlorid erhalten[4]. Das auf diese Weise isolierbare Rohprodukt ist jedoch schwer zu reini-gen, so daß die Ausbeuten an reinem Derivat gering sind[5]. Bessere Ausbeuten erzielt man bei der Umsetzung von Antimon(III)-chlorid mit Tetraphenyl-zinn in Methanol[5].

Die Umsetzung von Antimon(III)-chlorid mit Organo-zinn-Verbindungen ist von be-sonderer präparativer Bedeutung zur Herstellung cyclischer Stibinigsäure-chloride[6–8]:

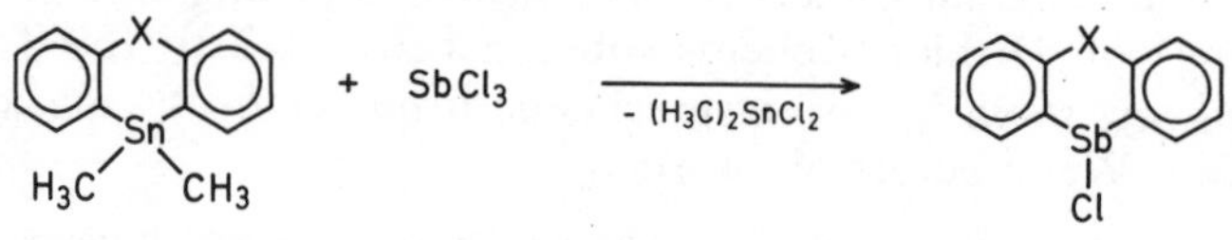

X = O, S, SO₂, –CH₂–, –CH₂–CH₂–

**10-Chlor-phenoxantimonin**[8]: Unter Ausschluß von Feuchtigkeit werden in einer Sauerstoff-freien Stickstoff-atmosphäre 0,63 g 10,10-Dimethyl-phenoxastannin und 0,45 g Antimon(III)-chlorid ohne Lösungsmittel zu-sammengegeben. Es tritt sofort eine Reaktion ein, wobei die anfänglich festen Substanzen zu einer Flüssigkeit zu-sammenschmelzen, die nach 10 Min. wieder fest wird. Anschließend wird 1 Stde. auf 150° bei 15 Torr erhitzt, währenddessen Dimethyl-zinn-dichlorid aus dem Reaktionsgemisch absublimiert. Der Rückstand wird aus Te-trachlormethan umkristallisiert; Ausbeute: 0,4 g (60% d. Th.); F: 150–151°.

Analog werden folgende Stibinigsäure-chloride in 50–70%iger Ausbeute erhalten[8]:

[1] J. I. HARRIS et al., Soc. **1947**, 1568.
[2] H. HARTMANN u. G. KÜHL, Z. anorg. Ch. **312**, 186 (1961).
[3] K. ISSLEIB et al., Z. anorg. Ch. **339**, 298 (1965).
[4] A. E. GODDARD et al., Soc. **121**, 978 (1922).
[5] Z. M. MANULKIN et al., Doklady Akad. SSSR **88**, 687 (1953); C. A. **48**, 2631 (1954).
[6] P. JUTZI, B. **104**, 1455 (1971).
[7] A. J. ASHE, III., Am. Soc. **93**, 6690 (1971).
[8] H. A. MEINEMA et al., J. Organometal. Chem. **55**, 139 (1973).

*10-Chlor-phenothiantimonin*                                      F: 130°

*10-Chlor-phenothiantimonin-5,5-dioxid*                           F: 199–200°

*5-Chlor-5,10-dihydro-⟨dibenzo-[b;e]-antimonin⟩*                  F: 102°; F: 89°[1]

*5-Chlor-10,11-dihydro-5H-⟨dibenzo-[b;f]-stibepin⟩*              F: 138°

Das *1-Chlor-1,4-dihydro-antimonin* (F: 115–117°, Zers.) wird bei der exotherm verlaufenden Umsetzung von 1,1-Dibutyl-1,4-dihydro-stannin und Antimon(III)-chlorid in Tetrahydrofuran erhalten[2]:

$$\text{(Struktur)} \quad + \quad SbCl_3 \quad \xrightarrow[- (H_9C_4)_2 SnCl_2]{THF} \quad \text{(Struktur)}$$

*Fluor-diphenyl-stibin* wird durch Einwirkung von Ammonium-pentafluoro-phenyl-silikat oder Trifluor-phenyl-silan auf Antimon(III)-fluorid in Wasser hergestellt[3]:

$$2\ (NH_4)_2 (H_5C_6-SiF_5)\ +\ SbF_3\ \xrightarrow{H_2O}\ (H_5C_6)_2Sb-F\ +\ 2\ (NH_4)_2SiF_6 \qquad \textcircled{1}$$

$$2\ H_5C_6-SiF_3\ +\ 3\ SbF_3\ +\ 2\ H_2O\ \xrightarrow{H_2O}\ (H_5C_6)_2Sb-F\ +\ 2\ H_2SiF_6\ +\ 2\ SbOF \qquad \textcircled{2}$$

Statt Trifluor-phenyl-silan kann auch Triäthoxy-phenyl-silan jedoch nicht Trichlor-phenyl-silan in Gegenwart von überschüssiger Flußsäure zur Reaktion mit Antimon(III)-fluorid gebracht werden. Die besten Ausbeuten an *Fluor-diphenyl-stibin* werden jedoch nach Gl. ② erreicht[3].

**Fluor-diphenyl-stibin**[3]: 36 g (200 mMol) Trifluor-phenyl-silan werden mit 54 g (300 mMol) Antimon(III)-fluorid in 180 *ml* Wasser und 100 *ml* Äthanol (ohne Äthanol erniedrigt sich die Ausbeute um 10% d. Th.) in einer Weithals-Polyäthylenflasche geschüttelt. Unter geringem Selbsterwärmen scheidet sich eine teilweise kristalline Fällung ab, aus der nach 24 Stdn. durch Digerieren mit Flußsäure Antimon(III)-oxid-fluorid herausgelöst wird. Der Rückstand wird mit Wasser gewaschen, getrocknet und aus Aceton umkristallisiert; Ausbeute: 23 g (78% d. Th.); F: 160°.

Die Arylierung von Antimon(III)-chlorid mit Aren-diazonium- oder -halogeniumsalzen in Gegenwart von metallischem Zink liefert in den meisten Fällen Gemische von unterschiedlich halogenierten Organo-antimon(III)- und (V)-Verbindungen, aus denen die gebildeten Stibinigsäure-halogenide schwer zu isolieren sind, so daß die Reaktion nur geringe Bedeutung zur Herstellung der Stibinigsäure-halogenide besitzt[4].

$\gamma_2$) *Durch Disproportionierungsreaktionen mit tert. Stibinen bzw. Stibonigsäure-dihalogeniden*

Wie bei der Herstellung der Stibonigsäure-dihalogenide bereits erwähnt wurde (s. S. 485), findet beim Erhitzen von tert. Stibinen mit Antimon(III)-halogeniden eine Disproportionierung zu Stibonig- und Stibinigsäure-halogeniden statt[5,6]:

$$R_3Sb\ +\ SbCl_3\ \rightleftharpoons\ R_2Sb-Cl\ +\ R-SbCl_2$$

[1] P. JUTZI, B. **104**, 1455 (1971).

[2] A. J. ASHE, III., Am. Soc. **93**, 6690 (1971).

[3] R. MÜLLER u. C. DATHE, B. **99**, 1609 (1966).

[4] Eine Zusammenfassung der Literatur findet sich bei: O. A. REUTOV u. O. A. PITTSYNA, Organomet. Reactions Vol. **4**, S. 106, Wiley-Interscience, New York 1972.

[5] G. GRÜTTNER u. M. WIERNIK, B. **48**, 1755 (1915); und dort zit. Lit.

[6] L. MAIER et al., Am. Soc. **79**, 5884 (1957); Z. Naturf. **12 b**, 263 (1957).

Um hohe Ausbeuten an Stibinigsäure-halogeniden zu erhalten, werden das tert. Stibin und Antimon(III)-halogenid im Verhältnis 2:1 in einem aprotischen Lösungsmittel bei Temperaturen um 100° umgesetzt[1,2]. Als Lösungsmittel werden Dichlormethan[2] oder N,N-Diäthyl-acetamid[1] verwendet.

Hohe Ausbeuten (92%) an *Chlor-diphenyl-stibin* (F: 68°) erhält man durch Erhitzen von Triphenyl-stibin und Antimon(III)-chlorid im Verhältnis 2:1 in Dichlormethan unter Rückfluß[1] und nicht bei 240–245° wie die ältere Literatur angibt[3]. Auch die Umsetzung von Triphenyl-stibin und Dichlor-phenyl-stibin im Verhältnis 1:1 in siedendem Dichlormethan liefert das *Chlor-diphenyl-stibin* in 93%iger Ausbeute[1].

*Chlor-dimethyl-stibin* und *Brom-diäthyl-stibin* werden in 88%iger Ausbeute durch Umsetzung des jeweiligen Trialkyl-stibins mit Antimon(III)-chlorid bzw. -bromid im Verhältnis 2:1 in Dimethylformamid bzw. N,N-Diäthyl-acetamid bei 100° erhalten, wobei die gewünschte Disproportionierung ohne die erwähnten Lösungsmittel nicht stattfindet[2].

In den meisten Fällen sind jedoch die Parameter dieser Disproportionierungsreaktionen nicht eindeutig geklärt, so daß häufig nur Gemische an Stibonig-, Stibinigsäure-halogeniden und Ausgangsverbindungen erhalten werden, deren Trennung meistens schwierig ist[4,5]. So kann *Brom-divinyl-stibin* aus dem Disproportionierungsgemisch rein durch Destillation isoliert werden; *Chlor-divinyl-stibin* konnte dagegen aus den analogen Disproportionierungsgemischen nicht isoliert werden[5].

Das luft- und lichtempfindliche *Jod-bis-[trifluormethyl]-stibin* (Kp: ~129°) wird durch 7tägiges Erhitzen von Tris-[trifluormethyl]-stibin und Arsen(III)-jodid im Bombenrohr auf 120° mit Ausgangsverbindungen verunreinigt erhalten[6].

### δ) Aus Stibinigsäure-Derivaten

Besonders reine Stibinigsäure-halogenide werden durch Einwirkung von Halogenwasserstoffsäuren auf Stibinigsäure-anhydride erhalten[7-11].

$$Ar_2Sb-Y \xrightarrow{\text{HX}} Ar_2Sb-X$$

$$Y = O-SbR_2; O-CO-CH_3$$
$$X = \text{Halogen}$$

In einigen Fällen kann das Stibinigsäure-anhydrid ohne Isolierung oder Reinigung mit Halogenwasserstoffsäure in Äthanol oder Eisessig umgesetzt werden. So wird *Chlor-bis-[2-chlor-phenyl]-stibin* durch Erhitzen von Bis-[2-chlor-phenyl]-stibinigsäure-anhydrid in 6 n Salzsäure direkt erhalten[10]. Um hohe Ausbeuten an reinen Stibinigsäure-halogeniden zu erreichen, wird jedoch empfohlen, von gereinigten Stibinigsäure-anhydriden auszugehen[9]. Am besten werden die Diarylstibinigsäure-anhydride in Eisessig mit Halogenwasserstoffsäure umgesetzt, wobei die Reaktion über die entsprechenden Acetoxy-diaryl-stibine abläuft[7,9], die man auch direkt einsetzen kann.

[1] Niederl. P. 6505216 (1965), M. & T. Chemicals Inc.; C. A. **64**, 9766 (1966).
[2] US. P. 3366655 (1968), Monsanto Co., Erf.: H. I. WEINGARTEN u. W. A. WHITE; C. A. **68**, 95979 (1968).
[3] A. MICHAELIS u. A. GÜNTHER, B. **44**, 2316 (1911).
[4] D. E. WORRALL, Am. Soc. **52**, 2046 (1930).
[5] L. MAIER et al., Am. Soc. **79**, 5884 (1957); Z. Naturf. **12 b**, 263 (1957).
[6] J. W. DALE et al., Soc. **1957**, 3708.
[7] H. SCHMIDT, A. **421**, 174 (1920); **429**, 123 (1922).
[8] G. T. MORGAN u. G. R. DAVIES, Pr. roy. Soc. **127 A**, 1 (1930).
[9] F. F. BLICKE u. U. O. OAKDALE, Am. Soc. **53**, 1025 (1931); **55**, 1198 (1933).
[10] A. N. NESMEYANOV et al., Izv. Akad. SSSR **1953**, 298; **1958**, 1435; C. A. **48**, 6391 (1954); **53**, 8037 (1959).
[11] K. ISSLEIB u. B. HAMANN, Z. anorg. Ch. **343**, 196 (1966).

Bei der Herstellung von *Chlor-diphenyl-stibin* wird das benötigte Anhydrid am einfachsten durch Erhitzen von Triphenyl-stibin in methanolischem Chlorwasserstoff und Hydrolyse der Reaktionsmischung (s. S. 495) [1, 2] erhalten. Das rohe Anhydrid wird dann in Äthanol[2] oder Eisessig[1] mit Salzsäure versetzt, wobei Chlor-diphenyl-stibin (F: 68°) auskristallisiert.

Das durch Lösen von Diphenyl-stibinigsäure-anhydrid in heißem Eisessig erhältliche Acetoxy-diphenyl-stibin läßt sich besser reinigen, so daß dessen Umsetzung mit Halogenwasserstoffsäuren direkt reine Halogen-diphenyl-stibine liefert[3].

**Jod-bis-[4-brom-phenyl]-stibin**[4]: 4,9 g Acetoxy-bis-[4-brom-phenyl]-stibin werden in 20 *ml* heißer Essigsäure und mit 2 *ml* Jodwasserstoffsäure (spez. Gew.: 1,65) versetzt. Die Reaktionsmischung wird mit Eiswasser abgekühlt und das ausgefallene, rohe Stibinigsäure-jodid abgesaugt und gut getrocknet. Zur Reinigung wird das getrocknete Derivat in einer Soxhlet-Apparatur mit 150 *ml* Petroläther (Kp: 30–60°) extrahiert und die Lösung von öligen Verunreinigungen abdekantiert. Das aus der abgekühlten Petroläther-Lösung ausgefallene Jodid wird dann aus Heptan umkristallisiert; F: 73–74°.

Analog erhält man z. B. u. a.:

*Jod-bis-[4-methyl-phenyl]-stibin*     F: 76–78° (abs. Äthanol)
*Jod-dinaphthyl-(1)-stibin*     F: 136–137°

### ε) Aus Distibinen

Durch Einwirkung von Halogen[5] oder Halogen-Überträgern wie Sulfurylchlorid[6] auf Tetraalkyl-distibine wird die Sb-Sb-Bindung unter Bildung von Halogen-dialkyl-stibinen gespalten:

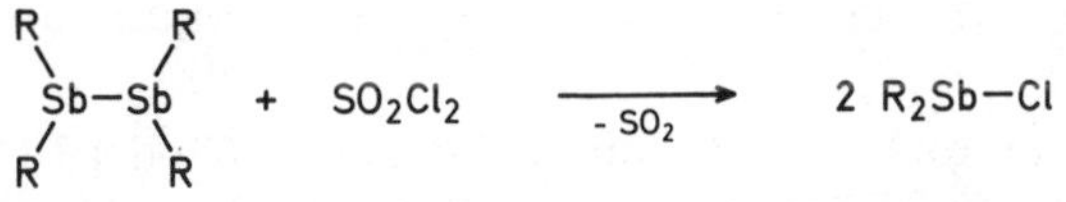

$$\begin{matrix} R & & R \\ \diagdown & & \diagup \\ & Sb{-}Sb & \\ \diagup & & \diagdown \\ R & & R \end{matrix} \quad + \quad SO_2Cl_2 \quad \xrightarrow[-\,SO_2]{} \quad 2\ R_2Sb{-}Cl$$

R = Alkyl

Die Reaktion der Tetraalkyl-distibine mit Sulfurylchlorid ist exotherm und wird in der Kälte in Dichlormethan durchgeführt[6]. Überschüssiges Sulfurylchlorid führt zur Bildung von Trichlor-dialkyl-stiboranen (s. S. 536) und soll deshalb vermieden werden.

**Chlor-dialkyl-stibine; allgemeine Arbeitsvorschrift**[6]: Unter Ausschluß von Sauerstoff und Feuchtigkeit werden 8 mMol Tetraalkyl-distibin in 40 *ml* Dichlormethan gelöst und auf −78° gekühlt. Hierzu werden 8 mMol Sulfurylchlorid in 10 *ml* Dichlormethan langsam getropft. Anschließend wird langsam auf ∼ 20° erwärmt, das Lösungsmittel bei Normaldruck entfernt und der Rückstand i. Vak. destilliert.

So erhält man u. a.:

*Chlor-dimethyl-stibin*     60% d. Th.     Kp$_{30}$: 78–79°
*Chlor-diäthyl-stibin*     75% d. Th.     Kp$_{16}$: 83–86°
*Chlor-dipropyl-stibin*     44% d. Th.     Kp$_{7}$: 102–104°

Sowohl Tetraalkyl- als auch Tetraaryl-stibine erleiden bei der Einwirkung von Methyljodid eine Spaltung der Sb-Sb-Bindung unter Bildung von tert. Stibinen und Stibinigsäure-jodiden[7]:

[1] A. SCHMIDT, A. **421**, 174 (1920); **429**, 123 (1922).
[2] K. ISSLEIB u. B. HAMANN, Z. anorg. Ch. **343**, 196 (1966).
[3] F. F. BLICKE et al., Am. Soc. **53**, 1025 (1931).
[4] F. F. BLICKE u. U. O. OAKDALE, Am. Soc. **55**, 1198 (1933).
[5] F. PANETH u. H. LOLEIT, Soc. **1935**, 366.
[6] H. A. MEINEMA et al., J. Organometal. Chem. **51**, 223 (1973).
[7] K. ISSLEIB u. B. HAMANN, Z. anorg. Ch. **339**, 289 (1965); **343**, 196 (1966).

$$R_2Sb-SbR_2 \quad + \quad CH_3J \quad \longrightarrow \quad R_2Sb-CH_3 \quad + \quad R_2Sb-J$$

R = Alkyl, Aryl

Da jedoch die Trennung dieser Gemische schwer ist, besitzt die Reaktion keine präparative Bedeutung.

### ζ) Aus Stibinigsäure-halogeniden durch Halogen-Austausch

Stibinigsäure-jodide werden am einfachsten aus den entsprechenden Chloriden durch Umsetzung mit Natriumjodid in Aceton hergestellt[1,2]:

$$R_2Sb-Cl \quad + \quad NaJ \quad \xrightarrow[- NaCl]{Aceton} \quad R_2Sb-J$$

**Jod-diphenyl-stibin**[2]: 20g Chlor-diphenyl-stibin werden in 25 *ml* wasserfreiem Aceton gelöst und mit der 3fachen molaren Menge Natriumjodid im gleichen Lösungsmittel versetzt. Nach 12stdgm. Rühren wird das ausgefallene Natriumchlorid abgesaugt und das Filtrat stehengelassen, bis das Aceton abgedampft ist. Das Jod-Derivat wird aus dem Rückstand durch Zugabe von kaltem Wasser ausgefällt, 2mal aus Essigsäure und 2mal aus abs. Äthanol umkristallisiert; F: 68–70°.

Zur Herstellung eines Stibinigsäure-chlorids aus dem entsprechenden Jodid wird das letzte mit Silberchlorid umgesetzt, wobei das schwerer lösliche Silberjodid aus der Reaktionsmischung ausfällt[3].

*Azido-diphenyl-stibin* wird aus dem Chlorid durch Umsetzung mit Natriumazid erhalten[4]:

$$(H_5C_6)_2Sb-Cl \quad + \quad NaN_3 \quad \xrightarrow[- NaCl]{} \quad (H_5C_6)_2Sb-N_3$$

Die Reaktion kann in trockenem Pyridin (2 Stdn. bei 116° oder 18 Stdn. bei 25°) bzw. in wäßrigem Äthanol (5 Min. Rühren und anschließendes Extrahieren mit Tetrachlormethan) durchgeführt werden[4]. Das auf diese Weise nicht analysenrein erhaltene Azid stellt eine ölige Flüssigkeit dar[4].

### B. Umwandlung

Halogen-dialkyl-stibine sind hochreaktive luft- und lichtempfindliche Verbindungen, die teilweise an der Luft **selbstentzündlich** sind. Weniger empfindlich sind Halogen-diaryl-stibine. Durch Hydrolyse werden Diarylstibinigsäure-anhydride gebildet (s. S. 495). Schwefelwasserstoff wandelt Halogen-diaryl-stibine in die entsprechenden Thioanhydride (s. S. 507) um. Die Einwirkung von Alkanolaten bzw. Thiolaten führt zur Bildung der entsprechenden Ester (s. S. 503) bzw. Thioester (s. S. 508). Gemischte Anhydride mit Carbonsäuren, Carbaminsäuren oder Dithiocarbaminsäuren entstehen durch Einwirkung von Salzen dieser Säuren auf die Stibinigsäure-halogenide (s. S. 506, 508). Durch Umsetzung mit Lithiumamiden entstehen Stibinigsäure-amide (s. S. 509). Je nach Reduktionsmittel werden Stibinigsäure-halogenide in sek. Stibine (s. S. 443) oder Distibine (s. S. 476) umgewandelt. Durch oxidative Hydrolyse entstehen Stibinsäuren (s. S. 535). Halogene oder Halogen-Überträger oxidieren die Stibinigsäure-halogenide zu Orthostibinsäure-trihalogeniden (s. S. 534). Chlor-diphenyl-stibin

---

[1] G. T. MORGAN u. G. R. DAVIES, Pr. roy. Soc. **127** A, 1 (1930).
[2] F. F. BLICKE u. U. O. OAKDALE, Am. Soc. **53**, 1025 (1931); **55**, 1198 (1933).
[3] J. W. DALE et al., Soc. **1957**, 3708.
[4] W. T. REICHLE, J. Organometal. Chem. **13**, 529 (1968).

läßt sich in Gegenwart von Aluminiumtrichlorid weder alkylieren noch acylieren; es findet hauptsächlich eine Spaltung der Aryl-Antimon-Bindung statt[1].

Mit Arendiazoniumsalzen bzw. Arendiazonium-Doppelsalzen bilden Chlor-diaryl-stibine komplexe Salze unter Oxidation des Antimons[2,3]:

$$\left[Ar-\overset{\oplus}{N_2}\right]\ Cl^{\ominus}\ +\ (H_5C_6)_2Sb-Cl\ \xrightarrow{C_2H_5OH}\ \left[Ar-\overset{\oplus}{N_2}\right]\left[(H_5C_6)_2\overset{\ominus}{Sb}Cl_4\right]$$

Durch Alkali- oder Erdalkalimetalle läßt sich die Halogen-Antimon-Bindung in Stibinigsäure-halogeniden unter Bildung von sek. Stibiden spalten (s. S. 473).

Thermisch disproportionieren Stibinigsäure-dihalogenide zu tert. Stibinen und Stibonigsäure-halogeniden[4]. In Gegenwart von Antimon(III)-halogeniden im Verhältnis 1 : 1 wandeln sich die Stibinigsäure-halogenide in Dichlormethan oder Dimethylformamid beim Erhitzen unter Rückfluß in Stibonigsäure-dihalogenide um (s. S. 485).

Zur Umwandlung der Stibinigsäure-halogenide in tert. Stibine durch Einwirkung von Organometallverbindungen s. S. 445.

## 3. Stibinigsäure-ester

### A. Herstellung

Stibinigsäure-ester werden in einfacher Weise durch Umsetzung von Stibinigsäure-halogeniden mit Alkalimetall-alkanolaten hergestellt[4-6]:

$$R_2Sb-Cl\ +\ NaOR^1\ \xrightarrow[-\ NaCl]{R^1OH}\ R_2Sb-OR^1$$

**Äthoxy-dipropyl-stibin[6]:** Unter Feuchtigkeits- und Sauerstoff-Ausschluß werden 67,8 g Brom-dipropyl-stibin unter Rühren zu einer Lösung von 5,8 g Natrium in 150 ml Äthanol getropft. Die Reaktionsmischung erwärmt sich unter Abscheidung von Natriumbromid. Man erhitzt dann 30–60 Min. auf 60–70°, kühlt die Reaktionsmischung ab und entfernt das Natriumbromid durch Zentrifugieren. Nach Abdestillieren des Äthanols wird der Rückstand i. Vak. destilliert; Ausbeute: 45,5 g (78% d. Th.); $Kp_1$: 52–52,5°.

Analog werden folgende Ester hergestellt:

| | | |
|---|---|---|
| *Methoxy-diäthyl-stibin*[4] | 80% d. Th. | $Kp_7$: 43–47°; F: 30° |
| *Äthoxy-diäthyl-stibin*[6] | 73% d. Th. | $Kp_{4,5}$: 41–42° |
| *Methoxy-dipropyl-stibin*[5] | 73% d. Th. | $Kp_1$: 48–49°; F: 31–32° |
| *Äthoxy-dibutyl-stibin*[5] | 83% d. Th. | $Kp_1$: 64–65° |
| *Methoxy-di-tert.-butyl-stibin*[6] | 84% d. Th. | $Kp_7$: 54–56° |

*Phenoxy-dimethyl-stibin* ($Kp_1$: 78–80°) wird aus dem entsprechenden Chlorid und Natriumphenolat in Äther hergestellt[5].

Ebenso in Äther wird die Umsetzung von Brom-dimethyl-stibin mit Natrium-trimethylsilanolat durchgeführt[7]:

$$(H_3C)_2Sb-Br\ +\ Na-O-Si(CH_3)_3\ \xrightarrow[-\ NaBr]{\text{Äther / 3 Stdn., 25°}}\ (H_3C)_2Sb-O-Si(CH_3)_3$$

*Trimethylsilyloxy-dimethyl-stibin*[7]
78% d. Th.; $Kp_{24}$: 48°

[1] M. S. MALINOVSKII u. S. P. OLIFIRENKO, Ž. obšč. Chim. **26**, 118 (1956); C. A. **50**, 13786 (1956).

[2] A. N. NESMEYANOV et al., Izv. Akad. SSSR **1958**, 1435; C. A. **53**, 8037 (1959).

[3] O. A. REUTOV et al., Ž. obšč. Chim. **29**, 3888 (1959); C. A. **54**, 20935 (1960).

[4] V. L. FOSS et al., J. Organometal. Chem. **78**, 107 (1974).

[5] O. J. SCHERER et al., Z. Naturf. **19 b**, 447 (1964).

[6] E. A. BESOLOVA et al., Ž. obšč. Chim. **38**, 267 (1968); engl.: 270.

[7] H. SCHMIDBAUER et al., B. **97**, 449 (1964).

*Trimethylsilyloxy-diphenyl-stibin* (Kp$_1$: 70°) wird analog, jedoch in siedendem Benzol hergestellt[1].

Die direkte Veresterung von Stibinigsäure-halogeniden mit Alkoholen gelingt in Gegenwart eines Amins als Säurefänger[2,3]. So erhält man aus Chlor-diphenyl-stibin in abs. Benzol durch Einleiten von Ammoniak und anschließende Umsetzung mit Butanol das *Butyloxy-diphenyl-stibin* (Kp$_{0,3}$: 134–137°) in 88%iger Ausbeute[3].

Diäthylamino-diphenyl-stibin reagiert mit Tropolon bzw. 8-Hydroxy-chinolin in Pentan ohne Hilfsbase zu *(7-Oxo-cycloheptatrienyloxyl)*- bzw. *[Chinolyl-(8)-oxy]-diphenyl-stibin* in nahezu quantitativer Ausbeute[4]:

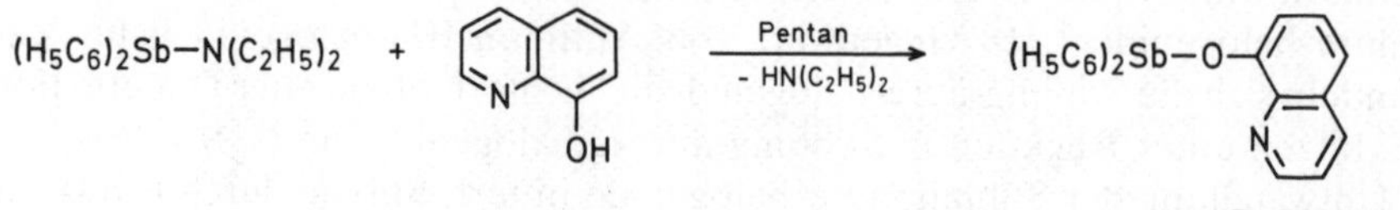

F: 79–82°

Amino-dialkyl-stibine liefern unter den gleichen Bedingungen mit Tropolon oder 8-Hydroxy-chinolin keine Stibinig- sondern Stibonigsäure-ester und Trialkyl-stibine als Folge einer Disproportionierungsreaktion[4].

Der Grund für die Instabilität dieser Dialkylstibinigsäure-ester wird in der Tendenz des Antimons zur höheren Koordination, die in den Estern der Stibonigsäure verwirklicht werden kann, (s. S. 490) vermutet[4].

Die relativ nucleophileren Amino-dialkyl-stibine reagieren mit cyclischen Carbonaten, Lactonen und Oxiranen unter Ringöffnung zu den entsprechenden Alkoxy-dialkyl-stibinen[5]; z. B.:

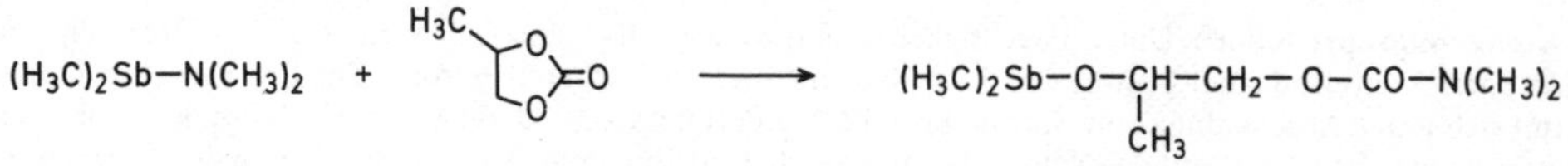

[*1-Dimethylaminocarbonyloxy-propyl-
(2)-oxy*]-dimethyl-stibin

n = 2; (*2-Dimethylaminocarbonyl-
äthoxy)-dimethyl-stibin*
n = 3; (*3-Dimethylaminocarbonyl-
propyloxy)-dimethyl-stibin*

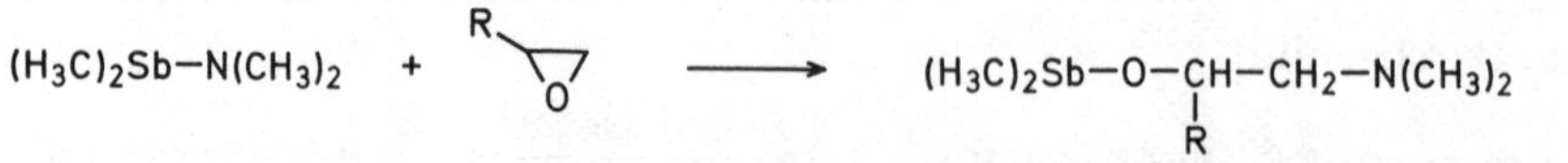

Die Reaktion von Dimethylamino-dimethyl-stibin mit 2-Oxo-1,3-dioxolan bzw. 2-Oxo-4-methyl-1,3-dioxolan ist exotherm und läuft ohne Lösungsmittel ab[5].

Die in äquimolaren Mengen zusammengegebenen Rekationspartner reagieren unter Bildung einer homogenen Reaktionslösung, die i. Vak. destilliert wird. So erhält man [2-

[1] H. Schmidbauer et al., B. **97**, 449 (1964).
[2] Niederl. P. 6 505 223 (1965), M. & T. Chemicals Inc.; C. A. **64**, 14 220 (1966).
[3] Brit. P. 1 106 035 (1968), D. C. Evans; C. A. **68**, 105 369 (1968).
[4] H. A. Meinema u. J. G. Noltes, J. Organometal. Chem. **25**, 139 (1970).
[5] J. Koketsu et al., J. Organometal. Chem. **38**, 69 (1972).

*(Dimethylaminocarbonyloxy)-äthyloxy]*-(Kp$_{0,15}$: 81,5–82,5°) in 92%iger Ausbeute und *[1-(Dimethylaminocarbonyloxy)-propyl-(2)-oxy]-dimethyl-stibin* (Kp$_{0,01}$: 64,5–65,5°) in 87%iger Ausbeute[1].

Die Umsetzung des Dimethylamino-dimethyl-stibins mit Lactonen bzw. Oxiranen benötigt höhere Temperatur, wobei im ersten Falle in Äther als Lösungsmittel gearbeitet wird.

**[3-(Dimethylamino-carbonyl)-propyloxy]-dimethyl-stibin**[1]: Unter Ausschluß von Feuchtigkeit und Sauerstoff wird eine äther. Lösung von Dimethylamino-dimethyl-stibin zur äquimolaren Menge 4-Butanolid zugetropft und 4 Tage auf 40° erhitzt. Nach Abdestillieren des Äthers wird der Rückstand i. Vak. fraktioniert; Ausbeute: 56% d. Th.; Kp$_{0,08}$: 94,5–95,5°.

Bei der analogen Umsetzung mit 3-Propanolid (4 Stdn. unter Rückfluß) wird *[2-(Dimethylamino-carbonyl)-äthoxy]-dimethyl-stibin* (Kp$_{0,35}$: 88–90°) in 43%iger Ausbeute erhalten[1].

Durch Umsetzung von äquimolaren Mengen Dimethylamino-dimethyl-stibin und Trifluormethyl- (2 Stdn. bei 55°) bzw. Phenyl-oxiran (10 Stdn. bei 50°) lassen sich *(3,3,3-Trifluor-2-dimethylamino-propyloxy)-* (Kp$_{0,18}$: 62–63°) in 45%iger Ausbeute bzw. *(2-Dimethylamino-2-phenyl-äthoxy)-dimethyl-stibin* (Kp$_{0,015}$: 68–69°) in 35%iger Ausbeute herstellen[1].

Vinyloxy-dialkyl-stibine lassen sich durch Einwirkung entsprechender Amino-Verbindungen auf Enol-acetate herstellen, wobei die Umsetzung mit Enolacetaten, die sich von Aldehyden ableiten, zur Bildung von Enaminen führt und nicht zu den gemischten Estern[2]:

$$R_2Sb-N(R^1)_2 \;+\; H_3C-CO-O-\overset{|}{C}=\overset{/}{\underset{\backslash}{C}} \;\longrightarrow$$

$$R_2Sb-O-\overset{|}{C}=\overset{/}{\underset{\backslash}{C}} \;+\; H_3C-CO-N(R^1)_2 \;+\; R_2Sb-\overset{|}{\underset{|}{C}}-\overset{/}{\underset{\backslash\!\!\diagdown O}{C}}$$

Die weniger reaktiven Äthoxy- und Methoxy-dialkyl-stibine reagieren analog, jedoch nur mit Enol-trifluoracetaten[2]. In beiden Fällen entsteht neben dem Vinylester das tautomere tert. Stibin (s. S. 463). Hierbei ist die Bildung des Vinylesters durch Substituenten in α-Stellung des Enols sowie bei Aldehyd-enolen begünstigt[1].

**(2-Methyl-propenyloxy)-diäthyl-stibin**[2]: Unter Sauerstoff- und Feuchtigkeits-Ausschluß gibt man zu 12 g (0,057 Mol) Methoxy-diäthyl-stibin unter Rühren bei 10° 11,4 g (0,068 Mol) Trifluoressigsäure-2-methyl-propenylester tropfenweise zu. Anschließend wird 20 Min. auf 40° erhitzt, der Trifluoressigsäure-methylester i. Vak. abdestilliert und der Rückstand i. Hochvak. 2mal destilliert; Ausbeute: 11,8 g (83% d. Th.); Kp$_{0,015}$: 42–43°.

Bei der analogen Umsetzung mit 1-Trifluoracetoxy-cyclohexen entsteht hauptsächlich ein Gemisch aus *[Cyclohexen-(1)-yloxy]-diäthyl-stibin* und *Diäthyl-(2-oxo-cyclohexyl)-stibin*.

*[Cyclohexen-(1)-yloxy]-di-tert.-butyl-stibin* entsteht dagegen als Hauptprodukt bei der Umsetzung des entsprechenden Stibinigsäure-dimethylamids mit 1-Acetoxy-cyclohexen[2].

**[Cyclohexen-(1)-yloxy]-di-tert.-butyl-stibin**[2]: In inerter trockener Atmosphäre werden 0,5 Mol Dimethylamino-di-tert.-butyl-stibin unter gutem Rühren zu 0,6 Mol 1-Acetoxy-cyclohexen getropft. Man erhitzt 4 Stdn. auf 80–90°, destilliert das gebildete N,N-Dimethyl-acetamid i. Vak. ab und fraktioniert den Rückstand 2mal i. Hochvak.; Ausbeute: 79% d. Th.; Kp$_{0,04}$: 89–90°.

---

[1] J. KOKETSU et al., J. Organometal. Chem. **38**, 69 (1972).
[2] V. L. Foss et al., Ž. obšč. Chim. **43**, 1264 (1973); engl.: 1254; J. Organometal. Chem. **78**, 107 (1974).

## B. Umwandlung

Stibinigsäure-ester sind äußerst hydrolyseempfindlich. Dialkylstibinigsäure-ester, deren Estergruppierung eine Donatorfunktion besitzt, disproportionieren bei Raumtemperatur zu Stibonigsäure-estern und tert. Stibinen. [Chinolyl-(8)-oxy]-bzw.-(7-Oxocycloheptatrienyloxy)-diphenyl-stibin dagegen sind überraschenderweise thermisch stabil. Alkoxy-dialkyl-stibine addieren sich an Keten in exothermer Reaktion unter Umwandlung der Alkoxy- in Alkoxycarbonylmethyl-Gruppen (s. S. 463).

Durch Einwirkung von Natriumamid in Äther wird Phenoxy-dimethyl-stibin in *Tris-[dimethylstibino]-amin* umgewandelt (s. S. 511).

## 4. Gemischte Anhydride der Stibinigsäure
## mit Carbon- bzw. Carbaminsäuren (Acyloxy- bzw. Aminocarbonyloxy-diorgano-stibine)

Acyloxy-diaryl-stibine werden in guter Ausbeute durch Umsetzung von Diarylstibinigsäure-anhydriden mit Carbonsäuren[1-5] bzw. von Halogen-diaryl-stibinen mit Natriumsalzen der Carbonsäuren[6-8] hergestellt:

$$R_2Sb-O-SbR_2 \ + \ 2 \ R^1-COOH$$

$$2 \ R_2Sb-X \ + \ 2 \ Na-O-CO-R^1 \qquad \begin{array}{c} - 2 \ NaX \\ bzw.-H_2O \end{array} \longrightarrow \ 2 \ R_2Sb-O-CO-R^1$$

R  = Aryl
R¹ = Alkyl, Aryl
X  = Halogen

Acetoxy-diaryl-stibine werden aus den Stibinigsäure-anhydriden am einfachsten durch Lösen in warmer Essigsäure hergestellt, wobei die gemischten Anhydride meistens kristallin ausfallen. Auf diese Weise werden in hoher Ausbeute *Acetoxy-diphenyl-stibin*[1, 2] (F: 132°)[1], *Acetoxy-bis-[4-methyl-phenyl]-stibin* (F: 122–123°)[2] und *Acetoxy-bis-[4-brom-phenyl]-stibin* (F: 134–135°)[2] hergestellt. Analog wird aus Diphenylstibinigsäure-anhydrid und Trichloressigsäure *Trichloracetoxy-diphenyl-stibin* (F: 126–127°) erhalten[5]. Die Reaktion mit höheren Carbonsäuren kann in Äthanol[3] bzw. in Benzol unter azeotroper Entfernung des Reaktionswassers[4] durchgeführt werden. So werden *Benzoyloxy-(F: 121–122°)*[3] und *(4-Chlor-benzoyloxy)-diphenyl-stibin* (F: 122–124°)[6] gewonnen. Die Umsetzung der Stibinigsäure-halogenide mit Alkalimetallsalzen der Carbonsäuren wird in wäßrigem Methanol bzw. Äthanol oder Benzol durchgeführt[6-8].

*Propionyloxy-diphenyl-stibin* (F: 68–71°) läßt sich durch Acidolyse von Acetoxy-diphenyl-stibin mit Propionsäure in siedendem Toluol erhalten, wobei die gebildete Essigsäure aus dem Reaktionsgemisch destillativ entfernt wird[6]:

$$(H_5C_6)_2Sb-O-CO-CH_3 \ + \ H_5C_2-COOH \ \xrightarrow[98\% \ d.Th.]{Toluol, \ \nabla} \ (H_5C_6)_2Sb-O-CO-C_2H_5 \ + \ H_3C-COOH$$

[1] H. SCHMIDT, A. **429**, 123 (1922).
[2] F. F. BLICKE u. U. O. OAKDALE, Am. Soc. **53**, 1025 (1931); **55**, 1198 (1933).
[3] M. M. KOTON u. T. M. KISELEVA, Izv. Akad. SSSR **1961**, 1783; C. A. **56**, 8740 (1962).
[4] Niederl. P. 6 505 215 (1965), M. & T. Chemicals, Inc.; C. A. **64**, 9766 (1966).
[5] D. SEYFERTH et al., J. Organometal. Chem. **13**, 169 (1968).
[6] Niederl. P. 6 505 218, 6 505 219, 6 505 223 (1965), M. & T. Chemicals Inc.; C. A. **64**, 9767, 14 220 (1966).
[7] Brit. P. 1 079 659 (1967), M. & T. Chemicals Inc., Erf.: D. C. EVANS; C. A. **68**, 49 771 (1968).
[8] US.P. 3 367 954 (1968), M. & T. Chemicals, Inc., Erf.: J. R. LEEBRICK u. N. L. REMES; C. A. **68**, 105 367 (1968).

(*Diäthylamino-carbonyloxy*)-*diphenyl-stibin* ist in hoher Ausbeute durch Einschiebungsreaktion von Kohlendioxid in Diäthylamino-diphenyl-stibin zugänglich[1]:

$$(H_5C_6)_2Sb-N(C_2H_5)_2 \ + \ CO_2 \ \xrightarrow{\text{Pentan}} \ (H_5C_6)_2Sb-O-CO-N(C_2H_5)_2$$

**(Diäthylamino-carbonyloxy)-diphenyl-stibin[1]:** Unter strengem Ausschluß von Sauerstoff und Feuchtigkeit wird Kohlendioxid in eine Lösung von Diäthylamino-diphenyl-stibin geleitet. Der ausgefallene Niederschlag wird abgesaugt und getrocknet; F: 90–91°.

Diese Einschiebungsreaktion ist auf Amino-diaryl-stibine beschränkt, da die nach der Reaktion zu erwartenden Aminocarbonyloxy-dialkyl-stibine spontan zu Bis-[aminocarbonyloxy]-alkyl-stibinen und Trialkylstibinen disproportionieren[2]:

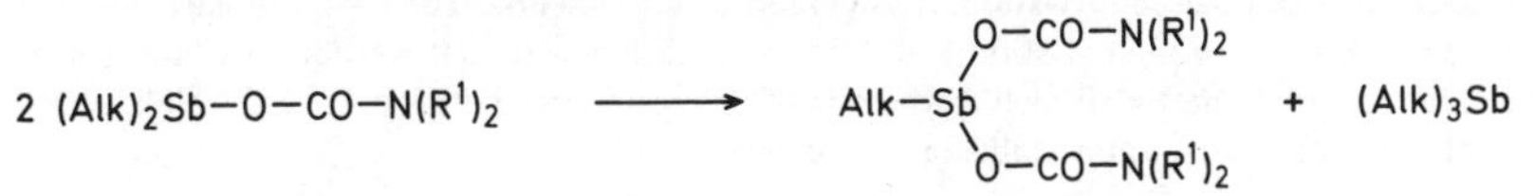

$$2 \ (Alk)_2Sb-O-CO-N(R^1)_2 \ \longrightarrow \ Alk-Sb\begin{smallmatrix} O-CO-N(R^1)_2 \\ \\ O-CO-N(R^1)_2 \end{smallmatrix} \ + \ (Alk)_3Sb$$

Zu einer ähnlichen Disproportionierung kommt es auch wenn bei der Herstellung von Acetoxy-diphenyl-stibin längere Zeit in Eisessig zum Sieden erhitzt wird[3]. Die Acyloxy-diorgano-stibine werden durch Hydrolyse in Stibinigsäure-anhydride umgewandelt.

## 5. Stibinigsäure-thioanhydride und gemischte Anhydride der Thiostibinigsäuren mit Dithiocarbaminsäuren

Leitet man Schwefelwasserstoff in eine äthanol. Lösung von Diphenylstibinigsäureanhydrid bis zur Sättigung ein und engt die Reaktionslösung ein, so kristallisiert das *Bis-[diphenyl-stibino]-sulfid* (F: 69°) als farblose Nadeln aus[4]:

$$(H_5C_6)_2Sb-O-Sb(C_6H_5)_2 \ + \ H_2S \ \xrightarrow[-\ H_2O]{\text{Äthanol}} \ (H_5C_6)_2Sb-S-Sb(C_6H_5)_2$$

Die gleiche Verbindung erhält man, wenn in eine Lösung von Chlor-diphenyl-stibin bzw. Bis-[diphenyl-stibino]-oxid in Schwefelkohlenstoff 2–3 Stdn. Ammoniak eingeleitet wird[5]. In 96%iger Ausbeute erhält man das *Bis-[diphenyl-stibino]-sulfid* durch Umsetzung von Bis-[diphenyl-stibino]-oxid mit Benzylammonium-N-benzyl-dithiocarbamat in Chloroform bei 25°[6]:

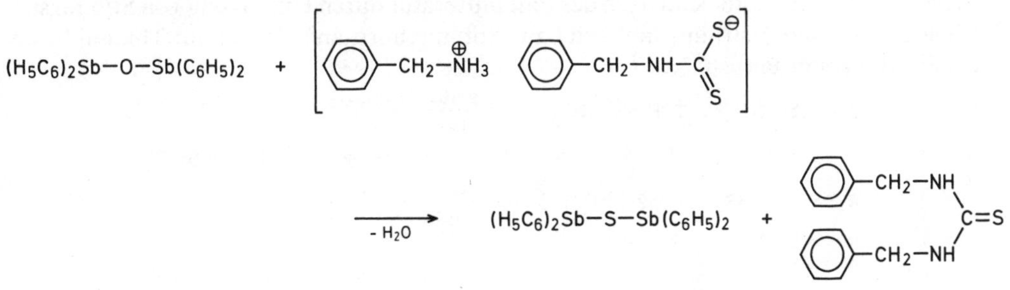

---

[1] Niederl. P. 6505218, 6505219, 6505223 (1965), M. & T. Chemicals, Inc.; C. A. **64**, 9767, 14220 (1966).
[2] H. A. MEINEMA u. J. G. NOLTES, J. Organometal. Chem. **25**, 139 (1970).
[3] H. SCHMIDT, A. **429**, 123 (1922).
[4] A. MICHAELIS u. A. GÜNTHER, B. **44**, 2316 (1911).
[5] E. J. KUPCHIK u. P. J. CALABRETA, Inorg. Chem. **4**, 973 (1965).
[6] E. J. KUPCHIK u. C. TH. THEISEN, J. Organometal. Chem. **11**, 627 (1968).

N,N-Disubstituierte (Amino-thiocarbonylthio)-diorgano-stibine erhält man durch Umsetzung von Stibinigsäure-halogeniden mit Alkalimetallsalzen der Dithiocarbaminsäuren in Chloroform bei $\sim 20°$[1]:

$$(H_5C_6)_2Sb-Cl \quad + \quad Na-S-C\overset{NR_2}{\underset{S}{\big\langle}} \quad \xrightarrow{CHCl_3,\ 25°} \quad (H_5C_6)_2Sb-S-C\overset{NR_2}{\underset{S}{\big\langle}}$$

R = Alkyl, Aryl

An Stelle von Chlor-diphenyl-stibin kann auch Acetoxy-diphenyl-stibin mit gleichem Erfolg zur Reaktion gebracht werden[1].

**(Amino-thiocarbonylthio)-diphenyl-stibine; allgemeine Arbeitsvorschrift[1]:** Äquimolare Mengen Chlor-diphenyl-stibin (bzw. Acetoxy-diphenyl-stibin) und Natrium-dithiocarbamat werden in Chloroform 2 Stdn. bei $\sim 23°$ gerührt. Das ausgefallene Natriumchlorid wird abfiltriert und das Filtrat bei $\sim 23°$ i. Vak. abgedampft. Der Rückstand wird aus Acetonitril umkristallisiert. So erhält man z. B.:

| | | |
|---|---|---|
| *(Dimethylamino-thiocarbonylthio)-diphenyl-stibin;* | 70–90% d. Th. | F: 115–117° |
| *(Diäthylamino-thiocarbonylthio)-diphenyl-stibin;* | 60–85% d. Th. | F: 68–69° |
| *(Diphenylamino-thiocarbonylthio)-diphenyl-stibin;* | 70–87% d. Th. | F: 186–188° |

Die Umsetzung mit N-monosubstituierten Dithiocarbaminsäure-Salzen liefert nur Disproportionierungsprodukte der zu erwartenden N-mono-substituierten (Amino-thiocarbonylthio)-diphenyl-stibine[2].

*(Diäthylamino-thiocarbonylthio)-diphenyl-stibin* läßt sich auch durch Einschiebungsreaktion von Schwefelkohlenstoff in Diäthylamino-diphenyl-stibin in Pentan herstellen[3]:

$$(H_5C_6)_2Sb-N(C_2H_5)_2 \quad + \quad CS_2 \quad \xrightarrow{Pentan} \quad (H_5C_6)_2Sb-S-C\overset{N(C_2H_5)_2}{\underset{S}{\big\langle}}$$

(Amino-thiocarbonylthio)-dialkyl-stibine lassen sich dagegen auf diese Weise nicht herstellen, da sie bereits bei $\sim 20°$ disproportionieren[3]. Nach einem Patent soll dagegen aus Chlor-dibutyl-stibin und Diäthylammonium-diäthyl-dithiocarbamat in siedendem Tetrahydrofuran das *(Diäthylamino-thiocarbonylthio)-dibutyl-stibin* erhältlich sein[4].

## 6. Thiostibinigsäure-ester

Thiostibinigsäure-ester sind nach der Patentliteratur durch Umsetzung von Stibinigsäure-halogeniden mit Natrium-thiolaten bzw. Stibinigsäure-anhydriden mit Thiolen in siedendem Benzol erhältlich[5–7]:

$$2\ R_2Sb-Cl \quad + \quad 2\ R^1-S-Na \quad \xrightarrow[-\ NaCl]{Benzol}$$

$$\Bigg\} \longrightarrow \quad 2\ R_2Sb-S-R^1$$

$$R_2Sb-O-SbR_2 \quad + \quad 2\ R^1-SH \quad \xrightarrow[-\ H_2O]{Benzol}$$

R = Alkyl, Aryl
$R^1$ = Alkyl

[1] E. J. KUPCHIK u. P. J. CALABRETTA, Inorg. Chem. **4**, 973 (1965).
[2] E. J. KUPCHIK u. C. TH. THEISEN, J. Organometal. Chem. **11**, 627 (1968).
[3] H. A. MEINEMA u. J. G. NOLTES, J. Organometal. Chem. **25**, 139 (1970).
[4] Niederl. P. 6 505 218 (1965), M. & T. Chemicals, Inc.; C. A. **64**, 9766 (1966).
[5] Niederl. P. 6 505 215, 6 505 217, 6 505 223 (1965), M. & T. Chemicals Inc.; C. A. **64**, 9766, 9767, 14 220 (1966).
[6] Brit. P. 1 106 035 (1968), M. & T. Chemicals, Inc.; Erf.: D. C. EVANS; C. A. **68**, 10 369 (1968).
[7] US.P. 3 530 158 (1970), M. & T. Chemicals, Inc., Erf.: J. L. LEEBRICK u. N. L. REMES; C. A. **75**, 6106 (1971).

*6-Diphenylstibinthio-purin* erhält man analog aus Bis-[diphenyl-stibino]-oxid und 6-Mercapto-purin-Monohydrat in Aceton[1].

**6-Diphenylstibinthio-purin**[1]: Zu einer Suspension von 1,7 g (0,01 Mol) 6-Mercapto-purin-Monohydrat in 50 *ml* Aceton tropft man eine Lösung von 2,84 g (0,005 Mol) Bis-[diphenyl-stibino]-oxid in 75 *ml* Aceton. Man erhitzt anschließend unter Rühren 1 Stde. unter Rückfluß und kühlt dann auf ~20° ab. Das ausgefallene Oxid wird abgesaugt und das Filtrat eingeengt, wobei weiteres Produkt ausfällt; Ausbeute: 4,06 g (95% d. Th.); F: 214–216°.

*Phenylthio-diphenyl-stibin* erhält man in nahezu quantitativer Ausbeute durch 15stdgs. Erhitzen von Triphenyl-stibin und Thiophenol auf 50°[2]:

$$(H_5C_6)_3Sb \ + \ H_5C_6{-}SH \ \xrightarrow{\text{15 Stdn., 50°}} \ (H_5C_6)_2Sb{-}S{-}C_6H_5 \ + \ C_6H_6$$

Dimethylamino-dimethyl-stibin reagiert mit äquimolaren Mengen 2-Oxo-1,3-oxathiolan exotherm zu (*2-Dimethylaminocarbonyloxy-äthylthio*)-dimethyl-stibin (80% d.Th.; $Kp_{0,02}$: 96,5–97°)[3]:

$$(H_3C)_2Sb{-}N(CH_3)_2 \ + \ \text{[Ringstruktur]} \ \xrightarrow{\text{ohne Lösungsm.}} \ (H_3C)_2Sb{-}S{-}CH_2{-}CH_2{-}O{-}\overset{N(CH_3)_2}{\underset{O}{C}}$$

## 7. Stibinigsäure-amide und verwandte Verbindungen

### A. Herstellung

#### α) Aus Stibinigsäure-halogeniden

Stibinigsäure-amide sind durch Umsetzung von Stibinigsäure-halogeniden und Lithium-amiden in aprotischen Lösungsmitteln am einfachsten herzustellen[4–9]:

$$R_2Sb{-}X \ + \ Li{-}N(R^1)_2 \ \xrightarrow[\text{- LiX}]{\text{Äther}} \ R_2Sb{-}N(R^1)_2$$

R = Alkyl, Aryl
$R^1$ = Alkyl-, Aryl-, $-P\langle$ , $-\overset{|}{\underset{|}{Si}}-$

Die direkte Umsetzung der Stibinigsäure-halogenide mit freien Aminen liefert nur verunreinigte Produkte[7].

**Diäthylamino-diorgano-stibine; allgemeine Arbeitsvorschrift**[7]: Unter strengem Ausschluß von Sauerstoff und Feuchtigkeit werden 100 mMol Diäthylamin in ~40 *ml* Äther gelöst und unter Rühren zu einer auf −80° gekühlten Lösung von 75 mMol Butyl-lithium in 75 *ml* Hexan langsam getropft. Die entstandene Lithium-diäthylamid-Suspension wird anschließend 30 Min. gerührt, bei −80° tropfenweise mit 75 mMol Stibinigsäure-chlorid bzw. -bromid versetzt und langsam auf ~20° erwärmt. Nach Abdestillieren der Lösungsmittel wird mit 100 *ml* abs. Pentan versetzt, das unlösliche Lithiumhalogenid abfiltriert und das Filtrat nach Entfernung des Pentans i. Vak. destilliert.

| | | |
|---|---|---|
| *Diäthylamino-diäthyl-stibin* | 83% d. Th. | $Kp_{12}$: 77–80° |
| *Diäthylamino-dipropyl-stibin* | 96,4% d. Th. | $Kp_{0,1}$: 53° |
| *Diäthylamino-dibutyl-stibin* | 97% d. Th. | $Kp_{1,4}$: 100–105° |
| *Diäthylamino-diphenyl-stibin* | 67,8% d. Th. | $Kp_{0,3}$: 130–133° |

[1] E. J. Kupchik u. E. F. McInerney, J. Organometal. Chem. **11**, 291 (1968).
[2] A. G. Davies u. S. C. W. Hook, Soc. [B] **1970**, 735.
[3] J. Koketsu et al., J. Organometal. Chem. **38**, 69 (1972).
[4] O. J. Scherer et al., J. Organometal. Chem. **6**, 259 (1966).
[5] O. J. Scherer u. J. Wokulat, Z. anorg. Ch. **361**, 296 (1968).
[6] O. J. Scherer u. W. Janssen, J. Organometal. Chem. **20**, 111 (1969); B. **103**, 2784 (1970).
[7] H. A. Meinema u. J. G. Noltes, Inorg. Nucl. Chem. Lett. **6**, 241 (1970).
[8] J. Koketsu et al., Bl. Chem. Soc. Japan **44**, 1155 (1971).
[9] V. L. Foss et al., J. Organometal. Chem. **78**, 107 (1974).

Nach der obigen Arbeitsweise läßt sich *Diäthylamino-dimethyl-stibin* (Kp$_{10}$: 70°) nur in 10–20%iger Ausbeute herstellen[1]. In 46%iger Ausbeute wird *Dimethylamino-dimethyl-stibin* (Kp$_{75}$: 62–65°) erhalten, wenn Chlor-dimethyl-stibin und Lithium-dimethylamid in Petroläther unter Eiskühlung zusammengegeben und anschließend 1 Stde. unter Rückfluß erhitzt werden[2].

Brom-diäthyl-stibin und Lithium-dimethylamid reagieren bei −40° in Petroläther in 77,5%iger Ausbeute zu *Dimethylamino-diäthyl-stibin* (Kp$_{10}$: 48–50°)[3]. Bei ∼20° (24 Stdn.) wird die Umsetzung von Chlor-di-tert.-butyl-stibin und Lithium-dimethylamid in Hexan zu *Dimethylamino-di-tert.-butyl-stibin* (65% d.Th.; Kp$_{0,3}$: 25°) durchgeführt[4].

Silylamino- bzw. Phosphinamino-diorgano-stibine werden analog durch Umsetzung der Stibinigsäure-halogenide mit N-lithiierten Silylaminen[4,5] bzw. Phosphinigsäure- bzw. Phosphorigsäure-amiden[6,7] in aprotischen Lösungsmitteln hergestellt:

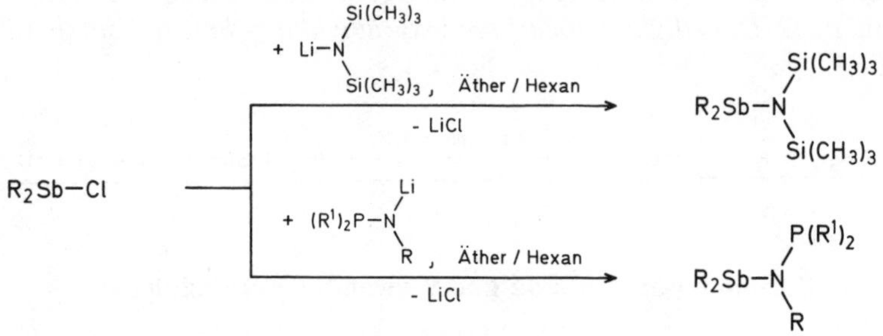

Lithiumsalze von N-silylierten Phosphinigsäure-amiden reagieren hierbei mit den Stibinigsäure-halogeniden nicht zu den entsprechenden Amino-diorgano-stibinen, sondern zu Stibino-diorgano-phosphino-imiden[7] (s. S. 480).

**(Bis-[trimethylsilyl]-amino)-di-tert.-butyl-stibin[4]:** Unter Feuchtigkeits- und Sauerstoff-Ausschluß werden 5,2 g (32,2 mMol) Bis-[trimethylsilyl]-amin in 75 *ml* Äther bei 0° mit 15 *ml* (33 mMol) Butyl-lithium-Hexan-Lösung metalliert und 20 Min. bei ∼20° gerührt. Anschließend tropft man 9,05 g (33,4 mMol) Chlor-di-tert.-butyl-stibin in 20 *ml* Äther zu, rührt 12 Stdn. bei ∼20°, filtriert über eine G3-Fritte und destilliert; Ausbeute: 10,5 g (82% d. Th.); Kp$_{0,5}$: 73–75°.

Analog erhält man *(Trimethylsilyl-methyl-amino)-dimethyl-stibin* (Kp$_1$: 44–46°) in 72%-iger Ausbeute[5].

**[Di-tert.-butyl-phosphino-methyl-amino]-dimethyl-stibin[7]:** Unter Stickstoff und Feuchtigkeits-Ausschluß werden 6,65 g (38 mMol) Methylamino-di-tert.-butyl-phosphin in 100 *ml* Äther unter Eiskühlung mit 17,4 *ml* (38 mMol) + 10% Überschuß Butyl-lithium-Hexan-Lösung metalliert und 1 Stde. bei ∼20° gerührt. Dazu tropft man 7,12 g (38 mMol) + 25% Überschuß Chlor-dimethyl-stibin in 30 *ml* Äther. Anschließend wird 1 Stde. bei 20°, 2 Stdn. unter Rückfluß gerührt, über eine G3-Fritte abfiltriert, mit Äther gewaschen, das Filtrat i. Wasserstrahlvak. eingeengt und der Rückstand im Ölpumpenvak. fraktioniert destilliert; Ausbeute: 7,63 g (62% d.Th.); Kp$_{0,02}$: 66–68°; F: 43–46°.

Ähnlich werden *(Di-tert.-butylphosphino-amino)-dimethyl-stibin* (Kp$_{0,02}$: 66–68°; F: 44–45°)[7] und *2-[(Dimethyl-stibino)-methyl-amino]-1,3-dimethyl-1,3,2-diazaphospholan* (60% d.Th.; Kp$_{0,01}$: 88–90°)[6] erhalten:

---

[1] H. A. Meinema u. J. G. Noltes, Inorg. Nucl. Chem. Lett. **6**, 241 (1970).

[2] J. Koketsu et al., Bl. chem. Soc. Japan **44**, 1155 (1971).

[3] V. L. Foss et al., J. Organometal. Chem. **78**, 107 (1974).

[4] O. J. Scherer u. W. Janssen, B. **103**, 2784 (1970).

[5] O. J. Scherer et al., J. Organometal. Chem. **6**, 259 (1966).

[6] O. J. Scherer u. J. Wokulat, Z. anorg. Ch. **361**, 296 (1968).

[7] O. J. Scherer u. W. Janssen, J. Organometal. Chem. **20**, 111 (1969).

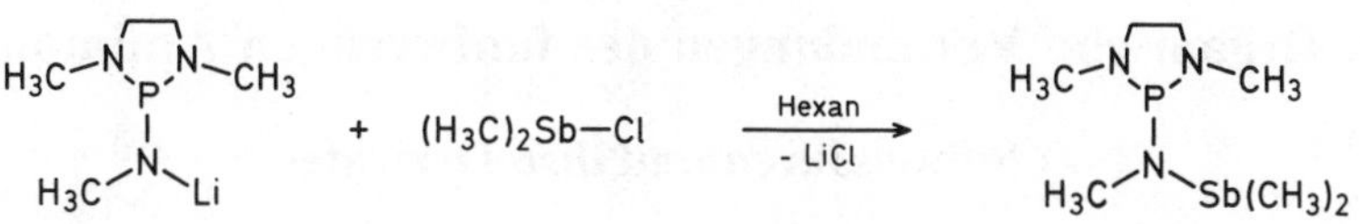

$$H_3C-N-\overset{N}{\underset{N}{\overset{|}{P}}}-CH_3 \quad + \quad (H_3C)_2Sb-Cl \quad \xrightarrow[- \text{ LiCl}]{\text{Hexan}} \quad H_3C-N-\overset{N}{\underset{N}{\overset{|}{P}}}-CH_3$$

Durch Einwirkung von Natriumamid auf Phenoxy-dimethyl-stibin in Äther erhält man *Tris-[dimethylstibino]-amin* in 50%-iger Ausbeute[1]:

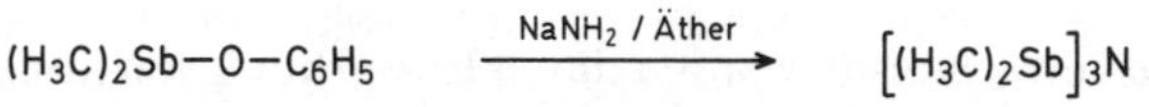

$$(H_3C)_2Sb-O-C_6H_5 \quad \xrightarrow{\text{NaNH}_2 \text{ / Äther}} \quad \left[(H_3C)_2Sb\right]_3N$$

$$Kp_1: 80-82°; \text{ F: } 48-50°\,^1$$

### β) Durch Umwandlung von Stibinigsäure-amiden

In einer exothermen Einschiebungsreaktion setzten sich Isocyanate bzw. Isothiocyanate bei ~20° mit Dimethylamino-dimethyl-stibin zu N-Dimethylstibino-harnstoff- bzw. -thioharnstoff-Derivaten um[2]:

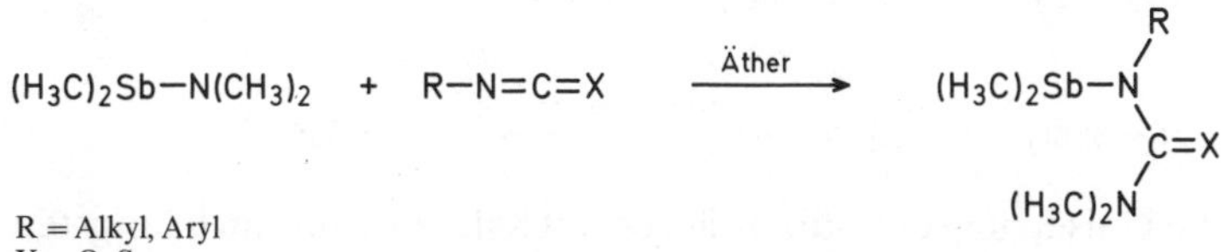

$$(H_3C)_2Sb-N(CH_3)_2 \quad + \quad R-N=C=X \quad \xrightarrow{\text{Äther}} \quad (H_3C)_2Sb-N\overset{R}{\underset{\overset{|}{(H_3C)_2N}}{\underset{C=X}{}}}$$

R = Alkyl, Aryl
X = O, S

**N-Dimethylstibino-harnstoff- bzw. -thioharnstoff-Derivate; allgemeine Arbeitsvorschrift[2]:** Zu einer Lösung von Dimethylamino-dimethyl-stibin in Äther tropft man bei ~20° unter Rühren die äquimolare Menge Isocyanat bzw. Isothiocyanat im gleichen Lösungsmittel langsam zu. Die ausgefallenen Niederschläge werden abgesaugt und mehrmals mit Äther gewaschen bzw. i. Vak. fraktioniert destilliert. U. a. sind so zugänglich:

| | | |
|---|---|---|
| *N-Dimethylstibino-N,N′,N′-trimethyl-harnstoff* | 63% d. Th. | F: 75° |
| *N-Dimethylstibino-N′,N′-dimethyl-N-äthyl-harnstoff* | 78% d. Th. | $Kp_{0,25}$: 72,5–73,5° |
| *N-Dimethylstibino-N′,N′-dimethyl-N-phenyl-harnstoff* | 62% d. Th. | $Kp_{0,07}$: 98–99°; F: 59–60° |
| *N-Dimethylstibino-N,N′,N′-trimethyl-thioharnstoff* | 59% d. Th. | $Kp_{0,31}$: 76–77° |
| *N-Dimethylstibino-N′,N′-dimethyl-N-phenyl-thioharnstoff* | 73% d. Th. | $Kp_{0,02}$: 117–118° |

## B. Umwandlung

Stibinigsäure-amide sind äußerst luft- und hydrolyseempfindliche Verbindungen. Einige Amino-dialkyl-stibine sind zusätzlich lichtempfindlich. Die nucleophilen Amino-dialkyl-stibine reagieren mit cyclischen Carbonaten, Thiocarbonaten, Lactonen und Oxiranen unter Ringöffnung zu den entsprechenden Estern (s. S. 504) bzw. Thioestern (s. S. 509). Mit Kohlendioxid, Schwefelkohlenstoff, Isocyanaten und Isothiocyanaten erfolgen Einschiebungsreaktionen zu gemischten Anhydriden der Stibinigsäure mit Carbamin- (s. S. 507) bzw. Dithiocarbaminsäuren (s. S. 508) und zu N-Stibino-harnstoff- bzw. thioharnstoff-Derivaten (s. oben). Mit Enolacetaten reagieren die Amino-dialkyl-stibine zu Gemischen aus Stibinigsäure-estern (s. S. 505) und Trialkyl-stibinen (s. S. 500).

Dimethylamino-dimethyl-stibin setzt sich mit Diazo-alkanen, -ketonen oder -carbonsäureestern bei tiefen Temperaturen zu (α-Diazo-alkyl)-dimethyl-stibinen um[3].

---

[1] O. J. SCHERER et al., Z. Naturf. **19 b**, 447 (1964).
[2] J. KOKETSU et al., Bl. chem. Soc. Japan **44**, 1155 (1971).
[3] P. KROMMES u. J. LORBERTH, J. Organometal. Chem. **93**, 339 (1975).

# II. Organische Verbindungen des fünfwertigen Antimons

## a) Stibonsäuren und ihre Derivate

### 1. Orthostibonsäure-tetrahalogenide und ihre Derivate

#### A. Herstellung

Orthostibonsäure-tetrachloride werden durch Einwirkung von konz. Salzsäure auf Stibonsäuren[1-8], Zersetzung von Arendiazonium-tetrachlorantimonaten in Gegenwart von Kupferkatalysatoren[9] (s. a. S. 532) oder Einwirkung von Chlor bzw. Chlor-Überträgern auf Stibonigsäure-dichloride[10-13] gebildet:

$$R-SbO_3H_2 + 4\ HCl \rightleftharpoons R-SbCl_4 + 3\ H_2O$$

$$\left[Ar\overset{\oplus}{N_2}\right]\left[SbCl_4\right]^{\ominus} \xrightarrow{CuCl/Alkohol,\ \nabla} Ar-SbCl_4 + N_2$$

$$R-SbCl_2 + Cl_2 \xrightarrow{aprot.\ Lösungsm.} R-SbCl_4$$

Hierbei ist die Umsetzung der Stibonsäuren mit Salzsäure die am häufigsten angewandte Methode.

In den meisten Fällen werden die Orthostibonsäure-tetrachloride wegen ihrer thermischen Instabilität und Hydrolyseempfindlichkeit nicht isoliert, sondern ohne Reinigung weiter umgewandelt.

**Tetrachlor-aryl-stiboran; allgemeine Arbeitsvorschrift**[1, 3]: Die jeweilige Arenstibonsäure wird unter gelindem Erwärmen in konz. Salzsäure gelöst. Beim Abkühlen fallen die Tetrachlorid-Derivate meistens kristallin aus. Man saugt ab und trocknet im Exsikkator über Natriumhydroxid bis zur Gewichtskonstanz; z. B.:

| | | |
|---|---|---|
| *Tetrachlor-phenyl-stiboran*[1] | – | F: 100° |
| *Tetrachlor-(2-chlor-phenyl)-stiboran*[3] | 95% d. Th. | F: 82° |
| *Tetrachlor-(2-chlor-5-nitro-phenyl)-stiboran*[3] | 95% d. Th. | F: 250° |

Die auf diese Weise erhaltenen Tetrachlor-aryl-stiborane sind nicht immer völlig rein[1].

Die Zersetzung von Arendiazonium-tetrachlorantimonaten zu Tetrachlor-aryl-stiboran wird am besten in methanolischer bzw. äthanolischer Salzsäure unter katalytischer Einwirkung von Kupfer(I)-chlorid bei ~60° durchgeführt, wobei die Tetrachlor-aryl-stiborane in 40–50%iger Ausbeute kristallin ausfallen[9].

Die Chlorierung von Stibonsäure-dichloriden mit Chlor[10,11,13] bzw. Sulfurylchlorid[13] wird in aprotischen Lösungsmitteln wie Chloroform[14] oder Dichlormethan[13] durchge-

---

[1] H. Schmidt, A. **421**, 174 (1920); **429**, 146 (1922).
[2] P. Pfeiffer u. K. Schneider, B. **68**, 50 (1935).
[3] C. B. Biswell u. C. S. Hamilton, Am. Soc. **57**, 913 (1935).
[4] A. Binz u. O. v. Schickh, B. **69**, 1527 (1936).
[5] P. Pfeiffer u. P. Schmidt, J. pr. **152**, 27 (1939).
[6] G. O. Doak u. H. G. Steinman, Am. Soc. **68**, 1987 (1946).
[7] A. N. Nesmeyanov et al., Izv. Akad. SSSR **1954**, 410; C. A. **49**, 9651 (1955).
[8] C.-T. Chou u. J.-Y. Chi, Acta Chim. Sinica **25**, 38 (1959); C. A. **54**, 22438 (1960).
[9] K. Kinoshita, J. Pharm. Soc. Japan. **78**, 41 (1958); C. A. **52**, 11079 (1958).
[10] J. Hasenbäumer, B. **31**, 2913 (1898).
[11] H. Lecoq, J. Pharm. Belg. **19**, 133 (1937); C. A. **31**, 6729 (1937).
[12] A. B. Bruker, Ž. obšč. Chim. **31**, 974 (1961); C. A. **55**, 23398 (1961).
[13] N. Nishii et al., Inorg. Nucl. Chem. Lett. **5**, 529 (1969); J. Organometal. Chem. **55**, 133 (1973).
[14] D. E. Worrall, Am. Soc. **52**, 2046 (1930).

führt. In all diesen Fällen stellen die Orthostibonsäure-tetrachloride lediglich Intermediate dar, wobei auch das äußerst empfindliche *Tetrachlor-methyl-stiboran* bei der Chlorierung von Dichlor-methyl-stibin mit Sulfurylchlorid bei −70° gebildet und in Form von Komplexen isoliert werden kann (s. unten).

An Stelle der relativ instabilen Orthostibonsäure-tetrachloride werden häufig deren stabilere Ammoniumsalze isoliert, die durch Einwirkung von Amin-hydrochloriden auf die roh hergestellten Orthostibonsäure-tetrachloride erhalten werden[1−6]:

$$Ar-SbCl_4 \ + \ NH_3 \ + \ HCl \ \longrightarrow \ \left[Ar-\overset{\ominus}{Sb}Cl_5\right] \overset{\oplus}{N}H_4$$

Die Reaktion ist von besonderer Bedeutung für die Reinigung von Stibonsäuren (s. S. 518) und für die Charakterisierung der Orthostibonsäure-tetrachloride. Am häufigsten werden Ammonium- und Pyridiniumsalze hergestellt (s. a. S. 515). Eine gleiche Stabilisierung erfahren die Tetrachlor-aryl-stiborane, die im aromatischen Rest einen basischen Stickstoff erhalten. So liegen die im salzsauren Medium hergestellten *Tetrachlor-pyridyl-(3)-*[7], *-Pyrimidyl-(2)-*[8], *-[4-(dimethylamino-methyl)-phenyl]-*[9] oder *-[4-dimethylamino-phenyl)-arsorane*[10] als Hydrochloride vor, die wahrscheinlich eine Betain-Struktur besitzen:

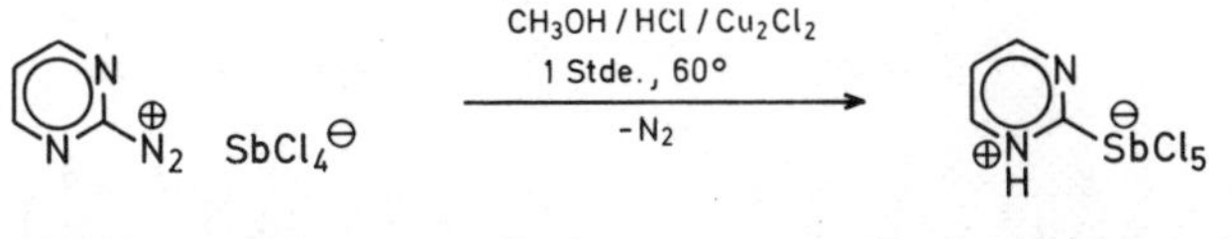

**Tetrachlor-pyridyl-(3)-stiboran-Hydrochlorid**[7]: 20 g 3-Amino-pyridin, in 80 *ml* konz. Salzsäure gelöst, werden unter Rühren und Kühlen mit 130 g Antimon(III)-chlorid und 15 g Kupfer(I)-chlorid versetzt und mit 29 g Natriumnitrit in 34 *ml* Wasser diazotiert. Man läßt ~ 12 Stdn. stehen und erwärmt dann 8−9 Stdn. unter ständigem Rühren auf 35−40°. Nach dem Erkalten wird abgesaugt und der Rückstand zur Trennung der organischen Antimon-Verbindungen mit verd. Ammoniak-Lösung ausgezogen und abgesaugt. Das Filtrat wird i. Vak. zur Trockene verdampft, der Rückstand in kaltem Wasser aufgenommen, wobei die durch Hydrolyse des Ammoniumsalzes entstandene Stibonsäure ungelöst bleibt. Es wird abgesaugt und der Rückstand mit Wasser ausgewaschen. Die rohe Stibonsäure wird dann in verd. Salzsäure aufgenommen, von wenig Ungelöstem abfiltriert und unter Kühlung durch Einleiten von Chlorwasserstoff das Hydrochlorid ausgefällt, welches abgesaugt und i. Vak. getrocknet wird; Ausbeute: 40 g (50% d. Th.); F: 240° (Zers.).

Die Stabilisierung der Orthostibonsäure-tetrachloride durch Donatoren wie Pyridin-N-Oxide, Dimethylsulfoxid (DMSO) oder Phosphorsäure-tris-[dimethylamid] (HMPT) ist ausreichend um Addukte des *Tetrachlor-methyl-stiboran* zu isolieren[11].

**Tetrachlor-methyl-stiboran-Phosphorsäure-tris-[dimethylamid]-Addukt**[11]: Unter Ausschluß von Sauerstoff und Feuchtigkeit wird eine auf −70° gekühlte Lösung von 3,5 g (0,017 Mol) Dichlor-methyl-stibin in 15 *ml* Dichlormethan unter Rühren mit 2,3 g (0,017 Mol) Sulfurylchlorid in 10 *ml* Dichlormethan und dann 3,1 g (0,017 Mol) Phosphorsäure-tris-[dimethylamid] in 10 *ml* Dichlormethan tropfenweise versetzt. Anschließend wird 30 Min. gerührt und das Lösungsmittel i. Vak. entfernt. Der Rückstand wird aus Dichlormethan und Petroläther umkristallisiert; F: 60−63°.

---

[1] H. Schmidt, A. **421**, 174 (1920).

[2] A. B. Bruker u. E. S. Makhlis, J. Gen. Chem. USSR. **7**, 1880 (1937); C. A. **32**, 72 (1938).

[3] P. Pfeiffer u. P. Schmidt, J. pr. **152**, 27 (1939).

[4] G. O. Doak u. H. G. Steinman, Am. Soc. **68**, 1987 (1946).

[5] A. N. Nesmeyanov et al., Izv. Akad. SSSR **1954**, 410; C. A. **49**, 9651 (1955).

[6] C.-T. Chou u. J.-Y. Chi, Acta chim. Sinica **25**, 38 (1959); C. A. **54**, 22438 (1960).

[7] A. Binz u. O. v. Schickh, B. **69**, 1527 (1936).

[8] K. Kinoshita, J. Pharm. Soc. Japan **78**, 41 (1958); C. A. **52**, 11079 (1958).

[9] C.-T. Chou u. J.-Y. Chi, Acta chim. Sinica **25**, 193 (1959); C. A. **54**, 4452 (1960).

[10] P. Pfeiffer u. H. Böttcher, B. **70**, 74 (1937).

[11] N. Nishii et al., J. Organometal. Chem. **55**, 133 (1973).

Analog werden u. a. folgende luftstabile Addukte erhalten[1]:

| | |
|---|---|
| *Tetrachlor-methyl-stiboran-Pyridin-N-oxid;* | F: 87–88° (Zers.) |
| *Tetrachlor-phenyl-stiboran-HMPT;* | F: 117° |
| *-Pyridin-N-oxid;* | F: 156–157° |
| *-DMSO;* | F: 185° (Zers.) |
| *Tetrachlor-(4-methyl-phenyl)-stiboran-Pyridin-N-oxid;* | F: 169–170° |

Stabile Orthostibonsäure-ester-trichloride lassen sich nur dann isolieren, wenn die Ester-Gruppe eine zusätzliche Donorfunktion besitzt, die die Koordinationszahl des fünfwertigen Antimons auf 6 erhöhen kann und somit die Verbindung stabilisiert. So werden durch Einwirkung von Pentandion-(2,4)[2, 3] oder 8-Hydroxy-chinolin (Oxin)[4] Orthostibonsäure-ester-trichloride als stabile Verbindungen isoliert:

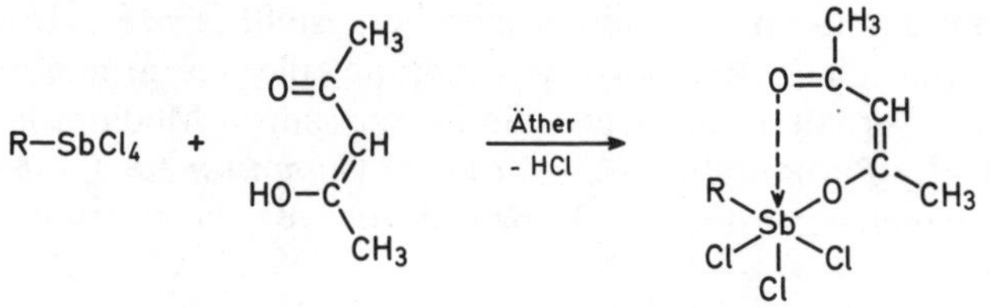

Trichlor-(pentan-2,4-dionato)-
alkyl(aryl)-stiboran

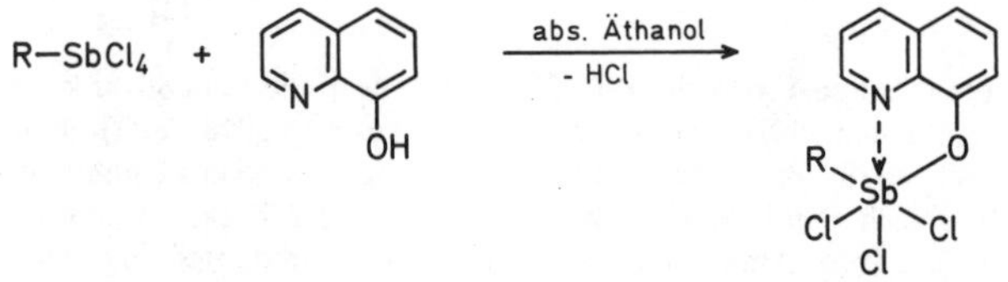

Trichlor-[chinolyl-(8)-oxy]-
alkyl(aryl)-stiboran

Hierbei werden die Orthostibonsäure-tetrachloride ohne Isolierung oder Reinigung umgesetzt.

**Trichlor-(pentan-2,4-dionato)-methyl-stiboran**[3]: Unter Ausschluß von Sauerstoff und Feuchtigkeit werden 7,5 g (0,037 Mol) Dichlor-methyl-stibin und 4 g (0,04 Mol) Pentandion-(2,4) in 150 *ml* abs. Äther bei − 70° gelöst. Hierzu werden unter Rühren und weiterem Kühlen 5,0 g (0,037 Mol) Sulfurylchlorid langsam zugetropft und anschließend 1 Stde. gerührt. Nach Abtrennung und Einengung der Äther-Schicht wird der ausgefallene Niederschlag aus wenig Äther umkristallisiert; Ausbeute: 7 g (76% d. Th.); F: 110–111°.

*Trichlor-(pentan-2,4-dionato)-phenyl-stiboran* (F: 176–177°, Zers.) wird hergestellt, indem man Benzolstibonsäure in einer Lösung von Pentandion-(2,4) in konz. Salzsäure löst und das Orthostibonsäure-ester-trichlorid mit Dichlormethan extrahiert[5].

Benzolstibonsäure reagiert mit der 2fachen molaren Menge Alkandiol-(1,2) unter Wasserabspaltung in Benzol zu spirocyclischen Estern der Benzolorthostibonsäure[5]:

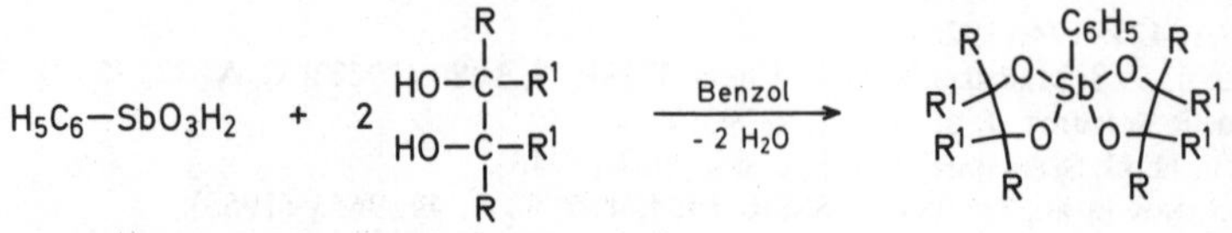

[1] N. Nishii et al., J. Organometal. Chem. **55**, 133 (1973).
[2] Y. Kawasaki u. R. Okawara, Bl. chem. Soc. Japan. **40**, 428 (1967).
[3] N. Nishii et al., Inorg. Nucl. Chem. Lett. **5**, 529 (1969).
[4] H. A. Meinema et al., J. Organometal. Chem. **17**, 71 (1969).
[5] M. Wieber u. N. Baumann, Z. anorg. Ch. **418**, 279 (1975).

**Bis-[butan-2,3-dioxy]-phenyl-stiboran (R = H; R¹ = CH₃)**[1]: 40 mMol Benzolstibonsäure werden in Benzol aufgeschlämmt und unter Rühren mit 40 mMol *meso-*Butandiol-(2,3) tropfenweise versetzt. Anschließend wird am Wasserabscheider solange gekocht, bis die ber. Menge Wasser abgeschieden ist. Nach Abziehen des Lösungsmittels wird der Rückstand durch mehrmaliges Auflösen in Benzol und Ausfällen mit Pentan gereinigt; Ausbeute: 6,1 g (81% d. Th.); Zers.p.: 127°.

Das *Bis-[2,3-dimethyl-butan-2,3-dioxy]-phenyl-stiboran* wird analog aus Benzolstibonsäure und Pinakol erhalten[1].

Ester der Methan-orthostibonsäure sind besonders einfach aus Methanstibonigsäureester durch Oxidation mit Tetrachlor-1,2-benzochinon zugänglich[1]:

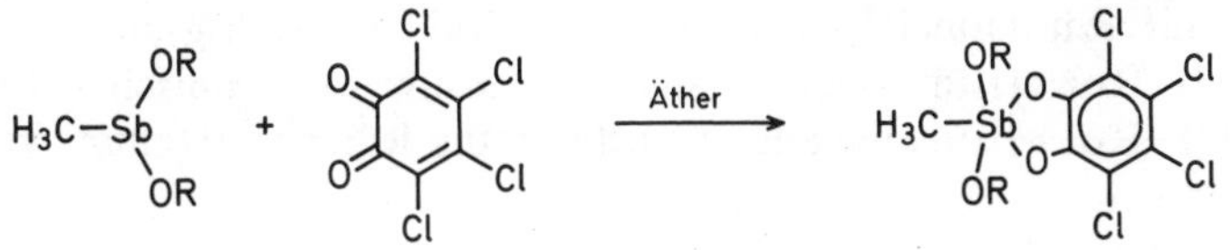

Analog liefern 1,3,2-Dioxastibolane die entsprechenden Spiro-Derivate[1].

Ester der 2-Methyl-propan-2-stibonigsäure lassen sich auf diese Weise nur unter Abspaltung der tert.-Butyl-Gruppe oxidieren[1].

**4,5,6,7-Tetrachlor-2,2-dialkoxy-2-methyl-⟨benzo-1,3,2-dioxastibol⟩; allgemeine Arbeitsvorschrift**[1]: 10 mMol Dialkoxy-methyl-stibin werden in Äther gelöst und unter Rühren mit 10 mMol Tetrachlor-1,2-benzochinon innerhalb 1 Stde. portionsweise versetzt. Die ausgefallenen Niederschläge werden mit einer Umkehrfritte abgetrennt; u. a. erhält man so folgende

*4,5,6,7-Tetrachlor-... -2-methyl-⟨benzo-1,3,2-dioxastibole⟩*

| | | |
|---|---|---|
| *...-2,2-dimethoxy-...* | 92% d. Th. | F: 248° |
| *...-2,2-diäthoxy-...* | 86% d. Th. | F: 223° |
| *...-2,2-diisopropyloxy-...* | 80% d. Th. | F: 182° |

Die Oxidation von 2-Organo-⟨benzol-1,3,2-dioxastibolan⟩ liefert unter den gleichen Bedingungen nicht die erwarteten Ester, sondern führt zur Bildung von Chinonschwarz[1].

## B. Umwandlung

Tetrachlor-aryl-stiborane sind stark hygroskopische, kristalline Verbindungen, die durch Wasser oder Laugen zu Arenstibonsäuren hydrolysiert werden (s. S. 516). Thermisch sind sie instabil. So soll Tetrachlor-phenyl-stiboran sich beim Stehenlassen in *Trichlor-diphenyl-stiboran*, Antimon(III)-chlorid und Chlor zersetzen[2]. Außer der Salzbildung mit Aminen (s. S. 513) reagieren die Orthostibonsäure-tetrachloride mit Arendiazoniumsalzen zu Doppelsalzen[3],

$$\left[\text{Ar}-\overset{\oplus}{\text{N}_2}\right]\text{Cl}^{\ominus} + \text{Ar}^1-\text{SbCl}_4 \longrightarrow \left[\text{Ar}-\overset{\oplus}{\text{N}_2}\right]\left[\text{Ar}^1-\text{SbCl}_5\right]^{\ominus}$$

deren Zersetzung in Aceton in Gegenwart von Eisen-Katalysatoren zu Diarylstibinsäuren führt (s. S. 533). Orthostibonsäure-tetrachloride werden durch Zinn(II)-chlorid oder Schwefeldioxid zu Stibonigsäure-dichloriden reduziert (s. S. 483).

---

[1] M. WIEBER u. N. BAUMANN, Z. anorg. Ch. **418**, 279 (1975).
[2] H. SCHMIDT, A. **421**, 174 (1920).
[3] O. A. REUTOV u. A. G. MARKOVSKAYA, Doklady Akad. SSSR **98**, 979 (1954); C. A. **49**, 2926 (1955).

## 2. Stibonsäuren

Einige Reaktionen der *Propan-* und *Butanstibonsäuren* sind in einem Patent erwähnt[1]. Abgesehen hiervon sind Alkanstibonsäuren nicht bekannt.

### A. Herstellung

#### α) Durch Diazoreaktionen

Analog der Herstellung von Arsonsäuren (s. S. 295) stellt die Umsetzung von Aren-diazoniumsalzen mit Antimon(III)-oxid oder -chlorid in wäßrig-alkalischem Medium (Bart-Schmidt-Reaktion) oder im sauren Medium in organischen Lösungsmitteln (Bart-Scheller-Reaktion) die allgemeinste Methode zur Herstellung von Aren-stibonsäuren dar:

$$\left[Ar-\overset{\oplus}{N_2}\right] X^{\ominus} \ + \ NaH_2SbO_3 \ \xrightarrow[-\,NaX]{OH^{\ominus}} \ Ar-SbO_3H_2 \ + \ N_2$$

$$\left[Ar-\overset{\oplus}{N_2}\right] Cl^{\ominus} \ + \ SbCl_3 \ \xrightarrow[-\,N_2]{H^{\oplus}/Cu} \ \left[Ar-SbCl_4\right] \ \xrightarrow{H_2O} \ Ar-SbO_3H_2$$

Die Durchführung dieser Reaktion kann variiert werden, wobei jedoch ein genereller Vorteil nicht immer angegeben werden kann.

Reaktionsvarianten:

ⓐ Die klassische Bart-Schmidt-Reaktion wird so durchgeführt, daß die saure Lösung eines Aren-diazoniumsalzes zur alkalischen Lösung des Antimonits bei ~0° gegeben wird[2−10]. Man kann auch umgekehrt verfahren, in dem man die alkalische Antimonit-Lösung in die Diazonium-Lösung zutropft[2,8,10]. Gewöhnlich setzt die Stickstoffentwicklung ohne Katalysator ein. In einigen Fällen sollen Kupfer bzw. Kupferhalogenide die Reaktion katalysieren[10]. Obwohl die Reaktion in stark alkalischem Medium abläuft, empfiehlt es sich bei der Umsetzung von Aren-diazoniumsalzen, die elektronegative Substituenten, wie die Nitro- oder Arson-Gruppen, tragen, in neutralem bis schwach saurem Medium zu arbeiten[11].
Günstig ist die Umsetzung mit frisch hergestellter Antimonit-Lösung. Dies erfolgt durch Versetzen einer salzsauren Lösung von Antimon(III)-oxid oder -chlorid mit Natronlauge. In einigen Fällen wird empfohlen, der Antimonit-Lösung Glycerin[3−7] oder ein höherer Polyalkohol, wie z. B. Mannit[3,4] zugegeben, um das heftige und stark störende Schäumen bei der Reaktion etwas zu mindern, sowie die Reaktionsmischung zu homogenisieren. Häufig benötigt die Reaktion längere Zeiten (bis zu einigen Tagen), wobei höhere Temperaturen die Ausbeuten erniedrigen. Bei Verwendung von Aren-

[1] US.P. 2950306 (1960), W. C. Smith; C. A. **55**, 25696 (1961).
[2] DRP. 254421 (1911), Chem. Fabr. von Heyden, AG; Frdl. **11**, 1084; C. A. **7**, 1266 (1913).
[3] DRP. 425419 (1924), Chem. Fabr. von Heyden, AG, Erf.: H. Schmidt; Frdl. **15**, 1587.
[4] Brit. P. 244746 (1924), Chem. Fabr. von Heyden, AG; C. A. **21**, 248 (1927).
[5] C. S. Hamilton u. R. E. Etzelmiller, Am. Soc. **50**, 3360 (1928).
[6] G. T. Morgan u. J. W. Cook, Soc. **1930**, 737.
[7] C. B. Biswell u. C. S. Hamilton, Am. Soc. **57**, 913 (1935).
[8] Q. Mingoia u. C. Perego, Arquiv. Biol. (Sao Paulo) **28**, 137 (1944); **29**, 12 (1945); C. A. **39**, 4069, 4597 (1945).
[9] G. O. Doak u. H. G. Steinman, Am. Soc. **68**, 1987 (1946).
[10] H. Tomono et al., Bull. Inst. Chem. Research, Kyoto Univ. **22**, 92 (1950); **26**, 99 (1951); C. A. **46**, 8033 (1952).
[11] H. Schmidt, A. **421**, 174 (1920); B. **57**, 1142 (1924).

diazoniumhalogeniden liegen die Ausbeuten an Stibonsäuren zwischen 10 und 60%. d. Th. Aren-diazonium-tetrafluoroborate liefern unter den gleichen Bedingungen geringere Ausbeuten[1]. *2-Methyl-* und *2-Carboxy-benzolstibonsäure* werden bei der Bart-Schmidt-Reaktion in wesentlich höheren Ausbeuten erhalten als bei der Bart-Scheller-Reaktion[2] (s. unten).

Wird das aromatische Amin in saurer Lösung in Gegenwart von Antimon(III)-chlorid diazotiert oder die Lösung des Diazoniumsalzes mit Antimon(III)-oxid bzw. -chlorid in konz. Salzsäure versetzt, so bildet sich meist ein kristallines Doppelsalz, das sogenannte „May'sche Salz"[3], welches direkt[4-7] oder nach Isolierung[4,5,8-14] in wäßriger Natronlauge in die entsprechenden Aren-stibonsäuren umgewandelt wird (Zur Zersetzung des Doppelsalzes in organischen Lösungsmitteln s. unten):

$$\left[Ar-\overset{\oplus}{N_2}\right] Cl^{\ominus} + SbCl_3 \longrightarrow \left[Ar-\overset{\oplus}{N_2}\right] \left[SbCl_4\right]^{\ominus} \xrightarrow[- N_2]{NaOH / H_2O} Ar-SbO_3H_2$$

Durch Wasser allein erfolgt keine Zersetzung. Durch Zusatz von Kupfer(II)-chlorid zur rein wäßrigen Lösung erfolgt zwar eine Zersetzung des Doppelsalzes jedoch nicht zu Stibonsäuren[13]. Im alkalischen Medium erfolgt die Bildung der Stibonsäuren auch ohne Zusatz von Katalysatoren[8].

(b) Beim Arbeiten in wäßrig-alkalischem Medium treten Schwierigkeiten auf, wie z. B. das Auftreten von gefärbten Nebenprodukten[10], heftiges Schäumen und häufig zu große Reaktionsvolumina und lange Reaktionszeiten. Diese Schwierigkeiten lassen sich zum Teil beseitigen, wenn in Analogie zur Scheller'schen Modifikation (s. S. 295) das Diazoniumsalz mit Antimon(III)-chlorid im sauren-alkoholischen Medium umgesetzt wird[2,15-19] bzw. das May'sche Salz im organischen Lösungsmittel zersetzt[1,7,20,21] und die auf diese Weise intermediär gebildeten Orthostibonsäure-tetrachloride anschließend zu Stibonsäuren hydrolysiert werden. Im Gegensatz zur Bart-Schmidt-Reaktion im wäßrig-alkalischem Medium sind bei der Bart-Scheller-Reaktion Katalysatoren, wie Kupfer oder Kupferhalogenide erforderlich. Bei der direkten Umsetzung [ohne Isolierung des Aren-diazonium-tetrachloroantimonats(III)] dienen meistens ~ 95%ige Alkohole, wie Methanol[17], Äthanol[2,15-19] oder Isopropanol[2] als Lösungsmittel. Das May'sche Salz kann im wäßrigen Medium erhalten werden, wobei nach Trocknung in Alkohol[1,20,21] oder Aceton[1,17] zersetzt wird.

[1] H. Tomono et al., Bull. Inst. Chem. Research, Kyoto Univ. **26**, 99 (1951); C. A. **46**, 8033 (1952).

[2] G. O. Doak u. H. G. Steinman, Am. Soc. **68**, 1987 (1946).

[3] P. May, Soc. **1912**, 1037.

[4] DRP. 261825 (1912), Chem. Fabr. von Heyden, AG; Frdl. **11**, 1086.

[5] H. Schmidt, A. **421**, 174 (1920).

[6] M. E. Brinnand et al., Soc. **1932**, 1815.

[7] S. Niyogy, Pr. indian Acad. **4A**, 303 309 (1936); C. A. **31**, 1014 (1937).

[8] F. Dunning u. E. E. Reid, Am. Soc. **49**, 2869 (1927).

[9] G. T. Morgan u. G. R. Davies, Pr, roy. Soc. **127A**, 1 (1930).

[10] G. M. Dyson, R. **57**, 1016 (1938).

[11] P. Pfeiffer u. P. Schmidt, J. pr. **152**, 27 (1939).

[12] G. J. O'Donnell, Iowa Coll. J. **20**, 34 (1945); C. A. **40**, 4689 (1946).

[13] H. Tomono, Bull. Inst. Chem. Research, Kyoto Univ. **21**, 41 (1950); C. A. **45**, 7971 (1951).

[14] R. Nakai et al., Bull. Inst. Chem. Research, Kyoto Univ. **25**, 72 (1952); C. A. **46**, 8033 (1952).

[15] Brit. P. 569037 (1945), C. S. Gibson u. E. Ritchie; C. A. **42**, 217 (1948).

[16] R. D. Englert u. O. J. Sweeting, Am. Soc. **70**, 2977 (1948).

[17] R. Nakai et al., Bull. Inst. Chem. Research, Kyoto Univ. **25**, 72 (1951); **26**, 99 (1951); C. A. **46**, 8033 (1952).

[18] C.-T. Chou u. J.-Y. Chi, Acta Chim. Sinica **25**, 38 (1959); C. A. **54**, 22438 (1960).

[19] DBP. 1064948 (1959), Bayer AG, Erf.: E. Eimers; C. A. **55**, 19862 (1961).

[20] I. G. M. Campbell, Soc. **1947**, 4.

[21] G. O. Doak u. H. H. Jaffé, Am. Soc. **72**, 3025 (1950).

Isolierte, trockene Arendiazonium-tetrafluoroborate werden in abs. Alkoholen oder Aceton mit Antimon(III)-chlorid umgesetzt[1-3]. Häufig sind die Ausbeuten jedoch schlechter als bei Umsetzung der Aren-diazoniumchloride[2], und die als Nebenprodukte sich bildenden Diarylstibinsäuren lassen sich schlecht abtrennen[3].

Analog den Aryldiazonium-tetrachloroantimonaten(III) (May'schen Salzen) lassen sich Aryldiazonium-hexachloroantimonate(V) in Aceton oder Essigsäure-methylester bei 25–30° unter katalytischer Einwirkung von Kupfer(I)-chlorid in Orthostibonsäure-tetrachloride umwandeln, welche ohne Isolierung zu Stibonsäuren hydrolysiert werden[4]:

$$[Ar-\overset{\oplus}{N_2}][SbCl_6]^{\ominus} \xrightarrow[\text{4-5 Stdn., 25-30°}]{\text{Aceton / CuCl}} Ar-SbCl_4 \xrightarrow{H_2O} Ar-SbO_3H_2$$

Obwohl auf diese Weise in einigen Fällen relativ gute Ausbeuten erzielt werden, ist die Umsetzung umständlicher als die normale Bart-Scheller-Reaktion, da das Diazonium-hexachloroantimonat(V) z. B. aus dem erst herzustellenden Diazonium-tetrachlorferrat(III) durch Umsetzung mitAntimon(V)-chlorid in Aceton und anschließender Ausfällung mit Chloroform hergestellt werden muß[5].

*Benzol-, 4-Methyl-benzol-* und *4-Nitro-benzol-stibonsäuren* können nach allen Varianten hergestellt werden, wobei die besten Ausbeuten bei der Umsetzung der Aren-diazoniumchloride mit Antimon(III)-chlorid in Aceton unter katalytischer Einwirkung von Kupfer(I)-chlorid erzielt werden[6].

Schlechte Ausbeuten an Aren-stibonsäuren werden bei der Bart-Scheller-Reaktion beobachtet, wenn der Aryl-Rest einen ortho-Substituenten trägt[7]. Solche Stibonsäuren werden besser nach Bart-Schmidt hergestellt[7, 8].

Isolierung und Reinigung der Stibonsäuren:

Aus dem wäßrig-alkalischen Medium werden die Stibonsäuren mit Hilfe von Mineralsalzen ausgefällt. Hierbei empfiehlt es sich, die Lösung zuerst zu neutralisieren, um das meiste an nicht umgesetztem Antimon(III)-oxid zu fällen[9-11] und die Stibonsäuren aus dem Filtrat durch weiteres Ansäuern zu isolieren. Kolloidal ausfallende Säuren können durch gelindes Erwärmen in filtrierbare Form gebracht. werden[10-12].

Nach dem Absaugen werden die Stibonsäuren am besten mit Wasser gewaschen, dem einige Tropfen Salzsäure hinzugefügt werden, um ein Durchlaufen durch den Filter zu verhindern[7]. Unabhängig von der Herstellungsvariante gelingt es selten, die Stibonsäuren frei von anorg. Antimon-Verbindungen zu erhalten. Stibonsäuren mit relativ ausreichender Reinheit sollen bei der Umsetzung von Diazoniumsalzen mit nur 60–70% der stöchiometrischen Menge an Antimon(III)-oxid erhalten werden[13]. Durch Umkristallisieren lassen sich nur wenige Stibonsäuren reinigen, so *Biphenyl-4-stibonsäure* aus Alkohol[12], *Benzol-,*

[1] R. D. ENGLERT u. O. J. SWEETING, Am. Soc. **70**, 2977 (1948).
[2] R. NAKAI et al., Bull. Inst. Chem. Research, Kyoto Univ. **25**, 72 (1951); **26**, 99 (1951); C. A. **46**, 8033 (1952).
[3] G. O. DOAK et al., Am. Soc. **74**, 830 (1952).
[4] A. N. NESMEYANOV et al., Izv. Akad. SSSR **1954**, 410; C. A. **49**, 9651 (1955).
[5] O. A. REUTOV, Doklady Akad. SSSR **87**, 73 (1952).
[6] H. TOMONO et al., Bull. Inst. Chem. Research, Kyoto Univ. **26**, 99 (1951); C. A. **46**, 8033 (1952).
[7] G. O. DOAK u. H. G. STEINMAN, Am. Soc. **68**, 1987 (1946).
[8] B. R. COOK et al., Inorg. Chem. **10**, 2676 (1971).
[9] DRP. 254421 (1911), Chem. Fabr. von Heyden, AG; Frdl. **11**, 1084; C. A. **7**, 1266 (1913).
[10] C. S. HAMILTON u. R. E. ETZELMILLER, Am. Soc. **50**, 3360 (1928).
[11] C. B. BISWELL u. C. S. HAMILTON, Am. Soc. **57**, 913 (1935).
[12] G. T. MORGAN u. G. R. DAVIES, Pr. roy. Soc. **127** [A], 1 (1930).
[13] DBP. 1069149 (1959), Bayer, AG, Erf.: E. EIMERS; C. A. **55**, 23446 (1961).

*2-Brom-benzol-* und die isomeren *Methyl-benzolstibonsäuren* aus Eisessig[1], wobei im letzten Falle über Natriumhydroxid bei 100° getrocknet werden muß.

Die beste Möglichkeit, Stibonsäuren zu reinigen, ist ihre Überführung in die entsprechenden Orthostibonsäure-tetrachloride (s. S. 512) und Umsetzen der letzten ohne Isolierung mit einem Amin zu den besser kristallinen, isolierbaren Ammonium-aren-pentachloroantimonaten(V), welche durch Hydrolyse in Stibonsäuren umgewandelt werden:

$$Ar-SbO_3H_2 \xrightarrow[\text{2. } NH_3/HCl]{\text{1. } HCl} [Ar-\overset{\ominus}{SbCl_5}][\overset{\oplus}{NH_4}] \xrightarrow{OH^{\ominus}/H_2O} Ar-SbO_3H_2$$

Außer den Ammoniumsalzen[2-5] können auch Chinoliniumsalze[5,6] oder Pyridiniumsalze[3,1,5,6] für die Reaktion verwendet werden, wobei die Pyridiniumsalze den Vorteil besitzen sich durch Umkristallisieren aus Alkohol/Salzsäure (1:1) reinigen zu lassen[1] (s. S. 520). Enthält ein Arendiazoniumsalz einen basischen Stickstoff im Aryl-Rest, so läßt es sich nach Bart-Scheller mit Antimon(III)-chlorid in saurem wäßrigen Medium unter Kupfer-Katalyse direkt zu Orthostibonsäure-tetrachlorid, welches in Form eines inneren Salzes vorliegt (s. hierzu S. 513), umsetzen.

### Variante ⓐ (Bart-Schmidt-Reaktion); Beispiele

**Benzolstibonsäure**[7]: 180 g Anilin in 150 *ml* 5 n Salzsäure und 150 *ml* Wasser werden unter Eiskühlung diazotiert und in einem 10 *l* Stutzen vorgelegt. Hierzu wird unter Rühren eine aus 35 g Antimon(III)-oxid und 125 *ml* konz. Salzsäure (spez. Gew. 1,17) und 100 *ml* Glycerin hergestellte Lösung zugegeben. Unter Kühlen und weiterem Rühren werden dann 400 *ml* 5 n Natronlauge hinzugefügt, wobei heftiges Schäumen eintritt. Nach Beendigung der Stickstoff-Entwicklung wird filtriert und die rohe Stibonsäure aus dem Filtrat mit Salzsäure ausgefällt. Man saugt ab, wäscht mit Wasser nach und löst die noch feuchte Säure in konz. Salzsäure auf, behandelt mit Tierkohle und versetzt das Filtrat mit salzsaurer Ammoniumchlorid-Lösung. Das ausgefallene Salz wird abgesaugt, mit Salzsäure gewaschen, in Wasser eingetragen, durch Zugabe von Natronlauge in Lösung gebracht, eventuell abfiltriert und mit Salzsäure angesäuert. Die ausgefallene Säure wird abgesaugt, mit Wasser gewaschen und getrocknet; Ausbeute: 30 g (50% d. Th.).

Analog werden *4-Chlor-benzol-, 4-Methoxy-benzol-, 4-Äthoxy-benzol-* und *2-Nitro-benzol-stibonsäure* erhalten.

**4-Amino-benzolstibonsäure (p-Stibanilsäure)**[8]: 40 g 4-Amino-acetanilid werden in 600 *ml* siedendes Wasser gegeben, mit Aktivkohle entfärbt, das Filtrat mit 144 *ml* konz. Salzsäure versetzt und auf 0–5° abgekühlt, wobei das Amin-Hydrochlorid ausfällt. Durch das bis zum Boden des Kolbens reichende Tropfrohr wird dann eine Lösung von 42 g Natriumnitrit in 250 *ml* Wasser unter mechanischem Rühren zugegeben. Währenddessen werden 150 g Antimon(III)-chlorid oder 80 g Antimon(III)-oxid in einer kleinen Menge warmer Salzsäure und 200 *ml* Glycerin gelöst und soviel 5 n Natronlauge zugegeben bis das ausgefallene Antimonit wieder in Lösung geht. Anschließend verdünnt man mit Eis und Wasser auf 8 *l*. Zur Antimonit-Lösung wird dann die Diazonium-Lösung durch ein dünnes Rohr unter gutem Rühren langsam zugetropft, wobei gelegentlich 10%ige Natronlauge zugegeben wird [um das Antimon(III)-oxid in Lösung zu halten]. Durch die Tropfengeschwindigkeit und das Rühren kann das Schäumen der Reaktionsmischung kontrolliert werden. Nach beendeter Umsetzung wird mit Salzsäure neutralisiert und mit Kohlendioxid gesättigt, wobei neben harzigen Produkten nicht umgesetztes Antimon(III)-oxid ausgefällt wird. Vor dem Abfiltrieren wird kurze Zeit auf 75° erhitzt, um den Niederschlag in filtrierbare Form zu bringen. Die Stibonsäure wird aus dem warmen Filtrat mit verd. Essigsäure ausgefällt und abgesaugt. Die *4-Acetylamino-benzolstibonsäure* wird dann 1 Stde. in 1 *l* 5%iger Natronlauge auf 90° erhitzt. Die gebildete *4-Amino-benzolstibonsäure* wird mit Essigsäure ausgefällt, abgesaugt und gewaschen; Ausbeute: 35–50% d. Th.

Zur Reinigung wird die feuchte Säure durch Lösen in Salzsäure in das entsprechende Orthostibonsäure-tetrachlorid überführt, das nach Abfiltrieren in der ausreichenden Menge 10%iger Natronlauge gelöst wird. Die

---

[1] G. O. DOAK u. H. G. STEINMAN, Am. Soc. **68**, 1987 (1946).
[2] DRP. 254421 (1911), Chem. Fabr. von Heyden, AG; Frdl. **11**, 1084; C. A. **7**, 1266 (1913).
[3] H. SCHMIDT, A. **421**, 174 (1920); **429**, 144 (1922).
[4] DRP. 425419 (1924), Chem. Fabr. von Heyden, AG; Frdl. **15**, 1587.
[5] P. PFEIFFER u. P. SCHMIDT, J. pr. **152**, 27 (1939).
[6] P. PFEIFFER u. P. SCHNEIDER, B. **68**, 50 (1935).
[7] DRP. 425419 (1924), Chem. Fabr. von Heyden, AG, Erf.: H. SCHMIDT; Frdl. **15**, 1587.
   s. auch H. SCHMIDT, A. **421**, 174 (1920); **429**, 123 (1922).
[8] C. S. HAMILTON u. R. F. ETZELMILLER, Am. Soc. **50**, 3360 (1928).

Lösung wird bei 90° mit Aktivkohle behandelt und die reine Stibonsäure aus dem Filtrat mit Essigsäure ausgefällt; Ausbeute: 8–15% d.Th. (auf rohe Stibonsäure bezogen!).

**4-Fluor-benzolstibonsäure**[1]: 27 g 4-Fluor-anilin in 250 ml 7 n Salzsäure werden bei −5° unter gutem Rühren mit 18 g Natriumnitrit in 40 ml Wasser diazotiert. Die klare Diazonium-Salzlösung wird dann unter Rühren bei 5° schnell mit einer Lösung von 55 g Antimon(III)-chlorid in 100 ml Salzsäure versetzt, wobei sofort ein gelber Niederschlag ausfällt. Nach ~ 5 Min. wird das gelb gefärbte Doppelsalz abgesaugt, gepreßt, mit 7 n Salzsäure gewaschen und so trocken wie möglich gesaugt. Anschließend wird es in 100 ml Wasser zu einer dünnflüssigen Paste verrieben und in 2 l gut gerührte 2 n Natronlauge gegeben (Wegen heftigen Schäumens wird die Zersetzung in einem 20-l-Gefäß durchgeführt). Nach 3tägigem Rühren ist die Stickstoff-Entwicklung beendet. Man filtriert ab und fällt die Stibonsäure mit 2 n Essigsäure aus.

Analog werden *4-Jod-benzol-, 4-Äthoxy-benzol-, 4-Brom-benzol-, 2-Chlor-4-methyl-benzol-, 4-Dimethylamino-benzol-* und *4-Methoxy-benzol-stibonsäure* erhalten[1].

**Biphenyl-2-stibonsäure**[2]: 50 g 2-Amino-biphenyl werden in 300 ml Wasser und 160 ml konz. Salzsäure (D: 1,16) und mit 22 g Natriumnitrit in 100 ml Wasser diazotiert. Hierzu tropft man unter Rühren eine Lösung von 46 g Antimon(III)-oxid in 200 ml konz. Salzsäure, wobei die Reaktionstemp. zwischen 0–25° gehalten wird. Das ausgefallene hellgelb gefärbte Doppelsalz wird abgesaugt, mit Wasser gewaschen und in 1500 ml Wasser und 300 g Eis suspendiert und auf 0° gebracht. Nach Zugabe von 160–200 ml Glycerin wird 5 n Natronlauge langsam unter Rühren bis zur schwach sauren Reaktion zugetropft (300 ml). Wenn das Schäumen aufhört, werden weitere 30 ml 5 n Natriumcarbonat-Lösung zugegeben und solange gerührt, bis eine Probe mit H-Säure keine Azoreaktion mehr gibt. Man filtriert ab, fällt die Stibinsäure mit verd. Salzsäure aus, saugt ab und wäscht mehrmals mit verd. Salzsäure nach. Die rohe Stibonsäure wird mit warmer 5 n Natriumcarbonat-Lösung extrahiert und mit Essigsäure ausgefällt. Die Biphenyl-2-stibonsäure kann aus Äthanol umkristallisiert werden.

**Variante (b)  (Bart-Scheller-Reaktion); Beispiele**

**Arenstibonsäuren; allgemeine Arbeitsvorschrift**[3]: In einem 3-l-Becherglas werden 0,2 Mol aromatisches Amin in 500 ml abs. Äthanol (in einigen Fällen Isopropanol) suspendiert. Unter Kühlung im Eisbad und Rühren werden 20 g Schwefelsäure und 35,6 g (0,2 Mol) Antimon(III)-chlorid zugegeben. Nach dem alles gelöst ist, wird mit 14 g Natriumnitrit in 20 ml Wasser diazotiert [Man kann auch zuerst diazotieren und dann das Antimon(III)-chlorid zugeben]. Nach 30 Min. Rühren gibt man 4 g Kupfer(I)-bromid hinzu und entfernt das Eisbad. Es tritt sofort Stickstoff-Abspaltung ein. In einigen Fällen kann die Zersetzung durch Erwärmen auf 60° beschleunigt werden. Nach beendeter Stickstoff-Abspaltung (2–24 Stdn.) wird durch Wasserdampfdestillation der Alkohol entfernt, wobei gleichzeitig intermediär gebildetes Orthostibonsäure-tetrachlorid hydrolysiert wird. Die rohe Stibonsäure wird abgesaugt, mit Wasser gewaschen und so trocken wie möglich gepreßt. Anschließend wird je nach Stibonsäure entweder in konz. Salzsäure oder in einer 1:1-Mischung aus Salzsäure/Äthanol oder Methanol gelöst und mit 100 ml einer aus 100 ml Pyridin und 80 ml verd. Salzsäure hergestellten Lösung versetzt. Nach Kühlen wird das ausgefallene Pyridinium-aren-pentachloro-antimonat(V) über eine Fritte abgesaugt und mehrmals mit konz. Salzsäure nachgewaschen. Man löst in ~ 6 l 1%iger Natriumcarbonat-Lösung, filtriert nötigenfalls ab und behandelt das Filtrat mit 5 g Aktivkohle. Die Stibonsäure wird aus dem Filtrat durch langsames Zutropfen von verd. Salzsäure unter heftigem Rühren ausgefällt. Man saugt ab und wäscht mit Wasser, dem einige Tropfen verd. Salzsäure hinzugefügt werden, nach. Die auf diese Weise erhaltenen Stibonsäuren sind für weitere Umsetzungen rein genug. Analysenreine Stibonsäuren erhält man durch Lösen in Salzsäure und Wiederfällung der Pyridinium-aren-pentachloro-antimonate(V), die aus einer 1:1-Mischung aus Salzsäure/Äthanol oder Methanol umkristallisiert und wie oben hydrolysiert werden. So werden u. a. erhalten:

| Aren-Stibonsäuren | Ausbeute [% d.Th.] | F der Pyridinium-aren-pentachloro-antimonate(V) [°C] |
|---|---|---|
| *Benzolstibonsäure* | 39 | 139 |
| *3-Methyl-benzolstibonsäure* | 24 | 203,6 |
| *4-Methyl-benzolstibonsäure* | 47 | 180 |
| *4-Brom-benzolstibonsäure* | 40 | 154 |
| *4-Chlor-benzolstibonsäure* | 78 | 160 |
| *4-Nitro-benzolstibonsäure* | 53 | 168,5 |
| *3-Carboxy-benzolstibonsäure* | 72 (in Isopropanol) | 293 |
| *4-Carboxy-benzolstibonsäure* | 72 (in Isopropanol) | 252 |

[1] G. M. DEYSON, R. **57**, 1016 (1938).
[2] G. T. MORGAN u. G. R. DAVIES, Pr. roy. Soc. **127 A**, 1 (1930).
[3] G. O. DOAK u. H. G. STEINMAN, Am. Soc. **68**, 1987 (1946).

*4-[1,3-Thiazolyl-(2)-aminosulfonyl]-benzolstibonsäure*[1]      35% d. Th.
*4-[Pyridyl-(2)-aminosulfonyl]-benzolstibonsäure*[1]        26% d. Th.

**4-Aminosulfonyl-benzolstibonsäure**[1]: 13,5 g (0,05 Mol) 4-Aminosulfonyl-benzoldiazonium-tetrafluoroborat[1] und 11,4 g (0,05 Mol) Antimon(III)-chlorid werden in 60 *ml* 95%igem Äthanol gelöst. Unter heftigem Rühren gibt man insgesamt 0,5 g Kupfer(I)-chlorid in kleinen Portionen hinzu. Es setzt sofort eine Reaktion ein. Nach Abklingen der anfänglichen Reaktion wird auf dem Dampfbad auf 45° erwärmt, bis eine rote Lösung entsteht, die anschließend 15 Min. auf 60° erwärmt wird. Man versetzt mit 60 *ml* konz. Salzsäure und einer aus 5 *ml* Pyridin und 20 *ml* konz. Salzsäure hergestellten Lösung. Wenn das Pyridiniumsalz anfängt auszufallen, gibt man weitere 10 *ml* konz. Salzsäure hinzu und kühlt ab. Das Pyridiniumsalz wird abgesaugt und mit konz. Salzsäure solange nachgewaschen, bis das Waschwasser farblos wird. Dann wird aus Äthanol/Salzsäure (1:1) umkristallisiert. Die Filtrate werden zur Isolierung weiteren Pyridiniumsalzes aufgearbeitet. Das nach 36stdgm. Trocknen bei 216° schmelzende Pyridiniumsalz wird wie oben in die freie Stibonsäure umgewandelt, die zuerst über Natriumhydroxid i. Vak. bei 90° über Nacht und 24 Stdn. an der Luft getrocknet wird. Die Stibonsäure liegt als Monohydrat vor; Ausbeute: 7,8 g (45% d. Th.).

Sowohl nach der Bart-Schmidt- als auch nach der Bart-Scheller-Variante lassen sich aromatische Diamine und heteroaromatische Amine zu Aren-distibonsäuren[2-4]bzw. Heteroaren-stibonsäuren[4-10] umsetzen.

Die Umsetzung von Arylhydrazinen mit Antimon(III)-chlorid unter katalytischer Einwirkung von Kupfer(I)-Salzen in verd. Salzsäure zu Gemischen aus Arenstibonsäuren und Diaryl-stibinsäuren beruht auf der Luftoxidation des Arylhydrazins zu Aren-diazoniumchlorid, das im Sinne der Bart-Schmidt-Reaktion weiter reagiert[11].Die Reaktion bietet keinen besonderen Vorteil gegenüber der gewöhnlichen Diazoreaktion.

## β) Durch Umwandlung im organischen Rest

Arenstibonsäuren lassen sich durch Reaktionen am organischen Rest in andere Arenstibonsäuren umwandeln. Häufig sind jedoch Antimon-Kohlenstoff-Bindungsspaltungen bei solchen Reaktionen zu beobachten (s. S. 523), so daß die erhaltenen Stibonsäuren in einigen Fällen durch anorganische Antimon-Verbindungen stark verunreinigt sind.

Die Stibono-Gruppe in Benzolstibonsäure fungiert als elektronenanziehender Substituent, so daß bei der Nitrierung die *3-Nitro-benzolstibonsäure* isoliert wird[12, 13]:

$$\langle\!\!\langle\;\rangle\!\!\rangle\!-SbO_3H_2 \xrightarrow{\;HNO_3\,/\,H_2SO_4\,,\,>50°\;} \underset{O_2N}{\langle\!\!\langle\;\rangle\!\!\rangle}\!-SbO_3H_2$$

4-Chlor-benzol[13]-, 2-Chlor-benzol[14]-, 4-Brom-benzol[3], 4-Methoxy-benzol[3]- 4-Methyl-benzol[3]- und 2-Methyl-benzol[15]-stibonsäuren liefern mit Nitriersäure bei Raumtemperatur die entsprechenden 3-Nitro-aren-stibonsäuren (*2-Chlor-3-nitro-, 4-Chlor-3-nitro-, 4-Brom-3-nitro-, 3-Nitro-4-methoxy-, 3-Nitro-2-* und *-4-methyl-benzolstibonsäure*).

[1] R. D. Englert u. O. J. Sweeting, Am. Soc. **70**, 2977 (1948).
[2] W. Riddell u. S. Basterfield, Trans. roy. Soc. Canada **23**, Sect. 3, 45 (1929).
[3] G. M. Deyson, R. **57**, 1016 (1938).
[4] G. J. O'Donnell, Iowa Coll. J. **20**, 34 (1945); C. A. **40**, 4689 (1946).
[5] Brit.P. 244746 (1924), Chem. Fabr. von Heyden, AG; C. A. **21**, 248 (1927).
[6] G. T. Morgan u. J. W. Cook, Soc. **1930**, 737.
[7] M. M. Barnett et al., Soc. **1934**, 433.
[8] A. Binz u. O. v. Schickh, B. **69**, 1527 (1936).
[9] C.-C. Chang u. S.-M. Sun, J. Chinese Chem. Soc. **16**, 41 (1949); C. A. **44**, 1508 (1950).
[10] K. Kinoshita, J. pharm. Soc. Japan **78**, 41 (1958); C. A. **52**, 11079 (1958).
[11] A. Bruker, Ž. obšč. Chim. **27**, 2220, 2223, 2593 (1957).
[12] G. T. Morgan u. F. M. G. Micklethwait, Soc. **99**, 2286 (1911).
[13] H. Schmidt, A. **420**, 174 (1920).
[14] C. B. Biswell u. C. S. Hamilton, Am. Soc. **57**, 913 (1935).
[15] G. O. Doak u. H. G. Steinman, Am. Soc. **68**, 1989 (1946).

**3-Nitro-4-methyl-benzolstibonsäure**[1]: 26,4 g (0,1 Mol) 4-Methyl-benzol-stibonsäure werden in 125 *ml* Schwefelsäure gelöst und bei 0–5° mit einem Gemisch aus 7 *ml* Schwefelsäure und 7 *ml* Salpetersäure (D: 1,14) langsam versetzt, so daß die Reaktionstemp. 5° nicht übersteigt. Nach ~ 1 stdgm. Rühren wird die Reaktionsmischung auf Eis gegossen, der Niederschlag abgesaugt und in üblicher Weise über das Pyridiniumsalz (s. S. 519) gereinigt; Ausbeute: 83% d. Th.

Nitro-arenstibonsäuren werden durch Reduktion mit Natrium-dithionit[2], frischem Eisen(II)-hydroxid[3–5], Aluminium-amalgam[4] oder Wasserstoff/Raney-Nickel[1, 6] in die entsprechenden Amino-arenstibonsäuren umgewandelt.

Die Amino-Gruppe im aromatischen Rest geht die üblichen Reaktionen eines aromatischen Amins ein, wie z. B. Acylierung[1], Umsetzung mit Schwefelkohlenstoff oder Isothiocyanaten zu Thioharnstoff-Derivaten[2], Diazotierung zu Stibono-arendiazoniumsalzen, welche verkocht[4], der Sandmeyer-Reaktion[6] oder der Azokupplung[1, 2, 5] unterworfen werden können. Säure-Gruppierungen im Aryl-Rest lassen sich nach üblichen Methoden verestern bzw. amidieren[1].

4-Methyl-benzolstibonsäure wird durch Oxidation mit Kaliumpermanganat im alkalischen Medium in *4-Carboxy-benzolstibonsäure* umgewandelt[1].

Nucleophile Substitutionsreaktionen am aromatischen Rest werden durch vorhandene Nitro-Gruppen erleichtert. So läßt sich das Chlor in 2-Chlor-5-nitro-benzolstibonsäure durch Amine in alkalischem Medium ersetzen[3, 5]:

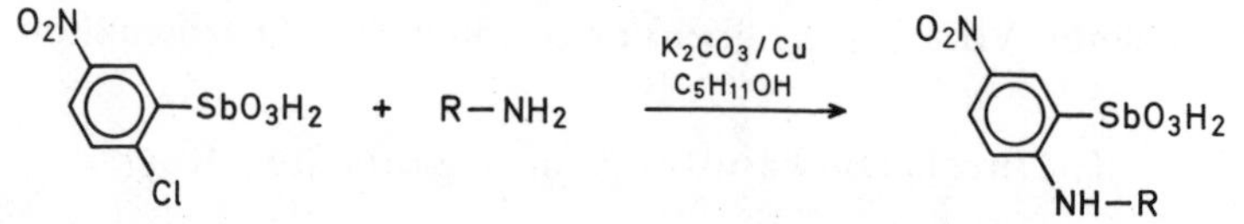

**2-Alkylamino-5-nitro-benzolstibonsäuren; allgemeine Arbeitsvorschrift**[5]: In einem Kolben mit Rührer und Rückflußkühler werden 10 g 2-Chlor-5-nitro-benzolstibonsäure, 10 g wasserfreies Kaliumcarbonat, 10 g Amin, 30 *ml* Pentanol und einige frisch polierte Kupferplättchen zusammengegeben und unter Rühren 20 Stdn. auf 120° erhitzt. Man kühlt auf ~ 20° ab, filtriert und engt das Filtrat bis zur Trockene ein (zuletzt durch Erwärmen im Wasserbad unter vermindertem Druck). Der Rückstand wird in 50 *ml* Pentanol gelöst und nach Abkühlen auf ~ 20° vom Ungelösten abfiltriert. Das Filtrat wird wiederum zur Trockene abgedampft und der Rückstand in 40 *ml* warmem Eisessig aufgenommen. Die Stibonsäuren werden dann durch langsames Zutropfen von 6 n Schwefelsäure unter Rühren ausgefällt. Man saugt ab, wäscht mit Wasser nach und trocknet bei ~ 40°. U. a. erhält man auf diese Weise:

| | | |
|---|---|---|
| *2-Anilino-5-nitro-benzolstibonsäure* | 25% d. Th. | Zers.p.: 250° |
| | | (Hydrochlorid) |
| *2-Propylamino-5-nitro-benzolstibonsäure* | 50% d. Th. | Zers.p.: 220° |
| *2-(2-Methyl-propylamino)-5-nitro-benzolstibonsäure* | 55% d. Th. | Zers.p.: 200° |
| *2-Pentylamino-5-nitro-benzolstibonsäure* | 30% d. Th. | Zers.p.: 120° |

In 4-Chlor-3-nitro-benzolstibonsäure wird das Chlor durch 3 stdgs. Erhitzen mit Piperidin, Methyl- oder Äthylamin in Alkohol durch das jeweilige Amin ersetzt[3]. Ohne Kupfer erfolgt keine Reaktion mit Ammoniak, Anilin oder Diäthylamin[3].

Durch Erhitzen von 2-Chlor-5-nitro-benzolstibonsäure mit 6 n Kalilauge auf 97° erhält man *5-Nitro-2-hydroxy-benzolstibonsäure* in 35%iger Ausbeute[3]. Unter den gleichen Bedingungen läßt sich das Halogen in 2-Chlor-benzolstibonsäure nucleophil nicht ersetzen[3].

[1] G. O. Doak u. H. G. Steinman, Am. Soc. **68**, 1989 (1946).

[2] G. M. Deyson, R. **57**, 1016 (1938).

[3] C. B. Biswell u. C. S. Hamilton, Am. Soc. **57**, 913 (1935).

[4] S. Niyogi, Pr. indian Acad. **4 A**, 303 (1936); C. A. **31**, 1014 (1937).

[5] G. T. Morgan u. J. W. Cook, Soc. **1930**, 737.

[6] B. Budesinsky u. K. Hass, Collect. czech. chem. Commun. **29**, 2758 (1964).

## γ) durch verschiedene Reaktionen

Prinzipiell stellt die Hydrolyse von Orthostibonsäure-tetrachloriden den letzten Reaktionsschritt bei der Herstellung von Stibonsäuren nach der Diazoreaktion im salzsauren Medium dar (s. S. 516), so daß auf andere Weise hergestellte Orthostibonsäure-tetrachloride ebenfalls der Hydrolyse zu Stibonsäuren unterworfen werden können. So lassen sich *Benzol-*[1], *Biphenyl-2-* und *-4-stibonsäuren*[2] aus den entsprechenden Stibonigsäure-dichloriden durch Addition von Chlor und anschließender basischer Hydrolyse herstellen. Auch die oxidative Hydrolyse von Stibonigsäure-dihalogenid mit alkalischem Wasserstoffperoxid führt zu den entsprechenden Stibonsäuren[3].

### B. Umwandlung

Arenstibonsäuren sind amorphe, in Wasser kaum lösliche Substanzen, die ausgesprochen kolloidale Eigenschaften haben. In Abhängigkeit von der Herstellungsweise kommen die Stibonsäuren als Polymere mit unterschiedlichem Hydrat-Gehalt vor, deren genaue Struktur nicht bekannt ist[4]. Spektroskopische Untersuchungen sprechen nicht für das Vorliegen einer Sb=O-Doppelbindung[4]. Auch die Alkalimetallsalze, die durch Lösen der Säuren in Laugen erhältlich sind, besitzen nicht immer eine definierte Struktur[4]. Kristallin isolierte Natriumsalze besitzen vermutlich folgende Struktur[4]

$$[Ar-Sb(OH)_5]^{\ominus} Na^{\oplus}$$

Man nimmt deshalb an, daß aus alkalischer Lösung durch Ansäuern ausgefällte monomere Stibonsäuren als Pseudosäuren vorliegen, die beim Trocknen sowohl inter- als auch intramolekular Wasser verlieren[4]:

$$n\, [Ar-Sb(OH)_5]\, H \xrightarrow{-x\, H_2O} \left[ \begin{array}{c} Ar \\ Sb \\ O \end{array} \begin{array}{c} O \\ \\ O \end{array} \begin{array}{c} O \\ Sb \\ Ar \end{array} \right]$$

Beim weiteren Erhitzen sollen Verbindungen, die der Formel $ArSbO_2$ entsprechen, erhalten werden[5].

Durch Einwirkung von Salzsäure auf Stibonsäuren werden Orthostibonsäure-tetrachloride gebildet (s. S. 512). Je nach Reduktionsbedingungen werden die Stibonsäuren zu Stibonigsäure-Derivaten (s. S. 481) oder zu Cyclopolystibinen (s. S. 471) reduziert. Die Reduktion zu prim. Stibinen ist nicht bekannt.

Die Sb–C-Bindung in den Stibonsäuren ist relativ schwach im Vergleich zu den entsprechenden Arsonsäuren, so daß eine Bindungsspaltung unter verschiedenen Bedingungen erfolgen kann[6]. Solche Spaltung findet z. B. beim Erhitzen von Acetylamino-benzolstibonsäure in verd. Mineralsäuren[7] und von 2-Chlor-5-nitro-benzolstibonsäure in konz. Schwefelsäure[8] statt. 4-Amino-benzolstibonsäure wird in alkalischer Lösung beim Erhitzen über Raney-Nickel in Anilin und Antimon(III)-oxid gespalten[9].

[1] J. Hasenbäumer, B. **31**, 2910 (1898).
[2] D. E. Worrall, Am. Soc. **52**, 2046 (1930); **62**, 2514 (1940).
[3] H. Schmidt, A. **421**, 174 (1920).
[4] Zur Frage der Struktur von Stibonsäuren s.: G. O. Doak u. L. D. Freedman, *Organometallic Compounds of Arsenic, Antimony, and Bismuth*, Wiley-Interscience, New York 1970; und dort zitierte Literatur.
[5] G. O. Doak, Am. Soc. **68**, 1991 (1946).
[6] G. O. Doak u. H. G. Steinman, Am. Soc. **68**, 1989 (1946).
[7] M. Ida et al., J. pharm. Soc. Japan **69**, 178 (1949); C. A. **44**, 3929 (1950).
[8] C. B. Biswell u. C. S. Hamilton, Am. Soc. **57**, 913 (1935).
[9] F. Feigl, Anal. Chem. **33**, 1118 (1961).

## b) Stibinsäuren und ihre Derivate

### 1. Derivate der Orthostibinsäuren

α) Orthostibinsäure-trihalogenide (Trihalogen-diorgano-stiborane)

#### A. Herstellung

α₁) *Durch Halogenierung von sek. Organoantimon(III)-Verbindungen*

Durch Einwirkung von Halogenen oder Halogen-Überträgern wie Sulfurylchloride auf Organoantimon(III)-Verbindungen mit zwei Sb–C-Bindungen (z. B. Stibinigsäure-halogenide[1-8], sek. Stibine[9] oder Distibine[10-12]) in aprotischen Lösungsmitteln, werden die hydrolyseempfindlichen und zum Teil bei Raumtemperatur sich zersetzenden Orthostibinsäure-trihalogenide erhalten:

$$R_2Sb-X \xrightarrow[\text{aprot. Lsgm., tiefe Temp.}]{X_2 \text{ oder } SO_2Cl_2} R_2SbX_3$$

X = Cl (Halogen); H; $-SbR_2$

Generell wird die Reaktion bei Temperaturen unterhalb 0° durchgeführt. Die besonders thermisch instabilen Trichlor-dialkyl-stiborane, werden bei −20° bis −78° hergestellt. Als Lösungsmittel können Äther, Dichlormethan, Tetrachlormethan, Schwefelkohlenstoff oder Pentan dienen. Sekundäre Stibine werden selten eingesetzt, da diese meistens aus den Stibinigsäure-halogeniden hergestellt werden, die direkt der Halogenierung unterworfen werden können. Besonders thermisch instabile Orthostibinsäure-trihalogenide werden häufig ohne Isolierung weiter umgesetzt.

Die Halogenierung von Stibinigsäure-halogeniden ist für die Herstellung von sowohl Trihalogen-dialkyl- als auch -diaryl-stiboranen geeignet, wobei es sich meistens um die Trichloride handelt.

**Trichlor-dimethyl-stiboran**[13]: In einem 250-ml-Zweihalskolben, ausgerüstet mit Hahnansatz, Rückflußkühler, aufgesetztem Trockenrohr und Gaseinleitungsrohr werden 100 ml frisch destillierter Schwefelkohlenstoff vorgelegt und auf −20° abgekühlt. Durch das Gaseinleitungsrohr wird ein mäßiger Chlorstrom eingeleitet; gleichzeitig wird durch den Hahnansatz Stickstoff über die Lösung geblasen. Nach 10 Min. wird der Chlorstrom unterbrochen und das Gaseinleitungsrohr durch einen 200-ml-Tropftrichter mit Druckausgleich ersetzt. Unter Stickstoff werden dann innerhalb von 15 Min. 15,5 g (83,0 mMol) Chlor-dimethyl-stibin, gelöst in 100 ml Schwefelkohlenstoff, zugetropft. Nach anfänglicher Violettfärbung bildet sich rasch ein farbloser Niederschlag. Nach beendeter Zugabe wird das Kältebad entfernt und erneut 40 Min. Chlor durch die Lösung geleitet. Dabei verstärkt sich die Niederschlagbildung, die Farbe der Lösung geht von gelb nach hellbraun über. Man filtriert über eine G3-Umkehrfritte ab, wäscht 3mal mit je 25 ml Schwefelkohlenstoff nach und trocknet im Exsikkator; Ausbeute: 14,4 g (67,5% d. Th.); Zers.p.: 106−110°.

---

[1] A. Michaelis u. A. Günther, B. **44**, 2319 (1911).
[2] G. T. Morgan u. F. M. Micklethwait, Soc. **99**, 2296 (1911).
[3] G. T. Morgan u. G. R. Davies, Pr. roy. Soc. **110**A, 523 (1926); **127**A, 1 (1930).
[4] G. O. Doak u. G. G. Long, Trans. N. Y. Acad. Sci. **28**, 403 (1966); C. A. **65**, 12232 (1966).
[5] N. Nishii et al., Inorg. Nucl. Chem. Lett. **5**, 529 (1969); J. Organometal. Chem. **30**, 59 (1971).
[6] D. Hellwinkel u. M. Bach, J. Organometal. Chem. **17**, 389 (1969).
[7] H. A. Meinema u. J. G. Noltes, J. Organometal. Chem. **36**, 313 (1972).
[8] L. M. Yagupolskii et al., Ž. Org. Chim. **11**, 459 (1975); C. A. **82**, 171158ᵉ (1975).
[9] E. Wiberg u. K. Mödritzer, Z. Naturf. **12**b, 131 (1957).
[10] J. W. Dale et al., Soc. **1957**, 3708.
[11] K. Issleib u. B. Hamann, Z. anorg. Ch. **332**, 179 (1964).
[12] H. A. Meinema et al., J. Organometal. Chem. **51**, 223 (1973).
[13] O. J. Scherer et al., J. Organometal. Chem. **6**, 259 (1966).
s. auch G. T. Morgan u. G. R. Davies, Pr. roy. Soc. **110**A, 523 (1926).

**5,5,5-Trichlor-⟨dibenzo-stibol⟩**[1]: In eine Lösung von 5 g (16,2 mMol) 5-Chlor-⟨dibenzo-stibol⟩ in 200 *ml* frisch über Phosphor(V)-oxid destilliertem Tetrachlormethan leitet man unter Kühlung mit einer Eis/Kochsalz-Mischung 30 Min. trockenes Chlor ein. Der ausgefallene Niederschlag wird unter Feuchtigkeitsausschluß abgesaugt; Rohausbeute: 5 g (81% d. Th.); F: 127–132° (unter Zers.); F: 117–120° (aus Chloroform/Tetrachlormethan); F: 148–150° (aus Dichlormethan).

Analog werden *Tribrom-dimethyl-stiboran* (in Äther oder Pentan)[2, 3], *Trijod-dimethyl-* (ohne Isolierung)[2, 4], *Tribrom-diäthyl-* bzw. *-dipropyl-stiboran* (in Pentan, ohne Isolierung)[3] und *Trichlor-diphenyl-stiboran* (Äther)[5, 6] erhalten.

Die Umsetzung der Stibinigsäure-halogenide mit Sulfurylchlorid wird im molaren Verhältnis in Dichlormethan bei −70° durchgeführt[7, 8], wobei die erhaltenen Trichlor-dialkyl- bzw. -diaryl-stiborane durch Zugabe molarer Mengen von Donorverbindungen wie Pyridin-N-oxid, Dimethylsulfoxid (DMSO), Phosphorsäure-tris-[dimethylamid] (HMPT) oder Triphenylphosphinoxid in Form von thermisch stabilen 1:1 Addukten isoliert werden können[7] (s. auch die analoge Bildung der entsprechenden Orthostibonsäure-Addukte (s. S. 505).

Besonders zur Herstellung von Trichlor- bzw. Tribom-dialkyl-stiborane ist die halogenierende Spaltung von Tetraalkyl-distibinen geeignet[9–11], wobei die Reaktionsbedingungen der Halogenierung der Stibinigsäure-halogenide entsprechen.

**Tribrom-dicyclohexyl-stiboran**[10]: Eine Lösung von 1,95 g Tetracylohexyl-distibin in 120 *ml* abs. Äther wird in einer Argonatmosphäre bei −45° unter Rühren mit 1,63 g Brom in 20 *ml* abs. Benzol tropfenweise versetzt. Man läßt dann einige Zeit bei −35° stehen, wobei das Orthostibinsäure-tribromid auskristallisiert, welches unter Ausschluß von Feuchtigkeit abgesaugt wird; Ausbeute: 3,15 g (88% d.Th.); Zers.p.: 63–65,5°.

*Trichlor-bis-[trifluormethyl]-stiboran* (F: 27°; Kp₅: 13°) läßt sich analog aus dem entsprechenden Distibin und Chlor in Fluor-trichlor-methan bei − 78° herstellen[9].

**Trichlor-dialkyl-stiborane; allgemeine Arbeitsvorschrift**[11]: Unter strengem Ausschluß von Sauerstoff und Feuchtigkeit wird eine Lösung von 0,004 Mol Tetraalkyl-distibin in 40 *ml* abs. Dichlormethan bei −78° unter Rühren tropfenweise mit 0,012 Mol Sulfurylchlorid versetzt. Die ausgefallenen Niederschläge gehen beim Erwärmen auf Raumtemp. wieder in Lösung. Zur Isolierung der Orthostibinsäure-trichloride wird das Lösungsmittel i. Vak. unterhalb ∼20° entfernt und der Rückstand getrocknet; Ausbeute: nahezu quantitativ. So erhält man u. a.:

| | |
|---|---|
| *Trichlor-dimethyl-stiboran* | Zers.p.: 104–107° |
| *Trichlor-diäthyl-stiboran* | Zers.p.: 70–80° |
| *Trichlor-dipropyl-stiboran* | Zers.p.: 50–70° |

*Trifluor-diphenyl-stiboran* (F: 144–146°) erhält man in 98%iger Ausbeute durch Einwirkung von Xenondifluorid auf Fluor-diphenyl-stibin in Dichlormethan bei ∼20°[12]:

$$(H_5C_6)_2Sb-F \ + \ XeF_2 \ \xrightarrow{\ CH_2Cl_2, \ 25°\ } \ (H_5C_6)_2SbF_3$$

An Stelle des Fluor-diphenyl-stibin kann auch vom Trifluoracetyloxy-diphenyl-stibin ausgegangen werden[12].

[1] D. HELLWINKEL u. M. BACH, J. Organometal. Chem. **17**, 389 (1969).
[2] G. T. MORGAN u. G. R. DAVIES, Pr. roy. Soc. **110 A**, 523 (1926).
[3] H. A. MEINEMA u. J. G. NOLTES, J. Organometal. Chem. **36**, 313 (1972).
[4] K. BRODERSEN et al., B. **104**, 360 (1971).
[5] A. MICHAELIS u. A. GÜNTHER, B. **44**, 2319 (1911).
[6] G. T. MORGAN u. F. M. MICKLETHWAIT, Soc. **99**, 2296 (1911).
[7] N. NISHII et al., J. Organometal. Chem. **30**, 59 (1971).
[8] H. G. NADLER u. K. DEHNICKE, J. Organometal. Chem. **90**, 291 (1975).
[9] J. W. DALE et al., Soc. **1957**, 3708.
[10] K. ISSLEIB u. B. HAMANN, Z. anorg. Ch. **332**, 179 (1964).
[11] H. A. MEINEMA et al., J. Organometal. Chem. **51**, 223 (1973).
[12] L. M. YAGUPOLSKII et al., Ž. Org. Chim. **11**, 459 (1975); C. A. **82**, 171158ᵉ (1975).

$\alpha_2$) *Aus Stibinsäuren (über Diazoreaktionen) oder aus Antimon(V)-chlorid*

Bei der Herstellung von Diarylstibinsäuren durch Arylierung von Antimon(III)-Verbindungen bzw. Antimon(V)-chlorid mit Diarylhalogenium- oder Arendiazonium-salzen bzw. -doppelsalzen (s. S. 532) bilden die Trichlor-diaryl-stiborane das prinzipelle Produkt, das jedoch meistens weiter zu Stibinsäuren hydrolysiert oder als Komplexsalz (s. S. 528) isoliert wird. Unter geeigneten Bedingungen können die Orthostibinsäure-trichloride aus der Diazosynthese isoliert werden. So lassen sich unsymmetrische Trichlor-diaryl-stiborane durch Einwirkung von Aren-diazoniumchloriden bzw. -tetrafluoroboraten auf Benzolstibonigsäure-dichlorid in salzsaurem Medium in guter Ausbeute erhalten[1-3]:

$$[Ar-\overset{\oplus}{N}_2]\,Cl^{\ominus} \;+\; Ar^1-SbCl_2 \;\longrightarrow\; [Ar-\overset{\oplus}{N}_2]\,[Ar^1-\overset{\ominus}{S}bCl_3] \;\xrightarrow[-N_2]{} \; \overset{Ar^1}{\underset{Ar}{>}}SbCl_3$$

Das intermediär gebildete, isolierbare Doppelsalz zersetzt sich beim Erwärmen in Salzsäure, wobei beim Abkühlen die jeweilige Trichlor-diaryl-stiborane ausfällt. An Stelle von Arendiazoniumchlorid wird häufig Arendiazonium-tetrachloro-antimonat(III) (s. S. 532) eingesetzt und das intermediär gebildete Doppelsalz unter Bart-Scheller-Bedingungen (s. S. 517) zersetzt[4-6].

$$[Ar-\overset{\oplus}{N}_2]\,[SbCl_4]^{\ominus} \;+\; Ar^1-SbCl_2 \;\xrightarrow[-N_2]{C_2H_5OH\,/\,Cu} \; \overset{Ar^1}{\underset{Ar}{>}}SbCl_3 \;+\; SbCl_3$$

**Trichlor-(4-methyl-phenyl)-biphenylyl-(2)-stiboran**[4]: 16,9 g (0,1 Mol) 2-Amino-biphenyl werden in 25 *ml* konz. Salzsäure und 80 *ml* Wasser mit 7 g Natriumnitrit diazotiert. Das filtrierte Diazoniumchlorid wird anschließend zu einer auf $-10°$ gekühlten Lösung von 16 g (0,055 Mol) Antimon(III)-oxid in 100 *ml* konz. Salzsäure gegeben. Das ausgefallene Doppelsalz wird abgesaugt, mit eiskaltem Äthanol nachgewaschen und in kleinen Portionen zu einer Lösung von 28 g (0,1 Mol) Dichlor-(4-methyl-phenyl)-stibin in 120 *ml* Äthanol gegeben. Bei Zugabe von 0,5 g Kupferbronze setzt die Stickstoffentwicklung ein und die Reaktionstemp. steigt auf 30°. Nach beendeter Zugabe des Doppelsalzes (~ 30 Min.) Wird auf 40° erwärmt, gekühlt und der ausgefallene Niederschlag {hauptsächlich *Dichlor-(4-methyl-phenyl)-bis-[biphenylyl-(2)]-stiboran*} abfiltriert. Das Filtrat wird auf 60 *ml* eingeengt und abgekühlt. Das ausgefallene Orthostibinsäure-trichlorid kann aus Tetrachlormethan umkristallisiert werden; Ausbeute: 9,5 g (20% d. Th.); F: 153–154°.

Analog erhält man *Trichlor-(4-methyl-phenyl)-[5-brom-biphenylyl-(2)]*-[4] (F: 190–192°) und *Trichlor-(4-äthoxycarbonyl-phenyl)-[5-brom-biphenylyl-(2)]-stiboran* (F: 164–165°).

Gewöhnlich können die durch die Diazoreaktion gebildeten Orthostibinsäure-trichloride schlecht von anderen Nebenprodukten abgetrennt werden[6], so daß es sich empfiehlt, das Reaktionsgemisch zu hydrolysieren und die erhaltenen Stibinsäuren (s. S. 535) in die Trichloride zu überführen. Der Grund für die mäßigen Ausbeuten liegt vermutlich in den Trennungsschwierigkeiten von anderen Produkten wie z. B. tert. Stibindichloride, die als Nebenprodukt bei dieser Umsetzung entstehen (s. a. S. 543).

Löst man Diarylstibinsäuren in 3–6 n Salzsäure in der Wärme auf und kühlt anschlie-

[1] A. B. Bruker, Ž. obšč. Chim. **6**, 1823 (1936); engl.: 1823; C.A. **31**, 4291 (1037).

[2] A. B. Bruker u. E. S. Makhlis, Ž. obšč. Chim. **7**, 1898 (1937); engl.: 1880; C. A. **32**, 72 (1938).

[3] G. O. Doak u. J. M. Summy, J. Organomet. Chem. **55**, 143 (1973).

[4] I. G. M. Campbell, Soc. **1950**, 3109; **1952**, 4448.

[5] I. G. M. Campbell u. D. J. Morrill, Soc. **1955**, 1662.

[6] I. G. M. Campbell u. A. W. White, Soc. **1958**, 1184.

ßend die Lösung ab, so fallen die Orthostibinsäure-trichloride in den meisten Fällen kristallin aus[1-7]:

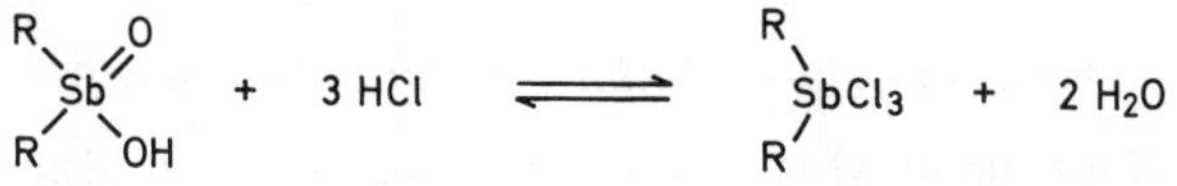

$$\begin{array}{c} R \\ \diagdown \\ Sb \\ \diagup \quad \diagdown \\ R \quad OH \end{array} \overset{O}{=} \quad + \quad 3\,HCl \quad \rightleftharpoons \quad \begin{array}{c} R \\ \diagdown \\ SbCl_3 \\ \diagup \\ R \end{array} \quad + \quad 2\,H_2O$$

Die Umsetzung verläuft in nahezu quantitativer Ausbeute und hat daher Bedeutung für die Reinigung der Stibinsäuren.

Einige Trichlor-diaryl-stiborane werden in Form ihrer Hydrate erhalten, wie z. B. *Trichlor-diphenyl*[1, 7]-, *-phenyl-(4-chlor-phenyl)*[4, 7] bzw. *-phenyl-(4-fluor-phenyl)-stiboran*[7]. Wasserfreies *Trichlor-diphenyl-stiboran* liegt dimer vor und wird aus dem Hydrat durch Trocknen i. Vak. über Phosphor(V)-oxid bei 100° erhalten[8].

Durch Einwirkung von Salzsäure auf Diarylstibinsäure lassen sich z. B. folgende Orthostibinsäure-trichloride erhalten:

| | |
|---|---|
| *Trichlor-diphenyl-stiboran*[1] | F: 175–176° (Hydrat) |
| *Trichlor-bis-[4-chlor-phenyl]-stiboran*[5] | F: 149–150° |
| *Trichlor-bis-[4-fluor-phenyl]-stiboran*[9] | F: 100° (149–150°) |
| *Trichlor-bis-[4-brom-phenyl]-stiboran*[5, 10] | F: 159° |
| *Trichlor-bis-[4-jod-phenyl]-stiboran*[11] | F: 149° |
| *Trichlor-bis-[4-nitro-phenyl]-stiboran*[5, 11] | F: 190° (sintern) |
| *Trichlor-bis-[3-nitro-phenyl]-stiboran*[11] | F: 183–185° |
| *Trichlor-bis-[4-methyl-phenyl]-stiboran*[5, 10, 11] | F: 155–156° |
| *Trichlor-phenyl-(4-fluor-phenyl)-stiboran*[7] | F: 155–157° (Hydrat) |
| *Trichlor-phenyl-(3-chlor-phenyl)-stiboran*[7] | F: 134–137° |
| *Trichlor-phenyl-(4-jod-phenyl)-stiboran*[12] | F: 137–138° |
| *Trichlor-phenyl-(4-nitro-phenyl)-stiboran*[7] | F: 161–162° |
| *Trichlor-phenyl-(4-methyl-phenyl)-stiboran*[5, 7, 12] | F: 153–155° |

*Trichlor-bis-[2-chlor-vinyl]-stiboran* (F: 51–52°) erhält man durch Addition von Antimon(V)-chlorid an Acetylen bei Temperaturen >50° in 75%iger Ausbeute[13]:

$$2\,HC{\equiv}CH \quad + \quad SbCl_5 \quad \xrightarrow{>50°,\,(HgCl_2)} \quad (Cl-CH{=}CH)_2SbCl_3$$

Die Reaktion wird durch Quecksilber(II)-chlorid katalysiert. Bei höheren Temperaturen und in Abwesenheit von Katalysatoren bildet sich hauptsächlich das entsprechende tert. Stibin-dichlorid[13].

*Trichlor-bis-[nitromethyl]-stiboran* wird als 1 : 1-Addukt mit Nitromethan beim Erhitzen von Antimon(V)-chlorid in Nitromethan unter Rückfluß erhalten[14]:

[1] H. Schmidt, A. **421**, 174 (1920); **429**, 123 (1922).
[2] A. E. Goddard u. V. E. Yarsky, Soc. **1928**, 719.
[3] L. A. Woods, Iowa Coll. J. **19**, 61 (1944); C. A. **39**, 693 (1945).
[4] O. A. Reutov et al., Doklady Akad. SSSR **87**, 991 (1952); **99**, 543 (1954); C. A. **48**, 143 (1954); **49**, 15767 (1955); Ž. obšč. Chim. **24**, 1259 (1954); C. A. **49**, 12339 (1955).
[5] A. N. Nesmeyanov et al., Doklady Akad. SSSR **91**, 1341 (1953); C. A. **48**, 11375 (1954); Izv. Akad. SSSR **1958**, 1435; C. A. **53**, 8037 (1959).
[6] O. A. Piitsyna et al., Izv. Akad. SSSR **1961**, 265; **1962**, 634; C. A. **55**, 19841 (1961); **57**, 15147 (1962).
[7] G. O. Doak u. J. M. Summy, J Organometal. Chem. **55**, 143 (1973).
[8] J. Bordner et al., Am. Soc. **96**, 6763 (1974).
[9] A. B. Bruker, Ž. obšč. Chim. **27**, 2223 (1957); C. A. **52**, 6736 (1958).
[10] O. A. Piitsyna et al., Izv. Akad. SSSR **1961**, 265; C. A. **55**, 19841 (1961).
[11] O. A. Reutov u. V. V. Kondrateva, Ž. obšč. Chim. **24**, 1259 (1954); C. A. **49**, 12339 (1955).
[12] O. A. Reutov u. A. G. Markovskaya, Doklady Akad. SSSR **99**, 543 (1954); C. A. **49**, 15767 (1955).
[13] A. N. Nesmeyanov u. A. E. Borisov, Bl. Akad. Sci. URSS **1945**, 251; Izv. Akad. SSSR **1971**, 2103; C. A. **40**, 2123 (1946); **76**, 3976 (1972).
[14] R. C. Paul et al., J. indian chem. Soc. **44**, 995 (1967); C. A. **68**, 74780 (1968).

$$3 \; H_3C-NO_2 \; + \; SbCl_5 \; \xrightarrow[-2 \; HCl]{\triangledown} \; (O_2N-CH_2)_2SbCl_3 \cdot H_3C-NO_2$$

$$F: >225°$$

$\alpha_3$) *Aus Orthostibinsäure-trichloriden durch Halogen-Austausch*

Läßt man auf Trichlor-dimethyl-stiboran in Äthanol Silberfluorid einwirken, so werden die Chlor- gegen Fluor-Atome ausgetauscht, wobei das gebildete *Trifluor-dimethyl-stiboran* in 70%iger Ausbeute isoliert wird[1]. Bei der Umsetzung mit Natriumazid in Dichlormethan oder mit Silbercyanat in Äther wird jedoch nur ein Chlor-Atom ausgetauscht, wobei man dimeres *Dichlor-azido-dimethyl-* bzw. *Dichlor-cyanato-dimethyl-stiboran* erhält[2]:

$$2 \; (H_3C)_2SbCl_3 \; + \; 2 \; NaN_3 \; \xrightarrow[-2 \; NaCl]{CH_2Cl_2}$$

**Dimeres Dichlor-azido-dimethyl-stiboran**[2]: Unter sorgfältig gereinigtem Stickstoff und Feuchtigkeitsausschluß werden 1,29 g (0,005 Mol) Trichlor-dimethyl-stiboran mit 0,234 g (0,005 Mol) fein gepulvertem, bei 100° i. Vak. getrocknetem Natriumazid in 50 ml abs. Dichlormethan 24 Stdn. bei ∼ 20° gerührt. Das entstandene Natriumchlorid wird abfiltriert und das Filtrat i. Vak. auf 10 ml eingeengt. Die gebildeten farblosen Kristallnadeln werden abgesaugt und mit wenig Dichlormethan nachgewaschen; Ausbeute: 85% d. Th.; Zers.p.: 144°.

## B. Umwandlung

Orthostibinsäure-trihalogenide sind thermisch instabile Verbindungen, die im Falle der Dialkyl-Derivate bereits bei ∼ 20° in Alkylhalogenid und Alkanstibonigsäure-dihalogenid zerfallen (s. S.486). Durch Hydrolyse werden sie schnell über Bis-[dihalogendiorgano-antimon]-oxid (s. S.529) in Stibinsäuren (s. S. 535) umgewandelt. Die Umsetzung mit Alkoholen bzw. Alkanolaten führt zur Bildung von Orthostibinsäure-esterhalogeniden (s. S.530) bzw. -triestern (s. S. 531).

Analog den Orthostibonsäure-tetrachloriden bilden die Orthostibinsäure-trichloride mit Pyridin-Hydrochlorid[3-5], Arendiazoniumsalzen[6,7] oder Tetraalkylammoniumchloriden[8] relativ stabile Doppelsalze:

[1] G. O. DOAK u. G. G. LONG, Trans. N. Y. Acad. Sci. **28**, 403 (1966); C. A. **65**, 12232 (1966).

[2] H. G. NADLER u. K. DEHNICKE, J. Organometal. Chem. **90**, 291 (1975).

[3] H. SCHMIDT, A. **429**, 123.

[4] G. O. DOAK et al., Am. Soc. **74**, 830 (1952).

[5] I. G. M. CAMPBELL u. A. W. WHITE, Soc. **1958**, 1184.

[6] O. A. REUTOV et al., Doklady Akad. SSSR **99**, 269, 543 (1954); C. A. **49**, 15767 (1955); Ž. obšč. Chim. **29**, 3888 (1959); C. A. **54**, 20935 (1960).

[7] A. N. NESMEYANOV et al., Izv. Akad. SSSR **1958**, 1435; C. A. **53**, 8037 (1959).

[8] I. R. BEATIE et al., Soc. (Dalton Trans.) **1973**, 465.

Die Bildung der Pyridiniumsalze dient zur Reinigung von Stibinsäuren, während die Zersetzung der Aren-diazonium-diorgano-tetrachloro-antimonate(V) zur Bildung von tert. Stibin-dichloriden führt (s. S. 543).

Durch Schwefeldioxid oder Zinn(II)-chlorid werden die Orthostibinsäure-trihalogenide zu Stibinigsäure-halogeniden reduziert.

Zur Bildung von 1:1-Addukten mit Donorverbindungen s. S. 525.

## β) Orthostibinsäure-anhydrid-dichloride, -ester-dichloride und -triester

### A. Herstellung

Läßt man eine Lösung von Trichlor-diphenyl-stiboran in Methanol bei ~ 20° an der Luft stehen, so fällt nach einiger Zeit *Bis-[dichlor-diphenyl-antimon]-oxid* aus[1]:

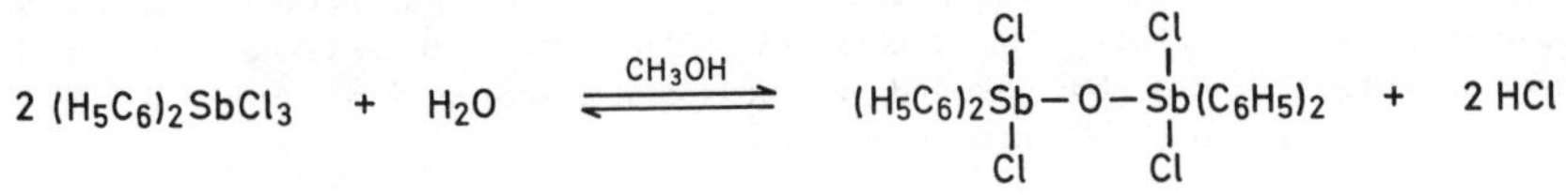

$$2\ (H_5C_6)_2SbCl_3\ +\ H_2O\ \underset{}{\overset{CH_3OH}{\rightleftharpoons}}\ (H_5C_6)_2\underset{\underset{Cl}{|}}{\overset{\overset{Cl}{|}}{Sb}}-O-\underset{\underset{Cl}{|}}{\overset{\overset{Cl}{|}}{Sb}}(C_6H_5)_2\ +\ 2\ HCl$$

In nahezu quantitativer Ausbeute bilden sich Bis-[dichlor-diaryl-antimon]-oxide, wenn der methanolischen Lösung des Trichlor-diaryl-antimons Natriummethanolat hinzugefügt wird[2].

**Bis-[dichlor-diaryl-antimon]-oxide; allgemeine Arbeitsvorschrift[2]:** 0,01 Mol Trichlor-diaryl-stiboran werden in 100 *ml* Methanol gelöst und mit 0,01 Mol Natriummethanolat versetzt. Nach 48stdgm. Stehenlassen wird abgesaugt, mit Methanol nachgewaschen und getrocknet. So werden u. a. erhalten:

Bis-[*dichlor-diphenyl-antimon*]-*oxid*                              100% d. Th.[2]     F: 140°[1]
Bis-[*dichlor-phenyl-(4-fluor-phenyl)-antimon*]-*oxid*          93% d. Th.
Bis-[*dichlor-phenyl-(4-methyl-phenyl)-antimon*]-*oxid*        83,5% d. Th.

Relativ stabile Orthostibinsäure-ester-dihalogenide erhält man durch Umsetzung isolierter oder intermediär gebildeter Orthostibinsäure-trihalogenide mit enolisierbaren 1,3-Dicarbonyl-Verbindungen bzw. deren Natriumsalzen[3-5]. Die Stabilität dieser Ester-dihalogenide wird in der Erhöhung der Koordinationszahl des 5wertigen Antimons auf 6, die durch die Donorwirkung der in der Estergruppierung vorhandenen Carbonyl-Gruppe bewirkt wird, begründet[3-5]:

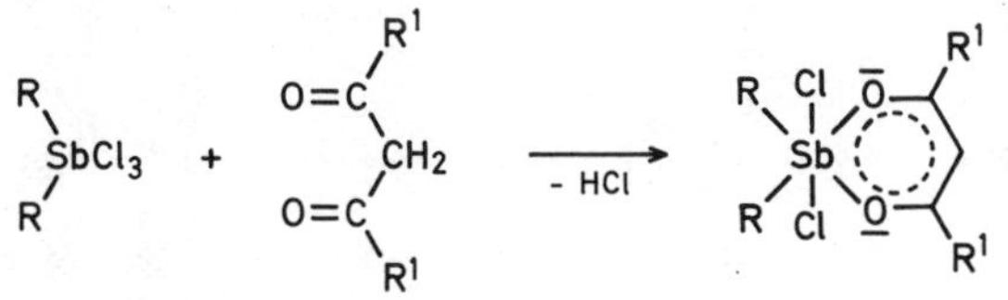

R = Alkyl, Aryl
R¹ = Alkyl

Die Reaktion mit den Natriumsalzen der 1,3-Dicarbonyl-Verbindungen, wie z. B. Natrium-pentan-2,4-dionat wird in Methanol durchgeführt[3]. Die Umsetzung mit den 1,3-Di-

[1] L. KOLDITZ et al., Z. anorg. Ch. **316**, 270 (1962).
[2] G. O. DOAK u. J. M. SUMMY, J. Organometal. Chem. **55**, 143 (1973).
[3] N. NISHII et al., Inorg. Nucl. Chem. Lett. **5**, 529, 703 (1969).
[4] H. A. MEINEMA u. J. G. NOLTES, J. Organometal. Chem. **16**, 257 (1969); **37**, C 31 (1972).
[5] N. NISHII u. R. OKAWARA, J. Organometal. Chem. **38**, 335 (1972).

carbonyl-Verbindungen kann entweder in salzsaurem Medium unter Extraktion mit Dichlormethan (bei Trichlor-dialkyl-stiboranen) oder durch gemeinsames Erhitzen der Reaktionspartner in Tetrachlormethan erfolgen[2].

**Dichlor-(pentan-2,4-dionato)-dimethyl-stiboran**[1]: Unter strengem Ausschluß von Sauerstoff und Feuchtigkeit werden zu einer auf −70° gekühlten Lösung von 9,4 g (0,005 Mol) Chlor-dimethyl-stibin in 50 ml abs. Äther unter Rühren 6,8 g (0,05 Mol) Sulfurylchlorid in 10 ml abs. Äther tropfenweise gegeben. Anschließend wird der Äther i. Vak. entfernt (bei ~ 20°!) und der Rückstand in 50 ml auf −10° gekühltes abs. Methanol gelöst und mit 6,1 g (0,05 Mol) Natrium-pentan-2,4-dionat versetzt. Der ausgefallene Niederschlag wird abgesaugt und aus Dichlormethan/Petroläther umkristallisiert; Zers.p.: 176°.

*Dichlor-(pentan-2,4-dionato)-diäthyl-stiboran* (F: 102–104°) und das entsprechende *Dimethyl*-Derivat können durch Lösen der jeweiligen Dialkylstibinsäure in Salzsäure, Versetzen mit Pentandion-(2,4) und Extraktion der Reaktionsmischung mit Dichlormethan erhalten werden[2].

**Dichlor-(pentan-2,4-dionato)-diphenyl-stiboran**[1, 3]: Eine Lösung von 2 g (5 mMol) Trichlor-diphenyl-stiboran in 50 ml trockenem Methanol wird mit 0,62 (5 mMol) Natrium-pentan-2,4-dionat in Methanol versetzt. Der entstandene Niederschlag wird abgesaugt und aus Benzol umkristallisiert; Ausbeute: 1,6 g (70% d. Th.); F: 192° (Zers.); 184,5° (Zers.) aus Dichlormethan/Petroläther[3].

Analog werden das *Dichlor-(pentan-2,4-dionato)-bis-[4-methyl-phenyl]-stiboran* (Zers. p. 190°) sowie verschiedene andere Dihalogen-(pentan-2,4-dionato)-diaryl-stiborane hergestellt[1, 3].

Ebenso leicht werden die 2,4-Dionato-Derivate durch Erhitzen der Trichlor-diaryl-stiborane mit dem jeweiligen 1,3-Diketon in Tetrachlormethan erhalten[2]. Aus Dichlor-(pentan-2,4-dionato)-diaryl-stiboran können die Chlor-Atome durch Umsetzung mit Silberhalogeniden bzw. -pseudohalogeniden gegen andere Halogene bzw. Pseudohalogene ausgetauscht werden[1, 3]:

**Difluor-(pentan-2,4-dionato)-diphenyl-stiboran**[3]: Eine Lösung von 2,23 g (0,005 Mol) Dichlor-(pentan-2,4-dionato)-diphenyl-stiboran in 50 ml Aceton wird mit einer Silberfluorid-Lösung in der gerade ausreichenden Menge Wasser solange tropfenweise versetzt, bis sich kein Silberchlorid mehr abscheidet. Nach Abfiltrieren wird i. Vak. zur Trockene abgedampft und der Rückstand aus Dichlormethan/Petroläther umkristallisiert; F: 121–123°.

Die entsprechende Umsetzung mit Natriumisothiocyanat in Benzol liefert *Bis-[isothiocyanato]-(pentan-2,4-dionato)-diphenyl-stiboran* (F: 143−146°; Zers.)[1].

Dichlor-chinolyloxy-(8)-diaryl-stiborane zeigen eine ähnliche Stabilität wie die entsprechenden Pentan-2,4-dionato-Derivate und werden analog hergestellt[4]:

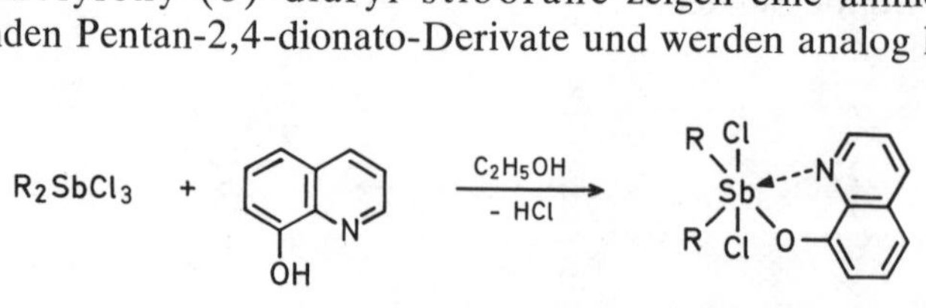

R = C₆H₅; *Dichlor-chinolyloxy-(8)-diphenyl-stiboran;*    F: 209–210°
R = CH₃;  *Dichlor-chinolyloxy-(8)-dimethyl-stiboran;*    F: 160–161°

Die entsprechenden *Dichlor-chinolyloxy-(8)-diäthyl-* und *-dibutyl-stiborane* werden am einfachsten durch Lösen der jeweiligen Dialkylstibinsäure in 4 n Salzsäure und Versetzen mit einer äthanolischen Lösung des 8-Hydroxy-chinolins erhalten[4].

---

[1] N. Nishii et al., Inorg. Nucl. Chem. Lett. **5**, 529, 703 (1969).

[2] H. A. Meinema u. J. G. Noltes, J. Organometal. Chem. **16**, 257 (1969); **37**, C 31 (1972).

[3] N. Nishii u. R. Okawara, J. Organometal. Chem. **38**, 335 (1972).

[4] H. A. Meinema et al., J. Organometal. Chem. **17**, 71 (1969).

Trialkoxy-dialkyl-stiborane lassen sich aus den entsprechenden Trihalogen-Verbindungen durch Umsetzung mit Alkanolaten in Pentan/Alkohol herstellen[1]:

$$R_2SbBr_3 \;+\; 3\,NaOR^1 \xrightarrow[{-3\,NaBr}]{\substack{Pentan\,/\,R^1OH\\-20\ bis\ -40°}} R_2Sb(OR^1)_3$$

R, R$^1$ = Alkyl

**Trimethoxy-dimethyl-stiboran[1]:** Unter strengem Ausschluß von Sauerstoff und Feuchtigkeit werden 7,3 g (28 mMol) Trichlor-dimethyl-stiboran unter Rühren zu einer Lösung von 87 mMol Natriummethanolat in 60 ml Methan gegeben. Nach 1 stdgm. Rühren wird vom Natriumchlorid abfiltriert, das Methanol i. Vak. entfernt und der Rückstand in 50 ml Pentan aufgenommen. Man erhitzt die Pentan-Lösung zum Sieden, läßt abkühlen und filtriert ab. Der Ester wird durch Abdampfen des Filtrats erhalten; Ausbeute: 3,5 g (50% d. Th.); F: 80–86°.

**Trialkoxy-dialkyl-stiborane; allgemeine Arbeitsvorschrift[1]:** Unter Stickstoff wird eine gutgerührte, auf −20° bis − 40° gekühlte Lösung von 100 mMol Brom-dialkyl-stiboran in 50 ml abs. Pentan tropfenweise mit 15,0 g (100 mMol) Brom in 50 ml Pentan versetzt. Hierbei fällt das Orthostibinsäure-tribromid aus. Man kühlt auf − 40° und tropft unter gutem Rühren 300 ml Natriumalkanolat in 300 ml des jeweiligen Alkohols zu. Nach beendeter Zugabe läßt man langsam auf ~ 20° erwärmen und destilliert das Lösungsmittel i. Vak. ab. Der Rückstand wird in 75 ml abs. Benzol aufgenommen, zum Sieden erhitzt, abgekühlt und abfiltriert. Das Filtrat wird anschließend i. Vak. unter Ausschluß von Sauerstoff und Feuchtigkeit fraktioniert. Nach dieser Methode werden u. a. erhalten:

| | | |
|---|---|---|
| *Trimethoxy-diäthyl-stiboran* | 60% d. Th. | Kp$_{0,2}$: 74–80° |
| *Trimethoxy-dipropyl-stiboran* | 70% d. Th. | Kp$_{0,008}$: 90–95° |
| *Trimethoxy-dibutyl-stiboran* | 70% d. Th. | Kp$_{0,15}$: 88–90° |

Die entsprechenden Triäthoxy-Derivate erhält man aus den Trimethoxy-Verbindungen durch Kochen in überschüssigem Äthanol und anschließender Fraktionierung in nahezu quantitativer Ausbeute[1]:

$$R_2Sb(OCH_3)_3 \;+\; 3\,C_2H_5OH \xrightleftharpoons{\;\triangledown\;} R_2Sb(OC_2H_5)_3 \;+\; 3\,CH_3OH$$

Analog können Triacyloxy-dialkyl-stiboran durch Acidolyse der Trimethoxy-Derivate erhalten werden[1]:

$$R_2Sb(OCH_3)_3 \;+\; 3\,H_3C-COOH \rightleftharpoons R_2Sb(OOC-CH_3)_3 \;+\; 3\,CH_3OH$$

**Triacetoxy-dialkyl-stiboran; allgemeine Arbeitsvorschrift[1]:** Unter Feuchtigkeitsausschluß wird die Lösung von Trimethoxy-dialkyl-stiboran in trockenem Benzol mit der 3fachen Menge Essigsäure versetzt. Anschließend wird i. Vak. fraktioniert; Ausbeute: fast quantitativ. So erhält man u. a.:

| | | |
|---|---|---|
| *Triacetoxy-diäthyl-stiboran* | Kp$_{0,06}$: 98–102° | F: 40–43° |
| *Triacetoxy-dipropyl-stiboran* | Kp$_{0,06}$: 118–122° | F: 55–57° |
| *Triacetoxy-dibutyl-stiboran* | Kp$_{0,5}$: 146° | |

Triacetoxy-dimethyl-stiboran (F: 110–112°) läßt sich einfacher aus dem entsprechenden Trichlor-Derivat durch Umsetzung mit Silberacetat in Benzol (2 Tage) in 57%-iger Ausbeute herstellen[1].

## B. Umwandlung

Eine charakteristische Eigenschaft der Orthostibinsäure-anhydrid-halogenide, -ester-halogenide und -triester ist ihre Hydrolyse zu Stibinsäuren (s. S. 535). Eine besondere Stabilisierung erfahren Orthostibinsäure-ester-halogenide, die in der Estergruppierung eine Donorfunktion besitzen (s. S. 529f.).

---

[1] H. A. MEINEMA u. J. G. NOLTES, J. Organometal. Chem. **36**, 313 (1972).

Dichlor-1,3-dionato-diaryl-stiborane treten auf Grund ihrer oktaedrischen Struktur in temperaturabhängigen Isomeren auf, die durch Kernresonanzspektroskopie nachgewiesen werden können[1]. Austausch- und Isomerisierungsphänomene bei diesen Verbindungen sind sowohl temperatur- als auch strukturabhängig[1].

Durch Einwirkung von Salzsäure bzw. alkoholischer Salzsäure auf Diaryl-orthostibinsäure-Derivate werden diese in die entsprechenden Trichlor-diaryl-stiborane (s. S. 527) umgewandelt.

## 2. Stibinsäuren

### A. Herstellung

α) Durch Arylierung von Antimon(III)-Verbindungen mit Aren-diazoniumsalzen (Diazosynthese) bzw. Diarylhalogeniumsalzen (über Orthostibinsäure-trichloride)

Eine allgemeine Methode zur Herstellung von Diarylstibinsäuren beruht im Prinzip auf der Arylierung von Aren-stibonigsäure-dihalogeniden mit Arendiazoniumchloriden zu Orthostibinsäure-trichloriden (s. S. 526) und Hydrolyse der letzten ohne oder mit Isolierung:

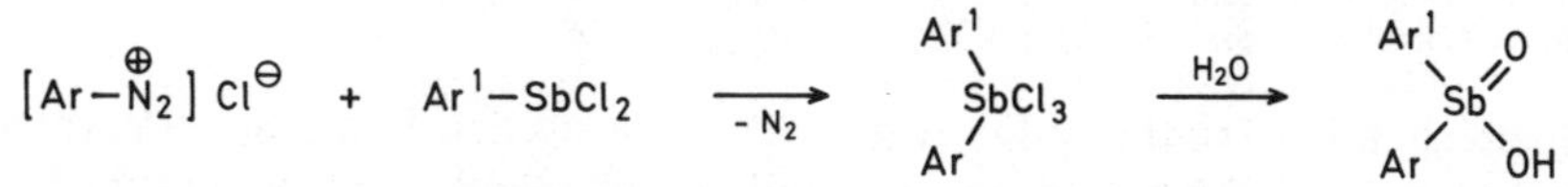

$$[Ar-\overset{\oplus}{N_2}]\;Cl^{\ominus} \;+\; Ar^1-SbCl_2 \;\xrightarrow[-N_2]{}\; \underset{Ar}{\overset{Ar^1}{\diagdown}}SbCl_3 \;\xrightarrow{H_2O}\; \underset{Ar}{\overset{Ar^1}{\diagdown}}\underset{OH}{\overset{O}{Sb\diagup}}$$

Diese Umsetzung stellt eine prinzipielle Nebenreaktion bei der Herstellung von Arenstibonsäuren nach der Diazosynthese dar (s. S. 516). So lassen sich bei der Umsetzung von Aren-diazonium-tetrafluoroboraten mit Antimon(III)-chlorid in Isopropanol und Kupferbronze-Katalyse und anschließender Hydrolyse bis zu 20% symmetrische Diarylstibinsäuren isolieren[2]. Die klassische Durchführung der Reaktion im wäßrig-alkalischen Medium (Bart-Schmidt-Reaktion, s. S. 516)[3] oder im alkoholischen Medium unter Kupferkatalyse (Bart-Scheller-Reaktion, s. S. 517)[4] liefert im allgemeinen unbefriedigende Ausbeuten an Diarylstibinsäuren.

Unter den zahlreichen Varianten[5] zur Arylierung von Antimon(III)-Verbindungen sollen im folgenden die beschrieben werden, die zur Herstellung von Diarylstibinsäure von präparativer Bedeutung sind.

α₁) *Zersetzung von Doppelsalzen der Arendiazonium- bzw. Diarylhalogenium-chloride mit Antimon(III)- oder (V)-chlorid*

Die aus Antimon(III)-chlorid und Arendiazoniumchloriden im sauren Medium isolierbaren Doppelsalze (sog. May'sche Salze) zersetzen sich im wäßrig-alkalischen Medium oder in organischen Lösungsmitteln unter katalytischer Einwirkung von Kupfer bzw. Kupfer(I)-Salzen wie schon beschrieben zu Orthostibonsäure-tetrachloriden (s. S. 512). Führt man die Zersetzung dieser Doppelsalze in Essigsäure-äthylester in Gegenwart von Zink- oder Eisen-Pulver bei 60–70° durch, so erhält man Gemische aus Stibonigsäure-dichlori-

---

[1] H. A. Meinema u. J. G. Noltes, J. Organometal. Chem. **55**, C 77 (1973); und dort zitierte Literatur.
[2] G. O. Doak et al., Am Soc. **74**, 830 (1952).
[3] H. Schmidt, A. **421**, 233 (1920).
[4] Brit. P. 569037 (1945), C. S. Gibson u. R. Kingam; C. A. **42**, 217 (1948).
[5] Eine Zusammenfassung findet sich bei: O. A. Reutov und O. A. Ptitsyna, *Organometallic Reactions*, Vol. 4, S. 106, Wiley-Interscience, New York 1972.

den, tert. Stibin-dichlorid (s. S. 543), Stibinigsäure-chloriden und Orthostibinsäure-tri-chloriden[1]. Nahezu ausschließlich werden die Orthostibinsäure-trichloride gebildet, welche ohne Isolierung direkt zu den entsprechenden Stibinsäuren hydrolysiert werden, wenn die Arendiazonium-tetrachloroantimonate(III) in Aceton bei 0° in Gegenwart von Eisenpulver zersetzt werden[2]:

$$2\ [Ar-\overset{\oplus}{N_2}][SbCl_4]^{\ominus} \xrightarrow[- SbCl_3 / - FeCl_2 / - N_2]{Aceton/Fe,\ 0°} Ar_2SbCl_3 \xrightarrow{OH^{\ominus}} Ar_2Sb\overset{\displaystyle O}{\overset{\|}{-}}OH$$

Hierbei wird das Eisenpulver in mindest molaren Mengen verwendet[2]. Als Nebenpro-dukte werden Dichlor-aryl-stibine und Dichlor-triaryl-stiborane beobachtet. Die Aus-beuten von 70–90% d. Th. an Diarylstibinsäuren machen die Reaktion zu einer der besten Methoden zur Herstellung von symmetrischen Diarylstibinsäuren.

### Diarylstibinsäure; allgemeine Arbeitsvorschrift:

Arendiazonium-tetrachloroantimonate(III)[1] (s. auch S. 520): 1 Mol aromatisches Amin wird in 300 ml konz. Salzsäure und 300 g Eis bei 0–5° mit der äquimolaren Menge Natriumnitrit diazotiert. Die entstan-dene Diazoniumsalz-Lösung wird unter Kühlen und Rühren mit 1 Mol Antimon(III)-chlorid in 150 ml konz. Salzsäure versetzt. Das ausgefallene Doppelsalz wird abgesaugt, mit 2–3%iger Salzsäure, Alkohol und zuletzt Äther gewaschen und an der Luft getrocknet. Die Ausbeuten sind meistens hoch.

Diarylstibinsäure[2]: Zum Beispiel werden 25 g (0,067 Mol) Benzoldiazonium-tetrachloroantimonat(III) in 75 ml trockenem Aceton suspendiert und auf 0° abgekühlt. Unter weiterem Kühlen auf 0° und gutem Rühren werden insgesamt 3,3 g (0,06 g-Atom) Eisenpulver innerhalb von 35–40 Min. zugegeben. Nach beendeter Ei-sen-Zugabe wird noch weitere 40 Min. gerührt, abfiltriert und das Filtrat i. Vak. abgedampft. Der Rückstand wird mit 50 ml 5 n Salzsäure verrührt, mit 25–30 ml 96%igem Alkohol versetzt und auf eine eisgekühlte 5%ige Ammoniumhydroxid-Lösung gegossen. Der Niederschlag wird abgesaugt und getrocknet; Ausbeute: 9 g (85% d. Th.) an *Diphenylstibinsäure*, die durch Salzsäure als Trichlor-diphenyl-antimon identifiziert bzw. gereinigt wird (s. S. 527).

Analog erhält man z. B. ferner:

| | |
|---|---|
| Bis-[4-chlor-phenyl]-stibinsäure | 85% d. Th. |
| Bis-[2-chlor-phenyl]-stibinsäure | 86% d. Th. |
| Bis-[4-brom-phenyl]-stibinsäure | 90% d. Th. |
| Bis-[4-jod-phenyl]-stibinsäure | 85% d. Th. |
| Bis-[4-nitro-phenyl]-sitibinsäure | 97% d. Th. |
| Bis-[4-methyl-phenyl]-stibinsäure | 71% d. Th. |
| Bis-[2,4-dimethyl-phenyl]-stibinsäure | 96% d. Th. |

4-Methoxy-benzoldiazonium-tetrachloroantimonat(III) zersetzt sich unter diesen Be-dingungen hauptsächlich zu Dichlor-tris-[4-methoxy-phenyl]-stiboran (s. S. 543), wäh-rend 2-Äthoxy-benzoldiazonium-tetrachloroantimonat(III) ein ~ 1:1-Gemisch aus der entsprechenden Stibinsäure und tert. Stibin-dichlorid liefert[2].

Analog, jedoch mit weniger guten Ausbeuten werden Doppelsalze von Arendiazon-ium-[3,4] oder Diaryljodoniumchloriden[5] mit Antimon(V)-chlorid zu Orthostibinsäure-trichloriden zersetzt, die ohne Isolierung zu Stibinsäuren hydrolysiert werden:

$$2\ [Ar-\overset{\oplus}{N_2}][SbCl_6]^{\ominus} \xrightarrow[- N_2 / - SbCl_3 / - 3\ FeCl_2]{Aceton/3\ Fe,\ 0°} Ar_2SbCl_3 \xrightarrow{OH^{\ominus}} Ar_2Sb\overset{\displaystyle O}{\overset{\|}{-}}OH$$

Tertiäre Stibindichloride sind auch bei dieser Umsetzung ein prinzipielles Nebenpro-dukt, das bei der Zersetzung des Diaryljodonium-hexachloroantimonat(V) zum Haupt-produkt wird, wenn man die Zersetzung in Gegenwart von Eisen-Pulver durchführt[5, 6].

---

[1] A. N. NESMEYANOV u. K. A. KOCHESHKOV, Izv. Akad. SSSR. **1944**, 416; C. A. **39**, 4320 (1945).
[2] A. N. NESMEYANOV et al., Doklady Akad. SSSR **91**, 1341 (1953); C. A. **48**, 11375 (1954).
[3] O. A. REUTOV, Doklady Akad. SSSR **87**, 991 (1952); C. A. **48**, 143 (1954).
[4] O. A. REUTOV u. V. V. KONDRATEVA, Ž. obšč. Chim. **24**, 1259 (1954).
[5] O. A. PTITSYNA et al., Izv. Akad. SSSR **1961**, 265; **1962**, 634; C. A. **55**, 19841 (1961); **57**, 15147 (1962).
[6] A. N. NESMEYANOV et al., Doklady Akad. SSSR **125**, 1265 (1959); C. A. **53**, 21757 (1959).

Gute Ausbeuten an Orthostibinsäure-trichloriden werden dann erzielt, wenn Doppelsalze von Diarylhalogenium-chloriden mit Antimon(III)- bzw. (V)-chlorid in Aceton in Gegenwart von Antimon-Pulver zersetzt werden[1, 2]:

$$[Ar_2\overset{\oplus}{J}][SbCl_6]^{\ominus} \xrightarrow{Aceton/Sb,\ 0°} Ar_2SbCl_3 \xrightarrow{OH^{\ominus}} Ar_2\overset{O}{\underset{\|}{Sb}}{-}OH$$

Beide Reaktionen stellen jedoch keine Alternative zur Zersetzung der Arendiazonium-tetrachloroantimonate(III) dar.

$\alpha_2$) *Umsetzung von Arenstibonigsäure-dihalogeniden mit Arendiazonium-Doppelsalzen*

Während Arendiazonium-chloride mit Arenstibonigsäure-dihalogeniden unter Bedingungen der Bart-Schmidt[3]- oder Bart-Scheller[4]-Reaktion nur unbefriedigende Ausbeuten an Diaryl-stibinsäuren liefern, ergibt die Reaktion der Arenstibonigsäure-dihalogenide mit Aren-diazoniumacetaten[5, 6], Arendiazonium-tetrachlorozinkaten[5, 6] oder Arendiazonium-tetrachloroantimonaten(III)[5-8] in organischen Lösungsmitteln gute bis sehr gute Ausbeuten an Diarylstibinsäuren. Die Reaktion ist besonders zur Herstellung unsymmetrischer Diarylstibinsäuren geeignet:

$$Ar{-}SbCl_2 + [Ar^1{-}\overset{\oplus}{N_2}][SbCl_4]^{\ominus} \xrightarrow[-N_2/-SbCl_3]{Aceton} \overset{Ar^1}{\underset{Ar}{\diagdown}}SbCl_3 \xrightarrow{OH^{\ominus}/H_2O} \overset{Ar^1}{\underset{Ar}{\diagdown}}\overset{O}{\underset{OH}{Sb}}$$

Die Arendiazonium-tetrachloroantimonate(III) (May'sche Salze) werden am meisten verwendet obwohl die Arendiazoacetate etwas bessere Ausbeuten liefern[5, 6]. Elektronendonatoren im Arendiazoniumsalz erleichtern die Reaktion[5, 6], die sowohl in Äthanol unter katalytischer Einwirkung[7, 8] als auch in Aceton ohne Katalyse[6] abläuft.

**Phenyl-(4-methyl-phenyl)-stibinsäure**[6]: 0,01 Mol Benzoldiazonium-tetrachloroantimonat(III) (s. S. 533) werden unter Rühren zu einer Lösung von 0,007 Mol Dichlor-(4-methyl-phenyl)-stibin in 20 ml trockenem Aceton gegeben. Es tritt sofort bei ~ 20° eine heftige Stickstoffentwicklung ein. Man rührt solange, bis die Stickstoff-Entwicklung beendet ist, filtriert vom überschüssigen Doppelsalz ab und dampft zur Trockene ein. Der ölige Rückstand wird mit 5 n Salzsäure gewaschen, in 25 ml Äthanol aufgenommen, eventuell noch vorhandenes Doppelsalz abfiltriert und mit 5%-iger Ammoniak-Lösung hydrolysiert. Die ausgefallene Stibinsäure (45% d. Th.) wird durch Umkristallisieren aus Salzsäure als Orthostibinsäure-trichlorid gereinigt bzw. identifiziert.

Analog werden u. a. hergestellt[6]:

| | |
|---|---|
| *Diphenylstibinsäure*[9] | 60% d. Th. |
| *(4-Chlor-phenyl)-(4-nitro-phenyl)-stibinsäure* | 87% d. Th. |
| *(4-Chlor-phenyl)-(4-methoxy-phenyl)-stibinsäure* | 69% d. Th. |
| *Phenyl-(4-methyl-phenyl)-stibinsäure* | 92% d. Th. (aus Phenyl-diazoacetat) |
| *(4-Methoxy-phenyl)-(4-methyl-phenyl)-stibinsäure* | 66% d. Th. |

Analog den Stibonsäuren (s. S. 520) lassen sich die Stibinsäuren am besten über die Pyridiniumsalze der entsprechenden Orthostibinsäure-trichloride reinigen[10].

[1] O. A. PITTSYNA et al., Izv. Akad. SSSR **1961**, 265; **1962**, 634; C. A. **55**, 19841 (1961); **57**, 15147(1962).
[2] A. N. NESMEYANOV et al., Doklady Akad. SSSR **125**, 1265 (1959); C. A. **53**, 21757 (1959).
[3] H. SCHMIDT, A. **421**, 233 (1920).
[4] Brit. P. 569037 (1945), C. S. GIBSON u. R. KINGOM; C. A. **42**, 217 (1948).
[5] O. A. REUTOV u. O. A. PITTSYNA, Doklady Akad. SSSR **79**, 819 (1951); **89**, 877 (1953); C. A. **46**, 6093 (1952); **48**, 5135 (1954); Izv. Akad. SSSR **1952**, 93; C. A. **47**, 1631 (1953).
[6] A. N. NESMEYANOV et al., Izv. Akad. SSSR **1958**, 1435; C. A. **53**, 8037 (1959).
[7] I. G. M. CAMPBELL, Soc. **1950**, 3109; **1952**, 4448.
[8] I. G. M. CAMPBELL u. D. E. MORRILL, Soc. **1955**, 1662.
[9] O. A. REUTOV u. O. A. PITTSYNA, Doklady Akad. SSSR **79**, 819 (1951); C. A. **46**, 6093 (1952).
[10] G. O. DOAK et al., Am. Soc. **74**, 830 (1952).

In 20–30%iger Ausbeute wird Dichlor-phenyl-stibin mit Arendiazoniumtetrafluoroboraten in abs. Äthanol unter katalytischer Einwirkung von Kupfer(I)-bromid zu den entsprechenden **Phenyl-aryl-stibinsäuren** aryliert[1].

$$H_5C_6-SbCl_2 \quad + \quad [Ar-\overset{\oplus}{N_2}]BF_4^{\ominus} \quad \xrightarrow[\text{CuBr}]{\text{abs. } C_2H_5OH,} \quad \underset{Ar}{\overset{H_5C_6}{\diagdown}}SbCl_3 \quad \xrightarrow{NaOH/H_2O} \quad \underset{Ar}{\overset{H_5C_6}{\diagdown}}\overset{O}{\underset{OH}{\diagup}}$$

**Phenyl-(4-fluor-phenyl)-stibinsäure**[1]: Zu einer Suspension von 79 g 4-Fluor-benzoldiazonium-tetrafluoroborat in 50 *ml* abs. Äthanol gibt man unter Rühren eine Lösung von 101 g Dichlor-phenyl-stibin in 350 *ml* abs. Äthanol. Unter weiterem Rühren gibt man 5 g Kupfer(I)-bromid zu, wobei eine heftige Stickstoffentwicklung einsetzt. Nach beendeter Stickstoff-Entwicklung rührt man noch 1 Stde. und entfernt das Lösungsmittel im Rotationsverdampfer. Der Rückstand wird mehrmals mit 5 n Natronlauge extrahiert, bis einige Tropfen Extrakt beim Ansäuern keine Fällung mehr zeigen. Die alkalische Lösung wird mit Essigsäure auf $p_H$6,2 gebracht (zur Fällung anderer Stibinsäuren ist das $p_H$-Maximum unterschiedlich). Die ausgefallene Stibinsäure wird durch Lösen in der gerade ausreichenden Menge heißer, 5 n Salzsäure als Orthostibinsäure-trichlorid (38% d.Th.; s. S. 527) ausgefällt und umkristallisiert.

### $\beta$) Durch oxidative Hydrolyse (über Orthostibinsäure-Derivate)

Die Oxidation von Halogen-dialkyl-stibinen mit Halogen und anschließender Hydrolyse zu **Dialkylstibinsäuren**[2], beruht ebenfalls auf der Hydrolyse der intermediär gebildeten Orthostibinsäure-Derivate, die bei den aliphatischen Verbindungen nicht über die Diazo-Reaktion hergestellt werden:

$$R_2Sb-X \quad \xrightarrow[\text{2. } H_2O]{\text{1. } X_2} \quad R_2\overset{O}{\overset{\|}{Sb}}-OH$$

Hierzu können auch isolierte Dialkylorthostibinsäuren direkt der alkalischen Hydrolyse unterworfen werden. So erhält man aus Trialkoxy-dialkyl-stiboranen (s. S. 531) durch Zugabe von Wasser in nahezu quantitativer Ausbeute die entsprechenden Dialkylstibinsäuren[3]. Auf diese Weise erhält man u. a. folgende Stibinsäuren in reiner Form[3]:

| | |
|---|---|
| *Dimethylstibinsäure* | schmilzt nicht |
| *Diäthylstibinsäure* | F: 214–217° (Tetrahydrofuran) |
| *Dipropylstibinsäure* | F: 170–185° (Aceton) |
| *Dibutylstibinsäure* | F: 144–155° nach vorherigem Sintern bei 80° (Aceton/Wasser) |

*Bis-[1-chlor-äthyl]-stibinsäure* läßt sich aus dem entsprechenden Stibinigsäure-chlorid durch Oxidation mit Wasserstoffperoxid in wäßrigem Medium herstellen[4].

*Diphenylstibinsäure* erhält man in über 90%iger Ausbeute bei der oxidativen Spaltung von Triphenylstibin mit Wasserstoffperoxid in wäßrig alkalischem Medium[1, 5]:

$$(H_5C_6)_3Sb \quad \xrightarrow[> 90\% \text{ d.Th.}]{H_2O_2/NaOH} \quad (H_5C_6)_2\overset{O}{\overset{\|}{Sb}}-OH$$

*Dimethyl-* bzw. *Diäthylstibinsäure* entstehen bei der Oxidation der entsprechenden Tetraalkyl-distibine in benzolischer Lösung an der Luft[6].

[1] G. O. Doak u. J. M. Summy, J. Organometal. Chem. **55**, 143 (1973).
[2] G. T. Morgan u. G. R. Davies, Pr. roy. Soc. **110** A, 523 (1926).
[3] H. A. Meinema u. J. G. Noltes, J. Organometal. Chem. **36**, 313 (1972).
[4] A. Yakubovich et al., Ž. obšč. Chim. **22**, 1528 (1952); C. A. **47**, 8010 (1953).
[5] H. Schmidt, A. **421**, 233 (1920).
[6] F. A. Paneth u. H. Loleit, Soc. **1935**,366.

## γ) Cyclisierungsreaktionen

Analog den Arenarsonsäuren cyclisieren entsprechend substituierte Arenstibonsäuren unter katalytischer Einwirkung von Mineralsäuren intramolekular zu Stibinsäuren, in denen das Antimon Teil eines Ringsystems ist[1]:

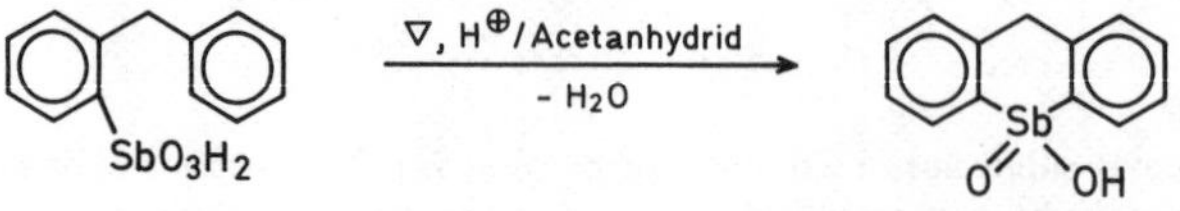

5-Hydroxy-5-oxo-5,10-dihydro-
⟨dibenzo-[b; e]-antimonin⟩

## B. Umwandlung

Über die Struktur der Stibinsäuren ist relativ wenig bekannt[2]. Meistens besitzen die Stibinsäuren keine definierten Schmelzpunkte, was ihre monomere Struktur zweifelhaft erscheinen läßt. Durch Salzsäure werden die Diarylstibinsäuren leicht in die entsprechenden Orthostibinsäure-trichloride umgewandelt (s. S. 527). Über die Reduktion mit Schwefeldioxid oder Zinn(II)-chlorid zu Stibinigsäure-halogeniden (s. S. 495).

Diphenyl-[3] bzw. Bis-[-2-chlor-phenyl]-stibinsäuren[4] reagieren mit Essigsäure zu Verbindungen, die als gemischte Anhydride formuliert werden:

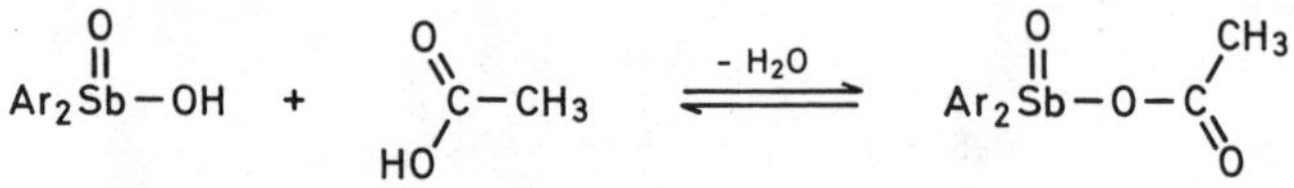

Beim Erhitzen von Diphenylstibinsäure auf 125–130° wird die theoretische Menge Wasser abgespalten, die der Bildung von Diphenylstibinsäure-anhydrid entspricht[5].

## c) Tert. Stibinoxide und ihre Derivate

### 1. Tert. Stibin-dihalogenide (Dihalogen-triorgano-stiborane) und verwandte Verbindungen

Analog den tert. Arsin-dihalogeniden (s. S. 351) lassen sich die tert. Stibin-dihalogenide sowohl ionisch (Quasi-stiboniumsalze) als auch pentacovalent (Dihalogen-triorgano-antimon-Verbindungen) formulieren. Bei den Antimon-Verbindungen nimmt die Tendenz zur Bildung pentacovalenter Strukturen jedoch deutlich zu, so daß die tert. Stibindihalogenide eher als Dihalogen-triorgano-stiborane zu betrachten sind[6].

[1] G. T. Morgan u. G. R. Davies, Pr. roy. Soc. **127** A, 1 (1930); **143** A, 38 (1934).
[2] G. O. Doak u. L. D. Freedman, Organometallic Compounds of Arsenic, Antimony, and Bismuth, Wiley-Interscience, New York 1970.
[3] F. Yusunov u. Z. M. Manulkin, Ž. obšč. Chim. **31**, 3757 (1961); engl. 3510.
[4] A. N. Nesmeyanov et al., Doklady Akad. SSSR **91**, 1341 (1953); C. A. **48**, 11375 (1954).
[5] H. Schmidt, A. **421**, 233 (1920).
[6] Zur Frage der Struktur solcher Verbindungen s.
   G. O. Doak u. L. D. Freedman, Organometallic Compounds of Arsenic, Antimony and Bismuth, Wiley-Interscience, New York 1970; und dort zit. Lit.
   T. B. Brill u. G. G. Long, Inorg. Chem. **9**, 1980 (1970).

## A. Herstellung

### α) Aus tert. Stibinen

Die einfachste Methode, tert. Stibin-dihalogenide herzustellen, ist die direkte Halogenierung der tert. Stibine mit Halogenen bzw. Interhalogenen (jedoch nicht mit Fluor) in aprotischen Lösungsmitteln[1−23]:

$$R_3Sb \; + \; X_2 \; \xrightarrow{\text{aprot. Lsgm.}} \; R_3SbX_2$$

$$X_2 = Cl_2, Br_2, J_2, JBr, JCl, BrCN, JCN$$

Auf diese Weise sind Dihalogen-trialkyl-[1,2,4,5,8−11,15,17,19], -[trialken-(1)-yl]-[12, 15] und -triaryl-stiborane[3, 7, 12, 14, 19−23] in hoher Ausbeute herstellbar. Als Lösungsmittel können Äther, Petroläther, Acetonitril, Dichlormethan, Chloroform, Tetrachlormethan und Kohlenwasserstoffe dienen.

Die Halogene werden gewöhnlich unter Rühren zur Lösung der tert. Stibine in Form von Lösungen im jeweiligen Lösungsmittel gegeben. Die Reaktion ist exotherm, insbesondere mit den Trialkylstibinen[1, 2], so daß die Umsetzung bei tieferen Temperaturen durchgeführt wird (0° bis −78°). Ein hoher Überschuß an Halogen bei der Bromierung oder Jodierung sollte vermieden werden, da sonst salzartige perhalogenierte Additionsverbindungen entstehen können[15, 24].

Bei der Jodierung von Trithienyl-(2)-[25] und Tris-[trifluormethyl]-stibin[26] findet, auch bei tieferen Temperaturen, eine Sb-C-Bindungsspaltung unter Bildung von Antimon(III)-jodid statt. Die Addition von Chlor an Triaryl-stibine, die eine oder mehrere Alkoxy-Gruppen im Kern tragen, kann zusätzlich zu einer Kernchlorierung führen[27]. In solchen Fällen arbeitet man besser mit Chlor-Überträgern (s. S. 540).

Gewöhnlich werden die tert. Stibin-dichloride und -dibromide in hoher Ausbeute rein erhalten bzw. können leicht, z. B. durch Umkristallisieren gereinigt werden. Dijod-tria-

[1] K. Löwig u. E. Schweizer, A. **75**, 342 (1850).
[2] H. Landolt, J. pr. **84**, 334 (1861).
[3] A. Michaelis u. A. Reese, A. **233**, 49 (1886).
[4] H. Hibbert, B. **39**, 160 (1906).
[5] A. Hantzsch u. H. Hibbert, B. **40**, 1508 (1907).
[6] G. Grüttner u. M. Wiernik, B. **48**, 1759 (1915).
[7] A. E. Goddard, Soc. **123**, 1170 (1923); **124**, 2319 (1923).
[8] G. T. Morgan u. V. E. Yarsley, Pr. roy. Soc. **110** A, 537 (1926).
[9] G. T. Morgan u. G. R. Davies, Pr. roy. Soc. **110** A, 523 (1926); **127** A, 1 (1930).
[10] W. J. C. Dyke u. W. J. Jones, Soc. **1930**, 1921.
[11] M. E. Brinnand et al., Soc. **1932**, 1815.
[12] J. I. Harris et al., Soc. **1947**, 1568.
[13] L. Maier et al., Z. Naturf. **12 b**, 263 (1957); Am. Soc. **79**, 5884 (1957).
[14] A. N. Tatarenko, Doklady Akad. Uzb. SSSR **1955**, 35; C. A. **52**, 20005 (1958).
[15] H. Hartmann u. G. Kuhl, Z. anorg. Ch. **312**, 186 (1961).
[16] A. N. Nesmeyanov et al., Izv. Akad. SSSR **1961**, 612, 1578; C. A. **55**, 22100 (1961); **56**, 4792 (1962).
[17] A. N. Tatarenko u. Z. M. Manulkin, Ž. obšč. Chim. **34**, 3462 (1964); engl.: 3503.
[18] G. G. Long et al., Am. Soc. **86**, 209 (1964); J. Organometal. Chem. **4**, 82 (1965).
[19] G. O. Doak u. G. G. Long, Trans. N. Y. Acad. Sci **28**, 403 (1966).
[20] A. D. Beveridge et al., Soc. [A] **1966**, 1137.
[21] A. N. Tatarenko u. Z. M. Manulkin, Ž. obšč. Chim. **38**, 273 (1968); engl.: 276.
[22] J. M. Keck u. G. Klar, Z. Naturf. **27 b**, 591 (1972).
[23] M. Benmalek et al., J. Organometal. Chem. **67**, 53 (1974).
[24] A. D. Beveridge et al. Soc. [A] **1966**, 520.
[25] E. Krause u. G. Renwanz, B. **65**, 777 (1932).
[26] J. W. Dale et al., Soc. **1957**, 3708.
[27] C. Löloff, B. **30**, 2834 (1897).

ryl-stiborane sind schwer in reiner Form zu erhalten[1], und man muß wegen ihrer Hydrolyseempfindlichkeit in besonders getrockneten Lösungsmitteln unter strengem Feuchtigkeitsausschluß arbeiten[2].

**Dihalogen-triorgano-stiboran (tert. Stibin-dihalogenide); allgemeine Arbeitsvorschrift:** Unter Stickstoff und Feuchtigkeitsausschluß wird die Lösung des jeweiligen Stibins in abs. Äther, Petroläther, Acetonitril, Dichlormethan, Chloroform, Tetrachlormethan, Pentan oder Hexan unter Rühren und Kühlen (0° bis −78°) mit der äquimolaren Menge Jod, Brom, Bromcyan, Jodcyan, Chlor, Jodbromid oder Jodchlorid im jeweiligen Lösungsmittel (meist Tetrachlormethan) langsam versetzt (Chlor kann auch als trockener Gasstrom in die Lösung eingeleitet werden). In den unpolaren Lösungsmitteln fallen die tert. Stibin-dihalogenide meist kristallin aus. In polaren Lösungsmitteln gelöste tert. Stibin-dihalogenide können durch Zugabe von Äther oder Petroläther ausgefällt werden. Nicht kristalline bzw. flüssige tert. Stibin-dihalogenide werden nach Entfernung des Lösungsmittels i. Vak. isoliert. Kristalline tert. Stibin-dihalogenide werden abgesaugt und mit Äther gewaschen. Gewöhnlich sind sie für weitere Umsetzungen rein genug, können jedoch aus verschiedenen Lösungsmitteln wie Äther, Methanol, Benzol und teilweise auch aus Wasser umkristallisiert werden. Einige flüssige tert. Stibin-dihalogenide können destilliert werden, wobei jedoch Zersetzung eintreten kann. U. a. werden auf diese Weise erhalten:

| | | |
|---|---|---|
| Dichlor-trimethyl-stiboran[3–5] | 60–80% d. Th. | F: − (Wasser)[4] |
| Dibrom-trimethyl-stiboran[3–7] | 70–80% d. Th. | F: 185–186,5° (Wasser)[4] |
| Dijod-trimethyl-stiboran[3,5,8] | 50–60% d. Th. | (Wasser, Methanol)[4,8] |
| Brom-trimethyl-cyan-stiboran[4,9] | | |
| Dichlor-tris-[trifluormethyl]-stiboran[10,11] | | Kp 101–102° (Zers.) |
| Dibrom-triäthyl-stiboran[4,6,12] | 78–95% d. Th. | Kp$_{15}$: 78–80°[6] |
| Dibrom-trivinyl-stiboran[13,14] | | Kp$_2$: 117°[13] |
| | | Kp$_7$: 128° (Zers.)[14] |
| Dijod-trivinyl-stiboran[13–15] | 76% d. Th. | F: 35–36° (Methanol)[14] |
| Dichlor-tripropyl-stiboran[16] | | |
| Dibrom-tripropyl-stiboran[16,17] | | F: 45° (Äther)[16] |
| Dibrom-tri-cis-propenyl-stiboran[18] | 70% d. Th. | F: 85–86° |
| Dibrom-tri-trans-propenyl-stiboran[18] | 75% d. Th. | Kp$_4$: 166–167° |
| Dibrom-triisopropyl-stiboran[6] | 68% d. Th. | F: 80° (Methanol) |
| Dichlor-triallyl-stiboran[19] | 79% d. Th. | n$_D^{20}$: 1,5925 |
| Dibrom-triallyl-stiboran[19] | 51% d. Th. | ölig |
| Dichlor-triphenyl-stiboran[20,21] | | F: 143° |
| Dibrom-triphenyl-stiboran[20,21] | | F: 216° (Benzol) |
| Brom-jod-triphenyl-stiboran[21] | | F: 215° |
| Jod-triphenyl-cyan-stiboran[22] | | F: 174° |

[1] G. O. Doak et al., J. Organometal. Chem. **4**, 82 (1965).
[2] J. I. Harris et al., Soc. **1947**, 1568.
[3] G. T. Morgan u. G. R. Davies, Pr. roy. Soc. **110** A, 523 (1926).
[4] G. G. Long et al., Am. Soc. **86**, 209 (1964).
[5] G. O. Doak et al., Inorg. Synth. **9**, 92 (1967).
[6] H. Hartmann u. G. Kühl, Z. anorg. Ch. **312**, 186 (1961).
[7] R. L. McKenny u. H. H. Sisler, Inorg. Chem. **6**, 1178 (1967).
[8] K. Broderson et al., B. **104**, 360 (1971).
[9] G. T. Morgan u. V. E. Yarsley, Pr. roy. Soc. **110 A**, 537 (1926).
[10] H. J. Emeléus u. J. H. Moss, Z. anorg. Ch. **282**, 24 (1955).
[11] J. W. Dale et al., Soc. **1957**, 3708.
[12] K. Issleib u. B. Hamann, Z. anorg. Ch. **339**, 289 (1965).
[13] A. N. Nesmeyanov et al., Izv. Akad. SSSR **1961**, 1578; C. A. **56**, 4792 (1962).
[14] R. Müller et al., Inorg. Nucl. Chem. Lett. **3**, 125 (1967).
[15] L. Maier et al., Z. Naturf. **12 b**, 263 (1957); Am. Soc. **79**, 5884 (1957).
[16] W. J. C. Dyke u. W. J. Jones, Soc. **1930**, 1921.
[17] E. A. Besolova et al., Ž. obšč. Chim. **38**, 267 (1968); engl.: 270.
[18] A. N. Nesmeyanov et al., Izv. Akad. SSSR **1961**, 612; C. A. **55**, 22 100 (1961).
[19] A. E. Borisov et al., Izv. Akad. SSSR **1963**, 1506; C. A. **59**, 14 021 (1963).
[20] A. Michaelis u. A. Reese, A. **233**, 49 (1886).
[21] A. D. Beveridge et al., Soc. [A] **1966**, 520.
[22] A. Hantzsch u. H. Hibbert, B. **40**, 1514 (1907).

*Dijod-triphenyl-stiboran*[1,2,3]        F: 153°[1,2]

                                         F: 163–164°[3]

*Dichlor-tribenzyl-stiboran*[4,5]        F: 100–101°

Zur Herstellung weiterer Dihalogen-trialkyl-[6,7], -triaryl-[8-13], -dialkyl-aryl- und -alkyl-diaryl-stiborane s. Lit.[14-16].

Insbesondere bei der Herstellung der tert. Stibin-dichloride aus den entsprechenden tert. Stibinen ist die Verwendung von leicht dosierbaren Chlorierungsmitteln der direkten Umsetzung mit Chlor vorzuziehen. Die stark reduzierenden Trialkyl-stibine lassen sich mit Salzsäure chlorieren[17-19]; z. B.:

$$R_3Sb \ + \ 2\,HCl \ \xrightarrow[-\,H_2]{} \ R_3SbCl_2$$

R = CH$_3$ ;   *Dichlor-trimethyl-stiboran*
R = C$_6$H$_{11}$ ; *Dichlor-tricyclohexyl-stiboran*

Die Reaktion ist auf Triaryl-stibine nicht übertragbar. Bis-[diphenylstibino]-methan wird bei der Umsetzung mit trockenem Chlorwasserstoff in Bis-[dichlorstibino]-methan umgewandelt (s. S. 486).

Niedere Trialkyl-stibine können auch mit Phosphor(III)-, (V)-[20,21], Arsen(III)-[21], Antimon(III)-, (V)-[20-23] und Wismuth(III)[24]-chloriden in die entsprechenden Dichlor-tri-alkyl-stiborane umgewandelt werden:

$$3\,(H_5C_2)_3Sb \ + \ 2\,SbCl_3 \ \xrightarrow[-\,2\,Sb]{Hexan,\,80°} \ 3\,(H_5C_2)_3SbCl_2$$

**Dichlor-triäthyl-stiboran**[22]: Unter Sauerstoff-und Feuchtigkeits-Ausschluß wird in einem Kolben mit Tropftrichter, Magnetrührer und Rückflußkühler eine Lösung von 18,2 g (0,080 Mol) Antimon(III)-chlorid in 50 *ml* trockenem Hexan auf 70° erwärmt und unter Rühren mit 25,2 g (0,12 Mol) Triäthylstibin tropfenweise versetzt. Es tritt sofort eine Abscheidung von metallischem Antimon ein. Nach beendeter Zugabe erhitzt man weitere 10 Min. unter Rückfluß und läßt über Nacht stehen. Man filtriert ab, wäscht mit Benzol nach, entfernt die Lösungsmittel aus dem Filtrat und fraktioniert den Rückstand i. Vak.; Ausbeute: 19,3 g (80% d. Th.); Kp$_3$: 123,5°.

In ähnlicher Weise wird *Dichlor-tributyl-stiboran* (in Benzol) in 83%iger Ausbeute hergestellt[23].

---

[1] A. MICHAELIS u. A. REESE, A. **233**, 49 (1886).
[2] A. D. BEVERIDGE et al., Soc. [A] **1966**, 520.
[3] G. O. DOAK et al., J. Organometal. Chem. **4**, 82 (1965).
[4] I. P. TSUKERVANIK u. D. SMIRNOV, Ž. obšč. Chim. **7**, 1527 (1937); engl.: 1527; C. A. **31**, 8518 (1937).
[5] C. G. MORELAND et al., Inorg. Chem. **7**, 834 (1968).
[6] M. E. BRINNAND et al., Soc. **1932**, 1815.
[7] A. N. TATARENKO u. Z. M. MANULKIN, Ž. obšč. Chim. **34**, 3462 (1964); engl.: 3503
[8] A. MICHAELIS u. U. GENZKEN, B. **17**, 924 (1884); A. **242**, 164 (1887).
[9] A. E. GODDARD, Soc. **123**, 1170 (1923); **124**, 2319 (1923).
[10] J. I. HARRIS et al., Soc. **1947**, 1568.
[11] F. YUSUNOV u. Z. M. MANULKIN, Ž. obšč. Chim. **31**, 3757 (1961); engl.: 3510.
[12] I. G. M. CAMPBELL u. A. W. WHITE, Soc. **1958**, 1184; **1959**, 1491.
[13] A. N. TATARENKO, u. Z. M. MANULKIN, Ž. obšč. Chim. **38**, 273 (1968); engl.: 276.
[14] G. GRÜTTNER u. M. WIERNIK, B. **48**, 1759 (1915).
[15] A. N. TATARENKO, Doklady Akad. Uzb. SSSR **1955**, 35; C. A. **52**, 20005 (1958).
[16] A. N. NESMEYANOV et al., Izv. Akad. SSSR **1964**, 1197; C. A. **61**, 12032 (1964).
[17] K. LÖWIG u. E. SCHWEIZER, A. **75**, 342 (1850).
[18] A. B. BURG u. L. R. GRANT, Am. Soc. **81**, 1 (1959).
[19] H. HARTMANN u. G. KÜHL, Z. anorg. Ch. **312**, 186 (1961).
[20] R. R. HOLMES u. E. F. BERTAUT, Am. Soc. **80**, 2983 (1958).
[21] J. C. SUMMERS u. H. H. SISLER, Inorg. Chem. **9**, 862 (1970).
[22] Y. TAKASHI u. I. AISHIMA, J. Organometal. Chem. **8**, 209 (1967).
[23] R. L. McKENNY u. H. H. SISLER, Inorg. Chem. **6**, 1178 (1967).
[24] Z. M. MANULKIN, Sbornik Statei obšč. Chim. **2**, 1308 (1953); C. A. **49**, 5397 (1955).

Trialken-(1)-yl-stibine können mit Thallium(III)-chlorid chloriert werden[1]. Für Triaryl-stibine eignet sich eine große Reihe von Chloriden, z.B. Thallium(III)[2]-, Quecksilber(II)-[3], Kupfer(II)-[3⁻⁶]-, Aluminium(III)-[7], Eisen(III)-[7], Zinn(IV)-chlorid[8], Schwefeldichlorid[9], Thionylchlorid[9, 10], Sulfurylchlorid[11⁻13] und Benzoljoddichlorid[14]. Hiervon hat das Sulfurylchlorid die meisten Vorteile. Außer der einfachen Dosierbarkeit und den milden Reaktionsbedingungen läßt sich das gebildete Schwefeldioxid leicht aus dem Reaktionsmedium vertreiben. Zusätzlich ist Sulfurylchlorid außer bei Triaryl-stibinen[11] auch bei gemischten Alkyl-aryl-stibinen und Trialkyl-stibinen[12, 13] anwendbar:

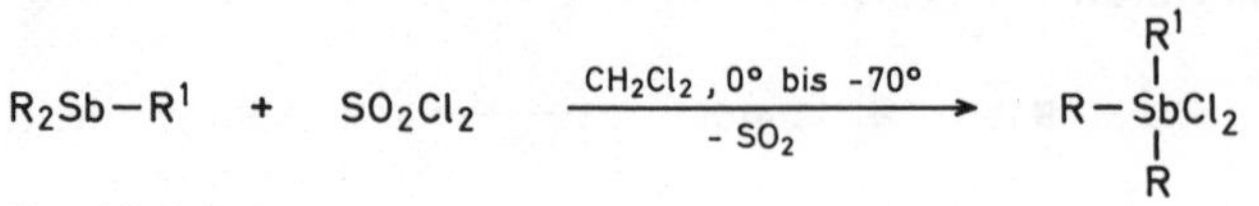

$$R_2Sb-R^1 \; + \; SO_2Cl_2 \; \xrightarrow[-SO_2]{CH_2Cl_2 \,,\, 0° \text{ bis } -70°} \; R-\underset{\underset{R}{|}}{\overset{\overset{R^1}{|}}{Sb}}Cl_2$$

R = Alkyl, Aryl
R¹ = Aryl, Alkyl, Allyl

**Dichlor-triphenyl-stiboran**[11]: Zu einer bei 0° (Eis/Kochsalz-Bad) gerührten Lösung von 3,35 g (0,01 Mol) Triphenylstibin in 10 ml trockenem Toluol tropft man innerhalb 10 Min. eine Lösung von 1,35 g (0,01 Mol) Sulfurylchlorid in 10 ml trockenem Toluol. Anschließend läßt man auf Raumtemp. erwärmen und fällt mit 20 ml trockenem Hexan aus. Man saugt ab, wäscht 2 mal mit je 10 ml trockenem Hexan nach und trocknet i. Vak.; Ausbeute: 90% d. Th.

Unter anderem werden folgende tert. Stibin-dichloride nach Umsetzung der tert. Stibine mit Sulfurylchlorid in Dichlormethan bei −70° mit Hexan ausgefällt[13]:

Dichlor-dimethyl-allyl-stiboran          F: 53–54°
Dichlor-diallyl-phenyl-stiboran          F: 105–106°
Dichlor-allyl-diphenyl-stiboran          F: 100–101°

*Dichlor-tris-[4-dimethylamino-phenyl]-stiboran* (F: 195–200°) entsteht durch Umsetzung des tert. Stibins mit molaren Mengen Benzoljoddichlorid in Chloroform bei 0° in 88%iger Ausbeute[14].

*Difluor-triphenyl-stiboran* (F: 121–122°)[15] wird durch Umsetzung von Triphenyl-stibin mit Perfluor-piperidin in Benzol bei~20°[16] oder mit Xenon-difluorid in Dichlormethan bei ~20°, in 69 bzw. 95%iger Ausbeute erhalten:

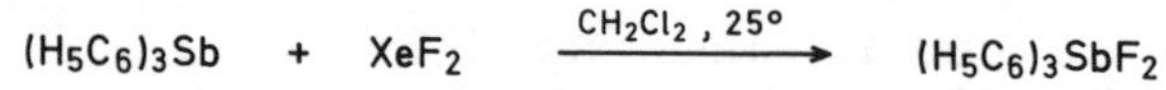

$$(H_5C_6)_3Sb \; + \; XeF_2 \; \xrightarrow{CH_2Cl_2\,,\, 25°} \; (H_5C_6)_3SbF_2$$

Nur wenige tert. Stibin-dipseudohalogenide bzw. -dinitrate, -sulfate usw. werden aus den tert. Stibinen direkt hergestellt. So kann *Dinitrato-triphenyl-stiboran* durch Ein-

[1] A. N. Nesmeyanov et al., Izv. Akad. SSSR **1961**, 612, 1578; C. A. **55**, 22 100 (1961); **56**, 4792 (1962).
[2] A. E. Goddard, Soc. **123**, 1170 (1923); **124**, 2319 (1923).
[3] J. I. Harris et al., Soc. **1947**, 1568.
[4] A. Michaelis u. A. Reese, A. **233**, 39 (1886).
[5] C. Löloff, B. **30**, 2837 (1897).
[6] G. Ondrejóvic et al., Z. Chem. **13**, 193 (1973).
[7] Z. M. Manulkin u. A. N. Tatarenko, Ž. obšč. Chim. **21**, 93 (1951); C. A. **45**, 7038 (1951).
[8] D. Cunningham et al., Soc. [A] **1971**, 2049.
[9] E. Kustan et al., Soc. (Dalton Trans.) **1972**, 1326.
[10] B. C. Smith u. M. E. Sobeir, Chem. & Ind. **1969**, 621.
[11] A. J. Banister u. L. F. Moor, Soc. [A] **1968**, 1137.
[12] Y. Matsumura u. R. Okawara, Inorg. Nucl. Chem. Lett. **5**, 449 (1969); J. Organometal. Chem. **25**, 439 (1970).
[13] Y. Matsumura et al., J. Organometal. Chem. **71**, 403 (1974).
[14] J.-M. Keck u. G. Klar, Z. Naturf. **27 b**, 591 (1972).
[15] L. M. Yagupolskii et al., Z. Org. Chim. **11**, 459 (1975); C.A. **82**, 171 158² (1975).
[16] R. E. Bantes et al., Tetrahedron Letters **1967**, 3993.

wirkung von rauchender Salpetersäure auf Triphenyl-stibin erhalten werden[1-3]. Tris-[4-methyl-phenyl]-stibin wird unter den gleichen Bedingungen auch im aromatischen Kern nitriert[4]. Die Einwirkung von konz. Schwefelsäure auf Triphenyl-stibin führt nicht zur Bildung von Sulfato-triphenyl-stiboran[5], sondern zur Spaltung der Sb-C-Bindung[2]. *Sulfato-triphenyl-stiboran* kann jedoch durch Einwirkung von Schwefeltrioxid auf Triphenyl-stibin erhalten werden[6].

Durch Einwirkung einer benzolischen Dirhodan-Lösung auf eine 5%ige Lösung von Trimethyl- oder Triphenyl-stibin in Benzol bei 0° können *Bis-[isothiocyanat]-trimethyl-* bzw. *-triphenyl-stiboran* in guter Ausbeute hergestellt werden[7]:

$$R_3Sb \ + \ (SCN)_2 \ \xrightarrow{\text{Benzol, 0°}} \ R_3Sb(NCS)_2$$

$$R = CH_3 \, , C_6H_5$$

Bis-[trifluormethyl]-nitroxyl addiert sich an Trimethyl-stibin zu *Bis-[bis-(trifluormethyl)-nitroxyl]-trimethyl-stiboran*[8]:

$$(H_3C)_3Sb \ + \ 2 \, (F_3C)_2N-O \cdot \ \longrightarrow \ (H_3C)_3Sb\left[O-N(CF_3)_2\right]_2$$

$\beta$) Aus tert. Stibin-oxiden, -dihydroxiden, -hydroxid-halogeniden, -diacetaten, quart. Stiboniumsalzen oder Pentaorgano-antimon-Verbindungen

Durch Einwirkung von Salzsäure bzw. Bromwasserstoffsäure auf Trialkyl-[9-11] oder Tri-aryl-stibinoxide[12-14] bzw. -dihydroxide lassen sich die entsprechenden tert. Stibin-dichloride bzw. -dibromide herstellen:

$$R_3Sb=O \ + \ 2 \, HX \ \xrightarrow[-\,H_2O]{} \ R_3SbX_2$$

$$R = CH_3, C_6H_5$$
$$X = Cl, Br$$

*Dichlor-triphenyl-stiboran* kann durch Einwirkung von Salzsäure bzw. Chlorwasserstoff auf Diacetoxy-triphenyl-stiboran[15, 16], Bis-[chlor-triphenyl-antimon]-oxid[17] oder Bis-[triphenylsilyloxy]-triphenyl-stiboran[18] erhalten werden. Ebenso läßt sich *Dichlor-trimethyl-stiboran* durch Einwirkung von Chlorwasserstoff auf Bis-[bis-(trifluormethyl)-

[1] A. Michaelis u. A. Reese, A. **233**, 39 (1886).
[2] G. O. Doak et al., J. Organometal. Chem. **4**, 82 (1965).
[3] C. Trauter et al., J. Organometal. Chem. **12**, 369 (1968).
[4] G. T. Morgan u. F. M. Miklethwait, Soc. **99**, 2286 (1911).
[5] P. May, Soc. **97**, 1956 (1910).
[6] M. Becke-Goehring u. H. Thielemann, Z. anorg. Ch. **308**, 33 (1961).
[7] T. Wizemann et al., J. Organometal. Chem. **20**, 211 (1969).
[8] H. G. Ang u. W. S. Lien, J. Fluorine Chem. **3**, 235 (1973).
[9] H. Landolt, J. pr. **84**, 328 (1861).
[10] F. Challenger u. A. T. Peters, Soc. **1929**, 2610.
[11] I. P. Tsukervanik u. D. Smirnov, Ž. obšč. Chim. **7**, 1527 (1937); engl.: 1527; C. A. **31**, 8518 (1937).
[12] G. T. Morgan u. G. R. Davies, Pr. roy. Soc. **143**A, 38 (1934).
[13] J. F. Carson u. F. F. Wong, J. Org. Chem. **26**, 1467 (1961).
[14] G. T. Brilles u. W. E. McEwen, Tetrahedron Letters **1966**, 5299.
[15] A. N. Nesmeyanov et al., Izv. Akad. SSSR **1958**, 1435; C. A. **53**, 8037 (1959).
[16] V. I. Lodochnikova et al., Ž. obšč. Chim. **34**, 946 (1964); engl.: 940.
[17] R. L. McKenny u. H. H. Sisler, Inorg. Chem. **6**, 1178 (1967).
[18] G. A. Razuvaev et al., J. Organometal. Chem. **40**, 151 (1972).

nitroxyl]-trimethyl-stiboran herstellen[1]. Am einfachsten kann *Dichlor-triphenyl-stiboran* aus dem Oxid durch Einwirkung von Phosgen oder Thionylchlorid hergestellt werden[2]. Durch Einwirkung von Brom auf Triphenyl-stibinoxid läßt sich analog *Dibrom-triphenyl-stiboran* gewinnen[3].

*Bis-[isocyanat]-tributyl-stiboran* erhält man beim Erhitzen von Tributyl-stibinoxid mit Harnstoff oder Natriumisocyanat[4]:

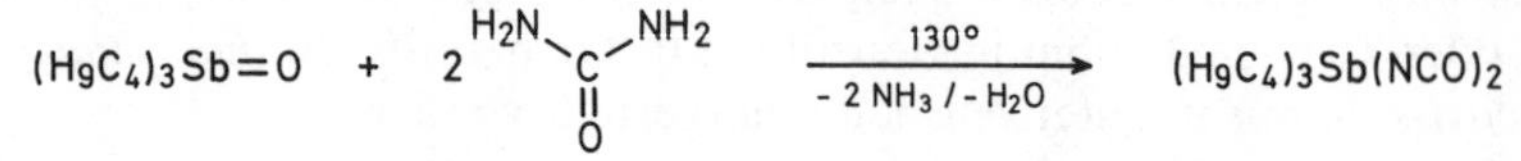

$$(H_9C_4)_3Sb=O \quad + \quad 2 \quad \underset{\underset{O}{\overset{\|}{C}}}{H_2N\diagdown \diagup NH_2} \quad \xrightarrow[-2\,NH_3\,/\,-H_2O]{130°} \quad (H_9C_4)_3Sb(NCO)_2$$

All diese Reaktionen stellen jedoch keine Alternative zur Halogenierung von tert. Stibinen dar. Ebenso präparativ umständlich ist die Spaltung der Pentaorgano-antimon-Verbindungen mit Halogen oder Halogenwasserstoff zu tert. Stibin-dihalogeniden. So wird durch Chlorierung von Pentaphenyl-stiboran in Tetrachlormethan *Dichlor-triphenyl-stiboran* gebildet[5]. Das entsprechende *Dibrom-triphenyl-stiboran* erhält man beim Erhitzen von Pentaphenyl-stiboran mit 45%iger Bromwasserstoffsäure[5]. *Dichlor-phenyl-bis-[biphenylyl-(2)]-stiboran* wird durch Erhitzen von Phenyl-bis-[biphenyl-2,2'-diyl]-stiboran in konz. Salzsäure hergestellt[6]:

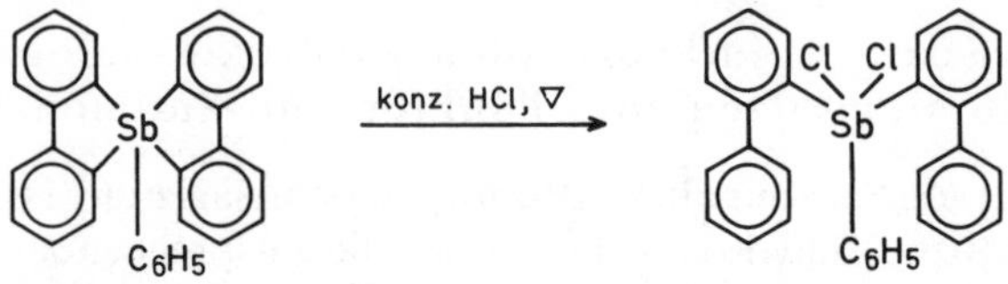

Aus Dialkyl- oder Diaryl-[trialken-(1)-yl]-stiboranen werden durch Einwirkung von Chlor (in Tetrachlormethan) oder Brom (in Chloroform) bei $-5°$ bis $-15°$ hauptsächlich die Alken-(1)-yl-Reste abgespalten, wobei **Dichlor-** und **Dibrom-dialkyl-alken-(1)-yl** bzw. **Dichlor-** und **Dibrom-alken-(1)-yl-diaryl-stiborane** entstehen[7]:

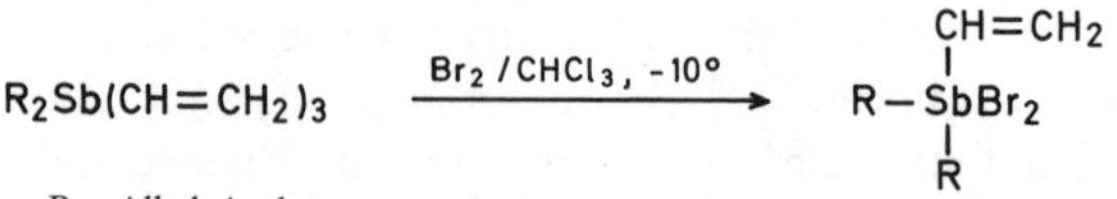

$$R_2Sb(CH=CH_2)_3 \quad \xrightarrow{Br_2\,/\,CHCl_3,\,-10°} \quad \underset{R}{\overset{CH=CH_2}{\underset{|}{\overset{|}{R-SbBr_2}}}}$$

R = Alkyl, Aryl

Die Spaltung der Pentaorgano-stiborane läuft über quart. Stiboniumsalze, die bei nicht ausreichender Halogenmenge isoliert werden können und bei weiterer Umsetzung mit Halogen die entsprechenden tert. Stibin-dihalogenide liefern[8]:

Das durch Bromierung von Tetraphenyl-stibonium-bromid erhältliche Tetraphenylstibonium-tribromid wird erst durch Erhitzen auf 180° in *Dibrom-triphenyl-stiboran* und Brombenzol gespalten[6]:

$$[(H_5C_6)_4\overset{\oplus}{Sb}]\;Br_3^{\ominus} \quad \xrightarrow[-\,C_6H_5Br]{180°} \quad (H_5C_6)_3SbBr_2$$

[1] H. G. Ang u. W. S. Lien, J. Fluorine Chem. **3**, 235 (1973).

[2] D.B.P. 1192205 (1965); BASF; Erf.: R. Appel u. W. Heinzelmann; C. A. **63**, 8405 (1965).

[3] F. Nerdel et al., B. **97**, 124 (1964).

[4] W. Stamm, J. Org. Chem. **30**, 693 (1965); Trans. N.Y. Acad. Sci. **28**, 396 (1966).

[5] G. Wittig u. K. Clauss, A. **577**, 26 (1952).

[6] G. Wittig u. D. Hellwinkel, B. **97**, 789 (1964).

[7] A. N. Nesmeyanov et al., Izv. Akad. SSSR **1961**, 730; **1964**, 1197, 1202; C. A. **55**, 22101 (1961); **61**, 12032 (1964).

[8] A. N. Nesmeyanov et al., Izv. Akad. SSSR **1964**, 1197, 1202; C. A. **61**, 12032 (1964).

γ) Durch Alkylierung oder Arylierung von metallischem Antimon, Antimon(V)-halogeniden oder Organo-antimon-Verbindungen

γ₁) *Reaktionen mit Alkylhalogeniden, Olefinen, Aromaten oder Organo-quecksilber-Verbindungen*

Eine Reihe dieser Reaktionen besitzt kaum präparative Bedeutung. So die Alkylierung von metallischem Antimon mit Alkyl-halogeniden unter Druck[1, 2]. Ebenso liefert die Einwirkung von Antimon(V)-fluorid oder Antimon(V)-fluorid/Flußsäure (Supersäure) auf Benzol, Alkylbenzole oder Halogenbenzole unter anderem die entsprechenden Difluor-triaryl-stiborane in 3–10%iger Ausbeute[3].

Antimon(V)-chlorid addiert sich an Acetylen ohne Katalysator zu einem Gemisch aus *Dichlor-tris-[cis-* und *trans-2-chlor-vinyl]-stiboran*, wobei letztes aus dem Reaktionsgemisch durch Umkristallisieren aus Äthanol als Hauptprodukt rein isoliert wird[4]. In ähnlicher Weise addiert sich Antimon(V)-fluorid an 1,1-Difluor-äthylen in flüssigem Schwefeldioxid zu *Difluor-tris-[3,3,3-trifluor-äthyl]-stiboran[5]:*

$$3\ F_2C{=}CH_2 \ + \ SbF_5 \ \xrightarrow{\text{fl. SO}_2} \ (F_3C{-}CH_2)_3SbF_2$$

Perfluorierte Äthylene liefern unter diesen Bedingungen keine tert. Stibin-difluoride sondern fluorierte Äthane[5]. Dichlor-trialken-(1)-yl-, -triaryl- und unsymmetrische-alkyl-aryl-stiborane werden in guter Ausbeute durch Alkylierung von Antimon(V)-chlorid bzw. Trichlor-diphenyl-stiboran mit Dialkyl-, Dialken-(1)-yl- oder Diaryl-quecksilber erhalten[6]:

$$SbCl_5 \ + \ 3\ R_2Hg \ \xrightarrow[-\ 3\ R{-}Hg{-}Cl]{} \ R_3SbCl_2$$

$$(H_5C_6)_2SbCl_3 \ + \ R_2Hg \ \xrightarrow[-\ R{-}Hg{-}Cl]{} \ \underset{\underset{R}{|}}{(H_5C_6)_2SbCl_2}$$

$$R = CH{=}CH{-}Cl,\ C_4H_9,\ C_6H_5,\ 4{-}CH_3{-}C_6H_4,\ 4{-}OCH_3{-}C_6H_4$$

Die Reaktion mit Trichlor-diphenyl-stiboran wird in Benzol bei 50° durchgeführt.

**Dichlor-(cis-2-chlor-vinyl)-diphenyl-stiboran[6]:** Eine Mischung aus 3,67 g Trichlor-diphenyl-stiboran und 3,11 g Bis-[cis-2-chlor-vinyl]-quecksilber in 75 *ml* abs. Benzol wird bei 50° solange gerührt, bis eine klare Lösung entstanden ist. Man läßt über Nacht stehen und zieht das Lösungsmittel ab. Nach Extraktion mit Hexan wird das tert. Stibin-dichlorid mit Äther ausgefällt; Ausbeute: 53% d. Th.; F: 100–102°.

Analog erhält man *Dichlor-(trans-2-chlor-vinyl)-diphenyl-stiboran* (69% d. Th.; F: 88–89°).

γ₂) *Diazoreaktionen*

Durch Arylierung von metallischem Antimon, Diarylstibinigsäure-Derivaten, Arenstibonigsäure-Derivaten, Trichlor-diaryl-stiboranen, Antimon(III)- und (V)-chloriden mit Aren-diazoniumsalzen bzw. -doppelsalzen oder Diarylhalogenium-salzen lassen sich

[1] W. J. C. Dyke u. W. J. Jones, Soc. **1930**, 1921.
[2] H. Grohn et al., Z. Chem. **2**, 24 (1962).
[3] G. A. Olah et al., Am. Soc. **96**, 876 (1974).
[4] A. N. Nesmeyanov u. A. E. Borisov, Izv. Akad. SSSR **1971**, 2103; C. A. **76**, 3976[c] (1972).
[5] G. G. Belenkii et al., Izv. Akad. SSSR **1972**, 983; C. A. **77**, 75296[c] (1972).
[6] A. N. Nesmeyanov u. A. E. Borisov, Izv. Akad. SSSR **1969**, 974, 939; C. A. **71**, 39104[c], 39108[g] (1969).

Dichlor-triaryl-stiboran unter unterschiedlichen Bedingungen in unterschiedlicher Ausbeute herstellen[1].

Antimon-Pulver wird durch Arendiazoniumchloride unter neutralen Bedingungen in Aceton oder Essigsäure-äthylester zu einem Gemisch aus Chlor-diaryl-antimon-Verbindungen, Triaryl-stibinen und tert. Stibin-dichloriden aryliert[2]:

$$3 \left[ Ar - \overset{\oplus}{N_2} \right] Cl^{\ominus} \; + \; Sb \quad \xrightarrow[- N_2]{Aceton / CaCO_3} \quad Ar_3 SbCl_2$$

Die Ausbeuten an Dichlor-triaryl-stiboran sind jedoch nicht immer befriedigend ($\sim 25^0/_0$ d. Th.).

**Dichlor-tris-[4-chlor-phenyl]-stiboran**[2]: Das aus 20 g 4-Chlor-anilin-Hydrochlorid durch Nitrosierung erhaltene 4-Chlor-benzoldiazoniumchlorid wird mit 20 g Calciumcarbonat vermischt und in 200 *ml* Aceton suspendiert. Unter Rühren gibt man 30 g Antimon-Pulver hinzu, wobei eine heftige Reaktion unter Sieden des Acetons eintritt. Nach Abklingen der Reaktion erhitzt man weitere 30 Min. unter Rückfluß, filtriert heiß ab und extrahiert den Rückstand mit weiterem heißem Aceton. Das Filtrat wird zur Trockene abgedampft und der Rückstand mit heißem Petroläther (Kp: 60–80°) extrahiert. Beim Abkühlen fallen 1,4 g ($\sim 7\%$ d. Th.; bez. Antimon) aus; F: 193°.

In gleicher Weise erhält man[2] z. B.:

| | |
|---|---|
| *Tris-[4-brom-phenyl]-stiboran* | F: 200° |
| *Tris-[4-chlormethyl-phenyl]-stiboran* | F: 226° (Benzol) |
| *Tris-[5-chlor-2-methoxy-phenyl]-stiboran* | F: 281° (Zers.) |

Die Verwendung von Arendiazonium-tetrachloroantimonaten(III) oder -tetrachlorozinkaten an Stelle entsprechender Chloride hat kaum Einfluß auf die Ausbeuten an Dichlor-triaryl-stiboran[3]. In 30%iger Ausbeute wird *Dichlor-triphenyl-stiboran* bei der Zersetzung von Diphenyljodoniumchlorid-Antimon(III)-chlorid-Doppelsalz in Gegenwart von metallischem Antimon in Aceton erhalten[4].

Die Zersetzung von Arendiazonium-tetrachloroantimonat(III) (May'sches Salz) mit Zink in Essigsäure-äthylester[3, 4] oder mit Eisen-Pulver in Aceton (s. auch S. 532)[5, 6] liefert meist Gemische aus unterschiedlich arylierten Halogenstibinen, wobei die Zersetzung mit Eisen-Pulver in Aceton hauptsächlich Trichlor-diaryl-stiborane liefert. Der Anteil an Triaryl-stibinen und deren Dichloriden nimmt bei der Zersetzung mit Zink-Pulver in Essigsäure-äthylester zu, ohne jedoch präparativ wertvoll zu werden.

Zum Teil bessere Ausbeuten an Dichlor-triaryl-stiboran werden bei der Zersetzung von Arendiazonium-tetrachloroantimonat(III) mit Eisen-Pulver in Aceton erzielt[5–7]. Die Arendiazonium-hexachloroantimonate(V) können nicht direkt aus Arendiazonium-chlorid und Antimon(V)-chloriden erhalten werden. Sie werden am besten aus den Doppelsalzen der Arendiazoniumchloride mit Eisen(III)-chlorid und Antimon(V)-chlorid in Aceton/Chloroform hergestellt[6].

**Dichlor-triaryl-stiboran; allgemeine Arbeitsvorschrift**[6]: Unter gutem Rühren wird eine Suspension von 5,6 g (0,1 g-Atom) Eisen-Pulver (100 mesh) in 50 *ml* trockenem Aceton mit einem Drittel einer Lösung von 0,025 Mol Arendiazonium-hexachloroantimonaten(V)[6] in 40 *ml* trockenem Aceton auf einmal versetzt. Eine heftige

[1] Eine ausführliche Übersicht findet sich bei: O. A. REUTOV u. O. A. PTITSYNA, *Organometallic Reactions*, Vol. 4, S. 106, Wiley-Intersciene, New York 1972.

[2] F. B. MAKIN u. W. A. WATERS, Soc. **1937**, 2007; **1938**, 843.

[3] O. A. PTITSYNA et al. Izv. Akad. SSSR **1961**, 265.

[4] A. N. NESMEYANOV et al., Izv. Akad. SSSR **1944**, 416; C. A. **39**, 4320 (1945); **1953**, 298; C. A. **48**, 6391 (1954).

[5] A. N. NESMEYANOV et al., Doklady Akad. SSSR **91**, 1341 (1953); C. A. **48**, 11375 (1954).

[6] O. A. REUTOV u. V. V. KONDRATEVA, Ž. obšč. Chim. **24**, 1259 (1954); C. A. **49**, 12339 (1955).

[7] O. A. REUTOV, Doklady Akad. SSSR **87**, 991 (1952); C. A. **48**, 143 (1954).

Reaktion unter Stickstoffentwicklung und Erwärmung tritt sofort ein. Die restliche Diazonium-Lösung wird so zugegeben, daß die Reaktion unter Kontrolle bleibt. Nach beendeter Zugabe wird weitere 30 Min. nachgerührt. Man filtriert von anorganischen Materialien ab und dampft das Filtrat i. Vak. bei ~ 20° ein. Der bräunliche, ölige Rückstand wird 2mal mit je 20 *ml* 5 n Salzsäure gewaschen und unter Rühren mit 30 *ml* kaltem 96%igem Äthanol versetzt. Die ausgefallenen Dichlor-Verbindungen werden abgesaugt und umkristallisiert (im Filtrat befinden sich die Trichlor-diaryl-antimon-Verbindungen). So erhält man u. a.:

| | | |
|---|---|---|
| *Dichlor-tris-[2-chlor-phenyl]-stiboran*[1] | 73% d. Th. | F: 205–206° |
| *Dichlor-tris-[4-chlor-phenyl]-stiboran*[1] | 30% d. Th. | F: 193° |
| *Dichlor-tris-[4-methyl-phenyl]-stiboran*[1] | 29% d. Th. | F: 156° |
| *Dichlor-tris-[4-acetylamino-phenyl]-stiboran*[1] | 76% d. Th. | F: 170° |
| *Dichlor-tris-[2,4-dichlor-phenyl]-stiboran*[1] | 60% d. Th. | F: 235° |
| *Dichlor-tris-[2,4-dimethyl-phenyl]-stiboran*[1] | 52% d. Th. | F: 190,5–191° |
| *Dichlor-trinaphthyl-(2)-stiboran*[1] | 79% d. Th. | F: 158–160° |

In geringer Ausbeute werden unsymmetrische Dichlor-triaryl-stiborane bei der Arylierung von Arenstibonigsäure-dihalogeniden mit Arendiazonium-tetrachloroantimonaten(III)[2, 3] erhalten. Gute Ausbeuten sowohl an symmetrischen als auch unsymmetrischen Dichlor-triaryl-stiboranen werden bei der Arylierung von Diarylstibinigsäure-Derivaten mit Arendiazonium-halogeniden, -tetrachlorozinkaten oder -tetrachloroantimonaten(III) erhalten[4]:

$$Ar_2Sb-Cl \quad + \quad [Ar^1-\overset{\oplus}{N}_2] \, Cl^{\ominus} \quad \xrightarrow[-N_2]{Aceton} \quad Ar_2SbCl_2 \;\; (Ar^1)$$

Hierbei sind die Arendiazonium-tetrachloroantimonate(III) die effektivsten Arylierungsmittel[4].

**Dichlor-tris-[2-chlor-phenyl]-stiboran**[4]: 2,5 g (0,0065 Mol) Chlor-bis-[2-chlorphenyl]-stibin werden in 40 *ml* trockenem Aceton gelöst und mit 4 g (0,01 Mol) 2-Chlor-benzoldiazonium-tetrachloroantimonat(III) (s. S. 532) unter Rühren versetzt. Es tritt sofort eine exotherme Reaktion unter Stickstoff-Abspaltung ein. Die Umsetzung ist nach 30–35 Min. beendet. Man dampft das Lösungsmittel ab, wäscht den Rückstand mit 5 n Salzsäure aus und nimmt in kaltem Äthanol auf. Der ausgefallene Niederschlag wird abgesaugt und aus Aceton umkristallisiert; Ausbeute: 2,5 g (73% d. Th.); F: 204–206°.

Auf ähnliche Weise erhält man z. B.:

| | | |
|---|---|---|
| *Dichlor-(2-chlor-phenyl)-bis-[2-äthoxy-phenyl]-stiboran*[5] | 74% d. Th. | F: 189–190° (Chloroform/Äthanol) |
| *Dichlor-(4-nitro-phenyl)-bis-[2-äthoxy-phenyl]-stiboran* | 82% d. Th. | F: 223–228° |
| *Dichlor-bis-[2-chlor-phenyl]-(4-nitro-phenyl)-stiboran* | 45% d. Th. | F: 202° (Benzol) |

Eine analoge Umsetzung von Acetoxy-diphenyl-stibin mit Benzoldiazoniumacetat in Aceton liefert *Diacetoxy-triphenyl-stiboran* in 20%-iger Ausbeute[4].

Die aus Trichlor-diaryl-stiboranen und Diaryl-jodoniumchloriden in 5 n Salzsäure erhältlichen Doppelsalze können mit Zinkstaub in Aceton zu Dichlor-triaryl-stiboran zersetzt werden[6]. Die Reaktion ist jedoch wegen ihrer Umständlichkeit ohne präparative Bedeutung.

### δ) Aus tert. Stibin-dihalogeniden durch Halogen-Austausch

Die Halogene in tert. Stibindihalogeniden lassen sich durch Einwirkung von Alkalimetall- oder Silbersalzen gegen andere Halogene, Pseudohalogene oder anorganische Anio-

---

[1] O. A. Reutov u. V. V. Kondrateva, Ž. obšč. Chim. **24**, 1259 (1954); C. A. **49**, 12 339 (1955).

[2] I. G. M. Campbell, Soc. **1950**, 3109.

[3] I. G. M. Campbell u. D. J. Morrill, Soc. **1955**, 1662.

[4] A. N. Nesmeyanov et al., Izv. Akad. SSSR **1958**, 1435; C. A. **53**, 8037 (1959).

[5] Bis-[2-chlor-benzoldiazonium]-tetrachlorozinkat wurde als Arylierungsmittel verwendet.[4]

[6] O. A. Reutov u. A. N. Lovtsova, Vestn. Mosk. Ser. Mat., Astrom., Fiz. Chim. **13**, 191 (1958); C. A. **53**, 11 283 (1959).

nen austauschen. Auf diese Weise werden die aus den tert. Stibinen schwer zugänglichen Dinitrato [1-5]-, Difluor[3-8]-, Bis-[isocyanato][9-11]-, Bis-[isothiocyanato][5,9,11] und Diazido[11,13]-trialkyl- und -triaryl-stiborane am einfachsten hergestellt:

$$R_3SbX_2 \quad + \quad 2\,M-X^1 \quad \xrightarrow[-\,2\,M-X]{} \quad R_3Sb(X^1)_2$$

R = Alkyl, Aryl, Alkenyl
X = Cl, Br, J, Pseudohalogen
$X^1$ = $NO_3$, F, NCO, NCS, $N_3$
M = Na, K, Ag

Je nach Hydrolyseempfindlichkeit der Reaktionspartner kann die Umsetzung in Wasser, wäßrigem Alkohol oder in abs. organischen Solventien wie Alkohol oder Acetonitril durchgeführt werden. Meistens wählt man die Metallsalze so, daß entweder das neu gebildete Metallsalz oder das neu gebildete tert. Stibin-dihalogenid bzw. -bis-[pseudohalogenid] in dem jeweiligen Lösungsmittel schwer löslich ist.

**Difluor-trimethyl-stiboran**[3]: 10,21 g Dibrom-trimethyl-stiboran werden in 200 *ml* heißem Wasser gelöst und mit der 50%igen wäßr. Lösung von 7,93 g Silberfluorid versetzt. Das ausgefallene Silberbromid wird abgesaugt und das Filtrat zur Trockene abgedampft. Der Rückstand wird aus Äthanol umkristallisiert; Ausbeute: 2,62 g (42% d. Th.).

Dichlor-triaryl-stiborane liefern bei der Umsetzung mit heißer alkoholischer Kaliumfluorid-Lösung die entsprechenden Difluor-Derivate in 75–90 %iger Ausbeute[6]. *Difluor-triphenyl-stiboran* kann aus dem Dichlor-Derivat auch bei der Umsetzung mit Silber-tetrafluoroborat in Äthanol hergestellt werden[14].

**Difluor-triphenyl-stiboran**[14]: 2,17 g (5 mMol) Dichlor-triphenyl-stiboran werden in 200 *ml* siedendem Äthanol gelöst und mit 0,1 Mol Silber-tetrafluoroborat (in Form einer 47%igen Lösung) versetzt. Das ausgefallene Silberchlorid wird abfiltriert und das Filtrat auf 15 *ml* eingeengt. Beim Kühlen fällt das Difluor-Derivat aus; Ausbeute: 1,55 g (71% d. Th.); F: 115°[6].

Tert. Stibin-diazide[11,13] und bis-[isocyanate][10,11] sind extrem hydrolyseempfindlich, so daß ihre Herstellung unter Ausschluß von Feuchtigkeit erfolgen muß.

**Diazido-trimethyl-stiboran**[13]: Unter strengem Feuchtigkeitsausschluß werden 4,76 g (20 mMol) Dichlor-trimethyl-stiboran in 75 *ml* abs. 1,2-Dichlor-äthan gelöst und mit 5,20 g (80 mMol) wasserfreiem Natriumazid 24 Stdn. bei ~ 20° heterogen gerührt. Nach Abfiltrieren vom Niederschlag (nicht umgesetztes Natriumazid und Natriumchlorid) wird das Lösungsmittel i. Vak. bei 30° abgezogen und der Rückstand aus abs. Benzol umkristallisiert; Ausbeute: 4,37 g (87% d. Th.); F: 91°; 91,5–92,5°[11].

Die Reaktion kann auch in einer 20%igen Lösung von Stickstoffwasserstoffsäure in abs. Benzol durchgeführt werden, wobei z. B. *Diazido-triphenyl-stiboran* (F: 103,5–104,5°) sich analog herstellen läßt[11].

[1] H. LANDOLT, J. pr. **84**, 334 (1861).
[2] C. LÖLOFF, B. **30**, 2834 (1897).
[3] G. G. LONG et al., Am. Soc. **86**, 209 (1964).
[4] H. CLARK u. R. G. GOEL, Inorg. Chem. **5**, 998 (1966).
[5] Y. MATSUMURA u. R. OKAWARA, J. Organometal. Chem. **25**, 439 (1970).
[6] V. P. GLUSHKOVA et al., Sbornik Statei obšč. Chim. **2**, 992 (1953); C. A. **49**, 6859 (1955).
[7] A. N. NESMEYANOV et al., Izv. Akad. SSSR **1964**, 1202; C. A. **61**, 12032 (1964).
[8] C. G. MORELAND et al., Inorg. Chem. **7**, 834 (1968).
[9] F. CHALLENGER, Soc. **123**, 1052 (1923).
[10] W. STAMM, J. Org. Chem. **30**, 693 (1965).
[11] R. G. GOEL u. D. R. RIDLEY, Inorg. Nucl. Chem. Lett. **7**, 21 (1971); Inorg. Chem. **13**, 1252 (1974).
[12] H. HANTSCH u. H. HIBBERT, B. **40**, 1512 (1907).
[13] A. SCHMIDT, B. **101**, 3976 (1968).
[14] G. O. DOAK et al., J. Organometal. Chem. **4**, 82 (1965).

**Bis-[isocyanato]-tributyl-stiboran**[1]: Unter Feuchtigkeitsausschluß werden 36,4 g (0,1 Mol) Dichlor-tributyl-stiboran in 200 *ml* abs. Acetonitril gelöst und unter Rühren mit 26 g (0,4 Mol) trockenem, pulverisierten Natriumcyanat versetzt. Man erhitzt 3 Stdn. unter Rückfluß, filtriert die warme Lösung schnell ab, wäscht mit abs. Acetonitril nach und dampft das Filtrat ein. Der klare ölige Rückstand wird durch 2malige Kurzwegdestillation i. Vak. gereinigt, wobei die Badtemp. 170° nicht übersteigen darf; Ausbeute: 25 g (75% d. Th.); $Kp_{0,15}$: 122–124°.

*Bis-[isocyanat]-trimethyl-* (F: 53–54°) und *-triphenyl-stiboran* (F: 109–110°) werden aus den entsprechenden Dichlor-Derivaten durch 24stdgs. Rühren mit der stöchiometrischen Menge Silber-cyanat in trockenem Äther bei ~20° hergestellt[2].

Im Gegensatz zu den tert. Stibin-diaziden bzw. -bis-[isocyanaten] sind die entsprechenden -bis-[isothiocyanate] weniger hydrolyse-empfindlich, sodaß bei ihrer Herstellung keine besonderen Vorsichtsmaßnahmen notwendig sind[3-6].

Bei der Umsetzung tert. Stibin-dihalogenide mit Silbernitrat, -perchlorat oder -sulfat erhält man nicht immer tert. Stibin-dinitrate, -diperchlorate bzw. -sulfate, sondern Verbindungen mit Sb-O-Sb-Bindung (s. S. 549).

*Dinitrato-* und *Sulfato-trimethyl-stiboran* können aus Dibrom-trimethyl-stiboran und Silbernitrat bzw. -sulfat in wäßriger Lösung erhalten werden[7]. In Alkohol wird dagegen *Bis-[nitrato-trimethyl-antimon]-oxid* erhalten[7]. Analog kann *Dinitrato-triphenyl-stiboran* nicht aus dem Dichlorid durch Umsetzung mit Silbernitrat hergestellt werden[8, 9], jedoch durch Einwirkung von Distickstoff-tetroxid[9]:

$$(H_5C_6)_3SbCl_2 \xrightarrow{N_2O_4} (H_5C_6)_3Sb(NO_3)_2$$

In Dibrom-trimethyl-stiboran können die Brom-Atome durch Einwirkung entsprechender Silbersalze gegen komplexe Anionen wie Chromat, Tetrafluoroborat, Hexafluorosilicat oder Hexafluoroantimonat (V) ausgetauscht werden[10].

## B. Umwandlung

Tert. Stibin-dihalogenide bzw. -dipseudohalogenide zeigen gegenüber Wasser allein unterschiedliche Hydrolyseempfindlichkeit. So können viele Dihalogen-trialkyl- und triaryl-stiborane aus Wasser umkristallisiert werden. Die entsprechenden Diazido- und Bis-[isocyanato]-Derivate sind dagegen äußerst hydrolyseempfindlich (s. S. 546). Dichlor-tris-[trifluormethyl]-stiboran wird durch Wasser in eine Verbindung umgewandelt, die als *Hydroxy-dichlor-tris-[trifluormethyl]-antimonsäure* formuliert wird[11]:

$$(F_3C)_3SbCl_2 \ + \ 2\ H_2O \ \longrightarrow \ \left[ \begin{array}{c} Cl \\ | \\ (F_3C)_3Sb-OH \\ | \\ Cl \end{array} \right]^{\ominus} H_3O^{\oplus}$$

Durch basische Hydrolyse werden tert. Stibin-dihalogenide bzw. dipseudohalogenide über Bis-[halogen-triorgano-antimon]-oxide (s. S. 548) in tert. Stibin-dihydroxide

[1] W. STAMM, J. Org. Chem. **30**, 693 (1965).
[2] R. G. GOEL u. D. R. RIDLEY, Inorg. Nucl. Chem. Lett. **7**, 21 (1971); Inorg. Chem. **13**, 1252 (1974).
[3] H. HANTZSCH u. H. HIBBERT, B. **40**, 1512 (1907).
[4] F. CHALLENGER, Soc. **123**, 1052 (1923).
[5] Y. MATSUMURA u. R. OKAWARA, J. Organometal. Chem. **25**, 439 (1970).
[6] R. GOEL u. R. D. RIDLEY, Inorg. Nucl. Chem. Lett. **7**, 21 (1971).
[7] G. G. LONG et al., Am. Soc. **86**, 209 (1964).
[8] G. O. DOAK et al., J. Organometal. Chem. **4**, 82 (1965).
[9] G. C. TRAUTER et al., J. Organometal. Chem. **12**, 369 (1968).
[10] H. C. CLARK u. R. G. GOEL, Inorg. Chem. **5**, 998 (1966).
[11] H. J. EMELÉUS u. J. H. MOSS, Z. anorg. Ch. **282**, 24 (1955).

umgewandelt (s. S. 562). Durch Salze von Carbonsäuren, Alkalimetallalkanolate bzw. -organo-peroxide werden Diacyloxy-, Dialkoxy- bzw. Bis-[organo-peroxy]-triorgano-stiborane (s. S. 553) gebildet (zum Austausch der Halogene gegen andere Halogene, Pseudohalogene oder anorg. Anionen s. S. 545).

Thermisch spalten tert. Stibin-dihalogenide beim Erhitzen über ihre Schmelzpunkte Alkyl- bzw. Arylhalogenid unter Bildung von Stibinigsäure-halogeniden ab (s. S. 496).

Durch Reduktionsmittel wie Zink, Lithiumalanat bzw. -boranat erfolgt Dehalogenierung zu den entsprechenden tert. Stibinen (s. S. 464).

Beim Lösen von zwei verschiedenen Stibin-dihalogeniden bzw. -dipseudohalogeniden stellt sich ein temperaturabhängiges Halogenaustausch-Gleichgewicht ein[1-3]:

$$R_3SbX_2 \ + \ R_3SbY_2 \ \underset{}{\overset{\text{Lösung}}{\rightleftharpoons}} \ 2 \ R_3Sb\overset{X}{\underset{Y}{\diagup\diagdown}}$$

X, Y = Hal., Pseudohal.

Mit Grignard- oder Organo-lithium-Verbindungen reagieren die tert. Stibin-dihalogenide über quart. Stiboniumsalze (s. S. 574) zu Pentaorgano-stiboranen (s. S. 584).

Schwefelwasserstoff in ammoniakalischem Alkohol wandelt Dibrom-triaryl-stiborane in die entsprechenden Triaryl-stibinsulfide um (s. S. 566). Dibrom-triäthyl-stiboran reagiert mit Natriumsulfid in Methanol zu *Triäthyl-stibinsulfid* (s. S. 566).

Dichlor-triäthyl-stiboran bildet mit Aluminiumtrichlorid bzw. Trialkylaluminium Addukte bzw. quart. Stibonium-aluminate[4].

## 2. Bis-[halogen- (bzw. -pseudohalogen)-triorgano-antimon]-oxide, Halogen-alkoxy- und -silyloxy-stiborane

Die zuerst als tert. Stibin-hydroxid-halogenide formulierten Verbindungen[5-9] besitzen nach neueren Untersuchungen kein Sb-OH- sondern ein Sb-O-Sb-Strukturelement und werden als Bis-[halogen-triorgano-antimon]-oxide formuliert[10-16], die in Abhängigkeit vom Halogen, Pseudohalogen oder anorganischen Rest sowohl ionisch als auch covalent auftreten können[12-16]. Die Bis-[halogen-triorgano-antimon]-oxide werden durch partielle Hydrolyse von tert. Stibin-dihalogeniden[5-9],[11-14], Hydrolyse von Bis-[halogen-triorgano-antimon]-imiden[15] oder durch Umsetzung äquimolarer Mengen tert. Stibin-dihalogenide und dihydroxide hergestellt[10,13,17].

[1] E. L. MUETTERTIES et al., Inorg. Chem. **3**, 1298 (1964).
[2] G. C. LONG et al., Inorg. Chem. **5**, 1358 (1966).
[3] C. G. MORELAND et al., Inorg. Chem. **7**, 834 (1968); **11**, 3112 (1972).
[4] Y. TAKASHI u. I. AISHIMA, J. Organometal. Chem. **8**, 209 (1967).
[5] G. T. MORGAN et al., Soc. **97**, 34 (1910); **99**, 2286 (1911); Pr. roy. Soc. **110 A**, 534 (1926).
[6] K. A. JENSEN, Z. anorg. Ch. **250**, 268 (1943).
[7] G. WITTIG u. K. CLAUSS, A. **577**, 26 (1952).
[8] H. HARTMANN u. G. KÜHL, Z. anorg. Ch. **312**, 186 (1961).
[9] O. P. PTITSYNA et al., Izv. Akad. SSSR **1961**, 265.
[10] A. HANTZSCH u. H. HIBBERT, B. **40**, 1508 (1907).
[11] D. R. LYON et al., Soc. **1947**, 662.
[12] L. KOLDITZ et al., Z. anorg. Ch. **316**, 270 (1962).
[13] G. G. LONG et al., Am. Soc. **86**, 209 (1964).
[14] G. O. DOAK et al., J. Organometal. Chem. **4**, 82 (1965).
[15] R. L. McKENNY u. H. H. SISLER, Inorg. Chem. **6**, 1178 (1967).
[16] R. G. GOEL et al., Canad. J. Chem. **47**, 1423 (1969); Inorg. Chem. **11**, 2141 (1972).
[17] W. E. McEWEN et al., Phosphorus, **2**, 147 (1972).

$$2\ R_3SbCl_2\ +\ H_2O\ \rightleftharpoons\ \underset{\underset{Cl}{|}\qquad\underset{Cl}{|}}{R_3Sb-O-SbR_3}\ +\ 2\ HCl$$

$$(H_3C)_3SbBr_2\ +\ (H_3C)_3Sb(OH)_2\ \xrightarrow[-H_2O]{}\ \underset{\underset{Br}{|}\qquad\underset{Br}{|}}{(H_3C)_3Sb-O-Sb(CH_3)_3}$$

**Bis-[chlor-trimethyl-antimon]-oxid**[1]: 1,1883 g Dichlor-trimethyl-antimon und 1,0037 g Dihydroxy-trime-thyl-stiboran, jeweils in Wasser gelöst, werden zusammengegeben und die entstandene Lösung anschließend stark eingeengt. Der abgeschiedene Niederschlag wird abgesaugt und aus Äthanol umkristallisiert; Ausbeute: 1,55 g (71% d. Th.).

**Bis-[chlor-triphenyl-àntimon]-oxid**[2]: In einem 1-l-Dreihalskolben, versehen mit Rührer, Tropftrichter und Rückflußkühler werden 20 g Dichlor-triphenyl-stiboran in 600 ml siedendem Methanol gelöst und innerhalb von 15 Min. mit einer Lösung von 1,887 g Natriumhydroxid in 250 ml Wasser unter Rühren versetzt. Nach kurzem Aufkochen wird mit Wasser solange verdünnt bis eine erste Trübung auftritt und stehengelassen. Die ausgefalle-nen Kristalle werden abgesaugt, mit Methanol und Petroläther gewaschen und an der Luft getrocknet; Ausbeute: 18,5 g (96,5% d. Th.); F: 222°; 216–218°[3].

Analog wird *Bis-[chlor-tribenzyl-antimon]-oxid* in 99%iger Ausbeute erhalten[2].

Bis-[chlor-trialkyl-antimon]-amide hydrolysieren bereits an der feuchten Luft in quantitativer Ausbeute zu den entsprechenden Bis-[chlor-trialkyl-antimon]-oxiden[4]:

$$\underset{\underset{Cl}{|}\qquad\underset{Cl}{|}}{R_3Sb-NH-SbR_3}\ \xrightarrow[100\%\ d.Th.]{Luftfeuchtigkeit}\ \underset{\underset{Cl}{|}\qquad\underset{Cl}{|}}{R_3Sb-O-SbR_3}\ +\ NH_3$$

R = CH₃, C₂H₅, C₃H₇, C₄H₉; *Bis-[chlor-trimethyl(triäthyl, tripropyl, tributyl)-antimon]-oxid*

Durch Einwirkung von Silbersalzen auf Bis-[halogen-triorgano-antimon]-oxide lassen sich die Halogen-Atome gegen Pseudohalogene bzw. anorganische Reste austauschen[4, 5]:

$$\underset{\underset{Cl}{|}\qquad\underset{Cl}{|}}{R_3Sb-O-SbR_3}\ +\ 2\ Ag-X\ \xrightarrow[-2\ AgCl]{}\ \underset{\underset{X}{|}\qquad\underset{X}{|}}{R_3Sb-O-SbR_3}$$

X = ClO₄, CrO₄, SeO₄, SO₄, NO₃

In vielen Fällen können Bis-[perchlorato[1, 3, 5] (sulfato[3], dinitrato[3, 4, 6–8]-triorgano-antimon]-oxide direkt aus den tert. Stibin-dihalogeniden durch Einwirkung der entsprechenden Silbersalze in Alkohol oder wäßrigem Alkohol gewonnen werden:

$$2\ R_3SbCl_2\ +\ 4\ Ag-X\ \xrightarrow[-4\ AgCl]{C_2H_5OH}\ \underset{\underset{X}{|}\qquad\underset{X}{|}}{R_3Sb-O-SbR_3}$$

X = ClO₄, NO₃, SO₄

**Bis-[perchlorato-triphenyl-antimon]-oxid**[3]: Eine heiße Lösung von 2,17 g (0,005 Mol) Dichlor-triphenyl-stiboran in 200 ml Äthanol wird mit einer äthanolischen Lösung von 2,07 g (0,01 Mol) Silberperchlorat versetzt

[1] G. G. Long et al., Am. Soc. **86**, 209 (1964).
[2] L. Kolditz et al., Z. anorg. Ch. **316**, 270 (1962).
[3] G. O. Doak et al., J. Organometal. Chem. **4**, 82 (1965).
[4] R. L. McKenny u. H. H. Sisler, Inorg. Chem. **6**, 1178 (1967).
[5] R. G. Goel et al., Canad. J. Chem. **47**, 1423 (1969); Inorg. Chem. **11**, 2141 (1972).
[6] D. R. Lyon et al., Soc. **1947**, 662.
[7] G. C. Tranter et al., J. Organometal. Chem. **12**, 369 (1968).
[8] Y. Matsumura u. R. Okawara, J. Organometal. Chem. **25**, 439 (1970).

und über Nacht stehengelassen. Nach Abfiltrieren des Silberchlorids wird das Filtrat mit Äthanol auf 250 *ml* verdünnt und in kleinen Anteilen (10–50 *ml*) i. Vak. über Calciumchlorid zur Trockene abgedampft. Der Rückstand wird aus Äthanol/Äther umkristallisiert; F: ⟩300°; 307°[1].

Bei der analogen Herstellung von *Bis-[perchlorato-trimethyl-antimon]-oxid* kann es bei Trocknung zur **Explosion** kommen, so daß man nur sehr kleine Mengen handhaben darf[1]. Das als Hydrat erhaltene Oxid wird besser mit Orthoameisensäure-triäthylester getrocknet[2].

**Bis-[nitrato-triphenyl-antimon]-oxid**[3, 4]: Eine Lösung von Dichlor-triphenyl-stiboran in Äthanol[3] oder feuchtem Acetonitril[4] wird mit der ber. Menge Silbernitrat versetzt und stehengelassen. Der ausgefallene Niederschlag wird aus Wasser, Äthanol oder Acetonitril umkristallisiert; F: 226°[3]; 224°[4] (Zers.).

*Bis-[nitrato-trimethyl-antimon]-oxid* erhält man durch Einwirkung von 60%iger Salpetersäure auf Dihydroxy-trimethyl-stiboran in feuchtem Aceton[5].

Läßt man auf tert. Stibin-dihalogenide Alkalimetall-alkanolate[6, 7], -phenolate[8] -enolate[8] oder -silanolate[9] in molarem Verhältnis einwirken, so lassen sich die entsprechenden Halogen-alkoxy-, Halogen-aryloxy- und Halogen-triorganosilyloxy-triorgano-stiborane in guten Ausbeuten herstellen:

$$(H_5C_6)_3SbX_2 \quad + \quad NaOR \quad \xrightarrow{- NaX} \quad (H_5C_6)_3Sb\underset{OR}{\overset{X}{\diagdown}}$$

X = Cl, Br
R = Alkyl, Aryl, Triorganosilyl

**Chlor-methoxy-triphenyl-stiboran**[6]: Äquimolare Mengen Dichlor-triphenyl-stiboran und Natriummethanolat werden in abs. Methanol kurz aufgekocht und anschließend i. Vak. vom Lösungsmittel befreit. Der Rückstand wird mit heißem abs. Methanol extrahiert, wobei Natriumchlorid ungelöst zurückbleibt. Aus dem Filtrat fällt beim Kühlen das Chlor-methoxy-Derivat aus; Ausbeute: 86% d. Th.; F: 122–122,5°.

*Chlor-chinolyloxy-(8)-triäthyl-* und *triphenyl-stiboran* werden entsprechend aus Natrium-chinolinolat-(8) und dem jeweiligen tert. Stibin-dichlorid in abs. Äthanol erhalten[8].

Aus Dichlor-trimethyl-stiboran und Natrium-trimethylsilanolat im 1 : 1-Verhältnis entsteht nach 2stdgm. Rühren in abs. Äther bei ∼20° das *Chlor-trimethylsilyloxy-trimethyl-stiboran* (F: 59°) in 91%iger Ausbeute[9].

Halogen-triorganosilyloxy-triorgano-stiborane können auch direkt aus tert. Stibinen durch Addition von Silyl-hypohalogeniten in 80–84%iger Ausbeute gewonnen werden[10]:

$$R_3Sb \quad + \quad (R^1)_3Si-O-X \quad \longrightarrow \quad R_3Sb\underset{X}{\overset{O-Si(R^1)_3}{\diagdown}}$$

Die Umsetzung ist exotherm und ist nach kurzer Zeit beendet. Man arbeitet bei ∼−30° in Tetrachlormethan oder Dichlormethan unter Ausschluß von Licht. Besonders wichtig ist der Ausschluß von Feuchtigkeit, da die entstehenden Halogen-silyloxy-Derivate äußerst hydrolyseempfindlich sind[10].

---

[1] G. G. LONG et al., Am. Soc. **86**, 209 (1964).
[2] R. G. GOEL et al., Inorg. Chem. **11**, 2141 (1972).
[3] R. L. McKENNY u. H. H. SISLER, Inorg. Chem. **6**, 1178 (1967).
[4] G. C. TRANTER et al., J. Organometal. Chem. **12**, 369 (1968); s. auch dort zit. Lit.
[5] M. SHINDO u. R. OKAWARA, J. Organometal. Chem. **5**, 537 (1966).
[6] L. KOLDITZ et al., Z. anorg. Ch. **316**, 270 (1962).
[7] J. DAHLMANN u. A. RIECHE, B. **100**, 1544 (1967).
[8] H. A. MEINEMA et al., J. Organometal. Chem. **17**, 71 (1969); **37**, 285 (1972).
[9] H. SCHMIDBAUR et al., B. **97**, 449 (1964).
[10] J. DAHLMANN u. L. AUSTENAT, J. pr. **312**, 10 (1970); A. **729**, 1 (1969).

**Chlor-trimethylsilyloxy-triphenyl-stiboran**[1]: Zu einer frisch hergestellten 0,01 m Lösung von Trimethylsilyl-hypochlorit in abs. Tetrachlormethan[1] wird bei −30° und Licht- und Feuchtigkeits-Ausschluß innerhalb von 5 Min. eine Lösung von 3,53 g (0,01 Mol) Triphenyl-stibin in 50 *ml* abs. Tetrachlormethan getropft. Die Reaktionslösung wird abgesaugt, eingeengt und das anfallende gelbliche Öl aus 30 *ml* abs. Pentan umkristallisiert; Ausbeute: 3,9 g (82% d. Th.); F: 93–96°.

Auf gleiche Weise erhält man[1] u. a.:

| | | |
|---|---|---|
| *Brom-trimethylsilyloxy-triphenyl-stiboran* | 83% d. Th. | F: 104–106° (Pentan) |
| *Chlor-triphenylsilyloxy-triphenyl-stiboran* | 84% d. Th. | F: 206° (Zers.) (Benzol/Pentan) |
| *Brom-triphenylsilyloxy-triphenyl-stiboran* | 80% d. Th. | F: 209° (Zers.) (Benzol/Pentan) |

Ebenso läßt sich *Chlor*- bzw. *Brom-tert.-butyloxy-triphenyl-stiboran* durch Addition von tert. Butylhypohalogeniten an Triphenyl-stibin herstellen[1].

Meistens hydrolysieren die Halogen-alkoxy-triorgano-stiborane sehr leicht zu Bis-[halogen-triorgano-antimon]-oxiden (s. S. 548). Durch Einwirkung von konz. Chlor- bzw. Bromwasserstoffsäure werden die entsprechenden tert. Stibindichloride bzw. -dibromide zurückgebildet.

In Äther werden Halogen-alkoxy-triphenyl- und -trimethyl-stiborane durch Wasserstoffperoxid in Bis-[*chlor(brom)-trimethyl(triphenyl)-antimon*]-peroxide umgewandelt[2]:

$$R_3Sb\overset{X}{\underset{OR^1}{\diagup}} \quad + \quad H_2O_2 \quad \xrightarrow{\text{Äther}} \quad R_3Sb\underset{X}{-}O-O\underset{X}{-}SbR_3$$

$$R = C_6H_5$$
$$X = Cl, Br$$

**Bis-[chlor-trimethyl-antimon]-peroxid**[2]: Unter strengem Feuchtigkeitsausschluß wird eine Lösung von 8,5 g (34,4 mMol) Chlor-äthoxy-trimethyl-stiboran in 75 *ml* abs. Äther unter Rühren tropfenweise mit einer Lösung von 0,584 g (17,2 mMol) Wasserstoffperoxid in 30 *ml* abs. Äther bei ~ 20° versetzt. Zur Vervollständigung der Reaktion wird 1 Stde. nachgerührt und anschließend das ausgefallene Produkt abgesaugt. Durch Versetzen des Filtrats mit Pentan und längeres Stehenlassen im Kühlschrank läßt sich weiteres Peroxid ausfällen. Das Rohprodukt wird aus siedendem Benzol umkristallisiert; Ausbeute: 5,0 g (67% d. Th.); Zersetzt sich beim Erhitzen und schmilzt > 300°.

*Bis-[brom-trimethyl-* bzw. *-triphenyl-antimon]-peroxid* werden analog hergestellt, wobei die ausgefallenen Derivate nur mit Pentan gewaschen werden, da sie beim Erhitzen in Benzol sehr leicht Sauerstoff abspalten und in *Bis-[brom-trimethyl-* und *-triphenyl-antimon]-oxid* übergehen[2]:

$$R_3Sb\underset{Br}{-}O-O\underset{Br}{-}SbR_3 \quad \xrightarrow[-\;1/2\;O_2]{\text{Benzol}} \quad R_3Sb\underset{Br}{-}O\underset{Br}{-}SbR_3$$

## 3. Halogen-acylthio-triorgano-stiborane und Bis-[halogen-triorgano-antimon]-amine

Chlor-acylthio-triorgano-stiborane werden in nahezu quantitativer Ausbeute durch Einwirkung von Carbonsäure-chloriden auf die entsprechenden tert. Stibinsulfide in Chloroform erhalten[3]:

$$(H_3C)_3Sb=S \quad + \quad R-CO-Cl \quad \xrightarrow{CHCl_3} \quad (H_3C)_3Sb\overset{Cl}{\underset{S-CO-R}{\diagup}}$$

---

[1] J. Dahlmann u. L. Austenat, J. pr. **312**, 10 (1970); A. **729**, 1 (1969).
[2] J. Dahlmann u. A. Rieche, B. **100**, 1544 (1967).
[3] J. Otera u. R. Okawara, J. Organometal. Chem. **17**, 353 (1969).

Auch die Umsetzung äquimolarer Mengen tert. Stibin-dihalogenid mit der entsprechenden Bis-[acylthio]-triorgano-antimon-Verbindung führt zu Halogen-acylthio-triorgano-stiboranen[1]:

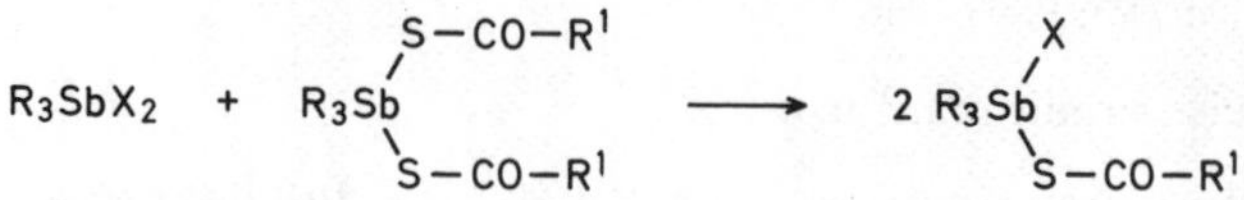

$$R_3SbX_2 \; + \; R_3Sb{\overset{\displaystyle S-CO-R^1}{\underset{\displaystyle S-CO-R^1}{}}} \longrightarrow \; 2\,R_3Sb{\overset{\displaystyle X}{\underset{\displaystyle S-CO-R^1}{}}}$$

**Chlor-acetylthio-trimethyl-stiboran[1]:** Unter Rühren wird die Chloroform-Lösung von Trimethylstibinsulfid bei ~ 20° mit der äquimolaren Menge Acetylchlorid versetzt. Es tritt sofort eine exotherme Reaktion ein. Man rührt weitere 15 Min. bei 20°, destilliert das Chloroform i. Vak. ab und kristallisiert den Rückstand aus Benzol/Petroläther um; Ausbeute: ~ quantitativ; F: 93–95°.

Analog wird *Chlor-benzoylthio-triphenyl-stiboran* (F: 134–135°) erhalten[1].

Zur Herstellung der entsprechenden B r o m -Derivate werden die Chlor-acylthio-triorgano-stiborane mit Natrium-bromid in Methanol 30 Min. unter Rückfluß erhitzt[1]:

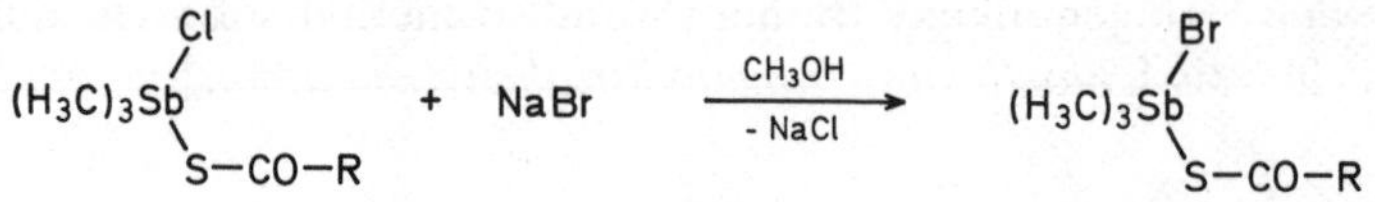

$$(H_3C)_3Sb{\overset{\displaystyle Cl}{\underset{\displaystyle S-CO-R}{}}} \; + \; NaBr \; \xrightarrow[-\,NaCl]{CH_3OH} \; (H_3C)_3Sb{\overset{\displaystyle Br}{\underset{\displaystyle S-CO-R}{}}}$$

$$R = CH_3; \quad \textit{Brom-acetylthio-trimethyl-stiboran}$$
$$R = C_6H_5; \quad \textit{Brom-benzoylthio-trimethyl-stiboran}$$

Bis-[chlor-triorgano-antimon]-amine sind durch Addition von ammoniakfreiem Chloramin an tert. Stibine in wasserfreiem Äther bei −78° zugänglich[2]:

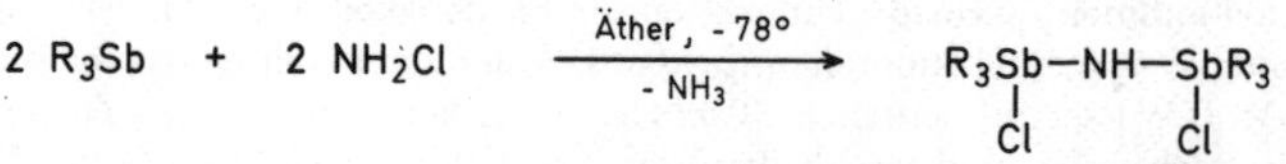

$$2\,R_3Sb \; + \; 2\,NH_2Cl \; \xrightarrow[-\,NH_3]{Äther,\;-78°} \; R_3Sb\underset{\displaystyle Cl}{|}-NH-Sb\underset{\displaystyle Cl}{|}R_3$$

$$R = Alkyl; \quad \textit{Bis-[chlor-trialkyl-antimon]-amine}$$
$$R = C_6H_5; \quad \textit{Bis-[chlor-triphenyl-antimon]-amin}$$

Die Reaktion läuft vermutlich über primär gebildete Chlor-amino-triorgano-stiborane, die unter den Reaktionsbedingungen unter Abspaltung von Ammoniak in die Bis-[chlor-triorgano-antimon]-amine übergehen.

Möglicherweise besitzen Verbindungen, die als tert. Stibin-iminium-halogenide formuliert werden[3, 4], ebenfalls eine Bis-[halogen-triorgano-antimon]-amin-Struktur. So die durch Einwirkung von wasserfreiem Ammoniak auf tert. Stibin-dihalogenide in Benzol in Form ihrer hochreaktiven Lösungen erhältlichen tert. Stibin-iminiumhalogenide[4]:

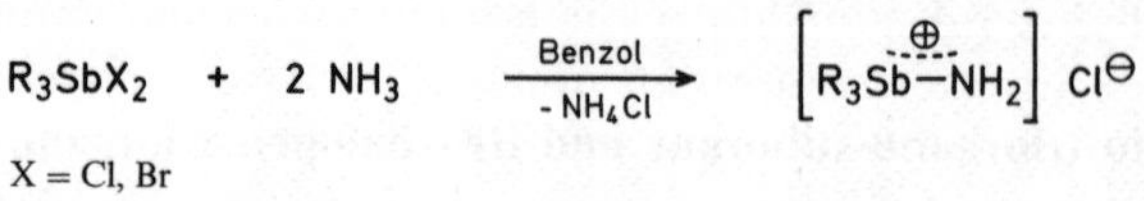

$$R_3SbX_2 \; + \; 2\,NH_3 \; \xrightarrow[-\,NH_4Cl]{Benzol} \; \left[R_3\overset{\oplus}{\underset{..}{Sb}}-NH_2\right] Cl^{\ominus}$$

$$X = Cl,\,Br$$

*Triphenylstibin-iminium-chlorid* ist auch durch Einwirkung von Nitrosylchlorid auf Triphenylstibin-imin erhältlich[3]:

$$2\,(H_5C_6)_3Sb=NH \; + \; NOCl \; \xrightarrow[-\,N_2]{20°} \; \left[(H_5C_6)_3\overset{\oplus}{\underset{..}{Sb}}-NH_2\right] Cl^{\ominus} \; + \; (H_5C_6)_3Sb=O$$

[1] J. OTERA u. R. OKAWARA, J. Organometal. Chem. **17**, 353 (1969).
[2] R. L. McKENNY u. H. H. SISLER, Inorg. Chem. **6**, 1178 (1967).
[3] J. MacCORDICK u. R. APPEL, Z. Naturf. **24b**, 938 (1969).
[4] A. RIECHE et al., A. **678**, 167 (1964).

Die benzolischen Lösungen der tert. Stibin-iminium-chloride sind äußerst hydrolyse-empfindlich und reagieren mit der doppelten molaren Menge Alkohol oder Organohydro-peroxid zu Dialkoxy-triorgano- bzw. Bis-[alkylperoxy]-trialkyl-stiboranen[1]. Bis-[halo-gen-triorgano-antimon]-amine werden durch Wasser quantitativ zu den entsprechenden Oxiden hydrolysiert[2].

## 4. Diacyloxy-, Dialkoxy- und Bis-[organoperoxy]-triorgano-stiborane

### A. Herstellung

α) Aus Dihalogen-, Dialkoxy-triorgano-antimon-Verbindungen oder tert. Stibinen

Diacyloxy-[3,4], Bis-[organoperoxy]-[1] und Dialkoxy-triorgano-stiborane[1, 5-7] werden aus tert. Stibin-dihalogeniden durch Umsetzung mit der doppelten molaren Menge der Natrium- bzw. Silbersalze von Carbonsäuren, Hydroperoxiden bzw. Alkoho-len hergestellt:

$$R_3SbX_2 \; + \; 2\,M\!-\!Y \quad \xrightarrow[-\,2\,M-X]{} \quad R_3SbY_2$$

R = Alkyl, Aryl
X = Cl, Br
Y = OR, O−CO−R, OOR
M = Na, Ag

Als Lösungsmittel für die Herstellung der Dialkoxy-triorgano-stiborane dienen mei-stens die jeweiligen Alkohole, wobei die Zugabe von Äther oder Benzol eine bessere Aus-fällung des Natriumhalogenids gewährleistet.

**Dimethoxy-triphenyl-stiboran**[7]: Zu einer kalten, aus 0,1 g Atom Natrium und 100 *ml* abs. Methanol herge-stellten Methanolat-Lösung tropft man langsam unter Rühren eine Lösung von 25,6 g (0,05 Mol) Dibrom-tri-phenyl-stiboran in 100 *ml* Benzol. Nach 1stdgm. Rühren bei ∼ 20° wird das Lösungsmittel i. Vak. abdestilliert und der Rückstand mit 60 *ml* trockenem Benzol 5 Min. gut verrührt bzw. geschüttelt. Man filtriert unter Aus-schluß von Luft und Feuchtigkeit ab und dampft das Filtrat i. Vak. ein. Der Rückstand wird bei 0,1 Torr und 110–130° Badtemp. sublimiert; Ausbeute: 18,2 g (89% d. Th.); F: 100–102°.

*Diäthoxy-trimethyl-* (Kp$_5$: 66–67°)[6], *Di-tert.-butyloxy-trimethyl-stiboran* (Kp$_1$: 52,5°)[5] und Bis-[triorganosilyloxy]-triorgano-stiborane[5, 8] werden prinzipiell analog hergestellt.

Bifunktionelle Hydroxy-Verbindungen liefern unter gleichen Bedingungen in Metha-nol je nach Stellung der Hydroxy-Gruppe cyclische Dialkoxy-triorgano-Verbindungen[9].

[1] A. Rieche et al., A. **678**, 167 (1964).
[2] R. L. McKenny u. H. H. Sisler, Inorg. Chem. **6**, 1178 (1967).
[3] H. Clark u. R. G. Goel, Inorg. Chem. **5**, 998 (1966).
[4] R. G. Goel et al., Inorg. Chem. **10**, 2572 (1971); J. Organometal. Chem. **38**, 83 (1972).
[5] H. Schmidbaur et al., B. **97**, 449 (1964).
[6] Y. Matsumura et al., Inorg. Nucl. Chem. Lett. **3**, 219 (1967).
[7] W. E. McEwen et al., Am. Soc. **91**, 7079 (1969).
[8] G. A. Razuvaev et al., J. Organometal. Chem. **40**, 151 (1972).
[9] F. DiBianca et al., J. Organometal. Chem. **63**, 293 (1973).

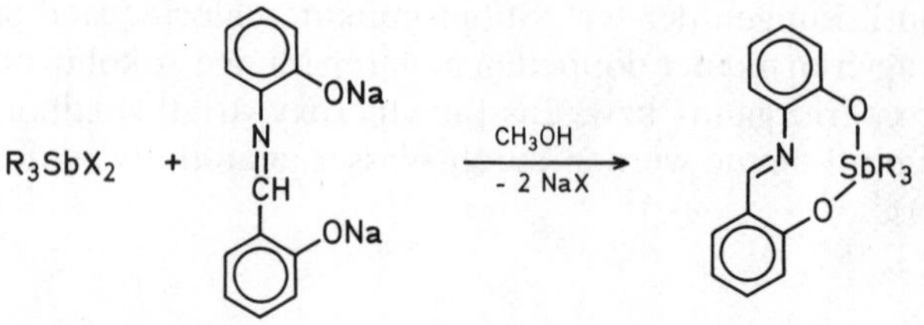


Aus Bis-[chlor-triphenyl-antimon]-oxid läßt sich durch Umsetzung mit Natriumphenolat *Bis-[phenoxy-triphenyl-antimon]-oxid* herstellen[1]:

$$(H_5C_6)_3Sb(Cl)-O-Sb(Cl)(C_6H_5)_3 \;+\; 2\ Na-OC_6H_5 \xrightarrow[-\ 2\ NaCl]{Cyclohexan} (H_5C_6)_3Sb(OC_6H_5)-O-Sb(OC_6H_5)(C_6H_5)_3$$

**Bis-[phenoxy-triphenyl-antimon]-oxid**[1]: Unter Feuchtigkeitsausschluß werden 3,97 g Bis-[chlor-triphenyl-antimon]-oxid und 5,5 g wasserfreies Natriumphenolat in 500 *ml* trockenem Cyclohexan suspendiert und 30 Min. unter Rückfluß erhitzt. Man filtriert ab, engt das Filtrat i. Vak. unter Stickstoff auf ~80 *ml* ein und läßt im Kühlschrank über Nacht stehen. Der ausgefallene Niederschlag wird abgesaugt und i. Vak. bei ~20° 4 Stdn. getrocknet. Ausbeute: 2 g (49% d. Th.); F: 173–174°.

Tert. Stibin-dihalogenide lassen sich in Benzol direkt mit Alkoholen umsetzen, wobei wasserfreies Ammoniak zum Abfangen der gebildeten Halogenwasserstoffsäuren durch die Reaktionslösung eingeleitet wird[2, 3].

Diacyloxy-triorgano-stiborane werden prinzipiell analog den Dialkoxy-Derivaten hergestellt, wobei man Silbersalze von Carbonsäuren in Methanol, Benzol oder der jeweiligen Carbonsäure einsetzt[4].

Diacyloxy-triphenyl-stiborane sind auch aus Triphenyl-stibin durch Oxidation mit Tetraacyloxy-blei-Verbindungen zugänglich[5, 6]:

$$(H_5C_6)_3Sb \;+\; Pb(O-CO-R)_4 \xrightarrow[-\ Pb(O-CO-R)_2]{} (H_5C_6)_3Sb(O-CO-R)_2$$

Durch Einwirkung von Natriumsalzen organischer Hydroperoxide in aprotischen Lösungsmitteln auf tert. Stibin-dihalogenide werden Bis-[organoperoxy]-triorgano-stiborane hergestellt[2]:

$$R_3SbX_2 \;+\; 2\ Na-OOR^1 \xrightarrow[-\ 2\ NaCl]{} R_3Sb(OOR^1)_2$$

Man kann die Umsetzung mit den Hydroperoxiden direkt durchführen, wenn Ammoniak, Äthylamin oder Trimethylamin in die Reaktionslösung eingeleitet wird. Die Reaktion in Gegenwart von Ammoniak oder Methylamin verläuft über intermediär gebildete, isolierbare (s. S. 552) tert. Stibin-iminium-halogenide[2]:

$$R_3SbX_2 \xrightarrow[-\ NH_4X]{2\ NH_3} \left[R_3Sb{=}\overset{\oplus}{N}H_2\right] X^{\ominus} \xrightarrow[-\ NH_4X]{2\ R^1-OOH} R_3Sb(OOR^1)_2$$

[1] W. E. McEwen et al., Phosphorus, **2**, 147 (1972).
[2] A. Rieche et al., A. **678**, 167 (1964).
[3] J. Dahlmann u. A. Rieche, B. **100**, 1544 (1967).
[4] R. G. Goel u. D. R. Ridley, J. Organometal. Chem. **38**, 83 (1972).
[5] V. I. Lodochnikova et al., Ž. obšč. Chim. **34**, 946 (1964); engl.: 940.
[6] G. Wittig u. D. Hellwinkel, B. **97**, 789 (1964).

Unverdünnt dürfen tert.-Stibin-dihalogenide und Organo-hydroperoxide nicht zusammengegeben werden, da sehr **heftige Verpuffung** eintreten kann.

In beiden Fällen werden die Bis-[organoperoxy]-triorgano-stiborane in sehr· guter Ausbeute erhalten.

### Bis-[organoperoxy]-triorgano-stiborane; allgemeine Arbeitsvorschrift[1]:

Methode ⓐ : 1,1–1,5 Mol fein gepulvertes Natriumamid werden in wenig Pentan oder Benzol aufgeschlämmt und bei ~ 20° unter kräftigem Rühren tropfenweise mit der Lösung von 1 Mol des entsprechenden Hydroperoxids im gleichen Lösungsmittel versetzt und anschließend ~ 1 Stde. nachgerührt. – Das Natriumsalz des Hydroperoxids kann auch hergestellt werden, indem man die ber. Menge Natrium in möglichst wenig abs. Methanol oder Äthanol löst, mit Äther verdünnt und dann das Hydroperoxid zusetzt.

Zur entstandenen Suspension des Natriumsalzes von Hydroperoxid wird unter strengem Feuchtigkeitsausschluß und Rühren bei ~ 20° die äquivalente Menge tert. Stibin-dihalogenid in Benzol zugetropft und 0,5–1 Stde. nachgerührt. Man filtriert ab und destilliert das Lösungsmittel i. Vak. ab. Der Rückstand wird aus Pentan, Äther, Petroläther, Benzol oder Gemischen davon umkristallisiert.

Methode ⓑ : Unter Feuchtigkeitsausschluß und Rühren wird die benzolische oder äther. Lösung des tert. Stibin-dihalogenids bei ~ 20° mit der äquivalenten Menge des Hydroperoxids in Benzol tropfenweise versetzt, wobei man gleichzeitig wasserfreies Ammoniak, Methylamin oder Trimethylamin in die Reaktionslösung einleitet. Wenn sich kein Ammoniumhalogenid mehr abscheidet, wird abfiltriert und das Filtrat wie unter Methode ⓐ aufgearbeitet.

Auf diese Weise erhält man z. B.:

| | | |
|---|---|---|
| Bis-[*tert.-butylperoxy*]-*trimethyl-stiboran* | 91–94% d. Th. | F: 82–84° |
| Bis-[*tert.-butylperoxy*]-*trihexyl-stiboran* | 87% d. Th. | F: 128–130° |
| Bis-[*tert.-butylperoxy*]-*triphenyl-stiboran* | 77–85% d. Th. | F: 101–103° |
| Bis-[*isochromylperoxy*]-*trimethyl-stiboran* | 84% d. Th. | F: 82–84° |
| Bis-[*isochromylperoxy*]-*triphenyl-stiboran* | 99% d. Th. | F: 178–180° |
| Bis-[*2-phenyl-propyl-(2)-peroxy*]-*trimethyl-stiboran* | 70% d. Th. | F: 47–49° |
| Bis-[*2-phenyl-propyl-(2)-peroxy*]-*triphenyl-stiboran* | 85% d. Th. | F: 87–88° |
| Bis-[*tetralyl-(1)-peroxy*]-*triphenyl-stiboran* | 96–100% d. Th. | F: 186–188° |

*Bis-[triphenylsilylperoxy]-triphenyl-stiboran* (F: 120°, Zers.) erhält man analog durch Umsetzung von Dichlor-triphenyl-stiboran in Äther mit Triphenylsilylhydroperoxid in Gegenwart von Triäthylamin[2].

Zu Bis-[organoperoxy]-triorgano-stiboranen gelangt man auch aus Dialkoxy-triorgano-stiboranen durch Einwirkung von Organohydroperoxiden in ätherischer Lösung bei ~ 20°. Führt man die Reaktion im 1:1-Verhältnis durch, so wird nur eine Alkoxy- gegen eine Organoperoxy-Gruppe ausgetauscht[1]; z. B.:

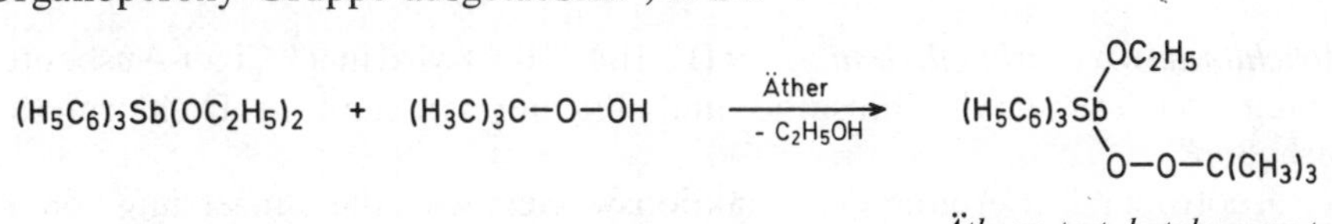

$$(H_5C_6)_3Sb(OC_2H_5)_2 \ + \ (H_3C)_3C{-}O{-}OH \ \xrightarrow[-\ C_2H_5OH]{\text{Äther}} \ (H_5C_6)_3Sb{\overset{\displaystyle OC_2H_5}{\underset{\displaystyle O-O-C(CH_3)_3}{\Big\backslash}}}$$

*Äthoxy-tert.-butylperoxy-triphenyl-stiboran*

Hierzu muß Diäthoxy-triphenyl-stiboran nicht isoliert werden; man kann direkt die alkoholische Lösung (wobei möglichst wenig Alkohol verwendet wird) mit Äther verdünnen und mit dem Organohydroperoxid umsetzen[1].

Ebenso reagieren die aus tert. Stibin-dihalogeniden hergestellten Dialkoxy-triorgano-stiborane ohne Isolierung mit Glykolsäure unter Austausch der Alkoxy-Gruppen zu 1,3,2-Dioxastiboranen[3]:

---

[1] A. Rieche et al., A. **678**, 167 (1964).
[2] G. A. Razuvaev et al., J. Organometal. Chem. **40**, 151 (1972).
[3] Y. Matsumura et al., J. Organometal. Chem. **27**, 357 (1971).

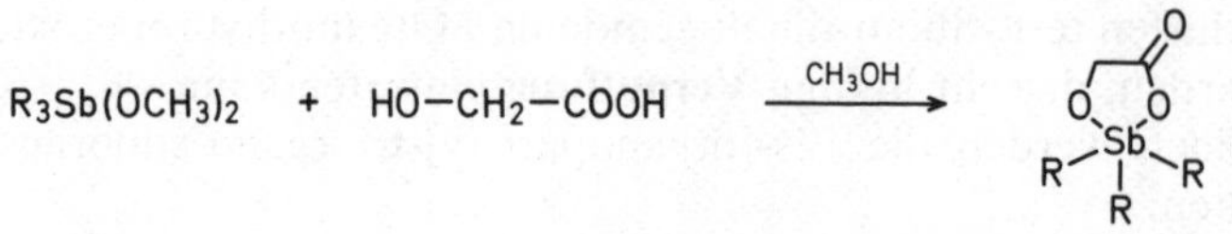

$$R_3Sb(OCH_3)_2 \ + \ HO-CH_2-COOH \ \xrightarrow{CH_3OH} \ \text{[structure]}$$

R = C$_6$H$_5$;   *4-Oxo-2,2,2-triphenyl-1,3,2-dioxastibolan*
R = C$_6$H$_{11}$; *4-Oxo-2,2,2-tricyclohexyl-1,3,2-dioxastibolan*

Die entsprechenden Trimethyl-Derivate liegen in Lösung dimer (oktaedrisch) vor[1].

### β) Aus tert. Stibin-oxiden bzw. -dihydroxiden

Die Herstellung von Diacyloxy-triorgano-stiboranen aus den tert. Stibinoxiden bzw. -dihydroxiden verläuft glatt und in sehr hoher Ausbeute durch einfaches Erhitzen in der jeweiligen Carbonsäure[2-7]:

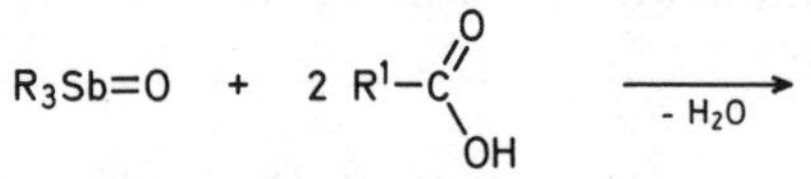

$$R_3Sb=O \ + \ 2 \ R^1-C\underset{OH}{\overset{O}{\diagup}} \ \xrightarrow{-H_2O} \ R_3Sb(O-CO-R^1)_2$$

R  = Alkyl, Aryl
R$^1$ = H, Alkyl, Aryl

So entsteht *Diacetoxy-triphenyl-stiboran* direkt durch Umkristallisieren von Triphenyl-stibinoxid bzw. -dihydroxid aus warmem Eisessig[2-5].

Analog werden durch Lösen von Dihydroxy-trimethyl-stiboran in überschüssiger Carbonsäure und anschließendem Abdestillieren der überschüssigen Säure *Diformyloxy-, Diacetoxy-, Dipropanoyloxy-* und *Dibutanoyloxy-trimethyl-stiboran* in nahezu quantitativer Ausbeute erhalten[6]. Die Reaktion kann auch in benzolischer Lösung durchgeführt werden[6, 8], wobei notfalls das Reaktionswasser durch azeotrope Destillation entfernt wird[8].

**Dibenzoyloxy-trimethyl-stiboran**[2]: Zu einer Lösung von Dihydroxy-trimethyl-stiboran in Benzol wird die doppelte molare Menge Benzoesäure gegeben und solange erhitzt, bis eine klare Lösung entstanden ist. Der nach Abkühlen ausgefallene Niederschlag wird abgesaugt und aus Benzol umkristallisiert; F: 154°.

*Bis-[trichloracetoxy]-trimethyl-stiboran* (F: 164–166°) wird in 93%iger Ausbeute durch Umsetzung von Trimethyl-stibinsulfid und Trichloressigsäure in Dichlormethan bei ~20° erhalten[9].

Unter azeotroper Entfernung des Reaktionswassers wird die Umsetzung von Tris-[2-methyl-propyl]-stibinoxid mit Essigsäure zu *Diacetoxy-tris-[2-methyl-propyl]-stiboran* (Kp$_{3,3}$: 144–147°) durchgeführt[8]. Analog führt die Umsetzung mit Äthanol in 44%iger Ausbeute zu *Diäthoxy-tris-[2-methyl-propyl]-stiboran*[8]:

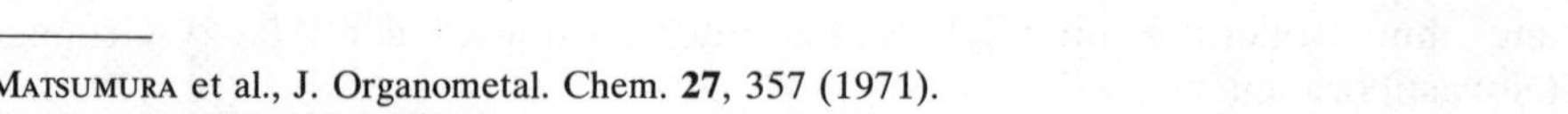

$$[(H_3C)_2CH-CH_2]_3Sb=O \ + \ 2 \ C_2H_5OH \ \xrightarrow[-H_2O]{Benzol} \ [(H_3C)_2CH-CH_2]_3Sb(OC_2H_5)_2$$

[1] Y. Matsumura et al., J. Organometal. Chem. **27**, 357 (1971).
[2] H. Schmidt, A. **429**, 142 (1922).
[3] F. Nerdel et al., B. **97**, 124 (1964).
[4] G. Wittig u. D. Hellwinkel, B. **97**, 789 (1964).
[5] G. O. Doak et al., J. Organometal. Chem. **4**, 82 (1965).
[6] M. Shindo u. R. Okawara, J. Organometal. Chem. **5**, 537 (1966).
[7] M.-M. Chang et al., Israel J. Chem. **12**, 967 (1974).
[8] S. Herbstman, J. Org. Chem. **30**, 1259 (1965).
[9] T. Okada u. R. Okawara, J. Organometal. Chem. **42**, 117 (1972).

Triphenyl-stibinoxid (auch peroxidhaltiges Triphenyl-stibin-oxid s. hierzu S. 561) liefert beim Erhitzen mit 1,2-Diolen 1,3,2-Dioxastibolane in unterschiedlicher Ausbeute[1]; z. B.:

$$(H_5C_6)_3Sb=O \quad + \quad H_3C-\underset{\underset{HO}{|}}{\overset{\overset{H_3C}{|}}{C}}-\underset{\underset{OH}{|}}{\overset{\overset{CH_3}{|}}{C}}-CH_3 \quad \xrightarrow[-H_2O]{110\ -\ 130°} \quad (H_5C_6)_3Sb\underset{O}{\overset{O}{<}}\underset{\overset{|}{CH_3}}{\overset{\overset{CH_3}{|}}{C}}\overset{CH_3}{\underset{CH_3}{C}}$$

*Tetramethyl-2,2,2-triphenyl-*
*1,3,2-dioxastibolan*

Die Reaktion ist jedoch temperaturabhängig. So reagiert 2,3-Dimethyl-butandiol-(2,3) bei 110–130° zu den gewünschten 1,3,2-Dioxastibolanen, bei 170° wird ein Phenyl-Rest abgespalten unter Bildung eines Esteranhydrids der Diphenyl-orthostibinsäure. Dies wird zum Hauptprodukt bei der Umsetzung des Triphenyl-stibinoxids mit *meso*-Butandiol-(2,3) auch bei 60°[1]:

$$2\ (H_5C_6)_3Sb=O \quad + \quad H_3C-\underset{\underset{OH}{|}}{CH}-\underset{\underset{OH}{|}}{CH}-CH_3 \quad \xrightarrow[-2\ C_6H_6]{60°} \quad$$

*Bis-[4,5-dimethyl-2,2-diphenyl-1,3,2-*
*dioxastibolanyl-(2)]-oxid*

**4,4,5,5-Tetramethyl-2,2,2-triphenyl-1,3,2-dioxastibolan**[1]: 5,0 g gepulvertes Triphenyl-stibinoxid werden in 15 g warmem, wasserfreiem 2,3-Dimethyl-butandiol-(2,3) suspendiert. Die Mischung wird unter Rühren schnell auf 110°, dann kurz auf 120–130° erwähnt. Dieser Vorgang sollte maximal 1,5 Min. dauern. Die klare Lösung wird gekühlt und mit 4 *ml* Methanol versetzt. Nach Reiben der Gefäßwände kristallisiert das 1,3,2-Dioxastibolan innerhalb 12 Stdn. im Kühlschrank aus; Rohausbeute: 3,5 g (55% d. Th.); aus wenig Äthanol läßt sich die Verbindung umkristallisieren; Ausbeute: 2 g (32% d. Th); F: 92°.

Durch Einwirkung von Organohydroperoxiden auf tert. Stibin-oxide bzw. -dihydroxide lassen sich Bis-[organoperoxy]-triorgano-stiborane in guter Ausbeute herstellen[2-4]:

$$R_3Sb=O \quad + \quad 2\ R^l-O-OH \quad \rightleftharpoons \quad R_3Sb(O-O-R^l)_2 \quad + \quad H_2O$$

R = Alkyl, $C_6H_5$

Das Reaktionswasser wird durch azeotrope Destillation mit Benzol entfernt[2-4], wobei das rückfließende Benzol mit Kupfer- oder Natriumsulfat getrocknet werden kann. Da die tert. Stibinoxide aus den tert. Stibinen durch Umsetzung mit molaren Mengen Organohydroperoxid gebildet werden[3,4] (s. S. 560), ist es einfacher die tert. Stibine direkt mit 3fachem molarem Überschuß an Organohydroperoxiden umzusetzen[3,4]:

$$R_3Sb \quad + \quad 3\ R^l-O-OH \quad \xrightarrow[\substack{-\ R^lOH \\ -\ H_2O}]{} \quad R_3Sb(O-O-R^l)_2$$

**Bis-[tert.-butylperoxy]-triphenyl-stiboran:**
aus Triphenyl-stibinoxid[2]: Triphenyl-stibinoxid bzw. -dihydroxid wird mit der 2fachen molaren Menge tert.-Butylhydroperoxid in Benzol in einem Kolben mit Soxhlet/Aufsatz, dessen Hülse mit trockenem Kupfersulfat gefüllt ist, zusammengegeben. Anschließend wird zum Sieden erhitzt und der Fortgang der Reaktion am lang-

[1] F. Nerdel et al., B. **97**, 124 (1964).
[2] A. Rieche et al., A. **678**, 167 (1964).
[3] A. G. Davies u. S. C. W. Hook, Soc. [C] **1971**, 1660.
[4] G. A. Razuvaev et al., J. Organometal. Chem. **40**, 151 (1972).

samen Verschwinden des in Benzol schwerlöslichen Stibinoxids erkannt. Wenn die Reaktionslösung relativ klar geworden ist, wird weitere 1–2 Stdn. gekocht, die Lösung eingedampft und der Rückstand aus Pentan oder Petroläther umkristallisiert; Ausbeute: 87% d. Th.; F: 101–103°.

aus Triphenyl-stibin[1]: Unter Stickstoff wird die Lösung von 4,92 g (0,0139 Mol) Triphenyl-stibin in ~30 ml Benzol bei 5–6° mit 3,75 g (0,0417 Mol) tert.-Butylhydroperoxid tropfenweise versetzt. Es tritt eine exotherme Reaktion ein und die Reaktionstemp. steigt auf 40–50°. Die Reaktion kann durch gaschromatographische Bestimmung des gebildeten Butanols bzw. Wassers verfolgt werden. Nach Abziehen der leichtflüchtigen Anteile i. Vak. wird der Rückstand aus Petroläther umkristallisiert; Ausbeute: 6,7 g (82% d. Th.); F: 99°.

Bei analoger Arbeitsweise erhält man u. a.:

| | | | |
|---|---|---|---|
| Bis-[*tert.-butylperoxy*]-trimethyl-stiboran | 68% d. Th. | F: 82–84° | (aus dem Oxid)[2] |
| | 86% d. Th. | F: 79–80° | (aus dem tert. Stibin)[3] |
| Bis-[*2-phenyl-propyl-(2)-peroxy*]-triphenyl-stiboran | 42% d. Th. | F: 87–88° | (aus dem Oxid)[2] |
| | 71% d. Th. | F: 85° | (aus dem tert. Stibin)[1] |

Durch Umsetzung von Triphenyl-stibin mit Triphenylsilyl-hydroperoxid in Gegenwart von tert.-Butylhydroperoxid (im Verhältnis 1:2:1) wird Bis-[*triphenylsilylperoxy*]-triphenyl-stiboran (F: 120°, Zers.) in 82%iger Ausbeute gewonnen[1]:

$$(H_5C_6)_3Sb \ + \ (H_3C)_3C-O-OH \ + \ 2\ (H_5C_6)_3Si-O-OH$$

$$\xrightarrow[\substack{- (H_3C)_3C-OH \\ - H_2O}]{\text{Benzol, 20°}} \quad (H_5C_6)_3Sb \begin{matrix} O-O-Si(C_6H_5)_3 \\ \\ O-O-Si(C_6H_5)_3 \end{matrix}$$

Bis-[hydroperoxy]-triorgano-stiborane werden durch Reaktion der entsprechenden Dialkoxy-triorgano-stiborane mit Wasserstoffperoxid in Benzol/Äther erhalten[3]:

$$R_3Sb(OR^1)_2 \ + \ H_2O_2 \ \xrightarrow[- 2\ R^1OH]{\text{Benzol / Äther}} \ R_3Sb(O-OH)_2$$

R = CH$_3$, C$_6$H$_5$
R$^1$ = Alkyl

**Bis-[hydroperoxy]-trimethyl-stiboran**[3]: Zu einer mit Eis gekühlten Lösung von 3,4 g (100 mMol) Wasserstoffperoxid in 60 ml Äther wird unter Rühren innerhalb von 20 Min. eine Lösung von 7,1 g Dimethoxy-trimethyl-stiboran in 75 ml Benzol getropft. Nachdem ~ 1/3 der Lösung zugetropft worden ist, beginnt ein Niederschlag sich abzuscheiden, der nach beendeter Zugabe und kurzem Nachrühren abgesaugt, mit Äther gewaschen und i. Vak. getrocknet wird; Ausbeute: 6,65 g (92% d. Th.); F: 60–62° (Zers.).

Das analog herstellbare Bis-[*hydroperoxy*]-triphenyl-stiboran kristallisiert mit einem 1/3 Mol Lösungsmittel (Benzol, Chloroform oder Bromoform) aus[4].

Im Vergleich zu den entsprechenden Arsen-Verbindungen sind Bis-[organoperoxy]-triorgano-stiborane relativ hydrolysebeständiger[1, 2]. Ebenso sind Diacyloxy-Derivate gegen Luftfeuchtigkeit stabil[5]. Bis-[trichloracetyloxy]-trimethyl-stiboran reagiert mit Triphenylphosphin in Hexan unter Bildung von *Dichlor-trimethyl-stiboran* und Triphenylphosphinoxid:

$$(H_3C)_3Sb(-O-CO-CCl_3)_2 \ + \ (H_5C_6)_3P \ \xrightarrow{\text{Hexan}} \ (H_5C_6)_3P=O \ + \ (H_3C)_3SbCl_2$$

---

[1] G. A. Razuvaev et al., J. Organometal. Chem. **40**, 151 (1972).
[2] A. Rieche et al., A. **678**, 167 (1964).
[3] A. G. Davies u. S. C. W. Hook, Soc. [C] **1971**, 1660.
[4] J. Dahlmann u. A. Rieche, B. **100**, 1544 (1967).
[5] R. G. Goel u. R. D. Ridley, J. Organometal. Chem. **38**, 83 (1972).

Führt man die Umsetzung in Gegenwart von Cyclopentadien durch, so erhält man zusätzlich *7,7-Dichlor-6-oxo-bicyclo[3.2.0]hepten* in 33%-iger Ausbeute[1].

Die hydrolyseempfindlichen Dialkoxy-triorgano-stiborane reagieren relativ leicht mit O-H-aciden Verbindungen unter Austausch der Alkoxy-Gruppen gegen die Acyloxy- oder Organoperoxy-Gruppen (s. S. 555). Durch Einwirkung von Thiolen auf Dialkoxy-triorgano-stiborane werden keine Bis-[alkylthio]-Derivate gebildet, sondern es tritt Reduktion zu tert. Stibinen ein[2]:

$$(H_3C)_3Sb(OC_2H_5)_2 \quad + \quad 2\ R{-}SH \quad \xrightarrow[-\ 2\ C_2H_5OH]{-\ R{-}S{-}S{-}R} \quad (H_3C)_3Sb$$

*Trimethyl-stibin*

2,2,2,4,5-Pentaphenyl-1,3,2-dioxastibolan zersetzt sich beim Erhitzen auf 165° in *Triphenylstibin* und Benzaldehyd[3]:

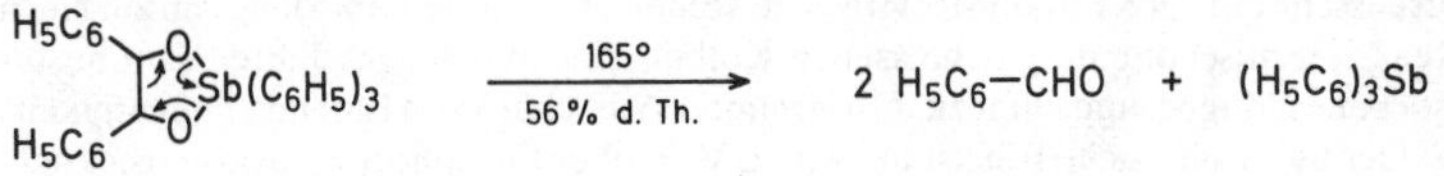

$$\xrightarrow[56\%\ \text{d. Th.}]{165°} \quad 2\ H_5C_6{-}CHO \quad + \quad (H_5C_6)_3Sb$$

## 5. Tertiäre Stibinoxide bzw. -dihydroxide

Die meisten tert. Stibinoxide bilden in Gegenwart von Feuchtigkeit unter Addition von 1 Mol Wasser Dihydroxide deren Struktur sowohl ionisch als auch pentacovalent sein kann, jedoch nicht eindeutig gesichert ist[4]. Ebenso ist die Struktur der Oxide nicht völlig aufgeklärt. Erste Hinweise deuten darauf hin, daß monomere tert. Stibinoxide, soweit diese als solche vorliegen, sich im Gleichgewicht mit Polymerisaten unbekannter Struktur befinden[5-7]:

R = Alkyl, $C_6H_5$    Linear und/oder cyclisch
                       n = unbekannt

*Triphenyl-stibinoxid*, dem in der Literatur in Abhängigkeit von der Herstellungsweise Schmelzpunkte zwischen 209–300° zugeordnet werden[4, 6, 7] ist in Benzol monomer nur wenn es bei 221,5–222° schmilzt[7] (s. S. 564).

## A. Herstellung

### α) Durch Oxidation von tert. Stibinen

Gewöhnlich führt die Oxidation von Trialkyl-stibinen mit Sauerstoff bzw. Luft zur Spaltung von Antimon-Kohlenstoff-Bindungen, so daß auf diese Weise keine reinen Trialkyl-

[1] T. OKADA u. R. OKAWARA, J. Organometal. Chem. **42**, 117 (1972).

[2] Y. MATSUMURA et al., Inorg. Nucl. Chem. Lett. **3**, 219 (1967).

[3] F. NERDEL et al., B. **97**, 124 (1964).

[4] G. O. DOAK u. L. D. FREEDMAN, *Organometallic Compounds of Arsenic, Antimony, and Bismuth*, S. 298–306, Wiley-Interscience, New York 1970.

[5] G. N. CHREMOS u. R. A. ZINGARO, J. Organometal. Chem. **22**, 637 (1970).

[6] D. L. VENEZKY et al., J. Organometal. Chem. **35**, 131 (1972).

[7] W. E. McEWEN et al., Phosphorus **2**, 147 (1972).

stibinoxide erhalten werden[1-4]. *Tribenzyl-stibin* wird dagegen durch Luft ohne Bindungsspaltung in das entsprechende *Oxid* überführt[5]. Auch 1,5-Bis-[diäthylstibino]-pentan soll
in ätherischer Lösung oxidiert werden, wobei jedoch nur das Monooxid (*1,5-Bis-[diäthyl-
stibino]-pentan-Sb-oxid*) gebildet wird[6].

Nach R. A. Zingaro können jedoch Trialkyl-stibinoxide an der Luft ohne Zersetzung
nicht gehandhabt werden, so daß bei ihrer Herstellung unbedingt unter Ausschluß von
Luft und Feuchtigkeit und zum Teil auch Licht gearbeitet werden muß[7]. Als Oxidationsmittel verwendet man am besten Quecksilber-oxid[3, 7-9] in unpolaren Lösungsmitteln wie Diäthyläther[7]:

$$R_3Sb \xrightarrow{\text{HgO / Äther / N}_2} R_3Sb=O$$

**Triäthyl-stibinoxid**[1]: In einem Rundkolben mit Magnetrührer werden 16,3 g (0,075 Mol) Quecksilberoxid in
25 *ml* abs. Äther vorgelegt. Nachdem die Apparatur gründlich mit Stickstoff gespült ist, tropft man unter Rühren
und Feuchtigkeitsausschluß 10,45 g (0,05Mol) frisch destilliertes Triäthyl-stibin langsam zu. Nach beendeter Zugabe wird die Reaktionsmischung im geschlossenen Kolben eine Woche geschüttelt (am besten im Dunkeln).
Man gibt dann trockenes Magnesiumsulfat zu, filtriert unter Ausschluß von Luft und Feuchtigkeit ab und entfernt
den Äther i. Vak. Der hygroskopische Rückstand wird i. Vak. über Phosphor(V)-oxid getrocknet. Das Oxid kann
i. Vak. nicht sublimiert werden, da sehr leicht Zersetzung eintritt; F: 144–146°.

Analog erhält man[7] u. a.:

*Tripropyl-stibinoxid*     F: 168–170°
*Tributyl-stibinoxid*      F: 177–179°
*Tripentyl-stibinoxid*     $Kp_{1,5}$: 109–110° (Zers.)

Besonders empfindliche tert. Alkoxycarbonylmethyl-stibine werden besonders scho-
nend mit trockenem Silberoxid in Äther unter Ausschluß von Licht und Luft oxidiert[10];
z. B.:

$$[(H_3C)_2CH-O-CO-CH_2]_3Sb \xrightarrow[\text{Dunkelheit , 5 Tage}]{\text{Ag}_2O \text{ / Äther,}} [(H_3C)_2CH-O-CO-CH_2]_3Sb=O$$

*Tris-[isopropyloxycarbonyl-methyl]-
stibinoxid*; $Kp_{0,085}$: 137–138°

Trialkyl[4]- und Triphenyl-stibine[11] können mit Organohydroperoxiden in molarem
Verhältnis zu den entsprechenden Stibinoxiden oxidiert werden:

$$R_3Sb + (H_3C)_3C-O-OH \xrightarrow[- (H_3C)_3C-OH]{\text{Benzol}} R_3Sb=O$$

Die Reaktion wird in Benzol durchgeführt und ist exotherm[4, 11]. Man arbeitet wiederum
unter Ausschluß von Luft und Feuchtigkeit. Ein Überschuß an Organohydroperoxid muß
vermieden werden, da sonst das gebildete Stibinoxid mit überschüssigem Hydroperoxid zu
den Bis-[organoperoxy]-triorgano-stiboranen weiterreagiert (s. S. 557).

[1] C. Löwig u. E. Schweizer, A. **75**, 315 (1850).
[2] H. Landolt, J. pr. **84**, 328 (1861).
[3] W. J. C. Dyke u. W. J. Jones, Soc. **1930**, 1921.
[4] A. G. Davies u. S. C. W. Hook, Soc. [C] **1971**, 1660.
[5] I. P. Tsukervanik u. D. Smirnov, Ž. obšč. Chim. **7**, 1527 (1937); C. A. **31**, 8518 (1937).
[6] K. Issleib u. B. Hamann, Z. anorg. Ch. **339**, 289 (1965).
[7] G. N. Chremos u. R. A. Zingaro, J. Organometal. Chem. **22**, 637 (1970).
[8] M. E. Brinnand et al., Soc. **1932**, 1815.
[9] C. L. Tseng u. W. Y. Shih, J. Chinese Chem. Soc. **4**, 183 (1936); C. A. **31**, 669 (1937).
[10] E. A. Besolova et al., Ž. obšč. Chim. **38**, 1574 (1968); engl.: 1523.
[11] G. A. Razuvaev et al., J. Organometal. Chem. **40**, 151 (1972).

**Triphenyl-stibinoxid[1]:** Unter Ausschluß von Luft und Feuchtigkeit wird die gerührte Lösung von 2,8 g (0,0079 Mol) Triphenyl-stibin in 30 ml Benzol tropfenweise mit 0,71 g (0,0079 Mol) tert.-Butylhydroperoxid versetzt. Die Reaktionstemp. steigt sofort auf 40–50° an. Gaschromatographisch läßt sich am Ende der Reaktion tert.-Butanol (95% d. Th.) nachweisen. Nach Entfernung der leichtflüchtigen Anteile wird der Rückstand mit trockenem Äther gewaschen und getrocknet; Ausbeute: 44% d. Th.; F: 219°.

Analog werden *Trimethyl-stibinoxid* (82% d. Th.); F: 180°[2] und *Triäthyl-stibinoxid* als amorphe Pulver (93% d. Th.; F: 167–168°)[2] erhalten.

Bei der Luftoxidation von Triphenyl-stibin in siedendem p-Xylol führt die Reaktion hauptsächlich zur Spaltung der Phenyl-Antimon-Bindung unter Bildung von Diphenyl-stibinsäure-anhydrid[3].

In siedendem Dekalin wird 5-(4-Carboxy-phenyl)-⟨dibenzo-stibol⟩ bei Zufuhr von Luft zum *5-Oxo-5-(4-carboxy-phenyl)-⟨dibenzo-stibol⟩* oxidiert[4]. Vermutlich verläuft die Oxidation über intermediär gebildetes Dekalyl-(9)-hydroperoxid.

Für die Oxidation von Triaryl-stibinen wird hauptsächlich Wasserstoffperoxid verwendet[5–10]. Bei der Oxidation von Triphenyl-stibin in wäßrigem Aceton mit 3%igem Wasserstoffperoxid[5, 8] ist das nach dem Trocknen erhaltene *Triphenyl-stibinoxid* peroxidhaltig [$(H_5C_6)SbO_{1,4}$; Zers. 170°][8]. Die Oxidation mit 30%igem Wasserstoffperoxid führt bei 20–25° zu einem Produkt, das bei 249–251° schmilzt[7]; bei 0–5° dagegen wird *Poly-[triphenyl-stibinoxid]* gebildet[10]:

$$(H_5C_6)_3Sb \xrightarrow{30\% \; H_2O_2 / Aceton \, , \; 0\text{-}5°} \left[ (H_5C_6)_3Sb \begin{smallmatrix} \diagup \\ \diagdown \\ O- \end{smallmatrix} \right]_n$$

**Poly-[triphenylstibinoxid][10]:** In einem Dreihalskolben mit Rührer, Thermometer und Tropftrichter werden 12 g (34 mMol) Triphenyl-stibin in 30 ml Aceton gelöst und auf 0–5° abgekühlt. Unter heftigem Rühren tropft man eine Lösung von 30%igem Wasserstoffperoxid (4,5 g; 40 mMol) in 10 ml Aceton langsam zu, wobei die Innentemp. durch Kühlung mit Eis/Kochsalz-Mischung bei 0–5° gehalten wird. Etwa nach Zugabe der Hälfte der Peroxid-Lösung fängt ein Niederschlag an sich abzuscheiden und die Reaktionsmischung wird allmählich dickflüssig. Man gibt weitere 20 ml Aceton hinzu, um das Rühren zu erleichtern. Nach beendeter Zugabe rührt man weitere 45 Min. bei ~ 20° und saugt ab. Das so erhaltene Produkt schmilzt bei 277°, wird braun und zersetzt sich bei 280°. Es wird in 250 ml über Natrium getrocknetem Benzol aufgenommen und in einem mit Wasserabscheider versehenen Kolben solange unter Rückfluß erhitzt, bis etwa 1 ml Wasser sich abgeschieden hat. Nach Abkühlung wird abgesaugt, mit trockenem Benzol nachgewaschen und bei 80° über Phosphor(V)-oxid 25 Stdn. i. Vak. getrocknet; Ausbeute: 10 g (80% d. Th.); F: 280° (trübe Schmelze, die bei 300° klar wird).

In Gegenwart von Kalilauge führt die Oxidation von Triphenyl-stibin mit 3%igem Wasserstoffperoxid unter Abspaltung eines Phenyl-Restes zu Diphenylstibinsäure[5]. Im Gegensatz hierzu sollen Aryl-diphenyl-stibine durch Einwirkung von 4%igem Wasserstoffperoxid in 1 n Kalilauge die entsprechenden Dihydroxy-aryl-diphenyl-stiborane liefern[6]:

---

[1] G. A. Razuvaev et al., J. Organometal. Chem. **40**, 151 (1972).

[2] A. G. Davies u. S. C. W. Hook, Soc. [C] **1971**, 1660.

[3] W. E. McEwen et al., Phosphorus **2**, 147 (1972).

[4] I. G. M. Campbell, Soc. **1955**, 3116.

[5] H. Schmidt, A. **429**, 123 (1922).

[6] F. Yusupov u. Z. M. Manulkin, Ž. obšč. Chim. **31**, 3757 (1961); engl.: 3510; Tr.Tashkent.Farmatsevt.Inst. **4**, 531 (1966); C. A. **68**, 59676 (1968).

[7] J. I. Monagh, J. Org. Chem. **27**, 3851 (1962).

[8] F. Nerdel et al., B. **97**, 124 (1964).

[9] H. Zorn et al., M. **98**, 731 (1967).

[10] D. L. Venezky et al., J. Organometal. Chem. **35**, 131 (1972).

$$(H_5C_6)_2Sb\!-\!\langle\bigcirc\rangle\!-\!R \quad\xrightarrow{4\%\ H_2O_2\,/\,KOH\,,\ 25°}\quad R\!-\!\langle\bigcirc\rangle\!-\!\underset{\underset{C_6H_5}{|}}{\overset{\overset{C_6H_5}{|}}{Sb}}(OH)_2$$

R = Br;    *Dihydroxy-diphenyl-(4-brom-phenyl)-stiboran*
R = OC₂H₅; *Dihydroxy-diphenyl-(4-äthoxy-phenyl)-stiboran*

Diphenyl-(4-allyl-phenyl)-stibin wird unter den gleichen Bedingungen zusätzlich am Allyl-Rest angegriffen und man erhält *Dihydroxy-diphenyl-[4-(2,3-dihydroxy-propyl)-phenyl]-stiboran* (Zers. ab 150°)[1].

Triphenylstibin wird durch Benzolthiosulfonsäure-S-phenylester in Benzol/Methanol zu *Dihydroxy-triphenyl-stiboran* (F: 209°) oxidiert[2].

## β) Durch Hydrolyse von tert. Stibinoxid-Derivaten

Prinzipiell lassen sich alle Derivate der tert. Stibinoxide z. B. Dihalogen-[3-11], Bis-[peroxy]-[12], Dialkoxy-[13], Diacetoxy-[3, 14] und Imino-triorganostiborane[15, 16] durch alkalische Hydrolyse in die entsprechenden Oxide bzw. Dihydroxide überführen.

Von präparativer Bedeutung ist wohl die Hydrolyse der tert. Stibin-dihalogenide:

$$R_3SbX_2 \;+\; 3\,H_2O \;\rightleftharpoons\; R_3Sb(OH)_2 \;+\; 2\,HX$$

X = Cl, Br

Die Reaktion läuft über Bis-[halogen-triorgano-antimon]-oxide ab (s. S. 548). Die Hydrolyse der Dihalogen-trialkyl-stiborane durch Wasser allein ist nicht vollständig und reversibel[7, 10], so daß man zur Vollständigkeit der Reaktion entweder feuchtes Silberoxid[5] zugibt oder die Lösung über basische Ionenaustauscher laufen läßt[10].

**Dihydroxy-trimethyl-antimon**[10]: Man läßt eine heiße Lösung von 9,5 g Dichlor-trimethyl-stiboran in 1 *l* Wasser über eine mit „Amberlite IR4B" gefüllte Säule laufen. Die durchgelaufene Lösung wird zur Trockene abgedampft, der zähflüssige Rückstand durch Reiben mit einem Glasstab zur Kristallisation gebracht und aus Aceton umkristallisiert; Ausbeute: 85% d. Th.

Beim Erhitzen des Dihydroxy-trimethyl-stiborans auf 110° i. Vak. verliert es 1 Mol Wasser unter Bildung des hygroskopischen Oxids.

In gleicher Weise wird Dibrom-triäthyl-stiboran in *Dihydroxy-triäthyl-stiboran* überführt, welches nach 2stdgm. Erhitzen bei 120°/0,1 Torr und anschließender Sublimation bei 150°/0,04 Torr *Triäthyl-stibinoxid* (F: 167–168°) in 52%-iger Ausbeute liefert[17].

---

[1] F. Yusupov u. Z. M. Manulkin, Ž. obšč. Chim. **31**, 3757 (1961); engl.: 3510; Tr. Tashkent. Farmatsevt. Inst. **4**, 531 (1966); C. A. **68**, 59676 (1968).
[2] J. F. Carson u. F. F. Wong, J. Org. Chem. **26**, 1467 (1961).
[3] A. Michaelis u. A. Reese, A. **233**, 39 (1886).
[4] A. Michaelis u. U. Genzken, A. **242**, 164 (1887).
[5] T. M. Lowry u. J. H. Simons, B. **63**, 1595 (1930).
[6] D. E. Worrall, Am. Soc. **62**, 2514 (1940).
[7] P. Nylen, Z. anorg. Ch. **246**, 227 (1941).
[8] K. A. Jensen, Z. anorg. Ch. **250**, 257, 268 (1943).
[9] G. E. Razuvaev u. M. A. Shubenko, Ž. obšč. Chim. **21**, 1974 (1951); C. A. **46**, 3411 (1952).
[10] G. G. Long et al., Am. Soc. **86**, 209 (1964).
[11] D. L. Venezky et al., J. Organometal. Chem. **35**, 131 (1972)
[12] A. Rieche et al., A. **678**, 174 (1964).
[13] W. E. McEwen et al., Tetrahedron Letters **1966**, 5299; Phosphorus **2**, 147 (1972).
[14] M. Becke-Goehring u. H. Thielemann, Z. anorg. Ch. **308**, 33 (1961).
[15] G. Wittig u. D. Hellwinkel B. **97**, 789 (1964).
[16] A. Senning, Acta chem. scand. **19**, 1755 (1965).
[17] A. G. Davies u. S. C. W. Hook, Soc. [C] **1971**, 1660.

Dichlor-tris-[trifluormethyl]-stiboran kann durch Hydrolyse nicht in das entsprechende Dihydroxy-Derivat überführt werden[1]. Während durch Wasser allein die Hydrolyse unvollständig ist, führt die Umsetzung mit warmer, wäßriger Kalilauge zur Spaltung der Antimon-Kohlenstoff-Bindung[1]. Ebenso gelingt es nicht, Dihalogen-triaryl-stiborane durch Wasser allein zu hydrolysieren[2]. Mit äthanolischem Ammoniak[3], wäßriger oder äthanolischer Kalilauge[4–7] werden dagegen hauptsächlich die Dihydroxy-triaryl-stiborane erhalten[6], die beim Trocknen in die entsprechenden Oxide übergehen. Das durch Hydrolyse von Dichlor-triphenyl-stiboran in äthanolischer Kalilauge erhaltene *Dihydroxy-triphenyl-stiboran*[4, 6] (F: 212°[5]; 214–215°[7]) soll beim Schmelzen allmählich Wasser verlieren, um in das *Triphenyl-stibinoxid* (F: 295°) überzugehen[6]. Nach anderen Autoren handelt es sich jedoch um *Poly-(triphenyl-stibinoxid)*[7]:

$$(H_5C_6)_3SbCl_2 \xrightarrow{C_2H_5OH / KOH} (H_5C_6)_3Sb(OH)_2 \xrightarrow{150°} \left[(H_5C_6)_3Sb\begin{smallmatrix}/\\O-\end{smallmatrix}\right]_n$$

**Dihydroxy-triphenyl-stiboran**[4, 6]: Dibrom-triphenyl-stiboran wird in warme, alkoholische Kalilauge eingetragen. Anschließend kocht man bis zur völligen Umsetzung, filtriert das ausgefallene Kaliumbromid ab, neutralisiert mit Kohlendioxid und dampft zur Trockene ein. Der Rückstand, der durch Behandeln mit Äther pulverig wird, läßt sich entweder durch Lösen in Eisessig und Ausfällen durch Zugabe von Wasser[4] oder durch Umkristallisieren aus Benzol/Äther[6] reinigen; F: 212[4]; 214–215° (unter Abgabe von Wasser)[6].

Analog wird *Dihydroxy-tris-[4-methyl-phenyl]-stiboran*[5, 6] (F: 223°), das nach Trocknen im Exsikkator leicht in das entsprechende *Tris-[4-methyl-phenyl]-stibinoxid* (F: 270°) übergeht[6], hergestellt.

**Poly-[triphenyl-stibinoxid]**[7]: 5 g (11,8 mMol) Dichlor-triphenyl-stiboran, in Aceton gelöst, werden mit 0,2 m äthanol. Kaliumhydroxid-Lösung bis zur alkalischen Reaktion versetzt. Nach 1stdgm. Rühren bei 30° wird die Lösung etwas eingeengt, mit Wasser versetzt und der ausgefallene Niederschlag abgesaugt. Man wäscht mit Wasser nach und erhitzt im Trockenschrank solange auf 150°, bis das IR-Spektrum keine Hydroxy-Bande mehr aufweist. F: 280°.

Die analoge Behandlung von Dibrom-triphenyl-stiboran soll dagegen ein Produkt liefern, das bei 217° schmilzt und dessen Zusammensetzung nicht der von Triphenyl-stibinoxid entspricht[7].

(4-Methyl-phenylimino)-triphenyl-stiboran wird in Acetonitril bereits durch Zugabe von Wasser in *Dihydroxy-triphenyl-stiboran* (F: 214,5–217,5°) überführt[8]. Nach Trocknung wird vermutlich ein Polyoxid (F: 280–285°)[8] gebildet.

Monomeres *Triphenyl-stibinoxid* (F: 221,5–222,0°) wird durch Umsetzung von Dimethoxy-triphenyl-stiboran mit molaren Mengen Wasser in wasserfreiem Aceton erhalten[9]:

$$(H_5C_6)_3Sb(OCH_3)_2 + H_2O \xrightarrow[- 2 CH_3OH]{Aceton} (H_5C_6)_3Sb=O$$

Hierbei muß ein Überschuß an Wasser bzw. schnelle Zugabe von Wasser vermieden werden[9].

[1] H. J. Emeléus u. J. H. Moss, Z. anorg. Ch. **282**, 24 (1955).
[2] L. Kolditz et al., Z. anorg. Ch. **316**, 270 (1961).
[3] D. E. Worrall, Am. Soc. **62**, 2514 (1940).
[4] A. Michaelis u. A. Reese, A. **233**, 39 (1886).
[5] A. Michaelis u. U. Genzken, A. **242**, 164 (1887).
[6] K. A. Jensen, Z. anorg. Ch. **250**, 257, 268 (1943).
[7] D. L. Venezky et al., J. Organometal. Chem. **35**, 131 (1972).
[8] G. Wittig u. D. Hellwinkel B. **97**, 789 (1964).
[9] W. E. McEwen, Tetrahedron Letters **1966**, 5299; Phosphorus, **2**, 147 (1972).

**Triphenyl-stibinoxid**[1]: 4,15 g (0,01 Mol) Dimethoxy-triphenyl-stiboran werden in 30 *ml* wasserfreiem Aceton gelöst. Weitere 30 *ml* wasserfreies Aceton werden mit 5 Tropfen Wasser (0,25 g; 0,014 Mol) versetzt und langsam zur Dimethoxy-triphenyl-antimon-Lösung unter Rühren getropft. Nach ~ 1 Stde. fangen farblose Kristalle auszufallen an. Man läßt weitere 24 Stdn. stehen, kühlt auf − 10° und saugt ab; Ausbeute: 3,02 g (80% d. Th.); F: 219,5–220,5°.

## γ) Durch Spaltungs- bzw. Cyclisierungsreaktionen

Monomeres *Triphenyl-stibinoxid* (F: 221,5–222°) erhält man durch Erhitzen von Hydroxy-tetraphenyl-stiboran in Xylol unter Stickstoff[1]:

$$(H_5C_6)_4Sb-OH \quad \xrightarrow[-C_6H_6]{\text{Xylol / 60 - 65° / N}_2\text{, 6-7 Tage}} \quad (H_5C_6)_3Sb=O$$

Die Reaktion ist jedoch äußerst empfindlich in Bezug auf Temperatur und Reinheit des Hydroxy-tetraphenyl-stiboran. Bei nicht genauer Einhaltung der Reaktionstemperatur erhält man höher schmelzende Produkte[1, 2]. Die Ausbeute variiert zwischen 20 und 68% d. Th.; vermutlich durch unterschiedliche Trockenheitsgrade des Hydroxy-tetraphenyl-stiboran verursacht[1]. Monomeres Triphenyl-stibinoxid läßt sich nur, wenn es relativ rein ist, aus Aceton unter großen Verlusten umkristallisieren[1].

Analog der Cyclisierung von Arenstibonsäuren zu cyclischen Stibinsäuren (s. S. 536) lassen sich diese bei geeigneter Struktur zu tert. Stibinoxiden cyclisieren, in denen das Antimon Teil eines Ringsystems ist[3, 4]:

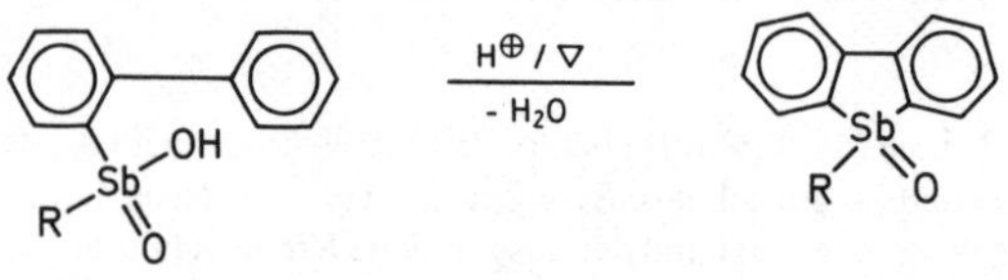

**5-Oxo-5-(4-äthoxycarbonyl-phenyl)-⟨dibenzostibol⟩**[3]: Getrocknete (4-Äthoxycarbonyl-phenyl)-biphenylyl-(2)-stibinsäure wird in Acetanhydrid gelöst, mit wenig konz. Schwefelsäure (~ 1% in Bezug auf das Acetanhydrid) versetzt, 3 Stdn. auf 90° erhitzt und auf Eis gegossen. Man läßt über Nacht stehen und saugt ab. Man nimmt den Niederschlag in Aceton auf, filtriert ab und kristallisiert den festen Rückstand aus Essigsäure-äthylester um; F: 172–173° (Zers.).

In anderen analogen Fällen werden die entsprechenden 5,5-Dihydroxy-5-organo-⟨dibenzo-stibole⟩ erhalten[4]. Alkoxy- bzw. Ester-Gruppen in den aromatischen Resten können unter den sauren Reaktionsbedingungen gespalten bzw. hydrolysiert werden[4]. Die Cyclisierung in Gegenwart von Polyphosphorsäure kann in einigen Fällen zur Spaltung der Antimon-Kohlenstoff-Bindung führen[4].

## B. Umwandlung

Trialkylstibinoxide sind sauerstoff- und feuchtigkeitsempfindliche Verbindungen, so daß sie an der Luft nicht gehandhabt werden können[5].

Monomeres Triphenyl-stibinoxid zersetzt sich in siedendem Xylol ohne Luftausschluß zu *Diphenylstibinsäure-anhydrid*[1]. Die Zersetzung des monomeren Triphenyl-stibinoxids

[1] G. H. BRILES u. W. E. McEWEN et al., Tetrahedron Letters **1966**; 5299; Phosphorus **2**, 147 (1972).
[2] D. L. VENEZKY et al., J. Organometal. Chem. **35**, 131 (1972).
[3] I. G. M. CAMPBELL, Soc. **1952**, 4448.
[4] I. G. M. CAMPBELL u. A. W. WHITE, Soc. **1959**, 1491.
[5] G. N. CHREMOS u. R. A. ZINGARO, J. Organometal. Chem. **22**, 637 (1970).

fängt bereits bei Temperaturen oberhalb 65° an und bei 230–260° können Benzol und Biphenyl als Zersetzungsprodukte identifiziert werden[1].

Unabhängig davon, ob die tert. Stibinoxide monomer oder polymer sind, reagieren sie mit Mineralsäuren oder Carbonsäuren unter Bildung der entsprechenden Dihalogen- (s. S. 541) bzw. Diacyloxy-triorgano-stiborane (s. S. 552):

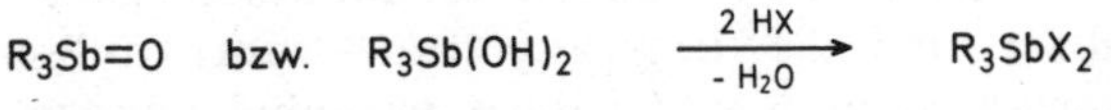

$$R_3Sb=O \quad bzw. \quad R_3Sb(OH)_2 \xrightarrow[-H_2O]{2\ HX} R_3SbX_2$$

X = Hal, Pseudohal, anorg. Anion, O–CO–R

Analog setzen sich die Oxide bzw. Dihydroxide mit Alkoholen bzw. Diolen oder Organohydroperoxiden zu den entsprechenden Dialkoxy- (s. S. 556) bzw. Bis-[organoperoxy]-triorgano-stiboranen (s. S. 557) um.

Trialkyl- und Triaryl-stibinoxide bzw. -dihydroxide bilden bei der Umsetzung mit den entsprechenden tert. Stibin-dihalogeniden Bis-[halogen-triorgano-antimon]-oxide (s. S. 549); z. B.:

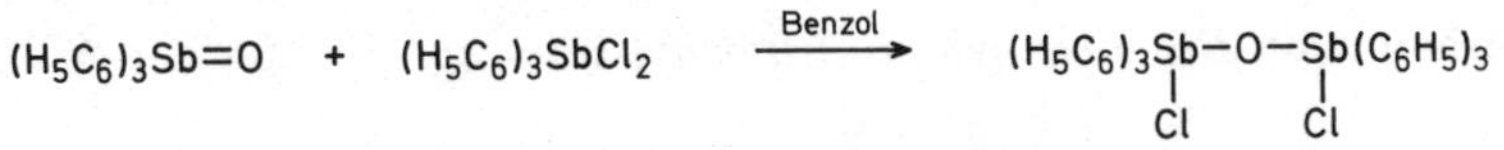

$$(H_5C_6)_3Sb=O \ + \ (H_5C_6)_3SbCl_2 \xrightarrow{Benzol} (H_5C_6)_3\underset{Cl}{\overset{}{Sb}}-O-\underset{Cl}{\overset{}{Sb}}(C_6H_5)_3$$

Schwefelwasserstoff wandelt Dihydroxy-trimethyl-stiboran in methanolischer Lösung in *Trimethyl-stibinsulfid* um (s. S. 567). Durch Einwirkung von Thiolen dagegen erfolgt Reduktion zu *Trimethyl-stibin*[2]. Durch Zinn(II)-chlorid oder Hydrazin-Hydrat können die tert. Stibinoxide in die entsprechenden tert. Stibine umgewandelt werden (s. S. 464).

### 6. Tertiäre Stibinsulfide, -selenide und deren Derivate

α) Bis-[alkylthio]- und Bis-[acylthio]-triorgano-stiborane

Die termisch äußerst instabilen Bis-[alkylthio]-triorgano-stiborane lassen sich nur bei tiefen Temperaturen ($< -10°$) isolieren[3]. So werden Bis-[alkylthio]-trimethyl-stiborane aus Dichlor-trimethyl-stiboran durch Umsetzung mit Mercaptanen in Gegenwart von Triäthylamin bei $-25°$ bis $-35°$ hergestellt[3]:

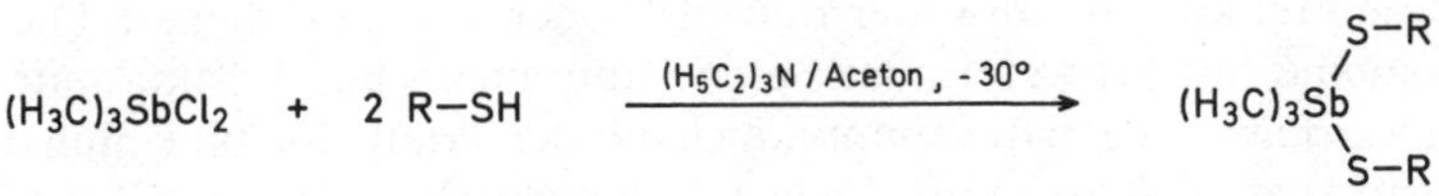

$$(H_3C)_3SbCl_2 \ + \ 2\ R-SH \xrightarrow{(H_5C_2)_3N\ /\ Aceton\ ,\ -30°} (H_3C)_3Sb\overset{\diagup S-R}{\underset{\diagdown S-R}{}}$$

**Bis-[methylthio]-trimethyl-stiboran**[3]: 2,291 g (48 mMol) auf − 10° gekühltes Methylmercaptan und 5,654 g (24 mMol) Dichlor-trimethyl-stiboran, gelöst in 70 ml Aceton werden unter Rühren und Kühlen des Gefäßes auf −60° vermischt und langsam mit einem Überschuß (5 g = 50 mMol) Triäthylamin versetzt. Nach ~ 6stdg. Rühren bei −25° bis −30° wird unter Kühlung vom ausgefallenen Triäthylamin-Hydrochlorid abfiltriert, das Filtrat i. Vak. eingeengt, der gekühlte Rückstand mit einem kalten (− 10° bis 0°) Gemisch aus Äther/Pentan (1:1) aufgenommen und bei −60° kristallisiert; Ausbeute: 4,57 g (74% d. Th.); F: 39–40° (Zers.).

Analog erhält man[3] u. a.:

| | | |
|---|---|---|
| *Bis-[äthylthio]-trimethyl-stiboran* | 78% d. Th. | F: 46–48° (Zers.) |
| *Bis-[benzylthio]-trimethyl-stiboran* | 79% d. Th. | F: 61–63° (Zers.) |
| *Bis-[phenylthio]-trimethyl-stiboran* | 79% d. Th. | F: 85–87° (Zers.) |

---

[1] W. E. McEwen et al., Phosphorus **2**, 147 (1972).
[2] Y. Matsumura et al., Inorg. Nucl. Chem. Lett **3**, 219 (1967).
[3] H. Schmidbaur u. K.-H. Mitschke, B. **104**, 1842 (1971).

Führt man die obige Umsetzung bei Raumtemperatur durch, so erfolgt vollständige Zersetzung der intermediär gebildeten Bis-[alkylthio]-trimethyl-stiborane in Trimethyl-stibin und die entsprechenden Disulfane[1].

Diäthoxy-trimethyl-stiboran soll mit Mercaptanen bei $\sim 20°$ zu Trimethyl-stibin, Disulfan und Äthanol reagieren[2]. Vermutlich entstehen hierbei intermediär ebenfalls Bis-[alkylthio]-trimethyl-stiborane, die bei diesen Reaktionsbedingungen vollständig zerfallen. Thermisch stabiler sind die Bis-[acylthio]-trimethyl-stiborane, die durch Einwirkung von Thiocarbonsäuren auf Diäthoxy-trimethyl-stiboran hergestellt werden[2]:

$$(H_3C)_3Sb(OC_2H_5)_2 \ + \ 2 \ R-CO-SH \ \xrightarrow[- \ 2 \ C_2H_5OH]{Benzol,\ 20°} \ (H_3C)_3Sb(-S-CO-R)_2$$

$$R = CH_3 \ , \ C_6H_5$$

**Bis-[acetylthio]-trimethyl-stiboran[2]:** Zu einer Lösung von Thioessigsäure in Benzol tropft man unter Rühren bei $\sim 20°$ die halbe molare Menge Diäthoxy-trimethyl-stiboran. Man rührt weitere 15 Min. nach und destilliert die leichtflüchtigen Anteile (das Destillat enthält kleine Mengen Trimethyl-stibin). Der ausgefallene Niederschlag wird abgesaugt und getrocknet; Ausbeute: $71\%$ d. Th.; F: $51-52°$.

Ebenso erhält man *Bis-[benzoylthio]-trimethyl-stiboran* (F: $108°$) in $92\%$iger Ausbeute[2].

In siedendem Benzol zerfallen die Bis-[acylthio]-trimethyl-stiborane in Trimethyl-stibin und Diacyl-disulfane[2]. Die Umsetzung mit molaren Mengen Dichlor-trimethyl-antimon führt zur Bildung von Chlor-acylthio-trimethyl-stiboran (s. S. 552).

## $\beta$) Tertiäre Stibinsulfide und -selenide

### A. Herstellung

#### $\beta_1$) Aus tert. Stibinen

Am einfachsten werden tert.-Stibin-sulfide[3-5] bzw. -selenide[3,5] durch Einwirkung von elementarem Schwefel bzw. Selen auf die entsprechenden tert. Stibine hergestellt:

$$R_3Sb \ + \ S \ \xrightarrow{Benzol} \ R_3Sb=S$$

Als Lösungsmittel können entweder Benzol[3,4] oder Äthanol[3] dienen. Die Umsetzung der Trialkyl-stibine mit Schwefel oder Selen kann auch ohne Lösungsmittel bei $\sim 20°$ durchgeführt werden[3]. Wegen der Empfindlichkeit der Trialkyl-stibine muß die Reaktion unter strengem Ausschluß von Luft, Licht und Feuchtigkeit durchgeführt werden.

**Trialkyl-stibin-sulfide und -selenide; allgemeine Arbeitsvorschrift[3]:** Unter einem Stickstoffstrom versetzt man die Lösung eines frisch destillierten Trialkyl-stibins in abs. Benzol oder Äthanol (250 *ml* auf 0,025 Mol Stibin) mit einem $10\%$igen Überschuß an Schwefel bzw. Selen und erhitzt $2-4,5$ Stdn. unter Rückfluß, wobei es sich empfiehlt, die Reaktion im Dunkeln durchzuführen. Nach Abkühlung wird unter Stickstoff über eine Fritte (mittlere Porösität) vom überschüssigen Schwefel bzw. Selen abfiltriert. Bei flüssigen Produkten wird das Lösungsmittel bei $30-35°$ und bei $20-25$ Torr (letzte Spuren bei 1,5 Torr) entfernt. Das flüssige Trialkyl-stibinsulfid wird durch mehrmaliges Kühlen auf $0°$ und Abfiltrieren noch vorhandenen Schwefels gereinigt. Feste Produkte werden nach Einengung des Filtrats und Kühlung abgesaugt und meistens aus abs. Äthanol umkristallisiert. So erhält man u. a.:

[1] H. Schmidbaur u. K.-H. Mitschke, B. **104**, 1842 (1971).
[2] Y. Matsumura et al., Inorg. Nucl. Chem. Lett. **3**, 219 (1967).
[3] R. A. Zingaro u. A. Merijanian, J. Organometal. Chem. **1**, 369 (1964); und dort zitierte ältere Literatur.
[4] K. Issleib u. B. Hamann, Z. anorg. Ch. **339**, 289 (1965); **343**, 196 (1966).
[5] N. Chremos u. R. A. Zingaro, J. Organometal. Chem. **22**, 637 (1970).

| | | |
|---|---|---|
| *Triäthyl-stibinsulfid* | F: 118° | (Reaktionsdauer: 2 Stdn. in Äthanol) |
| *Tripropyl-stibinsulfid* | F: 35° | (Reaktionsdauer: 4,5 Stdn. in Benzol) |
| *Tributyl-stibinsulfid* | $n_D^{25}$: 1,5528 | (Reaktionsdauer: 4,5 Stdn. in Benzol) |
| *Tricyclohexyl-stibinsulfid* | F: 144° | (Reaktionsdauer 3 Stdn. in Benzol) |
| *Triäthyl-stibinselenid* | F: 124° | (Reaktionsdauer: 2 Stdn. in Äthanol) |
| *Tripropyl-stibinselenid* | $n_D^{25}$: 1,5846 | (Reaktionsdauer: 3 Stdn. in Benzol) |
| *Tributyl-stibinselenid* | $n_D^{25}$: 1,5534 | (Reaktionsdauer: 9 Stdn. in Benzol) |

Das durch Umsetzung von Trimethyl-stibin und Selen in Benzol erhaltene Derivat ist nur in benzolischer Lösung stabil. An der Luft zersetzt es sich sofort. Die Struktur [Summenformel: $(CH_3)_3SbSe_2$] dieses vermeintlichen Trimethyl-stibinselenids ist möglicherweise cyclisch[1].

*Tripentyl-stibinsulfid* bzw. *-selenid* wird durch einwöchiges Schütteln von Tripentyl-stibin mit Schwefel bzw. Selen bei ~20° unter Ausschluß von Licht, Luft und Feuchtigkeit hergestellt[2]. Analog, jedoch in Äther als Lösungsmittel, wird *Tricyclohexyl-stibinselenid* (F: 121–122°) erhalten[2].

**1,4-Bis-[thiono-diäthyl-antimon]-butan**[3]: Unter Argonatmosphäre werden 2,2 g 1,4-Bis-[diäthyl-stibino]-butan und 0,34 g Schwefel in 20 *ml* abs. Benzol 15 Min. unter Rückfluß gekocht. Nach Abkühlen und Filtrieren wird abgedampft und der Rückstand aus Benzol/Äther umkristallisiert; Ausbeute: 1,0 g (63,4% d. Th.); F: 137–139°.

Auf gleiche Weise werden *1,5-Bis-[thiono-diäthyl-antimon]-pentan* und *1,6-Bis-[thiono-diäthyl-antimon]-hexan* in 43 bzw. 64%iger Ausbeute erhalten[3].

Bei der analogen Reaktion von 1,5- bzw. 1,6-Bis-[diphenylstibino]-pentan bzw. -hexan mit Schwefel wird zur Isolierung der entsprechenden Sulfide das Lösungsmittel abgedampft, der Rückstand mit Schwefelkohlenstoff behandelt, in Benzol wieder gelöst, dieses abgedunstet, der Rückstand auf Ton gepreßt und i. Vak. getrocknet[3].

$\beta_2$) *Aus tert. Stibinoxiden bzw. Dihydroxy- bzw. Dihalogen-triorgano-antimon-Verbindungen*

Sowohl Trialkyl- und Triarylstibinsulfide als auch unsymmetrische tert. Aryl-alkyl-stibinsulfide werden durch Einwirkung von Schwefelwasserstoff bzw. dessen Alkalimetallsalze auf die entsprechenden Dihydroxy- oder Dihalogen-triorgano-stiborane hergestellt[4-9]:

$$R_3Sb(OH)_2 \ + \ H_2S \ \xrightarrow[- 2 \ H_2O]{\text{Alkohol}} \ R_3Sb{=}S$$

So wird *Triphenyl-stibinsulfid* aus Dihalogen-triphenyl-stibin in alkoholisch-ammoniakalischer Lösung durch Einleiten von Schwefelwasserstoff erhalten[4, 5]. Hierbei muß darauf geachtet werden, daß kein überschüssiger Schwefelwasserstoff mit dem gebildeten Triphenyl-stibinsulfid reagiert, da sonst eine Reduktion zu Triphenyl-stibin eintritt[4, 10]. Die ausreichende Menge an Schwefelwasserstoff erkennt man an einer leichten Gelbfärbung der Reaktionslösung, die man durch Schütteln gerade zum Verschwinden bringen kann[4].

[1] R. A. Zingaro u. A. Merijanian, J. Organometal. Chem. **1**, 369 (1964).
[2] N. Chremos u. R. A. Zingaro, J. Organometal. Chem. **22**, 637 (1970).
[3] K. Issleib u. B. Hamann, Z. anorg. Ch. **339**, 289 (1965); **343**, 196 (1966).
[4] L. Kaufmann, B. **41**, 2762 (1908).
[5] W. J. Lile u. R. J. Menzies, Soc. **1950**, 617.
[6] V. P. Glushkova et al., Sbornik Statei obšč. Chim. **2**, 992 (1953); C. A. **49**, 6859 (1955).
[7] M. Shindo et al., J. Organometal. Chem. **11**, 299 (1968).
[8] S. Sato et al., J. Organometal. Chem. **60**, C 9 (1973).
[9] S. Sato u. Y. Matsumura, J. Organometal. Chem. **96**, 57 (1975).
[10] A. Michaelis u. A. Reese, A. **233**, 44 (1886).

**Triphenyl-stibinsulfid[1]:** 10 g Dibrom-triphenyl-stiboran werden bei $\sim 23°$ in 160 *ml* einer kaltges. äthanol. Ammoniak-Lösung gelöst und filtriert. In das Filtrat leitet man unter gutem Rühren einen gereinigten Schwefel-wasserstoffstrom solange ein, bis eine ganz schwache Gelbfärbung eintritt, die man durch starkes Rühren gerade noch zum Verschwinden bringen kann. Der Niederschlag wird abgesaugt und mit wenig Äthanol nachgewaschen. Es kann aus Äthanol umkristallisiert werden; Rohausbeute: 6 g (80% d. Th.); F: 119–120°.

Analog wird *Tris-[4-methyl-phenyl]-stibin-sulfid* (F: 111,5–112°) erhalten[2]. Die Reaktion von Trimethylstibin-oxid mit Schwefelwasserstoff zum *Trimethyl-stibinsulfid* wird in Methanol durchgeführt[3].

Tert. Stibinsulfide lassen sich einfacher aus den entsprechenden Dihalogen-triorgano-stiboranen durch Umsetzung mit Ammonium[1]-, oder Natriumsulfid[3-5] in Methanol herstellen. Bis-[dichlor-methyl-phenyl-antimon]-methan bildet bei dieser Reaktion eigenartigerweise nur ein Monosulfid, während 1,3-Bis-[chlor-methyl-phenyl-antimon]-propan das erwartete Bis-sulfid liefert[5]:

$$\text{H}_5\text{C}_6 \underset{\text{H}_3\text{C}}{\overset{\text{Cl}}{\text{Sb}}}\text{--CH}_2\text{--}\underset{\text{Cl}}{\overset{\text{Cl}}{\text{Sb}}}\underset{\text{CH}_3}{\overset{\text{C}_6\text{H}_5}{}} \xrightarrow{\text{2 Na}_2\text{S}/\text{CH}_3\text{OH}} \text{H}_3\text{C}\overset{\text{C}_6\text{H}_5}{\underset{\|}{\text{Sb}}}\text{--CH}_2\text{--}\underset{\text{CH}_3}{\overset{\text{C}_6\text{H}_5}{\text{Sb}}}$$

**Methyl-[methyl-phenyl-stibino)-methyl]-phenyl-stibinsulfid[5]:** Unter Stickstoff wird eine Mischung aus 9,7 g (16,6 mMol) Bis-[dichlor-methyl-phenyl-antimon]-methan und 8,0 g (33,3 mMol) Natriumsulfid-Monohydrat in 80 *ml* Methanol gelöst und 5 Stdn. gerührt. Nach Abfiltrieren wird das Lösungsmittel i. Vak. abgezogen und der Rückstand mit 60 *ml* Dichlormethan extrahiert. Man dampft den Extrakt zur Trockene ein und kristallisiert den Rückstand mehrmals aus Äthanol um; Ausbeute: 3,2 g (40% d. Th.); F: 89–90°.

Prinzipiell analog können z. B. erhalten werden:

| | | |
|---|---|---|
| *Triäthyl-stibinsulfid*[3] | | F: 119–120° |
| *Tricyclohexyl-stibinsulfid*[3] | | F: 144° |
| *Methyl-isopropyl-phenyl-stibinsulfid*[4, 5] | 90% d. Th. | F: 74–75° |
| *1,3-Bis-[thiono-methyl-phenyl-antimon]-propan*[5] | 85% d. Th. | F: 141–142° |

## B. Umwandlung

Die Antimon-Schwefel-Bindung in den tert. Stibinsulfiden ist relativ schwach. So tritt bei Triphenyl-stibinsulfid in benzolischer Lösung bereits bei $\sim 20°$ allmähliche Zersetzung unter Bildung von *Triphenyl-stibin* ein[1, 6].

Schneller verläuft die Entschwefelung durch Einwirkung von Schwefelwasserstoff[7] oder verdünnten Säuren[1]. Trimethyl- und Triphenyl-stibinsulfid werden durch Hexaphenyl-dizinn in siedendem Chloroform desulfuriert (s. S. 465). Durch Einwirkung von Alkyl-jodiden auf Trimethyl-stibinsulfid in Chloroform werden *Trimethyl-stibin, Dijod-trimethyl-stiboran* und Disulfane gebildet[8]:

$$2\ (\text{H}_3\text{C})_3\text{Sb=S} + 2\ \text{R--J} \xrightarrow[\text{- R--S--S--R}]{\text{CHCl}_3} (\text{H}_3\text{C})_3\text{Sb} + (\text{H}_3\text{C})_3\text{SbJ}_2$$

$$\text{R} = \text{CH}_3, \text{C}_2\text{H}_5, \text{CH}_2\text{--C}_6\text{H}_5$$

[1] L. KAUFMANN, B. **41**, 2762 (1908).
[2] V. P. GLUSHKOVA et al., Sbornik Statei obšč. Chim. **2**, 992 (1953); C. A. **49**, 6859 (1955).
[3] M. SHINDO et al., J. Organometal. Chem. **11**, 299 (1968).
[4] S. SATO et al., J. Organometal. Chem. **60**, C 9 (1973).
[5] S. SATO u. Y. MATSUMURA, J. Organometal. Chem. **96**, 57 (1975).
[6] K. A. JANSEN, Z. anorg. Ch. **250**, 268 (1943).
[7] A. MICHAELIS u. A. REESE, A. **233**, 44 (1886).
[8] J. OTERA u. R. OKAWARA, J. Organometal. Chem. **16**, 335 (1968).

Mit Acylhalogeniden bildet Trimethyl-stibinsulfid dagegen Halogen-acylthio-tri-methyl-stiborane (s. S. 551). In methanolischer Lösung bei 0° bildet Trimethyl-stibinsulfid mit Indium(III)-chlorid, Methyl-indium-dichlorid oder Dialkyl-indium-halogeniden 1:1-Addukte[1]. In siedendem Methanol wird das Trimethyl-stibinsulfid durch Dimethyl-indium-chlorid bzw. Indium(III)-chlorid in *Tetramethylstibonium-chlorid* bzw. *Dichlor-trimethyl-stiboran* umgewandelt[1]. Mit Cobalt(II)-, Zink(II)- und Cadmium(II)-nitraten bildet Trimethylstibin 1:4 bzw. 1:2-Komplexe[2].

## 7. Tertiäre Stibin-imine (Imino-triorgano-stiborane)

Das durch Einwirkung von Natriumamid auf Dichlor-triphenyl-stiboran erhältliche *Imino-triphenyl-stiboran* ist so instabil, daß es unter Abspaltung von Ammoniak polymerisiert[3]. Durch Acyl- bzw. Sulfonyl-Gruppen am Stickstoff stabilisierte Derivate werden in guter Ausbeute durch Umsetzung von tert. Stibinen mit N-Alkalimetall-Salzen von Carbonsäurehalogenamiden hergestellt[4]:

$$(H_5C_6)_3Sb \; + \; \underset{X}{\overset{Na}{R-N}} \quad \xrightarrow{- \, NaX} \quad (H_5C_6)_3Sb{=}N{-}R$$

R = Acyl, Sulfonyl
X = Cl, Br

Die eingesetzten Verbindungen müssen gut getrocknet sein, ebenso die Lösungsmittel (z. B. Aceton[4], Acetonitril[5] oder Benzol[6]).

**Acetylimino-triphenyl-stiboran[7]:** 3,5 g gut getrocknetes Triphenyl-stibin und 1,92 g Natrium-N-brom-acetamid werden in 40 *ml* wasserfreiem Aceton gelöst. Man versetzt mit 2–3 Tropfen konz. Salzsäure, wobei Erwärmung eintritt, und erhitzt 30 Min. auf 50°. Man filtriert ab, zieht das Lösungsmittel bei ~ 20° i. Vak. ab und bringt den Rückstand durch Kühlen auf −10° zur Kristallisation. Es wird aus Äther umkristallisiert; Ausbeute: 74,6% d. Th.; F: 157–159°.

Analog erhält man[7] u. a.:

| | | |
|---|---|---|
| *Bromacetylimino-triphenyl-stiboran* | 68% d. Th. | F: 193–195° |
| *Jodacetylimino-triphenyl-stiboran* | 66% d. Th. | F: 208–210° |
| *Acetylimino-tris-[2-methyl-phenyl]-stiboran* | 72% d. Th. | F: 110–112° |
| *Acetylimino-tris-[3-methyl-phenyl]-stiboran* | 69% d. Th. | F: 83–85° |
| *Chloracetylimino-tris-[4-methyl-phenyl]-stiboran* | 90% d. Th. | F: 173–175° |
| *Chloracetylimino-tris-[2-methyl-phenyl]-stiboran* | 83% d. Th. | F: 148–150° |

*Benzolsulfonylimino-*[8] bzw. *Tosylimino-triphenyl-stiboran*[5,8] werden analog durch 1stdgs. Kochen der Reaktionspartner in Chloroform[8] oder Acetonitril[5] erhalten.

Organosilylimino-, Organostannylimino- bzw. Organogermanylimino-

[1] T. MAEDA et al., J. Organometal. Chem. **44**, 237 (1972).
[2] J. OTERA et al., Inorg. Chem. **10**, 402 (1971).
[3] W. HEINZELMANN, Dissertation, Univ. Heidelberg 1962;
  s. auch R. APPEL, Abstracts of papers, 142nd Meeting of the American Chemical Society, Atlantic City, September 1962; S. 38 N.
[4] L. P. PETRENKO, Ž. obšč. Chim. **24**, 520 (1954); Tr. Voronezhsk. Gos. Univ. **49**, 19, 25 (1958); **57**, 145 (1959); C. A. **49**, 6159 (1955); **56**, 2470, 2471 (1962); **55**, 6425 (1961).
[5] G. WITTIG u. D. HELLWINKEL, B. **97**, 789 (1964).
[6] A. SENNING, Acta. chem. Scand. **19**, 1755 (1965).
[7] L. P. PETRENKO, Ž. obšč. Chim. **24**, 520 (1954); Tr. Voronezhsk. Gos. Univ. **49**, 19, 25 (1958); C. A. **49**, 6159 (1955); **56**, 2470, 2471 (1962).
[8] L. P. PETRENKO, Tr. Voronezhsk. Gos. Univ. **57**, 145 (1959); C. A. **55**, 6425 (1961).

triorgano-stiborane erhält man bei der Einwirkung der entsprechenden Organoelementazide auf die jeweiligen tert. Stibine[1]; z. B.:

$$3 (H_5C_6)_3Sb \quad + \quad H_5C_6-Sn(N_3)_3 \quad \xrightarrow{\text{DMF}, \nabla} \quad
\begin{array}{c}
N=Sb(C_6H_5)_3 \\
| \\
H_5C_6-Sn-N=Sb(C_6H_5)_3 \\
| \\
N=Sb(C_6H_5)_3
\end{array}$$

*Tris-[triphenylstibinylidenamino]-*
*phenyl-zinn*

Durch Umsetzung von Triphenyl-stibin und Diphenylphosphinyl-azid in siedendem Triglym kann *Diphenylphosphinylimino-triphenyl-stiboran* hergestellt werden[2]:

$$(H_5C_6)_3Sb \quad + \quad (H_5C_6)_2\overset{\overset{O}{\|}}{P}-N_3 \quad \longrightarrow \quad (H_5C_6)_3Sb=N-\overset{\overset{O}{\|}}{P}(C_6H_5)_2$$

Tert. Stibinimine werden durch Hydrolyse in die entsprechenden Dihydroxy-triorgano-stiborane (s. S. 562) umgewandelt. Mit Quecksilber(II)- oder Kupfer(II)-chlorid bilden die Acylimino- bzw. Sulfonylimino-triaryl-stiborane kristalline 1:1-Komplexe[3]. Tosylimino-triphenyl-stiboran setzt sich mit Phenyl-lithium zu *Pentaphenyl-stiboran* um (s. S. 584).

### d) Quartäre Stiboniumsalze bzw. Tetraorgano-stiborane, Stibonium-ylide und Pentaorgano-stiborane

#### 1. Quart. Stiboniumsalze bzw. Tetraorgano-stiborane

Organo-antimon-Verbindungen des Typs $R_4SbX$ können in Abhängigkeit von X und teilweise vom organischen Rest R sowohl ionisch (Stiboniumsalze) als auch pentacovalent (Tetraorgano-stiborane) sein[4]. Vorwiegend ionische Strukturen werden bei X = Chlorid, Bromid, Jodid, Perchlorat, Tetrafluoroborat sowie einigen komplexen metallorganischen Anionen beobachtet; während bei X = Fluor-, Hydroxy-, Alkoxy-, Acyloxy-, Organothio- und einigen komplexen anorganischen Anionen eher pentacovalente Strukturen zu finden sind[4-10].

---

[1] US. P. 3112331 (1963); 3311646, 3341477, 3341478 (1967), R. M. WASHBURN u. R. A. BALDWIN; C. A. **60**, 5554 (1964); **67**, 12061, 100586 (1967).

[2] US. P. 3189564 (1965), R. M. WASHBURN u. R. A. BALDWIN; C. A. **63**, 9991 (1965).

[3] L. P. PETRENKO, Ž. obšč. Chim. **24**, 520 (1954); Tr. Voronezhsk. Gos. Univ. **49**, 19, 25 (1958); **57**, 149 (1959); C. A. **49**, 6159 (1955); **56**, 2470, 2471 (1962); **55**, 6425 (1961).

[4] G. O. DOAK u. L. D. FREEDMAN, *Organometallic Compounds of Arsenic, Antimony, and Bismuth*, S. 340, Wiley-Interscience, New York 1970 und dort zit. Lit.

[5] R. G. GOEL, Canad. J. Chem. **47**, 4607 (1969).

[6] H. SCHMIDBAUR et al., B. **102**, 4136 (1969); **104**, 1837 (1971); Ang. Ch. **83**, 149 (1971); Z. anorg. Ch. **386**, 139, 147 (1971); und dort zit. Lit.

[7] J. B. ORENBERG et al., Inorg. Chem. **10**, 933 (1971).

[8] H. A. MEINEMA et al., J. Organometal. Chem. **37**, 285 (1972); und dort zit. Lit.

[9] G. VETTER u. G. KLAR, Z. Naturf. **28b**, 287 (1973).

[10] G. L. KOK et al., Inorg. Chem. **12**, 1709 (1973).

## A. Herstellung

α) Durch Alkylierung bzw. Arylierung von metallischem Antimon oder tert. Stibinen

Die Bildung von Tetraalkylstibonium-jodiden durch Einwirkung von Alkyljodiden auf Antimon-Legierungen bzw. Antimon im Bombenrohr bei ~200°[1,2] beruht auf der Alkylierung intermediär gebildeter Trialkyl-stibine. Die Reaktion hat lediglich eine historische Bedeutung. Die direkte Umsetzung der tert. Stibine mit Alkylhalogeniden zu quart. Stiboniumsalzen gelingt am besten bei den Trialkyl-stibinen[3-13]:

$$R_3Sb \ + \ R^1{-}X \ \longrightarrow \ \left[R_3\overset{\oplus}{Sb}{-}R^1\right] X^{\ominus}$$

R  = Alkyl, $-CH{=}CH_2$
$R^1$ = Alkyl, $CH_2-C_6H_5$, $CH_2-CO-R^2$

Die Reaktivität der schwach nucleophilen Trialkyl-stibine nimmt mit zunehmender Kettenlänge der Alkyl-Reste ab[4,13]. Ebenso nimmt die Reaktivität der Alkylhalogenide mit zunehmender Kettenlänge ab, wobei der größte Sprung in der Reaktivität vom Methyl- zum Äthylhalogenid stattfindet. Die Reaktivität der Halogenide nimmt vom Chlorid zum Jodid zu[4,13]. Bei ~20° verläuft die Reaktion, die in überschüssigem Alkylhalogenid, Äther oder Methanol als Lösungsmittel durchgeführt werden kann, sehr langsam. So ist die Ausbeute an *Tetramethyl-stibonium-jodid*, bei der Einwirkung von Methyljodid auf das relativ reaktive Trimethyl-stibin in Äther[6,8] nach einer Woche lediglich 20% d. Th.[8]. Die Alkylierung von Tripropyl-stibin mit Äthyljodid bei Raumtemperatur ist sogar nach einem Monat noch nicht beendet[4]. Kurze Reaktionszeiten und höhere Ausbeuten an Tetraalkylstibonium-jodiden erreicht man durch gemeinsames Erhitzen der Trialkylstibine mit Methyljodid[11-12].

**Methyl-äthyl-propyl-butyl-stibonium-jodid**[12]: Unter strengem Sauerstoffausschluß werden 1,9 g (0,008 Mol) Äthyl-propyl-butyl-stibin und 5 *ml* Methyljodid 7 Stdn. unter Rückfluß erhitzt. Nach Entfernung des überschüssigen Methyljodids wird der Rückstand aus Benzol/Pentan umkristallisiert (hellgelbe Kristalle); Ausbeute: 2,3 g (77% d.Th.); Zers.p.: 93–125°.

**Methyl-diäthyl-allyl-stibonium-jodid**[11]: In einer Argonatmosphäre werden 2 g Diäthyl-allyl-stibin und 1,5 g Methyljodid in 60 *ml* Methanol 1 Stde. unter Rückfluß erhitzt. Man filtriert ab, engt das Filtrat ein und fällt das Stiboniumsalz mit Äther aus. Zur Reinigung wird das Methanol/Äther umkristallisiert; Ausbeute: 2,6 g (80,2% d.Th.; Zers.p.: ⟩160°).

Auf prinzipiell analoge Weise werden durch Einwirkung von Methyljodid auf die entsprechenden tert. Stibine *Tetramethyl-*[6,8], *Methyl-triäthyl-*[3], *Methyl-trivinyl-*[9], *Methyl-tripropyl-*[4], *Methyl-tributyl-*[4], *Methyl-tripentyl-*[4], *Methyl-tris-[trimethylsilyl-methyl]-stibonium-jodid*[14] sowie *1,4-Bis-[methyl-diäthyl-stibonio]-butan*[11]-, *1,4-Bis-[methyl-di-tert.-*

---

[1] H. Landolt, A. **78**, (1851); **84**, 44 (1852).
[2] C. Löwig, A. **88**, 323 (1853).
[3] S. Friedländer, J. pr. **70**, 449 (1857).
[4] W. J. C. Dyke u. W. J. Jones, Soc. **1930**, 1921.
[5] F. Challenger u. L. Ellis, Soc. **1935**, 396.
[6] G. Wittig u. K. Torssell, Acta chem. Scand. **7**, 1293 (1953).
[7] G. Wittig u. H. Laib, A. **580**, 57 (1953).
[8] W. v. E. Doering u. A. K. Hoffmann, Am. Soc. **77**, 521 (1955).
[9] L. Maier et al., Am. Soc. **79**, 5884 (1957).
[10] H. Hartmann u. G. Kühl, Z. anorg. Ch. **312**, 186 (1961).
[11] K. Issleib et al., Z. anorg. Ch. **339**, 289, 298 (1965); A. **707**, 120 (1967).
[12] H. A. Meinema et al., J. Organometal.Chem. **51**, 223 (1973).
[13] G. E. Parris u. F. E. Brinckman, J. Org. Chem. **40**, 3801 (1975).
[14] D. Seyferth, Am. Soc. **80**, 1336 (1958).

butyl-stibonio]-butan[1]-, 1,6-Bis-[methyl-diäthyl-stibonio]-hexan[1]-, Bis-[methyl-diäthyl-stibonio]-acetylen[2] und Bis-[methyl-diisopropyl-stibonio]-acetylen[2]-dijodid gebildet.

Bis-[dimethyl-stibino]-acetylen wird durch Methyljodid lediglich zum Monosalz umgewandelt[2] [Trimethyl-(dimethylstibino-äthinyl)-stibonium-jodid].

Das weniger reaktivere Äthyljodid reagiert mit Tripropyl-stibin[3] zum Äthyl-tripropyl-stibonium-jodid; Trivinyl-stibin[4] reagiert dagegen nicht.

Benzylbromid[5, 6] und Brom-essigsäure-methylester[7] sind von ausreichender Reaktivität, um Trimethyl-[5], Dimethyl-benzyl-[6] bzw. Triäthyl-stibin[7] zu Trimethyl-benzyl-, Dimethyl-dibenzyl-, Triäthyl-benzyl-, Trimethyl-(methoxycarbonyl-methyl)-, Dimethyl-(methoxycarbonyl-methyl)-benzyl- bzw. (Methoxycarbonyl-methyl)-triäthyl-stibonium-bromid zu alkylieren.

**Dimethyl-dibenzyl-stibonium-bromid[6]:** Unter Stickstoff werden 12,2 g (0,05 Mol) Dimethyl-benzyl-stibin mit 17,1 g (0,1 Mol) Benzylbromid versetzt und 50 Stdn. stehen gelassen. Nach Zusatz von wenig abs. Äther wird das Stiboniumsalz abgesaugt und aus Äthanol/Äther umkristallisiert; Ausbeute: 12,5 g (60% d. Th.); F: 159–160°.

Trimethylstibin läßt sich mit 9-Brom-fluoren nicht alkylieren[6]. Ebenso führt die Umsetzung von Triäthyl-stibin und $\omega$-Brom-acetophenon, auch beim Erhitzen auf 100° in Dioxan, nicht zum erwünschten Salz[7].

Wird bei den Trialkyl-stibinen ein Alkyl- gegen einen Aryl-Rest ausgetauscht, so nimmt die Reaktivität gegenüber Alkyljodiden rapide ab. So wird Dimethyl-phenyl-stibin durch Methyl- oder Äthyljodid zum Trimethyl-phenyl- bzw. Dimethyl-äthyl-phenyl-stibonium-jodid quartärisiert[8]. Diäthyl-phenyl-stibin ($\rightarrow$Methyl-diäthyl-phenyl-stibonium-jodid) läßt sich mit Methyl- jedoch nicht mehr mit Äthyljodid alkylieren[8]. Beim Versuch, Dipropyl- bzw. Dibenzyl-phenyl-stibin mit Methyljodid in Acetonitril (8 Tage bei 80°) zu quartärnisieren, werden die Propyl- bzw. Benzyl-Reste abgespalten[9].

Alle Alkylhalogenide bzw. -ester versagen als Quartärnisierungsmittel, wenn das umzusetzende tert. Stibin mehr als einen aromatischen Rest enthält[8, 10, 11]. Die Alkylierung solcher tert. Stibine gelingt jedoch mit Trialkyloxonium-tetrafluoroboraten in flüssigem Schwefeldioxid als Lösungsmittel in sehr guter Ausbeute[11].

**Methyl-triphenyl-stibonium-tetrafluoroborat[9, 11]:** In einem 500-ml-Dreihalskolben mit Rührer, Tropftrichter und Kühlfinger, der mit Trockeneis/Methanol beschickt wird, werden bei −35° 45,6 g (0,4 Mol) Bortrifluorid-Dimethylätherat in ~ 150 ml Dimethyläther gelöst. Hierzu tropft man unter Rühren 27,8 g (0,3 Mol) Epichlorhydrin (Chlormethyl-oxiran) innerhalb 30 Min. Man schaltet den Rührer ab und läßt 2,5 Stdn. stehen. Der überstehende Äther wird dann mit Hilfe einer Tauchnutsche abgesaugt. Man wäscht 2mal mit je 100 ml abs. Äther, der dann auf die gleiche Weise entfernt wird. Das im Kolben verbleibende Trimethyloxonium-tetrafluoroborat wird in 150 ml flüssigem Schwefeldioxid gelöst, das durch Einleiten des Gases am Kühlfinger kondensiert. Die Temp. des Kältebades läßt man in der Zwischenzeit auf −20° bis −15° steigen. Unter Rühren werden dann 60 g (0,17 Mol) Triphenyl-stibin in die Lösung gegeben und 3 Stdn. weitergerührt. Man läßt über Nacht stehen und dann das Schwefeldioxid verdampfen, zuletzt unter Erwärmung. Der Rückstand wird in 80 ml Äthanol aufgenommen und mit Äther ausgefällt; Ausbeute: 68 g (77% d. Th.); F: 133–134°.

Analog erhält man z. B. folgende Tetrafluoroborate:

[1] K. Issleib et al., Z. anorg. Ch. **339**, 289, 298 (1965).
[2] H. Hartmann u. G. Kühl, Z. anorg. Ch. **312**, 186 (1961).
[3] W. J. C. Dyke u. W. J. Jones, Soc. **1930**, 1921.
[4] L. Maier et al., Am. Soc. **79**, 5884 (1957).
[5] F. Challenger u. L. Ellis, Soc. **1935**, 396.
[6] G. Wittig u. H. Laib, A. **580**, 57 (1953).
[7] K. Issleib u. R. Lindner, A. **707**, 120 (1967).
[8] G. Grüttner u. M. Wiernik, B. **48**, 1759 (1915).
[9] E. Meyer, Dissertation, Univ. Mainz (1965).
[10] A. Michaelis u. A. Reese, A. **233**, 53 (1886).
[11] M. C. Henry u. G. Wittig, Am. Soc. **82**, 563 (1960).

*Methyl-tris-[2-methyl-phenyl]-stibonium-*[1]
*Methyl-tris-[3,4-dimethyl-phenyl]-stibonium-*[1]
*Methyl-tris-[2,4,6-trimethyl-phenyl]-stibonium-*[1]
*Dimethyl-diphenyl-stibonium-*[2]

Methyl-isopropyl-phenyl-stibin wird durch Triäthyloxonium-tetrafluoroborat in Dichlormethan zum *Methyl-äthyl-isopropyl-phenyl-stibonium-tetrafluoroborat* alkyliert[3].

*Methyl-triphenyl-stibonium-chlorid* erhält man in guter Ausbeute durch Einwirkung von Bis-[chlormethyl]-zink auf Triphenyl-stibin in ätherischer Lösung und anschließender Hydrolyse[4]:

$$(H_5C_6)_3Sb \quad \xrightarrow[\text{2) H}_2\text{O}]{\text{1) (Cl}-\text{CH}_2)_2\text{Zn / Äther}} \quad \left[(H_5C_6)_3\overset{\oplus}{Sb}-CH_3\right] Cl^{\ominus}$$

**Methyl-triphenyl-stibonium-chlorid**[4]: 37 mMol Bis-[chlormethyl]-zink werden in abs. Äther mit 17 mMol Triphenyl-stibin 8 Stdn. gekocht. Man dekantiert vom Niederschlag ab, wäscht ihn mit Äther und versetzt mit 100 *ml* Wasser. Nach kurzem Aufkochen filtriert man heiß und gibt Natriumchlorid bis zur beginnenden Trübung hinzu. Beim Stehenlassen kristallisiert das Stiboniumchlorid aus; Ausbeute: 5,0 g (74% d. Th.); F: 177° (Zers.).

Die beste Methode Tetraphenyl-stibonium-halogenide zu erhalten, ist die Umsetzung von Triphenyl-stibin mit Brombenzol in Gegenwart von wasserfreiem Aluminiumtrichlorid bei 230°[5]:

$$(H_5C_6)_3Sb \quad + \quad \bigcirc\!\!-Br \quad \xrightarrow[\text{2) H}_2\text{O / KBr}]{\text{1) AlCl}_3 \text{ , 230°}} \quad \left[(H_5C_6)_4\overset{\oplus}{Sb}\right] Br^{\ominus}$$

**Tetraphenyl-stibonium-bromid**[5]: 4,5 g Triphenyl-stibin, 10 g Brombenzol und 10 g wasserfreies Aluminiumtrichlorid werden 1,5 Stdn. auf 230° erhitzt und dann auf 600 *ml* Wasser gegossen. Man kocht solange, bis nur noch ein kleiner schwarzer Rückstand zurückbleibt. Nach Behandeln mit Aktivkohle wird heiß abfiltriert. Das Filtrat wird mit 20 g Kaliumbromid in Form einer heißen konz. wäßr. Lösung versetzt. Beim Kühlen fällt das Salz aus, das aus Äthanol umkristallisiert wird; Ausbeute: 3,8 g (68% d. Th.); F: 210–218°.

Nach der obigen Arbeitsweise besteht die Gefahr, daß das erhaltene Tetraphenyl-stibonium-halogenid nicht rein ist, sondern ein Gemisch aus Bromid und Chlorid darstellt.[6] Es wird deshalb empfohlen das Rohprodukt mit wäßrigem Ammoniak in das *Hydroxy-tetraphenyl-stiboran* zu überführen und letztes durch Versetzen mit Bromwasserstoffsäure in das reine Tetraphenyl-stibonium-bromid umzuwandeln[6] (s. auch S. 574). Die analoge Umsetzung mit Chlorbenzol unter den gleichen Bedingungen, jedoch 24 Stdn. Reaktionszeit, liefert reines *Tetraphenyl-stibonium-chlorid* in 46%iger Ausbeute[6].

Triphenyl-stibin läßt sich auch durch Erhitzen mit Diphenyljodonium-tetrafluoroborat zum *Tetraphenylstibonium-tetrafluoroborat* arylieren[7]. Auf diese Weise soll Phenyl-bis-[4-methyl-phenyl]-stibin nicht arylierbar sein. Zur Herstellung unsymmetrischer Tetraaryl-stiboniumsalze ist vorläufig die Umsetzung von Triphenyl-stibin mit Arendiazonium-tetrafluoroboraten die einzige präparative Methode[8]:

$$(H_5C_6)_3Sb \quad + \quad \left[Ar-\overset{\oplus}{N}_2\right]\left[BF_4\right]^{\ominus} \quad \xrightarrow[-N_2]{\text{Nitrobenzol}} \quad \left[(H_5C_6)_3\overset{\oplus}{Sb}-Ar\right]\left[BF_4\right]^{\ominus}$$

[1] D. Henning et al., Z. Chem. **7**, 463 (1967); **9**, 306 (1969).
[2] G. L. Kok u. M. D. Morris, Inorg. Chem. **11**, 2146 (1972).
[3] S. Sato et al., J. Organometal. Chem. **60**, C 9 (1973).
[4] G. Wittig u. K. Schwarzenbach, A. **650**, 1 (1960).
[5] J. Chatt u. F. G. Mann, Soc. **1940**, 1192.
[6] G. O. Doak et al., J. Organometal. Chem. **12**, 443 (1968).
[7] L. G. Makarova u. A. N. Nesmeyanov, Bull. Acad. Sci. URSS Ser. chim. **1945**, 617; C. A. **40**, 4686 (1946).
[8] W. E. McEwen et al., Am. Soc. **91**, 7079 (1969).

Die besten Ausbeuten an Tetraarylstiboniumsalzen erhält man bei Verwendung von Nitrobenzol als Lösungsmittel außer bei der Umsetzung von Triphenyl-stibin mit Benzol- bzw. 4-Nitro-benzoldiazonium-tetrafluoroborat, wo die besseren Ausbeuten in Aceton als Lösungsmittel erzielt werden[1].

**Aryl-triphenyl-stibonium-tetrafluoroborate; allgemeine Arbeitsvorschrift**[1]: Zu einer bei 85–100° gerührten Lösung von 1,78 g (0,005 Mol) Triphenyl-stibin in 50 ml Nitrobenzol werden 0,005 Mol festes Aren-diazonium-tetrafluoroborat langsam zugegeben. Man erhitzt 12 Stdn. auf 85–100°, wobei nach ~2 Stdn. die Reaktionsmischung schwarz wird. Anschließend wird im Eisbad gekühlt und mit einem Überschuß an „SKELLY F Solvent" versetzt, wobei sich ein dunkles Öl abscheidet, das durch Waschen mit 400 ml „SKELLY F Solvent" und 100 ml Äther fest wird. Das braune Pulver wird dann nach Behandeln mit Aktivkohle aus Aceton/Äther, Essigsäure-äthylester oder Essigsäure-äthylester/Äther umkristallisiert.

| | | |
|---|---|---|
| *Tetraphenylstibonium-tetrafluoroborat*[a] | 77% d. Th. | F: 275–276° |
| *Triphenyl-(4-nitro-phenyl)-stibonium-tetrafluoroborat*[a] | 77% d. Th. | F: 191–192° |
| *Triphenyl-(3-nitro-phenyl)-stibonium-tetrafluoroborat* | 36% d. Th. | F: 198–200° |
| *Triphenyl-(4-brom-phenyl)-stibonium-tetrafluoroborat* | 35% d. Th. | F: 160–162° |
| *Triphenyl-(4-methoxy-phenyl)-stibonium-tetrafluoroborat* | 37% d. Th. | F: 136–138° |

## $\beta$) Aus Dihalogen-triorgano- oder Pentaorgano-stiboranen

### $\beta_1$) aus Dihalogen-triorgano-stiboranen

Läßt man auf Dichlor-triphenyl-stiboran die 2fache molare Menge Phenyl-magnesiumbromid einwirken und zersetzt anschließend mit 48%iger Bromwasserstoffsäure, so erhält man *Tetraphenylstibonium-bromid* in guter Ausbeute[1, 2]:

$$(H_5C_6)_3SbCl_2 \xrightarrow[\text{2) HBr}]{\text{1) } 2 \text{ } H_5C_6-MgCl} \left[(H_5C_6)_4\overset{\oplus}{Sb}\right] Br^{\ominus}$$

Die Reaktion verläuft über intermediär gebildetes Pentaphenyl-stiboran, welches durch Bromwasserstoffsäure in das quart. Stiboniumsalz umgewandelt wird[3] (s. S. 575).

Die Reaktion scheint jedoch auf **symmetrische** Tetraaryl-[1, 2, 4] oder Tetraalkylstibonium-Salze[5] beschränkt zu sein. So liefert die Reaktion von Difluor-triphenyl-stiboran und der 2fachen molaren Menge Benzyl-magnesiumchlorid das *Triphenyl-benzyl-stibonium-bromid* (F: 208–210°) nur in 6–7%iger Ausbeute[6].

**Tetraphenyl-stibonium-bromid**[1, 2, 7]: 25,4 g (0,06 Mol) Dichlor-triphenyl-stiboran werden in 200 ml Äther und 70 ml Benzol gelöst und langsam unter Rühren und Stickstoffeinleiten zu einer Lösung von 0,18 Mol Phenyl-magnesiumbromid in 200 ml Äther getropft. Unter Wärmeentwicklung wird die Reaktionslösung braun. Man läßt 3 Tage bei ~20° stehen und versetzt die Reaktionslösung mit 20 ml 48%iger Bromwasserstoffsäure. Nach Abtrennung der Äther/Benzol-Phase entfernt man das Lösungsmittel und extrahiert den Rückstand mehrmals mit 200 ml heißem Wasser. Die vereinigten Phasen werden auf 200 ml eingeengt und die heiße Lösung mit 25 g Natriumbromid versetzt. Nach Abkühlung wird abgesaugt und das erhaltene Salz aus Wasser-Äthanol (9:1) umkristallisiert (Aktivkohle); Ausbeute: 16,2 g (53% d. Th.); F: 214–216°[1].

---

[a] In Aceton als Lösungsmittel.

[1] W. E. McEwen et al., Am. Soc. **91**, 7079 (1969).

[2] H. H. Willard et al., Am. Soc. **70**, 737 (1948).

[3] G. Doleshall et al., J. Organometal. Chem. **30**, 369 (1971).

[4] H. E. Affsprung u. A. B. Gainer, Anal. Chim. Acta **27**, 578 (1962).

[5] A. E. Borisov et al., Izv. Akad. SSSR **1963**, 1506; C. A. **59**, 14021 (1963).

[6] E. Meyer, Dissertation, Univ. Mainz. 1965.

[7] H. E. Affsprung u. H. E. May, Anal. Chem. **32**, 1164 (1960).

Ebenso läßt sich auf ähnliche Weise *Tetrakis-[4-methyl-phenyl]-stibonium-sulfat*[1] bzw. *-bromid*[2] erhalten.

*Tetraäthyl-stibonium-tetrachloroaluminat* bzw. *-chlor-äthyl-aluminat* erhält man auf folgende Weise in nahezu quantitativer Ausbeute[3]:

$$(H_5C_2)_3SbCl_2 \;+\; (H_5C_2)_nAlCl_{3-n} \xrightarrow{\;20\text{ - }60°\;} \left[(H_5C_2)_4\overset{\oplus}{Sb}\right]\left[(H_5C_2)_{n-1}AlCl_{5-n}\right]^{\ominus}$$

$$n = 1\text{–}3$$

Die Reaktion wird ohne Lösungsmittel durchgeführt.

Man kann an Stelle von Dichlor-triäthyl-stiboran auch Antimon(III)-chlorid mit einem Überschuß an Triorgano-aluminium-Verbindungen in Hexan-Lösung in die entsprechende Tetraalkylstibonium-aluminate überführen[3-5]:

$$SbX_3 \xrightarrow{\;\text{Überschuß } R_3Al\;} \frac{3}{5}\left[R_4\overset{\oplus}{Sb}\right]\left[R_2AlX_2\right]^{\ominus} \;+\; \frac{2}{5}\,Sb \;+\; (R_nAlCl_{3-n})$$

*Tetraphenyl-stibonium-bromid* kann durch Einwirkung von überschüssigem Phenyl-magnesiumbromid auf Antimon(V)-chlorid erhalten werden[6].

Durch Einwirkung von Halogenen[7-11], Halogenwasserstoffsäuren (bzw. Pseudohalogenwasserstoffsäuren)[7,10-14], Carbonsäuren[7,14], Alkoholen[10,11,14-17], Mercaptanen[14] auf Pentaorgano-antimon-Verbindungen lassen sich symmetrische Tetraorgano-stibonium- bzw. -antimon-Verbindungen in sehr guter Ausbeute herstellen:

$$R_5Sb \begin{cases} \xrightarrow{\;X_2 \text{ oder } HX\;} & \left[R_4\overset{\oplus}{Sb}\right]X^{\ominus} \;\; bzw. \;\; R_4Sb\text{—}X \\[2ex] \xrightarrow{\;R^l\text{—}COOH\;} & R_4Sb\text{—}O\text{—}CO\text{—}R^l \\[2ex] \xrightarrow{\;R^l\text{—}OH \;\; bzw. \;\; R^l\text{—}SH\;} & R_4Sb\text{—}OR^l \;\; bzw. \;\; R_4Sb\text{—}S\text{—}R^l \end{cases}$$

R    = Alkyl[8,14,16], Alken-(1)-yl[9], Aryl[7,10-15,17]
X    = Cl, Br, J
X in HX = F, Cl, Br, N$_3$, CN, SCN, OH

[1] H. E. Affsprung u. A. B. Gainer, Anal. chim. Acta **27**, 578 (1963).
[2] K.-W. Shen et al., Am. Soc. **90**, 1718 (1968).
[3] Y. Takashi u. I. Aishima, J. Organometal. Chem. **8**, 209 (1967).
[4] Jap. P. 22571 (1963), Y. Takashi et al., C. A. **60**, 3004 (1964).
[5] US. P. 3330816 (1967); Jap. P. 4978 (1967), Asahi Chemical Ind. Co., Ltd.; Erf.: Y. Takashi et al.; C. A. **68**, 30384 (1968); **67**, 44275 (1967).
[6] H. E. Affsprung u. H. E. May, Anal. Chem. **32**, 1164 (1960).
[7] G. Wittig u. K. Clauss, A. **577**, 26 (1952).
[8] G. Wittig u. K. Torssell, Acta chem. Scand. **7**, 1293 (1953).
[9] A. N. Nesmeyanov et al., Izv. Akad. SSSR **1960**, 147, 952; **1961**, 1578; **1964**, 1197; 1202; C. A. **54**, 20853, 24351 (1960); **56**, 4792 (1962); **61**, 12032 (1964).
[10] G. H. Briles u. W. E. McEwen, Tetrahedron Letters **1966**, 5191.
[11] W. E. McEwen et al., Am. Soc. **91**, 7079 (1969).
[12] G. Doleshall et al., J. Organometal. Chem. **30**, 369 (1971).
[13] D. Hellwinkel u. M. Bach, J. Organometal. Chem. **17**, 389 (1969); **28**, 349 (1971).
[14] H. Schmidbaur et al., B. **102**, 4136 (1969); **104**, 1837 (1971); **106**, 1226 (1973); Ang. Ch. **83**, 149 (1971); Z. anorg. Ch. **386**, 139, 147 (1971).
[15] G. Wittig u. D. Hellwinkel, B. **97**, 789 (1964).
[16] Y. Takashi, J. Organometal. Chem. **8**, 225 (1967).
[17] G. A. Razuvaev u. N. A. Osanova, J. Organometal. Chem. **38**, 77 (1972).

$\beta_2$) *aus Pentaorgano-stiboranen*

$\beta\beta_1$) Spaltung mit Halogenen

Pentamethyl-[1], Pentaphenyl-[2] und Pentaalken-(1)-yl-stiborane[3] werden durch Umsetzung mit molaren Mengen Halogen in aprotischen Lösungsmitteln, wie Äther, Benzol, Chloroform oder Tetrachlormethan zu den entsprechenden Tetraorganostibonium-halogeniden gespalten. Die Reaktion der Pentaalken-(1)-yl-stiborane mit Brom oder Jod ist exotherm und wird bei 0° durchgeführt[3]. Die Spaltung des Pentaphenyl-antimons läuft bei Raumtemperatur ab[2]. Überschüssiges Jod bzw. Brom muß vermieden werden, da sonst Stibonium-trijodide bzw. -tribromide gebildet werden[1−3]. Überschüssiges Chlor kann die gebildeten Salze zu tert. Stibin-dichloriden weiterspalten[1−3].

**Tetraphenyl-stibonium-jodid**[2]: Zu einer Lösung von 58 mMol Pentaphenyl-stiboran in wenig abs. Benzol tropft man unter Rühren eine Lösung von Jod in Tetrachlormethan solange, bis die am Ende der Umsetzung auf etwa 40° erwärmte Mischung gelb bleibt. Hierbei werden 56 mMol Jod verbraucht. Das ausgefallene Salz wird abgesaugt und aus Äthanol/Äther umkristallisiert; Ausbeute: 82% d.Th.; F: 225−226°.

Auf ähnliche Weise werden *Tetramethyl-stibonium-bromid*[1], *Tetraphenyl-stibonium-chlorid* bzw. *-bromid*[2], *Tetravinyl-, Tetra-cis-* bzw. *trans-Propenyl-* und *Tetraisopropenyl-stibonium-bromid bzw. -jodid*[3] hergestellt.

Durch Einwirkung von Chlor oder Brom auf Dialkyl- bzw. Diphenyl-trialken-(1)-yl-stiborane werden mit hoher Selektivität die Alken-(1)-yl-Reste abgespalten[3]. Die Reaktion bleibt jedoch nicht immer auf der Stufe des Stiboniumsalzes stehen, sondern es tritt eine weitere Spaltung zu Dihalogen-dialkyl- bzw. -diphenyl-alken(1)-yl-stiboranen ein[3]. Lediglich aus Diäthyl-tripropenyl-stiborane ließen sich bei der Umsetzung mit Brom in Chloroform bei 0° die entsprechenden Salze isolieren[3]; z. B.:

$$(H_5C_2)_2Sb(CH=CH-CH_3)_3 \xrightarrow{Br_2/CHCl_3,\ 0°} \left[(H_5C_2)_2\overset{\oplus}{Sb}(CH=CH-CH_3)_2\right]\ Br^{\ominus}$$

*cis* bzw. *trans*                                    *cis* bzw. *trans*

*Diäthyl-dipropenyl-stibonium-bromid*

Pentaphenyl-stiboran wird durch Tetrachlormethan in der Hitze in *Tetraphenyl-stibonium-chlorid*, Benzol und Chlorbenzol gespalten[4].

$\beta\beta_2$) Spaltung mit Säuren

Wie bereits erwähnt läßt sich Pentaphenyl-stiboran durch Einwirkung von 40−48%-iger Bromwasserstoffsäure in *Tetraphenyl-stibonium-bromid* überführen (s. S. 575).

Bei Aryl-bis-[biphenyl-2,2'-diyl]-stiboranen wird durch Salzsäure immer ein Dibenzostibol-Ring gespalten[5, 6].

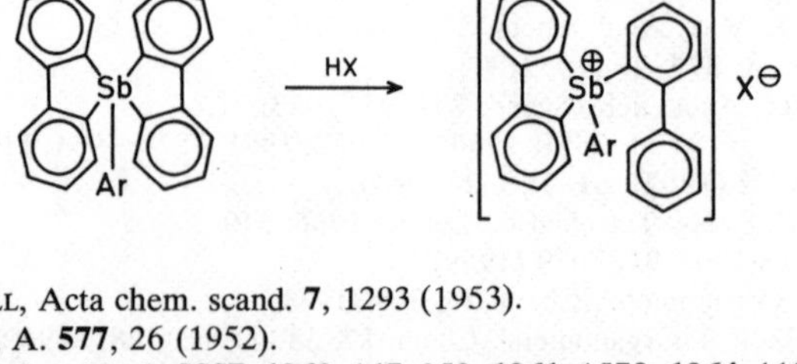

---

[1] G. WITTIG u. K. TORSSELL, Acta chem. scand. **7**, 1293 (1953).

[2] G. WITTIG u. K. CLAUSS, A. **577**, 26 (1952).

[3] A. N. NESMEYANOV et al., Izv. Akad. SSSR **1960**, 147, 952; **1961**, 1578; **1964**, 1197, 1202; C. A. **54**, 20853, 24351 (1960); **56**, 4792 (1962); **61**, 12032 (1964).

[4] G. A. RAZUVAEV et al., Ž. obšč. Chim. **30**, 3234 (1960); engl.: 3203.

[5] G. WITTIG u. D. HELLWINKEL, B. **97**, 789 (1964).

[6] D. HELLWINKEL u. M. BACH, J. Organometal. Chem. **17**, 389 (1969); **28**, 349 (1971).

Kochende konz. Salzsäure führt zur Öffnung des zweiten Dibenzostibol-Ringsystems und Bildung der Dichlor-aryl-bis-[biphenylyl-(2)]-stiborane[1]. Um dies zu vermeiden, führt man die Spaltung mit ätherischer 2 n Salzsäure bei ~ 20° durch[2].

Auch Lewissäuren wie Thallium(III)-bromid[3], Quecksilber(II)-chlorid[1] bzw. -acetat[4], Trialkyl-alane[5], Triphenyl-boran[6] oder Bortrifluorid[4] vermögen Pentaorgano-stiborane in Tetraorgano-stibonium-Salze zu spalten.

Aus Alkyl-tetraphenyl-stiboranen wird durch Einwirkung von Quecksilber(II)-acetat oder Bortrifluorid-Diäthylätherat mit hoher Selektivität ein Phenyl-Rest abgespalten, so daß auf diese Weise Alkyl-triphenyl-stibonium-Salze hergestellt werden können[4]:

$$(H_5C_6)_4Sb-R \quad \xrightarrow[\substack{(H_5C_2)_2O}]{\substack{BF_3 \cdot O(C_2H_5)_2}} \quad \left[(H_5C_6)_3\overset{\oplus}{Sb}-R\right]\left[BF_4\right]^{\ominus}$$

$$R = CH_3, C_2H_5$$

**Methyl-triphenyl-stibonium-tetrafluoroborat[4]:**

Methode ⓐ: 5 g Methyl-tetraphenyl-stiboran werden mit 15 ml Bortrifluorid-Diäthylätherat in 30 ml abs. Äther vermischt. Anschließend wird die Reaktionsmischung mit 200 ml Äther verdünnt, das ausgefallene Salz abgesaugt und aus Isopropanol umkristallisiert; Ausbeute: 3,6 g (70% d. Th.); F: 133–134°.

Methode ⓑ : Eine Lösung von 2,0 g (4,5 mMol) Methyl-tetraphenyl-stiboran in 20 ml Tetrachlormethan wird mit 1,44 g (4,5 mMol) Quecksilber(II)-acetat 5 Min. erhitzt und heiß filtriert. Das nach Abkühlung ausgefallene Phenyl-quecksilber-acetat wird abgesaugt und dessen Filtrat mehrmals mit je 20 ml Wasser gewaschen. Die wäßr. Phase wird dann mit 7 g Natrium-tetrafluoroborat versetzt. Das ausgefallene Stiboniumsalz wird abgesaugt und mit Äther gewaschen; Ausbeute: 73% d. Th.; F: 131–133°.

Ebenso läßt sich *Äthyl-triphenyl-stibonium-tetrafluoroborat* (F: 112°) in 72%-iger Ausbeute herstellen[4].

*Fluor-tetramethyl-stiboran* wird aus Pentamethyl-stiboran durch Einwirkung von Trimethyl-zinn-fluorid[7], Flußsäure oder Kaliumhydrogenfluorid[8] hergestellt:

$$(H_3C)_5Sb \quad \xrightarrow[\substack{- CH_4 \ bzw. \ (H_3C)_4Sn}]{\substack{KHF_2 \ bzw. \ HF \\ oder \ (H_3C)_3Sn-F}} \quad (H_3C)_4Sb-F$$

Vor allem ist die Reaktion mit Kaliumhydrogenfluorid experimentell denkbar einfach.

**Fluor-tetramethyl-stiboran[8]:** Unter nachgereinigtem, trockenen Stickstoff und strengem Feuchtigkeitsausschluß werden 2,595 g (13,19 mMol) Pentamethyl-stiboran in 30 ml abs. Tetrahydrofuran bei 50–60° mit 1,63 g (21 mMol) Kaliumhydrogenfluorid verrührt. Im Laufe eines Tages entwickeln sich 226 ml Methan (77% d. Th.). Nach Abziehen der flüchtigen Anteile i. Vak. (30–40°/0,1 Torr) wird der Rückstand sublimiert; Ausbeute: 1,93 g (73% d. Th.); F: 50–51°.

*Azido, Thiocyanato-* und *Cyan-tetramethyl-* sowie *-triphenyl-stiboran* werden aus den entsprechenden Pentaorgano-stiboranen durch Umsetzung mit den Pseudohalogenwasserstoffsäuren in sehr guter Ausbeute erhalten[9]:

$$R_5Sb + HX \quad \xrightarrow[- RH]{} \quad R_4Sb-X$$

$$R = CH_3, C_6H_5$$
$$X = N_3, CN, SCN$$

Die Reaktion wird in aprotischen Lösungsmitteln wie Äther, Benzol oder Pentan bei tiefen Temperaturen durchgeführt[9].

[1] G. Wittig u. D. Hellwinkel, B. **97**, 789 (1964).

[2] D. Hellwinkel u. M. Bach, J. Organometal. Chem. **17**, 389 (1969); **28**, 349 (1971).

[3] A. N. Nesmeyanov et al., Izv. Akad. SSSR. **1964**, 1202; C. A. **61**, 13032 (1964).

[4] G. Doleshall et al., J. Organometal. Chem. **30**, 369 (1971).

[5] Y. Takashi, J. Organometal. Chem. **8**, 225 (1967).

[6] G. Wittig u. K. Torssell, Acta chem. scand. **7**, 1293 (1953).

[7] H. Schmidbaur et al., B. **102**, 4136 (1969).

[8] H. Schmidbaur et al., B. **106**, 1226 (1973).

[9] H. Schmidbaur et al., Z. anorg. Ch. **386**, 139 (1971).

**Azido-tetramethyl-stiboran**[1]: In trockener Inertgasatmosphäre werden 4,19 g (21,3 mMol) Pentamethyl-stiboran in 20 ml Pentan gelöst und unter Eiskühlung und Rühren mit einer äther. Lösung von Stickstoffwasser-stoffsäure (21,3 mMol; 2,2 m Lösung) versetzt. Unter Gasentwicklung entsteht ein farbloser Niederschlag, der nach 5 Stdn. abgefrittet und aus Dichlormethan umkristallisiert wird; Ausbeute: 4,38 g (92% d. Th.); F: 243–245° (Zers.).

**Thiocyanato-tetramethyl-stiboran**[1]: In einem kleinen Kolben werden 9,72 g Kaliumthiocyanat und 13,62 g Kaliumhydrogensulfat (je 0,1 Mol) mit einem Magneten innig vermischt. Die entstehende Thiocyansäure wird i. Vak. nach Durchleiten durch ein Phosphor(V)-oxid-Trockenrohr in einer Falle kondensiert (−196°). Dieses Kondensat wird anschließend in eine zweite Falle übergetrieben, in der eine Lösung von 4,03 g (20 mMol) Pen-tamethyl-stiboran in 50 ml Äther auf −196° gekühlt wird (trockene Inertgasatmosphäre). Dieses Gefäß wird zu-nächst in einem Kühlbad auf −120° bis −110° gebracht und dort langsam aufwärmen lassen. Bei −90° bis −80° setzt die Reaktion unter Niederschlagsbildung ein. Nach 5stdgm. Rühren wird auf 20° erwärmt, abfiltriert und aus Acetonitril umkristallisiert; Ausbeute: 4,6 g (93,7% d. Th.); F: 192–193° (Zers.).

**Cyan-tetramethyl-stiboran**[1]: Die aus einer Lösung von 6,5 g (0,1 Mol) Kaliumcyanid in 15 ml Wasser nach Überschichten mit 20 ml Diäthyläther beim Zutropfen von 20 ml halbkonz. Schwefelsäure gebildeten Dämpfe aus Blausäure und Äther werden nach Passieren eines Phosphor(V)-oxid-Trockenrohrs in einer Kühlfalle aus-kondensiert. Dort wird die äther. Lösung der Blausäure nochmals bei 0° mit Phosphor(V)-oxid verrührt und dann in einen Kolben umkondensiert, in dem eine Lösung von 3,241 g (16,5 mMol) Pentamethyl-stiboran in 15 ml Äther auf −30° vorgekühlt ist (trockene Inertgasatmosphäre!). Unter Rühren läßt man auf +5° kommen und zieht dann die überschüssige Blausäure i. Vak. ab. Beim Versetzen mit Pentan und Kühlen auf −20° fällt das Cyan-Derivat aus, das nach Absaugen mit Äther gewaschen wird; Ausbeute: 2,8 g (82% d. Th.); F: 108° (Zers.).

Prinzipiell analog werden die Tetraphenyl-stibonium-pseudohalogenide er-halten[1]. Ebenso verläuft die Acidolyse von Pentaphenyl[2, 3]- oder Pentamethyl-stiboran[3] mit molaren Mengen Carbonsäuren zu den entsprechenden Acyloxy-tetraorgano-stiboranen (bzw. Tetraorgano-stibonium-carboxylaten). Die Spaltung des Penta-methylantimons läuft bereits bei 0° ab, während das Pentaphenyl-stiboran bei 50–60° ge-spalten wird[3].

**Acyloxy-tetraorgano-stiborane, allgemeine Arbeitsvorschrift**[3]: Zu einer äther. Lösung von Pentamethyl-stiboran oder einer benzolischen Lösung von Pentaphenyl-antimon wird langsam unter Kühlung mit kaltem Was-ser die äquivalente Menge Carbonsäure gegeben. Das Reaktionsgefäß ist bei Reaktionen mit Pentamethyl-anti-mon mit einer Gasbürette verbunden, in die Methan-Abspaltung bis zum Ende der Umsetzung (1,5–3 Stdn.) verfolgt werden kann. Zur Vervollständigung der Spaltung des Pentaphenyl-antimons wird die Reaktions-mischung 5 Stdn. auf 50–60° erhitzt. Ausgefallene Produkte werden abgesaugt und mit Äther gewaschen. Sonst wird das Lösungsmittel abdestilliert und der Rückstand aus Äther oder Äther/Pentan umkristallisiert oder durch Destillation bzw. Sublimation i. Vak. gereinigt. U. a. werden so erhalten:

| | | | |
|---|---|---|---|
| *Formyloxy-tetramethyl-stiboran* | 94% d. Th. | Kp$_{0,1}$: 70° | F: 76° (Zers.) |
| *Trifluoracetoxy-tetramethyl-stiboran* | 95% d. Th. | F: 96–97° | |
| *Propanoyloxy-tetramethyl-stiboran* | 85% d. Th. | Kp$_{0,1}$: 85,5–86° | F: 18–19° |
| *Benzoyloxy-tetramethyl-stiboran* | 88% d. Th. | F: 121–122° (Äther) | |
| *Acetoxy-tetraphenyl-stiboran* | 77% d. Th. | F: 130–131° (Zers.) (Äther) | |

Wichtig ist, daß die Carbonsäure nicht im Überschuß eingesetzt wird, denn Acyloxy-tetramethyl-stiborane addieren leicht ein weiteres Mol Carbonsäure unter Bildung von stabilen, gut kristallisierenden 1:1-Addukten, bei denen das fünfwertige Antimon hexakoordiniert ist[4]:

$$(H_3C)_4Sb-O-CO-R \xrightarrow{\;R^1-COOH\;}$$

R, R$^1$ = H, CH$_3$, C$_6$H$_5$

[1] H. Schmidbaur et al., Z. anorg. Ch. **386**, 139 (1971).
[2] G. Wittig u. K. Clauss, A. **577**, 26 (1952).
[3] H. Schmidbaur et al., Z. anorg. Ch. **386**, 147 (1971); Ang. Ch. **83**, 149 (1971).
[4] H. Schmidbaur u. K.-H. Mitschke, Ang. Ch. **83**, 149 (1971).

### $\beta\beta_3$) Hydrolyse bzw. Alkoholyse

Läßt man eine genau berechnete molare Menge Wasser auf Pentamethyl-stiboran ein-wirken, so wird unter Bildung von *Hydroxy-tetramethyl-stiboran* Methan abgespalten[1]:

$$(H_3C)_5Sb \ + \ H_2O \ \xrightarrow[- CH_4]{THF, \ 50 - 60°} \ (H_3C)_4Sb-OH$$

**Hydroxy-tetramethyl-stiboran**[1]: In einem kleinen Kolben werden 3,254 g (16,5 mMol) Pentamethyl-stiboran zu einer Lösung von 0,297 g (16,5 mMol) Wasser in 15 *ml* abs. Tetrahydrofuran gegeben und die Apparatur mit einer Gasbürette verbunden. Im Laufe eines Tages bei 50–60° werden unter magnetischem Rühren 16 mMol Methan entwickelt. Beim Versetzen der Reaktionslösung mit Hexan und Abkühlen fällt das Produkt aus, das zur weiteren Reinigung bei 25°/1 Torr sublimiert wird, wobei das Sublimat an einem Kühlfinger von −20° ausgefroren wird; Ausbeute: 2,4 g (72% d. Th.); F: 62−63°.

Die analoge Umsetzung des Pentamethyl-stiboran mit Alkoholen (ohne Lösungsmittel bei 90–100°) führt zur Bildung von Alkoxy-tetramethyl-stiboranen[1]:

| | | | |
|---|---|---|---|
| *Methoxy-tetramethyl-stiboran* | 85% d. Th. | $Kp_{25}$: 70–72° | F: −28° |
| *Äthoxy-tetramethyl-stiboran* | 71% d. Th. | $Kp_{25}$: 74–76° | F: −36° |
| *Isopropyloxy-tetramethyl-stiboran* | 72% d. Th. | $Kp_{25}$: 79–80° | F: −15° |
| *tert.-Butyloxy-tetramethyl-stiboran* | 71% d. Th. | $Kp_{15}$: 69–71° | F: −40° |

*Methoxy-tetraäthyl-stiboran* entsteht in 94%iger Ausbeute beim Versetzen von Penta-äthyl-stiboran mit überschüssigem Methanol bei ~20°[2]. Höhere Temperaturen benötigt die Spaltung von Phenyl-bis-[biphenyl-2,2'-diyl]-stiboran[3] oder Pentaphenyl-stiboran[4−6] mit Alkoholen[3−6] bzw. Phenolen[6]; z. B.:

5-*Äthoxy-5-phenyl-5-biphenylyl-(2)-*
⟨*dibenzostibol*⟩; F: 149–151°[2]

**Methoxy-tetraphenyl-stiboran**[4,5]: Unter Ausschluß von Feuchtigkeit (Calciumchlorid-Rohr) werden 5,01 g Pentaphenyl-stiboran in 10 *ml* wasserfreiem Methanol 3,5 Stdn. unter Rückfluß erhitzt. Nach Entfernung des Lösungsmittels i. Vak. wird der Rückstand aus Methanol oder trockenem Petroläther umkristallisiert; Ausbeute: 4,54 g (96% d. Th.): 130–132°.

**Phenoxy-tetraphenyl-stiboran**[6]: Unter Luftausschluß werden 5 g (0,009 Mol) Pentaphenyl-stiboran und 0,85 g (0,009 Mol) Phenol in 25 *ml* abs. 1,4-Dioxan 50 Stdn. bei ~20° geschüttelt. Nach Entfernung des Lösungsmittels i. Vak. wird der Rückstand aus Cyclohexan umkristallisiert; Ausbeute: 3 g (58% d. Th.); F: 152°.

Die Alkoholyse von unsymmetrischen Pentaaryl-stiboranen verläuft unter Bildung von Gemischen aus Alkoxy-tetraaryl-stiboranen[7,8]. Hierbei werden Aryl-Reste, die elektronenanziehende Substituenten tragen, bevorzugt abgespalten[8].

---

[1] H. Schmidbaur et al., B. **102**, 4136 (1969).

[2] Y. Takashi, J. Organometal. Chem. **8**, 225 (1967).

[3] G. Wittig u. D. Hellwinkel, B. **97**, 789 (1964).

[4] G. H. Briles u. W. E. McEwen, Tetrahedron Letters **1966**, 5191.

[5] W. E. McEwen et al., Am. Soc. **91**, 7079 (1969).

[6] G. A. Razuvaev u. N. A. Osanova, J. Organometal. Chem. **38**, 77 (1972).

[7] W. E. McEwen u. C. T. Lin, Phosphorus **3**, 229 (1973).

[8] W. E. McEwen et al., J. Organometal. Chem. **85**, 179 (1975)

Analog der Umsetzung mit Alkoholen reagiert Pentamethyl-stiboran mit Mercaptanen oder Thiophenol unterhalb der Raumtemperatur unter Abspaltung von Methan zu Alkylthio- bzw. Arylthio-tetramethyl-stiboranen[1]. Die Reaktionsgeschwindigkeit steigt mit der Acidität der Mercaptane an[1]. Da die Alkylthio-tetramethyl-stiborane sich bei $\sim 20°$ zu Trimethyl-stibin und Alkyl-methyl-thioäthern zersetzen, wird die Reaktion im Bereich von $-30°$ bis $+20°$ durchgeführt[1].

**Methylthio-tetramethyl-stiboran**[1]: In trockener Inertgasatmosphäre werden 3,255 g (16,5 mMol) Pentamethyl-stiboran bei 10–15° mit einem Überschuß von gekühltem Methylmercaptan (83 mMol) versetzt und bei dieser Temp. 8 Stdn. gerührt. Es fällt unter gleichzeitiger Gasentwicklung (Manometer) ein farbloser Niederschlag aus. Während der ganzen Zeit wird die Apparatur unter Überdruck gehalten, der durch einen dichten Luftballon aufrechterhalten wird und mit der Gasentwicklung zunimmt. Überschüssiges Methylmercaptan und etwaige Zersetzungsprodukte werden bei 0° i. Vak. abgezogen, der Rückstand in gekühltem Pentan aufgenommen und durch Kühlen auf −40° wieder umkristallisiert. Nach Filtrieren in einer gekühlten Fritte wird bei 0° i. Vak. getrocknet; Ausbeute: 2,89 g (77% d. Th.); Zers.p.: 55–56°.

Analog werden *Äthylthio-*, *Benzylthio-* und *Phenylthio-tetramethyl-stiboran* hergestellt[1].

### $\gamma$) Aus Stiboniumsalzen bzw. Tetraorgano-antimon-Verbindungen durch Anionen-Austausch

Die Umwandlung quart. Stiboniumsalze in solche mit einem anderen Anion bzw. anionischen Rest gelingt auf verschiedenem Wege. So können quart. Stibonium-bromide[2], -tetrafluoroborate[3−5] oder -hydrogen-O,O-dibenzoyl-tartrate[5] in die entsprechenden Jodide durch Umsetzung mit überschüssigem Natrium- bzw. Kaliumjodid umgewandelt werden. Man wählt das Lösungsmittel für den Anionen-Austausch so, daß die erwünschten Jodide in dem Lösungsmittel schwerer löslich sind als die Ausgangssalze. Meistens handelt es sich um Wasser[2] oder Methanol[4,5]. In heißer wäßriger Lösung läßt sich Tetraphenyl-stibonium-bromid durch Zugabe von überschüssigem Kaliumfluorid in *Tetraphenyl-stibonium-fluorid* (F: 162–163°) umwandeln[4]. Das entsprechende *Chlorid* kann über Ionenaustauscher (Amberlit IR4B) erhalten werden[6]. Das in Wasser schwer lösliche *Trimethyl-(3-nitro-phenyl)-stibonium-perchlorat* erhält man aus dem entsprechenden Nitrat durch Umsetzung mit Natriumperchlorat[7].

In vielen Fällen ist es günstiger den Austausch so durchzuführen, daß das auszutauschende Anion durch Bildung eines schwerer löslichen Metallsalzes ausgefällt wird:

$$R_4Sb-X \quad + \quad M-X^1 \quad \xrightarrow[-M-X]{} \quad R_4Sb-X^1$$

X = Br, J
$X^1$ = F, Cl, $N_3$, $NO_3$, NCS, NCO, R−COO, OR, anorg. Anionen
M = Na, Ag

So werden quart. Stibonium-jodide[8,9] oder -bromide[9,10] in die entsprechenden Fluoride[10], Chloride[10], Nitrate[8−10], Azide[10], Isocyanate[10], Isothiocyanate[9,10] oder

---

[1] H. Schmidbaur u. K.-H. Mitschke, B. **104**, 1837 (1971).

[2] G. Wittig u. H. Laib, A. **580**, 57 (1953).

[3] M. C. Henry u. G. Wittig, Am. Soc. **82**, 563 (1960).

[4] G. Doleshall et al., J. Organometal. Chem. **30**, 369 (1971).

[5] S. Sato et al., J. Organometal. Chem. **60**, C 9 (1973).

[6] H. H. Willard et al., Am. Soc. **70**, 737 (1948).

[7] A. Gastaminza et al., Soc. [B] **1968**, 534.

[8] M. Shindo u. R. Okawara, J. Organometal. Chem. **5**, 537 (1966).

[9] Y. Matsumura u. R. Okawara, Inorg. Nucl. Chem. Lett. **4**, 219 (1968); **5**, 449 (1969); J. Organometal. Chem. **25**, 439 (1970).

[10] R. G. Goel, Canad. J. Chem. **47**, 4607 (1969).

Carboxylate [1] durch Umsetzung mit den jeweiligen Silbersalzen in Wasser[2], wäßrigem Aceton[3], Methanol[1] oder Benzol[1] umgewandelt. *Methyl-äthyl-isopropyl-phenyl-stibonium-jodid* läßt sich durch Umsetzung mit dem Silbersalz der O,O-Dibenzoyl-weinsäure und anschließende fraktionierte Umkristallisation des gebildeten Stibonium-hydrogen-O,O-dibenzoyltartrats aus Essigsäure-äthylester in die optischen Antipoden spalten[4]. *Tetraäthyl-stibonium-jodid* wird durch Umsetzung mit Kupfer(I)-chlorid in Methanol in das entsprechende *Chlorid* überführt[5].

Alkoxy-tetraorgano-stiborane werden aus den quart. Stiboniumhalogeniden mit Natriumalkanolaten im jeweiligen Alkohol als Lösungsmittel hergestellt[6-8].

**Methoxy-tetraphenyl-stiboran**[6,8]: Unter Feuchtigkeitsausschluß wird eine aus 0,6 g (0,025 g Atom) Natrium und 30 *ml* wasserfreiem Methanol hergestellte Natrium-methanolat-Lösung bei ~ 20° mit 12,5 g (0,025 Mol) Tetraphenyl-stibonium-bromid versetzt und solange unter Rückfluß erhitzt, bis alles in Lösung geht (~ 30 Min.). Man läßt auf ~ 20° abkühlen und schließt die Apparatur an eine Kühlfalle (Trockeneis/Aceton) an. Man evakuiert durch eine Vakuumpumpe und läßt das Methanol ohne Erwärmung in die Kühlfalle überdestillieren. Der farblose feste Rückstand wird mit 30 *ml* wasserfreiem Petroläther (Kp: 30–60°) 5 Min. geschüttelt und abfiltriert. Diese Operation wird noch 3mal wiederholt, wobei man möglichst unter Feuchtigkeitsausschluß arbeiten muß. Die vereinigten Petroläther-Extrakte werden i. Vak. ohne Erwärmung auf 20 *ml* eingeengt und in einem Trockeneis/Aceton-Bad gekühlt. Der ausgefallene Niederschlag wird abgesaugt und aus Petroläther umkristallisiert; Rohausbeute: 6,8 g (68% d. Th.); F: 130–132°.

*Methoxy-triphenyl-(4-nitro-phenyl)-stiboran* (F: 127–129°) erhält man analog durch 4stdgs. Erhitzen des entsprechenden Stibonium-tetrafluoroborats mit Natriummethanolat in abs. Methanol unter Rückfluß in 72%iger Ausbeute[8].

Im Gegensatz hierzu konnten bei der Umsetzung von Aryl-triphenyl-stibonium-tetrafluoroboraten, deren Aryl-Rest Elektronendonatoren trägt, mit Natriumalkanolaten die erwarteten Alkoxy-tetraaryl-stiborane wegen ihrer Hydrolyseempfindlichkeit nicht in Substanz isoliert werden[8]. Ebenso hydrolyseempfindlich sind *Äthoxy-, Propyloxy, Isopropyloxy-, Butyl-(2)-oxy-* und *tert. Butyloxy-triphenyl-stiboran*, deren Herstellung nur unter äußerstem Feuchtigkeitsausschluß gelingt[7].

Prinzipiell analog setzt sich Tetramethyl-stibonium-chlorid bzw. Tetraphenyl-stibonium-bromid in ätherischer bzw. benzolischer Suspension mit Natrium-trimethylsilanolat zu *Trimethylsilyloxy-tetramethyl-stiboran* (3 Stdn. bei 25°, 88% d. Th.; $Kp_9$: 59,5–61°) bzw. *-tetraphenyl-stiboran* (2 Stdn. bei 25°; 81% d. Th.; F: 76–78°) um[9].

Alkoxy-tetraalkyl- und -tetraphenyl-stiboran reagieren in Methanol mit molaren Mengen 8-Hydroxy-chinolin (Oxin) oder Pentandion-(2,4) in nahezu quantitativer Ausbeute zu Chinolyloxy-(8)-[10,11]- bzw. (Pentan-2,4-dionato)[10,12]-tetraorgano-stiboranen bei denen das Antimon hexacoordiniert ist[10-12]:

$$R_4Sb{-}OR^1{}_3 \; + \; \text{(quinoline with OH)} \quad \xrightarrow{CH_3OH} \quad \text{(product)}$$

R = Alkyl, $C_6H_5$
$R^1$ = $CH_3$, $C_2H_5$

[1] R. G. Goel, Canad. J. Chem. **47**, 4607 (1969).
[2] Y. Matsumura u. R. Okawara, Inorg. Nucl. Chem. Lett. **4**, 219 (1968); **5**, 449 (1969); J. Organometal. Chem. **25**, 439 (1970).
[3] M. Shindo u. R. Okawara, J. Organometal. Chem. **5**, 537 (1966).
[4] S. Sato et al., J. Organometal. Chem. **60**, C 9 (1973).
[5] Y. Takashi, Bl. chem. Soc. Jap. **40**, 1194 (1967).
[6] G. H. Briles u. W. E. McEwen, Tetrahedron Letters **1966**, 5191.
[7] G. O. Doak et al., J. Organometal. Chem. **12**, 443 (1968).
[8] W. E. McEwen et al., Am. Soc. **91**, 7079 (1969).
[9] H. Schmidbaur et al., B. **97**, 449 (1964).
[10] Y. Matsumura u. R. Okawara, Inorg. Nucl. Chem. Lett. **4**, 521 (1968).
[11] H. A. Meinema et al., J. Organometal. Chem. **17**, 71 (1969).
[12] H. A. Meinema u. J. G. Noltes, J. Organometal. Chem. **16**, 257 (1969); **37**, 285 (1972).

**[Chinolyl-(8)-oxy]-tetraphenyl-stiboran[1]:** Zu einer aus 0,12 g Natrium in 30 *ml* trockenem Äthanol herge-stellten Äthanolat-Lösung tropft man unter Rühren eine Lösung von 2,55 g (5 mMol) Tetraphenyl-stibonium-bromid in 50 *ml* trockenem Benzol. Das abgeschiedene Natriumbromid wird abfiltriert und das Filtrat mit einer Lösung von 0,73 g (5 mMol) 8-Hydroxy-chinolin in 20 *ml* Benzol versetzt. Man engt die Lösung i. Vak. ein und kristallisiert den ausgefallenen Niederschlag aus Ligroin um; Ausbeute: 2,27 g (78% d. Th.); F: 188–190°.

Die Umsetzung mit $\beta$-Diketonen verläuft analog mit $>80\%$iger Ausbeute.

Die einfachste Methode den anionischen Rest in den Stibonium-Salzen auszutauschen besteht darin, die Stiboniumhalogenide bzw. -tetrafluoroborate durch Umsetzung mit feuchtem Silberoxid[2-5] oder Ammoniumhydroxid[6-10] in die Hydroxy-tetraorgano-stiborane zu überführen und diese mit Säuren zu neutralisieren[5-8]:

$$R_4Sb-Y \xrightarrow[\text{oder } NH_4OH]{\text{Ag}_2\text{O / H}_2\text{O}} R_4Sb-OH \xrightarrow[- H_2O]{HX} R_4Sb-X$$

Auf Grund dessen dient *Hydroxy-tetraphenyl-stiboran* als analytisches Reagens zur Ausfällung von Mineralsäuren oder Carbonsäuren[5-7].

**Hydroxy-tetraphenyl-stiboran[10]:** 2,74 g(5,3 mMol) Tetraphenyl-stibonium-tetrafluoroborat werden in 70 *ml* Aceton und 100 *ml* Wasser bei 25° gelöst. Unter Rühren tropft man bei gleicher Temp. eine 10%ige wäßr. Am-moniaklösung solange zu, bis die Reaktionslösung gegen Universalindikatorpapier mäßig basisch reagiert. An-schließend wird die Reaktionsmischung 10 Min. bei 0–5° nachgerührt, abgesaugt, mit viel kaltem Wasser und zu-letzt mit wenig kaltem Aceton nachgewaschen. Durch weiteres Verdünnen des Filtrats läßt sich eine weitere Fraktion Hydroxy-tetraphenyl-antimon isolieren. Das Rohprodukt wird in Tetrachlormethan mit Aktivkohle behandelt und nach Filtration mit überschüssigem Pentan ausgefällt; Ausbeute: 1,84 g (77% d. Th.); F: 214–218°.

Bis-[trimethyl-stibonio]-methan-dibromid liefert bei der Umsetzung mit Silberoxid in Wasser nicht das erwartete Hydroxid, da letztes bereits bei $\sim 20°$ in *Hydroxy-tetramethyl-stiboran* und *Dihydroxy-trimethyl-stiboran* zerfällt[11]:

$$\left[(H_3C)_3\overset{\oplus}{Sb}-CH_2-\overset{\oplus}{Sb}(CH_3)_3\right] 2\ Br^{\ominus} \xrightarrow[\text{2) HCl}]{\text{1) Ag}_2\text{O / H}_2\text{O}} \left[(H_3C)_4\overset{\oplus}{Sb}\right]Cl^{\ominus} + (H_3C)_3SbCl_2$$

Das stark basische, an der feuchten Luft stark rauchende *Hydroxy-tetramethyl-stiboran* kann aus Fluoro-tetramethyl-stiboran durch Umsetzung mit Hydroxy-trimethyl-zinn er-halten werden[12]. Die Ausbeuten sind jedoch gering, so daß die Herstellung durch kontrol-lierte Hydrolyse des Pentamethyl-stiborans vorzuziehen ist (s. S. 579).

## B. Umwandlung

Quart. Stiboniumsalze setzen sich mit Schwermetallsalzen bzw. Lewissäuren zu defi-nierten komplexen Doppelsalzen um[13, 14].

[1] Y. Matsumura et al., Inorg. Nucl. Chem. Lett. **4**, 521 (1968).
[2] H. Landolt, A. **78**, 91 (1851).
[3] S. Friedländer, J. pr. **70**, 449 (1857).
[4] W. J. C. Dyke u. W. J. Jones, Soc. **1930**, 1921.
[5] G. Wittig u. K. Torssell, Acta chem. scand. **7**, 1293 (1953).
[6] K. D. Moffett et al., Anal. Chem. **28**, 1356 (1956).
[7] H. E. Affsprung u. H. E. May, Anal. Chem. **32**, 1164 (1960).
[8] H. E. Affsprung u. A. B. Gainer, Anal. chim. Acta **27**, 578 (1962).
[9] G. H. Briles u. W. E. McEwen, Tetrahedron Letters **1966**, 5299.
[10] W. E. McEwen u. F. L. Chupka, jr., Phosphorus **1**, 277 (1971).
[11] Y. Matsumura u. R. Okawara, J. Organometal. Chem. **25**, 439 (1970).
[12] H. Schmidbaur et al., B. **102**, 4136 (1969).
[13] G. O. Doak u. L. D. Freedman, *Organometallic Compounds of Arsenic, Antimony, and Bismuth*, Wiley-Inter-science, New York 1970.
[14] M. Dub, *Organometallic Compounds*, Vol. III, 2. Aufl., Springer Verlag, New York 1968; I. Supplement 1972.

Pyrolytisch wird Methyl-trivinyl-stiboniumjodid in *Trivinyl-stibin* und Methyljodid ge-spalten[1]. Quartäre Stibonium-halogenide, die einen Alken-(1)-yl-Rest tragen, werden durch Halogen-Einwirkung in tert. Stibin-dihalogenide und Alkenylhalogenid gespal-ten[2]. Besonders instabil sind Hydroxy-tetraalkyl-stiborane[3, 4]. So zersetzt sich Hydroxy-tetramethyl-stiboran bei längerem Aufbewahren schon bei 25° in *Trimethyl-stibinoxid* und Methan[3]. Alkylthio-tetramethyl-stiborane sind nur unterhalb 20° beständig. Bei Raum-temperatur zerfallen sie in *Trimethyl-stibin* und Thioäther[5]. Hydroxy-tetraphenyl-stibo-ran wird unter Ausschluß von Licht und Sauerstoff in Xylol bei 50–70° in monomeres *Triphenyl-stibinoxid* und Benzol gespalten[6]. Methoxy-tetraphenyl-stiboran wird nach 5wöchigem Erhitzen in abs. Methanol in *Dimethoxy-triphenyl-stiboran* umgewandelt[7, 8]. Höhere Alkoxy-tetraaryl-stiborane sind äußerst hydrolyseempfindlich[8, 9].

Phenyl-trimethyl-stibonium-jodid wird durch Salpetersäure vorwiegend in *Trimethyl-(3-nitro-phenyl)-stibonium-nitrat* umgewandelt[10, 11]. Hierbei ist der dirigierende Einfluß zur Substitution in meta-Stellung bei der Stibonium- deutlich geringer als bei der Arso-nium- und Phosphonium-Gruppe[10, 11].

Durch Einwirkung von Grignard- oder Organo-lithium-Verbindungen auf quart. Stibo-nium-Verbindungen, die in α-Stellung zum Antimon keinen besonders acidifizierten Was-serstoff besitzen, werden Pentaorgano-stiborane gebildet (s. S. 584). Zur Spaltung quart. Stiboniumsalze in tert. Stibine und Kohlenwasserstoffe mittels komplexer Metallhydride oder an der Kathode s. S. 463.

## 2. Alkyliden-stiborane (Stibonium-ylide, tert. Stibin-alkylene)

Das vorläufig einzige stabile Stibonium-ylid, das *Triphenyl-stibonium-tetraphenylcyclo-pentadienylid* wird durch Umsetzung von Triphenyl-stibin und Diazo-tetraphenyl-cyclo-pentadien bei 140° hergestellt[12]:

87% d. Th.; F: 196–198°

Die Reaktion wird ohne Lösungsmittel durchgeführt, wobei das gebildete Ylid durch Zugabe von trockenem Äther zur erhaltenen Reaktionsmischung kristallin erhalten wird[12]. Bei der analogen Umsetzung mit Diazo-2,3,4-triphenyl-cyclopentadien konnte das erwartete Ylid nicht erhalten werden[13]. Im Vergleich zu den entsprechenden Arso-nium- und Phosphonium-yliden zeigt das Stibonium-Ylid sowohl die höchste Basizität als auch die höchste Nucleophilie[14].

[1] L. MAIER et al., Am. Soc. **79**, 5884 (1957).
[2] A. N. NESMEYANOV et al., Izv. Akad. SSSR **1964**, 1197, 1202; C. A. **61**, 12032 (1964).
[3] H. SCHMIDBAUR et al., B. **102**, 4136 (1969).
[4] Y. MATSUMURA u. R. OKAWARA, J. Organometal. Chem. **25**, 439 (1970).
[5] H. SCHMIDBAUR et al., B. **104**, 1837 (1971).
[6] W. E. McEWEN et al., Phosphorus **2**, 147 (1972); und dort zit. Lit.
[7] G. H. BRILES u. W. E. McEWEN, Tetrahedron Letters **1966**, 5191.
[8] W. E. McEWEN et al., Am. Soc. **91**, 7079 (1969).
[9] G. O. DOAK et al., J. Organometal. Chem. **12**, 443 (1968).
[10] C. K. INGOLD et al., Soc. **1928**, 1280.
[11] A. GASTAMINZA et al., Soc. [B] **1968**, 534.
[12] D. LLOYD u. M. I. C. SINGER, Chem. & Ind. **1967**, 787.
[13] D. LLOYD u. M. I. C. SINGER, Soc. [C] **1971**, 2941.
[14] B. H. FREEMAN et al., Tetrahedron **28**, 343 (1972).

Möglicherweise ist die hohe Basizität der Stibonium-ylide der Grund für ihre Instabilität, falls keine besondere Stabilisierung vorliegt.

So erleidet das aus dem quart. Salz durch Umsetzung mit Phenyl-lithium zu erwartende *Dimethyl-(1,2-diphenyl-äthyl)-stiboran* sofort eine Stevens-Umlagerung[1]:

$$
\begin{array}{ccc}
H_5C_6-\overset{\ominus}{\underset{\oplus}{C}H} & & H_5C_6-CH_2 \\
H_5C_6-CH_2-\overset{|}{\underset{|}{S}b}-CH_3 & \longrightarrow & H_5C_6-\overset{|}{C}H-\overset{|}{S}b-CH_3 \\
CH_3 & & CH_3
\end{array}
$$

Im Gegensatz zu anderen Angaben[2] soll sich bei der Umsetzung von Methyl-triphenyl-stiboniumsalz mit Phenyl-lithium in ätherischer Lösung kein *Triphenyl-methylen-stiboran* bilden, sondern *Methyl-tetraphenyl-stiboran*, das unter den Reaktionsbedingungen in *Pentaphenyl-stiboran* und Methyl-lithium zerfällt[3].

Triphenylstibonium-tetraphenylcyclopentadienylid wird durch Äthanolyse in *Triphenyl-stibinoxid* und 1,2,3,4-Tetraphenyl-cyclopentadien gespalten[4]. Mit 4-Nitro-benzaldehyd reagiert es nach Wittig zu *2,3,4,5-Tetraphenyl-6-(4-nitro-phenyl)-fulven* (99% d. Th.) und *Triphenyl-stibinoxid* (50% d. Th.); während die Umsetzung mit dem weniger reaktiven Benzaldehyd nur 40% d. Th. *2,3,4,5,6-Pentaphenyl-fulven* neben 15% *1,2,3,4-Tetraphenyl-cyclopentadien* liefert[4].

### 3. Pentaorgano-stiborane

#### A. Herstellung

α) Aus Antimon(V)-chlorid, tert.-Stibin-dihalogeniden oder quart. Stibo-niumsalzen

Symmetrische Pentaorgano-stiborane werden in hoher Ausbeute durch Einwirkung von Organo-lithium-[5-11] oder -magnesium-Verbindungen[7,9,12-14] auf Dihalogen-[5-14], Imino[8]- oder Diacetoxy-triorgano-stiborane[8] hergestellt:

$$
R_3SbX_2 \; + \; 2\,R-M \; \xrightarrow[- \, 2\,M-X]{\text{aprot. Lsgm. } / N_2} \; R_5Sb
$$

R = Alkyl, Aryl, Alkenyl
X = Halogen, $=N-R^1$, $O-CO-CH_3$
M = Li, Mg bzw. MgX

[1] G. WITTIG u. H. LAIB, A. **580**, 57 (1953).
[2] M. C. HENRY u. G. WITTIG, Am. Soc. **82**, 563 (1960).
[3] G. DOLESHALL et al., J. Organometal. Chem. **30**, 369 (1971).
[4] B. H. FREEMAN et al., Tetrahedron **28**, 343 (1972).
[5] G. WITTIG u. K. CLAUSS, A. **577**, 26 (1952).
[6] G. WITTIG u. K. TORSSELL, Acta chem. scand. **7**, 1293 (1953).
[7] A. N. NESMEYANOV et al., Izv. Akad. SSSR **1960**, 147, 952; **1961**, 612, 730, 1578; **1964**, 1197, 1202; C. A. **54**, 20853, 24351 (1960); **55**, 22100, 22101 (1961); **56**, 4792 (1962); **61**, 12032 (1964).
[8] G. WITTIG u. D. HELLWINKEL, B. **97**, 789 (1964).
[9] Y. TAKASHI, J. Organometal. Chem. **8**, 225 (1967).
[10] A. H. COWLEY et al., Am. Soc. **93**, 2150 (1971).
[11] C. BRABANT et al., Canad. J. Chem. **51**, 2952 (1973).
[12] L. I. ZAKHARKIN et al., Tetrahedron **21**, 881 (1965).
[13] G. DOLESHALL et al., J. Organometal. Chem. **30**, 369 (1971).
[14] A. N. NESMEYANOV et al., Izv. Akad. SSSR **1973**, 1833; C. A. **80**, 48115$^V$ (1974).

Da die Umsetzung über quart. Stiboniumsalze abläuft[1], können diese direkt eingesetzt werden[2-4]:

$$R_4Sb-X \xrightarrow{\text{R-Li oder R-MgX}} R_5Sb + Li-X \ (MgX_2)$$

Die Ausbeuten sind vergleichbar gut bis sehr gut. Lediglich bei der Umsetzung von Di-halogen-triphenyl-stiboran mit Phenyl-magnesiumbromid erhält man das *Pentaphenyl-stiboran* in besseren Ausbeuten und hoher Reinheit bei Verwendung von Difluor-triphe-nyl-stiboran, da bei Umsetzung der entsprechenden Dichlor- bzw. Dibrom-Verbindung teilweise Reduktion zum Triphenyl-stibin stattfindet[5].

Die Verwendung von Dialkyl-zink-Verbindungen an Stelle der entsprechenden Magne-sium-Verbindungen führt zu einer starken Minderung der Ausbeute am Pentaalkyl-sti-boran[4].

Grundsätzlich wird in Sauerstoff-freier Inertatmosphäre gearbeitet, wobei aprotische Lösungsmittel wie Äther, Tetrahydrofuran, 1,2-Dimethoxy-äthan, Benzol oder Hexan als Reaktionsmedium dienen.

*Pentaphenyl-*[2], *Pentavinyl-*[6], *Pentapropenyl*[6]- und *Pentaisopropenyl-stiboran*[6] können direkt aus Antimon(V)-chlorid durch Einwirkung der entsprechenden Organo-lithium-Verbindungen in Äther oder Tetrahydrofuran bei −6° bis −70° hergestellt werden:

$$SbCl_5 + 5 \ R-Li \xrightarrow{\text{Äther, -70°}} R_5Sb + 5 \ LiCl$$

$$R = C_6H_5, \text{Alkenyl}$$

Die Ausbeute an *Pentaphenyl-stiboran* bei dieser Umsetzung beträgt >50% d. Th.[1], so daß die Reaktion die präparativ einfachste Methode zur Herstellung des Pentaphenyl-stiborans darstellt.

**Pentamethyl-stiboran**[3]: 40 *ml* 1,1 n Methyl-lithium-Lösung (44 mMol) werden zu 6,54 g (20 mMol) getrock-netem und feingepulvertem Dibrom-trimethyl-stiboran in 40 *ml* Äther unter Stickstoff und Kühlung mit kaltem Wasser zugetropft. Das Dibrom-trimethyl-stiboran löst sich allmählich auf und zum Schluß erhält man eine klare Lösung. Hierbei läßt sich eine geringe Gasentwicklung beobachten. Der Äther wird bei gewöhnlichem Druck ab-destilliert und der Rückstand i. Vak. Zur Reinigung wird nochmal über eine kleine Kolonne destilliert; Ausbeute: 2,5 g (63% d. Th.); Kp$_{730}$: 126–127°.

**Pentaäthyl-stiboran**[4]:

Methode ⓐ : 0,0284 Mol Tetraäthyl-stibonium-chlorid werden zur äquimolaren Menge Äthyl-lithium in Hexan gegeben und im verschlossenen Gefäß über Nacht bei 60° geschüttelt. Man filtriert vom Ungelösten ab und hydrolysiert das Filtrat mit 100 *ml* Sauerstoff-freiem Wasser bei ∼ 20°. Nach Abtrennung der Hexan-Phase wird einige Male mit Wasser gewaschen, über Calciumchlorid getrocknet, i. Vak. eingeengt und der Rückstand über eine Kurzwegdestillation i. Vak. gereinigt; Ausbeute: 2,69 g (85% d. Th.); Kp$_{0,19}$: 55,8°.

Methode ⓑ: In einem 3-*l*-Vierhalskolben mit Magnetrührer, Innenthermometer, Rückflußkühler und Tropf-trichter werden zu einer äther. Lösung von ∼ 1,5 Mol Diäthyl-magnesium unter Rühren bei ∼ 20° 0,75 Mol Di-chlor-triäthyl-stiboran innerhalb 1 Stde. tropfenweise gegeben. Anschließend wird 1,5 Stdn. unter Rückfluß er-hitzt, mit 200 *ml* Wasser hydrolysiert, die Äther-Phase mit Wasser gewaschen, getrocknet, eingeengt und der Rückstand i. Vak. destilliert; Ausbeute: 80% d. Th.; Kp$_{0,14}$: 50,5°.

**Pentaphenyl-stiboran**[2]:

aus Dichlor-triphenyl-antimon: Zu einer Suspension von 12,7 g (0,03 Mol) Dichlor-triphenyl-stiboran (F: 142–144°) in 100 *ml* abs. Äther läßt man unter Stickstoff 94 *ml* einer äther. 1 n Phenyl-lithium-Lösung (0,094 Mol) unter Rühren im Verlauf von 20 Min. zutropfen. Hierbei wird die sich erwärmende Reaktionsmischung mit kaltem Wasser gekühlt. Nach 1stdgm. Rühren dekantiert man vom Niederschlag ab, der nach dem Waschen mit

---

[1] A. N. NESMEYANOV et al., Izv. Akad. SSSR **1973**, 1833; C. A. **80**, 48115$^V$ (1974).

[2] G. WITTIG u. K. CLAUSS, A. **577**, 26 (1952).

[3] G. WITTIG u. K. TORSSELL, Acta chem. scand. **7**, 1293 (1953).

[4] Y. TAKASHI, J. Organometal. Chem. **8**, 225 (1967).

[5] G. DOLESHALL et al., J. Organometal. Chem. **30**, 369 (1971).

[6] A. N. NESMEYANOV et al., Izv. Akad. SSSR **1964**, 1202; C. A. **61**, 12032 (1964).

Äther mit Wasser zersetzt wird (Benzol-Geruch!). Man saugt ab, wäscht mit Wasser nach und trocknet i. Vak. Das Rohprodukt wird unter Stickstoff aus Cyclohexan umkristallisiert; Ausbeute: 14,8 g (90% d. Th.); F: 169–170,5°.

aus Tetraphenyl-stibonium-bromid: Zu einer Suspension von 5,1 g (10 mMol) bei 120° getrocknetem und feingepulvertem Tetraphenyl-stibonium-bromid (F: 212–216°) in 30 ml abs. Äther läßt man unter Stickstoff 21,5 ml (21,5 mMol) einer äther. 1 n Phenyl-lithium-Lösung zutropfen. Nach mehrstdgm. Schütteln dekantiert man die überstehende Lösung vom gebildeten Niederschlag, wäscht diesen mehrmals mit abs. Äther und schüttelt ihn gründlich mit Wasser durch. Nach Absaugen und Trocknen i. Vak. wird das Rohprodukt aus Cyclohexan oder Acetonitril umkristallisiert; Ausbeute: 4,2 g (77% d. Th.); F: 169–170°.

aus Antimon(V)-chlorid: 9,5 g (0,032 Mol) Antimon(V)-chlorid (Kp$_{14}$: 68–69°) werden unter Stickstoff portionsweise in 100 ml auf −70° gekühlten abs. Äther gegeben, wobei das Antimon(V)-chlorid-Diäthylätherat in farblosen Kristallen ausfällt. Hierzu gibt man unter Kühlung 200 ml Phenyl-lithium-Lösung (0,2 Mol) langsam zu. Zu Beginn werden Flüssigkeit und Niederschlag gelb bis orange und dann wieder farblos. Nach mehrstdgm. Schütteln wird die Äther-Lösung abgegossen, hydrolysiert und der Äther abdestilliert. Der ölige Rückstand wird durch eine Vakuumdestillation von Diphenyl und Triphenyl-stibin befreit, mit Wasser zersetzt, abgesaugt, getrocknet und aus Cyclohexan umkristallisiert; Ausbeute: 8,2 g (47% d. Th.); F: 167–169°.

Aus Tosylimino- und Diacetoxy-triphenyl-stiboran und Phenyl-lithium wird das *Pentaphenyl-stiboran* in 85 bzw. 80%-iger Ausbeute erhalten[1].

In 62%iger Ausbeute wird es aus Dichlor-triphenyl-stiboran und Phenyl-magnesiumbromid hergestellt[2]. Die analoge Umsetzung mit Difluor-triphenyl-stiboran in Benzol/Äther liefert 75% d. Th. *Pentaphenyl-stiboran*[3]. *Pentakis-[4-methyl-phenyl]-stiboran* (F: 189°) wird analog (s. Vorschrift S. 585) aus dem Dichlor-tris-[4-methyl-phenyl]-stiboran und 4-Methyl-phenyl-lithium hergestellt[4].

Im Prinzip können auf die gleiche Weise unsymmetrische Pentaaryl-[5-8], Alkyl-tetraaryl-[2], Alkin-(1)-yl-tetraaryl-[8] und Pentaalkyl-stiborane[9, 10] hergestellt werden:

$$R_2SbX_2 \ \overset{R^1}{\underset{}{|}} \ + \ 2 \ R{-}Li \ \xrightarrow[- \ 2 \ LiX]{} \ R_4Sb{-}R^1$$

$$R_4Sb{-}X \ + \ R^1{-}Li \ \xrightarrow[-LiX]{} \ R_4Sb{-}R^1$$

Die Reaktion bleibt jedoch meistens nicht auf der Stufe der primär gebildeten unsymmetrischen Pentaorgano-stiborane stehen, sondern es findet unter Einfluß der Organolithium- bzw. -magnesium-Verbindungen in einer Gleichgewichtsfolge eine „Symmetrisierung" statt[6, 9, 10]:

$$R_4Sb{-}R^1 \ + \ R^1{-}Li \ \rightleftharpoons \ \left[R_4\overset{\ominus}{Sb}(R^1)_2\right] Li^{\oplus} \ \rightleftharpoons \ R_3Sb(R^1)_2 \ + \ R{-}Li$$

$$R_3Sb(R^1)_2 \ + \ R^1{-}Li \ \rightleftharpoons \ \left[R_3\overset{\ominus}{Sb}(R^1)_3\right] Li^{\oplus} \ \rightleftharpoons \ R_2Sb(R^1)_3 \ + \ R{-}Li$$

$$R_2Sb(R^1)_3 \ + \ R^1{-}Li \ \rightleftharpoons \ \left[R_2\overset{\ominus}{Sb}(R^1)_4\right] Li^{\oplus} \ \rightleftharpoons \ R{-}Sb(R^1)_4 \ + \ R{-}Li$$

$$R{-}Sb(R^1)_4 \ + \ R^1{-}Li \ \rightleftharpoons \ \left[R{-}\overset{\ominus}{Sb}(R^1)_5\right] Li^{\oplus} \ \rightleftharpoons \ (R^1)_5Sb \ + \ R{-}Li$$

[1] G. Wittig u. K. Clauss, A. **577**, 26 (1952).
[2] L. I. Zakharkin et al., Tetrahedron **21**, 881 (1965).
[3] G. Doleshall et al., J. Organometal. Chem. **30**, 369 (1971).
[4] C. Brabant et al., Canad. J. Chem. **51**, 2952 (1973).
[5] G. Wittig u. D. Hellwinkel, B. **97**, 789 (1964).
[6] D. Hellwinkel u. M. Bach, J. Organometal. Chem. **17**, 389 (1969); **20**, 273 (1969); **28**, 349 (1971).
[7] G. F. Lanneau et al., J. Organometal. Chem. **85**, 179 (1975).
[8] I. N. Azerbaev, Izv. Akad. Nauk Kaz. SSR **24**, 80 (1974); C. A. **82**, 112141$^W$ (1975).
[9] H. A. Meinema et al., J. Organometal. Chem. **22**, 653 (1970).
[10] A. N. Nesmeyanov et al., Izv. Akad. SSSR **1973**, 1833; C. A. **80**, 48115$^V$ (1974).

Die Symmetrisierung findet um so leichter statt je basischer der einzuführende Rest ist. So läßt sich *Phenyl-bis-[biphenyl-2,2'-diyl]-stiboran* durch Einwirkung von überschüssigem Butyl-lithium vollständig in *Pentabutyl-stiboran* umwandeln[1]. Demnach ist für die gezielte Isolierung der primär gebildeten unsymmetrischen Pentaorgano-stiborane die Vermeidung eines größeren Überschusses an Organo-lithium- bzw. -magnesium-Verbindung erforderlich. Wegen des obigen Gleichgewichts sollte man bei niedrigen Temperaturen (~ 0°) und kurzen Reaktionszeiten arbeiten, um bessere Ausbeuten an primär gebildetem unsymmetrischen Pentaorgano-stiboran zu erhalten[2, 3]:

$$(H_5C_6)_4Sb-F \quad + \quad R-MgX \quad \xrightarrow{\text{Äther, 0°, 20 Min.}} \quad (H_5C_6)_4Sb-R$$

$$R = CH_3, C_2H_5, 4-CH_3-C_6H_4, 4-OCH_3-C_6H_4, 3-Cl-C_6H_4$$

**Methyl-tetraphenyl-antimon**[2]

Methode (a): In trockener Argonatmosphäre wird eine Lösung von ~ 48 mMol Phenyl-magnesiumbromid in 50 *ml* Äther bei 0° mit einer Lösung von 23 mMol Difluor-methyl-diphenyl-stiboran in 50 *ml* Äther innerhalb 5 Min. versetzt. Anschließend wird bei gleicher Temp. 20 Min. gerührt, mit 15 *ml* kaltem Wasser hydrolysiert, die Äther-Phase abgetrennt und getrocknet. Beim Kühlen auf −40° fällt das Methyl-tetraphenyl-stiboran aus; Ausbeute: 7,5 g (74% d. Th.); F: 110°.

Methode (b): Zu einer bei 0° gerührten Lösung von 13 mMol Methyl-magnesiumbromid in 75 *ml* Äther werden 5 g (11,1 mMol) Tetraphenyl-stibonium-fluorid gegeben. Man rührt weitere 20 Min. bei 0° und hydrolysiert mit 20 *ml* Wasser. Nach üblicher Aufarbeitung (s. oben) Ausbeute: 69% d. Th.

Aus dem Tetraphenyl-stibonium-fluorid erhält man u. a. analog:

| | | |
|---|---|---|
| *Äthyl-tetraphenyl-stiboran* [2] | 79% d. Th. | F: 107–108° (Äther, −40°) |
| *Tetraphenyl-(4-methyl-phenyl)-stiboran* [3] | 29% d. Th. | F: 137–139° |
| *Tetraphenyl-(4-methoxy-phenyl)-stiboran* [3] | 40% d. Th. | F: 81–82° |
| *Tetraphenyl-(3-chlor-phenyl)-stiboran* [3] | 17% d. Th. | F: 97–103° |

Durch Einwirkung von Phenyl- oder 4-Methyl-phenyl-lithium auf Dichlor-(2-phenyl-äthinyl)-diphenyl-stiboran lassen sich die entsprechenden unsymmetrischen Pentaorgano-stiborane isolieren[4].

Cyclische bzw. spirocyclische Pentaorgano-stiborane werden durch Einwirkung von Dilithium-arenen auf Imino- bzw. Dihalogen-triaryl-stiborane hergestellt[1, 5]:

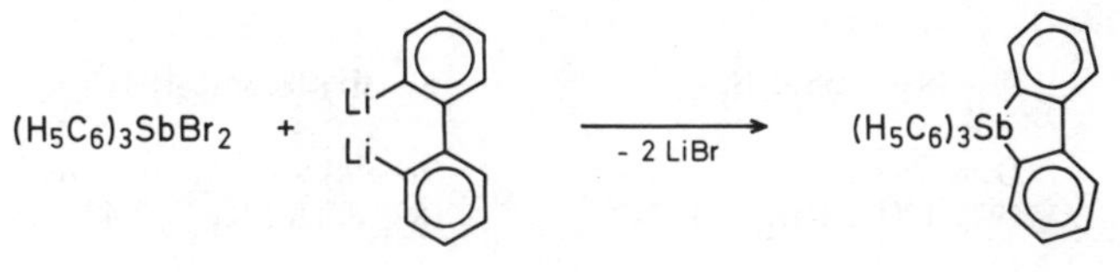

*5,5,5-Triphenyl-⟨dibenzo-stibol⟩*

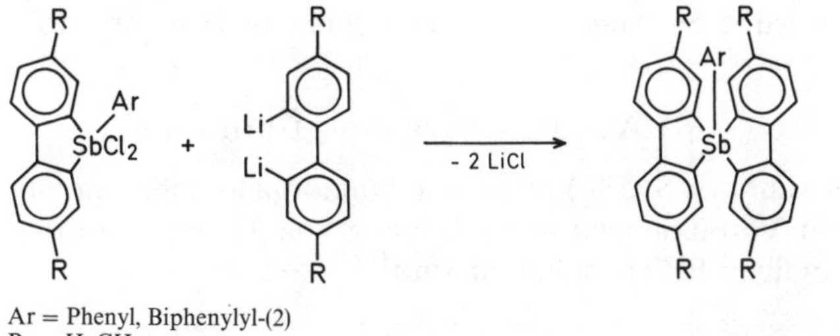

Ar = Phenyl, Biphenylyl-(2)
R = H, CH₃

[1] D. HELLWINKEL u. M. BACH, J. Organometal. Chem. **17**, 389 (1969); **20**, 273 (1969); **28**, 349 (1971).
[2] G. DOLESHALL et al., J. Organometal. Chem. **30**, 369 (1971).
[3] G. F. LANNEAU et al., J. Organometal. Chem. **85**, 179 (1975).
[4] I. N. AZERBAEV et al., Izv. Akad. Nauk Kaz. SSR **24**, 80 (1974); C. A. **82**, 112141$^W$ (1975).
[5] G. WITTIG u. D. HELLWINKEL, B. **97**, 789 (1964).

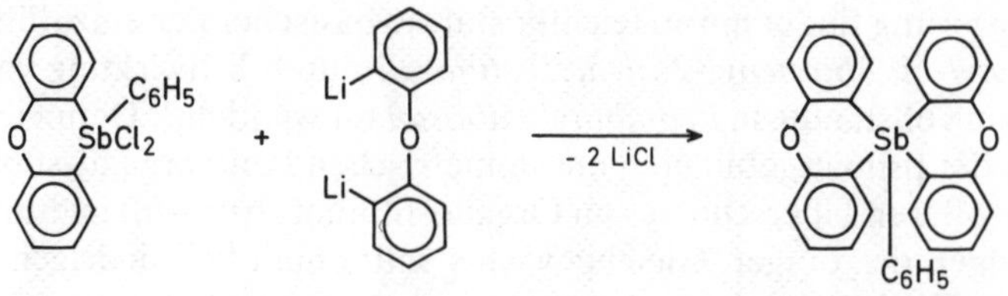

*Phenyl-bis-[diphenyläther-*
*2,2'-diyl]-stiboran*

**Pentaorgano-stiborane; allgemeine Arbeitsvorschrift:** Eine Suspension der entsprechenden Dichlor- bzw. Dibrom-triaryl-stiborane in Äther wird bei −70° mit einer äther Lösung der Organo-lithium-Verbindung (hergestellt aus der Jod-Verbindung mit Butyl-lithium/Petroläther) versetzt. Man rührt über Nacht, hydrolysiert, trennt die Schichten, trocknet die organische Phase und dunstet sie zur Trockene ein. Hierbei hinterbleibt ein öliger Rückstand, der zur Kristallisation gebracht wird. U. a. erhält man so:

| | | |
|---|---|---|
| *5,5,5-Triphenyl-⟨dibenzo-stibol⟩* | 53–55% d. Th. | F: 175–177° |
| *Phenyl-bis-[biphenyl-2,2'-diyl]-stiboran* | 62% d. Th. | F: 203–210° |
| *Biphenylyl-(2)-bis-[biphenyl-2,2'-diyl]-stiboran* | 60% d. Th. | F: 209–210° |
| *Phenyl-(biphenyl-2,2'-diyl)-[4,4'-dimethyl-biphenyl-2,2'-diyl]-stiboran* | 29% d. Th. | F: 183–185° |
| *Phenyl-bis-[diphenyläther-2,2'-diyl]-stiboran* | 44% d. Th. | F: 198–200° |

Die Reaktion von 5,5-Dibrom-5-methyl-⟨dibenzo-stibol⟩ mit Phenyl-lithium oder 2,2'-Dilithium-biphenyl führt unter den gleichen Reaktionsbedingungen (s. oben) nicht zu Pentaorgano-stiboranen, sondern zur Bildung tert. Stibine[1].

Die meist flüssigen, niederen, unsymmetrischen Pentaalkyl-stiborane werden hauptsächlich in Form von Gemischen erhalten[2, 3], deren Trennung durch Destillation über eine Drehbandkolonne in einigen Fällen gelingt[2]:

$$(H_3C)_3SbCl_2 \quad + \quad (H_5C_2)_2Mg \xrightarrow[\text{Rückfluß}]{\text{Äther / 3 Std.,}} (H_3C)_4Sb-C_2H_5$$

*Tetramethyl-äthyl-stiboran;*
15% d. Th.; $Kp_{16}$: 53–54°

$+ \quad (H_3C)_3Sb(C_2H_5)_2$     $+ \quad (H_3C)_2Sb(C_2H_5)_3$

*Trimethyl-diäthyl-stiboran;*
19% d. Th.; $Kp_{16}$: 71–74°

*Dimethyl-triäthyl-stiboran;*
18% d. Th.; $Kp_{0,03}$: 42°

Ebenso reagieren Dihalogen-trialken-(1)-yl-stiborane mit Alkyl-magnesium-Verbindungen entgegen früheren Angaben zu Gemischen aus Pentaorgano-stiboranen[2].

### β) Aus Pentaorgano-stiboranen

Wie bereits erwähnt (s. S. 586) reagieren Pentaorgano-stiborane mit Organo-lithium- oder -magnesium-Verbindungen unter Bildung von Hexaorgano-antimonat(VI)-Salzen, die in einigen Fällen isolierbar sind[4−6].

[1] D. HELLWINKEL u. M. BACH, J. Organometal. Chem. **17**, 389 (1969).
[2] H. A. MEINEMA u. J. G. NOLTES, J. Organometal. Chem. **22**, 653 (1971).
[3] A. N. NESMEYANOV et al., Izv. Akad. SSSR. **1973**, 1833; C. A. **80**, 48115$^V$ (1974).
[4] G. WITTIG u. K. CLAUSS, A. **577**, 25 (1952).
[5] D. HELLWINKEL u. M. BACH, J. Organometal. Chem. **28**, 349 (1971).
[6] W. E. McEWEN u. C. T. LIN, Phosphorus **3**, 229 (1973).

Werden solche Antimonat-Salze hydrolysiert, so wird derjenige Rest abgespalten, der die geringste Basizität als Anion besitzt[1, 2]:

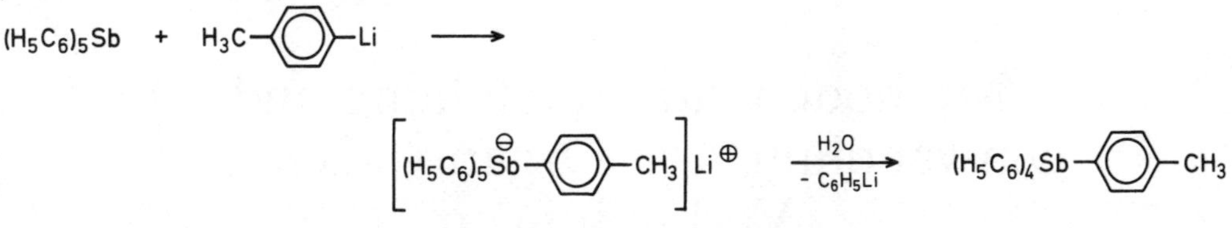

$$(H_5C_6)_5Sb \quad + \quad H_3C-\langle\bigcirc\rangle-Li \quad \longrightarrow$$

$$\left[ (H_5C_6)_5\overset{\ominus}{Sb}-\langle\bigcirc\rangle-CH_3 \right] Li^{\oplus} \quad \xrightarrow[- C_6H_5Li]{H_2O} \quad (H_5C_6)_4Sb-\langle\bigcirc\rangle-CH_3$$

Diese formal nucleophile Substitutionsreaktion am pentacovalenten Antimon kann dazu genutzt werden, bei kontrollierter Durchführung aus einem Pentaaryl-antimon durch Ersatz eines oder mehrerer Aryl-Reste neue Pentaorgano-stiborane herzustellen[1, 2]. So kann aus dem Pentaphenyl-stiboran mit molaren Mengen 4-Methyl-phenyl-lithium *Tetraphenyl-(4-methyl-phenyl)-stiboran* erhalten werden[1].

Bei der Umsetzung von Phenyl-bis-[biphenyl-2,2'-diyl]- bzw. -bis-[diphenyläther-2,2'-diyl]-stiboran mit Phenyl-lithium wird grundsätzlich die Spirostruktur aufgespalten[2]:

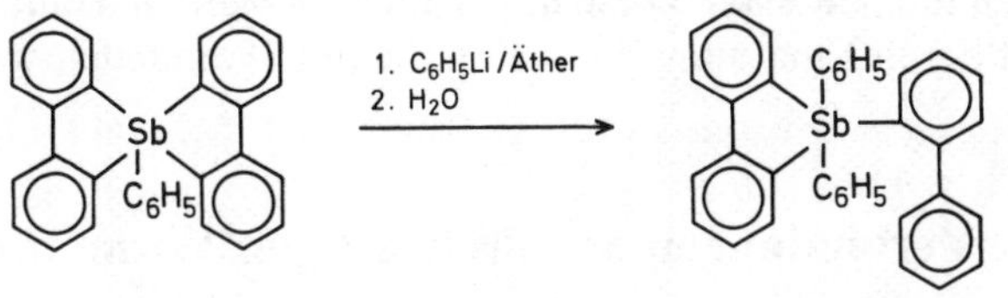

1. $C_6H_5Li$/Äther
2. $H_2O$

*5,5-Diphenyl-5-biphenylyl-(2)-*
*⟨dibenzo-stibol⟩;*
60% d. Th.; F: 204–208°

**5,5-Diphenyl-5-(2-phenoxy-phenyl)-⟨dibenzo-stibol⟩**[2]: 519 mg (1 mMol) Phenyl-(biphenyl-2,2'-diyl)-(diphenyläther-2,2'-diyl)-stiboran in 80 *ml* Äther werden bei − 70° mit 1,5 mMol Phenyl-lithium versetzt. Beim Auftauen auf ~ 20° entsteht ein dicker farbloser Niederschlag. Nach Rühren über Nacht wird mit Wasser hydrolysiert, die Äther-Phase abgetrennt und getrocknet. Nach Entfernung des Äthers erhält man eine bräunliche Schmiere, die durch vorsichtiges Erwärmen mit Äthanol zur Kristallisation gebracht werden kann; Ausbeute: 270 mg (45% d. Th.); F: 166–169° (Essigsäure-äthylester/Äthanol).

Die Einwirkung überschüssiger Alkyl-lithium-Verbindungen auf Pentaaryl-stiborane führt zur Substitution aller Aryl-Reste[2] (s. S. 586). Zur Spaltung der Pentaorgano-stiborane mit Halogen, Säuren, Lewissäuren, Alkoholen und Thiolen s. S. 576.

[1] W. E. McEwen u. C. T. Lin, Phosphorus **3**, 229 (1973).
[2] D. Hellwinkel u. M. Bach, J. Organometal. Chem. **28**, 349 (1971).

# Methoden zur Herstellung und Umwandlung von Organo-wismuth-Verbindungen

Organo-wismuth-Verbindungen übertreffen in ihrer **Giftigkeit** die entsprechenden Arsen- und Antimon-Verbindungen. Dies gilt insbesondere für Organo-wismuth-Verbindungen, die eine oder mehrere Wismuth-Halogen- bzw. -Pseudohalogen-Bindungen enthalten (s. S. 31).

Generell, auch wenn es nicht immer ausdrücklich erwähnt wird, sollen Organo-wismuth-Verbindungen mit **äußerster Vorsicht** gehandhabt werden. Hautkontakt mit diesen Verbindungen und deren Einatmung müssen unbedingt vermieden werden.

## I. Verbindungen des dreiwertigen Wismuths

### a) Bismuthine und verwandte Verbindungen

#### 1. Bismuthine

##### A. Herstellung

α) Aus Wismuth(III)-halogeniden oder Halogen-bismuthinen

$\alpha_1$) *durch Reduktion mit Lithium-alanat bzw. -boranat*

Primäre und sekundäre Bismuthine lassen sich im Prinzip analog den prim. bzw. sek. Stibinen durch Einwirkung von Lithium-alanat bzw. -boranat auf Dihalogen-organo- bzw. Halogen-diorgano-bismuthine herstellen[1, 2]:

$$R{-}BiX_2 \xrightarrow[\;-150°\;]{LiAlH_4\,/\ddot{A}ther,} R{-}BiH_2$$

$$R_2Bi{-}X \xrightarrow[\;-150°\;]{LiAlH_4\,/\ddot{A}ther,} R_2Bi{-}H$$

Die prim. und sek. Bismuthine sind jedoch so instabil, daß sie sich bei Temperaturen oberhalb $-60°$ zersetzen[1, 2]. *Methyl-* bzw. *Dimethyl-bismuthin* können bis zu $-60°$ als farblose Flüssigkeiten isoliert werden[2]. Eine gewisse Stabilisierung erfahren Dimethyl- und Diphenyl-bismuthin durch Bildung von Komplexen mit Halogeniden bzw. Oxyhalogeniden des Titan, Vanadiums oder Chroms[3].

---

[1] E. Wiberg u. K. Mödritzer, Z. Naturf. **12b**, 132 (1957).

[2] E. Amberger, B. **94**, 1447 (1961).

[3] US.P. 3285890 (1966); Cabot. Corp.; Erf.: V. D. Afkandilian; C. A. **66**, 11289 (1967).

α₂) *Tert. Bismuthine durch Einwirkung von Organo-metall-Verbindungen*

Symmetrische tert. Bismuthine können im allgemeinen aus Wismuth(III)-chlorid bzw. -bromid durch Einwirkung von verschiedenen Organo-metall-Verbindungen in trokkener inerter Atmosphäre hergestellt werden. So werden aus Wismuth(III)-bromid und Dialkyl-zink-Verbindungen Trialkyl-bismuthine in mäßiger Ausbeute erhalten[1]:

$$2\ BiBr_3\ +\ 3\ R_2Zn\ \xrightarrow[- 3\ ZnBr_2]{\text{Äther}}\ 2\ R_3Bi$$

R = CH₃, C₂H₅, CH₂–CH(CH₃)₂, CH₂–CH₂–CH(CH₃)₂; *Trimethyl-, Triäthyl-, Tris-[2-methyl-propyl]-, Tris-[3-methyl-butyl]-bismuthin*

In nahezu quantitativer Ausbeute wird *Triphenyl-bismuthin* durch Umsetzung von Wismuth(III)-bromid mit Diphenyl-quecksilber in Äther erhalten[2]. Die Umsetzung mit Tetraphenyl-blei liefert *Brom-diphenyl-* bzw. *Dibrom-phenyl-bismuthin*[3], während mit Tetraäthyl-blei das erwartete *Triäthyl-bismuthin* gebildet wird[4, 5].

Niedere Trialkyl-bismuthine lassen sich aus Wismuth(III)-chlorid und Trialkyl-aluminium-Verbindungen in relativ guter Ausbeute herstellen[6-8]:

$$BiCl_3\ +\ R_3Al\ \xrightarrow[- AlCl_3,\ 71\ -\ 86\%\ d.\ Th.]{\text{Äther}}\ R_3Bi$$

R = C₂H₅, C₃H₇, CH₂–CH(CH₃)₂[6]; *Triäthyl-, Tripropyl-, Tris-[2-methyl-propyl]-bismuthin*

Aus Wismuth(III)-oxid und Tributyl-aluminium in Hexan wird das *Tributyl-bismuthin* lediglich in 6%iger Ausbeute gebildet[9]. An Stelle der Trialkyl-aluminium-Verbindungen können auch Lithium-tetraalkyl-alanate eingesetzt werden[10]:

$$(H_5C_2)_4Al-Li\ +\ BiCl_3\ \xrightarrow{\text{Äther/N}_2}\ (H_5C_2)_3Bi$$

**Triäthyl-bismuthin**[10]: In einer durch Ausheizung (120°) getrockneten und mehrmals mit Sauerstoff-freiem Stickstoff gespülten Apparatur werden 15,0 g (0,046 Mol) frisch sublimiertes Wismuth(III)-chlorid in 50 *ml* abs. Äther zu einer Lösung von 10,0 g ( (0,067 Mol) Lithium-tetraäthyl-alanat[10] in 50 *ml* abs. Äther langsam zugegeben. Hierbei scheidet sich ein voluminöser grauer Niederschlag ab. Anschließend wird 1 Stde. unter Rückfluß erhitzt, mit wäßriger Ammoniumchlorid-Lsg. hydrolysiert und das gebildete Triäthyl-bismuthin mit Äther extrahiert. Nach Entfernung des Äthers wird der Rückstand unter Sauerstoffausschluß über eine effiziente Kolonne 2mal i. Vak. destilliert; Ausbeute: 12 g (85% d. Th.); Kp₄₈: 90°.

In 50%iger Ausbeute wird *Triphenyl-bismuthin* durch Einwirkung von Trifluor-phenyl-silan auf Wismuth(III)-oxid in Flußsäure unter Zusatz von Ammoniumfluorid erhalten[11]:

$$Bi(OH)_3\ +\ 3\ H_5C_6-SiF_3\ +\ 6\ NH_4F\ +\ 3\ HF\ \xrightarrow{H_2O}$$
$$(H_5C_6)_3Bi\ +\ 3\ (NH_4)_2SiF_6\ +\ 3\ H_2O$$

[1] A. Marquardt, B. **20**, 1516 (1887); **21**, 2035 (1888).
[2] F. Challenger u. C. F. Allpress, Soc. **119**, 913 (1921).
[3] A. Goddard et al., Soc. **121**, 978 (1922).
[4] A. Leigh-Smith u. H. Richardson, Nature **135**, 828 (1935).
[5] H. Gilman u. L. Apperson, J. Org. Chem. **4**, 162 (1939).
[6] L. I. Zakharkin u. O. Y. Okhlobyshin, Izv. Akad. SSSR **1959**, 1942; C. A. **54**, 9738 (1960).
[7] Brit. P. 820146 (1959), Kali-Chemie, AG; C. A. **54**, 6550 (1960).
[8] Brit. P. 839370 (1960), Farbwerke Hoechst, AG; C. A. **55**, 3435 (1961).
[9] W. Stamm u. A. Breindel, Ang. Ch. **76**, 99 (1964).
[10] R. S. Dickson u. B. O. West, Austral. J. Chem. **15**, 710 (1962).
[11] R. Müller u. C. Dathe, B. **99**, 1609 (1966).

All diese Reaktionen sind jedoch präparativ unbedeutend, da sie meistens nur auf einzelne Bismuthine beschränkt sind und die benötigten Organo-metall-Verbindungen stark **giftig** und/oder umständlich in ihrer Herstellung sind.

Von allgemeiner Bedeutung und präparativ einfach ist die Herstellung symmetrischer tert. Bismuthine durch Einwirkung von Grignard-Verbindungen auf Wismuth(III)-chlorid oder -bromid[1-10]:

$$3 \text{ R}-\text{MgCl} + \text{BiCl}_3 \xrightarrow[-3 \text{ MgCl}_2]{\text{Äther}/\text{N}_2} \text{R}_3\text{Bi}$$

R = Alkyl, Aryl, Alken-(1)-yl

Die Umsetzung wird prinzipiell unter Ausschluß von Sauerstoff durchgeführt. Dies gilt insbesondere bei der Herstellung von Trialkyl-bismuthin, wobei direkte Lichteinwirkung vermieden werden soll. Die Grignard-Verbindung wird im allgemeinen in geringem Überschuß eingesetzt (Molverhältnis $\text{BiX}_3$/Grignard-Verbindungen ~ 1:3,3–3,5). Wegen der Säureempfindlichkeit der Wismuth-Kohlenstoff-Bindung (s. S. 604) darf für die Zersetzung des überschüssigen Grignard-Reagens bei der Aufarbeitung im allgemeinen keine Säure verwendet werden. Hierzu wird häufig nur Wasser oder verdünnte Ammoniumchlorid-Lösung verwendet. Bei der Herstellung von *Trimethyl*[3]- und *Triäthyl-bismuthin*[7] werden die besseren Ausbeuten erzielt, wenn die gebildeten Bismuthine ohne vorherige Hydrolyse direkt aus dem Reaktionsgemisch abdestilliert werden.

**Trimethyl-bismuthin**[3, 11]: Unter Stickstoff wird eine aus 3 g Magnesium und 19 g Methyljodid in 100 *ml* abs. Äther hergestellte Grignard-Lsg. unter Rühren und Eis-Kochsalz-Kühlung langsam mit einer Lösung von 10 g wasserfreiem Wismuth(III)-chlorid in 50 *ml* abs. Äther tropfenweise versetzt. Am Ende der Umsetzung haben sich 2 Schichten gebildet. Unter Stickstoff destilliert man den Äther und das Trimethyl-bismuthin aus dem Reaktionsgemisch ab, wobei die Badtemp. zuletzt auf maximal 190° gesteigert wird. Das Destillat wird über eine Kolonne unter Sauerstoffausschluß fraktioniert destilliert; Ausbeute: 50–60% d. Th.; Kp: 106–107°[1]; $\text{Kp}_{760}$: 102 bis 106°.

Auf die gleiche Weise wird *Triäthyl-bismuthin* in 58%iger Ausbeute erhalten[12].

**Trialkyl-bismuthine; allgemeine Arbeitsvorschrift**[6]: Unter Sauerstoffausschluß, Kühlen und Rühren wird die entsprechende Grignard-Lösung in abs. Äther [Molverhältnis Grignard-Verbindung/Wismuth(III)-halogenid 3,2:1] tropfenweise mit der entsprechenden Lösung Wismuth(III)-chlorid oder -bromid in abs. Äther versetzt. Nach beendeter Zugabe wird unter weiterem Rühren 30 Min. unter Rückfluß erhitzt, abgekühlt und mit wäßr. Ammoniumchlorid-Lsg. zersetzt. Die Äther-Phase wird abgetrennt, über Natriumsulfat getrocknet und unter Sauerstoffausschluß i. Vak. über eine Kolonne fraktioniert destilliert; Ausbeute: 35–55% d. Th. Zur Herstellung weiterer Verbindungen s. Tab. 37 (S. 605).

*Tris-[trimethylsilyl-methyl]*[13]- und *Trivinyl-bismuthin*[8] werden analog jedoch in Tetrahydrofuran als Lösungsmittel hergestellt.

**Tribenzyl-bismuthin**[9]: Eine aus 64 g (0,5 Mol) Benzylchlorid und 15 g Magnesium in 300–400 *ml* Äther bereitete Grignard-Lösung wird gekühlt und zu der auf −20° vorgekühlten Lösung von 50 g (0,16 Mol) Wis-

---

[1] P. Pfeiffer u. H. Dietsch, B. **37**, 4620 (1904).
[2] F. Challenger, Pr. chem. Soc. **29**, 76 (1913); Soc. **109**, 250 (1916).
[3] K. Schaefer u. F. Hein, Z. anorg. Ch. **100**, 297 (1917).
[4] F. Challenger u. L. R. Ridgway, Soc. **121**, 104 (1922).
[5] J. V. Supniewski u. R. Adams, Am. Soc. **48**, 507 (1926).
[6] W. C. Davies et al., Bl. **49**, 187 (1931).
[7] H. Gilman et al., Am. Soc. **59**, 935 (1937); **61**, 1170 (1939); **63**, 207 (1941).
[8] L. Maier et al., Am. Soc. **79**, 5884 (1957); Z. Naturf. **12b**, 263 (1957).
[9] G. Bähr u. G. Zocke, B. **90**, 1176 (1957).
[10] R. F. Ketelaere et al., J. Organometal. Chem. **30**, 365 (1971).
[11] O. J. Scherer et al., J. Organometal. Chem. **6**, 259 (1966).
[12] H. Gilman u. J. F. Nelson, Am. Soc. **59**, 935 (1937).
[13] D. Seyferth, Am. Soc. **80**, 1336 (1958).

muth(III)-chlorid in 300 *ml* abs. Äther unter kräftigem Rühren unter Stickstoff und Ausschluß direkten Lichtes langsam zugegeben. Danach läßt man auf ~20° erwärmen, kocht 15 Min. unter Rückfluß und zerstört nach erneuter Kühlung im Eisbad durch Zutropfen von möglichst wenig Wasser die überschüssige Grignard-Verbindung. Die gelbe äther. Lösung läßt sich vom zähen Schlamm des Ungelösten, das erschöpfend mit Äther ausgezogen wird, gut abheben. Die vereinigten Äther-Auszüge versetzt man mit 500 *ml* Sauerstoff-freiem Wasser und destilliert bei Stickstoff-Unterdruck (nicht über 30 Torr) ~250 *ml* Wasser, das wasserdampfflüchtige organische Beiprodukte mitnimmt, ab. Das rohe Tribenzyl-bismuthin liegt dann als gelbes Öl unter dem Restwasser, erstarrt bald, wird vorsichtig unter Wasser zerkleinert, abfiltriert, mit Methanol gewaschen und i. Vak. getrocknet. Es wird aus Äthanol umkristallisiert, i. Vak. getrocknet und im Dunkeln unter Stickstoff aufbewahrt; Ausbeute: 17 g (21% d. Th.; die Ausbeute läßt sich durch Aufarbeitung der äthanolischen Mutterlauge steigern); F: 64,5–65,5°.

Analog werden *Tris-[2-chlor-benzyl]*- (56% d. Th.; F: 54° aus Isopropanol) und *Tris-[2-brom-benzyl]-bismuthin* (55% d. Th.; F: 83–84° aus Butanol) hergestellt, wobei die Reaktionen auch bei tiefen Temperaturen durchgeführt werden müssen, denn bei Raumtemperatur tritt hauptsächlich Wismuth-Abscheidung unter Bildung der Dibenzyl-Derivate ein[1].

Symmetrische Triaryl-bismuthine werden in guter bis sehr guter Ausbeute nach der gleichen Arbeitsweise wie bei der Herstellung von *Triphenyl-stibin* (s. S. 446) erhalten[2]. Die Hydrolyse überschüssiger Grignard-Verbindung kann auch mit gesättigter Ammoniumchlorid-Lösung erfolgen[3, 4].

Die Verwendung von Toluol an Stelle von Äther oder Tetrahydrofuran als Lösungsmittel[5] bietet keinen besonderen Vorteil.

**Triaryl-bismuthine; allgemeine Arbeitsvorschrift[6]:** Zu einer auf −12° gekühlten Lösung von 0,5 Mol Aryl-magnesiumbromid in abs. Äther tropft man unter Rühren und Sauerstoffausschluß eine Lösung von 0,1 Mol Wismuth(III)-chlorid in trockenem Äther langsam zu [wegen der geringen Löslichkeit des Wismuth(III)-chlorids in Äther wird die siedende BiCl$_3$/Äther-Suspension in die Grignard-Lösung mit Stickstoff übergedrückt]. Nach beendeter Zugabe wird 1 Stde. bei ~20° gerührt, mit ges. Ammoniumchlorid-Lösung hydrolysiert, die Äther-Phase abgetrennt und über Natriumsulfat getrocknet. Nach Entfernung des Äthers wird der Rückstand aus Äthanol umkristallisiert. So erhält man u. a.:

| | | |
|---|---|---|
| *Tris-[3-chlor-phenyl]-bismuthin* | 85% d. Th. | F: 69,5° |
| *Tris-[4-chlor-phenyl]-bismuthin* | 85% d. Th. | F: 115,4° |
| *Tris-[3-fluor-phenyl]-bismuthin* | 80% d. Th. | F: 69° |
| *Tris-[4-fluor-phenyl]-bismuthin* | 75% d. Th. | F: 92,4° |

Unsymmetrische Trialkyl[7]- oder Alkyl-aryl-bismuthine[8] können durch Umsetzung von Halogen-organo-bismuthinen mit Alkyl-magnesiumhalogeniden gezielt nicht hergestellt werden. So entsteht bei der Umsetzung von Dichlor-pentyl-bismuthin mit Äthyl-magnesium-bromid ein Gemisch aus *Triäthyl-, Tripentyl-* und *Diäthyl-pentyl-bismuthin*[7]. Ebenso werden bei der Einwirkung von Äthyl- oder 2-Methyl-propyl-magnesiumchlorid auf Brom-diphenyl-bismuthin *Triphenyl-bismuthin* und die entsprechenden Trialkyl-bismuthine gebildet[8]. In geringer Ausbeute läßt sich *1-Äthyl-bismacyclohexan* (Kp$_{18-20}$: 108–112°) aus Dibrom-äthyl-bismuthin und 1,5-Bis-[brommagnesium]-pentan herstellen[9]:

$$H_5C_2-BiBr_2 \ + \ \begin{matrix} Br-Mg-CH_2-CH_2 \\ \diagdown \\ CH_2 \\ \diagup \\ Br-Mg-CH_2-CH_2 \end{matrix} \xrightarrow{\text{Äther}} H_5C_2-Bi\bigcirc$$

---

[1] G. Bähr u. G. Zocke, B. **90**, 1176 (1957).
[2] H. Gilman et al., Am. Soc. **61**, 1170 (1939).
[3] J. V. Supeniewski u. R. Adams, Am. Soc. **48**, 507 (1926).
[4] R. F. de Ketelaere et al., J. Organometal. Chem. **30**, 365 (1971).
[5] L. A. Zhitkova et al., J. Gen. Chem. USSR **8**, 1839 (1938); C. A. **33**, 5819 (1939).
[6] R. F. de Ketelaere et al., J. Organometal. Chem. **30**, 365 (1971).
[7] I. Norvick, Nature **135**, 1038 (1935).
[8] F. Challenger, Soc. **105**, 2210 (1914); **109**, 250 (1916); **119**, 913 (1921).
[9] G. Grüttner u. M. Wiernik, B. **48**, 1473 (1915).

Äthinyl-magnesiumbromid setzt sich mit Chlor-bis-[4-methyl-phenyl]-bismuthin in Tetrahydrofuran zu *Äthinyl-bis-[4-methyl-phenyl]-bismuthin*, mit Chlor-bis-[4-chlor-phenyl]-bismuthin dagegen zu *Bis-[bis-(4-chlor-phenyl)-bismuthino]-acetylen* um[1]:

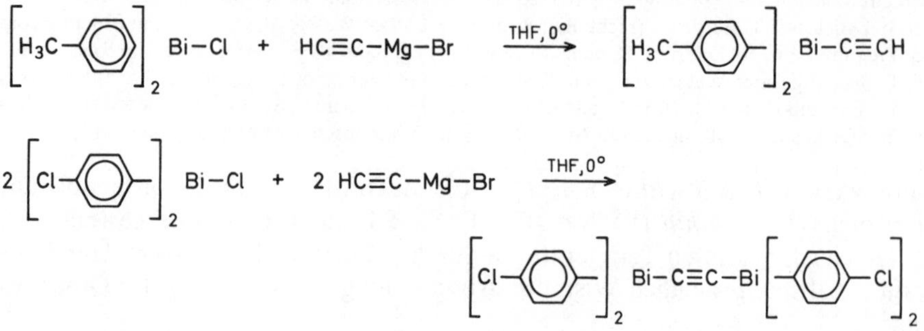

Chlor-diphenyl-bismuthin läßt sich auf diese Weise nicht umsetzen: neben metallischem Wismuth wird *Triphenyl-bismuthin* gebildet[1].

**Äthinyl-bis-[4-methyl-phenyl]-bismuthin**[1]: Unter trockenem nachgereinigten Stickstoff wird eine Lösung von 6,1 g frisch destilliertem Chlor-bis-[4-methyl-phenyl]-bismuthin in 80 *ml* abs. Tetrahydrofuran unter Rühren und Kühlen (0°) mit 4,5 g (2–3fache stöchiometrische Menge) Äthinyl-magnesiumbromid in Tetrahydrofuran versetzt. Das Reaktionsgemisch färbt sich braunschwarz, es tritt nur geringe Erwärmung ein. Durch Schütteln mit Aktivkohle erhält man nach Filtration eine klare, gelb gefärbte Lösung, aus der das Lösungsmittel bis zur Trockene abgesaugt und der verbleibende Rückstand mit ges. Ammoniumchlorid-Lsg. behandelt wird. Die darauffolgende 3malige Extraktion mit Chloroform muß sofort und sehr schnell erfolgen, da sonst starke Zersetzung des gebildeten Bismuthins eintritt. Nach Abziehen der Hauptmenge des Chloroforms, Versetzen mit der doppelten Menge abs. Äthers und Kühlen fällt das Bismuthin aus. Da das Äthinyl-bis-[4-methyl-phenyl]-bismuthin sich in unreinem Zustand leicht zersetzt, muß es sofort aus Chloroform/Äther (1:1) umkristallisiert werden; Ausbeute: 1,9 g (32% d. Th.); F: 90–91°.

Im Gegensatz zu den unsymmetrischen Trialkyl- und Alkyl-diaryl-bismuthinen lassen sich unsymmetrische Triaryl-bismuthine aus Halogen-aryl-bismuthinen und Aryl-magnesium-halogeniden ohne Schwierigkeiten herstellen[2–5]:

$$Ar_2Bi-Cl + Ar^1-Mg-Cl \xrightarrow{\text{Äther, 0°}} Ar_2Bi-Ar^1$$

$$Ar-BiCl_2 + 2 Ar^1-Mg-Cl \xrightarrow{\text{Äther, 0°}} Ar-Bi(Ar^1)_2$$

Um relativ gute Ausbeuten an unsymmetrischen Triaryl-bismuthinen zu erhalten wird die Reaktion bei niedriger Temperatur ($< 0°C$) durchgeführt[3,4].

**Diphenyl-naphthyl-(1)-bismuthin**[3]: In einem Dreihalskolben mit Rührer, Rückflußkühler und Tropftrichter wird unter Stickstoff eine auf 0° gekühlte Suspension von 4,0 g (0,01 Mol) Chlor-diphenyl-bismuthin in 30 *ml* Äther mit 0,01 Mol Naphthyl-(1)-magnesiumbromid in Äther unter Rühren versetzt. Man rührt einige Stdn. nach und zersetzt die entstandene klare Lösung mit Eiswasser. Nach Abtrennung der Äther-Phase wird von eventuell Ungelöstem abfiltriert und der Äther abdestilliert. Der ölige Rückstand wird durch Zugabe von 25 *ml* Methanol und Kühlen zur Kristallisation gebracht und anschließend aus 95%igem Äthanol umkristallisiert; Ausbeute: 2,8 g (57% d. Th.); F: 114–115°.

**Diphenyl-(4-vinyl-phenyl)-bismuthin**[4]: Unter Stickstoff und Eiskühlung wird eine Grignard-Lösung aus 6,95 g 4-Chlor-styrol und 1,2 g Magnesium in 40 *ml* Tetrahydrofuran mit 20 g Chlor-diphenyl-bismuthin por-

[1] H. HARTMANN et al., Z. anorg. Ch. **317**, 54 (1962).
[2] F. CHALLENGER, Soc. **105**, 2210 (1914). s. jedoch F. CHALLENGER et al., Soc. **119**, 913 (1921); **121**, 91 (1922).
[3] H. GILMAN u. H. L. YABLUNKY, Am. Soc. **63**, 207 (1941).
[4] D. BRAUN et al., Makromol. Ch. **62**, 183 (1963).
[5] D. N. KRAVTSOV et al., Izv. Akad. SSSR **1974**, 234; C. A. **80**, 107794ʳ (1974).

tionsweise versetzt. Anschließend wird bei 0° 1 Stde. gerührt und mit 20%iger Ammoniumchlorid-Lösung zersetzt. Hierbei entsteht ein schwarzer Niederschlag. Er wird abzentrifugiert und die überstehende Schicht mit Benzol extrahiert. Nach Trocknen über Calciumchlorid wird das Benzol abgezogen und der Rückstand in Petroläther aufgenommen, vom ungelösten Polymeren abfiltriert und zur Trockene abgedampft. Der Rückstand wird aus Isopropanol umkristallisiert; Ausbeute: 12,1 g (51,7% d.Th.); F: 42,5–43°.

Tab. 37: Tert. Bismuthine durch Einwirkung von Grignard-Verbindungen auf Wismuth(III)-halogenide oder Halogen-bismuthine

| Ausgangs-verbindung | Tertiäres Bismuthin | Ausbeute [% d.Th.] | Kp [°C] | [Torr] | Literatur |
|---|---|---|---|---|---|
| BiCl$_3$ bzw. BiBr$_3$ | Trimethyl-bismuthin | 40–50 | 107 | 760 | 1, 2 |
| | Triäthyl-bismuthin | 78 | 36 | 0,5 | 2 |
| | Tripropyl-bismuthin | 38 | 86–87 | 8 | 3 |
| | Tripentyl-bismuthin | 54 | 157–158 | 7 | 3 |
| | Tricyclohexyl-bismuthin | – | – | – | 4 |
| | Tris-[trimethylsilyl-methyl]-bismuthin | 35 | (F: 107–109°) | | 5 |
| | Trivinyl-bismuthin | 23 | 158,1 (extrapoliert) | | 6 |
| | Triallyl-bismuthin | 50 | 80 | 2 | 7 |
| | Tris-[pentafluor-phenyl]-bismuthin | 30 | (F: 94–96°) | | 8 |
| | Triphenyl-bismuthin | 35–84 | (F: 77–78°) | | 9, 10 |
| | Tris-[4-methyl-phenyl]-bismuthin. | 60–76 | (F: 120°) | | 11, 12 |
| | Tris-[3-methyl-phenyl]-bismuthin | 43 | (F: 65°) | | 13 |
| | Tris-[2-methoxy-phenyl]-bismuthin | 10 | (F: 169–170°) | | 14 |
| | Tris-[2-äthoxy-phenyl]-bismuthin | 78 | (F: 121–122°) | | 12 |
| | Tris-[4-fluor-phenyl]-bismuthin | 66 | (F: 93–94°) | | 15 |
| | Tris-[4-chlor-phenyl]-bismuthin | 65 | (F: 104; 116°) | | 12, 16 |
| | Tris-[4-brom-phenyl]-bismuthin | – | (F: 149°) | | 16 |
| | Tris-[4-vinyl-phenyl]-bismuthin | 36 | (F: 72–74°) | | 17 |
| | Tris-[biphenylyl-(4)]-bismuthin | – | (F: 182–183°) | | 18 |
| | Trinaphthyl-(1)-bismuthin | 71 | (F: 234–235°) | | 12, 19 |
| | Trithienyl-(2)-bismuthin | – | (F: 137,5°) | | 20 |
| [H$_3$C—⟨◯⟩—]$_2$ Bi–Cl | (4-Chlor-phenyl)-bis-[4-methyl-phenyl]-bismuthin | 55 | (F: 96–97°) | | 15 |

[1] C. H. Bamford et al., Soc. **1946**, 468.
[2] A. G. Davies u. S. C. W. Hook, Soc. [C] **1971**, 1660.
[3] W. C. Davies et al., Bl. **49**, 187 (1931).
[4] G. Grüttner, B. **47**, 3257 (1914).
[5] D. Seyferth, Am. Soc. **80**, 1336 (1958).
[6] L. Maier et al., Am. Soc. **79**, 5884 (1957); Z. Naturf. **12b**, 263 (1957).
[7] A. E. Borisov et al., Izv. Akad. SSSR **1963**, 1507; C. A. **59**, 14021 (1963).
[8] G. B. Deacon u. I. K. Johnson, Inorg. Nucl. Chem. Lett. **8**, 271 (1972).
[9] H. Pfeiffer u. H. Pietsch, B. **37**, 4620 (1904).
[10] F. F. Blicke et al., Am. Soc. **53**, 1025 (1931).
[11] F. Challenger, Soc. **109**, 250 (1916).
[12] H. Gilman et al., Am. Soc. **61**, 1170 (1939).
[13] F. Challenger u. C. F. Allpress, Soc. **119**, 913 (1921).
[14] J. V. Supniewski u. R. Adams, Am. Soc. **48**, 507 (1926).
[15] H. Gilman u. H. L. Yablunky, Am. Soc. **63**, 207 (1941).
[16] F. Challenger u. L. R. Ridgway, Soc. **121**, 104 (1922).
[17] USSR.P. 165716 (1964); Erf. F. S. Florinskii u. M. M. Koton; C. A. **62**, 6516 (1965).
[18] D. E. Worrall, Am. Soc. **58**, 1820 (1936).
[19] F. Challenger, Soc. **105**, 2210 (1914).
[20] E. Krause u. G. Renwanz, B. **62**, 1710 (1929).

Tab. 37 (Fortsetzung)

| Ausgangs-verbindung | Tertiäres Bismuthin | Ausbeute [% d.Th.] | F [°C] | Lite-ratur |
|---|---|---|---|---|
| 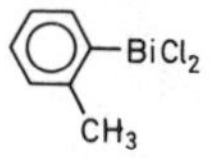 (Struktur: Phenyl mit BiCl₂ und CH₃) | *Bis-[4-chlor-phenyl]-(2-methyl-phenyl)-bismuthin* | 45 | 104–104,5 | 1 |
| 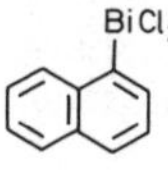 (Struktur: Naphthyl mit BiCl₂) | *Bis-[4-methyl-phenyl]-naphthyl-(1)-bismuthin* | 42 | 129–130 | 1 |
|  | *Bis-[2-methyl-phenyl]-naphthyl-(1)-bismuthin* | 60 | 112–114 | 1 |
|  | *Bis-[4-chlor-phenyl]-naphthyl-(1)-bismuthin* | 47 | 138–139 | 1 |

Die Verwendung von Organo-lithium-Verbindungen an Stelle der Grignard-Verbindungen zur Herstellung tert. Bismuthine ist relativ wenig untersucht[1-5].

So erhält man *Triphenyl-bismuthin* durch Einwirkung von Phenyl-lithium auf Wismuth(III)-chlorid in ätherischer Lösung lediglich in 44%iger Ausbeute[2]. In 62–73%iger Ausbeute lassen sich *Tris-[cis-* und *-trans-propenyl]-bismuthine* aus Wismuth(III)-chlorid und den entsprechenden Alkenyl-lithium-Verbindungen in Äther herstellen[3]. Das über die Umsetzung mit Grignard-Verbindung nicht zugängliche, lichtempfindliche *Tris-[4-dimethylamino-phenyl]-bismuthin* (F: 230°) wird über die entsprechende Organo-lithium-Verbindung in 10%iger Ausbeute erhalten[1]:

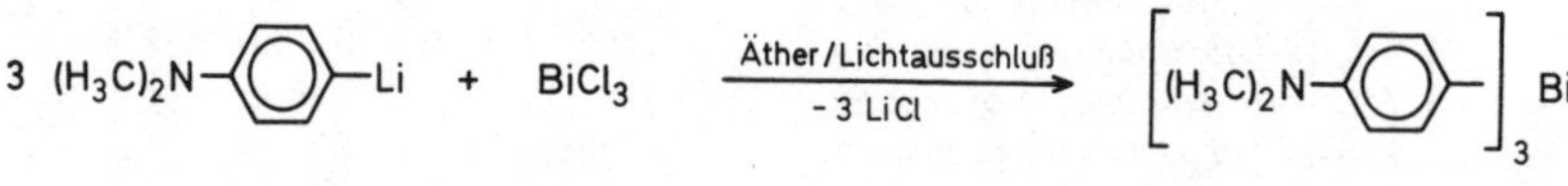

$$3\ (H_3C)_2N\!-\!\!\langle\bigcirc\rangle\!-\!Li\ +\ BiCl_3\ \xrightarrow[-\ 3\ LiCl]{\text{Äther/Lichtausschluß}}\ \left[(H_3C)_2N\!-\!\!\langle\bigcirc\rangle\!-\right]_3 Bi$$

*1,4-Bis-[diphenyl-bismuthino]-benzol* (F: 160–162°) wird aus Chlor-diphenyl-bismuthin durch Umsetzung mit 1,4-Dilithium-benzol in siedendem Petroläther-Äther-Gemisch in 14–20%iger Ausbeute hergestellt[5]:

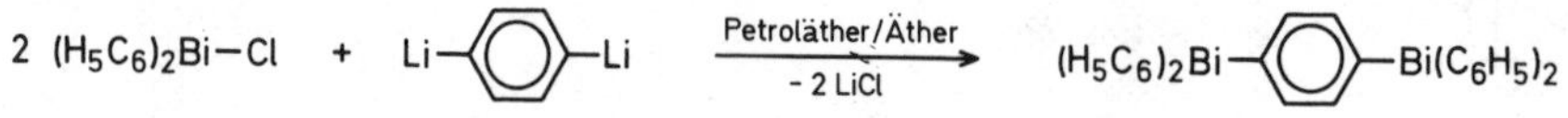

$$2\ (H_5C_6)_2Bi\!-\!Cl\ +\ Li\!-\!\!\langle\bigcirc\rangle\!-\!Li\ \xrightarrow[-\ 2\ LiCl]{\text{Petroläther/Äther}}\ (H_5C_6)_2Bi\!-\!\!\langle\bigcirc\rangle\!-\!Bi(C_6H_5)_2$$

In wesentlich höherer Ausbeute wird *5-Phenyl-⟨dibenzo-bismol⟩* aus 2,2'-Dilithium-biphenyl und Dijod-phenyl-bismuthin in Tetrahydrofuran erhalten[6]:

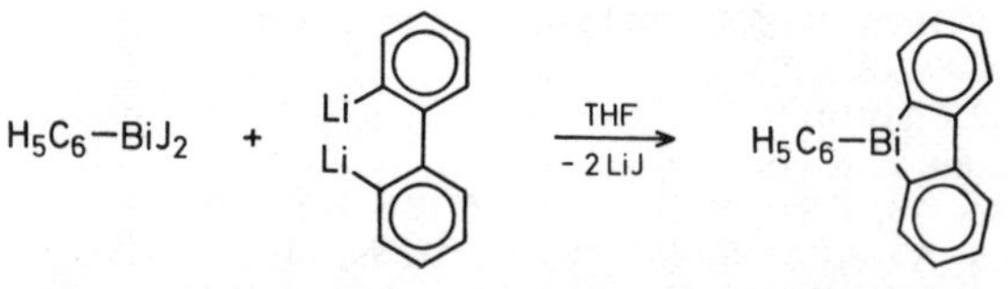

$$H_5C_6\!-\!BiJ_2\ +\ \overset{Li}{\underset{Li}{\text{(Biphenyl)}}}\ \xrightarrow[-\ 2\ LiJ]{THF}\ H_5C_6\!-\!Bi\text{(dibenzobismol)}$$

**5-Phenyl-⟨dibenzo-bismol⟩**[6]: Unter Sauerstoffausschluß wird eine Lösung von 8 mMol Dijod-phenyl-bismuthin in 30 *ml* abs. Tetrahydrofuran und 50 *ml* Äther unter Rühren mit einer Lösung von 2,2'-Dilithium-biphenyl (aus 10 mMol 2,2'-Dijod-biphenyl und Lithium-Schnitzeln in abs. Äther), versetzt. Nach 90 Min. Kochen unter Rühren bis zur Lösung des Ausgangsproduktes wird hydrolysiert, die Äther-Phase abgetrennt, der Äther abgedampft und der Rückstand aus Äthanol umkristallisiert; Ausbeute: 72% d. Th.; F: 167–168°.

[1] H. Gilman u. H. L. Yablunky, Am. Soc. **63**, 207 (1941).
[2] L. A. Zhitkova et al., Ž. obšč. Chim. **8**, 1846 (1938); engl.: 1839; C.A. **33**, 5819 (1939).
[3] A. E. Borisov et al., Izv. Akad. SSSR **1963**, 1507; C. A. **59**, 14021 (1963).
[4] G. Wittig u. D. Hellwinkel, B. **97**, 789 (1964).
[5] H. Zorn et al., M. **98**, 731 (1967).
[6] G. Wittig u. D. Hellwinkel, B. **97**, 789 (1964).

*Tris-[phenylcarboranyl]-bismuthin* wird aus Phenyl-carboranyl-lithium und Wismuth(III)-chlorid erhalten[1].

Zur Einführung von Cyclopentadienyl[2]- oder Alkin(1)-yl-Resten[3] eignen sich besonders die Organo-natrium-Verbindungen. So ist *Tris-[cyclopentadienyl]-bismuthin* durch Einwirkung von Cyclopentadienyl-natrium auf Wismuth(III)-chlorid in guter Ausbeute erhältlich[2]:

$$BiCl_3 \ + \ 3 \ \text{[Cp-Na]} \ \xrightarrow[- 3\,NaCl]{THF} \ [\text{Cp}]_3 Bi$$

**Tris-[cyclopentadienyl]-bismuthin**[2]: In einem 250-*ml*-Dreihalskolben, der mit einem Rückflußkühler mit Quecksilberrückschlagventil, einem KPG-Rührer, einem Tropftrichter und einer Gaseinleitung ausgestattet ist, werden unter gereinigtem Stickstoff 4,0 g (0,174 g Atom) Natrium in 70 *ml* abs. Sauerstoff-freiem Tetrahydrofuran mit 22 *ml* (0,26 Mol) frisch destilliertem, monomeren Cyclopentadien umgesetzt. Hierzu tropft man unter Rühren und Eiskühlung eine Lösung von 15,8 g (0,05 Mol) peinlichst wasserfreiem, am besten bei 200–250° i. Hochvak. zuvor frisch sublimierten Wismuth(III)-chlorid in 20 *ml* Tetrahydrofuran innerhalb 30 Min. ein. Zur Vervollständigung der Reaktion rührt man 1 Stde. bei ~ 20° nach. Die Lösung muß dann rotbraun sein. Das Solvens wird nun i. Vak. einer Wasserstrahlpumpe möglichst unterhalb von +10° abgezogen. Den Rückstand überführt man unter Stickstoff in ein Schlenk-Rohr, löst das darin vorliegende Bismuthin mit etwa 200 *ml* abs. Sauerstoff-freiem Petroläther heraus und saugt von dem gebildeten Natriumchlorid über eine G4-Fritte in ein anderes Schlenkrohr ab. Durch Abkühlen auf −78° (Methanol/Trockeneis) fällt das Tris-[cyclopentadienyl]-bismuthin in orangen Nadeln aus. Die i. Hochvak. unterhalb von +10° getrocknete Verbindung lagert sich zwischen 15–20° in eine schwarze Modifikation um; Ausbeute: 10–12 g (50–60% d. Th.);

Analog läßt sich *Tris-[methyl-cyclopentadienyl]-bismuthin* in 68%iger Ausbeute herstellen, das ebenso bei 15–20° in eine schwarze Modifikation übergeht[2].

Die Einwirkung von Natriumacetylenid auf Chlor-diaryl-bismuthin in Tetrahydrofuran oder flüssigem Ammoniak führt in Abhängigkeit von Aryl-Rest und Lösungsmittel entweder zu Alkin-(1)-diaryl-bismuthinen oder zu Bis-[diaryl-bismuthino]-acetylenen[3]. So reagiert Chlor-bis-[4-methyl-phenyl]-bismuthin mit Natriumacetylid in Tetrahydrofuran zu *Äthinyl-bis-[4-methyl-phenyl]-bismuthin*. Führt man die Reaktion in fl. Ammoniak, worin das Äthinyl-bis-[4-methyl-phenyl]-bismuthin besser löslich ist, durch, so erfolgt eine Ummetallierung und anschließende Bildung von *Bis-[bis-(4-methyl-phenyl)-bismuthino]-acetylen*[3]:

$$[H_3C{-}C_6H_4{-}]_2 Bi{-}Cl \ + \ Na{-}C{\equiv}CH \ \xrightarrow{THF,\,0°} \ [H_3C{-}C_6H_4{-}]_2 Bi{-}C{\equiv}CH$$

$$[H_3C{-}C_6H_4{-}]_2 Bi{-}C{\equiv}CH \ + \ Na{-}C{\equiv}CH \ \xrightarrow[- HC{\equiv}CH]{fl.\,NH_3}$$

$$[H_3C{-}C_6H_4{-}]_2 Bi{-}C{\equiv}C{-}Na$$

$$\Bigg\downarrow {\scriptstyle fl.\,NH_3} \quad [H_3C{-}C_6H_4{-}]_2 Bi{-}Cl$$

$$[H_3C{-}C_6H_4{-}]_2 Bi{-}C{\equiv}C{-}Bi[{-}C_6H_4{-}CH_3]_2$$

---

[1] V. I. BERGADZE et al., Soobshch. Akad. Nauk Gruz. SSR **63**, 77 (1971); C. A. **75**, 98644[j] (1971).

[2] E. O. FISCHER u. S. SCHREINER, B. **93**, 1417 (1960).

[3] H. HARTMANN et al., Z. anorg. Ch. **317**, 54 (1962).

Chlor-diphenyl- und Chlor-bis-[4-chlor-phenyl]-bismuthin reagieren sowohl in fl. Ammoniak als auch in Tetrahydrofuran zu den entsprechenden Bis-bismuthinen.

Erwartungsgemäß liefert die Reaktion der Chlor-diaryl-bismuthine mit Natrium-phenylacetylid Phenyläthinyl-diaryl-bismuthin[1].

**Bis-[bis-(4-methyl-phenyl)-bismuthino]-acetylen**[1]: In einer Atmosphäre von nachgereinigtem, getrockneten Stickstoff unter Feuchtigkeitsausschluß werden in einem 250-*ml*-Dreihalskolben mit Rührer, Tropftrichter und Gasableitungsrohr 2,2 g Natriumacetylenid in 125 *ml* fl. Ammoniak suspendiert und mit 6,4 g frisch hergestelltem Chlor-bis-[4-methyl-phenyl]-bismuthin, gelöst in 50 *ml* Tetrahydrofuran, unter Rühren tropfenweise versetzt. Das Reaktionsgemisch färbt sich gelb. Nach Verdampfen des Ammoniaks wird durch eine G3-Fritte vom Unlöslichen filtriert und aus der klaren Tetrahydrofuran-Lösung das Lösungsmittel i. Vak. bei ~20° restlos entfernt. Der farblose Rückstand wird in möglichst wenig abs. Chloroform gelöst. Auf Zusatz der gleichen bis doppelten Menge abs. Äthers und unter starkem Kühlen fällt das Bisbismuthin aus, das abgesaugt und i. Vak. getrocknet wird; Ausbeute: 3,4 g (56,2% d. Th.); F: 125° (Zers.).

Auf ähnliche Weise erhält man *Bis-[diphenyl-bismuthino]-* (Zers.p.: 133°) und *Bis-[bis-(4-chlor-phenyl)-bismuthino]-acetylen* (Zers. p.: 135°)[1]. Bei der Reaktion mit Natrium-phenylacetylenid nach der gleichen Arbeitsweise werden folgende Bismuthine erhalten[1]:

| | | |
|---|---|---|
| *Phenyläthinyl-diphenyl-bismuthin* | 75% d. Th. | F: 101° |
| *Phenyläthinyl-bis-[4-chlor-phenyl]-bismuthin* | 82% d. Th. | F: 140° (Zers.) |
| *Phenyläthinyl-bis-[4-methyl-phenyl]-bismuthin* | 83% d. Th. | F:  91° |

α₃) *Durch Zersetzung von Aren-diazonium- bzw. Diaryl-halogenium-Wismuth(III)-chlorid-Doppelsalzen*

Durch Einwirkung von Arendiazonium-chloriden auf Wismuth(III)-chlorid bilden sich Doppelsalze unterschiedlicher Zusammensetzung[2-6] (1:1, 2:1 oder 3:1), die im Gegensatz zu den entsprechenden Doppelsalzen des Antimon(III)-chlorids bei ihrer Zersetzung im alkalischen Medium keine Bismuthonsäuren liefern[5,6]. In organischen Lösungsmitteln und Gegenwart von Kupfer[5,6] oder Wismuth-Pulver[7,8] werden die Arendiazoniumchloro-bismuthate in Chlor-diaryl- bzw. Dichlor-aryl-bismuthine zersetzt, die ohne Isolierung durch Einwirkung von Hydrazin oder Ammoniak in Triaryl-bismuthine umgewandelt werden[9] (s. S. 599):

$$[\text{ArN}_2\text{Cl}]_2 \cdot \text{BiCl}_3 \xrightarrow[- \text{N}_2]{\substack{\text{1. Cu oder Bi} \\ \text{2. N}_2\text{H}_4 \text{ oder NH}_3}} \text{Ar}_3\text{Bi}$$

Die Reaktion in Gegenwart molarer Mengen Kupfer wird in abs. Äthanol (in Benzol oder Essigsäure-äthylester erfolgt keine Zersetzung) durchgeführt[6]. Die Ausbeuten an Triaryl-bismuthinen bei dieser Reaktion sind jedoch so gering (1−20% d. Th.), daß sie keine präparative Bedeutung besitzt. Etwas bessere Ausbeuten (15−50% d. Th.) werden bei der Zersetzung in Aceton mit Wismuth-Pulver erzielt[7,8].

An Stelle der Arendiazonium-chlorbismuthate lassen sich Doppelsalze aus Diarylhalo-

[1] H. HARTMANN et al., Z. anorg. Ch. **317**, 54 (1962).
[2] F. CHALLENGER u. J. WILKINSON, Soc. **121**, 95, 102 (1922).
[3] J. V. SUPENJEWSKI u. R. ADAMS, Am. Soc. **48**, 516 (1926).
[4] A. N. NESMEYANOV, B. **68**, 1877 (1935); Ž. obšč. Chim. **6**, 148 (1936); engl.: 144; C. A. **30**, 4833 (1936).
[5] H. GILMAN u. A. SVIGOON, Am. Soc. **61**, 3586 (1939).
[6] H. GILMAN u. H. L. YABLUNKY, Am. Soc. **63**, 949 (1941).
[7] A. N. NESMEYANOV et al., Izv. Akad. SSSR **1945**, 524; C. A. **42**, 5870 (1948).
[8] T. K. KOZMINSKAYA et al., Ž. obšč. Chim. **16**, 891, 897 (1946); C. A. **41**, 2014 (1947).
[9] Eine Literaturübersicht findet sich bei: O. A. REUTOV u. O. A. PTITSYNA, *Organometallic Reactions*, Vol. 4, S. 114, Wiley-Interscience, New York 1972.

genium-halogeniden und Wismuth(III)-chlorid unter ähnlichen Bedingungen in 30–65%iger Ausbeute in Triaryl-bismuthine umwandeln[1, 2]:

$$2 \left[Ar_2J\right]^{\oplus} Cl^{\ominus} + BiCl_3 \xrightarrow[-Ar-J]{\substack{1.\ Bi/Aceton \\ 2.\ NH_4OH}} Ar_3Bi$$

Diese Doppelsalze werden nicht isoliert, sondern während der Reaktion durch Mischen der Komponenten erzeugt[2]. Von den Diaryljodonium-halogeniden liefern die Chloride die höchsten und die Jodide die niedrigsten Ausbeuten[2].

Ein starkes Absinken der Ausbeuten an Triaryl-bismuthinen wird bei Verwendung von metallischem Kupfer an Stelle des Wismuths beobachtet[2].

Unsymmetrische Diaryljodonium-chloride liefern unter diesen Bedingungen keine unsymmetrischen sondern symmetrische Triaryl-bismuthine mit demjenigen Aryl-Rest, der weniger basisch ist. So entsteht bei der Zersetzung von Phenyl-(4-chlor-phenyl)-jodonium-chlorbismuthat mit metallischem Wismuth in Aceton *Tris-[4-chlor-phenyl]-* (13% d. Th.) und kein Triphenyl-bismuthin. Dagegen wird bei der analogen Reaktion mit Phenyl-(4-methoxy-phenyl)-jodoniumchlorid nur *Triphenyl-bismuthin* (23% d. Th.) gebildet[2].

**Triphenyl-bismuthin**[2]: Zu einer Mischung aus 9,5 g (0,03 Mol) Diphenyl-jodoniumchlorid und 4,7 g (0,015 Mol) Wismuth(III)-chlorid in 60 *ml* trockenem Aceton gibt man unter Rühren 27,5 g (0,12 g Atom) Wismuth-Pulver, wobei sich die Reaktionsmischung auf 40–50° erwärmt. Anschließend wird 2 Stdn. bei ~20° nachgerührt und vom Ungelösten abfiltriert. Das Filtrat wird in 50 *ml* einer 25%igen Ammoniumchlorid-Lösung gegossen, mit 200 *ml* Wasser verdünnt und über Nacht stehengelassen. Der ausgefallene Niederschlag wird abgesaugt und mit Aceton und Äther gewaschen. Nach Abtrennung der wäßrigen Phase wird diese 2mal mit Äther extrahiert. Aus den vereinigten organischen Phasen wird das Lösungsmittel abgedampft und der Rückstand einer Wasserdampfdestillation unterworfen (im Destillat befindet sich das Jodbenzol). Der Rückstand der Wasserdampfdestillation wird mehrmals mit Äther extrahiert, der Äther abgedampft und der Rückstand aus Chloroform/Äthanol (1:3) umkristallisiert; Ausbeute: 2,8 g (65% d. Th.); F: 77,5–78°.

Analog erhält man z. B.[2]:

*Tris-[4-chlor-phenyl]-bismuthin*          46% d. Th.
*Tris-[3-nitro-phenyl]-bismuthin*          32% d. Th.
*Tris-[4-methyl-phenyl]-bismuthin*         42% d. Th.
*Tris-[4-äthoxycarbonyl-phenyl]-bismuthin* 36% d. Th.

Präparativ einfacher als die Zersetzung der Arendiazonium- oder Diarylhalogenium-chlorbismuthate ist die Arylierung von metallischem Wismuth mit Arendiazonium-fluorboraten, da die Ausbeuten an Triaryl-bismuthinen bei beiden Methoden vergleichbar sind (s. S. 600).

Wie bereits erwähnt (s. S. 598) erfolgt die Zersetzung der Arendiazonium- oder Diarylhalogenium-chlorbismuthate in Gegenwart von Kupfer oder Wismuth zuerst zu Halogendiaryl- bzw. Dihalogen-aryl-bismuthinen, die ohne Isolierung durch Einwirkung von Ammoniak oder Hydrazin-Hydrat in Triaryl-bismuthine umgewandelt werden. Die direkte Umsetzung von Chlor[3]- bzw. Brom-diphenyl-bismuthin[4] mit Hydrazin-Hydrat in abs. Alkohol[1] bzw. Pyridin in Petroläther[4] liefert *Triphenyl-bismuthin* in 93% bzw. 87%iger Ausbeute. Bei der Reaktion mit Pyridin entsteht als Nebenprodukt Dibrom-phenyl-bismuthin (als Pyridin-Komplex isoliert)[4], das auch durch Einwirkung von Hydrazin-Hydrat in ätherischer Lösung Triphenyl-bismuthin in 81%iger Ausbeute liefert[3].

[1] A. N. Nesmeyanov et al., Doklady Akad. SSSR **125**, 1265 (1959); C. A. **53**, 21757 (1959).
[2] O. A. Reutov et al., Doklady Akad. SSSR **122**, 1032 (1958); Izv. Akad. SSSR. **1962**, 638; C. A. **53**, 4169 (1959); **57**, 15147 (1962).
[3] H. Gilman u. H. L. Yablunky, Am. Soc. **62**, 665 (1940).
[4] R. Okawara et al., Bl. chem. Soc. Japan **39**, 1823 (1966).

## $\beta$) Durch verschiedene Umsetzungen von Wismuth(III)-salzen oder Amino-organo-bismuthinen

Triaryl-bismuthine werden in guten Ausbeuten durch thermische Spaltung von Bismuth-triarensulfinaten erhalten[1]:

$$Bi(O-SO-Ar)_3 \quad \xrightarrow[-SO_2]{\sim 200°,\, 10^{-2}-10^{-3}\ Torr} \quad Ar_3Bi$$

Die hierfür benötigten Ausgangsverbindungen lassen sich am einfachsten aus Bismuth(III)-acetat durch Umsetzung mit der jeweiligen Arensulfinsäure in Eisessig herstellen[1]. Die Methode stellt trotz der guten Ausbeuten an *Triphenyl-bismuthin* jedoch keine Alternative zur Umsetzung von Wismuth(III)-chlorid mit Grignard-Verbindungen dar. Läßt man auf (N-Trimethylsilyl-N-methyl-amino)-dimethyl-bismuthin Diazomethan oder Diazoessigsäure-äthylester in Äther bei −190° bis −80° einwirken, so werden *Bis-[dimethyl-bismuthino]-diazomethan* bzw. *(Dimethyl-bismuthino)-diazoessigsäure-äthylester* in quantitativer Ausbeute gebildet[2]:

$$2\ (H_3C)_2Bi-N\begin{smallmatrix}CH_3\\ \\Si(CH_3)_3\end{smallmatrix} \quad + \quad CH_2N_2 \quad \xrightarrow[-190°\ bis\ -80°]{\text{Äther,}} \quad \begin{smallmatrix}(H_3C)_2Bi\\ \\(H_3C)_2Bi\end{smallmatrix}C{=}N_2$$

Das Bis-[dimethylbismuthino]-diazomethan ist bereits bei Raumtemp. zersetzlich, während der (Dimethylbismuthino)-diazoessigsäure-äthylester sich erst oberhalb 40° zersetzt[2].

**(Dimethyl-bismuthino)-diazo-essigsäure-äthylester**[2]: In einer trockenen, Sauerstoff-freien Atmosphäre wird eine Lösung von 2,18 g (6,38 Mol) (N-Trimethylsilyl-N-methyl-amino)-dimethyl-bismuthin in wenig abs. Äther (über Lithium-alanat frisch destilliert) unter Rühren bei −80° mit 0,73 g (6,38 mMol) Diazoessigsäure-äthylester in 5 *ml* abs. Äther tropfenweise versetzt. Es fällt sofort ein gelber Niederschlag aus. Man rührt 1 Stde. nach und zieht die flüchtigen Anteile bei −80° i. Hochvak. ab; Ausbeute: quantitativ; F: 35°.

### $\gamma$) Aus metallischem Wismuth

Durch Einwirkung von Äthyljodid auf eine Wismuth-Kalium-Legierung erhielten Löwig u. Schweizer zum ersten Male ein tert. Bismuthin, das *Triäthyl-bismuthin*[3]. Die Einwirkung von Halogenalkanen oder Organoquecksilber-Verbindungen auf Wismuth oder Wismuth-Alkalimetall-Legierungen zur Herstellung tert. Bismuthine besitzt heute lediglich historisches Interesse[4].

Durch Elektrolyse von Natrium- bzw. Kalium-tetraäthylalanat oder -boranat bei Verwendung einer Anode aus Wismuth läßt sich *Triäthyl-bismuthin* in über 90%iger Ausbeute herstellen[5, 6].

Eine einfache Methode zur Herstellung von Triaryl-bismuthin stellt die Arylierung von metallischem Wismuth mit Arendiazonium-tetrafluoroboraten dar[7]:

$$3\ [Ar{-}\overset{\oplus}{N_2}][BF_4]^{\ominus} \quad + \quad Bi \quad \xrightarrow{\underset{(NH_4OH)}{\text{Aceton/}}} \quad Ar_3Bi$$

[1] G. B. Deacon u. G. D. Fallon, Austral. J. Chem. **25**, 2107 (1972).
[2] P. Krommes u. J. Lorberth, J. Organometal. Chem. **93**, 339 (1975).
[3] C. Löwig u. E. Schweizer, A. **75**, 315 (1850).
[4] Eine Übersicht über die ältere Literatur findet sich bei
E. Krause u. A. v. Grosse, *Die Chemie der metallorganischen Verbindungen*, Gebr. Borntraeger, Verlag Berlin 1937.
H. Gilman u. H. L. Yale, Chem. Rev. **30**, 281 (1942).
[5] K. Ziegler u. O. W. Steudel, A. **652**, 1 (1962).
[6] DBP. 1 127 900 (1962); 1 161 562 (1964), K. Ziegler u. H. Lehmkuhl; C. A. **57**, 11 235 (1962); **60**, 11 623 (1964).
[7] A. N. Nesmeyanov et al., Doklady Akad. SSSR **122**, 614 (1958); C. A. **53**, 4178 (1959).

Die Reaktion verläuft wie bei der Zersetzung der Arendiazonium-chlorbismuthate über Chlor-organo-bismuthine, die ohne Isolierung durch Einwirkung von Ammoniak in Triaryl-bismuthine überführt werden.

Arendiazoniumchloride sind nicht in der Lage metallisches Wismuth zu arylieren[1, 2].

**Triaryl-bismuthine; allgemeine Arbeitsvorschrift[3]:**

Wismuth-Pulver: Zur Herstellung des metallischen Wismuths werden 20 g Zinkpulver zu einer Lösung von 60 g Wismuth(III)-chlorid in Aceton gegeben. Das ausgefallene Wismuth wird abfiltriert und in der Reihenfolge mit Wasser, 15%iger Salzsäure, Wasser, Äthanol und Äther gewaschen. Man läßt dann an der Luft trocknen; Ausbeute: 37 g.

Triaryl-bismuthine: Zu einer Lösung von 0,05 Mol Arendiazonium-tetrafluoroborat in 100 ml trockenem Aceton werden 10,5 g (0,05 g Atom) frisch hergestelltes Wismuth unter heftigem Rühren gegeben. Die Zersetzung setzt sofort ein, und die Reaktionsmischung erwärmt sich auf 30–35°. Durch Kühlung auf ~ 20° wird die Reaktion unter Kontrolle gebracht. Die Stickstoffentwicklung ist nach ~ 15 Min. beendet. Man rührt weitere 10 Min. nach, versetzt mit 85 ml konz. wäßr. Ammoniak-Lsg. und verdünnt mit 300–350 ml Wasser. Nach 1stdgm. Stehenlassen wird der ausgefallene Niederschlag abgesaugt, mit Wasser gewaschen und an der Luft getrocknet. Anschließend wird in einer Soxhlet-Apparatur mit Benzol extrahiert. Nach Entfernung des Benzols wird der Rückstand aus Methanol oder anderen geeigneten Lösungsmitteln umkristallisiert. So erhält man z. B.:

| | | |
|---|---|---|
| *Triphenyl-bismuthin* | 69% d. Th. | F: 77–78° |
| *Tris-[2-methyl-phenyl]-bismuthin* | 54% d. Th. | F: 130–131° |
| *Tris-[4-brom-phenyl]-bismuthin* | 40% d. Th. | F: 147–148° |
| *Tris-[4-äthoxy-phenyl]-bismuthin* | 27% d. Th. | F: 87–88° |
| *Tris-[4-nitro-phenyl]-bismuthin* | wird auf diese Weise nur zu 5% d. Th. erhalten. | |

### δ) Durch Reduktion von Dihalogen-triorgano-wismuth-Verbindungen

Triaryl-bismuthine werden in hoher Ausbeute aus den entsprechenden Dihalogentriaryl-wismuth-Verbindungen durch Reduktion mit wäßrigem Ammoniumsulfid[4], feuchtem Silberoxid[5, 6], Natriumhydrogensulfit in wäßrigem Aceton[7] oder Hydrazin-Hydrat in abs. Äthanol[8] bei ~ 20° hergestellt, wobei die letzten beiden Reaktionen die besten Ausbeuten liefern. Prinzipiell ist die Methode präparativ wenig sinnvoll, da die Dihalogentriorgano-bismuthine hauptsächlich aus den entsprechenden tert. Bismuthinen hergestellt werden (s. S. 618).

### ε) Durch Umwandlung von tert. Bismuthinen

Läßt man auf Trimethyl-bismuthin einen Überschuß an perfluorierten Alkyljodiden im geschlossenen Rohr bei 100° einwirken, so findet ein Austausch eines Methyl- gegen einen Perfluoroalkyl-Rest statt[9]:

$$(H_3C)_3Bi \; + \; F_3C-J \; \underset{\phantom{100°}}{\overset{100°}{\rightleftharpoons}} \; (H_3C)_2Bi-CF_3 \; + \; H_3C-J$$

Die Reaktion läßt sich im anderen Sinne durchführen, in dem überschüssiges Methyljodid durch Erhitzen mit Dimethyl-trifluormethyl-bismuthin unter Bildung von *Trimethylbismuthin* (geringe Ausbeute) und Trifluormethyljodid reagiert[9]. Ein Nebenprodukt der

---

[1] N. Waters, Soc. **1937**, 2007.

[2] F. Makin u. N. Waters, Soc. **1938**, 843.

[3] A. N. Nesmeyanov et al., Doklady Akad. SSSR **122**, 614 (1958); C. A. **53**, 4178 (1959).

[4] A. Michaelis u. A. Marquardt, A. **251**, 323 (1889).

[5] A. Gillmeister, B. **30**, 2843 (1897).

[6] F. Challenger u. L. R. Ridgway, Soc. **121**, 104 (1922).

[7] J. V. Supniewski u. R. Adams, Am. Soc. **48**, 507 (1926).

[8] H. Gilman u. H. L. Yablunky, Am. Soc. **62**, 665 (1940).

[9] T. N. Bell et al., Pr. chem. Soc. **1962**, 224; Austral. J. Chem. **16**, 636 (1963).

S. Samaan: Organo-wismuth-Verbindungen

Umsetzung der Trialkyl-bismuthine mit Perfluoralkyljodiden ist die Bildung von Alkyl-bis-[perfluor-alkyl]-bismuthinen, die durch Reaktion des primär gebildeten Dial-kyl-perfluoralkyl-bismuthin mit überschüssigem Perfluoralkyljodid gebildet werden[1]:

$$(H_3C)_2Bi-CF_3 \quad + \quad F_3C-J \quad \underset{\phantom{100°}}{\overset{100°}{\rightleftarrows}} \quad H_3C-Bi(CF_3)_2 \quad + \quad H_3C-J$$

Das Verhältnis der gebildeten Bismuthine ist von der Reaktionszeit unabhängig, was auf das Vorhandensein schneller Gleichgewichte hindeutet. Die Anteile an Alkyl-bis-[per-fluoralkyl]-bismuthin hängt jedoch von der Temperatur und dem Verhältnis Trialkyl-bis-muthin/Perfluoralkyljodid ab. Ein zu hoher Überschuß an Perfluoralkyljodid begünstigt die Bildung der Alkyl-bis-[perfluoralkyl]-bismuthine[1].

Der Versuch, alle Alkyl-Gruppen im Trialkyl-bismuthin gegen Perfluoralkyl-Reste auszutauschen, gelingt jedoch nicht[1].

**Dimethyl-trifluormethyl- und Methyl-bis-[trifluormethyl]-bismuthin; allgemeine Arbeitsvorschrift[1]:** 22,08 g (86,5 mMol) Trimethyl-bismuthin werden im Bombenrohr mit 21,56 g (110 mMol) Trifluormethyljodid 12 Std. bei 100° erhitzt. Anschließend wird das Reaktionsgemisch unter Ausschluß von Sauerstoff und Feuchtigkeit in einer Vakuumapparatur einer fraktionierten Kondensation unterworfen. Die bei −196°, −135° und −95° aufge-fangenen Fraktionen enthalten Fluoroform, Trifluormethyljodid und Methyljodid. Das Bismuthin-Gemisch so-wie Spuren Methyl- und Trifluormethyljodid werden bei −46° aufgefangen und gaschromatographisch (1 m Dii-sodecyl-phthalat-Säule, Stickstoff als Trägergas bei 70° jedoch nicht höher, da sonst Zersetzung eintritt) ge-trennt.

*Dimethyl-trifluormethyl-bismuthin:*     21,8 g   (82% d. Th.); Kp: 121°
*Methyl-bis-[trifluormethyl]-bismuthin:*     5,64 g (18% d. Th.); Kp: 132°

Analog werden z. B. *Dimethyl-(pentafluor-äthyl)-* (84% d. Th.; Kp: 130°) und *Methyl-bis-[pentafluor-äthyl]-* (16% d. Th.; Kp: 147°), sowie *Dimethyl-(heptafluor-propyl)-* (92% d. Th.; Kp: 137°) und *Methyl-bis-[heptafluorpropyl]-bismuthin* (8% d. Th.; Kp: 162°) erhalten.

*Dimethyl-trifluormethyl-bismuthin* kann auch aus Trimethyl-bismuthin durch Erhitzen mit Tris-[trifluormethyl]-phosphin auf 125° erhalten werden. Die Ausbeute ist jedoch re-lativ gering[1].

Präparativ wenig sinnvoll ist die Herstellung von *Tributyl-bismuthin* durch Einwirkung von Butyl-lithium auf Triaryl-bismuthine[2].

## B. Umwandlung

Die Wismuth-Kohlenstoff-Bindung in tert. Bismuthinen ist so schwach, daß diese nur wenige Reaktionen eingehen, bei denen keine Bindungsspaltung stattfindet.

### α) Oxidation

Mit Ausnahme von Trimethyl-bismuthin[3] sind Trialkyl-bismuthine an der Luft **selbst-entzündlich**[4]. Tribenzyl-bismuthine werden an der Luft unter starkem Rauchen zersetzt[5]. Bei kontrollierter Oxidation von Trialkyl-bismuthinen mit Sauerstoff[6-8], Organoperoxi-

---

[1] T. N. BELL et al., Pr. chem. Soc. **1962**, 224; Austral. J. Chem. **16**, 636 (1963).
[2] H. GILMAN et al., Am. Soc. **61**, 1170 (1939).
[3] A. MARQUARDT, B. **20**, 1516 (1887).
[4] W. C. DAVIES et al., Bl. **49**, 187 (1931).
[5] G. BÄHR u. G. ZOCKE, B. **90**, 1176 (1957).
[6] G. CALINGAERT et al., Am. Soc. **64**, 392 (1942).
[7] R. V. WINCHESTER, Canad. J. Chem. **49**, 1747 (1971).
[8] A. G. DAVIES u. S. C. W. HOOK, Soc. [C] **1971**, 1660.

den[1] oder Kaliumpermanganat[2], auch bei niedrigen Temperaturen, finden hauptsächlich Wismuth-Kohlenstoff-Bindungspaltungen statt, ohne daß definierte Organowismuth-Verbindungen isoliert werden. Lediglich bei der Oxidation von Triäthyl-bismuthin mit Sauerstoff bei − 50° bis − 60° läßt sich *Äthoxy-diäthyl-bismuthin* isolieren[3]. Ebenso luft-empfindlich sind Tris-[cyclopentadienyl]-bismuthine, die sich bei Einwirkung von Wasserstoffperoxid in einer heftigen Reaktion unter Flammenerscheinung zersetzen[4]. Wesentlich stabiler sind Triaryl-bismuthine, die an der Luft ohne besondere Vorsichts-maßnahmen gehandhabt werden können. Die Oxidation von Triphenyl-bismuthin mit Wasserstoffperoxid[5] oder Stickstoffoxiden[6] liefert jedoch kein *Triphenyl-bismuthinoxid*. Es finden hauptsächlich Bindungsspaltungen statt[6].

Triphenyl-bismuthin wird im Gegensatz zum entsprechenden Phosphin, Arsin und Sti-bin durch 4-stündiges Erhitzen mit Bis-[trimethylsilyl]-peroxid in Petroläther auf 110−130° nicht oxidiert[7]. Durch Schwefel in Schwefelkohlenstoff werden Tribenzyl-bismuthine zu Wismuthsulfid abgebaut[2]. Alkin-(1)-yl-diaryl-bismuthine werden mit Ka-liumpermanganat in organischen Lösungsmitteln nicht oxidiert[8]. Auch die Umsetzung mit Schwefel führt nicht zur Bildung der entsprechenden Sulfide[8].

### β) Reaktionen mit Halogen bzw. Pseudohalogenen

Tertiäre Bismuthine reagieren mit Halogenen, Interhalogenen oder Pseudohalogenen exotherm, wobei bei nicht kontrollierter Reaktion bis zu allen Wismuth-Kohlenstoff-Bin-dungen gespalten werden können. Bei niedrigen Temperaturen lassen sich die thermisch instabilen Dihalogen- und Bis-[pseudohalogen]-triaryl-bismuthorane isolieren (s. S. 618). Trialkyl-bismuthine liefern, auch bei niedrigen Temperaturen, Halogen-dialkyl- und oder Dihalogen-alkyl-bismuthine (s. S. 609). Tripropenyl- und Triisopropenyl-bis-mu-thine setzen sich mit molaren Mengen Brom in Äther-Chloroform bei −55° zu *Dibrom-tripropenyl-* bzw. *-triisopropenyl-bismuthoran* um (s. S. 618).

### γ) Hydrolyse (basisch), Alkoholyse, Thiolyse und Ammonolyse

Tertiäre Bismuthine, die eine oder mehrere Alkin-(1)-yl[8]-, Perfluoralkyl-[9] oder Cyclo-pentadienyl-Reste[4] tragen, zersetzen sich in Wasser oder in Gegenwart von Alkali-laugen unter Abspaltung der genannten Gruppen. Durch Einwirkung von Schwefel-wasserstoff[10] oder Phenolen[11] auf Triaryl-bismuthine werden hauptsächlich Wis-muth-Kohlenstoff-Bindungen gespalten. Unterhalb 50° werden Trialkyl- und Triaryl-bis-muthine durch Thiophenol in Bis-[phenylthio]-organo-bismuthine umgewandelt (s. S. 615). Die Ammonolyse von Triphenyl-bismuthin mit Kaliumamid in flüssigem Am-moniak führt zur Spaltung aller Wismuth-phenyl-Bindungen[12]. Triphenyl-bismuthin setzt sich mit Chlor-amin T zu Tosylimino-triphenyl-bismuthoran um (s. S. 623).

Nach einem Patent reagieren Trimethyl- und Triphenyl-bismuthin mit N-Chlor- oder

---

[1] A. G. Davis u. S. C. W. Hook, Soc. [C] **1971**, 1660.
[2] G. Bähr u. G. Zocke, B. **90**, 1176 (1957).
[3] G. Calingaert et al., Am. Soc. **64**, 392 (1942).
[4] E. O. Fischer u. S. Schreiner, B. **93**, 1417 (1960).
[5] J. J. Monagh, J. Org. Chem. **27**, 3851 (1962).
[6] L. G. Makarova u. A. N. Nesmeyanov, Ž. obšč. Chim. **9**, 810 (1939); engl.: 771; C. A. **34**, 391 (1940).
[7] D. Brandes u. A. Blaschette, J. Organometal. Chem. **73**, 217 (1974).
[8] H. Hartmann et al., Z. anorg. Ch. **317**, 54 (1962).
[9] T. N. Bell et al., Pr. chem. Soc. **1962**, 224; Austral. J. Chem. **16**, 636 (1963).
[10] A. Michaelis u. A. Marquardt, A. **251**, 323 (1889).
[11] M. M. Koton, Ž. obšč. Chim. **17**, 1321 (1947); engl.: 1307; C: A. **42**, 1903 (1948).
[12] O. Schmitz-DuMont u. B. Ross, Z. anorg. Ch. **349**, 328 (1967).

-Brom-succinimid bzw. -phthalimid zu *Succinimido-* bzw. *Phthalimido-trimethyl*(und *-triphenyl*)-*bismuthonium-chlorid* und *-bromid*[1].

### δ) Reaktionen mit Mineralsäuren, Carbonsäuren und Lewissäuren

Durch Einwirkung von starken Mineralsäuren auf tert. Bismuthine werden diese in anorganische Wismuthsalze umgewandelt[2-6]:

$$R_3Bi \xrightarrow[-3RH]{HX} BiX_3$$

R  = Alkyl, Aryl
HX = HCl (konz.), HBr, HNO$_3$

Ebenso werden Triphenyl-[7] und Tris-[4-dimethylamino-phenyl]-bismuthin[6] durch Ameisensäure oder Eisessig vollständig zersetzt. Schwächere Carbonsäuren reagieren mit Triaryl-bismuthinen unter Bildung von Bis-[acyloxy]-aryl-bismuthinen (s. S. 614). Arensulfinsäuren spalten aus Triphenyl-bismuthin, je nach Molverhältnis, ein oder zwei Phenyl-Reste unter Bildung von Arensulfinyloxy-diphenyl- bzw. Bis-[arensulfinyloxy]-phenyl-bismuthin (s. S. 600). Durch überschüssige Quecksilberarensulfinate werden Triaryl-bismuthine in Wismutharensulfinate umgewandelt[8]:

$$(H_5C_6)_3Bi + 3\ Hg(SO_2-Ar)_2 \longrightarrow Bi(SO_2-Ar)_3 + 3\ H_5C_6-Hg-O-SO-Ar$$

Eine entsprechende Spaltung findet bei der Umsetzung der Triarylstibine mit flüssigem Schwefeldioxid statt[9]. Mit Schwefeltrioxid in 1,2-Dichlor-äthan bildet das Triphenyl-bismuthin ein 1:1-Addukt[10].

Von präparativer Bedeutung ist die Umwandlung der tert. Bismuthine in Halogen-bismuthine durch Umsetzung mit Wismuth(III)-chlorid oder -bromid (s. S. 608). Eine analoge Reaktion gehen die Triaryl-bismuthine mit anderen Lewissäuren wie Phosphor(III)-[11,12], Arsen(III)-[11], Quecksilber(II)-[11] oder Thallium(III)-chlorid[11,13] ein:

$$Ar_3Bi + MCl_3 \longrightarrow Ar_2Bi-Cl + Ar-MCl_2$$

M = P, As

$$Ar_3Bi + HgCl_2 \longrightarrow Ar_2Bi-Cl + Ar-Hg-Cl$$

$$2\ Ar_3Bi + TlCl_3 \longrightarrow 2\ Ar_2Bi-Cl + Ar_2Tl-Cl$$

Mit Kupfer(II)-[11,13], Zink(II)-[13], Aluminium(III)-[14,15], Antimon(III)-[11,13], Eisen(III)-[14,15], Silicium(IV)-[16] und Titan(IV)-chlorid[16] reagieren die Triaryl-bismuthine in Chloroform zu Wismuth(III)-chlorid und/oder Chlor-diaryl-bismuthinen. Tris-[cyclo-

[1] DDR. P: 83136; Erf. J. Dahlmann u. K. Winsel; C. A. **78**, 43715$^g$(1973).
[2] A. Marquardt, B. **20**, 1516 (1887); **21**, 2035 (1888).
[3] A. Michaelis u. A. Marquardt, A. **251**, 323 (1889).
[4] A. Gillmeister, B. **30**, 2843 (1897).
[5] F. Challenger, Soc. **105**, 2210 (1914).
[6] H. Gilman u. H. L. Yablunky, Am. Soc. **63**, 207 (1941).
[7] M. M. Koton, Ž. obšč. Chim. **9**, 2283 (1939); engl.: 2283; **11**, 381 (1941); engl.: 379; C.A. **34**, 5049 (1940); **35**, 5870 (1941).
[8] G. B. Deacon u. G. D. Fallon, Austral. J. Chem. **25**, 2107 (1972).
[9] B. C. Smith u. C. B. Waller, J. Organometal. Chem. **32**, C 11 (1971).
[10] M. Becke-Goehring u. H. Thielemann, Z. anorg. Ch. **308**, 33 (1961).
[11] F. Challenger u. L. R. Ridgway, Soc. **121**, 104 (1922).
[12] E. O. Fischer u. S. Schreiner, B. **93**, 1417 (1960).
[13] F. Kh. Solomakhina, Tr. Tashkentsk. Form. Inst. **1**, 321 (1957); C. A. **55**, 15389 (1961).
[14] Z. M. Manulkin u. A. N. Taratenko, Ž. obšč. Chim. **21**, 93 (1951); C. A. **45**, 7038 (1951).
[15] F. Kh. Solomakhina u. Z. M. Manulkin, Tr. Tashkentsk. Form. Inst. **3**, 390 (1962); C. A. **61**, 3143 (1964).
[16] F. Kh. Solomakhina, Tr. Tashkentsk. Form. Inst. **2**, 317 (1960); C. A. **57**, 11230 (1962).

pentadienyl]-bismuthin wird durch Einwirkung von Eisen(II)-chlorid unter Bildung von Ferrocen zersetzt[1].

Silbernitrat soll Triphenyl-bismuthin unter Bildung von *Diphenylsilber-Silbernitrat-Addukt* zersetzen[2, 3]. Tribenzyl-bismuthine dagegen reduzieren Silbernitrat zu metallischem Silber[4].

### ε) Spaltung durch Metalle, metallorganische Verbindungen oder Wasserstoff

Elektropositivere Metalle spalten je nach Reaktionsbedingungen aus tert. Bismuthinen bis zu allen Wismuth-Kohlenstoff-Bindungen. So reagiert metall. Natrium mit Triphenyl-bismuthin in fl. Ammoniak primär unter Spaltung eines Phenyl-Restes unter Bildung des äußerst instabilen *Natrium-diphenyl-bismuthids*[5]. Aus der Umsetzung von überschüssigem Lithium mit einer Lösung von Triphenyl-bismuthin läßt sich *Phenyl-lithium* in 22%iger Ausbeute erhalten[6].

Durch Erhitzen mit Zink[7], Antimon[8] oder Quecksilber[9-11] wird Triphenyl-bismuthin unter Bildung von *Diphenyl-quecksilber* bzw. *Triphenyl-stibin* zu metallischem Wismuth abgebaut:

$$(H_5C_6)_3Bi \ + \ Sb \ \xrightarrow[\text{85\% d. Th.}]{300°} \ (H_5C_6)_3Sb \ + \ Bi$$

Alkyl-lithium oder -natrium-Verbindungen reagieren mit Triaryl-bismuthin unter Austausch aller Aryl- gegen Alkyl-Gruppen. Sterisch gehinderte Bismuthine, z. B. ortho-substituierte Triaryl-bismuthine reagieren mit Butyl-lithium jedoch nicht[12]. Bei der Einwirkung von 4-Methyl-phenyl-lithium auf *Triphenyl-bismuthin* in Äther stellt sich langsam folgendes Gleichgewicht ein[13]:

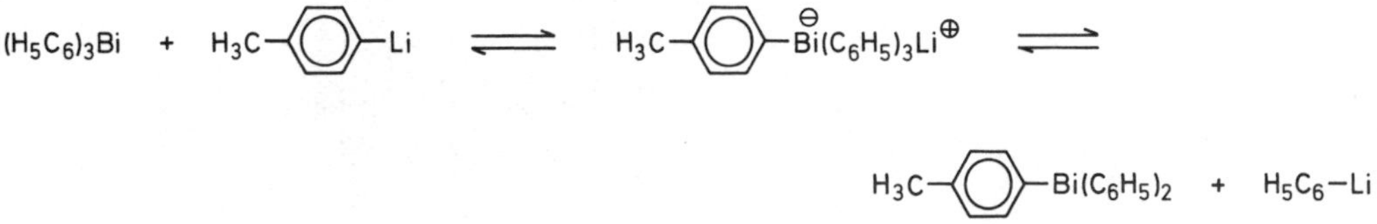

Die Hydrierung unter Druck oder katalytisch liefert metall. Wismuth[14-16]:

$$(H_5C_6)_3Bi \ \xrightarrow{H_2} \ Bi \ + \ C_6H_6 \ (oder \ C_6H_{12})$$

[1] E. O. FISCHER u. S. SCHREINER, B. **93**, 1417 (1960).
[2] F. CHALLENGER u. L. R. RIDGWAY, Soc. **121**, 104 (1922).
[3] F. KH. SOLOMAKHINA, Tr. Tashkentsk. Form. Inst. **1**, 321 (1957); C.A. 15 389 (1961).
[4] G. BÄHR u. G. ZOCKE, B. **90**, 1176 (1957).
[5] H. GILMAN u. H. L. YABLUNKY, Am. Soc. **63**, 212 (1941).
   s. auch: R. A. ROSSI u. J. F. BUNNETT, Am. Soc. **96**, 112 (1974).
[6] T. V. TALALAEVA u. K. A. KOCHESHKOV, Ž. obšč. Chim. **8**, 1831 (1938); C. A. **33**, 5819 (1939).
[7] D. S. POPPLEWELL J. Inorg. Nucl. Chem. **25**, 318 (1963).
[8] W. J. CONNIDIM u. J. J. VENTURA, J. Organometal. Chem. **3**, 420 (1965).
[9] S. HILPERT u. G. GRÜTTNER, B. **46**, 1675 (1913).
[10] F. KH. SOLOMAKHINA, Tr. Tashkentsk. Form. Inst. **1**, 321 (1957); C. A. **55**, 15 389 (1961).
[11] R. A. G. MARSHALL u. D. R. POLLARD, J. Organometal. Chem. **27**, 149 (1971).
[12] H. GILMAN et al., Am. Soc. **61**, 1170 (1939); **72**, 8 (1950).
[13] G. WITTIG u. A. MAERDER, J. Organometal. Chem. **8**, 491 (1967).
[14] W. IPATIEW u. G. RASUWAJEW, B. **63**, 1110 (1930).
[15] G. D. F. JACKSON u. W. H. F. SASSE, Soc. **1962**, 3746.
[16] C. J. THOMPSON et al., Anal. Chem. **37**, 1042 (1965); J. Gos. Chromatogr. **5**, 1 (1967).

Triäthyl-bismuthin setzt sich mit 1,2 bzw. 3 Mol Triäthyl-german unter Spaltung von 1,2 bzw. 3 Wismuth-Kohlenstoff-Bindungen und Bildung der entsprechenden Germyl-bismuthine um. Triäthyl-silan oder -stannan reagieren hauptsächlich zu Tris-silyl- bzw. -stannyl-bismuthinen[1]:

$$(H_5C_2)_3Bi \ + \ 3 \ (H_5C_2)_3M{-}H \xrightarrow[-3\,C_2H_6]{} \ [(H_5C_2)_3M]_3Bi$$

M = Si, Sn

### ζ) Donor- bzw. Akzeptor-Eigenschaften der tert. Bismuthine

Weder Trialkyl- noch Triaryl-bismuthine besitzen nennenswerten nucleophilen Charakter, so daß sie durch Einwirkung von Alkyljodiden keine quart. Bismuthoniumsalze bilden[2].

Trimethylbismuthin z. B. wird durch Einwirkung von überschüssigem Methyljodid in *Dijod-methyl-bismuthin* umgewandelt[3]:

$$(H_3C)_3Bi \ + \ 2 \ CH_3J \xrightarrow[-2\,C_2H_6]{} \ H_3C{-}BiJ_2$$

Perfluoralkyljodide reagieren mit Trialkyl-bismuthinen unter Austausch der Alkyl-Gruppen (s. S. 601).

Triphenyl-bismuthin wird durch Einwirkung von Benzylchlorid in Abwesenheit von Lösungsmittel bis zum metallischen Wismuth abgebaut[4]. Auch die Reaktion von Triphenyl-bismuthin mit Brombenzol in Gegenwart von Aluminium(III)-chlorid führt nicht zur Bildung von *Tetraphenyl-bismuthonium-bromid*[5].

Mit Hexachlor-1,3,5-trithian-tris-[dioxid] in ätherischer Lösung soll sich jedoch ein Bis-bismuthoniumsalz bilden[6]:

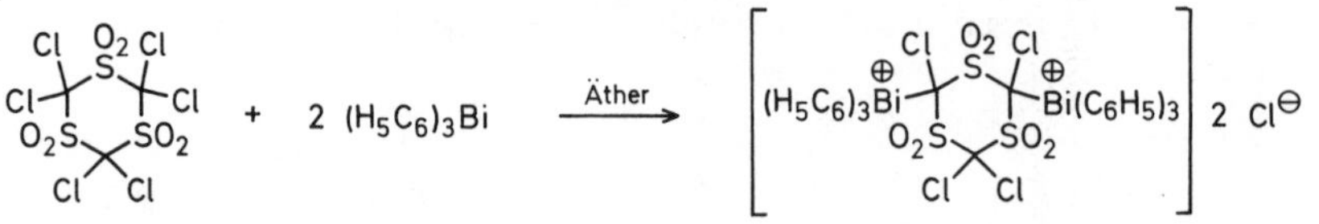

*4,6-Bis-[triphenyl-bimuthonio]-2,2,4,6-tetrachlor-1,3,5-trithian-tris-[dioxid]-dichlorid*

Mit Lewissäuren bilden die tert. Bismuthine kaum Addukte, die auf Donoreigenschaften schließen lassen. Dimethyl-trifluormethyl- und Methyl-bis-[trifluormethyl]-bismuthin weisen gegenüber Dimethylamin sogar Akzeptoreigenschaften auf[7].

Ebenso ist die Tendenz der tert. Bismuthine mit Übergangsmetallsalzen bzw. -Verbindungen Komplexe einzugehen äußerst schwach. So sind nur wenige Komplexe von Triäthyl- bzw. Triphenyl-bismuthin mit Carbonylen des Nickels[8], Mangans[8], Molyb-

---

[1] N. S. Vyazankin et al.; Doklady Akad. SSSR **166**, 99 (1966); C. A. **64**, 1124 (1966); J. Organometal. Chem. **6**, 474 (1966); Ž. obšč. Chim. **38**, 205 (1968).

[2] Eine Literaturübersicht findet sich bei: G. O. Doak u. L. D. Freedman, *Organometallic Compounds of Arsenic, Antimony, and Bismuth*, Wiley-Interscience, New York 1970.

[3] A. Marquardt, B. **20**, 516 (1887); **21**, 2035 (1888).

[4] F. Challenger u. L. Ridgway, Soc. **121**, 104 (1922).

[5] J. Chatt u. F. G. Mann, Soc. **1940**, 1192.

[6] Z. El-Hewehi u. D. Hempel, J. pr. **22**, 1 (1963).

[7] T. N. Bell et al., Austral. J. Chem. **16**, 636 (1963).

[8] D. Benlian u. M. Bigorgne, Bl. **1963**, 1583.

däns[1-4], Chroms[4], Wolframs[4] und des Eisens[5] sowie mit Niob(V)-chlorid[6] erhalten worden.

## 2. Polybismuthine, Dibismuthine und Bismabenzol

Die Neigung des Wismuths in seinen organischen Derivaten Bi-Bi-Bindungen auszubilden ist schwach ausgeprägt. So sind nur einzelne Vertreter dieser Stoffklasse bekannt. *Phenyl-polybismuthin* entsteht als hochpolymeres, ätherunlösliches Pulver bei der Reduktion einer ätherischen Lösung von Dihalogen-phenyl-bismuthin mit Lithiumboranat bei −70° im Hochvakuum[7]:

$$H_5C_6-BiBr_2 \quad + \quad 2 \; LiBH_4 \quad \xrightarrow[- 2 BH_3/- LiBr/- H_2]{\ddot{A}ther, - 70°} \quad (H_5C_6-Bi)_n$$

Bei der Einwirkung von Brom auf das polymere Bismuthin wird *Dibrom-phenyl-bismuthin* zurückgebildet[7].

*Tetramethyl-* und *Tetraäthyl-dibismuthine* sollen durch Einwirkung von Methyl- bzw. Äthyl-Radikalen auf Wismuth-Spiegel entstehen[8].

Durch elektrochemische Reduktion von Chlor-diphenyl-bismuthin wird *Tetraphenyl-dibismuthin* gebildet, das durch Aufnahme von weiteren zwei Elektronen in Diphenyl-bismuthinyl-Anion umgewandelt wird[9].

Das aus 1-Chlor-1,4-dihydro-bismabenzol durch Dehydro-halogenierung mit 1,5-Diaza-bicyclo [4.3.0]nonen-(5) in Tetrahydrofuran zu erwartende *Bismabenzol* ist polymer, kann jedoch bei Zugabe von Hexafluor-butin-(2) zur Reaktionsmischung als Diels-Alder-Addukt isoliert werden[10, 11]:

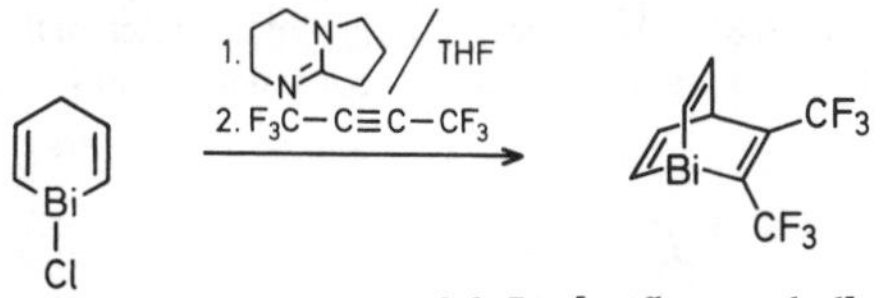

*2,3-Bis-[trifluormethyl]-*
*1-bisma-bicyclo[2.2.2]octatrien*

In dimerer Form liegt das Bismabenzol bei −78° vor, wenn die Reaktion in Tetraglym durchgeführt wird[11].

## 3. Halogen- und Pseudohalogen-organo-bismuthine

Halogen- und Pseudohalogen-organo-bismuthine sind äußerst **giftige** Verbindungen und müssen mit besonderer Sorgfalt gehandhabt werden.

[1] D. BENLIAN u. M. BIGORGNE, Bl. **1963**, 1583.
[2] C. BARBEAU, Canad. J. Chem. **45**, 161 (1967).
[3] L. W. HOUK u. G. R. DOBSON, Inorg. Chem. **5**, 2119 (1966).
[4] R. A. BROWN u. G. R. DOBSON, Inorg. Chim. Acta **6**, 65 (1972).
[5] F. HEIN u. H. POBLOTH, Z. anorg. Ch. **248**, 84 (1941).
[6] J. DESNOYERS u. R. RIVEST, Canad. J. Chem. **43**, 1879 (1965).
[7] E. WIBERG u. K. MÖDRITZER, Z. Naturf. **12b**, 132 (1957).
[8] F. A. PANETH u. H. LOLEIT, Soc. **1935**, 366.
[9] R. E. DESSY et al., Am. Soc. **88**, 467, 5117 (1966).
[10] A. J. ASHE, III., u. M. D. GORDON, Am. Soc. **94**, 7596 (1972).
[11] A. J. ASHE, III., Tetrahedron Letters **1976**, 415.

## A. Herstellung

### α) Aus tert. Bismuthinen

#### α₁) *Durch Umsetzung mit Wismuth(III)-chlorid bzw. -bromid*

Durch Einwirkung von Wismuth(III)-chlorid auf tert. Bismuthin tritt eine Disproportionierung zu Chlor-diorgano- und Dichlor-organo-bismuthin ein. Um das Monohalogenbismuthin als Hauptprodukt zu erhalten, wird das tert. Bismuthin in doppeltem molaren Überschuß eingesetzt. Wird das Wismuth(III)-halogenid in 2fachem Überschuß eingesetzt, so entstehen die Dihalogenbismuthine als Hauptprodukt[1-6]:

$$R_3Bi \ + \ 2\ BiX_3 \ \longrightarrow \ 3\ R-BiX_2$$

$$2\ R_3Bi \ + \ BiX_3 \ \longrightarrow \ 3\ R_2Bi-X$$

R = Alkyl, Aryl
X = Cl, Br

Zur Herstellung der Chlor- bzw. Brom-diaryl-bismuthine arbeitet man am besten in Äther, meistens bei Raumtemperatur[2,5-7]. Höhere Temperaturen müssen in einigen Fällen vermieden werden, da einige Chlor-diaryl-bismuthine in Dichlor-aryl- und Triaryl-bismuthin disproportionieren können[2,6]. *Chlor-bis-[4-brom-phenyl]-*, *-bis-[4-methoxyphenyl]-* und *bis-[4-dimethylamino-phenyl]-bismuthin* zersetzen sich z. B. in Chloroform oder Tetrahydrofuran bereits bei Raumtemperatur[6].

**Chlor-diphenyl-bismuthin[5,7]**: Eine Lösung von 35 g (0,08 Mol) Triphenyl-bismuthin in trockenem Äther wird mit einer Lösung von 18,2 g (0,06 Mol) Wismuth(III)-chlorid im gleichen Lösungsmittel versetzt. Nach einigen Stdn. wird das ausgefallene Chlor-diphenyl-bismuthin abgesaugt und aus Benzol umkristallisiert; Ausbeute: 99% d. Th.[3]; F: 184–185°[7].

Prinzipiell analog werden u. a. erhalten:

| | | |
|---|---|---|
| *Brom-diphenyl-bismuthin*[2,5] | 85% d. Th. | F: 157–158° |
| *Chlor-bis-[4-methyl-phenyl]-bismuthin*[5,7] | 93% d. Th. | F: 180–181° |
| *Chlor-bis-[4-chlor-phenyl]-bismuthin*[5] | 89% d. Th. | F: 158–160° |
| *Chlor-bis-[4-methoxy-phenyl]-bismuthin*[6] | | F: 158–159° (Zers.) |
| *Chlor-bis-[4-dimethylamino-phenyl]-bismuthin*[6] | | F: 140° (Zers.) |

Halogen-dialkyl-bismuthine werden besser durch Einwirkung von Halogen auf Trialkyl-bismuthine erhalten (s. S.604).

Das Wismuth(III)-halogenid kann bei der Herstellung der Halogen-diaryl-bismuthine durch Arsen(III)-, Phosphor(III)- und andere Elementhalogenide ersetzt werden (s. S. 604). Präparativ bieten jedoch solche Reaktionen keinen besonderen Vorteil.

**Chlor-bis-[cyclopentadienyl]-bismuthin[8]**: In einem 500-*ml*-Dreihalskolben legt man eine Lösung von 3,72 g (9,2 mMol) frisch destilliertem Tris-[cyclopentadienyl]-bismuthin in ~300 *ml* abs., peinlichst Sauerstoff-freiem Petroläther vor. Man rührt 10–15 Min. im Eisbad und gibt dann durch den Tropftrichter langsam eine Lösung von 1,27 g (9,2 mMol) Phosphor(III)-chlorid zu. Das Chlor-bis-[cyclopentadienyl]-bismuthin scheidet sich in

---

[1] A. Marquardt, B. **20**, 1516 (1887); **21**, 2035 (1888).

[2] A. Michaelis u. A. Marquardt, A. **251**, 323 (1889).

[3] F. Challenger et al., Soc. **107**, 16 (1915); **109**, 250 (1916); **119**, 913 (1921); **121**, 104 (1922).

[4] L. A. Zhitkova et al., Ž. obšč. Chim. **8**, 1839 (1938); C. A. **33**, 5819 (1939).

[5] H. Gilman u. H. L. Yablunky, Am. Soc. **63**, 207 (1941).

[6] H. Hartmann et al., Z. anorg. Ch. **317**, 54 (1962).

[7] F. Challenger u. C. F. Allpress, Soc. **107**, 16 (1915); **119**, 913 (1921).

[8] E. O. Fischer u. S. Schreiner, B. **93**, 1417 (1960).

orangenen Kristallen ab, die auf einer G3-Fritte abgetrennt und nach dem Waschen mit peinlichst gereinigtem Petroläther i. Hochvak. getrocknet werden. Es kann durch Lösen in Tetrahydrofuran und Ausfällen mit Petroläther gereinigt werden; Ausbeute: 3,38 g (98% d. Th.).

Die Umsetzung von Trialkyl[1]- und Triaryl-bismuthinen[2−4] mit der 2fachen molaren Menge Wismuth(III)-chlorid bzw. -bromid zu den entsprechenden Dihalogen-organo-bismuthinen wird in Äther, Petroläther, Benzol oder Chloroform durchgeführt. *Dichlor-methyl-* und *-äthyl-bismuthin* lassen sich auch in Eisessig herstellen[1].

**Dichlor-methyl-bismuthin**[1]**:** Zu einer Lösung von Wismuth(III)-chlorid in Eisessig tropft man die halbe molare Menge Trimethyl-bismuthin und läßt einige Zeit stehen. Der ausgefallene Niederschlag wird abgesaugt, mit Äther gewaschen und getrocknet; F: 242°.

Die analoge Umsetzung mit Wismuth(III)-bromid liefert *Dibrom-methyl-bismuthin* (F: 214°)[1].

Vorteilhafter ist die Umsetzung in aprot. organischen Lösungsmitteln, die bei analoger Arbeitsweise *Dibrom-(2-methyl-propyl)-*[1] (F: 124°), *Dichlor-phenyl-*[4, 5], *Dibrom-phenyl-*[1−2] (F: 202°), *Dichlor-(4-methyl-phenyl)-*[2, 4,5] (F: 206−207°), *Dibrom-(2-methyl-phenyl)-*[2] (95% d. Th.; F: 181°) und *Dibrom-naphthyl-(1)-bismuthin*[2,3] (89% d. Th.; F: 208°) liefert.

Das leicht zersetzliche Dichlor-phenyl-bismuthin kann ohne Isolierung in Form einer acetonischen Lösung direkt umgesetzt werden[5].

α₂) *Durch Umsetzung mit Halogenen, Interhalogenen, Pseudohalogen (über Dihalogen- bzw. Bis-[pseudohalogen]-triorgano-bismuthorane) oder Pseudohalogenwasserstoffsäuren*

Trialkyl-bismuthine setzen sich mit elementarem Chlor oder Brom bei 0° exotherm zu den entsprechenden Halogen-dialkyl-bismuthinen um[1, 6]:

$$(H_3C)_3Bi \ + \ Br_2 \quad \xrightarrow[- CH_3Br]{- 5°} \quad (H_3C)_2Bi-Br$$

Die Umsetzung kann in Äther, Petroläther oder Pentan durchgeführt werden. Dihalogen-alkyl-bismuthine entstehen bei dieser Umsetzung, auch bei Verwendung der berechneten Menge Halogen, als Nebenprodukt[6] (s. auch S. 612).

Jod-alkyl-bismuthine können auf diese Weise nicht hergestellt werden, da die Reaktion der Trialkyl-bismuthine mit Jod, auch bei tiefen Temperaturen, meistens zur Spaltung aller Bi-C-Bindungen führt[7, 8].

Die Triaryl-bismuthine reagieren unter ähnlichen Bedingungen mit Chlor oder Brom unter Bildung der relativ stabilen Dihalogen-triaryl-bismuthorane (s. S. 618), die jedoch durch Erwärmen in Lösung in Halogen-diaryl-bismuthin und Arylhalogenide zerfallen[9,10]:

$$Ar_3Bi \ + \ X_2 \quad \longrightarrow \quad Ar_3BiX_2 \quad \xrightarrow[- Ar-X]{\triangledown} \quad Ar_2Bi-X$$

X = Cl, Br

[1] A. Marquardt, B. **20**, 1516 (1887); **21**, 2035 (1888).
[2] F. Challenger u. C. F. Allpress, Soc. **119**, 913 (1921).
[3] H. Gilman u. H. L. Yablunky, Am. Soc. **63**, 207 (1941).
[4] R. Okawara et al., Bl. chem. Soc. Japan **39**, 1823 (1966).
[5] S. Faleschinini et al., J. Organometal. Chem. **44**, 317 (1972).
[6] O. Scherer et al., J. Organometal. Chem. **6**, 259 (1966).
[7] G. Bähr u. G. Zocke, B. **90**, 1176 (1957).
[8] T. N. Bell et al., Austral. J. Chem. **16**, 636 (1963).
[9] F. Challenger, Soc. **105**, 2210 (1914).
[10] F. Challenger u. J. F. Wilkinson, Soc. **121**, 91 (1922).

Allgemein nimmt die thermische Stabilität der Dihalogen-triaryl-bismuthorane in der Reihenfolge

Difluor- > Dichlor- > Dibrom- > Dijod-

ab[1]. So zerfallen Dijod-triaryl-bismuthorane bereits bei ~20° in Jod-diaryl-bismuthin und Aryljodid, während Dibrom-triphenyl-bismuthoran erst in siedendem Benzol gute Ausbeuten an *Brom-diphenyl-bismuthin*[2] ergibt und das Dichlor-triphenyl-bismuthoran in siedendem Benzol nur eine langsame Zersetzung erleidet[1]. Die Wahl der Reaktionstemperatur muß sich nach der thermischen Stabilität des gebildeten Halogen-diaryl-bismuthins richten, sonst tritt eine Disproportionierung des letzten unter Bildung von Triaryl-bismuthin, Dihalogen-aryl-bismuthin und Arylhalogenid ein[1]:

$$2 \; Ar_3BiX_2 \; \xrightarrow[-2\,Ar-X]{\triangledown} \; Ar_3Bi \; + \; Ar-BiX_2$$

Bei höheren Temperaturen tritt vollständige Zersetzung zu metallischem Wismuth und Biarylen ein[1]. Aus diesem Grunde lassen sich die thermisch relativ stabilen Difluor-triaryl-bismuthorane nicht in Fluor-diaryl-bismuthine präparativ umwandeln[1]. Bei der Einwirkung von molaren Mengen Jod auf eine ätherische Lösung von Triphenyl-bismuthin bei ~20° erhält man das *Jod-diphenyl-bismuthin* lediglich als Nebenprodukt. Als Hauptprodukt wird das *Dijod-phenyl-bismuthin* gebildet[3], das man gezielt, wenn das Jod in kleinem Überschuß eingesetzt wird, herstellen kann[3, 4]. Ist der Überschuß an Jod zu groß, werden alle Bi-C-Bindungen gespalten[4].

**Dijod-phenyl-bismuthin**[4]: 23 mMol Triphenyl-bismuthin werden in trockenem Äther gelöst und unter Rühren mit einer äther. Lösung von 30 mMol Jod versetzt. Das auskristallisierte Dijod-phenyl-bismuthin wird abgesaugt, mit trockenem Äther gewaschen und getrocknet; Ausbeute: 48,5% d.Th.; F: 180°; Zers.p.: 193°.

Da Dichlor-triphenyl-bismuthoran erst bei Temperaturen gespalten wird, die zu Zersetzung des gebildeten Chlor-phenyl-bismuthins führt, läßt sich Chlor-diphenyl-bismuthin auf diese Weise nicht herstellen. In guten Ausbeuten erhält man Halogen- bzw. Pseudohalogen-diphenyl-bismuthine durch Einwirkung von molaren Mengen Jodhalogeniden bzw. -pseudohalogeniden auf Triphenyl-bismuthin in Äther bei ~20°[5]:

$$(H_5C_6)_3Bi \; + \; JX \; \xrightarrow[-\,C_6H_5J]{\text{Äther}} \; (H_5C_6)_2Bi-X$$

X = Cl, Br, CN

**Chlor-diphenyl-bismuthin**[6]: 5 g Triphenyl-bismuthin werden in trockenem Äther gelöst und mit einer äther. Lösung von 1,85–2,3 g Jodchlorid versetzt. Eine anfängliche Trübung verschwindet schnell und das Chlor-diphenyl-bismuthin kristallisiert aus. Der Niederschlag (3,25–3,35 g) wird abgesaugt, das Filtrat abgedampft und weitere 0,8–1,2 g Chlor-diphenyl-bismuthin durch Behandeln des Rückstandes mit leichtsiedendem Petroläther gewonnen. Es wird aus Benzol umkristallisiert; Ausbeute: 4,2–4,3 g (93–94% d.Th.); F: 182–183°.

Analog wird *Brom-diphenyl-bismuthin* in 91%iger Ausbeute erhalten[6].

*Cyan-diphenyl-bismuthin* (Zers.p.: ~210°; äußerst **giftig**!) wird durch Umsetzung von Jodcyanid mit Triphenyl-bismuthin in siedendem Benzol erhalten[6]. Während Dicyan mit Triphenyl-bismuthin in Benzol bei ~20° noch unter Rückfluß reagieren soll[6], werden sowohl Triphenyl-[2, 6] als auch Trimethyl-bismuthin[6] (in Form einer 5%igen benzolischen

[1] F. Challenger u. J. F. Wilkinson, Soc. **121**, 91 (1922).
[2] F. Challenger, Soc. **105**, 2210 (1914).
[3] J. F. Wilkinson u. F. Challenger, Soc. **125**, 854 (1924).
[4] G. Wittig u. D. Hellwinkel, B. **97**, 789 (1964).
[5] F. Challenger u. C. F. Allpress, Soc. **107**, 16 (1915).
[6] T. Wizemann et al., J. Organometal. Chem. **20**, 211 (1969).

Lösung) beim Versetzen mit Dirhodan in *Thiocyanat-dimethyl-* (F: 66°) bzw. *-diphenyl-bismuthin* (F: 122°) umgewandelt. Ebenso läßt sich *Thiocyanat-dinaphthyl-(1)-bismuthin* (F: 54°) durch Einwirkung von Dirhodan auf Trinaphthyl-(1)-bismuthin in ätherischer Lösung bei 0° herstellen[1].

Das über das Dichlor-triphenyl-bismuthoran erhältliche Diazido-triphenyl-bismuth-oran (s. S. 619) spaltet beim Erhitzen auf 100° ohne Lösungsmittel Phenylazid ab unter Bildung von *Azido-diphenyl-bismuthin* (F: 168° aus Äthanol)[2]. Die analoge Zersetzung von Dicyan-triphenyl-bismuthoran zu *Cyan-diphenyl-bismuthin* wird besser in 95%igem Äthanol bei ~20° durchgeführt[2].

Das vermutlich assoziierte *Azido-dimethyl-bismuthin* (Zers.p.: >150°) wird in 75%-iger Ausbeute durch Einwirkung von molaren Mengen Stickstoffwasserstoffsäure auf Trimethyl-bismuthin in Äther bei ~20° (2 Tage) erhalten[3]:

$$(H_3C)_3Bi \ + \ HN_3 \ \xrightarrow[- CH_4]{\text{Äther}} \ (H_3C)_2BiN_3$$

Analog bildet sich *Thiocyanat-diphenyl-bismuthin* aus Triphenyl-bismuthin in Rho-danwasserstoffsäure[4].

### β) Aus Wismuth(III)-halogeniden

Die Einwirkung von überschüssigen Grignard-Verbindungen auf Wismuth(III)-chlorid bzw. -bromid führt normalerweise über Halogen-organo-bismuthine zu tert. Bismuthinen (s. S. 682). In einigen Fällen gelingt es, die Halogen-organo-bismuthine in geringer Ausbeute zu isolieren, wenn die Grignard-Verbindung im Unterschuß eingesetzt wird[5, 6]. An Stelle von Grignard-Verbindungen können auch Organo-zink[7]-, -blei-[8, 9] oder -zinn-Verbindungen[10] eingesetzt werden:

$$(H_2C{=}CH)_4Pb \ + \ 2 \ BiCl_3 \ \xrightarrow{CCl_4} \ 2 \ H_2C{=}CH{-}BiCl_2 \ + \ (H_2C{=}CH)_2PbCl_2$$

*Dichlor-vinyl-bismuth*

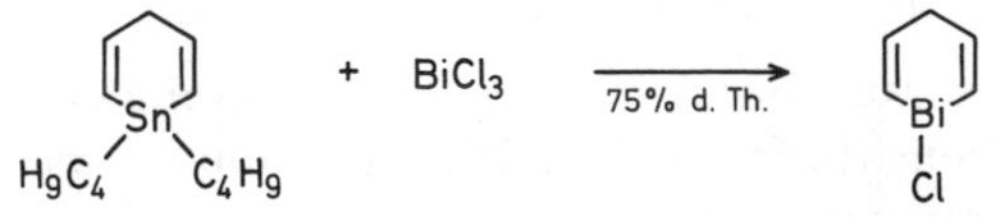

*1-Chlor-1,4-dihydro-bismabenzol*[10];
F: 144–145° (Tetrahydrofuran)

Kaum präparative Bedeutung hat die Bildung von Chlor-diaryl-bismuthinen durch Zersetzung von Arendiazonium-chlorobismuthat in Gegenwart von Kupfer oder Wismuth als Katalysator[11, 12]

[1] F. CHALLENGER u. J. F. WILKINSON, Soc. **121**, 91 (1922).
[2] R. G. GOEL u. H. S. PRASAD, J. Organometal. Chem. **50**, 129 (1973).
[3] J. MÜLLER, Z. anorg. Ch. **381**, 103 (1971).
[4] F. CHALLENGER et al., Soc. **123**, 1046 (1923).
[5] G. GRÜTTNER u. M. WIERNIK, B. **48**, 1473 (1915).
[6] US.P. 3 109 851 (1963), M. & T. Chemicals Inc., Erf.: H. E. RAMSDEN; C. A. **60**, 3015 (1964).
[7] A. MARQUARDT, B. **20**, 1516 (1887).
[8] A. E. GODDARD et al., Soc. **121**, 978 (1922).
[9] L. MAIER, Tetrahedron Letters **1959**, No. 6, 1.
[10] A. J. ASHE, III. u. M. D. GORDON, Am. Soc. **94**, 7596 (1972).
[11] H. GILMAN u. H. L. YABLUNKY, Am. Soc. **63**, 949 (1941).
[12] O. A. PTITSYNA et al., Izv. Akad. SSSR **1962**, 638; C. A. **57**, 15 147 (1962).

## γ) Aus Halogen-organo-bismuthinen

Dihalogen-phenyl-bismuthine lassen sich aus Halogen-diphenyl-bismuthin durch Einwirkung von elementarem Halogen herstellen[1, 2]; z. B.:

$$(H_5C_6)_2Bi-X \quad + \quad Br_2 \quad \xrightarrow[-C_6H_5X]{} \quad H_5C_6-BiBr_2$$

X = J, Br                                                    *Dibrom-phenyl-bismuthin*

Thermisch disproportionieren Halogen-diorgano-bismuthine unter Bildung von Triaryl-bismuthinen und Dihalogen-organo-bismuthinen[3, 4].

Die Bedeutung der Herstellung von Halogen-organo-bismuthinen durch Umwandlung anderer Halogen-organo-bismuthine liegt hauptsächlich darin, daß durch Halogen-Austausch auf anderen Wegen schwer zugängliche Halogen-organo-bismuthine hergestellt werden können. Dies gilt insbesondere für die Herstellung von Jod-[5-7] oder Pseudohalogen-organo-bismuthinen[8, 9]:

$$(H_5C_6)_2Bi-Cl \quad \xrightarrow[-NaCl]{+NaX} \quad (H_5C_6)_2Bi-X$$

X = J, CN, SCN               *Jod-, Cyan-, Thiocyan-diphenyl-bismuthin*

**Jod-diphenyl-bismuthin[6]:** 23 g Chlor-diphenyl-bismuthin werden in 200 *ml* abs. Äthanol gelöst, mit 9 g festem Natriumjodid versetzt und 12 Stdn. gerührt. Anschließend wird auf 600 *ml* siedendes Wasser gegossen, abgekühlt, das ausgefallene Rohprodukt abgesaugt, mit Wasser gewaschen und i. Vak. getrocknet. Das Rohprodukt wird in heißem Essigsäure-äthylester aufgenommen, gekühlt und von roten Nebenprodukten abfiltriert. Das Filtrat wird i. Vak. unter einem Stickstoffstrom eingeengt. Das pulverisierte Jod-diphenyl-bismuthin wird zur Entfernung von beigemischtem Triphenyl-bismuthin mehrmals mit je 20 *ml* Petroläther (Kp: 30–60°) digeriert und anschließend getrocknet; F: 132–134°.

Analog wird *Jod-bis-[4-methyl-phenyl]-bismuthin* (45,5% d. Th.; F: 147–148°) gewonnen[7].

**Cyan-diphenyl-bismuthin[8]:** 2,2 g Brom-diphenyl-bismuthin werden in wäßr. Äthanol mit 0,6 g Kaliumcyanid versetzt und 15 Min. unter Rückfluß erhitzt. Der ausgefallene Niederschlag wird abgesaugt, mit Wasser gewaschen und getrocknet. Das Rohprodukt wird in heißem Äthanol aufgenommen und vom Ungelösten abfiltriert. Beim Kühlen des Filtrats fällt das Cyan-diphenyl-bismuthin aus; Ausbeute: 1,2 g (66% d. Th.); F: 210°.

In geringerer Ausbeute wird *Isothiocyanat-diphenyl-bismuthin* (F: 122°) durch 1stdgs. Kochen von Brom-diphenyl-bismuthin mit Blei(II)-isothiocyanat in Äthanol erhalten[8]. Azido-diphenyl-bismuthin wird bei der Umsetzung von Chlor-diphenyl-bismuthin mit Natriumazid in Pyridin (60 Stdn. bei ~20°) gebildet (nicht kristallin isoliert)[9].

## B. Umwandlung

Halogen-organo-bismuthine sind **hochgiftige**, meist Sauerstoff- und Feuchtigkeits-empfindliche Verbindungen. Halogen-alkyl-bismuthine sind teilweise an der Luft **selbstentzündlich**. Viele Halogen-organo-bismuthine werden durch Wasser oder wäßriges

[1] F. Challenger, Soc. **105**, 2210 (1914).
[2] F. Challenger u. C. F. Allpress, Pr. chem. Soc. **30**, 292 (1914); Soc. **107**, 16 (1915).
[3] F. Challenger u. L. R. Ridgway, Soc. **121**, 104 (1922).
[4] H. Hartmann et al., Z. anorg. Ch. **317**, 54 (1962).
[5] A. Gilmeister, B. **30**, 2843 (1897).
[6] F. F. Blicke et al., Am. Soc. **53**, 1025 (1931).
[7] H. Gilman u. H. L. Yablunky, Am. Soc. **63**, 207 (1941).
[8] F. Challenger u. J. F. Wilkinson, Soc. **121**, 91 (1922).
[9] W. T. Reichle, J. Organometal. Chem. **13**, 529 (1968).

Äthanol hydrolysiert, wobei Oxo-organo-bismuthine bzw. Hydroxy-diorgano-bismuthine als Hydrolyseprodukte formuliert werden[1, 2].

Die Hydrolyseempfindlichkeit der Halogen-diaryl-bismuthine nimmt in der Reihenfolge

$$Chloride > Bromide > Jodide$$

ab.

Tragen die Aryl-Reste ortho-Substituenten, so nimmt die Hydrolysestabilität deutlich zu[3].

Durch **Ammoniak** oder **Hydrazin** werden Halogen-diaryl-bismuthine in Triaryl-bismuthine und Dihalogen-organo-bismuthine umgewandelt (s. S. 599), wobei Zersetzung in anorganische Wismuth-Verbindungen im unterschiedlichen Maße eintreten kann. In flüssigem Ammoniak setzen sich Halogen-diphenyl-bismuthine mit Lithium, Natrium, Kalium oder Calcium zu tiefgefärbten Lösungen der hochreaktiven Metall-diphenyl-bismuthide um, die sich leicht zu Triphenyl-bismuthin zersetzen und bei Einwirkung von Arylhalogeniden unsymmetrische Triaryl-bismuthine liefern[4]. Halogen-diphenyl- und Dihalogen-phenyl-bismuthine zeigen gegenüber Pyridin[5], Ammonium- oder Arsoniumsalzen[6] **Akzeptoreigenschaften**:

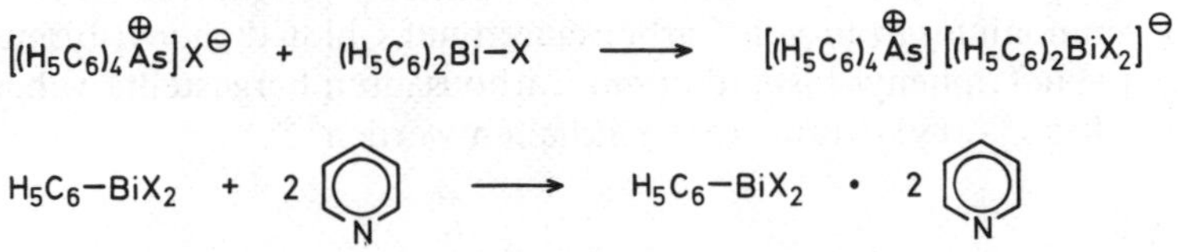

$$[(H_5C_6)_4 \overset{\oplus}{As}] X^{\ominus} + (H_5C_6)_2 Bi-X \longrightarrow [(H_5C_6)_4 \overset{\oplus}{As}] [(H_5C_6)_2 BiX_2]^{\ominus}$$

$$H_5C_6-BiX_2 + 2 \underset{N}{\bigcirc} \longrightarrow H_5C_6-BiX_2 \cdot 2 \underset{N}{\bigcirc}$$

Brom-diäthyl-bismuthin wird durch **Natriumäthanolat** in abs. Äthanol in Äthoxy-diäthyl-bismuthin umgewandelt (s. S. 614). **Natrium-dialkyldithiocarbamat** wandelt Dibrom-phenyl-bismuthin in Bis-[dialkylamino-thiocarbonylthio]-phenyl-bismuthin um (s. S. 616). Durch Einwirkung von **Lithiumamid** auf Halogen-methyl-bismuthine werden diese in Amino-methyl-bismuthine umgewandelt (s. S. 616). Zur Reduktion der Halogen-organo-bismuthine zu prim. und sek. Bismuthinen s. S. 590.

### 4. Oxo-, Hydroxy-, Alkoxy- und Acyloxy-organo-bismuthine

Die durch Hydrolyse von Dihalogen-organo-bismuthinen zu erwartenden **Oxo-organo-bismuthine** scheinen äußerst instabil zu sein[1,2,7]. So ist das bei der Hydrolyse von Dichlor-chlormethyl-bismuthin als grünliches Pulver erhältliche *Oxo-chlormethyl-bismuthin*, welches durch konz. Salzsäure in die Ausgangsverbindung überführbar ist, nicht haltbar und zersetzt sich **explosions**artig[7]:

$$Cl-CH_2-BiCl_2 \xrightarrow{H_2O} (Cl-CH_2-Bi=O) \xrightarrow{HCl} Cl-CH_2-BiCl_2$$

[1] A. MARQUARDT, B. **20**, 1516 (1887).
[2] H. LECOQ, J. Pharm. Belg. **19**, 173 (1937).
[3] H. GILMAN u. H. L. YABLUNKY, Am. Soc. **63**, 949 (1941).
[4] H. GILMAN u. H. L. YABLUNKY, Am. Soc. **63**, 212 (1941).
[5] R. OKAWARA et al., Bl. chem. Soc. Japan **39**, 1823 (1966).
[6] G. FARAGLIA, J. Organometal. Chem. **20**, 99 (1969).
[7] A. Y. YAKUBOVICH et al., Doklady Akad. SSSR **71**, 303 (1950); Ž. obšč. Chim. **22**, 1528 (1952); C. A. **44**, 8320 (1950); **47**, 8010 (1953).

Ebenso leicht zersetzt sich das bei der Hydrolyse von Brom-diphenyl-bismuthin mit alkoholischem Ammoniak vermutete *Hydroxy-diphenyl-bismuthin* zu *Triphenyl-bismuthin* und Wismuthhydroxid[1].

*Äthoxy-diäthyl-bismuthin* läßt sich durch Einwirkung von Natriumäthanolat auf Brom-diäthyl-bismuthin in abs. Äthanol herstellen[2]:

$$(H_5C_2)_2Bi-Br \ + \ NaOC_2H_5 \ \xrightarrow[-\ NaBr]{C_2H_5OH} \ (H_5C_2)_2Bi-OC_2H_5$$

**Äthoxy-diäthyl-bismuthin[2]:** In einer geeigneten Apparatur[1] werden 18 mMol Triäthyl-bismuthin unter Stickstoff in 50 *ml* abs. Hexan gelöst und bei −60° unter Rühren mit einer auf −20° gekühlten Lösung von 19 mMol Brom in 20 *ml* Tetrachlormethan tropfenweise versetzt. Das ausgefallene Brom-diäthyl-bismuthin wird von der überstehenden Lösung bei −40° durch Abheben durch Stickstoffüberdruck getrennt und 2mal mit auf −40° gekühltem Hexan gewaschen. Anschließend wird mit 30 *ml* abs. Äthanol versetzt, auf ∼20° erwärmt und innerhalb 30 Min. mit einer aus 0,41 g (18 mg Atom) Natrium und 20 *ml* abs. Äthanol hergestellten Natriumäthanolat-Lösung versetzt. Man läßt 30 Min. stehen und destilliert die Hauptmenge an Äthanol i. Vak. bei ∼20° ab. Das zurückbleibende Äthoxy-diäthyl-bismuthin wird bei 100° und weniger als 1 Torr sublimiert; Ausbeute: 2,75 g (49% d. Th.).

Alkoxy- und Phenoxy-organo-bismuthin werden in einem Patent als Bakterizide bzw. Fungizide erwähnt[3].

Die äußerst **giftigen** Acyloxy-organo-bismuthine[3−5] werden entweder durch Einwirkung von Ammoniumsalzen von Carbonsäuren auf Chlor-diphenyl-bismuthin[5] oder durch Erhitzen von Triphenyl-bismuthin mit Carbonsäuren hergestellt, wobei in diesem Falle Bis-[acyloxy]-aryl-bismuthine erhalten werden[5, 6]:

$$H_2C=C\overset{COONH_4}{\underset{CH_3}{}} \ + \ (H_5C_6)_2Bi-Cl \ \xrightarrow[-\ NH_4Cl]{4 \ Std. \ in \ Benzol, \ 80°} \ (H_5C_6)_2Bi-O-CO-C\overset{CH_2}{\underset{CH_3}{}}$$

(*2-Methyl-acryloyloxy*)-*diphenyl-bismuthin;*
F: 230° (Zers.)[6]

$$Ar_3Bi \ + \ 2 \ R^1-COOH \ \xrightarrow[-\ 2 \ ArH]{\triangledown} \ Ar-Bi(O-CO-R^1)_2$$

**Dibenzoyloxy-phenyl-bismuthin[5]:** Molare Mengen Triphenyl-bismuthin und Benzoesäure werden 2 Stdn. auf dem Wasserbad erhitzt. Die erkaltete Reaktionsmasse wird pulverisiert, mit Äther gut verrührt und getrocknet; Ausbeute: 44% d. Th.; F: 215−216°.

*Bis-[4-vinyl-benzoyloxy]-phenyl-bismuthin* (Zers.p.: 230°) wird beim Erhitzen von Triphenyl-bismuthin und 4-Vinyl-benzoesäure in Toluol erhalten[6].

## 5. Alkylthio-organo-bismuthine

*Phenylthio-diphenyl-bismuthin* wird durch Umsetzung von Chlor-diphenyl-bismuthin mit Thiophenol in ätherischer Lösung hergestellt[6]:

$$(H_5C_6)_2Bi-Cl \ + \ HS-C_6H_5 \ \xrightarrow[-\ HCl]{Äther} \ (H_5C_6)_2Bi-S-C_6H_5$$

[1] A. MICHAELIS u. A. MARQUARDT, A. **251**, 323 (1889).
[2] G. GALINGAERT et al., Am. Soc. **64**, 392 (1942).
[3] FR. P. 1 397 139 (1965), M. & T. Chemicals; Erf.: J. R. LEEBRICK; C.A. **63**, 5459 (1965).
[4] H. McCOMBIE u. B. C. SAUNDERS, Nature **159**, 491 (1947).
[5] Niederl. P. 6 405 308, 6 405 309 (1964), M. & T. Chemicals; C. A. **63**, 1897 (1965); **62**, 16 300 (1965).
[6] H. GILMAN u. H. L. YALE, Am. Soc. **73**, 2880 (1951).

**Phenylthio-diphenyl-bismuthin:** Eine Suspension von 2,0 g (0,005 Mol) Chlor-diphenyl-bismuthin in 50 *ml* trockenem Äther wird unter Rühren mit 0,55 g (0,005 Mol) Thiophenol in Äther versetzt. Nach einigen Stdn. Rühren wird der ausgefallene gelbe Niederschlag abgesaugt und aus Benzol umkristallisiert; Ausbeute: 80% d. Th.; F: 160° (Zers.).

Durch Einwirkung des Natriumsalzes von 2-Mercapto-pyridin-N-oxid auf Dijod-phenyl-bismuthin in Dimethylformamid läßt sich *Bis-[1-oxo-pyridin-2-thio]-phenyl-bismuthin* (F: 216–218°, Zers.) herstellen[1]:

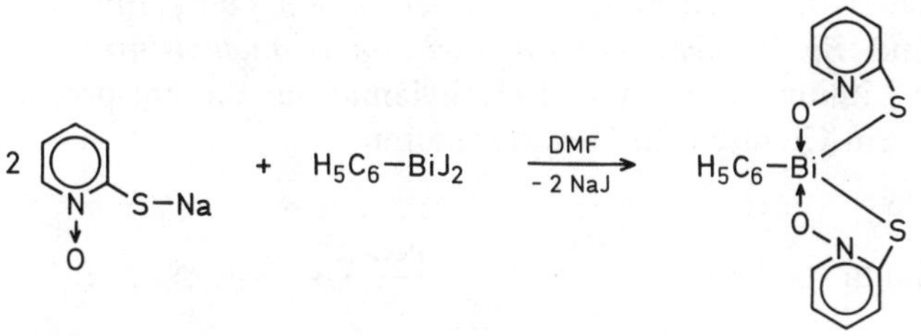

Bis-[arylthio]-organo-bismuthine werden in einfacher Weise durch Spaltung von tert. Bismuthinen mit Thiophenol hergestellt[2-4]:

$$R_3Bi \ + \ 2\ HS-Ar \ \xrightarrow{-2\,RH} \ R-Bi(S-Ar)_2$$

R = Alkyl, Aryl

Arylthio-diorgano-bismuthine werden nach dieser Reaktion nicht isoliert[3, 4].

Höhere Temperaturen und höherer Überschuß an Thiophenol führt zur Spaltung aller Bi-C-Bindungen[3]. Die Reaktion kann ohne Lösungsmittel[3, 4], in Chloroform oder Toluol durchgeführt werden[4]. Die Spaltung findet bereits bei Raumtemperatur statt, wobei längere Reaktionszeiten in Kauf genommen werden[4].

**Bis-[phenylthio]-phenyl-bismuthin**[3]: Eine Mischung aus 4,4 g (0,01 Mol) Triphenyl-bismuthin und 1,1 g (0,01 Mol) Thiophenol in 35 *ml* Chloroform werden 2 Stdn. unter Rückfluß erhitzt. Nach dem Abkühlen wird der gelbe Niederschlag abgesaugt und aus Chloroform umkristallisiert; Ausbeute: 1,3 g (26% d. Th.); F: 170° (Zers.).

Tris-[4-methyl-phenyl]- und Tris-[4-chlorphenyl]-bismuthin reagieren mit Thiophenol analog (1 Stde. bei 100° ohne Lösungsmittel bzw. 1 Stde. in siedendem Toluol) zu *Bis-[phenylthio]-(4-methyl-phenyl)-* (39% d. Th.; F: 155°, Zers.) bzw. *-(4-chlor-phenyl)-bismuthin* (39% d.Th.; F: 170°, Zers.)[3].

Aus Trimethyl- bzw. Triäthyl-bismuthin und Thiophenol werden nach 24 bzw. 16stdgm. Stehenlassen bei ~20° *Bis-[phenylthio]-methyl-* (92% d. Th.; Zers.p. 127°) bzw. *-äthyl-bismuthin* (85% d. Th.; Zers.p.: 98–99°) erhalten[4].

Durch Umsetzung von Halogen-diphenyl- oder Dihalogen-phenyl-bismuthinen mit Natrium-N,N-dialkyl-dithiocarbamaten in Chloroform bei ~20° erhält man in guter bis sehr guter Ausbeute *Bis-[dialkylamino-thiocarbonylthio]-phenyl-bismuthine*[5]:

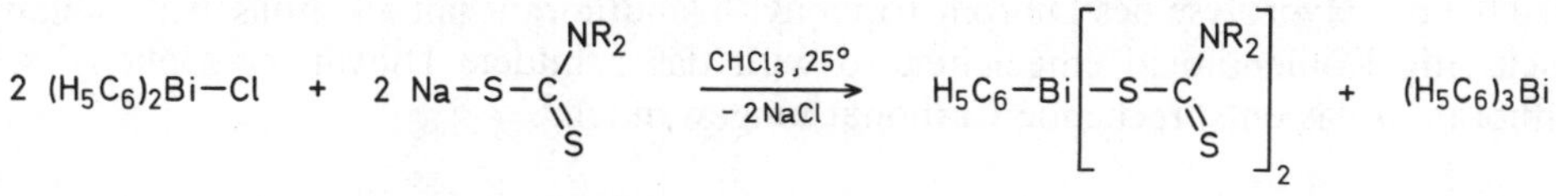

---

[1] J. D. Curry u. R. J. Jandacek, Soc. (Dalton) **1972**, 1120.
[2] H. Gilman u. J. F. Nelson, Am. Soc. **59**, 935 (1937).
[3] H. Gilman u. H. L. Yale, Am. Soc. **73**, 2880 (1951).
[4] A. G. Davies u. S. C. W. Hook, Soc. [B] **1970**, 735.
[5] E. J. Kupchik u. C. T. Theisen, J. Organometal. Chem. **11**, 627 (1968).

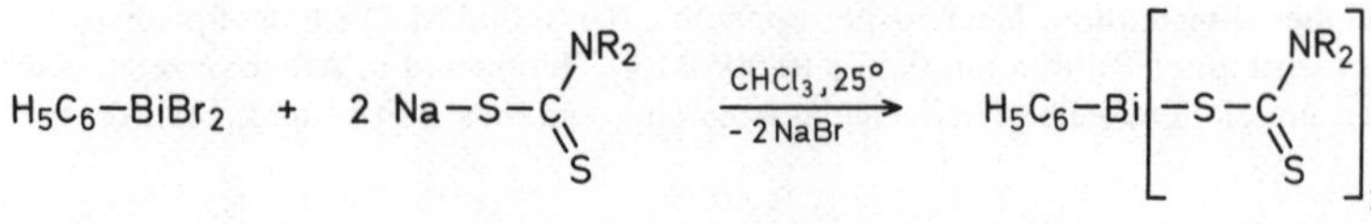

$$H_5C_6-BiBr_2 \ + \ 2 \ Na-S-C\underset{S}{\overset{NR_2}{\diagup}} \ \xrightarrow[- \ 2NaBr]{CHCl_3, 25°} \ H_5C_6-Bi\left[-S-C\underset{S}{\overset{NR_2}{\diagup}}\right]_2$$

## 6. Amino-organo-bismuthine

Die extrem Sauerstoff- und Feuchtigkeits-empfindlichen (*Trimethylsilyl-methyl-amino*)-*dimethyl*- und *Bis-[trimethyl-silyl-methyl-amino]-methyl-bismuthine* werden durch Einwirkung von Lithium-trimethylsilyl-methylamid auf die entsprechenden Brom-methyl-bismuthine (ein Gemisch) in Hexan erhalten[1]:

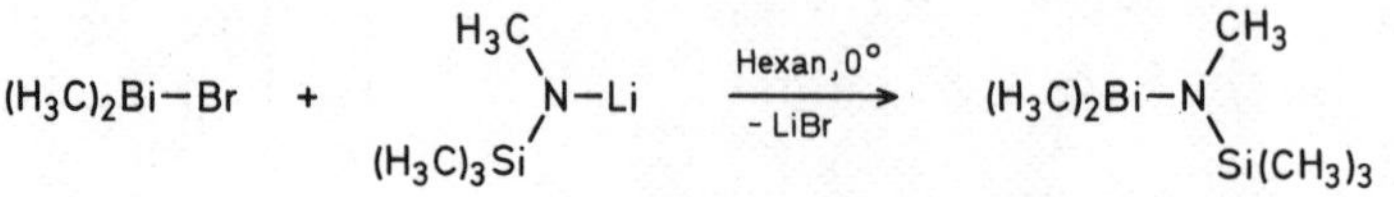

$$(H_3C)_2Bi-Br \ + \ \underset{(H_3C)_3Si}{\overset{H_3C}{\diagdown}}N-Li \ \xrightarrow[- \ LiBr]{Hexan, 0°} \ (H_3C)_2Bi-N\underset{Si(CH_3)_3}{\overset{CH_3}{\diagdown}}$$

$$Kp_{0,1}: 31\text{-}32°$$

# II. Verbindungen des fünfwertigen Wismuths

## a) Tertiäre Bismuthinoxide und ihre Derivate

### 1. Tertiäre Bismuthinoxide bzw. -dihydroxide

*Dihydroxy-triphenyl-bismuthoran* wird durch Einwirkung der doppelten molaren Menge Alkalimetallhydroxid oder Silberoxid auf Dichlor- bzw. Dibrom-triphenyl-wismuthoran hergestellt[2-5]. Die Umsetzung wird am besten in Benzol mit wäßrigem Silberoxid durchgeführt, wobei nach Trocknung *Triphenyl-bismuthin-oxid* erhalten wird[5]:

$$(H_5C_6)_3BiCl_2 \ + \ Ag_2O \ \xrightarrow[- \ 2\,AgCl]{Benzol} \ (H_5C_6)_3Bi=O$$

In Alkohol oder Aceton läßt sich das *Dihydroxy-triphenyl-bismuthoran* schlecht isolieren[3,4].

**Triphenyl-bismuthinoxid**[5]: Eine Lösung von 1,7 g (3,3 mMol) Dichlor-triphenyl-bismuthoran in Benzol wird mit 0,7725 g (3,3 mMol) frisch hergestelltem, wäßr. Silberoxid versetzt und 5 Stdn. bei ~20° unter Lichtausschluß gerührt. Die abgetrennte benzolische Phase wird dann 12 Stdn. über Molekularsieb getrocknet, i. Vak. eingeengt und durch langsame Zugabe von trockenem Petroläther das Triphenyl-bismuthinoxid ausgefällt; Ausbeute: 40% d. Th.; F: 155°.

Das Triphenyl-bismuthinoxid ist an der Luft bei Raumtemperatur relativ stabil[5]. In benzolischer Lösung tritt langsam Zersetzung ein, während in Aceton oder Alkohol Reduktion zu *Triphenyl-bismuthin* eintritt[1], wobei der Alkohol zum Aldehyd oxidiert wird[4]. Wird bei der Hydrolyse des Dibrom-triphenyl-bismuthorans mit alkoholischer Kalilauge gleichzeitig Kohlendioxid eingeleitet, so wird das gebildete Dihydroxy-triphenyl-wismuthoran in das entsprechende Carbonat umgewandelt[2]:

---

[1] O. J. Scherer et al., J. Organometal. Chem. **6**, 259 (1966).

[2] A. Michaelis u. A. Marquardt, A. **251**, 323 (1889).

[3] F. Challenger u. A. E. Goddard, Soc. **117**, 762 (1920).

[4] F. Challenger u. O. V. Richards, Soc. **1934**, 405.

[5] R. G. Goel u. H. S. Prasad, J. Organometal. Chem. **36**, 323 (1972).

$$(H_5C_6)_3Bi(OH)_2 \quad + \quad CO_2 \quad \xrightarrow[- H_2O]{\text{Alkohol}} \quad (H_5C_6)_3BiCO_3$$

*Carbonato-triphenyl-bismuthoran*

## 2. Bis-[halogen- (bzw. -pseudohalogen)-triaryl-bismuth]-oxide und Halogen-alkoxy-triaryl-bismuthorane

Werden Dichlor- und Dibrom-triphenyl-bismuthoran mit molaren Mengen alkoholischem Natriumhydroxid hydrolysiert, so bilden sich Bis-[halogen-triphenyl-bismuth]-oxide (in der älteren Literatur als Triphenyl-bismuthin-hydroxy-halogenide formuliert) in 60–70%iger Ausbeute[1]:

$$2\ (H_5C_6)_3BiX_2 \quad + \quad 2\ NaOH \quad \xrightarrow[\substack{- 2NaCl \\ - 2H_2O}]{CH_3OH} \quad (H_5C_6)_3\underset{X}{Bi}-O-\underset{X}{Bi}(C_6H_5)_3$$

Die analoge Hydrolyse von Difluor-triphenyl-bismuthoran liefert hauptsächlich Triphenyl-bismuthin[1].

**Bis-[halogen-triphenyl-bismuth]-oxide; allgemeine Herstellungsvorschrift[1]:** Eine Lösung von 0,01 Mol Dichlor- bzw. Dibrom-triphenyl-bismuthoran in Aceton wird mit einer Lösung von 0,4 g (0,01 Mol) Natriumhydroxid in Methanol versetzt und 2 Stdn. bei ~ 20° gerührt. Man filtriert ab, engt das Filtrat i. Vak. soweit ein, bis ein Niederschlag sich abzuscheiden beginnt, und vervollständigt die Fällung durch Zugabe von Wasser. Es wird abgesaugt und 2mal aus Chloroform und Petroläther umkristallisiert; Ausbeute: 60–70% d. Th.; z. B.:

*Bis-[chlor-triphenyl-bismuth]-oxid*     Zers.p.: 147°
*Bis-[brom-triphenyl-bismuth]-oxid*     F: 135° (Zers.)

*Bis-[perchlorato-triphenyl-bismuth]-oxid* (Zers. p.: 144°) läßt sich durch Einwirkung von wäßrigem Silberperchlorat auf eine benzolische Lösung von Dichlor-triphenyl-bismuthoran in 50%iger Ausbeute herstellen[1]:

$$(H_5C_6)_3BiCl_2 \quad + \quad 2\ AgClO_4\,(H_2O) \quad \xrightarrow[- 2AgCl]{\text{Benzol}} \quad [(H_5C_6)_3\overset{\oplus}{Bi}-O-\overset{\oplus}{Bi}(C_6H_5)_3]\ 2\,ClO_4^{\ominus}$$

Die Reaktion ist auf andere Silbersalze nicht übertragbar. Wird die Umsetzung des Dichlor-triphenyl-bismuthoran mit Silberperchlorat oder -tetrafluoroborat in Aceton durchgeführt, so entstehen überraschenderweise quart. Bismuthoniumsalze (s. S. 624).

*Bis-[nitrato- (bzw. -cyanato-; trifluoracetoxy)-triphenyl-bismuth]-oxide* werden durch Einwirkung der jeweiligen Silbersalze auf Bis-[chlor-triphenyl-bismuth]-oxid in Aceton erhalten[1]:

$$(H_5C_6)_3\underset{Cl}{Bi}-O-\underset{Cl}{Bi}(C_6H_5)_3 \quad + \quad 2\ AgX \quad \xrightarrow[- 2AgCl]{\text{Aceton}} \quad (H_5C_6)_3\underset{X}{Bi}-O-\underset{X}{Bi}(C_6H_5)_3$$

X = NO$_3$, NCO, F$_3$C–COO

*Chlor-* und *Brom-chinolyloxy-(8)-triphenyl-bismuthoran* erhält man aus Dichlor- bzw. Dibrom-triphenyl-bismuthoran in wenig Chloroform oder Dichlormethan und molaren Mengen Natrium-chinolin-8-olat in wasserfreiem Methanol[2]:

[1] R. G. GOEL u. H. S. PRASAD, J. Organometal. Chem. **36**, 323 (1972); und dort zitierte Literatur.
[2] G. FARAGLIA et al., J. Organometal. Chem. **38**, 91 (1972).

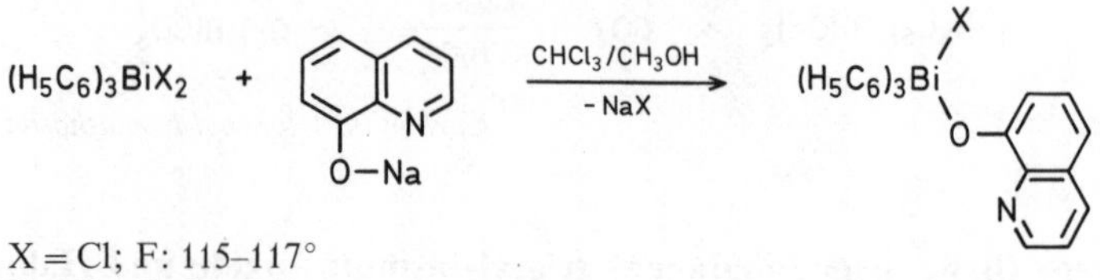

$$(H_5C_6)_3BiX_2 \;+\; \underset{\substack{\text{O}-\text{Na}}}{\text{[Chinolin-Struktur]}} \;\xrightarrow[-\,NaX]{CHCl_3/CH_3OH}\; (H_5C_6)_3Bi\text{[Struktur mit X, O, Chinolin]}$$

X = Cl; F: 115–117°
X = Br; F: 98–101°

## 3. Dihalogen- und Dipseudohalogen-triorgano-bismuthorane

### A. Herstellung

#### α) Aus tert. Bismuthinen

Triaryl-bismuthine addieren in der Kälte molare Mengen Chlor oder Brom in Äther, Petroläther, Chloroform oder Tetrachlormethan unter Bildung von **Dichlor-** bzw. **Dibrom-triaryl-bismuthoranen** in hoher Ausbeute[1–8]:

$$Ar_3Bi \;+\; X_2 \;\xrightarrow{\text{aprot. Lsgm.}}\; Ar_3BiX_2$$

X = Cl, Br

Um mögliche Spaltungsreaktionen zu vermeiden (s. S. 609), wird die Umsetzung bei 0° durchgeführt. Elementares Jod ist bei dieser Reaktion so reaktiv, daß auch bei 0° nur Spaltungsreaktionen stattfinden. Das *Dijod-triphenyl-bismuthoran* ist nur bei −78° stabil[4]. Dihalogen-trialkyl-bismuthorane können auf diese Weise nicht erhalten werden, da ebenfalls nur Spaltungsreaktionen eintreten (s. S. 609). Triisopropenyl-bismuthine sollen dagegen in Chloroform bei −55° beim Umsetzen mit Brom die entsprechenden *Dibrom-triisopropenyl-bismuthorane* bilden[9].

Bei der Umsetzung der Triarylbismuthine mit Chlor oder Brom in Äther oder Petroläther fallen die Dihalogen-triaryl-bismuthorane aus der Reaktionslösung direkt kristallin aus[1]. Bei der Umsetzung in Tetrachlormethan[5] oder Chloroform[7,8,10] werden die gebildeten Dihalogen-triaryl-bismuthorane nach Einengung der Reaktionslösung in der Kälte i. Vak. durch Zugabe von Methanol[7,8], Äthanol[5] oder Petroläther[10] ausgefällt.

**Dihalogen-triaryl-bismuthorane; allgemeine Arbeitsvorschrift:** Eine Lösung des Triaryl-bismuthins in trockenem Äther, Petroläther, Tetrachlormethan oder Chloroform wird unter Kühlung (− 5 bis − 15°) mit Chlor solange behandelt, bis die Reaktionslösung grünlich gelb geworden ist, bzw. mit der molaren Menge Brom im gleichen Lösungsmittel unter Rühren versetzt. In unpolaren Lösungsmitteln unlösliche Dihalogen-triaryl-wismuth-Verbindungen werden abgesaugt und aus Aceton, Benzol/Petroläther, Chloroform/Äther oder Chloroform/Methanol umkristallisiert. Sonst wird die Reaktionslösung in der Kälte i. Vak. eingeengt und die Dihalogen-Derivate durch Zugabe von Petroläther, Methanol oder Äthanol ausgefällt. So erhält man z. B.:

[1] A. Michaelis u. A. Marquardt, A. **251**, 323 (1889).
[2] A. Gillmeister, B. **30**, 2843 (1897).
[3] F. Challenger, Soc. **105**, 2210 (1914).
[4] F. Challenger et al., Soc. **121**, 91, 104 (1922); **125**, 854 (1924).
[5] J. V. Supniewski u. R. Adams, Am. Soc. **48**, 507 (1926).
[6] L. A. Zhitkova et al., Ž. obšč. Chim. **8**, 1839 (1938); C. A. **33**, 5819 (1939).
[7] H. Gilman u. H. L. Yablunky, Am. Soc. **63**, 207 (1941).
[8] G. Wittig u. K. Clauss, A. **578**, 136 (1952).
[9] E. A. Borisov et al., Izv. Akad. SSSR **1963**, 1507; C. A. **59**, 14021 (1963).
[10] F. Challenger et al., Soc. **105**, 2210 (1914); **121**, 91, 104 (1922); **125**, 854 (1924).

| | | |
|---|---|---|
| *Dichlor-triphenyl-bismuthoran*[1,2] | 92,5% d. Th.[2] | F: 158–159°[2] |
| *Dibrom-triphenyl-bismuthoran*[1,3] | | F: 149°[1]; 139°[3] |
| *Dichlor-tris-[2-methyl-phenyl]-bismuthoran*[4] | | F: 160° |
| *Dichlor-tris-[3-methyl-phenyl]-bismuthoran*[5] | | F: 132–133° |
| *Dibrom-tris-[3-methyl-phenyl]-bismuthoran*[5,6] | | F: 52°[5]; 92°[6] |
| *Dibrom-tris-[2,4,6-trimethyl-phenyl]-bismuthoran*[7,8] | | |
| *Dichlor-tris-[2-methyl-5-isopropyl-phenyl]-bismuthoran*[8] | 89% d. Th. | F: 163–164° |
| *Dibrom-tris-[2-methyl-5-isopropyl-phenyl]-bismuthoran*[8] | 84% d. Th. | F: 101–103° |
| *Dibrom-tris-[2-äthyl-phenyl]-bismuthoran*[8] | ~100% d. Th. | F: 127–128° |
| *Dichlor-tris-[4-chlor-phenyl]-bismuthoran*[9,10] | >90% d. Th. | F: 141°[1]; F: 170°[2] |
| *Dichlor-tris-[4-brom-phenyl]-bismuthoran* | >90% d. Th. | F: 155° |
| *Dichlor-tris-[biphenylyl-(4)]-bismuthoran*[1] | | F: 198–200° (Zers.) |
| *Dibrom-trinaphthyl-(1)-bismuthoran*[12] | | F: 124° |
| *Dichlor-diphenyl-(4-methyl-phenyl)-bismuthoran*[8] | 47% d. Th. | F: 109–110° |
| *Dichlor-diphenyl-naphthyl-(1)-bismuthoran*[13] | | F: 142° |
| *Dichlor-bis-[4-methyl-phenyl]-naphthyl-(1)-bismuthoran*[8] | 95% d. Th. | F: 147° |
| *Dibrom-bis-[2-methyl-phenyl]-naphthyl-(1)-bismuthoran*[8] | 76% d. Th. | F: 122° |
| *Dibrom-bis-[4-chlor-phenyl]-naphthyl-(1)-bismuthoran*[8] | 88% d. Th. | F: 102–103° |

An Stelle von elementarem Chlor lassen sich Triarylbismuthine mit Sulfuryl[14,15]-, Thionylchlorid[14] oder Jodtrichlorid[16] chlorieren. Bei der Chlorierung von Triarylbismuthinen, die eine Alkoxy-Gruppe[17] oder mehrere Alkyl-Gruppen[18] tragen, findet gleichzeitig Kernchlorierung statt.

## β) Aus Dihalogen-triaryl-bismuthoranen

### β₁) *durch Halogen-Austausch*

Dihalogen- und insbesondere Bis-[pseudohalogen]-triaryl-bismuthorane, die aus Triarylbismuthinen direkt nicht erhältlich sind, werden am einfachsten durch Umsetzung von Dichlor- bzw. Dibrom-triaryl-bismuthoranen mit Alkalimetall- oder Silbersalzen der gewünschten Dihalogen- bzw. Bis-[pseudohalogen]-Verbindungen hergestellt. Auf diese Weise werden z. B. *Difluor-*[3,13], *Diazido*[16,17], *Dicyan-*[17], *Dicyanato*[3,18] und *Dinitrato-*[1,3] *-triphenyl-bismuthoran* hergestellt:

$$(H_5C_6)_3BiCl_2 \ + \ 2\,M{-}X \ \xrightarrow[-2M-Cl]{} \ (H_5C_6)_3BiX_2$$

$$X = F, N_3, CN, OCN, NO_3$$
$$M = Na, K, Ag$$

[1] A. MICHAELIS u. A. MARQUARDT, A. **251**, 323 (1889).
[2] G. WITTIG u. K. CLAUSS, A. **578**, 136 (1952).
[3] R. G. GOEL u. H. S. PRASAD, Canad. J. Chem. **48**, 2488 (1970).
[4] A. GILLMEISTER, B. **30**, 2843 (1897).
[5] J. V. SUPNIEWSKI u. R. ADAMS, Am. Soc. **48**, 507 (1926).
[6] F. CHALLENGER u. F. PRITCHARD, Soc. **125**, 864 (1924).
[7] L. ZHITKOVA et al., Ž. obšč. Chim. **8**, 1839 (1938); C. A. **33**, 5819 (1939).
[8] H. GILMAN u. H. L. YABLUNKY, Am. Soc. **63**, 207 (1941); dort zahlreiche weitere Derivate.
[9] F. CHALLENGER u. L. R. RIDGWAY, Soc. **121**, 104 (1922).
[10] F. CHALLENGER u. A. E. GODDARD, Soc. **117**, 762 (1920).
[11] D. E. WORRALL, Am. Soc. **58**, 1820 (1936).
[12] F. CHALLENGER, Soc. **105**, 2210 (1914).
[13] F. CHALLENGER u. J. F. WILKINSON, Soc. **121**, 91 (1922).
[14] F. CHALLENGER, Soc. **109**, 250 (1916).
[15] F. CHALLENGER u. C. F. ALLPRESS, Soc. **119**, 913 (1921).
[16] F. CHALLENGER u. O. V. RICHARDS, Soc. **1934**, 405.
[17] R. G. GOEL u. H. S. PRASAD, J. Organometal. Chem. **50**, 129 (1973).
[18] F. CHALLENGER u. V. K. WILSON, Soc. **1927**, 209.

Sowohl das Lösungsmittel als auch das Metallsalz werden so ausgewählt, daß entweder das neu gebildete Bis-[pseudohalogen]-triaryl-bismuthoran oder das neu gebildete Metallsalz in dem jeweiligen Lösungsmittel schwerlöslich ist. Als Lösungsmittel können Alkohol[1, 2], wäßriger Alkohol[3, 4], Benzol[5] oder Wasser[6] dienen.

Die Reaktion wird prinzipiell in der Kälte durchgeführt, da sich die Bis-[pseudohalogenid]-Derivate thermisch leicht zersetzen.

**Diazido- bzw. Dicyan-triphenyl-bismuthoran**[6]: 0,01 Mol Triphenyl-bismuthin werden mit 0,04 Mol Natriumazid bzw. Kaliumcyanid in 20 *ml* kaltem Wasser (nicht > 5°) 8 Stdn. geschüttelt. Der ausgefallene Niederschlag wird abgesaugt und durch Waschen mit eiskaltem Wasser vom Alkalimetallsalz befreit. Anschließend wird 3mal aus einer eiskalten Mischung aus Chloroform/Petroläther (Kp. 35–60°) umkristallisiert und im Kühlschrank aufbewahrt.

| | |
|---|---|
| *Diazido-triphenyl-bismuthoran* | F: 95° (Zers.) |
| *Dicyan-triphenyl-bismuthoran* | F: 134° (Zers.) |

*Difluor-* (F: 127,5°), *Dicyanato-* (F: 127,5°) und *Dinitrato-triphenyl-bismuthoran* (F: 148° unter **Verpuffung**) werden am besten aus dem Dichlor-Derivat durch Umsetzung mit dem jeweiligen Silbersalz in Benzol hergestellt[5].

Die Umsetzung von Triphenylbismuthin mit Silberperchlorat oder -tetrafluoroborat in Alkohol, Aceton oder Wasser liefert nicht die entsprechenden Bis-[pseudohalogenide], sondern Bis-[perchlorato-triphenyl-bismuth]-oxid (s. S. 617) bzw. quart. Bismuthoniumsalze (s. S. 624).

Aus Dichlor-triphenyl-bismuthoran in Benzol und wäßrigem Silbertetrafluoroborat entsteht hauptsächlich *Difluor-triphenyl-bismuthoran*[7].

### $\beta_2$) Durch Umwandlung im organischen Rest

Nur wenige Reaktionen lassen sich an Dihalogen- bzw. Bis-[pseudohalogen]-triaryl-bismuthorane durchführen, ohne daß Bi-C-Bindungsspaltungen eintreten. So lassen sich die Methyl-Gruppen in Dichlor-tris-[4-methyl-phenyl]-bismuthoran mit Kaliumpermanganat in die Carboxy-Gruppe überführen (*Dichlor-tris-[4-carboxy-phenyl]-bismuthoran*)[4]. Die Ausbeuten sind jedoch gering. Ebenso lassen sich Dihalogen- und Dinitrato-triaryl-bismuthorane in der Kälte s u l f o n i e r e n[4] und n i t r i e r e n[4, 8–10]. So erhält man z. B. bei der Nitrierung von Dinitrato-triphenyl-bismuthoran mit konz. Salpetersäure (22 Stdn. bei 0°) das *Dinitrato-tris-[3-nitro-phenyl]-bismuthoran* in 86%iger Ausbeute[10]:

$$(H_5C_6)_3Bi(NO_3)_2 \xrightarrow{HNO_3, 0°} \left[\underset{O_2N}{\bigcirc}\right]_3 Bi(NO_3)_2$$

[1] A. Michaelis u. A. Marquardt, A. **251**, 323 (1889).
[2] A. Gilmeister, B. **30**, 2843 (1897).
[3] F. Challenger u. J. F. Wilkinson, Soc. **121**, 91 (1922).
[4] J. V. Supniewski u. R. Adams, Am. Soc. **48**, 507 (1926).
[5] R. G. Goel u. H. S. Prasad, Canad. J. Chem. **48**, 2488 (1970).
[6] R. G. Goel u. H. S. Prasad, J. Organometal. Chem. **50**, 129 (1973).
[7] R. G. Goel u. H. S. Prasad, J. Organometal. Chem. **36**, 323 (1972).
[8] J. F. Wilkinson u. F. Challenger, Soc. **125**, 854 (1924).
[9] D. Vorländer, B. **58**, 1893 (1925).
[10] F. Challenger u. E. Rothstein, Soc. **1934**, 1258.

## B. Umwandlung

Die thermische Stabilität der Dihalogen-triaryl-bismuthorane nimmt in der Reihenfolge

$$\text{Difluor-} > \text{Dichlor-} > \text{Dibrom-} > \text{Dijod-}$$

ab, wobei unter Abspaltung von Arylhalogenid Halogen-diaryl-bismuthine entstehen (s. S. 609). Analog zersetzen sich Diazido-, Dicyan- und Dicyanato-triaryl-bismuthorane (s. S. 611). Durch Natronlauge werden die Dihalogen-Derivate in die leicht zersetzlichen Dihydroxy-Derivate umgewandelt (s. S. 616). Diazido- und Dicyan-triphenyl-bismuthoran werden durch Wasser nicht angegriffen und lassen sich aus diesem isolieren (s. S. 620). Durch Grignard-Verbindungen werden die Dihalogen-triaryl-bismuthorane hauptsächlich reduziert[1-4]. Aus Dichlor-triphenyl-bismuthoran und Phenyl-lithium bei tiefen Temperaturen entsteht *Pentaphenyl-bismuthoran* (s. S. 625).

Dihalogen-triaryl-bismuthorane werden durch Hydrazin-Hydrat oder Natriumhydrogensulfit zu Triarylbismuthinen reduziert (s. S. 598).

Mit Salzen von Carbonsäuren werden Bis-[acyloxy]-triorgano-bismuthorane gebildet (s. unten). Dihalogen- und Bis-[pseudohalogen]-triphenyl-bismuthorane bilden mit Donorverbindungen wie Dimethylsulfoxid, Pyridin-N-oxid, Triphenylphosphin- oder arsinoxid definierte ionische Komplexe[5].

## 4. Bis-[acyloxy]-triorgano-bismuthorane und verwandte Verbindungen

Bis-[acyloxy]-triaryl-bismuthorane werden aus Dichlor-triaryl-bismuthoranen durch Umsetzung mit Alkalimetall- oder Silbersalzen der entsprechenden Carbonsäuren hergestellt[4,6,7]:

$$\text{Ar}_3\text{BiCl}_2 \ + \ 2\ \text{R-COO-M} \quad \xrightarrow[-2\,\text{M-Cl}]{} \quad \text{Ar}_3\text{Bi(O-CO-R)}_2$$

M = Na, K, Ag

Auch Salze anorganischer Säuren lassen sich auf diese Weise umsetzen[3]. Sind die Salze der Carbonsäuren schlecht zugänglich, so können Bis-[acyloxy]-triphenyl-bismuthorane aus Carbonato-triphenyl-bismuthoran (s. unten) durch direkte Umsetzung mit den Carbonsäuren hergestellt werden[2,6,7]:

$$(\text{H}_5\text{C}_6)_3\text{BiCO}_3 \ + \ 2\ \text{R-COOH} \quad \xrightarrow[-\text{H}_2\text{O}]{-\text{CO}_2} \quad (\text{H}_5\text{C}_6)_3\text{Bi(O-CO-R)}_2$$

Die Umsetzung der Dichlor-triaryl-bismuthorane mit den Alkalimetallsalzen wird in Wasser[7] oder 1,4-Dioxan[6], mit den Silbersalzen (als wäßrige Lösung) in Benzol[7] durchgeführt.

**Carbonato-triphenyl-bismuthoran**[8]: 0,0133 Mol Kaliumcarbonat werden in ~ 25 ml dest. Wasser gelöst, mit 0,0033 Mol Dichlor-triphenyl-bismuthoran versetzt und 8 Stdn. unter Lichtausschluß gerührt. Man filtriert ab und wäscht zur Entfernung des Kaliumchlorids mehrmals mit Wasser nach, anschließend wird nicht umgesetztes

[1] F. CHALLENGER, Soc. **105**, 2210 (1914).
[2] F. CHALLENGER u. A. E. GODDARD, Soc. **117**, 762 (1920).
[3] F. CHALLENGER u. J. F. WILKINSON, Soc. **121**, 91 (1922).
[4] H. GILMAN u. H. L. YABLUNKY, Am. Soc. **63**, 839 (1941).
[5] R. E. BEAUMONT et al., Inorg. Chem. **12**, 944 (1973).
[6] H. GILMAN u. H. L. YALE, Am. Soc. **73**, 4470 (1951).
[7] R. G. GOEL u. H. S. PRASAD, Canad. J. Chem. **48**, 2488 (1970); **49**, 2529 (1971).
[8] R. G. GOEL u. H. S. PRASAD, Canad. J. Chem. **49**, 2529 (1971).

Dichlor-triphenyl-bismuthoran mit Aceton ausgewaschen. Das Carbonato-triphenyl-bismuthoran wird dann i. Vak. bei ~ 20° getrocknet; Ausbeute: 40% d. Th.; F: 164–165° (Zers.).

Analog werden *Oxalato-* und *Chromato-triphenyl-bismuthorane* erhalten[1].

**Bis-[acyloxy]-triaryl-bismuthorane; allgemeine Arbeitsvorschrift:**

Variante(a)[2]: Eine Lösung von Dichlor-triphenyl-bismuthoran in Benzol wird mit der ber. Menge Silbersalz in Wasser versetzt und gerührt. Die Benzol-Phase wird abgetrennt, i.Vak. bei ~ 20° eingeengt und mit niedrig siedendem Petroläther versetzt. Die ausgefallenen Niederschläge werden aus Benzol/Petroläther umkristallisiert.

Variante(b)[3]: Dichlor-triaryl-bismuthorane und das gewünschte Natriumsalz werden in 1,4-Dioxan 36 Stdn. bei ~ 20° gerührt. Durch Zugabe von Wasser werden die Bis-[acyloxy]-triaryl-bismuthorane ausgefällt, die nach Trocknung aus Benzol, Benzol/Petroläther, Aceton, Chloroform/Methanol oder Chloroform/Petroläther umkristallisiert werden.

Variante(c)[3]: Zu einer siedenden Lösung der Carbonsäuren in Aceton gibt man die ber. Menge Carbonato-triphenyl-bismuthoran und erhitzt weitere 30 Min. unter Rückfluß. Nach Abkühlung wird mit Wasser verdünnt, die ausgefallenen Niederschläge abgesaugt und wie unter Variante(b) gereinigt.

So erhält man z. B. u. a. nach

Variante(a)[2]:

| | |
|---|---|
| *Bis-[acetyloxy]-triphenyl-bismuthoran* | F: 173° |
| *Bis-[dichloracetyloxy]-triphenyl-bismuthoran* | F: 118–119° |
| *Bis-[trifluoracetyloxy]-triphenyl-bismuthoran* | F: 133° |
| *Bis-[fluoracetyloxy]-triphenyl-bismuthoran* | F: 165–166° |
| *Bis-[bromacetyloxy]-triphenyl-bismuthoran* | F: 171–172° |
| *Bis-[cyanacetyloxy]-triphenyl-bismuthoran* | F: 123–124° |

Variante(b)[3]:

| | |
|---|---|
| *Bis-[2-hydroxy-benzoyloxy]-triphenyl-bismuthoran* | F: 184–185° |
| *Bis-[3-phenyl-acryloyloxy]-triphenyl-bismuthoran* | F: 176–178° |
| *Bis-[2-hydroxy-benzoyloxy]-tris-[4-methyl-phenyl]-bismuthoran* | F: 164–165° |
| *Bis-[2-hydroxy-benzoyloxy]-tris-[4-chlor-phenyl]-bismuthoran* | F: 187° |

Variante(c)[3]:

| | |
|---|---|
| *Bis-[chloracetyloxy]-triphenyl-bismuthoran* | F: 155–156° |
| *Bis-[4-amino-benzoyloxy]-triphenyl-bismuthoran* | F: 148° |

Bei der Umsetzung von Dichlor-triphenyl-bismuthoranen mit Dinatrium-phthalat in 1,4-Dioxan wird ein cyclisches Bis-[acyloxy]-triphenyl-bismuthoran erhalten[3]:

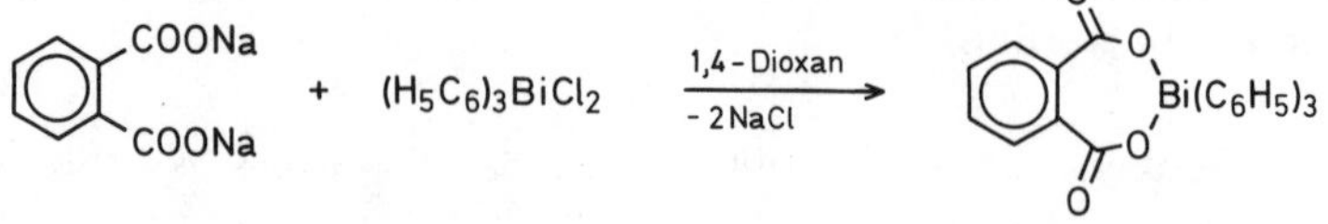

*Phthaldioyloxy-triphenyl-bismuthoran;*
58% d. Th.; F: 155–165°

Bis-[acetoxy]-triaryl-bismuthorane lassen sich direkt aus den Triaryl-bismuthinen durch Umsetzung mit Blei(IV)-acetat herstellen[4,5]:

$$Ar_3Bi + Pb(O-CO-CH_3)_4 \xrightarrow{\text{Eisessig}} Ar_3Bi(O-CO-CH_3)_2 + Pb(O-CO-CH_3)_2$$

**Bis-[acetoxy]-triphenyl-bismuthoran[5]:** 1 mMol Triphenyl-bismuthin und 1 mMol Blei(IV)-acetat werden in Eisessig 10 Min. gekocht. Nach Verdünnen mit Wasser kristallisiert das Diacetoxy-triphenyl-bismuthoran aus; Ausbeute: 34% d. Th.; F: 187–189° (Zers.).

---

[1] R. G. GOEL u. H. S. PRASAD, Canad. J. Chem. **48**, 2488 (1970).
[2] R. G. GOEL u. H. S. PRASAD, Canad. J. Chem. **48**, 2488 (1970).
[3] H. GILMAN u. H. L. YALE, Am. Soc. **73**, 4470 (1951).
[4] L. ZHITKOVA et al., Ž. obšč. Chim. **8**, 1839 (1938); C. A. **33**, 5819 (1939).
[5] G. WITTIG u. D. HELLWINKEL, B. **97**, 789 (1964).

Analog lassen sich auch Dichlor-triaryl-bismuthorane in die entsprechenden Diacetoxy-Verbindungen über-führen[1].

*Bis-[phenylthio]-triphenyl-bismuthoran* (F: 44°) wird durch Umsetzung von Natrium-thiophenolat mit Dichlor-triphenyl-bismuthoran in 1,4-Dioxan bei ~20° in 35%iger Aus-beute erhalten[2].

### 5. Imino-triaryl-bismuthorane

*Toluolsulfonylimino-triphenyl-bismuthoran* wird durch Erhitzen von Triphenylbis-muthin mit N-Natrium-N-chlor-p-toluolsulfonsäure-amid in Acetonitril unter Ausschluß von Feuchtigkeit hergestellt[3]:

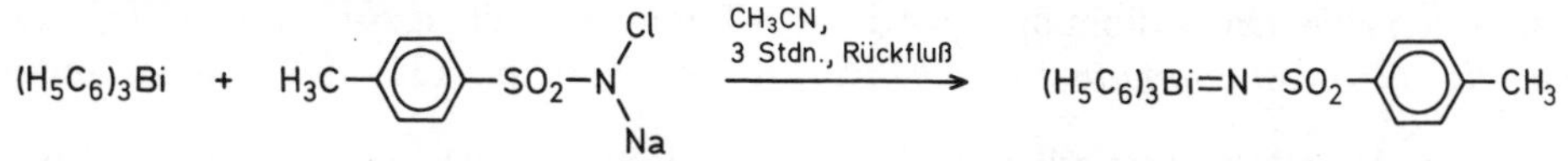

$$(H_5C_6)_3Bi \ + \ H_3C-\underset{\underset{Na}{|}}{\overset{\overset{Cl}{|}}{SO_2-N}} \xrightarrow[\text{3 Stdn., Rückfluß}]{CH_3CN,} (H_5C_6)_3Bi=N-SO_2-\langle\bigcirc\rangle-CH_3$$

Die analoge Umsetzung mit 5-Phenyl-(dibenzo-bismol) liefert nicht das erwartete Imin-Derivat[3].

Das äußerst hydrolyseempfindliche Toluolsulfonylimino-triphenyl-bismuthoran setzt sich mit überschüssigem Phenyllithium in absol. Äther zu Pentaphenyl-bismuthoran um (s. S. 625).

## b) Quartäre Bismuthoniumsalze, Bismuthoniumylide und Pentaorgano-bismuthorane

### 1. Quartäre Bismuthoniumsalze

Im Gegensatz zu den Onium-Verbindungen der anderen Elemente der 5. Hauptgruppe des PSE können quart. Bismuthoniumsalze durch Alkylierung bzw. Arylierung von tert. Bismuthinen nicht hergestellt werden[4]. Nach R. Dötzer läßt sich das Addukt aus Triäthyl-bismuthin und Triäthylaluminium mit Methylchlorid zu *Methyl-triäthyl-bismuthonium-chlor-triäthyl-aluminat* alkylieren, das durch Umsetzung mit Natriumtetraphenylborat in Toluol in das entsprechende Bismuthonium-tetraphenylborat überführt werden kann[5]:

$$(H_5C_2)_3Bi \ \bullet \ Al(C_2H_5)_3 \ + \ CH_3Cl \ \longrightarrow \ [H_3C-\overset{\oplus}{Bi}(C_2H_5)_3] \ [Cl-\overset{\ominus}{Al}(C_2H_5)_3]$$

*Tetraphenyl-bismuthonium-chlorid* bzw. *-bromid* werden durch Spaltung von Penta-phenylbismuthoran mit Chlorwasserstoff bzw. Brom in der Kälte hergestellt[6]:

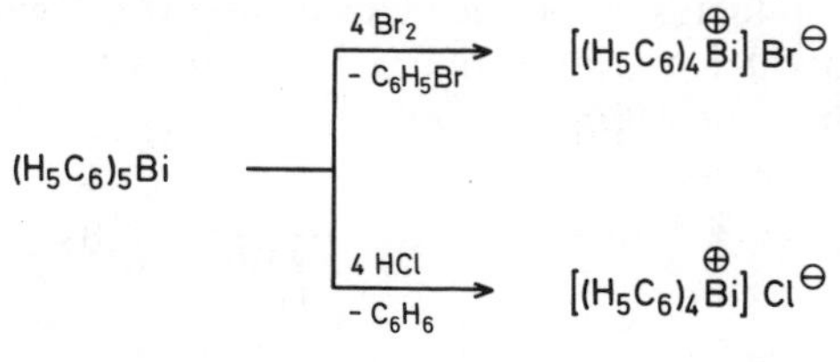

$$(H_5C_6)_5Bi \quad \begin{cases} \xrightarrow[-C_6H_5Br]{4\,Br_2} [(H_5C_6)_4\overset{\oplus}{Bi}]\,Br^{\ominus} \\[2ex] \xrightarrow[-C_6H_6]{4\,HCl} [(H_5C_6)_4\overset{\oplus}{Bi}]\,Cl^{\ominus} \end{cases}$$

[1] J. V. Supniewski u. R. Adams, Am. Soc. **48**, 507 (1926).
[2] H. Gilman u. H. L. Yale, Am. Soc. **73**, 4470 (1951).
[3] G. Wittig u. D. Hellwinkel, B. **97**, 789 (1964).
[4] G. O. Doak u. L. D. Freedman, *Organometallic Compounds of Arsenic, Antimony, and Bismuth*, Wiley-Inter-science, New York 1970.
[5] R. Dötzer, Abstracts of Papers of the 3rd International Symposium on Organometallic Chemistry, 28. 8.–1. 9. 1967, S. 196.
[6] G. Wittig u. K. Clauss, A. **578**, 136 (1952).

Die Spaltung wird in ätherischer Lösung bei $\sim -70°$ durchgeführt. Bei der Umsetzung mit Brom muß darauf geachtet werden, daß genaue molare Mengen Brom eingesetzt werden. Denn bei der Reaktion mit der doppelten Menge Brom entsteht das nur bis $-30°$ stabile *Tetraphenyl-bismuthonium-tribromid*[1].

Aus Triphenyl-bis-[4-chlor-phenyl]-bismuthoran wird mit ätherischer Salzsäure ein 4-Chlor-phenyl-Rest abgespalten, wobei *Triphenyl-(4-chlor-phenyl)-bismuthonium-chlorid* entsteht[2]:

$$(H_5C_6)_3Bi\left[-\!\!\bigcirc\!\!-Cl\right]_2 \ + \ HCl \xrightarrow[-\,C_6H_5Cl]{\text{Äther, }-70°} \left[(H_5C_6)_3\overset{\oplus}{Bi}-\!\!\bigcirc\!\!-Cl\right]Cl^{\ominus}$$

Unter den gleichen Bedingungen wird 5,5,5-Triphenyl-⟨dibenzo-bismol⟩ in *Triphenyl-biphenylyl-(2)-bismuthonium-chlorid* (76% d. Th.; Zers. p.: 131–133°) umgewandelt.

**Tetraphenyl-bismuthonium-chlorid**[1]: Unter Stickstoff werden 6,0 g (10 mMol) Pentaphenyl-bismuthoran bei $-70°$ in 20 *ml* abs. Äther suspendiert und langsam unter Schütteln mit 3,9 *ml* abs. äther. 2,6 n Salzsäure (10,1 mMol) versetzt. Hierbei verschwindet die violette Farbe der Reaktionsmischung und farblose Kristalle fangen an sich abzuscheiden. Nach 1 stdgm. Stehen bei $-70°$ (läßt man auf $\sim 20°$ erwärmen, so tritt vollständige Zersetzung in Triphenyl-bismuthin ein) wird der Niederschlag auf stark vorgekühlter Nutsche abgesaugt, rasch 2mal mit gekühltem abs. Äther gewaschen und i. Hochvak. bei $\sim -30°$ getrocknet; Ausbeute: 5,1 g (54% d. Th.).

Das relativ stabilere *Tetraphenyl-bismuthonium-tetraphenylborat* (F: 225–228°) wird beim Versetzen einer benzolischen Lösung von Pentaphenyl-bismuthoran mit Triphenyl-boran bei $\sim 20°$ in 49%iger Ausbeute erhalten[2]:

$$(H_5C_6)_5Bi \ + \ (H_5C_6)_3B \xrightarrow{\text{Benzol}} [(H_5C_6)_4\overset{\oplus}{Bi}]\,[(H_5C_6)_4\overset{\ominus}{B}]$$

Tetraarylbismuthonium-salze mit anderen Anionen als Chlorid werden aus den entsprechenden Chloriden in eiskalter wäßriger[1-3], methanolischer oder acetonischer Lösung[3] durch Umsetzung mit Alkalimetall- oder Silbersalzen hergestellt[1-3]:

$$(H_5C_6)_4Bi-Cl \ + \ M-X \xrightarrow[-\,M-X]{H_2O,\ 0°} (H_5C_6)_4Bi-X$$

$X = Br, ClO_4, NO_3, N_3, CN, SCN, OCN, [BF_4], [(H_5C_6)_4B], [PF_6], Cl_3C-COO$
$M = Na, K, Ag$

**Triphenyl-biphenylyl-(2)-bismuthonium-nitrat**[1]: 1,26 g (2 mMol) Triphenyl-biphenylyl-(2)-bismuthonium-chlorid werden in kaltem Wasser gelöst und mit ges. Natriumnitrat-Lösung versetzt. Der ausgefallene Niederschlag wird abgesaugt und aus Äthanol/Wasser umkristallisiert; F: 99–101°.

Auf ungeklärte Weise bilden sich bei der Umsetzung von Dichlor-triphenyl-bismuthoran mit Silberperchlorat oder -tetrafluoroborat in Aceton *(2-Oxo-propyl)-triphenyl-bismuthonium-perchlorat* bzw. *-tetrafluoroborat*[4]:

$$(H_5C_6)_3BiCl_2 \ + \ 2\,Ag-X \ + \ H_3C-CO-CH_3 \xrightarrow[-\,HX]{-\,2\,AgCl} [(H_5C_6)_3\overset{\oplus}{Bi}-CH_2-CO-CH_3]\,X^{\ominus}$$

$X = ClO_4^{\ominus}, [BF_4]^{\ominus}$

Die Umsetzung erfolgt bei $\sim 20°$. Als Nebenprodukt wird u. a. Bis-[perchlorato-triphenyl-bismuth]-oxid erhalten[3].

---

[1] G. Wittig u. K. Clauss, A. **578**, 138 (1952).
[2] D. Hellwinkel u. M. Bach, A. **720**, 198 (1968).
[3] R. E. Beaumont u. R. G. Goel, Soc. (Dalton) **1973**, 1394.
[4] R. G. Goel u. H. S. Prasad, Soc. [A] **1971**, 562.

Bei der Umsetzung des Dichlor-triphenyl-bismuthoran mit Silberperchlorat in Alkohol/Aceton wird auch *Tetraphenyl-bismuthonium-perchlorat* gebildet[1], das als Hauptprodukt erhalten wird, wenn Pentandion-(2,4) bzw. Butanon als Lösungsmittel verwendet wird[2]:

$$(H_5C_6)_3BiCl_2 \ + \ 2 \ AgClO_4 \quad \xrightarrow[- \ 2 \ AgCl]{H_3C-CO-CH_2-CH_3} \quad [(H_5C_6)_4\overset{\oplus}{Bi}] \ ClO_4^{\ominus}$$

**(2-Oxo-propyl)-triphenyl-bismuthonium-perchlorat**[3]: 0,012 Mol wasserfreies Silberperchlorat werden in ~ 20 *ml* Aceton gelöst und unter Rühren tropfenweise mit einer Lösung von 0,006 Mol Dichlor-triphenyl-bismuthoran in 25 *ml* Aceton unter Lichtausschluß versetzt und 1 Stde. nachgerührt. Man filtriert das Silberchlorid ab, engt am Rotationsverdampfer ein, gibt Äther bis zur schwachen Trübung zu und läßt im Kühlschrank über Nacht stehen. Das ausgefallene Salz wird abgesaugt, mit Äther gewaschen und bei ~ 20° i. Vak. getrocknet; Ausbeute: ~ 60% d. Th.; F: 122°.

Analog erhält man das entsprechende Tetrafluoroborat (F: 128°)[3].

Tetraaryl-bismuthonium-Salze sind meistens thermisch instabile Verbindungen. Die thermische Stabilität nimmt mit abnehmender Nucleophilie des Anions zu. So sind Tetraaryl-bismuthonium-perchlorat, -tetraphenylborate -tetrafluoroborate oder -nitrate bei Raumtemperatur stabil.

Tetraphenyl-bismuthonium-chlorid wird durch Einwirkung von Phenyl-lithium wieder in Pentaphenyl-bismuthoran zurück verwandelt (s.unten).

## 2. Alkyliden-bismuthorane (Bismuthonium-Ylide)

Das vorläufig einzig bekannte Bismuthonium-Ylid, das *Triphenyl-bismuthonium-tetraphenylcyclopentadienylid*, wird beim Erhitzen von Triphenyl-bismuthin mit Diazo-tetraphenyl-cyclopentadien auf 140° erhalten[4]:

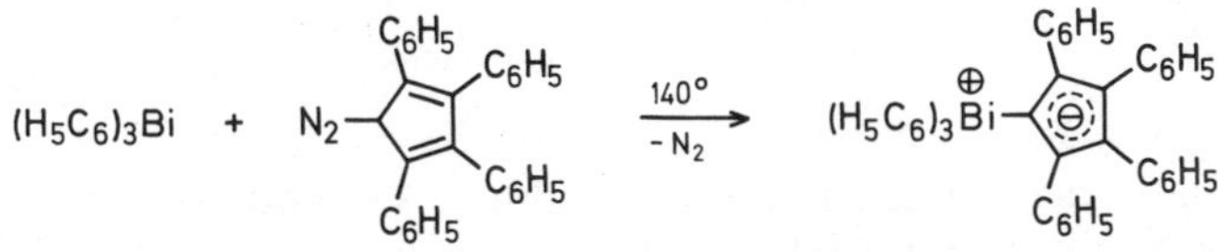

Durch Lösen in Äther und Ausfällen mit Petroläther (Kp: 40–60°) läßt sich das Ylid reinigen[4]. Bei der Umsetzung mit Mineralsäuren oder Aldehyden tritt lediglich Zersetzung ein[4,5].

## 3. Pentaorgano-bismuthorane

*Pentaphenyl-bismuthoran* wird durch Einwirkung von Phenyl-lithium auf Dichlor-[6], Imino[7]-triphenyl-bismuthoran oder Tetraphenyl-bismuthonium-chlorid[6] hergestellt:

$$(H_5C_6)_3BiCl_2 \ + \ 2 \ C_6H_5Li \quad \xrightarrow[- \ 2\,LiCl]{\ddot{A}ther,\, - \, 75°} \quad (H_5C_6)_5Bi$$

[1] G. O. Doak et al., Am. Soc. **88**, 2342 (1966).
[2] R. E. Beaumont u. R. G. Goel, Soc. (Dalton) **1973**, 1394.
[3] R. G. Goel u. H. S. Prasad, Soc. [A] **1971**, 562.
[4] D. Lloyd u. M. I. C. Singer, Chem. Commun. **1967**, 1042.
[5] B. H. Freeman et al., Tetrahedron **28**, 343 (1972).
[6] G. Wittig u. K. Clauss, A. **578**, 136 (1952).
[7] G. Wittig u. D. Hellwinkel, B. **97**, 789 (1964).

Obwohl gute Ausbeuten an Pentaphenyl-bismuthoran bei der Umsetzung mit Tetra-phenylbismuthonium-chlorid erhalten werden (67% d. Th.) hat die Reaktion keine prä-parative Bedeutung, da letzteres aus dem Pentaphenyl-bismuthoran hergestellt wird (s. S. 623).

**Pentaphenyl-bismuthoran**[1]: Unter Sauerstoff- und Feuchtigkeitsausschluß wird in einem Schlenkrohr eine Suspension von 11,8 g (23 mMol) Dichlor-triphenyl-bismuthoran in 60 ml abs. Äther bei −75° langsam unter Umschütteln mit 50 ml einer 1 n Phenyl-lithium-Lösung (aus Diphenyl-quecksilber bereitet) versetzt. Hierbei färbt sich die Mischung zuerst rosa, später bildet sich eine dicke, gelbe Suspension. Nach 1stdgm. Stehen im Kältebad wird das Schlenk-Rohr unter Umschütteln auf ∼ 20° gebracht, wobei sich der gelbe Niederschlag zum Teil in ein violettes Pulver umwandelt. Erst bei Zusatz von einigen weiteren Tropfen der Phenyl-lithium-Lösung tritt schlagartig eine Violettfärbung der gesamten Mischung unter Erwärmung ein. Nach 1 Stde. wird der Rohr-inhalt nochmals auf − 75° gekühlt, der Niederschlag auf vorgekühlter Nutsche abgesaugt, das violette Pulver mit Wasser mehrmals verrieben, mit Äthanol und dann abs. Äther gewaschen und schließlich i. Hochvak. getrocknet; Ausbeute: 11,1 g (81% d. Th.); Zers.p.: 100–105°.

Die Umsetzung mit Toluolsulfonylimino-triphenyl-bismuthoran liefert 18–26% d. Th. an *Pentaphenyl-bismuthoran*[2].

Aus der durch Einwirkung von 4-Chlor-phenyl-lithium auf Dibrom-tris-[4-chlor-phenyl]-bismuthoran entstandenen Lösung ließ sich nur das Tris-[4-chlor-phenyl]-bismu-thin als Zersetzungsprodukt isolieren[3]. Dagegen gelingt die Isolierung von *Triphenyl-bis-[4-chlor-phenyl]-bismuthoran* durch Einwirkung von 4-Chlor-phenyl-lithium auf Dichlor-triphenyl-bismuthoran[3]. Ein anderes unsymmetrisches Pentaaryl-bismuthoran, das *5,5,5-Triphenyl-⟨dibenzo-bismol⟩* wird aus Dichlor-triphenyl-bismuthoran und 2,2′-Dili-thium-biphenyl hergestellt[3]:

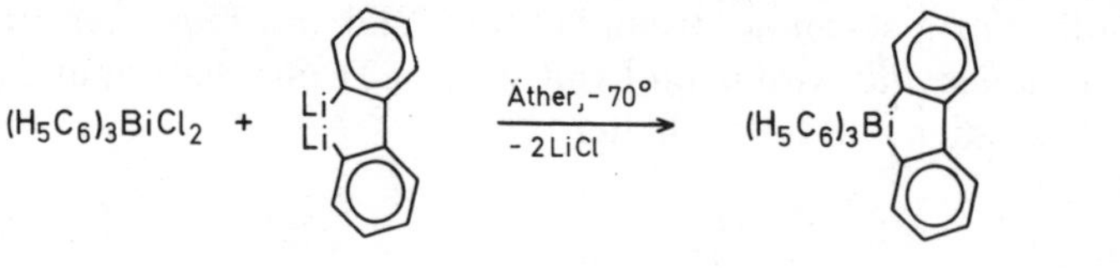

$$(H_5C_6)_3BiCl_2 \quad + \quad \begin{matrix} Li \\ Li \end{matrix} \quad \xrightarrow[- 2\,LiCl]{\text{Äther,}- 70°} \quad (H_5C_6)_3Bi$$

64% d. Th.; F: 130–136°

Pentaaryl-bismuthorane bilden mit Phenyl-lithium-Verbindungen ein temperaturab-hängiges Gleichgewicht mit Lithium-hexaaryl-bismuthaten[1, 3, 4]:

$$(H_5C_6)_5Bi \quad + \quad C_6H_5Li \quad \underset{20°}{\overset{-70°}{\rightleftharpoons}} \quad (H_5C_6)_6Bi-Li$$

Thermisch wird Pentaphenyl-bismuthoran in Benzol, Biphenyl und *Triphenyl-bismu-thin* zersetzt[1].

Zur Spaltung der Pentaaryl-bismuthoran mit Halogen oder Säuren s. S. 623.

[1] G. WITTIG u. K. CLAUSS, A. **578**, (1952).
[2] G. WITTIG u. D. HELLWINKEL, B. **97**, 789 (1964).
[3] D. HELLWINKEL u. M. BACH, A. **720**, 198 (1968).
[4] D. HELLWINKEL u. G. KILTHAU, A. **705**, 66 (1967).

# Bibliographie

G. T. MORGAN, *Organic Compounds of Arsenic and Antimony*, Langmans Green and Co., London 1918.

W. G. CHRISTIANSEN, *Organic Derivatives of Antimony*, Chemical Catalog Co., New York 1925.

A. E. GODDARD, *Derivatives of Phosphorus, Antimony and Bismuth*, in J. N. FRIEND, *A Text-Book of Inorganic Chemistry*, Vol. XI, Part. III, Griffin and Co., Ltd., London 1936.

E. KRAUSE u. A. VON GROSSE, *Die Chemie der metall-organischen Verbindungen*, Verlag Borntraeger, Berlin 1937.

H. GILMAN u. H. L. YALE, *Organobismuth Compounds*, Chem. Rev. **30**, 281 (1942).

M. IDA, Z. TOYOSHIMA u. T. NAKAMURA, *Chemistry of Stibonic Acids*, Japan, J. Pharm. and Chem. **19**, 158 (1947).

F. G. MANN, *The Stereochemistry of the Group V Elements* in W. KLYNE and P. B. D. DE LA MARE, *Progress in Stereo-Chemistry*, Vol. II, Butterworths, London 1958.

H. L. YALE, *Arsenic, Antimony and Phosphorus Compounds of Pyridine*, in E. KLINGBERG, *Pyridine and its Derivatives*, Part. 4. Interscience, New York 1964.

G. BOOTH, *Complexes of the Transition Metals with Phosphines, Arsines and Stibines*, Advan. Inorg. Chem. Radiochem. **6**, 1 (1964).

W. R. CULLEN, *Organoarsenic Chemistry, Advan. Organometallic Chemistry*, Vol. **4**, S. 145, Academic Press, New York 1966.

A. W. JOHNSON, *Ylid Chemistry*, Academic Press, New York 1966.

M. DUB, *Organo-metallic-Compounds*, Vol. III, 2. Aufl., Springer Verlag, New York 1968; 1. Supplement 1972.

F. G. MANN, *The Heterocyclic Derivatives of Phosphorus, Arsenic, Antimony and Bismuth*, 2. Aufl., Interscience, New York 1970.

G. O. DOAK u. L. D. FREEDMAN, *Organometallic Compounds of Arsenic, Antimony and Bismuth*, Interscience, New York 1970.

O. A. REUTOV u. O. A. PITSYNA, *Onium Compounds in the Synthesis of Organometallic Compounds, Organometallic Reactions*, Vol. 4, S. 73, Wiley-Interscience, New York 1972.

C. A. MCAULIFFE, *Transition Metal Complexes of Phosphorus, Arsenic and Antimony Ligands*, J. Wiley & Sons, New York 1973.

R. LUCKENBACH, *Dynamic Stereochemistry of Pentacoordinated Phosphorus and Related Elements*, Georg Thieme Verlag, Stuttgart 1973.

I. N. AZERBAEV, Z. A. ABRAMOVA u. Y. u. G. BOSYAKOV, *Organoarsenic Compounds of the Acetylene Series*, Russian Chemicals Reviews (engl.) **43**, 657 (1974).

Zur biologischen Wirkung von Organoarsen-, -antimon- und wismuth-Verbindungen s.: J. S. THAYER, J. Organometal. Chem. **76**, 265 (1974).

Jeweils eine Jahresübersicht über Organoarsen-, -antimon- und -bismuth-Verbindungen findet sich bei G. O. DOAK u. L. D. FREEDMAN, Organometal. Chem. Rev., Sect. **B4**, 405, 421, 426 (1968); **B5**, 128, 174, 186 (1969); **B6**, 556, 615, 656 (1970); **B8**, 171, 223, 247 (1971); J. Organometal. Chem. **48**, 195, 258, 292 (1973); **68**, 295, 371, 411 (1974); **89**, 81, 151, 183 (1975); **106**, 115, 217, 255 (1976).

# Autorenregister

Abalonin, B. E., et al. 261, 270, 359, 360, 361, 362, 364, 366, 409
Abel, E. W., et al. 136, 137, 138, 139
–, u. Armitage, D. A. 205, 206, 213, 214
–, u. Crow, J. P. 135
–, u. Illingworth, S. M. 135, 138
Abramova, Z. A., vgl. Azerbaev, I. N. 627
Adam, R., vgl. Quick, A. J. 293
Adams, J., vgl. Quick, A. J. 294
Adams, R., vgl. Bauer, W. W. 300
–, vgl. Johnson, J. 298, 300
–, u. Palmer, C. S. 65
–, vgl. Palmer, C. S. 34, 35, 162, 296, 297
–, vgl. Quick, A. J. 164, 179, 327, 328, 329
–, vgl. Supniewski, J. V. 592, 593, 595, 598, 601, 618, 619, 620, 623
Addis, H.W.,vgl. Davies, W.C.116
Adler, O., u. Kober, F. 200, 216, 222, 223
Adler, S., et al. 311
Aeschlimann, J. A. 48, 49
–, et al. 244, 300, 339, 340
–, u. McCleland, N. P. 330
Affsprung, H. E., u. Gainer, A. B. 574, 575, 582
–, u. May, H. E. 574, 575, 582
Afkandilian, V. D. 590
Aguiar, A. M., et al. 76, 84, 85
–, u. Archibald, T. G. 76, 77, 81, 84, 85, 130
Aishima, I., vgl. Takashi, Y. 539, 548, 575
Aksnes, D. W., u. Vikane, O. 197, 212, 213
Aksnes, G., u. Songstad, J. 419, 424, 433
Albers, H., et al. 34, 39, 73, 86, 87, 132, 133
Ali, M. F., vgl. Harris, G. S. 353
Alimarin, I. P., u. Savvin, S. B. 313
Allen, D. W., et al. 270, 271, 367
Allpress, C. F., vgl. Challenger, F. 591, 595, 605, 608, 609, 610, 612, 619
Amberger, E. 590
Amer. Potash and Chem. Corp. 390
Anderson, J. W., u. Drake, J. E. 37, 135
Anderson, R. H., u. Cragg, R. H. 200, 201, 216, 217

Andres, R. J., u. Hamilton, C. S. 311
Ang, H. G., et al. 224
–, u. Lien, W. S. 541, 542
–, u. West, B. O. 163
Anschütz, L., u. Wirth, H. 160, 187, 188, 205, 207, 208
Aperson, L., vgl. Gilman, H. 591
Appel, R. 569
–, u. Heinzelmann, W. 354, 542
–, vgl. MacCordick, J. 552
–, u. Rebhahn, D. 47, 50, 353, 354, 355
–, u. Wagner, D. 121, 366, 391, 393, 394
Archibald, T. G., vgl. Aguiar, A. M. 76, 77, 81, 84, 85, 130
Arens, J. F., vgl. Voskuil, W. 50, 448
Armitage, D. A., u. Abel, E. W. 205, 206, 213, 214
Armstrong, R., et al. 50, 397, 398, 400, 401, 402, 417, 418
Asahi Chemical Ind. Co. Ltd. 575
Ashe III, A. J. 124, 125, 471, 498, 499, 607
–, u. Gordon, M. D. 462, 471, 607, 611
Auger, V. 146, 156, 164, 166, 179, 182, 249, 293, 327, 378, 395
–, u. Billy, C. 46
Austenat, L., vgl. Dahlmann, J. 119, 363, 550, 551
Avakian, S., vgl. Gilman, H. 55, 106, 107, 182, 183, 297
Ayscough, P. B., u. Emeléus, H. J. 123, 471
Azerbaev, I. N. 586, 587
–, et al. 48, 58, 59, 446
–, Abramova, Z. A., u. Bosyakov, Y. G. 627

Bach, M., vgl. Hellwinkel, D. 451, 453, 466, 524, 525, 575, 576, 577, 586, 587, 588, 589, 624, 626
Backer, H. J., u. Bolt, C. C. 294
–, u. De Jong, J. 312
–, u. Oosten, R. P. van 290, 294, 295
Bähr, G., u. Zocke, G. 592, 593, 602, 603, 605, 609
Baensch, S., vgl. Tzschach, A. 89
Baeyer, A. 289, 335
Baeyer, A. v. 17, 206
Baig, M. M., u. Cullen, W. R. 401, 409

Bailer, J. C. jr., u. Busch, D. H. 124
Baker, F. C., vgl. Mann, F. G. 93, 95
Baker, R. L., et al. 297
Balaban, J. E. 295, 312
Baldwin, R. A., vgl. Washburn, R. M. 390, 570
Balls, A. K., vgl. Hill, A. E. 312
Balszuweit, A., vgl. Issleib, K. 443, 461, 473, 480
–, vgl. Shewchuk, E. 461, 473
Bamford, C. H., et al. 448, 465, 595
Banford, T. A., u. McDiarmid, A. G. 137
Banister, A. J., u. Moor, L. F. 353, 540
Banks, C. K., et al. 34, 62, 164, 165, 179, 180, 185, 186, 195, 196, 204, 206, 214, 220, 243, 244, 246, 247, 255, 256, 293, 294, 311, 327, 328, 329, 330
–, u. Hamilton, C. S. 166, 167
Banks, R. E., et al. 353
Bantes, R. E., et al. 538
Baracco, L., u. McAuliffe, C. A. 452, 453
Barbeau, C. 607
Barber, H. J. 182, 183, 185, 214, 215, 217, 218, 309, 317
Barclay, G. A., et al. 106
Bardos, T., et al. 168, 214, 311
Barker, A. B., et al. 180
Barker, R. L., et al. 245, 255, 257
Barnett, M. M., et al. 521
Bart, H. 18, 246, 248, 296, 297, 330, 332
BASF (Badische Anilin und Soda Fabrik, Ludwigshafen/Rhein) 354, 542
Basterfield, S., vgl. Riddel, W. 521
Batkowski, T., u. Plazek, E. 176
Batshchouk, I. A., vgl. Kraft, M. Yu. 158, 163, 169
Bauer, H. 62, 146, 147, 156, 159, 228, 299, 305, 309, 310, 330, 332, 343
Bauer, W. W., u. Adams, R. 300
Baumann, N. , vgl. Wieber, M. 485, 489, 493
–, u. Wieber, M. 489, 490, 491, 493, 494, 514, 515
Baumgärtel, E., u. Gruner, H. 324
Baumhardt, G. C. 305
Bayer 295
Bayer AG 517, 518

# Sachregister

Wegen der Kompliziertheit vieler Verbindungen wurde das Sachregister nach Stammverbindungen geordnet. Entstehende Verbindungen wurden grundsätzlich aufgenommen. Substituenten werden in der Reihenfolge nach Beilstein benannt. Dicarbonsäure-anhydride bzw. -imide sind als Substituenten, selten als zusätzliches Ringsystem registriert. Allen cyclischen und spirocyclischen Verbindungen sind Strukturformeln vorangestellt.

Bei der Einordnung der Verbindungen innerhalb der Punkte B−K hat der kleinste Ring Vorrang vor den größeren, der weniger komplizierte vor dem komplizierteren. Somit wird z. B. Cyclohexyl-cyclopropan nur beim Cyclopropan registriert.

Zur Nomenklatur der Organo-arsen-, -antimon- und -wismut-Verbindungen s. S. 20ff.

Fettgedruckte Seitenzahlen weisen auf Vorschriften hin.

## Inhalt

# A. Offenkettige Verbindungen, Trivialnamen, Namensreaktionen

## A

**Actaldehyd**
Diphenyl- 434

**Acetamid**
Diphenylarsino- 79, 80

**Acetylen**
Bis-[bis-(4-chlor-phenyl)-bismuthino]- 594, 598
Bis-[bis-(4-chlor-phenyl)-stibino]- 456
Bis-[bis-(4-methyl-phenyl)-bismuthino]- 597
Bis-[bis-(4-methyl-phenyl)-stibino]- 456
Bis-[diäthyl-stibino]- 450
    aus Brom-diäthyl-stibin und Natriumacetylenid **455**
Bis-[diaryl-bismuthino]- 597
Bis-[di-tert.-butyl-stibino]- 455
Bis-[diisopropyl-stibino]- 455
Bis-[dimethyl-stibino]-
    aus Brom-dimethyl-stibin und Natriumacetylenid **455**
Bis-[diphenyl-bismuthino]- 598
Bis-[diphenyl-stibino]- 456
Bis-[methyl-diäthyl-stibonio]- , -dijodid 572
Bis-[methyl-diisopropyl-stibonio]- ; -dijodid 572

**Adamsit** 31

**Äthan**
1,1-Bis-[arsenoso]-
    aus Arsen(III)-chlorid/Kaliumcarbonat und Propionsäure/Propionsäureanhydrid **169**
1,2-Bis-[benzol-arsonyl]- 337
1,2-Bis-[bis-(piperidino-thiocarbonylthio)-arsino]- 218
1,1-Bis-[brom-phenyl-arsino]- 177
1,2-Bis-[butylarsonyl]- 330
1,2-Bis-[butyl-phenyl-thioarsinyl]- 387

1,2-Bis-[chlor-phenyl-arsino]- 249
1,2-Bis-[2,2-diäthyl-1,3,2-dithiarsolanyl-(2)-thio]- 326
1,1-Bis-[dibromarsino]- 177
1,2-Bis-[dichlorarsino]- 186
1,2-Bis-[dimethyl-arsinoxy]- 266
1,2-Bis-[dimethyl-biphenylyl-(2)-arsinio]- ; -dibromid
    aus Dimethyl-biphenylyl-(2)-arsin und 1,2-Dibrom-äthan **405**
1,2-Bis-[2,2-dimethyl-1,3,2-dithiarsolanyl-(2)-thio]- 326
1,2-Bis-[diorgano-arsino]- 25
1,1-Bis-[1,3,2-dioxarsolanyl-(2)]-
    aus 1,1-Bis-[oxoarsino]-äthan und Glykolcarbonat/Natriumjodid **202**
1,2-Bis-[diphenyl-arsino]- 72
1,2-Bis-[1,4-diphenyl-1,4-azarseniniumyl-(4)]- 407
1,2-Bis-[diphenyl-thioarsinyl]- 385
1,2-Bis-[dipropylarsinoxy]- 262
1,2-Bis-[phenylarsonyl]-
    aus Dichlor-phenyl-arsin/1,2-Dibrom-äthan und Natronlauge **329**
-1,1-diarsonigsäure-bis-anhydrid 169

**Äthen**
Bis-[dimethyl-arsino]- 84
*cis*-1,2-Bis-[dimethyl-arsino]- 84, 110
*trans*-1,2-Bis-[dimethyl-arsino]- 84
1,2-Bis-[dimethylarsino]-1-phenyl-
    aus Tetramethyl-diarsin und Phenylacetylen/UV **89**
1,2-Bis-[diorgano-stibino]- 461
*cis*-1,2-Bis-[diphenyl-arsino]- 76
    aus *cis*-1,2-Dichlor-äthen und Lithium-diphenylarsenid-Lösung **85**
*trans*-1,2-Bis-[diphenyl-arsino]- 84
1,2-Bis-[diphenylarsino]-1-phenyl- 89

**Arsin**

Brom-äthyl-phenyl- 259
Brom-bis-[4-methoxy-phenyl]- 249
Brom-bis-[4-methyl-phenyl]- 235
Brom-butyl-phenyl- 247
Brom-diäthyl- 235, 241
Brom-dibutyl- 235
Brom-dihexyl- 235
Brom-dimethyl-
 aus Dibrom-methyl-arsin und Tetramethyl-blei
 **233**
 aus Dimethyl-arsinsäure und Natriumhypophosphit/Bromwasserstoffsäure **249**
Brom-dimethylamino-methyl- 193
Brom-dinonyl- 235
Brom-dipentyl- 235
Brom-diphenyl- 253, 278
 aus Diphenyl-benzyl-arsin und Brom **241**
Brom-divinyl-
 aus Arsen(III)-bromid und
 Dibutyl-divinyl-zinn **233**
 Trivinyl-arsin **238**
Brom-jod-methyl- 187
Brom-methyl-äthyl- 243
Brom-methyl-butyl- 243
Brom-methyl-[hexafluor-3-chlor-buten-(2)-yl]- 177
Brom-methyl-(3-nitro-phenyl)- 248
Brom-methyl-vinyl- 243
(+)-Brom-phenyl-(4-carboxy-phenyl)-
 aus (−)-Phenyl-(4-carboxy-phenyl)-arsinigsäure-propylthioester und Propylbromid **253**
[Butin-(1)-yl]-diphenyl- 52
Butyl- 74
 aus Butanarsonsäure und Zinkamalgam **34**
tert. Butyl-
 aus Dichlor-tert.-butyl-arsin und Lithiumalanat
 **36**
tert.-Butylamino-dimethyl- 283
Butyl-(2-amino-phenyl)- 44
Butyl-bis-[anilinothiocarbonyl]-75
Butyl-bis-[cyclohexylamino-cyclohexylimino-methyl]- 76
tert.-Butyl-bis-[2-methyl-phenyl]- 56
Butyl-dicyan- 185
Butylidenaminoxy-diäthyl- 264
Butylidenaminoxy-dibutyl- 264
[Butyliden-(2)-aminoxy]-dipropyl- 264
Butyloxy-äthyl-phenyl- 267, 268
tert.-Butyloxy-bis-[trifluormethyl- 262
Butyloxy-diäthyl- 262
Butyloxy-dibutyl- 263
Butyloxy-dipropyl-
 aus Diäthylamino-dipropyl-arsin und Butanol **266**
Butyloxy-methyl-phenyl- 263
Butyloxy-propyl-phenyl- 263
Butyl-phenyl- 43
Butyl-phenyl-cyan- 256
Butylthio-butyl-phenyl- 274
Butylthio-diäthyl- 274
Butylthio-diphenyl- 274
Butylthio-dipropyl-
 aus Chlor-dipropyl-arsin und Butylmercaptan
 Triäthylamin **273**
 aus Tripropyl-arsinsulfid und Butylbromid **277**
[1- (bzw. 2)-Carboxy-äthyl]-diphenyl- 80
(ω-Carboxy-alkyl)-diphenyl-
 aus Triphenyl-arsin, Natriumamid und x-Chlor-alkensäuren **79**
Carboxymethyl-diphenyl- 80
Carboxymethylthio-diphenyl- 276

Chlor-äthoxy-phenyl-
 aus Dichlor-phenyl-arsin und Natriumäthanolat
 **190**
Chlor-äthyl-biphenylyl-(2)- 248
Chlor-äthyl-butyl- 247
(2-Chlor-äthyl)-diphenyl- 107
Chlor-äthyl-phenyl- 243, 253, 259, 278
(2-Chlor-äthylthio)-diäthyl- 273
(ω-Chlor-alkyl)-diphenyl- 82
Chlor-bis-[biphenylyl-(2)]- 251
Chlor-bis-[2-brom-phenyl]-
 aus Dichlor-(2-brom-phenyl)-arsin und 2-Brom-benzol-arsonigsäure-anhydrid **245**
Chlor-bis-[4,4'-dimethyl-biphenylyl-(2)]- 251
Chlor-bis-[4-fluor-phenyl]- 235
Chlor-bis-[3-nitro-phenyl]- 248
Chlor-bis-[pentafluor-phenyl]- 229
 aus Bis-[pentafluor-phenyl]-arsinigsäure-thia-anhydrid und Quecksilber(II)-chlorid **251**
 aus Dichlor-dimethylamino-arsin und Pentafluorphenyl-magnesiumbromid **234**
Chlor-bis-[1-phenyl-naphthyl-(2)]-
 aus 1-Phenyl-naphthyl-(2)-magnesium-bromid und Arsen(III)-oxid **251**
Chlor-brom-methyl- 187
(4-Chlor-butyl)-dicyclohexyl- 82
(4-Chlor-butyl)-diphenyl- 107
Chlor-(5-chlor-pentyl)-(2-chlor-vinyl)- 242
Chlor-(2-chlor-vinyl)-phenyl- 243
 aus Dichlor-phenyl-arsin/Aluminiumchlorid und Acetylen **244**
Chlor-cyclohexyl-phenyl-
 aus Dicyclohexyl-phenyl-arsin und Chlor **241**
Chlor-diäthyl- 247
 aus Diäthylamino-diäthyl-arsin und Chlorwasserstoffgas **252**
Chlor-dibutyl- 252
Chlor-di-tert.-butyl-
 aus Arsen(III)-chlorid und tert. Butyl-magnesium-chlorid-Lösung **234**
Chlor-dimethyl 249
Chlor-dimethylamino-äthyl- 193
Chlor-dinaphthyl-(1)- 245
Chlor-dinaphthyl-(2)- 245
Chlor-diphenyl- 235, 237, 245, 248
 aus Phenyl-magnesiumbromid und Arsen(III)-oxid, danach Salzsäure **251**
 aus Triphenylarsin und Dichlor-phenyl-arsin **237**
Chlor-dipropyl- 252
Chlor-divinyl- 233
(6-Chlor-hexyl)-dicyclohexyl- 82
Chlor-jod-methyl- 187
Chlor-methoxy-phenyl- 191
Chlor-methyl-chlormethyl- 190
Chlor-methyl-(2-chlor-vinyl)- 244
Chlor-methyl-cyclopentadienyl-
 aus Cyclopentadien/Butyl-lithium und Dichlor-methyl-arsin **243**
Chlor-methyl-phenyl- 247
 aus Dimethyl-phenyl-arsin und Chlor **241**
(5-Chlor-pentyl)-dicyclohexyl- 82
(2-Chlor-phenyl)- 35
(4-Chlor-phenyl)- 35, 73
Chlor-phenyl-4-(aminosulfonyl-phenyl)- 249
Chlor-phenyl-benzyl- 61
Chlor-phenyl-biphenylyl-(4)- 248
Chlor-phenyl-(4-brom-phenyl)- 248
Chlor-phenyl-(4-carboxy-phenyl)- 248
Chlor-phenyl-(4-methyl-phenyl)- 248

**Zinn**
Bis-[benzolarsonyloxy]-dimethyl- 321
Bis-[dimethylarsino]-dimethyl- 138
Bis-[dimethylarsonoxy]-dimethyl- 346
    aus Dimethyl-zinn-dichlorid und Silber-dimethyl-
        arsinat **347**
Bis-[diphenylarsino]-diphenyl- 136
Bis-[diphenylarsonoxy]-diphenyl- 347
    aus Diphenylarsinsäure und Dichlor-diphenyl-
        zinn **348**

Bis-[diphenylstibino]-diphenyl-
    aus Triphenyl-stibin/Natrium und Dichlor-
       -diphenyl-zinn **475**
Bis-[triäthyl-germanium]-benzyl- 475
Tris-[diphenylarsino]-phenyl- 136
Tris-[diphenylarsonoxy]-phenyl-
    aus Diphenylarsinsäure und Trichlor-phenyl- **348**
Tris-[diphenylstibino]-phenyl-
    aus Triphenyl-stibin/Natrium und Trichlor-
       phenyl-zinn **475**
Tris-[triphenylstibinylidenamino]-phenyl- 570

# B. Cyclische Verbindungen

## I. monocyclische

**Cyclopropan** 435
1,2,3-Tribenzoyl- 436

**Oxiran**

Phenyl- 435
3-Phenyl-2-(4-nitro-phenyl)- 435

**1,3-Diarsetan**

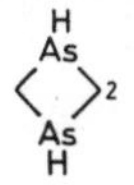

1,3-Dimethyl-2,2,4,4-tetraalkoxycarbonyl- 57
1,3-Diphenyl-2,2,4,4-tetraalkoxycarbonyl- 57

**1,3-Diaza-2,4-diarsetan**

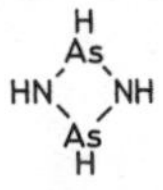

2,4-Dimethyl-1,3-di-tert.-butyl- 221

**Tetraarsetan**

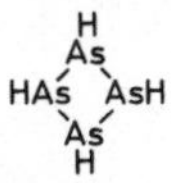

Tetrabutyl-(2)- 160
Tetra-tert.-butyl- 162, 163, 188
    aus Dichlor-tert.-butyl-arsin und Natrium **160**
Tetracyclohexyl-
    aus Cyclohexylarsin und Dichlor-cyclohexyl-arsin
    **161**
Tetrakis-[pentafluorphenyl]-
    aus Dichlor-(pentafluorphenyl)-arsin und Queck-
    silber **160**
Tetrakis-[trifluor-methyl]- 154

**Tetrastibetan**

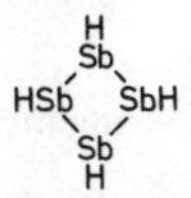

Tetra-tert.-butyl-
    aus Lithium-di-tert.-butyl-stibid-1,4-Dioxanat
    und Jod **480**

**Cyclopentadien**
Phenylimino-tetraphenyl- 436

**Fulven**

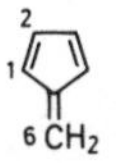

2,3,4,5,6-Pentaphenyl- 584
2,3,4,5-Tetraphenyl-6-(4-nitro-phenyl)- 584

**Furan**

2-Diacetoxy arsino- 204
3,5-Diphenyl-2-arsono- 301

**Arsol**

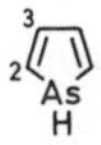

1-Äthyl-2,5-diphenyl- 78
1-($\alpha$-Chlor-$\alpha$-carboxy-benzyl)- 125
1-Chlor-2,5-diphenyl- 241
1-Chlormethyl-2,5-diphenyl- 78
1-Chlor-2,3,4,5-tetraphenyl- 234
1-(Dichlor-carboxy-methyl)- 125
1-Dichlormethyl-2,5-diphenyl- 78
2,5-Dimethyl-1-phenyl- 70
2,5-Diphenyl-1-benzyl- 78
1-Methoxymethyl-2,5-diphenyl- 78
1-Methyl-2,5-diphenyl- 78
1-Methyl-2,3,4,5-tetraphenyl- 69
    aus Pentaphenyl-arsol, Natrium und Methyljodid
    **78**
Pentaphenyl- 55, 77
Pentaphenyl- ; -1-oxid 373
1-Phenyl-2,5-bis-[4-chlor-phenyl]- 70
1-Phenyl-2,5-bis-[4-methyl-phenyl]- 70
1-Phenyl-2,5-dinaphthyl-(1)- 70
1,2,5-Triphenyl- 70
1,2,5-Triphenyl- ; -1-oxid 363

**Arsolium**

1-Methoxy-1,2,5-triphenyl- ; -chlorid 363

**Arsolan** 28

1-Chlor-
    aus 1-Phenyl-arsolan und Arsen(III)-chlorid **238**
1-Dimethylamino- 230, 286
1-Hydroxy- ; 1-oxid 336
1-Methyl-
    aus Dinatrium-methyl-arsenid und 1,4-Dichlor-
    butan **83**
1-Phenyl-
    aus Benzolarsenigsäure-thioanhydrid, Natrium und
    1,4-Dichlor-butan **83**
1-Phenyl- ; -1-oxid 373

**Stibol**

Pentaphenyl- 452
1-Phenyl-tetrahydro- 449
    aus Phenyl-stibin/Natrium und 1,4-Dichlor-butan
    **461**

**1,2-Oxazol**

5-Acyl-4,5-dihydro- 436
4-Hydroximino-4,5-dihydro- 435
5-Hydroxy-4,5-dihydro- 435

**1,2-Oxarsolan**

2-Chlor- 195
    aus Bis-[1,2-oxarsolanyl-(2)]-oxid und Arsen-
    (III)-chlorid **192**
    aus Dichlor-(3-hydroxy-propyl)-arsin und Tri-
    äthylamin/Äther **191**
2-Methyl- 195
    aus 2-Chlor-1,2-oxarsolan und Methyl-lithium **267**
2,2,2-Triphenyl- 423

**1,2-Thiarsolan**

2-Chlor-
    aus Bis-[1,2-thiarsolanyl-(2)-]-sulfid und Arsen
    (III)-chlorid **209**

**1,3-Thiaarsolan**

3-Phenyl- 83

**1,3-Azarsolan** 66, 67

1-Äthyl-2-methyl-3-cyclohexyl-2-carboxy- 68
1-Äthyl-2-phenyl-3-(2-amino-phenyl)- 67
3-(2-Amino-phenyl)- (subst.)
    aus (2-Äthylamino-äthyl)-(2-amino-phenyl)-
    arsin und einer Carbonyl-Verbindung 67

2-Carboxy- 67
    aus (2-Amino-äthyl)-alkyl-, bzw. -aryl-arsin und
    α-Oxo-carbonsäure in Äthanol bzw.
    1,4-Dioxan **68**
2,2-Dimethyl-1-äthyl-3-(2-amino-phenyl)- 67
2,3-Diphenyl- 66, 67
2,3-Diphenyl-2-carboxy- 68
2-Methyl- 44
2-Methyl-2-äthyl-3-phenyl- 66, 67
2-Methyl-1-äthyl-3-phenyl-2-äthoxycarbonyl- 68
2-Methyl-3-cyclohexyl-2-carboxy- 68
2-Methyl-3-phenyl-
    aus (2-Amino-äthyl)-phenyl-arsin und Acetalde-
    hyd 66
2-Methyl-3-phenyl-2-äthoxycarbonyl-
    aus (2-Amino-äthyl)-phenyl-arsin und Brenztrau-
    bensäure-äthylester **68**
2-Methyl-3-phenyl-2-(äthoxycarbonyl-methyl)- 68
    aus (2-Amino-äthyl)-phenyl-arsin und Acetessig-
    säure-äthylester/Eisessig **69**
2-Methyl-3-phenyl-2-carboxy- 68
1-Phenyl- 83
2-Propyl- 44

**1,2-Diarsolan**

1,2-Diphenyl- 147, 149

**1,3,2-Dioxarsolan** 197, 201, 203

4,5-Dimethyl-2-phenyl- 197
2-Methyl- 202
    aus Dijod-methyl-arsin und Glykol/Triäthylamin
    **197**
2,4,4,5,6-Pentamethyl- 197, 291
2-Phenyl- 201, 202, 204
2,4,5-Trimethyl- 197

**1,3,2-Dioxastibolan**

2-Methyl-
    aus Diäthoxy-methyl-stibin und Glykol **491**
2-Methyl-4,5-diphenyl-
    aus Diäthoxy-methyl-stibin und 1,2-Diphenyl-
    glykol **491**
4-Oxo-2,2,2-tricyclohexyl- 556
4-Oxo-2,2,2-triphenyl- 556
2,4,4,5,5-Pentamethyl-
    aus Diäthoxy-methyl-stibin und 2,3-Dimethyl-
    butandiol-(2,3) **491**
2-Phenyl-(subst.)
    aus Dichlor-phenyl-stibin/Triäthylamin und
    einem Diol; allgem. Arb.vorschr. **489**
4,4,5,5-Tetramethyl-2-phenyl- 489
4,4,5,5-Tetramethyl-2,2,2-triphenyl-
    aus Triphenyl-stibinoxid und 2,3-Dimethyl-
    butandiol-(2,3) **557**
2,4,5-Trimethyl-
    aus Diäthoxy-methyl-stibin und Butandiol-(2,3)
    **491**

**1,3,2-Oxathiarsolan** 202

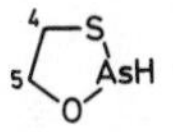

2-Chlor- 203
2-Methyl- 203
2-Organo- 202, 215
2-Phenyl- 197, 201, 203, 204

**1,3,2-Oxathiastibolan**

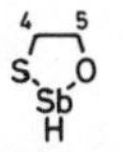

2-Methyl-
    aus Diäthoxy-methyl-stibin und 2-Mercapto-
    äthanol **491**
2-Phenyl- 489

**1,3,2-Oxazarsolan**

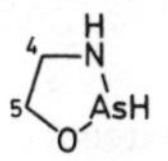

2-Methyl-
    aus Dichlor-methyl-arsin und 2-Amino-äthanol/
    Triäthylamin **1941**

**1,2,5-Oxadiarsolan**

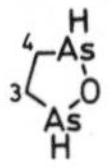

    aus 1,ω-Bis-[hydroxy-oxo-phenyl-arsin]-alkanen
    und Schwefeldioxid/Natriumjodid **228**
2,5-Dimethyl- 229
2,5-Diphenyl- 229

**1,3,2-Dithiarsolan** 212, 215

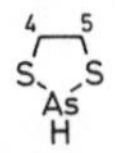

2-(4-Acetamino-phenyl)-
    aus 4-Acetamino-benzolarsonigsäure-anhydrid
    und Dithioglykol **214**
2-Chlor- 216
4-Hydroxymethyl-2-(2-chlor-vinyl)- 213
4-Hydroxymethyl-2-phenyl- 213
2-Methyl- 213, 216
4-Methyl-2-phenyl- 213
2-Organo-
    aus Dihalogen-organo-arsin, Dithiol und Triäthyl-
    amin **212**
2-Phenyl- 213
    aus Bis-[diäthylamino]-phenyl-arsin und Dithio-
    glykol **217**
    aus 2-Chlor-1,3,2-dithiarsolan und Phenyl-magne-
    siumbromid **216**

**1,3,2-Dithiastibolan**

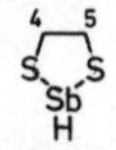

2-Phenyl-
    aus Benzolstibonigsäure-dichlorid und Dithio-
    glykol **493**

44*

**1,3,2-Thiazarsolan**

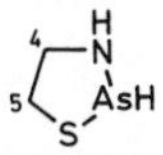

2-Methyl- 213

**2H-1,2,3-Triazol**

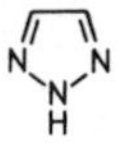

2-(4-Arsono-phenyl)-3,4-dicarboxy- 310

**1,3,2-Diazaphospholan**

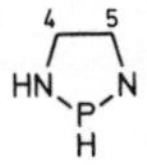

2-(Dimethylarsinamino)-1,3-dimethyl- 284
2-[(Dimethyl-stibino)-methyl-amino]-1,3-dimethyl- 510

**2H-1,2,3-Diazarsol** 126

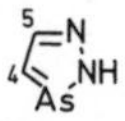

2,5-Diphenyl- 126

**1,3,5,2-Oxadiazarsol**

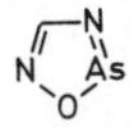

4-Triphenylmethyl-2,2,2,3-tetraphenyl-2,3-dihydro- 394

**5H-1,3,2,4,5-Dithiadiazarsol-3-S^IV**

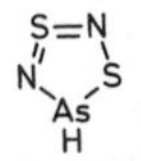

5-Methyl- 224

**2,3,5-Triselena-1,4-diarsolan**

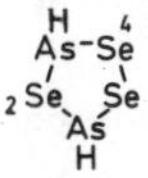

1,4-Diphenyl-
    aus Hexaphenyl-hexaarsenan und Selen **208**

**Pentaarsolan**

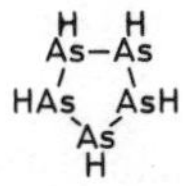

Pentabutyl- 160
Pentakis-[2-methyl-propyl]- 160
Pentamethyl- 150, 154, 155
    aus methanarsonsaurem Natrium und unterphos-
    phoriger Säure **156**
Pentaphenyl- 207

**Benzol**
1,2-Bis-[2,3-dihydro-⟨benzo-[c]-arsol⟩-2-yl]- 94
1,2-Bis-[dimethyl-arsino]- 42, 131
1,2-Bis-[dimethyl-arsinoxy]- 266
1,2-Bis-[2-dimethylarsinyl-phenyl]- 375
    aus einem tert. Arsin und Salpetersäure **377**
1,2-Bis-[dimethyl-stibino]- 461
1,4-Bis-[diphenyl-arsino]-
    aus Kalium-diphenyl-arsenid und 1,4-Dibrom-
    benzol **82**

**Benzol** (Forts.)
1,2-Bis-[diphenylarsino-methyl]- 87
1,4-Bis-[diphenyl-arsinyl]- 374
1,4-Bis-[diphenyl-bismuthino]- 596
1,4-Bis-[diphenylstibino]- 453
2-(bzw. 4)-Jod-1-amino- 324
1-Methylarsino-2-dimethylarsino- 42
1,2,4,5-Tetrakis-[dimethylarsino]- 83

**Phenol**
2,6-Dinitro- 317
2-Nitro- 317

**2 H-Pyron**

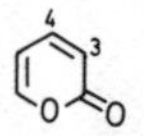

6-Äthoxy-3,4-diphenyl- 434
6-Methyl-3,4-diphenyl- 434
6-Phenyl-3,4-diphenyl- 434

**Arsenin** 29

4-Äthoxy-1-phenyl-3-äthoxycarbonyl-1,2,5,6-tetra-
   hydro- 108, 109
4-Amino-1-phenyl-3-cyan- 108
4-tert.-Butyl- 125
4-Cyclohexyl- 125
4-Phenyl- 125
2-Phenyl-3,6-dinaphthyl-(1)- 125
2,3,6-Triphenyl- 125

**Arsenan** 29, 39

   aus 1-Chlor-arsenan und ätherischem Lithium-
      boranat (bzw. Lithiumalanat) 41
1-Äthyl-
   aus Dichlor-äthyl-arsin und 1,5-Bis-[brommagne-
   sium]-pentan 53
1-Chlor-
   aus 1-Methyl-arsenan und Chlor 241/242
   aus 1-Phenyl-arsenan und Arsen(III)-chlorid 238
1-Dimethylamino- 286
1-Jod-
   aus einem Arsenan und Jod 253
1-Methyl- 53
   aus Dinatrium-methyl-arsenid und 1,5-Dichlor-
   pentan 83
4-Oxo-1-phenyl- 109
1-Phenyl- 53
   aus Benzolarsenigsäure-thioanhydrid, Natrium und
   1,5-Dichlor-pentan 83

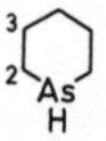

**Antimonin** 471, 479

1-Chlor-1,4-dihydro- 499
1-Methyl-hexahydro-
   aus Dichlor-methyl-stibin und 1,5-Bis-[chlor-
   magnesium]-pentan 447
1-Phenyl-hexahydro- 449

**Bismabenzol**

1-Chlor-1,4-dihydro- 611

**Bismacyclohexan**

1-Äthyl- 593

**1,2-Oxarsenan**

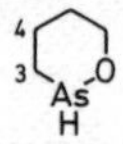

2-Chlor- 191

**1,4-Oxarsenan**

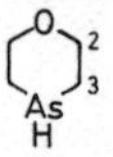

2,6-Dimethyl-4-phenyl- 102
   aus Triallyl-phenyl-arsoniumbromid und
      Natriumhydroxid 105
4-Methyl- 83
4-Phenyl- 83
4-Phenyl- ; -4-sulfid 388

**1,4-Oxarsenanium**

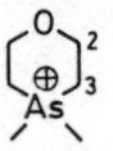

2,6-Dimethyl-4,4-diphenyl- ; -bromid 102
   aus Diallyl-diphenyl-arsoniumbromid/Natrium-
      hydroxid und Bromwasserstoffsäure 417
2,6-Dimethyl-4,4-diphenyl- ; -nitrat
   aus dem entsprechenden Bromid 418

**1,2-Thiarsenan**

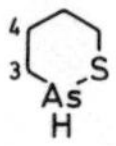

2-Chlor-
   aus Dichlor-(4-chlor-butyl)-arsin, Schwefelwasserstoff und Thioharnstoff 210

**1,4-Thiarsenin**

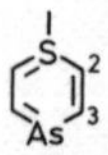

4-Phenyl-1,4-dihydro- 71

**1,4-Thiarsenan**

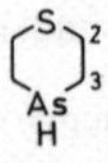

4-Phenyl- 83, 87

**1,3-Azarsenan** 69

3-Phenyl-
   aus (3-Amino-propyl)-phenyl-arsin und Formaldehyd 69

**1,4-Azarsenan**

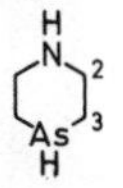

1,4-Diphenyl- 83, 374
   aus Bis-[brommagnesium]-phenyl-arsin und N,N-
     Bis-[2-brom-äthyl]-anilin **87**
4-Jod-1-phenyl-
   aus 1,4-Dijod-1,4-azarsenan und Jodwasserstoffsäure **239**

**1,4-Phospharsenin**

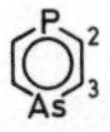

1,4-Dihydro- 71

**1,2-Diarsenin**

1,2-Diphenyl-hexahydro- 147
   aus 1,4-Bis-[lithium-phenyl-arsino]-butan-bis-
     1,4-dioxan und 1,2-Dibrom-äthan **150**
1,2,4,5-Tetramethyl-1,2,3,6-tetrahydro-
   aus Pentamethyl-cyclopentarsin und 2,3-Di-
   methyl-butadien-(1,3) **151**

**1,4-Diarsenan**

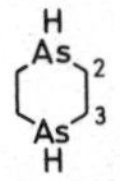

1,4-Dibrom- 230
   aus 1,4-Diphenyl-1,4-diarsenan und Bromwasserstoffsäure **239**
1,4-Dichlor- 230, 238
1,4-Dimethyl-
   aus 1,4-Dibrom-1,4-diarsenan und Methyl-magnesiumbromid **48**
1,4-Diphenyl- 93

**1,4-Diarsenanium**

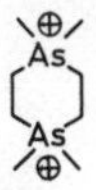

1,4-Dimethyl-1,4-diphenyl- ; -dibromid 406

**1,3,2-Dioxarsenan** 201

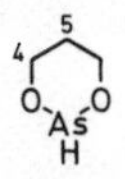

2-Phenyl- 202

**1,3,5-Dioxarsenan**

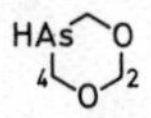

HAs-O
   ₄⌐O₂

2,4,6-Triäthyl-5-phenyl- 66
2,4,6-Trialkyl-5-phenyl- 66
2,4,6-Trimethyl-5-phenyl-
   aus Phenylarsin und Acetaldehyd/Salzsäure **66**
2,4,6-Tripropyl-5-phenyl- 66

**1,3,2-Oxathiaarsenan**

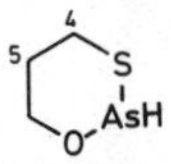

2-Methyl- 203

**1,2,6-Oxadiarsenan**

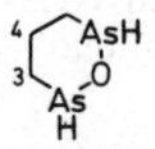

   aus 1,ω-Bis-[hydroxy-oxo-methyl-arsin]-alkane und
     Schwefeldioxid/Natriumjodid **228**
2,6-Dimethyl- 229
2,6-Diphenyl- 229

**1,3,5-Trithian**

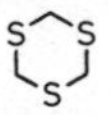

4,6-Bis-[triphenyl-bismuthonio]-2,2,4,6-tetrachlor- ;
   -tris-[dioxid]-dichlorid 606

**1,3,2-Dithiarsenan**

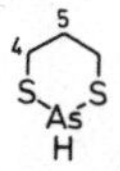

2-(2-Chlor-vinyl)- 213
5-Hydroxy-2-(2-chlor-vinyl)- 213
2-Methyl- 213
2-Phenyl- 213

**1,3,5-Triazin**

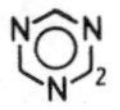

4,6-Diamino-2-(3-dichlorarsino-4-amino-anilino)-
   184

**1,3,5,2-Dioxaz-arsenan**

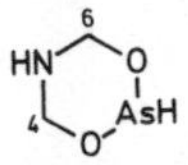

4,6-Bis-[imino]-2-phenyl- 201

**1,2,4,5-Tetraarsenan**

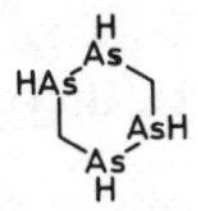

1,2,4,5-Tetramethyl- 147
1,2,4,5-Tetraphenyl- 147

**Hexaarsenan**

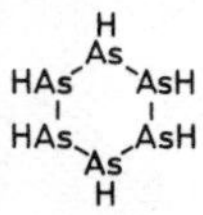

Hexakis-[4-methyl-phenyl]- 160
Hexaphenyl- 155, 160
   aus Benzolarsonsäure und unterphosphoriger
   Säure **157**

**1,3-Disila-2,4,6-triaza-5-arsa-cyclohexan**

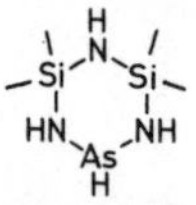

5-Chlor-1,1,2,3,3,4,6-heptamethyl- 224
1,1,2,3,3,4,4,5,6-Octamethyl-
   aus 5-Chlor-1,1,2,3,3,4,6-heptamethyl-1,3-
   disila-2,4,6-triaza-5-arsa-cyclohexan und
   Methyl-magnesiumjodid **224**

**2,4,6-Triselena-1,3,5-triarsenan**

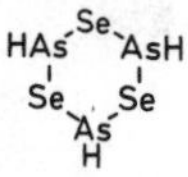

1,3,5-Trimethyl- 208

**Arsepin** 29

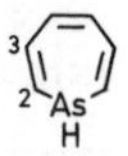

1-Phenyl-4,5-dihydro- 71

**1,3,6,2-Trioxarsocan**

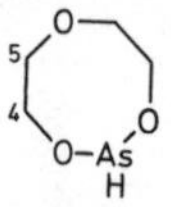

2-Äthyl- 200

**1,5,2,6-Dioxarsocan**

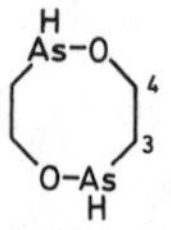

2,6-Dichlor- 191

**1,2,5,6-Tetraarsocan**

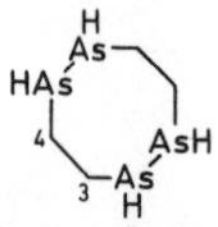

1,2,5,6-Tetramethyl- 147
1,2,5,6-Tetraphenyl- 147

**6H-1,3,4,8,2-Dioxadiazarsocin**

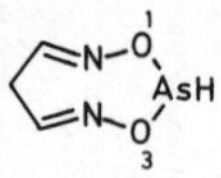

2,5,7-Trimethyl- 200

**1,3,5,7-Tetraoxa-2,6-disila-4,8-diarsa-cyclooctan**

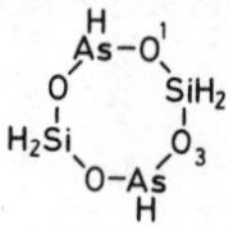

2,2,4,6,6,8-Hexaphenyl- 198

**1,5-Dithia(IV)-2,4,6,8-tetraza-3,7-diarsocin**

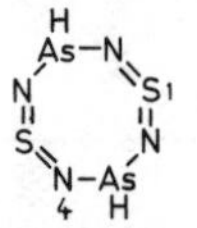

3,7-Dimethyl-
   aus Dichlor-methyl-arsin und N,N'-Bis-[trime-
   thylsilyl]-schwefeldiimid **223**

**1,3,5,7,2,4,6,8-Tetraazatetraarsocin**

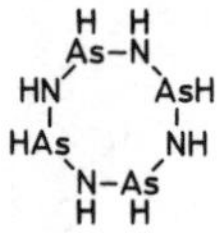

Tetraphenyl- 260

**1,3,5,8,2-Dithiadiazaarsonan**

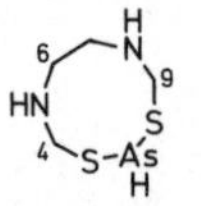

4,9-Dithiono-2-alkyl- 219
4,9-Dithiono-2-aryl- 219

## II. Bicyclische Verbindungen

**Bicyclo[3.2.0]hepten-(2)**

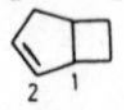

7,7-Dichlor-6-oxo- 559

**1-Arsa-bicyclo[3.3.0]octan** 95

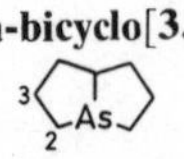

**1-Aza-4-arsa-bicyclo[3.3.0]octan**

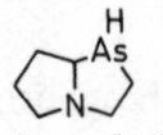

8-Oxo-5-methyl-4-phenyl- 69

**2,6-Diarsa-bicyclo[3.3.0]octan**

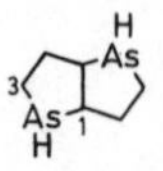

2,6-Dichlor- 230

**3,7-Diarsa-bicyclo[3.3.0]octan**

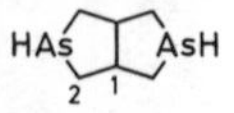

3,7-Dichlor- 239
3,7-Diphenyl- 84

**7-Oxa-1,4-diarsa-bicyclo[2.2.1]heptan** 230

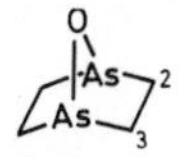

**Benzofuran**

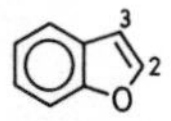

3-Dichlorarsino- 183
2-Diphenylstibino- 453

**Benzo-[b]-arsol**

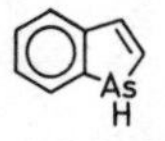

1-Phenyl-2,3-dihydro- 61

**1 H-⟨Benzo-[c]-arsol⟩**

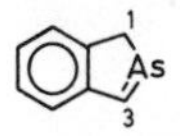

2-Jod-5-chlor-2,3-dihydro-
    aus 5-Chlor-2-phenyl-2,3-dihydro-⟨benzo-[c]-
    arsol und Jodwasserstoffsäure **239**
2-Jod-2,3-dihydro-
    aus 2-Phenyl-2,3-dihydro-⟨benzo-[c]-arsol⟩ und
    Jodwasserstoffsäure **239**
2-(4-Methyl-phenyl)-2,3-dihydro-
    aus Dichlor-(4-methyl-phenyl)-arsin und 1,2-Bis-
    [brommethyl]-benzol/Natrium **58**
2-Phenyl-2,3-dihydro- 58

**1 H-⟨Benzo-[c]-arsolium⟩**

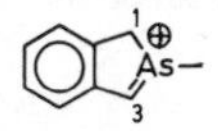

2-Methyl-2-(2-brommethyl-benzyl)-2,3-dihydro-
    406

**3 H-⟨Benzo-1,3-arsazol₈**

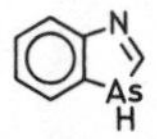

2,2-Diäthyl-1,2-dihydro-44
2,3-Diäthyl-1,2-dihydro- 67
2,3-Dihydro-
    aus Alkyl-(2-amino-phenyl)-arsin und Oxo-Ver-
    bindung **67**
2,2-Dimethyl-1,2-dihydro- 44
2-Methyl-2-äthoxycarbonylmethyl-1,2-dihydro- 44
2-Methyl-3-äthyl-2-äthoxycarbonyl-1,2-dihydro- 67
2,2,3-Triäthyl-1,2-dihydro- 67

**1-Aza-7-arsa-bicyclo[4.3.0]nonan**

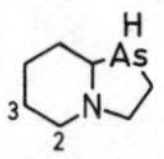

2-Oxo-6-methyl-7-phenyl- 69

**⟨Benzo-1,3-diarsolium⟩**

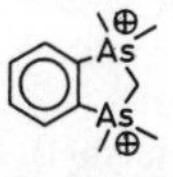

1,1,3,3-Tetramethyl- ; -dibromid 404
1,1,3,3-Tetramethyl- ; -dijodid 404

**Benzo-1,3,2-dioxarsol**

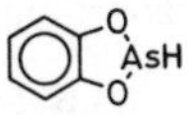

2-Methyl- 197

**Benzo-1,3,2-dioxastibol**

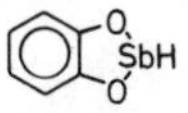

2-Methyl-
    aus Diäthoxy-methyl-stibin und Brenzcatechin
    **491**
2-Phenyl- 499
4,5,6,7-Tetrachlor-2,2-diäthoxy-2-methyl-
    aus Diäthoxy-methyl-stibin und Tetrachlor-1,2-
    benzochinon **515**
4,5,6,7-Tetrachlor-2,2-diisopropyloxy-2-methyl-
    aus Diisopropyloxy-methyl-stibin und Tetrachlor-
    1,2-benzochinon **515**
4,5,6,7-Tetrachlor-2,2-dimethoxy-2-methyl-
    aus Dimethoxy-methyl-stibin und Tetrachlor-1,2-
    benzochinon **515**
4,5,6,7-Tetrachlor-2-methyl-
    aus Diäthoxy-methyl-stibin und Tetrachlor-brenz-
    catechin **591**

**Benzo-1,3,2-oxathiastibol**

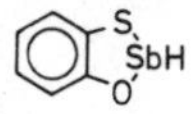

2-Methyl-
    aus Diäthoxy-methyl-stibin und 2-Mercapto-
    phenol **591**

**Benzo-1,3,2-dithiarsol**

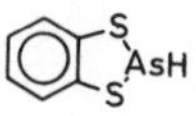

2,5-Dimethyl- 213

**Benzo-1,3,2-dithiastibol**

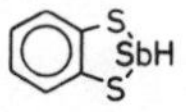

5-Methyl-2-phenyl- 493

**1 H-⟨Benzo-1,3,2-diphospharsol⟩**

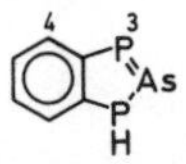

2-Methyl-1,3-diphenyl-2,3-dihydro-
    aus 1,2-Bis-[lithium-phenyl-phosphino]-benzol
    und Dichlor-methyl-arsin **141**
2-Methyl-1,3-diphenyl-2,3-dihydro- ; -1,3-bis-[sul-
    fid] 141
1,2,3-Triphenyl- 141

**Purin**

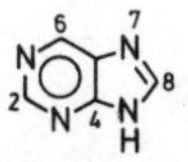

6-Diphenylstibinthio-
    aus 6-Mercapto-purin-Monohydrat und Bis-[di-
    phenyl-stibino]-oxid **509**

**Naphthalin** (hier nur die starksubst. Der.) 122
2-(2-Arsono-phenylazo)-1,8-dihydroxy- ; -3,6-disul-
    fonsäure 314
1-(2-Arsono-phenylazo)-2-hydroxy- ; -3,6-disulfon-
    säure 313
2,7-Bis-[2-arsono-phenyl-azo]-1,8-dihydroxy- ; -3,6-
    disulfonsäure 314
2,7-Bis-[diphenyl-arsino]- 85
2,7-Bis-[diphenyl-arsinyl]- 374
2,7-Bis-[diphenyl-thioarsinyl]- 385
6-Phenylazo-3-(2-arsono-phenyl-azo)-4,5-di-
    hydroxy- ; -2,7-disulfonsäure 314
5-Sulfoxy-1-arsono- 312
8-Sulfoxy-1-arsono- 312

**Chinolin**
8-Arsono- 302
8-Brom-5-arsono- 302
5-Chlor-8-arsono- 302
2-Hydroxy-5-arsono- 302

**Benzo-[b]-arsenin**

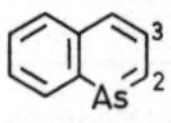

1-Brom-1,2,3,4-tetrahydro-
    aus 1-Methyl-1,2,3,4-tetrahydro-⟨benzo-[b]-
    arsenin⟩ und Brom **242**

**Benzo-[c]-arsenin**

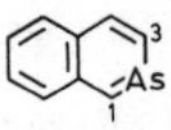

2,2-Dichlor-2-phenyl-1,2,3,4-tetrahydro- 355
2-Phenyl-1,2-dihydro- 87
2-Phenyl-1,2,3,4-tetrahydro- 83, 87

**Benzo-[c]-arsenum**

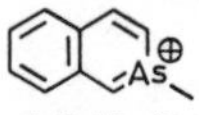

2-Methyl-2-[2-(2-brom-äthyl)-benzyl]-1,2,3,4-tetra-
    hydro- ; -bromid 406

**1-Arsa-bicyclo[2.2.2]octatrien**

5,6-Bis-[trifluormethyl]-2,3,7-triphenyl- 90
5,6,7-Triphenyl-2,3-diäthoxycarbonyl- 90

**1-Stiba-bicyclo[2.2.2]octatrien**

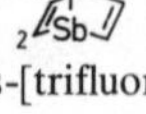

2,3-Bis-[trifluormethyl]- 462

**1-Bisma-bicyclo[2.2.2]octatrien**

2,3-Bis-[trifluormethyl]- 607

**Chinazolin**

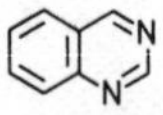

5-Arsono-4-hydroxy- 302

**1,2,3,4-Tetrahydro-⟨benzo-1,4-phosphoniaarsenin⟩**

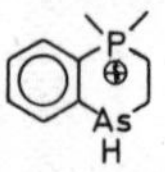

1,1,4-Triäthyl- ; -bromid 94

**Benzo-1,4-phospharseninium**

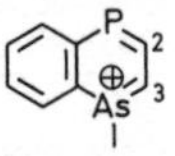

4,4-Dimethyl-1,1-diäthyl-1,2,3,4-tetrahydro- ; -di-
    bromid 407

**Benzo-1,4-diarsenin**

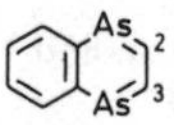

1,4-Dimethyl-1,2,3,4-tetrahydro- 95

**1,2,3,4-Tetrahydro-⟨benzo-1,4-diarseninium⟩**

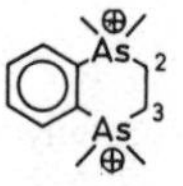

1,1,4,4-Tetramethyl- ; -dibromid 406

**1,4-Diarsa-bicyclo[2.2.2]octatrien**

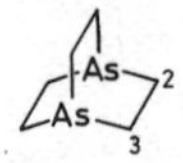

2,3,5,6,7,8-Hexakis-[trifluormethyl]- 46

**2,6,9-Trioxa-1,5-diarsa-bicyclo[3.3.1]nonan** 191

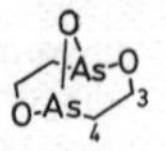

# III. Tricyclische Verbindungen

**9-Aza-3,7-diarsa-tricyclo[3.3.1.0$^{1,5}$]nonan**

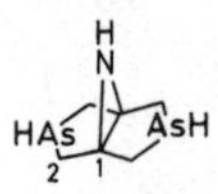

9-Methyl-
    aus 2,7-Dichlor-2,7-diarsa-bicyclo[3,3,0]octan
    und Methylamin **288**

**1,2,6-Triarsa-tricyclo[2.2.1.0$^{2,6}$]heptan**

4-Methyl-
    aus aus 2-Methyl-2-(dijodarsino-methyl)-
    propan-1,3-diarsonigsäure-tetrajodid und
    Natrium/Tetrahydrofuran **152**

**9-Aza-1,5-diarsa-tricyelo[3.3.1.0³·⁷]nonan**

9-Methyl- 188

**Fluoren**

1-Dichlorarsino-7-nitro-9-oxo- 183
4-Dichlorarsino-7-nitro-9-oxo- 183
4-Dichlorarsino-9-oxo-
    aus 9-Oxo-fluoren-4-arsonsäure und Phosphor
    (III)-chlorid/Eisessig **183**
7-Nitro-9-oxo-1-arsono- 312

**Acenaphthen**

5-Dibromarsino- 183
5-Dichlorarsino-
    aus Acenaphthen-5-arsonsäure und Phosphor-
    (III)-chlorid **183**
5-Dijodarsino-
    aus Acenaphthen-5-arsonsäure und Jodwasser-
    stoffsäure **182**
6-Nitro-5-arsono- 312

**Dibenzofuran**

2-Arsono- 302
3-Dichlorarsino- 176

**Carbazol**

2-Arsono- 302

**9-Cadmia-fluoren**

aus 2,2'-Dijod-biphenyl, Butyl-lithium und Cadmiumchlorid **233**

**5H-⟨Dibenzoarsol⟩**

2-Amino-5-hydroxy- ; -5-oxid 342
3-Amino-5-phenyl- 111
5-Biphenylyl-(2)- 441
5-Brom-
    aus 9-Hydroxy-9-oxo-9-arsa-fluoren und
    Phosphor(III)-bromid **250**
5-Butyl- 56
5-(4-Carboxy-phenyl)- ; -5-oxid 374

5-Chlor- 235, 244, 246, 250
    aus 9-Cadmia-fluoren und Arsen(III)-chlorid
    **233**
    aus 9-Hydroxy-9-oxo-9-arsa-fluoren und Phos-
    phor(III)-chlorid **250**
5-Chlor-3-brom-
    aus 2-Brom-9-hydroxy-9-oxo-9-arsa-fluoren und
    Phosphor(III)-chlorid **250**
5-Chlor-2,8-dimethoxy- 235
5-Chlor-3-methoxy- 244
5-Chlor-2-nitro-
    aus 9-Hydroxy-3-nitro-9-arsa-fluoren und Phos-
    phor(III)-chlorid **250**
2,5- (bzw. 3,5)-Dichlor-
    aus 2-Chlor-9-hydroxy-9-oxo-9-arsa-fluoren und
    Phosphor(III)-chlorid **250**
5-(4-Dimethylamino-phenyl)- 56
5-Halogen-
    aus Arsinsäure und Phosphor(III)-chlorid oder
    -bromid; allgem. Arb.vorschr. **250**
5-Hydroxy-5-oxo-
    aus Biphenyl-2-arsonsäure und Schwefelsäure
5-Jod- 233
3-Methoxy-5-(4-carboxy-phenyl)- 111
5-Methyl- 56, 96
    aus 5,5,9,9-Tetramethyl-5,7,8,9-tetrahydro-6H-
    ⟨dibenzo-[f;h]-1,5-diarsonia-cyclonona-
    tetraen⟩-dibromid durch Pyrolyse **94**
2-Nitro-5-hydroxy- ; -5-oxid 342
3-Nitro-5-phenyl- ; -5-oxid
    aus Phenyl-[4-nitro-biphenylyl-(2)]-arsinsäure
    und Schwefelsäure **379**
5-Organo-5-biphenylyl-(2)-
    aus einem Spiro-arsoran und Salzsäure **411**
5-Phenyl- ; -5-p-tosylimin 391
5-[2'-(2-Phenyl-vinyl)-biphenyl-yl-(2)]- 98
5,5,5-Triphenyl- 438

**Dibenzo-arsolium**

5-Phenyl-5-[2-methyl-biphenylyl-(2)]- ; -jodid
    aus Phenyl-bis-[biphenyl-2,2'-diyl]-arsoran und
    Methyljodid **411**

**Dibenzostibol**

5-Äthoxy-5-phenyl-5-biphenylyl-(2)- 579
3-Amino-5-(4-methyl-phenyl)- 467
5-Anthryl-(1)- 453
5-Biphenylyl-(2)- 453
5,5-Diphenyl-5-biphenylyl-(2)- 589
5,5-Diphenyl-5-(2-phenoxy-phenyl)-
    aus Phenyl-(biphenyl-2,2'-diyl)-(diphenyl-
    äther-2,2'-diyl)-stiboran und Phenyl-lithium **589**
5-Methyl- 451, 453
5-Naphthyl-(1)- 453
5-Oxo-5-(4-äthoxycarbonyl-phenyl)-
    aus (4-Äthoxycarbonyl-phenyl)-biphenylyl-(2)-
    stibinsäure und Schwefelsäure **564**
5-Oxo-5-(4-carboxy-phenyl)- 561
5-Phenyl- 452, 453, 466
5,5,5-Trichlor-
    aus 5-Chlor-⟨dibenzo-stibol⟩ und Chlor **525**
3,5,7-Trimethyl- 453
5,5,5-Triphenyl- 587, 588

**Dibenzo-bismuthol**

5-Phenyl-
   aus Dijod-phenyl-bismuthin und 2,2′-Dilithium-
   biphenyl **596**

**9-Oxa-1,5-diarsa-tricyclo [3.3.1.0³·⁷]nonan**

   aus 3,7-Dichlor-3,7-diarsa-bicyclo[3.3.0]octan
   und Natriumhydrogencarbonat/Methanol **231**

**9-Thia-1,5-diarsa-tricyclo[3.3.1.0³·⁷]nonan**

   aus 3,7-Dichlor-3,7-diarsa-bicyclo[3.3.0]octan
   und Schwefelwasserstoff **271**

**Anthracen**

1-(Diphenyl-arsino)- 85
2-(Diphenyl-arsino)- 85

**⟨Dibenzo-[b; e]-arsenin⟩**

2-Chlor-5-hydroxy-5-oxo-5,10-dihydro- 342
5-Chlor-10-phenyl-5,10-dihydro- 126
5-Hydroxy-5-oxo-5,10-dihydro-
   aus 2-Benzyl-benzolarsonsäure und Schwefelsäure **341**
5-Hydroxy-5-oxo-2-methyl-5,10-dihydro- 342
3-Methyl-5-(4-carboxy-phenyl)-5,10-dihydro- 111
   aus 3-Methyl-5-(4-carboxy-phenyl)-5,10-di-
   hydro-⟨dibenzo-[b ; e]-arsenin⟩-5-oxid und
   Natriumsulfit/Salzsäure/Kaliumjodid **91**
10-Oxo-5-phenyl-5,10-dihydro- ; -5-oxid
   aus 5-Phenyl-5,10-dihydro-⟨dibenzo-[b ; e]-arse-
   nin⟩ und Kaliumpermanganat **371**
10-Phenyl-
   aus   5-Chlor-10-phenyl-5,10-dihydro-⟨dibenzo-
   [b ; e]-arsenin⟩, durch Chlorwasserstoff-Abspaltung **126**
5-Phenyl-5,10-dihydro- 92

**1H-⟨Naphtho-[1,8-b,c]-arsenin⟩ (1H-2-Arsa-
phenalen)**

2-Jod-2,3-dihydro-
   aus 2-Phenyl-1,3-dihydro-2-arsa-2H-phenalen
   und Jodwasserstoffsäure **239**

**Benzo-1-arsa-bicyclo[2.2.2]octatrien**

7,8,9-Triphenyl- 90

**Dibenzo-[b ; e]-antimonin**

5-Chlor-5,10-dihydro- 499
5-Hydroxy-5-oxo-5,10-dihydro- 536

**10H-Phenoxarsin**

10-Acetylthio-
   aus Bis-[phenoxarsinyl-(10)]-oxid und Thioessigsäure **279**
10-Acylthio-
   aus Bis-[phenoxarsinyl-(10)]-oxid und einer Thiocarbonsäure, allgem. Arb.vorschr. **279**
10-(Äthansulfonylthio)-
   aus 10-Chlor-phenoxarsin und Kalium-äthansul-
   fonat **282**
10-(Äthoxy-thiocarbonylthio)-
   aus 10-Chlor-phenoxarsin und Äthylxanthogenat
   **281**
10-Äthyl-
   aus 10-Chlor-phenoxarsin und Äthyl-magnesiumbromid **48**
10-Äthyl-2-carboxy- 111
10-Alkansulfonylthio-
   aus 10-Chlor-phenoxarsin und Kalium-alkan-
   thiosulfonat; allgem. Arb.vorschr. **282**
10-(Alkoxy-thiocarbonylthio)-
   aus 10-Chlor-phenoxarsin und Natrium, Kalium-
   xanthogenat; allgem. Arb.vorschr. **280**
10-Alkyl- 48
10-Arensulfonylthio-
   aus 10-Chlor-phenoxarsin und Kalium-arenthio-
   sulfonat **282**
10-Aryl- 48
10-Benzolsulfonylthio-
   aus 10-Chlor-phenoxarsin und Kaliumbenzolsul-
   fonat **282**
10-Benzyloxy-thiocarbonylthio-
   aus 10-Chlor-phenoxarsin und Benzyl-xantho-
   genat **281**
10-Butansulfonylthio-
   aus 10-Chlor-phenoxarsin und Kaliumbutansulfo-
   nat **282**
10-Chlor- 235
   durch Erhitzen der jeweiligen Arsonigsäure-dihalogenide; allgem. Arb.vorschr. **245**
10-Chlor-2-brom-
   durch Erhitzen von Dichlor-[4-brom-2-phenoxy-
   phenyl]-arsin **245**
10-Chlor-1,4-dimethyl-
   durch Erhitzen von Dichlor-[2-phenoxy-3,6-di-
   methyl-phenyl]-arsin **245**
8-Chlor-10-hydroxy-10-oxo-2-methyl- 342
10-Chlor-2-methoxy-
   durch Erhitzen von Dichlor-[4-methoxy-2-phen-
   oxy-phenyl]-arsin **245**
10-(Diäthoxy-thiophosphorylthio)-
   aus Bis-[phenoxarsinyl-(10)]-oxid und Dithiophosphorsäure-O,O-diäthylester **281**
10-(Diäthylaminocarbonylthio)-
   aus 10-Chlor-phenoxarsin und Diäthylamino-thio-
   carbonat **281**

10-(Dialkoxy-thiophosphorylthio)-
aus Bis-[phenoxarsinyl-(10)]-oxid und Dithiophosphorsäure-O,O-dialkylester **281**
10-(Dialkylaminocarbonylthio)-
aus 10-Chlor-phenoxarsin und Natrium, Thiocarbonat allgem. Arb. vorschr. **280**
6,10-Dichlor-
durch Erhitzen von Dichlor-[2-(2-chlor-phenoxy)-phenyl]-arsin **245**
7,10-Dichlor- 245
10-(Diisopropyloxy-thiophosphorylthio)-
aus Bis-[phenoxarsinyl-(10)]-oxid und Dithiophosphorsäure-O,O-dipropylester **281**
10-(Methansulfonylthio)-
aus 10-Chlor-phenoxarsin und Kalium-methansulfonat **282**
10-(4-Methoxy-benzoylthio)-
aus Bis-[phenoxarsinyl-(10)]-oxid und 4-Methoxy-benzothiosäure **279**
10-(Methoxy-thiocarbonylthio)-
aus 10-Chlor-phenoxarsin und Methylxanthogenat **281**
10-Methyl-2-carboxy- 111
10-Methyl- ; -10-oxid 374
10-(2-Methyl-propyloxy-thiocarbonylthio)-
aus 10-Chlor-phenoxarsin und 2-Methyl-propylxanthogenat **281**
10-Phenylacetylthio-
aus Bis-[phenoxarsinyl-(1)]-oxid und Phenylthioessigsäure **279**
10-Phenyl-2-carboxy- 111
10-Phenyl-2-carboxy- ; -10-oxid (Racemat) 374
10-(Piperidinocarbonylthio)-
aus 10-Chlor-phenoxarsin und Piperidinothiocarbonat **281**

**Phenoxarsonium**

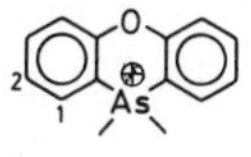

10,10-Diphenyl- ; -Salz 413
10-Phenyl-10-naphthyl-(1)- ; -bromid 413

**6H-⟨Dibenzo-1,2-oxarsenin⟩**

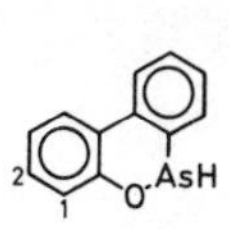

6-Chlor- 194
6-Hydroxy- 194

**10H-Phenoxantimonin**

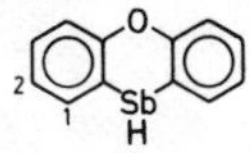

10-Chlor-
aus 10,10-Dimethyl-phenoxastannin und Antimon(III)-chlorid **498**
2-Methyl-10-(4-äthoxycarbonyl-methyl)- 449
2-Methyl-10-(4-carboxy-phenyl)- 467
2-Methyl-10-(4-brom-phenyl)- 449
2-Methyl-10-(4-cyan-phenyl)- 449
2-Methyl-10-phenyl- 449
10-Phenyl- 453

**2H-⟨Naphtho-[1,2-b]-1,4-thiazin**

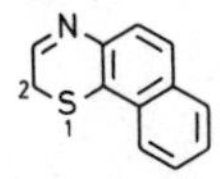

6-Arsono-3-hydroxy- 302

**Phenthiarsin**

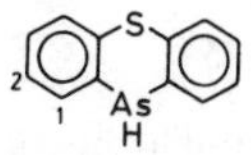

10-Chlor- 245

**10H-Phenothiantimonin**

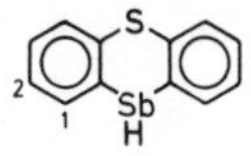

10-Chlor- 499
10-Chlor- ; -5,5-dioxid 499

**Phenazarsin**

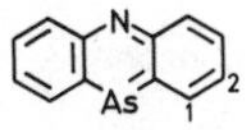

10-Äthyl-5,10-dihydro- 49
10-Alkyl-5,10-dihydro- 48, 178
10-Allyl-5,10-dihydro- ; -10-oxid 374
10-Aryl-5,10-dihydro- 48
10-Butyl-(2)-5,10-dihydro- 49
10-tert.-Butyl-5,10-dihydro- 178
10-tert.-Butyl-5,10-dihydro- ; -10-oxid 374
10-Chlor-5,10-dihydro- 178
aus Arsen(III)-chlorid und Diphenylamin **236**
10-Chlor-4-carboxy-5,10-dihydro- 147
10-(Diäthoxy-thiophosphorylthio)-5,10-dihydro-
aus 10-Chlor-5,10-dihydro-phenazarsin/ Natriummethanolat und Dithiophosphorsäure-O,O-diäthylester **281**
10-(4-Dimethylamino-phenyl)-5,10-dihydro- ; -10-oxid 374
10-(4-Fluor-phenyl)-9,10-dihydro- ; -10-oxid 374
10-Hydroxy-10-oxo-5-acetyl-5,10-dihydro- 337
10-Hydroxy-10-oxo-5,10-dihydro- 316, 337, 340, 341
10-Hydroxy-5-oxo-5,10-dihydro- ; -Hydrochlorid 342
10-Isopropyl-5,10-dihydro- ; -10-oxid 374
10-Jod-5,10-dihydro-
aus 10-Alkyl-5,10-dihydro-phenarsazin-10-oxid und Jodwasserstoffsäure **258**
10-Methyl-5,10-dihydro- 49
10-Naphthyl-(1)-5,10-dihydro- 49
10-Pentyl-5,10-dihydro- 49
110-Phenyl-5,10-dihydro- 49, 178
i10-Propyl-5,10-dihydro- 49

**Phenazarsinium**

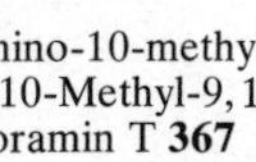

10-Amino-10-methyl-5,10-dihydro- ; -chlorid
aus 10-Methyl-9,10-dihydro-phenazarsin Chloramin T **367**
10-Hydroxy-10-alkyl-5,10-dihydro- , -Salz 361
10-Hydroxy-10-aryl-5,10-dihydro- , -Salz 361

**Arsanthren** 124, 126

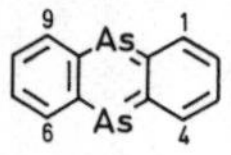

5,10-Bis-[4-methyl-phenyl]-5,10-dihydro- 111
5,10-Bis-[4-methyl-phenyl]-5,10-dihydro- ; -5-sulfid
　　388
5-Chlor-5,10-dihydro- 233
5,10-Dimethyl-5,10-dihydro- 95
5-Jod-10-methyl-5,10-dihydro- 254
10-Phenyl-9,10-dihydro-
　　aus　5-Chlor-10-phenyl-5,10-dihydro-⟨dibenzo-
　　[b ; e]-arsenin⟩, durch Chlorwasserstoff-Abspal-
　　tung 126

**Arsanthren-dionium**

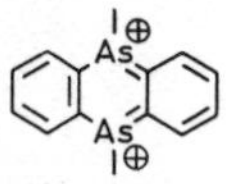

5,10-Dimethyl- ; -dibromid 408

**Benzo-1,4-diarsonia-bicyclo[2.2.2]octen**

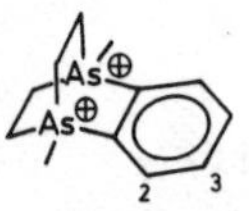

1,6-Dimethyl- ; -dibromid 407

**2,4,6,8-Tetraaza-1,3,5,7-tetraarsa-adamantan**

HAs–N–AsH
　│AsH
　N
HAs–N

2,4,6,8-Tetraalkyl- 223

**5 H-⟨Dibenzo-[b ; f]-arsepin⟩**

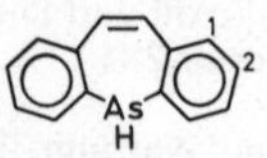

5-Phenyl-10,11-dihydro 55

**5 H-⟨Dibenzo-[c ; e]-arsepin⟩**

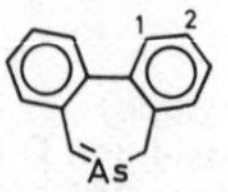

6-Jod-6,7-dihydro-
　　aus 5-Phenyl-6,7-dihydro-5 H-⟨dibenzo-[c ; e]-
　　arsepin⟩ und Jodwasserstoffsäure 239
6-Phenyl-6,7-dihydro-
　　aus 2,2'-Bis-[brommethyl]-biphenyl und Bis-
　　[brommagnesium]-phenyl-arsin 87

**5 H-⟨Dibenzo-[b ; f]-stibepin⟩**

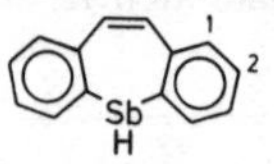

5-Chlor-10,11-dihydro- 499

**5 H-⟨Dibenzo-[d ; f]-1,3-diarsepin⟩**

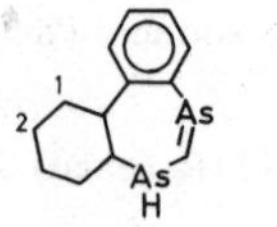

5,7-Dimethyl-6,7-dihydro- 95, 421

**5 H-⟨Dibenzo-[f ; h]-1,5-diarsoninium⟩**

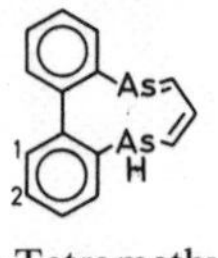

5,5,9,9-Tetramethyl-6,7,8,9-tetrahydro- ; -dibromid
　　407

# IV. Tetracyclische Verbindungen

**Dibenzo-7-thia-1,4-diarsa-bicyclo[2.2.1]heptadien**

271

**Dibenzo-7-selena-1,4-diarsa-bicyclo[2.2.1]heptadien**

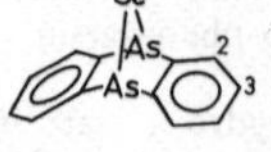

271

**Dibenzo-7-tellura-1,4-diarsa-bicyclo[2.2.1]-**
**　　heptadien 271**

**12 H-⟨Benzo-[a]-phenoxarsin⟩**

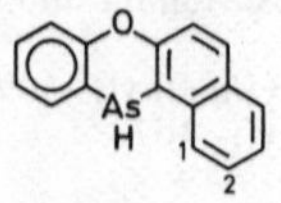

12-Hydroxy-12-oxo-
　　aus 2-Phenoxy-naphthalin-1-arsonsäuren und
　　Eisessig 341

**7 H-⟨Benzo-[c]-phenoxarsin⟩**

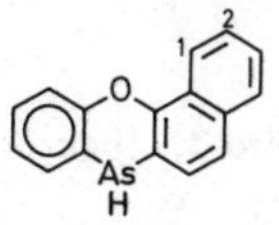

7-Hydroxy-7-oxo- 341

**Dibenzo-9-oxa-1,5-diaza-2,6-diarsa-bicyclo[3.3.1] nonadien-(3,7)** 221

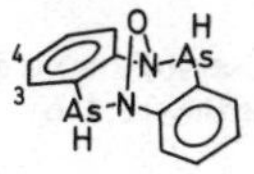

**5 H-⟨Tribenzo-arsepin⟩**

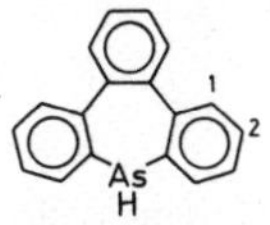

5-Methyl- 97

**5 H-⟨Tribenzo-1,3-diarsa-cyclononatetraen⟩**

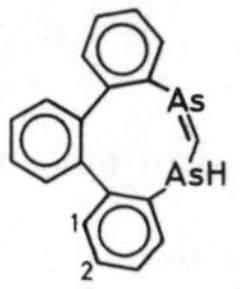

5,7-Dimethyl-6,7-dihydro- 97

**Tribenzo-[b ; d ; h]-1,6-diarsa-cyclodecapentaen** 148

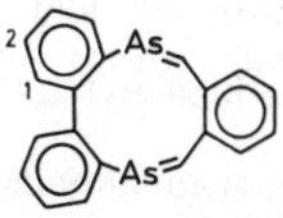

5,12-Dimethyl-5,6,11,12-tetrahydro- 96
9,9,16,16-Tetramethyl-5,6,9,10,15,16-hexahydro-   ;
   -dibromid 408

# V. Pentacyclische Verbindungen

**Benzo-[h]-thieno-[3,2-a]-phenarsazin**

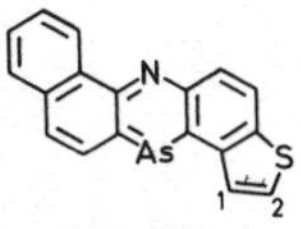

13-Chlor-6,13-dihydro- 236

**Benzo-[j]-thieno-[3,2-a]-phenarsazin**

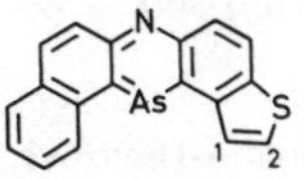

13-Chlor-6,13-dihydro- 236

**5 H-⟨Tetrabenzo-arsonin⟩**

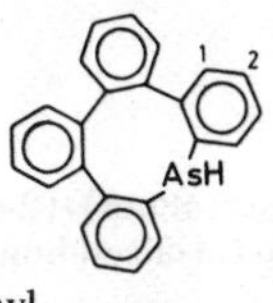

5-Methyl-
   aus 5-Methyl-⟨dibenzoarsol⟩-⟨5-spiro-5⟩-di-
   benzoarsol durch Pyrolyse **98**

**Tribenzo-1-arsa-bicyclo[2.2.2]octatrien**

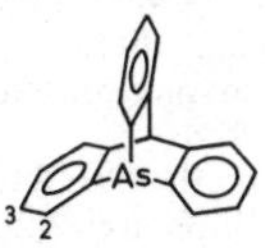

aus Arsatriptycen-As-oxid und Schwefeldioxid/
   Chlorwasserstoff/Kaliumjodid **91**
-As-oxid 375
aus Triphenyl-methan-2-arsonsäure **379**

**Tetrabenzo-[c ; g ; i ; k]-1,6-diarsa-cyclododeca-
   hexaen**

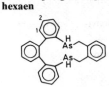

5,12-Dimethyl-5,6,11,12-tetrahydro- 97

# VI. Polycyclische Verbindungen

**Cyclopolystibin**
Phenyl- 473

# C. Bi- und Spiro-Verbindungen

**5-Aza-7-arsa-spiro[3.4]octan**

**2 H-⟨Benzo-[c]-arsolium⟩-⟨2-spiro-2⟩-2 H-⟨benzo-
[c]-arsolium⟩**

**⟨Benzo-1,3,2-dioxarsol⟩-⟨2-spiro-2⟩-⟨benzo-1,3,2-
dioxarsol⟩**

**5 H-⟨Benzo-[d]-naphtho-[2,1-b]-arsolium⟩-⟨5-
spiro-5⟩-5H-⟨benzo-[d]-naphtho-[2,1-b]-
arsolium⟩-jodid**

**10,10'-Bi-[5,10-dihydro-phenarsazinyl]**

**Biphenyl**

**Cyclohexan-⟨spiro-2⟩-2,3-dihydro-⟨benzo-1,3-
azarsol⟩**

**2,3-Dihydro-1 H-⟨benzo-1,3-diarsolium⟩-⟨2-spiro-
2⟩-2,3-dihydro-1 H-⟨benzo-1,3-diarsolium**

**1,6-Dioxa-5-arsa-spiro[4.4]nonan**

**3,9-Dioxa-6-arsonia-spiro[5.5]undecan**

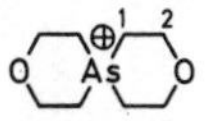

2,4,8,10-Tetramethyl- ; -perchlorat 417

**1,3,2-Dioxarsolan-⟨2-spiro-2⟩-⟨benzo-1,3,2-di-oxarsol⟩**

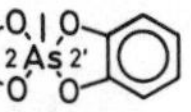

Pentamethyl- 291
Pentamethyl- ; -tetrachlor- 292

**Stiboran**
Biphenylyl-(2)-bis-[biphenyl-2,2'-diyl]- **588**
Bis-[butan-2,3-dioxy]-phenyl-
   aus Benzolstibonsäure und *meso*-Butandiol-
   (2,3) **515**
Bis-[2,3-dimethyl-butan-2,3-dioxy]-phenyl- 515
Phenyl-(biphenyl-2,2'-diyl)-(4,4'-dimethyl-bi-
   phenyl-2,2'-diyl)- **588**
Phenyl-(biphenyl-2,2'-diyl)-(diphenyläther-
   2,2'-diyl)- 589
Phenyl-bis-[biphenyl-2,2'-diyl]- **587, 588**
Phenyl-bis-[diphenyläther-2,2'-diyl]- **588**

**2,4,8,10-Tetraarsa-3,9-dioxa-spiro[5.5]-undecan**

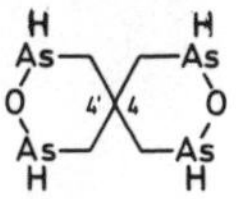

2,4,8,10-Tetraphenyl- 231

**1,4,6,9-Tetraoxa-5-arsa -spiro[4.4]nonan**

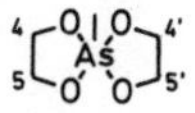

5-Methyl-
   aus 2-Methyl-1,3,2-dioxarsolan und Glykol,
   Selendioxid **291**
Nonamethyl-
   aus Pentamethyl-1,3,2-dioxarsolan, 2,3-Dimethyl-
   butendiol-(2,3) und Selendioxid **291**
5-Organo-
   aus 2-Organo-1,3,2-dioxarsolan und Glykol/
   Selendioxid **291**
2,3,5,7,8-Pentamethyl-
   aus 2,4,5-Trimethyl-1,3,2-dioxarsolan und
   Butendiol-(2,3), Selendioxid **291**

**1,2,3,4-Tetrahydro-⟨benzo-[6]-arseninium⟩-⟨2-
spiro-2⟩-1,2,3,4-tetrahydro-⟨benzo-[c]-arsenium⟩**

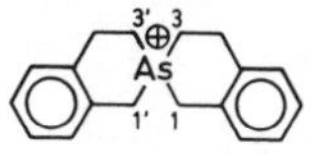

-bromid 406